le Robert
& van Dale

Dictionnaire

français - néerlandais
néerlandais - français

Pour la troisième édition

Direction éditoriale

pour Dictionnaires Le Robert
Charles Bimbenet

pour Van Dale
Heleen de Ryck

Rédacteurs

Tjerk Hacquebord
Ton Beerden
avec
Dominique Le Fur

Photocomposition

Pre Press Media Groep

Pour les première et deuxième éditions

Responsable éditorial

Paul Bogaards

ISBN 978-2-32100-887-3

Dictionnaires Le Robert
www.lerobert.com

Van Dale Uitgevers
www.vandale.nl

Dictionnaires Le Robert
25, avenue Pierre de Coubertin
75211 Paris cedex 13

Van Dale Uitgevers
Postbus 13288 / 3507 LG Utrecht, Pays-Bas

Table des matières

Préface

Ce dictionnaire a été spécialement conçu pour les francophones, qui y trouveront toutes les informations nécessaires pour comprendre le néerlandais et s'exprimer dans cette langue.
Cette **nouvelle édition** s'est enrichie de **plusieurs centaines de mots, d'expressions et de sens** pour tenir compte de la vitalité des deux langues. Une attention particulière a été portée aux usages flamands.
La **transcription phonétique** a été étendue à tous les mots néerlandais.
Une **maquette en couleur** et une **structuration claire** des articles par catégorie grammaticale et par sens permettent de trouver rapidement la bonne traduction.

Prononciation

La prononciation des mots du néerlandais suit des règles relativement simples. Dans la partie néerlandais-français, des transcriptions complètes en alphabet phonétique international sont données pour tous les mots ; la voyelle qui porte l'accent est soulignée. Lorsque la prononciation diffère entre les Pays-Bas et la Belgique, les deux transcriptions sont mentionnées.
Pour indiquer comment les mots peuvent être coupés, les syllabes sont séparées par des petits points.

Informations grammaticales

Le genre de tous les noms du néerlandais est précisé : *nm* pour les masculins, *nf* pour les féminins, et *het* pour les neutres. L'article *de* signale que le nom est masculin et féminin. Le pluriel des noms est également donné.
Pour chaque verbe, l'imparfait et le participe passé sont mentionnés. La forme du participe passé est précédée de *h.* ou *i.* selon que le verbe se conjugue avec l'auxiliaire *hebben* (*heeft*) ou *zijn* (*is*).
Dans les cas où le comparatif ou le superlatif d'un adjectif ne suivent pas la règle de suffixation habituelle (*-er, -est*), ces formes sont données dans l'article, par exemple :

raar *adj, adv (raarder, raarst)*

Les prépositions néerlandaises obligatoires sont systématiquement mentionnées, par exemple :

insister *vi* ... nadruk leggen (op)

indépendant, -ante *adj* ... onafhankelijk (van)

Divisions sémantiques

Lorsque le mot-vedette a plusieurs sens qui se traduisent par des mots différents dans l'autre langue, un indicateur sémantique donné entre parenthèses permet de choisir la bonne traduction. Ainsi :

campagne *nf* **1** *(région rurale)* platteland *het* **2** *(action)* campagne *de*

Lorsque la traduction du mot-vedette dépend des mots qui se combinent avec lui (collocateurs), ces indications contextuelles apparaissent également entre parenthèses :

essuyer *vt* **1** *(frotter)* afdrogen, *(meubles)* afstoffen, *(larmes)* drogen **2** *(subir)* te verduren hebben, *(pertes)* lijden

Traductions

En règle générale, on ne trouvera qu'une seule traduction pour chaque sens. S'il n'existe pas d'équivalent exact dans l'autre langue, la traduction sera précédée du signe ± qui signale l'équivalent le plus proche. Ainsi :

eerstegraadsleraar *nm* ± professeur agrégé

Si aucune traduction approximative n'est possible, une explication est donnée. Ainsi :

banket *het* ... **2** *<pâtisserie feuilletée fourrée de pâte d'amandes>*

Nous espérons que cet ouvrage vous apportera entière satisfaction. Bonne lecture !

La Rédaction

Alphabet phonétique

Après chaque symbole figure un mot néerlandais qui contient le son correspondant. Les mots néerlandais sont suivis, dans la mesure du possible, de mots français qui contiennent (à peu près) le même son.

a	aap	patte
ɑ	pad	pâte
b	boot	beau
c	katje	moitié
d	doe	doux
e	eet	été
ɛ	elf	elle
ɛi	wij	veille
ə	de	le
f	fee	fée
g	goal	goût
χ	gram	-
h	huis	-
i	iep	il
ɪ	ik	-
j	ja	pied
k	koe	cou
l	lied	lit
m	moeder	mou
n	net	net
ɲ	oranje	vigne
ŋ	camping	camping
o	over	oser
ɔ	bot	botte
ɑu	bouwen	round
p	poot	peau
r	roos	rose
s	soep	soupe
ʃ	meisje	chou
t	toer	tour
u	koe	cou
y	buurt	but
ø	deuk	deux
œ	freule	fleur
ʌ	put	peur
œy	buiten	feuille
v	voet	voûte
w	wie	oui
z	zeer	zéro

: indique que la voyelle précédente est longue

~ indique qu'il s'agit d'une voyelle nasale

Liste des symboles

[…] contient la transcription phonétique dans la partie néerlandais-français

(…) renferme les commentaires lexicographiques ou les explications

_ la voyelle de la syllabe qui porte l'accent est soulignée

→ renvoie à d'autres articles du dictionnaire

↑ indique que la traduction néerlandaise se situe à un niveau de langue supérieur

↓ indique que la traduction néerlandaise se situe à un niveau de langue inférieur

~ remplace l'entrée dans les exemples

♦ est utilisé quand le sens d'une expression figée ne correspond à aucune signification donnée

± indique qu'il existe un écart entre le mot de la langue de départ et celui de la langue d'arrivée

• indique les endroits où les mots néerlandais peuvent être coupés

| précède la partie du mot qui peut varier

* précède la première partie d'un mot composé en néerlandais

B précède une variante phonétique employée en Belgique

® marque déposée. Les termes qui constituent à notre connaissance une marque déposée ont été désignés comme tels. La présence ou absence de cette désignation ne peut toutefois pas être considérée comme ayant valeur juridique.

Abréviations

abrév.	abréviation
abstr.	abstrait
adj	adjectif
adv	adverbe
agric.	agriculture
archit.	architecture
art	article
arts	beaux arts
astrol.	astrologie
astron.	astronomie
astronaut.	astronautique
auxil	auxiliaire
aviat.	aviation
Belg.	terme employé en Belgique
biol.	biologie
bot.	botanique
card	nombre cardinal
cathol.	catholique
cf.	comparez
ch. de fer	chemins de fer
chim.	chimie
cin.	cinéma
cm	centimètre
com.	communication, média
concr.	concret
conj	conjonction
cuis.	cuisine
dém	démonstratif
dram.	dramaturgie, théâtre
écon.	économie
édit.	édition, livres
enf.	enfants
enseign.	enseignement
env.	environ
etc.	et cetera
euph.	euphémique
f.	féminin
f.B.	terme employé en Belgique
fam.	familier
fig.	figuré
fin.	finance
form.	formel
géo.	géographie, géologie
h.	heeft
hist.	histoire
i.	is
id.	idem
impers	impersonnel
imprim.	imprimerie
indéf	indéfini
indic.	indicatif
indus.	industrie
inf.	infinitif
inform.	informatique
interj	interjection
interr	interrogatif
intrans.	intransitif (ou transitif indirect)
invar.	invariable
iron.	ironique
irrég.	irrégulier
jur.	juridique
km	kilomètre
ling.	linguistique
litt.	littérature

m	mètre
m.	masculin
M.	Monsieur
mar.	maritime, navigation
math.	mathématiques
méd.	médecine
météo.	météorologie
milit.	militaire
mines	mines, industrie minière
mus.	musique
myth.	mythologie
n	nom
n.	neutre
n.B.	terme employé en Belgique
nég.	négatif
nf	nom féminin
nm	nom masculin
numér	numéral
ord	nombre ordinal
p.	participe
p.ex.	par exemple
péj.	péjoratif
pers	personnel
pharm.	pharmacie
philo.	philosophie
phot.	photographie
phys.	physique
plaisant.	plaisanterie
plur	pluriel
pol.	politique
poss	possessif
pr.	propre
prép	préposition
prés.	présent
pron	pronom
prot.	protestant
prov	proverbe
psycho.	psychologie
qqch	quelque chose
qqn	quelqu'un
qqp	quelque part
récipr.	réciproque
réfl.	réfléchi
rel	relatif
relig.	religion
sc.	sciences
sing.	singulier
socio.	sociologie
spécialt.	spécialement
sports	sports, jeux
subj.	subjonctif
subst.	substantivé
techn.	technique
technol.	technologie
transp.	transports
tr. pub.	travaux publics
trans.	transitif (direct)
vb	verbe
vi	verbe intransitif
vpr	verbe pronominal
vt	verbe transitif
vti	verbe transitif et intransitif
vulg.	vulgaire
zool.	zoologie

Dictionnaire français - néerlandais

a

a *nm* a *de;* **A comme Anatole** de a van Anna; **prouver qqch par a plus b** iets glashelder bewijzen

à *prép* **1** *(objet indirect)* aan, voor *(ne se traduit pas);* **donner qqch ~ qqn** iemand iets geven, iets aan iemand geven **2** *(lieu)* in, te, op; **au bureau** op kantoor; **~ l'étranger** in het buitenland; **être assis ~ la fenêtre** bij, voor het raam zitten; **~ la maison** thuis **3** *(direction)* naar; **voyage ~ Lyon** reis naar Lyon **4** *(temps)* om; **~ son arrivée** bij zijn aankomst; **de cinq ~ six heures** van vijf tot zes (uur), tussen vijf en zes; **~ midi** om twaalf uur ('s middags); **~ Noël** met Kerstmis; **au XXe siècle** in de 20e eeuw; **~ ce soir** tot vanavond **5** *(+ inf.)* te, om (te) *(ne se traduit pas);* **apprendre ~ marcher** leren lopen; **donner ~ boire** te drinken geven; **travail ~ refaire** werk dat overgemaakt moet worden **6** *(instrument, manière)* met; **venir ~ dix** met zijn tienen komen **7** *(appartenance)* van, (toebehorend) aan; **ce livre est ~ Paul** dit boek is van Paul; **il a un style ~ lui** hij heeft een (heel) eigen stijl; **c'est gentil ~ vous** dat is aardig van u **8** *(joignant deux noms) (ne se traduit pas);* **timbre ~ 50 centimes** postzegel van 50 centime; **tasse ~ thé** theekopje **9** *(prix)* voor; **je vous le fais ~ dix euros** u krijgt het voor tien euro van me **10** *(par)* per, voor; **faire du 100 ~ l'heure** 100 km per uur rijden; **un ~ un** één voor één ♦ **cinq ~ six ans** vijf à zes jaar, vijf tot zes jaar; **au feu !** brand!; **~ l'américaine** op z'n Amerikaans; **relativement ~** met betrekking tot; **au secours !** help!

abaissement *nm* **1** *(action d'abaisser)* (het) neerlaten **2** *(diminution)* daling *nf*

abaisser *vt* **1** *(faire descendre)* lager maken **2** *(diminuer la valeur de)* verlagen *(en mus. aussi)* **3** *(humilier)* vernederen; **s'abaisser** *vpr* **1** *(descendre)* dalen; **vitre qui s'abaisse** raam dat naar beneden opengaat **2** *(s'humilier)* zich vernederen, *(+ à)* zich verlagen (tot)

abandon *nm* **1** *(action de quitter)* (het) in de steek laten **2** *(action de céder)* (het) afstand doen **3** *(cessation)* (het) opgeven, *(sports)* (het) uitvallen **4** *(laisser-aller)* losheid *nf,* ongedwongenheid *nf* ♦ **jardin à l'~** verwilderde tuin; **laisser à l'~** verwaarlozen

abandonné, -ée *adj* **1** *(délaissé)* in de steek gelaten, verwaarloosd; **~ à soi-même** aan zichzelf overgelaten **2** *(désert)* verlaten

abandonner *vt* **1** *(quitter)* verlaten, *(laisser dans l'embarras)* in de steek laten; **~ un enfant** een kind te vondeling leggen **2** *(renoncer à)* opgeven; **~ une charge** een ambt neerleggen **3** *(laisser à)* overleveren (aan); **s'abandonner** *vpr* **1** *(se laisser aller à)* zich overgeven (aan); **s'~ à ses pensées** zijn gedachten de vrije loop laten **2** *(perdre courage)* de moed verliezen

abasourdir *vt* **1** *(étourdir par le bruit)* verdoven **2** *(stupéfier)* verbijsteren

abat-jour *nm* lampenkap *de*

abats *nm* orgaanvlees *het*

abattage *nm* **1** *(arbres)* (het) hakken, (het) vellen **2** *(animaux de boucherie)* (het) slachten

abattement *nm* **1** *(rabais)* vermindering *nf* **2** *(épuisement)* uitputting *nf* **3** *(découragement)* neerslachtigheid *nf*

abattoir *nm* slachthuis *het*

abattre *vt* **1** *(faire tomber)* neerhalen **2** *(un arbre)* omhakken **3** *(démolir)* slopen **4** *(un avion)* neerhalen **5** *(qqn avec une arme à feu)* neerschieten, *(animal blessé)* afmaken **6** *(épuiser)* uitputten **7** *(décourager)* neerslachtig maken; **se laisser ~** de moed verliezen; **s'abattre** *vpr* **1** *(tomber)* neerstorten **2** *(+ sur)* *(se laisser tomber sur)* neerdalen (op) **3** *(se jeter sur)* zich storten (op)

abattu, -ue *adj* **1** *(faible)* verzwakt, uitgeput **2** *(triste)* bedrukt **3** *(détruit en vol)* neergehaald

abbaye *nf* abdij *nf*

abbé *nm* **1** *(supérieur d'un monastère)* abt *nm* **2** *(prêtre)* geestelijke *nm,* priester *nm*

abbesse *nf* abdis *nf*

abc *nm* **1** *(livre)* abc-boek *het* **2** *(rudiments)* (eerste) beginselen *plur*

abcès *nm* abces *het*

abdication *nf* **1** *(renonciation à la couronne)* troonsafstand *nm* **2** *(renonciation à)* (het) afstand doen (van)

abdiquer *vt* **1** *(renoncer au pouvoir)* afstand doen van; **le roi a abdiqué** de koning is afgetreden **2** *(renoncer à (une chose))* opgeven; **j'abdique** ik geef het op

abdomen *nm* **1** *(ventre)* buik *nm* **2** *(insectes)* achterlijf *het*

abdominal, -ale *adj* buik-; **les abdominaux** de buikspieren; **faire des abdominaux** buikspieroefeningen doen

abeille *nf* (honing)bij *de*

aberrant, -ante *adj* **1** *(anormal)* afwijkend **2** *(insensé)* absurd
aberration *nf* dwaasheid *nf*
abêtir *vt* dom(mer) maken; **s'abêtir** *vpr* dom worden, afstompen
abîme *nm* **1** *(précipice)* afgrond *nm; (fig.)* **être au bord de l'~** aan de rand van de afgrond staan **2** *(divergence)* (diepe) kloof *de*
abîmer *vt* **1** *(endommager (qqch))* beschadigen **2** *(amocher (qqn))* lelijk toetakelen; **s'abîmer** *vpr* stukgaan
abject, -ecte *adj* verachtelijk
abjurer *vt* afzweren
ablation *nf (méd.)* wegneming *nf*
abnégation *nf* zelfverloochening *nf*, zelfopoffering *nf*
aboiement *nm* geblaf *het*
abois *nm* ♦ **être aux ~** ten einde raad zijn
abolir *vt* afschaffen
abolition *nf* afschaffing *nf*
abominable *adj* afschuwelijk
abomination *nf* gruwel *nm*
abondance *nf* overvloed (van) *nm*; **en ~** in overvloed, meer dan genoeg
abondant, -ante *adj* overvloedig, rijkelijk
abonder *vi* **1** *(foisonner)* overvloedig zijn **2** *(+ en) (avoir en quantité)* (iets) in overvloed hebben
abonné, -ée *n* abonnee *nm*, abonnementhouder *nm*; **être aux ~s absents** niet thuis geven, het laten afweten; **j'y suis ~** ik ben erop geabonneerd *(aussi au fig.)*
abonnement *nm* abonnement *het*
abonner *vt* (iemand) abonneren, een abonnement geven aan (iemand); **s'abonner (à)** *vpr* zich abonneren (op), een abonnement nemen (op)
abord *nm* **1** *(plur.) (alentours)* directe omgeving *nf*, omtrek *nm* **2** *(manière d'aborder)* benadering *nf*; **être d'un ~ difficile** moeilijk te benaderen zijn ♦ **au premier ~** op het eerste gezicht; **d'~** eerst, in de eerste plaats; **tout d'~** allereerst
abordable *adj* **1** *(accessible)* toegankelijk **2** *(pas cher)* schappelijk
abordage *nm* **1** *(assaut)* entering *nf*; **à l'~ !** enteren! **2** *(collision)* aanvaring *nf*
[1]**aborder** *vi (arriver au rivage)* landen, aanleggen
[2]**aborder** *vt* **1** *(arriver à)* bereiken, naderen; **~ un virage** een bocht ingaan **2** *(accoster)* aanspreken **3** *(entamer)* aansnijden **4** *(accrocher)* enteren
aborigène *nm* inboorling *nm* ♦ **plante ~** inheemse plant
aboutir *vi* **1** *(+ à) (se terminer dans)* uitkomen (op), uitmonden (in) **2** *(+ à) (mener à)* uitlopen (op), leiden (tot); **n'~ à rien** nergens toe leiden **3** *(réussir)* slagen; **faire ~ qqch** iets tot een goed einde brengen; **le projet n'a pas abouti** het project is niet doorgegaan
aboutissement *nm* **1** *(résultat)* (eind)resultaat *het* **2** *(fait d'avoir un résultat)* (het) slagen
aboyer *vi* blaffen (naar, tegen)
abrasif, -ive *adj* schuur-; **l'abrasif** het schuurmiddel
abrégé *nm* samenvatting *nf*; **en ~** in het kort *(en résumé)*; afgekort *(en abréviation)*
abréger *vt* korter maken; **pour ~** kortom; **~ un texte** een tekst inkorten; **~ ses vacances** zijn vakantie afbreken
abreuver *vt* **1** *(faire boire)* drenken **2** *(combler de)* overstelpen (met); **s'abreuver** *vpr* overvloedig drinken
abreuvoir *nm* drinkplaats *de*
abréviation *nf* afkorting *nf*
abri *nm* **1** *(lieu où l'on est à couvert)* schuilplaats *de*; **être à l'~** in veiligheid zijn; **à l'~ de** beschut tegen *(concr.)*; gevrijwaard tegen *(abstr.)*; **se mettre à l'~** schuilen, dekking zoeken **2** *(refuge de voyageurs)* wachthuisje *het*, overdekte halte *de* **3** *(blockhaus)* bunker *nm*
abricot *nm* abrikoos *de*
abricotier *nm* abrikozenboom *nm*
abriter *vt* **1** *(protéger de)* beschermen (tegen), beschutten (tegen) **2** *(héberger)* herbergen; **s'abriter** *vpr (se préserver de)* schuilen (voor) ♦ **s'~ derrière qqn** zich achter iemand verschuilen
abroger *vt (une loi)* intrekken
abrupt, -upte *adj* **1** *(escarpé)* steil **2** *(trop direct)* kortaf
abruti, -ie *adj* **1** *(assommé)* afgestompt, suf **2** *(stupide)* stom; *(subst.)* **espèce d'~** sufferd die je bent
abrutir *vt* **1** *(assommer)* afstompen **2** *(abêtir)* dom maken; **s'abrutir** *vpr* zich afstompen
abrutissant, -ante *adj* geestdodend
ABS *nm* ♦ **système ~** ABS, antiblokkeersysteem
absence *nf* **1** *(fait d'être absent, manquant)* afwezigheid *nf*; **en l'~ de** bij afwezigheid van **2** *(distraction)* verstrooidheid *nf*; **il a souvent des ~s** hij is er vaak niet bij met z'n gedachten
absent, -ente *adj* **1** *(manquant)* afwezig; **l'absent(e)** de afwezige **2** *(distrait)* verstrooid
absentéisme *nm* absenteïsme *het*, opzettelijk verzuim *het*
s'absenter *vpr* (tijdelijk) afwezig zijn
absolu, -ue *adj* **1** *(total(ement))* absoluut; **confiance ~e** onbeperkt vertrouwen; *(philo.)* **l'absolu** het absolute; **~ment !** beslist! **2** *(parfait)* volkomen; **c'est ~ment faux** dat is volkomen onjuist
absorbant, -ante *adj* **1** *(qui absorbe qqch)* absorberend **2** *(qui occupe qqn)* alle aandacht vergend
absorber *vt* **1** *(retenir)* opnemen, absorberen **2** *(ingérer)* tot zich nemen **3** *(engloutir)* verslinden **4** *(occuper)* geheel en al in beslag nemen; **s'absorber** *vpr* zich verdiepen (in)

absorption *nf* **1** *(action de retenir)* absorptie *nf,* opname *de (dans le sang)* **2** *(ingestion)* (het) tot zich nemen

absoudre *vt* (iemand iets) vergeven, *(relig.)* de zonden kwijtschelden aan (iemand)

s'abstenir *vpr* **1** *(ne pas faire)* afzien (van) **2** *(ne pas voter)* zich onthouden (bij) **3** *(renoncer à)* zich onthouden (van)

abstention *nf* onthouding *nf*

abstentionnisme *nm* stemonthouding *nf*

abstinence *nf* **1** *(privation volontaire)* (het) vasten **2** *(sobriété)* matigheid *nf* **3** *(euph.) (chasteté)* (seksuele) onthouding *nf*

abstraction *nf* abstractie *nf;* **faire ~ de qqch** iets buiten beschouwing laten; **~ faite de** afgezien van

abstrait, -aite *adj* abstract; **dans l'~** in abstracto, abstract (bezien)

absurde *adj* ongerijmd, absurd; **démonstration par l'~** bewijs uit het ongerijmde

absurdité *nf* ongerijmdheid *nf;* **dire des ~s** onzin praten

abus *nm* misbruik (van) *het;* **~ d'alcool** alcoholmisbruik; **~ de confiance** misbruik van vertrouwen ♦ **il y a de l'~ !** het loopt de spuigaten uit!

[1]**abuser (de)** *vi* **1** *(user mal)* misbruik maken (van); **vous abusez** u gaat te ver **2** *(violer)* misbruiken

[2]**abuser** *vt (duper)* misleiden; **s'abuser** *vpr* zich vergissen

abusif, -ive *adj* verkeerd, *(comme adv. aussi)* ten onrechte ♦ **mère abusive** bazige moeder; **prix ~** woekerprijs

acabit *nm* ♦ **du même ~** van hetzelfde slag

acacia *nm* acacia *nm*

académicien, -ienne *n* lid *het (m), het (f)* van de Académie (française)

académie *nf* **1** *(société savante)* academie *nf* **2** *(circonscription)* onderwijsdistrict *het*

académique *adj* **1** *(conventionnel)* schools, conventioneel **2** *(savant)* academisch

acajou *nm* **1** *(arbre)* mahonieboom *nm* **2** *(bois)* mahoniehout *het*

acariâtre *adj* kregel

accablant, -ante *adj* **1** *(accusateur)* verpletterend **2** *(écrasant)* drukkend

accablement *nm* neerslachtigheid *nf*

accabler *vt* **1** *(combler de)* overladen (met); **être accablé de fatigue** hondsmoe zijn; **être accablé de travail** tot over zijn oren in het werk zitten **2** *(abreuver de)* overladen (met); **~ qqn d'injures** iemand de huid vol schelden

accalmie *nf* **1** *(mar.)* korte windstilte *nf* **2** *(fig.)* rustpauze *de*

accaparant, -ante *adj* **1** *(qui occupe l'attention)* alle aandacht opeisend **2** *(qui prend du temps)* tijdrovend

accaparer *vt* **1** *(écon.)* wegkopen **2** *(monopoliser)* in beslag nemen; **~ qqn** beslag leggen op iemand

accéder (à) *vi* **1** *(à une fonction, un état)* bereiken; **~ à l'indépendance** onafhankelijk worden; **~ au pouvoir** aan de macht komen **2** *(avoir accès à)* toegang hebben (tot) **3** *(consentir)* inwilligen

accélérateur *nm* gaspedaal *het/de (m);* **lâcher l'~** gas terugnemen

accélération *nf* versnelling *nf*

accéléré *nm* versneld afgedraaid (film)-fragment *het;* **en ~** versneld *(adj.)*

[1]**accélérer** *vi* **1** *(prendre de la vitesse)* optrekken **2** *(augmenter la vitesse)* gas geven

[2]**accélérer** *vt* versnellen; **service accéléré** expresdienst; **s'accélérer** *vpr* sneller gaan

accent *nm* **1** *(mise en relief; aussi au fig.)* klemtoon *nm,* nadruk *nm;* **~ tonique** klemtoon **2** *(écart de prononciation)* accent *het;* **avoir l'~ anglais** met een Engels accent spreken **3** *(signe graphique)* accent *het*

accentuation *nf* **1** *(signes graphiques)* plaatsing *nf* van accenten **2** *(mise en relief)* nadruk *nm* **3** *(augmentation)* verscherping *nf*

accentué, -ée *adj* **1** *(portant l'accent)* beklemtoond **2** *(marqué)* duidelijk, scherp (uitkomend); **des traits ~s** scherpe gelaatstrekken

accentuer *vt* **1** *(mettre en relief)* de klemtoon leggen op **2** *(inscrire le signe sur)* het accent plaatsen op **3** *(augmenter)* versterken; **s'accentuer** *vpr* sterker worden

acceptabilité *nf* ♦ **seuil d'~** grens van wat acceptabel is

acceptable *adj* aanvaardbaar

acceptation *nf* **1** *(consentement)* goedkeuring *nf* **2** *(résignation)* aanvaarding *nf*

accepter *vt* **1** *(recevoir volontiers)* aannemen; **~ pour époux** tot echtgenoot nemen **2** *(supporter)* aanvaarden **3** *(consentir)* toestemmen in; **~ de venir** erin toestemmen te komen

acception *nf* betekenis *nf;* **dans toute l'~ du mot** in de volle zin des woords

accès *nm* **1** *(entrée; aussi au fig., inform.)* toegang *nm;* **voie d'~** toegangsweg, invalsweg **2** *(crise)* aanval *nm,* vlaag *de;* **~ de colère** woede-uitbarsting

accessible *adj* **1** *(où l'on peut entrer; à portée de main)* toegankelijk, bereikbaar **2** *(abordable)* schappelijk **3** *(+ à) (qui peut être compris par)* begrijpelijk (voor) **4** *(qu'on peut rencontrer)* benaderbaar

accession *nf* (het) bereiken (van); **~ au trône** (de) troonsbestijging

accessoire *adj* bijkomend; *(adv.)* **accessoirement** daarnaast; *(fig.)* **l'accessoire** de bijzaak; **les ~s** de accessoires; *(au théâtre)* de rekwisieten

accident *nm* **1** *(catastrophe)* ongeval *het,*

ongeluk *het;* **~ de la route** verkeersongeval **2** *(hasard)* toeval *het;* **par ~** toevallig **3** *(géo.)* oneffenheid *nf*

accidenté, -ée *adj* **1** *(endommagé)* verongelukt; **l'~(e) (de la route)** het verkeersslachtoffer **2** *(géo.)* geaccidenteerd

accidentel, -elle *adj* **1** *(dû à un malheur)* door een ongeval veroorzaakt **2** *(imprévu(e))* toevallig

acclamation *nf* toejuiching *nf,* bijval *nm*

acclamer *vt* toejuichen

s'acclimater *vpr* acclimatiseren

accolade *nf* **1** *(signe typographique)* accolade *nf* **2** *(légère étreinte)* omhelzing *nf*

accommodant, -ante *adj* inschikkelijk

accommoder *vt* **1** *(adapter à)* aanpassen (aan) **2** *(apprêter)* toebereiden; **s'accommoder** *vpr* **1** *(s'adapter à)* zich aanpassen (aan) **2** *(se contenter de)* zich schikken (in)

accompagnateur, -trice *n (guide)* begeleid(st)er *nm (nf) (aussi mus.)*

accompagnement *nm* **1** *(mus.)* begeleiding *nf* **2** *(garniture)* groentegerecht *het*

accompagner *vt* **1** *(se joindre à qqn)* begeleiden, vergezellen **2** *(+ de) (ajouter qqch) (cuis.)* garneren (met) **3** *(mus.)* begeleiden

accompli, -ie *adj* volmaakt, perfect

accomplir *vt (devoir, tâche, souhait)* vervullen, *(projet, ordre)* uitvoeren; **~ sa peine** zijn straf uitzitten; **s'accomplir** *vpr* geschieden

accomplissement *nm* vervulling *nf*

accord *nm* **1** *(entente)* overeenstemming *nf;* **d'un commun ~** eenstemmig; **d'~** in orde, afgesproken; **tomber, se mettre d'~** het eens worden **2** *(arrangement)* overeenkomst *nf;* **conclure un ~** een akkoord sluiten **3** *(autorisation)* toestemming *nf;* **donner son ~ à qqch** met iets instemmen **4** *(mus.)* akkoord *het*

accordéon *nm* accordeon *het/de (m)*

accorder *vt* **1** *(assortir à)* in overeenstemming brengen **2** *(admettre)* toegeven, erkennen **3** *(octroyer; attribuer)* toekennen; **~ une faveur à qqn** iemand een gunst bewijzen **4** *(+ avec) (ling.)* doen overeenstemmen (met) **5** *(mettre au diapason)* stemmen; **s'accorder** *vpr* **1** *(être assortis)* bij elkaar passen **2** *(tomber d'accord)* het eens worden dat ..., tot overeenstemming komen om ... **3** *(+ avec) (ling.)* overeenstemmen (met), zich richten (naar) ♦ **s'~ qqch** zich iets gunnen

[1]**accoster** *vi* aanleggen

[2]**accoster** *vt (mar., astronaut.)* langszij komen van

accotement *nm* berm *nm*

accouchement *nm* bevalling *nf*

[1]**accoucher** *vi* **1** *(donner naissance à)* bevallen (van) **2** *(produire)* met moeite eruit persen

[2]**accoucher** *vt (aider à accoucher)* verlossen

accoucheur, -euse *n* verloskundige *nm*

s'accouder *vpr* met de elleboog, ellebogen leunen (op)

accoudoir *nm* armsteun *nm*

accouplement *nm* **1** *(saillie)* paring *nf* **2** *(assemblage)* koppeling *nf*

accoupler *vt* **1** *(joindre par deux)* koppelen **2** *(faire s'unir)* laten paren; **s'accoupler** *vpr* paren (met)

accourir *vi* toesnellen

accoutrement *nm* rare kledij *nf*

s'accoutrer *vpr* zich uitdossen

accoutumance *nf* gewenning (aan) *nf*

accoutumé, -ée *adj* gebruikelijk

accoutumer *vt* (doen) wennen (aan); **s'accoutumer** *vpr* wennen (aan)

accréditer *vt* **1** *(rendre plausible)* geloofwaardig maken **2** *(donner autorité à qqn)* accrediteren ♦ **être accrédité auprès d'un banquier** krediet hebben bij een bankier

accro *n* junk(ie) *nm;* **être ~** hooked zijn; **être ~ au chocolat** verslaafd aan chocola zijn

accroc *nm* **1** *(déchirure)* winkelhaak *nm,* scheur *de* **2** *(difficulté)* kink *nm* in de kabel; **sans ~** probleemloos

accrochage *nm* **1** *(léger accident)* lichte aanrijding *nf* **2** *(dispute)* ruzietje *het*

[1]**accrocher** *vi* **1** *(fonctionner mal)* blijven steken **2** *(retenir l'attention)* blikvanger zijn

[2]**accrocher** *vt* **1** *(pendre)* ophangen **2** *(retenir par un crochet)* blijven haken, *(bas)* ophalen, *(voiture)* licht aanrijden; **~ une voiture** een lichte aanrijding met een auto hebben **3** *(aborder)* aanklampen, *(attention)* weten te vangen; **s'accrocher** *vpr* **1** *(se cramponner à)* zich vastklampen (aan) *(aussi au fig.),* zich vastgrijpen (aan); **s'~ à qqn** aan iemand blijven plakken **2** *(ne pas céder)* volharden ♦ **s'~ avec qqn** met iemand in aanvaring komen

accrocheur, -euse *adj* **1** *(très tenace)* hardnekkig **2** *(qui retient l'attention)* opvallend; **titre ~** pakkende titel

accroissement *nm* groei *nm,* toename *de*

accroître *vt* doen groeien; **s'accroître** *vpr* (aan)groeien

s'accroupir *vpr* (neer)hurken; **elle s'était accroupie** ze zat gehurkt; **l'homme accroupi** de hurkende man

accru, -ue *adj* groter, sterker

accueil *nm* **1** *(fait de recevoir)* ontvangst *nf, (Belg.)* onthaal *het;* **centre d'~** opvangcentrum; **faire bon ~ à qqn** iemand goed ontvangen; **accueil périscolaire** buitenschoolse opvang; **terre d'~** gastland **2** *(comptoir)* receptie *nf, (Belg.)* onthaal *het*

accueillant, -ante *adj* **1** *(personnes)* gastvrij **2** *(choses)* gezellig

accueillir *vt* **1** *(recevoir)* ontvangen **2** *(recevoir bien ou mal)* een onthaal vinden;

être bien accueilli een goed onthaal vinden
accumulateur *nm* accu(mulator) *nm*
accumulation *nf* opeenhoping *nf*
accumuler *vt* opeenhopen; **s'accumuler** *vpr* zich ophopen
accusateur, -trice *adj* beschuldigend; **l'accusateur, l'accusatrice** de aanklager, aanklaagster
accusation *nf* **1** *(action d'accuser)* beschuldiging *nf* **2** *(plainte)* aanklacht *de*
[1]**accusé** *nm* ♦ **~ de réception** bericht van ontvangst
[2]**accusé, -ée** *n* beschuldigde *nm,* verdachte *nm*
[3]**accusé, -ée** *adj* scherp uitkomend, geprononceerd
accuser *vt* **1** *(+ de) (incriminer)* beschuldigen (van), aanklagen (wegens); **tout l'accuse** alles spreekt tegen hem **2** *(blâmer qqch)* de schuld geven aan **3** *(accentuer)* doen uitkomen ♦ **~ réception** ontvangst berichten; **accuser un recul** teruglopen, achteruitgaan; **s'accuser** *vpr* **1** *(+ de) (s'avouer coupable)* zichzelf de schuld geven (van); **s'~ d'avoir fait qqch** zichzelf iets verwijten **2** *(s'accentuer)* duidelijker uitkomen **3** *(s'incriminer mutuellement)* elkaar beschuldigen
acerbe *adj* scherp
acéré, -ée *adj* scherp, puntig
achalandé, -ée *adj* ♦ **bien ~** goed gesorteerd
acharné, -ée *adj* hardnekkig; **être ~ à qqch** hardnekkig bezig zijn met iets
acharnement *nm* hardnekkigheid *nf;* **avec ~** hardnekkig
s'acharner *vpr* hardnekkig volhouden (met); **le sort s'acharne contre lui** het noodlot achtervolgt hem steeds
achat *nm* **1** *(action d'acheter)* (het) kopen; **faire l'~ de qqch** iets aanschaffen, kopen; **~ en ligne** het online kopen *(action);* onlineaankoop *(produit)* **2** *(plur.) (emplettes)* inkopen *plur,* boodschappen *plur*
acheminer *vt* verzenden (naar); **s'acheminer (vers)** *vpr* zich begeven (naar), *(fig.)* op weg zijn (naar)
acheter *vt* **1** *(obtenir à prix d'argent; acquérir)* kopen; **~ qqch à qqn** iets van iemand kopen *(être client);* iets voor iemand kopen *(faire un achat destiné à qqn)* **2** *(corrompre)* omkopen; **s'acheter** *vpr* **1** *(s'offrir)* (iets) voor zichzelf kopen **2** *(pouvoir être acheté)* te koop zijn
acheteur, -euse *n* **1** *(client)* koper, koopster *nm, nf* **2** *(agent d'un commerçant)* inkoper, inkoopster *nm, nf*
achevé, -ée *adj* **1** *(parfait)* volkomen, volmaakt **2** *(terminé)* beëindigd
achèvement *nm* voltooiing *nf*
achever *vt* **1** *(terminer)* beëindigen; **avoir achevé** klaar hebben; *(livre)* uit hebben; *(plat, repas)* op hebben **2** *(tuer)* afmaken **3** *(donner le coup de grâce à)* de genadeslag geven aan; **s'achever** *vpr* eindigen
acide *adj* zuur; **l'acide** het zuur
acidité *nf* **1** zuurheid *nf,* zure smaak *nm* **2** *(chim.)* zuurte *nf*
acidulé, -ée *adj* rins, zuurachtig; **bonbons ~s** zuurtjes
acier *nm* **1** *(produit)* staal *het;* **d'~** stalen *(aussi au fig.)* **2** *(industrie)* staalindustrie *nf*
aciérie *nf* staalfabriek *nf*
acné *nf* (vet)puistjes *plur;* **~ juvénile** jeugdpuistjes
acolyte *nm* kornuit *nm*
acompte *nm* voorschot *het,* aanbetaling *nf*
à-côté *nm* **1** *(point accessoire de)* bijkomstigheid (bij) *nf,* bijzaak (naast) *de* **2** *(gain d'appoint)* bijverdienste *nf*
à-coup *nm* stoot *nm;* **par ~s** bij vlagen; **sans ~s** regelmatig, gladjes
acoustique *adj* **1** *(sonore)* akoestisch, geluids-; **l'acoustique** *(phys.)* de geluidsleer; *(d'un local)* de akoestiek **2** *(qui sert à l'audition)* gehoor(s)-
acquéreur *nm* koper, koopster *nm, nf*
acquérir *vt* **1** *(obtenir)* verkrijgen, verwerven; **~ de l'expérience** ervaring opdoen **2** *(acheter)* kopen
acquiescement *nm* toestemming *nf,* instemming *nf (l'article indéfini est exclu)*
acquiescer *vi* instemmen (met), toestemmen (in)
acquis, -ise *adj* **1** *(obtenu)* verkregen, verworven; **l'acquis** de verworven kennis; **les acquis sociaux** de sociale verworvenheden, de sociale rechten **2** *(définitif)* vaststaand ♦ **il est ~ à notre projet** hij staat geheel achter ons plan
acquisition *nf* **1** *(achat)* aankoop *nm;* **faire l'~ de qqch** iets kopen, iets aanschaffen **2** *(fait d'obtenir)* verwerving *nf*
acquit *nm* kwitantie *nf* ♦ **par ~ de conscience** voor alle zekerheid; **pour ~** voldaan
acquittement *nm* **1** *(paiement)* vereffening *nf,* betaling *nf* **2** *(décharge d'une accusation)* vrijspraak *de*
acquitter *vt* **1** *(payer)* vereffenen, betalen **2** *(décharger d'une accusation)* vrijspreken; **s'acquitter** *vpr (accomplir)* zich kwijten (van); **s'~ de ses engagements** zijn verplichtingen nakomen
âcre *adj* wrang
acrobate *n* acro|baat, -bate *nm, nf*
acrobatie *nf* acrobatiek *nf*
acrobatique *adj* acrobatisch
acte *nm* **1** *(pièce écrite)* akte *de;* **dont ~** waarvan akte; **prendre ~ de qqch** iets constateren **2** *(action)* daad *de,* handeling *nf;* **~ criminel** misdrijf; **faire ~ de présence** zich kortstondig ergens vertonen; **faire ~ de candidature** zich kandidaat stellen; **passer aux ~s** overgaan tot handelen **3** *(partie d'une pièce; épisode)* bedrijf *het*

acteur, -trice *n* **1** *(comédien)* acteur, actrice *nm, nf,* toneel|speler, -speelster *nm, nf* **2** *(protagoniste)* medespeler *nm*

[1]**actif** *nm* **1** *(patrimoine)* activa *plur;* **avoir à son ~** op zijn naam hebben staan **2** *(ling.)* bedrijvende vorm *nm*

[2]**actif, -ive** *adj* actief; **population active** beroepsbevolking; *(ling.)* **la voix active** de bedrijvende vorm

action *nf* **1** *(acte)* daad *de;* **une bonne ~** een goede daad; **entrer en ~** tot handelen overgaan **2** *(effet)* inwerking *nf* **3** *(activité; combat)* actie *nf;* **en ~** in (volle) actie; **mettre en ~** in werking stellen; **passer à l'~** in actie komen **4** *(en justice)* (rechts)vordering *nf* **5** *(titre)* aandeel *het* **6** *(intrigue)* handeling *nf*

actionnaire *n* aandeelhoud(st)er *nm (nf)*

actionner *vt* in bedrijf stellen

activer *vt* **1** *(accélérer)* versnellen **2** *(stimuler)* aanwakkeren; **s'activer** *vpr* **1** *(s'affairer)* druk in de weer zijn **2** *(se presser)* zich (voort)haasten

activité *nf* **1** *(dynamisme; occupations)* activiteit *nf,* bedrijvigheid *nf;* **en ~** in werking; **en pleine ~** volop in bedrijf; **~ professionnelle** beroep(sbezigheid) **2** *(vie active)* beroepsleven *het;* **en ~** in actieve dienst

actualiser *vt* **1** *(concrétiser)* verwezenlijken **2** *(moderniser)* herzien **3** *(écon.)* omrekenen naar het huidige prijspeil

actualité *nf* **1** *(intérêt; évènements)* actualiteit *nf;* **être d'~** actueel zijn; **cette question n'est pas d'~** die vraag, kwestie is nu niet aan de orde; **sujet d'~** actueel onderwerp **2** *(plur.) (nouvelles)* nieuws *het*

actuel, -elle *adj* **1** *(présent)* tegenwoordig, *(adj. aussi)* huidig; **à l'heure ~le** tegenwoordig **2** *(de faits récents)* actueel

acuité *nf* scherpte *nf;* **~ visuelle** gezichtsscherpte

acuponcture, acupuncture *nf* acupunctuur *nf*

adaptable *adj* aanpasbaar

adaptateur *nm* adapter *nm*

adaptation *nf* **1** *(accommodation)* aanpassing *nf* **2** *(arts)* bewerking *nf*

adapter *vt* **1** *(accorder à)* aanpassen (aan) **2** *(ajuster à)* bevestigen (op) **3** *(arts)* bewerken; **s'adapter** *vpr* **1** *(s'habituer à)* zich aanpassen (aan) **2** *(s'ajuster à)* precies passen (op)

additif, -ive *adj* additief; **l'~ (à)** de toevoeging (aan)

addition *nf* **1** *(note)* rekening *nf;* **régler l'~** afrekenen; **garçon, l'~, s'il vous plaît !** ober, afrekenen graag! **2** *(somme)* optelling *nf;* **faire une ~** een optelling maken **3** *(adjonction; ajout)* toevoeging *nf*

additionner *vt* **1** *(faire l'addition)* optellen (bij); **~ qqch à qqch** iets bij iets optellen **2** *(ajouter à)* toevoegen (aan)

adepte *n* volgeling(e) *nm (nf),* aanhanger *nm*

adéquat, -ate *adj* adequaat (voor)

adhérence *nf (pneus)* grip *nm*

adhérent, -ente *adj* **1** *(qui colle à)* (vast)klevend (aan) **2** *(qui est membre de)* aangesloten (bij); **l'~ du club** het lid van de club

adhérer *vi* **1** *(être d'accord avec)* instemmen (met), *(Belg.)* bijtreden **2** *(s'inscrire à)* lid worden (van), zich aansluiten (bij) **3** *(coller (à la route))* grip hebben (op)

adhésif, -ive *adj* zelfklevend, plak-; **l'adhésif** het plakkertje; **pansement ~** hechtpleister; **ruban ~** (zelfklevend) plakband

adhésion *nf* **1** *(inscription à)* aansluiting (bij) *nf,* toetreding (tot) *nf;* **bulletin d'~** aanmeldingsformulier **2** *(accord avec)* instemming (met) *nf* **3** *(phys.)* adhesie *nf*

[1]**adieu** *nm* afscheid *het;* **faire ses ~x à qqn** afscheid nemen van iemand

[2]**adieu** *interj* vaarwel!, tot weerziens!; **dire ~ à qqch** iets opgeven

adjacent, -ente *adj* aangrenzend, belendend

adjectif, -ive *adj* bijvoeglijk; **l'adjectif** het bijvoeglijk naamwoord

adjoindre *vt* toevoegen (aan)

adjoint, -ointe *n* **1** *(assistant)* adjunct *nm,* medewerk(st)er *nm (nf);* **directeur ~** adjunct-directeur **2** *(adjoint au maire)* wethouder *nm*

adjonction *nf* toevoeging (aan) *nf*

adjudant *nm* adjudant(-onderofficier) *nm*

adjudication *nf* **1** *(marché)* aanbesteding *nf,* gunning *nf;* **mettre qqch en ~** iets aanbesteden **2** *(enchères)* (openbare) veiling *nf*

adjuger *vt* toewijzen; **adjugé (vendu) !** verkocht!; **s'adjuger** *vpr* zich toe-eigenen

admettre *vt* **1** *(accepter de recevoir)* toelaten; **être admis à l'examen** voor het examen geslaagd zijn **2** *(reconnaître)* toegeven; **chose communément admise** algemeen aanvaard iets **3** *(supposer)* aannemen; **admettons que vous ayez raison** laten we even aannemen dat u gelijk hebt **4** *(tolérer)* dulden; **le règlement n'admet aucune exception** het reglement duldt geen uitzonderingen; **n'~ aucun retard** geen uitstel kunnen lijden

administrateur, -trice *n* beheerder, beheerster *nm, nf;* **~ délégué** afgevaardigd beheerder

administratif, -ive *adj* **1** *(des tâches d'administration)* administratief **2** *(de l'Administration)* overheids- *(adj.),* van overheidswege *(adv.)*

administration *nf* beheer *het*

Administration *nf* **1** *(gouvernement)* bestuur *het* **2** *(services publics)* overheidsapparaat *het, (Belg.)* administratie *nf*

administrer *vt* **1** *(gérer)* beheren **2** *(gouverner)* besturen **3** *(donner à)* toedienen (aan)

admirable *adj* bewonderenswaardig
admirateur, -trice *adj* bewonderend; **l'admirateur, l'admiratrice** de bewonderaar(ster)
admiratif, -ive *adj* bewonderend
admiration *nf* bewondering *nf*; **être en ~ devant qqch** vol bewondering zijn voor iets
admirer *vt* bewonderen
admissible *adj* toelaatbaar ♦ **candidat déclaré ~** tot het mondeling toegelaten kandidaat
admission *nf* toelating *nf*
ADN *nm* DNA *het*
adolescence *nf* jeugd *de*
adolescent, -ente, ado *n* jongere *nm*, tiener *nm*
s'adonner (à) *vpr* **1** *(s'appliquer)* zich helemaal wijden (aan) **2** *(être dépendant)* verslaafd zijn (aan)
adopter *vt* **1** *(prendre pour enfant)* adopteren **2** *(faire sien)* aannemen, overnemen **3** *(voter)* goedkeuren
adoptif, -ive *adj* **1** *(qui a été adopté)* aangenomen, adoptie- **2** *(qui a adopté)* adoptief-, pleeg-; **parents ~s** adoptieouders
adoption *nf* **1** *(d'un enfant)* adoptie *nf*; **patrie d'~** tweede vaderland **2** *(d'une loi)* goedkeuring *nf*
adorable *adj* schattig; **tu es ~** je bent een schat
adorateur, -trice *n* aanbidder, aanbidster *nm, nf* (van)
adoration *nf* **1** *(culte)* aanbidding *nf* **2** *(amour)* vurige liefde *nf*; **être en ~ devant qqn** iemand verafgoden
adorer *vt* **1** *(vénérer; aimer)* aanbidden **2** *(avoir un goût vif pour)* dol zijn op; **j'adore aller au cinéma** ik ga ontzettend graag naar de film
adosser *vt* (met de achterkant) aanzetten (tegen); **être adossé à la porte** met de rug tegen de deur staan; **s'adosser** *vpr* met de rug gaan staan (tegen)
adoucir *vt* **1** *(rendre plus agréable)* verzachten **2** *(rendre moins calcaire)* ontharden; **s'adoucir** *vpr* milder worden
adoucissant, -ante *adj* verzachtend; **l'adoucissant** de wasverzachter
adoucissement *nm* **1** *(l'action d'adoucir)* (het) milder maken **2** *(l'action de s'adoucir)* (het) milder worden **3** *(atténuation)* leniging (van) *nf* **4** *(de l'eau)* ontharding *nf*
adresse *nf* **1** *(domicile; inform.)* adres *het*; *(fig.)* **à l'~ de** aan het adres van; **~ e-mail** e-mailadres **2** *(dextérité; finesse)* behendigheid *nf*; **avec ~** behendig
adresser *vt* **1** *(émettre vers)* richten (tot) **2** *(faire parvenir à)* sturen (naar); **s'adresser** *vpr* **1** *(parler, avoir recours à)* zich richten (tot), zich wenden (tot) **2** *(être destiné à)* bestemd zijn (voor)
adroit, -oite *adj* handig, behendig
aduler *vt* ophemelen
adulte *adj* volwassen; **l'adulte** de volwassene
adultère *adj (personne)* overspelig, *(relation)* buitenechtelijk; *(infidélité)* **l'adultère** het overspel, de echtbreuk; *(infidèle)* **l'adultère** de echtbreker, echtbreekster
advenir *vb impers* gebeuren; *(prov)* **advienne que pourra** wat ervan komt, dat komt ervan; **quoi qu'il advienne** wat er ook gebeurt
adverbe *nm* bijwoord *het*
adverbial, -ale *adj* bijwoordelijk
adversaire *n* tegenstand(st)er *nm (nf)*
adverse *adj* tegengesteld, vijandig; **partie ~** tegenpartij
adversité *nf* tegenspoed *nm*
aération *nf* luchtverversing *nf*, ventilatie *nf*
aéré, -ée *adj* **1** *(ventilé)* gelucht **2** *(édit.)* gespatieerd
aérer *vt* ventileren, luchten; **s'aérer** *vpr* een luchtje scheppen; *(fig.)* **s'~ la tête** het hoofd leegmaken
aérien, -ienne *adj* **1** *(de l'air)* lucht- **2** *(de l'aviation)* lucht(vaart)-
aérobic *nf* aerobics *plur*
aérodrome *nm* vliegveld *het*
aérodynamique *adj* aerodynamisch; **l'aérodynamique** de aerodynamica; **profil ~** stroomlijn
aérogare *nf* luchthaventerminal *nm*
aéroglisseur *nm* hovercraft *de*, luchtkussenvoertuig *het*
aéronautique *adj* luchtvaarttechnisch; **l'aéronautique** de luchtvaarttechniek
aéronef *nm* luchtvaartuig *het*
aéroport *nm* luchthaven *de*
aéropostal, -ale *adj* luchtpost-
aérosol *nm* **1** *(dispersion)* aerosol *het/de (m)* **2** *(bombe)* spuitbus *de*
aérospatial, -ale *adj* lucht- en ruimtevaart-
affable *adj* beminnelijk
affabuler *vi* fantaseren
affaiblir *vt* **1** *(diminuer)* verzwakken **2** *(atténuer)* doen afnemen; **s'affaiblir** *vpr* zwakker worden
affaiblissement *nm* verzwakking *nf*
affaire *nf* **1** *(question; chose; commerce)* zaak *de*; **avoir ~ à qqn** met iemand te maken hebben; *(iron.)* **la belle ~** het is me wat!; **cela doit faire l'~** dat moet voldoende zijn; **j'en fais mon ~** ik neem het op me; **c'est l'~ d'une seconde** het is een kwestie van een seconde; **être sur une ~** iets op het oog hebben *(avoir en vue)*; aan een zaak werken *(s'occuper de)*; **se tirer d'~** zich uit een moeilijke situatie redden **2** *(scandale)* affaire *de* **3** *(cause)* (rechts)zaak *de*; **~ criminelle** strafzaak **4** *(activité de l'État)* staatszaak *de*; **Affaires étrangères** Buitenlandse Zaken, BZ **5** *(plur.) (activités économiques)* zaken *plur* **6** *(plur.) (objets personnels)* spullen *plur*
affairé, -ée *adj* druk bezig
s'affairer *vpr* druk in de weer zijn

affaissement *nm* verzakking *nf*
s'affaisser *vpr* in elkaar zakken *(aussi au fig.)*
s'affaler *vpr* zich laten vallen
affamé, -ée *adj* **1** *(qui a grand faim)* uitgehongerd **2** *(avide de)* belust (op)
affamer *vt* uithongeren
affectation *nf* **1** *(destination)* bestemming *nf* **2** *(désignation à un poste)* aanstelling *nf* **3** *(pose)* gemaaktheid *nf*
affecté, -ée *adj* gemaakt
affecter *vt* **1** *(feindre)* voorwenden **2** *(destiner à)* bestemmen (voor) **3** *(désigner à)* aanstellen (bij) **4** *(frapper)* treffen
affectif, -ive *adj* gevoels-, gemoeds-; vie affective gevoelsleven
affection *nf* **1** *(attachement)* genegenheid *nf;* prendre qqn en ~ genegenheid voor iemand opvatten **2** *(maladie)* aandoening *nf;* ~ de la peau huidaandoening
affectionner *vt* verknocht zijn aan
affectueux, -euse *adj* hartelijk, teder
affermir *vt* verstevigen; **s'affermir** *vpr* steviger worden
affichage *nm* **1** *(action de poser des affiches)* (het) aanplakken **2** *(inform.)* weergave *het*
affiche *nf* **1** *(feuille)* aanplakbiljet *het,* affiche *het;* rester à l'~, tenir l'~ op het repertoire (blijven) staan **2** *(ensemble des artistes)* gezelschap *het*
affiché, -ée *adj* openlijk geuit, getoond, ...; un objectif clairement ~ een duidelijk geformuleerd doel
afficher *vt* **1** *(poser des affiches; placarder)* aanplakken **2** *(faire étalage de)* te koop lopen met **3** *(inform.)* displayen; **s'afficher** (avec) *vpr* zich in het openbaar vertonen (met)
affilée ♦ d'~ achter elkaar
affiler *vt* slijpen
affiliation *nf* **1** *(fait d'adhérer)* toetreding (tot) *nf* **2** *(fait d'être membre)* lidmaatschap (van) *het*
affilié, -ée *n* lid *het (m), het (f)*
affilier (à) *vt* doen toetreden (tot), tot lid maken (van); société affiliée dochtermaatschappij; **s'affilier** (à) *vpr* toetreden (tot), lid worden (van)
affiner *vt* **1** *(technol.)* affineren **2** *(rendre plus subtil)* verfijnen
affinité *nf* verwantschap *nf*
affirmatif, -ive *adj* **1** *(catégorique)* beslist **2** *(ling.)* bevestigend ♦ dans l'affirmative zo ja
affirmation *nf* **1** *(assertion)* bewering *nf* **2** *(ling.)* bevestiging *nf*
affirmer *vt* **1** *(soutenir)* beweren; ~ son innocence verzekeren dat men onschuldig is **2** *(manifester)* bevestigen **3** *(montrer)* duidelijk tonen
affliction *nf* droefenis *nf*
affligeant, -ante *adj* bedroevend
affliger *vt* (diep) bedroeven ♦ être affligé de behept zijn met
affluence *nf* toeloop (van) *nm*
affluent *nm* zijrivier *de*
affluer *vi* toestromen (naar)
afflux *nm* **1** *(fait d'affluer à)* aandrang (naar) *nm* **2** *(affluence vers)* toeloop (naar) *nm*
affolant, -ante *adj* **1** *(troublant)* verbijsterend **2** *(inquiétant)* verschrikkelijk
affolé, -ée *adj* radeloos
affolement *nm* radeloosheid *nf*
affoler *vt* **1** *(bouleverser)* radeloos maken **2** *(paniquer)* zwaar ongerust maken; **s'affoler** *vpr (paniquer)* de kluts kwijtraken
affranchir *vt* **1** *(rendre libre)* vrijmaken **2** *(un envoi postal)* frankeren
affranchissement *nm* **1** *(libération)* vrijmaking *nf* **2** *(apposition de timbre(s))* frankering *nf*
affréter *vt* charteren
affreux, -euse *adj* **1** *(terrible(ment))* afschuwelijk, verschrikkelijk **2** *(laid)* afzichtelijk
affront *nm* belediging *nf;* faire un ~ à qqn iemand publiekelijk beledigen
affrontement *nm* confrontatie *nf*
affronter *vt* trotseren; **s'affronter** *vpr* met elkaar in botsing komen; les équipes s'affrontent demain de twee ploegen komen morgen tegen elkaar uit
affubler *vt* raar uitdossen; **s'affubler** *vpr* zich raar uitdossen
affût *nm* **1** *(milit.)* affuit *het/de* **2** *(chasse)* loerplaats *de;* être à l'~ de qqch op iets loeren
affûter *vt* slijpen
afghan, -ane *adj* Afghaans; *(veste)* l'afghan het schapenleren jasje; l'Afghan(e) de Afghaan(se)
Afghanistan *nm* Afghanistan *n (sans art.)*
afin ♦ ~ de om te; ~ que opdat
a fortiori *adv* des te eerder
africain, -aine *adj* Afrikaans; l'Africain(e) de Afrikaan(se)
Afrique *nf* Afrika *n (sans art.);* l'~ du Sud Zuid-Afrika
agaçant, -ante *adj* ergerlijk
agacement *nm* ergernis *nf*
agacer *vt* ergeren; ça m'agace ik word er gek van
âge *nm* **1** *(temps de la vie)* leeftijd *nm;* vieux avant l'~ vroeg oud; d'un certain ~ niet zo jong meer; être en ~ de oud genoeg zijn om; enfant en bas ~ jong kind; entre deux ~s van middelbare leeftijd; il fait plus jeune que son ~ hij ziet er jonger uit dan hij is; ~ ingrat puberteit; avoir passé l'~ de te oud zijn om; quel ~ a-t-elle ? hoe oud is zij?; troisième ~ 65-plussers **2** *(ère)* eeuw *de,* tijdperk *het;* d'~ en ~ van geslacht op geslacht; ~ d'or gouden eeuw; ~ de pierre stenen tijdperk
âgé, -ée *adj* **1** *(vieux)* oud, bejaard; personnes ~es bejaarden **2** *(qui a l'âge de)*

oud *(après le nom)*; **il est ~ de quarante ans** hij is veertig (jaar oud)
agence *nf* agentschap *het,* bureau *het;* **~ immobilière** makelaarskantoor; **~ d'intérim** uitzendbureau; **~ matrimoniale** huwelijksbureau; **Agence Nationale pour l'Emploi, ANPE** nationaal arbeidsbureau; **~ de voyages** reisbureau
agencement *nm* indeling *nf*
agencer *vt* indelen
agenda *nm* agenda *de*
s'agenouiller *vpr* **1** *(se mettre à genoux)* knielen **2** *(fig.)* buigen (voor)
agent *nm* **1** *(policier)* (politie)agent *nm* **2** *(employé)* beambte *nm;* **~ d'assurances** verzekeringsagent; **~ de change** makelaar in effecten, wisselagent *(n.B.)* **3** *(envoyé)* agent *nm;* **~ double** dubbelagent; **~ secret** geheim agent **4** *(cause; facteur)* agens *het*
agglomération *nf* **1** *(ville et banlieue)* agglomeratie *nf;* **~ parisienne** Parijs en zijn voorsteden **2** *(habitations)* bebouwde kom *de*
aggloméré *nm* spaanplaat *de*
s'agglutiner *vpr* samendrommen, *(Belg.)* samentroepen
aggravation *nf* verergering *nf;* **~ de la peine** verzwaring van de straf
aggraver *vt* verergeren; **s'aggraver** *vpr* verslechteren
agile *adj* lenig; **il a un esprit ~** hij is vlug van begrip
agilité *nf* lenigheid *nf*
[1]**agir** *vi* **1** *(faire; se comporter)* handelen **2** *(influer sur)* invloed hebben (op) **3** *(produire un effet)* werken
[2]**agir (il s'agit de)** *vb impers, vpr* **1** *(être question de)* gaan (over), iets betreffen; **de quoi s'agit-il ?** waar gaat het over?; **il s'agit dans ce livre de** het boek gaat over **2** *(importer)* erop aankomen; **il s'agit maintenant d'être sérieux** het komt er nu op aan ernstig te zijn
agissements *nm (plur)* manipulaties *plur*
agitateur, -trice *n* agita|tor, -trice *nm, nf*
agitation *nf* **1** *(animation)* drukte *nf* **2** *(excitation)* opwinding *nf* **3** *(troubles)* onrust (onder) *de*
agité, -ée *adj* onrustig; **esprits ~s** opgewonden geesten; **vie ~e** veelbewogen leven
agiter *vt* **1** *(remuer)* heen en weer bewegen; **~ la main** zwaaien, wuiven; **~ la queue** kwispelen; **~ avant l'emploi** schudden voor het gebruik **2** *(inquiéter)* verontrusten; **s'agiter** *vpr* **1** *(s'affairer)* druk bezig zijn **2** *(se dépenser)* zich druk maken ♦ **cesse de t'~ sur ta chaise** zit niet op je stoel te draaien
agneau *nm* **1** *(animal)* lam *het;* **doux comme un ~** zo mak als een lam(metje) **2** *(viande)* lamsvlees *het*
agonie *nf* doodsstrijd *nm;* **être à l'~** op sterven liggen
agoniser *vi* op sterven liggen
agrafe *nf* **1** *(vêtements)* haak *nm* **2** *(méd.)* hechtkram *de* **3** *(papiers)* nietje *het*
agrafer *vt* **1** *(vêtements)* dichthaken **2** *(papiers)* aan elkaar nieten, (vast)nieten **3** *(méd.)* hechten
agrafeuse *nf* nietmachine *nf*
agraire *adj* agrarisch, land-
agrandir *vt* vergroten; **s'agrandir** *vpr* groter worden
agrandissement *nm* **1** *(phot.)* vergroting *nf* **2** *(extension)* uitbreiding *nf*
agréable *adj* **1** *(qui plaît)* aangenaam **2** *(sympathique)* innemend
agréé, -ée *adj* officieel erkend
agréer *vt* **1** *(accepter)* aanvaarden; **veuillez ~ mes salutations distinguées** met de meeste hoogachting *(formule suivie d'une virgule, non d'un point)* **2** *(admettre)* toelaten
agrément *nm* **1** *(approbation)* (officiële) goedkeuring *nf* **2** *(attrait(s))* charme *nf* ♦ **voyage d'~** plezierreis
agrémenter *vt* versieren (met)
agrès *nm* gymnastiektoestellen *plur*
agresser *vt* aanvallen; **se sentir agressé** zich bedreigd voelen
agresseur *nm* aanvaller, aanvalster *nm, nf*
agressif, -ive *adj* agressief
agression *nf* **1** *(attaque)* aanval *nm* **2** *(désagrément)* (over)last *nm*
agressivité *nf* agressiviteit *nf*
agricole *adj* landbouw-
agriculteur *nm* landbouwer *nm*
agriculture *nf* landbouw *nm*
agripper *vt* (vast)grijpen; **s'agripper** *vpr* zich vastgrijpen (aan)
agroalimentaire *adj* ♦ **industries ~s** voedingsmiddelenindustrie
agronome *n* landbouwkundige *nm;* **ingénieur ~** landbouwkundig ingenieur
agrumes *nm* citrusvruchten *plur*
aguerrir *vt* harden
aguets *nm* ♦ **être, rester aux ~** op zijn hoede zijn
aguicher *vt* uitdagen
ah *interj* ah!; **~ bon** ach zo; **~ ! non !** absoluut niet!; **~ oui ?** o, ja?
ahuri, -ie *adj* verbouwereerd; *(subst.)* **une espèce d'~** een stom rund; **être ~** paf staan
ahurissant, -ante *adj* verbijsterend
aidant, -ante *n (f.B.)* hulp *de;* **aidant proche** mantelzorger
[1]**aide** *n (assistant(e))* hulp *de;* **~ de camp** adjudant; **~ familiale** gezinshulp; **~ ménagère** hulp in de huishouding
[2]**aide** *nf (soutien)* hulp *de;* **à l'~ !** help!; **à l'~ de** met behulp van; **appeler qqn à son ~** iemand te hulp roepen; **apporter son ~** hulp verlenen; **venir en ~ à qqn** iemand te hulp komen
aide- hulp-; **aide-comptable** assistent-boekhouder; **aide-ménagère** hulp in de

huishouding; **aide-soignante** ziekenverzorgster
Aïd-el-Fitr *nf* Suikerfeest *het*
aide-mémoire *nm* uittreksel *het*
[1]**aider** *vi (contribuer à)* bijdragen (tot)
[2]**aider (dans)** *vt (assister)* helpen (bij); **la fatigue aidant** met daarbij nog de vermoeidheid; **s'aider** *vpr* **1** *(se servir de)* zich bedienen (van), iets gebruiken; **en s'aidant de** met behulp van **2** *(s'entraider)* elkaar helpen
aïe! *interj* au!
aïeux *nm* voorouders *plur*
aigle *nm* arend *nm*, adelaar *nm*
aigre *adj* **1** *(acide)* zuur **2** *(mordant)* scherp; **d'un ton ~** op bitse toon
aigre-doux, -douce *adj* zuurzoet *(aussi au fig.)*
aigreur *nf* **1** *(acidité)* zuurheid *nf;* **~s d'estomac** maagzuur **2** *(animosité)* bitterheid *nf*
aigri, -ie *adj* verbitterd
[1]**aigrir** *vi (devenir acide)* zuur worden
[2]**aigrir** *vt* **1** *(rendre acide)* zuur maken **2** *(rendre acrimonieux)* verbitteren; **s'aigrir** *vpr* **1** *(devenir acide)* zuur worden **2** *(devenir acrimonieux)* verbitterd worden
aigu, -uë *adj* **1** *(coupant)* scherp **2** *(d'une fréquence élevée)* hoog; *(mus.)* **les ~s** de hoge tonen **3** *(intense)* hevig; **maladie ~ë** acute ziekte **4** *(subtil)* slim; **intelligence ~ë** scherp verstand
aiguillage *nm* **1** *(manœuvre)* wisselbediening *nf* **2** *(appareil)* wissel *het/de (m)*
aiguille *nf* **1** *(tige pointue; feuille pointue)* naald *de;* **~ à tricoter** breinaald; **talons ~s** naaldhakken **2** *(pour indiquer)* wijzer *nm*, naald *de;* **dans le sens des ~s** met de klok mee **3** *(pic)* spits *de* **4** *(d'une balance)* evenaar *nm*
aiguiller *vt* **1** *(diriger (un train))* op een ander spoor brengen **2** *(orienter)* adviseren; **~ qqn sur une fausse piste** iemand op een dwaalspoor brengen
aiguilleur *nm* wisselwachter *nm* ♦ **~ du ciel** luchtverkeersleider
aiguiser *vt* **1** *(affûter)* scherpen **2** *(rendre plus vif)* aanscherpen; **~ l'appétit** de eetlust aanwakkeren
ail *nm* knoflook *het/de (m)*
aile *nf* **1** *(organe de vol; partie latérale)* vleugel *nm;* **battre de l'~** vleugellam zijn; **sous l'~ de qqn** onder iemands hoede **2** *(partie de carrosserie)* spatbord *het* **3** *(d'un moulin)* molenwiek *de*
aileron *nm* **1** *(avion)* rolroer *het* **2** *(requin)* borstvin *de*
ailier *nm* ♦ **~ droit** rechtsbuiten
ailleurs *adv* elders, ergens anders; **d'~** trouwens; **par ~** overigens
aimable *adj* vriendelijk
[1]**aimant** *nm* magneet *nm (aussi au fig.)*
[2]**aimant, -ante** *adj* liefhebbend
aimanter *vt* magnetiseren
aimer *vt* **1** *(éprouver de l'amour pour)* liefhebben, houden van; *(sens affaibli)* **~ aller au théâtre** graag naar de schouwburg gaan; *(sens affaibli)* **je t'aime bien** ik vind je heel aardig; **~ mieux** liever hebben; **~ que** graag zien dat **2** *(raffoler de, apprécier)* houden van **3** *(com.)* liken; **s'aimer** *vpr* **1** *(se plaire à soi-même)* van zichzelf houden **2** *(se plaire mutuellement)* van elkaar houden
aine *nf* lies *de*
aîné, -ée *adj* **1** *(né le premier)* oudst; **elle est l'~e** zij is de oudste (dochter) **2** *(plus âgé que)* ouder (dan); *(subst.)* **elle est mon ~e (de deux ans)** zij is (twee jaar) ouder dan ik
ainsi *adv* zo; **s'il en est ~** als het er zo mee staat; **c'est ~ que ...** zodoende ...; **pour ~ dire** om zo te zeggen; **~ qu'il a été dit** zoals gezegd is; **les garçons, ~ que les filles** de jongens en ook de meisjes; **et ~ de suite** enzovoort
air *nm* **1** *(gaz; ciel; ambiance)* lucht *de;* **elle a besoin de changer d'~** ze moet er even uit; **~ conditionné** airconditioning; **s'élever dans l'~, les ~s** opstijgen; **regarder en l'~** omhoog kijken; **promesses en l'~** vage beloften; **être une tête en l'~** verstrooid zijn; **on manque d'~ ici** het is hier benauwd; *(fig.)* de sfeer is om te snijden; **en plein ~** in de openlucht; **prendre l'~** een luchtje scheppen **2** *(vent)* wind *nm* **3** *(apparence)* uiterlijk *het;* **avoir l'~ (de)** er uitzien (als); **sans avoir l'~ de rien** alsof er niets aan de hand is; **d'un ~ décidé** vastbesloten; **ils ont un ~ de famille** zij lijken op elkaar; **prendre de grands ~s (avec qqn)** hooghartig zijn (jegens iemand) **4** *(mélodie)* wijsje *het;* **c'est un ~ connu** dat verhaal ken ik
airbag *nm* airbag *nm*
aire *nf* **1** *(zone)* gebied *het;* **~ de jeu** speelterrein; **~ de repos** halteplaats; **~ de stationnement** parkeerplaats **2** *(superficie)* oppervlak *het* **3** *(aviat.)* terrein *het;* **~ de lancement** lanceerplatform
aisance *nf* **1** *(facilité)* gemak *het;* **avec ~** vlot, gemakkelijk **2** *(fortune)* welstand *nm;* **vivre dans l'~** in goeden doen zijn
aise *nf (plur.)* comfort *het;* **prendre ses ~s** zich niet generen ♦ **se mettre à son ~** zich ontdoen van wat hindert; **mal à l'~** niet op zijn gemak; **mettre qqn à l'~** iemand op zijn gemak stellen
aisé, -ée *adj* **1** *(facile(ment))* gemakkelijk **2** *(riche)* welgesteld, bemiddeld
aisselle *nf* oksel *nm*
ajonc *nm* steekbrem *nm*
ajourner *vt* **1** *(différer à)* uitstellen (tot), verdagen (tot) **2** *(assigner)* dagvaarden
ajout *nm* toevoegsel *het*
[1]**ajouter** *vi (accroître (qqch))* (iets) vermeerderen; **~ à la difficulté** (iets) nog moeilijker maken
[2]**ajouter** *vt* toevoegen (aan); **ajoutez à cela que** daar komt nog bij dat; **s'ajouter** *vpr* komen (bij, bovenop)

ajustable *adj* regelbaar, verstelbaar
ajustement *nm* aanpassing *nf*
ajuster *vt* **1** *(mettre en état)* passend maken, aanpassen; **vêtement ajusté** nauwsluitend kledingstuk **2** *(viser (qqch))* aanleggen op (iets); **s'ajuster** *vpr* passen (bij)
alarme *nf* **1** *(signal)* alarm *het;* **donner l'~** alarm slaan **2** *(inquiétude)* ontsteltenis *nf*
alarmer *vt* verontrusten; **s'alarmer (de)** *vpr* zich (hevig) ongerust maken (over)
albanais, -aise *adj* Albanees; **l'albanais** het Albanees; **l'Albanais(e)** de Albanees, Albanese
Albanie *nf* Albanië *n (sans art.)*
albâtre *nm* albast *het*
albinos *n* albino *nm*
album *nm* album *het;* **~ de bandes dessinées** stripboek
albumine *nf* eiwit *het,* eiwitstof *de*
alcalin, -ine *adj* alkalisch
alchimie *nf* alchemie *nf*
alchimiste *nm* alchemist *nm*
alcool *nm* **1** alcohol *nm* **2** *(alcool méthylique)* spiritus *nm;* **~ à brûler** brandspiritus
alcoolémie *nf* alcoholgehalte *het* (in het bloed)
alcoolique *adj* **1** *(qui contient de l'alcool)* alcoholisch, alcohol- **2** *(qui boit trop d'alcool)* aan de drank verslaafd; **l'alcoolique** de alcoholist(e), alcoholicus, alcoholica
alcoolisé *adj* ♦ **boissons ~es** alcoholhoudende dranken
alcoolisme *nm* alcoholisme *het,* drankzucht *de*
alcootest® *nm* **1** *(épreuve)* ademtest *nm* **2** *(appareil)* blaaspijpje *het*
alcôve *nf* alkoof *de*
aléa *nm* onzekerheid *nf*
aléatoire *adj* onzeker, wisselvallig
alentour *adv* in den ronde
alentours *nm* omstreken *plur;* **aux ~ de la ville** in de omgeving van de stad ♦ **aux ~ de huit heures** tegen acht uur
[1]**alerte** *nf* alarm *het;* **~ à la bombe** bomalarm; **~ aérienne** luchtalarm; **donner l'~** alarm slaan; **être en ~** in staat van paraatheid verkeren; **fausse ~** vals, loos alarm; *(fig.)* **lanceur d'~** klokkenluider
[2]**alerte** *adj* kwiek
alerter *vt* waarschuwen
algèbre *nf* algebra *de*
algébrique *adj* algebraïsch
Algérie *nf* Algerije *n (sans art.)*
algérien, -ienne *adj* Algerijns; **l'Algérien(ne)** de Algerijn(se)
algue *nf* wier *het*
alibi *nm* alibi *het*
aliénation *nf* **1** *(folie)* krankzinnigheid *nf;* **~ mentale** krankzinnigheid **2** *(jur., philo.)* vervreemding *nf*
aliéné, -ée *n* krankzinnige *nm*
alignement *nm* **1** *(fait de disposer)* (het) op een rij zetten **2** *(adaptation à)* aanpassing (aan) *nf;* **~ monétaire** valuta-aanpassing
aligner *vt* **1** *(disposer)* op een rij zetten **2** *(adapter à)* aanpassen (aan) ♦ **les pays non alignés** de niet-gebonden landen; **s'aligner** *vpr* **1** *(se mettre sur une ligne)* in de rij gaan staan, *(milit.)* in 't gelid gaan staan **2** *(+ sur) (s'adapter à)* zich aanpassen (aan)
aliment *nm* **1** *(denrée)* voedingsmiddel *het* **2** *(plur.) (jur.)* (kosten *plur* van) levensonderhoud *het*
alimentaire *adj* **1** *(relatif à l'alimentation)* voedings- **2** *(pour fournir de quoi vivre)* onderhouds- *(aussi jur.)*
alimentation *nf* **1** *(ravitaillement, nourriture)* voeding *nf;* **rayon d'~** levensmiddelenafdeling **2** *(approvisionnement)* voorziening *nf;* **~ en électricité** elektriciteitsvoorziening
alimenter *vt* **1** *(nourrir)* voeden **2** *(approvisionner en)* voorzien (van) **3** *(abstr.)* voedsel geven (aan); **~ la conversation** het gesprek gaande houden; **s'alimenter** *vpr* zich voeden
alinéa *nm* **1** *(paragraphe)* alinea *nf* **2** *(ligne en retrait)* inspringende regel *nm*
alité *adj* bedlegerig
allaitement *nm* zogen; **~ artificiel** het voeden met de fles; **~ au sein** borstvoeding
allaiter *vt* voeden, de borst geven (aan)
allant *nm* voortvarendheid *nf*
allécher *vt* aanlokken
allée *nf* **1** *(chemin)* laan *de* **2** *(passage)* gangpad *het* ♦ **les ~s et venues** het gaan en komen
allégé, -ée *adj (aliments)* light
alléger *vt* verlichten
allégorie *nf* allegorie *nf*
allègre *adj* monter
allégresse *nf* vreugde *nf*
alléguer *vt* aanvoeren
alléluia *nm* alleluja *het*
Allemagne *nf* Duitsland *n (sans art.);* **l'~ fédérale** West-Duitsland, de Bondsrepubliek
allemand, -ande *adj* Duits; **l'allemand** het Duits; *(mus.)* **l'allemande** de allemande; **l'Allemand(e)** de Duitser, Duitse; **le bas ~** het Nederduits; **le haut ~** het Hoogduits
[1]**aller** *nm* **1** *(trajet qu'on fait)* heenreis *de;* **à l'~** op de heenweg **2** *(billet)* enkele reis *de;* **un ~ (et) retour** een retourtje; *(gifle)* een draai om de oren *(n.B.)*
[2]**aller** *vi* **1** *(avancer)* gaan; **~ à vélo** fietsen; **~ qqp à pied** ergens heen lopen; **~ à son travail** naar zijn werk gaan; **~ aux renseignements** op inlichtingen uitgaan; **tout va bien** alles is in orde; **~ chez qqn** iemand een bezoek brengen; **~ chez le coiffeur** naar de kapper gaan; **~ de soi** vanzelf spreken; **~ en bateau** varen; **~ en France** naar Frankrijk gaan; **~ en voiture** met de auto gaan; **se laisser ~** de moed verliezen;

il ira loin hij zal het ver schoppen; ~ et venir heen en weer lopen *(à pied)*; allez ! schiet op!; allons, allons ! kom kom! *(pour calmer)*; kop op! *(encouragement)*; ben je mal! *(incrédulité)*; allez, Michèle, dis-moi toe, Michèle, zeg eens **2** *(fonctionner)* functioneren; ça va ? (hoe) gaat het?; ça ne va pas ? is er iets?; ça va pas, (la tête) ? ben je niet goed snik?; comment allez-vous ? ça va, merci hoe maakt u het? goed, dank u; ~ mal *(qqch)* slecht gaan; *(qqn)* het slecht maken; qu'est-ce qui ne va pas ? wat is er?; il y a quelque chose qui ne va pas er is iets mis; allons-y laten we starten; *(sports)* vas-y, Robert ! hup, Rob!; vas-y, allez-y vooruit maar; vous y allez un peu fort nu overdrijft u een beetje **3** *(convenir à)* passen (bij); la clef ne va pas à la serrure die sleutel past niet in het slot; ~ bien ensemble goed bij elkaar passen; ça vous va ? schikt u dat?; est-ce que cette robe me va ? staat die jurk me? **4** *(futur proche)* zullen; j'allais t'appeler ik stond op het punt je op te bellen ♦ il y va de votre bonheur uw geluk staat op het spel; ~ sur ses 40 ans tegen de 40 lopen

s'en aller *vpr* **1** *(partir)* weggaan **2** *(disparaître)* verdwijnen

allergie *nf (aussi au fig.)* allergie (voor) *nf*

allergique *adj (aussi au fig.)* allergisch (voor)

alliage *nm* legering *nf*

alliance *nf* **1** *(pacte politique)* alliantie *nf* **2** *(engagement mutuel)* verbintenis *nf*; faire ~ avec een verbond sluiten met **3** *(mariage)* huwelijk *het*; cousin par ~ aangetrouwde neef **4** *(anneau)* trouwring *nm* **5** *(combinaison)* combinatie *nf*

allié, -ée *adj* **1** *(politiquement ami)* geallieerd; l'allié de bondgenoot; les Alliés de geallieerden **2** *(uni à)* verbonden (met); les parents et ~s bloed- en aanverwanten

allier *vt* **1** *(associer des personnes)* verenigen **2** *(associer des métaux)* alliëren; **s'allier (à)** *vpr* **1** *(contracter une alliance)* zich verbinden (met) **2** *(s'unir)* zich verenigen (met) **3** *(s'accorder)* bij elkaar passen

alligator *nm* alligator *nm*

allo *interj* hallo!

allocation *nf* **1** *(somme)* uitkering *nf*; ~ de chômage werkloosheidsuitkering; les ~s familiales de kinderbijslag, *(Belg.)* gezinsbijslag; ~ (de) logement ± huursubsidie **2** *(octroi)* toewijzing *nf*

allocution *nf* toespraak *de*

allongé, -ée *adj* lang; mine ~e lang gezicht

[1]**allonger** *vi (devenir plus long)* langer worden, *(jours)* lengen

[2]**allonger** *vt* **1** *(rendre plus long)* verlengen **2** *(rendre plus liquide)* aanlengen **3** *(coucher)* neerleggen ♦ ~ le cou reikhalzen; **s'allonger** *vpr* **1** *(devenir plus long)* langer worden **2** *(se coucher)* gaan liggen; être allongé liggen; restez allongé ! blijft u liggen!

allouer *vt* toewijzen

allumage *nm* **1** *(action de faire fonctionner)* (het) aansteken *(feu, gaz)*, (het) aanzetten *(appareil)* **2** *(d'un moteur)* ontsteking *nf*

allume-cigare *nm* aansteker *nm*

allume-gaz *nm* gasaansteker *nm*

allumer *vt* **1** aansteken; la radio est allumée de radio staat aan; allumez dans l'entrée doe het licht eens aan in de hal **2** *(exciter)* prikkelen **3** *(faire fonctionner)* aanzetten; **s'allumer** *vpr* **1** *(devenir lumineux; se mettre en marche)* gaan branden, aangaan **2** *(prendre feu)* vlam vatten

allumette *nf* lucifer *nm*

allure *nf* **1** *(vitesse)* vaart *de*, snelheid *nf*; à toute ~ in volle vaart **2** *(maintien)* houding *nf* **3** *(air)* uiterlijk *het* **4** *(classe)* stijl *nm*; avoir de l'~ stijl hebben

allusion *nf* zinspeling (op) *nf*, toespeling (op) *nf*; faire ~ à zinspelen op

almanach *nm* almanak *nm*

aloi *nm* allooi *het*; de mauvais ~ van slechte smaak

alors *adv* **1** *(à cette époque)* toen; ~ que terwijl **2** *(dans ce cas-là)* dan; et (puis) ~ ? en wat dan nog?; ou ~ of anders; alors ? en? **3** *(interjection)* nou; ça ~ nee toch

alouette *nf* leeuwerik *nm*

alourdir *vt* zwaarder maken; **s'alourdir** *vpr* zwaarder worden

alourdissement *nm* verzwaring *nf*

Alpes *nf* Alpen *plur*

alphabet *nm* alfabet *het*

alphabétique *adj* alfabetisch

alphabétiser *vt* alfabetiseren

alpin, -ine *adj* alpen-

alpinisme *nm* alpinisme *het*, (het) bergbeklimmen

alpiniste *n* alpinist *nm*, bergbeklimmer *nm*

altération *nf* **1** *(détérioration)* verslechtering *nf*, *(d'un texte)* verminking *nf* **2** *(falsification)* vervalsing *nf* ♦ ~ des traits ontstelde (gelaats)uitdrukking

altercation *nf* heftige woordenwisseling *nf*

altérer *vt* **1** *(dégrader)* aantasten **2** *(falsifier)* vervalsen

altermondialisme *nm* antiglobalisme *het*

alternance *nf* **1** *(rotation)* (af)wisseling *nf*; en ~ (avec) afwisselend (met) **2** *(pol.)* (het) stuivertje-wisselen

alternatif, -ive *adj* afwisselend; courant ~ wisselstroom

alternative *nf* **1** *(dilemme)* dilemma *het* **2** *(plur.) (successions)* afwisseling *nf* **3** *(solution de rechange)* alternatief *het*

[1]**alterner** *vi (se relayer)* afwisselen (met)

[2]**alterner** *vt (faire se succéder)* (doen) afwisselen

altesse *nf* hoogheid *nf*

altitude *nf* hoogte *nf;* **en ~** op grote hoogte
alto *nm* altviool *de*
altruisme *nm* onbaatzuchtigheid *nf*
altruiste *adj* onbaatzuchtig; **l'altruiste** de altruïst(e)
aluminium *nm* aluminium *het*
alunir *vi* op de maan landen
alvéole *nf* honingcel *de*
amabilité *nf* beminnelijkheid *nf;* **veuillez avoir l'~ de le prévenir** zou u zo vriendelijk willen zijn hem te waarschuwen?
amadouer *vt* paaien
amaigrir *vt* (doen) vermageren
amaigrissement *nm* vermagering *nf*
amalgame *nm* **1** *(mélange)* allegaartje *het* **2** *(alliage)* amalgaam *het*
amalgamer *vt* samenvoegen; **s'amalgamer** *vpr* zich combineren (met)
amande *nf* amandel *de;* **en ~** amandelvormig; **pâte d'~s** amandelspijs, marsepein
amandier *nm* amandelboom *nm*
amant *nm* minnaar *nm*
amarre *nf* (meer)tros *nm*
amarrer *vt* **1** *(fixer avec des amarres)* (vast)meren **2** *(attacher avec des cordages)* vastsjorren
amas *nm* opeenhoping *nf*
amasser *vt* ophopen; **s'amasser** *vpr* zich ophopen
amateur *nm* **1** *(celui qui aime (qqch))* liefhebber *nm;* **~ de musique** muziekliefhebber **2** *(non professionnel)* amateur *nm;* **musiciens ~s** amateurmusici **3** *(dilettante)* dilettant *nm* ♦ **je suis ~** ik ben geïnteresseerd
amateurisme *nm* **1** *(sports)* amateurisme *het* **2** *(péj.)* amateuristisch gedoe *het*
ambassade *nf* **1** *(représentation)* ambassade *nf* **2** *(mission)* missie *nf*
ambassadeur, -drice *n* ambassa|deur, -drice *nm, nf (aussi au fig.)*
ambiance *nf* sfeer *de;* **musique d'~** achtergrondmuziek; **mettre de l'~** een gezellige sfeer scheppen
ambiant, -ante *adj* omringend; **température ~e** omgevingstemperatuur
ambigu, -uë *adj* dubbelzinnig
ambiguïté *nf* dubbelzinnigheid *nf*
ambitieux, -euse *adj* eerzuchtig; **projet ~** groots plan; **c'est un petit ~** het is een strebertje
ambition *nf* **1** *(désir de réussir)* eerzucht *de* **2** *(but)* streven *het*
ambitionner *vt* **1** *(briguer)* ambiëren **2** *(désirer)* nastreven
ambivalent, -ente *adj* ambivalent
ambre *nm* amber *nm;* **~ jaune** barnsteen
ambulance *nf* ambulance *de*
ambulancier, -ière *n* ambulancechauffeur *nm, (Belg.)* ambulancier *nm*
ambulant, -ante *adj* rondtrekkend, reizend
âme *nf* ziel *nf;* **dans l'~** in hart en nieren; **en mon ~ et conscience** naar eer en geweten; **sans états d'~** *(sans émotivité)* nuchter; *(sans scrupules)* zonder scrupules, zonder pardon, ijskoud; **rendre l'~** de geest geven; **sans ~** gevoelloos; **~ sœur** verwante ziel; **de toute son ~** met zijn hele wezen
amélioration *nf* verbetering *nf*
améliorer *vt* verbeteren; **~ un texte** een tekst herzien; **s'améliorer** *vpr* beter worden
aménagement *nm* **1** *(agencement)* inrichting *nf;* **l'~ d'un parc** de aanleg van een park; **~ du temps de travail** arbeidstijdregeling; **l'~ du territoire** de ruimtelijke ordening **2** *(ajustement)* aanpassing *nf* ♦ **~s fiscaux** belastingverlichting
aménager *vt* **1** *(agencer)* inrichten **2** *(ajuster)* aanpassen
amende *nf* (geld)boete *de*
amendement *nm* amendement *het*
amener *vt* **1** *(conduire)* brengen; **~ la conversation sur** het gesprek brengen op **2** *(venir avec)* meebrengen **3** *(entraîner)* tot gevolg hebben **4** *(conduire progressivement (à faire qqch))* ertoe brengen (iets te doen); **s'amener** *vpr (venir)* komen aanzetten; **amène-toi ici** kom eens hier
s'amenuiser *vpr* verminderen
amer, amère *adj* bitter *(aussi au fig.)*
américain, -aine *adj* Amerikaans; **l'américain** het Amerikaans; **l'Américain(e)** de Amerikaan(se); **une (voiture) ~e** een Amerikaanse slee ♦ *(f.B.)* **l'américain** het tartaartje, de steak américain *(n.B.)*
Amérique *nf* Amerika *n (sans art.)*
amerrir *vi* op zee landen
amertume *nf* bitterheid *nf (aussi au fig.)*
ameublement *nm* meubilering *nf;* **tissu d'~** meubelstof
ameuter *vt* opruien; **~ les gens contre qqch** de mensen opzetten tegen iets
ami, -ie *n* **1** *(camarade; fiancé(e))* vriend(in) *nm (nf);* **un ~ d'enfance** een jeugdvriend; **~ de la famille** huisvriend; **~ intime** boezemvriend; **je suis très ~ avec elle** ik ben zeer met haar bevriend; **les troupes ~es** de bevriende troepen **2** *(médias sociaux)* vriend(in) *nm (nf)* **3** *(fiancé(e); flirt)* vriendje, vriendinnetje *het (m), het (f);* **sa petite ~e** zijn vriendinnetje
amiable *adj* ♦ **à l'~** in der minne; **arrangement à l'~** minnelijke schikking; **vente à l'amiable** onderhandse verkoop
amiante *nm* asbest *het*
amical, -ale *adj (en ami(e))* vriendschappelijk; **l'amicale** de vereniging ♦ *(adv.) (formule de politesse)* **amicalement** met vriendelijke groet *(suivie d'une virgule et de la signature)*
amidon *nm* **1** *(empois)* stijfsel *het/de (m)* **2** *(glucide)* zetmeel *het*
amidonner *vt* stijven
[1]**amincir** *vi (devenir mince)* afslanken, slanker worden
[2]**amincir** *vt (faire paraître plus mince)*

slank(er) maken; **s'amincir** *vpr* slanker worden
amiral *nm* admiraal *nm;* **vaisseau ~** vlaggenschip
amitié *nf* vriendschap *nf;* **se lier d'~ avec qqn** vriendschap met iemand sluiten; **par ~** uit vriendschap ♦ **faites-moi l'~ d'assister à ma fête** doe me een genoegen en kom op mijn feestje; **faites mes ~s à vos parents** doe de groeten aan jullie ouders
ammoniaque *nf* ammonia(k) *nm*
amnésie *nf* geheugenverlies *het*
amnésique *adj* aan geheugenverlies lijdend; **l'amnésique** de amnesiepatiënt(e)
amniocentèse *nf* vruchtwaterpunctie *nf*
amniotique *adj* ♦ **liquide ~** vruchtwater
amnistie *nf* amnestie *nf*
amnistier *vt* amnestie verlenen aan (iemand), voor (iets)
amoindrir *vt* kleiner maken; **s'amoindrir** *vpr* afnemen
amollir *vt* slap maken; **s'amollir** *vpr* slap worden
amonceler *vt* ophopen; **s'amonceler** *vpr* zich ophopen
amont *nm* **1** *(d'un cours d'eau)* stroomopwaarts liggend deel *het;* **en ~** stroomop(waarts); **en ~ de** boven **2** *(d'une pente)* bergopwaarts liggend deel *het*
amorce *nf* **1** *(détonateur)* slaghoedje *het* **2** *(début)* aanzet (tot) *nm* **3** *(appât)* (lok)aas *het*
amorcer *vt* **1** *(garnir d'un appât)* aas slaan aan **2** *(appâter)* lokken **3** *(garnir d'une charge)* van een slaghoedje, ontsteking voorzien **4** *(une pompe)* aanzuigen **5** *(commencer à effectuer)* beginnen; **s'amorcer** *vpr* beginnen
amorphe *adj* lusteloos
amortir *vt* **1** *(atténuer)* temperen; **~ un bruit** een geluid dempen; **~ un choc** een schok breken **2** *(reconstituer le capital de)* afschrijven **3** *(rembourser)* aflossen
amortissement *nm* **1** *(reconstitution du capital de)* afschrijving *nf* **2** *(remboursement)* aflossing *nf*
amortisseur *nm* schokbreker *nm*
amour *nm; parfois nf* **1** *(attachement à qqn, qqch)* liefde *nf;* **pour l'~ de** ter wille van; **pour l'~ de Dieu** om godswil, in vredesnaam; **l'~ de, envers qqn** de liefde voor iemand; **faire l'~ (avec)** vrijen (met); **son ~ pour** zijn liefde voor **2** *(passion de qqch)* voorliefde (voor) *nf* **3** *(personne aimée)* schat *nm,* lieveling *nm*
s'amouracher *vpr* verkikkerd raken (op)
amourette *nf* flirt *nm*
amoureux, -euse *adj* **1** *(épris de)* verliefd (op); **l'amoureux** de geliefde; **tomber ~ de** verliefd worden op **2** *(propre à l'amour)* liefde(s)- **3** *(passionné de)* verzot (op); **~ de la nature** natuurminnend **4** *(qui marque l'amour)* liefdevol
amour-propre *nm* gevoel *het* van eigenwaarde
amovible *adj* afneembaar
ampère *nm* ampère *nm*
amphétamine *nf* amfetamine *nf*
amphibie *adj* **1** *(zool.)* amfibisch; **l'amphibie** de amfibie **2** *(milit.)* amfibie-, amfibisch
amphithéâtre *nm* **1** *(salle de cours)* collegezaal *de* **2** *(endroit circulaire)* amfitheater *het*
amphore *nf* amfora *de*
ample *adj* **1** *(large)* wijd **2** *(détaillé; en détail)* uitgebreid; *(adv.)* **amplement** ruimschoots
ampleur *nf* **1** *(largeur)* wijdte *nf* **2** *(importance)* omvang *nm;* **prendre de l'~** zich uitbreiden
ampli, amplificateur *nm* versterker *nm*
amplifier *vt* versterken; **s'amplifier** *vpr* sterker worden
amplitude *nf* amplitude *nf*
ampoule *nf* **1** *(lampe)* gloeilamp *de* **2** *(cloque)* blaar *de,* blaasje *het* **3** *(tube)* ampul *de*
amputation *nf* **1** *(d'un membre)* amputatie *nf* **2** *(fig.)* inkrimping (met) *nf*
amputer *vt* **1** *(enlever (un membre))* amputeren **2** *(diminuer)* besnoeien **3** *(priver de)* ontdoen (van)
amulette *nf* amulet *de*
amusant, -ante *adj* leuk
amuse-gueule *nm* borrelhapje *het*
amusement *nm* vermaak *het;* **avec ~** geamuseerd
amuser *vt* **1** *(divertir)* vermaken, amuseren **2** *(distraire)* bezighouden; **s'amuser** *vpr* **1** *(se divertir avec, à faire qqch)* zich vermaken (met), zich amuseren (met); **pour s'~** voor de lol **2** *(perdre son temps)* zijn tijd verdoen
amygdale *nf* (keel)amandel *de*
an *nm* jaar *het;* **avoir neuf ~s** negen (jaar) zijn; **bon ~, mal ~** gemiddeld; **le nouvel ~** nieuwjaar(sdag); **par ~** per jaar
anachronique *adj* **1** *(désuet)* achterhaald **2** *(entaché d'anachronisme)* anachronistisch
anachronisme *nm* anachronisme *het*
anagramme *nf* anagram *het*
anal, anale *adj* anaal
analgésique *nm* pijnstiller *nm*
analogie *nf* **1** *(ressemblance)* overeenkomst *nf* **2** *(ling.)* analogie *nf;* **par ~ avec** naar analogie van
analogique *adj (non digital)* analoog
analogue *adj* analoog (aan)
analphabète *adj* analfabeet; **l'analphabète** de analfabeet, analfabete
analphabétisme *nm* analfabetisme *het*
analyse *nf* **1** *(examen; raisonnement; math.)* analyse *nf;* **~ du sang** bloedonderzoek **2** *(sommaire)* (kritische) samenvatting *nf* ♦ **en dernière ~** tenslotte
analyser *vt* analyseren; **se faire ~** in psychoanalyse gaan
analyste *n* **1** *(en général)* analist(e) *nm (nf)* **2** *(psycho.)* (psycho)analyti|cus, -ca *nm, nf*

analyste-programmeur *nm* analist-programmeur *nm*
ananas *nm* ananas *de*
anarchie *nf* anarchie *nf*
anarchique *adj* ordeloos
anarchiste *adj* anarchistisch; **l'anarchiste** de anarchist(e)
anatomie *nf* **1** *(étude scientifique)* anatomie *nf,* ontleedkunde *nf* **2** *(physique; corps)* lichaamsbouw *nm*
anatomique *adj* anatomisch
ancestral, -ale *adj* voorvaderlijk
ancêtre *n* voorvader *nm,* voorouder *nm*
anchois *nm* ansjovis *nm*
[1]**ancien, -ienne** *n* **1** *(qui a de l'ancienneté de service)* oudste *nm* **2** *(plur.) (peuples)* oude volkeren *plur* **3** *(ancien(ne) élève)* oud-leerling(e) *nm (nf)* **4** *(mobilier ancien)* antiek *het*
[2]**ancien, -ienne** *adj* **1** *(vieux)* oud; **à l'~ne** op de manier van vroeger; **le grec ~** het Oudgrieks; **les langues ~nes** de klassieke talen; **dans l'~ temps** vroeger **2** *(ex-)* oud- **3** *(objets)* antiek
anciennement *adv* voorheen
ancienneté *nf* **1** *(âge (de qqch))* ouderdom *nm* **2** *(années de service)* anciënniteit *nf;* **à l'~** naar anciënniteit; **avoir dix ans d'~** tien dienstjaren hebben
ancre *nf* anker *het;* **jeter l'~** het anker uitwerpen; **lever l'~** *(partir en bateau)* het anker lichten; *(partir)* opstappen
ancrer *vt* **1** *(retenir avec une ancre)* ankeren **2** *(enraciner)* verankeren; **une idée ancrée dans la tête** een diepgeworteld idee; **s'ancrer** *vpr* **1** *(mouiller)* voor anker gaan **2** *(s'enraciner)* zich vastzetten
andorran, -ane *adj* Andorrees; **l'Andorran(e)** de Andorrees, Andorrese
Andorre *nf* ♦ **(principauté d')~** Andorra
andouille *nf* **1** *(charcuterie)* ± worst *de* **2** *(imbécile)* sukkel *nm*
androgyne *adj* tweeslachtig; **l'androgyne** de androgyn
âne *nm* ezel *nm (aussi au fig.)*
anéantir *vt* **1** *(détruire complètement)* vernietigen **2** *(plonger dans l'abattement)* ontstellen
anéantissement *nm* **1** *(destruction)* vernietiging *nf* **2** *(abattement)* verslagenheid *nf*
anecdote *nf* anekdote *de*
anecdotique *adj* anekdotisch
anémie *nf* bloedarmoede *de*
anémique *adj (méd.)* bloedarm(oedig)
anémone *nf* anemoon *de*
ânerie *nf* stommiteit *nf;* **dire des ~s** onzin uitkramen
ânesse *nf* ezelin *nf*
anesthésie *nf* verdoving *nf,* narcose *nf*
anesthésier *vt* verdoven
anesthésique *adj* verdovend; **l'anesthésique** het verdovende middel
anesthésiste *n* anesthesist(e) *nm (nf),* narcotiseur *nm*
aneth *nm* dille *de*
ange *nm* engel *nm;* **~s déchus** gevallen engelen; **être aux ~s** in de wolken zijn; **~ gardien** beschermengel; **mon ~** mijn schatje; **un ~ passe** er gaat een dominee voorbij; **rire aux ~s** gelukzalig lachen
angélique *adj* engelen-, engelachtig
angine *nf* angina *de,* keelontsteking *nf*
anglais, -aise *adj* Engels; **l'anglais** het Engels; **l'Anglais(e)** de Engelsman, Engelse ♦ **filer à l'~e** ertussenuit knijpen; **des ~es** pijpenkrullen
angle *nm* **1** *(coin)* hoek *nm;* **~ mort** dode hoek; **~ droit** rechte hoek; **~ visuel** gezichtshoek **2** *(point de vue)* gezichtshoek *nm,* standpunt *het;* **(vu) sous cet ~** vanuit die invalshoek (bekeken) ♦ **arrondir les ~s** de scherpe kantjes eraf halen
Angleterre *nf* Engeland *n (sans art.)*
angliciser *vt* verengelsen
anglicisme *nm* anglicisme *het*
angoissant, -ante *adj* beangstigend
angoisse *nf* angst *nm*
angoisser *vt* beangstigen
Angola *nm* Angola *n (sans art.)*
angolais, -aise *adj* Angolees; **l'Angolais(e)** de Angolees, Angolese
anguille *nf* paling *nm,* aal *nm;* **il y a ~ sous roche** er schuilt een addertje onder het gras
anguleux, -euse *adj* hoekig
[1]**animal** *nm* **1** *(bête)* dier *het,* beest *het;* **~ domestique** huisdier **2** *(injure)* stommeling *nm*
[2]**animal, -ale** *adj* **1** *(de l'animal)* dierlijk, dieren- **2** *(bestial)* dierlijk, beestachtig; **confiance ~e** instinctief vertrouwen
animateur, -trice *n* **1** *(music-hall) (présentateur)* conferencier *nm, (radio, télé)* presenta|tor, -trice *nm, nf, (Belg.; d'un débat)* moderator *nm* **2** *(d'un groupe)* (jeugd)leid(st)er *nm (nf)*
animation *nf* **1** *(mouvement)* drukte *nf (dans la rue),* bedrijvigheid *nf;* **mettre de l'~ dans la réunion** leven in de bijeenkomst brengen **2** *(ardeur)* bezieling *nf* **3** *(conduite de groupe)* groepswerk *het* **4** *(cin.)* tekenfilmtechniek *nf;* **film d'~** tekenfilm
animé, -ée *adj* **1** *(agité)* druk, levendig **2** *(vivant)* levend
animer *vt* **1** *(aviver (qqch))* levendig(er) maken **2** *(stimuler (qqn))* aansporen **3** *(douer de vie)* tot leven wekken **4** *(inspirer)* bezielen **5** *(diriger)* leiden, *(radio, télé)* presenteren; **s'animer** *vpr* **1** *(s'aviver)* levendig(er) worden **2** *(bouger)* tot leven komen
animosité *nf* vijandigheid *nf*
anis *nm* anijs *nm*
ankyloser *vt* stijf maken; **s'ankyloser** *vpr* stijf worden
annales *nf* annalen *plur*
anneau *nm* ring *nm,* oog *het (aussi d'une clé),* schakel *de (d'une chaîne); (méd.)* **anneau gastrique** maagband, maagring
année *nf* **1** jaar *het;* **~ bissextile** schrikkel-

jaar; souhaiter la bonne ~ een gelukkig nieuwjaar wensen; ~ civile kalenderjaar; d'~ en ~ van jaar tot jaar; ~ scolaire schooljaar **2** *(d'une publication)* jaargang *nm*

année-lumière *nf* lichtjaar *het*

annexe *adj* bij-, bijbehorend; bâtiment ~ bijgebouw; l'annexe het bijgebouw, de dependance; les (pièces) ~s de bijlagen

annexer *vt* **1** *(ajouter)* bijvoegen; ~ des pièces à un dossier stukken bij een dossier voegen **2** *(englober)* inlijven, annexeren

annexion *nf* annexatie *nf*

annihiler *vt* vernietigen, tenietdoen

anniversaire *nm* verjaardag *nm, (commémoration)* herdenkingsdag *nm;* bon ~ gefeliciteerd met je, uw verjaardag; c'est mon ~ ik ben jarig; ~ de mariage trouwdag

annonce *nf* **1** *(communication)* aankondiging *nf* **2** *(publicité)* advertentie *nf;* insérer, mettre une ~ een advertentie in een krant zetten; petites ~s advertentiekolommen **3** *(signe)* (voor)teken *het*

annoncer *vt* **1** *(communiquer)* aankondigen, bekendmaken **2** *(signaler (visite))* aandienen; se faire ~ zich laten aandienen **3** *(présager)* een voorteken zijn van; **s'annoncer** *vpr* **1** *(commencer)* beginnen; s'~ bien zich goed laten aanzien **2** *(se dessiner)* zich aankondigen

annonceur *nm* **1** *(dans un journal)* adverteerder *nm* **2** *(speaker)* omroeper *nm*

annotation *nf* **1** *(note explicative)* annotatie *nf* **2** *(note marginale)* kanttekening *nf*

annoter *vt* annoteren

annuaire *nm* jaarboek *het,* gids *de;* ~ (téléphonique) telefoonboek

annuel, -elle *adj* **1** *(qui revient chaque année)* jaarlijks; revenu ~ jaarinkomen **2** *(qui dure un an)* eenjarig

annulaire *nm* ringvinger *nm*

annulation *nf* annulering *nf,* nietigverklaring *nf*

annuler *vt* **1** *(supprimer)* annuleren, afzeggen **2** *(frapper de nullité)* nietig verklaren; **s'annuler** *vpr* elkaar opheffen

anodin, -ine *adj* onschuldig, onbeduidend; blessure ~e onbetekenende wond

anomalie *nf* afwijking *nf,* onregelmatigheid *nf*

anonymat *nm* anonimiteit *nf;* garder l'~ anoniem blijven

anonyme *adj* anoniem; auteur ~ onbekend schrijver

anorak *nm* anorak *de*

anorexie *nf* anorexia *nf*

anorexique *adj* anorectisch, lijdend aan anorexia; l'anorexique de anorexiapatiënt(e)

anormal, -ale *adj* abnormaal, ongewoon

anse *nf* **1** *(poignée)* handvat *het,* hengsel *het (d'un panier),* oor *het (d'un pot, d'une tasse)* **2** *(petite baie)* inham *nm,* kreek *de*

antagoniste *adj* tegenstrijdig; l'antagoniste de tegenstander

antan ♦ d'~ van weleer

antécédent *nm (plur.)* antecedenten *plur,* verleden *het*

antenne *nf* **1** *(radio, télévision)* antenne *de;* être sur l'~ in de uitzending zitten; ~ parabolique schotelantenne; passer l'~ à qqn overschakelen naar iemand; rendre l'~ au studio teruggeven naar de studio **2** *(zool.)* voelhoorn *nm,* antenne *de* **3** *(poste avancé)* hulppost *de*

antérieur, -eure *adj* **1** *(précédent)* vroeger, *(comme adj. aussi)* voorafgaand; ~ement à eerder dan **2** *(de devant)* voor-, voorste

anthologie *nf* bloemlezing *nf;* but d'~ het weergaloos doelpunt

anthracite *nm* antraciet *het/de (m);* une veste ~ een antracietkleurig jasje

anthropologie *nf* antropologie *nf*

anthropophage *adj* mensenetend; l'anthropophage de menseneter, kannibaal

antiaérien, -ienne *adj* luchtafweer-, luchtdoel-

antialcoolique *adj* drankbestrijders-

antiatomique *adj* antiatoom-; abri ~ atoomschuilkelder

antibiotique *adj* antibiotisch; l'antibiotique het antibioticum

antibrouillard *adj* ♦ des (phares) ~s mistlampen

antibruit *adj* geluiddempend

antichambre *nf* wachtkamer *de*

antichoc *adj* schokbestendig

anticipation *nf* (het) vooruitlopen (op); par ~ bij voorbaat, van tevoren

anticipé, -ée *adj* vervroegd, voortijdig; joie ~e voorpret; avec mes remerciements ~s bij voorbaat mijn dank

¹anticiper *vi (empiéter sur)* vooruitlopen (op), anticiperen (op); n'anticipons pas laten we niet op de zaak vooruitlopen

²anticiper *vt* **1** *(avancer)* vervroegen; ~ un paiement d'une semaine een week eerder betalen **2** *(éprouver à l'avance)* zien aankomen

anticonceptionnel, -elle *adj* voorbehoed-

anticonformiste *adj* non-conformistisch; l'anticonformiste de non-conformist

anticorps *nm* afweerstof *de*

anticyclone *nm* hogedrukgebied *het*

antidater *vt* antidateren

antidérapant, -ante *adj* antislip-; l'antidérapant het antislipmiddel; pneus ~s antislipbanden

antidopage, antidoping *adj* ♦ contrôle ~ dopingcontrole

antidote *nm* tegengif *het*

antigel *nm* antivries(middel) *het*

antillais, -aise *adj* Antilliaans; l'Antillais(e) de Antilliaan(se)

Antilles *nf* Antillen *plur*

antilope *nf* antilope *de*

antimite(s) *adj* mottenwerend; **l'antimite** het mottenbestrijdingsmiddel
antimondialiste *adj* antiglobalistisch; **l'antimondialiste** de antiglobalist(e)
antipathie *nf* afkeer *nm*
antipathique *adj* onsympathiek
antipelliculaire *adj* antiroos-
antipiratage *adj* ♦ **loi ~** wet tegen illegale downloadpraktijken
antipode *nm* **1** *(géo.)* tegenvoeter *nm;* **à l'~, aux ~s** aan het andere uiteinde van de wereld **2** *(opposé)* tegenpool *de;* **être à l'~, aux ~s de qqch** het tegengestelde zijn van iets
antipollution *adj* milieuvervuiling bestrijdend
antiquaire *nm* antiquair *nm*
antique *adj* **1** *(archaïque)* antiek **2** *(de l'Antiquité)* klassiek; **la Grèce ~** het oude Griekenland
antiquité *nf* **1** *(temps très ancien)* oudheid *nf;* **l'Antiquité** de (Grieks-Romeinse) oudheid **2** *(plur.) (monuments, objets anciens)* antiquiteiten *plur*
antiride *adj* ♦ **crème ~** crème tegen rimpels
antirouille *adj* roestwerend; **l'antirouille** het roestwerende middel
antisémitisme *nm* antisemitisme *het,* Jodenhaat *nm*
antiseptique *adj* antiseptisch, bederfwerend; **l'antiseptique** het antisepticum
antitabac *adj* antirook-
antithèse *nf* tegenstelling *nf*
antivol *nm* stuurslot *het (voiture),* (ketting)slot *het (bicyclette);* **portiques ~** detectiepoortjes
antre *nm* spelonk *de*
anus *nm* aars *nm,* anus *nm*
anxiété *nf* angst *nm,* bezorgdheid *nf*
anxieux, -euse *adj* angstig, ongerust; **être ~ de** ongeduldig wachten op
aorte *nf* aorta *de*
août *nm* augustus *nm;* **en ~** in augustus
apaisement *nm* (terugkeer *nm* naar de) kalmte *nf*
apaiser *vt* tot bedaren brengen; **s'apaiser** *vpr* bedaren, *(personnes aussi)* tot rust komen
apanage *nm* voorrecht *het*
aparté *nm* onderonsje *het;* **en ~** vertrouwelijk, onder vier ogen
apartheid *nm* apartheid *nf*
apathie *nf* lusteloosheid *nf,* onverschilligheid *nf*
apathique *adj* lusteloos, onverschillig
apatride *adj* staatloos; **l'apatride** de staatloze
apercevoir *vt* **1** *(remarquer)* (op)merken; **laisser ~** laten zien **2** *(se rendre compte de)* zich bewust zijn van; **s'apercevoir** *vpr* **1** *(+ de) (remarquer)* (iets) (be)merken; **s'~ que** merken dat **2** *(se voir mutuellement)* elkaar zien
aperçu *nm* kort overzicht *het; (inform.)* **~ avant impression** afdrukvoorbeeld
apéritif *nm* aperitief *het*
apesanteur *nf* gewichtloosheid *nf*
à-peu-près *nm* benadering *nf*
apeuré, -ée *adj* bang
aphone *adj* ♦ **être ~** zijn stem kwijt zijn
aphte *nm* afte *de,* mondzweertje *het*
s'apitoyer (sur) *vpr* medelijden krijgen (met)
aplanir *vt* **1** *(niveler)* vlak maken, effenen **2** *(résoudre)* uit de weg ruimen *(difficultés),* beslechten *(querelle)*
aplatir *vt (rendre plat)* plat maken; **~ des plis au fer** plooien uitstrijken; **s'aplatir** *vpr* **1** *(se coucher)* plat gaan liggen **2** *(ramper)* zich vernederen; **s'~ devant qqn** voor iemand kruipen
aplomb *nm* **1** *(verticalité)* loodrechte stand *nm;* **d'~** loodrecht, rechtop; **remettre d'~** er weer bovenop helpen **2** *(assurance)* zelfverzekerdheid *nf, (péj.)* onbeschaamdheid *nf;* **quel ~ !** wat een lef!
apocalypse *nf* **1** *(écrit)* Apocalyps *nf* **2** *(fin du monde)* einde *het* van de wereld; **une vision d'~** een afgrijselijke aanblik
apogée *nm* hoogtepunt *het,* toppunt *het*
apolitique *adj* niet-politiek, apolitiek
apoplexie *nf* beroerte *nf*
a posteriori *adv* achteraf
apostrophe *nf* **1** *(signe graphique)* apostrof *de* **2** *(interpellation)* boze uitval *nm*
apostropher *vt* brutaal aanspreken
apothéose *nf* **1** *(apogée)* hoogtepunt *het* **2** *(triomphe)* verheerlijking *nf*
apôtre *nm* **1** *(relig.)* apostel *nm* **2** *(défenseur)* voorstander *nm*
¹apparaître *vi* **1** *(devenir visible)* verschijnen, zichtbaar worden; **faire ~** tevoorschijn brengen **2** *(voir le jour)* aan het licht komen; **faire ~** aan het licht brengen **3** *(sembler)* lijken
²apparaître *vb impers (être clair)* duidelijk worden; **il apparaît que** het blijkt dat
apparat *nm* pracht *de,* praal *de;* **dîner d'~** galadiner; **discours d'~** feestrede
appareil *nm* **1** *(instrument)* apparaat *het,* toestel *het;* **~s ménagers** huishoudelijke apparaten; **appareil photo** fototoestel **2** *(téléphone)* telefoontoestel *het;* **qui est à l'~ ?** met wie spreek ik? **3** *(phot.)* fototoestel *het,* camera *de* **4** *(dentier)* kunstgebit *het;* **~ (dentaire)** beugel **5** *(anatomie)* organen *plur;* **~ digestif** spijsverteringsorganen **6** *(ensemble administratif)* apparaat *het* ♦ **dans le plus simple ~** halfnaakt, geheel naakt
appareiller *vi (lever l'ancre)* zich gereedmaken voor vertrek, afvaren
apparemment *adv* naar 't schijnt, waarschijnlijk
apparence *nf* **1** *(allure)* uiterlijk *het,* voorkomen *het* **2** *(façade)* (uiterlijke) schijn *nm;* **en ~** schijnbaar; **on ne doit pas se fier aux ~s** schijn bedriegt; **malgré l'~, les ~s** hoewel het niet zo lijkt; **sauver les**

~s de schijn ophouden; selon toute ~ naar alle waarschijnlijkheid
apparent, -ente *adj* 1 *(visible)* zichtbaar 2 *(évident)* duidelijk 3 *(trompeur)* schijnbaar, schijn-
apparenté, -ée *adj* verwant
s'apparenter (à) *vpr* verwant zijn (aan)
apparition *nf* 1 *(manifestation)* (het) verschijnen, verschijning *nf;* faire son ~ *(une personne, des symptômes)* zich vertonen; *(l'homme, les animaux)* op aarde verschijnen; *(une machine, un mot)* zijn intrede doen 2 *(fantôme)* (geest)verschijning *nf,* spook *het*
appartement *nm* appartement *het,* flat *nm;* ~ de fonction dienstwoning; plantes d'~ kamerplanten
appartenance *nf* (het) behoren (bij), lidmaatschap *het*
[1]**appartenir** *vi* 1 *(être à)* eigendom zijn (van), toebehoren (aan) 2 *(faire partie de)* horen (bij)
[2]**appartenir** *vb impers (convenir)* passen; il ne m'appartient pas d'en décider het is niet aan mij hierover te beslissen
appât *nm* 1 *(amorce)* (lok)aas *het* 2 *(attrait)* bekoring *nf;* l'~ du gain winstbejag
appâter *vt* lokken *(aussi au fig.)*
appauvrir *vt* arm maken, verarmen; **s'appauvrir** *vpr* arm worden, verarmen
appauvrissement *nm* verarming *nf*
appel *nm* 1 *(cri)* (op)roep *nm, (milit.)* appel *het;* faire l'~ het appel afnemen; manquer à l'~ op het appel ontbreken; ~ d'offres aanbesteding bij inschrijving 2 *(exhortation)* beroep *het (aussi jur.);* faire ~ à qqn een beroep op iemand doen; décision sans ~ onherroepelijk besluit 3 *(signe)* sein *het;* ~ de phare lichtsignaal 4 *(coup de fil)* telefoongesprek *het;* ~ (téléphonique) telefoontje ♦ ~ d'air trek(gat) van schoorsteen
appelé, -ée *adj* 1 (+ à) *(désigné pour)* geroepen (tot) 2 *(milit.)* dienstplichtig; l'appelé de dienstplichtige
[1]**appeler** *vi* ♦ en ~ à een beroep doen op
[2]**appeler** *vt* 1 *(faire venir)* roepen; ~ à l'aide, au secours om hulp roepen; ~ qqn (au téléphone) iemand opbellen; ~ le médecin de dokter laten komen 2 *(convoquer)* oproepen 3 *(téléphoner)* opbellen 4 *(nommer)* noemen; ~ les choses par leur nom het kind bij de naam noemen 5 *(requérir)* verlangen; **s'appeler** *vpr (se nommer)* heten; comment t'appelles-tu ? hoe heet je?
appellation *nf* benaming *nf;* ~ d'origine herkomstbenaming (van wijn)
appendice *nm* 1 *(annexe)* aanhangsel *het* 2 *(prolongement du caecum)* blindedarm *nm*
appendicite *nf* blindedarmontsteking *nf*
s'appesantir *vpr* 1 *(s'alourdir)* zwaar worden 2 *(insister)* de nadruk leggen (op); s'~ sur qqch te lang uitweiden over iets
appétissant, -ante *adj* appetijtelijk, smakelijk uitziend
appétit *nm* trek (in) *nm,* eetlust *nm;* bon ~ ! smakelijk eten!; couper l'~ de eetlust benemen; *(fig.)* de lust ontnemen; donner de l'~ hongerig maken; ouvrir l'~ à qqn iemands eetlust opwekken
[1]**applaudir** *vi* 1 *(battre des mains)* applaudisseren 2 *(donner son assentiment à)* (iets) toejuichen
[2]**applaudir** *vt* toejuichen
applaudissement *nm* 1 *(battement des mains)* applaus *het* 2 *(acclamation)* bijval *nm*
appli *nf (inform.)* app *de*
applicable *adj* toepasbaar (op); être ~ à qqn, à qqch op iemand, op iets van toepassing zijn
application *nf* 1 *(mise en pratique)* toepassing *nf;* mettre en ~ in praktijk brengen, toepassen 2 *(zèle)* ijver *nm;* avec ~ ijverig 3 *(pose)* (het) aanbrengen 4 *(inform.)* app *de*
applique *nf* wandlamp *de*
appliqué, -ée *adj* 1 *(zélé)* ijverig 2 *(mis en pratique)* toegepast
appliquer *vt* 1 *(poser)* aanbrengen 2 *(mettre en pratique)* toepassen, in praktijk brengen; ~ la loi de wet ten uitvoer brengen; **s'appliquer** (à) *vpr* 1 *(se consacrer à)* zich wijden (aan) 2 *(s'efforcer de)* moeite doen (om); cet élève s'applique die leerling werkt hard 3 *(être applicable à)* van toepassing zijn (op)
appoint *nm* 1 *(monnaie)* pasmunt *de;* faire l'~ met gepast geld betalen 2 *(complément)* aanvulling *nf;* salaire d'~ bijverdienste
appointements *nm* salaris *het*
apport *nm* inbreng *nm,* aandeel *het*
apporter *vt* 1 *(amener)* brengen (naar), meebrengen 2 *(fournir)* verschaffen
apposer *vt (une affiche)* aanplakken ♦ ~ sa signature tekenen
apposition *nf (ling.)* bijstelling *nf;* en ~ als bijstelling
appréciable *adj* 1 *(visible)* merkbaar 2 *(important)* aanzienlijk
appréciation *nf* 1 *(estimation)* schatting *nf* 2 *(jugement)* beoordeling *nf*
apprécier *vt* 1 *(évaluer)* schatten 2 *(aimer)* waarderen, op prijs stellen, *(Belg.)* oplopen (met)
appréhender *vt* 1 *(craindre)* vrezen; ~ de faire qqch er tegen opzien iets te doen 2 *(arrêter)* arresteren
appréhension *nf* vrees *de*
[1]**apprendre** *vi* leren; ~ à parler leren praten; cela vous apprendra ! dat zal je leren!
[2]**apprendre** *vt* 1 *(étudier)* leren; ~ qqch par cœur iets uit het hoofd leren 2 *(enseigner)* leren, onderwijzen 3 *(être informé de)* vernemen, horen 4 *(communiquer)* meedelen
apprenti, -ie *n* 1 *(personne en apprentis-*

sage) leerling(e) *nm (nf)* **2** *(débutant)* beginneling(e) *nm (nf)*

apprentissage *nm* **1** *(formation)* opleiding *nf;* **être en ~ chez qqn** bij iemand in de leer zijn; **faire son ~** stage lopen **2** *(psycho.)* leerproces *het*

apprêter *vt* **1** *(préparer)* klaarmaken **2** *(soumettre à un apprêt)* opmaken, appreteren; **s'apprêter** *vpr (se préparer à)* zich gereedmaken (voor), zich voorbereiden (op); **s'~ à faire qqch** zich ergens voor klaarmaken; **je m'apprêtais à partir** ik wilde net weggaan

apprivoiser *vt* temmen; **s'apprivoiser** *vpr* tam worden

approbateur, -trice *adj* goedkeurend

approbation *nf* **1** *(accord)* goedkeuring *nf,* toestemming *nf* **2** *(jugement favorable)* instemming *nf,* bijval *nm*

approchant, -ante *adj* soortgelijk, er dichtbij komend

approche *nf* **1** *(action d'approcher)* (be)nadering *nf (aussi au fig.);* **à l'~ de la nuit** bij het vallen van de nacht; **personne d'~ difficile** moeilijk te benaderen iemand **2** *(plur.) (abords)* nabije omgeving *nf;* **aux ~s du printemps** als de lente nadert

[1]**approcher** *vi* dichtbij (iets) komen, (be)naderen; **~ de la cinquantaine** tegen de vijftig lopen; **~ du but** bijna het doel bereikt hebben

[2]**approcher** *vt* **1** *(rapprocher)* dichterbij brengen **2** *(entrer en contact avec)* benaderen; **s'approcher** *vpr* **1** *(venir près)* (iets) naderen, dichterbij (iets) komen; **s'~ de qqn, qqch** naar iemand, iets toegaan; **approche-toi** kom eens hier **2** *(être proche de)* (iets) benaderen

approfondir *vt* **1** *(rendre plus profond)* dieper maken, uitdiepen **2** *(étudier à fond)* diepgaand bestuderen; **connaissances approfondies** uitgebreide kennis; **s'approfondir** *vpr* dieper worden

approprié, -ée *adj* geschikt (voor), passend

s'approprier *vpr* zich toe-eigenen

approuver *vt* goedkeuren; **~ de la tête** goedkeurend knikken; **~ un projet de loi** een wetsontwerp aannemen; **~ qqn, qqch** het met iemand, iets eens zijn

approvisionnement *nm* **1** *(ravitaillement)* bevoorrading *nf* **2** *(plur.) (provisions)* voorraden *plur*

approvisionner *vt* voorzien (van); **~ son compte** geld op zijn rekening zetten; **~ un pays en étain** (aan) een land tin leveren; **s'approvisionner** *vpr* zich voorzien (van)

approximatif, -ive *adj* ruw geschat

approximation *nf* benadering *nf;* **par ~** ruw geschat

appui *nm* **1** *(support)* steun *nm;* **~ de fenêtre** vensterbank **2** *(action d'appuyer, de s'appuyer)* (het) steunen; **point d'~** steunpunt; **prendre ~ sur qqch** op iets steunen **3** *(aide)* hulp *de*

appuie-tête *nm* hoofdsteun *nm*

[1]**appuyer** *vi* **1** *(reposer)* steunen (op, tegen), leunen (op, tegen); **~ contre le mur** steunen tegen de muur **2** *(presser)* drukken (op); **~ sur l'accélérateur** het gaspedaal indrukken **3** *(accentuer)* beklemtonen **4** *(insister sur)* de nadruk leggen (op)

[2]**appuyer** *vt* **1** *(poser)* steunen (op, tegen), stutten; **~ une échelle contre un mur** een ladder tegen een muur aan zetten **2** *(fonder)* baseren (op) **3** *(soutenir)* ondersteunen **4** *(presser sur)* drukken (op); **s'appuyer (sur)** *vpr* **1** *(utiliser comme appui)* steunen (op), leunen (op) **2** *(se baser sur)* zich baseren (op) **3** *(compter sur)* zich verlaten (op)

âpre *adj* **1** *(rude)* wrang *(aussi au fig.),* scherp, bitter **2** *(avide)* begerig; **être ~ au gain** op winst uit zijn

[1]**après** *adv* daarna, vervolgens; **cinq ans ~** vijf jaar later; **aussitôt ~** meteen daarop; **le jour d'~** de dag erop; **et ~ !** en wat dan nog?, nou en?

[2]**après** *prép* na, achter(na); **l'un ~ l'autre** achtereenvolgens; **~ avoir fait son café** na haar kopje koffie gezet te hebben; **~ coup** achteraf; **d'~ eux** volgens hen; **peindre d'~ nature** naar de natuur schilderen; **~ être partie, elle a dit** nadat ze vertrokken was, heeft ze gezegd; **être furieux ~ qqn** woedend op iemand zijn; **l'avant et l'~** wat ervoor en erna gebeurt; **~ manger** na het eten; **~ que** nadat; **~ quoi** waarna; **~ tout** eigenlijk

après-demain *adv* overmorgen

après-guerre *nm* naoorlogse periode *nf;* **d'~** naoorlogs

après-midi *n* (na)middag *nm;* **dans l'~** in de loop van de middag; **l'après-midi** 's middags

après-rasage *nm* aftershave *nm;* **lotion ~** aftershavelotion

après-ski *nm* moonboot *nm*

[1]**a priori** *nm* a priori *het*

[2]**a priori** *adv* a priori, van tevoren

à-propos *nm* opportuniteit *nf;* **avec ~** gevat

apte *adj* geschikt (voor, om), *(jur.)* bevoegd (tot)

aptitude *nf* **1** *(disposition naturelle)* geschiktheid *nf,* aanleg *nm;* **test d'~** vaardigheidstest **2** *(capacité acquise)* bevoegdheid *nf*

aquaplanage *nm* aquaplaning *het, (Belg.)* watergladheid *nf*

aquarelle *nf* aquarel *de;* **faire de l'~** aquarelleren

aquarium *nm* aquarium *het*

aquatique *adj* water-, in het water levend

aqueduc *nm* aquaduct *het*

arabe *adj* Arabisch; **l'arabe** het Arabisch; **l'Arabe** de Arabier, Arabische vrouw

Arabie *nf* Arabië *n (sans art.);* **l'~ saoudite** Saudi-Arabië

arachide *nf* **1** *(plante)* aardnotenplant *de*

2 *(graine)* olienoot *de;* huile d'~ arachideolie
araignée *nf* spin *de*
arbalète *nf* kruisboog *nm*
arbitrage *nm* arbitrage *nf (aussi écon.),* scheidsrechterlijke uitspraak *de*
arbitraire *adj* **1** *(non motivé)* willekeurig; l'arbitraire de willekeur **2** *(qui dépend du bon plaisir)* eigenmachtig
arbitre *nm* **1** *(jur.)* scheids|man, -vrouw *nm, nf,* arbiter *nm* **2** *(sports)* scheidsrechter *nm;* ~ de touche grensrechter ♦ libre ~ vrije wil
arbitrer *vt* **1** *(juger)* arbitreren *(aussi écon.)* **2** *(sports)* leiden (als scheidsrechter)
arborer *vt* **1** *(hisser)* hijsen **2** *(porter ostensiblement)* tentoonspreiden; ~ une décoration met een onderscheiding pronken
arbre *nm* **1** *(végétal)* boom *nm;* ~ fruitier fruitboom; ~ de Noël kerstboom **2** *(axe)* as *de;* ~ de transmission transmissieas ♦ ~ généalogique stamboom
arbrisseau *nm* heester *nm*
arbuste *nm* struik *nm*
arc *nm* boog *nm;* ~ de cercle cirkelboog; ~ de triomphe triomfboog
arcade *nf (archit.)* booggewelf *het*
s'arcbouter *vpr* zich schrap zetten
arc-en-ciel *nm* regenboog *nm*
archaïque *adj* archaïsch, verouderd
archange *nm* aartsengel *nm*
arche *nf* **1** *(voûte)* (brug)boog *nm* **2** *(vaisseau)* ark *de;* l'~ de Noé de ark van Noach
archéologie *nf* archeologie *nf*
archéologue *n* archeo|loog, -loge *nm, nf*
archet *nm* strijkstok *nm*
archétype *nm* archetype *het*
archevêque *nm* aartsbisschop *nm*
archipel *nm* archipel *nm,* eilandengroep *de*
architecte *n* architect(e) *nm (nf);* ~ d'intérieur binnenhuisarchitect
architecture *nf* **1** *(art)* architectuur *nf,* bouwkunst *nf* **2** *(style)* bouwstijl *nm*
archives *nf* archief *het,* archieven *plur*
arctique *adj* noordpool-; hémisphère ~ noordelijk halfrond; l'océan Arctique de Noordelijke IJszee
ardent, -ente *adj* **1** *(brûlant)* brandend, gloeiend **2** *(passionné)* vurig; discussion ~e heftige discussie
ardeur *nf* **1** *(chaleur)* hitte *nf,* gloed *nm* **2** *(fougue)* hartstocht *nm,* (geest)drift *de;* ~ au travail werklust; avec ~ hartstochtelijk
ardoise *nf* **1** *(pierre)* leisteen *het/de (m)* **2** *(tablette)* (schrijf)lei *de* **3** *(crédit)* schuld *de*
ardu, -ue *adj* moeilijk, lastig
are *nm* are *de*
arène *nf* **1** *(amphithéâtre)* arena *de* **2** *(champ de bataille)* strijdperk *het (aussi au fig.)*
arête *nf* **1** *(squelette de poisson)* (vis)graat *de* **2** *(ligne d'intersection)* rib *de,* (scherpe) rand *nm;* l'~ du nez de neusrug **3** *(géo.)* bergkam *nm*
argent *nm* **1** *(métal)* zilver *het;* d'~, en ~ zilveren **2** *(monnaie)* geld *het;* en avoir pour son ~ waar voor zijn geld krijgen; être à court d'~ krap (bij kas) zitten; jeter l'~ par les fenêtres met geld smijten; ~ liquide contant geld; pour de l'~ tegen betaling
argenté, -ée *adj* **1** *(recouvert d'argent)* verzilverd **2** *(qui a la couleur de l'argent)* zilverkleurig, zilverwit *(cheveux)*
argenterie *nf* zilverwerk *het, (couverts)* tafelzilver *het*
argentin, -ine *adj* **1** *(d'Argentine)* Argentijns; l'Argentin(e) de Argentijn(se) **2** *(d'un son clair)* helderklinkend
Argentine *nf* Argentinië *n (sans art.)*
argile *nf* klei *de,* leem *het/de (m)*
argot *nm* **1** *(langue du milieu)* slang *het* **2** *(jargon)* jargon *het*
argument *nm* argument *het;* être à court d'~s geen argumenten meer hebben
argumentation *nf* bewijsvoering *nf,* argumentatie *nf*
argumenter *vi* **1** *(avancer des arguments)* argumenteren, redeneren **2** *(+ avec, contre) (discuter avec)* redetwisten (met)
argus *nm* (gespecialiseerde) catalogus *nm;* l'~ de l'automobile de autogids; la valeur à l'~ de cataloguswaarde
aride *adj* **1** *(sec)* dor, droog **2** *(rébarbatif)* saai
aridité *nf* **1** *(sécheresse)* dorheid *nf,* droogte *nf* **2** *(sévérité)* saaiheid *nf*
aristocrate *n* aristocraat *nm*
aristocratie *nf* aristocratie *nf*
aristocratique *adj* aristocratisch
arithmétique *adj* rekenkundig, reken-; l'arithmétique de rekenkunde
armateur *nm* reder *nm*
armature *nf* **1** *(charpente)* wapening *nf,* geraamte *het;* soutien-gorge à ~ bustehouder met beugel **2** *(base)* grondgedachte *nf*
arme *nf* **1** *(instrument)* wapen *het (aussi au fig.),* geweer *het;* aux ~s te wapen; ~ blanche steekwapen; déposer, rendre les ~s zich overgeven; ~s à feu vuurwapens; par les ~s met geweld; passer l'~ à gauche de pijp aan Maarten geven; prendre les ~s naar de wapens grijpen **2** *(plur.) (métier militaire)* krijgsdienst *nm;* faire ses premières ~s zijn eerste veldtocht maken; *(fig.)* zijn eerste proeve van bekwaamheid afleggen **3** *(plur.) (escrime)* schermkunst *nf;* maître d'~s schermmeester; salle d'~s schermlokaal **4** *(plur.) (armoiries)* wapen(schild) *het*
armé, -ée *adj* **1** *(muni d'une arme)* gewapend; ~ jusqu'aux dents tot de tanden toe bewapend **2** *(pourvu de)* voorzien (van), uitgerust (met) **3** *(renforcé)* gewapend
armée *nf* **1** *(ensemble des forces militai-

res) leger *het;* ~ **de l'air** luchtmacht; **être dans l'~** bij het leger zijn; ~ **de mer** zeemacht; **l'Armée du Salut** het Leger des Heils; ~ **de terre** landmacht **2** *(multitude)* leger *het;* **une ~ de sauterelles** een leger sprinkhanen **3** *(plur.) (troupes)* strijdkrachten *plur*
armement *nm* **1** *(action d'armer)* bewapening *nf* **2** *(matériel)* oorlogsmateriaal *het*
Arménie *nf* Armenië *n (sans art.)*
arménien, -ienne *adj* Armeens; **l'arménien** het Armeens; **l'Arménien(ne)** de Armeniër, Armeense
armer *vt* **1** *(pourvoir d'armes)* bewapenen **2** *(+ de) (équiper de)* uitrusten (met) **3** *(garnir d'une armature)* wapenen **4** *(équiper (un navire))* uitrusten **5** *(rendre prêt à tirer)* spannen **6** *(fig.) (donner comme défense à)* wapenen (met); **s'armer (de)** *vpr* **1** *(se munir d'armes)* zich wapenen (met) **2** *(se munir)* zich voorzien (van); **s'~ de patience** geduld oefenen
armistice *nm* wapenstilstand *nm*
armoire *nf* kast *de;* ~ **à pharmacie** medicijnkast
armoiries *nf* wapen(schild) *het*
armure *nf* **1** *(cuirasse)* wapenrusting *nf,* harnas *het* **2** *(fig.) (protection)* pantser *het*
armurerie *nf* **1** *(fabrication)* wapenfabriek *nf* **2** *(commerce)* wapenwinkel *nm*
armurier *nm* **1** *(fabricant)* wapenfabrikant *nm* **2** *(vendeur)* wapenhandelaar *nm*
arnaque *nm* oplichterij *nf;* **c'est de l'~** dat is diefstal
arnaquer *vt* belazeren
arobase *nf* apenstaartje *het*
aromate *nm* specerij *nf*
aromatique *adj* geurig
aromatiser *vt* aromatiseren
arôme, arome *nm* aroma *het,* geur *nm*
arpenter *vt* ijsberen door
arqué, -ée *adj* boogvormig, gebogen; **jambes ~es** O-benen
arrache *adv (fam.)* ♦ **à l'~** op het nippertje; **terminer ses devoirs à l'~** zijn huiswerk afraffelen
arrache-pied ♦ **d'~** onverdroten
arracher *vt* **1** *(enlever en tirant)* (uit)trekken, *(avec force)* losrukken; ~ **les mauvaises herbes** het onkruid wieden **2** *(tirer de)* wegrukken (uit); ~ **qqn à la mort** iemand redden van de dood; ~ **qqn au sommeil** iemand uit zijn slaap rukken **3** *(soutirer)* lospeuteren, *(un aveu, une promesse)* afdwingen **4** *(prendre)* afpakken; **s'arracher** *vpr* **1** *(se disputer qqch, qqn)* vechten (om iets, iemand) **2** *(se soustraire à)* zich losrukken (uit) ♦ **s'~ les cheveux** zich de haren uit het hoofd trekken
arrangeant, -ante *adj* inschikkelijk
arrangement *nm* **1** *(disposition)* rangschikking *nf;* ~ **floral** bloemstuk **2** *(mus.)* arrangement *het* **3** *(accord)* schikking *nf*
arranger *vt* **1** *(aménager)* inrichten; ~ **des fleurs** bloemen schikken **2** *(organiser)* organiseren **3** *(régler)* in orde brengen **4** *(convenir)* goed uitkomen; **ça m'arrange** dat komt me goed uit; **s'arranger** *vpr* **1** *(prendre des dispositions)* maatregelen treffen; **s'~ pour** het zo aanleggen dat **2** *(se mettre d'accord)* het eens worden **3** *(+ de) (se contenter de)* zich tevredenstellen (met) **4** *(aller mieux)* in orde komen
arrestation *nf* arrestatie *nf*
arrêt *nm* **1** *(interruption)* stilstand *nm,* (het) stoppen; ~ **du cœur** hartstilstand; **sans ~** zonder ophouden **2** *(endroit)* halte *de;* ~ **d'autobus** bushalte **3** *(arrestation)* arrestatie *nf;* **mettre qqn aux ~s** iemand arrest geven; **maison d'~** huis van bewaring; **mandat d'~** arrestatiebevel **4** *(arrêtoir)* pal *nm;* **cran d'~** veiligheidspal **5** *(jugement)* vonnis *het,* uitspraak *de;* ~ **de mort** doodvonnis
arrêté, -ée *adj* vaststaand, besloten; **des idées bien ~es** een vaste mening; **l'arrêté** het besluit, de verordening
[1]**arrêter** *vi* **1** *(faire halte)* stilhouden **2** *(cesser de)* ophouden (met); ~ **de lire** ophouden met lezen
[2]**arrêter** *vt* **1** *(retenir)* tegenhouden; ~ **sa voiture** zijn auto tot stilstand brengen **2** *(appréhender)* arresteren **3** *(fixer)* bepalen; ~ **son choix** zijn keus bepalen; **s'arrêter** *vpr* **1** *(stopper)* blijven staan, stoppen **2** *(cesser)* ophouden **3** *(fixer son attention sur)* zich ophouden (met); **s'~ à des détails** stil blijven staan bij details; **s'~ à une décision** bij een beslissing blijven
arrhes *nf (plur)* waarborg(som) *nm (de);* **verser des ~** een aanbetaling doen
arriéré, -ée *adj* **1** *(impayé)* achterstallig; **l'arriéré** het achterstallige bedrag **2** *(rétrograde)* ouderwets **3** *(attardé)* achterlijk; **les ~(e)s** de geestelijk gehandicapten
[1]**arrière** *nm* **1** *(derrière)* achterste gedeelte *het;* **à l'~** achterin **2** *(plur.) (milit.)* achterste linie *nf* **3** *(sports)* achter(hoede)speler *nm*
[2]**arrière** *adv* achteruit; **en ~ (de)** achter(uit) *(aussi au fig.);* naar achteren; **regarder en ~** achteromkijken; **demeurer, rester en ~** achterblijven *(aussi au fig.);* **avoir (le) vent ~** de wind in de rug hebben
arrière-boutique *nf* achterwinkel *nm*
arrière-cour *nf* achterplaats *de*
arrière-goût *nm* nasmaak *nm (aussi au fig.)*
arrière-grands-parents *nm (plur)* overgrootouders *plur*
arrière-pensée *nf* bijgedachte *nf,* bijbedoeling *nf*
arrière-petits-enfants *nm (plur)* achterkleinkinderen *plur*
arrière-plan *nm* achtergrond *nm*
arrière-saison *nf* naseizoen *het*

arrimer *vt* stuwen
arrivage *nm* aankomst *nf, (marchandises)* aanvoer *nm*
arrivant *nm* aankomende *nm;* **les nouveaux ~s** de nieuwkomers
arrivé, -ée *adj* **1** *(qui a réussi)* succesvol **2** *(venu)* aangekomen; **l'arrivé(e)** de aangekomene
arrivée *nf* **1** *(venue)* (aan)komst *nf;* **à l'~** bij aankomst **2** *(technol.)* toevoer *nm;* **~ d'air** luchtkoker **3** *(sports)* finish *nm;* **ligne d'~** eindstreep
arriver *vi* **1** *(parvenir dans un lieu)* (aan)-komen, *(sports)* finishen; **j'arrive** ik kom er aan; **nous voilà arrivés** daar zijn we dan **2** *(atteindre)* bereiken; **en ~ à** zover komen dat; **~ à faire qqch** erin slagen om iets te doen; **il ne lui arrive pas à la cheville** hij kan niet aan hem tippen; **j'y arrive** het lukt me **3** *(se produire)* gebeuren; **il arrive que** het gebeurt dat; **il arrive à qqn de** het overkomt iemand dat; **il lui est arrivé qqch** er is hem iets overkomen; **quoi qu'il arrive** wat er ook gebeurt; **tout arrive** alles is mogelijk
arriviste *n* streber *nm,* carrièremaker *nm*
ar(r)obas *nm (imprim.)* ↓ apenstaartje *het*
arrogance *nf* verwaandheid *nf*
arrogant, -ante *adj* verwaand
s'arroger *vpr* zich aanmatigen
arrondi, -ie *adj* afgerond, rond
arrondir *vt* **1** *(rendre rond)* rondmaken, afronden *(aussi somme)* **2** *(augmenter)* vergroten; **~ à l'euro supérieur** naar boven afronden; **pour ~ les fins de mois** om er wat bij te verdienen; **s'arrondir** *vpr* rond(er) worden
arrondissement *nm* arrondissement *het*
arroser *vt* **1** *(asperger)* (be)sproeien; **~ son repas (de vin)** wijn bij het eten drinken; **~ de la viande** vlees bedruipen **2** *(couler à travers)* stromen door **3** *(fêter en buvant)* drinken op; **ça s'arrose !** daar moet op gedronken worden!
arrosoir *nm* gieter *nm*
arsenal *nm* **1** *(milit.)* arsenaal *het* **2** *(panoplie)* grote hoeveelheid *nf*
arsenic *nm* arsenicum *het*
art *nm* kunst *nf;* **avec ~** bedreven, bekwaam; **d'~** kunst-; **~ de vivre** levenskunst; **avoir l'~ (et la manière) de** de kunst verstaan om; **les ~s** de schone kunsten; **~s ménagers** huishoudkunde
artère *nf* **1** *(vaisseau sanguin)* slagader *de* **2** *(rue importante)* verkeersader *de*
arthrite *nf* gewrichtsontsteking *nf*
arthrose *nf* artrose *nf*
artichaut *nm* artisjok *de*
article *nm* **1** *(journal)* artikel *het;* **~ de fond** hoofdartikel **2** *(partie d'un écrit)* punt *het,* artikel *het* **3** *(marchandise)* koopwaar *de;* **~s de bureau** bureaubenodigdheden **4** *(ling.)* lidwoord *het* ♦ **être à l'~ de la mort** op sterven liggen
articulation *nf* **1** *(organisme vivant)* gewricht *het, (zool., bot.)* geleding *nf* **2** *(langue)* articulatie *nf*
articuler *vt* articuleren; **s'articuler** *vpr* een gewricht vormen (met)
artifice *nm* kunstgreep *nm,* list *de*
artificiel, -elle *adj* **1** *(intervention humaine)* kunstmatig, *(adj. aussi)* kunst- **2** *(affecté)* geforceerd, onnatuurlijk
artillerie *nf* artillerie *nf*
artisan, -ane *nm; parfois nf* **1** *(métier)* handwerksman *nm,* ambachtsman *nm* **2** *(cause, auteur)* bewerker *nm*
artisanal, -ale *adj* ambachtelijk, *(Belg.)* artisanaal
artisanat *nm* ambacht *het*
artiste *n* kunste|naar, -nares *nm, nf;* **entrée des ~s** artiesteningang; **~ peintre** kunstschilder
artistique *adj* artistiek, kunstzinnig
as *nm* **1** *(carte, dés)* aas *het* **2** *(champion)* kei *nm, (sports)* crack *nm*
ascendant *nm* **1** *(influence)* overwicht *het* **2** *(astrol.)* ascendant *nm* **3** *(plur.) (parents)* voorgeslacht *het*
ascenseur *nm* lift *nm*
ascension *nf* **1** *(montagne)* bestijging *nf* **2** *(réussite sociale)* weg *nm* naar de top **3** *(relig.)* hemelvaart *de*
ascète *n* asceet *nm*
aseptiser *vt* **1** *(une blessure)* ontsmetten **2** *(un pansement)* steriliseren
asiatique *adj* Aziatisch; **l'Asiatique** de Aziaat, Aziatische
Asie *nf* Azië *n (sans art.)*
asile *nm* **1** *(abri)* asiel *het,* toevluchtsoord *het* **2** *(établissement)* inrichting *nf,* tehuis *het;* **~ de vieillards** tehuis voor behoeftige ouden van dagen
asocial, -ale *adj* asociaal; **un(e) ~(e)** een asociaal persoon
aspect *nm* **1** *(vue)* uiterlijk *het;* **au premier ~** op het eerste gezicht; **avoir l'~ de** eruitzien als **2** *(angle)* aspect *het,* gezichtspunt *het*
asperge *nf* asperge *de*
asperger *vt* besproeien, besprenkelen
aspérité *nf* oneffenheid *nf*
asphalte *nm* asfalt *het*
asphyxie *nf* verstikking *nf*
asphyxier *vt* **1** *(concr.)* doen stikken **2** *(fig.)* verstikken
aspirant *n* kandi|daat, -date *nm, nf;* **~ ministre** kandidaat-minister
aspirateur *nm* stofzuiger *nm;* **passer l'~** stofzuigen
aspiration *nf* **1** *(désir)* streven *het* **2** *(respiration)* inademing *nf* **3** *(nettoyage)* (het) (weg)zuigen
[1]**aspirer** *vi* streven (naar)
[2]**aspirer** *vt* **1** *(inspirer)* inademen **2** *(ling.)* aanblazen **3** *(pomper)* opzuigen
aspirine *nf* aspirine *de*
s'assagir *vpr* bezadigder worden
assaillant, -ante *adj* aanvallend; **l'assaillant(e)** de aanvaller, aanvalster

assaillir *vt* **1** *(attaquer)* aanvallen **2** *(harceler de)* lastigvallen (met)
assainir *vt* gezond maken, saneren *(fig.)*
assaisonnement *nm* **1** *(action d'assaisonner)* (het) kruiden; **~ de la salade** (het) aanmaken van de sla **2** *(épices)* kruiderij *nf*
assaisonner *vt* **1** *(épicer)* kruiden; **très assaisonné** erg pittig **2** *(agrémenter de)* kruiden (met)
assassin *nm* moordenaar *nm;* **à l'~ !** moord!
assassinat *nm* moord *de*
assassiner *vt* vermoorden, ombrengen
assaut *nm* bestorming *nf;* **char d'~** tank; **prendre d'~** stormenderhand nemen, bestormen *(aussi au fig.);* **donner l'~ à** bestormen
assèchement *nm* drooglegging *nf,* droogmaking *nf*
assécher *vt* droogleggen
ASSEDIC, Assedic *nf* **1** *(association)* bureau *het* voor werkloosheidsuitkeringen **2** *(prestations)* werkloosheidsuitkeringen *plur*
assemblage *nm* **1** *(action)* (het) samenvoegen, assemblage *nf* **2** *(jonction)* verbinding *nf;* **~ par soudure** lasverbinding **3** *(ensemble)* verzameling *nf*
assemblée *nf* **1** *(réunion)* vergadering *nf;* **l'Assemblée (nationale)** de Nationale Vergadering **2** *(personnes réunies)* toehoorders *plur*
assembler *vt* **1** *(faire tenir ensemble)* in elkaar zetten **2** *(réunir)* verenigen; **s'assembler** *vpr* samenkomen, bijeenkomen
asséner *vt* uitdelen, (toe)dienen
assentiment *nm* goedkeuring *nf,* toestemming *nf*
asseoir *vt* **1** *(installer)* (neer)zetten; **faire ~ qqn** iemand laten plaatsnemen **2** *(établir)* ↓ grondvesten; **s'asseoir** *vpr (prendre place)* gaan zitten; **s'~ à table** aan tafel gaan (zitten); **s'~ par terre** op de grond gaan zitten; **veuillez vous ~** gaat u zitten
assermenté, -ée *adj* beëdigd
assertion *nf* bewering *nf*
asservir *vt* onderwerpen
assez *adv* **1** *(suffisamment)* genoeg; **en avoir ~** er genoeg van hebben; **~ clair** duidelijk genoeg; **~ de** voldoende, genoeg; **~ de temps** tijd genoeg; **avoir ~ de qqch** genoeg hebben aan iets; **c'(en) est ~** zo is 't wel genoeg; **pas ~ d'expérience** niet genoeg ervaring; **~ riche pour, pour que** rijk genoeg om te; **~ !** hou op! **2** *(plutôt)* tamelijk, vrij
assidu, -ue *adj* **1** *(personnes)* nauwgezet **2** *(choses)* onafgebroken; **travail ~** nooit aflatende arbeid
assiduité *nf* **1** *(régularité)* nauwgezetheid *nf* **2** *(présence fréquente)* regelmatige aanwezigheid *nf;* **avec ~** zeer regelmatig **3** *(plur.) (auprès d'une femme)* opdringerigheid *nf*
assiéger *vt* **1** *(ville)* belegeren **2** *(personne)* lastigvallen
assiette *nf* bord *het;* **~ creuse** diep bord; **une ~ de potage** een bord soep; **~ à soupe** soepbord ♦ **ne pas être dans son ~** *(ne pas être dans son état normal)* niet in z'n gewone doen zijn; *(ne pas se sentir bien)* zich niet helemaal lekker voelen
assigner *vt* **1** *(attribuer)* toewijzen, toekennen **2** *(fixer)* bepalen **3** *(jur.)* dagvaarden
assimilation *nf* **1** *(comparaison)* gelijkstelling *nf* **2** *(peuples)* integratie *nf* **3** *(connaissances)* verwerking *nf*
assimiler *vt* **1** *(comparer)* gelijkstellen (met) **2** *(intégrer)* integreren **3** *(connaissances)* opnemen, verwerken **4** *(biol.)* opnemen; **s'assimiler** *vpr* zich aanpassen (aan)
assis, -ise *adj* zittend, gezeten; **être ~** zitten; **places ~es** zitplaatsen; **rester ~** blijven zitten
assise *nf* **1** *(construction)* fundering *nf* **2** *(base)* grondslag *nm,* fundament *het*
assises *nf (tribunal)* assisenhof *het (Belg.n.; n'existe pas aux Pays-Bas),* hof *het* van assisen
assistance *nf* **1** *(auditoire)* publiek *het* **2** *(aide)* bijstand *nm* ♦ **enfant de l'Assistance** voogdijkind
assistant, -ante *n* assistent(e) *nm (nf);* **~e médicale** doktersassistente; **~(e) social(e)** maatschappelijk werk(st)er
[1]**assister** *vi (participer à)* (iets) bijwonen, aanwezig zijn (bij); **~ aux cours** de lessen volgen
[2]**assister** *vt* **1** *(aider)* bijstaan; **assisté par ordinateur** computerondersteund **2** *(jur.)* rechtskundige bijstand verlenen
association *nf* **1** *(groupe)* vereniging *nf,* bond *nm; (Belg.f.)* **~ sans but lucratif, a.s.b.l.** vereniging zonder winstoogmerk, vzw *(Belg.n.);* **~ pour l'emploi dans l'industrie et le commerce, ASSEDIC** (bureau voor) werkloosheidsuitkering; **~ reconnue d'utilité publique** erkende instelling van algemeen nut **2** *(action de combiner)* verbinding *nf,* samenvoeging *nf* **3** *(collaboration)* samenwerking *nf*
associé, -ée *n* **1** *(d'une société commerciale)* vennoot, vennote *nm, nf* **2** *(partenaire)* partner *nm* ♦ **membres ~s** buitengewone leden
associer *vt* **1** *(joindre)* verenigen **2** *(rapprocher dans l'esprit)* verbinden (met), (met elkaar) in verband brengen **3** *(+ à) (faire participer à)* betrekken (bij, in); **s'associer** *vpr* **1** *(+ à) (adhérer à)* zich aansluiten (bij), *(coopérer avec)* een vennootschap aangaan (met) **2** *(+ à) (participer à)* deelnemen (aan)
assoiffé, -ée *adj* **1** *(qui a soif)* dorstig **2** *(avide (de))* dorstend (naar)
assombrir *vt* **1** *(rendre obscur)* donker maken, verduisteren **2** *(rendre triste)* treurig maken; **s'assombrir** *vpr* **1** *(deve-*

nir obscur) donker worden 2 *(devenir triste)* somber worden

assommant, -ante *adj* 1 *(ennuyeux)* stom vervelend 2 *(éreintant)* dodelijk vermoeiend

assommer *vt* 1 *(frapper)* (dood)slaan; **être assommé par la chaleur** bevangen worden door de hitte 2 *(ennuyer)* vervelen; **il m'assomme avec ses questions** hij maakt me gek met zijn gevraag

assomption *nf* tenhemelopneming *nf;* **l'Assomption** Maria-Hemelvaart

assorti, -ie *adj* 1 *(harmonieux)* (bij elkaar) passend, (op elkaar) afgestemd 2 *(pourvu de)* voorzien (van) 3 *(plur.) (variés)* diverse

assortiment *nm* 1 *(combinaison)* schakering *nf* 2 *(service)* stel *het* 3 *(lot)* sortering *nf*

assortir *vt* op elkaar afstemmen; **~ à** afstemmen op

assoupi, -ie *adj* sluimerend

s'assoupir *vpr* 1 *(s'endormir)* insluimeren 2 *(s'atténuer)* verdoofd worden

assouplir *vt* 1 *(corps; objets)* soepel maken 2 *(caractère)* handelbaar maken 3 *(règles)* versoepelen; **s'assouplir** *vpr* 1 *(objets)* soepel worden 2 *(caractère)* handelbaar worden 3 *(règles)* versoepeld worden

assouplissant *nm* wasverzachter *nm*

assouplissement *nm* 1 *(corps; objets)* (het) soepel maken; **exercices d'~** lenigheidsoefeningen 2 *(règles)* versoepeling *nf*

assourdir *vt* 1 *(rendre sourd)* doof maken 2 *(amortir)* dempen

assourdissant, -ante *adj* oorverdovend

assouvir *vt* 1 *(faim)* verzadigen, stillen 2 *(désirs)* bevredigen

assujetti, -ie *adj* onderworpen; **~ à l'impôt** belastingplichtig

assujettir *vt (+ à)* onderwerpen (aan)

assumer *vt* 1 *(se charger de)* aanvaarden, op zich nemen 2 *(accepter consciemment)* bewust accepteren

assurance *nf* 1 *(contrat)* verzekering *nf;* **~ maladie** ziektekostenverzekering; **~ tous risques** allriskverzekering, omniumverzekering *(Belg.n.)* 2 *(certitude)* zekerheid *nf* 3 *(confiance en soi)* zelfverzekerdheid *nf;* **avoir de l'~** zelfverzekerd optreden 4 *(garantie)* garantie *nf,* waarborg *nm*

assuré, -ée *adj* 1 *(sûr de soi)* zelfverzekerd; **mal ~** onzeker 2 *(certain)* zeker; **succès ~** geheid succes 3 *(protégé contre)* verzekerd (tegen); **l'assuré(e)** de verzekerde

assurer *vt* 1 *(+ de) (prier qqn de ne pas douter de)* verzekeren (van); **~ (à) qqn que** iemand ervan verzekeren dat 2 *(+ contre) (garantir par un contrat)* verzekeren (tegen) 3 *(rendre sûr)* waarborgen 4 *(faire que qqch fonctionne)* belast zijn met; **~ son service** dienstdoen, dienst hebben; **s'assurer** *vpr* 1 *(+ contre) (se garantir par un contrat)* zich verzekeren (tegen) 2 *(+ de) (vérifier)* zich vergewissen (van); **s'~ que** zich ervan overtuigen dat

assureur *nm* verzekeraar *nm*

astérisque *nm* sterretje *het*

asthmatique *adj* astmatisch; **l'asthmatique** de astmapatiënt(e)

asthme *nm* astma *het/de*

asticot *nm (appât)* made *de*

astiquer *vt* (op)poetsen

astre *nm* ster *de*

astreignant, -ante *adj* veeleisend

astreindre *vt* dwingen, verplichten; **s'astreindre** *vpr* zich dwingen, zich verplichten

astrologie *nf* astrologie *nf*

astrologique *adj* astrologisch

astrologue *n* astro|loog, -loge *nm, nf*

astronaute *n* astronaut *nm*

astronome *n* sterrenkundige *nm*

astronomie *nf* sterrenkunde *nf*

astronomique *adj* astronomisch ♦ **prix ~** astronomisch hoge prijs

astuce *nf* 1 *(truc)* trucje *het;* **les ~s du métier** de fijne kneepjes van het vak 2 *(plaisanterie)* grapje *het* 3 *(ruse)* sluwheid *nf*

astucieux, -euse *adj* handig, slim

asymétrique *adj* asymmetrisch

atchoum! *interj* hatsjie!

atelier *nm* 1 *(usine)* werkplaats *de,* atelier *het* 2 *(groupe de travail)* workshop *nm* 3 *(arts)* atelier *het*

athée *adj* atheïstisch; **l'athéiste** de atheïst

athéisme *nm* atheïsme *het*

athénée *nm (Belg.f.)* atheneum *het*

athlète *n* atleet *nm*

athlétique *adj* atletisch, sterk gespierd

athlétisme *nm* atletiek *nf*

atlantique *adj* Atlantisch; **l'Atlantique** de Atlantische Oceaan

atlas *nm* atlas *nm*

atmosphère *nf* 1 *(ambiance)* sfeer *de,* stemming *nf* 2 *(géo.)* atmosfeer *de*

atmosphérique *adj* atmosferisch

atome *nm* atoom *het* ♦ **ils ont des ~s crochus** het klikt tussen hen

atomique *adj* atoom-, kern-

atomiseur *nm* verstuiver *nm*

atout *nm* troef *de (aussi au fig.)*

âtre *nm* haard *nm*

atroce *adj* 1 *(cruel)* gruwelijk, wreed 2 *(terrible)* vreselijk, ontzettend

atrocité *nf* gruwelijkheid *nf,* wreedheid *nf, (acte)* gruweldaad *de*

s'attabler *vpr* aan tafel gaan (zitten)

attachant, -ante *adj* aantrekkelijk

attache *nf* 1 *(objet)* bevestiging *nf* 2 *(plur.) (liens)* banden *plur* ♦ **point d'~** aanhechtingspunt

attaché, -ée *adj* 1 *(sentiments)* gehecht (aan) 2 *(inhérent)* verbonden (aan, met) 3 *(lié, fixé à)* (vast)gebonden (aan) ♦ **l'attaché(e)** de attaché

attaché-case *nm* diplomatenkoffertje *het*

attachement *nm* gehechtheid *nf;* **avoir de l'~ pour qqn** aan iemand gehecht zijn

[1]**attacher** *vi* **1** *(coller au fond de la casserole)* aanbranden, aanbakken **2** *(coller)* blijven plakken

[2]**attacher** *vt* **1** *(faire tenir)* vastmaken, (vast)binden, *(bateau)* vastleggen, *(vêtements)* dichtknopen; **~ les mains de qqn, à qqn** iemands handen boeien **2** *(retenir qqn)* hechten; **s'attacher (à)** *vpr* **1** *(aimer)* zich hechten (aan) **2** *(s'appliquer à)* zich toeleggen (op) **3** *(accorder de l'importance à)* (belang, waarde) hechten (aan); **s'~ à ce que** erop gesteld zijn dat; **s'~ trop à des détails** te lang bij details blijven stilstaan **4** *(coller à)* (vast)kleven (aan)

attaquant, -ante *n* aanvaller, aanvalster *nm, nf*

attaque *nf* **1** *(offensive)* aanval (op) *nm;* **~ aérienne** luchtaanval; **lancer une ~** een aanval inzetten (tegen); **passer à l'~** tot de aanval overgaan (tegen) **2** *(agression)* aanval (op) *nm;* **~ à main armée** gewapende overval **3** *(méd.)* aanval *nm;* **~ d'apoplexie** beroerte, attaque **4** *(mus.)* inzet *nm* ♦ **être d'~** fit zijn, in vorm zijn

attaquer *vt* **1** aanvallen; **~ qqn en justice** iemand een proces aandoen **2** *(commencer)* beginnen **3** *(chim.)* aantasten; **s'attaquer (à)** *vpr* **1** *(combattre)* (iets, iemand) aanvallen, (iets, iemand) bestrijden **2** *(s'atteler à)* (iets) aanpakken

attardé, -ée *adj* **1** *(en retard)* (ver)laat **2** *(dépassé)* ouderwets **3** *(arriéré)* achterlijk; **un(e) ~(e)** een achterlijk kind

s'attarder *vpr* **1** *(se retarder)* zich verlaten **2** *(s'arrêter à)* (te) lang stilstaan (bij); **s'~ sur un sujet** over een onderwerp uitweiden

atteindre *vt* **1** *(arriver à)* bereiken; **~ 70 ans** 70 jaar worden; **~ un livre sur l'armoire** bij een boek op de kast kunnen **2** *(toucher)* raken *(aussi au fig.),* treffen

atteint, -einte *adj* aangetast (door), getroffen (door); **être ~ d'une maladie** aan een ziekte lijden

atteinte *nf* **1** *(outrage à)* aanslag (op) *nm;* **porter ~ à qqch** iets schaden **2** *(portée)* bereik *het;* **hors d'~** buiten bereik

attelage *nm* span *het*

atteler *vt* **1** *(bêtes de trait)* inspannen **2** *(véhicules)* koppelen **3** *(mettre à)* inzetten (op); **s'atteler** *vpr* zich wijden (aan), zich zetten (aan)

attenant, -ante *adj* aangrenzend, belendend; **~ à** naast

attendant ♦ *(adv.)* **en ~** intussen

[1]**attendre** *vi* (af)wachten; **attends, attendez** wacht even, een ogenblik

[2]**attendre** *vt* **1** *(être dans l'attente de)* wachten op; **il attend d'avoir assez d'argent** hij wacht tot(dat) hij genoeg geld heeft; **~ que** wachten tot(dat) **2** *(compter sur)* verwachten; **~ qqch de qqn** iets van iemand verwachten; **~ un enfant** een kind verwachten ♦ **se faire ~** op zich laten wachten; **s'attendre** *vpr (prévoir)* (iets) verwachten; **s'~ à ce que** verwachten dat; **je m'y attendais** dat dacht ik al

attendrir *vt* **1** *(émouvoir)* (ont)roeren **2** *(viande)* mals maken; **s'attendrir** *vpr* vertederd worden (door)

attendrissant, -ante *adj* (ont)roerend, aandoenlijk

attendrissement *nm* ontroering *nf*

attendu *prép* verwacht; **~ que** aangezien

attentat *nm* **1** *(agression)* aanslag (op) *nm;* **~ à la bombe** bomaanslag **2** *(jur.)* inbreuk (op) *de*

attentat-suicide *nm* zelfmoordaanslag *nm*

attente *nf* **1** *(fait d'attendre)* (het) (af)wachten, wachttijd *nm* **2** *(espoir)* verwachting *nf;* **contre toute ~** tegen alle verwachting

attenter *vi* een aanslag plegen (op), inbreuk maken (op); **~ à ses jours** de hand aan zichzelf slaan; **~ à la vie de qqn** iemand naar het leven staan

attentif, -ive *adj* **1** *(qui agit avec attention)* oplettend, aandachtig; **être ~ à qqch** ergens aandacht voor hebben **2** *(prévenant)* attent **3** *(qui veille à)* zorgzaam (voor)

attention *nf* **1** *(concentration)* oplettendheid *nf,* aandacht *de;* **à l'~ de** ter attentie van, t.a.v.; **accorder peu d'~ à** weinig aandacht schenken aan; **attirer l'~ de** de aandacht trekken van; **fais ~ !** let op!; **faire ~ que, à ce que** ervoor zorgen dat; **attention !** let op!, *(Belg.)* aandacht! **2** *(plur.) (égards)* attentie *nf,* voorkomendheid *nf*

attentionné, -ée *adj* attent, voorkomend

atténuer *vt* verzachten, verminderen; **~ la douleur** de pijn verlichten

atterrer *vt* verbijsteren

atterrir *vi* landen

atterrissage *nm* landing *nf;* **~ forcé** noodlanding

attestation *nf* **1** *(certificat)* attest *het,* getuigschrift *het* **2** *(preuve)* bewijs *het*

attester *vt* **1** *(certifier)* bevestigen, verklaren **2** *(prouver)* bewijzen; **~ que** aantonen dat

attifer *vt* uitdossen

attirail *nm* spullen *plur,* boel *nm*

attirance *nf* aantrekkelijkheid *nf*

attirant, -ante *adj* aantrekkelijk

attirer *vt* **1** *(faire venir à soi)* (aan)trekken, (aan)lokken; **~ l'attention de qqn sur qqch** iemands aandacht op iets vestigen; **il l'attire vers, à lui** hij trekt haar naar zich toe **2** *(causer)* bezorgen, veroorzaken; **s'attirer** *vpr* **1** *(être attirant l'un à l'autre)* elkaar aantrekken **2** *(encourir)* zich op de hals halen, oplopen

attiser *vt* aanwakkeren, *(feu)* opstoken

attitré, -ée *adj* 1 *(chargé d'une fonction)* officieel (aangesteld) 2 *(habituel)* vast
attitude *nf* 1 *(posture)* houding *nf* 2 *(comportement)* gedrag *het,* houding *nf*
attouchement *nm* aanraking *nf*
attraction *nf* 1 *(phys.; fig.)* aantrekking(skracht) *nf (de)* 2 *(amusement)* attractie *nf*
attrait *nm* 1 *(séduction)* aantrekkingskracht *de,* bekoring *nf;* **l'~ de l'aventure** de lokroep van het avontuur 2 *(goût)* neiging (tot) *nf* 3 *(plur.) (charmes)* charme *nf*
attrape *nf* 1 *(duperie)* fopperij *nf* 2 *(objet)* schertsartikel *het*
attrape-nigaud *nm* ♦ **c'est un ~** dat is boerenbedrog
attraper *vt* 1 *(prendre)* pakken, grijpen, vangen; **~ un accent** een accent overnemen; **se faire ~** gepakt worden; **~ qqn par le bras** iemand bij de arm pakken 2 *(duper)* beetnemen; **il m'a bien attrapé** hij heeft me flink beetgenomen 3 *(surprendre)* betrappen (op), snappen (bij); **~ qqn à qqch** iemand op iets betrappen; **que je t'y attrape !** laat ik het niet merken! 4 *(contracter)* krijgen, *(froid)* opdoen, vatten 5 *(bus, train)* halen
attrayant, -ante *adj* aantrekkelijk
attribuer *vt* 1 *(allouer; octroyer)* toekennen, toewijzen; **~ de l'importance à qqch** waarde hechten aan iets 2 *(considérer comme propre à qqn)* toeschrijven; **s'attribuer** *vpr* zich toe-eigenen, zich aanmatigen
attribut *nm (particularité)* kenmerk *het*
attribution *nf* 1 *(remise)* toewijzing *nf,* toekenning *nf* 2 *(plur.) (compétences)* bevoegdheid *nf;* **cela n'entre pas dans mes ~s** daartoe ben ik niet bevoegd
attrister *vi* bedroeven
attroupement *nm* samenscholing *nf,* oploop *nm*
s'attrouper *vpr* te hoop lopen, samenscholen
aubaine *nf* buitenkansje *het*
aube *nf* 1 dageraad *nm;* **se lever à l'~** vroeg in de morgen opstaan 2 *(vêtement)* albe *de*
aubépine *nf* meidoorn *nm*
auberge *nf* herberg *de, (Belg.)* afspanning *nf;* **~ de jeunesse, AJ** jeugdherberg
aubergine *nf* aubergine *nf*
aubergiste *n* herbergier(ster) *nm (nf)*
aubette *nf (f.B.)* 1 *(kiosque)* kiosk *de* 2 *(abribus)* wachthuisje *het*
[1]**aucun** *adj indéf* 1 *(négatif)* geen enkel; **en ~ cas** in geen geval 2 *(positif)* enige
[2]**aucun** *pron indéf* 1 *(négatif)* geen enkele, geen een, niemand, iemand 2 *(positif)* iemand 3 *(quiconque)* enig ander; **d'~s** sommigen
aucunement *adv* geenszins
audace *nf* durf *nm,* stoutmoedigheid *nf*
audacieux, -euse *adj* dapper, gedurfd; **l'audacieux** de waaghals
au-dedans *adv* binnenin; **~ de lui-même** in zijn hart
au-dehors *adv* (van) buiten
[1]**au-delà** *nm* hiernamaals *het*
[2]**au-delà** *adv* verder(op), daarachter; **~ de cette quantité** boven die hoeveelheid
au-dessous *adv* daaronder, eronder; **~ de** onder, onderaan; **il est ~ de tout** hij kan niks
au-dessus *adv* erop, daarop, daar bovenop; **~ de** boven
au-devant *adv* tegemoet; **aller ~ de qqn** iemand tegemoet gaan; **aller ~ de qqch** iets trotseren; **aller ~ des désirs de qqn** iemands wensen voorkómen
audible *adj* hoorbaar
audience *nf* 1 *(assistance)* publiek *het,* luisteraars *plur* 2 *(entretien)* audiëntie *nf* 3 *(jur.)* (rechts)zitting *nf*
audiovisuel, -elle *adj* audiovisueel; **l'~** de geluids- en beeldmedia *(plur.)*
audit *nm* 1 *(contrôle)* accountantsonderzoek *het* 2 *(auditeur)* revisor *nm*
auditeur, -trice *n* 1 *(personne qui écoute)* toehoorder, toehoorster *nm, nf,* luisteraar *nm;* **~ libre** toehoorder 2 *(audit)* revisor *nm*
auditif, -ive *adj* gehoor-, auditief
audition *nf* 1 *(ouïe)* (het) horen, gehoor *het* 2 *(jur.)* verhoor *het;* **~ publique** hoorzitting 3 *(essai)* auditie *nf;* **passer une ~** voorzingen *(chanter);* voorspelen *(jouer)*
auditoire *nm (public)* publiek *het,* toehoorders *plur*
auditorium *nm* concertstudio *nm*
auge *nf* trog *nm,* voe(de)rbak *nm*
augmentation *nf* 1 *(accroissement)* vermeerdering *nf,* toeneming *nf* 2 *(accroissement de salaire)* loonsverhoging *nf*
[1]**augmenter** *vi* groter worden, toenemen, stijgen; **~ de 10 pour cent** met 10 procent stijgen; **la vie augmente beaucoup** het leven wordt veel duurder
[2]**augmenter** *vt* 1 *(hausser)* vermeerderen, verhogen; **~ un peu le chauffage** de verwarming wat hoger zetten 2 *(accroître le salaire de)* opslag geven (aan); **il a été augmenté** hij heeft opslag gekregen
augure *nm* voorteken *het,* voorspelling *nf;* **oiseau de bon ~** geluksbode; **être de mauvais ~** niet veel goeds beloven
aujourd'hui *adv* 1 *(ce jour même)* vandaag, heden; **d'~** huidig, van tegenwoordig 2 *(à présent)* tegenwoordig, nu
aumône *nf* aalmoes *de;* **faire l'~ à qqn** iemand een aalmoes geven
auparavant *adv* daarvoor, tevoren
auprès *prép* 1 *(à proximité de)* bij, naast 2 *(comparé à)* in vergelijking met 3 *(aux yeux de)* in de ogen van
aura *nf* aura *nf*
auréole *nf* (stralen)krans *nm,* aureool *het/de*
auriculaire *nm* pink *nm*

aurore *nf* **1** *(lever du soleil)* dageraad *nm*, morgenrood *het* **2** *(fig.) (commencement)* dageraad *nm*, begin *het*
ausculter *vt* ausculteren
auspices *nm* **1** *(plur.) (signe favorable)* voortekenen *plur;* **sous de favorables ~** onder gunstige voortekenen **2** *(patronage)* auspiciën *plur;* **sous les ~ de** onder de auspiciën van
[1]**aussi** *adv* **1** *(+ adj. ou adv.) (comparaison)* even, zo; **~ bien que** evenals, zowel als; **(tout) ~ bien** net zo goed, evengoed; **~ grand que** even groot als; **qqch d'~ impressionnant** zoiets indrukwekkends **2** *(également)* ook, eveneens; **non seulement ... mais ~** niet alleen ... maar ook; **mais ~ pourquoi l'a-t-il accepté ?** maar waarom heeft hij het eigenlijk aangenomen? **3** *(+ que) (bien que)* hoe ... ook; **~ bête qu'il soit** hoe dom hij ook is
[2]**aussi** *conj, en tête de phrase* daarom, dan ook
aussitôt *adv* dadelijk; **~ dit, ~ fait** zo gezegd, zo gedaan; **~ que** zodra
austère *adj* sober, streng
austérité *nf* strengheid *nf* ♦ **politique d'~** bezuinigingspolitiek
austral, -ale *adj* zuidelijk, zuid(er)-
Australie *nf* Australië *n (sans art.)*
australien, -ienne *adj* Australisch; **l'Australien(ne)** de Australiër, Australische
autant *adv* **1** *(+ que) (en même quantité)* evenveel (... als), *(sans terme de comparaison)* zoveel; **il travaille ~ qu'il peut** hij werkt zoveel hij kan; **~ que possible** zoveel mogelijk **2** *(+ que) (au même degré)* evenzeer (... als), *(sans terme de comparaison)* zo zeer; **elle ne s'est jamais ~ amusée** ze heeft zich nog nooit zo zeer vermaakt; **~ que je sache** voor zover ik weet; **je souffre ~ que vous** ik lijd evenzeer als u **3** *(+ que) (de la même façon)* even goed (... als), *(sans terme de comparaison)* hetzelfde; **~ dire que ...** dat komt op hetzelfde neer als ...; **~ dire la vérité** je kunt net zo goed de waarheid vertellen; **tâchez d'en faire ~** probeer hetzelfde te doen **4** *(la même quantité de)* evenveel; **il y a ~ de garçons que de filles** er zijn evenveel jongens als meisjes **5** *(une telle quantité de)* zoveel; **je ne pensais pas qu'il aurait ~ de patience** ik dacht niet dat hij zoveel geduld zou hebben ♦ **d'~ plus !** daarom des te meer!; **pour ~** daarom (echter); **d'~ que** daar; **d'~ plus que** des te meer daar; **d'~ moins que** des te minder daar
autel *nm* altaar *het/de (m)*
auteur *nm* **1** *(écrivain)* schrijver *nm*, auteur *nm;* **droits d'~** royalty **2** *(créateur)* schepper *nm* **3** *(responsable)* dader *nm*
authenticité *nf* echtheid *nf*, authenticiteit *nf*
authentifier *vt* voor echt verklaren
authentique *adj* oorspronkelijk, echt, authentiek
autisme *nm* autisme *het*
auto *nf* auto *nm;* **~ tamponneuse** botsauto
autobiographie *nf* autobiografie *nf*
autobus *nm* (stads)bus *nm*
autocar *nm* bus *de*, touringcar *de*
autochtone *adj* autochtoon, inheems; **l'autochtone** de oorspronkelijke bewoner, bewoonster, de autochtoon
autocollant, -ante *adj* zelfklevend; **l'autocollant** de sticker
autocritique *nf* zelfkritiek *nf*
autocuiseur *nm* snelkookpan *de*
autodéfense *nf* zelfverdediging *nf*
autodidacte *adj* autodidactisch; **l'autodidacte** de autodidact
autodiscipline *nf* zelfdiscipline *nf*
autoécole *nf* (auto)rijschool *de*
autoentrepreneur, -euse *n* zelfstandige ondernemer *nm*
autofinancement *nm* financiering *nf* uit eigen middelen
autoformation *nf* zelfstudie *nf*, zelfscholing *nf*
autographe *nm* autogram *het*
automate *nm* automaat *nm*
automatique *adj* automatisch
automatisation *nf* automatisering *nf*
automatiser *vt* automatiseren
automatisme *nm* automatisme *het*
automne *nm* herfst *nm (aussi au fig.)*, najaar *het;* **en ~** in de herfst
automobile *nf* **1** *(voiture)* auto(mobiel) *nm;* **transports ~s** verkeer per auto en bus **2** *(industrie)* auto(mobiel)industrie *nf*
automobiliste *n* automobilist(e) *nm (nf)*
s'automutiler *vpr* zichzelf verwonden, zichzelf verminken
autonome *adj* autonoom, zelfstandig
autonomie *nf* autonomie *nf*, zelfbestuur *het*
autopartage *nm* (het) autodelen
autoportrait *nm* zelfportret *het*
autopsie *nf* lijkschouwing *nf*, autopsie *nf*
autoradio *nm* autoradio *nm*
autorail *nm* dieseltrein *nm*
autorisation *nf* vergunning *nf*, toestemming *nf;* **avoir l'~ de faire qqch** toestemming hebben om iets te doen; **~ de sortie** uitgaansverlof
autorisé, -ée *adj* **1** *(qui fait autorité)* gezaghebbend **2** *(compétent)* bevoegd; **je me crois ~ à dire que** ik geloof dat ik zeggen mag dat **3** *(permis)* toegestaan
autoriser *vt* **1** *(rendre licite)* vergunning geven (voor), toestaan; **~ qqn à faire qqch** iemand machtigen iets te doen **2** *(justifier)* rechtvaardigen
autoritaire *adj* autoritair, bazig
autorité *nf* **1** *(supériorité)* gezag *het*, autoriteit *nf*, macht *de;* **de sa propre ~** op eigen gezag, eigenmachtig; **faire ~** gezaghebbend zijn, als norm gelden **2** *(plur.) (officiels)* autoriteiten *plur*, overheid *nf*
autoroute *nf* auto(snel)weg *nm;* **~ de l'information** informatiesnelweg

auto(-)stop *nm* (het) liften; **faire de l'~** liften

auto(-)stoppeur, -euse *n* lift(st)er *nm (nf)*

autour *adv* eromheen, rondom; **~ de qqn, qqch** rond iemand, iets, om iemand, iets heen

autre *adj indéf* ander; **d'un moment à l'~** (op) ieder ogenblik; **aucun ~** geen ander; **j'en ai vu bien d'~s** ik heb heel wat andere dingen meegemaakt; **~ chose** iets anders; **c'est (tout) ~ chose** dat is iets (heel) anders; **entre ~s** onder andere; **l'un l'~** elkaar; **c'est l'un ou l'~** het is een van beide; **ni l'un ni l'~ ne sont venus** geen van beiden is gekomen; **l'autre** de ander(e); **les ~s** de anderen; **personne d'~** niemand anders; **quelque chose d'~** iets anders; **quelqu'un d'~** iemand anders; **sans ~s explications** zonder verdere uitleg; **tous les ~s passagers** alle overige passagiers; **tout ~** ieder ander; **il m'a pris pour un ~** hij heeft mij voor iemand anders aangezien; **tu as mangé une pomme, en veux-tu une ~ ?** je hebt een appel gegeten, wil je er nog een? ♦ **nous ~s, Français** wij Fransen

autrefois *adv* vroeger

autrement *adv* **1** *(différemment; sinon)* anders; **~ dit** anders gezegd; **(tout) ~ que** (heel) anders dan **2** *(+ négation) (guère)* niet erg; **il ne paraissait pas ~ surpris** hij leek niet al te verbaasd **3** *(beaucoup (plus))* heel wat; **~ joli(e) que** veel knapper dan; **il a ~ plus de talent que moi** hij heeft heel wat meer talent dan ik

Autriche *nf* Oostenrijk *n (sans art.)*

autrichien, -ienne *adj* Oostenrijks; **l'Autrichien(ne)** de Oostenrijker, Oostenrijkse

autruche *nf* struisvogel *nm*

autrui *pron indéf* de anderen, een ander

auvent *nm* afdak *het*, luifel *de*

auxiliaire *adj* hulp-; *(chose)* **l'auxiliaire** het hulpmiddel; *(ling.)* het hulpwerkwoord; *(personne)* **l'auxiliaire** de hulpkracht

s'avachir *vpr* **1** *(se déformer)* uit de vorm raken **2** *(se laisser aller)* slap worden

aval *nm (cours d'eau)* benedenloop *nm;* **être en ~ d'une ville** stroomafwaarts van een stad liggen

avalanche *nf* lawine *nf*

avaler *vt* **1** *(par le gosier)* in-, doorslikken *(un solide)*, uit-, opdrinken *(un liquide)*, *(la fumée d'une cigarette)* inhaleren; **~ de travers** zich verslikken; **~ un roman** een roman verslinden **2** *(supporter, croire)* slikken; **faire ~ qqch à qqn** iemand iets op de mouw spelden; **~ qqch** iets (voor zoete koek) slikken

avance *nf* **1** *(progression)* voorsprong *nm;* **à l'~** van tevoren, vooraf; **d'~** van tevoren; **merci d'~** bij voorbaat dank; **être en ~ (d'une heure)** (een uur) te vroeg zijn; **une heure d'~** een uur voorsprong **2** *(acompte)* voorschot *het* **3** *(plur.) (approches)* avances *plur;* **faire des ~s à qqn** bij iemand avances maken

avancé, -ée *adj* **1** *(près de se terminer)* (ver)gevorderd; **il est d'un âge ~** hij is op leeftijd; **vous voilà bien ~** daar ben je mooi mee opgeschoten **2** *(évolué)* hoogontwikkeld; **enfant ~ pour son âge** vroegrijp kind **3** *(qui est en avant)* vooruitgeschoven; **poste ~** vooruitgeschoven post

avancement *nm* **1** *(progrès)* vooruitgang *nm* **2** *(promotion)* promotie *nf;* **avoir de l'~** promotie maken

¹avancer *vi* **1** *(aller en avant)* vooruitgaan; **avancez vers moi** komt u dichterbij **2** *(faire saillie)* uitsteken **3** *(progresser)* vorderen, voortgang boeken; **~ dans son travail** opschieten met zijn werk **4** *(être en avance)* voorlopen *(d'une horloge)*

²avancer *vt* **1** *(approcher)* naar voren brengen; **avancez la voiture** rijd de wagen voor **2** *(proposer; affirmer)* naar voren brengen, opperen **3** *(hâter)* vervroegen, *(horloge, etc.)* voorzetten **4** *(faire progresser)* opschieten met; **à quoi cela vous avancera-t-il ?** wat schiet je daar mee op? **5** *(prêter (de l'argent))* voorschieten; **s'avancer** *vpr (s'approcher)* naar voren komen

¹avant *nm* **1** *(partie antérieure)* voorkant *nm*, voorstuk *het;* **asseyez-vous à l'~** gaat u voorin zitten; **aller de l'~** vooruitgaan; *(fig.)* flink aanpakken; **roue ~** voorwiel **2** *(front)* voorhoede *de* **3** *(sports)* voorhoedespeler *nm*

²avant *adv* **1** *(auparavant)* van tevoren, eerder; **d'~** ervoor, daarvoor **2** *(plus loin)* vooruit, voorwaarts; **en ~** naar voren, vooruit; **plus ~** steeds verder ♦ **se mettre en ~** zich op de voorgrond plaatsen; **mettre qqch en ~** iets naar voren brengen

³avant *prép* voor; **~ cela** daarvoor; **ne faites rien ~ d'avoir reçu ma lettre** doe niets voordat u mijn brief ontvangen hebt; **~ peu** binnenkort; **~ que** voordat

avantage *nm* **1** *(atout)* voordeel *het;* **à l'~ de qqn** in iemands voordeel; **se montrer à son ~** zich van zijn beste kant laten zien; **~s fiscaux** belastingvoordeel *(sing.)* **2** *(dessus)* overwicht *het;* **prendre l'~** de overhand krijgen

avantager *vt* bevoordelen, bevoorrechten; **cette robe l'avantage** die jurk flatteert haar

avantageux, -euse *adj* **1** *(favorable)* gunstig, voordelig **2** *(flatteur)* flatteus

avant-bras *nm* onderarm *nm*

avant-centre *nm* midvoor *nm*

avant-coureur *adj* die, dat een voorbode is; **signe ~** voorteken

avant-dernier, -ière *adj* voorlaatste

avant-garde *nf* voorhoede *de;* **d'~** avantgardistisch

avant-goût *nm* voorproefje *het*

avant-hier *adv* eergisteren

avant-première *nf* voorvertoning *nf;* **en ~** in voorvertoning

avant-propos *nm* voorwoord *het*
avant-veille *nf* twee dagen tevoren; l'~ de Noël twee dagen voor Kerstmis
avare *adj* gierig; ~ de zeer zuinig met; l'avare de gierigaard, vrek
avarice *nf* gierigheid *nf*
avarie *nf* averij *nf*
avarier *vt* 1 *(endommager)* beschadigen 2 *(gâter)* bederven
avatar *nm* tegenslag *nm*
avec *prép* met, bij; et ~ ça il était enrhumé en daarbij was hij ook nog verkouden; et ~ cela, Madame ? anders nog iets, mevrouw?; être ~ qqn in gezelschap van iemand zijn, met iemand samenleven; ~ vous, il n'y a que l'argent qui compte als ik u zo hoor, telt alleen het geld
[1]**avenant** *nm (jur.)* aanhangsel *het*
[2]**avenant, -ante** *adj* innemend
[3]**avenant** ♦ *(adv.)* à l'~ (dien)overeenkomstig
avènement *nm* 1 *(accession au trône)* troonsbestijging *nf;* l'~ d'un nouveau régime het aan het bewind komen van een nieuw regime 2 *(relig.)* komst *nf*
avenir *nm* toekomst *nf;* à l'~ voortaan; avoir de l'~ goede vooruitzichten hebben; sans ~ uitzichtloos
avent *nm* advent *nm*
aventure *nf* 1 *(histoire)* avontuur *het;* à l'~ op goed geluk; dire la bonne ~ à qqn iemand de toekomst voorspellen; tenter l'~ zijn geluk beproeven 2 *(liaison)* liefdesavontuur(tje) *het* ♦ d'~, par ~ ↓ bij toeval
aventurer *vt* wagen; **s'aventurer** *vpr* zich wagen; s'~ dans zich wagen aan; s'~ sur un chemin glissant zich op glad ijs begeven
aventureux, -euse *adj* avontuurlijk
aventurier, -ière *n* avonturier(ster) *nm (nf)*
avenue *nf* laan *de*
s'avérer *vpr* blijken te zijn
averse *nf* regenbui *de*, stortbui *de;* laisser passer l'~ de bui laten overdrijven
aversion *nf* afkeer *nm;* par ~ pour uit afkeer van
averti, -ie *adj* 1 *(avisé)* oordeelkundig; être ~ de qqch van iets op de hoogte zijn 2 *(prévenu)* gewaarschuwd
avertir *vt* 1 *(prévenir de)* waarschuwen (voor) 2 *(informer)* berichten; ~ qqn que iemand meedelen dat
avertissement *nm* 1 *(mise en garde)* waarschuwing *nf, (impôt)* aanmaning *nf* 2 *(réprimande)* berisping *nf* 3 *(préface)* voorbericht *het*
avertisseur *nm* claxon *nm*
aveu *nm* bekentenis *nf;* arracher des ~x à qqn iemand een bekentenis afdwingen; faire un ~ iets bekennen; passer aux ~x een bekentenis afleggen
aveuglant, -ante *adj* verblindend
aveugle *adj* blind, verblind; *(adv.)* aveuglément blindelings; en ~ blindelings; l'aveugle de blinde
aveuglement *nm* verblinding *nf*
aveugler *vt* blind maken, verblinden *(aussi au fig.)*
aveuglette ♦ *(adv.)* à l'~ blindelings, op goed geluk *(sans y voir clair; au hasard)*
aviateur, -trice *n* vliegenier(ster) *nm (nf)*
aviation *nf* 1 *(civile; commerciale)* luchtvaart *de;* ~ de tourisme sportvliegerij 2 *(armée de l'air)* luchtmacht *de*
avide *adj* gulzig, gretig; ~ de sang bloeddorstig; être ~ de belust zijn op *(+ inf.)*
avidité *nf* gulzigheid *nf*, gretigheid *nf*
avilir *vt* vernederen; **s'avilir** *vpr* zich verlagen (tot)
avilissant, -ante *adj* vernederend
avion *nm* vliegtuig *het;* en ~ met het vliegtuig; *(sur des lettres)* par ~ luchtpost; ~ à réaction straalvliegtuig; ~ de tourisme sportvliegtuig
aviron *nm* 1 *(rame)* (roei)riem *nm* 2 *(sport)* (het) roeien, roeisport *de;* faire de l'~ (aan) roeien (doen)
avis *nm* 1 *(opinion)* mening *nf;* à mon ~ mijns inziens; de l'~ de tous naar ieders mening; *(prov)* deux ~ valent mieux qu'un twee weten meer dan één; être d'~ que ... denken dat het nuttig is dat ...; je suis de votre ~ ik deel uw mening 2 *(communiqué)* bericht *het;* ~ au public openbare bekendmaking; ~ au lecteur voorbericht; pour ~ ter kennisneming; ~ de réception ontvangstbevestiging; ~ de recherche opsporingsbericht; sauf ~ contraire behoudens tegenbericht 3 *(conseil)* raad *nm*, advies *het;* sur l'~ de qqn op iemands advies
avisé, -ée *adj* bedachtzaam, verstandig
[1]**aviser** *vi (songer à)* nadenken (over), overwegen
[2]**aviser** *vt* ♦ ~ qqn de qqch iemand iets mededelen; **s'aviser (de)** *vpr* 1 *(s'apercevoir de)* gewaarworden 2 *(oser)* (het) wagen (om)
aviver *vt* 1 *(rehausser (des couleurs))* ophalen 2 *(activer)* aanwakkeren 3 *(rendre plus vif)* verscherpen
[1]**avocat** *nm* avocado *de*
[2]**avocat, -ate** *n* 1 *(personne inscrite au barreau)* advo|caat, -cate *nm, nf* 2 *(défenseur)* pleitbezorg(st)er *nm (nf)*, verdediger *nm*
avoine *nf* haver *de*
[1]**avoir** *nm* 1 *(bien)* bezit *het*, vermogen *het* 2 *(actif)* creditpost *nm*, activa *plur*
[2]**avoir** *vt* 1 *(posséder)* hebben, bezitten; en ~ assez de qqn genoeg van iemand hebben; nous en avons pour deux heures we hebben er twee uur voor nodig; ~ pour ami als vriend hebben; ~ qqn à déjeuner iemand te lunchen hebben; ~ qqch sur soi iets bij zich hebben, *(Belg.)* iets bij hebben; ~ de quoi vivre geld hebben 2 *(obtenir)* krijgen, *(examen, train)* halen; ~ un prix een prijs krijgen 3 *(duper)*

te pakken nemen; **se laisser ~** zich laten beetnemen **4** *(porter (un vêtement))* aanhebben **5** *(être âgé de; mesurer)* zijn **6** *(clocher)* schelen; **qu'est-ce qu'elle a, cette télé ?** wat mankeert er aan die televisie?

³avoir (il y a) *vb impers* **1** *(existence)* er is, zijn, er staat, staan, er ligt, liggen; **il y a eu de graves accidents** er zijn ernstige ongelukken gebeurd; **il y a cinq kilomètres d'ici au village** het dorp is vijf kilometer hiervandaan; **il n'y a qu'à** men hoeft maar te; **il n'y a pas de quoi** niets te danken; **il n'y a pas que lui** hij is niet de enige **2** *(temps)* geleden zijn; **il y a quelques années** enige jaren geleden

⁴avoir *vb aux* **1** *(auxiliaire de temps)* hebben, zijn; **j'ai été** ik ben geweest **2** *(devoir)* moeten, behoeven; **~ à** moeten, behoeven te; **j'ai (fort) à faire** ik heb het (erg) druk; **je n'ai rien à faire** ik heb niets te doen; **vous n'avez qu'à tourner le bouton** u hoeft alleen maar de knop om te draaien

avoisinant, -ante *adj* aangrenzend

avoisiner *vt* grenzen aan

avortement *nm* abortus *nm*

avorter *vi* **1** een abortus hebben; **se faire ~** abortus laten plegen **2** *(échouer)* mislukken

avoué *nm* procureur *nm*

avouer *vt* bekennen, toegeven; **s'avouer** *vpr* bekennen te zijn; **s'~ vaincu** zich gewonnen geven

avril *nm* april *nm;* **en ~** in april

axe *nm* **1** *(technol.)* as *de (aussi math.),* spil *de;* **tourner sur son ~** om zijn, haar as draaien **2** *(route)* verkeersader *de* **3** *(direction générale)* hoofdlijn *de;* **être dans l'~ de qqch** de lijn van iets volgen

axer *vt* richten (op)

axiome *nm* axioma *het*

ayant droit *nm* rechthebbende *nm*

azalée *nf* azalea *de*

Azerbaïdjan *nm* Azerbeidzjan *n (sans art.)*

azerbaïdjanais, -aise *adj* Azerbeidzjaans; **l'Azerbaïdjanais(e)** de Azerbeidzjaan(se)

azéri, -ie *adj* Azerbeidzjaans; **l'Azéri(e)** de Azeri, Azerbeidzjaan(se)

azimut *nm* azimut *het* ♦ *(milit.)* **défense tous ~s** alzijdige verdediging; **(dans) tous les ~s** † in alle windrichtingen

azote *nm* stikstof *de*

azur *nm* hemelsblauw *het*

b

b *nm* b *de;* B comme Berthe de b van Bernard
baba *adj* paf; j'en suis resté ~ ik stond paf
babiller *vi* **1** *(bavarder)* babbelen **2** *(gazouiller)* kwetteren
babines *nf* **1** *(lèvres d'animaux)* hanglippen *plur* **2** *(lèvres)* ↑ lippen *plur;* s'en lécher les ~ z'n lippen erbij aflikken
babiole *nf* **1** *(bibelot)* snuisterij *nf* **2** *(broutille)* kleinigheid *nf*
bâbord *nm* bakboord *het*
babouin *nm* baviaan *nm*
baby-foot *nm* tafelvoetbal *het*
baby-sitting *nm* (het) babysitten; faire du ~ babysitten
bac *nm* **1** *(bateau)* (veer)pont *de* **2** *(récipient)* bak *nm;* ~ à légumes groentela **3** *(examen)* baccalaureaat *het;* passer le ~ eindexamen doen
baccalauréat *nm* eindexamen *het* middelbare school
bâche *nf* dekzeil *het*
bachelier, -ière *n* ± baccalaureus *nm*
bâcher *vt* (met een zeil) afdekken
bachotage *nm* (het) stampen
bachoter *vi* blokken
bacille *nm* bacil *nm*
bâcler *vt* afraffelen
bactérie *nf* bacterie *nf*
badaud, -aude *n* baliekluiver *nm, (curieux)* nieuwsgierige *de*
badge *nm* badge *het/de (m),* button *nm*
badigeonner *vt* **1** *(peindre)* witkalken, witten **2** *(méd.)* aanstippen
badiner *vi* schertsen
baffe *nf* oplawaai *de,* opdoffer *nm*
baffle *nm* luidsprekerbox *nm*
bafouer *vt* honen, bespotten
bafouiller *vti* hakkelen
bâfrer *vi* schransen
bagage *nm* bagage *nf;* faire ses ~s z'n koffers pakken; plier ~ z'n biezen pakken
bagarre *nf* **1** *(rixe)* opstootje *het,* relletje *het* **2** *(échange de coups)* vechtpartij *nf;* chercher la ~ ruzie zoeken
se bagarrer *vpr* vechten
bagatelle *nf* **1** *(futilité)* kleinigheid *nf* **2** *(somme dérisoire)* luttel bedrag *het;* ça lui a coûté la ~ d'un million d'euros dat heeft hem zo'n slordige één miljoen euro gekost; j'ai acheté cela pour une ~ ik heb dat voor een habbekrats gekocht
bagne *nm* strafkolonie *nf*
bagnole *nf* karretje *het*
bagou *nm* ♦ avoir du ~ een vlotte babbel hebben
bague *nf* **1** *(anneau)* ring *nm* **2** *(pour cigare)* sigarenbandje *het*
baguette *nf* **1** *(bâton mince)* stokje *het;* mener qqn à la ~ iemand met harde hand aanpakken; ~ de chef d'orchestre dirigeerstokje; ~ magique toverstokje; ~s de tambour trommelstokken; *(fig.)* zeer steil haar **2** *(pain long)* stokbrood *het*
Bahamas *nm (plur)* Bahama's *plur;* aux ~ op de Bahama's
bahamien, -ienne *adj* Bahamaans; le, la Bahamien(ne) de Bahamaan(se)
Bahreïn *nm* Bahrein *n (sans art.)*
bahreïnite *adj* Bahreins; le, la Bahreïnite de Bahreiner, Bahreinse
bahut *nm* **1** *(coffre)* kist *de* **2** *(buffet)* boerenkast *de* **3** *(lycée)* gym *het*
baie *nf* **1** *(petit golfe)* baai *de* **2** *(ouverture)* deur-, vensteropening *nf;* ~ vitrée schuifpui **3** *(fruit)* bes *de*
baignade *nf* **1** *(action)* (het) zwemmen; ~ interdite verboden zwemwater **2** *(endroit)* zwemplaats *de*
1**baigner** *vi* baden (in) *(aussi au fig.)*
2**baigner** *vt* baden; ~ un enfant een kind in bad doen ♦ baigné de sueur nat van het zweet; **se baigner** *vpr* **1** *(se laver)* baden, een bad nemen **2** *(nager)* zwemmen
baigneur, -euse *n* **1** *(nageur)* zwemmer, zwemster *nm, nf* **2** *(m.) (poupée)* babypopje *het*
baignoire *nf* badkuip *de*
bail, baux *nm* **1** *(à loyer)* huurcontract *het;* ~ à céder winkelruimte te huur **2** *(à ferme)* pachtcontract *het* ♦ cela fait un ~ dat is een eeuwigheid geleden
bâillement *nm* (het) gapen, geeuw *nm*
bâiller *vi* **1** *(ouvrir la bouche)* gapen, geeuwen **2** *(être entrouvert)* (half) openstaan; la porte bâille de deur staat op een kier
bailleur, -eresse *n* **1** *(location)* verhuurder, verhuurster *nm, nf* **2** *(fermage)* verpacht(st)er *nm (nf)* ♦ ~ de fonds geldschieter
bâillon *nm* prop *de,* knevel *nm (aussi au fig.)*
bâillonner *vt* een prop in de mond doen van, knevelen
bain *nm* **1** *(eau)* bad *het (aussi chim.; technol.);* ~ de bouche mondspoeling; ~ bouillonnant bubbelbad; *(fig.)* être dans le ~ er 'in' zitten; *(fig.)* être dans le même ~ in hetzelfde schuitje zitten; grand ~ het diepe (bad); *(fig.)* mettre qqn dans le ~ iemand inwijden; petit ~ kikkerbadje; ~ de

pieds voetbad 2 *(baignoire)* badkuip *de;* ~ de siège zitbad 3 *(plur.) (établissement)* badhuis *het* ♦ prendre un ~ de foule zich onder het volk begeven; ~ de soleil zonnebad

bain-marie *nm* bain-marie *het,* waterbad *het*

baïonnette *nf* bajonet *de*

baisemain *nm* handkus *nm;* faire le ~ à une dame een dame een handkus geven

[1]**baiser** *nm* kus *nm,* zoen *nm;* bons ~s de Paris veel liefs uit Parijs

[2]**baiser** *vt* 1 *(embrasser)* kussen; ~ la main d'une dame een dame de hand kussen 2 *(faire l'amour à)* neuken 3 *(duper)* verneuken

baisse *nf* 1 *(diminution)* daling *nf;* la température est en ~ de temperatuur daalt 2 *(Bourse)* baisse *nf*

[1]**baisser** *vi (diminuer)* dalen, zakken; ~ de 10% dalen met 10%; le jour baisse het wordt donker; la mer baisse het wordt eb; le vin a baissé de wijn is goedkoper geworden

[2]**baisser** *vt* 1 *(descendre)* neerlaten, laten zakken; ~ la tête het hoofd buigen; ~ la vitre het raampje naar beneden draaien; ~ les yeux de ogen neerslaan; faire ~ les yeux à qqn iemand beschaamd doen staan 2 *(diminuer l'intensité de)* verlagen *(ton, voix),* lager zetten *(appareil);* **se baisser** *vpr* (zich) bukken

bal *nm* 1 *(réunion)* bal *nm;* aller au ~ naar een bal gaan 2 *(lieu)* balzaal *de*

balade *nf* wandeling *nf*

balader *vt* 1 *(promener)* mee uit wandelen nemen 2 *(emporter)* meesleuren ♦ envoyer ~ qqn iemand laten ophoepelen; **se balader** *vpr* wandelen

baladeur *nm* walkman *de*

baladodiffusion *nf (com.)* podcasting *nf*

balafre *nf* 1 *(entaille)* houw *nm* 2 *(cicatrice)* litteken *het*

balafrer *vt* een houw geven in; un visage balafré een gekerfd gezicht

balai *nm* bezem *nm;* passer le ~ (dans une pièce) (een kamer) aanvegen

balai-brosse *nm* schrobber *nm*

balance *nf* 1 *(instrument de pesage)* weegschaal *de,* balans *de (aussi écon.);* faire pencher la ~ de balans doen doorslaan; *(fig.)* de doorslag geven; peser dans la ~ gewicht in de schaal leggen 2 *(équilibre)* evenwicht *het* 3 *(écon.)* balans *de;* ~ commerciale handelsbalans

Balance *nf* Weegschaal *de;* il est ~ hij is een Weegschaal

[1]**balancer** *vi* aarzelen

[2]**balancer** *vt* 1 *(faire osciller)* (heen en weer) slingeren; ~ les bras met de armen zwaaien 2 *(se débarrasser de)* weggooien; il y a des moments où j'ai envie de tout ~ soms heb ik zin om de hele boel erbij neer te gooien 3 verlinken, erbij lappen; **se balancer** *vpr* 1 *(osciller)* schommelen 2 *(s'équilibrer)* met elkaar in evenwicht zijn ♦ je m'en balance het kan me niet bommen

balancier *nm* 1 *(d'une pendule)* slinger *nm* 2 *(d'un équilibriste)* balanceerstok *nm*

balançoire *nf* 1 *(suspendue)* schommel *de* 2 *(bascule)* wip *de*

balayer *vt* 1 *(nettoyer)* bezemen, vegen; ~ la neige sneeuw ruimen 2 *(passer sur)* gaan over; vent qui balaie la plaine wind die over de vlakte jaagt 3 *(électronique)* aftasten, scannen

balayette *nf* stoffer *nm, (Belg.)* handborstel *nm*

balayeur, -euse *n* straat|veger, -veegster *nm, nf*

balbutiement *nm* 1 *(bredouillement)* gestamel *het* 2 *(le plus souvent plur.) (début)* allereerste begin *het*

[1]**balbutier** *vi (bredouiller)* stamelen, stotteren

[2]**balbutier** *vt (dire en bredouillant)* stamelen, met moeite uitbrengen

balcon *nm* 1 balkon *het* 2 *(théâtre)* balkon *het,* galerij *nf*

baldaquin *nm* baldakijn *het/de (m);* lit à ~ hemelbed

baleine *nf* 1 *(zool.)* walvis *nm* 2 *(tige)* balein *de*

balèze *adj* potig

balise *nf* 1 baken *het,* boei *de;* ~ lumineuse lichtbaken 2 *(inform.)* tag *nm*

baliser *vt* bebakenen

baliverne *nf* geleuter *het;* débiter des ~s wauwelen

ballade *nf* ballade *nf (aussi mus.)*

ballant, -ante *adj* los, slap neerhangend; marcher les bras ~s met loshangende armen lopen

ballast *nm* 1 *(chemins de fer)* ballast *nm* 2 *(mar.)* ballasttank *nm*

balle *nf* 1 *(ballon)* bal *nm;* jouer à la ~ met de bal spelen, kaatsen; saisir la ~ au bond de bal vangen; *(fig.)* de gelegenheid aangrijpen; se renvoyer la ~ de verantwoordelijkheid op elkaar afschuiven; *(fig.)* renvoyer la ~ à qqn de bal terugkaatsen 2 *(projectile)* kogel *nm; (fig.)* se tirer une ~ dans le pied zijn eigen glazen ingooien 3 *(ballot)* baal *de* 4 *(plur.) (francs)* piek *nm*

ballerine *nf* 1 *(danseuse)* ballerina *nf,* balletdanseres *nf* 2 *(chaussure)* platte schoen *nm*

ballet *nm* ballet *het*

ballon *nm* 1 *(balle)* bal *nm;* jouer au ~ met de bal spelen 2 *(montgolfière)* (lucht)ballon *nm;* ~ d'alcootest blaaspijpje; ~ d'essai proefballon; *(fig.)* lancer un ~ d'essai een balletje over iets opgooien 3 *(chim.)* kolf *de* ♦ ~ d'eau chaude boiler

ballonné *adj* opgeblazen, opgezet

ballonnement *nm* opgezetheid *nf* van de buik

ballot *nm* **1** *(balle)* kleine baal *de*, pakje *het* **2** *(idiot)* idioot *nm*

ballottage *nm* onbesliste uitslag *nm*; **scrutin de ~** herstemming

[1]**ballotter** *vi* naar alle kanten heen en weer geslingerd worden

[2]**ballotter** *vt* heen en weer slingeren; **être ballotté entre des sentiments contraires** ten prooi zijn aan tegenstrijdige gevoelens

balluchon *nm* ↑ bundeltje *het*; **faire son ~** z'n boeltje pakken

balnéaire *adj* bad-; **station ~** badplaats

balourd, -ourde *n* lomperik *nm*

balte *adj* Baltisch; **le, la Balte** de Balt(ische)

baltique *adj* Oostzee-

baluchon *nm* → **balluchon**

balustrade *nf* balustrade *nf*, leuning *nf*

bambin *nm* ventje *het (m)*

bambou *nm* bamboe *nm*, bamboeriet *het*

ban *nm* **1** *(plur.) (publication (de mariage))* officiële afkondiging *nf*; **publier les ~s** in ondertrouw gaan **2** *(applaudissements)* applaus *het*; **un ~ pour le vainqueur !** één hoeraatje voor de winnaar! **3** *(exil)* ban *nm*; **mettre qqn au ~ de la société** iemand uitstoten

banal, -ale *adj (plur. banals)* alledaags

banaliser *vt* alledaags maken ♦ **voiture (de police) banalisée** burgerauto van de politie

banalité *nf* **1** *(caractère banal)* alledaagsheid *nf* **2** *(plur.) (clichés)* gemeenplaatsen *plur*

banane *nf* **1** *(fruit)* banaan *de* **2** *(coiffure)* vetkuif *de* **3** *(sac-ceinture)* heuptasje *het*

bananier *nm* bananenboom *nm*

banc *nm* **1** *(siège; bâti)* bank *de*; **~ des accusés** beklaagdenbank; **~ d'essai** proefbank; *(fig.)* toets **2** *(de poissons)* school *de* **3** *(amas)* bank *de*; **~ de coraux** koraalrif

bancaire *adj* bank-

bancal, -ale *adj* mank, *(fig.; meubles)* wankel; *(fig.)* **votre raisonnement est ~** uw redenering gaat mank

bandage *nm (méd.)* verband *het*, zwachtel *nm*, *(Belg.)* windel *nm*

bande *nf* **1** *(ruban)* reep *nm*, strip *nm*; **~ de journal** wikkel; **~ magnétique** bandje, tape; **~ sonore** geluidsband; **~ Velpeau®** zwachtel, rekverband **2** *(de terrain, de chaussée, etc.)* baan *de*; **~ d'arrêt d'urgence** vluchtstrook; **~ dessinée, BD** strip **3** *(groupe)* bende *de*, troep *nm*; **~ d'amis** stel vrienden; **être de la ~** erbij horen; **~ d'idiots !** stelletje stommelingen!; **faire ~ à part** zich afzonderen

bandé, -ée *adj* **1** *(couvert d'un bandeau)* geblinddoekt; **avoir les yeux ~s** geblinddoekt zijn **2** *(pansé)* verbonden

bande-annonce *nf* introductiefilmpje *het*

bandeau *nm* **1** *(front, tête)* hoofdband *nm* **2** *(yeux)* blinddoek *nm*

bander *vt* **1** *(méd.)* verbinden **2** *(yeux)* blinddoeken; **~ les yeux d'un condamné** een ter dood veroordeelde blinddoeken **3** *(arc)* spannen

banderole *nf* wimpel *nm*, vaantje *het*

bande-son *nf* geluidsband *nm*

bandit *nm* schurk *nm*, bandiet *nm*

bandoulière *nf* draagband *nm*; **porter qqch en ~** iets schuin over de borst dragen

bang *interj* bang!

bangladais, -aise *adj* Bengalees; **le, la Bangladais(e)** de Bengalees, Bengalese

Bangladesh *nm* Bangladesh *n (sans art.)*

banlieue *nf* voorsteden *plur*, randgemeenten *plur*

banlieusard, -arde *n* forens *nm*

banni, -ie *adj* verbannen; **le ~** de balling

bannière *nf* vaandel *het*

bannir *vt* **1** *(exiler)* verbannen; **~ qqn de son pays** iemand uit zijn land verbannen **2** *(rejeter)* (uit)bannen; **~ une coutume** een gewoonte afschaffen; **~ un mot de son vocabulaire** een woord uit zijn vocabulaire schrappen

bannissement *nm* verbanning *nf*, ballingschap *nf*

banque *nf* **1** *(établissement)* bank *de*; **~ de données** databank; **avoir un compte en ~** een bankrekening hebben **2** *(de sang, de données)* bank *de*; **~ de sperme** spermabank

banqueroute *nf* bankroet *het*; **faire ~** bankroet gaan

banquet *nm* feestmaal *het*, banket *het*

banquette *nf* bankje *het*; **jouer devant les ~s** voor een lege zaal spelen

banquier *nm* **1** *(financier)* bankier *nm* **2** *(jeux)* bankhouder *nm*

banquise *nf* pakijs *het*

baptême *nm* doop *nm* ♦ **~ de l'air** luchtdoop

baptiser *vt* **1** *(relig.)* dopen **2** *(appeler)* een naam geven **3** *(surnommer)* een bijnaam geven

baquet *nm* bakje *het*, kuipje *het*

bar *nm* bar *de*

[1]**baragouiner** *vi* **1** *(bafouiller)* brabbelen **2** *(parler un charabia)* koeterwalen

[2]**baragouiner** *vt* ♦ **~ l'italien** gebroken Italiaans spreken

baraque *nf* **1** *(cabane)* houten barak *de*; **~ de chantier** bouwkeet; **~ de forains** kermiskraam **2** *(maison délabrée)* krot *de* **3** *(entreprise)* tent *de* ♦ **casser la ~** een denderend succes hebben

baraqué, -ée *adj* goedgebouwd

baraquement *nm* barakkenkamp *het*

baratin *nm* (mooie) praatjes *plur*; **faire du ~ à qqn** op iemand inpraten

barbant, -ante *adj* ↑ stomvervelend

barbare *adj* **1** *(grossier)* onbeschaafd; **c'est un ~** dat is een ongelikte beer **2** *(cruel)* wreed **3** *(incorrect)* onjuist; **terme ~** on-Franse term

barbarie *nf* **1** *(état d'un peuple non civi-*

lisé) onbeschaafdheid *nf* **2** *(grossièreté)* grofheid *nf* **3** *(cruauté)* wreedheid *nf*
barbe *nf* baard *nm;* **~ à papa** suikerspin; **rire dans sa ~** in z'n vuistje lachen ♦ **ah, la ~ !** ik krijg er een sik van!; **quelle ~ !** wat stomvervelend!
barbecue *nm* barbecue *nm*
barbelé, -ée *adj* van weerhaken voorzien; **fil de fer ~** prikkeldraad; **les ~s** de prikkeldraadversperring
barber *vt* de keel uithangen; **se barber** *vpr* zich stierlijk vervelen
barbiche *nf* sikje *het*
barbiturique *nm* barbituraat *het*
barboter *vi* plassen, spartelen
barboteuse *nf* speelpakje *het*
barbouiller *vt* **1** *(souiller)* bekladden, besmeren; **l'enfant était barbouillé de confiture** het kind zat onder de jam **2** *(peindre)* (slordig) schilderen ♦ **avoir l'estomac barbouillé** misselijk zijn; **~ du papier** papier verknoeien
barbu, -ue *adj* met een baard; **le ~** de man met een baard
barda *nm* **1** *(attirail)* boeltje *het* **2** *(équipement du soldat)* uitrusting *nf*
[1]**barder** *vi* ♦ **ça va ~** het wordt hommeles
[2]**barder** *vt* **1** *(cuis.)* met vet spek omwikkelen **2** *(cuirasser)* pantseren; *(fig.)* **être bardé de décorations** behangen zijn met onderscheidingen
barème *nm* **1** *(tableaux numériques)* tabel *de* **2** *(ensemble de prix)* prijslijst *de* **3** *(échelle de salaires)* (salaris)schaal *de, (Belg.)* barema *het*
baril *nm* vat *het,* ton *de; (aussi au fig.)* **~ de poudre** kruitvat
bariolé, -ée *adj* bont(gekleurd)
baromètre *nm* barometer *nm*
baron, -onne *n* baron(es) *nm (nf)*
baroque *adj* **1** *(bizarre)* grillig **2** *(style, art)* barok; **le ~** de barok, barokkunst, barokstijl
barque *nf* bootje *het;* **mener la ~** de zaak in handen hebben
barquette *nf* **1** *(pâtisserie)* taartje *het* **2** *(récipient)* schaaltje *het*
barrage *nm* **1** *(blocage)* versperring *nf;* **faire ~ à qqch** iets tegenhouden; **~ de police** politiekordon **2** *(ouvrage hydraulique)* stuwdam *nm*
barre *nf* **1** *(bâton)* staaf *de,* stang *de;* **~ d'espacement** spatiebalk; **exercices à la ~** oefeningen aan de barre; **~ fixe** rekstok; *(inform.)* **~ de menu** menubalk; *(inform.)* **~ d'outils** werkbalk; **~s parallèles** brug met gelijke leggers **2** *(lingot)* baar *de* **3** *(mar.)* roer *het,* helmstok *nm;* **être à la ~** aan het roer staan; **prendre la ~** de leiding nemen **4** *(jur.)* balie *nf;* **comparaître à la ~** voor de rechter verschijnen **5** *(trait)* streep *de* **6** *(seuil)* grens *de;* **le chômage a franchi la ~ des 10%** de werkloosheid heeft de grens van 10% overschreden ♦ **~ de chocolat** reep chocolade
barré, -ée *adj* **1** *(bloqué)* versperd, afgesloten **2** *(chèque)* doorgestreept
barreau *nm* **1** *(barre)* tralie *nf,* spijl *de (d'une chaise);* **sous les ~x** achter de tralies **2** *(ordre des avocats)* balie *nf;* **être inscrit au ~** advocaat zijn
barrer *vt* **1** *(bloquer)* versperren; **~ le passage, la route à qqn** iemand de weg versperren **2** *(biffer)* doorhalen, doorstrepen; **se barrer** *vpr (partir)* (af)nokken, pleite gaan
barrette *nf* **1** *(pince à cheveux)* haarspeld *de* **2** *(inform.)* geheugenkaart *de*
barreur, -euse *n* stuur|man, -vrouw *nm, nf*
barricade *nf* barricade *nf*
barricader *vt* **1** *(bloquer par des barricades)* barricaderen, versperren **2** *(fermer solidement)* goed (af)sluiten; **se barricader** *vpr* **1** *(se retrancher derrière une barricade)* zich verschansen **2** *(s'enfermer)* zich opsluiten
barrière *nf* **1** *(clôture)* hek *het; (Belg.f.)* **~ Nadar** dranghek **2** *(rail, douane, etc.)* boom *nm* **3** *(obstacle)* hinderpaal *nm; (inform.)* **~ de sécurité** firewall
barrique *nf* okshoofd *het,* vat *het*
barrir *vi* trompett(er)en
[1]**bas** *nm* kous *de;* **~ de laine** wollen kous; *(fig.)* spaarkous
[2]**bas, basse** *adj* **1** *(peu élevé)* laag; **à ~ le fascisme !** weg met het fascisme!; **au ~ de** onder aan; **ciel ~** laaghangende wolken; **du ~ jusqu'en haut** van beneden naar boven; **en ~** (naar) beneden; **d'en ~** van onder; **la tête en ~** met het hoofd naar beneden; **il habite en ~** hij woont beneden; **en ~ de la page** onder aan de bladzijde; **le malade est bien ~** de zieke is heel minnetjes; **s'incliner très ~** heel diep buigen; **le ~** het laagst gelegen gedeelte; **par le ~** van onder (naar boven); **le ~ du visage** de onderkant van het gezicht; **mettre ~** jongen; **mettre ~ les armes** de wapens neerleggen; *(fig.)* zich gewonnen geven; **le ~ monde** het ondermaanse; **à ~ prix** voor een zacht prijsje, goedkoop; **le thermomètre est tombé très ~** de thermometer is flink gezakt; **tomber bien ~** diep zinken; **la ~se ville** de benedenstad; **~ les pattes !** handen thuis! **2** *(vil)* laaghartig, gemeen **3** *(grave; doux)* zacht, niet luid; **parler ~** zachtjes spreken ♦ **enfant en ~ âge** heel jong kind; **au ~ mot** op z'n minst, minstens; **plus ~** verderop; **voyez plus ~** zie verder
basané, -ée *adj* gebruind, getaand
bas-côté *nm* berm *nm*
bascule *nf* **1** *(balançoire)* wip(plank) *nm (de);* **fauteuil à ~** schommelstoel **2** *(balance)* brugbalans *de*
basculer *vi* **1** *(culbuter)* kantelen **2** *(changer)* omslaan; **faire ~ qqch** iets een andere wending geven
base *nf* **1** *(assise)* basis *nf (aussi milit.)* **2** *(principe)* grondbeginsel *het;* **être à la**

~ de qqch aan iets ten grondslag liggen; il est à la ~ de cette initiative dit initiatief is van hem uitgegaan; de ~ basis-; poser les ~s d'une science de grondslag leggen van een wetenschap; sur la ~ de op basis van **3** *(math.)* grondvlak *het,* basis *nf* **4** *(milit.)* basis *nf;* ~ de lancement lanceerbasis; ~ navale vlootbasis **5** *(pol.)* achterban *nm* ♦ ~ de données database

baseball *nm* honkbal *het,* baseball *het;* jouer au ~ honkballen

baser *vt* baseren (op); **se baser** *vpr* zich baseren (op)

bas-fond *nm* **1** *(eau)* ondiepte *nf* **2** *(plur.) (quartiers)* achterbuurt *de* **3** *(plur.) (couches sociales)* onderste lagen *plur* (van de maatschappij)

basilic *nm* basilicum *het*

basilique *nf* basiliek *nf*

[1]**basket** *nm* basketbal *het*

[2]**basket** *nf* basketbalschoen *nm* ♦ lâche-moi les ~s ! schei toch uit met dat geklier!

basse *nf* **1** *(partie; voix)* bas *de* **2** *(chanteur)* bas *nm* **3** *(contrebasse)* (contra)bas *de*

bassecour *nf* **1** *(endroit)* hoenderhof *nm* **2** *(animaux)* pluimvee *het*

bassement *adv* laag(hartig)

bassesse *nf* **1** *(caractère)* laagheid *nf,* gemeenheid *nf* **2** *(acte)* lage daad *de*

bassin *nm* **1** *(récipient)* bekken *het (aussi géo., anatomie)* **2** *(pièce d'eau)* bekken *het,* vijver *nm;* ~ de natation zwembassin **3** *(d'un port)* rede *de* **4** *(d'un fleuve)* stroomgebied *het*

bassine *nf* teil *de*

bassiste *n* bassist(e) *nm (nf)*

basson *n* **1** *(instrument)* fagot *nm* **2** *(musicien(ne))* fagottist(e) *nm (nf)*

bastingage *nm* reling *de*

bastion *nm* bolwerk *het*

bas-ventre *nm* onderbuik *nm*

bât *nm* (pak)zadel *het/de (m);* c'est là que le ~ blesse daar wringt (hem) de schoen

bataclan *nm* rommel *nm;* et tout le ~ en de hele santenkraam

bataille *nf* **1** *(combat)* (veld)slag *nm* **2** *(bagarre)* gevecht *het;* ~ électorale verkiezingsstrijd ♦ en ~ overdwars; cheveux en ~ verward haar

batailler *vi* vechten

bataillon *nm* **1** *(unité militaire)* bataljon *het* **2** *(grand nombre)* troep *nm*

bâtard, -arde *adj* **1** *(enfant)* bastaard-; le ~, la ~e de bastaard **2** *(indéterminé)* halfslachtig; solution ~e compromisoplossing

batavia *nf* ijs(berg)sla *de*

[1]**bateau** *nm* boot *de,* schip *het;* en ~ met de boot; *(fig.)* mener qqn en ~ iemand in de maling nemen; prendre le ~ met de boot gaan; ~ à vapeur stoomboot; ~ à voiles zeilboot

[2]**bateau** *adj* afgezaagd

bateau-citerne *nm* tankschip *het*

bateau-mouche *nm* rondvaartboot *de*

[1]**bâti** *nm* **1** *(charpente)* frame *het* **2** *(couture)* rijgdraad *nm*

[2]**bâti, -ie** *adj* **1** *(terrain)* bebouwd; terrain non ~ onbebouwd stuk grond **2** *(personne)* gebouwd

bâtiment *nm* **1** *(construction)* gebouw *het* **2** *(secteur)* bouw(vak) *nm (het)* **3** *(grand bateau)* (zee)schip *het*

bâtir *vt* **1** *(construire)* bouwen; terrain à ~ bouwterrein **2** *(fig.) (établir)* opbouwen **3** *(coudre provisoirement)* in elkaar rijgen

bâtisse *nf* bouwsel *het*

bâtisseur, -euse *n* (groot) bouwer *nm*

bâton *nm* stok *nm,* staf *nm;* parler à ~s rompus van de hak op de tak springen; ~ de craie krijtje; mettre des ~s dans les roues een spaak in het wiel steken; ~ de rouge à lèvres lippenstift

bâtonnet *nm* staafje *het,* stokje *het*

battage *nm* schreeuwerige reclame *de,* tamtam *nm*

[1]**battant** *nm* **1** *(pièce de cloche)* klepel *nm* **2** *(vantail)* vleugel *nm* **3** *(personne combative)* vechter *nm*

[2]**battant, -ante** *adj* slaande; le cœur ~ met bonzend hart; à deux heures ~es om twee uur precies; pluie ~e slagregen; porte ~e klapdeur

batte *nf (baseball)* knuppel *nm*

battement *nm* **1** *(coup)* (het) slaan; ~ d'ailes het klapwieken; ~ des cils, des paupières (het) knipperen van de ogen; ~ du cœur hartslag; avoir des ~s de cœur hartkloppingen hebben; ~ du pouls polsslag **2** *(intervalle)* tussenpoos *de*

batterie *nf* **1** *(milit.)* batterij *nf* **2** *(accumulateur)* accu *nm* **3** *(série)* serie *nf;* ~ de cuisine keukengerei; ~ d'élevage legbatterij **4** *(percussion)* slagwerk *het*

batteur *nm* **1** *(fouet)* handmixer *nm* **2** *(percussionniste)* slagwerker *nm*

batteuse *nf* dorsmachine *nf*

[1]**battre** *vi* slaan (tegen); le cœur bat encore het hart klopt nog; l'oiseau battait des ailes de vogel klapwiekte; ~ des cils, des paupières met de ogen knipperen; ~ du tambour de trommel slaan; son cœur bat pour cette jeune fille zijn hart behoort dat meisje toe

[2]**battre** *vt* **1** *(maltraiter)* slaan **2** *(vaincre)* verslaan; ~ un adversaire een tegenstander verslaan; ~ un record een record breken **3** *(frapper sur qqch)* slaan (op, tegen); ~ des blancs d'œufs en neige eiwitten stijfkloppen; ~ le blé graan dorsen; ~ les cartes de kaarten schudden; ~ le fer ijzer smeden; ~ la mesure de maat slaan; ~ un tapis een kleed uitkloppen; **se battre** *vpr (se bagarrer)* vechten; se ~ avec un problème met een probleem worstelen; se ~ pour, contre qqch voor, tegen iets strijden

battu, -ue *adj* **1** *(personnes)* geslagen; avoir l'air d'un chien ~ eruitzien als een geslagen hond; femmes ~es (door hun partner) mishandelde vrouwen **2** *(choses)* aangestampt; **œufs ~s en neige** stijfgeklopte eiwitten; **suivre les sentiers ~s** platgetreden paden volgen; **ne pas se tenir pour ~** zich niet gewonnen geven; **tennis en terre ~e** tennis op gravel

battue *nf* drijfjacht *de*

baudet *nm* ezeltje *het;* **être chargé comme un ~** beladen zijn als een pakezel

baume *nm* **1** *(pommade)* balsem *nm* **2** *(consolation)* balsem *nm;* **mettre du ~ au cœur de qqn** iemand vertroosting bieden

bavard, -arde *adj* praatziek; **la ~e** de kletskous

bavardage *nm* **1** *(caquetage)* gepraat *het* **2** *(cancan)* roddelpraat *nm;* **il y a eu des ~s** er is gekletst

bavarder *vi* **1** *(causer)* babbelen **2** *(cancaner)* z'n mond voorbij praten **3** *(jacasser)* kletsen

bave *nf* **1** *(salive)* kwijl *het/de* **2** *(de l'escargot)* slijm *het/de (m)*

baver *vi* **1** *(saliver)* kwijlen **2** *(être ahuri de)* met zijn oren staan te klapperen; **il en bavait** hij stond er versteld van **3** *(tacher)* vlekken ♦ **en ~** keihard moeten pezen

baveux, -euse *adj* **1** *(qui bave)* kwijlend **2** *(peu cuit)* (te) zacht

bavoir *nm* slabbetje *het*

bavure *nf* **1** *(erreur)* miskleun *nm;* **sans ~(s)** vlekkeloos **2** *(indus.) (barbe)* gietnaad *nm* **3** *(tache)* onzuiverheid *nf*

bazar *nm* **1** *(souk; magasin)* bazaar *nm* **2** *(désordre; barda)* rommel *nm;* **et tout le ~** en de hele santenkraam

b.c.b.g., BCBG *adj* netjes, deftig; **le ~** de yuppie

béant, béante *adj* wijd open, gapend

béat, béate *adj* **1** *(niais)* gelukzalig **2** *(bienheureux)* vroom

béatitude *nf* gelukzaligheid *nf*

beau, belle *adj* **1** *(joli)* mooi; **le bel âge** de jeugd; **se faire ~** zich met zorg kleden; **se faire belle** zich optutten; **il fait ~** het is mooi weer; **faire le ~** opzitten; **~ parleur** mooiprater; **c'est la belle vie** dat is een lekker leventje **2** *(noble)* goed; **en dire de belles sur qqn** niet veel goeds over iemand vertellen; **c'est du ~ !** 't is me wat moois!; **ce n'est pas ~ de mentir** je hoort niet te jokken **3** *(important)* flink, groot; **un bel âge** een hoge leeftijd; **une belle bronchite** een flinke bronchitis; **un bel égoïste** een grote egoïst; **une belle somme** een aardig bedrag; **c'est du ~ travail !** dat heb je knap gedaan! ♦ **j'ai ~ crier, il ne m'entend pas** al roep ik nog zo hard, hij hoort me niet; **vous avez ~ dire, ...** wat u ook zegt, toch ...; **avoir ~ faire qqch** tevergeefs iets doen; **bel et bien** goed en wel; **l'échapper belle** op het nippertje ontsnappen; **au ~ milieu** precies in het midden; **de plus belle** opnieuw en nog sterker

beaucoup *adv* veel; **~ de gens** veel mensen; **c'est ~ dire** dat is kras gezegd; **c'est déjà ~** dat is al heel wat; **il s'en faut de ~** dat scheelt veel; **~ mieux** veel beter; **il y est pour ~** het is in grote mate aan hem te danken; **~ sont de notre avis** veel mensen zijn het met ons eens; **ils travaillent ~** ze werken hard; **~ trop** veel te veel; **merci ~** dank u zeer

beau-fils *nm* **1** *(gendre)* schoonzoon *nm* **2** *(fils du conjoint)* stiefzoon *nm*

beau-frère *nm* zwager *nm*

beau-père *nm* **1** *(père du conjoint)* schoonvader *nm* **2** *(second mari de la mère)* stiefvader *nm*

beauté *nf* **1** schoonheid *nf;* **de toute ~** wonderschoon; **mourir en ~** waardig sterven; **se (re)faire une ~** zich optutten; **pour la ~ du geste** vanwege het mooie gebaar **2** *(plur.) (belles choses)* mooie dingen *plur*

beaux-arts *nm* schone kunsten *plur*

beaux-parents *nm* schoonouders *plur*

bébé *nm* baby *nm,* zuigeling *nm;* **faire le ~** zich kinderachtig gedragen

bébé-éprouvette *nm* reageerbuisbaby *nm*

bec *nm* **1** *(de l'animal)* snavel *nm* **2** *(de l'homme)* bek *nm;* **clouer le ~ à qqn** iemand de mond snoeren; **ouvrir le ~** zijn waffel opendoen **3** *(extrémité)* punt *nm, (d'un instrument)* mondstuk *het, (d'une cruche)* tuit *de;* **~ de gaz** gaslantaarn ♦ **être le ~ dans l'eau** uit het veld geslagen zijn; **tomber sur un ~ (de gaz)** op een onverwachte moeilijkheid stuiten

bécarre *nm* herstellingsteken *het;* **do ~** c met een herstellingsteken

bêche *nf* spade *de*

bêcher *vt* ↑ omspitten

becquée *nf* snavelvol *nm;* **donner la ~ à** voeren

becqueter, becter *vt* (op)pikken

bedaine *nf* buikje *het*

bédé *nf* ↑ strip *nm*

bedonnant, -ante *adj* dikbuikig

bée *adj* ♦ **bouche ~** (met) open mond

beffroi *nm* belfort *het*

bégaiement *nm* (het) stotteren

[1]**bégayer** *vi* stotteren

[2]**bégayer** *vt* stamelen

bégonia *nm* begonia *de*

bègue *adj* stotterend; **le, la ~** de stotteraar(ster)

béguin *nm* ↑ vluchtige verliefdheid *nf;* **avoir le ~ pour qqn** verkikkerd op iemand zijn

beige *adj* beige; **le ~ lui va bien** beige staat hem goed

beignet *nm* beignet *de*

Belarus *nm* → **Biélorussie**

bêlement *nm* gemekker *het,* geblaat *het*

bêler *vi* mekkeren, blaten

belette *nf* wezel *de*

belge *adj* Belgisch; **le, la Belge** de Belg, Belgische

belgicisme *nm* belgicisme *het*

Belgique *nf* België *n (sans art.)*
bélier *nm* ram *nm*
Bélier *nm* Ram *nm;* il est ~ hij is een Ram
Belize *nm* Belize *n (sans art.)*
bélizien, -ienne *adj* Belizaans; le, la Bélizien(ne) de Belizaan(se)
belle *nf* **1** *(liberté)* vrijheid *nf;* se faire la ~ ontsnappen **2** *(jeux)* beslissende wedstrijd *nm* ♦ la Belle au bois dormant Doornroosje
belle-fille *nf* **1** *(épouse d'un fils)* schoondochter *nf* **2** *(fille du conjoint)* stiefdochter *nf*
belle-mère *nf* **1** *(mère du conjoint)* schoonmoeder *nf* **2** *(seconde femme du père)* stiefmoeder *nf*
belle-sœur *nf* schoonzuster *nf*
belligérant, -ante *adj* oorlogvoerend; les ~s de oorlogvoerenden
belliqueux, -euse *adj* **1** *(qui aime la guerre)* oorlogszuchtig **2** *(agressif)* strijdlustig
belvédère *nm* uitzichttoren *nm*
bémol *nm* molteken *het,* mol *de*
bénédiction *nf* zegen *nm;* donner sa ~ à qqn iemand zijn zegen geven; ~ nuptiale kerkelijke inzegening van een huwelijk
bénéfice *nm* **1** *(gain)* winst *nf* **2** *(avantage)* voordeel *het;* au ~ de ten bate van; tirer ~ de qqch voordeel uit iets trekken **3** *(privilège)* (voor)recht *het*
1**bénéficiaire** *n* begunstigde *nm*
2**bénéficiaire** *adj* winstgevend, winst-
bénéficier *vt* voordeel trekken (uit), genieten (van); ~ d'une remise de dix pour cent tien procent korting krijgen
bénéfique *adj* heilzaam
bénévolat *nm* vrijwilligerswerk *het*
bénévole *adj* vrijwillig; le, la ~ de vrijwillig(st)er; travailler ~ment vrijwilligerswerk doen
bénin, -igne *adj* **1** *(méd.)* goedaardig **2** *(anodin)* onschadelijk
Bénin *nm* Benin *n (sans art.)*
bénir *vt* **1** *(donner sa bénédiction à)* zegenen **2** *(louer)* loven
bénit, -ite *adj* gewijd; eau ~e wijwater
bénitier *nm* wijwatervat *het*
benjamin, -ine *n* benjamin *nm*
benne *nf* **1** *(wagonnet)* mijn(werkers)wagen *nm;* ~ basculante kiepwagen; ~ à ordures vuilnisauto **2** *(d'un camion)* laadbak *nm* **3** *(d'une grue)* grijper *nm* **4** *(téléférique)* cabine *nf*
béquille *nf* **1** *(canne)* kruk *de* **2** *(vélo)* standaard *de, (caravane)* poot *de*
bercail *nm* schoot *nm* van het gezin; rentrer au ~ in de schoot van het gezin terugkeren
berceau *nm* **1** *(petit lit)* wieg *de;* dès le ~ van kindsbeen af **2** *(lieu de naissance)* bakermat *de*
bercer *vt* **1** *(balancer)* wiegen **2** *(leurrer)* paaien; **se bercer** *vpr* zich koesteren (in); se ~ d'illusions illusies koesteren
berceuse *nf* wiegeliedje *het*
béret *nm* baret *de;* ~ basque alpino(pet)
berge *nf* **1** *(rivage)* hoge oever *nm* **2** *(talus)* berm *nm* **3** *(année)* jaar *het*
1**berger** *nm (chien)* herder(shond) *nm, (Belg.)* scheper *nm*
2**berger, -ère** *n* (schaap)herder(in) *nm (nf)*
bergerie *nf* schaapskooi *de*
berline *nf* vierdeursauto *nm*
berlingot *nm* **1** *(bonbon)* kussentje *het* **2** *(emballage)* pak *het (lait)*
berlue *nf* ♦ avoir la ~ hersenschimmen hebben; *(fig.)* iets verkeerd beoordelen
bermuda(s) *nm* bermuda *nm*
bermudien, -ienne *adj* Bermudaans; le, la Bermudien(ne) de Bermudaan(se)
berne *nf* ♦ drapeau en ~ vlag halfstok
berner *vt* beduvelen
besogne *nf* werk *het;* abattre de la ~ veel werk verzetten; aller vite en ~ voortvarend zijn
besoin *nm* **1** *(nécessité)* behoefte *nf;* avoir ~ de moeten; avoir ~ de qqn, de qqch iemand, iets nodig hebben; ne pas avoir ~ de faire qqch iets niet hoeven te doen; il n'est pas ~ de dire que onnodig te zeggen dat; si ~ est, au ~ zo nodig **2** *(nécessité d'uriner, etc.)* (natuurlijke) behoefte *nf;* faire ses ~s zijn behoeften doen **3** *(pauvreté)* behoeftigheid *nf;* être dans le ~ armoede lijden
bestial, -ale *adj* beestachtig
bestialité *nf* beestachtigheid *nf*
bestiau *nm (plur.)* vee *het*
bestiole *nf* beestje *het*
bétail *nm* vee *het*
1**bête** *nf* **1** *(animal)* beest *het,* dier *het;* regarder qqn comme une ~ curieuse iemand aangapen; ~s à cornes hoornvee; ~ à bon dieu lieveheersbeestje; c'est ma ~ noire ik kan hem, haar niet uitstaan; chercher la petite ~ muggenziften; ~s sauvages, féroces wilde dieren; ~ de somme lastdier **2** *(idiot)* domkop *nm;* faire la ~ zich van de domme houden; grosse ~ ! dommerd!
2**bête** *adj* **1** *(idiot)* dom; pas si ~ zo gek niet **2** *(insensé)* onzinnig **3** *(enfantin)* (dood)eenvoudig; c'est ~ comme chou dat is kinderspel; tout ~ment doodeenvoudig
bêtise *nf* **1** *(sottise)* domheid *nf;* dire des ~s onzin uitkramen **2** *(action sotte)* stommiteit *nf;* faire des ~s stommiteiten begaan **3** *(bagatelle)* kleinigheid *nf;* se disputer pour une ~ om niets ruziemaken
béton *nm* beton *het;* ~ armé gewapend beton; *(aussi au fig.)* en ~ keihard
bétonner *vt* beton aanbrengen op; ~ un mur een muur met beton versterken
bette *nf* snijbiet *de*
betterave *nf* biet *de;* ~ rouge rode biet, kroot; ~ sucrière suikerbiet
beuglement *nm* **1** *(mugissement)* geloei *het* **2** *(son puissant)* geblèr *het*
1**beugler** *vi* **1** *(mugir)* loeien **2** *(crier)* blèren
2**beugler** *vt (gueuler)* blèren
beuh *nf (fam.)* wiet *nm*

beur *nm* ↑ Arabier *nm*
beurre *nm* **1** *(matière grasse)* boter *de* **2** *(pâte)* pasta *het/de (m)*; **~ de cacahuète** pindakaas; **~ de cacao** cacaoboter ♦ **faire son ~** zich verrijken; **compter pour du ~** voor spek en bonen meedoen; **ça met du ~ dans les épinards** dat is mooi meegenomen
beurrer *vt* beboteren
beurrier *nm* botervloot *de*
beuverie *nf* zuippartij *nf*
bévue *nf* flater *nm*
Bhoutan *nm* Bhutan *n (sans art.)*
bhoutanais, -aise *adj* Bhutaans; **le, la Bhoutanais(e)** de Bhutanees, Bhutanese
biais *nm* **1** *(oblique)* schuinte *nf*; **de, en ~** schuin **2** *(aspect)* kant *nm* **3** *(détour)* kunstgreep *nm*; **par le ~ de** door middel van
bibelot *nm* snuisterij *nf*
biberon *nm* zuigfles *de*
Bible *nf* Bijbel *nm (aussi au fig.)*
bibliobus, bibliocar *nm* bibliobus *nm*
bibliographie *nf* bibliografie *nf*
bibliothécaire *n* bibliotheca|ris, -resse *nm, nf*
bibliothèque *nf* **1** *(meuble)* boekenkast *de* **2** *(bâtiment)* bibliotheekgebouw *het*; **~ de prêt** uitleenbibliotheek **3** *(collection)* bibliotheek *nf*
biblique *adj* Bijbels
bic® *nm* balpen *de*, ballpoint *de*
bicarbonate *nm* bicarbonaat *het*; **~ de soude** zuiveringszout
biceps *nm* biceps *nm*
biche *nf* **1** *(animal)* hinde *nf*; **yeux de ~** reeënogen **2** *(terme affectueux)* schatje *het (f)*
bichonner *vt* opdoffen; **se bichonner** *vpr* zich opdoffen
bicolore *adj* tweekleurig
bicoque *nf* krot *de*
bicyclette *nf* fiets *de*; **aller à, en ~** fietsen
bide *nm* **1** *(ventre)* pens *de* **2** *(échec)* flop *nm*; **la pièce a fait un ~** het stuk is een flop geworden
bidet *nm* bidet *nm*
bidon *nm* **1** *(récipient)* kan *de*; **~ d'essence** benzineblik, jerrycan **2** *(ventre)* pens *de* **3** *(bluff)* ↑ bluf *nm*; **un attentat ~** een schijnaanval; **c'est pas du ~** ik belazer je niet
se bidonner *vpr* zich rot lachen
bidonville *nm* sloppenwijk *de*
bidule *nm* ↑ ding(etje) *het*
bielle *nf* drijfstang *de*
biélorusse *adj* Wit-Russisch; **le, la Biélorusse** de Wit-Rus(sische)
Biélorussie *nf* Wit-Rusland *n (sans art.)*
¹bien *nm* **1** *(abstr.)* weldaad *de*; **mener qqch à ~** iets tot een goed einde brengen; **dire du ~ de qqn** gunstig over iemand spreken; **changer qqch en ~** iets ten goede veranderen; **c'est un ~** dat is een geluk; **faire le ~** goed doen; **cela fait du ~** dat doet een mens goed; **pour son ~** voor zijn eigen bestwil; **vouloir le ~ de qqn** het beste met iemand voorhebben **2** *(concr.)* bezitting *nf*, vermogen *het*; *(jur.)* **~s communs** gemeenschap van goederen; **~s de consommation** verbruiksgoederen
²bien *adv* **1** *(de façon satisfaisante)* goed; **avoir l'air ~** er goed, mooi uitzien; **se conduire ~** zich netjes gedragen; **c'est ~ fait !** net goed!; **c'est ~ fait pour lui !** dat is z'n verdiende loon!; **être ~ avec qqn** goed met iemand kunnen opschieten; **faire ~ (de)** er goed aan doen (om); **on mange ~ ici** je kunt hier lekker eten; **ni ~ ni mal** tamelijk goed; **nous voilà ~ !** nou zitten we mooi in de puree!; **nous sommes ~ ici** we voelen ons hier lekker; **un type ~** een aardige vent **2** *(très)* zeer; **elle est ~ jeune pour voyager seule** ze is wel heel jong om alleen te reizen; **~ souvent** heel vaak; **~ sûr** natuurlijk **3** *(beaucoup; largement)* heel veel; **~ d'autres** vele anderen; **~ de, ~ des** heel wat, (heel) veel; **il y a ~ une heure que ça dure** dat duurt al ruim een uur **4** *(vraiment)* werkelijk, echt; **c'est ~ lui** dat is echt iets voor hem; **il part ~ demain ?** hij vertrekt toch morgen? ♦ **aussi ~ que** evenals; **eh ~ !** welnu!; **il le fait ~, pourquoi pas moi ?** hij doet het toch ook, waarom ik dan niet?; **j'irais ~ avec vous** ik zou wel met u mee willen; **ou ~** ofwel; **~ que** hoewel; **si ~ que** zodat; **nous verrons ~** we zullen wel zien
bien-aimé, -ée *adj* zeer geliefd; **le, la ~(e)** de geliefde
bien-être *nm* **1** *(bonheur)* (gevoel *het* van) welbehagen *het* **2** *(confort)* welzijn *het*
bienfaisance *nf* liefdadigheid *nf*
bienfaisant, -ante *adj* weldadig
bienfait *nm* weldaad *de*
bienfaiteur, -trice *n* weldoener *nm*
bien-fondé *nm* gegrondheid *nf*, *(jur.)* rechtmatigheid *nf*
bienheureux, -euse *adj* **1** *(heureux)* (zeer) gelukkig **2** *(béat)* (geluk)zalig; **les ~** de (geluk)zaligen
bienséance *nf* welvoeglijkheid *nf*
bientôt *adv* weldra, spoedig; **à ~** tot ziens; **c'est pour ~ ?** komt er nog wat van?; **très ~** heel gauw
bienveillance *nf* welwillendheid *nf*
bienveillant, -ante *adj* welwillend
bienvenu, -ue *adj* welkom; **soyez le ~** wees welkom
bienvenue *nf* welkom *het*; **cadeau de ~** welkomstgeschenk; **souhaiter la ~ à qqn** iemand welkom heten
bière *nf* **1** *(boisson)* bier *het*; **~ pression** tapbier; **~ blonde** licht bier; **~ en canettes** flessenbier **2** *(cercueil)* doodkist *de*; **mettre en ~** kisten
biffer *vt* doorhalen, schrappen
bifteck, biftèque *nm* biefstuk *nm*; **gagner son ~** ↑ zijn boterham verdienen
bifurcation *nf* splitsing *nf*, tweesprong *nm*

bifurquer *vi* splitsen, *(fig.)* een andere richting inslaan
bigame *adj* bigamisch; le, la ~ de bigamist(e)
bigarré, -ée *adj* 1 *(bariolé)* bont 2 *(hétéroclite)* heterogeen
bigler *vi* 1 *(loucher)* ↑ loensen 2 *(regarder)* ↑ gluren
bigorneau *nm* alikruik *de*
bigot, -ote *adj* kwezelachtig; la ~e de kwezel
bigoudi *nm* krulspeld *de*
bijou *nm* juweel *het (aussi au fig.)*
bijouterie *nf* 1 *(magasin)* juwelierswinkel *nm* 2 *(bijoux)* juwelen *plur*
bijoutier, -ière *n* juwelier(ster) *nm (nf)*
bilan *nm* 1 *(écon.)* balans *de;* déposer son ~ zijn faillissement aanvragen; dresser le ~ de balans opmaken 2 *(résultat global)* balans *de,* overzicht *het;* faire le ~ de qqch de balans van iets opmaken; un ~ de santé een check-up 3 *(pertes humaines)* dodental *het, (Belg.)* dodentol *het*
bile *nf* 1 *(liquide)* gal *de* 2 *(colère)* woede *de;* décharger sa ~ zijn gal spuwen ♦ se faire de la ~ zich ongerust maken
bileux, -euse *adj* tobberig
bilieux, -ieuse *adj* 1 *(qui abonde en bile)* galachtig 2 *(colérique)* opvliegend 3 *(inquiet)* bezorgd
bilingue *adj* tweetalig; le, la ~ de tweetalige
bilinguisme *nm* tweetaligheid *nf*
billard *nm* 1 *(jeu; table)* biljart *het;* ~ électrique flipperkast; faire un petit ~ een keutje leggen 2 *(table d'opération)* ↑ operatietafel *de;* passer sur le ~ onder het mes komen
bille *nf* 1 *(boule de billard)* biljartbal *nm* 2 *(jeu)* knikker *nm, (plur.)* knikkerspel *het;* jouer aux ~s knikkeren 3 *(sphère métallique)* kogeltje *het*
billet *nm* 1 *(ticket)* plaatsbewijs *het;* ~ aller et retour retourkaartje; ~ de faveur vrijkaartje; ~ de loterie lot, lootje; prendre un ~ een kaartje kopen 2 *(papier-monnaie)* (bank)biljet *het* 3 *(lettre)* briefje *het;* ~ doux liefdesbriefje
billetterie *nf* 1 *(distributeur de billets de banque)* geldautomaat *nm* 2 *(distributeur de billets de train)* kaartjesautomaat *nm*
binaire *adj* binair
biner *vt* schoffelen
binette *nf* 1 *(instrument)* schoffel *de* 2 *(figure)* tronie *nf*
biocarburant *nm* biobrandstof *de*
biochimie *nf* biochemie *nf*
biocombustible *nm* biobrandstof *de*
biodéchets *nm (plur)* bioafval *het,* gft-afval *het*
biodégradable *adj* biologisch afbreekbaar
biographie *nf* biografie *nf*
biographique *adj* biografisch
biologie *nf* biologie *nf*
biologique *adj* biologisch
biologiste *n* bioloog, biologe *nm, nf*
bip *nm (signal acoustique)* bliep bliep *het;* après le ~ sonore na de piep
[1]**biper** *vi* piepen
[2]**biper** *vt* 1 *(com.)* oppiepen 2 scannen *(code-barre)*
bique *nf* ↑ geit *nf*
birman, -ane *adj* Birmaans; le, la Birman(e) de Birmaan(se)
Birmanie *nf* Birma *n (sans art.)*
[1]**bis, bise** *adj* grijsbruin; du pain ~ bruinbrood
[2]**bis** *adv* bis; le ~ de herhaling
bisaïeul, -eule *n* ↓ over|grootvader, -grootmoeder *nm, nf*
biscornu, -ue *adj* 1 *(tarabiscoté)* grillig 2 *(bizarre)* vreemd
biscotte *nf* beschuit *de*
biscuit *nm* koekje *het,* biscuitje *het;* ~s salés zoutjes
bise *nf* 1 *(vent)* noord(oost)enwind *nm* 2 *(bisou)* kusje *het*
biseau *nm* schuine kant *nm*
bisexué, -ée *adj* tweeslachtig
bison *nm* bizon *nm*
bisou *nm* kusje *het*
bissau-guinéen, -enne *adj* Guinee-Bissaus; le, la Bissau-Guinéen(ne) de Guinee-Bissauer, Guinee-Bissause
bissextile *adj* schrikkel-; année ~ schrikkeljaar
bistouri *nm* scalpel *het*
bistro(t) *nm* kroeg *de,* café *het*
bit *nm* bit *de*
bitume *nm* asfalt *het*
bivouac *nm* bivak *het*
bizarre *adj* 1 *(qqch)* eigenaardig 2 *(qqn)* zonderling
bizarrerie *nf* eigenaardigheid *nf*
blabla(bla) *nm* geklets *het*
blafard, -arde *adj* bleek
blague *nf* 1 *(histoire; farce)* ↑ grap *de;* ~ à part alle gekheid op een stokje; faire une ~ à qqn ↑ een grap met iemand uithalen; sale ~ rotstreek; sans ~ ! ↑ echt waar! 2 *(sac à tabac)* tabakszakje *het*
blaguer *vi* grapjassen
blagueur, -euse *n* grapjas *nm*
blaireau *nm* 1 *(mammifère)* das *nm* 2 *(brosse pour la barbe)* scheerkwast *nm*
blairer *vt* ♦ je ne peux pas le ~ ↑ ik kan hem niet luchten (of zien)
blâmable *adj* afkeurenswaardig
blâme *nm* 1 *(réprobation)* afkeuring *nf* 2 *(réprimande)* berisping *nf*
blâmer *vt* 1 *(réprouver)* afkeuren; ~ qqn de, pour son attitude iemands houding afkeuren 2 *(réprimander)* berispen
[1]**blanc** *nm* 1 *(couleur blanche)* wit *het;* tirer à ~ met los kruit schieten; chauffer à ~ witgloeiend maken *(aussi au fig.);* en ~ onbeschreven; chèque en ~ blanco cheque; laisser des ~s stukken openlaten *(dans un texte); (échecs)* les Blancs wit *(sing.);* ~ de l'œil oogwit; ~ d'œuf eiwit; ~

de poulet kippenborst **2** *(linge)* wit linnengoed *het* **3** *(vin)* witte wijn *nm* ♦ **regarder qqn dans le ~ des yeux** iemand strak aankijken

[2]**blanc, blanche** *adj* **1** *(de couleur très pâle)* wit; **bois ~** vurenhout; **donner carte blanche à qqn** iemand de vrije hand laten; **cheveux ~s** grijs haar; **être ~** er bleek uitzien; **le ~, la blanche** de blanke **2** *(propre)* schoon, *(fig.)* onschuldig; **~ comme neige** onschuldig als een lam; **draps ~s** schone lakens **3** *(fictif)* schijn-; **examen ~** proefexamen; **mariage ~** schijnhuwelijk

blanchâtre *adj* witachtig

blanche *nf (mus.)* halve noot *de*

Blanche-Neige Sneeuwwitje

blancheur *nf* witheid *nf*

[1]**blanchir** *vi (devenir blanc)* wit worden, grijs worden *(cheveux)*

[2]**blanchir** *vt* **1** *(rendre blanc)* wit maken, *(cuis.)* blancheren **2** *(nettoyer (du linge))* wassen; **être logé, nourri et blanchi** ↑ inwoning, kost en bewassing vrij hebben **3** *(disculper)* onschuldig verklaren **4** *(capitaux, argent)* witten

blanchissage *nm* (het) wassen

blanchisserie *nf* wasserij *nf*

blanchisseur, -euse *n* wasbaas, wasvrouw *nm, nf*

blanquette *nf* ♦ **~ de veau** kalfsragout

blasé, -ée *adj* afgestompt, onverschillig

blason *nm* wapen(schild) *het,* blazoen *het*

blasphème *nm* heiligschennis *nf,* godslastering *nf*

blasphémer *vi* godslasteringen uiten, vloeken

blatte *nf* kakkerlak *nm*

blé *nm* **1** *(céréale, grain)* tarwe *de* **2** *(argent)* poen *het/de* ♦ **~ noir** boekweit

bled *nm* gat *het*

blême *adj* doodsbleek; **~ de colère** wit van woede

blêmir *vi* doodsbleek worden, verbleken

blessant, -ante *adj* kwetsend

blessé, -ée *n* gewonde *nm;* **un grand ~** een zwaargewonde

blesser *vt* **1** *(causer une blessure à)* (ver)wonden **2** *(meurtrir)* pijn doen, knellen *(vêtements, souliers trop étroits)* **3** *(offenser)* kwetsen; **~ l'orgueil de qqn** iemand in zijn trots kwetsen; **se blesser** *vpr* **1** *(se faire mal)* zich verwonden **2** *(s'offusquer)* gekwetst zijn

blessure *nf* wond *de*

blet, blette *adj* overrijp

[1]**bleu** *nm* **1** *(couleur)* blauw *het;* **~ d'Auvergne** blauwe schimmelkaas uit de Auvergne; **~ ciel** hemelsblauw **2** *(ecchymose)* blauwe plek *de* **3** *(salopette)* overall *nm;* **~ de travail** overall

[2]**bleu, bleue** *adj* **1** *(de couleur bleue)* blauw **2** *(saignant)* rood *(bifteck)*

bleuet *nm* korenbloem *de*

bleuté, -ée *adj* blauwachtig

blindage *nm* (be)pantsering *nf*

blindé, -ée *adj* **1** *(protégé)* pantser-, gepantserd; **division ~e** pantserdivisie; **le ~** het pantservoertuig **2** *(endurci)* immuun

blinder *vt* **1** *(munir d'un blindage)* (be)pantseren **2** *(endurcir)* immuun maken

blizzard *nm* blizzard *nm*

bloc *nm* blok *het;* **à ~** geheel; **être gonflé à ~** keihard opgepompt zijn; **en ~** in zijn geheel; **le ~ de l'Est** het Oostblok; **faire ~ contre** één front vormen tegen

blocage *nm* **1** *(action de bloquer)* (het) blokkeren, bevriezing *nf (des salaires, prix);* **~ des prix** prijzenstop **2** *(psycho.)* geremdheid *nf*

blockhaus *nm* bunker *nm*

bloc-moteur *nm* motorblok *het*

bloc-note *nm* blocnote *nm*

blocus *nm* blokkade *nf*

blog *nm (inform.)* blog *het/de (m)*

bloguer *vi (inform.)* bloggen, webloggen

blogueur, -euse *n (inform.)* blogger *nm*

blond, blonde *adj* **1** *(de couleur blonde)* blond; **le, la ~(e)** de blonde man, vrouw **2** *(d'un jaune très doux)* licht, goudgeel; **une ~e** een pils *(bière);* een sigaret van lichte tabak *(cigarette)*

[1]**blondir** *vi* blond worden

[2]**blondir** *vt* blond maken

bloquer *vt* **1** *(cerner; immobiliser)* blokkeren; **bloqué par la glace** vastgevroren, ingevroren; **~ les prix** een prijzenstop afkondigen; **~ les salaires** de lonen bevriezen **2** *(obstruer)* afsluiten **3** *(grouper)* groeperen ♦ *(psycho.)* **être bloqué** geremd zijn; **se bloquer** *vpr (se caler)* geblokkeerd raken, blokkeren

se blottir *vpr* **1** *(se recroqueviller)* zich oprollen **2** *(se cacher)* wegkruipen **3** *(se serrer contre)* zich nestelen (tegen)

blouse *nf* **1** *(tablier)* stofjas *de;* **~ blanche** witte doktersjas **2** *(chemisier)* (dames)bloes *de*

blouson *nm* jack *het;* **blouson de, en cuir** leren jack ♦ **~ noir** nozem

blue-jean *nm* spijkerbroek *de*

bluff *nm* bluf *nm*

[1]**bluffer** *vi* (over)bluffen

[2]**bluffer** *vt (tenter de tromper)* bedriegen

boa *nm* boa *nm*

bobard *nm* leugentje *het*

bobine *nf* **1** *(canette)* (garen)klos *de* **2** *(rouleau)* (film)rolletje *het* **3** *(figure)* smoel *nm*

bobo *nm* **1** *(douleur physique)* pijn *de;* **se faire ~** zich pijn doen **2** *(égratignure)* wondje *het*

bocal *nm* **1** *(en verre)* (stop)fles *de* **2** *(pour poissons)* (goud)viskom *de*

bock *nm* glas *het* bier

bœuf *nm* **1** *(animal)* rund *het;* **fort comme un ~** sterk als een paard; **~ gras** carnavalsos **2** *(viande)* rundvlees *het*

bof! *interj* och!

boguer *vi (inform.)* vastlopen, crashen; **l'ordinateur a bogué** de computer is vastgelopen

bohémien, -ienne *adj* **1** *(de Bohème)* Boheems; le, la Bohémien(ne) de Bohemer, Boheemse **2** *(aussi péj.)* zigeuner-; le, la ~(ne) de zigeuner(in)
boire *vt* **1** *(ingurgiter)* drinken; il y a à ~ et à manger er zijn voors en tegens **2** *(être alcoolique)* drinken; il boit hij is aan de drank **3** *(absorber)* opzuigen
bois *nm* **1** *(matière)* hout *het;* ~ de chauffage brandhout; on va voir de quel ~ je me chauffe men zal mij nog leren kennen!; ~ de construction timmerhout; touchons du ~ even afkloppen **2** *(forêt)* bos *het* **3** *(plur.) (cornes)* gewei *het* **4** *(plur.) (instruments)* houten blaasinstrumenten *plur*
boisé, -ée *adj* bebost
boiser *vt* **1** *(garnir avec du bois)* betimmeren **2** *(planter d'arbres)* bebossen
boiserie *nf* houtwerk *het, (plur.)* lambrisering *nf*
boisson *nf* drank *nm;* s'adonner à la ~ aan de drank zijn
boîte *nf* **1** *(récipient)* doos *de,* kistje *het;* mettre en ~(s) inblikken; mettre qqn en ~ iemand voor de gek houden; ~ à gants handschoenenkastje; ~ à idées ideeënbus; ~ aux lettres brievenbus; ~ à musique speeldoos; ~ postale, BP postbus; ~ à rythme(s) ritmebox; *(f.B.)* ~ à tartines brooddoos; ~ vocale voicemail **2** *(organe contenant un mécanisme)* bak *nm;* ~ noire zwarte doos; ~ de vitesses versnellingsbak **3** *(bureau, école)* hok *het* **4** *(boîte de nuit)* (dans)tent *de;* aller en ~ gaan dansen; ~ de nuit nachtclub
boiter *vi* mank lopen, hinken
boiteux, -euse *adj* **1** *(qui boite)* mank; le ~, la boiteuse de hinkepoot **2** *(choses) (bancal)* wankel **3** *(fig.)* mankgaand
boîtier *nm* doos *de* (met vakjes)
bol *nm* **1** *(pièce de vaisselle)* kom *de;* prendre un ~ d'air een frisse neus halen **2** *(chance)* mazzel *nm* ♦ en avoir ras le ~ het spuugzat zijn
bolide *nm* **1** racewagen *nm* **2** bolide *nf;* passer comme un ~ voorbijflitsen
Bolivie *nf* Bolivia *n (sans art.)*
bolivien, -ienne *adj* Boliviaans; le, la Bolivien(ne) de Boliviaan(se)
bombardement *nm* bombardement *het*
bombarder *vt* **1** *(pilonner)* bombarderen **2** *(+ de) (accabler de)* bestoken (met) **3** *(nommer brusquement)* bombarderen tot
bombe *nf* **1** *(projectile)* bom *de;* ~ à retardement tijdbom; ~ atomique atoombom; éclater comme une ~, faire l'effet d'une ~ inslaan als een bom; ~ lacrymogène traangasgranaat **2** *(atomiseur)* spuitbus *de* **3** *(casquette de cavalier)* ruiterpet *de*
bombé, -ée *adj* bol
bomber *vt* opbollen, bol maken; ~ le torse een hoge borst opzetten
[1]**bon** *nm* bon *nm,* bewijsje *het;* ~ d'achat waardebon; ~ de caisse kassabon; ~ de livraison reçu
[2]**bon, bonne** *adj* **1** *(satisfaisant)* goed; il n'est ~ à rien hij deugt nergens voor; avoir du ~ voordelen hebben; c'est ~ oké, goed; c'est ~ ! zo is het wel genoeg!; il est ~ que, de ... het is wenselijk dat, om ...; ~ pour le service goedgekeurd voor militaire dienst; à quoi ~ ? waarvoor?; comme ~ vous semble zoals u wilt; tenir ~ weerstaan; trouver ~ goedvinden; un ~ à rien een nietsnut **2** *(généreux)* goedaardig; un homme ~ een goedhartige man; les ~s et les méchants de goeden en de kwaden **3** *(brave)* naïef; une ~ne femme een vrouw(tje); un ~ garçon een goedige jongen **4** *(agréable)* lekker, heerlijk; ~ne année ! gelukkig nieuwjaar!; il fait ~ het is lekker weer; sentir ~ lekker ruiken **5** *(drôle)* grappig, leuk; en avoir de ~nes grapjes maken; elle est bien ~ne ! die is goed! **6** *(correct)* juist; au ~ moment op het juiste ogenblik **7** *(grand)* groot, vol; dix ~s kilomètres ruim tien kilometer **8** *(fort)* hard; une ~ne gifle een harde klap **9** *(interj.)* goed!; ~ ! goed, afgesproken!; ah ~ ? oh ja? ♦ pour de ~ werkelijk
bonbon *nm* snoepje *het;* ~ acidulé zuurtje
bonbonne *nf* **1** *(récipient pour liquides)* buikfles *de* **2** *(récipient pour gaz)* gasfles *de*
bonbonnière *nf* bonbonnière *de*
bond *nm* sprong *nm (aussi au fig.);* d'un ~ met een sprong; faire un ~ opspringen; *(fig.)* omhoogschieten; ne faire qu'un ~ toesnellen ♦ faire faux ~ à qqn iemand in de steek laten
bonde *nf* **1** *(trou)* spongat *het* **2** *(fermeture)* afvoerstop *nm* **3** *(pour baignoires, etc.)* afvoergat *het*
bondé, -ée *adj* propvol
bondir *vi* (op)springen; faire ~ qqn iemand razend maken
bonheur *nm* geluk *het;* avoir le ~ de het genoegen hebben te; par ~ gelukkig (maar); au petit ~ op goed geluk; porter ~ geluk brengen
bonhomie *nf* goedaardigheid *nf*
[1]**bonhomme** *nm* **1** *(homme)* vent *nm,* kerel *nm* **2** *(petit garçon)* ventje *het (m)* **3** *(figure humaine)* pop *de;* ~ de neige sneeuwpop ♦ aller son petit ~ de chemin rustig z'n gangetje gaan
[2]**bonhomme** *adj* goedaardig
bonifier *vt* verbeteren; **se bonifier** *vpr* beter worden
bonjour *interj* goedendag!, goedemorgen!; simple comme ~ doodsimpel; donner le ~ à qqn iemand de groeten doen
bonne *nf* dienstmeisje *het (f)* ♦ ~ d'enfants kindermeisje
bonnement *adv* ♦ tout ~ gewoon(weg)
bonnet *nm* **1** *(coiffure)* muts *de;* ~ de nuit slaapmuts **2** *(de soutien-gorge)* cup *nm* ♦ c'est ~ blanc et blanc ~ dat is lood om oud ijzer; un gros ~ een hoge piet

bonsoir *interj* goedenavond!; **souhaiter le ~ à qqn** iemand goedenavond wensen
bonté *nf* **1** *(altruisme)* goedheid *nf;* **avoir la ~ de ...** zo goed willen zijn om ...; **~ divine !** mijn god! **2** *(plur.) (amabilités)* gunsten *plur*
bonus *nm* **1** *(assurance automobile)* noclaimkorting *nf* **2** *(sur le salaire)* premie *nf*
boomerang *nm* boemerang *nm;* **effet ~** boemerangeffect
booster *vt (fam.)* stimuleren; **~ les ventes** een impuls geven aan de verkoop
bord *nm* **1** *(extrémité)* rand *nm;* **à ras ~** tot aan de rand gevuld; **au ~ de la mer** aan zee; **être au ~ des larmes** bijna huilen; **le ~ de la mer** de kust; **le ~ de la route** de kant van de weg; **sur les ~s** een beetje **2** *(mar.)* boord *het/de (m);* **virer de ~** overstag gaan *(aussi au fig.)* ♦ **être du même ~** dezelfde mening toegedaan zijn
bordeaux *nm* **1** *(vin)* bordeaux(wijn) *nm* **2** *(couleur)* bordeaux(rood) *het;* **un pull ~** een bordeauxrode trui
bordel *nm* **1** *(maison de prostitution)* bordeel *het* **2** *(désordre)* zwijnenstal *nm* **3** *(tapage)* ↑ hels lawaai *het*
bordélique *adj* chaotisch
border *vt* **1** *(être au bord de)* staan, liggen langs; **bordé d'arbres** met bomen erlangs **2** *(garnir d'un bord)* afzetten **3** *(faire (un lit))* goed opmaken; **~ qqn** iemand toedekken
bordereau *nm* lijst *de,* overzicht *het;* **~ d'achat** koopbriefje; **~ d'envoi** vrachtbrief
bordure *nf* rand *nm;* **en ~ de** langs; **~ de fleurs** border
boréal, -ale *adj* noordelijk, Noordpool-; **aurore ~e** noorderlicht
borgne *adj* aan één oog blind, eenogig; **le, la ~** de eenoog ♦ **café ~** obscuur kroegje
borne *nf* **1** *(marque qui délimite)* paal *nm, (frontière)* grenspaal *nm;* **~ téléphonique (d'urgence)** praatpaal **2** *(kilomètre)* ↑ kilometer *nm* **3** *(plur.) (limites)* grenzen *plur;* **dépasser les ~s, sortir des ~s** te ver gaan; **sans ~s** grenzeloos
borné, -ée *adj* beperkt, *(personnes)* bekrompen
borner *vt* beperken, begrenzen; **se borner (à)** *vpr* zich beperken (tot)
Bosnie-et-Herzégovine *nf* Bosnië en Herzegovina *n (sans art.)*
bosquet *nm* bosje *het*
bosse *nf* **1** *(enflure)* buil *de;* **se faire une ~** een buil oplopen **2** *(saillie du dos)* bochel *nm,* bult *nm; (fig.)* **rouler sa ~** rondzwalken **3** *(protubérance du crâne)* knobbel *nm;* **avoir la ~ de qqch** een knobbel voor iets hebben **4** *(saillie du relief)* hobbel *nm* **5** *(modification de forme)* deuk *de*
bosser *vi* ↑ hard werken
bosseur, -euse *n* ↑ werkezel *nm*
bossu, -ue *adj* **1** *(qui a une bosse)* gebocheld; **le ~** de gebochelde **2** *(voûté)* krom; **être ~** krom zitten
botanique *adj* plant(en)-, botanisch; **jardin ~** botanische tuin; **la ~** de plantkunde
Botswana *nm* Botswana *n (sans art.)*
botswanais, -aise *adj* Botswaans; **le, la Botswanais(e)** de Botswaan(se)
botte *nf* **1** *(gerbe)* bos *nm;* **~ de paille** bos stro **2** *(chaussure)* laars *de;* **lécher les ~s de, à qqn** voor iemand kruipen
botter *vt* **1** *(chausser de bottes)* laarzen aantrekken **2** *(donner un coup de pied à)* een schop geven; **~ le derrière à qqn** iemand een schop onder zijn gat geven **3** *(convenir)* passen; **ça me botte** ik vind het hartstikke leuk
bottier *nm* maatschoenmaker *nm*
bottin® *nm* telefoongids *nm*
bottine *nf* hoge schoen *nm*
bouc *nm* **1** *(animal)* bok *nm (aussi au fig.);* **~ émissaire** zondebok **2** *(barbiche)* sikje *het*
boucan *nm* herrie *de*
bouche *nf* **1** *(de l'homme)* mond *nm;* **rester ~ bée** versteld staan; **~ cousue !** mondje dicht!; **de ~ à oreille** van mond tot mond; **la ~ en cœur** met een schijnheilig gezicht; **~ en cul de poule** pruimenmondje; **être dans toutes les ~s** het onderwerp van gesprek zijn; **faire la fine ~** kieskeurig zijn; **avoir la ~ pâteuse** met dikke tong spreken **2** *(de l'animal)* bek *nm* **3** *(orifice)* opening *nf;* **~ d'égout** rioolrooster; **~ d'incendie** brandkraan; **~ de métro** metro-ingang
bouché, -ée *adj* **1** *(obstrué)* dichtgestopt, verstopt; **être ~** geen uitzicht op een aanstelling bieden *(emploi);* **l'évier est ~** de gootsteen is verstopt **2** *(temps) (couvert)* (dicht)bewolkt; **le ciel est ~** de lucht is betrokken **3** *(borné)* bekrompen
bouche-à-bouche *nm* mond-op-mondbeademing *nf*
bouchée *nf* **1** *(quantité d'aliment)* hap *nm;* **ne faire qu'une ~ de qqn** iemand afmaken; **ne faire qu'une ~ de qqch** iets opschrokken; **pour une ~ de pain** voor een habbekrats **2** *(friandise)* bonbon *nm* **3** *(cuis.)* pasteitje *het;* **une ~ à la reine** een kippenpasteitje ♦ **mettre les ~s doubles** ergens vaart achter zetten
[1]**boucher** *nm* slager *nm (aussi au fig.), (Belg.)* beenhouwer *nm;* **garçon ~** slagershulp
[2]**boucher** *vt* **1** *(fermer (une ouverture))* (dicht)stoppen, dichtmaken **2** *(obstruer (le passage))* versperren; **~ la vue à qqn** iemand het uitzicht ontnemen; **se boucher** *vpr (s'obstruer)* verstopt raken ♦ **se ~ les oreilles** z'n oren dichtstoppen; *(fig.)* iets niet willen horen
bouchère *nf* **1** *(femme de boucher)* slagersvrouw *nf* **2** *(femme boucher)* vrouw *nf* die een slagerij heeft
boucherie *nf* **1** *(commerce)* slagerij *nf* **2** *(carnage)* slachting *nf*

bouche-trou *nm* invaller *nm*
bouchon *nm* **1** *(fermeture)* dop *nm;* **pousser le ~ un peu loin** iets te ver gaan; **~ de liège** kurk **2** *(embouteillage)* opstopping *nf* **3** *(flotteur)* dobber *nm*
boucle *nf* **1** *(bijou)* ring *nm;* **~s d'oreilles** oorringen **2** *(mèche)* krul *de* **3** *(nœud)* lus *de* **4** *(anneau métallique)* gesp *de* **5** *(itinéraire)* circuit *het;* **boucler la ~** *(fig.)* weer terug zijn op het uitgangspunt ♦ **en ~** onafgebroken
bouclé, -ée *adj* krullend, krul-
[1]**boucler** *vi (friser)* krullen
[2]**boucler** *vt* **1** *(attacher)* vastgespen; **~ sa valise** zijn koffer dichtdoen; *(fig.)* zijn koffers pakken **2** *(fermer)* dichtdoen; **la ~** z'n bek houden **3** *(emprisonner)* opsluiten **4** *(friser)* krullen zetten (in) **5** *(encercler)* omsingelen **6** *(terminer)* sluitend maken; **~ son budget** zijn budget sluitend maken
bouclier *nm* schild *het*
bouddhiste *n* boeddhist *nm;* **prêtre ~** boeddhistisch priester
bouder *vi* mokken
boudeur, -euse *adj* mokkend; **le ~** de chagrijn; **une mine boudeuse** een stuurse uitdrukking op het gezicht
boudin *nm* **1** *(charcuterie)* bloedworst *de;* **~ blanc** witte worst **2** *(bourrelet)* rol *de*
boudiner *vt* te nauw zitten
boudoir *nm* **1** *(salon)* boudoir *het* **2** *(biscuit)* lange vinger *nm*
boue *nf* modder *nm (aussi au fig.);* **traîner qqn dans la ~** iemand door het slijk halen
bouée *nf* **1** *(corps flottant)* boei *de; (aussi au fig.)* **~ de sauvetage** reddingsboei **2** *(bourrelets de graisse)* vetrollen *plur*
boueux, -euse *adj* modderig
bouffant, -ante *adj* poffend, pof-; **pantalon ~** pofbroek
bouffe *nf* **1** (het) (vr)eten **2** *(aliments)* ↑ voedsel *het*
bouffée *nf* **1** *(exhalaison)* uitademing *nf* **2** *(souffle de vent)* vlaag *de;* **une ~ d'air froid** een stroom van koude lucht; **par ~s** bij vlagen **3** *(accès)* uitbarsting *nf; (méd.)* **~ de chaleur** opvlieging
[1]**bouffer** *vi* **1** *(se gonfler)* bol staan, opbollen **2** *(manger gloutonnement)* vreten
[2]**bouffer** *vt* **1** *(manger)* bikken **2** *(manger gloutonnement)* vreten *(aussi au fig.)*
bouffi, -ie *adj* opgeblazen
bouffon *nm* **1** *(farceur)* grappenmaker *nm;* **une scène ~ne** een grappig tafereeltje **2** *(fou du roi)* (hof)nar *nm*
bougeoir *nm* blaker *nm*
bougeotte *nf* reis- en treklust *nm;* **avoir la ~** geen zitvlees hebben
[1]**bouger** *vi* **1** *(remuer)* bewegen; **il faut que ça bouge** er moet wat veranderen; **ne pas ~** *(ne pas changer)* niet veranderen; *(rester chez soi)* niet de deur uit gaan; **une ville qui ne bouge pas** een stad waar weinig valt te beleven **2** *(changer)* veranderen; **ne pas ~ au lavage** kleurecht zijn **3** *(agir)* in beweging komen
[2]**bouger** *vt (déplacer)* verplaatsen; **sans ~ le petit doigt** zonder een vin te verroeren; **se bouger** *vpr* zich verroeren, bewegen
bougie *nf* **1** *(chandelle)* kaars *de* **2** *(appareil d'allumage)* (auto)bougie *nf*
bougon, -onne *adj* knorrig; **le ~** de mopperpot
bougonner *vi* (binnensmonds) mopperen
bougre, bougresse *n* **1** *(individu)* vent *nm;* **un pauvre ~** een arme drommel **2** *(en apposition) (espèce)* rot-; **~ d'idiot !** stommeling!
bouillant, -ante *adj* **1** *(brûlant)* kokend (heet) **2** *(ardent)* onstuimig
bouille *nf* kop *nm*
bouillie *nf* pap *de;* **mettre qqn en ~** iemand tot moes slaan
bouillir *vi* **1** *(être en ébullition)* koken *(aussi au fig.);* **faire ~ du lait** melk koken **2** *(être en colère)* woedend worden, branden *(d'impatience)*
bouilloire *nf* (water)ketel *nm;* **~ électrique** waterkoker
bouillon *nm* **1** *(potage)* bouillon *nm* **2** *(bulle)* luchtbel *de;* **bouillir à gros ~s** hard koken
bouillonner *vi* **1** *(former des bouillons)* opborrelen, bruisen **2** *(s'agiter)* zich opwinden; **~ de colère** koken van woede
bouillotte *nf* (bed)kruik *de*
boulanger, -ère *n* bakker(svrouw) *nm (nf);* **garçon ~** bakkersknecht
boulangerie *nf* **1** *(fabrication et commerce)* bakkerij *nf* **2** *(magasin)* bakkerswinkel *nm*
boulanger-pâtissier *nm* brood- en banketbakker *nm*
boule *nf* **1** *(sphère)* bol *nm,* bal *nm;* **en ~** opgerold; **se mettre en ~** boos worden; **faire ~ de neige** een sneeuwbaleffect hebben; **~ de gomme** gombal; **~ de neige** sneeuwbal; **~ de Noël** kerstbal; **~s Quiès®** oordopjes **2** *(sports)* bal *nm;* **jouer aux ~s** het jeu-de-boulesspel spelen ♦ **~ puante** stinkbom(metje)
bouleau *nm* berk *nm*
bouledogue *nm* buldog *nm*
boulet *nm* **1** *(projectile)* (kanons)kogel *nm* **2** *(boule des bagnards)* bal *nm*
boulette *nf* **1** *(petite boule)* balletje *het, (de papier)* propje *het* **2** *(erreur)* flater *nm*
boulevard *nm* boulevard *nm;* **~ périphérique** ringweg, randweg, rondweg
bouleversant, -ante *adj* aangrijpend
bouleversement *nm* **1** *(action de bouleverser)* (het) omvergooien **2** *(changement)* ingrijpende verandering *nf* **3** *(émotion)* ontsteltenis *nf*
bouleverser *vt* **1** *(chambouler)* omvergooien **2** *(changer brutalement)* ingrijpend wijzigen **3** *(émouvoir)* van streek

brengen; être bouleversé van streek zijn; visage bouleversé ontsteld gezicht
boulier *nm* telraam *het*
boulimie *nf* 1 *(méd.)* boulimie *nf,* vraatzucht *de* 2 *(faim extrême)* geeuwhonger *nm*
boulimique *adj* ♦ faim ~ buitengewone eetlust; un(e) ~ een hongerlap
boulon *nm* bout *nm*
[1]**boulonner** *vi (bosser)* pezen, *(Belg.)* labeuren
[2]**boulonner** *vt (technol.)* vastbouten
[1]**boulot** *nm* ↑ werk *het;* petits ~s tijdelijk werk
[2]**boulot, -otte** *adj* kort en dik; la ~te het dikkerdje
[1]**boum** *nf* feestje *het,* fuif *de*
[2]**boum** *interj* boem!; ça a fait ~ ! dat gaf een knal!; le ~ de dreun; *(fig.)* het knalsucces ♦ être en plein ~ op volle toeren draaien
bouquet *nm* 1 *(gerbe)* boeket *het/de (m),* bosje *het;* ~ garni bosje tijm, laurier, peterselie 2 *(feu d'artifice) (finale)* slotstuk *het, (spectacle)* hoogtepunt *het;* c'est le ~ dat spant de kroon 3 *(arôme)* boeket *het/ de (m)* 4 *(ensemble)* pakket *het; (environnement)* ~ énergétique energiemix; *(télévision)* ~ numérique zenderaanbod
bouquin *nm* boek *het*
bouquiner *vi* lezen
bourbier *nm* 1 *(lieu plein de bourbe)* modderpoel *nm* 2 *(situation pénible)* hachelijke situatie *nf*
bourde *nf* blunder *nm*
bourdon *nm (zool.)* hommel *de* ♦ avoir le ~ in de put zitten; faux ~ dar
bourdonnement *nm* gegons *het (sing.),* geroezemoes *het (sing.);* ~ d'oreilles oorsuizing
bourdonner *vi* gonzen; j'ai les oreilles qui bourdonnent mijn oren suizen
bourg *nm* stadje *het,* groot dorp *het*
bourgade *nf* dorpje *het*
bourgeois, -oise *n* 1 *(non péjoratif)* burger *nm;* petit ~ burgerman; quartier ~ deftige buurt 2 *(péjoratif)* bourgeois *nm;* elle est devenue bien ~e zij is heel burgerlijk geworden
bourgeoisie *nf* 1 *(ensemble des bourgeois)* burgerij *nf;* la haute ~ de gegoede burgerij; la petite ~ de middenstand 2 *(classe dominante)* bourgeoisie *nf*
bourgeon *nm* knop *nm*
bourgeonner *vi* uitbotten
bourgmestre *nm (Belg.f.)* burgemeester *nm*
bourgogne *nm* bourgogne(wijn) *nm*
bourlinguer *vi* rondzwerven
bourrade *nf* stomp *nm*
bourrage *nm* (het) opvullen; le ~ de crâne ↑ het volstoppen met (leugenachtige) ideeën
bourrasque *nf* rukwind *nm,* windstoot *nm*
bourratif, -ive *adj* machtig
bourré, -ée *adj* 1 *(rempli de)* vol (van), propvol 2 *(ivre)* bezopen; il était complètement ~ hij was ladderzat
bourreau *nm* beul *nm;* ~ des cœurs donjuan; ~ de travail harde werker
bourrelet *nm* 1 *(pli de graisse)* vetrol *de* 2 *(bande de caoutchouc, etc.)* (tocht)strip *nm*
bourrer *vt* 1 *(remplir)* (op)vullen, volstoppen; gâteau qui bourre taart die zwaar op de maag ligt; ~ sa pipe z'n pijp stoppen 2 *(tasser)* (weg)stoppen 3 *(frapper)* een opstopper geven; ~ qqn de coups iemand stompen; **se bourrer** *vpr* 1 *(+ de) (se goinfrer de)* zich volproppen (met) 2 *(s'enivrer)* zich bezatten
bourrique *nf (ânesse)* ezelin *nf;* têtu comme une ~ zo koppig als een ezel ♦ faire tourner qqn en ~ iemand hoorndol maken
bourru, -ue *adj* nors
bourse *nf* 1 *(portemonnaie)* beurs *de,* portemonnee *nm;* sans ~ délier zonder een cent uit te geven; faire ~ à part een gescheiden kas voeren; la ~ ou la vie ! je geld of je leven! 2 *(pension)* (studie)-beurs *de*
Bourse *nf (écon.)* beurs *de,* beursgebouw *het*
[1]**boursier, -ière** *n* beursstudent(e) *nm (nf)*
[2]**boursier, -ière** *adj* beurs-
boursouflé, -ée *adj* gezwollen *(aussi au fig.)*
boursouflure *nf* gezwollenheid *nf*
bousculade *nf* 1 *(désordre)* gedrang *het* 2 *(précipitation)* haast *de*
bousculer *vt* 1 *(déranger)* verstoren 2 *(heurter)* omverlopen, stoten tegen 3 *(presser)* haasten; **se bousculer** *vpr (se pousser)* elkaar verdringen
bouse *nf* koeienpoep *nm*
bousiller *vt* 1 *(casser)* mollen 2 *(gâcher)* verprutsen 3 *(tuer)* koud maken
boussole *nf* kompas *het; (fig.)* perdre la ~ de kluts kwijtraken
bout *nm* 1 *(extrémité)* einde *het,* uiteinde *het;* ~ à ~ tegen elkaar aan; pousser qqn à ~ iemand radeloos maken; à tout ~ de champ om de haverklap; tirer à ~ portant van heel dichtbij schieten; aller jusqu'au ~ de ses idées z'n ideeën doorvoeren; tenir le bon ~ op de goede weg zijn; d'un ~ à l'autre, de ~ en ~ van het begin tot het einde; connaître qqch sur le ~ des doigts iets op z'n duimpje kennen; joindre les deux ~s de eindjes aan elkaar knopen; avoir un mot sur le ~ de la langue een woord voor op de tong hebben liggen; parler du ~ des lèvres prevelen; le ~ du nez het topje van de neus; mener qqn par le ~ du nez iemand naar z'n pijpen laten dansen; le ~ du sein de tepel 2 *(fin d'une durée)* einde *het;* mener à ~ tot een goed einde brengen; être à ~ ten einde raad zijn; venir à ~ de qqch iets klaarspelen, iets bolwerken; être à ~ de nerfs op zijn

van de zenuwen; **être à ~ de souffle** buiten adem zijn; *(fig.)* niet meer kunnen; **au ~ de** na (afloop van); **au ~ du compte** per slot van rekening; **aller jusqu'au ~** tot het uiterste (door)gaan **3** *(morceau)* stukje *het;* **un ~ de chemin** een eind weegs; *(film)* **~ d'essai** filmopname, screentest; **un bon ~ de temps** een flinke tijd

boutade *nf* geestigheid *nf*

boute-en-train *nm* gang|maker, -maakster *nm, nf*

bouteille *nf* fles *de;* **mettre en ~s** bottelen; **~ thermos®** thermosfles

bouter *vt* ♦ *(Belg.f.)* **~ le feu à qqch** iets in brand steken

boutique *nf* **1** *(magasin de prêt-à-porter)* boetiek *nf* **2** *(magasin)* winkel *nm,* zaak *de;* **fermer ~** de winkel sluiten; *(fig.)* ophouden met z'n bezigheden

bouton *nm* **1** *(bourgeon)* knop *nm;* **en ~** in de knop **2** *(pustule)* puistje *het;* **~ de fièvre** koortsblaasje **3** *(vêtements)* knoop *nm* **4** *(poignée)* knop *nm* **5** *(commutateur)* (bedienings)knop *nm; (inform.)* **~ d'envoi** verzendknop

bouton-d'or *nm* boterbloem *de*

boutonner *vt* dichtknopen; **se boutonner** *vpr* **1** *(s'attacher avec des boutons)* een knoopsluiting hebben **2** *(boutonner ses vêtements)* z'n kleren dichtknopen

boutonneux, -euse *adj* puistig

boutonnière *nf* knoopsgat *het*

bouton-pression *nm* drukknoop *nm*

bouture *nf* stek *nm*

bovin, -ine *adj* runder-; **les ~s** de runderen

bowling *nm* bowling *nm*

box *nm* **1** *(compartiment cloisonné)* box *nm* **2** *(stalle d'écurie)* paardenbox *nm* **3** *(banc des accusés)* beklaagdenbank *de*

boxe *nf* (het) boksen; **faire de la ~** aan boksen doen

1**boxer** *vi* boksen

2**boxer** *vt (frapper)* slagen toebrengen aan

boxeur *nm* bokser *nm*

boyau *nm* **1** *(intestin)* darm *nm;* **tordre les ~x** ↑ buikkrampen veroorzaken **2** *(conduit)* slang *de* **3** *(pneumatique)* binnenband *nm*

boycottage *nm* boycot *nm*

boycotter *vt* boycotten

bracelet *nm* armband *nm*

bracelet-montre *nm* armbandhorloge *het*

braconner *vi* stropen

braconnier *nm* stroper *nm*

brader *vt* verkwanselen *(aussi au fig.)*

braderie *nf* braderie *nf*

braguette *nf* gulp *de*

braille *nm* braille(schrift) *het*

1**brailler** *vi* blèren

2**brailler** *vt* uitschreeuwen

braire *vi* balken

braise *nf* gloeiende kooltjes *plur*

braiser *vt* stoven

brancard *nm* draagbaar *de,* brancard *nm*

brancardier *nm* ziekendrager *nm*

branchage *nm* takken *plur* van een boom

branche *nf* **1** *(arbre)* tak *nm* **2** *(organe, appareil)* vertakking *nf* **3** *(chandelier)* arm *nm* **4** *(compas)* been *het* **5** *(lunettes)* poot *nm* **6** *(discipline)* tak *nm,* sector *nm*

branché, -ée *adj* in; **boutique ~e** eigentijdse winkel; **une discothèque ~e** een trendy discotheek

branchement *nm* **1** *(circuit secondaire)* vertakking *nf* **2** *(raccordement)* aansluiting *nf*

brancher *vt* **1** *(connecter)* aansluiten; **~ la prise** de stekker in het stopcontact steken **2** *(faire fonctionner)* inschakelen **3** *(intéresser vivement)* niet koud laten

branchie *nf* kieuw *de*

brandir *vt* (dreigend) zwaaien met, *(fig.)* dreigen met

branlant, -ante *adj* wankel

branle *nm* schommelende beweging *nf;* **mettre en ~** in beweging brengen; **se mettre en ~** in beweging komen

branle-bas *nm* opschudding *nf;* **~ de combat** voorbereiding tot de strijd

branler *vi* wankelen

1**braquer** *vi (voiture)* wendbaar zijn

2**braquer** *vt* **1** *(+ sur) (pointer sur)* richten (op); **être braqué sur qqch** volledig door iets in beslag genomen zijn **2** *(monter contre)* ophitsen (tegen); **être braqué contre qqn** vooringenomen zijn tegen iemand; **être braqué contre qqch** vijandig tegenover iets staan **3** *(attaquer)* overvallen; **se braquer** *vpr* zich verzetten

bras *nm* **1** *(membre de l'homme, de l'animal)* arm *nm, (animal)* poot *nm;* **baisser les ~** (de moed) opgeven; **en ~ de chemise** in hemdsmouwen; **rester les ~ croisés** werkeloos toezien; **~ dessus, ~ dessous** arm in arm; **être le ~ droit de qqn** iemands rechterhand zijn; **avoir le ~ long** veel invloed hebben; **recevoir qqn à ~ ouverts** iemand met open armen ontvangen; **avoir qqch, qqn sur les ~** opgescheept zitten met iets, iemand; **les ~ m'en tombent** nou breekt m'n klomp **2** *(partie d'un objet)* arm *nm (aussi d'un cours d'eau),* handvat *het* **3** *(travailleur)* mankracht *de* ♦ **à bout de ~** op eigen kracht; **à force de ~** met de sterke arm

brasier *nm* vuurgloed *nm*

brassard *nm* (arm)band *nm*

brasse *nf* schoolslag *nm;* **~ papillon** vlinderslag

brasser *vt* **1** *(fabriquer (la bière))* brouwen **2** *(mélanger)* (door elkaar) mengen, *(cartes)* schudden ♦ **~ des affaires** veel zaken tegelijk doen; **~ de l'argent** met grote geldbedragen omgaan

brasserie *nf* **1** *(fabrique de bière)* (bier)brouwerij *nf* **2** *(grand café-restaurant)* café-restaurant *het*

brassière *nf* **1** *(chemise de bébé)* babytruitje *het* 2 *(gilet de sauvetage)* zwemvest *het*

bravade *nf* uitdaging *nf;* **par ~** uit overmoed

brave *adj* 1 *(après le n.) (courageux)* dapper 2 *(uniquement adj.; avant le n.) (bon)* best, braaf; *(subst.)* **mon ~** mijn beste man

braver *vt* 1 *(défier)* uitdagen, tarten 2 *(mépriser)* trotseren

bravo *interj* bravo!; **les ~s du public** de toejuichingen van het publiek

bravoure *nf* moed *nm*

break *nm* stationcar *nm*

brebis *nf* schaap *het,* ooi *nf* ♦ **une ~ galeuse** een schurftig schaap

brèche *nf* 1 *(ouverture)* gat *het* 2 *(entaille)* bres *de,* doorbraak *de;* **être toujours sur la ~** steeds op de barricaden staan; *(fig.)* onafgebroken in de weer zijn

bredouille *adj* ♦ **rentrer, revenir ~** met lege handen thuiskomen

bredouiller *vti* stamelen

bref, brève *adj* 1 *(court)* kort; **en ~** met weinig woorden; **enfin ~** kortom; **pour être ~** om kort te gaan; **soyez ~ !** maak het kort!; **d'une voix brève, d'un ton ~** kortaf 2 *(concis)* beknopt

Brésil *nm* Brazilië *n (sans art.)*

brésilien, -ienne *adj* Braziliaans; **le ~** het Braziliaans-Portugees; **le, la Brésilien(ne)** de Braziliaan(se)

bretelle *nf* 1 *(bandoulière)* schouderriem *nm* 2 *(plur.) (pantalon)* bretels *plur* 3 *(soutien-gorge, etc.)* schouderbandje *het* 4 *(voie de raccordement)* oprit *nm;* **~ d'accès** oprit; **~ de sortie** uitrit

breuvage *nm* brouwsel *het,* drankje *het*

brevet *nm* 1 *(diplôme)* getuigschrift *het,* diploma *het;* **~ de pilote** vliegbrevet; **~ de technicien supérieur, BTS** diploma na twee jaar hoger technisch onderwijs 2 *(propriété industrielle)* octrooi *het,* patent *het;* **déposer un ~** octrooi aanvragen; **~ d'invention** octrooi

breveté, -ée *adj* 1 *(diplômé)* gediplomeerd; **le, la ~(e)** de gediplomeerde 2 *(garanti par brevet)* gepatenteerd

breveter *vt* patenteren

bréviaire *nm* brevier *het*

bribe *nf* 1 *(fragment)* fragment *het;* **par ~s** bij stukjes en beetjes 2 *(plur.) (restes)* restjes *plur*

bric-à-brac *nm* 1 *(vieux objets)* oude rommel *nm* 2 *(boutique)* uitdragerij *nf*

bricolage *nm* 1 *(action de bricoler)* (het) knutselen 2 *(bâclage)* prutswerk *het*

bricole *nf* kleinigheidje *het;* **donner une ~ à qqn** iemand een aardigheidje geven

[1]**bricoler** *vi* 1 *(chez soi)* knutselen 2 *(pour gagner sa vie)* klussen, klusjes doen

[2]**bricoler** *vt* 1 *(rafistoler)* provisorisch repareren 2 *(trafiquer)* knoeien aan

bricoleur, -euse *n* knutselaar *nm,* doe-het-zelver *nm*

bride *nf* 1 *(pièce du harnais)* teugel *nm,* toom *nm;* **à ~ abattue** met losse teugel; *(fig.)* **lâcher la ~ à son imagination** z'n verbeelding de vrije loop laten; *(fig.)* **tenir qqch en ~** iets in toom houden 2 *(lien)* bandje *het*

bridé, -ée *adj* ♦ **yeux ~s** spleetogen

brider *vt* 1 *(mettre la bride à)* teugelen 2 *(fig.)* beteugelen

bridge *nm* 1 *(jeu de cartes)* bridge *het* 2 *(prothèse dentaire)* brug *de*

brièvement *adv* kort

brièveté *nf* kortstondigheid *nf*

brigade *nf* 1 *(unité militaire)* brigade *de* 2 *(équipe)* ploeg *de;* **la ~ des mœurs** de zedenpolitie; **~ des stups** drugsbrigade

brigadier *nm* 1 *(caporal)* korporaal *nm* 2 *(gradé de police)* brigadier *nm*

brigand *nm* 1 *(voleur)* (struik)rover *nm* 2 *(coquin)* bengel *nm*

briguer *vt* ambiëren, dingen naar

[1]**brillant** *nm* 1 *(diamant)* briljant *nm* 2 *(éclat)* glans *nm*

[2]**brillant, -ante** *adj* 1 *(étincelant)* schitterend 2 *(remarquable)* briljant

briller *vi* 1 *(luire)* schitteren 2 *(se distinguer)* uitblinken

brimade *nf* 1 *(épreuve vexatoire)* ontgroening *nf* 2 *(tracasserie)* plagerij *nf;* **subir des ~s** getreiterd worden

brimer *vt* plagen

brin *nm* 1 *(filament)* draadje *het;* **~ de paille** strootje 2 *(jeune pousse)* takje *het;* **~ d'herbe** grassprietje 3 *(petite quantité)* beetje *het;* **un ~ de causette** een praatje; **un ~ de toilette** een kattenwasje

brindille *nf* twijgje *het*

bringue *nf* zuippartij *nf;* **faire la ~** de bloemetjes buiten zetten

brio *nm* 1 *(virtuosité musicale)* brio *het/de (m)* 2 *(habileté)* talent *het;* **avec ~** briljant

brioche *nf* 1 *(pâtisserie)* zoet luxebrood(je) *het* 2 *(ventre)* buikje *het*

brique *nf* 1 baksteen *nm* 2 *(argent)* 1 miljoen oude franken *plur* ♦ **~ de lait** pak melk, *(Belg.)* brik melk

briquer *vt* schrobben

briquet *nm* aansteker *nm*

bris *nm* (het) breken; **assurance contre les ~ de glace** glasverzekering; **~ de vitres** (het) inslaan van ramen

brise *nf* briesje *het,* koel windje *het*

brisé, -ée *adj* uitgeput ♦ **ligne ~e** gebroken lijn

brise-glace *nm* ijsbreker *nm*

brise-lame *nm* golfbreker *nm*

[1]**briser** *vi (déferler)* breken

[2]**briser** *vt* 1 *(anéantir)* breken, tenietdoen; **~ le cœur à qqn** iemand het hart breken; **je le, la briserai** ik zal hem, haar wel klein krijgen; **ce voyage m'a brisé** deze reis heeft me uitgeput 2 *(casser)* breken, stukslaan; **~ les os à qqn** iemand afrossen 3 *(interrompre brusquement)* afbreken; **se briser** *vpr (se casser)* breken

briseur, -euse *n* iemand die breekt; **~ de grève** stakingsbreker

britannique *adj* Brits; **le, la Britannique** de Brit(se)
broc *nm* lampetkan *de*
brocante *nf* **1** *(objets)* curiosa *plur*, rariteiten *plur* **2** *(magasin)* handel *nm* in curiosa
brocanteur, -euse *n* handelaar *nm* in curiosa
broche *nf* **1** *(cuis.)* (braad)spit *het;* **à la ~** aan het spit **2** *(bijou)* broche *de*, speld *de* **3** *(technol.)* spil *de* **4** *(méd.)* pen *de*
brocher *vt (relier)* innaaien
brochet *nm* snoek *nm*
brochette *nf* **1** *(petite broche pour viande)* spies *de* **2** *(morceaux embrochés)* stukjes *plur* vlees aan een spies
brochure *nf* brochure *de*
[1]**broder** *vi (exagérer)* overdrijven
[2]**broder** *vt* **1** *(orner (de broderies); exécuter en broderie)* borduren **2** *(embellir)* verfraaien
broderie *nf* borduurwerk *het*, borduursel *het*
bronche *nf* longpijp *de;* **les ~s** de bronchiën
broncher *vi* protesteren
bronchite *nf* bronchitis *nf*
bronzage *nm* **1** *(bain de soleil)* (het) zonnen **2** *(teint hâlé)* bruine kleur *de*
bronze *nm* brons *het*
bronzé, -ée *adj* **1** *(hâlé)* (ge)bruin(d) **2** *(de la couleur du bronze)* bronskleurig
[1]**bronzer** *vi* bruin worden; **lampe à ~** hoogtezon
[2]**bronzer** *vt* bruin maken; **se bronzer** *vpr* zonnen
brosse *nf* **1** *(ustensile de nettoyage)* borstel *nm;* **~ à ongles** nagelborsteltje **2** *(pinceau)* (schilders)kwast *nm* **3** *(coiffure)* borstelkop *nm;* **cheveux en ~** borstelhaar
brosser *vt* **1** *(nettoyer)* (af)borstelen **2** *(peindre)* schilderen, schetsen *(aussi au fig.);* **se brosser** *vpr (brosser ses vêtements)* zich afborstelen; **se ~ les dents** z'n tanden poetsen; **se ~ les ongles** z'n nagels borstelen
brouette *nf* kruiwagen *nm*
brouhaha *nm* geroezemoes *het*
brouillard *nm* mist *nm;* **être dans le ~** in het duister tasten
brouille *nf* onenigheid *nf*
brouiller *vt* **1** *(rendre confus)* verwarren, in de war brengen; **avoir les yeux brouillés** een waas voor de ogen hebben **2** *(mélanger)* door elkaar halen; **œufs brouillés** roereieren; **~ les pistes** de sporen uitwissen **3** *(désunir)* onmin zaaien tussen; **se brouiller** *vpr* **1** *(devenir confus)* verward raken, troebel worden; **ma vue se brouille** ik kan niet meer duidelijk zien **2** *(se fâcher avec)* gebrouilleerd raken (met)
[1]**brouillon** *nm* klad *het;* **cahier de ~** kladschrift
[2]**brouillon, -onne** *adj* warrig; **être ~** slordig zijn
broussaille *nf* struikgewas *het* ♦ **cheveux en ~** ongekamd haar
brousse *nf* wildernis *nf*, rimboe *de (aussi au fig.)*
[1]**brouter** *vi* grazen
[2]**brouter** *vt* afgrazen
broutille *nf* snuisterij *nf*
broyer *vt* fijnmalen, verbrijzelen
bru *nf* schoondochter *nf*
brugnon *nm* nectarine *nf*
bruine *nf* motregen *nm*
bruissement *nm* geritsel *het*, geruis *het*
bruit *nm* **1** *(son)* geluid *het;* **~ de ferraille** gekletter; **~ de voix** gegons van stemmen **2** *(rumeur)* gerucht *het;* **les ~s de couloir** wat in de wandelgangen wordt gezegd; **le ~ court** het gerucht gaat **3** *(retentissement)* ophef *nm;* **faire du ~** opzien baren **4** *(vacarme)* lawaai *het;* **à grand ~** met veel lawaai
bruitage *nm* (achtergrond)geluiden *plur*
brûlant, -ante *adj* **1** *(très chaud)* (gloeiend) heet, *(soleil)* brandend **2** *(délicat)* netelig **3** *(ardent)* vurig, hartstochtelijk
[1]**brûlé** *nm* ♦ **avoir un goût de ~** aangebrand smaken; **odeur de ~** brandlucht; **ça sent le ~** het ruikt hier branderig; *(fig.)* daar zit een luchtje aan
[2]**brûlé, -ée** *adj* **1** verbrand **2** *(trop cuit)* aangebrand
brûle-pourpoint ♦ *(adv.)* **à ~** op de man af
[1]**brûler** *vi* **1** *(se consumer)* (ver-, af)branden; **tu brûles** je brandt je **2** *(plats)* aanbranden **3** *(être brûlant)* branden; **~ de fièvre** van koorts gloeien; *(fig.)* **les pieds lui brûlent** hij zit op hete kolen **4** *(personnes) (griller (de))* branden (van); **~ de faire qqch** vurig verlangen iets te doen
[2]**brûler** *vt* **1** *(détruire par le feu)* verbranden **2** *(consommer)* (ver)branden, *(charbon, bois)* verstoken, *(électricité)* verbruiken; **~ un cierge à un saint** een kaars ontsteken voor een heilige **3** *(laisser trop cuire)* laten aanbranden *(plats)* **4** *(donner une sensation de brûlure à)* branden; **la fumée me brûle les yeux** de rook bijt me in de ogen **5** *(passer sans s'arrêter à)* (zonder te stoppen) voorbijgaan; **~ le feu rouge** door het rode licht rijden; **se brûler** *vpr* zich verbranden; **se ~ les doigts** zijn vingers branden *(aussi au fig.)*
brûleur *nm* brander *nm*
brûlure *nf* **1** *(lésion)* brandwond *de* **2** *(sensation)* (het) branden, zuur *het (estomac)* **3** *(trou)* brandgat *het*
brume *nf* (lichte) mist *nm*
brumeux, -euse *adj* **1** *(couvert de brume)* mistig **2** *(nébuleux)* niet helder, vaag
brun, brune *adj* bruin; **le ~** (het) bruin; **le, la ~(e)** de bruinharige
Brunei *nm* Brunei *n (sans art.)*
brunéien, -ienne *adj* Bruneis; **le, la Brunéien(ne)** de Bruneier, Bruneise
brushing *nm* watergolf *de*
brusque *adj* **1** *(uniquement adj.) (rude)*

bars, nors **2** *(soudain)* plotseling, onverwacht(s)
brusquer *vt* **1** *(malmener (qqn))* ruw bejegenen **2** *(précipiter)* overhaasten; **~ les choses** overhaast te werk gaan
brusquerie *nf* ruwheid *nf,* norsheid *nf;* **avec ~** bars
brut, brute *adj* **1** *(non ouvragé)* ruw, onbewerkt; **champagne ~** droge champagne **2** *(écon.)* bruto(-) **3** *(grossier)* grof
brutal, -ale *adj* **1** *(violent)* ruw, hard(handig) **2** *(soudain)* plotseling
brutaliser *vt* mishandelen
brutalité *nf* **1** *(caractère d'une personne)* ruwheid *nf,* hardheid *nf* **2** *(plur.) (sévices)* gewelddaad *de* **3** *(caractère d'une chose)* hardheid *nf*
brute *nf* **1** *(homme grossier)* botterik *nm* **2** *(homme brutal)* bruut *nm,* schoft *nm*
bruyant, -ante *adj* luidruchtig, lawaaierig
bruyère *nf* hei(de) *de*
buanderie *nf* washok *het*
buccal, -ale *adj* mond-, oraal
bûche *nf* houtblok *het;* **~ de Noël** boomstam; **il reste là comme une ~** hij staat daar maar te staan ♦ **ramasser une ~** op z'n bek vallen
bûcheron *nm* houthakker *nm*
budget *nm* begroting *nf,* budget *het*
budgétaire *adj* budget-, begrotings-
buée *nf* (water)damp *nm;* **vitre couverte de ~** beslagen ruit
buffet *nm* **1** *(meuble)* dressoir *het/de (m)* **2** *(mets dressés sur une table)* (koud of warm) buffet *het;* **un ~ campagnard** een koud buffet **3** *(café-restaurant)* (stations)restauratie *nf*
buffle *nm* buffel *nm*
building *nm* flatgebouw *het*
buis *nm (arbre)* buks(boom) *nm*
buisson *nm* struik *nm*
bulbe *nm* **1** *(oignon)* (bloem)bol *nm* **2** *(biol.) (renflement)* bolvormige verdikking *nf*
bulgare *adj* Bulgaars; **le ~** het Bulgaars; **le, la Bulgare** de Bulgaar(se)
Bulgarie *nf* Bulgarije *n (sans art.)*
bulldozer *nm* bulldozer *nm*
bulle *nf* **1** *(petite sphère)* bel *de,* belletje *het;* **faire des ~s** bruisen **2** *(phylactère)* tekstballon *nm* **3** *(cloque)* blaasje *het* **4** *(spéculation)* hype *nm;* **~ médiatique** mediahype **5** *(écon.)* zeepbel *de* ♦ **coincer la ~** pitten, maffen
bulletin *nm* **1** *(communiqué)* (officieel) bericht *het,* bulletin *het;* **~ météorologique** weerbericht **2** *(certificat)* bewijsje *het,* briefje *het;* **~ de salaire** loonstrookje; **~ de vote** stembiljet, kiesbrief *(n.B.)* **3** *(résultats scolaires)* rapport *het*
bulletin-réponse *nm (journal)* (antwoord)coupon *nm, (concours)* antwoordformulier *het*
buraliste *n* sigarenhandelaar(ster) *nm (nf)*
bureau *nm* **1** *(meuble)* bureau *het* **2** *(pièce de travail)* werkkamer *de,* kantoor *het, (Belg.)* bureel *het* **3** *(lieu de travail)* kantoor *het, (Belg.)* bureel *het;* **personnel de ~** kantoorpersoneel; **~ de poste** post(kantoor) **4** *(service)* bureau *het;* **~ de placement** bureau voor arbeidsbemiddeling **5** *(guichet)* loket *het;* **jouer à ~x fermés** voor een uitverkochte zaal spelen; **~ (de location)** plaatsbesprekingsbureau **6** *(organe exécutif)* (dagelijks) bestuur *het;* **~ politique** partijbestuur; *(de partis communistes)* politbureau **7** *(écran d'ordinateur)* bureaublad *het* ♦ **~ de tabac** sigarenwinkel; **~ de vote** stemlokaal
bureaucrate *n* bureaucraat *nm*
bureaucratie *nf* bureaucratie *nf*
bureaucratique *adj* bureaucratisch
bureautique *nf* **1** *(action d'appliquer)* kantoorautomatisering *nf* **2** *(informatique spécialisée)* kantoorinformatica *de*
burin *nm* **1** *(ciseau pour graver)* graveernaald *de* **2** *(ciseau à métaux)* beitel *nm*
burkinabé *adj* Burkinees; **le, la Burkinais(e)** de Burkinees, Burkinese
burlesque *adj* komisch; **quelle idée ~ !** wat een bespottelijk idee!
burundais, -aise *adj* Burundisch, Burundees; **le, la Burundais(e)** de Burundees, Burundese
Burundi *nm* Burundi *n (sans art.)*
bus *nm* bus *nm*
buse *nf* buizerd *nm*
buste *nm* **1** *(torse)* bovenlijf *het* **2** *(poitrine)* buste *de* **3** *(sculpture)* buste *de,* borstbeeld *het*
bustier *nm* **1** *(soutien-gorge)* (strapless) bustehouder *nm* **2** *(corsage)* topje *het*
but *nm* **1** *(objectif)* doel *het;* **aller droit au ~** recht op zijn doel afgaan; **dans le ~ de** met het doel te; **se donner pour ~ de** zich ten doel stellen om; **à ~ lucratif** met winstoogmerk **2** *(sports) (limite de terrain)* doel *het,* goal *nm* **3** *(sports) (point marqué)* doelpunt *het;* **gagner par trois ~s à un** met drie tegen één winnen; **marquer un ~** een doelpunt maken **4** *(cible)* doel(wit) *het,* mikpunt *het* ♦ **de ~ en blanc** rechtstreeks
butane *nm* butagas *het*
buté, -ée *adj* koppig, halsstarrig
[1]**buter** *vi* **1** *(+ contre) (heurter contre)* stoten (tegen, op), botsen (tegen) **2** *(+ contre, sur) (se heurter à une difficulté)* stuiten (op) **3** *(+ contre) (être calé contre)* steunen (tegen)
[2]**buter** *vt (tuer)* koud maken; **se buter (à)** *vpr* **1** *(s'entêter)* hardnekkig volhouden **2** *(se heurter à)* stuiten (op)
buteur *nm* doelpuntmaker *nm*
butin *nm* buit *nm (aussi au fig.)*
[1]**butiner** *vi* honing verzamelen
[2]**butiner** *vt* inzamelen
butoir *nm* (deur)buffer *nm, (ch. de fer)* stootblok *het*

butte *nf* heuveltje *het* ♦ **être en ~ à qqch** het mikpunt zijn van iets
buvable *adj* drinkbaar
buvard *nm* **1** *(papier)* vloeipapier *het;* **papier ~** vloeipapier **2** *(sous-main)* onderlegger *nm*
buvette *nf* bar *de*
buveur, -euse *n* drinker, drinkster *nm, nf*
buzz *nm (com.)* buzz *nm;* **faire le ~** viral gaan

C

c *nm* c *de;* **c cédille** c met een cedille; *(f.B.)* **C comme César** de c van Cornelis; **C comme Célestin** de c van Cornelis

ça *pron dém* **1** *(ceci)* dit; **~ dépend** het hangt ervan af **2** *(cela)* dat **3** *(renforcement d'une interrogation)* dan; **qui ~ ?** wie dan? **4** *(approbation)* zo; **c'est comme ~** het is nu eenmaal zo; **comme ci comme ~** zozo; **c'est ~ !** precies! ♦ **~ alors !** goeie dag!; **et avec ~ ?** anders nog iets?; **c'est toujours ~ (de pris)** dat is alvast binnen; **pour ~, oui !** nou en of!; **il y a de ~** er zit een kern van waarheid in

çà *adv* ♦ **~ et là** hier en daar

cabane *nf* **1** *(baraque)* hok *het;* **~ à lapins** konijnenhok; *(fig.)* hok, krot; **~ à outils** gereedschapsschuurtje **2** *(prison)* nor *de;* **mettre qqn en ~** iemand in de bajes gooien

cabaret *nm* club *de*

cabas *nm* **1** *(panier à fruits)* mandje *het* **2** *(sac à provisions)* boodschappentas *de*

cabillaud *nm* kabeljauw *nm*

cabine *nf* **1** *(réduit)* cabine *nf,* hokje *het;* **~ d'ascenseur** liftkooi; **~ de bain** badhokje; **~ d'essayage** pashokje; **~ téléphonique** telefooncel **2** *(mar.)* hut *de* **3** *(aviat.)* cockpit *nm*

cabinet *nm* **1** *(cagibi)* kamertje *het;* **~ de toilette** wasruimte **2** *(bureau)* kantoor *het* **3** *(clientèle)* clientèle *de (d'un avocat),* praktijk *de (d'un médecin);* **~ de consultation** spreekkamer; **~ de travail** werkkamer **4** *(gouvernement)* kabinet *het* **5** *(plur.) (toilettes)* toilet *het*

câble *nm* **1** *(corde; fil conducteur)* kabel *nm, (télédistribution)* kabel(televisie) *de;* **être abonné au ~** op de kabel aangesloten zijn **2** *(pour tentures)* gordijnkoord *het*

câbler *vt* **1** *(pourvoir de télédistribution)* bekabelen **2** *(raccorder au réseau)* op het kabelnet aansluiten

cabosser *vt* deuken

se cabrer *vpr* **1** *(se dresser)* steigeren **2** *(se révolter contre)* in opstand komen (tegen), zich verzetten (tegen)

cabriole *nf* bokkensprong *nm*

cabriolet *nm* cabriolet *nm*

CAC *nf* ♦ **l'indice ~ 40** de Parijse beursindex

caca *nm* bah *het,* poep *nm;* **faire ~** bah doen, poepen *(aux Pays-Bas)*

cacahuète *nf* pinda *de*

cacao *nm* cacao *nm*

cachalot *nm* potvis *nm*

cache *nm* (af)dekblad *het*

caché, -ée *adj* **1** *(dissimulé)* verborgen, *(objet)* verstopt **2** *(secret)* geheim

cache-cache *nm* verstoppertje *het;* **jouer à ~** verstoppertje spelen *(aussi au fig.)*

cache-cœur *nm* wikkelbloes *de*

cache-col *nm* (kleine) sjaal *nm*

cachemire *nm* kasjmier *het*

cache-nez *nm* (grote, warme) sjaal *nm*

cache-pot *nm* sierbloempot *nm*

cacher *vt* **1** *(dissimuler)* verbergen, verborgen houden; **cela cache qqch** daar steekt iets achter **2** *(masquer)* aan het oog onttrekken; **~ le jour à qqn** iemand in het licht staan; **~ la vue (à qqn)** (iemand) het uitzicht belemmeren **3** *(taire)* verzwijgen; **ne pas ~ à qqn que** iemand ronduit zeggen dat; **se cacher** *vpr* zich verbergen, zich verschuilen; *(dit aux enfants)* **va te ~ !, cache-toi !** schaam je! ♦ **se ~ de qqn** voor iemand verborgen houden wat men doet of zegt; **où peut bien se ~ cette lettre ?** waar kan die brief toch uithangen?

cachet *nm* **1** *(instrument)* stempel *nm* **2** *(empreinte)* stempel *nm;* **~ de la poste** poststempel **3** *(sceau)* zegelafdruk *nm,* lakzegel *het* **4** *(signe caractéristique)* kenmerk *het* **5** *(rétribution)* gage *de* **6** *(comprimé)* tablet *het/de;* **~ d'aspirine** aspirientje; *(fig.)* bleekscheet

cacheter *vt* dichtplakken, sluiten

cachette *nf* **1** *(personnes)* schuilplaats *de* **2** *(choses)* geheime bergplaats *de* ♦ **en ~** stiekem; **en ~ de qqn** achter iemands rug

cachot *nm* gevangeniscel *de*

cachotterie *nf* geheimzinnigdoenerij *nf;* **faire des ~s** geheimzinnig doen

cachottier, -ière *adj* stiekem; **le ~, la cachottière** de stiekemerd

cacophonie *nf* **1** *(bruits désagréables)* herrie *de* **2** *(rencontre de sons)* onwelluidende klankenreeks *de*

cactus *nm* **1** *(bot.)* cactus *nm* **2** *(difficulté)* gedonder *het;* **il y a un ~** er is stront aan de knikker

c.-à-d. d.w.z., dat wil zeggen

cadastre *nm* kadaster *het*

cadavérique *adj* lijk-, doodsbleek

cadavre *nm* **1** *(homme)* kadaver *het,* lijk *het* **2** *(animal)* kreng *het*

caddie *nm* karretje *het*

cadeau *nm* cadeau *het,* geschenk *het;* **recevoir qqch en ~** iets cadeau krijgen; **faire ~ de qqch à qqn** iemand iets schenken

cadenas *nm* hangslot *het*

cadenasser *vt* met een hangslot afsluiten

cadence *nf* **1** *(rythme)* ritme *het;* en ~ ritmisch; marquer la ~ de maat aangeven **2** *(vitesse)* tempo *het;* ~ infernale hels arbeidstempo **3** *(mus.)* cadens *de*

cadet, -ette *n* **1** *(frère, sœur plus jeune)* jongere broer, zuster *nm, nf;* frère ~ jongere broer; *(fig.)* c'est le ~ de mes soucis dat zal mij een zorg zijn **2** *(benjamin)* jongste kind *het (m), het (f),* benjamin *nm* **3** *(sports)* aspirant(e) *nm (nf)* ♦ il est mon ~ de deux ans hij is twee jaar jonger dan ik

cadran *nm* **1** *(de montre)* wijzerplaat *de;* ~ solaire zonnewijzer **2** *(de téléphone)* kiesschijf *de* **3** *(partie graduée)* (aflees)schaal *de;* le ~ d'une boussole de roos van een kompas

cadre *nm* **1** *(encadrement)* lijst *de* **2** *(limites imposées)* kader *het,* raam *het;* dans le ~ de in het kader van **3** *(décor)* omgeving *nf;* ~ de vie leefklimaat **4** *(salarié)* leidinggevende *de, (plur.)* leidinggevend personeel *het* **5** *(châssis)* raam(werk) *het,* frame *het, (Belg.)* kader *het;* ~ d'une porte deurkozijn

1**cadrer** (avec) *vi (s'accorder avec)* overeenstemmen (met); faire ~ in overeenstemming brengen; ne pas ~ ensemble niet bij elkaar passen

2**cadrer** *vt (phot.)* in beeld brengen, de camera instellen op; mal cadré slecht ingesteld

caduc, caduque *adj* **1** *(périmé)* verouderd **2** *(jur.)* nietig **3** *(biol.)* afvallend; arbre à feuilles caduques bladverliezende boom

cafard *nm* **1** *(insecte)* kakkerlak *nm* **2** *(déprime)* neerslachtigheid *nf;* avoir le ~ down zijn

cafarder *vt* verklikken

café *nm* **1** *(graine)* koffie *nm;* ~ en grains ongemalen koffie; ~ soluble oploskoffie **2** *(boisson)* koffie *nm;* ~ crème koffie met room; faire le, du ~ koffiezetten; ~ au lait koffie met (veel) melk **3** *(bistro)* café *het;* ~ tabac café met rookwarenverkoop *(en France)* ♦ c'est fort de ~ dat is te dol

caféine *nf* cafeïne *de*

caféiné, -ée *adj* cafeïnehoudend

cafétéria *nf* cafetaria *de*

café-théâtre *nm* kleinkunsttheater *het*

cafetière *nf* koffiepot *nm;* ~ électrique (elektrisch) koffiezetapparaat

cage *nf* **1** *(pour animaux)* kooi *de,* hok *het;* ~ à lapin(s) konijnenhok; *(fig.)* blokkendoos **2** *(d'ascenseur)* koker *nm;* ~ d'ascenseur liftkoker; ~ d'escalier trappenhuis **3** *(prison)* bajes *de;* mettre qqn en ~ iemand opsluiten **4** *(sports)* net *het* ♦ ~ thoracique borstkas

cageot *nm* kistje *het,* kratje *het*

cagibi *nm* (rommel)hok *het*

cagnotte *nf* **1** *(caisse)* pot *nm* **2** *(économies)* spaargeld *het*

cagoule *nf* **1** *(capuchon)* kap *de* **2** *(passe-montagne)* bivakmuts *de*

cahier *nm* **1** *(carnet)* schrift *het;* ~ de brouillon kladschrift; *(f.B.)* ~ d'épargne spaarboekje *(n.B.);* spaarbankboekje; *(f.B.)* ~ de mariage trouwboekje **2** *(périodique)* katern *het/de*

cahin-caha *adv* **1** *(clopin-clopant)* met horten en stoten; aller ~ voortsukkelen **2** *(précaire)* maar zozo, niet zo best

cahot *nm* **1** *(secousse; difficulté)* schok *nm* **2** *(vicissitudes)* ups en downs *plur*

cahoter *vi* hobbelen, hotsen

cahoteux, -euse *adj* hobbelig

caïd *nm* bolleboos *nm;* faire son ~ de baas willen spelen

caille *nf* kwartel *de*

caillé *nm (lait)* gestremde melk *de*

1**cailler** *vi* **1** *(coaguler)* stremmen **2** *(avoir froid)* vernikkelen; ça caille het is (hier) berekoud

2**cailler** *vt (coaguler)* stremmen

caillot *nm* (bloed)stolseltje *het*

caillou *nm* **1** *(gravillon)* kiezel(steen) *nm,* steentje *het* **2** *(crâne)* (kale) knikker *nm*

caisse *nf* **1** *(boîte)* kist *de;* ~ à bière bierkrat **2** *(pour paiements)* kas *de,* kassa *de;* ~ d'allocations familiales kinderbijslagfonds; ~ d'épargne spaarbank; faire sa ~ de kas opmaken; ~ de retraite pensioenfonds **3** *(mus.)* trommel *de;* grosse ~ grote trom

caissier, -ière *n* **1** *(trésorier, -ière)* kassier(ster) *nm (nf)* **2** *(f.) (dans un magasin, etc.)* caissière *nf*

cajoler *vt* liefkozen

cajolerie *nf* liefkozing *nf*

cajou *nm* cashewnoot *de*

cake *nm* (vruchten)cake *nm*

calamité *nf* ramp *de (également iron.)*

calcaire *adj* kalk-, kalkhoudend; eau ~ hard water; le ~ de kalksteen

calciné *adj* verkoold

calcul *nm* **1** *(opération numérique)* berekening *nf (aussi au fig.)* **2** *(arithmétique)* (het) rekenen; leçon de ~ rekenles; ~ mental hoofdrekenen; ~ des probabilités waarschijnlijkheidsrekening **3** *(recherche d'un avantage)* berekening *nf;* agir par ~ uit berekening handelen **4** *(stratégie)* berekening *nf;* mauvais ~ misrekening **5** *(méd.)* steen *nm;* ~ rénal niersteen

1**calculateur, -trice** *n* **1** *(qui sait faire des calculs)* rekenaar(ster) *nm (nf)* **2** *(qui combine des projets)* berekenend iemand **3** *(m. ou f.) (machine)* rekenmachine *nf;* calculatrice (de poche) zakrekenmachine

2**calculateur, -trice** *adj* berekenend

calculé, -ée *adj* **1** *(compté)* berekend **2** *(intéressé)* berekenend

1**calculer** *vi* rekenen; ~ de tête uit het hoofd (be)rekenen

2**calculer** *vt* **1** *(chiffrer)* rekenen **2** *(supputer)* (in)schatten; ~ ses chances zijn kan-

sen berekenen **3** *(peser le pour et le contre)* overwegen
calculette *nf* zakrekenmachientje *het*
cale *nf* **1** *(coin)* steuntje *het* **2** *(d'un navire)* (scheeps)ruim *het* **3** *(plan incliné)* scheepshelling *nf;* **~ sèche** droogdok
calé, -ée *adj* **1** *(fort en)* knap (in); **être ~ en physique** een kei zijn in natuurkunde **2** *(difficile)* ingewikkeld
caleçon *nm* **1** *(sous-vêtement)* onderbroek *de* **2** *(pantalon moulant)* legging *nm*
calembour *nm* woordspeling *nf*
calendes *nf* ♦ **renvoyer aux ~ (grecques)** uitstellen tot sint-juttemis
calendrier *nm* **1** *(objet)* kalender *nm* **2** *(emploi du temps)* (tijd)schema *het,* programma *het*
cale-pied *nm* toeclip *nm*
calepin *nm* zakboekje *het*
[1]**caler** *vi* **1** *(moteur)* afslaan **2** *(personnes)* ↑ het opgeven
[2]**caler** *vt* **1** *(stabiliser)* rechtzetten **2** *(appuyer)* laten leunen (tegen), neerleggen (tegen); **~ sa tête sur un oreiller** met z'n hoofd tegen een kussen leunen **3** *(f.B.) (jeter)* gooien; **se caler** *vpr (s'installer confortablement)* op z'n gemak gaan zitten
calfeutrer *vt* tochtvrij maken
calibre *nm* **1** *(diamètre intérieur)* kaliber *het (d'armes à feu),* binnendiameter *nm (d'un tuyau)* **2** *(grosseur)* grootte *nf* **3** *(acabit)* kaliber *het;* **être du même ~** aan elkaar gewaagd zijn
califourchon ♦ *(adv.)* **à ~** schrijlings
câlin, -ine *adj* **1** *(cajoleur)* aanhal(er)ig **2** *(caressant)* liefkozend; **un ~** een liefkozing, streling; **faire un ~ à qqn** iemand liefkozen
câliner *vt* liefkozen, aanhalen
câlinerie *nf* liefkozing *nf*
calleux, -euse *adj* eeltig
calligraphie *nf* (het) schoonschrijven, kalligrafie *nf*
calmant, -ante *adj* kalmerend; **le ~** het kalmeringsmiddel
calmar *nm* inktvis *nm*
[1]**calme** *nm* **1** *(choses)* rust *de;* **travailler dans le ~** ongestoord werken **2** *(personnes)* rust *de;* **garder son ~** kalm blijven; **du ~ !** rustig maar! **3** *(accalmie)* windstilte *nf;* **~ plat** volkomen windstilte
[2]**calme** *adj* kalm, rustig
calmer *vt* **1** *(apaiser)* kalmeren, tot rust brengen; **~ les soupçons de qqn** iemands achterdocht wegnemen; **je vais te ~ !** ik zal je mores leren! **2** *(soulager)* stillen; **se calmer** *vpr* **1** *(s'apaiser)* kalmeren, bedaren; **calme-toi !** rustig maar! **2** *(diminuer)* afnemen, verminderen; **le vent se calme** de wind gaat liggen
[1]**calmos** *adv (fam.)* relaxed, chill
[2]**calmos** *interj (fam.)* bedaar, relax, chill
calomnie *nf* laster *nm,* lastertaal *de*
calomnier *vt* kwaadspreken van, (be)lasteren
calomnieux, -euse *adj* lasterlijk
calorie *nf* calorie *nf;* **riche en calories** calorierijk
calorifique *adj* warmte-, warmte gevend
calotte *nf* **1** *(bonnet)* kalotje *het* **2** *(claque)* opduvel *nm*
calque *nm* **1** *(copie)* overgetrokken tekening *nf* **2** *(papier)* overtrekpapier *het* **3** *(imitation)* nabootsing *nf*
calquer *vt* **1** *(décalquer)* overtrekken **2** *(imiter)* (slaafs) nabootsen
calumet *nm* vredespijp *de;* **fumer le ~ de la paix** de vredespijp roken
calvaire *nm* **1** *(épreuve)* lijdensweg *nm* **2** *(représentation)* kruisweg *nm*
calvitie *nf* kaal(hoofdig)heid *nf*
camarade *n* kameraad *nm (aussi pol.),* makker *nm;* **~ d'école** schoolvriendje
camaraderie *nf* kameraadschap *nf,* vriendschap *nf*
Cambodge *nm* Cambodja *n (sans art.)*
cambodgien, -ienne *adj* Cambodjaans; **le ~** het Cambodjaans; **le, la Cambodgien(ne)** de Cambodjaan(se)
cambouis *nm* (vuile) wagensmeer *het/de (m)*
cambré, -ée *adj* hol; **reins ~s** holle rug
cambrer *vt* krommen; **se cambrer** *vpr* zijn rug rechten
cambriolage *nm* inbraak *de*
cambrioler *vt* inbreken bij, in; **~ une maison** in een huis inbreken; **ils ont été cambriolés** er is bij hen ingebroken; **~ qqn** bij iemand inbreken
cambrioleur, -euse *n* inbreker, inbreekster *nm, nf*
cambrousse *nf* boerenland *het;* **se perdre en pleine ~** in de rimboe verdwalen
cambrure *nf* welving *nf,* holle kromming
came *nf* **1** *(technol.)* nok *de* **2** *(cocaïne)* sneeuw *de* **3** *(stupéfiant)* stuf *het*
camé, -ée *n* junk *nm*
caméléon *nm* kameleon *het/de (m)*
camélia *nm* camelia *de*
camelote *nf* **1** *(pacotille)* rommel *nm* **2** *(marchandise)* spul *het*
caméra *nf* camera *de*
cameraman, caméraman *nm* cameraman *nm*
Cameroun *nm* Kameroen *n (sans art.)*
camerounais, -aise *adj* Kameroens; **le, la Camerounais(e)** de Kameroener, Kameroense
caméscope® *nm* camcorder *nm*
camion *nm* vrachtwagen *nm*
camion-citerne *nm* tankwagen *nm*
camionnette *nf* bestelwagen *nm, (Belg.)* camionette *nf*
camionneur *nm* vrachtwagenbestuurder *nm*
camisole *nf* ♦ **~ de force** dwangbuis
camomille *nf* kamille *de*
camouflage *nm* camouflage *nf*

camoufler *vt* **1** *(concr.)* camoufleren **2** *(abstr.)* verbergen
camp *nm* **1** *(campement)* kamp *het;* **fiche(-moi) le ~ !** hoepel op!; **lever le ~** opbreken **2** *(clan)* kamp *het,* partij *nf*
campagnard, -arde *adj* plattelands, landelijk; **le ~** de plattelander
campagne *nf* **1** *(région rurale)* platteland *het;* **en rase ~** midden in het land; **maison de ~** buitenhuis **2** *(champs)* grond *nm;* **battre la ~** een gebied grondig uitkammen; *(fig.)* raaskallen **3** *(action)* campagne *de;* **~ d'information** voorlichtingscampagne **4** *(expédition)* veldtocht *nm;* **se mettre en ~** te velde trekken; *(fig.)* op weg gaan
campement *nm* kamp *het*
[1]**camper** *vi* kamperen
[2]**camper** *vt* **1** *(poser; décrire)* stevig neerzetten **2** *(cantonner)* in een kamp onderbrengen; **se camper** *vpr (se poser)* zelfverzekerd gaan staan; **se ~ devant qqn** pal voor iemand gaan staan
campeur, -euse *n* kampeerder, kampeerster *nm, nf*
camphre *nm* kamfer *nm*
camping *nm* **1** *(activité)* (het) kamperen; **faire du ~** kamperen; **matériel de ~** kampeerbenodigdheden **2** *(terrain)* camping *nm*
camping-car *nm* camper *de,* mobilhome *nm (n.B.)*
camping-gaz *nm* kampeergasstel *het*
campus *nm* campus *nm*
Canada *nm* Canada *n (sans art.)*
canadien, -ienne *adj* Canadees; **la ~ne** *(veste)* het pelsjagersjack; *(canot)* de Canadese kano; *(tente)* het tweepersoonstentje; **le Canadien français** de Franssprekende Canadees; **le, la Canadien(ne)** de Canadees, Canadese
canaille *nf* **1** *(crapule)* smeerlap *nm, (Belg.)* crapuul *het* **2** *(enfant espiègle)* boef *nm*
canal *nm* **1** *(cours d'eau artificiel)* kanaal *het, (au centre-ville)* gracht *de, (dans un polder)* vaart *de* **2** *(détroit)* (zee)straat *de* **3** *(conduit; biol.; média)* kanaal *het* ♦ **par le ~ de** via
canalisation *nf* **1** *(action)* kanalisering *nf* **2** *(tuyau)* leiding *nf*
canaliser *vt* **1** *(rendre navigable)* kanaliseren, bevaarbaar maken **2** *(sillonner de canaux)* van kanalen voorzien **3** *(diriger)* in banen leiden
canapé *nm* **1** *(long siège)* bank *de* **2** *(sandwich)* canapé *nm*
canard *nm* **1** *(oiseau)* eend *de;* **marcher comme un ~** waggelen **2** *(mâle de l'oiseau)* woerd *nm* **3** *(journal)* krantje *het* **4** *(fausse note)* ↑ valse noot *de* **5** *(fausse nouvelle)* leugenbericht *het, (Belg.)* kwakkel *de*
canari *nm* kanarie *nm*
cancan *nm* lasterpraatje *het,* geroddel *het*
cancer *nm* kanker *nm*
Cancer *nm* Kreeft *de;* **il est ~** hij is een Kreeft
cancéreux, -euse *adj* kanker-; **le ~, la cancéreuse** de kankerpatiënt(e)
cancérogène *adj* kankerverwekkend
cancre *nm* ↑ luie, slechte leerling *nm*
candélabre *nm* kandelaber *nm*
candeur *nf* argeloosheid *nf*
candi *adj* kandij-; **sucre ~** kandijsuiker
candidat, -ate *n* **1** *(à un poste, à un titre)* kandi|daat, -date *nm, nf;* **se porter ~ (à)** zich kandidaat stellen (voor), *(Belg.)* opkomen **2** *(à un emploi, à une reprise)* gegadigde *nm,* sollicitant *nm*
candidature *nf* kandidatuur *nf; (f.B.; enseign.)* **être en première ~** in eerste kandidatuur zitten *(n.B.);* **poser sa ~ (à)** zich kandidaat stellen (voor)
candide *adj* argeloos
cane *nf* (wijfjes)eend *nf*
caneton *nm* eendenkuiken *het*
canette *nf* **1** *(boîte (de bière))* (bier)blikje *het* **2** *(bobine)* spoeltje *het*
canevas *nm* stramien *het (aussi au fig.)*
caniche *nm* poedel *nm*
canicule *nf* **1** *(époque de l'année)* hondsdagen *plur* **2** *(forte chaleur)* hitte *nf*
canif *nm* zakmes *het*
canin, -ine *adj* honden-
canine *nf* hoektand *nm*
caniveau *nm* goot *de*
canne *nf* **1** *(bot.)* riet *het;* **~ à sucre** suikerriet **2** *(bâton)* (wandel)stok *nm;* **~ blanche (d'aveugle)** blindenstok **3** *(pour la pêche)* hengel *nm;* **~ à pêche** vishengel
cannelle *nf* kaneel *het/de (m)*
cannibale *n* kannibaal *nm,* menseneter *nm;* **sauvage ~** mensenetende wilde
cannibalisme *nm* kannibalisme *het*
canoë *nm* kano *nm;* **faire du ~** kanovaren, kanoën
canon *nm* **1** *(arme)* kanon *het* **2** *(d'une arme à feu)* loop *nm* **3** *(relig., mus.)* canon *nm* **4** *(norme)* norm *de,* regel *nm*
cañon *nm* cañon *nm*
canoniser *vt* heilig verklaren
canot *nm* bootje *het;* **~ automobile** motorbootje; **~ pneumatique** opblaasboot; **~ de sauvetage** reddingsboot, reddingssloep
cantatrice *nf* zangeres *nf*
cantine *nf* kantine *nf*
cantique *nm* kerkzang *nm*
canton *nm* kanton *het*
cantonade *nf* ♦ **dire qqch à la ~** iets tegen niemand in het bijzonder zeggen
cantonnement *nm* **1** *(de troupes)* legering *nf* **2** *(chez l'habitant)* inkwartiering *nf* **3** *(lieu)* legerkamp *het*
cantonner *vt* **1** *(établir qqp)* legeren, inkwartieren *(chez l'habitant)* **2** *(confiner dans)* opsluiten (in); **se cantonner** *vpr* **1** *(se retirer)* zich afzonderen **2** *(+ dans) (se limiter)* zich beperken (tot)
canular *nm* grap *de*

caoutchouc *nm* 1 *(substance)* rubber *het/de (m)*; ~ **mousse®** schuimrubber 2 *(élastique)* elastiekje *het* 3 *(bot.)* ficus *nm*
cap *nm* 1 *(géo.)* kaap *de* 2 *(étape importante)* mijlpaal *nm*; **avoir passé le ~ de l'examen** het examen achter zich hebben liggen 3 *(limite)* grens *de*; **elle a passé le ~ de la cinquantaine** zij is over de vijftig 4 *(mar., aviat.)* koers *nm*; **changer de ~** van richting veranderen; **maintenir, tenir le cap** niet van koers veranderen; **mettre le ~ sur** de steven wenden naar
capable *adj* 1 *(+ de) (en état de)* in staat (tot); **elle est ~ de tout** zij is tot alles in staat 2 *(compétent)* bekwaam 3 *(+ de) (jur.)* bevoegd (tot) ♦ **il est ~ de réussir** hij kan slagen
capacité *nf* 1 *(contenance)* capaciteit *nf* 2 *(compétence)* bekwaamheid *nf*
cape *nf* cape *de*; **rire sous ~** in zijn vuistje lachen
capharnaüm *nm* bende *de*
capillaire *adj* 1 *(relatif aux cheveux)* haar- 2 *(phys., biol.)* capillair, haar-
capitaine *nm* 1 *(officier de l'armée, de la marine)* kapitein *nm*; **le ~ des pompiers** de brandweercommandant 2 *(commandant militaire)* veldheer *nm* 3 *(sports)* aanvoerder *nm*
1**capital** *nm* kapitaal *het*; **un riche ~ artistique** een schat aan artistiek talent; **entamer, manger son ~** op zijn kapitaal interen; **le ~** de bezittende klasse
2**capital, -ale** *adj* belangrijkst, voornaamst; **être d'un intérêt ~** van het grootste belang zijn ♦ **peine ~e** doodstraf; **il est ~ que** het is van het grootste belang dat
capitale *nf* 1 *(ville)* hoofdstad *de* 2 *(majuscule)* hoofdletter *de*
1**capitaliser** *vi* kapitaal vormen
2**capitaliser** *vt* 1 *(transformer en capital)* kapitaliseren 2 *(accumuler)* opsparen
capitalisme *nm* kapitalisme *het*
capitaliste *adj* kapitalistisch; **le ~** de kapitalist
capiteux, -euse *adj* 1 *(vin)* koppig 2 *(grisant)* bedwelmend
capitonner *vt* capitonneren
capitulation *nf* 1 *(reddition)* capitulatie *nf* 2 *(fait de céder)* (het) toegeven
capituler *vi (aussi au fig.)* capituleren
caporal *nm* korporaal *nm*
capot *nm* motorkap *de*
capote *nf* 1 *(manteau)* mantel *nm* met capuchon 2 *(d'un véhicule)* kap *de* ♦ **~ anglaise** kapotje
capoter *vi* 1 *(mar.)* kapseizen, omslaan 2 *(voiture, avion)* over de kop slaan 3 *(faire faillite)* over de kop gaan
câpre *nf* kappertje *het*
caprice *nm* 1 *(inconstance)* gril *de* 2 *(plur.) (changements)* spelingen *plur* 3 *(désir passager)* nuk *de*; **enfant qui fait des ~s** kind met kuren
capricieux, -ieuse *adj* 1 *(changeant)* grillig, wispelturig; **un ~, une capricieuse** een wispelturig persoon 2 *(irrégulier)* onregelmatig, onbestendig *(temps)*
Capricorne *nm* Steenbok *nm*; **il est ~** hij is een Steenbok
capsule *nf* 1 *(bouchon)* dop *nm* 2 *(pharm.)* capsule *de* 3 *(astronaut.)* ruimtecapsule *de*
capter *vt* 1 *(recueillir)* opvangen, *(Belg.)* capteren; **~ les eaux d'une rivière** het water van een rivier afleiden; **~ une émission** een uitzending oppikken 2 *(obtenir par artifice)* weten te winnen; **~ l'attention de qqn** iemands aandacht weten te winnen
capteur *nm* ♦ **~ solaire)** zonnecollector
captif, -ive *adj* 1 *(prisonnier)* (krijgs)gevangen; **le ~, la captive** de (krijgs)gevangene 2 *(d'un animal)* gevangen
captiver *vt* boeien
captivité *nf* (krijgs)gevangenschap *nf*
capture *nf* 1 *(action)* (het) gevangennemen 2 *(butin)* buit *nm*
capturer *vt* 1 *(qqn)* gevangennemen 2 *(animaux)* vangen
capuche *nf* kapje *het*
capuchon *nm* 1 *(bonnet)* capuchon *nm*, kap *de (d'un manteau)* 2 *(bouchon)* dop *nm (d'un stylo, d'un tube, etc.)*
capucine *nf (bot.)* Oost-Indische kers *de*
caqueter *vi* 1 *(glousser)* kakelen 2 *(jacasser)* kletsen
1**car** *nm* bus *nm*; **~ de ramassage scolaire** schoolbus
2**car** *conj* want
carabine *nf* buks *de*, karabijn *de*; **~ à air comprimé** windbuks; **tirer à la ~** buksschieten
carabiné, -ée *adj* fiks
caractère *nm* 1 *(personnalité)* karakter *het*, aard *nm*; **avoir du ~** karakter hebben; **avoir (un) bon ~** een goed karakter hebben; **manquer de ~** karakterloos zijn; **avoir (un) mauvais ~** moeilijk zijn 2 *(caractéristique)* eigenschap *nf* 3 *(d'imprimerie)* letter *de*, lettertype *het*; **en gros ~s** in hoofdletters; **~s d'imprimerie** drukletters
caractériel, -elle *adj* 1 *(du caractère)* karakter- 2 *(inadapté)* moeilijk opvoedbaar; **le, la ~(le)** het moeilijk opvoedbare kind
caractériser *vt (définir (qqn))* karakteriseren; **se caractériser (par)** *vpr* gekenmerkt worden (door)
caractéristique *adj* kenmerkend (voor), karakteristiek (voor); **la ~** het kenmerk, kenteken
carafe *nf* karaf *de*; **du vin en ~** open wijn
carambolage *nm* (ketting)botsing *nf*
caramel *nm* karamel *de*
carapace *nf* 1 *(zool.)* schild *het*, pantser *het* 2 *(armure)* pantser *het (aussi au fig.)*
carat *nm* karaat *het*
caravane *nf* 1 *(convoi)* karavaan *de* 2 *(groupe)* groep *de* 3 *(roulotte)* caravan *nm*

caravaning *nm* caravanning *de*

carbone *nm* 1 *(chim.)* koolstof *de* 2 *(papier)* carbon(papier) *de (het)* 3 *(dioxyde)* CO_2 *het*, koolstof *het/de*; **émissions de ~** CO_2-uitstoot

carboniser *vt* 1 *(indus.)* verkolen 2 *(brûler complètement)* (geheel) verbranden

carburant *nm* brandstof *de*

carburateur *nm* carburateur *nm*

carcasse *nf* 1 *(squelette d'un animal)* geraamte *het*, skelet *het* 2 *(charpente)* geraamte *het*

carcéral, -ale *adj* gevangenis-

cardiaque *adj* hart-; **crise ~** hartaanval; **le, la ~** de hartpatiënt(e)

cardigan *nm* (gebreid) vest *het*

[1]**cardinal** *nm* kardinaal *nm*

[2]**cardinal, -ale** *adj* voornaamste, hoofd-

cardiologie *nf* cardiologie *nf*

cardiologue *n* hartspecialist(e) *nm (nf)*, cardioloog *nm*

carême *nm* 1 *(période)* vasten(tijd) *nm* 2 *(jeûne)* (het) vasten

carence *nf* 1 (het) tekortschieten; **la ~ du pouvoir** de lijdelijkheid van de overheid 2 *(insuffisance, manque)* tekort (aan) *het*, gebrek (aan) *het*

caressant, -ante *adj* 1 *(doux)* liefkozend, strelend 2 *(cajoleur)* aanhalig

caresse *nf* liefkozing *nf*, streling *nf*

caresser *vt* 1 *(effleurer)* liefkozen, strelen, aaien 2 *(entretenir)* koesteren; **~ un espoir** hoop koesteren

cargaison *nf* 1 *(chargement)* lading *nf* 2 *(grande quantité)* stoot *nm*

cargo *nm* vrachtschip *het*

cari *nm* 1 *(assaisonnement)* kerrie *nm* 2 curry *de*

caricatural, -ale *adj* 1 *(comique)* karikatuurachtig 2 *(chargé)* karikaturaal

caricature *nf* 1 *(dessin)* karikatuur *nf* 2 *(parodie, personne laide)* karikatuur *nf*; **~ de procès** schijnproces

caricaturer *vt* 1 *(dessiner)* een karikatuur maken van 2 *(charger)* belachelijk maken

carie *nf* cariës *de*, tandbederf *het*

carié, -ée *adj* aangetast door cariës; **dent ~e** rotte kies

carillon *nm* 1 *(ensemble de cloches)* carillon *het/de (m)*, klokkenspel *het* 2 *(système de sonnerie)* slagwerk *het*

caritatif, -ive *adj* 1 *(qui porte secours)* charitatief 2 *(relig.)* van naastenliefde

carlingue *nf* cabine *nf*

carmin *nm* karmijn(rood) *het*

carnage *nm* bloedbad *het*, slachting *nf*

carnassier, -ière *adj* roof-, vleesetend; **le ~** het roofdier

carnaval *nm* carnaval *het*

carnet *nm* 1 *(agenda)* (zak)boekje *het*; **~ de bord** dagboekje 2 *(feuilles détachables)* blok *het*; **~ de chèques** chequeboekje; **~ de métro** boekje met metrokaartjes

carnivore *adj* vleesetend; **le ~** het roofdier

carotide *nf* hoofdslagader *de*

carotte *nf* worteltje *het*, peen *de*

carpe *nf* karper *nm*; **rester muet comme une ~** geen mond open doen

carpette *nf (tapis)* (vloer)kleedje *het*

[1]**carré** *nm* 1 *(quadrilatère)* vierkant *het* 2 *(surface rappelant le carré)* vierkant oppervlak *het* 3 *(math.)* kwadraat *het*; **élever au ~** in het kwadraat verheffen 4 *(d'un jardin)* tuinbed *het*

[2]**carré, -ée** *adj* 1 *(qui forme un quadrilatère)* vierkant; **mètre ~** vierkante meter; **racine ~e** vierkantswortel 2 *(robuste)* hoekig; **aux épaules ~es** breedgeschouderd 3 duidelijk; **être ~ en affaires** eerlijk in zaken zijn

carreau *nm* 1 *(vitre)* (venster)ruit *de* 2 *(dalle)* (vloer)tegel *nm* 3 *(carrelage)* stenen vloer *nm*; **rester sur le ~** *(être tué ou très blessé)* voor dood blijven liggen; *(être abandonné)* achtergelaten worden 4 *(petit carré)* ruit *de*, *(jeux de cartes)* ruiten *de*; **à ~x** geruit, geblokt; **papier à ~x** ruitjespapier ♦ **se tenir à ~** op zijn hoede zijn

carrefour *nm* 1 *(croisement)* kruispunt *het* 2 *(choix important)* belangrijk keuzemoment *het*; **se trouver à un ~** voor een moeilijke beslissing staan

carrelage *nm* tegelvloer *nm*

carreler *vt* 1 *(paver)* betegelen 2 *(quadriller)* ruiten tekenen op

carrément *adv* 1 *(sans détours)* ronduit, zonder omwegen 2 *(complètement)* beslist

carrière *nf* 1 *(profession)* loopbaan *de*, carrière *de*; **embrasser une ~** een loopbaan kiezen; **militaire de ~** beroepsmilitair 2 *(lieu d'extraction)* steengroeve *de (pierre)*, zandafgraving *nf (sable)*

carrossable *adj* (voor voertuigen) begaanbaar, berijdbaar; **route ~** rijweg

carrosse *nm* koets *de*

carrosserie *nf* carrosserie *nf*

carrure *nf* 1 *(largeur du dos)* schouderbreedte *nf* 2 *(envergure)* kaliber *het*

cartable *nm* schooltas *de*

carte *nf* 1 *(carton; document; inform.)* kaart *de*; **~ bancaire, CB** bankpasje, pinpas, *(Belg.)* bankkaart; **~ bleue®** ± creditcard; **~ de crédit** creditcard; **donner ~ blanche à qqn** iemand de vrije hand geven; **~ d'étudiant** collegekaart, studentenkaart *(n.B.)*; **~ grise** kentekenbewijs deel II, inschrijvingsbewijs *(Belg.n.)*; **~ d'identité** persoonsbewijs, identiteitskaart; **laisser sa ~** zijn visitekaartje afgeven; **~ de membre** lidmaatschapskaart; **~ postale** briefkaart, prentbriefkaart, postkaart; **~ à puce(s)** chipkaart, chipknip; **~ de séjour** verblijfsvergunning; **~ de téléphone** telefoonkaart, *(Belg.)* telekaart; **~ (de visite)** visitekaartje; **~ de vœux** wenskaart; *(f.B.)* **~ de zone** zonekaart, Z-kaart *(n.B.)* 2 *(carte à jouer)* (speel)kaart *de*; **battre, mélanger les ~s** de kaarten schudden; **brouiller les ~s** een rookgordijn aanleggen; **couper les ~s** couperen; **jouer aux ~s** kaarten; **jouer ~s sur table** open kaart spelen; **jouer sa dernière ~** zijn laatste troef uitspelen; **partie de ~** spelletje kaart; **tirer les ~s à qqn** iemand de kaart leggen; **avoir plus d'une ~ dans son jeu** meer dan één pijl op zijn boog hebben **3** *(géo.)* landkaart *de;* **~ routière** wegenkaart **4** *(menu)* spijskaart *de;* **à la ~** naar keuze, à la carte

cartésien, -ienne *adj* **1** *(relatif à Descartes)* cartesiaans **2** *(rationnel)* rationeel

cartilage *nm* kraakbeen *het*

carton *nm* **1** *(matière)* karton *het* **2** *(boîte)* (kartonnen) doos *de;* **~ à dessin** tekenmap; **~ de lait** pak melk **3** *(cible)* schietschijf *de;* **faire un ~** op een schijf schieten; *(fig.)* een klapper maken ♦ *(sports)* **~ jaune, rouge** gele, rode kaart; **recevoir un ~** een uitnodiging ontvangen

carton-pâte *nm* papier-maché *het;* **en ~** bordpapieren; *(fig.)* gekunsteld

cartouche *nf* **1** *(d'armes à feu)* (geweer)patroon *de* **2** *(recharge)* patroon *de,* vulling *nf* **3** *(de cigarettes)* slof *nm*

cas *nm* **1** *(circonstance)* geval *het,* kwestie *nf;* **au ~ où** ingeval; **le ~ échéant** in voorkomende gevallen; **en ~ de** in geval van; **en tout ~** in elk geval; **en ~ de besoin** als 't nodig is; **c'est son ~ aussi** dat is met hem ook het geval; **c'est le ~ ou jamais** nu of nooit; **c'est (bien) le ~ de le dire** zeg dat wel; **faire ~ de qqch** iets belangrijk vinden; **selon le ~** naar omstandigheid; **~ social** maatschappelijk probleemgeval **2** *(jur.)* zaak *de* **3** *(méd.)* (ziekte)geval *het* **4** *(difficulté d'ordre moral)* kwestie *nf;* **~ de conscience** gewetenszaak **5** *(désinence)* naamval *nm*

casanier, -ière *adj* huiselijk

cascade *nf* **1** *(chute d'eau)* waterval *nm* **2** *(série)* stroom *nm* **3** *(au cinéma, etc.)* stunt *nm*

cascadeur, -euse *n* stunt|man, -vrouw *nm, nf*

case *nf* **1** *(compartiment)* hokje *het,* vakje *het* **2** *(d'un échiquier, d'un damier, etc.)* veld *het* **3** *(hutte)* hut *de* ♦ **avoir une ~ en moins** niet goed snik zijn

caser *vt* **1** *(placer)* ↑ plaatsen **2** *(marier)* uithuwelijken **3** *(loger)* ↑ onderdak brengen **4** *(trouver un emploi à)* ↑ onder de pannen brengen; **se caser** *vpr* **1** *(se placer)* ↑ een plaats vinden, zich installeren **2** *(se marier)* trouwen

caserne *nf* kazerne *de*

cash *adv* cash

casher *adj* koosjer

casier *nm* **1** *(case)* (post)vak(je) *het* **2** *(meuble à compartiments)* vak(ken)kast *de;* **~ à bouteilles** flessenrek; **~ à disques** platenrek **3** *(fichier)* register *het;* **~ fiscal** (belasting)kohier; **~ judiciaire** *(fichier)* strafregister; *(fiche de qqn)* strafblad

casino *nm* casino *het*

casque *nm* **1** *(coiffure)* helm *de;* **~s bleus** blauwhelmen **2** *(séchoir)* (droog)kap *nm* **3** *(écouteurs)* koptelefoon *nm*

casquer *vi* dokken

casquette *nf* pet *de*

cassant, -ante *adj* **1** *(cassable)* breekbaar, broos **2** *(brusque)* bits

cassation *nf* cassatie *nf,* vernietiging *nf;* **cour de ~** hof van cassatie

1casse *nm (cambriolage)* kraak *nm*

2casse *nf* **1** *(action de casser)* breuk *de;* **payer la ~** de (breuk)schade betalen **2** *(bagarre)* vechtpartij *nf;* **il va y avoir de la ~** er zullen wel klappen vallen **3** *(ferraille)* schroot *het;* **mettre une voiture à la ~** een auto naar de sloop brengen

cassé, -ée *adj* **1** *(brisé)* gebroken, stuk **2** *(en mauvais état)* gebroken; **voix ~e** zwakke, schorre stem ♦ **blanc ~** gebroken wit

casse-cou *nm* waaghals *nm*

casse-croûte *nm* hapje *het* (uit het vuistje), boterhammetje *het*

casse-gueule *nm* riskant gedoe *het;* **c'est ~** dat is bloedjelink

casse-noisettes, casse-noix *nm* notenkraker *nm*

casse-pied *n* zeurpiet *nm;* **ce qu'ils sont ~s !** wat een zeurpieten!

1casser *vi* breken, stukgaan

2casser *vt* **1** *(briser)* breken, kapotmaken; **film à tout ~** buitengewone film; **~ le moral à qqn** ↑ iemand ontmoedigen; **ça ne casse rien** ik ben er niet kapot van **2** *(annuler)* nietig verklaren; **se casser** *vpr (se briser)* breken, stukgaan; **ça se casse** dat is breekbaar ♦ **ne pas se ~** zich niet moe maken

casserole *nf* (steel)pan *de*

casse-tête *nm* hersenbreker *nm;* **~ chinois** constructiepuzzel; *(fig.)* hersenbreker

cassette *nf* cassette *de;* **~ vidéo** videocassette

casseur, -euse *n* **1** *(ferrailleur)* sloper *nm* **2** *(vandale)* herrieschopper *nm*

cassis *nm* **1** *(bot.)* zwarte bes *de* **2** *(liqueur)* zwartebessenlikeur *de*

cassure *nf* breuk *de*

castagnettes *nf* castagnetten *plur;* **jouer des ~** met castagnetten klepperen

caste *nf* kaste *de*

castor *nm* **1** *(animal)* bever *de* **2** *(fourrure)* beverbont *het*

castrer *vt* castreren

cataclysme *nm* grote (natuur)ramp *de*

catacombe *nf (plur.)* catacomben *plur*

catalogue *nm* **1** *(liste méthodique)* catalogus *nm* **2** *(inform.)* directory *nm*

cataloguer *vt* **1** *(inscrire)* catalogiseren **2** *(classer)* classificeren; *(péj.)* **~ qqn comme paresseux** iemand als lui doodverven

catalyser *vt* **1** *(chim.)* katalyseren **2** *(déclencher)* als katalysator werken op

catalyseur *nm* katalysator *nm*

catamaran *nm* catamaran *nm*

cataplasme *nm (méd.)* papje *het*
catapulte *nf* katapult *nm*
catapulter *vt* 1 *(lancer)* afschieten 2 *(projeter)* wegslingeren 3 *(promouvoir)* onverwacht wegpromoveren
cataracte *nf* 1 *(chute d'eau)* waterval *nm* 2 *(méd.)* grauwe staar *de*
catastrophe *nf* ramp *de;* ~ aérienne vliegramp; courir à la ~ zijn ondergang tegemoet gaan; en ~ in allerijl
catastrophé, -ée *adj* ↑ terneergeslagen; d'un air ~ ontsteld
catastrophique *adj* rampzalig, catastrofaal
catch *nm* catch(-as-catch-can) *nm*
catcheur, -euse *n* catcher *nm*
catéchisme *nm* catechismus *nm*
catégorie *nf* categorie *nf,* soort *het/de;* ~ sociale sociale groep
catégorique *adj* categorisch, stellig
cathédrale *nf* kathedraal *de,* domkerk *de*
catholicisme *nm* (rooms-)katholicisme *het*
catholique *adj* 1 *(chrétien)* (rooms-)katholiek; un ~ een katholiek 2 *(normal)* zoals het hoort; cette affaire n'est pas très ~ er zit een luchtje aan die zaak
catimini ♦ *(adv.)* en ~ heimelijk
cauchemar *nm* nachtmerrie *de;* c'est mon ~ daar ben ik als de dood voor; faire un ~ een nachtmerrie hebben
cauchemardesque *adj* gruwelijk
causant, -ante *adj* spraakzaam
cause *nf* 1 *(origine)* oorzaak *nf,* reden *de;* à ~ de door, wegens, vanwege; être ~ de, être ~ que er de oorzaak van zijn dat; et pour ~ ! en niet zonder reden!, en terecht!; pour ~ de wegens; pour une ~ sérieuse om een ernstige reden 2 *(procès)* (rechts)zaak *de; (fig.)* être en ~ in het geding zijn; *(fig.)* remettre qqch en ~ terugkomen op iets; mettre qqn, qqch en ~ iemand, iets verantwoordelijk stellen; la ~ est entendue het vonnis is geveld; mettre hors de ~ vrijpleiten 3 *(ensemble des intérêts)* zaak *de;* faire ~ commune avec qqn gemene zaak met iemand maken
[1]**causer** *vi* praten; ~ avec qqn, à qqn met iemand praten; cause toujours, tu m'intéresses klets maar raak, ik trek me er toch niets van aan
[2]**causer** *vt (provoquer)* veroorzaken; ~ des dépenses à qqn iemand op kosten jagen; ~ de la peine à qqn iemand verdriet aandoen
causerie *nf* 1 *(conversation)* praatje *het* 2 *(discours)* praatje *het,* lezing *nf*
causette *nf* praatje *het;* faire la ~ een praatje maken
caustique *adj* bijtend
cautériser *vt* uitbranden
caution *nf* 1 *(garantie)* borg(tocht) *nm,* waarborg(som) *nm;* mettre qqn en liberté sous ~ iemand op borgtocht vrijlaten 2 *(garant)* borg(steller) *nm;* se porter ~ pour qqn voor iemand borg staan ♦ sujet à ~ onbetrouwbaar
cautionner *vt* 1 *(être garant de)* borg staan voor 2 *(approuver)* (onder)steunen
cavalcade *nf* 1 *(défilé)* ruiteroptocht *nm* 2 *(course)* ruiterwedstrijd *nm*
cavale *nf* uitbraak *de;* être en ~ uitgebroken zijn
cavaler *vi* pleite gaan
cavalerie *nf* cavalerie *nf*
[1]**cavalier, -ière** *n* 1 *(écuyer, -ère)* ruiter, amazone *nm, nf,* paardrijd(st)er *nm (nf)* 2 *(partenaire)* heer, dame *nm, nf;* faire ~ seul op eigen houtje handelen 3 *(m.) (échecs)* paard *het*
[2]**cavalier, -ière** *adj* vrijpostig
cave *nf* 1 *(local souterrain)* kelder *nm* 2 *(cellier; vins)* wijnkelder *nm*
caveau *nm* 1 *(sépulture)* grafkelder *nm;* ~ de famille familiegraf 2 *(petite cave)* keldertje *het*
caverne *nf* grot *de,* hol *het;* l'homme des ~s de holenmens
caverneux, -euse *adj* hol(klinkend); voix caverneuse grafstem
caviar *nm* kaviaar *nm*
cavité *nf* holte *nf;* les ~s des yeux de oogkassen
CD *nm* cd *nm*
CD-ROM *nm* cd-rom *nm*
[1]**ce, cet, cette, ces** *adj dém* 1 *(proximité)* deze, dit; cet après-midi vanmiddag; cette femme-ci deze vrouw; un de ces jours één dezer dagen; ces derniers jours de laatste dagen 2 *(éloignement)* die, dat; cet homme-là die man 3 *(exclamation)* wat (een); cette réponse ! wat een antwoord!
[2]**ce, c', ç'** *pron dém* 1 *(sujet; avec être)* het, dat; ~ n'est pas que niet dat; qu'est-~ que c'est ? wat is dat?; c'est lui le coupable híj is de schuldige; c'est une bonne idée dat is een goed idee; c'est à toi de jouer het is jouw beurt; si elle pleure c'est qu'elle est malheureuse als ze huilt komt dat omdat ze ongelukkig is; est-ce toi ? ben jij het?; et ~ en dat; ~ sont eux zij zijn het; sur ~ en met deze woorden 2 *(avec relatif)* (dat) wat; ~ dont on parle dat waarover men spreekt; elle demande ~ que c'est qu'une île zij vraagt wat een eiland is; ~ que (dat) wat; tout ~ que alles wat 3 *(+ que) (exclamation)* wat; ~ que c'est beau ! wat is dat mooi! 4 *(complément d'objet direct)* dat; ~ disant met deze woorden
ceci *pron dém* 1 *(la chose la plus proche)* dit; ~ dit, ... afgezien daarvan ... 2 *(la chose désignée du doigt)* dit hier 3 *(ce qui va suivre)* het volgende
cécité *nf* blindheid *nf*
[1]**céder** *vi* 1 *(+ à) (se soumettre à)* toegeven (aan), zwichten (voor) 2 *(ne plus résister)* bezwijken
[2]**céder** *vt* afstaan (aan); ~ la parole à qqn iemand het woord geven; ~ le passage voorrang geven; ~ son tour à qqn iemand

voor laten gaan ♦ **ne le ~ en rien à qqn** niet voor iemand onderdoen

cedex *nm* ⟨*snelle postbezorgingsdienst voor bedrijven*⟩

cédille *nf* cedille *de*

cèdre *nm* **1** *(arbre)* ceder *nm* **2** *(bois)* cederhout *het*

ceinture *nf* **1** *(bande pour serrer les vêtements)* riem *nm;* **desserrer sa ~** zijn riem een gaatje verzetten; *(judo)* **être ~ noire** de zwarte band hebben; **~ de sécurité** veiligheidsgordel; *(fig.)* **se serrer la ~** de buikriem aanhalen **2** *(partie de vêtement)* band *nm* **3** *(taille)* middel *het* **4** *(ce qui entoure)* omsluiting *nf*

ceinturer *vt* **1** *(entourer de)* omringen (met) **2** *(prendre par la taille)* om het middel vatten

cela *pron dém* dat; **qu'à ~ ne tienne** dat hoeft geen belemmering te zijn; **avec ~** bovendien; **avec ~ ?** anders nog iets?; **comme ~** op die manier; **comment ~ ?** hoe bedoel je?; **il y a quelques mois de ~** enkele maanden daarvoor

célébration *nf* **1** *(action de célébrer (une fête))* viering *nf* **2** *(de la messe)* celebratie *nf,* (het) opdragen ♦ **~ d'un mariage** huwelijksinzegening

célèbre *adj* beroemd (om)

célébrer *vt* **1** *(une fête)* vieren **2** *(commémorer)* plechtig herdenken **3** *(un mariage)* voltrekken **4** *(la messe)* opdragen

célébrité *nf* beroemdheid *nf*

céleri *nm* selderie *nm;* **~ en branches** bleekselderij; **~ rave** knolselderij, *(Belg.)* knolselder

céleste *adj* **1** *(cosmique)* hemel- **2** *(divin; surnaturel)* hemels

célibat *nm* celibaat *het,* ongehuwde staat *nm*

célibataire *n* ongehuwde *nm,* vrijgezel *nm;* **~ endurci** verstokte vrijgezel

cellier *nm* provisiekast *de*

cellophane® *nf* cellofaan *het*

cellulaire *adj* **1** *(biol.)* cel- **2** *(pénitentiaire)* cel-, celstraf-; **régime ~** (stelsel van) celstraf

cellule *nf* cel *de;* **~ familiale** gezin; **~ photo-électrique** foto-elektrische cel

cellulite *nf* cellulitis *nf*

celluloïd *nm* celluloid *het*

cellulose *nf* cellulose *de,* celstof *de*

celui, celle, ceux, celles *pron dém* **1** *(suivi de pron. rel.)* degene, datgene; **il fait ~ qui ne sait pas** hij doet alsof hij nergens wat van afweet **2** *(suivi de 'de')* die, dat

celui-ci, celle-ci, ceux-ci, celles-ci *pron dém* deze, dit

celui-là, celle-là, ceux-là, celles-là *pron dém* die, dat; **ah, celle-là est bonne !** ha, dat is een goede mop!

cendre *nf* as *de (uniquement sing.);* **réduire en ~s** in de as leggen

cendré, -ée *adj* askleurig; **cheveux d'un blond ~** asblond haar

cendrier *nm* asbak *nm*

Cendrillon Assepoester

censé, -ée *adj* geacht; **nul n'est ~ ignorer la loi** eenieder wordt geacht de wet te kennen

censeur *nm* **1** *(qui applique la censure)* censor *nm* **2** *(critique)* criticus *nm*

censure *nf* **1** *((service de) contrôle)* censuur *nf* **2** *(psycho.)* (het) verdringen

censurer *vt* **1** *(interdire)* censureren **2** *(critiquer le gouvernement)* een motie van wantrouwen aannemen tegen

cent *adj numér* honderd; **cinquante pour ~** vijftig procent *(suivi d'un verbe au sing.);* **il est ~ pour ~ Français** het is op-en-top een Fransman

centaine *nf* honderdtal *het;* **par ~s** met, bij honderden; **des ~s de personnes** honderden mensen

[1]**centenaire** *nm* eeuwfeest *het;* **le huitième ~ d'une ville** het achthonderdjarig bestaan van een stad

[2]**centenaire** *adj* honderdjarig; **le, la ~** de honderdjarige

centième *adj numér* honderdste

centigramme *nm* centigram *het*

centilitre *nm* centiliter *nm*

centime *nm* eurocent *nm*

centimètre *nm* centimeter *nm*

centrafricain, -aine *adj* Centraal-Afrikaans; **la République ~e** de Centraal-Afrikaanse Republiek; **le, la Centrafricain(e)** de Centraal-Afrikaan(se)

[1]**central** *nm* telefooncentrale *de*

[2]**central, -ale** *adj* centraal, hoofd-; **l'Europe ~e** Midden-Europa; **problème ~** kernprobleem; **quartier ~** centraal gelegen wijk

centrale *nf* **1** *(usine)* (elektriciteits)centrale *de;* **~ nucléaire** kerncentrale **2** *(confédération)* vakcentrale *de*

centraliser *vt* centraliseren

centre *nm* **1** *(milieu)* centrum *het,* midden *het;* **~ d'accueil** opvangcentrum; **~ des affaires** zakenwijk; **~ d'apprentissage** vormingscentrum; **~ d'attraction** aantrekkingspunt; **au ~** in het midden; **~ commercial** winkelcentrum; **~ culturel** cultureel centrum; **en plein ~** midden in het centrum; **~ de gravité** zwaartepunt; **voilà ses seuls ~s d'intérêt** dat zijn zijn, haar enige interesses **2** *(sports)* midvoor *nm*

centre-avant *nm* midvoor *nm*

centrer *vt* **1** *(mettre au centre)* centreren **2** *(axer sur)* richten (op) **3** *(sports)* voorzetten

centre-ville *nm* (stads)centrum *het*

centrifuge *adj* middelpuntvliedend, centrifugaal

centrifugeuse *nf* **1** *(linge)* centrifuge *de* **2** *(jus de fruits)* elektrische sapcentrifuge *de*

centuple *adj* honderdvoudig; **au ~** honderdvoudig; **le ~** het honderdvoud

cep *nm* wijnstok *nm*

cèpe *nm* eekhoorntjesbrood *het*

cependant *adv* echter, toch
céramique *nf* **1** *(technique)* keramiek *nf;* l'industrie ~ de keramische industrie **2** *(produit)* keramisch product *het;* carreaux de ~ aardewerken tegels
cerceau *nm* hoepel *nm*
cercle *nm* **1** *(disque)* cirkel *nm;* décrire un ~ een cirkel beschrijven; en ~ in een kring, in het rond **2** *(domaine; club)* kring *nm;* former un ~ autour de qqn iemand omringen **3** *(anneau)* ring *nm,* hoepel *nm (d'un tonneau)* ♦ ~ vicieux vicieuze cirkel
cercueil *nm* doodkist *de*
céréale *nf* **1** *(plante)* graangewas *het* **2** *(plur.) (flocons)* tarwevlokken *plur, (au petit-déjeuner)* ontbijtgranen *plur*
cérébral, -ale *adj* **1** *(intellectuel)* intellectueel **2** *(biol.)* hersen-
cérémonial *nm* ceremonieel *het*
cérémonie *nf* **1** *(évènement solennel)* ceremonie *nf,* plechtigheid *nf* **2** *(componction)* plichtpleging *nf;* sans ~ simpel
cérémonieux, -euse *adj* **1** *(solennel)* plechtig **2** *(affecté)* vormelijk
cerf *nm* (edel)hert *het*
cerfeuil *nm* kervel *nm*
cerf-volant *nm* vlieger *nm;* lancer un ~ een vlieger oplaten
cerise *nf* kers *de*
cerisier *nm* **1** *(arbre)* kersenboom *nm* **2** *(bois)* kersenhout *het, (Belg.)* kerselaar *nm*
cerne *nm* kring *nm*
cerné, -ée *adj* ♦ avoir les yeux ~s kringen onder de ogen hebben
cerner *vt* **1** *(entourer)* omringen **2** *(entourer de troupes)* omsingelen
certain *adj* **1** *(sûr)* zeker, vast; un homme d'un âge ~ een man op gevorderde leeftijd; il est ~ que het staat vast dat; preuve ~e doorslaand bewijs; je suis ~ que ik weet zeker dat **2** *(difficile à évaluer)* bepaald, zeker, *(plur.)* sommige; un ~ M. X een zekere mijnheer X; un ~ nombre de personnes een aantal mensen; ~es personnes sommige mensen, sommigen
certainement *adv* (vast en) zeker, ongetwijfeld; ~ ! natuurlijk!
certains, -es *pron indéf* sommigen; certaines de ses amies sommige van zijn, haar vriendinnen; ~ disent sommigen beweren
certes *adv* (voor)zeker, inderdaad
certificat *nm* getuigschrift *het;* ~ d'arrêt de travail arbeidsongeschiktheidsverklaring; ~ médical geneeskundige verklaring; ~ de travail werkverklaring, werkvergunning
certifier *vt* **1** *(affirmer)* de verzekering geven van, bevestigen; ~ qqch à qqn iemand iets verzekeren **2** *(jur.)* waarborgen; copie certifiée conforme gewaarmerkt conform afschrift
certitude *nf* **1** *(vérité)* zekerheid *nf* **2** *(conviction)* (vaste) overtuiging *nf;* avoir la ~ de qqch van iets overtuigd zijn
cerveau *nm* **1** *(biol.)* hersenen *plur* **2** *(centre)* brein *het;* ~ électronique elektronisch brein
cervelle *nf* **1** *(biol.)* hersens *plur; (fig.)* se creuser la ~ z'n hersens pijnigen; *(fig.)* une ~ de moineau een kip zonder kop **2** *(cuis.)* hersentjes *plur*
cervical, -ale *adj* hals-, nek-
césarienne *nf* keizersnede *de*
cessation *nf* onderbreking *nf,* (het) ophouden; ~ de commerce opheffing
cesse *nf* ♦ sans ~ onophoudelijk, voortdurend; n'avoir de ~ que niet rusten voordat
[1]**cesser** *vi (s'arrêter)* ophouden; faire ~ een einde maken aan; ne pas ~ de faire qqch iets voortdurend doen
[2]**cesser** *vt (arrêter qqch)* ophouden met (iets), staken
cessez-le-feu *nm* staakt-het-vuren *het*
cession *nf* overdracht *de,* afstand *nm*
c'est-à-dire *adv* **1** *(en d'autres termes)* dat wil zeggen **2** *(+ que) (en conséquence)* dus
cf. vgl., (men) vergelijk(e)
chacal *nm (aussi au fig.)* jakhals *nm*
chacun, -une *pron indéf* **1** *(chaque personne individuelle)* ieder, elk; ~ des deux elk van beiden, allebei **2** *(toute personne)* iedereen; tout un ~ eenieder
[1]**chagrin** *nm* verdriet *het;* ~ d'amour liefdesverdriet; avoir du ~ bedroefd zijn; faire du ~ à qqn iemand verdriet doen
[2]**chagrin, -ine** *adj* wrevelig
chagriner *vt* bedroeven, verdrietig maken
chahut *nm* lawaai *het,* herrie *de*
[1]**chahuter** *vi* lawaai maken, keet schoppen
[2]**chahuter** *vt* pesten
chahuteur, -euse *n* herrie|schopper, -schopster *nm, nf;* élève ~ leerling die graag herrie schopt
chaîne *nf* **1** *(suite d'anneaux)* ketting *de,* band *nm;* à la ~ aan de lopende band; ~ de montage lopende band **2** *(géo.)* (berg)keten *de* **3** *(série)* reeks *de, (chim.; télécommunications)* keten *de;* en ~ ketting- **4** *(télévision)* zender *nm,* kanaal *het* **5** *(de magasins)* winkelketen *de* **6** *(plur.) (de neige)* sneeuwkettingen *plur* ♦ faire la ~ een rij vormen; ~ (stéréo) stereo(-installatie)
chaînon *nm* schakel *de;* ~ manquant ontbrekende schakel; *(fig.)* missing link
chair *nf* **1** *(muscles)* vlees *het;* en ~ et en os in levenden lijve; être bien en ~ stevig in zijn vlees zitten **2** *(peau)* huid *de;* ~ de poule kippenvel **3** *(d'un fruit)* vruchtvlees *het*
chaire *nf* **1** *(relig.)* kansel *nm,* preekstoel *nm* **2** *(professorat)* leerstoel *nm*
chaise *nf* stoel *nm;* ~ électrique elektrische stoel; ~ longue ligstoel; ~ roulante rolstoel
châle *nm* omslagdoek *nm*
chalet *nm* chalet *het/de (m),* huisje *het*

chaleur *nf* **1** *(température élevée; cordialité)* warmte *nf* **2** *(température extrêmement élevée)* hitte *nf* **3** *(rut)* loopsheid *nf;* **femelle en ~** loops wijfje; **époque des ~s** bronsttijd **4** *(ardeur)* vuur *het;* **avec ~** vurig

chaleureux, -euse *adj* warm, hartelijk; **être chaleureusement accueilli** een warm onthaal krijgen

chaloupe *nf* sloep *de*

chalumeau *nm* brander *nm*

chalutier *nm* trawler *nm*

chamade *nf* ♦ **battre la ~** bonken

se chamailler *vpr* kibbelen

chambardement *nm* (het) ondersteboven halen; **un grand ~** ↑ een omwenteling

chambouler *vt* in de war gooien

chambre *nf* **1** *(à coucher; pièce)* (slaap)kamer *de;* **~ d'amis** logeerkamer; **~ à coucher** slaapkamer; **faire ~ à part** gescheiden slapen; **~ à deux lits** tweepersoonskamer **2** *(jur., technol.)* kamer *de;* **~ de commerce** Kamer van Koophandel; *(Belg.f.)* **~ du conseil** raadkamer; **Chambre des députés** Kamer van Afgevaardigden *(Belg.n.); (Belg.f.)* **Chambre des Représentants** Kamer van Volksvertegenwoordigers *(Belg.n.)* **3** *(enceinte)* ruimte *nf;* **~ à air** binnenband; **~ forte** kluis, safe; **~ froide** koelruimte; *(phot.)* **~ noire** camera obscura

chameau *nm* kameel *nm*

chamois *nm* **1** *(animal)* gems *de* **2** *(peau)* zeemleer *het;* **une peau de ~** een zeem(lap)

champ *nm* **1** veld *het;* **à travers ~s** dwars door het veld; **en plein ~** in het vrije veld, in de openlucht **2** veld *het;* **~ d'action** actieradius; **le ~ d'application** de toepassingssfeer; **~ d'aviation** vliegterrein; *(aussi au fig.)* **~ de bataille** slagveld; **~ de courses** (paarden)renbaan; **laisser plus de ~ à qqn** iemand meer speelruimte geven; **laisser le ~ libre à qqn** iemand vrij spel geven; **~ magnétique** magnetisch veld

champagne *nm* champagne *nm;* **sabler le ~** champagne drinken

champêtre *adj* landelijk, land-

champignon *nm* **1** *(bot.)* paddenstoel *nm, (moisissure)* schimmel *nm;* **~ de Paris** champignon; **pousser comme un ~** als een paddenstoel uit de grond schieten; **~ atomique** paddenstoelwolk **2** *(accélérateur)* gaspedaal *het/de (m);* **écraser le ~** 'm op zijn staart trappen

champion, -onne *n* **1** *(vainqueur)* kampioen(e) *nm (nf)* **2** *(as)* ster *de;* **c'est ~ !** petje af!

championnat *nm* kampioenschap *het*

chance *nf* **1** *(hasard)* kans *de;* **il faut lui donner sa ~** je moet haar een kans geven; **la ~ a tourné** de kansen zijn gekeerd **2** *(éventualité)* kans *de;* **il y a des ~s** het is waarschijnlijk; **risquer sa ~** een kansje wagen; **mettre toutes les ~s de son côté** niets aan het lot overlaten; **il y a vingt ~s sur cent que** twintig procent kans dat **3** *(veine)* geluk *het;* **avoir de la ~** geluk hebben, boffen; **bonne ~ !** succes!; **par ~** gelukkig; **pas de ~ !** pech gehad!; **porter ~** geluk brengen

chancelier *nm* kanselier *nm*

chancellerie *nf* kanselarij *nf*

chanceux, -euse *adj* gelukkig, fortuinlijk; **être ~** geluk hebben

chandail *nm* trui *de*

chandelier *nm* kandelaar *nm*

chandelle *nf* (vet)kaars *de* ♦ **il lui doit une fière ~** hij mag hem, haar wel dankbaar zijn; **(en) voir trente-six ~s** sterretjes zien

change *nm* **1** *(de monnaies)* (het) wisselen, *(taux)* wisselkoers *nm;* **(bureau de) ~** wisselkantoor **2** *(troc)* ruil *nm;* **gagner au ~** erop vooruit gaan **3** *(f.B.)* *(petite monnaie)* wisselgeld *het,* pasgeld *het (n.B.)* ♦ **donner le ~ à qqn** iemand om de tuin leiden

changeant, -ante *adj* wisselend, veranderlijk; **être d'humeur ~e** een grillig humeur hebben

changement *nm* verandering *nf,* wijziging *nf;* **~ d'adresse** adreswijziging; **aimer le ~** van afwisseling houden; **~ de décor** *(fig.)* plotselinge verandering; **~ en mieux** verandering ten goede; **~ de roue** (het) verwisselen van een band; **sans ~** ongewijzigd; **~ de temps** weersverandering; **~ de vitesse(s)** versnellingsbak

[1]**changer** *vi* **1** *(évoluer)* veranderen, zich wijzigen; **~ en mal** ten kwade veranderen; **pour ~** voor de verandering; **le temps va ~** er is ander weer op komst **2** *(+ de)* *(ne pas garder)* veranderen (van); **~ de place avec qqn** met iemand van plaats ruilen; **~ d'air** er tussenuit gaan; **~ de train** overstappen; **~ de couleur** van kleur verschieten; **~ de vêtement** zich verkleden

[2]**changer** *vt* **1** *(remplacer)* (ver)wisselen, (om)ruilen; **~ de l'argent** geld wisselen; **~ les draps** het bed verschonen; **~ une roue** een band verwisselen **2** *(modifier)* veranderen, wijzigen; **~ les idées à qqn** iemands gedachten verzetten; **~ qqch à qqch d'autre** iets aan iets anders veranderen; **cette coiffure la change beaucoup** zij ziet er heel anders uit met dat kapsel; **~ qqch en** iets veranderen in; **~ qqch en bien** iets ten goede veranderen; **vous n'y changerez rien** daar valt niets aan te doen ♦ **~ un enfant** een kind verschonen; **se changer** *vpr* zich verkleden, zich omkleden ♦ **se ~ en** veranderen in; **se ~ les idées** zijn gedachten verzetten

changeur *nm* geldwisselaar *nm*

chanson *nf* lied *het;* **~ à boire** drinklied; **je connais la ~** dat verhaal ken ik ♦ **c'est toujours la même ~** het is altijd hetzelfde liedje

chant *nm* **1** *(le fait de chanter)* (het) zingen, gezang *het;* **au ~ du coq** bij het kraaien van de haan; le ~ du grillon het gesjirp van de krekel 2 *(air)* lied *het*

chantage *nm* chantage *nf;* faire du ~ à qqn iemand chanteren

[1]**chanter** *vi* 1 *(produire des sons musicaux)* zingen 2 *(cri du coq)* kraaien 3 *(bruit du grillon)* sjirpen ♦ faire ~ qqn iemand chanteren; si ça vous chante als u daar zin in hebt

[2]**chanter** *vt* 1 *(produire une chanson)* zingen; qu'est-ce que tu nous chantes là ? wat vertel je (ons) nou? 2 *(célébrer)* bezingen

chanteur, -euse *n* zanger(es) *nm (nf)*

chantier *nm* 1 *(de construction)* bouwterrein *het; (travaux routiers)* fin de ~ einde werk in uitvoering 2 *(entrepôt)* opslagterrein *het;* ~ de démolition sloperij 3 *(mar.)* scheepshelling *nf;* ~ de construction navale scheepsbouwbedrijf 4 *(désordre)* janboel *nm*

chantilly *nf* slagroom *nm;* crème ~ slagroom

chantonner *vti* neuriën

chanvre *nm* hennep *nm*

chaos *nm* chaos *nm,* wanorde *de*

chaotique *adj* chaotisch

chaparder *vt* gappen

chapeau *nm* 1 *(coiffure; d'un champignon)* hoed *nm;* ~ (bas) ! daar neem ik mijn petje voor af!; enfoncer son ~ z'n hoed diep over zijn ogen trekken; ~ mou slappe vilthoed; faire porter le ~ à qqn iemand de schuld in de schoenen schuiven; démarrer sur les ~x de roue wegscheuren; sortir du ~ uit de hoge hoed komen; tirer son ~ à qqn z'n petje voor iemand afnemen 2 *(protection)* beschermkap *de;* ~ de roue wieldop; prendre un virage sur les ~x de roue door de bocht scheuren

chapelet *nm* 1 *(relig.)* rozenkrans *nm* 2 *(série)* rist *de;* un ~ d'injures een scheldkanonnade

chapelier, -ière *n* hoeden|maker, -maakster *nm, nf*

chapelle *nf* kapel *de;* ~ ardente rouwkapel

chapelure *nf* paneermeel *het*

chaperon *nm* ♦ le petit ~ rouge Roodkapje

chapiteau *nm* circustent *de*

chapitre *nm* 1 *(partie d'un livre)* hoofdstuk *het* 2 *(sujet)* onderwerp *het;* sur ce ~ wat dat betreft

chapon *nm* kapoen *nm*

chaque *adj indéf* 1 *(tout)* elk, ieder; ~ fois que telkens als; ~ trimestre om het kwartaal 2 *(chacun)* per stuk, elk, ieder apart; quinze centimes ~ vijftien cent per stuk

char *nm* 1 *(tank)* tank *nm* 2 *(voiture décorée)* praalwagen *nm* 3 *(voiture romaine)* (strijd)wagen *nm*

charabia *nm* koeterwaals *het*

charade *nf* lettergreepraadsel *het*

charbon *nm* 1 *(combustible)* (steen)kool *de;* ~ de bois houtskool 2 *(morceau de charbon)* (steen)kooltje *het;* être sur des ~s ardents op hete kolen zitten

charcuterie *nf* 1 *(magasin)* varkensslagerij *nf* 2 *(préparations)* vleeswaren *plur*

charcutier, -ière *n* 1 *(commerçant(e))* varkensslager *nm* 2 *(chirurgien)* slager *nm*

chardon *nm* distel *de*

charge *nf* 1 *(chargement)* lading *nf;* ~ utile d'un véhicule nuttig laadvermogen van een voertuig 2 *(obligation)* last *nm;* avoir qqn à ~ voor iemand moeten zorgen; être à la ~ de qqn van iemand afhankelijk zijn; les frais sont à sa ~ de kosten zijn voor zijn, haar rekening; prendre qqn en ~ de zorg voor iemand op zich nemen; ~s sociales sociale lasten 3 *(mission)* opdracht *de,* taak *de;* prendre qqch en ~ zich met iets belasten 4 *(fonction)* ambt *het* 5 *(accusation)* aanklacht *de;* témoin à ~ getuige à charge 6 *(assaut)* charge *de,* bestorming *nf* 7 *(d'armes à feu)* explosieve lading *nf* ♦ à ~ de revanche op voorwaarde van gelijke tegenprestatie

[1]**chargé** *nm* ♦ ~ d'affaires zaakgelastigde; ~ de cours universitair docent

[2]**chargé, -ée** *adj* 1 *(garni d'une charge)* belast, beladen 2 (+ de) *(rempli de)* overladen (met), vol (met) ♦ langue ~e beslagen tong

chargement *nm* 1 *(d'une voiture, d'un navire)* (het) laden 2 *(cargaison)* lading *nf,* vracht *de*

charger *vt* 1 *(effectuer une charge; armer (un fusil))* laden, *(mettre dedans)* inladen 2 (+ de) *(mettre un poids sur; encombrer)* beladen (met); ~ qqn de reproches iemand overstelpen met verwijten 3 (+ de) *(revêtir d'une fonction)* belasten (met); ~ qqn de faire qqch iemand opdragen iets te doen 4 *(déposer contre qqn)* getuigen tegen 5 *(attaquer)* aanvallen 6 *(inform.)* laden; **se charger** *vpr* ♦ se ~ de qqn iemand onder zijn hoede nemen; se ~ de qqch iets op zich nemen

chargeur *nm* 1 *(d'une arme à répétition)* patroonhouder *nm* 2 *(à pellicule)* filmcassette *nf* ♦ ~ (de batterie) oplader; chargeur rapide snellader

chariot *nm* 1 *(charrette)* wagentje *het,* karretje *het;* ~ élévateur vorkheftruck 2 *(d'une machine à écrire)* wagen *nm* 3 *(d'une machine-outil)* slee *de* ♦ le Grand Chariot de Grote Beer

charisme *nm* charisma *het*

charitable *adj* 1 *(bienveillant)* menslievend 2 *(qui a de la charité)* liefdadig

charité *nf* 1 *(secours)* liefdadigheid *nf;* demander la ~ bedelen 2 *(bonté)* menslievendheid *nf;* faire la ~ à qqn de l'écouter zo goed zijn om naar iemand te luisteren

charlatan *nm* kwakzalver *nm*

charmant, -ante *adj* 1 *(agréable)* alleraardigst, leuk 2 *(aimable)* aardig

charme *nm* 1 *(attrait)* bekoring *nf;* faire

du ~ à qqn proberen iemand voor zich in te nemen **2** *(enchantement)* betovering *nf;* **se porter comme un ~** blaken van gezondheid; **être sous le ~ de qqn** in iemands ban zijn **3** *(plur.) (beauté)* schoonheid *nf*

charmer *vt* fascineren, boeien; **être charmé de** het aangenaam vinden om ♦ **~ des serpents** slangen bezweren

charmeur, -euse *adj* innemend; **un grand ~** een groot charmeur ♦ **le ~ de serpents** de slangenbezweerder

charnel, -elle *adj* **1** *(corporel)* lichamelijk **2** *(sensuel)* zinnelijk, vleselijk; **amour ~** vleselijke liefde

charnier *nm* massagraf *het*

charnière *nf* **1** *(attache articulée)* scharnier *het* **2** *(point de jonction)* overgang *nm*

charnu, -ue *adj* vlezig

charogne *nf* kreng *het*

charpente *nf* **1** *(armature)* geraamte *het;* **~ métallique** staalconstructie **2** *(squelette)* beendergestel *het*

charpentier *nm* timmerman *nm*

charpie *nf* ♦ **réduire qqch en ~** iets in kleine stukjes scheuren

charrette *nf* kar *de;* **~ à bras** handkar, *(Belg.)* stootkar

1 **charrier** *vi (exagérer)* ↑ overdrijven

2 **charrier** *vt* **1** *(transporter)* verslepen **2** *(entraîner)* meeslepen **3** *(taquiner)* ↑ op de kast jagen

charrue *nf* ploeg *de;* **mettre la ~ avant les bœufs** het paard achter de wagen spannen

charte *nf* handvest *het*

charter *nm* charter *nm,* chartervliegtuig *het*

chasse *nf* **1** *(poursuite; période)* jacht *de;* **faire la ~** jagen **2** *(terre)* jachtterrein *het;* **~ gardée** privéjachtterrein **3** *(écoulement de l'eau)* (water)spoeling *nf;* **tirer la ~ (d'eau)** (de wc) doortrekken

chasse-neige *nm* **1** *(dispositif)* sneeuwploeg *de* **2** *(véhicule)* sneeuwruimer *nm*

1 **chasser** *vi* **1** *(aller à la chasse)* jagen, op jacht gaan **2** *(déraper)* slippen

2 **chasser** *vt* **1** *(faire fuir)* verjagen; **~ un souvenir de son esprit** een herinnering van zich afzetten **2** *(poursuivre)* jagen op; **aimer ~** van jagen houden; **~ le tigre** op tijgers jagen

3 **chasser** *vb impers (f.B.) (faire un courant d'air)* tochten

1 **chasseur** *nm* **1** *(groom)* chasseur *nm* **2** *(avion)* jager *nm,* jachtvliegtuig *het;* **~ à réaction** straaljager

2 **chasseur, -euse** *n* jager, jaagster *nm, nf;* **~ de têtes** koppensneller, headhunter

châssis *nm* **1** *(cadre)* raam(werk) *het,* lijst *de* **2** *(d'automobile)* chassis *het*

chaste *adj* **1** *(pur)* kuis **2** *(innocent)* onschuldig

chasteté *nf* kuisheid *nf*

chat, chatte *n* **1** *(animal domestique)* kat *de,* poes *de;* **il n'y a pas un ~** er is geen kip te bekennen, *(Belg.)* er is geen kat te bekennen; **appeler un ~ un ~** het beestje bij de naam noemen; **avoir un ~ dans la gorge** een kikker in zijn keel hebben; **avoir d'autres ~s à fouetter** wel wat anders aan z'n hoofd hebben; *(prov)* **~ échaudé craint l'eau froide** een ezel stoot zich geen tweemaal aan dezelfde steen; *(prov)* **quand le ~ n'est pas là, les souris dansent** als de kat van huis is, dansen de muizen op tafel **2** *(jeu de poursuite)* krijgertje *het;* **c'est toi le ~ !** jij bent 'm!

châtaigne *nf* **1** *(fruit)* (tamme) kastanje *de* **2** *(coup de poing)* opdoffer *nm*

châtaignier *nm* **1** *(arbre)* tamme kastanje *nm* **2** *(bois)* kastanjehout *het*

châtain, -aine *adj* kastanjebruin

château *nm* kasteel *het;* **~ de cartes** kaartenhuis; **~ d'eau** watertoren; **~x en Espagne** luchtkastelen; **~ fort** burcht

châtelain, -aine *n* kasteel|heer, -vrouwe *nm, nf*

châtier *vt* **1** *(punir)* tuchtigen **2** *(épurer)* kuisen; **style châtié** verzorgde stijl

châtiment *nm* tuchtiging *nf*

chatoiement *nm* weerschijn *nm*

chaton *nm* poesje *het*

chatouille *nf* gekietel *het (uniquement sing.);* **faire des ~s à qqn** iemand kietelen

chatouillement *nm* **1** *(chatouille)* gekietel *het* **2** *(picotement)* gekriebel *het*

chatouiller *vt* **1** *(faire des chatouilles à)* kietelen **2** *(picoter)* kriebelen

chatouilleux, -euse *adj* **1** *(sensible au chatouillement)* gevoelig voor kietelen **2** *(susceptible)* lichtgeraakt

chatoyer *vi* van kleur veranderen

châtrer *vt* **1** *(émasculer)* castreren **2** *(mutiler)* verminken

chatte *nf* poesje *het,* katje *het*

chatter *vi (inform.)* chatten

chaud, chaude *adj* **1** *(à température élevée; agréable; emballé)* warm; **tenir au ~** warm houden; **avoir ~** het warm hebben; **avoir eu ~** in de rats gezeten hebben; **cela ne me fait ni ~ ni froid** dat laat me koud **2** *(brûlant; sensuel)* heet; *(Belg.f.)* **chaud comme une baraque à frites** zo heet als frituurvet *(fanatique; sensuel)* **3** *(+ tout)* vers; **du pain tout ~** ovenvers brood **4** *(enthousiaste)* warm *(uniquement sing.);* **il n'est pas très ~** hij loopt er niet erg warm voor **5** *(animé)* levendig; **~e discussion** verhitte discussie

chaudement *adv* **1** *(en conservant la chaleur)* warm **2** *(avec enthousiasme)* van harte

chaudière *nm* verwarmingsketel *nm*

chaudron *nm* (kook)ketel *nm*

chauffage *nm* verwarming *nf;* **~ au gaz** gasverwarming; **~ central** centrale verwarming; **mettre le ~** de verwarming aanzetten

chauffard *nm* wegpiraat *nm*

chauffe-eau *nm* geiser *nm, (Belg.)* waterverwarmer *nm*
chauffe-plats *nm* rechaud *het/de (m)*
[1]**chauffer** *vi* **1** *(devenir (trop) chaud)* warm worden; **faire ~** warm maken; **ça va ~** dat wordt menens **2** *(donner de la chaleur)* verwarmen
[2]**chauffer** *vt* **1** *(rendre (plus) chaud)* verwarmen; **~ à blanc** witgloeiend maken **2** *(exciter)* enthousiast maken; **se chauffer** *vpr* **1** *(s'exposer à la chaleur)* zich warmen **2** *(chauffer sa maison)* zijn huis verwarmen **3** *(se mettre en train)* zich opwarmen
chauffeur *nm* chauf|feur, -feuse *nm, nf;* **~s du dimanche** zondagsrijders
chaume *nm* **1** *(champ)* stoppelveld *het* **2** *(toit de paille)* strodak *het*
chaussée *nf* rijweg *nm,* steenweg *nm (n.B.);* **~ déformée** wegdek in slechte staat; **~ glissante** slipgevaar
chausse-pied *nm* schoenlepel *nm*
[1]**chausser** *vi (aller (bien ou mal))* passen
[2]**chausser** *vt* **1** *(chaussures)* aantrekken, aandoen; **~ du 37** schoenmaat 37 hebben **2** *(lunettes)* opzetten; **se chausser** *vpr* zijn schoenen aantrekken
chaussette *nf* sok *de;* **en ~s** op sokken
chausson *nm* **1** *(pantoufle)* slof *nm* **2** *(pour bébés)* babyslofje *het* **3** *(de danse)* schoen *nm* ♦ **~ aux pommes** appelflap
chaussure *nf* schoen *nm;* **trouver ~ à son pied** iets van zijn gading vinden
chauve *adj* kaal(hoofdig); **le ~** de kaalkop
chauve-souris *nf* vleermuis *de*
chauvin, -ine *adj* chauvinistisch; **le ~** de chauvinist
chauvinisme *nm* chauvinisme *het*
chaux *nf* kalk *nm;* **blanchir qqch à la ~** iets witten; **~ vive** ongebluste kalk
chavirer *vi* **1** *(se renverser)* draaien **2** *(couler)* omslaan
chef *nm* **1** *(patron)* hoofd *het;* **~ de bureau** afdelingschef; **en ~** hoofd-; **~ d'entreprise** bedrijfsleider; **~ d'équipe** ploegbaas; *(sports)* aanvoerder, *(Belg.)* kapitein; **~ de l'État** staatshoofd; **~ de famille** gezinshoofd; **~ d'orchestre** dirigent **2** *(cuisinier)* (eerste) kok *nm;* **~ cuisinier** chef-kok **3** *(officier)* commandant *nm;* **~ scout** hopman **4** *(élément)* (hoofd)punt *het;* **~ d'accusation** (hoofd)punt van aanklacht ♦ **~ de file** vleugelman; *(fig.)* leider; **faire qqch de son propre ~** iets uit eigen beweging doen
chef-d'œuvre *nm* meesterwerk *het*
chef-lieu *nm* hoofdplaats *de*
cheftaine *nf* akela *nf*
chelem *nm (sports)* (groot) slem *het/de (m);* **grand ~** groot slem
chemin *nm* **1** *(voie)* weg *nm;* **~ d'accès** *(transp.)* oprit; *(inform.)* pad; **en ~** onderweg; **~ de ronde** weergang, omloop; **~ de traverse** zijweg **2** *(distance)* weg *nm;* **s'arrêter en ~** halverwege ophouden; **faire du ~** goed opschieten **3** *(direction)* weg *nm;* **rebrousser ~** op zijn schreden terugkeren; **sortir du droit ~** van het rechte pad afraken **4** *(moyen)* weg *nm;* **aller son ~** stilletjes zijn gang gaan; **faire son ~** het ver brengen; **montrer le ~ à qqn** iemand de weg wijzen; **ne pas y aller par quatre ~s** recht op zijn doel afgaan ♦ **~ de fer** spoorweg; **les ~s de fer** de spoorwegen; **~ de fer électrique** elektrische trein; **(voyager) en ~ de fer** per trein (reizen)
cheminée *nf* **1** *(d'un feu; en montagne)* schoorsteen *nm, (foyer)* (open) haard *nm* **2** *(conduit cylindrique)* koker *nm*
cheminement *nm* **1** *(marche; progression)* voortgang *nm* **2** *(évolution)* ontwikkeling *nf (d'idées)*
cheminer *vi* **1** *(marcher; progresser)* langzaam vooruitkomen **2** *(évoluer)* zich ontwikkelen
cheminot *nm* spoorwegbeambte *nm*
chemise *nf* **1** *(vêtement)* hemd *het;* **~ d'homme** overhemd **2** *(couverture de dossier)* (dossier)map *de* ♦ **~ de nuit** nachthemd
chemisette *nf* **1** *(pour hommes)* overhemd *het* met korte mouwen **2** *(pour femmes, enfants)* bloesje *het* met korte mouwen
chemisier *nm* bloes *de, (Belg.)* chemisier *nm*
chenal *nm* **1** *(canal)* vaargeul *de* **2** *(courant d'eau vers usine)* waterloop *nm*
chêne *nm* **1** *(arbre)* eik *nm* **2** *(bois)* eikenhout *het*
chenil *nm* kennel *nm*
chenille *nf* **1** *(larve)* rups *de* **2** *(courroie)* rupsband *nm*
cheptel *nm* veestapel *nm*
chèque *nm* cheque *nm;* **~ en blanc** blanco cheque; **~ en bois** ongedekte cheque; **carnet de ~s** chequeboekje; **~ au porteur** cheque aan toonder; **~ postal** girocheque, postcheque, postcheck *(n.B.);* **~ de voyage** reischeque, travellerscheque
chéquier *nm* chequeboekje *het*
cher, chère *adj* **1** *(qui est aimé)* dierbaar, (mijn) beste, (mijn) waarde; **être ~ à qqn** iemand na aan het hart liggen; *(subst.)* **mon ~, ma chère** mijn beste; **ma chère et tendre** mijn geliefde echtgenote, mijn eega **2** *(coûteux)* duur; **coûter ~** duur zijn; **coûter ~ à qqn** iemand veel geld kosten; *(fig.)* iemand duur te staan komen; **ne pas donner ~ de la vie de qqn** geen cent voor iemands leven geven; **pour pas ~** voor een schijntje; **payer ~ qqch** iets duur betalen; *(fig.)* iets duur moeten betalen; **il me le payera ~** dat zal ik hem betaald zetten; **ne pas valoir ~** geen cent waard zijn **3** *(estimé)* best, geacht; **(mon) ~ ami** beste vriend; **mon ~ collègue** waarde collega; **~ Monsieur** *(vocatif)* beste meneer; *(début de lettre)* Geachte Heer
[1]**chercher** *vi* **1** *(tenter de trouver)* zoeken **2** *(essayer)* proberen; **~ à** proberen (om)

te ♦ **ça va ~ dans les mille euros** dat zal in de duizend euro lopen

[2]**chercher** *vt* **1** *(s'efforcer de découvrir, d'obtenir)* (op)zoeken; **~ fortune** (zijn) fortuin zoeken; **~ des histoires à qqn** mot met iemand zoeken; **il l'a cherché, c'est bien fait pour lui !** hij heeft erom gevraagd, net goed!; **qu'allez-vous ~ là ?** wat haalt u zich daar in uw hoofd? **2** *(prendre)* (af)halen **3** *(provoquer)* uit zijn tent lokken; **se chercher** *vpr* **1** *(chercher sa vraie personnalité)* zichzelf proberen te leren kennen **2** *(essayer de se trouver l'un l'autre)* elkaar zoeken

chercheur, -euse *adj* (onder)zoekend; **le ~ d'or** de goudzoeker

chèrement *adv* **1** *(tendrement)* innig; **aimer ~ qqn** iemand teer beminnen **2** *(à un prix élevé)* duur; **vendre ~ sa vie** zijn leven duur verkopen

chéri, -ie *n* **1** *(tendrement aimé(e))* lieveling(e) *nm (nf)*; **enfant ~** (innig) geliefd kind **2** liefje *het (m), het (f)*, lieveling *nm;* **mon ~, ma ~e** liefje

chérir *vt* (innig) liefhebben

cherté *nf* duurte *nf;* **~ de la vie** hoge kosten van levensonderhoud

chétif, -ive *adj* zwak

cheval *nm* **1** paard *het;* **à ~** te paard; **monter à ~** paardrijden; **être à ~ sur les principes** streng aan zijn beginselen vasthouden; **être à ~ sur deux périodes** zich gedeeltelijk over twee periodes uitstrekken; **~ d'arçons** paard; **~ de bataille** stokpaardje; **~ blanc** schimmel; **chevaux de bois** draaimolen; **~ de course** renpaard; **~ pur sang** volbloed(paard); **monter sur un ~** een paard bestijgen; *(fig.)* **monter sur ses grands chevaux** op zijn achterste benen gaan staan **2** *(viande)* paardenvlees *het* **3** *(unité de travail)* paardenkracht *nf;* **~ (vapeur)** paardenkracht

chevaleresque *adj* ridderlijk

chevalerie *nf* ridderschap *het*

chevalet *nm (de peintre)* (schilders)ezel *nm;* **~ de conférence** flip-over

chevalier *nm* ridder *nm*

chevalière *nf* zegelring *nm*

cheval-vapeur *nm* paardenkracht *nf*

chevauchée *nf* **1** *(course)* rit *nm* (te paard) **2** *(cavalcade)* ruiterstoet *nm*

chevaucher *vt* **1** *(être à cheval sur)* (schrijlings) zitten op; **~ un âne** op een ezel rijden **2** *(recouvrir)* gedeeltelijk bedekken; **se chevaucher** *vpr (se recouvrir)* elkaar overlappen

chevelu, -ue *adj* **1** *(garni de cheveux)* behaard; **cuir ~** hoofdhuid **2** *(qui a de longs cheveux)* langharig

chevelure *nf* (hoofd)haar *het*

chevet *nm* **1** *(tête du lit)* hoofdeinde *het* **2** *(lit d'un malade)* (ziek)bed *het;* **être au ~ de qqch** bij iemands bed zitten

cheveu *nm* **1** *(poil sur le crâne)* (hoofd)haar *het/de;* **à un ~ près** op een haartje na; **venir comme un ~ sur la soupe** als een tang op een varken slaan **2** *(sing. ou plur.) (chevelure)* haar *het;* **c'est à s'arracher les ~x** het is om wanhopig van te worden; **~x blancs** grijs haar; **couper les ~x en quatre** muggenziften; **se faire des ~x (blancs)** zich zorgen maken; **c'est tiré par les ~x** dat is er met de haren bij gesleept ♦ **avoir un ~ sur la langue** *(à peu près)* slissen

cheville *nf* **1** *(saillie des os; articulation)* enkel *nm;* **ne pas arriver à la ~ de qqn** niet aan iemand kunnen tippen **2** *(tige)* pen *de*

[1]**chèvre** *nm (fromage)* geitenkaas *nm*

[2]**chèvre** *nf (animal)* geit *de*

chevreau *nm* **1** *(animal)* geitje *het* **2** *(peau)* geitenleer *het*

chèvrefeuille *nm* kamperfoelie *de*

chevreuil *nm* **1** *(cervidé)* ree *de* **2** *(mâle)* reebok *nm*

chevron *nm* **1** *(poutre)* dakspar *de* **2** *(galon)* (mouw)streep *de*

chevronné, -ée *adj* geroutineerd

chevroter *vi (trembler)* beven

chewing-gum *nm* kauwgom *het/de (m)*

chez *prép* **1** *(dans la demeure de)* bij; **aller ~ le boulanger** naar de bakker gaan; **~ soi** thuis; **rentrer ~ soi** naar huis gaan; **être partout ~ soi** zich overal thuis voelen; **faites comme ~ vous** doe alsof u thuis bent **2** *(en la personne de)* bij; **cela n'est rien de spécial ~ lui** dat is bij hem heel gewoon

chez-soi *nm* thuis *het;* **avoir un ~** een thuis hebben

chialer *vi* ↑ janken

chiant, -ante *adj* strontvervelend

[1]**chic** *nm* **1** *(aisance)* handigheid *nf;* **avoir le ~ pour faire qqch** er slag van hebben iets te doen **2** *(élégance)* goede smaak *nm;* **bon ~, bon genre** keurig, deftig

[2]**chic** *adj* **1** *(élégant)* chic **2** *(sympathique)* ↑ sympathiek, vriendelijk

chic! *interj* fijn!; **~ alors !** uit de kunst!

chicane *nf* **1** *(ergoterie)* muggenzifterij *nf* **2** *(querelle)* gekibbel *het;* **chercher ~ à qqn** woorden met iemand zoeken

[1]**chicaner** *vi* muggenziften; **~ sur tout** overal op vitten

[2]**chicaner** *vt (chercher querelle à)* ruziemaken met

chiche *adj* **1** *(+ de) (avare de)* karig (met) **2** *(peu abondant)* mager

chiche! *interj* wedden!; **être ~ de** durven te; **~ que j'ose le faire !** wedden dat ik het durf!

chichement *adv* karig; **vivre ~** op de penning zijn

chichi *nm* (kouwe) drukte *nf;* **faire des ~s** kouwe drukte maken

chicon *nm (f.B.) (endive)* witlo(o)f *het*

chicorée *nf* **1** *(scarole)* krulandijvie *de* **2** *(racine torréfiée; boisson)* cichorei *de*

[1]**chien** *nm* **1** *(animal; injure)* hond *nm;* **~ d'aveugle** blindengeleidehond; **~ de chasse** jachthond; **s'entendre, vivre comme ~ et chat** als kat en hond leven; **~ de garde**

waakhond; **garder à qqn un ~ de sa chienne** nog een appeltje met iemand te schillen hebben; **attention ! ~ méchant !** pas op voor de hond!; **ce n'est pas fait pour les ~s** het is niet voor de ganzen gebrouwen **2** *(allure)* elegantie *nf;* **elle a du ~** zij heeft sexappeal **3** *(d'une arme à feu)* haan *nm;* **en ~ de fusil** met opgetrokken knieën

²chien, chienne *adj* gemeen

chiendent *nm* kweek *de,* kweekgras *het*

chienne *nf* teef *nf (terme d'injure aussi)*

chier *vi* schijten ♦ **faire ~ qqn** iemand zijn neus uitkomen; **ça me fait ~** daaraan heb ik een klerehekel

chiffon *nm* **1** *(morceau de vieille étoffe)* vod *het/de,* lor *het/de* **2** *(morceau de toile)* doek *nm;* **~ à poussière** stofdoek ♦ **parler ~s** over kleren praten

chiffonné, -ée *adj* **1** *(froissé)* gekreukt **2** *(fatigué)* vermoeid

chiffonner *vt* **1** *(froisser)* (ver)kreukelen **2** *(tracasser)* irriteren; **se chiffonner** *vpr (se froisser)* kreukelen

chiffonnier, -ière *n* vodden|raper, -raapster *nm, nf;* **se battre comme des ~s** als viswijven tegen elkaar tekeergaan

chiffre *nm* **1** *(caractère)* cijfer *het* **2** *(montant)* totaal(bedrag) *het;* **~ d'affaires, CA** omzet; **en ~s ronds** in ronde cijfers **3** *(code)* cijferschrift *het*

chiffrer *vt* **1** *(évaluer)* becijferen **2** *(coder)* in cijferschrift omzetten; **message chiffré** bericht in code; **se chiffrer** *vpr (se monter à)* bedragen; **se ~ à trois millions** drie miljoen bedragen

chignon *nm* knotje *het;* **se crêper le ~** elkaar in de haren vliegen

chi(')ite *adj* sjiitisch; **le, la ~** de sjiit(ische)

Chili *nm* Chili *n (sans art.)*

chilien, -ienne *adj* Chileens; **le, la Chilien(ne)** de Chileen(se)

chimère *nf* hersenschim *de*

chimérique *adj* denkbeeldig

chimie *nf* scheikunde *nf,* chemie *nf*

chimiothérapie *nf* chemotherapie *nf*

chimique *adj* chemisch

chimiste *n* scheikundige *nm,* chemicus *nm*

chimpanzé *nm* chimpansee *nm*

Chine *nf* China *n (sans art.);* **la République populaire de ~** de volksrepubliek China

chinois, -oise *adj* **1** *(de Chine)* Chinees; **c'est du ~** dat is Chinees voor mij; **le ~** het Chinees; **le, la Chinois(e)** de Chinees, Chinese **2** *(chicaneur)* muggenzifterig

chiot *nm* pup *de*

chiper *vt* **1** *(voler)* gappen **2** *(attraper)* oplopen

chipie *nf* feeks *nf*

chipoter *vi* **1** *(manger sans plaisir)* kieskauwen **2** *(pinailler sur)* pietluttig doen (over) **3** *(Belg.f.)* rommelen met, in; **quelqu'un a chipoté dans mon tiroir** iemand heeft in mijn laatje zitten snuffelen

chips *nm* chips *plur*

chique *nf* (tabaks)pruim *de* ♦ **couper la ~ à qqn** ↑ iemand plotseling in de rede vallen

chiqué *nm* bluf *nm;* **c'est du ~ !** dat is bluf!

chiquenaude *nf* knip *nm* met de vingers

chirurgical, -ale *adj* chirurgisch, operatief

chirurgie *nf* chirurgie *nf,* heelkunde *nf;* **~ dentaire** tandheelkunde; **~ esthétique** plastische chirurgie

chirurgien *nm* chirurg *nm*

chlore *nm* chloor *het/de (m)*

chloré, -ée *adj* chloorhoudend

chloroforme *nm* chloroform *nm*

chlorophylle *nf* bladgroen *het*

choc *nm* **1** *(heurt)* schok *nm;* **de ~** dynamisch; agressief; **plier sous le ~** door de schok doorbuigen **2** *(émotion forte)* schok *nm,* emotie *nf;* **mesures ~s** drastische maatregelen; **des prix ~s** stuntprijzen **3** *(méd., psycho.)* shock *nm;* **état de ~** shocktoestand; **traitement de ~** shockbehandeling

chocolat *nm* **1** *(substance)* chocola(de) *nm;* **~ amer** bittere chocola; **~ à cuire** smeltchocolade; **~ fondant** pure chocola, *(Belg.)* fondant; **~ au lait** melkchocolade; **pain au ~** chocoladebroodje; **un ~** een chocolaatje **2** *(boisson)* chocolade(melk) *nm (de)*

chocolaté, -ée *adj* met chocoladesmaak

chœur *nm* koor *het;* **en ~** in koor; *(au fig.)* eensgezind

choir *vi* vallen

choisi, -ie *adj* uitgelezen; **œuvres ~es** bloemlezing

choisir *vt* kiezen

choix *nm* keuze *de;* **à ton, son, votre ~** naar keuze; **avoir le ~** kunnen kiezen; **ne pas avoir le ~** geen keuze hebben; **de ~** uitgelezen; **de second ~** tweede keus *(adj. invar.);* **~ de poésies** bloemlezing van gedichten

choléra *nm* cholera *de*

cholestérol *nm* cholesterol *nm*

chômage *nm* werkloosheid *nf;* **allocation de ~** werkloosheidsuitkering; **au ~** werkloos; **~ partiel** arbeidstijdverkorting

chômer *vi* niet werken; *(fig.)* **ne pas ~** niet stilzitten

chômeur, -euse *n* werkloze *nm*

chope *nf* **1** *(récipient)* bierpul *de* **2** *(contenu)* pul *de* bier

choper *vt* **1** *(voler)* jatten **2** *(arrêter)* snappen **3** *(attraper)* te pakken krijgen **4** *(séduire)* versieren

chopine *nf* flesje *het* wijn

choquant, -ante *adj* stuitend, ergerlijk

choquer *vt* choqueren, schokken

choral, -ale *adj* koor-; **la ~e** het (zang)koor

chorégraphie *nf* choreografie *nf*

choriste *n* (koor)zanger *nm*

¹chose *nm (machin)* ding *het;* **Madame, Monsieur Chose** mevrouw, meneer Dinges; **se sentir tout ~** zich raar voelen

²chose *nf (objet)* ding *het;* **c'est tout autre**

~ dat is heel wat anders; **avant toute ~** voor alles; **de deux ~s l'une** het is of het één of het ander; **dites-lui bien des ~s de ma part** doe hem, haar de groeten; **c'est ~ faite** de zaak is beklonken; **la même ~** hetzelfde; **parler de ~s et d'autres** over koetjes en kalfjes praten; **c'est bien peu de ~** dat stelt niet veel voor; *(prov)* **~ promise, ~ due** belofte maakt schuld; **quelque ~** iets; **ça me dit quelque ~** dat zegt me wel wat; **quelque ~ d'intéressant** iets belangwekkends; **il y a quelque ~ comme une semaine** ongeveer een week geleden

chou *nm* **1** *(légume)* kool *de;* **~ de Bruxelles** spruitje; *(collectif)* spruitkool; **bête comme ~** zo eenvoudig als wat **2** *(terme d'affection)* snoes *nm* **3** *(pâtisserie)* soes *de;* **~ à la crème** roomsoes ♦ **faire ~ blanc** bot vangen

chouchou, -oute *n* lievelingetje *het (m), het (f)*

chouchouter *vt* vertroetelen

choucroute *nf* zuurkool *de*

¹**chouette** *nf* uil *nm* ♦ *(péj.)* **une vieille ~** een ouwe heks

²**chouette** *adj* jofel, leuk; **~ !** tof!

chou-fleur *nm* bloemkool *de*

choyer *vt* koesteren, vertroetelen; **enfant choyé** troetelkind

chrétien, -ienne *adj* christelijk; **en bon ~** als een goed christen; **le, la ~(ne)** de christen, christin; **monde ~** christenheid

chrétienté *nf* christenheid *nf*

christ *nm* Christus *(sans art.)*

christianisme *nm* christendom *het*

chrome *nm* chroom *het*

chromer *vt* verchromen

chromosome *nm* chromosoom *het*

¹**chronique** *nf* **1** *(annales)* kroniek *nf* **2** *(potin)* geruchten *plur;* **~ mondaine** society nieuws **3** *(partie d'un journal)* rubriek *nf*

²**chronique** *adj* **1** *(non temporaire)* aanhoudend **2** *(non aigu)* chronisch

chroniqueur, -euse *n* **1** *(rédacteur, -trice)* rubriekredac|teur, -trice *nm, nf* **2** *(historien, -ienne)* kroniek|schrijver, -schrijfster *nm, nf*

chrono *nm* → **chronomètre**

chronologie *nf* chronologie *nf*

chronologique *adj* chronologisch

chronomètre, chrono *nm* stopwatch *het/de (m)*

chronométrer *vt* timen, de tijd opnemen van

chrysalide *nf* pop *de*

chrysanthème *nm* chrysant *de (pas forcément associée aux tombes)*

chuchotement *nm* (het) fluisteren

¹**chuchoter** *vi* fluisteren

²**chuchoter** *vt* influisteren

chut! *interj* sst!

chute *nf* **1** *(le fait de tomber; résultat)* val *nm (aussi au fig.);* **~ des cheveux** haaruitval; **~ d'eau** waterval; **~ libre** vrije val **2** *(diminution)* (snelle) daling *nf* **3** *(terme, fin)* eindpunt *het;* **~ des reins** lendenstreek **4** *(reste d'étoffe)* afval *het/de (m)*

chuter *vi* **1** *(tomber)* vallen **2** *(baisser)* zakken

chypriote *adj* Cypriotisch; **le, la Chypriote** de Cyprioot, Cypriotische

¹**ci** *pron dém* ♦ **comme ~ comme ça** zozo

²**ci** *adv* hier(bij); **cette table-ci** déze tafel

ci-après *adv* hierna

cible *nf* **1** *(disque)* schietschijf *de* **2** *(point de mire)* mikpunt *het;* **être la ~ de qqch** het mikpunt van iets zijn **3** *(groupe visé)* doelgroep *de*

cibler *vt* **1** *(un public)* als doelgroep kiezen **2** *(un produit, une campagne publicitaire)* de doelgroep bepalen van **3** *(prendre pour cible)* zich richten op

ciboulette *nf* (fijn) bieslook *het*

cicatrice *nf* **1** *(marque d'une plaie)* litteken *het* **2** *(trace)* spoor *het*

¹**cicatriser** *vi* dichtgaan, helen

²**cicatriser** *vt* genezen; **se cicatriser** *vpr* dichtgaan

ci-contre *adv* hiertegenover

ci-dessous *adv* hieronder

ci-dessus *adv* hierboven

cidre *nm* cider *nm,* appelwijn *nm*

ciel, cieux *nm* **1** *(firmament)* hemel *nm;* **à ~ ouvert** in de openlucht; **~ bas** laaghangende bewolking; **bleu ~** hemelsblauw; **~ couvert** bedekte lucht; **~ étoilé** sterrenhemel; **remuer ~ et terre** hemel en aarde bewegen; **sous le ~** hier (op aarde); **sous d'autres cieux** in andere landen; *(fig.)* **tomber du ~** *(arriver à l'improviste)* uit de lucht komen vallen; *(être stupéfait)* omvallen van verbazing **2** *(au-delà)* hemel *nm;* **juste ~ !** goeie hemel!; **monter au ~** ten hemel opvaren; **être au septième ~** in de zevende hemel zijn

cierge *nm* (was)kaars *de*

cigale *nf* cicade *nf*

cigare *nm* sigaar *de*

cigarette *nf* sigaret *de;* **~ électronique** elektronische sigaret; **~ filtre** filtersigaret

ci-gît hier rust

cigogne *nf* ooievaar *nm*

ci-inclus, -cluse *adj* hierbij ingesloten

ci-joint, -e *adj* hierbij gevoegd

cil *nm* wimper *de;* **battre des ~s** (met de ogen) knipperen

ciller *vi* knipperen met de ogen; *(fig.)* **ne pas ~** geen spier vertrekken

cime *nf* top *nm*

ciment *nm* cement *het/de (m)*

cimenter *vt* **1** *(enduire de ciment)* met cement vastzetten **2** *(consolider)* hechter maken

cimetière *nm* begraafplaats *de,* kerkhof *het*

cinéaste *n* film|maker, -maakster *nm, nf*

cinéclub *nm* filmclub *de*

cinéma *nm* **1** *(art)* film(kunst) *nm (nf);* **être dans le ~** in de filmindustrie werkzaam zijn; **faire du ~** films maken **2** *(salle)* bioscoop *nm* ♦ **c'est du ~** dat is komedie

cinématographique *adj* film-
cinéphile *n* filmliefhebber *nm*
cinglant, -ante *adj* **1** *(qui fouette)* striemend **2** *(qui blesse)* kwetsend
cinglé, -ée *adj* getikt; **il est ~** hij is niet goed wijs; **le, la ~(e)** de mafkees
cinq *adj numér* vijf ♦ **il était moins ~** 't was op het nippertje; **je vous reçois ~ sur ~** ik ontvang u luid en duidelijk; *(fig.)* ik heb u begrepen
cinquantaine *nf* **1** *(environ cinquante)* vijftigtal *het* **2** *(cinquante ans)* vijftig(jarige leeftijd) *nm;* **approcher de la ~** tegen de vijftig lopen
cinquante *adj numér* **1** *(le nombre)* vijftig(ste) **2** *(un grand nombre)* een groot aantal; **je ne le répète pas ~ fois** ik blijf het niet zeggen
cinquantième *adj* vijftigste; **un ~** een vijftigste (deel)
cinquième *adj* vijfde; **habiter au ~** op de vijfde (etage) wonen; **la ~** de tweede klas; **un ~** een vijfde (deel)
cinquièmement *adv* ten vijfde
cintre *nm* **1** *(pour vêtements)* hangertje *het,* kleerhanger *nm* **2** *(courbure d'un arc)* boog *nm*
cintré, -ée *adj* **1** *(courbé)* gebogen, gewelfd **2** *(ajusté à la taille)* getailleerd
cirage *nm* schoensmeer *het/de (m)* ♦ **être dans le ~** *(être inconscient)* van de wereld zijn; *(ne plus rien comprendre)* de kluts kwijt zijn
circoncire *vt* besnijden
circoncision *nf* besnijdenis *nf*
circonférence *nf* **1** *(math.)* cirkel *nm* **2** *(pourtour)* omtrek *nm*
circonflexe *adj* ♦ **accent ~** accent circonflexe, dakje
circonscription *nf* district *het;* **~ (électorale)** kiesdistrict
circonspect, -ecte *adj* omzichtig
circonstance *nf* **1** *(situation; condition)* omstandigheid *nf; (jur.)* **~s aggravantes** verzwarende omstandigheden; *(jur.)* **~s atténuantes** verzachtende omstandigheden **2** *(occasion; conjoncture)* gelegenheid *nf;* **dans la ~** bij deze gelegenheid; **de ~** gelegenheids-; **ce n'est pas de ~** dat komt niet van pas; **pour la ~** voor deze gelegenheid
circonstancié, -ée *adj* omstandig
circuit *nm* **1** *(tour)* rondrit *nm;* **~ d'autocar** bustoer **2** *(de courses)* (race)circuit *het* **3** *(suite de conducteurs)* (stroom)circuit *het;* **couper le ~** de stroom uitschakelen; **mettre qqch hors ~** iets zonder stroom zetten **4** *(en électronique)* schakeling *nf;* **~ intégré** geïntegreerde schakeling, IC('tje) **5** *(écon.)* kringloop *nm;* **les ~s de distribution** de distributiekanalen ♦ **être hors ~** een buitenstaander zijn (geworden); **en ~ fermé** in een gesloten systeem
circulaire *adj* cirkel-, rond-; **coup d'œil ~** blik in het rond; **la ~** het rondschrijven, de circulaire, *(Belg.)* omzendbrief; **mouvement ~** rondgaande beweging; **raisonnement ~** cirkelredenering; **scie ~** cirkelzaag
circulation *nf* **1** *(mouvement)* omloop *nm;* **mettre en ~** in omloop brengen; **~ du sang** bloedsomloop **2** *(trafic)* verkeer *het*
circuler *vi* **1** *(passer dans un circuit)* circuleren, in omloop zijn; **circulez !** doorlopen!, doorrijden! **2** *(se déplacer)* (door)rijden, (door)lopen *(piétons)* **3** *(se propager)* de ronde doen; **faire ~ une histoire** een verhaal verspreiden
cire *nf* **1** *(matière; encaustique)* was *het/de (m)* **2** *(à cacheter)* (zegel)lak *het/de (m)* **3** *(cérumen)* oorsmeer *het*
ciré, -ée *adj* van een waslaag voorzien; **chaussures ~es** gepoetste schoenen; **le ~** de oliejas; **toile ~e** wasdoek
cirer *vt* **1** *(astiquer)* in de was zetten, boenen **2** *(chaussures)* poetsen
cirque *nm* **1** *(spectacle)* circus *het/de (m)* **2** *(désordre)* beestenboel *nm* **3** *(amphithéâtre naturel)* keteldal *het*
cirrhose *nf* (lever)cirrose *nf*
cisaille *nf* metaalschaar *de,* snoeischaar *de*
cisailler *vt* doorknippen
ciseau *nm* **1** *(plur.) (outil pour couper)* schaar *de;* **des ~x à ongles** een nagelschaar(tje); **une paire de ~x** een schaar **2** *(outil pour tailler)* beitel *nm* **3** *(plur.) (mouvement)* schaarbeweging *nf;* **sauter en ~x** een schaar(sprong) maken
ciseler *vt* **1** *(travailler au ciseau)* beitelen **2** *(fignoler)* bijschaven
citadelle *nf* **1** *(forteresse)* burcht *de* **2** *(bastion)* bolwerk *het*
citadin, -ine *n* stedeling(e) *nm (nf);* **habitude ~e** stadse gewoonte; **vie ~e** stadsleven
citadine *nf* stadsauto *nm*
citation *nf* **1** *(passage cité)* citaat *het,* aanhaling *nf;* **fin de ~** aanhalingstekens sluiten **2** *(assignation)* dagvaarding *nm*
cité *nf* **1** *(ville)* stad *de* **2** *(centre ancien)* oude stadskern *de* **3** *(groupe d'immeubles)* wijk *de;* **~ universitaire** studentenwooncomplex
cité-dortoir *nf* slaapstad *de*
citer *vt* **1** *(rapporter des paroles)* citeren, aanhalen **2** *(alléguer; mentionner)* noemen; **~ qqn en exemple** iemand tot voorbeeld stellen **3** *(assigner)* dagvaarden
citerne *nf* **1** *(pour eaux de pluie)* regenton *de* **2** *(cuve)* tank *nm*
citoyen, -enne *n* (staats)burger *nm;* **~ du monde** wereldburger
citoyenneté *nf* (staats)burgerschap *het*
citron *nm* citroen *de;* **~ vert** limoen; **~ pressé** uitgeperste citroen
citronnade *nf* citroenlimonade *de*
citronnier *nm* citroenboom *nm*
citrouille *nf* pompoen *nm*
civet *nm* (wild)ragout *nm;* **~ de lièvre** hazenpeper
civière *nf* brancard *nm,* draagbaar *de*

civil, -ile *adj* **1** *(relatif aux citoyens)* burgerlijk; *(subst.)* **en ~** in burgerkleding; **guerre ~e** burgeroorlog; **le ~** de burger; **se marier ~ement** alleen op het stadhuis trouwen **2** *(courtois)* wellevend

civilisation *nf* beschaving *nf*

civiliser *vt* **1** *(un peuple)* beschaven **2** *(dégrossir qqn)* (iemand) beschaving bijbrengen; **se civiliser** *vpr* beschaafd(er) worden

civique *adj* burger-

civisme *nm* burgerzin *nm*

[1]**clair** *nm* ♦ **en ~** niet gecodeerd; **~ de lune** maneschijn; **mettre ses notes au ~** zijn aantekeningen uitwerken; **le plus ~ (de)** het grootste gedeelte (van); *(fig.)* **tirer une affaire au ~** een zaak tot klaarheid brengen

[2]**clair, claire** *adj* **1** *(lumineux)* helder **2** *(non foncé)* licht; **bleu ~** lichtblauw **3** *(évident)* duidelijk; **cette affaire n'est pas ~e** er zit een luchtje aan die zaak; **opposer un refus ~ et net** vierkant weigeren **4** *(non trouble)* helder; **son affaire est ~e** zijn, haar lot is bezegeld **5** *(peu épais)* dun **6** *(lucide)* helder; **avoir l'esprit ~** een heldere geest hebben

[3]**clair** *adv* duidelijk; **il fait ~** het is (klaarlichte) dag; **voir ~** duidelijk zien; **voir ~ dans qqch** een duidelijk beeld hebben van iets; **je vois ~ dans son jeu** ik heb hem door

clairement *adv* duidelijk

claire-voie *nf* ♦ **à ~** opengewerkt; **caisse à ~** open kist

clairière *nf* open plek *de*

clairon *nm* **1** *(instrument)* klaroen *de* **2** *(joueur)* klaroenblazer *nm*

claironner *vt* rondbazuinen

clairsemé, -ée *adj* dun gezaaid

clairvoyance *nf* helderheid *nf* (van geest)

clairvoyant, -ante *adj* helder (van geest)

clamer *vt* uitschreeuwen

clameur *nf* getier *het (uniquement sing.)*

clan *nm* **1** *(tribu)* clan *nm* **2** *(groupe)* kliek *de*

clandestin, -ine *adj* illegaal, clandestien; **commerce ~** sluikhandel; **le (passager) ~** de verstekeling ♦ **le, la ~(e)** de onderduik(st)er

clandestinité *nf* illegaliteit *nf* ♦ **passer dans la ~** bij de ondergrondse gaan

clapet *nm* **1** *(couvercle)* klep *de* **2** *(bouche)* tater *nm;* **ferme ton ~ !** hou je waffel!

clapier *nm* konijnenhok *het*

clapotement, clapotis *nm* geklots *het*

clapoter *vi* klotsen

clapotis *nm* → **clapotement**

claquage *nm* verrekking *nf,* verrekte spier *de*

claque *nf* klap *nm* ♦ **en avoir sa ~** er schoon genoeg van hebben

claquement *nm* (het) klappen; **~ de doigts** (het) knippen met de vingers; **~ de portière** (het) dichtklappen van een autodeur

[1]**claquer** *vi* **1** *(produire un bruit sec)* klappen; **~ des dents** klappertanden; **faire ~ une porte** een deur dichtslaan; **faire ~ ses doigts** met de vingers knippen; **volet qui claque** klepperend luik **2** *(éclater)* stukgaan

[2]**claquer** *vt* **1** *(donner une claque à)* (iemand) een klap geven **2** *(fermer)* dichtslaan; **~ la porte au nez de qqn** de deur voor iemands neus dichtslaan **3** *(dilapider)* verpatsen **4** *(éreinter)* afpeigeren

claquette *nf* (het) tapdansen; **faire des ~s** tapdansen

clarifier *vt* **1** *(purifier)* zuiveren **2** *(élucider)* ophelderen; **~ une question** een vraag toelichten

clarinette *nf* klarinet *de*

clarté *nf* **1** *(lumière)* licht *het;* **~ du jour** daglicht **2** *(limpidité)* helderheid *nf* **3** *(netteté)* duidelijkheid *nf;* **s'exprimer avec ~** duidelijke taal spreken

classe *nf* **1** *(groupe social)* klasse *nf;* **~ dirigeante** leidende klasse; **~ ouvrière** arbeidersklasse **2** *(catégorie)* categorie *nf,* klasse *nf;* **~ d'âge** leeftijdsklasse **3** *(grade)* klasse *nf;* **~ affaires** businessclass; **wagon de première ~** eersteklaswagon; **~ touriste** toeristenklasse **4** *(standing)* klasse *nf;* **avoir de la ~** klasse hebben; **de première ~** kwaliteits- **5** *(ensemble d'élèves)* klas *nf, (milit.)* lichting *nf;* **~ de neige** skiklas **6** *(salle de classe)* klaslokaal *het,* klas *nf;* **aller en ~** naar school gaan; **livres de ~** schoolboeken **7** *(leçon)* (les)uur *het;* **faire ses ~s** ervaring opdoen; **~ de géographie** aardrijkskundeles

classement *nm* **1** *(action de ranger)* classificatie *nf* **2** *(place)* klassement *het,* klassering *nf;* **être premier au ~** de eerste plaats innemen

classer *vt* **1** *(répartir)* klasseren; **~ un dossier** een dossier opbergen; **je l'ai tout de suite classé** ik wist meteen wat ik aan hem had **2** *(considérer comme terminé)* als afgedaan beschouwen, seponeren *(jur.);* **affaire classée** afgedane zaak ♦ **~ un monument** een bouwwerk op de monumentenlijst plaatsen; **se classer** *vpr* ♦ **se ~ dans une catégorie** in een categorie vallen; **se ~ parmi les meilleurs** bij de besten behoren; **se ~ premier** de eerste worden

classeur *nm* **1** *(meuble)* archiefkast *de* **2** *(dossier)* ordner *nm*

classification *nf* classificatie *nf*

classifier *vt* classificeren

classique *adj* klassiek; **c'est le coup ~** het is een bekende truc; **langues ~s** klassieke talen; **c'est un ~ du genre** het is een klassieker ♦ **aimer le ~** van klassieke muziek houden

clause *nf* clausule *de,* bepaling *nf*

claustrophobie *nf* claustrofobie *nf,* engtevrees *de*

clavecin *nm* klavecimbel *het/de (m)*
clavicule *nf* sleutelbeen *het*
clavier *nm* **1** *(mus.)* klavier *het;* **~ (électronique)** keyboard **2** *(d'une machine)* toetsenbord *het*
clé *nf* sleutel *nm;* **~ anglaise** Engelse sleutel; **prendre la ~ des champs** ertussenuit knijpen; **fermer à ~** op slot doen; *(fig.)* **mettre la ~ sous la porte** met de noorderzon vertrekken; **~ à molette** bahco; **occuper une position ~** een sleutelpositie innemen; **~ de sol** g-sleutel, vioolsleutel; **mettre qqn sous ~** iemand achter slot en grendel zetten; **la ~ du succès** het geheim van het succes; *(inform.)* **~ USB** USB-stick ♦ **maison ~(s) en main** onmiddellijk te betrekken huis; **~ de voûte** sluitsteen; *(fig.)* hoeksteen
clef *nf* → **clé**
clémence *nf* **1** *(indulgence)* clementie *nf* **2** *(douceur (du temps))* zachtheid *nf*
clément, -ente *adj* **1** *(indulgent)* clement **2** *(temps)* zacht
clémentine *nf* clementine *nf*
cleptomane *n* klepto|maan, -mane *nm, nf*
clerc *nm* **1** *(employé)* klerk *nm* **2** *(religieux)* geestelijke *nm*
clergé *nm* geestelijkheid *nf*
clérical, -ale *adj* **1** *(relatif au clergé)* geestelijk **2** *(partisan de l'église)* klerikaal
clic *nm (inform.)* klik *nm*
cliché *nm* cliché *het*
client, -ente *n* **1** *(d'un notaire, avocat)* cliënt(e) *nm (nf)* **2** *(d'un médecin)* patiënt(e) *nm (nf)* **3** *(d'un magasin)* klant *nm, (écon.)* afnemer *nm*
clientèle *nf* **1** *(acheteurs)* clientèle *de* **2** *(patients)* patiënten *plur*
cligner *vi (ciller)* knipperen; **~ de l'œil** knipogen
clignotant *nm* **1** *(d'un véhicule)* richtingaanwijzer *nm;* **mettre son ~** richting aangeven **2** *(indice)* signaal *het*
clignoter *vi* knipperen
climat *nm* klimaat *het (aussi au fig.)*
climatique *adj* klimaat-; **conditions ~s** weersomstandigheden
climatisation *nf* airconditioning *nf*
climatisé, -ée *adj* airconditioned
climatosceptique *n* klimaatscepticus *nm*
clin d'œil *nm* **1** *(clignement)* knipoog *nm;* **faire un ~ à qqn** naar iemand knipogen **2** *(instant)* oogwenk *nm;* **en un ~** in een oogwenk
clinique *adj* klinisch; **la ~** de (privé)kliniek
clinquant, -ante *adj* kitscherig
clip *nm* **1** *(bijou)* sierspeld *de* **2** *(film vidéo)* (video)clip *nm*
clique *nf* groep *de* trawanten ♦ **prendre ses ~s et ses claques** zijn biezen pakken
cliquer *vi (+ sur) (inform.)* klikken (op)
cliqueter *vi* rinkelen
cliquetis *nm* gerinkel *het*
clitoris *nm* clitoris *de*
clivage *nm* kloof *de*
clochard, -arde *n* zwerver, zwerfster *nm, nf*
[1]**cloche** *nf* **1** *(instrument)* klok *de;* **sonner les ~s à qqn** iemand flink op zijn donder geven **2** *(couvercle)* stolp *de;* **~ à fromage** kaasstolp **3** *(personne niaise)* sufferd *nm*
[2]**cloche** *adj* onhandig, sukkelig
cloche-pied ♦ *(adv.)* **à ~** op één been hinkend; **sauter à ~** hinkelen
[1]**clocher** *nm* klokkentoren *nm*
[2]**clocher** *vi* niet kloppen; **il y a quelque chose qui cloche** er klopt iets niet
clochette *nf* **1** *(petite cloche)* bel *de* **2** *(fleur)* klokje *het*
cloison *nf* **1** *(mur)* (tussen)wand *nm* **2** *(séparation)* barrière *de* **3** *(mar.)* tussenschot *het*
cloisonner *vt* **1** *(concr.)* door tussenwanden afscheiden **2** *(abstr.)* verzuilen
cloître *nm* klooster *het*
cloîtrer *vt* **1** *(relig.)* in een klooster opsluiten **2** *(enfermer)* opsluiten; **se cloîtrer** *vpr* zich afzonderen
clone *nm (biol.)* kloon *de*
clope *nm* **1** *(mégot)* ↑ peuk *nm* **2** *(cigarette)* saffie *het*
clopin-clopant *adv* **1** *(en clopinant)* strompelend; **aller ~** hinken **2** *(couci-couça)* niet zo best; **les affaires vont ~** de zaken gaan niet zo best
clopinettes *nf (plur)* ♦ **il gagne des ~** hij verdient een schijntje
cloporte *nm* pissebed *de*
cloque *nf* blaar *de*
clore *vt* sluiten
[1]**clos** *nm* **1** *(terrain)* omheind stuk *het* grond **2** *(vignoble)* wijngaard *nm*
[2]**clos, close** *adj* **1** *(fermé)* gesloten; **avoir la bouche ~e** z'n mond dicht houden; **trouver porte ~e** niemand thuis treffen **2** *(achevé)* (af)gesloten; **l'incident est ~** het incident is gesloten
clôture *nf* **1** *(barrière)* omheining *nf* **2** *(fin)* (af)sluiting *nf*
clôturer *vt* **1** *(achever)* afsluiten, opheffen *(séance)* **2** *(fermer par une clôture)* omheinen
clou *nm* **1** *(tige de métal)* spijker *nm* **2** *(attraction)* hoogtepunt *het* ♦ **maigre comme un ~** zo mager als een lat; **des ~s !** schrijf dat maar op je buik!; **~ de girofle** kruidnagel; **ça ne vaut pas un ~** dat is geen sikkepitje waard
clouer *vt* **1** *(concr.)* spijkeren **2** *(abstr.)* vastnagelen; **être cloué au lit** aan bed gekluisterd zijn; **rester cloué (sur place)** als vastgenageld blijven staan
clouté, -ée *adj* bespijkerd *(chaussures),* met spijkers beslagen *(ceinture etc.);* **pneus ~s** spijkerbanden
clown *nm* clown *nm (aussi au fig.);* **faire le ~** de pias uithangen
club *nm* club *de*
coaguler *vi* stollen
coalition *nf* coalitie *nf*

coasser *vi* kwaken
cobalt *nm* kobalt *het*
cobaye *nm* **1** *(rongeur)* cavia *de* **2** *(sujet d'expérience)* proefkonijn *het*
cobra *nm* brilslang *de*
coca® *nm (boisson)* (coca-)cola *nm*
cocaïne *nf* cocaïne *de*
cocarde *nf* kokarde *de*
cocasse *adj* koddig
coccinelle *nf* lieveheersbeestje *het*
[1]**cocher** *nm* koetsier *nm*
[2]**cocher** *vt* **1** *(d'une croix)* aankruisen **2** *(d'un trait)* aanstrepen
[1]**cochon** *nm* **1** *(porc)* varken *het* **2** *(viande)* varkensvlees *het* ♦ **~ d'Inde** Guinees biggetje
[2]**cochon, -onne** *n* viezerik *nm;* **(quel) ~ !** (wat een) smeerlap! ♦ **quel temps de ~ !** wat een beestenweer!
[3]**cochon, -onne** *adj* vies, smerig
cochonnerie *nf* **1** *(malpropreté)* smerigheid *nf* **2** *(chose)* rommel *nm;* **manger des ~s** junkfood eten **3** *(obscénité)* vuiligheid *nf;* **dire des ~s** smerige taal uitslaan ♦ **cette ~ de voiture !** die rotauto!
cockpit *nm* stuurhut *de*
cocktail *nm* **1** *(boisson)* cocktail *nm* **2** *(réception)* cocktailparty *nf* **3** *(mélange)* mengsel *het*
[1]**coco** *nm* **1** *(fruit)* kokos *het;* **noix de ~** kokosnoot **2** *(individu)* vent *nm;* **drôle de ~** vreemde knakker
[2]**coco** *n (communiste)* rooie *de*
cocon *nm* cocon *nm*
cocorico *nm* kukeleku *het*
cocotier *nm* kokospalm *nm*
cocotte *nf* **1** *(poule)* kippetje *het;* **~ en papier** uit papier gevouwen vogel **2** *(marmite)* gietijzeren stoofpan *de* **3** *(terme d'affection)* liefje *het (f)*
cocotte-minute® *nf* snelkookpan *de*
cocu, -ue *n* ↑ hoorn|drager, -draagster *nm, nf*
code *nm* **1** *(recueil de lois)* wetboek *het;* **Code civil** Burgerlijk Wetboek; **Code pénal** Wetboek van Strafrecht; **Code de la route** verkeersregels, wegcode *(n.B.)* **2** *(règlement)* voorschriften *plur* **3** *(système de symboles)* code *nm;* **~ à barres** streepjescode; **~ postal** postcode; **~ secret** *(de carte)* pincode; *(dans un message)* geheimschrift; *(inform.)* **~ source** broncode ♦ **(phares) ~** dimlicht; **se mettre en ~s** zijn lichten dimmen
code-barres *nm* streepjescode *nm*
coder *vt* coderen
codétenu, -ue *n* medegevangene *nm*
codifier *vt* codificeren
coefficient *nm* **1** *(facteur)* factor *nm;* **~ d'erreur** foutenmarge **2** *(math.)* coëfficiënt *nm*
coéquipier, -ière *n* team|genoot, -genote *nm, nf*
cœur *nm* **1** *(muscle; siège des émotions)* hart *het;* **prendre qqch à ~** iets ter harte nemen; **prendre qqch trop à ~** zich iets te veel aantrekken; **aller droit au ~** tot het hart spreken; **avoir qqch sur le ~** iets op het hart hebben; **avoir le ~ sur la main** vrijgevig zijn; **vouloir en avoir le ~ net** er het zijne van willen weten; **ne pas avoir le ~ à rire** geen lust tot lachen hebben; **faire qqch de bon ~** iets graag doen; **être de tout ~ avec qqn** helemaal met iemand meevoelen; **faire battre le ~** het hart sneller doen kloppen; **cela me fait mal au ~** ik vind het triest; **avoir le ~ gros** verdriet hebben; **opération à ~ ouvert** openhartoperatie; **si le ~ vous en dit** als je er zin in hebt; **tenir à ~** na aan het hart liggen; **vider son ~** zijn hart uitstorten **2** *(estomac)* maag *de;* **garder qqch sur le ~** iets niet kunnen verwerken; **rester sur le ~** zwaar op de maag liggen; *(fig.)* **soulever le ~ à qqn** iemand doen walgen; **avoir mal au ~** misselijk zijn; **avoir du ~ à l'ouvrage** hart voor het werk hebben **3** *(centre)* hart *het;* **~ d'artichaut** hart van een artisjok; **~ de la question** kern van de vraag; *(commerce)* **~ d'activité** kernactiviteit ♦ **apprendre par ~** uit het hoofd leren; **connaître qqn par ~** iemand door en door kennen
coexistence *nf* co-existentie *nf*
coexister *vi* co-existeren
coffre *nm* **1** *(caisse)* kist *de* **2** *(d'une voiture)* kofferruimte *nf* **3** *(coffre-fort)* kluis *de* **4** *(poitrine)* ↑ borstkas *de;* **avoir du ~** ↑ een krachtige stem hebben
coffre-fort *nm* kluis *de*
coffret *nm* kistje *het*
cogénération *nf* warmte-krachtkoppeling *nf;* **centrale de ~** warmte-krachtcentrale
cogiter *vi* prakkeseren
cognac *nm* cognac *nm*
[1]**cogner** *vi (frapper)* slaan; **~ à la porte** op de deur kloppen; **il lui cogne dessus tous les jours** hij slaat haar iedere dag
[2]**cogner** *vt* **1** *(rosser)* in elkaar slaan **2** *(heurter)* aanstoten tegen; **se cogner** *vpr (se heurter)* zich stoten; **se ~ la tête contre qqch** zijn hoofd tegen iets stoten
cohabitation *nf* **1** *(fait d'habiter ensemble)* (het) samenwonen **2** *(pol.)* samenwerking *nf* tussen rechts en links
cohabiter *vi* samenwonen
cohérence *nf* samenhang *nm*
cohérent, -ente *adj* samenhangend
cohésion *nf* **1** *(sc.)* cohesie *nf* **2** *(union)* samenhang *nm*
cohue *nf* **1** *(foule)* menigte *nf* **2** *(bousculade)* gedrang *het*
coi, coite *adj* ♦ **en rester ~** versteld staan
coiffé, -ée *adj* **1** *(chapeauté de)* met ... op; **~ d'un bonnet** met een muts op **2** *(peigné)* gekapt; **bien, mal ~** goed, slecht gekapt
coiffer *vt* **1** *(peigner)* kappen **2** *(+ de) (couvrir la tête (de qqn))* het hoofd bedekken (met) **3** *(recouvrir)* bedekken **4** *(sports)* op het laatste moment klop-

pen; se faire ~ (au poteau) op het laatste moment ingehaald worden; **se coiffer** *vpr* 1 *(se peigner)* zich kappen 2 *(+ de) (se couvrir la tête de)* opzetten

coiffeur, -euse *n* kapper, kapster *nm, nf;* ~ pour dames dameskapper; ~ pour hommes herenkapper

coiffeuse *nf* kaptafel *de*

coiffure *nf* 1 *(arrangement des cheveux)* kapsel *het* 2 *(chapeau)* hoofddeksel *het*

coin *nm* 1 *(angle)* hoek *nm;* l'épicier du ~ de kruidenier op de hoek; regarder du ~ de l'œil schielijk kijken 2 *(petit espace)* hoekje *het;* au ~ du feu bij de haard; un ~ perdu een klein gat; le petit ~ kamer honderd; un petit ~ tranquille een rustig plekje 3 *(cale)* wig *de* ♦ sourire en ~ bedekt glimlachen

coincé, -ée *adj* 1 *(immobilisé)* vastzittend, bekneld 2 *(inhibé)* geremd; avoir un air ~ er gefrustreerd uitzien

coincer *vt* 1 *(fixer; immobiliser)* vastzetten 2 *(coller (qqn))* vastpraten; se faire ~ sur qqch zich op iets laten pakken 3 *(pincer)* (bij z'n lurven) grijpen; **se coincer** *vpr (s'immobiliser)* vastlopen

coïncidence *nf* 1 *(concordance)* (het) samenvallen 2 *(hasard)* toeval *het;* par une ~ toevallig

coïncider *vi* 1 *(se produire en même temps)* samenvallen 2 *(correspondre)* overeenstemmen 3 *(math.)* congrueren

coin-cuisine *nm* kookhoek *nm*

coing *nm* kweepeer *de*

coin-repas *nm* eethoek *nm*

coït *nm* coïtus *nm*

[1]**coke** *nm (indus.)* cokes *de*

[2]**coke** *nf (cocaïne)* coke *nm*

col *nm* 1 *(d'un vêtement)* boord *het/de (m);* faux ~ losse boord; ~ roulé col 2 *(d'une montagne)* (berg)pas *nm* 3 *(d'un objet; biol.)* hals *nm*

colchique *nm* (herfst)tijloos *de*

colère *nf* 1 *(emportement)* woede *de;* en ~ woedend; se mettre en ~ kwaad worden; passer sa ~ sur qqn zijn woede op iemand afreageren 2 *(crise de colère)* woedeaanval *nm;* faire une ~ † een woedeaanval krijgen

coléreux, -euse, colérique *adj* driftig

colibri *nm* kolibrie *nm*

colimaçon *nm* slak *de* ♦ en ~ spiraalvormig

colin *nm* koolvis *nm*

colique *nf* 1 *(le plus souvent plur.) (douleur)* koliek *het/de (f)* 2 *(diarrhée)* dunne *nm;* avoir la ~ aan de dunne zijn

colis *nm* pakket *het;* ~ postal postpakket

collaborateur, -trice *n* 1 *(adjoint)* medewerk(st)er *nm (nf)* 2 *(pendant la guerre)* collaborateur *nm*

collaboratif, -ive *adj* ♦ consommation collaborative deeleconomie

collaboration *nf* 1 *(travail en commun)* medewerking *nf,* samenwerking *nf* 2 *(pendant la guerre)* collaboratie *nf*

collaborer *vi* 1 *(travailler en commun)* samenwerken 2 *(pendant la guerre)* collaboreren

collage *nm* 1 *(action de coller)* (het) opplakken 2 *(arts)* collage *nf*

collant, -ante *adj* 1 *(adhésif)* kleef- 2 *(poisseux)* kleverig, papperig *(pâtes, riz)* 3 *(moulant)* nauwsluitend; le ~ de panty; *(de danse, gymnastique)* de maillot 4 *(ennuyeux)* plakkerig

collation *nf* lichte maaltijd *nm*

colle *nf* 1 *(matière adhésive)* lijm *nm, (textile)* appret *het;* ~ forte boekbinderslijm; *(fig.)* quel pot de ~ ! wat een klit! 2 *(question difficile)* strikvraag *de* 3 *(retenue)* (het) nablijven; avoir deux heures de ~ twee uur moeten nablijven

collecte *nf* 1 *(quête)* (geld)inzameling *nf,* collecte *nf* 2 *(ramassage)* (het) ophalen

collecter *vt* inzamelen, *(ordures)* ophalen

collectif, -ive *adj* gezamenlijk; contrat ~ collectief contract; travail ~ groepswerk

collection *nf* 1 *(réunion d'objets)* verzameling *nf;* faire ~ de qqch iets verzamelen; ~ de timbres postzegelverzameling; j'en ai toute une ~ ik heb er een heleboel van 2 *(série de livres)* reeks *de* 3 *(d'un couturier)* collectie *nf*

collectionner *vt* verzamelen; ~ les gaffes de ene flater na de ander slaan

collectionneur, -euse *n* verzamelaar(ster) *nm (nf)*

collectivité *nf* gemeenschap *nf;* ~s locales lagere overheden

collège *nm* college *het*

collégien, -ienne *n* leerling(e) *nm (nf)* van een middelbare school

collègue *n* collega *nm*

[1]**coller** *vi* 1 *(+ à) (adhérer à)* kleven (aan) 2 *(mouler)* nauw sluiten 3 *(+ à) (correspondre à)* nauw overeenkomen (met) 4 *(aller)* lekker gaan; ça colle ! dat gaat goed!; ça ne colle pas entre eux het klikt niet tussen hen

[2]**coller** *vt* 1 *(faire adhérer)* aanplakken 2 *(encoller)* lijmen 3 *(+ à, contre) (appuyer)* (aan)drukken (tegen) 4 *(mettre (qqp))* gooien (in, tegen); il lui a collé son poing dans la figure hij heeft hem zijn vuist in het gezicht geplant 5 *(refiler)* verkopen; ~ une gifle à qqn iemand een klap verkopen; ~ un zéro à qqn iemand een 1 geven 6 *(enseign.)* een strikvraag stellen, *(recaler)* laten zakken 7 *(punir)* laten nablijven; être collé (moeten) nablijven 8 *(importuner (qqn))* als een klit hangen aan (iemand); **se coller** *vpr (+ à, contre) (s'appuyer contre)* zich drukken (tegen) ♦ se ~ dans un fauteuil zich in een stoel laten vallen

collet *nm* 1 *(chasse)* strik *nm* 2 *(technol.)* kraag *nm* ♦ (être) ~ monté stijf (zijn)

colleur, -euse *n* (aan)plakker *nm;* ~ d'affiches aanplakker

collier *nm* 1 *(bijou)* (hals)ketting *de*

2 *(d'animal)* halsband *nm* 3 *(barbe)* ringbaardje *het*
collimateur *nm* ♦ avoir qqn dans le ~ iemand in de peiling hebben
colline *nf* heuvel *nm*
collision *nf* botsing *nf (aussi au fig.)*; ~ en chaîne kettingbotsing; entrer en ~ avec in botsing komen met
colloque *nm* colloquium *het*, symposium *het*
colmater *vt* afdichten
colocataire *n* mede|huurder, -huurster *nm, nf*
colombe *nf* duif *de*
Colombie *nf* Colombia *n (sans art.)*
colombien, -ienne *adj* Colombiaans; le, la Colombien(ne) de Colombiaan(se)
colon *nm* kolonist *nm*
côlon *nm* dikke darm *nm*
colonel, -elle *n* kolonel(svrouw) *nm (nf)*
colonial, -ale *adj* koloniaal
colonialisme *nm* kolonialisme *het*
colonialiste *adj* kolonialistisch; le, la ~ de kolonialist(e)
colonie *nf* kolonie *nf (aussi biol. et au fig.)*; ~ de peuplement nederzetting; partir en ~ de vacances ± op (zomer)kamp gaan
colonisateur, -trice *adj* koloniserend; le ~ de kolonisator
colonisation *nf* kolonisatie *nf*
coloniser *vt* koloniseren
colonne *nf* 1 *(pilier)* zuil *de*, kolom *de (aussi au fig.)*; ~ vertébrale wervelkolom 2 *(d'une page)* kolom *de*
colorant, -ante *adj* kleurend, kleur-; le ~ de kleurstof
coloration *nf* kleuring *nf*; se faire faire une ~ een kleurspoeling nemen
coloré, -ée *adj* 1 *(général)* gekleurd *(aussi personne)* 2 *(expressif)* kleurrijk
colorer *vt* kleuren *(aussi au fig.)*; ~ en bleu blauw kleuren; **se colorer** *vpr* (een) kleur krijgen, (zich) kleuren
coloriage *nm* 1 *(action de colorier)* (het) kleuren; album de ~s kleurboek 2 *(dessin)* kleurentekening *nf*
colorier *vt* (in)kleuren
coloris *nm* kleur *de*
colossal, -ale *adj* reusachtig
colosse *nm* kolos *nm*
colporter *vt* 1 *(vendre)* huis aan huis verkopen 2 *(propager)* rondbazuinen
colporteur, -euse *n* colporteur *nm*, huis-aan-huisver|koper, -koopster *nm, nf*
colza *nm* koolzaad *het*
coma *nm* coma *het*
combat *nm* gevecht *het*, *(match)* wedstrijd *nm (aussi au fig.)*; être mis hors de ~ buiten gevecht gesteld worden; hors ~ uitgeschakeld
combatif, -ive *adj* strijdlustig
combattant, -ante *n* 1 *(soldat)* strijder *nm*; anciens ~s oud-strijders 2 *(adversaire)* vechtende *nm*
[1]**combattre** *vi* vechten *(aussi au fig.)*
[2]**combattre** *vt* vechten tegen, bestrijden *(aussi au fig.)*
[1]**combien** *nm* hoeveelste *het/de*; tous les ~ passe le car ? om de hoeveel tijd komt de bus langs?; le ~ sommes-nous ? de hoeveelste is 't vandaag?
[2]**combien** *adv* hoe(veel); ~ de hoeveel; ça fait ~ ? hoeveel is dat?; ~ de fois ne l'ai-je pas dit hoe vaak heb ik 't niet gezegd; je ne sais ~ een heleboel
combinaison *nf* 1 *(assemblage)* verbinding *nf (aussi chim.)*, combinatie *nf (aussi code)* 2 *(sous-vêtement)* onderjurk *de* 3 *(vêtement de travail)* overall *nm*; ~ spatiale ruimtepak
combine *nf* foefje *het*; être dans la ~ ↑ (eraan) meedoen
combiné *nm (du téléphone)* hoorn *nm*
combiner *vt* 1 *(réunir)* combineren, *(chim.)* verbinden; ~ des couleurs kleuren mengen 2 *(organiser)* organiseren; ~ un attentat een aanslag beramen
[1]**comble** *nm* 1 *(fig.)* toppunt *het*; le ~ du bonheur het volmaakte geluk; c'est le ~ !, c'est un ~ ! dat is het toppunt! 2 *(plur.)* hanenbalken *plur*
[2]**comble** *adj* (prop)vol; la mesure est ~ de maat is vol
combler *vt* 1 *(remplir)* (op)vullen; ~ un déficit een tekort aanvullen; ~ une lacune in een leemte voorzien; ~ un retard een achterstand inhalen 2 *(vœu)* vervullen; être comblé overgelukkig zijn
combustible *nm* brandstof *de*; matière ~ (ver)brandbare stof
combustion *nf* verbranding *nf*
comédie *nf* 1 *(pièce, genre)* komedie *nf*; ~ musicale musical 2 *(chichis)* aanstellerij *nf*; jouer la ~ komediespelen
comédien, -ienne *n* 1 *(acteur)* toneel|speler, -speelster *nm, nf* 2 *(hypocrite)* komediant(e) *nm (nf)*
comestible *adj* eetbaar
comète *nf* komeet *de*
comics *nm (plur)* strips *plur*, stripboeken *plur*
comique *adj* 1 *(dram.)* komisch, komedie-; le ~ het komische (genre); un ~ een komiek 2 *(drôle)* grappig; *(caractère comique)* le ~ het komische, grappige
comité *nm* comité *het*; en petit ~ in besloten kring; ~ d'entreprise ondernemingsraad
commandant *nm* 1 *(milit.)* commandant *nm* 2 *(aviat., mar.)* gezagvoerder *nm*; ~ de bord gezagvoerder 3 *(chef de bataillon)* majoor *nm*
commande *nf* 1 *(ordre d'achat)* bestelling *nf*; ouvrage de ~ werk in opdracht; sur ~ op bestelling 2 *(direction)* besturing *nf*; ~ à distance afstandsbediening; être aux ~s *(avion)* besturen; *(fig.)* tenir les ~s de touwtjes in handen hebben ♦ sourire de ~ gedwongen glimlach
commandement *nm* 1 *(ordre; direction)* bevel *het* 2 *(relig.)* gebod *het*

[1]commander (à) *vi* het bevel voeren (over); ~ à qqn de se taire iemand bevelen zijn mond te houden; savoir ~ leiding kunnen geven

[2]commander *vt* 1 *(diriger)* het bevel voeren over 2 *(exiger)* (ver)eisen 3 *(passer une commande)* bestellen; ~ qqch à qqn iets bij iemand bestellen 4 *(faire fonctionner)* in werking stellen; **se commander** *vpr* ♦ l'amour ne se commande pas liefde laat zich niet dwingen

commanditaire *nm* 1 *(associé)* stille vennoot *nm* 2 *(client)* opdrachtgever *nm*

commanditer *vt* 1 *(une société en commandite)* (als stille vennoot) deelnemen in 2 *(sponsoriser)* geld steken (in)

commando *nm* commando *het*

[1]comme *adv* 1 *(combien)* wat *(exclamation)*, hoe; comme ces enfants sont fatigués ! wat zijn die kinderen moe! 2 *(comment)* hoe(zeer) *(dans une subordonnée)*

[2]comme *conj* 1 *(comparaison; ainsi que)* net als; ~ si alsof; ~ tout heel erg; c'est tout ~ 't komt op hetzelfde neer; tout ~ (son père) precies zoals (zijn vader) 2 *(à la manière de)* (zo)als; ~ ça zo, op die manier; ~ ci ~ ça (zo) z'n gangetje; ~ il faut zoals 't hoort; elle était ~ folle ze was bijna gek; cela fait qqch ~ 10 euros dat is ongeveer 10 euro 3 *(en tant que)* als 4 *(tel que)* zoals bijvoorbeeld 5 *(étant donné que)* daar, vermits *(n.B.)* 6 *(alors que)* (juist) toen ♦ ~ quoi waaruit volgt dat

commémoratif, -ive *adj* herdenkings-; pierre commémorative gedenksteen

commémoration *nf* 1 *(cérémonie)* herdenking *nf* 2 *(souvenir)* nagedachtenis *nf;* en ~ de ter nagedachtenis aan

commémorer *vt* (feestelijk) herdenken

commencement *nm* begin *het;* au ~ in het begin

[1]commencer *vi* beginnen (te); à ~ par te beginnen bij; il commence à pleuvoir het begint te regenen; ~ par faire qqch beginnen met iets te doen

[2]commencer *vt* 1 *(entamer)* beginnen (met) 2 *(être au début de)* aan het begin staan van

comment *adv* hoe(?); ~ allez-vous ? hoe gaat 't (met u)?; ~ cela ? hoezo?; ~ dire ? hoe moet ik dat nu zeggen?; n'importe ~ hoe dan ook; ~ ? wat zegt u? ♦ et ~ ! nou en of!

commentaire *nm* commentaar *het/de (m), (péj.)* kletspraatjes *plur; (souvent péj.)* sans ~ commentaar overbodig

commentateur, -trice *n* commenta|tor, -trice *nm, nf*

commenter *vt* 1 *(expliquer)* uitleggen 2 *(faire des remarques sur)* commentaar leveren op

commérage *nm* kletspraatje *het*

commerçant, -ante *adj* ♦ le ~ de middenstander; rue ~e winkelstraat

commerce *nm* 1 *(négoce)* handel *nm;* être dans le ~ in de handel zijn *(produit);* in de handel zitten; faire du ~ handel drijven; ~ de gros groothandel 2 *(magasin)* winkel *nm*, zaak *de*

commercial, -ale *adj* 1 *(relatif au commerce)* handels-; centre ~ winkelcentrum 2 *(destiné au grand public)* commercieel

commercialiser *vt* op de markt brengen

commère *nf* kletskous *de*

commettre *vt* begaan, plegen

commis *nm* bediende *nm*

commissaire *nm* commissaris *nm;* ~ aux comptes accountant

commissaire-priseur *nm* veilingmeester *nm*

commissariat *nm* politiebureau *het*

commission *nf* 1 *(message; course)* boodschap *nf;* faire des ~s boodschappen doen; transmettre une ~ à qqn een boodschap aan iemand overbrengen 2 *(mandat)* opdracht *de* 3 *(comité)* commissie *nf;* ~ d'examen examencommissie 4 *(pourcentage)* commissie *nf*

commissionnaire *nm* 1 *(coursier)* loopjongen *nm* 2 *(intermédiaire)* commissionair *nm*

[1]commode *nf* commode *nf*

[2]commode *adj* 1 *(pratique)* praktisch 2 *(facile)* makkelijk; il n'est pas ~ hij is veeleisend

commodité *nf* gerief *het*, gemak *het;* pour plus de ~ gemakshalve

commotion *nf* 1 *(traumatisme)* schudding *nf;* ~ cérébrale hersenschudding 2 *(violente émotion)* schok *nm*

commotionner *vt* schokken

commun, -une *adj* 1 *(propre à plusieurs)* gemeenschappelijk; en ~ gemeenschappelijk; mettre en ~ verdelen; point ~ raakvlak 2 *(général)* algemeen 3 *(ordinaire)* gewoon, alledaags; hors du ~ buitengewoon, niet alledaags; le ~ des mortels de gewone stervelingen; peu ~, hors du ~ buitengewoon 4 *(quelconque)* vulgair

communal, -ale *adj* gemeente-; *(Belg.f.)* maison ~e gemeentehuis

communautaire *adj* 1 *(collectif)* gemeenschaps- 2 *(de la CEE)* communautair *(aussi n.B.)*, gemeenschaps-

communauté *nf* 1 *(collectivité)* gemeenschap *nf;* Communauté (économique) européenne, C(E)E Europese (Economische) Gemeenschap, E(E)G; *(Belg.n.)* ~ francophone Franse gemeenschap 2 *(couvent)* klooster *het* 3 *(biens mis en commun)* gemeenschappelijke goederen *plur;* ~ de biens gemeenschap van goederen 4 *(concordance)* gemeenschappelijkheid *nf;* posséder qqch en ~ avec qqn iets samen met iemand bezitten

commune *nf* 1 *(municipalité)* gemeente *nf; (Belg.f.)* ~ à facilités faciliteitengemeente *(Belg.n.)* 2 *(f.B.) (hôtel de ville)* gemeentehuis *het*

communément *adv* gewoonlijk

communicatif, -ive *adj* 1 *(contagieux)* aanstekelijk 2 *(expansif)* mededeelzaam

communication *nf* **1** *(diffusion; message)* mededeling *nf* **2** *(contact)* omgang *nm* **3** *(jonction)* verbinding *nf;* **moyens de ~** communicatiemiddelen; **prendre la ~** de telefoon aannemen
communier *vi* de communie ontvangen
communion *nf* **1** *(relig.)* communie *nf* **2** *(accord)* overeenstemming *nf*
communiqué *nm* communiqué *het*
[1]**communiquer** *vi* **1** *(+ avec) (personnes)* in contact staan (met) **2** *(choses)* met elkaar in verbinding staan; **salle à manger qui communique avec la cuisine** eetkamer die doorloopt in de keuken
[2]**communiquer** *vt* **1** *(faire connaître)* (mee)delen **2** *(transmettre)* overbrengen; **se communiquer** *vpr (+ à) (se propager)* zich uitbreiden (naar)
communisme *nm* communisme *het*
communiste *adj* communistisch; **le, la ~** de communist(e)
commutateur *nm* schakelaar *nm*
compact, -acte *adj* compact ♦ **le ~** de compact disc
compact-disc®, CD *nm* compact disc, cd *nm;* **~ vidéo, CD-V** video-cd, cd-v
compagne *nf* **1** *(camarade)* vriendin *nf;* **~ de voyage** reisgenote **2** *(épouse, maîtresse)* partner *nm*
compagnie *nf* **1** *(présence)* gezelschap *het;* **en la ~ de** in gezelschap van; **et ~** en consorten; **fausser ~ à qqn** weggaan zonder iemand gedag te zeggen **2** *(société)* maatschappij *nf,* Co.; **~ d'assurances** verzekeringsmaatschappij **3** *(unité militaire)* compagnie *nf*
compagnon *nm* **1** *(mari, concubin)* partner *nm* **2** *(ouvrier)* gezel *nm* **3** *(camarade)* makker *nm;* **~ de voyage** reisgenoot
comparable (à) *adj* vergelijkbaar (met)
comparaison *nf* vergelijking *nf;* **en ~ de** in vergelijking met; **faire la ~ de deux choses** twee dingen vergelijken; **mettre qqch en ~ avec qqch d'autre** iets met iets anders vergelijken; **par ~** vergelijkenderwijs; **c'est sans (aucune) ~** dat is zonder weerga
comparaître *vi* verschijnen
comparatif, -ive *adj* vergelijkend; **comparativement à** in vergelijking met; *(ling.)* **le ~** de vergelijkende trap
comparer (à, avec) *vt* vergelijken (met)
comparse *n* figurant(e) *nm (nf) (aussi au fig.)*
compartiment *nm* **1** *(case)* vak *het* **2** *(partie d'un wagon)* (trein)coupé *nm;* **~ fumeurs** rookcoupé
compartimenter *vt* verdelen
comparution *nf* verschijning *nf* voor de rechtbank
compas *nm* **1** *(géométrie)* passer *nm;* **avoir le ~ dans l'œil** een timmermansoog hebben **2** *(boussole)* kompas *het*
compassion *nf* medelijden *het*
compatibilité *nf* verenigbaarheid *nf,* *(inform.)* compatibiliteit *nf*
compatible *adj* verenigbaar, *(inform.)* compatibel
compatir *vi* medelijden hebben (met)
compatissant, -ante *adj* medelijdend
compatriote *n* land|genoot, -genote *nm, nf*
compensation *nf* compensatie *nf;* **en ~** bij wijze van compensatie
compenser *vt* compenseren, vereffenen
compétence *nf* **1** *(capacité)* bekwaamheid *nf;* **cela n'entre pas dans ses ~s** daarin is hij niet ter zake kundig **2** *(jur.)* (rechts)bevoegdheid *nf*
compétent, -ente *adj* **1** *(capable)* bekwaam **2** *(jur.)* bevoegd
compétitif, -ive *adj* concurrerend
compétition *nf* **1** *(rivalité)* rivaliteit *nf;* **faire de la ~** aan wedstrijden meedoen **2** *(match)* wedstrijd *nm;* **~ sportive** sportwedstrijd
compétitivité *nf* concurrentievermogen *het*
compilation *nf* compilatie *nf*
compiler *vt* compileren
complainte *nf* klaaglied *het*
se complaire *vpr* plezier hebben (in); **se ~ à faire qqch** er plezier in hebben iets te doen
complaisance *nf* **1** *(amabilité)* vriendelijkheid *nf;* **auriez-vous la ~ de** zou u zo vriendelijk willen zijn om; **montrer de la ~** zich gedienstig betonen **2** *(indulgence)* inschikkelijkheid *nf* **3** *(satisfaction)* zelfingenomenheid *nf;* **avec ~** zelfvoldaan
complaisant, -ante *adj* **1** *(aimable)* vriendelijk **2** *(indulgent)* inschikkelijk **3** *(satisfait)* zelfvoldaan
complément *nm* **1** *(ajout)* aanvulling *nf;* **un ~ d'information** nadere informatie **2** *(ling.)* bepaling *nf;* **~ d'objet direct** lijdend voorwerp; **~ d'objet indirect** meewerkend voorwerp
complémentaire *adj* aanvullend; **numéro ~** reservegetal
[1]**complet** *nm* kostuum *het,* pak *het*
[2]**complet, -ète** *adj* **1** *(total)* volledig *(aussi adv.);* **au (grand) ~** (geheel) voltallig; **lire un ouvrage complètement** een werk van het begin tot het eind lezen; **poste à temps ~** volledige betrekking **2** *(parfait)* volslagen; **complètement fou** stapelgek **3** *(bondé)* vol, volzet *(n.B.);* **afficher '~'** vol(geboekt) zijn **4** *(accompli)* voltooid; **dix années complètes** volle tien jaar
compléter *vt* volledig maken, *(somme)* aanvullen; **se compléter** *vpr* elkaar aanvullen
[1]**complexe** *nm* complex *het;* **avoir des ~s** geremd zijn; **~ hospitalier** ziekenhuiscomplex; **~ d'infériorité** minderwaardigheidscomplex
[2]**complexe** *adj* ingewikkeld
complexé, -ée *adj* ↑ geremd
complexité *nf* ingewikkeldheid *nf*
complication *nf* **1** *(complexité)* ingewikkeldheid *nf* **2** *(le plus souvent plur.)* (en-

nui) verwikkelingen *plur* **3** *(méd.)* complicatie *nf*

complice *adj (+ de)* medeplichtig (aan); **le, la ~** de medeplichtige ♦ **regard ~** blik van verstandhouding

complicité *nf* **1** *(participation à un méfait)* medeplichtigheid *nf* **2** *(connivence)* (geheime) verstandhouding *nf*

compliment *nm* **1** *(éloge)* compliment *het* **2** *(salutations)* groeten *plur;* **(faites bien) mes ~s à** (doe vooral) de groeten aan

complimenter (sur, pour) *vt* complimenten maken (over)

compliqué, -ée *adj* ingewikkeld, gecompliceerd

compliquer *vt* ingewikkeld(er) maken; **se compliquer** *vpr* ingewikkeld worden; **le conflit se complique** het conflict spitst zich toe ♦ **ne pas se ~ l'existence** het zich niet al te moeilijk maken

complot *nm* complot *het;* **tramer un ~** een complot smeden

[1]**comploter** *vi* samenspannen; **~ de renverser le régime** een complot smeden om het regime omver te werpen

[2]**comploter** *vt* bekokstoven

comportement *nm* gedrag *het;* **~ envers qqn** gedrag ten opzichte van iemand

comporter *vt* **1** *(impliquer)* met zich meebrengen **2** *(comprendre)* bevatten; **se comporter** *vpr* zich gedragen; **se ~ avec qqn** zich gedragen tegenover iemand

composant, -ante *n* component *nm*

composé, -ée *adj* samengesteld; *(chim.)* **corps ~** verbinding; **le ~** *(ling.)* de samenstelling; *(chim.)* de verbinding

[1]**composer** *vi* **1** *(transiger)* het op een akkoordje gooien (met) **2** *(passer un examen)* een proefwerk maken

[2]**composer** *vt* **1** *(former)* samenstellen, *(numéro de téléphone)* draaien **2** *(créer)* vervaardigen, *(livre, poème, etc.)* schrijven, *(œuvre musicale)* componeren **3** *(édit.)* zetten; **se composer** *vpr (+ de)* bestaan (uit)

composite *adj* heterogeen

compositeur, -trice *n* componist(e) *nm (nf)*

composition *nf* **1** *(constitution)* samenstelling *nf;* **c'est un plat de ma ~** dit gerecht heb ik zelf bedacht **2** *(création)* (het) vervaardigen, (het) schrijven *(poème),* (het) componeren *(musique)* **3** *(œuvre)* werk *het* **4** *(épreuve scolaire)* proefwerk *het* **5** *(édit.)* (het) zetten **6** *(rédaction)* opstel *het*

compost *nm* compost *het/de (m)*

composter *vt* **1** *(perforer)* knippen, afstempelen **2** *(agric.)* met compost bemesten

composteur *nm* stempelautomaat *nm (transports publics)*

compote *nf* vruchtenmoes *het/de;* **~ de pommes** appelmoes

compréhensible *adj* begrijpelijk

compréhensif, -ive *adj* begrijpend

compréhension *nf* begrip *het*

comprendre *vt* **1** *(saisir)* begrijpen; **se faire ~** zich verstaanbaar maken; **faire ~ qqch à qqn** iemand iets duidelijk maken; **~ la plaisanterie** tegen een grapje kunnen; **comprenne qui pourra** wie het begrijpt mag het zeggen; **je n'y comprends rien** ik begrijp er niets van; **je comprends** ik snap het **2** *(comporter)* bevatten **3** *(inclure)* meerekenen; **se comprendre** *vpr* **1** *(être compris)* begrepen worden; **cela se comprend** dat spreekt vanzelf **2** *(s'entendre)* elkaar begrijpen

compresse *nf* kompres *het;* **~ de gaze** gaasverband

compresser *vt* samenpersen

compression *nf* **1** *(pression)* samendrukking *nf* **2** *(réduction)* inkrimping *nf*

comprimé *nm* tablet *het/de*

comprimer *vt* **1** *(presser)* samendrukken **2** *(réprimer)* onderdrukken

compris, -ise *adj* **1** *(inclus)* inbegrepen; **la ferme (y) ~e** met inbegrip van de boerderij **2** *(assimilé)* begrepen

compromettre *vt* **1** *(choses)* in gevaar brengen **2** *(personnes)* compromitteren; **se compromettre** *vpr* zich(zelf) compromitteren

compromis *nm* **1** *(arrangement)* schikking *nf,* compromis *het;* **faire un ~** een vergelijk treffen **2** *(intermédiaire)* tussenweg *nm*

comptabilité *nf* boekhouding *nf;* **tenir la ~** boekhouden

comptable *n* de boekhoud(st)er *nm (nf)*

comptant *adj* contant; **au ~** contant

compte *nm* **1** *(calcul)* berekening *nf;* **~ à rebours** het aftellen; **le ~ est bon** de berekening klopt; **faire le ~** de rekening opmaken **2** *(fin.)* rekening *nf;* **un ~ en banque** een bankrekening; **~ chèque postal, CCP** (post)girorekening, prk **3** *(argent dû)* rekening *nf; (fig.)* **avoir un ~ à régler avec qqn** met iemand een appeltje te schillen hebben; *(fig.)* **son ~ est bon** hij zal ervan lusten; **régler son ~ à qqn** iemand betalen *(payer);* iemand ontslaan *(licencier);* met iemand afrekenen *(rosser)* **4** *(responsabilité)* verantwoording *nf;* **être à son ~** zelfstandig zijn; **s'installer à son ~** voor zichzelf beginnen; **prendre qqch à son ~** de verantwoording op zich nemen; **pour le ~ de** voor rekening van; **rendre des ~s (à qqn, sur qqch)** rekenschap afleggen (aan iemand, over iets); **mettre qqch sur le ~ de qqn** iets op iemands rekening schrijven **5** *(inform., com.)* account *het/de (m)* ♦ **il s'en est tiré à bon ~** hij is er zonder kleerscheuren af gekomen; **prendre en ~** rekening houden met; **être loin du ~** er ver naast zitten; **pour mon ~** wat mij betreft; **laisser pour ~** laten zitten; **un laissé pour ~** een door iedereen in de steek gelaten persoon; **se**

rendre ~ de qqch iets beseffen; ~ rendu verslag; tenir ~ de rekening houden met; tout ~ fait alles welbeschouwd

compte-goutte *nm* druppelteller *nm;* au ~ druppelsgewijs

[1]**compter** *vi* **1** *(calculer)* rekenen; à ~ de vanaf; ~ sur ses doigts op zijn vingers natellen **2** *(avoir de l'importance)* meetellen ♦ ~ avec rekening houden met; ~ parmi, au nombre de behoren tot; comptez sur moi reken op mij

[2]**compter** *vt* **1** *(dénombrer)* tellen; ~ les heures, les jours de uren, dagen aftellen; on peut ~ ses lettres je kunt zijn brieven tellen op de vingers van een hand **2** *(inclure)* rekenen; sans ~ que afgezien daarvan dat **3** *(avoir l'intention de)* van plan zijn **4** *(croire)* verwachten

compte-tour *nm* toerenteller *nm*

compteur *nm* teller *nm,* meter *nm;* ~ à gaz gasmeter; relever le ~ de meter opnemen

comptine *nf* aftelrijmpje *het*

comptoir *nm* **1** *(café)* bar *de* **2** *(magasin)* toonbank *de*

compulser *vt* inzien

comte *nm* graaf *nm*

comté *nm* graafschap *het*

comtesse *nf* gravin *nf*

con, conne *n (imbécile)* (kloot)zak *nm;* c'est ~ 't is lullig; faire le ~ ↑ zich idioot gedragen; elle est vraiment ~ 't is echt een trut

concasser *vt* fijnstampen

concave *adj* hol(rond), concaaf

concéder *vt* **1** *(octroyer)* toewijzen **2** *(admettre)* toegeven

concentration *nf* concentratie *nf*

concentré, -ée *adj* geconcentreerd; du ~ de tomates tomatenpuree; lait ~ gecondenseerde melk; le ~ het concentraat

concentrer *vt* concentreren (op); ~ sa colère sur qqn, qqch zijn woede op iemand, iets richten; **se concentrer** *vpr (+ sur)* zich concentreren (op)

concept *nm* concept *het,* begrip *het*

conception *nf* **1** *(vision)* opvatting *nf;* ~ du monde wereldbeschouwing **2** *(fécondation)* bevruchting *nf* **3** *(action d'imaginer)* (het) ontwerpen; Conception assistée par Ordinateur, CAO computerondersteund ontwerpen, CAD *(sigle anglais)*

concerner *vt* betreffen, aangaan; pour, en ce qui concerne wat betreft *(+ sujet inversé);* en ce qui me concerne wat mij betreft ♦ se sentir concerné par qqch zich ergens bij betrokken voelen

concert *nm* concert *het;* ~ d'avertisseurs claxonconcert; ~ de lamentations geweeklaag; c'était un ~ de louanges allen waren vol lof; ~ spirituel concert van gewijde muziek ♦ de ~ eensgezind

concertation *nf (pol.)* overleg *het, (Belg.)* concertatie *nf*

se concerter *vpr* samen overleggen

concession *nf* **1** *(droit concédé)* concessie *nf* **2** *(compromis)* concessie *nf;* faire une ~ à son adversaire zijn tegenstander tegemoetkomen

concessionnaire *n* **1** *(ayant une concession)* concessiehoud(st)er *nm (nf)* **2** *(ayant une exclusivité)* alleenvertegenwoordig(st)er *nm (nf);* ~ d'une marque d'automobile dealer van een automerk, *(Belg.)* verdeler

concevable *adj* voorstelbaar

concevoir *vt* **1** *(comprendre)* begrijpen; je conçois que ik kan me indenken dat **2** *(imaginer; projeter)* ontwerpen, concipiëren ♦ message conçu en ces termes boodschap die als volgt luidt

concierge *n* conciërge *nm,* portier(ster) *nm (nf);* c'est une vraie ~ het is een echte kletskous

concile *nm* concilie *het*

conciliable *adj* met elkaar verenigbaar

conciliabule *nm* gesmoes *het (sing.)*

conciliant, -ante *adj* inschikkelijk

conciliation *nf* **1** *(médiation)* bemiddeling *nf,* verzoening *nf* **2** *(accord)* schikking *nf*

concilier *vt* **1** *(allier)* verenigen **2** *(réconcilier)* met elkaar verzoenen

concis, -ise *adj* bondig

concision *nf* bondigheid *nf*

concitoyen, -yenne *n* medeburger(es) *nm (nf)*

concluant, -ante *adj* afdoend

[1]**conclure** *vi* **1** *(+ de ... à) (tirer une conséquence de)* (uit iets) de conclusie trekken (van); ~ de qqch que uit iets de conclusie trekken dat **2** *(+ à) (tirer une conclusion)* besluiten (tot)

[2]**conclure** *vt* **1** *(régler)* (af)sluiten; marché conclu afgesproken **2** *(+ par) (terminer)* afsluiten (met), besluiten (met)

conclusion *nf* **1** *(règlement)* (het) (af)sluiten; ~ d'un contrat (het) afsluiten van een contract **2** *(fin)* slot *het* **3** *(déduction)* conclusie *nf;* en ~ kortom; tirer une ~ de een conclusie trekken uit

concocter *vt* bekokstoven

concombre *nm* komkommer *de*

concordance *nf* overeenstemming *nf;* la ~ des témoignages de gelijkluidendheid van de getuigenverklaringen; la ~ des temps de overeenstemming in tijd

concorder (avec) *vi* overeenstemmen (met)

concourir *vi* **1** *(+ à) (contribuer)* bijdragen (tot) **2** *(être en compétition)* mededingen (naar)

concours *nm* **1** *(compétition)* wedstrijd *nm;* ~ hippique springconcours, concours hippique; hors ~ buiten mededinging **2** *(examen)* vergelijkend examen *het;* ~ d'entrée (selectief) toelatingsexamen **3** *(collaboration)* medewerking *nf;* avec le ~ de qqn met iemands medewerking ♦ ~ de circonstances samenloop van omstandigheden

concret, -ète *adj* concreet; **le ~** het concrete
concrétiser *vt* concretiseren; **se concrétiser** *vpr* een concrete vorm aannemen
concubin, -ine *n* iemand die ongehuwd samenwoont
concubinage *nm* buitenechtelijke samenleving *nf;* **vivre en ~** ongehuwd samenleven
concurrence *nf* concurrentie *nf;* **prix défiant toute ~** spotprijzen; **faire ~ à qqn** iemand beconcurreren ♦ **jusqu'à ~ de** tot een bedrag van
concurrencer *vt* concurreren met
concurrent, -ente *adj* concurrerend; **le, la ~(e)** de concurrent(e); *(sports, enseign.)* de deelnemer, deelneemster
concurrentiel, -elle *adj* concurrerend
condamnable *adj* verwerpelijk
condamnation *nf (jur.)* veroordeling *nf;* **~ à mort** veroordeling tot de doodstraf
condamné, -ée *adj* **1** *(frappé d'une peine)* veroordeeld (tot); **le, la ~(e)** de veroordeelde **2** *(incurable)* ongeneeslijk ziek **3** *(bouché)* afgesloten
condamner *vt* **1** *(+ à) (jur.)* veroordelen (tot); **~ à mort** ter dood veroordelen; **~ un malade** een patiënt opgeven **2** *(+ à) (obliger)* noodzaken (tot) **3** *(réprouver)* afkeuren **4** *(boucher)* afsluiten
condensateur *nm* condensator *nm*
condensation *nf* condensatie *nf*
condensé *nm* samenvatting *nf*
condenser *vt* **1** *(phys.)* condenseren **2** *(résumer)* samenvatten; **se condenser** *vpr (phys.)* neerslaan, condenseren
condescendance *nf* neerbuigendheid *nf*
condescendant, -ante *adj* neerbuigend
condescendre (à) *vi* zich verwaardigen (tot)
condiment *nm* **1** *(épice)* kruiderij *nf* **2** *(moutarde)* zachte mosterd *nm*
condition *nf* **1** *(exigence)* voorwaarde *nf;* **à ~ de, à (la) ~ que** op voorwaarde dat, *(Belg.)* mits; **les ~s d'un contrat** de bepalingen van een contract; **dans ces ~s** in dat geval; **sans ~** onvoorwaardelijk; **sous ~** voorwaardelijk **2** *(plur.) (circonstances)* omstandigheden *plur;* **~s de vie** levensomstandigheden **3** *(forme)* toestand *nm,* conditie *nf;* **mettre en ~** conditioneren; **être en (bonne) ~ pour** goed voorbereid zijn om **4** *(classe)* stand *nm*
conditionné, -ée *adj (produit)* (voor)verpakt
conditionnel, -elle *adj* voorwaardelijk; **le (mode) ~** de voorwaardelijke wijs
conditionnement *nm* **1** *(fait d'emballer)* (het) verpakken **2** *(emballage)* verpakking *nf* **3** *(psycho.)* conditionering *nf*
conditionner *vt* **1** *(emballer)* verpakken **2** *(psycho.)* conditioneren
condoléances *nf* deelneming *nf (uniquement sing.);* **(toutes) mes ~** gecondoleerd; **présenter ses ~ à qqn** iemand condoleren, zijn deelneming betuigen aan iemand
conducteur, -trice *n* **1** *(chauffeur)* bestuurder, bestuurster *nm, nf* **2** *(m.) (électricité)* geleider *nm;* **fil ~** geleidende draad; *(abstr.)* leidraad
[1]**conduire** *vi* **1** *(diriger une voiture)* (auto)rijden; **apprendre à ~** leren autorijden **2** *(mener (qqp))* leiden (ergens naartoe)
[2]**conduire** *vt* **1** *(accompagner (qqn))* brengen; **~ qqn à qqch** iemand brengen tot iets **2** *(diriger (un véhicule))* besturen **3** *(transmettre (la chaleur, etc.))* geleiden **4** *(mener (qqp))* leiden (ergens naartoe) **5** *(gérer)* leiden; **se conduire** *vpr* zich gedragen
conduit *nm* buis *de;* **~ auditif** gehoorgang
conduite *nf* **1** *(accompagnement)* begeleiding *nf* **2** *(d'un véhicule)* (het) besturen **3** *(sans complément) (de véhicules)* (het) rijden; **la ~ à gauche** (het) links rijden; **leçons de ~** rijlessen **4** *(canalisation)* leiding *nf;* **~ d'eau** waterleiding(buis) **5** *(comportement)* gedrag *het*
cône *nm* kegel *nm*
confection *nf* **1** *(préparation)* bereiding *nf, (fabrication)* vervaardiging *nf* **2** *(prêt-à-porter)* confectie(-industrie) *nf*
confectionner *vt* bereiden, klaarmaken, *(fabriquer)* vervaardigen
confédération *nf* **1** *(union d'États)* statenbond *nm,* confederatie *nf* **2** *(groupement)* verbond *het*
conférence *nf* **1** *(réunion)* conferentie *nf,* bijeenkomst *nf;* **~ de presse** persconferentie; **salle de ~s** congreszaal; **~ au sommet** topconferentie **2** *(exposé)* voordracht *de* ♦ **être en ~** in bespreking zijn
conférencier, -ière *n* spreker, spreekster *nm, nf*
conférer *vt* verlenen
confesser *vt* **1** *(avouer (qqch)) (relig.)* (op)biechten, bekennen, toegeven *(erreur, torts)* **2** *(entendre (qqn))* de biecht afnemen, *(fig.)* uithoren; **se confesser** *vpr* **1** *(reconnaître ses torts)* z'n fouten opbiechten **2** *(relig.)* biechten
confesseur *nm* biechtvader *nm*
confession *nf* **1** *(aveu)* bekentenis *nf* **2** *(confesse)* biecht *de* **3** *(religion)* geloof *het*
confessionnal *nm* biechtstoel *nm*
confetti *nm* confetti *plur*
confiance *nf* **1** *(sécurité)* vertrouwen *het;* **avoir ~ en, faire ~ à** vertrouwen hebben in; **en (toute) ~** vol vertrouwen **2** *(assurance)* zelfvertrouwen *het;* **manquer de ~ en soi** geen zelfvertrouwen hebben
confiant, -ante *adj* **1** *(sans méfiance)* vol vertrouwen (in) **2** *(assuré)* vol zelfvertrouwen
confidence *nf* vertrouwelijke mededeling *nf;* **mettre qqn dans la ~** iemand bij een geheim betrekken; **faire une ~ à qqn** iemand iets in vertrouwen vertellen

confident, -ente *n* vertrouweling(e) *nm (nf)*
confidentiel, -elle *adj* vertrouwelijk
confier *vt (remettre; dévoiler)* toevertrouwen (aan); ~ une mission à qqn iemand met een opdracht belasten; **se confier** (à) *vpr* zijn hart uitstorten (bij)
configuration *nf* 1 *(forme extérieure)* uiterlijke vorm *nm* 2 *(inform.)* configuratie *nf*
confiner *vt (enfermer)* opsluiten; **se confiner** (dans) *vpr* 1 *(se cloîtrer)* zich opsluiten (in) 2 *(se cantonner)* zich beperken (tot)
confins *nm* uiterste grenzen *plur*
confirmation *nf* 1 *(affirmation)* bevestiging *nf* 2 *(relig.)* vormsel *het (cathol.)*, geloofsbelijdenis *nf (prot.)*
confirmer *vt* 1 *(corroborer)* bevestigen 2 *(encourager)* aanmoedigen; ~ qqn dans qqch iemand in iets sterken 3 *(relig.)* vormen *(cathol.)*, bevestigen *(prot.)*; **se confirmer** *vpr* bevestigd worden
confiscation *nf* inbeslagneming *nf*
confiserie *nf* 1 *(commerce)* banketbakkerij *nf* 2 *(friandises)* suikerwaar *de*
confisquer *vt* 1 *(jur.)* in beslag nemen 2 *(+ à) (retirer)* afnemen (van)
[1]**confit** *nm* in eigen vet ingemaakt vlees *het;* un ~ d'oie in eigen vet ingemaakt ganzenvlees
[2]**confit, -ite** *adj* gekonfijt
confiture *nf* jam *de, (Belg.)* confituur *de*
conflit *nm* conflict *het*
confluent *nm* samenloop *nm*
confondre *vt* 1 *(mêler)* met elkaar verwarren; il confond les dates hij haalt de data door elkaar 2 *(déconcerter)* in verwarring brengen 3 *(démasquer)* aan de kaak stellen; **se confondre** *vpr* 1 *(+ avec) (se mélanger)* zich vermengen 2 *(+ en) (multiplier)* zich uitputten (in); se ~ en excuses zich uitputten in verontschuldigingen
conforme (à) *adj* overeenkomstig (met)
conformer (à) *vt* aanpassen (aan); **se conformer** (à) *vpr* zich richten (naar)
conformisme *nm* conformisme *het*
conformiste *adj* conformistisch; le, la ~ de conformist(e)
conformité *nf* overeenstemming *nf;* en ~ avec overeenkomstig
confort *nm* comfort *het;* appartement tout ~ flat voorzien van alle gemakken
confortable *adj* 1 *(qui présente du confort)* comfortabel 2 *(important)* behoorlijk
conforter (dans) *vt* bevestigen (in)
confrère *nm* collega *nm*
confrontation *nf* 1 *(opposition)* confrontatie *nf* 2 *(comparaison)* vergelijking *nf*
confronter *vt* 1 *(comparer)* vergelijken 2 *(opposer)* confronteren (met); être confronté à qqch met iets geconfronteerd worden
confus, -use *adj* 1 *(gêné)* verlegen 2 *(désordonné)* verward 3 *(vague)* vaag ♦ je suis ~ het spijt me
confusion *nf* 1 *(désordre)* wanorde *de* 2 *(gêne)* verlegenheid *nf* 3 *(méprise)* verwisseling *nf;* prêter à ~ aanleiding geven tot verwarring
congé *nm* 1 *(vacances)* vakantie *nf (sing.);* en ~ (de maladie) met (ziekte)verlof; jour de ~ vrije dag; ~ de maternité zwangerschapsverlof, *(Belg.)* bevallingsverlof; ~s payés doorbetaalde vakantie 2 *(renvoi)* ontslag *het;* donner son ~ à qqn iemand ontslaan ♦ prendre ~ de qqn afscheid van iemand nemen
congédier *vt* wegsturen, *(licencier)* ontslaan
congélateur *nm* (diep)vriezer *nm*
congeler *vt (aliments)* invriezen, diepvriezen
congénère *n* soort|genoot, -genote *nm, nf*
congénital, -ale *adj* aangeboren *(aussi péj.)*
congestion *nf* congestie *nf* ♦ ~ cérébrale beroerte
congestionner *vt* rood doen aanlopen
Congo *nm* Congo *n (sans art.);* la République du ~ de Republiek Congo; la République démocratique du ~ de Democratische Republiek Congo
congolais, -aise *adj* Congolees; le, la Congolais(e) de Congolees, Congolese
congratuler *vt* gelukwensen
congrégation *nf* congregatie *nf*
congrès *nm* congres *het*
conifère *nm* naaldboom *nm,* conifeer *nm*
conique *adj* kegelvormig, conisch
conjecture *nf* gissing *nf,* vermoeden *het*
[1]**conjoint, -ointe** *n* ↓ echt|genoot, -genote *nm, nf;* les ~s de echtelieden
[2]**conjoint, -ointe** *adj* gemeenschappelijk
conjonction *nf (ling.)* voegwoord *het*
conjoncture *nf* conjunctuur *nf,* stand *nm* van zaken
conjugaison *nf (ling.)* vervoeging *nf*
conjugal, -ale *adj* echtelijk, echt- ♦ conseiller ~ adviseur voor huwelijksproblemen
conjuguer *vt* 1 *(unir)* verenigen 2 *(ling.)* vervoegen; **se conjuguer** *vpr (ling.)* vervoegd worden
conjuration *nf* samenzwering *nf*
conjuré, -ée *n* samen|zweerder, -zweerster *nm, nf*
conjurer *vt* bezweren; je vous en conjure ik smeek het u
connaissance *nf* 1 *(savoir)* kennis *nf (uniquement sing.);* à ma ~ voor zover ik weet; donner ~ de qqch à qqn iemand iets doen weten; en ~ de cause volstrekt terecht 2 *(conscience)* bewustzijn *het;* être sans ~ buiten kennis zijn; perdre ~ flauwvallen 3 *(relation)* kennis *nm (sing. et plur.),* bekende *nm;* faire la ~ de qqn met iemand kennismaken

connaisseur, -euse *n* kenner *nm*
connaître *vt (qqn, qqch)* kennen, *(qqn)* leren kennen, *(qqch)* weten; **il ne connaît rien à la littérature** hij weet niets van literatuur; **~ la faim** weten wat hongerlijden betekent; **faire ~ qqch à qqn** iemand iets meedelen; **~ qqn de nom** iemand van naam kennen; **~ un grand succès** veel succes hebben; **se connaître** *vpr* **1** *(réfl.)* zichzelf kennen; **s'y ~ en qqch** verstand hebben van iets **2** *(récipr.)* elkaar kennen
connecté, -ée *adj* **1** *(inform.)* ingelogd **2** *(inform.; électroménager)* aangesloten op internet; **lunettes ~es** computerbril
connecter (à) *vt* aansluiten (op)
connerie *nf* ↑ stommiteit *nf*
connexion *nf* **1** *(analogie)* verband *het* **2** *(électricité; inform.)* verbinding *nf*; **~ à Internet** internetverbinding; **témoin de ~** cookie
connivence *nf* verstandhouding *nf*; **être de ~ avec qqn** met iemand onder één hoedje spelen
connotation *nf* gevoelswaarde *nf*, connotatie *nf*
connu, -ue *adj* bekend
conquérant, -ante *n* veroveraar *nm*, *(fig.)* hartenbreker *nm*
conquérir *vt* veroveren; **~ l'estime de qqn** iemands respect afdwingen; **~ une montagne** een berg bedwingen
conquête *nf* verovering *nf*; **faire la ~ de qqn** iemand veroveren
consacré, -ée *adj* **1** *(relig.)* gewijd **2** *(rituel)* geijkt
consacrer *vt* **1** *(relig.)* wijden **2** *(+ à) (destiner)* wijden (aan) **3** *(entériner)* bekrachtigen; **l'usage a consacré ce mot** dat woord is ingeburgerd (geraakt); **se consacrer (à)** *vpr* zich wijden (aan)
consciemment *adv* bewust
conscience *nf* **1** *(lucidité)* bewustzijn *het*; **avoir, prendre ~ de qqch** zich iets bewust zijn, worden; **perdre ~** 't bewustzijn verliezen **2** *(jugement moral)* geweten *het*; **avoir bonne ~** (ten onrechte) een goed geweten hebben; **mauvaise ~** slecht geweten **3** *(sens du devoir)* plichtsgevoel *het*; **~ professionnelle** plichtsbesef
consciencieux, -ieuse *adj* nauwgezet
conscient, -ente *adj* (zelf)bewust; **être ~ de qqch** zich ergens van bewust zijn; **le ~** het bewuste
conscrit *nm* **1** *(appelé)* dienstplichtige *nm* **2** *(recrue)* rekruut *nm*
consécration *nf* **1** *(relig.)* wijding *nf* **2** *(confirmation)* bekrachtiging *nf*; **~ d'une œuvre** bekroning van een werk
consécutif, -ive *adj* achtereenvolgend; **~ à qqch** als gevolg van iets; *(adv.)* **consécutivement** achtereenvolgens
conseil *nm* **1** *(recommandation)* raad *nm*, advies *het*; **demander ~ à qqn** iemand raadplegen; **faire qqch sur le ~ de qqn** iets op aanraden van iemand doen **2** *(conseiller)* raadsman *nm* **3** *(assemblée)* raad *nm*, raadsorgaan *het*; **~ d'administration** Raad van Bestuur; **~ de classe** klassenraad; **~ de discipline** tuchtraad; **~ d'État** Raad van State; **~ des ministres** ministerraad, *(Belg.)* regeringsraad
[1]**conseiller, -ère** *n* **1** *(qui donne des conseils)* raads|man, -vrouwe *nm, nf*; **~ fiscal** belastingadviseur; **~ d'orientation professionnelle** beroepskeuzeadviseur **2** *(membre d'un conseil)* (raads)lid *het (m)*, *het (f)*; **~ municipal** raadslid, gemeenteraadslid *(Belg.n.)*
[2]**conseiller** *vt* **1** *(qqch à qqn)* (iemand iets) aanraden; **~ à qqn de faire qqch** (aan) iemand aanraden om iets te doen; **prix conseillé** adviesprijs **2** *(qqn)* raad geven aan
consensus *nm* consensus *nm*
consentant, -ante *adj* toestemmend
consentement *nm* toestemming *nf*
[1]**consentir (à)** *vi* instemmen (met), toestemmen (in); **~ à ce que, que** ermee instemmen dat
[2]**consentir** *vt (accorder)* verlenen
conséquence *nf* gevolg *het*; **en ~** dienovereenkomstig; **en ~ de** ten gevolge van; **avoir pour ~** tot gevolg hebben; **sans ~** onbelangrijk; **cela ne tire pas à ~** dat is niet erg
conséquent, -ente *adj* **1** *(logique)* consequent **2** *(important)* flink ♦ **par ~** bijgevolg
[1]**conservateur** *nm* **1** *(préposé(e))* conserva|tor, -trice *nm, nf* **2** *(pol.)* conservatief *nm* **3** *(chim.)* conserveringsmiddel *het*
[2]**conservateur, -trice** *adj* **1** *(pol.)* conservatief **2** *(conservant)* conserveer-
conservation *nf* **1** *(action)* bewaring *nf*, conservering *nf*; **instinct de ~** instinct tot zelfbehoud; **lait de longue ~** lang houdbare melk **2** *(état)* onderhoud *het*
Conservatoire *nm (mus.)* conservatorium *het*
conserve *nf* levensmiddel *het* in blik; **mettre en ~** inblikken; **des petits pois en ~** doperwtjes in blik
conserver *vt* **1** *(garder)* bewaren; **~ un souvenir** een herinnering levendig houden **2** *(aliments)* conserveren; **se conserver** *vpr* **1** *(se garder)* bewaard blijven **2** *(ne pas se gâter)* goed blijven; **cela ne se conserve pas** dat is niet houdbaar
considérable *adj* aanzienlijk
considération *nf* **1** *(examen)* beschouwing *nf*; **en ~ de** gelet op, met het oog op; **prendre en ~** in aanmerking, overweging nemen **2** *(égard)* (hoog)achting *nf*, waardering *nf*; **avoir la ~ de qqn** door iemand gewaardeerd worden
considérer *vt* **1** *(étudier)* beschouwen; **tout bien considéré** op de keper beschouwd **2** *(+ comme) (tenir)* beschouwen (als) **3** *(tenir compte)* in aanmerking nemen **4** *(estimer (qqn))* (hoog)achten ♦ **~ que** van mening zijn dat
consigne *nf* **1** bagagedepot *het*; **~ automatique** bagagekluis **2** *(d'un emballage)*

statiegeld *het* 3 *(bouteille vide)* lege fles *de* 4 *(ordre)* instructie *nf* 5 *(enseign.)* (het) nablijven

consigner *vt* 1 *(bagages)* in bewaring geven 2 *(emballage)* met statiegeld belasten; emballage non consigné geen statiegeld 3 *(noter)* op schrift stellen 4 *(enseign.)* nahouden 5 *(milit.)* consigneren

consistance *nf* 1 *(fermeté)* vastheid *nf* 2 *(cohérence)* consistentie *nf*

consistant, -ante *adj* 1 *(cohérent)* consequent, consistent 2 *(épais)* dik, stevig

consister *vi* 1 *(+ dans, en) (se composer)* bestaan (uit) 2 *(+ à) (signifier)* bestaan (in, uit); en quoi consiste votre travail ? waaruit bestaat uw werk?

consœur *nf* collega *nm*

consolation *nf* troost *nm;* une piètre ~ een schrale troost

console *nf* 1 *(table)* consoletafel *de* 2 *(inform.)* (bedienings)paneel *het*

consoler (de) *vt* troosten (over); **se consoler (de)** *vpr* zich troosten (over)

consolidation *nf* versterking *nf,* consolidatie *nf*

consolider *vt* 1 *(renforcer)* versterken 2 *(confirmer)* bevestigen 3 *(garantir)* consolideren

consommateur, -trice *n* 1 *(acheteur)* consument *nm, (d'énergie)* verbruiker *nm;* union des ~s consumentenbond 2 *(client d'un café)* (café)bezoek(st)er *nm, nf*

consommation *nf* verbruik *het,* consumptie *nf (aussi boisson);* article de ~ courante artikel voor dagelijks gebruik

consommé *nm* heldere bouillon *nm*

[1]**consommer** *vi (dans un café)* iets gebruiken

[2]**consommer** *vt* verbruiken, (op)gebruiken

consonance *nf* klank *nm;* un nom d'une ~ flamande een Vlaams klinkende naam

consonne *nf* medeklinker *nm*

conspirateur, -trice *n* samen|zweerder, -zweerster *nm, nf*

conspiration *nf* samenzwering *nf*

conspirer *vi* samenzweren, samenspannen

constance *nf* bestendigheid *nf*

constant, -ante *adj* constant, voortdurend; la ~e de constante (factor)

constat *nm* proces-verbaal *het; (transp.)* ~ amiable schadeformulier

constatation *nf* 1 *(action)* vaststelling *nf,* constatering *nf, (Belg.)* constatatie *nf* 2 *(résultat)* bevinding *nf*

constater *vt* vaststellen, constateren; ~ les faits de feiten vaststellen; constatez (par) vous-même ! overtuig u zelf!

constellation *nf* sterrenbeeld *het*

consteller (de) *vt* bezaaien (met)

consternation *nf* ontsteltenis *nf,* verslagenheid *nf*

consterner *vt* hevig ontstellen

constipation *nf* verstopping *nf,* constipatie *nf*

constipé, -ée *adj* 1 *(méd.)* aan verstopping lijdend 2 *(fig.) (coincé)* ↑ gespannen, stijf

constiper *vt* verstoppen

constituer *vt* 1 *(former)* vormen, samenstellen; être constitué de bestaan uit 2 *(représenter)* betekenen 3 *(créer)* oprichten 4 *(désigner)* benoemen tot; ~ qqn son héritier iemand tot erfgenaam benoemen ♦ être bien constitué een stevig gestel hebben; **se constituer** *vpr* ♦ se ~ partie civile zich civiele partij stellen; se ~ prisonnier zich bij de politie aangeven

constitution *nf* 1 *(composition)* samenstelling *nf* 2 *(création)* oprichting *nf* 3 *(d'une personne)* gestel *het* 4 *(pol.)* grondwet *de*

constructeur, -trice *n* 1 *(fabricant)* bouw(st)er *nm (nf),* fabrikant *nm;* ~ d'automobiles autoconstructeur; ~ mécanicien werktuigbouwkundige 2 *(architecte)* bouwmeester *nm,* bouwer *nm*

constructif, -ive *adj* opbouwend, constructief

construction *nf* 1 *(édification)* (het) bouwen; en (voie de) ~ *(bâtiment)* in aanbouw; *(route)* in aanleg 2 *(bâtiment)* gebouw *het (aussi au fig.)* 3 *(composition)* samenstelling *nf* 4 *(industrie)* bouwindustrie *nf;* ~ navale scheepsbouwindustrie 5 *(syntaxe)* constructie *nf,* zinsbouw *nm*

construire *vt* 1 *(bâtir)* bouwen, *(routes, canaux, digues)* aanleggen 2 *(élaborer)* vormen, *(théorie)* opstellen, *(système)* opzetten

consul *nm* consul *nm*

consulaire *adj* consulair

consulat *nm* consulaat *het*

consultation *nf* 1 *(discussion)* beraadslaging *nf* 2 *(méd.)* spreekuur *het;* donner des ~s spreekuur houden 3 *(d'un expert)* raadpleging *nf;* ~ de l'opinion opinieonderzoek

[1]**consulter** *vi (méd.)* spreekuur houden

[2]**consulter** *vt* raadplegen; ~ l'opinion de opinie peilen; **se consulter** *vpr* elkaar raadplegen

consumer *vt* 1 *(brûler)* verbranden 2 *(miner)* slopen; le chagrin le consume hij wordt verteerd door verdriet; **se consumer** *vpr* 1 *(brûler)* langzaam verbranden 2 *(dépérir)* wegkwijnen

contact *nm* contact *het;* au ~ de qqn door de omgang met iemand; au ~ de qqch door, bij de aanraking met iets; entrer en ~ in aanraking komen (met elkaar); entrer en ~ avec qqn in contact treden met iemand; mettre le ~ contact maken *(voiture);* inschakelen *(appareil)*

contacter *vt* contact opnemen met

contagieux, -euse *adj* 1 *(infectieux)* besmettelijk 2 *(communicatif)* aanstekelijk

contagion *nf* 1 *(contamination)* besmetting *nf* 2 *(maladie contagieuse)* besmettelijke ziekte *nf* 3 *(propagation)* aanstekelijkheid *nf*

container *nm* container *nm*

contamination *nf (aussi au fig.)* besmetting *nf*

contaminer *vt* besmetten

conte *nm* vertelling *nf;* ~ de fées sprookje

contemplation *nf* 1 *(observation)* beschouwing *nf;* en ~ in beschouwing verdiept 2 *(relig.)* aanschouwing *nf*

contempler *vt* beschouwen

contemporain, -aine *adj* 1 *(du même temps)* uit dezelfde tijd stammend; le, la ~(e) de tijdgenoot, tijdgenote 2 *(actuel)* eigentijds

contenance *nf* 1 *(capacité)* inhoud *nm* 2 *(attitude)* houding *nf;* faire bonne ~ zich goed houden; perdre ~ van zijn stuk raken

contenant *nm* omhulsel *het*

conteneur *nm* container *nm*

contenir *vt* 1 *(renfermer)* be-, omvatten, inhouden; que contient cette lettre ? wat staat er in die brief? 2 *(avoir une capacité)* kunnen bevatten 3 *(réprimer)* in bedwang houden; **se contenir** *vpr (se maîtriser)* zich inhouden, zich beheersen

content, -ente (de) *adj* tevreden (over); être ~ (de ce) que tevreden zijn dat

contentement *nm* tevredenheid *nf*

contenter *vt* tevredenstellen; **se contenter** (de) *vpr* zich tevredenstellen (met); se ~ de ermee volstaan te; se ~ de feuilleter un livre een boek alleen maar doorbladeren

[1]**contenu** *nm* inhoud *nm, (fig. aussi)* betekenis *nf*

[2]**contenu, -ue** *adj* opgekropt

conter *vt* vertellen

contestable *adj* betwistbaar

contestataire *n* protesteer|der, -ster *nm, nf*

contestation *nf* 1 *(discussion)* betwisting *nf* 2 *(pol.)* protestbeweging *nf*

conteste ♦ sans ~ onbetwistbaar

[1]**contester** *vi (protester)* protesteren

[2]**contester** *vt (mettre en doute)* betwisten; des idées contestées omstreden ideeën

contexte *nm* context *nm;* isolé de son ~ uit zijn verband gerukt

contigu, -uë *adj* aangrenzend; être ~ à liggen naast

continent *nm* 1 *(géo.)* werelddeel *het* 2 *(par rapport à une île)* vasteland *het*

continental, -ale *adj* continentaal; climat ~ landklimaat

contingences *nf* bijkomstigheden *plur*

contingent *nm* 1 *(contribution)* aandeel *het,* bijdrage *de* 2 *(milit.)* lichting *nf* 3 *(écon.)* contingent *het*

continu, -ue *adj* onafgebroken; effort ~ gestage inspanning; journée ~e werkdag met korte lunchpauze; le ~ het continuüm

continuation *nf* voortzetting *nf;* bonne ~ veel plezier verder

continuel, -elle *adj* voortdurend, aanhoudend

[1]**continuer** *vi* 1 *(durer)* (voort)duren, aanhouden; la séance continue de zitting wordt voortgezet 2 *(+ à, de) (ne pas cesser de)* doorgaan (met); il continue à boire hij blijft drinken; je continue à croire que ik geloof nog steeds dat 3 *(+ jusqu'à) (se prolonger)* doorlopen (tot)

[2]**continuer** *vt* 1 *(poursuivre)* voortzetten 2 *(prolonger dans l'espace)* doortrekken, verlengen

continuité *nf* voortzetting *nf*

contorsion *nf* acrobatie *nf*

se contorsionner *vpr* zich in bochten wringen

contour *nm* omtrek *nm,* lijn *de*

contourner *vt* 1 *(passer autour de)* omtrekken 2 *(éviter)* ontwijken, *(difficultés)* omzeilen

contraceptif, -ive *adj* voorbehoeds-, anticonceptie-; le ~ het voorbehoedsmiddel, anticonceptiemiddel

contraception *nf* anticonceptie *nf*

contracter *vt* 1 *(engagement, contrat)* aangaan 2 *(habitude)* aannemen 3 *(maladie)* oplopen 4 *(muscle)* (doen) samentrekken 5 *(crisper)* in een toestand van spanning brengen; être contracté gespannen zijn; **se contracter** *vpr (muscle)* zich samentrekken

contraction *nf* 1 *(crispation)* samentrekking *nf* 2 *(accouchement)* wee *de*

contractuel, -elle *n* parkeerwachter *nm*

contradiction *nf* 1 *(réfutation)* tegenspraak *de;* avoir l'esprit de ~ altijd tegendraads zijn 2 *(incompatibilité)* tegenstrijdigheid *nf;* être en ~ (avec) in strijd zijn (met)

contradictoire *adj* (tegen)strijdig

contraignant, -ante *adj* 1 *(qui oblige)* dwingend 2 *(qui gêne)* hinderlijk

contraindre *vt* dwingen (tot); ~ à dwingen te

contraint, -ainte *adj* gemaakt; ~ et forcé onder dwang

contrainte *nf* 1 *(pression)* dwang *nm;* agir sous la ~ onder dwang handelen 2 *(gêne)* gemaaktheid *nf;* sans ~ vrijuit

contraire (à) *adj* tegen(over)gesteld (aan), (tegen)strijdig (met); être ~ à in strijd zijn met; *(adv.)* contrairement à in tegenstelling tot; *(subst.)* au ~ *(isolément)* integendeel; *(dans une proposition)* daarentegen; *(subst.)* au ~ de in tegenstelling tot; prouver le ~ het tegendeel bewijzen; vent ~ tegenwind

contrariant, -ante *adj* 1 *(porté à contrarier)* tegendraads; avoir l'esprit ~ altijd dwarsliggen 2 *(fâcheux)* ergerlijk

contrarier *vt* 1 *(combattre)* dwarsbomen 2 *(mécontenter)* ontstemmen

contrariété *nf* 1 *(mécontentement)* ontstemming *nf* 2 *(plur.) (problèmes)* tegenslag *nm*
contraste *nm* contrast *het;* **effet de ~** contrastwerking; **en ~ avec** in tegenstelling met, tot
contrasté, -ée *adj* contrastrijk
1**contraster (avec)** *vi* contrasteren (met), afsteken (tegen)
2**contraster** *vt* doen afsteken
contrat *nm* contract *het,* overeenkomst *nf;* **passer un ~ (avec)** een contract sluiten (met), een overeenkomst aangaan (met); **réaliser, remplir son ~** zijn beloften waarmaken; **~ social** maatschappelijk verdrag; **~ de travail** arbeidsovereenkomst
contravention *nf* bekeuring *nf;* **dresser une ~ à qqn** iemand bekeuren
1**contre** *nm* tegen *het (sing.)*
2**contre** *prép* 1 *(proximité)* tegen, *(en échange)* in ruil voor; **tout ~** vlak bij, vlak naast 2 *(direction)* tegen(in); **par ~** daarentegen 3 *(proportion)* tegen; **je parie (à) cent ~ un que** honderd tegen één dat
contre-attaquer *vt* een tegenaanval doen op
contrebande *nf* 1 *(fraude)* (het) smokkelen 2 *(marchandise)* smokkelwaar *de*
contrebandier, -ière *n* smokkelaar(ster) *nm (nf)*
contrebas ♦ **en ~ de** lager gelegen dan
contrebasse *nf* contrabas *de*
contrecarrer *vt* tegenwerken
contrecœur *nm* ♦ **à ~** met tegenzin
contrecoup *nm* weerslag *nm,* nawerking *nf*
contre-courant *nm* tegenstroom *nm;* **nager à ~** tegen de stroom in zwemmen
contredire *vt* 1 *(démentir)* tegenspreken 2 *(être contraire à)* in strijd zijn met 3 *(jur.)* weerleggen; **se contredire** *vpr* 1 *(l'un l'autre)* elkaar tegenspreken 2 *(soi-même)* zichzelf tegenspreken
contrée *nf* streek *de*
contre-exemple *nm* tegenvoorbeeld *het*
contre-expertise *nf* contra-expertise *nf*
contrefaçon *nf* vervalsing *nf*
contrefaire *vt* 1 *(imiter)* nabootsen 2 *(falsifier)* vervalsen 3 *(déguiser)* verdraaien
contrefort *nm* 1 *(archit.)* steunbeer *nm* 2 *(géo.)* uitloper *nm*
contre-indication *nf* contra-indicatie *nf*
contre-indiqué, -ée *adj* te ontraden
contre-jour *nm* tegenlicht *het;* **à ~** tegen het licht in
contremaître, -esse *n* voorman *nm,* opzichter(es) *nm (nf)*
contrepartie *nf* 1 *(compensation)* compensatie *nf;* **en ~** daartegenover; **en ~ de qqch** als tegenprestatie voor iets 2 *(contraire)* tegendeel *het*
contre-performance *nf (sports)* slechte prestatie *nf*
contrepied *nm* tegendeel *het;* **prendre le ~ de qqch** het tegenovergestelde van iets doen *(faire);* het tegenovergestelde van iets beweren *(dire)*
contreplaqué *nm* multiplex *het*
contrepoids *nm* tegenwicht *het (aussi au fig.);* **faire ~ à qqch** tegen iets opwegen
contrer *vt* zich krachtig weren tegen
contresens *nm* 1 *(erreur)* begripsfout *de* 2 *(interprétation)* misinterpretatie *nf* ♦ **à ~** averechts
contresigner *vt* medeondertekenen
contretemps *nm* tegenvaller *nm;* **à ~** ongelegen ♦ *(mus.)* **à ~** tegen het ritme in
contrevenir (à) *vi* (iets) overtreden
contribuable *n* belastingbetaler *nm,* belastingplichtige *nm*
contribuer (à) *vi* 1 *(concourir à)* bijdragen (tot, aan) 2 *(cotiser)* zijn bijdrage betalen (in)
contribution *nf* 1 *(collaboration; cotisation)* bijdrage *de;* **apporter sa ~ à** (zijn steentje) bijdragen tot 2 *(impôt)* belasting *nf* ♦ **mettre qqch à ~** van iemands diensten gebruikmaken
contrôle *nm* 1 *(inspection)* controle *de;* **~ continu** doorlopende toetsing; **~ technique des voitures** apk-keuring 2 *(maîtrise)* controle *de;* **~ des naissances** geboorteregeling; **perdre le ~ de sa voiture** de macht over het stuur verliezen; **~ des prix** prijscontrole; **~ de soi** zelfbeheersing 3 *(lieu)* controleplaats *de* 4 *(enseign.)* toets *nm*
contrôler *vt* 1 *(vérifier)* controleren 2 *(maîtriser)* beheersen; **~ ses réactions** z'n reacties onder controle hebben; **se contrôler** *vpr* zich beheersen
contrôleur, -euse *n (ch. de fer)* conduc|teur, -trice *nm, nf*
contrordre *nm* tegenorder *het/de*
controverse *nf* discussie *nf*
controversé, -ée *adj* omstreden
contumace *nf* ♦ **par ~** bij verstek
contusion *nf* kneuzing *nf*
convaincant, -ante *adj* overtuigend
convaincre (de) *vt* 1 *(persuader)* overtuigen (van) 2 *(prouver la culpabilité)* schuldig bevinden (aan)
convaincu, -ue *adj* overtuigd
convalescence *nf* herstel *het;* **être en ~** aan de beterende hand zijn
convalescent, -ente *adj* herstellend; **le ~** de herstellende
convenable *adj* 1 *(approprié)* geschikt 2 *(décent)* fatsoenlijk 3 *(acceptable)* aanvaardbaar ♦ **si vous vous y prenez ~ment** als u het juist aanpakt
convenance *nf* 1 *(plur.) (bienséances)* fatsoen *het (uniquement sing.);* **contraire aux ~s** onbehoorlijk, ongepast; **respecter les ~s** de wetten van het fatsoen eerbiedigen 2 *(goût)* zin *nm;* **à ta ~** al naargelang 't jou schikt
convenir *vt* 1 *(+ à) (être approprié)* passen (bij), geschikt zijn (voor); **la date qui conviendrait le mieux** de meest geschikte

datum; il convient de het past dat 2 *(+ à) (plaire)* bevallen; si cela vous convient als dat u schikt 3 *(+ de) (admettre)* toegeven 4 *(+ de) (décider)* overeenkomen

convention *nf* 1 *(accord)* overeenkomst *nf* 2 *(souvent plur.) (convenances)* conventies *plur*

conventionné, -ée *adj* onder een (tarief)overeenkomst vallend; médecin ~ ziekenfondsarts

conventionnel, -elle *adj* 1 *(d'une convention)* verdrags- 2 *(traditionnel)* conventioneel

convenu, -ue *adj* overeengekomen

convergence *nf* convergentie *nf (aussi au fig.)*

convergent, -ente *adj* 1 *(sc.)* convergerend; lentilles ~es convergerende lenzen 2 *(concordant)* gelijkgericht

converger *vi* 1 *(sc.)* convergeren 2 *(concorder)* overeenstemmen

conversation *nf* gesprek *het;* avoir de la ~ een gezellige prater zijn ♦ dans la ~ courante in gewone omgangstaal

converser *vi* zich (met elkaar) onderhouden

conversion *nf* 1 *(transformation)* verandering (in) *nf,* omzetting (in) *nf* 2 *(fin.)* omrekening (in) *nf* 3 *(relig.)* bekering *nf (aussi au fig.)* 4 *(écon.)* omschakeling *nf, (personnes)* omscholing *nf*

convertible *adj* 1 *(+ en) (changeable en)* omzetbaar (in) 2 *(fin.)* converteerbaar, inwisselbaar 3 *(meubles, appareils ménagers)* multifunctioneel; le ~ de slaapbank

convertir *vt* 1 *(+ en) (transformer en)* omzetten (in); ~ ses actions en devises z'n aandelen te gelde maken 2 *(fin.)* omrekenen (in) 3 *(+ à) (faire adhérer à)* bekeren (tot); **se convertir** *vpr* 1 *(se reconvertir)* omschakelen 2 *(se recycler)* zich laten omscholen 3 *(+ en) (se transformer en)* zich veranderen (in) 4 *(+ à) (adhérer à)* zich bekeren (tot)

convexe *adj* convex, bol(rond)

conviction *nf* overtuiging *nf;* avoir la ~ que er vast van overtuigd zijn dat

convier *vt* 1 *(inviter)* uitnodigen (voor) 2 *(inciter)* aansporen (tot)

convive *n* tafel|genoot, -genote *nm, nf,* gast *nm*

convivial, -ale *adj* 1 *(sympathique)* gezellig 2 *(inform.)* gebruikersvriendelijk

convivialité *nf* gezelligheid *nf*

convocation *nf* 1 *(appel)* bijeenroeping *nf* 2 *(lettre)* convocatie *nf*

convoi *nm* 1 *(de véhicules)* konvooi *het* 2 *(funèbre)* lijkstoet *nm* 3 *(train)* (spoor)trein *nm*

convoiter *vt* begeren

convoitise *nf* begerigheid *nf*

convoquer *vt* 1 *(appeler à se réunir)* bijeenroepen 2 *(faire venir)* bij zich laten komen *(chez qqn),* oproepen *(auprès d'un organisme)*

convoyer *vt* escorteren, (be)geleiden

convoyeur *nm* 1 *(personne)* begeleider *nm;* ~ de fonds geldtransportbegeleider 2 *(bateau)* konvooischip *het*

convulsé, -ée *adj* krampachtig vertrokken

convulsion *nf* stuip(trekking) *de (nf)*

cool *adj* 1 *(décontracté)* relaxed 2 *(plaisant)* te gek

coopérant, -ante *n* ontwikkelingswerker *nm*

coopératif, -ive *adj* 1 *(prêt à aider)* tot medewerking bereid, in een geest van samenwerking 2 *(écon.)* coöperatief; la coopérative de coöperatie

coopération *nf* 1 *(collaboration)* samenwerking *nf* 2 *(aide)* medewerking *nf* 3 *(aide au développement)* ontwikkelingssamenwerking *nf*

coopérer *vi* 1 *(collaborer)* samenwerken 2 *(+ à) (participer)* medewerken (aan)

coordination *nf* coördinatie *nf*

coordonnées *nf* personalia *plur,* gegevens *plur*

coordonner *vt* coördineren

copain, -ine *n* vriendje, vriendinnetje *het (m), het (f);* être ~ avec qqn beste maatjes met iemand zijn

coparentalité *nf* co-ouderschap *het,* medeouderschap *het*

copeau *nm* spaan(der) *de (nm)*

copie *nf* 1 *(duplicata)* kopie *nf,* doorslag *nm (dactylographiée);* pour ~ conforme, p.c.c. voor afschrift conform; *(inform.)* ~ d'écran screenshot, schermafbeelding; *(inform.)* mettre qqn en ~ iemand cc'en; *(inform.)* ~ de sauvegarde back-up 2 *(arts)* kopie *nf* 3 *(plagiat)* imitatie *nf* 4 *(devoir)* huiswerk *het* 5 *(feuille)* blaadje *het;* remettre une ~ blanche een leeg blaadje inleveren 6 *(édit.)* kopij *nf*

copier *vt* 1 *(retranscrire)* overschrijven 2 *(tricher)* afkijken (van); ~ sur son voisin bij zijn buurman spieken 3 *(arts)* kopiëren 4 *(imiter)* imiteren

copier-coller *nm* ♦ *(inform.)* faire un ~ kopiëren en plakken, copy-pasten

copieur, -euse *n* 1 *(tricheur)* afkijk(st)er *nm (nf)* 2 *(imitateur)* na-aper, na-aapster *nm, nf* 3 *(uniquement m.) (photocopieur)* kopieermachine *nf*

copieux, -euse *adj* overvloedig

copine *nf* → copain

coproduction *nf* coproductie *nf*

copropriétaire *n* mede-eige|naar, -nares *nm, nf*

copropriété *nf* gemeenschappelijk eigendom *het*

coq *nm* haan *nm;* passer du ~ à l'âne van de hak op de tak springen

coque *nf* 1 *(coquille)* schaal *de* 2 *(aviat., mar.)* romp *nm* 3 *(mollusque)* kokkel *nm*

coquelicot *nm* klaproos *de*

coqueluche *nf* kinkhoest *nm* ♦ être la ~ du public de lieveling van het publiek zijn

coquet, -ette *adj* 1 *(élégant)* elegant 2 *(minaudier)* koket, behaagziek 3 *(plai-*

sant) leuk 4 *(considérable)* aanzienlijk; **une ~te somme** een lief sommetje

coquetier *nm* eierdopje *het*

coquetterie *nf* 1 *(minauderie)* koketterie *nf,* behaagzucht *de* 2 *(élégance)* élégance *nf*

coquillage *nm* schelp *de,* schelpdier *het*

coquille *nf* 1 *(carapace)* schelp *de;* **~ d'escargot** slakkenhuis; *(fig.)* **rentrer dans sa ~** in zijn, haar schulp kruipen; **~ Saint-Jacques** jakobsschelp 2 *(coque)* schaal *de;* **~ de noix** notendop *(aussi au fig.);* **~ d'œuf** eierdop; *(fig.)* **une ~ vide** een lege huls 3 *(motif ornemental)* schelpmotief *het;* **~ de beurre** balletje boter 4 *(faute typographique)* drukfout *de*

coquin, -ine *n* deugniet *nm;* **histoire ~e** pikant verhaaltje

cor *nm* 1 *(callosité)* likdoorn *nm* 2 *(instrument)* hoorn *nm;* **à ~ et à cri** luidkeels

corail *nm* koraal *het*

Coran *nm* Koran *nm*

corbeau *nm (oiseau)* raaf *nm*

corbeille *nf* 1 *(panier)* mand *de,* korf *nm;* **~ à papier** prullenmand 2 *(balcon)* balkonloge *de*

corbillard *nm* lijkwagen *nm*

corde *nf* 1 *(cordage)* touw *het,* koord *het;* **~ à sauter** springtouw; **être sur la ~ raide** zich in een precaire situatie bevinden; **~ à linge** waslijn; **sauter à la ~** touwtjespringen 2 *(mus.)* snaar *de (aussi au fig. et raquette), (plur.)* strijkinstrumenten *plur* 3 *(trame)* (schering)draad *nm;* **être usé jusqu'à la ~** tot op de draad versleten zijn 4 *(pendaison)* strop *de* ♦ **il pleut des ~s** het regent pijpenstelen; **~s vocales** stembanden; **c'est dans mes ~s** dat kan ik wel (aan); **avoir plus d'une ~ à son arc** meer dan één pijl op zijn boog hebben

cordée *nf* ⟨*groep bergbeklimmers onderling door een touw verbonden*⟩

cordelette *nf* snoertje *het,* koordje *het*

cordial, -ale *adj* hartelijk

cordialité *nf* hartelijkheid *nf*

cordon *nm* 1 *(petite corde)* snoer *het,* touw(tje) *het;* **tenir les ~s de la bourse** het geld beheren 2 *(rangée)* reeks *de,* kordon *het (police, soldats)* 3 *(insigne)* ordelint *het* ♦ **~ ombilical** navelstreng

cordon-bleu *nm* heel goede kookster *nf*

cordonnerie *nf* schoenmakerij *nf*

cordonnier *nm* schoenmaker *nm*

Corée *nf* Korea *n (sans art.);* **la ~ du Nord, Sud** Noord-, Zuid-Korea

coréen, -enne *adj* Koreaans; **le ~** het Koreaans; **le, la Coréen(ne)** de Koreaan(se)

coriace *adj* taai *(aussi au fig.)*

cormoran *nm* aalscholver *nm*

corne *nf* 1 *(d'animaux)* hoorn *nm,* gewei *het (d'un cervidé); (fig.)* **porter des ~s** hoorns ophebben 2 *(substance compacte)* hoorn *het,* eelt *het (de la peau)* 3 ezelsoor *het* 4 *(instrument)* hoorn *nm* ♦ **~ d'abondance** hoorn des overvloeds

corneille *nf* kraai *de*

cornemuse *nf* doedelzak *nm*

[1]**corner** *nm* corner *nm,* hoekschop *nm*

[2]**corner** *vt* een ezelsoor maken in

cornet *nm* 1 *(objet conique)* hoorntje *het* 2 *(de papier)* (punt)zak *nm* 3 *(instrument)* kornet *de*

corniche *nf* 1 *(archit.)* kroonlijst *de* 2 *(escarpement rocheux)* overhangende rots *de*

cornichon *nm* augurk *de*

corporation *nf* corporatie *nf,* vakgenootschap *het*

corporel, -elle *adj* lichamelijk

corps *nm* 1 *(organisme)* lichaam *het,* lijf *het;* **un ~ à ~** een gevecht van man tegen man; **trembler de tout son ~** over zijn gehele lichaam rillen; **se donner ~ et âme** zich met hart en ziel geven 2 *(objet)* voorwerp *het;* **donner ~ à** vorm geven aan; **prendre ~** vaste vorm krijgen 3 *(partie principale)* hoofddeel *het;* **faire ~ avec** één zijn met 4 *(groupe organisé)* korps *het;* **le ~ électoral** het kiezerskorps; **~ enseignant** onderwijzend personeel; **~ médical** medisch college ♦ **à son ~ défendant** tegen wil en dank; **à ~ perdu** blindelings

corpulence *nf* 1 *(stature)* gestalte *nf;* **être de forte ~** zwaar zijn 2 *(grosseur)* zwaarlijvigheid *nf*

corpulent, -ente *adj* zwaarlijvig

correct, -ecte *adj* 1 *(sans erreurs)* juist, correct 2 *(convenable)* keurig 3 *(acceptable)* redelijk; **gagner ~ement sa vie** een redelijk salaris hebben

correcteur, -trice *adj* correctie-; **le ~, la correctrice** de corrector, correctrice; *(inform.)* **~ orthographique** spellingchecker

correction *nf* 1 *(exactitude; bienséance)* correctheid *nf;* **~ d'une traduction** getrouwheid van een vertaling 2 *(rectification)* correctie *nf,* herstelling *nf* 3 *(enseign., édit.)* correctie *nf;* **~ d'épreuves** (het) drukproeven lezen 4 *(volée de coups)* pak *het* slaag

correctionnel, -elle *adj* ♦ **la ~le** de strafkamer (van de rechtbank); **tribunal ~** correctionele rechtbank; *(aux Pays-Bas)* strafkamer van de arrondissementsrechtbank

corrélation *nf* correlatie *nf,* wederzijdse samenhang *nm*

correspondance *nf* 1 *(courrier)* correspondentie *nf,* briefwisseling *nf* 2 *(analogie)* overeenkomst *nf* 3 *(transports)* aansluiting *nf,* verbinding *nf (n.B.);* **prendre une, la ~** overstappen

[1]**correspondant, -ante** *n* 1 *(épistolaire)* correspondent(e) *nm (nf)* 2 *(au téléphone)* opgebelde *nm*

[2]**correspondant, -ante** *adj* overeenkomstig

[1]**correspondre** *vi* 1 *(+ à) (être conforme)* overeenkomen (met) 2 *(communiquer)* met elkaar in verbinding staan 3 *(+ avec) (s'écrire)* (met elkaar) corresponderen

[2]**se correspondre** *vpr* met elkaar overeenkomen
corrida *nf* stierengevecht *het*
corridor *nm* gang *nm*
corrigé *nm* model *het,* sleutel *nm*
corriger *vt* **1** *(rectifier)* corrigeren, verbeteren, *(technol.)* regelen; **~ une observation** een waarneming rechtzetten **2** *(atténuer)* afzwakken; **se corriger** *vpr (s'améliorer)* zich beteren
corroborer *vt* versterken
corroder *vt* aantasten, aanvreten
corrompre *vt* **1** *(dépraver)* verderven **2** *(soudoyer)* omkopen
corrompu, -ue *adj* **1** *(dépravé)* (zedelijk) bedorven **2** *(vénal)* corrupt
corrosif, -ive *adj* bijtend
corrosion *nf* corrosie *nf*
corruption *nf* **1** *(avilissement)* verdorvenheid *nf* **2** *(fait de soudoyer)* corruptie *nf,* omkoping *nf*
corsage *nm* **1** *(d'une robe)* (boven)lijf *het* **2** *(blouse)* bloes *de*
corsaire *nm* **1** *(pirate)* kaper *nm* **2** *(pantalon)* kniebroek *de*
corsé, -ée *adj* sterk, krachtig; **histoire ~e** pikant verhaal; **vin ~** pittige wijn
corser *vt* **1** *(mettre en valeur)* aandikken; **~ la note** een te hoge rekening presenteren; **~ un récit** een verhaal spannend maken **2** *(aliment)* pittig, pikant maken; **se corser** *vpr (se compliquer)* ingewikkeld worden; **l'affaire se corse** het wordt spannend
corset *nm* korset *het*
cortège *nm* stoet *nm*
corvée *nf* corvee *nf*
cosmétique *adj* cosmetisch; **produits ~s** cosmetica
cosmique *adj* kosmisch
cosmonaute *n* ruimtevaarder *nm,* astronaut *nm*
cosmopolite *adj* kosmopolitisch
cosmos *nm* kosmos *nm*
cosse *nf* peul(enschil) *de,* dop *nm*
cossu, -ue *adj* welgesteld, in goeden doen
Costa Rica *nm* Costa Rica *n (sans art.)*
costaricain, -aine *adj* Costa Ricaans; **le, la Costaricain(e)** de Costa Ricaan(se)
costaud, -aude *adj* stevig, sterk
costume *nm* **1** *(vêtement d'homme)* (heren)kostuum *het,* pak *het* **2** *(tenue)* kleding *nf,* kostuum *het (aussi dram.);* **~ de bain** badpak
costumé, -ée *adj* verkleed; **bal ~** gekostumeerd bal
costumer *vt* verkleden, vermommen; **se costumer** *vpr* zich verkleden (als)
cotation *nf* (beurs)notering *nf*
cote *nf* **1** *(valeur)* waardering *nf;* **avoir la ~** in een goed blaadje staan **2** *(référence)* (referentie)nummer *het* **3** *(Bourse)* (beurs)notering *nf* **4** *(géo.)* hoogte *nf* ♦ **la ~ d'alerte** het alarmpeil *(d'une crue); (fig.)* het kritieke punt
coté, -ée *adj* **1** *(estimé)* zeer gewaardeerd; **être (bien) ~** goed aangeschreven staan **2** *(qui a une cote)* van maatcijfers voorzien
côte *nf* **1** *(rivage)* kust *de;* **la Côte (d'Azur)** de Franse Rivièra, de Azurenkust *(n.B.);* **la Côte d'Ivoire** de Ivoorkust; **sur la ~** aan de kust **2** *(os)* rib *de* **3** *(pente)* helling *nf,* stijging *nf (route)* **4** *(de viande)* ribstuk *het* ♦ **~ à ~** zij aan zij
côté *nm* (zij)kant *nm,* zij(de) *de (aussi du corps),* flank *de;* **à ~ de** naast; **à ~ de ça** behalve dat, voor de rest; **les gens d'à ~** de mensen van hiernaast; **il a un (travail) à ~** hij heeft een bijbaantje; **passer à ~ de l'essentiel** aan het wezenlijke voorbijgaan; **~ argent, tout va bien** wat het geld betreft, gaat alles goed; **être aux ~s de qqn** iemand terzijde staan; **prendre qqch du bon ~** iets van de goede kant bekijken; **d'un ~** aan de ene kant; **de ~** terzijde, opzij; **de mon ~** wat mij betreft; **de chaque ~** aan elke kant; **laisser de ~** links laten liggen; **de ~ et d'autre** her en der; **mettre de l'argent de ~** geld opzijleggen; **ils vivent chacun de leur ~** ieder gaat zijn eigen weg; **habiter du ~ de la gare** de kant van het station op wonen; **marcher du ~ droit de la route** aan de rechterkant van de weg lopen; **le ~ faible** de zwakke plek; **par certains ~s** in bepaalde opzichten; **pièce (d')à ~** aangrenzend vertrek; **les bons ~s de qqn** iemands goede kanten
coteau *nm* **1** *(versant)* helling *nf* **2** *(vignoble)* wijngaard *nm*
Côte d'Ivoire *nf* Ivoorkust *n (sans art.)*
côtelette *nf* karbonade *nf,* kotelet *de*
coter *vt* **1** *(donner le cours de)* noteren **2** *(numéroter)* nummeren
côtier, -ière *adj* kust-; **le ~** de kustbewoner; *(mar.)* de kustvaarder
cotisation *nf* bijdrage *de,* lidgeld *het (n.B.)*
[1]**cotiser** *vi* contributie betalen; **~ à un club** betalend lid zijn van een vereniging
[2]**se cotiser** *vpr* geld bijeenbrengen
coton *nm* **1** *(étoffe)* katoen *het/de (m)* **2** *(ouate)* watten *plur;* **~ à démaquiller** wattenschijfje; **~ hydrophile** verbandwatten ♦ **filer un mauvais ~** er slecht aan toe zijn; **avoir les jambes en ~** erg slap(jes) zijn
coton-tige® *nm* wattenstaafje *het*
côtoyer *vt* **1** *(longer)* gaan langs **2** *(fréquenter)* omgaan met **3** *(frôler)* grenzen aan
cou *nm* hals *nm, (arrière)* nek *nm;* **sauter au ~ de qqn** iemand om de hals vallen; *(f.B.)* **avoir un gros ~** een dikke nek hebben *(n.B.);* naast zijn schoenen lopen; **jusqu'au ~** tot over de oren; **se rompre le ~** zijn nek breken *(aussi au fig.);* **tordre le ~ à qqch** iets de nek omdraaien *(aussi au fig.)*
couchant *nm* **1** *(l'ouest)* westen *het* **2** *(soleil couchant)* zonsondergang *nm*
couche *nf* **1** *(épaisseur)* laag *de* **2** *(caté-*

gorie) stand *nm,* klasse *nf* **3** *(lange)* luier *de;* ~ **jetable** wegwerpluier **4** *(plur.) (accouchement)* bevalling *nf;* **être en ~s** in het kraambed liggen; **fausse ~** miskraam ♦ **en tenir une ~** een bord voor z'n kop hebben

couché, -ée *adj* **1** *(allongé)* (in bed) liggend; **il est déjà ~** hij is al naar bed; **être ~** (in bed) liggen **2** *(penché)* schuin

couche-culotte *nf* luierbroekje *het*

1**coucher** *nm* **1** *(action de se coucher)* (het) naar bed gaan; **l'heure du ~** bedtijd **2** *(du soleil)* ondergang *nm*

2**coucher** *vi (passer la nuit)* overnachten, slapen; ~ **avec qqn** met iemand slapen; *(fig.)* met iemand naar bed gaan; ~ **dehors** buitenshuis slapen

3**coucher** *vt* **1** *(mettre au lit)* in bed leggen **2** *(incliner (qqch))* neerleggen **3** *(inscrire)* op schrift stellen; **se coucher** *vpr* **1** *(se mettre au lit)* naar bed gaan **2** *(s'étendre)* gaan liggen; **se ~ par terre** op de grond gaan liggen **3** *(du soleil)* ondergaan

couchette *nf (ch. de fer)* couchette *de, (mar.)* kooi *de*

couci-couça *adv* zozo

coucou *nm* **1** *(oiseau)* koekoek *nm* **2** *(pendule)* koekoeksklok *de* **3** *(narcisse)* wilde narcis *de* **4** *(primevère)* sleutelbloem *de*

coucou! *interj* kiekeboe!; **~, me voilà !** hallo, hier ben ik!

coude *nm* **1** *(bras; manche)* elleboog *nm;* **~ à ~** schouder aan schouder; **donner un coup de ~ à qqn** iemand aanstoten; **jouer des ~s** zich een weg banen; *(fig.)* zijn ellebogen gebruiken; **se serrer les ~s** elkaar helpen, solidair zijn **2** *(angle)* bocht *de*

cou-de-pied *nm* wreef *de*

coudre *vt* naaien, vastnaaien, *(une blessure)* hechten; **~ un bouton** een knoop aanzetten

couenne *nf* zwoerd *het*

couette *nf* **1** *(coiffure)* staartje *het* **2** *(édredon)* dekbed *het*

couffin *nm* reiswieg *de*

couille *nf* kloot *nm*

couillonner *vt* belazeren

couiner *vi* piepen

coulant, -ante *adj* **1** *(qui coule facilement)* vloeiend **2** *(accommodant)* inschikkelijk, coulant

coulée *nf* **1** *(flot)* stroom *nm (aussi au fig.)* **2** *(fusion)* (het) gieten **3** *(sentier)* paadje *het*

1**couler** *vi* **1** *(ruisseler)* stromen, vloeien; **laisser ~ ses larmes** zijn, haar tranen de vrije loop laten **2** *(s'écouler)* verglijden **3** *(fuir)* lekken; **la bougie coule** de kaars druipt; **mon nez coule** ik heb een loopneus **4** *(sombrer)* zinken *(bateau),* verdrinken *(nageur)*

2**couler** *vt* **1** *(technol.)* (over)gieten, *(ciment, béton)* storten **2** *(saborder)* tot zinken brengen, *(fig.; qqn)* in diskrediet brengen ♦ **~ des jours heureux** een gelukkig leven leiden; **se couler** *vpr (se glisser)* glijden; **se ~ dans son lit** tussen de lakens glijden ♦ **se la ~ douce** een plezierig leven hebben

couleur *nf* **1** *(teinte)* kleur *de;* **annoncer la ~** troef maken *(aux cartes);* kleur bekennen *(fig.);* **avoir de belles ~s** er gezond uitzien; **changer de ~** van kleur verschieten; *(fig.)* van politieke richting veranderen; **film en ~s** kleurenfilm; **femme, homme de ~** kleurling(e); **linge de ~** bontgoed; **~ paille** strokleurig; **reprendre des ~s** weer kleur krijgen; **télé ~** kleurentelevisie **2** *(plur.) (drapeau)* kleuren *plur,* vlag *de (sing.)* ♦ **en dire de toutes les ~s à qqn** iemand alle mogelijke verwijten naar het hoofd slingeren; **en faire voir de toutes les ~s à qqn** iemand het leven zuur maken

couleuvre *nf* (veld)slang *de*

coulis *nm (cuis.)* puree *nf;* **~ de fraises** aardbeiensaus; **~ de tomates** tomatenpuree

coulisse *nf* **1** *(dram.)* coulisse *nf;* **regard en ~** steelse blik; *(fig.)* **se tenir dans la ~** achter de schermen blijven **2** *(rainure)* (schuif)sponning *nf* **3** *(glissière)* (glij)schuif *de;* **à ~** schuif-

couloir *nm* **1** *(corridor)* gang *nm* **2** *(dans un train)* zijgang *nm (latéral),* gangpad *het (central)* **3** *(transp.)* baan *de;* **~ aérien** luchtcorridor

coup *nm* slag *nm;* **tout à ~** plotseling; **à ~ sûr** beslist; **à tous (les) ~s** telkens; **accuser le ~** de klap incasseren; **après ~** naderhand; **du premier ~** bij de eerste keer; **d'un ~ de baguette (magique)** als bij toverslag; **donner un ~ de balai** aanvegen; **~ de barre, pompe** plotselinge vermoeidheid; **~ bas** stoot onder de gordel; **~ de bec** sneer; **boire un ~** iets drinken; **donner un ~ de brosse** even afborstelen; **calculer son ~** de zaak precies uitkienen; **~ de chance** gelukkig toeval; **avoir un joli ~ de crayon** goed (kunnen) tekenen; **tout d'un ~** ineens; **d'un (seul) ~** in één keer; **~ de dés** (het) gooien met dobbelstenen; *(fig.)* gok; **du ~** bijgevolg; **du même ~** bij diezelfde gelegenheid; **~ d'envoi** aftrap; **un ~ d'épée dans l'eau** een slag in de lucht; **~ d'essai** eerste poging; **~ d'État** staatsgreep; **être dans le ~** er van (af) weten; **faire ~ double** twee vliegen in één klap slaan; **~ de feu** schot; **~ de fil** telefoontje; **~ de force** geweldddaad; **~ de foudre** donderslag; *(fig.)* liefde op het eerste gezicht; **~ de fouet** zweepslag; *(fig.)* **donner un ~ de fouet à** oppeppen; *(sports)* **~ franc** vrije slag; **frapper les trois ~s** het beginteken van de voorstelling geven; **donner un ~ de frein** krachtig remmen; **~ de froid** verkoudheid; **~ de fusil** geweerschot; **~ de grâce** *(fig.)* genadeslag; **~ de main** hulp; **~ de maître** meesterlijke zet; *(sports)* meesterschot; **mauvais ~** lelijke klap; *(mauvais tour)* gemene streek; **~ monté** afgesproken werk; **~ d'œil** blik; **avoir le ~ d'œil** kijk op de dingen hebben; **au ~ par ~** één voor één; **~ de pied** trap, schop; **~ de poing** stomp, vuistslag; **~ de pot** mazzel; **rendre ~ pour ~** een klap teruggeven; **risquer le ~** het erop wagen; **~ sec** droge knal; **~ de sifflet** fluitsignaal; **~ de soleil** het verbranden; **sous le ~ de** onder de invloed van; **sur le ~** op slag; **~ sur ~** achtereenvolgens; **sur le ~ de midi** klokslag 12 uur; **être sur un ~** iets op het oog hebben; **~ de téléphone** telefoontje; **tenir le ~** standhouden; **~ de tête** kopstoot; *(fig.)* onbezonnen daad; *(sports)* kopbal; **~ de théâtre** onverwachte wending; **~ de tonnerre** donderslag; **valoir le ~** de moeite waard zijn; **~ de vent** windstoot; **entrer en ~ de vent** binnenstormen; **prendre un ~ de vieux** plotseling oud worden

coupable *adj (+ de)* schuldig (aan); **s'avouer ~** zijn schuld bekennen; **le, la ~** de schuldige, de dader; **plaider ~** schuld bekennen

coupant, -ante *adj* scherp *(aussi au fig.)*

coupe *nf* **1** *(récipient)* coupe *de*, kelk *nm; (fig.)* **la ~ est pleine** de maat is vol **2** *(trophée)* beker *nm*, cup *nm* **3** *(action de couper)* (het) snijden, *(cheveux)* (het) knippen; **~ de cheveux** (het) knippen van het haar; **une ~ et un shampooing** wassen en knippen **4** *(abattage)* (het) kappen **5** *(couture)* coupe *de* **6** *(profil)* doorsnede *de* **7** *(cartes)* (het) afnemen ♦ **être sous la ~ de qqn** afhankelijk van iemand zijn

coupé, -ée *adj* **1** *(tranché)* gesneden; **fleurs ~es** snijbloemen **2** *(châtré)* gecastreerd **3** *(interrompu)* onderbroken *(communication)*, afgesloten *(route)*

coupe-circuit *nm* zekering *nf*

coupe-feu *nm* brandgang *nm*

coupe-ongle *nm* nagelknipper *nm*

coupe-papier *nm* briefopener *nm*

[1]**couper** *vi* **1** *(être tranchant)* snijden, scherp zijn **2** *(échapper à)* zich onttrekken (aan); **il n'y coupera pas** daar komt hij niet onderuit ♦ **~ à travers champs** de kortste weg nemen; **~ court à** een eind maken aan

[2]**couper** *vt* **1** *(trancher)* (door)snijden; **~ avec une scie** afzagen; **~ avec les dents** afbijten; **le vent coupe le visage** de wind snijdt in je gezicht; **le village a été coupé du reste du monde** het dorp is van de rest van de wereld afgesneden **2** *(retrancher)* schrappen **3** *(blesser)* snijden **4** *(scinder)* (ver)delen; **~ qqch en deux** iets in tweeën delen **5** *(une route)* kruisen; **~ le chemin à qqn** iemand de weg afsnijden **6** *(interrompre)* stopzetten; **~ une communication téléphonique** een telefoongesprek afbreken; **~ l'eau, le courant** het water, de stroom afsluiten; **~ le contact** het contact verbreken; **~ le vent** tegen de wind beschermen; **coupez !** stop! *(cinéma, prise de son); (téléphone)* **ne coupez pas, s.v.p.** blijft u aan de lijn a.u.b. **7** *(mélanger)* versnijden, aanlengen **8** *(sports)* kappen *(une balle)*, afnemen *(jeu de cartes)* **9** *(châtrer)* castreren; **se couper** *vpr* **1** *(se blesser)* zich snijden; **se ~ au doigt** zich in de vinger snijden **2** *(s'entrecroiser)* elkaar kruisen **3** *(+ de) (perdre le contact)* vervreemden (van) **4** *(se contredire)* zich tegenspreken

couperet *nm* **1** *(hachoir)* hakmes *het* **2** *(guillotine)* valbijl *de*

coupe-vent *nm* windscherm *het*

couple *nm* paar *het*, stel *het*; **vivre en ~** (ongetrouwd) samenwonen

coupler *vt* (vast)koppelen, *(électricité)* schakelen

couplet *nm* couplet *het*, strofe *de*

coupole *nf* koepel *nm*

coupon *nm* coupon *nm*

coupon-réponse *nm* antwoordcoupon *nm*

coupure *nf* **1** *(blessure)* snee *de*, snijwond *de* **2** *(suppression)* schrapping *nf* **3** *(de journal)* knipsel *het* **4** *(billet de banque)* bankbiljet *het* **5** *(interruption)* (het) afsluiten *(d'eau)*, onderbreking *nf (de gaz, de courant)*

couque *nf (f.B.)* koek *nm*

cour *nf* **1** *(d'une habitation)* binnenplaats *de*, hof *het (aussi royale)*; **~ de récréation** schoolplein **2** *(d'un souverain)* hof *het*; **faire la ~ à qqn** iemand het hof maken **3** *(tribunal)* (gerechts)hof *het*; **~ d'appel** *(Pays-Bas)* hof van appel; *(Belg.n.)* hof van beroep, beroepshof; **Cour d'Assises** assisenhof *(Belg.n.)*; **la Cour des comptes** *(Pays-Bas)* de Rekenkamer; *(Belg.n.)* het Rekenhof; **~ martiale** krijgsraad

courage *nm* **1** *(bravoure)* moed *nm*, dapperheid *nf*; **avec ~** dapper, flink; **prendre son ~ à deux mains** al z'n moed bijeenrapen **2** *(énergie)* inzet *nm*; **(bon) ~ !** sterkte!

courageux, -euse *adj* moedig, dapper

couramment *adv* **1** *(avec aisance)* vloeiend, vlot **2** *(habituellement)* gewoon

[1]**courant** *nm* stroom *nm*, stroming *nf (aussi abstr.)*; **~ d'air** luchtstroom, tocht; **~ continu** gelijkstroom; **le ~ ne passe pas** er is geen stroom; *(fig.)* het klikt niet; **remonter le ~** stroomopwaarts gaan; **suivre le ~** stroomafwaarts gaan; *(fig.)* met de stroom meezwemmen ♦ **être au ~** op de hoogte zijn; **mettre au ~** op de hoogte brengen; **dans le ~ du mois** in de loop van de maand

[2]**courant, -ante** *adj* **1** *(en cours)* lopend; **le cinq ~** de vijfde van deze maand; **~ février** in de loop van februari **2** *(habituel)* gangbaar; **langage ~** omgangstaal; **problème ~** veel voorkomend probleem ♦ **eau ~e** stromend water

courbature *nf* spierpijn *de*

courbe *adj* krom; **une ~** een kromme (lijn)

[1]**courber** *vi (ployer)* buigen

[2]**courber** *vt* **1** *(rendre courbe)* (doen) buigen, krom maken **2** *(assujettir)* onder-

werpen; **se courber** *vpr* **1** *(devenir courbe)* zich krommen **2** *(se baisser)* zich bukken, buigen **3** *(se soumettre)* zich onderwerpen

courbette *nf* onderdanige buiging *nf;* **faire des ~s à, devant qqn** mooi weer spelen voor iemand

coureur *nm* **1** *(homme qui court)* hardloper *nm;* **~ automobile** autocoureur; **~ cycliste** wielrenner **2** *(de jupons)* rokkenjager *nm*

coureuse *nf* **1** *(femme qui court)* hardloopster *nf* **2** *(femme légère)* slet *nf,* *(Belg.)* schotelvod *het/de (f)*

courgette *nf* courgette *de*

1**courir** *vi* **1** *(galoper)* hard lopen, rennen; **~ après qqn** iemand achternalopen; **arriver en courant** aan komen rennen; **il court encore** hij is nog voortvluchtig *(malfaiteur)* **2** *(se dépêcher)* zich haasten; **~ au devant de qqn** iemand tegemoet snellen **3** *(circuler)* in omloop zijn **4** *(suivre son cours)* lopen; **laisser ~** de dingen op hun beloop laten; **laisser ~ son imagination** zijn fantasie de vrije loop laten **5** *(participer (à une course))* deelnemen (aan) ♦ **tu peux toujours ~ !** je kunt me wat!

2**courir** *vt* **1** *(s'exposer)* zich blootstellen aan **2** *(rechercher)* najagen **3** *(parcourir)* doorlopen **4** *(fréquenter)* aflopen **5** *(chasser)* jacht maken op **6** *(participer)* meedoen in een wedstrijd

couronne *nf* **1** *(décoration)* krans *nm,* *(fig.)* bekroning *nf;* **ni fleurs ni ~s** geen bloemen, geen kransen **2** *(roi; dent)* kroon *de* **3** *(royauté)* kroon *de;* **prétendre à la ~** aanspraak maken op de troon

couronné, -ée *adj* **1** *(+ de)* *(primé)* bekroond (met); **~ de succès** met succes bekroond **2** *(qui porte une couronne)* gekroond

couronnement *nm* **1** *(sacre)* kroning *nf* **2** *(accomplissement)* bekroning *nf*

couronner *vt* **1** *(proclamer souverain)* kronen, *(fig.)* bekronen; **~ qqn roi** iemand tot koning kronen **2** *(coiffer d'une couronne)* een krans op het hoofd zetten **3** *(achever en complétant)* bekronen; **et pour ~ le tout, ...** en als klap op de vuurpijl, ... ♦ **~ une dent** een kies van een kroon voorzien

courrier *nm* **1** *(correspondance)* (brieven)post *nm;* **~ électronique** e-mail, elektronische post; **faire son ~** z'n post beantwoorden; *(inform.)* **~ indésirable** ongewenste e-mail, spam **2** *(chronique)* rubriek *nf;* **le ~ du cœur** de 'lievelitarubriek'; **le ~ des lecteurs** de lezersrubriek **3** *(messager)* koerier *nm*

courroie *nf* **1** *(lanière)* riem *nm* **2** *(de transmission)* drijfriem *nm*

cours *nm* **1** *(enseignement)* cursus *nm,* les *de;* **~ accéléré** spoedcursus, stoomcursus; **annulation de ~** uitval van lessen; **suivre des ~** college lopen **2** *(déroulement)* loop *nm;* **au ~ de, dans le ~ de** in de loop van, gedurende; **l'année en ~** het lopende jaar; **en ~ de route** onderweg; **en ~ de construction** in aanbouw; **suivre son ~** z'n (gewone) gang gaan **3** *(rivière)* loop *nm;* *(fig.)* **donner libre ~ à qqch** iets de vrije loop laten; **~ d'eau** waterweg **4** *(taux)* koers *nm;* **le ~ du change** de wisselkoers; **au ~ (du jour)** tegen de dagkoers ♦ **ne plus avoir ~** niet meer gangbaar zijn

course *nf* **1** *(action de courir)* (het) lopen, (het) rennen; **en pleine ~** in volle vaart **2** *(compétition)* wedstrijd *nm,* (wed)loop *nm;* **~ à pied** wedloop; **~ aux armements** wapenwedloop; **~s de chevaux** paardenrennen; **~ contre la montre** tijdrit; *(fig.)* race tegen de klok; **~ de vitesse** sprint **3** *(trajet)* tocht *nm* **4** *(achat)* boodschap *nf;* **faire des ~s** boodschappen doen

coursier *nm* loopjongen *nm*

1**court** *nm* tennisbaan *de*

2**court, courte** *adj* **1** *(petit)* kort; **prendre le plus ~** de kortste weg nemen **2** *(juste)* krap

3**court** *adv* kort; **tourner ~** plotseling ophouden; **tout ~** zonder meer ♦ **être à ~ d'argent** slecht bij kas zijn; **être à ~ d'arguments** met de mond vol tanden staan; **prendre qqn de ~** iemand overrompelen

court-circuit *nm (aussi au fig.)* kortsluiting *nf*

court-circuiter *vt* kortsluiten

courtier, -ière *n* makelaar(ster) *nm (nf)*

courtiser *vt* vleien, *(une femme)* het hof maken

courtois, -oise *adj* **1** *(poli)* hoffelijk **2** *(litt.)* hoofs

courtoisie *nf* hoffelijkheid *nf*

couru, -ue *adj* drukbezocht

couscous *nm* couscous *de*

cousin, -ine *n* **1** *(parent)* neef, nicht *nm, nf,* kozijn, nicht *nm, nf (n.B.);* **~ germain** volle neef **2** *(uniquement m.) (moustique)* neefje *het*

coussin *nm* kussen *het;* **~ gonflable** airbag

coût *nm* kosten *plur;* **compagnie à bas ~** budgetmaatschappij; **~ de la vie** kosten van het levensonderhoud, *(Belg.)* levensduurte

coûtant *adj* kost-

couteau *nm* mes *het;* **~ à cran d'arrêt** stiletto; **~ à découper** voorsnijmes; *(fig.)* **mettre le ~ sur, sous la gorge à qqn** iemand het mes op de keel zetten; **retourner le ~ dans la plaie** zout in een wond strooien; **~ suisse** padvindersmes; **être à ~x tirés** op voet van oorlog staan, pik à pik zijn *(n.B.)*

1**coûter** *vi* **1** *(valoir)* kosten; **~ cher** duur zijn; *(fig.)* duur komen te staan; **coûte que coûte** tot elke prijs **2** *(être pénible)* moeite kosten; **il m'en coûte de** het valt mij zwaar om

2**coûter** *vt (perte, peine)* kosten; **ça lui a coûté la vie** dat heeft hem het leven gekost

coûteux, -euse *adj* duur, kostbaar
coutume *nf* gewoonte *nf*, gebruik *het*; **avoir ~ de** gewend zijn om; **comme de ~** zoals gewoonlijk
coutumier, -ière *adj* gewoonte-
couture *nf* **1** *(action de coudre)* (het) naaien, naaiwerk *het*; **faire de la ~** naaien **2** *(profession)* modevak *het* **3** *(points)* naad *nm*, *(méd.)* hechting *nf*; **battre à plate(s) ~(s)** in de pan hakken **4** *(cicatrice)* litteken *het* ♦ **examiner qqch sur toutes les ~s** iets van alle kanten bekijken
couturier *nm* couturier *nm*, modeontwerper *nm*
couturière *nf* naaister *nf*
couvée *nf* broedsel *het (aussi au fig.)*
couvent *nm* **1** *(monastère)* klooster *het* **2** *(pensionnat)* nonnenschool *de*
[1]**couver** *vi (être latent)* broeien
[2]**couver** *vt* **1** *(des œufs)* (uit)broeden **2** *(qqn)* koesteren, vertroetelen; **enfant couvé** troetelkind **3** *(tramer)* beramen
couvercle *nm* deksel *het*
[1]**couvert** *nm* couvert *het*, bestek *het*; **mettre le ~** de tafel dekken; **table de douze ~s** tafel gedekt voor twaalf personen ♦ **sous (le) ~ de** *(sous la garantie de)* onder bescherming van; *(sous le prétexte de)* onder voorwendsel van
[2]**couvert, -erte** *adj* **1** *(protégé)* gedekt; **piscine ~** overdekt zwembad **2** *(habillé)* aangekleed; **rester ~** zijn hoed ophouden **3** *(+ de) (recouvert)* bedekt (met); **ciel ~** bewolkte lucht; **~ de sang** onder het bloed; **à mots ~s** in bedekte termen
couverture *nf* **1** *(lit)* deken *de*; **~ chauffante** elektrische deken; **tirer la ~ à soi** zich het beste deel van iets toe-eigenen **2** *(livre, cahier)* omslag *het/de (m)*, kaft *het/de* **3** *(écon.)* dekking *nf* **4** *(paravent)* dekmantel *nm*
couveuse *nf* **1** *(pour bébés)* couveuse *nf* **2** *(pour œufs)* broedmachine *nf* **3** *(poule)* broedhen *nf*
couvre-chef *nm* hoofddeksel *het*
couvre-feu *nm* avondklok *de*
couvre-lit *nm* sprei *de*
couvreur *nm* leidekker *nm*
couvrir *vt* **1** *(+ de) (recouvrir de)* (be)dekken (met); **~ un enfant chaudement** een kind goed inpakken; **~ un livre** een boek kaften **2** *(+ de) (parsemer de)* overladen (met); **couvert de taches** onder de vlekken; **les feuilles couvrent le sol** de grond is bezaaid met bladeren **3** *(protéger)* beschermen **4** *(cacher)* verbergen **5** *(la voix)* overstemmen **6** *(garantir)* dekken; **~ un emprunt** een lening garanderen; **être couvert par une assurance** verzekerd zijn **7** *(englober)* omvatten; **~ une période** een periode omvatten **8** *(parcourir)* afleggen **9** *(journalisme)* uitvoerig berichten over; **se couvrir** *vpr* **1** *(+ de) (se remplir; se coiffer)* zich bedekken (met), *(s'habiller)* (warme) kleren aandoen; **se ~ de gloire** zich met roem overladen; **les prés se couvrent de fleurs** de weiden raken met bloemen bedekt **2** *(devenir couvert)* betrekken **3** *(+ derrière) (s'abriter)* zich verschuilen (achter)
covoiturage *nm* carpooling *nm*
crabe *nm* krab *de*
crachat *nm* spuug *het*
craché *adj* ♦ **c'est lui tout ~** dat is hem ten voeten uit; **c'est son père tout ~** hij is sprekend zijn vader
[1]**cracher** *vi* spuwen; *(fig.)* **~ sur qqn, qqch** iemand, iets diep verachten; **ne pas ~ sur qqch** niet vies zijn van iets
[2]**cracher** *vt* **1** *(sang, salive)* (uit)spuwen; **~ de la lave** lava uitstoten; **~ ses poumons** zijn longen uit zijn lijf hoesten **2** *(injures)* (uit)braken **3** *(argent)* ophoesten
crachin *nm* motregen *nm*
crack *nm* **1** *(personne)* bolleboos *nm* **2** *(cheval)* crack *nm*
craie *nf* **1** *(calcaire)* krijt *het* **2** *(bâton de craie)* krijtje *het*
[1]**craindre** *vi* ♦ **ça craint** dat is knudde; **ça (ne) craint pas** daar kan je je vingers niet aan branden; **~ pour qqn** zich zorgen maken om iemand
[2]**craindre** *vt* **1** *(redouter)* vrezen; **je crains qu'il ne s'en aille** ik ben bang dat hij weggaat; **~ que** bang zijn dat **2** *(ne pas supporter)* niet kunnen verdragen; **craint l'humidité** droog bewaren
crainte *nf* vrees *de*, angst *nm*; **dans la ~ de** uit angst om; **de ~ de tomber** uit vrees om te vallen; **de ~ que** uit vrees dat
craintif, -ive *adj* angstig
cramoisi, -ie *adj* karmozijnrood
crampe *nf* kramp *de*
crampon *nm* **1** *(attache)* kram *de* **2** *(de chaussure)* nop *de* **3** *(alpinisme)* klimijzer *het* **4** *(pot de colle)* klit *de*
se cramponner *vpr* zich vastklampen
cran *nm* **1** *(entaille)* inkeping *nf* **2** *(ceinture)* gaatje *het* **3** *(audace)* lef *het/de (m)* **4** *(arrêt)* pal *nm*; **être à ~** bijna uit z'n vel springen
crâne *nm* **1** *(boîte osseuse)* schedel *nm* **2** *(tête)* hoofd *het*; **avoir mal au ~** koppijn hebben
crâner *vi* opscheppen
crâneur, -euse *n* branieschopper *nm*
crapaud *nm* **1** *(batracien)* pad *de* **2** *(fauteuil)* crapaud *nm*
crapule *nf* smeerlap *nm*, *(Belg.)* crapuul *het*
crapuleux, -euse *adj* laag; **crime ~** roofmoord
craqueler *vt* doen barsten; **porcelaine craquelée** porselein met haarscheurtjes; **se craqueler** *vpr* barsten
craquelure *nf* craquelure *de*, haarscheurtje *het*
[1]**craquer** *vi* **1** *(produire un bruit sec)* kraken; **faire ~ ses doigts** met zijn vingers knakken **2** *(se déchirer)* knappen **3** *(céder)* toegeven **4** *(s'effondrer)* instorten

♦ **ses nerfs ont craqué** zijn, haar zenuwen hebben het begeven

²**craquer** *vt* **1** *(déchirer)* doen scheuren **2** *(frotter)* aanstrijken

crasse *nf* **1** *(saleté)* vuil *het* **2** *(mauvais tour)* rotstreek *de*

crasseux, -euse *adj* vies, smerig

cratère *nm* krater *nm*

cravache *nf* rijzweepje *het;* **mener qqn à la ~** bazig doen tegen iemand

cravate *nf* (strop)das *nm*

crawl *nm* crawl *nm*

crayon *nm* potlood *het* ♦ **~ de couleur** kleurpotlood

crayonner *vt* (vluchtig) schetsen

créance *nf* **1** *(croyance)* geloof *het;* **lettre de ~** geloofsbrief **2** *(fin.)* (schuld)vordering *nf*

créancier, -ière *n* schuldeiser(es) *nm (nf)*

créateur, -trice *n* schepper *nm;* **faculté créatrice** scheppingsvermogen

créatif, -ive *adj* creatief

création *nf* **1** *(genèse; univers)* schepping *nf* **2** *(fondation)* oprichting *nf* **3** *(invention; œuvre)* schepping *nf, (mode)* creatie *nf;* **~ d'une pièce** eerste opvoering van een toneelstuk

créativité *nf* creativiteit *nf*

créature *nf* schepsel *het*

crèche *nf* **1** *(mangeoire)* krib *de* **2** *(étable ou grotte)* kerststal *nm* **3** *(pouponnière)* crèche *de*

crédibilité *nf* geloofwaardigheid *nf*

crédible *adj* geloofwaardig

crédit *nm* **1** *(paiement différé; confiance)* krediet *het;* **à ~** op afbetaling, op krediet; **carte de ~** creditcard; **faire ~ à qqn** iemand krediet geven **2** *(prêt)* krediet *het;* **~ foncier** grondkrediet **3** *(plur.) (sommes)* middelen *plur* **4** *(avoir)* credit *het*

créditeur, -trice *n* crediteur *nm;* **compte ~** creditrekening

crédule *adj* lichtgelovig, goedgelovig

crédulité *nf* lichtgelovigheid *nf,* goedgelovigheid *nf*

créer *vt* **1** *(réaliser)* scheppen **2** *(concevoir)* scheppen; **~ une pièce de théâtre** een toneelstuk voor het eerst opvoeren **3** *(fonder)* oprichten **4** *(causer)* veroorzaken; **~ des ennuis à qqn** iemand narigheid bezorgen; **se créer** *vpr (faire)* (bij, voor zichzelf) maken; **se ~ une clientèle** een klantenkring opbouwen

crémaillère *nf* ♦ **pendre la ~** een woning (feestelijk) inwijden

crématoire *adj* ♦ **four ~** verbrandingsoven; **le ~** het crematorium

crème *nf* **1** *(pommade; mousse)* crème *het/de* **2** *(du lait)* room *nm, (café)* koffieroom *nm;* **~ chantilly** slagroom; **~ fouettée** slagroom; **~ fraîche** (slag)room; **gants ~** roomkleurige handschoenen **3** *(entremets)* vla *de;* **~ glacée** roomijs **4** *(gratin)* puikje *het* ♦ **un grand ~** een grote kop koffie met melk

crémerie *nf* zuivelhandel *nm*

crémeux, -euse *adj* romig

crémier, -ière *n* melkboer *nm (uniquement m.)*

créneau *nm* **1** *(meurtrière)* kanteel *nm* **2** *(place entre voitures)* tussenruimte *nf;* **faire un ~ (en marche arrière)** (achteruit) insteken **3** *(temps d'antenne)* zendtijd *nm* **4** *(écon.)* gat *het* in de markt

¹**crêpe** *nm* crêpe *nm*

²**crêpe** *nf (cuis.)* flensje *het,* pannenkoek *nm*

crêperie *nf* pannenkoekrestaurant *het*

crépi *nm* pleister *het*

crépir *vt* berapen

crépitement *nm* (het) knetteren, (het) knappen *(du feu),* (het) ratelen *(d'une mitrailleuse)*

crépiter *vi* knetteren, ratelen *(mitrailleuse)*

crépu, -ue *adj* kroes-

crépuscule *nm* schemering *nf,* valavond *nm (n.B.)*

cresson *nm* sterrenkers *de*

crête *nf* **1** *(de montagne)* bergkam *nm* **2** *(zool.)* kam *nm*

crétin, -ine *n* idioot *nm,* kaffer *nm*

¹**creuser** *vi (faire un trou)* graven

²**creuser** *vt* **1** *(évider; rendre creux)* uithollen **2** *(trou)* graven **3** *(donner faim)* hongerig maken **4** *(approfondir)* nader uitwerken; **se creuser** *vpr* **1** *(devenir creux)* invallen **2** *(se former)* zich vormen ♦ **se ~ (la tête)** zich het hoofd breken

¹**creux** *nm* **1** *(cavité)* holte *nf;* **avoir un ~ dans l'estomac** een lege maag hebben; **~ de la main** binnenkant van de hand; **~ des reins** onderrug **2** *(temps mort)* slappe tijd *nm;* **être dans le ~ de la vague** op het dieptepunt zijn

²**creux, creuse** *adj* hol; **assiette creuse** diep bord; **joues creuses** ingevallen wangen; **sonner ~** hol klinken ♦ **voix creuse** holle, diepe stem

crevaison *nf* lekke band *nm*

crevant, -ante *adj* doodvermoeiend

crevasse *nf* scheur *de;* **~s des lèvres** kloven in de lippen; **~s aux mains** kloven

crevé, -ée *adj* **1** *(exténué)* bekaf, (dood)op **2** *(pneu)* lek **3** *(mort)* dood

crève *nf* ♦ **avoir la ~** snipverkouden zijn

¹**crever** *vi* **1** *(éclater)* barsten **2** *(avoir une crevaison)* een lekke band krijgen **3** *(mourir)* doodgaan, creperen; **~ d'ennui** zich doodvervelen; **~ la faim** doodgaan van de honger **4** *(+ de) (souffrir)* sterven (van) **5** *(être trop rempli de)* barsten (van); **~ de jalousie** stikjaloers zijn

²**crever** *vt* **1** *(faire éclater)* kapotmaken; **~ un pneu** een band kapotsteken **2** *(exténuer)* afpeigeren; **se crever** *vpr* ♦ **se ~ au travail** zich kapot werken

crevette *nf* garnaal *nm*

cri *nm* **1** *(hurlement)* schreeuw *nm,* kreet *nm;* **à grands ~s** luidkeels; **pousser des ~s** kreten slaken **2** *(plur.) (paroles)* geschreeuw *het (sing.)* **3** *(animaux)* geluid *het* ♦ ~ du cœur hartenkreet; le dernier ~ het allernieuwste, de nieuwste mode

criant, -ante *adj* 1 *(révoltant)* schreeuwend 2 *(très manifeste)* overduidelijk

criard, -arde *adj* 1 *(braillard)* schreeuwerig 2 *(aigu)* schel 3 *(voyant)* opzichtig 4 *(couleur)* schreeuwend

crible *nm* zeef *de; (fig.)* passer au ~ grondig onderzoeken

criblé, -ée (de) *adj* doorzeefd (met) ♦ ~ de dettes tot over de oren in de schulden

cric *nm* krik *nm*

criée *nf* veiling *nf* ♦ vente à la ~ verkoop bij opbod

[1]**crier** *vi* 1 *(hurler)* schreeuwen; ~ au secours om hulp roepen 2 *(+ contre) (tempêter)* schelden (tegen); ~ à l'injustice een onrecht aan de kaak stellen; ~ après qqn iemand naschreeuwen 3 *(pousser son cri) (oiseaux)* zingen, *(animaux)* krijsen 4 *(clamer)* luidkeels verkondigen

[2]**crier** *vt* 1 *(dire d'une voix forte)* schreeuwen; ~ grâce om genade smeken 2 *(clamer)* rondbazuinen

crime *nm* 1 *(infraction grave)* misdaad *de* 2 *(meurtre)* moord *de;* ~ passionnel moord uit jaloezie

criminalité *nf* criminaliteit *nf*

criminel, -elle *adj* 1 *(relatif à un crime)* misdadig; incendie ~ brandstichting; le, la ~(le) de misdadig(st)er 2 *(pénal)* strafrechtelijk

crin *nm* (paarden)haar *het*

crinière *nf* manen *plur*

crique *nf* kreek *de*

criquet *nm* veldsprinkhaan *nm*

crise *nf* crisis *nf;* ~ de conscience gewetensconflict; ~ de foie maagpijn; ~ de larmes huilbui; ~ de nerfs zenuwtoeval; piquer une ~ (de colère) een woedeaanval krijgen ♦ ~ du logement woningnood

crispation *nf* 1 *(contraction)* samentrekking *nf* 2 *(irritation)* irritatie *nf*

crisper *vt* 1 *(contracter)* samentrekken; relations crispées gespannen verhoudingen; visage crispé verwrongen gezicht 2 *(irriter)* irriteren; **se crisper** *vpr (se contracter)* krampachtig samentrekken

crissement *nm* geknars *het*

crisser *vi* knarsen

cristal *nm* 1 *(minéral)* kristal *het;* en ~ kristallen; ~ de roche bergkristal 2 *(verre)* kristalglas *het;* voix de ~ kristalheldere stem

cristallin, -ine *adj* 1 *(limpide)* (kristal)helder 2 *(des cristaux)* kristal-

[1]**cristalliser** *vi (chim.)* kristalliseren; sucre cristallisé kristalsuiker

[2]**cristalliser** *vt (chim.)* 1 doen kristalliseren 2 *(fig.) (fixer)* gestalte geven aan; **se cristalliser** *vpr (chim.)* 1 kristalliseren 2 *(fig.) (prendre forme)* gestalte krijgen

critère *nm* criterium *het,* maatstaf *nm*

[1]**critique** *nm (commentateur)* criticus *nm*

[2]**critique** *nf* 1 *(jugement)* kritiek *nf* 2 *(dénigrement)* kritiek *nf;* formuler des ~s kritiek leveren

[3]**critique** *adj* 1 *(décisif)* kritiek 2 *(sévère)* kritisch

critiquer *vt* 1 *(blâmer)* (be)kritiseren 2 *(étudier)* beoordelen

croasser *vi* krassen

croate *adj* Kroatisch; le, la Croate de Kroaat, Kroatische

Croatie *nf* Kroatië *n (sans art.)*

croc *nm* 1 *(crochet)* haakje *het* 2 *(dent pointue)* (hoek)tand *nm*

croche *nf* achtste noot *de;* double ~ zestiende noot

croche-pied *nm* (het) beentje lichten; faire un ~ à qqn iemand beentje lichten

crochet *nm* 1 *(métal recourbé)* haakje *het* 2 *(détour brusque)* omweg *nm;* faire un ~ pour passer voir qqn omrijden om bij iemand langs te gaan 3 *(à crocheter)* haaknaald *de;* faire du ~ haken 4 *(coup de poing)* hoekstoot *nm* 5 *(parenthèse)* teksthaak *nm;* entre ~s tussen vierkante haken ♦ vivre aux ~s de qqn op iemands kosten leven

crocheter *vt* 1 *(ouvrir)* opensteken 2 *(faire du crochet)* haken

crochu, -ue *adj* krom

crocodile, croco *nm* 1 *(reptile)* krokodil *de* 2 *(peau)* krokodillenleer *het*

crocus *nm* krokus *nm*

[1]**croire** *vi* geloven; ~ à qqch aan, in iets geloven; je crois bien dat geloof ik best; ~ en qqn in iemand geloven

[2]**croire** *vt* 1 *(admettre)* geloven; à l'en ~ als men hem, haar geloven mag; croyez-en mon expérience vertrouwt u op mijn ervaring; faire ~ qqch à qqn iemand iets wijs maken 2 *(penser)* denken; je crois que oui ik denk van wel; il ne croit pas si bien dire hij weet niet hoe waar zijn woorden zijn; ~ bien faire denken er goed aan te doen; **se croire** *vpr (s'imaginer)* denken; il se croit en sécurité hij waant zich veilig; il se croit quelqu'un hij heeft heel wat verbeelding; se ~ obligé de zich verplicht voelen om

croisade *nf* kruistocht *nm (aussi au fig.)*

croisé, -ée *adj* 1 *(disposé en croix)* gekruist; les bras ~s met de armen over elkaar 2 *(mêlé)* gemengd

croisée *nf* kruising *nf;* ~ des chemins kruispunt van wegen

croisement *nm* 1 *(carrefour)* kruispunt *het* 2 *(fait de se croiser; hybridation)* kruising *nf*

[1]**croiser** *vi (mar.) (aller et venir)* kruisen

[2]**croiser** *vt* kruisen, *(rencontrer aussi)* tegenkomen; ~ les jambes de benen over elkaar slaan; **se croiser** *vpr* 1 *(personnes)* elkaar tegenkomen 2 *(routes)* elkaar kruisen

croisière *nf* cruise *de*

croissance *nf* groei *nm*

croissant *nm* 1 *(forme de la lune)* maansikkel *de* 2 *(pâtisserie)* croissant *nm*

croître *vi* groeien
croix *nf* kruis *het;* **on peut faire une ~ dessus** vergeet het maar, je kunt er een kruis over maken *(n.B.);* **en ~** gekruist; **~ gammée** hakenkruis
Croix-Rouge *nf* Rode Kruis *het*
croquant, -ante *adj* knapperig
croque-monsieur *nm* tosti *nm, (Belg.)* croque-monsieur *nm*
croque-mort *nm* kraai *de*
[1]**croquer** *vi (craquer)* knapperen ♦ **~ dans une pomme** in een appel bijten
[2]**croquer** *vt* **1** *(manger)* doorbijten; **chocolat à ~** stuk chocolade **2** *(dilapider)* verkwisten **3** *(esquisser)* schetsen
croquette *nf* kroket *de*
croquis *nm* (vluchtige) schets *de*
cross *nm* cross *nm*
crosse *nf* **1** *(bâton pastoral)* bisschopsstaf *nm* **2** *(de hockey)* stick *nm* **3** *(de fusil)* kolf *de*
crotte *nf* keutel *nm;* **~ de chocolat** bonbon; **~ !** stik!, verdorie!
crottin *nm* **1** *(excrément)* paardenvijg *de* **2** *(fromage)* geitenkaasje *het*
crouler *vi* bezwijken, *(fig.)* ten onder gaan; **la salle croulait sous les applaudissements** een geweldig applaus barstte los
croupe *nf* **1** *(derrière d'animaux)* achterwerk *het;* **prendre qqn en ~** iemand achterop nemen **2** *(fesses)* achterste *het*
croupier *nm* croupier *nm*
croupir *vi* **1** *(personne)* blijven hangen (in) **2** *(eau)* stilstaan
croustillant, -ante *adj* **1** *(qui craque)* knapperig **2** *(émoustillant)* pikant
croustiller *vi* knapperig zijn
croustillon *nm (f.B.)* oliebol *nm*
croûte *nf* korst *de, (fig.)* vernis *het/de (m); (fig.)* **casser la ~** een hapje eten; **gagner sa ~** zijn boterham verdienen; **des ~s de pain** resten oud brood
croûton *nm* **1** *(bout du pain)* kontje *het* **2** *(pain frit)* crouton *nm*
croyable *adj* geloofwaardig; **ce n'est pas ~ !** ongelofelijk!
croyance *nf* **1** *(foi en)* geloof (in) *het* **2** *(conviction)* overtuiging *nf;* **~s religieuses** geloofsovertuigingen
croyant, -ante *adj* gelovig; **le, la ~(e)** de gelovige
CRS *n* oproerpolitie *nf, (aux Pays-Bas)* mobiele eenheid, ME *nf;* **un ~** een ME'er
[1]**cru** *nm* **1** *(vignoble)* wijngaard *nm;* **de son (propre) ~** van eigen vinding; **vin du ~** landwijn **2** *(vin)* wijn *nm;* **les grands ~s de Bourgogne** de beroemde bourgognewijnen
[2]**cru, crue** *adj* **1** *(qui n'est pas cuit)* rauw **2** *(brutal)* (kei)hard; **couleurs ~es** schreeuwende kleuren **3** *(osé)* choquerend
cruauté *nf* wreedheid *nf*
cruche *nf* **1** *(récipient)* kruik *de* **2** *(imbécile)* domoor *nm*
crucial, -ale *adj* essentieel, *(moment)* cruciaal
crucifier *vt* kruisigen
crucifix *nm* kruisbeeld *het*
crucifixion *nf* kruisiging *nf*
cruciforme *adj* kruisvormig; **vis (à tête) ~** kruiskopschroef
crudité *nf* rauwkost *nm (uniquement sing.)*
crue *nf* **1** *(montée)* (het) wassen **2** *(niveau)* hoogste waterstand *nm;* **en ~** sterk gezwollen **3** *(croissance)* groei *nm*
cruel, -elle *adj* **1** *(méchant)* wreed; **l'animal souffrait ~lement** het dier leed vreselijk **2** *(douloureux)* smartelijk
crûment *adv* zonder omwegen
crustacés *nm* schaaldieren *plur*
crypte *nf* grafkelder *nm*
Cuba Cuba *n (sans art.);* **à ~** in, op Cuba
cubain, -aine *adj* Cubaans; **le, la Cubain(e)** de Cubaan(se)
cube *nm* **1** *(objet)* blokje *het;* **un jeu de ~s** een blokkendoos **2** *(math.)* kubus *nm* ♦ **élever au ~** tot de derde macht verheffen; **mètre ~** kubieke meter
cubique *adj* kubusvormig
cueillette *nf* pluk *nm,* oogst *nm*
cueillir *vt* **1** *(récolter)* plukken, *(fig.)* oogsten **2** *(prendre au passage)* oppikken
cuillère *nf* lepel *nm*
cuillérée *nf* lepel(vol) *nm;* **deux petites ~s de sel** vier theelepeltjes zout *(contenance équivalente)*
cuir *nm (peau)* leer *het;* **en ~** leren ♦ **~ chevelu** hoofdhuid
cuirasse *nf* **1** *(protection)* pantser *het* **2** *(armure)* (borst)harnas *het*
cuire *vti* **1** *(à l'eau)* koken, *(à la graisse)* bakken, *(être saisi à la graisse)* braden, *(être braisé)* roosteren **2** *(au soleil)* branden ♦ **on cuit ici !** het is hier om te stikken van de hitte!
cuisant, -ante *adj* schrijnend
cuisine *nf* **1** *(pièce)* keuken *de* **2** *(gastronomie)* kookkunst *nf;* **faire la ~** koken; **livre de ~** kookboek **3** *(aliments)* eten *het*
[1]**cuisiner** *vi (faire la cuisine)* (kunnen) koken
[2]**cuisiner** *vt* **1** *(préparer)* klaarmaken **2** *(interroger)* uithoren
cuisinier, -ière *n* **1** *(personne)* kok(kin) *nm (nf)* **2** *(f.) (fourneau)* fornuis *het*
cuisse *nf* **1** *(en général)* dij *de,* bovenbeen *het* **2** *(en cuisine)* bout *nm;* **~s de grenouilles** kikkerbilletjes
cuisson *nf* **1** *(à l'eau)* (het) koken, *(à la graisse)* (het) bakken, *(en saisissant à la graisse)* (het) braden, *(en braisant)* (het) stoven; **eau de ~** kooknat **2** *(degré de cuisson)* gaarheid *nf*
cuit, cuite *adj* **1** *(non cru)* gaar **2** *(à l'eau)* gekookt, *(à la graisse)* gebakken, *(saisi à la graisse)* gebraden, *(braisé)* gestoofd **3** *(à la graisse; dans l'industrie)* gebakken; **un steak bien ~** een goed doorbakken biefstuk ♦ **il est ~ !** hij is erbij!; **c'est du tout ~ !** dat is voor de bakker!

cuite *nf* ♦ prendre une bonne ~ zich flink bezuipen

cuivre *nm* 1 *(métal)* koper *het;* de, en ~ koperen, koper- 2 *(plur.) (objets en cuivre)* koperwerk *het (uniquement sing.)* 3 *(plur.) (instruments de musique)* koper *het (uniquement sing.)*

cuivré, -ée *adj* 1 *(couleur)* koperkleurig 2 *(timbre)* schallend

cul *nm* 1 *(postérieur)* kont *de,* gat *het* 2 *(fond)* bodem *nm;* ~ de bouteille ziel van een fles; boire ~ sec het glas in één teug leegdrinken ♦ tomber sur le ~ helemaal paf staan

culasse *nf* 1 *(d'un cylindre)* cilinderkop *nm* 2 *(d'un canon)* kulas *de*

culbute *nf* buiteling *nf;* faire la ~ kopjeduikelen

[1]**culbuter** *vi (faire une culbute)* omslaan; voiture qui culbute auto die over de kop slaat

[2]**culbuter** *vt (renverser)* omvergooien

cul-de-jatte *n* iemand zonder benen

cul-de-sac *nm* doodlopende straat *de;* cette situation est un ~ de zaak zit in een impasse

culinaire *adj* culinair; art ~ kookkunst

culminant, -ante *adj* hoogte-; point ~ *(géo.)* hoogste punt; *(fig.)* hoogtepunt

culminer *vi* 1 *(géo.)* een top bereiken (van) 2 *(fig.)* culmineren

culot *nm* 1 *(audace)* lef *het/de (m)* 2 *(fond)* onderzijde *de*

culotte *nf* 1 *(vêtement masculin)* broek *de* 2 *(slip féminin)* damesslipje *het*

culotté, -ée *adj* ♦ être ~ lef hebben

culpabiliser *vi* 1 zich schuldig voelen; être, se sentir culpabilisé een schuldgevoel hebben 2 schuldgevoel oproepen bij

culpabilité *nf* schuld *de;* sentiment de ~ schuldgevoel

culte *nm* 1 *(adoration)* verering *nf;* ~ de la personnalité persoonsverheerlijking 2 *(service religieux)* dienst *nm* 3 *(liturgie)* eredienst *nm*

cultivateur, -trice *n* landbouw(st)er *nm (nf)*

cultivé, -ée *adj* 1 *(agric.)* bebouwd 2 *(instruit)* ontwikkeld

cultiver *vt* 1 *(travailler (la terre))* bebouwen 2 *(faire pousser)* kweken *(aussi au fig.)* 3 *(instruire)* ontwikkelen; ~ sa mémoire zijn geheugen trainen 4 *(entretenir)* niet verwaarlozen; **se cultiver** *vpr (s'instruire)* zich ontwikkelen

culture *nf* 1 *(de la terre)* (het) bebouwen 2 *(d'un végétal)* kweek *nm* 3 *(formation)* ontwikkeling *nf;* ~ générale algemene ontwikkeling; ~ physique lichamelijke oefening 4 *(savoir; civilisation)* cultuur *nf*

culturel, -elle *adj* cultureel

culturisme *nm* bodybuilding *nm*

culturiste *n* bodybuild(st)er *nm (nf)*

cumin *nm* komijn *nm*

cumul *nm* cumulatie van ambten *nf*

cumuler *vt* tegelijk vervullen

cupide *adj* hebzuchtig

cupidité *nf* hebzucht *de*

curable *adj* geneeslijk

curatif, -ive *adj* genees-

cure *nf* 1 *(méd.)* kuur *de* 2 *(presbytère)* pastorie *nf* ♦ il n'en a ~ hij bekommert er zich niet om

curé *nm* pastoor *nm*

cure-dent *nm* tandenstoker *nm*

curer *vt* schoonmaken; **se curer** *vpr* schoonmaken; se ~ les dents zijn tanden met tandenstoker schoonmaken

curieux, -euse *adj* 1 *(indiscret)* nieuwsgierig; éloigner les ~ de nieuwsgierigen verwijderen 2 *(+ de) (désireux de (sa)voir qqch)* benieuwd (naar), *(désireux de savoir)* leergierig 3 *(bizarre)* vreemd, merkwaardig

curiosité *nf* 1 *(indiscrétion)* nieuwsgierigheid *nf* 2 *(désir d'apprendre)* leergierigheid *nf* 3 *(lieu à visiter)* bezienswaardigheid *nf* 4 *(objet recherché)* rariteit *nf*

curiste *n* kuurgast *nm*

curriculum vitae, CV *nm* curriculum vitae *het,* cv *het*

curry *nm* → cari

curseur *nm (inform.)* cursor *nm*

cutané, -ée *adj* huid-

cuti, cutiréaction *nf* huidtest *nm,* krasjestest *nm*

cuve *nf* kuip *de* ♦ ~ à mazout (cv-)olietank

cuvée *nf* 1 *(quantité)* kuipvol; *(fig.)* de la dernière ~ splinternieuw; *(fig.)* de la même ~ uit hetzelfde vat 2 *(produit d'une vigne)* wijnoogst *nm*

cuvette *nf* 1 *(des toilettes)* closetpot *nm* 2 *(du lavabo)* wasbak *nm* 3 *(récipient portatif)* teiltje *het* 4 *(géo.)* kom *de*

CV *nm* 1 *(cheval-vapeur)* pk *de,* paardenkracht *de* 2 *(curriculum vitae)* cv *het*

cyanure *nm* cyanide *het*

cyberattaque *nf (inform.)* cyberaanval *nm*

cyberdépendance *nf (inform.)* internetverslaving *nf*

cyberharcèlement *nm (com.)* cyberpesten

cybernaute *n* netsurfer *nm, nf*

cybernétique *nf* cybernetica *nf,* stuurkunde *nf*

cyclable *adj* voor (brom)fietsen gereserveerd; piste ~ fietspad

cyclamen *nm* cyclaam *de*

cycle *nm* 1 *(suite de phénomènes, de poèmes)* cyclus *nm* 2 *(enseignement)* leerkring *nm,* cyclus *nm (Belg.n.);* premier ~ het eerste en tweede studiejaar *(des universités françaises); (secondaire)* premier, second ~ onderbouw, bovenbouw; *(Belg.f.)* ~ supérieur, inférieur hogere, lagere cyclus *(Belg.n.)*

cyclique *adj* cyclisch

cyclisme *nm* 1 *(sport)* wielersport *de* 2 *(pratique)* (het) fietsen

cycliste *adj* wieler-; coureur ~ wielrenner; le, la ~ de wielrijd(st)er

cyclo-cross *nm* (het) veldrijden
cyclomoteur *nm* bromfiets *de*
cyclone *nm* **1** *(tempête)* wervelstorm *nm* **2** *(zone de basse pression)* lagedrukgebied *het*
cygne *nm* zwaan *de*
cylindre *nm* **1** *(math.)* cilinder *nm* **2** *(rouleau)* rol *de*
cylindrée *nf* cilinderinhoud *nm*
cylindrique *adj* cilindervormig
cymbale *nf (mus.)* bekken *het*
cynique *adj* cynisch; **le ~** de cynicus
cynisme *nm* cynisme *het*
cyprès *nm* cipres *nm*
cystite *nf* (urine)blaasontsteking *nf*

d

d *nm* d *de;* **D comme Désiré** de d van Dirk
dactylo *nf* **1** *(dactylographe)* typiste *nf* **2** *(dactylographie)* (het) tikken
dactylographie *nf* (het) typen, (het) tikken
dactylographier *vt* typen, tikken
dada *nm* **1** *(cheval de bataille)* stokpaard(je) *het* **2** *(cheval)* paardje *het*
dadais *nm* lummel *nm*
dahlia *nm* dahlia *de*
daigner *vt* zich verwaardigen om; **daignerais-tu me répondre ?** zou je zo goed willen zijn om mij een antwoord te geven?
daim *nm* **1** *(animal)* damhert *het* **2** *(cuir)* suède(leer) *het/de (het), (Belg.)* daim *het*
dalle *nf* plavuis *nm,* tegel *nm;* **~ funéraire** grafsteen
daller *vt* bevloeren
dalmatien *nm* dalmatiër *nm*
daltonien, -ienne *adj* kleurenblind; **le, la ~(ne)** de kleurenblinde
dame *nf* **1** *(femme de haute naissance)* dame *nf* **2** *(femme mariée)* mevrouw *nf* **3** *(reine)* dame *nf (échecs),* vrouw *nf (jeux de cartes),* dam *de (jeu de dames);* **jeu de ~s** damspel
damier *nm* dambord *het* ♦ **en ~** geblokt
damnation *nf* verdoemenis *nf*
damné, -ée *adj* **1** *(condamné)* verdoemd **2** *(satané)* verdomd
damner *vt* verdoemen
se dandiner *vpr* waggelen
Danemark *nm* Denemarken *n (sans art.)*
danger *nm* gevaar *het;* **en ~** in gevaar; **en ~ de mort** in levensgevaar; **hors de ~** buiten gevaar; **mettre en ~** in gevaar brengen; **un ~ public** een gevaar voor de samenleving; **(il n'y a) pas de ~** dat is uitgesloten
dangereux, -euse *adj* gevaarlijk
danois, -oise *adj* Deens; *(langue)* **le ~** het Deens; *(chien)* **le ~** de Deense dog; *(habitant)* **le, la Danois(e)** de Deen(se)
dans *prép* **1** *(lieu)* in, bij; **boire ~ un verre** uit een glas drinken; **~ l'escalier** op de trap; **~ une île** op een eiland; **~ la rue** op straat **2** *(temps : d'ici)* over; **~ une heure** over een uur **3** *(temps : au cours de)* binnen, in (de loop van); **~ les délais convenus** binnen de gestelde termijn, tijd; **~ la semaine** in de loop van de week; **~ le temps** indertijd **4** *(manière)* in, met; **~ le but de** met het doel om; **~ l'intention de** met de bedoeling om **5** *(environ)* ongeveer; **cela coûte ~ les deux cents euros** dat kost ongeveer tweehonderd euro
dansant, -ante *adj* **1** *(qui danse)* dansend **2** *(pendant lequel on danse)* dans-; **soirée ~e** dansavond, *(Belg.)* thé dansant
danse *nf* **1** *(action de danser; mouvements; musique)* dans *nm;* **mener la ~** de dans leiden; *(fig.)* aan de touwtjes trekken **2** *(chorégraphie)* danskunst *nf*
danser *vti* dansen
danseur, -euse *n* danser(es) *nm (nf)*
dard *nm* angel *nm*
date *nf* datum *nm;* **en ~ du ...** de dato, d.d. ...; **~ limite** deadline; **~ limite de consommation** ten minste houdbaar tot; **~ de naissance** geboortedatum; **prendre ~** een datum afspreken; **de longue ~** oud; **être le premier en ~** als eerste in aanmerking komen ♦ **faire ~** een belangrijk evenement zijn; **ils se connaissent de longue ~** ze kennen elkaar al heel lang
[1]**dater** *vi* **1** *(+ de) (remonter à)* dateren (van); **à ~ de ce jour** vanaf die dag; **de quand date votre dernière visite ?** wanneer was u hier voor het laatst? **2** *(être démodé)* ouderwets zijn
[2]**dater** *vt* dateren
datte *nf* dadel *de*
dattier *nm* dadelpalm *nm*
daube *nf* (het) stoven; **bœuf en ~** gestoofd rundvlees
dauphin *nm* **1** *(successeur)* kroonprins *nm (aussi au fig.)* **2** *(animal)* dolfijn *nm*
daurade *nf* zeebrasem *nm*
davantage *adv* **1** *(plus)* meer; **pas ~** evenmin **2** *(plus longtemps)* langer
[1]**de** *prép (voir aussi aux noms, adj. et verbes)* **1** *(provenance)* van, uit *(provenance d'un lieu);* **~ mal en pis** van kwaad tot erger; **vins ~ France** Franse wijnen; **~ vous à moi** onder ons gezegd **2** *(temps : à partir de)* van(af); **de ... à ...** van ... tot **3** *(temps : pendant)* tijdens; **~ bonne heure** vroeg; **~ nos jours** tegenwoordig; **~ nuit** 's nachts **4** *(cause)* van(wege); **être atteint d'une maladie** aan een ziekte lijden **5** *(moyen; manière)* met; **montrer du doigt** met de vinger wijzen; **jouer du piano** pianospelen; **coup ~ poing** vuistslag **6** *(manière)* met; **~ cette manière** op deze wijze **7** *(mesure)* van, met *(ou absence de prép.);* **âgé ~ seize ans** zestien jaar oud; **avoir deux mètres ~ long** twee meter lang zijn; **avancer d'un pas** een stap vooruit doen **8** *(appartenance)* van **9** *(espèce)* van *(souvent: absence de prép.);* **robe ~ bal** baljurk

10 *(matière) (se traduit par un adjectif de matière)* van; **robe ~ soie** zijden jurk **11** *(quantité) (absence de prép.);* **paquet ~ cigarettes** pakje sigaretten ♦ **le ciel est d'un bleu !** de hemel is zó blauw!; **être aimé ~ sa femme** bemind worden door zijn vrouw; **trois jours ~ libre** drie dagen vrij; **quoi ~ neuf ?** wat voor nieuws is er?; **et ~ deux** en dat is twee

[2]**de** *art (ne se traduit pas);* **c'est ~ la folie** het is waanzin; **du pain** brood

dé *nm* **1** *(à jouer)* dobbelsteen *nm;* **jouer aux ~s** dobbelen; **les ~s sont jetés** de teerling is geworpen **2** *(petit cube)* blokje *het* **3** *(protection du doigt)* vingerhoed *nm;* **~ à coudre** vingerhoed

déambuler *vi* rondwandelen

débâcle *nf* **1** *(effondrement)* debacle *het/de* **2** *(rupture des glaces)* (het) kruien van het ijs **3** *(fuite)* wilde vlucht *de*

déballage *nm* **1** *(action de déballer)* (het) uitpakken **2** *(objets étalés)* uitstalling *nf* **3** *(confession)* ongegeneerde bekentenis *nf*

déballer *vt* **1** *(sortir et étaler)* uitpakken **2** *(exposer sans retenue)* opbiechten

débandade *nf* ♦ **à la ~** in wanorde

débarbouiller *vt* even het gezicht wassen van

débarcadère *nm* kade *de*

débardeur *nm* **1** *(marcel)* (mouwloos) T-shirt *het,* (onder)hemd *het* **2** *(docker)* havenarbeider *nm*

débarquement *nm* **1** *(déchargement de qqch)* (het) ontschepen **2** *(arrivée de qqn)* aankomst *nf* **3** *(descente militaire)* landing *nf*

[1]**débarquer** *vi* **1** *(descendre à terre)* landen; **il débarque** hij weet (nog) nergens van **2** *(descendre d'un véhicule)* uitstappen **3** *(arriver à l'improviste)* komen aanwaaien

[2]**débarquer** *vt* **1** *(mettre qqn à terre)* ontschepen **2** *(décharger qqch)* lossen

débarras *nm* berghok *het* ♦ **bon ~ !** opgeruimd staat netjes!

débarrasser *vt* **1** *(déblayer)* opruimen **2** *(+ de) (soulager de)* ontdoen (van), bevrijden (van) **3** *(enlever le couvert)* afruimen; **se débarrasser (de)** *vpr (se décharger de)* zich ontdoen (van); **débarrassez-vous** wilt u uw jas niet uitdoen?

débat *nm* **1** debat *het* **2** *(pol.)* debatten *plur (au Parlement);* **mener les ~** de discussie leiden; *(sports)* aan de leiding gaan

[1]**débattre (de, sur)** *vi (s'entretenir de)* debatteren (over)

[2]**débattre** *vt (discuter qqch)* discussiëren over; **prix à ~** nader overeen te komen prijs; **se débattre (contre)** *vpr (lutter contre)* worstelen (met)

débauche *nf* **1** *(inconduite)* ontucht *de;* **vivre dans la ~** een losbandig leven leiden **2** *(profusion)* overdaad *de*

débauché, -ée *adj* losbandig; **le, la ~(e)** de losbol

débile *adj* **1** *(imbécile)* stom **2** *(faible)* zwak **3** *(arriéré)* zwakzinnig; **le ~ (mental)** de zwakzinnige

débilité *nf* **1** *(arriération)* zwakzinnigheid *nf* **2** *(faiblesse)* zwakheid *nf*

débiner *vt* afkammen; **se débiner** *vpr* 'm piepen

débit *nm* **1** *(volume écoulé)* debiet *het;* **le ~ d'une rivière** het (water)debiet van een rivier **2** *(technol.) (capacité)* vermogen *het; (inform.)* **haut ~** breedband **3** *(vente)* afzet *nm* **4** *(point de vente)* verkooppunt *het;* **~ de boissons** café, bar; **~ de tabac** sigarenwinkel *(magasin)* **5** *(élocution)* spreeksnelheid *nf* **6** *(partie d'un compte)* debet *het*

débiter *vt* **1** *(comptabiliser)* debiteren; **~ un compte de** een rekening debiteren met, voor **2** *(vendre)* in het klein verkopen **3** *(raconter)* opdissen **4** *(produire)* (af)leveren

débiteur, -trice *adj* **1** *(comptabilité)* debet- **2** *(qui doit qqch)* schuldig; **le ~, la débitrice** de schuldenaar, schuldenares

déblai *nm* **1** *(action d'enlever les terres)* afgraving *nf;* **travaux de ~** grondwerk **2** *(plur.) (décombres)* puin *het*

déblayer *vt* **1** *(dégager)* opruimen; *(fig.)* **~ le terrain** de weg (voor iemand) effenen **2** *(faire des travaux de terrassement)* afgraven

[1]**débloquer** *vi (divaguer)* raaskallen

[2]**débloquer** *vt* **1** *(décoincer)* deblokkeren **2** *(fin.)* vrijgeven

déboire *nm* teleurstelling *nf*

déboiser *vt* ontbossen

[1]**déboîter** *vi (sortir d'une file)* de file verlaten

[2]**déboîter** *vt (démettre)* ontwrichten; **se déboîter** *vpr (se démettre)* uit de kom schieten

débonnaire *adj* goedig

débordant, -ante *adj* uitbundig; **être ~ d'énergie** vol energie zijn; **imagination ~e** levendige fantasie

débordé, -ée *adj* (met werk) overladen

débordement *nm* **1** *(inondation)* overstroming *nf* **2** *(effusion)* uitbarsting *nf (joie, etc.),* stroom *nm (mots)*

[1]**déborder** *vi (passer par-dessus bord)* overlopen; **~ d'énergie** bruisen van energie; **cet enfant déborde de vie et de santé** dat kind is zeer levendig en blaakt van gezondheid; **le lait déborde** de melk kookt over

[2]**déborder** *vt (dépasser)* uitsteken (boven)

débouché *nm* **1** *(marché; ventes)* afzet *nm* **2** *(plur.) (perspectives)* toekomstmogelijkheden *plur* **3** *(issue)* uitweg *nm*

[1]**déboucher** *vi* **1** *(+ de) (venir de)* komen (uit) **2** *(+ sur) (aboutir à)* uitkomen (op) **3** *(+ sur) (mener à)* uitlopen (op)

[2]**déboucher** *vt* **1** *(débloquer)* ontstoppen **2** *(enlever le bouchon de)* ontkurken

déboucler *vt* losgespen

[1]**débouler** *vi (faire irruption)* komen aanwaaien
[2]**débouler** *vt (dévaler)* afrollen
déboulonner *vt* losschroeven
débourser *vt* betalen; sans ~ un sou zonder een cent neer te tellen
déboussoler *vt* in de war brengen
debout *adv* staande, *(Belg.)* recht; dormir ~ omvallen van de slaap; être ~ *(personnes)* op(gestaan) zijn; *(choses)* staan; mettre ~ overeind zetten; se mettre ~ gaan staan, opstaan; *(fig.)* ne pas tenir ~ geen steek houden; ~ ! opstaan!
déboutonner *vt* losknopen
débraillé, -ée *adj* slonzig
débrancher *vt* uitschakelen; ~ le téléphone de stekker van de telefoon eruit halen; ~ la télévision de televisie afzetten
débrayage *nm* **1** *(en voiture)* (het) ontkoppelen; pédale de ~ koppelingspedaal **2** *(grève)* werkonderbreking *nf*
[1]**débrayer** *vi (faire grève)* het werk onderbreken
[2]**débrayer** *vt (le moteur)* ontkoppelen
débridé, -ée *adj* ongebreideld
débris *nm* **1** *(morceaux)* (brok)stukken *plur* **2** *(restes)* overschot *het*
débrouillard, -arde *adj* handig; le, la ~(e) het bijdehandje, *(Belg.)* de plantrekker
débrouillardise *nf* handigheid *nf*
débrouiller *vt* ontwarren; **se débrouiller** *vpr (se tirer d'affaire)* zich redden, *(Belg.)* zijn plan trekken; savoir se ~ zich weten te redden; débrouillez-vous ! zoek het zelf maar uit!
débroussailler *vt* van struikgewas ontdoen
débusquer *vt* **1** *(chasser du bois)* uit het bos drijven **2** *(déloger)* wegjagen
début *nm* **1** *(commencement)* begin *het;* au ~ in het begin, aanvankelijk; tout au ~, au tout ~ helemaal in het begin; dès le ~ vanaf het begin **2** *(plur.) (première apparition)* debuut *het;* faire ses ~s voor het eerst optreden
débutant, -ante *adj* beginnend; le, la ~(e) de beginneling(e)
[1]**débuter** *vi* **1** *(commencer par)* beginnen (met) **2** *(faire ses premiers pas)* debuteren
[2]**débuter** *vt (commencer qqch)* beginnen, aanvangen
deçà *adv* ♦ en ~ de aan deze zijde van; rester en ~ de la vérité de waarheid geenszins geweld aandoen; ~ delà hier en daar
décacheter *vt* openmaken
décade *nf* **1** *(décennie)* decennium *het* **2** *(période de dix jours)* decade *nf,* tiendaagse *nm*
décadence *nf* verval *het*
décadent, -ente *adj* decadent
décaféiné *nm* cafeïnevrije koffie *nm*
décalage *nm* **1** *(déplacement)* verschuiving *nf;* ~ horaire tijdsverschil **2** *(différence)* verschil *het;* le ~ entre ... et ... de kloof tussen ... en ...
décalcomanie *nf* overdrukplaatje *het*
décaler *vt* verschuiven
décalquer *vt* overtrekken
décamper *vi* zich uit de voeten maken; décampe ! maak dat je wegkomt!
décanter *vt* **1** *(un vin)* decanteren, klaren **2** *(éclaircir)* laten bezinken; **se décanter** *vpr* bezinken *(aussi au fig.)*
décapant *nm* afbijtmiddel *het*
décaper *vt* **1** *(avec un produit)* afbijten **2** *(en grattant)* afkrabben
décapiter *vt* onthoofden
décapotable *adj* afneembaar; la (voiture) ~ de cabriolet
décapsuler *vt* openmaken, openen
décapsuleur *nm* flesopener *nm*
se décarcasser *vpr* zich uitsloven
décathlon *nm* tienkamp *nm*
décéder *vi* overlijden
déceler *vt* **1** *(trouver)* ontdekken **2** *(révéler)* aan het licht brengen
décembre *nm* december *nm;* en ~ in december
décemment *adv* **1** *(convenablement)* fatsoenlijk **2** *(raisonnablement)* redelijkerwijs
décence *nf* **1** *(bienséance)* fatsoen *het* **2** *(tact)* tact *nm;* avoir la ~ de se taire zo tactvol zijn te zwijgen
décennie *nf* decennium *het*
décent, -ente *adj* **1** *(bienséant)* fatsoenlijk **2** *(acceptable)* redelijk
décentralisation *nf* decentralisatie *nf*
décentraliser *vt* decentraliseren
déception *nf* teleurstelling *nf*
décerner *vt* **1** *(octroyer)* toekennen **2** *(jur.)* uitvaardigen
décès *nm* (het) overlijden, sterfgeval *het;* acte de ~ overlijdensakte
décevoir *vt* teleurstellen; cela m'a beaucoup déçu dat is me erg tegengevallen
déchaîné, -ée *adj* **1** *(agité)* onstuimig **2** *(très excité)* niet meer te houden
déchaîner *vt* ontketenen; **se déchaîner** *vpr* **1** *(se déclencher)* losbarsten **2** *(+ contre) (s'emporter contre)* uitvaren (tegen)
déchanter *vi* een toontje lager zingen
décharge *nf* **1** *(dépôt)* stortplaats *de;* ~ (publique) vuilnisbelt **2** *(étincelle, choc)* ontlading *nf* **3** *(salve)* (het) afvuren **4** *(libération)* kwijting *nf* **5** *(quittance)* kwitantie *nf* **6** *(jur.) (levée des charges contre qqn)* ontlasting *nf;* à la ~ de qqn tot iemands verontschuldiging
décharger *vt* **1** *(débarrasser de sa charge)* de last afnemen van, *(arme)* ontladen, *(camion, bateau)* lossen **2** *(alléger)* ontlasten *(aussi au fig.);* ~ sa colère sur qqn zijn woede op iemand botvieren; **se décharger** *vpr (perdre sa puissance électrique)* leeglopen
décharné, -ée *adj* uitgemergeld
déchaussé, -ée *adj* ♦ dent ~e losse tand, kies *(incisive, molaire)*

déchausser *vt (enlever les chaussures de)* de schoenen uittrekken van; **se déchausser** *vpr* **1** *(dent)* losraken **2** *(enlever ses chaussures)* zijn schoenen uittrekken

dèche *nf* penarie *nf;* être dans la ~ *(dans la mouise)* in de penarie zitten; *(sans le sou)* op zwart zaad zitten

déchéance *nf* verval *het*

déchet *nm (plur.) (résidus)* afval *het/de (m);* ~s biodégradables bioafval, gft-afval ♦ il y a du ~ de rest is onbruikbaar

déchiffrer *vt* **1** *(lire)* ontcijferen **2** *(mus.)* meteen van het blad spelen, zingen

déchiqueter *vt* uiteenscheuren

déchirant, -ante *adj* hartverscheurend

déchirement *nm* **1** *(résultat; division)* (het) verscheurd zijn; pays en proie à de grands ~s land waar ernstige verdeeldheid heerst **2** *(douleur)* smart *de*

déchirer *vt* **1** *(mettre en morceaux)* verscheuren *(aussi au fig.)* **2** *(fig.) (rompre; diviser)* verscheuren; cri qui déchire le silence kreet die de stilte verscheurt; spectacle qui déchire hartverscheurend schouwspel ♦ *(fam.)* ça déchire ! te gek!; **se déchirer** *vpr* **1** *(se fendre)* scheuren; mon cœur se déchire à cette idée mijn hart krimpt ineen als ik daaraan denk; se ~ les doigts zijn vingers openhalen **2** *(s'entre-déchirer)* elkaar afmaken

déchirure *nf* **1** *(accroc)* scheur *de* **2** *(plaie)* scheurwond *de*

déchu, -ue *adj* **1** *(ayant perdu son rang)* gevallen; ange ~ gevallen engel; prince ~ onttroonde vorst **2** *(+ de) (privé de)* beroofd (van); être ~ de ses droits uit zijn rechten ontzet zijn

décidé, -ée *adj* **1** *(résolu)* vastbesloten; être (bien) ~ à faire qqch (vast)besloten zijn om iets te doen **2** *(entendu)* besloten **3** *(certain)* uitgesproken

décidément *adv* beslist; ~, il n'a pas de chance hij heeft waarachtig geen geluk

[1]**décider** *vi (commander)* beslissen; ~ de qqch iets bepalen; à vous de ~ de beslissing is aan u; c'est moi qui décide ici ik ben hier de baas

[2]**décider** *vt* **1** *(prendre la décision de)* beslissen **2** *(choisir)* besluiten tot; ~ de faire qqch besluiten iets te doen **3** *(déterminer)* beslissend zijn voor **4** *(convaincre)* overhalen tot; ~ qqn à faire qqch iemand overhalen iets te doen; **se décider** *vpr* **1** *(+ à) (prendre la décision de)* besluiten (tot); se ~ à faire qqch het besluit nemen (om) iets te doen **2** *(être résolu)* besloten worden

décimal, -ale *adj* tientallig, decimaal; la ~e de decimaal

décimer *vt* decimeren

décisif, -ive *adj* **1** *(qui décide)* beslissend **2** *(péremptoire)* beslist

décision *nf* **1** *(choix)* beslissing *nf;* ma ~ est prise mijn besluit staat vast **2** *(jur.)* beslissing *nf,* uitspraak *de;* ~ d'appel uitspraak in hoger beroep; ~ judiciaire rechterlijke beslissing **3** *(fermeté)* vastberadenheid *nf*

déclamer *vt (leçon)* opzeggen, *(poésie)* voordragen

déclaration *nf* **1** *(action de déclarer; texte)* verklaring *nf;* Déclaration universelle des Droits de l'homme Universele Verklaring van de Rechten van de mens; faire une, sa ~ à qqn iemand zijn liefde verklaren **2** *(déposition)* aangifte *nf;* faire sa ~ d'impôts, de revenus belastingaangifte doen

déclarer *vt* **1** *(proclamer)* verklaren; ~ son amour een liefdesverklaring doen; il a été déclaré coupable hij is schuldig bevonden; ~ la séance ouverte de zitting voor geopend verklaren **2** *(signaler l'existence de)* opgeven; ~ une naissance à la mairie aangifte doen op het gemeentehuis van de geboorte van een kind; **se déclarer** *vpr* **1** *(se prononcer)* zich verklaren; se ~ contre, pour qqch zich ergens tegen, vóór uitspreken **2** *(éclater)* uitbreken

déclasser *vt* **1** *(faire rétrograder qqn)* degraderen **2** *(déranger)* in de war brengen

déclenchement *nm* **1** *(techn.)* inwerkingstelling *nf* **2** *(début)* begin *het*

déclencher *vt* **1** *(commander)* in werking stellen **2** *(provoquer)* ontketenen; **se déclencher** *vpr* **1** *(se mettre en mouvement)* in werking treden **2** *(éclater)* uitbreken

déclic *nm* **1** *(mécanisme)* pal *nm;* faire jouer un ~ een pal indrukken **2** *(bruit)* klik *nm*

déclin *nm* ondergang *nm;* le ~ du jour de schemering

déclinaison *nf (désinence)* verbuiging *nf,* declinatie *nf*

[1]**décliner** *vi* **1** *(diminuer)* ondergaan *(soleil),* ten einde lopen *(jour)* **2** *(s'affaiblir)* achteruitgaan

[2]**décliner** *vt* **1** *(repousser)* afslaan *(invitation),* afwijzen *(responsabilité)* **2** *(pourvoir de désinences)* verbuigen **3** *(d'une gamme de produits) (proposer)* een assortiment aanbieden van ♦ ~ son identité zijn personalia opgeven

déclivité *nf* helling *nf*

décocher *vt* **1** *(envoyer une flèche)* afschieten **2** *(lancer)* toewerpen; ~ un coup een dreun geven ♦ *(inform.)* décocher une case een vinkje weghalen

décoder *vt* ontcijferen

décodeur *nm* decoder *nm*

décoiffer *vt* in de war brengen; être décoiffé verwarde haren hebben

décollage *nm (aviat.)* (het) opstijgen

[1]**décoller** *vi* **1** *(+ de) (se détacher de)* loskomen (van), *(avion)* opstijgen (van) **2** *(s'en aller)* weggaan; pas moyen de le faire ~ hij is niet weg te branden **3** *(écon.)* zich ontwikkelen

[2]**décoller** *vt (détacher)* losmaken; **se dé-**

coller *vpr (se détacher)* losgaan ♦ oreilles décollées uitstaande oren
décolleté, -ée *adj* gedecolleteerd; le ~ het decolleté
décoloration *nf* (het) verschieten, (het) verkleuren; se faire faire une ~ z'n haar laten bleken
décolorer *vt* ontkleuren; **se décolorer** *vpr* verkleuren ♦ se ~ les cheveux z'n haar blonderen
décombres *nm* puin *het (uniquement sing.)*
décommander *vt* 1 *(annuler la commande de)* afbestellen 2 *(annuler une invitation)* afzeggen; **se décommander** *vpr (annuler un rendez-vous)* afzeggen
décomposer *vt* 1 *(diviser)* ontbinden 2 *(un mouvement, une danse)* langzaam uitvoeren 3 *(altérer)* verwringen; visage décomposé ontdaan, vertrokken gelaat; **se décomposer** *vpr* 1 *(pourrir)* tot ontbinding overgaan 2 *(s'altérer)* verwrongen worden
décomposition *nf* 1 *(analyse)* ontleding *nf* 2 *(pourriture)* ontbinding *nf;* cadavre en ~ lijk in staat van ontbinding
décompresser *vi* zich ontspannen
décompte *nm* 1 *(réduction)* aftrek *nm* 2 *(facture)* (nauwkeurige) (af)rekening *nf*
décompter *vt* aftrekken
se déconcentrer *vpr* zijn concentratie verliezen
déconcerter *vt* van de wijs brengen
déconfiture *nf* 1 *(échec)* mislukking *nf* 2 *(faillite)* bankroet *het*
décongeler *vt* ontdooien
déconnecter *vt* 1 *(éteindre)* uitschakelen 2 *(couper la connexion)* ontkoppelen, *(inform.)* de verbinding verbreken 3 *(séparer de)* loskoppelen (van); **se déconnecter** *vpr (quitter)* uitloggen
déconner *vi* 1 *(dire des conneries)* lullen 2 *(faire des conneries)* stomme dingen uitspoken 3 *(mal fonctionner)* het niet goed doen
déconseiller *vt* afraden; ~ qqch à qqn (aan) iemand iets afraden; c'est déconseillé het is niet raadzaam
décontenancer *vt* van de wijs brengen
décontracté, -ée *adj* ontspannen *(aussi au fig.)*
décontracter *vt* ontspannen; **se décontracter** *vpr* zich ontspannen
décontraction *nf* 1 *(relâchement)* ontspanning *nf* 2 *(désinvolture)* ongedwongenheid *nf*
déconvenue *nf* ontgoocheling *nf*
décor *nm* 1 *(décoration)* versiering *nf* 2 *(de théâtre)* decor *het* 3 *(cadre)* omgeving *nf*
décorateur, -trice *n* 1 *(d'appartement)* binnenhuisinrichter *nm;* ~ d'intérieurs binnenhuisarchitect 2 *(de théâtre)* decorbouwer *nm*
décoratif, -ive *adj* decoratief; motifs ~s siermotieven ♦ jouer un rôle purement ~ een onbelangrijke rol spelen
décoration *nf* 1 *(action de décorer; résultat)* decoratie *nf,* versiering *nf* 2 *(d'intérieur)* (woning)inrichting *nf* 3 *(insigne)* decoratie *nf*
décorer *vt* 1 *(orner)* versieren 2 *(des pièces)* inrichten 3 *(remettre une décoration à)* onderscheiden
décortiquer *vt* 1 *(écorcer)* pellen 2 *(éplucher (un texte))* uitpluizen
découcher *vi* 's nachts niet thuiskomen
[1]**découdre** *vi* ♦ en ~ op de vuist gaan
[2]**découdre** *vt (défaire)* (los)tornen; **se découdre** *vpr (se défaire)* losgaan
découler (de) *vi* voortvloeien (uit)
découpage *nm* 1 *(action de découper)* (het) snijden *(à l'aide d'un couteau)* 2 *(avec des ciseaux)* (het) uitknippen 3 *(image)* knipplaatje *het;* faire des ~s plaatjes uitknippen ♦ ~ électoral indeling in kiesdistricten
découper *vt* 1 *(diviser au couteau)* (in stukken) snijden, voorsnijden *(à table)* 2 *(couper au couteau)* uitsnijden 3 *(couper aux ciseaux)* uitknippen; ~ un article dans un journal een artikel uit de krant knippen 4 *(couper à la scie)* afzagen *(enlever une partie),* uitzagen *(former une figure);* **se découper (sur)** *vpr (se détacher)* zich scherp aftekenen (tegen)
découragement *nm* ontmoediging *nf*
décourager *vt* ontmoedigen; **se décourager** *vpr* de moed verliezen, moedeloos worden
décousu, -ue *adj* 1 *(défait)* los(getornd) 2 *(incohérent)* onsamenhangend
découvert, -erte *adj* 1 *(non couvert)* onbedekt; à ~ open; être à ~ rood staan; la tête ~e blootshoofds 2 *(écon.)* ongedekt; le ~ het saldotekort
découverte *nf* ontdekking *nf;* aller à la ~ (de) op ontdekking uitgaan (naar)
découvrir *vt* 1 *(apercevoir; parvenir à connaître)* ontdekken 2 *(trouver)* vinden; ~ un secret achter een geheim komen 3 *(exposer)* ongedekt laten 4 *(révéler)* openbaren 5 *(dégarnir)* het deksel afnemen van; **se découvrir** *vpr* 1 *(se dévêtir)* te dun gekleed gaan 2 *(dans son lit)* zich blootwoelen 3 *(ôter son chapeau)* zijn hoed afnemen 4 *(s'éclaircir)* opklaren
décrasser *vt* 1 *(nettoyer)* schoonmaken 2 *(civiliser)* manieren bijbrengen aan
décrépit, -ite *adj* afgeleefd
décrépitude *nf* verval *het*
décret *nm* decreet *het;* par ~ bij, per decreet
décréter *vt* 1 *(ordonner)* verordenen 2 *(décider)* verordonneren
décrire *vt* beschrijven
décrisper *vt* minder gespannen maken
[1]**décrocher** *vi* 1 *(perdre le fil)* afhaken 2 *(abandonner)* het opgeven
[2]**décrocher** *vt* 1 *(détacher)* afhaken, *(télé-*

phone) opnemen **2** *(dégoter)* in de wacht slepen **3** *(séparer)* losmaken
décrocheur, -euse *n* voortijdige schoolverlater, -laatster *nm, nf;* **élève ~** voortijdige schoolverlater
décroissant, -ante *adj* afnemend; **par ordre ~** in dalende volgorde
décroître *vi* **1** *(diminuer)* verminderen **2** *(les jours)* korter worden
décrue *nf* **1** *(baisse du niveau des eaux)* val *nm* **2** *(diminution)* afname *de*
décrypter *vt* **1** *(décoder)* ontcijferen **2** *(analyser (l'actualité))* analyseren, duiden
déçu, -ue *adj* teleurgesteld
décupler *vti* vertienvoudigen
dédaigner *vt* verachten; **il ne dédaigne pas les compliments** hij hoort graag een prijzend woord
dédaigneux, -euse *adj* hooghartig, laatdunkend; **faire le ~** zijn neus ophalen (voor)
dédain *nm* minachting *nf;* **considérer qqn avec ~** iemand geringschattend opnemen; **sourire de ~** laatdunkend lachje
dédale *nm* doolhof *nm (aussi au fig.)*
dedans *adv* binnen; **de ~** van binnen; **en ~** (van) binnen; **marcher les pieds en ~** met naar binnen gerichte voeten lopen; **le ~** de binnenkant; *(accident)* **rentrer ~** erop knallen; *(bagarre)* **il va lui rentrer ~** hij vliegt op hem af
dédicace *nf* **1** *(formule écrite, imprimée)* opdracht *de* **2** *(inscription sur un objet)* opschrift *het*
dédicacer *vt* opdragen
dédier *vt* **1** *(consacrer)* (in)wijden **2** *(adresser)* opdragen
se dédire *vpr* **1** *(se rétracter)* zijn woorden herroepen **2** *(ne pas tenir sa parole)* zijn belofte niet nakomen
dédommagement *nm* **1** *(indemnisation)* (schade)vergoeding *nf;* **en ~ de** als schadeloosstelling voor **2** *(compensation)* compensatie *nf*
dédommager *vt* **1** *(+ de) (indemniser de)* schadeloosstellen (voor); **~ d'une perte** een verlies vergoeden **2** *(récompenser)* terugbetalen
dédouaner *vt* **1** *(faire sortir de la douane)* inklaren **2** *(blanchir)* rehabiliteren; **se dédouaner** *vpr* **1** *(se réhabiliter)* zich rehabiliteren **2** *(rejeter une responsabilité)* zijn verantwoordelijkheid afschuiven
dédoublement *nm* splitsing *nf*
dédoubler *vt* **1** *(partager)* splitsen, *(Belg.)* ontdubbelen **2** *(enlever la doublure de)* de voering halen uit; **se dédoubler** *vpr* **1** *(avoir deux personnalités)* een gespleten persoonlijkheid bezitten **2** *(se séparer en deux)* zich in tweeën splitsen; **je ne peux pas me ~** ik kan me niet in tweeën splitsen
dédramatiser *vt* relativeren
déductible *adj* aftrekbaar
déductif, -ive *adj* deductief
déduction *nf* **1** *(soustraction)* aftrek *nm, (fisc)* belastingaftrek *nm;* **faire ~ de qqch** iets aftrekken; **~ faite de** na aftrek van **2** *(raisonnement)* deductie *nf*
déduire (de) *vt* **1** *(retrancher de)* aftrekken (van) **2** *(conclure de)* afleiden (uit)
déesse *nf* godin *nf*
défaillance *nf* **1** *(évanouissement)* flauwte *nf;* **avoir une ~** een flauwte krijgen **2** *(faiblesse)* zwakte *nf;* **~ cardiaque** hartzwakte **3** *(panne)* defect *het*
défaillant, -ante *adj (faible)* zwak; **mémoire ~e** falend geheugen; **voix ~e d'émotion** door ontroering verstikte stem
défaillir *vi* **1** *(s'évanouir)* flauwvallen **2** *(s'affaiblir)* zwak(ker) worden
défaire *vt* **1** *(démonter)* afbreken; **~ le lit** het bed afhalen **2** *(détacher)* losmaken **3** *(+ de) (libérer de)* bevrijden (van); **se défaire** *vpr* **1** *(se dénouer)* losraken **2** *(+ de) (se débarrasser de)* zich ontdoen (van); **se ~ d'un employé** een werknemer ontslaan
défait, -aite *adj* **1** *(en désordre)* los(geraakt) **2** *(épuisé)* vermoeid **3** *(consterné)* verslagen
défaite *nf* nederlaag *de*
défaitiste *adj* defaitistisch; **le, la ~** de defaitist
défalquer *vt* aftrekken
défaut *nm* **1** *(manque de)* gebrek (aan) *het,* tekort (aan) *het;* **à ~ de qqch** bij gebrek aan iets; **faire ~** ontbreken **2** *(imperfection)* gebrek *het,* onvolkomenheid *nf;* **~ de fabrication** fabricagefout; **~ de prononciation** spraakgebrek **3** *(insuffisance)* zwakheid *nf;* **la curiosité est un vilain ~** nieuwsgierigheid is een slechte eigenschap; **c'est là son moindre ~** dat is zijn grootste gebrek nog niet **4** *(non-comparution)* verstek *het;* **jugement par ~** vonnis bij verstek
défavorable *adj* ongunstig; **être ~ à qqch** ergens tegen zijn
défavorisé, -ée *n* kansarme *nm, nf;* **les milieux ~s** de kansarme milieus
défavoriser *vt* benadelen
défavorisés *nm* minstbedeelden *plur,* kansarmen *plur*
défection *nf* **1** *(absence)* (het) verstek laten gaan; **faire ~** verstek laten gaan **2** *(abandon d'une idéologie)* afvalligheid *nf*
défectueux, -euse *adj* gebrekkig
défendre *vt* **1** *(soutenir)* verdedigen **2** *(protéger)* beschermen **3** *(interdire)* verbieden; **il est défendu de fumer ici** roken is hier verboden; **le tabac lui est défendu** hij mag niet roken; **se défendre** *vpr* **1** *(lutter)* zich verdedigen; **c'est une opinion qui se défend** zo kun je er ook over denken **2** *(se débrouiller)* zich wel redden; **elle se défend bien pour son âge** zij mag er nog best zijn **3** *(+ de) (se garder de)* zich onthouden (van); **ne pas pouvoir se ~ de** 't niet kunnen laten om; **se ~**

tout plaisir zichzelf elk genoegen ontzeggen
défense *nf* 1 *(lutte)* verdediging *nf (aussi jur.)*; ~ d'entrer verboden toegang; légitime ~ noodweer, zelfverdediging; prendre la ~ de qqn opkomen voor iemand; sans ~ weerloos 2 *(protection)* bescherming *nf* 3 *(interdiction)* verbod *het*; ~ d'afficher verboden aan te plakken; ~ de doubler inhaalverbod 4 *(dent)* slagtand *nm*
défenseur *nm* 1 *(protecteur)* verdediger *nm (aussi jur.)* 2 *(partisan)* voorvechter *nm*
défensif, -ive *adj* verdedigend; la défensive de afwerende houding; être sur la défensive een afwachtende houding aannemen
déférence *nf* respect *het*; par ~ pour uit eerbied voor
déferlement *nm* 1 *(de vagues)* branding *nf* 2 *(d'une foule)* (het) toestromen
déferler *vi* 1 *(se briser)* breken 2 *(se précipiter)* toestromen
défi *nm* uitdaging *nf*; mettre qqn au ~ de faire qqch iemand tarten iets te doen; lancer un ~ à qqn iemand uitdagen; relever le ~ de uitdaging aannemen
défiance *nf* argwaan *nm*
défiant, -ante *adj* argwanend
déficience *nf* 1 *(insuffisance)* onvolwaardigheid *nf* 2 *(faiblesse)* gebrek *het*
déficient, -ente *adj* gebrekkig
déficit *nm* tekort *het*
déficitaire *adj* 1 *(qui est en déficit)* deficitair 2 *(insuffisant)* onvoldoende
défier *vt* 1 *(provoquer)* uitdagen; ~ qqn aux échecs iemand tot een partij schaak uitdagen 2 *(narguer)* tarten; je te défie de résoudre cette énigme ik wed dat je dit raadsel niet op kunt lossen 3 *(braver)* trotseren 4 *(résister à)* kunnen doorstaan; prix défiant toute concurrence spotprijzen; **se défier** (de) *vpr (se méfier de)* wantrouwen
défigurer *vt* 1 *(enlaidir)* verminken 2 *(dénaturer)* verdraaien
défilé *nm* 1 *(géo.)* bergengte *nf* 2 *(cortège)* optocht *nm*, stoet *nm*; ~ de mode modeshow
défilement *nm* ♦ *(inform.)* barre de ~ scrollbalk
[1]**défiler** *vi* 1 *(marcher en file)* voorbijtrekken 2 *(se succéder)* elkaar opvolgen 3 *(inform.)* scrollen ♦ faire ~ qqch iets afdraaien
[2]**se défiler** *vpr (se dérober)* zich drukken
défini, -ie *adj* 1 *(caractérisé)* omschreven; article ~ bepaald lidwoord 2 *(précis)* vastgesteld, bepaald
définir *vt* 1 *(un mot)* definiëren, omschrijven 2 *(caractériser)* beschrijven 3 *(déterminer)* nader bepalen
définitif, -ive *adj* definitief ♦ en définitive ten slotte, uiteindelijk
définition *nf* 1 *(d'un mot)* definitie *nf*; par ~ uit de aard der zaak 2 *(description)* beschrijving *nf*
déflagration *nf* ontploffing *nf*
déflation *nf* deflatie *nf*
défoncé, -ée *adj* 1 *(abîmé)* ingedeukt 2 *(route)* hobbelig
défoncer *vt* 1 *(abîmer)* zwaar beschadigen, *(route)* stukrijden, *(porte)* intrappen 2 *(droguer)* doen trippen; **se défoncer** *vpr (se droguer)* trippen (op)
déformation *nf* vervorming *nf* ♦ ~ professionnelle beroepsdeformatie
déformer *vt* vervormen; chaussée déformée slecht wegdek; ~ les propos de quelqu'un iemands woorden onjuist weergeven; **se déformer** *vpr* vervormen
défouler *vt* afreageren; **se défouler** *vpr* 1 *(sur qqn)* zich afreageren (op) 2 *(faire le fou)* zich uitleven
se défraîchir *vpr* zijn frisheid verliezen
défrayer *vt* vrijhouden
défricher *vt* ontginnen *(aussi au fig.)*
défriser *vt* 1 *(cheveux)* ontkrullen 2 *(contrarier)* dwarszitten
défroisser *vt* gladstrijken
défunt, -unte *adj* overleden; le, la ~(e) de overledene
dégagé, -ée *adj* 1 *(vue)* vrij, *(ciel)* helder, *(front)* bloot 2 *(nonchalant)* los
dégagement *nm* 1 *(promesse)* (het) inlossen 2 *(déblaiement)* vrijmaking *nf* 3 *(sport)* verre bal *nm* 4 *(passage)* doorloop *nm* 5 *(chim.)* (het) vrijkomen
dégager *vt* 1 *(sa responsabilité)* afwijzen 2 *(délivrer)* bevrijden (uit) 3 *(vêtements)* vrijlaten 4 vrijmaken 5 *(gaz)* afgeven 6 *(abstr.) (extraire de)* trekken (uit), halen (uit); ~ l'idée principale het belangrijkste idee naar voren halen 7 *(+ de) (d'une obligation)* ontheffen (van) 8 *(espace)* vrijmaken (van) ♦ allons, dégagez ! doorlopen a.u.b.!; **se dégager** *vpr* 1 *(se délivrer)* zich losmaken (uit) 2 *(d'une obligation)* zich onttrekken (aan) 3 *(s'éclaircir)* opklaren 4 *(+ de) (émaner)* vrijkomen (uit) 5 *(+ de) (se faire jour)* blijken (uit) *(aussi impers.)*
dégainer *vt* uit de holster trekken, *(sans objet direct)* zijn wapen trekken
dégarnir *vt* leeghalen; **se dégarnir** *vpr* 1 *(perdre ses cheveux)* kaler worden 2 *(se vider)* leeglopen
dégât *nm* schade *de (sing.)*; constater les ~s de schade opnemen; faire des ~s schade aanrichten; limiter les ~s het ergste vermijden
dégel *nm* dooi *nm (aussi au fig.)*; le temps est au ~ er zit dooi in de lucht
[1]**dégeler** *vi* ontdooien; faire ~ qqch iets laten ontdooien
[2]**dégeler** *vt* 1 *(faire fondre)* ontdooien 2 *(dérider)* ontspannen 3 *(débloquer)* vrijgeven; **se dégeler** *vpr (se détendre)* ontdooien
dégénérer (en) *vi* ontaarden (in)
dégivrer *vt* ontdooien

déglinguer *vt* mollen
dégonflé, -ée *adj* leeg, lek *(suite à une crevaison)* ♦ **le, la ~(e)** de schijter
dégonfler *vt* laten leeglopen ♦ **~ les prix** de prijzen doen dalen; **se dégonfler** *vpr* **1** *(pneu)* leeglopen **2** *(avoir peur)* terugkrabbelen
dégorger *vi* ♦ **faire ~ qqch** iets laten uitlekken
dégot(t)er *vt* opduikelen
dégouliner *vi* (af)druipen
dégourdi, -ie *adj* bijdehand, pienter; **c'est un(e) ~(e)** dat is een bijdehandje
dégourdir *vt* **1** *(détendre)* minder stijf maken **2** *(délurer)* vlotter maken; **se dégourdir** *vpr (se libérer)* loskomen ♦ **se ~ les jambes** even de benen strekken
dégoût *nm* **1** *(+ de) (écœurement)* walging (voor) *nf* **2** *(+ de) (aversion)* afkeer (van) *nm* **3** *(lassitude)* lusteloosheid *nf*
dégoûtant, -ante *adj* walgelijk; **le, la ~(e)** de viezerik
dégoûté, -ée *adj* **1** *(difficile)* overdreven kieskeurig; **faire le ~** kieskeurig zijn **2** *(écœuré)* afkerig **3** *(las de)* moe (van); **être ~ de la vie** het leven beu zijn
dégoûter (de) *vt (ôter l'envie de)* doen walgen (van); *(fig.)* **ah, ça me dégoûte !** getver!; **~ qqn de qqch** iemand van iets afkerig maken
dégradation *nf* **1** *(dégâts)* beschadiging *nf;* **~ de l'environnement** milieubederf **2** *(aggravation)* verslechtering *nf* **3** *(destitution)* degradatie *nf*
dégrader *vt* **1** *(destituer)* degraderen **2** *(endommager)* beschadigen **3** laten uitvloeien; **teinte dégradée** verwassen kleur; **se dégrader** *vpr* **1** *(se détériorer)* vervallen **2** *(s'abaisser)* zich verlagen ♦ **la situation se dégrade** de toestand wordt steeds erger
dégrafer *vt* loshaken
dégraisser *vt* **1** *(enlever la graisse)* ontvetten, *(viande)* het vet afscheppen van **2** *(nettoyer)* ontvlekken **3** *(personnel)* inkrimpen, *(sans objet direct)* afslanken
degré *nm* **1** *(échelon)* trede *de* **2** *(niveau; lien de parenté)* graad *nm;* **~ alcoolique d'un vin** alcoholgehalte van een wijn; **brûlure du premier ~** eerstegraadsverbranding; **à un certain ~** tot op zekere hoogte; **au dernier ~** in de hoogste graad; *(méd.)* in het laatste stadium; **les ~s de l'échelle sociale** de sporten van de maatschappelijke ladder; **enseignement du premier ~** basisonderwijs; **au plus haut ~** in de hoogste mate; **vin de 12 ~s** wijn met 12% alcohol **3** *(gradation)* gradatie *nf;* **par ~(s)** trapsgewijs
dégressif, -ive *adj* afnemend, degressief
dégrèvement *nm* belastingverlichting *nf*
dégringolade *nf* **1** *(chute)* tuimeling *nf* **2** *(fig.)* ↑ (het) ineenstorten
[1]**dégringoler** *vi* **1** *(tomber)* tuimelen (van … af) **2** *(fig.)* kelderen
[2]**dégringoler** *vt (dévaler)* snel afdalen
dégriser *vt* ontnuchteren *(fig.)*
dégrossir *vt* **1** *(travailler)* ruw bewerken **2** *(ébaucher)* in grote lijnen ontwerpen **3** *(civiliser)* manieren bijbrengen aan
déguerpir *vi* zijn biezen pakken
dégueulasse *adj* **1** *(sale; pas bon)* smerig, vies **2** *(détestable)* klere-; **un temps ~** pokkenweer; **c'est un ~** het is een viezerik
déguisement *nm* vermomming *nf;* **sous un ~** in een vermomming
déguiser *vt* **1** *(+ en) (travestir en)* vermommen (als) **2** *(dissimuler)* verhullen; **se déguiser (en)** *vpr (se travestir en)* zich vermommen (als)
dégustation *nf* (het) proeven; **~ de vins** wijnproeverij
déguster *vt* **1** *(goûter)* proeven **2** *(savourer)* genieten van **3** *(encaisser)* op z'n donder krijgen, *(souffrir)* afzien
[1]**dehors** *nm* **1** *(extérieur)* buitenkant *nm;* **au ~** aan de buitenkant **2** *(plur.) (aspect)* uiterlijk *het;* **sous les ~ de la religion** met de godsdienst als dekmantel
[2]**dehors** *adv* (er)buiten; **aller ~** naar buiten gaan; **de ~** van buiten; **dîner ~** buitenshuis eten; *(fig.)* **rester en ~** zich erbuiten houden; **en ~ de** buiten; **c'est en ~ du sujet** dat staat buiten de zaak; **être ~** uit zijn *(sports);* buiten zijn *(être en plein air);* **mettre ~** eruit trappen; **~ !** eruit!
déjà *adv* **1** *(dès maintenant)* al, ↑ reeds **2** *(auparavant)* al eerder; **je vous ai ~ vu** ik heb u al eerder gezien **3** *(bien)* toch (al); **ce n'est ~ pas si mal** dat is toch zo slecht nog niet ♦ **comment s'appelle-t-il ~ ?** hoe heet hij ook alweer?
[1]**déjeuner** *nm* lunch *nm* ♦ **petit ~** ontbijt
[2]**déjeuner** *vi* **1** *(prendre le petit déjeuner)* ontbijten **2** *(prendre le repas de midi)* lunchen
déjouer *vt* verijdelen
delà *adv* ♦ **au ~ de** verder dan, aan de andere kant van *(plus loin que, de l'autre côté de)*
délabré, -ée *adj* **1** *(en ruine)* bouwvallig **2** *(faible)* zwak
délabrement *nm* **1** *(ruine)* bouwvalligheid *nf* **2** *(mauvais état)* slechte staat *nm*
se délabrer *vpr* vervallen
délai *nm* **1** *(échéance)* termijn *nm;* **à bref ~** binnenkort; **dans les plus brefs ~s** zo spoedig mogelijk; **~ de livraison** levertijd; **~ de préavis** opzegtermijn **2** *(prolongation)* uitstel *het;* **~ de paiement** uitstel van betaling; **sans ~** dadelijk ♦ **dans les ~s** op tijd
délaisser *vt* **1** *(abandonner)* verlaten, in de steek laten **2** *(négliger)* verwaarlozen
délassement *nm* ontspanning *nf*
délasser *vt* ontspannen; **se délasser** *vpr* zich ontspannen
délateur, -trice *n* verklik|ker, -ster *nm, nf*
délavé, -ée *adj* verschoten
délayer *vt* **1** *(diluer)* verdunnen **2** *(fig.)* te uitvoerig uitleggen

delco® *nm* stroomverdeler *nm*
se délecter (de) *vpr* genieten (van)
délégation *nf* **1** *(procuration)* volmacht *de* **2** *(transmission)* overdracht *de* **3** *(groupe)* afvaardiging *nf*, delegatie *nf*
délégué *n* afgevaardigde *nm*; **~(e) syndical(e)** (vakbonds)vertegenwoordig(st)er
déléguer *vt* **1** *(charger d'une mission)* afvaardigen **2** *(transmettre)* overdragen
délestage *nm* *(circulation)* ontlasting *nf*; **itinéraire de ~** alternatieve route
délester *vt* **1** *(décharger de son lest)* ballast uitwerpen uit **2** *(iron.) (voler qqn)* lichter maken **3** *(décongestionner)* ontlasten
délibération *nf* **1** *(débat)* beraadslaging *nf*, *(Belg.)* deliberatie *nf* **2** *(décision)* besluit *het* ♦ **après mûre ~** na rijp beraad
délibéré, -ée *adj* **1** *(intentionnel)* weloverwogen, opzettelijk **2** *(décidé)* vastberaden
délibérer *vi* **1** *(+ sur) (débattre de)* beraadslagen (over) **2** *(+ de) (décider de qqch)* besluiten (over)
délicat, -ate *adj* **1** *(subtil)* verfijnd; **mets ~s** uitgelezen gerechten **2** *(léger)* zacht; **effleurer ~ement** licht aanraken **3** *(raffiné)* fijngevoelig **4** *(fragile)* teer; **peau ~e** gevoelige huid; **santé ~e** zwakke gezondheid **5** *(périlleux)* netelig
délicatesse *nf* **1** *(finesse)* verfijndheid *nf*; **les ~s** de lekkernijen **2** *(sensibilité)* fijngevoeligheid *nf* **3** *(discrétion)* tact *nm*; **avec ~** tactvol; **manque de ~** tactloosheid
délice *nm* genot *het*; **c'est un ~** dit is verrukkelijk
délicieux, -euse *adj* heerlijk, verrukkelijk
délié, -ée *adj* **1** *(fin)* (rag)fijn **2** *(subtil)* schrander **3** *(souple)* soepel; **les doigts ~s** soepele vingers; **avoir la langue ~e** rap van tong zijn
délier *vt* **1** *(détacher)* losmaken; **~ la langue de qqn** iemand aan de praat krijgen **2** *(libérer de)* ontheffen (van)
délimitation *nf* afbakening *nf*
délimiter *vt* afbakenen
délinquance *nf* criminaliteit *nf*; **~ juvénile** jeugdcriminaliteit
délinquant, -ante *adj* misdadig; **le ~** de delinquent
délirant, -ante *adj* **1** *(démentiel)* krankzinnig; **c'est ~** dat is volkomen krankjorum **2** *(extravagant)* uitbundig
délire *nm* **1** *(divagation)* (het) ijlen **2** *(exaltation)* waanzin *nm*; **foule en ~** uitzinnige menigte
délirer *vi* **1** *(divaguer)* ijlen **2** *(perdre la tête)* buiten zichzelf zijn
délit *nm* vergrijp *het*, delict *het*; **en flagrant ~** op heterdaad
délivrance *nf* **1** *(soulagement)* bevrijding *nf* **2** *(remise)* afgifte *nf*
délivrer *vt* **1** *(+ de) (débarrasser de)* bevrijden (van) **2** *(remettre)* afgeven; **se délivrer (de)** *vpr* zich bevrijden (van)
délocalisation *nf* verplaatsing naar het buitenland *(d'entreprises, d'activités de production)*, offshoring *de*, *(Belg.)* delokalisatie *nf*
déloger *vt* verdrijven
déloyal, -ale *adj* oneerlijk
delta *nm* delta *de*
deltaplane® *nm* deltavlieger *nm*
déluge *nm* **1** *(inondation biblique)* zondvloed *nm*; **ça remonte au ~** dat is zo oud als de weg naar Rome; **après nous le ~ !** wie dan leeft die dan zorgt **2** *(torrent)* stortvloed *nm* *(aussi au fig.)*
déluré, -ée *adj* **1** *(débrouillard)* gewiekst **2** *(effronté)* brutaal
démagnétiser *vt* demagnetiseren
démagogie *nf* volksmennerij *nf*
démagogique *adj* demagogisch
démagogue *n* dema|goog, -goge *nm, nf*, volksmenner *nm*
demain *adv* morgen; **à ~** tot morgen; **~ il fera jour** morgen is er weer een dag; **ce n'est pas ~ la veille** het duurt nog wel even voor het zover is
demande *nf* **1** *(souhait)* verzoek *het*; **à la ~** op verzoek; **à la ~ générale** op algemeen verzoek; **~ d'asile** asielaanvraag; **~ d'emploi** sollicitatie; **~s d'emploi** personeel aangeboden *(annonces)*; **~ en mariage** huwelijksaanzoek **2** *(requête écrite)* verzoekschrift *het* **3** *(jur.)* eis (tot) *nm*
demandé, -ée *adj* veelgevraagd
demander *vt* **1** *(prier; interroger)* vragen; **il ne demande qu'à jouer** hij doet niets liever dan spelen; **~ (après) qqn** naar iemand vragen; **~ son chemin** naar de weg vragen; **il te demande de venir** hij verzoekt je om te komen; **je ne demande pas mieux** ik wil niets liever; **je vous demande pardon** neem me niet kwalijk; **il a demandé si tu pouvais venir** hij heeft gevraagd of je kon komen; **on vous demande** er is iemand voor u **2** *(réclamer)* eisen; **il ne faut pas lui en ~ trop** men kan niet te veel van hem, haar verwachten **3** *(postuler)* solliciteren naar; **se demander** *vpr* *(s'interroger)* zich afvragen; **je me demande si je dois accepter** ik vraag me af, of ik dat moet aannemen
demandeur, -deuse *n* ♦ **~ d'asile** asielzoeker; **~ d'emploi** werkzoekende
démangeaison *nf* **1** *(concr.)* jeuk *nm* *(sans art.; sing.)* **2** *(abstr.)* kriebels (om) *plur*
démanger *vi* jeuken *(aussi au fig.)*
démantèlement *nm* ontmanteling *nf*
démanteler *vt* **1** *(remparts)* ontmantelen **2** *(détruire)* afbreken
démaquillant *nm* gezichtsreiniger *nm*
démaquiller *vt* de make-up verwijderen van, afschminken *(au spectacle)*; **se démaquiller** *vpr* de make-up van zijn gezicht halen, zich afschminken *(au spectacle)*
démarcation *nf* afbakening *nf*
démarche *nf* **1** *(allure)* gang *nm* **2** *(atti-*

tude) houding *nf* **3** *(cheminement)* voortgang *nm* **4** *(sollicitation)* stap *nm;* faire des ~s stappen ondernemen

démarquer *vt* **1** *(dégriffer)* van zijn merk ontdoen **2** *(solder)* afprijzen; **se démarquer** *vpr* **1** *(+ de) (prendre ses distances)* zich (willen) onderscheiden (van) **2** *(sports)* zich vrijspelen

[1]**démarrer** *vi* **1** *(commencer à rouler)* starten **2** *(partir)* vertrekken **3** *(sports) (accélérer)* demarreren

[2]**démarrer** *vt* starten

démarreur *nm* starter *nm*

démasquer *vt* ontmaskeren *(aussi au fig.)*

démêlé *nm* geschil *het;* avoir des ~s avec la justice met de justitie in aanraking komen

démêler *vt* ontwarren *(aussi au fig.);* ~ les cheveux het haar uit de knoop halen

déménagement *nm* verhuizing *nf;* camion de ~ verhuiswagen

[1]**déménager** *vi* **1** *(changer de logement)* verhuizen **2** *(déraisonner)* onzin uitslaan; tu déménages je bent niet goed wijs

[2]**déménager** *vt* verhuizen

déménageur *nm* verhuizer *nm*

démence *nf* **1** *(méd.)* krankzinnigheid *nf* **2** *(fig.)* waanzin *nm*

se démener *vpr* **1** *(s'agiter)* tekeergaan **2** *(se décarcasser)* zich afmatten

dément, -ente *adj* **1** *(méd.)* krankzinnig; le, la ~(e) de krankzinnige **2** *(insensé)* onzinnig **3** *(génial)* geweldig

démenti *nm* loochening *nf;* opposer un ~ à loochenen

démentiel, -elle *adj* **1** *(méd.)* krankzinnig **2** *(absurde)* waanzinnig

démentir *vt* **1** *(contredire)* tegenspreken **2** *(nier)* ontkennen **3** *(infirmer)* logenstraffen

se démerder *vpr* ↑ het zelf wel uitzoeken; démerde-toi ! zoek het (zelf) maar uit!

démesure *nf* mateloosheid *nf*

démesuré, -ée *adj* **1** *(énorme)* bovenmatig groot **2** *(sans borne)* mateloos

démettre *vt* **1** *(déboîter)* ontwrichten **2** *(+ de) (destituer de)* ontheffen (van); **se démettre** *vpr (démissionner)* ontslag nemen ♦ se ~ l'épaule zijn schouder ontwrichten

demeurant *nm* ♦ au ~ overigens

demeure *nf* huis *het,* verblijf *het* ♦ à ~ voorgoed; mettre qqn en ~ de iemand aanmanen om

demeuré, -ée *adj* **1** *(retardé)* achterlijk **2** *(bête)* imbeciel

demeurer *vi* **1** *(rester)* blijven; en ~ là het daarbij laten **2** *(habiter)* wonen; ~ chez qqn bij iemand (in huis) wonen; il demeure rue Molière hij woont in de rue Molière **3** *(continuer d'exister)* blijven bestaan

[1]**demi, -ie** *adj* half; un an et ~ anderhalf jaar; deux heures et ~e halfdrie; à la ~e om half; la ~e sonne het halve uur slaat; la ~e de cinq heures halfzes; *(sports)* le ~ de middenvelder; un ~ een pilsje

[2]**demi** *adv* half; à ~ half

demi-centre *nm* middenvelder *nm*

demi-cercle *nm* halve cirkel *nm;* en (forme de) ~ halfrond

demi-douzaine *nf* half dozijn *het*

demi-finale *nf* halve finale *de*

demi-frère *nm* halfbroer *nm*

demi-heure *nf* half uur *het*

demi-jour *nm* schemerlicht *het*

demi-journée *nf* halve dag *nm*

démilitariser *vt* demilitariseren

demi-mesure *nf* halve maatregel *nm*

demi-mot *nm* half woord *nm;* comprendre à ~ maar een half woord nodig hebben

demi-pension *nf* **1** *(à l'hôtel)* halfpension *het* **2** *(à l'école)* (het) overblijven tussen de middag

demi-saison *nf* **1** *(printemps)* voorjaar *het;* vêtement de ~ demi(-saison) **2** *(automne)* najaar *het*

demi-sel *adj* lichtgezouten

demi-sœur *nf* halfzus *nf*

démission *nf* **1** *(action de se démettre de ses fonctions)* ontslag *het;* lettre de ~ ontslagbrief **2** *(abandon)* (het) opgeven

démissionner *vi* **1** *(donner sa démission)* aftreden **2** *(abandonner)* het opgeven

demi-ton *nm* halve toon *nm*

demi-tour *nm* halve draai *nm;* faire ~ omkeren, rechtsomkeert maken

démobiliser *vt* demobiliseren

démocrate *n* demo|craat, -crate *nm, nf;* esprit ~ democratisch denkend mens

démocratie *nf* democratie *nf*

démocratique *adj* democratisch

démocratiser *vt* democratiseren

démodé, -ée *adj* ouderwets

se démoder *vpr* uit de mode raken

démographie *nf* demografie *nf*

démographique *adj* bevolkings-

demoiselle *nf* **1** *(jeune fille)* juffrouw *nf;* ~ d'honneur bruidsmeisje **2** *(iron.)* (jonge)dame *nf*

démolir *vt* **1** *(détruire)* afbreken **2** *(anéantir)* vernietigen; ~ (la santé de) qqn iemands gezondheid verwoesten **3** *(battre)* verbouwen; ~ (le portrait à) qqn iemand op zijn facie geven **4** *(critiquer)* afkraken

démolition *nf* **1** *(construction)* sloop *nm* **2** *(fig.)* vernietiging *nf*

démon *nm* **1** *(diable)* duivel *nm;* ~ du jeu speelduivel; le ~ Satan **2** *(génie)* geest *nm;* c'est son mauvais ~ het is zijn kwade genius

démoniaque *adj* **1** *(habité du démon)* van de duivel bezeten **2** *(diabolique)* duivels

démonstratif, -ive *adj* **1** *(ling.)* aanwijzend **2** *(expansif)* mededeelzaam

démonstration *nf* **1** *(raisonnement)* bewijs *het,* bewijsvoering *nf* **2** *(manifestati-*

on) uiting *nf* 3 *(expérience)* demonstratie *nf*
démonter *vt* 1 *(déconcerter)* van zijn stuk brengen 2 *(défaire)* demonteren, *(tente)* afbreken; **se démonter** *vpr* 1 *(être dérouté)* in de war raken 2 *(se défaire)* gedemonteerd kunnen worden
démontrer *vt* 1 *(prouver)* bewijzen 2 *(indiquer)* laten zien
démoralisation *nf* ontmoediging *nf*
démoraliser *vt* demoraliseren; **se démoraliser** *vpr* ontmoedigd raken
démordre (de) *vi* ♦ ne pas ~ de qqch aan iets vasthouden
démouler *vt* uit z'n vorm nemen
démunir (de) *vt* ontdoen (van); être complètement démuni helemaal blut zijn
démystifier *vt* ontluisteren
dénatalité *nf* daling *nf* van het geboortecijfer
dénaturé, -ée *adj* 1 *(dépravé)* ontaard 2 *(indus.)* gedenatureerd
dénaturer *vt* 1 *(déformer)* verdraaien 2 *(altérer)* doen bederven
dénicher *vt* 1 *(découvrir)* opsporen 2 *(oiseau)* uit het nest halen
dénier *vt* 1 *(nier)* ontkennen 2 *(+ à) (refuser à)* weigeren (aan)
dénigrer *vt* denigreren
dénivellation *nf* hoogteverschil *het*
dénombrer *vt* tellen
dénominateur *nm* noemer *nm; (aussi au fig.)* ~ commun grootste gemene deler
dénomination *nf* benaming *nf*
dénommer *vt* (be)noemen
dénoncer *vt* 1 *(protester)* aan de kaak stellen 2 *(accuser)* verklikken 3 *(rompre)* opzeggen
dénonciation *nf* 1 *(accusation)* (het) verklikken 2 *(rupture)* opzegging *nf*
dénoter *vt* aanduiden, duiden op
dénouement *nm* ontknoping *nf*
dénouer *vt* 1 *(détacher)* losknopen 2 *(résoudre)* oplossen; **se dénouer** *vpr* 1 *(se détacher)* losgaan 2 *(se résoudre)* opgelost worden
dénoyauter *vt* ontpitten
denrée *nf* eetwaar *de;* ~s alimentaires levensmiddelen; *(fig.)* une ~ rare een zeldzaamheid
dense *adj* 1 *(compact)* dicht 2 *(concis)* beknopt
densité *nf* dichtheid *nf*
dent *nf* tand *nm;* avoir la ~ honger hebben; avoir une ~ contre qqn gebeten zijn op iemand; mordre à belles ~s dans lekker happen in; claquer des ~s klappertanden; ne pas desserrer les ~s geen mond opendoen; parler entre ses ~s binnensmonds praten; faire ses ~s tanden krijgen; grincer des ~s knarsetanden; avoir les ~s longues *(fig.)* erg ambitieus zijn; ~ de sagesse verstandskies, wijsheidstand *(n.B.);* en ~s de scie getand; *(fig.)* met ups en downs; serrer les ~s de tanden op elkaar zetten; n'avoir rien à se mettre sous la ~ niets te eten hebben; être sur les ~s op zijn tandvlees lopen
dentaire *adj* 1 *(relatif aux dents)* tand- 2 *(relatif aux soins des dents)* tandheelkundig; chirurgie ~ tandheelkunde
dentelé, -ée *adj* gekarteld
dentelle *nf* kant *nm*
dentier *nm* kunstgebit *het*
dentifrice *nm* tandpasta *de*
dentiste *n* tandarts *nm*
dénudé, -ée *adj* 1 *(à nu)* naakt 2 *(chauve)* kaal
dénuder *vt* ontbloten; ~ qqn iemand ontkleden
dénué, -ée (de) *adj* ontdaan (van); ~ de fondement uit de lucht gegrepen; ~ d'intérêt oninteressant; ~ de sens zinloos
dénuement *nm* gebrek *het*
déodorant, -ante *adj* reukverdrijvend; le ~ de deodorant
dépannage *nm* 1 *(réparation)* reparatie *nf, (Belg.)* depannage *nf;* voiture de ~ takelauto 2 *(aide)* hulp *de* in nood, *(Belg.)* depannage *nf*
dépanner *vt* 1 *(réparer)* repareren 2 *(aider)* uit de brand helpen
dépanneur *nm* reparateur *nm*
dépanneuse *nf* kraanwagen *nm*
dépareillé, -ée *adj* onvolledig
départ *nm* 1 *(action de partir)* vertrek *het;* le ~ d'un bateau de afvaart van een boot; tableau des ~s bord met vertrektijden 2 *(sports)* start *nm;* donner le ~ het startsein geven 3 *(démission)* (het) aftreden 4 *(commencement)* begin *het;* au ~ in het begin; dès le ~ van meet af aan; le point de ~ het uitgangspunt
départager *vt* 1 *(des suffrages, des gagnants, etc.)* de doorslag geven tussen 2 *(choisir entre)* beslissen tussen
département *nm* 1 *(ministère; division du territoire)* departement *het* 2 *(secteur)* afdeling *nf*
départemental, -ale *adj* departementaal; route ~e B-weg
dépassé, -ée *adj* 1 *(démodé)* achterhaald 2 *(débordé)* overstelpt
dépassement *nm* 1 *(véhicule)* (het) inhalen 2 *(excès)* overschrijding *nf*
[1]**dépasser** *vi (déborder)* uitsteken; ton jupon dépasse je onderrok komt er onderuit
[2]**dépasser** *vt* 1 *(doubler)* passeren 2 *(être plus grand que)* groter zijn dan; il me dépasse d'une bonne tête hij is meer dan een hoofd groter dan ik 3 *(surpasser)* overtreffen 4 *(franchir)* overschrijden ♦ cela me dépasse dat gaat me boven de pet; être dépassé par les évènements de situatie niet meer aankunnen; avoir dépassé la trentaine de dertig gepasseerd zijn; **se dépasser** *vpr (se surpasser)* zichzelf overtreffen
dépaysé, -ée *adj* ontheemd, onwennig; se sentir ~ zich als een kat in een vreemd pakhuis voelen

dépaysement *nm* 1 *(désorientation)* onwennigheid *nf* 2 *(changement)* andere omgeving *nf*
dépecer *vt* 1 *(mettre en morceaux)* kleinsnijden 2 *(démembrer)* verbrokkelen
dépêche *nf* 1 *(télégramme)* telegram *het* 2 *(information)* bericht *het*
dépêcher *vt* afvaardigen; **~ un ambassadeur auprès du ministre** een ambassadeur naar de minister toesturen; **se dépêcher** *vpr* zich haasten; **dépêche-toi de manger tes épinards** eet vlug je spinazie op
dépeindre *vt* afschilderen
dépendance *nf* 1 *(sujétion)* afhankelijkheid *nf* 2 *(bâtiment)* bijgebouw *het* 3 *(d'un toxicomane)* (drugs)verslaving *nf*
dépendant, -ante (de) *adj* afhankelijk (van)
[1]**dépendre (de)** *vi* 1 *(reposer sur)* afhangen (van); **cela dépend** dat hangt ervan af 2 *(faire partie de)* deel uitmaken (van) 3 *(être sous la dépendance de)* afhankelijk zijn (van)
[2]**dépendre** *vt (décrocher)* afhaken
dépens *nm* kosten *plur;* **à mes ~** op mijn kosten; **apprendre qqch à ses ~** leergeld voor iets betalen
dépense *nf* 1 *(action de dépenser; somme dépensée)* uitgave *de;* **~s publiques** overheidsuitgaven; **ne pas regarder à la ~** niet op geld kijken 2 *(usage)* gebruik *het;* **~ physique** lichamelijke inspanning
dépenser *vt* 1 *(débourser)* uitgeven 2 *(consommer)* verbruiken 3 *(+ à) (consacrer à)* gebruiken (voor); **se dépenser** *vpr (faire des efforts)* zich inspannen
dépensier, -ière *adj* verkwistend
déperdition *nf* verlies *het*
dépérir *vi* 1 *(s'affaiblir)* (weg)kwijnen 2 *(péricliter)* te gronde gaan
dépérissement *nm* 1 *(affaiblissement)* (het) wegkwijnen 2 *(décadence)* verval *het*
dépêtrer (de) *vt* bevrijden (uit); **se dépêtrer (de)** *vpr* zich bevrijden (uit)
dépeuplement *nm* ontvolking *nf*
dépeupler *vt* ontvolken; **se dépeupler** *vpr* leeglopen
dépilatoire *adj* ontharend; **le ~** het ontharingsmiddel
dépistage *nm* opsporing *nf, (d'une maladie)* herkenning *nf*
dépister *vt* op 't spoor komen
dépit *nm* ontgoocheling *nf* ♦ **en ~ de** in weerwil van; **faire qqch en ~ du bon sens** iets zeer slecht aanpakken
dépité, -ée *adj* verongelijkt
déplacé, -ée *adj* 1 *(bougé)* verplaatst 2 *(inopportun)* misplaatst
déplacement *nm* 1 *(action de déplacer)* verplaatsing *nf* 2 *(mutation)* overplaatsing *nf* 3 *(voyage)* reis *de;* **être en ~** op (zaken)reis zijn; **cela vaut le ~** het is wel een reisje waard
déplacer *vt* 1 *(changer de place)* verplaatsen 2 *(faire changer de poste)* overplaatsen; **se déplacer** *vpr (bouger)* zich verplaatsen; **sans se ~** zonder van zijn plaats te komen
[1]**déplaire** *vi* tegenstaan; **cela ne me déplairait pas** dat zou ik best willen
[2]**se déplaire** *vpr* zich niet thuis voelen
déplaisant, -ante *adj* 1 *(antipathique)* onsympathiek 2 *(embêtant)* ergerlijk
dépliant *nm* folder *nm*
déplier *vt* openvouwen; **se déplier** *vpr* zich ontvouwen
déploiement *nm* 1 *(milit.)* opstelling *nf* 2 *(démonstration)* vertoon *het*
déplorable *adj* 1 *(lamentable)* deerniswekkend 2 *(regrettable)* betreurenswaardig
déplorer *vt* betreuren
déployer *vt* 1 *(ouvrir)* uitvouwen 2 *(milit.)* opstellen 3 *(montrer)* tentoonspreiden
dépolluer *vt* zuiveren
déportation *nf* deportatie *nf*
déporté, -ée *n* gedeporteerde *nm*
déporter *vt* 1 *(exiler)* deporteren 2 *(dévier)* uit de richting brengen
[1]**déposer** *vi* 1 *(jur.)* een getuigenis afleggen 2 *(chim.)* neerslaan
[2]**déposer** *vt* 1 *(poser)* neerzetten; **défense de ~ des ordures** verboden vuil te storten; **~ qqn à la gare** iemand bij het station afzetten 2 *(mettre en dépôt)* in bewaring geven; **~ de l'argent à la banque** geld op de bank zetten; **marque déposée** gedeponeerd handelsmerk; **~ une plainte** een klacht indienen; **se déposer (sur)** *vpr (poussière)* bezinken (op)
dépositaire *n* bewaarder, bewaarster *nm, nf;* **~ d'une marque** alleenvertegenwoordiger van een merk ♦ **~ d'un secret** ingewijde in een geheim
déposition *nf* getuigenis *het/de (f)*
déposséder (de) *vt* onteigenen (van)
dépôt *nm* 1 *(action de déposer)* neerlegging *nf* 2 *(mise en lieu sûr)* (het) deponeren, storting *nf (d'argent),* deponering *nf (d'une marque),* (het) in bewaring geven *(de bagages, de vêtements);* **~ de bilan** faillissementsaanvrage; **mettre qqch en ~** iets in bewaring geven 3 *(argent déposé)* deposito *het* 4 *(garantie)* borgstelling *nf* 5 *(entrepôt)* opslagplaats *de* 6 *(de particules solides)* afzetting *nf;* **~ de vin** wijnbezinksel 7 *(prison)* huis *het* van bewaring; **conduire qqn au ~** iemand in verzekerde bewaring stellen
dépotoir *nm* vuilstortplaats *de*
dépouille *nf* huid *de* ♦ **~ (mortelle)** stoffelijk overschot
dépouillé, -ée *adj* 1 *(dénudé)* kaal 2 *(sobre)* sober
dépouillement *nm* 1 *(sobriété)* soberheid *nf* 2 *(examen)* (nauwkeurig) onderzoek *het;* **le ~ du scrutin** het tellen van de stemmen
dépouiller *vt* 1 *(+ de) (déposséder)* beroven (van) 2 *(analyser)* onderzoeken; **~ un**

scrutin de stemmen tellen **3** *(dépiauter)* stropen, villen **4** *(dégarnir de)* ontdoen van

dépourvu, -ue (de) *adj* ontdaan (van); ~ de sens zinloos ♦ au ~ onverwacht; vous me prenez au ~ u overvalt me

dépoussiérer *vt* **1** *(épousseter)* stofvrij maken **2** *(renouveler)* vernieuwen

dépravation *nf* verdorvenheid *nf*

dépraver *vt* verderven

dépréciation *nf* **1** *(perte de valeur)* waardevermindering *nf* **2** *(dénigrement)* (het) geringschatten

déprécier *vt* **1** *(dénigrer)* geringschatten **2** *(dévaloriser)* in waarde doen dalen; **se déprécier** *vpr (perdre de sa valeur)* in waarde dalen

dépressif, -ive *adj* depressief

dépression *nf* depressie *nf (aussi psycho.)*; ~ barométrique daling van de barometer

déprimant, -ante *adj* deprimerend

[1]**déprimer** *vi (fam.) (être abattu)* depri raken, in een dip raken

[2]**déprimer** *vt* **1** *(enfoncer)* indrukken **2** *(fig.)* terneerdrukken, deprimeren

depuis *prép* **1** *(temps)* sinds; ~ lors sindsdien; ~ le matin jusqu'au soir van 's morgens vroeg tot 's avonds laat; ~ peu sinds korte tijd; ~ qu'il est parti sinds hij vertrokken is; ~, nous sommes heureux sindsdien zijn we gelukkig **2** *(espace; rang, quantité)* van(af), *(Belg.)* vanop

député *nm* **1** *(délégué)* afgevaardigde *nm* **2** *(parlementaire)* kamerlid *het (m), het (f)*

déraciné, -ée *n* ontheemde *nm*

déraciner *vt* **1** *(arracher)* ontwortelen *(aussi au fig.)* **2** *(détruire)* uitroeien

déraillement *nm* **1** *(action de sortir des rails)* ontsporing *nf* **2** *(divagation)* (het) raaskallen

dérailler *vi* **1** *(sortir des rails)* ontsporen **2** *(divaguer)* raaskallen

dérailleur *nm* derailleur *nm*

dérangement *nm* **1** *(dérèglement)* storing *nf*; le téléphone est en ~ de telefoon is defect **2** *(gêne)* hinder *nm* **3** *(désordre)* wanorde *de*

déranger *vt* **1** *(bouleverser)* in de war brengen **2** *(dérégler)* ontregelen; avoir l'esprit dérangé niet goed bij zijn verstand zijn; avoir l'estomac dérangé last van zijn maag hebben **3** *(importuner)* storen; excusez-moi de vous ~ un instant mag ik u even storen; **se déranger** *vpr (se bouger)* zich moeite geven; ne vous dérangez pas doet u geen moeite

dérapage *nm* (het) slippen; ~ contrôlé gecontroleerde slip

déraper *vi* **1** *(glisser)* slippen **2** *(fig.)* uit de hand lopen

déréglé, -ée *adj* **1** *(perturbé)* ontregeld **2** *(débridé)* losbandig

dérégler *vt* ontregelen; **se dérégler** *vpr* slecht lopen

dérider *vt* opvrolijken; **se dérider** *vpr* vrolijk worden

dérision *nf* **1** *(ironie)* spot *nm*; tourner en ~ belachelijk maken **2** *(chose insignifiante)* belachelijk iets; c'est une ~ ! dat is bespottelijk!

dérisoire *adj* bespottelijk; prix ~ spotprijs

dérivation *nf* aftakking *nf*

dérive *nf* afdrijving *nf*; en ~ op drift

dérivé, -ée (de) *adj* afgeleid (van); le ~ het derivaat

[1]**dériver** *vi* **1** *(être déporté)* afdrijven **2** *(+ de) (provenir)* afgeleid zijn (van)

[2]**dériver** *vt (dévier)* omleggen

dermatologue *n* huidarts *nm*

dernier, -ière *adj* **1** *(ultime)* laatst; ce ~ deze laatste; en ~ als laatste; la petite dernière de jongste; le ~ de laatste **2** *(le plus haut)* hoogst; être de la dernière importance uiterst belangrijk zijn **3** *(le plus bas)* laagst; être le ~ de la classe de slechtste van de klas zijn **4** *(le plus récent)* vorig; mercredi ~ afgelopen woensdag; ces ~s temps de laatste tijd

dernièrement *adv* onlangs

dernier-né, dernière-née *n* laatstgeborene *nm*

dérobade *nf* uitvlucht *de*

dérobé, -ée *adj* **1** *(volé)* gestolen **2** *(secret)* verborgen

dérobée ♦ à la ~ tersluiks

dérober *vt* **1** *(subtiliser)* ontvreemden **2** *(extorquer)* ontfutselen **3** *(cacher)* onttrekken; **se dérober** *vpr* **1** *(manquer)* wegzinken; mes jambes se dérobent sous moi mijn benen weigeren dienst **2** *(+ à) (se soustraire)* zich onttrekken (aan); se ~ aux regards de qqn iemands blik ontwijken

dérogation *nf* afwijking *nf*

dérouiller *vt* **1** *(redonner de l'exercice)* lenig maken **2** *(battre)* afrossen; **se dérouiller** *vpr* ♦ se ~ les jambes zich wat vertreden

déroulant, -ante *adj* ♦ *(inform.)* menu ~ dropdown(menu)

déroulement *nm* **1** *(fil)* (het) afwikkelen **2** *(rouleau)* (het) afrollen **3** *(enchaînement)* verloop *het*

dérouler *vt* **1** *(fil)* afwinden **2** *(rouleau)* afrollen; **se dérouler** *vpr* **1** *(se déployer)* afrollen **2** *(se passer)* zich afspelen

déroutant, -ante *adj* verwarrend

déroute *nf* **1** *(fuite)* aftocht *nm* **2** *(déclin)* ondergang *nm*

dérouter *vt* **1** *(écarter de sa route)* van bestemming doen veranderen **2** *(désorienter)* in de war brengen

derrick *nm* boortoren *nm*

[1]**derrière** *nm* **1** *(arrière)* achterkant *nm*; la porte de ~ de achterdeur **2** *(postérieur)* achterste *het*

[2]**derrière** *prép* achter; de ~ van achter; par ~ achterlangs; attaquer qqn par ~ iemand in de rug aanvallen

dès *prép* **1** *(à partir de)* al vanaf, al bij; ~

lors sindsdien; *(conséquence)* dus; ~ à présent voortaan 2 *(déjà au moment de)* al bij; ~ l'abord onmiddellijk al; il se lève ~ l'aube al bij het ochtendgloren staat hij op 3 *(déjà à l'endroit de)* al bij; ~ le seuil, on l'entendait al bij de drempel hoorde je hem ♦ ~ que zodra

désabusé, -ée *adj* ontgoocheld

désaccord *nm* 1 *(différend)* onenigheid *nf;* être en ~ avec qqn sur qqch het met iemand oneens zijn over iets 2 *(incompatibilité)* strijdigheid *nf*

désaccordé, -ée *adj* ontstemd

désaccoutumer (de) *vt* iets afwennen; **se désaccoutumer (de)** *vpr* iets afwennen

désactiver *vt* onwerkzaam maken, desactiveren

désaffecté, -ée *adj* niet meer in gebruik

désagréable *adj* onaangenaam, naar

désagréger *vt* uiteen doen vallen *(aussi au fig.)*; **se désagréger** *vpr* uiteenvallen *(aussi au fig.)*

désagrément *nm* onaangenaamheid *nf*

désaltérant, -ante *adj* verfrissend

désaltérer *vt* de dorst lessen van; **se désaltérer** *vpr* zijn dorst lessen

désamorcer *vt* 1 *(enlever l'amorce de)* van z'n slaghoedje ontdoen, *(une mine)* demonteren 2 *(neutraliser)* neutraliseren

désappointé, -ée *adj* teleurgesteld

désappointement *nm* teleurstelling *nf*

désappointer *vt* teleurstellen

désapprobateur, -trice *adj* afkeurend

désapprobation *nf* afkeuring *nf*

désapprouver *vt* afkeuren

désarçonner *vt* 1 *(jeter à bas)* uit het zadel lichten 2 *(déconcerter)* van zijn stuk brengen

désarmant, -ante *adj* ontwapenend

désarmement *nm (milit.)* ontwapening *nf*

[1]**désarmer** *vi* 1 *(milit.)* ontwapenen 2 *(se calmer)* tot bedaren komen

[2]**désarmer** *vt* 1 *(milit.)* ontwapenen *(aussi au fig.)* 2 *(arme)* ontladen ♦ être désarmé weerloos zijn

désarroi *nm* verwarring *nf;* en plein ~ helemaal overstuur

désastre *nm* 1 *(catastrophe)* ramp *de* 2 *(échec)* fiasco *het*

désastreux, -euse *adj* vreselijk

désavantage *nm* nadeel *het;* se montrer à son ~ zich van zijn ongunstige kant laten zien

désavantager *vt* benadelen

désavantageux, -euse *adj* nadelig

désaveu *nm* 1 *(rétractation)* herroeping *nf* 2 *(reniement)* ontkenning *nf* 3 *(condamnation)* afkeuring *nf*

désavouer *vt* 1 *(rétracter)* herroepen 2 *(renier)* verloochenen 3 *(condamner)* afkeuren

désaxé, -ée *adj* (geestelijk) onevenwichtig; le ~ de geestelijk gestoorde

descendance *nf* nakomelingschap *nf*

descendant, -ante *adj* (af)dalend ♦ le, la ~(e) de afstammeling(e)

descendeur, -euse *n* 1 *(skieur)* af|daler, -daalster 2 *(cycliste)* daler, daalster

[1]**descendre** *vi* 1 *(aller vers le bas)* naar beneden gaan; ~ d'un arbre uit een boom klimmen; la marée descend het wordt eb 2 *(débarquer)* uitstappen, *(de vélo)* afstappen; ~ à terre aan land gaan; ~ de la voiture uit de auto stappen 3 *(aller vers)* gaan (naar, in); ~ à l'hôtel zijn intrek in een hotel nemen; ~ dans la rue de straat opgaan 4 *(+ de) (provenir)* afstammen (van) 5 *(+ jusqu'à) (s'abaisser)* zich verlagen (tot)

[2]**descendre** *vt* 1 *(aller vers le bas de)* afgaan, afdalen; ~ (l'escalier) quatre à quatre (de trap) afhollen 2 *(porter en bas)* naar beneden brengen 3 *(abattre)* neerschieten, omlaaghalen *(avion)*

descente *nf* 1 *(action d'aller vers le bas)* afdaling *nf* 2 *(d'un véhicule)* (het) uitstappen (uit) 3 *(milit., jur., sports)* inval *nm;* ~ de police huiszoeking 4 *(d'un avion)* landing *nf* 5 *(pente)* helling *nf* ♦ ~ de lit beddenkleedje

descriptif, -ive *adj* beschrijvend; le ~ de werktekening

description *nf* beschrijving *nf*

désemparé, -ée *adj* aangeslagen

désemparer *vi* ♦ sans ~ onverdroten

désenchanté, -ée *adj* ontgoocheld

désenchantement *nm* ontgoocheling *nf*

désenfler *vi* slinken

déséquilibre *nm* gebrek *het* aan evenwicht, *(Belg.)* onevenwicht *het*

déséquilibré, -ée *adj* onevenwichtig, labiel; le, la ~(e) de psychisch gestoorde

déséquilibrer *vt* uit zijn evenwicht brengen *(aussi psycho.)*

[1]**désert** *nm* 1 *(géo.)* woestijn *de* 2 *(lieu inhabité)* woestenij *nf*

[2]**désert, -erte** *adj* 1 *(vide)* uitgestorven 2 *(inhabité)* onbewoond

[1]**déserter** *vi (milit.)* deserteren

[2]**déserter** *vt* 1 *(abandonner)* verlaten 2 *(renier)* afvallen

déserteur *nm* 1 *(soldat)* deserteur *nm* 2 *(renégat)* afvallige *nm*

désertion *nf* 1 *(milit.)* (het) deserteren 2 *(abandon)* verzaking *nf*

désertique *adj* 1 *(du désert)* woestijn- 2 *(aride)* woestijnachtig

désespéré, -ée *adj* 1 *(personne)* wanhopig; le, la ~(e) de wanhopige; *(adv.)* désespérément wanhopig 2 *(cas, situation)* hopeloos

[1]**désespérer** *vi* wanhopen; je désespère de le revoir ik heb alle hoop verloren hem nog terug te zien

[2]**désespérer** *vt* wanhopig maken; **se désespérer** *vpr* wanhopig worden

désespoir *nm* wanhoop *de;* en ~ de cause ten einde raad

déshabiller *vt* uitkleden; **se déshabiller** *vpr* zich uitkleden
déshabituer (de) *vt* ontwennen; **se déshabituer (de)** *vpr* afleren
désherbant *nm* onkruidverdelger *nm*
désherber *vt* wieden
déshérité, -ée *adj* **1** *(privé d'héritage)* onterfd **2** *(défavorisé)* misdeeld; **le, la ~(e)** de misdeelde; **quartier déshérité** achterstandswijk
déshériter *vt* **1** *(priver d'un héritage)* onterven **2** *(désavantager)* benadelen
déshonneur *nm* oneer *de*, schande *de*
déshonorer *vt* onteren; **se déshonorer** *vpr* zich te schande maken
déshydraté, -ée *adj* **1** *(sec)* ontwaterd, *(peau)* droog **2** *(assoiffé)* uitgedroogd
déshydrater *vt* uitdrogen; **se déshydrater** *vpr* uitdrogen
désignation *nf* **1** *(action de montrer)* aanduiding *nf* **2** *(nomination)* aanstelling *nf* **3** *(dénomination)* benaming *nf*
désigner *vt* **1** *(indiquer)* aanwijzen; **~ qqn du doigt** iemand met de vinger aanwijzen; **~ qqn par son prénom** iemand met zijn voornaam aanduiden **2** *(+ comme) (nommer)* aanstellen (als) **3** *(+ à) (destiner)* bestemmen (tot); **être tout désigné pour** de meest aangewezen persoon zijn om, voor
désillusion *nf* teleurstelling *nf*
désinfectant *nm* ontsmettingsmiddel *het*
désinfecter *vt* ontsmetten
désinstaller *vt (inform.)* de-installeren, verwijderen
désintégration *nf* **1** *(désagrégation)* ontbinding *nf* **2** *(phys.)* splijting *nf* **3** *(géo.)* verwering *nf* **4** *(destruction)* vernietiging *nf*
désintégrer *vt* **1** *(désagréger)* ontbinden **2** *(phys.)* splijten; **se désintégrer** *vpr (se désagréger)* uiteenvallen
désintéressé, -ée *adj* **1** *(généreux)* belangeloos **2** *(impartial)* onpartijdig
désintéressement *nm* belangeloosheid *nf*
désintoxication *nf* ontwenning *nf*
désintoxiquer *vt* **1** *(méd.)* ontgiften **2** *(drogués)* doen afkicken; **se désintoxiquer** *vpr* afkicken
désinvolte *adj* **1** *(dégagé)* ongedwongen **2** *(sans-gêne)* ongegeneerd
désinvolture *nf* **1** *(naturel)* ongedwongenheid *nf* **2** *(sans-gêne)* ongegeneerdheid *nf*
désir *nm* verlangen *het*
désirable *adj* **1** *(souhaitable)* wenselijk **2** *(attirant)* begeerlijk
désirer *vt* wensen; **se faire ~** lang op zich laten wachten; **laisser à ~** te wensen overlaten
désireux, -euse *adj* verlangend (naar, om); **~ de plaire** die graag in de smaak wil vallen
désistement *nm* intrekking *nf* van kandidatuur
se désister *vpr* **1** *(+ de) (renoncer)* afzien (van) **2** *(se retirer)* zijn kandidatuur intrekken
désobéir (à) *vi* niet gehoorzamen (aan)
désobéissance *nf* ongehoorzaamheid *nf*
désobéissant, -ante *adj* ongehoorzaam
désobligeant, -ante *adj* onwelwillend
désodorisant, -ante *adj* reukverdrijvend; **le ~** de luchtverfrisser
désœuvré, -ée *adj* niet actief; **le ~** de nietsdoener
désœuvrement *nm* (het) nietsdoen; **par ~** uit verveling
désolant, -ante *adj* bedroevend, troosteloos
désolé, -ée *adj* **1** *(affligé)* diepbedroefd; **je suis ~ de vous déranger** het spijt me dat ik u stoor **2** *(désert)* woest
désoler *vt* diep bedroeven; **se désoler (de)** *vpr* diep betreuren
désopilant, -ante *adj* hoogst vermakelijk
désordonné, -ée *adj* **1** *(négligent)* slordig **2** *(dissolu)* losbandig
désordre *nm* **1** *(absence d'ordre)* wanorde *de*; **en ~** in de war, rommelig **2** *(confusion)* verwarring *nf* **3** *(plur.) (émeutes)* oproer *het (sing.)* ♦ *(sports)* **dans le ~** in willekeurige volgorde
désorganisation *nf* verwarring *nf*
désorganiser *vt* in de war sturen; **se désorganiser** *vpr* in de war raken
désorienter *vt* **1** *(égarer)* doen verdwalen **2** *(déconcerter)* van zijn stuk brengen
désormais *adv* voortaan
désosser *vt* uitbenen, *(poisson)* fileren
despote *nm* despoot *nm (aussi au fig.)*; **un mari ~** een despotisch echtgenoot
despotique *adj* tiranniek *(aussi au fig.)*
dessécher *vt* **1** *(rendre sec)* (uit)drogen **2** *(endurcir)* verharden; **se dessécher** *vpr* **1** *(devenir sec)* uitdrogen **2** *(maigrir)* vermageren **3** *(s'endurcir)* verharden
dessein *nm* plan *het*, bedoeling *nf*; **à ~** met opzet; **avoir des ~s secrets** iets in zijn schild voeren
desserrer *vt* losmaken; **~ les liens** de banden losser maken; **se desserrer** *vpr* losgaan
dessert *nm* nagerecht *het*
desserte *nf* **1** *(transp.)* (het) aandoen **2** *(meuble)* dientafeltje *het*
desservir *vt* **1** *(débarrasser)* afruimen **2** *(transp.)* aandoen **3** *(nuire à)* (iemand) een slechte dienst bewijzen
dessin *nm* **1** *(représentation graphique)* tekening *nf*; **~ animé** tekenfilm **2** *(motif)* motief *het* **3** *(techn.)* (het) tekenen **4** *(contour)* vorm *nm*
dessinateur, -trice *n* teke|naar, -nares *nm, nf*
dessiner *vt* **1** *(représenter par dessin)* tekenen **2** *(faire ressortir)* (scherp) doen

uitkomen; **bien dessiné** welgevormd; **se dessiner** *vpr* zich aftekenen; **un sourire se dessina sur ses lèvres** er verscheen een glimlach op zijn, haar lippen

¹dessous *nm* **1** *(partie inférieure)* onderkant *nm;* **les voisins du ~** de benedenburen **2** *(de bouteille, de plat, etc.)* onderzetter *nm* **3** *(secret)* geheim *het;* **~ de la politique** de politieke achtergronden **4** *(plur.) (linge)* ondergoed *het (sing.)* ♦ **avoir le ~** het onderspit delven; **être dans le trente-sixième ~** in de put zitten

²dessous *adv* eronder; **au-dessous** eronder; **au-dessous de** onder; **être au-dessous de tout** tot niets in staat zijn; **ci-dessous** hieronder; **en ~** eronder; **là-dessous** daaronder; *(fig.)* **il y a qqch là-dessous** daar steekt iets achter ♦ **agir en ~** geen open kaart spelen

dessous-de-plat *nm* onderzetter *nm* (voor schotels)

dessous-de-table *nm* smeergeld *het (fig.)*

¹dessus *nm* **1** *(partie supérieure)* bovenkant *nm;* **l'étage du ~** de bovenverdieping **2** *(supériorité)* overwicht *het;* **avoir le ~** de overhand hebben; **reprendre le ~** er weer bovenop komen

²dessus *adv* erop; **il lui a tiré ~** hij heeft op hem geschoten; **au-dessus (de)** boven; *(fig.)* **être au-dessus de qqch** ergens boven staan; **ci-dessus** hierboven; **par-dessus** overheen; **par-dessus tout** vooral; **par-dessus le marché** bovendien; **en avoir par-dessus la tête** het beu zijn

dessus-de-lit *nm* sprei *de*

déstabiliser *vt* destabiliseren

destin *nm* **1** *(fatalité)* noodlot *het* **2** *(sort)* lot *het*

destinataire *n* geadresseerde *nm,* bestemmeling *nm (n.B.)*

destination *nf* bestemming *nf;* **à ~ de** met bestemming (van)

destinée *nf* **1** *(sort)* lot *het* **2** *(existence)* bestaan *het* **3** *(fatalité)* noodlot *het*

destiner (à) *vt* bestemmen (voor); **se destiner (à)** *vpr* zich voorbereiden (op), als beroep kiezen

destituer *vt* afzetten, *(de)* ontzetten (uit)

destitution *nf* ontslag *het*

se déstresser *vpr* ontstressen, onthaasten

destructeur, -trice *adj* verwoestend; **le ~** de verwoester

destruction *nf* verwoesting *nf,* vernietiging *nf*

désuet, -ète *adj* verouderd, ouderwets

détachant *nm* vlekkenmiddel *het*

détaché, -ée *adj* **1** *(non lié)* los **2** *(indifférent)* onverschillig **3** *(affecté ailleurs)* gedetacheerd

détachement *nm* **1** *(indifférence)* onverschilligheid *nf* **2** *(affectation provisoire)* tijdelijke functie *nf* **3** *(milit.)* detachement *het*

détacher *vt* **1** *(dégager)* losmaken; **ne pas pouvoir ~ ses regards de** zijn blik niet kunnen afwenden van **2** *(faire ressortir)* scherp doen uitkomen **3** *(nettoyer)* ontvlekken; **se détacher** *vpr* **1** *(+ de) (se défaire)* zich losmaken (van), *(sans intervention)* losgaan **2** *(+ sur) (ressortir)* zich aftekenen (tegen)

détail *nm* **1** *(élément)* bijzonderheid *nf,* detail *het;* **raconter qqch en ~** iets omstandig vertellen; **entrer dans le(s) ~(s)** in detail treden; **c'est un ~** dat is onbelangrijk **2** *(commerce)* detailhandel *nm* **3** *(énumération)* opsomming *nf*

détaillant, -ante *n* kleinhandelaar(ster) *nm (nf)*

détaillé, -ée *adj* uitvoerig

détailler *vt* **1** *(exposer en détail)* uitvoerig beschrijven **2** *(vendre au détail)* in het klein verkopen

détaler *vi* zich uit de voeten maken

détartrer *vt* **1** *(appareil)* de ketelsteen verwijderen van **2** *(dents)* de tandsteen verwijderen van

détaxer *vt* **1** *(exonérer)* van belasting vrijstellen **2** *(réduire la taxe)* de belasting verlagen op

détecter *vt* ontdekken, opsporen

détecteur *nm* detector *nm;* **~ de fumée** rookmelder

détection *nf* opsporing *nf*

détective *nm* rechercheur *nm* ♦ **~ privé** particulier detective

déteindre *vi (se décolorer)* verkleuren ♦ **~ sur** *(colorer)* afgeven op; *(influencer)* beïnvloeden

dételer *vt* afspannen, uitspannen

détendre *vt* ontspannen *(aussi au fig.)*; **se détendre** *vpr* zich ontspannen *(aussi au fig.)*

détendu, -ue *adj* ontspannen *(aussi au fig.)*

détenir *vt* **1** *(posséder)* bewaren, bezitten; **~ un record** een record op zijn naam hebben **2** *(prisonnier)* gevangen houden

détente *nf* **1** *(relaxation)* ontspanning *nf (aussi pol.)* **2** *(sports)* springvermogen *het* **3** *(d'une arme à feu)* trekker *nm;* **appuyer sur la ~** de trekker overhalen; *(fig.)* **être dur à la ~** *(avare)* gierig zijn; *(lent)* traag van begrip zijn

détenteur, -trice *n* houd(st)er *nm (nf);* **~ d'un record** recordhouder

détention *nf* **1** *(possession)* bezit *het* **2** *(emprisonnement)* hechtenis *nf*

détenu, -ue *n* gevangene *de*

détergent, -ente *adj* → **détersif**

détérioration *nf* **1** *(dégradation)* beschadiging *nf* **2** *(fig.)* verslechtering *nf*

détériorer *vt* **1** *(des choses)* beschadigen **2** *(la santé, etc.)* schaden **3** *(fig.)* verslechteren; **se détériorer** *vpr* **1** *(fig.)* verslechteren **2** *(s'abîmer)* bederven

déterminant, -ante *adj* **1** *(ling.)* bepalend **2** *(décisif)* beslissend

détermination *nf* **1** *(caractérisation)* bepaling *nf* **2** *(fermeté)* vastberadenheid *nf* **3** *(décision)* beslissing *nf*

déterminé, -ée *adj* **1** *(défini)* bepaald **2** *(résolu)* vastbesloten; **être ~ à faire qqch** vastbesloten zijn om iets te doen

déterminer *vt* **1** *(préciser)* bepalen, vaststellen **2** *(causer)* veroorzaken **3** *(+ à) (inciter)* ertoe brengen (te); **se déterminer (à)** *vpr (se décider)* ertoe besluiten (te)

déterrer *vt* **1** *(retirer de terre)* opgraven **2** *(dénicher)* opsporen

détersif, -ive *adj* reinigend; **le ~** het reinigingsmiddel

détestable *adj* afschuwelijk

détester *vt* verafschuwen, haten

détonateur *nm* ontsteker *nm*

détonation *nf* knal *nm*, ontploffing *nf*

détonner *vi (+ dans)* uit de toon vallen (bij)

détour *nm* **1** *(tournant)* bocht *de* **2** *(chemin détourné)* omweg *nm (aussi au fig.)*; **sans ~** zonder omwegen

détourné, -ée *adj* niet rechtstreeks *(aussi au fig.)*; **chemin ~** omweg; **par des voies ~es** langs slinkse wegen

détournement *nm* **1** *(dérivation)* omlegging *nf* **2** *(vol)* verduistering *nf* **3** *(d'avion)* kaping *nf* **4** *(f.B.) (déviation)* wegomlegging *nf* ♦ **~ de mineur** onttrekking van een minderjarige aan de ouderlijke macht

détourner *vt* **1** *(dévier)* omleggen **2** *(un avion)* kapen **3** *(+ de) (faire renoncer)* afhouden (van) **4** *(+ de) (orienter ailleurs qqch)* afwenden (van); **~ les soupçons de qqn** de verdenking van iemand afwenden **5** *(voler)* verduisteren; **se détourner** *vpr (s'écarter)* zich afwenden ♦ **se ~ de sa route** van zijn weg afwijken

détoxifier *vt* ontgiften

détraqué, -ée *adj* **1** *(détérioré)* defect **2** *(déséquilibré)* gestoord; **le, la ~(e)** de gestoorde **3** *(patraque)* gammel

détraquer *vt* defect maken; **se détraquer** *vpr* kapotgaan

détresse *nf* **1** *(désarroi)* wanhoop *de* **2** *(perdition)* nood *nm*; **signal de ~** noodsein

détriment *nm* ♦ **au ~ de** ten nadele van

détritus *nm* afval *het/de (m)*

détroit *nm* zee-engte *nf*

détromper *vt* uit de droom helpen; **se détromper** *vpr* zijn dwaling inzien; **détrompez-vous !** vergeet het maar!

détrôner *vt* onttronen

détrousser *vt* beroven

détruire *vt* **1** *(transformer en ruines)* verwoesten **2** *(démolir)* afbreken **3** *(tuer)* doden

dette *nf* **1** *(argent dû)* schuld *de*; **contracter une ~** een schuld aangaan; **~ publique** staatsschuld **2** *(obligation)* verplichting *nf*

deuil *nm* **1** *(affliction)* rouw *nm*; **porter le ~** rouwkleding dragen; **prendre le ~** in de rouw gaan **2** *(perte)* verlies *het*

deux *adj numér* **1** *(un plus un)* twee; **à ~ pas** vlakbij; **~ à ~** twee aan twee; **être ~** met z'n tweeën zijn; **ça fait ~** dat zijn twee geheel verschillende zaken; **entre les ~** er tussenin; **en moins de ~** in minder dan geen tijd; **tous ~, tous les ~** allebei **2** *(deuxième)* tweede; **Élisabeth ~** Elizabeth de Tweede; **le ~ novembre** twee november

deuxième *adj numér* tweede; **habiter au ~** op de tweede (etage) wonen; **arriver le ~** tweede worden

deuxièmement *adv* ten tweede

deux-pièces *nm* **1** *(tailleur)* deux-pièces *nm* **2** *(bikini)* bikini *nm* **3** *(appartement)* tweekamerwoning *nf*

deux-points *nm* dubbelepunt *de*

deux-roues *nm* tweewieler *nm*

[1]**dévaler** *vi* naar beneden stormen

[2]**dévaler** *vt* afstormen

dévaliser *vt* beroven, *(magasin)* leegkopen

dévalorisation *nf* waardevermindering *nf*

dévaloriser *vt* **1** *(déprécier)* in waarde doen dalen **2** *(humilier)* geringschatten

dévaluation *nf* devaluatie *nf*

dévaluer *vt* devalueren

devancer *vt* **1** *(être devant)* vóór zijn; **~ l'appel** vervroegd in dienst gaan; **~ les désirs de qqn** iemands wensen bij voorbaat vervullen **2** *(surpasser)* overtreffen

[1]**devant** *nm* voorkant *nm*; **le ~ de la scène** de voorgrond *(aussi au fig.)* ♦ **prendre le(s) ~(s)** vooruitlopen

[2]**devant** *prép* **1** *(vis-à-vis de)* voor; **avoir du temps ~ soi** nog tijd genoeg hebben **2** *(en présence de)* in het bijzijn van

[3]**devant** *adv* ♦ **(sens) ~ derrière** achterstevoren; **vous êtes passés ~** jullie zijn ervoorbij gekomen; **cette robe se ferme ~** deze jurk heeft de sluiting van voren; **il marche ~** hij loopt voorop; **passez devant !** gaat u maar vóór!; **partir les pieds ~** de pijp uitgaan

devanture *nf* **1** *(étalage)* etalage *nf* **2** *(façade)* voorgevel *nm*

dévaster *vt* verwoesten

déveine *nf* pech *nm*

développement *nm* **1** *(croissance; mise au point)* ontwikkeling *nf*; **pays en voie de ~** ontwikkelingsland **2** *(exposé)* uiteenzetting *nf* **3** *(phot.)* (het) ontwikkelen **4** *(plur.) (suites)* gevolgen *plur*

développer *vt* **1** *(faire croître)* ontwikkelen **2** *(exposer)* uiteenzetten **3** *(phot.)* ontwikkelen; **se développer** *vpr (croître)* zich ontwikkelen

devenir *vi* worden; **que devenez-vous ?** hoe staat het er mee?; **que sont devenus vos projets ?** wat is er van uw plannen terechtgekomen?

dévergondé, -ée *adj* losbandig

se dévergonder *vpr* een bandeloos leven leiden

déverser *vt* (uit)storten; **se déverser** *vpr* zich (uit)storten
dévêtir *vt* uitkleden; **se dévêtir** *vpr* zich uitkleden
déviation *nf* **1** *(changement de direction, de conduite)* afwijking *nf* **2** *(transp.)* omleiding *nf*, (weg)omlegging *nf*
[1]**dévier (de)** *vi (s'écarter de)* afwijken (van)
[2]**dévier** *vt (détourner)* doen afwijken, *(transp.)* omleiden
devin, devineresse *n* waar|zegger, -zegster *nm, nf*
deviner *vt* **1** *(découvrir)* raden **2** *(prédire)* voorspellen **3** *(résoudre)* oplossen
devinette *nf* raadseltje *het*
devis *nm* kostenraming *nf*, offerte *de*
dévisager *vt* aanstaren
devise *nf* devies *het*
[1]**dévisser** *vi (alpinisme)* neerstorten
[2]**dévisser** *vt (défaire)* afschroeven
dévoiler *vt* onthullen *(aussi au fig.)*; **se dévoiler** *vpr* aan het licht komen
[1]**devoir** *nm* **1** *(obligation)* plicht *de;* **il est de mon ~ de** het is mijn plicht om; **se faire un ~ de** het zijn plicht achten om **2** *(plur.) (exercices scolaires)* huiswerk *het;* **faire ses ~s** zijn huiswerk maken
[2]**devoir** *vt* **1** *(avoir à payer)* schuldig zijn **2** *(être redevable)* te danken hebben (aan) **3** *(obligation; nécessité; intention; probabilité)* moeten, *(avec négation)* hoeven; **il doit être parti maintenant** hij zal nu wel vertrokken zijn; **tu ne dois pas venir** je hoeft niet te komen, *(Belg.)* je moet niet komen ♦ **être dû à** toe te schrijven zijn aan; **se devoir** *vpr* moeten; **comme il se doit** zoals dat (be)hoort
dévolu, -ue (à) *adj* **1** *(échu par droit à)* vervallen (aan) **2** *(réservé à)* voorbehouden (aan) ♦ *(subst.)* **jeter son ~ sur** zijn keus laten vallen op
dévorer *vt* **1** *(manger; lire)* verslinden; **~ des yeux** met de ogen verslinden **2** *(tourmenter)* kwellen
dévot, -ote *adj* vroom
dévotion *nf* **1** *(piété)* vroomheid *nf* **2** *(vénération)* verering *nf (aussi au fig.)*
dévoué, -ée *adj* toegewijd
dévouement *nm* **1** *(bonté)* toewijding *nf* **2** *(sacrifice)* (zelf)opoffering *nf*
se dévouer *vpr* zich opofferen
dévoyé, -ée *adj* van het rechte pad geraakt
dextérité *nf* handigheid *nf*
diabète *nm* suikerziekte *nf*
diabétique *adj* aan suikerziekte lijdend; **le, la ~** de suikerpatiënt(e)
diable *nm* **1** *(démon)* duivel *nm;* **allez au ~** loop naar de duivel; **au ~ (vauvert)** erg ver (weg); **envoyer qqn au ~** iemand naar de duivel wensen; **avoir le ~ au corps** van de duivel bezeten zijn; **un bruit de tous les ~s** ontzettend lawaai; **du ~** uitzonderlijk; **ce n'est pas le ~** het is niet moeilijk; **c'est bien le ~ si ...** het zou toch wel heel vreemd zijn als ...; **que ~ va-t-il faire ?** wat voor de duivel gaat hij doen?; **tirer le ~ par la queue** moeite hebben om rond te komen **2** *(garnement)* duvel *nm* **3** *(type)* drommel *nm;* **un pauvre ~** arme drommel
diablesse *nf* duivelin *nf (aussi au fig.)*
diabolique *adj* duivels
diaboliser *vt* demoniseren
diadème *nm* diadeem *het/de (m)*
diagnostic *nm* diagnose *nf*
diagnostiquer *vt* de diagnose opmaken van
diagonal, -ale *adj* diagonaal
diagonale *nf* diagonaal *de;* **en ~** schuin; **lire en ~** vluchtig doorlezen
diagramme *nm* diagram *het*
dialecte *nm* dialect *het*
dialogue *nm* dialoog *nm*
dialoguer *vi* spreken, zich onderhouden
diamant *nm (pierre)* diamant *nm, (matière)* diamant *het*
diamétral, -ale *adj* diametraal; **~ement opposé** lijnrecht tegenovergesteld
diamètre *nm* doorsnede *de,* diameter *nm, (Belg.)* doormeter *nm*
diapason *nm* **1** *(ton)* (gemoeds)stemming *nf;* **se mettre au ~ de qqn** met iemand op één lijn gaan zitten **2** *(instrument d'acier)* stemvork *de*
diaphragme *nm* **1** *(préservatif)* pessarium *het* **2** *(muscle)* middenrif *het* **3** *(phot.)* diafragma *het*
diapo, diapositive *nf* dia *nm*
diarrhée *nf* diarree *nf*
dictateur *n* dictator *nm*
dictatorial, -ale *adj* dictatoriaal *(aussi au fig.)*
dictature *nf* dictatuur *nf (aussi au fig.)*
dictée *nf* **1** *(action de dicter)* (het) dicteren; **écrire sous la ~ de qqn** opschrijven wat iemand dicteert **2** *(exercice scolaire)* dictee *het*
dicter *vt* dicteren *(aussi au fig.)*
diction *nf* dictie *nf*, uitspraak *de*
dictionnaire *nm* woordenboek *het*
dicton *nm* gezegde *het,* spreuk *de*
didacticiel *nm* educatieve software *nm*, courseware *nm*
didactique *adj* didactisch
dièse *nm* **1** *(musique)* kruis *het;* **do ~** cis **2** *(signe)* hekje *het*
diesel *nm* **1** *(moteur)* diesel(motor) *nm* **2** *(véhicule)* dieselvoertuig *het*
diète *nf* dieet *het;* **être à la ~** op dieet staan
diététicien, -enne *n* diëtist(e) *nm (nf)*
diététique *adj* dieet-; **la ~** de dieetleer; **magasin ~** *(Belg.)* dieetwinkel
dieu *nm* god *nm;* **être beau comme un ~** een goddelijke schoonheid bezitten
Dieu *nm* God *nm;* **le bon ~** Onze-Lieve-Heer; **Bon ~** goeie God; **c'est pas ~ possible** dat is godsonmogelijk; **mon ~** mijn hemel; **~ sait si je l'avais prévenu** ik heb hem toch nog zo gewaarschuwd!
diffamation *nf* smaad *nm*, laster *nm*
diffamatoire *adj* lasterlijk

diffamer *vt* (be)lasteren

différé *adj* **1** *(reporté)* uitgesteld **2** *(enregistré)* opgenomen; *(subst.)* émission en ~ opname, uitgesteld relais *(n.B.)*

différemment *adv* verschillend

différence *nf* verschil *het;* à la ~ de in tegenstelling tot; à la ~ que met dit verschil dat; ~ d'âge verschil in leeftijd

différenciation *nf* differentiatie *nf*

différencier *vt* **1** *(distinguer)* onderscheiden; ~ le vrai du faux waar van onwaar onderscheiden **2** *(math.)* differentiëren; **se différencier** *vpr (+ de)* zich onderscheiden (van)

différend *nm* geschil *het*

différent, -ente *adj* **1** *(dissemblable)* verschillend **2** *(plur.) (plusieurs)* verscheidene, verschillende

[1]**différer** *vi* verschillen (van); ~ par verschillen in; ~ sur een verschillende mening hebben over

[2]**différer** *vt (reporter)* uitstellen

difficile *adj* **1** *(laborieux; compliqué)* moeilijk, *(adv. aussi)* met moeite; *(f.B.)* avoir ~ moeite hebben; il m'est ~ d'en parler het valt me zwaar erover te spreken **2** *(pénible)* pijnlijk; situation ~ hachelijke situatie **3** *(exigeant)* lastig; faire le (la) ~ te veeleisend zijn

difficulté *nf* **1** *(caractère difficile)* moeilijkheid *nf* **2** *(problème)* probleem *het;* avoir de la ~ à moeite hebben om; cela ne fait aucune ~ dat is geen probleem; être en ~ in moeilijkheden verkeren

difforme *adj* mismaakt

difformité *nf* mismaaktheid *nf*

diffus, -use *adj* **1** *(verbeux)* breedsprakig **2** *(dispersé)* diffuus

diffuser *vt* **1** *(répandre)* verspreiden; ~ des idées ideeën uitdragen **2** *(radio, télévision)* uitzenden

diffusion *nf* **1** *(propagation)* verspreiding *nf; (com.; Internet)* ~ en flux streaming; *(inform.)* liste de ~ mailinglist **2** *(émission)* uitzending *nf*

digérer *vt* **1** *(des aliments)* verteren; il digère mal hij heeft een slechte spijsvertering **2** *(supporter)* verdragen; c'est dur à ~ dat ligt zwaar op de maag

digeste *adj* licht verteerbaar

digestif, -ive *adj* spijsverterings-; appareil ~ spijsverteringsorganen; troubles ~s darmstoornissen ♦ un ~ een likeurtje

digestion *nf* spijsvertering *nf*

digicode *nm* digitale deurbeveiliging *nf*

digital, -ale *adj* **1** *(relatif aux doigts)* vinger- **2** *(numérique)* numeriek, digitaal

digne *adj* **1** *(qui mérite)* waard; ~ de foi geloofwaardig; il n'est pas ~ de votre attention hij is uw aandacht niet waard; ~ d'intérêt belangwekkend **2** *(respectable)* waardig **3** *(adapté)* passend (bij)

dignitaire *nm* hoogwaardigheidsbekleder *nm*

dignité *nf* **1** *(fonction; noblesse)* waardigheid *nf* **2** *(amour-propre)* zelfrespect *het*

digression *nf* uitweiding *nf*

digue *nf* **1** *(construction autour de l'eau)* dijk *nm* **2** *(construction dans l'eau)* dam *nm*

dilapider *vt* verspillen

dilatation *nf* uitzetting *nf*

dilater *vt* doen uitzetten ♦ joie qui dilate le cœur vreugde die het hart doet zwellen; **se dilater** *vpr* uitzetten

dilemme *nm* dilemma *het*

dilettante *n* liefhebber *nm* ♦ faire qqch en ~ iets uit liefhebberij doen

diligence *nf* **1** *(empressement)* ↓ ijver *nm* **2** *(voiture)* postkoets *de*

diluer *vt* verdunnen

dilution *nf* verdunning *nf*

diluvien, -ienne *adj* **1** *(relatif au déluge)* (zond)vloed- **2** *(torrentiel)* stort-; pluie ~ne stortregen

dimanche *nm* zondag *nm;* du ~ amateuristisch; conducteur du ~ zondagsrijder; les ~s et jours fériés op zon- en feestdagen

dimension *nf* **1** *(grandeur)* afmeting *nf* **2** *(importance)* omvang *nm;* prendre la ~, les ~s d'une catastrophe de proporties aannemen van een ramp **3** *(aspect)* aspect *het* **4** *(sc.)* dimensie *nf;* à deux, trois ~s tweedimensionaal, driedimensionaal

diminué, -ée *adj* **1** *(moins grand)* verminderd **2** *(affaibli)* verzwakt

[1]**diminuer** *vi (baisser)* verminderen, afnemen; les prix diminuent de prijzen dalen

[2]**diminuer** *vt* **1** *(réduire)* verminderen **2** *(déprécier qqn)* kleineren

diminutif *nm* verkleinwoord *het*

diminution *nf* **1** *(réduction)* vermindering *nf* **2** *(tricot)* mindering *nf*

dinde *nf* **1** *(femelle du dindon)* kalkoense hen *nf* **2** *(cuis.)* kalkoen *nm*

dindon *nm* kalkoen *nm* ♦ être le ~ de la farce het kind van de rekening zijn

[1]**dîner** *nm* **1** *(repas du soir)* avondmaal *het;* l'heure du ~ etenstijd **2** *(f.B.) (repas de midi)* middagmaal *het*

[2]**dîner** *vi* **1** *(le soir)* de avondmaaltijd gebruiken; aller ~ en ville uit eten gaan; garder qqn à ~ iemand vragen te blijven eten **2** *(f.B.) (le midi)* de middagmaaltijd gebruiken

dingue *adj* mesjogge; il est complètement ~ hij is stapelgek; le ~ de mafkees

dinosaure *nm* dinosaurus *nm*

diocèse *nm* bisdom *het*

dioptrie *nf* dioptrie *nf*

diphtérie *nf* difterie *nf*

diphtongue *nf* tweeklank *nm*

diplomate *nm* diplomaat *nm (aussi au fig.);* il est assez ~ pour hij is diplomatiek genoeg om

diplomatie *nf* diplomatie *nf*

diplomatique *adj* diplomatiek *(aussi au fig.)*

diplôme *nm* diploma *het;* ~ national du

brevet, DNB diploma na vier jaar middelbaar onderwijs; ~ de fin d'études einddiploma
diplômé, -ée *adj* gediplomeerd
[1]**dire** *nm* bewering *nf;* au ~ de l'expert naar het oordeel van de deskundige; au ~ de, selon les ~s de volgens
[2]**dire** *vti* **1** *(énoncer, exprimer)* zeggen; pour ainsi ~ als het ware; vous avez beau ~ al je argumenten ten spijt; c'est beaucoup ~ dat is overdreven; je vous l'avais bien dit ik had je gewaarschuwd; ceci dit na dit te hebben gezegd; dites donc zeg; (cela) soit dit en passant dit terzijde; cela en dit long dat zegt genoeg; son visage me dit qqch zijn gezicht komt me bekend voor; on dit que het gerucht doet de ronde dat; proprement dit eigenlijk; à qui le dites vous ? zeg dat wel!; rien à ~ daar valt niets tegen in te brengen; sans mot ~ in stilte; cela va sans ~ dat spreekt vanzelf; soit dit entre nous onder ons gezegd; pour tout ~ in één woord; c'est tout ~ daarmee is alles gezegd; que veut ~ cette phrase ? wat betekent deze zin?; c'est vite dit dat is gemakkelijk gezegd; vouloir ~ bedoelen; à vrai ~ eigenlijk **2** *(décider)* besluiten; c'est dit afgesproken **3** *(croire)* denken; on dirait un fou hij lijkt wel gek; et ~ que en dan te bedenken dat; on dirait que het lijkt wel of; qui l'eût dit ? wie had dat gedacht? **4** *(lire)* opzeggen; ~ la messe de mis zeggen **5** *(tenter)* aanspreken; ça ne me dit rien voor mij hoeft het niet
[3]**se dire** *vpr* **1** *(dire à soi-même)* bij zichzelf denken **2** *(être employé)* gezegd worden **3** *(se prétendre)* beweren te zijn ♦ on se dirait sur la lune men waant zich op de maan
direct, -ecte *adj* rechtstreeks; chef ~ directe chef; *(subst.)* diffuser en ~ rechtstreeks uitzenden; *(subst.)* émission en ~ live-uitzending; *(sports)* un ~ een directe
[1]**directeur** *nm* directeur *nm,* bestuurder *nm;* ~ d'école hoofd van een basisschool
[2]**directeur, -trice** *adj* leidend
direction *nf* **1** *(action de diriger)* leiding *nf* **2** *((fonction de) directeur; bureau)* directie *nf* **3** *(orientation)* richting *nf;* dans la ~ de, en ~ de in de richting van **4** *(mécanismes)* stuurinrichting *nf;* ~ assistée stuurbekrachtiging
directive *nf* richtlijn *de,* richtsnoer *het*
directrice *nf* directrice *nf*
dirigé, -ée *adj* geleid, bestuurd
dirigeable *nm* luchtschip *het*
dirigeant, -ante *adj* leidend; le ~ de leider; *(sports)* de aanvoerder
diriger *vt* **1** *(conduire)* leiden; ~ une équipe een team aanvoeren **2** *(+ sur, vers) (orienter)* sturen (naar); ~ ses pas vers zijn schreden richten naar; **se diriger** (vers) *vpr* gaan (naar)
discernement *nm* onderscheidingsvermogen *het;* sans ~ onoordeelkundig
discerner *vt* **1** *(percevoir)* doorzien **2** *(différencier)* onderscheiden
disciple *nm* leerling *nm*
disciplinaire *adj* disciplinair
discipline *nf* **1** *(règle de conduite)* discipline *nf* **2** *(branche)* vak *het*
discipliné, -ée *adj* gedisciplineerd
discipliner *vt* discipline bijbrengen
discontinu, -ue *adj* onderbroken
discontinuer *vi* ophouden; sans ~ onophoudelijk
discordance *nf* discrepantie *nf*
discordant, -ante *adj* **1** *(incompatible)* niet overeenstemmend **2** *(dissonant)* vals klinkend
discorde *nf* onenigheid *nf,* tweedracht *de*
discothèque *nf* **1** *(collection)* platenverzameling *nf* **2** *(organisme de prêt)* (uitleen)discotheek *nf* **3** *(boîte)* discotheek *nf*
discourir (de, sur) *vi* lang uitweiden (over)
discours *nm* **1** *(allocution)* toespraak *de,* rede *de (aussi ling.)* **2** *(écrit)* uiteenzetting *nf* **3** *(ling.)* rede *de;* ~ (in)direct (in)directe rede
discourtois, -oise *adj* onhoffelijk
discrédit *nm* (het) verliezen van vertrouwen; on a jeté le ~ sur lui men heeft hem in diskrediet gebracht
discréditer *vt* in diskrediet brengen; **se discréditer** *vpr* in diskrediet raken
discret, -ète *adj* **1** *(réservé)* terughoudend **2** *(sobre)* onopvallend; il me regardait discrètement hij keek me tersluiks aan **3** *(qui garde les secrets)* discreet
discrétion *nf* **1** *(réserve)* bescheidenheid *nf;* par ~ uit bescheidenheid **2** *(secret)* discretie *nf;* ~ assurée geheimhouding verzekerd ♦ à ~ naar believen
discrimination *nf* **1** *(d'un groupe social)* discriminatie *nf;* ~ positive positieve discriminatie **2** *(différenciation)* onderscheid *het*
disculper *vt* vrijpleiten; **se disculper** *vpr* zijn onschuld bewijzen
discussion *nf* **1** *(débat)* discussie *nf;* pas de ~ geen tegenspraak **2** *(dispute)* woordenwisseling *nf*
discutable *adj* aanvechtbaar ♦ goût ~ twijfelachtige smaak
discuté, -ée *adj* omstreden
[1]**discuter** *vi* **1** *(+ de) (parler)* praten (over); on ne peut pas ~ avec lui er valt niet met hem te praten **2** *(négocier)* onderhandelen
[2]**discuter** *vt* **1** *(débattre)* bespreken; ~ politique over politiek praten **2** *(mettre en question)* in twijfel trekken; **se discuter** *vpr* besproken worden; cela peut se ~ daar valt over te praten
disette *nf* hongersnood *nm*
diseur, -euse *n* ♦ ~ de bonne aventure waarzegger
disgrâce *nf* ongenade *de*

disgracieux, -euse *adj* onsierlijk; visage ~ lelijk gezicht
disjoncteur *nm* stroomonderbreker *nm*
dislocation *nf* 1 *(dispersion)* (het) uiteenvallen 2 *(désagrégation)* verbrokkeling *nf* 3 *(méd.)* ontwrichting *nf*
disloquer *vt* 1 *(casser)* in stukken uiteen doen vallen 2 *(désagréger)* verbrokkelen 3 *(méd.)* ontwrichten; **se disloquer** *vpr* 1 *(se casser)* in stukken uiteenvallen 2 *(se disperser)* uit elkaar vallen ♦ se ~ le genou zijn knie ontwrichten
disparaître *vi* 1 *(cesser d'être visible; partir)* verdwijnen; faire ~ qqch iets doen verdwijnen; mon portefeuille a disparu mijn portefeuille is weg 2 *(mourir)* sterven 3 *(se dissiper)* vergaan
disparate *adj* ongelijk, niet bij elkaar passend
disparité *nf* ongelijksoortigheid *nf*, verschil *het*
disparition *nf* 1 *(fait de ne plus être visible; absence)* (het) verdwijnen; signaler la ~ de qqn iemand als vermist opgeven 2 *(mort)* dood *de;* en voie de ~ uitstervend
disparu, -ue *adj* verdwenen; le, la ~(e) de vermiste; être porté ~ vermist worden ♦ *(défunt)* le, la ~(e) de overledene
dispensaire *nm* consultatiebureau *het*
dispense *nf* vrijstelling *nf*
dispenser *vt* 1 (+ *de) (exempter)* vrijstellen (van), ontslaan (van); dispensez-moi de vos commentaires bespaar me uw commentaar 2 *(donner)* uitdelen; **se dispenser (de)** *vpr (s'exempter)* zich onttrekken (aan)
disperser *vt* 1 *(éparpiller)* verspreiden 2 *(ses efforts, son attention)* versnipperen; **se disperser** *vpr* zich verspreiden
dispersion *nf* verstrooiing *nf*, versnippering *nf*
disponibilité *nf* 1 *(d'une personne, de l'esprit)* beschikbaarheid *nf* 2 *(plur.) (écon.)* beschikbare fondsen *plur*
disponible *adj* beschikbaar
dispos, -ose *adj* opgeruimd
disposé, -ée *adj* 1 *(arrangé)* gerangschikt 2 *(prêt)* bereid; ~ à faire qqch bereid iets te doen ♦ être bien, mal ~ in een goed, slecht humeur zijn
[1]**disposer** *vi* (+ *de)* beschikken (over) ♦ vous pouvez ~ u kunt (wel) gaan
[2]**disposer** *vt* 1 *(arranger)* (rang)schikken 2 (+ *à) (préparer)* voorbereiden (op) 3 *(placer)* zetten; **se disposer (à)** *vpr* zich klaarmaken (om)
dispositif *nm* 1 *(mécanisme)* installatie *nf;* ~ antivol inbraakbeveiliging 2 *(milit.)* opstelling *nf*
disposition *nf* 1 *(arrangement)* indeling *nf* 2 *(disponibilité)* beschikking *nf;* mettre qqch à la ~ de qqn iemand iets ter beschikking stellen 3 *(tendance)* neiging *nf* 4 *(plur.) (mesures)* voorbereidingen *plur;* prendre des ~s voorbereidingen treffen 5 *(plur.) (aptitudes)* aanleg *nm* ♦ être dans de bonnes, mauvaises ~s een goed, slecht humeur hebben
disproportion *nf* wanverhouding *nf*
disproportionné, -ée *adj* 1 *(inégal)* niet evenredig (met) 2 *(démesuré)* bovenmaats
dispute *nf* onenigheid *nf*, ruzie *nf*
disputer *vt* 1 *(lutter pour qqch)* betwisten 2 *(jouer)* spelen 3 *(gronder)* een standje geven; **se disputer** *vpr* 1 *(se quereller)* ruziemaken 2 *(se jouer)* gespeeld worden
disquaire *n* platenhandelaar(ster) *nm (nf)*
disqualification *nf* diskwalificatie *nf*
disqualifier *vt* diskwalificeren
disque *nm* 1 *(mus.)* plaat *de;* change de ~ ! praat eens over wat anders!; ~ compact compact disc; mettre un ~ een plaatje opzetten; passer un ~ een plaat draaien 2 *(objet circulaire)* schijf *de;* ~ de stationnement parkeerschijf 3 *(sports)* discus *nm* 4 *(inform.)* (geheugen)schijf *de;* ~ dur harde schijf, harddisk
disquette *nf* diskette *de*, floppy(disk) *nm*
dissection *nf* 1 *(personnes)* sectie *nf* 2 *(animaux)* vivisectie *nf*
dissemblable *adj* ongelijk, (onderling) verschillend
dissémination *nf* verspreiding *nf*
disséminer *vt* verspreiden, uitzaaien
dissension *nf* conflict *het*
disséquer *vt* 1 *(analyser)* uitpluizen 2 *(découper)* ontleden
dissertation *nf* opstel *het*, verhandeling *nf*
disserter (de, sur) *vi* een verhandeling houden (over)
dissident, -ente *adj* dissident; le ~ de dissident
dissimulation *nf* 1 *(feinte)* (het) veinzen 2 *(fraude)* verzwijging *nf*
dissimuler *vt* verbergen; **se dissimuler** *vpr* zich verbergen
dissipation *nf* 1 *(dilapidation)* verkwisting *nf* 2 *(indiscipline)* onoplettendheid *nf* 3 *(disparition)* (het) optrekken
dissipé, -ée *adj* onoplettend
dissiper *vt* 1 *(chasser)* verdrijven 2 *(dilapider)* verkwisten 3 *(distraire)* ↓ afleiden; **se dissiper** *vpr* 1 *(disparaître)* verdwijnen; la brume se dissipe de mist trekt op 2 *(devenir dissipé)* onoplettend worden
dissocier *vt* scheiden
dissolu, -ue *adj* losbandig
dissolution *nf* 1 *(jur., biol.)* ontbinding *nf* 2 *(débauche)* losbandigheid *nf* 3 *(chim.)* oplossing *nf*
dissolvant *nm (solvant)* oplosmiddel *het*, *(pour les ongles)* remover *de*
dissonant, -ante *adj* 1 *(cacophonique)* dissonant 2 *(discordant)* tegenstrijdig
dissoudre *vt* 1 *(chim.)* oplossen 2 *(jur., biol.)* ontbinden; **se dissoudre** *vpr (chim.)* oplossen

dissuader *vt* 1 *(décourager)* (iemand iets) uit het hoofd praten; **~ qqn de faire qqch** iemand afraden iets te doen 2 *(milit.)* afschrikken
dissuasif, -ive *adj* afschrikkend
dissuasion *nf* 1 *(général)* afraden 2 *(milit.)* afschrikking *nf;* **arme de ~** afschrikkingswapen
distance *nf* 1 *(longueur; différence)* afstand *nm;* **à ~** van verre; **~ de freinage** remweg; **garder ses ~s** afstand bewaren; **tenir qqn à ~** iemand op een afstand houden 2 *(espace de temps)* tussentijd *nm*
distancer *vt* achter zich laten; **se laisser ~** voorbijgestreefd worden
distant, -ante *adj* 1 *(éloigné)* verwijderd 2 *(froid)* afstandelijk
distendre *vt* (uit)rekken; **se distendre** *vpr* minder strak worden *(aussi au fig.)*
distillation *nf* distillatie *nf*
distiller *vt* 1 *(soumettre à la distillation)* distilleren, stoken 2 *(sécréter)* afscheiden
distillerie *nf* distilleerderij *nf*
distinct, -incte *adj* 1 *(différent)* onderscheiden 2 *(net)* duidelijk
distinctif, -ive *adj* onderscheidend, kenmerkend; **signe ~** karakteristiek
distinction *nf* 1 *(différenciation)* verschil *het,* onderscheid *het* 2 *(décoration)* onderscheiding *nf* 3 *(élégance)* distinctie *nf* 4 *(Belg.f.; enseign.)* onderscheiding *nf* *(Belg.n.)*
distingué, -ée *adj* 1 *(raffiné)* gedistingeerd 2 *(éminent)* beroemd
distinguer *vt* 1 *(discerner)* zien, onderscheiden 2 *(différencier)* onderscheiden; **se distinguer** *vpr* 1 *(se différencier; s'illustrer)* zich onderscheiden 2 *(apparaître)* gezien worden; **se ~ à l'horizon** aan de einder opdoemen
distordre *vt* verwringen, verdraaien
distorsion *nf* vervorming *nf*
distraction *nf* 1 *(inattention)* onoplettendheid *nf;* **avoir des ~s** verstrooide momenten hebben 2 *(divertissement)* ontspanning *nf (uniquement sing.)*
distraire *vt* 1 *(divertir)* vermaken 2 *(détourner de ses activités)* afleiden (van); **se distraire** *vpr (se divertir)* zich ontspannen
distrait, -aite *adj* verstrooid
distribuer *vt* 1 *(remettre)* uitdelen 2 *(partager)* verdelen; **~ un film** filmrollen verdelen 3 *(amener à domicile)* bezorgen; **~ le courant électrique dans un village** een dorp van elektriciteit voorzien; **~ le courrier** de post bezorgen 4 *(attribuer un prix)* uitreiken
[1]**distributeur** *nm* 1 *(appareil)* automaat *nm;* **~ automatique** automaat; **~ automatique de billets (de banque)** geldautomaat 2 *(personne)* tussenhandelaar *nm*
[2]**distributeur, -trice** *n* verspreider *nm,* bezorger *nm;* **~ de films** filmverhuurder
distribution *nf* 1 *(remise)* (het) uitdelen 2 *(partage)* verdeling *nf;* **~ d'un film** rolverdeling in een film 3 *(à domicile)* bezorging *nf;* **~ des eaux** watervoorziening 4 *(remise de prix)* uitreiking *nf* 5 *(agencement)* indeling *nf*
district *nm* district *het*
dit, dite *adj* 1 *(surnommé)* bijgenaamd 2 *(décidé)* afgesproken
diurne *adj* dag-
divagation *nf* 1 *(propos incohérents)* geraaskal *het* 2 *(élucubrations)* hersenschimmen *plur*
divaguer *vi* raaskallen
divergence *nf* (het) uiteenlopen *(aussi au fig.);* **~ d'opinions** verschil van mening
divergent, -ente *adj* uiteenlopend *(aussi au fig.)*
diverger *vi* uiteenlopen *(aussi au fig.)*
[1]**divers, -erse** *adj, souvent plur (différent)* verschillend
[2]**divers** *adj indéf (plusieurs)* verscheidene; **à ~es reprises** meermalen
diversification *nf* afwisseling *nf*
diversifier *vt* afwisseling brengen in; **se diversifier** *vpr* veelzijdiger worden
diversion *nf* 1 *(milit.)* afleidingsmanoeuvre *het/de* 2 *(distraction)* ↓ afleiding *nf*
diversité *nf* verscheidenheid *nf*
divertir *vt* vermaken; **se divertir** *vpr (+ à)* zich vermaken (met)
divertissant, -ante *adj* ontspannend
divertissement *nm* 1 *(distraction)* ontspanning *nf* 2 *(loisir)* tijdverdrijf *het*
dividende *nm* dividend *het*
divin, -ine *adj* 1 *(de Dieu)* goddelijk 2 *(exquis)* zalig
divinité *nf* 1 *(dieu)* godheid *nf* 2 *(nature de Dieu)* goddelijkheid *nf*
diviser *vt* 1 *(fractionner)* verdelen, *(maths)* delen; **~ en classes** in klassen indelen; **~ dix par deux** tien door twee delen 2 *(désunir)* tweedracht zaaien tussen; **se diviser** *vpr* 1 *(se séparer en parties)* zich verdelen 2 *(être divisé)* verdeeld worden, zich splitsen *(une route)*
divisible *adj (math.)* deelbaar
division *nf* 1 *(fractionnement)* verdeling *nf* 2 *(math., biol.)* deling *nf* 3 *(trait qui divise)* deelstreepje *het* 4 *(partie)* gedeelte *het* 5 *(milit., sports)* divisie *nf* 6 *(désaccord)* verdeeldheid *nf* 7 *(pol.)* splitsing *nf*
divorce *nm* (echt)scheiding *nf*
divorcé, -ée *adj* gescheiden; **le ~, la ~e** de gescheiden man, vrouw
divorcer *vi* scheiden; **~ avec, d'avec qqn** zich van iemand laten scheiden
divulguer *vt* onthullen
dix *adj numér* tien
dix-huit *adj numér* achttien
dix-huitième *adj numér* achttiende
dixième *adj numér* tiende
dix-neuf *adj numér* negentien
dix-neuvième *adj numér* negentiende
dix-sept *adj numér* zeventien
dix-septième *adj numér* zeventiende
dizaine *nf* tiental *het*
Djibouti *nm* Djibouti *n (sans art.)*

djiboutien, -ienne *adj* Djiboutisch, Djiboutiaans; **le, la Djiboutien(ne)** de Djiboutiaan(se)
djihad *nm* jihad *de,* heilige oorlog *nm*
djihadiste *adj* jihadistisch; **le, la djihadiste** de jihadist(e)
do *nm* do *de,* c *de;* **~ dièse** cis
docile *adj* volgzaam, meegaand
docilité *nf* volgzaamheid *nf,* meegaandheid *nf*
dock *nm* **1** *(bassin)* dok *het* **2** *(hangar)* pakhuis *het*
docker *nm* havenarbeider *nm*
docteur *nm* **1** *(d'une faculté)* doctor *nm;* **~ en droit** doctor in de rechten; **~ ès lettres** doctor in de letteren **2** *(médecin)* dokter *nm;* **le ~ Dupont** dokter Dupont
doctorat *nm* **1** *(grade)* doctorsgraad *nm* **2** *(examen)* examen *het* ter verkrijging van de doctorsgraad
doctrine *nf* leer *de,* doctrine *nf*
document *nm* **1** *(écrit)* document *het,* stuk *het;* **~s d'archives** archiefstukken **2** *(preuve)* bewijsstuk *het*
documentaire *adj* documentair; **le ~** de documentaire
documentation *nf* documentatie *nf*
documenter *vt* documenteren; **se documenter** *vpr* zich documenteren
dodeliner *vi* ♦ **~ de la tête** knikkebollen
dodo *nm* slaapje *het;* **faire ~** slaapje doen
dodu, -ue *adj* mollig
dogmatique *adj* dogmatisch
dogme *nm* dogma *het*
doigt *nm* **1** *(main, gant)* vinger *nm;* **se compter sur les ~s de la main** op de vingers van één hand te tellen zijn; **mon petit ~ me l'a dit** dat hebben de kaboutertjes me verteld; **être comme les deux ~s de la main** boezemvriend(inn)en zijn; **ne rien faire de ses dix ~s** geen steek uitvoeren; **gagner les ~s dans le nez** op zijn sloffen winnen; **ne pas lever, remuer le petit ~** geen vinger uitsteken; **obéir au ~ et à l'œil** stipt gehoorzamen; **mettre le ~ sur la plaie** de vinger op de wonde leggen; **se mettre le ~ dans l'œil** het bij het verkeerde eind hebben; **montrer du ~** *(désigner)* aanwijzen; *(accuser)* met de vinger nawijzen; **petit ~** pink; **~ de pied** teen **2** *(pied, animaux)* teen *nm* **3** *(mesure)* vingerdikte *nf;* **à un ~, deux ~s de** vlak bij; **un ~ de vin** een beetje wijn
doigté *nm* **1** *(mus.)* vingerzetting *nf* **2** *(habileté manuelle)* vingervlugheid *nf* **3** *(tact)* tact *nm*
doléances *nf* klachten *plur*
domaine *nm* **1** *(propriété)* (land)goed *het,* domein *het* **2** *(zone)* gebied *het;* **dans tous les ~s** op alle gebied(en); **cela n'est pas de son ~** dat ligt niet op zijn terrein
dôme *nm* **1** *(coupole)* koepel *nm* **2** *(cathédrale)* dom *nm,* kathedraal *de*
domestique *adj* **1** *(familial)* huiselijk, huis-; **le, la ~** de bediende, de dienstbode **2** *(apprivoisé)* tam
domestiquer *vt* tam maken
domicile *nm* woonplaats *de (aussi jur.);* **le ~ conjugal** de echtelijke woning; **élire ~ qqp** zich ergens vestigen; **livrer à ~** thuisbezorgen; **être sans ~** geen vaste verblijfplaats hebben; **travailler à ~** thuiswerk verrichten
dominant, -ante *adj* **1** *(prépondérant)* overheersend; **la ~e** de overheersende karaktertrek **2** *(principal)* hoofd- **3** *(biol.)* dominant
dominateur, -trice *adj* overheersend; **le ~, la dominatrice (de)** de heerser(es) (over)
domination *nf* heerschappij *nf,* overheersing *nf*
[1]**dominer** *vi (commander; prédominer)* (over)heersen
[2]**dominer** *vt* **1** *(être le maître)* overheersen **2** *(dépasser)* uitsteken boven *(aussi au fig.)* **3** *(maîtriser)* beheersen; **~ la situation** de toestand meester zijn; **~ le tumulte** boven het lawaai uitkomen; **se dominer** *vpr (se maîtriser)* zich beheersen
dominicain, -aine *adj* **1** *(géo.)* Dominicaans; **le, la Dominicain(e)** de Dominicaan(se); **la République ~e** de Dominicaanse Republiek **2** *(relig.)* dominicaner, dominicaans; **le, la ~(e)** de dominicaan, dominicanes
Dominique *nf* Dominica *n (sans art.)*
domino *nm* **1** *(petite plaque)* dominosteen *nm* **2** *(plur.) (jeu)* domino(spel) *het* **3** *(électricité)* kroonsteentje *het*
dommage *nm* schade *de (uniquement sing.);* **~s collatéraux** nevenschade; **~s et intérêts** schadevergoeding ♦ **c'est ~** dat is jammer; **quel ~ !** wat jammer!
dompter *vt* **1** *(dresser)* temmen **2** *(maîtriser)* bedwingen
dompteur, -euse *n* (dieren)temmer, (dieren)temster *nm, nf*
don *nm* **1** *(cadeau)* gave *de,* gift *de (aussi jur.);* **faire ~ de qqch à qqn** (aan) iemand iets schenken; **le ~ d'organes** het afstaan van organen **2** *(talent)* aanleg *nm,* talent *het; (iron.)* **avoir le ~ de faire qqch** er een handje van hebben (om) iets te doen; **avoir le ~ des langues** een talenknobbel hebben
donation *nf* schenking *nf,* gift *de*
donc *conj* **1** *(par conséquent)* dus, derhalve **2** *(surprise, incrédulité, etc.)* toch; **allons ~ !** kom nou!; **dites ~ !** toe nou!; **que faites-vous ~ là ?** wat doet u daar toch?; **et moi ~ !** en ik dan!
donjon *nm* slottoren *nm*
donnant, -ante *adj* ♦ **~, ~** voor wat hoort wat
donne *nf* (het) geven; **à vous la ~** u geeft
donné, -ée *adj* **1** *(connu; offert)* gegeven **2** *(déterminé)* bepaald ♦ **étant ~ que** gezien het feit dat
donnée *nf* **1** *(élément d'information)* gegeven *het,* informatie *nf* **2** *(plur.) (in-*

form.) data *plur,* gegevens *plur;* **~s massives** big data; **~s personnelles** persoonsgegevens

[1]**donner** *vi* **1** *(heurter)* stoten; **~ de la tête contre le mur** radeloos zijn; *(être débordé)* tot over z'n oren in het werk zitten **2** *(tomber)* vallen; **~ dans le snobisme** zich snobistisch gedragen; **~ dedans** er instinken **3** *(+ sur) (s'ouvrir)* uitkomen (op), uitzien (op) *(avoir vue sur)*

[2]**donner** *vt* **1** *(offrir)* geven (aan); **~ à entendre** te verstaan geven; **~ les cartes** geven; **~ qqch contre, pour qqch** iets ruilen voor iets anders; **je vous le donne en mille** ik geef het u te raden; **~ une pièce de théâtre** een toneelstuk brengen **2** *(rapporter)* opbrengen; **~ des fruits** vrucht dragen; **cela n'a pas donné grand-chose** dat heeft niet veel opgeleverd **3** *(supposer)* schatten; **quel âge me donnez-vous ?** hoe oud schat u mij? **4** *(dénoncer)* verklikken; **se donner** *vpr* **1** *(+ à) (se consacrer)* zich wijden (aan) **2** *(prendre)* zich geven; **se ~ de la peine** zich moeite geven; **se ~ du bon temps** de bloemetjes buiten zetten

donneur, -euse *n* gever, geefster *nm, nf;* **~ d'ordre** opdrachtgever; **~ de sang** bloeddonor

dont *pron rel (cf. aussi les traductions de 'de')* **1** *(personnes)* van wie, ↑ wiens *(m. sing.),* ↑ wier *(f. sing. et plur.)* **2** *(choses)* waarvan; **la maladie ~ il a souffert** de ziekte waaraan hij geleden heeft; **c'est ce ~ je suis fier** daar ben ik trots op; **trois enfants, ~ un fils** drie kinderen, waaronder één zoon; **l'affaire ~ on parle** de zaak waarover men spreekt

doper *vt* **1** *(droguer)* doping toedienen **2** *(stimuler)* oppeppen; **se doper** *vpr* een pepmiddel innemen

doping *nm (aussi au fig.)* doping *nf*

doré, -ée *adj* **1** *(recouvert d'or)* verguld **2** *(couleur d'or)* goudkleurig **3** *(bronzé)* goudbruin

dorénavant *adv* voortaan, van nu af aan

dorer *vt* **1** *(recouvrir d'or)* vergulden **2** *(colorer)* een gulden glans geven aan **3** *(rôtir)* goudbruin bakken

dorloter *vt* vertroetelen

dormant, -ante *adj* stil; **eau ~e** stilstaand water

dormeur, -euse *n* slaper, slaapster *nm, nf*

dormir *vi (aussi au fig.)* slapen; **~ debout** omvallen van de slaap

dorsal, -ale *adj* rug(gen)-

dortoir *nm* slaapzaal *de*

dorure *nf* **1** *(couche d'or)* verguldsel *het* **2** *(action de dorer)* (het) vergulden

dos *nm* rug *nm;* **~ à ~** rug-aan-rug; **ne pas y aller avec le ~ de la cuillère** de botte bijl hanteren; **~ d'âne** verkeersdrempel *(ralentisseur);* **le ~ d'une cuillère** de onderkant van een lepel; **faire froid dans le ~ à qqn** iemand koude rillingen bezorgen; **faire qqch dans, derrière le ~ de qqn** iets achter iemands rug om doen; **le ~ d'une enveloppe** de achterkant van een enveloppe; **faire le gros ~** een hoge rug opzetten *(chat);* **en avoir plein le ~** z'n buik ervan vol hebben; **mettre qqch sur le ~ de qqn** iemand iets in de schoenen schuiven; **dès qu'elle eut le ~ tourné** zodra zij zich had omgedraaid; **tourner le ~ à qqn, à qqch** iemand, iets de rug toekeren *(aussi au fig.)*

dosage *nm* dosering *nf*

dose *nf* **1** dosis *nf;* **forcer la ~** *(fig.)* overdrijven **2** *(bouton)* puistje *het*

doser *vt* doseren

dosette *nf* (coffee)pad *nm*

doseur *nm* doseerapparaat *het* ♦ **bouchon ~** maatdop

dossard *nm* rugnummer *het*

dossier *nm* **1** *(classeur)* dossier *het;* **~ (de presse)** pakket informatie **2** *(documents)* stukken *plur* **3** *(appui)* rugleuning *nf*

dot *nf* bruidsschat *nm*

dotation *nf* **1** *(subvention)* toelage *de* **2** *(+ en) (équipement)* uitrusting (met) *nf*

doter (de) *vt* **1** *(douer)* begiftigen (met) **2** *(équiper)* uitrusten (met) **3** *(pourvoir d'une dot)* een bruidsschat geven aan **4** *(subventionner)* een toelage toewijzen aan

douane *nf* douane *de;* **(droits de) ~** in- en uitvoerrechten

douanier, -ière *adj* douane-; **le ~, la douanière** de douanebeambte

doublage *nm* **1** *(film)* nasynchronisatie *nf* **2** *(tissu)* voering *nf*

[1]**double** *nm* **1** *(deux fois plus)* dubbele *het;* **avoir qqch en ~** iets dubbel hebben **2** *(copie)* kopie *nf,* doorslag *nm;* **en ~** in tweevoud **3** *(tennis)* dubbelspel *het* **4** *(sosie)* dubbelganger *nm*

[2]**double** *adj* dubbel; **payer ~** dubbel tarief betalen; **voir ~** dubbel zien

[1]**doublé** *nm* doublé *het*

[2]**doublé, -ée** *adj* **1** *(double)* verdubbeld **2** *(tissu)* gevoerd **3** *(film)* nagesynchroniseerd

double-cliquer *vi (inform.)* dubbelklikken

[1]**doublement** *nm* verdubbeling *nf*

[2]**doublement** *adv* dubbel

[1]**doubler** *vi* **1** *(devenir double)* verdubbelen; **~ de valeur** tweemaal zoveel waard worden **2** *(f.B.; enseign.)* blijven zitten, overzitten *(n.B.)*

[2]**doubler** *vt* **1** *(rendre double)* verdubbelen **2** *(dépasser)* inhalen; **défense de ~** inhaalverbod; *(fig.)* **~ qqn** iemand te slim af zijn **3** *(tissu)* voeren **4** *(acteur)* vervangen, stand-in zijn voor **5** *(film)* nasynchroniseren **6** *(f.B.; enseign.)* overdoen, overzitten *(n.B.)*

doublure *nf* **1** *(tissu)* voering *nf* **2** *(acteur)* doublure *de,* invaller *nm*

doucement *adv* **1** *(délicatement, lentement)* zacht(jes); **~ !** kalm aan! **2** *(pru-*

demment) voorzichtig **3** *(couci-couça)* zozo **4** *(sous cape)* stilletjes

douceur *nf* **1** *(goût sucré)* zoetheid *nf* **2** *(sensation; gentillesse)* zachtheid *nf* **3** *(calme)* rust *de;* **en ~** zachtjes(aan); **atterrissage en ~** zachte landing **4** *(joie)* genot *het;* **~ de vivre** dolce vita **5** *(plur.) (friandises)* snoepgoed *het (sing.)*

douche *nf* **1** *(arrosage; installation)* douche *de* **2** *(averse)* regenbui *de;* **recevoir une (bonne) ~** een stortbui op z'n hoofd krijgen; *(fig.)* (flink) ontnuchterd worden

doucher *vt* **1** *(asperger)* douchen **2** *(décevoir)* een koude douche geven aan; **se doucher** *vpr* een douche nemen

doué, -ée *adj* **1** *(+ de) (doté)* voorzien (van) **2** *(+ pour) (talentueux)* begaafd

douille *nf* **1** *(ampoule)* (lamp)fitting *nm* **2** *(cartouche)* (patroon)huls *de*

douillet, -ette *adj* **1** *(confortable)* behaaglijk **2** *(trop sensible)* kleinzerig

douleur *nf* **1** *(souffrance)* pijn *de, (chagrin aussi)* verdriet *het* **2** *(plur.) (grossesse)* weeën *plur*

douloureux, -euse *adj* pijnlijk, *(tragique aussi)* smartelijk

doute *nm* twijfel *nm;* **cela ne fait aucun ~** dat lijdt geen twijfel; **mettre en ~** in twijfel trekken, betwijfelen; **sans ~** waarschijnlijk, (vast) wel; **sans aucun ~** ongetwijfeld

¹**douter (de)** *vi* twijfelen (aan), (iets) betwijfelen ♦ **ne ~ de rien** voor niets terugdeinzen

²**se douter (de)** *vpr* (iets) vermoeden; **je m'en doutais** dat dacht ik wel

douteux, -euse *adj* **1** *(incertain)* twijfelachtig, onzeker **2** *(suspect)* dubieus

doux, douce *adj* **1** *(au goût)* zoet **2** *(à l'ouïe, à l'odorat)* zoet, mild; **il fait ~** het is zacht weer; **pente douce** licht glooiende helling **3** *(agréable)* aangenaam; **se la couler douce** het er lekker van nemen **4** *(gentil; doux au toucher)* zacht ♦ **filer en douce** 'm piepen

douzaine *nf* dozijn *het,* twaalf stuks

douze *adj numér* twaalf

douzième *adj numér* twaalfde

doyen, -enne *n* **1** *(faculté)* decaan *nm* **2** *(le plus âgé)* oudste *nm* (in dienstjaren)

drache *nf (f.B.)* stortregen *nm*

draconien, -ienne *adj* draconisch, streng

dragée *nf* **1** *(confiserie)* suikerboon *de,* doopsuiker *nm (n.B.)* **2** *(pharm.)* dragee *nf*

dragon *nm* draak *nm*

drague *nf* **1** *(filet)* schrobnet *het* **2** *(machine)* baggermachine *nf* **3** *(racolage)* (het) versieren

¹**draguer** *vi (chercher une aventure)* op de versiertoer gaan

²**draguer** *vt* **1** *(chercher à racoler)* (proberen te) versieren **2** *(pêcher)* vangen met een schrobnet **3** *(curer)* uitbaggeren **4** *(enlever des mines)* (op)ruimen

drainer *vt* **1** *(assécher)* draineren, afwateren **2** *(méd.)* draineren **3** *(attirer)* aanzuigen

dramatique *adj* **1** *(poignant, tragique)* dramatisch **2** *(du théâtre)* toneel-, dramatisch

dramatiser *vt* dramatiseren

drame *nm* drama *het;* **tourner au ~** een tragische wending nemen

drap *nm* **1** *(toile)* laken *het* **2** *(de lit)* (bedden)laken *het;* **être dans de beaux ~s** lelijk in de knoei zitten, in slechte papieren zitten *(n.B.)* **3** *(f.B.) (serviette de bain)* badhanddoek *nm*

drapeau *nm* **1** *(étendard)* vlag *de;* **le ~ tricolore** de (nationale) driekleur **2** *(plur.) (armée)* leger *het (uniquement sing.);* **être sous les ~x** in dienst zijn

draper *vt (couvrir)* overtrekken (met laken); **se draper (dans)** *vpr (s'envelopper)* zich hullen (in)

drap-housse *nm* hoeslaken *het*

drastique *adj* drastisch

dressage *nm* **1** *(montage)* (het) opzetten **2** *(d'un animal)* dressuur *nf,* (het) africhten

dresser *vt* **1** *(lever)* rechtop zetten; **~ un monument** een monument oprichten **2** *(préparer)* gereedmaken; **~ la carte d'un pays** een land in kaart brengen; **~ un piège à qqn** iemand een strik spannen; **~ la table, le couvert** de tafel dekken **3** *(+ contre) (monter)* opzetten (tegen) **4** *(dompter)* africhten, *(cirque)* dresseren; **se dresser** *vpr (s'élever)* zich oprichten; *(fig.)* **se ~ contre qqn** zich tegen iemand keren; **se ~ sur la pointe des pieds** op z'n tenen gaan staan

dresseur, -euse *n* africht(st)er *nm (nf)*

drogue *nf* drug *nm,* verdovend middel *het;* **~s douces, dures** softdrugs, harddrugs

drogué, -ée *adj* verslaafd; **le, la ~(e)** de drugsverslaafde

droguer *vt* **1** *(de médicaments)* (te) veel geneesmiddelen geven **2** *(de stupéfiants)* aan drugs helpen; **se droguer** *vpr* **1** *(de médicaments)* (te) veel geneesmiddelen slikken **2** *(de stupéfiants)* drugs gebruiken

droguerie *nf* drogisterij *nf*

¹**droit** *nm* **1** *(ce qui est permis)* recht *het;* **~ d'auteur** auteursrecht, copyright; **~s d'auteur** auteursrechten; **avoir ~ à qqch** recht hebben op iets; *(iron.)* iets op zijn bord krijgen; **~ civil** burgerlijk recht; **de ~** terecht; **être en ~ de** het recht hebben om; **faire son ~** rechten studeren; **~s de l'homme** mensenrechten; **on n'a pas le ~ de fumer ici** er mag hier niet worden gerookt; **je n'ai pas droit au lait** ik mag geen melk hebben; **t'as pas le ~** dat mag je niet doen, *(ça ne se fait pas)* dat kun je niet maken; **de plein ~** met het volste recht; *(jur.)* van rechtswege; **de quel ~ ?** met welk recht?; **qui de ~** de rechthebbende;

tous ~s réservés alle rechten voorbehouden 2 *(redevance)* recht *het*, heffing *nf*; ~ d'entrée toegangsprijs 3 *(poing droit)* rechterhand *de*; un direct du ~ een rechtse directe; ~ d'inscription inschrijvingskosten

[2]**droit, droite** *adj* 1 *(sans déviation)* recht; aller ~ au but recht op z'n doel afgaan; *(fig.)* le ~ chemin het rechte pad; jupe ~e recht vallende rok; marcher ~ recht lopen, rechtuit lopen; *(fig.)* op het rechte pad zijn; tout ~ rechtdoor 2 *(franc)* rechtschapen 3 *(à, de droite)* rechter, rechts; centre ~ gematigd rechts

droite *nf* 1 *(côté droit)* rechterkant *nm*, rechterzijde *de*, *(pol.)* rechts *n (sans art.)*; prendre à ~ rechts afslaan; placer qqn à sa ~ iemand rechts van zich plaatsen; la première rue à ~ de eerste straat rechts; être de ~ rechts zijn; extrême ~ extreemrechts; *(transp.)* tenir sa ~ rechts houden 2 *(sports)* rechtse stoot *nm* 3 *(math.)* rechte (lijn) *de*

droitier, -ière *adj* rechts(handig); le ~, la droitière de rechtshandige

droiture *nf* rechtschapenheid *nf*

drôle *adj* 1 *(amusant)* grappig; ce n'est pas ~ dat is helemaal niet leuk; il fait ~ment froid het is verschrikkelijk koud; c'est ~ment chouette het is erg leuk 2 *(étrange)* vreemd; avoir un ~ d'air er raar uitzien; cela me fait ~ dat komt me vreemd voor; je me sens tout ~ ik voel me helemaal niet lekker

dromadaire *nm* dromedaris *nm*

dru, drue *adj* 1 *(touffu)* dik (groeiend), dicht (begroeid) 2 *(adv.)* *(fort)* flink

druide, -desse *n* druïde, vrouwelijke druïde *nm, nf*

du *art (voir aussi 'de')* 1 *(article contracté)* van de, van het 2 *(article partitif)* *(ne se traduit pas)*; acheter ~ vin wijn kopen; prends encore ~ fromage neem nog wat kaas

dû, due *adj* 1 *(que l'on doit)* verschuldigd; acte en (bonne et) due forme akte in de vereiste vorm; le ~ het verschuldigde 2 *(imputable)* toe te schrijven (aan)

duc *nm* hertog *nm*

duché *nm* hertogdom *het*

duchesse *nf* hertogin *nf*

duel *nm* duel *het (aussi au fig.)*; se battre en ~ duelleren

dûment *adv* 1 *(selon les formes)* volgens de regels, naar behoren 2 *(bel et bien)* behoorlijk

dune *nf* duin *de*, *(l'ensemble)* duin *het*

duo *nm* duo *het*, *(mus.)* duet *het*

dupe *adj* bedrogen; être ~ bedrogen worden ♦ je ne suis pas ~ de ses mensonges hij liegt, maar ik heb hem door

duper *vt* bedriegen

duplex *adj* duplex-; le ~ *(appartement)* tweeverdiepingenflat; *(Belg.)* duplex; *(com.)* de duplexverbinding

duplicata *nm* afschrift *het*, duplicaat *het*

duplicité *nf* dubbelhartigheid *nf*

[1]**dur, dure** *n* 1 *(matériau dur)* (het) harde; construire en ~ solide bouwen 2 *(personne coriace)* een harde; il a été élevé à la ~e hij heeft een spartaanse opvoeding gehad; un ~, une ~e à cuire een taaie 3 *(bagarreur)* vechtersbaas *nm*

[2]**dur, dure** *adj* 1 *(solide)* hard; œuf ~ hardgekookt ei; pain ~ oudbakken brood; le soleil tape ~ de zon brandt (fel); viande ~e taai vlees 2 *(insensible)* hard, ongevoelig; être ~ avec, envers qqn hard tegen iemand zijn 3 *(pénible)* moeilijk, zwaar; être ~ à digérer zwaar te verteren zijn; *(fig.)* moeilijk te verteren zijn

durable *adj* duurzaam

durant *prép* 1 *(pendant)* gedurende, tijdens; ~ une semaine gedurende een week 2 *(entier)* heel; une heure ~ een uur lang, een heel uur

[1]**durcir** *vi (devenir dur)* hard worden

[2]**durcir** *vt (rendre dur)* verharden; **se durcir** *vpr (devenir dur)* hard worden; son visage se durcit zijn gezicht verstrakte

durcissement *nm* verharding *nf (aussi au fig.)*

durée *nf* 1 *(longueur)* (tijds)duur *nm*; pendant une ~ de quinze jours veertien dagen lang 2 *(d'une note, d'une pause)* lengte *nf*

durement *adv* 1 *(d'une manière dure)* hard 2 *(avec dureté)* streng

durer *vi* 1 *(se prolonger)* duren; cela a assez duré ! zo is het welletjes!; faire ~ langer doen duren; cette minute a duré une heure die minuut leek wel een uur; cela ne peut pas ~ dat kan zo niet langer; pourvu que ça dure als dat maar zo blijft 2 *(sembler long)* lang vallen; le temps lui dure de tijd valt hem lang 3 *(durer longtemps)* duurzaam zijn 4 *(servir)* meegaan

dureté *nf* hardheid *nf*

duvet *nm* 1 *(plumes; poil)* dons *het* 2 *(couette)* (donzen) dekbed *het* 3 *(sac de couchage)* (donzen) slaapzak *nm*

DVD *nm* dvd *nm*

dynamique *adj* dynamisch *(aussi phys.)*; *(phys.)* la ~ de dynamica

dynamisme *nm* dynamiek *nf*, vitaliteit *nf*

dynamite *nf* dynamiet *het*

dynamiter *vt (aussi au fig.)* opblazen

dynamo *nf* dynamo *nm*

dynastie *nf* dynastie *nf*

dysfonction *nf* functiestoornis *nf*

dyslexique *adj* woordblind, dyslectisch

e

e *nm* e *de;* **E comme Eugène** de e van Eduard

eau *nf* **1** *(liquide inodore)* water *het;* **il y a de l'~ dans le gaz** er zit onweer in de lucht; **en disant cela, tu apportes de l'~ à son moulin** wat je daar zegt, is koren op zijn molen; **en avoir l'~ à la bouche** ervan watertanden; **~ bénite** wijwater; **~ courante** stromend water; **~ douce** zoet water *(géo.);* zacht water *(chim.); (fig.)* **être à l'~** in het honderd gelopen zijn; **être en ~** bezweet zijn; **~ gazeuse** bronwater met prik; **~ de javel** bleekwater; **se jeter à l'~** in het water springen; *(fig.)* de sprong (in het duister) wagen; **mettre à l'~** te water laten; **mettre l'~ à la bouche** doen watertanden; **mettre de l'~ dans son vin** water bij de wijn doen *(aussi au fig.);* **~ plate** tafelwater zonder prik; **un point d'~** een tappunt; **~ potable** drinkwater; *(chaussures, vêtements)* **prendre l'~** lekken; **clair comme de l'~ de roche** glashelder *(aussi au fig.);* **~ salée** zout water; **~ de toilette** reukwater; *(fig.)* **tomber à l'~** in het water vallen; **~ de vaisselle** afwaswater; **~ de source** bronwater **2** *(plur.) (liquide amniotique)* vruchtwater *het* **3** *(plur.) (eaux thermales)* kuurbaden *plur;* **une ville d'~x** een kuuroord ♦ *(administration)* **les Eaux et Forêts** Staatsbosbeheer; **nager entre deux ~x** de kool en de geit sparen; **~x usées** afvalwater

eau-de-vie *nf* brandewijn *nm*

ébahir *vt* verbazen

ébats *nm* geravot *het (sing.);* **~ amoureux** liefdesspel

s'ébattre *vpr* ravotten

ébauche *nf* **1** *(esquisse)* opzet *nm* **2** *(+ de) (début de)* zwakke poging (tot) *nf*

ébaucher *vt (esquisser)* ontwerpen, in grote lijnen aangeven *(aussi au fig.);* **~ un geste** een vaag gebaar maken; **~ un sourire** zwakjes glimlachen; **s'ébaucher** *vpr (prendre forme)* vorm aannemen

ébène *nf* ebbenhout *het*

ébéniste *nm* meubelmaker *nm,* schrijnwerker *nm*

ébénisterie *nf* meubelwerk *het,* schrijnwerk *het*

éberlué, -ée *adj* stomverbaasd

éblouir *vt* **1** *(aveugler)* verblinden *(aussi au fig.);* **d'une beauté éblouissante** betoverend mooi **2** *(fasciner)* versteld doen staan

éblouissement *nm* **1** *(trouble de la vue)* verblinding *nf (aussi au fig.);* **avoir des ~s** duizelig worden **2** *(émerveillement)* verwondering *nf*

éborgner *vt* een oog uitsteken

éboueur *nm* vuilnisman *nm*

ébouillanter *vt (cuis.)* in kokend water leggen; **s'ébouillanter** *vpr* zich aan heet water branden

éboulement *nm* **1** *(écroulement)* instorting *nf* **2** *(affaissement)* verzakking *nf;* **~ de terres** grondverschuiving

s'ébouler *vpr* instorten

éboulis *nm* puin *het*

ébouriffer *vt* in de war maken

ébranler *vt* **1** *(fig.)* doen schudden op zijn grondvesten, doen wankelen **2** *(faire trembler)* doen schudden; **s'ébranler** *vpr (démarrer)* in beweging komen

ébrécher *vt* de rand stukstoten van; **s'ébrécher** *vpr* beschadigd worden

ébriété *nf* dronkenschap *nf;* **en état d'~** in kennelijke staat (van dronkenschap)

s'ébrouer *vpr* **1** *(d'un animal)* snuiven **2** *(d'une personne)* zich (uit)schudden

ébruiter *vt* ruchtbaar maken; **s'ébruiter** *vpr* ruchtbaar worden

ébullition *nf* **1** *(de l'eau)* (het) koken; **en ~** kokend; *(fig.)* opgewonden; **porter qqch à ~** iets aan de kook brengen **2** *(point d'ébullition)* kookpunt *het;* **point d'~** kookpunt **3** *(formation de bulles)* (het) borrelen **4** *(fig.)* opschudding *nf*

écaille *nf* **1** *(d'un poisson)* schub *de* **2** *(de tortue)* schildpad *het* **3** *(de vernis)* schilfer *nm*

écailler *vt* **1** *(un poisson)* schubben **2** *(huîtres)* open maken **3** *(vernis)* doen afschilferen; **s'écailler** *vpr (vernis)* afschilferen

écarlate *nf* scharlaken *het;* **robe ~** scharlaken(rode) japon

écarquiller *vt* wijd open sperren

écart *nm* **1** *(écartement)* spreiding *nf;* **se tenir à l'~** opzij gaan staan; *(fig.)* zich verre houden (van); *(fig.)* **tenir qqn à l'~ de qqch** iemand ergens buiten houden; **grand ~** spagaat **2** *(déviation)* afwijking *nf;* **~s de conduite** afwijkend gedrag; **faire un ~ à droite** rechts opzijspringen; **~s de langage** afwijkend taalgebruik; **faire des ~s (de régime)** zich niet aan zijn dieet houden **3** *(différence)* verschil *het*

écarté, -ée *adj* **1** *(éloigné)* ver uit elkaar staand **2** *(isolé)* afgezonderd; **chemin ~** binnenweg **3** *(jambes)* gespreid

écarteler *vt* **1** *(démembrer)* vierendelen **2** *(tirailler)* (innerlijk) verscheuren

écartement *nm* spreiding *nf*
écarter *vt* **1** *(séparer)* (uit)spreiden **2** *(éloigner)* verwijderen **3** *(dévier)* doen afwijken, *(fig.)* afbrengen (van); **ce chemin nous écartera trop** door deze weg te nemen maken we een te grote omweg; **s'écarter** *vpr* **1** *(s'éloigner les un(e)s des autres)* uiteengaan, opengaan **2** *(+ de) (s'éloigner de)* afwijken (van); **s'~ de la route** van de weg afraken; **s'~ de son sujet** van zijn onderwerp afdwalen **3** *(+ de) (s'égarer de)* zich verwijderen (van)
ecchymose *nf* bloeduitstorting *nf*
ecclésiastique *adj* kerkelijk, geestelijk; **l'ecclésiastique** de geestelijke
écervelé, -ée *adj* onbezonnen; **l'écervelé** de leeghoofd
échafaud *nm* **1** *(construction)* schavot *het* **2** *(décapitation)* onthoofding *nf;* **il risque l'~** hij riskeert zijn kop
échafaudage *nm* **1** *(construction)* (bouw)steiger *nm* **2** *(assemblage)* opbouw *nm*
échafauder *vt* opzetten; **~ des plans** plannen smeden
échalote *nf* sjalot *de*
échancrer *vt* uitsnijden
échancrure *nf* uitsnijding *nf*
échange *nm* **1** *(troc)* ruil *nm;* **en ~** in plaats daarvan; **en ~ de qqch** in ruil voor iets; **faire un ~** ruilen; **faire l'~ de qqch** iets ruilen **2** *(écon.)* handelstransactie *nf;* **~s commerciaux** handelsverkeer **3** *(communication réciproque)* uitwisseling *nf;* **~ de lettres** briefwisseling
échanger *vt* ruilen, (uit)wisselen; **~ des cadeaux** elkaar cadeaus geven; **~ qqch contre, pour qqch d'autre** iets tegen iets anders ruilen; **~ un salut** elkaar groeten
échangeur *nm* **1** *(autoroute)* (verkeers)knooppunt *het,* verkeerswisselaar *nm (n.B.)* **2** *(phys.)* warmtewisselaar *nm*
échantillon *nm* **1** *(spécimen)* monster *het,* staal *het (de tissus, de papier)* **2** *(exemple)* staaltje *het* **3** *(en statistiques)* steekproef *de*
échantillonnage *nm* monstercollectie *nf*
échappatoire *nf* uitvlucht *de*
échappée *nf* **1** *(cyclisme)* ontsnappingspoging *nf* **2** *(vue)* doorkijk *nm;* **~ sur la mer** uitzicht op zee
échappement *nm* uitlaat *nm;* **(pot d')~** knalpot, uitlaat
[1]**échapper** *vi* **1** *(quitter qqn; éviter qqn)* ontsnappen (aan) **2** *(être émis involontairement)* ontvallen; **laisser ~** *(cri, soupir)* slaken **3** *(ne pas être remarqué)* ontgaan; **cela m'a échappé** dat is me ontgaan **4** *(être oublié)* ontschoten zijn **5** *(se soustraire à)* zich onttrekken (aan); **~ à la règle** een uitzondering vormen; **il n'y a pas moyen d'y ~** we kunnen er niet onderuit **6** *(tomber de)* vallen (uit); **~ des mains** uit de handen vallen ♦ **laisser (s')~** naar buiten laten komen
[2]**échapper** *vt* ♦ **l'~ belle** er heelhuids van afkomen; **s'échapper** *vpr* **1** *(+ de) (s'enfuir)* ontvluchten **2** *(sortir)* ontsnappen **3** *(s'éclipser)* stilletjes weggaan
écharde *nf* splinter *nm*
écharpe *nf* **1** *(du maire)* sjerp *nm* **2** *(bandage)* draagdoek *nm* **3** *(cache-col)* das *de*
échasse *nf* stelt *de*
échauder *vt* **1** *(ébouillanter)* met heet water overgieten **2** *(brûler)* verbranden **3** *(désenchanter)* ↑ ontnuchteren
échauffement *nm* **1** *(réchauffement)* verwarming *nf* **2** *(sports)* warming-up *nm* **3** *(effervescence)* opwinding *nf* **4** *(moteur)* (het) warmlopen
échauffer *vt* **1** *(chauffer)* opwarmen **2** *(moteur)* warm doen lopen; **s'échauffer** *vpr* **1** *(sports)* zijn spieren loswerken **2** *(s'exalter)* zich opwinden, verhit raken
échauffourée *nf* schermutseling *nf*
échéance *nf* **1** *(expiration; terme)* vervaldatum *nm;* **venir à ~** vervallen, aflopen **2** *(dette)* vervallen bedrag *het* **3** *(délai)* termijn *nm* ♦ **à brève ~, à courte ~** op korte termijn, binnenkort; **à longue ~** op lange termijn
échec *nm* **1** *(plur.) (jeu)* schaakspel *het;* **jouer aux ~s** schaken **2** *(situation du roi, de la reine)* schaak *het;* **être en ~** schaak staan; **faire ~** schaak zetten; **~ et mat** schaakmat; **~ (au roi) !** schaak! **3** *(position difficile)* moeilijke positie *nf;* **tenir qqn en ~** iemand dwarsbomen **4** *(revers)* mislukking *nf;* **l'~ à un examen** het zakken voor een examen
échelle *nf* **1** *(dispositif à marches)* ladder *de;* **faire la courte ~ à qqn** iemand een opzetje geven; *(fig.)* iemand voorthelpen; *(fig.)* **sur une grande ~** op grote schaal **2** *(série)* reeks *de;* **~ des salaires** loonschaal; **~ sociale** maatschappelijke ladder **3** *(moyen de mesure)* schaal *de;* **le problème se pose à l'~ nationale** het is een nationaal probleem
échelon *nm* **1** *(d'une échelle)* sport *de* **2** *(rang)* trap *nm* **3** *(niveau)* niveau *het*
échelonner *vt* spreiden; **paiements échelonnés** termijnbetalingen
échevelé, -ée *adj* met verwarde haren
échevin *nm (Belg.f.)* schepen *nm (Belg.n.)*
échine *nf* **1** *(colonne)* ruggengraat *de; (fig.)* **courber l'~** het hoofd buigen **2** *(cuis.)* stuk *het* varkensrug
s'échiner *vpr* zich afmatten
échiquier *nm* schaakbord *het (aussi au fig.)*
écho *nm* **1** *(réflexion; reflet)* echo *nm;* **se faire l'~ d'un bruit** een gerucht verspreiden; **rester sans ~** geen weerklank vinden **2** *(nouvelle)* nieuws *het (uniquement sing.);* **avoir eu quelques ~s de qqch** ergens iets over opgevangen hebben
échographie *nf* echografie *nf*
échoir *vi* **1** *(+ à) (revenir à)* ten deel vallen (aan) **2** *(arriver à échéance)* vervallen
[1]**échouer** *vi* **1** *(rater)* niet slagen (in) *(per-*

sonnes), mislukken *(choses);* ~ à un examen zakken voor een examen **2** *(bateau)* stranden **3** *(atterrir qqp)* belanden

[2]**s'échouer** *vpr (bateau)* aan de grond lopen, stranden

éclabousser *vt* **1** *(asperger)* bespatten **2** *(compromettre)* in opspraak brengen

éclaboussure *nf* **1** *(tache)* spat *de* **2** *(fig.)* smet *de*

éclair *nm* **1** *(météo.)* bliksem *nm;* visite ~ bliksembezoek **2** *(bref moment)* flits *nm* *(aussi phot.);* ~ de génie geniale inval **3** *(pâtisserie)* eclair *nm*

éclairage *nm* **1** *(lumière)* verlichting *nf* **2** *(en peinture)* lichtval *nm*

éclaircie *nf* opklaring *nf*

éclaircir *vt* **1** *(rendre plus lumineux)* helderder maken *(aussi au fig.)* **2** *(débrouiller)* ophelderen; ~ un malentendu een misverstand uit de weg ruimen **3** *(cuis.)* uitdunnen; **s'éclaircir** *vpr* **1** *(devenir plus lumineux)* helder worden, *(météo.)* opklaren **2** *(devenir moins obscur)* opgehelderd worden

éclaircissement *nm* opheldering *nf;* demander des ~s (om) opheldering vragen

éclairé, -ée *adj* verlicht *(aussi au fig.)*

[1]**éclairer** *vi* licht geven

[2]**éclairer** *vt* **1** *(illuminer)* verlichten; la joie éclaira son regard de vreugde straalde van zijn, haar gezicht af **2** *(expliquer)* ophelderen **3** *(informer)* inlichten; **s'éclairer** *vpr* **1** *(recevoir de la lumière)* verlicht worden, aangaan *(s'allumer)* **2** *(s'expliquer)* duidelijk worden **3** *(s'illuminer)* zich bijlichten

éclaireur, -euse *n* **1** *(scout)* padvind(st)er *nm (nf)* **2** *(m.) (soldat)* verkenner *nm (aussi au fig.);* partir en ~ op verkenning uitgaan

éclat *nm* **1** *(luminosité; faste)* pracht *de* **2** *(fragment)* scherf *de;* voler en ~s in stukken vliegen **3** *(bruit)* lawaai *het;* rire aux ~s schaterlachen; grand ~ de rire luid geschater; sans ~ zonder veel ophef; ~s de voix opgewonden stemmen **4** *(scandale)* opzien *het;* faire un ~ herrie schoppen

éclatant, -ante *adj* **1** *(bruyant)* luidruchtig **2** *(éblouissant)* schitterend; ~ de santé blakend van gezondheid; vert ~ felgroen **3** *(remarquable)* opvallend; vérité ~e onbetwiste waarheid

éclatement *nm* **1** *(explosion)* (het) klappen **2** *(scission)* (het) uit elkaar vallen

[1]**éclater** *vi* **1** *(exploser)* barsten, *(pneu)* klappen; *(fig.)* ça va ~ de bom barst **2** *(commencer)* losbarsten; sa colère éclata hij, zij ontstak in woede **3** *(se diviser)* uiteenvallen **4** *(vérité)* aan het licht komen ♦ ~ de rire in lachen uitbarsten

[2]**éclater** *vt (une plante)* stekken; **s'éclater** *vpr* ♦ s'~ uit zijn dak gaan

éclectique *adj* eclectisch

éclipse *nf (astron.)* verduistering *nf*

éclipser *vt* **1** *(obscurcir)* verduisteren **2** *(surpasser)* overschaduwen; **s'éclipser** *vpr* ertussenuit knijpen

éclopé, -ée *adj* kreupel

éclore *vi* **1** *(œuf)* uitkomen; fleur fraîche éclose pas ontloken bloem **2** *(fleur)* ontluiken *(aussi au fig.)*

éclosion *nf* ontluiking *nf*

écluse *nf* sluis *de*

écobilan *nm* milieubalans *de,* ecobalans *de*

écocitoyen, -ne *adj* milieubewust, milieuverantwoord; l'~(ne) de milieubewuste burger

écoemballage *nm* milieuvriendelijke verpakking *nf*

écœurant, -ante *adj* **1** *(nauséabond)* walgelijk **2** *(révoltant)* weerzinwekkend **3** *(décourageant)* ontmoedigend

écœurement *nm* **1** *(répugnance)* walging *nf* **2** *(découragement)* ontmoediging *nf*

écœurer *vt* **1** *(physiquement)* misselijk maken **2** *(indigner)* doen walgen **3** *(décourager)* ontmoedigen

écolage *nm (f.B.)* **1** *(formation)* opleiding *nf* **2** *(sur un véhicule)* lesvoertuig *het*

école *nf* **1** *(établissement)* school *de;* être à bonne ~ in goede handen zijn; faire l'~ buissonnière spijbelen; grande ~ ± eliteschool voor topfunctionarissen; ~ libre katholieke school; ~ maternelle kleuterschool; *(Belg.f.)* ~ moyenne middenschool; *(Belg.f.)* ~ normale normaalschool *(Belg.n.);* ~ normale primaire pedagogische academie; ~ primaire lagere school; ~ secondaire middelbare school **2** *(mouvement)* school *de;* faire ~ school maken

écolier, -ière *n* scholier(e) *nm (nf),* leerling(e) *nm (nf)*

écologie *nf* **1** *(science)* milieukunde *nf* **2** *(écologisme)* milieubescherming *nf*

écologique *adj* ecologisch

écologiste *n* **1** *(scientifique)* milieudeskundige *nm* **2** *(militant(e))* milieubescherm(st)er *nm (nf)*

e-commerce *nm* e-business *de*

éconduire *vt* **1** *(refuser)* afwijzen **2** *(refuser de recevoir)* afschepen

[1]**économe** *nm* (huis)beheerder *nm*

[2]**économe** *adj* zuinig; être ~ de qqch zuinig met iets zijn

économie *nf* **1** *(vie économique; science)* economie *nf;* une ~ de marché een markteconomie **2** *(parcimonie)* zuinigheid *nf* **3** *(gain)* besparing *nf;* une mesure d'~ een bezuinigingsmaatregel; une ~ de temps een tijdbesparing **4** *(plur.) (pécule)* spaargeld *het;* faire des ~s sparen

économique *adj* **1** *(avantageux)* zuinig **2** *(relatif à l'économie)* economisch

[1]**économiser** *vi* **1** *(ménager)* bezuinigen **2** *(épargner)* sparen

[2]**économiser** *vt* (be)sparen

économiste *n* econoom, econome *nm, nf*

écoparticipation *nf* verwijderingsbijdrage *nm*
[1]**écoper** *vi (payer)* ervoor opdraaien
[2]**écoper** *vt* **1** *(recevoir)* oplopen **2** *(un bateau)* uithozen
écorce *nf* **1** *(arbre)* schors *de;* ~ **terrestre** aardkorst **2** *(fruit)* schil *de*
écorcher *vt* **1** *(érafler)* schrammen **2** *(faire mal aux oreilles)* pijn doen aan; ~ **les oreilles à qqn** iemand de oren van het hoofd schreeuwen **3** *(prononcer mal)* radbraken
écorchure *nf* schram *de*
écossais, -aise *adj* **1** *(de l'Ecosse)* Schots; **l'écossais** het Schots; **l'Écossais(e)** de Schot(se) **2** *(tissu)* geruit
Écosse *nf* Schotland *n (sans art.)*
écosser *vt* doppen
écosystème *nm* ecosysteem *het*
écoulement *nm* **1** *(d'un liquide)* (het) wegstromen; ~ **de la circulation** doorstroming van het verkeer **2** *(du temps)* (het) verstrijken **3** *(de marchandises)* afzet *nm*
écouler *vt* **1** *(des marchandises)* van de hand doen, slijten; **le stock est écoulé** we zijn door de voorraad heen **2** *(de faux billets)* in omloop brengen; **s'écouler** *vpr* **1** *(se déverser)* wegstromen **2** *(passer)* verstrijken **3** *(se disperser)* wegtrekken **4** *(se vendre)* van de hand gaan
écourter *vt* korter maken
écoute *nf* (het) beluisteren; **rester à l'~** blijven luisteren; **mettre qqn sur ~** iemands telefoon afluisteren
écouter *vt* **1** *(ouïr)* luisteren naar; **écoute(z) !** luister eens!; *(téléphone)* **allô, j'écoute** hallo **2** *(tenir compte de)* luisteren naar, *(un conseil)* opvolgen; **savoir se faire ~** *(se faire comprendre)* gehoor vinden; *(avoir de l'autorité)* gezag hebben; **s'écouter** *vpr (suivre son inspiration)* zijn (eigen) zin doen ♦ **s'~ parler** zichzelf graag horen praten
écouteur *nm* **1** *(plur.) (casque)* koptelefoon *nm* **2** *(téléphone)* hoorn *nm*
écrabouiller *vt* platwalsen
écran *nm* **1** *(surface de projection)* scherm *het;* **le petit ~** de buis **2** *(cinéma)* film(kunst) *nm (nf);* **le grand ~** het witte doek; **porter un roman à l'~** een roman verfilmen **3** *(rideau)* scherm *het;* **~ anti-bruit** geluidsscherm; **faire ~ à qqch** iets afschermen
écrasant, -ante *adj* **1** *(accablant)* verpletterend zwaar **2** *(anéantissant)* verpletterend
écraser *vt* **1** *(broyer; écrabouiller)* verpletteren; ~ **une cigarette** een sigaret uitdrukken **2** *(renverser qqn)* overrijden; **se faire ~** overreden worden **3** *(anéantir)* onder de voet lopen **4** *(dominer)* overheersen ♦ **écrase !** hou op!; **s'écraser** *vpr (tomber)* neerstorten ♦ **s'~ contre un mur** tegen een muur rijden
écrémer *vt (aussi au fig.)* afromen; **lait écrémé** magere melk
écrevisse *nf* (rivier)kreeft *de*
s'écrier *vpr* uitroepen
écrin *nm* juwelenkistje *het*
écrire *vt* **1** schrijven; ~ **à la machine** typen, tikken; ~ **au crayon** met potlood schrijven **2** *(noter)* opschrijven; **s'écrire** *vpr* **1** *(être écrit)* geschreven worden **2** *(correspondre)* elkaar schrijven
[1]**écrit** *nm* **1** *(ce qui est écrit)* geschrift *het;* **par ~** schriftelijk **2** *(examen)* schriftelijk (examen) *het*
[2]**écrit, -ite** *adj* **1** *(tracé par l'écriture)* geschreven, schrijf-; **être ~ (dans un livre)** (in een boek) staan **2** *(prévu)* voorbeschikt; **c'était ~** het moest (zo) gebeuren; **il était ~ que** het was voorbeschikt dat **3** *(examen)* schriftelijk
écriteau *nm* bord(je) *het*
écriture *nf* **1** *(système de caractères)* schrift *het;* ~ **script** blokletters **2** *(action d'écrire)* (het) schrijven **3** *(façon d'écrire)* (hand)schrift *het* **4** *(style)* ↓ stijl *nm* **5** *(plur.) (comptabilité)* (koopmans)boeken *plur;* **tenir les ~s** de boekhouding doen
Écriture *nf* Schrift *de;* **l'Écriture sainte** de Heilige Schrift
écrivain *nm* schrijver, schrijfster *nm, nf,* auteur *nm*
écrou *nm* moer *de*
écrouer *vt* in de gevangenis zetten
s'écrouler *vpr* **1** *(s'ébouler)* instorten *(aussi au fig.),* inzakken **2** *(s'anéantir)* instorten; **le coureur s'écroula à la ligne d'arrivée** de renner zakte op de finish in elkaar; **ses espoirs se sont écroulés** al zijn, haar hoop werd de bodem ingeslagen; **les prix s'écroulent** de prijzen kelderen ♦ **s'~ dans un fauteuil** in een fauteuil neerploffen; **être écroulé (de rire)** zich krom lachen
écru, -ue *adj* ruw, ongebleekt
écueil *nm* klip *de (aussi au fig.)*
écuelle *nf* nap *nm*
éculé, -ée *adj* **1** *(chaussure)* afgetrapt, stukgelopen **2** *(sans originalité)* afgezaagd
écume *nf* schuim *het*
[1]**écumer** *vi* **1** *(se couvrir d'écume)* schuimen **2** *(baver)* schuimbekken; ~ **de rage** schuimbekken van woede
[2]**écumer** *vt* **1** *(débarrasser de l'écume)* afschuimen **2** *(parcourir en pillant)* afstropen
écumoire *nf* schuimspaan *de*
écureuil *nm* eekhoorn *nm*
écurie *nf* stal *nm*
écusson *nm* **1** *(blason)* (wapen)schild *het* **2** *(distinction)* embleem *het*
eczéma *nm* eczeem *het*
edelweiss *nm* edelweiss *het*
édenté, -ée *adj* tandeloos
édicter *vt* uitvaardigen
édifiant, -ante *adj (aussi iron.)* stichtelijk; **peu ~** onverkwikkelijk

édifice *nm* 1 *(bâtiment)* gebouw *het* 2 *(ensemble organisé)* bouwwerk *het*

édifier *vt* 1 *(construire)* bouwen 2 *(fig.) (constituer)* opbouwen

édit *nm* edict *het*

éditer *vt* 1 *(publier)* uitgeven, publiceren 2 *(inform.)* editen

éditeur, -trice *n* uitgever, uitgeefster *nm, nf*

édition *nf* 1 *(tirage)* uitgave *de*, druk *nm;* ~ revue et corrigée herziene uitgave 2 *(activité de publier)* uitgeverij *nf;* maison d'~ uitgeverij 3 *(inform.)* opmaak *nm*

éditorial *nm* hoofdartikel *het*

édredon *nm* dekbed *het*

éducateur, -trice *n* opvoed(st)er *nm (nf)*, *(travailleur social)* mentor, mentrix *nm, nf*

éducatif, -ive *adj* vormend

éducation *nf* 1 *(pédagogie)* opvoeding *nf;* ~ physique gymnastiek; ~ sexuelle (seksuele) voorlichting 2 *(formation)* opleiding *nf;* ~ civique maatschappijleer 3 *(savoir-vivre)* wellevendheid *nf* ♦ (Ministère de) l'~ nationale (Ministerie van) Onderwijs, Nationale Opvoeding *(Belg.n.)*

édulcorant *nm* zoetstof *de*

édulcorer *vt* 1 *(atténuer)* afzwakken 2 *(sucrer)* zoet maken

éduquer *vt* opvoeden

effacé, -ée *adj* 1 *(couleur)* vervaagd 2 *(tenu en retrait)* ingetrokken; menton ~ wijkende kin 3 *(discret)* onopvallend

effacer *vt* 1 *(gommer)* uitwissen, *(tableau)* uitvegen 2 *(inform.)* wissen 3 *(faire oublier)* doen vergeten; ~ de sa mémoire uit zijn geheugen wissen; **s'effacer** *vpr* 1 *(être gommé)* vervagen 2 *(se faire discret)* zich wegcijferen; s'~ devant qqn iemand als zijn meerdere erkennen

effarant, -ante *adj* ontstellend

effaré, -ée *adj* ontsteld, verwilderd *(regard)*

effarer *vt* ontstellen

effaroucher *vt* afschrikken; **s'effaroucher (de)** *vpr* afgeschrikt worden (door)

[1]**effectif** *nm* 1 *(nombre de personnes)* sterkte *nf;* l'~ d'un parti het aantal leden van een partij 2 *(plur.) (troupes)* aantal *het* manschappen 3 *(plur.) (collaborateurs)* personeel *het;* réduire les ~s inkrimpen

[2]**effectif, -ive** *adj* 1 *(réel)* (daad)werkelijk 2 *(en effet)* inderdaad

effectuer *vt* uitvoeren; **s'effectuer** *vpr* uitgevoerd worden

efféminé, -ée *adj* verwijfd

effervescence *nf* 1 *(bouillonnement)* (het) opbruisen 2 *(agitation)* opwinding *nf*

effervescent, -ente *adj* 1 *(bouillonnant)* bruisend; comprimé ~ bruistablet 2 *(agité)* woelig

effet *nm* 1 *(conséquence)* uitwerking *nf;* à cet ~ met het oog hierop; avoir de l'~ resultaat hebben; avoir qqch pour ~ iets als gevolg hebben; faire (de l')~ uitwerking hebben; faire mauvais ~ een slechte indruk maken; faire l'~ d'une bombe inslaan als een bom; l'~ du hasard een toevalstreffer; ~ secondaire bijwerking; ~ de serre broeikaseffect; sous l'~ de qqch door de inwerking van iets 2 *(sports)* effect *het* 3 *(titre)* wissel *nm* 4 *(impact)* kracht *de* 5 *(réalisation)* werking *nf;* avoir ~ gelden; à ~ rétroactif met terugwerkende kracht 6 *(plur.) (vêtements)* spullen *plur;* ~s personnels persoonlijke bezittingen ♦ en ~ immers *(lien logique);* inderdaad *(adverbe de confirmation); (cin.)* ~s spéciaux trucages

efficace *adj* 1 *(choses)* doeltreffend 2 *(personnes)* efficiënt

efficacité *nf* 1 *(choses)* doeltreffendheid *nf* 2 *(personnes)* efficiëntie *nf*

effigie *nf* afbeelding *nf*

effilé, -ée *adj* spits, dun (uitlopend)

effilocher *vt* (uit)rafelen; **s'effilocher** *vpr* rafelig worden

efflanqué, -ée *adj* uitgemergeld

effleurer *vt* 1 *(frôler)* licht aanraken 2 *(évoquer)* aanroeren; cette pensée ne m'avait jamais effleuré die gedachte was nooit bij me opgekomen

effondrement *nm* 1 *(écroulement)* instorting *nf* 2 *(fin.)* val *nm* 3 *(abattement)* inzinking *nf*

s'effondrer *vpr* 1 *(s'écrouler)* instorten, ineenzakken 2 *(tomber comme une masse)* neerploffen 3 *(craquer)* (het) plotseling opgeven

s'efforcer (de) *vpr* zijn best doen (om)

effort *nm* inspanning *nf*, moeite *nf;* faire un ~, des ~s z'n best doen, zich inspannen; faire un ~ de mémoire zich proberen te herinneren; encore un petit ~ ! nog even doorzetten!; sans ~ moeiteloos

effraction *nf* braak *de;* pénétrer qqp par ~ ergens inbreken

effrayant, -ante *adj* 1 *(atroce)* schrikwekkend 2 *(extrême)* ontzettend

effrayer *vt* 1 *(épouvanter)* schrik aanjagen, bang maken 2 *(faire reculer)* afschrikken; **s'effrayer (de)** *vpr* schrikken (van)

effréné, -ée *adj* ongebreideld, *(course aussi)* dol

effriter *vt* afbrokkelen; **s'effriter** *vpr* verweren, afbrokkelen *(aussi au fig.)*

effroi *nm* afgrijzen *het*

effronté, -ée *adj* onbeschaamd, brutaal

effronterie *nf* onbeschaamdheid *nf*, brutaliteit *nf*

effroyable *adj* 1 *(atroce)* afgrijselijk 2 *(extrême)* ontzettend

effusion *nf* ontboezeming *nf;* avec ~ gevoelvol ♦ ~ de sang bloedvergieten

[1]**égal, -ale** *n* gelijke *nm;* à l'~ de evenzeer als; d'~ à ~ op voet van gelijkheid; sans ~ zonder weerga

[2]**égal, -ale** *adj* 1 *(identique à)* gelijk (aan);

rester ~ à soi-même zichzelf blijven 2 *(constant)* gelijkmatig 3 *(indifférent)* gelijk, onverschillig; cela m'est ~ dat maakt mij niets uit

également *adv* 1 *(pareillement)* gelijkelijk 2 *(aussi)* ook, eveneens

égaler *vt* 1 *(être égal en valeur)* evenaren 2 *(math.)* gelijk zijn aan, zijn; 2 et 3 égalent 5 2 en 3 is 5

égalisation *nf (sports)* gelijk spel *het*

[1]**égaliser** *vi (sports)* gelijk spel maken

[2]**égaliser** *vt* 1 *(aplanir; rendre égal)* gelijkmaken 2 *(fin.)* nivelleren

égalité *nf* 1 *(absence de différences)* gelijkheid *nf; (sports)* être à ~ (de points) gelijk staan 2 *(constance)* gelijkmatigheid *nf*

égard *nm* 1 *(considération)* consideratie *nf;* à cet ~ in dit opzicht; à l'~ de ten opzichte van, jegens; à tous (les) ~s in alle opzichten 2 *(respect)* respect *het;* par ~ pour uit respect voor 3 *(plur.) (marques d'estime)* blijken *plur* van respect

égaré, -ée *adj* 1 *(perdu)* verdwaald 2 *(hébété)* wezenloos; d'un air ~ verdwaasd

égarement *nm* zinsverbijstering *nf*

égarer *vt* 1 *(personne)* doen (ver)dwalen, de verkeerde weg wijzen 2 *(objet)* wegmaken, zoekmaken; **s'égarer** *vpr* 1 *(perdre son chemin)* verdwalen 2 *(discussion)* afdwalen

égayer *vt* opvrolijken; **s'égayer** *vpr* vrolijk worden

églantier *nm* egelantier *nm*

églantine *nf* egelantierbloem *de*

église *nf* kerk *de*

égocentrique *adj* egocentrisch

égoïsme *nm* egoïsme *het*

égoïste *adj* egoïstisch; l'égoïste de egoïst

égorger *vt* kelen

s'égosiller *vpr* zich hees schreeuwen

égout *nm* riool *het/de*

égoutter *vt* laten uitlekken; **s'égoutter** *vpr* (uit)druipen

égouttoir *nm* afdruiprek *het*

égratigner *vt* 1 *(érafler)* schrammen 2 *(entamer superficiellement)* licht beschadigen; **s'égratigner** *vpr (s'érafler)* zich schrammen; s'~ la jambe z'n been openhalen

égratignure *nf* schram *de*

Égypte *nf* Egypte *n (sans art.)*

égyptien, -ienne *adj* Egyptisch; l'Égyptien(ne) de Egyptenaar, Egyptische

eh! *interj* hé! ♦ ~ bien nou

éhonté, -ée *adj* schaamteloos

éjaculer *vt* lozen, *(sans objet direct)* zaad lozen

éjectable *adj* ♦ siège ~ schietstoel

éjecter *vt* 1 *(rejeter)* uitwerpen 2 *(expulser)* eruit smijten

élaboration *nf* uitwerking *nf*

élaborer *vt* 1 *(construire)* uitwerken 2 *(produire)* aanmaken

élaguer *vt* snoeien

élan *nm* 1 *(préparation d'un saut)* aanloop *nm;* prendre son ~ een aanloop nemen 2 *(mouvement)* vaart *de* 3 *(impulsion)* opwelling *nf* 4 *(animal)* eland *nm*

élancé, -ée *adj* slank

élancement *nm* steek *nm,* scheut *nm*

[1]**élancer** *vi (faire mal)* steken

[2]**s'élancer** *vpr* 1 *(se lancer en avant)* vooruitsnellen; s'~ sur qqn zich op iemand werpen 2 *(se précipiter)* komen aansnellen; s'~ au secours de qqn iemand te hulp snellen 3 *(se dresser)* zich verheffen

élargir *vt* 1 *(rendre plus ample)* verruimen 2 *(rendre plus large)* wijder maken 3 *(faire paraître plus large)* breder maken; **s'élargir** *vpr* 1 *(devenir plus ample)* wijder worden 2 *(devenir plus large)* breder worden

élasticité *nf* 1 *(extensibilité)* elasticiteit *nf* 2 *(souplesse)* soepelheid *nf* 3 *(fig.)* rekbaarheid *nf*

élastique *adj* 1 *(flexible)* elastisch; l'élastique het elastiek(je) *(ruban)* 2 *(en caoutchouc, etc.)* elastieken 3 *(souple)* soepel 4 *(fig.)* rekbaar

électeur, -trice *n* kiezer *nm*

élection *nf* verkiezing *nf;* ~ partielle tussentijdse verkiezing

électoral, -ale *adj* kies-, verkiezings-, kiezers-

électorat *nm* kiezers *plur*

électricien, -ienne *n* elektricien *nm*

électricité *nf* elektriciteit *nf*

électrique *adj* elektrisch

électroaimant *nm* elektromagneet *nm*

électrocardiogramme *nm* elektrocardiogram *het*

électrochoc *nm* elektroshock *nm*

électrocuter *vt* elektrocuteren

électrocution *nf* elektrocutie *nf*

électroménager *adj* elektrisch; l'électroménager elektrische huishoudapparatuur

électron *nm* elektron *het*

électronicien, -ienne *n* elektronicus *nm*

électronique *adj* elektronisch; l'électronique de elektronica

électrophone *nm* platenspeler *nm*

élégance *nf* 1 *(beauté)* sierlijkheid *nf* 2 *(style; vêtement)* elegantie *nf* 3 *(délicatesse)* tact *nm*

élégant, -ante *adj* 1 *(beau)* sierlijk 2 *(style)* elegant, zwierig 3 *(vêtement, etc.)* elegant, smaakvol 4 *(délicat)* tactvol

élément *nm* 1 element *het;* être dans son ~ in zijn element zijn 2 *(plur.) (rudiments)* grondbegrippen *plur*

élémentaire *adj* elementair; enseignement ~ basisonderwijs; c'est ~ het is doodsimpel; notions ~s grondbegrippen; la plus ~ politesse de eenvoudigste regels van beleefdheid

éléphant *nm* olifant *nm*

élevage *nm* 1 *(du bétail)* veeteelt *de* 2 *(d'animaux domestiques)* teelt *de*

élévateur, -trice *adj* hef-; l'(appareil) ~ het heftoestel

élévation *nf* 1 *(montée)* stijging *nf* 2 *(accession)* verheffing *nf* 3 *(noblesse)* verhevenheid *nf (aussi géo.)* 4 *(érection)* (het) oprichten

élevé, -ée *adj* 1 *(haut)* hoog; pouls ~ te snelle pols 2 *(noble)* verheven ♦ bien ~ welopgevoed; mal ~ ongemanierd

élève *n* leerling(e) *nm (nf)*

élever *vt* 1 *(soulever)* opheffen 2 *(construire)* oprichten 3 *(augmenter)* verhogen 4 *(formuler)* opperen 5 *(éduquer)* grootbrengen, opvoeden 6 *(faire l'élevage de)* houden, *(pour la reproduction)* fokken ♦ ~ la voix zijn stem verheffen; **s'élever** *vpr* 1 *(se dresser)* zich verheffen 2 *(augmenter)* stijgen, toenemen 3 *(surgir)* (op)rijzen ♦ s'~ à bedragen; s'~ au rang des grandes puissances tot een grote mogendheid worden; s'~ contre qqn, qqch zich tegen iemand, iets verzetten

éleveur, -euse *n* 1 *(de bétail)* veehoud(st)er *nm (nf)* 2 *(d'animaux domestiques)* fokker, fokster *nm, nf*

éligible *adj* verkiesbaar

élimé, -ée *adj* versleten

élimination *nf* 1 *(excrétion; fait d'écarter)* verwijdering *nf* 2 *(sports)* uitschakeling *nf* 3 *(suppression)* opruiming *nf* ♦ procéder par ~ onwaarschijnlijke mogelijkheden elimineren

éliminatoire *adj* selecterend; *(sports)* l'éliminatoire de voorronde; *(sports)* les ~s de schiftingen *(n.B.)*

éliminer *vt* 1 *(évincer)* uitschakelen 2 *(math.)* elimineren 3 *(biol.)* uitscheiden

élire *vt* (ver)kiezen (tot); ~ qqn président iemand tot voorzitter kiezen

élite *nf* elite *de;* troupes d'~ keurtroepen

élitiste *adj* elitair

elle *pron pers* 1 *(sujet)* zij *(emphatique),* ze 2 *(bénéficiaire : personnes, grands animaux, certaines abstractions)* haar; ses livres à ~ háár boeken; ces livres sont à ~ deze boeken zijn van haar 3 *(objet)* haar

elles *pron pers* 1 *(sujet)* zij *(emphatique),* ze 2 *(bénéficiaire)* hun 3 *(objet)* hen

ellipse *nf* ellips *de*

élocution *nf* 1 *(manière de s'exprimer)* uitspraak *de (prononciation),* spreekwijze *de (diction)* 2 *(f.B.; enseign.)* spreekbeurt *de*

éloge *nm* lof *nm;* faire l'~ de qqn iemand prijzen

élogieux, -euse *adj* lovend, vleiend

éloigné, -ée *adj* 1 *(distant)* (ver) verwijderd (van) 2 *(isolé)* verafgelegen 3 *(dans le temps)* vervlogen 4 *(parent)* ver

éloignement *nm* 1 *(action d'éloigner)* verwijdering *nf* 2 *(absence)* afwezigheid *nf* 3 *(distance)* afstand *nm*

éloigner *vt* 1 *(écarter)* verwijderen; ~ toute crainte alle vrees wegnemen; éloignez les enfants du feu ! haal de kinderen bij het vuur weg! 2 *(danger)* afwenden; **s'éloigner** *vpr (s'en aller)* zich verwijderen; elle s'éloigne de lui zij maakt zich van hem los; nous nous éloignons du sujet we dwalen van het onderwerp af; la tempête s'éloigne de storm neemt af

éloquence *nf* 1 *(rhétorique)* welsprekendheid *nf* 2 *(caractère probant)* overtuigingskracht *de;* plein d'~ veelzeggend

éloquent, -ente *adj* 1 *(qui sait parler)* welsprekend 2 *(parlant)* veelzeggend

élu, -ue *adj* 1 *(désigné)* verkozen; l'élu(e) het parlementslid 2 *(choisi par le cœur)* uitverkoren *(aussi relig.)*

élucider *vt* toelichten

éluder *vt* ontwijken

émacié, -ée *adj* uitgemergeld

e-mail *nm* e-mail *de;* adresse ~ e-mailadres

émail *nm* 1 email *het* 2 *(dents)* glazuur *het*

émaillé *adj* 1 *(fonte)* geëmailleerd 2 *(faïence)* geglazuurd

émanation *nf* 1 *(exhalaison)* uitwaseming *nf* 2 *(odeur)* geur *nm* 3 *(gaz radioactif)* emanatie *nf*

émancipation *nf* emancipatie *nf*

émanciper *vt* emanciperen, vrijmaken *(d'un pouvoir oppressant);* **s'émanciper** *vpr* geëmancipeerd worden

émaner (de) *vi* 1 *(provenir de)* voortvloeien (uit) 2 *(fig.) (rayonner)* uitstralen (van)

emballage *nm* 1 *(paquet)* verpakking *nf;* ~ consigné retouremballage; *(sur une étiquette)* statiegeld; papier d'~ pakpapier; ~ sous vide vacuümverpakking 2 *(action)* (het) inpakken

emballer *vt* 1 *(conditionner)* verpakken, inpakken 2 *(enthousiasmer)* warm maken; le concert nous a emballés we waren helemaal weg van het concert; **s'emballer** *vpr* 1 *(cheval)* op hol slaan 2 *(moteur)* te veel toeren maken 3 *(s'enthousiasmer)* warm lopen; ne t'emballe pas verheug je niet te vroeg

embarcadère *nm* aanlegsteiger *nm*

embarcation *nf* sloep *de*

embardée *nf* 1 *(voiture)* slinger *nm;* faire une ~ een zwieper maken 2 *(bateau)* gier(slag) *nm*

embargo *nm* embargo *het;* mettre l'~ sur qqch een embargo leggen op iets

embarquement *nm* 1 *(mar.) (passagers)* inscheping *nf* 2 *(autre moyen de transport)* (het) instappen 3 *(mar.) (marchandises)* inlading *nf*

[1]**embarquer** *vi* aan boord gaan; il a embarqué pour le Maroc hij is naar Marokko scheep gegaan

[2]**embarquer** *vt* 1 *(monter, mettre à bord)* aan boord nemen, inladen 2 (+ *dans*) *(entraîner dans)* betrekken (in) 3 *(arrêter)* oppakken; **s'embarquer (dans)** *vpr* 1 *(monter à bord)* aan boord gaan (van) 2 *(s'engager)* verwikkeld raken (in)

embarras *nm* 1 *(gêne)* verlegenheid *nf,* verwarring *nf;* n'avoir que l'~ du choix keus te over hebben 2 *(difficulté)* moeilijkheid *nf;* créer des ~ à qqn iemand moeilijkheden bezorgen; se tirer d'~ zich uit een moeilijke situatie redden

embarrassant, -ante *adj* 1 *(pénible)* lastig 2 *(encombrant)* hinderlijk

embarrassé, -ée *adj* 1 *(timide)* verlegen 2 *(confus)* verward

embarrasser *vt* 1 *(gêner)* in verlegenheid brengen 2 *(encombrer)* hinderen 3 *(déconcerter)* van zijn stuk brengen; **s'embarrasser** *vpr* 1 *(+ de) (se soucier)* zich zorgen maken (over) 2 *(+ de) (s'encombrer)* meesjouwen

embauche *nf* 1 *(emploi)* werkgelegenheid *nf* 2 *(action d'engager)* (het) in dienst nemen

1**embaucher** *vi* personeel in dienst nemen

2**embaucher** *vt* in dienst nemen

1**embaumer** *vi (sentir bon)* lekker ruiken

2**embaumer** *vt* 1 *(un cadavre)* balsemen 2 *(parfumer)* doen geuren

1**embellir** *vi* mooi(er) worden

2**embellir** *vt* verfraaien, mooier maken; ~ une histoire een verhaal opsmukken

embellissement *nm* verfraaiing *nf*

embêtant, -ante *adj* vervelend; l'~, c'est que het vervelende is dat

embêtement *nm* narigheid *nf (uniquement sing.),* ellende *de (uniquement sing.)*

embêter *vt* ergeren; ne l'embête pas laat hem met rust; ma question l'embête hij vindt mijn vraag vervelend; **s'embêter** *vpr* zich vervelen; ne pas s'~ zich uitstekend vermaken

emblée ♦ *(adv.)* d'~ meteen al

emblème *nm* embleem *het,* zinnebeeld *het*

emboîter *vt* 1 *(ajuster)* in elkaar schuiven 2 *(envelopper exactement)* goed passen om; **s'emboîter** *vpr (s'ajuster)* in elkaar grijpen

embonpoint *nm* gezetheid *nf;* prendre de l'~ een buikje krijgen

embouchure *nf* 1 *(d'un cours d'eau)* (uit)monding *nf,* mond *nm* 2 *(mus.)* mondstuk *het*

embourber *vt* in de modder laten vastlopen; **s'embourber** *vpr* 1 *(s'enliser)* in de modder blijven steken 2 *(fig.)* zich verstrikken

embout *nm* opzetstuk *het*

embouteillage *nm* 1 *(transp.)* verkeersopstopping *nf* 2 *(encombrement)* overbelasting *nf*

embouteiller *vt* versperren

emboutir *vt (une voiture)* botsen op; se faire ~ aangereden worden

embranchement *nm* 1 *(croisement)* splitsing *nf* 2 *(ramification)* aftakking *nf*

embraser *vt* in vlam zetten; **s'embraser** *vpr* vlam vatten

embrasser *vt* 1 *(donner un baiser)* kussen; je vous embrasse bien fort *(dans une lettre)* veel liefs 2 *(comprendre)* omvatten 3 *(adopter)* zich wijden aan; ~ une carrière een loopbaan kiezen; **s'embrasser** *vpr (se donner des baisers)* elkaar kussen

embrasure *nf* (muur)opening *nf;* ~ de la porte deuropening

embrayage *nm* koppeling *nf*

embrayer *vi (automobile)* de koppeling intrappen ♦ ~ sur qqch over iets beginnen (te praten)

embrigader *vt* (als lid) aanwerven

embrouiller *vt* 1 *(emmêler)* in de war maken 2 *(compliquer)* ingewikkeld maken 3 *(confondre)* met elkaar verwarren; **s'embrouiller** *vpr (s'emmêler dans)* in de war raken (met); s'~ dans les dates data door elkaar halen

embrun *nm* stuifwater *het (uniquement sing.)*

embryon *nm (biol.)* embryo *het*

embûches *nf* valstrikken *plur*

embuer *vt* beslaan

embuscade *nf* hinderlaag *de;* tomber dans une ~ in een hinderlaag vallen

s'embusquer *vpr* in hinderlaag gaan liggen

éméché, -ée *adj* aangeschoten

émeraude *nf (pierre)* smaragd *nm, (matière)* smaragd *het;* vert ~ smaragdgroen

émergence *nf* verschijning *nf*

émergent, -ente *adj (écon.)* opkomend; une économie ~e een opkomende economie

émerger (de) *vi* 1 *(apparaître)* opduiken (uit) 2 *(fig.)* aan het licht komen

émeri *nm* amaril *het/de*

émerveillement *nm* verrukking *nf*

émerveiller *vt* in verrukking brengen; **s'émerveiller** *vpr* verrukt zijn; s'~ de, devant qqch opgetogen zijn over iets

émetteur, -trice *adj* 1 *(technol.)* (uit)-zend-; l'émetteur de zender 2 *(finance)* emissie-

émettre *vt* 1 *(exprimer)* uiten, uitspreken 2 *(produire)* voortbrengen; ~ un son een geluid voortbrengen 3 *(finance)* uitgeven *(des billets de banque),* uitschrijven *(un emprunt, un chèque)* 4 *(technol.)* uitzenden

émeute *nf* oproer *het*

émietter *vt* verkruimelen, verbrokkelen; **s'émietter** *vpr* verkruimelen, verbrokkelen

émigrant, -ante *n* emigrant(e) *nm (nf)*

émigration *nf* emigratie *nf*

émigré, -ée *n* vluchteling *nm*

émigrer *vi* 1 *(quitter son pays)* emigreren, uitwijken *(n.B.)* 2 *(fuir son pays)* uitwijken 3 *(animaux)* wegtrekken

émincer *vt* in dunne plakjes snijden

éminence *nf* 1 *(colline)* hoogte *nf* 2 *(excellence)* eminentie *nf;* Son Éminence le cardinal X Zijne Eminentie kardinaal X

éminent, -ente *adj* uitstekend

émirati, -ie *adj* 1 emiraats-, van een emiraat 2 van, uit de Verenigde Arabische Emiraten

émissaire *nm* afgezant *nm*
émission *nf* **1** *(ce qui est transmis par les ondes)* uitzending *nf (aussi phys.)*; **~ de variétés** amusementsprogramma **2** *(rayonnement)* uitstraling *nf* **3** *(fin.)* uitgifte *nf (de monnaie)*, emissie *nf (d'actions)*
emmagasiner *vt* **1** *(stocker)* opslaan **2** *(amasser)* verzamelen
emmêler *vt* **1** *(enchevêtrer)* verwarren **2** *(embrouiller)* door elkaar halen
emménager *vi* intrekken (in)
emmener *vt* meenemen
emmerdant, -ante *adj* strontvervelend
emmerder *vt* **1** *(importuner)* (iemand) aan z'n kop zeuren **2** *(assommer)* stierlijk vervelen **3** *(tenir pour négligeable)* maling hebben aan; **je l'emmerde** hij kan me wat, hij kan de pot op; **s'emmerder** *vpr* **1** *(s'ennuyer)* zich (stierlijk) vervelen **2** *(se donner du mal à)* zich uitsloven (om)
emmerdeur, -euse *n* zeikerd *nm*
emmitoufler *vt* warm inpakken; **s'emmitoufler (dans)** *vpr* zich warm inpakken (in)
émoi *nm* opwinding *nf*
émoticone *nm (inform.)* emoticon *nm*
émoticône *nf* smiley *nm*, emoticon *nm*
émotif, -ive *adj* **1** *(de l'émotion)* gevoels- **2** *(sensible)* emotioneel, gevoelig
émotion *nf* emotie *nf*, ontroering *nf*; **ressentir une vive ~** diepgeroerd zijn; **sans ~** onverschillig
émotionnel, -elle *adj* emotioneel
émousser *vt* stomp maken; **s'émousser** *vpr* **1** *(devenir moins coupant)* bot worden **2** *(devenir moins vif)* verzwakken
émoustiller *vt* vrolijk maken
émouvant, -ante *adj* ontroerend, aangrijpend
émouvoir *vt (troubler)* ontroeren; **s'émouvoir (de)** *vpr* **1** *(se troubler)* ontroerd worden (door) **2** *(s'inquiéter)* zich druk maken (over)
empailler *vt* **1** *(animaux)* opzetten **2** *(chaises)* matten
empailleur, -euse *n* **1** *(taxidermiste)* opzet(s)ter *nm (nf)* **2** *(rempailleur, -euse)* (stoelen)mat(s)ter *nm (nf)*
empaler *vt* spietsen; **s'empaler (sur)** *vpr* doorboord worden (door)
empaqueter *vt* inpakken
s'emparer (de) *vpr* zich meester maken (van) *(aussi au fig.)*
empêchement *nm* **1** *(obstacle)* beletsel *het*, verhindering *nf* **2** *(fait d'être retenu)* verhindering *nf*; **avoir un ~** verhinderd zijn
empêcher *vt* verhinderen, beletten; **le bruit l'empêche de dormir** door het lawaai kan hij niet slapen; **qui m'en empêchera ?** wie zal mij dat beletten?; **(il) n'empêche que** dat neemt niet weg dat; **s'empêcher (de)** *vpr* zich weerhouden (te), nalaten (te); **il ne pouvait s'~ de rire** hij kon zijn lachen niet (in)houden
empereur *nm* keizer *nm*
empeser *vt* stijven
empester *vt* **1** *(empuantir)* met stank vervullen **2** *(puer qqch)* stinken naar
s'empêtrer (dans) *vpr* verstrikt raken (in) *(aussi au fig.)*
emphase *nf* **1** *(grandiloquence)* gezwollenheid *nf* **2** *(insistance)* nadruk *nm*
emphatique *adj* gezwollen
empiéter (sur) *vi* **1** *(usurper qqch)* inbreuk maken (op), treden (in) **2** *(déborder sur)* zich uitbreiden (ten koste van)
s'empiffrer (de) *vpr* zich volproppen (met)
empiler *vt* opstapelen; **s'empiler** *vpr* *(s'entasser)* zich opstapelen, *(personnes)* te hoop lopen
empire *nm* **1** *(d'un empereur)* keizerrijk *het* **2** *(grande puissance)* imperium *het*; **pas pour un ~ !** voor geen geld (ter wereld)! **3** *(influence sur)* macht (over) *de*; **agir sous l'~ de la boisson** onder invloed van drank handelen
[1]**empirer** *vi* erger worden, verslechteren
[2]**empirer** *vt* erger maken
empirique *adj* empirisch
emplacement *nm* plaats *de*, *(dans un parking)* parkeerplaats *de*, *(de camping)* campingplek *de*
emplette *nf* **1** *(fait d'acheter)* inkoop *nm*; **faire des ~s** inkopen doen **2** *(acquisition)* aankoop *nm*
emploi *nm* **1** *(utilisation)* gebruik *het*; **double ~** doublure; **cela fait double ~** dat is dubbelop; **sans ~** ongebruikt; **~ du temps** *(répartition)* tijdsbesteding, *(Belg.; tableau)* uurrooster **2** *(travail)* baan *de*, betrekking *nf*; **être sans ~** werkloos zijn; **~ à temps complet** volle baan; **~ à temps partiel** parttimebaan **3** *(écon.)* werkgelegenheid *nf*
emploi-jeune *nm* jongerenbaan *de*
employé, -ée *n* bediende *nm*, werk|nemer, -neemster *nm, nf*; **~ de bureau** kantoorbediende; **~s de maison** huishoudelijk personeel; **~ des postes** postbeambte
employer *vt* **1** *(utiliser)* gebruiken, *(temps, argent aussi)* besteden; **~ tous les moyens** alles in het werk stellen **2** *(occuper)* in dienst hebben; **s'employer** *vpr* **1** *(être utilisé)* gebruikt worden **2** *(+ à)* *(se consacrer)* zich inspannen (voor)
employeur, -euse *n* werk|gever, -geefster *nm, nf*
empocher *vt* in z'n zak steken
empoignade *nf* (hevige) ruzie *nf*
empoigner *vt* **1** *(saisir)* grijpen **2** *(émouvoir)* aangrijpen, *(Belg.)* pakken; **s'empoigner** *vpr* ruzie hebben
empoisonnant, -ante *adj* stomvervelend
empoisonnement *nm* vergiftiging *nf*
empoisonner *vt* **1** *(intoxiquer)* vergiftigen **2** *(infecter de poison)* giftig maken; **flèches empoisonnées** giftige pijlen **3** *(polluer)* vergeven **4** *(gâcher)* beder-

ven; **~ l'existence à qqn** iemand het leven zuur maken **5** *(embêter)* de keel uithangen; **s'empoisonner** *vpr* **1** *(absorber du poison)* zich vergiftigen **2** *(s'ennuyer)* zich dood vervelen

emporté, -ée *adj* (snel) opvliegend, driftig

emportement *nm* drift *de*

emporte-pièce *nm* ♦ **à l'~** uit één stuk; **un style à l'~** een bijtende stijl

emporter *vt* **1** *(prendre avec soi)* meenemen **2** *(enlever avec violence)* (met zich) meesleuren; **une maladie l'a emporté** een ziekte heeft hem geveld; **être emporté par le courant** door de stroom meegesleurd worden **3** *(fig.) (entraîner avec force)* meeslepen; **se laisser ~ par qqch** zich door iets laten meeslepen ♦ **l'~ sur qqn, qqch** de overhand krijgen over iemand, iets; **s'emporter (contre)** *vpr (se fâcher (contre))* kwaad worden (op)

empoté, -ée *adj* klunzig; **l'empoté(e)** de kluns

empreinte *nf* afdruk *nm*, stempel *het (aussi au fig.)*; **~s (digitales)** vingerafdrukken; **~ écologique** ecologische voetafdruk

empressé, -ée *adj* (te) voorkomend

empressement *nm* **1** *(zèle)* voorkomendheid *nf* **2** *(enthousiasme)* geestdrift *de*

s'empresser *vpr* **1** *(se hâter)* zich haasten; **~ de faire qqch** snel iets doen **2** *(montrer du zèle)* zich beijveren

emprise *nf* invloed *nm*; **sous l'~ de qqch** in de greep van iets

emprisonnement *nm* opsluiting *nf*

emprisonner *vt* **1** *(mettre en prison)* gevangenzetten, opsluiten *(aussi au fig.)* **2** *(fig.) (serrer)* omsluiten

emprunt *nm* **1** *(d'une somme d'argent)* lening *nf*; **~ à cinq pour cent** vijfprocentslening; **contracter un ~** een lening aangaan **2** *(d'un objet)* (het) lenen; **d'~** geleend; **nom d'~** valse naam

emprunté, -ée *adj* stijf, gemaakt

emprunter *vt* **1** *(de l'argent, un objet)* lenen **2** *(+ à) (prendre chez qqn)* ontlenen (aan) **3** *(prendre)* nemen

ému, -ue *adj* ontroerd

émulation *nf* wedijver *nm*

émule *n* mededing(st)er *nm (nf)*

émulsion *nf* emulsie *nf*

[1]**en** *pron pers* **1** *(er + prép. fixe) (correspondant à la préposition 'de')* ervan; **j'~ ai assez** ik heb er genoeg van; **j'ai un coffre-fort mais j'~ ai perdu la clef** ik heb een brandkast maar ik heb de sleutel ervan verloren; **je lui ~ parlerai** ik zal er met hem over praten **2** *(avec des mots exprimant la quantité)* er(van); **j'~ ai** ik heb er wat; **je n'~ ai pas** ik heb er geen; **voilà des fruits, prenez-en quelques-uns** hier is fruit, neem er wat van **3** *(pour marquer une insistance) (pas de traduction)*; **je m'~ souviens** ik herinner het me

[2]**en** *adv* **1** *(provenance)* ervan(daan, -weg); **elle ~ sort** zij komt er vandaan **2** *(cause)* daarom; **elle n'~ est pas plus heureuse** zij is daarom niet gelukkiger **3** *(avec la forme réfléchie de certains verbes)* weg-; **s'~ aller** weggaan **4** *(dans diverses locutions verbales) (ne se traduit pas)*; **il ~ est quitte pour la peur** hij is er met de schrik vanaf gekomen; **ils ~ sont venus aux mains** ze zijn slaags geraakt

[3]**en** *prép* **1** *(général)* in, *(pour une île)* op; **~ 1981** in 1981; **~ mon absence** in, tijdens mijn afwezigheid; **~ automne** in de herfst; **compte ~ banque** bankrekening; **~ classe** in de klas; **~ France** in Frankrijk; **~ dix minutes** in tien minuten **2** *(attribut)* als, -vormig; **~ ami** als vriend; **se déguiser ~ clown** zich als clown vermommen; **~ cercle** cirkelvormig; **parler ~ connaisseur** als een kenner praten **3** *(lieu, temps)* op; **~ plein jour** op klaarlichte dag; **~ ce moment** op dit ogenblik; **~ Sicile** op Sicilië **4** *(direction)* naar; **~ arrière** naar achteren; **~ avant** naar voren; **~ France** naar Frankrijk **5** *(devant un participe présent)* al, bij het; **~ attendant** ondertussen; **~ entrant il dit bonjour** bij het binnenkomen groette hij **6** *(avec de …)* tot; **de bas ~ haut** van hoog tot laag **7** *(matière)* van; **poutre ~ fer** ijzeren balk

encadrement *nm* **1** *(action d'entourer d'un cadre)* (het) inlijsten **2** *(ornement)* omlijsting *nf* **3** *(d'élèves)* begeleiding *nf*, *(Belg.)* omkadering *nf* ♦ **~ du crédit** kredietbeperking

encadrer *vt* **1** *(mettre dans un cadre)* omlijsten; **faire ~ une gravure** een prent laten inlijsten **2** *(diriger)* leiden ♦ **ne pas pouvoir ~ qqn** iemand niet kunnen uitstaan

encaissement *nm* **1** *(perception)* inning *nf*, incassering *nf* **2** *(chemin)* ingraving *nf*

encaisser *vt* incasseren *(aussi au fig.)*

encart *nm* inlegvel *het*, bijlage *de*

encas *nm* hapje *het*

encastrer *vt* inbouwen; **encastré dans un mur** in een muur weggewerkt; **s'encastrer** *vpr* ingebouwd worden

encaustique *nf* (boen)was *het/de (m)*

[1]**enceinte** *nf* **1** *(espace clos)* ruimte *nf* **2** *(baffle)* (luidspreker)box *nm* **3** *(clôture)* omsluiting *nf*

[2]**enceinte** *adj* zwanger

encens *nm* wierook *nm*

encenser *vt* bewieroken *(aussi au fig.)*

encensoir *nm* wierookvat *het*

encercler *vt* insluiten

enchaînement *nm* **1** *(série)* aaneenschakeling *nf* **2** *(d'un chien)* (het) aan de ketting leggen **3** *(transition)* overgang *nm*

[1]**enchaîner** *vi (+ sur) (continuer)* inhaken (op), *(Belg.)* inpikken (op)

[2]**enchaîner** *vt* **1** *(attacher)* (vast)ketenen **2** *(relier)* (logisch) verbinden; **s'enchaîner** *vpr* samenhangen

enchanté, -ée *adj* **1** *(magique)* betoverd, tover- **2** *(ravi)* verrukt; **~ de faire votre**

connaissance aangenaam kennis met u te maken
enchantement *nm* 1 *(magie)* betovering *nf;* comme par ~ als bij toverslag 2 *(ravissement)* verrukking *nf*
enchanter *vt* 1 *(ensorceler)* betoveren 2 *(ravir)* verrukken
enchanteur, -teresse *adj* betoverend
enchère *nf* 1 *(offre)* (op)bod *het;* vendre qqch aux ~s iets veilen, iets bij opbod verkopen 2 *(cartes)* bod *het*
enchevêtrement *nm* verwarring *nf* *(aussi au fig.)*
enchevêtrer *vt* verwarren *(aussi au fig.);* **s'enchevêtrer** *vpr* zich verwarren *(aussi au fig.)*
enclave *nf* enclave *de*
enclaver *vt* insluiten
enclencher *vt* 1 *(faire commencer)* op gang brengen *(aussi au fig.)* 2 *(techn.)* koppelen
enclin, -ine (à) *adj* geneigd (tot)
enclos *nm* 1 *(espace)* omheinde ruimte *nf* 2 *(clôture)* omheining *nf*
enclume *nf* aambeeld *het*
encoche *nf* inkeping *nf*
encoder *vt* coderen
encoller *vt* pappen
encolure *nf* 1 *(zool.)* hals *nm* 2 *(largeur du cou)* halswijdte *nf* 3 *(col)* halsuitsnijding *nf*
encombrant, -ante *adj* 1 *(concr.)* hinderlijk 2 *(abstr.)* lastig
encombre ♦ sans ~ zonder moeilijkheden
encombrement *nm* 1 *(obstacle)* belemmering *nf* 2 *(embouteillage)* (verkeers)opstopping *nf;* être pris dans les ~s in een file staan 3 *(état de ce qui est encombré)* drukte *nf* 4 *(du marché)* verzadiging *nf*
encombrer *vt* 1 *(obstruer)* versperren 2 *(surcharger)* overstelpen; **s'encombrer** *vpr (+ de) (prendre avec soi)* zich beladen (met)
encontre ♦ à l'~ de ... tegen ... in; aller à l'~ de qqn iemand tegemoet gaan
encore, encor *adv* 1 *(persistance)* nog (steeds); elle n'a pas ~ dix ans zij is nog geen tien jaar; nous sommes ~ en été het is nog zomer 2 *(répétition)* nog eens, opnieuw; j'ai ~ perdu ik heb alweer verloren; non seulement ... mais ~ ... niet alleen ... maar ook (nog eens) ...; qu'est-ce qui se passe ~ ? wat is er nu weer aan de hand?; en voulez-vous ~ ? willen jullie nog wat? 3 *(renforcement)* nóg, nog meer; mais ~ ? en wat dan nog? 4 *(restriction)* (en dan) nog; et ~ hoogstens; si ~ il faisait beau als het nou nog mooi weer was ♦ ~ que hoewel
encouragement *nm* 1 *(action)* aanmoediging *nf* 2 *(parole)* bemoedigend woord *het*
encourager *vt* 1 *(stimuler)* aanmoedigen; ~ qqn à travailler iemand tot werken aanzetten 2 *(aider)* steunen
encourir *vt* ↓ zich op de hals halen, oplopen; ~ une peine een straf riskeren
encrasser *vt* vuilmaken; **s'encrasser** *vpr* vuil worden
encre *nf* inkt *nm;* ~ de Chine Oost-Indische inkt, Chinese inkt *(n.B.)*
encrier *nm* inktpot *nm*
s'encroûter *vpr* vastroesten
encyclopédie *nf* encyclopedie *nf*
encyclopédique *adj* encyclopedisch
endettement *nm* schuldenlast *nm*
endetter *vt* met schulden overladen; **s'endetter** *vpr* schulden maken
endiablé, -ée *adj* onstuimig, wild
endiguer *vt* 1 *(contenir par des digues)* indijken 2 *(maîtriser)* beteugelen
s'endimancher *vpr* z'n zondagse kleren aantrekken
endive *nf* witlof *het*
endoctrinement *nm* indoctrinatie *nf*
endoctriner *vt* indoctrineren
endolori, -ie *adj* pijnlijk
endommager *vt* beschadigen
endormi, -ie *adj* ingeslapen *(aussi au fig.)*
endormir *vt* 1 *(faire dormir)* in slaap doen vallen *(aussi au fig.)* 2 *(rendre moins vif)* verdoven; ~ les soupçons argwaan wegnemen 3 *(tromper)* zand in de ogen strooien; **s'endormir** *vpr* in slaap vallen
endosser *vt* 1 *(revêtir)* aanschieten; *(fig.)* ~ l'uniforme de wapenrok aantrekken 2 *(assumer)* de verantwoordelijkheid nemen voor 3 *(fin.)* endosseren
endroit *nm* 1 *(lieu)* plaats *de,* plek *de;* par ~s hier en daar; à quel ~ ? waar? 2 *(recto)* goede kant *nm;* à l'~ met de goede kant boven ♦ à l'~ de jegens
enduire *vt* bestrijken
enduit *nm* plamuur *de*
endurance *nf* uithoudingsvermogen *het*
endurant, -ante *adj* taai
endurci, -ie *adj* 1 *(invétéré)* verstokt 2 *(insensible)* ongevoelig 3 *(aguerri)* gehard
endurcir (à) *vt* 1 *(aguerrir contre)* harden (tegen) 2 *(rendre insensible)* verharden, harder maken; **s'endurcir** *vpr* 1 *(s'aguerrir)* gehard worden 2 *(devenir insensible)* verharden
endurer *vt* verdragen
énergétique *adj* energetisch; boisson ~ sportdrankje, hersteldrankje; dépense ~ energieverbruik; valeur ~ voedingswaarde
énergie *nf* energie *nf*
énergique *adj* 1 *(dynamique)* energiek 2 *(efficace)* krachtdadig
énergivore *adj* energieverslindend
énergumène *nm* bezetene *nm*
énervant, -ante *adj* irritant, vervelend
énervé, -ée *adj* zenuwachtig
énervement *nm* zenuwachtigheid *nf*
énerver *vt* zenuwachtig maken; **s'éner-**

ver *vpr* zenuwachtig worden, zich opwinden
enfance *nf* **1** *(période)* kinderjaren *plur,* jeugd *de;* **dès sa plus tendre ~** van zijn prilste jeugd af **2** *(sénilité)* kindsheid *nf;* **retomber en ~** kinds worden
enfant *n* kind *het (m), het (f);* **attendre un ~** in verwachting zijn; **~ de chœur** koorknaap; *(fig.)* naïeveling; **faire un ~** een kind verwekken; **~ prodige** wonderkind; **l'~ prodigue** de Verloren zoon; **~ unique** enig kind ♦ **bon ~** goeiig
enfanter *vt* baren
enfantillage *nm* kinderachtigheid *nf*
enfantin, -ine *adj* **1** *(propre à l'enfant)* kinderlijk, kinder- **2** *(puéril)* kinderachtig **3** *(facile)* doodeenvoudig
enfer *nm* hel *de (aussi au fig.);* **d'enfer** hels, verschrikkelijk ♦ **d'enfer** *(génial)* te gek
enfermer *vt* **1** *(mettre en lieu clos)* opsluiten *(aussi au fig.);* **il est bon à ~** hij is knettergek **2** *(enceindre)* insluiten; **s'enfermer** *vpr (se cloîtrer)* zich afsluiten; **s'~ dans** zich terugtrekken in ♦ *(fig.)* **s'~ dans** volharden in
enfiévrer *vt* opwinden; **s'enfiévrer** *vpr* enthousiast worden
enfilade *nf* reeks *de;* **~ de pièces** kamers en suite
enfiler *vt* **1** *(un objet troué)* (aan)rijgen; **~ l'aiguille** de draad in de naald steken **2** *(s'engager dans)* inlopen **3** *(un vêtement)* aanschieten; **s'enfiler** *vpr* **1** *(se taper)* opdraaien voor **2** *(s'envoyer)* naar binnen slaan
enfin *adv* **1** *(pour conclure)* ten slotte **2** *(en bref)* kortom **3** *(ou du moins)* of in ieder geval **4** *(résignation)* enfin **5** *(soulagement)* eindelijk
enflammé, -ée *adj* **1** *(en flammes)* in vlammen **2** *(méd.)* ontstoken **3** *(passionné)* vurig
enflammer *vt* **1** *(mettre en flammes)* in vlam zetten **2** *(exciter)* opwinden **3** *(méd.)* doen ontsteken; **s'enflammer** *vpr* **1** *(prendre feu)* vuur vatten **2** *(s'exalter)* ontvlammen
[1]**enfler** *vi* (op)zwellen
[2]**enfler** *vt (méd.)* doen opzwellen
enflure *nf* zwelling *nf*
[1]**enfoncer** *vi (+ dans) (s'embourber)* wegzinken (in)
[2]**enfoncer** *vt (planter; casser)* inslaan; **~ son chapeau sur la tête** zijn hoed diep over de ogen trekken; **~ qqch dans la tête de qqn** iemand iets aan het verstand brengen; **s'enfoncer** *vpr* **1** *(aller vers le fond)* wegzakken **2** *(pénétrer)* diep doordringen (in); **s'~ dans la forêt** diep het bos ingaan **3** *(+ dans) (plonger)* zich verdiepen (in)
enfouir *vt* onder de grond (ver)stoppen, begraven
enfourcher *vt* bestijgen; **~ son vélo** op z'n fiets stappen
enfourner *vt* **1** *(mettre dans un four)* in de oven schuiven **2** *(avaler)* naar binnen werken
enfreindre *vt* schenden, overtreden
s'enfuir *vpr (+ de)* (ont)vluchten (uit)
enfumer *vt* met rook vullen; **pièce enfumée** kamer die blauw staat van de rook
engagé, -ée *adj* **1** *(milit.)* aangeworven; **l'engagé** de vrijwilliger **2** *(au service d'une cause)* geëngageerd **3** *(archit.)* half in de muur gemetseld
engageant, -ante *adj* aanmoedigend
engagement *nm* **1** *(embauche)* indienstneming *nf;* **~ à l'essai** aanstelling op proeftijd **2** *(milit.)* dienstneming *nf;* **prendre l'~ de** zich verplichten te **3** *(promesse)* verbintenis *nf;* **respecter ses ~s** zijn verplichtingen nakomen; **sans ~ de votre part** zonder verplichtingen uwerzijds **4** *(pol.)* engagement *het* **5** *(coup d'envoi)* aftrap *nm*
engager *vt* **1** *(embaucher)* in dienst nemen **2** *(lier)* verplichten; **cela ne vous engage à rien** dat verplicht u tot niets **3** *(inciter à)* bewegen (tot) **4** doen binnengaan **5** *(entamer)* beginnen; **~ la conversation avec qqn** een gesprek met iemand beginnen; **~ des poursuites** een vervolging instellen **6** *(mettre en jeu)* betrekken (in); **s'engager** *vpr* **1** *(s'obliger)* zich verplichten; **s'~ à** zich verplichten tot **2** *(milit.; conc. un poste)* in dienst treden **3** *(+ dans) (pénétrer)* binnengaan; **s'~ dans une voie** een weg inslaan *(aussi au fig.)* **4** *(+ dans) (commencer)* beginnen **5** *(au service d'une cause)* zich engageren
engelures *nf* koubulten *plur;* **~ aux mains** winterhanden; **~ aux pieds** wintervoeten
engendrer *vt* **1** *(procréer)* verwekken **2** *(fig.)* veroorzaken
engin *nm* **1** *(instrument)* toestel *het, (plur.)* gerei *het;* **~ explosif improvisé, EEI** bermbom **2** *(truc)* ding *het*
englober *vt* **1** *(comprendre)* omvatten **2** *(annexer)* opnemen; **~ dans** inlijven bij
engloutir *vt* **1** *(dévorer; submerger)* opslokken **2** *(dilapider)* verspillen
engorger *vt* verstoppen
engouement *nm* bevlieging *nf*
engouffrer *vt* opslokken, verzwelgen *(aussi au fig.);* **s'engouffrer (dans)** *vpr* zich storten (in)
engourdir *vt* **1** *(paralyser)* gevoelloos maken; **j'ai la jambe engourdie** mijn been slaapt **2** *(assoupir)* verdoven; **s'engourdir** *vpr* **1** *(se paralyser)* stijf worden, *(jambe, bras)* slapen **2** *(s'assoupir)* verdoofd raken
engourdissement *nm* **1** *(ankylose)* verdoving *nf* **2** *(fig.)* sufheid *nf*
engrais *nm* **1** *(substance fertilisante)* mest *nm;* **~ chimique** kunstmest **2** *(engraissement)* (het) (vet)mesten; **mettre à l'~** (vet)mesten
[1]**engraisser** *vi (grossir)* vet(ter) worden

[2]**engraisser** *vt* **1** *(du bétail)* vetmesten **2** *(une terre)* vetter maken
engrenage *nm* raderwerk *het (aussi au fig.)* ♦ *(fig.)* **être pris dans l'~** verstrikt zijn
engueulade *nf* scheldpartij *nf*
engueuler *vt* uitkafferen; **s'engueuler** *vpr* elkaar de huid vol schelden
enguirlander *vt* afbekken
énième *nf* (de) zoveelste
énigmatique *adj* raadselachtig, mysterieus
énigme *nf* raadsel *het*
enivrant, -ante *adj* bedwelmend
enivrer *vt* dronken maken, bedwelmen *(aussi au fig.)*; **s'enivrer** *vpr* zich bedrinken
enjambée *nf* (grote) stap *nm*
enjamber *vt* **1** *(sujet personne)* (ergens) overheen stappen **2** *(sujet chose)* overbruggen
enjeu *nm* inzet *nm*
enjôler *vt* paaien, inpalmen
enjoliver *vt* **1** *(embellir)* versieren, verfraaien **2** *(récit)* opsmukken
enjoliveur *nm* wieldop *nm*
enjoué, -ée *adj* opgewekt
enlacement *nm* **1** *(entrecroisement)* ineenstrengeling *nf* **2** *(étreinte)* omarming *nf*
enlacer *vt* **1** *(entrecroiser)* ineenstrengelen **2** *(étreindre)* omarmen
[1]**enlaidir** *vi* lelijk worden
[2]**enlaidir** *vt* lelijk maken
enlèvement *nm* **1** *(rapt)* ontvoering *nf*; **~ d'enfant** (het) kidnappen **2** *(action d'ôter)* wegneming *nf*, (het) weghalen; **~ des ordures ménagères** (het) ophalen van het huisvuil
enlever *vt* **1** *(ôter)* wegnemen; **la mort nous l'a enlevé** de dood heeft hem van ons weggerukt; **cela m'enlève un poids de la conscience** dat is een pak van mijn hart **2** *(vêtement)* uittrekken **3** *(kidnapper)* ontvoeren; **s'enlever** *vpr (disparaître)* verdwijnen *(d'une tache)*
s'enliser *vpr* **1** *(s'enfoncer)* in het drijfzand wegzinken **2** *(fig.) (piétiner)* blijven steken; **s'~ dans ses explications** zich vastpraten
enneigé, -ée *adj* besneeuwd
enneigement *nm* ♦ **bulletin d'~** sneeuwbericht
[1]**ennemi, -ie** *n* vijand(in) *nm (nf)*
[2]**ennemi, -ie** *adj* **1** *(hostile)* vijandig **2** *(de l'ennemi)* vijandelijk
ennui *nm* **1** *(désœuvrement)* verveling *nf*; **tromper l'~** de verveling verdrijven **2** *(souci)* zorg *de*, *(plur.)* problemen *plur*; **l'~, c'est que ...** het vervelende is dat ...; **quel ~ !** wat vervelend!
ennuyé, -ée *adj* **1** *(préoccupé)* bezorgd **2** *(contrarié)* geërgerd; **je suis bien ~** ik vind het erg vervelend
ennuyer *vt* **1** *(fatiguer)* vervelen **2** *(importuner)* hinderen; **s'ennuyer** *vpr (s'embêter)* zich vervelen ♦ **s'~ de qqn, qqch** iemand, iets heel erg missen
ennuyeux, -euse *adj* vervelend, *(lassant aussi)* saai
énoncé *nm* **1** *(énonciation)* formulering *nf* **2** *(texte)* bewoordingen *plur* **3** *(ling.)* (taal)uiting *nf*
énoncer *vt* uitdrukken
s'enorgueillir (de) *vpr* trots zijn (op); **s'~ de qqch** ergens prat op gaan
énorme *adj* enorm; **énormément de** ontzettend veel; **c'est ~** het is ongehoord; **~ majorité** overweldigende meerderheid
énormité *nf* **1** *(sottise)* stommiteit *nf* **2** *(importance)* enorme omvang *nm*
s'enquérir (de) *vpr* informeren (naar); **s'~ de qqn** naar iemand informeren; **s'~ du prix** (naar) de prijs vragen
enquête *nf* onderzoek *het*; **faire une ~** een enquête houden; **ouvrir une ~** een onderzoek instellen
enquêter (sur) *vi* een onderzoek instellen (naar)
enquêteur, enquêtrice *n* enquê|teur, -trice *nm, nf*
enquiquiner *vt* vervelen; **~ qqn avec ses histoires** iemand aan z'n kop zeuren met zijn verhalen
enraciner *vt* **1** *(faire prendre racine)* wortel doen schieten **2** *(fig.)* doen wortelen; **préjugés enracinés** ingewortelde vooroordelen; **s'enraciner** *vpr* **1** *(plantes)* wortel schieten **2** *(personnes)* zich (blijvend) vestigen **3** *(choses)* ingeburgerd raken
enragé, -ée *adj* **1** *(furieux)* razend **2** *(passionné)* fanatiek; **un ~ du football** een fanatiek voetballiefhebber **3** *(atteint de la rage)* hondsdol
enrager *vi* razend zijn; **faire ~ qqn** iemand razend maken
enrayer *vt* **1** *(un mécanisme)* blokkeren **2** *(juguler)* tot staan brengen; **s'enrayer** *vpr (se bloquer)* blokkeren, vastlopen, ketsen *(arme à feu)*
enregistrement *nm* **1** *(médias)* opname *de* **2** *(sur un registre)* registratie *nf* ♦ **l'~ des bagages** de aangifte van de bagage
enregistrer *vt* **1** *(inscrire sur un registre)* registreren **2** *(mémoriser)* in zich opnemen; **~ qqch dans sa mémoire** iets in zijn, haar geheugen prenten **3** *(médias)* opnemen **4** *(inform.)* opslaan
enrhumé, -ée *adj* verkouden
s'enrhumer *vpr* verkouden worden
enrichir *vt (rendre (plus) riche)* verrijken; **s'enrichir** *vpr* rijk worden
enrichissement *nm* verrijking *nf*
enrober *vt* **1** *(couvrir)* omhullen **2** *(envelopper (des paroles))* verpakken
enrôler *vt* werven, *(dans un parti, dans un groupe)* opnemen; **s'enrôler (dans)** *vpr* dienst nemen (bij)
s'enrouer *vpr* schor worden
enrouler *vt (rouler)* oprollen; **s'enrouler** *vpr* **1** *(faire le tour de)* zich slingeren (om)

2 *(se rouler dans)* zich oprollen; **s'~ dans une couverture** zich in een deken wikkelen
s'ensabler *vpr* 1 *(se remplir de sable)* verzanden 2 *(s'engager dans le sable)* op een zandbank lopen *(bateau),* in het zand vastraken *(voiture)*
ensanglanté *adj* bebloed, bloederig
enseignant, -ante *n* docent(e) *nm (nf)*
enseigne *nf* uithangbord *het;* **être logé à la même ~** in hetzelfde schuitje zitten; **~ lumineuse** lichtreclame
enseignement *nm* 1 *(instruction)* onderwijs *het;* **entrer dans l'~** bij het onderwijs gaan (werken); **~ obligatoire** leerplicht; **~ par correspondance** schriftelijk onderwijs; **~ professionnel** beroepsonderwijs; **~ public** openbaar onderwijs; **~ supérieur** hoger onderwijs 2 *(leçon)* les *de;* **tirer des ~s de qqch** uit iets lering trekken
enseigner *vt* 1 *(inculquer; être enseignant)* onderwijzen, les geven (in); **elle enseigne les mathématiques** zij geeft wiskunde 2 *(apprendre)* leren
[1]**ensemble** *nm* 1 *(totalité)* geheel *het;* **vue d'~** totaaloverzicht; **dans l'~** over het geheel genomen; **grand ~** nieuwbouwcomplex; **l'~ du personnel** het voltallige personeel 2 *(groupe)* groep *de* 3 *(unité)* eenheid *nf* 4 *(vêtement)* pak *het* 5 *(math.)* verzameling *nf* 6 *(mus.)* ensemble *het*
[2]**ensemble** *adv* samen; **aller ~** bij elkaar passen; **être bien ~** op goede voet staan met elkaar; **vivre ~** samenwonen
ensemencer *vt* (in)zaaien
ensevelir *vt* begraven *(aussi au fig.)*
ensoleillé, -ée *adj* zonnig
ensoleillement *nm* aantal *het* uren zon(neschijn)
ensommeillé, -ée *adj* slaapdronken
ensorceler *vt* betoveren *(aussi au fig.)*
ensuite *adv* vervolgens, dan; **et ~** en wat dan
s'ensuivre *vpr* volgen (uit, op); **il s'ensuit que** daaruit volgt dat; **et tout ce qui s'ensuit** en alles wat daarbij hoort
entacher *vt* bevlekken, bezoedelen
entaille *nf* 1 *(blessure)* snee *de* 2 *(fente)* inkeping *nf*
entailler *vt* 1 *(couper (qqch))* inkepen 2 *(blesser)* snijden
entame *nf* kapje *het,* uiteinde *het*
entamer *vt* 1 *(aliments)* aansnijden; **la journée est déjà bien entamée** er is al een flink stuk van de dag om 2 *(commencer)* beginnen (met); **~ le repas** beginnen te eten 3 *(attaquer)* aantasten *(aussi au fig.)*
entartrer *vt* ketelsteen afzetten op; **s'entartrer** *vpr* vol kalkaanslag gaan zitten
entasser *vt* 1 *(empiler)* opstapelen 2 *(des personnes)* proppen (in); **s'entasser** *vpr* *(se serrer)* zich samenpakken
entendement *nm* begrip *het,* verstand *het*
entendre *vt* 1 *(ouïr)* horen; **à l'~** als je hem mag geloven; **~ dire que** vernemen dat; **~ parler de qqch** ergens van horen 2 *(écouter)* luisteren naar 3 *(comprendre)* begrijpen; **laisser ~ que** te verstaan geven dat 4 *(vouloir dire)* bedoelen; **qu'entendez-vous par ... ?** wat verstaat u onder ...?; **s'entendre** *vpr* 1 *(se comprendre)* elkaar begrijpen 2 *(s'accorder)* het met elkaar kunnen vinden; **nous ne sommes pas faits pour nous ~** we passen niet bij elkaar 3 *(être expert en)* verstand hebben (van) 4 *(être compris)* opgevat (kunnen) worden 5 *(être entendu)* gehoord worden 6 *(être d'accord sur)* het eens zijn (over)
entendu, -ue *adj* 1 *(complice)* begrijpend 2 *(convenu)* afgesproken; **il était ~ que** het stond vast dat ♦ **bien ~ !** natuurlijk!; **comme de bien ~** zoals was te verwachten
entente *nf* 1 *(bonne entente)* (goede) verstandhouding *nf* 2 *(accord)* overeenstemming *nf*
entériner *vt* bekrachtigen
enterrement *nm* 1 *(action)* begrafenis *nf* 2 *(cérémonie)* begrafenis(plechtigheid) *nf;* **tête d'~** begrafenisgezicht
enterrer *vt* begraven *(aussi au fig.);* **désirer ~ une affaire** een zaak willen vergeten; **être enterré** begraven liggen; **~ sa vie de garçon** een vrijgezellenfuif geven
en-tête *nm* hoofd *het,* kop *nm;* **papier à lettres à ~** postpapier met briefhoofd
entêté, -ée *adj* koppig
entêtement *nm* koppigheid *nf*
s'entêter *vpr* hardnekkig volhouden; **s'~ à faire qqch** iets hardnekkig blijven doen
enthousiasme *nm* enthousiasme *het*
enthousiasmer *vt* enthousiast maken; **s'enthousiasmer (pour)** *vpr* dwepen (met)
enthousiaste *adj* enthousiast, geestdriftig
s'enticher (de) *vpr* verzot raken (op)
entier, -ière *adj* 1 *(total)* (ge)heel; *(subst.)* **en ~** helemaal; **pendant des heures entières** urenlang; **tout ~** helemaal 2 *(intact; absolu)* volledig; **faire entièrement confiance à qqn** het volste vertrouwen in iemand hebben 3 *(intransigeant)* onverzettelijk
entité *nf* 1 *(unité)* eenheid *nf* 2 *(f.B.)* *(commune)* fusiegemeente *nf (Belg.n.)*
entonner *vt* inzetten, aanheffen
entonnoir *nm* trechter *nm*
entorse *nf* 1 *(foulure)* verstuiking *nf* 2 *(à la vérité)* verdraaiing *nf* 3 *(infraction)* inbreuk *de;* **faire une ~ à qqch** iets schenden
entortiller *vt* 1 *(envelopper)* inwikkelen 2 *(embobiner)* inpakken 3 *(compliquer)* ingewikkeld maken; **s'entortiller** *vpr (+ autour de) (enlacer)* zich slingeren (om)
entourage *nm* omgeving *nf*
entouré, -ée (de) *adj* omringd (door)
entourer *vt* omgeven; **~ qqn de prévenances** iemand met attenties overstelpen; **il m'entourait de ses bras** hij sloeg zijn ar-

men om mij heen; les soldats entourent la ville de soldaten omsingelen de stad; **s'entourer (de)** *vpr* zich omringen (met); s'~ de précautions alle mogelijke voorzorgsmaatregelen treffen
entracte *nm* 1 *(intermède)* pauze *de* 2 *(fig.)* adempauze *de*
entraide *nf* (wederzijdse) hulp *de*
s'entraider *vpr* elkaar helpen
entrailles *nf* 1 *(de l'abdomen)* ingewanden *plur* 2 *(fig.)* binnenste *het*
entrain *nm* levendigheid *nf;* être plein d'~ sprankelen van levenslust; sans ~ lusteloos
entraînant, -ante *adj* meeslepend
entraînement *nm* 1 *(exercice)* training *nf;* d'~ oefen- 2 *(technol.)* aandrijving *nf*
entraîner *vt* 1 *(amener)* meeslepen *(aussi au fig.)* 2 *(impliquer)* met zich meebrengen 3 *(exercer)* trainen; **s'entraîner** *vpr (s'exercer)* trainen
entraîneur *nm* trainer *nm*
entrave *nf* belemmering *nf*
entraver *vt* belemmeren
entre *prép* tussen; ~ autres (choses) onder andere; ~ tous les candidats van alle kandidaten; ~ les deux ertussenin; (soit dit) ~ nous onder ons gezegd; lequel d'~ vous m'accompagnera ? wie van jullie gaat er met mij mee? ♦ ~ tous bij uitstek
entrebâiller *vt* op een kier zetten
entrechoquer *vt* tegen elkaar doen stoten; **s'entrechoquer** *vpr* tegen elkaar stoten
entrecôte *nf* entrecote *de*
entrecouper *vt* (van tijd tot tijd) onderbreken
entrecroiser *vt* elkaar doen kruisen; **s'entrecroiser** *vpr* elkaar kruisen
entre-deux-guerres *nm* interbellum *het*
entrée *nf* 1 *(arrivée)* (het) binnenkomen, *(théâtre)* opkomst *nf;* ~ en vigueur (het) van kracht worden; ~ en fonctions aanvaarding van een functie; ~ en action, en jeu start 2 *(accès)* toegang *nm;* avoir ses ~s dans qqch vrije toegang hebben tot iets 3 *(porte)* ingang *nm* 4 *(billet)* toegangskaartje *het* 5 *(hall)* hal *de* 6 *(plat)* voorgerecht *het* 7 *(inform.)* input *nm* ♦ d'~ (de jeu) reeds bij het begin
entrefaites ♦ *(adv.)* sur ces ~ daarop
entrefilet *nm* berichtje *het*
entrejambe *nm* kruis *het*
entrelacer *vt* ineenvlechten; **s'entrelacer** *vpr* ineengevlochten zijn, *(des plantes, etc.)* door elkaar heen groeien
entremêler *vt* 1 *(mêler)* (ver)mengen 2 *(+ de) (truffer)* doorspekken (met); **s'entremêler** *vpr (se mélanger)* door elkaar lopen
entremets *nm* nagerecht *het*
entremetteur, -euse *n* koppelaar(ster) *nm (nf)*
entremise *nf* tussenkomst *nf,* bemiddeling *nf*
entreposer *vt* 1 *(marchandises)* opslaan 2 *(meubles)* in bewaring geven
entrepôt *nm* pakhuis *het,* opslagplaats *de*
entreprenant, -ante *adj* ondernemend
entreprendre *vt* 1 *(commencer)* beginnen, ondernemen 2 *(essayer)* proberen
entrepreneur, -euse *n* ondernemer *nm,* aannemer *nm (de bâtiments)*
entrepreneuriat *nm* ondernemerschap *het,* het ondernemen
entreprise *nf* 1 *(projet; son exécution)* onderneming *nf* 2 *(écon.)* bedrijf *het,* firma *de;* comité d'~ ondernemingsraad; les petites et moyennes ~s, PME het midden- en kleinbedrijf, mkb; *(Belg.n.)* de kleine en middelgrote ondernemingen, kmo's
[1]**entrer** *vi* 1 *(pénétrer)* binnengaan, naar binnen stromen *(eau);* ça n'entre pas dans la boîte dat past niet in de doos; faire ~ une clef dans la serrure een sleutel in het slot steken; le doute est entré dans son esprit hij, zij is gaan twijfelen; faire ~ qqn iemand binnenlaten; *(appeler)* iemand binnenroepen; je ne fais qu'~ et sortir ik kom maar even langs 2 *(faire partie)* deel uitmaken (van)
[2]**entrer** *vt* 1 *(introduire)* doen binnendringen, *(des marchandises)* invoeren 2 *(inform.)* intoetsen
entresol *nm* tussenverdieping *nf*
entre-temps *adv* intussen
entretenir *vt* 1 *(maintenir; nourrir)* onderhouden 2 *(+ de) (parler)* onderhouden (over); **s'entretenir** *vpr (converser avec)* zich onderhouden (met)
entretien *nm* 1 *(maintenance)* onderhoud *het* 2 *(conversation)* gesprek *het,* onderhoud *het;* ~ d'embauche sollicitatiegesprek
s'entre-tuer *vpr* elkaar doden
entrevoir *vt* 1 *(apercevoir)* vluchtig zien 2 *(pressentir)* bespeuren; laisser ~ laten doorschemeren
entrevue *nf* ontmoeting *nf,* onderhoud *het*
entrouvert, -erte *adj* halfopen
entrouvrir *vt* half openen, op een kier zetten; **s'entrouvrir** *vpr* half opengaan
énumération *nf* opsomming *nf*
énumérer *vt* opsommen
envahir *vt* 1 *(milit.)* binnendringen 2 *(remplir)* overstromen 3 *(sentiment, idée)* overweldigen
envahissant, -ante *adj* 1 *(dominant)* allesoverheersend 2 *(importun)* opdringerig
envahisseur *nm* indringer *nm, (plur.)* bezetters *plur*
enveloppe *nf* 1 *(postale)* enveloppe *de;* sous ~ onder couvert 2 *(emballage)* omhulsel *het* 3 *(biol.)* vlies *het* 4 *(apparence)* uiterlijk *het* 5 *(budget)* budget *het;* ~ budgétaire beschikbare kredieten
envelopper *vt* omhullen (met), wikkelen (in); je vous l'enveloppe ? zal ik het voor u

inpakken?; **s'envelopper (dans)** *vpr* zich wikkelen (in)

envenimer *vt* 1 *(infecter)* infecteren 2 *(rendre plus virulent)* verergeren; **s'envenimer** *vpr* 1 *(s'infecter)* infecteren 2 *(s'aggraver)* verergeren

envergure *nf* 1 *(ampleur)* omvang *nm;* **de grande ~** grootscheeps 2 *(d'un oiseau; d'un avion)* vlucht *de,* spanwijdte *nf*

1 **envers** *nm* 1 *(verso)* keerzijde *de,* achterzijde *de;* **à l'~** binnenstebuiten, averechts *(tricot);* in de omgekeerde richting, verkeerd om 2 *(côté caché)* schaduwzijde *de;* **l'~ du décor** wat zich achter de schermen afspeelt 3 *(inverse)* tegenovergestelde *het*

2 **envers** *prép* jegens ♦ **~ et contre tout** ondanks alles

enviable *adj* benijdenswaardig

envie *nf* 1 *(désir)* zin *nm,* lust *nm;* **avoir ~ de vomir** misselijk zijn; **avoir ~ d'une chose** zin in iets hebben; **cela me fait ~** daar heb ik zin in; **avoir ~ que** graag willen dat 2 *(jalousie)* afgunst *nf*

envier *vt* benijden; **~ qqch à qqn** iemand om iets benijden; **n'avoir rien à ~ à personne** alles hebben wat je hartje begeert

envieux, -euse (de) *adj* afgunstig (op); **faire des ~** afgunst opwekken

environ *adv* ongeveer

environnant, -ante *adj* omliggend, nabijgelegen

environnement *nm* 1 *(écologie)* milieu *het* 2 *(entourage)* omgeving *nf*

environner *vt* omringen, omgeven

environs *nm* omgeving *nf (sing.);* **aux ~ de** in de buurt van ♦ **aux ~ de 1900** rond 1900

envisageable *adj* denkbaar

envisager *vt* 1 *(considérer)* overwegen 2 *(prévoir)* voorzien 3 *(+ de) (projeter)* van plan zijn (om) (te)

envoi *nm* 1 *(action)* (het) (ver)zenden 2 *(objet)* zending *nf;* **~ recommandé** aangetekende zending 3 *(inform.)* entertoets *nm*

envol *nm* 1 *(d'oiseaux)* (het) wegvliegen 2 *(d'un avion)* (het) opstijgen; **piste d'~** startbaan 3 *(fig.) (essor)* hoge vlucht *de*

s'envoler *vpr* 1 *(prendre son vol)* wegvliegen *(oiseaux),* opstijgen *(avion)* 2 *(être emporté par le vent)* wegwaaien *(papiers, feuilles),* afwaaien *(chapeau)* 3 *(disparaître)* plotseling verdwijnen ♦ **ses illusions s'envolent** zijn, haar illusies gaan in rook op; **le temps s'envole** de tijd vliegt

envoûter *vt* 1 *(magie)* betoveren 2 *(fasciner)* fascineren

1 **envoyé, -ée** *n* afgezant(e) *nm (nf);* **~ spécial** speciale verslaggever

2 **envoyé, -ée** *adj* ♦ **réplique bien ~e** raak antwoord

envoyer *vt* 1 *(expédier)* (ver)zenden; **~ chercher** laten halen 2 *(jeter)* gooien ♦ **~ promener qqn** iemand afpoeieren; **~ promener qqch** iets laten schieten; **s'envoyer** *vpr* 1 *(une corvée)* op zich nemen 2 *(avaler)* naar binnen slaan

envoyeur, -euse *n* afzender, afzendster *nm, nf*

éolien, -ienne *adj* wind-; **l'éolienne** de windmolen

épagneul, -eule *n* spaniël *nm*

épais, épaisse *adj* dik, *(brouillard; barbe)* dicht

épaisseur *nf* 1 *(grosseur; dimension d'un solide)* dikte *nf* 2 *(densité)* dichtheid *nf* 3 *(consistance (d'un liquide))* viscositeit *nf* ♦ **un mètre d'~** een meter dik

1 **épaissir** *vi (devenir épais)* dikker worden

2 **épaissir** *vt (rendre plus épais)* dikker maken, verdikken; **s'épaissir** *vpr* 1 *(devenir plus gros)* dikker worden 2 *(devenir plus dense)* dichter worden; **le mystère s'épaissit autour de cette affaire** de zaak wordt steeds ondoorzichtiger

épanchement *nm* 1 *(effusion)* ontboezeming *nf* 2 *(méd.)* uitstorting *nf*

s'épancher *vpr* 1 *(s'abandonner)* zijn hart uitstorten 2 *(se répandre)* zich verspreiden

épanoui, -ie *adj* 1 *(éclos)* ontloken 2 *(radieux)* stralend 3 *(bien développé)* (goed) ontwikkeld

épanouir *vt* 1 *(ouvrir (une fleur))* doen ontluiken 2 *(réjouir)* opvrolijken 3 *(permettre l'épanouissement de qqn)* tot ontplooiing brengen; **s'épanouir** *vpr* 1 *(éclore)* ontluiken 2 *(se développer)* zich ontplooien 3 *(devenir radieux)* stralen

épanouissement *nm* 1 *(d'une fleur)* (het) ontluiken 2 *(plénitude)* ontplooiing *nf*

épargnant, -ante *n* spaar|der, -ster *nm, nf*

épargne *nf* 1 *(fait d'économiser)* (het) sparen *(aussi au fig.),* besparing *nf (temps, forces)* 2 *(économies)* spaargeld *het*

épargne-logement *nf* bouwspaarfonds *het*

épargner *vt* 1 *(économiser)* sparen, besparen (op) 2 *(ménager; laisser vivre)* sparen, ontzien; **~ qqch à qqn** iemand iets besparen; **~ des captifs** het leven van gevangenen sparen

éparpiller *vt* 1 *(disperser)* verspreiden 2 *(mal utiliser)* versnipperen; **~ ses forces** inefficiënt bezig zijn; **s'éparpiller** *vpr (se disperser)* uiteengaan

épars, éparse *adj* verspreid; **des cheveux ~** verwarde haren

épatant, -ante *adj* verbluffend (goed)

épaté, -ée *adj* 1 *(aplati)* plat(gedrukt) 2 *(stupéfait)* verbluft

épater *vt* verbluffen

épaule *nf* schouder *nm;* **hausser les ~s** zijn schouders ophalen

épauler *vt* 1 *(un fusil)* aanleggen 2 *(soutenir (qqn))* bijstaan

épaulette *nf* 1 *(d'un uniforme)* schouderbedekking *nf* 2 *(rembourrage)* schoudervulling *nf*
épave *nf* wrak *het (aussi au fig.)*
épeautre *nm* spelt *de*
épée *nf* degen *nm*, zwaard *het*
épeler *vt* spellen
éperdu, -ue *adj (+ de) (très troublé)* buiten zichzelf (van)
éperdument *adv* hevig; ~ amoureux smoorverliefd; je m'en moque ~ het laat me volledig koud
éperon *nm* spoor *de*
épervier *nm* sperwer *nm*
éphémère *adj* 1 *(bref)* kortstondig 2 *(qui ne vit qu'un jour)* eendags-
éphéméride *nf* scheurkalender *nm*
épi *nm* 1 *(d'une graminée)* aar *de;* en ~ aarvormig; voitures garées en ~ in schuine parkeervakken staande auto's 2 *(mèche)* piek *de*
épice *nf* specerij *nf*
épicé, -ée *adj* gekruid
épicéa *nm* 1 *(arbre)* gewone spar *nm* 2 *(bois)* vurenhout *het*
épicer *vt* kruiden *(aussi au fig.)*
épicerie *nf* 1 *(magasin)* kruidenierswinkel *nm;* ~ fine delicatessenwinkel 2 *(plur.) (produits)* delicatessen *plur*
épicier, -ière *n* kruidenier(ster) *nm (nf)*
épidémie *nf* epidemie *nf*
épiderme *nm* opperhuid *de*
épier *vt* 1 *(espionner)* bespieden 2 *(observer attentivement (qqch))* nauwlettend gadeslaan
épilation *nf* ontharing *nf*
épilepsie *nf* epilepsie *nf*
épileptique *adj* epileptisch; l'épileptique de epilepticus, epileptica
épiler *vt* ontharen, epileren
épilogue *nm* epiloog *nm*
épiloguer (sur) *vi* nakaarten (over)
épinard *nm* spinazie *de;* ~s en branches bladspinazie
épine *nf* 1 *(d'une plante, d'un animal)* doorn *nm*, stekel *nm* 2 *(d'un os)* doorn *nm;* ~ dorsale ruggengraat
épineux, -euse *adj* 1 *(hérissé d'épines)* stekelig 2 *(délicat)* lastig, netelig
épingle *nf* speld *de;* être tiré à quatre ~s tot in de puntjes gekleed zijn; ~ de nourrice, ~ de sûreté veiligheidsspeld, toespeld *(n.B.);* tirer son ~ du jeu zich handig uit de zaak draaien
épingler *vt* 1 *(fixer avec des épingles)* spelden 2 *(pincer (qqn))* snappen, pakken
Épiphanie *nf* Driekoningen *plur*
épique *adj* 1 *(litt.)* episch, helden- 2 *(iron.)* gedenkwaardig
épiscopal, -ale *adj* bisschoppelijk
épisode *nm* 1 *(circonstance)* gebeurtenis *nf* 2 *(action secondaire)* episode *nf* 3 *(film; feuilleton)* deel *het*
épisodique *adj* 1 *(secondaire)* bijkomstig 2 *(sporadique)* onregelmatig (voorkomend)
épitaphe *nf* grafschrift *het*
épithète *nf* 1 *(qualification)* betiteling *nf* 2 *(ling.)* bijvoeglijk naamwoord *het*
épître *nf* epistel *het (aussi iron.)*
éploré, -ée *adj* in tranen
éplucher *vt* 1 *(peler)* schillen; ~ des haricots verts boontjes afhalen 2 *(nettoyer)* schoonmaken 3 *(disséquer)* uitpluizen
épluchure *nf* schil *de*
éponge *nf* spons *de;* jeter l'~ de handdoek in de ring werpen; passons l'~ là-dessus zand erover
éponger *vt* 1 *(étancher)* afsponzen 2 *(résorber)* wegwerken; ~ ses dettes zijn schulden afbetalen; **s'éponger** *vpr (s'essuyer)* zich afdrogen; s'~ le front zijn voorhoofd afvegen
épopée *nf* epos *het*, heldendicht *het*
époque *nf* 1 *(période historique, géologique)* tijdperk *het, (arts)* stijlperiode *nf;* d'~ echt antiek; il faut vivre avec son ~ men moet met zijn tijd meegaan 2 *(moment)* tijdstip *het;* à l'~ destijds; à l'~ où toen; à l'~ de son mariage ten tijde van zijn huwelijk ♦ faire ~ z'n stempel op z'n tijd drukken
s'époumoner *vpr* 1 *(s'égosiller)* zich hees schreeuwen 2 *(se fatiguer à)* zich een ongeluk praten (om)
épouse *nf* → époux
épouser *vt* 1 *(se marier avec)* trouwen (met) 2 *(partager)* zich aansluiten bij 3 *(s'adapter à)* volgen; ~ la forme de de vorm aannemen van
épousseter *vt* afstoffen
époustoufler *vt* versteld doen staan; je suis époustouflé de sa question ik sta paf van zijn vraag
épouvantable *adj* verschrikkelijk
épouvantail *nm* 1 *(à oiseaux)* vogelverschrikker *nm (aussi au fig.)* 2 *(croquemitaine)* schrikbeeld *het*
épouvante *nf* hevige schrik *nm;* un film d'~ een griezelfilm
épouvanter *vt* angst aanjagen
époux, -ouse *n* echtge|noot, -note *nm, nf;* les futurs ~ het verloofde stel; les jeunes ~ de jonggehuwden; prendre qqn pour ~ iemand tot echtgenoot nemen
s'éprendre (de) *vpr* verliefd worden (op)
épreuve *nf* 1 *(test)* proef(neming) *de;* à l'~ de bestand tegen; à toute ~ overal tegen bestand; à l'~ du feu vuurvast; ~ de force krachtproef; mettre à l'~ op de proef stellen 2 *(souffrance)* beproeving *nf* 3 *(compétition)* wedstrijd *nm* 4 *(édit.)* drukproef *de* 5 *(phot.)* afdruk *nm*
épris, -ise (de) *adj* verliefd (op)
éprouvant, -ante *adj* zwaar
éprouver *vt* 1 *(tester; faire subir des souffrances à)* beproeven, op de proef stellen 2 *(ressentir)* ervaren, voelen; ~ le besoin de er behoefte aan hebben om
éprouvette *nf* reageerbuisje *het*
épuisant, -ante *adj* uitputtend

épuisé, -ée *adj* uitgeput, *(article)* uitverkocht
épuisement *nm* uitputting *nf;* **jusqu'à l'~ des stocks** zolang de voorraad strekt
épuiser *vt* uitputten; **tu m'épuises !** ik word moe van je; **~ des stocks** voorraden uitverkopen; **~ un sujet** een onderwerp uitputtend behandelen; **s'épuiser** *vpr* **1** *(se fatiguer)* zich uitputten **2** *(diminuer)* uitgeput raken, opraken
épuration *nf (aussi au fig.)* zuivering *nf*
épurer *vt* zuiveren
équateur *nm* evenaar *nm* ♦ **la République de l'Équateur** Ecuador
Équateur *nm* Ecuador *n (sans art.)*
équation *nf* vergelijking *nf*
équatorial, -ale *adj* equatoriaal
équatorien, -ienne *adj* Ecuadoraans; **l'Équatorien(ne)** de Ecuadoraan(se)
équerre *nf* (winkel)haak *nm;* **d'~** haaks
équestre *adj* **1** *(arts)* ruiter- **2** *(sports)* rij-
équilatéral, -ale *adj (math.)* gelijkzijdig
équilibre *nm* **1** *(physique)* evenwicht *het;* **être, tenir en ~** in evenwicht verkeren, blijven; **perdre l'~** z'n evenwicht kwijtraken **2** *(psychique)* evenwichtigheid *nf*
équilibré, -ée *adj* evenwichtig
équilibrer *vt* **1** *(mettre en équilibre)* in evenwicht brengen, sluitend maken *(un budget)* **2** *(contrebalancer)* (uit)balanceren; **s'équilibrer** *vpr* **1** *(se contrebalancer)* tegen elkaar opwegen **2** *(se neutraliser)* met elkaar in evenwicht komen
équilibriste *n* koorddanser(es) *nm (nf)*
équinoxe *nm* (dag-en-)nachtevening *nf*
équipage *nm* bemanning *nf*
équipe *nf* **1** *(de sportifs, de chercheurs)* team *het;* **sport d'~** teamsport; **travail d'~** teamwerk **2** *(de travailleurs)* (werk)ploeg *de,* (werk)team *het;* **chef d'~** ploegbaas; **travailler en ~** in ploegverband werken
équipement *nm* **1** *(matériel)* uitrusting *nf* **2** *(installation)* voorzieningen *plur,* installatie *nf*
équiper *vt* **1** *(munir d'un équipement)* uitrusten **2** *(+ de) (munir)* voorzien (van); **s'équiper** *vpr* zich voorzien (van)
équipier, -ière *n (sports)* speler, speelster *nm, nf*
équitable *adj* rechtvaardig; **commerce ~** eerlijke handel
équitation *nf* **1** *(action)* (het) paardrijden; **école d'~** rijschool; **faire de l'~** paardrijden **2** *(art)* rijkunst *nf*
équité *nf* rechtvaardigheid *nf*
équivalence *nf* gelijkwaardigheid *nf*
équivalent, -ente (à) *adj* gelijkwaardig (aan); **l'~** het equivalent
équivaloir (à) *vt* **1** *(égaler)* gelijkwaardig zijn (aan) **2** *(revenir)* neerkomen (op)
équivoque *adj* **1** *(ambigu)* dubbelzinnig; *(subst.)* **une ~** onzekerheid, een misverstand; *(subst.)* **sans ~** overduidelijk **2** *(suspect)* verdacht
érable *nm* esdoorn *nm*
érafler *vt* **1** *(égratigner)* schrammen, schaven; **la balle n'a fait que l'~** hij heeft alleen maar een schampschot **2** *(rayer)* bekrassen
éraflure *nf* schram *de, (rayure)* kras *de*
éraillé, -ée *adj (rauque)* schor
ère *nf* **1** *(époque)* tijdperk *het* **2** *(chronologie)* jaartelling *nf* **3** *(géo.)* hoofdtijdperk *het*
érection *nf* **1** *(construction)* oprichting *nf* **2** *(d'un organe)* erectie *nf*
éreinter *vt* uitputten
ergonomie *nf* arbeidsleer *de*
ergonomique *adj* ergonomisch
ergot *nm (du coq)* spoor *de*
ergoter *vi* muggenziften
ériger *vt* oprichten; **s'ériger (en)** *vpr (se poser en)* zich opwerpen (tot)
ermite *nm* kluizenaar *nm, (Belg.)* eenzaat *nm; (fig.)* **vivre en ~** een kluizenaarsbestaan leiden
éroder *vt* eroderen
érosion *nf (aussi au fig.)* erosie *nf*
érotique *adj* erotisch
érotisme *nm* erotiek *nf*
errant, -ante *adj* zwervend; **chien ~** loslopende hond
errer *vi* dwalen; **laisser ~ ses pensées** z'n gedachten de vrije loop laten
erreur *nf* **1** *(méprise)* vergissing *nf;* **être dans l'~** zich vergissen; **faire ~** zich vergissen; **par ~** bij vergissing; **sauf ~ de ma part** als ik het wel heb **2** *(inexactitude)* fout *de;* **cherchez l'~** er klopt iets niet; **induire en ~** op een dwaalspoor brengen; **~ judiciaire** gerechtelijke dwaling
erroné, -ée *adj* onjuist
ersatz *nm* surrogaat *het*
érudit, -ite *adj* erudiet; **l'érudit(e)** de erudiet
érudition *nf* eruditie *nf;* **avoir de l'~** erudiet zijn
éruption *nf* **1** *(méd.)* (huid)uitslag *nm* **2** *(géo.)* uitbarsting *nf (aussi au fig.)*
Érythrée *nf* Eritrea *n (sans art.)*
érythréen, -enne *adj* Eritrees; **l'Érythréen(ne)** de Eritreeër, Eritrese
escabeau *nm* **1** *(tabouret)* krukje *het* **2** *(marchepied)* trapje *het*
escabelle *nf (f.B.)* trapje *het*
escadre *nf* eskader *het*
escadrille *nf (aviat.)* escadrille *het/de*
escadron *nm* eskadron *het*
escalade *nf* **1** *(ascension)* beklimming *nf* **2** *(intensification)* escalatie *nf (aussi milit.);* **~ des prix** snelle prijsstijging
escalader *vt* beklimmen
escalator *nm* roltrap *nm*
escale *nf* **1** *(mar.) (lieu)* aanlegplaats *de* **2** *(aviat.) (lieu)* landingsplaats *de* **3** *(mar.)* (het) aanleggen; **faire ~ dans un port** een haven binnenlopen **4** *(aviat.)* tussenlanding *nf;* **vol sans ~** non-stopvlucht
escalier *nm* trap *nm;* **~ en colimaçon** wenteltrap; **dans l'~** op de trap; **~ mécanique, roulant** roltrap; **~ de secours** brandtrap

escalope *nf* **1** *(de veau)* kalfslapje *het;* ~ **panée** kalfsschnitzel **2** *(de viande, de poisson)* (dun) lapje *het*
escamotable *adj* **1** *(meuble)* opklapbaar; **lit ~** opklapbed **2** *(antenne)* inschuifbaar, *(aviat.)* intrekbaar
escamoter *vt* **1** *(faire disparaître)* wegmoffelen **2** *(subtiliser)* ontfutselen **3** *(esquiver)* ontwijken **4** *(aviat.)* intrekken
escapade *nf* slippertje *het*
escargot *nm* (huisjes)slak *de*
escarmouche *nf* schermutseling *nf*
escarpé, -ée *adj* steil
escarpement *nm* steile helling *nf*
escarpin *nm* pump(schoen) *nm*
escient *nm* ♦ **à bon ~** weldoordacht; **à mauvais ~** ondoordacht
s'esclaffer *vpr* schateren
esclandre *nm* scène *de*
esclavage *nm* slavernij *nf;* **réduire en ~** tot slavernij brengen
esclave *n* slaaf, slavin *nm, nf;* **être ~ de** slaaf zijn van
escompte *nm* **1** *(écon.)* disconto *het* **2** *(ristourne)* korting *nf*
escompter *vt* **1** *(compter sur)* verwachten **2** *(écon.)* (ver)disconteren
escorte *nf* **1** *(garde)* escorte *het* **2** *(cortège)* stoet *nm;* **faire ~ à** begeleiden
escorter *vt* begeleiden, *(milit.)* escorteren
escouade *nf* groepje *het*
escrime *nf* (het) schermen, schermkunst *nf*
s'escrimer *vpr* erg zijn best doen; **s'~ à faire qqch** zich uitsloven om iets te doen
escroc *nm* oplichter *nm*
escroquer *vt* **1** *(qqn)* oplichten **2** *(qqch)* aftroggelen
escroquerie *nf* oplichting *nf*
ésotérique *adj* esoterisch
1**espace** *nm* ruimte *nf;* **~ parcouru** afstand; **~ vert** groenstrook; *(plur.)* groenvoorzieningen ♦ **en l'~ de quelques minutes** in een paar minuten tijd
2**espace** *nf (imprim.)* spatie *nf;* **mettre une ~** een spatie zetten
espacement *nm* tussenruimte *nf;* **~ des paiements** gespreide betaling
espacer *vt* **1** *(dans l'espace)* een ruimte laten tussen **2** *(dans le temps)* in de tijd spreiden; **s'espacer** *vpr (devenir plus rare)* zeldzamer worden
espadon *nm* zwaardvis *nm*
espadrille *nf* touwschoen *nm*
Espagne *nf* Spanje *n (sans art.)*
espagnol, -ole *adj* Spaans; **l'espagnol** het Spaans; **l'Espagnol(e)** de Spanjaard, Spaanse
espalier *nm* latwerk *het, (sports)* wandrek *het*
espèce *nf* **1** *(sorte)* soort *het/de;* **éprouver une ~ de chagrin** een soort verdriet voelen; **~ d'idiot** stomme idioot; **de la même ~** gelijksoortig; **l'~ humaine** de mensheid; **ça n'a aucune ~ d'importance** dat heeft geen enkel belang **2** *(plur.) (argent liquide)* contanten *plur;* **payer en ~s** contant betalen
espérance *nf* verwachting *nf,* hoop *de;* **~ de vie** levensverwachting
espérer *vti* hopen; **j'espère (bien)** ik hoop van wel
espiègle *adj* guitig
espièglerie *nf* **1** *(tour)* kwajongensstreek *de* **2** *(caractère)* guitigheid *nf*
espion, -onne *n* spion(ne) *nm (nf)*
espionnage *nm* spionage *nf*
espionner *vt* bespioneren
esplanade *nf* voorplein *het*
espoir *nm* **1** *(espérance)* hoop *de;* **dans l'~ de votre réponse** in afwachting van uw antwoord; **sans ~** uitzichtloos **2** *(personne)* veelbelovende figuur *het/de;* **de jeunes ~s** jong talent
esprit *nm* geest *nm;* **ne pas avoir l'~ à faire qqch** geen zin hebben iets te doen; **avoir l'~ ailleurs** er niet met zijn gedachten bij zijn; **~ d'à-propos** slagvaardigheid; **où avais-je l'~ ?** waar was ik met mijn gedachten?; **calmer les ~s** de gemoederen bedaren; **en ~, par l'~** in de geest, in gedachten; **état d'~** geestestoestand; *(prov)* **les grands ~s se rencontrent** twee zielen, één gedachte; **perdre l'~** zijn verstand verliezen; **retrouver ses ~s** weer bijkomen; **Esprit Saint, Saint-Esprit** Heilige Geest; **venir à l'~** invallen ♦ **avoir de l'~** geestig zijn; **mot d'~** geestige opmerking; **être large d'~** ruimdenkend zijn; **avoir l'~ critique** kritisch zijn
1**esquimau®** *nm* choco-ijs *het*
2**esquimau, -aude** *adj* Eskimo-; **l'Esquimau(de)** de Eskimo, Eskimovrouw
esquinter *vt* **1** *(éreinter)* afbeulen **2** *(abîmer)* ↑ beschadigen, *(qqn)* toetakelen; **s'esquinter** *vpr* **1** *(s'éreinter)* zich afbeulen **2** *(s'abîmer)* ↑ beschadigen; **s'~ la vue** zijn ogen bederven
esquisse *nf* **1** *(ébauche)* schets *de* **2** *(trace)* zweem *nm*
esquisser *vt* **1** *(ébaucher)* schetsen **2** *(présenter rapidement)* in hoofdlijnen aangeven **3** *(amorcer)* even doen, maken; **~ un sourire** even glimlachen
esquive *nf* ontwijkende beweging *nf*
esquiver *vt (éviter)* (handig) ontwijken, omzeilen; **s'esquiver** *vpr* ertussenuit knijpen
essai *nm* **1** *(test)* proef(neming) *de (nf);* **faire l'~ de qqch** iets uitproberen; **pilote d'~** testpiloot; **prendre qqn à l'~** iemand op proef nemen **2** *(tentative)* poging *nf* **3** *(litt.)* essay *het*
essaim *nm* zwerm *nm (aussi au fig.)*
essayage *nm* (het) passen
1**essayer** *vi (tenter)* proberen
2**essayer** *vt* **1** *(tester)* (uit)proberen **2** *(des vêtements, des chaussures)* (aan)passen; **s'essayer (à)** *vpr* zich wagen (aan)
essence *nf* **1** *(hydrocarbure)* benzine *de;* **~ sans plomb** loodvrije benzine; **prendre de l'~** benzine tanken **2** *(substance)* es-

sentie *nf* 3 *(extrait)* essence *de,* extract *het;* ~ **de roses** rozenolie
essentiel, -elle *adj* 1 *(absolu; fondamental)* wezenlijk; **l'essentiel** het belangrijkste 2 *(indispensable)* onontbeerlijk; **l'~ est de survivre** het gaat er in de eerste plaats om te overleven ♦ *(adv.)* **essentiellement** voornamelijk
essieu *nm* as *de*
essor *nm* 1 *(développement)* (hoge) vlucht *de* 2 *(envol)* (het) opvliegen
essorer *vt* 1 *(du linge)* centrifugeren, *(Belg.)* droogzwieren 2 *(de la salade)* uitslaan
essoreuse *nf* centrifuge *de,* droogzwierder *nm (n.B.)*
essouffler *vt* buiten adem brengen; **être essoufflé** buiten adem zijn; **s'essouffler** *vpr* 1 *(perdre le souffle)* buiten adem raken 2 *(fig.)* niet meer kunnen meekomen
essuie-glace *nm* ruitenwisser *nm*
essuie-main *nm* handdoek *nm*
essuie-tout *nm* keukenrol *de*
essuyer *vt* 1 *(frotter)* afdrogen, *(meubles)* afstoffen, *(larmes)* drogen; ~ **ses pieds** z'n voeten vegen; ~ **la poussière** stof afnemen 2 *(subir)* te verduren hebben, *(pertes)* lijden; ~ **un refus** een weigering krijgen; **s'essuyer** *vpr (se sécher)* zich afdrogen; **s'~ les mains** z'n handen (af)drogen
est *nm* oosten *het;* **à l'~** in het oosten; **à l'~ de** ten oosten van; **la banlieue ~ de Paris** de oostelijke voorsteden van Parijs; **la côte ~** de oostkust; **les pays de l'Est** de Oostbloklanden
estafette *nf* 1 *(milit.)* ordonnans *nm* 2 ® *(camionnette)* bestelwagen *nm*
estampe *nf* prent *de*
estampiller *vt* (af)stempelen
esthète *n* estheet *nm*
esthéticien, -ienne *n* schoonheidsspecialist(e) *nm (nf)*
esthétique *adj* esthetisch; **l'esthétique** de schoonheid(sleer)
estimable *adj* achtenswaardig
estimation *nf* schatting *nf,* taxatie *nf*
estime *nf* achting *nf;* **avoir de l'~ pour qqn** iemand zeer hoog achten; **baisser dans l'~ de qqn** in iemands achting dalen
estimer *vt* 1 *(évaluer)* schatten; **faire ~ un bijou** een juweel laten taxeren 2 *(croire)* vinden; ~ **indispensable de faire qqch** het absoluut noodzakelijk achten iets te doen 3 *(apprécier)* (hoog)achten; **s'estimer** *vpr (se considérer)* zich achten, zich beschouwen als; **estimez-vous heureux de ...** wees blij dat ...
estival, -ale *adj* zomers, zomer-
estivant, -ante *n* zomergast *nm*
estomac *nm* 1 *(organe)* maag *de;* **avoir l'~ dans les talons** rammelen van de honger; **rester sur l'~** zwaar op de maag liggen *(aussi au fig.)* 2 *(audace)* lef *het/de (m);* **avoir de l'~** lef hebben
estomaquer *vt* verbluffen
estomper *vt* 1 *(rendre flou)* vervagen 2 *(dessin)* doezelen; **s'estomper** *vpr (devenir flou)* vervagen
Estonie *nf* Estland *n (sans art.)*
estonien, -ienne *adj* Estlands; **l'Estonien(ne)** de Estlander, Estlandse
estrade *nf* verhoging *nf*
estragon *nm* dragon *nm*
estropié, -ée *adj* verminkt; **l'estropié(e)** de invalide
estropier *vt* verminken *(aussi au fig.)*
estuaire *nm* trechtermond(ing) *nm (nf)*
estudiantin, -ine *adj* studenten-
esturgeon *nm* steur *nm*
et *conj* en; ~ **d'un** en dat is één
étable *nf* stal *nm*
[1]**établi** *nm* werkbank *de*
[2]**établi, -ie** *adj* gevestigd; **le gouvernement ~** de regering die aan de macht is; **il est ~ que** het staat vast dat
établir *vt* 1 *(installer; fonder)* vestigen *(aussi record),* stichten; ~ **un camp** een kamp opslaan; ~ **les fondements de** de grondslag leggen voor 2 *(rédiger)* opstellen; ~ **une facture** een rekening opmaken 3 *(constater)* vaststellen 4 *(démontrer)* bewijzen; **s'établir** *vpr (s'installer)* zich vestigen; **il s'est établi à son compte** hij is voor zichzelf begonnen
établissement *nm* 1 *(fondation, installation)* vestiging *nf* 2 *(entreprise)* instelling *nf* 3 *(institution)* inrichting *nf*
étage *nm* 1 *(d'un édifice)* verdieping *nf;* **à l'~** boven 2 *(géo.)* etage *nf* 3 *(d'une fusée)* trap *nm*
étager *vt* trapsgewijs plaatsen; **s'étager** *vpr* trapsgewijs oplopen
étagère *nf* 1 *(planche)* plank *de* 2 *(meuble)* rek *het*
étain *nm* 1 *(métal)* tin *het* 2 *(objet)* tinnen voorwerp *het*
étal *nm* stalletje *het*
étalage *nm* 1 *(exposition)* (het) uitstallen, *(en vitrine)* (het) etaleren 2 *(vitrine)* etalage *nf* 3 *(ostentation)* tentoonspreiding *nf;* **faire ~ de qqch** te koop lopen met iets
étalagiste *n* etaleur, etaleuse *nm, nf, (Belg.)* etalagist *de*
étaler *vt* 1 *(déployer)* uitstallen, *(en vitrine)* etaleren; ~ **sa marchandise** zijn koopwaar uitstallen 2 *(étendre)* (uit)spreiden; ~ **du beurre sur du pain** boter op brood smeren 3 *(montrer)* tentoonspreiden 4 *(faire étalage de)* pronken met; **s'étaler** *vpr (s'étendre)* zich uitspreiden; **s'~ sur un sujet** uitweiden over een onderwerp; **il s'est étalé de tout son long** hij is languit gevallen
étalon *nm* 1 *(cheval)* hengst *nm* 2 *(mesure)* standaard *nm (aussi au fig.)*
étamine *nf (biol.)* meeldraad *nm*
étanche *adj* (water)dicht; ~ **à l'air** luchtdicht
étanchéité *nf* (water)dichtheid *nf*
étancher *vt (arrêter)* stoppen, *(sang)* stelpen, *(soif)* lessen

étang *nm* vijver *nm,* plas *nm*

étape *nf* **1** *(distance à parcourir)* etappe *de* **2** *(lieu de halte)* pleisterplaats *de;* faire ~ halt houden **3** *(phase)* fase *nf,* stap *nm;* brûler les ~s te hard van stapel lopen; par ~s stapsgewijs

état *nm* **1** *(situation)* (toe)stand *nm;* ~ d'alerte, d'urgence noodtoestand; ~ d'âme gemoedstoestand; dans cet ~ de choses in die omstandigheden; être dans tous ses ~s in alle staten zijn; en bon ~ in goede staat; mettre en ~ gereedmaken; remettre en ~ herstellen; être en ~ de in staat zijn om; laisser en l'~ in de oude staat laten; en ~ d'ivresse in staat van dronkenschap; en tout ~ de cause in ieder geval; ~ d'esprit geestesgesteldheid; l'~ général de algehele toestand; être hors d'~ de niet in staat zijn om; mettre qqn hors d'~ de nuire iemand onschadelijk maken; ~ des lieux situatie; l'~ de la maison de staat waarin het huis verkeert; ~ de santé gezondheidstoestand; ~ de siège staat van beleg **2** *(inventaire)* staat *nm;* ~ civil burgerlijke stand; ~ de service staat van dienst **3** *(jur.)* stand *nm;* il est avocat de son ~ hij is van beroep advocaat ♦ faire ~ de melding maken van

État *nm* staat *nm*

étatiser *vt* naasten

état-major *nm* staf *nm*

État-providence *nm* verzorgingsstaat *nm*

États-Unis *nm* Verenigde Staten *plur*

étau *nm* **1** *(technol.)* bankschroef *de* **2** *(étreinte)* greep *de*

étayer *vt* **1** *(archit.)* (onder)steunen **2** *(+ sur) (appuyer)* baseren (op) **3** *(+ par) (corroborer)* staven (met)

etc., et c(a)etera enz., enzovoort(s)

été *nm* zomer *nm*

éteindre *vt* **1** *(feu, flamme)* doven, *(en soufflant)* uitblazen, *(incendie)* blussen **2** *(lumière, appareil)* uitdoen; ~ la radio de radio afzetten; **s'éteindre** *vpr* **1** *(cesser de brûler)* uitgaan, doven **2** *(cesser)* stoppen **3** *(mourir)* (uit)sterven

éteint, éteinte *adj* **1** *(feu, lumière)* gedoofd; tous feux ~s met gedoofde lichten **2** *(terne)* dof **3** *(affaibli)* uitgeblust

étendard *nm* standaard *nm,* vaandel *het*

étendoir *nm* drooglijn *de*

étendre *vt* **1** *(déployer)* uitspreiden; ~ le bras zijn arm uitstrekken; ~ le linge de was ophangen **2** *(étaler)* uitsmeren, uitstrijken **3** *(accroître)* uitbreiden **4** *(diluer)* verdunnen; **s'étendre** *vpr* **1** *(augmenter)* zich uitbreiden **2** *(se coucher)* gaan liggen **3** *(avoir une certaine étendue)* zich uitstrekken; mon pouvoir ne s'étend pas jusque là zo ver reikt mijn macht niet **4** *(+ sur) (s'attarder)* uitweiden (over)

étendu, -ue *adj* **1** *(déployé)* uitgespreid **2** *(large)* ruim

étendue *nf* **1** *(surface)* uitgestrektheid *nf* **2** *(durée)* tijd(sduur) *de (nm)* **3** *(importance)* omvang *nm*

éternel, -elle *adj* eeuwig; l'Éternel de Eeuwige

s'éterniser *vpr* **1** *(se prolonger)* eindeloos duren **2** *(s'attarder)* erg lang blijven

éternité *nf* eeuwigheid *nf;* il y a une ~ que je ne l'avais vu ik had hem in geen eeuwen gezien

éternuement *nm* (het) niezen

éternuer *vi* niezen

éther *nm* ether *nm*

Éthiopie *nf* Ethiopië *n (sans art.)*

éthiopien, -ienne *adj* Ethiopisch; l'Éthiopien(ne) de Ethiopiër, Ethiopische

éthique *adj* ethisch; l'éthique de ethiek

ethnie *nf* etnie *nf*

ethnique *adj* etnisch

ethnologie *nf* volkenkunde *nf*

ethnologue *n* volkenkundige *nm*

étinceler *vi* schitteren

étincelle *nf* vonk *de (aussi au fig.);* ~ de courage sprankje moed; *(fig.)* faire des ~s schitteren

s'étioler *vpr* **1** *(plantes)* verbleken **2** *(personnes)* zwak worden

étiqueter *vt* **1** *(marquer)* etiketteren **2** *(cataloguer)* een etiket opplakken

étiquette *nf* etiket *het (aussi au fig.)*

étirer *vt* (uit)rekken; **s'étirer** *vpr* **1** *(personnes)* zich uitrekken **2** *(choses)* zich uitstrekken

étoffe *nf* stof *de (aussi au fig.)* ♦ il a l'~ d'un écrivain er steekt een schrijver in hem; avoir de l'~ persoonlijkheid hebben

étoffer *vt* verrijken; **s'étoffer** *vpr* steviger worden

étoile *nf* **1** *(astre)* ster *de;* loger à la belle ~ de nacht onder de blote hemel doorbrengen; ~ du berger Avondster; en ~ stervormig; ~ filante vallende ster; ~ de mer zeester; ~ Polaire Poolster **2** *(destin)* gesternte *het;* être né sous une bonne ~ onder een gelukkig gesternte geboren zijn; être confiant en son ~ op zijn geluk vertrouwen **3** *(marque)* bles *de* ♦ ~ de David davidster; ~ jaune gele ster, davidster; ~ de Noël kerstster; restaurant trois ~s driesterrenrestaurant

étoilé, -ée *adj* **1** *(semé d'étoiles)* met sterren bezaaid **2** *(en forme d'étoile)* stervormig ♦ la bannière ~e de stars-and-stripes *(plur.)*

étonnant, -ante *adj* **1** *(surprenant)* verrassend **2** *(remarquable)* opmerkelijk; vous êtes ~ jij bent me er één

étonné, -ée *adj* verbaasd

étonnement *nm* verbazing *nf;* à mon ~ tot mijn verbazing

étonner *vt* verbazen; **s'étonner (de)** *vpr* zich verbazen (over)

étouffant, -ante *adj* **1** *(suffocant)* benauwd **2** *(fig.)* benauwend

étouffée ♦ *(adv.)* à l'~ gestoofd

étouffement *nm* **1** *(asphyxie)* verstikking *nf* 2 *(malaise)* benauwdheid *nf* 3 *(répression)* onderdrukking *nf*

[1]**étouffer** *vi (suffoquer)* stikken; ~ de rire stikken van het lachen; on étouffe ici ! wat is het hier benauwd!

[2]**étouffer** *vt* 1 *(asphyxier)* verstikken 2 *(assourdir)* dempen 3 *(réprimer)* onderdrukken; ~ un scandale een schandaal in de doofpot stoppen ♦ les scrupules ne l'étouffent pas hij heeft geen last van scrupules; **s'étouffer** *vpr (être asphyxié)* stikken

étourderie *nf* onbezonnenheid *nf*

étourdi, -ie *adj* onbezonnen; à l'~e onbezonnen

étourdir *vt* verdoven; ~ la faim de ergste honger stillen; **s'étourdir** *vpr* verdoofd raken ♦ s'~ dans la boisson z'n verdriet verdrinken

étourdissant, -ante *adj* 1 *(assourdissant)* oorverdovend 2 *(étonnant)* verbluffend

étourdissement *nm* 1 *(vertige)* duizeligheid *nf;* avoir un ~ duizelig worden 2 *(griserie)* roes *nm*

étourneau *nm* 1 *(oiseau)* spreeuw *de* 2 *(écervelé(e))* onbesuisd mens *nm*

étrange *adj* vreemd, raar

étranger, -ère *adj* 1 *(d'une autre nation)* buitenlands; les Affaires étrangères Buitenlandse Zaken; l'étranger het buitenland; l'étranger, l'étrangère de buitenlander, buitenlandse 2 *(+ à) (d'un autre groupe)* niet behorend (tot) 3 *(+ à) (choses)* vreemd (aan) 4 *(+ à) (personnes)* onbekend (met); il est ~ à cette affaire hij staat buiten die kwestie

étrangeté *nf* vreemdheid *nf*

étranglé, -ée *adj* verstikt

étranglement *nm* 1 *(étouffement)* (het) wurgen 2 *(resserrement)* vernauwing *nf*

étrangler *vt* 1 *(asphyxier)* wurgen 2 *(resserrer)* vernauwen 3 *(opprimer)* onderdrukken; **s'étrangler** *vpr (s'étouffer)* zich verslikken

[1]**être** *nm* 1 *(créature)* wezen *het;* l'Être suprême het Opperwezen, God 2 *(existence)* (het) zijn, bestaan *het*

[2]**être** *vi* 1 *(identité)* zijn; je suis à vous (ik ben) tot uw dienst; tout est à refaire alles moet over; il n'est pas à ce qu'il fait hij is er niet bij met zijn hoofd; il est toujours à se plaindre hij klaagt eeuwig en altijd; ~ après qqn het op iemand begrepen hebben; ~ bien, mal zich goed, slecht voelen; c'est ça ! ziezo, dat is dat!; c'est bien (de) lui dat is net iets voor hem; c'est moi qui l'ai fait ík heb dat gedaan; voilà ce que c'est que de dat komt ervan als; c'est trois heures qui sonnent het slaat drie uur; n'est-ce pas ? nietwaar?; est-ce que tu viens ? kom je?; ne serait-ce qu'un moment al is het maar een ogenblik; le prix est de 20 euros de prijs bedraagt 20 euro; en ~ van de partij zijn; *(homosexuels)* ook zó zijn; en serez-vous ? komt u ook?; pour ce qui est de wat betreft; c'est que dat is omdat; ce n'est pas que het is niet dat; ~ quelqu'un iemand zijn; si j'étais de vous als ik u was; si ce n'était, n'était zonder; ça y est het is voor elkaar 2 *(se situer)* zijn, zich bevinden; il n'en est rien daar is niets van waar; où en êtes-vous ? hoe ver bent u?; il n'en a rien été er is niets van terechtgekomen; voilà ce qu'il en est zo staat het ermee; ne plus savoir où l'on en est zich geen raad meer weten; nous sommes lundi het is vandaag maandag; avoir été voir qqn iemand opgezocht hebben; y ~ *(être à la maison)* thuis zijn; *(comprendre qqch)* (iets) begrijpen; j'y suis ik snap het; je n'y suis pour rien ik heb daar niets mee te maken; je n'y suis pour personne ik ben voor niemand te spreken 3 *(exister)* zijn, bestaan; ainsi soit-il het zij zo; toujours est-il que toch, niettemin; un coquin s'il en est een echte schurk; ce temps heureux n'est plus die gelukkige tijd is voorbij; cela peut ~ dat is mogelijk; soit un triangle gegeven een driehoek; soit ! het zij zo!

[3]**être** *vb aux* 1 *(auxil. + attribut)* zijn; ~ mort gestorven zijn 2 *(auxil. des pronominaux)* hebben; ils se sont lavés zij hebben zich gewassen 3 *(auxil. du passif)* worden; ~ aimé bemind worden

étreindre *vt* 1 *(embrasser)* omhelzen 2 *(tenir fermement)* omvatten; ~ qqn sur son cœur iemand aan het hart drukken 3 *(oppresser)* aangrijpen

étreinte *nf* 1 *(embrassement)* omhelzing *nf* 2 *(pression)* druk *nm*

[1]**étrenner** *vi (écoper)* de spits afbijten

[2]**étrenner** *vt (utiliser pour la première fois)* inwijden

étrennes *nf* 1 *(cadeau)* nieuwjaarsgeschenk *het* 2 *(gratification)* (nieuwjaars)-gratificatie *nf*

étrier *nm* 1 *(cavalier)* stijgbeugel *nm;* être ferme sur ses ~s vast in het zadel zitten; *(fig.)* stevig in zijn schoenen staan; *(aussi au fig.)* perdre, vider les ~s uit het zadel gelicht worden 2 *(anneau)* beugel *nm* 3 *(os)* stijgbeugel *nm*

étriper *vt* de ingewanden halen uit; **s'étriper** *vpr* elkaar afmaken

étriqué, -ée *adj* 1 *(trop étroit)* te nauw 2 *(mesquin)* bekrompen

étroit, -oite *adj* 1 *(peu large)* nauw *(aussi au fig.);* en ~e collaboration avec in nauwe samenwerking met; au sens ~ in engere zin 2 *(exigu)* klein; à l'~ in het nauw; vivre à l'~ 't krap hebben; être logé à l'~ klein behuisd zijn 3 *(mesquin)* bekrompen 4 *(strict)* streng; catholique d'~e observance streng katholiek

étroitesse *nf* 1 *(exiguïté)* nauwheid *nf* 2 *(mesquinerie)* bekrompenheid *nf;* ~ d'esprit kleingeestigheid

étude *nf* 1 *(action d'étudier)* studie *nf* 2 *(plur.) (scolarité)* studie *nf;* faire ses ~s studeren; faire des ~s de médecine medicijnen studeren; **~s obligatoires** leerplicht; **~s primaires** basisonderwijs; **renvoyer qqn à ses chères ~s** iemand weer tot ambteloos burger maken; **~s secondaires** voortgezet onderwijs; **~s supérieures** hoger onderwijs **3** *(analyse)* onderzoek *het;* **à l'~** in onderzoek; **~s de marché** marktonderzoek **4** *(esquisse)* studie *nf, (mus.)* etude *nf* **5** *(salle)* huiswerkklas *nf* **6** *(bureau)* kantoor *het;* **~ de notaire** notariskantoor

étudiant, -ante *n* student(e) *nm (nf), (Belg.)* studentin *nf;* **~ en lettres** letterenstudent

étudié, -ée *adj* **1** *(bien préparé)* (zorgvuldig) bestudeerd **2** *(affecté)* gemaakt

étudier *vt* **1** *(apprendre)* (in)studeren **2** *(analyser)* onderzoeken, bestuderen

étui *nm* etui *het,* pennenzakje *het (n.B.);* **~ de cartouche** patroonhuls; **~ à lunettes** brillenkoker; **~ à violon** vioolkist

étuve *nf* **1** *(sauna)* stoombad *het* **2** *(lieu étouffant)* broeikas *de* **3** *(autoclave)* steriliseerketel *nm* **4** *(chambre)* droogkamer *de*

étuvée *nf* gestoofd gerecht *het;* **cuire à l'~** stoven

étymologie *nf* etymologie *nf*

étymologique *adj* etymologisch; **sens ~** oerbetekenis

Eucharistie *nf* eucharistie(viering) *nf*

euh! *interj* hm!

eunuque *nm* eunuch *nm*

euphorie *nf* opgetogenheid *nf*

euphorique *adj* **1** *(ravi)* opgetogen, euforisch **2** *(euphorisant)* roesverwekkend

euro *nm* euro *nm*

eurodéputé *n* Europarlementariër *de*

Euroland *nm* eurozone *nf,* Euroland *het*

Europe *nf* Europa *n (sans art.)*

européaniser *vt* **1** *(problème)* op Europese schaal aanpakken **2** *(civilisation)* vereuropesen

européen, -enne *adj* Europees; **l'Européen(ne)** de Europeaan, Europese

Eurovision *nf* Eurovisie *nf*

euthanasie *nf* euthanasie *nf*

eux *pron pers* **1** *(forme d'insistance)* zij **2** *(après préposition)* hen **3** *(+ mêmes) (pronominal)* zichzelf, (zij)zelf; **ils ne pensent qu'à eux-mêmes** zij denken alleen maar aan zichzelf; **ils l'ont fait eux-mêmes** ze hebben het zelf gedaan

évacuation *nf* **1** *(déversement)* lozing *nf* **2** *(départ)* ontruiming *nf* **3** *(guerre)* evacuatie *nf* **4** *(rejet de l'organisme)* ontlasting *nf*

évacuer *vt* **1** *(déverser)* lozen **2** *(vider)* opruimen **3** *(quitter)* ontruimen **4** *(blessés, malades)* evacueren **5** *(rejeter de l'organisme)* uitscheiden

s'évader (de) *vpr* ontvluchten (uit) *(aussi au fig.),* ontsnappen (uit) *(prison)*

évaluation *nf* schatting *nf*

évaluer *vt* schatten

évangélique *adj* evangelisch

Évangile *nm (relig.)* evangelie *het;* **l'~ selon saint Jean** het evangelie naar Johannes

s'évanouir *vpr* **1** *(perdre connaissance)* flauwvallen **2** *(disparaître)* (spoorloos) verdwijnen

évanouissement *nm* **1** *(disparition)* verdwijning *nf* **2** *(syncope)* flauwte *nf*

évaporation *nf* verdamping *nf*

s'évaporer *vpr* **1** *(se transformer en vapeur)* verdampen, vervliegen *(aussi au fig.)* **2** *(disparaître)* plotseling verdwijnen

évasé, -ée *adj* wijd uitlopend

s'évaser *vpr* zich verwijden, (wijd) uitlopen

évasif, -ive *adj* ontwijkend

évasion *nf* **1** *(fuite)* ontsnapping *nf* **2** *(distraction)* vlucht *de,* afleiding *nf* **3** *(disparition)* verdwijning *nf;* **~ de(s) capitaux** kapitaalvlucht; **~ fiscale** belastingontduiking

évêché *nm* **1** *(juridiction)* bisdom *het* **2** *(palais)* bisschoppelijk paleis *het*

éveil *nm* (het) ontwaken; **rester en ~** op zijn hoede blijven; **tenir qqn en ~** iemand blijven boeien

éveillé, -ée *adj* wakker; **rêve ~** dagdroom

éveiller *vt* **1** *(réveiller)* wekken **2** *(susciter)* opwekken; **~ qqch en qqn** iets bij iemand wakker roepen; **s'éveiller** *vpr* **1** *(se réveiller)* wakker worden **2** *(naître)* ontwaken

évènement *nm* (belangrijke) gebeurtenis *nf,* voorval *het;* **attendre un heureux ~** in (blijde) verwachting zijn

éventail *nm* **1** *(instrument)* waaier *nm;* **en ~** waaiervormig **2** *(choix)* assortiment *het*

éventé, -ée *adj* **1** *(venteux)* winderig **2** *(altéré)* verschaald

éventer *vt* **1** *(rafraîchir)* koelte toewaaien **2** *(fig.; secret)* onthullen; **s'éventer** *vpr* **1** *(perdre son parfum, son goût)* verschalen *(boissons),* vervliegen *(parfum)* **2** *(se rafraîchir)* zich koelte toewaaien

éventrer *vt* **1** *(étriper)* de buik openscheuren van **2** *(ouvrir)* (met geweld) openscheuren

éventualité *nf* mogelijkheid *nf;* **dans l'~ de** in het geval van; **parer à toutes ~s** op alle mogelijkheden voorbereid zijn

éventuel, -elle *adj* eventueel

évêque *nm* bisschop *nm*

s'évertuer (à) *vpr* zich uitsloven (om)

éviction *nm* verdringing *nf*

évidence *nf* vanzelfsprekendheid *nf;* **de toute ~** vanzelfsprekend; **en ~** duidelijk zichtbaar; **mettre en ~** in het (dag)licht stellen; *(fig.)* doen uitkomen, onderstrepen; **se refuser à l'~** iets niet willen inzien; **se rendre à l'~** zich buigen voor de feiten

évident, -ente *adj* vanzelfsprekend; **c'est ~** dat ligt voor de hand

évider *vt* uithollen

évier *nm* gootsteen *nm*

évincer *vt* verdringen

évitable *adj* te vermijden
évitement *nm (f.B.)* omleiding *nf* ♦ **voie d'~** zijspoor
éviter *vt* **1** *(esquiver)* vermijden, ontwijken; **~ que** voorkomen dat **2** *(épargner)* besparen; **~ qqch à qqn** iemand iets besparen
évocateur, -trice *adj* suggestief
évocation *nf* **1** *(rappel)* (het) voor de geest roepen **2** *(incantation)* (het) oproepen
évolué, -ée *adj* hoog ontwikkeld
évoluer *vi* **1** *(se modifier)* zich ontwikkelen **2** *(se mouvoir)* zich bewegen
évolution *nf* **1** *(développement)* ontwikkeling *nf* **2** *(biol.)* evolutie *nf* **3** *(changement)* zwenking *nf*
évoquer *vt* **1** *(rappeler, représenter)* oproepen; **~ la mémoire de qqn** iemand herdenken **2** *(mentionner)* aanstippen
exacerber *vt* verergeren
exact, exacte *adj* **1** *(juste)* nauwkeurig, precies; **c'est ~** dat is juist, dat klopt; **l'heure ~e** de juiste tijd **2** *(ponctuel)* stipt op tijd ♦ **sciences ~es** exacte wetenschappen
exactitude *nf* **1** *(précision)* nauwkeurigheid *nf* **2** *(ponctualité)* stiptheid *nf*
[1]**ex aequo** *nm* gelijk geëindigde *nm*
[2]**ex aequo** *adv* ex aequo
exagération *nf* overdrijving *nf*
exagéré, -ée *adj* overdreven
exagérer *vti* overdrijven; **sans ~** zonder overdrijving
exaltation *nf* **1** *(enthousiasme)* opgewondenheid *nf* **2** *(glorification)* (het) verheerlijken
exalté, -ée *adj* opgewonden; **l'exalté(e)** de heethoofd
exalter *vt* **1** *(enthousiasmer)* opwinden **2** *(glorifier)* verheerlijken; **s'exalter** *vpr* enthousiast worden
examen *nm* **1** *(recherche)* onderzoek *het* **2** *(épreuve)* examen *het,* proefwerk *het (n.B.)*; **~ blanc** proefexamen; **~ écrit** schriftelijk examen; **~ d'entrée** toelatingsexamen; **faire passer un ~** een examen afnemen; **~ de fin d'études** eindexamen; **~ oral** mondeling examen; **passer un ~** een examen doen, afleggen; **se présenter à un ~** opgaan voor een examen
examinateur, -trice *n* examina|tor, -trice *nm, nf*
examiner *vt* **1** *(analyser)* onderzoeken *(aussi méd.)* **2** *(observer)* nauwkeurig bekijken **3** *(interroger)* examineren
exaspérant, -ante *adj* ergerlijk
exaspération *nf* ergernis *nf*
exaspérer *vt* mateloos ergeren
exaucer *vt* **1** *(écouter la prière de qqn)* verhoren **2** *(désir)* vervullen
excaver *vt* uitgraven
excédent *nm* overschot *het;* **~ de bagages** overwicht; **~ de frais** meerkosten, *(Belg.)* meerkost; **~ de poids** over(ge)wicht
excéder *vt* **1** *(dépasser)* overschrijden **2** *(exaspérer)* irriteren
excellence *nf* voortreffelijkheid *nf;* **par ~** bij uitstek
Excellence *nf* Excellentie *nf*
excellent, -ente *adj* voortreffelijk
exceller *vi* uitmunten (in); **~ dans, à** heel goed zijn in
excentré, -ée *adj* afgelegen
excentricité *nf* buitenissigheid *nf*
excentrique *adj* zonderling; **l'excentrique** de zonderling(e)
[1]**excepté, -ée** *adj* uitgezonderd
[2]**excepté** *prép* behalve; **~ que** behalve dat
excepter *vt* uitzonderen; **sans ~ personne** zonder uitzondering
exception *nf* uitzondering *nf;* **à l'~ de** met uitzondering van; *(prov)* **l'~ confirme la règle** uitzonderingen bevestigen de regel; **faire ~** een uitzondering vormen
exceptionnel, -elle *adj* **1** *(qui forme une exception; par exception)* uitzonderlijk *(adj.),* bij (wijze van) uitzondering *(adv.)*; **mesure ~le** uitzonderingsmaatregel **2** *(extraordinaire)* bijzonder, buitengewoon
excès *nm* **1** *(excédent)* overmaat *de;* **à l'~** bovenmatig; **par ~ de zèle** vanwege een teveel aan ijver; **~ de prudence** overmatige voorzichtigheid **2** *(abus)* overdaad *de;* **ne faites pas d'~ !** wees matig!; **~ de langage** grof taalgebruik
excessif, -ive *adj* **1** *(démesuré)* buitensporig **2** *(exagéré)* extreem, overdreven
excitant, -ante *adj* **1** *(passionnant; sexy)* opwindend; **l'excitant** het opwekkende middel **2** *(stimulant)* opwekkend
excitation *nf* **1** *(agitation)* opwinding *nf* **2** *(encouragement)* aansporing *nf* **3** *(stimulation)* prikkeling *nf*
excité, -ée *adj* opgewonden; **l'excité(e)** de heethoofd
exciter *vt* **1** *(susciter)* opwekken **2** *(agiter; éveiller le désir chez)* opwinden **3** *(irriter)* ophitsen; **s'exciter** *vpr* (+ *sur) (s'énerver)* zich opwinden (over)
exclamation *nf* kreet *nm;* **point d'~** uitroepteken
s'exclamer *vpr* uitroepen; **~ sur qqch** z'n bewondering uiten over iets
exclu, -ue *adj* **1** *(hors de question)* uitgesloten **2** *(rejeté)* buitengesloten; **les ~s** de uitgeslotenen **3** *(non compté)* niet inbegrepen
exclure *vt* **1** *(personnes)* uitsluiten (van), *(écarter)* verwijderen (uit); **~ qqn d'un parti politique** iemand uit een politieke partij zetten **2** *(choses)* uitsluiten
exclusif, -ive *adj* **1** *(droits)* exclusief, uitsluitend, alleen- **2** *(modèle)* exclusief **3** *(absolu)* uitgesproken ♦ *(adv.)* **exclusivement** uitsluitend, alleen
exclusion *nf* uitsluiting *nf;* **à l'~ de** met uitsluiting van; **~ du parti** uitstoting uit de partij
exclusivité *nf* **1** *(droit de vente)* alleenverkooprecht *het* **2** *(dans un journal)* scoop *nm* **3** *(produit, film)* specialiteit *nf*

(produit), primeur de *(film)* ♦ **en ~** uitsluitend
excommunier *vt* excommuniceren
excrément *nm* uitwerpsel *het*
excroissance *nf (aussi au fig.)* uitwas *het/de (m)*
excursion *nf* excursie *nf*, uitstapje *het*
excuse *nf* excuus *het;* **présenter ses ~s (à qqn)** (iemand) zijn verontschuldigingen aanbieden
excuser *vt* verontschuldigen, excuseren; **excusez-moi** neemt u me niet kwalijk; **s'excuser (de)** *vpr* zich verontschuldigen (voor); **je m'excuse** neemt u me niet kwalijk
exécrable *adj* **1** *(haïssable)* walgelijk **2** *(très mauvais)* verfoeilijk
exécrer *vt* verafschuwen
exécutant, -ante *n (agent)* uitvoerder, uitvoerster *nm, nf*
exécuter *vt* **1** *(effectuer; confectionner)* uitvoeren **2** *(jugement)* voltrekken **3** *(musique)* spelen **4** *(tuer)* terechtstellen; **s'exécuter** *vpr* gehoorzamen
exécutif, -ive *adj* uitvoerend; **l'exécutif** de uitvoerende macht
exécution *nf* **1** *(réalisation)* uitvoering *nf*, *(jugement)* voltrekking *nf;* **mettre à ~** ten uitvoer brengen **2** *(mise à mort)* terechtstelling *nf*
[1]**exemplaire** *nm* exemplaar *het;* **en deux ~s** in duplo
[2]**exemplaire** *adj* **1** *(modèle)* voorbeeldig **2** *(leçon)* als voorbeeld dienend
exemple *nm* **1** *(modèle)* voorbeeld *het;* **à l'~ de** in navolging van; **prendre ~ sur qqn** een voorbeeld aan iemand nemen **2** *(illustration)* voorbeeld (vb.) *het;* **par ~, p.ex.** bijvoorbeeld, bijv., bv.
exempt, exempte (de) *adj* vrij(gesteld) (van), ontheven (van); **être ~ d'impôts** geen belasting hoeven te betalen
exempter (de) *vt* vrijstellen (van), ontheffen (van)
exercer *vt* **1** *(entraîner)* oefenen, *(milit.)* drillen **2** *(droit, pouvoir)* uitoefenen **3** *(profession)* uitoefenen, *(docteur, avocat)* een praktijk hebben; **il n'exerce plus** hij heeft geen praktijk meer; **s'exercer** *vpr (+ à)* (zich) oefenen (in)
exercice *nm* **1** *(entraînement)* oefening *nf*, *(milit.)* exercitie *nf; (sports)* **faire de l'~** aan lichaamsbeweging doen **2** *(pratique)* uitoefening *nf* **3** *(profession)* uitoefening *nf;* **dans l'~ de ses fonctions** in de uitoefening van zijn functie; **l'~ illégal de la médecine** het onbevoegd uitoefenen van de geneeskunde **4** *(fin.)* boekjaar *het*
exhaler *vt* **1** *(dégager)* uitwasemen **2** *(laisser échapper)* uitblazen; **s'exhaler** *vpr (se répandre)* zich verbreiden
exhaustif, -ive *adj* uitvoerig
exhiber *vt* **1** *(montrer)* vertonen, *(animaux de cirque)* voorleiden **2** *(arborer)* pronken met; **s'exhiber** *vpr (se montrer)* zich laten zien
exhibitionniste *n* exhibitionist(e) *nm (nf)*
exhorter (à) *vt* aansporen (te, tot)
exhumer *vt* opgraven *(aussi au fig.)*
exigeant, -ante *adj* veeleisend
exigence *nf* **1** *(revendication)* eis *nm;* **~s d'une profession** verplichtingen van een beroep **2** *(caractère exigeant)* veeleisendheid *nf;* **être d'une ~ incroyable** ongelofelijk veeleisend zijn
exiger *vt* **1** *(réclamer)* eisen, verlangen; **~ que** erop staan dat **2** *(nécessiter)* vereisen
exigu, -uë *adj* (piep)klein
exil *nm* ballingschap *nf*, verbanning *nf*
exilé, -ée *adj* verbannen; **l'exilé(e)** de balling(e)
exiler *vt* verbannen; **~ qqn de France** iemand uit Frankrijk verbannen; **s'exiler** *vpr* vrijwillig in ballingschap gaan
existence *nf* bestaan *het*
exister *vi* **1** *(être)* bestaan; **il existe ...** er is, er zijn ... **2** *(vivre)* leven **3** *(jouer un rôle)* tellen
exode *nm* uittocht *nm;* **~ des capitaux** kapitaalvlucht; **l'~ rural** de trek naar de stad
exonération *nf* vrijstelling *nf*
exonérer *vt* vrijstellen (van)
exorbitant, -ante *adj* buitensporig
exorciser *vt* **1** *(chasser)* uitdrijven **2** *(délivrer des démons)* van boze geesten bevrijden
exorcisme *nm (relig.)* duiveluitbanning *nf*
exotique *adj* exotisch
exotisme *nm* exotische aard *nm*
expansif, -ive *adj* open(hartig); **femme peu expansive** nogal gesloten vrouw
expansion *nf* **1** *(extension)* uitbreiding *nf;* **~ économique** economische groei **2** *(épanchement)* openhartigheid *nf*
expatrié, -ée *adj* **1** *(exilé)* uit het vaderland verdreven **2** *(d'un salarié)* expat-, naar het buitenland uitgezonden; **l'~(e)** de expat
expatrier *vt* **1** *(personnes)* verbannen **2** *(capitaux)* naar het buitenland overbrengen; **s'expatrier** *vpr* zijn vaderland verlaten
expectative *nf* afwachtende houding *nf;* **être dans l'~** een afwachtende houding aannemen
expédient *nm* **1** *(mesure provisoire)* noodoplossing *nf;* **vivre d'~s** zijn kostje bij elkaar scharrelen **2** *(échappatoire)* uitweg *nm*
expédier *vt* **1** *(envoyer)* verzenden **2** *(bâcler)* afraffelen; **~ un repas** snel een maaltijd naar binnen werken **3** *(faire rapidement)* (snel) afhandelen **4** *(se débarrasser de)* wegwerken
expéditeur, -trice *n* afzender *nm;* **retour à l'~** retour naar afzender
expéditif, -ive *adj* **1** *(actif)* voortvarend **2** *(rapide)* snel
expédition *nf* **1** *(opération militaire; voyage)* expeditie *nf;* **~ punitive** strafex-

peditie; c'est une véritable ~ dat is een hele onderneming 2 *(envoi)* verzending *nf;* service des ~s expeditie(afdeling) 3 *(action de régler)* (het) afhandelen

expérience *nf* 1 *(pratique)* ervaring *nf;* connaître par ~ uit ervaring kennen; faire l'~ de qqch iets meemaken; acquérir de l'~ ervaring opdoen; l'~ prouve que de praktijk leert dat; sans ~ onervaren 2 *(test)* experiment *het,* proef(neming) *de (nf)*

expérimental, -ale *adj* experimenteel, proefondervindelijk; à titre ~ bij wijze van proef; stade ~ proefstadium

expérimentation *nf* (het) experimenteren

expérimenté, -ée *adj* ervaren

expérimenter *vt* 1 *(tester)* beproeven, uitproberen 2 *(éprouver)* ondervinden

expert, -erte *adj* (des)kundig; être ~ en la matière ter zake kundig zijn; *(spécialiste)* l'expert de deskundige ♦ *(valeur)* l'expert de taxateur

expert-comptable *nm* accountant *nm*

expertise *nf* 1 *(examen)* expertise *nf* 2 *(estimation)* taxatie *nf*

expertiser *vt* taxeren

expier *vt* boeten voor

expiration *nf* 1 *(respiration)* uitademing *nf* 2 *(échéance)* afloop *nm;* à l'~ du bail bij het aflopen van het huurcontract; à l'~ du délai bij het verstrijken van de termijn; venir à ~ ten einde lopen

[1]**expirer** *vi* 1 *(mourir)* de laatste adem uitblazen 2 *(finir)* aflopen

[2]**expirer** *vt (expulser)* uitademen

explicatif, -ive *adj* verklarend

explication *nf* 1 *(éclaircissement)* uitleg *nm;* donner l'~ de qqch iets verklaren; fournir des ~s uitleg geven; ~ de texte tekstverklaring 2 *(justification)* rekenschap *nf;* je n'ai pas d'~ à vous donner ik ben u geen verantwoording schuldig; demander des ~s à qqn sur qqch iemand ter verantwoording roepen; je vous dois des ~s ik ben u een verklaring schuldig 3 *(dispute)* woordenwisseling *nf*

explicite *adj* uitdrukkelijk, expliciet

expliciter *vt* uitdrukkelijk formuleren

expliquer *vt* 1 *(éclaircir)* uitleggen 2 *(développer)* uiteenzetten; **s'expliquer** *vpr* 1 *(s'exprimer)* zich uitdrukken; je m'explique : ik bedoel dit:; s'~ sur qqch iets nader verklaren 2 *(se justifier)* zich verantwoorden; s'~ avec qqn iemand opheldering geven, vragen 3 *(avoir une discussion)* een discussie voeren, (iets) uitvechten 4 *(comprendre)* begrijpen 5 *(être explicable)* te begrijpen zijn

exploit *nm* 1 *(prouesse)* topprestatie *nf* 2 *(acte héroïque)* heldendaad *de*

exploitant, -ante *n* onder|nemer, -neemster *nm, nf;* ~ agricole landbouwer

exploitation *nf* 1 *(culture)* ontginning *nf;* mettre qqch en ~ iets in exploitatie nemen; ~ minière mijnbouw 2 *(gestion)* exploitatie *nf,* uitbating *nf* 3 *(entreprise)* bedrijf *het;* ~ agricole landbouwbedrijf; ~ familiale familiezaak 4 *(abus)* uitbuiting *nf*

exploiter *vt* 1 *(faire valoir)* ontginnen 2 *(gérer)* exploiteren, uitbaten 3 *(abuser)* uitbuiten 4 *(tirer parti de)* munt slaan uit

exploiteur, -euse *n* uitbuit(st)er *nm (nf)*

explorateur, -trice *n* ontdekkingsreizig(st)er *nm (nf)*

exploration *nf* 1 *(examen)* onderzoek *het* 2 *(expédition)* ontdekkingstocht *nm;* partir en ~ op ontdekkingsreis gaan

explorer *vt* 1 *(voyager)* verkennen 2 *(examiner)* onderzoeken

[1]**exploser** *vi* 1 *(détoner)* ontploffen; faire ~ tot ontploffing brengen 2 *(sentiments)* uitbarsten; sa colère explosa hij ontplofte

[2]**exploser** *vt (fam.) (qqch)* slopen, naar de filistijnen helpen, aan gort slaan; j'ai explosé ma voiture ik heb mijn auto aan gort gereden; *(sports)* ~ un record een record verpulveren

explosif, -ive *adj* 1 *(explosible)* ontplofbaar; l'explosif de springstof 2 *(tendu)* gespannen

explosion *nf* 1 *(détonation)* ontploffing *nf,* explosie *nf;* faire ~ ontploffen 2 *(sentiments)* uitbarsting *nf;* ~ de rires lachsalvo 3 *(expansion)* explosie *nf;* ~ démographique bevolkingsexplosie

exportateur, -trice *adj* exporterend; l'exportateur de exporteur

exportation *nf* uitvoer *nm;* ~ de capitaux kapitaalexport

exporter *vt* exporteren

exposant, -ante *n* 1 *(dans une exposition)* inzend(st)er *nm (nf)* 2 *(m.) (math.)* exponent *nm*

exposé *nm* 1 *(analyse)* uiteenzetting *nf* 2 *(à l'école)* spreekbeurt *de*

exposer *vt* 1 *(étaler)* uitstallen 2 *(+ à) (mettre en péril)* blootstellen (aan); ~ au soleil in de zon zetten; ~ qqn au péril iemand in gevaar brengen; mur exposé au nord muur die op het noorden ligt 3 *(décrire)* uiteenzetten 4 *(phot.)* belichten; **s'exposer (à)** *vpr* zich blootstellen (aan); il a peur de s'~ hij durft geen risico's te nemen

exposition *nf* 1 *(présentation)* uitstalling *nf* 2 *(orientation)* ligging *nf* 3 *(salon)* tentoonstelling *nf;* Exposition universelle wereldtentoonstelling 4 *(phot.)* belichting *nf*

[1]**exprès, -esse** *adj* expres-; l'exprès de expresbrief

[2]**exprès, -esse** *adj* ♦ défense expresse de uitdrukkelijk verbod om

[3]**exprès, -esse** *adv* expres, met opzet ♦ comme un fait ~ alsof de duivel er mee speelde

express *adj* 1 *(rapide)* snel-; un (train) express een sneltrein; voie ~ snelweg 2 *(café)* espresso-; un (café) ~ een espresso

expressément *adv* **1** *(explicitement)* uitdrukkelijk **2** *(spécialement)* speciaal
expressif, -ive *adj* **1** *(éloquent)* veelzeggend; **langage ~** beeldende taal **2** *(vivant)* expressief
expression *nf* **1** *(action d'exprimer)* uitdrukking *nf;* **~ écrite** schrijfvaardigheid; **liberté d'~** vrijheid van meningsuiting **2** *(locution)* uitdrukking *nf,* gezegde *het;* **~ toute faite** vaste uitdrukking **3** *(air)* expressie *nf;* **sans ~** uitdrukkingsloos ♦ *(fig.)* **réduire qqch à sa plus simple ~** iets tot de eenvoudigste vorm herleiden
expresso *nm* espresso *nm*
exprimable *adj* uit te drukken
exprimer *vt (traduire)* uitdrukken, uiten; **son regard exprimait sa surprise** de verrassing was in zijn blik te lezen; **s'exprimer** *vpr* **1** *(parler)* zich uitdrukken; **si je peux m'~ ainsi** als ik het zo mag zeggen; **il s'exprime difficilement en anglais** hij heeft moeite zich in het Engels uit te drukken **2** *(être exprimé)* uitgedrukt worden
exproprier *vt* onteigenen
expulser *vt* uitzetten, *(d'un pays)* uitwijzen
expulsion *nf* uitzetting *nf, (d'un pays)* uitwijzing *nf*
exquis, -ise *adj* **1** *(délicieux)* voortreffelijk; **temps ~** prachtig weer **2** *(charmant)* allerliefst **3** *(raffiné)* verfijnd
extase *nf* **1** *(mysticisme)* extase *nf;* **tomber en ~** in extase geraken **2** *(ravissement)* verrukking *nf;* **être en ~ devant qqn, qqch** verrukt zijn van iemand, iets
s'extasier *vpr* in vervoering raken
extensible *adj* rekbaar *(aussi au fig.)*
extensif, -ive *adj* **1** *(qui s'étend)* uitbreidend **2** *(agric.)* extensief
extension *nf* **1** *(action d'étendre)* (het) (uit)rekken **2** *(expansion)* uitbreiding *nf* **3** *(téléphone)* toestel(nummer) *het* ♦ **par ~** in ruimere zin
exténuer *vt* afmatten
[1]**extérieur** *nm* **1** *(partie extérieure)* buitenkant *nm;* **à l'~** buiten; **de l'~** van buitenaf; **juger de l'~** als buitenstaander oordelen (over) **2** *(allure)* uiterlijk *het* **3** *(étranger)* buitenland *het*
[2]**extérieur, -eure** *adj* **1** *(dehors)* buiten-; **cour ~e** plaatsje, erf **2** *(externe)* uitwendig; **le boulevard ~** de ringweg; **le monde ~** de buitenwereld **3** *(étranger)* buitenlands
extérieurement *adv* **1** *(à l'extérieur)* uitwendig **2** *(en apparence)* uiterlijk
extérioriser *vt* uiten; **s'extérioriser** *vpr (sentiments)* zich uiten, *(personnes)* zijn gevoelens openlijk tonen
extermination *nf* uitroeiing *nf;* **camp d'~** vernietigingskamp
exterminer *vt* uitroeien
externat *nm* externaat *het*
externe *adj* uitwendig; **face ~** buitenzijde; **l'externe** de externe leerling(e)
extincteur *nm* brandblusser *nm*
extinction *nf* **1** *(action d'éteindre)* (het) blussen, (het) doven; **sonner l'~ des feux** taptoe blazen **2** *(disparition)* uitsterving *nf;* **avoir une ~ de voix** z'n stem kwijt zijn; **animaux en voie d'~** uitstervende dieren
extirper *vt* **1** *(mauvaises herbes)* verdelgen **2** *(chirurgie)* wegnemen **3** *(préjugés, abus)* uitroeien
extorquer *vt* afpersen
extorsion *nf* afpersing *nf*
[1]**extra** *nm* **1** *(boissons, mets)* extraatje *het;* **faire un ~** iets bijzonders eten, drinken **2** *(domestique)* hulpkracht *de*
[2]**extra** *adj* prima
extraconjugal, -ale *adj* buitenechtelijk
extraction *nf* **1** *(exploitation)* winning *nf* **2** *(extirpation)* (het) uittrekken
extrader *vt* uitleveren
extradition *nf* uitlevering *nf*
extraire *vt* **1** *(tirer de)* trekken (uit), *(minerai)* winnen (uit), *(marbre, charbon)* (op)delven **2** *(tirer d'un livre)* uittrekken **3** *(chirurgie)* verwijderen (uit), *(dent)* trekken **4** *(renseignements)* ontlokken **5** *(math.)* (wortel) trekken (uit)
extrait *nm* **1** *(passage)* uittreksel *het* **2** *(produit)* aftreksel *het,* extract *het* **3** *(copie conforme)* uittreksel *het;* **~ du casier judiciaire** uittreksel uit het strafregister; **~ de compte** rekeningafschrift; **~ de naissance** uittreksel uit het geboorteregister
extralucide *adj* helderziend; **l'extralucide** de helderziende
extraordinaire *adj* **1** *(inhabituel)* buitengewoon **2** *(bizarre)* eigenaardig, vreemd **3** *(formidable)* uitstekend; **ce livre n'est vraiment pas ~** dat boek is werkelijk niet veel bijzonders
extrapoler *vi* extrapoleren
extraterrestre *adj* buitenaards; **l'~** het buitenaardse wezen
extravagance *nf* **1** *(absurdité)* onzinnigheid *nf* **2** *(parole, action extravagante)* dwaasheid *nf;* **faire des ~s** buitensporigheden begaan
extravagant, -ante *adj* **1** *(déraisonnable)* onzinnig **2** *(excentrique)* dwaas
extraverti, -ie *adj* extravert
extrême *adj* **1** *(dernier)* uiterst; **à l'~ rigueur** in het uiterste geval; **à l'~** tot het uiterste; **l'extrême** het uiterste; *(prov)* **les ~s s'attirent** tegenpolen trekken elkaar aan; **passer d'un ~ à l'autre** van het ene uiterste in het andere vallen **2** *(extraordinaire)* buitengewoon **3** *(après le n.) (excessif)* extreem, *(pol.)* radicaal
Extrême-Orient *nm* Verre Oosten *het*
extrémisme *nm* extremisme *het*
extrémiste *adj* extremistisch; **l'extrémiste** de extremist(e)
extrémité *nf* **1** *(bout)* (uit)einde *het* **2** *(plur.) (membres)* ledematen *plur*
exubérance *nf* uitbundigheid *nf;* **avec ~** uitbundig

exubérant, -ante *adj* uitbundig
exulter *vi* jubelen

exutoire *nm* uitweg *nm*

f

f *nm* f *de;* **F comme François** de f van Ferdinand
F₂ *nm* tweekamerappartement *het,* tweekamerwoning *nf*
fa *nm* fa *de,* f *de*
fable *nf* **1** *(petit récit)* fabel *de* **2** *(fiction)* fabeltje *het* **3** *(mensonge)* verzonnen verhaal *het*
fabricant, -ante *n* **1** *(artisan)* fabrikant(e) *nm (nf)* **2** *(industriel)* industrieel *nm*
fabrication *nf* **1** *(action de fabriquer)* vervaardiging *nf;* **~ en série** serieproductie **2** *(produit)* fabricaat *het;* **produit de ~ française** Frans fabricaat
fabrique *nf* fabriek *nf;* **prix de ~** fabrieksprijs
fabriquer *vt* **1** *(confectionner)* vervaardigen **2** *(inventer)* verzinnen; **histoire fabriquée de toutes pièces** totaal verzonnen verhaal **3** *(faire)* uitvoeren, uitspoken; **qu'est-ce que tu fabriques encore ?** wat voer je nu weer uit?
fabuleux, -euse *adj* **1** *(d'une fable)* fabel- **2** *(extraordinaire)* fabelachtig, fabuleus
façade *nf* **1** *(devanture)* (voor)gevel *nm* **2** *(apparence)* uiterlijke schijn *nm*
face *nf* **1** *(visage)* gezicht *het;* **~ à** met uitzicht op; **~ à ~** tegenover (elkaar); **faire ~ à** staan tegenover; *(fig.)* het hoofd bieden aan; **cracher à la ~ de qqn** iemand in het gezicht spuwen; **faire ~ à ses engagements** zijn verplichtingen nakomen; **se trouver ~ à ~ avec qqn** oog in oog met iemand staan; **de ~** van voren; **portrait de ~** portret en face; **une place de ~ dans le train** een zitplaats in de trein waarbij men vooruit rijdt; **en ~ de** tegenover; **la maison d'en ~** het huis aan de overkant van de straat; **le voisin d'en ~** de overbuurman; **regarder qqn en ~** iemand recht in het gezicht kijken; **voir les choses en ~** de werkelijkheid onder ogen zien; **dire qqch à qqn en ~** iemand iets recht in zijn gezicht zeggen; **perdre la ~** gezichtsverlies lijden; **sauver la ~** zijn gezicht redden; **se voiler la ~** zijn gelaat verbergen **2** *(côté)* kant *nm,* zijde *de;* **examiner qqch sous toutes ses ~s** iets grondig bekijken
face-à-face *nm* (televisie)debat *het*
facétie *nf* grap *de*
facétieux, -euse *adj* grappig
facette *nf* facet *het (aussi au fig.)*
fâché, -ée *adj* boos; **avoir l'air ~** boos kijken; **être ~ avec qqn** met iemand gebrouilleerd zijn; **être ~ contre qqn** boos op iemand zijn; **ils sont ~s** zij hebben ruzie ♦ **je ne serais pas ~ de** ik zou er niet rouwig om zijn als
fâcher *vt* boos maken; **se fâcher** *vpr* boos worden; **se ~ avec qqn** met iemand gebrouilleerd raken; **se ~ contre qqn** boos worden op iemand; **se ~ tout rouge** vreselijk boos worden
fâcheux, -euse *adj* **1** *(ennuyeux)* vervelend **2** *(regrettable)* betreurenswaardig, spijtig
facile *adj* (ge)makkelijk; **~ à vivre** gemakkelijk in de omgang; **c'est plus ~ à dire qu'à faire** dat is gemakkelijker gezegd dan gedaan; **il mettra ~ment deux heures à faire ce travail** hij zal vast wel twee uur voor dat werk nodig hebben; **avoir la parole ~** gemakkelijk spreken; **il se vexe ~ment** hij is gauw op z'n tenen getrapt; **avoir la vie ~** een gemakkelijk leventje hebben
facilité *nf* **1** *(caractère facile)* gemak *het,* gemakkelijkheid *nf* **2** *(plur.) (moyen)* middel *het, (Belg.)* faciliteit; **~s de transport** transportmogelijkheden **3** *(aptitude)* handigheid *nf;* **avoir une grande ~ à s'exprimer** zich erg vlot kunnen uitdrukken **4** *(tendance)* neiging *nf* **5** *(légèreté)* lichtvoetigheid *nf*
faciliter *vt* gemakkelijk maken, vergemakkelijken; **~ la tâche à qqn** iemands taak verlichten; **cela ne facilite pas les choses** dat maakt het er niet gemakkelijker op; **~ le progrès** de vooruitgang bevorderen
façon *nf* **1** *(manière)* wijze *de;* **en aucune ~** volstrekt niet; **châle ~ cachemire** imitatie kasjmier sjaal; **de cette ~** op die manier; **d'une ~ ou d'une autre** op de één of andere manier; **de ~ que** opdat; **à la ~ de** op de manier van; **de telle ~ que** zo(danig) ... dat; **de ~ à (ce que)** zo ... dat; **d'une ~ générale** in het algemeen; **~ de parler** bij wijze van spreken; **une ~ de parler** een zegswijze; **de quelle ~** hoe; **une ~ de voir** een zienswijze **2** *(plur.) (comportement)* gedrag *het* **3** *(exécution d'un travail)* maaksel *het;* **des vers de ma ~** verzen van mijn hand **4** *(plur.) (affectation)* (overdreven) plichtplegingen *plur;* **faire des ~s** zich aanstellen; **sans ~** zonder omhaal ♦ **de toute ~** hoe dan ook
façonner *vt* **1** *(travailler)* bewerken **2** *(confectionner)* fabriceren **3** *(fig.) (modeler)* modelleren

fac-similé *nm* getrouwe kopie *nf,* facsimile *het*
facteur *nm* **1** *(poste)* postbode *nm, (Belg.)* postman *nm* **2** *(coefficient; élément)* factor *nm*
factice *adj* **1** *(imité)* nagemaakt, nep- **2** *(artificiel)* gekunsteld
faction *nf* **1** *(groupe séditieux)* factie *nf* **2** *(milit.)* (schild)wacht *de* **3** *(attente)* wacht *de;* **être en ~** de wacht houden
factoriser *vt (math.)* ontbinden in factoren
facture *nf* rekening *nf,* factuur *nf*
facturer *vt* factureren
facultatif, -ive *adj* facultatief; **arrêt ~** halte op verzoek
faculté *nf* **1** *(université)* faculteit *nf* **2** *(possibilité, droit)* mogelijkheid *nf;* **la ~ de choisir** het recht op vrije keuze **3** *(aptitude)* vermogen *het;* **il ne jouit plus de toutes ses ~s** hij is niet meer in het volle bezit van zijn geestelijke vermogens
fade *adj* **1** *(insipide)* flauw **2** *(terne)* vaal **3** *(ennuyeux)* saai
fagot *nm* (takken)bos *nm* ♦ **de derrière les ~s** van de bovenste plank
fagoter *vt* raar aankleden; **mal fagoté** met wansmaak uitgedost; **se fagoter** *vpr* zich raar uitdossen
[1]**faible** *nm* **1** *(personne sans défense)* zwakke *nm* **2** *(personne molle)* slappeling *nm* **3** *(penchant)* zwak *het;* **avoir un ~ pour qqn, qqch** een zwak voor iemand, iets hebben ♦ **~ d'esprit** zwakzinnige
[2]**faible** *adj* **1** *(fragile; mou; médiocre)* zwak; **se sentir les jambes ~s** zich slap in de benen voelen; **point ~** zwak punt **2** *(petit)* gering; **teneur ~ en or** laag goudgehalte
faiblement *adv* zwak; **boisson ~ alcoolisée** licht alcoholische drank; **protester ~** zwakjes protesteren
faiblesse *nf* **1** *(manque de force)* zwakheid *nf;* **~ d'esprit** zwakzinnigheid; **faire preuve de ~** zich zwak betonen **2** *(petitesse)* geringheid *nf* **3** *(défaillance)* flauwte *nf;* **être pris de ~** flauwvallen
faiblir *vi* zwakker worden; **son courage faiblit** hij, zij begint de moed te verliezen; **le vent faiblit** de wind gaat liggen
faïence *nf* (geglazuurd) aardewerk *het*
faille *nf* **1** *(géo.)* verschuiving *nf* **2** *(défaut)* fout *de* **3** *(fig.) (cassure)* breuk *de*
faillir *vi* **1** *(manquer de)* weinig schelen of *(v. impers.);* **il a failli être écrasé** hij was bijna onder een auto gekomen; **j'ai failli manquer le train** het scheelde niet veel of ik had de trein gemist **2** *(manquer à)* tekortschieten (in); **~ à sa parole** zijn woord niet houden
faillite *nf* **1** *(banqueroute)* faillissement *het;* **faire ~** failliet gaan, *(Belg.)* overkop gaan **2** *(échec)* mislukking *nf*
faim *nf* **1** *(appétit)* honger *nm,* trek *nm;* **avoir ~** honger hebben; **calmer sa ~** zijn eerste honger stillen; **cela donne ~** dat wekt de eetlust op; **~ de loup** honger als een paard; **ne pas manger à sa ~** niet voldoende te eten hebben; **rester sur sa ~** nog honger hebben; *(fig.)* niet aan zijn trekken komen **2** *(désir)* honger *nm,* verlangen *het*
fainéant, -ante *adj* lui; **le ~** de luiwammes
fainéanter *vi* luieren
fainéantise *nf* luiheid *nf*
[1]**faire** *vi* **1** *(agir)* het doen; **il faut ~ avec** daar moet je het maar mee doen; **il a bien fait** dat heeft hij goed gedaan; **il croit bien ~** hij denkt er goed aan te doen; **pour bien ~, il faudrait …** het beste zou zijn om …; **~ comme si de rien n'était** doen alsof er niets aan de hand was; **faites comme chez vous** doe alsof u thuis bent; **faites comme vous voulez** doe zoals u wenst; **~ en sorte que …** het zo inrichten dat …; **~ vite** snel handelen **2** *(+ bien de, mieux de) (agir)* er (goed, beter) aan doen om; **il ferait mieux de partir** hij zou er beter aan doen te vertrekken **3** *(dire)* zeggen; **'à demain', fit-il** 'tot morgen', zei hij **4** *(évacuer des excréments)* het doen; **~ dans sa culotte** het in zijn broek doen; **il a fait dans son lit** hij heeft in zijn bed geplast **5** *(durer)* het houden; **ce manteau m'a fait deux ans** die jas heeft het twee jaar volgehouden ♦ **c'est bien fait (pour lui) !** net goed!; **n'en ~ qu'à sa tête** alleen doen waar men zin in heeft; **savoir y ~** handig zijn
[2]**faire** *vt* maken, doen ♦ **~ une bonne action** een goede daad doen; **~ l'affaire** ermee door kunnen; **~ un article** een artikel verkopen; **~ asseoir qqn** iemand een stoel wijzen; **cela ne fait pas assez** dat is niet genoeg; **aussitôt dit, aussitôt fait** zo gezegd, zo gedaan; **avoir beaucoup à ~** het druk hebben; **~ des bénéfices** winst maken; **ça fait bien** dat maakt een goede indruk; **ça a fait boum** dat heeft een klap gegeven; **~ du bruit** lawaai schoppen; *(fig.)* opzien baren; **ça fait que …** vandaar dat …; **ça fait huit jours qu'il n'est pas venu** hij is al acht dagen niet gekomen; **~ du cent à l'heure** honderd kilometer per uur rijden; **~ le clown, le fou** de clown uithangen; **~ un compliment** een complimentje maken; **la route fait un coude** de weg maakt een bocht; **~ ses courses** boodschappen doen; **~ ce qu'on veut de qqn** met iemand doen wat men wil; **que dois-je ~ de cet argent ?** wat moet ik met dat geld doen?; **qu'est-ce que j'ai bien pu ~ de mes lunettes ?** waar heb ik mijn bril gelaten?; **~ ses dents** tanden krijgen; **~ son devoir** zijn plicht doen; **~ don de qqch à qqn** (aan) iemand iets schenken; **~ tout un drame, tout un plat de qqch** van iets een drama maken; **~ son droit** rechten doen; **~ de l'effet** uitwerking hebben; **j'en ai fait un ami** hij is een vriend van me geworden; **~ un enfant** een kind verwek-

ken; ~ **une erreur** een vergissing maken; ~ **des études** studeren; **ça fait mille euros** dat is duizend euro; **je vous le fais cinquante euros** voor vijftig euro mag u het van mij hebben; ~ **faire qqch à qqn** *(procéder à)* iemand iets laten doen; *(produire)* iemand iets laten maken; **(il) faut le ~ !** doe het maar eens na!; ~ **fortune** fortuin maken; ~ **un gâteau** een taart bakken; ~ **Harpagon** harpagon spelen; ~ **joli** er aardig uitzien; ~ **dix kilomètres à pied** tien kilometer te voet afleggen; **se laisser ~** met zich laten sollen; **je le connais comme si je l'avais fait** ik ken hem door en door; ~ **le lit** het bed opmaken; ~ **une loi** een wet maken; **cela lui fait qqch de partir** het doet hem iets om te vertrekken; ~ **tous les magasins pour trouver un produit** alle winkels aflopen om een artikel te vinden; ~ **mal à qqn** iemand pijn doen; **ne le fais pas plus méchant qu'il n'est** maak hem niet gemener dan hij is; ~ **un métier** een beroep uitoefenen; **ce mur fait six mètres de haut** deze muur is twee meter hoog; ~ **mine de** aanstalten maken om; ~ **le mort** doen alsof men dood is; **il n'y a plus rien à ~** er is niets meer aan te doen; **ne ~ que** *(faire seulement)* slechts *(+ verbe)*; *(ne pas cesser de)* niet ophouden te; **ne ~ qu'un** één geheel vormen; ~ **le nécessaire** het nodige doen; **il ne faut pas nous la ~** maak dat een ander wijs; ~ **un pas** een stap doen; ~ **plaisir à qqn** iemand een plezier doen; ~ **les poches de qqn** iemands zakken doorzoeken; ~ **tout son possible** al het mogelijke doen; **c'est fait pour** daar is het voor gemaakt; ~ **qqch pour qqn** iets voor iemand doen; **elle n'était pas faite pour cette vie-là** ze was niet geschikt voor dat leven; **deux et deux font quatre** twee en twee is vier; **qu'est-ce que ça peut ~ ?** wat doet dat er eigenlijk toe?; **qu'est-ce que ça peut bien vous ~ ?** wat kan u dat eigenlijk schelen?; **Mon Dieu, faites qu'il revienne** Heer, maak dat hij terugkomt; **sa négligence a fait qu'il a perdu beaucoup d'argent** zijn slordigheid heeft ervoor gezorgd dat hij veel geld heeft verloren; **quoi qu'il fasse** wat hij ook doet; ~ **des recherches** onderzoek doen; **rien à ~ !** nee is nee!; **ça ne fait rien** dat doet er niet toe; **ça ne lui fait rien** dat doet hem niets; ~ **une rougeole** mazelen hebben; **il ne sait plus ce qu'il fait** hij weet niet meer wat hij doet; **salle à manger qui fait salon** eetkamer die ook als salon dient; ~ **un saut** een sprong maken; ~ **scandale** een schandaal veroorzaken; **quelle taille faites-vous ?** welke maat heeft u?; ~ **taire qqn** iemand laten zwijgen; ~ **du tennis** tennissen; ~ **la tête** mokken; ~ **tic-tac** tikken; ~ **tout pour** *(+ inf.)* het uiterste doen om; **bonne à tout ~** meisje voor hele dagen; ~ **la vaisselle** de afwas doen; ~ **ses valises** z'n koffers pakken; **que fait-il dans la vie ?** wat doet hij voor de kost?; **elle fait vieux pour son âge** ze ziet er oud uit voor haar leeftijd; **nous ne pouvons rien y ~** daar kunnen wij niets aan doen; ~ **du yoga** aan yoga doen; **mais qu'est-ce qu'ils font ?** wat spoken zij toch uit?; **qu'est-ce que vous faites ici ?** wat doet u hier?; **se faire** *vpr* ♦ **elle s'est faite à ce genre de vie** ze is aan deze levensstijl gewend; **se ~ de l'argent** geld verdienen; **se ~ belle** zichzelf mooi maken; **se ~ un café** een kopje koffie voor zichzelf maken; **c'est ce qui se fait de mieux** dat is het beste wat er op dit gebied gemaakt wordt; **cela ne se fait pas** dat is niet zoals het hoort; **cela ne se fait plus** dat is uit de mode; **se ~ couper les cheveux** zijn haren laten knippen; **ne vous en faites pas** maak u niet druk; **se ~ faire un costume** een pak laten maken; **ce fromage se fait** die kaas rijpt; **se ~ des idées** vreemde ideeën in zijn hoofd halen; **se ~ des illusions** illusies koesteren; **il faut se le ~** hij is onverteerbaar; **se ~ tout petit** zich klein maken, wegkruipen; **se ~ prêtre** priester worden; **comment se fait-il que ... ?** hoe komt het dat ...?; **il pourrait bien se ~ que ...** het is niet onwaarschijnlijk dat ...; **se ~ rare** *(choses)* zeldzaam worden; *(personnes)* zich zelden laten zien; **se ~ des relations** zijn kennissenkring uitbreiden; **se ~ renverser par une voiture** door een auto aangereden worden; **se ~ sentir** voelbaar worden; **cet homme s'est fait tout seul** hij is een selfmade man; **il se fait tard** het wordt al laat; **se ~ tuer** omkomen; **les tuniques se font beaucoup cette année** dit jaar zijn tunieken heel erg in; **se ~ vieux** oud worden; **ça s'est fait très vite** dat is heel snel gegaan; **je ne peux pas m'y ~** ik kan daar niet aan wennen; **j'en ai rien à ~** daar heb ik niets mee te maken

[3]**faire** *vb impers (conditions atmosphériques etc.)* zijn; **il fait beau** het is mooi weer; **il fait bon vivre avec vous** het is aangenaam met u om te gaan; **il fait nuit** het is nacht

faire-part *nm* kennisgeving *nf;* ~ **de décès** rouwbrief; ~ **de mariage** trouwbrief; ~ **de naissance** geboortekaartje

fair-play *adj* sportief, fair

faisable *adj* uitvoerbaar

faisan, -ane *n* fazant *nm*

faisceau *nm* bundel *nm;* ~ **lumineux** lichtbundel

[1]**fait** *nm* **1** *(acte)* daad *de (aussi jur.);* **les ~s et gestes de qqn** iemands doen en laten, handel en wandel; **le ~ de parler** het spreken **2** *(évènement)* feit *het (aussi jur.),* gebeurtenis *nf;* ~ **accompli** voldongen feit; ~ **divers** nieuwtje; *(plur.)* gemengde berichten **3** *(réalité)* feit *het,* realiteit *nf;* **en ~** in werkelijkheid; **mettre au ~** op de hoogte brengen **4** *(cas, sujet)* zaak *de;* **au ~ !** ter zake!; **être sûr de son ~** zeker zijn van zijn zaak; **en venir au ~** ter zake komen **5** *(jur.)* feit *het;* **prendre qqn sur le ~**

iemand op heterdaad betrappen ♦ **au ~** *(à propos)* trouwens; **de ce ~** daarom; **du ~ de** ten gevolge van; **du ~ que** door het feit dat; **prendre ~ et cause pour qqn** het voor iemand opnemen; **tout à ~** helemaal

[2]**fait, faite** *adj* **1** *(réalisé)* gemaakt; **c'est ~** ziezo, klaar is Kees; **être ~ pour** geschapen zijn voor; **tout ~** kant-en-klaar **2** *(mûr)* rijp **3** *(bâti)* gebouwd ♦ **être ~ (comme un rat)** (als een rat) in de val zitten; **idée toute ~e** vooroordeel; **phrase toute ~e** cliché

faîte *nm* **1** *(sommet)* top *nm*, toppunt *het* **2** *(poutre)* nok(balk) *de (nm)*

faitout, fait-tout *nm* kookpan *de*

falaise *nf* klif *het*

s'en falloir *vpr, vb impers (manquer)* schelen; **je ne suis pas satisfait, il s'en faut de beaucoup** ik ben verre van tevreden; **il s'en est fallu de peu qu'il n'ait été refusé** hij was bijna gezakt

falloir *vb impers* **1** *(devoir)* moeten; **il faut l'avertir** hij moet gewaarschuwd worden; **(il) faut ce qu'il faut** wat moet, dat moet maar; **je ferai tout ce qu'il faudra** ik zal al het nodige doen; **comme il faut** zoals het hoort; **il fallait le dire !** dat had je moeten zeggen!; **c'est plus qu'il n'en faut** dat is meer dan genoeg; **c'est simple mais il fallait y penser** het is eenvoudig maar je moet er maar opkomen; **il faut que je vous parle, c'est indispensable** ik moet u dringend spreken; **il faut voir** dat moeten we afwachten; **il fallait voir ça !** dat had je moeten zien! **2** *(être nécessaire)* nodig zijn; **il faut beaucoup d'eau à cette plante** die plant heeft veel water nodig; **il faut deux ouvriers pour faire ce travail** voor dat werk zijn twee arbeiders nodig ♦ **ce qu'il faut entendre !** het zal je maar gezegd worden!; **faut-il être bête ?** hoe kan ik (hij, zij, enz.) nu zo dom zijn!

falsifier *vt* **1** *(concr.)* vervalsen **2** *(abstr.)* verdraaien

famé, -ée *adj* → **malfamé**

famélique *adj* hongerig, uitgehongerd

fameux, -euse *adj* **1** *(connu)* beroemd **2** *(sacré)* enorm **3** *(excellent)* uitstekend; **pas ~** niet zo best

familial, -ale *adj* **1** *(de la famille)* familie- **2** *(atmosphère)* gezellig

familiariser *vt* vertrouwd maken (met); **se familiariser (avec)** *vpr* zich vertrouwd maken (met)

familiarité *nf* **1** *(relations familières)* vertrouwdheid *nf* **2** *(comportement familier)* vertrouwelijkheid *nf* **3** *(plur.) (privautés)* vrijpostigheden *plur*

familier, -ière *adj* **1** *(bien connu)* vertrouwd; **un ~** een huisvriend; *(client)* een stamgast **2** *(sans affectation)* ongedwongen **3** *(trop désinvolte)* vrijpostig **4** *(du langage courant)* gemeenzaam; **expression familière** uitdrukking uit de omgangstaal

famille *nf* **1** *(noyau familial)* gezin *het;* **~ d'accueil** gastgezin; **en ~** in de huiselijke kring; **~ monoparentale** eenoudergezin; **~ nombreuse** groot gezin; **~ recomposée** samengesteld gezin; **vie de ~** huiselijk leven **2** *(parenté)* familie *nf (aussi biol.; ling.);* **avoir un air de ~** op elkaar lijken; **belle ~** schoonfamilie; **avoir l'esprit de ~** erg aan zijn familie hangen **3** *(lignée)* geslacht *het*

famine *nf* hongersnood *nm*

fan *nm* fan *nm*

fana *adj* bezeten van; **le, la ~** de fanaat; **c'est un ~ de moto(s)** hij is gek op motoren

fanatique *adj* **1** *(exalté)* fanatiek; **le, la ~** de fanatiekeling **2** *(passionné)* hartstochtelijk; **le ~ du football** de voetbalfan

fanatisme *nm* fanatisme *het*

se faner *vpr* **1** *(se flétrir)* verwelken *(aussi au fig.)* **2** *(couleurs, tissus)* verschieten

fanfare *nf* **1** *(orchestre)* fanfare *de* **2** *(musique de cuivres)* trompetgeschal *het*

fanfaron, -onne *adj* opschepperig; **le ~** de opschepper

fanfreluche *nf* tierelantijn *nm*

fanion *nm* vlaggetje *het*

fantaisie *nf* **1** *(imagination)* verbeelding(skracht) *nf (de),* fantasie *nf;* **vie qui manque de ~** saai leven **2** *(humeur)* smaak *nm;* **agir selon sa ~** doen waar men zin in heeft **3** *(caprice)* gril *de* **4** *(chose originale)* fantasieartikel *het;* **bijoux de ~** namaakjuwelen; **de ~** fantasie-

fantaisiste *adj* **1** *(personnes)* eigenzinnig; **le ~** de zonderling **2** *(choses)* amateuristisch ♦ *(music-hall)* **le, la ~** de cabaretartiest(e)

fantasme *nm* waanvoorstelling *nf*

fantasmer *vi* waanvoorstellingen hebben

fantasque *adj* **1** *(personne)* grillig **2** *(chose)* bizar

fantassin *nm* infanterist *nm*

fantastique *adj* **1** *(imaginaire)* wonderlijk; **animal ~** fabeldier; **cinéma ~** griezelfilms; **conte ~** griezelverhaal; **le ~** het bovennatuurlijke **2** *(étonnant)* fantastisch

fantoche *nm* marionet *de;* **gouvernement ~** schijnregering

fantôme *nm* **1** *(esprit)* spook *het,* geest(verschijning) *nm (nf)* **2** *(sans réalité)* schijn *nm*

faon *nm* **1** *(petit du cerf)* hertenkalf *het* **2** *(petit du chevreuil)* reekalf *het*

farce *nf* **1** *(pièce)* klucht *de;* **cela tourne à la ~** dat wordt een farce **2** *(plaisanterie)* grap *de;* **~s et attrapes** schertsartikelen; **faire des ~s** grappen uithalen; **faire une ~ à qqn** iemand een poets bakken **3** *(cuis.)* vulsel *het*

farceur, -euse *n* grappen|maker, -maakster *nm, nf*

farcir *vt* **1** *(garnir de farce)* vullen **2** *(+ de) (truffer de)* volstoppen (met); **se farcir**

vpr ♦ **se ~ qqn** ↑ iemand verdragen; **se ~ tout le travail** opdraaien voor het werk
fard *nm* make-up *nm;* **~ à paupières** oogschaduw ♦ **sans ~** ongekunsteld
farde *nf (f.B.) (chemise, dossier)* map *de,* farde *de (n.B.)*
fardeau *nm* last *nm (aussi au fig.)*
farder *vt* opmaken, *(d'un acteur)* schminken; **se farder** *vpr* zich opmaken, *(d'un acteur)* zich schminken; **se ~ les yeux** zijn ogen opmaken
farfelu, -ue *adj* zonderling; **un ~** een zonderling
farfouiller *vi* rommelen
farine *nf* (tarwe)meel *het;* **~ de blé** tarwemeel; **(fleur de) ~** bloem
farineux, -euse *adj* melig, meelachtig
farouche *adj* **1** *(sauvage)* wild **2** *(timide)* (mensen)schuw **3** *(violent, acharné)* woest; **air ~** stug uiterlijk; **mon plus ~ ennemi** mijn ergste vijand **4** *(indomptable)* ontembaar
farter *vt* met was inwrijven
fascicule *nm* **1** *(partie d'ouvrage)* aflevering *nf* **2** *(cahier)* blad *het*
fascinant, -ante *adj* fascinerend
fascination *nf* betovering *nf,* fascinatie *nf*
fasciner *vt* fascineren
fascisme *nm* fascisme *het*
fasciste *adj* fascistisch; **le, la ~** de fascist(e)
faste *nm* praal *de*
fastidieux, -euse *adj* vervelend, saai
fastueux, -euse *adj* weelderig
fatal, -ale *adj* **1** *(fixé par le destin)* noodlottig, fataal **2** *(mortel)* dodelijk **3** *(néfaste)* rampzalig; **femme ~e** vamp **4** *(inévitable)* onvermijdelijk
fatalisme *nm* fatalisme *het*
fataliste *adj* fatalistisch; **le, la ~** de fatalist(e)
fatalité *nf* **1** *(caractère fatal)* onafwendbaarheid *nf* **2** *(destin)* noodlot *het*
fatidique *adj* fataal, noodlottig
fatigant, -ante *adj* vermoeiend
fatigue *nf* **1** *(lassitude)* vermoeidheid *nf (aussi technol.);* **être mort de ~** doodmoe zijn **2** *(cause de fatigue)* vermoeienis *nf*
fatigué, -ée *adj* vermoeid, moe; **être ~ de qqch** ergens genoeg van hebben
[1]**fatiguer** *vi* **1** *(peiner)* moe worden **2** *(techn.)* overbelast zijn
[2]**fatiguer** *vt* **1** *(épuiser)* vermoeien; **le sport fatigue** van sporten word je moe **2** *(importuner)* vervelen; **se fatiguer** *vpr* **1** *(fournir des efforts)* zich vermoeien; **se ~ à** zich inspannen om; **ne te fatigue pas** maak je niet druk; **il se fatigue vite** hij wordt gauw moe; **il n'aime pas se ~** hij is liever lui dan moe **2** *(se lasser de)* genoeg krijgen (van)
fatras *nm* samenraapsel *het*
faubourg *nm* **1** *(banlieue)* buitenwijk *de* **2** *(quartier)* wijk *de*
fauché, -ée *adj* **1** *(moissonné)* (af)gemaaid **2** *(sans argent)* blut, platzak
faucher *vt* **1** *(moissonner)* maaien **2** *(abattre)* neermaaien **3** *(voler)* jatten
faucille *nf* sikkel *de*
faucon *nm* **1** *(oiseau)* valk *de* **2** *(pol.)* havik *nm*
faufiler *vt* rijgen; **se faufiler** *vpr* sluipen (door), *(sujet: chemin chemin)* zich kronkelen (door)
faune *nf* fauna *de*
faussaire *n* vervals(st)er *nm (nf)*
faussement *adv* **1** *(contre la vérité)* vals **2** *(d'une manière fausse)* verkeerd **3** *(d'une façon affectée)* schijnbaar
fausser *vt* **1** *(dénaturer)* vervalsen **2** *(tordre)* vervormen; **clef faussée** verbogen sleutel; **roue faussée** krom wiel
fausseté *nf* **1** *(caractère erroné)* onjuistheid *nf,* onwaarheid *nf* **2** *(fourberie)* onoprechtheid *nf*
faute *nf* **1** *(infraction)* vergrijp *het* **2** *(péché)* misstap *nm;* **prendre qqn en ~** iemand op een misstap betrappen **3** *(erreur)* fout *de,* vergissing *nf;* **faire une ~** een fout maken; **une ~ de français** een fout tegen het Frans; **~ de frappe** tikfout; **~ d'orthographe** spelfout; **~ d'impression** drukfout, zetfout **4** *(responsabilité)* schuld *de;* **à qui la ~ ?** wiens schuld is het?; **c'est (de) sa ~** dat is zijn schuld; **ce n'est pas sa ~ s'il est petit** hij kan er ook niets aan doen dat hij klein is ♦ **~ de** bij gebrek aan; **sans ~** zonder mankeren
fauteuil *nm* leunstoel *nm,* fauteuil *nm;* **~ à bascule** schommelstoel; **~s d'orchestre** stalles; **~ roulant** rolstoel
fautif, -ive *adj* **1** *(erroné)* fout **2** *(coupable)* schuldig; **le ~** de schuldige
fauve *adj* **1** *(couleur)* rossig **2** *(sauvage)* wild; **le ~** het roofdier
[1]**faux** *nm* **1** *(ce qui est faux)* (het) valse, (het) onware **2** *(contrefaçon)* vervalsing *nf* **3** *(jur.)* valsheid *nf*
[2]**faux** *nf (agric.)* zeis *de*
[3]**faux, fausse** *adj* **1** *(inexact; incorrect)* vals *(aussi mus.);* **chanter ~** vals zingen; **il est ~ de dire que** het is onjuist om te zeggen dat; **c'est ~** *(pas vrai)* dat is niet waar; *(inexact)* dat is fout; **faire un ~ mouvement** een verkeerde beweging maken; **fausse note** verkeerde noot; *(fig.)* wanklank; **faire un ~ pas** een misstap doen; **faire fausse route** de verkeerde weg inslaan; *(fig.)* niet op de goede weg zijn **2** *(non fondé)* ongegrond; **~ problème** schijnprobleem **3** *(artificiel; illusoire)* onecht, nagemaakt; **~ ami** vriend die geen vriend is; **c'est une fausse blonde** ze heeft geblondeerd haar; **~ col** losse boord; **~ plafond** loos plafond **4** *(hypocrite)* onoprecht, vals; **il a l'air ~** hij heeft een oneerlijk gezicht
faux-filet *nm* lendenstuk *het*
faux-fuyant *nm* uitvlucht *de*
faux-monnayeur *nm* valsemunter *nm, (Belg.)* valsmunter *nm*
faveur *nf* gunst *nf;* **à la ~ de** profiterend

van, dankzij; **se prononcer en ~ de qqch** zich vóór iets uitspreken; **en ~ de** ten gunste van; **faites-moi la ~ de** wees zo vriendelijk om

favorable *adj* 1 *(bon)* gunstig 2 *(bien disposé)* gunstig gezind; **être ~ à qqch** ergens vóór zijn

[1]**favori, -ite** *n* 1 *(préféré)* lieveling *nm* 2 *(sports)* favoriet *nm* 3 *(plur.) (poils)* bakkebaarden *plur*

[2]**favori, -ite** *adj* favoriet, lievelings-

favoriser *vt* 1 *(avantager)* begunstigen 2 *(aider)* bevorderen

favoritisme *nm* vriendjespolitiek *nf*

fax *nm* fax *nm*

faxer *vt* faxen

fayot *nm* 1 *(haricot)* witte boon *de* 2 *(personne)* uitslover *nm*

fébrile *adj* 1 *(excité)* koorts(acht)ig 2 *(méd.)* koortsig; **être ~** (licht) koortsig zijn

fécond, -onde *adj* vruchtbaar, *(+ en)* rijk (aan)

fécondation *nf* bevruchting *nf*

féconder *vt* bevruchten

fécondité *nf* vruchtbaarheid *nf*

fécule *nf* zetmeel *het*

féculent, -ente *adj* zetmeelhoudend; **le ~** de zetmeelhoudende stof

fédéral, -ale *adj* 1 *(pol.)* bonds-; **la République Fédérale allemande** de Bondsrepubliek Duitsland 2 *(association)* (ver)bonds-, federatie-

fédération *nf* 1 *(association)* bond *nm*, federatie *nf;* **~ sportive** sportbond 2 *(groupement d'États)* statenbond *nm*

fée *nf* fee *nf;* **~ Carabosse** toverkol

féerique *adj* sprookjesachtig; **monde ~** sprookjeswereld

feignant, -ante *adj* lui; **le, la ~(e)** de luiwammes

[1]**feindre** *vi* veinzen

[2]**feindre** *vt* veinzen; **~ l'étonnement** doen alsof men verbaasd is

feinte *nf* 1 *(tromperie)* vals voorwendsel *het;* **sans ~** ronduit 2 *(sports)* schijnbeweging *nf, (fig.)* val(strik) *nm;* **faire une ~ à qqn** iemand erin laten lopen

fêlé, -ée *adj* 1 *(fendu)* gebarsten 2 *(fou)* niet goed bij zijn hoofd

fêler *vt* doen barsten; **se fêler** *vpr* barsten

félicitation *nf* 1 *(congratulation)* gelukwens *nm;* **~s !** gefeliciteerd! 2 *(plur.) (éloges)* complimenten *plur;* **je vous fais mes ~s !** mijn complimenten!

féliciter *vt* feliciteren, gelukwensen; **~ qqn de son succès** iemand gelukwensen met zijn succes; **~ qqn pour ses vingt ans** iemand gelukwensen met zijn twintigste verjaardag; **se féliciter** *vpr* 1 *(se réjouir)* zich gelukkig prijzen 2 *(échanger des compliments)* elkaar feliciteren

félin, -ine *adj* katachtig *(aussi au fig.);* **le ~** de katachtige; **race ~e** kattengeslacht

fêlure *nf* barst *de (aussi au fig.)*

femelle *adj (biol., technol.)* vrouwelijk; **la ~** het vrouwtje

féminin, -ine *adj* vrouwelijk, de vrouw eigen

féminiser *vt* 1 *(ling.)* vrouwelijk maken 2 *(efféminer)* verwijfd maken; **se féminiser** *vpr* 1 *(acquérir de la féminité)* vervrouwelijken 2 *(comporter plus de femmes)* feminiseren

féminisme *nm* feminisme *het*

féministe *adj* feministisch; **le, la ~** de feminist(e); **mouvement ~** vrouwenbeweging

féminité *nf* vrouwelijkheid *nf*

femme *nf* 1 *(être féminin)* vrouw *nf;* **~ d'affaires** zakenvrouw; **bonne ~** wijf; **~ de chambre** kamermeisje; **courir les ~s** achter de vrouwen aan zitten; **~ au foyer** huisvrouw; **~ médecin** vrouwelijke arts; **~ de ménage** werkster; **être très ~** op-en-top een vrouw zijn 2 *(épouse)* echtgenote *nf*

femme-objet *nf* vrouw *nf* als lustobject

fémur *nm* dijbeen *het*

fendiller *vt* (doen) splijten; **se fendiller** *vpr* splijten

fendre *vt* 1 *(couper)* splijten; **~ du bois** hout kloven 2 *(traverser)* doorklieven; **~ les flots** de golven doorklieven ♦ **~ la foule** zich een weg banen door de menigte; **ça me fend le cœur** mijn hart breekt; **se fendre** *vpr* 1 *(se fissurer)* splijten 2 *(fig.) (se briser)* breken

fendu, -ue *adj* gespleten; **jupe ~e** rok met een split

fenêtre *nf* raam *het*, venster *het (aussi inform.);* **~ à guillotine** schuifraam; **passer par la ~** door het raam naar binnen gaan

fenouil *nm* venkel *de*

fente *nf* 1 *(ouverture)* spleet *de;* **~ d'une jupe** split van een rok 2 *(boîte aux lettres)* gleuf *de*

fer *nm* 1 *(métal; objet de fer)* ijzer *het; (fig.)* **de ~** sterk; **en ~** ijzeren; **~ à friser** krultang; **marquer au ~ rouge** brandmerken; **~ à souder** soldeerbout 2 *(à repasser)* strijkijzer *het;* **~ à repasser** strijkbout; **~ à vapeur** stoomstrijkijzer 3 *(à cheval)* hoefijzer *het;* **~ à cheval** hoefijzer; **mettre un ~ à un cheval** een paard beslaan 4 *(plur.) (forceps)* verlostang *de* 5 *(plur.) (chaînes)* boeien *plur* ♦ **croire qqch dur comme ~** ergens heilig van overtuigd zijn

fer-blanc *nm* blik *het*

férié, -ée *adj* feest-; **les dimanches et jours ~s** op zon- en feestdagen

[1]**ferme** *nf* boerderij *nf;* **à la ~** op de boerderij

[2]**ferme** *adj* 1 *(solide; consistant)* stevig 2 *(déterminé)* vastberaden; **avoir la ~ intention** vast van plan zijn 3 *(définitif)* vaststaand

[3]**ferme** *adv* 1 *(avec force)* hard; **tenir ~** volhouden 2 *(beaucoup)* veel; **s'ennuyer ~** zich stierlijk vervelen 3 *(définitivement)* definitief

fermé, -ée *adj* 1 *(qu'on a fermé)* gesloten

2 *(inaccessible)* ontoegankelijk; **il est ~ à la pitié** hij kent geen medelijden
fermement *adv* 1 *(de façon ferme)* stevig 2 *(avec conviction)* vastberaden
ferment *nm* gist *nm*
fermenter *vi* gisten *(aussi au fig.)*
[1]**fermer** *vi (être fermé)* sluiten, dichtgaan
[2]**fermer** *vt (clore)* (af)sluiten; **~ à clef** op slot doen; **~ au verrou** (af)grendelen; **ferme-la** hou je bek; **c'est l'heure, on ferme** het is sluitingstijd; **se fermer** *vpr (se clore)* dichtgaan; **cette robe se ferme dans le dos** de sluiting van deze jurk zit op de rug
fermeté *nf* 1 *(consistance)* stevigheid *nf* 2 *(détermination)* vastberadenheid *nf* 3 *(autorité)* gezag *het*
fermeture *nf* sluiting *nf;* **~ à glissière, ~ éclair®** rits(sluiting)
fermier, -ière *n* boer(in) *nm (nf);* **beurre ~** boerenboter; **poulet ~** scharrelkip
fermoir *nm* knip *de*
féroce *adj* 1 *(sauvage)* wild 2 *(cruel)* wreed 3 *(appétit)* verschrikkelijk
férocité *nf* 1 *(animaux)* wildheid *nf* 2 *(personnes)* wreedheid *nf*
ferraille *nf* 1 *(déchets de fer)* schroot *het;* **mettre à la ~** op de schroothoop gooien 2 *(monnaie)* kleingeld *het*
ferré, -ée *adj* 1 *(garni de fer)* van ijzer(s) voorzien, beslagen 2 *(calé)* thuis (in), knap (in); **ne pas être très ~ en qqch** niet erg goed zijn in iets
ferrer *vt* 1 (met ijzer(s)) beslaan 2 *(un poisson)* aan de haak slaan
ferreux, -euse *adj* ijzerhoudend
ferronnerie *nf* 1 *(garnitures)* siersmeedwerk *het;* **~ d'art** kunstsmeedwerk 2 *(éléments en fer)* ijzerwerk *het* 3 *(fabrique)* ijzerwerkfabriek *nf*
ferroviaire *adj* spoor(weg)-
ferry-boat *nm* ferry(boot) *de,* veerboot *de*
fertile *adj* vruchtbaar; *(fig.)* **~ en** rijk aan; **avoir une imagination ~** een rijke verbeelding hebben
fertilisant, -ante *adj* vruchtbaar(makend)
fertiliser *vt* bemesten
fertilité *nf* vruchtbaarheid *nf (aussi au fig.)*
féru, -ue (de) *adj* bezeten (van)
fervent, -ente *adj* vurig, fervent; **les ~s du sport** de verwoede sportbeoefenaars
ferveur *nf* vuur *het*
fesse *nf* bil *de, (plur.)* bips *nf;* **occupe-toi de tes ~s** bemoei je met je eigen zaken; *(fig.)* **serrer les ~s** 'm knijpen
fessée *nf* pak *het* voor de broek; **donner une ~ à qqn** iemand billenkoek geven
festin *nm* feestmaal *het*
festival *nm* festival *het*
festivité *nf* festiviteiten *plur*
festoyer *vi* feestvieren
fêtard, -arde *n* fuifnummer *het (m), het (f)*
fête *nf* 1 *(solennité; réjouissance)* feest *het;* **être de la ~** van de partij zijn; **~ foraine** kermis 2 *(jour d'une solennité, d'une réjouissance)* feestdag *nm;* **les dimanches et ~s** (op) zon- en feestdagen; **la ~ des mères, des pères** Moederdag, Vaderdag; **~ des Rois** Driekoningen 3 *(jour d'un saint)* naamdag *nm;* **souhaiter sa ~ à qqn** iemand feliciteren ter gelegenheid van zijn naamdag 4 *(joie)* vreugde *nf;* **faire la ~** fuiven; **se faire une ~ de** zich verheugen op 5 *(plur.) (réveillons)* feestdagen *plur* ♦ **ça va être ta ~** je bent nog niet jarig
fêter *vt* vieren
fétiche *nm* fetisj *nm*
fétichisme *nm* fetisjisme *het (aussi psycho.)*
fétide *adj* stinkend
fétu *nm* strootje *het*
[1]**feu** *nm* 1 *(flamme; flambée)* vuur *het (aussi au fig.);* **mettre un pays à ~ et à sang** een land te vuur en te zwaard verwoesten; **dans le ~ de l'action** in het heetst van de strijd; **~ d'artifice** vuurwerk *(aussi au fig.);* **avez-vous du ~ ?** heeft u een vuurtje voor me?; **avoir les joues en ~** gloeiende wangen hebben; **faire ~ de tout bois** alle middelen aanwenden; **mettre le ~ à qqch** iets in brand steken; **mettre le ~ aux poudres** de zaak laten ontploffen; *(fig.)* **~ de paille** strovuurtje; **être tout ~ tout flammes pour** in vuur en vlam staan voor 2 *(incendie)* brand *nm;* **au ~, au ~ !** brand, brand!; **~ de cheminée** schoorsteenbrandje; **il n'y a pas le ~ !** dat heeft geen gillende haast; **prendre ~** vlam vatten, in brand raken 3 *(lumière)* licht *het;* **~x clignotants** knipperlichten; **~x de croisement** dimlicht; **~x de détresse** alarmlichten; **~ de position** *(bateau)* navigatielicht, boordlicht; *(voiture)* parkeerlicht, *(Belg.)* standlicht; **~x de la rampe** voetlicht; **~x de recul** achteruitrijlampen; **~ de signalisation** verkeerslicht, stoplicht; **~ de stationnement** parkeerlicht; **~ stop** remlicht; **mettre pleins ~x sur qqn** iemand in de schijnwerpers zetten; **donner le ~ vert à qqn** iemand het groene licht geven 4 *(d'une cuisinière)* brander *nm* 5 *(tir d'armes à feu)* (het) vuren; **être pris entre deux ~x** tussen twee vuren raken; *(milit.)* **faire ~** vuren ♦ **ne pas faire long ~** niet lang duren; **faire mourir qqn à petit ~** iemand kwellen, martelen; **n'y voir que du ~** niets doorhebben
[2]**feu, feue** *adj* wijlen; **~ mon père** wijlen mijn vader
feuillage *nm* gebladerte *het*
feuille *nf* 1 *(partie des plantes)* blad *het;* **~ morte** dor blad 2 *(de papier; plaque mince)* vel *het,* blad *het;* **~ de calcul** spreadsheet; **~ d'impôt** aanslagbiljet; **~ intercalaire** inlegvel; **~ de maladie** ziektekostenformulier; **~ de paye** loonbriefje 3 *(périodique)* blad *het,* tijdschrift *het*
feuillet *nm* blad *het*
feuilleté, -ée *adj* ♦ **pâte ~e** bladerdeeg

feuilleter *vt* bladeren in, doorbladeren
feuilleton *nm* feuilleton *het/de (m)*
feuillu, -ue *adj* 1 *(touffu)* dicht bebladerd 2 *(qui porte des feuilles)* loof-
feutre *nm* 1 *(étoffe)* vilt *het* 2 *(chapeau)* vilthoed *nm* 3 *(stylo)* viltstift *nm*
feutré, -ée *adj* 1 *(garni de feutre)* vilten 2 *(étouffé)* gedempt
fève *nf* (tuin)boon *de;* ~ des rois driekoningenboon
février *nm* februari *nm;* en ~ in februari
fiabilité *nf* 1 *(d'une personne)* betrouwbaarheid *nf* 2 *(technol.)* bedrijfszekerheid *nf*
fiable *adj* 1 *(personne)* betrouwbaar 2 *(technol.)* bedrijfszeker
fiançailles *nf* verloving *nf (uniquement sing.)*
fiancé, -ée *n* verloofde *nm*
se fiancer *vpr* zich verloven
fiasco *nm* fiasco *het,* mislukking *nf*
fibre *nf* 1 *(biol.)* vezel *de* 2 *(technol.)* vezel *de;* ~ optique glasdraadje; ~ de verre glasvezel 3 *(sentiment)* snaar *de;* avoir la ~ paternelle een uitstekend vader zijn
fibré, -ée *adj (inform.)* van glasvezel voorzien
ficeler *vt* dichtbinden
ficelle *nf* 1 *(corde)* touwtje *het;* tirer les ~s de touwtjes in handen hebben 2 *(truc)* kneep *de* 3 *(pain)* klein stokbrood *het*
fiche *nf* 1 *(feuille)* formulier *het* 2 *(carte)* (systeem)kaart *de;* ~ de paie loonstrookje 3 *(d'une prise de courant)* stekker *nm;* ~ femelle contrastekker; ~ mâle stekker; ~ multiple meerwegstekker 4 *(cheville)* pen *de*
[1]**ficher, fiche** *vt* 1 *(faire)* doen; je n'ai rien fichu aujourd'hui ik heb vandaag geen steek uitgevoerd; fiche-moi la paix ! laat me met rust! 2 *(mettre)* gooien; ~ qqn à la porte iemand de deur uitgooien; ~ qqch par terre iets laten vallen; *(fig.)* iets in de war sturen; **se ficher, fiche** *vpr* ♦ se ~ de qqn iemand voor de gek houden; il se fiche de ce que les gens pensent het kan hem niet schelen wat de mensen denken; se ~ dedans zich lelijk vergissen
[2]**ficher** *vt* in een kaartsysteem opnemen; être fiché geregistreerd zijn; ~ qqn iemand op de verdachtenlijst zetten
fichier *nm* 1 *(collection de fiches)* kaartsysteem *het* 2 *(boîte)* kaartenbak *nm* 3 *(inform.)* bestand *het*
[1]**fichu** *nm* hoofddoek *nm*
[2]**fichu, -ue** *adj* 1 *(détestable)* rot- 2 *(en mauvais état)* naar de haaien 3 *(+ de) (capable de)* in staat (om) ♦ bien ~ goed gebouwd; une ~e différence een verrekt groot verschil; mal ~ niet goed; je suis mal ~ ik voel me belabberd
fictif, -ive *adj* 1 *(imaginaire)* fictief 2 *(feint)* vals
fiction *nf* fictie *nf*
fidèle *adj* 1 *(loyal)* trouw; les ~s du Président de aanhangers van de President; rester ~ à soi-même zich zelf blijven 2 *(fiable)* betrouwbaar; les ~s de gelovigen 3 *(exact)* nauwkeurig
fidélité *nf* 1 *(loyauté)* trouw *de* 2 *(exactitude)* nauwkeurigheid *nf;* haute ~ hifi
fief *nm (fig.)* domein *het;* ~ électoral district waar men steeds herkozen wordt
[1]**fier, fière** *adj* 1 *(hautain)* trots; il n'est pas ~ hij doet heel gewoon; faire le ~ uit de hoogte doen 2 *(+ de) (satisfait de)* trots (op)
[2]**se fier** (à) *vpr* vertrouwen (op); ne vous y fiez pas ! wees op je hoede!
fierté *nf* 1 *(satisfaction; arrogance)* trots *nm* 2 *(amour-propre)* waardigheid *nf*
fièvre *nf* 1 *(température)* koorts *de;* avoir 39 de ~ 39 graden koorts hebben 2 *(excitation)* koortsachtigheid *nf*
fiévreux, -euse *adj* 1 *(fébrile)* koortsig 2 *(inquiet)* onrustig, koortsachtig
figer *vt* 1 *(liquide)* doen stollen 2 *(immobiliser)* doen verstarren; **se figer** *vpr* 1 *(liquide)* stollen 2 *(s'immobiliser)* verstijven; se ~ dans une attitude een houding hardnekkig blijven volhouden; expression figée vaste uitdrukking
fignoler *vt* ↑ nauwgezet uitvoeren
figue *nf* vijg *de*
figuier *nm* vijgenboom *nm*
figurant, -ante *n* figurant(e) *nm (nf) (aussi au fig.)*
figuratif, -ive *adj* figuratief
figuration *nf* rol *de* van figurant; faire de la ~ figureren
figure *nf* 1 *(forme)* gedaante *nf;* faire bonne ~ een goede indruk maken 2 *(illustration)* afbeelding *nf* 3 *(personnage)* personage *het/de (f),* figuur *het/de* 4 *(visage)* gezicht *het;* avoir une bonne ~ een sympathiek gezicht hebben; se casser la ~ op z'n bek vallen *(aussi au fig.);* casser la ~ à qqn iemand in elkaar slaan; jeter qqch à la ~ de qqn iemand iets naar het hoofd slingeren 5 *(symbole)* symbool *het* ♦ faire ~ de doorgaan voor; ~s de rhétorique stijlfiguren
figuré, -ée *adj* figuurlijk; *(subst.)* au ~ in figuurlijke zin
[1]**figurer** *vi* 1 *(apparaître)* vóórkomen; faire ~ doen vóórkomen 2 *(jouer)* figureren, figurant zijn
[2]**figurer** *vt (représenter)* voorstellen; **se figurer** *vpr (s'imaginer)* zich voorstellen
figurine *nf* beeldje *het*
fil *nm* 1 *(long brin mince)* draad *nm;* le ~ à plomb het schietlood; ne tenir qu'à un ~ aan een zijden draadje hangen; qui est au bout du ~ ? wie is er aan de lijn?; ~ dentaire floss; ~ électrique snoer; ~ de fer ijzerdraad; ~ de fer barbelé prikkeldraad; sans ~ draadloos 2 *(pour la couture)* garen *het;* du ~ à coudre naaigaren 3 *(enchaînement)* verloop *het;* au ~ de in de loop van; au ~ des jours mettertijd; perdre le ~ de draad kwijtraken ♦ ~ conducteur leidraad; *(fig.)* être cousu de ~ blanc er

dik bovenop liggen; **donner du ~ à retordre à qqn** iemand veel last bezorgen, iemand heel wat te stellen geven; **de ~ en aiguille** stukje bij beetje

filament *nm* **1** *(petit fil)* draad *nm* **2** *(électrique)* gloeidraad *nm*

filature *nf* **1** *(usine)* spinnerij *nf* **2** *(action de filer qqn)* (het) schaduwen

file *nf* rij *de, (milit.)* rot *het;* **se mettre à la ~** in de rij gaan staan; **~ d'attente** rij wachtenden; **stationner en double ~** dubbel parkeren; **en ~ indienne** achter elkaar

[1]**filer** *vi* **1** *(couler lentement)* langzaam weglopen **2** *(courir)* voorbijschieten, *(partir)* ervandoor gaan **3** *(d'un bas)* ladderen ♦ **l'argent lui file entre les mains** hij heeft een gat in z'n hand

[2]**filer** *vt* **1** *(transformer en fil)* spinnen **2** *(donner)* ↑ geven; **~ du fric à qqn** iemand poen geven **3** *(pister)* schaduwen ♦ **~ des jours heureux** gelukkige dagen beleven

filet *nm* **1** *(fil)* (dunne) draad *het/de (m)* **2** *(écoulement)* straaltje *het* **3** *(viande, poisson)* filet *het/de (m); (f.B.)* **~ américain** (biefstuk) tartaar, filet americain **4** *(réseau de mailles)* net *het; (fig.)* **attirer dans ses ~s** in zijn strikken vangen; **travailler sans ~** risico's nemen; **tendre un ~** een net spannen; *(fig.)* een valstrik zetten **5** *(trait fin)* lijntje *het*

filial, -ale *adj* kinderlijk, *(adj. aussi)* kinder-; **amour ~** liefde van de kinderen tot de ouders

filiale *nf* dochter(onderneming) *nf*

filiation *nf* **1** *(parenté)* filiatie *nf,* verwantschap *nf* **2** *(enchaînement)* aaneenschakeling *nf*

filière *nf* **1** *(procédure)* normale weg *nm;* **passer par la ~** de voorgeschreven weg bewandelen **2** *(technol.)* trekbank *de* **3** *(bande)* bende *de* **4** *(enseign.)* vakkenpakket *het*

filiforme *adj* **1** *(comme un fil)* draadvormig **2** *(très mince)* broodmager

filigrane *nm* **1** *(de métal)* filigraan *het* **2** *(de papier)* watermerk *het; (fig.)* **lire en ~** tussen de regels door lezen

fille *nf* **1** *(enfant)* dochter *nf* **2** *(personne du sexe féminin)* meisje *het (f);* **petite ~** meisje; **vieille ~** oude vrijster

fille-mère *nf* ongehuwde moeder *nf*

fillette *nf* (klein) meisje *het (f)*

filleul, -eule *n* petekind *het (m), het (f)*

film *nm* **1** *(pellicule)* film *nm* **2** *(de cinéma)* (bioscoop)film *nm;* **~s d'animation** poppen- en tekenfilms; **~ d'horreur** horrorfilm, griezelfilm; **~ publicitaire** promotiefilm; **~ à suspens(e)** thriller; **tourner un ~** een film opnemen

filmer *vt* (ver)filmen

filon *nm* **1** *(géo.)* ader *de* **2** *(aubaine)* mazzeltje *het*

filou *nm* schurk *nm*

fils *nm* **1** *(enfant mâle)* zoon *nm;* **Dumas ~** Dumas junior; **~ à papa** rijkeluiszoontje **2** *(plur.) (descendants)* nakomelingen *plur*

filtre *nm* filter *het/de (m);* **(café) ~** filterkoffie; **~ (à café)** koffiefilter

[1]**filtrer** *vi* **1** *(couler par un filtre)* filtreren **2** *(lumière)* filteren **3** *(être connu)* uitlekken

[2]**filtrer** *vt* **1** *(faire passer un filtre)* filtreren **2** *(diminuer)* dempen **3** *(trier)* schiften, zeven **4** *(contrôler)* controleren

[1]**fin** *nf* **1** *(bout)* einde *het;* **à la ~** ten slotte, uiteindelijk; **en ~ d'après-midi** aan het eind van de middag; **en ~ de compte** tenslotte; **mettre ~ à** een eind maken aan; **mettre ~ à ses jours** zelfmoord plegen; **prendre ~** eindigen; **~ de saison, ~ de série** restanten *(articles);* (seizoen)opruiming *(soldes);* **sans ~** eindeloos; **toucher, tirer à sa ~** op zijn eind lopen **2** *(mort)* (uit)einde *het* **3** *(but)* doel *het;* **à quelle ~ ?** waarom?; **à cette ~, à ces ~s** met dat doel, daartoe; **à seule ~ de** slechts om te; **arriver à ses ~s** zijn doel bereiken; *(prov)* **la ~ justifie les moyens** het doel heiligt de middelen

[2]**fin, fine** *adj* **1** *(raffiné; menu)* fijn; **épicerie ~e** delicatessenwinkel; **le ~ du ~** het fijnste van het fijnste **2** *(sensible)* scherp; **avoir le nez ~** een scherpe reuk hebben **3** *(astucieux)* scherpzinnig; **jouer au plus ~ avec qqn** iemand te slim af willen zijn **4** *(adroit)* bekwaam; **~ connaisseur** uitnemend kenner **5** *(menu, délicat)* fijn; **pluie ~e** motregen **6** *(qui est au bout)* verst; **au ~ fond de** in de verste uithoek van; **connaître le ~ mot de l'histoire** het fijne van de zaak weten ♦ **être ~ prêt** geheel klaar zijn

final, -ale *adj* **1** *(dernier)* laatst **2** *(qui sert de fin)* slot-; **la ~e** *(sports)* de finale; *(mus.)* **le ~** de finale

finalement *adv* **1** *(pour finir)* ten slotte; **~ ils se sont séparés** uiteindelijk zijn ze uit elkaar gegaan **2** *(en dernière analyse)* per slot van rekening

finaliste *n* finalist(e) *nm (nf)*

finance *nf* **1** *(la banque et la Bourse)* geldhandel *nm* **2** *(financiers)* geldwereld *de;* **la haute ~** de grote bankiers, de geldaristocratie **3** *(plur.) (finances publiques)* geldwezen *het* **4** *(plur.) (administration)* (departement *het* van) financiën *plur* ♦ **moyennant ~** tegen betaling

financement *nm* financiering *nf*

financer *vt* financieren

financier, -ière *adj* financieel; **capital ~** bij de bank belegd kapitaal; **le ~** de financier

finement *adv* **1** *(avec subtilité, délicatesse)* fijn **2** *(adroitement)* handig

finesse *nf* **1** *(ce qui est délicat)* fijnheid *nf* **2** *(acuité)* scherpte *nf* **3** *(sagacité)* scherpzinnigheid *nf;* **la ~ d'une observation** de juistheid van een opmerking **4** *(plur.) (subtilités)* finesses *plur*

fini, -ie *adj* **1** *(achevé)* klaar; **il est ~** hij heeft afgedaan; **produits ~s** eindproducten **2** *(poli, bien fini)* afgewerkt; **le ~** de zorgvuldige afwerking **3** *(révolu)* voorbij **4** *(parfait en son genre)* volslagen **5** *(philo., math.)* eindig

¹finir *vi* **1** *(se terminer)* eindigen; *(prov)* **tout est bien qui finit bien** eind goed al goed; **en ~ avec** een eind maken aan *(qqch);* zich afmaken van *(qqn);* **~ en dispute** op ruzie uitdraaien; **un discours qui n'en finit plus** een redevoering waar geen eind aan komt; **il a fini par comprendre** ten slotte begreep hij het; **il finit sur une anecdote** hij eindigde met een anekdote **2** *(expirer)* aflopen **3** *(mourir)* sterven

²finir *vt* **1** *(terminer)* beëindigen, eindigen, afmaken, *(Belg.)* uitdoen; **~ ses jours à la campagne** z'n laatste levensjaren buiten doorbrengen; **~ en beauté** goed eindigen **2** *(vider)* leegeten *(un plat),* leegdrinken *(un verre);* **ils finissaient de dîner, quand je suis arrivé** ze waren bijna klaar met eten, toen ik kwam **3** *(user)* gebruiken tot 't einde

finition *nf* afwerking *nf*

finlandais, -aise *adj* Fins; **le, la Finlandais(e)** de Fin(se)

Finlande *nf* Finland *n (sans art.)*

finnois, -oise *adj* Fins(talig); **le ~** het Fins

fiole *nf* flesje *het*

fioritures *nf* versieringen *plur*

firmament *nm* uitspansel *het*

firme *nf* firma *de*

fisc *nm* fiscus *nm*

fiscal, -ale *adj* fiscaal; **conseiller ~** belastingconsulent

fiscalité *nf* belastingwezen *het*

fission *nf* splitsing *nf*

fissure *nf* scheur *de,* barst *de*

fissurer *vt* (doen) scheuren; **se fissurer** *vpr* scheuren

fiston *nm* ↑ zoon *nm*

fixateur *nm* **1** *(phot.)* fixeermiddel *het* **2** *(pour cheveux)* haarlak *het/de (m)*

fixation *nf* **1** *(action de faire tenir; dispositif)* bevestiging *nf; (ski)* **~ de sécurité** veiligheidssluiting **2** *(phot.)* (het) fixeren **3** *(détermination)* vaststelling *nf* **4** *(psycho.)* fixatie *nf*

fixe *adj* **1** *(immobile)* vast; **le baromètre est au beau ~** de barometer staat op bestendig; **idée ~** obsessie; **à jour ~** steeds op dezelfde dag; **le ~** het vaste inkomen **2** *(dirigé sur le même point)* strak; **avoir le regard ~** (voor zich uit) staren

fixer *vt* **1** *(attacher)* bevestigen **2** *(conserver (sans altération))* vastleggen; **~ un gaz** een gas binden **3** *(installer)* vestigen **4** *(déterminer)* vaststellen; **au jour fixé** op de afgesproken dag **5** *(renseigner)* informeren; **être fixé sur le compte de qqn** weten wat men aan iemand heeft **6** *(concentrer le regard sur)* staren naar; **~ son attention sur qqch** zijn aandacht op iets richten ♦ **je ne suis pas encore fixé** ik heb nog geen besluit genomen; **se fixer** *vpr* **1** *(s'attacher à)* zich vasthechten (aan) **2** *(s'installer)* zich vestigen **3** *(se marier)* trouwen **4** *(s'immobiliser, se stabiliser)* zich stabiliseren ♦ **mon choix s'est fixé sur elle** mijn keus is op haar gevallen

flacon *nm* (stop)fles *de;* **~ de parfum** flesje parfum

flageoler *vi* trillen

flageolet *nm (haricot)* flageolet(boon) *nm (de) (terme peu connu)*

flagrant, -ante *adj* overduidelijk

flair *nm* **1** *(odorat)* reuk *nm,* reukzin *nm* **2** *(intuition)* intuïtie *nf;* **avoir du ~** een (fijne) neus hebben

flairer *vt* **1** *(sentir)* ruiken **2** *(renifler)* ruiken aan **3** *(pressentir)* (voor)voelen

flamand, -ande *adj* Vlaams; **le, la Flamand(e)** de Vlaming, Vlaamse

flamant *nm* flamingo *nm*

flambant, -ante *adj* ♦ **~ neuf** gloednieuw, splinternieuw

flambeau *nm* fakkel *de;* **retraite au ~** fakkeloptocht

flambée *nf* **1** *(feu vif)* helder vlammend vuur *het* **2** *(vague)* vlaag *de* **3** *(hausse soudaine)* plotselinge stijging *nf*

¹flamber *vi (brûler)* fel branden; **faire ~ la maison** het huis in brand steken

²flamber *vt* **1** *(arroser d'alcool)* flamberen **2** *(passer à la flamme)* schroeien

flamboyer *vi* gloeien

flamme *nf* **1** *(lumière mobile)* vlam *de* **2** *(plur.) (feu)* vuur *het;* **en ~s** in lichterlaaie **3** *(éclat; ardeur)* gloed *nm,* vuur *het*

flan *nm* flan *nm,* gebakken eiervla *de*

flanc *nm* **1** *(animaux; armées)* flank *de, (humains)* zijde *de; (fig.)* **être sur le ~** uitgeput zijn **2** *(choses)* zijkant *nm, (archit.)* vleugel *nm;* **les ~s d'une colline** de hellingen van een heuvel ♦ **tirer au ~** lijntrekken, zich drukken

flancher *vi* **1** *(céder)* 't begeven; **son cœur a flanché** zijn hart heeft 't begeven **2** *(abandonner)* het opgeven

Flandre *nf* Vlaanderen *n (sans art.)*

flanelle *nf* flanel *het*

flâner *vi* **1** *(se balader)* slenteren **2** *(ne pas se presser)* lanterfanten

flâneur, -euse *n* **1** *(badaud(e))* slenteraar(ster) *nm (nf)* **2** *(oisif, -ive)* lanterfant(st)er *nm (nf)*

flanquer *vt* **1** *(se trouver près de)* flankeren; *(péj.)* **être flanqué de** geflankeerd worden door **2** *(jeter)* smijten; **~ qqn à la porte** iemand de deur uitsmijten; **tout ~ en l'air** er de brui aan geven; **il a tout flanqué par terre** hij heeft de zaak verknoeid **3** *(donner)* ↑ geven; **~ la frousse à qqn** iemand de stuipen op het lijf jagen

flaque *nf* plas *nm*

flash *nm* **1** *(lampe)* flitslamp *de* **2** *(appareil)* flitser *nm* **3** *(cin.)* spot *nm* **4** *(information)* extra nieuwsuitzending *nf*

flash-back *nm* flashback *nm*

flasher *vi (phot.)* flitsen ♦ **~ sur** geboeid worden door

flasque *adj* slap

flatter *vt* **1** *(encenser)* vleien, naar de mond praten **2** *(être agréable à)* strelen **3** *(embellir)* flatteren; **se flatter (de)** *vpr* **1** *(espérer qqch)* zich vleien (met) **2** *(se prévaloir de)* zich laten voorstaan (op)

flatterie *nf* vleierij *nf*

flatteur, -euse *adj* **1** *(qui loue exagérément)* vleiend; **le ~, la flatteuse** de vlei(st)er **2** *(qui embellit)* geflatteerd; **miroir ~** flatterende spiegel ♦ **espoir ~** bedrieglijke hoop

fléau *nm* **1** *(catastrophe; aussi au fig.)* plaag *de* **2** *(agric.)* dorsvlegel *nm* **3** *(d'une balance)* hefboom *nm*

flèche *nf* **1** *(arme; signe)* pijl *nm;* **monter en ~** snel stijgen; **en ~, comme une ~** pijlsnel **2** *(attaque)* hatelijkheid *nf* **3** *(toit)* spits *de*

flécher *vt* bewegwijzeren

fléchette *nf* pijltje *het;* **jeu de ~s** darts

[1]**fléchir** *vi* **1** *(ployer)* buigen **2** *(céder)* wijken **3** *(diminuer)* afnemen

[2]**fléchir** *vt* **1** *(plier)* buigen **2** *(faire céder)* doen zwichten

flegmatique *adj* onverstoorbaar, kalm; **le ~** de flegmaticus

flegme *nm* onverstoorbaarheid *nf,* flegma *het*

flemmard, -arde *adj* lui; **le ~** de luiwammes

flemme *nf* luiheid *nf;* **avoir la ~** geen zin hebben

flétri, -ie *adj* **1** *(qui a perdu sa fraîcheur)* verlept **2** *(ridé)* rimpelig

flétrir *vt* doen verwelken; **se flétrir** *vpr* verwelken

fleur *nf* **1** *(végétal; représentation de celui-ci)* bloem *de;* **~s coupées** snijbloemen; **en ~** in bloei; **~ de lis** Franse lelie **2** *(le moment le plus beau)* bloeitijd *nm;* **à la ~ de l'âge** in de bloei van het leven **3** *(ce qu'il y a de meilleur)* beste *het* **4** *(éloge)* lof *nm (uniquement sing.);* **jeter des ~s à qqn** iemand lof toezwaaien ♦ **à ~ de** bijna aan de oppervlakte van; **avoir les nerfs à ~ de peau** zeer prikkelbaar zijn; **il est très ~ bleue** hij is erg sentimenteel; **comme une ~** met gemak; **faire une ~ à qqn** iemand een plezier doen

fleuret *nm* floret *het/de*

fleuri, -ie *adj* **1** *(en fleur)* bloeiend **2** *(garni de fleurs)* met bloemen versierd, gebloemd **3** *(frais, coloré)* blozend **4** *(orné)* versierd

[1]**fleurir** *vi* bloeien

[2]**fleurir** *vt (orner de fleur(s))* met bloemen versieren

fleuriste *n* bloemist(e) *nm (nf)*

fleuve *nm* **1** *(cours d'eau)* (grote) rivier *de* **2** *(fig.)* stroom *nm*

flexibilité *nf* **1** *(élasticité)* buigzaamheid *nf* **2** *(malléabilité)* aanpassingsvermogen *het*

flexible *adj* **1** *(élastique)* buigzaam **2** *(malléable)* soepel

flexion *nf* buiging *nf*

flic *nm* smeris *nm*

flingue *nf* spuit *de*

flinguer *vt* **1** *(tuer)* overhoopschieten, neerknallen **2** *(critiquer)* afmaken; **se flinguer** *vpr* zich voor z'n kop schieten

[1]**flipper** *nm* flipper(kast) *nm (de)*

[2]**flipper** *vi* **1** *(drogue)* flippen **2** *(avoir peur)* 'm knijpen; **~ grave** 'm flink knijpen, behoorlijk in de rats zitten

flirt *nm* **1** *(amourette)* scharrel *nm* **2** *(amoureux)* vlam *de,* vriend(in) *nm (nf)*

flirter *vi* flirten

flocon *nm* vlok *de;* **~s d'avoine** havermout

flop *nm* flop *nm*

flopée *nf* ris *de;* **une ~ d'enfants** een ris kinderen

floraison *nf* bloei(tijd) *nm*

floral, -ale *adj* **1** *(de la fleur)* bloem- **2** *(de fleurs)* bloemen-

flore *nf* flora *de*

florin *nm* gulden *nm*

florissant, -ante *adj* bloeiend, welvarend

flot *nm* **1** *(vague)* golf *de,* vloed *nm* **2** *(plur.) (eaux en mouvement)* golven *plur* **3** *(+ de) (masse de)* stroom *nm (sans prép.);* **à (grands) ~s** overvloedig, volop; **verser des ~s de larmes** tranen met tuiten huilen ♦ **être à ~** blijven drijven; *(fig.)* er weer bovenop zijn; *(fig.)* **mettre qqn à ~** iemand uit de brand helpen

flotte *nf* **1** *(navires)* vloot *nm* **2** *(eau, pluie)* water *het*

flottement *nm* **1** *(mouvement)* onzekere beweging *nf* **2** *(incertitude)* onzekerheid *nf*

[1]**flotter** *vi* **1** *(sur un liquide)* drijven **2** *(dans l'air)* zweven *(aussi fin.)* **3** *(onduler)* wapperen ♦ **~ dans ses vêtements** in zijn kleren zwemmen

[2]**flotter** *vb impers (pleuvoir)* regenen

flotteur *nm* **1** *(d'un véhicule flottant)* drijver *nm* **2** *(d'un filet, etc.)* vlotter *nm*

flou, floue *adj* wazig; **le ~** de wazigheid ♦ **robe ~e** losvallende japon

fluctuant, -ante *adj* **1** *(inconstant; changeant)* veranderlijk **2** *(prix, etc.)* schommelend

fluctuation *nf* schommeling *nf,* fluctuatie *nf*

fluctuer *vi* schommelen, fluctueren

fluet, -ette *adj* tenger, spichtig; **voix ~te** zwak stemmetje

fluide *adj* vloeibaar; **circulation ~** vlot verkeer; *(gaz, liquide)* **le ~** de niet-vaste stof; **style ~** vlotte stijl ♦ *(émanation)* **le ~** het fluïdum

fluidité *nf* **1** *(absence d'épaisseur)* vloeibaarheid *nf* **2** *(aisance)* vlotheid *nf;* **la ~ de la circulation** de vlotte doorstroming van het verkeer

fluor *nm* fluor *het*

fluorescent, -ente *adj* fluorescerend; **tube ~** tl-buis

flûte *nf* fluit *de;* ~ **à bec** blokfluit; ~ **traversière** dwarsfluit ♦ ~ **!** verdorie!
flûtiste *n* fluit|speler, -speelster *nm, nf,* fluitist *nm*
fluvial, -ale *adj* rivier-; **navigation ~e** binnen(scheep)vaart
flux *nm* **1** *(phys.)* stroom *nm; (inform.)* **diffusion en ~** streaming **2** *(marée montante; écoulement)* vloed *nm;* ~ **de paroles** woordenvloed; ~ **et reflux** eb en vloed
focaliser *vt* **1** *(phys.)* in een brandpunt doen samenkomen **2** *(concentrer)* concentreren; **se focaliser** *vpr* zich concentreren
fœtus *nm* foetus *het/de (m)*
foi *nf* **1** *(croyance)* geloof *het;* **avoir la ~** gelovig zijn; *(fig.)* niet twijfelen; **digne de ~** betrouwbaar **2** *(promesse)* trouw *de;* **de bonne ~** te goeder trouw; **en toute bonne ~** geheel te goeder trouw; **faire ~ de** bewijzen, getuigen van; **ma ~** zeker; **mauvaise ~** kwade trouw
foie *nm* lever *de;* ~ **gras** ganzenlever
foin *nm* **1** *(fourrage)* hooi *het* **2** *(plur.) (herbe à faucher)* hooigras *het;* **faire les ~s** hooien **3** *(raffut)* herrie *de;* **faire du ~** herrie schoppen
foire *nf* **1** *(fête foraine)* kermis *de (aussi au fig.)* **2** *(marché public)* markt *de* **3** *(exposition)* beurs *de* ♦ *(Internet)* ~ **aux questions** veelgestelde vragen
fois *nf* keer *nm,* maal *het/de;* **à la ~** tegelijk(ertijd); **des ~** soms; **des ~ que** voor het geval dat; **deux ~ plus grand** twee keer zo groot; *(prov)* **une ~ n'est pas coutume** één maal gedaan is nog geen gewoonte; **plus d'une ~** vaak; **une ~ pour toutes** eens en voor altijd; **toutes les ~ que** steeds als; **encore une ~** nogmaals; **il était une ~** er was eens; **une ~ en route, elle ne s'arrêtait plus** toen ze eenmaal op weg was gegaan, stopte ze niet meer; **la seule et unique ~** absoluut de enige keer
foison *nf* overvloed *nm;* **à ~** in overvloed
foisonnement *nm (+ de)* overvloed (aan) *nm,* gekrioel (van) *het*
foisonner (de, en) *vi* een overvloed hebben (aan), wemelen (van)
folâtre *adj* vrolijk, speels
folichon, -onne *adj* lollig; **ce n'est pas ~** het is geen lolletje
folie *nf* **1** *(démence)* waanzin *nm;* **à la ~** waanzinnig veel; ~ **des grandeurs** grootheidswaanzin; **c'est de la pure ~** het is je reinste waanzin **2** *(absence de sagesse; extravagance)* dwaasheid *nf* **3** *(passion déraisonnable)* manie (voor) *nf* **4** *(dépense excessive)* te grote uitgave *de;* **faire des ~s** te veel uitgeven
folklore *nm* folklore *de*
folklorique *adj* **1** *(relatif au folklore)* folkloristisch **2** *(singulier)* wonderlijk
folle *nf* gekkin *nf*
follement *adv* waanzinnig, razend
fomenter *vt* aanzetten (tot)
foncé, -ée *adj* donker
foncer *vi* **1** *(aller très vite)* (voort)razen **2** *(se dépêcher)* zich wild haasten **3** *(+ sur) (fondre sur)* zich storten (op); ~ **dans le tas** er bovenop duiken **4** *(devenir sombre)* donker(der) worden
fonceur, -euse *n* doorzet(s)ter *nm (nf)*
foncier, -ière *adj* **1** *(relatif au bien-fonds)* grond- **2** *(inné)* wezenlijk
foncièrement *adv* in de grond, door en door
fonction *nf* functie *nf;* **appartement de ~** dienstwoning; **en ~ de** naargelang (van); **entrer en ~(s)** in functie treden; **être ~ de qqch** afhankelijk zijn van iets; **faire ~ de** de rol vervullen van; ~ **publique** ambtenarenapparaat
fonctionnaire *n* ambte|naar, -nares *nm, nf*
fonctionnel, -elle *adj* functioneel
fonctionnement *nm* werking *nf,* (het) functioneren
fonctionner *vi* werken, functioneren
fond *nm* **1** *(partie la plus basse)* bodem *nm;* **à ~** grondig; **du ~ du cœur** uit de grond van zijn hart **2** *(point le plus bas)* onderste *het;* **au ~ de** onderin; **toucher le ~ (du désespoir)** de uiterste wanhoop bereiken; **râcler les ~s de tiroir** zijn laatste centen aanspreken **3** *(arrière)* achterste *het,* uiterste *het;* **dans le ~ de la salle** achterin de zaal; **au fin ~ de** in de verste uithoek van; *(fig.)* **elle vient du (fin) ~ de la province** zij is met zeven paarden uit de klei getrokken; **un ~ de cognac** een bodempje cognac **4** *(profondeur)* diepte *nf* **5** *(arrière-plan)* ondergrond *nm; (inform.)* ~ **d'écran** schermachtergrond; ~ **sonore** *(musique)* achtergrondmuziek; *(bruits)* achtergrondgeluiden; **feuilles vertes sur ~ rouge** groene blaadjes op een rode achtergrond; ~ **de teint** foundation **6** *(substance)* wezen *het;* **au ~, dans le ~** eigenlijk; **le ~ et la forme** vorm en inhoud; **remarques sur le ~** opmerkingen over de inhoud **7** *(fondations)* fundering *nf;* **de ~ en comble** van onder tot boven ♦ **à ~ de train** in ijltempo, in vliegende vaart; **le ~ de l'air est frais** het is nog frisjes; *(athlétisme)* **le ~** het hardlopen op de langere afstanden
fondamental, -ale *adj* fundamenteel; *(mus.)* **accords fondamentaux** grondakkoorden
fondant, -ante *adj* **1** *(qui fond)* smeltend **2** *(qui fond dans la bouche)* in de mond smeltend; **le ~** fondant *(nom de matière)*
fondateur, -trice *n* sticht(st)er *nm (nf),* grond|legger, -legster *nm, nf;* **membre ~** medeoprichter
fondation *nf* **1** *(plur.) (archit.)* fundering *nf* **2** *(créations; œuvre)* stichting *nf,* oprichting *nf*
fondé, -ée *adj* gegrond; **être ~ sur** berusten op ♦ **le ~ de pouvoir** de procuratiehouder
fondement *nm* **1** *(plur.) (assises; princi-*

pes) grondslagen *plur* **2** *(motif)* grond *nm*, reden *de;* sans ~ ongegrond

fonder *vt* **1** *(créer)* stichten; ~ un foyer een gezin stichten **2** *(+ sur) (baser sur)* baseren (op); ~ ses espoirs sur al zijn hoop vestigen op; **se fonder** (sur) *vpr* **1** *(s'appuyer sur)* zich baseren (op) **2** *(être fondé sur)* berusten (op)

fonderie *nf* (metaal)gieterij *nf (où l'on coule le minerai)*, (metaal)smelterij *nf (où l'on fond le minerai)*

[1]**fondre** *vi* **1** *(se liquéfier)* smelten; ~ en larmes in tranen uitbarsten; faire ~ le beurre de boter smelten **2** *(diminuer vite)* minder worden, slinken; l'argent lui fond dans les mains het geld glipt hem door de vingers; il a fondu de trois kilos hij is zes pond afgevallen **3** *(+ sur) (s'abattre sur)* zich werpen (op)

[2]**fondre** *vt* **1** *(liquéfier)* smelten; la glace est fondue het ijs is gesmolten **2** *(amalgamer)* samenvoegen; **se fondre** *vpr (se réunir)* samengevoegd worden

fonds *nm* **1** *(capital)* kapitaal *het;* Fonds Monétaire International, FMI Internationaal Monetair Fonds, IMF; ~ publics staatsfondsen **2** *(plur.) (argent comptant)* geld(en) *het (plur)* **3** *(bien foncier)* grond *nm*, grondbezit *het* **4** *(exploitation)* onderneming *nf;* ~ de commerce (handels)onderneming, zaak **5** *(ressources)* voorraad *nm;* ~ d'une bibliothèque collectie van een bibliotheek

fondu, -ue *adj* **1** *(liquide)* gesmolten; fromage ~ smeerkaas **2** *(dégradé)* in elkaar overlopend; *(cin.)* le ~ enchaîné de overvloeier

fondue *nf* (kaas)fondue *de;* ~ bourguignonne vleesfondue

fontaine *nf* **1** *(source)* bron *de* **2** *(pompe)* fontein *de*

fonte *nf* **1** *(liquéfaction)* smelting *nf* **2** *(moulage)* (het) gieten **3** *(fer)* gietijzer *het;* en ~ gietijzeren

fonts *nm* ♦ ~ baptismaux doopvont

foot *nm* voetbal *het;* jouer au ~ voetballen

football *nm* voetbal *het*, (het) voetballen

footballeur, -euse *n* voetbal|ler, -ster *nm, nf*

footing *nm* (het) wandelen; faire du ~ (stevig) wandelen

for *nm* ♦ en mon ~ intérieur in mijn binnenste

forage *nm* boring *nf*

forain, -aine *adj* kermis-; fête ~e kermis; le ~ de kermisklant

forçat *nm* dwangarbeider *nm*

[1]**force** *nf* **1** *(énergie physique, de physique)* kracht *de;* à bout de ~ aan het eind van zijn krachten; à la ~ du poignet geheel op eigen kracht *(abstr.);* ~ centrifuge middelpuntvliedende kracht; dans la ~ de l'âge in de kracht van zijn leven; prendre de ~ met geweld innemen; ne pas être de ~ niet tegen zijn tegenstander opgewassen zijn; être de ~ égale aan elkaar gewaagd zijn; crier de toutes ses ~s uit alle macht schreeuwen; redonner des ~s nieuwe energie geven; reprendre ses ~s weer op krachten komen, aansterken; ne pas sentir sa ~ zijn eigen kracht niet kennen **2** *(résistance, solidité)* sterkte *nf* **3** *(possibilités intellectuelles, morales)* vermogen *het;* ~ d'âme zielskracht; ~ de caractère geestkracht; être de ~ à in staat zijn om; c'est une ~ de la nature het is een ijzersterk, oergezond iemand **4** *(pouvoir de contrainte)* dwang *nm*, geweld *het;* (un cas de) ~ majeure overmacht; mesure de ~ dwangmaatregel; par la ~ des choses noodgedwongen; par la ~ de l'habitude (uit) de macht der gewoonte; vouloir qqch à toute ~ iets per se willen **5** *(pouvoir, puissance)* macht *de, (plur.) (milit.)* strijdmacht *de;* ~s aériennes luchtmacht; ~ de dissuasion afschrikkingsmacht; en ~ met groot machtsvertoon; ~ de frappe kernmacht; ~s de l'ordre ordepolitie ♦ à ~ de dankzij heel veel *(+ nom: quantité);* door aanhoudend te *(+ inf.: continuité)*

[2]**force** *adv* zeer veel

forcé, -ée *adj* **1** *(factice)* geforceerd **2** *(obligatoire)* gedwongen; atterrissage ~ noodlanding; c'est ~ ! dat kan gewoon niet anders!; être ~ de gedwongen zijn te **3** *(exagéré)* overdreven; plaisanterie ~e te ver doorgevoerde grap

forcément *adv* noodzakelijkerwijs, per se

forcené, -ée *adj* **1** *(aliéné)* uitzinnig; le, la ~(e) de uitzinnige **2** *(acharné)* verwoed

forceps *nm* verlostang *de*

[1]**forcer** *vi (fournir un grand effort)* veel kracht zetten, zich hard inspannen; ne forcez pas sur l'alcool niet overdrijven met de (sterke)drank

[2]**forcer** *vt* **1** *(faire céder par la force)* geweld uitoefenen op **2** *(faire céder par la contrainte)* druk uitoefenen op; ~ qqn à iemand dwingen te, iemand noodzaken te; ~ le destin het lot naar zijn hand proberen te zetten; ~ la main à qqn iemand dwingen **3** te veel vergen van; ~ la nature te veel van zichzelf vergen; ~ sa voix zijn stem forceren **4** *(exagérer)* overdrijven; ~ l'allure het tempo opvoeren; *(fig.)* ~ la dose overdrijven; **se forcer** *vpr (s'obliger)* zich dwingen

forer *vt* boren; ~ un puits een put slaan

forestier, -ière *adj* **1** *(de la forêt)* bos- **2** *(du garde forestier)* boswachters-

forêt *nf* **1** *(bois)* bos *het;* ~ vierge oerwoud **2** *(ensemble très dense)* bos *het*, woud *het*

forfait *nm (somme fixe)* vast bedrag *het;* travail à ~ akkoordwerk ♦ déclarer ~ verstek laten gaan

forfaitaire *adj* (voor een) vast (bedrag)

forge *nf* smederij *nf*

forger *vt* **1** *(battre)* smeden; *(fig.)* ~ un caractère een karakter vormen; fer forgé smeedijzer **2** *(inventer)* verzinnen; forgé

de toutes pièces van a tot z verzonnen; **se forger** *vpr* ♦ **se ~ des illusions** zich illusies maken
forgeron *nm* smid *nm*
formaliser *vt* formaliseren; **se formaliser (de)** *vpr* beledigd zijn (over)
formalité *nf* formaliteit *nf;* **sans ~(s)** zonder plichtplegingen
format *nm* **1** *(dimension)* formaat *het* **2** *(inform.)* format *het*
formatage *nm* (het) formatteren
formater *vt* formatteren
formateur, -trice *adj* vormend; **le ~, la formatrice** de opleid(st)er; *(pol.; f.B.)* **le ~** de formateur
formation *nf* **1** *(constitution)* vorming *nf* **2** *(groupement)* formatie *nf;* **~ aérienne** formatie vliegtuigen **3** *(apprentissage)* opleiding *nf;* **~ continue, permanente** permanente educatie; **en ~** in opleiding
forme *nf* **1** *(configuration)* vorm *nm,* gedaante *nf;* **en ~ de** -vormig, in de vorm van; **prendre ~** (vaste) vorm aannemen; **prendre des ~s** gevuld raken; **sans ~** vormeloos; **sous (la) ~ de** in de vorm van **2** *(expression)* voorgeschreven vorm *nm,* *(plur.)* beleefdheidsvormen *plur;* **mettez-y les ~s** zeg het voorzichtig; *(fig.)* **sans autre ~ de procès** zonder (enige) vorm van proces **3** *(gabarit)* vorm *nm;* **chapeau haut de ~** hogehoed **4** *(condition physique)* conditie *nf,* vorm *nm;* **être en (pleine) ~** in goede conditie zijn
formel, -elle *adj* **1** *(clair)* duidelijk, uitdrukkelijk; **c'est ~lement interdit** dat is streng verboden **2** *(relatif à la forme)* formeel
former *vt* **1** *(concevoir; constituer)* vormen; **~ l'idée de** het idee opvatten om; **~ une société** een maatschappij oprichten **2** *(instruire)* opleiden; **se former** *vpr* **1** *(se constituer)* tot stand komen **2** *(se développer)* zich ontwikkelen, volgroeid raken *(qqn, fruit, animal)*
formidable *adj* **1** *(énorme)* formidabel, geweldig **2** *(épatant)* fantastisch
formulaire *nm* (invul)formulier *het*
formule *nf* **1** *(expression concise)* formule *de* **2** *(méthode)* formule *de,* aanpak *nm;* **~ de politesse** beleefdheidsformule **3** *(expression)* formulering *nf*
formuler *vt* **1** *(rédiger)* opstellen **2** *(exprimer)* uiten, formuleren
forsythia *nm* forsythia *nf*
[1]**fort** *nm* **1** *(point fort)* sterk(st)e kant *nm* **2** *(forteresse)* fort *het,* vesting *nf*
[2]**fort, forte** *adj* **1** *(robuste, fortifié, résistant)* sterk; **le plus ~ c'est que** het sterkste is nog dat; **à plus ~e raison** zoveel te meer; **c'est plus ~ que moi** ik kan niet anders; **ville ~e** versterkte stad; **ça c'est ~ (de café) !** dat is kras! **2** *(dur)* hard; **~e tête** stijfkop **3** *(doué)* begaafd; **être ~ en calcul** goed zijn in rekenen; **être ~ en gueule** een grote bek hebben **4** *(intense)* hevig; **avoir une ~e envie de** erg veel zin hebben om; **goût ~** scherpe, sterke smaak; **les moments ~s du match** de hoogtepunten van de wedstrijd; **payer le prix ~** de volle prijs betalen; **café ~** sterke koffie **5** *(corpulent)* fors ♦ **plaisanterie un peu ~e** grapje dat te ver gaat
[3]**fort** *adv* **1** *(beaucoup)* zeer; **avoir ~ à faire** veel omhanden hebben **2** *(fortement)* sterk; **parler ~** hard praten; **pousser ~** hard duwen; **respirer ~** diep ademhalen; **sentir ~** sterk ruiken ♦ **y aller ~** overdrijven
fortement *adv* **1** *(avec force; beaucoup)* hard *(aussi au fig.),* hevig **2** *(clairement)* duidelijk, markant
forteresse *nf* **1** *(fortification)* vesting *nf* **2** *(fig.) (protection)* bolwerk *het*
fortifiant, -ante *adj* versterkend
fortification *nf* **1** *(action de fortifier une place)* (het) versterken **2** *(ouvrage défensif)* vestingwerk *het*
fortifier *vt* **1** *(rendre plus fort)* sterk(er) maken **2** *(munir d'ouvrages défensifs)* van versterkingen voorzien
fortuit, -uite *adj* toevallig
fortune *nf* **1** *(richesse)* fortuin *het;* **faire ~** rijk worden **2** *(hasard)* toeval *het;* **bonne ~** geluk; **de ~** geïmproviseerd; **mauvaise ~** tegenspoed; **faire contre mauvaise ~ bon cœur** tegenspoed gemakkelijk opnemen **3** *(sort)* lot *het*
fortuné, -ée *adj* gefortuneerd, welgesteld
forum *nm* *(réunion)* symposium *het;* *(inform.)* **~ de discussion** discussieforum
fosse *nf* **1** *(excavation)* put *nm;* **~ d'aisances** beerput; **~ d'orchestre** orkestbak; **~ septique** septic tank **2** *(tombe)* graf *het;* **~ commune** massagraf **3** *(biol.)* holte *nf;* **~ nasale** neusholte **4** *(géo.)* diepte *nf*
fossé *nm* **1** *(tranchée)* sloot *de* **2** *(d'une fortification)* gracht *de* **3** *(cassure)* kloof *de*
fossette *nf* kuiltje *het*
fossile *adj* fossiel; **le ~** het fossiel
fossoyeur *nm* doodgraver *nm*
[1]**fou** *nm* **1** *(aliéné; idiot)* gek *nm;* **faire le ~** gek doen; **être ~ furieux** razend van woede zijn; **maison de ~s** gekkenhuis; *(prov)* **plus on est de ~s, plus on rit** hoe meer zielen, hoe meer vreugd **2** *(bouffon)* (hof)nar *nm* **3** *(échecs)* loper *nm*
[2]**fou, fol, folle** *adj* **1** *(aliéné; idiot)* gek; **~ de** gek op; **~ à lier** stapelgek **2** *(incontrôlable)* ongecontroleerd; **mèche folle** weerbarstige lok; **patte folle** manke poot; **un ~ rire** de slappe lach **3** *(énorme)* enorm, krankzinnig veel; **amour ~** hartstochtelijke liefde; **c'est ~ ce que c'est cher** belachelijk zo duur als dat is; **ça fait un temps ~ que je ne l'ai pas vue** ik heb haar al ontzettend lang niet gezien **4** *(herbe, etc.)* wild
foudre *nf* **1** *(éclair)* bliksem(straal) *nm* **2** *(plur.) (condamnation)* banbliksem *nm;*

s'attirer les ~s de qqn zich iemands verwijten op de hals halen

foudroyant, -ante *adj* **1** *(rapide)* bliksemsnel; **succès ~** geweldig succes **2** *(violent)* verpletterend; **poison ~** dodelijk vergif

foudroyer *vt* **1** *(terrasser)* vellen, treffen **2** *(anéantir)* verpletteren; **~ qqn du regard** iemand een vernietigende blik toewerpen

fouet *nm* **1** *(martinet)* zweep *de;* **de plein ~** frontaal **2** *(cuis.)* *(batteur)* garde *de*

Fouettard, -arde *adj* ♦ **le père ~** de boeman *(croquemitaine);* Zwarte Piet *(acolyte noir de Saint-Nicolas)*

fouetter *vt* **1** *(un cheval)* met de zweep slaan **2** *(une personne)* geselen **3** *(battre vivement)* kloppen

fougère *nf* varen(plant) *de*

fougue *nf* vuur *het,* onstuimigheid *nf*

fougueux, -euse *adj* vurig, onstuimig

fouille *nf* **1** *(archéologie)* opgraving *nf* **2** *(inspection)* onderzoek *het,* (het) fouilleren *(des personnes),* (het) doorzoeken *(des bagages)*

[1]**fouiller** *vi* **1** *(creuser)* (in de grond) graven **2** *(fureter)* zoeken; **~ dans le passé** in het verleden duiken

[2]**fouiller** *vt* **1** *(un sol)* uitgraven, *(un emplacement)* afzoeken, doorzoeken **2** *(inspecter)* doorzoeken *(des bagages),* fouilleren *(qqn)*

fouillis *nm* warboel *nm*

fouine *nf* steenmarter *nm*

fouiner *vi* snuffelen (in)

foulard *nm* **1** *(écharpe)* halsdoek *nm* **2** *(étoffe)* foulard *het*

foule *nf* **1** *(affluence)* menigte *nf;* **une ~ de gens** een menigte mensen; **en ~** in groten getale **2** *(le commun des hommes)* massa *de*

foulée *nf* **1** *(d'un athlète)* pas *nm;* *(fig.)* **dans la ~ de** in aansluiting op **2** *(d'un cheval)* (galop)sprong *nm*

fouler *vt* **1** *(presser)* aandrukken, persen **2** *(le sol)* betreden; **~ aux pieds** vertrappen; *(fig.)* met voeten treden; **se fouler** *vpr* **1** *(se luxer)* verstuiken; **se ~ la cheville** zijn enkel verstuiken **2** *(s'éreinter)* zich uitsloven; **ne pas se ~** zich niet moe maken

foulure *nf* verstuiking *nf*

four *nm* **1** *(fourneau)* oven *nm;* **~ crématoire** lijkoven; **~ à micro-ondes** magnetron(oven), microgolfoven *(n.B.)* **2** *(bide)* flop *nm;* *(spectacle)* **faire un ~** vallen als een baksteen ♦ **petits ~s** kleine gebakjes

fourbe *adj* gluiperig; **le, la ~** de gluiperd

fourberie *nf* **1** *(duplicité)* gluiperigheid *nf* **2** *(tromperie)* ↓ schurkenstreek *de*

fourbi *nm* **1** *(effets)* bullen *plur* **2** *(fouillis)* rommel *nm*

fourbu, -ue *adj* uitgeput

fourche *nf* **1** *(agric.)* vork *de* **2** *(bifurcation)* tweesprong *nm* **3** *(de bicyclette, etc.)* (voor)vork, (achter)vork *de*

fourchette *nf* **1** *(couvert)* vork *de* **2** *(écart entre deux valeurs)* marge *de;* **~ des prix** prijsklasse

fourgon *nm* **1** *(d'un train)* bagagerijtuig *het* **2** *(véhicule automobile)* wagen *nm*

fourgonnette *nf* bestelwagen *nm*

fourmi *nf* mier *de;* **j'ai des ~s dans les jambes** mijn benen slapen

fourmilière *nf* mierennest *het (aussi au fig.)*

fourmillement *nm* **1** *(grouillement)* gekrioel *het,* gewemel *het* **2** *(picotement)* gekriebel *het*

fourmiller *vi* krioelen; **~ de** vol zitten met

fournaise *nf* **1** *(feu ardent)* vuurgloed *nm* **2** *(endroit très chaud)* smoorhete plaats *de*

fourneau *nm* **1** *(cuisinière)* (kook)fornuis *het* **2** *(technol.)* oven *nm;* **haut ~** hoogoven

fournée *nf* **1** *(groupe compact)* lading *nf* **2** *(quantité de pain)* oven(vol) *nm (de)*

fourni, -ie *adj* goed voorzien; **bien ~** goed voorzien

fournir *vt* **1** *(être fournisseur de)* leverancier zijn van (iemand); **il nous fournit en produits d'entretien** hij levert ons alle onderhoudsartikelen **2** *(procurer)* verschaffen (aan iemand), (iemand) bezorgen **3** *(livrer)* (af)leveren; **se fournir** *vpr* **1** *(s'approvisionner chez)* kopen (bij) **2** *(s'approvisionner en)* (iets) kopen

fournisseur, -euse *n* **1** leverancier(ster) *nm (nf)* **2** *(inform.)* provider *nm*

fourniture *nf* **1** *(action de fournir)* levering *nf;* **~s scolaires** schoolbenodigdheden **2** *(plur.)* *(matériel)* benodigdheden *plur*

fourrage *nm* veevoer *het*

fourré, -ée *adj* **1** *(doublé)* gevoerd **2** *(cuis.)* gevuld

fourreau *nm* **1** *(d'une épée)* schede *de* **2** *(d'un parapluie)* foedraal *het*

fourrer *vt* **1** *(doubler)* voeren; **~ un manteau** een mantel voeren **2** *(+ dans)* *(faire entrer)* stoppen (in); **~ qqch dans la tête de qqn** iemand iets op de mouw spelden ♦ **être tout le temps fourré chez qqn** altijd bij iemand over de vloer zijn; **se fourrer** *vpr* **1** *(se mettre)* zich verstoppen, wegkruipen; **il ne savait plus où se ~** hij wist niet waar hij moest blijven; **se ~ sous les couvertures** onder de wol kruipen **2** *(se jeter)* terechtkomen; **je me suis fourré dans un drôle de pétrin** ik heb me aardig in de nesten gewerkt

fourre-tout *nm* **1** *(débarras)* rommelhok *het* **2** *(sac)* reistas *de*

fourreur *nm* bonthandelaar *nm*

fourrière *nf* **1** *(pour animaux)* (dieren)-asiel *het* **2** *(pour voitures)* autobewaarplaats *de;* **la voiture est emmenée à la ~** de wagen wordt door de politie weggesleept

fourrure *nf* **1** *(matériau)* bont *het (sans art. et sans plur.)* **2** *(pelage)* pels *nm*

fourvoyer *vt* 1 *(égarer)* doen verdwalen 2 *(tromper)* op een dwaalspoor brengen; **se fourvoyer** *vpr* 1 *(s'égarer)* verdwalen 2 *(se tromper)* op een dwaalspoor gebracht worden

foutaise *nf* 1 *(chose insignifiante)* wissewasje *het* 2 *(balivernes)* onzin *nm*

foutre *vt* 1 *(faire)* ↑ doen; **qu'est-ce que ça peut me ~** ↑ wat gaat mij dat aan; **j'en ai rien à ~** daar heb ik geen zak mee te maken 2 *(donner)* ↑ geven 3 *(mettre)* flikkeren ♦ **va te faire ~ !** krijg de kelere!, rot op!; **ça la fout mal** ↑ dat is geen stijl; **se foutre (de)** *vpr* 1 *(ne pas se soucier de)* schijt hebben (aan); **je m'en fous** daar heb ik schijt aan 2 *(se moquer de (qqn))* op de hak nemen

foutu, -ue *adj* 1 *(avant le n.) (mauvais)* rot- 2 *(après le n.) (perdu)* verloren ♦ **travail bien ~** goed stuk werk; **elle est bien ~e** wat een lekker stuk; **il n'est même pas ~ de réussir** hij is niet eens in staat te slagen; **être mal ~** zich beroerd voelen

foyer *nm* 1 *(âtre)* haard *nm (aussi au fig.)* 2 *(maison)* huiselijke haard *nm;* **femme au ~** huisvrouw; **~ paternel** ouderlijk huis 3 *(lieu de réunion)* tehuis *het;* **~ d'étudiants** studentenhuis 4 *(d'un théâtre)* foyer *nm* 5 bron *de;* **~ d'infection** besmettingshaard; **~ d'une révolte** haard van een opstand 6 *(famille)* gezin *het* 7 *(phys., math.)* brandpunt *het*

fracas *nm* geraas *het;* **à grand ~** met veel misbaar

fracassant, -ante *adj* 1 *(assourdissant)* oorverdovend 2 *(retentissant)* opzienbarend

fracasser *vt* verbrijzelen; **se fracasser** *vpr* breken; **se ~ contre qqch** tegen iets knallen

fraction *nf* 1 *(math.)* breuk *de* 2 *(partie)* (ge)deel(te) *het* 3 *(pol.)* splintergroep *de*

fractionner *vt* splitsen; **se fractionner** *vpr* zich splitsen

fracture *nf* 1 *(méd.)* breuk *de,* fractuur *nf;* **~ du crâne** schedelbreuk 2 *(géo.)* breuk *de*

fracturer *vt* 1 *(blesser)* breken 2 *(briser avec force)* openbreken, forceren; **se fracturer** *vpr* ♦ **se ~ la jambe** zijn been breken

fragile *adj* 1 *(peu solide)* breekbaar 2 *(faible)* zwak 3 *(incertain)* wankel; **prospérité ~** onzekere welvaart

fragiliser *vt* kwetsbaar(der) maken

fragilité *nf* 1 *(facilité à se casser)* breekbaarheid *nf* 2 *(précarité)* vergankelijkheid *nf* 3 *(mauvaise santé physique)* zwakke gezondheid *nf* 4 *(mauvaise santé morale)* kwetsbaarheid *nf*

fragment *nm* 1 *(débris)* brokstuk *het* 2 *(extrait)* fragment *het*

fragmentaire *adj* fragmentarisch; **il avait une vue ~ de la situation** hij had een onvolledig beeld van de situatie

fragmenter *vt* in stukken verdelen

fraîchement *adv* 1 *(récemment)* pas 2 *(froidement)* koeltjes

fraîcheur *nf* 1 *(froid)* frisheid *nf,* koelte *nf* 2 *(caractère neuf)* frisheid *nf* 3 *(d'un aliment)* versheid *nf* 4 *(pureté)* reinheid *nf*

[1]**frais** *nm* (on)kosten *plur;* **aux ~ de qqn** op iemands kosten; **~ de déplacement** reiskosten; **faire des ~ pour qqn** zich voor iemand uitsloven; **faire les ~ de la conversation** over de tong gaan; **faux ~** bijkomende kosten; **~ généraux** bedrijfskosten; **à moindres ~** met geringe inspanningen; **tous ~ payés** vrij van alle kosten, all-in; **aux ~ de la princesse** op kosten van de gemeenschap; **rentrer dans ses ~** z'n kosten eruit halen

[2]**frais, fraîche** *adj* 1 *(froid)* fris, koel *(aussi au fig.);* **garder au ~** koel bewaren; **boire ~** gekoeld drinken; **prendre le ~** een luchtje scheppen; **servir ~** koel serveren 2 *(d'un aliment)* vers; **œufs ~** verse eieren 3 *(récent, propre)* fris; **de fraîche date** recent(elijk); **attention, peinture fraîche !** pas op, nat!; **~ et dispos** fris en monter

fraise *nf* 1 *(fruit)* aardbei *de* 2 *(outil)* boor *de* 3 *(tête)* kersenpit *de;* **~ des bois** bosaardbei

fraiser *vt* 1 *(un trou)* (uit)frezen 2 *(un métal)* frezen

fraiseuse *nf* freesmachine *nf*

fraisier *nm* aardbeiplant *de*

framboise *nf* framboos *de*

framboisier *nm* frambozenstruik *nm*

[1]**franc** *nm* frank *nm*

[2]**franc, franche** *adj* 1 *(sincère)* open(hartig), oprecht; **pour être ~** eerlijk gezegd; **rire ~** gulle lach 2 *(pur)* zuiver 3 *(libre)* vrij; **coup ~** vrije schop; **~ de port** franco

français, -aise *adj* Frans; **à la ~e** op z'n Frans; **en bon ~** duidelijker gezegd; **le ~** het Frans; **le, la Français(e)** de Fransman, Française; **tu ne comprends pas le ~ ?** spreek ik soms Chinees?

France *nf* Frankrijk *n (sans art.)*

franchement *adv* 1 *(sincèrement)* openhartig 2 *(vraiment)* gewoonweg 3 *(résolument)* zonder aarzeling ♦ **~, il exagère !** nou overdrijft hij toch wel een beetje!

franchir *vt* 1 *(un obstacle, une limite)* passeren; **~ les bornes** de perken te buiten gaan; **~ les difficultés** de moeilijkheden overwinnen; **~ un obstacle** een obstakel nemen; **~ le seuil** over de drempel stappen 2 *(une distance)* afleggen

franchise *nf* 1 *(exonération)* vrijstelling *nf* 2 *(sincérité)* open(hartig)heid *nf;* **en toute ~** in alle openheid 3 *(assurances)* eigen risico *het/de (m)*

franc-maçon *nm* vrijmetselaar *nm*

franco *adv* 1 *(écon.)* franco 2 *(franchement)* ronduit

francophile *adj* francofiel, Fransgezind; **le, la ~** de francofiel

francophone *adj* Frans sprekend, Franstalig; **le, la ~** de Franstalige

francophonie *nf* francofonie *nf*
franc-parler *nm* vrijmoedigheid *nf;* **avoir son ~** geen blad voor de mond nemen
franc-tireur *nm* **1** *(combattant)* partizaan *nm* **2** *(indépendant)* eenling *nm;* **agir en ~** op eigen houtje handelen
frange *nf* **1** *(d'un tissu)* franje *de* **2** *(de cheveux)* pony *het/de (m)*
franquette ♦ *(adv.)* **à la bonne ~** eenvoudig
frappant, -ante *adj* frappant
frappe *nf* aanslag *nm*
[1]**frapper** *vi (donner des coups)* slaan, kloppen *(à la porte);* **~ dans ses mains** in de handen klappen
[2]**frapper** *vt* **1** *(battre)* slaan (op); **monnaie frappée à l'effigie du souverain** munt met de beeldenaar van de vorst; **~ un grand coup** een grote slag slaan; **cela ne m'a pas frappé** het is me niet opgevallen **2** *(atteindre; saisir)* treffen; **frappé d'apoplexie** door een beroerte getroffen **3** *(d'une taxe, d'un châtiment)* opleggen aan **4** *(saisir)* treffen **5** *(refroidir)* koelen
frasque *nf* escapade *nf*
fraternel, -elle *adj* **1** *(entre frères et sœurs)* broeder- *(frères),* zuster- *(sœurs)* **2** *(amical)* vriendschappelijk
fraterniser (avec) *vi* vriendschappelijk omgaan (met)
fraternité *nf* broederschap *nf (aussi relig.)*
fraude *nf* fraude *de;* **en ~** frauduleus; *(fig.)* heimelijk; **faire passer en ~** binnensmokkelen; **~ fiscale** belastingontduiking
[1]**frauder** *vi* **1** *(tricher)* frauderen, knoeien *(fig.)* **2** *(voyager sans billet)* zwartrijden
[2]**frauder** *vt (tromper)* bedriegen, oplichten; **~ le fisc** belasting ontduiken
fraudeur, -euse *n* fraud|eur, -euse *nm, nf,* (belasting)ontduik(st)er *nm (nf) (du fisc)*
frauduleux, -euse *adj* frauduleus
frayer *vt (ouvrir un chemin)* banen *(aussi au fig.);* **~ la voie à qqn, qqch** iemand, iets de weg effenen; **se frayer** *vpr* ♦ **se ~ un chemin** zich een weg banen
frayeur *nf* schrik *nm*
fredonner *vt* neuriën
free-lance *adj* freelance; **le, la ~** de freelancer, freelancester
freezer *nm* (diep)vriesvak *het*
frégate *nf (mar.)* fregat(schip) *het*
frein *nm* rem *de (aussi au fig.);* **~ à disque** schijfrem; **~ à main** handrem; **mettre un ~ à qqch** iets aan banden leggen; **~ moteur** het afremmen op de motor; **sans ~** ongebreideld
freinage *nm* (het) (af)remmen
[1]**freiner** *vi (une machine, un véhicule)* (af)remmen
[2]**freiner** *vt (une personne, une chose)* afremmen
frelater *vt* versnijden ♦ **la vie frelatée** het holle bestaan
frêle *adj* broos; **de ~s espérances** flauwe hoop
frelon *nm* hoornaar *nm*
frémir *vi* **1** *(bruire)* ruisen **2** *(eau)* razen **3** *(trembler de)* beven (van)
frêne *nm* **1** *(arbre)* es *nm* **2** *(bois)* essenhout *het*
frénésie *nf* bezetenheid *nf*
frénétique *adj* uitbundig
fréquemment *adv* herhaaldelijk, vaak
fréquence *nf* frequentie *nf;* **à basse ~** laagfrequent
fréquent, -ente *adj* veelvuldig
fréquentation *nf* **1** *(d'un lieu)* (het) (regelmatig) bezoeken (van) **2** *(d'une personne)* omgang (met) *nm;* **avoir de mauvaises ~s** in slecht gezelschap verkeren
fréquenté, -ée *adj* druk *(rue),* (druk)bezocht *(endroit)* ♦ **endroit mal ~** plaats waar verdachte individuen komen
fréquenter *vt* **1** *(un lieu)* vaak bezoeken **2** *(une personne)* omgaan met **3** *(un milieu)* verkeren in **4** *(une école)* naar (een) school gaan, *(Belg.)* schoollopen; **se fréquenter** *vpr (se voir)* elkaar vaak zien
frère *nm* **1** *(frangin)* broer *nm;* **les ~s Dupont** de gebroeders Dupont; **en ~s** als broers **2** *(ami; fidèle; religieux)* broeder *nm;* **faux ~** afvallige, verrader
fresque *nf* fresco *het*
fret *nm* **1** *(cargaison)* vracht *de* **2** *(prix du transport)* vracht(prijs) *de (nm)*
frétiller *vi* **1** *(animal)* spartelen, *(chien)* kwispelen **2** *(personne)* trappelen (van)
fretin *nm* uitschot *het;* **menu ~** uitschot
friable *adj* bros
[1]**friand** *nm* saucijzenbroodje *het*
[2]**friand, -ande (de)** *adj* dol (op)
friandise *nf* lekkernij *nf,* snoepje *het*
fric *nm* poen *het/de*
fricadelle *nf (f.B.)* frikadel *de*
fricassée *nf* ragout *nm*
fric-frac *nm* kraak *nm*
friche *nf* ♦ *(aussi au fig.)* **en ~** braakliggend
friction *nf* wrijving *nf (aussi au fig.);* **~ du cuir chevelu** hoofdwassing
frictionner *vt* (in)wrijven
frigidaire® *nm* koelkast *de*
frigide *adj* frigide
frigo *nm* koelkast *de, (Belg.)* frigo *nm*
frigorifier *vt* (af)koelen; *(fig.)* **être frigorifié** het berekoud hebben
frigorifique *adj* koel-
frileux, -euse *adj* kouwelijk; **le ~, la frileuse** de koukleum
frime *nf* nep *nm;* **pour la ~** voor de schijn
frimer *vi* opscheppen
frimousse *nf* snoetje *het*
fringale *nf* geeuwhonger *nm*
fringant, -ante *adj* **1** *(alerte)* monter **2** *(d'un cheval)* vurig
fringuer *vt* ↑ (aan)kleden; **être bien fringué** goed in de kleren zitten
fringues *nf* kloffie *het*
friper *vt* **1** *(des vêtements, etc.)* verkreu-

kelen **2** *(la peau, etc.)* rimpelen; **se friper** *vpr (se froisser)* kreuken

fripier, -ière *n* uitdrager, uitdraagster *nm, nf*

fripon, -onne *n* deugniet *nm;* **il me regardait d'un air ~** hij zat mij schalks aan te kijken

fripouille *nf* schoft *nm*

¹**frire** *vi (faire cuire)* bakken

²**frire** *vt (cuire)* bakken

frise *nf* fries *het/de*

frisé, -ée *adj* gekruld

¹**friser** *vi (être, devenir frisé)* krullen; **~ naturellement** krullen van zichzelf hebben

²**friser** *vt* **1** *(boucler)* (doen) krullen **2** *(frôler)* (rakelings) strijken langs **3** *(approcher de)* grenzen aan; **~ la cinquantaine** tegen de vijftig lopen

frisette *nf* krulletje *het*

frisquet, -ette *adj* frisjes

frisson *nm* huivering *nf;* **cela me donne le ~, j'en ai des ~s** de rillingen lopen me over de rug; **donner le ~** doen huiveren; **le grand ~** het hoogtepunt

frissonner *vi* huiveren

frite *nf, souvent plur* (patates) frites *plur*

friterie *nf* frietkraam *de*

friteuse *nf* friteuse *nf*

friture *nf* **1** *(action, manière de frire)* (het) bakken **2** *(matière grasse)* frituurvet *het* **3** *(aliments frits)* frituur *nf* **4** *(au téléphone)* gekraak *het*

frivole *adj* **1** *(personne)* frivool, lichtzinnig **2** *(chose)* onbeduidend

frivolité *nf* **1** *(légèreté)* lichtzinnigheid *nf* **2** *(bagatelle)* onbeduidendheid *nf*

froc *nm (pantalon)* ↑ broek *de*

¹**froid** *nm* **1** *(température)* kou *nf;* **avoir ~** het koud hebben; **un ~ de canard** bittere kou; **il fait ~** het is koud; **cela me fait ~ dans le dos** de koude rillingen lopen ervan over mijn rug; **avoir ~ aux mains** koude handen hebben **2** *(refroidissement)* verkoudheid *nf;* **attraper, prendre ~** kouvatten **3** *(brouille)* koelheid *nf;* **être en ~ avec qqn** in onmin leven met iemand ♦ **jeter un ~** een pijnlijke stilte teweegbrengen; **ne pas avoir ~ aux yeux** voor geen kleintje vervaard zijn

²**froid, froide** *adj* **1** *(frais; insensible)* koud, koel **2** *(insensible)* onverschillig **3** *(inexpressif)* zonder gevoel ♦ *(sports)* **prendre son adversaire à ~** zijn tegenstander overrompelen

froidement *adv* **1** *(fraîchement)* koel(tjes) **2** *(calmement)* kalm **3** *(avec insensibilité)* in koelen bloede

froideur *nf* koelheid *nf*

froisser *vt* **1** *(un muscle)* kneuzen; **muscle froissé** verrekte spier **2** *(chiffonner)* kreuken **3** *(vexer)* kwetsen; **se froisser** *vpr (se vexer)* gekwetst zijn; **il se froisse facilement** hij is gauw beledigd ♦ **se ~ un muscle** een spier verrekken

frôler *vt* **1** *(effleurer)* licht aanraken; **~ qqn en passant** iemand aanraken in het voorbijgaan **2** *(raser)* rakelings gaan langs; **~ la mort** ternauwernood aan de dood ontsnappen ♦ **ça frôle le ridicule** dat grenst aan het belachelijke

fromage *nm* kaas *nm;* **~ blanc** kwark; **~ fondu** smeerkaas; **~ à pâte dure** harde kaas; **~ à pâte molle** zachte kaas

fromager, -ère *adj* kaas-; **le ~** de kaasmaker *(fabricant);* de kaashandelaar *(marchand)*

fromagerie *nf* **1** *(industrie; fabrication)* kaasmakerij *nf* **2** *(magasin)* kaaswinkel *nm*

froment *nm* tarwe *de*

fronce *nf* (kleine) plooi *de*

froncer *vt* **1** *(les sourcils)* fronsen; **~ le nez** zijn neus optrekken **2** *(une étoffe)* plooien; **~ une jupe** plooien maken in een rok

fronde *nf* **1** *(arme)* slinger *nm* **2** *(jouet)* katapult *nm*

¹**frondeur, -euse** *n* dwarsdrijver *nm*

²**frondeur, -euse** *adj* **1** *(porté à l'opposition)* oproerig **2** *(railleur)* spotziek; **propos ~s** honende woorden

front *nm* **1** *(d'une personne)* voorhoofd *het;* **de ~** van voren; **marcher de ~** naast elkaar lopen; **prendre qqch de ~** iets flink aanpakken; **attaquer qqn de ~** iemand openlijk aanvallen; **les deux trains se sont heurtés de ~** de beide treinen zijn frontaal op elkaar gebotst **2** *(d'une chose)* voorzijde *de* **3** *(pol., milit., météo.)* front *het;* **faire ~** pal staan ♦ **mener de ~ deux tâches** twee taken tegelijk op zich nemen; **~ de mer** boulevard

frontal, -ale *adj* **1** *(du front)* voorhoofds- **2** *(de front)* frontaal

frontalier, -ière *adj* grens-; **le ~, la frontalière** de grensbewoner, grensbewoonster; **population frontalière** bevolking van de grensstreek

frontière *nf* **1** *(entre deux États)* grens *de;* **~ linguistique** taalgrens **2** *(séparation)* scheidslijn *de*

fronton *nm* fronton *het*

frottement *nm* wrijving *nf (aussi au fig.)*

¹**frotter** *vi (d'un mécanisme)* wrijven (tegen), aanlopen (tegen) *(d'une roue)*

²**frotter** *vt* **1** *(passer sur)* wrijven (langs, over); **~ une allumette** een lucifer afstrijken; **~ qqn pour le laver, le réchauffer, le sécher** iemand afschrobben, warmwrijven, droogwrijven **2** *(astiquer)* wrijven; **se frotter** *vpr* **1** *(se frictionner)* zich wrijven; **se ~ les mains** zich in de handen wrijven **2** *(+ à) (toucher)* aanraken, *(fig.)* zich inlaten (met); **ne vous y frottez pas** brand je vingers daar niet aan

frottis *nm (biol.)* uitstrijkje *het*

froussard, -arde *adj* schijterig; **le ~** de schijterd

frousse *nf* rats *de;* **avoir la ~** in de rats zitten

fructifier *vi* **1** *(produire des fruits)* vrucht dragen **2** *(se développer)* gedijen, rente

opbrengen *(d'un capital)*; **faire ~ de l'argent** geld hebben uitstaan
fructueux, -euse *adj* **1** *(lucratif)* winstgevend **2** *(fécond)* vruchtbaar
frugal, -ale *adj* sober, karig
fruit *nm* **1** *(d'une plante, d'un arbre)* vrucht *de*, *(plur.)* fruit *het*; **~s de mer** zeebanket, zeevruchten *(n.B.)*; **~ sec** gedroogde vrucht **2** *(résultat)* resultaat *het*; **porter ses ~s** vruchten afwerpen; **sans ~** vruchteloos
fruité, -ée *adj* fruitig
fruitier, -ière *adj* vrucht-; **le ~, la fruitière** de fruitverkoper, fruitverkoopster
frusques *nf* plunje *de (sing.)*
fruste *adj* ruw
frustration *nf* frustratie *nf*
frustrer *vt* **1** *(déposséder de)* beroven (van) **2** *(décevoir)* teleurstellen; **se sentir frustré** zich te kort gedaan voelen
fuchsia *nm* fuchsia *de*
fuel(-oil) *nm* stookolie *de*; **~ domestique** huisbrandolie
fugace *adj* vluchtig
fugitif, -ive *adj* **1** *(en fuite)* voortvluchtig; **le, la fugitive** de vluchteling(e) **2** *(fugace)* vluchtig
fugue *nf* **1** *(mus.)* fuga *de* **2** *(escapade)* (het) weglopen; **faire une ~** van thuis weglopen
[1]**fuir** *vi* **1** *(s'enfuir)* (weg)vluchten; **~ devant un danger** voor een gevaar vluchten; **~ devant ses responsabilités** zich aan zijn verantwoordelijkheid onttrekken; **faire ~ qqn** iemand op de vlucht jagen **2** *(s'échapper de)* weglopen (uit) *(liquide)*, stromen (uit) *(gaz)* **3** *(couler)* lek zijn, lekken
[2]**fuir** *vt* **1** *(chercher à éviter)* uit de weg gaan, mijden **2** *(quitter)* ontvluchten
fuite *nf* **1** *(action de fuir)* vlucht *de*; **~ des capitaux** kapitaalvlucht; **être en ~** voortvluchtig zijn; **mettre en ~** op de vlucht drijven; **prendre la ~** op de vlucht slaan **2** *(écoulement)* (het) weglopen *(d'un liquide)*, (het) lekken *(de gaz)* **3** *(fissure)* lek *het (aussi au fig.)* **4** *(de documents secrets)* (het) verdwijnen van geheime documenten; **il y a eu des ~s** er is wat uitgelekt
fulgurant, -ante *adj* **1** *(brillant)* flitsend *(aussi au fig.)* **2** *(rapide)* bliksemsnel **3** *(d'une douleur)* stekend
fulminer *vi (s'emporter)* fulmineren
fumé, -ée *adj (aliment)* gerookt, rook- *(aussi verre)*
fume-cigare(tte) *nm* sigare(tte)npijpje *het*
fumée *nf* rook *nm*; **s'en aller en ~** in rook opgaan; *(prov)* **(il n'y a) pas de ~ sans feu** er is geen rook zonder vuur
[1]**fumer** *vi* **1** *(dégager de la fumée)* roken **2** *(exhaler de la vapeur)* dampen
[2]**fumer** *vt* **1** *(du tabac, etc.)* roken **2** *(cuis.)* roken
fumeur, -euse *n* roker, rookster *nm, nf*; **grand, gros ~** zware roker
fumeux, -euse *adj* **1** *(qui répand de la fumée)* rokerig, walmend *(lampe, lueur)* **2** *(obscur)* onduidelijk
fumier *nm* **1** *(engrais naturel)* mest *nm* **2** *(amas de fumier)* mesthoop *nm* **3** *(salaud)* rotzak *nm*
fumigène *adj* rook voortbrengend; **bombe ~** rookbom
fumiste *adj* ↑ onserieus; **le ~** de grappenmaker
fumisterie *nf* bluf *nm*
funambule *n* koorddanser(es) *nm (nf)*
funèbre *adj* **1** *(des funérailles)* begrafenis- **2** *(sinistre)* somber
funérailles *nf* begrafenis *nf*
funéraire *adj* begrafenis-
funeste *adj* **1** *(désastreux)* rampzalig; **~ à** noodlottig voor **2** *(triste)* somber **3** *(mortel)* dodelijk
funiculaire *nm* kabelspoorweg *nm*
fur ♦ **au ~ et à mesure** geleidelijk; **au ~ et à mesure de** (al) naargelang; **au ~ et à mesure que** naarmate
furax *adj* pisnijdig
furet *nm* fret *het*
fureter *vi* snuffelen, rondneuzen
fureteur, -euse *n* snuffelaar(ster) *nm (nf)*; **regard ~** spiedende blik
fureur *nf* **1** *(colère)* woede *de*; *(fig.)* **~ de lire** leeswoede **2** *(passion)* verwoedheid *nf*, hartstocht *nm*; **se battre avec ~** verbeten vechten ♦ **faire ~** opgang maken
furibond, -onde *adj* woedend
furie *nf* **1** *(fureur)* razernij *nf*; **en ~** woedend; **mettre qqn en ~** iemand woedend maken **2** *(mégère)* furie *nf*
furieux, -euse *adj* woedend, razend
furoncle *nm* steenpuist *de*
furtif, -ive *adj* steels
fusain *nm* houtskool *de*
fuseau *nm* **1** *(pour filer à la quenouille)* spil *de*; **en ~** spilvormig; **(pantalon) ~** broek met smalle pijpen **2** *(pour faire de la dentelle)* klos *de* ♦ **~ horaire** tijdzone
fusée *nf* **1** *(astronaut., milit.)* raket *de*; **partir comme une ~** wegschieten **2** *(de feu d'artifice)* vuurpijl *nm*; **~ éclairante** lichtkogel
fuselé, -ée *adj* spilvormig; **doigts ~s** dun uitlopende vingers
fuser *vi* losbarsten
fusible *nm* zekering *nf*
fusil *nm* geweer *het*; *(fig.)* **changer son ~ d'épaule** omzwaaien; **~ de chasse** jachtgeweer; **coup de ~** geweerschot
fusillade *nf* **1** *(combat)* schietpartij *nf* **2** *(salve)* geweervuur *het* **3** *(exécution)* (het) fusilleren
fusiller *vt* fusilleren; *(fig.)* **~ qqn du regard** iemand een vernietigende blik toewerpen
fusion *nf* **1** *(liquéfaction)* smelting *nf*; **fer en ~** gesmolten ijzer; **entrer en ~** gaan smelten **2** *(combinaison; union)* fusie *nf*

[1]**fusionner** *vi* fuseren (met), *(Belg.)* fusioneren (met)

[2]**fusionner** *vt* **1** *(unir par fusion)* samensmelten **2** *(écon.)* fuseren

fût *nm* **1** *(tonneau)* vat *het* **2** *(tronc)* boomstam *nm* **3** *(d'un fusil)* lade *de*

futaie *nf* hoogopgaand woud *het*

futé, -ée *adj* gewiekst

futile *adj* onbeduidend, nietszeggend

futilité *nf* onbeduidendheid *nf*

[1]**futur** *nm* **1** *(avenir)* toekomst *nf* **2** *(ling.)* toekomende tijd *nm*

[2]**futur, -ure** *adj* toekomstig; **le ~, la ~e** de verloofde, aanstaande

futuriste *adj* futuristisch

fuyant, -ante *adj* **1** *(insaisissable)* voortvluchtig; **regard ~** ontwijkende blik **2** *(d'un front, d'un menton)* wijkend **3** *(qui paraît s'éloigner)* weglopend

fuyard, -arde *n* vluchteling(e) *nm (nf)*

g

g *nm* g *de;* G comme Gaston de g van Gerard

gabardine *nf* gabardine regenjas *de*

gabarit *nm* **1** *(dimension)* afmeting *nf* **2** *(type)* aard *nm* **3** *(stature)* lichaamsbouw *nm*

Gabon *nm* Gabon *n (sans art.)*

gabonais, -aise *adj* Gabonees; le, la Gabonais(e) de Gabonees, Gabonese

gâcher *vt* **1** *(du mortier, du plâtre)* beslaan **2** *(gaspiller)* verspillen, verknoeien *(aussi au fig.);* une vie gâchée een mislukt leven **3** *(empoisonner)* vergallen

gâchette *nf* trekker *nm;* appuyer sur la ~ de trekker overhalen

gâchis *nm* **1** *(désordre)* janboel *nm* **2** *(gaspillage)* verspilling *nf*

gadget *nm* **1** snufje *het* **2** *(fig.)* schijnoplossing *nf*

gadoue *nf* slijk *het*

gaffe *nf* flater *nm,* blunder *nm;* faire une ~ een bok schieten ♦ fais ~ ! kijk uit!; fais ~ au vieux ! hou de ouwe in de gaten!

gaffer *vi* blunderen

gaffeur, -euse *n* stoethaspel *nm*

gag *nm* gag *nm*

gaga *adj* kinds

gage *nm* **1** *(caution)* (onder)pand *het;* mettre en ~ in onderpand geven; prêter sur ~s à qqn iemand geld lenen op onderpand **2** *(preuve)* bewijs *het* **3** *(plur.) (salaire)* loon *het;* être aux ~s de in (loon)dienst zijn van; *(fig.)* volledig afhankelijk zijn van

gager *vt* (ver)wedden

gageure *nf* uitdaging *nf;* c'est une ~ dat is een onmogelijke onderneming

gagnant, -ante *adj* winnend; jouer ~ zeker zijn van de overwinning; *(fig.)* zeker zijn van zijn zaak; le, la ~(e) de winnaar, winnares

gagnant-gagnant *adj* win-win-; une solution ~ een win-winoplossing

gagne-pain *nm* broodwinning *nf*

[1]**gagner** *vi* **1** *(par le travail)* verdienen; ~ de quoi vivre in zijn levensonderhoud kunnen voorzien; ~ gros grof geld verdienen **2** *(par le jeu, le hasard)* winnen **3** *(retirer un avantage)* voordeel behalen; il gagne à être connu als je hem beter leert kennen, valt hij best mee; on ne gagne rien à attendre wachten helpt niet veel; c'est toujours ça de gagné ! dat is alvast meegenomen!; ~ en qualité beter van kwaliteit worden; y ~ erop vooruitgaan

[2]**gagner** *vt* **1** *(par un travail, une activité)* verdienen; il l'a bien gagné hij heeft het dubbel en dwars verdiend **2** *(par le jeu, un hasard)* winnen, *(une victoire, un prix)* behalen; ~ qqn de vitesse sneller zijn dan de ander; *(fig.)* iemand te vlug af zijn **3** *(acquérir)* (ver)krijgen; ~ qqn à sa cause iemand voor zijn zaak winnen; ~ de la place ruimte winnen **4** *(atteindre)* bereiken **5** *(s'emparer de)* zich meester maken van, overmannen

gai, gaie *adj* **1** *(joyeux)* vrolijk *(aussi adv.)* **2** *(éméché)* aangeschoten **3** *(vif, clair)* licht **4** *(adj.) (iron.)* leuk

gaieté *nf* **1** *(joie)* vrolijkheid *nf;* de ~ de cœur uit eigen beweging **2** *(plur.) (les bons côtés)* leuke kanten *plur*

gaillard, -arde *adj* **1** *(alerte)* kwiek; être encore ~ nog kras zijn; y aller d'un pas ~ er stevig de pas inzetten; un ~ een robuuste kerel **2** *(grivois)* schuin

gain *nm* **1** *(action de gagner)* (het) winnen; avoir, obtenir ~ de cause in 't gelijk gesteld worden **2** *(profit)* winst *nf, (fig.)* voordeel *het;* céder à l'appât du ~ de verleiding van 't geld niet kunnen weerstaan; faire un ~ de place ruimte uitsparen; c'est un ~ de temps dat levert tijdwinst op

gaine *nf* **1** *(d'une épée, d'un couteau)* schede *de* **2** *(d'un parapluie)* foedraal *het* **3** *(sous-vêtement)* step-in *nm* **4** *(technol.)* mantel *nm,* omhulsel *het*

gala *nm* gala *het;* habit de ~ galakleding

galactique *adj* melkweg-

galant, -ante *adj* **1** *(courtois)* galant; ~ homme man van eer **2** *(amoureux)* liefdes-; aventure ~e liefdesavontuur

galanterie *nf* **1** *(courtoisie)* hoffelijkheid *nf* **2** *(propos flatteur)* compliment *het*

galaxie *nf* Melkweg *nm*

galbe *nm* ronding *nf*

galbé, -ée *adj* goed gevormd

gale *nf* schurft *het/de*

galère *nf* **1** *(navire)* galei *de;* vogue la ~ ! vooruit maar! **2** *(situation pénible)* hel *de,* netelige situatie *nf*

galerie *nf* **1** *(passage couvert)* galerij *nf* **2** *(d'un théâtre, d'une église)* gaanderij *nf* **3** *(public)* publiek *het;* amuser la ~ de mensen aan het lachen maken **4** *(d'une mine)* mijngang *nm* **5** *(magasin d'objets d'art)* kunsthandel *nm,* galerie *nf* **6** *(porte-bagage)* bagagerek *het* ♦ ~ marchande winkelpromenade

galet *nm* **1** *(caillou d'une plage)* strandkei *nm* **2** *(caillou d'une rivière)* rolsteen *nm*

galette *nf* **1** *(gâteau)* platte koek *nm;* **~ des Rois** driekoningenbrood **2** *(crêpe bretonne)* pannenkoek *nm*
galeux, -euse *adj* schurftig
galimatias *nm* wartaal *de*
galipette *nf* bokkensprong *nm,* capriool *de*
Galles *nm* ♦ **le Pays de ~** Wales
galon *nm* **1** *(ruban)* galon *het/de (m)* **2** *(milit.)* streep *de;* **prendre du ~** bevorderd worden
galop *nm* galop *nm;* **au ~** in galop; *(fig.)* vliegensvlug; **~ d'essai** proefrit; *(fig.)* proefexamen; **au grand ~** in gestrekte galop
galoper *vi* galopperen; **~ derrière qqn** achter iemand aanrennen; **son imagination galope** zijn fantasie is op hol geslagen
galopin *nm* kwajongen *nm*
galvaniser *vt* **1** *(électriser; métalliser)* galvaniseren **2** *(exalter)* prikkelen
gambader *vi* huppelen
gamberger *vi* prakkeseren
Gambie *nf* Gambia *n (sans art.)*
gambien, -ienne *adj* Gambiaans; **le, la Gambien(ne)** de Gambiaan(se)
gamelle *nf* **1** *(récipient individuel)* eetketeltje *het,* gamel *de* **2** *(mar.)* officiersmess *nm* ♦ *(aussi au fig.)* **ramasser une ~** op z'n bek vallen
[1]**gamin, -ine** *n* **1** *(gosse)* joch *het (m)* **2** *(fils)* zoontje *het (m)* **3** *(fille)* dochtertje *het (f)*
[2]**gamin, -ine** *adj* kwajongensachtig, ondeugend; **elle est encore ~e** het is nog maar een kind
gaminerie *nf* kwajongensstreek *de*
gamme *nf* **1** *(de sons, de couleurs)* gamma *het/de, (de sons)* toonladder *de;* **~ de couleurs** kleurengamma; **faire ses ~s** toonladders spelen, zingen; *(fig.)* zich oefenen **2** *(éventail)* reeks *de;* **toute la ~** de hele reeks; **toute la ~ des sentiments** het hele scala van gevoelens
gang *nm* (misdadigers)bende *de*
ganglion *nm* ganglion *het/de (m)*
gangrène *nf (méd.)* koudvuur *het,* gangreen *het* ♦ **la ~ de la corruption** de voortwoekerende corruptie
gangster *nm* **1** *(bandit)* gangster *nm* **2** *(escroc)* oplichter *nm*
gant *nm* handschoen *de;* **cela vous va comme un ~** dat zit u als gegoten; *(fig.)* dat is u op het lijf geschreven; **mettre des ~s** handschoenen aantrekken; *(fig.)* omzichtig te werk gaan; **ne pas prendre de ~s** er geen doekjes om winden; **prendre des ~s avec qqn** iemand met fluwelen handschoenen aanpakken; **relever le ~** de handschoen opnemen, de uitdaging aannemen; **~ de toilette** washandje
garage *nm (endroit; entreprise)* garage *nf,* stalling *nf (pour vélos),* remise *nf (pour trains, trams, bus);* **stationnement interdit : sortie de ~** verboden te parkeren: uitrit
garagiste *nm* garagehouder *nm, (Belg.)* garagist *nm*
garant, -ante *n* borg *nm;* **se porter ~ de** instaan voor, zich garant stellen voor
garantie *nf* garantie *nf,* waarborg *nm;* **une ~ pour l'avenir** een waarborg voor de toekomst; **certificat de ~** garantiebewijs; **donner qqch en ~** iets in pand geven; **offrir toutes les ~s** helemaal betrouwbaar zijn; **prendre des ~s** voorzorgsmaatregelen nemen; **être sous ~** onder garantie staan
garantir *vt* **1** *(cautionner)* waarborgen **2** *(un appareil)* een garantiebewijs invullen voor **3** *(certifier)* verzekeren; **discrétion garantie** geheimhouding verzekerd **4** *(+ de) (protéger de)* beschermen (tegen)
garce *nf* **1** *(putain)* slet *nf* **2** *(chipie)* rotwijf *het (f)*
garçon *nm* **1** *(enfant, adolescent)* jongen *nm;* **un bon ~** een goeie kerel; **~ d'honneur** bruidsjonker; **un jeune ~** een jongeman; **c'est un ~ manqué** 't is net een jongen **2** *(célibataire)* vrijgezel *nm;* **un vieux ~** een (oude) vrijgezel **3** *(employé)* bediende *nm* **4** *(serveur)* kelner *nm,* ober *nm;* **~ de café** ober, kelner; **~, l'addition, s'il vous plaît !** ober, afrekenen graag!
garçonnière *nf* vrijgezellenflat *nm*
[1]**garde** *nm* bewaker *nm;* **~ champêtre** veldwachter; **~ du corps** lijfwacht; **~ forestier** boswachter; **Garde des Sceaux** Minister van Justitie
[2]**garde** *nf* **1** *(conservation)* (het) bewaren **2** *(surveillance)* bewaking *nf;* **~ à vue** voorlopige hechtenis; **être de ~** *(de service)* dienst hebben; *(milit.)* op wacht staan; **médecin de ~** dienstdoend arts; **droit de ~** voogdij **3** *(armée, police)* wacht *de;* **~ à vous !** geef acht!; **~ mobile** gemotoriseerde rijkspolitie; **vieille ~** oude garde **4** *(garde-malade, nurse)* bewaakster *nf* **5** *(sports)* verdedigingshouding *nf* **6** *(d'une épée)* gevest *het* ♦ **mise en ~** waarschuwing; **mettre en ~ contre** waarschuwen tegen; **monter la ~** de wacht betrekken; **prendre ~ à** passen op; **prendre ~ de ne pas** er voor zorgen om niet; **se tenir sur ses ~s** op zijn hoede zijn
garde-à-vous *nm* houding *nf;* **se mettre au ~** in de houding gaan staan
garde-boue *nm* spatbord *het*
garde-chasse *nm* jachtopziener *nm*
garde-côte *nm* kustbewakingsschip *het*
garde-fou *nm* leuning *nf, (sur un bateau)* reling *de*
garde-malade *n* verpleger, verpleegster *nm, nf*
garde-manger *nm* provisiekast *de*
garder *vt* **1** *(conserver)* houden; **~ qqn à dîner** iemand vragen te blijven eten; **~ qqch pour soi** niet met anderen over iets praten **2** *(surveiller)* bewaken, *(enfants)*

passen op; **chasse gardée** privéjachtterrein; **~ le troupeau** de kudde weiden **3** *(continuer à avoir)* (blijven) houden; **~ une habitude** aan een gewoonte vasthouden; **~ le lit** het bed houden; **~ le sourire** blijven glimlachen **4** *(+ de) (protéger de)* behoeden (voor); **se garder** *vpr* **1** *(+ de) (se méfier de)* zich hoeden (voor); **je m'en garderai bien !** daar kijk ik wel voor uit! **2** *(se conserver)* bewaard blijven, goed blijven *(denrées)*

garderie *nf* kinderdagverblijf *de*

garde-robe *nf* **1** *(penderie)* klerenkast *de* **2** *(vêtements)* garderobe *de*

gardien, -ienne *n* **1** *(personne qui surveille)* bewaker, bewaakster *nm, nf;* **~ (de but)** doelverdediger; **~ d'immeuble** huismeester; **~ de musée** (museum)suppoost; **~ de nuit** nachtwaker; **~ de prison** gevangenbewaarder **2** *(personne qui protège)* bescherm(st)er *nm (nf);* **~ de la paix** straatagent, wijkagent

gare *nf* station *het;* **~ routière** autobus- en vrachtwagenstation ♦ **~ de triage** rangeerterrein

gare! *interj* pas op!; **~ à toi !** wee je gebeente!; **sans crier ~** onverwacht

garer *vt* **1** *(une voiture)* parkeren, *(un vélo)* stallen; **être garé qqp** ergens geparkeerd staan **2** *(mettre à l'abri)* naar binnen halen; **se garer** *vpr* **1** *(voiture)* parkeren **2** *(se ranger de côté)* langs de kant gaan staan; **garez-vous !** opzij!

se gargariser *vpr* gorgelen

gargouille *nf* waterspuwer *nm*

gargouiller *vi* **1** *(bruit d'eau)* klateren **2** *(dans le corps)* borrelen; **son ventre gargouille** zijn maag rommelt

garnement *nm* bengel *nm*

garni, -ie *adj* **1** *(bien fourni)* goed voorzien, goed gevuld; **bibliothèque bien ~e** uitgebreide bibliotheek **2** *(cuis.)* gegarneerd; **plat de viande ~** vleesschotel met groenten **3** *(meublé)* gemeubileerd

garnir *vt* **1** *(pourvoir de)* voorzien (van) **2** *(remplir de)* vullen (met) **3** *(orner de)* garneren (met), opmaken (met) *(plat);* **~ une robe de dentelles** een jurk met kant afzetten; **se garnir** *vpr (se remplir)* zich vullen; **la salle se garnit lentement** de zaal loopt langzaam vol

garnison *nf* garnizoen *het*

garniture *nf* **1** *(ornement)* versiering *nf,* garnering *nf* **2** *(ensemble d'objets)* stel *het,* garnituur *het;* **~ de foyer** haardstel **3** *(pièce de protection)* bekleding *nf;* **~ de frein** remvoering **4** *(cuis.)* garnituur *het*

garrot *nm* **1** *(d'un cheval, etc.)* schoft *de* **2** *(méd.)* knevelverband *het*

gars *nm* **1** *(garçon)* jongen *nm,* knaap *nm;* **eh, les ~ !** hé jongens! **2** *(homme)* kerel *nm*

gasoil *nm* (stook)olie *de, (pour moteur Diesel)* dieselolie *de*

gaspillage *nm* verspilling *nf,* verkwisting *nf*

gaspiller *vt* **1** *(dépenser inconsidérément)* verspillen **2** *(mal utiliser)* verknoeien

gastrique *adj* maag-

gastronome *nm* gastronoom *nm*

gastronomie *nf* gastronomie *nf*

gastronomique *adj* gastronomisch

gâté, -ée *adj* **1** *(altéré)* bedorven **2** *(trop choyé)* verwend

gâteau *nm* **1** *(pâtisserie)* koekje *het,* gebakje *het,* taart *de;* **~ à la crème** slagroomtaart; **c'est du ~** dat is gemakkelijk; **c'est pas du ~** maak je borst maar nat; **partager le ~** de koek verdelen; **~x secs** koekjes **2** *(qui gâte beaucoup)* verwenner, verwenster *nm, nf;* **papa ~** verwennende vader

gâter *vt* **1** *(gâcher)* bederven, verknoeien **2** *(combler)* verwennen; **ils ne sont pas gâtés !** ze hebben ook niet veel geluk!; **se gâter** *vpr* **1** *(pourrir)* bederven, niet goed blijven **2** *(tourner mal)* een verkeerde wending nemen; **les choses se gâtent** de zaak loopt fout **3** *(météo.)* slechter worden

gâterie *nf* **1** *(action de gâter)* verwennerij *nf* **2** *(petit cadeau)* kleine attentie *nf*

gâteux, -euse *adj* kinds

gauche *adj* **1** *(adj.) (contraire de droit)* links *(aussi pol.);* **à ~** (naar) links; **à la ~ de** links van; **mettre de l'argent à ~** geld opzijleggen (om te sparen); **de ~ à droite, de g. à dr.** van links naar rechts, v.l.n.r.; **crochet du ~** stoot met de linker vuist; **être de, à ~** links (georiënteerd) zijn; **la ~** de linkerzijde; *(subst.)* **à, sur ma ~** aan mijn linkerzijde; **la rive ~ (de la Seine)** de linker Seineoever; *(subst.; en voiture)* **tenir sa ~** links houden **2** *(maladroit)* onhandig; **s'y prendre ~ment** iets onhandig aanpakken

gaucher, -ère *adj* links(handig); **le ~, la gauchère** de linkshandige

gaucherie *nf* onhandigheid *nf*

gauchir *vi* kromtrekken

gauchisme *nm* links extremisme *het*

gauchiste *adj* (uiterst) links; **le, la ~** de linkse radicalist(e)

gaufre *nf* wafel *de*

gaufrette *nf* wafeltje *het*

gaufrier *nm* wafelijzer *het*

Gaule *nf* Gallië *n (sans art.)*

gaulois, -oise *adj* **1** *(de Gaule)* Gallisch, *(parfois)* Frans; **le Gaulois** de Galliër **2** *(gaillard)* schuin

se gausser *vpr* ↓ de draak steken (met)

gaver *vt* **1** *(des animaux)* (vet)mesten **2** *(+ de) (des personnes)* volproppen (met) *(aussi au fig.);* **je suis gavé** ik zit vol; **se gaver (de)** *vpr (se bourrer de)* zich volstoppen (met) *(aussi au fig.),* zich verzadigen (aan) *(romans, etc.)*

gay *adj* homo

gaz *nm* **1** *(corps gazeux)* gas *het;* **~ de chauffage** stookgas; **~ d'échappement** uitlaatgas; **Gaz de France, GDF** ⟨*Frans gasbedrijf*⟩; **~ lacrymogène** traangas; **mettre les ~** gas geven; **~ naturel** aardgas; **(à) pleins ~** (op) vol gas; **~ de schiste** schaliegas **2** *(plur.) (dans le tube digestif)* darmgassen *plur*

gaze *nf* gaas *het*

gazelle *nf* gazelle *de*

[1]**gazer** *vi* **1** *(foncer)* racen **2** *(aller bien)* (als) gesmeerd gaan; **ça gaze ?** alles kits?

[2]**gazer** *vt* vergassen

gazette *nf* krant *de*

gazeux, -euse *adj* **1** *(relatif au gaz)* gasachtig, gas-; **état ~** gasvormige toestand **2** *(pétillant)* koolzuurhoudend; **boissons gazeuses** koolzuurhoudende dranken; **eau gazeuse** spuitwater

gazoduc *nm* gas(pijp)leiding *nf*

gazole *nm* → **gasoil**

gazomètre *nm* gasmeter *nm*

gazon *nm* **1** *(pelouse)* grasveld *het*, gazon *het* **2** *(motte)* graszode *de*

gazouiller *vi* **1** *(chanter)* sjilpen **2** *(babiller)* brabbelen

gazouillis *nm* gesjilp *het*

géant, -ante *n* reus, reuzin *nm, nf*, gigant *nm;* **un ~ de l'automobile** een autogigant; **à pas de ~** met reuzenschreden ♦ **c'est ~ !** dat is gaaf!

geindre *vi* **1** *(gémir)* kermen, kreunen **2** *(pleurnicher)* zeuren

gel *nm* **1** *(temps de gelée)* vorst *nm* **2** *(congélation)* bevriezing *nf (aussi au fig.)* **3** *(pâte)* gel *het/de (m)*

gélatine *nf* gelatine *de*

gélatineux, -euse *adj* gelatineachtig

gelée *nf* **1** *(gel)* vorst *nm;* **~ blanche** rijp **2** *(de viande, de fruits)* gelei *de*

[1]**geler** *vi (aussi au fig.) (se transformer en glace)* bevriezen; **on gèle ici** het is hier ijskoud

[2]**geler** *vt* **1** *(congeler)* (doen) bevriezen **2** *(bloquer)* blokkeren, bevriezen

[3]**geler** *vb impers (faire très froid)* vriezen

gélule *nf* capsule *de*

Gémeaux *nm* Tweelingen *plur*

[1]**gémir** *vi* **1** *(geindre)* zuchten, kreunen **2** *(se lamenter)* zich beklagen; **~ sur son sort** zich diep beklagen over zijn lot **3** *(porte)* knarsen **4** *(vent)* huilen

[2]**gémir** *vt* zuchten

gémissement *nm* gezucht *het;* **pousser des ~s** weeklagen

gênant, -ante *adj* hinderlijk; **cet homme devient ~** die man wordt lastig; **meuble ~** meubel dat in de weg staat; **être dans une position ~e** in een benarde positie zitten

gencive *nf* tandvlees *het*

gendarme *nm* politieagent *nm*, rijkswachter *nm (n.B.)*

gendarmerie *nf* rijkspolitie *nf*, Rijkswacht *de (n.B.)*

gendre *nm* schoonzoon *nm*

gène *nm (biol.)* gen *het*

gêne *nf* **1** *(trouble physique)* hinder *nm* **2** *(embarras)* verlegenheid *nf;* **éprouver de la ~** zich niet op zijn gemak voelen **3** *(besoin)* geldgebrek *het* **4** *(dérangement)* overlast *nm*

généalogie *nf* **1** *(lignée)* stamboom *nm* **2** *(science)* genealogie *nf*

généalogique *adj* genealogisch; **arbre ~** stamboom

gêner *vt* **1** *(incommoder)* hinderen; **si cela ne vous gêne pas** als u er geen bezwaar tegen hebt; **cela vous gênerait de me prêter 50 euros ?** vindt u het vervelend om me 50 euro te lenen?; **le froid ne me gêne pas** ik kan goed tegen de kou; **est-ce que la fumée vous gêne ?** hebt u last van de rook?; **ça me gêne pour respirer** daarmee kan ik moeilijk adem halen **2** *(intimider)* in verlegenheid brengen; **se sentir gêné** zich niet op zijn gemak voelen; **se gêner** *vpr* **1** *(s'imposer des contraintes)* zich generen; **ne vous gênez pas pour me téléphoner si tard !** u kunt me gerust zo laat opbellen!; *(iron.)* **ne vous gênez pas !** welja, je gaat je gang maar!; **faites comme chez vous, ne vous gênez pas !** doe maar alsof je thuis bent, ga gerust je gang! **2** *(s'incommoder l'un l'autre)* elkaar hinderen

[1]**général** *nm* generaal *nm;* **~ en chef** opperbevelhebber

[2]**général, -ale** *adj* **1** *(global)* algemeen; *(adv.)* **généralement** in het algemeen; **alerte ~e** groot alarm; **culture ~e** algemene ontwikkeling; **en ~** in het algemeen, over het algemeen; **l'Anglais en ~** de doorsnee-Engelsman; **à l'étonnement ~** tot ieders verbazing; **d'une manière ~e** globaal **2** *(dirigeant)* algemeen, hoofd-; **direction ~e** hoofdbestuur **3** *(large)* vaag; **avoir une vue ~e** een globale kijk hebben

générale *nf* **1** *(épouse)* generaalsvrouw *nf* **2** *(supérieure)* hoofd *het (f)* van een vrouwelijke orde **3** *(répétition)* generale repetitie *nf*

généralisation *nf* **1** *(raisonnement)* veralgemening *nf*, generalisatie *nf* **2** *(extension)* algehele verbreiding *nf*

généraliser *vt* **1** *(raisonner)* veralgemenen; **il ne faut pas ~** je moet niet generaliseren **2** *(étendre)* algemeen verbreiden; **cancer généralisé** kanker die zich (in het hele lichaam) heeft uitgezaaid; **se généraliser** *vpr (s'étendre)* zich overal verspreiden, *(méd.)* (zich) uitzaaien

généraliste *n* huisarts *nm*, huisdokter *nm;* **médecin ~** huisarts

généralité *nf* **1** *(caractère général; notion (trop) générale)* algemeenheid *nf;* **s'en tenir à des ~s** alleen algemeenheden te berde brengen **2** *(majorité)* overgrote meerderheid *nf*, gros *het*

générateur, -trice *adj* **1** *(reproducteur)* voortplantings- **2** *(producteur)* voortbrengend; **le ~** de (stroom)generator

génération *nf* **1** *(espace de temps)* generatie *nf;* **d'une ~ à l'autre** van de ene generatie op de andere **2** *(genèse)* (het) ontstaan 3 *(reproduction)* voortplanting *nf*

générer *vt* genereren

généreux, -euse *adj* 1 *(noble)* edelmoedig 2 *(large)* gul, vrijgevig 3 *(abondant)* overvloedig; **poitrine généreuse** weelderige boezem; **vin ~** volle wijn

générique *nm* aftiteling *nf*, generiek *nf (n.B.)*

générosité *nf* 1 *(noblesse)* edelmoedigheid *nf* 2 *(largesse)* vrijgevigheid *nf*

genèse *nf* 1 *(élaboration)* wording *nf* 2 *(création du monde)* kosmogonie *nf;* **la Genèse** (het boek) Genesis

genêt *nm* brem(struik) *nm*

génétique *adj* genetisch, erfelijk; **la ~** de erfelijkheidsleer, genetica

gêneur, -euse *n* lastpak *nm*

génial, -ale *adj* 1 geniaal 2 *(formidable)* te gek

génie *nm* 1 *(esprit)* genius *nm;* **mauvais ~** kwade genius, boze geest 2 *(talent)* begaafdheid *nf;* **avoir du ~** geniaal zijn; **avoir le ~ des affaires** zakentalent hebben; **cantatrice de ~** uitzonderlijk begaafd zangeres; **idée de ~** geniaal idee 3 *(milit.)* genie *het,* geniekorps *het* 4 *(personne géniale)* genie *het;* **ne pas être un ~** geen ster zijn 5 *(ingénieurs; art de l'ingénieur)* ingenieurswezen *het (uniquement sing.);* **~ civil** (civiele) bouwkunde

genièvre *nm* 1 *(fruit)* jeneverbes *de* 2 *(eau-de-vie)* jenever *nm*

génisse *nf* vaars(kalf) *nf (het)*

génital, -ale *adj* geslachts-

géniteur, -trice *n* ♦ *(fam.)* **les ~s** de ouwelui

génocide *nm* volkenmoord *de*

genou *nm* knie *de;* **à ~x** op de knieën, geknield; *(fig.)* **demander qqch à ~x** om iets smeken; *(fig.)* **être sur les ~x** op z'n tandvlees lopen; **faire du ~ à qqn** knietjevrijen met iemand; **se mettre à ~x** neerknielen; **prendre un enfant sur les ~x** een kind op schoot nemen

genouillère *nf (protection)* kniestuk *het*

genre *nm* 1 *(espèce)* soort *het/de;* **un peu dans le ~ de** zoiets als; **qqch dans ce genre-là** iets dergelijks; **ce n'est pas mon ~** dat is mijn smaak niet; *(d'une personne)* 't is mijn type niet; **le ~ humain** het menselijk geslacht; **~ de vie** levensstijl 2 *(catégorie d'œuvres)* genre *het* 3 *(ling.)* (woord)geslacht *het*

gens *nm ou nf* mensen *plur;* **des ~ bien** fatsoenlijke mensen; **~ d'Église** geestelijken; **d'honnêtes ~** brave mensen; **les jeunes ~** de jongelui; **~ de lettres** letterkundigen; **~ du voyage** circusartiesten

gentiane *nf* gentiaan *de*

gentil, -ille *adj* 1 *(aimable)* aardig; **tout cela est bien ~ mais ...** alles goed en wel maar ...; **c'est ~ à vous d'être venu** (het is) aardig (van u) dat u gekomen bent; **la ~le somme de** het leuke sommetje van 2 *(sage)* zoet

gentilhomme *nm* 1 *(noble)* edelman *nm* 2 *(homme distingué)* gentleman *nm*

gentillesse *nf* 1 *(qualité)* vriendelijkheid *nf;* **avoir la ~ de** zo vriendelijk zijn te 2 *(parole)* vriendelijk woord *het*

gentiment *adv* 1 *(aimablement)* aardig, vriendelijk 2 *(sagement)* rustig

géographe *n* aardrijkskundige *nm,* geograaf *nm*

géographie *nf* aardrijkskunde *nf,* geografie *nf*

géographique *adj* aardrijkskundig, geografisch

geôle *nf* kerker *nm*

geôlier, -ière *n* cipier *nm*

géologie *nf* geologie *nf*

géologique *adj* geologisch

géologue *n* geoloog, geologe *nm, nf*

géomètre *nm* 1 *(spécialiste)* meetkundige *nm* 2 *(arpenteur)* landmeter *nm*

géométrie *nf* meetkunde *nf*

géométrique *adj* 1 *(de la géométrie)* meetkundig 2 *(régulier)* geometrisch 3 *(précis)* nauwkeurig; **esprit ~** rationeel verstand

Géorgie *nf* Georgië *n (sans art.)*

géorgien, -ienne *adj* Georgisch; **le, la Géorgien(ne)** de Georgiër, Georgische

géosciences *nf (plur)* aardwetenschappen *plur*

gérance *nf* zaakwaarneming *nf;* **mettre un fonds de commerce en ~** een beheerder in een handelszaak zetten

géranium *nm* geranium *de*

gérant, -ante *n* beheerder, beheerster *nm, nf;* **~ d'immeubles** huismeester; **~ de succursale** filiaalhouder

gerbe *nf* 1 *(de céréales)* schoof *de,* garve *de* 2 *(de fleurs)* bos *nm* bloemen 3 *(faisceau)* bundel *nm*

[1]**gercer** *vi* barsten; **lèvres gercées** gesprongen lippen

[2]**gercer** *vt* doen barsten; **se gercer** *vpr* springen

gerçure *nf* 1 *(peau)* kloofje *het* 2 *(surface)* spleetje *het*

gérer *vt* beheren ♦ *(fam.)* **t'inquiète, je gère** relax, alles onder controle

gériatrie *nf* geriatrie *nf*

germain, -aine *adj* vol; **cousin ~** volle neef; **cousins issus de ~s** achterneven

germanique *adj* Germaans, Duits

germe *nm* kiem *de (aussi au fig.);* **en ~** in wording; **~ pathogène** ziektekiem; **~s de soja** taugé *(uniquement sing.)*

germer *vi* 1 *(pousser les germes dehors)* kiemen 2 *(se former)* ontkiemen

gérondif *nm* gérondif *nm*

gésir *vi* 1 *(être couché)* ↓ liggen; **ses vêtements gisaient sur le sol** zijn kleren slingerden over de vloer 2 *(épitaphe)* begraven liggen

gestation *nf* 1 *(genèse)* (het) ontstaan; **en ~** in wording 2 *(grossesse)* dracht *de*

gestationnel, -elle *adj* zwangerschaps-; **diabète ~** zwangerschapsdiabetes
geste *nm* **1** *(mouvement)* gebaar *het;* **d'un ~ de la main** met een handgebaar; **avoir un ~ malheureux** een onhandige beweging; *(fig.)* een ongelukkige geste maken **2** *(acte)* daad *de;* **faire un ~** een daad stellen; **il n'a qu'un ~ à faire pour** hij hoeft maar 'n kik te geven om; **il n'a même pas fait un ~ pour m'aider** hij heeft geen vinger uitgestoken om me te helpen; **avoir le ~ large** vrijgevig zijn
gesticulation *nf* gesticulatie *nf*
gesticuler *vi* gesticuleren, gebaren maken
gestion *nf* beheer *het;* **~ de base de données** databasemanagement; **mauvaise ~** wanbeheer
gestionnaire *adj* beheers-; **le ~** de manager
geyser *nm* geiser *nm*
Ghana *nm* Ghana *n (sans art.)*
ghanéen, -enne *adj* Ghanees; **le, la Ghanéen(ne)** de Ghanees, Ghanese
ghetto *nm* getto *het*
gibecière *nf* weitas *de*
gibet *nm* galg *de*
gibier *nm* **1** *(animaux)* wild *het, (mets)* wildbraad *het* **2** *(qqn qu'on cherche à attraper)* prooi *de;* **~ de potence** galgenaas
giboulée *nf* stortbui *de;* **les ~s de mars** maartse buien
gicler *vi* spatten
gifle *nf* **1** *(claque)* oorvijg *de* **2** *(affront)* klap *nm* in 't gezicht
gifler *vt* **1** *(frapper qqn)* iemand een klap (om de oren) geven **2** *(humilier qqn)* iemand een klap in 't gezicht geven
gigantesque *adj* reusachtig
gigaoctet *nm* gigabyte *nm*
gigolo *nm* gigolo *nm*
gigot *nm* schapen-, lamsbout *nm*
gigoter *vi* spartelen
gigoteuse *nf* trappelzak *nm*
gilet *nm* **1** *(vêtement court sans manches)* (heren)vest *het;* **~ pare-balle** kogelvrij vest; **~ de sauvetage** zwemvest **2** *(tricot)* (dames)vest *het*
gingembre *nm* gember *nm*
girafe *nf* giraffe *de*
giratoire *adj* draaiend; **le ~** de rotonde
girofle *nm* kruidnagel *nm;* **clou de ~** kruidnagel
girolle *nf* cantharel *nm*
girouette *nf* windhaan *nm (aussi au fig.)*
gisement *nm* afzetting *nf*
gitan, -ane *n* zigeuner(in) *nm (nf)*
gîte *nm* **1** *(logement)* onderkomen *het,* onderdak *het;* **le ~ et le couvert** kost en inwoning; **~ rural** vakantiehuisje **2** *(abri du gibier)* legerstede *de*
givre *nm* rijp *nm*
givrer *vt* **1** *(couvrir de givre)* berijpen **2** *(couvrir d'une couche blanche)* met een wit laagje bedekken ♦ **il est givré** *(ivre)* hij is lam; *(fou)* hij is malende
glace *nf* **1** *(eau congelée; crème glacée)* ijs *het;* **~ à l'eau** ijslolly, waterijsje; **de la ~ à la crème** roomijs; **une ~, s'il vous plaît** een ijsje alstublieft **2** *(insensibilité)* koelheid *nf;* **avoir un cœur de ~** een hart van steen hebben; **être de ~** ijzig blijven; **rompre la ~** het ijs breken **3** *(miroir)* spiegel *nm; (fig.)* **pouvoir se regarder dans la ~** zichzelf recht in de spiegel kunnen aankijken **4** *(vitre de voiture)* raampje *het* **5** *(couche brillante)* glazuur *het;* **sucre ~** poedersuiker
glacé, -ée *adj* **1** *(gelé)* bevroren; **chocolat ~** chocolade-ijsje; **être ~** verkleumd zijn van de kou; **~ jusqu'aux os** verkleumd tot op het bot; **servir ~** ijskoud serveren **2** *(distant)* ijzig **3** *(recouvert d'une couche)* geglaceerd **4** *(brillant)* glanzend; **papier ~** glanspapier
glacer *vt* **1** *(congeler)* doen bevriezen **2** *(refroidir)* doen verstijven, *(fig.)* verlammen; **la peur le glaçait jusqu'aux os** hij was door de schrik volledig verlamd **3** *(papier)* satineren **4** *(cuis.)* glazuren; **se glacer** *vpr* **1** *(geler)* bevriezen; **le fleuve s'est glacé** de rivier is dichtgevroren **2** *(se figer)* verstijven; **son visage se glaça** zijn gezicht verstarde
glacial, -ale *adj* **1** *(très froid)* ijskoud **2** *(paralysant)* ijzig *(aussi au fig.)*
glacier *nm* **1** *(champ de glace)* gletsjer *nm* **2** *(vendeur de crèmes glacées)* ijsverkoper *nm*
glacière *nf* **1** *(armoire)* ijskast *de* **2** *(portative)* koelbox *nm* **3** *(pièce)* ijskelder *nm*
glaçon *nm* **1** *(cube de glace)* ijsblokje *het* **2** *(morceau de glace)* ijsschots *de*
gladiateur *nm* gladiator *nm*
glaïeul *nm* gladiool *de*
glaise *nf* leem *het/de (m);* **terre ~** klei(aarde)
gland *nm* eikel *nm*
glande *nf* klier *de*
glaner *vt* **1** *(ramasser)* lezen **2** *(grappiller)* bijeenrapen
glapir *vi* **1** *(chiens; renards)* janken **2** *(personnes)* krijsen
glas *nm* gelui *het* van de doodsklok; **sonner le ~ de qqch** het einde aankondigen van iets
glauque *adj* zeegroen
glissade *nf* (het) glijden; **faire une ~** uitglijden *(accidentellement)*
glissant, -ante *adj* glad, glibberig *(surtout dans la boue, entre les mains); (fig.)* **terrain ~** glibberig terrein
glissement *nm* **1** *(action de glisser)* (het) glijden; **~ de terrain** bodemverschuiving **2** *(évolution)* verschuiving *nf*
[1]**glisser** *vi* **1** *(se déplacer; s'échapper)* glijden; **les anneaux glissent sur la tringle** de gordijnringen schuiven over de roe; **le verre m'a glissé des mains** het glas is uit mijn handen geglipt **2** *(se déplacer involontairement)* uitglijden; **~ sur une peau de banane** uitglijden over een bananen-

schil *(aussi au fig.)*; **attention, ça glisse !** kijk uit, het is glad! **3** *(+ à, dans, vers) (évoluer; se laisser aller)* afglijden (naar) **4** *(passer sans pénétrer sur)* afglijden (van); **~ sur un sujet** over een onderwerp niet uitweiden

[2]**glisser** *vt* **1** *(faire passer)* laten glijden; **~ un billet de dix euros à qqn** iemand een briefje van 10 euro toestoppen; **~ une lettre dans l'enveloppe** een brief in de enveloppe stoppen; **~ une maille** een steek overhalen **2** *(murmurer)* fluisteren; **~ à qqn que** iemand toefluisteren dat **3** *(inform.)* slepen; **se glisser** *vpr (se faufiler)* kruipen; **il se glissa derrière le mur** hij schoot weg achter de muur; **une faute s'est glissée dans le texte** er is een fout in de tekst geslopen

glisser-déposer *nm (inform.)* slepen en neerzetten *het*, verslepen *het*

glissière *nf* ♦ **porte à ~** schuifdeur; **~ de sécurité** vangrail

global, -ale *adj* globaal *(adj.)*, globaal gesproken *(adv. de phrase)*

globe *nm* **1** *(boule)* bol *nm;* **~ de l'œil** oogbal **2** *((la) Terre)* aardbol *nm;* **carte du ~** wereldkaart **3** *(sphère représentant la Terre)* globe *de* **4** *(cristal)* stolp *de;* **mettre sous ~** in de watten leggen

globule *nm* bloedlichaampje *het*

globuleux, -euse *adj* bolvormig ♦ **œil ~** uitpuilend oog

gloire *nf* **1** *(honneur)* roem *nm;* **rendre ~ à** eer betuigen aan; **travailler pour la ~** iets doen uitsluitend voor de eer **2** *(personne célèbre)* beroemdheid *nf* **3** *(fierté)* trots *nm;* **tirer ~ de qqch** zich op iets beroemen **4** *(éclat)* pracht *de* **5** *(relig.)* glorie *nf*

glorieux, -euse *adj* roemrijk

glorifier *vt* verheerlijken; **se glorifier (de)** *vpr* zich beroemen (op)

glossaire *nm* glossarium *het*, woordenlijst *de*

glotte *nm* stemspleet *de*

gloussement *nm* **1** *(poule)* geklok *het* **2** *(personne)* gekir *het*

glouton, -onne *n* **1** *(goinfre)* gulzigaard *nm;* **homme ~** gulzige man **2** *(mammifère)* veelvraat *nm*

gloutonnerie *nf* **1** *(goinfrerie)* gulzigheid *nf* **2** *(avidité)* begerigheid *nf*

glu *nf* lijm *nm*

gluant, -ante *adj* plakkerig, kleverig

glucide *nm* koolhydraat *het*

glucose *nm* glucose *de*, druivensuiker *nm*

glycérine *nf* glycerine *de*

glycine *nf* blauweregen *nm*

gnangnan *n* zeurderige luiwammes *nm*

gnome *nm* gnoom *nm*

gnon *nm* optater *nm*

go ♦ *(adv.)* **tout de ~** zonder omwegen

goal *nm* doelverdediger *nm*, keeper *nm*

gobelet *nm* beker *nm*

gober *vt* **1** *(avaler)* opslokken **2** *(croire)* slikken

godasse *nf* kistje *het*

godet *nm* **1** *(gobelet)* (drink)bekertje *het* **2** *(récipient)* potje *het*

goéland *nm* grote zeemeeuw *de*

goélette *nf* schoener *nm*

goémon *nm* zeewier *het*

gogo ♦ *(adv.)* **à ~** volop

goguenard, -arde *adj* spottend

goinfre *nm* schrokop *nm;* **il est ~** het is een echte schrokop

se goinfrer *vpr* zich volvreten (met)

golf *nm* golf *het*, golfspel *het;* **~ miniature** midgetgolf

golfe *nm* golf *de*, baai *de*

golfeur, -euse *n* golf|speler, -speelster *nm, nf*

gomme *nf* **1** *(substance visqueuse)* gom *het/de (m)* **2** *(pour effacer)* (vlak)gom *het/de (m)* ♦ **à la ~** prul-; **mettre (toute) la ~** 'm opzetten

gommer *vt* **1** *(effacer avec une gomme)* uitgummen **2** *(escamoter)* verdoezelen

gond *nm* hengsel *het*, scharnier *het* ♦ **sortir de ses ~s** uit z'n vel springen

gondole *nf* gondel *de*

[1]**gondoler** *vi (se courber)* kromtrekken

[2]**se gondoler** *vpr* **1** *(rire)* zich krom lachen **2** *(se courber)* kromtrekken

gondolier, -ière *n* gondelier(ster) *nm (nf)*

gonflable *adj* opblaasbaar; **poupée ~** opblaaspop

gonflé, -ée *adj* gezwollen; **avoir les yeux ~s de sommeil** dikke slaapogen hebben ♦ **il est ~, celui-là !** die vent heeft ook lef!

gonflement *nm* **1** *(action de gonfler un pneu)* (het) oppompen **2** *(boursouflure)* (op)zwelling *nf* **3** *(augmentation)* overdreven toename *de*

[1]**gonfler** *vi (enfler)* (op)zwellen; **la pâte a gonflé** het deeg is gerezen

[2]**gonfler** *vt* **1** *(faire augmenter de volume)* doen zwellen, opblazen *(remplir d'air);* **~ la poitrine** een hoge borst opzetten **2** *(exagérer)* overdrijven, opblazen; **se gonfler** *vpr (enfler)* (op)zwellen; **son cœur se gonfle d'espoir** zijn hart wordt vervuld van hoop; **se ~ d'orgueil** overlopen van verwaandheid; **son visage s'est gonflé sous le soleil** door de zon is zijn, haar gezicht opgezet

gong *nm* gong *nm*

gonzesse *nf* wijf *het (f)*

googliser *vi (inform.)* googelen

gorge *nf* **1** *(cou; larynx)* keel *de;* **crier à pleine ~** een keel opzetten; **chanter à pleine ~** uit volle borst zingen; **rire à ~ déployée** schaterlachen; **avoir la ~ nouée** een brok in de keel hebben; *(fig.)* **prendre qqn à la ~** iemand het mes op de keel zetten **2** *(seins)* borsten *plur* **3** *(vallée)* bergengte *nf*

gorgée *nf* slok *nm*

gorille *nm* gorilla *nm (aussi garde du corps)*

gosier *nm* **1** *(gorge)* keel *nm;* **avoir le ~**

sec dorst hebben **2** *(voix)* stemorgaan *het;* chanter à plein ~ luidkeels zingen
gosse *n* kind *het (m), het (f)*
gothique *adj* gotisch; le ~ de gotiek
gouache *nf* **1** *(peinture)* waterverf *de* **2** *(tableau)* gouache *de*
goudron *nm* **1** *(produit huileux)* teer *het/ de (m)* **2** *(asphalte)* (teer)asfalt *het*
goudronner *vt* (be)teren
gouffre *nm* **1** *(abîme)* afgrond *nm (aussi au fig.)* **2** *(chose insondable)* diepte *nf;* être au bord du ~ aan de rand van de afgrond staan ♦ ce procès est un ~ het is een geldverslindend proces
goujat *nm* vlerk *nm*
goulot *nm* hals *nm*
goulu, -ue *adj* gulzig; le ~ de slokop
goupiller *vt* **1** *(fixer)* vastpennen **2** *(combiner)* klaarspelen
gourde *nf* **1** *(bouteille)* veldfles *de* **2** *(nigaud)* sukkel *nm*
gourdin *nm* knuppel *nm*
se gourer *vpr* de plank misslaan
gourmand, -ande *adj* **1** *(friand de)* dol (op); le ~ de lekkerbek **2** *(avide)* begerig *(aussi au fig.)*
gourmandise *nf* **1** *(caractère du gourmand)* snoeplust *nm* **2** *(plur.) (friandises)* lekkernijen *plur*
gourmet *nm* lekkerbek *nm,* fijnproever *nm*
gourmette *nf* schakelarmband *nm*
gousse *nf* **1** *(capsule)* dop *nm, (vanille)* stokje *het* **2** *(caïeu)* klister *nm;* ~ d'ail teentje knoflook
goût *nm* **1** *(sens)* smaak *nm* **2** *(saveur)* smaak *nm;* avoir un ~ de qqch naar iets smaken; avoir bon ~ lekker smaken **3** *(envie)* zin (in) *nm;* n'avoir ~ à rien nergens zin in hebben; perdre le ~ à qqch geen zin meer hebben in iets; prendre ~ à de smaak te pakken krijgen van **4** *(penchant)* voorliefde (voor) *nf;* à mon ~ naar mijn smaak; *(prov)* tous les ~s sont dans la nature smaken verschillen **5** *(style)* stijl *nm;* au ~ de in de stijl van; au ~ du jour naar de laatste mode; qqch dans ce goût-là iets dergelijks; de mauvais ~ van slechte smaak
[1]**goûter** *nm* ⟨*lichte maaltijd omstreeks 16 uur*⟩, vieruurtje *het (n.B.);* vers l'heure du ~ tegen theetijd
[2]**goûter** *vi* **1** *(essayer un mets)* proeven (van) **2** *(prendre une collation)* zijn vieruurtje gebruiken *(n.B.),* een tussendoortje nemen **3** *(f.B.) (essayer un mets)* proeven; tu veux ~ ? wil je proeven?
[3]**goûter** *vt* **1** *(déguster)* proeven **2** *(savourer)* genieten van
goutte *nf* **1** *(un peu de liquide)* druppel *nm;* ~ à ~ druppelsgewijs; suer à grosses ~s zweten als een otter; ~ d'eau druppel water; c'est la ~ d'eau qui fait déborder le vase dat is de druppel die de emmer doet overlopen; ~s pour le nez neusdruppels; il n'y en a plus une ~ het is op; ressembler à qqch comme deux ~s d'eau als twee druppels water op iets lijken **2** *(petite quantité de boisson)* slokje *het;* du café ? juste une ~ koffie? een heel klein beetje **3** *(maladie)* jicht *de* ♦ n'y voir ~ geen steek zien; n'y entendre ~ er niets van snappen
goutte-à-goutte *nm* infuus *het,* druppelaar *nm*
gouttelette *nf* drup(pelt)je *het*
goutter *vi* druppelen
gouttière *nf* **1** *(chéneau)* dakgoot *de* **2** *(méd.)* spalk *de*
gouvernail *nm (aussi au fig.)* roer *het; (fig.)* tenir le ~ het roer in handen hebben
gouvernante *nf* **1** *(nurse)* kinderverzorgster *nf,* gouvernante *nf* **2** *(intendante)* huishoudster *nf*
gouverne *nf* ♦ pour votre ~ te uwer informatie
gouvernement *nm* regering *nf, (Belg.)* administratie *nf*
gouvernemental, -ale *adj* regerings-
[1]**gouverner** *vi* **1** *(mar.)* naar het roer luisteren **2** *(exercer le gouvernement)* regeren
[2]**gouverner** *vt* **1** *(mener)* sturen **2** *(diriger; régir)* regeren
gouverneur *nm* gouverneur *nm;* ~ de la province provinciegouverneur *(Belg.n.);* commissaris van de Koning *(Pays-Bas)*
goyave *nf* guave *nm*
grabuge *nm* mot *de*
grâce *nf* **1** *(charme)* bevalligheid *nf;* de bonne ~ graag; de mauvaise ~ met tegenzin **2** *(faveur)* gunst *nf;* faire à qqn la ~ de iemand het plezier doen te; rentrer dans les bonnes ~s de qqn bij iemand in een goed blaadje komen te staan; trouver ~ aux yeux de qqn iemand behagen **3** *(bénédiction)* genade *de;* à la ~ de Dieu op hoop van zegen **4** *(pardon)* gratie *nf;* crier ~ zich gewonnen geven; recours en ~ verzoek om gratie; je vous fais ~ du détail ik bespaar u de details **5** *(remerciements)* dank *nm;* ~ à door; ~ à Dieu goddank; rendre ~(s) à qqn iemand dank zeggen **6** *(plur.) (prière)* dankgebed *het* na de maaltijd
gracier *vt* gratie schenken aan
gracieux, -ieuse *adj* **1** *(charmant)* bevallig **2** *(gratuit)* kosteloos, gratis *(invar.);* à titre ~ gratis
gracile *adj* tenger, rank
gradation *nf* gradatie *nf*
grade *nm* graad *nm (aussi math.);* monter en ~ bevorderd worden; ~ universitaire academische graad ♦ en prendre pour son ~ de volle laag krijgen
gradé *nm* gegradueerde *nm*
gradin *nm* rij *de* banken
graduation *nf* graduatie *nf*
gradué, -ée *adj* **1** *(qui porte une graduation)* gegradueerd, in graden verdeeld; thermomètre ~ thermometer met een schaalverdeling **2** *(progressif)* opklimmend

graduel, -elle *adj* trapsgewijs
graduer *vt* **1** *(augmenter)* trapsgewijs doen toenemen **2** *(diviser)* gradueren, in graden verdelen
graffiti *nm* graffiti *plur*
grain *nm* **1** *(fruit)* (graan)korrel *nm;* **café en ~s** ongemalen koffie(bonen) **2** *(parcelle)* kraal *de;* **~ de poussière** stofje, vuiltje; **~ de raisin** druif; **~ de sable** zandkorrel; **mettre son ~ de sel** een duit in het zakje doen **3** *(céréale)* graan *het* **4** *(surface)* ruwheid *nf;* **~ de beauté** moedervlekje **5** *(petite quantité)* greintje *het,* tikje *het* ♦ **avoir un ~ (de folie)** een beetje mesjogge zijn
graine *nf* zaad *het,* zaadkorrel *nm;* **mauvaise ~** onkruid; *(fig.)* rakker; **en prendre de la ~** er een voorbeeld aan nemen
graissage *nm* smering *nf;* **huile de ~** smeerolie
graisse *nf* **1** *(matière grasse)* vet *het;* **prendre de la ~** (te) dik worden **2** *(pour graisser un mécanisme)* smeer(vet) *het/ de (het)*
graisser *vt* **1** *(enduire de graisse)* invetten **2** *(salir)* met vet bevuilen **3** *(un mécanisme)* smeren
graisseux, -euse *adj* **1** *(biol.)* vet-; **tissu ~** vetweefsel **2** *(huileux)* vettig
grammaire *nf* **1** *(règles de la langue)* grammatica *nf;* **faute de ~** taalfout **2** *(manuel)* grammaticaboek *het*
grammatical, -ale *adj* grammaticaal; **phrase ~e** correcte zin
gramme *nm* **1** *(unité)* gram *het* **2** *(petite quantité)* greintje *het (sans prép.)*
[1]**grand, grande** *adj* **1** *(haut)* groot; **~ âge** hoge leeftijd; **en ~e pompe** met grote staatsie; **homme ~** lange man; **le ~** het grote; **il n'y a pas ~ monde** er zijn weinig mensen **2** *(adulte)* volwassen; *(subst.)* **mon ~** beste jongen; **les ~es personnes** de volwassenen; **un ~** een volwassene **3** *(intense)* heftig; **~ air** buitenlucht; **~s amis** dikke vrienden; **au ~ air** in de openlucht; **au ~ jamais** nooit of te nimmer; **produire au ~ jour** aan het licht brengen; **~ blessé** zwaargewonde; **~ froid** strenge kou; **~ jour** klaarlichte dag; **~ teint** kleurecht **4** *(important)* belangrijk; **aller ~ train** snel gaan; **~s évènements** belangrijke gebeurtenissen; **~ homme** groot man **5** *(titre)* groot-; **~ prix** eerste prijs **6** *(noble)* edel; **de ~ cœur** van ganser harte ♦ **de ~ matin** 's morgens vroeg
[2]**grand** *adv* groot; **en ~** op grote schaal, grootscheeps *(adj. et adv.);* **porte ~(e) ouverte** wijd openstaande deur; **voir ~** grootse plannen hebben
grand-angle *nm* groothoeklens *de*
grand-chose *pron indéf* iets (opmerkelijks); **ce n'est pas ~** het is niet veel zaaks; **il ne sait pas ~** hij weet niet veel; **cela ne vaut pas ~** dat is niet veel waard
Grande-Bretagne *nf* Groot-Brittannië *n (sans art.)*
grandement *adv* **1** *(largement)* ruimschoots **2** *(pas petitement)* royaal; **faire les choses ~** de dingen royaal doen
grandeur *nf* **1** *(dimension)* grootte *nf,* omvang *nm;* **~ nature** ware grootte; **ordre de ~** orde van grootte **2** *(gloire)* aanzien *het* **3** *(noblesse)* adeldom *nm;* **~ d'âme** grootmoedigheid
grandiose *adj* grandioos, groots
[1]**grandir** *vi* groter worden, *(enfant)* opgroeien
[2]**grandir** *vt* vergroten; **se grandir** *vpr* **1** *(se rendre plus grand)* zich groter maken **2** *(s'élever)* zich verheffen
grandissant, -ante *adj* toenemend
grand-mère *nf* **1** *(aïeule)* grootmoeder *nf* **2** *(vieille femme)* omaatje *het (f)*
grand-oncle *nm* oudoom *nm*
grand-peine ♦ *(adv.)* **à ~** met (grote) moeite
grand-père *nm* **1** *(aïeul)* grootvader *nm* **2** *(vieillard)* opaatje *het (m)*
grand-route *nf* hoofdweg *nm*
grands-parents *nm* grootouders *plur*
grand-tante *nf* oudtante *nf*
grange *nf* (koren)schuur *de*
granit(e) *nm* graniet *het*
granulé *nm* pilletje *het*
granuleux, -euse *adj* korrelig
graphique *adj* grafisch; **le ~** de grafiek
graphologie *nf* grafologie *nf*
graphologue *n* grafo|loog, -loge *nm, nf*
grappe *nf* **1** *(fleurs, fruits)* tros *nm* **2** *(personnes)* drom *nm*
[1]**grappiller** *vi* **1** *(raisin)* nalezen **2** *(profit illicite)* sjacheren
[2]**grappiller** *vt* **1** *(cueillir)* plukken **2** *(récolter)* bijeenscharrelen
grappin *nm* enterhaak *nm;* **mettre le ~ sur qqn** ↑ beslag leggen op iemand; **mettre le ~ sur qqch** iets (beet)pakken
gras, grasse *adj* **1** *(contenant de la graisse)* vet(houdend); **corps ~** vet(ten); **quarante pour cent de matières ~ses** vetgehalte veertig procent **2** *(à base de graisse)* met vet bereid; **crayon ~** zacht potlood; **le ~** het vet(randje) *(de la viande);* **plantes ~ses** vetplanten **3** *(gros)* dik **4** *(huileux)* vettig **5** *(abondant)* rijk
grassement *adv* ruim(schoots), royaal; **payer ~** dik betalen
grassouillet, -ette *adj* mollig
gratification *nf* **1** *(prime)* gratificatie *nf,* toelage *de* **2** *(psycho.)* bevrediging *nf*
gratifier (de) *vt* **1** *(pourvoir de)* begunstigen (met) **2** *(affliger de)* trakteren (op) **3** *(psycho.)* bevredigen
gratin *nm* **1** *(mets)* gegratineerd gerecht *het* **2** *(croûte)* korstje *het;* **merlan au ~** gegratineerde wijting **3** *(élite)* chic *nm*
gratis *adv* gratis, kosteloos
gratitude *nf* erkentelijkheid *nf,* dankbaarheid *nf*
gratte-ciel *nm* wolkenkrabber *nm*
gratte-papier *nm* kantoorpik *nm*
[1]**gratter** *vi* **1** *(frotter avec les ongles)* krab-

belen; **~ à la porte** zacht op de deur kloppen **2** *(travailler)* ↑ zwoegen ♦ **~ de la guitare** op de gitaar tokkelen; **~ du violon** op de viool krassen

[2]**gratter** *vt* **1** *(racler)* krabben, afkrabben *(décaper)*, wegkrabben *(enlever)*; **~ des carottes** wortels schrappen **2** *(piquer)* kriebelen; **mon col me gratte** mijn boord kriebelt ♦ **il y a qqch à ~** er valt iets te halen; **se gratter** *vpr (se frotter)* zich krabben

gratuit, -uite *adj* **1** *(non payant)* gratis; **entrée ~e** vrije toegang; **à titre ~** gratis **2** *(arbitraire)* ongegrond; **acte ~** irrationele handeling; **affirmer qqch ~ement** zomaar iets beweren

gratuité *nf* **1** *(caractère de ce qui est non payant)* kosteloosheid *nf* **2** *(arbitraire)* ongegrondheid *nf*

gravats *nm* puin *het (uniquement sing.)*

[1]**grave** *adj* **1** *(solennel)* ernstig, plechtig **2** *(préoccupant)* ernstig, gevaarlijk; **blessé ~** zwaargewonde; **maladie ~** ernstige ziekte **3** *(bas)* laag; **note ~** lage noot; **voix ~** lage stem

[2]**grave** *adv (fam.)* vet; **je te kiffe ~** ik vind je vet lief; **flipper ~** 'm flink knijpen

gravement *adv* ernstig

graver *vt* **1** *(tracer)* graveren; **~ un disque** een plaatopname maken; **~ un nom sur un arbre** een naam in een boom krassen **2** *(fig.)* griffen; **se graver** *vpr (se fixer)* zich inprenten

graveur *nm* graveerder *nm;* **~ sur bois** houtgraveur ♦ **~ de DVD** dvd-brander

gravier *nm* grind *het*

gravillon *nm* split *het (uniquement sing.)*, steenslag *het (uniquement sing.)*

gravir *vt* beklimmen *(aussi au fig.)*

gravité *nf* ernst *nm*

graviter *vi* draaien (om)

gravure *nf* **1** *(en général)* gravure *de;* **~ sur bois** houtsnede **2** *(illustration)* prent *de;* **~ de mode** modeprent **3** *(action de graver)* (het) graveren; **la ~ d'une inscription** het inbeitelen van een inscriptie **4** *(art)* graveerkunst *nf;* **la ~ sur bois** de houtsneekunst **5** *(de disques)* (het) snijden

gré *nm* **1** *(goût)* smaak *nm;* **au ~ du vent** stuurloos; **de bon ~** zonder tegenstribbelen; **à son ~** naar eigen goeddunken; **à votre ~** zoals u wilt **2** *(envie)* zin *nm;* **au ~ de** naargelang; **bon ~, mal ~** goedschiks of kwaadschiks; **contre le ~ de qqn** tegen iemands zin; **de ~ ou de force** goedschiks of kwaadschiks; **de mauvais ~** tegen z'n zin; **de (son) plein ~** geheel vrijwillig ♦ **savoir ~ à qqn** iemand dankbaar zijn

grec, grecque *adj* Grieks; **Église ~que** Grieks-orthodoxe Kerk; **empire ~** Oost-Romeinse Rijk; *(ornement)* **la ~que** de meander; *(langue)* **le ~** het Grieks; **le Grec, la Grecque** de Griek(se)

Grèce *nf* Griekenland *n (sans art.)*

gredin, -ine *n* schurk *nm;* **petit ~** schoffie

[1]**greffe** *nm (jur.) (bureau)* griffie *nf*

[2]**greffe** *nf* **1** *(méd.)* transplantatie *nf* **2** *(greffon végétal)* ent(loot) *de* **3** *(insertion d'un greffon végétal)* enting *nf*

greffer *vt* **1** *(un végétal)* enten **2** *(méd.)* transplanteren; **se greffer (sur)** *vpr (s'ajouter à)* komen (bij), zich voegen (bij)

greffier *nm* griffier *nm*

grégaire *adj* **1** *(animaux)* in kudden levend; **animal ~** kuddedier **2** *(instinct)* kudde-; **instinct ~** gregarisme; *(fig.)* kuddegeest

[1]**grêle** *nf* **1** *(précipitation)* hagel *nm* **2** *(fig.)* hagelbui *de*

[2]**grêle** *adj* **1** *(mince)* spichtig **2** *(aigu)* schril

grêler *vb impers* hagelen

grêlon *nm* hagelsteen *nm*

grelot *nm* belletje *het*

grelotter *vi* **1** *(+ de) (trembler de)* rillen (van) **2** *(avoir froid)* sterven van de kou

grenade *nf* **1** *(fruit)* granaat(appel) *de (nm)* **2** *(projectile)* granaat *de;* **~ à main** handgranaat

grenadine *nf* grenadine *de*

grenaille *nf* krielaardappel *nm,* krieltje *het*

grenier *nm* **1** *(d'une habitation)* zolder *nm* **2** *(grange)* voorraadschuur *de* **3** *(fig.)* graanschuur *de*

grenouille *nf* kikker *nm* ♦ **~ de bénitier** kerkuil

grès *nm* **1** *(roche)* zandsteen *het/de (m)* **2** *(poterie)* steengoed *het*

grésillement *nm* **1** *(téléphone)* (zacht) gekraak *het* **2** *(huile)* gespetter *het*

grésiller *vi* **1** *(téléphone)* (zacht) kraken **2** *(huile)* spetteren

grève *nf* **1** *(débrayage)* staking *nf;* **~ des cheminots** spoorwegstaking; **être en ~** het werk neergelegd hebben; **~ de la faim** hongerstaking; **faire ~** staken; **~ générale** algemene staking; **se mettre en ~** een staking beginnen; **~ sur le tas** sitdownstaking, *(Belg.)* zitstaking; **~ tournante** estafettestaking; **~ du zèle** stiptheidsactie **2** *(rivage)* zandige oever *nm*

gréviste *n* staker, staakster *nm, nf*

gribouillage *nm* gekrabbel *het (uniquement sing.)*

[1]**gribouiller** *vi (barbouiller)* krabbelen

[2]**gribouiller** *vt (griffonner)* neerkrabbelen

gribouillis *nm* gekrabbel *het (uniquement sing.)*

grief *nm* klacht *de;* **faire ~ de qqch à qqn** iemand iets aanrekenen

grièvement *adv* ♦ **~ blessé** ernstig gewond

griffe *nf* **1** *(ongle; crochet)* klauw *de;* **être entre les ~s de qqn** in iemands klauwen gevallen zijn; **montrer ses ~s** z'n tanden laten zien **2** *(signature)* handtekeningstempel *nm* **3** *(marque de fabricant)* merknaam *nm* **4** *(personnalité)* stempel *het;* **porter la ~ de qqn** iemands stempel dragen

griffer *vt* **1** *(égratigner)* krabben **2** *(munir d'une marque)* van een merknaam voorzien

griffonner *vt* neerkrabbelen; **~ sur les murs** op de muren krabbelen

[1]**grignoter** *vi* **1** *(manger sans appétit)* kieskauwen **2** *(manger en rongeant)* knabbelen **3** *(manger entre les repas)* grazen, snacken

[2]**grignoter** *vt* **1** *(manger petit à petit)* oppeuzelen **2** *(détruire)* langzaam opsouperen **3** *(gagner)* stukje bij beetje erbij krijgen; **~ quelques minutes** met moeite wat tijd winnen

gril *nm* grill *nm;* **être sur le ~** op hete kolen zitten

grillades *nf* geroosterd vlees *het (collectif)*

grillage *nm* **1** *(assemblage)* traliewerk *het* **2** *(clôture)* afrastering *nf*

grillager *vt* **1** *(porte, fenêtre)* traliën, van traliewerk voorzien **2** *(terrain)* afrasteren

grille *nf* **1** *(clôture; porte)* hek *het* **2** *(barreaux)* traliewerk *het (uniquement sing.)* **3** *(tableau; assemblage)* rooster *het/de (m);* **~ des programmes** programmaoverzicht; **~ des salaires** loonschaal **4** *(mots croisés)* kruiswoordpuzzel *nm* **5** *(loto)* lottoformulier *het*

grille-pain *nm* broodrooster *het/de (m)*

[1]**griller** *vi* **1** *(rôtir)* roosteren **2** *(brûler)* schroeien **3** *(être court-circuité)* doorbranden

[2]**griller** *vt* **1** *(faire cuire)* roosteren, grillen **2** *(brûler)* branden; **~ une cigarette** een sigaretje roken **3** *(faire sauter)* laten doorbranden **4** *(dépasser)* inhalen; **~ les étapes** alles en iedereen voorbijstreven; **~ les feux rouges** door rood (licht) rijden

grillon *nm* krekel *nm*

grimace *nf* grimas *de;* **faire la ~** een zuur gezicht trekken; **faire des ~s** gezichten trekken

grimacer *vi* grimassen maken, gezichten trekken

grimer *vt* grimeren, schminken; **se grimer** *vpr* zich schminken

grimpant, -ante *adj* klimmend; **plante ~e** klimplant

[1]**grimper** *vi* **1** *(monter; pousser)* klimmen; **~ à, sur un arbre** in een boom klimmen **2** *(augmenter)* ↑ (snel) stijgen; **les prix ont grimpé** de prijzen zijn snel gestegen; **route qui grimpe** weg die steil omhooggaat

[2]**grimper** *vt (gravir)* beklimmen; **~ un escalier quatre à quatre** een trap oprennen

grimpeur, -euse *n* **1** *(alpiniste)* bergbe|-klimmer, -klimster *nm, nf* **2** *(cycliste)* (goede) klimmer, klimster *nm, nf*

grinçant, -ante *adj* **1** *(qui grince)* knarsend **2** *(acerbe)* schrijnend; **compliments ~s** valse complimenten; **humour ~** wrange humor

grincement *nm* geknars *het*

grincer *vi* knarsen; **~ des dents** tandenknarsen; **cela me fait ~ des dents** dat gaat me door merg en been

grincheux, -euse *adj* knorrig; **le vieux ~** de oude knorrepot

gringalet *nm* schrielhannes *nm*

grippe *nf* griep *de;* **attraper la ~** griep krijgen; **~ aviaire** vogelgriep ♦ **prendre en ~** plotseling een hekel krijgen aan

grippé, -ée *adj* **1** *(malade)* grieperig; **le, la ~(e)** de grieppatiënt(e) **2** *(coincé)* vastgelopen

grippe-sou *nm* duitendief *nm*

[1]**gris** *nm* grijs *het;* **~ souris** muisgrijs

[2]**gris, grise** *adj* **1** *(couleur)* grijs; **il fait ~** de lucht is betrokken **2** *(terne)* triest; **faire ~e mine à qqn** iemand onvriendelijk ontvangen **3** *(ivre)* aangeschoten

grisaille *nf* grauwheid *nf*

grisant, -ante *adj* opwindend

grisâtre *adj* grijsachtig

griser *vt* **1** *(enivrer)* lichtjes benevelen **2** *(exciter)* bedwelmen; **se griser (de)** *vpr* **1** *(s'enivrer de)* lichtjes beneveld raken (van) **2** *(s'exalter de)* bedwelmd raken (door)

griserie *nf* **1** *(ivresse)* lichte dronkenschap *nf* **2** *(excitation)* bedwelming *nf*

grisonnant, -ante *adj* grijs wordend

grisou *nm* mijngas *het*

grive *nf* lijster *de*

grivois, -oise *adj* schunnig

grivoiserie *nf* schunnigheid *nf*

Groenland *nm* Groenland *n (sans art.);* **au ~** op Groenland

groenlandais, -aise *adj* Groenlands; **le, la Groenlandais(e)** de Groenlander, Groenlandse

grog *nm* grog *nm*

grognement *nm* **1** *(du cochon)* geknor *het* **2** *(d'une personne)* gemopper *het*

[1]**grogner** *vi* **1** *(cochon)* knorren **2** *(+ contre) (protester contre)* mopperen (op)

[2]**grogner** *vt (dire en grognant)* (ontevreden) mompelen

grognon, -onne *adj* brommerig; **être ~** knorrig zijn; **un vieux ~** een oude brompot

groin *nm* varkenssnuit *nm*

[1]**grommeler** *vi (bougonner)* mopperen

[2]**grommeler** *vt (dire)* brommen

grondement *nm* **1** *(d'animaux, d'un moteur)* gebrom *het* **2** *(d'un canon, de l'orage)* (het) bulderen; **~ de tonnerre** gerol van de donder

[1]**gronder** *vi* **1** *(animaux)* grommen **2** *(canon, tonnerre)* rommelen **3** *(bougonner)* mopperen **4** *(être menaçant)* dreigen

[2]**gronder** *vt (réprimander qqn)* (iemand) een standje geven; **se faire ~** op z'n kop krijgen

groom *nm* (deur)dranger *nm*

[1]**gros, grosse** *adj* **1** *(corpulent; volumineux)* dik; **c'est ~ comme une maison** je voelt op je klompen aan dat het flauwekul is; **le, la ~(se)** de dikkerd **2** *(grand; intense)* groot; **un ~ kilo** ruim een kilo; **le ~**

de het gros van; ~ soupir diepe zucht 3 *(important)* belangrijk 4 *(grossier)* ruw ♦ fait ~ de conséquences voorval dat veel gevolgen heeft; dépenser en ~ dix euros alles bij elkaar tien euro besteden

[2]**gros** *adv* in het groot; écrire ~ groot schrijven; en ~ in grote lijnen; gagner ~ grof geld verdienen; parier ~ om veel geld wedden; il y a ~ à parier que er is alle kans dat ♦ en avoir ~ sur le cœur ↑ het er erg moeilijk mee hebben

groseille *nf* aalbes *de* ♦ ~ à maquereau kruisbes

grossesse *nf* zwangerschap *nf*

grosseur *nf* 1 *(embonpoint)* dikte *nf* 2 *(dimension)* grootte *nf* 3 *(tumeur)* gezwel *het*

grossier, -ière *adj* 1 *(brut)* grof; dessin ~ ruwe schets; une idée grossière een vaag idee 2 *(impoli)* ongemanierd 3 *(vulgaire)* plat; mot ~ grof woord ♦ se tromper grossièrement zich schromelijk vergissen

grossièreté *nf* 1 *(caractère grossier)* grofheid *nf* 2 *(mot grossier)* obsceniteit *nf;* dire des ~s ruwe taal bezigen

[1]**grossir** *vi* 1 *(devenir plus gros)* dikker worden 2 *(augmenter)* toenemen 3 *(d'une rivière)* wassen

[2]**grossir** *vt* 1 *(rendre plus gros)* dikker maken 2 *(agrandir)* groter maken 3 *(rendre plus nombreux)* talrijker maken 4 *(exagérer)* overdrijven

grossissant, -ante *adj* vergrotend

grossiste *n* groothandelaar(ster) *nm (nf)*

grosso modo *adv* in grote lijnen, ruwweg

grotesque *adj* grotesk, potsierlijk; histoire ~ koddig verhaal; le ~ het groteske (genre); c'est d'un ~ dat is belachelijk

grotte *nf* grot *de*

grouillement *nm* gekrioel *het*

[1]**grouiller** *vi* 1 *(fourmiller)* wriemelen 2 *(+ de) (abonder en)* wemelen (van)

[2]**se grouiller** *vpr (se dépêcher)* opschieten

groupe *nm* groep *de;* ~ financier financieel consortium; ~ industriel industrieel concern; ~ de mots woordgroep; par ~s groepsgewijs, in groepjes; ~ pop popgroep; ~ de pression pressiegroep, lobby, *(Belg.)* drukkingsgroep; ~ scolaire scholencomplex; travail en ~ teamwerk ♦ ~ électrogène stroomopwekkend aggregaat

groupé, -ée *adj* 1 *(en groupe)* gezamenlijk 2 *(mis ensemble)* gemeenschappelijk

groupement *nm* groepering *nf;* ~ d'achat inkoopcombinatie

grouper *vt* groeperen; **se grouper** *vpr* zich groeperen

groupuscule *nm* splintergroep(ering) *de*

grue *nf* 1 *(oiseau)* kraanvogel *nm* 2 *(femme)* snol *nf* 3 *(machine)* (hijs)kraan *de*

grumeau *nm* klontje *het*

gruyère *nm* gruyère(kaas) *nm*

Guadeloupe *nf* Guadeloupe *n (sans art.)*

guadeloupéen, -enne *adj* Guadeloups; le, la Guadeloupéen(ne) de Guadelouper, Guadeloupse

Guatemala *nm* Guatemala *n (sans art.)*

guatémaltèque *adj* Guatemalteeks; le, la Guatémaltèque de Guatemalteek(se)

gué *nm* wed *het;* passer à ~ doorwaden

guenille *nf* lompen *plur;* en ~s in lompen gehuld

guenon *nf* apin *nf,* wijfjesaap *nf*

guépard *nm* jachtluipaard *nm*

guêpe *nf* wesp *de*

guêpier *nm* wespennest *het; (fig.)* se fourrer dans un ~ zich in een wespennest steken

guère *adv (avec 'ne')* bijna niet, nauwelijks; cela ne se dit (plus) ~ dat wordt bijna niet (meer) gezegd

guéridon *nm* pronktafeltje *het*

guérilla *nf* guerrilla *nm*

[1]**guérir** *vi* genezen

[2]**guérir (de)** *vt* genezen (van); **se guérir (de)** *vpr* genezen (van)

guérison *nf* genezing *nf,* herstel *het;* en voie de ~ aan de beterende hand

guérissable *adj* geneeslijk

guérisseur, -euse *n* genezer *nm*

guerre *nf* oorlog *nm,* strijd *nm (aussi au fig.); (prov)* à la ~ comme à la ~ nood breekt wet; aller à la ~ ten strijde trekken; la ~ de Cent ans de Honderdjarige Oorlog; avant la ~ voor de (laatste) wereldoorlog; ~ éclair blitzkrieg; en ~ in staat van oorlog; entrer en ~ aan de oorlog gaan deelnemen; faire la ~ oorlog voeren; la ~ froide de koude oorlog; de ~ lasse ten einde raad; mourir à la ~ sneuvelen; partir pour la ~ ten strijde trekken; partir en ~ contre qqch tegen iets ten strijde trekken; ~ psychologique psychologische oorlogvoering; Guerres de Religion godsdienstoorlogen; ~ d'usure slijtageslag ♦ c'est de bonne ~ dat zijn de regels van het spel

guerrier, -ière *adj* 1 *(de la guerre)* oorlogs-; le ~ de strijder 2 *(belliqueux)* oorlogszuchtig

guet *nm* (het) bespieden; faire le ~ op de loer liggen

guet-apens *nm* hinderlaag *de,* valstrik *nm;* attirer qqn dans un ~ iemand in een hinderlaag lokken; tomber dans un ~ in een hinderlaag lopen

guêtre *nf* 1 *(qui couvre la chaussure)* slobkous *de* 2 *(qui couvre le bas de la jambe)* beenkap *de*

guetter *vt* 1 *(épier)* bespieden 2 *(attendre)* afwachten; ~ une occasion favorable een gunstige gelegenheid afwachten 3 *(menacer)* bedreigen

guetteur *nm* wachtpost *nm, (mar.)* uitkijk *nm*

gueule *nf* 1 *(bouche d'animal)* bek *nm;* se jeter dans la ~ du loup zich in het hol van de leeuw wagen 2 *(bouche humaine)* smoel *nm,* bek *nm;* fine ~ ↑ fijnproever; c'est une grande ~ hij heeft een grote bek; **ta ~ !** hou je bek! **3** *(visage)* kop *nm;* **avoir la ~ de bois** een kater hebben; **se casser la ~** op z'n bek vallen; **casser la ~ de, à qqn** iemand op z'n bek slaan; **faire la ~** mokken; **c'est bien fait pour ta ~ !** net goed voor je!; **une jolie petite ~** een aardig koppie; **une sale ~** een rotkop **4** *(allure)* uiterlijk *het;* **cette voiture a de la ~** die wagen heeft klasse **5** *(ouverture)* (gapend) gat *het;* **la ~ d'un canon** de mond van een kanon

[1]**gueuler** *vi* **1** *(crier)* brullen; **gueule pas si fort !** brul niet zo hard! **2** *(se fâcher contre)* uitvaren (tegen)

[2]**gueuler** *vt (beugler qqch)* brullen

gueuleton *nm* ↑ smulpartij *nf*

gui *nm* maretak *nm*

guibol(l)e *nf* poot *nm*

guichet *nm* loket *het;* **jouer à ~s fermés** voor een uitverkochte zaal spelen

guichetier, -ière *n* loketbeambte *nm*

[1]**guide** *nm* gids *de;* **~ de (haute) montagne** berggids; **~ touristique** reisgids

[2]**guide** *nf (plur.) (rênes)* teugels *plur,* leidsels *plur*

guider *vt* **1** *(conduire; orienter)* leiden; **~ un touriste** een toerist rondleiden; **visite guidée** rondleiding **2** *(conseiller)* begeleiden **3** *(téléguider)* (ge)leiden, besturen; **se guider (sur)** *vpr (se diriger d'après)* zich richten (naar)

guidon *nm* (fiets)stuur *het*

guignol *nm* **1** *(marionnette)* pop *de* **2** *(théâtre)* poppenkast *de* **3** *(personne comique)* komiek *nm;* **faire le ~** de clown uithangen; **Guignol** Jan Klaassen

guillemet *nm* aanhalingsteken *het; (fig.)* **entre ~s** zogenaamd; **mettre qqch entre ~s** iets tussen aanhalingstekens zetten

guilleret, -ette *adj* vrolijk

guillotine *nf* guillotine *nf*

guillotiner *vt* guillotineren

guimauve *nf* **1** *(pâte)* spekkie *het* **2** *(sentimentalité)* weeheid *nf;* **à la ~** wee

guimbarde *nf* rammelkast *de*

guindé, -ée *adj* stijf

Guinée *nf* Guinee *n (sans art.)*

Guinée-Bissau *nf* Guinee-Bissau *n (sans art.)*

guinéen, -enne *adj* Guinees; **le, la Guinéen(ne)** de Guinees, Guineese

guirlande *nf* slinger *nm*

guise *nf* **1** *(volonté)* zin *nm;* **à votre ~** zoals u wilt; **agir à sa ~** handelen zo als men wil; **il n'en fait qu'à sa ~** hij doet z'n eigen zin **2** *(manière)* wijze *de;* **en ~ de** bij wijze van

guitare *nf* gitaar *de;* **jouer de la ~** gitaar spelen

guitariste *n* gitarist(e) *nm (nf),* gitaarspeler *nm*

gustatif, -ive *adj* smaak-

guttural, -ale *adj* keel-

Guyana *nf* Guyana *n (sans art.)*

guyanais, -aise *adj* Guyaans; **le, la Guyanais(e)** de Guyaan(se)

gymnase *nm* gymnastiekzaal *de*

gymnaste *nm* gymnast *nm*

gym(nastique) *nf* gym(nastiek) *nf;* **faire de la ~** aan gymnastiek doen; **pas (de) ~** looppas

gynécologie *nf* gynaecologie *nf*

gynécologue *n* gynaecoloog *nm,* vrouwenarts *nm*

gyrophare *nm* zwaailicht *het*

gyroscope *nm* gyroscoop *nm*

h

h *nm ou nf* h *de;* **h aspiré** aangeblazen h; **H comme Henri** de h van Hendrik; **h muet** stomme h

ha! *interj* **1** *(insistance)* oh! **2** *(surprise)* hè! **3** *(chagrin)* ach! **4** *(rire)* haha!

habile *adj* **1** *(malin)* handig **2** *(adroit)* bedreven, bekwaam

habileté *nf* handigheid *nf*

habiliter (à) *vt* bevoegd verklaren (tot); **être habilité à faire qqch** gerechtigd zijn (om) iets te doen

habillé, -ée *adj* gekleed; **~ en Indien** als indiaan verkleed

habillement *nm* kleding *nf;* **(l'industrie de) l'~** de kledingindustrie

habiller *vt* **1** *(vêtir)* (aan)kleden; **cette robe vous habille bien** deze jurk staat u goed **2** *(orner)* bekleden; **~ un fauteuil d'une nouvelle étoffe** een stoel opnieuw bekleden; **s'habiller** *vpr (se vêtir)* zich (aan)kleden; **faut-il s'~ pour cette réception ?** moet je avondkleding aan bij die receptie? ♦ **s'~ sur mesure** maatkleding dragen; **s'~ chez un couturier** z'n kleren kopen bij een couturier

habit *nm* **1** *(plur.) (vêtements)* kleren *plur;* **~s du dimanche** zondagse kleren **2** *(costume de cérémonie)* rok(kostuum) *nm (het)* **3** *(vêtement de prêtre)* habijt *het; (prov)* **l'~ ne fait pas le moine** schijn bedriegt

habitable *adj* bewoonbaar

habitacle *nm* **1** *(aviation)* stuurhut *de* **2** *(d'un véhicule)* cabine *nf*

habitant, -ante *n* inwoner, inwoonster *nm, nf,* bewoner, bewoonster *nm, nf;* **loger chez l'~** bij particulieren een kamer huren

habitat *nm* **1** *(conditions de logement)* woonomstandigheden *plur* **2** *(bot., zool.)* habitat *de*

habitation *nf* **1** *(fait d'habiter)* (het) (be)wonen; **améliorer les conditions d'~** de woonomstandigheden verbeteren **2** *(logement)* woning *nf;* **~ à loyer modéré, HLM** goedkope huurflat

habité, -ée *adj* bewoond; **vaisseau spatial ~** bemand ruimtevaartuig

[1]**habiter** *vi (vivre)* wonen; **~ rue Lebeau** in de rue Lebeau wonen

[2]**habiter** *vt (occuper)* bewonen; **~ la campagne** op het platteland wonen; **~ une maison** in een huis wonen ♦ **cette idée l'habite** hij, zij is vervuld van dit idee

habitude *nf* **1** *(manie; routine)* gewoonte *nf;* **d'~** gewoonlijk; **avoir l'~ de faire qqch** gewoon zijn iets te doen; **par ~** uit gewoonte; **perdre une ~** van een gewoonte afraken; **prendre une ~** een gewoonte aannemen; **suivant son ~** zoals hij gewend is **2** *(expérience)* ervaring *nf;* **avoir l'~ des enfants** gewend zijn met kinderen om te gaan

habitué, -ée *n* stamgast(e) *nm (nf)*

habituel, -elle *adj* gewoon(lijk)

habituer (à) *vt* (ge)wennen (aan); **être habitué à** gewend zijn (aan); **s'habituer (à)** *vpr* (zich ge)wennen (aan)

hache *nf* bijl *de;* **~ de guerre** strijdbijl

haché, -ée *adj* **1** *(coupé)* gehakt; **du bifteck ~** gehakte biefstuk **2** *(saccadé)* hortend

hacher *vt* **1** *(couper)* hakken; **~ fin, menu** fijnhakken **2** *(interrompre)* vaak onderbreken; **~ ses phrases** in korte zinnen spreken

hachette *nf* bijltje *het*

hachis *nm* gehakt *het*

hachoir *nm* **1** *(couteau)* hakmes *het* **2** *(hache-viande)* gehaktmolen *nm*

hachure *nf* arcering *nf*

hachurer *vt* arceren

hagard, -arde *adj* verwilderd; **avoir l'air ~** er verwilderd uitzien

haie *nf* **1** *(clôture)* heg *de,* haag *de, (sports)* horde *de* **2** *(file)* rij *de;* **faire la ~** een erehaag vormen

haillon *nm* lomp *de;* **en ~s** in lompen gekleed

haine *nf* haat *nm;* **éprouver de la ~ pour qqn** haatgevoelens jegens iemand hebben; **par ~ de** uit haat tegen

haineux, -euse *adj* haatdragend

haïr *vt* haten

haïssable *adj* verfoeilijk, afschuwelijk

Haïti *nm* Haïti *n (sans art.)*

haïtien, -ienne *adj* Haïtiaans; **le, la Haïtien(ne)** de Haïtiaan(se)

halage *nm* (het) jagen; **chemin de ~** jaagpad

hâle *nm* bruine kleur *de*

hâlé, -ée *adj* gebruind

haleine *nf* **1** *(air expiré)* adem *nm;* **avoir une mauvaise ~** uit de mond ruiken **2** *(respiration)* ademhaling *nf;* **être hors d'~** buiten adem zijn; **perdre ~** buiten adem raken; **reprendre ~** weer op adem komen **3** *(intervalle entre deux inspirations)* adempauze *de (aussi au fig.);* **tenir qqn en ~** *(en éveil)* iemand in spanning houden; *(incertitude)* iemand aan het lijntje houden; *(fig.)* **de longue ~** langdurig

haler *vt* **1** *(mar.)* jagen **2** *(tirer sur)* (aan)-halen

haletant, -ante *adj* hijgend; **respiration ~e** gejaagde ademhaling

haleter *vi* hijgen

hall *nm* hal *de;* **~ de gare** stationshal

halle *nf* (markt)hal *de*

hallucinant, -ante *adj* verbijsterend

hallucination *nf* zinsbegoocheling *nf,* hallucinatie *nf*

halluciné, -ée *adj* **1** *(qui a des hallucinations)* hallucinaties hebbend; **un ~** een hallucinant **2** *(égaré)* verwilderd

halo *nm* **1** *(d'une source lumineuse)* lichtkring *nm* **2** *(d'une personne)* aureool *het/de*

halogène *nm* halogeen *het* ♦ **lampe ~** halogeenlamp

halte *nf* **1** *(arrêt)* halte *de;* **faire ~** stoppen; **une ~ de deux heures** een stop van twee uur **2** *(lieu de halte)* stopplaats *de;* **la ~ du car** de bushalte

halte! *interj* **1** *(milit.)* halt!; **halte-là !** stop! **2** *(non)* stop!; **~ au nucléaire !** stop de kernenergie!

haltère *nm* halter *nm;* **faire des ~s** gewichtheffen

hamac *nm* hangmat *de*

hameau *nm* gehucht *het*

hameçon *nm* vishaak *nm;* **mordre à l'~** bijten; *(fig.)* (toe)happen

hamster *nm* hamster *de*

hanche *nf* heup *de*

hand(-)ball *nm* handbal *het*

handicap *nm* handicap *nm*

handicapé, -ée *adj* gehandicapt *(aussi au fig.);* **le, la ~(e) physique** de lichamelijk gehandicapte

handicaper *vt* handicappen

handisport *nm* gehandicaptensport

hangar *nm* **1** *(abri)* loods *de* **2** *(aviat.)* vliegtuigloods *de,* hanga(a)r *nm*

hanneton *nm* meikever *nm*

hanté, -ée *adj* spook-

hanter *vt* **1** *(fantôme)* spoken in; **ce château est hanté** het spookt in dat kasteel **2** *(obséder)* obsederen; **l'idée du suicide la hante** zij wordt gekweld door de gedachte aan zelfmoord

hantise *nf* obsessie *nf;* **avoir la ~ de** doodsbang zijn voor

happer *vt* **1** *(saisir)* grijpen **2** *(mordre)* happen in

haras *nm* paardenfokkerij *nf*

harassé, -ée (de) *adj* doodmoe (van, door)

harasser *vt* afmatten

harcèlement *nm* (het) bestoken; **~ sexuel** ongewenste intimiteiten

harceler (de) *vt* bestoken (met) *(aussi au fig.)*

hardi, -ie *adj* **1** *(audacieux)* onverschrokken **2** *(osé)* gewaagd

hardiesse *nf* **1** *(courage)* ↓ durf *nm;* **avoir la ~ de faire qqch** iets durven te doen **2** *(impudence)* onbeschaamdheid *nf* **3** *(liberté)* vrijheid *nf*

hardware *nm* hardware *nm*

hareng *nm* haring *nm;* **~ saur** gerookte haring

hargne *nf* kribbigheid *nf*

hargneux, -euse *adj* kribbig

haricot *nm* boon *de;* **~s blancs** witte bonen; **~s rouges** bruine bonen; **~s verts** sperziebonen

harmonica *nm* (mond)harmonica *nf*

harmonie *nf* **1** *(sons assemblés)* samenklank *nm* **2** *(fanfare)* harmonie *nf,* harmonieorkest *het* **3** *(concordance)* harmonie *nf;* **être en ~ avec** goed samengaan met **4** *(entente)* eendracht *de;* **vivre en parfaite ~** geheel eendrachtig samenleven

harmonieux, -euse *adj* **1** *(mélodieux)* welluidend, harmonieus **2** *(équilibré)* harmonisch

harmonique *adj* harmonisch

harmoniser *vt* harmoniseren *(aussi mus.);* **s'harmoniser (à, avec)** *vpr* goed passen (bij)

harnacher *vt* optuigen; *(fig.)* **être harnaché de** uitgedost zijn met

harnais *nm* tuig *het*

harpe *nf* harp *de*

harpon *nm* harpoen *nm*

harponner *vt* **1** *(accrocher avec un harpon)* harpoeneren **2** *(saisir brutalement)* bij z'n lurven grijpen ♦ **se faire ~ par qqn** door iemand aangeklampt worden

hasard *nm* toeval *het;* **à tout ~** voor alle zekerheid; **au ~** op goed geluk; **au ~ des circonstances** naargelang de omstandigheden; **ne rien laisser au ~** niets aan het toeval overlaten; **par ~** bij toeval; *(peut-être)* soms; **pur ~** louter toeval

hasarder *vt* *(risquer)* wagen; **~ une opinion** een mening naar voren durven brengen; **se hasarder** *vpr* **1** *(s'aventurer)* zich wagen **2** *(se risquer à)* het erop wagen; **se ~ à faire qqch** het erop wagen iets te doen

hasardeux, -euse *adj* gewaagd

haschi(s)ch *nm* hasjiesj *nm*

hâte *nf* haast *de;* **à la ~** haastig; **avoir ~ de** ernaar verlangen om; **en ~** snel

hâter *vt* bespoedigen; **~ le pas** sneller gaan lopen; **se hâter** *vpr* zich haasten

hâtif, -ive *adj* **1** *(fruits)* vroeg **2** *(trop rapide)* overhaast

hâtivement *adv* overhaast

hausse *nf* stijging *nf;* *(fig.)* **ses actions sont en ~** zijn zaken gaan vooruit

hausser *vt* verhogen, verheffen; **~ les épaules** z'n schouders ophalen; **~ le ton** een hoge toon aanslaan; **~ la voix** z'n stem verheffen; **se hausser** *vpr* zich verheffen; **se ~ sur la pointe des pieds** op de tenen gaan staan

haut, haute *adj* **1** *(élevé)* hoog; **~ comme trois pommes** drie turven hoog; **d'en ~**

van boven; *(fig.)* van hogerhand; *(fig.)* **tomber de ~** ontnuchterd worden; **de ~ en bas** van boven naar beneden; *(fig.)* **le prendre de ~** hooghartig reageren; **regarder qqn de ~** op iemand neerkijken; **un mur ~ de deux mètres** een twee meter hoge muur; **regarder qqn de ~ en bas** iemand van top tot teen bekijken; **des ~s et des bas** ups-and-downs; **du ~ de** vanaf; **~es eaux** hoog water; **en ~** boven; **tout en ~** helemaal boven; **il habite en ~** hij woont boven; **le ~** de bovenkant; **le ~ du corps** het bovenlijf; **(le) ~ de gamme** de duurste prijsklasse; *(adj.)* prijzigst; **marée ~e** vloed; **plus ~** *(ci-dessus)* hierboven; **la ~e société** de hogere kringen; **homme de ~e taille** lange man; **~ les mains !** handen omhoog! **2** *(ancien)* oud; **remonter plus ~** teruggaan in de tijd **3** *(grand)* groot *(aussi au fig.)*; **~ en couleur** kleurrijk; **tenir qqn en ~e estime** grote achting hebben voor iemand; **c'est de la plus ~e importance** het is van het grootste belang; **~e intelligence** zeer grote intelligentie; **parlez plus ~** spreek eens wat luider; **penser tout ~** hardop denken; **instrument de ~e précision** precisie-instrument; **~e trahison** hoogverraad; **à ~e voix** hardop

hautain, -aine *adj* hoogmoedig

hautbois *nm* **1** *(instrument)* hobo *nm* **2** *(aussi f.) (musicien)* hoboïst(e) *nm (nf)*

haut-commissaire *nm* hoge commissaris *nm*

haut-commissariat *nm* hoog commissariaat *het*

haut-de-forme *nm* hogehoed *nm*

haute-fidélité *nf* hifi *nm,* high fidelity *nm*

hautement *adv* **1** *(supérieurement)* ten zeerste **2** *(ouvertement)* openlijk

hauteur *nf* **1** *(dimension; position)* hoogte *nf (aussi au fig.)*; **à la ~ de** op het niveau van; **il n'est pas à la ~** ↑ hij is niet voor zijn taak berekend; **être à la ~ de la situation** tegen de situatie opgewassen zijn; **l'avion perd de la ~** het vliegtuig verliest hoogte; **prendre de la ~** opstijgen **2** *(terrain élevé)* hooggelegen terrein *het* **3** *(dédain)* hoogmoed *nm* **4** *(math.)* hoogtelijn *de*

haut-fourneau *nm* hoogoven *nm*

haut-le-cœur *nm* **1** *(nausée)* misselijkheid *nf;* **avoir un, des ~** onpasselijk worden **2** *(répulsion)* walging *nf*

haut-le-corps *nm* schok *nm;* **avoir un ~** opschrikken

haut-parleur *nm* luidspreker *nm*

havre *nm* toevluchtsoord *het;* **~ de paix** vredig oord

Haye (La) *nf* Den Haag *n (sans art.)*

hé! *interj* **1** *(interpellation)* hé! **2** *(approbation, ironie)* wel!; **~ oui !** welja!; **~ bien !** welnu!

hebdomadaire *adj* wekelijks; **l'hebdomadaire, l'hebdo** het weekblad; **revue ~** weekblad

hébergement *nm* huisvesting *nf*

héberger *vt* **1** *(loger)* onderbrengen, herbergen **2** *(inform.)* hosten

hébergeur *nm (inform.)* webhost *nm,* host *nm*

hébété, -ée *adj* versuft; **être ~ de douleur** verdwaasd zijn van verdriet

hébraïque *adj* Hebreeuws

hébreu *adj* Hebreeuws; **c'est de l'~** dat is Grieks voor me; **l'hébreu** het Hebreeuws; **les Hébreux** de Hebreeërs

hécatombe *nf* slachting *nf (aussi au fig.)*

hectare *nm* hectare *de*

hectolitre *nm* hectoliter *nm*

hégémonie *nf* hegemonie *nf*

hein *interj* **1** *(interrogation; étonnement)* hè?, wat? **2** *(fin d'une question)* nou? **3** *(n'est-ce pas ?)* hè?, toch?

hélas! *interj* helaas!

héler *vt* aanroepen

hélice *nf* schroef *de*

hélicoptère *nm* helikopter *nm*

hélium *nm* helium *het*

hellénique *adj* Helleens, Grieks

helvétique *adj* Zwitsers

hématome *nm* bloeduitstorting *nf*

hémisphère *nm* **1** *(moitié du globe terrestre)* halfrond *het* **2** *(moitié d'une sphère)* halve bol *nm* **3** *(du cerveau)* hersenhelft *de*

hémoglobine *nf* (rode) bloedkleurstof *de*

hémophile *nm* hemofiliepatiënt *nm*

hémophilie *nf* bloederziekte *nf,* hemofilie *nf*

hémorragie *nf* bloeding *nf;* **~ cérébrale** hersenbloeding

hémorroïdes *nf* aambeien *plur*

hennir *vi* hinniken

hépatique *adj* lever-; **l'hépatique** de leverpatiënt(e)

hépatite *nf* leverontsteking *nf*

herbage *nm* (vet)weide *het*

herbe *nf* **1** *(plante)* gras *het;* **en ~** groen; **fines ~s** tuinkruiden; **mauvaise ~** onkruid; *(prov)* **mauvaise ~ croît toujours** onkruid vergaat niet; **couper l'~ sous les pieds de qqn** iemand het gras voor de voeten wegmaaien **2** *(drogue)* hasj *nm*

herbeux, -euse *adj* grazig

herbicide *adj* onkruid verdelgend; **l'herbicide** de onkruidverdelger

herbier *nm* herbarium *het*

herbivore *nm* planteneter *nm;* **animal ~** plantenetend dier

herboriste *n* kruiden|verkoper, -verkoopster *nm, nf*

héréditaire *adj* erfelijk; **ennemi ~** erfvijand

hérédité *nf* erfelijkheid *nf*

hérésie *nf* ketterij *nf*

hérétique *adj* ketters; **l'hérétique** de ketter(in)

hérissé, -ée *adj* rechtopstaand; **~ de** bezaaid met

hérisser *vt* **1** *(dresser)* opzetten, rechtop

doen staan **2** *(irriter)* kwaad maken ♦ **des obstacles hérissent la course** hindernissen bemoeilijken de wedloop; **se hérisser** *vpr* **1** *(se dresser)* overeind gaan staan **2** *(se fâcher)* kwaad worden
hérisson *nm* egel *nm*
héritage *nm* erfenis *nf (aussi au fig.)*; **faire un ~** erven; **laisser en ~** nalaten
hériter *vti* erven; **~ de qqn** van iemand erven; **~ de qqch** iets erven
héritier, -ière *n* erfge|naam, -name *nm, nf (aussi au fig.)*
hermétique *adj* **1** *(étanche)* hermetisch **2** *(impénétrable)* onbegrijpelijk
hermine *nf* **1** *(animal)* hermelijn *nm* **2** *(fourrure)* hermelijnbont *het*
hernie *nf* breuk *de*
héroïne *nf* **1** *(femme exceptionnelle)* heldin *nf* **2** *(personnage)* hoofdpersoon *nm* **3** *(drogue)* heroïne *de*
héroïque *adj* **1** *(épique)* helden- **2** *(courageux)* heldhaftig
héroïsme *nm* heldhaftigheid *nf*
héron *nm* reiger *nm*
héros *nm* **1** *(brave)* held *nm* **2** *(personnage principal)* hoofdpersoon *nm*; **~ de la fête** feestvarken
herpès *nm* herpes *nm*
hertz *nm* hertz *nm*
hertzien, -ienne *adj* hertz-
hésitant, -ante *adj* aarzelend; **voix ~e** onzekere stem
hésitation *nf* aarzeling *nf*; **sans ~** zonder aarzelen
hésiter *vi* aarzelen; **~ à** aarzelen om te
hétéroclite *adj* ↓ vreemdsoortig
hétérogène *adj* heterogeen
hétérosexuel, -elle *adj* heteroseksueel; **l'hétérosexuel(le)** de heteroseksueel
hêtre *nm* **1** *(arbre)* beuk *nm* **2** *(bois)* beukenhout *het*
heu! *interj* eh!, hm!
heure *nf* **1** *(soixante minutes)* uur *het*; **cent kilomètres à l'~** honderd kilometer per uur; **avancer, retarder l'~** de klok voor, achter zetten; **n'avoir pas d'~** zich niet aan de klok houden; **demander l'~** vragen hoe laat het is; **gagner 50 euros de l'~** 50 euro per uur verdienen; **l'~ exacte** de juiste tijd; **quelle ~ est-il ?** hoe laat is het?; **semaine de 40 ~s (de travail)** 40-urige werkweek; **~s supplémentaires** overuren; **il est une ~ et demie** het is half twee **2** *(moment; temps)* tijd *nm*; **à ses ~s** als het hem uitkomt; **tout à l'~** straks; *(à l'instant)* net; **arriver à l'~** op tijd komen; **à l'~ actuelle** tegenwoordig; **à l'~ qu'il est** op dit moment; **~ d'affluence, de pointe** spits(uur); **~s creuses** stille uren, daluren; **d'une ~ à l'autre** ieder moment; **de bonne ~** vroeg; **d'~ en ~** van uur tot uur; **c'est l'~** het is tijd; **~ d'été** zomertijd; **l'~ H** het uur U; **à une ~ indue** in het holst van de nacht; *(horloge, montre)* **mettre à l'~** gelijkzetten; **pour l'~** op het ogenblik; **son ~ a sonné** zijn laatste uur heeft geslagen; **sur l'~** onmiddellijk
heureux, -euse *adj* **1** *(qui jouit du bonheur; radieux)* gelukkig; **heureusement pour moi, je ...** gelukkig ben ik, heb ik ...; **faire un, des ~** iemand, mensen gelukkig maken **2** *(chanceux; favorable)* voorspoedig; **avoir la main heureuse** een gelukkige hand hebben **3** *(+ de) (satisfait de)* blij (met)
heuristique *adj* ♦ **carte ~** mindmap
heurt *nm* **1** *(choc)* schok *nm* **2** *(friction)* wrijving *nf*
heurté, -ée *adj* **1** *(couleurs)* schreeuwend **2** *(sons)* onharmonisch ♦ **style ~** hortende stijl
heurter *vt* **1** *(cogner)* stoten (tegen) **2** *(choquer)* kwetsen; **se heurter** *vpr* **1** *(se cogner)* zich stoten **2** *(se cogner l'un l'autre)* elkaar aanrijden, met elkaar in botsing komen *(aussi au fig.)* **3** *(contraster)* vloeken
heurtoir *nm* (deur)klopper *nm*
hexagonal, -ale *adj* **1** *(math.)* zeshoekig **2** *(français)* Frans
hexagone *adj* zeshoekig; **l'hexagone** de zeshoek; **l'Hexagone** Frankrijk
hiatus *nm* hiaat *het/de (m)*
hibernation *nf* winterslaap *nm*
hiberner *vi* een winterslaap houden
hibiscus *nm* hibiscus *nm*
hibou *nm* uil *nm*
hic *nm* ♦ **c'est là le ~** dáár zit 'm de kneep
hideux, -euse *adj* afzichtelijk, afschuwelijk *(aussi au fig.)*
hier *adv* gisteren; **ne pas dater d'~** niet erg nieuw zijn; **ne pas être né d'~** niet van gisteren zijn; **~ matin** gister(en)morgen; **~ (au) soir** gister(en)avond
hiérarchie *nf* hiërarchie *nf*
hiérarchique *adj* hiërarchisch
hiérarchiser *vt* hiërarchisch indelen
hi-fi *nf* hifi *nm*; **chaîne ~** hifi-installatie
hilarant, -ante *adj* lachwekkend ♦ **gaz ~** lachgas
hilare *adj* vrolijk
hilarité *nf* hilariteit *nf*
hindou, -oue *adj (relig.)* hindoes; **l'hindou(e)** de hindoe(vrouw)
hippique *adj* paarden-
hippisme *nm* paardensport *de*
hippocampe *nm* zeepaardje *het*
hippodrome *nm* renbaan *de*
hippopotame *nm* nijlpaard *het*
hirondelle *nf* zwaluw *de*
hirsute *adj* ruig
hispanique *adj* Spaans
hisser *vt* **1** *(mar.)* hijsen **2** *(élever)* omhoogtrekken; **se hisser** *vpr* **1** *(grimper)* zich ophijsen **2** *(fig.) (s'élever)* zich opwerken
histoire *nf* **1** *(connaissance du passé)* geschiedenis *nf* **2** *(récit)* verhaal *het* **3** *(mensonge)* fabel *de*; **une ~ à dormir debout** een indianenverhaal **4** *(affaire)* avontuur *het*; **c'est de l'~ ancienne** dat is ouwe

koek; ~ de alleen maar om; ~ de rire voor de grap; ça c'est une toute autre ~ dat is heel wat anders 5 *(ennuis)* trammelant *het (uniquement sing.)*; s'attirer des ~s zich moeilijkheden op de hals halen; faire des ~s drukte maken ♦ ~ drôle grap

historien, -ienne *n* geschied|schrijver, -schrijfster *nm, nf,* historicus *nm*

[1]**historique** *nm* 1 *(chronologie)* (historisch) overzicht *het* 2 *(inform.)* (zoek)geschiedenis *nf;* effacer l'~ zijn geschiedenis wissen

[2]**historique** *adj* 1 *(de l'histoire)* historisch 2 *(réel)* echt gebeurd ♦ un évènement ~ een gedenkwaardige gebeurtenis

HIV *nm* hiv *het*

hiver *nm* winter *nm*

hivernal, -ale *adj* winters, winter-

hochement *nm* schudden (van het hoofd); approuver d'un ~ de tête ja knikken

hocher *vt* schudden

hochet *nm* rammelaar *nm*

hockey *nm* hockey *het;* ~ sur gazon veldhockey; ~ sur glace ijshockey

holà *interj* hola!; mettre le ~ à qqch iets een halt toeroepen

holding *nm* holding *de*

hold-up *nm* overval *nm*

hollandais, -aise *adj* Nederlands; le ~ het Nederlands; le, la Hollandais(e) de Nederlander, Nederlandse

Hollande *nf* Holland *n (sans art.)*

holocauste *nm* holocaust *nm*

homard *nm* (zee)kreeft *de*

home *nm* tehuis *het*

homélie *nm* 1 *(sermon)* preek *de* 2 *(discours moralisateur)* zedenpreek *de*

homéopathie *nf* homeopathie *nf*

homéopathique *adj* homeopathisch

[1]**homicide** *nm (meurtre)* moord *de;* ~ involontaire doodslag; ~ volontaire moord

[2]**homicide** *n (meurtrier)* moordenaar *nm;* guerre ~ moorddadige oorlog

hommage *nm* 1 *(acte de courtoisie)* bewijs *het* van toewijding; présenter ses ~s à qqn z'n opwachting maken bij iemand 2 *(marque de vénération)* hulde *nf;* rendre ~ au talent de qqn iemands talent eren

homme *nm* 1 *(être humain)* mens *nm;* ~ des cavernes holenmens 2 *(mâle)* man *nm;* ~ d'affaires zakenman; *(prov)* un ~ averti en vaut deux een gewaarschuwd man telt voor twee; comme un seul ~ als één man; ~ de couleur kleurling; d'~ à ~ van man tot man; ~ d'État staatsman; grand ~ groot man; ~ grand grote man; ~ de lettres letterkundige; ~ de main handlanger; ~ de paille stroman; parole d'~ ! op mijn erewoord!; ~ politique politicus; l'~ de la rue de man in de straat, Jan Modaal

homme-grenouille *nm* kikvorsman *nm*

homogène *adj* homogeen *(aussi au fig.)*

homologue (de) *adj* gelijkwaardig (met), equivalent (met); l'homologue de ambtgenoot

homologuer *vt* bekrachtigen, *(sports)* officieel erkennen

homonyme *adj* homoniem (met); l'homonyme de naamgenoot; *(ling.)* het homoniem

homosexualité *nf* homoseksualiteit *nf*

homosexuel, -elle *adj* homoseksueel

Honduras *nm* Honduras *n (sans art.)*

hondurien, -ienne *adj* Hondurees; le, la Hondurien(ne) de Hondurees, Hondurese

Hongrie *nf* Hongarije *n (sans art.)*

hongrois, -oise *adj* Hongaars; le ~ het Hongaars; le, la Hongrois(e) de Hongaar(se)

honnête *adj* 1 *(loyal)* eerlijk; un homme ~ een eerlijk man; un ~ homme een beschaafd man; ~ment, vous ne le saviez pas ? wist u het echt niet? 2 *(convenable)* geschikt, redelijk

honnêteté *nf* eerlijkheid *nf*

honneur *nm* 1 *(dignité morale; considération)* eer *de;* c'est tout à son ~ dat strekt hem tot eer; à qui ai-je l'~ ? met wie heb ik het genoegen?; ~ aux dames dames gaan voor; avec ~ eervol; en l'~ de ter ere van; être l'~ de la famille het sieraad van de familie zijn; faire ~ à un plat een gerecht eer aandoen; faire un (grand) ~ à qqn iemand een grote eer bewijzen; homme d'~ man van eer; sauf votre ~ met alle respect; sur l'~ op zijn erewoord 2 *(plur.) (témoignages d'honneur)* eerbewijzen *plur;* faire à qqn les ~s de la maison iemand gastvrij ontvangen

honorabilité *nf* eerbaarheid *nf,* achtbaarheid *nf*

honorable *adj* 1 *(respectable)* achtenswaardig 2 *(convenable)* behoorlijk

honoraire *adj* ere-

honoraires *nm* honorarium *het,* ereloon *het (n.B.)*

honorer *vt* 1 *(+ de) (gratifier de)* (ver)eren (met) 2 *(rendre honneur)* tot eer strekken 3 *(un engagement, un contrat)* nakomen, honoreren; s'honorer (de) *vpr (tirer honneur de)* vereerd zijn (met)

honorifique *adj* ere-

honte *nf* 1 *(déshonneur)* schande *de* 2 *(embarras)* schaamte *nf;* avoir ~ de zich schamen over; c'est une ~ het is schandalig; faire ~ à qqn iemand beschamen; mourir de ~ zich doodschamen

honteux, -euse *adj* 1 *(chose)* schandelijk 2 *(personne)* beschaamd

hop! *interj* hup!; allez, ~ ! vooruit!

hôpital *nm* ziekenhuis *het;* ~ psychiatrique psychiatrische inrichting

hoquet *nm* hik *nm;* avoir le ~ de hik hebben

horaire *adj* uur-; l'~ souple, variable de glijdende werktijden; l'horaire *(transports)* de dienstregeling; *(personnel)* het rooster

horde *nf* 1 horde *de* 2 troep *nm*

horéca *nm (f.B.)* ♦ le (secteur) ~ de horeca

horizon *nm* **1** *(limite de la vue)* horizon *nm;* à l'~ aan de horizon; ligne d'~ horizonlijn **2** *(perspective)* perspectief *het;* élargir son ~ zijn blik verruimen; ouvrir des ~s nouveaux nieuwe gezichtspunten openen

horizontal, -ale *adj* horizontaal; à l'~e horizontaal

horloge *nf* klok *de;* ~ parlante tijdmelding

horloger, -ère *n* horloge|maker, -maakster *nm, nf*

horlogerie *nf* **1** *(industrie)* uurwerkindustrie *nf* **2** *(produits)* uurwerken *plur* **3** *(magasin)* klokkenwinkel *nm*

hormis *prép* ↓ behalve

hormonal, -ale *adj* hormoon-, hormonaal

hormone *nf* hormoon *het*

horodateur *nm* parkeerautomaat *nm*

horoscope *nm* horoscoop *nm*

horreur *nf* **1** *(aversion)* afkeer *nm;* avoir ~ de, avoir en ~ verafschuwen; faire ~ afkeer inboezemen **2** *(abomination)* gruwel *nm* **3** *(monstruosité)* ↑ iets afschuwelijks; être une ~ foeilelijk zijn **4** *(plur.) (atrocités)* gruwelijkheden *plur* **5** *(plur.) (grossièretés)* grofheden *plur*

horrible *adj* **1** *(épouvantable)* afschuwelijk **2** *(terrible; extrême)* verschrikkelijk

horrifiant, -ante *adj* angstaanjagend, verschrikkelijk

horrifié *adj* geschokt, ontsteld

horripiler *vt* op de zenuwen werken van

hors (de) *prép* buiten *(surtout fig.);* ~ d'ici ! ga weg!; ~ d'usage buiten dienst gesteld; ~ de soi buiten zichzelf van woede; ~ de prix onbetaalbaar; ~ de question geen sprake van

hors-bord *nm* boot *nm* met buitenboordmotor

hors-concours *adj* van mededinging uitgesloten; être mis ~ uitgesloten worden

hors-d'œuvre *nm* koud voorgerecht *het*

hors-jeu *nm* buitenspel *het*

hors-la-loi *nm* vogelvrijverklaarde *nm*

hortensia *nm* hortensia *de*

horticole *adj* tuinbouw-

horticulteur, -trice *n* **1** *(jardinier)* tuinder *nm* **2** *(qui cultive des plantes d'ornement)* sierplanten|kweker, -kweekster *nm, nf*

horticulture *nf* **1** *(activité)* tuinbouw *nm* **2** *(culture des plantes d'ornement)* sierteelt *de*

hospice *nm* gesticht *het;* ~ de vieillards tehuis voor ouden van dagen

hospitalier, -ière *adj* **1** *(accueillant)* gastvrij **2** *(relatif aux hôpitaux)* ziekenhuis-; centre ~ ziekenhuis

hospitalisation *nf* opneming *nf* in het ziekenhuis; ~ à domicile thuisverpleging, thuiszorg

hospitaliser *vt* (in het ziekenhuis) opnemen, hospitaliseren *(n.B.)*

hospitalité *nf* gastvrijheid *nf;* offrir l'~ à qqn iemand onderdak verlenen

hostie *nf* hostie *nf*

hostile *adj* vijandig; ~ à (gekant) tegen

hostilité *nf* **1** *(plur.) (milit.)* vijandelijkheden *plur* **2** *(disposition hostile)* vijandigheid *nf*

[1]**hôte, hôtesse** *n* gast|heer, -vrouw *nm, nf*

[2]**hôte** *n* gast(e) *nm (nf);* ~ payant paying guest

hôtel *nm* **1** *(hôtellerie)* hotel *het* **2** *(demeure citadine)* herenhuis *het;* ~ particulier herenhuis **3** *(établissement public)* gebouw *het;* l'~ de la Monnaie de Munt, de Rijksmunt; ~ des ventes veilinggebouw; ~ de ville stadhuis, raadhuis

hôtelier, -ière *adj* hotel-; école hôtelière hotel(vak)school; l'hôtelier, l'hôtelière de hotelhouder, hotelhoudster

hôtellerie *nf* **1** *(hôtel; restaurant)* chic landelijk hotel, restaurant *het* **2** *(industrie hôtelière)* hotelwezen *het*

hôtesse *nf* gastvrouw *nf,* hostess *nf;* ~ de l'air stewardess

hot-line *nf* helpdesk *nm*

hotte *nf* **1** *(dans une cuisine)* afzuigkap *de;* ~ aspirante afzuigkap **2** *(d'une cheminée)* rookvang *nm* **3** *(panier)* korf *nm*

hou! *interj* boe!

houblon *nm* hop *de*

houille *nf* (steen)kool *de;* ~ blanche witte steenkool

houiller, -ère *adj* steenkolen-, steenkool-; la houillère de (steen)kolenmijn

houle *nf* **1** *(mouvement de la mer)* deining *nf (aussi au fig.)* **2** *(agitation)* beroering *nf*

houlette *nf* ♦ être sous la ~ de onder de leiding staan van

houleux, -euse *adj* **1** *(agité par la houle)* woelig **2** *(agité)* stormachtig

houppe *nf* kuif *de*

houspiller *vt* afbekken; se faire ~ op de vingers getikt worden

housse *nf* hoes *de*

houx *nm* hulst *nm*

hublot *nm* **1** *(mar.)* patrijspoort *de* **2** *(aviat.)* raampje *het* **3** *(appareil ménager)* venster *het*

huche *nf* kist *de;* ~ à pain broodkist

hue *interj* vort!

huées *nf* gejouw *het (sing.)*

[1]**huer** *vi (chouette)* krassen

[2]**huer** *vt (qqn)* uitjouwen

huile *nf* olie *de;* baigner dans l'~ als gesmeerd lopen; ~ essentielle etherische olie; ~ de foie de morue levertraan; ~ de graissage smeerolie; jeter de l'~ sur le feu olie op het vuur gooien; lampe à ~ olielamp; ~ de pétrole lampolie; ~ solaire zonnebrandolie; ~ de table slaolie ♦ ~ de coude energie

huiler *vt* oliën

huileux, -euse *adj* **1** *(gras)* olieachtig **2** *(contenant de l'huile)* oliehoudend

huis *nm* ♦ à ~ clos met gesloten deuren

huissier *nm* **1** *(jur.)* deurwaarder *nm* **2** *(appariteur)* bode *nm*
huit *adj* acht; **faire des ~** achtjes draaien; **aujourd'hui en ~** vandaag over een week
huitaine *nf* week *de;* **dans une ~ (de jours)** over een week
huitième *adj* achtste; **un ~** een achtste (deel)
huître *nf* oester *de*
hum! *interj* hm!
humain, -aine *adj* **1** *(de l'être humain)* menselijk, *(adj. aussi)* mensen-, *(adv. aussi)* menselijkerwijs; **l'humain** *(ce qui est humain)* het menselijke; *(l'être humain)* de mens; *(au plur.)* de mensheid **2** *(humanitaire)* menslievend, humaan
humanisation *nf* vermenselijking *nf*
humaniser *vt* menselijker maken; **s'humaniser** *vpr* menselijker worden
humanisme *nm* humanisme *het*
humanitaire *adj* humanitair, menslievend
humanité *nf* **1** *(le genre humain)* mensheid *nf* **2** *(bonté)* menselijkheid *nf* **3** *(nature humaine)* menselijke natuur *nf* **4** *(plur.) (Belg.f.) (enseignement secondaire)* humaniora *plur (Belg.n.),* havo *de (aux Pays-Bas, études secondaires sur cinq ans),* vwo *het (aux Pays-Bas, études secondaires sur six ans)*
humble *adj* **1** *(modeste)* ootmoedig **2** *(sans prétention)* eenvoudig, bescheiden; **les ~s** de eenvoudigen
humecter *vt* bevochtigen
humer *vt* opsnuiven
humeur *nf* **1** *(tempérament)* humeur *het* **2** *(disposition momentanée)* stemming *nf,* bui *de;* **un récit plein de bonne ~** een heel vrolijk verhaal; **se sentir d'~ à faire qqch** er wel voor voelen iets te doen; **de mauvaise ~** slechtgehumeurd, vies *(n.B.);* **selon son ~** zoals het hem uitkomt
humide *adj* vochtig, nat
humidificateur *nm* (lucht)bevochtiger *nm*
humidifier *vt* bevochtigen
humidité *nf* vochtigheid *nf;* **craint l'~ !** droog houden!
humiliant, -ante *adj* vernederend
humiliation *nf* vernedering *nf*
humilier *vt* vernederen
humilité *nf* **1** *(modestie)* nederigheid *nf* **2** *(soumission)* onderworpenheid *nf*
humoriste *adj* humoristisch; **l'humoriste** de humorist(e)
humoristique *adj* humoristisch, geestig
humour *nm* humor *nm;* **avoir de l'~** (gevoel voor) humor hebben; **~ noir** galgenhumor
humus *nm* teelaarde *de*
huppé, -ée *adj* **1** *(qui porte une huppe)* gekuifd **2** *(haut placé, riche)* sjiek, ↑ deftig
hurlement *nm* gehuil *het,* gebrul *het* *(personnes)*
¹hurler *vi* **1** *(pousser des cris)* huilen *(animaux),* brullen *(personnes)* **2** *(vent)* razen **3** *(couleur)* vloeken
²hurler *vt (exprimer par des hurlements)* uitschreeuwen
hurluberlu *nm* kwibus *nm*
hutte *nf* hutje *het*
hybride *adj* hybridisch
hydratant, -ante *adj* vocht inbrengend; **l'hydratant** de vochtinbrengende lotion
hydraulique *adj* hydraulisch, water-
hydravion *nm* watervliegtuig *het*
hydrocarbure *nm* koolwaterstof *de*
hydro-électrique *adj* waterkracht-; **centrale ~** waterkrachtcentrale; **énergie ~** waterkracht
hydrogène *nm* waterstof *de*
hydroglisseur *nm* hovercraft *de*
hydrolienne *nf* waterturbine *nf*
hydrophile *adj* vocht opnemend
hyène *nf (aussi au fig.)* hyena *de*
hygiène *nf* hygiëne *de*
hygiénique *adj* hygiënisch
hymen *nm* maagdenvlies *het*
hymne *nm* gezang *het;* **l'~ national** het volkslied
hyperappel *nm (fam.)* ⟨*het oproepen van andere software middels een icoon of een toetsaanslag*⟩
hyperbole *nf* hyperbool *de*
hypermarché *nm* grote supermarkt *de*
hypernerveux, -euse *adj* hypernerveus
hypersensible *adj* overgevoelig
hypertension *nf* verhoogde bloeddruk *nm*
hypertexte *nm (inform.)* hypertext *nm;* **lien hypertexte** hyperlink
hypnose *nf (aussi au fig.)* hypnose *nf*
hypnotique *adj* **1** *(aussi au fig.)* hypnotisch **2** *(somnifère)* slaap(ver)wekkend
hypnotiser *vt* hypnotiseren *(aussi au fig.)*
hypnotiseur, -euse *n* hypnoti|seur, -seuse *nm, nf*
hypocalorique *adj* caloriearm
hypocondriaque *adj* zwaarmoedig; **l'hypocondriaque** de zwartkijker
hypocrisie *nf* huichelarij *nf*
hypocrite *adj* huichelachtig, hypocriet; **faire l'~** schijnheilig doen; **l'hypocrite** de schijnheilige, hypocriet
hypotension *nf* te lage bloeddruk *nm*
hypothécaire *adj* hypothecair; **caisse ~** hypotheekbank
hypothèque *nf* hypotheek *nf*
hypothéquer *vt* **1** *(grever d'une hypothèque)* met een hypotheek belasten **2** *(engager l'avenir de)* op het spel zetten
hypothèse *nf* (ver)onderstelling *nf,* hypothese *nf*
hypothétique *adj* **1** *(de la nature de l'hypothèse)* hypothetisch, *(adj. aussi)* verondersteld **2** *(incertain)* onzeker
hystérie *nf* hysterie *nf* ♦ **c'est de l'~** dat is waanzin
hystérique *adj* **1** *(méd.)* hysterisch; **l'hystérique** de hystericus, hysterica **2** *(exalté)* opgewonden

i

i *nm* i *de;* **I comme Irma** de i van Izaäk; **~ grec** i-grec
ibidem *adv* terzelfder plaats, ibidem
ibis *nm* ibis *nm*
iceberg *nm* ijsberg *nm*
ici *adv* hier; **d'~** hiervandaan; **les gens d'~** de mensen uit deze streek; **par ~** hierlangs ♦ **d'~ peu** binnenkort; **d'~ là** vóór het zover is; **d'~ demain** vóór morgen; **d'~ quelques mois** binnen enkele maanden; **jusqu'~** tot nu toe
ici-bas *adv* hier op aarde, in dit ondermaanse
icône *nf* **1** *(peinture religieuse)* icoon *de* **2** *(inform.)* icoon *de*, pictogram *het*
idéal, -ale *adj* **1** *(abstrait)* ideëel **2** *(parfait)* ideaal; **l'~ est de, que** het beste is om, dat; **l'idéal** het ideaal
idéaliser *vt* idealiseren
idéalisme *nm* idealisme *het*
idéaliste *adj* idealistisch; **l'idéaliste** de idealist(e)
idée *nf* **1** *(représentation abstraite)* idee *het/de (f)*, gedachte *nf;* **n'avoir aucune, pas la moindre ~ de** niet de flauwste notie hebben van; **avoir une ~ derrière la tête** bijbedoelingen hebben; **se faire des ~s** zich iets in het hoofd halen; **se faire une ~ de qqch** zich een beeld van iets vormen; **~ fixe** idee-fixe, obsessie, dwanggedachte; **avoir les ~s larges** ruimdenkend zijn; **avoir des ~s noires** alles door een zwarte bril bekijken; **~ reçue** gevestigd vooroordeel **2** *(projet, plan)* idee *het/de (f);* **on n'a pas ~ de faire une chose pareille** hoe kun je nu zoiets (stoms) doen; **avoir l'~ de** het plan opvatten om **3** *(esprit)* hoofd *het;* **venir à l'~ de qqn** (bij iemand) opkomen; **se changer les ~s** zijn zinnen verzetten; **avoir dans l'~ que** denken dat; **on ne m'ôtera pas ça de l'~** dat kan men mij niet uit het hoofd praten
idem *adv* **1** *(id.)* idem **2** *(de même)* ook
identifiant *nm (inform.)* identifier *nm;* **vos ~s n'ont pas été reconnus** uw gebruikersnaam en/of wachtwoord zijn onbekend
identification *nf* **1** *(action de s'identifier à)* vereenzelviging (met) *nf*, (het) zich identificeren (met) **2** *(action d'identifier)* identificering (van) *nf*
identifier *vt* **1** *(reconnaître officiellement)* identificeren **2** *(déterminer)* herkennen; **s'identifier (avec)** *vpr (se confondre avec)* zich identificeren (met), zich vereenzelvigen (met)
identique (à) *adj* identiek (met, aan)
identité *nf* **1** *(similitude)* overeenstemming *nf* **2** *(jur., sc., psycho.)* identiteit *nf*
idéologie *nf* ideologie *nf*
idéologique *adj* ideologisch
idiomatique *adj* idiomatisch
idiome *nm* taal(eigen) *de (het)*, idioom *het*
idiot, -ote *adj* idioot; **faire l'~** zich van den domme houden; **l'idiot(e)** de halvegare; *(méd.)* de idioot
idiotie *nf* **1** *(crétinisme)* idiotie *nf* **2** *(manque de bon sens)* stomheid *nf* **3** *(action, parole stupide)* stommiteit *nf*
idolâtrer *vt* verafgoden
idolâtrie *nf* **1** *(d'un dieu)* afgodendienst *nm* **2** *(amour passionné)* idolate liefde *nf*
idole *nf* **1** *(personne)* afgod *nm;* **~ des jeunes** tieneridool **2** *(relig.)* afgodsbeeld *het*
idylle *nf* idylle *de*
idyllique *adj* idyllisch
if *nm* taxus(boom) *nm*
igloo, iglou *nm* iglo *nm*, ijshut *de*
ignare *adj (péj.)* onwetend; **l'ignare** het stuk onbenul
ignoble *adj* **1** *(vil)* laag, gemeen **2** *(répugnant)* weerzinwekkend
ignominie *nf* **1** *(infamie)* schande *de* **2** *(acte)* schanddaad *de*
ignorance *nf* onwetendheid *nf;* **~ crasse** grove onkunde; **tenir qqn dans l'~ de qqch** iemand onkundig laten van iets
ignorant, -ante *adj* onwetend; **faire l'~** zich van den domme houden; **l'ignorant(e)** de weetniet
ignoré, -ée *adj* onbekend
ignorer *vt* **1** *(ne pas savoir)* niet weten; **ne pas ~ que** heel goed weten dat **2** *(méconnaître)* negeren
il, ils *pron pers* **1** *(pron. pers.)* hij *(sing.)*, ze *(plur.)*, zij *(plur. emphatique);* **~ a été arrêté** hij is gearresteerd; **~ pleut** het regent **2** *(pron. pers. neutre)* het, er; **~ y a des gens qui** er zijn mensen die; **~ le faut** het moet; **~ faut essayer** je moet het proberen
île *nf* eiland *het (aussi au fig.)*
illégal, -ale *adj* illegaal
illégalité *nf* **1** illegaliteit *nf* **2** *(acte illégal)* illegale handeling *nf*
illégitime *adj* **1** *(jur.)* onwettig **2** *(injustifié)* ongerechtvaardigd **3** *(né hors du mariage)* onecht
illettré, -ée *adj* analfabetisch; **l'illettré(e)** de analfabeet
illicite *adj* ongeoorloofd

illico *adv* als de bliksem; ~ **presto** als de gesmeerde bliksem
illimité, -ée *adj* onbegrensd, onbeperkt
illisibilité *nf* onleesbaarheid *nf*
illisible *adj* onleesbaar
illogique *adj* onlogisch, ongerijmd
illumination *nf* **1** *(éclairage)* (feest)verlichting *nf,* illuminatie *nf* **2** *(inspiration subite)* ingeving *nf*
illuminé, -ée *adj* **1** *(éclairé)* (feestelijk) verlicht **2** *(mystique)* mystiek; **l'illuminé(e)** de ziener(es) ♦ **l'illuminé(e)** de dweper, dweepster
illuminer *vt* (feestelijk) verlichten; **s'illuminer** *vpr (s'éclairer)* oplichten
illusion *nf* **1** *(erreur de perception)* zinsbedrog *het,* illusie *nf (aussi au fig.);* ~ **d'optique** gezichtsbedrog **2** *(rêve)* illusie *nf;* **se faire des ~s** zich illusies maken
illusionniste *n* goochelaar *nm*
illusoire *adj* bedrieglijk
illustration *nf* **1** *(figure)* illustratie *nf* **2** *(exemple)* voorbeeld *het*
illustre *adj* beroemd; ~ **inconnu** onbekende grootheid
illustré, -ée *adj* geïllustreerd; **l'illustré** het geïllustreerde tijdschrift
illustrer *vt* **1** *(éclairer)* verduidelijken **2** *(orner de figures)* illustreren; **s'illustrer** *vpr (se distinguer)* zich onderscheiden
îlot *nm* **1** *(petite île)* eilandje *het (aussi au fig.)* **2** *(groupe de maisons)* huizenblok *het*
image *nf* **1** *(reproduction visuelle)* beeld *het, (comparaison aussi)* beeldspraak *de;* **enfant sage comme une ~** voorbeeldig kind **2** *(portrait)* evenbeeld *het* **3** *(réputation)* image *het/de;* **avoir une bonne ~ de marque** een goed image hebben
imagé, -ée *adj* beeldrijk
imaginable *adj* voorstelbaar
imaginaire *adj* **1** *(fictif)* denkbeeldig **2** *(math.)* imaginair
imaginatif, -ive *adj* vol verbeeldingskracht *(après le nom)*
imagination *nf* **1** *(faculté)* verbeelding *nf* **2** *(créativité)* verbeeldingskracht *de*
imaginer *vt* **1** *(concevoir)* zich voorstellen; **imaginons que ce soit vrai** laten we aannemen dat dat waar is **2** *(inventer)* uitvinden, verzinnen; **s'imaginer** *vpr* **1** *(se figurer)* zich voorstellen **2** *(croire à tort)* zich inbeelden
imbattable *adj* niet te verslaan, *(Belg.)* onklopbaar; **prix ~s** concurrerende prijzen
imbécile *adj* **1** *(stupide)* dom; **l'imbécile** de stommerd; **tu me prends pour un ~?** je denkt toch niet dat ik gek ben? **2** *(méd.)* imbeciel
imbécillité *nf* stommiteit *nf*
imbiber (de) *vt (imprégner de)* drenken (in); **s'imbiber (de)** *vpr* **1** *(s'imprégner de)* opzuigen **2** *(s'enivrer)* hijsen
s'imbriquer *vpr* elkaar overlappen
imbroglio *nm* verwikkeling *nf*
imbu, -ue (de) *adj* doortrokken (van); **être ~ de soi-même** het erg met zichzelf getroffen hebben
imbuvable *adj* **1** *(non potable; mauvais)* ondrinkbaar **2** *(insupportable)* niet te pruimen
imitateur, -trice *adj* nabootsend; **l'imitateur, l'imitatrice** *(personne qui imite)* de navolg(st)er; *(artiste)* de imitator
imitation *nf* **1** *(fait de prendre pour modèle)* nabootsing *nf,* navolging *nf* **2** *(plagiat, copie)* namaak *nm,* imitatie *nf*
imiter *vt* **1** *(copier)* nadoen **2** *(contrefaire)* namaken **3** *(singer)* napraten
immaculé, -ée *adj* **1** *(pur)* onbevlekt **2** *(non taché)* smetteloos
immangeable *adj* oneetbaar, niet te eten
immanquable *adj* **1** *(fatal)* onvermijdelijk **2** *(infaillible)* onfeilbaar
immatriculation *nf* inschrijving *nf,* registratie *nf*
immatriculer *vt* inschrijven, registreren
immature *adj* onrijp
immédiat, -ate *adj* onmiddellijk; **dans l'~** voorshands; **voisin ~** naaste buur
immense *adj* onmetelijk
immensité *nf* onmetelijkheid *nf*
immerger *vt* (onder)dompelen; **être immergé** onder water liggen
immersion *nf* **1** *(action d'immerger)* onderdompeling *nf* **2** *(de terres)* overstroming *nf* **3** *(mar.)* (het) (onder)duiken
immeuble *nm* **1** *(bâtiment)* flatgebouw *het* **2** *(jur.)* onroerend goed *het;* **bien ~** onroerend goed
immigrant, -ante *n* immigrant(e) *nm (nf)*
immigration *nf* immigratie *nf (établissement définitif)*
immigré, -ée *adj* geïmmigreerd; **l'immigré(e)** de immigrant(e); **le travailleur ~** de gastarbeider
immigrer *vi* immigreren *(s'établir définitivement)*
imminence *nf* (het) dreigen, nadering *nf*
imminent, -ente *adj* dreigend, naderend
s'immiscer (dans) *vpr* zich bemoeien (met)
immobile *adj* onbeweeglijk
immobilier, -ière *adj* **1** *(qui concerne un (des) immeuble(s))* onroerendgoed-; **l'immobilier** de onroerendgoedsector **2** *(immeuble)* onroerend
immobilisation *nf* **1** *(blocage)* (het) blokkeren **2** *(arrêt)* (het) stilliggen, (het) stilstaan **3** *(fin.)* vastzetting *nf*
immobiliser *vt* **1** *(arrêter)* stopzetten **2** *(paralyser)* verlammen; **s'immobiliser** *vpr (se tenir immobile, s'arrêter)* zich niet meer bewegen, *(d'un véhicule)* tot stilstand komen
immobilité *nf* **1** *(inactivité)* onbeweeg-

lijkheid *nf* **2** *(invariabilité)* onveranderlijkheid *nf*
immoler *vt* offeren; **s'immoler** *vpr* zich opofferen
immonde *adj* **1** *(dégoûtant; ignoble)* smerig **2** *(relig.)* onrein
immondices *nf* vuil *het*
immoral, -ale *adj* immoreel, onzedelijk
immoralité *nf* immoraliteit *nf*
immortaliser *vt* onsterfelijk maken, vereeuwigen
immortalité *nf* onsterfelijkheid *nf*
immortel, -elle *adj* onsterfelijk *(aussi au fig.)*
immuable *adj* onveranderlijk, duurzaam
immuniser *vt* **1** *(méd.)* immuniseren, immuun maken **2** *(+ contre) (protéger contre)* beschermen (tegen)
immunité *nf* **1** *(méd.)* immuniteit *nf*, onvatbaarheid *nf* **2** *(pol.)* onschendbaarheid *nf*
impact *nm* **1** *(conséquence)* effect *het* **2** *(impression)* effect *het;* avoir de l'~ effect hebben **3** *(choc)* schok *nm,* inslag *nm* *(projectiles)*
impacter *vt* impact, invloed hebben op
impair, -aire *adj* oneven *(aussi math.)* ♦ *(la gaffe)* l'impair de flater
impalpable *adj* **1** *(qu'on ne peut palper)* ontastbaar **2** *(fin)* uiterst fijn
imparable *adj* onhoudbaar
impardonnable *adj* onvergeeflijk
imparfait, -aite *adj* onvolmaakt; l'imparfait de onvoltooid verleden tijd
impartial, -ale *adj* onpartijdig
impartialité *nf* onpartijdigheid *nf*
impasse *nf* **1** *(cul-de-sac)* doodlopende straat *de* **2** *(situation difficile)* impasse *nf;* se trouver dans une ~ in het slop geraakt zijn
impassible *adj* onverstoorbaar; visage ~ stalen gezicht
impatience *nf* ongeduld *het*
impatient, -ente *adj* **1** *(qui manque de patience)* ongeduldig **2** *(désireux (de faire qqch))* (ernaar) verlangend (iets te doen)
impatienter *vt* ongeduldig maken; **s'impatienter** *vpr* ongeduldig worden
impayable *adj* kostelijk
impayé, -ée *adj* onbetaald; les ~s de onbetaalde rekeningen
impeccable *adj* **1** *(irréprochable)* onberispelijk **2** *(parfait)* perfect; ~ ! pico bello!
impénétrable *adj* **1** *(dense)* ondoordringbaar **2** *(insondable)* ondoorgrondelijk
impénitent, -ente *adj* **1** *(invétéré)* onverbeterlijk, verstokt **2** *(relig.)* onboetvaardig
impensable *adj* ondenkbaar
impératif, -ive *adj* gebiedend; il est ~ que het is absoluut noodzakelijk dat; l'impératif de gebiedende wijs ♦ *(prescription)* l'impératif het gebod
impératrice *nf* keizerin *nf*
imperceptible *adj* onmerkbaar
imperfection *nf* onvolmaaktheid *nf* *(aussi défaut)*
impérial, -ale *adj* keizerlijk, *(adj. aussi)* keizers-
impérialisme *nm* imperialisme *het*
impérialiste *adj* imperialistisch; l'impérialiste de imperialist(e)
impérieux, -euse *adj* **1** *(autoritaire)* gebiedend *(d'un ton),* autoritair *(d'une personne)* **2** *(pressant)* zeer dringend
impérissable *adj* onvergankelijk
imperméabiliser *vt* waterafstotend maken, impregneren
imperméable *adj* **1** *(étanche)* waterdicht; l'imperméable de regenjas **2** *(géo.)* ondoorlatend **3** *(+ à) (insensible à)* ongevoelig (voor)
impersonnel, -elle *adj* onpersoonlijk
impertinence *nf* **1** *(impolitesse)* onbeschaamdheid *nf* **2** *(parole, action impolie)* brutaliteit *nf*
impertinent, -ente *adj* brutaal, onbeschaamd; *(subst.)* petit ~ ! brutale aap!
imperturbable *adj* onverstoorbaar
impétueux, -euse *adj* **1** *(ardent)* onstuimig **2** *(véhément)* stormachtig
impitoyable *adj* **1** *(cruel)* meedogenloos, onbarmhartig **2** *(sévère)* ontoegeeflijk
implacable *adj* onverbiddelijk
implantation *nf* **1** *(entreprises, personnes)* vestiging *nf* **2** *(usages)* (het) ingeburgerd raken **3** *(méd.)* implantatie *nf* ♦ l'~ des cheveux de haarinplant
implanter *vt* **1** *(entreprises)* vestigen, *(Belg.)* inplanten **2** *(usages)* in zwang brengen **3** *(méd.)* implanteren; **s'implanter** *vpr* **1** *(entreprises, personnes)* zich vestigen **2** *(usages)* ingeburgerd raken
implication *nf* **1** *(conséquence)* gevolg *het* **2** *(+ dans) (mise en cause)* (het) betrekken (bij)
implicite *adj* impliciet, onuitgesproken
impliquer *vt* **1** *(entraîner)* met zich brengen **2** *(supposer)* inhouden **3** *(+ dans) (compromettre dans)* verwikkelen (in)
implorer *vt* **1** *(supplier qqn)* smeken **2** *(solliciter qqch)* smeken om, afsmeken
impoli, -ie *adj* onbeleefd
impolitesse *nf* onbeleefdheid *nf*
impondérable *adj* onberekenbaar; les ~s de imponderabilia
impopulaire *adj* impopulair
impopularité *nf* impopulariteit *nf*
importance *nf* **1** *(intérêt)* belang *het;* attacher de l'~ à qqch gewicht hechten aan iets; cela n'a aucune ~ dat geeft niets; prendre de l'~ belangrijk worden; quelle ~ ? wat doet het er toe? **2** *(ampleur)* omvang *nm*
important, -ante *adj* **1** *(qui a de l'intérêt)* belangrijk; l'important de hoofdzaak **2** *(qui est grand)* groot, aanzienlijk

importateur, -trice *adj* invoer-, importerend; **l'importateur** de importeur
importation *nf* invoer *nm*, import *nm*
[1]**importer** *vi* van belang zijn; **n'importe comment** hoe dan ook; **il importe de** het is van belang om; **peu importe** wat doet het er toe; **n'importe qui** wie dan ook; **n'importe quoi !** onzin!; **faire n'importe quoi** maar wat rommelen, er een zooitje van maken ♦ **peu m'importe** het kan me niets schelen
[2]**importer** *vt* **1** *(des produits)* invoeren, importeren **2** *(des coutumes)* in zwang brengen, introduceren
importun, -une *adj* ↓ lastig, hinderlijk; **un ~** een lastpost; **visite ~e** ongelegen bezoek
importuner *vt* ontrieven, ↓ lastigvallen
imposable *adj* **1** *(chose)* belastbaar **2** *(personne)* belastingplichtig (over)
imposant, -ante *adj* indrukwekkend, imponerend
[1]**imposer** *vi* ♦ **en ~ à** (iemand) imponeren
[2]**imposer** *vt* **1** *(taxer)* belasting opleggen aan **2** *(infliger)* opleggen; **prix imposés** vaste prijzen; **~ le respect** ontzag inboezemen; **s'imposer** *vpr* **1** *(se faire admettre)* zich doen gelden **2** *(être de mise)* geboden zijn; **la solution s'impose** de oplossing ligt voor de hand **3** *(se faire une obligation de qqch)* zich tot taak stellen **4** *(chez, à qqn)* zich opdringen (bij, aan)
imposition *nf* belastingheffing *nf* ♦ **~ des mains** handoplegging
impossibilité *nf* onmogelijkheid *nf*; **être dans l'~ de faire qqch** onmogelijk iets kunnen doen
impossible *adj* onmogelijk; **~ de le savoir** dat kun je niet weten; **enfant ~** lastig kind; **l'impossible** het onmogelijke
imposteur *nm* bedrieger *nm*
imposture *nf* bedrog *het*
impôt *nm* belasting *nf*; **~ sur le chiffre d'affaires** omzetbelasting *(le même mot peut indiquer la TVA !)*; **la déclaration d'~s** de belastingaangifte; **~ sur la fortune** vermogensbelasting; **~ sur le revenu** inkomstenbelasting; **~ sur les sociétés** vennootschapsbelasting
impotent, -ente *adj* invalide, gehandicapt; **l'impotent(e)** de invalide
impraticable *adj* **1** *(irréalisable)* onuitvoerbaar **2** *(où l'on ne peut passer)* onbegaanbaar
imprécis, -ise *adj* vaag, onnauwkeurig
imprégnation *nf* doordrenking *nf* ♦ **~ (alcoolique)** alcoholpromillage
imprégner (de) *vt (imbiber de)* doordrenken (met) *(aussi au fig.)*; **s'imprégner (de)** *vpr* **1** *(s'imbiber de)* zich volzuigen (met) **2** *(apprendre)* in zich opnemen; **s'~ d'une langue** zich een taal eigen maken
imprenable *adj* onneembaar ♦ **vue ~** blijvend vrij uitzicht
imprésario *nm* impresario *nm*
impression *nf* **1** *(effet, sensation)* indruk *nm*; **donner l'~ de** de indruk geven van, schijnen te; **faire ~ sur** indruk maken op **2** *(de tissus, de textes, etc.)* (het) (af)drukken, (af)druk *nm*
impressionnable *adj* gevoelig
impressionner *vt* indruk maken op
imprévisible *adj* onvoorzien
imprévoyance *nf* kortzichtigheid *nf*
imprévoyant, -ante *adj* kortzichtig
imprévu, -ue *adj* onvoorzien; *(subst.)* **en cas d'~** als er iets tussen komt; **l'imprévu** de onvoorziene gebeurtenis
imprimable *adj (inform.)* printvriendelijk
imprimante *nf* printer *nm*; **~ à jet d'encre** inkjetprinter; **~ laser** laserprinter; **~ matricielle** matrixprinter
imprimé *nm* **1** *(brochure, formulaire)* drukwerk *het* **2** *(tissu imprimé)* bedrukte stof *de*
imprimer *vt* **1** *(reproduire)* drukken, *(tissu, etc.)* bedrukken **2** *(inform.)* (uit)printen **3** *(transmettre)* geven *(une direction)*, overbrengen op *(un mouvement)* **4** *(fixer)* een indruk achterlaten; **être imprimé dans la mémoire** in het geheugen gegrift staan
imprimerie *nf* **1** *(atelier, entreprise)* drukkerij *nf* **2** *(art d'imprimer)* boekdrukkunst *nf* **3** *(fait d'imprimer)* (het) drukken; **caractère d'~** *(lettre imprimée)* drukletter; *(caractère manuscrit)* blokletter
imprimeur *nm* drukker *nm*
improbable *adj* onwaarschijnlijk
improductif, -ive *adj* onproductief
impromptu, -ue *adj* geïmproviseerd; **l'impromptu** het impromptu
imprononçable *adj* onuitspreekbaar
impropre *adj* **1** *(+ à) (qui ne convient pas à)* ongeschikt (voor) **2** *(incorrect(ement))* onjuist
improvisateur, -trice *n* improvisa|tor, -trice *nm, nf*; **talent d'~** improvisatietalent
improvisation *nf* improvisatie *nf (aussi mus.)*
[1]**improviser** *vti* improviseren
[2]**s'improviser** *vpr* **1** *(être fait sans préparation)* geïmproviseerd worden **2** *(devenir subitement)* zomaar worden
improviste ♦ **à l'~** onverwachts; **prendre qqn à l'~** iemand overvallen
imprudence *nf* onvoorzichtigheid *nf*
imprudent, -ente *adj* onvoorzichtig
impudent, -ente *adj* onbeschaamd
impudique *adj* onzedig
impuissance *nf* **1** *(manque de puissance, de moyens)* onmacht *de*, machteloosheid *nf* **2** *(méd.)* impotentie *nf*
impuissant, -ante *adj* **1** *(sans moyens suffisants)* machteloos; **~ à** niet in staat om **2** *(méd.)* impotent; **l'impuissant** de impotente man
impulsif, -ive *adj* impulsief
impulsion *nf* impuls *nm (aussi technol.)*; **obéir à ses ~s** impulsief handelen

impuni, -ie *adj* ongestraft
impunité *nf* straffeloosheid *nf*
impur, -ure *adj* onzuiver, onrein *(fig.)*
impureté *nf* **1** *(d'une substance)* onzuiverheid *nf* **2** *(plur.) (saletés)* vuildeeltjes *plur*
imputable *adj* **1** *(+ à) (attribuable)* toe te schrijven (aan) **2** *(+ sur) (fin.)* te boeken (op)
imputation *nf* **1** *(accusation)* aantijging *nf* **2** *(fin.)* boeking *nf*
imputer *vt* **1** *(+ à) (attribuer à)* toerekenen (aan), toeschrijven (aan) **2** *(+ sur) (fin.)* boeken (bij)
inabordable *adj* **1** *(cher)* onbetaalbaar **2** *(inaccessible)* ontoegankelijk, ongenaakbaar *(personnes)*
inabouti, -ie *adj* onvoltooid, onaf
inacceptable *adj* onaanvaardbaar
inaccessible *adj* **1** *(dont l'accès est impossible)* ontoegankelijk, onbereikbaar *(aussi au fig.)*, ongenaakbaar *(personnes)* **2** *(+ à) (insensible à)* ongevoelig (voor)
inaccoutumé, -ée *adj* ongewoon
inachevé, -ée *adj* onvoltooid
inactif, -ive *adj* **1** *(méd.)* niet werkzaam **2** *(oisif)* niet-actief **3** *(écon.)* stagnerend, lusteloos *(Bourse)*
inaction *nf* (het) nietsdoen
inadapté, -ée *adj* **1** *(choses)* onaangepast; un(e) ~(e) een kind met aanpassingsmoeilijkheden **2** *(personnes)* met aanpassingsmoeilijkheden
inadéquat, -quate (à) *adj* ongeschikt (voor)
inadmissible *adj* ontoelaatbaar
inadvertance *nf* ♦ par ~ bij vergissing
inaltérable *adj* **1** *(constant)* onveranderlijk **2** *(inattaquable)* onaantastbaar; une couleur ~ een lichtechte kleur; un métal ~ een roestvrije metaalsoort
inanimé, -ée *adj* **1** *(sans vie)* levenloos, ontzield **2** *(inconscient)* bewusteloos
inanition *nf* uitputting *nf* (door ondervoeding) ♦ mourir d'~ vergaan van de honger
inaperçu, -ue *adj* ♦ passer ~ niet opgemerkt worden, niet opvallen
inapplicable *adj* niet toepasselijk
inappréciable *adj* onschatbaar
inapte (à) *adj* **1** *(incapable de)* ongeschikt (voor) **2** *(milit.)* afgekeurd (voor)
inaptitude *nf* **1** *(incapacité)* ongeschiktheid *nf* **2** *(milit.)* (het) afgekeurd zijn
inarticulé, -ée *adj* onduidelijk uitgesproken
inattaquable *adj* **1** *(invincible; inoxydable)* onaantastbaar **2** *(incontestable)* onaanvechtbaar
inattendu, -ue *adj* onverwacht; l'inattendu het onverwachte
inattentif, -ive *adj* onoplettend
inattention *nf* onoplettendheid *nf*; faute d'~ verschrijving
inaudible *adj* **1** *(que l'on ne peut entendre)* onhoorbaar **2** *(inécoutable)* niet om aan te horen
inaugural, -ale *adj* inwijdings-; discours ~ inaugurele rede
inauguration *nf* inwijding *nf*, onthulling *nf (d'un monument)*
inaugurer *vt* **1** *(un édifice, etc.)* inwijden, onthullen *(un monument)* **2** *(lancer)* ingang doen vinden, lanceren *(une mode)*
inavouable *adj* waarvoor men niet uit wil komen
inavoué, -ée *adj* heimelijk
incalculable *adj* **1** *(considérable)* ontelbaar **2** *(imprévisible)* onberekenbaar
incandescent, -ente *adj* (rood)gloeiend
incantation *nf* **1** *(paroles magiques)* toverspreuk *de* **2** *(emploi de paroles magiques)* betovering *nf*
incapable (de) *adj* niet in staat (om, tot), (handelings)onbekwaam *(jur.)*; l'incapable de nietsnut
incapacité *nf* **1** *(+ de) (inaptitude)* onvermogen (om) *het*; être dans l'~ de niet bij machte zijn om **2** *(de travail)* arbeidsongeschiktheid *nf* **3** *(jur.)* handelingsonbekwaamheid *nf*
incarcération *nf* opsluiting *nf*
incarcérer *vt* opsluiten
incarnation *nf* **1** *(personnification)* belichaming *nf* **2** *(relig.)* menswording *nf*
incarner *vt* **1** *(personnifier)* belichamen; être la bonté incarnée de goedheid zelve zijn; ongle incarné ingegroeide nagel **2** *(dram.)* (de rol) spelen (van); **s'incarner** *vpr* **1** *(prendre une forme matérielle)* de gedaante aannemen (van) **2** *(relig.)* mens worden
incartade *nf* onbezonnen streek *de*
incassable *adj* onbreekbaar
incendiaire *adj* **1** *(provoquant le feu)* brandstichtend, brand-; l'incendiaire de brandsticht(st)er **2** *(subversif)* opruiend
incendie *nm* brand *nm (aussi au fig.)*; ~ volontaire brandstichting
incendier *vt* **1** *(brûler)* in brand steken **2** *(engueuler)* uitfoeteren
incertain, -aine *adj* **1** *(hypothétique)* onzeker, twijfelachtig **2** *(indécis)* onzeker, besluiteloos; demeurer ~ niet kunnen besluiten **3** *(vague)* vaag **4** *(météo.)* onbestendig
incertitude *nf* **1** *(état de ce qui est incertain)* onzekerheid *nf*; laisser qqn dans l'~ iemand in het ongewisse laten **2** *(doute)* onzekerheid *nf*, twijfel *nm* **3** *(chose mal connue)* vaagheid *nf* **4** *(météo.)* onbestendigheid *nf*
incessamment *adv* dadelijk
incessant, -ante *adj* onophoudelijk
inceste *nm* incest *nm*
incestueux, -euse *adj* incestueus
inchangé, -ée *adj* ongewijzigd
incidemment *adv* terloops
incidence *nf* **1** *(influence)* weerslag *nm*, effect *het* **2** *(phys.)* invalsrichting *nf*
incident *nm* incident *het*

incinération *nf* **1** *(action d'incinérer)* verbranding *nf* **2** *(crémation)* crematie *nf*
incinérer *vt* **1** *(brûler)* verbranden **2** *(un cadavre)* cremeren
inciser *vt* insnijden
incisif, -ive *adj* bijtend
incision *nf* snee *de*
incisive *nf* snijtand *nm*
incitation (à) *nf* aanzetting (tot) *nf*
inciter (à) *vt* aanzetten (tot)
incivilités *nf (plur)* asociaal gedrag *het*, ↓ hufterig gedrag *het*
inclassable *adj* niet te classificeren
inclinaison *nf* **1** *(pente)* helling *nf* **2** *(de la tête, du buste)* buiging *nf*
inclination *nf* **1** *(penchant)* neiging *nf* **2** *(révérence)* buiging *nf*, knik *nm (de la tête)*
[1]**incliner** *vi (+ à) (être porté à)* neigen (tot)
[2]**incliner** *vt* **1** *(la tête, etc.)* buigen **2** *(+ à) (inciter)* ertoe brengen om; **s'incliner** *vpr* **1** *(descendre)* (over)hellen **2** *(se pencher)* buigen **3** *(+ devant) (céder devant)* het hoofd buigen (voor) ♦ *(témoignage d'admiration)* **s'~ devant qqn, qqch** z'n petje afnemen voor iemand, iets
inclure *vt* **1** *(insérer)* insluiten, bijvoegen **2** *(impliquer)* inhouden
inclus, -use *adj* ingesloten; **jusqu'à la page trois ~e** tot en met bladzijde drie
inclusion *nf* tussenvoeging *nf*
incognito *nm* incognito *het*
incohérence *nf* onsamenhangendheid *nf*
incohérent, -ente *adj* onsamenhangend
incollable *adj* ↑ niet te verslaan; **en maths, il est ~** hij is een kei in wiskunde
incolore *adj* kleurloos *(aussi au fig.)*
[1]**incomber (à)** *vi (être imposé à)* neerkomen (op); **les frais incombent au propriétaire** de eigenaar moet de kosten op zich nemen
[2]**incomber (de)** *vb impers (revenir)* neerkomen op; **il m'incombe de ...** het komt op mij neer om ...
incommode *adj* ongemakkelijk
incommoder *vt* hinderen
incommunicable *adj* **1** *(indicible)* onmededeelbaar **2** *(inconciliable)* onverenigbaar
incomparable *adj* **1** *(sans pareil)* weergaloos **2** *(que l'on ne peut comparer)* onvergelijkbaar
incompatibilité *nf* onverenigbaarheid *nf*
incompatible (avec) *adj* onverenigbaar (met), *(inform.)* incompatibel
incompétence *nf* **1** *(ignorance)* onbekwaamheid *nf* **2** *(jur.)* onbevoegdheid *nf*
incompétent, -ente *adj* **1** *(ignorant)* onbekwaam **2** *(jur.)* niet bevoegd
incomplet, -ète *adj* onvolledig, gebrekkig *(fig.)*
incompréhensible *adj* onbegrijpelijk; **~ à qqn** onbegrijpelijk voor iemand
incompréhensif, -ive *adj* vol onbegrip
incompréhension *nf* onbegrip *het*
incompris, -ise *adj* onbegrepen
inconcevable *adj* **1** *(incroyable)* onvoorstelbaar **2** *(difficile à cerner)* onbevattelijk; **l'inconcevable** het onbevattelijke
inconciliable *adj* strijdig, onverenigbaar
inconditionnel, -elle *adj* onvoorwaardelijk; **un ~** een fervent aanhanger; *(fig.)* **les ~s de la bande dessinée** stripfanaten, echte stripliefhebbers
inconfort *nm* gebrek *het* aan comfort, ongerief *het*
inconfortable *adj* ongerieflijk, niet comfortabel; **situation ~** onaangename situatie
incongru, -ue *adj* **1** *(chose)* ongepast **2** *(personne)* ongemanierd
inconnu, -ue *adj* **1** *(non connu)* onbekend, vreemd; **~ à qqn** (aan) iemand onbekend; **l'inconnu** het onbekende; **un(e) ~(e)** een onbekende, vreemde **2** *(jamais ressenti)* ongekend
inconscience *nf* **1** *(irréflexion)* lichtzinnigheid *nf* **2** *(méd.)* bewusteloosheid *nf* **3** *(psycho.)* onbewuste (karakter) *het*
inconscient, -iente *adj* **1** *(+ de) (qui ne se rend pas compte de; instinctif)* onbewust (van); *(psycho.)* **l'inconscient** het onbewuste **2** *(irresponsable)* onverantwoordelijk, lichtzinnig; **un(e) ~(e)** een lichtzinnig persoon **3** *(méd.)* bewusteloos
inconséquent, -ente *adj* **1** *(illogique)* onlogisch **2** *(en contradiction avec soi-même)* inconsequent
inconsidéré, -ée *adj* ondoordacht
inconsistant, -ante *adj* inconsequent
inconsolable *adj* ontroostbaar
inconstance *nf* **1** *(d'une personne)* wispelturigheid *nf* **2** *(d'une chose)* wisselvalligheid *nf*, onbestendigheid *nf*
inconstant, -ante *adj* wispelturig
incontestable *adj* onbetwistbaar
incontesté, -ée *adj* onbetwist
incontinence *nf* incontinentie *nf*
incontinent, -ente *adj* incontinent
incontrôlable *adj* oncontroleerbaar
incontrôlé, -ée *adj* ongecontroleerd
inconvenance *nf* ongepastheid *nf*
inconvenant, -ante *adj* ongepast; **dans une tenue ~e** niet fatsoenlijk gekleed
inconvénient *nm* bezwaar *het*, nadeel *het*; **je n'y vois pas d'~** ik heb er geen bezwaar tegen
incorporation *nf* **1** *(milit.)* inlijving *nf* **2** *(mélange)* toevoeging *nf* **3** *(+ à, dans) (intégration)* opneming (in) *nf*
incorporer *vt* **1** *(+ dans) (milit.)* inlijven (bij) **2** *(+ à) (mélanger à)* vermengen (met) **3** *(+ à, dans) (intégrer dans)* opnemen (in) **4** *(dans une construction)* inbouwen; **cuisine avec four incorporé** keuken met ingebouwde oven
incorrect, -ecte *adj* **1** *(impropre)* verkeerd, onjuist **2** *(inconvenant)* onbehoorlijk

incorrection *nf* 1 *(ling.)* onjuistheid *nf* 2 *(inconvenance)* ongepastheid *nf*
incorrigible *adj* onverbeterlijk, verstokt
incorruptible *adj* onkreukbaar
incrédule *adj* ongelovig, *(Belg.)* vrijzinnig
incrédulité *nf* ongelovigheid *nf*
increvable *adj* 1 *(pneu)* 'tubeless' 2 *(infatigable)* ↑ niet kapot te krijgen
incrimination *nf* aantijging *nf*
incriminer *vt* veroordelen
incroyable *adj* ongelofelijk
incroyant, -ante *adj* ongelovig; l'incroyant(e) de ongelovige
incrustation *nf* 1 *(action d'incruster)* (het) inleggen 2 *(élément incrusté)* inlegwerk *het* 3 *(tartre)* ketelsteen *het/de (m)*
incruster *vt* 1 *(arts)* inleggen 2 *(entartrer)* met ketelsteen bedekken; **s'incruster** *vpr* 1 *(+ chez) (s'enraciner chez qqn)* blijven plakken (bij) 2 *(s'implanter dans)* vastkoeken (aan)
incubation *nf* 1 *(d'œufs)* (het) (be)broeden 2 *(méd.; aussi au fig.)* incubatietijd *nm*
inculpation *nf* beschuldiging *nf*
inculpé, -ée *adj* beschuldigd, aangeklaagd; l'inculpé de verdachte
inculper *vt* beschuldigen; ~ qqn de meurtre iemand moord ten laste leggen
inculquer *vt* inprenten
inculte *adj* 1 *(ignare)* onbeschaafd 2 *(en friche)* onbebouwd, braakliggend 3 *(négligé)* onverzorgd
incurable *adj* ongeneeslijk *(aussi au fig.)*
incursion *nf* 1 *(milit.)* inval *nm* 2 *(dans un nouveau domaine)* uitstapje *het*
incurver *vt* buigen; **s'incurver** *vpr* (zich) buigen
Inde *nf* India *n (sans art.)*; en ~ in India
indécence *nf* 1 *(impudeur)* onzedigheid *nf* 2 *(impudence)* schaamteloosheid *nf*
indécent, -ente *adj* 1 *(incorrect)* onfatsoenlijk 2 *(qui choque par sa démesure)* buitensporig
indéchiffrable *adj* onleesbaar
indécis, -ise *adj* 1 *(irrésolu)* besluiteloos; l'indécis(e) de weifelaar(ster) 2 *(vague)* vaag
indécision *nf* besluiteloosheid *nf*
indéfendable *adj* onverdedigbaar
indéfini, -ie *adj* 1 *(infini)* oneindig 2 *(vague)* vaag 3 *(ling.)* onbepaald (gebruikt)
indéfinissable *adj* 1 *(que l'on ne peut définir)* ondefinieerbaar 2 *(indescriptible)* onverklaarbaar
indéformable *adj* vormvast
indélébile *adj* onuitwisbaar
indélicat, -ate *adj* 1 *(qui manque de tact)* tactloos 2 *(malhonnête)* oneerlijk
indemne *adj* ongedeerd
indemnisation *nf* schadeloosstelling *nf*
indemniser (de) *vt* schadeloosstellen (voor), vergoeden
indemnité *nf* 1 *(allocation)* vergoeding *nf*; ~ de déplacement reiskostenvergoeding; ~ parlementaire toelage van een parlementariër; ~ de transport tegemoetkoming in de vervoerkosten 2 *(dédommagement)* schadevergoeding *nf*
indéniable *adj* ontegenzeglijk, onbetwistbaar
indépendance *nf* onafhankelijkheid *nf*
indépendant, -ante *adj* 1 *(+ de) (libre; détaché)* onafhankelijk (van) *(aussi pol.)* 2 *(maison)* vrijstaand
indescriptible *adj* onbeschrijfelijk
indésirable *adj* ongewenst; l'indésirable de ongewenste vreemdeling(e)
indestructible *adj* onverwoestbaar
indétermination *nf* 1 *(irrésolution)* besluiteloosheid *nf* 2 *(imprécision)* onduidelijkheid *nf*
indéterminé, -ée *adj* onbepaald, vaag
index *nm* 1 *(doigt)* wijsvinger *nm* 2 *(table alphabétique)* (trefwoorden)register *het*, index *nm* 3 *(indice)* index *nm*
indexation *nf* indexering *nf*, *(Belg.)* indexaanpassing *nf*
indexer *vt* indexeren (aan)
[1]**indicateur** *nm* 1 *(livre)* gids *de* 2 *(instrument)* meter *nm*, (aan)wijzer *nm* 3 *(écon.)* indicator *nm*
[2]**indicateur, -trice** *adj* aanwijzend; l'indicateur, indicatrice de verklikker, verklikster; poteau ~ wegwijzer
[1]**indicatif** *nm* 1 *(fragment musical)* herkenningsmelodie *nf* 2 *(ling.)* aantonende wijs *de* 3 *(téléphone)* toegangsnummer *het*; ~ interurbain netnummer
[2]**indicatif, -ive** *adj* aanwijzend; à titre ~ ter informatie; prix ~ adviesprijs
indication *nf* 1 *(indice)* aanduiding *nf* 2 *(conseil)* aanwijzing *nf*, vingerwijzing *nf*; sur l'~ de qqn op iemands advies 3 *(méd.)* indicatie *nf*
indice *nm* 1 *(signe)* aanwijzing *nf*, teken *het*; l'~ des prix de prijsindex; ~ de protection beschermingsfactor 2 *(nombre, lettre)* index *nm*, indexcijfer *het* *(aussi écon.)*; ~ d'écoute *(radio)* luisterdichtheid; *(télévision)* kijkdichtheid
indicible *adj* onuitsprekelijk
indien, -ienne *adj* 1 *(de l'Inde)* Indiaas; l'indienne het bedrukte katoen; l'Indien(ne) de Indiër, Indiase 2 *(d'Amérique)* indiaans; l'Indien(ne) de indiaan(se); nager à l'~ne op z'n zij zwemmen 3 *(des Indes)* Indisch
indifféremment *adv* onverschillig
indifférence *nf* onverschilligheid *nf*
indifférent, -ente *adj* 1 *(+ à) (insensible à)* onverschillig (tegenover); il ne m'est pas ~ hij laat mij niet onverschillig 2 *(sans importance)* onbelangrijk 3 *(égal)* om het even
indifférer *vt* koud laten
indigence *nf* armoede *de (aussi spirituelle)*; vivre dans l'~ in armoede leven
indigène *adj* inheems; l'indigène de inlander, inlandse
indigent, -ente *adj* 1 *(personne)* arm, behoeftig 2 *(chose)* pover

indigeste *adj* onverteerbaar, zwaar *(aussi au fig.)*
indigestion *nf* indigestie *nf; (fig.)* **avoir une ~ de qqch** van iets meer dan genoeg hebben
indignation *nf* verontwaardiging *nf*
indigne *adj* **1** *(+ de) (qui ne mérite pas)* niet waard **2** *(condamnable)* verachtelijk
indigner *vt* verontwaardigen; **s'indigner** *vpr* zich verontwaardigen (over)
indignité *nf* onwaardigheid *nf*
indigo *nm* indigo *het/de (m);* **une robe (bleu) ~** een indigo(blauwe) japon
indiqué, -ée *adj* **1** *(fixé)* aangegeven **2** *(opportun)* aangewezen
indiquer *vt* **1** *(désigner)* aanwijzen **2** *(faire voir)* aangeven **3** *(dire)* noemen **4** *(prouver)* wijzen op
indirect, -ecte *adj* indirect; **discours, style ~** indirecte rede
indiscipliné, -ée *adj* ongedisciplineerd; **cheveux ~s** weerbarstig haar
indiscret, -ète *adj* **1** *(curieux)* onbescheiden **2** *(bavard)* loslippig
indiscrétion *nf* **1** *(curiosité)* onbescheidenheid *nf* **2** *(tendance à répéter)* loslippigheid *nf;* **commettre une ~** uit de school klappen
indiscutable *adj* onbetwistbaar
indispensable *adj* onontbeerlijk; **se croire ~** denken dat men onmisbaar is; **l'indispensable** het hoogst noodzakelijke
indisponible *adj* niet beschikbaar
indisposé, -ée *adj* onwel, niet lekker; **elle est ~e** zij is ongesteld
indisposer *vt* **1** *(incommoder)* onwel maken **2** *(déplaire)* ergeren
indisposition *nf* onpasselijkheid *nf*
indissociable *adj* niet te scheiden
indistinct, -incte *adj* onduidelijk, vaag; *(adv.)* **indistinctement** zonder onderscheid
individu *nm* individu *het*
individualiser *vt* individualiseren
individualisme *nm* individualisme *het*
individualiste *adj* individualistisch; **l'individualiste** de individualist(e)
individualité *nf* **1** *(particularité)* eigen karakter *het* **2** *(personnalité)* persoonlijkheid *nf*
individuel, -elle *adj* individueel; **chambre ~le** eenpersoonskamer; **maison ~le** (vrijstaande) eengezinswoning
indivisible *adj* ondeelbaar
indolence *nf* lusteloosheid *nf*
indolent, -ente *adj* lusteloos
indolore *adj* pijnloos
indomptable *adj* **1** *(personne)* onbuigzaam **2** *(animal)* ontembaar
indompté, -ée *adj* **1** *(non réfréné)* ongecontroleerd **2** *(animaux)* ongetemd
Indonésie *nf* Indonesië *n (sans art.)*
indonésien, -ienne *adj* Indonesisch; **l'Indonésien(ne)** de Indonesiër, Indonesische
indu, -ue *adj* **1** *(inconvenant)* onbehoorlijk; **à une heure ~e** in het holst van de nacht **2** *(jur.)* ongegrond ♦ **un ~** een nietverschuldigd bedrag
indubitable *adj* zeker
inductif, -ive *adj* inductief, inductie-
induire *vt* **1** *(inférer de)* afleiden (uit); **j'en induis que** daaruit leid ik af dat **2** *(phys.)* induceren
indulgence *nf* **1** *(bienveillance)* toegeeflijkheid *nf* **2** *(relig.)* aflaat *nm*
indulgent, -ente *adj* toegeeflijk
indûment *adv* onrechtmatig
industrialisation *nf* industrialisatie *nf*
industrialiser *vt* industrialiseren
industrie *nf* **1** *(secteur)* industrie *nf;* **petites et moyennes ~s, PMI** midden- en kleinindustrie; *(Belg.n.)* kleine en middelgrote industrieën, KMI's **2** *(entreprise)* onderneming *nf*
industriel, -elle *adj* industrieel; **l'industriel** de industrieel; *(fig.)* **quantité ~le** gigantische hoeveelheid; **zone ~le** industriegebied
inébranlable *adj* **1** *(inflexible, ferme)* standvastig; **être, rester ~** onvermurwbaar zijn **2** *(solide)* solide **3** *(impassible)* onverstoorbaar
inédit, -ite *adj* **1** *(édit.)* onuitgegeven; **un ~** nog niet gepubliceerd werk **2** *(nouveau)* volkomen nieuw; **c'est de l'~** dat is iets heel nieuws
ineffable *adj* onuitsprekelijk
ineffaçable *adj* onuitwisbaar *(aussi au fig.)*
inefficace *adj* ondoeltreffend, inefficiënt
inefficacité *nf* ondoeltreffendheid *nf*
inégal, -ale *adj* **1** *(différent, irrégulier)* ongelijk; **avec un succès ~** met wisselend succes; **terrain ~** oneffen terrein **2** *(changeant)* ongelijkmatig
inégalable *adj* niet te evenaren
inégalé, -ée *adj* ongeëvenaard
inégalité *nf* **1** *(différence)* ongelijkheid *nf* **2** *(irrégularité)* onregelmatigheid *nf*
inéluctable *adj* onvermijdelijk, onontkoombaar
inénarrable *adj* om je dood te lachen
inepte *adj* absurd
ineptie *nf* onzinnigheid *nf*
inépuisable *adj* onuitputtelijk
inerte *adj* **1** *(sans mouvement)* onbeweeglijk **2** *(apathique)* futloos **3** *(phys., chim.)* inert
inertie *nf* **1** *(apathie)* futloosheid *nf* **2** *(phys., chim.)* inertie *nf*
inespéré, -ée *adj* onverhoopt
inestimable *adj* onschatbaar
inévitable *adj* onvermijdelijk
inexact, -acte *adj* **1** *(faux)* onjuist **2** *(non ponctuel)* niet punctueel
inexactitude *nf* **1** *(manque d'exactitude)* onnauwkeurigheid *nf* **2** *(manque de ponctualité)* (het) niet punctueel zijn
inexcusable *adj* niet te verontschuldigen, onvergeeflijk
inexistant, -ante *adj* **1** *(qui n'existe pas)*

niet-bestaand **2** *(insignifiant)* onbeduidend
inexorable *adj* onverbiddelijk
inexpérience *nf* onervarenheid *nf*
inexpérimenté, -ée *adj* **1** *(sans expérience)* onervaren **2** *(non testé)* onbeproefd
inexplicable *adj* onverklaarbaar
inexpliqué, -ée *adj* onverklaard
inexploré, -ée *adj* onbetreden *(aussi au fig.)*
inexpressif, -ive *adj* uitdrukkingsloos
inexprimable *adj* onuitsprekelijk
inexprimé, -ée *adj* onuitgesproken
in extremis *adv* op het nippertje
inextricable *adj* **1** *(impossible à démêler)* onontwarbaar **2** *(très embrouillé)* uiterst verward
infaillible *adj* onfeilbaar
infaisable *adv* ondoenlijk, niet te doen; **cela n'est pas ~** het is niet onmogelijk
infamant, -ante *adj* onterend
infâme *adj* **1** *(odieux)* verachtelijk **2** *(répugnant)* walgelijk **3** *(infamant)* schandelijk; **trahison ~** snood verraad
infamie *nf* **1** *(caractère infâme)* schandelijkheid *nf* **2** *(action infâme)* schanddaad *de* **3** *(parole infâme)* belediging *nf*
infanterie *nf* infanterie *nf*
infantile *adj* **1** *(puéril)* kinderachtig **2** *(méd.)* kinder- **3** *(psycho.)* infantiel
infantilisme *nm* **1** *(caractère puéril)* kinderlijkheid *nf* **2** *(psycho.)* infantilisme *het*
infarctus *nm* infarct *het;* **faire un ~** een hartinfarct krijgen
infatigable *adj* onvermoeibaar
infécond, -onde *adj* onvruchtbaar *(aussi au fig.)*
infect, -ecte *adj* **1** *(répugnant)* walgelijk **2** *(ignoble)* afschuwelijk
infecter *vt* **1** *(polluer)* verpesten **2** *(contaminer)* besmetten
infectieux, -euse *adj* besmettelijk
infection *nf* **1** *(méd.)* besmetting *nf,* infectie *nf;* **~ sexuellement transmissible, IST** seksueel overdraagbare aandoening, soa **2** *(puanteur)* stank *nm*
inférieur, -eure *adj* **1** *(plus bas)* lager; **mâchoire ~e** onderkaak **2** *(de moindre valeur)* minder; **l'inférieur(e)** de ondergeschikte
infériorité *nf* minderwaardigheid *nf*
infernal, -ale *adj* **1** *(de l'enfer; diabolique)* hels **2** *(très intense)* ↑ onverdraaglijk ♦ **enfant ~** onuitstaanbaar kind
infester *vt* teisteren; **être infesté de** wemelen van
infidèle *adj* **1** *(déloyal; adultère)* ontrouw **2** *(récit)* onbetrouwbaar; **traducteur ~** onnauwkeurige vertaler **3** *(relig.)* ongelovig; **l'infidèle** de ongelovige
infidélité *nf* **1** *(déloyauté; adultère)* ontrouw *de* **2** *(manque d'exactitude)* onnauwkeurigheid *nf*
infiltration *nf* infiltratie *nf*
s'infiltrer *vpr* **1** *(substances)* doordringen (in) **2** *(personnes)* infiltreren **3** *(idées)* ingang vinden
infime *adj* heel klein; **différence ~** miniem verschil
infini, -ie *adj* oneindig, onbegrensd; **à l'~** tot in het oneindige; **l'infini** de eindeloosheid; **je regrette ~ment** het spijt mij ontzettend
infinité *nf* **1** *(caractère infini)* oneindigheid *nf* **2** *(très grande quantité)* oneindig aantal *het;* **une ~ de gens** een massa mensen
infinitif, -ive *adj* infinitief-; **l'infinitif** de onbepaalde wijs
infirme *adj* invalide; **l'infirme** de invalide
infirmer *vt* **1** *(démentir)* ontzenuwen **2** *(jur.)* nietig verklaren
infirmerie *nf* eerstehulppost *nm*
infirmier, -ière *n* verpleger, verpleegster *nm, nf*
infirmité *nf* **1** *(invalidité)* gebrek *het* **2** *(faiblesse)* zwakheid *nf*
inflammable *adj* (ont)brandbaar; **facilement ~** licht ontvlambaar
inflammation *nf* ontsteking *nf*
inflation *nf* inflatie *nf (aussi au fig.)*
infléchir *vt* **1** *(courber)* ombuigen **2** *(changer la direction de)* een andere richting geven aan; **s'infléchir** *vpr (se courber)* doorbuigen
inflexible *adj* onverbiddelijk; **homme ~** onbuigzame man
infliger *vt* **1** *(appliquer une peine, etc.)* opleggen; **~ une amende** beboeten; **~ une correction à un enfant** een kind straffen **2** *(faire subir)* doen ondergaan
influençable *adj* voor beïnvloeding vatbaar
influence *nf* invloed *nm;* **il a beaucoup d'~** hij is een invloedrijk man; **user de son ~** zijn invloed aanwenden
influencer *vt* beïnvloeden
influent, -ente *adj* invloedrijk
influer (sur) *vi* beïnvloeden, invloed uitoefenen (op)
infobulle *nf (inform.; fam.)* tooltip *nm*
informateur, -trice *n* informant(e) *nm (nf)*
informaticien, -ienne *n* informaticus *nm,* computerdeskundige *nm*
information *nf* **1** *(renseignements)* informatie *nf;* **aller aux ~s** inlichtingen inwinnen; **pour votre ~** te uwer informatie; **à titre d'~** ter informatie, ter kennisneming **2** *(action d'informer)* voorlichting *nf* **3** *(plur.) (par les médias)* nieuws *het* **4** *(jur.)* (gerechtelijk) onderzoek *het*
informatique *adj* informatica-, computer-; **l'informatique** de informatica
informatisation *nf* informatisering *nf*
informatiser *vt* automatiseren
informe *adj* vormeloos
informé, -ée *adj* ingelicht, geïnformeerd; **dans les milieux bien ~s** in welingelichte kringen
informel, -elle *adj* informeel

informer (de) *vt (aviser de)* op de hoogte brengen (van); **~ qqn que** iemand mededelen dat; **s'informer (de)** *vpr (se mettre au courant de)* informeren (naar), inlichtingen inwinnen (over); **s'~ de qqch auprès de qqn** bij iemand informeren naar iets
infortune *nf* ongeluk *het,* tegenspoed *nm*
infortuné, -ée *adj* ↓ ongelukkig; **l'infortuné(e)** de ongelukkige
infraction *nf* **1** *(+ à) (dérogation)* inbreuk (op) *de* **2** *(jur.)* overtreding *nf;* **être en ~** in overtreding zijn
infranchissable *adj* **1** *(concr.)* waar niet overheen te komen valt **2** *(abstr.)* onoverkomelijk
infrarouge *nm* infrarood *het*
infrastructure *nf* infrastructuur *nf*
infroissable *adj* kreukvrij
infructueux, -euse *adj* vruchteloos
infuser *vi* (staan te) trekken; **laisser infuser du thé** thee laten trekken
infusion *nf* **1** *(tisane)* kruidenthee *nm;* **une ~ de camomille** (een kopje) kamillethee **2** *(action d'infuser)* (het) laten trekken
s'ingénier (à) *vpr* zijn uiterste best doen (om)
ingénierie *nf* engineering *nf*
ingénieur *nm* ingenieur *nm*
ingénieux, -euse *adj* vindingrijk *(personne),* vernuftig *(chose)*
ingéniosité *nf* vindingrijkheid *nf (personne),* vernuftigheid *nf (chose)*
ingénu, -ue *adj* naïef; **un(e) ~(e)** een naïef persoon
ingérence (dans) *nf* inmenging (in) *nf*
ingérer *vt* slikken; **s'ingérer (dans)** *vpr* zich mengen (in)
ingrat, -ate *adj* **1** *(sans reconnaissance)* ondankbaar; **l'ingrat(e)** de ondankbare **2** *(non gratifiant)* niet lonend **3** *(disgracieux)* lelijk ♦ **âge ~** vlegeljaren
ingratitude *nf* ondankbaarheid *nf*
ingrédient *nm* ingrediënt *het*
inguérissable *adj* ongeneeslijk
ingurgiter *vt* **1** *(engloutir)* opslokken **2** *(des connaissances)* erin stampen
inhabitable *adj* onbewoonbaar
inhabité, -ée *adj* onbewoond
inhabituel, -elle *adj* ongewoon
inhalateur *nm* inhaleertoestel *het*
inhalation *nf* (het) inhaleren
inhaler *vt* inhaleren
inhérent, -ente (à) *adj* inherent (aan)
inhibition *nf* remming *nf*
inhospitalier, -ière *adj* ongastvrij
inhumain, -aine *adj* onmenselijk
inhumation *nf* begrafenis *nf*
inhumer *vt* begraven, ter aarde bestellen
inimaginable *adj* onvoorstelbaar
inimitable *adj* onnavolgbaar
inimitié *nf* vijandigheid *nf*
inintelligible *adj* onverstaanbaar
inintéressant, -ante *adj* oninteressant
ininterrompu, -ue *adj* onafgebroken
iniquité *nf* grove onbillijkheid *nf*
initial, -ale *adj* eerst(e), oorspronkelijk; *(adv.)* **initialement** in het begin; **une ~e** een beginletter
initialiser *vt* initialiseren
initiateur, -trice *n* initiatief|nemer, -neemster *nm, nf, (péj.)* aansticht(st)er *nm (nf)*
initiation *nf* inleiding (in) *nf*
initiative *nf* initiatief *het;* **~ privée** particulier initiatief
initié, -ée *n* ingewijde *nm (aussi au fig.)*
initier (à) *vt (fig.)* inwijden (in); **s'initier (à)** *vpr* zich vertrouwd maken (met)
injecter *vt* inspuiten ♦ **yeux injectés de sang** bloeddoorlopen ogen
injection *nf* injectie *nf*
injonction *nf* **1** *(ordre)* uitdrukkelijk bevel *het* **2** *(jur.)* rechterlijk bevel *het*
injure *nf* **1** *(parole offensante)* scheldwoord *het* **2** *(affront)* belediging *nf*
injurier *vt* uitschelden
injurieux, -euse *adj* beledigend
injuste *adj* onrechtvaardig, onverdiend
injustice *nf* onrecht *het,* onrechtvaardigheid *nf*
injustifiable *adj* niet goed te praten
injustifié, -ée *adj* ongerechtvaardigd
inlassable *adj* onvermoeibaar
inné, -ée *adj* aangeboren
innocemment *adv* in alle onschuld
innocence *nf* **1** *(absence de culpabilité; pureté)* onschuld *de* **2** *(candeur)* onnozelheid *nf,* naïviteit *nf*
innocent, -ente *adj* **1** *(+ de) (non coupable de)* onschuldig (aan); **un(e) ~(e)** een onschuldige **2** *(pur; inoffensif)* onschuldig **3** *(naïf)* onnozel
innocenter *vt* **1** *(jur.)* vrijspreken **2** *(excuser)* verontschuldigen
innombrable *adj* talloos
innommable *adj* **1** *(infect)* vreselijk vies **2** *(vil)* onbeschrijfelijk
innovateur, -trice *n* baan|breker, -breekster *nm, nf;* **esprit ~** pioniersgeest
innovation *nf* innovatie *nf*
[1]**innover** *vi* vernieuwingen invoeren
[2]**innover** *vt (introduire)* lanceren
inoccupé, -ée *adj* **1** *(sans occupation)* nietsdoend **2** *(où il n'y a personne)* onbewoond, braak
inoculer (à) *vt (méd.)* (in)enten, *(germes pathogènes)* overdragen (op)
inodore *adj* reukloos
inoffensif, -ive *adj* onschadelijk
inondation *nf* **1** *(débordement d'eaux)* overstroming *nf (aussi au fig.)* **2** *(action d'inonder)* (het) onder water zetten, inundatie *nf*
inondé, -ée *adj* **1** *(endroit)* overstroomd *(aussi au fig.)* **2** *(personne)* door de overstroming getroffen; *(fig.)* **être ~** doorweekt zijn; **les ~s** de slachtoffers van een watersnood
inonder *vt* **1** *(couvrir d'eaux)* onder water

zetten, overstromen **2** *(tremper)* doornat maken; la sueur inondait son visage het zweet stroomde langs zijn gezicht **3** *(+ de) (submerger de)* overspoelen (met); pièce inondée de lumière vertrek dat baadt in het licht
inopérant, -ante *adj* ondoeltreffend
inopiné, -ée *adj* onverwacht
inopportun, -une *adj* ongelegen
inoubliable *adj* onvergetelijk
inouï, -ïe *adj* **1** *(extraordinaire)* buitengewoon **2** *(jamais entendu)* ongehoord
inox, inoxydable *adj* roestvrij, *(Belg.)* inox
inqualifiable *adj* ongehoord, beneden ieder peil
inquiet, -ète *adj* bezorgd, ongerust
inquiétant, -ante *adj* verontrustend, onrustbarend
inquiéter *vt* **1** *(préoccuper)* verontrusten; sa santé m'inquiète ik maak me ongerust over zijn gezondheid **2** *(harceler)* lastigvallen; **s'inquiéter** *vpr (+ de) (être inquiet de)* zich ongerust maken; s'~ au sujet de qqch ergens over inzitten
inquiétude *nf* ongerustheid *nf*
inquisiteur, -trice *adj* onderzoekend, vorsend
inquisition *nf* **1** *(hist.)* inquisitie *nf* **2** *(enquête vexatoire)* overdreven streng onderzoek *het*
insaisissable *adj* **1** *(que l'on ne peut attraper)* ongrijpbaar **2** *(imperceptible)* onwaarneembaar **3** *(jur.)* niet voor beslag vatbaar
insalubre *adj* ongezond, onbewoonbaar *(logement)*
insanité *nf* **1** *(ineptie)* onzinnigheid *nf* **2** *(folie)* krankzinnigheid *nf*
insatiable *adj* onverzadelijk *(aussi au fig.)*
insatisfaction *nf* ontevredenheid *nf*
insatisfait, -aite *adj* ontevreden
inscription *nf* **1** *(sur une surface dure)* inscriptie *nf* **2** *(d'un écriteau, d'une affiche)* opschrift *het* **3** *(action d'inscrire)* inschrijving *nf*
inscrire *vt* **1** *(écrire) (enregistrer)* inschrijven, *(noter)* opschrijven **2** *(graver)* graveren; **s'inscrire** *vpr* **1** *(+ à) (inscrire son nom; s'affilier à)* zich opgeven (voor) **2** *(+ dans) (s'insérer dans)* in de lijn liggen (van)
inscrit, -ite *adj* ingeschreven; l'inscrit de ingeschrevene; *(pol.)* les ~s de kiesgerechtigden
insecte *nm* insect *het*
insecticide *adj* insectendodend; l'insecticide het insecticide
insécurité *nf* onveiligheid *nf*
insémination *nf* inseminatie *nf;* ~ artificielle kunstmatige inseminatie
insensé, -ée *adj* waanzinnig
insensibilisation *nf* verdoving *nf*
insensibiliser *vt* verdoven
insensibilité *nf* **1** *(physique)* gevoelloosheid *nf* **2** *(morale)* ongevoeligheid *nf*
insensible *adj* **1** *(physiquement)* gevoelloos; être ~ au froid tegen de kou kunnen **2** *(moralement)* ongevoelig **3** *(imperceptible)* onmerkbaar
inséparable *adj* onafscheidelijk
insérer *vt* **1** *(un texte)* opnemen, invoegen; faire ~ une annonce een advertentie plaatsen **2** *(un objet)* plaatsen (in)
insertion *nf* **1** *(d'une chose)* opname *de,* invoeging *nf* **2** *(d'une personne)* integratie *nf*
insidieux, -euse *adj* geniepig; question insidieuse strikvraag
insigne *nm* insigne *het*
insignifiance *nf* onbeduidendheid *nf*
insignifiant, -ante *adj* **1** *(sans importance; quelconque)* onbeduidend; chose ~e kleinigheid **2** *(très petit)* te verwaarlozen
insinuation *nf* insinuatie *nf*
insinuer *vt (suggérer)* insinueren; **s'insinuer** *vpr* zich indringen (bij)
insipide *adj* **1** *(fade)* flauw **2** *(ennuyeux)* vervelend
insistance *nf* aandrang *nm;* avec ~ uitdrukkelijk
insistant, -ante *adj* aandringend
insister *vi* **1** *(+ sur) (mettre l'accent sur)* nadruk leggen (op) **2** *(persévérer à demander qqch)* aandringen; ~ auprès de qqn bij iemand aandringen; ~ sur le fait que er met nadruk op wijzen dat; inutile d'~ je hoeft niet verder aan te dringen; n'insistons pas ! laten we er maar over ophouden!
insociable *adj* eenzelvig, mensenschuw; avoir un caractère ~ niet gemakkelijk in de omgang zijn
insolation *nf (méd.)* zonnesteek *nm*
insolence *nf* **1** *(effronterie)* brutaliteit *nf* **2** *(arrogance)* arrogantie *nf*
insolent, -ente *adj* **1** *(effronté)* brutaal; un(e) ~(e) een onbeschoft persoon **2** *(arrogant)* arrogant
insolite *adj* ongewoon, vreemd
insoluble *adj* onoplosbaar
insolvabilité *nf* insolventie *nf*
insolvable *adj* insolvent, onvermogend
insomniaque *adj* slapeloos
insomnie *nf* slapeloosheid *nf*
insondable *adj* **1** *(immense)* grenzeloos **2** *(qu'on ne peut sonder)* ondoorgrondelijk *(aussi au fig.)*
insonore *adj* **1** *(silencieux)* geluidloos **2** *(antibruit)* geluiddempend
insonorisation *nf* geluidsisolatie *nf*
insonoriser *vt* geluiddicht maken
insouciance *nf* zorgeloosheid *nf,* onbezorgdheid *nf*
insouciant, -ante *adj* zorgeloos
insoumis, -ise *adj* weerspannig
insoumission *nf* **1** *(désobéissance)* weerspannigheid *nf* **2** *(milit.)* dienstweigering *nf*

insoupçonnable *adj* onverdacht
insoupçonné, -ée *adj* onvermoed
insoutenable *adj* **1** *(indéfendable)* onhoudbaar **2** *(insupportable)* on(ver)draaglijk
inspecter *vt* **1** *(contrôler)* inspecteren **2** *(scruter)* aandachtig bekijken
inspecteur, -trice *n* inspec|teur, -trice *nm, nf*
inspection *nf* inspectie *nf*
inspiration *nf* **1** *(souffle révélateur, créateur)* inspiratie *nf* **2** *(idée)* inval *nm* **3** *(respiration)* inademing *nf*
inspiré, -ée *adj* **1** *(animé par l'inspiration)* geïnspireerd; **être bien ~** een goede ingeving hebben; **être bien ~ de** er goed aan doen te **2** *(influencé par)* navolgend; **~ de** naar het voorbeeld van
inspirer *vt* **1** *(suggérer)* inspireren; **~ qqch à qqn** iemand inspireren tot iets **2** *(être la cause de)* aanzetten (tot) **3** *(éveiller)* inboezemen **4** *(respirer)* inademen ♦ **cela ne m'inspire pas** dat hoeft voor mij niet; **s'inspirer (de)** *vpr (emprunter des éléments à)* geïnspireerd worden (door)
instabilité *nf* instabiliteit *nf*, onstandvastigheid *nf*
instable *adj* onstabiel; **équilibre ~** wankel evenwicht
installateur *nm* installateur *nm*
installation *nf* **1** *(mise en place)* plaatsing *nf* **2** *(souvent plur.)* installatie *nf;* **~s sanitaires** sanitair **3** *(équipement)* inrichting *nf* **4** *(emménagement)* vestiging *nf*
installer *vt* **1** *(mettre en place)* plaatsen, *(téléphone, électricité)* aanleggen **2** *(aménager)* inrichten **3** *(fixer)* vestigen; **s'installer** *vpr* **1** *(+ dans) (s'asseoir)* gaan zitten (in) **2** *(+ à) (habiter)* zich vestigen; **s'~ à la campagne** buiten gaan wonen; **s'~ chez un ami** bij een vriend intrekken
instamment *adv* dringend
instance *nf* **1** *(procédure)* procedure *de;* **être en ~ de divorce** in scheiding liggen; **être en ~** hangende zijn; **tribunal de première ~** rechtbank van eerste aanleg *(Belg.n.)* **2** *(autorité)* orgaan *het* **3** *(plur.) (sollicitations)* dringend verzoek *het;* **sur les ~s de** op dringend verzoek van ♦ **en ~ de faire qqch** op het punt om iets te doen
instant *nm* ogenblik *het;* **à l'~** ogenblikkelijk *(tout de suite);* daarnet *(il y a peu);* **à chaque ~** telkens; **à l'~ (même) où** juist op het moment waarop; **dans un ~** dadelijk; **en un ~** in een oogwenk; **par ~s** soms; **pour l'~** voor nu
instantané, -ée *adj* **1** *(bref)* kort(stondig); **l'instantané** de momentopname **2** *(soudain)* ogenblikkelijk; **la mort fut ~e** hij was op slag dood **3** *(cuis.)* instant-
instar ♦ **à l'~ de** naar het voorbeeld van
instaurer *vt* stichten; **~ un usage** een gebruik in zwang brengen
instigateur, -trice *n* aanstoker, aanstookster *nm, nf*
instigation *nf* instigatie *nf;* **à l'~ de** op aanraden van
instiguer *vt (f.B.)* aanzetten (tot)
instinct *nm* instinct *het*
instinctif, -ive *adj* **1** *(irréfléchi)* instinctief **2** *(spontané)* spontaan
instituer *vt* **1** *(instaurer)* tot stand brengen **2** *(nommer en tant que)* (iemand) installeren (als)
institut *nm* instituut *het* ♦ **~ de beauté** schoonheidssalon
instituteur, -trice *n* onderwijzer(es) *nm (nf)*
institution *nf* **1** *(organisme)* instelling *nf* **2** *(école)* instituut *het* **3** *(création)* (het) instellen
instructeur *nm* instructeur *nm* ♦ **juge ~** rechter van instructie
instructif, -ive *adj* leerzaam
instruction *nf* **1** *(enseignement)* onderwijs *het* **2** *(connaissances)* ontwikkeling *nf;* **avoir de l'~** ontwikkeld zijn **3** *(plur.) (directives)* instructies *plur* **4** *(inform.)* opdracht *de* **5** *(jur.)* (voor)onderzoek *het*
instruire *vt* **1** *(enseigner)* onderwijzen aan **2** *(+ de) (informer de)* inlichten (over) **3** *(jur.)* in vooronderzoek nemen; **s'instruire** *vpr* zich ontwikkelen
instruit, -ite *adj* ontwikkeld
instrument *nm* **1** *(outil)* werktuig *het,* instrument *het;* **~ à cordes pincées** tokkelinstrument **2** *(musique)* (muziek)instrument *het;* **~ à cordes** snaarinstrument; **de quel ~ joues-tu ?** welk instrument bespeel je?; **~ à vent** blaasinstrument **3** *(moyen)* middel *het*
instrumental, -ale *adj* instrumentaal
insu ♦ **à mon ~** zonder dat ik het wist; **à l'~ de** buiten weten van
insubordination *nf* **1** *(insoumission)* weerspannigheid *nf* **2** *(milit.)* insubordinatie *nf*
insuccès *nm* mislukking *nf*
insuffisance *nf* **1** *(manque)* ontoereikendheid *nf* **2** *(incapacité)* onbekwaamheid *nf* **3** *(plur.) (lacunes)* tekortkomingen *plur* **4** *(méd.)* insufficiëntie *nf*
insuffisant, -ante *adj* **1** *(qui ne suffit pas)* onvoldoende **2** *(inapte)* onbekwaam
insuffler *vt* inblazen
insulaire *adj* eiland-; **l'insulaire** de eilandbewoner
insuline *nf* insuline *de*
insulte *nf* **1** *(injure)* belediging *nf* **2** *(atteinte)* aantasting (van) *nf*
insulter *vt* beledigen; **se faire ~ par qqn** door iemand beledigd worden
insupportable *adj* **1** *(intenable)* ondraaglijk **2** *(odieux)* onuitstaanbaar
insurgé, -ée *adj* opstandig; **l'insurgé** de opstandeling
s'insurger (contre) *vpr* **1** *(se révolter)* in opstand komen (tegen) **2** *(protester)* protesteren (tegen)
insurmontable *adj* **1** *(infranchissable)*

onoverkomelijk **2** *(sentiment)* niet te onderdrukken
insurrection *nf* opstand *nm*
intact, -acte *adj* intact, ongeschonden
intangible *adj* **1** *(inviolable)* onaantastbaar **2** *(impalpable)* ongrijpbaar
intarissable *adj* **1** *(qui coule toujours)* nooit opdrogend **2** *(fig.)* onuitputtelijk; **être ~ sur un sujet** nooit uitgepraat raken over een onderwerp
intégral, -ale *adj* volledig, integraal
intégrale *nf* **1** *(mus.)* volledige uitvoering *nf* **2** *(litt.)* volledige uitgave *de* **3** *(math.)* integraal *de*
intégralité *nf* volledigheid *nf;* **dans son ~** in zijn geheel
intégrant, -ante *adj* integrerend
intégration *nf* integratie *nf;* **week-end d'~** *(enseign.)* introductieweekend
intègre *adj* integer, onkreukbaar
intégrer *vt* integreren *(aussi math.)*; **s'intégrer (à, dans)** *vpr* zich integreren (in)
intégrisme *nm* conservatisme *het,* fundamentalisme *het*
intégriste *n (relig.)* conservatief *nm,* fundamentalist *nm*
intégrité *nf* **1** *(probité)* integriteit *nf,* onkreukbaarheid *nf* **2** *(état intact)* ongeschonden toestand *nm*
intellectuel, -elle *adj* intellectueel; **l'intellectuel** de intellectueel; **quotient ~** intelligentiequotiënt
intelligence *nf* **1** *(faculté)* intelligentie *nf* **2** *(compréhension)* inzicht *het;* **~ des affaires** zakelijk inzicht **3** *(entente)* (geheime) verstandhouding *nf;* **vivre en bonne, mauvaise ~ avec qqn** in goede, slechte verstandhouding met iemand leven; **être d'~ avec qqn** met iemand samenspannen
intelligent, -ente *adj* intelligent
intelligible *adj* **1** *(compréhensible)* begrijpelijk **2** *(audible)* verstaanbaar; **parler à haute et ~ voix** luid en duidelijk spreken
intempérance *nf* onmatigheid *nf*
intempéries *nf* weer en wind *(plur.; sans art.)*
intempestif, -ive *adj* ontijdig
intenable *adj* **1** *(indéfendable)* onhoudbaar **2** *(insupportable)* onverdraaglijk
intendance *nf* **1** *(mesures d'ordre matériel)* materiële voorzieningen *plur* **2** *(milit.)* intendance *de* **3** *(gestion)* administratie *nf*
intendant *nm* **1** *(aussi milit.)* intendant *nm* **2** *(enseign.)* beheerder *nm*
intense *adj* intens; **lumière ~** fel licht
intensif, -ive *adj* intensief
intensifier *vt* intensiveren, *(production)* opvoeren, *(relations)* uitbreiden; **s'intensifier** *vpr* intensiever worden
intensité *nf* intensiteit *nf,* sterkte *nf;* **~ d'un courant électrique** elektrische stroomsterkte; **diminuer d'~** zwakker worden; **~ d'un sentiment** heftigheid van een gevoel
intenter (à, contre) *vt* aanspannen (tegen)
intention *nf* intentie *nf,* bedoeling *nf;* **à cette ~** met dit doel; **à l'~ de qqn** voor iemand; **dans l'~ de** met het oogmerk om; **avoir l'~ de** van plan zijn om; **c'est l'~ qui compte** het is de goede wil die telt
intentionné, -ée *adj* gezind
intentionnel, -elle *adj* opzettelijk
interactif, -ive *adj* interactief
interaction *nf* wisselwerking *nf,* interactie *nf*
intercalaire *adj* **1** *(inséré)* ingelast; **l'intercalaire** het inlegvel **2** *(bissextile)* schrikkel-; **jour ~** schrikkeldag
intercaler *vt* inlassen *(une pause),* ertussen voegen *(un exemple),* ertussen plaatsen *(un livre)*
intercéder *vi* een goed woordje doen
intercepter *vt* onderscheppen, opvangen
interchangeable *adj* (onderling) verwisselbaar
interclasse *nm* pauze *de*
intercommunal, -ale *adj* intergemeentelijk; *(Belg.f.)* **l'(association) ~e** de intercommunale (vereniging) *(Belg.n.)*
intercontinental, -ale *adj* intercontinentaal
interdépendance *nf* onderlinge afhankelijkheid *nf*
interdiction *nf* **1** *(défense)* verbod *het;* **~ formelle de** streng verboden te; **~ de séjour** verblijfsverbod **2** *(défense d'exercer une fonction)* schorsing *nf*
interdire *vt* **1** *(proscrire)* verbieden; **c'est formellement interdit** dat is streng verboden **2** *(suspendre qqn)* schorsen; **être interdit de séjour dans le pays** uitgewezen worden
interdit, -ite *adj* **1** *(non autorisé)* verboden; **film ~ aux moins de 16 ans** film boven de 16 jaar; **l'interdit** het taboe; **sens ~** verboden in te rijden *(inscription);* **un ~ de séjour** een uitgewezene **2** *(étonné)* onthutst **3** *(suspendu)* geschorst
intéressant, -ante *adj* **1** *(attrayant)* interessant; **faire l'~** zich aanstellen **2** *(avantageux)* voordelig
intéressé, -ée *adj* **1** *(+ à) (attentif)* geïnteresseerd (in), belangstellend (naar); **l'intéressé(e)** de belangstellende; **être ~ par** belangstelling tonen voor **2** *(calculateur)* berekenend **3** *(concerné)* belanghebbend; **être ~ à** belang hebben bij
intéresser *vt* **1** *(retenir l'attention)* interesseren; **~ qqn à une cause** iemand voor een zaak winnen; **il intéresse ma cousine** mijn nichtje heeft een oogje op hem **2** *(avoir de l'importance)* van belang zijn voor **3** *(+ à) (associer)* (financieel) betrekken (bij); **être intéressé aux bénéfices** in de winst delen **4** *(concerner)* betreffen; **s'intéresser (à)** *vpr (prendre intérêt à)* zich interesseren (voor), belang stellen (in); **s'~ à tout** zeer leergierig zijn; **person-**

ne ne s'est intéressé à moi niemand nam notitie van mij

intérêt *nm* **1** *(attention)* interesse *nf*, belangstelling *nf* **2** *(avantage)* (eigen)belang *het;* **avoir ~ à** er belang bij hebben om; **défendre les ~s de qqn** iemands belangen behartigen; **agir par ~** uit eigenbelang handelen **3** *(importance)* belang *het;* **d'un ~ capital** uitermate belangrijk **4** *(plur.) (somme)* rente *de*, interest *nm*

interférence *nf* interferentie *nf*

interférer *vi* **1** *(produire des interférences)* interfereren (met) **2** *(se télescoper)* in aanvaring komen (met) *(sujet sing.)*, elkaar tegenwerken *(sujet plur.)*

[1]**intérieur** *nm* **1** *(dedans)* binnenste *het;* **à l'~** binnen; **à l'~ de** (binnen)in; **l'~ du pays** het binnenland; **qqn qui est tourné vers l'~** een in zichzelf gekeerd iemand **2** *(chez-soi)* interieur *het;* **femme d'~** huisvrouw **3** *(pays)* binnenland *het;* **le ministère de l'Intérieur** het ministerie van Binnenlandse Zaken

[2]**intérieur, -eure** *adj* **1** *(interne)* binnen-; **cour ~e** binnenplaats **2** *(psychologique)* innerlijk **3** *(physiologique; technologique)* inwendig **4** *(d'un pays)* binnenlands

intérim *nm* **1** *(temps)* interim *het;* **assurer l'~ de qqn** iemands functie tussentijds waarnemen; **faire de l'~** als uitzendkracht werken, een interim doen *(n.B.);* **par ~** ad interim, a.i. **2** *(f.B.) (fonction)* vervanging *nf*

intérimaire *adj* tijdelijk; **l'intérimaire** de uitzendkracht

intérioriser *vt* verinnerlijken

interjection *nf* tussenwerpsel *het*

interligne *nm* regelafstand *nm*

interlocuteur, -trice *n* **1** *(partenaire de conversation)* gesprekspartner *nm* **2** *(partenaire de négociation)* onderhandelingspartner *nm*

interloqué, -ée *adj* verbluft

interlude *nm (théâtre)* tussenspel *het, (télévision)* pauzefilmpje *het*

intermède *nm* **1** *(entracte)* intermezzo *het* **2** *(interlude)* tussenspel *het*

[1]**intermédiaire** *nm (état intermédiaire)* overgang *nm;* **sans ~** direct ♦ **par l'~ de** door bemiddeling van

[2]**intermédiaire** *n* **1** *(médiateur, -trice)* bemiddelaar(ster) *nm (nf)*, tussenpersoon *nm* **2** *(commerçant(e))* tussenpersoon *nm*

[3]**intermédiaire** *adj* tussenliggend

interminable *adj* eindeloos

intermittence *nf* **1** *(caractère intermittent)* intermitterend karakter *het* **2** *(interruption)* ↓ tijdelijke onderbreking *nf;* **par ~** bij tussenpozen

intermittent, -ente *adj* intermitterend, onderbroken

internat *nm* **1** *(pensionnat)* internaat *het* **2** *(méd.)* inwonend coassistentschap *het*

international, -ale *adj* internationaal

interne *adj* inwendig; **à usage ~** voor inwendig gebruik ♦ **l'interne** de inwonende leerling(e) *(pensionnaire);* de inwonende coassistent(e) *(étudiant(e) en médecine)*

internement *nm* internering *nf*

interner *vt* interneren

Internet *nm* internet *het*

interpellation *nf* **1** *(apostrophe)* (het) aanspreken **2** *(pol.)* interpellatie *nf* **3** *(jur.)* aanhouding *nf*

interpeller *vt* **1** *(s'adresser à)* aanspreken **2** *(pol.)* interpelleren **3** *(police)* aanhouden

interphone *nm* intercom *nm*

interposé, -ée *adj* tussenkomend; **par personnes ~es** via tussenpersonen

interposer *vt* **1** *(poser entre)* plaatsen (tussen) **2** *(faire intervenir)* aanwenden; **s'interposer** *vpr (intervenir)* ingrijpen

interprétariat *nm* (het) tolken

interprétation *nf* **1** *(explication)* interpretatie *nf* **2** *(exécution)* vertolking *nf*, interpretatie *nf* **3** *(traduction orale)* (het) tolken

interprète *n* **1** *(acteur)* vertolk(st)er *nm (nf)* **2** *(porte-parole)* tolk *nm;* **se faire l'~ de qqch** uitdrukking geven aan **3** *(traducteur)* tolk *nm;* **servir d'~, faire l'~** als tolk dienen, tolken

interpréter *vt* **1** *(expliquer)* verklaren **2** *(jouer)* vertolken **3** *(traduire)* tolken, vertalen **4** *(comprendre)* interpreteren

interrogateur, -trice *adj* (onder)vragend; **l'interrogateur, l'interrogatrice** de examinator, examinatrice

interrogatif, -ive *adj* vragend; **l'interrogatif** het vraagwoord; **l'interrogative** de vraagzin

interrogation *nf* **1** *(action de questionner)* ondervraging *nf;* **~ écrite, interro** schriftelijke overhoring, so **2** *(examen)* overhoring *nf*

interrogatoire *nm* ondervraging *nf*, verhoor *het*

interroger *vt* **1** *(questionner)* ondervragen **2** *(interviewer)* vragen stellen aan; **~ qqn du regard** iemand vragend aankijken; **s'interroger** *vpr (se poser des questions)* bij zichzelf te rade gaan; **s'~ sur qqch** zich iets afvragen

interrompre *vt* onderbreken; **s'interrompre** *vpr* **1** *(+ dans) (s'arrêter)* stoppen met *(+ inf. substantivé)* **2** *(s'arrêter de parler)* even ophouden met spreken

interrupteur *nm* (licht)schakelaar *nm*

interruption *nf* **1** *(coupure)* onderbreking *nf;* **~ (volontaire) de grossesse, IVG** zwangerschapsonderbreking; **sans ~** ononderbroken **2** *(d'une conversation)* interruptie *nf*

intersection *nf* **1** *(croisement)* kruising *nf* **2** *(math.)* doorsnede *de*

interstice *nm* tussenruimte *nf*

interurbain, -aine *adj* interlokaal; **l'interurbain** het interlokale telefoonnet

intervalle *nm* **1** *(temps)* tussenpoos *de;* **par ~s** bij tussenpozen; **à ~s réguliers** met

regelmatige tussenpozen **2** *(espace)* tussenruimte *nf* **3** *(mus.)* interval *het*
intervenir *vi* **1** *(entrer en action; s'immiscer dans)* tussenbeide komen (in); **faire ~ l'armée** het leger inschakelen; **~ en faveur de qqn** een goed woord(je) voor iemand doen **2** *(être médiateur)* bemiddelen **3** *(parler)* het woord voeren **4** *(se produire)* tot stand komen **5** *(jouer un rôle)* medebepalend zijn
intervention *nf* **1** *(intercession)* tussenkomst *nf*, inmenging *nf (ingérence)*; **~ de la police** politieoptreden **2** *(action militaire)* interventie *nf* **3** *(médiation)* (verzoenende) bemiddeling *nf* **4** *(discours)* woorden *plur* **5** *(contribution)* bijdrage *de*; **~ de l'État** rijksbijdrage ♦ **~ chirurgicale** chirurgische ingreep
interversion *nf* omkering *nf*, omzetting *nf*
intervertir *vt* omkeren
interview *nf* interview *het*
[1]**interviewer** *nm* interviewer *nm*
[2]**interviewer** *vt* interviewen
intestin *nm* **1** *(partie du tube digestif)* darm *nm* **2** *(ensemble des organes)* ingewanden *plur*
intestinal, -ale *adj* darm-, ingewands-
intime *adj* **1** *(familier)* intiem; **ami ~** boezemvriend; **être ~ avec qqn** vertrouwelijk met iemand omgaan; **l'intime** de boezemvriend(in) **2** *(personnel)* strikt persoonlijk; **journal ~** dagboek **3** *(intérieur)* innerlijk **4** *(agréable)* gezellig
intimidation *nf* intimidatie *nf*
intimider *vt* **1** *(impressionner)* onzeker maken **2** *(effrayer)* intimideren
intimité *nf* **1** *(familiarité)* intimiteit *nf*, vertrouwelijkheid *nf* **2** *(vie privée)* privéleven *het;* **dans l'~** (in het) privé(leven) ♦ **dans la plus stricte ~** in familiekring
intitulé *nm* opschrift *het*
intituler *vt* noemen; **s'intituler** *vpr* de titel voeren van
intolérable *adj* **1** *(insupportable)* on(ver)draaglijk **2** *(inadmissible)* ontoelaatbaar, onduldbaar
intolérance *nf* **1** *(intransigeance)* onverdraagzaamheid *nf*, intolerantie *nf* **2** *(méd.)* intolerantie (voor) *nf*
intolérant, -ante *adj* onverdraagzaam, intolerant
intonation *nf* intonatie *nf (mus. et ling.)*
intouchable *adj* **1** *(paria)* onaanraakbaar **2** *(inattaquable)* onaantastbaar
intoxication *nf* **1** *(empoisonnement)* vergiftiging *nf;* **~ alimentaire** voedselvergiftiging **2** *(endoctrinement)* hersenspoeling *nf*
intoxiqué, -ée *n* verslaafde *nm*
intoxiquer *vt* **1** *(empoisonner)* vergiftigen (met) **2** *(influencer)* indoctrineren
intraduisible *adj* onvertaalbaar
intraitable *adj* onvermurwbaar
intransigeance *nf* onverzettelijkheid *nf*
intransigeant, -ante *adj* onverzettelijk
intransitif, -ive *adj* onovergankelijk
intransportable *adj* onvervoerbaar
intraveineux, -euse *adj* intraveneus
intrépide *adj* onverschrokken, stoutmoedig
intrépidité *nf* stoutmoedigheid *nf*
intrigant, -ante *adj* intrigerend; **l'intrigant(e)** de intrigant(e)
intrigue *nf* **1** *(manigance)* intrige *de*, gekonkel *het* **2** *(scénario)* intrige *de*
[1]**intriguer** *vi* intrigeren, konkelen
[2]**intriguer** *vt* intrigeren; **ce qui intrigue, c'est que** het raadselachtige is dat
intrinsèque *adj* wezenlijk, intrinsiek
introduction *nf* **1** *(action de faire entrer)* (het) binnenbrengen **2** *(adoption)* invoering *nf* **3** *(préface)* inleiding *nf*, *(mus.)* voorspel *het* **4** *(présentation)* introductie *nf*
introduire *vt* **1** *(faire entrer)* binnenbrengen, *(marchandises)* invoeren; **~ qqch en fraude** iets het land binnensmokkelen **2** *(insérer)* erin stoppen; *(inform.)* **~ les données** de gegevens invoeren **3** *(abstr.)* invoeren, doorvoeren **4** *(présenter)* introduceren; **s'introduire** *vpr* **1** *(pénétrer)* binnendringen **2** *(abstr.)* ingevoerd worden
introspection *nf* introspectie *nf*
introuvable *adj* **1** *(qu'on ne peut trouver)* onvindbaar **2** *(très rare)* moeilijk te vinden
introverti, -ie *adj* introvert; **un(e) ~(e)** een introvert persoon, binnenvetter
intrus, -use *n* indring(st)er *nm (nf)*
intrusif, -ive *adj* **1** *(qui fait intrusion)* opdringerig, inbreuk makend **2** *(géo.)* intrusief
intrusion *nf* indringing *het;* **faire ~ qqp** ergens binnendringen
intuitif, -ive *adj* intuïtief
intuition *nf* **1** *(pressentiment)* voorgevoel *het;* **avoir de l'~** een zesde zintuig hebben **2** *(instinct)* intuïtie *nf*
inusable *adj* onverslijtbaar
inusité, -ée *adj* ongebruikelijk
inutile *adj* nutteloos; **il est ~ que** het heeft geen zin dat
inutilisable *adj* onbruikbaar
inutilisé, -ée *adj* ongebruikt
inutilité *nf* nutteloosheid *nf*
invaincu, -ue *adj* onoverwonnen
invalide *adj* invalide; **l'~** de invalide; **l'~ du travail** de arbeidsongeschikte (werknemer)
invalider *vt* ongeldig verklaren
invalidité *nf* invaliditeit *nf*, arbeidsongeschiktheid *nf*
invariable *adj* **1** *(qui ne change pas)* onveranderlijk **2** *(constant)* onwrikbaar
invasion *nf* invasie *nf*
invective *nf* **1** *(sing.)* scheldwoord *het* **2** *(plur. aussi)* scheldpartij *nf*
[1]**invectiver** **(contre)** *vi (lancer des invectives)* schelden (op), uitvaren (tegen)
[2]**invectiver** *vt (injurier qqn)* uitschelden

invendable *adj* onverkoopbaar
invendu, -ue *adj* onverkocht; **les ~s** de onverkochte artikelen
inventaire *nm* **1** *(recensement)* inventaris *nm;* **faire l'~** de inventaris opmaken **2** *(liste)* opsomming *nf*
inventer *vt* **1** *(créer)* uitvinden **2** *(imaginer)* bedenken **3** *(mentir)* verzinnen
inventeur, -trice *n* **1** *(qui invente)* uitvind(st)er *nm (nf)* **2** *(qui trouve)* vinder *nm*
inventif, -ive *adj* vindingrijk, inventief
invention *nf* **1** *(trouvaille)* uitvinding *nf* **2** *(action d'inventer)* (het) uitvinden **3** *(affabulation)* verzinsel *het*
inverse *adj* omgekeerd, tegengesteld; **à l'~ de** in tegenstelling tot; **l'inverse** het omgekeerde, het tegen(over)gestelde; **en sens ~** in tegenovergestelde richting
inversement *adv* **1** *(d'une manière inverse)* omgekeerd; **ou ~** en vice versa **2** *(en revanche)* daarentegen
inverser *vt* omkeren; **~ le courant électrique** de stroom omschakelen
inversion *nf* **1** *(ling., météo.)* inversie *nf* **2** *(changement de sens)* omkering *nf*
invertébré, -ée *adj* ongewerveld; **les ~s** de ongewervelde dieren
investigation *nf* onderzoek *het*
[1]**investir (dans)** *vi* investeren (in)
[2]**investir** *vt* **1** *(placer)* beleggen, investeren **2** *(+ de) (mettre en possession de)* bekleden (met)
investissement *nm* investering *nf*
investisseur *nm* investeerder *nm,* belegger *nm*
investiture *nf* **1** *(pol.)* benoeming *nf* **2** *(hist.)* investituur *nf*
invétéré, -ée *adj* verstokt, onverbeterlijk
invincible *adj* **1** *(imbattable)* onoverwinnelijk **2** *(insurmontable)* onoverkomelijk
inviolable *adj* onschendbaar
invisibilité *nf* onzichtbaarheid *nf*
invisible *adj* **1** *(imperceptible)* onzichtbaar **2** *(caché)* verborgen
invitation *nf* **1** *(action d'inviter)* uitnodiging *nf* **2** *(incitation à)* verzoek (tot) *het;* **sur l'~ de qqn** op verzoek van iemand
invité, -ée *n* gast *nm*
inviter *vt* **1** *(convier)* uitnodigen **2** *(demander à)* verzoeken; **~ qqn à faire qqch** iemand verzoeken iets te doen
invivable *adj* **1** *(difficile à vivre)* onleefbaar **2** *(insupportable)* onuitstaanbaar
invocation *nf* aanroeping *nf*
involontaire *adj* **1** *(machinal)* onwillekeurig **2** *(sans le vouloir)* ongewild
invoquer *vt* **1** *(appeler à l'aide)* aanroepen **2** *(faire appel à)* aanvoeren
invraisemblable *adj* onwaarschijnlijk
invraisemblance *nf* onwaarschijnlijkheid *nf*
invulnérable (à) *adj* onkwetsbaar (voor)
iode *nm* jodium *het*
ion *nm* ion *het*
Irak *nm* Irak *n (sans art.)*
irakien, -ienne *adj* Iraaks; **l'irakien** het Iraaks; **l'Irakien(ne)** de Irakiër, Iraakse
Iran *nm* Iran *n (sans art.)*
iranien, -ienne *adj* Iraans; **l'iranien** het Iraans; **l'Iranien(ne)** de Iraniër, Iraanse
irascible *adj* lichtgeraakt
iris *nm* iris *de, (de l'œil aussi)* regenboogvlies *het*
irlandais, -aise *adj* Iers; **l'irlandais** het Iers; **l'Irlandais(e)** de Ier(se)
Irlande *nf* Ierland *n (sans art.);* **en ~** in Ierland
ironie *nf* ironie *nf*
ironique *adj* ironisch
ironiser (sur) *vi* spottende opmerkingen maken (over)
irradiation *nf* **1** *(émission de radiations)* uitstraling *nf* **2** *(exposition aux radiations)* bestraling *nf*
[1]**irradier** *vi* uitstralen *(aussi au fig.)*
[2]**irradier** *vt* bestralen
irraisonné, -ée *adj* onberedeneerd
irrationnel, -elle *adj* irrationeel
irréalisable *adj* niet te realiseren, onuitvoerbaar
irréaliste *adj* onrealistisch
irréconciliable *adj* onverzoenlijk
irrécupérable *adj* **1** *(personnes)* niet te resocialiseren **2** *(choses)* niet meer te gebruiken
irréductible *adj* **1** *(intraitable)* onvermurwbaar **2** *(math.)* niet herleidbaar
irréel, -elle *adj* onwezenlijk
irréfléchi, -ie *adj* **1** *(écervelé)* onnadenkend **2** *(inconséquent)* ondoordacht
irréfutable *adj* onweerlegbaar
irrégularité *nf* onregelmatigheid *nf*
irrégulier, -ière *adj* onregelmatig
irrémédiable *adj* onherstelbaar
irremplaçable *adj* onvervangbaar
irréparable *adj* onherstelbaar; **voiture ~** auto die total loss is
irréprochable *adj* onberispelijk
irrésistible *adj* **1** *(à qui, à quoi on ne peut résister)* onweerstaanbaar **2** *(comique)* dolkomisch
irrésolu, -ue *adj* besluiteloos
irrespect *nm* oneerbiedigheid *nf*
irrespectueux, -euse *adj* oneerbiedig
irrespirable *adj* **1** *(étouffant)* verstikkend **2** *(fig.)* onverdraaglijk
irresponsable *adj* **1** *(insouciant)* onbezonnen; **l'irresponsable** de waaghals **2** *(innocent)* ontoerekeningsvatbaar **3** *(souverain)* onschendbaar
irréversible *adj* onomkeerbaar
irrévocable *adj* onherroepelijk
irrigation *nf* irrigatie *nf,* bevloeiing *nf*
irriguer *vt* irrigeren, bevloeien
irritable *adj* lichtgeraakt
irritant, -ante *adj* **1** *(agaçant)* hinderlijk **2** *(allergie)* irriterend
irritation *nf* irritatie *nf*
irrité, -ée *adj* geïrriteerd
irriter *vt* **1** *(exaspérer)* irriteren, ergeren **2** *(piquer)* irriteren; **s'irriter** *vpr* **1** *(se fâ-*

cher) boos worden **2** *(réagir)* licht ontstoken raken

irruption *nf* **1** *(incursion)* inval *nm;* **faire ~ qqp** ergens binnenvallen **2** *(+ dans) (arrivée massive)* (het) binnenvallen (in)

islam *nm* islam *nm*

islamique *adj* islamitisch

islamisme *nm* islam *nm*

islandais, -aise *adj* IJslands; **l'islandais** het IJslands; **l'Islandais(e)** de IJslander, IJslandse

Islande *nf* IJsland *n (sans art.)*

isolant, -ante *adj* isolerend; **l'isolant** het isolatiemateriaal

isolation *nf* isolatie *nf;* **~ acoustique** geluidsisolatie

isolé, -ée *adj* **1** *(séparé des autres)* afgezonderd, *(éloigné)* afgelegen **2** *(détaché)* losstaand **3** *(seul)* eenzaam **4** *(électricité)* geïsoleerd

isolement *nm* afzondering *nf*

isolément *adv* afzonderlijk

isoler *vt* **1** *(mettre en quarantaine)* isoleren, afzonderen **2** *(protéger avec un isolant)* isoleren **3** *(considérer à part)* apart beschouwen; **s'isoler** *vpr (se retirer)* zich afzonderen

isoloir *nm* stemhokje *het*

Israël *nm* Israël *n*

israélien, -ienne *adj* Israëlisch; **l'Israélien(ne)** de Israëli(ër), Israëlische

israélite *adj* Israëlitisch; **l'Israélite** de Israëliet, Israëlitische

issu, -ue *adj* **1** *(né de)* geboren (uit) **2** *(qui résulte de)* voortgekomen (uit)

issue *nf* **1** *(sortie)* uitgang *nm;* **chemin sans ~** doodlopende weg **2** *(solution)* uitweg *nm;* **sans ~** hopeloos **3** *(fin)* afloop *nm;* **à l'~ de** na afloop van

Italie *nf* Italië *n (sans art.)*

italien, -ienne *adj* Italiaans; **l'italien** het Italiaans; **l'Italien(ne)** de Italiaan(se)

italique *adj* cursief; *(subst.)* **en ~** cursief; **l'italique** de cursieve (druk)letter

itinéraire *nm* **1** *(chemin)* weg *nm,* route *de* **2** *(description)* routebeschrijving *nf*

itinérant, -ante *adj* reizend

ivoire *nm* **1** *(matière)* ivoor *het* **2** *(objet)* ivoren voorwerp *het*

ivoirien, -ienne *adj* Ivoriaans; **le, la Ivoirien(ne)** de Ivoriaan(se)

ivre *adj* dronken *(aussi au fig.);* **être ~ de fatigue** omvallen van vermoeidheid; **légèrement ~** aangeschoten; **~ mort** stomdronken

ivresse *nf* **1** *(ébriété)* dronkenschap *nf;* **en état d'~** dronken **2** *(euphorie)* roes *nm*

ivrogne *n* dronkaard *nm*

J

j *nm* j *de;* **J comme Joseph** de j van Jan
jacasser *vi* **1** *(d'une pie)* klappen **2** *(bavarder)* (luid) kakelen
jachère *nf* (het) braak liggen; **en ~** braak(liggend)
jacinthe *nf* hyacint *de*
jade *nm* jade *het/de (m)*
jadis *adv* eertijds, vroeger
jaguar *nm* jaguar *nm*
jaillir *vi* **1** *(apparaître)* (plotseling) tevoorschijn komen **2** *(sortir en jet)* (op)springen, opspuiten
jais *nm* git *het;* **des yeux de ~** gitzwarte ogen
jalon *nm* **1** *(tige)* bakenstok *nm* **2** *(repère)* baken *het;* **poser les ~s de qqch** iets uitstippelen
jalonner *vt* uitstippelen *(aussi au fig.)*
jalousement *adv* **1** *(avec jalousie)* jaloers **2** *(soigneusement)* angstvallig
jalouser *vt* jaloers zijn op, benijden
jalousie *nf* **1** *(envie)* jaloezie *nf,* afgunst *nf* **2** *(volet)* jaloezie *nf*
jaloux, -ouse (de) *adj* **1** *(envieux de)* jaloers (op); **un ~, une jalouse** jaloers iemand **2** *(attaché à)* zeer gehecht (aan)
jamaïcain, -aine *adj* Jamaicaans; **le, la Jamaïcain(e)** de Jamaicaan(se)
Jamaïque *nf* Jamaica *n (sans art.);* **à la ~** op Jamaica
jamais *adv* **1** *(sens positif)* ooit; **à (tout) ~** voor altijd **2** *(sens négatif)* nooit, nimmer; **au grand ~** nooit in der eeuwigheid; **~ de la vie** nooit van zijn leven; **ne ... ~ plus, ne plus ~** nooit meer; **ne ... ~ que** nooit anders dan
jambe *nf* **1** *(membre)* been *het;* **s'enfuir à toutes ~s** wegrennen; **j'ai les ~s coupées** ik kan niet meer op mijn benen staan; **avoir 10 kilomètres dans les ~s** 10 kilometer gelopen hebben; **être dans les ~s de qqn** iemand voor de voeten lopen; **se dégourdir les ~s** zich wat vertreden; **les ~s écartées** wijdbeens *(adv.);* **cela me fait une belle ~ !** daar schiet ik toch niets mee op!; **faire qqch par-dessus la ~** iets op z'n janboerenfluitjes doen; **prendre ses ~s à son cou** zich uit de voeten maken; **tenir sur ses ~s** op zijn benen (kunnen) staan; **tenir la ~ à qqn** iemand aan de praat houden **2** *(de pantalon)* (broeks)pijp *de*
jambon *nm* ham *de*
jambonneau *nm* hammetje *het*
jante *nf* velg *de*
janvier *nm* januari *nm;* **en ~** in januari; **le premier ~** één januari, nieuwjaarsdag
japon *nm* Japans porselein *het*
Japon *nm* Japan *n (sans art.)*
japonais, -aise *adj* Japans; **le ~** het Japans; **le, la Japonais(e)** de Japanner, Japanse
japper *vi* keffen
jaquette *nf* **1** *(vêtement de cérémonie)* jacquet *het/de,* pandjesjas *de* **2** *(chemise d'un livre)* boekomslag *het/de (m)*
jardin *nm* tuin *nm;* **~ des plantes** hortus (botanicus); **~ potager** groentetuin; **~ public** plantsoen ♦ **~ d'enfants** kleuterschool, *(Belg.)* peutertuin
jardinage *nm* (het) tuinieren; **matériel de ~** tuingereedschap
jardiner *vi* tuinieren
jardinier, -ière *adj* tuin-; **culture jardinière** groenteverbouw; **le ~, la jardinière** de tuinier(ster) *(amateur);* de tuinman *(ouvrier)*
jardinière *nf* **1** *(caisse)* bloembak *nm* **2** *(mets)* groenteschotel *nm*
jargon *nm* **1** *(charabia)* brabbeltaal *de* **2** *(langue technique)* (vak)jargon *het*
jarret *nm* **1** *(du genou)* knieholte *nf* **2** *(d'animaux)* spronggewricht *het* **3** *(d'animaux de boucherie)* schenkel *nm*
jarretelle *nf* jarretelle *de*
jarretière *nf* kousenband *nm*
jars *nm* gent *nm*
jaser *vi* **1** *(bavarder)* kletsen **2** *(médire sur)* kletsen (over); **faire ~ les gens** aanleiding geven tot kletspraatjes
jasmin *nm* **1** *(plante)* jasmijn *de* **2** *(fleur)* jasmijnbloem *de;* **thé au ~** jasmijnthee
jatte *nf* kom *de*
jauge *nf* **1** *(baguette)* peilstok *nm;* **~ d'essence** benzinemeter **2** *(tonnage)* tonnenmaat *de* **3** *(mesure de capacité)* maat *de*
jauger *vt* **1** *(mesurer à la baguette)* peilen **2** *(mesurer)* meten **3** *(évaluer)* taxeren
jaunâtre *adj* geelachtig
[1]jaune *nm* geel *het;* **~ citron** citroengeel; **~ (d'œuf)** eierdooier, eigeel
[2]jaune *adj* geel ♦ **rire ~** lachen als een boer die kiespijn heeft
[1]jaunir *vi (devenir jaune)* geel worden
[2]jaunir *vt (rendre jaune)* geel maken
jaunisse *nf* geelzucht *de;* **en faire une ~** er groen en geel over worden van nijd
java *nf* java *nm (prononcé à la française);* **faire la ~** boemelen
javelliser *vt* chloreren
javelot *nm* speer *de*
jazz *nm* jazz(muziek) *nm (nf)*
je, j' *pron pers* ik

jean *nm* **1** *(pantalon)* spijkerbroek *de,* (blue)jeans *nm* **2** *(tissu)* spijkerstof *nm*
jeep® *nf* jeep *nm*
je-m'en-fichisme *nm* ↑ onverschilligheid *nf*
je ne sais quoi, je-ne-sais-quoi *nm* (zo)iets; **il a un ~ de déplaisant** hij heeft zoiets onaangenaams
jérémiade *nf* jeremiade *nf*
jerricane *nm* jerrycan *nm*
jersey *nm* jersey *nm*
jésus *nm* Jezusbeeldje *het*
¹jet *nm* **1** *(action de lancer)* (het) werpen **2** *(résultat)* worp *nm* **3** *(jaillissement)* straal *de;* **~ d'eau** waterstraal ♦ **d'un (seul) ~** in één keer; **premier ~** eerste schets
²jet *nm (avion)* straalvliegtuig *het*
jetable *adj* wegwerp-
jetée *nf* pier *nm,* havenhoofd *het*
jeter *vt* **1** *(lancer)* werpen; **~ un coup d'œil sur** een blik werpen op **2** *(abandonner en jetant)* weggooien; **~ qqn dehors** iemand de deur uitgooien **3** *(causer)* veroorzaken; **~ le trouble** verwarring stichten **4** *(émettre)* met kracht uiten; **~ des cris** kreten slaken; **se jeter** *vpr* **1** *(se lancer)* zich werpen; **se ~ au cou de qqn** iemand om de hals vliegen; **il s'est jeté contre un arbre** hij is tegen een boom aangevlogen; **se ~ par la fenêtre** uit het raam springen **2** *(se déverser)* uitmonden; **se ~ dans** uitmonden in
jeton *nm* penning *nm, (sports)* fiche *het/de;* **~ de téléphone** telefoonmunt ♦ **avoir les ~s** ↑ in de rats zitten; **un faux ~** schijnheilig iemand
jeu *nm* **1** *(activité ludique; façon de jouer)* spel *het;* **~ d'adresse** behendigheidsspel; **~ d'argent** gokspelletje; **cacher son ~** zich niet in de kaart laten kijken; **~x du destin, du hasard** spelingen van het toeval; **jouer un double ~** het achter zijn ellebogen hebben; **en ~** in het spel, in het geding; **jouer un ~ d'enfer** zeer hoog spel spelen; **entrer en ~** beginnen te spelen; *(fig.)* een rol gaan spelen; **entrer dans le ~ de qqn** meedoen met iemand; **~ d'équipe** teamsport; **~ d'esprit** geestigheid; **être en ~** op het spel staan; **faites vos ~x** uw inzet graag; **les ~x sont faits** er valt niets meer aan te veranderen; **jouer franc ~** eerlijk spelen; **jouer le grand ~** alle registers opentrekken; **~ de hasard** kansspel; **hors ~** buitenspel; **jouer le ~** de regels van het spel volgen; **~x de main(s)** handtastelijkheden; **mettre en ~** inzetten, op het spel zetten *(aussi au fig.);* **~ de mots** woordspeling; **les Jeux olympiques, JO** de Olympische Spelen, OS; **par ~** voor de grap; **~x de société** gezelschapsspelletjes; **~x télévisés** televisiespelletjes; **ce n'est pas du ~** dat is niet eerlijk; **voir clair dans le ~ de qqn** iemand doorhebben **2** *(espace de jeu)* speelplaats *de* **3** *(série)* stel *het* **4** *(mouvement)* beweging *nf;* **~x de lumière** lichteffecten **5** *(technol.)* speling *nf* **6** *(tennis)* game *nm* ♦ **être pris à son propre ~** meegesleept worden door de rol die men speelt; *(prov)* **le ~ n'en vaut pas la chandelle** het sop is de kool niet waard; **vieux ~** ouderwets
jeudi *nm* donderdag *nm;* **le ~** donderdags; **~ saint** Witte Donderdag
jeun ♦ *(adv.)* **à ~** nuchter; **à prendre à ~** op je nuchtere maag innemen
jeune *adj* **1** *(pas vieux)* jong; **Dupont ~** Dupont junior; **~ fille** meisje; **~s gens** jongelui; **~ homme** jonge man; **les ~s** de jongelui, de jeugd; **mourir ~** jong sterven; **c'est un peu ~** dat is een beetje krap **2** *(nouveau)* recent; **être ~ dans le métier** een nieuweling in het vak zijn; **les ~s mariés** het pasgetrouwde stel **3** *(inexpérimenté)* groen, naïef **4** *(juvénile)* jeugdig; **faire ~** er jeugdig uitzien
jeûne *nm* vasten *nm;* **jour de ~** vastendag
jeûner *vi* vasten
jeunesse *nf* **1** *(époque)* jeugd *de;* **dans ma ~** in mijn tijd; *(prov)* **il faut que ~ se passe** jeugd heeft geen deugd; **prime ~** prille jeugd **2** *(fait d'être jeune)* jeugdigheid *nf* **3** *(les jeunes)* jongelui *plur*
joaillerie *nf* **1** *(art)* juwelierskunst *nf* **2** *(bijoux)* juwelen *plur* **3** *(magasin)* juwelierswinkel *nm*
joaillier, -ière *n* juwelier(ster) *nm (nf)*
job *nm* baantje *het*
jockey *nm* jockey *nm*
jogging *nm* **1** *(course)* (het) joggen **2** *(vêtement)* joggingpak *het, (Belg.)* jogging *nm*
joie *nf* vreugde *nf, (plur.)* genietingen *plur;* **avec ~ !** met alle plezier!, graag!; **se faire une ~ de** zich erop verheugen (om) te; **la ~ de vivre** de levensvreugde
joindre *vt* **1** *(réunir)* samenvoegen **2** *(+ à) (ajouter)* toevoegen (aan), *(à une lettre)* insluiten (bij) **3** *(atteindre)* bereiken; **se joindre** *vpr* **1** *(s'unir)* zich verenigen **2** *(+ à) (s'ajouter à)* zich voegen (bij) **3** *(+ à) (participer à; s'unir à)* zich aansluiten (bij)
¹joint *nm* **1** *(jointure)* naad *nm,* voeg *de* **2** *(raccord)* koppeling *nf* **3** *(d'étanchéité)* pakking *nf;* **~ de culasse** (cilinder)koppakking **4** *(drogue)* joint *nm*
²joint, jointe *adj* **1** *(réuni)* samengevoegd; **les mains ~es** met samengevouwen handen; **sauter à pieds ~s** een sluitsprong maken **2** *(ajouté)* toegevoegd (aan); **vous trouverez ci-joint une copie** hierbij vindt u een kopie
jointure *nf* **1** *(articulation)* gewricht *het* **2** *(assemblage)* verbinding *nf*
joker *nm* joker *nm*
joli, -ie *adj* **1** *(beau)* mooi, leuk (om te zien) **2** *(intéressant)* leuk *(aussi ironique);* **c'est bien ~ mais** dat is wel aardig, maar toch
joliment *adv* **1** *(d'une manière jolie)* mooi **2** *(beaucoup)* behoorlijk

jonc *nm* **1** *(plante)* bies *de* **2** *(canne)* rotting *nm*

joncher (de) *vt* **1** *(de feuilles, de fleurs, etc.)* bezaaien (met) **2** *(d'objets quelconques)* bedekken (met)

jonction *nf* **1** *(action de joindre; résultat)* verbinding *nf;* **point de ~** knooppunt **2** *(lieu)* verbindingspunt *het* **3** *(inform.)* interface *de*

jongler (avec) *vi* **1** *(lancer)* jongleren (met) **2** *(fig.)* goochelen (met)

jongleur, -euse *n* jongl|eur, -euse *nm, nf*

jonque *nf* jonk *nm*

jonquille *nf* narcis *de*

Jordanie *nf* Jordanië *n (sans art.)*

jordanien, -ienne *adj* Jordaans; **le, la Jordanien(ne)** de Jordaniër, Jordaanse

joue *nf* wang *de;* **mettre (un fusil) en ~** een geweer aanleggen; **tenir qqn en ~** op iemand aanleggen

[1]**jouer** *vi* **1** *(+ à) (pratiquer un jeu)* spelen (met) *(aussi au fig.);* **~ à la femme du monde** doen of men een vrouw van de wereld is; **~ aux cartes** kaartspelen; **bien joué !** goed gespeeld!; *(fig.)* goed gedaan!; **à vous de ~** het is uw beurt *(aussi au fig.);* **c'était pour ~** het was voor de grap **2** *(spéculer)* speculeren (op); **~ aux courses** op paarden wedden **3** *(+ de) (se servir de)* spelen (op), gebruiken; **~ de malchance** pech hebben; **~ de son autorité** zijn gezag uitspelen; **~ du piano** pianospelen **4** *(avoir du jeu)* werken, bewegen; **la clé joue dans la serrure** de sleutel draait in het slot **5** *(entrer en jeu)* (een rol) spelen

[2]**jouer** *vt* **1** *(pratiquer un jeu; interpréter; simuler)* spelen; **~ la comédie** toneelspelen *(aussi au fig.);* **~ les victimes** het slachtoffer uithangen; **qu'est-ce qu'on joue au Rex ?** welke film draait er in de Rex? **2** *(mettre en jeu)* uitspelen; **~ une carte** een kaart uitspelen **3** *(risquer)* inzetten; **~ trente euros sur** dertig euro inzetten op; **se jouer** *vpr* **1** *(se dérouler)* zich afspelen **2** *(+ de) (se moquer de)* spotten (met); **se ~ des difficultés** de moeilijkheden spelenderwijs overwinnen **3** *(être joué)* gespeeld worden; **ce jeu se joue à quatre** dit spel wordt met vier spelers gespeeld; **ce morceau se joue au piano** dit stuk is voor piano

jouet *nm* **1** *(objet)* stuk *het* speelgoed **2** *(victime)* speelbal *nm*

joueur, -euse *n* speler, speelster *nm, nf;* **mauvais ~** slecht verliezer; **~ de tennis** tennisser

joufflu, -ue *adj* bolwangig

joug *nm (aussi au fig.)* juk *het*

jouir *vi* **1** *(+ de) (tirer plaisir)* genieten (van) **2** *(+ de) (posséder)* (iets) bezitten, *(fig.)* (iets) genieten **3** *(éprouver l'orgasme)* klaarkomen

jouissance *nf* **1** *(plaisir)* genot *het, (plur.)* genietingen *plur* **2** *(usage)* gebruik *het* **3** *(possession)* bezit *het;* **avoir la ~ de** in het bezit zijn van

joujou *nm* stuk *het* speelgoed, *(plur.)* speelgoed *het;* **faire ~ avec** spelen met

jour *nm* **1** *(journée)* dag *nm;* **tenir à ~** bijhouden; **mettre à ~** bijwerken; **être à ~** bij zijn; **d'un ~ à l'autre** van de ene dag op de andere; **~ de l'An** nieuwjaarsdag; **vivre au ~ le ~** van de hand in de tand leven; **au ~ d'aujourd'hui** vandaag de dag; **l'autre ~** een tijdje geleden, onlangs; **un ~ ou l'autre** op een goede dag; **les beaux ~s** de mooie (lente)dagen; *(fig.)* de jeugd; **être dans son bon ~** z'n goede dag hebben; **un de ces ~s** één dezer dagen; **un ~ de congé** een vrije dag; **de ~** overdag; **de nos ~s** tegenwoordig; **de ~ en ~** van dag tot dag; **tous les deux ~s** om de andere dag; **du ~** van diezelfde dag; **le goût du ~** de thans heersende smaak; **nouvelles du ~** laatste nieuws; **des œufs du ~** verse eieren; **du ~ au lendemain** van de ene dag op de andere; **~ férié** feestdag; **le ~ J** *(hist.)* D-day; *(fig.)* de grote dag; **ce ~ même** vandaag nog; **le ~ des Morts** Allerzielen; **c'est le ~ et la nuit** dat is een verschil als tussen dag en nacht; **~s ouvrables** werkdagen; **~ de Pâques** paasdag; **~ pour ~** op de dag af; **~ de sortie** vrije dag; **tous les ~s** iedere dag; **de tous les ~s** alledaags; **un ~** op een dag; **vedettes d'un ~** eendagssterren **2** *(clarté)* daglicht *het,* licht *het (aussi au fig.);* **donner le ~ à un enfant** het leven schenken aan een kind; **il fait ~** het is dag; **faux ~** vals licht; **mettre au grand ~** openbaar maken; **le ~ se lève** het wordt dag; **jeter un nouveau ~ sur** een nieuw licht werpen op; **petit ~** ochtendschemering; **en plein ~** op klaarlichte dag; **se montrer sous son vrai ~** zijn ware aard tonen; **voir le ~** het levenslicht aanschouwen **3** *(ouverture)* opening *nf* **4** *(plur.) (vie)* leven(sdagen) *het (plur);* **finir ses ~s à la campagne** z'n laatste levensdagen op het platteland slijten; **les vieux ~s** de oude dag

journal *nm* **1** *(quotidien)* dagblad *het,* krant *de;* **~ d'information** nieuwsblad; **le ~ officiel** de Staatscourant; **papier ~** krantenpapier **2** *(journal intime)* dagboek *het* **3** *(bulletin d'information)* journaal *het;* **~ télévisé, JT** (televisie)journaal **4** *(magazine)* tijdschrift *het* ♦ *(mar.)* **~ de bord** scheepsjournaal

journalier, -ière *adj* dagelijks

journalisme *nm* journalistiek *nf*

journaliste *n* journalist(e) *nm (nf)*

journée *nf* **1** *(jour)* dag *nm;* **à longueur de ~** de godganse dag; **pendant la ~** overdag; **~ portes ouvertes** open dag **2** *(jour de travail)* werkdag *nm*

journellement *adv* dagelijks

joute *nf* steekspel *het (aussi au fig.)*

jovial, -ale *adj* joviaal

jovialité *nf* jovialiteit *nf*

joyau *nm* juweel *het (aussi au fig.)*

joyeux, -euse *adj* vrolijk; **~ Noël !** gelukkig kerstfeest!

jubilé *nm* gouden jubileum *het*

jubiler *vi* jubelen
jucher *vt* hoog plaatsen; **se jucher** *vpr* gaan zitten
judaïque *adj* joods
judaïsme *nm* joodse geloof *het*
judas *nm* **1** *(traître)* judas *nm* **2** *(trou)* kijkgaatje *het*
judiciaire *adj* **1** *(relatif à la justice)* rechterlijk **2** *(qui dépend de la justice)* gerechtelijk; assistance ~ gratuite kosteloze rechtsbijstand
judicieux, -euse *adj* verstandig
judo *nm* judo *het*
juge *nm* **1** *(magistrat)* rechter *nm (aussi au fig.)*; être bon ~ en la matière de zaak goed kunnen beoordelen; ~ d'instruction rechter-commissaris, onderzoeksrechter *(Belg.n.)* **2** *(arbitre)* scheidsrechter *nm*
juge-arbitre *nm* scheidsrechter *nm*
jugement *nm* **1** *(opinion)* oordeel *het;* porter un ~ een oordeel uitspreken; ~ de valeur waardeoordeel **2** *(discernement)* verstand *het* **3** *(jur.)* vonnis *het;* prononcer un ~ een vonnis vellen
jugeote *nf* boerenverstand *het*
[1]**juger, jugé** *nm* ♦ au ~ op goed geluk
[2]**juger** (de) *vi* **1** *(apprécier)* oordelen (over); à en ~ par te oordelen naar **2** *(imaginer)* zich (iets) voorstellen
[3]**juger** *vt* **1** *(apprécier; considérer)* (be)oordelen **2** *(croire)* geloven; si tu le juges bon als je denkt dat het goed is **3** *(jur.)* vonnissen; ~ un accusé een verdachte berechten; ~ une affaire uitspraak doen in een zaak; **se juger** *vpr (se considérer)* zich beschouwen als
juguler *vt* stopzetten
juif, juive *n* jood *nm;* le peuple ~ het joodse volk
juillet *nm* juli *nm;* en ~ in juli
juin *nm* juni *nm;* en ~ in juni
jumeau, -elle *adj* tweeling-; *(subst.)* faux ~x niet-identieke tweelingen; frère ~ tweelingbroer; la jumelle de tweelingzus; le ~ de tweeling(broer); lits ~x lits-jumeaux; *(subst.)* vrais ~x identieke tweelingen
jumelage *nm* jumelage *nf, (Belg.)* verzustering *nf*
jumeler *vt* koppelen ♦ villes jumelées zustersteden
jumelle *nf* verrekijker *nm, (au théâtre)* toneelkijker *nm*
jument *nf* merrie *nf*
jungle *nf* jungle *de*
junior *adj* junior; la mode ~ de kindermode
jupe *nf* rok *nm;* ~ plissée geplisseerde rok
jupe-culotte *nf* broekrok *de*
jupon *nm* (onder)rok *nm*
juré, -ée *adj* gezworen; ennemi ~ gezworen vijand, aartsvijand; le, la ~(e) het jurylid; traducteur ~ beëdigd vertaler
[1]**jurer** *vi* **1** *(prêter serment)* zweren; *(prov)* il ne faut ~ de rien ⟨*men kan nooit weten*⟩; j'en jurerais ik zou er een eed op durven doen; on ne jure plus que par lui men zweert alleen nog maar bij hem **2** *(blasphémer)* vloeken **3** *(détonner)* vloeken
[2]**jurer** *vt* zweren; je te jure dat kan ik je verzekeren; ah, je vous jure ! dat is me toch wat!; **se jurer** *vpr* **1** *(se promettre à soi)* zich voornemen **2** *(se promettre réciproquement)* elkaar zweren
juridiction *nf* **1** *(pouvoir de juger)* rechtspraak *de; (fig.)* cela n'est pas de votre ~ dat is uw terrein niet **2** *(tribunal)* rechtbank *de* **3** *(étendue de la juridiction)* rechtsgebied *het*
juridique *adj* **1** *(droit)* rechts- **2** *(justice)* rechtskundig
juriste *n* jurist *nm,* rechtsgeleerde *nm*
juron *nm* vloek *nm*
jury *nm* **1** *(au tribunal)* jury *de* **2** *(d'examen)* examencommissie *nf*
jus *nm* **1** *(de fruit)* sap *het* **2** *(de viande)* jus *nm* **3** *(café)* slobber *nm* **4** *(courant)* ↑ (elektrische) stroom *nm*
jusque *prép* **1** *(lieu, temps)* tot; jusqu'à ce que tot, totdat; aller jusqu'à ... zover gaan dat ...; jusqu'ici tot hier; jusqu'à présent tot nu toe; jusqu'à quand ? tot wanneer? **2** *(même)* zelfs; il est allé jusqu'à me dire que hij heeft me zelfs gezegd dat
jusque-là *adv* **1** *(jusqu'à cet endroit)* tot daar, tot zover; *(fig.)* en avoir ~ het zat zijn **2** *(jusqu'à ce moment)* tot dan toe, tot (op) dat moment
justaucorps *nm* balletpakje *het*
[1]**juste** *nm* (het) rechtvaardige; être dans le ~ gelijk hebben
[2]**juste** *adj* **1** *(équitable)* rechtvaardig, eerlijk **2** *(légitime)* rechtmatig; ~ cause eerlijke zaak **3** *(exact)* precies, nauwkeurig; c'était (tout) ~ het was op het nippertje **4** *(étroit; insuffisant)* krap
[3]**juste** *adv* **1** *(exactement)* precies, juist; je ne sais pas au ~ dat weet ik niet zo precies; chanter ~ zuiver zingen; tomber ~ op het juiste moment komen **2** *(à peine)* krap; elle vient tout ~ d'arriver ze is er nog maar net **3** *(seulement)* slechts
justement *adv* **1** *(précisément)* precies, juist **2** *(à bon droit)* op rechtvaardige wijze, terecht
justesse *nf* **1** *(exactitude)* juistheid *nf* **2** *(précision)* nauwkeurigheid *nf* ♦ de ~ op het nippertje
justice *nf* **1** *(équité)* rechtvaardigheid *nf* **2** *(jur.)* justitie *nf;* passer en ~ voor het gerecht verschijnen; poursuivre en ~ vervolgen; rendre la ~ rechtspreken ♦ se faire ~ *(se tuer)* de hand aan zichzelf slaan; *(se venger)* het recht in eigen handen nemen; faire ~ à qqn iemand recht doen wedervaren
justicier, -ière *n* handhaver *nm* van het recht
justifiable *adj* te rechtvaardigen
justificatif, -ive *adj* **1** *(qui prouve)* als bewijs dienend; une pièce justificative

een bewijs(stuk) **2** *(qui justifie)* rechtvaardigend

justification *nf* rechtvaardiging *nf*

[1]**justifier (de)** *vi (prouver)* (iets) bewijzen

[2]**justifier** *vt* **1** *(défendre)* rechtvaardigen **2** *(légitimer)* wettigen; **se justifier** *vpr* **1** *(se disculper)* zich rechtvaardigen **2** *(être fondé)* gegrond zijn

jute *nm* jute *de;* **toile de ~** juteweefsel

juteux, -euse *adj* sappig

juvénile *adj* jeugdig

juxtaposer *vt* naast elkaar plaatsen; **~ une chose à une autre** iets naast iets anders zetten

juxtaposition *nf* (het) naast elkaar plaatsen

k

k *nm* k *de;* **K comme Kléber** de k van Karel
kaki *nm* kakikleur *de;* **toile ~** kakikleurig linnen
kale *nm* boerenkool *de*
kaléidoscope *nm* caleidoscoop *nm*
kamikaze *nm* **1** *(pilote)* kamikaze *nm* **2** *(personne téméraire)* waaghals *nm*
kangourou *nm* kangoeroe *nm*
karaoké *nm* karaoke *de*
karaté *nm* karate *het*
kart *nm* skelter *nm*
karting *nm* karting *het,* (het) skelteren
kayak *nm* kajak *nm;* **faire du ~** aan kajakvaren doen
kazakh *adj* Kazachs; **le, la Kazakh** de Kazach(se)
Kazakhstan *nm* Kazachstan *n (sans art.)*
Kenya *nm* Kenia *n (sans art.)*
kényan, -ane *adj* Keniaans; **le, la Kényan(e)** de Keniaan(se)
képi *nm* kepie *nm*
kermesse *nf* **1** *(fête de bienfaisance)* weldadigheidsfeest *het* (in de openlucht) **2** *(ducasse)* kermis *de*
kérosène *nm* kerosine *nf*
khôl *nm* ogenzwartsel *het*
kidnapper *vt* ontvoeren, kidnappen
kidnappeur, -euse *n* ontvoerder, ontvoerster *nm, nf,* kidnapper *nm*
[1]**kifer, kiffer** *vi (fam.)* leuk vinden; **ça me fait kiffer** dat vind ik vet
[2]**kifer, kiffer** *vt (fam.)* houden van
kifkif *adj* krek eender; **c'est du kif** dat is één pot nat
kilo *nm* kilo *het*
kilogramme *nm* kilogram *het,* kilo *het*
kilométrage *nm* **1** *(nombre de kilomètres au compteur)* kilometerstand *nm* **2** *(nombre de kilomètres parcourus)* aantal *het* kilometers
kilomètre *nm* kilometer *nm;* **faire des ~s** kilometers afleggen; **faire cent ~s à l'heure** honderd kilometer per uur rijden
kilométrique *adj* kilometer-
kilo-octet *nm (inform.)* kilobyte *de*
kilowattheure *nm* kilowattuur *het*
kinésithérapeute *n* fysiotherapeut(e) *nm (nf)*
kinésithérapie *nf* fysiotherapie *nf*
kiosque *nm* kiosk *de;* **~ à musique** muziektent
kirghiz *adj* Kirgizisch; **le, la Kirghiz** de Kirgies, Kirgizische
Kirghizistan *nm* Kirgizië *n*
kirsch *nm* kirsch *nm*
kit *nm* (zelf)bouwpakket *het*
kitchenette *nf* kitchenette *de*
kitsch *adj* kitsch-, kitscherig; **le ~** (de) kitsch
kiwi *nm* kiwi *nm*
klaxon *nm* toeter *nm*
klaxonner *vi* toeteren
kleenex *nm* papieren zakdoekje *het; (fig.)* **traiter qqn comme un ~** iemand behandelen als een wegwerpartikel
kleptomane *adj* kleptomaan; **le, la ~** de kleptomaan
knock-out *nm* knock-out *nm*
koala *nm* koala *nm*
Koweït *nm* Koeweit *n (sans art.)*
koweïtien, -ienne *adj* Koeweits; **le, la Koweïtien(ne)** de Koeweiter, Koeweitse
krach *nm* (beurs)krach *nm*
kraft® *nm* pakpapier *het;* **papier ~** pakpapier
kurde *adj* Koerdisch; **le ~** het Koerdisch; **les Kurdes** de Koerden
kyrielle *nf* ris(t) *de*
kyste *nm* cyste *de*

l

l *nm ou nf* l *de;* **L comme Léopold** de l van Lodewijk
la *nm* a *de,* la *de;* **donner le ~** *(mus.)* de a (aan)geven; *(fig.)* de toon aangeven
là *adv* **1** *(là-bas)* daar; **en arriver ~** zover komen; **ça et ~, par ci par ~** hier en daar; **de ~ son échec** vandaar zijn, haar mislukken; **de ~ vient que ...** daardoor komt het dat ...; **de ~ au village** van daar naar het dorp; **en être ~** zover zijn; **~ où** daar waar; **passer par ~** daarlangs gaan; *(fig.)* zo'n fase doormaken; **par ~ même** juist daardoor; **entendre par ~** daaronder verstaan; **quelque part par ~** daar ergens; **les faits sont ~** dat zijn de feiten **2** *(ici)* er; **il n'est pas ~** hij is er niet **3** *(à ce moment)* toen; **d'ici ~** intussen ♦ **c'est bien ~ le problème** dáár zit het probleem; **ce jour-là** die dag; **que me dites vous ~ ?** wat zegt u me dáár?; **loin de ~** verre van dat
là! *interj* nou!; **oh ~ ~ !** o jee!
là-bas *adv* (daar)ginds
label *nm* **1** *(de qualité)* kwaliteitsmerk *het* **2** *(d'origine)* herkomstaanduiding *nf*
labeur *nm* ↓ zwaar werk *het*
laborantin, -ine *n* laborant *nm*
labo(ratoire) *nm* lab(oratorium) *het, (Belg.)* labo *het;* **animaux de ~** proefdieren; **~ de langue** talenpracticum
laborieux, -euse *adj* **1** *(pénible)* moeizaam, moeilijk **2** *(actif)* hardwerkend ♦ **c'est ~** het wil niet vlotten
labour *nm* **1** *(travail)* (het) (om)ploegen **2** *(plur.) (terre)* omgeploegd land *het*
labourer *vt* **1** *(bêcher)* (om)ploegen **2** *(creuser)* omwoelen **3** *(griffer)* openkrabben
labyrinthe *nm* doolhof *nm (aussi au fig.)*
lac *nm* meer *het;* **~ artificiel** stuwmeer; **le ~ Léman** het meer van Genève
lacer *vt* vastmaken, (dicht)rijgen
lacérer *vt* verscheuren
lacet *nm* **1** *(de chaussure)* veter *nm;* **faire ses ~s** zijn veters vastmaken **2** *(virage)* (haarspeld)bocht *de* **3** *(piège)* strik *nm*
lâche *adj* **1** *(peureux)* laf(hartig); **le, la ~** de lafaard **2** *(relâché)* los
[1]**lâcher** *nm* (het) oplaten
[2]**lâcher** *vi (céder)* bezwijken; **ses nerfs ont lâché** zijn zenuwen werden hem de baas
[3]**lâcher** *vt* **1** *(desserrer)* losser maken **2** *(cesser de tenir)* loslaten; **~ dans la nature** (in het wild) loslaten; *(mettre à l'épreuve)* in het diepe gooien; *(abandonner à son sort)* aan zijn lot overlaten **3** *(quitter)* in de steek laten **4** *(une remarque)* laten vallen ♦ **~ prise** loslaten
lâcheté *nf* **1** *(poltronnerie)* lafheid *nf* **2** *(acte lâche)* laffe daad *de*
lacrymogène *adj* ♦ **bombe ~** traangasbom
lacté, -ée *adj* melk-
lacune *nf* **1** *(manque)* leemte *nf,* lacune *de* **2** *(espace vide)* holte *nf*
là-dedans *adv* daarbinnen
là-dessous *adv* daaronder; **il y a qqch ~** daaronder zit iets; *(fig.)* daar steekt iets achter
là-dessus *adv* **1** *(sur cela)* daarboven **2** *(à ce sujet)* daarover **3** *(sur ce)* daarop
ladite *adj* → **ledit**
lagune *nf* lagune *de*
là-haut *adv* daarboven
laïc, laïque *n* leek *nm*
laid, laide *adj* lelijk
laideur *nf* lelijkheid *nf*
lainage *nm* **1** *(vêtement)* wollen kledingstuk *het* **2** *(étoffe)* wollen stof *de*
laine *nf* wol *de;* **~ de verre** glaswol
laïque *adj* **1** *(séculier)* leken- **2** *(neutre)* neutraal; **enseignement ~** openbaar onderwijs; **l'école ~** de openbare school
laisse *nf* lijn *de;* **tenir en ~** aan de lijn houden; *(fig.)* aan de leiband laten lopen
laissé-pour-compte, laissée-pour-compte *n* **1** *(qu'on n'achète pas)* winkeldochter *nf* **2** *(dont on ne s'occupe pas)* verschoppeling *nm*
laisser *vt* **1** *(ne pas empêcher de)* laten; **~ dire** zich niet bekommeren om wat anderen zeggen; **~ faire qqn** iemand zijn gang laten gaan; **~ venir** afwachten **2** *(ne pas modifier l'état de; ne pas s'occuper de)* zich niet bemoeien met; **~ qqn à la porte** iemand bij de deur laten staan; **~ qqch de côté** iets weglaten; **~ la fenêtre ouverte** het raam open laten staan; **~ qqn (tranquille)** iemand met rust laten; **laissez** doe geen moeite **3** *(laisser derrière soi)* achterlaten **4** *(léguer)* nalaten **5** *(perdre)* verliezen **6** *(abandonner qqn)* laten zitten ♦ **~ à désirer** te wensen overlaten; **il m'a laissé à entendre** hij heeft mij te verstaan gegeven; **je te laisse ma voiture pour 700 euros** je kunt mijn auto krijgen voor 700 euro; **se laisser** *vpr* ♦ **se ~ aller** zich laten gaan; **se ~ aller aux larmes** de tranen de vrije loop laten; **se ~ aller à sourire** zich tot een glimlach laten verleiden; **vin qui se laisse boire** drinkbare wijn; **je me suis laissé dire** ik meen gehoord te

hebben; se ~ faire geen weerstand bieden; se ~ vivre zich laten leven

laisser-aller *nm* **1** *(désinvolture)* achteloosheid *nf* **2** *(manque de soin)* slordigheid *nf*

laisser-faire *nm* laisser faire *het*

laissez-passer *nm* **1** *(sauf-conduit)* pasje *het* **2** *(jur.)* geleibrief *nm*

lait *nm* melk *de;* ~ démaquillant reinigingsmelk; ~ fermenté karnemelk; *(fig.)* boire du (petit) ~ in zijn nopjes zijn; ~ demi-écrémé halfvolle melk; ~ écrémé taptemelk; ~ entier volle melk; l'industrie du ~ de zuivelindustrie; ~ en poudre melkpoeder

laitage *nm* melkproduct *het*

laiterie *nf* **1** *(usine)* melkfabriek *nf, (Belg.)* melkerij *nf* **2** *(partie d'une ferme)* melkerij *nf*

laiteux, -euse *adj* melkachtig

laitier, -ière *adj* melk-, zuivel-; le ~, la laitière de melkbezorger, melkbezorgster; la (vache) laitière de melkkoe

laiton *nm* messing *het*

laitue *nf* sla *de*

lama *nm* lama *nm*

lambeau *nm* **1** *(morceau)* (afgescheurd) stuk *het;* en ~x aan flarden gescheurd; mettre en ~x in stukken scheuren **2** *(fig.) (fragment)* flard *de*

lambin, -ine *adj* treuzelachtig; le, la ~(e) de slome duikelaar

lambris *nm* **1** *(d'un mur)* lambrisering *nf* **2** *(d'un plafond)* plafondbetimmering *nf*

lame *nf* **1** *(bande)* plaatje *het* **2** *(partie tranchante)* lemmet *het;* une fine ~ een goed schermer **3** *(de rasoir)* scheermesje *het* **4** *(vague)* golf *de (aussi au fig.);* ~ de fond grondzee

lamelle *nf* plakje *het*

lamentable *adj* **1** *(exécrable)* erbarmelijk **2** *(navrant)* jammerlijk

lamentation *nf* **1** *(plainte)* klaagzang *nm* **2** *(jérémiades)* gejammer *het*

se lamenter (de, sur) *vpr* jammeren (over)

laminer *vt* **1** *(indus.)* pletten, (uit)walsen **2** *(écraser qqn)* verpletteren

lampadaire *nm* **1** *(dans un logement)* staande (schemer)lamp *de* **2** *(réverbère)* straatlantaarn *de*

lampe *nf* lamp *de;* ~ de chevet bedlampje; ~ halogène halogeenlamp ♦ ~ de poche zaklamp

lampion *nm* lampion *nm*

lance *nf* lans *de* ♦ ~ à eau spuitstuk; ~ d'incendie brandspuit

lancée *nf* vaart *de;* continuer sur sa ~ in één adem doorgaan

lance-flamme *nm* vlammenwerper *nm*

lancement *nm* **1** *(action de projeter)* (het) werpen **2** *(d'un bateau)* tewaterlating *nf* **3** *(d'un produit)* (het) op de markt brengen **4** *(d'une entreprise, d'une vedette)* (het) bekendmaken

lance-pierre *nm* katapult *nm*

[1]lancer *nm (sports)* (het) werpen

[2]lancer *vt* **1** *(jeter)* werpen; ~ un mandat d'arrêt contre qqn bevel tot aanhouding tegen iemand uitvaardigen; ~ un cri een kreet slaken; ~ son chien sur qqn zijn hond op iemand afsturen; ~ un ultimatum een ultimatum stellen **2** *(mettre en mouvement)* in beweging zetten; ~ une campagne électorale een verkiezingscampagne beginnen; ~ une fusée een raket lanceren; ~ un moteur een motor starten; ~ un navire een schip van stapel doen lopen; ~ qqn sur un sujet iemand over iets aan het praten krijgen; une fois lancé, il ne s'arrête plus als hij eenmaal op dreef is, houdt hij niet meer op **3** *(un produit)* op de markt brengen **4** *(une personne)* bekendmaken ♦ ~ une mode een mode lanceren; **se lancer** *vpr* **1** *(se jeter)* zich werpen (op); se ~ à la poursuite de qqn de achtervolging inzetten op iemand **2** *(+ dans) (s'embarquer dans)* zich storten (in); se ~ dans la politique in de politiek gaan

lanceur, -euse *n* **1** *(d'un objet)* werp(st)er *nm (nf);* ~ de disque discuswerper; ~ de poids kogelstoter **2** *(d'un produit, d'une mode)* promotor *nm*

lancinant, -ante *adj* **1** *(aigu)* stekend **2** *(obsédant)* smartelijk

landau *nm* kinderwagen *nm*

lande *nf* heide *de*

langage *nm* taal *de (aussi inform.),* taalgebruik *het;* ~ courant omgangstaal; ~ machine computertaal; ~ de programmation programmeertaal

lange *nm* luier *de*

langer *vt* iemand een luier aandoen

langoureux, -euse *adj* smachtend

langouste *nf* langoest *nm,* hoornkreeft *de*

langoustine *nf* Noorse zeekreeft *de,* langoustine *de*

langue *nf* **1** *(organe)* tong *de;* ~ de bois wollig taalgebruik; j'ai le mot sur le bout de la ~ het woord ligt me voor op de tong; ne pas avoir sa ~ dans sa poche niet op z'n mondje gevallen zijn; donner sa ~ au chat het opgeven; mauvaise ~ kwaadspreker, kwaadspreekster, *(Belg.)* kwatong; avoir la ~ bien pendue een scherpe tong hebben; tirer la ~ à qqn de tong tegen iemand uitsteken **2** *(ling.)* taal *de;* ~ écrite schrijftaal; ~ parlée spreektaal; *(fam.)* ~ de plomb vage taal, holle retoriek; un professeur de ~s een leraar vreemde talen; ~ des signes gebarentaal

languette *nf* tongetje *het,* lipje *het*

langueur *nf* **1** *(apathie)* matheid *nf* **2** *(mélancolie)* melancholie *nf*

[1]languir *vi* **1** *(faiblir)* verflauwen; la conversation languissait het gesprek sleepte zich voort **2** *(attendre)* smachten (naar); faire ~ qqn iemand laten wachten

[2]se languir *vpr (s'ennuyer)* zich vervelen ♦ se ~ de qqn iemand heel erg missen

lanière *nf* riem *nm*
lanterne *nf* **1** *(source de lumière)* lantaarn *de* **2** *(plur.) (d'automobiles)* stadslichten *plur* ♦ **éclairer la ~ de qqn** iemand op de hoogte brengen
Laos *nm* Laos *n (sans art.)*
laotien, -ienne *adj* Laotiaans; **le, la Laotien(ne)** de Laotiaan(se)
laper *vt* oplikken
lapider *vt* stenigen
lapin, -ine *n* konijn *het;* **~ de garenne** wild konijn ♦ **c'est un chaud ~** het is een hete bliksem; **mon petit ~** lieverd; **poser un ~ à qqn** niet op komen dagen bij een afspraak met iemand
lapon, -one *adj* Laplands; **le ~** het Laps; **le, la Lapon(e)** de Laplander, Laplandse
Laponie *nf* Lapland *n (sans art.)*
laps *nm* ♦ **~ de temps** tijd(sverloop)
lapsus *nm* vergissing *nf,* lapsus *nm*
laquais *nm* lakei *nm (aussi au fig.)*
laque *nf* **1** *(vernis)* lak *het/de (m)* **2** *(fixateur)* haarspray *nm*
laquer *vt* lakken
lard *nm* spek *het*
lardon *nm* spekreep *nm*
[1]**large** *nm* **1** *(largeur)* breedte *nf;* **20 mètres de ~** 20 meter breed; **de long en ~** heen en weer **2** *(haute mer)* open zee *de;* **au ~ de Calais** ter hoogte van Calais; **gagner, prendre le ~** het ruime sop kiezen ♦ *(fig.)* **prendre le ~** zijn biezen pakken
[2]**large** *adj* **1** *(vaste, ample)* breed; **~ de 20 mètres** 20 meter breed **2** *(important)* groot **3** *(tolérant)* ruimdenkend; **avoir la conscience ~** het niet erg nauw nemen **4** *(d'une manière ample)* ruim **5** *(généreux)* vrijgevig ♦ **ne pas en mener ~** ↑ doodsbenauwd zijn
largement *adv* **1** *(sur une grande largeur)* wijd **2** *(abondamment)* rijkelijk; **gagner ~ sa vie** een goed inkomen hebben **3** *(au moins)* ruim(schoots); **il est ~ 11 heures** het is allang 11 uur
largesse *nf* vrijgevigheid *nf, (plur.)* gulle gaven *plur*
largeur *nf* **1** *(dimension)* breedte *nf* **2** *(d'esprit, de vues)* onbekrompenheid *nf*
larguer *vt* **1** *(mar.)* vieren **2** *(d'un avion)* afwerpen **3** *(se débarrasser de)* aan de kant zetten, dumpen
larme *nf* **1** *(goutte d'eau)* traan *de, (plur.)* traanvocht *het;* **avoir les ~s aux yeux** tot tranen toe geroerd zijn; **avoir des ~s dans la voix** met een door tranen verstikte stem spreken; *(fig.)* **une ~ de cognac** een druppeltje cognac; **fondre en ~s** in huilen uitbarsten **2** *(plur.) (chagrin)* ↓ verdriet *het*
larmoyant, -ante *adj* **1** *(qui pleure)* tranend **2** *(pleurnicheur)* huilerig
larve *nf* larve *de*
laryngite *nf (méd.)* strottenhoofdontsteking *nf*
larynx *nm* strottenhoofd *het*
las, lasse *adj* **1** *(fatigué)* vermoeid **2** *(dégoûté)* moe; **être ~ de qqch** iets beu zijn
lascar *nm* **1** *(homme malin)* slimme knaap *nm* **2** *(type)* kerel *nm*
lascif, -ive *adj* wellustig
laser *nm* laser *nm*
lasser *vt* **1** *(ennuyer)* vervelen **2** *(décourager)* ontmoedigen; **se lasser (de)** *vpr (devenir las de)* genoeg krijgen (van)
lassitude *nf* **1** *(fatigue)* vermoeidheid *nf* **2** *(découragement)* terneergeslagenheid *nf*
latent, -ente *adj* latent
latéral, -ale *adj* aan de zijde, zij-; *(adv.)* **latéralement** van terzijde; **rue ~e** evenwijdig lopende straat
latex *nm* latex *het/de (m)*
latin, -ine *adj* Latijns; **j'y perds mon ~** ik begrijp er niets meer van; **le ~** het Latijn; **le, la Latin(e)** de Latijn(se)
latino-américain, -aine *adj* Latijns-Amerikaans
latitude *nf* **1** *(géo.)* breedtegraad *nm* **2** *(liberté)* (bewegings)vrijheid *nf*
latte *nf* **1** *(planche)* lat *de* **2** *(f.B.) (règle)* liniaal *het/de*
lauréat, -ate *adj* bekroond; **le, la ~(e)** de (prijs)winnaar, (prijs)winnares
laurier *nm* **1** *(arbre)* laurier(boom) *nm* **2** *(plur.) (gloire)* lauweren *plur; (fig.)* **s'endormir sur ses ~s** op z'n lauweren rusten
lavable *adj* wasbaar
lavabo *nm* **1** *(cuvette)* wastafel *de* **2** *(plur.) (W.-C.)* toilet *het*
lavage *nm* (het) wassen; **~ de cerveau** brainwashing; **~ d'estomac** maagspoeling
lavande *nf* lavendel *de*
lave *nf* lava *de*
lave-glace *nm* (ruiten)sproeier *nm*
lave-linge *nm* wasmachine *nf*
lavement *nm* darmspoeling *nf,* lavement *het*
laver *vt* **1** *(nettoyer)* wassen; **~ qqn d'un soupçon** een verdenking van iemand wegnemen; **~ à grande eau** schrobben **2** *(disculper)* uitwissen; **se laver** *vpr (se nettoyer)* zich wassen; **se ~ les dents** zijn tanden poetsen
laverie *nf (indus.)* wasserij *nf* ♦ **~ automatique** wasserette
laveur, -euse *n* wasser *nm;* **~ de carreaux** glazenwasser, ruitenwasser *(n.B.)*
lave-vaisselle *nm* afwasmachine *nf*
lavoir *nm* **1** *(lieu public)* wasserij *nf* **2** *(bac)* wasbak *nm* **3** *(f.B.) (laverie automatique)* wasserette *nf*
laxatif, -ive *adj* laxerend; **le ~** het laxeermiddel
laxisme *nm* laksheid *nf*
laxiste *adj* laks
layette *nf* babyuitzet *nm*
[1]**le, la, les** *pron pers* **1** *(personne)* hem, haar, *(plur.)* hen, ze; **je l'en remercie** ik bedank hem, haar ervoor **2** *(chose)* het, *(plur.)* ze; **êtes-vous le roi ? je le suis** bent u de koning? dat ben ik ♦ **il n'est pas si**

pauvre qu'on le pense hij is niet zo arm als men denkt

[2]le, la, les *art* de, het; **le 9 août** (op) 9 augustus; **l'article trois** artikel drie; **oh ! le beau chien** o, wat een mooie hond; **le commissaire Maigret** commissaris Maigret; **allez, les enfants !** kom, kinderen!; **à la française** op z'n Frans; **il s'est cassé la jambe** hij heeft zijn been gebroken; **le médecin reçoit le(s) lundi(s)** de dokter houdt spreekuur op maandag; **la mine allongée** met een lang gezicht

leasing *nm* leasing *de*

lèche-botte *nm* hielenlikker *nm*

lécher *vt (passer la langue sur)* likken, *(enlever)* oplikken, *(nettoyer)* aflikken

lèche-vitrines *nm* ↑ (het) bekijken van winkels en etalages; **faire du ~** (gaan) winkelen

leçon *nf* **1** *(matière à étudier; cours)* les *de, (fig. aussi)* lering *nf;* **des ~s particulières** privélessen, bijlessen; **réciter une, sa ~** een, zijn les(je) opzeggen **2** *(conseil)* les *de;* **faire la ~ à qqn** iemand de les lezen

lecteur, -trice *n* **1** *(personne qui lit)* lezer(es) *nm (nf), (à haute voix)* voorlezer(es) *nm (nf)* **2** *(enseign.)* buitenlands docent *nm* **3** *(m.) (dispositif)* recorder *het;* **~ de cassettes** cassetterecorder; **~ CD** cd-speler; **~ de disquettes** diskdrive

lecture *nf* **1** *(action de lire)* (het) lezen, *(à haute voix)* (het) voorlezen; **faire la ~ à qqn** iemand voorlezen **2** *(livres)* lectuur *nf,* leesstof *de* **3** *(interprétation)* interpretatie *nf* **4** *(inform.)* (het) (in)lezen

ledit, ladite, lesdits, lesdites *adj* (boven)genoemd

légal, -ale *adj* wettelijk *(prévu par la loi; conforme aux lois),* wettig *(conforme aux lois);* **médecine ~e** gerechtelijke geneeskunde

légalisation *nf* legalisatie *nf*

légaliser *vt* **1** *(authentifier)* echt verklaren **2** *(rendre légal)* legaliseren

légalité *nf* wettigheid *nf;* **rester dans la ~** wettelijk handelen

légataire *n* erfgenaam, erfgename *nm, nf*

légendaire *adj* legendarisch

légende *nf* **1** *(histoire)* legende *de;* **entrer dans la ~** legendarisch worden **2** *(d'une image)* onderschrift *het*

léger, légère *adj* **1** *(peu pesant; faible)* licht **2** *(insuffisant)* dun **3** *(frivole)* oppervlakkig; **à la légère** lichtvaardig; **prendre les choses à la légère** de dingen te gemakkelijk opnemen **4** *(licencieux)* pikant

légèreté *nf* **1** *(fait d'être léger, agile)* lichtheid *nf* **2** *(désinvolture)* lichtvaardigheid *nf* **3** *(des mœurs)* lichtzinnigheid *nf*

légion *nf (milit.)* legioen *het;* **la Légion (étrangère)** het vreemdelingenlegioen ♦ **Légion d'honneur** Legioen van Eer

légionnaire *nm (soldat)* legionair *nm*

législatif, -ive *adj* wetgevend; **le (pouvoir) ~** de wetgevende macht; **les (élections) législatives** de parlementsverkiezingen

législation *nf* wetgeving *nf*

législature *nf* zittingsduur *nm, (Belg.)* legislatuur *nf*

légiste *nm* jurist *nm,* rechtsgeleerde *nm;* **médecin ~** gerechtelijk geneeskundige

légitime *adj* **1** *(légal)* wettig, echt *(enfant)* **2** *(conforme à la justice, justifié)* rechtmatig

légitimer *vt* **1** *(jur.)* wettigen, *(un enfant)* echten **2** *(justifier)* rechtvaardigen

légitimité *nf* **1** *(jur.)* wettigheid *nf* **2** *(bien-fondé)* gegrondheid *nf*

legs *nm* legaat *het, (fig.)* erfenis *nf*

léguer *vt (jur.)* vermaken (aan), nalaten (aan) *(aussi au fig.)*

[1]légume *nm* groente *nf;* **~s secs** peulvruchten; **~s verts** bladgroenten

[2]légume *nf* ♦ **une grosse ~** een hoge piet

lendemain *nm* **1** *(jour suivant)* volgende dag *nm;* **du jour au ~** van de ene dag op de andere; **le ~ matin** de volgende morgen; **sans ~** kortstondig **2** *(avenir)* (nabije) toekomst *nf* **3** *(+ de) (période suivant qqch)* korte tijd (na) *nm;* **au ~ de la guerre** kort na de oorlog **4** *(plur.) (conséquences)* gevolgen *plur;* **des ~ difficiles** kater

lénifier *vt* kalmeren

lent, lente *adj* langzaam; **avoir l'esprit ~** traag van begrip zijn

lente *nf* neet *de*

lenteur *nf* traagheid *nf*

lentille *nf* **1** *(plante, graine)* linze *de* **2** *(optique)* lens *de;* **~ de contact** contactlens

léopard *nm* luipaard *nm*

lèpre *nf* lepra *de,* melaatsheid *nf*

lépreux, -euse *adj* melaats; **le ~, la lépreuse** de leprapatiënt(e), melaatse

[1]lequel, laquelle, lesquels, lesquelles *pron rel* **1** *(sujet; objet direct)* die *(m. sing.; f. sing.; plur.),* dat *(neutre sing.),* ↑ welke *(m. sing.; f. sing.; plur.)* **2** *(génitif : personnes)* van wie, waarvan, ↑ wiens *(m. sing.),* ↑ wier *(f. sing.; plur.);* **les amis avec l'aide desquels il a fait ce travail** de vrienden met wier hulp hij dat werk heeft gedaan **3** *(génitif : choses)* waarvan, ↑ van welke *(antécédent m., f. ou plur.)* **4** *(dans construction prépositionnelle)* ... wie *(personnes),* waar ... *(choses),* ↑ ... welke *(sauf antécédent neutre);* **la personne à laquelle vous venez de parler** degene met wie, waarmee u zojuist gesproken hebt; **parmi lesquels** waaronder ♦ **auquel cas** in welk geval

[2]lequel, laquelle, lesquels, lesquelles *pron interr* welke *(m.; f.; plur.),* welk *(neutre sing.)*

lesbien, -ienne *adj* lesbisch; **la ~ne** de lesbische vrouw

lèse-majesté *nf* majesteitsschennis *nf;* **crime de ~** majesteitsschennis

léser *vt* 1 *(désavantager)* benadelen 2 *(blesser)* kwetsen

lésiner (sur) *vi* vrekkig zijn (met)

lésion *nf* 1 *(méd.)* letsel *het* 2 *(jur.)* benadeling *nf*

lessive *nf* 1 *(détersif)* wasmiddel *het* 2 *(linge; action de laver)* was *nm;* **faire la ~** de was doen

lessiver *vt* schoonmaken ♦ **être lessivé** uitgeput zijn

lessiveuse *nf* 1 *(récipient)* wasketel *nm* 2 *(f.B.) (machine)* wasmachine *nf*

lest *nm* ballast *nm;* **jeter du ~** ballast uitwerpen; *(fig.)* concessies doen

leste *adj* 1 *(agile)* behendig 2 *(désinvolte)* ongedwongen, los

lester *vt (mar.)* van ballast voorzien

léthargie *nf* lethargie *nf*

léthargique *adj* lethargisch

lette, letton *adj* Lettisch, Letlands; **le ~, le letton** het Letlands; **le Letton, la Lettone** de Letlander, Letlandse

letton, -one *adj* Lets, Letlands; **le, la Letton(e)** de Let(se), de Let|lander, -landse

Lettonie *nf* Letland *n (sans art.)*

lettre *nf* 1 *(missive)* brief *nm;* **papier à ~s** postpapier; **~ de change** wissel; **~ circulaire** rondschrijven; **~ d'introduction** aanbevelingsbrief; *(f.B.)* **~ de mort** rouwbrief; **par cette ~** bij deze; **ça passe comme une ~ à la poste** dat gaat erin als koek; **~ piégée** bombrief 2 *(caractère)* letter *de;* **à la ~, au pied de la ~** letterlijk; **un romantique avant la ~** een voorloper van de romantiek; **~ d'imprimerie** drukletter; **en toutes ~s** voluit 3 *(plur.) (littérature)* letteren *plur;* **homme, femme, gens de ~s** letterkundige(n)

lettré, -ée *adj* geletterd; **un(e) ~(e)** een geletterde

leucémie *nf* leukemie *nf,* bloedkanker *nm*

[1]**leur** *nm* 1 *(propriété)* (het) hunne; **ils y mettent du ~** zij doen hun best 2 *(plur.) (proches)* (de) hunnen *(plur.)*

[2]**leur** *adj poss* hun

[3]**leur** *pron pers* aan hen, hun; **je le ~ dirai** ik zal het hun zeggen

leurre *nm* 1 *(appât)* aas *het* 2 *(duperie)* bedrog *het*

leurrer *vt* verlokken; **se leurrer** *vpr* zich illusies maken

levain *nm* zuurdesem *nm*

levant, -ante *adj* opkomend; **le ~** de Levant

levée *nf* 1 *(suppression)* (het) opheffen; **~ des scellés** (het) verbreken van de zegels 2 *(PTT)* (bus)lichting *nf* 3 *(d'impôts)* heffing *nf* 4 *(milit.)* lichting *nf* 5 *(d'un corps)* (het) uitdragen; **~ du corps** vertrek van dode uit sterfhuis

[1]**lever** *nm* 1 *(personne)* (het) opstaan 2 *(soleil)* (het) opkomen; **~ du jour** aanbreken van de dag ♦ **au ~ du rideau** bij het opgaan van het doek

[2]**lever** *vi* 1 *(cuis.)* rijzen 2 *(agric.)* ontkiemen

[3]**lever** *vt* 1 *(soulever)* heffen; **~ un enfant** een kind uit bed halen; **~ le poing** zijn vuist opheffen; **~ les yeux, la tête** opkijken 2 *(supprimer)* opheffen; **~ une punition** een straf kwijtschelden 3 *(géométrie)* opmaken 4 *(milit.)* oproepen ♦ **~ des impôts** belastingen heffen; **se lever** *vpr* 1 *(personne)* opstaan, gaan staan 2 *(soleil)* opkomen; **le jour se lève** de dag breekt aan ♦ **le brouillard se lève** de mist trekt op

lève-tard *n* lang|slaper, -slaapster *nm, nf*

lève-tôt *n* vroege vogel *nm*

levier *nm* 1 *(pour multiplier une force)* hefboom *nm;* **faire ~ sur qqch** iets als hefboom gebruiken 2 *(organe de commande)* hendel *het/de (m);* **~ de vitesse** versnellingshendel

lèvre *nf* lip *de;* **manger du bout des ~s** tegen heug en meug eten

lévrier *nm* windhond *nm,* hazewind *nm*

levure *nf* gist *nm;* **~ chimique** bakpoeder

lexique *nm* 1 *(ensemble des mots)* woordenschat *nm* 2 *(dictionnaire)* lexicon *het*

lézard *nm* hagedis *de*

lézarde *nf* scheur *de*

[1]**lézarder** *vi (paresser au soleil)* in de zon liggen bakken

[2]**se lézarder** *vpr (se crevasser)* scheuren

liaison *nf* 1 *(lien; rapport)* verbinding *nf;* **être en ~ avec qqn** met iemand in verbinding staan; **officier de ~** verbindingsofficier 2 *(cuis.)* bindmiddel *het* 3 *(relation amoureuse)* verhouding *nf*

liane *nf* liaan *de*

liasse *nf* bundel *nm*

Liban *nm* Libanon *n (sans art.)*

libanais, -aise *adj* Libanees, van, uit Libanon; **le, la Libanais(e)** de Libanees, Libanese

libellé *nm* bewoordingen *plur*

libeller *vt* 1 *(rédiger dans les formes)* opstellen, formuleren; **~ au nom de qqn** ten name van iemand stellen; **libellé comme suit** luidende als volgt 2 *(remplir)* invullen

libellule *nf* libel *de*

libéral, -ale *adj* 1 *(écon., pol.)* liberaal; **le, la ~(e)** de liberaal 2 *(tolérant)* tolerant ♦ **professions ~es** vrije beroepen

libéralisation *nf* liberalisatie *nf*

libéralisme *nm* 1 *(pol., écon.)* liberalisme *het* 2 *(tolérance)* tolerantie *nf*

libéralité *nf* 1 *(générosité)* vrijgevigheid *nf* 2 *(don)* gift *de*

libérateur, -trice *adj* bevrijdend; **le ~, la libératrice** de bevrijder, bevrijdster

libération *nf* 1 *(délivrance)* bevrijding *nf;* **mouvement de ~ de la femme** emancipatiebeweging 2 *(d'une obligation)* ontheffing *nf,* ontslag *het (milit.)* 3 *(mise en liberté)* vrijlating *nf*

libérer *vt* 1 *(une personne, un pays)* bevrijden 2 *(+ de) (d'une dette, d'une obli-*

gation) ontheffen (van) 3 (milit.) ontslaan 4 (phys., chim.) vrijmaken 5 (sa conscience) ontlasten 6 (mettre en liberté) vrijlaten; **se libérer** vpr (se dégager de) zich vrijmaken (van); se ~ (d'une dette) een schuld (af)betalen
Liberia nm Liberia n (sans art.)
libérien, -ienne adj Liberiaans; le, la Libérien(ne) de Liberiaan(se)
liberté nf 1 (indépendance) vrijheid nf; mettre en ~ in vrijheid stellen; ~ sous caution vrijlating op borgtocht; ~ surveillée vrijlating met ondertoezichtstelling; ~ de la presse persvrijheid 2 (droit légal) vrijheid nf; ~ d'opinion vrijheid van meningsuiting 3 (permission) vrijheid nf; je prends la ~ de vous écrire ik ben zo vrij u te schrijven 4 (plur.) (familiarités) vrijpostigheden plur; prendre des ~s avec qqn zich vrijpostigheden veroorloven tegenover iemand
libertin, -ine adj 1 (dévergondé) losbandig; le, la ~(e) de losbol 2 (grivois) gewaagd
libido nf libido nm
libraire n boekhandelaar(ster) nm (nf)
librairie nf boekhandel nm
libre adj vrij ♦ à l'air ~ in de openlucht; ~ de (+ nom) vrij van, zonder; être ~ de (+ inf.) vrij zijn te, het recht hebben te; école ~ bijzondere school; enseignement ~ bijzonder onderwijs; entrée ~ gratis toegang
libre-échange nm vrijhandel nm
librement adv vrij
libre-service nm 1 (système) zelfbediening nf 2 (commerce) zelfbedieningszaak de
Libye nf Libië n (sans art.)
libyen, -enne adj Libisch; le, la Libyen(ne) de Libiër, Libische
licence nf 1 (autorisation) vergunning nf; ~ de débit de boissons tapvergunning 2 (en France, en Belgique) (grade) licentiaat het; ~ en droit licentiaat in de rechten; ~ ès lettres licentiaat in de letteren; ~, maîtrise, doctorat (LMD) bama (bachelor - master) 3 (sports) licentie nf
licencié, -ée n 1 (enseign.) licen|tiaat, -tiate nm, nf; professeur ~ leraar met licentiaat 2 (sports) lid het (m), het (f)
licenciement nm ontslag het
licencier vt ontslaan
licite adj geoorloofd
licorne nf eenhoorn nm
lie nf droesem nm
Liechtenstein nm Liechtenstein n (sans art.)
liechtensteinois, -oise adj Liechtensteins; le, la Liechtensteinois(e) de Liechten|steiner, -steinse
liège nm kurk het/de (m); de ~, en ~ kurken (adj. de matière)
lien nm 1 (attache) band nm 2 (liaison; relation) band nm, verband het; ~ logique logisch verband; ~ de parenté familieband 3 (technol.) verbindingsstuk het
lier vt 1 (attacher) verbinden, (cuis.) binden; dans cette affaire tout est lié in deze zaak houdt alles verband met elkaar; ils sont très liés ze zijn erg met elkaar bevriend 2 (faire naître un lien) aanknopen; ~ amitié avec qqn vriendschap met iemand sluiten; ~ connaissance avec qqn iemand leren kennen; **se lier** vpr 1 (s'attacher) zich verbinden 2 (+ avec) (avoir des relations d'amitié) vriendschap sluiten (met); il se lie facilement hij legt gemakkelijk contacten
lierre nm klimop het/de (m)
liesse nf uitgelatenheid nf; foule en ~ jubelende menigte
lieu nm plaats de; au ~ de in plaats van; avoir ~ plaats hebben, gebeuren; en dernier ~ ten slotte; en tous ~x overal; (fig.) haut ~ centrum; en haut ~ in hooggeplaatste kringen; ~ de passage plaats waar veel mensen langskomen; en premier ~ in de eerste plaats; ~ public openbare gelegenheid; ~ de la scène plaats van handeling; sur les ~x ter plaatse; mettre qqn en ~ sûr iemand in veiligheid brengen; mettre qqch en ~ sûr iets veilig opbergen, iets achter slot en grendel stoppen; tenir ~ de dienen als ♦ avoir ~ de reden hebben om; ~ commun gemeenplaats; donner ~ à aanleiding geven tot; vider les ~x de woning, zaal (enz.) ontruimen; il y a tout ~ de er is alle reden om
lieu(-)dit nm buurtschap nf
lieutenant nm luitenant nm
lièvre nm haas nm; civet de ~ hazenpeper
lifting nm facelift nm
ligament nm (gewrichts)band nm
ligature nf afbinding nf
ligne nf 1 (trait) lijn de, streep de; dans les grandes ~s in grote lijnen; ~ directrice richtlijn; garder la ~ aan de lijn doen; ~ de mire vizierlijn, richtlijn 2 (transports, communications) lijn de, verbinding nf; (inform.) en ~ online; (téléphone) être en ~ verbonden zijn; grandes ~s hoofdspoorlijnen; ~s groupées collectief telefoonnummer; la ~ est occupée de (telefoon)lijn is bezet; ~ à haute tension hoogspanningskabel 3 (règle) richtlijn de; ~ de conduite gedragslijn 4 (lignée) lijn de; en ~ directe in rechte lijn 5 (de pêche) vissnoer het 6 (rangée) rij de; mettre en ~ opstellen; sur toute la ~ over de hele linie; (fig.) mettre sur la même ~ op één lijn stellen 7 (d'un texte) regel nm; aller, revenir à la ~ een nieuwe regel beginnen; entrer en ~ de compte meetellen ♦ franchir la ~ de grens overtrekken
lignée nf nakomelingschap nf
ligoter vt knevelen
ligue nf 1 (alliance) verbond het, liga de 2 (association) vereniging nf
liguer vt in een (ver)bond verenigen; **se liguer** vpr een (ver)bond vormen

[1]lilas *nm* sering *de*
[2]lilas *adj* lila
limace *nf (zool.)* (naakte) slak *de*
limande *nf* schar *de*
lime *nf* vijl *de*
limer *vt* vijlen
limier *nm* speurhond *nm (aussi au fig.)*
limitatif, -ive *adj* beperkend
limitation *nf* begrenzing *nf;* **~ de vitesse** snelheidsbeperking
limite *nf* grens *de;* **à la ~** desnoods; **dans une certaine ~** in zekere mate; **dans les ~s du possible** voor zover mogelijk; **dans les ~s de nos moyens** zover onze middelen het toestaan; **date ~** uiterste datum; **dernière ~** uiterste termijn; **dépasser les ~s** de perken te buiten gaan; **sans ~s** grenzeloos
limiter *vt* begrenzen
limitrophe *adj* aangrenzend (aan)
limoger *vt* de laan uitsturen
limonade *nf* up *nm,* gazeuse *nf*
limousine *nf* limousine *nf*
limpide *adj* helder *(aussi au fig.)*
limpidité *nf* helderheid *nf*
lin *nm* **1** *(plante)* vlas *het* **2** *(tissu)* linnen *het*
linceul *nm* lijkwade *de*
linéaire *adj* **1** *(qui a rapport aux lignes)* lijn- **2** *(math., technol.)* lineair **3** *(abstr.)* rechtlijnig; **vision ~** simpele visie
linge *nm* **1** *(collectif)* linnen(goed) *het;* **panier à ~** wasmand; **~ de couleur** bonte was; **~ de lit** beddengoed; **~ à repasser** strijkgoed; **~ sale** vuile was **2** *(de corps)* ondergoed *het;* **~ de corps** ondergoed; **du ~ de rechange** een verschoning **3** *(chiffon)* doek *nm;* **blanc comme un ~** zo wit als een doek
lingerie *nf* **1** *(linge de corps)* lingerie *nf,* ondergoed *het* **2** *(local)* linnenkamer *de*
lingot *nm* baar *de;* **un ~ d'or** een baar goud
linguiste *n* taalkundige *nm*
linguistique *adj* taalkundig, *(adj. aussi)* taal-; **la ~ (générale)** de taalkunde
linoléum *nm* linoleum *het/de (m)*
lion, lionne *n* leeuw(in) *nm (nf)*
Lion *nm* Leeuw *nm;* **il est ~** hij is een Leeuw
lionceau *nm* welp *het/de (m)*
lipide *nm* vetstof *de,* lipide *het*
liquéfier *vt* vloeibaar maken; **se liquéfier** *vpr* vloeibaar worden
liqueur *nf* likeur *de*
liquidation *nf* **1** *(d'un commerce)* opheffing *nf;* **~ judiciaire** faillissement **2** *(d'un héritage)* verdeling *nf* **3** *(vente au rabais)* opruiming *nf* **4** *(exécution)* (het) uit de weg ruimen **5** *(d'un compte)* verrekening *nf*
[1]liquide *nm* **1** *(fluide)* vloeistof *de;* **~ vaisselle** afwasmiddel **2** *(plur.) (aliments liquides)* vloeibaar voedsel *het* **3** *(argent)* ↑ contant geld *het;* **avoir du ~** over contant geld beschikken
[2]liquide *adj* **1** *(fluide)* vloeibaar; **sauce trop ~** te dunne saus **2** *(écon.)* vlottend; **argent ~** contant geld
liquider *vt* **1** *(un commerce)* liquideren, *(un héritage)* verdelen; **~ des biens** goederen te gelde maken **2** *(vendre au rabais)* uitverkopen, opruimen **3** *(régler)* verrekenen **4** *(se débarrasser de)* uit de weg ruimen
lire *vt* **1** lezen; **~ qqch en diagonale** iets vluchtig doorlezen; **lu et approuvé** voor akkoord **2** *(inform.)* (af)lezen **3** *(à haute voix)* voorlezen; **~ qqch à qqn** iemand iets voorlezen
lis, lys *nm* lelie *de*
lisible *adj* **1** *(aisé à lire)* leesbaar, *(fig.)* herkenbaar **2** *(digne d'être lu)* lezenswaard
lisière *nf* **1** *(d'un tissu)* (zelf)kant *nm* **2** *(bord)* zoom *nm;* **~ d'une forêt** bosrand
lisse *adj* glad
lisser *vt* gladstrijken
listage *nm* (computer)uitdraai *nm,* print *nm*
liste *nf* lijst *de;* **~ d'attente** wachtlijst; **~ de mariage** verlanglijst van bruidegom en bruid, huwelijkslijst *(n.B.);* **en tête de ~** bovenaan op de lijst ♦ **dresser une ~** een lijst opmaken
lister *vt (inform.)* lijsten
listing *nm* → **listage**
lit *nm* bed *het (aussi au fig.);* **~ de camp** veldbed; **faire son ~** zijn bed opmaken; **mettre au ~** in bed stoppen, naar bed brengen; **~ pliant** opklapbed
litanie *nf* litanie *de*
litchi *nm* lychee *nm*
literie *nf* onderdelen *plur* van het bed *(matelas, oreillers etc.),* beddengoed *het*
lithographie *nf* lithografie *nf*
litière *nf* **1** *(pour chats)* kattenbakvulling *nf* **2** *(pour le bétail)* stalstro *het*
litige *nm* geschil *het, (jur.)* twistpunt *het*
litigieux, -euse *adj* **1** *(contesté)* betwist **2** *(contestable)* betwistbaar
litre *nm* liter *nm*
littéraire *adj* literair, letterkundig
littéral, -ale *adj* letterlijk
littérature *nf* **1** *(œuvres littéraires; connaissances; métier d'écrivain)* literatuur *nf,* letterkunde *nf* **2** *(bibliographie)* literatuur *nf;* **~ spécialisée** vakliteratuur
littoral, -ale *adj* kust-; **le ~** de kuststreek
Lituanie *nf* Litouwen *n (sans art.)*
lituanien, -ienne *adj* Litouws; **le ~** het Litouws; **le, la Lituanien(ne)** de Litouwer, Litouwse
liturgie *nf* liturgie *nf*
liturgique *adj* liturgisch
live *adj* live; **en ~** live; *(fig., fam.)* **partir en ~** *(qqch)* ontsporen; *(qqn)* ontploffen; **enregistrement ~** liveopname
livide *adj* vaal, lijkbleek
livraison *nf* **1** *(remise)* bezorging *nf;* **~ à domicile** bezorging aan huis; **prendre ~ de qqch** iets in ontvangst nemen; **voiture de**

~ bestelauto **2** *(marchandise)* leverantie *nf*

[1]**livre** *nm* **1** *(ouvrage)* boek *het;* **~ de chevet** lievelingsboek; **~ de poche** pocket(boek); **~ de référence** naslagwerk **2** *(registre)* schrijfboek *het;* **~ de bord** logboek; **~ d'or** guldenboek; **tenir les ~s** de boekhouding doen

[2]**livre** *nf* pond *het*

livrée *nf* livrei *de*

livrer *vt* **1** *(marchandises)* bezorgen **2** *(criminel)* uitleveren; **~ un secret à qqn** aan iemand een geheim prijsgeven **3** *(+ à) (abandonner)* overleveren (aan) ♦ **~ des combats** slag leveren; **se livrer (à)** *vpr* **1** *(se consacrer)* zich wijden (aan) **2** *(se confier)* zich blootgeven (aan) **3** *(se rendre)* zich overgeven (aan)

livret *nm* **1** *(carnet)* boekje *het;* **~ de famille** trouwboekje; **~ scolaire** rapportboekje **2** *(mus.)* libretto *het*

livreur, -euse *n* bezorg(st)er *nm (nf)*

lobe *nm (de l'oreille)* lel *de*

[1]**local** *nm* lokaal *het,* ruimte *nf*

[2]**local, -ale** *adj* plaatselijk

localiser *vt* **1** *(situer)* lokaliseren **2** *(limiter)* begrenzen

localité *nf* plaats *de*

locataire *n* huur|der, -ster *nm, nf*

location *nf* **1** *(par le propriétaire)* (het) verhuren (aan), verhuur (aan) *nm* **2** *(par le locataire; loyer)* huur (van) *de* **3** *(réservation)* plaatsbespreking *nf;* **bureau de ~** bespreekbureau

location-vente *nf* huurkoop *nm*

locomotion *nf* **1** *(action de se mouvoir)* voortbeweging *nf* **2** *(transport)* vervoer *het*

locomotive *nf* **1** *(d'un train)* locomotief *de* **2** *(élément moteur)* drijvende kracht *de*

locution *nf* uitdrukking *nf*

loge *nf* **1** *(d'un immeuble)* conciërgewoning *nf* **2** *(au théâtre)* loge *de; (fig.)* **être aux premières ~s** op de eerste rij zitten **3** *(d'un artiste)* kleedkamer *de*

logement *nm* **1** *(hébergement)* huisvesting *nf* **2** *(habitation)* woning *nf*

[1]**loger** *vi (habiter)* wonen; **~ chez l'habitant** bij particulieren logeren

[2]**loger** *vt* **1** *(héberger)* huisvesten; **être logé** wonen **2** *(faire entrer)* plaatsen; **se loger** *vpr* **1** *(habiter)* (gaan) wonen; **trouver à se ~** woonruimte vinden **2** *(pénétrer)* blijven zitten

logeur, -euse *n* kamerverhuur|der, -ster *nm, nf*

logiciel *nm* software *nm*

logique *adj* logisch; **être ~ avec soi-même** consequent zijn; **la ~** de logica

logistique *adj* logistiek; **la ~** de logistiek

se loguer *vpr (inform.)* inloggen

loi *nf* **1** *(ensemble de règles)* wet *de;* **déposer une ~** een wet indienen; **hors la ~** *(adv.)* vogelvrij; *(adj.)* wetteloos; **~ martiale** standrecht **2** *(règle)* (bindende) regel *nm;* **se faire une ~ de** het zich tot plicht rekenen om **3** *(commandement)* gezag *het;* **faire la ~** de baas zijn; **la ~ de la jungle, du plus fort** het recht van de sterkste

[1]**loin** *nm* ♦ **au ~** in de verte; **de ~** *(d'un lieu éloigné)* van verre; *(de beaucoup)* verreweg; **dater de ~** ↑ van lang geleden dateren; **revenir de ~** ↑ van een ernstige ziekte herstellen; **voir venir qqn de ~** iemand doorhebben

[2]**loin** *adv* ver, veraf *(lieu; temps);* **aller ~** *(au futur)* het ver brengen; **~ de moi** dat zij verre van mij; **~ de là** integendeel; **je suis ~ de prétendre** het komt niet in me op om te beweren; **cela ne fait pas ~ de trois kilomètres** dat is bijna drie kilometer; **tout cela est bien ~** dat is allemaal al lang geleden; **être ~** *(dans l'espace)* ver(af) zijn; *(dans le temps)* lang geleden zijn; **être ~** *(rêver)* in gedachten verzonken zijn; *(ne pas être près)* ver weg zijn; **ne pas aller ~** *(ne plus vivre longtemps)* het niet lang meer maken; *(ne pas valoir beaucoup)* van weinig waarde zijn; **voir ~** vooruitziend zijn

lointain, -aine *adj* **1** *(distant)* ver (verwijderd); **le ~** het verschiet **2** *(abstr.) (éloigné)* ver **3** *(pas récent)* verafgelegen; **époque ~e** lang vervlogen tijd

loir *nm* zevenslaper *nm;* **dormir comme un ~** slapen als een marmot

loisir *nm* **1** *(temps dont on dispose)* tijd *nm;* **à ~** *(à son aise)* op zijn gemak; *(à satiété)* naar hartenlust; **avoir le ~ de faire qqch** de tijd hebben om iets te doen; **moments de ~** vrije ogenblikken **2** *(plur.) (temps libre)* vrije tijd *nm* **3** *(plur.) (distractions)* vrijetijdsbesteding *nf*

lombaire *adj* lenden-

[1]**long** *nm* ♦ **tout du ~** geheel en al; **au ~ de, (tout) le ~ de** *(espace)* langs; *(temps)* gedurende; **de ~ en large** heen en weer; **de ~** in de lengte, overlangs; **table de 1 m 40 de ~** 1,40 m lange tafel; **tomber de tout son ~** languit vallen; **tout le ~ du jour** de godganse dag; **en ~ et en large** lang en breed

[2]**long, longue** *adj* **1** *(grand)* lang **2** *(d'une durée, étendue)* lang; **à la ~ue** op den duur; **être ~** lang duren; **de ~ues heures** eindeloze uren; **~ue maladie** langdurige ziekte; **je ne serai pas ~** ik ben zo terug

[3]**long** *adv* **1** *(beaucoup)* veel; **en dire ~** veelzeggend zijn; **en savoir ~** er heel wat van af weten **2** *(avec un vêtement long)* met lange kleren; **s'habiller ~** in het lang gekleed gaan

long-courrier *nm* langeafstandsvliegtuig *het*

longer *vt* **1** *(marcher le long de)* lopen langs; *(mar.)* **~ la côte** onder de kust varen; **~ les murs** vlak langs de huizen lopen **2** *(border)* zich bevinden aan de rand van **3** *(prendre un chemin)* volgen

longévité *nf* lang leven *het*

longiligne *adj* rijzig

longitude *nf (géo.)* lengte *nf*
longitudinal, -ale *adj* overlangs
[1]**longtemps** *nm* lang, lange tijd *nm;* **depuis ~** (sinds) lang, allang; **pendant ~** lang, gedurende lange tijd; **je n'en ai pas pour ~** *(j'ai bientôt fini)* ik ben zo klaar; *(je reviens de suite)* ik ben zo terug; **il n'en a plus pour ~** hij maakt het niet lang meer; **il y a ~** lang geleden
[2]**longtemps** *adv* lang; **il n'y a plus ~ à attendre** het zal niet lang meer duren
longuement *adv* langdurig
longueur *nf* **1** *(dimension)* lengte *nf;* **à ~ de journée** de hele dag door; **en ~** in de lengte, overlangs; **~ d'onde** golflengte *(aussi au fig.);* **dans le sens de la ~** in de lengterichting **2** *(durée)* lengte *nf;* **traîner en ~** lang duren, slepen **3** *(plur.) (digressions)* langdradigheid *nf (uniquement sing.)*
longue-vue *nf* verrekijker *nm*
look *nm* look *nm;* **avoir le ~** in zijn; **changer de ~** van uiterlijk veranderen
loquace *adj* spraakzaam
loque *nf* **1** *(haillon)* gescheurd vod *het;* **tomber en ~s** aan flarden gaan **2** *(personne)* wrak *het (m), het (f)* **3** *(f.B.) (chiffon)* lap *nm*
loquet *nm* deurklink *de*
lorgner *vt* **1** *(reluquer)* loensen **2** *(guigner)* azen op
lorgnette *nf* toneelkijker *nm*
lors *adv* ♦ **~ de** ten tijde van; **depuis ~** sindsdien
lorsque *conj* **1** *(quand)* wanneer **2** *(alors que)* terwijl **3** *(au même moment où)* toen
losange *nm* ruit *de*
lot *nm* **1** *(part)* aandeel *het* **2** *(d'une loterie)* prijs *nm;* **~ de consolation** troostprijs; **le gros ~** de hoofdprijs **3** *(sort)* levenslot *het* **4** *(de marchandises)* partij *nf*
loterie *nf* loterij *nf (aussi au fig.)*
loti, -ie *adj* ♦ **être bien, mal ~** goed, slecht af zijn
lotion *nf* lotion *de;* **~ tonique** gezichtswater, gezichtslotion
lotir *vt* verkavelen
lotissement *nm* **1** *(division par lots)* verkaveling *nf* **2** *(terrain loti)* verkaveld terrein *het*
loto *nm* lotto *het/de*
lotus *nm* lotus(bloem) *nm (de)*
louable *adj* lofwaardig, prijzenswaardig
louange *nf* lof *nm*
loubard *nm* nozem *nm*
[1]**louche** *nf* soeplepel *nm*
[2]**louche** *adj* verdacht, onguur
loucher *vi* scheel kijken
louer *vt* **1** *(vanter)* prijzen, loven; **Dieu soit loué** God zij dank **2** *(donner à loyer à)* verhuren (aan); **à ~** te huur **3** *(prendre à loyer à)* huren (van)
loueur, -euse *n* verhuur|der, -ster *nm, nf*
loufoque *adj* **1** *(personnes)* getikt, niet goed snik **2** *(choses)* gek
loup *nm* **1** *(mammifère)* wolf *nm;* **jeune ~** ambitieuze jongere; **~ de mer** zeebonk; **~ solitaire** lone wolf, einzelgänger **2** *(bar)* zeebaars *nm* **3** *(masque)* half masker *het*
loupe *nf* loep *de,* vergrootglas *het*
louper *vt* **1** *(rater)* verprutsen **2** *(manquer)* missen
loup-garou *nm* weerwolf *nm*
[1]**lourd, lourde** *adj* zwaar; **aliments ~s** zwaar verteerbaar voedsel; **yeux ~s de sommeil** ogen die bijna dichtvallen van de slaap; **~ de conséquences** met ernstige gevolgen; **une phrase ~e de menaces** een zin vol dreigementen; **temps ~** drukkend weer
[2]**lourd** *adv* ♦ **il fait ~** ↑ het is drukkend (weer); **ça ne fait pas ~** dat is niet veel (geld)
lourdaud, -aude *adj* plomp; **le, la ~(e)** de lomperd
lourdement *adv* **1** *(maladroitement)* onhandig; **insister ~** lomp aandringen **2** *(d'une manière pesante)* zwaar
lourdeur *nf* zwaarte *nf*
loustic *nm* grappenmaker *nm*
loutre *nf* **1** *(animal)* (vis)otter *nm* **2** *(fourrure)* otterbont *het*
louve *nf* wolvin *nf*
se lover *vpr* zich oprollen
loyal, -ale *adj* eerlijk, loyaal
loyauté *nf* trouw *de,* loyaliteit *nf*
loyer *nm* huur *de*
lubie *nf* gril *de*
lubrifiant, -ante *adj* smerend, smeer-; **le ~** het smeermiddel
lubrifier *vt* smeren
lubrique *adj* geil
lucarne *nf* dakvenster *het*
lucide *adj* helder
lucidité *nf* helderheid *nf*
luciole *nf* lichtkever *nm,* glimworm *nm*
lucratif, -ive *adj* winstgevend, lucratief
ludique *adj* spel-
lueur *nf* **1** *(lumière)* schijnsel *het;* **à la ~ de** bij het schijnsel van **2** *(étincelle)* vonkje *het;* **une ~ d'espoir** een sprankje hoop
luge *nf* **1** *(traîneau)* slee *de;* **faire de la ~** sleetje rijden *(jeu d'enfants)* **2** *(sport)* (het) sleeën
lugubre *adj* akelig, naargeestig
lui *pron pers* **1** *(complément indirect)* hem *(m.),* haar *(f.);* **nous ~ en avons parlé** wij hebben er met hem, haar over gesproken **2** *(pronom personnel)* hij *(sujet),* hem *(complément direct, prépositionnel);* **~ non plus n'y a rien compris** hij heeft er evenmin iets van begrepen; **des idées à ~** zijn eigen denkbeelden **3** *(pronom réfléchi)* zich; **il avait un carnet sur ~** hij had een notitieboekje bij zich
luire *vi* **1** *(éclairer)* schijnen **2** *(refléter la lumière)* blinken ♦ **un espoir luit encore** er is nog een sprankje hoop
luisant *nm* glans *nm*
lumbago *nm* spit *het/de (m)* (in de rug), verschot *het (n.B.)*

lumière *nf* licht *het (aussi au fig.)*; **à la ~ de** in het licht van; **allumer la ~** licht maken, het licht aandoen; **éteindre la ~** het licht uitdoen; **faire (toute) la ~ sur qqch** iets (geheel) ophelderen; **que la ~ soit !** daar zij licht! ♦ **ce n'est pas une ~** het is geen licht

lumineux, -euse *adj* **1** *(qui éclaire)* lichtgevend; **point ~** lichtpunt; **regard ~** stralende blik **2** *(lucide; clair)* helder

luminosité *nf* helderheid *nf*

lunaire *adj* maan-

lunatique *adj* wispelturig

lunch *nm* lunch *nm*

lundi *nm* maandag *nm;* **le ~** ('s) maandags; **~ de Pâques** tweede paasdag

lune *nf* maan *de;* **demander la ~** het onmogelijke vragen; **être dans la ~** verstrooid zijn ♦ **~ de miel** wittebroodsweken *(plur.)*

luné, -ée *adj* ♦ **bien, mal ~** goed-, slechtgehumeurd

lunette *nf* **1** *(plur.)* bril *nm;* **une paire de ~s** een bril; **~s de soleil** zonnebril **2** *(lorgnette)* verrekijker *nm* ♦ **~ arrière** achterruit; **~ des cabinets** wc-bril

lurette *nf* ♦ **il y a belle ~** het is een hele poos geleden

luron, -onne *n* gozer, griet *nm, nf;* **un gai, joyeux ~** een vrolijke frans

lustre *nm* **1** *(lampe)* kroonluchter *nm* **2** *(brillant)* glans *nm* **3** *(cinq années)* lustrum *het;* **depuis des ~s** al jaren lang

lustrer *vt* **1** *(rendre brillant)* glanzend maken **2** *(par l'usure)* glimmend maken

luth *nm* luit *de*

lutin *nm* kabouter *nm*

lutte *nf* **1** *(combat)* strijd *nm;* **~ des classes** klassenstrijd; **~ contre le cancer** kankerbestrijding **2** *(corps à corps)* worsteling *nf, (sports)* (het) worstelen

lutter *vi* **1** *(s'opposer à)* strijden (met) **2** *(combattre)* vechten (met); **~ contre le sommeil** tegen de slaap vechten

lutteur, -euse *n* **1** *(sport)* worstelaar(ster) *nm (nf)* **2** *(battant)* vecht(st)er *nm (nf)*

luxation *nf* ontwrichting *nf*

luxe *nm* **1** *(richesse; superflu)* luxe *nm,* weelde *de;* **c'est du ~** dat is een overbodige luxe; **de ~** luxueus; **se payer le ~ de** zich de weelde veroorloven om **2** *(abondance)* overdaad *de*

Luxembourg *nm* Luxemburg *n (sans art.)*

luxembourgeois, -oise *adj* Luxemburgs; **le, la Luxembourgeois(e)** de Luxem|burger, -burgse

luxer *vt* ontwrichten

luxueux, -euse *adj* weelderig, luxueus

luxure *nf* ontucht *de*

luxuriant, -ante *adj* **1** *(végétation)* weelderig **2** *(débordant)* rijk

luxurieux, -euse *adj* ontuchtig

luzerne *nf* rupsklaver *de*

lycée *nm* middelbare school *de,* lyceum *het*

lycéen, -enne *n* middelbare scholier *nm*

lymphatique *adj* **1** *(indolent)* futloos **2** *(biol.)* lymfe-

lyncher *vt* lynchen

lynx *nm* lynx *nm*

lyophiliser *vt* vriesdrogen

lyre *nf* lier *de*

lyrique *adj* lyrisch; **artiste ~** operazanger(es); **comédie ~** komische opera, operette

lyrisme *nm* lyriek *nf*

lys *nm* → **lis**

m

m *nm* m *de;* **M comme Marcel** de m van Marie
maboul, -oule *adj* getikt
macabre *adj* macaber
macadam *nm* macadam *het/de (m)*
macaron *nm* **1** *(gâteau)* bitterkoekje *het* **2** *(décoration)* rozet *de*
macaronis *nm* macaroni *nm*
macédoine *nf* gemengde salade *de;* **~ de fruits** vruchtensalade
macédonien, -ienne *adj* Macedonisch; **le ~** het Macedonisch; **le, la Macédonien(ne)** de Macedoniër, Macedonische
macérer *vi (tremper)* weken
mâche *nf* veldsla *de*
mâcher *vt* kauwen ♦ **~ le travail à qqn** iemand het werk gemakkelijk maken
machin *nm* ding *het;* **(Monsieur) ~ (Chouette)** Dinges
machinal, -ale *adj* automatisch, *(concr. aussi)* werktuiglijk
machination *nf* intrige *de*
machine *nf* **1** *(appareil)* machine *nf;* **~ à calculer** rekenmachine; **~ à coudre** naaimachine; **~ à écrire** schrijfmachine; **écrire, taper à la ~** typen; **faire ~ arrière** achteruit rijden; *(fig.)* terugkrabbelen; **~ à laver** wasmachine; **~ à laver la vaisselle** afwasmachine; *(fig.)* **~ à perdre** negatieve spiraal, proces van mislukking; **~ à sous** gokautomaat **2** *(véhicule)* (motor)fiets *de*
machine-outil *nf* gereedschapsmachine *nf*
machiner *vt* beramen
machinerie *nf* **1** *(ensemble des machines)* machinerie *nf* **2** *(salle des machines)* machinekamer *de*
machiniste *nm* machinist *nm*
macho *nm* macho *nm*
mâchoire *nf* **1** *(os de la bouche)* kaak *de* **2** *(technol.)* bek *nm;* **~ de frein** remschoen
mâchouiller *vt* ↑ kauwen op
maçon *nm* metselaar *nm*
maçonnerie *nf* metselwerk *het*
maculer *vt* bezoedelen
Madagascar *nm* Madagaskar *n (sans art.)*
madame *nf* mevrouw *nf; (dans une lettre)* **Chère Madame** *(+ nom propre)* Beste Mevrouw; **mesdames et messieurs** dames en heren; **Mme.** Mevr., Mw.; *(dans une lettre)* **Madame** Geachte Mevrouw
mademoiselle *nf* (me)juffrouw *nf;* **Mlle.** mej.
madone *nf* madonna *nf*
mafia *nf* maffia *de*
magasin *nm* **1** *(commerce)* winkel *nm,* zaak *de;* **~ d'alimentation** kruidenierszaak; **faire les ~s** winkelen; **grand ~** warenhuis; **~ spécialisé** speciaalzaak **2** *(entrepôt)* magazijn *het;* **avoir en ~** in voorraad hebben
magazine *nm* magazine *het;* **~ féminin** damesblad
mage *nm* **1** *(relig.)* wijze *nm* uit het Oosten; **les Rois ~s** de drie Koningen, Wijzen **2** *(astrologue)* magiër *nm*
Maghreb *nm* Maghreb *de*
maghrébin, -ine *adj* Maghreb-; **le, la Maghrébin(e)** de Maghrebijn(se)
magicien, -ienne *n* tove|naar, -nares *nm, nf (aussi au fig.)*
magie *nf* **1** *(sorcellerie)* toverij *nf,* magie *nf;* **comme par ~** als bij toverslag **2** *(charme)* betovering *nf*
magique *adj* magisch, *(adj. aussi)* tover-
magistral, -ale *adj* meesterlijk, *(adj. aussi)* meester-; **ton ~** geleerde toon ♦ **cours ~** hoorcollege
magistrat *nm* **1** *(jur.)* magistraat *nm* **2** *(fonctionnaire)* gezagsdrager *nm*
magistrature *nf* **1** *(corps des magistrats)* magistratuur *nf* **2** *(charge)* rechterlijk ambt *het*
magma *nm (géo.)* magma *het*
magnanime *adj* edelmoedig
magnat *nm* magnaat *nm*
magnésium *nm* magnesium *het*
magnétique *adj* magnetisch; **champ ~** magnetisch veld; **bande ~** magneetband
magnétiser *vt* **1** *(phys., psycho.)* magnetiseren **2** *(fasciner)* biologeren
magnétiseur, -euse *n* magneti|seur, -seuse *nm, nf*
magnétisme *nm* magnetisme *het*
magnétocassette *nf* cassetterecorder *nm*
magnétophone *nm* bandrecorder *nm*
magnétoscope *nm* videorecorder *nm*
magnifique *adj* prachtig
magnolia *nm* magnolia *de*
magot *nm* **1** *(économies)* spaarcentjes *plur* **2** *(butin)* poet *de*
magouille *nf* gekonkel *het*
magouiller *vi* konkelen
mai *nm* mei *nm;* **en ~** in mei
maigre *adj* **1** *(sans graisse)* mager; *(subst.) (relig.)* **faire ~** geen vlees of vet eten; **le ~** het magere **2** *(peu abondant)* karig; **c'est ~** dat is magertjes
maigrelet, -ette *adj* sprietig
maigrement *adv* magertjes

maigreur *nf* 1 *(d'une personne, d'un animal)* magerte *nf* 2 *(fig.) (de qqch)* karigheid *nf*

1 **maigrir** *vi* mager(der) worden, vermageren; ~ de dix kilos tien kilo afvallen

2 **maigrir** *vt (amincir)* mager(der) maken

mail *nm* mail *de;* boîte ~ mailbox; ~ d'insulte(s) haatmail

maille *nf* 1 *(boucle)* steek *nm (de travaux d'aiguille),* maas *de (d'un tricot, d'un filet, etc.);* ~ à l'endroit rechte steek; ~ à l'envers averecht(s)e steek; une ~ qui file een ladder; *(fig.)* passer entre les ~s du filet tussen de mazen van het net doorglippen 2 *(anneau de métal)* malie *nf;* cotte de ~s maliënkolder

maillet *nm* houten hamer *nm*

maillon *nm* schakel *de; (fig.)* être un ~ de la chaîne een radertje in het raderwerk zijn; *(fig.)* le ~ faible de zwakke schakel

maillot *nm* 1 *(de bain pour femme)* zwempak *het;* ~ de bain badpak 2 *(de bain pour homme)* zwembroekje *het* 3 *(de corps)* hemd *het;* ~ de corps hemd 4 *(de gymnastique)* gym(nastiek)pakje *het* 5 *(teeshirt)* shirt *het;* le ~ jaune de gele trui

main *nf* hand *de;* frein à ~ handrem; tomber entre les ~s de qqn in iemands handen vallen; avoir les ~s dans les poches met de handen in de zakken staan *(aussi au fig.);* battre des ~s klappen, applaudisseren; changer de ~ van eigenaar verwisselen; d'une ~ met één hand; manger dans la ~ de qqn uit iemands hand eten, tam zijn; marcher la ~ dans la ~ hand in hand lopen; *(fig.)* in volledige overeenstemming handelen; de seconde ~ tweedehands *(marchandises);* uit de tweede hand *(nouvelles);* de première ~ uit de eerste hand; travailler de ses ~s met zijn handen werken; demander la ~ d'une jeune fille de hand van een meisje vragen; mettre la dernière ~ à qqch de laatste hand aan iets leggen; donner la ~ à qqn iemand helpen; à ~ droite rechts; prendre en ~ qqch iets ter hand nemen; être en bonnes ~s in goede handen zijn; tenir en ~ la situation de toestand in de hand hebben; entre les ~s de qqn in iemands handen; se faire la ~ zich oefenen; un tricot fait ~ een handgebreid vest; flanquer la ~ sur la figure de qqn iemand een klap in zijn gezicht geven; forcer la ~ à qqn iemand voor het blok zetten; *(fig.)* haut la ~ zonder enige moeite; haut les ~s ! handen omhoog!; avoir la ~ heureuse geluk hebben; joindre les ~s de handen vouwen; *(fig.)* je m'en lave les ~s ! ik was mijn handen in onschuld!; dessin à ~ levée tekening uit de losse hand; lever la ~ sur qqn iemand (gaan) slaan; avoir les ~s libres de handen vrij hebben; *(fig.)* vrij spel hebben; avoir les ~s liées met handen en voeten gebonden zijn; de ~ de maître met meesterhand; en mettre sa ~ au feu zijn hand ervoor in het vuur steken; *(fig.)* mettre la ~ à la pâte aan de slag gaan; mettre la ~ sur qqch, qqn iets, iemand terugvinden; ne pas y aller de ~ morte *(frapper)* er flink op los slaan; *(exagérer)* overdrijven; se prendre par la ~ zich vermannen; passer la ~ *(sports)* passen *(au jeu de cartes); (fig.)* opgeven; perdre la ~ z'n vaardigheid kwijtraken; à pleines ~s overvloedig; prendre qqn la ~ dans le sac iemand op heterdaad betrappen; remettre en ~s propres persoonlijk overhandigen; serrer la ~ à qqn iemand de hand drukken; je n'ai pas mon dictionnaire sous la ~ ik heb mijn woordenboek niet bij de hand; tendre la ~ bedelen; tendre la ~ à qqn iemand de hand reiken *(aussi au fig.);* en venir aux ~s handgemeen worden; avoir les ~s vides met lege handen staan ♦ faire ~ basse sur qqch iets achteroverdrukken; ~ courante trapleuning; *(commerce)* kladboek

main-d'œuvre *nf* 1 *(salariés)* arbeidskrachten *plur* 2 *(travail)* arbeid *nm;* les frais de ~ de arbeidskosten

main-forte *nf* ♦ prêter ~ à qqn hulp verlenen aan iemand

mainmise (sur) *nf* 1 *(action de prendre)* inbezitneming (van) *nf* 2 *(domination)* heerschappij (over) *nf*

maint *adj indéf* menig(e); ~es fois dikwijls; à ~es reprises herhaaldelijk

maintenance *nf* onderhoud *het*

maintenant *adv* nu; dès ~ van nu af aan, voortaan; ~ que le soleil brille nu de zon schijnt

maintenir *vt* 1 *(garder)* handhaven; ~ son opinion bij zijn mening blijven 2 *(fixer)* vasthouden 3 *(certifier)* volhouden; **se maintenir** *vpr (rester dans le même état)* zich handhaven; comment ça va ? ça se maintient hoe gaat 't? 't gaat

maintien *nm* 1 *(action de maintenir)* handhaving *nf* 2 *(attitude)* houding *nf*

maire *nm* burgemeester *nm*

mairie *nf* 1 *(bâtiment)* stadhuis *het* 2 *(administration municipale)* gemeentesecretarie *nf;* employé de ~ gemeentebeambte

1 **mais** *adv* ♦ ah, ~ ! nee maar!; ~ oui ! welja!

2 **mais** *conj* maar; *(subst.)* pas de ~ ! geen maren!

maïs *nm* mais *nm;* épi de ~ maiskolf

maison *nf* 1 *(bâtiment (d'habitation))* huis *het;* ~ close huis van ontucht; ~ de correction opvoedingsgesticht, tuchthuis; ~ de la culture cultureel centrum; rentrer à la ~ naar huis gaan; ~ de repos rustoord; rester à la ~ thuis blijven; ~ de retraite bejaardentehuis 2 *(firme)* firma *de;* ~ d'arrêt huis van bewaring; ~ de couture modehuis; ~ d'édition uitgeverij; ~ mère moedermaatschappij 3 *(famille)* gezin *het* ♦ pâté ~ eigengemaakte paté

maisonnée *nf* huisgenoten *plur;* toute la ~ het hele gezin

maisonnette *nf* huisje *het*

1 **maître, maîtresse** *n* 1 *(chef)* heer,

vrouw *nm, nf,* meester(es) *nm (nf);* **être passé ~ dans, en qqch** zeer handig zijn in iets; **être ~ de soi** zich beheersen; **être ~ de son sujet** zijn onderwerp beheersen; **être ~ de faire qqch** vrij zijn iets te doen; **~, maîtresse de maison** heer, vrouw des huizes; **se rendre ~ de** zich meester maken van **2** *(enseignant)* onderwijzer(es) *nm (nf);* **~ auxiliaire** leraar met tijdelijke aanstelling; **~ nageur** *(surveillant)* badmeester; *(enseignant)* zwemleraar **3** *(techn.; arts)* meester *nm;* **~ de conférences** lector; **~ d'école** (school)meester, onderwijzer; **~ d'hôtel** ober, eerste kelner; **~ d'œuvre** *(archit.)* uitvoerder; *(fig.)* coördinator **4** *(Me; jur.)* meester *nm,* mr. ♦ **~ chanteur** chanteur

[2]**maître, maîtresse** *adj* hoofd-; **maîtresse femme** kranige vrouw; **l'œuvre maîtresse** het belangrijkste werk; **poutre maîtresse** hoofdbalk

maîtresse *nf* maîtresse *nf,* minnares *nf*

maîtrise *nf* **1** *(habilité)* meesterschap *het* **2** *(fait de maîtriser)* beheersing (van) *nf* **3** zelfbeheersing *nf;* **~ de soi** zelfbeheersing **4** *(diplôme)* maîtrise *nf (aux Pays-Bas: ± doctoraal)*

maîtriser *vt* zich meester maken van; **~ un incendie** een brand meester worden; **se maîtriser** *vpr* zich beheersen

majesté *nf* majesteit *nf (aussi appellatif)*

majestueux, -euse *adj* majestueus, verheven

majeur, -eure *adj* **1** *(plus grand, très grand)* grootst; **le ~** de middelvinger; *(mus.)* **ton ~** grotetertstoonaard; **la ~e partie** het grootste deel **2** *(jur.)* meerderjarig, volwassen; **il est ~** hij is meerderjarig; **le, la ~(e)** de meerderjarige

majoration *nf* verhoging *nf*

majorer *vt* verhogen

majoritaire *adj* meerderheids-; **être ~** in de meerderheid zijn; **système ~** meerderheidsstelsel

majorité *nf* **1** *(jur.)* meerderjarigheid *nf* **2** *(le plus grand nombre; groupe majoritaire)* meerderheid *nf;* **à la ~ des voix** bij meerderheid van stemmen; **dans la ~ des cas** in de meeste gevallen; **en ~** voor het merendeel; **la ~ des gens** het merendeel van de mensen

majuscule *nf* hoofdletter *de;* **un P ~** een hoofdletter P

[1]**mal** *nm* **1** *(contraire du bien)* (het) kwade; **dire du ~ des autres** kwaadspreken; **le ~ est fait** het kwaad is geschied; **faire du ~ à qqn** iemand kwaad doen; **je n'y vois aucun ~** ik zie daar niets slechts in; **ne vouloir de ~ à personne** niemand een kwaad hart toedragen; **se donner du ~** moeite doen **2** *(souffrance)* pijn *de;* **avoir ~ au cœur** misselijk zijn; **avoir ~ aux dents** kiespijn hebben; **il n'y a pas de ~** het hindert niet; **le ~ du pays** heimwee; **il a eu plus de peur que de ~** hij is met de schrik vrijgekomen **3** *(maladie)* ziekte *nf;* **~ de mer** zeeziekte **4** *(difficulté)* moeite *nf;* **avoir du ~ à croire** moeite hebben te geloven

[2]**mal** *adj* slecht; **faire qqch de ~** iets slechts doen; **c'est ~ de dire cela** het is niet goed dat te zeggen; **c'est pas ~ !** dat is niet gek!; **il, elle n'est pas ~** hij, zij ziet er niet onaardig uit

[3]**mal** *adv* slecht; **~ à l'aise** niet op z'n gemak; **être au plus ~** heel erg ziek zijn; **de ~ en pis** van kwaad tot erger; **enfant ~ élevé** ongemanierd kind; **être ~ vu de qqn** slecht aangeschreven staan bij iemand; **pas mal de** heel wat, behoorlijk veel; **le prendre ~** het verkeerd opnemen; **s'y prendre ~** het verkeerd aanpakken; **~ à propos** te onpas; **se sentir ~** onwel worden; **ça tombe ~** het komt niet goed uit; **tu tombes ~** je treft het slecht; **tourner ~** *(qqn)* het verkeerde pad opgaan; *(qqch)* slecht aflopen; **ça va ? pas trop ~ !** gaat het? best!; **il va très ~** 't gaat hem erg slecht ♦ **je m'en fous pas ~ !** dat kan me geen donder schelen!

malade *adj* ziek; **être ~ du cœur** hartpatiënt zijn; *(fig.)* **esprit ~** gestoorde geest; **le, la ~** de zieke, patiënt; **se faire porter ~** zich ziek melden; **j'en suis ~ !** ik word er doodziek van!; **tomber ~** ziek worden; **t'es pas un peu ~ ?** ben je niet goed snik?

maladie *nf* **1** *(méd.)* ziekte *nf (aussi au fig.);* **attraper une ~** een ziekte oplopen; **~ cardiovasculaires** hart- en vaatziekten; **~ de cœur** hartkwaal; **en faire une ~** zich dood ergeren; **~ sexuellement transmissible, MST** seksueel overdraagbare aandoening, soa; **~ de la vache folle** gekkekoeienziekte **2** *(manie)* drang *nm*

maladif, -ive *adj* ziekelijk *(aussi au fig.)*

maladresse *nf* onhandigheid *nf;* **commettre une ~** een flater begaan

maladroit, -oite *adj* onhandig *(aussi au fig.);* **être ~ de ses mains** twee linkerhanden hebben; **le, la ~(e)** de stuntel; **remarque ~e** onbedachtzame opmerking

malais, -aise *adj* Maleis; **le ~** het Maleis; **le, la Malais(e)** de Maleier, Maleise

malaise *nm* malaise *nf;* **avoir un ~** zich niet lekker voelen

Malaisie *nf* Maleisië *n (sans art.)*

malaria *nf* moeraskoorts *de*

Malawi *nm* Malawi *n (sans art.)*

malaxer *vt* **1** *(pétrir)* kneden **2** *(mélanger)* mengen

malbouffe *nf (nourriture nuisant à la santé)* junkfood *het*

malchance *nf* tegenspoed *nm,* pech *nm;* **par ~** ongelukkigerwijze

malchanceux, -euse *n* pechvogel *nm;* **un joueur ~** een onfortuinlijke gokker

mâle *adj* **1** *(masculin)* mannelijk; **le ~** *(homme)* de man; *(animal)* het mannetje **2** *(viril)* krachtig

malédiction *nf* **1** *(paroles)* vervloeking *nf* **2** *(malheur)* vloek *nm*

maléfice *nm* hekserij *nf*

maléfique *adj* onheilbrengend

malencontreux, -euse *adj* ongelukkig *(adj.)*, ongelukkigerwijze *(adv.)*

malentendant, -ante *adj* slechthorend; **le, la ~(e)** de slechthorende

malentendu *nm* misverstand *het*

malfaçon *nf* gebrek *het*

malfaisant, -ante *adj* boosaardig

malfaiteur *nm* misdadiger *nm*

malfamé, -ée *adj* berucht

malformation *nf* (aangeboren) afwijking *nf*

malgache *adj* Malagassisch; **le, la Malgache** de Malagassiër, Malagassische

malgré *prép* **1** *(en dépit de)* ondanks **2** *(contre le gré de)* tegen de wil van; **~ lui** tegen zijn zin

malhabile *adj* onhandig

malheur *nm* ongeluk *het;* **~ à lui !** wee hem!; **en cas de ~** als er iets verkeerd gaat; **par ~** ongelukkigerwijs; **cette pluie de ~ !** die vervloekte regen!; **porter ~ (à qqn)** (iemand) ongeluk brengen ♦ **il a fait un ~ au festival !** hij was het klapstuk op het festival!

malheureusement *adv* helaas, jammer genoeg

malheureux, -euse *adj* **1** *(triste, misérable)* ongelukkig; **un amour ~** een onbeantwoorde liefde; **un mot ~** een slecht gekozen woord; **un pauvre ~** een arme drommel; **si c'est pas ~ !** dat is maar goed ook! **2** *(insignifiant)* armzalig

malhonnête *adj* oneerlijk

malhonnêteté *nf* oneerlijkheid *nf*

Mali *nm* Mali *n (sans art.)*

malice *nf* **1** *(raillerie)* spot *nm* **2** *(méchanceté)* boosaardigheid *nf;* **sans ~** zonder kwade wil

malicieux, -euse *adj* schalks

malien, -ienne *adj* Malisch; **le, la Malien(ne)** de Maliër, Malische

malin, -igne *adj* **1** *(futé)* slim; **le ~** de gocheme jongen; **faire le ~** de bink uithangen; **un sourire ~** een sluw lachje **2** *(méchant)* kwaadaardig *(aussi méd.)*

malingre *adj* zwak, ziekelijk

malintentionné, -ée *adj* kwaadwillig

malle *nf* (reis)koffer *nm*

malléable *adj* **1** *(qqch)* smeedbaar **2** *(qqn)* kneedbaar

mallette *nf* diplomatenkoffertje *het*

malmener *vt* ruw behandelen

malnutrition *nf* ongezonde voeding *nf*, *(sous-alimentation)* ondervoeding *nf*

malodorant, -ante *adj* onwelriekend

malotru, -ue *n* lomperd *nm*

malsain, -aine *adj* **1** *(maladif)* ongezond *(aussi au fig.)* **2** *(nuisible)* schadelijk

malt *nm* mout *het/de (m)*

maltais, -aise *adj* Maltees, Maltezer; **le ~** het Maltees; **le, la Maltais(e)** de Maltezer, Maltese

Malte *nf* Malta *n;* **à ~** op Malta

maltraiter *vt* **1** *(brutaliser)* mishandelen **2** *(critiquer)* hekelen

malveillance *nf* moedwil(ligheid) *nm (nf)*

malveillant, -ante *adj* kwaadwillig, moedwillig; **des propos ~s** boze praatjes

malvenu, -ue *adj* ongegrond, misplaatst

malvoyant *adj* slechtziend; **le, la ~(e)** de slechtziende

maman *nf* ma(ma) *nf*

mamelle *nf* **1** *(femme)* borst *de* **2** *(animal)* uier *nm*

mamelon *nm* **1** *(d'un sein)* tepel *nm* **2** *(géo.)* heuveltop *nm*

mamie *nf* oma *nf, (Belg.)* bomma *nf*

mammifère *nm* zoogdier *het*

mammouth *nm* mammoet *nm (aussi au fig.)*

manageur, -euse *n* manager *nm*

[1]**manche** *nm* **1** *(outil)* heft *het,* handvat *het* **2** *(instrument)* hals *nm* **3** *(casserole)* steel *nm* ♦ **~ à balai** bezemsteel; *(aviat.)* stuurknuppel; *(inform.)* joystick

[2]**manche** *nf* **1** *(d'un vêtement)* mouw *de; (fig.)* **retrousser ses ~s** z'n mouwen opstropen; **sans ~s** mouwloos **2** *(sports)* manche *de,* set *nm (tennis)* ♦ **faire la ~** geld ophalen, bedelen; **la Manche** het Kanaal

manchette *nf* **1** *(d'une manche)* manchet *de;* **bouton de ~** manchetknoop **2** *(d'un journal)* kop *nm*

[1]**manchot** *nm* pinguïn *nm*

[2]**manchot, -ote** *adj* **1** *(d'une main)* eenhandig **2** *(d'un bras)* eenarmig; **un(e) ~(e)** een eenarmig persoon **3** *(sans mains)* zonder handen **4** *(sans bras)* zonder armen

mandarine *nf* mandarijntje *het*

mandat *nm* **1** *(procuration)* volmacht *de* **2** *(fonction)* mandaat *het;* **son ~ est renouvelable** hij, zij is herkiesbaar **3** *(durée d'une fonction)* ambtsperiode *de* **4** *(postal)* postwissel *nm;* **~ de virement** stortingsbiljet **5** *(ordre de faire comparaître)* bevel(schrift) *het;* **~ d'amener** bevel tot voorgeleiding; **~ d'arrêt** arrestatiebevel, *(Belg.)* aankondigingsmandaat

mandataire *n* **1** *(qui a reçu une procuration)* ge(vol)machtigde *nm* **2** *(délégué)* afgevaardigde *nm*

mandater *vt* **1** *(donner une procuration à)* volmacht geven **2** *(députer)* afvaardigen

mandoline *nf* mandoline *nf*

manège *nm* **1** *(pour chevaux)* manege *de* **2** *(attraction foraine)* draaimolen *nm* **3** *(intrigue)* (listig) gekonkel *het*

manette *nf* hefboom *nm,* (bedienings)hendel *het/de (m); (fig.)* **être aux ~s** de leiding hebben, de touwtjes in handen hebben; **~ de jeux** joystick

mangeable *adj* eetbaar

mangeoire *nf* trog *nm,* voerbak *nm*

[1]**manger** *nm* (het) eten

[2]**manger** *vt* **1** *(absorber; s'alimenter)* eten; **~ comme quatre** veel eten; **on en mangerait** dat ziet er lekker uit; *(d'une fille)* wat

een lekker stuk is dat!; il ne vous mangera pas hij zal u niet opeten 2 *(dévorer)* verslinden; *(fig.)* ~ qqn des yeux iemand met de ogen verslinden 3 *(consommer)* gebruiken 4 *(dilapider)* verkwisten; **se manger** *vpr (être mangé)* gegeten worden

mangeur, -euse *n* eter, eetster *nm, nf*

mangue *nf* mango *nm*

maniabilité *nf* hanteerbaarheid *nf*

maniable *adj* 1 *(pratique)* gemakkelijk hanteerbaar 2 *(manœuvrable)* gemakkelijk bestuurbaar 3 *(docile)* handelbaar

maniaque *adj* 1 *(propre à un maniaque)* maniakaal, fanatiek; un ~ de l'ordre iemand met een ziekelijke opruimwoede; le, la ~ de maniak 2 *(psycho.)* manisch

manie *nf* manie *nf;* ~ du nettoyage schoonmaakwoede ♦ la ~ de la persécution (de) vervolgingswaanzin

maniement *nm* hantering *nf, (fig.)* omgang *nm;* ~ de fonds beheer van gelden

manier *vt* 1 *(manipuler)* hanteren *(aussi au fig.)* 2 *(modeler)* boetseren, kneden *(aussi cuis.)* 3 *(diriger)* leiden

maniéré, -ée *adj* gemaakt, gekunsteld

manière *nf* 1 *(façon)* manier *de;* à la ~ de in de trant van; d'une certaine ~ in zekere zin; d'une ~ générale over het algemeen; de ~ à zodat, opdat; de toute ~ in ieder geval; de quelle ~ hoe; de telle ~ que zo(danig) dat; de ~ (à ce) que zodat; en aucune ~ in geen geval; la ~ forte de harde lijn; une ~ de voir een zienswijze 2 *(plur.) (comportement)* manieren *plur;* manquer de ~s geen manieren hebben; en voilà des ~s ! wat zijn dat voor manieren! 3 *(plur.) (embarras)* gekunsteldheid *nf;* faire des ~s zich aanstellen

manifestant, -ante *n* demonstrant(e) *nm (nf)*

manifestation, manif *nf* 1 *(expression)* uiting *nf* 2 *(rassemblement)* demonstratie *nf,* betoging *nf*

[1]**manifeste** *nm* manifest *het*

[2]**manifeste** *adj* duidelijk, klaarblijkelijk

[1]**manifester** *vi* demonstreren

[2]**manifester** *vt (exprimer)* blijk geven van; **se manifester** *vpr (apparaître)* zich uiten

manigance *nf* ↑ intrige *de*

manigancer *vt* bedisselen

manipulateur *n* 1 *(opérateur)* bedieningsvakman *nm* 2 *(prestidigitateur)* goochelaar(ster) *nm (nf)*

manipulation *nf* 1 *(de produits, d'appareils)* hantering *nf, (d'appareils)* bediening *nf* 2 *(enseign.)* proef *de* 3 *(prestidigitation)* manipulatiekunst *nf* 4 *(manœuvre)* manoeuvre *de*

manipuler *vt* 1 *(manier)* hanteren, *(appareil)* bedienen 2 *(falsifier)* knoeien in; ~ des statistiques in statistieken knoeien 3 *(manœuvrer)* manipuleren

manivelle *nf* kruk *de*

mannequin *nm* 1 *(personne)* mannequin *nm* 2 *(chose)* (etalage)pop *de*

[1]**manœuvre** *nm (ouvrier)* los werkman *nm*

[2]**manœuvre** *nf* 1 *(opération manuelle)* handeling *nf;* fausse ~ verkeerde wending; *(fig.)* misgreep 2 *(milit.)* manoeuvre *het/de* 3 *(intrigue)* manoeuvre *het/de,* kunstgreep *nm;* déjouer les ~s de qqn iemands streken verijdelen

[1]**manœuvrer** *vi* 1 *(conduire)* manoeuvreren 2 *(agir habilement)* het handig aanleggen

[2]**manœuvrer** *vt* 1 *(qqch)* manoeuvreren 2 *(qqn)* manipuleren

manoir *nm* kasteeltje *het*

manque *nm* 1 *(absence; insuffisance)* gebrek *het;* être en (état de) ~ onthoudingsverschijnselen hebben *(drogue);* ~ à gagner winstderving; ~ de goût smakeloosheid; (par) ~ de bij gebrek aan 2 *(lacune)* lacune *de*

manqué, -ée *adj* mislukt; coup ~ misser

manquement *nm* (het) niet-nakomen (van); ~ au devoir plichtsverzuim

[1]**manquer** *vi* 1 *(faire défaut)* ontbreken; ~ à l'appel op het appel ontbreken; ce n'est pas l'argent qui manque ! er is geld genoeg!; il ne manquait plus que cela dat is het toppunt; les forces lui manquèrent zijn, haar krachten begaven het; tu me manques beaucoup ik mis je erg 2 *(+ de) (ne pas avoir)* gebrek hebben (aan); la conversation manque d'entrain het gesprek wil niet vlotten; ~ d'expérience onervaren zijn; il ne manque de rien hij komt niets te kort 3 *(+ à) (ne pas respecter)* tekortschieten (in); ~ à sa parole zijn woord breken; ~ à son devoir zijn plicht verzuimen 4 *(échouer)* mislukken ♦ ça n'a pas manqué dat kon niet uitblijven; j'ai manqué (de) tomber ik ben bijna gevallen; je n'y manquerai pas ik zal het zeker doen

[2]**manquer** *vt* 1 *(ne pas atteindre)* missen 2 *(ne pas rencontrer qqn)* mislopen; vous l'avez manqué de justesse u bent hem net misgelopen 3 *(ne pas réussir)* laten mislukken, verknoeien ♦ ~ la classe de school verzuimen; il n'en manque pas une hij begaat de ene stommiteit na de andere; ~ une occasion een gelegenheid voorbij laten gaan; **se manquer** *vpr* 1 *(ne pas se rencontrer)* elkaar mislopen; il manque deux verres er ontbreken twee glazen 2 *(rater son suicide)* een mislukte zelfmoordpoging doen

mansarde *nf* dakkamer *de*

manteau *nm* 1 *(pardessus)* (over)jas *de* 2 *(fig.) (ce qui cache)* dekmantel *nm;* sous le ~ de onder de dekmantel van; sous le ~ heimelijk

manucure *n* manicure *nm*

[1]**manuel** *nm* handboek *het*

[2]**manuel, -elle** *adj* 1 *(fait avec la main)* hand-, manueel; du travail ~ handenar-

beid **2** *(personnes)* handenarbeid verrichtend; **le, la ~(le)** de handarbeid(st)er

manufacture *nf* fabriek *nf*

manufacturer *vt* bewerken

manuscrit, -ite *adj* handgeschreven; **le ~** het manuscript

manutention *nf* (goederen)behandeling *nf,* (het) laden en lossen

mappemonde *nf* **1** *(carte)* wereldkaart *de* **2** *(globe)* globe *de*

maquereau *nm* **1** *(zool.)* makreel *nm* **2** *(proxénète)* pooier *nm*

maquette *nf* **1** *(modèle réduit)* (schaal)-model *het* **2** *(archit.)* maquette *de* **3** *(édit.)* dummy *nm*

maquillage *nm* **1** *(action)* (het) opmaken, *(dram.)* (het) schminken **2** *(cosmétique)* make-up *nm* **3** *(falsification)* (het) vervalsen

maquiller *vt* **1** *(le visage)* opmaken, *(dram.)* schminken **2** *(falsifier)* vervalsen; **se maquiller** *vpr (se farder)* zich opmaken, zich schminken *(dram.)*

maquilleur, -euse *n* grimeur *nm*

maquis *nm* **1** *(géo.)* maquis *het/de (m)* **2** *(résistance armée)* verzet *het,* ondergrondse *de (deuxième guerre mondiale);* **prendre le ~** in het verzet gaan

maraîcher, -ère *adj* groente-; **jardin ~** moestuin; **le ~, la maraîchère** de groentekweker, groentekweekster

marais *nm* moeras *het*

marasme *nm* slapte *nf*

marathon *nm* marathon *nm*

marbre *nm* marmer *het;* **de, en ~** marmeren; *(fig.)* onbewogen; **être de ~** steenkoud zijn

marbrer *vt* marmeren

marc *nm* **1** dik *het;* **~ de café** koffiedik **2** *(de fruits)* droesem *nm* **3** *(eau-de-vie)* marc *nm*

[1]**marchand, -ande** *n* koop|man, -vrouw *nm, nf;* **~ ambulant** marskramer; **~ au détail** kleinhandelaar; **~ de, en gros** groothandelaar; **~ de journaux** krantenverkoper; **~ des quatre-saisons** groenteventer; **le ~ de sable est passé** Klaas Vaak is gekomen

[2]**marchand, -ande** *adj* **1** *(propre au commerce)* handels-; **valeur ~e** handelswaarde **2** *(qui fait du commerce)* handeldrijvend; **galerie ~e** winkelgalerij

marchandage *nm* (het) afdingen

[1]**marchander** *vi* afdingen, *(Belg.)* afbieden

[2]**marchander** *vt* afdingen op

marchandise *nf* **1** *(produit(s) à vendre)* waar *de* **2** *(plur.) (cargaison)* goederen *plur*

marche *nf* **1** *(action)* (het) lopen; **chaussures de ~** wandelschoenen; **faire de la ~ (à pied)** wandelen; **à une heure de ~** op één uur gaans **2** *(allure)* manier *de* van lopen; **accélérer la ~** de pas versnellen; **faire ~ arrière** achteruitrijden; *(fig.)* bakzeil halen; **~ arrière, avant** achteruit, vooruit; *(fig.)* **la ~ à suivre** de te volgen methode **3** *(fonctionnement)* werking *nf;* **la bonne ~ du service** het goed functioneren van de dienst; **machine en état de ~** machine die het doet; **mettre en ~** in beweging zetten; **se mettre en ~** zich in beweging zetten **4** *(cours)* verloop *het* **5** *(d'un escalier)* trede *de;* **descendre les ~s** de trap aflopen; **attention à la ~ !** denk om het afstapje! **6** *(défilé)* mars *de (aussi mus.);* **ouvrir la ~** vooraan lopen; **~ de la paix** vredesmars; **en avant, ~ !** voorwaarts, mars!

marché *nm* **1** *(lieu de vente)* markt *de (aussi écon.);* **le Marché Commun** de EG; **~ couvert** markthal; **~ de l'emploi** arbeidsmarkt; **faire son ~** inkopen doen; **~ noir** zwarte handel; **~ aux puces** vlooienmarkt **2** *(convention)* contract *het;* **~ conclu !** top!; **conclure, passer un ~** een overeenkomst aangaan; *(fig.)* **par-dessus le ~** op de koop toe ♦ **(à) bon ~** goedkoop; **s'en tirer à bon ~** er goedkoop afkomen

marchepied *nm* **1** *(d'un véhicule)* treeplank *de* **2** *(escabeau)* trapje *het* **3** *(fig.) (tremplin)* springplank *de;* **servir de ~ à qqn** iemand tot springplank dienen

marcher *vi* **1** *(se déplacer)* lopen; **~ droit** recht(op) lopen; *(fig.)* in het gareel lopen **2** *(fonctionner)* functioneren, lopen; **cela fait ~ le commerce** dat is goed voor de handel **3** *(avancer)* zich voortbewegen **4** *(milit.)* oprukken; **refuser de ~** weigeren te gehoorzamen **5** *(accepter)* meedoen; **je ne marche pas dans cette combine** ik doe niet mee met dat zaakje; **je ne marche pas** ik vertik het **6** *(croire naïvement)* erin lopen; **faire ~ qqn** iemand in de maling nemen

marcheur, -euse *n* loper, loopster *nm, nf*

mardi *nm* dinsdag *nm;* **~ gras** Vastenavond

mare *nf* poel *nm,* plas *nm*

marécage *nm* moeras *het*

marécageux, -euse *adj* moerassig

maréchal *nm* maarschalk *nm*

maréchal-ferrant *nm* hoefsmid *nm*

marée *nf* **1** *(mouvement de la mer)* (ge)tij *het;* **à ~ basse** bij eb; **à ~ haute** bij vloed; **~ descendante** afnemend tij; **~ noire** olievlek **2** *(produits de la mer)* verse zeevis en schaaldieren *plur* ♦ **~ humaine** mensenzee

marelle *nf* ♦ **jouer à la ~** hinkelen

margarine *nf* margarine *de*

marge *nf* **1** *(d'une page)* kant(lijn) *nm (de);* **des notes en ~** kanttekeningen; **laisser une ~** een kantlijn maken **2** *(délai; latitude)* marge *de;* **avoir de la ~** alle tijd hebben; **~ bénéficiaire** winstmarge; **~ de réflexion** bedenktijd; *(technol.)* **~ de sécurité** veiligheidsmarge **3** *(extérieur)* randgebied *het;* **en ~ de la société** aan de zelfkant van de maatschappij

marginal, -ale *adj* marginaal; **le, la ~(e)** de randfiguur

marguerite *nf* margriet *de*
mari *nm* man *nm*, echtgenoot *nm*
mariage *nm* 1 *(union matrimoniale)* huwelijk *het;* ~ **blanc** schijnhuwelijk; **donner en ~** ten huwelijk geven; **projets de ~** trouwplannen; **~ de raison** verstandshuwelijk; *(euphémisme)* **~ pour tous** homohuwelijk 2 *(cérémonie)* bruiloft *de* 3 *(association)* combinatie *nf*
marié, -ée *n* bruidegom, bruid *nm, nf;* **les nouveaux ~s** het bruidspaar
marier *vt* 1 *(+ à, avec) (unir par le mariage)* in de echt verbinden (met) 2 *(+ à) (assortir à)* combineren (met); **se marier (avec)** *vpr (épouser)* trouwen (met)
marihuana, marijuana *nf* marihuana *de*
marin, -ine *adj* zee-; **le ~** de zeeman
[1]**marine** *nm* marineblauw *het;* **des chaussettes (bleu) ~** marineblauwe sokken
[2]**marine** *nf (mar.)* zeewezen *het;* **~ marchande** koopvaardijvloot
[1]**mariner** *vi* gemarineerd worden
[2]**mariner** *vt* marineren
marionnette *nf* marionet *de (aussi au fig.)*
marital, -ale *adj (jur.)* maritaal; **autorisation ~e** machtiging van de echtgenoot; **vivre ~ement** samenleven
maritime *adj* zee-, maritiem
marjolaine *nf* marjolein *de*
marketing *nm* marketing *nf*
marmaille *nf* grut *het*
marmelade *nf* compote *de*, vruchtenmoes *het/de (m)*
marmite *nf* kookpot *nm*
marmonner *vt* mompelen
marmot *nm* jochie *het (m), (plur.)* grut *het*
marmotte *nf* marmot *de*
Maroc *nm* Marokko *n (sans art.)*
marocain, -aine *adj* Marokkaans; **le ~** het Marokkaans; **le, la Marocain(e)** de Marokkaan(se)
maroquinerie *nf* 1 *(magasin)* lederwarenwinkel *nm* 2 *(articles de cuir)* lederwaren *plur*
maroquinier *nm* leerwarenverkoper *nm*
marotte *nf* manie *nf*
marquant, -ante *adj* opvallend
marque *nf* 1 *(signe)* merkteken *het; (fig.)* **de ~** vooraanstaand 2 *(preuve)* bewijs *het*, blijk *het* 3 *(label commercial)* merk *het;* **article de ~** merkartikel; **~ déposée** gedeponeerd handelsmerk 4 *(flétrissure)* brandmerk *het* 5 *(empreinte)* prent *de* 6 *(score)* puntentelling *nf* 7 *(sports) (repère)* startlijn *de;* **à vos ~s, prêts, partez !** op uw plaatsen, klaar, af!; **prendre ses ~s** in de starthouding gaan staan
marqué, -ée *adj* 1 *(pourvu d'une marque)* gemerkt 2 *(caractéristique)* gemarkeerd; **visage ~ (par qqch)** (door iets) getekend gezicht 3 *(net)* duidelijk, uitgesproken; **traits ~s** duidelijk uitkomende trekken
[1]**marquer** *vi* 1 *(frapper)* markant zijn 2 *(laisser une trace)* sporen nalaten
[2]**marquer** *vt* 1 *(distinguer)* markeren; **~ d'un numéro** nummeren; **~ d'une croix** een kruisje zetten bij; **~ d'une étiquette** een etiket plakken op 2 *(noter)* noteren 3 *(montrer)* blijk geven van; **~ de l'intérêt** blijk geven van belangstelling 4 *(laisser une marque sur)* een stempel drukken op 5 *(bétail)* brandmerken 6 *(sports) (un point)* scoren; **~ un but** een doelpunt maken 7 *(sports) (un joueur)* dekken
marqueur *nm (feutre)* dikke viltstift *nm*
marquis *nm* markies *nm*
marquise *nf* 1 *(femme)* markiezin *nf* 2 *(auvent)* luifel *de*, afdak *het*
marraine *nf* peettante *nf*, meter *nf*
marrant, -ante *adj* lollig
marre *adv* ♦ **j'en ai ~ !** ik ben het zat!, het hangt m'n voeten uit! *(n.B.)*
se marrer *vpr* zich rot lachen, lol hebben
[1]**marron** *nm* 1 *(comestible)* kastanje *de;* **~s glacés** geglaceerde kastanjes 2 *(d'Inde)* paardenkastanje *de* 3 *(couleur)* kastanjekleur *de* 4 *(coup)* opstopper *de*
[2]**marron, -onne** *adj* (kastanje)bruin
marronnier *nm* 1 *(châtaignier cultivé)* kastanje *nm* 2 *(d'Inde)* paardenkastanje *nm;* **~ (d'Inde)** paardenkastanje
mars *nm* maart *nm;* **en ~** in maart
marsouin *nm* bruinvis *nm*
marteau *nm* 1 *(outil)* hamer *nm;* **~ piqueur** pikhamer 2 *(heurtoir)* deurklopper *nm*
marteler *vt* hameren op
martial, -ale *adj* 1 *(guerrier)* krijgshaftig, martiaal 2 *(militaire)* krijgs-; **cour ~e** bijzondere krijgsraad ♦ **arts martiaux** oosterse vechtsporten
martien, -ienne *adj* Mars-; **le ~** de Marsbewoner
martiniquais, -aise *adj* Martinikaans; **le, la Martiniquais(e)** de Martinikaan(se)
Martinique *nf* Martinique *(sans art.)*
martyr, -yre *n* martelaar, -lares *nm, nf (aussi au fig.);* **se donner des airs de ~** een martelaarsgezicht zetten; **enfant ~** slachtoffer van kindermishandeling
martyre *nm* 1 *(mort du martyr)* marteldood *de* 2 *(souffrance)* marteling *nf;* **sa vie fut un long ~** zijn, haar leven was één lange lijdensweg; **souffrir le ~** hevig lijden
martyriser *vt* kwellen
marxiste *adj* marxistisch; **le, la ~** de marxist(e)
mascara *nm* mascara *de*
mascarade *nf* 1 *(accoutrement)* vermomming *nf* 2 *(mise en scène)* schijnvertoning *nf*
mascotte *nf* mascotte *de*
masculin, -ine *adj* mannelijk; **le ~** het mannelijk; **mode ~e** herenmode
masochisme *nm* masochisme *het*
masochiste *adj* masochistisch; **le, la ~** de masochist(e)

masque *nm* masker *het;* **~ à gaz** gasmasker

masqué, -ée *adj* **1** *(couvert d'un masque)* gemaskerd; **bal ~** gemaskerd bal **2** *(dissimulé)* gemaskeerd

masquer *vt* **1** *(déguiser)* vermommen, maskeren **2** *(dissimuler)* maskeren; **cet immeuble nous masque la vue** dat gebouw beneemt ons het uitzicht; **se masquer** *vpr (se déguiser)* zich maskeren

massacre *nm* **1** *(tuerie)* moordpartij *nf,* bloedbad *het* **2** *(gâchis)* knoeiboel *nm*

massacrer *vt* **1** *(tuer)* afslachten **2** *(abîmer qqn)* toetakelen **3** *(défigurer qqch)* verknoeien

massage *nm* massage *nf*

masse *nf* **1** *(volume important)* massa *de (sans prép.);* **taillé dans la ~** uit één stuk gehouwen; **tomber comme une ~** als een blok neervallen **2** *(phys.)* massa *de* **3** *(multitude)* menigte *nf (sans prép.);* **la grande ~ de** het merendeel van; **en ~** massaal; **les ~s** de volksmassa's; **il n'y en a pas des ~s** er zijn er niet al te veel **4** (totaal)bedrag *het;* **~ monétaire** geldcirculatie **5** *(maillet)* moker *nm* **6** *(conducteur électrique)* aardsluiting *nf;* **mettre (le courant) à la ~** aarden

massepain *nm* marsepein *het/de (m)*

masser *vt* **1** *(frotter)* masseren; **se faire ~** zich laten masseren **2** *(rassembler)* verzamelen; **se masser** *vpr (se rassembler)* samendrommen, *(Belg.)* samentroepen

masseur, -euse *n* masseur, masseuse *nm, nf*

[1]**massif** *nm* **1** *(arbres)* boomgroep *nm* **2** *(fleurs)* (bloem)perk *het* **3** *(géo.)* berggroep *nm,* massief *het*

[2]**massif, -ive** *adj* **1** *(plein)* massief **2** *(lourd)* zwaar **3** *(en quantité)* massaal

massue *nf* knots *de*

mastic *nm* stopverf *de,* mastiek *het/de (m) (n.B.)*

mastiquer *vt* **1** *(mâcher)* kauwen **2** *(boucher)* dichten, *(fenêtres)* stoppen, mastieken *(n.B.)*

mastodonte *nm* **1** *(personne; véhicule)* kolos *nm* **2** *(animal)* mastodont *nm*

masturbation *nf* masturbatie *nf*

se masturber *vpr* masturberen

m'as-tu-vu, -ue *n* verwaande kwast *nm*

[1]**mat, mate** *adj* mat; **échec et ~ !** schaakmat!; **être ~** mat staan

[2]**mat, mate** *adj* mat; **du verre ~** matglas

mât *nm* **1** *(mar.)* mast *nm* **2** *(poteau)* paal *nm*

match *nm* wedstrijd *nm;* **~ aller et ~ retour** uit- en thuiswedstrijd; **~ nul** gelijkspel

matelas *nm* matras *het/de;* **~ pneumatique** luchtbed, luchtmatras *(n.B.);* **~ à ressorts** springmatras

matelasser *vt* opvullen

matelot *nm* matroos *nm*

mater *vt* **1** *(dompter)* temmen **2** *(faire échec à)* (schaak)mat zetten **3** *(réprimer)* bedwingen **4** *(regarder)* begluren

matérialiser *vt* **1** *(symboliser)* belichamen **2** *(concrétiser)* verwezenlijken; **se matérialiser** *vpr* **1** *(se concrétiser)* werkelijkheid worden **2** *(devenir matériel)* vaste vorm krijgen

matérialisme *nm* materialisme *het*

matérialiste *adj* materialistisch; **le, la ~** de materialist(e)

matériau *nm* materiaal *het*

matériaux *nm* **1** *(matières)* materialen *plur* **2** *(documentation)* basismateriaal *het*

[1]**matériel** *nm* **1** *(matière)* materiaal *het* **2** *(équipement)* materieel *het (sing.)* **3** *(inform.)* hardware *nm*

[2]**matériel, -elle** *adj* **1** *(physique)* materieel, stoffelijk **2** *(concret)* feitelijk; **preuve ~le** tastbaar bewijs

maternel, -elle *adj* **1** *(de la mère)* moeder- **2** *(filiation)* van moederszijde **3** *(instinct)* moederlijk ♦ **la ~le** de kleuterschool

materner *vt* bemoederen

maternité *nf* **1** *(état de mère)* moederschap *het* **2** *(accouchement)* bevalling *nf* **3** *(établissement)* kraamkliniek *nf*

mathématicien, -ienne *n* wiskundige *nm*

mathématique *adj* wiskundig

mathématiques *nf* wiskunde *nf (sing.)*

maths *nf (plur)* → **mathématiques**

matière *nf* **1** *(substance)* materiaal *het;* **~ grasse** vet; **~s premières** grondstoffen **2** *(discipline)* (school)vak *het;* **~ à option** keuzevak, *(Belg.)* optievak **3** *(philo., phys.)* stof *de;* **en la ~** op dit gebied **4** *(sujet)* onderwerp *het;* **en ~ de** op het gebied van; **entrer en ~** ter zake komen

matin *nm* ochtend *nm,* morgen *nm;* **ce ~** vanmorgen; **de bon ~** in alle vroegte; **du ~ au soir** de hele dag; *(fig.)* zonder ophouden; **être du ~** matineus zijn; **le ~** 's morgens, 's ochtends

matinal, -ale *adj* **1** *(du matin)* ochtend- **2** *(qui se lève tôt)* matineus

matinée *nf* **1** *(partie de la journée)* voormiddag *nm,* ochtend *nm;* **faire la grasse ~** uitslapen **2** *(spectacle)* matinee *nf,* middagvoorstelling *nf*

matou *nm* kater *nm*

matraque *nf* (gummi)knuppel *nm,* wapenstok *nm*

matraquer *vt* **1** *(frapper)* neerknuppelen **2** *(fig.)* erin hameren

matrice *nf* **1** *(moule)* matrijs *de,* gietvorm *nm* **2** *(math.)* matrix *nf* **3** *(registre)* register *het,* kohier *het* **4** *(utérus)* baarmoeder *de*

matricule *nm* (registratie)nummer *het*

matrimonial, -ale *adj* huwelijks-

maturation *nf* rijping *nf*

mature *adj* rijp

maturité *nf* rijpheid *nf (aussi au fig.)*

maudire *vt* vervloeken, verwensen

maudit, -ite *adj* **1** *(réprouvé)* verdoemd **2** *(fichu)* vervloekt, verdomd

maugréer (contre) *vi* mopperen (op)
mauricien, -ienne *adj* Mauritiaans; **le, la Mauricien(ne)** de Mauritiaan(se)
Mauritanie *nf* Mauritanië *n (sans art.)*
mauritanien, -ienne *adj* Mauritaans, Mauritanisch; **le, la Mauritanien(ne)** de Mauritaniër, Mauritaanse
mausolée *nm* praalgraf *het*
maussade *adj* **1** *(personne)* chagrijnig **2** *(temps)* druilerig
mauvais, -aise *adj* **1** *(incorrect; piètre; néfaste)* slecht, verkeerd; **~e chute** lelijke val; **il fait ~** het is slecht weer; **le ~** het kwade; **la mer est ~e** de zee is (gevaarlijk) wild; **~e odeur** vieze lucht; **pas ~ ça !** niet gek!; **un ~ quart d'heure** een benauwd kwartiertje; **ça sent ~ !** dat stinkt!; *(fig.)* daar zit een luchtje aan! **2** *(méchant)* boos(aardig), gemeen
mauve *adj* lichtpaars
mauviette *nf* slappeling *nm*
maxillaire *nm* kaak *de*
maximal, -ale *adj* maximaal, maximum-
maxime *nf* **1** *(précepte)* stelregel *nm* **2** *(dicton)* (kern)spreuk *de*
maximum, -a *adj* maximaal, maximum-; **au ~** ten hoogste; **faire le ~** zijn uiterste best doen; **le ~** het maximum; *(jur.)* de maximumstraf
mayonnaise *nf* mayonaise *nf*
mazout *nm* stookolie *de*
me *pron pers* mij *(emphatique ou contrastif)*, me *(style normal)*; **je ~ lave les cheveux** ik was mijn haren; **~ voici !** hier ben ik!
mea-culpa *nm* ♦ **faire son ~** schuld bekennen
méandre *nm* **1** *(sinuosité)* meander *nm* **2** *(détour)* kronkel *nm*
mec *nm* vent *nm*, kerel *nm*
mécanicien, -ienne *n* **1** *(mécano)* monteur *nm*, mekanieker *nm (n.B.)* **2** *(locomotive)* machinist(e) *nm (nf)*
mécanique *adj* **1** *(des machines)* mechanisch *(aussi phys.)*; **avoir des ennuis ~s** motorpech hebben; *(construction)* **la ~** de werktuigkunde **2** *(machinal)* machinaal ♦ **la ~** het mechanisme *(mécanisme)*
mécaniser *vt* mechaniseren
mécanisme *nm* **1** *(mécanique)* mechanisme *het* **2** *(processus)* werkwijze *de*
mécénat *nm* mecenaat *het*
mécène *nm* mecenas *nm*
méchamment *adv* **1** *(avec méchanceté)* gemeen **2** *(beaucoup)* vreselijk
méchanceté *nf* **1** *(caractère méchant)* boosaardigheid *nf*; **sans ~** zonder kwade bedoelingen **2** *(acte méchant)* gemene streek *de*
méchant, -ante *adj* **1** *(malveillant)* boos(aardig), gemeen; **ce n'est pas bien ~** daar steekt geen kwaad in **2** *(turbulent)* stout, ondeugend
mèche *nf* **1** *(de bougie, de lampe)* pit *de* **2** *(pour explosif)* lont *de*; **vendre la ~** uit de school klappen, uit de biecht klappen *(n.B.)* **3** *(de cheveux)* (haar)lok *nm* **4** *(vrille)* boor *de* ♦ **être de ~ avec qqn** met iemand onder één hoedje spelen
méconnaissable *adj* onherkenbaar
méconnaître *vt* miskennen
méconnu, -ue *adj* miskend
mécontent, -ente (de) *adj* ontevreden (over); **un perpétuel ~** een knorrepot
mécontentement *nm* ontevredenheid *nf*
mécontenter *vt* ontevreden maken
médaille *nf* medaille *de*, penning *nm*
médaillon *nm* medaillon *het*
médecin *nm* arts *nm*, dokter *nm*; **~ de famille** huisarts; **~ légiste** gerechtelijk geneeskundige, *(Belg.)* wetsdokter; **~ du travail** bedrijfsarts, *(Belg.)* arbeidsgeneesheer
médecine *nf* geneeskunde *nf*; **~s douces** natuurgeneeswijzen; **faire ~** medicijnen studeren
média *nm* (massa)medium *het*; **~s sociaux** social media
médiateur, -trice *n* bemiddelaar(ster) *nm (nf)*; **commission médiatrice** bemiddelingscommissie
médiathèque *nf* mediatheek *nf*
médiation *nf* bemiddeling *nf*
médiatique *adj* media-
médical, -ale *adj* geneeskundig, medisch
médicament *nm* geneesmiddel *het*, medicijn *het/de*
médicinal, -ale *adj* geneeskrachtig
médiéval, -ale *adj* middeleeuws
médiocre *adj* *(faible)* (middel)matig; *(adv.)* **médiocrement** niet erg
médiocrité *nf* middelmatigheid *nf*
médire (de, sur) *vi* kwaadspreken (over)
médisance *nf* laster *nm (sing.)*
médisant, -ante *adj* lasterlijk
méditatif, -ive *adj* nadenkend, peinzend
méditation *nf* meditatie *nf*
1**méditer (sur)** *vi* mediteren (over)
2**méditer** *vt* diep nadenken over; **~ de faire qqch** iets van plan zijn
Méditerranée *nf* Middellandse Zee *de*
méditerranéen, -enne *adj* Middellandse Zee-, mediterraan
médium *nm* medium *het*
méduse *nf* kwal *de*
méduser *vt* verstijfd doen staan
meeting *nm* **1** *(rassemblement)* vergadering *nf* **2** *(sport)* ontmoeting *nf*
méfait *nm* **1** *(faute)* wandaad *de* **2** *(suite néfaste)* kwalijk gevolg *het*
méfiance *nf* wantrouwen *het*, achterdocht *de*
méfiant, -ante (à l'égard de) *adj* wantrouwig (jegens)
se méfier (de) *vpr* **1** *(douter de)* (iemand) wantrouwen **2** *(faire attention à)* uitkijken (voor); **méfiez-vous !** kijk uit!
mégahertz *nm* megahertz *nm*
mégalomane, mégalo *adj* megalo-

maan, lijdend aan grootheidswaanzin; **le, la ~** de megalomaan, megalomane

mégalomanie *nf* grootheidswaan(zin) *nm*

mégaoctet *nm* megabyte *de*

mégaphone *nm* megafoon *nm*

mégarde ♦ **par ~** bij vergissing

mégère *nf* feeks *nf*

mégot *nm* peuk *nm*

meilleur, -eure *adj* **1** *(+ que) (comparatif)* beter (dan); **c'est la ~e** dat is het toppunt; **il fait ~** het is beter weer **2** *(avec art.) (superlatif)* (de, het) beste; **j'en passe et des ~es !** ik spreek nog niet eens over de rest!; **pour le ~ et pour le pire** in voor- en tegenspoed

mélancolie *nf* melancholie *nf*

mélancolique *adj* zwaarmoedig

mélange *nm* **1** *(action de mélanger)* vermenging *nf* **2** *(amalgame)* mengsel *het*, mengelmoes *de*

mélangé, -ée *adj* gemengd

mélanger *vt* **1** *(combiner avec)* (ver)mengen (met); **~ une chose et une autre chose** twee dingen met elkaar combineren **2** *(confondre)* † met elkaar verwarren

mélasse *nf* **1** *(sirop)* (suiker)stroop *de* **2** *(situation pénible)* puree *nf*

mêlée *nf* **1** *(bataille)* handgemeen *het* **2** *(sports)* scrum *nm*

mêler *vt* **1** *(+ à, de) (mélanger)* (ver)mengen (met) **2** *(+ à) (ajouter)* verenigen (met) **3** *(+ à, dans) (impliquer)* betrekken (bij, in); **se mêler** *vpr* **1** *(+ à) (se mélanger)* zich vermengen (met) **2** *(+ à) (se joindre)* zich voegen (bij) **3** *(+ à, de) (s'ingérer)* zich bemoeien (met); **mêle-toi de tes affaires !** bemoei je met je eigen zaken!

mélèze *nm* lariks *nm*

méli-mélo *nm* warboel *nm*

mélodie *nf* melodie *nf*

mélodieux, -euse *adj* melodieus

mélodique *adj* melodisch

mélodramatique *adj* melodramatisch

mélodrame *nm* melodrama *het*

mélomane *n* muziekliefǀhebber, -hebster *nm, nf*

melon *nm* **1** *(fruit)* meloen *de* **2** *(chapeau)* bolhoed *nm*

membrane *nf* vlies *het*, membraan *het/de*

membre *nm* **1** *(bras ou jambe)* lidmaat *het*; **les ~s inférieurs** de onderste ledematen **2** *(adhérent)* lid *het (m), het (f)*; **État ~** lidstaat

mémé *nf* oma *nf*

[1]**même** *adj indéf* **1** *(identique)* zelfde; **être du ~ âge** even oud zijn, dezelfde leeftijd hebben; **cela revient au ~** dat komt op hetzelfde neer; **la ~ chose** hetzelfde, dezelfde zaak **2** *(renchérissement)* zelf; **c'est cela ~ !** dat is 't precies!

[2]**même** *adv* zelfs; **aujourd'hui ~** vandaag nog; **de ~** op dezelfde wijze; **de ~ que** evenals; **il en va de ~ pour eux** hetzelfde geldt voor hen; **c'est ici ~** het is precies hier; **~ lui** zelfs hij; **il ne m'a ~ pas entendu** hij heeft me niet eens gehoord ♦ **boire à ~ la bouteille** zomaar uit de fles drinken; **être à ~ de faire qqch** in staat zijn iets te doen

[1]**mémoire** *nm* **1** *(dissertation)* verhandeling *nf*; **~ de fin d'études** scriptie, *(Belg.)* thesis, eindwerk **2** *(plur.) (souvenirs)* memoires *plur*

[2]**mémoire** *nf* **1** *(de l'homme)* geheugen *het (aussi inform.)*; **revenir à la ~** weer te binnen schieten; **si j'ai bonne ~** als ik me goed herinner; **avoir la ~ courte** kort van memorie zijn; **réciter qqch de ~** iets uit zijn hoofd opzeggen **2** *(inform.)* geheugen *het*; **~ morte** ROM, read only memory; **~ vive** RAM, random access memory **3** *(souvenir de)* (na)gedachtenis (van) *nf*; **à la ~ de** ter nagedachtenis aan; **lieu de ~** gedenkplaats

mémorable *adj* gedenkwaardig

mémorial *nm* gedenkteken *het*

mémorisation *nf* **1** (het) memoriseren **2** *(inform.)* opslag *nm*

mémoriser *vt* **1** *(fixer dans la mémoire)* van buiten leren **2** *(inform.)* opslaan

menaçant, -ante *adj* dreigend

menace *nf* **1** (be)dreiging (met) *nf*; **lettre de ~s** dreigbrief; **obtenir qqch par la ~** iets afdwingen **2** *(danger)* dreigend gevaar *het* **3** *(propos)* dreigement *het*

menacé, -ée *adj* bedreigd; **ses jours sont ~s** hij, zij is in gevaar

[1]**menacer** *vi (être menaçant; laisser craindre)* dreigen *(2e sens avec inf.)*

[2]**menacer** *vt* **1** *(intimider à l'aide de)* bedreigen (met) **2** *(constituer un danger pour)* een bedreiging vormen voor

ménage *nm* **1** *(choses domestiques)* huishouding *nf*; **faire le ~** het huishouden doen **2** *(couple)* paar *het*, stel *het*; **faire bon ~ avec qqn** goed met iemand kunnen opschieten; **scènes de ~** huiselijke twisten **3** *(unité économique)* gezin *het*

ménagement *nm* consideratie *nf*

[1]**ménager, -ère** *adj* huishoud-, huishoudelijk

[2]**ménager** *vt* **1** *(employer avec mesure)* sparen; **ménagez vos expressions !** let op uw woorden! **2** *(traiter avec prudence)* ontzien **3** *(régler)* regelen; **~ une surprise à qqn** iemand een verrassing bereiden; **se ménager** *vpr (avoir soin de sa santé)* op zijn gezondheid letten

ménagère *nf* huisvrouw *nf*

ménagerie *nf* **1** *(dans un parc)* dierenpark *het* **2** *(d'un cirque)* menagerie *nf*

mendiant, -ante *n* bedeǀlaar, -lares *nm, nf*

mendicité *nf* bedelarij *nf*; **être réduit à la ~** tot de bedelstaf vervallen zijn

[1]**mendier** *vi* bedelen

[2]**mendier** *vt* bedelen om

[1]**mener** *vi* **1** *(+ à) (permettre d'aller à)* leiden (naar), lopen (naar), *(permettre de*

causer qqch) leiden (tot); **cela ne mène à rien** dat loopt op niets uit **2** *(sports)* de leiding hebben; **~ par deux à zéro** met 2-0 voorstaan; **être mené deux à zéro** met 2-0 achterstaan ♦ **ne pas en ~ large** in de rats zitten

²**mener** *vt* **1** *(+ à) (emmener)* brengen (naar); **cela peut vous ~ loin** dat kan nare gevolgen voor u hebben **2** *(diriger)* leiden; **~ qqn durement** iemand hard aanpakken

meneur, -euse *n* **1** *(dirigeant)* leider *nm;* **~ de jeu** spelleider; *(fig.)* gangmaker; *(sports)* spelverdeler **2** *(instigateur)* agitator *nm*

méningite *nf* hersenvliesontsteking *nf*

ménisque *nm* meniscus *nm (aussi lentille)*

ménopause *nf* menopauze *de*

menotte *nf* **1** *(main)* (kinder)handje *het* **2** *(plur.) (entraves)* handboeien *plur*

mensonge *nm* leugen *de;* **~ par omission** bewuste verzwijging; **~ pieux** leugentje om bestwil

mensonger, -ère *adj* leugenachtig

menstruation *nf* menstruatie *nf*

mensualité *nf* **1** *(somme à payer)* maandelijkse termijn *nm* **2** *(somme à toucher)* maandsalaris *het*

mensuel, -elle *adj* maandelijks; **le ~** het maandblad *(revue)*

mensuration *nf* (lichaams)maten *plur*

mental, -ale *adj* psychisch, geestelijk; **âge ~** verstandelijke leeftijd; **maladie ~e** geestesziekte

mentalité *nf* mentaliteit *nf,* geestesgesteldheid *nf*

menteur, -euse *adj* leugenachtig; **le ~, la menteuse** leugenaar(ster)

menthe *nf* **1** *(plante)* munt *de* **2** *(essence)* muntessence *de;* **pastille de ~** pepermuntje, *(Belg.)* muntje **3** *(sirop)* (peper)muntsiroop *de;* **une ~ à l'eau** een glas pepermuntlimonade

mention *nf* vermelding *nf;* **être reçu à un examen avec ~ (très) honorable** met genoegen, cum laude slagen; **rayer les ~s inutiles** doorhalen wat niet verlangd wordt

mentionner *vt* vermelden

¹**mentir** *vi* **1** *(faire un mensonge)* liegen; **~ à qqn** tegen iemand liegen; **il ment comme il respire** hij liegt voortdurend; **sans ~** ongelogen, heus waar **2** *(tromper)* bedrieglijk zijn; **~ à sa réputation** z'n goede naam oneer aandoen

²**se mentir** *vpr* ♦ **se ~ à soi-même** iets niet onder ogen willen zien

menton *nm* kin *de;* **double ~** onderkin

¹**menu** *nm* menu *het (aussi inform.),* (menu)kaart *de*

²**menu, -ue** *adj* klein; **par le ~** tot in de details; **hacher ~** fijnhakken

menuiserie *nf* **1** *(travail du bois; ouvrages)* fijn timmerwerk *het,* schrijnwerk *het* **2** *(atelier)* houtbewerkerij *nf*

menuisier *nm* schrijnwerker *nm*

se méprendre *vpr (+ sur)* zich vergissen (in); **se ressembler à s'y ~** sprekend op elkaar lijken

mépris *nm* minachting *nf;* **au ~ de** in weerwil van

méprisable *adj* verachtelijk

méprisant, -ante *adj* minachtend

méprise *nf* vergissing *nf;* **par ~** per abuis

mépriser *vt* **1** *(ne pas estimer)* minachten **2** *(dédaigner)* geringschatten; **~ le danger** het gevaar trotseren

mer *nf* zee *de;* **la ~ est basse, haute** het is laag, hoog water; **haute ~** volle zee; **la Mer du Nord** de Noordzee; **prendre la ~** het ruime sop kiezen; **~ de sable** woestijn; **ce n'est pas la ~ à boire** het is geen heksentoer

mercantile *adj* op winstbejag gericht

mercenaire *nm* huurling *nm*

mercerie *nf* **1** *(commerce)* garen-en-bandwinkel *nm* **2** *(marchandises)* garen en band *het*

¹**merci** *nm (remerciement)* dank *nm (sans plur.);* **~ beaucoup** dank u wel; **~ de, pour** bedankt voor; **grand ~ !** hartelijk dank! ♦ **Dieu ~ !** goddank!

²**merci** *nf* **1** *(grâce)* genade *de;* **crier ~** om genade smeken; **sans ~** meedogenloos **2** *(bon vouloir)* willekeur *de;* **être à la ~ de qqn** aan iemands willekeur overgeleverd zijn

mercredi *nm* woensdag *nm;* **le Mercredi des Cendres** Aswoensdag

mercure *nm* kwik(zilver) *het*

mercurochrome® *nm* (kinder)jodium *het*

merde *nf* **1** *(excrément)* stront *nm,* poep *de;* **traiter qqn comme une ~** iemand als een stuk oud vuil behandelen; **ce n'est pas de la ~ !** dat is geen kattenpis! **2** *(être méprisable)* ↑ waardeloze figuur *het/de (m);* **il ne se prend pas pour de la ~ !** ↑ hij heeft een hoge pet op van zichzelf! **3** *(chose méprisable)* rotding *het;* **de ~** rot-

merde! *interj* verdomme!, shit!; **je te dis merde** je kan de pot op; **oui ou merde** ja of nee

mère *nf (maman)* moeder *nf, (relig.)* zuster *nf;* **~ célibataire** ongehuwde moeder; **~ de famille** huismoeder; **~ porteuse** draagmoeder

méridien *nm* meridiaan *nm*

méridional, -ale *adj* zuidelijk; **les Méridionaux** de bewoners van de Midi

meringue *nf* schuimgebak *het*

méritant, -ante *adj* verdienstelijk

mérite *nm* verdienste *nf,* verdienstelijkheid *nf;* **s'attribuer le ~ de** het als zijn verdienste beschouwen dat

mériter *vt* verdienen; **il l'a bien mérité** hij heeft erom gevraagd; **cela mérite réflexion** dat dient overwogen te worden

méritoire *adj* verdienstelijk

merlan *nm* wijting *nm*

merle *nm* merel *de*

merveille *nf* wonder *het*; **à ~** prima; **faire des ~s** wonderen doen

merveilleux, -euse *adj* wonderlijk; **le ~** het bovennatuurlijke

mésange *nf* mees *de*

mésaventure *nf* tegenslag *nm*

mesquin, -ine *adj* **1** *(étriqué)* kleingeestig **2** *(parcimonieux)* karig

mesquinerie *nf* **1** *(médiocrité)* kleingeestigheid *nf* **2** *(parcimonie)* karigheid *nf*

mess *nm* (onder)officierskantine *nf*

message *nm* boodschap *nf*, bericht *het*; **~ publicitaire** reclamespot

messager, -ère *n* bode *nm*

messagerie *nf* **1** *(transport grande vitesse)* snelgoedvervoer *het* **2** *(de presse)* bestelhuis *het* ♦ *(inform.)* **~ électronique** e-mail; *(com.)* **~ vocale** voicemail

messe *nf* mis *de*; **aller à la ~** naar de kerk gaan; **~ de minuit** nachtmis ♦ **faire des ~s basses** een onderonsje hebben

messie *nm* Messias *nm*, Verlosser *nm*

mesure *nf* **1** *(dimension; récipient)* maat *de*; **à ~ que** naarmate; **la ~ est comble** de maat is vol; **être sans commune ~** niets met elkaar gemeen hebben; **dans la ~ où** voor zover; **dans la ~ du possible** voor zover mogelijk; **sur ~** op maat **2** *(dimension normale)* juiste maat *de*; **dépasser la ~** overdrijven; **outre ~** bovenmatig; **sans ~** mateloos **3** *(modération)* gematigdheid *nf*; **avoir le sens de la ~** gevoel voor maat hebben **4** *(disposition)* maatregel *nm*; **prendre des ~s** maatregelen nemen **5** *(mus.)* maat *de*; **battre la ~** de maat slaan; **en ~** op, in de maat; **~ à trois temps** driekwartsmaat ♦ **être en ~ de** in staat zijn om

mesuré, -ée *adj* **1** *(évalué)* gemeten **2** *(modéré)* gematigd

[1]**mesurer** *vi (avoir pour mesure)* meten

[2]**mesurer** *vt* **1** *(prendre les mesures de)* meten; **il ne mesure pas sa peine** geen moeite is hem te veel **2** *(estimer)* schatten; **~ son coup** zijn slag nauwkeurig berekenen *(en frappant)*; **se mesurer** *vpr (+ avec, à)* zich meten (met)

métabolisme *nm* stofwisseling *nf*

métal *nm* metaal *het*; **métaux précieux** edele metalen

métallique *adj* **1** *(fait de métal)* metalen, metaal- **2** metaalachtig, metaal-; **son ~** metalig geluid

métallisé, -ée *adj* gemetalliseerd

métallurgie *nf* metaalindustrie *nf*

métallurgique *adj* metaalverwerkend

métallurgiste *nm* **1** *(ouvrier)* metaalbewerker *nm* **2** *(industriel)* metaalproducent *nm*

métamorphose *nf* gedaanteverwisseling *nf (aussi au fig.)*, metamorfose *nf*

métamorphoser *vt* (doen) veranderen (van gedaante); **se métamorphoser** *vpr* veranderen (in)

métaphore *nf* metafoor *de*

métaphysique *adj* metafysisch; **la ~** de metafysica

météore *nm* meteoor *nm*

météorite *nm ou nf* meteoriet *nm*

météorologie *nf* **1** *(étude)* meteorologie *nf* **2** *(service)* meteorologische dienst *nm*

météorologique *adj* weer(s)-

météorologiste, météorologue *n* meteoro|loog, -loge *nm, nf*

méthode *nf* **1** *(procédé)* methode *nf* **2** *(manuel)* leerboek *het*

méthodique *adj* methodisch

méticuleux, -euse *adj* zorgvuldig

métier *nm* **1** *(profession)* beroep *het*; **il est du ~** het is zijn vak; **gâcher le ~** de markt verpesten **2** *(machine)* getouw *het*; **~ à tisser** weefgetouw

métis, -isse *adj* gemengd; **le, la ~(se)** de halfbloed

mètre *nm* meter *nm*; **~ carré** vierkante meter; **~ cube** kubieke meter; **~ pliant** duimstok

métrique *adj* metriek; **le système ~** het metrieke stelsel

métro *nm* metro *nm*, ondergrondse *de*

métronome *nm* metronoom *nm*

métropole *nf* **1** *(grande ville)* metropool *de*, hoofdstad *de* **2** *(d'une colonie)* moederland *het*

métropolitain, -aine *adj* **1** *(non colonial)* van het moederland; **la France ~e** Europees Frankrijk **2** *(d'une capitale)* hoofdstedelijk

mets *nm* gerecht *het*

mettable *adj* draagbaar; **je n'ai plus rien de ~** ik heb niets om aan te trekken

metteur, -euse *n* ♦ **~ en scène** regisseur

mettre *vt* **1** *(poser)* plaatsen, *(selon les objets)* leggen *(mettre à plat)*, zetten *(mettre debout)*; **~ de l'eau à chauffer** water opzetten **2** *(revêtir)* aantrekken, opzetten *(chapeau, lunettes)*, omdoen *(châle, cravate)* **3** *(avoir besoin de)* besteden (aan); **~ longtemps à cuire** lang moeten koken; **y ~ le prix** iets (zeer) duur betalen **4** *(allumer)* aanzetten; **~ la radio sur** de radio afstemmen op ♦ **~ de la bonne volonté à faire qqch** zijn goede wil bij iets tonen; **en ~ (un coup)** hard aan de slag gaan; **~ les bouts** 'm smeren; **mettez, mettons que** laten we (nu eens) aannemen dat; **y ~ du sien** *(donner de sa personne)* een duit in het zakje doen; *(se montrer conciliant)* water bij de wijn doen; **se mettre** *vpr* **1** *(se placer)* zich plaatsen, *(selon la position adoptée)* gaan staan, gaan liggen, gaan zitten; **se ~ dans une situation délicate** zich in een lastig parket brengen; **se ~ debout** overeind komen; **se ~ en avant** zich op de voorgrond plaatsen **2** *(+ à) (commencer)* beginnen (met, te); **il se met à pleuvoir** het begint te regenen; **s'y ~** aan de slag gaan; **le tout c'est de s'y ~** alleen het begin is moeilijk **3** *(revêtir)* aantrekken ♦ **se ~ au beau** mooi (weer) worden; **se ~ avec qqn** *(habiter)* met iemand gaan samenwonen; **se ~ en quatre pour qqn** zich voor iemand uit de naad lopen; **ne plus savoir où se ~** in een moeilijk parket zitten; **qu'est-ce qu'on s'est mis !** wat hebben we geschranst!

meuble *nm* **1** *(ameublement)* meubel *het* **2** *(sing. et plur.; jur.)* roerend goed *het;* **biens ~s** roerende goederen ♦ **terre ~** losse grond

meublé, -ée *adj* gemeubileerd; **un ~** een gemeubileerd appartement

meubler *vt* **1** *(garnir de meubles)* meubileren **2** *(fig.) (remplir)* vullen; **se meubler** *vpr (se pourvoir de meubles)* zich inrichten

meugler *vi* loeien

meule *nf* **1** *(de foin)* hooiberg *nm* **2** *(pour aiguiser)* slijpsteen *nm* **3** *(de fromage)* (grote) schijfvormige kaas *nm;* **une ~ de gruyère** een wiel gruyère **4** *(pour moudre)* molensteen *nm*

meunier *nm* molenaar *nm*

meurtre *nm* moord *de*

meurtrier, -ière *adj* moorddadig; **combats ~s** bloedige gevechten; **le ~, la meurtrière** de moordenaar, moordenares ♦ *(dans un mur)* **la meurtrière** het schietgat

meurtrir *vt* kneuzen, kwetsen *(aussi au fig.)*

meurtrissure *nf* kneuzing *nf*

meute *nf* meute *de,* horde *de (aussi au fig.)*

mexicain, -aine *adj* Mexicaans; **le, la Mexicain(e)** de Mexicaan(se)

Mexique *nm* Mexico *n (sans art.)*

mezzanine *nf* tussenverdieping *nf*

mi *nm (mus.)* mi *de,* e *de*

mi- half; **la mi-janvier** half januari; **la mi-temps** de rust

miam-miam *interj* mmm … lekker!

miaou *nm* gemiauw *het;* **~ !** miauw!

miaulement *nm* gemiauw *het*

miauler *vi* miauwen

mi-bas *nm* kniekous *de*

miche *nf* rond brood *het*

micheline *nf* dieseltrein *nm*

mi-chemin ♦ *(adv.)* **à ~** halverwege

mi-clos, mi-close *adj* halfgesloten

micmac *nm* gekonkel *het*

microbe *nm* microbe *de*

microcosme *nm* microkosmos *nm*

microfilm *nm* microfilm *nm*

microhistoire *nf* microgeschiedenis *nf*

micro-ondes *nm* magnetron *nm*

micro-ordinateur *nm* microcomputer *nm*

microphone, micro *nm* microfoon *nm*

microprocesseur *nm* microprocessor *nm*

microscope *nm* microscoop *nm*

microscopique *adj* **1** *(minuscule)* minuscuul **2** *(visible au microscope)* microscopisch

midi *nm* **1** *(milieu du jour)* middag *nm,* twaalf uur; **chercher ~ à quatorze heures** spijkers op laag water zoeken **2** *(sud)* zuiden *het;* **le Midi** Zuid-Frankrijk

mie *nf* kruim *het/de*

miel *nm* honing *nm*

mielleux, -euse *adj* honingzoet *(aussi au fig.), (Belg.)* zoeterig

[1]**mien** *nm* **1** *(propriété)* (het) mijne **2** *(plur.) (mes parents, amis)* (de) mijnen *(plur.)*

[2]**mien, mienne** *adj poss* mijn, van mij

[3]**mien, mienne** *pron poss* (het, de) mijne

miette *nf* kruimel *nm,* beetje *het (fig.);* **mettre en ~s** aan diggelen gooien

mieux *adv* beter; **aimer ~** liever willen; *(dans le meilleur des cas)* **au ~** op zijn best; **être au ~ avec qqn** een zeer goede verstandhouding hebben met iemand; **d'autant ~, tant ~** des te beter; **de ~ en ~** hoe langer hoe beter; **il a changé en ~** hij is in zijn voordeel veranderd; **faute de ~** bij gebrek aan beter; **il ferait ~ de** hij zou er beter aan doen te; **pour le ~** zo goed als het kan; *(subst.)* **je l'aide de mon ~** ik help hem zo goed als ik kan; *(subst.)* **faire de son ~** zijn best doen; **on ne peut ~** uitstekend, prima ♦

mièvre *adj* zoetelijk

mi-figue, mi-raisin *adj* zoetzuur

mignon, -onne *adj* **1** *(joli)* schattig **2** *(gentil)* lief

migraine *nf* **1** *(mal de tête)* hoofdpijn *de* **2** *(méd.)* migraine *de*

migrateur, -trice *adj* trek-; **oiseaux ~s** trekvogels

migration *nf* **1** *(personnes)* migratie *nf* **2** *(zool.)* trek *nm*

[1]**mijoter** *vi (cuis.)* stoven

[2]**mijoter** *vt* **1** *(cuis.)* stoven **2** *(comploter)* bekokstoven

mil *adj numér* duizend

mile *nm* (Engelse) mijl *de*

milice *nf* **1** *((troupe de) police)* militie *nf* **2** *(f.B.) (service militaire)* militaire dienst *nm*

milieu *nm* **1** *(centre)* midden *het;* **au ~ de** te midden van; **au beau ~, en plein ~** precies in het midden; **le juste ~** de gulden middenweg **2** *(entourage)* omgeving *nf* **3** *(environnement)* milieu *het* **4** *(criminels)* onderwereld *de*

militaire *adj* militair; **le ~** de militair; **le ~ de carrière** de beroepsmilitair

militant, -ante *adj* strijdend, *(au sein d'un parti, d'un syndicat)* actief; **le, la ~(e)** de activist(e); *(d'un parti, d'un syndicat)* het actieve lid, de militant *(n.B.)*

militer *vi* **1** *(agir, lutter)* strijden, actievoeren *(être militant), (Belg.)* militeren **2** *(plaider)* pleiten

[1]**mille** *nm* **1** mijl *de* **2** roos *de;* **mettre dans le ~** in de roos schieten

[2]**mille** *adj numér* **1** *(numéral cardinal)* duizend **2** *(un grand nombre)* zeer veel

millénaire *adj* duizendjarig; **le ~** *(anni-*

versaire) het duizendjarig bestaan; *(période)* het millennium
millepatte *nm* duizendpoot *nm*
millésime *nm (monnaie, vin)* jaartal *het*
milliard *nm* miljard *het*
milliardaire *n* miljardair(e) *nm (nf)*
millième *adj numér* duizendste
millier *nm* duizendtal *het;* **des ~s** duizenden
millimétré, -ée *adj* ♦ **papier ~** millimeterpapier
millimètre *nm* millimeter *nm*
million *nm* miljoen *het*
millionième *adj numér* miljoenste
millionnaire *n* miljonair(e) *nm (nf)*
mime *n* **1** *(artiste)* pantomime|speler, -speelster *nm, nf* **2** *(spectacle)* pantomime *de*
mimer *vt* **1** *(exprimer par des gestes, etc.)* uitbeelden **2** *(imiter)* nadoen
mimique *nf* mimiek *nf*
mimosa *nm* mimosa *de*
minable *adj* armzalig
minauder *vi* zich aanstellen
mince *adj* **1** *(fin)* dun **2** *(insignifiant)* onbeduidend
mince! *interj* verhip!, sodeju!
minceur *nf* dunheid *nf*
mincir *vi* slank worden
mine *nf* **1** *(aspect extérieur)* uiterlijk *het;* **avoir bonne, mauvaise ~** er goed, slecht uitzien; **faire triste ~ à qqn** iemand onvriendelijk ontvangen; **il ne paie pas de ~** hij oogt niet; **faire triste ~** een lang gezicht trekken **2** *(gisement)* mijn *de (aussi au fig.), (fig.)* bron *de;* **~ à ciel ouvert** open mijn **3** *(d'un crayon)* stift *de* **4** *(explosif)* mijn *de* ♦ **faire ~ de** doen alsof; **ça ne paie pas de ~** dat ziet er onooglijk uit; **~ de rien** † zonder iets te laten merken
miner *vt* ondermijnen *(aussi au fig.);* **il est miné par le chagrin** hij wordt verteerd door verdriet; **zone minée** mijnenveld
minerai *nm* erts *het*
minéral, -ale *adj* mineraal; **le ~** het mineraal
minéralogique *adj* mineralogisch
minet, -ette *n* **1** *(petit chat)* poesje *het* **2** *(personne à la mode)* modepop *de*
[1]**mineur** *nm* mijnwerker *nm*
[2]**mineur, -eure** *adj* **1** *(secondaire)* minder belangrijk **2** *(jur.)* minderjarig; **le, la ~(e)** de minderjarige **3** *(plus petit; inférieur)* kleiner; **l'Asie Mineure** Klein-Azië **4** *(mus.)* mineur; **tierce ~e** kleine terts
miniature *nf* miniatuur *nf;* **en ~** in het klein; **train ~** minitrein
minibus *nm* busje *het*
minier, -ière *adj* van de mijnen, mijn-
minigolf *nm* midgetgolf *het*
minijupe *nf* minirok *nm*
minimal, -ale *adj* minimaal
minime *adj* miniem; **un ~** *(sports)* ± een junior *(aux Pays-Bas, joueur de 12 à 19 ans);* een miniem *(Belg.n.)*
minimiser *vt* **1** *(présenter comme petit)* minimaliseren **2** *(présenter comme insignifiant)* bagatelliseren
minimum, minima *nm* minimum *het;* **au ~** op zijn minst; **faire le ~ de dépenses** zo weinig mogelijk uitgaven doen; **salaire ~** minimumloon; **~ vital** bestaansminimum
ministère *nm* ministerie *het*
ministériel, -elle *adj* **1** *(ministère)* ministerieel **2** *(ministre)* ministers-
ministre *n (pol.)* minister *nm (aussi agent diplomatique);* **~ d'État** *(en France)* minister zonder portefeuille; *(Belg.f.)* minister van staat, staatsminister; **le premier ~** de premier
minitel *nm* minitel *de*
minoritaire *adj (pol.)* minderheids-
minorité *nf* **1** *(jur.)* minderjarigheid *nf* **2** *((plus) petit nombre)* minderheid *nf (aussi pol.; socio.);* **~ de lecteurs** klein aantal onder de lezers
minou *nm* katje *het*
minuit *nm* middernacht *nm*
minuscule *adj* zeer klein, minuscuul; **la ~** de kleine letter
minute *nf* **1** minuut *de* **2** *(moment)* ogenblik(je) *het;* **à la ~** op staande voet; **à la ~ près** stipt op tijd; **clef ~** sleutel klaar terwijl u wacht; **d'une ~ à l'autre** op elk ogenblik ♦ **~ (papillon) !** een ogenblik!
minuter *vt* timen
minuterie *nf* tijdschakelaar *nm*
minutie *nf* zorgvuldigheid *nf*
minutieux, -euse *adj* zorgvuldig
mioche *n* dreumes *nm*
mirabelle *nf* mirabel *de*
miracle *nm* wonder *het (aussi relig.);* **par ~** wonder boven wonder; **remède ~** wondermiddel; **cela tient du ~** het lijkt op een wonder
miraculeux, -euse *adj* wonderbaarlijk
mirador *nm* uitkijktoren *nm*
mirage *nm* **1** *(phénomène optique)* fata morgana *de* **2** *(chimère)* zinsbedrog *het*
mire *nf (télé)* testbeeld *het*
se mirer *vpr* **1** *(se regarder)* zich bekijken **2** *(se refléter)* zich spiegelen
mirobolant, -ante *adj* fantastisch
miroir *nm* spiegel *nm*
miroiter *vi* schitteren; *(fig.)* **faire ~ qqch à qqn** iemand wat voorspiegelen
misanthrope *n* misantroop *nm,* mensenhater *nm;* **il est ~** hij is mensenschuw
mise *nf* **1** *(action de mettre)* (het) + inf.; **~ à feu** ontsteking *(fusée);* **~ à sac** plundering; **~ à jour** (het) bijwerken; **~ à prix** *(enchères)* inzet; **~ à disposition** beschikbaarstelling; **~ au point** (het) afstellen; *(fig.)* rechtzetting; **~ en garde** waarschuwing; *(édit.)* **~ en pages** opmaak, lay-out; **~ en place** *(appareil)* plaatsing; *(police, troupes)* opstelling; **~ en route** (het) starten; **~ en vente** (het) in de handel brengen; **~ en état** (het) herstellen; **~ en marche** *(machine, moteur)* (het) in werking stellen; **~ en demeure** ingebrekestelling; **~ en scène** re-

gie, enscenering; ~ en service (het) in dienst stellen; ~ en vigueur (het) van kracht worden; ~ en pratique (het) in praktijk brengen; ~ en liberté invrijheidstelling; *(inform.)* ~ en mémoire opslag in het geheugen; ~ en accusation (het) in staat van beschuldiging stellen; ~ en bouteilles (het) bottelen; ~ en circulation (het) in omloop brengen; ~ en plis watergolf; ~ en sécurité, en sûreté (het) in veiligheid brengen; ~ hors circuit (het) uitschakelen; *(aussi au fig.)* ~ sur orbite lancering 2 *(enjeu)* inzet *nm* ♦ être de ~ van toepassing zijn; ne pas être de ~ niet gepast zijn; ~ (de fonds) startkapitaal; sauver la ~ à qqn iemand uit de brand helpen

miser *vti* 1 *(parier)* inzetten, *(chevaux)* wedden (op) 2 *(compter)* rekenen (op)

misérable *adj* 1 *(pénible)* ellendig; le, la ~ de ellendeling(e) 2 *(pauvre)* armoedig 3 *(malheureux)* deerniswekkend 4 *(sans valeur)* armzalig

misère *nf* ellende *de;* un salaire de ~ een hongerloon ♦ faire des ~s à qqn iemand plagen

miséricorde *nf* barmhartigheid *nf*

misogyne *adj* vrouwenhatend; le ~ de vrouwenhater

missel *nm* missaal *het*

missile *nm* raket *de*

mission *nf* 1 *(mandat; fonction)* opdracht *de* 2 *(expédition)* missie *nf (aussi relig.)*

missionnaire *n* missionaris *nm*

missive *nf (souvent iron.)* schrijven *het*

mistral *nm* mistral *nm*

mite *nf* mot *de*

mité, -ée *adj* mottig

[1]**mi-temps** *nm (travail)* halve baan *de;* à ~ halftime

[2]**mi-temps** *nf (sports)* 1 *(pause)* rust *de* 2 *(moitié de match)* (speel)helft *de*

miteux, -euse *adj* sjofel

mitigé, -ée *adj* 1 *(modéré)* matig 2 *(mélangé)* gemengd

mitraille *nf* artillerievuur *het*

mitrailler *vt* beschieten, bestoken *(aussi au fig.)*, *(photographe)* belagen; ~ qqn de questions iemand met vragen bestoken

mitraillette *nf* machinepistool *het*

mitrailleur *nm* (mitrailleur)schutter *nm*

mitrailleuse *nf* mitrailleur *nm*

mi-voix ♦ *(adv.)* à ~ op gedempte toon

mixage *nm* geluidsmenging *nf,* (het) mixen

mixer *vt (cin.)* mixen

mixe(u)r *nm (cuis.)* mixer *nm*

mixte *adj* gemengd; double ~ mixed (double), gemengd dubbel; mariage ~ gemengd huwelijk

mixture *nf* 1 *(péj.)* brouwseltje *het* 2 *(chim., pharm.)* mixtuur *nf*

mnémotechnique *adj* mnemotechnisch; moyen ~ geheugensteuntje

[1]**mobile** *nm* 1 *(jur.)* drijfveer *de* 2 *(arts)* mobiel *het/de (m)*

[2]**mobile** *adj* beweeglijk

mobile-home *nm* camper *nm, (Belg.)* mobilhome *nm*

mobilier, -ière *adj* roerend; le ~ het meubilair, de inboedel

mobilisation *nf* (het) mobiliseren

mobiliser *vt* mobiliseren, *(fig.)* een beroep doen op; ~ l'attention (du public) de (algemene) aandacht voor zich opeisen

mobilité *nf* beweeglijkheid *nf*

mobylette® *nf* brommertje *het*

mocassin *nm* mocassin *nm*

moche *adj* lelijk

modalité *nf* 1 *(manière)* wijze *de;* ~s de paiement betalingswijzen 2 *(jur.)* beding *het*

[1]**mode** *nm* 1 *(manière)* manier *de;* ~ d'emploi gebruiksaanwijzing; ~ de vie levensstijl 2 *(ling.)* wijs *de* 3 *(mus.)* toonaard *nm;* ~ majeur grote terts 4 *(inform.)* modus *nm;* mettre son téléphone en ~ silencieux zijn telefoon op stil zetten; ~ vibreur trilstand

[2]**mode** *nf* mode *de;* à la ~ in zwang; c'est passé de ~ dat is uit de mode

modèle *nm* model *het;* ~ économique business-, bedrijfsmodel; employé ~ modelwerknemer; mari ~ voorbeeldig echtgenoot; avion ~ réduit modelvliegtuig

modeler *vt* boetseren; **se modeler** (sur) *vpr* zich richten (naar), een voorbeeld nemen (aan)

modem *nm* modem *het (nm)*

modérateur, -trice *adj* matigend

modération *nf* 1 *(retenue)* gematigdheid *nf* 2 *(diminution)* verlaging *nf (de l'impôt)*, vermindering *nf (d'une peine)*

modéré, -ée *adj* 1 *(mesuré)* gematigd, *(pol.)* midden-, centrum- 2 *(peu important)* matig

modérer *vt* matigen, *(impulsions)* temperen, *(dépenses)* beperken; **se modérer** *vpr* zich matigen

moderne *adj* 1 modern; enseignement ~ niet-klassiek onderwijs; l'époque ~ de tegenwoordige tijd; le ~ het moderne 2 *(hist.)* nieuw; l'histoire ~ de nieuwe geschiedenis; les temps ~s de nieuwe tijd

moderniser *vt* moderniseren; **se moderniser** *vpr* zich vernieuwen

modernisme *nm* modernisme *het*

modeste *adj* bescheiden, eenvoudig; faire le ~ zich bescheiden voordoen

modestie *nf* eenvoud *nm,* bescheidenheid *nf*

modifiable *adj* voor wijziging vatbaar

modification *nf* wijziging *nf*

modifier *vt* wijzigen; **se modifier** *vpr* veranderen, zich wijzigen

modique *adj* bescheiden, gering

modiste *nf* 1 *(fabricante de chapeaux)* hoedenmaakster *nf* 2 *(marchande)* hoedenverkoopster *nf*

modulation *nf* modulatie *nf;* **~ de fréquence, FM** frequentiemodulatie, FM
module *nm* **1** *(archit.)* bouwmodulus *nm* **2** *(élément d'un ensemble)* module *nm* **3** *(enseign.)* leseenheid *nf*
moduler *vt* moduleren
moelle *nf* merg *het (aussi au fig.);* **~ épinière** ruggenmerg
moelleux, -euse *adj* zacht; **voix moelleuse** zoetgevooisde stem
mœurs *nf* zeden *plur*
moi *pron pers* ik *(sujet),* mij *(complément);* **à ~ !** help!; **ce livre est à ~** dit boek is van mij; **le culte du ~** de ik-cultus; **c'est ~** ik ben het; **pour ~, quant à ~** wat mij betreft; **regarde-moi un peu ça** kijk dat toch eens aan; **~, je vous dis** ik zeg u
moignon *nm* stompje *het*
moi-même *pron pers* ikzelf
moindre *adj* minder; **sans la ~ difficulté** zonder enige moeite; **c'est la ~ des choses** het is het minste wat ik kan doen; **c'est le ~ de mes soucis** het kan mij absoluut niet schelen; **dernier point, et pas des ~s** ten slotte, en zeker niet onbelangrijk, ..., last but not least, ...
moine *nm* monnik *nm*
moineau *nm* mus *de*
[1]**moins** *adv* **1** *(comparatif; quantité moindre)* minder; **il y a ~ d'une semaine** nog geen week geleden; **de, en ~** minder; **de ~ en ~** hoe langer hoe minder; **ils ont ~ de vingt ans** zij zijn onder de twintig; **en ~ de** in minder dan; **en ~ de deux** in een wip; **plus ou ~** min of meer; **ni plus ni ~** niets meer en niets minder; **c'est ~ que rien** dit heeft niets te betekenen; **~ je travaille ~ je gagne** hoe minder ik werk, des te minder ik verdien **2** *(superlatif; la plus petite quantité)* minst; **au ~** minstens; **tout au ~** tenminste; **du ~** tenminste, *(Belg.)* toch; **le ~** het minste, het minimum; **le ~ longtemps possible** zo kort mogelijk ♦ **à ~ que, de** tenzij
[2]**moins** *prép* (de) min; **sept ~ cinq égalent deux** zeven min vijf is twee; **il est presque (trois heures) ~ cinq** het is bijna vijf voor (drie); **il fait ~ dix (degrés)** het is tien graden onder nul; **le signe ~** het minteken; *(fig.)* **il était ~ une** het scheelde maar een haar
mois *nm* **1** *(période)* maand *de;* **au ~ d'août** in de maand augustus; **six ~** half jaar; **par ~, tous les ~** per maand, maandelijks **2** *(salaire)* maandgeld *het;* **être payé au ~** per maand uitbetaald worden; **toucher son ~** zijn maandloon ontvangen
moisi *nm* schimmel *nm;* **sentir le ~** muf ruiken
moisir *vi* **1** *(se gâter)* (be)schimmelen **2** *(croupir)* rondhangen
moisissure *nf* schimmel *nm*
moisson *nf* **1** *(récolte)* oogst *nm (aussi au fig.);* **faire la ~** oogsten **2** *(époque)* oogsttijd *nm*
moissonner *vt* oogsten *(aussi au fig.)*
moissonneur, -euse *n* **1** *(personne)* maai(st)er *nm (nf)* **2** *(f.) (machine)* maaimachine *nf*
moissonneuse-batteuse *nf* combine *nf*
moite *adj* klam
moiteur *nf* klamheid *nf*
moitié *nf* **1** *(demi)* helft *de;* **à ~** half, voor de helft; **à ~ prix** voor de halve prijs; **à ~ plein** halfvol **2** *(conjoint)* ↑ wederhelft *de*
moitié-moitié *adv* **1** *(couci-couça)* zozo **2** *(fifty-fifty)* fiftyfifty
moka *nm* **1** *(café)* mokka(koffie) *nm* **2** *(gâteau)* mokkataart *de*
molaire *nf* kies *de*
moldave *adj* Moldavisch; **le, la Moldave** de Moldaviër, Moldavische
Moldavie *nf* Moldavië *n (sans art.)*
moléculaire *adj* moleculair, molecule-
molécule *nf* molecule *het/de*
mollement *adv* **1** *(sans vigueur)* slap(jes) **2** *(lentement)* traag
mollesse *nf* **1** *(personne)* slapheid *nf* **2** *(chose)* zachtheid *nf*
mollet *nm* kuit *de*
mollir *vi* **1** *(devenir mou)* zacht worden **2** *(perdre sa force)* krachteloos worden, afnemen *(vent)* **3** *(faiblir)* verslappen
mollo *adv* kalmpjes aan
mollusque *nm* weekdier *het*
môme *n* ↑ kind *het*
moment *nm* moment *het (aussi phys.),* ogenblik *het;* **à ce moment(-là)** op dat ogenblik; **à aucun ~** geen moment; **d'un ~ à l'autre** elk moment; **à un ~ donné** op een gegeven moment; **du ~** huidig; **en ce ~** op het ogenblik; **c'est le ~ ou jamais** nu of nooit; **au ~ où** op het moment dat; **par ~s** nu en dan; **pour le ~** op dit ogenblik; **pour un ~** voor een ogenblik; **il en a pour un bon ~** hij heeft nog wel even werk; **du ~ que** aangezien; **sur le ~** op dat ogenblik; **à tout ~** telkens; **au ~ voulu** op het juiste ogenblik
momentané, -ée *adj* kortstondig
momie *nf* mummie *nf*
mon, ma, mes *adj poss* mijn; **ma chère tante** lieve tante
Monaco *nm* Monaco *n*
monarchie *nf* monarchie *nf*
monarchique *adj* monarchaal
monarque *nm* monarch *nm*
monastère *nm* klooster *het*
monceau *nm* hoop *nm*
mondain, -aine *adj* wereldse
mondanité *nf* **1** *(divertissements)* mondaine evenementen *plur* **2** *(propos)* society nieuws *het*
monde *nm* **1** *(cosmos, univers)* wereld *de;* **c'est un ~ !** dat is kras!; **il y a un ~ entre ...** er is een hemelsbreed verschil tussen ... **2** *(la Terre)* wereld *de;* **venir au ~** ter wereld komen; **être seul au ~** alleen op de wereld staan; **donner tout au ~ pour** er alles voor over hebben om; **mettre un enfant au ~** een kind ter wereld brengen; **je**

ne le ferais pour rien au ~ ik zou dat voor geen geld doen; l'autre ~ het hiernamaals; courir le ~ veel reizen; de par le ~ overal ter wereld; dans le ~ entier in, over de hele wereld; il n'est plus de ce ~ hij is heengegaan; ainsi va le ~ zo gaat het in de wereld; avoir du ~ bezoek hebben 3 *(humanité; société; milieu)* wereld *de;* c'est le ~ à l'envers dat is de omgekeerde wereld; le grand ~ de hoogste kringen; être du même ~ uit hetzelfde milieu komen 4 *(les gens)* mensen *plur;* le beau ~ de uitgaande wereld; tout le ~ iedereen; il y a un ~ fou er zijn ontzettend veel mensen ♦ le moins du ~ niet in het minst

mondial, -ale *adj* wereldwijd, wereld-

monégasque *adj* Monegaskisch; le, la Monégasque de Monegask(ische)

monétaire *adj* monetair, munt-

mongol, -ole *adj* Mongools; le ~ het Mongools; le, la Mongol(e) de Mongool(se)

Mongolie *nf* Mongolië *n (sans art.)*

mongolien, -ienne *adj (méd.)* mongoloïde; le, la ~(ne) het mongooltje

moniteur, -trice *n* instruc|teur, -trice *nm, nf,* leid(st)er *nm (nf),* moni|tor, -trice *nm, nf (n.B.);* ~ d'autoécole rijinstructeur; ~ de ski skileraar

monnaie *nf* 1 *(pièce)* muntstuk *het* 2 *(unité monétaire)* munt *de,* valuta *de;* ~ d'échange wisselgeld *(fig.)* 3 *(petites pièces)* kleingeld *het;* faire la ~ de cent euros honderd euro wisselen 4 *(argent rendu)* wisselgeld *het;* rendre de la ~ à qqn iemand geld teruggeven ♦ c'est ~ courante dat is schering en inslag; rendre à qqn la ~ de sa pièce iemand een koekje van eigen deeg geven

monnayer *vt* 1 *(fin.) (convertir)* te gelde maken, verzilveren 2 *(se faire payer)* in geld omzetten

mono *nf* mono *nf*

monochrome *adj* monochroom

monocle *nm* monocle *nm*

monocorde *adj* monotoon

monogamie *nf* monogamie *nf*

monolingue *adj* eentalig

monologue *nm* monoloog *nm*

monologuer *vi* in zichzelf praten

monoparental, -ale *adj* eenouder-

monoplace *adj* eenpersoons-; une (voiture) ~ een eenpersoonsauto

monopole *nm* monopolie *het (aussi au fig.)*

monopoliser *vt* monopoliseren *(aussi au fig.)*

monosyllabe *nm* eenlettergrepig woord *het*

monotone *adj* eentonig, monotoon

monotonie *nf* eentonigheid *nf*

monseigneur *nm* monseigneur *nm,* hoogwaardige excellentie *nm;* Monseigneur l'évêque Zijne Hoogwaardige Excellentie de bisschop

monsieur *nm* mijnheer *nm,* meneer *nm,* heer *nm; (dans une lettre)* Cher Monsieur *(+ nom propre)* Beste meneer; on demande ~ daar is iemand om mijnheer te spreken; ~ Durand mijnheer, meneer Durand; Mesdames et Messieurs Dames en Heren; ~ Tout-le-monde iedereen, de eerste de beste; *(dans une lettre)* Monsieur Geachte mijnheer; *(dans une lettre)* Messieurs Mijne heren

¹monstre *nm* monster *het; (fig.)* ~ sacré ster

²monstre *adj* monster-

monstrueux, -euse *adj* 1 *(laid; abominable)* monsterlijk; c'est ~ het is weerzinwekkend 2 *(colossal)* enorm

monstruosité *nf* monsterachtigheid *nf;* dire des ~s afschuwelijke dingen zeggen

mont *nm (géo.)* berg *nm;* promettre ~s et merveilles gouden bergen beloven

montage *nm* 1 *(assemblage)* (het) in elkaar zetten 2 *(phot.)* montage *nf* 3 *(film)* (het) monteren 4 *(électrique)* schakeling *nf*

montagnard, -arde *adj* berg-; le, la ~(e) de bergbewoner, bergbewoonster

montagne *nf* berg *nm, (aussi plur.)* gebergte *het;* une ~ de livres een berg boeken; faire de la ~ bergen beklimmen; se faire une ~ de qqch als tegen een berg tegen iets opzien ♦ ~s russes roetsjbaan

montagneux, -euse *adj* bergachtig

¹montant *nm* 1 *(d'une porte)* stijl *nm* 2 *(somme)* som *de,* (totaal)bedrag *het*

²montant, -ante *adj* stijgend

monte-charge *nm* goederenlift *nm*

montée *nf* 1 *(action de monter, d'augmenter)* (het) stijgen, (het) opstijgen *(dans les airs),* (het) wassen *(de l'eau);* ~ du fascisme het opkomen van het fascisme; ~ des prix prijsstijging 2 *(action de grimper)* beklimming *nf* 3 *(pente)* helling *nf*

monténégrin, -ine *adj* Montenegrijns; le, la Monténégrin(e) de Montenegrijn(se)

Monténégro *nm* Montenegro *n (sans art.)*

¹monter *vi* 1 *(aller plus haut)* naar boven gaan; ~ se coucher naar boven gaan om te gaan slapen; ~ sur, à un arbre in een boom klimmen 2 *(véhicule)* instappen *(dans),* opstappen *(sur);* il n'est jamais monté en avion hij heeft nog nooit gevlogen 3 *(augmenter)* stijgen, hoger worden *(aussi mus.);* ~ de 10 pour cent met 10 procent stijgen; la mer monte het wordt vloed; le ton monte het gesprek raakt verhit 4 *(dans les airs)* opstijgen, opgaan *(soleil)* 5 *(fig.) (progresser)* opklimmen 6 *(à cheval)* (paard)rijden 7 *(se déplacer du sud vers le nord)* (naar het noorden) trekken; ~ à Paris (vanuit het zuiden) naar Parijs trekken 8 *(aux cartes)* hoger bieden ♦ le vin lui monte à la tête de wijn stijgt haar, hem naar het hoofd

²monter *vt* 1 *(animal, côte)* bestijgen; ~

l'escalier de trap opgaan **2** *(mettre plus haut)* hoger plaatsen, *(volume)* harder zetten **3** *(porter en haut)* naar boven brengen **4** *(machine, film, pièce)* monteren, *(fig.)* op touw zetten **5** *(saillir)* bespringen **6** *(la tête de qqn)* opzetten; être monté (contre qqn) erg boos zijn (op iemand); **se monter** *vpr* **1** *(+ à) (s'élever à)* bedragen **2** *(s'irriter)* ↑ boos worden

monteur *nm* **1** *(assembleur)* monteur *nm* **2** *(cin.)* cutter *nm*

montgolfière *nf* heteluchtballon *nm*

monticule *nm* heuvel *nm*

montre *nf* horloge *het;* jouer la ~ tijd rekken; ~ en main op de minuut af ♦ faire ~ de courage blijk geven van moed

montre-bracelet *nm* polshorloge *het*

montrer *vt* **1** *(faire voir, indiquer)* tonen, aanwijzen **2** *(manifester)* laten blijken **3** *(démontrer, expliquer)* laten zien; **se montrer** *vpr* **1** *(se faire voir)* zich vertonen **2** *(s'avérer)* blijken (te zijn)

monture *nf* **1** *(d'un objet)* montuur *het/de (f), (d'un bijou)* zetting *nf* **2** *(animal)* rijdier *het*

monument *nm* **1** *(mémorial)* monument *het;* ~ aux morts monument voor gevallenen **2** *(édifice remarquable)* bouwwerk *het* **3** *(objet énorme)* gevaarte *het*

monumental, -ale *adj* monumentaal

se moquer *vpr* **1** *(+ de) (ridiculiser)* spotten (met), uitlachen **2** *(+ de) (ne pas se soucier de)* zich niet storen (aan); se ~ du danger het gevaar trotseren **3** *(+ de) (essayer de tromper)* voor de gek (proberen) te houden

moquerie *nf* **1** *(action)* spot *nm* **2** *(parole)* spotternij *nf*

moquette *nf* vloerbedekking *nf*

moqueur, -euse *adj* spottend; le ~, la moqueuse de spotter, spotster

[1]**moral** *nm* moreel *het;* avoir le ~ à zéro in de put zitten; remonter le ~ à qqn iemand opvrolijken

[2]**moral, -ale** *adj* **1** moreel; sens ~ begrip van goed en kwaad **2** *(éthique)* zedenkundig **3** *(spirituel)* innerlijk, *(adj. aussi)* geest-

morale *nf* moraal *de;* faire la ~ à qqn iemand de les lezen

moralisateur, -trice *adj* moraliserend; le ~, la moralisatrice de moralist(e)

moraliste *n* moralist(e) *nm (nf)*

moralité *nf* **1** *(mentalité)* moraliteit *nf* **2** *(d'une histoire)* moraal *de*

morbide *adj* ziekelijk

morceau *nm (partie)* stuk *het, (œuvre aussi)* (kunst)werk *het;* avaler le ~ door de zure appel heen bijten; *(en boucherie)* ~x de choix eerste kwaliteit vlees; ~ de piano muziekstuk voor piano; manger un ~ een hapje eten; sucre en ~x suikerklontjes; tomber en ~x stukvallen

morceler *vt* (in stukken) verdelen, verkavelen

[1]**mordant** *nm (énergie)* pit *het/de*

[2]**mordant, -ante** *adj (aussi au fig.)* bijtend

mordiller *vt* knabbelen aan

[1]**mordre** *vi* **1** *(+ dans) (enfoncer les dents dans)* bijten (in) *(aussi sujet: le froid)* **2** *(+ à) (saisir avec les dents)* bijten (in); ça mord ik heb beet; ça ne mord pas de vis wil niet bijten **3** *(+ sur) (empiéter sur)* overschrijden

[2]**mordre** *vt* **1** *(saisir et serrer avec les dents)* bijten **2** *(insecte)* steken **3** *(froid)* bijten in

mordu, -ue *adj* **1** *(qui a subi une morsure)* gebeten **2** *(fou de)* gek (op)

se morfondre *vpr* zich vervelen

morgue *nf* lijkenhuis *het*

moribond, -onde *adj* stervend; le, la ~(e) de stervende

morne *adj* **1** *(qqn)* treurig **2** *(qqch)* doods

morose *adj* zwaarmoedig

morosité *nf* zwaarmoedigheid *nf*

morphine *nf* morfine *de*

morphologie *nf* **1** *(constitution)* (lichaams)bouw *nm* **2** *(sc.)* morfologie *nf*

mors *nm (d'un cheval)* bit *het*

morse *nm* **1** *(code)* morse *het* **2** *(zool.)* walrus *nm*

morsure *nf* beet *nm*

[1]**mort, morte** *n* dode *nm;* faire le ~ *(faire semblant d'être mort)* zich dood houden; *(ne pas intervenir)* zich ergens niet mee bemoeien

[2]**mort** *nf* **1** *(cessation de la vie)* dood *de;* à ~ ! weg met hem!; ~ accidentelle dood door ongeval; ~ apparente schijndood; mourir de sa belle ~ een natuurlijke dood sterven; condamner à ~ ter dood veroordelen; se donner la ~ zich van het leven beroven; mettre à ~ ter dood brengen **2** *(douleur mortelle)* hevig lijden *het;* avoir la ~ dans l'âme doodongelukkig zijn

[3]**mort, morte** *adj* **1** *(qui a cessé de vivre, semble avoir perdu la vie)* dood; ~ de fatigue doodmoe; plus ~ que vif meer dood dan levend **2** *(sans activité, sans vie)* zonder leven *(qqch);* ~ de peur verlamd van angst; eau ~e stilstaand water **3** *(bousillé)* naar de maan; le moteur est ~ de motor doet niets

mortalité *nf* sterfte *nf;* ~ infantile kindersterfte

mort-aux-rats *nf* rattenkruid *het*

mortel, -elle *adj* **1** *(sujet à la mort)* sterfelijk; le, la ~(le) de sterveling(e) **2** *(fatal; ennuyeux)* dodelijk

morte-saison *nf* slappe tijd *nm*

mortier *nm* mortel *nm*

mortifier *vt* vernederen

mort-né, mort-née *adj* doodgeboren; le ~ de doodgeborene

mortuaire *adj* doden-; *(f.B.)* la ~ het sterfhuis

morue *nf (zool.)* kabeljauw *nm;* ~ séchée stokvis

morve *nf* snot *het/de (m)*

morveux, -euse *n* snotaap *nm*

mosaïque *nf* mozaïek *het*

mosquée *nf* moskee *nf*
mot *nm* **1** woord *het;* **à ces ~s** bij die woorden; **traduction ~ à ~** letterlijke vertaling; **avoir son ~ à dire** recht van spreken hebben; **avoir toujours le ~ pour rire** van grapjes houden; **bon ~** geestig gezegde; **~ clé** sleutelwoord; **~s croisés** kruiswoordraadsel; **en un ~** kortom; **en d'autres ~s** met andere woorden; **enlever à qqn les ~s de la bouche** iemand de woorden uit de mond halen; **~ d'esprit** geestige opmerking; **avoir le ~ de la fin** het laatste woord hebben; **gros ~** vloek; **ne pas mâcher ses ~s** iets recht voor z'n raap zeggen; **manger ses ~s** onduidelijk spreken; **~ d'ordre** consigne; *(Belg.)* ordewoord; **~ de passe** wachtwoord; *(inform.)* password; **peser ses ~s** zijn woorden wikken en wegen; **prendre qqn au ~** iemand aan zijn woord houden; **sans ~ dire** zonder iets te zeggen **2** *(court message)* briefje *het* ♦ **au bas ~** op zijn minst; **se donner le ~** met elkaar afspreken
motard *nm* **1** *(motocycliste)* motorrijder *nm* **2** *(police)* motoragent *nm*
mot-dièse *nm (com.)* hashtag *nm*
motel *nm* motel *het*
[1]**moteur** *nm* motor *nm (aussi au fig.);* **~ de recherche** zoekmachine
[2]**moteur, motrice** *adj* **1** *(qui bouge)* bewegend **2** *(qui donne le mouvement)* (aan)drijf- **3** *(muni d'un moteur)* motor- **4** *(nerfs)* motorisch
motif *nm* **1** *(mobile)* (beweeg)reden *de;* **sans ~** zonder reden **2** *(d'une peinture)* gegeven *het* **3** *(ornement)* patroon *het*
motion *nf* motie *nf;* **~ de censure** motie van wantrouwen
motivation *nf* motivering *nf,* motivatie *nf (aussi psycho.)*
motiver *vt* **1** *(justifier; inciter (qqn) à agir)* motiveren; **être motivé** gemotiveerd zijn **2** *(causer)* aanleiding geven tot
moto-cross *nm* motorcross *nm*
motocyclette *nf* motorfiets *de*
motocycliste *n* motorrijd(st)er *nm (nf)*
motoriser *vt* motoriseren; **être motorisé** met de auto zijn
motte *nf* **1** *(de terre)* kluit *de* **2** *(de beurre)* boter *de*
[1]**mou** *nm* **1** *(ce qui est mou)* (het) slappe; **donner du ~ à** laten vieren **2** *(homme faible)* slappeling *nm*
[2]**mou, molle** *adj* **1** *(tendre)* zacht, week; **avoir les jambes molles** geen kracht in zijn benen hebben **2** *(faible)* willoos, slap; **élève ~** trage leerling
mouchard, -arde *n* **1** *(espion)* stille (agent) *nm* **2** *(délateur)* klikspaan *de*
moucharder *vt* **1** *(épier)* ↑ bespioneren, *(sans objet direct)* ↑ spioneren **2** *(dénoncer)* verklikken, *(sans objet direct)* klikken
mouche *nf* **1** *(insecte)* vlieg *de;* **quelle ~ te pique ?** wat bezielt jou?; *(prov)* **on ne prend pas les ~s avec du vinaigre** met azijn vangt men geen vliegen; **prendre la ~** opstuiven **2** *(point noir)* moesje *het (sur du tissu; grain de beauté);* **faire ~** in de roos schieten
moucher *vt* snuiten; **se moucher** *vpr (le nez)* zijn neus snuiten
moucheron *nm* vliegje *het*
moucheté, -ée *adj* **1** *(d'animaux)* bont **2** *(tacheté)* gevlekt, gestippeld
mouchoir *nm* zakdoek *nm*
moudre *vt* (ver)malen
moue *nf* pruillip *de;* **faire la ~** pruilen
mouette *nf* meeuw *de*
moufle *nf* want *de*
mouillé, -ée *adj* nat
[1]**mouiller** *vi (mar.)* voor anker gaan
[2]**mouiller** *vt* **1** *(humecter)* natmaken; **se faire ~** nat worden **2** *(cuis.)* aanlengen; **se mouiller** *vpr* **1** *(devenir mouillé)* nat worden **2** *(se compromettre)* betrokken raken (bij)
moulage *nm* **1** *(objet obtenu)* afgietsel *het* **2** *(action de mouler)* (het) (af)gieten
[1]**moule** *nm* **1** *(forme)* vorm *nm* **2** *(fig.) (modèle)* model *het;* **~ à gaufre** wafelijzer
[2]**moule** *nf* mossel *de*
mouler *vt* **1** *(couler)* in een vorm gieten **2** *(prendre un moulage de)* een afdruk maken van **3** *(vêtement)* strak zitten om
moulin *nm* molen *nm;* **~ à café** koffiemolen; **~ à eau** watermolen; **~ à légumes** draaizeef ♦ **~ à paroles** ratel
moulinet *nm (pêche)* werpmolen *nm*
moulinette® *nf* kleine groentemolen *nm*
moulu, -ue *adj* **1** *(broyé)* gemalen **2** *(éreinté)* geradbraakt
mourant, -ante *adj* **1** *(agonisant)* stervend; **le, la ~(e)** de stervende **2** *(affaibli)* kwijnend
mourir *vi* **1** *(cesser de vivre)* sterven; **s'ennuyer à ~** zich doodvervelen; **~ d'envie** erg veel zin in iets hebben; **~ de rire** zich doodlachen; **~ de froid** sterven van de kou; **~ de honte** zich doodschamen; **on n'en meurt pas** daar ga je niet dood van; **~ pour qqn** zijn leven voor iemand geven **2** *(cesser d'être)* ophouden te bestaan, ten ondergaan *(d'un empire),* wegsterven *(d'un bruit)*
mouron *nm* ♦ **se faire du ~** zich sappel maken (over)
mousquetaire *nm* musketier *nm*
[1]**mousse** *nm* scheepsjongen *nm*
[2]**mousse** *nf* **1** *(écume)* schuim *het* **2** *(entremets)* mousse *de;* **~ au chocolat** chocolademousse **3** *(bot.)* mos *het*
mousseline *nf* neteldoek *het;* **pommes ~** luchtige aardappelpuree
mousser *vi* **1** *(produire de la mousse)* schuimen **2** *(d'un vin)* mousseren
mousseux, -euse *adj* **1** *(qui mousse)* schuimend **2** *(d'un vin)* mousserend; **le ~** de mousserende wijn
mousson *nf* moesson *nm*
moustache *nf* snor *de*
moustachu, -ue *adj* met een (grote) snor

moustiquaire *nf, Can. nm* **1** *(châssis)* (insecten)hor *de* **2** *(autour d'un lit)* klamboe *nm*

moustique *nm* (steek)mug *de*

moutarde *nf* mosterd *nm* ♦ **la ~ lui monte au nez** hij wordt heel giftig

mouton *nm* **1** *(bélier, brebis)* schaap *het;* **revenons à nos ~s** ter zake! laten we tot ons onderwerp terugkeren **2** *(viande)* schapenvlees *het* **3** *(fourrure)* schapenvacht *de* **4** *(personne douce)* zachtaardig mens *nm;* **c'est un vrai ~** hij is een doetje **5** *(de Panurge)* kuddedier *het;* **~ de Panurge** kuddedier **6** *(plur.) (flocons de poussière)* stofwolken *plur*

mouvant, -ante *adj* **1** *(mobile, ondoyant)* bewegend **2** *(instable)* onvast

mouvement *nm* **1** *(geste, action)* beweging *nf (aussi phys.);* **~s de gymnastique** gymnastiekoefeningen; **(se) mettre en ~** (zich) in beweging zetten; **~ de tête** hoofdknik **2** *(déplacement)* verplaatsing *nf* **3** *(activité)* levendigheid *nf;* **être dans le ~** in de running zijn **4** *(impulsion)* opwelling *nf;* **~ d'humeur** geprikkelde reactie **5** *(action collective)* stroming *nf* **6** *(mus.) (rythme)* tempo *het* **7** *(mécanisme)* raderwerk *het*

mouvementé, -ée *adj* **1** *(animé)* levendig; **époque ~e** woelige tijden; **récit ~** verhaal vol actie **2** *(accidenté)* geaccidenteerd

mouvoir *vt* bewegen; **se mouvoir** *vpr* (zich) bewegen

[1]**moyen** *nm* **1** *(façon, méthode)* middel *het;* **au ~ de** door middel van; **s'il en avait le ~** als hij kon; **faire avec les ~s du bord** gebruiken wat voorhanden is; **il n'y a pas ~ de** onmogelijk om te; **c'est le meilleur ~ de** dat is de beste manier om; **employer les grands ~s** zich van grof geschut bedienen; **par quel ~ ?** hoe?; **par le ~ de** door, via; **par ses propres ~s** op eigen kracht **2** *(plur.) (capacités)* capaciteiten *plur;* **perdre ses ~s** de kluts kwijtraken **3** *(plur.) (ressources pécuniaires)* (geld)middelen *plur*

[2]**moyen, -enne** *adj* **1** *(du milieu)* midden- **2** *(calculé en faisant une moyenne)* gemiddeld **3** *(ni bon ni mauvais)* middelmatig

Moyen Âge *nm* middeleeuwen *plur*

moyennant *prép* (in ruil) voor; **~ quoi** waardoor

moyenne *nf* gemiddelde *het; (enseign.)* **avoir la ~** een voldoende hebben; **être dans la bonne ~** ruim het gemiddelde hebben; **faire du 90 km/h de ~** gemiddeld 90 km per uur rijden; **en ~** gemiddeld

moyennement *adv* (middel)matig

Moyen-Orient *nm* Midden-Oosten *het*

moyeu *nm* naaf *de*

mozambicain, -aine *adj* Mozambikaans; **le, la Mozambicain(e)** de Mozambikaan(se)

Mozambique *nm* Mozambique *n (sans art.)*

mue *nf* **1** *(transformation)* gedaanteverwisseling *nf* **2** *(saison)* rui(tijd) *nm* **3** *(changement de voix)* stemwisseling *nf*

muer *vi* **1** *(changer de voix)* de baard in de keel krijgen **2** *(animaux)* ruien

muet, muette *adj* stom; **le ~** de stomme (film)

mufle *nm* **1** *(d'un animal)* snoet *nm* **2** *(rustre)* lomperd *nm*

mug *nm* mok *de*

mugir *vi* loeien

muguet *nm (bot.)* lelietje-van-dalen *het,* meiklokje *het (n.B.)*

mule *nf* **1** *(pantoufle)* muiltje *het* **2** *(animal)* muilezelin *nf;* **têtu comme une ~** zo koppig als een ezel

mulet *nm* muildier *het,* muilezel *nm*

mulot *nm* veldmuis *de*

multicolore *adj* veelkleurig, bont

multiculturel, -elle *adj* multicultureel

multiforme *adj* pluriform

multilatéral, -ale *adj* multilateraal

multimédia *adj* multimedia-, multimediaal; **un PC ~** een multimedia-pc

multimillionnaire *adj* zeer rijk; **le, la ~** de multimiljonair(e)

multinational, -ale *adj* multinationaal; **la ~e** de multinational

multiple *adj* **1** *(constitué de plusieurs éléments)* veelvoudig; **le ~** het veelvoud **2** *(divers)* velerlei; **à de ~s reprises** meer dan eens, herhaaldelijk

multiplication *nf* **1** *(augmentation)* vermeerdering *nf (aussi biol.)* **2** *(math.)* vermenigvuldiging *nf*

multiplier *vt* **1** *(+ par)* vermenigvuldigen (met) **2** *(biol.)* vermeerderen; **se multiplier** *vpr* **1** *(se reproduire)* zich vermenigvuldigen **2** *(augmenter)* in aantal toenemen

multitude *nf* groot aantal *het*

municipal, -ale *adj* gemeentelijk, gemeente-

municipalité *nf* **1** *(corps municipal)* gemeentebestuur *het,* burgemeester en wethouders *plur* **2** *(commune)* gemeente *nf*

munir (de) *vt* voorzien (van), uitrusten (met); **être muni de qqch** in het bezit zijn van iets; **être muni de diplômes** in het bezit zijn van diploma's; **se munir (de)** *vpr* meenemen, bij zich hebben

munition *nf (plur.)* (am)munitie *nf*

muqueuse *nf* slijmvlies *het*

mur *nm* **1** *(ouvrage de maçonnerie)* muur *nm;* **~ d'enceinte** ringmuur; **autant parler à un ~** je kunt net zo goed tegen een muur praten; *(fig.)* **faire le ~** zonder toestemming uitgaan **2** *(face intérieure)* wand *nm* **3** *(barrière)* barrière *de;* **~ du son** geluidsbarrière

mûr, mûre *adj* rijp *(aussi au fig.);* **le projet n'est pas ~** het plan is nog niet uitgewerkt

muraille *nf* hoge, zware muur *nm*
mural, -ale *adj* muur-
mûre *nf* **1** *(fruit de la ronce)* braam(bes) *de* **2** *(fruit du mûrier)* moerbei *de*
mûrement *adv* rijpelijk
murer *vt* **1** *(entourer de murs)* ommuren **2** *(boucher)* dichtmetselen **3** *(enfermer)* insluiten; **se murer** *vpr* **1** *(se cloîtrer)* zich opsluiten **2** *(se renfermer)* een muur om zich heen optrekken; **se ~ dans son silence** zich in zwijgen hullen
muret *nm* laag muurtje *het*
mûrier *nm* moerbeiboom *nm*
[1]**mûrir** *vi (devenir mûr)* rijpen
[2]**mûrir** *vt (rendre mûr)* doen rijpen; **~ son projet** een plan rijpelijk overwegen; **résolution mûrie** na rijp beraad genomen besluit
murmure *nm* **1** *(bruit de voix)* gemompel *het* **2** *(plur.) (commentaire défavorable)* gemor *het (uniquement sing.)* **3** *(bruissement)* geritsel *het*
[1]**murmurer** *vi* **1** *(bruire)* ruisen **2** *(parler bas)* mompelen **3** *(protester)* mopperen
[2]**murmurer** *vt (chuchoter)* fluisteren; **~ une prière** een gebed prevelen
musc *nm* muskus *nm*
muscade *nf (bot.)* muskaat *de*
muscat *nm* **1** *(raisin)* muskaatdruif *de* **2** *(vin)* muskaat(wijn) *nm*
muscle *nm* spier *de;* **avoir des ~s, du ~** gespierd zijn
musclé, -ée *adj* gespierd, krachtig
muscler *vt* gespierd maken *(aussi au fig.)*
musculaire *adj* spier-
musculation *nf* spiertraining *nf*
musculature *nf* spierstelsel *het*
muse *nf* muze *nf (aussi au fig.)*
museau *nm* **1** *(d'un animal)* snuit *nm* **2** *(cuis.)* zult *nm,* hoofdkaas *nm*
musée *nm* museum *het*
museler *vt* muilkorven *(aussi au fig.)*
muselière *nf* muilkorf *nm*
musical, -ale *adj* **1** *(propre à la musique)* muzikaal **2** *(musique)* muziek-; **comédie ~e** musical **3** *(mélodieux)* welluidend
music-hall *nm* variété(theater) *het*
musicien, -ienne *n* musicus *nm;* **être ~** muzikaal zijn
musique *nf* **1** *(art musical)* muziek *nf;* **~ de chambre** kamermuziek; *(fig.)* **je connais la ~** dat verhaal ken ik; **travailler en ~** met muziek aan werken; **~ de fond** achtergrondmuziek **2** *(œuvre musicale écrite)* muziek *nf;* **mettre en ~** op muziek zetten
musulman, -ane *adj* moslim-, islamitisch; **le, la ~(e)** de moslim(a)
mutation *nf* **1** *(d'un fonctionnaire)* overplaatsing *nf* **2** *(changement)* keerpunt *het* **3** *(biol.)* mutatie *nf*
muter *vt* overplaatsen
mutilation *nf* verminking *nf*
mutilé, -ée *n* invalide *nm*
mutiler *vt* verminken
mutin *nm* muiter *nm*
se mutiner *vpr* in oproer komen
mutinerie *nf* muiterij *nf,* oproer *het*
mutisme *nm* stilzwijgen *het*
mutualité *nf* (onderling) ziekenfonds *het,* mutualiteit *nf (Belg.n.)*
mutuel, -elle *adj* wederzijds; **la ~(le)** de (coöperatieve) verzekering; *(f.B.)* het ziekenfonds
myope *adj* bijziend; **le, la ~** de bijziende
myopie *nf* bijziendheid *nf*
myosotis *nm* vergeet-mij-nietje *het*
myrrhe *nf* mirre *de*
myrtille *nf* blauwe bosbes *de*
mystère *nm* **1** *(secret)* geheim *het* **2** *(relig.)* mysterie *het*
mystérieux, -euse *adj* geheimzinnig
mysticisme *nm* mysticisme *het*
mystification *nf* misleiding *nf,* verlakkerij *nf*
mystifier *vt* misleiden
mystique *adj* mystiek; **le ~** de beoefenaar van de mystiek
mythe *nm* mythe *de*
mythique *adj* mythisch
mythologie *nf* mythologie *nf*
mythologique *adj* mythologisch
mythomane *n* fantast *nm*

n

n *nm* n *de;* **N comme Nicolas** de n van Nico
nacre *nf* paarlemoer *het*
nacré, -ée *adj* paarlemoeren
nage *nf* (het) zwemmen; **à la ~** zwemmend; **~ sur le dos** rugslag; **~ libre** vrije slag♦ **en ~** bezweet
nageoire *nf* vin *de*
[1]**nager** *vi* **1** *(pratiquer la natation)* zwemmen; **savoir ~** kunnen zwemmen; *(fig.)* zich weten te redden **2** *(flotter)* drijven **3** *(être dans l'embarras)* in 't duister tasten
[2]**nager** *vt (pratiquer un genre de nage)* zwemmen; **~ le crawl** crawlen
nageur, -euse *n* zwem|mer, -ster *nm, nf*
naguère *adv* kort geleden
naïf, naïve *adj* naïef
nain, naine *n* dwerg *nm*
naissance *nf* **1** *(commencement de la vie)* geboorte *nf;* **donner ~ à** het leven schenken aan; *(fig.)* aanleiding geven tot **2** *(origine)* (het) ontstaan; **la ~ du cou** de aanzet van de hals; **la ~ du nez** de neuswortel; **prendre ~** ontstaan
naissant, -ante *adj* beginnend
naître *vi* **1** *(venir au monde)* geboren worden; **en naissant** bij de geboorte **2** *(commencer à exister)* ontstaan
naïveté *nf* onbevangenheid *nf*
Namibie *nf* Namibië *n (sans art.)*
namibien, -ienne *adj* Namibisch; **le, la Namibien(ne)** de Namibiër, Namibische
nana *nf* meid *nf*
nanti, -ie *adj* **1** *(riche)* welgesteld; **les ~s** de rijken **2** *(+ de) (pourvu de)* voorzien (van)
naphtaline *nf* naftaline *de;* **une boule de ~** een mottenbal
nappe *nf* **1** *(linge)* tafellaken *het* **2** *(étendue)* vlak *het;* **~ de brume** nevelbank; **~ de feu** vuurzee; **~ de pétrole** aardolieveld
napper *vt* met een saus bedekken
napperon *nm* dekservet *het*
narcisse *nm* narcis *de*
narcissisme *nm* narcisme *het*
narcose *nf* verdoving *nf*
narcotique *adj* verdovend; **le ~** het verdovende middel
narguer *vt* honen
narine *nf* neusgat *het*
narquois, -oise *adj* spottend
narrateur, -trice *n* vertel|ler, -ster *nm, nf*
narration *nf* verhaal *het*
nasal, -ale *adj* neus-; **la ~e** de neusklank
naseau *nm* neusgat *het*
nasiller *vi* door de neus spreken
nasse *nf* fuik *de*
natal, -ale *adj* geboorte-
natalité *nf* geboortecijfer *het*
natation *nf* (het) zwemmen; **faire de la ~** zwemmen
natif, -ive *adj* **1** *(+ de) (originaire)* geboren (te, in); **le ~** de inboorling **2** *(inné)* aangeboren
nation *nf* volk *het*
national, -ale *adj* nationaal; **histoire ~e** vaderlandse geschiedenis; **route ~e** rijksweg
nationaliser *vt* nationaliseren
nationaliste *adj* nationalistisch
nationalité *nf* nationaliteit *nf*
natte *nf* **1** *(tapis)* mat *de* **2** *(tresse)* (haar)vlecht *de*
naturaliser *vt* **1** *(jur.)* naturaliseren **2** *(empailler)* opzetten
naturaliste *n* **1** *(arts, philo., litt.)* naturalist *nm* **2** *(sc.)* natuuronderzoeker *nm*
[1]**nature** *nf* **1** *(principe organisateur)* natuur *nf* **2** *(essence, caractère)* aard *nm;* **par ~** van nature♦ **~ morte** stilleven
[2]**nature** *adj* natuurlijk; **grandeur ~** op ware grootte, levensgroot
[1]**naturel** *nm* **1** *(nature)* aard *nm* **2** *(spontanéité)* natuurlijkheid *nf*
[2]**naturel, -elle** *adj* **1** *(natif, spontané)* natuurlijk **2** *(logique)* vanzelfsprekend
naturisme *nm* naturisme *het*
naufrage *nm* schipbreuk *de;* **faire ~** schipbreuk lijden
naufragé, -ée *adj* gestrand; **le, la ~(e)** de schipbreukeling(e)
nauséabond, -onde *adj* walgelijk
nausée *nf* **1** *(envie de vomir)* misselijkheid *nf;* **avoir la ~** zich misselijk voelen **2** *(sensation de dégoût)* walging *nf*
nautique *adj* **1** *(mar.)* zeevaart- **2** *(loisir)* water-
nautisme *nm* watersport *de*
naval, -ale *adj* **1** *(mar.)* scheeps- **2** *(milit.)* marine-
navet *nm* knol *nm*
navette *nf* **1** *(action de voyager)* (het) pendelen; **faire la ~** op en neer reizen **2** *(véhicule)* pendelvoertuig *het;* **~ spatiale** ruimteveer **3** *(technol.)* spoel *de*
navigable *adj* bevaarbaar; **voies ~s** waterwegen
navigant, -ante *adj* **1** *(mar.)* (zee)varend **2** *(aviat.)* vliegend; **personnel ~** boordpersoneel
navigateur *nm* **1** *(aviat.)* navigator *nm*

2 *(mar.)* zeevaarder *nm* 3 *(inform.)* browser *nm*
navigation *nf* 1 *(fait de naviguer)* scheepvaart *de* 2 *(pilotage)* navigatie *nf* 3 *(trafic fluvial, maritime)* scheepsverkeer *het* 4 *(circulation aérienne, spatiale)* lucht-, ruimteverkeer *het;* **~ aérienne** luchtvaart
naviguer *vi* 1 *(voguer, voyager sur un navire)* varen 2 *(aviat.)* vliegen 3 *(diriger la marche d'un navire)* navigeren *(aussi au fig.)* 4 *(inform.)* surfen
navire *nm* schip *het;* **~ de guerre** oorlogsbodem; **~ marchand** koopvaardijschip
navrant, -ante *adj* diептreurig
navrer *vt* ♦ **j'en suis navré** het spijt me zeer
nazi, -ie *adj* nazi-; **le, la ~(e)** de nazi
nazisme *nm* nazisme *het*
né, née *adj* geboren
néanmoins *adv* (desal)niettemin
néant *nm* 1 *(rien)* niets *het;* **réduire à ~** tenietdoen 2 *(valeur nulle)* nietigheid *nf*
nébuleux, -euse *adj* 1 *(nuageux, brumeux)* bewolkt; **la nébuleuse** de nevel(vlek) 2 *(confus)* verward
nécessaire *adj* noodzakelijk; **juger ~ de** het nodig achten (om) te; **le ~** het nodige; de benodigdheden; **il est ~ que nous en parlions** wij moeten daarover spreken
nécessairement *adv* onvermijdelijk; **Il refusera. Pas ~** Hij zal weigeren. Dat is niet gezegd
nécessité *nf* noodzaak *de;* **se trouver dans la ~ de** gedwongen zijn om; **par ~** noodgedwongen
nécessiter *vt* vereisen
nectar *nm (bot.)* nectar *nm*
néerlandais, -aise *adj* Nederlands; **le ~** het Nederlands; **le, la Néerlandais(e)** de Nederlander, Nederlandse
néerlandophone *adj* Nederlandstalig
nef *nf* (kerk)schip *het*
néfaste *adj* noodlottig; **influence ~** schadelijke invloed
négatif, -ive *adj* ontkennend; **dans la négative** in geval van weigering, zo niet ♦ **le ~** het negatief
négation *nf* ontkenning *nf*
négligé, -ée *adj* 1 *(délaissé)* verwaarloosd 2 *(peu soigné)* slordig; **le ~** het ochtendgewaad *(déshabillé)*
négligeable *adj* onbelangrijk; **non ~** niet uit te vlakken
négligence *nf* 1 *(faute due au manque de soin)* slordigheid *nf* 2 *(manque de précautions)* nalatigheid *nf*
négligent, -ente *adj* 1 *(débraillé)* slordig 2 *(nonchalant)* nalatig
négliger *vt* 1 *(délaisser)* verwaarlozen 2 *(oublier)* verzuimen 3 *(ignorer)* negeren
négociable *adj* verhandelbaar
négociant, -ante *n* (groot)handelaar *nm*
négociateur, -trice *n* onderhandelaar(ster) *nm (nf)*
négociation *nf* onderhandeling *nf*
[1]**négocier** *vi (discuter)* onderhandelen
[2]**négocier** *vt* 1 *(régler un accord)* onderhandelen over 2 *(un effet de commerce)* verhandelen
nègre, négresse *n* 1 *(péj.) (noir)* neger *nm;* **travailler comme un ~** zwoegen als een paard 2 *(écrivain)* ghostwriter *nm* ♦ **petit ~** gebroken Frans
neige *nf* 1 *(eau qui tombe en flocons)* sneeuw *de;* **blanc comme ~** sneeuwwit; *(fig.)* onschuldig 2 *(cocaïne)* cocaïne *de*
neiger *vb impers* sneeuwen
neigeux, -euse *adj* besneeuwd
nem *nm* Vietnamese loempia *de*
nénuphar *nm* waterlelie *de*
néo-calédonien, -ienne *adj* Nieuw-Caledonisch; **le, la Néo-Calédonien(ne)** de Nieuw-Caledoniër, Nieuw-Caledonische
néologisme *nm* neologisme *het*
néon *nm* 1 *(tube)* tl-buis *de* 2 *(chim.)* neon *het*
néophyte *n* beginneling *nm*
néo-zélandais, -aise *adj* Nieuw-Zeelands; **le, la Néo-Zélandais(e)** de Nieuw-Zeelander, Nieuw-Zeelandse
Népal *nm* Nepal *n (sans art.)*
népalais, -aise *adj* Nepalees; **le, la Népalaise** de Nepalees, Nepalese
népotisme *nm* vriendjespolitiek *nf*
nerf *nm* 1 *(biol.)* zenuw *de, (plur.)* zenuwen *plur (fig.);* **être, vivre sur les ~s** onder voortdurende spanning staan; **passer ses ~s sur qqn** z'n spanningen op iemand afreageren; **porter, taper sur les ~s de qqn** iemand op de zenuwen werken 2 *(énergie)* pit *het/de*
nerveux, -euse *adj* 1 *(irritable)* zenuwachtig 2 *(vigoureux)* krachtig; **voiture nerveuse** pittige auto 3 *(relatif aux nerfs)* zenuw-
nervosité *nf* nervositeit *nf*
nervure *nf (bot.)* (blad)nerf *de*
[1]**net, nette** *adj* 1 *(propre, débarrassé)* zuiver 2 *(écon.)* netto; **~ d'impôt** belastingvrij 3 *(clair et précis)* duidelijk
[2]**net** *adv* 1 *(tout d'un coup)* plotseling 2 *(carrément)* ronduit
nétiquette *nf* nettiquette *de*
nettement *adv* duidelijk
netteté *nf* 1 *(clarté)* helderheid *nf* 2 *(propreté)* schoonheid *nf*
nettoyage *nm* schoonmaak *nm;* **~ à sec** (het) chemisch reinigen, (het) stomen; **~ par le vide** (het) uitmesten
nettoyant *nm* reinigingsmiddel *het*
nettoyer *vt* schoonmaken; **~ à sec** chemisch reinigen; **se nettoyer** *vpr* zich wassen
[1]**neuf, neuve** *adj* nieuw; **remettre à ~** renoveren; **quoi de ~ ?** is er nieuws?; **être habillé de ~** nieuwe kleren aanhebben; **la ville neuve** het nieuwe stadsdeel
[2]**neuf** *adj numér* negen(de)
neurasthénie *nf* zwaarmoedigheid *nf*

neurochirurgien, -ienne *n* neurochirurg(e) *nm (nf)*
neurologie *nf* neurologie *nf*
neurone *nm* zenuwcel *de*
neutraliser *vt* neutraliseren; **~ un adversaire** een tegenstander uitschakelen; **se neutraliser** *vpr* elkaar in evenwicht houden
neutralité *nf* neutraliteit *nf*
neutre *adj* **1** *(en général)* neutraal **2** *(ling.)* onzijdig; **le ~** het onzijdig(e) geslacht
neutron *nm* neutron *het*
neuvième *adj numér* negende
neveu *nm* neef *nm*
névralgie *nf* **1** *(douleur concernant les nerfs)* zenuwpijn *de* **2** *(mal de tête)* hoofdpijn *de*
névralgique *adj* zenuwpijn-; **le point ~** het pijnpunt
névrose *nf* neurose *nf;* **~ obsessionnelle** dwangneurose
névrosé, -ée *adj* neurotisch; **le, la ~(e)** de neuroticus, neurotica
nez *nm* neus *nm;* **se trouver ~ à ~** plotseling voor iemands neus staan; **le ~ en l'air** met de neus in de wind; **au ~ de qqn** recht in iemands gezicht; **avoir du ~** een fijne neus (voor iets) hebben; **se bouffer le ~** slaande ruzie hebben; **se casser le ~** zijn neus breken; *(fig.)* tegenslag ondervinden; **avoir qqn dans le ~** iemand niet kunnen pruimen; **parler du ~** door de neus spreken; **il fourre son ~ partout** hij steekt overal zijn neus in; **ça sent les roses à plein ~** het ruikt hier sterk naar rozen; **avoir le ~ pris** verkouden zijn; **~ retroussé** wipneus; **passer sous le ~ de qqn** iemands neus voorbijgaan
ni *conj* noch; **ne dire ~ oui ~ non** geen ja en geen nee zeggen; **~ l'un, ~ l'autre** noch de een, noch de ander
niais, niaise *adj* onnozel; **le, la ~(e)** de simpele ziel
niaiserie *nf* onnozelheid *nf*
Nicaragua *nm* Nicaragua *n (sans art.)*
nicaraguayen, -enne *adj* Nicaraguaans; **le, la Nicaraguayen(ne)** de Nicaraguaan(se)
niche *nf (d'un chien)* (honden)hok *het*
nichée *nf* **1** *(oiseaux)* broedsel *het* **2** *(enfants)* kroost *het*
[1]**nicher** *vi* **1** *(d'oiseaux)* nestelen **2** *(demeurer)* huizen
[2]**se nicher** *vpr (se cacher)* zich nestelen
nickel *nm* nikkel *het*
nicotine *nf* nicotine *de*
nid *nm* **1** *(oiseaux)* nest *het* **2** *(homme)* nestje *het, (repaire)* kweekplaats *de;* **~ de brigands** rovershol ♦ **~ d'abeille** wafelstof
nièce *nf* nicht *nf*
nième *adj* zoveelste
nier *vt* ontkennen
nigaud, -aude *adj* onnozel; **le, la ~(e)** de domkop
Niger *nm* Niger *n (sans art.)*
Nigeria *nm* Nigeria *n (sans art.)*
nigérian, -ane *adj* Nigeriaans; **le, la Nigérian(e)** de Nigeriaan(se)
nigérien, -ienne *adj* Nigerees; **le, la Nigérien(ne)** de Nigerees, Nigerese
nihilisme *nm* nihilisme *het*
Nimègue *nf* Nijmegen *n*
nique *nf* ♦ **faire la ~ à qqn** iemand in zijn gezicht uitlachen
niveau *nm* **1** *(hauteur, degré)* niveau *het,* peil *het;* **au ~ de** ter hoogte van; **au ~ de la commune** op gemeentelijk niveau; **au ~ de l'électeur** wat de kiezer betreft; **~ de langue** stijlregister; **~ de la mer** zeespiegel; **~ de vie** levensstandaard **2** *(étage)* verdieping *nf* **3** *(instrument)* waterpas *het*
niveler *vt* **1** *(mettre de niveau)* egaliseren **2** *(fig.) (égaliser)* nivelleren
nivellement *nm* **1** *(d'une surface)* (het) egaliseren **2** *(action de rendre égal)* nivellering *nf*
noble *adj* **1** edel; **style ~** verheven stijl **2** *(de la noblesse)* adellijk, van adel; **le, la ~** de edelman, edelvrouw, edele
noblesse *nf* **1** *(condition, classe)* adel *nm;* *(prov)* **~ oblige** adeldom verplicht **2** *(caractère noble)* verhevenheid *nf*
noce *nf (généralement plur.)* bruiloft *de,* huwelijk *het* ♦ **faire la ~** boemelen
nocif, -ive *adj* schadelijk
nocivité *nf* schadelijkheid *nf*
noctambule *n* nacht|braker, -braakster *nm, nf*
nocturne *adj* nacht-, nachtelijk; **la ~** de koopavond; *(sports)* de lichtwedstrijd; *(mus.)* **le ~** de nocturne
Noël *nm* Kerstmis *nm*
nœud *nm* **1** *(enlacement)* knoop *nm;* **~ coulant** schuifknoop **2** *(ruban)* strik *nm;* **~ papillon** vlinderdasje **3** *(d'un serpent)* kronkel *nm;* **~ de vipères** addergebroed **4** *(point essentiel)* kernpunt *het;* **voilà le ~ de l'affaire** daar zit ('m) de kneep **5** *(croisement)* knooppunt *het* **6** *(bot.)* knoest *nm,* weer *het/de (m) (n.B.), (dans le bois)* kwast *nm* ♦ **ce bateau file 15 ~s** dit schip loopt 15 knopen
[1]**noir** *nm* **1** *(couleur)* zwart *het* **2** *(obscurité)* donker *het/de (m)* **3** *(tristesse)* droefheid *nf;* **broyer du ~** somber gestemd zijn; **voir tout en ~** alles donker inzien **4** *(marché noir)* zwarte markt *de;* **travailler au ~** zwartwerken
[2]**noir, noire** *adj* **1** *(couleur)* zwart; **le, la Noir(e)** de zwarte **2** *(obscur)* donker **3** *(mélancolique)* zwartgallig **4** *(méchant)* boosaardig **5** *(non déclaré)* clandestien, zwart
noirceur *nf* **1** *(couleur)* zwartheid *nf* **2** *(méchanceté)* boosaardigheid *nf*
[1]**noircir** *vi (devenir noir)* zwart worden
[2]**noircir** *vt* **1** *(rendre noir)* zwart maken; **~ du papier** papier volschrijven **2** *(présenter avec pessimisme)* zwart afschilderen;

se noircir *vpr* zwart worden, donker worden; le ciel se noircit de lucht betrekt
noire *nf* kwart(noot) *nf*
noise *nf* ♦ chercher ~ à qqn ruzie zoeken met iemand
noisetier *nm* hazelaar *nm*
noisette *nf* 1 *(fruit)* hazelnoot *de;* (couleur (de)) ~ hazelnootbruin 2 *(petit morceau)* klontje *het*
noix *nf* noot *de;* ~ de coco kokosnoot; ~ (de) muscade muskaatnoot ♦ une ~ de beurre een boterballetje; ~ de veau achterlendestuk van kalfsvlees
nom *nm* 1 *(de famille, prénom)* naam *nm;* au ~ de qqn namens iemand; au ~ du ciel in 's hemelsnaam; ~ d'emprunt, de plume pseudoniem; ~ de famille achternaam; ~ de jeune fille meisjesnaam; ~ de garçon jongensnaam; petit ~ voornaam 2 *(dénomination)* benaming *nf;* sans ~ onbeschrijfelijk 3 *(renommée)* (goede) naam *nm;* se faire un ~ naam maken 4 *(substantif)* zelfstandig naamwoord *het;* ~ commun soortnaam; ~ de nombre telwoord; ~ propre eigennaam ♦ ~ de Dieu !, ~ de nom ! verdomme!
nomade *adj* nomaden-; le ~ de nomade
nombre *nm* 1 *(chiffre)* getal *het* 2 *(quantité)* aantal *het;* ~ (de) veel; serez-vous du ~ (des invités) ? behoort u tot de genodigden?; en ~ in groten getale; le (plus) grand ~ het merendeel; un grand ~ d'invités een groot aantal gasten; sans ~ talloos 3 *(nom de nombre)* telwoord *het;* ~ cardinal hoofdtelwoord; ~ ordinal rangtelwoord
nombreux, -euse *adj* 1 *(abondant)* talrijk; des groupes ~ grote groepen 2 *(en grand nombre)* in groten getale; de ~ groupes vele groepen
nombril *nm* navel *nm;* se regarder le ~ navelstaren; se prendre pour le ~ du monde het hoog in de bol hebben
nomenclature *nf* terminologie *nf*
nominal, -ale *adj* 1 van de naam *(adj.),* bij de naam *(adv.)* 2 *(ling.)* zelfstandig
nominatif, -ive *adj* 1 *(qui contient les noms)* de namen bevattend 2 *(qui porte le nom du propriétaire)* op naam
nomination *nf* 1 *(désignation)* benoeming *nf* 2 *(dans une distribution de prix)* vermelding *nf*
nommé, -ée *adj* 1 *(qui a pour nom)* genaamd; un, le ~ X een zekere X 2 *(désigné par son nom)* genoemd 3 *(désigné)* benoemd
nommément *adv* met naam en toenaam (genoemd)
nommer *vt* 1 *(appeler, citer)* noemen 2 *(désigner, établir par nomination)* benoemen (tot, op); ~ qqn à un poste iemand op een post benoemen; ~ qqn directeur iemand tot directeur benoemen; **se nommer** *vpr (s'appeler)* heten
non *adv* nee(n); ~ seulement ... mais encore niet alleen ... maar ook; il ne travaille pas ~ plus hij werkt ook niet; ~ que niet dat; c'est triste, ~ ? dat is droevig, hè?
nonagénaire *adj* negentigjarig
non-agression *nf* ♦ pacte de ~ niet-aanvalsverdrag
non-aligné, -ée *adj* niet-gebonden
nonante *adj numér (f.B.)* negentig
nonchalance *nf* nonchalance *de*
nonchalant, -ante *adj* nonchalant
non-conformisme *nm* non-conformisme *het*
non-conformiste *adj* non-conformistisch; le, la ~ de non-conformist(e)
non-droit *nm* ♦ zone de non-droit no-go-area
non-ingérence *nf* niet-inmenging *nf*
non-intervention *nf* non-interventie *nf*
non-lieu *nm* ontslag *het* van rechtsvervolging
non-sens *nm* onzin *nm*
non-violence *nf* geweldloosheid *nf*
non-violent, -ente *adj* 1 *(relatif à la non-violence)* geweldloos 2 *(d'une personne)* geweldloosheid voorstaand; le, la ~(e) de voorstand(st)er van geweldloosheid
nord *nm* noorden *het;* au ~ de ten noorden van; le Grand Nord het hoge Noorden ♦ perdre le ~ de kluts kwijtraken
nord-coréen, -enne *adj* Noord-Koreaans; le, la Nord-Coréen(ne) de Noord-Koreaan(se)
nord-est *nm* noordoosten *het*
nordique *adj* noords; le, la Nordique de noorderling
nord-ouest *nm* noordwesten *het*
normal, -ale *adj* normaal
normale *nf* 1 *(norme)* gemiddelde *het* 2 *(math.)* loodlijn *de*
normaliser *vt* 1 *(faire (re)devenir normal)* normaliseren 2 *(technol.)* standaardiseren; **se normaliser** *vpr ((re)devenir normal)* (weer) normaal worden
normand, -ande *adj* 1 *(hist.) (des Normands)* (van de) Noorman(nen) 2 *(de Normandie)* Normandisch
norme *nf* norm *de*
Norvège *nf* Noorwegen *n (sans art.)*
norvégien, -ienne *adj* Noors; le ~ het Noors; le, la Norvégien(ne) de Noor(se)
nostalgie *nf* nostalgie *nf;* la ~ de qqch het verlangen naar iets
nostalgique *adj* nostalgisch
nota (bene) *nm* (voet)noot *de*
notabilité *nf* notabele *nm*
notable *adj* 1 *(remarquable)* opmerkelijk 2 *(d'une personne)* aanzienlijk; le ~ de notabele
notaire *nm* notaris *nm*
notamment *adv* met name
notariat *nm* notarisambt *het*
notation *nf* 1 *(action, manière de noter)* schrift *het;* ~ musicale notenschrift 2 *(remarque)* notitie *nf* 3 *(enseignement)* (het) geven van een cijfer
note *nf* 1 *(annotation)* aantekening *nf;* ~

marginale kanttekening; prendre des ~s aantekeningen maken; prendre (bonne) ~ de nota nemen van 2 *(notice, observation)* nota *de* 3 *(facture)* rekening *nf;* ~ de frais onkostendeclaratie 4 *(appréciation chiffrée)* cijfer *het* 5 *(mus.)* noot *de;* forcer la ~ overdrijven

noter *vt* 1 *(inscrire)* opschrijven 2 *(constater)* opmerken 3 *(coter)* een cijfer geven aan, *(Belg.)* quoteren; être bien, mal noté goed, slecht aangeschreven staan

notice *nf* 1 *(abrégé)* korte uiteenzetting *nf;* ~ explicative handleiding 2 *(pharm.)* bijsluiter *nm*

notification *nf* officiële kennisgeving *nf*

notifier *vt* aanzeggen

notion *nf* 1 *(plur.) (rudiments)* grondbeginselen *plur* 2 *(idée)* notie *nf;* ~ de bien et de mal kennis van goed en kwaad

notoire *adj* (naar) algemeen bekend (is)

notoriété *nf* 1 *(fait d'être connu)* naamsbekendheid *nf;* être de ~ publique que algemeen bekend zijn dat 2 *(renommée)* beroemdheid *nf*

notre, nos *adj poss* ons, onze

[1]**nôtre, nôtres** *nm* 1 *(notre propriété)* (het) onze; y mettre du ~ ons steentje bijdragen 2 *(plur.) (nos proches)* (de) onzen *(plur.);* être des ~s van de partij zijn

[2]**nôtre, nôtres** *adj poss* onze

[3]**nôtre, nôtres** *pron poss* (het, de) onze; votre maison et la ~ uw huis en het onze

noué, -ée *adj* 1 *(attaché)* (aan elkaar) geknoopt 2 *(contracté)* gespannen

nouer *vt* 1 (vast)knopen 2 *(lien moral, conversation)* aanknopen; ~ amitié avec qqn vriendschap met iemand sluiten; se nouer *vpr* 1 *(s'attacher)* (vast)knopen 2 *(se compliquer)* in de knoop raken

noueux, -euse *adj* 1 *(d'un bois)* knoestig 2 *(méd.)* knobbelig 3 *(maigre et sec)* knokig

nougat *nm (confiserie)* noga *nm;* c'est du ~ dat is doodsimpel

nouille *nf (plur.)* noedels *plur*

nounou *nf* kinderoppas *nf*

nounours *nm* (teddy)beer *nm*

nourri, -ie *adj* 1 *(alimenté)* gevoed; bien ~ weldoorvoed 2 *(entretenu)* goed onderhouden; conversation ~e levendig gesprek; feu ~ intensief geweervuur

nourrice *nf* 1 *(gardienne d'enfant)* kinderoppas *nf;* mettre un enfant en ~ een kind bij een kinderoppas uitbesteden 2 *(femme qui allaite un enfant)* min *nf*

[1]**nourrir** *vi (être nourrissant)* voedzaam zijn

[2]**nourrir** *vt (alimenter)* voeden, *(animaux)* voe(de)ren, *(Belg.; fig.)* spijzen; ~ un désir, l'espoir een wens, de hoop koesteren; ~ le feu het vuur aanhouden; se nourrir (de) *vpr* zich voeden (met)

nourrissant, -ante *adj* voedzaam

nourrisson *nm* zuigeling *nm*

nourriture *nf* voedsel *het*

nous *pron pers* 1 *(pronom personnel)* wij, we 2 *(pronom réfléchi)* elkaar; nous ~ sommes regardés we hebben elkaar aangekeken

nouveau, nouvelle *adj* 1 *(neuf)* nieuw; à, de ~ opnieuw; il y a du ~ er is een nieuwe ontwikkeling; les ~x mariés de pasgehuwden; un ~, une nouvelle nieuweling(e) 2 *(autre)* ander; monde ~ heel andere wereld; Nouveau Monde Nieuwe Wereld

nouveau-né, -née *adj* pasgeboren; le, la ~(e) het pasgeboren kind, de boreling(e) *(n.B.)*

nouveauté *nf* 1 *(caractère de ce qui est nouveau)* nieuwheid *nf* 2 *(chose nouvelle)* nieuwigheid *nf* 3 *(édit.)* pas verschenen werk *het* 4 *(mode)* modeartikel *het;* magasin de ~s kledingwinkel

nouvelle *nf* 1 *(plur.) (information)* nieuws *het (uniquement sing.),* nieuwsberichten *plur;* vous aurez de mes ~s we spreken elkaar nog nader; avoir des ~s de qqn van iemand iets horen; demander, prendre des ~s de qqn vragen hoe het met iemand gaat; vous m'en direz des ~s u zult er enthousiast over zijn 2 *(litt.)* novelle *de*

Nouvelle-Calédonie *nf* Nieuw-Caledonië *n (sans art.)*

Nouvelle-Guinée *nf* Nieuw-Guinea *n (sans art.)*

nouvellement *adv* onlangs

Nouvelle-Zélande *nf* Nieuw-Zeeland *n (sans art.)*

novateur, -trice *n* vernieuwer *nm*

novembre *nm* november *nm;* en ~ in november

novice *adj* 1 *(débutant)* onervaren; le, la ~ de beginneling(e); *(cathol.)* de novice 2 *(inexpérimenté)* onbedreven

novotique *nf* innovatietechnologie *nf*

noyade *nf* verdrinking(sdood) *nf (de)*

noyau *nm* 1 *(d'un fruit)* pit *de;* fruit à ~ steenvrucht 2 *(partie centrale)* kern *de*

noyé, -ée *adj* verdronken; yeux ~s de larmes ogen vol tranen; le, la ~(e) de drenkeling(e)

[1]**noyer** *nm* 1 *(arbre)* (wal)notenboom *nm* 2 *(bois) (Belg.)* notelaar *nm*

[2]**noyer** *vt* 1 *(tuer en noyant)* (doen) verdrinken 2 *(inonder)* onder water zetten; ~ son chagrin dans l'alcool zijn verdriet verdrinken 3 *(faire disparaître)* verloren doen gaan; être noyé dans la foule in de menigte opgaan; se noyer *vpr* 1 *(mourir par noyade)* verdrinken 2 *(s'égarer)* verward raken (in)

nu, nue *adj (complètement)* naakt, *(une partie déterminée)* bloot; mettre à ~ blootleggen; ~ comme la main, comme un ver spiernaakt; le ~ het naakt(schilderij); pieds ~s blootsvoets; *(fig.)* style ~ sobere stijl; tête ~e blootshoofds

nuage *nm* wolk *de;* être dans les ~s verstrooid zijn; ~ de lait wolkje melk; ~ de poussière stofwolk

nuageux, -euse *adj* bewolkt
nuance *nf* **1** *(d'une couleur)* (kleur)schakering *nf* **2** *(faible différence)* nuance *de;* **je ne saisis pas la ~** ik begrijp het verschil niet precies
nuancer *vt* nuanceren
nucléaire *adj (phys.)* kern-; **le ~** de kernenergie; **puissance ~** kernmogendheid; **sortie du nucléaire** kernuitstap
nudisme *nm* nudisme *het*
nudiste *adj* nudistisch; **le, la ~** de nudist(e)
nudité *nf* naaktheid *nf*
nue *nf*♦ **mettre, porter aux ~s** ophemelen; **tomber des ~s** perplex staan, uit de lucht vallen *(n.B.)*
nuée *nf (grand nombre)* zwerm *nm*
nuire (à) *vi* schaden; **ne pas ~** geen kwaad kunnen
nuisance *nf* hinder *nm*
nuisible *adj* schadelijk
nuit *nf* **1** *(soir)* nacht *nm;* **à la ~ tombante** bij het vallen van de avond, bij valavond *(n.B.);* **~ blanche** slapeloze nacht; **bonne ~ !** welterusten!; **cette ~** vannacht; **être de ~** nachtdienst hebben; **il fait ~** het is nacht, donker; **la ~** 's nachts; **payer deux ~s** twee overnachtingen betalen; **en pleine ~** midden in de nacht; **la ~ des temps** lang vervlogen tijden **2** *(obscurité)* duisternis *nf*
nuitée *nf* overnachting *nf*
[1]**nul, nulle** *adj* nul; **billet ~** ongeldig briefje; **déclarer, rendre ~** nietig verklaren, ongeldig maken; **~ et non avenu** van nul en gener waarde; **être ~ en mathématiques** zeer slecht zijn in wiskunde; **une personne ~le** een nul; **les risques sont ~s** de risico's zijn nihil
[2]**nul** *adj indéf* geen; **~ n'est censé ignorer la loi** iedereen wordt geacht de wet te kennen; **~ mieux que lui** niemand beter dan hij
nullement *adv* geenszins
nullité *nf* **1** *(d'une personne)* talentloosheid *nf* **2** *(personne nulle)* onbenul *nm* **3** *(jur.) (inefficacité d'un acte)* nietigheid *nf*
numéraire *nm* gemunt geld *het;* **payer en ~** met contant geld betalen
numéral, -ale *adj* getal-; **les (adjectifs) numéraux** de telwoorden
numérique *adj* numeriek
numéro *nm* **1** *(nombre attribué à une chose)* (rang)nummer *het;* **~ de téléphone** telefoonnummer; **tirer le bon ~** geluk hebben; **composer un ~** een (telefoon)nummer draaien; **~ minéralogique** autonummer; **le ~ un chinois** de Chinese leider; **~ d'urgence** alarmnummer; *(com.)* **~ vert** gratis telefoonnummer, *(Belg.)* groen nummer **2** *(d'un magazine, d'un journal)* nummer *het* **3** *(spectacle)* optreden *het* **4** *(phénomène)* nummer *het (m), het (f);* **c'est un drôle de ~** hij is een rare snuiter
numérotage *nm* nummering *nf*
numéroter *vt* nummeren
nuptial, -ale *adj* huwelijks-, bruilofts-
nuque *nf* (achterkant *nm* van de) nek *nm*
nurse *nf* kinderverzorgster *nf*
nutritif, -ive *adj* **1** *(nourrissant)* voedzaam **2** *(relatif à la nutrition)* voedings-
nutrition *nf* voeding *nf*
nylon® *nm* nylon *het/de*
nymphe *nf* nimf *nf*
nymphéa *nm* waterlelie *de*
nymphomane *adj* manziek, nymfomaan; **la ~** de nymfomane

O

o *nm* o *de;* **O comme Oscar** de o van Otto
oasis *nf* oase *nf (aussi au fig.)*
obéir (à) *vi* gehoorzamen (aan); **se faire ~** gehoorzaamheid afdwingen
obéissance *nf* gehoorzaamheid *nf*
obéissant, -ante *adj* gehoorzaam
obélisque *nm* obelisk *nm*
obèse *adj* zwaar(lijvig)
obésité *nf* zwaarlijvigheid *nf*
objecter (à) *vt* **1** *(avancer un argument)* tegenwerpen; **~ la fatigue pour** vermoeidheid als excuus gebruiken om **2** *(reprocher)* verwijten
objecteur *nm* ♦ **~ de conscience** (principiële) dienstweigeraar
[1]**objectif** *nm* **1** *(but)* doel(wit) *het* **2** *(phot., phys.)* lens *de*
[2]**objectif, -ive** *adj* objectief
objection (à) *nf* bezwaar (tegen) *het*
objectivité *nf* objectiviteit *nf*
objet *nm* **1** *(chose)* voorwerp *het;* **~s d'art** kunstvoorwerpen; **~s trouvés** gevonden voorwerpen; **~ volant non identifié, ovni** ufo **2** *(objectif)* doel *het;* **sans ~** doelloos **3** *(sujet)* onderwerp *het;* **l'~ de la discussion** het onderwerp van de discussie; **être, faire l'~ de** het voorwerp zijn van **4** *(ling.)* voorwerp *het*
obligation *nf* **1** *(devoir)* verplichting *nf;* **être dans l'~ de** verplicht zijn om **2** *(fin.)* obligatie *nf* **3** *(dette)* schuld(bekentenis) *de (nf)*
obligatoire *adj* **1** verplicht; **arrêt ~** vaste halte; **instruction ~** leerplicht **2** *(inévitable)* onvermijdelijk
obligé, -ée *adj* **1** *(nécessaire)* noodzakelijk; **c'était ~** het moest zo zijn **2** *(reconnaissant)* erkentelijk; **je vous serais fort ~ de vouloir me recevoir** ik zou u zeer dankbaar zijn, als u me zou willen ontvangen
obligeance *nf* welwillendheid *nf;* **veuillez avoir l'~ de** wilt u zo goed zijn om
obliger *vt* **1** *(contraindre à)* verplichten (tot); **~ qqn à faire qqch** iemand dwingen iets te doen; **je suis obligé de partir** ik moet weg **2** *(rendre service)* van dienst zijn
oblique *adj* schuin
oblitérer *vt* (af)stempelen
obnubiler *vt* obsederen
obscène *adj* obsceen
obscénité *nf* **1** *(indécence)* obsceniteit *nf* **2** *(parole obscène)* vies woord *het*
obscur, -ure *adj* **1** *(sombre)* donker **2** *(confus)* onduidelijk **3** *(inconnu, humble)* onbekend
obscurcir *vt* **1** *(assombrir)* verduisteren **2** *(compliquer)* verwarren; **s'obscurcir** *vpr* donker worden
obscurité *nf* **1** *(noir)* donker *het/de (m)* **2** *(confusion)* onduidelijkheid *nf*
obsédé, -ée *n* maniak *nm;* **~ sexuel** seksmaniak
obséder *vt* obsederen
obsèques *nf* uitvaart *de (uniquement sing.)*
observateur, -trice *adj* opmerkzaam; **l'observateur, l'observatrice** de waarnemer
observation *nf* **1** *(examen)* waarneming *nf;* **mettre qqn en ~** iemand ter observatie opnemen; **esprit d'~** opmerkzame geest **2** *(réflexion)* opmerking *nf* **3** *(d'une règle)* naleving *nf*
observatoire *nm* **1** *(sc.)* observatorium *het* **2** *(fig.)* observatiepost *nm*
observer *vt* **1** *(examiner, épier)* gadeslaan **2** *(sc.)* observeren **3** *(remarquer)* opmerken; **faire ~ qqch** iets opmerken **4** *(obéir à)* in acht nemen; **faire ~ la loi** de wet doen naleven
obsession *nf* obsessie *nf*
obsessionnel, -elle *adj* dwangmatig
obstacle *nm* **1** *(+ à) (difficulté)* obstakel (voor) *het;* **faire ~ à qqch** iets in de weg staan **2** *(sports)* hindernis *nf*
obstination *nf* **1** *(ténacité)* vasthoudendheid *nf* **2** *(entêtement)* koppigheid *nf*
obstiné, -ée *adj* **1** *(d'une personne)* koppig **2** *(d'une chose)* hardnekkig
s'obstiner *vpr* (hardnekkig) volhouden; **s'~ à faire qqch** iets per se willen doen; **~ dans son opinion** bij zijn mening blijven
obtenir *vt (+ de)* (ver)krijgen (van); **~ que** gedaan krijgen dat; **s'obtenir** *vpr* **1** *(+ de) (concr.)* verkregen worden (van) **2** *(abstr.)* bereikt worden
obus *nm* granaat *de, (Belg.)* obus *nm*
occasion *nf* **1** *(aubaine, circonstance)* (gunstige) gelegenheid *nf;* **à l'~** bij gelegenheid; **à l'~ de** ter gelegenheid van; **avoir l'~ de** de gelegenheid hebben om; **sauter sur l'~** de gelegenheid met beide handen aangrijpen **2** *(raison)* aanleiding *nf* **3** *(affaire)* koopje *het;* **d'~** tweedehands
occasionnel, -elle *adj* toevallig; **travail ~** los werk
occasionner *vt* teweegbrengen
occident *nm* westen *het*
occidental, -ale *adj* **1** *(à l'ouest)* weste-

lijk 2 *(relatif à l'Occident)* westers; **l'occidental(e)** de westerling(e)

occulte *adj* occult

occupant, -ante *adj* bezettend, bezettings- ♦ **l'occupant(e)** de bewoner, bewoonster; *(milit.)* de bezet(s)ter

occupation *nf* 1 *(activité)* bezigheid *nf* 2 *(milit.)* bezetting *nf*

occupé, -ée *adj* 1 *(+ à)* bezig (met); **une personne fort ~e** een druk bezet iemand 2 *(milit.)* bezet; **appartement ~** bewoonde flat; **ligne ~e** (lijn) in gesprek; **poste ~** beklede functie

occuper *vt* 1 *(milit.)* bezetten 2 *(+ à) (employer)* bezighouden (met) 3 *(une fonction)* bekleden 4 *(habiter)* bewonen; **s'occuper (de)** *vpr* zich bezighouden (met); **on s'occupe de vous ?** wordt u al geholpen?

occurrence *nf* ♦ **en l'~** in het onderhavige geval

océan *nm* oceaan *nm (aussi au fig.)*; **l'Océan (Atlantique)** de Atlantische Oceaan

ocre *nf* oker *het*

octante *adj numér* tachtig

octave *nf* octaaf *het/de*

octobre *nm* oktober *nm;* **en ~** in oktober

octogénaire *adj* tachtigjarig

s'octroyer *vpr* zich veroorloven

oculaire *adj* oog-

oculiste *n* oogarts *nm*

odeur *nf* geur *nm;* **~ de brûlé** brandlucht; **avoir une mauvaise ~** vies ruiken

odieux, -euse *adj* 1 *(ignoble)* afschuwelijk 2 *(très désagréable)* onuitstaanbaar

odorant, -ante *adj* ruikend

odorat *nm* reuk(zin) *nm*

œil *nm* 1 *(organe de la vue)* oog *het;* **baisser les yeux** de ogen neerslaan; **~ au beurre noir** blauw oog; **aux yeux bleus** met blauwe ogen; **crever les yeux à qqn** iemand de ogen uitsteken; **ne pas en croire ses yeux** zijn ogen niet (kunnen) geloven; **de ses (propres) yeux** met eigen ogen; **ne dormir que d'un ~** licht slapen; **faire les yeux doux à qqn** iemand lief, verliefd aankijken; **ne pas fermer l'~** geen oog dichtdoen; **faire qqch les yeux fermés** iets blindelings doen; **faire les gros yeux à qqn** iemand bestraffend aankijken; **à l'~ nu** met het blote oog; **pour les beaux yeux de qqn** om iemands mooie ogen; *(prov)* **~ pour ~, dent pour dent** oog om oog, tand om tand; **~ de verre** kunstoog 2 *(généralement plur.) (regard)* blik *nm;* **fermer les yeux sur qqch** de ogen voor iets sluiten; **ouvrir les yeux de qqn (sur qqch)** iemand de ogen (voor iets) openen; **ne pas quitter des yeux qqn, qqch** de ogen niet van iemand, iets kunnen afwenden; **sauter aux yeux** in het oog springen; **avoir qqch sous les yeux** iets voor zich hebben (liggen); **suivre qqn des yeux** iemand nakijken 3 *(attention)* oog *het;* **avoir l'~ à tout** op alles letten; **n'avoir d'yeux que pour** alleen oog hebben voor; **n'avoir pas les yeux dans sa poche** zijn ogen niet in z'n zak hebben (zitten); **ça crève les yeux** dat is zo klaar als een klontje; **taper dans l'~ à qqn** iemand bevallen; **ouvrir l'~ (et le bon)** zijn ogen goed open houden; **tenir qqn à l'~** iemand in 't oog houden 4 *(jugement)* oog *het;* **à mes yeux** in mijn ogen; **regarder qqn d'un bon, d'un mauvais ~** iemand gunstig, niet gunstig gezind zijn; **d'un ~ critique** kritisch ♦ **n'avoir plus que les yeux pour pleurer** alles verloren hebben; **coûter les yeux de la tête** peperduur zijn, stukken van mensen kosten; **faire de l'~ à qqn** iemand toelonken; **mon ~ !** je tante!; **tourner de l'~** flauwvallen

œillère *nf* oogklep *de*

œillet *nm* 1 *(bot.)* anjer *de* 2 *(trou)* rijggat *het*

œsophage *nm* slokdarm *nm*

œuf *nm* ei *het;* **battre des ~s** eieren klutsen; **battre des blancs d'~s en neige** eiwit stijfkloppen; **blanc d'~** eiwit; **~ brouillé** roerei; **~ à la coque** zachtgekookt ei; **~ dur** hardgekookt ei; **en forme d'~** eivormig; **jaune d'~** dooier, eigeel; *(prov)* **mettre tous ses ~s dans le même panier** alles op één kaart zetten; **~ sur le plat** spiegelei

[1]**œuvre** *nm* 1 *(d'un artiste)* (verzamelde) werken *plur* 2 *(archit.)* bouwwerk *het;* **gros ~** ruwbouw; **être à pied d'~** op het werk zijn; *(fig.)* startklaar zijn

[2]**œuvre** *nf* 1 *(travail)* werk *het;* **mettre en ~** aanwenden; **mettre tout en ~ pour** alles in het werk stellen om 2 *(ouvrage)* werk(stuk) *het (aussi arts; litt.; mus.);* **~ d'art** kunstwerk; **les ~s complètes** het volledige werk 3 *(souvent plur.) (action)* goed doel *het (uniquement sing.)*

offensant, -ante *adj* beledigend

offense *nf* 1 *(affront)* belediging *nf* 2 *(relig.)* zonde *de*

offenser *vt* 1 *(froisser)* beledigen 2 *(braver)* een belediging zijn voor; **s'offenser (de)** *vpr* beledigd zijn (over)

offensif, -ive *adj* aanvallend

offensive *nf* aanval *nm (aussi au fig.);* **passer à l'~** tot de aanval overgaan

office *nm* 1 *(relig.)* (kerk)dienst *nm;* **~ des morts** requiemmis 2 *(charge)* ambt *het;* **d'~** ambtshalve; **avocat d'~** toegewezen advocaat; **faire ~ de** dienstdoen als 3 *(bureau)* bureau *het;* **~ de tourisme** VVV-kantoor ♦ **offrir ses bons ~s** zijn goede diensten aanbieden

officialiser *vt* officieel maken, *(Belg.)* officialiseren

officiel, -elle *adj* officieel; **de source ~le** uit officiële bron; **visite ~le** staatsbezoek

officier *nm* officier *nm;* **~ supérieur** hoofdofficier ♦ **~ ministériel, public** ministerieel ambtenaar; **~ de police judiciaire** opsporingsambtenaar

officieux, -euse *adj* officieus

offrande *nf* 1 *(relig.)* offer *het* 2 *(don)* geschenk *het*

offrant *nm* biedende *nm;* **au plus ~** aan de hoogstbiedende
offre *nf* **1** *(proposition)* aanbod *het; (rubrique de journal)* **~s d'emploi** vacatures **2** *(écon.)* (markt)aanbod *het;* **l'~ et la demande** vraag en aanbod **3** *(jur.)* bod *het;* **~ publique d'achat, OPA** overnamebod
offrir *vt* **1** *(proposer)* aanbieden, geven *(un cadeau);* **~ qqch à qqn** iemand iets aanbieden **2** *(montrer)* vertonen; **s'offrir** *vpr* **1** *(se proposer)* zich aanbieden **2** *(se présenter)* zich vertonen ♦ **s'~ qqch** zich iets veroorloven, iets kopen
ogre, ogresse *n (dans les contes)* reus, reuzin *nm, nf* (die mensen eet)
oh! *interj* o!, ach!; **~ là (là) !** o jee!
oie *nf* **1** gans *de* **2** *(femelle)* wijfjesgans *nf*
oignon *nm* **1** *(légume)* ui *nm;* **c'est pas tes ~s** dat gaat je geen barst aan **2** *(partie d'une plante)* (bloem)bol *nm;* **~ de tulipe** tulpenbol **3** *(méd.)* eeltknobbel *nm*
oiseau *nm* vogel *nm (aussi au fig.);* **un drôle d'~** een rare snuiter; **~x de proie** roofvogels
oisif, -ive *adj* nietsdoend
oisiveté *nf* ledigheid *nf*
oléoduc *nm* oliepijpleiding *nf*
olive *nf* olijf *de*
olivier *nm* **1** *(arbre)* olijf(boom) *nm* **2** *(bois)* olijvenhout *het*
olympique *adj* olympisch
Oman *nm* Oman *n (sans art.)*
omanais, -aise *adj* Omanitisch; **l'Omanais(e)** de Omaniet, Omanitische
ombrage *nm* lommer *het* ♦ **prendre ~ de qqch** zich door iets gekrenkt voelen
ombragé, -ée *adj* schaduwrijk
ombrageux, -euse *adj* **1** *(d'une personne, d'un caractère)* lichtgeraakt **2** *(d'un animal)* schichtig
ombre *nf* **1** *(zone sombre)* schaduw *de;* **à l'~** in de schaduw; **~ à paupières** oogschaduw; **mettre qqn à l'~** iemand in de nor stoppen **2** *(obscurité)* duisternis *nf;* **rester dans l'~** op de achtergrond blijven **3** *(image)* schaduw *de,* schim *de;* **suivre qqn comme son ~** iemand volgen als zijn schaduw; **théâtre d'~s** schimmenspel ♦ **pas l'~ d'une chance** geen schijn van kans; **pas l'~ d'un doute** niet de geringste twijfel
ombrelle *nf* parasolletje *het*
omelette *nf* omelet *de*
omettre *vt* weglaten, vergeten; **~ de faire qqch** verzuimen iets te doen
omission *nf* **1** *(fait d'omettre)* (het) weglaten, (het) vergeten **2** *(dans un texte)* hiaat *het/de (m)* **3** *(jur.)* verzuim *het;* **mensonge par ~** bewust verzwijgen
omnibus *nm (train)* stoptrein *nm*
omnipotence *nf* almacht *de*
omnipotent, -ente *adj* almachtig
omniprésence *nf* alomtegenwoordigheid *nf*
omniprésent, -ente *adj* alomtegenwoordig
omniscience *nf* alwetendheid *nf*
omniscient, -ente *adj* alwetend
omoplate *nf* schouderblad *het*
on, l'on *pron indéf* **1** *(les gens, l'opinion)* men, je; **~ ne sait jamais** je kunt nooit weten; **quand ~ veut, ~ peut** wie (werkelijk) wil, kan (ook) **2** *(nous)* wij; **~ s'en va** we gaan ♦ **~ a frappé à la porte** er is geklopt; **~ vous demande au téléphone** er is telefoon voor u
oncle *nm* oom *nm;* **~ d'Amérique** suikeroom
onctueux, -euse *adj* smeuïg
onde *nf* **1** *(sc.; aussi au fig.) (vague)* golf *de;* **~ de choc** schokgolf **2** *(eau)* water *het* **3** *(plur.) (radiodiffusion)* ether *nm;* **les grandes ~s** de lange golf; **les petites ~s** de middengolf; **sur les ~s** over de radio
ondée *nf* (regen)bui *de*
on-dit *nm* gerucht *het*
ondulation *nf* (het) golven, golvende beweging *nf*
ondulé, -ée *adj* golvend
[1]**onduler** *vi* **1** golven **2** *(d'un chemin, d'un ruisseau)* slingeren
[2]**onduler** *vt (rendre ondulé)* (doen) krullen
onéreux, -euse *adj* kostbaar
ongle *nm* **1** nagel *nm;* **se faire les ~s** zijn nagels (knippen en) verzorgen; **se ronger les ~s** nagelbijten **2** *(d'un carnassier, d'un rapace)* klauw *de*
onze *adj numér* elf(de); **il est ~ heures** het is elf uur; *(sports)* **le ~** het elftal; **Louis ~** Lodewijk de Elfde; **le ~ novembre** (op) elf november
onzième *adj numér* elfde
opale *nf* opaal(steen) *het (nm)*
opaque *adj* **1** ondoorschijnend **2** *(impénétrable)* ondoordringbaar
opéra *nm* opera *nm*
opérateur, -trice *n* **1** bedien(st)er *nm (nf),* operateur *nm* **2** *(com.)* operator *nm,* aanbieder *nm*
opération *nf* **1** werking *nf* **2** *(affaire, spéculation)* handeling *nf;* **~s de Bourse** beursoperaties; **~ commerciale** transactie **3** *(campagne)* actie *nf* **4** *(méd.)* operatie *nf;* **subir une ~** geopereerd worden **5** *(math.)* berekening *nf*
opérationnel, -elle *adj* **1** operationeel **2** *(qui peut être mis en service)* bedrijfsklaar
opératoire *adj* operatie-
[1]**opérer** *vi* **1** *(faire effet)* werken **2** *(intervenir)* te werk gaan
[2]**opérer** *vt* **1** *(accomplir)* verrichten **2** *(+ de) (méd.)* opereren (aan); **se faire ~ du nez** zich aan zijn neus laten opereren; **s'opérer** *vpr (s'accomplir)* tot stand komen
ophtalmologiste, ophtalmologue *n* oogspecialist(e) *nm (nf)*
opiner *vi* zijn mening te kennen geven; **~ de la tête** (stil)zwijgend toestemmen
opiniâtre *adj* hardnekkig
opinion *nf* **1** *(avis)* mening *nf;* **avoir bon-**

ne ~ de een goede dunk hebben van; se faire une ~ zich een mening vormen; ~s toutes faites vooroordelen 2 *(opinion publique)* publieke opinie *nf;* alerter l'~ de publieke opinie wakker schudden
opium *nm* opium *het/de (m)*
opportun, -une *adj* geschikt; en temps ~ te gelegener tijd
opportunisme *nm* opportunisme *het*
opportuniste *n* opportunist(e) *nm (nf)*
opportunité *nf* geschiktheid *nf*
opposant, -ante (à) *n* tegenstand(st)er (van) *nm (nf)*
opposé, -ée (à) *adj* 1 *(dans l'espace)* tegenoverliggend (ten opzichte van); à l'~ aan de andere kant 2 *(contraire)* tegengesteld (aan); être diamétralement ~ lijnrecht tegenover elkaar staan; être tout l'~ de qqn hemelsbreed van iemand verschillen; l'opposé het tegenovergestelde
opposer (à) *vt* 1 *(mettre face à face)* tegenoverstellen (ten opzichte van); match qui oppose deux équipes wedstrijd waarin twee teams tegen elkaar uitkomen; ~ de la résistance niet meegeven 2 *(dresser contre)* opzetten (tegen) 3 *(alléguer)* tegenwerpen; s'opposer (à) *vpr* 1 *(braver)* zich verzetten (tegen); s'~ à ce que zich er tegen verzetten dat; s'~ à qqn tegen iemand ingaan 2 *(entraver)* een belemmering vormen (voor) 3 *(être contraire à)* het tegenovergestelde zijn (van)
opposition *nf* 1 *(désaccord)* weerstand *nm;* faire ~ à bezwaar maken tegen; rencontrer de l'~ op weerstand stuiten 2 *(contraste)* tegenstelling *nf;* par ~ à in tegenstelling met 3 *(jur.)* (het) (aantekenen van) beroep 4 *(pol.)* oppositie(partij) *nf* ♦ faire ~ à un chèque een cheque blokkeren
oppresser *vt* benauwen
oppresseur *nm* onderdrukker *nm*
oppressif, -ive *adj* (onder)drukkend; mesures oppressives onderdrukkingsmaatregelen
oppression *nf* 1 onderdrukking *nf* 2 *(suffocation)* benauwdheid *nf*
opprimer *vt* onderdrukken
opter (pour) *vi* kiezen (voor)
opticien, -ienne *n* opticien(ne) *nm (nf)*
optimal, -ale *adj* optimaal
optimisme *nm* optimisme *het*
optimiste *adj* optimistisch; l'optimiste de optimist(e)
optimum *nm* (het) optimale
option *nf* 1 *(choix)* keus *de* 2 *(promesse de vente)* optie *nf*
optionnel, -elle *adj* keuze-
[1]**optique** *nf* 1 *(science; industrie)* optica *nf* 2 *(point de vue)* gezichtspunt *het* 3 *(d'une caméra, d'un microscope)* optiek *nf*
[2]**optique** *adj* 1 *(relatif à l'œil, la vision)* gezichts-; nerf ~ gezichtszenuw 2 *(relatif à la science optique)* optisch
opulence *nf* 1 *(abondance)* weelde *de* 2 *(des formes)* weelderigheid *nf*
opulent, -ente *adj* 1 *(prospère)* welvarend 2 *(fort)* weelderig
[1]**or** *nm* goud *het;* ~ en barre goudstaaf; couvrir d'~ met geld overladen; d'~, en ~ gouden, van goud; l'~ noir het zwarte goud; pièces d'~ goudstukken; en plaqué ~ doublé; rouler sur l'~ schatrijk zijn; pour tout l'~ du monde voor geen goud
[2]**or** *conj* 1 *(transition)* welnu *(interj.)* 2 *(opposition)* echter *(jamais en tête de proposition)*
oracle *nm* orakel *het*
orage *nm* 1 *(tempête)* onweer *het;* le temps est à l'~ er is onweer op komst 2 *(dispute)* storm *nm;* sentir venir l'~ de bui al zien hangen; il y a de l'~ dans l'air er is onweer aan de lucht
orageux, -euse *adj* 1 *(météo.)* onweerachtig; chaleur orageuse drukkende warmte 2 *(tumultueux)* stormachtig; discussion orageuse stormachtige discussie
oral, orale *adj* 1 *(verbal)* mondeling; examen ~ mondeling examen; l'oral het mondeling (examen) 2 *(buccal)* oraal, mond-
orange *nf* 1 *(fruit)* sinaasappel *nm* 2 *(couleur)* oranje *het;* des rubans ~ oranje(kleurige) lintjes
orangeade *nf* sinaasappel(limonade) *nm (de)*
oranger *nm* sinaasappelboom *nm*
orang-outan(g) *nm* orang-oetang *nm*
orateur, -trice *n* spreker, spreekster *nm, nf*
[1]**oratoire** *nm* huiskapel *de*
[2]**oratoire** *adj* redekunstig
orbital, -ale *adj* orbitaal; station ~e ruimtestation in een baan rond de aarde
orbite *nf* 1 *(biol.)* oogkas *de* 2 *(astronaut.)* (loop)baan *de;* mettre en ~, placer sur ~ in een baan brengen; *(fig.)* lanceren 3 *(sphère d'influence)* (invloeds)sfeer *de*
orchestre *nm* 1 *(musiciens)* orkest *het* 2 *(places assises)* stalles *plur*
orchestrer *vt* 1 *(mus.)* orkestreren 2 *(organiser)* organiseren
orchidée *nf* orchidee *de*
[1]**ordinaire** *nm* 1 *(habitude)* (het) gewone; d'~ gewoonlijk; sortir de l'~ bijzonder zijn 2 *(essence ordinaire)* normale benzine *de* 3 *(alimentation)* dagelijkse kost *nm*
[2]**ordinaire** *adj (habituel)* gewoon; avec sa gaieté ~ met de hem, haar eigen vrolijkheid; ça alors, c'est pas ~ ! dat is raar!
ordinal, -ale *adj* rang-; le (nombre) ~ het rangtelwoord
ordinateur *nm* computer *nm;* ~ individuel, personnel personal computer, pc; assisté par ~ computerondersteund
ordonnance *nf* 1 *(jur.)* beschikking *nf* 2 *(méd.)* (dokters)recept *het;* délivré seulement sur ~ alleen op recept verkrijgbaar 3 *(agencement)* ordening *nf*
ordonné, -ée *adj* 1 *(en bon ordre)* geor-

dend; **discours ~** heldere speech **2** *(qui a de l'ordre)* ordelijk

ordonner *vt* **1** *(arranger)* ordenen **2** *(commander)* bevel geven tot; **~ à qqn de se taire** iemand zeggen dat hij stil moet zijn; **~ que** bevelen dat **3** *(consacrer)* wijden; **~ qqn prêtre** iemand tot priester wijden

ordre *nm* **1** *(agencement; disposition; méthode; norme)* orde *de;* **avoir de l'~** ordelijk zijn; **mettre de l'~ dans** opruimen, ordenen; **dans l'~ chronologique** chronologisch; **manquer d'~** slordig zijn; **mettre de l'~** orde scheppen; **par ~ alphabétique** alfabetisch gerangschikt **2** *(absence d'anarchie)* openbare orde *de;* **l'~ établi** de gevestigde orde; **rappeler qqn à l'~** iemand tot de orde roepen; **rentrer dans l'~** weer normaal worden **3** *(corporation)* orde *de;* **entrer dans les ~s** intreden **4** *(catégorie)* categorie *nf;* **dans cet ~ d'idées** in verband hiermee; **c'est dans l'~ des choses** dat is de normale gang van zaken; **de l'~ de** *(+ un chiffre)* rondom en nabij de; **de dernier ~** erbarmelijk slecht; **de premier ~** eersteklas- **5** *(commandement)* bevel *het;* **à vos ~s !** tot uw orders!; **je n'ai pas d'~ à recevoir** ik kan mijn eigen boontjes wel doppen; **être aux ~s de** ter beschikking staan van; **donner l'~ de** het bevel geven om te; **jusqu'à nouvel ~** tot nader order; **par ~ de, sur l'~ de** in opdracht van **6** *(commande)* order *de;* **~ d'achat** kooporder ♦ **à l'~ du jour** actueel; **l'~ du jour** de (vergader)agenda

ordure *nf* **1** *(immondice, détritus)* vuil *het (sing.), (plur.)* vuilnis *het/de (f);* **jeter, mettre aux ~s** weggooien; **~s ménagères** huisvuil **2** *(obscénité)* vies woord *het* **3** *(salaud)* gore smeerlap *nm*

ordurier, -ière *adj* vuil, smerig

orée *nf* zoom *nm*

oreille *nf* oor *het;* **casser les ~s** te veel lawaai maken; **ne pas en croire ses ~s** zijn oren niet kunnen geloven; **dire qqch à l'~ de qqn** iemand iets in het oor fluisteren; **dresser, tendre l'~** zijn oren spitsen; **être dur d'~, avoir l'~ dure** hardhorend zijn; **ce n'est pas tombé dans l'~ d'un sourd** dat is niet voor dovemansoren gezegd; **avoir l'~ fine** een scherp gehoor hebben; **prêter l'~ (à)** luisteren; **faire la sourde ~** zich Oost-Indisch doof houden; **dormir sur ses deux ~s** slapen als een roos; *(fig.)* ergens volkomen gerust op zijn; **se faire tirer l'~** zich laten bidden en smeken

oreiller *nm* hoofdkussen *het*

oreillette *nf* oordopje *het,* oortje *het*

oreillons *nm* bof *nm (sing.)*

ores ♦ **d'~ et déjà** van nu af aan

orfèvre *nm* edelsmid *nm;* **être ~ en la matière** ter zake kundig zijn

orfèvrerie *nf* **1** *(métier, art)* edelsmeedkunst *nf* **2** *(objets en or)* goudsmidswerk *het*

organe *nm* **1** orgaan *het;* **~s des sens** zintuigen **2** *(institution)* instelling *nf* **3** *(plur.) (sexe)* genitaliën *plur*

organigramme *nm* **1** *(tableau schématique)* organisatieschema *het* **2** *(inform.)* blokschema *het*

organique *adj* **1** *(propre aux organ(ism)es)* organisch **2** *(congénital)* aangeboren **3** *(propre à l'organisation)* organiek

organisateur, -trice *n* organisa|tor, -trice *nm, nf*

organisation *nf* organisatie *nf;* **Organisation de Coopération et de Développement économique, OCDE** Organisatie voor Economische Samenwerking en Ontwikkeling, OESO; *(inform.)* **~ des données** gegevensbeheer; **Organisation Non Gouvernementale, ONG** niet-gouvernementele organisatie, ngo; **~ des loisirs** recreatiebeleid; **Organisation Mondiale de la Santé, OMS** Wereldgezondheidsorganisatie, WHO; **Organisation des Nations Unies, ONU** Verenigde Naties, VN; **~ syndicale** vakorganisatie; **Organisation du Traité de l'Atlantique Nord, OTAN** Noord-Atlantische Verdragsorganisatie, NAVO

organisé, -ée *adj* **1** *(disposé, agencé)* georganiseerd; **voyage ~** groepsreis **2** *(méthodique)* methodisch; **une personne bien ~e** iemand die alles goed voor elkaar heeft

organiser *vt* **1** *(agencer)* ordenen; **~ son temps** zijn tijd goed indelen **2** *(préparer)* organiseren; **~ une rencontre** een ontmoeting tot stand brengen; **s'organiser** *vpr* **1** *(organiser ses activités)* plannen; **il sait s'~** hij weet hoe hij het aan moet pakken **2** *(être fait)* geregeld worden, in orde komen

organisme *nm* **1** *(corps)* organisme *het* **2** *(organisation)* instelling *nf*

orgasme *nm* orgasme *het*

orge *nf* gerst *de*

orgie *nf* **1** orgie *nf* **2** *(+ de) (excès)* orgie (van) *nf,* overdaad (van) *de*

orgue *nm* orgel *het;* **~ de Barbarie** draaiorgel

orgueil *nm* **1** *(fierté)* trots *nm;* **par ~** uit trots; **tirer ~ de qqch** trots op iets zijn **2** *(présomption)* hoogmoed *nm*

orgueilleux, -euse *adj* **1** *(+ de) (fier)* trots (op) **2** *(péj.) (présomptueux)* hoogmoedig

Orient *nm* Oosten *het*

orientable *adj* verstelbaar

oriental, -ale *adj* **1** *(situé à l'est)* oostelijk **2** *(de l'Orient)* oosters; **l'Oriental(e)** de oosterling(e)

orientation *nf* **1** *(détermination des points cardinaux)* oriëntatie *nf;* **avoir le sens de l'~** een goed oriënteringsvermogen hebben **2** *(situation)* ligging *nf* **3** *(direction)* richting *nf* ♦ **~ professionnelle** beroepskeuzevoorlichting; **~ sexuelle** seksuele geaardheid

orienté, -ée *adj* **1** *(+ à) (par rapport aux*

points cardinaux) gelegen (op) **2** *(tendancieux)* tendentieus

orienter *vt* **1** oriënteren **2** *(+ vers) (diriger)* oriënteren (op); **~ les recherches** het onderzoek een bepaalde richting geven **3** *(indiquer la direction à)* oriënteren; **~ un élève** een leerling voorlichten bij studie- en beroepskeuze; **s'orienter** *vpr* **1** *(repérer sa position)* zich oriënteren **2** *(+ vers) (diriger son activité vers)* zich richten (op)

orifice *nm* opening *nf*

origan *nm* (wilde) marjolein *de*

originaire *adj* **1** *(+ de) (natif)* afkomstig (van, uit) **2** *(à l'origine d'une chose)* oorspronkelijk

original, -ale *adj* **1** origineel **2** *(primitif)* origineel; **copie ~e** kopie van het origineel; **l'original** het origineel **3** *(bizarre)* zonderling; **l'original** de zonderling

originalité *nf* originaliteit *nf*

origine *nf* oorsprong *nm;* **à l'~** oorspronkelijk; **avoir, prendre son ~ dans qqch** zijn oorsprong in iets vinden; **emballage d'~** oorspronkelijke verpakking; **être à l'~ de** de oorzaak zijn van

originel, -elle *adj* oorspronkelijk

orme *nm* **1** *(arbre)* iep(enboom) *nm* **2** *(bois)* iepenhout *het*

ornement *nm* **1** *(décoration)* versiering *nf* **2** *(motif)* ornament *het*

orner (de) *vt* (ver)sieren (met)

ornière *nf* **1** (wagen)spoor *het* **2** *(routine)* routine *nf;* **sortir de l'~** de sleur doorbreken; *(fig.)* uit de nesten raken

orphelin, -ine *n* wees *nm,* weeskind *het (m), het (f);* **être ~ de père** geen vader meer hebben

orphelinat *nm* weeshuis *het*

ORSEC *nf* hulporganisatie *nf;* **le plan ~** het departementale rampenplan

orteil *nm* teen *nm*

orthodoxe *adj* orthodox

orthogonal, -ale *adj* rechthoekig

orthographe *nf* spelling *nf*

orthographier *vt* spellen; **s'orthographier** *vpr* gespeld worden

orthopédique *adj* orthopedisch

orthopédiste *n* orthopeed *nm*

orthophoniste *n* logopedist(e) *nm (nf)*

ortie *nf* brandnetel *de;* **~ blanche** witte dovenetel

os *nm* **1** been *het,* bot *het;* **~ à moelle** mergpijp; **trempé jusqu'aux ~** doornat; **il ne fera pas de vieux ~** hij wordt niet oud **2** *(à ronger)* bout *nm;* **tomber sur un ~** op een onverwachte moeilijkheid stuiten

oscillation *nf* **1** *(balancement)* schommeling *nf* **2** *(fluctuation)* fluctuatie *nf* **3** *(phys.)* oscillatie *nf*

osciller *vi* **1** *(se balancer)* schommelen **2** *(hésiter)* weifelen **3** *(phys.)* oscilleren

osé, osée *adj* gewaagd

oseille *nf* **1** *(bot.)* zuring *de* **2** *(argent)* poen *het/de*

oser *vt* durven; **si j'ose dire** als ik dat zo mag zeggen; **il faut ~** je moet risico's durven nemen

osier *nm* **1** *(saule)* teenwilg *nm* **2** *(rameau)* teen *nm*

ossature *nf* **1** *(ensemble des os)* gebeente *het* **2** *(charpente)* frame *het*

ossements *nm* beenderen *plur*

osseux, -euse *adj* **1** been- **2** *(maigre)* knokig

ostensible *adj* ostentatief

ostentation *nf* (uiterlijk) vertoon *het;* **faire ~ de qqch** met iets te koop lopen; **par pure ~** alleen voor de show

ostracisme *nm* ostracisme *het*

otage *nm* gijzelaar *nm;* **prendre en ~** gijzelen; **prise d'~(s)** gijzeling

otarie *nf* oorrob *nm*

ôter *vt* **1** *(enlever)* wegnemen; **~ qqch à qqn** iets van iemand afpakken; **~ la vie à qqn** iemand van het leven beroven **2** *(vêtement)* uittrekken, uitdoen **3** *(+ de) (déduire)* aftrekken (van); **3 ôté de 5 égale 2** 5 min 3 is 2

otite *nf* oorontsteking *nf*

otorhinolaryngologiste, otorhino, ORL *n* keel-, neus- en oorarts *nm,* knoarts *nm*

ou *conj* of; **~ alors** of anders; **~ bien c'est lui ~ bien c'est moi** of hij of ik

où *pron rel, adv* waar; **d'~ vient que ?** hoe komt het dat?; **d'~ venaient-ils ?** waar kwamen ze vandaan?; **d'~ mon étonnement** vandaar mijn verbazing; **la maison d'~ il sort** het huis waaruit hij komt; **à l'époque ~ j'allais à l'école** in de tijd dat ik naar school ging; **par ~ commencer** waar te beginnen

ouais! *interj* jaja!

ouate *nf* watten *plur*

oubli *nm* **1** (het) vergeten **2** *(omission)* verzuim *het* **3** *(étourderie)* onoplettendheid *nf* **4** *(oubli général)* vergetelheid *nf*

oublier *vt* vergeten *(parfait + hebben: défaillance de la mémoire; + zijn: oubli de l'existence de);* **se faire ~** zorgen dat men niet meer opvalt; **s'oublier** *vpr* **1** *(ne pas penser à soi)* niet aan zichzelf denken **2** *(manquer aux égards dus à qqn)* zich laten gaan **3** *(être oublié)* vergeten worden

ouest *nm* westen *het;* **à l'~** *(emploi absolu)* in het westen; **à l'~ de** ten westen van; **la banlieue ~ de Paris** de westelijke voorsteden van Parijs; **la côte ~** de westkust

ouf! *interj* hèhè!

Ouganda *nm* Uganda *n (sans art.)*

ougandais, -aise *adj* Ugandees; **l'Ougandais(e)** de Ugandees, Ugandese

[1]oui *nm* ja(woord) *het;* **pour un ~ (ou) pour un non** om het minste of geringste

[2]oui *adv* **1** ja; **croire que ~** geloven van wel; **mais ~** ja natuurlijk; **si ~** zo ja **2** *(interrogation)* echt waar?

ouï-dire *nm* gerucht *het;* **apprendre qqch par ~** iets bij geruchte vernemen

ouïe *nf* **1** *(audition)* gehoor *het;* **être tout**

~een en al oor zijn **2** *(plur.) (d'un poisson)* kieuwen *plur*
ouille *interj* au!
ouragan *nm* orkaan *nm;* **arriver comme un ~** als een wervelwind binnenstuiven
ourler (de) *vt* omranden (met)
ourlet *nm* **1** *(repli d'étoffe)* zoom *nm* **2** *(bord)* rand *nm*
ours *nm* **1** beer *nm;* **~ blanc, polaire** ijsbeer; **~ brun** bruine beer; **~ en peluche** teddybeer **2** *(personne)* brombeer *nm*
ourse *nf* berin *nf* ♦ **la Grande Ourse, la Petite Ourse** de Grote, de Kleine Beer
oursin *nm* zee-egel *nm*
ourson *nm* berenjong *het*
oust!, ouste! *interj* vort!
outil *nm* werktuig *het (aussi au fig.), (plur.)* gereedschap *het*
outillage *nm* uitrusting *nf*
outillé *adj* uitgerust (voor); **bien, mal ~** goed, slecht toegerust *(aussi au fig.)*
outrage (à) *nm* grove belediging (van) *nf;* **~ aux bonnes mœurs, à la pudeur** zedenmisdrijf
outrager *vt* **1** *(offenser)* ernstig beledigen **2** *(contrevenir à)* kwetsen
outrance *nf* overdrijving *nf;* **à ~** tot het uiterste
outre *prép* behalve; **en ~** bovendien; **~ mesure** bovenmatig, uitermate ♦ **passer ~** doorgaan; *(fig.)* over het hoofd zien
outré, -ée *adj* **1** *(exagéré)* overdreven **2** *(+ de, par) (scandalisé)* verontwaardigd (over)
outre-Manche *adv* aan de overzijde van het Kanaal, in Groot-Brittannië
outre-mer *adj* ♦ **départements d'~** overzeese gebiedsdelen
outrepasser *vt* te buiten gaan
outrer *vt* **1** *(exagérer)* overdrijven **2** *(scandaliser)* verontwaardigen
outre-Rhin *adv* aan de andere kant van de Rijn, in Duitsland
ouvert, -erte (à) *adj* open (voor); **grand ~** wijd open
ouverture *nf* **1** opening *nf;* **l'~ d'un compte en banque** het openen van een bankrekening **2** *(d'esprit)* openheid *nf* **3** *(mus.)* ouverture *nf*
ouvrable *adj* ♦ **jour ~** werkdag
ouvrage *nm* **1** *(travail)* werk *het;* **~s de dames** (dames)handwerken **2** *(écrit)* werk *het (sing. et plur.);* **~ de référence** naslagwerk
ouvrant, -ante *adj* ♦ **toit ~** schuifdak
ouvre-boîte *nm* blikopener *nm*
ouvre-bouteille *nm* flesopener *nm*
[1]**ouvrier, -ière** *n* arbeid(st)er *nm (nf);* **~ du bâtiment** bouwvakker; **~ qualifié** geschoold arbeider; **~ spécialisé, OS** geoefend arbeider
[2]**ouvrier, -ière** *adj* arbeiders-; **classe ouvrière** werkende klasse
[1]**ouvrir** *vi* **1** *(être ouvert)* opengaan **2** *(+ sur) (donner accès)* toegang geven (tot) **3** *(commencer)* beginnen
[2]**ouvrir** *vt* **1** *(+ à) (ne pas fermer)* openen (voor); **~ l'appétit à qqn** iemands eetlust opwekken; **~ le gaz** het gas aandoen; **~ l'œil** opletten; **~ un passage à qqn** een weg voor iemand banen; **~ la porte à** de deur openzetten voor; **~ un robinet** een kraan opendraaien; **~ les yeux à qqn** iemand de ogen openen **2** *(commencer)* openen; **~ un dossier** een dossier aanleggen; **s'ouvrir** *vpr* **1** opengaan; **il s'est ouvert à son amie** hij heeft zijn hart bij zijn vriendin uitgestort; **la foule s'ouvre sur son passage** de menigte wijkt voor hem uiteen **2** *(+ sur) (donner sur)* toegang geven (tot) *(donner accès),* uitzien (op) **3** *(+ à) (devenir accessible à)* ontvankelijk zijn (voor) **4** *(+ par) (commencer)* beginnen ♦ **s'~ le crâne en tombant** een gat in zijn hoofd vallen; **s'~ les veines** z'n polsen opensnijden
ouzbek *adj* Oezbeeks; **l'Ouzbek** de Oezbeek(se)
Ouzbékistan *nm* Oezbekistan *n (sans art.)*
ovaire *nm* eierstok *nm*
ovale *adj* ovaal; **l'ovale** het ovaal
ovation *nf* ovatie *nf*
overdose *nf* overdosis *nf*
ovni *nm* ufo *nm*
ovulation *nf* eisprong *nm*
ovule *nm* **1** *(biol.)* (rijpe) eicel *de* **2** *(pharm.)* (vaginale) zetpil *de*
oxydation *nf* oxidatie *nf,* (het) oxideren
oxyde *nm* oxide *het;* **~ de carbone** kool(stof)monoxide
oxyder *vt* oxideren; **s'oxyder** *vpr* oxideren
oxygéné, -ée *adj* **1** *(contenant de l'oxygène)* zuurstofhoudend; **eau ~e** waterstofperoxide **2** *(décoloré)* gebleekt, geblondeerd
oxygène *nm* zuurstof *de*
oxygéner *vt* met zuurstof verbinden; **s'oxygéner** *vpr* frisse lucht happen
ozone *nm* ozon *het/de (m)*

p

p *nm* p *de;* P comme Pierre de p van Pieter
pacifier *vt* 1 *(ramener à la paix)* de rust herstellen in 2 *(calmer)* kalmeren
pacifique *adj* 1 *(qui aime la paix)* vredelievend 2 *(paisible)* vreedzaam
pacifisme *nm* pacifisme *het*
pacifiste *adj* pacifistisch; le, la ~ de pacifist(e); manifestation ~ vredesdemonstratie
pacotille *nf* rommel *nm*
Pacs *nm* ± geregistreerd partnerschap *het*
pacsé, -ée *adj* ♦ couple ~ geregistreerde partners
pacte *nm* pact *het*
pactiser (avec) *vi* 1 *(transiger)* het op een akkoordje gooien (met) 2 *(conclure un accord)* een pact sluiten met
pactole *nm* goudmijn *de*
pagaie *nf* peddel *nm*
pagaïe, pagaille *nf* rotzooi *de; (en désordre)* en ~ overhoop; mettre la ~ er een puinhoop van maken ♦ *(en abondance)* en ~ plenty
pagaye *nf* →pagaïe
pagayer *vi* pagaaien
page *nf* bladzijde (blz.) *de,* pagina (p., pag.) *de; (fig.)* être à la ~ bij zijn; ~ de garde schutblad; ~s jaunes goudengidsgedeelte van telefoongids; mettre en ~s opmaken; en première ~ op de voorpagina; tourner une ~ een bladzijde omslaan; *(fig.)* op iets anders overgaan
paie *nf* →paye
paiement *nm* betaling *nf*
païen, -ïenne *adj* heidens; le, la ~(ne) de heiden, de heidin
paillard, -arde *adj* wulps
paillasse *nf* stromatras *het/de*
paillasson *nm* deurmat *de*
paille *nf* 1 *(chaume)* stro *het;* tirer à la courte ~ strootje trekken; ~ de fer staalwol 2 *(pour boire)* rietje *het* ♦ être sur la ~ straatarm zijn, zwarte sneeuw zien; *(fig.)* mettre qqn sur la ~ iemand ruïneren
paillette *nf* 1 *(lamelle brillante)* lovertje *het* 2 *(d'or)* goudschilfer *nm*
pain *nm* 1 *(aliment)* brood *het;* ~ complet volkorenbrood; ~ d'épices ontbijtkoek, *(Belg.)* peperkoek; gagner son ~ zijn boterham verdienen; ~ de mie casino-(brood); ôter à qqn le ~ de la bouche iemand het brood uit de mond stoten; ~ perdu wentelteefjes; ~ rassis oud brood; ~ de seigle roggebrood; se vendre comme des petits pains als warme broodjes de deur uit vliegen; il y a du ~ sur la planche er is veel werk aan de winkel 2 *(masse comparée à un pain)* stuk *het;* ~ de sucre suikerbrood ♦ ça ne mange pas de ~ dat kost niks
[1]**pair** *nm* gelijke *nm;* aller de ~ gelijke tred houden (met); sans, hors ~ ongeëvenaard ♦ *(en Bourse)* au ~ a pari; travailler au ~ au pair werken
[2]**pair, paire** *adj* even; nombre ~ even getal
paire *nf* paar *het;* ~ de ciseaux schaar; une ~ de gants een paar handschoenen; ~ de lunettes bril
paisible *adj* vredig
paître *vi (brouter)* grazen
paix *nf* 1 *(concorde)* vrede *de;* faire la ~ vrede sluiten 2 *(calme)* rust *de;* (foutez-moi, fichez-moi) la ~ ! laat me met rust!
Pakistan *nm* Pakistan *n (sans art.)*
pakistanais, -aise *adj* Pakistaans; le, la Pakistanais(e) de Pakistaner, Pakistaanse
palace *nm* luxehotel *het*
palais *nm* 1 *(résidence d'un souverain)* paleis *het* 2 *(palais de justice)* gerechtsgebouw *het* 3 *(biol.)* gehemelte *het;* flatter le ~ de tong strelen
palan *nm* takel *het/de (m)*
pale *nf* schroefblad *het*
pâle *adj* 1 bleek; bleu ~ lichtblauw; *(milit.)* se faire porter ~ op ziekenrapport gaan 2 *(médiocre)* kleurloos
palestinien, -ienne *adj* Palestijns; le, la Palestinien(ne) de Palestijn(se)
palette *nf* 1 (kleuren)palet *het* 2 *(pour marchandises)* pallet *nm*
pâleur *nf* bleekheid *nf*
palier *nm* 1 *(plate-forme)* overloop *nm* 2 *(partie horizontale)* horizontaal gedeelte *het* 3 *(état stable)* stabiele toestand *nm;* par ~s trapsgewijs
[1]**pâlir** *vi* 1 *(devenir pâle)* bleek worden; faire ~ d'envie verschrikkelijk jaloers maken 2 *(perdre son éclat)* verbleken
[2]**pâlir** *vt (rendre pâle)* bleek maken
palissade *nf* omheining *nf*
palliatif *nm* lapmiddel *het*
pallier *vt* verdoezelen
palmarès *nm* 1 *(hit-parade)* hitparade *nf* 2 *(liste de lauréats)* lijst *de* van winnaars
palme *nf* 1 *(de palmier)* palm *nm* 2 *(victoire)* zegepalm *nm;* remporter la ~ de zege behalen 3 *(en plongée)* zwemvlies *het*
palmé, -ée *adj* 1 *(bot.)* handvormig 2 *(zool.)* van zwemvliezen voorzien
palmier *nm* 1 *(arbre)* palm(boom) *nm* 2 *(gâteau)* waaiertje *het*

palourde *nf* schelpdier *het*
palper *vt* **1** *(examiner en touchant)* betasten **2** *(aussi v. intrans.) (toucher de l'argent)* beuren
palpitant, -ante *adj* **1** *(qui bat fort)* bonzend **2** *(tremblant)* trillend **3** *(émouvant)* aangrijpend
palpitation *nf* **1** *(frémissement)* (het) trillen **2** *(du cœur)* hartklopping *nf*
palpiter *vi* **1** *(battre fort)* heftig bonzen **2** *(avoir une tachycardie)* hartkloppingen hebben **3** *(être agité)* trillen
paludisme *nm* malaria *de*
pamphlet *nm* pamflet *het*
pamplemousse *nm* grapefruit *nm*, pompelmoes *de*
pan *nm* **1** *(d'un vêtement)* slip *de* **2** *(d'étoffe)* baan *de* **3** *(de mur)* vak *het*
pan! *interj* **1** *(coup de fusil)* paf! **2** *(vlan !)* pats!
panacée *nf* wondermiddel *het*
panache *nm* **1** *(fière allure)* zwier *nm;* **avoir du ~** zwier hebben **2** *(faisceau de plumes)* vederbos *nm*
panaché, -ée *adj* **1** *(bariolé)* bont(gekleurd) **2** *(mélangé)* gemengd; **(demi) ~** sneeuwwitje
Panama Panama *(sans art.)*
panaméen, -enne *adj* Panamees; **le, la Panaméen(ne)** de Panamees, Panamese
panaris *nm* omloop *nm*
pancarte *nf* bordje *het*
pancréas *nm* alvleesklier *de*
panel *nm* representatieve steekproef *de*
paner *vt* paneren
panier *nm* **1** *(corbeille)* mand *de; (Internet)* **ajouter au ~** toevoegen aan winkelmandje, in winkelwagen; **un ~ de crabes** een clubje vol haat en nijd; **jeter au ~** in de prullenmand werpen; **~ de la ménagère** boodschappenpakket van de huisvrouw; **mettre dans le même ~** over één kam scheren; **~ à pain** broodmandje; **~ percé** bodemloos vat; **~ à salade** slamand; *(fig.)* boevenwagen **2** *(contenu du panier)* mandvol *de;* **~ de pain** mandje brood **3** *(sports)* korf *nm*
panique *nf* paniek *nf;* **être en ~** in paniek zijn; **une peur ~** een panische angst; **être pris de ~** in paniek raken
[1]**paniquer** *vi (s'affoler)* van de wijs raken, *(Belg.)* panikeren
[2]**paniquer** *vt (affoler)* van de wijs brengen
panne *nf* pech *nm (sans art.);* **~ de courant** stroomonderbreking; *(véhicule, personne)* **être en ~** pech hebben; **être en ~ d'essence, en ~ sèche** zonder benzine staan ♦ *(fig.)* **être en ~ de qqch** zonder iets zitten
panneau *nm* **1** *(partie mobile)* paneel *het* **2** *(d'inscription)* bord *het;* **~ d'affichage** mededelingenbord; **~ de signalisation** verkeersbord **3** *(pour prendre le gibier)* net *het; (fig.)* **tomber dans le ~** in de val lopen
panonceau *nm* uithangbord *het*
panoplie *nf* **1** *(ensemble de moyens)* arsenaal *het* **2** *(déguisement)* pak *het*
panorama *nm* panorama *het*
panoramique *adj* panorama-; **vue ~** weids uitzicht; *(fig.)* overzicht(sbeeld)
panse *nf* **1** *(d'un ruminant)* pens *de* **2** *(bedaine)* dikke pens *de*
pansement *nm (compresses)* verband *het*
panser *vt* verbinden
pantalon *nm* (lange) broek *de*
panthère *nf* panter *nm*
pantin *nm (jouet)* (leden)pop *de*
pantomime *nf* **1** (panto)mime *de* **2** *(attitude affectée)* aanstellerij *nf*
pantouflard, -arde *adj* huiselijk; **le ~** de huismus
pantoufle *nf* pantoffel *de*, slof *nm;* **en ~s** op zijn sloffen
paon, paonne *n* pauw(in) *nm (nf)*
papa *nm* pappa *nm;* **de ~** van vroeger ♦ **à la ~** op z'n dooie akkertje
papauté *nf* **1** *(fonction)* pausschap *het* **2** *(gouvernement)* pausdom *het*
pape *nm* paus *nm*
paperasse *nf* **1** *(plur.) (papiers)* paperassen *plur* **2** *(sing.) (papiers inutiles)* papieren rompslomp *nm*
papeterie *nf* **1** *(fabrication)* papierfabricage *nf* **2** *(fabrique)* papierfabriek *nf* **3** *(magasin)* kantoorboekhandel *nm*
papetier, -ière *n* **1** *(fabricant(e))* papierfabrikant(e) *nm (nf)* **2** *(commerçant(e))* handelaar(ster) *nm (nf)* in kantoorbehoeften
papi *nm* opaatje *het (m), (Belg.)* bompa *nm*
papier *nm* **1** *(matière; feuille)* papier *het;* **~ bible** dundrukpapier; **~ à cigarettes** sigarettenpapier; **de, en ~** van papier, papieren; **~ hygiénique** toiletpapier; **jeter sur le ~** op papier zetten; **~ à lettres** postpapier; **~ peint** behang; **du ~ recyclé** kringlooppapier; **sur le ~** op papier; **~ de verre** schuurpapier; **~ buvard** vloeipapier **2** *(plur.) (documents)* documenten *plur*, papieren *plur* **3** *(article)* stuk *het* ♦ **~ (d')aluminium** aluminiumfolie; **être dans les petits ~s de qqn** bij iemand in een goed blaadje staan
papillon *nm* **1** *(insecte)* vlinder *nm* **2** *(contravention)* bon *nm* **3** *(écrou)* vleugelmoer *de*
papilloter *vi* **1** *(cligner des paupières)* knipp(er)en **2** *(scintiller)* flikkeren
papotage *nm* geklets *het (sing.)*
papoter *vi* kletsen
papouan-néo-guinéen, -enne *adj* Papoea-Nieuw-Guinees; **le, la Papouan-Néo-Guinéen(ne)** de Papoea-Nieuw-Guil-neeër, -neese
Papouasie-Nouvelle-Guinée *nf* Papoea-Nieuw-Guinea *n (sans art.)*
paprika *nm* paprika *de*
paquebot *nm* passagiersschip *het*
pâquerette *nf* madeliefje *het*

Pâques *nf* Pasen *nm;* à ~ met Pasen; joyeuses Pâques ! vrolijk Pasen!
paquet *nm* 1 *(colis; emballage)* pak(je) *het;* faire ses ~s zich reisvaardig maken 2 *(masse; grande quantité)* massa *de;* *(fig.)* un ~ de nerfs één bonk zenuwen ♦ mettre le ~ alles op alles zetten; risquer le ~ het erop wagen
par *prép* 1 *(à travers; grâce à l'action de)* door; je l'ai appris ~ les voisins ik heb het van de buren vernomen; être détruit ~ un incendie door brand verwoest worden; faire faire qqch ~ qqn iemand iets laten doen 2 *(en parcourant un lieu)* door(heen); ~ ici hier(langs), deze kant uit 3 *(emploi distributif)* per 4 *(à (un endroit))* op; ~ terre op de grond 5 *(pendant)* op; ~ une belle journée d'été op een mooie zomerdag; ~ ce temps bij dit weer 6 *(pour motif de)* wegens, uit; ~ devoir uit plichtsbesef ♦ de ~ le monde overal op de wereld; de ~ sa nature van nature; qu'entendez-vous ~ là ? wat verstaat u daaronder?
parabole *nf* 1 *(relig.)* gelijkenis *nf* 2 *(math.)* parabool *de*
parabolique *adj* parabolisch
parachutage *nm* 1 *(d'un avion)* (het) parachuteren 2 *(nomination inattendue)* bombardering *nf*
parachute *nm* parachute *nm*
parachuter *vt* 1 *(d'un avion)* droppen 2 *(nommer à une fonction)* bombarderen (tot)
parachutiste *n* parachutist(e) *nm (nf)*
parade *nf* 1 *(exhibition)* uiterlijk vertoon *het;* de ~ *(solennel)* staatsie-; *(purement extérieur)* voor de show; faire ~ de geuren met 2 *(revue)* parade *nf* 3 *(avant une représentation)* voorvertoning *nf* 4 *(défense)* afweer *nm* 5 *(sports)* redding *nf*
parader *vi* paraderen
paradis *nm* paradijs *het (aussi au fig.);* le ~ terrestre het aardse paradijs
paradisiaque *adj* paradijselijk
paradoxal, -ale *adj* paradoxaal
paradoxe *nm* paradox *nm*
paraffine *nf* paraffine *de*
parages *nm* streek (rond) *de*
paragraphe *nm* 1 *(division d'un écrit)* alinea *nf* 2 *(signe typographique)* paraafteken *het*
Paraguay *nm* Paraguay *n (sans art.)*
paraguayen, -enne *adj* Paraguayaans; le, la Paraguayen(ne) de Paraguayaan(se)
paraître *vi* 1 *(devenir visible)* verschijnen, aanbreken *(le jour),* uitkomen *(un livre);* faire ~ un livre een boek uitgeven; vient de ~ zojuist verschenen 2 *(être visible)* verschijnen; ~ en public in het openbaar optreden; laisser ~ qqch iets laten blijken 3 *(sembler)* lijken; à ce qu'il paraît naar het schijnt; elle ne paraît pas son âge zij ziet er jonger uit dan zij is; il paraît que, il paraîtrait que het gerucht gaat, er is sprake van dat; il paraît que oui het schijnt zo

[1]**parallèle** *nm* 1 *(cercle)* breedtecirkel *nm,* parallel *de* 2 *(comparaison)* parallel (tussen) *de*
[2]**parallèle** *adj* 1 *(math.)* parallel (aan), evenwijdig (met); la ~ de parallel 2 *(non officiel (sans être interdit))* alternatief
parallèlement *adv* 1 *(math.)* evenwijdig (met), parallel (aan) 2 *(en même temps)* gelijktijdig (met)
paralyser *vt* verlammen *(aussi au fig.)*
paralysie *nf* 1 *(méd.)* verlamming *nf* 2 *(impuissance)* onmacht *de*
paralytique *adj* verlamd; le ~ de verlamde
paramédical, -ale *adj* paramedisch
paramètre *nm* parameter *nm*
paranoïaque *adj* paranoia-, paranoïde; le ~ de paranoïcus
parapet *nm* leuning *nf*
paraphe *nm* paraaf *nm*
parapher *vt* paraferen
paraphrase *nf* parafrase *nf*
paraphraser *vt* parafraseren
parapluie *nm* paraplu *nm*
parapublic, -ique *adj (écon.)* semioverheids-, *(Belg.)* parastataal
parascolaire *adj* buitenschools
parasite *adj* 1 *(bruits)* storend; bruit ~ bijgeruis; *(com.)* les ~s de storingen 2 *(organismes)* woeker- ♦ le ~ de klaploper *(pique-assiette)*
parasol *nm* parasol *nm*
paratonnerre *nm* bliksemafleider *nm* *(aussi au fig.)*
paravent *nm* 1 *(meuble)* kamerscherm *het* 2 *(couverture)* dekmantel *nm*
parc *nm* 1 *(jardin privé ou public)* park *het;* ~ d'attractions pretpark, lunapark; ~ naturel natuurgebied 2 *(enclos pour bétail)* omheind terrein *het* 3 *(bassin pour huîtres)* oesterbank *de;* ~ à huîtres oesterbank 4 *(parking)* parkeerplaats *de;* ~ de stationnement parkeerterrein 5 *(milit.)* depot *het/de (m)*
parcelle *nf* 1 *(portion de terrain)* perceel *het* 2 *(fragment)* stukje *het*
parce que *conj (cause)* omdat
parchemin *nm* 1 *(peau d'animal)* perkament *het* 2 *(document)* document *het*
par-ci *adv* ♦ ~, par-là zo'n beetje overal *(un peu partout);* altijd en eeuwig *(répétition)*
parcimonie *nf* karigheid *nf;* avec ~ mondjesmaat
parcimonieux, -euse *adj* karig
parcmètre, parcomètre *nm* parkeermeter *nm*
parcourir *vt* 1 *(traverser)* doorkruisen; un frisson lui parcourut le corps er liep een rilling door hem heen; ~ le monde de wereld afreizen 2 *(accomplir un trajet)* afleggen 3 *(lire rapidement)* doornemen, *(Belg.)* overlopen
parcours *nm* 1 *(trajet)* route *de;* ~ du combattant stormbaan 2 *(sports)* parcours *het*

par-derrière *prép* **1** *(par le derrière de)* achter ... om **2** *(derrière le dos de)* achter de rug om van

[1]**par-dessous** *adv* eronder(door)

[2]**par-dessous** *prép* onder ... door

pardessus *nm* overjas *de*

[1]**par-dessus** *adv* erover(heen)

[2]**par-dessus** *prép* over ... heen; *(fig.)* **~ tout** vooral

par-devant *adv* van voren ♦ **~ notaire** ten overstaan van de notaris

pardon *nm* vergeving *nf;* **(je vous demande) ~** neem me niet kwalijk, sorry, pardon ♦ *(comment?)* **pardon ?** sorry?

pardonnable *adj* vergeeflijk

pardonner *vt* **1** *(absoudre)* (iemand) vergeven **2** *(excuser)* (iemand) excuseren, (iemand) niet kwalijk nemen **3** *(au négatif) (épargner)* sparen; **une erreur qui ne pardonne pas** een onherstelbare vergissing; **une maladie qui ne pardonne pas** een ongeneeslijke ziekte

paré, -ée *adj* **1** *(+ contre) (pour faire face)* voorbereid (op) **2** *(+ de) (orné de)* getooid (met)

pare-balle *nm* kogelvanger *nm;* **gilet ~** kogelvrij vest

pare-boue *nm* spatlap *nm*

parebrise *nm* **1** *(paroi transparente)* windscherm *het* **2** *(vitre avant)* voorruit *de*

parechoc *nm* bumper *nm*

[1]**pareil** *n* gelijke *nm,* weerga *de;* **ne pas avoir son ~, sa ~le** zijns, haars gelijke niet hebben; **c'est du ~ au même** het is van hetzelfde laken een pak; **rendre la ~le à qqn** iemand met gelijke munt betalen; **sans ~** zonder weerga

[2]**pareil, -eille** *adj* **1** *(+ à) (équivalent)* gelijk (aan) **2** *(tel)* dergelijk

parent, parente *n* (bloed)verwant(e) *nm (nf);* **~s par alliance** aangetrouwde familie; **être ~ avec** familie zijn van; **être ~ de** verwant zijn aan

parenté *nf* **1** *(personnes)* (bloed)verwantschap *nf* **2** *(choses)* verwantschap *nf*

parenthèse *nf* **1** *(signe typographique)* (rond) haakje *het; (aussi au fig.)* **entre ~s** tussen (twee) haakjes, terloops; **fermer la ~** de haakjes sluiten; **mettre qqch entre ~s** iets tussen haakjes zetten; *(fig.)* iets terzijde schuiven **2** *(phrase intercalaire)* tussenzin *nm*

parents *nm* **1** *(père et mère)* ouders *plur;* **~ adoptifs** pleegouders **2** *(famille)* familie *nf*

[1]**parer (à)** *vi (faire face)* voorzien (in)

[2]**parer** *vt* **1** *(éviter)* afwenden **2** *(arranger)* bereiden **3** *(orner de)* tooien (met); **se parer (de)** *vpr (se vêtir avec recherche)* zich mooi uitdossen, *(fig.)* pronken (met)

pare-soleil *nm* zonneklep *de*

paresse *nf* luiheid *nf*

paresser *vi* luieren

paresseux, -euse *adj* **1** *(fainéant)* lui; **le ~, la paresseuse** de luilak **2** *(organe)* traagwerkend

parfaire *vt* vervolmaken

parfait, -aite *adj* perfect; **(c'est) ~ !** uitstekend!; *(adv.)* **c'est parfaitement clair** het is helemaal duidelijk ♦ *(ling.)* **le ~** de voltooid tegenwoordige tijd

parfois *adv* soms

parfum *nm* **1** *(senteur)* (aangename) geur *nm* **2** *(substance)* parfum *het/de (m)* **3** *(goût)* smaak *nm*

parfumé, -ée *adj* **1** *(imprégné de parfum 2)* geparfumeerd **2** *(aromatisé)* van een smaakje voorzien

parfumer *vt* **1** *(imprégner d'une odeur agréable)* een (lekkere) geur geven aan **2** *(imprégner de parfum 2)* parfumeren (met) **3** *(aromatiser)* een smaak geven aan; **se parfumer** *vpr (s'imprégner de parfum 2)* zich parfumeren (met)

parfumerie *nf* **1** *(produits)* cosmetica *plur* **2** *(boutique)* parfumerie(winkel) *nf (nm)*

pari *nm* weddenschap *nf;* **engager, faire un ~** een weddenschap aangaan

parier *vt* **1** *(engager un jeu dans un pari)* wedden; **~ cent euros** wedden om honderd euro **2** *(gager)* wedden; **je l'aurais parié !** als ik het niet dacht!

Paris *nm* Parijs *n*

parisien, -ienne *adj* Parijs; **le, la Parisien(ne)** de Parijzenaar, Parisienne; **vie parisienne** Parijse leven

paritaire *adj* paritair

parité *nf* **1** *(écon.)* pariteit *nf* **2** *(égalité)* gelijkheid *nf*

parjure *adj* trouweloos; **le ~** de woordbreuk; **le, la ~** de trouweloze

parking *nm* parkeerterrein *het,* parking *nf*

parlant, -ante *adj* sprekend; **(cinéma) ~** sprekende film ♦ **généralement ~** in het algemeen gesproken

parlement *nm* parlement *het*

parlementaire *adj* parlementair *(aussi au fig.);* **le ~** de parlementariër

parlementer *vi* **1** *(négocier)* onderhandelen **2** *(discuter)* parlementeren

[1]**parler** *vi* spreken; **~ à qqn** met, tegen iemand praten; **les faits parlent d'eux-mêmes** de feiten spreken voor zichzelf; **on parle sans cesse d'intégrité** men heeft het steeds over integriteit; **de quoi ça parle, ce livre ?** waar gaat dat boek over?; **~ pour ne rien dire** maar wat praten; **faire ~ qqn** iemand aan de praat krijgen; **~ mal de qqn** kwaad over iemand spreken; **n'en parlons plus** zand erover; **qu'on ne m'en parle plus** ik wil er niets meer over horen

[2]**parler** *vt* **1** *(pouvoir s'exprimer en)* spreken; **~ français** Frans spreken; **~ le français** Frans kunnen spreken **2** *(discuter qqch)* praten over; **~ politique** over politiek babbelen; **se parler** *vpr (communiquer)* met elkaar praten

parloir *nm* ontvangkamer *de*

parmi *prép* 1 *(au milieu d'objets)* tussen 2 *(avec des personnes)* onder 3 *(au nombre de; chez)* onder
parodie *nf* parodie *nf*
parodier *vt* 1 *(pasticher)* parodiëren 2 *(singer)* na-apen
paroi *nf* 1 *(d'une maison, d'un objet)* wand *nm,* (binnen)muur *nm* 2 *(d'une roche)* rotswand *nm*
paroisse *nf* parochie *nf*
parole *nf* 1 *(mot)* woord *het;* **mesurer ses ~s** zijn woorden wikken 2 *(fait de parler)* woord *het;* **adresser la ~ à qqn** het woord tot iemand richten; **couper la ~ à qqn** iemand in de rede vallen 3 *(promesse)* erewoord *het;* **n'avoir qu'une ~** zijn woord houden; **tenir (sa) ~** woord houden; **ma ~, il a raison !** verdomd, hij heeft gelijk!; **(ma) ~ !, ~ d'honneur !** eerlijk waar! 4 *(faculté de parler)* spraak *de;* **perdre la ~** de spraak verliezen
paroxysme *nm* hoogtepunt *het*
parquer *vt* 1 *(garer)* parkeren 2 *(mettre dans un enclos)* (op een omheind terrein) zetten; **se parquer** *vpr (se garer)* (zijn auto) parkeren
parquet *nm* parket *het*
parrain *nm* 1 *(d'un enfant baptisé)* peet(oom) *nm,* peter *nm* 2 *(chef de la mafia)* maffiabaas *nm,* godfather *nm*
parrainage *nm* 1 *(relatif au parrain d'un enfant)* peetschap *het* 2 *(d'une entreprise)* sponsoring *nf*
parrainer *vt (une entreprise)* sponsoren
parsemer *vt* 1 *(couvrir de)* bezaaien (met) 2 *(être répandu)* verspreid liggen
part *nf* 1 *(partie; ce qui revient à qqn)* deel *het;* **faire la ~ des choses** inschikkelijk zijn *(être conciliant);* **faire ~ de qqch à qqn** iemand iets mededelen; **avoir sa ~ du gâteau** ↑ meedelen in de winst; **pour ma ~** wat mij betreft; **prendre ~ à** deelnemen aan 2 *(contribution; quote-part)* aandeel *het;* **à ~ entière** volwaardig 3 *(côté)* kant *nm;* **à ~** apart; **à ~ ça** afgezien daarvan; **prendre à ~** apart nemen; **autre ~** ergens anders, elders; **d'une ~ ... d'autre ~** aan de ene kant ... aan de andere kant, enerzijds ... anderzijds; **de la ~ de** namens; **nulle ~** nergens; **au milieu de nulle ~** in een uithoek, in the middle of nowhere; **quelque ~** ergens
partage *nm* 1 *(action de partager)* (ver)deling *nf* 2 *(résultat)* aandeel *het* 3 *(des voix)* staking *nf*
partager *vt* 1 *(diviser; séparer)* verdelen, *(avec qqn)* delen (met); **amour partagé** wederzijdse liefde 2 *(ne pas rendre unanime)* verdeeld houden; **les avis sont partagés** de meningen zijn verdeeld; **se partager** *vpr* 1 *(diviser entre soi)* onderling delen 2 *(être divisé)* gedeeld worden
partance *nf* ♦ **en ~ pour** met bestemming *(suivi du nom de la ville, etc.)*
partant, -ante *n (personne)* vertrekkende *nm* ♦ **être ~ pour** te vinden zijn voor
partenaire *n* partner *nm*
parterre *nm* 1 *(de fleurs)* bloemperk *het* 2 *(d'un théâtre)* parterre *het/de (m)*
[1]**parti** *nm* 1 *(pol.)* (politieke) partij *nf* 2 *(camp)* partij *nf;* **~ pris** vooroordeel 3 *(solution)* oplossing *nf;* **prendre le ~ de faire qqch** besluiten tot het doen van iets; **prendre son ~ de qqch, en prendre son ~** zich bij iets neerleggen, zich erbij neerleggen 4 *(avantage)* partij *nf;* **tirer ~ de** gebruikmaken van
[2]**parti, -ie** *adj (absent)* vertrokken
partial, -ale *adj* partijdig
participant, -ante *adj* deelnemend; **le ~** de deelnemer
participatif, -ive *adj* ♦ **financement ~** crowdfunding
participation *nf* 1 *(collaboration)* deelneming (aan) *nf (aussi jur.)* 2 *(contribution)* aandeel (in) *het,* bijdrage (aan) *de*
participer (à) *vi* 1 *(prendre part)* deelnemen (aan, in) 2 *(avoir part)* deelhebben (aan, in); **~ aux bénéfices** in de winst delen 3 *(payer sa part)* bijdragen (in)
particularité *nf* bijzonderheid *nf*
particule *nf* 1 *(très petite partie)* deeltje *het (aussi phys.);* **~s fines** fijnstof 2 *(ling.)* voor- of achtervoegsel *het;* **avoir un nom à ~** een adellijke naam hebben
particulier, -ière *adj* 1 *(individuel)* persoonlijk; **parler à qqn en ~** een privéonderhoud met iemand hebben; **le ~** de particulier; **à titre ~** als particulier 2 *(propre à)* eigen (aan); **~ à qqn, qqch** eigen aan, karakteristiek voor iemand, iets 3 *(spécial)* eigenaardig ♦ *(adv.)* **particulièrement** bijzonder
partie *nf* 1 *(morceau, part)* gedeelte *het;* **en ~** gedeeltelijk; **en grande ~** grotendeels; **faire ~ de** deel uitmaken van; **la majeure ~** het merendeel (van) 2 *(d'un jeu)* spel(letje) *het;* **abandonner la ~** (de strijd) opgeven; **~ nulle** remise 3 *(divertissement)* partij *nf;* **être de la ~** van de partij zijn; **ce n'est pas une ~ de plaisir** dat is geen lolletje 4 *(jur.)* partij *nf;* **~ adverse** tegenpartij; **se porter ~ civile** smartengeld vragen; **si tu as des conseils, je suis ~ prenante** als je tips hebt, dan houd ik me aanbevolen 5 *(domaine)* vak *het;* **je ne suis pas de la ~** ik ben er niet in thuis ♦ **prendre qqn à ~** iemand ergens de schuld van geven; **ce n'est que ~ remise** uitstel is geen afstel
partiel, -elle *adj* gedeeltelijk; **examen ~** (deel)tentamen
partir *vi* 1 *(s'en aller)* vertrekken, weggaan; **~ à, pour** vertrekken naar; **~ en voyage** op reis gaan 2 *(commencer)* beginnen (met); **à ~ de** vanaf; **à ~ d'aujourd'hui** voortaan; **il est parti de rien** hij is met niets begonnen 3 *(disparaître)* verdwijnen
partisan, -ane *adj (adepte)* tot de aanhang(st)ers behorend (van); **être ~ de**

qqch vóór iets zijn; **le, la ~(e)** de aanhang(st)er

partition *nf* partituur *nf*

partout *adv* **1** *(en tous lieux)* overal **2** *(sports)* gelijk; **deux ~** twee-twee, twee gelijk

parure *nf* **1** *(ornements)* tooi *nm* **2** *(de bijoux)* garnituur *het*

parution *nf* (het) uitkomen *(d'un livre)*, (het) verschijnen *(d'un article, d'un livre)*

parvenir *vi* **1** *(atteindre)* (iets) bereiken, (aan)komen (bij); **faire ~ qqch à qqn** iemand iets toezenden **2** *(réussir à)* slagen (in); **~ à** erin slagen te

[1]**pas** *nm* **1** *(enjambée)* pas *nm*, (voet)stap *nm*; **~ à ~** stapje voor stapje; **à ~ de loup** op de tenen (sluipend); **à deux ~ (d'ici)** vlakbij; **faire les cent ~** ijsberen; **faire un faux ~** struikelen; *(fig.)* een misstap begaan; **ne pas quitter qqn d'un ~** voortdurend achter iemand aan lopen; **revenir sur ses ~** op zijn schreden terugkeren; **il n'y a qu'un ~** het is vlakbij; *(fig.)* het scheelt niet veel **2** *(façon de marcher)* gang *nm*; **au ~** in de pas; **rouler au ~** stapvoets rijden; **se mettre au ~** zich schikken; **de ce ~** stante pede **3** *(passage)* doorgang *nm*; **~ de la porte** drempel; **franchir le ~** de sprong wagen ♦ **~ japonais** (pad van) stapstenen; **~ de porte** sleutelgeld

[2]**pas** *adv* niet, geen; **ne ~ de, ne ... ~ de** geen; **~ mal de** heel wat; **ne ~, ne ... ~** niet; **~ du tout** helemaal niet

passable *adj* **1** *(acceptable)* nog net acceptabel **2** *(enseign.)* (net) voldoende

passade *nf* **1** *(liaison amoureuse)* avontuurtje *het* **2** *(goût passager de)* bevlieging (voor) *nf*

passage *nm* **1** *(chemin)* doorgang *nm*; **~ à niveau** overweg; **céder le ~** voorrang verlenen; **~ clouté** voetgangersoversteekplaats, zebra(pad); **prendre au ~** onderscheppen; **~ protégé** voorrangskruising; **~ souterrain** (verkeers)tunnel **2** *(fait de passer qqp)* doorloop *nm*; **au ~** in het voorbijgaan; **être de ~ à** op doorreis, doortocht zijn in **3** *(d'un état à un autre)* overgang (naar) *nm* **4** *(extrait)* passage *nf*

[1]**passager, -ère** *n* passagier *nm*; **~ clandestin** verstekeling

[2]**passager, -ère** *adj* **1** *(de passage)* voorbijgaand **2** *(court)* tijdelijk **3** *(très fréquenté)* druk

[1]**passant, -ante** *n* **1** *(promeneur, -euse)* voorbijgang(st)er *nm (nf)* **2** *(m.) (d'une courroie)* passant *nm*

[2]**passant, -ante** *adj* druk; **rue ~e** drukke straat

[1]**passe** *nm* **1** toegangspasje *het* **2** abonnement *het*; **~ navigo** *(Belg.)* ± MOBIB-pas, *(Pays-Bas)* ± ov-chipkaart

[2]**passe** *nf (sports)* pass *nm* ♦ **être en ~ de** op het punt staan te; **être dans une mauvaise ~** een rotperiode doormaken

[1]**passé** *nm* **1** *(ce qui est passé)* verleden *het*; **par le ~** vroeger **2** *(ling.)* verleden tijd *nm*; **~ composé** voltooid tegenwoordige tijd; **~ simple** passé simple

[2]**passé, -ée** *adj* **1** *(ancien)* vroeger **2** *(précédent)* vorig **3** *(d'une couleur)* verbleekt ♦ **il est deux heures ~es** het is over tweeën

passe-montagne *nm* bivakmuts *de*

[1]**passe-partout** *nm* loper *nm*

[2]**passe-partout** *adj* altijd te gebruiken ♦ **mot ~** stopwoord

passe-passe *nm* ♦ **tour de ~** goocheltoer

passeport *nm* paspoort *het*

[1]**passer** *vi* **1** *(ne pas s'arrêter)* voorbijkomen; **en passant** in het voorbijgaan, terloops; **soit dit en passant** trouwens, tussen twee haakjes **2** *(avec prép.) (atteindre)* komen; **~ avant** voorgaan *(fig.)*; **~ avant qqn** iemand voorgaan *(le précéder)*; voor iemand gaan *(être plus important que lui)*; **~ devant** voorgaan; **~ devant qqch** voor iets langs lopen; **~ par qqp, qqn** gaan via; **je suis passé par là** dat heb ik ook meegemaakt; **y ~** eraan gaan **3** *(ne pas insister)* niet stilstaan (bij); **~ sur les détails** niet stil blijven staan bij details; **~ sur les fautes de qqn** iemands fouten door de vingers zien; **enfin, passons !** nu goed, laten we daar niet meer over praten **4** *(se jouer au cinéma)* draaien **5** *(être transmis par la radio, la télé)* komen (op) **6** *(continuer d'avancer)* verdergaan; **le courant ne passe pas** er is geen stroom; *(fig.)* het klikt niet; **défense de ~** geen toegang; **mon dîner ne passe pas** mijn avondeten ligt me zwaar op de maag; **laissez ~ !** maak ruimte!, opzij! **7** *(être admis en année supérieure)* overgaan **8** *(passer la rampe)* het doen; **cette scène ne passe pas** die scène komt niet goed over (bij het publiek) **9** *(de ... à, en, dans) (se rendre)* gaan (van ... tot, naar, in); **où est-il passé ?** waar is hij gebleven? **10** *(+ à, dans, en) (se rendre)* gaan (naar); **~ en deuxième, seconde** overschakelen naar de tweede versnelling **11** *(se rendre qqp pour rester peu de temps)* langskomen; **ne faire que ~** niet lang blijven; **~ prendre qqn** iemand komen ophalen **12** *(s'écouler; disparaître)* voorbijgaan; **faire ~ le temps** de tijd verdrijven; **comme le temps passe !** wat gaat de tijd snel!; **cela lui passera** dat gaat wel over **13** *(+ pour) (être considéré comme)* gehouden worden (voor); **se faire ~ pour** zich uitgeven voor

[2]**passer** *vt* **1** *(franchir, traverser)* oversteken **2** *(se soumettre à)* ondergaan **3** *(vivre un laps de temps à faire qqch)* doorbrengen (met); **il ne passera pas la nuit** hij haalt de morgen niet; **~ sa vie à manger et à dormir** niets anders doen dan eten en slapen **4** *(oublier)* overslaan; **j'en passe** noem maar op; **je passe** *(aux cartes)* ik pas **5** *(étendre qqch sur)* uitsmeren (over) **6** *(projeter des images; faire jouer un disque)* draaien **7** *(enfiler, mettre)*

aandoen *(vêtement)* **8** *(enclencher les vitesses)* overschakelen van … in … **9** *(donner, transmettre)* geven; **~ un coup de fil à qqn** iemand opbellen; **~ le ballon** de bal doorspelen; *(au téléphone)* **je vous passe …** ik verbind u door met … **10** *(établir un contrat)* toekennen, opmaken; **se passer** *vpr* **1** *(se produire)* gebeuren; **comment se passe ton stage ?** hoe gaat het met je stage?; **que se passe-t-il ?, qu'est-ce qui se passe ?** wat gebeurt er?; **tout se passe comme si** het lijkt wel of; **ça ne se passera pas comme ça !** dat gaat zomaar niet! **2** *(s'écouler)* voorbijgaan **3** *(vivre sans; ne pas avoir besoin de)* het stellen zonder; **voilà qui se passe de commentaires** dat spreekt voor zichzelf

passerelle *nf* **1** *(pour piétons)* loopbrug *de* **2** *(mar.)* commandobrug *de*

passe-temps *nm* tijdverdrijf *het*

passible (de) *adj* ♦ **~ d'une peine** strafbaar; **~ d'une amende** beboetbaar

passif, -ive *adj* **1** *(qui subit)* passief **2** *(ling.)* lijdend; **le ~** de lijdende vorm ♦ *(écon.)* **le ~** de passiva, lasten

passion *nf* hartstocht (voor) *nm;* **avec ~** hartstochtelijk; **c'est sa ~** dat is zijn, haar grote zwak

passionnant, -ante *adj* boeiend

passionné, -ée *adj* hartstochtelijk; **être ~ de, pour** een hartstochtelijk aanhanger zijn van, verzot zijn op; **c'est un(e) ~(e)** hij, zij is een gepassioneerd(e) man, vrouw

passionnel, -elle *adj* door hartstocht ingegeven

passionner *vt* boeien; **se passionner (pour)** *vpr* warm lopen (voor)

passivité *nf* passiviteit *nf*

passoire *nf* zeef *de*

pastel *nm* **1** *(ton)* pastel *het* **2** *(crayon)* pastelstift *de* **3** *(dessin)* pasteltekening *nf*

pastèque *nf* watermeloen *nm*

pasteur *nm (ministre d'un culte protestant)* dominee *nm*

pasteuriser *vt* pasteuriseren

pastille *nf (bonbon; médicament)* pastille *de;* **~ de menthe** pepermuntje, *(Belg.)* muntje

patate *nf* **1** *(patate douce)* zoete aardappel *nm* **2** *(pomme de terre)* pieper *nm*

patatras! *interj* pats!

patauger *vi* **1** *(marcher)* ploeteren (door) **2** *(vasouiller)* (aan)modderen

pâte *nf* **1** *(préparation à base de farine)* deeg *het,* beslag *het;* **~ brisée** kruimeldeeg **2** *(plur.)* *(pâtes alimentaires)* deegwaren *plur* **3** *(pharm.)* pasta *het/de (m);* **~ dentifrice** tandpasta **4** *(mélange mou)* brij(ige massa) *nm (de);* **~ d'amandes** marsepein; **~ à modeler** boetseerklei; **~ à papier** papierpap

pâté *nm* **1** *(de viande)* paté *nm;* **~ de campagne** boerenpaté; **~ de foie** leverpastei **2** *(de sable)* zandtaartje *het* ♦ **~ impérial** ± loempia; **~ de maisons** huizenblok

pâtée *nf* **1** *(pour chiens, chats)* voer *het* **2** *(correction)* optater *nm*

patelin *nm* gat *het*

patenté, -ée *adj (attitré)* gepatenteerd

paternaliste *adj* paternalistisch

paternel, -elle *adj* **1** *(propre au père)* vader-, *(paternaliste)* vaderlijk **2** *(relatif à la filiation)* van vaderskant

paternité *nf (état de père)* vaderschap *het*

pâteux, -euse *adj* papp(er)ig

pathétique *adj* pathetisch

patience *nf* **1** *(calme)* geduld *het;* **je suis à bout de ~** mijn geduld is op; **prendre son mal en ~** z'n ziel in lijdzaamheid bezitten; **prendre ~, s'armer de ~** geduld oefenen **2** *(persévérance)* volharding *nf* **3** *(réussite)* patience *het*

¹patient, -ente *n (méd.)* patiënt(e) *nm (nf)*

²patient, -ente *adj* **1** *(calme)* geduldig **2** *(persévérant)* volhardend

patienter *vi* geduld oefenen; **faire ~ qqn** iemand laten wachten

patin *nm* **1** *(à glace)* schaats *de;* **~ en ligne** skeeler; **~ à roulettes** rolschaats **2** *(le patinage)* (het) schaatsen; **faire du ~** schaatsen **3** *(technol.)* schoen *nm*

patinage *nm* **1** *(sports)* (het) schaatsen(rijden); **~ artistique** het kunstrijden op de schaats; **le ~ de vitesse** het hardrijden op de schaats **2** *(d'une roue, d'un embrayage)* (het) doorslaan

patine *nf* patina *het*

patiner *vi* **1** *(sports)* schaatsen(rijden) **2** *(d'une roue, d'un embrayage)* doorslaan, slippen

patineur, -euse *n* schaatsenrijd(st)er *nm (nf)*

patinoire *nf* ijsbaan *de*

pâtir *vi* te lijden hebben (van); **~ de** lijden onder

pâtisserie *nf* **1** *(gâteaux)* gebak *het* **2** *(activité; magasin)* banketbakkerij *nf*

pâtissier, -ière *adj* ♦ **le ~, la pâtissière** de banketbakker, banketbakster

patois *nm* dialect *het*

patraque *adj* gammel

patriarcal, -ale *adj* patriarchaal

patrie *nf* **1** vaderland *het* **2** *(lieu d'origine de qqch)* bakermat *de*

patrimoine *nm* **1** *(héritage; richesse)* erfdeel *het* **2** *(jur.)* vermogen *het*

patriote *n* patriot *nm*

patriotique *adj* patriottisch

patriotisme *nm* patriottisme *het*

¹patron *nm* **1** *(modèle)* patroon *het* **2** *(modèle pour dessiner)* sjabloon *de*

²patron, -onne *n* **1** *(employeur)* werk|gever, -geefster *nm, nf* **2** *(chef)* baas, bazin *nm, nf* **3** *(saint)* beschermheilige *nm* ♦ **~ de thèse** promotor *(aux Pays-Bas)*

patronat *nm* werkgevers *plur,* patronaat *het (Belg.n.)*

patronner *vt* steunen

patrouille *nf* patrouille *de*

patrouiller *vi* patrouilleren, de ronde doen
patte *nf* **1** *(d'un animal)* poot *nm;* **~s de mouche** kriebelpoot *(sing.)* **2** *(jambe; main)* poot *nm;* **bas les ~s !** blijf er af met je poten!; **à quatre ~s** op handen en voeten; **traîner la ~** met z'n been slepen ♦ **montrer ~ blanche** het wachtwoord geven
pâturage *nm* wei *de*
paume *nf* (hand)palm *nm*
paumé, -ée *adj* **1** *(misérable)* ellendig **2** *(perdu)* ↑ radeloos
paumer *vt (perdre)* ↑ verliezen; **se paumer** *vpr (se perdre)* verdwalen
paupière *nf* ooglid *het;* **fermer les ~s** inslapen *(aussi au fig.)*
pause *nf* **1** *(interruption)* pauze *de;* **faire une ~** pauzeren; **~ de midi** middagpauze, lunchpauze **2** *(sports)* rust *de*
[1]**pauvre, pauvresse** *n* arme *nm*
[2]**pauvre 1** *(nécessiteux; dépourvu; maigre)* arm; **un homme ~** een arm man **2** *(adj.) (qui inspire la pitié; pitoyable)* arm; **le ~ homme** de arme man ♦ **mon ~ ami** m'n beste vriend
pauvreté *nf* armoede *de*
pavé *nm* **1** *(bloc de pierre)* (straat)steen *nm* **2** *(revêtement du sol)* plaveisel *het* **3** *(voie publique)* openbare weg *nm;* **être sur le ~** op straat staan **4** *(livre épais)* pil *de*
pavillon *nm* **1** *(villa)* huisje *het* **2** *(archit.)* paviljoen *het* **3** *(drapeau)* vlag *de* **4** *(de l'oreille)* oorschelp *de*
pavot *nm* papaver *de*
payable *adj* te betalen
payant, -ante *adj* **1** *(qui paye)* betalend **2** *(non gratuit)* niet kosteloos **3** *(rentable)* lonend
paye, paie *nf* **1** *(action de payer)* (uit)betaling *nf;* **ça fait une ~** dat is al een hele tijd geleden **2** *(salaire)* loon *het (ouvriers, employés),* salaris *het (cadres, fonctionnaires)*
payement *nm* → **paiement**
[1]**payer** *vi* **1** *(verser de l'argent)* betalen (aan) **2** *(rapporter)* lonend zijn (voor) **3** *(+ pour) (écoper)* boeten (voor)
[2]**payer** *vt* **1** *(régler)* betalen (aan) **2** *(dédommager)* belonen **3** *(subir les conséquences fâcheuses de)* boeten voor; *(fig.)* **faire ~ qqch à qqn** iemand iets betaald zetten; **tu me le paieras** ik zal het je betaald zetten **4** *(offrir qqch à qqn)* (iemand op iets) trakteren ♦ **être payé pour savoir que** tot zijn schade geleerd hebben dat; **se payer** *vpr* **1** *(s'offrir qqch)* zichzelf trakteren (op iets) **2** *(être payé)* betaald worden ♦ **tout se paie** ieder krijgt zijn verdiende loon
pays *nm* **1** *(état; terre d'élection)* land *het;* **~ de cocagne** luilekkerland; **voir du ~** reizen; **~ membre** lidstaat; **~ en voie de développement** ontwikkelingsland **2** *(patrie)* vaderland *het*
paysage *nm* landschap *het*
paysan, -anne *n* **1** *(fermier, -ière)* boer(in) *nm (nf);* **vie ~ne** boerenleven **2** *(péj.) (rustre)* boer(enkinkel) *nm;* **manières ~nes** boerse manieren
Pays-Bas *nm* Nederland *n (sans art.; sing.);* **aux ~** in Nederland
PCV *nm* collect call *nm;* **appeler qqn en ~** iemand op diens kosten opbellen
P.D.G. *nm* president-directeur *nm*
péage *nm (droit)* tol *nm;* **autoroute à ~** tolsnelweg
peau *nf* **1** *(d'un homme)* huid *de;* **avoir la ~ dure** een taaie zijn; **se mettre dans la ~ de qqn** zich in iemand verplaatsen; **faire ~ neuve** een gedaanteverwisseling ondergaan **2** *(d'un animal, du lait)* vel *het;* **~ de chamois** zeemleer **3** *(d'un fruit)* schil *de* ♦ **avoir qqn dans la ~** smoorverliefd op iemand zijn; **faire la ~ à qqn** iemand om zeep helpen; **se sentir bien dans sa ~** goed in zijn vel zitten
péché *nm* zonde *de;* **un ~ mignon** een zwak; **~ mortel** doodzonde; **~ originel** erfzonde
pêche *nf* **1** (het) vissen (op); **la ~ à la ligne** het hengelen; **la ~ à la baleine** de walvisvangst **2** *(prise)* (vis)vangst *nf* **3** *(fruit)* perzik *de*
pécher *vi* zondigen; **ce raisonnement pèche sur un point** deze redenering is fout op een punt
[1]**pêcher** *nm* perzikboom *nm*
[2]**pêcher** *vt* **1** *(du poisson)* vissen; **~ à la ligne** hengelen **2** *(chercher, trouver)* opdiepen
pécheur, -eresse *n* zondaar, zondares *nm, nf;* **vie pécheresse** zondig leven
pêcheur, -euse *n* visser(svrouw) *nm (nf);* **bateau ~** vissersboot
pectoral, -ale *adj* borst-
pécule *nm* spaarcentjes *plur*
pécuniaire *adj* geldelijk
pédagogie *nf* pedagogie(k) *nf*
pédagogue *n* peda|goog, -goge *nm, nf*
pédale *nf (d'un vélo, d'un instrument de musique)* pedaal *het/de (m);* **~ d'accélérateur** gaspedaal ♦ **perdre les ~s** z'n hoofd verliezen *(s'affoler);* de draad kwijtraken *(ne plus suivre)*
pédaler *vi* fietsen
pédalo® *nm* waterfiets *de*
pédant, -ante *adj* betweterig
pédé *nm* flikker *nm, (Belg.)* janet *nm*
pédéraste *nm* (mannelijke) homoseksueel *nm*
pédestre *adj* te voet
pédiatre *n* kinderarts *nm*
pédicure *n* pedicure *nm*
pedigree *nm* stamboom *nm*
pédophile *n* pedofiel *nm*
pègre *nf* onderwereld *de*
peigne *nm* kam *nm;* **passer qqch au ~ fin** iets uitkammen
peigner *vt* kammen; **se peigner** *vpr* zich kammen

peignoir *nm* **1** *(robe de chambre)* kamerjas *de* **2** *(sortie de bain)* badjas *de*
peindre *vt* **1** *(badigeonner)* schilderen **2** *(décorer qqch)* beschilderen **3** *(dépeindre)* (af)schilderen; **se peindre** *vpr (apparaître)* zich aftekenen
peine *nf* **1** *(effort; difficulté)* moeite *nf;* **ne pas être au bout de ses ~s** nog niet uit de zorgen zijn; **avoir (de la) ~ à marcher** moeilijk (kunnen) lopen; **se donner de la ~** moeite doen; **se donner la ~ de** de moeite nemen om te; **pour sa ~, pour la ~** als beloning, voor de moeite; **ce n'est pas la ~** dat is niet nodig; **ce n'est pas la ~ de** het is onnodig om te; **c'était bien la ~ de venir !** we hadden beter thuis kunnen blijven! **2** *(chagrin)* verdriet *het;* **avoir de la ~** verdriet hebben; **~ de cœur** liefdesverdriet; **cela fait ~ à voir** dat is meelijwekkend **3** *(sanction)* straf *de;* **~ de mort** doodstraf; **purger une ~** een straf uitzitten; **sous ~ de** op straffe van ♦ **à ~** nauwelijks
[1]**peiner** *vi (trimer)* zwoegen
[2]**peiner** *vt (faire de la peine à)* verdriet (aan)doen
peint, peinte *adj* geschilderd, geverfd
peintre *nm (qqn qui peint)* schilder *nm,* kunstschilder *nm (artiste);* **~ en bâtiment(s)** huisschilder; **femme ~** schilderes
peinture *nf* **1** *(couleur)* verf *de;* **~ à l'eau, à l'huile** waterverf, olieverf; **attention, ~ fraîche !** nat! **2** *(action de peindre)* (het) schilderen **3** *(toile)* schilderij *het/de (f);* **~ à l'eau, à l'huile** aquarelschilderij, olieverfschilderij; **ne pas pouvoir voir qqn en ~** iemand niet kunnen luchten of zien
peinturlurer *vt* ↑ met schelle kleuren beschilderen; **se peinturlurer** *vpr* zich opmaken als een indiaan op oorlogspad
péjoratif, -ive *adj* ongunstig
pelage *nm* haar(kleed) *het*
pêle-mêle *adv* door elkaar; **un ~** een warboel
[1]**peler** *vi (perdre l'épiderme)* vervellen
[2]**peler** *vt (éplucher)* schillen; **~ un oignon** een ui schoonmaken
pèlerin, -ine *n* pelgrim *nm, (Belg.)* bedevaarder *nm (nf)*
pèlerinage *nm (voyage)* bedevaart *de,* pelgrimstocht *nm (aussi au fig.)*
pélican *nm* pelikaan *nm*
pelle *nf* **1** *(outil)* schop *de,* spade *de;* **~ mécanique** graafmachine; **la ~ à poussière** het (stof)blik; *(fig.)* **ramasser qqch à la ~** iets maar voor het opscheppen hebben **2** *(fam.) (baiser)* tongzoen *nm*
pelletée *nf* schopvol *de (sans prép.)*
pellicule *nf* **1** *(plur.) (du cuir chevelu)* roos *de (sing.)* **2** *(phot.)* film *nm* **3** *(fine couche)* vliesje *het*
pelote *nf* **1** *(boule)* kluwen *het* **2** *(pour épingles)* (spelden)kussen *het*
peloton *nm (milit., sports)* peloton *het;* **~ de tête** *(aussi au fig.)* koplopers
se pelotonner *vpr* zich oprollen
pelouse *nf* grasperk *het*
peluche *nf* **1** *(tissu)* pluche *het/de (m)* **2** *(flocon de poussière)* pluis *de*
pelucher *vi* pluizen
pelure *nf* schil *de;* **~ d'oignon** uienvelletje
pénal, -ale *adj* strafrechtelijk, *(adj. aussi)* straf-
pénaliser *vt* (be)straffen
pénalité *nf* **1** *(jur.)* boete *de* **2** *(sports)* strafpunt *het*
penaud, -aude *adj* **1** *(honteux)* beschaamd **2** *(interdit)* beteuterd
penchant *nm* neiging *nf*
penché, -ée *adj* **1** *(qqch)* hellend **2** *(qqn)* (voorover)gebogen
[1]**pencher** *vi* **1** *(être, devenir oblique)* (over)hellen **2** *(+ pour) (préférer)* overhellen (tot)
[2]**pencher** *vt* **1** *(rendre oblique)* doen overhellen **2** *(incliner, courber)* (voorover)buigen; **se pencher** *vpr* **1** *(s'incliner)* zich (voorover)buigen **2** *(+ sur) (examiner)* zich buigen (over)
pendaison *nf* ophanging *nf;* **~ de crémaillère** inwijdingsfeest
[1]**pendant** *nm* tegenhanger (van) *nm;* **faire ~ à qqch** bij iets horen ♦ **~ (d'oreille)** oorhanger
[2]**pendant, -ante** *adj* **1** *(qui pend)* (neer)hangend; **les jambes ~es** met bungelende benen **2** *(en suspens)* hangend
[3]**pendant** *prép* gedurende, tijdens; **~ longtemps** lang; **~ ce temps** onderwijl ♦ **~ que** terwijl; **~ que vous y êtes** nu u er toch bent
pendentif *nm* hanger *nm*
penderie *nf* kleerkast *de*
[1]**pendre** *vi (tomber)* hangen
[2]**pendre** *vt (suspendre qqn, qqch)* (op)hangen; **~ qqn haut et court** iemand zonder veel omslag opknopen; **je veux être pendu si** ik mag hangen als; **qu'il aille se faire ~ ailleurs** hij kan naar de pomp lopen; **se pendre** *vpr* **1** *(+ à) (se suspendre)* zich vasthouden (aan); **se ~ au cou de qqn** iemand om de hals vallen **2** *(se suicider)* zich ophangen
pendu, -ue *adj* (op)gehangen; **le, la ~(e)** de gehangene
[1]**pendule** *nm (balancier)* slinger *nm*
[2]**pendule** *nf (petite horloge)* klok *de*
pénétrant, -ante *adj* **1** *(qui pénètre)* doordringend **2** *(perspicace)* scherpzinnig
[1]**pénétrer (dans)** *vi* binnendringen (in) ♦ **~ chez qqn** bij iemand binnengaan
[2]**pénétrer** *vt* **1** *(imbiber; transpercer)* doordringen in, dringen in **2** *(+ de) (imprégner, remplir)* vervullen (met)
pénible *adj* **1** *(difficile)* moeilijk; *(adv.)* **péniblement** met moeite; nauwelijks **2** *(douloureux)* pijnlijk; **il m'est ~ de** het valt mij zwaar om
péniche *nf* aak *de*
pénicilline *nf* penicilline *de*
péninsule *nf* schiereiland *het*
pénis *nm* penis *nm*

pénitence *nf* **1** *(contrition)* berouw *het* **2** *(peine du pénitent)* penitentie *nf;* **faire ~** boete doen **3** *(punition)* straf *de;* **pour (ta) ~** als straf

pénitencier *nm (prison)* tuchthuis *het*

pénombre *nf* **1** *(lumière faible)* halfdonker *het* **2** *(fig.)* achtergrond *nm*

pensée *nf* **1** *(idée)* gedachte *nf;* **en ~, par la ~** in gedachte, in verbeelding **2** *(opinion)* mening *nf* **3** denkwijze *de;* **la libre ~** de vrijdenkerij **4** *(intention)* bedoeling *nf;* **aller jusqu'au bout de sa ~** ronduit spreken **5** *(réflexion)* overdenking *nf;* **être absorbé dans ses ~s** in gepeins verzonken zijn

[1]**penser (à)** *vi* denken (aan); **faites-moi ~ à lui écrire** help me eraan herinneren dat ik hem nog moet schrijven; **laisser, donner à ~** te denken geven; **il ne dit rien, mais il n'en pense pas moins** hij zegt niets, maar denkt zoveel te meer; **sans y ~** onbewust, automatisch; **vous n'y pensez pas !** dat meent u niet!; **tu penses, vous pensez** nou en of; *(iron.)* wat dacht je; **penses-tu !, pensez-vous !** welnee!

[2]**penser** *vt* **1** *(estimer)* denken; **vous pensez bien que** u kunt zich wel voorstellen dat; **qu'en pensez-vous ?** wat vindt u ervan?; **qu'est-ce qui vous fait ~ cela ?** hoe komt u daarbij? **2** *(se proposer de)* van plan zijn

penseur *nm* denker *nm*

pensif, -ive *adj* nadenkend

pension *nf* **1** *(allocation)* uitkering *nf;* **~ alimentaire** alimentatie **2** *(sorte d'hôtel)* pension *het* **3** *(logement et nourriture)* pension *het;* **avec, en ~ complète** met vol pension **4** *(pensionnat)* kostschool *de* **5** *(Belg.f.)* ((pension de) retraite) (ouderdoms)pensioen *het,* rustpensioen *het (Belg.n.)*

pensionnaire *n* **1** *(dans un hôtel, chez un particulier)* pensiongast *nm* **2** *(interne)* (kostschool)leerling(e) *nm (nf)*

pensionnat *nm* kostschool *de*

pensionné, -ée *adj (Belg.f.)* gepensioneerd

pensionner *vt (Belg.f.)* pensioneren

pentagone *adj* vijfhoekig; **le ~** de vijfhoek; **le Pentagone** het Pentagon

pente *nf* **1** *(terrain incliné)* helling *nf;* **en ~** schuin; *(fig.)* **être sur la mauvaise ~** op de verkeerde weg zijn **2** *(tendance)* neiging *nf* ♦ **remonter la ~** er weer bovenop komen

Pentecôte *nf* Pinksteren *nm;* **lundi de ~** tweede pinksterdag

pénurie *nf* tekort (aan) *het;* **~ de logements** woningnood

[1]**people** *nm* ster *de*

[2]**people** *adj* sterren-; **la presse ~** de roddelbladen

pépé *nm* opa *nm*

pépère *adj (tranquille)* rustig ♦ *(grand-père)* **le ~** de opa

pépier *vi* piepen

pépin *nm* **1** *(bot.)* pit *de* **2** *(parapluie)* plu *nm* **3** *(ennui)* moeilijkheid *nf*

pépinière *nf (bot.)* boomkwekerij *nf*

pépite *nf* (goud)klomp *nm*

péquenaud, pequenot *nm* boer(enlul) *nm*

perçant, -ante *adj* doordringend

percée *nf* **1** *(ouverture)* opening *nf* **2** *(développement)* doorbraak *de (aussi milit.)*

perce-neige *nm ou nf* sneeuwklokje *het*

percepteur *nm* belastingontvanger *nm*

perceptible *adj* **1** *(par les sens)* waarneembaar **2** *(d'un impôt)* invorderbaar

perception *nf* **1** waarneming *nf;* **~ du bien et du mal** onderscheid tussen goed en kwaad **2** *(des impôts)* inning *nf*

[1]**percer** *vi* **1** *(se frayer un passage en faisant un trou)* doorbreken **2** *(acquérir la notoriété)* bekendheid krijgen

[2]**percer** *vt* **1** *(trouer)* een gat maken in **2** *(faire une ouverture)* een opening maken in **3** *(se frayer un passage)* doorbreken; **bruit qui perce les oreilles** oorverdovend lawaai; **~ une rue** een straat door-trekken; **~ un tunnel** een tunnel graven **4** *(déceler)* doorgronden

perceuse *nf* boor(apparaat) *de (het)*

percevoir *vt* **1** *(discerner)* waarnemen **2** *(impôts)* innen

perche *nf* **1** *(bâton)* lange stok *nm; (fig.)* **tendre la ~ à qqn** iemand de reddende hand toesteken **2** *(sports)* polsstok *nm;* **saut(er) à la ~** polsstok(hoog)springen **3** *(poisson)* rivierbaars *nm*

[1]**percher** *vi (oiseaux)* hoog (op een tak) zitten

[2]**percher** *vt (placer à un endroit élevé)* hoog neerzetten

perchoir *nm (d'un oiseau)* roest(stok) *het/de (nm)*

percussion *nf* slag *nm*

percutant, -ante *adj* schokkend

[1]**percuter (contre)** *vi (heurter en explosant)* knallen (tegen)

[2]**percuter** *vt (heurter)* stoten tegen

perdant, -ante *n* verliezer *nm*

perdition *nf* verderf *het* ♦ **navire en ~** schip in nood

[1]**perdre** *vi* **1** verliezen; **ne pas savoir ~** niet tegen zijn verlies kunnen; **y ~** erop achteruitgaan **2** *(devenir plus faible)* afnemen

[2]**perdre** *vt* **1** *(être privé de)* verliezen; **~ de vue** uit het oog verliezen; **j'ai perdu mon stylo** ik ben mijn pen kwijt; **tu ne le connais pas ? tu n'y perds rien** ken je hem niet? daar mis je niets aan **2** *(gaspiller)* verspillen **3** *(causer la ruine de qqn)* ruïneren; **se perdre** *vpr* **1** *(s'égarer)* verdwalen, *(fig.)* in de war raken; **je m'y perds** ik kan er niet meer uit wijs **2** *(+ dans) (disparaître; se plonger dans)* verdwijnen (in)

perdrix *nf* patrijs *de*

perdu, -ue *adj* **1** *(disparu)* verloren, kwijt(geraakt); **être ~** verdwaald zijn; *(fig.)* er niet meer uit kunnen komen; le temps ~ de tijd die niet meer terugkomt **2** *(gâché)* verspild; occasion ~e gemiste kans **3** *(atteint dans sa réputation, sa fortune etc.)* geruïneerd **4** *(+ dans) (isolé)* verscholen (in)

père *nm* **1** *(papa)* vader *nm (aussi au fig.)*; de ~ en fils van vader op zoon; ~ de famille huisvader; *(prov)* tel ~, tel fils zo vader, zo zoon **2** *(cathol.)* pater *nm* **3** *(plur.) (ancêtres)* vaderen *plur* ♦ le Père Noël de kerstman; croire au ~ Noël nog in sprookjes geloven *(aussi au fig.)*

péremption *nf* verval *het*

péremptoire *adj* afdoend

perfection *nf* volmaaktheid *nf;* à la ~ volmaakt

perfectionné, -ée *adj* geperfectioneerd

perfectionnement *nm* **1** *(amélioration)* verbetering *nf* **2** *(enseign.)* bijscholing *nf*

perfectionner *vt (améliorer)* verbeteren; **se perfectionner** *vpr* **1** *(s'améliorer)* zich verbeteren **2** *(se moderniser)* vooruitgaan **3** *(enseign.)* zich verder bekwamen

perfectionnisme *nm* perfectionisme *het*

perfectionniste *n* perfectionist(e) *nm (nf);* être ~ perfectionistisch zijn

perfide *adj* trouweloos

perforation *nf* **1** *(action de perforer)* (het) perforeren **2** *(trou d'une carte perforée)* (pons)gat *het* **3** *(méd.)* perforatie *nf*

perforer *vt* **1** *(percer)* perforeren **2** *(des cartes, des bandes)* ponsen **3** *(un titre de transport)* knippen

performance *nf* **1** *(exploit)* prestatie *nf* **2** *(souvent plur.) (d'une machine)* prestatievermogen *het (uniquement sing.)*

performant, -ante *adj* **1** *(technol.)* hoge prestaties leverend, *(Belg.)* performant **2** *(écon.)* scherp concurrerend

perfusion *nf* infuus *het;* être sous ~ aan het infuus liggen

péril *nm* gevaar *het;* au ~ de sa vie met levensgevaar; courir un ~, des ~s gevaar lopen; mettre en ~ in gevaar brengen ♦ il n'y a pas ~ en la demeure zo'n haast is er niet bij

périlleux, -euse *adj* gevaarlijk

périmé, -ée *adj* **1** *(dépassé)* verouderd **2** *(qui n'est plus valable)* verlopen

périmètre *nm* omtrek *nm (aussi math.)*

période *nf* periode *nf* ♦ ~s (menstruelles) menstruatie

périodique *adj* **1** periodiek **2** *(parution)* geregeld verschijnend; le ~ het tijdschrift

péripétie *nf (plur.)* verwikkelingen *plur*

périphérie *nf* omtrek *nm, (banlieue)* rand *nm*

périphérique *adj* rand-; le ~ de ringweg

périphrase *nf* omschrijving *nf*

périple *nm* rondreis *de*

périr *vi* **1** *(disparaître, se détériorer)* vergaan; son nom ne périra pas zijn naam zal voort blijven leven **2** *(mourir)* omkomen; ~ noyé door verdrinking om het leven komen

périscope *nm* periscoop *nm*

périssable *adj* **1** *(de denrées)* aan bederf onderhevig **2** *(qui n'est pas durable)* vergankelijk

perle *nf* **1** *(bijou)* parel *de;* cette femme est une ~ die vrouw is er één uit duizenden **2** *(goutte)* druppel *nm* **3** *(boule percée d'un trou)* kraal *de;* enfiler des ~s kralen rijgen; *(fig.)* zijn tijd verdoen **4** *(erreur grossière)* blunder *nm*

perler *vi (suinter)* parelen

permalien *nm (inform.)* permanente link *nm*

permanence *nf* **1** *(persistance)* bestendigheid *nf;* en ~ voortdurend **2** *(d'un service)* doorlopende dienstverlening *nf, (Belg.)* permanentie *nf;* assurer une ~ dag en nacht open zijn, de dienst waarnemen; être de ~ dienst hebben **3** *(salle d'étude)* studiezaal *de*

permanent, -ente *adj* **1** *(stable)* permanent; la ~e de permanent **2** *(ininterrompu)* voortdurend

permettre (à) *vt* **1** *(autoriser)* toestaan (aan); son père lui permet d'utiliser sa voiture hij mag de auto van zijn vader gebruiken; ~ à qqn de iemand toestemming geven om te; (vous) permettez ? als ik zo vrij mag zijn! **2** *(rendre possible)* mogelijk maken; **se permettre** *vpr (oser)* zich veroorloven, zich permitteren; il se croit tout permis hij denkt dat hij alles mag, hij denkt dat hij alles kan maken

permis *nm* vergunning *nf;* ~ (de conduire) rijbewijs; ~ de construire bouwvergunning; passer son ~ (de conduire) rijexamen doen; ~ de séjour verblijfsvergunning

permissif, -ive *adj* tolerant

permission *nf* **1** *(autorisation)* toestemming *nf;* avec la ~ de qqn met iemands goedvinden; demander la ~ de toestemming vragen om te **2** *(milit.)* verlof *het;* être en ~ met verlof zijn

[1]**permuter** *vi (des fonctionnaires)* ↓ (met elkaar) van baan ruilen

[2]**permuter** *vt (intervertir)* verwisselen

Pérou *nm* Peru *n* ♦ ce n'est pas le ~ het is geen goudmijn

perpendiculaire *adj* loodrecht (op elkaar staand); ~ à qqch loodrecht op iets staande; la ~ de loodlijn

perpétrer *vt* plegen

perpétuel, -elle *adj* **1** *(éternel)* eeuwig(durend) **2** *(qui dure toute la vie)* levenslang

perpétuer *vt* levendig houden; **se perpétuer** (dans) *vpr* voortleven (in)

perpétuité *nf* eeuwigheid *nf;* être condamné à ~ tot levenslang veroordeeld zijn

perplexe *adj* **1** onzeker; avoir l'air ~ er verbouwereerd uitzien **2** verward

perquisition *nf* huiszoeking *nf*

perquisitionner *vi* huiszoeking verrichten
perron *nm* bordes *het*
perroquet *nm* papegaai *nm*
perruche *nf* parkiet *nm*
perruque *nf* pruik *de*
persan, -ane *adj* Perzisch; le, la Persan(e) de Pers, Perzische
perse *adj* Perzisch
persécuter *vt* vervolgen
persécution *nf* vervolging *nf*
persévérance *nf* doorzettingsvermogen *het*
persévérant, -ante *adj* volhardend; un homme ~ een doorzetter
persévérer *vi* volharden, doorzetten; ~ dans son opinion op zijn stuk blijven staan
persienne *nf* luik *het*
persiflage *nm* persiflage *nf*
persil *nm* peterselie *de*
persistance *nf* 1 *(obstination)* volharding *nf* 2 *(continuité)* (het) voortduren
persistant, -ante *adj* aanhoudend
persister *vi* 1 *(+ dans) (persévérer)* volharden (in); il persiste (et signe) hij blijft onwankelbaar op z'n stuk staan 2 *(durer)* voortduren
perso *adv (fam.)* persoonlijk, zelf; ~, je trouve que ... persoonlijk vind ik dat ...; coup de fil ~ privé(telefoon)gesprek
personnage *nm* 1 *(personnalité)* (belangrijke) figuur *het/de;* ~ haut placé hooggeplaatst iemand 2 *(arts) (héros)* figuur *het/de;* ~ principal hoofdfiguur
personnaliser *vt* individualiseren
personnalité *nf* 1 *(caractère, identité)* persoonlijkheid *nf* 2 *(plur.) (personne en vue)* belangrijke persoonlijkheden *plur*
[1]**personne** *nf* 1 *(individu)* persoon *nm;* ~ âgée bejaarde; ~ à (la) charge persoon in wiens levensonderhoud men voorziet; en ~ in eigen persoon; grande ~ volwassene; ~ morale rechtspersoon; par ~ per persoon; payer de sa ~ zich niet ontzien; par une tierce ~, par ~ interposée via een tussenpersoon; une ~ iemand 2 *(ling.)* persoon *nm;* roman écrit à la première ~ roman geschreven in de ik-vorm
[2]**personne** *pron indéf* 1 *(dans une subordonnée dépendant d'une principale négative; en phrase comparative)* iemand; il joue du piano comme ~ hij speelt piano als de beste; vous le savez mieux que ~ u weet het beter dan wie ook; sans avoir vu ~ zonder iemand gezien te hebben 2 *(avec 'ne' ou en réponse à une question)* niemand; je n'ai rencontré ~ de sérieux ik ben geen serieus iemand tegengekomen
[1]**personnel** *nm* personeel *het*
[2]**personnel, -elle** *adj* persoonlijk; fortune ~le eigen vermogen; objets ~s persoonlijke eigendommen
personnifier *vt* verpersoonlijken
perspective *nf* perspectief *het,* perspectief *de (arts);* à la ~ de qqch bij het vooruitzicht van iets; sans ~ zonder toekomst
perspicace *adj* scherpzinnig
perspicacité *nf* scherpzinnigheid *nf*
persuader *vt* overtuigen; se persuader *vpr* 1 *(+ de) (se convaincre de)* zichzelf, elkaar overtuigen (van) 2 *(s'imaginer à tort)* zich (iets) inbeelden
persuasif, -ive *adj* overtuigend
persuasion *nf* overtuiging *nf*
perte *nf* 1 *(fait d'égarer, de perdre)* verlies *het;* à ~ de vue zover het oog reikt; ~ des cheveux haaruitval; ~ de connaissance flauwte 2 *(ruine)* ondergang *nm;* courir, aller à sa ~ zijn ondergang tegemoet gaan; causer la ~ de qqn iemand ruïneren 3 *(gaspillage)* verspilling *nf;* en pure ~ volkomen tevergeefs; *(commerce)* ~ sèche puur verlies 4 *(d'énergie, de chaleur)* verlies *het; (d'un avion)* être en ~ de vitesse terugvallen in snelheid; *(fig.)* achteropraken 5 *(plur.) (méd.)* vochtverlies *het (uniquement sing.);* ~s blanches witte vloed
pertinence *nf* relevantie *nf*
pertinent, -ente *adj* relevant
perturbateur, -trice *adj* storend; éléments ~s subversieve elementen; le ~, la perturbatrice de ordeverstoorder, ordeverstoorster
perturbation *nf* 1 *(dérèglement)* ontregeling *nf* 2 *(trouble)* onrust *de*
perturber *vt* (ver)storen, *(transp.)* ontregelen
péruvien, -ienne *adj* Peruaans; le, la Péruvien(ne) de Peruaan(se)
pervenche *nf* 1 *(contractuelle)* ↑ parkeeragente *nf* 2 *(bot.)* maagdenpalm *nm*
pervers, -erse *adj* pervers; un(e) ~(e) iemand met perverse neigingen
perversion *nf* 1 *(dépravation)* verval *het* 2 *(psycho.)* perversie *nf*
perversité *nf* 1 *(goût pour le mal)* verdorvenheid *nf* 2 *(psycho.)* perversiteit *nf*
pervertir *vt* verderven
pesant, -ante *adj* 1 *(lourd)* zwaar 2 *(qui manque de finesse, de vivacité)* log ♦ *(subst.) (fig.)* valoir son ~ d'or zijn gewicht in goud waard zijn
pesanteur *nf* 1 *(lourdeur)* zwaarte *nf (aussi au fig.)* 2 *(phys.)* zwaartekracht *de*
pesée *nf* 1 *(action de peser)* (het) wegen 2 *(quantité pesée)* gewogene *het*
pèse-lettre *nm* brievenweger *nm*
pèse-personne *nm* personenweegschaal *de*
[1]**peser** *vi* 1 wegen, *(fig.)* zwaar vallen; ~ lourd zwaar zijn; *(fig.)* ~ sur les épaules tot last zijn 2 *(accabler)* druk uitoefenen; cela va ~ sur sa décision dat zal zijn, haar beslissing beïnvloeden
[2]**peser** *vt* wegen, afwegen
pessimisme *nm* pessimisme *het*
pessimiste *n* pessimist(e) *nm (nf);* être ~ sur qqch pessimistisch zijn over iets

peste *nf* **1** *(méd.)* pest(epidemie) *de (nf)* **2** *(fille insupportable)* klier *nm*
pester (contre) *vi* schelden (op)
pesticide *nm* bestrijdingsmiddel *het*
pet *nm* scheet *nm*
pétale *nm* bloemblad *het;* **~ de rose** rozenblad
pétarader *vi* knetteren
pétard *nm* **1** *(charge d'explosif)* rotje *het* **2** *(révolver)* blaffer *nm* **3** *(drogue)* stickie *het* ♦ **il est en ~** hij barst van woede
[1]**péter** *vi* **1** *(faire un pet)* scheten laten **2** *(éclater)* knallen **3** *(se casser)* ↑ stuk gaan
[2]**péter** *vt (casser)* ↑ stuk maken
pétillant, -ante *adj* bruisend; **avoir l'œil ~** pretogen hebben
pétiller *vi* **1** *(produire des bulles)* bruisen **2** *(+ de) (briller)* schitteren (van), fonkelen (van) *(d'yeux)*
[1]**petit, -ite** *n (enfant)* kleine *nm,* kleintje *het (m), het (f);* **faire des ~s** jongen
[2]**petit, -ite** *adj* **1** *(de petite taille)* klein; **~e amie** vriendinnetje; *(enseign.)* **les ~es classes** de lagere klassen; **se faire tout ~** proberen onopgemerkt te blijven; **un homme ~** een klein mannetje; **une ~e minute** een ogenblikje **2** *(de peu d'importance)* onbelangrijk ♦ **ma ~e dame** mevrouwtje
[3]**petit** *adv* op kleine schaal; **~ à ~** stap voor stap; **en ~** in 't klein; **voir ~** de zaken niet groot durven aanpakken
petit-déjeuner *nm* ontbijt *het*
petite-fille *nf* → **petit-fils**
petitement *adv* **1** *(à l'étroit)* klein **2** *(avec bassesse)* laag
petitesse *nf* **1** *(dimension)* geringe omvang *nm* **2** *(mesquinerie)* bekrompenheid *nf*
petit-fils, petite-fille *n* kleinzoon, kleindochter *nm, nf*
pétition *nf* petitie *nf*
petits-enfants *nm* kleinkinderen *plur*
petits-pois *nm* (dop)erwten *plur*
pétrifier *vt* (doen) verstenen, *(fig.)* verstijfd doen staan
pétrin *nm* **1** *(du boulanger)* bakkerstrog *nm* **2** *(situation embarrassante)* puree *nf;* **se fourrer dans le ~** zich in de nesten werken
pétrir *vt* kneden *(aussi au fig.)* ♦ **être pétri de contradictions** vol tegenstrijdigheden zitten
pétrochimie *nf* petrochemie *nf*
pétrole *nm* **1** *(huile minérale)* (aard)olie *de* **2** *(fraction de la distillation du pétrole)* petroleum *nm*
pétrolier, -ière *adj* (aard)olie-; *(bateau)* **le ~** de olietanker; **le ~** *(industriel)* de (aard)oliemagnaat
pétrolifère *adj* (aard)oliehoudend
peu *adv* weinig; **~ à ~** langzamerhand; **à ~ (de chose) près** bijna; *(iron.)* **un ~ beaucoup** wel wat erg; **compter pour ~ de chose** er niet veel toe doen; **~ de (temps)** weinig (tijd); **il s'en faut de ~** het scheelt maar weinig; **il est de ~ mon aîné** hij is iets ouder dan ik; **c'est ~** het stelt niet veel voor; **le ~ (que)** het beetje, het weinige (dat); **un (tout) petit ~** een (heel) klein beetje; *(abstr.)* enigszins; **pour ~ que** mits; **quelque ~** enigszins; **(un) tant soit ~** enigszins; **très ~ pour moi** mij niet gezien ♦ **d'ici ~, sous ~** binnenkort; **depuis ~** sinds kort; **il y a ~** kort geleden
peuplade *nf* volksstam *nm*
peuple *nm* **1** *(nation)* volk *het* **2** *(population)* bevolking *nf* **3** *(masse)* massa *de;* **le petit ~** het mindere volk **4** *(beaucoup de monde)* mensen *plur;* **il y a du ~** het is druk
peuplé, -ée *adj* bevolkt; **peu ~** dunbevolkt
peupler *vt (pourvoir d'une population, habiter)* bevolken; **~ un bois** een bos opnieuw beplanten; **se peupler** *vpr* **1** *(se remplir d'habitants)* zich bevolken **2** *(se remplir)* zich vullen
peuplier *nm* **1** *(arbre)* populier *nm* **2** *(bois)* populierenhout *het*
peur *nf* angst *nm;* **j'ai eu une de ces ~s !** ik schrok me dood!; **avoir ~ que ... ne** bang zijn dat ...; **n'avoir pas ~ des mots** de dingen bij de naam noemen; **avoir une ~ bleue** doodsbang zijn; **avoir ~ de** bang zijn voor, om te; **de ~ de, par ~ de** uit angst voor, bang om; **faire ~ à qqn** iemand bang maken; **avoir plus de ~ que de mal** met de schrik vrijkomen; **avoir ~ pour qqn** bezorgd zijn over iemand; **prendre ~** bang worden, schrikken
peureux, -euse *adj* angstig, bangelijk; **le ~, la peureuse** de bangerik
peut-être *adv* **1** *(exprime la possibilité)* misschien; **~ bien** waarschijnlijk; **~ que** misschien (dat); **~ bien que oui, ~ bien que non** misschien wel, maar misschien ook niet **2** *(exprime le défi)* soms; **ce n'est pas de l'or, ~ ?** is dat soms geen goud?
phalange *nf* kootje *het*
phallocrate *nm* macho *nm*
pharaon *nm* farao *nm*
pharaonique *adj* **1** *(hist.)* faraonisch **2** *(fig.)* megalomaan
phare *nm* **1** *(position où le phare éclaire le plus)* groot licht *het* **2** *(projecteur d'un véhicule)* koplamp *de;* **~ antibrouillard** mistlamp **3** *(tour sur une côte)* vuurtoren *nm*
pharmaceutique *adj* farmaceutisch
pharmacie *nf* **1** *(magasin)* apotheek *de;* **~ de garde** dienstdoende apotheek **2** *(armoire)* (huis)apotheek *de* **3** *(science)* farmacie *nf*
pharmacien, -enne *n* apotheker(es) *nm (nf)*
pharyngite *nf* keelontsteking *nf*
pharynx *nm* keel(holte) *de (nf)*
phase *nf* fase *nf*
phénoménal, -ale *adj* buitengewoon
phénomène *nm* **1** *(manifestation; aussi*

en philo.) verschijnsel *het,* fenomeen *het* **2** *(personne extraordinaire)* wonderkind *het (m), het (f)* **3** *(chose extraordinaire)* natuurwonder *het* **4** *(personne bizarre)* rare vogel *nm*

philanthrope *n* filantroop *nm*

philanthropique *adj* filantropisch, liefdadig

philatélie *nf* filatelie *nf*

philatéliste *n* filatelist(e) *nm (nf),* postzegelverzamelaar *nm*

philharmonique *adj* filharmonisch

philippin, -ine *adj* Filipijns; le, la Philippin(e) de Filipijn(se); les Philippins de Filipino's

Philippines *nf* Filipijnen *plur;* aux ~ op de Filipijnen

philosophe *adj* **1** filosofisch; le ~ de filosoof, denker **2** *(qui montre de la sagesse)* wijs; un ~ wijs iemand ♦ le ~ de vrijdenker *(dix-huitième siècle)*

philosopher *vi* filosoferen

philosophie, philo *nf* **1** *(doctrine; étude)* filosofie *nf* **2** *(détachement)* gelatenheid *nf;* prendre qqch avec ~ iets gelaten dragen **3** *(conception de la vie)* (levens)opvatting *nf*

philosophique *adj* **1** filosofisch **2** *(qui dénote de la sagesse)* gelaten

phlébite *nf* aderontsteking *nf*

phobie *nf* **1** *(aversion)* afkeer *nm* **2** *(psycho.)* fobie *nf*

phonétique *adj* fonetisch; la ~ de fonetiek, klankleer

phoque *nm (zool.)* zeehond *nm*

phosphate *nm* fosfaat *het*

phosphore *nm* fosfor *het/de (m)*

phosphorescent, -ente *adj* lichtgevend, fluorescerend

photo *nf* **1** foto *de;* ~ d'identité pasfoto **2** *(technique, art)* fotografie *nf,* (het) fotograferen; prendre en ~ fotograferen

photocopie *nf* fotokopie *nf*

photocopier *vt* fotokopiëren, *(Belg.)* polykopiëren

photocopieur *nm,* **photocopieuse** *nf* (foto)kopieerapparaat *het*

photogénique *adj* fotogeniek

photographe *n* foto|graaf, -grafe *nm, nf;* reporteur ~ fotojournalist, persfotograaf

photographie *nf* → photo

photographier *vt* **1** *(prendre en photo)* fotograferen **2** *(dans la mémoire)* in z'n geheugen registreren

photographique *adj* fotografisch *(aussi au fig.);* appareil ~ fototoestel; pellicule ~ filmrol(letje)

phrase *nf* **1** *(ling.)* (vol)zin *nm* **2** *(plur.) (formule recherchée)* (holle) frasen *plur;* faire de grandes ~s bombastische taal uitslaan; sans ~s zonder omhaal van woorden; ~s toutes faites geijkte uitdrukkingen

physicien, -ienne *n* natuurkundige *nm*

physiologie *nf* fysiologie *nf*

physiologique *adj* **1** *(relatif à la physiologie)* fysiologisch **2** *(somatique)* lichamelijk

physionomie *nf* **1** *(faciès)* gelaatsuitdrukking *nf* **2** *(apparence)* uiterlijk *het*

physionomiste *adj* ♦ être ~ een goed geheugen voor gezichten hebben

1**physique** *nm* **1** *(relatif au corps)* (het) lichamelijke **2** *(aspect général)* uiterlijk *het;* avoir le ~ de qqn uiterlijk op iemand lijken; avoir le ~ de l'emploi (uiterlijk) goed in zijn rol passen

2**physique** *nf (sc.)* natuurkunde *nf,* fysica *nf*

3**physique** *adj* **1** *(corps)* lichamelijk, fysiek; amour ~ zinnelijke liefde; éducation ~ lichamelijke opvoeding; état ~ lichaamsgesteldheid; être bien ~ment er goed uitzien **2** *(sc.)* fysisch, natuurkundig; sciences ~s natuurwetenschappen ♦ magasin ~ fysieke winkel

piaf *nm* ↑ mus *de*

piaffer *vi* trappelen

piailler *vi* piepen

pianiste *n* pianist(e) *nm (nf)*

piano *nm* piano *de;* faire, jouer du ~ pianospelen; ~ à queue vleugel

pianoter *vi* **1** *(mus.)* op de piano tingelen **2** *(tapoter)* (met zijn vingers) trommelen

pic *nm* **1** *(instrument)* (pik)houweel *het* **2** *(d'une montagne)* bergtop *nm;* s'élever à ~ loodrecht omhoog rijzen **3** *(zool.)* specht *nm* ♦ couler à ~ zinken als een baksteen; tomber à ~ goed van pas komen; arriver à ~ op het juiste moment komen

pichet *nm* (wijn)karafje *het*

pickpocket *nm* zakkenroller *nm*

picoler *vi* pimpelen

1**picorer** *vi* pikken

2**picorer** *vt (becqueter)* oppikken

picotement *nm* kriebel *nm*

picoter *vt* **1** *(piquer)* prikken **2** *(irriter)* prikkelen

pie *nf* ekster *de;* être bavard comme une ~ klappen als een ekster

pièce *nf* **1** *(élément d'un ensemble)* stuk *het;* travail aux ~s stukwerk; ~s détachées onderdelen; inventer de toutes ~s van a tot z verzinnen; ~s jointes, PJ bijlagen, bijl.; la ~ per stuk; mettre en ~s stukgooien; *(fig.)* niets heel laten van **2** *(de monnaie)* geldstuk *het,* munt *de;* ~ de monnaie munt(stuk) **3** *(d'un logement)* kamer *de;* (appartement de) deux ~s tweekamerwoning, tweekamerflat **4** *(de théâtre, de musique)* stuk *het;* ~ de théâtre toneelstuk **5** *(jur.)* stuk *het;* ~ à conviction bewijsstuk; ~s d'identité (identiteits)papieren ♦ ~ d'eau waterpartij *(dans un parc, un jardin, etc.);* ~ montée monumentale taart

pied *nm* **1** *(partie du corps)* voet *nm;* à ~ te voet, lopend; sauter à ~s joints hinkelen, springen met beide benen bij elkaar; avoir ~ de bodem aanraken; avoir bon ~, bon œil (nog, weer) helemaal in vorm zijn; **de ~ en cap** helemaal, van top tot teen; **casser les ~s à qqn** iemand aan z'n kop zeuren; **ne pas savoir sur quel ~ danser** niet weten waar men aan toe is; **il ne sortira plus d'ici que les ~s devant** hij zal deze ruimte niet levend verlaten; **faire du ~ à qqn** *(pour avertir)* iemand met de voet een seintje geven; *(pour marquer un intérêt galant)* voetje vrijen met iemand; **cela lui fera les ~s** dat zal een lesje voor hem, haar zijn; **de ~ ferme** vastberaden; **se lever du ~ gauche** met het verkeerde been uit bed stappen; **faire le ~ de grue** eindeloos staan wachten; **au ~ levé** onvoorbereid; **faire des ~s et des mains** hemel en aarde bewegen; **ne pas se laisser marcher sur les ~s** zich niet op zijn kop laten zitten; **mettre les ~s qqp** ergens heengaan; **mettre ~ à terre** uitstappen; **~s nus** blootsvoets; **perdre ~** geen grond meer voelen; **~ plat** platvoet; **mettre les ~s dans le plat** een blunder begaan; *(fig.)* **~s et poings liés** aan handen en voeten gebonden; **ne plus pouvoir mettre un ~ devant l'autre** geen stap meer kunnen verzetten; **(re)tomber sur ses ~s** op zijn pootjes terechtkomen *(aussi au fig.)*; **remettre qqn sur ~** iemand weer op de been helpen; **sur ~** uit bed, op de been; **avoir les ~s sur terre** met beide benen op de grond staan; **des ~s à la tête** van top tot teen; **avoir un ~ dans la tombe** met één been in het graf staan; **traîner les ~s** sloffen **2** *(base)* voet *nm;* **le ~ d'un appareil photo** het statief van een fototoestel; **mettre qqn au ~ du mur** iemand voor het blok zetten **3** *(mesure)* voet *nm;* **être à six ~s sous terre** dood en begraven zijn; **vouloir être à cent ~s sous terre** (wel) door de grond kunnen zinken **4** *(litt.)* versvoet *nm* ♦ **comme un ~** waardeloos; **(c'est) le ~ !** (dat is) onwijs goed!; **sur le ~ de guerre** op voet van oorlog; **au ~ de la lettre** in de letterlijke betekenis van het woord; **faire un ~ de nez** een lange neus maken; **prendre son ~** een kick krijgen; *(sexe)* klaarkomen; **sur un ~ d'égalité** op voet van gelijkheid; **~ de vigne** wijnstok

pied-à-terre *nm* pied-à-terre *het,* optrekje *het*

pied-de-biche *nm* **1** *(levier)* koevoet *nm* **2** *(d'une machine à coudre)* voetje *het*

piédestal *nm* voetstuk *het;* **mettre qqn sur un ~** iemand op een voetstuk plaatsen

pied-noir *nm* ↑ Fransman *nm* uit Algerije

piège *nm* val *de,* valstrik *nm, (fig.)* valkuil *nm;* **tendre un ~** een valstrik spannen *(aussi au fig.)*; **tomber dans le ~** erin lopen; **les ~s de l'orthographe** de valkuilen van de spelling; **prendre qqn au ~** iemand erin laten lopen

piéger *vt* **1** *(un animal)* strikken **2** *(mettre dans une situation sans issue)* in de val laten lopen **3** *(milit.)* een boobytrap maken van *(une mine, une bombe)*; **lettre piégée, colis piégé** bombrief, bompakket; **voiture piégée** autobom, bomauto

pierre *nf* **1** *(bloc rocheux)* steen *nm;* **âge de (la) ~** stenen tijdperk; **de ~** van steen, stenen *(aussi au fig.)*; **faire d'une ~ deux coups** twee vliegen in één klap slaan; **~ à feu** vuursteen; **jeter la (première) ~ à qqn** iemand de schuld geven; **poser la première ~** de eerste steen leggen; *(fig.)* de grondlegger zijn; **~ de taille** natuursteen; **~ tombale** grafsteen **2** *(précieuse)* edelsteen *nm;* **~ (précieuse)** edelsteen

pierreries *nf* juwelen *plur,* edelstenen *plur*

pierreux, -euse *adj* stenig

piété *nf* vroomheid *nf*

[1]**piétiner** *vi* **1** *(trépigner)* trappelen **2** *(ne pas avancer)* niet vooruitkomen *(aussi au fig.)*; **~ sur place** pas op de plaats maken

[2]**piétiner** *vt* **1** *(écraser en piétinant)* vertrappen **2** *(fig.) (ne pas respecter)* met voeten treden

piéton, -onne *n* voetganger *nm;* **zone ~ne** voetgangersgebied

piètre *adj* pover; **~ consolation** schrale troost

pieu *nm* **1** *(piquet)* paal *nm* **2** *(lit)* nest *het*

pieuvre *nf* octopus *nm*

pieux, pieuse *adj (relig.)* vroom

pif *nm* kokkerd *nm;* **avoir du ~** een fijne neus hebben ♦ **au ~** met de natte vinger

pif(f)er *vt* ♦ **ne pas pouvoir ~ qqn** iemand niet kunnen luchten (of zien)

pige *nf* ♦ **travailler à la ~** per regel betaald worden

pigeon *nm* **1** *(zool.)* duif *de;* **~ voyageur** postduif, *(Belg.)* reisduif **2** *(dupe)* uilskuiken *het (m), het (f)*

pigeonnier *nm* duiventil *de*

piger (à) *vt* snappen (van)

pigiste *n* freelancer *nm*

pigment *nm* pigment *het*

pignon *nm* **1** *(d'une façade)* puntgevel *nm; (fig.)* **avoir ~ sur rue** te goeder naam en faam bekendstaan **2** *(roue dentée)* tandwiel *het*

[1]**pile** *nf* **1** *(tas)* stapel *nm;* **mettre qqch en ~** iets opstapelen **2** *(côté pile d'une pièce)* munt *de;* **~ ou face** kruis of munt; **jouer qqch à ~ ou face** over iets tossen **3** *(pour accumulation d'énergie)* batterij *nf*

[2]**pile** *adv* ♦ **s'arrêter ~** plotseling stil blijven staan; **il est dix heures ~** het is op de kop af tien uur; **tomber ~** goed uitkomen

[1]**piler** *vi (s'arrêter net)* scherp remmen

[2]**piler** *vt (écraser)* (fijn)stampen

pilier *nm* **1** *(colonne)* pijler *nm* **2** *(fig.) (soutien)* pijler *nm,* steunpilaar *nm* **3** *(péj.) (habitué)* stamgast *nm*

pillage *nm* plundering *nf,* (het) (leeg)plunderen *(aussi au fig.)*

piller *vt* **1** *(saccager; voler)* (uit)plunderen, leeghalen **2** *(plagier)* plagiëren

pilleur, -euse *n* plunderaar(ster) *nm (nf)*

pilon *nm* stamper *nm*

pilonner *vt* 1 *(écraser)* (fijn)stampen 2 *(bombarder)* hevig bombarderen
pilori *nm* kaak *de; (fig.)* clouer qqn au ~ iemand aan de schandpaal nagelen
pilotage *nm* 1 *(art du pilote)* loodswezen *het* 2 *(d'un avion, d'une voiture, etc.)* besturing *nf*
pilote *nm* 1 *(aviat.)* piloot *nm;* ~ d'essai testpiloot; ~ de ligne verkeersvlieger 2 *(automobile)* bestuurder *nm* 3 *(mar.)* loods *nm* 4 *(pilote automatique)* stuurautomaat *nm* ♦ des classes ~s experimentele onderwijsvormen
piloter *vt* 1 *(un avion, une voiture)* besturen 2 *(mar.)* loodsen
pilotis *nm* 1 heipaal *nm;* maison sur ~ paalwoning 2 heiwerk *het*
pilule *nf* pil *de;* la ~ (anticonceptionnelle) de (anticonceptie)pil; avaler la ~ een bittere pil slikken; la ~ du lendemain de morning-afterpil; prendre la ~ de pil gebruiken, aan de pil zijn
pimbêche *nf* verwaand mens *het (f)*
piment *nm* 1 *(condiment)* Spaanse peper *nm;* ~ doux paprika 2 *(fig.) (ce qui donne du piquant)* gekruidheid *nf*
pimenter *vt* (met Spaanse peper) kruiden, peperen
pimpant, -ante *adj* fris en vrolijk
pin *nm* 1 *(arbre)* den *nm;* ~ maritime zeeden; ~ parasol, pignon pijn(boom); ~ sylvestre grove den 2 *(bois)* grenen *het*
pinailler *vi* muggenziften
pinard *nm* wijntje *het*
pince *nf* 1 *(plur.) (tenailles)* tang *de (uniquement sing.)* 2 *(outil)* tang *de;* ~ à épiler epileerpincet; ~ à sucre suiker(klontjes)tang; ~ universelle combinatietang 3 *(d'un animal; à linge)* knijper *nm;* ~ à linge wasknijper, wasspeld *(n.B.)* 4 *(couture)* figuurnaad *nm*
pincé, -ée *adj (contraint)* gedwongen; prendre un air ~ een zuur gezicht zetten
pinceau *nm* penseel *het*
pincée *nf* snufje *het;* une ~ de sel een snufje zout
pincement *nm* 1 *(de cordes)* (het) tokkelen 2 *(action de pincer qqch)* (het) klemmen ♦ avoir un ~ au cœur even iets van pijn voelen
pincer *vt* 1 *(serrer entre les doigts, etc.)* knijpen 2 *(les lèvres)* samenknijpen 3 *(arrêter)* ↑ betrappen; se faire ~ opgepakt worden 4 *(mus.)* tokkelen ♦ en ~ pour qqn helemaal weg zijn van iemand; se pincer *vpr (se serrer)* zich klemmen ♦ se ~ le doigt en fermant la porte met z'n vinger tussen de deur komen; se ~ le nez z'n neus dichtknijpen
pince-sans-rire *n* droogkomiek *nm;* sur un ton ~ op een droge toon
pincette *nf* 1 *(petite pince)* tangetje *het* 2 *(plur.) (pour attiser le feu)* vuurtang *de (uniquement sing.);* il n'est pas à prendre avec des ~s hij is met geen tang aan te vatten
pinède *nf* pijnboombos *het*
pingouin *nm (emploi abusif)* pinguïn *nm*
ping-pong *nm* tafeltennis *het*
pingre *nm* krent *de;* elle est ~ ze is krenterig
pinson *nm* vink *de;* être gai comme un ~ opgewekt zijn
pintade *nf* parelhoen *het*
pioche *nf* 1 *(agric.)* houw *de* 2 *(tr.pub.)* houweel *het* 3 *(tas (de dominos, de cartes))* stapel *nm*
[1]**piocher** *vi (prendre une carte, un domino)* een kaart, domino kopen
[2]**piocher** *vt (le sol)* met de houw bewerken
piolet *nm* ijshouweel *het*
pion *nm* 1 *(aux échecs)* pion *nm* 2 *(au jeu de dames et autres)* steen *nm* 3 *(surveillant)* (rot)surveillant *nm*
pionne *nf* juf *nf*
pionnier *nm* pionier *nm*
pipe *nf* (tabaks)pijp *de;* fumer la ~ pijp roken
pipeau *nm* lokfluitje *het*
pipelet, -ette *n (personne bavarde)* kletskous *de*
pipeline *nm* pijpleiding *nf*
[1]**piper** *vi* ♦ ne pas ~ geen kik geven
[2]**piper** *vt (truquer)* vervalsen; *(fig.)* les dés sont pipés het is doorgestoken kaart
pipette *nf* pipet *het/de*
pipi *nm* plasje *het;* faire ~ een plasje doen
piquant, -ante *adj* 1 *(pointu; qui donne une sensation de piqûre)* scherp; le ~ de stekel 2 *(qui stimule l'intérêt, l'attention)* pikant; des détails ~s sappige bijzonderheden; le ~ het interessante
[1]**pique** *nm (aux cartes)* schoppen *plur*
[2]**pique** *nf* 1 *(arme)* lans *de* 2 *(parole blessante)* hatelijkheid *nf;* lancer des ~s à qqn iemand hatelijkheden toevoegen
[1]**piqué** *nm* 1 *(tissu)* piqué *nm* 2 *(aviat.)* duikvlucht *de*
[2]**piqué, -ée** *adj* (van lotje) getikt
pique-assiette *nm* tafelschuimer *nm*
piquenique *nm* picknick *nm*
piqueniquer *vi* picknicken
[1]**piquer** *vi* 1 *(tomber, descendre)* plotseling dalen; ~ du nez voorovertuimelen 2 *(foncer)* wegstuiven
[2]**piquer** *vt* 1 *(introduire une pointe dans)* prikken, steken 2 *(faire une piqûre à)* een injectie geven 3 *(picoter)* prikkelen 4 *(exciter; blesser)* prikkelen; ~ qqn au vif iemand diep beledigen 5 *(avoir, faire brusquement)* ↑ plotseling krijgen; ~ un cent mètres een sprintje trekken; ~ une crise de larmes een huilbui krijgen; ~ un petit somme een tukje doen 6 *(voler)* pikken; **se piquer** *vpr* 1 *(recevoir une piqûre)* zich prikken 2 *(se faire une piqûre)* zichzelf een injectie geven, *(s'injecter un stupéfiant)* spuiten; *(sujet: drogué)* il se pique hij is verslaafd 3 *(se vexer)* beledigd zijn; elle se pique pour un rien zij is erg lichtgeraakt 4 *(+ de) (se vanter de)* zich laten voorstaan (op)

piquet *nm* **1** *(pieu)* piket *nm;* **droit comme un ~** kaarsrecht; **raide comme un ~** zo stijf als een hark; **~ de tente** tentharing **2** *(enseign.)* (het) in de hoek staan ♦ **~ de grève** stakingswacht, stakingspost

piquette *nf* **1** *(mauvais vin)* azijn *nm* **2** *(raclée)* ↑ pak *het* rammel; **prendre la ~** op z'n lazerij krijgen

piqûre *nf* **1** *(blessure) (d'aiguille)* prik *nm, (de serpent, de moustique)* beet *nm, (d'insecte)* steek *nm* **2** *(en couture)* stiksel *het* **3** *(injection)* injectie *nf,* prik *nm*

piratage *nm* **1** *(audiovisuel)* piraterij *nf;* **~ sur Internet** internetpiraterij **2** *(inform.)* computerkraak *nm,* (het) hacken

[1]**pirate** *nm* **1** *(flibustier)* piraat *nm* **2** *(escroc)* oplichter *nm* **3** *(inform.)* (computer)kraker *nm* ♦ **~ de l'air** vliegtuigkaper

[2]**pirate** *adj* illegaal, piraten-

pirater *vt* **1** *(déprotéger; faire effraction dans)* kraken; **~ un programme** een programma kraken **2** *(copier illégalement)* (illegaal) kopiëren

[1]**pire** *nm* (het) slechtste; **au ~** in het ergste geval

[2]**pire** *adj* slechter, erger; **mon ~ ennemi** mijn grootste vijand; **le, la ~** de, het ergste

pirogue *nf* prauw *de*

pirouette *nf* pirouette *de*

[1]**pis** *nm* **1** *(mamelle)* uier *nm* **2** *(pire)* (het) ergste

[2]**pis** *adv (plus mal)* slechter, erger; **de ~ en ~, de mal en ~** steeds slechter, van kwaad tot erger; **tant ~** pech gehad, jammer dan; **qui ~ est** wat (nog) erger is

pis-aller *nm* noodoplossing *nf*

pisciculture *nf* visteelt *de*

piscine *nf* zwembad *het;* **~ olympique** 50 meterbad

pisse *nf* pi(e)s *nm*

pissenlit *nm* paardenbloem *de*

pisser *vi (uriner)* pissen

pistache *nf* pistache *de;* **vert ~** pistache(groen)

piste *nf* **1** *(trace)* spoor *het;* **être sur la bonne ~** op de goede weg zijn; **perdre la ~** het spoor bijster worden **2** *(aviat.; sports)* baan *de;* **~ cyclable** fietspad; **~ de danse** dansvloer; **~ d'envol** startbaan **3** *(d'un cirque)* piste *de; (aussi au fig.)* **entrer en ~** de arena betreden

pistolet *nm* **1** *(révolver)* pistool *het* **2** *(pulvérisateur de peinture)* spuitpistool *het* **3** *(f.B.) (petit pain)* pistolet *nm*

piston *nm* **1** *(pièce cylindrique)* zuiger *nm* **2** *(mus.)* piston *nm* **3** *(fig.) (appui)* kruiwagen *nm*

pistonner *vt* pousseren

piteux, -euse *adj* erbarmelijk

pitié *nf* medelijden *het;* **faire ~** medelijden wekken; **par ~** in 's hemelsnaam; **sans ~** meedogenloos; **~ !** genade! ♦ **quelle ~ !** wat pover!; **un sourire de ~** een meewarige glimlach

piton *nm (clou)* haak *nm;* **~ d'alpiniste** klimhaak

pitoyable *adj* erbarmelijk

pitre *nm* pias *nm;* **faire le ~** de clown uithangen

pitrerie *nf* (flauwe) grappenmakerij *nf*

pittoresque *adj* pittoresk

pivert *nm* groene specht *nm*

pivoine *nf* pioen(roos) *de;* **rouge comme une ~** zo rood als een kreeft

pivot *nm* spil *de (aussi au fig.)*

pivoter *vi* (om een spil) draaien

placage *nm* bekleding *nf;* **bois de ~** fineerhout

placard *nm* **1** *(armoire)* (muur)kast *de* **2** *(pancarte)* aanplakbiljet *het* **3** *(texte publicitaire)* grote advertentie *nf*

placarder *vt* **1** *(afficher)* aanplakken **2** *(couvrir d'affiches)* volplakken

place *nf* **1** *(endroit; siège; position)* plaats *de;* **à votre ~** als ik u was; **j'ai signé à sa ~** ik heb voor hem, haar getekend; **employer un crayon à la ~ d'un stylo** een potlood gebruiken in plaats van een pen; **~ assise** zitplaats; **~s avant** voorbank; **avoir sa ~ qqp** ergens thuishoren; **avoir sa ~ au soleil** een plaats(je) onder de zon hebben *(aussi au fig.);* **avoir, tenir une grande ~** van het grootste belang zijn; **~ debout** staanplaats; **mettre en ~** opstellen; **tout est en ~** alles staat klaar; **ne pas rester, ne pas tenir en ~** niet stil kunnen zitten; **faire ~ nette** het huis ontruimen; **se mettre à la ~ de qqn** zich in iemand verplaatsen; *(dans une voiture)* **~ du mort** dodenplaats; **offrir des ~s à qqn** iemand entreekaartjes geven; **prendre ~** gaan zitten; **prendre la ~ de qqn** iemand vervangen; **une quatre ~s** een auto met vier zitplaatsen; **regagner sa ~** naar zijn plaats teruggaan; **remettre qqn à sa ~** iemand op zijn plaats zetten; **rester sur ~** zich niet verroeren; **faire du sur ~** *(cyclisme)* surplace maken; *(fig.)* niet vooruitkomen; **faire une enquête sur ~** ter plaatse een onderzoek instellen; **être cloué sur ~ de surprise** als aan de grond vastgenageld staan van verbazing; *(prov)* **(une ~ pour chaque chose et) chaque chose à sa ~** ⟨*wanneer alles daar ligt waar het thuishoort, hoeft men niet lang te zoeken*⟩ **2** *(emploi)* post *nm* **3** *(lieu public)* plein *het;* **~ publique** plein; *(fig.)* (het) openbare leven **4** *(milit.)* vesting(stad) *nf;* **~ forte** vesting(stad)

placé, -ée *adj (mis à une place)* geplaatst; **avoir le cœur bien ~** het hart op de juiste plaats hebben; **vous êtes bien ~ pour** u bent de aangewezen persoon om

placement *nm* **1** *(investissement)* belegging *nf;* **faire des ~s** geld beleggen **2** *(action de procurer un emploi)* arbeidsbemiddeling *nf;* **bureau de ~** arbeidsbureau

placenta *nm* moederkoek *nm*

placer *vt* **1** *(mettre)* plaatsen; **il n'a pas pu ~ un seul mot** hij kreeg niet de kans een woord te zeggen **2** *(investir)* beleggen (in)3 *(procurer un emploi à)* een betrekking vinden voor4 *(vendre)* verkopen;**se placer** *vpr* 1 *(s'asseoir)* plaats nemen 2 *(occuper une place)* een plaats innemen;il se place en tête de liste hij staat boven aan de lijst3 *(prendre un emploi)* een betrekking vinden

placide *adj* kalm

placoplatre *nm* gipsplaat *de*

plafond *nm* 1 *(d'une pièce)* plafond *het;* faux ~ verlaagd plafond 2 *(maximum)* plafond *het (aussi aviat.);* prix ~ vastgestelde maximumprijs

[1]**plafonner** *vi (atteindre un plafond)* een limiet bereiken; un avion qui plafonne à cinq mille mètres een vliegtuig met een maximale vlieghoogte van 5000 meter

[2]**plafonner** *vt* 1 *(une pièce)* stukadoren 2 *(des montants)* plafonneren, een maximumhoogte bepalen voor

plafonnier *nm* plafondlamp *de*

plage *nf* 1 *(d'une mer, d'une rivière, d'un lac)* strand *het*2 *(station balnéaire)* badplaats *de*3 *(laps de temps)* periode *nf;* ~ horaire tijdvenster; *(aviat.)* slot4 *(radio, télévision)* programmablok *het*5 *(surface plate)* vlak *het;* ~ arrière hoedenplank

plagiat *nm* plagiaat *het*

plagier *vt* plagiaat plegen

[1]**plaider** *vi* 1 *(défendre)* pleiten (voor) 2 *(jur.)* pleiten;~ contre qqn een pleidooi houden tegen iemand; ~ pour qqn iemand verdedigen

[2]**plaider** *vt* 1 *(défendre une cause)* verdedigen;~ la cause de qqn iemands zaak bepleiten 2 *(faire valoir qqch)* ter verdediging aanvoeren; ~ non coupable schuld ontkennen; ~ la légitime défense zelfverdediging aanvoeren

plaideur, -euse *n* pleit(st)er *nm (nf)*

plaidoirie *nf (aussi au fig.)* pleidooi *het*

plaidoyer *nm* pleidooi *het*

plaie *nf* 1 *(blessure)* wond *de (aussi au fig.);* mettre le doigt sur la ~ de vinger op de wond leggen; rouvrir une ~ een oude wond weer openrijten;~ à vif open wond 2 *(fléau)* plaag *de;* quelle ~ ! † wat een afschuwelijk iemand, iets!

plaignant, -ante *n* 1 *(jur.)* aanklager, aanklaagster *nm, nf*2 *(personne qui réclame justice)* eiser(es) *nm (nf)*

plaindre *vt* beklagen;je ne le plains pas ik heb geen medelijden met hem; **se plaindre** *vpr* klagen, zich beklagen;se ~ à qqn zijn beklag doen bij iemand; se ~ d'insomnie klagen over slapeloosheid

plaine *nf* (laag)vlakte *nf*♦ *(f.B.)*~ de jeux speelplein

plain-pied ♦ de ~ gelijkvloers; *(fig.)* être de ~ avec qqn met iemand op gelijke voet staan; *(fig.)*entrer de ~ dans un sujet zonder omwegen tot z'n onderwerp komen

plainte *nf* 1 *(gémissement)* (wee)klacht *de;* pousser des ~s kermen 2 *(jur.)* aanklacht *de;* porter ~ (pour) een aanklacht indienen (wegens)

plaintif, -ive *adj* klaaglijk

[1]**plaire** *vi* bevallen;faites ce qu'il vous plaira doe wat u wilt; *(pour attirer l'attention)*s'il vous plaît ! let wel!;s'il vous plaît, s.v.p. alstublieft, a.u.b., s.v.p.

[2]**se plaire** *vpr* 1 *(+ à) (prendre plaisir à)* plezier hebben (in)2 *(aimer être dans un lieu)* zich graag bevinden;se ~ à la campagne graag buiten zijn3 *(se trouver agréable l'un l'autre)* elkaar aardig vinden

plaisance *nf* watersport *de;* bateau de ~ plezierjacht;port de ~ jachthaven

plaisancier *nm* watersporter *nm*

plaisant, -ante *adj* 1 *(agréable)* aangenaam; le ~ het aangename 2 *(amusant)* grappig; le ~ het grappige; le mauvais ~ de flauwe grappenmaker

[1]**plaisanter** *vi* grapjes maken; on ne plaisante pas avec ces choses-là daarmee valt niet te spotten;~ sur qqn, à propos de qqn grapjes maken over iemand; vous plaisantez, j'espère ik hoop dat u dat niet meent

[2]**plaisanter** *vt (taquiner)* plagen

plaisanterie *nf* grap *de;*mauvaise ~ flauwe grap; tourner une chose en ~ ergens een grapje van maken; (toute) ~ à part zonder gekheid

plaisantin *nm* flauwe grappenmaker *nm*

plaisir *nm* 1 *(contentement)* plezier *het;* au ~ !, au ~ de vous revoir ! tot genoegen, tot ziens!; avec (grand) ~ (heel) graag; se faire un ~ de faire qqch iets met het grootste genoegen doen; faites-moi le ~ de wees zo goed (om); par ~, pour le ~, pour son ~ (uitsluitend) voor zijn plezier; prendre ~ à qqch, à faire qqch ergens plezier in hebben 2 *(généralement plur.) (amusement(s))* vermaak *het (uniquement sing.);* les ~s de la vie de geneugten van het leven; mener une vie de ~s een losbandig leven leiden 3 *(plaisir sexuel)* genot *het*

[1]**plan** *nm* 1 *(surface plane)* vlak *het (aussi géométrie);* ~ d'eau watervlak; au premier ~ op de voorgrond; au second ~ op de achtergrond;sur le ~ de op het gebied van;sur tous les ~s in alle opzichten;sur le même ~ op hetzelfde niveau;sur le ~ politique op politiek gebied; ~ de travail werkblad 2 *(représentation graphique)* plan *het;* dresser, tracer un ~ de qqch een schets van iets maken 3 *(carte)* plattegrond *nm;* ~ de coupe dwarsdoorsnede 4 *(projet, planification)* plan *het;* ~s de carrière carrièreplanning; laisser qqch en ~ iets onafgemaakt laten liggen;tirer des ~s sur la comète luchtkastelen bouwen 5 *(cin.)* opname *de;* ~ de coupe cutaway; en gros ~ in close-up♦ laisser qqn en ~ iemand in de steek laten

[2]**plan, plane** *adj* vlak

planche *nf* 1 plank *de;* faire la ~ (op z'n rug) drijven; ~ à repasser strijkplank; ~ à roulettes skateboard; ~ à voile windsurfplank 2 *(plur.) (théâtre)* toneel *het (uniquement sing.)*; monter sur les ~s toneelspeler worden

plancher *nm* 1 *(sol)* houten vloer *nm*; débarrasser le ~ maken dat je wegkomt; faux ~ loze vloer; *(iron.)* le ~ des vaches de vaste grond 2 *(écon.)* minimumpeil *het*; prix ~ minimumprijs

plancton *nm* plankton *het*

planer *vi* 1 *(avion, oiseau)* zweven; vol plané glijvlucht 2 *(flotter)* (in de lucht) hangen boven; le mystère plane sur cette affaire er hangt een waas van geheimzinnigheid rond deze zaak 3 *(après absorption de drogue)* high zijn 4 *(rêver)* elders zijn

planétaire *adj* 1 *(relatif aux planètes)* planeten- 2 *(mondial)* wereldomvattend

planète *nf* planeet *de*

planeur *nm* zweefvliegtuig *het*

planification *nf* planning *nf*

planifier *vt* plannen

planning *nm* planning *nf* ♦ ~ familial gezinsplanning

planque *nf* 1 *(boulot facile)* luizenbaantje *het* 2 *(cachette)* ↑ schuilplaats *de*

planquer *vt* wegstoppen; **se planquer** *vpr* zich verstoppen

plant *nm* 1 *(végétal à repiquer)* stek *nm* 2 *(végétaux plantés)* beplanting *nf*

plantation *nf* 1 *(action de planter)* (het) planten 2 *(végétaux plantés)* beplanting *nf* 3 *(exploitation agricole)* plantage *nf*

plante *nf* 1 *(végétal)* plant *de*; ~ d'appartement kamerplant; ~ verte bladplant; ~ vivace vaste plant 2 *(du pied)* (voet)zool *de*

planter *vt* 1 (be)planten 2 *(enfoncer)* insteken 3 *(placer)* oprichten ♦ ~ là qqn, qqch ↑ iemand zomaar laten staan, iets in de steek laten; rester planté qqp ergens (onbeweeglijk) blijven staan; **se planter** *vpr* 1 *(se camper)* (stil) gaan staan 2 *(se fixer)* zich vasthechten 3 geplant worden 4 *(ordinateur)* vastlopen 5 *(automobile)* van de weg raken 6 *(se tromper)* ↑ er volkomen naast zitten

plantureux, -euse *adj* overvloedig ♦ poitrine plantureuse weelderige boezem

plaque *nf* 1 *(feuille rigide)* plaat *de*, plak *de*; être à côté de la ~ er naast zitten; ~ chauffante (à induction) (inductie)kookplaat; ~ de chocolat plak chocola; ~ de cuisson kookplaat; ~ d'égout riooldeksel; ~ d'immatriculation nummerplaat; ~ minéralogique nummerplaat; ~ tournante draaischijf 2 *(lésion)* (geïrriteerde) plek *de* ♦ ~ dentaire (tand)plaque, aanslag op tanden en kiezen

plaqué *nm* doublé *het*

plaquer *vt* 1 *(appliquer sur)* leggen (op) 2 *(d'or)* vergulden 3 *(d'argent)* verzilveren 4 *(abandonner)* ↑ in de steek laten 5 *(sports)* ten val brengen; **se plaquer** (contre) *vpr (s'appuyer contre)* zich drukken (tegen)

plaquette *nf* 1 *(petite plaque)* plaatje *het*, dunne plak *nm* 2 *(petit livre)* bundeltje *het* 3 *(biol.)* bloedplaatje *het*

plasma *nm* plasma *het*; ~ sanguin bloedplasma

plastic *nm* kneedbom *de*

plastifier *vt* plastificeren

plastique *adj* 1 *(relatif aux formes)* plastisch 2 *(arts)* beeldend ♦ le ~ het plastic; matière ~ kunststof

plastiqueur *nm* bommenlegger *nm*

[1]**plat** *nm* 1 *(récipient)* bord(je) *het*; *(fig.)* apporter qqch à qqn sur un ~ iemand iets op een presenteerblaadje aanbieden 2 *(mets)* schotel *de*; ~ cuisiné kant-en-klaargerecht; ~ du jour dagschotel; ~ régional plaatselijke specialiteit; ~ de résistance hoofdgerecht *(aussi au fig.)* 3 *(partie plate)* plat *het*; ~ de la main vlakke hand ♦ faire du ~ à qqn iemands hielen likken; en faire (tout) un ~ er veel ophef van maken; mettre les petits ~s dans les grands vorstelijk onthalen

[2]**plat, plate** *adj* 1 vlak, plat; à ~ plat, leeg; *(fig.)* être à ~ *(être épuisé)* op zijn; *(être déprimé)* depri zijn; *(fig.)* tomber à ~ totaal mislukken; batterie à ~ lege accu; mettre qqch à ~ iets (plat) neerleggen; *(fig.)* iets tot op de bodem uitzoeken 2 *(fade)* vlak 3 *(boisson)* smakeloos, zonder prik *(non gazeuse)*; eau ~e naturel water

platane *nm* plataan(boom) *nm*

plateau *nm* 1 *(pour transporter des objets)* (presenteer)blad *het*; *(fig.)* apporter qqch à qqn sur un ~ iemand iets op een presenteerblaadje aanbieden; le ~ d'une balance de schaal van een balans 2 *(géo.)* hoogvlakte *nf* 3 *(cin.)* set *nm* 4 *(de télévision)* floor *nm*

plate-bande *nf* bloemperk *het*; marcher sur les ~s de qqn onder iemands duiven schieten

plate-forme *nf (de forage)* booreiland *het*

[1]**platine** *nm (métal)* platina *het*; des cheveux (blond) ~ platinablond haar

[2]**platine** *nf* 1 *(support plat)* plaat *de* 2 *(de tourne-disque)* draaitafel *de*

platitude *nf* banaliteit *nf*; débiter, dire des ~s gemeenplaatsen debiteren

platonique *adj* platonisch

plâtre *nm* 1 *(gypse)* gips *het* 2 *(poudre blanche)* pleister(kalk) *het (nm)* 3 *(méd.)* gipsverband *het* 4 *(plur.) (revêtement)* pleisterwerk *het*; essuyer les ~s als eerste een pasgebouwd huis betrekken; *(fig.)* de spits afbijten

plâtré, -ée *adj* in het gips

plâtrer *vt* 1 *(couvrir de plâtre)* (be)pleisteren 2 *(méd.)* in het gips zetten

plâtrier *nm* stukadoor *nm*

plausible *adj* plausibel

play-back *nm* playback *het*

plébiscite *nm* referendum *het*

plébisciter *vt* **1** *(voter qqch par plébiscite)* door middel van volksstemming goedkeuren **2** *(approuver qqch à une majorité écrasante)* met overweldigende meerderheid goedkeuren

[1]**plein** *nm* **1** (het) vol zijn; **battre son ~** op zijn hoogtepunt zijn; **faire le ~** geheel vullen; *(d'essence)* voltanken **2** *(maximum)* maximum *het*

[2]**plein, pleine** *adj* **1** *(+ de) (rempli)* vol (met); **~ à craquer** propvol; **une femelle ~e** een drachtig wijfje; **une journée ~e** een drukke dag **2** *(total)* volkomen; **~e lune** vollemaan ♦ **en ~** precies

[3]**plein** *adv* vol(op); **avoir ~ d'argent** bulken van de centen; **tout ~ de** hartstikke veel; **avoir de l'argent ~ les poches** zijn zakken vol geld hebben; **tout ~** hartstikke

plein-emploi *nm* volledige werkgelegenheid *nf*

plénier, -ière *adj* ♦ **assemblée plénière** plenaire vergadering

plénitude *nf* **1** *(ampleur)* volheid *nf* **2** *(intégrité)* totaliteit *nf;* **dans la ~ de sa beauté** in al haar, zijn schoonheid

pléonasme *nm* pleonasme *het*

pléthore *nf* overvloed *nm*

pléthorique *adj* overvol, overbezet

pleur *nm (généralement plur.)* traan *de*

[1]**pleurer** *vi* **1** huilen; **~ après qqch** ergens om blijven zeuren; **~ de rire** zich een ongeluk lachen **2** *(pour une raison physiologique)* tranen; **les oignons font ~** van uien gaan de ogen tranen

[2]**pleurer** *vt* **1** *(regretter)* betreuren **2** *(laisser couler des larmes)* vergieten

pleurésie *nf* pleuris *het/de*

pleurnicher *vi* grienen

[1]**pleuvoir** *vi (s'abattre)* regenen; **les critiques pleuvaient sur lui** hij werd overladen met kritiek

[2]**pleuvoir** *vb impers* regenen; **comme s'il en pleuvait** bij bakken; **qu'il pleuve ou qu'il vente** weer of geen weer

pli *nm* **1** plooi *de (aussi géo.);* **faire des ~s** kreukelen; **~s au front** rimpels in het voorhoofd **2** *(marque formée par un pli)* vouw *de* **3** *(enveloppe)* (brief)omslag *het/de (m);* **sous ce ~** ingesloten **4** *(aux cartes)* slag *nm* ♦ **cela ne fait pas un ~** dat is een uitgemaakte zaak; **prendre un ~** ↑ een gewoonte aannemen

pliable *adj* opvouwbaar

pliant, -ante *adj* opvouwbaar; **chaise ~e** klapstoel

[1]**plier** *vi* **1** *(se courber)* (door)buigen **2** *(céder)* zwichten (voor)

[2]**plier** *vt* **1** *(rabattre une chose sur elle-même)* (op)vouwen **2** *(courber)* buigen; **être plié (en deux)** dubbel liggen (van het lachen) **3** *(fermer)* dichtklappen ♦ **~ ses affaires** z'n spullen opbergen; **se plier** *vpr* **1** *(se soumettre à)* zich voegen (naar) **2** *(être pliable)* opvouwbaar zijn

plinthe *nf* plint *de*

plissé, -ée *adj* geplooid; **jupe ~e** plissérok

plissement *nm (froncement)* rimpeling *nf, (des yeux)* (het) dichtknijpen

plisser *vt* plooien; **~ le front** het voorhoofd fronsen; **~ les yeux** de ogen dichtknijpen

pliure *nf* vouw *de*

plomb *nm* **1** *(métal)* lood *het;* **à ~** loodrecht; *(fig.)* **avoir du ~ dans l'estomac** een steen op z'n maag hebben liggen; **un sommeil de ~** een loodzware slaap; *(fig.)* **mettre du ~ dans la cervelle à qqn** iemand een beetje verstand bijbrengen **2** *(fusible)* zekering *nf* **3** *(de chasse)* hagel *nm;* **avoir du ~ dans l'aile** in ernstige moeilijkheden verkeren

plombage *nm (d'une dent)* vulling *nf*

plombé, -ée *adj (d'une dent)* gevuld

plomber *vt* **1** *(une dent)* vullen, plomberen **2** *(sceller)* verzegelen

plomberie *nf* **1** *(industrie)* loodgieterij *nf* **2** *(canalisations)* leidingbuizen *plur*

plombier *nm* loodgieter *nm*

plonge *nf* afwas *nf;* **faire la ~** afwassen

plongeant, -ante *adj* ♦ **décolleté ~** diep decolleté; **avoir une vue ~e sur qqch** een overzicht hebben over iets

plongée *nf* duik *nm;* **~ sous-marine** (het) diepzee duiken

plongeoir *nm* duikplank *de*

plongeon *nm* duik *nm;* **faire un ~** een duik nemen; *(fig.)* ↑ een diepe buiging maken

[1]**plonger** *vi* **1** *(s'enfoncer, se jeter dans l'eau)* (in het water) duiken **2** *(+ sur) (se jeter sur)* neerduiken (op) **3** *(+ dans) (s'enfoncer dans)* verzinken (in); **plongé dans l'obscurité** in duisternis gedompeld; **plongé dans un sommeil profond** in een diepe slaap verzonken

[2]**plonger** *vt* **1** *(immerger; tremper)* (onder)dompelen **2** *(enfoncer)* (diep) steken (in) **3** *(précipiter)* storten (in); **~ qqn dans l'embarras** iemand in een lastig parket brengen ♦ **il plongea ses yeux dans les miens** hij keek mij diep in de ogen; **se plonger** *vpr* **1** *(dans un liquide)* duiken (in) **2** *(s'absorber dans)* zich verdiepen (in)

plongeur, -euse *n* **1** *(nageur)* duiker *nm* **2** *(laveur de vaisselle)* bordenwasser *nm*

plouf *interj* plons!; **un ~** een plons

[1]**ployer** *vi* **1** *((se) courber)* (zich) buigen (onder) **2** *(fig.) (céder)* wijken

[2]**ployer** *vt (plier)* plooien

pluie *nf* **1** *(chute d'eau)* regen *nm;* **~s acides** zure regen; *(prov)* **après la ~ le beau temps** na regen komt zonneschijn; **ne pas être né de la dernière ~** niet van gisteren zijn; **faire la ~ et le beau temps** de lakens uitdelen; **parler de la ~ et du beau temps** over koetjes en kalfjes praten **2** *(avalanche)* overvloed *nm*

plumage *nm* veren *plur*

plume *nf* **1** *(d'un oiseau)* veer *de* **2** *(pour écrire)* (schrijf)veer *de,* pen *de (aussi au*

fig.); vivre de sa ~ van zijn pen leven ♦ **y laisser des ~s** veren laten
plumeau *nm* plumeau *nm*
plumer *vt* **1** *(un oiseau)* plukken **2** *(voler qqn)* afzetten
plumier *nm* pennendoosje *het*
plupart *nf* **1** *(le plus grand nombre de; la plus grande part de)* grootste deel (van) *het,* merendeel (van) *het;* **la ~ des gens** de meeste mensen; **pour la ~** voor het grootste deel; **la ~ du temps** meestal **2** *(le plus grand nombre)* meesten *plur*
pluralisme *nm* pluralisme *het*
pluriel *nm* meervoud *het*
[1]**plus** *nm* **1** *(la plus grande quantité de)* (het) meeste; **(tout) au ~** hoogstens; **les gens qui rendent le ~ de services** de mensen die de meeste diensten verlenen **2** *(le signe plus)* plusteken *het;* **le signe ~** het plusteken
[2]**plus** *adv* **1** *(comparatif)* -er; **qqch de ~ beau** iets mooiers; **~ de** meer (dan); **de, en ~** bovendien; **de ~ en ~** hoe langer hoe meer; **j'ai deux euros de ~ que toi** ik heb twee euro meer dan jij; **en ~ de** behalve; **~ grand** groter; **les ~ de quinze ans** de jongeren boven de vijftien; **~ ... (et) moins** hoe meer ... des te minder; **~ ou moins** min of meer; **qui ~ est** sterker nog **2** *(précédé de l'article défini) (superlatif)* -st; **c'est le ~ important** dat is het belangrijkste **3** *(ne ... plus)* niet ... meer; **~ de ...** geen ... meer; **une femme ~ très jeune** een niet meer zo jonge vrouw; **non ~** ook niet; **pas ~** evenmin **4** *(et)* plus
[1]**plusieurs** *adj indéf* verschillende
[2]**plusieurs** *pron indéf* **1** *(accompagné d'un complément partitif)* verschillende; **~ d'entre eux** verscheidenen onder hen **2** *(plusieurs personnes)* verscheidenen
plus-que-parfait *nm* voltooid verleden tijd *nm*
plus-value *nf* waardevermeerdering *nf*
plutôt *adv* **1** *(de préférence)* eerder, liever; **~ mourir !** ik ga nog liever dood! **2** *(passablement)* tamelijk, *(Belg.)* eerder
pluvieux, -euse *adj* regenachtig
pneu *nm* (lucht)band *nm;* **~ crevé, à plat** lekke band
pneumatique *adj* lucht-; **matelas ~** luchtbed
pneumonie *nf* longontsteking *nf*
[1]**poche** *nm (livre de poche)* pocketboek *het*
[2]**poche** *nf* **1** *(d'un vêtement)* zak *nm;* **connaître comme sa ~** *(personne)* door en door kennen; *(chose)* kennen als zijn broekzak; **l'affaire est dans la ~** de zaak is rond; **payer de sa ~** uit eigen zak betalen; **faire les ~s à qqn** iemands zakken doorzoeken; **livre de ~** pocket(boek); **mettre qqn dans sa ~** iemand inpakken **2** *(pli)* uitgezakte plooi *de;* **des ~s sous les yeux** wallen onder de ogen **3** *(d'un sac, d'un portefeuille)* vak *het* **4** *(cavité remplie d'une substance)* holte *nf* **5** *(des marsupiaux)* buidel *nm*
poché, -ée *adj* gepocheerd
pocher *vt (cuis.)* pocheren
pochette *nf* **1** *(petite enveloppe)* zakje *het;* **~ de disque** platenhoes **2** *(pièce d'étoffe)* pochet *de* **3** *(sac)* platte (hand)tas *de*
pochoir *nm* sjabloon *het*
podium *nm* (ere)podium *het*
[1]**poêle** *nm (appareil de chauffage)* kachel *de*
[2]**poêle** *nf (ustensile de cuisine)* koekenpan *de;* **~ à frire** braadpan
poêlon *nm* steelpan *de*
poème *nm* gedicht *het* ♦ **c'est tout un ~** het is iets onbeschrijfelijks
poésie *nf* **1** *(art)* dichtkunst *nf* **2** *(poème)* (kort) gedicht *het* **3** *(beauté)* (het) dichterlijke
poète *nm* dichter(es) *nm (nf)*
poétesse *nf* dichteres *nf*
poétique *adj* **1** *(propre à la poésie)* dichterlijk, poëtisch **2** *(qui émeut par sa beauté)* ontroerend mooi
pognon *nm* poen *het/de*
poids *nm* gewicht *het (aussi au fig.);* **le ~ des années** de last der jaren; **argument de ~** zwaarwegend argument; **donner du ~ à** gewicht hechten aan; **ne pas faire le ~** niet voor z'n taak berekend zijn; **~ et haltères** (het) gewichtheffen; **~ plume** vedergewicht(sklasse); *(fig.)* iemand die zo licht als een veertje is; **prendre, perdre du ~** aankomen, afvallen; **sentir un ~ sur sa poitrine** zich bedrukt voelen ♦ **~ lourd** vrachtwagen
poignant, -ante *adj* hartverscheurend
poignard *nm* dolk *nm*
poignarder *vt* met een dolk steken, doodsteken *(tuer)*
poigne *nf* **1** *(force de la main)* kracht *de* in de hand; **~ de fer** ijzeren greep **2** *(énergie)* energie *nf;* **homme à ~** doortastend man
poignée *nf* **1** *(quantité)* handvol *de;* **à, par ~(s)** bij bosjes **2** *(d'un objet)* handvat *het (d'une valise, etc.),* steel *nm (d'une casserole, etc.);* **~ de porte** deurklink ♦ **~ de main** handdruk
poignet *nm* **1** *(partie du bras)* pols *nm* **2** *(partie d'une manche)* manchet *de*
poil *nm* **1** *(d'un animal)* haar *het;* **à un ~ près** op een haar na **2** *(d'une personne)* (lichaams)haar *het;* **à ~** in zijn nakie; **~s de la barbe** baardhaar; **des cheveux ~ de carotte** peenhaar; **couvert de ~s** behaard **3** *(d'un tapis)* pool *de* ♦ **être au ~** uitstekend zijn; **au ~** op het nippertje; **de bon, mauvais ~** ↑ goedgehumeurd, slechtgehumeurd; **avoir un ~ dans la main** aan werken een broertje dood hebben; **reprendre du ~ de la bête** er (weer) bovenop komen; **de tout ~, de tous ~s** van diverse pluimage
se poiler *vpr* zich doodlachen

poilu, -ue *adj* (flink) behaard

poinçon *nm* **1** *(instrument pour percer)* priem *nm* **2** *(estampille)* stempel *nm*

poinçonner *vt* **1** *(une marchandise)* stempelen **2** *(un billet)* knippen

poing *nm* vuist *de;* dormir à ~s fermés vast slapen; serrer les ~s zijn vuisten ballen; *(fig.)* de tanden op elkaar zetten

[1]**point** *nm* **1** *(signe, marque)* punt *het/de (ponctuation, musique, morse);* ~ final punt; ~ d'interrogation vraagteken; *(fig.)* vraag; mettre les ~s sur les i de puntjes op de i zetten; ~s de suspension gedachtepuntjes, puntje, puntje, puntje; un ~, c'est tout punt uit **2** *(endroit)* punt *het (aussi math.; phys.; chim.; astron.),* plaats *de;* les ~s cardinaux de windstreken; ~ de chute plaats van inslag; ~ de départ startpunt; *(fig.)* uitgangspunt; c'est son ~ faible dat is zijn, haar zwakke punt; ~ mort dood punt *(aussi au fig.);* ~ noir *(comédon)* mee-eter; *(fig.)* knelpunt; ~ de repère richtpunt; *(fig.)* aanknopingspunt **3** *(degré; état)* mate *de;* à quel ~ hoe zeer; à ce ~ (que) in zodanige mate dat; à tel ~ que, au ~ que, au ~ de zo zeer dat; au ~ où en sont les choses zoals de zaken (ervoor) staan; au ~ où nous en sommes in onze positie; être mal en ~ er slecht aan toe zijn **4** *(question; partie)* punt *het;* en tout ~, en tous ~s in alle opzichten; ~ d'honneur erezaak; sur ce ~ wat dit betreft **5** *(sports, enseign.)* punt *het,* cijfer *het;* bon ~ *(à l'école)* goede aantekening; *(fig.)* pluspunt; marquer un ~, des ~s een punt, punten scoren *(aussi au fig.)* **6** *(au tricot, en couture)* steek *nm;* ~s de suture hechtingen **7** *(mar., aviat.)* positie *nf;* faire le ~ bestek opmaken; *(fig.)* de balans opmaken **8** *(de côté, etc.)* steek *nm;* ~ de côté steek in de zij **9** *(du jour)* (het) aanbreken; au ~ du jour bij het krieken van de dag ♦ à ~ gaar; à ~ (nommé) op het geschikte ogenblik; mettre au ~ instellen, afregelen, *(Belg.)* op punt stellen; être sur le ~ de op het punt staan om (te)

[2]**point** ♦ *(adv.)* ne ... ~ (in het geheel) niet; (ne) ~ de ... geen ...

pointage *nm* **1** *(au travail)* (het) prikken **2** *(au chômage)* (het) stempelen

point de vue *nm* standpunt *het (aussi au fig.);* à son ~ naar zijn, haar mening; au, du ~ confort wat het comfort betreft; d'un certain ~ in zekere zin

pointe *nf* **1** *(extrémité)* spits *de;* marcher sur la ~ des pieds op de tenen lopen **2** *(objet pointu; partie extrême qui s'avance)* punt *nm* **3** *(fig.) (moment d'intensité maximale)* toppunt *het;* de ~ geavanceerd; être à la ~ de qqch zich in de voorhoede van iets bevinden; heures de ~ spitsuur; vitesse de ~ topsnelheid **4** *(allusion ironique, parole blessante)* steek *nm* **5** *(fig.) (soupçon)* vleugje *het;* une ~ d'ironie een zweempje ironie ♦ pousser une ~ jusqu'à doorrijden tot

[1]**pointer** *vi* **1** *(s'élever)* omhoog steken **2** *(bot.)* uitkomen **3** *(le jour)* aanbreken **4** *(au chômage)* stempelen **5** *(au travail)* prikken

[2]**pointer** *vt* **1** *(contrôler; cocher)* aantekenen, controleren **2** *(diriger)* richten, stellen *(un canon)* **3** *(inform.)* (met een muiscursor) aanwijzen; **se pointer** *vpr (arriver)* komen aanzetten

pointeur *nm* muiscursor *de,* pijltje *het*

pointeuse *nf* prikklok *de*

pointillé *nm* stippellijn *de*

pointilleux, -euse *adj* pietluttig

pointu, -tue *adj* **1** *(en pointe)* spits, scherp *(aussi au fig.)* **2** *(voix)* schril

pointure *nf* maat *de*

point-virgule *nm* puntkomma *het/de*

poire *nf* **1** *(fruit)* peer *de;* couper la ~ en deux een compromis sluiten **2** *(figure)* facie *nm* **3** *(naïf)* sul *nm*

poireau *nm* prei *de*

poireauter *vi* ↑ (lang) wachten, 'wortelschieten'

poirier *nm* perenboom *nm* ♦ faire le ~ op z'n hoofd staan

pois *nm* **1** *(bot.)* erwt *de;* ~ chiche grauwe erwt; petits ~ doperwten **2** *(pastille)* stip *de;* à ~ gestippeld

poison *nm* (ver)gif *het*

poisse *nf* pech *nm*

poisseux, -euse *adj* kleverig

poisson *nm* vis *nm;* être comme un ~ dans l'eau in zijn element zijn, zich voelen als een vis in het water; ~ rouge goudvis ♦ ~ d'avril aprilgrap

poissonnerie *nf* viswinkel *nm*

poissonnier, -ière *n* visboer, visvrouw *nm, nf*

Poissons *nm* Vissen *plur;* il est ~ hij is een Vis

poitrail *nm* borst *de*

poitrine *nf* **1** *(thorax)* borst *de* **2** *(seins)* boezem *nm* **3** *(viande)* borststuk *het*

poivre *nm* peper *nm;* ~ en grains peperkorrels; *(fig.)* ~ et sel peper-en-zoutkleurig

poivré, -ée *adj* gepeperd

poivrer *vt* peperen

poivrier *nm* peperbus *de*

poivron *nm* paprika *de*

poivrot, -ote *n* zuiplap, zuipster *nm, nf*

poix *nf* pik *het/de (m)*

poker *nm* poker *het; (fig.)* un coup de ~ een gok

polaire *adj* pool-

polar *nm* detective(roman) *nm*

polariser *vt* **1** *(phys.)* polariseren **2** *(fig.) (attirer)* tot zich trekken, op zich richten *(l'attention)*

polaroïd® *nm* polaroidcamera *de*

pôle *nm* **1** *(géo., phys.)* pool *de* **2** *(centre)* centrum *het;* ~ d'attraction trekpleister

polémique *adj* polemisch; la ~ de polemiek

polémiquer *vi* polemiseren

poli, -ie *adj* **1** *(courtois)* beleefd **2** *(lisse et brillant)* gepolijst; **le ~** de glans
police *nf* **1** *(organisation de l'ordre public; policiers)* politie *nf;* **faire la ~** de orde bewaren; **~ judiciaire, PJ** recherche, gerechtelijke politie *(Belg.n.);* **~ secours** alarmdienst van de politie **2** *(d'assurance)* (verzekerings)polis *de*
polichinelle *nm* janklaassen(pop) *nm (de)*
policier, -ière *adj* **1** *(relatif à la police)* politie-; **le ~** de politieman **2** *(d'un roman, d'un film)* detective-; **roman ~** detective(roman)
policlinique *nf* polikliniek *nf*
poliment *adv* beleefd
poliomyélite, polio *nf* kinderverlamming *nf*
polir *vt* **1** *(rendre lisse)* polijsten **2** *(parfaire)* bijschaven
polisson, -onne *adj* **1** *(espiègle)* ondeugend; **le, la ~(ne)** de deugniet **2** *(grivois)* schuin; **regard ~** geile blik
politesse *nf (courtoisie)* beleefdheid *nf;* **par ~** uit beleefdheid
politicien, -ienne *n* politicus *nm*
[1]**politique** *nf* politiek *nf;* **faire de la ~** aan politiek doen
[2]**politique** *adj* politiek; **homme ~** politicus ♦ **économie ~** staathuishoudkunde
politiser *vt* politiseren
pollen *nm* stuifmeel *het*
polluant, -ante *adj* (milieu)-verontreinigend; **le ~** de verontreinigende stof; **non ~** milieuvriendelijk
polluer *vt* verontreinigen, vervuilen
pollution *nf* (milieu)verontreiniging *nf;* **~ acoustique, sonore** geluidshinder
polo *nm* **1** *(chemise)* polohemd *het* **2** *(sports)* polo(spel) *het*
polochon *nm* ↑ peluw *de*
Pologne *nf* Polen *n (sans art.)*
polonais, -aise *adj* Pools; **la ~e** de polonaise *(danse; gâteau meringué);* **le ~** het Pools; **le, la Polonais(e)** de Pool(se)
poltron, -onne *adj* laf(hartig); **le, la ~(ne)** de (bange) schijterd
polyclinique *nf* algemene kliniek *nf*
polycopié, -ée *adj* vermenigvuldigd; **le (cours) ~** de (gestencilde) syllabus
polyester *nm* polyester *nm*
polygame *n* polygamist(e) *nm (nf);* **peuplades ~s** polygame volksstammen
polygamie *nf* polygamie *nf*
polyglotte *n* polyglot *nm;* **dictionnaire ~** veeltalig woordenboek
polygone *nm* veelhoek *nm*
polystyrène *nm* polystyreen *het;* **~ expansé** piepschuim
polyvalent, -ente *adj* **1** *(qui a plusieurs activités)* veelzijdig **2** *(qui a plusieurs valences)* polyvalent
pommade *nf* zalf *de* ♦ **passer de la ~ à qqn** iemand stroop om de mond smeren
pomme *nf* **1** *(fruit)* appel *nm;* **haut comme trois ~s** drie turven hoog; **~ de pin** dennenappel; **tomber dans les ~s** in katzwijm vallen **2** *(pomme de terre)* aardappel *nm;* **~ (de terre)** aardappel **3** *(partie arrondie)* knop *nm;* **~ d'arrosoir** sproeikop **4** *(tête)* knar *nm*
pommeau *nm* knop *nm*
pommette *nf* koon *de*
pommier *nm* appelboom *nm*
pompe *nf* **1** *(faste)* praal *de;* **en grande ~** met veel pracht en praal **2** *(appareil)* pomp *de;* **~ à incendie** brandspuit **3** *(chaussure)* ↑ schoen *nm;* **être à côté de ses ~s** van slag af zijn ♦ **à toute ~** vliegensvlug; **faire des ~s** zich opdrukken; **~s funèbres** begrafenisonderneming
pomper *vt* **1** *(déplacer)* pompen **2** *(aspirer)* opzuigen **3** *(absorber)* absorberen **4** *(épuiser)* uitputten; **tu me pompes l'air** doe niet zo vervelend **5** *(copier)* spieken
pompette *adj* teut
pompeux, -euse *adj* hoogdravend
pompier *nm* brandweerman *nm;* **fumer comme un ~** roken als een schoorsteen; **les ~s** de brandweer *(uniquement sing.)*
pompiste *n* pompbediende *nm*
pompon *nm* pompon *nm*
se pomponner *vpr* zich optutten
poncer *vt* (glad)schuren
ponceuse *nf* (vlak)schuurmachine *nf*
ponction *nf* **1** *(prélèvement d'argent)* aderlating *nf* **2** *(méd.)* punctie *nf*
ponctualité *nf* punctualiteit *nf*
ponctuation *nf* interpunctie *nf*
ponctuel, -elle *adj* punctueel
ponctuer *vt* **1** *(placer des signes dans)* van leestekens voorzien **2** *(marquer)* benadrukken
pondération *nf* **1** *(modération)* nuchterheid *nf;* **faire preuve de ~** zich nuchter tonen **2** *(équilibre)* evenwicht *het*
pondéré, -ée *adj* nuchter
pondérer *vt* in balans houden
pondéreux, -euse *adj* zwaar
[1]**pondre** *vi* eieren leggen
[2]**pondre** *vt* **1** *(déposer des œufs)* leggen **2** *(accoucher de)* fokken **3** *(écrire)* afscheiden
poney *nm* pony *nm*
pont *nm* **1** *(passage entre deux rives)* brug *de;* **Ponts et Chaussées** (de dienst) Rijkswaterstaat, Bruggen en Wegen *(Belg.n.); (fig.)* **couper les ~s derrière soi** z'n schepen achter zich verbranden; **jeter un ~** een brug slaan; **~ suspendu** hangbrug **2** *(d'un navire)* dek *het;* **~ d'envol** vliegdek **3** *(congé)* vrije dag(en) *nm (plur);* **faire le ~** *(long week-end)* er een lang weekend van maken; *(entre 2 jours fériés)* een snipperdag opnemen, de brug maken *(n.B.)*
[1]**ponte** *nm (personne)* piet *nm*
[2]**ponte** *nf* **1** *(action de pondre)* leg *nm* **2** *(œufs)* legsel *het*
pontife *nm (pape)* opperpriester *nm;* **le souverain ~** onze heilige vader de paus
pont-levis *nm* valbrug *de*

ponton *nm* ponton *nm*
popote *nf* ↑ eten *het;* faire la ~ kokkerellen
populace *nf* plebs *het*
populaire *adj* **1** *(relatif au peuple)* gewoon, volks-; édition ~ goedkope uitgave; quartier ~ volkswijk **2** *(qui plaît au plus grand nombre)* populair
populariser *vt* algemeen bekendmaken
popularité *nf* populariteit *nf*
population *nf* **1** *(habitants)* bevolking *nf;* ~ active beroepsbevolking; pays à ~ faible dunbevolkt land **2** *(ensemble de sujets étudiés)* populatie *nf*
porc *nm* **1** *(animal)* varken *het,* zwijn *het (surtout au fig.);* manger comme un ~ vies eten **2** *(viande)* varkensvlees *het*
porcelaine *nf* porselein *het*
porc-épic *nm* stekelvarken *het*
porche *nm* portaal *het*
porcherie *nf* varkensstal *nm,* zwijnenstal *nm (surtout au fig.)*
pore *nm* porie *nf;* suer qqch par tous les ~s iets met zijn hele persoon uitstralen
poreux, -euse *adj* poreus
pornographie *nf* pornografie *nf*
pornographique *adj* porno(grafisch); revue ~ seksblad
port *nm* **1** *(maritime)* haven *de;* arriver à bon ~ behouden aankomen; ~ d'attache thuishaven **2** *(fait de porter)* (het) dragen **3** *(affranchissement)* frankering *nf;* franco de ~ franco; ~ payé port betaald **4** *(inform.)* poort *de;* ~ USB USB-poort
portable *adj* draagbaar; le ~ de draagbare telefoon, de mobiel
portail *nm* **1** *(grande porte)* poort *de* **2** *(entrée d'église)* portaal *het*
portant, -ante *adj* ♦ bien ~ gezond
portatif, -ive *adj* draagbaar
porte *nf* **1** deur *de;* à la ~ ! d'r uit!; ~ à deux battants klapdeur; ~ cochère koetspoort; ~ d'entrée ingang; faire du ~ à ~ huis aan huis verkopen; fermer sa ~ au nez de qqn iemand bruut wegjagen; mettre qqn à la ~ iemand de deur uitzetten; journée (des) ~s ouvertes open dag, opendeurdag *(n.B.);* ~ de secours nooduitgang; ~ de sortie uitgang; *(fig.)* uitweg; ~ vitrée glazen deur **2** *(dans une enceinte)* poort *de* **3** *(à l'aéroport)* gate *nm*
porte-à-faux *nm* overstek *het;* en ~ overhangend; *(fig.)* onstabiel
porte-à-porte *nm* huis-aan-huisverkoop *nm*
porte-avion *nm* vliegdekschip *het*
porte-bagage *nm* bagagedrager *nm (de bicyclette),* imperiaal *het/de (de voiture),* bagagenet *het (filet),* bagagerek *het (galerie métallique)*
porte-bonheur *nm* geluksbrenger *nm*
porte-cigarette *nm* sigarettenkoker *nm*
porte-clé *nm* sleutelhanger *nm*
porte-document *nm* aktetas *de*
porte-drapeau *nm* **1** *(soldat)* vaandeldrager *nm* **2** *(fig.)* voorman *nm*
portée *nf* **1** *(distance)* reikwijdte *nf,* bereik *het;* à ~ de la main binnen handbereik; *(aussi au fig.)* être hors de ~ buiten bereik zijn **2** *(capacités intellectuelles)* begrip(svermogen) *het* **3** *(importance)* strekking *nf* **4** *(zool.)* worp *nm* **5** *(mus.)* notenbalk *nm*
porte-fenêtre *nf* glazen deur *de*
portefeuille *nm* portefeuille *nm*
porte-jarretelle *nm* jarretellengordel *nm*
porte-malheur *nm* ongeluksbode *nm*
portemanteau *nm* kapstok *nm*
porte-mine *nm* vulpotlood *het*
portemonnaie *nm* portemonnee *nm*
porte-parapluie *nm* paraplubak *nm*
porte-parole *nm* **1** *(représentant)* woordvoerder *nm* **2** *(fig.)* spreekbuis *de*
porteplume *nm* penhouder *nm*
[1]**porter** *vi* **1** *(+ sur) (appuyer sur)* steunen (op) **2** *(avoir une portée)* een (bepaald) bereik hebben; ~ loin ver dragen; voix qui porte ver dragende stem **3** *(toucher au but)* treffen, *(fig.)* effect hebben **4** *(+ sur) (concerner qqch)* betrekking hebben (op)
[2]**porter** *vt* **1** *(soutenir)* dragen; ~ qqn dans son cœur iemand een warm hart toedragen; ~ qqn en triomphe iemand in triomf op de schouders dragen; mes jambes ne me portent plus ik kan niet meer op mijn benen staan; ~ le poids de de last torsen van **2** *(transporter vers)* brengen (naar); ~ à la poste posten; ~ à réparer laten repareren; ~ ses efforts sur zich helemaal inzetten voor **3** *(exprimer)* tonen; ~ des accusations contre beschuldigingen inbrengen tegen **4** *(contenir)* bevatten; livre portant le titre boek met als titel **5** *(+ à) (inciter à)* er toe brengen (om te); être porté à geneigd zijn te; tout porte à croire que alles wijst erop dat **6** *(annoncer)* vermelden; se faire ~ malade zich ziek melden; ~ sur un registre boeken; **se porter** *vpr* **1** *(être porté)* gedragen worden **2** *(être en ... santé)* het ... maken **3** *(se présenter comme)* zich presenteren (als); se ~ garant de borg staan voor **4** *(se laisser aller à)* zich laten verleiden (tot)
porte-savon *nm* zeepbakje *het*
porte-serviette *nm* handdoekenhanger *nm*
porteur, -euse *n* **1** *(messager, -ère)* bezorg(st)er *nm (nf)* **2** *(m.) (bagagiste)* kruier *nm* **3** *(détenteur, -trice)* houd(st)er *nm (nf)* **4** *(d'une maladie)* drager, draagster *nm, nf*
porte-voix *nm* megafoon *nm*
portier, -ière *n* portier(ster) *nm (nf)*
portière *nf* portier *het*
portillon *nm* (klap)deurtje *het*
portion *nf* portie *nf*
portique *nm* **1** *(galerie)* zuilengang *nm* **2** *(construction)* portaal *het;* ~ de lavage autowasstraat **3** *(contrôle de sécurité)* poortje *het*

porto *nm* port(wijn) *nm*
portoricain, -aine *adj* Porto Ricaans; **le, la Portoricain(e)** de Porto Ricaan(se)
Porto Rico *nm* Porto Rico *n (sans art.)*
portrait *nm* **1** *(dessin)* portret *het;* **être tout le ~ de qqn** het evenbeeld zijn van iemand; **faire le ~ de qqn** iemand natekenen **2** *(description)* persoonsbeschrijving *nf* **3** *(figure)* smoelwerk *het;* **abîmer le ~ à qqn** iemand op zijn smoel slaan
portraitiste *n* portretschilder(es) *nm (nf) (peintre)*
portrait-robot *nm* montagetekening *nf*
portuaire *adj* haven-
portugais, -aise *adj* Portugees; **la ~e** de Portugese oester *(huître);* **le ~** het Portugees *(langue);* **le, la Portugais(e)** de Portugees, Portugese ♦ **la ~e** ↑ het oor *(oreille)*
Portugal *nm* Portugal *n (sans art.)*
pose *nf* **1** *(action de poser)* plaatsing *nf* **2** *(position)* houding *nf;* **garder la ~** in dezelfde houding blijven zitten, staan, liggen **3** *(phot.)* belichting *nf* **4** *(affectation)* pose *nf*
posé, -ée *adj* **1** *(calme)* bedaard **2** *(affecté)* geposeerd
[1]**poser** *vi* poseren
[2]**poser** *vt* **1** *(mettre)* plaatsen; **~ son regard sur** zijn blik vestigen op **2** *(affirmer)* stellen; **~ des règles** regels opstellen **3** *(formuler)* stellen; **~ sa candidature pour** zich kandidaat stellen voor; **cela pose un problème** dat levert een probleem op; **se poser** *vpr* **1** *(être placé)* geplaatst worden **2** *(se mettre doucement)* neerstrijken *(oiseau),* landen *(avion)* **3** *(exister)* gesteld worden; **question qui se pose** vraag die rijst **4** *(s'ériger en)* zich voordoen (als) ♦ **se ~ une question** zich iets afvragen
poseur, -euse *n* **1** *(technicien(ne))* installa|teur, -trice *nm, nf;* **~ de parquets** legger van parketvloeren **2** *(pédant(e))* aansteller, aanstelster *nm, nf;* **être très ~** zich vreselijk aanstellen
positif, -ive *adj* **1** *(évident)* positief; **le ~** het positieve **2** *(affirmatif; favorable)* positief; **réponse positive** gunstig antwoord ♦ **pôle ~** pluspool
position *nf* **1** *(place)* plaats *de,* positie *nf, (milit.)* (op)stelling *nf;* **~ clé** sleutelpositie; *(sports)* **être en première ~** op kop liggen **2** *(posture) (fig.)* standpunt *het;* **se mettre en ~** klaar gaan staan; **prendre ~ contre, pour** stelling nemen tegen, voor; **prendre la ~ horizontale** platgaan; **rester sur ses ~s** op zijn standpunt blijven staan **3** *(circonstances)* situatie *nf;* **~ d'un compte en banque** banksaldo; **être dans une meilleure ~** er beter voor staan **4** *(rang social)* sociale positie *nf*
possédé, -ée *adj* bezeten; **le, la ~(e)** de bezetene
posséder *vt* **1** *(détenir)* bezitten **2** *(maîtriser)* beheersen **3** *(duper)* bedotten; **il nous a bien possédés** hij heeft ons flink te pakken gehad; **se posséder** *vpr* zich beheersen
possesseur *nm* bezitter *nm*
possessif, -ive *adj* **1** *(ling.)* bezittelijk; **le ~** het bezittelijk voornaamwoord **2** *(psycho.)* bezitterig
possession *nf* **1** *(action de posséder; bien possédé)* bezit *het;* **être, entrer en (la) ~ de** in het bezit zijn, komen van; **prendre ~ de qqch** iets in bezit nemen **2** *(maîtriser)* (het) beheersen **3** *(dépendance coloniale)* bezitting *nf* **4** *(délire)* bezetenheid *nf*
possibilité *nf* mogelijkheid *nf;* **avoir la ~ de** in staat zijn om; **~s intellectuelles** intellectuele capaciteiten
possible *adj* mogelijk; **autant que ~** voor zover mogelijk; **il est ~ de** het is mogelijk om; **dès que ~** zo spoedig mogelijk; *(subst.)* **faire (tout) son ~** (al) het mogelijke doen; **le ~** het mogelijke; **le mieux ~** zo goed mogelijk; **(ce n'est) pas ~ !** 't is niet waar!; **si ~** zo mogelijk
postal, -ale *adj* post-; **carte ~e** ansichtkaart; **chèque ~** girocheque
postdater *vt* postdateren
[1]**poste** *nm* **1** *(milit.)* post *nm;* **être fidèle au ~** op z'n post blijven; *(fig.)* ↑ onverstoorbaar zijn **2** *(police)* politiepost *nm* **3** *(fonction)* functie *nf;* **~ clé** sleutelpositie; **~ vacant** vacature **4** *(division de la journée de travail)* dienst *nm,* ploeg *de* **5** *(installation)* post *nm;* **~ de pilotage** stuurhut, cabine; **~ de secours** hulppost **6** *(appareil)* toestel *het;* **~ émetteur** zender
[2]**poste** *nf* **1** *(PTT)* post *de;* **mettre à la ~** op de post doen **2** *(bureau des PTT)* postkantoor *het*
[1]**poster** *nm* poster *nm*
[2]**poster** *vt* **1** *(placer)* posteren **2** *(mettre à la poste)* posten, op de bus doen; **se poster** *vpr (se placer)* zich posteren
postérieur, -eure *adj* **1** *(+ à) (temps)* later (dan); **le ~** het achterste **2** *(espace)* achterste, achter-
postérité *nf* nageslacht *het;* **passer à la ~** in de herinnering (van het nageslacht) voortleven
posthume *adj* postuum; **enfant ~** na de dood van de vader geboren kind
postiche *adj* vals; **le ~** het haarstukje
postier, -ière *n* postbeambte *nm*
postillon *nm (salive)* druppel *nm* spuug; **envoyer des ~s** met consumptie spreken
post-scriptum, P.-S. *nm* postscriptum, PS *het*
postulant, -ante *n* sollicitant(e) *nm (nf)*
postuler *vt* **1** *(demander un emploi)* solliciteren naar **2** *(poser comme hypothèse)* postuleren
posture *nf* **1** *(maintien)* houding *nf* **2** *(situation)* positie *nf;* **se trouver en mauvaise ~** zich in een lastig parket bevinden
pot *nm* **1** *(récipient)* pot *nm;* **~ catalytique** katalysator; **~ (de chambre)** po, pot; **~**

d'échappement knalpot 2 *(verre)* ↑ glas *het;* payer les ~s cassés het gelag betalen, met de brokken zitten 3 *(chance)* mazzel *nm* ♦ découvrir le ~ aux roses ergens achter komen; tourner autour du ~ ergens omheen draaien, rond de pot draaien *(n.B.)*

potable *adj* 1 *(qui peut être bu)* drink- 2 *(passable)* acceptabel

potage *nm* soep *de*

potager, -ère *adj* groente-; le ~ de moestuin, groentetuin

potasser *vt* blokken voor *(un examen),* blokken op *(une matière)*

pot-au-feu *nm* 1 *(plat)* pot-au-feu *nm* 2 *(viande)* stoofvlees *het*

pot-de-vin *nm* steekpenning *nm (surtout plur.)*

pote *nm* maat *nm*

poteau *nm* paal *nm;* ~ indicateur wegwijzer

potelé, -ée *adj* mollig

potence *nf* 1 *(pièce d'appui)* stut(balk) *nm* 2 *(supplice)* galg *de*

potentiel, -elle *adj* mogelijk *(adj.),* mogelijkerwijs *(adv.),* potentieel; le ~ het potentieel

poterie *nf* 1 *(objet)* stuk *het* aardewerk 2 *(plur.) (objets)* aardewerk *het (uniquement sing.)*

potier *nm* pottenbakker *nm*

potin *nm* 1 *(bavardage)* kletspraatje *het* 2 *(bruit)* herrie *de*

potion *nf* drankje *het*

potiron *nm* (reuzen)pompoen *nm*

pot-pourri *nm* potpourri *het/de (m)*

pou *nm* luis *de;* laid comme un ~ foeilelijk

poubelle *nf* vuilnisbak *nm; (fig.)* jeter à la ~ tot de prullenmand veroordelen, afkeuren

pouce *nm* 1 *(doigt)* duim *nm;* manger sur le ~ uit het vuistje eten 2 *(orteil)* grote teen *nm* 3 *(mesure)* duim *nm* ♦ ~ ! ik doe even niet mee!

poudre *nf* 1 *(particules)* poeder *het/de (m);* en ~ in poedervorm; chocolat en ~ cacao; réduire en ~ vermalen; jeter de la ~ aux yeux de qqn iemand zand in de ogen strooien; ~ de perlimpinpin wondermiddeltje; ~ de riz toiletpoeder 2 *(explosif)* kruit *het;* il n'a pas inventé la ~ hij heeft het buskruit niet uitgevonden

poudrer *vt* (be)poederen

poudreuse *nf (neige)* pasgevallen sneeuw *de*

poudreux, -euse *adj* poederachtig

poudrier *nm* poederdoos *de*

poudrière *nf* 1 *(magasin)* kruitmagazijn *het* 2 *(fig.)* kruitvat *het*

pouf *nm* poef *nm*

pouffer *vi* proesten

pouilleux, -euse *adj* 1 *(couvert de poux)* luizig 2 *(miséreux)* armoedig; le ~ de armoedzaaier

poulailler *nm (abri pour poules)* kippenhok *het,* kippenren *de (ensemble des poules)*

poulain *nm* 1 *(animal)* veulen *het* 2 *(débutant)* pupil *de*

poule *nf* 1 *(femelle du coq)* hen *nf,* kip *nf;* quand les ~s auront des dents wanneer Pasen en Pinksteren op één dag vallen; ~ mouillée schijterd; la ~ aux œufs d'or de kip met de gouden eieren 2 *(terme d'affection)* schatje *het (f)* 3 *(femme légère)* snol *nf*

poulet *nm* 1 *(chapon)* kip *nf* 2 *(terme d'affection)* schattebout *nm* 3 *(policier)* smeris *nm*

poulie *nf* katrol *de*

poulpe *nm* inktvis *nm*

pouls *nm* pols *nm;* tâter le ~ de qqn iemands pols voelen; *(fig.)* iemand uithoren

poumon *nm* long *de;* à pleins ~s luidkeels

poupe *nf* achtersteven *nm*

poupée *nf* 1 *(jouet)* pop *de;* jouer à la ~ met poppen spelen 2 *(femme)* poppetje *het (f)* 3 *(doigt)* dik verbonden vinger *nm*

poupon *nm* 1 *(bébé)* baby'tje *het (m), het (f)* 2 *(poupée)* babypop *de*

[1]**pouponner** *vi (dorloter)* moederen

[2]**pouponner** *vt (dorloter qqn)* bemoederen

pouponnière *nf* kinderdagverblijf *het*

[1]**pour** *nm* voor *het*

[2]**pour** *prép* 1 voor; ~ cent percent, procent; ~ le directeur de directeur p(er) o(rder); il a parlé ~ moi hij heeft namens mij gesproken; prendre qqn ~ un autre iemand voor een ander aanzien; ~ rien voor niets; n'y être ~ rien er niets mee te maken hebben 2 *(destiné à)* voor; être ~ (qqch, qqn) voor (iets, iemand) zijn; c'est fait ~ daar is het speciaal voor bedoeld; train ~ Paris trein naar Parijs 3 *(afin de)* om te *(+ inf.),* voor *(+ nom);* ~ plaisanter voor de grap 4 *(comme)* als; ~ ainsi dire bij wijze van spreken; ~ de bon werkelijk; ~ de vrai echt; ~ toute réponse bij wijze van antwoord 5 *(temps)* voor 6 *(concernant)* voor, wat betreft; ~ autant que voor zover (als); ~ ce qui est de … wat betreft, wat … aangaat; ~ ma part wat mij betreft 7 *(à cause de)* wegens; ~ quoi (faire) ? waarvoor?; ~ si peu (de chose) om zo'n kleinigheid ♦ ~ que opdat; ~ … que hoe … ook; ~ peu que mits, als … maar

pourboire *nm* fooi *de*

pourcentage *nm* percentage *het*

pourchasser *vt* najagen *(aussi au fig.)*

pourparlers *nm* onderhandelingen *plur*

[1]**pourpre** *nm* purper *het;* lèvres ~s purperrode lippen

[2]**pourpre** *nf (matière colorante; étoffe)* purper *het*

[1]**pourquoi** *nm* waarom *het;* le ~ et le comment het hoe en het waarom

[2]**pourquoi** *adv* waarom ♦ c'est ~ daarom

pourri, -ie *adj* 1 *(altéré)* (ver)rot; odeur de ~ rottingslucht; le ~ het rotte gedeelte *(partie pourrie)* **2** *(humide)* vochtig; **été ~** verregende zomer

[1]**pourrir** *vi* **1** *(se putréfier)* (ver)rotten **2** *(se dégrader)* verslechteren

[2]**pourrir** *vt* **1** *(gâter qqch, un enfant)* bederven **2** *(corrompre)* besmetten; **se pourrir** *vpr (devenir pourri)* (ver)rotten

pourriture *nf* **1** *(putréfaction)* (ver)rotting *nf*, bederf *het* **2** *(corruption morale)* verdorvenheid *nf* **3** *(personne corrompue)* smeerlap *nm*

poursuite *nf* **1** *(chasse)* achtervolging *nf;* **se mettre à la ~ de qqn** de achtervolging op iemand inzetten **2** *(recherche)* (het) nastreven **3** *(continuation)* voortzetting *nf* **4** *(jur.)* (rechts)vervolging *nf*

poursuivant, -ante *n* achtervolg(st)er *nm (nf)*

poursuivre *vt* **1** *(pourchasser)* achtervolgen **2** *(rechercher)* nastreven **3** *(continuer)* voortzetten **4** *(jur.)* gerechtelijk vervolgen; **se poursuivre** *vpr* **1** *(se suivre l'un l'autre)* elkaar achtervolgen **2** *(continuer)* voortgezet worden

pourtant *adv* toch

pourtour *nm* **1** *(ligne)* omtrek *nm* **2** *(bord)* omloop *nm*

[1]**pourvoir (à)** *vi (assurer)* voorzien (in)

[2]**pourvoir (de)** *vt (munir de)* voorzien (van); **~ qqn d'un emploi** iemand een baan bezorgen; **se pourvoir** *vpr* **1** *(+ de) (se munir de)* zich voorzien (van) **2** *(jur.)* in hoger beroep gaan; **se ~ en cour de cassation** in cassatie gaan bij het gerechtshof

pourvoyeur, -euse *n (fournisseur)* leverancier *nm*

pourvu, -ue (de) *adj* voorzien (van)

pourvu que *conj* **1** *(condition)* mits **2** *(souhait)* als … maar

pousse *nf* **1** *(bourgeon)* spruit *de*, uitloper *nm* **2** *(développement)* groei *nm*

poussé, -ée *adj* grondig

poussée *nf* **1** *(coup)* duw *nm* **2** *(accès)* plotselinge toename *de;* **~ de fièvre** koortsaanval **3** *(croissance)* groei *nm* **4** *(impulsion)* aandrift *de*

[1]**pousser** *vi* **1** *(exercer une pression)* duwen, *(Belg.)* drummen **2** *(croître)* groeien; **faire ~** kweken; **laisser ~ sa barbe** zijn baard laten staan **3** *(poursuivre sa route)* zijn weg vervolgen; **~ jusqu'à Paris** doorreizen tot Parijs **4** *(exagérer)* overdrijven; **faut pas ~ !** je moet niet zo overdrijven! **5** *(expulser un fœtus, des excréments)* persen

[2]**pousser** *vt* **1** *(déplacer)* (voort)duwen; **~ la plaisanterie trop loin** de scherts te ver drijven; **~ un moteur** een motor op volle kracht laten draaien; **~ la porte** de deur openduwen, dichtduwen **2** *(inciter à)* aanzetten (tot) **3** *(bousculer)* een duw geven (aan); **~ qqn du coude** iemand met de elleboog aanstoten **4** *(exprimer)* uitstoten; **~ des cris** een geschreeuw aanheffen ♦ **~ sa voix** zijn stem verheffen; **se pousser** *vpr* **1** *(s'écarter devant)* plaatsmaken (voor) **2** *(se bousculer)* elkaar duwen

poussette *nf* wandelwagentje *het*

poussière *nf* **1** *(particules)* stof *het (sing.);* **et des ~s** ↑ en nog wat; **mordre la ~** in het stof bijten; *(fig.)* een nederlaag lijden **2** *(grain de poussière)* stofje *het*

poussiéreux, -euse *adj* stoffig *(aussi au fig.)*

poussif, -ive *adj* kortademig, puffend *(moteur)*

poussin *nm* kuiken *het* ♦ **mon ~** m'n kindje

poussoir *nm* (druk)knop *nm*

poutre *nf* balk *nm*

[1]**pouvoir** *nm* **1** *(faculté)* vermogen *het;* **~ d'achat** koopkracht; **être en ~ de** in staat zijn (om) te; **cela n'est pas en mon ~** dat ligt niet in mijn vermogen **2** *(autorité)* macht *de;* **porter qqn au ~** iemand aan de macht brengen; **les ~s publics** de overheid **3** *(mandat)* volmacht *de;* **plein(s) ~(s)** volmacht **4** *(droit)* bevoegdheid *nf*

[2]**pouvoir** *vt* **1** *(être capable de)* kunnen; **n'en plus ~** niet meer kunnen; **je n'y peux rien** ik kan er niets aan doen **2** *(avoir la permission de)* mogen **3** *(peut-être)* mogelijk *(+ verbe),* misschien wel *(+ verbe);* **il peut avoir eu un accident de voiture** hij heeft misschien wel een auto-ongeluk gekregen; **se pouvoir** *vpr (être possible)* mogelijk zijn; **autant que faire se peut** zoveel mogelijk; *(impers.)* **il se peut que** het is mogelijk dat

pragmatique *adj* pragmatisch

pragmatisme *nm* pragmatisme *het*

prairie *nf* **1** *(pâturage)* wei(de) *de* **2** *(plaine aux USA)* prairie *nf*

praline *nf* praline *nf, (f.B.)* bonbon *nm*

praticable *adj* **1** *(réalisable)* uitvoerbaar **2** *(carrossable)* begaanbaar

praticien, -ienne *n (médecin)* (praktiserend) arts *nm*

pratiquant, -ante *adj (relig.)* praktiserend; **le, la ~(e)** de praktiserende gelovige

[1]**pratique** *nf* **1** *(expérience; usage)* praktijk *de;* **en ~** in de praktijk; **manquer de ~** praktijkervaring missen **2** *(d'un sport)* beoefening *nf* **3** *(application)* toepassing *nf;* **mettre en ~** in praktijk brengen, toepassen **4** *(observance)* betrachting *nf;* **~ religieuse** kerkgang **5** *(manière d'agir)* handelwijze *de* **6** *(usage)* gewoonte *nf*

[2]**pratique** *adj* praktisch; **avoir le sens ~** praktisch aangelegd zijn; **la vie ~** het leven van alledag

[1]**pratiquer** *vi (être pratiquant)* praktiseren

[2]**pratiquer** *vt* **1** *(exercer un métier)* uitoefenen, beoefenen *(un sport)* **2** *(exécuter)* verrichten **3** *(observer)* belijden; **se pratiquer** *vpr (se faire)* gebruikelijk zijn

pré *nm* wei *de*

préalable *adj* vooraf(gaand); **au ~** van tevoren

préambule *nm* inleiding *nf;* sans ~ zonder omhaal van woorden
préau *nm* overdekte speelplaats *de*
préavis *nm (avertissement)* opzegging *nf;* lancer un ~ de grève een staking aankondigen; sans ~ onaangekondigd
précaire *adj* onzeker, precair; santé ~ broze gezondheid; situation ~ zorgelijke toestand
précarité *nf* onzekerheid *nf*
précaution *nf* 1 *(disposition)* voorzorg *de;* par ~ uit voorzorg 2 *(prudence)* voorzichtigheid *nf;* avec ~ voorzichtig
précédent, -ente *adj* voorafgaand *(adj.),* vroeger *(adv. et adj.);* le ~ het precedent; sans ~ zonder precedent, zonder voorgaande *(n.B.)*
précéder *vt* 1 *(être avant)* voorafgaan aan, *(annoncer)* aankondigen; être précédé de voorafgegaan worden door 2 *(arriver avant)* eerder aankomen dan; ~ qqn de dix minutes tien minuten voor iemand aankomen
précepte *nm* voorschrift *het*
précepteur, -trice *n* huisonderwijzer(es) *nm (nf)*
préchauffage *nm* voorverhitting *nf*
[1]**prêcher** *vi (prononcer un sermon)* preken *(aussi au fig.)*
[2]**prêcher** *vt* 1 *(enseigner)* verkondigen, prediken 2 *(conseiller)* aanraden
précieux, -euse *adj* 1 *(de grande valeur)* kostbaar; objets ~ kostbaarheden; pierres précieuses edelstenen 2 *(affecté)* gekunsteld
précipice *nm* afgrond *nm (aussi au fig.)*
précipitamment *adv* in allerijl
précipitation *nf* 1 *(hâte)* overhaasting *nf;* avec ~ overhaast 2 *(plur.) (chute d'eau)* neerslag *nm (uniquement sing.)* 3 *(chim.)* (het) neerslaan
précipité, -ée *adj* overhaast
précipiter *vt* 1 *(jeter)* naar beneden storten 2 *(accélérer)* versnellen; **se précipiter** *vpr* 1 *(se jeter)* zich naar beneden storten 2 *(tomber)* naar beneden storten 3 *(se dépêcher)* zich haasten
précis, -ise *adj* nauwkeurig, precies; le ~ het overzicht; pas ~ément niet bepaald; ne penser à rien de ~ aan niets bepaalds denken
préciser *vt* verduidelijken; ~ que benadrukken dat; **se préciser** *vpr* duidelijker worden
précision *nf* 1 *(exactitude)* nauwkeurigheid *nf* 2 *(plur.) (détails)* bijzonderheden *plur*
précoce *adj* vroeg, vroegtijdig ♦ enfant ~ vroegrijp kind
préconçu, -ue *adj* vooropgezet; idée, opinion ~e vooroordeel
préconiser *vt* aanprijzen
précuit, -ite *adj* voorgekookt
précurseur *nm* voorloper *nm;* signe ~ voorteken, voorbode
prédateur *nm* roofdier *het;* insecte ~ roofinsect
prédécesseur *nm* voorganger *nm*
prédestination *nf* voorbeschikking *nf*
prédestiner (à) *vt* voorbestemmen (tot, om), voorbeschikken (tot)
prédicateur *nm* predikant *nm*
prédiction *nf* voorspelling *nf*
prédilection *nf* voorliefde (voor) *nf;* avoir une ~ pour een zwak hebben voor; par ~ bij voorkeur
prédire *vt* voorspellen
prédisposer (à) *vt* ontvankelijk maken (voor)
prédisposition (à) *nf* aanleg (voor, tot) *nm*
prédominance *nf* overwicht *het*
prédominant, -ante *adj* overheersend
prédominer *vi* overheersen
préfabriqué, -ée *adj* prefab-; le ~ de prefab
préface *nf* 1 *(avant-propos)* voorwoord *het* 2 *(prélude)* voorspel *het*
préfectoral, -ale *adj* prefectoraal
préfecture *nf* prefectuur *nf;* ~ de police hoofdcommissariaat van politie
préférable (à) *adj* te verkiezen (boven); être ~ à te verkiezen zijn boven; il est ~ de het is beter om
préféré, -ée *adj* lievelings-
préférence *nf* voorkeur *de;* de ~ bij voorkeur; ... de, par ~ à liever ... dan; par ordre de ~ in volgorde van voorkeur
préférentiel, -elle *adj* voorkeurs-
préférer (à) *vt* verkiezen (boven), de voorkeur geven aan (boven); ~ faire qqch iets liever doen; elle préférait partir (plutôt) que de le voir zij ging liever weg dan dat ze hem zou zien
préfet *nm* 1 *(fonctionnaire)* prefect *nm;* ~ de police hoofd van de politie 2 *(Belg.f.) (directeur d'école)* (studie)prefect *nm (Belg.n.)*
préfigurer *vt* aankondigen
préfinancement *nf* voorfinanciering *nf*
préfixe *nm* 1 *(langue)* voorvoegsel *het,* prefix *het* 2 *(Belg.f.) (téléphone)* netnummer *het*
préhistoire *nf* prehistorie *nf*
préhistorique *adj* prehistorisch, voorhistorisch *(aussi au fig.)*
préjudice *nm* schade *de,* nadeel *het;* au ~ de ten nadele van; ~ moral immateriële schade
préjudiciable (à) *adj* schadelijk (voor)
préjugé *nm* vooroordeel *het;* être sans ~s onbevooroordeeld zijn
préjuger (de) *vi* vooruitlopen (op)
se prélasser *vpr* z'n gemak ervan nemen
prélavage *nm* voorwas *nm*
prélèvement *nm* 1 *(action de prélever (sur))* (het) (af)nemen (van); ~ de sang (het) aftappen van bloed 2 *(quantité prélevée)* afgenomen hoeveelheid *nf;* ~ de sang afgenomen bloed 3 *(impôt)* heffing *nf*

prélever *vt* **1** *(extraire de)* afnemen (van); **~ un échantillon** een monster nemen **2** *(impôt)* heffen

préliminaire *adj* inleidend; **les ~s** de voorbereidsels

prélude (à) *nm* prelude (tot) *nf (aussi mus.),* inleiding (tot) *nf*

prématuré, -ée *adj* voortijdig; **le ~** het te vroeg geboren kind, couveusekind

préméditation *nf* opzet *het;* **avec ~** met voorbedachten rade

prémédité, -ée *adj* opzettelijk; **crime ~** misdaad met voorbedachten rade

préméditer *vt* (van tevoren) beramen

premier, -ière *adj* eerste; **arriver (le) ~** als eerste aankomen, het eerst aankomen; **habiter au ~** op de eerste (etage) wonen; **enseignement du ~ degré** lager onderwijs, basisonderwijs; **du ~ coup** bij de eerste (de beste) poging; **en ~** (als) eerste; **état ~** oorspronkelijke staat; **pour la première fois** voor het eerst; **le ~ venu** de eerste de beste; **le ~ de l'an** nieuwjaarsdag; **passez donc le ~ !** na u!; **~ ministre** minister-president, premier; *(prov)* **il n'y a que le ~ pas qui coûte** alle begin is moeilijk; **~ plan** voorgrond; **principe ~** grondbeginsel; **le tout ~** de, het allereerste

première *nf* **1** *(représentation)* première *de;* **grande ~** galapremière **2** *(première classe)* eerste klas *nf;* **voyager en ~** eerste klas reizen **3** *(classe avant la terminale)* jaar *het* voor de eindexamenklas **4** *(première vitesse)* eerste versnelling *nf*

premièrement *adv* ten eerste, in de eerste plaats

premier-né, première-née *n* eerstgeborene *nm*

prémonition *nf* voorgevoel *het*

prémonitoire *adj* waarschuwings-; **rêve ~** voorspellende droom

prémunir (contre) *vt* wapenen (tegen); **se prémunir (contre)** *vpr* zich wapenen (tegen)

prenant, -ante *adj* **1** *(passionnant)* boeiend **2** *(absorbant)* tijdrovend

prénatal, -ale *adj* zwangerschaps-

[1]**prendre** *vi* **1** *(épaissir; durcir)* dik worden, hard worden **2** *(prendre racine)* wortel schieten **3** *(s'allumer peu à peu)* aangaan; **le feu a pris à la maison** het huis is in brand gevlogen **4** *(réussir)* lukken, aanslaan, *(Belg.)* pakken **5** *(tourner)* afslaan; **~ à gauche, sur la gauche** links afslaan ♦ **~ sur soi** zich beheersen

[2]**prendre** *vt* **1** *(saisir, amener avec soi)* (mee)nemen; **c'est à ~ ou à laisser** graag of niet; **~ de l'argent à la banque** geld van de bank halen; **c'est autant de pris** dat is tenminste binnen; **ça te prend souvent ?** heb je daar vaker last van?; **pour qui me prenez-vous ?** waar ziet u me voor aan?; **~ une personne pour une autre** iemand voor iemand anders aanzien; **qu'est-ce qui te prend ?** wat mankeert jou? **2** *(considérer)* opvatten; **à tout ~** alles welbeschouwd; **le ~ de haut** het hoog opnemen **3** *(demander)* vragen; **il prend cher** hij vraagt veel **4** *(supposer)* aannemen; **prenons une famille de 4 personnes** laten we uitgaan van een gezin van 4 personen ♦ **l'envie me prend de** ik krijg zin om; **~ ses médicaments** zijn medicijnen innemen; **je vous y prends** nu heb ik je (betrapt); **on ne m'y prendra plus !** dat zal me niet meer overkomen!; **se prendre** *vpr* **1** *(se voler l'un à l'autre)* van elkaar afpakken **2** *(se saisir l'un l'autre)* elkaar nemen *(aussi se posséder sexuellement)* **3** *(être prisonnier)* gevangen worden; **sa robe s'est prise dans les ronces** ze is met haar jurk in de struiken blijven vastzitten ♦ **se ~ à** (plotseling) beginnen te; **s'en ~ à qqn** iemand verantwoordelijk stellen; **pour qui te prends-tu ?** wie denk je wel dat je bent?; **s'y ~ bien, mal** het goed, slecht aanpakken

preneur, -euse *n* **1** *(acheteur)* koper, koopster *nm, nf;* **trouver ~** een gegadigde vinden **2** *(locataire)* huur|der, -ster *nm, nf* ♦ **~ d'otage** gijzelnemer

prénom *nm* voornaam *nm*

prénommer *vt* noemen; **se prénommer** *vpr* als voornaam hebben; **il se prénomme Paul** zijn voornaam is Paul

prénuptial, -ale *adj* aan het huwelijk voorafgaand

préoccupant, -ante *adj* zorgwekkend

préoccupation *nf* **1** *(état d'esprit)* bezorgdheid *nf* **2** *(souci)* zorg *de*

préoccupé, -ée *adj* bezorgd (over); **avoir l'air ~** er zorgelijk uitzien

préoccuper *vt* **1** *(inquiéter)* bezorgd maken **2** *(absorber l'esprit, l'attention de)* in beslag nemen; **se préoccuper (de)** *vpr (s'inquiéter de)* zich bezorgd maken (over)

préparatifs *nm* voorbereidingen *plur*

préparation *nf* **1** *(action de préparer, formation)* voorbereiding *nf;* **un roman en ~** een roman in wording; **sans ~** onvoorbereid **2** *(cuis.)* gerecht *het* **3** *(pharm., chim.)* preparaat *het*

préparatoire *adj* voorbereidend

préparer *vt* **1** *(apprêter)* klaar maken, gereedmaken **2** *(organiser; prévoir; travailler en vue de)* voorbereiden; **~ la voie à qqn** de weg voor iemand effenen **3** *(+ à) (mettre en état de faire face à)* voorbereiden (op) **4** *(+ à) (réserver)* bereiden; **~ une surprise à qqn** iemand een verrassing bereiden; **se préparer** *vpr* **1** *(+ à, pour) (se mettre en état)* zich voorbereiden (op) **2** *(être proche)* op til zijn; *(impers.)* **il se prépare qqch** er hangt iets in de lucht **3** *(être apprêté)* klaargemaakt worden

prépayé, -ée *adj* vooruitbetaald

prépension *nf (Belg.f.) (Belg.n.)* brugpensioen *het,* prepensioen *het, (aux Pays-Bas)* VUT *nf*

prépondérance *nf* overwicht *het*

prépondérant, -ante *adj* overwegend; **voix ~e** beslissende stem

préposé, -ée *n* 1 *(employé)* beambte *nm* 2 *(facteur)* postbode *nm*

préposition *nf* voorzetsel *het*

pré(-)retraite *nf* vervroegd pensioen *het, (aux Pays-Bas)* VUT *nf, (en Belgique)* prepensioen *het*

prérogative *nf* voorrecht *het*

[1]**près** *adv* dichtbij; **à peu ~** ongeveer; **à beaucoup ~** bij lange na niet; **à cela ~ que** behalve dat; **à un franc ~** op één frank na; **à peu de chose ~** vrijwel; **de ~** *(dans l'espace)* van dichtbij; *(attentivement)* nauwkeurig; **regarder de ~** goed uitkijken; **ne pas y regarder de si ~** het niet zo nauw nemen; **tout ~** vlakbij; **un à peu ~** een ruwe benadering

[2]**près (de)** *prép* 1 *(à petite distance de)* dichtbij; **tout ~ d'ici** hier vlakbij 2 *(presque)* bijna 3 *(sur le point de)* op het punt om

présage *nm* voorteken *het*

présager *vt* voorspellen; **ça ne présage rien de bon** dat voorspelt niet veel goeds; **laisser ~** doen vermoeden

presbyte *adj* verziend; **le, la ~** de verziende

presbytère *nm* pastorie *nf*

prescription *nf* 1 *(ordre, recommandation)* voorschrift *het*, recept *het (méd.)* 2 *(jur.)* verjaring(stermijn) *nf (nm)*

prescrire *vt (ordonner, recommander)* voorschrijven, gebieden *(aussi au fig.)*; **l'honneur me prescrit de faire qqch** de eer gebiedt mij iets te doen; **se prescrire** *vpr (jur.)* verjaren

présence *nf* 1 *(fait d'être quelque part; existence; compagnie)* aanwezigheid *nf*; **en ma ~** in mijn bijzijn; **être en ~ de** *(personne)* in aanwezigheid zijn van; *(chose)* tegenover (iets) staan; **~ d'esprit** tegenwoordigheid van geest; **feuille de ~** presentielijst 2 *(charisme)* uitstraling *nf*

[1]**présent** *nm* 1 *(moment, époque actuelle)* heden *het*, nu *het*; **à ~** tegenwoordig; **jusqu'à ~** tot nu toe; **à ~ qu'il est malade** nu hij ziek is; **vivre dans le ~** bij de dag leven 2 *(ling.)* tegenwoordige tijd *nm* 3 *(cadeau)* geschenk *het*

[2]**présent, -ente** *adj* 1 *(qui est là)* aanwezig; **avoir une chose ~e à l'esprit** iets helder voor de geest hebben staan; **être ~ à qqch** iets bijwonen; **être ~ en pensée** in gedachten aanwezig zijn; **les ~s** de aanwezigen; **~ !** present! 2 *(actuel; ce)* tegenwoordig *(aussi ling.)*; **dans le cas ~** in dit geval; **par la ~e** bij deze, hierbij; **la ~e lettre** deze brief

présentable *adj* toonbaar

présentateur, -trice *n (speaker)* omroep(st)er *nm (nf)*

présentation *nf* 1 *(d'une personne à une autre)* (het) voorstellen; **faire les ~s** de mensen aan elkaar voorstellen 2 *(de qqch en commentant)* presentatie *nf*; **~ de mode** modeshow 3 *(apparence)* presentatie *nf*; **avoir une bonne ~** goed voor de dag komen 4 *(de qqch à qqn)* (het) tonen

[1]**présenter** *vi* ♦ **~ bien, mal** een goede, slechte indruk maken

[2]**présenter** *vt* 1 *(une personne)* voorstellen (aan) 2 *(faire connaître au public)* presenteren; **~ la nouvelle collection** de nieuwe collectie presenteren 3 *(montrer)* tonen 4 *(décrire)* voorstellen; **~ qqch sous un jour favorable** iets gunstig voorstellen 5 *(avoir telle apparence)* bieden; **~ des différences** verschillen vertonen; **~ un intérêt particulier** iets bijzonders, opmerkelijks hebben 6 *(communiquer, remettre; mettre sous les yeux de)* aanbieden; **~ ses condoléances** zijn deelneming betuigen ♦ **~ son permis de conduire** zijn rijbewijs laten zien; **se présenter** *vpr* 1 *(paraître)* verschijnen; **deux noms se présentent à l'esprit** twee namen vallen me in; **l'affaire se présente bien** de zaak laat zich gunstig aanzien; **ça se présente comment ?** hoe ziet dat eruit?; *(en obstétrique)* **l'enfant se présente mal** de ligging van het kind is ongunstig 2 *(se proposer)* zich aanmelden (voor) 3 *(décliner son identité)* zich voorstellen

présentoir *nm* verkoopstandaard *nm*

préservatif *nm* condoom *het*

préservation *nf* bescherming *nf*

préserver *vt* beschermen (tegen); **se préserver** *vpr* zich beveiligen (tegen)

présidence *nf* 1 *(fonction; durée des fonctions)* presidentschap *het* 2 *(action de présider)* (het) voorzitten 3 *(siège)* ambtswoning *nf* van een president

président, -ente *n* 1 *(personne qui préside)* president(e) *nm (nf)*; **~ d'un conseil d'administration** president-commissaris 2 *(f.) (épouse du président)* vrouw *nf* van de president

président-directeur *nm* ♦ **~ général** president-directeur

présidentiel, -elle *adj* presidents-; **les ~les** de presidentsverkiezingen

[1]**présider (à)** *vi (guider)* toezien (op); **~ aux destinées de qqch** het lot van iets in handen hebben

[2]**présider** *vt* 1 *(diriger)* voorzitten 2 *(occuper la place d'honneur)* de ereplaats hebben (bij)

présomption *nf* 1 *(jur.)* vermoeden *het* 2 *(prétention)* inbeelding *nf*

présomptueux, -euse *adj* verwaand; **le ~** de verwaande kwast

presque *adv* bijna

presqu'île *nf* schiereiland *het*

pressant, -ante *adj* dringend

presse *nf* pers *de*; **avoir bonne ~** een goede pers hebben; *(fig.)* een goede reputatie hebben; *(fig.)* **~ de caniveau** schandaalpers; **la ~ féminine** de vrouwenbladen; **mettre sous ~** laten drukken; **la ~ quotidienne, hebdomadaire** de dagbladpers, weekbladpers; être sous ~ ter perse zijn

pressé, -ée *adj* **1** *(qui montre de la hâte)* haastig; être ~ haast hebben; *(pour ses besoins naturels)* nodig moeten; ~ par le temps in tijdnood **2** *(urgent)* dringend; ce n'est pas ~ er is geen haast bij; aller, courir au plus ~ het dringendste het eerst doen **3** *(qui a été pressé)* uitgeperst

presse-citron *nm* citroenpers *de*

pressentiment *nm* voorgevoel *het;* j'ai comme le ~ ik heb een soort voorgevoel

pressentir *vt* **1** *(deviner)* een voorgevoel hebben van; laisser, faire ~ qqch de voorbode zijn van iets **2** *(sonder)* polsen

presse-papier *nm* **1** *(objet lourd)* pressepapier *nm* **2** *(inform.)* klembord *het*

presse-purée *nm* pureestamper *nm*

[1]**presser** *vi (être urgent)* haast hebben; rien ne presse er is geen haast bij; le temps presse de tijd dringt

[2]**presser** *vt* **1** *(serrer, comprimer)* persen **2** *(harceler)* vervolgen; ~ qqn de questions iemand met vragen bestormen **3** *(accélérer)* verhaasten; ~ le pas vlugger gaan lopen **4** *(appuyer sur)* drukken op **5** *(inciter à se hâter)* haasten; **se presser** *vpr* **1** *(se hâter)* zich haasten; se ~ de faire qqch zich haasten om iets te doen; allons, pressons ! kom, laten we opschieten! **2** *(s'entasser)* zich verdringen (rond, om) **3** *(se serrer contre)* zich aandrukken (tegen)

pressing *nm* perserij *nf*, stomerij *nf*

pression *nf* **1** *(action de presser)* druk *nm (aussi méd.; phys.);* ~ artérielle (arteriële) bloeddruk; ~ atmosphérique luchtdruk; bière (à la) ~ getapt bier **2** *(influence)* drang *nm;* faire ~ sur qqn iemand onder druk zetten; il est sous ~ hij werkt onder hoogspanning **3** *(bouton)* drukknoop *nm*

pressoir *nm* **1** *(machine)* pers *de* **2** *(bâtiment)* pershuis *het*

pressurer *vt* **1** *(presser)* (uit)persen **2** *(exploiter)* uitbuiten

pressuriser *vt* onder (constante) druk houden

prestance *nf* statig voorkomen *het;* avoir de la ~ door zijn uiterlijk imponeren

prestation *nf* **1** *(allocation)* uitkering *nf;* ~s familiales kinderbijslag; ~s sociales sociale voorzieningen **2** *(à la radio, télévision)* (het) optreden **3** *(performance)* prestatie *nf* **4** *(de service)* dienstverlening *nf* **5** *(plur.) (f.B.) (travail fourni)* verrichte arbeid *nm*

preste *adj* vlug

prestidigitateur, -trice *n* goochelaar(ster) *nm (nf)*

prestige *nm* prestige *het;* perdre de son ~ aan prestige inboeten

prestigieux, -euse *adj* indrukwekkend

présumé, -ée *adj* vermoedelijk

[1]**présumer** (de) *vi (souvent avec 'trop') (surestimer)* overschatten

[2]**présumer** *vt (supposer)* vermoeden; ~ innocent voor onschuldig houden

présupposer *vt* vooronderstellen

[1]**prêt** *nm* lening *nf;* bibliothèque de ~ uitleenbibliotheek; ~ sur gage belening op onderpand

[2]**prêt, prête** *adj* **1** *(+ à, pour) (préparé pour)* gereed (om), klaar (om, voor) **2** *(+ à) (disposé à)* bereid (tot); ~ à tout tot alles bereid

prêt-à-porter *nm* confectiekleding *nf*

prétendant *nm* **1** *(d'un trône)* (kroon)-pretendent *nm* **2** *(soupirant)* aanbidder *nm*

[1]**prétendre** (à) *vi (aspirer à)* aanspraak maken (op)

[2]**prétendre** *vt* **1** *(affirmer)* beweren; à ce qu'il prétend naar hij beweert; en prétendant que onder het voorwendsel dat **2** *(vouloir)* willen; **se prétendre** *vpr (se dire)* beweren te zijn; il se prétend offensé hij beweert dat men hem beledigd heeft

prétendu, -ue *adj* zogenaamd

prête-nom *nm* stroman *nm*

prétentieux, -euse *adj* aanmatigend; le ~ de verwaande kwast

prétention *nf* pretentie *nf;* j'ai la ~ de m'y connaître ik vlei me met de gedachte dat ik er verstand van heb; sans ~ heel eenvoudig; avoir des ~s sur qqch aanspraak maken op iets

[1]**prêter** *vi (donner matière à)* aanleiding geven (tot)

[2]**prêter** *vt* **1** *(donner)* verschaffen; ~ main forte à qqn iemand een handje helpen; ~ l'oreille luisteren; ~ serment een eed afleggen **2** *(fournir sous réserve de restitution)* (uit)lenen; ~ qqch à qqn iemand iets lenen **3** *(attribuer)* toeschrijven; ~ de l'importance à qqch belang aan iets hechten; **se prêter (à)** *vpr* ♦ se ~ au jeu het spel meespelen, meewerken

prêteur, -euse *n* **1** *(personne qui consent un prêt)* lener, leenster *nm, nf* **2** *(personne qui fait métier de prêter)* geldschieter *nm;* ~ sur gages pandjesbaas

prétexte *nm* **1** *(excuse)* voorwendsel *het;* servir de ~ à qqch als voorwendsel voor iets dienen; sous (le) ~ que ... onder voorwendsel dat ... **2** *(occasion)* aanleiding *nf;* fournir un ~ à qqn iemand een aanleiding geven (tot iets); n'ouvrez sous aucun ~ doe in geen geval open

prétexter *vt* als voorwendsel aanvoeren

prêtre *nm* priester *nm*

preuve *nf* **1** bewijs *het (aussi jur.);* ~ contraire tegenbewijs; faire la ~ que het bewijs leveren dat; jusqu'à ~ (du) contraire tot het tegendeel is bewezen; c'est la ~ que ik leid eruit af dat **2** *(témoignage)* blijk *het;* faire ses ~s zichzelf bewijzen; faire ~ de qqch blijk geven van iets

[1]**prévaloir** *vi (l'emporter)* de overhand hebben (op); faire ~ ses droits z'n rechten doen gelden

[2]**se prévaloir** (de) *vpr* 1 *(tirer parti de)* zich beroepen (op) 2 *(s'enorgueillir de)* prat gaan (op)

prévenance *nf* 1 *(attitude)* voorkomendheid *nf* 2 *(plur.) (actions, paroles)* attenties *plur*

prévenant, -ante *adj* voorkomend

prévenir *vt* 1 *(éviter; aller au-devant de)* voorkómen; *(prov)* mieux vaut ~ que guérir voorkomen is beter dan genezen 2 *(avertir)* waarschuwen, *(Belg.)* verwittigen; ~ qqn de qqch iemand van iets verwittigen; sans ~ onaangekondigd; te voilà prévenu je bent gewaarschuwd

préventif, -ive *adj* preventief; à titre ~ bij wijze van voorzorgsmaatregel

prévention *nf* 1 *(mesures préventives; organisation)* preventie *nf;* ~ routière bevordering van de verkeersveiligheid 2 *(parti pris)* vooringenomenheid *nf* 3 *(jur.)* voorlopige hechtenis *nf;* faire six mois de ~ zes maanden preventief zitten

prévenu, -ue *adj* 1 *(qui a des préjugés)* vooringenomen 2 *(jur.)* verdacht; le, la ~(e) de verdachte

prévisible *adj* voorzienbaar

prévision *nf* 1 *(action de prévoir)* (het) voor(uit)zien; en ~ de met het oog op 2 *(le plus souvent plur.) (pronostic)* verwachtingen *plur;* ~s météorologiques weersverwachting(en)

prévoir *vt* voorzien, *(le temps)* voorspellen; être prévu pour bestemd zijn voor

prévoyance *nf* voorzorg *de*

prévoyant, -ante *adj* vooruitziend; être, se montrer ~ aan de toekomst denken

prévu *adj* voorzien

[1]**prier** *vi (relig.)* bidden

[2]**prier** *vt* 1 *(relig.)* bidden (tot); je vous en prie ! na u! *(après vous !)* 2 *(demander)* verzoeken; je vous prie d'agréer l'expression de mes sentiments très distingués met de meeste hoogachting; ah, non, je t'en prie, ça suffit ! nee zeg, alsjeblieft, nu is het wel genoeg!; merci encore de votre aide ! mais je vous en prie ! nog bedankt voor uw hulp! geen dank, graag gedaan!; se faire ~ zich laten bidden; sans se faire ~ zonder tegenstribbelen; ne pas se faire ~ zich dat geen tweemaal laten zeggen

prière *nf* 1 *(relig.)* gebed *het* 2 *(demande instante)* (dringend) verzoek *het;* ~ de répondre gelieve te antwoorden

primaire *adj* 1 *(qui vient en premier)* primair; *(enseign.)* le ~ het basisonderwijs 2 *(simpliste)* simplistisch

primate *nm* primaat *nm*

primauté *nf* voorrang *nm*

[1]**prime** *nf* premie *nf; (fig.)* avoir qqch en ~ iets er gratis bij krijgen; en ~ bovendien; ~ de fin d'année kerstgratificatie; ~ à la productivité, ~ au rendement prestatietoeslag

[2]**prime** *adj* ♦ de ~ abord op het eerste gezicht

[1]**primer** *vi (dominer)* de overhand hebben

[2]**primer** *vt* 1 *(couronner)* bekronen 2 *(l'emporter sur)* de overhand hebben op 3 *(récompenser par une prime)* een premie toekennen (aan)

primeur *nf* 1 *(plur.) (fruits, légumes)* primeurs *plur* 2 *(nouveauté)* primeur *de;* avoir la ~ de qqch als eerste iets hebben

primevère *nf* (voorjaars)primula *de*

primitif, -ive *adj* 1 *(originel)* oorspronkelijk; couleurs primitives hoofdkleuren; les temps ~s de stamtijden; le texte ~ d'une loi de grondtekst van een wet 2 *(archaïque; rudimentaire)* primitief; les ~s de primitieve volkeren

primo *adv* ten eerste

primordial, -ale *adj* uiterst belangrijk

prince *nm* prins *nm (aussi au fig.)* ♦ être bon ~ goedhartig zijn; *(fig.)* ~ charmant sprookjesprins

princesse *nf* prinses *nf*

princier, -ière *adj* prinselijk, vorstelijk; famille, maison princière vorstenhuis

principal, -ale *adj* hoofd-, voornaamste; *(adv.)* principalement hoofdzakelijk; le ~ het voornaamste; proposition ~e hoofdzin

principauté *nf* prinsdom *het*

principe *nm* principe *het;* de ~ principieel; en ~ in principe; manquer à ses ~s van z'n principes afwijken; par ~ uit principe

printanier, -ière *adj* lente-

printemps *nm* lente *de*

prioriser *vt* 1 *(donner la priorité à)* voorrang geven aan 2 *(définir les priorités de)* een prioriteit aanbrengen in, prioriteren

prioritaire *adj* voorrangs-; être ~ voorrang hebben

priorité *nf* voorrang *nm;* ~ à droite voorrang van rechts; en, par ~ eerst; fin de ~ einde voorrangsweg; venir en ~ voorgaan

pris, prise *adj* 1 *(occupé)* bezet 2 *(+ de) (affecté par)* bevangen (door); ~ de peur door angst bevangen 3 *(durci)* stijf geworden 4 *(+ à) (emprunté à)* ontleend (aan)

prise *nf* 1 *(action de prendre pour tenir)* (het) grijpen; être aux ~s avec worstelen met 2 *(moyen de tenir)* houvast *het;* avoir ~ sur vat hebben op; lâcher ~ loslaten; *(fig.)* het opgeven 3 *(action de s'emparer de)* (het) innemen, verovering *nf; (jur.)* ~ de corps inhechtenisneming; ~ d'otage(s) gijzeling 4 *(butin)* vangst *nf* ♦ ~ de conscience bewustwording; ~ (de courant) stopcontact; ~ femelle contrastekker; ~ mâle stekker; ~ de position stellingname; ~ de sang (het) bloed afnemen; ~ de son geluidsopname; ~ de tabac snuifje tabak; ~ de terre aardleiding; ~ de vue(s) opname

priser *vt* 1 *(apprécier)* waarderen 2 *(du tabac)* snuiven

prisme *nm* prisma *het*

prison *nf* 1 *(maison d'arrêt)* gevangenis

nf; **faire de la ~** (in de gevangenis) zitten **2** *(emprisonnement)* gevangenisstraf *de*

prisonnier, -ière *n* gevangene *n; (fig.)* **être ~ de ses principes** de slaaf zijn van zijn principes; **faire ~** arresteren; **~ de guerre** krijgsgevangene; **se constituer ~** zich vrijwillig bij de politie melden

privation *nf* **1** *(action de priver)* (het) ontnemen **2** *(fait de se priver)* onthouding *nf* **3** *(plur.) (des choses nécessaires)* ontberingen *plur*

privatisation *nf* privatisering *nf*

privatiser *vt* privatiseren

privautés *nf* vrijpostigheden *plur*

privé, -ée *adj* privé; **chemin ~** eigen weg; *(subst.)* **en ~** onder vier ogen; **dans le ~** in het privéleven; *(écon.)* ↑ in de particuliere sector; **propriété ~e** particulier eigendom; **à titre ~** niet-officieel, privé

priver (de) *vt* beroven (van); **~ un enfant de dessert** een kind voor straf geen toetje geven; **être privé de sommeil** slaap te kort komen; **se priver** *vpr* zich ontzeggen; **il n'aime pas se ~** hij houdt van het goede leven

privilège *nm* voorrecht *het,* privilege *het (aussi hist. et jur.)*

privilégié, -ée *adj* bevoorrecht; **nous sommes des ~s** wij zijn bevoorrecht

privilégier *vt* bevoorrechten

prix *nm* prijs *nm;* **à ~ d'or** peperduur; **à tout ~** koste wat het kost; **à aucun ~** voor geen goud; **au ~ de** ten koste van; **au ~ fort** erg duur; **~ choc** stuntprijs; **de ~** waardevol; **~ dérisoire** spotprijs; **c'est mon dernier ~** dat is mijn laatste bod; **être sans ~, n'avoir pas de ~** van onschatbare waarde zijn; **hors de ~** peperduur; **~ de lancement** kennismakingsprijs; **y mettre le ~** iets (zeer) duur betalen; **(à) moitié ~** voor de halve prijs; **~ de revient** kostprijs ♦ **le ~ Goncourt 1981** *(personne)* de prijswinnaar van de prix Goncourt 1981; *(livre)* het boek dat de prix Goncourt 1981 heeft gekregen

probabilité *nf* waarschijnlijkheid *nf*

probable *adj* waarschijnlijk; **il est ~ que** het is waarschijnlijk dat; **il est peu ~ que** het is niet erg waarschijnlijk dat

probant, -ante *adj* overtuigend

probité *nf* rechtschapenheid *nf;* **~ professionnelle** beroepseer

problématique *adj* problematisch; **la ~** de problematiek

problème *nm* probleem *het;* **(il n'y a) pas de ~ !** geen probleem!; **c'est son ~ !** dat is zijn zaak!

procédé *nm* **1** *(méthode)* procedé *het* **2** *(façon d'agir)* handelwijze *de*

procéder *vi* **1** *(agir)* handelen **2** *(+ à) (faire)* overgaan (tot); **~ à une enquête** een onderzoek instellen **3** *(+ de) (découler de)* voortkomen (uit)

procédure *nf* **1** *(façon de procéder)* werkwijze *de,* methode *nf* **2** *(manière de procéder juridiquement)* procedure *de;* **engager une ~** een proces aanspannen

procès *nm* proces *het;* **être en ~ avec qqn** tegen iemand procederen; **faire, intenter un ~** een proces aanspannen; **faire le ~ de qqn, de qqch** iemand, iets scherp bekritiseren; **sans autre forme de ~** zonder enige vorm van proces

processeur *nm* processor *nm*

procession *nf* processie *nf (aussi au fig.)*

processionnaire *nf* processierups *de*

processus *nm* proces *het*

procès-verbal *nm* **1** *(contravention)* bekeuring *nf;* **dresser ~ contre qqn** iemand een bekeuring geven **2** *(rapport)* verslag *het*

prochain, -aine *adj* volgend; **un jour ~** een dezer dagen; **à la ~e !** tot de volgende keer! ♦ **le ~** de naaste

prochainement *adv* binnenkort; **très ~** zeer spoedig

proche *adj* **1** *(peu éloigné)* dichtbij; **de ~ en ~** stukje bij beetje **2** *(dans le temps)* nabij **3** *(comparable; parent)* verwant (aan); **se sentir ~ de qqn** zich aan iemand verwant voelen; **les ~s** de naaste familieleden

Proche-Orient *nm* Midden-Oosten *het*

proclamation *nf* bekendmaking *nf,* afkondiging *nf (par un acte officiel)*

proclamer *vt* **1** *(par un acte officiel)* afkondigen **2** *(clamer)* (luid) verkondigen; **~ son innocence** zijn onschuld betuigen

procréateur *nm* verwekker *nm*

procréation *nf* verwekking *nf*

procréer *vt* verwekken

procuration *nf* volmacht *de;* **par ~** bij volmacht

procurer *vt* verschaffen; **se procurer** *vpr* zich verschaffen

procureur *nm* zaakgelastigde *nm;* **~ général** procureur-generaal; **~ de la République** officier van justitie; *(Belg.f.)* **~ du Roi** procureur des Konings *(Belg.n.)*

prodigalité *nf* **1** *(goût de la dépense)* spilzucht *de* **2** *(généralement plur.) (dépenses excessives)* verkwistingen *plur* **3** *(surabondance)* overdaad *de*

prodige *nm* wonder *het (aussi au fig.);* **enfant ~** wonderkind; **tenir du ~** aan het wonderbaarlijke grenzen

prodigieux, -euse *adj* buitengewoon

prodigue *adj* **1** *(dépensier)* spilziek **2** *(qui donne abondamment)* kwistig

prodiguer *vt* **1** *(dilapider)* verkwisten **2** *(donner généreusement)* kwistig zijn met; **~ des soins à qqn** iemand met toewijding verzorgen

producteur, -trice *adj* producerend; **le ~** de producent; *(cin.)* de producer

productif, -ive *adj* productief; **capital ~ d'intérêts** rentedragend kapitaal

production *nf* **1** *(fait de produire)* productie *nf* **2** *(produit)* product *het*

productivité *nf* productiviteit *nf*

produire *vt* **1** *(former; fabriquer)* produ-

ceren, *(de l'énergie)* opwekken, *(de la chaleur)* ontwikkelen **2** *(rapporter)* opbrengen **3** *(causer)* veroorzaken **4** *(présenter)* overleggen; **~ des témoins** getuigen voorbrengen **5** *(cin., com.)* produceren; **se produire** *vpr* **1** *(survenir)* zich voordoen **2** *(d'acteurs, etc.)* optreden
produit *nm* product *het;* **~ fini** eindproduct; **~ intérieur brut, PIB** bruto binnenlands product, bbp; **~s manufacturés** fabricaten; **~ national brut, PNB** bruto nationaal product, bnp
proéminence *nf* **1** *(caractère proéminent)* (het) (voor)uitsteken **2** *(protubérance)* uitsteeksel *het*
proéminent, -ente *adj* (voor)uitstekend
prof *n (enseignement secondaire)* leraar, lerares *nm, nf*
profanation *nf* heiligschennis *nf*
profane *adj* **1** *(étranger à la religion)* profaan; **le ~** het wereldlijke **2** *(ignorant)* oningewijd; **être ~ en la matière** ergens geen verstand van hebben; **le, la ~** de leek
profaner *vt* **1** *(relig.)* ontheiligen **2** *(fig.) (faire un usage indigne de)* schenden
proférer *vt* uitbrengen
professer *vt* **1** *(une opinion)* (openlijk) verkondigen **2** *(enseign.)* doceren
professeur *n* **1** *(enseignement secondaire)* leraar, lerares *nm, nf;* **elle est ~ d'anglais** ze is lerares Engels; **~ de mathématiques** wiskundeleraar **2** *(université)* hoogleraar *nm*
profession *nf* **1** *(métier)* beroep *het;* **de ~** van beroep; **faire ~ de qqch** iets beroepshalve doen **2** *(relig.)* belijdenis *nf;* **~ de foi** geloofsbelijdenis
professionnel, -elle *adj* beroeps-; *(adv.)* **professionnellement** beroepshalve; **le ~** de beroeps; *(sports)* de professional; **un (ouvrier) ~** een geschoold arbeider
professorat *nm* **1** *(enseignement secondaire)* leraarschap *het* **2** *(enseignement universitaire)* hoogleraarschap *het*
profil *nm* profiel *het;* **avoir un ~ d'homme d'état** het formaat van een staatsman hebben; **de ~** en profil, van opzij
profiler *vt* **1** *(représenter la silhouette de)* in zijaanzicht afbeelden **2** *(technol.)* profileren; **se profiler (sur)** *vpr (se découper sur)* zich aftekenen (tegen)
profit *nm* **1** *(avantage)* voordeel *het;* **au ~ de qqn, qqch** ten bate van iemand, iets; *(à propos de qqch)* **faire du ~** ↑ voordelig zijn in het gebruik; **tirer ~ de qqch** voordeel trekken van iets **2** *(gain)* winst *nf*
profitable *adj* voordelig
profiter *vi* **1** *(+ de) (tirer avantage de; prendre prétexte de)* profiteren (van) **2** *(+ à) (servir)* tot nut zijn, ten goede komen (aan)
profiteur, -euse *n* profiteur *nm*
profond, -onde *adj* diep; **au plus ~ de** in het diepst van; **~ément convaincu** vast overtuigd; **~ de deux mètres** twee meter diep; **dormir ~ément** vast slapen; **du ~ de son être** uit het diepst van zijn hart; **erreur ~e** grove vergissing; **regard ~** doordringende blik
profondeur *nf* diepte *nf; (phot.)* **~ de champ** scherptediepte; **à deux mètres de ~** op twee meter diepte; **en ~** in de diepte; *(au-delà des apparences)* grondig; **~s de la terre** binnenste van de aarde
profusion *nf* overvloed *nm;* **à ~** in overvloed
progéniture *nf* nakomelingen *plur*
programmation *nf* programmering *nf, (Belg.)* programmatie *nf;* **langage de ~** programmeertaal
programme *nm* programma *het;* **le ~ du parti** het partijprogram; **le ~ des réjouissances** het festiviteitenprogramma; *(iron.)* de lijst van alles wat gedaan moet worden; **~ scolaire** leerplan
programmer *vt* **1** *(inform.)* programmeren **2** *(prévoir)* voorzien; **~ qqch à long terme** een langetermijnplanning maken voor iets ♦ **une émission programmée à vingt heures** een uitzending die om 20 uur zal plaatsvinden
programmeur, -euse *n* program|meur, -meuse *nm, nf*
progrès *nm* **1** *(développement)* voortgang *nm,* vooruitgang *nm;* **faire des ~, être en ~** vorderingen maken; **il y a du ~** het gaat beter **2** *(propagation)* (het) zich uitbreiden
progresser *vi* **1** *(se développer; faire des progrès)* vooruitgaan **2** *(avancer; gagner du terrain)* voortgaan
progressif, -ive *adj* geleidelijk, progressief *(impôt, etc.);* **verres ~s** multifocale brillenglazen
progression *nf* vooruitgang *nm;* **~ d'une armée** (het) oprukken van een leger; *(méd.)* **~ du mal** het verergeren van de kwaal
progressiste *adj* progressief
progressivement *adv* geleidelijk
prohiber *vt* (bij de wet) verbieden
prohibition *nf* verbod *het*
proie *nf* prooi *de;* **en ~ à** ten prooi aan; **être la ~ de** het slachtoffer zijn van; **oiseau de ~** roofvogel
projecteur *nm* **1** *(spot)* schijnwerper *nm* **2** *(pour projeter des images)* projector *nm*
projectile *nm* projectiel *het*
projection *nf* **1** *(jet)* (het) werpen **2** *(d'un film, etc.)* vertoning *nf* **3** *(psycho., math.)* projectie *nf*
projet *nm* **1** *(plan)* plan *het;* **~ de loi** wetsontwerp **2** *(programme)* project *het*
projeter *vt* **1** *(lancer)* vooruitwerpen **2** *(une image)* projecteren, vertonen *(un film, des diapositives)* **3** *(former l'idée de)* van plan zijn *(+ inf.)*
prolétaire *n* proletariër, proletarische (vrouw) *nm, nf;* **milieu ~** proletarisch milieu
prolétariat *nm* proletariaat *het*

prolifération *nf* (snelle) verbreiding *nf*
proliférer *vi (aussi au fig.)* zich (sterk) vermenigvuldigen, *(Belg.)* prolifereren
prolifique *adj* **1** *(qui se multiplie rapidement)* zich snel voortplantend **2** *(d'un auteur)* zeer vruchtbaar
prologue *nm* proloog *nm (aussi en cyclisme), (fig.)* inleiding *nf,* voorspel *het*
prolongation *nf* verlenging *nf*
prolongé, -ée *adj* **1** *(dans le temps)* aanhoudend **2** *(dans l'espace)* lang(gerekt)
prolongement *nm* verlenging *nf;* **les ~s d'une affaire** de ontwikkeling van een zaak; **dans le ~ de** in het verlengde van
prolonger *vt* **1** *(dans le temps; dans l'espace)* verlengen **2** *(être le prolongement de)* de voortzetting vormen van; **se prolonger** *vpr* **1** *(durer plus longtemps que prévu)* voortduren **2** *(aller plus loin)* zich voortzetten
promenade *nf* **1** *(balade)* wandeling *nf,* tochtje *het (aussi au fig.);* **~ en voiture** autotochtje **2** *(lieu pour les promeneurs)* promenade *nf*
[1]**promener** *vi* ♦ **envoyer ~ qqn** iemand afpoeieren; **tout envoyer ~** alles opgeven
[2]**promener** *vt* **1** *(qqn)* rondleiden; **~ son chien** zijn hond uitlaten; **~ un enfant** met een kind wandelen **2** *(faire aller avec soi)* met zich mee dragen **3** *(faire aller et venir)* laten gaan, *(les yeux)* laten rondgaan; **~ ses doigts sur qqch** zijn vingers over iets laten glijden; **se promener** *vpr (se balader)* wandelen; **se ~ en voiture** een autotochtje maken
promeneur, -euse *n* wandelaar(ster) *nm (nf)*
promesse *nf* belofte *nf;* **manquer à sa ~** zijn belofte niet nakomen
prometteur, -euse *adj* veelbelovend
promettre *vt* beloven; *(iron.)* **ça promet !** dat belooft wat!; **se promettre** *vpr* **1** *(prendre la résolution)* zich voornemen **2** *(espérer)* verwachten ♦ **se ~ qqch l'un à l'autre** elkaar iets beloven
promis, -ise *adj* beloofd; **jeune homme ~ à un brillant avenir** jongeman voor wie een schitterende toekomst is weggelegd
promiscuité *nf* (het) op elkaars lip zitten
promontoire *nm* kaap *de*
promoteur *nm* **1** *(instigateur)* promotor *nm* **2** *(dans l'immobilier)* projectontwikkelaar *nm;* **~ immobilier** projectontwikkelaar, *(Belg.)* promotor
promotion *nf* **1** *(avancement)* bevordering *nf* **2** *(enseign.)* (studie)jaar *het* **3** *(relatif à la vente)* (het) promoten; **article en ~** reclameartikel ♦ **~ sociale** maatschappelijke emancipatie
promouvoir *vt* bevorderen
prompt, prompte *adj* vlug; **être ~ à la riposte** gevat zijn
promptitude *nf* vlugheid *nf*
promulguer *vt* **1** *(une loi, un décret)* afkondigen **2** *(publier)* openbaar maken
prôner *vt* **1** *(louer)* ophemelen **2** *(préconiser)* (aan)prijzen
pronom *nm* voornaamwoord *het*
pronominal, -ale *adj* pronominaal; **verbe ~ réciproque** wederkerig werkwoord; **verbe ~ réfléchi** wederkerend werkwoord
prononcé, -ée *adj* geprononceerd; **un goût ~ pour** een duidelijke voorliefde voor
[1]**prononcer** *vi (jur.)* uitspraak doen
[2]**prononcer** *vt (dire)* uitspreken *(aussi jur.);* **~ un discours** een redevoering houden; **elle ne pouvait ~ un mot** ze kon geen woord uitbrengen; **il prononce bien** hij heeft een goede uitspraak; **se prononcer** *vpr* **1** *(se décider)* zich uitspreken **2** *(être articulé)* uitgesproken worden **3** *(s'accentuer)* duidelijker worden
prononciation *nf* uitspraak *de*
pronostic *nm* voorspelling *nf,* prognose *nf, (Belg.)* pronostiek *nf*
pronostiquer *vt* voorspellen, *(Belg.)* pronostikeren
propagande *nf* propaganda *de*
propagation *nf* **1** *(fait de (se) répandre)* verbreiding *nf,* uitbreiding *nf (d'une maladie)* **2** *(phys.)* voortplanting *nf*
propager *vt (diffuser)* propageren, verbreiden; **se propager** *vpr* **1** *(se répandre)* zich verbreiden; **l'incendie se propage** de brand grijpt om zich heen **2** *(phys., biol.)* zich voortplanten
propane *nm* propaan(gas) *het*
propension *nf* neiging *nf*
prophète, prophétesse *n* profeet, profetes *nm, nf*
prophétie *nf* profetie *nf,* voorspelling *nf*
prophétique *adj* profetisch
prophétiser *vt* voorspellen
propice *adj* gunstig (voor), geschikt
proportion *nf* verhouding *nf (aussi au fig.), (plur.)* afmetingen *plur (dimensions);* **à ~, en ~** naar verhouding; **à ~ de, en ~ de, avec** in verhouding tot ♦ **toutes ~s gardées** relatief gezien
proportionné, -ée *adj* evenredig (aan) ♦ **bien ~** goed geproportioneerd (van bouw)
proportionnel, -elle *adj* evenredig (met); **la (représentation) ~le** het kiessysteem van een evenredige vertegenwoordiging
proportionner (à) *vt* evenredig maken (met)
propos *nm* **1** *(paroles)* woorden *plur* **2** *(intention)* bedoeling *nf;* **de ~ délibéré** met opzet ♦ **à ~** tussen twee haakjes; **à ce ~** naar aanleiding hiervan; **à tout ~** bij iedere gelegenheid; **à ~ de** naar aanleiding van; **venir, arriver à ~** als geroepen komen; **hors de ~** ongelegen
proposer *vt (présenter)* voorstellen; **~ un sujet à l'examen** een onderwerp opgeven bij het examen; **~ qqn à une fonction** iemand kandidaat stellen voor een functie; **~ un prix** een prijs uitloven; **se proposer**

vpr 1 *(se fixer un but; former le projet de)* zich voornemen 2 *(offrir ses services)* zich aanbieden

proposition *nf* 1 *(offre)* voorstel *het;* ~ de loi wetsvoorstel; sur (la) ~ de op voorstel van 2 *(ling.)* hoofd- of bijzin *nm*

[1]**propre** *nm* kenmerk *het* ♦ au (sens) ~ in de eigenlijke betekenis; c'est du ~ ! dat is me (ook) wat moois!; mettre au ~ in het net schrijven

[2]**propre** *n* ♦ un(e) ~ à rien een nietsnut, een onbenul

[3]**propre** *adj* 1 *(+ à) (personnel)* eigen (aan); remettre qqch en main(s) ~(s) à qqn iemand iets persoonlijk overhandigen; nom ~ eigennaam; son ~ nom z'n eigen naam; au sens ~ letterlijk 2 *(net)* schoon; avoir les mains ~s schone handen hebben 3 *(+ à) (approprié)* geschikt (voor); mot ~ juiste woord 4 *(soigné; convenable)* netjes ♦ nous voilà ~s ! nu zitten we met de gebakken peren!

proprement *adv* 1 *(au sens propre du mot)* eigenlijk; à ~ parler strikt genomen; *(fig.)* eerlijk gezegd; ~ dit eigenlijk 2 *(d'une manière propre, correcte)* netjes

propreté *nf* netheid *nf*

propriétaire *n* 1 *(possesseur)* eige|naar, -nares *nm, nf* 2 *(d'une maison)* huiseige|-naar, -nares *nm, nf*

propriété *nf* 1 *(droit de jouissance exclusive)* eigendom(srecht) *het;* ~ privée particulier eigendom 2 *(riche maison)* landgoed *het* 3 *(bien possédé)* eigendom *het* 4 *(qualité propre)* eigenschap *nf*

propulser *vt* voortstuwen

propulseur *nm* voortstuwer *nm*

propulsion *nf* voortstuwing *nf*

prorata ♦ au ~ de naar evenredigheid van

proroger *vt* 1 *(prolonger)* verlengen 2 *(renvoyer à une date ultérieure)* verdagen

prosaïque *adj* prozaïsch

proscription *nf* 1 *(interdiction)* verbod *het* 2 *(exil)* verbanning *nf*

proscrire *vt* 1 *(interdite)* verbieden, verwerpen *(des mots)* 2 *(exiler)* verbannen

proscrit, -ite *adj* 1 *(interdit)* verboden 2 *(exilé)* verbannen; le, la ~(e) de banneling(e)

prose *nf* proza *het;* en ~ in proza

prospecter *vt* 1 *(un terrain)* op delfstoffen onderzoeken 2 *(écon.)* verkennen

prospection *nf* 1 *(de minéraux)* bodemonderzoek *het* 2 *(étude de marché)* marktverkenning *nf*

prospectus *nm* folder *nm*

prospère *adj* welvarend, voorspoedig

prospérer *vi* bloeien

prospérité *nf (écon.)* welvaart *de*

se prosterner *vpr* neerknielen

prostituée *nf* prostituee *nf*

prostituer *vt* 1 *(qqn)* prostitueren 2 *(qqch)* vergooien; **se prostituer** *vpr* 1 *(se livrer à la prostitution)* zich prostitueren 2 *(s'abaisser)* zich vergooien

prostitution *nf* 1 *(fait de vendre son corps)* prostitutie *nf* 2 *(avilissement)* (het) vergooien

prostré, -ée *adj* diep terneergeslagen

protagoniste *nm* 1 *(litt.)* protagonist *nm* 2 *(héros)* hoofdpersoon *nm*

protecteur, -trice *adj* 1 *(qui protège)* beschermend; le ~, la protectrice de bescherm(st)er 2 *(condescendant)* neerbuigend vriendelijk

protection *nf* 1 *(action de protéger; chose qui protège)* bescherming *nf (aussi technol.);* ~ civile burgerbescherming, burgerlijke bescherming *(n.B.)* 2 *(inform.)* beveiliging *nf*

protectionnisme *nm* protectionisme *het*

protégé, -ée *adj* 1 *(défendu)* beschermd; le petit ~ het beschermelingetje; le ~ du professeur het lievelingetje van de leraar 2 *(inform.)* beveiligd

protège-cahier *nm* schriftomslag *het/de (m)*

protéger *vt* 1 *(défendre)* beschermen 2 *(encourager)* begunstigen 3 *(mettre à l'abri)* veiligstellen 4 *(inform.)* beveiligen; **se protéger** *vpr (se préserver)* zich beschermen (tegen)

protège-slip *nm* inlegkruisje *het*

protéine *nf* eiwit *het*

protestant, -ante *adj* protestants; le, la ~(e) de protestant(se)

protestantisme *nm* protestantisme *het*

protestataire *adj* ↓ protesterend; les ~s de protesterenden

protestation *nf* 1 *(désapprobation)* protest *het* 2 *(démonstration)* betuiging *nf*

protester *vi* 1 *(affirmer son opposition)* protesteren 2 *(+ de) (affirmer)* verklaren

prothèse *nf* prothese *nf;* ~ dentaire kunstgebit

protocolaire *adj* protocollair

protocole *nm* protocol *het*

prototype *nm* prototype *het*

protubérant, -ante *adj* uitstekend

proue *nf* voorsteven *nm*

prouesse *nf* 1 *(exploit)* heldendaad *de* 2 *(iron.) (performance)* stout stukje *het*

prouver *vt* bewijzen; il est prouvé que het is bewezen dat

provenance *nf* afkomst *nf,* herkomst *nf;* en ~ de afkomstig van

provençal, -ale *adj* Provençaals; le ~ het Provençaals; le, la Provençal(e) de Provençaal(se)

provenir (de) *vi* 1 *(venir)* afkomstig zijn (van) 2 *(découler de)* voortkomen (uit)

proverbe *nm* spreekwoord *het*

proverbial, -ale *adj* spreekwoordelijk

providence *nf* 1 *(relig.)* voorzienigheid *nf* 2 *(protecteur)* reddende engel *nm*

providentiel, -elle *adj* 1 *(qui est un effet de la providence)* providentieel 2 *(qui arrive opportunément)* op een gelukkig moment komend

province *nf* provincie *nf;* il arrive du fin

fond de sa ~ hij is uit de klei getrokken; **en ~** buiten de hoofdstad; **faire ~** kleinsteeds aandoen

provincial, -ale *adj* **1** *(relatif à la province)* provinciaals **2** *(situé en province)* buiten de hoofdstad gelegen; **un(e) ~(e)** iemand uit de provincie **3** *(gauche)* kleinsteeds

proviseur *nm* rector *nm,* directeur *nm*

provision *nf* **1** *(réserve)* voorraad *nm;* **faire (des) ~(s) de qqch** iets inslaan **2** *(plur.) (denrées)* levensmiddelen *plur* **3** *(emplettes)* boodschappen *plur;* **faire ses ~s** boodschappen doen **4** *(couverture)* dekking *nf;* **chèque sans ~** ongedekte cheque

provisionnel, -elle *adj* voorlopig; **versement ~** aanbetaling

provisoire *adj* voorlopig; **le ~** de voorlopige toestand; **solution ~** noodoplossing; **à titre ~** voorlopig

provocant, -ante *adj* **1** *(agressif)* uitdagend **2** *(aguichant)* (zinnen)prikkelend

provocateur, -trice *n* uitdager, uitdaagster *nm, nf;* **agent ~** (betaalde) opruier

provocation *nf* uitdaging *nf*

provoquer *vt* **1** *(inciter)* aanzetten **2** *(défier)* uitdagen **3** *(causer)* veroorzaken

proxénète *n* **1** *(entremetteur)* koppelaar(ster) *nm (nf)* **2** *(m.) (souteneur)* souteneur *nm*

proximité *nf* **1** *(voisinage)* nabijheid *nf;* **à ~** in de buurt **2** *(imminence)* (het) ophanden zijn

prude *adj* preuts; **faire la ~** preuts doen

prudence *nf* voorzichtigheid *nf;* **avec ~** met beleid; **par (mesure de) ~** uit voorzorg

prudent, -ente *adj* **1** *(qui montre de la prudence)* voorzichtig **2** *(empreint de prudence)* wijs; **croire, juger ~ de** het raadzaam achten om

pruderie *nf* preutsheid *nf*

prune *nf* pruim *de;* **une robe ~** een paarse jurk ♦ **pour des ~s** voor noppes; **des ~s !** morgen brengen!

pruneau *nm* gedroogde pruim *de*

prunelle *nf* **1** *(pupille)* pupil *de;* **tenir à qqch comme à la ~ de ses yeux** ergens zeer aan gehecht zijn **2** *(œil)* ↓ oog *het*

prunier *nm* pruimenboom *nm*

psalmodier *vti* psalmodiëren *(aussi au fig.)*

psaume *nm* psalm *nm*

pseudonyme *nm* pseudoniem *het, (Internet)* alias *nm*

psychanalyse *nf* psychoanalyse *nf*

psychanalyste *n* (psycho)analyti|cus, -ca *nm, nf*

psychanalytique *adj* psychoanalytisch

psychiatre *n* psychiater *nm*

psychiatrie *nf* psychiatrie *nf*

psychiatrique *adj* psychiatrisch

psychique *adj* geestelijk

psychodrame *nm* psychodrama *het*

psychologie *nf* **1** *(science; intuition; idées)* psychologie *nf* **2** *(mentalité)* ↑ mentaliteit *nf*

psychologique *adj* psychologisch; **état ~** zielstoestand; *(adv.)* **psychologiquement** psychologisch; *(mentalement)* geestelijk

psychologue *n* psycho|loog, -loge *nm, nf*

psychopathe *n* psychopaat *nm*

psychose *nf* psychose *nf*

psychosomatique *adj* psychosomatisch

psychothérapeute *n* psychotherapeut(e) *nm (nf)*

psychothérapie *nf* psychotherapie *nf*

puant, puante *adj* **1** *(qui sent mauvais)* stinkend **2** *(odieux de vanité)* stinkend verwaand

puanteur *nf* stank *nm*

puberté *nf* puberteit *nf*

public, -ique *adj* openbaar, publiek, overheids-; *(subst.)* **interdit au ~** verboden toegang; *(subst.)* **en ~** publiekelijk, in het openbaar; **la fonction publique** het overheidsapparaat, het ambtenarenapparaat; **une fonction publique** een overheidsfunctie; **le ~** het publiek; **rendre ~** openbaar maken

publication *nf* **1** *(annonce)* bekendmaking *nf* **2** *(parution; écrit)* publicatie *nf*

publicitaire *adj* publicitair, reclame-; **annonce ~** advertentie; **le, la ~** de reclameman, reclamevrouw

publicité, pub *nf* **1** *(réclame; textes publicitaires)* reclame *de;* **~ mensongère** misleidende reclame **2** *(annonce)* advertentie *nf* **3** *(émission publicitaire)* reclamespot *nm*

publier *vt* **1** *(faire paraître)* publiceren **2** *(faire connaître au public)* bekendmaken

publiphone *nm* kaarttelefooncel *de*

publiquement *adv* publiekelijk

puce *nf* **1** *(animal)* vlo *de;* **avoir la ~ à l'oreille** het doorkrijgen; **jeu de ~** vlooienspel; **les Puces** de vlooienmarkt; **mettre la ~ à l'oreille de qqn** argwaan bij iemand wekken; **secouer les ~s à qqn** iemand de les lezen **2** *(personne très petite)* kleintje *het (m), het (f)* **3** *(circuit intégré)* chip *nm*

puceau *adj* maagdelijk *(terme rarement appliqué à un garçon)*

pucelle *nf* maagd *nf*

puceron *nm* bladluis *de*

pudeur *nf* **1** *(sentiment de honte)* schaamte *nf,* schaamtegevoel *het* **2** *(réserve)* fijnzinnigheid *nf;* **sans ~** schaamteloos

pudibond, -onde *adj* preuts

pudique *adj* **1** *(chaste)* kuis **2** *(discret)* discreet

[1]**puer** *vi (sentir mauvais)* stinken

[2]**puer** *vt* **1** *(sentir qqch)* stinken naar **2** *(laisser apparaître)* ruiken naar

puéricultrice *nf* kinderverzorgster *nf*

puéril, -ile *adj* kinderachtig

puérilité *nf* kinderachtigheid *nf*

puis *adv* vervolgens, toen; **et ~** (en) bovendien, (en) trouwens; **et ~ c'est tout** en dat is dat; **et ~ (après) ?** nou en?

puiser *vt* **1** *(un liquide)* putten **2** *(dans une réserve)* halen (uit) **3** *(emprunter à)* ontlenen (aan)

puisque *conj* **1** *(du moment que)* aangezien **2** *(justification)* omdat

puissamment *adv* krachtig

puissance *nf* **1** *(pouvoir)* macht *de* **2** *(force)* vermogen *het;* **en ~** potentieel **3** *(État)* macht *de,* mogendheid *nf;* **les grandes ~s** de grote mogendheden **4** *(math.)* macht *de;* **élever un nombre à la ~ deux** een getal tot de tweede macht verheffen

puissant, -ante *adj* **1** *(influent)* machtig; **les ~s** de machtigen **2** *(qui a de la force, de la puissance)* krachtig

puits *nm* put *nm;* **~ de mine** mijnschacht; **~ de pétrole** olieput; **un ~ de science** een wonder van geleerdheid

pull-over, pull *nm* trui *de*

pulluler *vi* **1** *(se multiplier rapidement)* zich snel vermenigvuldigen **2** *(abonder)* wemelen *(être rempli de)*

pulmonaire *adj* long-

pulpe *nf* vruchtvlees *het*

pulpeux, -euse *adj* vlezig

pulsation *nf* pols(slag) *nm*

pulsion *nf* drift *de*

pulvérisateur *nm* verstuiver *nm*

pulvérisation *nf* **1** *(action de réduire en poudre)* (het) verpulveren **2** *(vaporisation)* (het) verstuiven

pulvériser *vt* **1** *(broyer)* verpulveren **2** *(vaporiser)* verstuiven **3** *(faire éclater en morceaux; anéantir)* vermorzelen; **~ un record** een record (overtuigend) breken

puma *nm* poema *nm*

punaise *nf* **1** *(insecte)* (wand)luis *de* **2** *(clou)* punaise *nf*

[1]**punch** *nm (boisson)* punch *nm*

[2]**punch** *nm* **1** *(d'un boxeur)* punch *nm* **2** *(énergie)* pit *het/de*

punir (de) *vt* straffen (voor); **être puni de mort** bestraft worden met de dood

punitif, -ive *adj* straffend

punition *nf* straf *de*

[1]**pupille** *nf (de l'œil)* pupil *de*

[2]**pupille** *n (enfant)* pupil *de;* **~ de la Nation** oorlogswees

pupitre *nm* **1** *(bureau)* lessenaar *nm* **2** *(à musique)* muziekstandaard *nm* **3** *(commandes)* bedieningspaneel *het*

pur, pure *adj* zuiver; **~ement et simplement** enkel en alleen; **un ~** een rechtzinnige ♦ **refus ~ et simple** vierkante weigering; **~ et simple** volstrekt, rondweg

purée *nf* **1** *(de pommes de terre)* (aardappel)puree *nf* **2** *(de légumes, de fruits)* moes *het; (fig.)* **~ de pois** dikke mist **3** *(ennuis)* ellende *de;* **~ !** verdorie!

pureté *nf* zuiverheid *nf*

purgatoire *nm* vagevuur *het*

purge *nf* **1** *(pol.)* (politieke) zuivering *nf* **2** *(vidange)* (het) lozen, (het) afvoeren *(d'eau, de gaz, d'air)*

purger *vt* **1** *(nettoyer)* zuiveren **2** *(méd.)* purgeren **3** *(une conduite)* ontluchten

purification *nf* reiniging *nf*

purifier *vt* zuiveren *(de la corruption),* reinigen *(de ses impuretés)*

purin *nm* (mest)gier *de*

puriste *n* purist(e) *nm (nf),* taalzuiveraar(ster) *nm (nf)*

puritain, -aine *adj* puriteins; **le, la ~(e)** de puritein(se)

puritanisme *nm* puritanisme *het,* puriteinse levenshouding *nf*

pur-sang *adj* volbloed; **un (cheval) ~** een volbloed(paard)

pus *nm* etter *nm,* pus *het/de (m) (prononcé à la néerlandaise)*

pustule *nf* puistje *het*

putain *nf* hoer *nf;* **quel ~ de temps !** wat een pokkenweer!; **cette ~ de pendule** die kloteklok; **~ !** godver!

pute *nf* **1** *(prostituée)* hoer *nf;* **fils de ~ !** klootzak! **2** *(salope)* snol *nf*

putois *nm* bunzing *nm;* **crier comme un ~** schreeuwen als een mager varken

putréfaction *nf* verrotting *nf*

putréfier *vt* doen rotten; **se putréfier** *vpr* (ver)rotten

putride *adj* **1** *(qui est en putréfaction)* rottend **2** *(qui caractérise la putréfaction)* rottings-

putsch *nm* putsch *nm,* staatsgreep *nm*

puzzle *nm* (leg)puzzel *nm (aussi au fig.)*

p.-v. *nm* proces-verbaal *het*

pygmée *nm (aussi au fig.)* pygmee *nm*

pyjama(s) *nm (le plus souvent plur.)* pyjama *nm (uniquement sing.)*

pylône *nm* **1** *(poteau)* mast *nm* **2** *(d'un pont)* (brug)pijler *nm*

pyramide *nf* piramide *nf*

pyrénéen, -enne *adj* Pyrenees; **le, la Pyrénéen(ne)** de Pyreneeër, Pyrenese

Pyrénées *nf* Pyreneeën *plur*

pyromane *n* pyro|maan, -mane *nm, nf,* brandsticht(st)er *nm (nf)*

python *nm* python *nm*

q

q *nm* q *de;* **Q comme quintal** de q van Quebec

Qatar *nm* Qatar *n (sans art.)*

quadragénaire *n* veertiger *nm;* **femme ~** veertigjarige vrouw

quadrilatère *nm* vierhoek *nm*

quadrillage *nm* **1** *(dessin d'une surface quadrillée)* ruitpatroon *het* **2** *(d'un territoire)* fijnmazige controle *de*

quadrillé, -ée *adj* ruitjes-, geruit

quadriller *vt* **1** *(couvrir de carreaux)* in ruitjes verdelen **2** *(un territoire, une zone)* met een dicht netwerk overdekken

quadrupède *adj* viervoetig; **le ~** de viervoeter *(terme habituellement appliqué au cheval)*

quadruple *adj* viervoudig; **le ~** het viervoud, vierdubbele

quadrupler *vti* verviervoudigen

quadruplés, -ées *n* vierling *nm (sing.; plur. possible)*

quai *nm* **1** *(d'un port, d'un cours d'eau)* kade *de;* **être à ~** langs de wal liggen **2** *(de gare)* perron *het*

qualificatif, -ive *adj* kwalificerend; **adjectif ~** bijvoeglijk naamwoord; **le ~** de kwalificatie

qualification *nf* **1** *(appellation)* benaming *nf* **2** *(sports)* kwalificatie *nf* ♦ **~ professionnelle** beroepsbekwaamheid

qualifié, -ée *adj* **1** *(autorisé)* bekwaam **2** *(main-d'œuvre)* geschoold **3** *(sports)* gekwalificeerd

qualifier *vt* **1** *(+ de) (appeler)* kwalificeren (als) **2** *(sports)* kwalificeren **3** *(donner qualité à qqn pour faire qqch)* geschikt maken; **se qualifier** *vpr (+ pour) (sports)* zich plaatsen (voor)

qualitatif, -ive *adj* kwalitatief

qualité *nf* **1** *(valeur plus ou moins grande; état)* kwaliteit *nf;* **avoir ~ pour** bevoegd zijn te; **en sa ~ de** in zijn hoedanigheid van **2** *(aptitude)* eigenschap *nf* **3** *(valeur)* kwaliteit *nf;* **de ~** kwaliteits-

1**quand** *adv* wanneer; **ça date de ~ ?** van wanneer is dat?

2**quand** *conj* **1** *(au moment où)* wanneer **2** *(chaque fois que)* (iedere keer) als **3** *(alors que)* terwijl **4** *(si)* (zelfs) al; **~ bien même** zelfs al *(construction de la phrase !)* ♦ *(pourtant)* **~ même** toch

quant ♦ **~ à** wat ... betreft, wat ... aangaat

quantifier *vt* in cijfers vertalen

quantitatif, -ive *adj* kwantitatief

quantité *nf* **1** *(nombre d'unités ou mesure)* kwantiteit *nf,* hoeveelheid *nf;* **~ négligeable** iets waarmee, iemand met wie je geen rekening hoeft te houden **2** *(grand nombre de)* grote hoeveelheid *nf (sans prép.);* **~ de gens** zeer veel mensen; **en ~** in overvloed

quarantaine *nf* **1** *(environ 40)* veertigtal *het* **2** *(âge)* veertig *nm* **3** *(isolement)* quarantaine *de; (fig.)* **mettre qqn en ~** iemand negeren

quarante *adj numér* veertig

quarantième *adj numér* veertigste

quart *nm* **1** *(fraction)* kwart *het/de;* **au ~ de tour** meteen; **les trois ~s du temps** de meeste tijd; **les trois ~s de la ville** bijna de hele stad **2** *(partie d'une heure)* kwartier *het;* **un ~ d'heure** een kwartier; **une heure et ~, une heure un ~** kwart over een; **une heure moins le ~** kwart voor een; **(passer) un mauvais ~ d'heure** een moeilijk moment (doormaken) **3** *(mar.)* wacht *de;* **être de ~** wacht hebben **4** *(bouteille)* kwartfles *de*

quartier *nm* **1** *(d'une ville)* wijk *de (administratif),* buurt *de (courant);* **les beaux ~s** de rijke buurten; **le ~ latin** de studentenwijk (van Parijs) **2** *(plur.) (cantonnement)* (het) kwartieren; **~ général, QG** hoofdkwartier **3** *(morceau)* stuk *het* **4** *(partie de l'écu; partie de la lune)* kwartier *het* ♦ **demander ~** om lijfsbehoud vragen; **pas de ~ !** geen genade!

quartz *nm* kwarts *het*

quasi, quasiment *adv* bijna

quatorze *adj numér* veertien

quatorzième *adj numér* veertiende

quatrain *nm* kwatrijn *het*

quatre *adj numér* vier; **un de ces ~ (matins)** vandaag of morgen

quatre-vingt-dix *adj numér* negentig

quatre-vingt(s) *adj numér* tachtig

quatrième *adj numér* vierde; **habiter au ~** op de vierde (etage) wonen

quatrièmement *adv* ten vierde

quatuor *nm (mus.)* kwartet *het*

1**que** *pron rel* **1** *(relatif précédé d'un antécédent)* die *(antécédent m., f. ou plur.),* dat *(antécédent n. sing.),* welke; **la femme ~ j'aime** de vrouw die ik liefheb **2** *(relatif avec antécédent neutre 'implicite')* wat; **je ne sais pas ce ~ tu as fait** ik weet niet wat je gedaan hebt ♦ **~ je sache** voor zover ik weet

2**que** *pron interr* wat?; **ne plus savoir ~ dire** niet meer weten wat te zeggen; **qu'est-ce qui se passe ?** wat gebeurt er?; **~ faire ?**

wat te doen?; **~ fais-tu ?** wat doe je?; **qu'est-ce que la vérité ?** wat is de waarheid?

[3]**que** *adv* **1** *(pourquoi)* waarom?; **~ n'es-tu ici ?** waarom ben je er niet? **2** *(+ de) (exclamation)* hoeveel *(sans prép.)*; **~ de fois** hoeveel keer, hoe vaak; **~ de monde !** wat een mensen!

[4]**que** *conj* **1** *(introduisant une subordonnée)* dat; **c'est alors ~** toen; **c'est ~** dat komt omdat **2** *(après un comparatif de supériorité ou d'infériorité)* dan, als; **il est plus fort ~ moi** hij is sterker dan ik **3** *(après certaines expressions)* of **4** *(suivi de 'oui', 'si', 'non')* van; **~ non** welnee; **je dis ~ non** ik zeg van nee; **je crois ~ oui** ik geloof van wel; **~ si** jawel **5** *(+ subj.) (après le verbe 'attendre')* tot **6** *(précédé de 'ne', pour marquer la restriction)* slechts, (alleen) maar; **ne ... pas ~** niet alleen **7** *(conjonction vide) (ne pas traduire)*; **est-ce ~ tu es malade ?** ben je ziek?; **quel beau pays ~ la France !** wat is Frankrijk een mooi land! **8** *(+ subj.) (substitut de 'si')* indien ♦ *(sans principale)* **qu'elle s'en aille** laat haar maar weggaan

québécois, -oise *adj* Quebecs; **le, la Québécois(e)** de Quebeckenaar, Quebecse

quel, quelle *adj interr* welk(e), wat, wat voor een; **~le heure est-il ?** hoe laat is het?; **~le idée !** wat een (absurd) idee!; **n'importe ~** onverschillig welke; **~ qu'il soit** wie het ook is, wie het ook moge zijn; **~ est le titre ?** wat is de titel?; **je vous demande ~ travail il fait** ik vraag u wat voor werk hij doet

[1]**quelconque** *adj (ordinaire)* (middel)matig

[2]**quelconque** *adj indéf (n'importe lequel)* een of ander; **d'une manière ~** op de een of andere manier

[1]**quelque** *adj indéf* **1** *(un quelconque)* een of ander; **~ part** ergens **2** *(plusieurs)* enige; **les ~s euros qui lui restaient** de paar euro die hij overhad; **cent et ~s kilos** ruim honderd kilo; **~ temps** enige tijd **3** *(qualifiant un n. ou adj.)* welke (ook); **~ sujet que ce soit** welk onderwerp dan ook

[2]**quelque** *adv* **1** *(+ que)* hoe (ook); **~ fidèle qu'elle soit** hoe trouw ze ook is **2** *(environ)* ongeveer; **~ peu** enigszins, een beetje

quelque chose *pron indéf* → [2]**chose**

quelquefois *adv* soms

quelqu'un, quelqu'une, quelques-uns, quelques-unes *pron indéf* **1** *(une personne)* iemand; **devenir ~** naam maken **2** *(plur.) (un petit nombre indéterminé)* sommige(n)

quémander *vt* bedelen om

qu'en-dira-t-on *nm* geroddel *het*

querelle *nf* twist *nm;* **chercher ~ à qqn** ruzie zoeken met iemand

quereller *vt* twisten met; **se quereller** *vpr* (met elkaar) ruziemaken

querelleur, -euse *adj* twistziek; **le ~, la querelleuse** de ruziezoek(st)er

question *nf* **1** *(interrogation)* vraag *de;* **~s fréquentes** *(Internet)* veelgestelde vragen; **se poser des ~s** zich het één en ander afvragen; **la ~ de savoir si** de vraag of **2** *(problème)* kwestie *nf;* **~ de confiance !** kwestie van vertrouwen!; **la personne en ~** de bewuste persoon, de persoon in kwestie; **mettre qqch en ~** iets in twijfel trekken; **tout remettre en ~** alles op losse schroeven zetten ♦ **~ boulot tout va bien** ↓ wat het werk betreft is alles in orde; **il est ~ de l'envoyer à l'étranger** er is sprake van hem naar het buitenland te sturen; **là est la ~** dáár gaat het om; **de quoi est-il ~ ?** waar gaat het over?; **pas ~ !** geen sprake van, daar komt niets van in!

questionnaire *nm* vragenlijst *de;* **~ à choix multiple, QCM** meerkeuzevragenlijst

questionner (sur) *vt* ondervragen (over), vragen stellen aan (over)

question-piège *nf* strikvraag *de*

quête *nf* **1** *(collecte)* inzameling *nf;* **faire la ~** collecteren **2** *(+ de) (recherche de)* (het) zoeken (naar); **en ~ de** op zoek naar

quêter *vi* collecteren

quetsche *nf* kwets *de*

queue *nf* **1** *(d'animaux; prolongement)* staart *nm;* **~ de cheval** paardenstaart; **n'avoir ni ~ ni tête** kop noch staart hebben; **sans ~ ni tête** zonder kop of staart **2** *(file)* rij *de;* **à la ~, en ~** achteraan; **faire la ~** in de rij staan (wachten) **3** *(manche)* steel *nm* **4** *(pédoncule)* steel *nm* **5** *(de billard)* keu *de* ♦ **à la ~ leu leu** op een rijtje; **finir en ~ de poisson** als een nachtkaars uitgaan; **faire une ~ de poisson à qqn** iemand snijden

[1]**qui** *pron rel* **1** *(personne)* die, wie; **~ est-ce ~ ?** wie? **2** *(chose)* dat, welke **3** *(ce qui)* wat, hetgeen; **ce ~ m'embête c'est que ...** wat me ergert is dat ...; **~ plus est** bovendien

[2]**qui** *pron interr (personne)* wie?; **~ est-ce ?** wie is daar?, wie is dat?; **~ que ce soit** wie (het) dan ook (is)

quiche *nf* quiche *nf*

[1]**quiconque** *pron rel (toute personne qui)* ieder die

[2]**quiconque** *pron indéf (n'importe qui)* wie (dan) ook

quiétude *nf* (gemoeds)rust *de;* **en toute ~** in alle rust

quille *nf* **1** *(de bowling)* kegel *nm;* **jouer aux ~s** kegelen **2** *(mar.)* kiel *de* **3** *(milit.)* (het) afzwaaien

quincaillerie *nf* **1** *(produits)* ijzerwaren *plur* **2** *(magasin)* ijzerwinkel *nm*

quincaillier, -ière *n* ijzerwarenhandelaar(ster) *nm (nf)*

quinine *nf* kinine *de*

quinquagénaire *adj* vijftigjarig; **le, la ~** de vijftigjarige

quinquennal, -ale *adj* **1** *(qui a lieu tous*

les 5 ans) vijfjaarlijks **2** *(qui dure 5 ans)* vijfjarig; **plan ~** vijfjarenplan

quintal *nm* kwintaal *het,* centenaar *nm*

quinte *nf* hoestbui *de;* **~ de toux** hoestbui

quintessence *nf* kwintessens *de*

quintuple *adj* vijfvoudig; **le ~** het vijfvoud, vijfvoudige

quintupler *vti* vervijfvoudigen

quintuplés, -ées *n* vijfling *nm (sing.; plur. possible)*

quinzaine *nf* **1** *(environ 15)* vijftiental *het* **2** *(2 semaines)* veertien dagen *plur*

quinze *adj numér* vijftien; **lundi en ~** maandag over veertien dagen; **~ jours** veertien dagen

quinzième *adj numér* vijftiende

quiproquo *nm* verwisseling *nf*

quittance *nf* kwitantie *nf*

quitte *adj* **1** *(sans dettes)* niets (meer) schuldig; **être ~ envers qqn** iemand niets meer schuldig zijn; **jouer à ~ ou double** alles op het spel zetten **2** *(débarrassé de)* vrij (van); **être ~ de** er van af zijn; **en être ~ pour la peur** met de schrik vrijkomen ♦ **~ à** op gevaar af te; **nous sommes ~s** we zijn quitte

quitter *vt* **1** *(abandonner)* verlaten; **~ son poste** zijn betrekking opgeven; **je vous quitte** ik ga er vandoor **2** *(enlever)* uittrekken ♦ **ne quittez pas** blijf aan de lijn; **~ la route** van de weg raken; **se quitter** *vpr (se séparer)* uit elkaar gaan

qui-vive *nm* ♦ **être sur le ~** op z'n qui-vive zijn, op z'n hoede zijn

¹quoi *pron rel* wat; **après ~** waarna; **avoir de ~** er warmpjes bij zitten; **de ~ écrire** iets om mee te schrijven; **il n'a pas de ~ vivre** hij heeft niet genoeg om van te leven; **il n'y a pas de ~ rire** er valt niets te lachen; **~ qu'il en soit** hoe het ook zij; **~ que tu fasses** wat je ook doet ♦ **(il n'y a) pas de ~** niets te danken

²quoi *pron interr* wat?; **à ~** waaraan; **~ de plus beau ?** wat is er nou mooier?; **tu pars ou ~ ?** vertrek je nou, ja of nee?; **c'est un naïf ou ~ ?** hij is een naïeveling, of niet soms?; **~ donc ?** wat is er?; **triste, ~ !** *(n'est-ce pas?)* triest, hè!; *(bref)* kortom: triest

quoique, quoiqu' *conj* (al)hoewel

quolibet *nm* spottende opmerking *nf*

quota *nm* quota *de,* contingent *het*

quote-part *nf* aandeel *het*

quotidien, -ienne *adj* **1** *(de chaque jour)* dagelijks, *(Belg.)* dagdagelijks; *(journal)* **le ~** het dagblad; *(normalité)* **le ~** het dagelijkse **2** *(banal)* alledaags

quotient *nm* quotiënt *het;* **~ intellectuel, QI** intelligentiequotiënt, IQ

r

r *nm* r *de;* **R comme Raoul** de r van Richard
rabâcher *vt (répéter continuellement)* (steeds) herhalen
rabais *nm* korting *nf* ♦ **au ~** met korting; **travailler au ~** ↑ onderbetaald worden (voor z'n werk)
rabaisser *vt* neerhalen; **se rabaisser** *vpr* zich verlagen
rabat *nm* **1** *(d'un vêtement de fonction)* befje *het* **2** *(partie rabattue)* klep *de*
rabat-joie *nm* zuurpruim *de*
rabatteur, -euse *n* **1** *(péj.) (en commerce)* ronselaar(ster) *nm (nf)* **2** *(à la chasse)* drijver *nm*
rabattre *vt* **1** *(diminuer)* verminderen, korten *(un prix)* **2** *(mettre à plat)* neerslaan **3** *(le gibier)* opdrijven; **se rabattre** *vpr* **1** *(+ sur) (accepter faute de mieux)* zijn toevlucht nemen (tot) **2** *(changer de direction)* invoegen **3** *(être replié)* ingeklapt (kunnen) worden
rabbin *nm* rabbijn *nm;* **grand ~** opperrabbijn
rabiot *nm* **1** *(surplus)* extraatje *het* **2** *(heures supplémentaires)* ↑ overwerk *het* ♦ **du ~ de viande** ↑ extra portie vlees
râblé, -ée *adj* fors
rabot *nm* schaaf *de*
raboter *vt* (glad)schaven
rabougri, -ie *adj* **1** *(végétal)* verschrompeld **2** *(personne)* ziekelijk (uitziend), *(d'un vieillard)* verschrompeld
rabrouer *vt* (af)snauwen; **se faire ~** een standje krijgen
racaille *nf* gespuis *het*
raccommodage *nm* (het) herstellen
raccommoder *vt* **1** *(rapiécer)* verstellen **2** *(réconcilier)* ↑ het weer goedmaken tussen; **se raccommoder** *vpr (se réconcilier)* ↑ het weer goedmaken met elkaar
raccompagner *vt* thuisbrengen
raccord *nm* verbindingsstuk *het;* **(se) faire un ~** zich even bijwerken *(maquillage)*
raccordement *nm* aansluiting *nf;* **~ à la télédistribution** aansluiting op de kabeltelevisie; **voie de ~** aansluitingsspoor
raccorder *vt* verbinden; **se raccorder** *vpr* verbonden zijn
raccourci *nm* **1** *(façon de s'exprimer)* ellips *de;* **en ~** in verkorte vorm **2** *(chemin)* kortere weg *nm* **3** *(inform.)* sneltoets *nm*
[1]**raccourcir** *vi (devenir plus court)* korter worden
[2]**raccourcir** *vt* **1** *(rendre plus court)* verkorten, korter maken **2** *(un chemin)* afsnijden
raccourcissement *nm* verkorting *nf*
raccrocher *vt* weer ophangen; **~ le récepteur** ophangen; **se raccrocher** *vpr* zich vastklampen (aan) *(aussi au fig.)*
race *nf* ras *het; (fig.)* **avoir de la ~** klasse hebben; **de ~ (pure)** ras-; **un chien de ~** een rashond; **être de ~ noble** van adellijke komaf zijn; **la ~ humaine** het mensdom
rachat *nm* **1** *(action d'acheter de nouveau)* terugkoop *nm* **2** *(remboursement)* afkoop *nm* **3** *(mise en liberté contre rançon)* vrijkoping *nf* **4** *(action de se racheter moralement)* (het) weer goedmaken
racheter *vt* **1** *(récupérer par achat)* terugkopen **2** *(une obligation, une servitude)* afkopen **3** *(un esclave, un prisonnier)* vrijkopen **4** *(réparer ses fautes)* weer goedmaken **5** *(acheter de nouveau)* weer kopen; **se racheter** *vpr (se réhabiliter)* het weer goedmaken
rachitique *adj* **1** *(atteint de rachitisme)* rachitisch; **le, la ~** het rachitispatiëntje **2** *(chétif)* schriel
rachitisme *nm (méd.)* Engelse ziekte *nf,* rachitis *nf*
racial, -ale *adj* rassen-, raciaal
racine *nf* **1** *(bot., math., biol.)* wortel *nm;* **~ carrée** vierkantswortel; **~ cubique** derdemachtswortel; **prendre ~** wortel schieten; *(fig.)* lang blijven plakken **2** *(source)* wortel *nm;* **attaquer le mal à la ~** het kwaad bij de wortel aanpakken
racisme *nm* racisme *het*
raciste *adj* racistisch; **le, la ~** de racist(e)
racket *nm* afpersing *nf*
racketteur *nm* afperser *nm*
raclée *nf* pak *het* slaag *(aussi au fig.);* **prendre une ~** een pak slaag krijgen
raclement *nm* gekras *het;* **~ de gorge** (het) schrapen van de keel
racler *vt* **1** *(gratter)* afkrabben **2** *(frotter contre)* krassen (tegen); **se racler** *vpr* ♦ **se ~ la gorge** z'n keel schrapen
raclette *nf* **1** *(petit racloir)* krabber *nm* **2** *(plat suisse)* raclette *nf*
racolage *nm* **1** *(prostitution)* (het) aanklampen **2** *(recrutement)* (het) ronselen
racoler *vt* **1** *(accoster)* aanklampen **2** *(recruter)* ronselen **3** *(attirer)* werven
racoleur, -euse *adj* **1** *(d'un sourire)* uitnodigend **2** *(publicité)* wervend
racoleuse *nf* tippelaarster *nf*
racontar *nm* praatje *het*
raconter *vt (conter)* vertellen; **il nous en raconte** hij hangt ons een mooi verhaal op; **se raconter** *vpr* **1** *(parler de soi)* van

zichzelf vertellen **2** *(se conter à soi-même, l'un l'autre)* aan zichzelf, aan elkaar vertellen **3** *(être raconté)* verteld worden

racorni, -ie *adj* **1** *(durci)* verhard **2** *(rendu insensible)* verstard

radar *nm* radar *nm (aussi au fig.)*

rade *nf* rede *de,* ankerplaats *de; (fig.)* **laisser qqn en ~** ↑ iemand in de steek laten; **rester en ~** vast blijven zitten

radeau *nm* vlot *het*

radiateur *nm* **1** *(de chauffage central)* radiator *nm;* **~ électrique** elektrische kachel **2** *(de moteur)* radiateur *nm*

radiation *nf* **1** *(phys.)* straling *nf* **2** *(fait d'effacer)* schrapping *nf*

radical, -ale *adj* **1** *(pol.) (fondamental)* radicaal; **~ement différent** totaal verschillend; *(pol.)* **le ~** de radicaal **2** *(relatif à la racine)* wortel-♦ *(ling.)* **le ~** de stam

radicaliser *vt* radicaliseren; **se radicaliser** *vpr* radicaal worden

radier *vt* schrappen

radieux, -euse *adj* stralend *(aussi au fig.)*

radin, -ine *adj* gierig; **elle est ~(e)** ze is gierig; *(subst.)* **quel ~ !** wat een knijper!

radio *nf* **1** *(radiodiffusion)* radio *nm;* **émetteur ~** radiozender; **passer à la ~** voor de radio komen **2** *(récepteur)* radio *nm,* radiotoestel *het* **3** *(radioscopie)* (het) doorlichten; **passer à la ~** doorgelicht worden **4** *(radiographie)* röntgenfoto *de*

radioactif, -ive *adj* radioactief

radioactivité *nf* radioactiviteit *nf*

radiocassette *nf* radio-cassetterecorder *nm*

radiodiffuser *vt* (via de radio) uitzenden

radiodiffusion *nf* radio-omroep *nm*

radiographie *nf* röntgenfoto *de*♦ **passer à la ~** doorgelicht worden

radiographier *vt* een röntgenfoto maken van; **se faire ~** zich laten doorlichten

radiologie *nf* radiologie *nf,* röntgenologie *nf*

radiologiste, radiologue *n* radio|loog, -loge *nm, nf*

radiophonique *adj* radio-; **pièce ~** hoorspel

radio-réveil *nm* wekkerradio *nf*

radioscopie *nf (méd.; aussi au fig.)* doorlichting *nf*

radiotélévisé, -ée *adj* door radio en televisie uitgezonden

radis *nm* radijs *de*♦ **n'avoir pas un ~** geen rooie cent hebben

radium *nm* radium *het*

[1]**radoter** *vi* **1** *(déraisonner)* wartaal uitslaan **2** *(rabâcher)* iets steeds herhalen

[2]**radoter** *vt (dire)* kletsen

radoteur, -euse *n* leuteraar *nm*

radoucir *vt* zachter maken; **se radoucir** *vpr* zachter worden

radoucissement *nm* (weers)verbetering *nf*

rafale *nf* **1** *(coup de vent)* rukwind *nm;* **~ de pluie** regenvlaag **2** *(salve)* salvo *het*

raffermir *vt* **1** *(durcir)* steviger maken **2** *(renforcer)* versterken; **se raffermir** *vpr (devenir plus ferme)* steviger worden

raffinage *nm* raffinage *nf*

raffiné, -ée *adj* geraffineerd; **un(e) ~(e)** een verfijnd iemand

raffinement *nm* **1** *(caractère raffiné)* verfijning *nf* **2** *(manifestation extrême)* toppunt *het*

[1]**raffiner** *vi*♦ **~ sur qqch** iets verfijnen

[2]**raffiner** *vt (procéder au raffinage de)* raffineren

raffinerie *nf* raffinaderij *nf*

raffoler (de) *vi* dol zijn (op)

raffut *nm* kabaal *het*

rafiot *nm* schuit *de*

rafistoler *vt* oplappen

rafle *nf* **1** *(arrestation massive)* razzia *de* **2** *(vol)* roof *nm*

rafler *vt* (leeg)plunderen

rafraîchir *vt* **1** *(rendre frais)* koelen **2** *(rajeunir)* opknappen; **~ une coupe (de cheveux)** (het haar) wat bijknippen **3** *(donner une sensation de fraîcheur à)* verfrissen **4** *(remettre en mémoire)* opfrissen; **se rafraîchir** *vpr* **1** *(devenir frais)* koel worden; **le temps s'est bien rafraîchi** het is frisser geworden **2** *(boire)* een verversing gebruiken **3** *(se donner une sensation de fraîcheur)* zich opfrissen♦ **se ~ les idées** zijn geheugen opfrissen

rafraîchissant, -ante *adj* verfrissend; **boisson ~e** frisdrank

rafraîchissement *nm* **1** *(baisse de la température)* afkoeling *nf* **2** *(boisson)* verversing *nf,* verfrissing *nf*

ragaillardir *vt* opkikkeren

rage *nf* **1** *(colère)* woede *de;* **entrer dans une ~ folle** in blinde woede ontsteken; **faire ~** woeden **2** *(besoin passionné de)* zucht (naar) *nm;* **avoir la ~ du jeu** speelziek zijn **3** *(méd.)* (honds)dolheid *nf*♦ **~ de dents** hevige kiespijn

rager *vi* razend zijn

rageur, -euse *adj* **1** *(irascible)* opvliegend **2** *(furieux)* woedend

ragot *nm* roddel *nm*

ragoût *nm* ragout *nm*

ragoûtant, -ante *adj* appetijtelijk; **peu ~** onappetijtelijk

raid *nm* **1** *(incursion)* raid *nm* **2** *(attaque aérienne)* luchtaanval *nm* **3** *(rallye automobile)* langeafstandsrit *nm*

[1]**raide** *adj* **1** *(rigide; engourdi)* stijf **2** *(incliné)* steil **3** *(incroyable)* kras **4** *(ivre)* stomdronken

[2]**raide** *adv* **1** *(en pente raide)* steil **2** *(soudainement)* ineens; **tomber ~ mort** ter plaatse dood vallen

raideur *nf* **1** *(manque de souplesse physique)* stijfheid *nf* **2** *(manque de souplesse mentale)* starheid *nf* **3** *(pente raide)* steilheid *nf*

raidir *vt (rendre raide)* stijf maken; **se raidir** *vpr* **1** *(devenir raide)* stijf worden **2** *(se contracter)* zich schrap zetten

raie *nf* 1 *(ligne, rayure)* streep *de* 2 *(des cheveux)* (haar)scheiding *nf* 3 *(poisson)* rog *nm*

raifort *nm* mierikswortel *nm*

rail *nm* 1 *(barre d'acier)* rail *de; (fig.)* **remettre sur les ~s** weer op gang helpen; **sortir des ~s** ontsporen 2 *(chemin de fer)* trein *nm* 3 *(transports ferroviaires)* treinvervoer *het;* **par ~** per spoor

railler *vt* belachelijk maken

raillerie *nf* spotternij *nf*

railleur, -euse *adj* spottend; **le ~, la railleuse** de spotter, spotster

rainure *nf* 1 *(entaille)* groef *de* 2 *(de coulisse)* sponning *nf*

raisin *nm* druif *de;* **~ de Corinthe** krent; **~ noir** blauwe druif; **~ sec** rozijn

raison *nf* 1 *(esprit; connaissance; jugement)* rede *de;* **entendre ~** naar rede luisteren; **~ d'être** bestaansrecht; **faire entendre ~** tot rede brengen; **perdre la ~** gek worden; **se rendre à la ~** naar rede luisteren 2 *(cause)* oorzaak *nf;* **~ d'État** staatsraison; **~s de famille** familieomstandigheden 3 *(motif)* reden *de;* **en ~ de** wegens; **pour quelle ~ ?** waarom?; **pour des ~s de sécurité** veiligheidshalve 4 *(jugement en accord avec les faits)* gelijk *het;* **avoir ~** gelijk hebben; **se faire une ~** zich erbij neerleggen ♦ **à ~ de** tegen de prijs van; **à plus forte ~** des te meer; **~ de plus** reden te meer; **~ sociale** firmanaam, handelsnaam

raisonnable *adj* redelijk

raisonnement *nm* 1 *(pensée)* (het) redeneren 2 *(argumentation)* redenering *nf*

¹**raisonner** *vi (penser; argumenter)* redeneren

²**raisonner** *vt (faire entendre raison à)* tot rede brengen; **se raisonner** *vpr* zich door rede laten leiden

¹**rajeunir** *vi* jonger worden

²**rajeunir** *vt* 1 *(rendre (plus) jeune)* jonger maken, er jonger doen uitzien 2 *(moderniser)* vernieuwen; **se rajeunir** *vpr (vouloir sembler plus jeune)* zich jonger voordoen

rajeunissement *nm* 1 *(d'une personne)* verjonging *nf* 2 *(d'une chose)* vernieuwing *nf*

rajout *nm* toevoegsel *het*

rajouter *vt* (weer) toevoegen ♦ **vous en rajoutez !** u overdrijft!

rajuster *vt* 1 *(remettre en ordre)* weer in orde brengen 2 *(rectifier)* richten 3 *(remettre en accord)* herzien, aanpassen *(salaires)*

râlant, -ante *adj* ergerlijk

râle *nm* reutel *nm*

ralenti *adj* vertraagd; *(subst.) (fig.)* **travailler au ~** op halve kracht werken; *(subst.) (cin.)* **projection au ~** (het) afdraaien in slow motion; **le ~** het stationair draaien

¹**ralentir** *vi (réduire sa vitesse)* vaart minderen

²**ralentir** *vt (rendre plus lent)* vertragen; *(mus.)* **~ le mouvement** het tempo verlagen; **~ le pas** de pas inhouden

ralentissement *nm* 1 *(vitesse)* vertraging *nf* 2 *(diminution)* vermindering *nf;* **~ de la production** (het) teruglopen van de productie

ralentisseur *nm* 1 *(mécanisme)* vertragingsmechanisme *het* 2 *(transp.)* verkeersdrempel *nm*

râler *vi* 1 *(grogner)* kankeren 2 *(faire entendre un râle)* reutelen

râleur, -euse *adj* mopperig; **le ~, la râleuse** de kankeraar(ster)

ralliement *nm* 1 *(rassemblement)* verzameling *nf* 2 *(adhésion à)* aansluiting (bij) *nf*

rallier *vt* 1 *(rassembler)* verzamelen 2 *(rejoindre)* bereiken 3 *(fig.) (réunir)* bijeenbrengen (voor) *(des personnes à une cause)* 4 *(adhérer à)* overgaan tot; **se rallier** *vpr* 1 *(se regrouper)* zich hergroeperen 2 *(+ à) (adhérer à)* instemmen (met); **se ~ à l'avis de qqn** iemands mening delen

rallonge *nf* 1 *(de table)* uittrekblad *het* 2 *(d'un fil électrique)* verlengsnoer *het* 3 *(supplément)* ↑ aanvulling *nf*

¹**rallonger** *vi* langer worden *(les jours)*

²**rallonger** *vt* verlengen

rallumer *vt* 1 *(allumer de nouveau)* weer aansteken 2 *(ranimer)* doen opleven; **se rallumer** *vpr* 1 *(s'allumer de nouveau)* weer gaan branden 2 *(éclater de nouveau)* weer opvlammen

rallye *nm* rally *nm*

ramassage *nm* (het) ophalen; **~ des ordures ménagères** huisvuilophaaldienst; **~ scolaire** schoolbusdienst

ramassé, -ée *adj* 1 *(trapu)* gedrongen 2 *(concis)* kort en bondig

ramasser *vt* 1 *(réunir)* bijeenbrengen 2 *(collecter)* ophalen, oppakken *(par la police);* **se faire ~** opgepakt worden *(par la police)* 3 *(prendre par terre)* oprapen; **~ du bois mort** hout sprokkelen 4 *(attraper)* oplopen; **~ un bon rhume** een flinke verkoudheid oplopen; **se ramasser** *vpr* 1 *(se pelotonner)* zich oprollen 2 *(se relever)* weer opstaan 3 *(tomber)* vallen

ramassis *nm* samenraapsel (van) *het*

rambarde *nf* reling *de*

ramdam *nm* kabaal *het*

rame *nf* 1 *(aviron)* roeispaan *de* 2 *(file de wagons)* treinstel *het* 3 *(bot.)* staak *nm* 4 *(500 feuilles)* riem *nm*

rameau *nm* takje *het;* **les Rameaux** Palmzondag

ramener *vt* 1 *(rapporter; reconduire)* terugbrengen; **~ tout à soi** alles op zichzelf betrekken 2 *(amener avec soi)* meenemen 3 *(faire prendre une certaine position)* in een bepaalde positie brengen; **~ ses cheveux sur son front** zijn haar naar voren kammen 4 *(réduire)* terugbrengen ♦ **la ~, ~ sa fraise** het hoogste woord voeren; **se ramener** *vpr* 1 *(venir)* ↑ komen

2 *(+ à) (se réduire à)* terug te brengen zijn (tot)
ramer *vi* roeien
rameur, -euse *n* roei(st)er *nm (nf)*
rameuter *vt* **1** *(personnes)* weer samenbrengen **2** *(chiens)* weer bij elkaar brengen
ramification *nf* vertakking *nf*
se ramifier *vpr* zich vertakken *(aussi au fig.)*
ramolli, -ie *adj* **1** *(devenu mou)* zacht geworden **2** *(sans énergie)* slap *(fig.)*; **il est un peu ~** het is een slapjanus
ramollir *vt* **1** *(rendre mou)* zacht maken **2** *(affaiblir)* doen verslappen; **se ramollir** *vpr (mollir)* verslappen; **son cerveau se ramollit** hij wordt kinds
ramonage *nm* (het) (schoorsteen)vegen
ramoner *vt* vegen
ramoneur *nm* schoorsteenveger *nm*
rampant, -ante *adj* **1** *(qui rampe)* kruipend; **plante ~e** kruipplant **2** *(servile)* kruiperig
rampe *nf* **1** *(pente)* helling *nf* **2** *(main courante)* trapleuning *nf*; *(fig.)* **lâcher la ~** 't hoekje omgaan **3** *(rangée de lumières)* voetlicht *het*; **les feux de la ~** het voetlicht **4** *(catapultes)* lanceerbaan *de*; **~ de lancement** lanceerbasis
ramper *vi* kruipen *(aussi au fig.)*
rancard *nm* **1** *(renseignement)* tip *nm* **2** *(rendez-vous)* ↑ afspraakje *het*
rance *adj* ranzig; **le ~** de ranzigheid
rancir *vi* ranzig worden
rancœur *nf* wrok *nm*; **avoir de la ~ pour, contre qqn** wrok koesteren tegen iemand
rançon *nf* **1** *(pour délivrer un captif)* losgeld *het* **2** *(les inconvénients)* prijs *nm*
rancune *nf* wrok *nm*, rancune *de*; **sans ~ !** zand erover!
rancunier, -ière *adj* haatdragend, rancuneus
randonnée *nf* (trek)tocht *nm*; **la grande ~** het langeafstandswandelen
randonneur, -euse *n* trek|ker, -ster *nm, nf*
rang *nm* **1** *(rangée)* rij *de*; **mettre au ~ de** rekenen tot; **être au ~ de ses amis** tot zijn vrienden behoren; **en ~ d'oignons** in een rij; **serrer le(s) ~(s)** de gelederen sluiten **2** *(milit.)* gelid *het (plur. irrég.)* **3** *(place)* plaats *de*; **être placé au troisième ~** op de derde rij; *(fig.)* derde plaats gezet worden **4** *(condition)* rang *nm*; **être du même ~** dezelfde waarde hebben
rangé, -ée *adj* geregeld
rangée *nf* rij *de*; **par ~s** in rijen
rangement *nm* (het) opruimen; **faire du ~ dans une armoire** een kast opruimen
ranger *vt* **1** *(classer)* opruimen **2** *(mettre de côté)* opzijzetten; **~ sa voiture** zijn wagen parkeren; **se ranger** *vpr* **1** *(se mettre en rangs)* zich (in rijen) opstellen **2** *(pour laisser le passage)* opzijgaan **3** *(se soumettre à)* zich schikken (naar); **se ~ à l'avis de qqn** instemmen met iemand **4** *(s'assagir)* een geregeld leven gaan leiden **5** *(se mettre)* opgeborgen worden
ranimer *vt* **1** *(méd.)* weer bijbrengen **2** *(revigorer)* weer doen opleven **3** *(attiser)* opnieuw aanwakkeren; **se ranimer** *vpr* **1** *(méd.)* weer bijkomen **2** *(fig.) (reprendre vie)* herleven
rapace *adj* **1** *(brutalement avide)* roofzuchtig; **le ~** de roofvogel **2** *(cupide)* hebzuchtig
rapatriement *nm* repatriëring *nf (de personnes)*
rapatrier *vt* repatriëren
râpe *nf* rasp *de*
râpé, -ée *adj* **1** *(usé)* versleten **2** *(cuis.)* geraspt
râper *vt* **1** *(cuis.)* raspen; *(fig.)* **un vin qui râpe (la gorge)** een wrange wijn **2** *(élimer)* afslijten
[1]**rapetisser** *vi (devenir plus petit)* kleiner worden
[2]**rapetisser** *vt* **1** *(rendre plus petit)* kleiner maken **2** *(faire paraître plus petit)* kleiner doen lijken
râpeux, -euse *adj* wrang
rapide *adj* **1** *(à grande vitesse)* snel; **expédier ~ment** per expresse versturen; **le ~** de sneltrein *(train)*; de stroomversnelling *(tourbillon)* **2** *(qui agit vite)* snelwerkend **3** *(vif)* levendig; **esprit ~** iemand die snel van begrip is
rapidité *nf* snelheid *nf*; **~ d'esprit** vlugheid van begrip
rappel *nm* **1** *(action de faire revenir)* (het) (weer) oproepen; **~ à l'ordre** (het) tot de orde roepen; **battre le ~** *(milit.)* verzamelen blazen; *(fig.)* de nodige mensen optrommelen; **les acteurs ont eu plusieurs ~s** de toneelspelers werden menigmaal teruggeroepen **2** *(évocation)* herinnering (aan) *nf* **3** *(paiement d'arriérés)* nabetaling *nf* ♦ *(alpinisme)* **descente en ~** afdaling met een dubbel touw
rappelé, -ée *adj* **1** *(pour des raisons diplomatiques)* teruggeroepen **2** *(milit.)* weer opgeroepen; **les ~s** de weer opgeroepen soldaten
rappeler *vt* **1** *(faire revenir)* oproepen; **~ qqn à la vie** iemand weer tot bewustzijn laten komen; **~ qqn à l'ordre** iemand tot de orde roepen **2** *(par téléphone)* terugbellen **3** *(faire revenir à l'esprit; faire souvenir de)* herinneren; **rappelez-moi votre nom** hoe heet u ook alweer? **4** *(évoquer)* doen denken aan; **cet enfant me rappelle son grand-père** dat kind doet me denken aan zijn grootvader; **se rappeler** *vpr (se souvenir)* zich herinneren
rappliquer *vi* weer komen opdagen
rapport *nm* **1** *(compte rendu)* verslag *het* **2** *(rendement)* opbrengst *nf* **3** *(relation)* verband *het*; **cela n'a aucun ~ avec** dat heeft niets te maken met; **en ~ avec** in overeenstemming met; **être en ~ avec** samenhangen met; **par ~ à** in vergelijking met; **quel ~ ?** wat heeft dat er mee te ma-

ken?; **être sans ~ avec** in geen verband staan met; **sous tous (les) ~s** in alle opzichten; **je ne vois pas le ~** ik zie het verband niet **4** *(relation entre personnes)* verhouding *nf;* **avoir des ~s avec une femme** seksuele omgang hebben met een vrouw; **avoir des ~s tendus avec qqn** op gespannen voet staan met iemand; **être en ~ avec qqn** met iemand in contact staan; **entrer, se mettre en ~ avec qqn** in contact treden met iemand; **~s humains** intermenselijke relaties; **~s sexuels** seksuele omgang **5** *(milit.)* rapport *het*

rapporter *vt* **1** *(remettre à sa place; restituer)* terugbrengen **2** *(apporter)* meebrengen **3** *(répéter)* rapporteren, klikken *(cafarder)* **4** *(produire un gain)* opbrengen; **~ gros** veel opbrengen ♦ **~ un angle** een hoek overbrengen; **se rapporter (à)** *vpr (avoir rapport à)* betrekking hebben (op) ♦ **s'en ~ à qqn** op iemand vertrouwen; **je m'en rapporte à vous** ik laat het aan u over

rapporteur, -euse *n* **1** *(mouchard)* verklik|ker, -ster *nm, nf* **2** *(m.) (devant une assemblée)* rapporteur *nm* **3** *(m.) (math.)* graadboog *nm*

rapprochement *nm* **1** *(action de rapprocher)* (het) bijeenbrengen **2** *(réconciliation)* toenadering *nf* **3** *(association; comparaison)* vergelijking *nf*

rapprocher *vt* **1** *(approcher)* dichterbij brengen; **ces lunettes rapprochent les objets** deze bril maakt de voorwerpen groter **2** *(avancer dans le temps)* vervroegen **3** *(favoriser les liens entre)* (nader) tot elkaar brengen **4** *(comparer)* vergelijken; **se rapprocher** *vpr* **1** *(venir plus près)* naderbij komen **2** *(se réconcilier)* zich verzoenen **3** *(+ de) (être voisin)* gelijkenis vertonen (met)

rapt *nm* ontvoering *nf*

raquette *nf* **1** *(de tennis, etc.)* racket *het;* **~ de ping-pong** (tafeltennis)batje **2** *(pour marcher dans la neige)* sneeuwschoen *nm*

rare *adj* **1** *(peu courant)* zeldzaam; **se faire ~** weinig van zich laten horen **2** *(plur.) (peu nombreux)* weinige; **à de ~s exceptions près** op enkele uitzonderingen na **3** *(peu fourni)* dun; **avoir le cheveu ~** dun haar hebben ♦ **ça n'aurait rien de ~** dat zou best eens kunnen

raréfier *vt (phys.)* verdunnen; **se raréfier** *vpr* **1** *(phys.)* ijler worden **2** *(devenir rare)* schaars worden

rarement *adv* zelden

rareté *nf* **1** *(qualité de ce qui est rare)* zeldzaamheid *nf* **2** *(objet rare)* zeldzaam voorwerp *het,* rariteit *nf* **3** *(de ce qui est peu fréquent)* geringe frequentie *nf*

rarissime *adj* zeer zeldzaam

ras, rase *adj* **1** *(coupé court)* kortgeknipt **2** *(plat et uni)* vlak; **~e campagne** open terrein **3** *(rempli jusqu'au bord)* tot de rand gevuld; **à ~ bords** tot aan de rand gevuld; **à ~, au ~ de** dicht aan de rand van; **robe ~ du cou** jurk met gladde hals ♦ **au ~ des marguerites, des pâquerettes** platvloers

rasade *nf* boordevol glas *het*

rasage *nm* (het) scheren

rasant, -ante *adj (ennuyeux)* stomvervelend ♦ **lumière ~e** strijklicht; **tir ~** rasant schot

raser *vt* **1** *(tondre)* scheren **2** *(ennuyer)* vervelen **3** *(démolir)* slechten **4** *(frôler)* strijken langs; **~ le mur** vlak langs de muur lopen; **se raser** *vpr* **1** *(se tondre)* zich scheren **2** *(s'ennuyer)* zich doodvervelen

raseur, -seuse *adj* vervelend; **le ~, la raseuse** de (vervelende) zeur

[1]**rasoir** *nm* **1** *(instrument)* scheermes *het;* **lame de ~** scheermesje **2** *(personne ennuyeuse)* zeur *nm*

[2]**rasoir** *adj* stomvervelend

rassasier *vt* **1** *(satisfaire la faim de)* verzadigen **2** *(combler)* (volledig) bevredigen; **~ sa vue, ses yeux de qqch** zijn ogen uitkijken **3** *(blaser)* oververzadigen; **je suis rassasié de cette affaire** ik heb m'n buik vol van die zaak; **se rassasier** *vpr* **1** *(assouvir sa faim)* zijn honger stillen **2** *(se soûler de)* met volle teugen genieten (van)

rassemblement *nm* **1** *(attroupement)* oploop *nm* **2** *(action de rassembler)* (het) verzamelen **3** *(milit.)* (het) aantreden; **faire sonner le ~** laten aantreden **4** *(meeting, réunion)* vergadering *nf* **5** *(groupe politique)* samenwerkingsverband *het;* **Rassemblement pour la République, RPR** 〈*Verbond voor de Republiek*〉

rassembler *vt* verzamelen, bijeenbrengen; **~ ses esprits** weer tot zichzelf komen; **~ ses idées** zijn gedachten ordenen; **se rassembler** *vpr (se réunir)* (weer) bijeenkomen

rasseoir *vt* weer neerzetten, weer op z'n plaats zetten *(aussi au fig.)*; **se rasseoir** *vpr* weer gaan zitten

rassis, -ise *adj* oudbakken; **du ~** oudbakken brood

rassurer *vt* geruststellen; **se rassurer** *vpr* zich geruststellen; **rassurez-vous** wees maar niet bezorgd

rat *nm* **1** *(zool.)* (mannetjes)rat *de (nm);* **être fait comme un ~** als een rat in de val zitten **2** *(avare)* gierigaard *nm;* **ce qu'il est ~ !** wat is hij gierig! ♦ **~ de bibliothèque** boekenwurm

ratatiné, -ée *adj* **1** *(rabougri)* verschrompeld **2** *(démoli)* in de soep

ratatiner *vt* **1** *(rapetisser)* doen verschrompelen **2** *(anéantir)* ↑ met de grond gelijk maken; **se ratatiner** *vpr* **1** *(se rabougrir)* ineenschrompelen **2** *(fig.) (se recroqueviller)* ineenkrimpen

rate *nf* **1** *(glande)* milt *de; (fig.)* **se dilater la ~** zich een bult lachen; **ne pas se fouler**

la ~ liever lui dan moe zijn **2** *(femelle du rat)* wijfjesrat *nf*

[1]**raté** *nm* **1** *(d'une arme)* (het) ketsen **2** *(souvent plur.) (mauvais fonctionnement)* gepruttel *het (d'un moteur)*, hapering *nf (aussi au fig.)*; **mon moteur a des ~s** mijn motor hapert

[2]**raté, -ée** *n* mislukkeling(e) *nm (nf)*

râteau *nm* hark *de*

râtelier *nm* **1** *(pour le fourrage)* ruif *de; (fig.)* **manger à deux, tous les ~s** van twee wallen, alle walletjes eten **2** *(étagère)* rek *het* **3** *(dentier)* kunstgebit *het*

[1]**rater** *vi* **1** *(échouer)* mislukken **2** *(arme)* ketsen, niet afgaan ♦ **ça n'a pas raté** het was te voorzien

[2]**rater** *vt* **1** *(ne pas atteindre)* missen; **il n'en rate pas une** hij haalt niets dan stommiteiten uit; **~ un examen** voor een examen zakken; **ne pas ~ qqn** iemand op z'n nummer zetten; **~ une personne** iemand mislopen; **j'ai raté ma sauce** mijn saus is mislukt; **raté !** mis! **2** *(ne pas réussir)* verknoeien

ratification *nf* bekrachtiging *nf*, ratificatie *nf*

ratifier *vt* **1** *(jur.)* ratificeren **2** *(confirmer)* bevestigen

ration *nf* **1** *(quantité d'aliments)* rantsoen *het* **2** *(lot)* portie *nf*

rationaliser *vt* rationaliseren *(aussi psycho.)*

rationnel, -elle *adj* **1** *(relatif à la raison, au bon sens)* rationeel; **esprit ~** *(personne)* logisch denkend iemand; **le ~** het rationele **2** *(math.)* rationaal

rationnement *nm* rantsoenering *nf*; **ticket de ~** (distributie)bon

rationner *vt* op rantsoen stellen, rantsoeneren; **se rationner** *vpr* zich beperken, zich het een en ander ontzeggen *(la nourriture)*

ratisser *vt* **1** *(agric.)* (aan)harken **2** *(un quartier)* uitkammen

raton *nm* ♦ **~ laveur** wasbeer

rattachement *nm* aansluiting *nf*

rattacher *vt* **1** *(attacher de nouveau)* (weer) vastmaken **2** *(relier)* verbinden **3** *(annexer à)* onder het bestuur brengen (van); **se rattacher (à)** *vpr (se rapporter à)* samenhangen (met)

rattrapage *nm* (het) (weer) inhalen; **cours de ~** inhaalcursus; **~ des salaires** aanpassing van de lonen

rattraper *vt* **1** *(attraper de nouveau)* weer vangen **2** *(regagner; rejoindre)* (weer) inhalen **3** *(fig.) (réparer)* corrigeren; **se rattraper** *vpr* **1** *(+ à) (se raccrocher)* zich vastgrijpen (aan) **2** *(regagner ce qu'on a perdu)* (iets) inhalen; **se ~ sur** zijn schade verhalen op **3** *(éviter une gaffe)* zich inhouden **4** *(réparer une gaffe)* het weer goedmaken

rature *nf* doorhaling *nf*

raturer *vt* doorhalen

rauque *adj* rauw, hees *(voix)*

ravage *nm* verwoesting *nf*, vernieling *nf (aussi au fig.)*; **il fait des ~s** hij is een hartenbreker; **les ~s du temps** de tand des tijds

ravager *vt* **1** *(dévaster)* verwoesten **2** *(fig.) (perturber violemment)* verteren

ravageur, -euse *adj* verwoestend *(aussi au fig.)*

ravalement *nm (tr.pub.)* (het) opknappen

ravaler *vt* **1** *(abaisser)* verlagen *(aussi au fig.)*; **~ qqn au rang de** iemand verlagen tot de rang van **2** *(un ouvrage de maçonnerie)* opknappen **3** *(avaler de nouveau)* (weer) inslikken *(aussi au fig.)*; **se ravaler** *vpr (s'abaisser)* zich verlagen

[1]**rave** *nm (fête)* houseparty *nf*

[2]**rave** *nf (plante)* knol *nm*; **céleri ~** knolselderie

ravi, -ie *adj* overgelukkig; **je suis ~ que** ik ben dolblij dat

ravier *nm* (ovaal) hors-d'oeuvreschaaltje *het*

ravigoter *vt* opkikkeren

ravin *nm* ravijn *het*

ravir *vt* **1** *(charmer)* verrukken; **elle est belle à ~** zij is beeldschoon **2** *(kidnapper)* ontvoeren **3** *(voler)* wegroven **4** *(emmener de force)* wegrukken; **la mort nous l'a ravi** hij is ons door de dood ontrukt

se raviser *vpr* zich bedenken

ravissant, -ante *adj* **1** *(chose)* schitterend **2** *(personne)* beeldschoon

ravissement *nm* vervoering *nf*

ravisseur, -euse *n* ontvoerder, ontvoerster *nm, nf*

ravitaillement *nm* **1** *(action de ravitailler)* bevoorrading *nf* **2** *(provisions)* voedselvoorraad *nm*

ravitailler *vt* bevoorraden *(l'armée)*, van brandstof voorzien *(un avion)*; **se ravitailler** *vpr* proviand innemen

raviver *vt* **1** *(des couleurs)* opfrissen **2** *(un feu)* aanwakkeren **3** *(un sentiment)* doen herleven

ravoir *vt* **1** *(récupérer)* terugkrijgen **2** *(nettoyer)* weer schoon krijgen

rayé, -ée *adj* **1** *(qui porte des rayures)* gestreept **2** *(papier)* gelinieerd **3** *(éraflé)* gekrast

rayer *vt* **1** *(marquer de raies)* strepen **2** *(érafler)* (be)krassen **3** *(biffer)* doorstrepen **4** *(radier)* royeren ♦ **~ qqn de sa mémoire** iemand uit z'n geheugen bannen

rayon *nm* **1** *(lumière, radiations)* straal *de*, *(plur.)* straling *nf (uniquement sing.)*; **~ de soleil** zonnetje *(aussi au fig.)*; **~s X** röntgenstralen **2** *(d'une roue)* straal *de (aussi math.)*; **cela n'est pas (de) mon ~** dat is mijn zaak niet **3** *(planche)* (boeken)plank *de* **4** *(d'un magasin)* afdeling *nf* ♦ **en connaître un ~** er een hele boel van (af) weten

rayonnant, -ante *adj* **1** *(radieux)* stra-

lend; ~ de santé blakend van gezondheid 2 *(sous forme de rayons)* stervormig
rayonne *nf* rayon *het*
rayonnement *nm* (uit)straling *nf*
rayonner *vi* 1 *(aussi au fig.) (répandre de la lumière)* stralen 2 *(se propager)* zich verspreiden 3 *(se déplacer)* uitstapjes maken
rayure *nf* 1 *(ligne)* streep *de* 2 *(éraflure)* kras *de*
raz-de-marée *nm (aussi au fig.)* vloedgolf *de*
razzia *nf* 1 *(en vue de piller)* strooptocht *nm;* faire une ~ sur qqch iets wegkapen 2 *(par la police)* razzia *de*
ré *nm* re *de*, d *de;* ~ mineur d kleine terts
réabonner *vt* weer abonneren; **se réabonner** *vpr* weer een abonnement nemen
réacteur *nm* 1 *(moteur)* straalmotor *nm* 2 *(en chimie nucléaire)* (atoom)reactor *nm*
réaction *nf* reactie *nf;* ~ en chaîne kettingreactie
réactionnaire *adj* reactionair; le ~ de reactionair
réactiver *vt* reactiveren
réadaptation *nf* (het) weer aanpassen ♦ ~ (fonctionnelle) revalidatie
réadapter *vt* 1 *(réaccoutumer)* weer aanpassen 2 *(méd.)* revalideren; **se réadapter** *vpr (se réaccoutumer)* zich weer aanpassen
réaffecter *vt* 1 *(réutiliser)* opnieuw inzetten, gebruiken 2 *(muter)* overplaatsen
réaffirmer *vt* opnieuw bevestigen
réagir *vi* reageren; ~ sur qqch, qqn op iets, iemand zijn weerslag hebben
réalisable *adj* realiseerbaar
réalisateur, -trice *n* 1 *(radio, télé)* programmaleid(st)er *nm (nf)* 2 *(cin.)* regiss|eur, -euse *nm, nf* 3 *(personne qui réalise)* maker, maakster *nm, nf*
réalisation *nf* 1 *(exécution)* verwezenlijking *nf* 2 *(chose réalisée)* werk(stuk) *het,* prestatie *nf* 3 *(d'un film, d'une émission)* productie *nf* 4 *(transformation en argent)* realisatie *nf*
réaliser *vt* 1 *(accomplir)* verwezenlijken; ~ un film een film maken 2 *(comprendre)* zich realiseren 3 *(convertir en argent)* te gelde maken; **se réaliser** *vpr* 1 *(devenir réel)* werkelijkheid worden 2 *(s'épanouir)* zich ontplooien
réalisme *nm* realisme *het*
réaliste *adj* realistisch; le ~ de realist
réalité *nf* 1 *(caractère réel; vie réelle)* werkelijkheid *nf;* en ~ in werkelijkheid, in feite 2 *(chose réelle)* iets reëels, feit *het*
réanimation *nf* reanimatie *nf;* service de ~ hartbewakingsafdeling, intensive care afdeling
réanimer *vt (méd.)* reanimeren
réapparaître *vi* weer verschijnen
réapprovisionner *vt* van nieuwe voorraad voorzien; **se réapprovisionner** *vpr* een nieuwe voorraad inslaan
rebaptiser *vt* weer dopen
rébarbatif, -ive *adj* 1 *(revêche)* bars 2 *(rebutant)* taai
rebâtir *vt* weer (op)bouwen *(aussi au fig.)*
rebattu, -ue *adj* afgezaagd
rebelle *adj* 1 *(révolté)* opstandig; le ~ de opstandeling 2 *(indiscipliné)* weerspannig; cheveux ~s weerbarstige haren 3 *(+ à) (réfractaire à)* afkerig (van)
se rebeller (contre) *vpr* 1 *(se soulever)* in opstand komen (tegen) 2 *(se rebiffer)* zich verzetten (tegen)
rébellion *nf* 1 *(révolte)* opstand *nm* 2 *(rebelles)* opstandelingen *plur* 3 *(tendance à se rebeller)* opstandigheid *nf*
se rebiffer *vpr* tegenspartelen
reboiser *vt* herbebossen
rebond *nm* (het) terugstuiten, (het) opspringen *(d'un ballon)*
rebondi, -ie *adj* bol
rebondir *vi* 1 *(faire des bonds)* (terug)-stuiten, opspringen *(ballon)* 2 *(repartir)* opleven
rebondissement *nm (d'une affaire)* (weder)opleving *nf*
rebord *nm* 1 *(bord)* rand *nm* 2 *(d'un vêtement)* zoom *nm* ♦ le ~ de la fenêtre de vensterbank
reboucher *vt* 1 *(avec un bouchon de liège)* weer een kurk doen op 2 *(un trou, une ouverture)* weer dichten, weer dichtstoppen; **se reboucher** *vpr (se boucher de nouveau)* weer verstopt raken
rebours ♦ *(adv.)* à ~ tegen (de draad) in
rebrousse-poil ♦ à ~ tegen de haren in; prendre qqn à ~ iemand verkeerd aanpakken
rebrousser *vt* tegen de richting instrijken
rebuffade *nf* ruwe behandeling *nf*
rébus *nm* rebus *nm*
rebut *nm (déchet)* afval *het/de (m),* uitschot *het (fig.)*
rebutant, -ante *adj* afstotend
rebuter *vt* 1 *(faire peur à)* afschrikken 2 *(choquer)* tegenstaan
récalcitrant, -ante *adj* weerbarstig; un ~ een weerspannig iemand
recaler (à) *vt* afwijzen (voor)
récapitulation *nf* samenvatting *nf*
récapituler *vt* 1 *(résumer)* recapituleren, in 't kort herhalen 2 *(reprendre point par point)* (nog eens) kort doornemen
recel *nm* 1 *(de biens volés)* heling *nf* 2 *(de malfaiteurs)* (het) verbergen
receler *vt* 1 *(cacher)* verbergen 2 *(des biens volés)* helen
receleur, -euse *n* heler, heelster *nm, nf*
récemment *adv* kort geleden, onlangs
recensement *nm* 1 *(des habitants)* (volks)telling *nf* 2 *(inventaire)* inventarisering *nf*
recenser *vt* tellen
récent, -ente *adj* recent

récépissé *nm* reçu *het*
réceptacle *nm* verzamelplaats *de*
récepteur, -trice *adj* ontvangend; **le ~** de ontvanger; *(de téléphone)* de hoorn
réceptif, -ive (à) *adj* ontvankelijk (voor)
réception *nf* **1** *(de marchandises; d'ondes)* ontvangst *nf* **2** *(accueil)* onthaal *het* **3** *(réunion mondaine)* ontvangst *nf,* receptie *nf* **4** *(service d'accueil)* receptie *nf*
réceptionner *vt* (waren) in ontvangst nemen en controleren
réceptionniste *n* receptionist(e) *nm (nf)*
réceptivité *nf* **1** *(sensibilité)* ontvankelijkheid *nf,* gevoeligheid *nf* **2** *(d'une radio)* ontvangbereik *het*
récession *nf* teruggang *nm*
recette *nf* **1** *(de cuisine)* (keuken)recept *het* **2** *(fig.) (procédé)* recept *het,* middel *het* **3** *(rentrée d'argent)* opbrengst *nf;* **faire ~** succes hebben
recevable *adj* **1** *(acceptable)* aanvaardbaar **2** *(jur.)* ontvankelijk
receveur, -euse *n* **1** *(comptable public)* ontvanger *nm* **2** *(méd.)* ontvang(st)er *nm (nf)*
1**recevoir** *vi* **1** *(avoir de la visite)* (bezoek) ontvangen **2** *(consulter)* spreekuur houden
2**recevoir** *vt* **1** *(obtenir; être l'objet de; attraper)* krijgen; **recevez, Monsieur, l'assurance de mes sentiments distingués** hoogachtend; **~ des blessures** verwondingen oplopen **2** *(accueillir)* ontvangen; **être bien reçu** goed ontvangen worden **3** *(jur.) (accepter comme recevable)* ontvankelijk verklaren ♦ **être reçu à un examen** voor een examen slagen; **se recevoir** *vpr* **1** *(aller l'un chez l'autre)* bij elkaar op bezoek gaan **2** *(après un saut)* neerkomen
rechange *nm* ♦ **linge de ~** verschoning; **pièce de ~** reserveonderdeel, wisselstuk *(n.B.);* **solution de ~** alternatief
réchapper (de) *vi* ontsnappen (aan); **~ d'une maladie** ↓ er weer bovenop komen na een ziekte; **en ~** er goed van afkomen
recharge *nf* **1** *(action de recharger)* (het) opnieuw laden, *(de batterie)* (het) opladen **2** *(d'une arme)* (nieuwe) lading *nf* **3** *(de stylo, etc.)* (nieuwe) vulling *nf;* **(carton de) ~** navulpak
rechargeable *adj* **1** *(batterie)* oplaadbaar **2** *(bouteille)* navulbaar
recharger *vt* **1** *(un camion)* opnieuw (be)laden **2** *(une arme, une batterie)* opladen **3** *(un briquet, un stylo)* opnieuw vullen
réchaud *nm* komfoor *het;* **~ à gaz** gasstel
réchauffé, -ée *adj* opgewarmd; **du ~** opgewarmd eten ♦ **c'est du ~** dat is oude kost
réchauffer *vt* **1** *(un plat)* opwarmen **2** *(une pièce, une personne)* verwarmen; **cela vous réchauffe le cœur** dat beurt je op; **se réchauffer** *vpr* **1** *(devenir plus chaud)* warmer worden **2** *(se chauffer)* zich (ver)warmen
rêche *adj* ruw, *(peau)* verhaard *(n.B.)*
recherche *nf* **1** *(effort pour trouver)* (het) zoeken; **être à la ~ de qqn** naar iemand op zoek zijn **2** *(ensemble de travaux)* (wetenschappelijk) onderzoek *het;* **faire des ~s** een onderzoek instellen, onderzoek doen **3** *(action de chercher à obtenir)* (het) nastreven **4** *(raffinement)* verfijnde smaak *nm;* **être vêtu avec ~** elegant gekleed zijn
recherché, -ée *adj* **1** *(demandé)* gezocht **2** *(raffiné)* verfijnd **3** *(affecté)* gekunsteld
rechercher *vt* **1** *(chercher à retrouver)* zoeken (naar); *(police)* **on recherche** opsporing verzocht **2** *(tenter d'obtenir)* nastreven **3** *(reprendre qqn)* weer afhalen
rechigner (à) *vi* z'n neus ophalen (voor)
rechute *nf* terugval *nm;* **faire une ~** terugvallen (in)
rechuter *vi* weer instorten
récidive *nf* **1** *(méd., jur.)* recidive *de* **2** *(répétition d'une faute)* terugval *nm*
récidiver *vi* **1** *(retomber dans la même faute)* opnieuw in dezelfde fout vervallen **2** *(jur., méd.)* recidiveren
récidiviste *n* recidivist(e) *nm (nf)*
récif *nm* rif *het*
récipient *nm* bakje *het*
réciprocité *nf* wederkerigheid *nf*
réciproque *adj* **1** *(mutuel)* wederkerig *(aussi ling.)* **2** *(inverse)* omgekeerd; **la ~ n'est pas vraie** het omgekeerde gaat niet op ♦ **rendre la ~** met gelijke munt betalen
récit *nm* verhaal *het*
récital *nm* recital *het*
récitation *nf* **1** *(d'une leçon)* (het) opzeggen **2** *(d'un poème)* voordracht *de* **3** *(texte à réciter)* op te zeggen tekst *nm*
réciter *vt* **1** *(une leçon)* opzeggen; **faire ~ sa leçon à qqn** iemand overhoren **2** *(un poème, une prière)* voordragen
réclamation *nf* **1** *(plainte)* klacht *de,* bezwaar *het;* **lettre de ~** bezwaarschrift **2** *(plur.) (service de réclamations)* klachtenbureau *het*
réclame *nf* reclame *de;* **prix ~** reclameprijs
1**réclamer** *vi (protester)* bezwaar maken
2**réclamer** *vt* **1** *(exiger qqch comme un dû)* (op)eisen **2** *(requérir)* verlangen **3** *(demander avec insistance)* dringend vragen; **enfant qui réclame sa mère** kind dat om zijn moeder roept
reclasser *vt* **1** *(classer de nouveau)* herindelen **2** *(des chômeurs)* weer in het arbeidsproces opnemen **3** *(des fonctionnaires)* opnieuw inschalen
reclus, -use *adj* teruggetrokken; **le, la ~(e)** de kluizenaar(ster)
réclusion *nf* **1** *(détention)* opsluiting *nf* **2** *(isolement)* afzondering *nf*
recoiffer *vt* het haar weer in orde brengen van; **se recoiffer** *vpr* zijn haar weer in orde brengen

recoin *nm* uithoek *nm*, verborgen hoek *nm (aussi au fig.)*
recoller *vt* weer (op)plakken
récolte *nf* oogst *nm (aussi au fig.)*
récolter *vt* oogsten *(aussi au fig.)*
recommandable *adj* aanbevelenswaardig; **peu ~** onbetrouwbaar
recommandation *nf* **1** *(action de recommander qqn)* aanbeveling *nf* **2** *(conseil)* dringende raad *nm*
recommandé, -ée *adj* **1** *(envoi postal)* aangetekend; *(subst.)* **en ~** aangetekend; **le ~** het aangetekende stuk **2** *(personne; préconisé)* aanbevolen **3** *(indiqué de faire qqch)* raadzaam
recommander *vt* **1** *(une personne; préconiser qqch)* aanbevelen **2** *(demander avec insistance)* dringend aanraden **3** *(un envoi postal)* laten aantekenen
recommencement *nm* (het) opnieuw beginnen
[1]**recommencer** *vi (commencer de nouveau)* opnieuw beginnen
[2]**recommencer** *vt (refaire qqch)* opnieuw beginnen; **tout est à ~** alles is tevergeefs geweest
récompense *nf* **1** *(gratification)* beloning *nf;* **en ~ de** als beloning voor **2** *(iron.) (punition)* loon *het*
récompenser **(de, pour)** *vt* belonen (voor) *(aussi iron.)*
réconciliation *nf* verzoening *nf*
réconcilier *vt* verzoenen; **se réconcilier** *vpr (faire la paix)* zich (met elkaar) verzoenen; **il s'est réconcilié avec lui-même** hij is met zichzelf in het reine gekomen
reconduction *nf* **1** *(jur.)* verlenging *nf* **2** *(d'une politique)* voortzetting *nf*
reconduire *vt* **1** *(raccompagner)* terugbrengen; **~ qqn jusqu'à la porte** iemand naar de uitgang brengen **2** *(jur.)* verlengen **3** *(une politique)* voortzetten
réconfort *nm* troost *nm*
réconforter *vt* sterken, moed geven
reconnaissable *adj* (gemakkelijk) herkenbaar
reconnaissance *nf* **1** *(aussi jur.) (action d'admettre)* erkenning *nf;* **~ de dette** schuldbekentenis **2** *(gratitude)* erkentelijkheid *nf*, dankbaarheid *nf;* **en, par ~** uit dankbaarheid; **manifester, témoigner de la ~** zich erkentelijk tonen **3** *(exploration)* verkenning *nf* ♦ **signe de ~** herkenningsteken
reconnaissant, -ante **(de)** *adj* dankbaar (voor), erkentelijk (voor)
reconnaître *vt* **1** *(identifier)* herkennen; **des jumeaux impossibles à ~** tweeling die men niet uit elkaar kan houden; **je le reconnais bien là** dat is net iets voor hem **2** *(admettre, concéder)* erkennen; **~ à qqn un droit** iemand een recht toekennen **3** *(effectuer une reconnaissance de)* verkennen; **se reconnaître** *vpr* **1** *(s'identifier)* zich herkennen; **se ~ dans, en qqn** zich in iemand herkennen **2** *(s'identifier l'un l'autre)* elkaar herkennen **3** *(+ à) (être reconnaissable à)* herkend worden (aan) **4** *(se retrouver)* zich oriënteren; **ne plus s'y ~** ergens niet meer uit wijs kunnen (worden) ♦ **se ~ coupable** erkennen dat men schuldig is
reconnu, -ue *adj* erkend
reconquérir *vt* **1** *(reprendre par une conquête)* heroveren **2** *(abstr.)* herwinnen
reconquête *nf* **1** *(concr.)* herovering *nf* **2** *(abstr.)* (het) herwinnen
reconsidérer *vt* heroverwegen
reconstituant, -ante *adj* versterkend; **un ~** een versterkend middel
reconstituer *vt* **1** *(constituer de nouveau)* opnieuw samenstellen **2** *(rétablir dans sa forme d'origine)* reconstrueren **3** *(régénérer)* herstellen
reconstitution *nf* reconstructie *nf*
reconstruction *nf* wederopbouw *nm*
reconstruire *vt* **1** *(rebâtir)* weer opbouwen **2** *(refaire)* opnieuw tot stand brengen; **~ le monde** de wereld veranderen **3** *(reconstituer)* reconstrueren
reconversion *nf* **1** *(de qqch)* omschakeling *nf* **2** *(de qqn)* omscholing *nf*
reconvertir *vt* **1** *(adapter à de nouveaux besoins)* omschakelen **2** *(recycler)* omscholen; **se reconvertir** *vpr (se recycler)* zich omscholen
recopier *vt* overschrijven
record *nm* record *het;* **en un temps ~** in recordtempo
se recoucher *vpr (qqn)* weer naar bed gaan
recoudre *vt* weer aannaaien; **~ une plaie** een wond hechten; **~ qqn** iemand hechten
recoupement *nm (jur.)* toetsing *nf;* **par ~** door vergelijking van gegevens
recouper *vt* **1** *(couper de nouveau)* opnieuw snijden **2** *(coïncider avec)* overeenstemmen met; **se recouper** *vpr* **1** *(se couper l'un l'autre)* elkaar snijden **2** *(coïncider)* met elkaar overeenstemmen
recourbé, -ée *adj* (om)gebogen
recourir *vi* **1** *(+ à) (faire appel à)* zijn toevlucht nemen (tot), zich wenden (tot); **~ à la violence** zijn toevlucht nemen tot geweld **2** *(courir de nouveau)* weer lopen
recours *nm* **1** *(ressource)* toevlucht *de*, *(jur.)* rechtsmiddel *het;* **avoir ~ à la force** geweld gebruiken; **c'est sans ~** het is hopeloos **2** *(jur.) (pourvoi)* beroep *het;* **~ en grâce** gratieverzoek
recouvrement *nm* **1** *(encaissement)* (het) innen **2** *(action de retrouver)* (het) herkrijgen
recouvrer *vt* **1** *(encaisser)* incasseren **2** *(récupérer)* herkrijgen; **~ la santé** ↓ weer gezond worden
recouvrir *vt* **1** *(couvrir de nouveau)* weer bedekken; **~ un oreiller d'une taie** een kussen met een sloop overtrekken **2** *(couvrir entièrement)* bedekken; **~ un**

mur de papier peint een muur behangen 3 *(fig.)* *(cacher)* verbergen 4 *(renfermer)* omvatten; **se recouvrir** *vpr* 1 *(se chevaucher)* over elkaar liggen 2 *(se couvrir de nouveau)* bedekt worden; le ciel s'est recouvert de hemel is weer bewolkt
récréation *nf* 1 *(détente)* ontspanning *nf* 2 *(enseign.)* pauze *de*
recréer *vt* herscheppen
se récrier *vpr* 1 *(s'exclamer)* een kreet slaken; se ~ d'admiration een kreet van bewondering slaken 2 *(protester)* luid protesteren (tegen)
récriminations *nf* protest *het*
récriminer *vi* heftig protesteren
récrire *vt* 1 *(écrire autrement)* herschrijven 2 *(écrire une nouvelle lettre)* weer schrijven
se recroqueviller *vpr* ineenduiken
recru, -ue *adj* uitgeput; ~ de fatigue op van vermoeidheid
recrudescence *nf* opleving *nf*
recrue *nf* 1 *(milit.)* rekruut *nm* 2 *(nouveau membre)* nieuweling *nm;* faire des ~s (nieuwe) leden werven
recrutement *nm* (aan)werving *nf*
recruter *vt (enrôler)* (aan)werven
rectangle *nm* rechthoek *nm*
rectangulaire *adj* rechthoekig
rectificatif, -ive *adj* rectificerend; le ~ de rectificatie
rectification *nf* rectificatie *nf* *(aussi math.)*
rectifier *vt* 1 *(redresser une erreur)* rectificeren 2 *(rendre droit)* rechtmaken 3 *(rajuster; rendre exact)* corrigeren
rectiligne *adj* (kaars)recht
recto *nm* recto *nm*
[1]**reçu** *nm* reçu *het,* ontvangstbewijs *het*
[2]**reçu, -ue** *adj* 1 *(à un examen)* geslaagd 2 *(reconnu)* (algemeen) aanvaard
recueil *nm* verzameling *nf;* ~ de poèmes dichtbundel
recueillement *nm* stille overpeinzing *nf*
recueilli, -ie *adj* in stille overpeinzing
recueillir *vt* 1 *(récolter)* verzamelen; ~ des fonds geld inzamelen; ~ 100.000 voix 100.000 stemmen krijgen 2 *(offrir un refuge à)* opnemen 3 *(hériter)* erven; **se recueillir** *vpr* 1 *(méditer)* mediteren 2 *(relig.)* in stilte bidden
recul *nm* 1 *(d'une arme à feu)* terugstoot *nm* 2 *(action de reculer)* (het) teruggaan; *(fig.)* accuser un recul teruglopen, achteruitgaan 3 *(distance)* afstand *nm;* prendre du ~ afstand nemen
reculé, -ée *adj* 1 *(isolé)* afgelegen 2 *(éloigné dans le temps)* vroeg
[1]**reculer** *vi* 1 *(aller en arrière)* achteruitgaan; faire ~ la foule de menigte terugdringen 2 *(perdre du terrain)* terrein verliezen 3 *(+ devant) (se dérober devant)* terugdeinzen (voor)
[2]**reculer** *vt* 1 *(porter en arrière)* achteruitzetten; ~ les frontières de grenzen verleggen 2 *(retarder)* uitstellen; **se reculer** *vpr (aller en arrière)* achteruitgaan
reculons ♦ *(adv.)* à ~ achteruit, achterwaarts
récupérable *adj* 1 *(créance)* invorderbaar 2 *(matières premières)* terugwinbaar 3 *(heures de travail)* inhaal- ♦ *(iron.)* il n'est pas ~ het is een hopeloos geval
récupération *nf* terugwinning *nf;* ~ d'une créance verhaal van een vordering; de ~ recycling- ♦ la ~ de journées de travail het inhalen van arbeidsdagen
[1]**récupérer** *vi (reprendre des forces)* weer op krachten komen
[2]**récupérer** *vt* 1 *(recouvrer)* terugkrijgen 2 *(reprendre qqn)* ophalen; ~ ses enfants à la sortie de l'école de kinderen van school halen 3 *(des matières)* terugwinnen 4 *(des heures de travail)* inhalen
récurer *vt* schuren; poudre à ~ schuurpoeder
récusable *adj* twijfelachtig, wraakbaar *(témoin, expert)*
récuser *vt* 1 *(jur.)* wraken *(qqn),* verwerpen *(qqch)* 2 *(repousser)* verwerpen; **se récuser** *vpr (affirmer son incompétence)* zich onbevoegd verklaren
recyclage *nm* 1 *(formation complémentaire)* bijscholing *nf;* cours de ~ applicatiecursus 2 *(de choses)* recycling *nf* 3 *(changement d'orientation scolaire)* verandering *nf* van studierichting
recycler *vt* 1 *(des choses)* hergebruiken, recyclen 2 *(des personnes)* bijscholen; **se recycler** *vpr (se reconvertir)* zich omscholen
recyclerie *nf* kringloopwinkel *nm*
rédacteur, -trice *n* redac|teur, -trice *nm, nf;* ~ en chef hoofdredacteur
rédaction *nf* 1 *(d'un texte)* (het) redigeren 2 *(ensemble des rédacteurs)* redactie *nf* 3 *(enseign.)* opstel *het*
reddition *nf* overgave *de*
redécouvrir *vt* opnieuw ontdekken
redemander *vt* 1 *(demander de nouveau)* opnieuw vragen 2 *(réclamer)* terugvragen
redémarrer *vi* 1 *(véhicule)* weer optrekken 2 *(retrouver de la vigueur)* weer aantrekken
rédempteur, -trice *adj* verlossend; le Rédempteur de Verlosser
rédemption *nf* verlossing *nf*
[1]**redescendre** *vi (retourner du haut vers le bas)* weer naar beneden komen
[2]**redescendre** *vt* 1 *(descendre après avoir monté)* weer afgaan; ~ l'escalier de trap weer afgaan 2 *(déplacer de haut en bas)* weer naar beneden brengen
redevable *adj* erkentelijk; être ~ de qqch à qqn aan iemand iets te danken hebben
redevance *nf* 1 *(taxe)* bijdrage *de* 2 *(dette)* verschuldigd bedrag *de*
redevenir *vi* weer worden
rediffusion *nf* heruitzending *nf*

rédiger *vt* redigeren, (op)stellen
[1]**redire** *vi (critiquer)* aanmerkingen maken; **trouver à ~ à tout** overal wat op aan te merken hebben
[2]**redire** *vt* weer zeggen
redite *nf* nodeloze herhaling *nf*
redondance *nf* overtolligheid *nf*
redondant, -ante *adj* overtollig
[1]**redonner (dans)** *vi (donner de nouveau dans)* vervallen (in)
[2]**redonner** *vt* **1** *(donner de nouveau)* opnieuw geven **2** *(restituer)* teruggeven
redoublant, -ante *n* zitten|blijver, -blijfster *nm, nf, (Belg.)* bisser *nm*
redoublement *nm* verdubbeling *nf*
[1]**redoubler** *vi (augmenter)* sterker worden ♦ **~ d'efforts** zich dubbel inspannen; **~ de ...** nog meer ... aan de dag leggen
[2]**redoubler** *vt* **1** *(rendre double; multiplier)* verdubbelen **2** *(enseign.)* doubleren, *(Belg.)* bissen, overzitten
redoutable *adj* geducht
redouter *vt* vrezen
redoux *nm* korte dooiperiode *nf*
redressement *nm* **1** *(action de remettre droit)* (het) weer recht maken, (het) weer strekken *(du corps),* (het) optrekken *(d'un avion)* **2** *(nouvel essor)* herstel *het*
redresser *vt* **1** *(remettre droit)* weer rechtmaken; **~ la tête** het hoofd oprichten; *(fig.)* het hoofd niet weer buigen **2** *(un avion)* optrekken **3** *(une voiture)* recht op de weg brengen **4** *(corriger)* herstellen; **~ la situation** de situatie redden; **se redresser** *vpr* **1** *(se relever)* zich weer oprichten **2** *(prendre une attitude fière)* een trotse houding aannemen **3** *(redémarrer)* zich herstellen
réduction *nf* **1** *(diminution)* vermindering *nf;* **en ~** verkleind, in het klein; **faire une ~** korting geven; **~ du temps de travail** arbeidstijdverkorting **2** *(fait de ramener à)* terugbrenging (tot) *nf*
réduire *vt* **1** *(diminuer)* verminderen **2** *(contraindre à)* brengen (tot); **~ au silence** tot zwijgen brengen; **en être réduit à** gedwongen zijn om te; **~ en esclavage** tot slavernij brengen **3** *(soumettre)* onderwerpen; **~ l'opposition** de oppositie de mond snoeren **4** *(ramener à; transformer en)* terugbrengen (tot); **~ à néant, à rien** vernietigen; **~ au même dénominateur** onder één noemer brengen *(aussi au fig.);* **~ en poudre** fijnwrijven; **~ en miettes** verkruimelen **5** *(cuis.)* inkoken **6** *(miniaturiser)* verkleinen; **se réduire** *vpr* **1** *(se limiter à)* zich beperken (tot) **2** *(se transformer en)* veranderen (in) **3** *(restreindre ses dépenses)* zich beperken
[1]**réduit** *nm* hok *het*
[2]**réduit, -ite** *adj* **1** *(rendu plus petit; reproduit à petite échelle)* verkleind; **modèle ~** verkleind model **2** *(restreint; moins cher)* verlaagd
réécrire *vt* → **récrire**
réécriture *nf* (het) herschrijven
rééditer *vt* **1** *(édit.)* opnieuw uitgeven **2** *(répéter)* nog eens doen
réédition *nf (édit.)* nieuwe uitgave *de*
rééducation *nf (méd.)* revalidatie *nf*
rééduquer *vt* **1** *(méd.)* revalideren **2** *(éducation morale)* heropvoeden
réel, réelle *adj* **1** *(effectif)* reëel, werkelijk; **le ~** de werkelijkheid; *(inform.)* **en temps ~** realtime **2** *(jur.)* zakelijk
réélection *nf* herverkiezing *nf*
réélire *vt* herkiezen
réellement *adv* werkelijk
réemployer *vt* **1** *(qqch)* opnieuw gebruiken **2** *(qqn)* weer in dienst nemen
rééquilibrer *vt* weer in evenwicht brengen
réévaluation *nf* **1** *(d'une monnaie)* revaluatie *nf* **2** *(nouvelle évaluation)* herschatting *nf* **3** *(d'un bilan)* herziening *nf*
réévaluer *vt* **1** *(une monnaie)* revalueren **2** *(procéder à une réévaluation de)* herschatten **3** *(un bilan)* correcties aanbrengen op
réexpédier *vt* **1** *(des marchandises)* opnieuw verzenden **2** *(une lettre)* doorsturen **3** *(renvoyer)* terugzenden
refaire *vt* **1** *(faire de nouveau, autrement)* opnieuw maken, doen; **tout est à ~** alles moet over; **~ sa vie** een nieuw leven beginnen **2** *(réparer)* herstellen; **~ à neuf** weer als nieuw maken; **se refaire** *vpr* **1** *(regagner ce qu'on a perdu)* het verlorene terugwinnen **2** *(changer)* (zichzelf) veranderen; **on ne se refait pas** ik ben nu eenmaal zo
réfection *nf* herstel *het*
réfectoire *nm* **1** *(d'une école, d'un hôpital)* eetzaal *de* **2** *(d'un couvent)* refter *nm*
référence *nf* **1** *(action de se référer à)* verwijzing (naar) *nf;* **faire ~ à** verwijzen naar; **par ~ à** met verwijzing naar **2** *(plur.) (attestation)* referenties *plur* **3** *(indication)* referentie *nf* **4** *(d'une citation)* bronvermelding *nf* ♦ **ce n'est pas une ~ !** dat is niet bepaald een aanbeveling!
référendum *nm* **1** *(consultation populaire)* referendum *het* **2** *(sondage)* opiniepeiling *nf*
[1]**référer (à)** *vi (ling.)* verwijzen (naar) ♦ **en ~ à qqn** zich wenden tot iemand
[2]**se référer (à)** *vpr* **1** *(se rapporter à)* verwijzen (naar); **me référant à ma lettre du 3 courant** onder referte aan mijn brief van de 3e dezer **2** *(s'en rapporter à)* zich beroepen (op)
refermable *adj* hersluitbaar
refermer *vt* weer sluiten; **se refermer** *vpr* weer dichtgaan
refiler *vt* ↑ in de handen stoppen
réfléchi, -ie *adj* **1** *(raisonné)* weldoordacht; **tout bien ~** alles wel beschouwd **2** *(ling.)* wederkerend
[1]**réfléchir (à, sur)** *vi (penser)* nadenken (over)

[2]**réfléchir** *vt (refléter)* weerkaatsen; **se réfléchir** *vpr (se refléter)* zich weerspiegelen

reflet *nm* **1** *(lumière réfléchie)* weerschijn *nm* **2** *(image réfléchie)* weerspiegeling *nf* **3** *(expression)* afspiegeling *nf*

refléter *vt* **1** *(réfléchir)* weerspiegelen **2** *(fig.) (traduire)* weergeven; son visage reflète la bonté zijn gezicht straalt goedheid uit; **se refléter (dans)** *vpr (se réfléchir dans)* zich weerspiegelen (in)

réflexe *nm* reflex *nm;* mouvement ~ reflexbeweging

réflexion *nf* **1** *(méditation)* gedachte *nf;* après mûre ~ na rijp beraad **2** *(remarque)* opmerking *nf* **3** *(phys.)* reflectie *nf*

refluer *vi* **1** *(liquide)* terugvloeien **2** *(foule)* terugkeren

reflux *nm* **1** *(de la marée)* eb *de* **2** *(d'une foule)* (het) terugvloeien

refondre *vt* **1** *(un métal)* opnieuw smelten **2** *(des monnaies)* omsmelten **3** *(un texte)* omwerken

refonte *nf* **1** *(d'un métal)* (het) opnieuw smelten **2** *(de monnaies)* omsmelting *nf* **3** *(d'un texte)* omwerking *nf*

réformateur, -trice *n* **1** *(personne qui réforme)* hervormer *nm;* des mesures réformatrices hervormingsmaatregelen **2** *(relig.)* (kerk)hervormer *nm*

réforme *nf* **1** *(modification)* hervorming *nf; (relig.)* la Réforme de Hervorming **2** *(milit.)* afkeuring *nf*

réformé, -ée *adj* **1** *(relig.)* hervormd; le, la ~(e) de hervormde **2** *(milit.)* afgekeurd; le ~ de afgekeurde soldaat

reformer *vt* opnieuw vormen, opnieuw formeren *(une armée)*; **se reformer** *vpr* zich weer vormen

réformer *vt* **1** *(améliorer)* hervormen; ~ une loi een wet herzien **2** *(milit.)* afkeuren

refoulé, -ée *adj* verdrongen

refoulement *nm* **1** *(psycho.)* verdringing *nf* **2** *(de l'envahisseur)* terugdringing *nf* **3** *(d'immigrants)* uitwijzing *nf*

refouler *vt* **1** *(l'ennemi)* terugdringen **2** *(des immigrants)* tegenhouden **3** *(psycho.)* verdringen

réfractaire *adj* **1** *(techn.)* vuurvast **2** *(+ à) (rebelle à)* afkerig (van) ♦ le ~ *(milit.)* de dienstweigeraar

refrain *nm* **1** *(d'une chanson)* refrein *het* **2** *(rengaine)* deun *nm;* c'est toujours le même ~ het is altijd hetzelfde liedje

réfréner *vt* beteugelen

réfrigérant, -ante *adj* **1** *(techn.)* koel-; le ~ de koeler **2** *(glacial)* koel

réfrigérateur *nm* koelkast *de, (Belg.)* frigo *nm*

réfrigérer *vt* **1** *(frigorifier)* koelen; être réfrigéré het steenkoud hebben **2** *(mettre mal à l'aise)* ↑ afschrikken

[1]**refroidir** *vi (devenir plus froid)* afkoelen

[2]**refroidir** *vt* **1** *(rendre plus froid)* afkoelen **2** *(qqn, l'ardeur, etc.)* bekoelen **3** *(tuer)* koud maken; **se refroidir** *vpr* **1** *(devenir plus froid)* kouder worden *(aussi météo.)* **2** *(s'atténuer)* verflauwen

refroidissement *nm* **1** *(abaissement de la température)* (af)koeling *nf* **2** *(rhume)* verkoudheid *nf*

refuge *nm* **1** *(asile)* schuilplaats *de* **2** *(recours)* toeverlaat *nm* **3** *(en montagne)* berghut *de*

réfugié, -ée *adj* gevlucht; le, la ~(e) de vluchteling(e)

se réfugier *vpr* een toevlucht zoeken

refus *nm* weigering *nf;* ce n'est pas de ~ daar zeg ik geen nee tegen; essuyer, se heurter à un ~ een weigering krijgen

refuser *vt* **1** *(ne pas accorder; ne pas accepter)* weigeren, afwijzen *(à un examen), (une invitation, un cadeau)* afslaan; on a refusé du monde men kon niet iedereen binnenlaten **2** *(dénier)* ontzeggen; **se refuser** *vpr* **1** *(+ à) (ne pas consentir à)* weigeren; cela ne se refuse pas dat kun je niet afslaan **2** *(refuser à soi-même)* zich (iets) ontzeggen

réfuter *vt* weerleggen

regagner *vt* **1** *(reprendre)* terugwinnen; ~ le temps perdu de verloren tijd inhalen **2** *(revenir à)* terugkeren naar

regain *nm* **1** *(+ de) (renouveau)* terugkeer (van) *nm;* ~ d'énergie nieuwe moed; ~ de jeunesse verjonging **2** *(herbe)* nagras *het*

régal *nm* **1** *(mets préféré)* lievelingsschotel *de* **2** *(plaisir)* groot genoegen *het*

régaler (de) *vt* **1** *(offrir un bon mets)* onthalen (op) **2** *(payer)* trakteren; **se régaler** *vpr (+ de)* zich te goed doen (aan), smullen (van) *(aussi au fig.)*

regard *nm* blik *nm;* au ~ de wat betreft; couver, dévorer du ~ met de ogen verslinden; ~ noir boze blik ♦ avoir droit de ~ sur recht van controle hebben op; en ~ de vergeleken met

regardant, -ante *adj* op de penning

[1]**regarder (à)** *vi (tenir compte de)* letten (op) ♦ ~ à la dépense op de kleintjes passen; y ~ à deux fois, y ~ de près zich tweemaal bedenken

[2]**regarder** *vt* **1** *(observer)* kijken naar; ~ qqn de haut iemand hooghartig aankijken, behandelen; regardez-moi cet homme ! kijk die man eens!; regardez voir ! kom eens kijken!; vous ne m'avez pas regardé ! weet je wel wie je voor je hebt? **2** *(considérer)* beschouwen **3** *(concerner)* betreffen; ça ne te regarde pas dat gaat je niet aan **4** *(être tourné vers)* uitzien op; **se regarder** *vpr* **1** *(se voir soi-même)* zich bekijken; il ne s'est pas regardé hij zou eens naar zichzelf moeten kijken **2** *(se voir l'un l'autre)* elkaar bekijken

régate *nf* regatta *de*

régénération *nf* regeneratie *nf*

régénérer *vt* regenereren, vernieuwen; **se régénérer** *vpr* zichzelf vernieuwen

régent, -ente *n* **1** *(pol.)* regent(es) *nm*

(nf) 2 (f.B.; enseign.) regent(es) nm (nf) 3 (administrateur) bestuurder, bestuurster nm, nf

régenter vt de baas spelen over

régie nf 1 (entreprise publique) overheidsbedrijf het; ~ d'État staatsbedrijf 2 (organisation d'un spectacle) technische leiding nf 3 (local des commandes) regiekamer de

régime nm 1 (pol.) regime het 2 (système) stelsel het 3 (conduite à suivre) leefregel nm, dieet het (alimentation); se mettre au ~ dieet houden; ~ de vie leefregel 4 (d'un moteur) motorsnelheid nf; ~ de croisière kruissnelheid; marcher à plein ~ op volle kracht draaien

régiment nm 1 (corps de troupe) regiment het 2 (armée) leger het 3 (grand nombre) regiment het

région nf 1 streek de, regio de 2 (Belg.f.; pol.) gewest het

régional, -ale adj (relatif à une contrée, une province) streek-, regionaal; le ~ het district (téléphone)

régir vt 1 (déterminer) regelen 2 (ling.) regeren

régisseur nm 1 (théâtre, cin., télé) toneelmeester nm 2 (intendant) rentmeester nm

registre nm register het; ~ du commerce handelsregister

réglable adj 1 (qu'on peut régler) regelbaar 2 (payable) betaalbaar

réglage nm (het) regelen

réglé, -ée adj 1 (soumis à des règles) geregeld 2 (fixé) vastgesteld 3 (résolu) geregeld 4 (mécanisme, appareil) ingesteld 5 (qui a ses règles) die menstrueert 6 (ligné) gelinieerd

règle nf 1 (principe) regel nm (aussi relig.); dans, selon les ~s de l'art volgens de regels der kunst; de ~ (d'usage) gebruikelijk; (requis) verplicht; en ~ in orde; en ~ générale in de regel 2 (instrument) liniaal het/de 3 (plur.) (écoulement menstruel) menstruatie nf (uniquement sing.); avoir ses ~s ongesteld zijn ♦ la ~ d'or de gulden regel

règlement nm 1 (fait de régler une affaire) regeling nf; ~ à l'amiable minnelijke schikking 2 (décision administrative) verordening nf 3 (règles) reglement het 4 (paiement) betaling nf; (fig.) ~ de comptes afrekening 5 (Belg.f.) (arrêté) verordening nf

réglementaire adj reglementair

réglementation nf reglementering nf

réglementer vt reglementeren

régler vt 1 (payer) betalen; (fig.) ~ son compte à qqn met iemand afrekenen; (fig.) avoir de vieux comptes à ~ een oude rekening te vereffenen hebben 2 (fixer) regelen 3 (mettre au point) bijstellen; ~ une montre een horloge gelijkzetten 4 (résoudre) beslechten 5 (+ sur) (prendre pour modèle) afstemmen (op); **se régler** vpr 1 (se résoudre) geregeld worden 2 (+ sur) (suivre) een voorbeeld nemen (aan)

réglisse nm 1 (plante; bâton) zoethout het 2 (m.) (pâte) drop het/de (sing.) 3 (bonbon) dropje het

régnant, -ante adj 1 (au pouvoir) regerend 2 (dominant) heersend

règne nm 1 (exercice et durée du pouvoir) regering nf, bewind het 2 (division de la nature) rijk het; ~ animal dierenrijk

régner vi 1 (exercer le pouvoir) regeren (aussi au fig.) 2 (exister) heersen; faire ~ l'ordre orde scheppen

[1]regonfler vi (s'enfler à nouveau) weer (op)zwellen

[2]regonfler vt 1 (gonfler à nouveau) weer oppompen 2 (redonner du courage à) weer moed geven aan

regorger (de) vi overvloeien (van)

régresser vi 1 (ne plus se développer) achteruitgaan 2 (diminuer) teruglopen

régression nf 1 (retour à un stade antérieur) regressie nf 2 (diminution) terugloop nm

regret nm 1 (repentir) spijt de; exprimer ses ~s zich excuseren 2 (déplaisir) ongenoegen het; à mon grand ~ tot mijn grote spijt; faire qqch à ~ iets tegen zijn zin doen 3 (nostalgie de) verlangen (naar) het

regrettable adj betreurenswaardig

regretter vt 1 (se repentir de) spijt hebben van; vous le regretterez daar zult u spijt van krijgen; je regrette het spijt mij 2 (déplorer) betreuren 3 (regretter l'absence de) terugverlangen naar

regroupement nm hergroepering nf

regrouper vt verenigen

régulariser vt 1 (mettre en règle) in orde brengen 2 (rendre régulier) normaliseren

régularité nf 1 (symétrie) regelmatigheid nf 2 (caractère régulier) regelmaat de

régulateur, -trice adj regel-; ~ de vitesse cruise control

régulation nf regeling nf; ~ des naissances geboorteregeling

régulier, -ière adj 1 (conforme aux règles) regelmatig; vie régulière geregeld leven 2 (uniforme) regelmatig; progrès ~ gestadige vooruitgang 3 (habituel) geregeld; ligne régulière vaste verbinding; service ~ lijndienst 4 (ponctuel) stipt 5 (honnête) betrouwbaar

réhabilitation nf 1 (personnes) eerherstel het 2 (constructions) renovatie nf

réhabiliter vt 1 (personnes) rehabiliteren, in eer herstellen 2 (constructions) renoveren

réhabituer vt weer laten (ge)wennen (aan); **se réhabituer (à)** vpr weer wennen (aan)

rehaussement nm verhoging nf

rehausser *vt* **1** *(surélever)* verhogen **2** *(accentuer)* duidelijker doen uitkomen
rehausseur *nm* zittingverhoger *nm*, stoelverhoger *nm*
réimpression *nf* herdruk *nm*
réimprimer *vt* herdrukken
rein *nm* **1** *(organe)* nier *de;* **~ artificiel** kunstnier **2** *(plur.) (région lombaire)* lendenen *plur;* **avoir les ~s solides** een sterke rug hebben *(aussi au fig.)* **3** *(plur.) (taille)* taille *de (sing.)*
réincarnation *nf* reïncarnatie *nf*
se réincarner *vpr* reïncarneren
reine *nf* koningin *nf*
reine-claude *nf* reine-claude *de*
reinette *nf* renet(appel) *de (nm)*
réinitialiser *vt (inform.)* resetten
réinsérer *vt* **1** *(délinquants)* reclasseren **2** *(handicapés)* re-integreren
réinsertion *nf* **1** *(délinquants)* reclassering *nf* **2** *(handicapés)* re-integratie *nf*
réitérer *vt* herhalen
rejaillir *vi* **1** *(gicler)* (op)spatten **2** *(+ sur) (retomber sur)* afstralen (op)
rejet *nm* **1** *(renvoi)* (het) teruggooien **2** *(méd.)* (het) afstoten; **phénomène de ~** afstotingsverschijnsel **3** *(refus)* (het) verwerpen
rejeter *vt* **1** *(renvoyer)* terugwerpen **2** *(expulser)* uitstoten **3** *(méd.)* afstoten **4** *(déplacer)* verleggen; **~ la faute sur qqn** de schuld op een ander gooien; **~ la responsabilité sur qqn** de verantwoordelijkheid op iemand afschuiven **5** *(refuser qqch)* verwerpen, afwijzen
rejeton *nm* spruit *de (aussi au fig.)*
rejoindre *vt* **1** *(se joindre à)* zich voegen bij; **~ l'autoroute** (weer) op de grote weg komen **2** *(ressembler à)* verwant zijn met **3** *(rattraper)* inhalen; **se rejoindre** *vpr (se retrouver)* elkaar (weer) ontmoeten, samenkomen
rejouer *vt (jouer à nouveau)* opnieuw spelen *(aussi théâtre)*
réjoui, -ie *adj* verheugd
réjouir *vt* blij maken; **se réjouir (de)** *vpr* zich verheugen (over) *(+ fait réel),* zich verheugen op *(+ ce qu'on espère)*
réjouissance *nf* **1** *(joie)* vreugde *nf* **2** *(plur.) (festivités)* feestelijkheden *plur*
réjouissant, -ante *adj* verheugend; *(iron.)* **c'est ~ !** leuk is dat!
relâche *nf* **1** *(interruption)* onderbreking *nf;* **prendre un peu de ~** even pauzeren; **sans ~** onophoudelijk **2** *(escale)* (het) binnenlopen (in); **faire ~ à** binnenlopen (in) ♦ *(spectacles)* **faire ~** geen voorstelling geven, gesloten zijn
relâché, -ée *adj* los
relâchement *nm* **1** *(détente)* verslapping *nf;* **~ musculaire** spierverslapping **2** *(libération)* vrijlating *nf*
relâcher *vt* **1** *(diminuer la rigueur de)* laten verslappen **2** *(desserrer)* losser maken **3** *(libérer)* vrijlaten; **se relâcher** *vpr* **1** *(devenir moins rigoureux)* verslappen **2** *(devenir moins zélé)* minder ijverig worden **3** *(se détendre)* losser worden
relais *nm* **1** *(roulement)* aflossing *nf;* **prendre le ~ de qqn** het van iemand overnemen **2** *(technol.)* relais *het* **3** *(étape)* etappe *de* **4** *(intermédiaire)* tussenpersoon *nm*
relance *nf* (weder)opleving *nf*
relancer *vt* **1** *(jeter à nouveau)* weer gooien **2** *(renvoyer)* terugwerpen **3** *(importuner)* lastigvallen **4** *(remettre en marche)* weer op gang brengen
relater *vt (raconter)* vertellen
relatif, -ive *adj* **1** *(en comparaison)* relatief, betrekkelijk; **avoir le sens du ~** kunnen relativeren **2** *(partiel)* relatief, beperkt **3** *(+ à) (concernant)* betreffende *(sans prép.)* **4** *(ling.)* betrekkelijk; **les (pronoms) ~s** betrekkelijke voornaamwoorden
relation *nf* **1** *(corrélation)* relatie *nf,* verband *het;* **être sans ~ avec** niet in verband staan met **2** *(connaissance)* relatie *nf,* kennis *nm* **3** *(plur.) (rapports)* omgang *nm (uniquement sing.);* **entrer en ~ avec qqn** in contact treden met iemand; **~s publiques** public relations; **~s (sexuelles)** geslachtsverkeer
relativement *adv* **1** *(par comparaison à)* verhoudingsgewijs, in verhouding (tot) **2** *(passablement)* betrekkelijk **3** *(+ à) (par rapport à)* met betrekking (tot), betreffende
relativiser *vt* relativeren
relativité *nf* **1** *(limite)* betrekkelijkheid *nf* **2** *(phys.)* relativiteit *nf*
relaxation *nf* **1** *(détente)* ontspanning *nf* **2** *(relâchement)* verslapping *nf* **3** *(exercices)* ontspanningsoefeningen *plur*
relaxer *vt* **1** *(mettre en liberté)* in vrijheid stellen **2** *(détendre)* ontspannen; **se relaxer** *vpr (se détendre)* zich ontspannen
relayer *vt* **1** *(remplacer qqn)* aflossen, het overnemen van *(sports)* **2** *(com., technol.)* relayeren; **émission relayée par satellite** via de satelliet doorgegeven uitzending; **se relayer** *vpr (se remplacer mutuellement)* elkaar aflossen; **se ~ au volant** beurtelings rijden
relégation *nf* verbanning *nf*
reléguer *vt* verbannen; **~ qqn au second plan** iemand naar de achtergrond dringen
relent *nm* akelige lucht *de (uniquement sing.)*
[1]**relevé** *nm* overzicht *het;* **~ de compte** rekeningoverzicht, *(Belg.)* uittreksel; **~ d'identité postale, RIP** postidentiteitsbewijs; **~ d'identité bancaire, RIB** bankgegevens ♦ **faire le ~ d'un compteur** de meter opnemen
[2]**relevé, -ée** *adj* **1** *(ramené vers le haut)* omgeslagen, opgerold **2** *(épicé)* sterk gekruid
relève *nf* aflossing *nf;* **assurer la ~ de qqn** iemand aflossen, iemand opvolgen

relèvement *nm* 1 *(redressement)* herstel *het* 2 *(hausse)* stijging *nf*

[1]**relever (de)** *vi (dépendre de)* vallen (onder), behoren (bij); **cela ne relève pas de ma compétence** daar kan ik niet over oordelen

[2]**relever** *vt* 1 *(mettre d'aplomb)* rechtop zetten, overeind helpen 2 *(restaurer)* weer tot bloei brengen 3 *(souligner)* doen opmerken; **~ une faute** wijzen op een fout 4 *(remonter)* omhoog doen, oprollen; **~ la tête** opkijken; *(fig.)* het hoofd fier opheffen 5 *(prendre par écrit)* noteren; **~ le compteur** de meter opnemen 6 *(faire monter)* verhogen 7 *(relayer)* aflossen 8 *(+ de) (délier de)* ontslaan (van) 9 *(+ de) (démettre de)* ontslaan (uit) ♦ **ça ne mérite pas d'être relevé** dat verdient geen reactie; **se relever** *vpr* 1 *(+ de) (se rétablir de)* herstellen (van); **il ne s'en relèvera jamais** hij zal daar nooit overheen komen 2 *(se diriger vers le haut)* omhooggaan 3 *(se relayer)* elkaar aflossen 4 *(se remettre debout)* weer opstaan

releveur, -euse *n* ♦ **~ (de compteurs)** meteropnemer

relief *nm* reliëf *het;* **mettre qqch en ~** iets doen uitkomen

relier *vt* 1 *(joindre)* verbinden 2 *(couvrir un livre)* inbinden

religieusement *adv (scrupuleusement)* nauwgezet, stipt

religieux, -euse *adj* 1 *(croyant; relatif à la religion)* religieus; **chants ~** geestelijke gezangen; **le ~, la religieuse** de monnik, de non; **mariage ~** kerkelijk huwelijk; **musique religieuse** gewijde muziek, kerkmuziek 2 *(monastique)* klooster- 3 *(respectueux)* eerbiedig

religion *nf* 1 *(confession)* godsdienst *nm,* religie *nf* 2 *(piété)* vroomheid *nf*

reliquat *nm* saldo *het*

relique *nf* relikwie *nf*

relire *vt* herlezen; **se relire** *vpr* doorlezen wat men geschreven heeft

reliure *nf* 1 *(action de relier)* (het) boekbinden 2 *(couverture)* (boek)band *nm*

relocaliser *vt* 1 *(déplacer)* verplaatsen 2 *(établir à sa place initiale)* terughalen, opnieuw vestigen

reloger *vt* opnieuw huisvesten

relooking *nm* make-over *nm*

reluire *vi* blinken, glanzen; **faire ~** poetsen

reluisant, -ante *adj* blinkend, glanzend ♦ **peu ~** niet zo geweldig

remaniement *nm* 1 *(modification)* verandering *nf;* **~ ministériel** kabinetswijziging 2 *(correction)* herschrijving *nf*

remanier *vt* 1 *(modifier)* veranderen 2 *(corriger)* herschrijven, omwerken

remariage *nm* tweede huwelijk *het*

se remarier *vpr* hertrouwen

remarquable *adj* 1 *(marquant)* opmerkelijk, opvallend 2 *(excellent)* buitengewoon; *(adv.)* **remarquablement** zeer

remarque *nf* 1 *(nota bene)* opmerking *nf;* **faire la ~ de qqch à qqn** iemand op iets opmerkzaam maken 2 *(observation critique)* aanmerking *nf*

remarqué, -ée *adj* opvallend

remarquer *vt* 1 *(constater)* (op)merken; **se faire ~** de aandacht trekken; *(péj.)* opvallend doen; **faire ~ une chose** ergens de aandacht op vestigen; **sans se faire ~** onopvallend 2 *(formuler une remarque)* opmerken, een opmerking maken; **se remarquer** *vpr (se voir)* opvallen

remballer *vt* weer inpakken; **~ sa marchandise** † z'n spullen niet kwijt kunnen ♦ **il peut ~ ses compliments** hij kan z'n complimentjes voor zich houden

rembarrer *vt* de mond snoeren; **se faire ~** de wind van voren krijgen

remblai *nm* 1 *(terrassement)* ophoging *nf* 2 *(terres rapportées)* opgebrachte aarde *de*

remblayer *vt* ophogen

rembobiner *vt* terugspoelen

remboursement *nm* 1 *(paiement)* terugbetaling *nf* 2 *(paiement à la livraison)* rembours *het;* **contre ~** onder rembours

rembourser *vt* terugbetalen; **remboursez !** *(théâtre)* mijn geld terug!

remède *nm* 1 *(solution)* middel (tegen) *het,* remedie (tegen) *het/de (f);* **sans ~** ongeneeslijk 2 *(médicament)* (genees)middel *het;* **~ de bonne femme** huismiddeltje

remédier (à) *vi* (iets) verhelpen

remembrement *nm* herverkaveling *nf*

remembrer *vt* herverkavelen

se remémorer *vpr* zich herinneren

remerciement *nm* dank *nm (uniquement sing.),* dankbetuiging *nf;* **faire des, ses ~s à qqn** iemand bedanken; **avec tous mes ~s** met mijn hartelijke dank

remercier *vt* 1 *(+ de, pour) (dire merci)* (be)danken (voor) 2 *(refuser)* bedanken 3 *(congédier)* ontslaan

remettre *vt* 1 *(mettre à nouveau)* weer op zijn plaats zetten; **~ qqn à sa place** iemand op zijn nummer zetten; **~ à neuf une maison** een huis opknappen; **~ d'aplomb qqn** iemand er weer bovenop helpen 2 *(donner à)* overhandigen (aan); **~ sa démission** zijn ontslag indienen 3 *(ajourner)* uitstellen; **~ qqch à plus tard** iets uitstellen 4 *(absoudre)* kwijtschelden 5 *(revêtir à nouveau)* weer aandoen, *(chapeau)* weer opzetten 6 *(recommencer)* overdoen; **on remet ça** dat doen we nog eens dunnetjes over ♦ **en ~** overdrijven; **se remettre** *vpr* 1 *(recommencer à)* weer beginnen (met); **le temps se remet au beau** het wordt weer mooi weer 2 *(+ de) (se rétablir)* herstellen (van); **allons, remettez-vous** kom, kom tot jezelf ♦ **s'en ~ à qqn** zich verlaten op iemand; **se ~ avec qqn** weer goede vrienden worden met iemand

réminiscence *nf* (flauwe) herinnering (aan) *nf*

remise *nf* **1** *(action de remettre)* (het) weer plaatsen; *(inform.)* **~ à zéro** reset; *(sports)* **~ en jeu** ingooi; **~ en état** reparatie, herstel **2** *(distribution)* overhandiging *nf*, bezorging *nf (marchandises)*; **~ des clefs** sleuteloverdracht; **~ des prix** prijsuitreiking **3** *(ajournement)* uitstel *het* **4** *(rabais)* korting *nf*; **~ de peine** strafvermindering **5** *(de dette)* kwijtschelding *nf* **6** *(resserre)* schuur *de*
rémission *nf* **1** *(jur.)* strafvermindering *nf*; **sans ~** zonder pardon **2** *(relig.)* vergeving *nf* **3** *(méd.)* (tijdelijke) afname *de* van koorts
remmener *vt* weer mee terugnemen
remodelage *nm* **1** *(action de remodeler)* (het) omvormen **2** *(rénovation)* vernieuwing *nf*
remontant, -ante *adj* opwekkend; **le ~** het versterkende middel
remontée *nf* **1** *(action de s'élever à nouveau)* (het) weer naar boven gaan **2** *(mar.)* (het) opvaren **3** *(sports)* (het) inlopen **4** *(remonte-pente)* skilift *nm*
remonte-pente *nm* skilift *nm*
[1]**remonter** *vi* **1** *(aller de nouveau en haut)* (weer) omhoog gaan **2** *(retourner vers)* teruggaan (naar), teruggaan (tot, op) *(dans le temps)*; **cela remonte au déluge** dat is zo oud als de wereld; **~ dans le temps** in het verleden teruggaan
[2]**remonter** *vt* **1** *(parcourir vers le haut)* opgaan; *(fig.)* **~ le courant** tegen de stroom ingaan; **~ une rivière** stroomopwaarts varen; **~ une rue** een straat inlopen **2** *(porter à nouveau en haut)* weer naar boven brengen; **~ son col** zijn kraag opzetten **3** *(sports)* inlopen op **4** *(ragaillardir)* opbeuren; **~ le moral à qqn** iemand opvrolijken **5** *(reconstituer)* weer in elkaar zetten **6** *(retendre le ressort de)* opwinden **7** *(remonter sur)* weer bestijgen *(trône, cheval)*; **se remonter** *vpr* weer wat opknappen
remontrance *nf* vermaning *nf*
[1]**remontrer** *vi* ♦ **en ~ à qqn** iemand een lesje geven; **il veut en ~ à tout le monde** hij weet altijd alles beter
[2]**remontrer** *vt (montrer à nouveau)* nog eens laten zien
remords *nm* wroeging *nf (uniquement sing.)*
remorque *nf* **1** *(service de remorquage)* sleepdienst *nm*; **être toujours à la ~** altijd achteraan hangen **2** *(câble)* sleepkabel *nm*; **prendre en ~** op sleeptouw nemen **3** *(véhicule)* aanhangwagen *nm*
remorquer *vt* slepen
remorqueur *nm* sleepboot *de*
remous *nm* **1** *(plur.) (mouvement confus)* gedrang *het (d'une foule; uniquement sing.)* **2** *(mar.)* kielzog *het* **3** *(tourbillon)* (draai)kolk *de* **4** *(turbulence de l'air)* turbulentie *nf*
rempart *nm* **1** *(mur)* vestingmuur *nm*, wal *nm* **2** *(plur.) (fortifications)* omwalling *nf* **3** *(protection)* schild *het*
remplaçant, -ante *n* **1** *(suppléant(e))* (plaats)vervang(st)er *nm (nf)* **2** *(sports)* invalller, -ster *nm, nf*
remplacement *nm* vervanging *nf*; **en ~ de** ter vervanging van; **faire un ~, des ~s** als vervanger werken
remplacer *vt* vervangen; **se faire ~** zich laten vervangen
rempli, -ie (de) *adj* vol *(sans prép.)* ♦ **journée bien ~e** welbestede dag
remplir *vt* **1** *(rendre plein de)* vullen (met) **2** *(+ de) (fig.)* vervullen (met, van); **~ qqn de joie** iemand blij maken **3** *(compléter)* invullen **4** *(exercer)* uitoefenen **5** *(satisfaire à)* vervullen; **~ une condition** aan een voorwaarde voldoen; **se remplir** *vpr* vollopen ♦ **se ~ les poches** z'n zakken vullen
remplissage *nm* **1** *(action de remplir)* (het) vullen **2** *(délayage)* bladvulling *nf*
se remplumer *vpr* **1** *(rétablir ses finances)* er (financieel) weer bovenop komen **2** *(reprendre du poids)* weer flink aankomen
remporter *vt* **1** *(reprendre)* weer meenemen **2** *(gagner)* winnen; **~ un succès** een succes behalen; **~ une victoire** een overwinning behalen ♦ **~ les suffrages** bijval oogsten
remuant, -ante *adj* druk
remue-ménage *nm* **1** *(chahut)* kabaal *het* **2** *(agitation)* drukte *nf*
[1]**remuer** *vi* **1** *(bouger)* bewegen **2** *(s'agiter)* onrustig worden
[2]**remuer** *vt* **1** *(déplacer)* bewegen; **~ la queue** kwispelstaarten **2** *(mélanger)* (om)roeren **3** *(émouvoir)* ontroeren; **se remuer** *vpr* **1** *(se mouvoir)* zich bewegen **2** *(se démener)* zich inspannen, zich druk maken **3** *(se grouiller)* opschieten; **remue-toi un peu** schiet eens een beetje op!
rémunérateur, -trice *adj* lonend, winstgevend
rémunération *nf* **1** *(salaire)* loon *het* **2** *(compensation de)* beloning (voor) *nf*
rémunérer *vt* honoreren
renâcler *vi* **1** *(+ à) (rechigner à)* geen zin hebben (in) **2** *(renifler)* snuiven
renaissance *nf* **1** *(renouveau)* herleving *nf* **2** *(nouvelle naissance)* wedergeboorte *nf*
Renaissance *nf* renaissance *de*
renaître *vi* **1** *(revivre)* opleven; **~ à la vie** weer op krachten komen **2** *(naître à nouveau)* herboren worden; **~ de ses cendres** uit de as herrijzen
rénal, -ale *adj* nier-
renard *nm* **1** *(animal, fourrure)* vos *nm* **2** *(personne rusée)* (slimme) vos *nm*
renchérir *vi* **1** *(+ sur) (aller plus loin)* nog verder gaan (dan) **2** *(devenir plus cher)* duurder worden
rencontre *nf* **1** *(réunion)* ontmoeting *nf*; **aller, venir à la ~ de qqn** iemand tege-

moet gaan, komen; **faire la ~ de qqn** iemand tegenkomen 2 *(collision)* botsing *nf* 3 *(duel)* treffen *het* 4 *(match)* wedstrijd *nm* ♦ **de ~** toevallig

rencontrer *vt* 1 *(trouver)* ontmoeten 2 *((se) heurter)* stuiten op *(aussi au fig.)*; **se rencontrer** *vpr* 1 *(se retrouver)* elkaar ontmoeten 2 *(arriver)* voorkomen 3 *(se heurter)* met elkaar in botsing komen

rendement *nm* opbrengst *nf*, rendement *het*

rendez-vous *nm* 1 *(rencontre fixée)* afspraak *de*; **~ amoureux, galant** afspraakje, rendez-vous; **donner, prendre ~** een afspraak maken 2 *(lieu)* afgesproken plaats *de*, trefpunt *het*

se rendormir *vpr* weer in slaap vallen

[1]**rendre** *vi* 1 *(rapporter)* een opbrengst leveren; **arbre fruitier qui rend bien, peu** fruitboom die een goede, slechte opbrengst heeft 2 *(avoir de l'effet)* effect hebben

[2]**rendre** *vt* 1 *(restituer à)* teruggeven (aan); **on le lui a bien rendu** dat hebben we hem betaald gezet 2 *(+ adj.) (faire devenir)* maken; **il me rend fou** ik word gek van hem; **~ qqn heureux** iemand gelukkig maken 3 *(exprimer)* weergeven; **~ clairement sa pensée** zijn gedachten duidelijk weergeven 4 *(rapporter)* opbrengen 5 *(vomir)* overgeven; **se rendre** *vpr* 1 *(+ à) (capituler)* zich overgeven (aan), capituleren (voor) 2 *(+ à) (aller à)* gaan (naar), zich begeven (naar) 3 *(+ adj.) (se faire)* zich maken; **se ~ coupable de qqch** zich schuldig maken aan iets

rendu, -ue *adj* 1 *(livré)* aangekomen 2 *(fatigué)* doodmoe

rêne *nf* teugel *nm*; *(aussi au fig.)* **tenir les ~s** de teugels vast in handen hebben

renégat, -ate *n* verrader *nm*

[1]**renfermé** *nm* mufheid *nf*; **sentir le ~** muf ruiken

[2]**renfermé, -ée** *adj* gesloten

renfermer *vt* bevatten, inhouden; **se renfermer** *vpr* zich opsluiten; **se ~ en soi-même, dans sa coquille** zich terugtrekken

renflement *nm* verdikking *nf*

renflouer *vt* 1 *(un bateau échoué)* vlot trekken 2 *(qqn, une entreprise)* er weer bovenop helpen

renfoncement *nm* 1 *(niche)* nis *de* 2 *(recoin)* uithoek *nm*

renforcement *nm* versterking *nf*

renforcer *vt* versterken ♦ **~ qqn dans une opinion** iemand in z'n mening sterken

renfort *nm* 1 *(milit.)* versterking *nf*, *(plur.)* versterkingstroepen *plur* 2 *(aide)* hulp *de*; **à grand ~ de stylos** met behulp van een grote hoeveelheid pennen

renfrogné, -ée *adj* stuurs, nors

se renfrogner *vpr* stuurs kijken

rengaine *nf* afgezaagd liedje *het*, deuntje *het*

reniement *nm* verloochening *nf*

renier *vt* verloochenen; **se renier** *vpr* van mening veranderen

[1]**renifler** *vi (faire du bruit)* snuiven

[2]**renifler** *vt* 1 *(aspirer)* (op)snuiven 2 *(flairer)* ruiken

renne *nm* rendier *het*

renom *nm* naam *nm*, faam *de*

renommé, -ée *adj* beroemd

renommée *nf* 1 *(célébrité)* bekendheid *nf* 2 *(opinion publique)* geruchten *plur*

renoncement *nm* verloochening *nf*

renoncer (à) *vi (abandonner)* afstand doen (van), (iets) opgeven

[1]**renouer** *vi* ♦ **~ avec qqn** weer vriendschap sluiten met iemand; **~ avec qqch** iets weer opvatten

[2]**renouer** *vt* 1 *(recommencer)* hervatten 2 *(nouer à nouveau)* weer vastbinden

renouveau *nm* opleving *nf*

renouvelable *adj* 1 *(qui peut être répété)* herhaalbaar 2 *(reconductible)* hernieuwbaar

renouveler *vt* 1 *(innover)* vernieuwen; **~ l'air d'une pièce** de lucht van een kamer verversen; **~ ses efforts** zich opnieuw inspannen 2 *(prolonger)* verlengen; **se renouveler** *vpr* 1 *(être inventif)* zich vernieuwen 2 *(être remplacé)* vervangen worden 3 *(recommencer)* opnieuw beginnen; **que ça ne se renouvelle pas !** laat dat niet meer gebeuren!

renouvellement *nm* 1 *(remplacement)* vernieuwing *nf*, vervanging *nf* 2 *(prolongation)* verlenging *nf*

rénovateur, -trice *n* vernieuw(st)er *nm (nf)*, hervorm(st)er *nm (nf)*; **politique rénovatrice** hervormingsgezinde politiek

rénovation *nf* 1 *(remise à neuf)* renovatie *nf*, restauratie *nf* 2 *(régénération)* vernieuwing *nf*

rénover *vt* 1 *(remettre à neuf)* renoveren, restaureren 2 *(régénérer)* vernieuwen

renseignement *nm* inlichting *nf*; **appeler les ~s** Inlichtingen bellen; **prendre des ~s** inlichtingen inwinnen ♦ **service de ~s** geheime dienst, inlichtingendienst

renseigner *vt* inlichten; **être renseigné sur** op de hoogte zijn van; **se renseigner (sur)** *vpr* inlichtingen inwinnen (over), informeren (naar)

rentabiliser *vt* rendabel maken

rentabilité *nf* rendabiliteit *nf*

rentable *adj* rendabel

rente *nf* 1 *(revenu)* rente *de*; **~ viagère** lijfrente; **vivre de ses ~s** rentenieren 2 *(emprunt d'État)* staatsobligatie *nf*

rentier, -ière *n* rentenier(ster) *nm (nf)*

rentrée *nf* 1 *(retour)* terugkomst *nf*; **faire sa ~ politique** z'n politieke comeback maken 2 *(reprise des activités)* begin *het* van het nieuwe cursusjaar, hervatting *nf* van werkzaamheden; **à la ~** na de vakantie; **la ~ (des classes)** het begin van het schooljaar 3 *(recettes)* (het) innen, *(plur.)* inkomsten *plur*

[1]**rentrer** *vi* 1 *(revenir)* (weer) naar binnen gaan, terugkomen; ~ **chez soi** thuiskomen; ~ **dans la police** bij de politie gaan; **faire ~ l'argent** geld innen 2 *(reprendre ses activités)* weer beginnen ♦ ~ **dans un arbre** tegen een boom botsen; ~ **dans une catégorie** tot een categorie behoren; **la clé rentre bien dans la serrure** de sleutel past goed in het slot; ~ **dedans** erop knallen

[2]**rentrer** *vt* 1 *(mettre à l'intérieur)* binnenhalen 2 *(dissimuler)* verbergen; ~ **le ventre** z'n buik inhouden ♦ ~ **sa chemise** z'n hemd in de broek stoppen

renversant, -ante *adj* ongelofelijk

renverse ♦ **à la ~** achterover, op de rug

renversé, -ée *adj* 1 *(à l'envers)* omgekeerd 2 *(culbuté)* omgegooid 3 *(stupéfait)* stomverbaasd

renversement *nm* 1 *(inversion)* omkering *nf* 2 *(permutation)* omzetting *nf* 3 *(retournement)* wending *nf* 4 *(pol.)* omverwerping *nf*

renverser *vt* 1 *(inverser)* omkeren 2 *(faire tomber)* omgooien; **cette nouvelle me renverse** ik ben stomverbaasd over dat nieuws; **se renverser** *vpr* 1 *(choses)* omvallen 2 *(personnes)* achteroverleunen

renvoi *nm* 1 *(retour)* terugzending *nf* 2 *(congédiement)* ontslag *het* 3 *(relance)* (het) terugspelen 4 *(reflet)* weerkaatsing *nf* 5 *(ajournement)* verdaging *nf* 6 *(rot)* boer *nm* 7 *(référence)* verwijzingsteken *het*

renvoyer *vt* 1 *(retourner)* terugsturen 2 *(congédier)* ontslaan 3 *(relancer)* terugspelen 4 *(réfléchir)* weerkaatsen 5 *(adresser à)* verwijzen (naar) 6 *(ajourner)* uitstellen

réorganiser *vt* reorganiseren

réorientation *nf* omschakeling *nf*

réorienter *vt* omschakelen

réouverture *nf* heropening *nf*

repaire *nm* schuilplaats *de*

répandre *vt* 1 *(verser)* storten, morsen 2 *(émettre)* verbreiden 3 *(prodiguer)* verspreiden; ~ **la terreur** schrik zaaien; **se répandre** *vpr* 1 *(envahir)* zich verspreiden 2 *(se propager)* de ronde doen

répandu, -ue *adj* 1 *(courant)* (wijd)verbreid 2 *(renversé)* om(ver)gegooid ♦ **journal ~** veel gelezen krant

reparaître *vi* weer verschijnen

réparateur, -trice *adj* herstellend, verkwikkend; **le ~** de reparateur

réparation *nf* 1 *(remise en état)* reparatie *nf* 2 *(indemnité)* schadeloosstelling *nf;* **en ~ d'une faute** om een fout weer goed te maken 3 *(sports)* strafschop *nm*

réparer *vt* 1 *(remettre en état)* herstellen 2 *(corriger)* (weer) goedmaken

répartie *nf* snedig antwoord *het;* **avoir de la ~** ad rem zijn, gevat zijn

repartir *vi* 1 *(redémarrer)* weer vertrekken, weer beginnen; **l'économie repart** de economie trekt weer aan 2 *(s'en retourner)* weer teruggaan

répartir *vt* 1 *(partager)* verdelen 2 *(échelonner)* verbreiden 3 *(classer)* indelen; **se répartir** *vpr* 1 *(se partager)* onder elkaar verdelen 2 *(être partagé)* verdeeld worden

répartition *nf* 1 *(partage)* verdeling *nf* 2 *(échelonnement)* verbreiding *nf* 3 *(classement)* indeling *nf*

repas *nm* maal *het,* maaltijd *nm*

repassage *nm* (het) strijken

[1]**repasser** *vi (revenir)* weer langskomen ♦ **il peut toujours ~** hij kan lang wachten

[2]**repasser** *vt* 1 *(franchir à nouveau)* weer overtrekken 2 *(projeter à nouveau)* weer draaien *(d'un film)* 3 *(défroisser)* strijken 4 *(réviser)* repeteren ♦ ~ **un examen** een examen overdoen

repêchage *nm* 1 *(examen)* herkansing *nf* 2 *(sortie de l'eau)* (het) opvissen

repêcher *vt* 1 *(fig.)* een handje helpen 2 *(sortir de l'eau)* uit het water halen

repeindre *vt* overschilderen

[1]**repenser** *vi (penser à nouveau à)* weer denken (aan)

[2]**repenser** *vt (reconsidérer)* opnieuw uitdenken

repenti, -ie *adj* berouwvol

[1]**repentir** *nm* berouw *het*

[2]**se repentir** *vpr* 1 *(avoir des remords)* berouw hebben (over) 2 *(regretter)* spijt hebben (van)

repérage *nm* 1 *(action de rechercher)* positiebepaling *nf,* opsporing *nf (aussi au fig.)* 2 *(marquage)* (het) voorzien van merktekens

répercussion *nf* 1 *(conséquence)* gevolg *het* 2 *(retentissement)* weerkaatsing *nf* 3 *(écon.)* afwenteling *nf*

répercuter *vt* 1 *(renvoyer)* weerkaatsen 2 *(transmettre)* afschuiven 3 *(écon.)* doorberekenen; **se répercuter** *vpr (avoir des conséquences)* gevolgen hebben (voor)

repère *nm* merk(teken) *het*

repérer *vt* 1 *(trouver)* opsporen; **être repéré** in de gaten worden gehouden; **se faire ~** betrapt worden 2 *(marquer)* markeren; **se repérer** *vpr* 1 *(s'orienter)* de weg vinden 2 *(fig.)* eruit komen

répertoire *nm* 1 *(index)* lijst *de* 2 *(pièces classiques)* (klassiek) repertoire *het* 3 *(inform.)* directory *nm,* map *de*

répertorier *vt* inventariseren

répéter *vt* 1 *(redire)* herhalen, repeteren *(théâtre)* 2 *(rapporter)* doorvertellen; **se répéter** *vpr* 1 *(redire les mêmes choses)* in herhaling vervallen 2 *(être redit)* herhaald worden 3 *(se reproduire)* weer gebeuren

répétitif, -ive *adj* terugkerend

répétition *nf* 1 *(redite)* herhaling *nf* 2 *(entraînement)* repetitie *nf*

repeupler *vt* 1 *(peupler à nouveau)* weer bevolken 2 *(planter à nouveau)* herbeplanten **3** *(regarnir d'animaux)* weer uitzetten

[1]repiquer *vi (plonger)* opnieuw duiken

[2]repiquer *vt* **1** *(replanter)* uitplanten **2** *(méd.)* weer prikken

répit *nm* **1** *(arrêt)* adempauze *de* **2** *(délai)* uitstel *het*

replacer *vt* **1** *(remettre)* weer op zijn plaats zetten **2** *(réembaucher)* weer aanstellen; **se replacer** *vpr (retravailler)* een nieuwe betrekking vinden

replanter *vt* overplanten, verplanten

repli *nm* **1** *(drapé)* plooi *de* **2** *(sinuosité)* kronkel *nm* **3** *(milit.)* (georganiseerde) terugtocht *nm* ♦ le ~ sur soi-même het in zichzelf gekeerd zijn

replier *vt* **1** *(plier à nouveau)* (weer) opvouwen; ~ ses jambes zijn benen optrekken **2** *(milit.)* terugtrekken; **se replier** *vpr* **1** *(se renfermer)* zich (in zichzelf) terugtrekken **2** *(milit.)* zich terugtrekken, *(Belg.)* terugplooien

réplique *nf* **1** *(réponse)* weerwoord *het;* argument sans ~ onweerlegbaar argument **2** *(riposte)* tegenspraak *de* **3** *(copie)* kopie *nf*

répliquer *vt* **1** *(+ à) (répondre à)* (scherp) antwoorden (op), *(Belg.)* replikeren **2** *(contre-attaquer)* terugslaan **3** *(protester)* protesteren

[1]replonger *vi (plonger à nouveau)* weer duiken *(aussi au fig.)*

[2]replonger *vt* **1** *(remettre dans l'eau)* weer in-, onderdompelen **2** *(fig.)* weer storten (in)

répondant, -ante *n* borg *nm* ♦ avoir du ~ geld achter de hand hebben

répondeur *nm* antwoordapparaat *het*

[1]répondre *vi* **1** *(donner une réponse)* antwoorden **2** *(correspondre à)* beantwoorden (aan); ~ à un besoin in een behoefte voorzien; ~ à une invitation gehoor geven aan een uitnodiging; ~ au téléphone de telefoon aannemen; le chien répond au nom de Victor de hond luistert naar de naam Victor; ça ne répond pas ik krijg geen gehoor **3** *(+ de, pour) (se porter garant)* instaan (voor) **4** *(biol., technol.)* reageren ♦ enfant qui répond à ses parents kind dat zijn ouders brutaal antwoordt

[2]répondre *vt (répliquer)* (be)antwoorden; **se répondre** *vpr* **1** *(correspondre à)* symmetrisch zijn **2** *(se donner la réplique)* elkaar antwoord geven

réponse *nf* antwoord *het,* reactie *nf;* ~ de Normand dubbelzinnig antwoord

report *nm* **1** *(bourse)* prolongatie *nf* **2** *(ajournement)* uitstel *het*

reportage *nm* **1** *(article)* verslag *het,* reportage *nf* **2** *(métier)* reporterswerk *het*

[1]reporter *nm* → reporteur

[2]reporter *vt* **1** *(rendre)* terugbrengen (naar) **2** *(appliquer à qqn, qqch)* overdragen (op); ~ sa voix sur un autre candidat op een andere kandidaat stemmen **3** *(ajourner)* uitstellen (tot); **se reporter** (à) *vpr* **1** *(repenser à)* terugdenken (aan) **2** *(renvoyer à)* verwijzen (naar)

reporteur, -trice *n* verslaggever *nm*

repos *nm* **1** *(arrêt; détente)* rust *de,* pauze *de;* garde à vous ! ... ~ ! geeft acht! ... op de plaats rust! **2** *(tranquillité)* rust *de;* de tout ~ volkomen betrouwbaar

reposant, -ante *adj* rustgevend

reposé, -ée *adj* uitgerust; à tête ~e in alle rust

[1]reposer *vi* **1** *(dormir)* (uit)rusten, slapen **2** *(+ sur) (être posé sur)* rusten (op) **3** *(être fondé sur)* berusten (op)

[2]reposer *vt* **1** *(détendre)* laten rusten **2** *(replacer)* neerzetten **3** *(d'une question)* opnieuw stellen; **se reposer** *vpr* **1** *(se délasser)* (uit)rusten **2** *(+ sur) (compter sur)* vertrouwen (op) **3** *(se présenter à nouveau)* zich weer voordoen

repose-tête *nm* hoofdsteun *nm*

repoussant, -ante *adj* weerzinwekkend

[1]repousser *vi (pousser de nouveau)* weer (aan)groeien; laisser ~ sa barbe zijn baard (weer) laten staan

[2]repousser *vt* **1** *(écarter)* terugdrijven **2** *(fig.)* afwijzen **3** *(différer)* uitstellen; **se repousser** *vpr (s'opposer)* elkaar afstoten

répréhensible *adj* afkeurenswaardig

[1]reprendre *vi* **1** *(recommencer)* opnieuw beginnen **2** *(retrouver sa vigueur)* opnieuw groeien; *(fig.)* les affaires reprennent de zaken gaan beter

[2]reprendre *vt* **1** *(prendre à nouveau)* weer nemen; ~ connaissance, haleine weer bij kennis, op adem komen; ~ la route weer op weg gaan **2** *(recommencer)* opnieuw beginnen **3** *(retoucher)* repareren **4** *(prendre à son compte)* overnemen ♦ on ne m'y reprendra plus dat zal me niet weer gebeuren; **se reprendre** *vpr* **1** *(se ressaisir)* zich herstellen **2** *(+ à) (se remettre à)* opnieuw beginnen (te)

représailles *nf* represailles *plur*

représentant, -ante *n (délégué)* vertegenwoordig(st)er *nm (nf), (diplomatie)* gezant *nm*

représentatif, -ive (de) *adj* representatief (voor)

représentation *nf* **1** *(image)* uitbeelding *nf* **2** *(spectacle)* voorstelling *nf* **3** *(délégation)* vertegenwoordiging *nf*

représenter *vt* **1** *(peindre)* uitbeelden, weergeven **2** *(interpréter)* opvoeren, *(théâtre)* spelen **3** *(agir de la part de)* vertegenwoordigen **4** *(constituer)* betekenen **5** *(proposer à nouveau)* opnieuw aanbieden; **se représenter** *vpr* **1** *(se figurer)* zich voorstellen; se ~ qqn zich iemand voor de geest halen **2** *(se présenter à nouveau)* zich opnieuw aanmelden

répressif, -ive *adj* repressief, onderdrukkend

répression *nf* onderdrukking *nf*

réprimande *nf* berisping *nf, (Belg.)* bolwassing *nf*

réprimander *vt* berispen
réprimer *vt* onderdrukken
repris *nm* ♦ ~ de justice recidivist
reprise *nf* **1** *(action de reprendre)* (het) weer nemen, overname *de;* à plusieurs ~s herhaaldelijk; ~ d'une voiture inruilwaarde van een auto **2** *(répétition, recommencement)* hervatting *nf* **3** *(réparation)* herstel *het* **4** *(loyer)* overname *de,* overnamekosten *plur* plus sleutelgeld **5** *(redémarrage des affaires)* opleving *nf* **6** *(d'une voiture)* acceleratievermogen *het;* cette voiture a de bonnes ~s die auto heeft een goed acceleratievermogen
repriser *vt* verstellen, *(chaussettes)* stoppen
réprobateur, -trice *adj* afkeurend
réprobation *nf (critique)* afkeuring *nf*
reproche *nm* verwijt *het;* sans ~ onberispelijk
reprocher *vt* verwijten; ~ qqch à qqn iemand iets verwijten; **se reprocher** *vpr* zich, elkaar (iets) verwijten
reproducteur, -trice *adj* voortplantings-
reproduction *nf* **1** *(génération)* voortplanting *nf* **2** *(image)* weergave *de* **3** *(copie)* reproductie *nf,* kopie *nf*
reproduire *vt* **1** *(biol.)* (weer) voortbrengen **2** *(représenter)* weergeven **3** *(copier)* reproduceren; **se reproduire** *vpr* **1** *(engendrer)* zich voortplanten **2** *(se répéter)* zich herhalen, weer voorkomen
réprouver *vt (blâmer)* afkeuren
reptile *nm* reptiel *het*
repu, -ue *adj* verzadigd
républicain, -aine *adj* republikeins; le, la ~(e) de republikein(se)
république *nf* republiek *nf;* le Président de la République de Franse president
répudier *vt* **1** *(renvoyer)* verstoten **2** *(abandonner)* afstand nemen van
répugnance *nf* afkeer *nm,* weerzin *nm*
répugnant, -ante *adj* walgelijk
répugner (à) *vi* **1** *(détester)* (er van) walgen (om) **2** *(déplaire)* tegenstaan
répulsif, -ive *adj* afstotend
répulsion *nf* **1** *(phys.)* afstoting *nf* **2** *(aversion)* afkeer *nm*
réputation *nf* reputatie *nf,* (goede, slechte) naam *nm;* connaître de ~ van naam kennen; de ~ mondiale wereldbefaamd
réputé, -ée (pour) *adj* beroemd (om, vanwege); être ~ bekendstaan als
requérir *vt* **1** *(demander)* verlangen **2** *(exiger)* vergen, (op)eisen *(aussi jur.)*
requête *nf* **1** *(prière)* verzoek *het* **2** *(jur.)* verzoek(schrift) *het*
requin *nm* **1** *(animal)* haai *nm* **2** *(personne cupide)* gier *nm*
requinquer *vt* opkikkeren
requis, -ise *adj (prescrit)* vereist
réquisition *nf* vordering *nf,* opeising *nf*
réquisitionner *vt* **1** *(jur.)* vorderen, opeisen **2** *(utiliser les services de qqn)* optrommelen
rescapé, -ée *adj* ontkomen; le, la ~(e) de overlevende
rescousse *nf* ♦ à la ~ te hulp
réseau *nm* net(werk) *het;* ~ câblé kabelnet; ~ express régional, RER ⟨*Parijs regionaal vervoerbedrijf*⟩
réseautage *nm (com.)* netwerken *het*
réservation *nf* reservering *nf, (Belg.)* reservatie *nf*
réserve *nf* **1** *(provision)* voorraad *nm,* reserve(s) *de (plur) (généralement plur.);* avoir une bonne ~ d'argent een aardig spaarpotje hebben; de ~ apart gehouden, reserve-; vivres de ~ reservevoorraad levensmiddelen **2** *(discrétion)* terughoudendheid *nf;* être sur la ~ op z'n hoede zijn **3** *(généralement plur.) (restrictions)* voorbehoud *het (uniquement sing.);* sous toutes ~s onder voorbehoud; faire des ~s sur qqch een slag om de arm houden mbt. iets **4** *(zone protégée)* reservaat *het* **5** *(milit.)* reserve *de*
réservé, -ée *adj* **1** *(+ à) (attribué à)* gereserveerd (voor) **2** *(discret)* terughoudend
réserver *vt* **1** *(mettre de côté)* bewaren **2** *(louer)* reserveren **3** *(destiner, ménager)* in petto houden; personne ne sait ce que l'avenir nous réserve niemand weet wat de toekomst brengen zal; **se réserver** *vpr* **1** *(+ de) (se conserver le droit de)* zich (het recht) voorbehouden (om) **2** *(attendre)* zich inhouden, *(sports)* zijn krachten sparen; se ~ pour qqch zich inhouden voor iets; je me réserve pour le dessert ik houd een plaatsje over voor het dessert
réservoir *nm* reservoir *het,* bekken *het;* ~ d'essence benzinetank
résidant, -ante *adj* woonachtig; le, la ~(e) de ingezetene
résidence *nf* **1** *(demeure)* woonplaats *de,* verblijfplaats *de* **2** *(habitation luxueuse)* luxe woningcomplex *nf;* ~ officielle ambtswoning; ~ secondaire tweede huis
résident, -ente *n* **1** *(haut fonctionnaire)* resident *nm* **2** *(étranger)* buitenlands ingezetene *nm*
résidentiel, -elle *adj* woon-, *(Belg.)* residentieel
résider *vi* **1** *(demeurer)* verblijf houden **2** *(+ dans, en) (consister en)* bestaan (in, uit)
résidu *nm* **1** *(aussi au fig.) (reste utilisable)* overschot *het* **2** *(reste sans valeur)* uitschot *het* **3** *(chim.)* bezinksel *het*
résignation *nf* berusting *nf,* gelatenheid *nf*
résigné, -ée *adj* berustend, gelaten
se résigner (à) *vpr* berusten (in); se ~ à faire qqch iets met tegenzin doen
résiliation *nf* ontbinding *nf*
résilier *vt* ontbinden
résille *nf* haarnetje *het*

résine *nf* hars *het/de (m)*
résineux, -euse *adj* harshoudend; **un (arbre) ~** een harsboom, naaldboom
résistance *nf* **1** *(opposition)* weerstand *nm*, tegenstand *nm* **2** *(refus de capituler)* verzet *het;* **la Résistance** het verzet **3** *(endurance)* uithoudingsvermogen *het* **4** *(puissance)* weerstandsvermogen *het;* **~ au feu** vuurvastheid **5** *(phys.)* weerstand *nm*
résistant, -ante *adj* **1** *(choses)* stevig **2** *(personnes)* sterk, taai **3** *(+ à) (qui supporte qqch)* bestendig; **~ au feu** vuurvast **4** *(rebelle)* opstandig; **le, la ~(e)** de verzetsstrijd(st)er
résister (à) *vi* **1** *(lutter contre)* zich verzetten (tegen) **2** *(tenir bon)* weerstaan, niet bezwijken (voor) **3** *(supporter)* bestand zijn (tegen); **~ à l'eau** waterafstotend zijn; **~ au feu** vuurvast zijn; **~ aux intempéries** weerbestendig zijn
résolu, -ue *adj* vastberaden
résolument *adv* **1** *(fermement)* vastberaden **2** *(absolument)* (zeer) beslist
résolution *nf* **1** *(décision)* besluit *het;* **prendre de bonnes ~s** goede voornemens opvatten **2** *(pol.)* resolutie *nf* **3** *(fermeté)* vastberadenheid *nf* **4** *(math.)* (het) oplossen **5** *(jur.)* verbreking *nf*
résonance *nf* **1** *(écho)* weerklank *nm*, nagalm *nm;* **caisse de ~** klankbodem, klankversterker **2** *(fig.) (effet)* weerklank *nm*, indruk *nm* **3** *(phys.)* resonantie *nf*
résonner *vi* **1** *(produire un son)* (weer)klinken **2** *(retentir)* galmen, resoneren *(aussi phys.)*
résorber *vt* **1** *(absorber)* doen verdwijnen **2** *(méd.)* resorberen; **se résorber** *vpr* **1** *(disparaître)* verdwijnen **2** *(méd.)* geresorbeerd worden
résorption *nf* **1** *(suppression)* geleidelijke verdwijning *nf* **2** *(méd.)* resorptie *nf*
résoudre *vt* **1** *(donner la solution de)* oplossen **2** *(+ de) (décider de)* besluiten (te) **3** *(+ à) (convaincre de)* overhalen (te, tot) **4** *(phys.)* oplossen; **se résoudre** *vpr* **1** *(+ à) (se décider à)* besluiten (te) **2** *(disparaître)* verdwijnen
respect *nm* **1** *(déférence)* eerbied *nm*, ontzag *het;* **manquer de ~ à, envers qqn** zich tegenover iemand onbehoorlijk gedragen; **par ~ pour** uit eerbied voor **2** *(application d'une règle)* naleving *nf* **3** *(plur.) (hommages)* (beleefde) groeten *plur*
respectable *adj* **1** *(digne de respect)* achtenswaardig **2** *(important)* aanzienlijk
respecter *vt* **1** *(honorer)* respecteren, eren; **se faire ~** respect afdwingen **2** *(observer)* zich houden aan **3** *(épargner)* ontzien; **~ le sommeil d'autrui** andermans nachtrust niet verstoren; **se respecter** *vpr (conserver l'estime)* zich, elkaar respecteren; **tout Français qui se respecte** elke rechtgeaarde Fransman
respectif, -ive *adj* respectievelijk
respectueux, -euse *adj* eerbiedig; **être ~ de qqch** iets in acht nemen
respirable *adj* (geschikt om) in te ademen; *(fig.)* **l'atmosphère n'est pas ~ ici** de sfeer is hier onverdraaglijk
respiration *nf* **1** *(fait de respirer)* ademhaling *nf;* **perdre la ~** buiten adem raken; **reprendre sa ~** weer op adem komen **2** *(inhalation)* (het) inademen
respiratoire *adj* ademhalings-
[1]**respirer** *vi* **1** *(absorber l'air)* (in)ademen **2** *(se reposer)* weer op adem komen **3** *(être soulagé)* zich opgelucht voelen
[2]**respirer** *vt* **1** *(inhaler)* (in)ademen **2** *(exprimer)* getuigen van; **~ la santé** blaken van gezondheid
resplendir *vi* schitteren, stralen *(aussi au fig.)*
resplendissant, -ante *adj* schitterend, *(fig.)* stralend
responsabilité *nf* **1** *(charge morale)* verantwoordelijkheid *nf;* **rejeter sur qqn la ~ de qqch** iemand de verantwoordelijkheid voor iets op de nek schuiven **2** *(jur.)* aansprakelijkheid *nf;* **~ civile** wettelijke aansprakelijkheid, burgerlijke aansprakelijkheid *(Belg.n.)* **3** *(méd.)* toerekeningsvatbaarheid *nf* **4** *(haute fonction)* verantwoordelijke positie *nf*
responsable *adj* **1** *(au sens moral)* verantwoordelijk (voor); **le, la ~** de verantwoordelijke persoon; *(dans une entreprise)* de leider; **rendre qqn ~ de** iemand aansprakelijk stellen voor; **rendre, tenir qqn ~ de qqch** iemand voor iets verantwoordelijk stellen **2** *(jur.)* aansprakelijk; **le, la ~** de schuldige, de dader **3** *(psycho.)* toerekeningsvatbaar
resquiller *vi* **1** *(frauder)* binnengaan zonder te betalen, *(transports)* zwartrijden **2** *(se faufiler)* voordringen
resquilleur, -euse *n* **1** *(qui fraude)* klap|loper, -loopster *nm, nf, (transports)* zwart|rijder, -rijdster *nm, nf* **2** *(qui se faufile)* voordring(st)er *nm (nf)*
ressaisir *vt* weer pakken; **se ressaisir** *vpr* **1** *(se reprendre)* zichzelf weer meester worden, zijn zelfbeheersing terugvinden **2** *(+ de) (jur.)* weer in bezit nemen
ressasser *vt* **1** *(remâcher)* herkauwen *(fig.)*, steeds weer denken aan **2** *(rabâcher)* tot vervelens toe herhalen
ressemblance *nf* **1** *(similitude)* gelijkenis *nf;* **je lui trouve une ~ avec son frère** ik vind dat hij op zijn broer lijkt **2** *(plur.) (concordances)* punten *plur* van overeenkomst
ressemblant, -ante *adj* (goed) gelijkend, *(plur.)* op elkaar lijkend
[1]**ressembler (à)** *vi (avoir de la ressemblance)* lijken (op), overeenkomst vertonen (met); **ne ~ à rien** origineel zijn; *(péj.)* nergens naar lijken ♦ **cela lui ressemble tout à fait** dat is net iets voor hem, haar
[2]**se ressembler** *vpr* **1** *(être identique)* dezelfde zijn **2** *(être semblable)* op elkaar

lijken; *(prov)* **qui se ressemble, s'assemble** soort zoekt soort
ressemeler *vt* verzolen
ressentiment *nm* wrok *nm*
ressentir *vt (éprouver)* (ge)voelen, koesteren; **se ressentir (de)** *vpr* **1** *(subir l'influence de)* de (nadelige) gevolgen ondervinden (van) **2** *(continuer à sentir l'effet de)* de sporen vertonen (van)
resserrer *vt* **1** *(diminuer)* kleiner maken **2** *(contracter)* samentrekken **3** *(serrer davantage)* nauwer toehalen, strakker aantrekken *(aussi au fig.)*; **se resserrer** *vpr* **1** *(devenir plus étroit)* nauwer worden **2** *(être serré davantage)* strakker aangehaald worden; **relations qui se resserrent** verhouding die hechter wordt **3** *(au sens moral)* ineenkrimpen **4** *(se rapprocher)* dicht bij elkaar gaan zitten
[1]**resservir** *vi (être encore utilisable)* weer dienstdoen, weer van nut zijn
[2]**resservir** *vt (servir de nouveau)* weer opdienen, *(fig.)* weer voor de voeten werpen; **se resservir (de)** *vpr (se servir de nouveau de)* weer gebruik maken (van)
ressort *nm* **1** *(mécanisme)* veer *de* **2** *(résistance)* energie *nf;* **avoir du ~** tegen een stootje kunnen **3** *(domaine)* rechtsgebied *het* **4** *(compétence)* (rechts)bevoegdheid *nf;* **cela n'est pas de mon ~** dat behoort niet tot mijn bevoegdheid, (vak)gebied ♦ **en dernier ~** in laatste instantie, uiteindelijk
[1]**ressortir (à)** *vi* ressorteren (onder), vallen (onder)
[2]**ressortir** *vi* **1** *(sortir à nouveau)* weer uitgaan, weer naar buiten gaan **2** *(paraître nettement)* opvallen; **faire ~ qqch** iets goed doen uitkomen **3** *(+ de) (découler de)* voortvloeien (uit); **il ressort de qqch que** uit iets blijkt dat
ressortissant, -ante *n* onderdaan *nm,* staatsburger *nm*
ressource *nf* **1** *(expédient)* (hulp)middel *het;* **être sans ~** reddeloos (verloren) zijn **2** *(plur.) (moyens financiers)* (bestaans)-middelen *plur;* **être sans ~s** onbemiddeld zijn **3** *(plur.) (richesses)* hulpbronnen *plur,* rijkdommen *plur* **4** *(plur.) (capacités)* capaciteiten *plur;* **avoir de la ~** zich overal doorheen kunnen slaan **5** *(plur.) (possibilités)* mogelijkheden *plur;* **à bout de ~s** ten einde raad
se ressourcer *vpr* nieuwe inspiratiebronnen aanboren
ressourcerie *nf* kringloopwinkel *nm*
[1]**ressusciter** *vi* **1** *(revivre)* herleven **2** *(relig.)* (uit de dood) opstaan, verrijzen
[2]**ressusciter** *vt* **1** *(faire revivre)* doen herleven, nieuw leven inblazen **2** *(réanimer)* uit de dood opwekken, *(méd.)* reanimeren
restant, -ante *adj* resterend; **le ~** het restant; *(montant)* het resterende bedrag
restau *nm* ♦ **manger au ~** in een restaurant eten
restaurant, restau, resto *nm* restaurant *het;* **~ universitaire** mensa
restaurateur, -trice *n* **1** *(dans l'hôtellerie)* restaurateur *nm* **2** *(d'œuvres d'art)* restaurateur *nm*
restauration *nf* **1** *(réfection)* restauratie *nf* **2** *(alimentation)* restaurantbedrijf *het*
restaurer *vt* **1** *(remettre en état)* restaureren **2** *(remettre en honneur)* herstellen; **se restaurer** *vpr (se nourrir)* een hapje eten
reste *nm* **1** *(reliquat)* rest *de,* overschot *het;* **ne pas demander son ~** zich uit de voeten maken; **~ d'espoir** sprankje hoop; **sans parler du ~** om over de rest maar te zwijgen **2** *(restant)* rest *de,* overige *het;* **au ~, du ~** overigens; **et (tout) le ~** enzovoort; **pour le ~, quant au ~** wat de rest betreft **3** *(plur.) (vestiges)* resten *plur* **4** *(plur.) (dépouille)* stoffelijk overschot *het (sing.)* ♦ **être, demeurer en ~** in gebreke blijven; **pour ne pas être en ~** om niet achter te blijven; **ne pas être en ~** niet onderdoen (voor)
rester *vi* **1** *(continuer d'être)* blijven; **~ en arrière** achterblijven; **~ debout** blijven staan; **~ en panne** pech hebben; **en ~ à qqch** niet verder komen dan iets; **ne pas ~ en place** niet stil kunnen zitten; **où en sommes-nous restés ?** waar zijn we gebleven?; **restons-en là pour aujourd'hui** laten we het voor vandaag daarbij houden; **il n'en reste pas moins que** desalniettemin; **(il) reste que** toch; **~ sans bouger** roerloos blijven staan, zitten; **~ tout un jour sans manger** een dag lang niet eten; *(fig.)* **cela me reste sur le cœur, l'estomac** dat ligt me zwaar op de maag; **y ~** erin blijven **2** *(subsister)* overblijven; **~ à faire** gedaan moeten worden; **reste à savoir si** blijft nog de vraag of; **il me reste trois euros** ik heb nog drie euro; **il ne me reste plus qu'à vous remercier** rest mij slechts u te bedanken **3** *(persister)* blijven bestaan
restituer *vt* **1** *(rendre)* teruggeven, *(de l'argent)* terugbetalen **2** *(rétablir)* reconstrueren
restitution *nf* **1** *(retour)* teruggave *de, (de l'argent)* terugbetaling *nf* **2** *(reconstruction)* reconstructie *nf*
restreindre *vt* beperken; **se restreindre** *vpr* zich beperken
restreint, -einte (à) *adj* beperkt (tot); **sens ~ d'un mot** engere betekenis van een woord
restrictif, -ive *adj* beperkend
restriction *nf* **1** *(limitation)* beperking *nf;* **sans ~** zonder voorbehoud **2** *(plur.) (rationnement)* rantsoenering *nf* ♦ **faire des ~s** kritiek leveren
restructurer *vt* herstructureren
résultat *nm* **1** *(effet)* resultaat *het,* gevolg *het;* **avoir pour ~** ten gevolge hebben; **donner des ~s** vruchten afwerpen; **sans ~** tevergeefs, zonder resultaat;

(sports) onbeslist **2** *(plur.)* *(bénéfices)* saldo *het*

résulter (de) *vi* volgen (uit), voortvloeien (uit); **qu'en résultera-t-il ?** wat zal daar uit voortkomen?

résumé *nm* samenvatting *nf;* **en ~** in het kort

résumer *vt* *(abréger)* samenvatten; **se résumer** *vpr* **1** *(récapituler)* kort samenvatten wat men zelf gezegd heeft **2** *(se réduire à)* zich laten samenvatten

résurrection *nf* **1** *(relig.)* opstanding *nf,* verrijzenis *nf* **2** *(renaissance)* herleving *nf*

rétablir *vt* **1** *(établir de nouveau)* herstellen, weer invoeren; **~ les faits, la vérité** de ware toedracht vaststellen **2** *(rendre la santé)* gezond maken; **se rétablir** *vpr* **1** *(revenir)* terugkeren **2** *(guérir)* herstellen

rétablissement *nm* **1** *(action de rétablir)* herstel *het* **2** *(guérison)* herstel *het,* genezing *nf*

retaper *vt* **1** *(d'un lit)* recht trekken **2** *(arranger, réparer)* opknappen **3** *(requinquer)* opkikkeren; **se retaper** *vpr* opknappen, opkikkeren

retard *nm* **1** *(arrivée trop tardive)* vertraging *nf;* **en ~** te laat, *(Belg.)* laattijdig **2** *(action trop lente)* achterstand *nm;* **avoir du ~** achter zijn bij zijn tijd; **loyer en ~** achterstallige huur; **être en ~ d'une guerre** achter de feiten aanlopen; **être en ~ sur les idées de son temps** niet met zijn tijd zijn meegegaan; **prendre du ~** *(sujet: personne)* achteropraken; *(sujet: train)* vertraging krijgen **3** *(délai)* uitstel *het;* **sans ~** zonder dralen **4** *(d'une montre)* (het) achterlopen

retardataire *adj* **1** *(qui arrive en retard)* te laat komend; **le, la ~** de laatkomer **2** *(qui a du retard sur son temps, son âge)* achterblijvend, in zijn ontwikkeling achtergebleven; **des idées ~s** verouderde ideeën

retardé, -ée *adj* **1** *(mis en retard)* uitgesteld **2** *(resté en attente)* achtergebleven; **un ~** een achterlijk kind

retardement ♦ *(adv.)* **à ~** met vertraging; **comprendre qqch à ~** iets pas achteraf begrijpen

[1]**retarder** *vi* **1** *(d'une montre)* achterlopen **2** *(arriver en retard)* later komen **3** *(n'être pas au courant)* achterlopen

[2]**retarder** *vt* **1** *(ralentir)* ophouden; **~ qqn dans son travail** iemand van zijn werk houden **2** *(changer l'heure)* achteruitzetten **3** *(ajourner)* uitstellen

retenir *vt* **1** *(ne pas lâcher)* tegenhouden, vasthouden; **~ qqn à dîner** iemand vragen om te blijven eten; **~ qqn captif** iemand gevangen houden; **je ne vous retiens plus** ik houd u niet langer op **2** *(maîtriser)* inhouden; **~ ses larmes** zijn tranen bedwingen **3** *(garder à l'esprit)* onthouden; **je le retiens** die hoort nog van me **4** *(maintenir en place)* op zijn plaats houden **5** *(réserver)* bespreken **6** *(déduire)* inhouden; **se retenir** *vpr* **1** *(s'accrocher)* zich vasthouden **2** *(se maîtriser)* zich inhouden; **ne pas pouvoir se ~ de** niet kunnen nalaten om **3** *(des besoins naturels)* het ophouden **4** *(être retenu)* onthouden worden

retentir *vi* **1** *(résonner)* weerklinken **2** *(+ sur)* *(avoir des conséquences)* een uitwerking hebben (op), terugwerken (op)

retentissant, -ante *adj* **1** *(sonore)* luid **2** *(éclatant)* opzienbarend

retentissement *nm* **1** *(bruit)* weerklank *nm* **2** *(répercussion)* weerslag *nm,* uitwerking *nf*

retenue *nf* **1** *(le fait de retenir)* (het) afhouden *(de l'argent),* (het) vasthouden *(par la douane);* **~ de salaire** inhouding (op salaris) **2** *(discrétion)* terughoudendheid *nf;* **manquer de ~** niet terughoudend genoeg zijn; **sans ~** onbeheerst **3** *(punition)* (het) schoolblijven; **être en ~** moeten nablijven **4** *(lac artificiel)* (het) stuwen; **~ d'eau** stuwdam

réticence *nf* aarzeling *nf*

réticent, -ente *adj* **1** *(hésitant)* aarzelend **2** *(réservé)* die iets verzwijgt

rétif, -ive *adj* koppig

rétine *nf* netvlies *het*

retiré, -ée *adj* **1** *(loin du monde)* teruggetrokken **2** *(à la retraite)* met pensioen **3** *(isolé)* afgelegen

retirer *vt* **1** *(enlever)* afnemen **2** *(quitter)* uitdoen *(vêtements),* afzetten *(chapeau)* **3** *(faire sortir de)* halen (uit, van); **~ de la vente** uit de verkoop nemen **4** *(tirer en arrière)* terugtrekken; **~ ce qu'on a dit** terugnemen wat men gezegd heeft **5** *(obtenir)* (ver)krijgen, *(avantage, bénéfice)* halen; **se retirer** *vpr* **1** *(partir)* weggaan **2** *(s'isoler)* zich terugtrekken; **se ~ à la campagne** buiten gaan wonen; **se ~ des affaires** zijn zaken aan kant doen **3** *(reculer)* teruglopen *(mer);* **la mer se retire** het is eb **4** *(rentrer)* naar huis gaan **5** *(prendre sa retraite)* met pensioen gaan

retombée *nf* **1** *(action de retomber)* (het) weer vallen; **~s radioactives** radioactieve neerslag, fall-out **2** *(plur.)* *(répercussion)* (schadelijke) gevolgen *plur*

retomber *vi* **1** *(tomber de nouveau)* weer vallen; **~ sur ses pieds** op zijn pootjes terechtkomen **2** *(cesser de se soutenir)* terugvallen **3** *(pendre)* neerhangen **4** *(incomber (à))* neerkomen (op); **la responsabilité retombe sur moi** de verantwoordelijkheid rust weer op mij **5** *(revenir sur)* weer vervallen (in); **~ dans l'oubli** in vergetelheid raken ♦ **~ malade** weer ziek worden

rétorquer *vt* scherp antwoorden

rétorsion *nf* vergelding *nf;* **mesures de ~** tegenmaatregelen

retouche *nf* **1** *(phot.)* retouche *de* **2** *(de vêtements)* (het) passend maken **3** *(d'un texte)* omwerking *nf*

retoucher *vt* 1 *(phot.)* retoucheren 2 *(de vêtements)* passend maken 3 *(d'un texte)* omwerken

retour *nm* 1 *(le fait de retourner)* terugkeer *nm,* terugkomst *nf;* **à son ~** bij, na zijn terugkeer; *(fig.)* **~ à la case départ** terug naar af; **être de ~** terug zijn; **de ~ chez lui** (weer) thuisgekomen; **en ~** daarvoor (in ruil); **~ en arrière** terugblik; *(cin.)* flashback; *(fig.)* **~ de manivelle** terugslag; *(sports)* **match ~** returnwedstrijd, *(Belg.)* terugronde; **sans ~** voor altijd 2 *(renvoi)* (het) terugsturen; **~ à l'envoyeur** retour afzender; **par ~ (du courrier)** per omgaande 3 *(réponse)* beantwoording *nf;* **payer qqn de ~** iemands gevoelens beantwoorden

retournement *nm* 1 *(transformation d'une situation)* omkering *nf* 2 *(revirement)* verandering *nf* van houding, mening

[1]**retourner** *vi* 1 *(rentrer)* terugkeren (naar), teruggaan (naar); **~ à son propos** de draad (van een verhaal) hervatten; **~ à son travail** weer beginnen te werken; **~ sur** terugkomen op 2 *(aller de nouveau qqp)* weer gaan (naar) 3 *(revenir à qqn)* terugvallen (aan) ♦ **savoir de quoi il retourne** weten waar het om gaat

[2]**retourner** *vt* 1 *(tourner en sens contraire)* omkeren; **~ la terre** de grond omspitten; **~ la tête** omkijken 2 *(bouleverser)* van streek brengen 3 *(arme)* richten 4 *(renvoyer)* terugsturen; **~ une remarque à qqn** iemand ad rem antwoorden; **se retourner** *vpr* 1 *(changer de position)* zich omkeren; **s'en ~** terugkeren; **se ~ sur le dos** zich op zijn rug draaien; **la voiture s'est retournée** de auto is over de kop geslagen 2 *(regarder en arrière)* omkijken 3 *(+ vers) (s'adresser à)* zich wenden (tot) ♦ **se ~ contre** zich keren tegen; **laisse-moi le temps de me ~** laat me nou even op verhaal komen

retracer *vt* 1 *(raconter)* (levendig) beschrijven 2 *(redessiner)* overtekenen

se rétracter *vpr* 1 *(se dédire)* zijn woorden terugnemen 2 *(se contracter)* ineenkrimpen

retrait *nm* 1 *(milit.)* (het) zich terugtrekken 2 *(d'argent)* (het) opnemen 3 *(de bagages)* (het) afhalen 4 *(action de retirer)* (het) intrekken 5 *(d'une candidature)* terugtrekking *nf* ♦ *(fig.)* **rester en ~** zich op de achtergrond houden

retraite *nf* 1 *(pension)* pensioen(geld) *het,* AOW(-uitkering) *nf;* **âge de la ~** pensioengerechtigde leeftijd; **~ anticipée** vervroegd pensioen, VUT; **être à la ~** met pensioen zijn; **mettre qqn à la ~** iemand pensioneren; **prendre sa ~** met pensioen gaan 2 *(milit.)* aftocht *nm; (aussi au fig.)* **battre en ~** zich terugtrekken, de aftocht blazen; **~ aux flambeaux** fakkeloptocht 3 *(isolement)* afzondering *nf* 4 *(refuge)* schuilplaats *de*

retraité, -ée *adj* gepensioneerd; **le, la ~(e)** de gepensioneerde, AOW'er

retranchement *nm* verschansing *nf; (fig.)* **poursuivre qqn dans ses (derniers) ~s** iemand 't vuur na aan de schenen leggen

retrancher *vt* 1 *(rayer)* schrappen 2 *(soustraire)* aftrekken, inhouden *(argent);* **se retrancher** *vpr (se protéger)* zich verschansen

retransmettre *vt* 1 *(une nouvelle)* overbrengen 2 *(diffuser de nouveau)* opnieuw uitzenden, herhalen 3 *(diffuser sur un autre réseau)* doorzenden

retransmission *nf* (her)uitzending *nf*

rétréci, -ie *adj* 1 *(étoffe)* gekrompen 2 *(route)* versmald 3 *(esprit)* bekrompen

[1]**rétrécir** *vi (rapetisser)* krimpen

[2]**rétrécir** *vt (diminuer)* vernauwen, innemen *(vêtement);* **se rétrécir** *vpr* 1 *(se resserrer)* zich vernauwen, smaller worden 2 *(abstr.)* bekrompen worden

rétrécissement *nm* 1 *(de vêtements)* (het) krimpen 2 *(de la chaussée)* vernauwing *nf*

rétribuer *vt* betalen

rétribution *nf* betaling *nf;* **moyennant ~** tegen honorarium

rétro *nm* 1 *(style passé)* nostalgie *nf;* **mode ~** nostalgische mode 2 *(rétroviseur)* (achteruitkijk)spiegel *nm*

rétroactif, -ive *adj* terugwerkend; *(adv.)* **rétroactivement** met terugwerkende kracht

rétrofusée *nf* remraket *de*

rétrograde *adj* 1 *(allant en arrière)* achteruitgaand 2 *(réactionnaire)* reactionair, ouderwets

[1]**rétrograder** *vi* 1 *(milit.)* zich terugtrekken 2 *(auto)* terugschakelen 3 *(régresser)* teruggaan, achteruitgaan

[2]**rétrograder** *vt (déclasser)* degraderen

rétroprojecteur *nm* overheadprojector *nm*

rétrospectif, -ive *adj* 1 *(qui regarde en arrière)* terugblikkend; **la rétrospective** *(exposition)* de overzichtstentoonstelling; *(films, etc.)* het historisch overzicht 2 *(qui arrive après coup)* achteraf optredend

retroussé, -ée *adj* opgestroopt, opgetrokken

retrousser *vt (relever)* opstropen

retrouvailles *nf* weerzien *het (uniquement sing.)*

retrouver *vt (trouver à nouveau)* weer vinden, terugvinden; **je ne peux ~ son nom** zijn naam wil me niet te binnen schieten; **je viens te ~ dans une heure** over een uur ben ik weer (bij je) terug; **se retrouver** *vpr* 1 *(se trouver à nouveau)* zich weer bevinden 2 *(son chemin)* de weg kennen; **se ~ dans qqch** uit iets wijs worden; **s'y ~** eruit komen 3 *(se rencontrer à nouveau)* elkaar terugvinden; **on se retrouvera** we spreken elkaar nog wel; tiens ! comme on se retrouve ! dat we elkaar op deze manier terugzien! 4 *(exister ailleurs)* voorkomen

rétroviseur *nm* achteruitkijkspiegel *nm*

réunifier *vt* herenigen

réunion *nf* 1 *(assemblage)* samenvoeging *nf* 2 *(assemblée)* bijeenkomst *nf*, vergadering *nf;* être en ~ in bespreking zijn; ~ de parents d'élèves ouderavond

réunir *vt* 1 *(mettre ensemble)* verenigen 2 *(comporter)* in zich verenigen; ~ toutes les conditions alle voorwaarden vervullen; **se réunir** *vpr (s'associer; se retrouver)* bijeenkomen, zich verenigen

réussi, -ie *adj* (goed) geslaagd *(aussi iron.)*

[1]**réussir** *vi (avoir un bon résultat)* slagen; ~ à faire qqch erin slagen iets te doen; l'air de la mer lui a réussi de zeelucht is hem (haar) goed bekomen

[2]**réussir** *vt (exécuter avec succès)* tot een goed einde brengen; ~ un but een doelpunt maken; il a réussi son coup het is hem gelukt; ~ un examen voor een examen slagen

réussite *nf* 1 *(bon résultat)* (het) slagen, succes *het* 2 *(jeu de cartes)* patiencespel *het*

revaloir *vt* 1 *(sens positif)* terugdoen 2 *(sens négatif)* betaald zetten

revalorisation *nf* 1 *(écon.)* waardestijging *nf* 2 *(abstr.)* opwaardering *nf*

revaloriser *vt* 1 *(écon.)* in waarde doen stijgen 2 *(abstr.)* opwaarderen

revanche *nf* 1 *(vengeance)* wraak *de;* à charge de ~ op voorwaarde van gelijke tegenprestatie 2 *(sports)* revanche *de* 3 *(compensation)* compensatie *nf* ♦ en ~ daarentegen

rêvasser *vi* dromen

rêve *nm* droom *nm;* fais de beaux ~s ! droom maar lekker!; voiture de ~ droomauto; en ~ in een droom; c'est le ~ het is ideaal; mauvais ~ nare droom

rêvé, -ée *adj* droom-, ideaal

revêche *adj* stug, nors

réveil *nm* 1 *(sortie du sommeil)* (het) wakker worden, (het) ontwaken *(aussi au fig.);* au ~ bij het ontwaken; avoir le ~ pénible moeilijk wakker worden 2 *(réveille-matin)* wekker *nm*

réveille-matin *nm* wekker *nm*

réveiller *vt (éveiller)* wekken, doen ontwaken *(aussi au fig.);* être réveillé wakker zijn; ~ des souvenirs herinneringen oproepen; **se réveiller** *vpr* 1 *(s'éveiller)* wakker worden 2 *(reprendre vigueur)* weer opleven

réveillon *nm* feestmaal *het* (op kerst- of oudejaarsavond)

réveillonner *vi* 'réveillon' houden

révélateur, -trice *adj* onthullend; *(phot.)* le ~ de ontwikkelaar

révélation *nf* 1 *(psycho., relig.)* openbaring *nf;* avoir une ~ een plotseling inzicht hebben 2 *(personne brillante)* ontdekking *nf* 3 *(divulgation)* onthulling *nf*

révéler *vt* 1 *(faire connaître)* openbaren, onthullen 2 *(témoigner de)* wijzen op; **se révéler** *vpr* 1 *(se manifester)* zich openbaren 2 *(s'avérer)* blijken

revenant, -ante *n* geest *nm*

revendeur, -euse *n (écon.)* 1 *(détaillant)* detailhandelaar(ster) *nm (nf)* 2 *(brocanteur)* opkoper, opkoopster *nm, nf* 3 *(dealer)* dealer *nm*

revendication *nf* eis *nm*

revendiquer *vt* eisen

revendre *vt* (weer) verkopen, doorverkopen ♦ avoir de l'humour à ~ ontzettend geestig zijn

revenir *vi* 1 *(rentrer, retourner)* terugkomen; *(fig.)* ~ de loin oog in oog met de dood gestaan hebben; ~ de l'école uit school komen; ~ sur ses pas op zijn schreden terugkeren 2 *(+ à) (reprendre)* terugkomen (tot); ~ à son sujet op zijn onderwerp terugkomen; ~ à ses études zijn studie weer oppakken; nous y reviendrons we zullen daarop terugkomen 3 *(+ à) (se présenter à l'esprit)* te binnen schieten 4 *(+ à) (échoir à)* toekomen (aan); cet honneur vous revient die eer komt u toe 5 *(+ à) (plaire à)* bevallen; sa tête ne me revient pas zijn gezicht bevalt me niet 6 *(+ à) (équivaloir à)* neerkomen (op); ça revient à dire que ... het komt erop neer dat ...; ça revient au même dat komt op hetzelfde neer 7 *(+ à) (coûter)* kosten; cela vous revient à quinze euros dat kost alles bij elkaar vijftien euro; ~ cher duur zijn 8 *(+ de) (sortir d'un état, d'une erreur, etc.)* terugkomen (van); ~ de ses illusions zijn illusies laten varen; n'en pas ~ stomverbaasd zijn 9 *(+ sur) (examiner à nouveau)* terugkomen (op); à quoi bon ~ là-dessus het heeft geen zin om daar op terug te komen 10 *(+ sur) (annuler)* terugkomen (van); ~ sur une décision van een besluit terugkomen; ~ sur ses déclarations op zijn verklaringen terugkomen ♦ ~ à la vie, ~ à soi weer bijkomen; ses forces lui revenaient progressivement hij kreeg langzamerhand zijn krachten terug

revente *nf* doorverkoop *nm*

revenu *nm* inkomen *het;* ~ minimum d'insertion, RMI (bijstands)uitkering; *(Belg.f.)* ~ d'intégration *(Belg.n.)* leefloon; ~ de solidarité active, RSA (bijstands)uitkering

[1]**rêver** *vi* dromen; ~ à (vaag) denken aan; on croit ~ het is niet te geloven; ~ de ervan dromen om te; il en rêve la nuit het houdt hem dag en nacht bezig; *(fam.)* ça fait ~ dat ziet er aanlokkelijk uit

[2]**rêver** *vt (souhaiter)* dromen van, over, (hevig) verlangen naar

réverbération *nf* 1 *(du son)* weerkaatsing *nf* 2 *(de la lumière)* weerschijn *nm* 3 *(de la chaleur)* (af)straling *nf*

réverbère *nm* (straat)lantaarn *de*

révérence *nf* **1** *(salut)* buiging *nf* **2** *(déférence)* eerbied *nm*
rêverie *nf* **1** *(songerie)* dromerij *nf* **2** *(illusion)* hersenschim *de*
revers *nm* **1** *(envers)* achterkant *nm;* **le ~ de la main** de rug van de hand **2** *(sur un vêtement)* omslag *het/de (m)* **3** *(échec)* tegenspoed *nm* **4** *(sports)* backhand *nm* ♦ **prendre à, de ~** in de rug aanvallen
reverser *vt* **1** *(verser de nouveau)* opnieuw gieten **2** *(remettre dans qqch)* teruggieten **3** *(de l'argent)* terugstorten
réversible *adj* omkeerbaar
revêtement *nm* **1** *(protection)* bekleding *nf;* **~ de sol** vloerbedekking **2** *(d'un chemin)* wegdek *het*
revêtir *vt* **1** *(recouvrir)* bekleden (met), bedekken (met) **2** *(+ de) (investir de)* bekleden (met) **3** *(mettre un vêtement)* aantrekken ♦ **~ une grande importance** erg belangrijk zijn
rêveur, -euse *adj* dromerig; **le ~** de dromer ♦ **laisser qqn ~** iemand verbluft doen staan
revigorer *vt* nieuwe kracht geven; **cela va vous ~ !** daar zul je van opknappen!
revirement *nm* ommekeer *nm,* ommezwaai *nm;* **provoquer un ~ d'opinion** een ommekeer in de opinie veroorzaken
réviser *vt* **1** *(modifier)* herzien **2** *(une voiture, etc.)* reviseren **3** *(revoir)* opnieuw bestuderen ♦ **~ un procès** een zaak opnieuw in behandeling nemen
révision *nf* **1** *(modification)* herziening *nf* **2** *(correction)* correctie *nf* **3** *(jur.)* revisie *nf,* herziening *nf* **4** *(d'un véhicule, etc.)* revisie *nf* **5** *(d'un programme d'études)* herhaling *nf*
[1]**revivre** *vi (vivre de nouveau)* herleven, weer opleven; **se sentir ~** voelen dat zijn krachten terugkomen
[2]**revivre** *vt (ressentir de nouveau)* nogmaals beleven, opnieuw doormaken
révocation *nf* **1** *(abolition)* herroeping *nf* **2** *(destitution)* ontslag *het*
[1]**revoir** *nm* ♦ **au ~** tot ziens
[2]**revoir** *vt* **1** *(voir de nouveau)* weerzien, terugzien **2** *(examiner de nouveau)* herzien *(aussi jur.);* **à ~** nog na te zien **3** *(revivre en esprit)* in gedachten opnieuw beleven **4** *(retourner dans)* terugkeren naar; **se revoir** *vpr (se retrouver)* elkaar, zichzelf terugzien
révoltant, -ante *adj* schandelijk
révolte *nf* opstand *nm*
révolté, -ée *adj* **1** *(en révolte)* opstandig; **le, la ~(e)** de opstandeling(e) **2** *(indigné)* diep verontwaardigd
révolter *vt* **1** *(indigner)* choqueren **2** *(soulever)* in opstand brengen; **se révolter** *vpr* **1** *(se rebeller)* in opstand komen **2** *(s'indigner)* verontwaardigd worden
révolu, -ue *adj* verlopen; **à dix-huit ans ~s** na het verstrijken van het achttiende levensjaar; **avoir quarante ans ~s** de veertig gepasseerd zijn
révolution *nf* **1** *(transformation de la société)* revolutie *nf* **2** *(rotation)* omwenteling *nf* **3** *(forces révolutionnaires)* revolutionaire krachten *plur*
révolutionnaire *adj* revolutionair; **le, la ~** de revolutionair(e)
révolutionner *vt* **1** *(transformer)* radicaal veranderen **2** *(émouvoir)* van streek maken
révolver *nm* revolver *nm*
révoquer *vt* **1** *(abroger)* herroepen **2** *(destituer qqn)* afzetten
revue *nf* **1** *(magazine)* tijdschrift *het* **2** *(examen)* overzicht *het;* **faire la ~ de qqch** iets doorlopen; **passer en ~ qqch** iets de revue laten passeren **3** *(milit.)* inspectie *nf* **4** *(spectacle)* revue *de*
se révulser *vpr* **1** *(visage)* vertrekken **2** *(yeux)* rollen
rez-de-chaussée *nm* begane grond *nm;* **au ~** gelijkvloers
rhabiller *vt* opnieuw aankleden; **se rhabiller** *vpr (s'habiller de nouveau)* zich opnieuw aankleden; **il peut aller se ~** die kan wel inpakken; **va te ~ !** hoepel op!
rhésus *nm* resusaap *nm* ♦ **facteur ~** resusfactor
rhétorique *nf* **1** *(art de bien parler)* retorica *nf;* **figures de ~** retorische figuren **2** *(péj.)* retoriek *nf* ♦ *(f.B.)* **classe de ~** retorica(klas)
Rhin *nm* Rijn *nm*
rhinocéros *nm* neushoorn *nm*
rhododendron *nm* rododendron *nm*
rhubarbe *nf* rabarber(plant) *de*
rhum *nm* rum *nm*
rhumatisme *nm* reuma(tiek) *het (nf)*
rhume *nm* verkoudheid *nf;* **attraper un ~** verkouden worden; **~ de cerveau** neusverkoudheid; **~ des foins** hooikoorts
riant, riante *adj* vrolijk
ribambelle *nf* rist *de, (Belg.)* resem *nm*
ricaner *vi* **1** *(rire méchamment)* grijnzen **2** *(rire bêtement)* dom lachen
riche *adj* rijk; **aliment ~** voedzaam levensmiddel; **~ de, en** rijk aan; **ça fait ~** dat staat chic; **une ~ idée** een uitstekend idee; **le ~** de rijkaard; **le nouveau ~** de parvenu; **les ~s** de welgestelden; **être ~ à millions** steenrijk zijn
richesse *nf* **1** *(fortune)* rijkdom *nm (aussi au fig.);* **ce n'est pas la ~** het is geen vetpot **2** *(somptuosité)* kostbaarheid *nf*
richissime *adj* schatrijk
ricocher *vi* weer opspringen; **faire ~ des cailloux sur l'eau** steentjes over het water keilen
ricochet *nm* (het) keilen; **le caillou a fait trois ~s** het steentje is drie keer opgesprongen ♦ **par ~** van de weeromstuit
rictus *nm* grijns *de*
ride *nf* **1** *(pli de la peau)* rimpel *nm* **2** *(ondulation)* rimpeling *nf*
ridé, -ée *adj* gerimpeld

rideau *nm* 1 *(tenture)* gordijn *het/de (aussi au fig.)*; doubles ~x overgordijnen; ~ de fer (ijzeren) rolluik; *(fig.)* tirer le ~ sur qqch ophouden over iets te praten; ~ transparent vitrage 2 *(dram.)* doek *het*; ~ ! doek!; *(fig.)* ophouden!

rider *vt* 1 *(flétrir)* doen rimpelen 2 *(marquer d'ondulations)* rimpelen; **se rider** *vpr (devenir ridé)* rimpelig worden

ridicule *adj* belachelijk; *(subst.)* se couvrir de ~ zich belachelijk maken; *(subst.)* tourner qqn, qqch en ~ iemand, iets belachelijk maken; le ~ het belachelijke

ridiculiser *vt* belachelijk maken; **se ridiculiser** *vpr* zichzelf belachelijk maken

[1]**rien** *nm* 1 *(peu de chose)* kleinigheid *nf*; un ~ l'habille alles staat haar 2 *(+ de) (un petit peu)* een beetje; en un ~ de temps in een mum van tijd

[2]**rien** *pron indéf* 1 *(souvent précédé de 'ne') (aucune chose)* niets; ~ à dire daar valt niets tegen in te brengen; elle n'a ~ d'une ingénue zij heeft niets van het onschuldige jonge meisje; ~ de tel niets is er zo goed; fille de ~ slet; avoir l'air de ~ er heel onschuldig uitzien; comme si de ~ n'était alsof er niets aan de hand was; avoir un petit bobo de ~ du tout een heel klein wondje hebben; Je vous remercie. De ~ Dank u wel. Geen dank; ~ du tout helemaal niets; ce n'est ~ het is niets; il n'en est ~ er is niets van waar; cela ne fait ~ dat geeft niets; on n'y peut ~ daar, er is niets aan te doen; plus ~ niets meer; il n'a ~ que son salaire hij heeft alleen zijn salaris; je ne sais ~ ik weet van niets; ça ne sert à ~ dat is zinloos; *(casino)* ~ ne va plus rien ne va plus; c'est cela ou ~ het is kiezen of delen; c'est trois fois ~ het stelt niets voor 2 *(quelque chose)* iets ♦ ~ que d'y penser bij de gedachte alleen al

rieur, rieuse *adj* opgewekt, vrolijk; le ~, la rieuse de lacher, lachster; yeux ~s pretogen

rigide *adj* 1 *(raide)* stijf 2 *(strict)* streng, star

rigidité *nf* 1 *(raideur)* stijfheid *nf* 2 *(rigorisme)* starheid *nf*

rigolade *nf* 1 *(amusement)* lol *de*; prendre qqch à la ~ iets als een geintje opvatten 2 *(bagatelle)* peulenschil *de*

rigole *nf* 1 *(caniveau)* goot *de* 2 *(filet d'eau)* stroompje *het*

rigoler *vi* 1 *(rire)* lachen; il ne faut pas ~ avec ça daar moet je niet mee spotten; pour ~ voor de lol; il n'y a pas de quoi ~ er valt niks te lachen 2 *(plaisanter)* lol hebben ♦ tu rigoles ! dat meen je niet serieus!

rigolo, -ote *adj* 1 *(amusant)* lollig; le, la ~(te) de lolbroek 2 *(étrange)* gek

rigoureusement *adv (absolument)* absoluut

rigoureux, -euse *adj* 1 *(sévère; rude)* streng; hiver ~ strenge winter 2 *(précis)* stipt

rigueur *nf* strengheid *nf*; être de ~ verplicht zijn; tenir ~ à qqn de qqch iemand iets kwalijk nemen ♦ à la ~ desnoods

rime *nf* rijm *het* ♦ avoir ni ~ ni raison kant noch wal raken; sans ~ ni raison onverklaarbaar

rimer *vi* rijmen; cela ne rime à rien dat slaat nergens op; mot qui rime avec un autre woord dat op een ander woord rijmt

rimmel® *nm* mascara *de*

rinçage *nm* (het) (om)spoelen

rince-doigts *nm* vingerkom *de*

rincer *vt* spoelen

ring *nm* 1 *(sports)* (boks)ring *nm* 2 *(f.B.) (périphérique)* ringweg *nm*, ring *nm (n.B.)*

ringard, -arde *adj* ouderwets

riposte *nf* 1 *(réponse)* gevat antwoord *het*; être prompt à la ~ ad rem zijn 2 *(contre-attaque)* tegenaanval *nm*

riposter *vi* 1 *(répondre)* gevat antwoorden 2 *(contre-attaquer)* terugslaan

ripou, ripoue *adj* 1 *(personnes)* corrupt 2 *(en mauvais état)* verrot

[1]**rire** *nm* (het) lachen, gelach *het*; avoir le fou ~ de slappe lach hebben

[2]**rire** *vi* 1 *(s'esclaffer)* lachen; ~ de bon cœur smakelijk lachen; rire de qqch, de qqn om iets, iemand lachen; faire ~ qqn iemand aan het lachen maken; ~ jaune lachen als een boer die kiespijn heeft; c'est à mourir de ~ het is om je dood te lachen 2 *(s'amuser)* zich vermaken 3 *(plaisanter)* grapjes maken; c'est pour ~ het is maar een grapje; sans ~ alle gekheid op een stokje; vous voulez ~ u maakt zeker een grapje 4 *(+ de) (se moquer de)* spotten (met); il n'y a pas de quoi ~ er valt niets te lachen; vous me faites ~, laissez-moi ~ ! laat me niet lachen!; prêter à ~ belachelijk zijn

[3]**se rire** (de) *vpr (se jouer de)* lachen (om)

risée *nf* spot *nm*; être la ~ de la ville de risee van de stad zijn

risible *adj* belachelijk

risque *nm* risico *het/de (m)*; à ses ~s et périls op eigen risico; au ~ de op gevaar af van; au ~ de sa vie met gevaar voor eigen leven; c'est un ~ à courir dat risico kun je nemen; prendre des ~s risico's nemen

risqué, -ée *adj* gewaagd

risquer *vt* 1 *(hasarder)* op het spel zetten, wagen; ~ gros enorme risico's nemen; je ne veux rien ~ ik neem geen enkel risico; *(prov)* qui ne risque rien n'a rien die niet waagt, die niet wint 2 *(+ de) (courir le risque de)* riskeren (te), het gevaar lopen (te) 3 *(avoir une chance de)* een kans hebben (om); la grève risque de durer longtemps de staking zou weleens lang kunnen gaan duren; **se risquer** *vpr (oser)* zich wagen; je ne m'y risquerai pas daar waag ik mij niet aan

risque-tout *nm* waaghals *nm*

rissoler *vt* bruin bakken

ristourne *nf* korting *nf*

rite *nm* 1 *(relig.)* ritus *nm* 2 *(usage)* rite *de*

rituel, -elle *adj* 1 *(relatif aux rites)* ritueel; le ~ het ritueel 2 *(habituel)* vast en precies

rivage *nm* 1 *(côte)* kust *de* 2 *(plage)* strand *het*

rival, -ale *adj* rivaliserend; le, la ~(e) de rivaal, rivale; *(subst.)* sans ~ zonder weerga

rivaliser (de) *vi* wedijveren (in)

rivalité *nf* rivaliteit *nf*

rive *nf* oever *nm*

river *vt* vastklinken ♦ les yeux rivés sur qqn de ogen strak op iemand gericht

riverain, -aine *adj* 1 *(habitant)* aanwonend; les ~s d'une rue de bewoners van een straat 2 *(de la rive)* oever-; le, la ~(e) de oeverbewoner, oeverbewoonster

rivet *nm* klinknagel *nm*

riveter *vt* vastklinken

rivière *nf* rivier *de (aussi au fig.)*; ~ de diamants diamanten halssnoer

rixe *nf* knokpartij *nf*

riz *nm* rijst *nm;* ~ au lait rijstepap

rizière *nf* rijstveld *het*

robe *nf* 1 *(vêtement féminin)* jurk *de;* ~ de chambre ochtendjas, kamerjas; ~ du soir avondjurk 2 *(de prêtre, avocat, etc.)* toog *nm* 3 *(pelage)* huid *de* ♦ pommes de terre en ~ de chambre, des champs aardappels gekookt in de schil

robinet *nm* kraan *de; (fig.)* fermer le ~ de (geld)kraan dichtdraaien ♦ *(fig.)* c'est un vrai ~ het is een onvermoeibare kletsmajoor

robot *nm* 1 *(automate)* robot *nm* 2 *(cuisine)* keukenmachine *nf*

robotique *nf* robotica *nf*

robotiser *vt* met robots uitrusten

robuste *adj* 1 *(fort)* robuust, sterk 2 *(inébranlable)* onwankelbaar

robustesse *nf* sterkte *nf*

roc *nm* rots(steen) *de (het/de)*

rocade *nf* randweg *nm*

[1]**rocaille** *nm (style ornemental)* rocaille *het*

[2]**rocaille** *nf* 1 *(pierraille)* rotspuin *het* 2 *(décoration de jardin)* schelpwerk *het*

rocailleux, -euse *adj* 1 *(pierreux)* rotsachtig 2 *(dur et heurté)* stroef; voix rocailleuse rauwe stem

rocambolesque *adj* fantastisch

roche *nf* 1 *(rocher)* rots *de* 2 *(géo.)* gesteente *het*

rocher *nm* rots *de*

rocheux, -euse *adj* rotsachtig

rocking-chair *nm* schommelstoel *nm*

rococo *adj* rococo-; le ~ de rococo(stijl)

rodage *nm* 1 *(d'une voiture)* (het) inrijden 2 *(d'un moteur)* (het) inlopen 3 *(mise au point)* inwerkperiode *nf*

rodé, -ée *adj* 1 *(choses)* uitgeprobeerd 2 *(+ à) (personnes)* doorgewinterd

roder *vt* 1 *(une voiture)* inrijden 2 *(indus.)* afslijpen 3 *(mettre au point)* bijslijpen 4 *(entraîner qqn)* inwerken

rôder *vi* (rond)zwerven

rôdeur, -euse *n* zwerver, zwerfster *nm, nf*

rogne *nf* pesthumeur *het;* être en ~ de pest (in) hebben; mettre qqn en ~ iemand pisnijdig maken

[1]**rogner** *vi (+ sur) (retrancher de)* beknibbelen (op)

[2]**rogner** *vt* 1 *(couper les bords de)* afsnijden 2 *(diminuer)* besnoeien

rognon *nm* niertje *het*

rognure *nf* afsnijdsel *het*, snipper *nm*

roi *nm* koning *nm;* bleu ~ (het) kobaltblauw; Fête des Rois Driekoningen; les Rois (mages) de drie Wijzen

rôle *nm* rol *de;* avoir le beau ~ een gemakkelijk succes behalen; ce n'est pas mon ~ de vous conseiller het is mijn taak niet u raad te geven; le premier ~ de hoofdrol

roller *nm* rollerskate *nm*

ROM *nf* ROM *het (sigle anglais)*

romain, -aine *adj (de Rome)* Romeins; *(imprim.)* le ~ et l'italique de romein en de cursief; le, la Romain(e) de Romein(se)

[1]**roman** *nm* roman *nm;* ~ noir griezelroman; ~ policier detective(roman)

[2]**roman, -ane** *adj* Romaans; le ~ het Romaans

romance *nf* liefdeslied *het*

romancier, -ière *n* roman|schrijver, -schrijfster *nm, nf*

romanesque *adj* romantisch, roman-

roman-feuilleton *nm* feuilleton *het/de (m)*

romani *n* zigeuner(in) *nm (nf)*

romantique *adj* romantisch; les ~s de romantici

romantisme *nm* romantiek *nf*

romarin *nm* rozemarijn *nm*

[1]**rompre** *vi* 1 *(casser)* breken; ~ avec qqch, qqn met iets, iemand breken; ils ont rompu zij hebben met elkaar gebroken 2 *(milit.)* de gelederen verbreken; rompez ! ingerukt!

[2]**rompre** *vt* 1 *(briser)* breken, *(fiançailles)* verbreken; ~ les rangs de gelederen verbreken; applaudir à tout ~ hard applaudisseren 2 *(+ à) (entraîner à)* gewennen (aan); **se rompre** *vpr (se briser)* breken ♦ se ~ le cou z'n nek breken

rompu, -ue *adj* 1 *(détruit)* verbroken 2 *(fatigué)* gebroken 3 *(+ à) (entraîné à)* bedreven (in)

romsteck *nm* lendenbiefstuk *nm*

ronce *nf* 1 *(mûrier)* braam(struik) *de (nm)* 2 *(branche épineuse)* doornstruik *nm*

ronchonner (après) *vi* mopperen (op)

[1]**rond** *nm* 1 *(cercle)* cirkel *nm;* en ~ in een kring; *(fig.)* tourner en ~ op een dood spoor zitten; faire des ~s cirkels trekken 2 *(anneau)* ring *nm;* ~ de serviette servetring 3 *(rondelle)* schijfje *het* 4 *(sou)* cent *nm* 5 *(mouvement circulaire)* zwaai *nm*

[2]**rond, ronde** *adj* 1 *(circulaire)* rond 2 *(gros)* rond, dik 3 *(chiffre)* rond, afgerond 4 *(direct)* rondborstig 5 *(ivre)* teut ♦ *(fig.)* ça ne tourne pas ~ daar klopt iets niet; tourner ~ goed lopen

ronde *nf* 1 *(inspection)* ronde *de;* la Ronde de nuit de Nachtwacht **2** *(danse)* rondedans *nm* **3** *(mus.)* hele noot *de* ♦ à la ~ in de omtrek

rondelet, -ette *adj* **1** *(dodu)* mollig **2** *(coquet)* flink

rondelle *nf* **1** *(tranche)* schijfje *het* **2** *(technol.)* ringetje *het*

rondement *adv* **1** *(promptement)* vlot **2** *(franchement)* ronduit

rondeur *nf* **1** *(partie ronde du corps)* ronding *nf* **2** *(caractère de ce qui est rond)* rondheid *nf* **3** *(bonhomie)* ongedwongenheid *nf*

rondin *nm* **1** *(tronc d'arbre)* rondhout *het;* cabane en ~s blokhut **2** *(morceau de bois de chauffage)* knuppel *nm*

rond-point *nm* rotonde *de*

ronflant, -ante *adj* **1** *(bruyant)* snorrend, brommend **2** *(pompeux)* gezwollen

ronflement *nm* **1** *(respiration bruyante)* gesnurk *het* **2** *(d'un moteur)* gebrom *het*

ronfler *vi* **1** *(respirer bruyamment)* snurken **2** *(dormir)* pitten **3** *(ronronner)* brommen

ronger *vt* **1** *(grignoter)* knagen aan **2** *(attaquer)* aantasten, *(aussi au fig.)* verteren; le chagrin ronge cet homme deze man wordt door verdriet verteerd; **se ronger** *vpr* ♦ se ~ d'inquiétude zich opvreten van ongerustheid; se ~ les ongles nagelbijten

rongeur, -euse *adj* knagend; le ~ het knaagdier

ronron, ronronnement *nm* **1** *(d'un chat)* gespin *het;* faire ~ spinnen **2** *(ronflement)* gebrom *het* **3** *(monotonie)* eentonigheid *nf*

ronronner *vi* **1** *(d'un chat)* spinnen **2** *(d'un moteur)* brommen

roquefort *nm* roquefort(kaas) *nm*

roquet *nm* vinnig keffertje *het*

roquette *nf* raket(bom) *de*

rosace *nf* **1** *(figure symétrique)* rozet *de* **2** *(vitrail)* roosvenster *het*

rosaire *nm* rozenkrans *nm*

rosbif *nm* rosbief *nm*

[1]**rose** *nm (couleur)* roze *het,* bleekrood *het;* ~ bonbon felroze; vieux ~ oudroze; voir tout en ~ alles van de zonnige kant bekijken

[2]**rose** *nf (fleur)* roos *de;* envoyer qqn sur les ~s iemand met een kluitje in het riet sturen; ne pas sentir la ~ niet bepaald fris ruiken; ~ trémière stokroos ♦ ~ des sables woestijnroos; la ~ des vents de windroos

rosé, -ée *adj* lichtroze; du ~ rosé(wijn)

roseau *nm* riet *het*

rosée *nf* dauw *nm*

roseraie *nf* rozentuin *nm*

rosier *nm* rozenstruik *nm;* ~ sauvage bottelroos

rosse *nf* mispunt *het (m), het (f);* ne sois pas ~ ! wees niet zo'n mispunt!

rosser *vt* aframmelen

rossignol *nm* nachtegaal *nm*

rot *nm* boer *nm;* faire un ~ boeren

rotatif, -ive *adj* rotatie-

rotation *nf* **1** *(cercle)* omwenteling *nf,* draaiing *nf;* axe de ~ draaias **2** *(roulement)* roulatie *nf;* la ~ des cultures (de) wisselbouw

rotative *nf* rotatiepers *de*

roter *vi* een boer laten, boeren

rôti, -ie *adj* gebraden; du ~ gebraden vlees

rotin *nm* rotan *het/de (m)*

[1]**rôtir** *vi* **1** *(cuire à feu vif)* braden **2** *(avoir trop chaud)* bakken

[2]**rôtir** *vt* **1** *(faire cuire à feu vif)* braden **2** *(griller)* roosteren

rôtisserie *nf* grillrestaurant *het*

rôtissoire *nf* grill *nm*

rotonde *nf* rond gebouw *het*

rotor *nm* **1** *(d'une turbine)* rotor *nm* **2** *(d'un hélicoptère)* draaischroef *de*

rotule *nf* knieschijf *de;* être sur les ~s doodop zijn

rouage *nm (aussi au fig.)* **1** *(pièce d'un mécanisme)* radertje *het* **2** *(plur.) (mécanisme)* raderwerk *het (sing.)*

roublard, -arde *adj* uitgekookt; le, la ~(e) de uitgekookte vent, tante

rouble *nm* roebel *nm*

[1]**roucouler** *vi (pigeon)* koeren *(aussi au fig.),* kirren

[2]**roucouler** *vt (dire amoureusement)* kwelen

roue *nf* wiel *het,* rad *het;* un deux ~s een tweewieler; faire la ~ *(sports)* een radslag maken; *(fig.)* pronken; ~ libre freewheel; ~ motrice drijfwiel

roué, -ée *adj* gewiekst

rouer *vt* radbraken ♦ ~ qqn de coups iemand afrossen

rouerie *nf* geslepenheid *nf*

rouet *nm* spinnewiel *het*

[1]**rouge** *nm* **1** *(couleur)* rood *het,* rode kleur *de;* chauffer au ~ roodgloeiend maken **2** *(maquillage)* rouge *het/de (m);* ~ à lèvres lippenstift **3** *(vin)* rode wijn *nm* **4** *(pol.)* rode *nm*

[2]**rouge** *adj* **1** *(couleur)* rood *(aussi pol.);* se fâcher tout ~ rood worden van kwaadheid; voir ~ zeer kwaad worden **2** *(incandescent)* roodgloeiend

rougeâtre *adj* roodachtig

rougeaud, -aude *adj* met een hoogrode kleur

rouge-gorge *nm* roodborstje *het*

rougeole *nf* mazelen *plur*

rougeoyer *vi* roodachtig gloeien

rougeur *nf* **1** *(coloration du visage)* blos *nm* **2** *(tache rouge)* rode (huid)vlek *de* **3** *(teinte rouge)* roodheid *nf*

[1]**rougir** *vi* **1** *(devenir rouge)* rood worden, blozen; ~ jusqu'aux oreilles een kleur krijgen tot achter de oren **2** *(+ de) (avoir honte de)* zich schamen (voor)

[2]**rougir** *vt (rendre rouge)* rood maken, kleuren

rouille *nf* roest *het/de (m);* des gants ~ roestkleurige handschoenen

rouillé, -ée *adj* **1** *(couvert de rouille)* verroest **2** *(raide)* stijf **3** *(de couleur rouille)* roestkleurig

[1]**rouiller** *vi (se couvrir de rouille)* (ver)roesten

[2]**se rouiller** *vpr* **1** *(se couvrir de rouille)* (ver)roesten **2** *(être moins alerte)* stijf worden

roulade *nf* rollade *nf*

roulé, -ée *adj (enroulé)* opgerold; le ~ de opgerolde cake ♦ femme bien ~e welgeschapen vrouw

rouleau *nm* **1** *(objet cylindrique)* rol *de*, rolletje *het;* ~ à pâtisserie deegrol; ~ de pellicule photo fotorolletje; *(cuis.)* ~ de printemps loempia **2** *(cheveux enroulés)* haarkrul *de* **3** *(technol.)* cilinder *nm;* ~ compresseur wegwals **4** *(vague)* roller *nm*

roulement *nm* **1** *(action de rouler)* (het) rollen, (het) rijden; ~ à billes kogellager; ~ de hanches heupwieging **2** *(bruit)* geroffel *het* **3** *(rotation)* roulatie *nf*, toerbeurt *de;* travail par ~ (het) werken in ploegen **4** *(circulation)* circulatie *nf*

[1]**rouler** *vi* **1** *(avancer en tournant)* rollen; ~ des hanches heupwiegen **2** *(circuler)* rijden; ça roule ! het gaat!, het loopt! **3** *(mar.)* slingeren

[2]**rouler** *vt* **1** *(déplacer en tournant)* rollen, oprollen; ~ en boule tot een prop maken **2** *(tromper)* bedonderen; se faire ~ zich laten belazeren **3** *(aplanir)* platmaken ♦ ~ les 'r' de 'r' laten rollen; **se rouler** *vpr (se mettre en rouleau)* (zich) (op)rollen ♦ scène à se ~ par terre scène om je dood te lachen

roulette *nf* **1** *(petite roue)* rolletje *het*, wieltje *het;* aller comme sur des ~s op rolletjes lopen **2** *(outil)* radertje *het*, boor *de* *(de dentiste)* **3** *(jeu)* roulette *de*

roulis *nm* (het) slingeren van een schip

roulotte *nf* woonwagen *nm*

roumain, -aine *adj* Roemeens; le ~ het Roemeens; le, la Roumain(e) de Roemeen(se)

Roumanie *nf* Roemenië *n (sans art.);* en ~ in Roemenië

round *nm* ronde *de*

roupie *nf* roepia *nm*

roupiller *vi* pitten

roupillon *nm* tukje *het;* piquer un ~ een uiltje knappen

rouquin, -ine *adj* roodharig; le, la ~(e) de roodharige

rouscailler *vi* kankeren

rousseur *nf* rossigheid *nf*

roussi *nm* branderige lucht *de; (fig.)* ça sent le ~ het loopt fout; sentir le ~ aangebrand ruiken

[1]**roussir** *vi* **1** *(devenir roux)* rossig worden; faire ~ dans le beurre in boter lichtbruin laten worden **2** *(brûler)* schroeien

[2]**roussir** *vt* **1** *(rendre roux)* rossig maken **2** *(faire brûler)* schroeien

routard *nm* trekker *nm*

route *nf* **1** *(voie de communication)* weg *nm;* ~ départementale provinciale weg; ~ nationale, RN rijksweg, RW; ~ de Paris weg naar Parijs; tenir bien la ~ een goede wegligging hebben **2** *(itinéraire)* route *de*, koers *nm;* en ~ onderweg; en ~ ! vooruit!; se mettre en ~ op weg gaan; *(mar.)* faire ~ vers koers zetten naar; faire fausse ~ op een dwaalspoor raken **3** *(voyage)* reis *de;* il y a dix heures de ~ het is tien uur rijden; faire de la ~ veel rijden; faire ~ avec qqn met iemand reizen ♦ avoir qqch en ~ iets op stapel hebben staan

routier, -ière *adj* weg-; gare routière busstation; le ~ de vrachtwagenchauffeur ♦ un vieux ~ een oude rot in 't vak

routine *nf* routine *nf;* de ~ routine-

routinier, -ière *adj* routine-

[1]**rouvrir** *vi (être ouvert de nouveau)* weer geopend worden

[2]**rouvrir** *vt (ouvrir de nouveau)* weer openen; **se rouvrir** *vpr (s'ouvrir de nouveau)* weer opengaan

roux, rousse *adj* rossig, roodharig; *(cuis.)* le ~ de roux

royal, -ale *adj* **1** *(du roi)* koninklijk; *(fig.)* la voie ~e de koninklijke weg **2** *(somptueux)* vorstelijk

royalement *adv (majestueusement)* majestueus ♦ il s'en moque ~ dat laat hem volmaakt onverschillig

royaliste *n* koningsgezinde *nm;* être plus ~ que le roi roomser zijn dan de paus

royaume *nm* koninkrijk *het*

Royaume-Uni *nm* Groot-Brittannië *n*

royauté *nf* **1** *(dignité de roi)* koningschap *het* **2** *(monarchie)* monarchie *nf*

ruade *nf* achterwaartse trap *nm*

ruban *nm* **1** *(bande mince)* lint *het*, band *nm;* ~ adhésif plakband **2** *(décoration)* ordelint *het*

rubéole *nf* rodehond *nm*

rubis *nm* **1** *(pierre précieuse)* robijn *nm*, *(matière)* robijn *het* **2** *(en horlogerie)* steentje *het* ♦ payer ~ sur l'ongle contant betalen

rubrique *nf* rubriek *nf*

ruche *nf* **1** *(abri pour abeilles)* bijenkorf *nm* **2** *(colonie d'abeilles)* bijenvolk *het*

rude *adj* **1** *(fruste)* ruw **2** *(dur)* hard; c'est un peu ~ dat is een beetje sterk; hiver ~ strenge winter; *(subst.)* en voir de ~s heel wat meemaken **3** *(adj.; avant le n.)* *(sacré)* geducht; *(adv.)* rudement hartstikke

rudesse *nf* ruwheid *nf*, hardheid *nf;* ~ de l'hiver strengheid van de winter

rudiment *nm* **1** *(plur.)* *(notions élémentaires)* grondbeginselen *plur* **2** *(plur.)* *(premiers éléments)* eerste aanzetten *plur*

rudimentaire *adj* **1** *(sommaire)* oppervlakkig **2** *(peu développé)* nog weinig ontwikkeld **3** *(biol.)* rudimentair

rudoyer *vt* ruw behandelen

rue *nf* straat *de;* ~ commerçante winkelstraat; *(fig.)* courir les ~s algemeen bekend zijn; **dans la ~** op straat; **descendre dans la ~** de straat opgaan; **en pleine ~** midden op straat; **être à la ~** op straat staan; **~ sans issue** doodlopende straat

ruée *nf* **1** *(rush)* stormloop *nm* **2** *(foule)* gedrang *het*

ruelle *nf* steegje *het*, straatje *het*

[1]**ruer** *vi* achteruittrappen

[2]**se ruer (sur, vers)** *vpr* zich storten (op)

[1]**rugir** *vi* **1** *(animal)* brullen **2** *(vent)* bulderen

[2]**rugir** *vt (proférer avec violence)* brullen

rugissement *nm* **1** *(cri)* gebrul *het* **2** *(bruit du vent)* gebulder *het*

rugueux, -euse *adj* ruw

ruine *nf* **1** *(surtout plur.) (vestiges; décombres)* ruïnes *plur* **2** *(fig.) (épave)* wrak *het* **3** *(délabrement)* verval *het*; **tomber en ~** instorten **4** *(perte)* ondergang *nm*; **courir à sa ~** zijn ondergang tegemoet gaan **5** *(débâcle financière)* financiële ondergang *nm*

ruiner *vt* ruïneren; **~ la réputation de qqn** iemands reputatie te gronde richten; **ce n'est pas ça qui nous ruinera** dat zal ons de kop niet kosten; **se ruiner** *vpr* zich ruïneren

ruineux, -euse *adj* zeer duur

ruisseau *nm* **1** *(cours d'eau)* beek *de* **2** *(caniveau)* (straat)goot *de*

ruisseler *vi* stromen; **~ de sueur** in het zweet baden

rumeur *nf* **1** *(bruit de voix)* rumoer *het* **2** *(nouvelles)* gerucht *het*; **la ~ publique** de praatjes die de ronde doen

ruminant, -ante *adj* herkauwend; **le ~** de herkauwer

ruminer *vti* **1** *(mâcher)* herkauwen **2** *(réfléchir)* piekeren (over)

rumsteck *nm* → **romsteck**

rupin, -ine *adj* stinkend rijk; **les ~s** de rijke stinkerds

rupture *nf* breuk *de (aussi au fig.)*; **~ de contrat** contractbreuk; **être en ~ de** gebrek hebben aan; **être en ~ de stock** zonder voorraad zitten

rural, -ale *adj* plattelands-, landbouw-; **le, la ~(e)** de plattelander, plattelandsvrouw

ruse *nf* **1** *(artifice)* list *de* **2** *(art de tromper)* sluwheid *nf*

rusé, -ée *adj* listig, slim; **le, la ~(e)** de slimmerd

ruser *vi* slim zijn

russe *adj* Russisch; **le ~** het Russisch; **le, la Russe** de Rus(sin)

Russie *nf* Rusland *n (sans art.)*; **en ~** in Rusland

rustine® *nf* bandenplakkertje *het*

rustique *adj* **1** *(champêtre)* rustiek **2** *(péj.)* boers ♦ **plante ~** harde plant

rustre *nm* boerenpummel *nm*; **être un peu ~** nogal lomp zijn

rutilant, -ante *adj* **1** *(brillant)* fonkelend **2** *(rouge)* felrood

rutiler *vi* fonkelen

Rwanda *nm* Rwanda *n (sans art.)*

rwandais, -aise *adj* Rwandees; **le, la Rwandais(e)** de Rwandees, Rwandese

rythme *nm* **1** *(allure, vitesse)* tempo *het*; **~ de travail** werktempo **2** *(mus.)* ritme *het*, tempo *het*

rythmé, -ée *adj* ritmisch

rythmique *adj* ritmisch; *(gymnastique)* **la ~** de ritmische gymnastiek ♦ *(étude des rythmes)* **la ~** de ritmiek

S

s *nm* s *de;* **S comme Suzanne** de s van Simon
sabbat *nm* sabbat *nm*
sabbatique *adj* sabbat-
sable *nm* **1** *(sol; matériau)* zand *het (sing.);* **avoir du ~ dans les yeux** zich van slaap in de ogen wrijven; **costume ~** zandkleurig kostuum; **~s mouvants** drijfzand **2** *(plur.) (étendue de sable)* zandvlakte *nf (sing.)*
sablé, -ée *adj* **1** *(couvert de sable)* met zand bedekt **2** *(cuis.)* zand-; **le ~** het zandkoekje
sabler *vt* met zand bestrooien
sablier *nm* zandloper *nm*
sablonneux, -euse *adj* zandig, zand-
saborder *vt* **1** *(faire couler)* de grond inboren **2** *(mettre fin à)* opheffen
sabot *nm* **1** *(chaussure)* klomp *nm;* **cela ne se trouve pas sous le ~ d'un cheval** dat vind je niet op iedere straathoek; **je le vois venir avec ses gros ~s** ik heb hem allang door **2** *(enveloppe cornée)* hoef *nm* **3** *(frein)* (rem)schoen *nm;* **~ de Denver** parkeerklem ♦ **travailler comme un ~** slecht werk leveren
saboter *vt* **1** *(détruire)* saboteren **2** *(bâcler)* afraffelen
saboteur, -euse *n* saboteur *nm*
sabre *nm* sabel *nm*
sabrer *vt* **1** *(frapper)* met de sabel inhakken op **2** *(faire des coupures dans)* ↑ flink inkorten
sac *nm* **1** *(poche; contenu d'une poche)* zak *nm;* **~ de charbon** zak kolen; **~ à charbon** kolenzak; **~ de couchage** slaapzak; **~ à dos** rugzak; **~ en plastique** plastic zak **2** *(sacoche)* tas *de;* **~ (à main)** (hand)tas; **~ de plage** badtas **3** *(pillage)* plundering *nf;* **mettre à ~** plunderen ♦ **l'affaire est dans le ~** de zaak is in kannen en kruiken; **mettre dans le même ~** op dezelfde hoop gooien; **vider son ~** zijn hart uitstorten
saccade *nf* schok *nm;* **par ~s** met horten en stoten
saccadé, -ée *adj* hortend
saccager *vt* **1** *(piller)* plunderen, verwoesten **2** *(chambarder)* overhoop halen
saccharine *nf* sacharine *de*
sacerdoce *nm* **1** *(relig.)* priesterschap *het* **2** *(fig.)* roeping *nf*
sachet *nm* zakje *het*
sacoche *nf* **1** *(musette)* tas *de;* **~ de bicyclette** fietstas **2** *(f.B.) (sac à main)* handtas *de*
sac-poubelle *nm* vuilniszak *nm*
sacquer *vt* **1** *(renvoyer)* de laan uit sturen; **se faire ~** de bons krijgen; **je ne peux pas le ~** ik kan hem niet uitstaan **2** *(refuser à un examen)* laten afgaan
sacre *nm* **1** *(d'un roi)* kroning *nf* **2** *(d'un évêque)* wijding *nf*
sacré, -ée *adj* **1** *(saint)* heilig **2** *(fichu)* verdomd; **~ menteur !** verdomde leugenaar! **3** *(fameux)* deksels
sacrement *nm* sacrament *het;* **les derniers ~s** de sacramenten der stervenden; **le saint ~ (de l'autel)** de heilige eucharistie
sacrer *vt* **1** *(couronner)* (iemand) kronen tot **2** *(consacrer comme)* (iets) uitroepen tot
sacrifice *nm* **1** *(offrande)* offer *het* **2** *(renoncement)* opoffering *nf;* **faire le ~ de qqch** iets opofferen
sacrifié, -ée *adj* opgeofferd ♦ **article ~** uitverkoopartikel
[1]**sacrifier (à)** *vi (obéir à)* zich conformeren (aan)
[2]**sacrifier** *vt (+ à) (immoler à)* (op)offeren (voor); **~ sa vie à qqn** zijn leven aan iemand wijden; **se sacrifier (à, pour)** *vpr (se dévouer à)* zich opofferen (voor)
sacrilège *adj* heiligschennend; **le ~** de heiligschennis; **le, la ~** de heiligschenner, heiligschendster ♦ *(manque de respect)* **le ~** de respectloosheid
sacristain *nm* koster *nm*
sacristie *nf* sacristie *nf*
sacro-saint, -sainte *adj* heilig, onaantastbaar
sadique, sado *adj* sadistisch; **le, la ~** de sadist(e)
sadisme *nm* sadisme *het*
safran *nm* saffraan *nm*
sagace *adj* scherpzinnig
sagacité *nf* scherpzinnigheid *nf*
sage *adj* **1** *(judicieux)* verstandig **2** *(avisé)* wijs; *(subst.)* **agir en ~** als een wijs man handelen; **le ~** de wijze **3** *(chaste; docile)* braaf
sage-femme *nf* vroedvrouw *nf*
sagesse *nf* **1** *(bon sens)* (gezond) verstand *het;* **avoir la ~ de** zo verstandig zijn om **2** *(discernement)* wijsheid *nf* **3** *(docilité)* braafheid *nf*
Sagittaire *nm* Boogschutter *nm*
saignant, -ante *adj* **1** *(sanglant)* bloedend **2** *(peu cuit)* weinig doorbakken
saignée *nf* **1** *(perte de sang)* aderlating *nf* **2** *(perte d'hommes)* verlies *het* aan mensenlevens **3** *(pli du bras)* elleboogholte *nf*

saignement *nm* bloeding *nf;* **~ de nez** neusbloeding

[1]**saigner** *vi (perdre du sang)* bloeden; **~ du nez** een bloedneus hebben

[2]**saigner** *vt* **1** *(épuiser les ressources de)* leegzuigen; **saigné à blanc** geheel uitgezogen **2** *(faire une saignée à)* aderlaten; **se saigner** *vpr (se priver)* een financieel offer brengen

saillant, -ante *adj* **1** *(qui dépasse)* uitstekend **2** *(qui se remarque)* opvallend

saillie *nf* **1** *(avancée)* uitspringend deel *het,* uitsteeksel *het;* **faire ~** uitsteken **2** *(mot d'esprit)* kwinkslag *nm*

saillir *vi (dépasser)* uitsteken

sain, saine *adj* **1** *(en bonne santé)* gezond **2** *(ni gâté, ni pourri)* gaaf; **~ et sauf** gezond en wel, heelhuids **3** *(mentalement équilibré)* verstandig

saindoux *nm* (varkens)reuzel *nm*

[1]**saint, sainte** *n* heilige *nm;* **prêcher pour son ~** voor eigen parochie preken; **ne (plus) savoir à quel ~ se vouer** ten einde raad zijn

[2]**saint, sainte** *adj* heilig; **histoire ~e** Bijbelse geschiedenis; **toute la ~e journée** de godganse dag

saint-bernard *nm* sint-bernard(shond) *nm*

saintement *adv* heilig

Saint-Esprit *nm* Heilige Geest *nm*

sainteté *nf* heiligheid *nf*

saint-glinglin *nf* ♦ **à la ~** met sint-juttemis

Saint-Marin San Marino *n (sans art.)*

Saint-Nicolas *nm* Sint-Niklaas *n*

Saint-Père *nm* Heilige Vader *nm*

Saint-Siège *nm* Heilige Stoel *nm*

Saint-Sylvestre *nf* oudejaarsavond *nm*

saisie *nf* **1** *(jur.)* beslag *het* **2** *(inform.)* invoer *nm* (van gegevens)

saisir *vt* **1** *(prendre)* grijpen, pakken, *(jur.)* aanhouden **2** *(ne pas manquer)* aangrijpen **3** *(percevoir)* waarnemen; **~ au vol** terloops opvangen **4** *(comprendre)* begrijpen **5** *(impressionner)* bevangen; **être saisi (de peur)** ontsteld zijn van angst **6** *(procéder à la saisie de)* beslag leggen op **7** *(chauffer très fort)* aanbraden **8** *(inform.)* invoeren; **se saisir (de)** *vpr (s'emparer de)* zich meester maken (van)

saisissant, -ante (de) *adj* verrassend (door)

saisissement *nm* **1** *(réaction physique)* (het) door kou bevangen worden **2** *(émotion)* emotie *nf*

saison *nf* **1** *(période de l'année)* jaargetijde *het,* seizoen *het;* **la belle ~** de zomermaanden **2** *(période professionnelle)* seizoen *het,* tijd *nm;* **basse ~** voorseizoen, naseizoen; **être hors de ~** niet ter zake zijn, niet te pas komen; **en toute(s) ~(s)** het hele jaar door

saisonnier, -ière *adj* seizoen-; **le ~** de seizoenarbeider; *(touriste)* de vakantiegast

salade *nf* **1** *(culinaire)* salade *de,* sla *de;* **en ~** als sla (klaargemaakt) **2** *(désordre)* warboel *nm* **3** *(plur.) (mensonges)* smoesjes *plur*

saladier (de) *nm* schaal (met) *de*

salaire *nm* **1** *(rémunération)* loon *het;* **~ minimum interprofessionnel de croissance, SMIC** minimumloon **2** *(+ de) (punition)* vergelding (voor) *nf*

salaison *nf* ingezouten voedingswaar *de*

salami *nm* salami *nm*

salarial, -ale *adj* (arbeids)loon-

salarié, -ée *adj* loontrekkend; **le, la salarié(e)** de werknemer, werkneemster

salaud *nm* smeerlap *nm*

sale *adj* **1** *(malpropre)* vuil, smerig **2** *(avant le n.) (mauvais)* gemeen, rot-; **~ bête** rotbeest; **faire une ~ gueule** sneu kijken; **avoir une ~ gueule** een rotkop hebben **3** *(obscène)* schunnig

salé, salée *adj* **1** *(qui a le goût du sel)* zout, gezouten; **du ~** pekelvlees; **manger ~** erg zout eten **2** *(grivois)* pikant **3** *(exagéré)* pittig

salement *adv* **1** *(malproprement)* vies **2** *(drôlement)* verdomd

saler *vt* **1** *(assaisonner)* zouten **2** *(pour la conservation)* inzouten **3** *(une addition)* peperen

saleté *nf* **1** *(malpropreté)* vuilheid *nf,* smerigheid *nf* **2** *(ce qui est sale)* vuil *het,* viezigheid *nf* **3** *(obscénité)* schunnigheid *nf* **4** *(chose méprisable)* gemene streek *de*

salière *nf* zoutvaatje *het*

salin, -ine *adj* zout(achtig)

salir *vt (rendre sale)* vuilmaken *(aussi au fig.),* bevuilen; **se salir** *vpr* **1** *(personne)* zich vuilmaken **2** *(vêtement, etc.)* vuil worden ♦ **se ~ les mains** zijn handen vuilmaken

salissant, -ante *adj* **1** *(qui salit)* vuil (makend) **2** *(qui se salit rapidement)* gauw vuil (wordend)

salive *nf* speeksel *het; (fig.)* **perdre, gaspiller sa ~** voor stoelen en banken praten

saliver *vi* speeksel produceren

salle *nf* **1** *(pièce)* kamer *de;* **~ de bain(s)** badkamer; **~ d'eau** wasruimte; **~ à manger** eetkamer; **~ à manger** eetkamer; **~ de séjour** woonkamer **2** *(vaste local)* zaal *de;* **~ d'attente** wachtkamer; **~ de classe** leslokaal; **faire ~ comble** volle zalen trekken; **les ~s obscures** de bioscopen; **~ de spectacle(s)** toneelzaal; **~ de(s) vente(s)** venduhuis, *(Belg.)* verkoopzaal **3** *(public)* zaal *de*

salon *nm* **1** *(pièce)* salon *het/de (m);* **~ de coiffure** kapsalon; **~ de thé** tearoom **2** *(meubles)* (salon)ameublement *het, (Belg.)* salon *nm* **3** *(exposition)* tentoonstelling *nf, (Belg.)* salon *nm;* **~ de l'automobile** autotentoonstelling

salopard *nm* smeerlap *nm*

salope *nf* sloerie *nf*

saloperie *nf* **1** *(saleté)* ↑ troep *nm* **2** *(tour de salaud)* smeerlapperij *nf* **3** *(générale-

ment plur.) (obscénités) ↑ vuile praatjes *plur* **4** *(camelote)* ↑ waardeloze rommel *nm*

salopette *nf* **1** *(bleu de travail)* overall *nm* **2** *(pantalon à bretelles)* tuinbroek *de*

salpêtre *nm* salpeter *het/de (m)*

salsifis *nm* schorseneren *plur*

saltimbanque *n* kunstenmaker *nm*

salubre *adj* **1** *(sain)* gezond **2** *(habitable)* (goed) bewoonbaar

salubrité *nf* **1** *(caractère sain)* gezondheid *nf* **2** *(hygiène)* hygiëne *de*

saluer *vt* **1** *(dire bonjour)* (be)groeten; **~ de la main** de hand opsteken; **saluez-le de ma part** doe hem de groeten (van mij); *(dans une lettre)* **j'ai bien l'honneur de vous ~** met beleefde groeten **2** *(milit.)* salueren **3** *(honorer)* erkennen; **se saluer** *vpr (s'adresser un salut)* elkaar groeten; **nous nous saluons** we kennen elkaar vaag

salut *nm* **1** *(salutation)* groet *nm;* **faire un ~ de la main** z'n hand opsteken; **~ les gars !** *(bonjour)* hallo jongens!; *(au revoir)* tot kijk jongens! **2** *(sauvegarde)* redding *nf* **3** *(dogme religieux)* heil *het* **4** *(milit.)* saluut *het;* **~ au drapeau** (het) ceremonieel hijsen van de vlag; **faire le ~ militaire** salueren

salutaire (à) *adj* heilzaam (voor) *(aussi au fig.)*

salutation *nf* begroeting *nf* ♦ **recevez mes ~s distinguées, avec mes ~s distinguées** met de meeste hoogachting, hoogachtend

Salvador *nm* El Salvador *n (sans art.)*

salve *nf* salvo *het*

samedi *nm* zaterdag *nm;* **le ~** ('s) zaterdags

sanatorium, sana *nm* sanatorium *het*

sanctifier *vt* **1** *(rendre saint)* heilig maken **2** *(révérer comme saint)* vieren, heiligen

sanction *nf* **1** *(punition)* straf(maatregel) *nf (nm); (Belg.)* **~ administrative communale** GAS-boete **2** *(représailles contre un pays)* sanctie(maatregel) *nf (nm)* **3** *(approbation)* goedkeuring *nf*

sanctionner *vt* **1** *(confirmer)* goedkeuren **2** *(punir)* bestraffen **3** *(couronner des études)* afsluiten

sanctuaire *nm* **1** *(d'une église)* priesterkoor *het* **2** *(lieu saint)* heiligdom *het (aussi au fig.)*

sandale *nf* sandaal *de*

sandwich *nm* sandwich *nm;* **être pris en ~** ↑ klem zitten

sang *nm* **1** *(liquide)* bloed *het (aussi au fig.);* **avoir le ~ chaud** opvliegend zijn; **~ frais** *(éléments nouveaux)* nieuw bloed; *(capital)* nieuw kapitaal; **jusqu'au ~** tot bloedens toe; **se faire du mauvais ~** zich ongerust maken; **avoir du ~ dans les veines** pit hebben; **verser le ~** bloedvergieten **2** *(lignée)* bloed *het;* **être du même ~** familie van elkaar zijn **3** *(vie)* leven *het* ♦ **mon ~ n'a fait qu'un tour** het bloed stolde in mijn aderen

sang-froid *nm* koelbloedigheid *nf;* **de ~** in koelen bloede

sanglant, -ante *adj* **1** *(ensanglanté)* bebloed **2** *(cruel)* bloedig **3** *(blessant)* beledigend

sangle *nf* **1** *(bande large)* riem *nm,* band *nm* **2** *(méd.)* (draag)band *nm*

sangler *vt* **1** *(un cheval)* singelen **2** *(aussi au fig.) (serrer)* insnoeren

sanglier *nm* wild zwijn *het,* everzwijn *het*

sanglot *nm* snik *nm;* **en ~s** in tranen

sangloter *vi* snikken

sangsue *nf* **1** *(zool.)* bloedzuiger *nm* **2** *(personne collante)* klit *de*

sanguin, -ine *adj* **1** *(relatif au sang)* bloed- **2** *(coléreux)* driftig

sanguinaire *adj* bloeddorstig

sanguine *nf* bloedsinaasappel *nm*

sanitaire *adj* gezondheids-; **les (installations) ~s** het sanitair

sans *prép* zonder, -loos; **~ cela** anders; **~ cesse** onophoudelijk; **soyez ~ crainte** wees niet bang; **cela va ~ dire** dat spreekt vanzelf; **il est coupable ~ être coupable** hij is maar voor een deel schuldig; **~ faute** zonder mankeren; **~ pitié** meedogenloos; **(non) ~ que** (niet) zonder dat; **~ toi, j'étais mort** als jij er niet was geweest, zou ik dood zijn

sans-abri *n* dakloze *nm*

sans-emploi *n* werkloze *nm*

sans-gêne *adj* ongegeneerd; **le ~** de ongegeneerdheid; **un(e) ~** een ongegeneerd iemand

sans-le-sou *n* armoedzaaier *nm*

sans-logis *n* dakloze *nm*

sans-papiers *nm* illegaal *nm*

santé *nf* gezondheid *nf;* **à votre ~ !** op uw gezondheid!, proost!; **meilleure ~ !** beterschap!; **~ publique** volksgezondheid; **recouvrer la ~** van een ziekte herstellen; **respirer la ~** blaken van gezondheid

saoudien, -ienne *adj* Saudisch; **le, la Saoudien(ne)** de Saudiër, Saudische

saoul, saoule *adj* → **soûl**

saper *vt* **1** *(attaquer par la base)* ondergraven **2** *(habiller)* ↑ kleden; **être bien sapé** in z'n beste kloffie zijn; **se saper** *vpr (s'habiller)* z'n kloffie aantrekken

sapeur-pompier *nm* brandweerman *nm*

saphir *nm* saffier *nm*

sapin *nm* **1** *(arbre)* spar(renboom) *nm,* den(nenboom) *nm;* **~ de Noël** kerstboom **2** *(bois)* sparrenhout *het*

sarbacane *nf* blaaspijp *de*

sarcasme *nm* sarcasme *het*

sarcastique *adj* sarcastisch

sarcler *vt* wieden

sarcophage *nm* sarcofaag *nm*

Sardaigne *nf* Sardinië *n (sans art.);* **en ~** op Sardinië

sardine *nf* sardine *de;* **être serrés comme des ~s** als haringen opeengepakt zitten; **~s à l'huile** in olie ingelegde sardines

sardonique *adj* sardonisch
sarrasin *nm* **1** *(plante)* boekweit *de* **2** *(farine)* boekweitemeel *het*
sas *nm* **1** *(espace étanche)* luchtsluis *de* **2** *(bassin d'écluse)* schutsluis *de* **3** *(tamis)* zeef *de*
satané, -ée *adj* vervloekt
satanique *adj* satanisch, duivels
satellite *nm* satelliet *nm;* liaison par ~ satellietverbinding
satiété *nf* uiterste verzadiging *nf;* (jusqu')à ~ meer dan genoeg
satin *nm* satijn *het*
satiné, -ée *adj* satijnachtig, als (van) satijn; le ~ de satijnglans
satire *nf* satire *de*
satirique *adj* satirisch; écrivain ~ satiricus
satisfaction *nf* **1** *(contentement)* voldoening *nf;* à la ~ générale tot ieders tevredenheid; donner ~ voldoen **2** *(réparation)* genoegdoening *nf;* obtenir ~ genoegdoening krijgen **3** *(assouvissement)* bevrediging *nf*
[1]**satisfaire** (à) *vi (remplir une exigence)* voldoen (aan)
[2]**satisfaire** *vt* **1** *(contenter)* tevredenstellen **2** *(assouvir)* bevredigen; ~ l'attente de qqn aan iemands verwachtingen beantwoorden; ~ la curiosité de nieuwsgierigheid bevredigen; ~ sa faim zijn honger stillen; se satisfaire (de) *vpr (se contenter de)* zich tevredenstellen (met)
satisfaisant, -ante *adj* bevredigend
satisfait, -aite (de) *adj* tevreden (met, over)
saturateur *nm* luchtbevochtiger *nm*
saturation *nf* verzadiging *nf;* arriver à ~ verzadigd raken
saturé, -ée *adj* verzadigd ♦ *(à propos de qqn)* être ~ de qqch iets beu zijn
saturer (de) *vt* verzadigen (met)
Saturne *nm* Saturnus *nm*
satyre *nm* ↑ sater *nm*
satyrique *adj* sater-
sauce *nf* saus *de;* ~ blanche botersaus ♦ allonger la ~ (langdradig) uitweiden; mettre qqn à toutes les ~s iemand als manus-je-van-alles gebruiken
saucer *vt* **1** *(essuyer)* schoonvegen **2** *(tremper)* doorweken
saucière *nf* sauskom *de*
saucisse *nf* verse worst *de*
saucisson *nm* worst *de;* ~ sec harde worst
saucissonné, -ée *adj* gepropt
[1]**sauf, sauve** *adj* behouden; l'honneur est ~ de eer is gered
[2]**sauf** *prép* behalve; ~ avis contraire behoudens tegenbericht; ~ erreur vergissing voorbehouden; ~ que behalve dat; tout ~ ... alles eerder dan ...
sauf-conduit *nm* vrijgeleide(brief) *het (nm)*
sauge *nf* salie *de*
saugrenu, -ue *adj* ongerijmd, absurd
saule *nm* wilg *nm;* ~ pleureur treurwilg
saumâtre *adj* **1** *(salé)* brak **2** *(pénible)* bitter
saumon *nm* zalm *nm;* un tricot ~ een zalmkleurig truitje
sauna *nm* sauna *nm*
saupoudrer *vt* bestrooien (met)
saut *nm* **1** *(bond)* sprong *nm;* ~ à la perche (het) polsstokspringen; au ~ du lit bij het opstaan; ~ en parachute (het) parachutespringen; le ~ en hauteur het hoogspringen; le ~ en longueur het verspringen; ~ périlleux salto (mortale); triple ~ hink-stap-sprong **2** *(chute)* val *nm* **3** *(plur.) (sports)* (het) springen ♦ faire un ~ chez qqn bij iemand aanwippen
saute *nf* ♦ ~s d'humeur steeds wisselende stemmingen, humeurigheid; ~ de température temperatuurwisseling
sauté, -ée *adj* gebraden; pommes de terre ~es gebakken aardappelen
saute-mouton *nm* (het) bokspringen; jouer à ~ bokspringen
[1]**sauter** *vi* **1** *(bondir)* springen; ~ à la corde touwtjespringen; ~ à la gorge naar de keel vliegen; ~ au cou om de hals vallen; le bouton saute de knoop springt eraf; ~ d'un sujet à l'autre van de hak op de tak springen; ~ de joie van vreugde opspringen; ~ en l'air in de lucht springen; ~ sur qqn bovenop iemand springen; ~ sur qqch gretig op iets ingaan **2** *(exploser)* ontploffen; faire ~ tot ontploffing brengen; plomb qui saute stop die doorslaat ♦ *(cuis.)* faire ~ braden
[2]**sauter** *vt* **1** *(bondir par-dessus)* springen over; ~ le mur over de muur springen **2** *(omettre)* overslaan; ~ une page een bladzijde overslaan
sauterelle *nf* sprinkhaan *nm*
sauterie *nf* danspartijtje *het*
sauteur, -euse *adj* springend; le ~, la sauteuse de spring(st)er
sauteuse *nf* braadpan *de*
sautiller *vi* huppelen
sautoir *nm* **1** *(bijou)* sautoir *het* **2** *(sports)* springbaan *de*
sauvage *adj* **1** *(inapprivoisé)* wild, ongetemd; animaux ~s wilde dieren; le ~ de barbaar **2** *(à l'état naturel)* wild; à l'état ~ in 't wild; le ~ de primitieve mens **3** *(peu fréquenté; inhumain)* woest **4** *(insociable)* teruggetrokken; un ~ een eenzelvig persoon
sauvagerie *nf* **1** *(caractère insociable)* mensenschuwheid *nf,* eenzelvigheid *nf* **2** *(cruauté)* wreedheid *nf*
sauvegarde *nf* **1** *(protection)* bescherming *nf;* la ~ de l'environnement het milieubehoud **2** *(mar.)* zorglijn *de*
sauvegarder *vt* **1** *(protéger)* beschermen **2** *(inform.)* saven, opslaan
sauve-qui-peut *nm* overhaaste vlucht *de*
sauver *vt* **1** *(préserver; soustraire à un danger)* redden; ~ les apparences de schijn bewaren; ~ la face z'n gezicht niet

verliezen; **~ un malade** een zieke er weer bovenop halen **2** *(relig.)* zalig maken; **se sauver** *vpr* **1** *(s'enfuir)* vluchten; **se ~ à toutes jambes** snel de benen nemen **2** *(partir)* er snel vandoor gaan ♦ **sauve qui peut !** berg je maar!

sauvetage *nm* redding *nf;* **canot de ~** reddingsboot

sauveteur *nm* redder *nm*

sauvette ♦ **à la ~** in allerijl; **vendre à la ~** zwart verkopen

sauveur *nm* redder *nm*

Sauveur *nm* Verlosser *nm*

savant, -ante *adj* **1** *(instruit)* geleerd; **le ~** de geleerde; **mot ~** wetenschappelijke term **2** *(ardu)* moeilijk **3** *(habile)* bekwaam; **chien ~** gedresseerde hond

savate *nf* afgedragen schoen *nm*

saveur *nf* **1** *(goût)* smaak *nm;* **sans ~** smakeloos **2** *(piment)* bekoring *nf*

[1]**savoir** *nm* kennis *nf*

[2]**savoir** *vt* **1** *(avoir présent à l'esprit)* weten; **à ~** te weten, namelijk; **qu'est-ce que j'en sais !, est-ce que je sais ?** weet ik veel!; **faire ~ qqch à qqn** iemand iets meedelen; **en ~ long** goed op de hoogte zijn; **ne ~ que, quoi faire** zich geen raad weten; **sachez que** u moet weten dat; **on sait que** het is bekend dat; **que je sache** voor zover ik weet; **cet argent vient de qui vous savez** dat geld komt van u-weet-wel; **il avait un je ne sais quoi de charmant** hij had iets charmants; **reste à ~ si** blijft nog over de vraag of; **vous n'êtes pas sans ~ que** u weet heel goed dat; **la question est de ~ si** het is de vraag of; **va ~, allez ~ !** zie daar maar eens achter te komen! **2** *(avoir appris)* kennen; **~ une langue** een taal kennen **3** *(pouvoir)* kunnen; **~ nager** kunnen zwemmen; **~ vivre** weten hoe men zich moet gedragen; **se savoir** *vpr (devenir connu)* bekend worden; **ça se saurait** als dat waar was zou het wel bekend zijn; **tout finit par se ~** alles komt uiteindelijk aan het licht ♦ **se ~ incurable** weten dat men ongeneeslijk ziek is

savoir-faire *nm* **1** *(habileté)* handigheid *nf* **2** *(compétence)* knowhow *nm*

savoir-vivre *nm* wellevendheid *nf*

savon *nm* **1** *(produit de lavage)* zeep *de;* **~ en poudre** zeeppoeder; **~ de toilette** toiletzeep **2** *(réprimande)* standje *het,* bolwassing; **passer un ~ à qqn** iemand de mantel uitvegen

savonner *vt* inzepen; **se savonner** *vpr* zich inzepen

savonnette *nf* toiletzeep *de*

savonneux, -euse *adj* zeep-

savourer *vt* savoureren, (met volle teugen) genieten van *(aussi au fig.)*

savoureux, -euse *adj* **1** *(succulent)* smakelijk, lekker **2** *(amusant)* kostelijk

saxophone *nm* saxofoon *nm*

scabreux, -euse *adj* **1** *(licencieux)* schuin **2** *(périlleux)* netelig

scalpel *nm* scalpel *het*

scandale *nm* schandaal *het;* **crier au ~** roepen dat het schandalig is; **faire ~** aanstoot geven

scandaleux, -euse *adj* schandalig

scandaliser *vt* aanstoot geven aan, choqueren; **se scandaliser (de)** *vpr* zich ergeren (aan, over)

scander *vt* scanderen

scandinave *adj* Scandinavisch; **langues ~s** Scandinavische talen; **le, la Scandinave** de Scandinaviër, Scandinavische

scanner *nm* **1** *(appareil)* scanner *nm* **2** *(examen)* scan *nm*

scaphandre *nm* **1** *(de plongée)* duikerpak *het* **2** *(de cosmonaute)* ruimtepak *het*

scaphandrier *nm* (helm)duiker *nm*

scarabée *nm* mestkever *nm*

scarlatine *nf* roodvonk *de*

scarole *nf* andijvie *de*

sceau *nm* **1** *(cachet gravé)* zegel *het;* **apposer son ~ sur qqch** zijn zegel op iets drukken; **sous le ~ du secret, de la confession** onder (het zegel der) geheimhouding **2** *(empreinte)* stempel *het*

scélérat, -ate *n* schurk *nm*

scellé *nm, souvent plur* gerechtelijk zegel *het;* **(faire) mettre les ~s sur qqch** iets (doen) verzegelen

sceller *vt* **1** *(cacheter; plomber)* zegelen **2** *(confirmer)* bezegelen **3** *(fermer hermétiquement)* verzegelen; **faire ~ une fenêtre** een raam verzegelen

scénario *nm* scenario *het*

scénariste *n* scenario|schrijver, -schrijfster *nm, nf*

scène *nf* **1** *(estrade; décor)* toneel *het (aussi au fig.);* **entrer en ~** opkomen; **mettre en ~** *(cin., théâtre)* regisseren; *(un meurtre)* ensceneren; *(fig.)* **la ~ politique** het politieke toneel; **quitter la ~** stoppen met toneelspelen; *(fig.)* van het toneel verdwijnen **2** *(séquence; querelle)* scène *de; (fig.)* **faire des ~s** scènes maken; **~ de ménage** echtelijke ruzie **3** *(mus.)* scene

scepticisme *nm* scepticisme *het*

sceptique *adj* sceptisch; **laisser qqn ~** iemand sceptisch maken; **le, la ~** de twijfelaar(ster), scepticus

sceptre *nm* scepter *nm (aussi au fig.)*

schéma *nm* schema *het*

schématique *adj* schematisch

schématiser *vt* schematiseren

schisme *nm* schisma *het*

schizophrène *adj* schizofreen; **un(e) ~** een schizofreen

schizophrénie *nf* schizofrenie *nf*

sciatique *adj* heup-; **la ~** de ischias

scie *nf* zaag *de;* **~ circulaire** cirkelzaag; **~ à métaux** metaalzaag

sciemment *adv* willens en wetens, opzettelijk, *(Belg.)* wetens en willens

science *nf* **1** *(connaissance exacte)* wetenschap *nf;* **~s humaines** menswetenschappen; **le monde de la ~** de wetenschappelijke wereld; **~s naturelles** natuurwetenschappen; **~s physiques** fysica, natuurkunde; **~s politiques, ~s po** politicologie **2** *(savoir)* kennis *nf;* **avoir la ~ infuse** de wijsheid in pacht hebben **3** *(généralement plur.) (sciences exactes)* natuurwetenschappen *plur*

science-fiction *nf* sciencefiction *de*

scientifique *adj* wetenschappelijk; **le, la ~** de wetenschapper, wetenschapster

scier *vt* **1** *(couper à la scie)* zagen **2** *(étonner)* met stomheid slaan

scierie *nf* zagerij *nf*

scinder *vt* (op)splitsen; **se scinder** *vpr* zich opsplitsen; **se ~ en deux** in twee delen uiteenvallen

scintillement *nm* fonkeling *nf*

scintiller *vi* fonkelen

scission *nf* **1** *(séparation)* scheuring *nf;* **faire ~** zich afscheiden **2** *(phys., biol.)* splitsing *nf*

sciure *nf* zaagsel *het*

sclérose *nf (méd.)* sclerose *nf;* **~ en plaques** multiple sclerose; **~ latérale amyotrophique, SLA** amyotrofe laterale sclerose, ALS

sclérosé, -ée *adj* **1** *(méd.)* sclerotisch **2** *(fig.)* verstard

scolaire *adj* **1** *(relatif à l'école)* school-, onderwijs-; **le, la ~** het schoolkind **2** *(livresque)* schools

scolarisation *nf* **1** *(action de scolariser)* scholing *nf* **2** *(fréquentation scolaire)* schoolbezoek *het;* **taux de ~** (percentage) schoolbezoek

scolariser *vt* **1** *(pourvoir d'un enseignement)* scholen **2** *(pourvoir d'écoles)* van scholen voorzien

scolarité *nf* **1** *(période de scolarisation)* schooljaren *plur;* **~ obligatoire** leerplicht **2** *(fréquentation scolaire)* schoolbezoek *het;* **certificat de ~** inschrijvingsbewijs

scoop *nm* primeur *de*

scooter *nm* scooter *nm*

scorbut *nm* scheurbuik *het/de (m)*

score *nm* **1** *(décompte des points)* score *nm;* **~ final** eindstand, einduitslag; **mener au ~** voorstaan **2** *(résultat)* resultaat *het*

scorpion *nm* schorpioen *nm*

Scorpion *nm* Schorpioen *nm;* **il est ~** hij is een Schorpioen

scotch *nm* **1** *(whisky)* scotch (whisky) *nm* **2** ® *(adhésif)* plakband *het/de (m)*

scotcher® *vt* (met plakband) vastplakken

scout, scoute *n* padvind(st)er *nm (nf)*

script *nm* script *het/de (m)* ♦ **écrire en ~** in blokschrift schrijven

scripte *n* regieassistent(e) *nm (nf),* scriptgirl *nf*

scrupule *nm* scrupule *de;* **avoir des ~s** scrupules hebben; **sans ~s** gewetenloos zijn

scrupuleux, -euse *adj* **1** *(honnête)* scrupuleus **2** *(méticuleux)* angstvallig

scruter *vt* **1** *(examiner)* navorsen; **~ l'horizon** de horizon afturen **2** *(sonder)* peilen

scrutin *nm* stemming(sprocedure) *nf (de);* **clôture du ~** sluiting van de stembureaus; **dépouiller le ~** de stemmen tellen; **~ majoritaire** verkiezing bij meerderheid van stemmen; **résultat du ~** stembusuitslag

sculpter *vt* beeldhouwen; **~ un bloc de marbre** een blok marmer bewerken; **~ le bois** houtsnijden

sculpteur *nm* beeldhouw(st)er *nm (nf)*

sculptural, -ale *adj* **1** *(relatif à la sculpture)* beeldhouw- **2** *(beau)* van een klassieke schoonheid

sculpture *nf* **1** *(art)* beeldhouwkunst *nf* **2** *(œuvre)* beeldhouwwerk *het*

SDF *n* ± dakloze *de*

se *pron pers* **1** *(réfléchi)* zich; **s'écouter parler** zichzelf graag horen praten; **~ laver les mains** zijn handen wassen **2** *(réciproque)* elkaar **3** *(passif, impersonnel) (non traduit);* **ça ne ~ fait pas** dat doet men niet; **ce plat ~ mange froid** dit gerecht wordt koud gegeten; **il ~ peut que je vienne** misschien kom ik

séance *nf* **1** *(réunion)* zitting *nf;* **clore, lever la ~** de zitting opheffen **2** *(représentation)* voorstelling *nf* **3** *(méd.)* behandeling *nf* ♦ **~ tenante** onmiddellijk

[1]**séant** *nm* ♦ **se mettre sur son ~** rechtop gaan zitten

[2]**séant, séante** *adj* gepast

seau *nm* emmer *nm;* **~ à glace** (wijn)koeler; **~ hygiénique** toiletemmer

sébum *nm* talg *nm*

[1]**sec** *nm* droogte *nf;* **à ~** droog; *(sans argent)* blut; **rivière à ~** drooggevallen rivier; **mettre au ~** op een droge plaats leggen

[2]**sec, sèche** *adj* **1** *(sans humidité, aride)* droog, dor *(aussi au fig.)* **2** *(maigre)* mager **3** *(sans douceur)* hard; **un coup ~** een snelle, korte slag **4** *(sans chaleur)* bars; **un cœur ~** een hart van steen; **répondre d'un ton ~** kortaf antwoorden ♦ **vin ~** droge wijn

[3]**sec** *adv* **1** *(sans eau)* zonder water **2** *(durement)* hard; **aussi ~** meteen; **démarrer ~** hard wegrijden

sécession *nf* afscheiding *nf*

séchage *nm* (het) drogen

sèche-cheveux *nm* föhn *nm*

sèche-linge *nm* droogtrommel *nm*

sèchement *adv* **1** *(froidement)* koel; **répondre ~** bits antwoorden **2** *(brutalement)* hard

[1]**sécher** *vi* **1** *(devenir sec)* (op)drogen, uitdrogen **2** *(ne pas pouvoir répondre)* ↑ niets kunnen antwoorden

[2]**sécher** *vt* **1** *(rendre sec)* drogen **2** *(manquer un cours)* verzuimen; **~ un cours** spijbelen; **se sécher** *vpr (s'essuyer)* zich (af)drogen

sécheresse *nf* **1** *(aridité)* droogte *nf* **2** *(dureté)* barsheid *nf*

séchoir *nm* **1** *(ensemble de tringles)* droogrek *het* **2** *(appareil)* droger *nm*

second, -onde *adj* tweede; **habiter au ~** op de tweede (etage) wonen; **le ~ de qqn**

de assistent van iemand; **en ~ lieu** in de tweede plaats; **de ~e main** uit de tweede hand

secondaire *adj* **1** *(accessoire)* ondergeschikt; **effets ~s d'un traitement** bijverschijnselen van een behandeling; **jouer un rôle ~** een ondergeschikte rol spelen **2** *(enseign.)* voortgezet; **le ~** het voortgezet onderwijs

seconde *nf* **1** *(temps)* seconde *de;* **trois mètres ~** drie meter per seconde; **une ~ !** een ogenblik! **2** *(enseign.)* vijfde klas *nf* **3** *(seconde classe)* tweede klas *nf;* **voyager en ~** tweede klas reizen **4** *(seconde vitesse)* tweede versnelling *nf*

seconder *vt* bijstaan, helpen

secouer *vt* schudden *(aussi au fig.)*; **se secouer** *vpr* **1** *(s'ébrouer)* zich uitschudden **2** *(réagir)* zich vermannen

secourable *adj* behulpzaam

secourir *vt* helpen, te hulp komen

secourisme *nm* eerstehulpverlening *nf,* EHBO *de*

secouriste *n* EHBO'er *nm*

secours *nm* **1** *(aide)* hulp *de;* **appeler, crier au ~** om hulp roepen; **au ~ !** help!; **porter ~** hulp bieden; **premiers ~** eerste hulp **2** *(plur.) (dons)* hulpgoederen *plur* **3** *(plur.) (milit.)* hulptroepen *plur* ♦ **de ~** nood-, hulp-; **roue de ~** reservewiel; **porte de ~** branddeur; **sortie, issue de ~** nooduitgang

secousse *nf* schok *nm (aussi psycho.)*; **par ~s** schoksgewijs; **~ sismique** aardschok

[1]**secret** *nm* **1** *(discrétion; information confidentielle)* geheim *het,* geheimhouding *nf;* **en ~** in het geheim; **mettre qqn dans le ~** iemand op de hoogte brengen; **~ de Polichinelle** publiek geheim; **~ professionnel** beroepsgeheim **2** *(tréfonds)* diepste innerlijk *het;* **dans le ~ de son cœur** in stilte ♦ **mettre qqn au ~** iemand opsluiten

[2]**secret, -ète** *adj* **1** *(caché)* geheim; **agent ~** geheim agent; **services ~s** geheime (inlichtingen)dienst **2** *(réservé)* gesloten

[1]**secrétaire** *nm (meuble)* secretaire *nm*

[2]**secrétaire** *n (personne)* secreta|ris, -resse *nm, nf;* **~ comptable** boekhoud(st)er; **~ de direction** directiesecretaris; **~ général** secretaris-generaal; **~ médicale** medisch secretaresse

secrétariat *nm* secretariaat *het*

secrètement *adv* in het geheim

sécréter *vt (biol.)* afscheiden

sécrétion *nf* secretie *nf,* afscheiding *nf*

sectaire *adj* intolerant, fanatiek, *(Belg.)* sectair; **un(e) ~** een (bekrompen) fanaticus

sectarisme *nm* intolerantie *nf*

secte *nf* sekte *de*

secteur *nm* **1** *(branche; zone)* sector *nm (aussi math.)*; **~ privé** bedrijfsleven **2** *(réseau électrique)* elektriciteitsnet *het* **3** *(endroit)* plaats *de*

section *nf* **1** *(coupe)* snede *de* **2** *(subdivision)* sectie *nf (aussi milit.)* **3** *(partie d'un ouvrage)* afdeling *nf* **4** *(d'une ligne d'autobus, etc.)* zone *de*

sectionner *vt* **1** *(fractionner)* verdelen in secties **2** *(couper)* doorsnijden

séculaire *adj* **1** *(centenaire)* seculair, honderdjarig **2** *(très ancien)* eeuwenoud

séculier, -ière *adj* wereldlijk

secundo *adv* ten tweede

sécuriser *vt* geruststellen

sécurité *nf* veiligheid *nf;* **~ alimentaire** voedselzekerheid; **de ~** zekerheids-; **en toute ~** in alle rust; **être en ~** in veiligheid zijn; **~ routière** verkeersveiligheid; **Sécurité sociale, Sécu** sociale zekerheid

sédatif, -ive *adj* kalmerend; **le ~** het kalmerende middel

sédentaire *adj* **1** *(qui n'entraîne pas de déplacement)* zittend **2** *(casanier)* huiselijk

sédiment *nm* sediment *het,* afzetting *nf*

sédimentation *nf* sedimentatie *nf,* afzetting *nf*

séducteur, -trice *n* verleid(st)er *nm (nf);* **grâce séductrice** betoverende charme

séduction *nf* verleiding *nf*

séduire *vt* verleiden

séduisant, -ante *adj* aantrekkelijk

segment *nm* segment *het*

segmenter *vt* segmenteren

ségrégation *nf* scheiding *nf;* **~ raciale** rassenscheiding, apartheid

seiche *nf* zeekat *de*

seigle *nm* rogge *de*

seigneur *nm* (lands)heer *nm, (iron.)* seigneur *nm*

Seigneur *nm* Heer *nm,* God

sein *nm* **1** *(de la femme)* (vrouwen)borst *nm;* **nourrir au ~** borstvoeding geven **2** *(de l'homme, de la femme)* borst *de* **3** *(milieu)* boezem *nm;* **au ~ de** *(au milieu de)* te midden van; *(dans le cadre de)* in het kader van; **au ~ de la famille** in de familiekring; **le ~ de l'Église, de la terre** de schoot der kerk, der aarde

séisme *nm (aussi au fig.)* aardbeving *nf*

seize *adj numér* zestien(de); **Louis ~** Lodewijk de Zestiende

seizième *adj numér* zestiende

séjour *nm* **1** *(fait de séjourner; arrêt)* verblijf *het;* **frais de ~** verblijfkosten **2** *(living)* woonkamer *de*

séjourner *vi* verblijven

sel *nm* **1** *(chlorure de sodium)* zout *het (aussi chim.)*; **~ fin** fijn zout; **~ marin** zeezout **2** *(piquant)* pit *de*

sélect, -ecte *adj* select

sélectif, -ive *adj* selectief

sélection *nf* selectie *nf*

sélectionner *vt* selecteren

selfie *nm (phot.)* selfie *nm;* **perche à ~** selfiestick

self-service *nm* zelfbediening(szaak) *nf (de)*; **restaurant ~** zelfbedieningsrestaurant

selle *nf* **1** *(d'un cheval, d'une bicyclette)* zadel *het/de (m)*; *(aussi au fig.)* **mettre**

qqn en ~ iemand in het zadel helpen **2** *(plur.) (matières fécales)* ontlasting *nf* ♦ aller à la ~ z'n behoefte doen
seller *vt* zadelen
sellette *nf* (straf)bankje *het; (fig.)* être sur la ~ aan de tand gevoeld worden
selon *prép* volgens; ~ les circonstances al naargelang de omstandigheden; c'est ~ dat hangt ervan af; ~ que al naargelang
semailles *nf* **1** *(graines)* zaaikoren *het* **2** *(période)* zaaitijd *nm*
semaine *nf* **1** *(période)* week *de;* ~ anglaise vijfdaagse werkweek; dans une ~ over een week; en ~, pendant la ~ op werkdagen, door de week; être de ~ weekdienst hebben; la ~ des quatre jeudis met sintjuttemis; la Semaine sainte de stille week **2** *(salaire)* weekloon *het*
semblable *adj* **1** *(analogue)* gelijk(waardig), *(Belg.)* gelijkaardig; ~ à gelijk aan; le, la ~ de naaste **2** *(tel)* dergelijk
semblant *nm* (uiterlijke) schijn *nm;* faire ~ doen alsof; ne faire ~ de rien niets laten merken
[1]**sembler** *vi (paraître)* schijnen
[2]**sembler** *vb impers (paraître)* (toe)schijnen; il travaille si (comme, quand) bon lui semble hij werkt als hem dat uitkomt; il me semble que ik heb de indruk dat
semé, -ée (de) *adj* bezaaid (met)
semelle *nf* **1** *(de chaussure)* zool *de* **2** *(longueur d'un pied)* voetbreed *het; (fig.)* ne pas quitter qqn d'une ~ geen voetbreed van iemand wijken ♦ battre la ~ zich warm stampen; *(iron.)* c'est de la ~ dat is zo taai als leer
semence *nf* **1** *(graines)* zaad *het* **2** *(fig.) (germe)* kiem *de*
semer *vt* **1** *(agric.)* zaaien *(aussi au fig.)* **2** *(disséminer)* (rond)strooien **3** *(fausser compagnie)* van zich afschudden
semestre *nm* semester *het*
semestriel, -elle *adj* halfjaarlijks; *(adv.)* semestriellement per halfjaar
semi-fini, -ie *adj* ♦ produit ~ halffabricaat
séminaire *nm* **1** *(établissement religieux)* seminarie *het* **2** *(dans l'enseignement supérieur)* werkcollege *het* **3** *(colloque)* seminar *het*
séminariste *nm* seminarist *nm*
semi-remorque *nm ou nf* (trekker *nm* met) oplegger *nm,* trailer *nm*
semis *nm* **1** *(action de semer)* (het) zaaien **2** *(terrain ensemencé)* zaaibed *het* **3** *(plante provenant de graines)* zaailing *nm*
semonce *nf* berisping *nf, (Belg.)* bolwassing *nf*
semoule *nf* gries(meel) *het* ♦ sucre ~ fijne kristalsuiker
sempiternel, -elle *adj* voortdurend
Sénat *nm* Senaat *nm*
sénateur *nm* senator *nm*
Sénégal *nm* Senegal *n (sans art.)*
sénégalais, -aise *adj* Senegalees; le, la Sénégalais(e) de Senegalees, Senegalese
sénile *adj* **1** *(propre à la vieillesse)* ouderdoms- **2** *(méd.)* seniel
sens *nm* **1** *(faculté de sensation; organe récepteur)* zin *nm,* zintuig *het;* les cinq ~ de vijf zintuigen; *(fig.)* cela tombe sous le ~ dat spreekt vanzelf, dat is duidelijk **2** *(signification; instinct)* zin *nm;* à double ~ dubbelzinnig; ~ figuré figuurlijke betekenis; ~ propre letterlijke betekenis **3** *(direction)* richting *nf;* dans le bon ~ de goede kant op, uit; dans tous les ~ kris kras; dans le ~ de la largeur in de breedte; dans le ~ des aiguilles d'une montre met (de wijzers van) de klok mee; ~ dessus dessous ondersteboven; *(fig.)* op zijn kop; en ~ inverse in tegengestelde richting; ~ giratoire verplichte rijrichting; ~ interdit verboden in te rijden; ~ unique eenrichtingsverkeer **4** *(instinct)* zin *nm;* avoir le ~ des affaires zakelijk inzicht hebben; il a le ~ du rythme hij heeft gevoel voor ritme **5** *(raison)* verstand *het;* bon ~, ~ commun gezond verstand **6** *(opinion)* zin *nm;* à mon ~ mijns inziens, naar mijn mening; dans, en un ~ in zeker opzicht, in zekere zin **7** *(plur.) (instinct sexuel)* zinnen *plur;* plaisirs des ~ zingenot
sensation *nf* **1** *(impression)* indruk *nm;* avoir la ~ de, que het gevoel hebben te, dat **2** *(admiration, effet)* sensatie *nf;* presse à ~ sensatiepers; faire ~ sensatie verwekken
sensationnel, -elle *adj* **1** *(qui fait sensation)* sensationeel **2** *(terrible)* te gek
sensé, -ée *adj* verstandig
sensibilisation *nf* **1** *(méd., phot.)* sensibilisatie *nf* **2** *(de l'opinion publique, etc.)* bewustmaking *nf*
sensibiliser (à) *vt* gevoelig maken (voor)
sensibilité *nf* **1** *(réceptibilité; affectivité)* gevoeligheid *nf (aussi technol.)* **2** *(phot.)* lichtgevoeligheid *nf*
sensible *adj* **1** *(capable de sensation; émotif; douloureux)* (over)gevoelig; avoir le cœur ~ meelevend zijn; point ~ gevoelige plek, kwetsbaar punt **2** *(+ à) (accessible)* gevoelig (voor) **3** *(perceptible)* waarneembaar; faire des progrès ~s duidelijke vorderingen maken
sensiblement *adv (à peu près)* zo ongeveer
sensiblerie *nf* overgevoeligheid *nf*
sensoriel, -elle *adj* zintuiglijk
sensualité *nf* sensualiteit *nf*
sensuel, -elle *adj* sensueel
sentence *nf* **1** *(jugement)* vonnis *het;* exécuter une ~ een vonnis voltrekken **2** *(maxime)* zinspreuk *de*
sentencieux, -euse *adj* plechtstatig; ton ~ belerende toon
senteur *nf* geur *nm*
senti, -ie *adj* gevoelvol; bien ~ treffend
sentier *nm* pad *het (aussi au fig.);* ~s battus platgetreden, begane paden

sentiment *nm* **1** *(état affectif, sensibilité)* gevoel(en) *het;* faire du ~ sentimenteel doen **2** *(impression)* gevoel *het,* indruk *nm;* avoir le ~ que de indruk hebben dat; avoir le ~ de qqch zich van iets bewust zijn **3** *(avis)* mening *nf*
sentimental, -ale *adj* **1** *(qui n'est pas raisonné)* gevoelsmatig; un(e) ~(e) een sentimenteel iemand **2** *(amoureux, romanesque)* sentimenteel
sentimentalité *nf* sentimentaliteit *nf*
sentinelle *nf* (schild)wacht *nm*
sentir *vt* **1** *(percevoir)* voelen; se faire ~ merkbaar worden; faire ~ à qqn que iemand duidelijk maken dat; faire ~ qqch à qqn iemand iets doen begrijpen; ~ la fatigue moe zijn **2** *(flairer)* ruiken aan; ~ une odeur een geur opsnuiven; ne pas pouvoir ~ qqn iemand niet kunnen luchten (of zien) **3** *(dégager une odeur de)* ruiken naar; ~ bon, mauvais lekker, vies ruiken; il sent des pieds zijn voeten stinken **4** *(donner une impression de)* rieken naar; **se sentir** *vpr* **1** *(se trouver)* zich voelen **2** *(être senti)* voelbaar, merkbaar zijn ♦ ne pas pouvoir se ~ elkaar niet kunnen luchten (of zien)
séparation *nf* scheiding *nf;* ~ de biens huwelijkse voorwaarden; ~ de corps scheiding van tafel en bed
séparatiste *adj* separatistisch; le, la ~ de separatist(e); mouvement ~ afscheidingsbeweging
séparé, -ée *adj* gescheiden, afzonderlijk
séparer *vt* **1** *(isoler, partager)* scheiden **2** *(partager en deux)* in tweeën delen **3** *(distinguer)* apart bekijken; **se séparer** *vpr* **1** *(être séparé)* gescheiden worden **2** *(se quitter)* afscheid nemen **3** *(divorcer)* uit elkaar gaan; ils se sont séparés zij zijn uit elkaar **4** *(se diviser en plusieurs éléments)* zich (op)splitsen
sept *adj numér* zeven(de); ~ jours sur ~ zeven dagen in de week, elke dag
septante *adj numér (f.B.)* zeventig
septembre *nm* september *nm;* en ~ in september
septennat *nm* zevenjarige ambtsperiode *de*
septentrional, -ale *adj* noordelijk
septième *adj numér* zevende; habiter au ~ op de zevende (etage) wonen
septique *adj* septisch
septuagénaire *adj* zeventigjarig; le, la ~ de zeventiger
sépulcral, -ale *adj* graf-
sépulcre *nm* graf *het*
sépulture *nf* graf *het*
séquelle *nf (méd.; aussi au fig.)* nasleep *nm*
séquence *nf* **1** *(cin.)* scène *de* **2** *(aux cartes)* reeks *de*
séquestration *nf* opsluiting *nf*
séquestre *nm* inbeslagneming *nf;* mettre sous ~ beslag leggen op
séquestrer *vt* **1** *(qqch)* in beslag nemen **2** *(qqn)* (wederrechtelijk) opsluiten
séquoia *nm (bot.)* sequoia *de*
serbe *adj* Servisch; le ~ het Servisch; le, la Serbe de Serviër, Servische
Serbie *nf* Servië *n (sans art.);* en ~ in Servië
serbo-croate *adj* Servo-Kroatisch; le ~ het Servo-Kroatisch
serein, -eine *adj* **1** *(calme)* sereen, rustig **2** *(impartial)* onpartijdig
sérénade *nf* serenade *nf*
sérénité *nf* **1** *(d'une personne)* sereniteit *nf* **2** *(paix)* rust *de* **3** *(d'un jugement)* onpartijdigheid *nf*
sergent *nm* sergeant *nm*
série *nf* reeks *de,* serie *nf; (indus.)* de ~ in serie gemaakt; en ~ *(technol.)* seriegeschakeld; *(indus.)* aan de lopende band; hors ~ apart gemaakt
sérieux, -euse *adj* **1** *(important; consciencieux)* serieus; garder son ~ niet in de lach schieten; il songe sérieusement à hij denkt er ernstig over om; sérieusement ? meen je dat nou? **2** *(digne de confiance)* betrouwbaar; le ~ de ernst; prendre au ~ serieus nemen **3** *(inquiétant)* ernstig
serin *nm (zool.)* kanarie *nm*
seringue *nf* (injectie)spuit *de*
serment *nm* eed *nm (aussi jur.);* faire le ~ de zweren; faux ~ meineed; prêter ~ de eed afleggen; sous ~ onder ede
sermon *nm* preek *de*
sermonner *vt* (iemand) de les lezen
séropositif, -ive *adj* seropositief; le ~ de aidsdrager
serpe *nf* snoeimes *het*
serpent *nm (zool.)* slang *de;* ~ à lunettes brilslang; ~ à sonnette ratelslang
serpenter *vi* (zich) slingeren, kronkelen
serpentin *nm* serpentine *nf*
serpillière *nf* dweil *nm*
serre *nf* **1** *(pour les plantes)* (broei)kas *de,* serre *de* **2** *(plur.) (des oiseaux)* klauwen *plur*
[1]**serré, -ée** *adj* **1** *(entassé, comprimé)* dicht op elkaar **2** *(compact)* compact **3** *(rigoureux)* streng; partie ~e partij met weinig krachtsverschil ♦ café bien ~ sterke koffie
[2]**serré** *adv* strak ♦ jouer ~ op zeker spelen
serre-joint *nm* lijmschroef *de,* sergeant *nm*
serrement *nm* (het) drukken; ~ de gorge prop in de keel
[1]**serrer** *vi (transp.)* voorsorteren; ~ à droite rechts voorsorteren
[2]**serrer** *vt* **1** *(saisir)* (vast)drukken; ~ le cœur erg droevig stemmen; ~ qqn à la gorge iemand wurgen; ~ qqn dans ses bras iemand in de armen sluiten **2** *(disposer plus près, contracter)* dicht op, bij, tegen elkaar zetten; ~ les dents de kiezen op elkaar klemmen; ~ les poings zijn vuisten ballen **3** *(un élément mobile)* strak aanhalen; ~ le frein de rem aantrekken **4** *(presser)* vlakbij komen; ~ qqn de près

iemand op de hielen zitten; ~ sa droite uiterst rechts rijden; **se serrer** *vpr* **1** *(se mettre tout près de qqn)* dichter bij elkaar gaan zitten, opschuiven, opschikken **2** *(+ contre) (se mettre tout contre qqch, qqn)* zich dicht aandrukken (tegen)

serre-tête *nm* haarband *nm*

serrure *nf* slot *het*

serrurerie *nf* **1** *(métier)* slotenmakersvak *het* **2** *(objet)* smeedwerk *het*

serrurier *nm* slotenmaker *nm*

sertir *vt* **1** *(une pierre précieuse)* zetten **2** *(des pièces métalliques)* felsen

sérum *nm* (bloed)serum *het*

servante *nf* dienstmeisje *het (f)*

serveur, -euse *n* **1** *(garçon)* ober, serveerster *nm, nf* **2** *(sports)* serveerder, serveerster *nm, nf* **3** *(m.) (inform.)* server *nm*

serviabilité *nf* dienstvaardigheid *nf*

serviable *adj* dienstvaardig

service *nm* **1** *(fonction, travail particulier) (aussi relig.)* dienst *nm;* à votre ~ ! tot uw dienst!; se mettre au ~ de qqch, de qqn zich in dienst van iets, iemand stellen; être de ~ dienstdoen; pompier de ~ dienstdoende brandweerman; mettre qqch en ~ iets in gebruik stellen; faire son ~ (militaire) zijn dienstplicht vervullen; mettre qqch hors (de) ~ iets buiten gebruik stellen; ~ militaire militaire dienst; offrir ses ~s zijn goede diensten aanbieden; rendre ~ à qqn iemand een dienst bewijzen; rendre (des) ~(s) van dienst zijn **2** *(organisation, département)* dienst *nm,* afdeling *nf;* ~ d'aide médicale d'urgence, SAMU ⟨*ambulancedienst*⟩; chef de ~ afdelingschef; ~ d'ordre ordebewakingsdienst; ~ de ramassage ophaaldienst; ~ de réanimation intensive care; ~s sociaux (instellingen voor) maatschappelijk werk; ~ des urgences eerstehulpdienst **3** *(conc. restaurants, commerce)* bediening *nf,* service *nm;* ~ après-vente service; ~ compris bediening(sgeld) inbegrepen; ~ non compris zonder bediening(sgeld); faire le ~ (de gasten) bedienen; premier ~ eerste ronde; société de ~ dienstverlenende onderneming **4** *(vaisselle)* servies *het* **5** *(sports)* service *nm*

serviette *nf* **1** *(linge de table)* servet *het* **2** *(pour la toilette)* handdoek *nm;* ~ de bain badhanddoek **3** *(porte-document)* aktetas *de* ♦ ~ hygiénique maandverband

servile *adj* slaafs

servilité *nf* slaafsheid *nf*

[1]**servir** *vi* **1** *(être utile à)* dienen (als), dienstdoen (tot, voor); ~ d'interprète à qqn voor iemand als tolk optreden; ~ de combustible als brandstof dienen, fungeren; ~ de guide à qqn iemands gids zijn; ~ de leçon à qqn voor iemand een les zijn; ~ de prétexte à qqn door iemand als voorwendsel gebruikt worden **2** *(être utilisé en guise de)* dienen (tot, voor), van dienst zijn (voor); ~ à qqn iemand ten goede komen; ~ à qqch *(être utilisé pour qqch)* tot, voor iets dienen; *(être utile à qqch)* (aan) iets ten goede komen; cela ne sert à rien daar hebben we niets aan; cela, il ne sert à rien de het heeft geen zin om; cela peut encore ~ dat kan nog dienstdoen **3** *(sports)* serveren

[2]**servir** *vt* **1** *(travailler)* in dienst zijn van **2** *(être utile)* van dienst zijn **3** *(pourvoir du nécessaire)* bedienen **4** *(donner)* opscheppen; qu'est-ce que je vous sers ? wat kan ik voor u inschenken? **5** *(mettre à la disposition de)* opdienen; ~ chaud warm opdienen **6** *(sports)* serveren; **se servir** *vpr* **1** *(+ de) (employer)* gebruiken **2** *(+ de) (prendre)* nemen; servez-vous tast (maar) toe **3** *(être servi)* opgediend worden; ce vin doit se ~ frais deze wijn dient zeer koel geschonken te worden

serviteur *nm* dienaar *nm; (iron.)* votre ~ uw dienstwillige dienaar

servitude *nf* **1** *(asservissement)* onderworpenheid *nf* **2** *(plur.) (contrainte)* dwang *nm*

sésame *nm (bot.)* sesam *nm*

session *nf* **1** *(jur.)* zitting(speriode) *nf* **2** *(enseign.)* examenperiode *nf, (Belg.)* zittijd *nm;* la deuxième ~ de herexamenperiode ♦ *(inform.)* fermer la ~ uitloggen, afsluiten

set *nm* **1** *(sports, cin.)* set *nm* **2** *(de table)* placemats *plur*

seuil *nm* drempel *nm* ♦ au ~ de bij de aanvang van

seul, seule *adj* **1** *(solitaire)* alleen(staand); ~(e) à ~(e) onder vier ogen; parler tout ~ in zichzelf praten; personne ~e alleenstaande; tout ~ *(solitaire; sans aide)* helemaal alleen; *(sans difficulté)* vanzelf **2** *(unique)* één, enig; une ~e fois één keer; le, la ~(e) de enige; un(e) ~(e) één enkele **3** *(seulement; sans aide)* alleen; à elle ~e in haar eentje; la ~e pensée de gedachte alleen al

seulement *adv* **1** *(exclusivement)* (alleen) maar, *(pas plus que)* slechts; non ~ ... mais (encore) niet alleen ..., maar ook; si ~ il travaillait als hij maar eens werkte **2** *(pas avant; à l'instant)* (nu) pas **3** *(même; mais)* zelfs; pas ~ niet eens

sève *nf* **1** *(d'une plante)* plantensap *het* **2** *(principe vital)* (levens)kracht *de*

[1]**sévère** *adj* **1** *(dur)* streng; critique ~ scherpe kritiek **2** *(austère)* sober **3** *(grave)* ernstig, zwaar

[2]**sévère** *adv (fam.)* vet, erg; je vais m'énerver ~ si ça continue ik ga echt vet boos worden als dat zo doorgaat

sévérité *nf* **1** *(dureté, austérité)* strengheid *nf* **2** *(gravité)* ernst *nm*

sévices *nm* mishandeling *nf (uniquement sing.)*

sévir *vi* **1** *(punir)* streng optreden **2** *(exercer ses ravages)* woeden

sevrer *vt* **1** *(un enfant)* spenen **2** *(priver de qqch)* (iemand iets) onthouden, (iemand iets) ontzeggen

sexagénaire *adj* zestigjarig; **le, la ~** de zestiger
sexe *nm* **1** *(homme, femme; mâle, femelle)* geslacht *het (aussi biol.; zool.)*; **discuter sur le ~ des anges** muggenziften, haarkloven **2** *(parties sexuelles)* geslacht(sdeel) *het* **3** *(sexualité)* seks *nm*
sexisme *nm* seksisme *het*
sexiste *adj* seksistisch; **le, la ~** de seksist(e)
sextant *nm* sextant *nm*
sexualité *nf* seksualiteit *nf*
sexuel, -elle *adj* seksueel
seyant, -ante *adj* goed staand
shampo(o)ing *nm* **1** *(produit)* shampoo *nm* **2** *(lavage des cheveux)* haarwassing *nf*
shérif *nm* sheriff *nm*
[1]**shooter** *vi (sports)* schieten
[2]**shooter** *vt* **1** *(piquer)* spuiten, een shot geven **2** *(sports)* schieten; **se shooter** *vpr (se piquer)* spuiten, zich een shot toedienen
shop(p)ing *nm* (het) winkelen
short *nm* short(s) *nm (plur)*
[1]**si** *nm* **1** *(hypothèse)* als *het* **2** *(mus.)* si *de*, b *de*
[2]**si** *adv* **1** *(oui)* ja(wel), (zeker) wel; **mais ~** jawel; **il n'accepte pas, moi ~** hij doet het niet, ik wel **2** *(tellement; aussi; quelque)* zo(zeer); **(tant et) ~ bien que** zó dat; **~ peu que** hoe weinig ook; **~ intelligent qu'il soit** hoe intelligent hij ook is
[3]**si** *conj* **1** *(introduisant une condition)* als; **~ ce n'est** zo niet; **~ je ne me trompe** als ik mij niet vergis; **~ on veut** zo men wil **2** *(introduisant une interrogative indirecte; comme si)* of; **comme ~** alsof; **demander ~** vragen of; **vous pensez s'ils étaient fiers !** en of ze trots waren! **3** *(même si)* (ook) al; **même ~** zelfs al
siamois, -oise *adj* Siamees ♦ **chat ~** Siamese kat
sida *nm* aids *(sigle anglais)*
sidérer *vt* verbijsteren
sidérurgie *nf* staalindustrie *nf*
sidérurgique *adj* ijzer- en staal-
siècle *nm* eeuw *de*
siège *nm* **1** *(résidence)* zetel *nm*; **~ social** hoofdkantoor **2** *(pour s'asseoir)* stoel *nm* **3** *(place assise)* zitplaats *de* **4** *(milit.)* beleg *het*; **lever le ~** het beleg opbreken; *(fig.)* de zitting opheffen
siéger *vi* **1** *(tenir séance)* zitting hebben (in) **2** *(se réunir)* zitting houden **3** *(résider, se trouver)* zetelen *(aussi au fig.)*
[1]**sien** *nm*, **sienne** *nf* **1** *(pronom possessif)* (het) zijne, (het) hare **2** *(plur.) (sa famille, ses amis, etc.)* (de) zijnen *(plur.)* ♦ **y mettre du ~** een steentje bijdragen
[2]**sien** *nf* ♦ **faire des ~nes** streken uithalen
[3]**sien** *adj poss* zijn, haar; **faire ~nes les affirmations de qqn** zich iemands beweringen eigen maken
[4]**sien** *pron poss* (het, de) zijne, hare
sierra-léonais, -aise *adj* Sierra Leoons; **le, la Sierra-Léonais(e)** de Sierra Leoner, Sierra Leoonse
Sierra Leone *nf* Sierra Leone *n (sans art.)*
sieste *nf* siësta *de*
sifflement *nm* **1** *(d'une personne, d'un oiseau)* gefluit *het* **2** *(de la vapeur, d'un serpent)* gesis *het*
[1]**siffler** *vi* **1** *(personne, oiseau)* fluiten **2** *(vapeur, serpent)* sissen
[2]**siffler** *vt* **1** *(un air; appeler qqn, un animal)* fluiten; **~ une fille** een meisje nafluiten **2** *(conspuer)* uitfluiten
sifflet *nm* fluitje *het*
siffloter *vti* zachtjes fluiten
sigle *nm* letterwoord *het*
signal *nm* signaal *het*, teken *het*; **~ d'alarme** alarmsignaal; *(dans un train, un tram)* noodrem; **~ de détresse, d'urgence** noodsein; **donner le ~ du départ** het startsein geven; **les signaux de sa voiture** de lichten van zijn auto
signalement *nm* signalement *het*
signaler *vt* **1** *(annoncer par un signal)* aankondigen **2** *(faire remarquer)* wijzen op **3** *(déclarer)* (ver)melden; **~ qqn à la police** iemand bij de politie aanbrengen; **rien à ~** niets te melden
signalisation *nf (transp.)* bewegwijzering *nf*, *(Belg.)* signalisatie *nf*; **~ routière** verkeerstekens
signataire *n* ondertekenaar(ster) *nm (nf)*
signature *nf* **1** *(d'une personne)* handtekening *nf* **2** *(action de signer)* ondertekening *nf*, (het) (onder)tekenen
signe *nm* teken *het*; **en ~ de** ten teken van; **en ~ d'adieu** bij wijze van afscheid; **faire ~** een teken geven; **faire le ~ de la croix** een kruis slaan; **je vous ferai ~** ik zal u een seintje geven; **~s particuliers** bijzondere kenmerken; **~ de ponctuation** leesteken; **~ de tête** hoofdknik
signer *vt* (onder)tekenen, zijn handtekening plaatsen onder; **œuvre non signée** anoniem werk; **se signer** *vpr* een kruisteken maken
signet *nm* bladwijzer *nm*, *(inform.)* bookmark *nm*
significatif, -ive *adj* **1** *(qui signifie nettement)* veelbetekenend **2** *(révélateur)* kenmerkend
signification *nf* betekenis *nf*
signifier *vt* **1** *(vouloir dire)* betekenen; **qu'est-ce que cela signifie ?** wat betekent dat?; *(fig.)* wat heeft dat te betekenen? **2** *(faire connaître)* mededelen
silence *nm* **1** *(mutisme; calme)* stilte *nf*; **en ~** *(sans parler)* zwijgend; *(en secret)* stilletjes; **garder, observer le ~** zwijgen; **passer qqch sous ~** iets verzwijgen **2** *(mus.)* rust *de*
silencieux, -euse *adj* stil; **le ~** *(d'une voiture)* de knalpot; *(d'une arme)* de geluiddemper
silex *nm* vuursteen *nm*
silhouette *nf* silhouet *het/de*
sillage *nm* kielzog *het (aussi au fig.)*

sillon *nm* **1** *(tranchée faite par la charrue)* (ploeg)vore, (ploeg)voor *de* **2** *(ligne; ride)* groef *de (aussi d'un disque)* **3** *(trace)* spoor *het*
sillonner *vt* **1** *(parcourir)* doorkruisen; **~ la mer** de zee bevaren **2** *(de rides)* (doen) rimpelen; **sillonné de rides** vol rimpels
silo *nm* silo *nm*
simagrée *nf* aanstellerij *nf*
similaire *adj* gelijksoortig
similarité *nf* gelijksoortigheid *nf*
simili *nm* imitatie *nf*; **en ~** imitatie-
similitude *nf* gelijkenis *nf*
simple *adj* **1** *(facile)* eenvoudig, gemakkelijk; **tout ~ment** doodeenvoudig **2** *(d'une chose) (sans façon)* eenvoudig, gewoon **3** *(d'une personne) (sans prétention, direct)* eenvoudig, bescheiden **4** *(seul, pur)* enkel; **ce n'est qu'une ~ formalité** het is louter een formaliteit; **la ~ pensée** alleen al de gedachte **5** *(crédule, simplet)* onnozel **6** *(arriéré, idiot)* simpel; **le, la ~ (d'esprit)** de achterlijke **7** *(qui n'est pas composé; qui n'est pas double)* enkelvoudig; **passer du ~ au double** verdubbelen; *(sports)* **le ~** het enkelspel
simplet, -ette *adj* **1** *(personne)* onnozel **2** *(chose)* simplistisch
simplicité *nf* **1** *(facilité)* eenvoud(igheid) *nm (nf)* **2** *(naturel)* natuurlijkheid *nf* **3** *(modestie; simplicité)* bescheidenheid *nf*
simplification *nf* vereenvoudiging *nf*
simplifier *vt* vereenvoudigen; **se simplifier** *vpr* eenvoudiger worden
simpliste *adj* simplistisch
simulacre *nm* nabootsing *nf*; **~ de procès** schijnproces
simulateur, -trice *n* **1** *(personne)* simulant(e) *nm (nf)* **2** *(m.) (appareil)* simulator *nm*
simulation *nf* simulatie *nf*, veinzerij *nf*
simuler *vt* simuleren
simultané, -ée *adj* gelijktijdig
sincère *adj* **1** *(franc)* oprecht; **~ment, je ne le crois pas** eerlijk gezegd geloof ik het niet **2** *(véritable)* echt
sincérité *nf* oprechtheid *nf*
Singapour Singapore *n (sans art.)*
singe *nm (zool.)* aap *nm*; **faire le ~** de pias uithangen
singer *vt* na-apen
singerie *nf* **1** *(grimace)* grimas *de*; **faire des ~s** gezichten trekken; *(fig.)* zich aanstellen **2** *(plur.) (démonstration hypocrite ou exagérée)* aanstellerij *nf*
singulariser *vt* onderscheiden; **se singulariser** *vpr (péj.)* (willen) opvallen
singularité *nf* eigenaardigheid *nf*
singulier, -ière *adj* **1** *(bizarre)* opvallend **2** *(original)* bijzonder **3** *(ling.)* enkelvoudig; **le ~** het enkelvoud
singulièrement *adv* **1** *(particulièrement)* in het bijzonder **2** *(très)* zeer
sinistre *adj* **1** *(qui fait craindre un malheur)* onheilspellend **2** *(inquiétant, dangereux)* snood ♦ **le ~** de schade *(assurances)*
sinistré, -ée *adj* geteisterd, door een ramp getroffen; **le, la ~(e)** het slachtoffer; **région ~e** rampgebied
sinon *conj* **1** *(en admettant que ce ne soit pas)* zo niet **2** *(sauf)* behalve
sinueux, -euse *adj* **1** *(d'un chemin, d'une côte, etc.)* bochtig **2** *(d'un raisonnement, etc.)* slinks
sinus *nm* sinus *nm*
sinusite *nf* bijholteontsteking *nf*
siphon *nm* **1** *(tube, appareil)* hevel *nm* **2** *(d'évier)* zwanenhals *nm*, sifon *nm* **3** *(bouteille)* sifon(fles) *nm (de)*
sire *nm* Sire *nm* ♦ **triste ~** ellendeling
sirène *nf* **1** *(appareil sonore)* sirene *nf* **2** *(être fabuleux)* sirene *nf (aussi au fig.)*
sirop *nm* **1** *(boisson)* siroop *de*; **~ contre la toux** hoestsiroop **2** *(mélasse)* stroop *de*
siroter *vt* nippen van
sirupeux, -euse *adj* **1** *(de la consistance du sirop)* stroperig **2** *(mièvre)* zoetelijk, wee
sismique *adj* seismisch
site *nm* **1** landschap *het* **2** *(inform.)* site *de*; **un ~ Internet** een internetsite
sitôt *adv* zodra ♦ **~ dit, ~ fait** zo gezegd, zo gedaan; **pas de ~** voorlopig niet
situation *nf* **1** *(condition)* toestand *nm*; **être en ~ de** in de gelegenheid zijn om **2** *(emploi)* betrekking *nf*; **se faire une ~** een positie verwerven **3** *(emplacement)* ligging *nf*
situé, -ée *adj* gelegen
situer *vt* plaatsen; **se situer** *vpr* liggen, plaatsvinden *(avoir lieu)*, *(Belg.)* zich situeren
six *adj numér* zes(de)
sixième *adj numér* zesde; **habiter au ~** op de zesde (etage) wonen; *(enseign.)* **la ~** de eerste klas *(en France)*
sixièmement *adv* ten zesde
skaï® *nm* skai *het*
sketch *nm* conference *nf*
ski *nm* **1** *(patin pour skier)* ski *nm* **2** *(sports)* skisport *de*, (het) skiën; **~ alpin** (het) alpineskiën; **faire du ski** skiën; **~ de fond** (het) langlaufen
skiable *adj* ♦ **domaine ~** skigebied
skier *vi* skiën
skieur, -euse *n* skiër, skiester *nm, nf*; **~ de fond** langlaufer
slalom *nm (sports)* slalom *nm*
slalomer *vi* **1** *(sports)* slaloms maken **2** *(avancer en zigzag)* zigzaggen
slave *adj* Slavisch; **le ~** het Slavisch; **le, la Slave** de Slaaf, Slavische
slip *nm (homme)* onderbroek *nm*, *(femme)* slipje *het*; **~ de bain** zwembroek
slogan *nm* slogan *nm*
slovaque *adj* Slowaaks; **le ~** het Slowaaks; **le, la Slovaque** de Slowaak(se)
Slovaquie *nf* Slowakije *n (sans art.)*
slovène *adj* Sloveens; **le ~** het Sloveens; **le, la Slovène** de Sloveen(se)

Slovénie *nf* Slovenië *n (sans art.)*
smicard, -arde *n* minimumloner *nm*
smoking *nm* smoking *nm*
SMS *nm* **1** *(service)* sms *de* **2** *(message)* sms'je *het*
smurf *nm* breakdancing *het;* faire du smurf breakdancen
snack(-bar) *nm* snackbar *de*
sniffer *vt (arg.)* snuiven
snob *adj* snobistisch; le, la ~ de snob
snober *vt* neerkijken op
snobisme *nm* snobisme *het*
sobre *adj* sober
sobriété *nf* soberheid *nf,* matigheid *nf (notamment en matière d'alcool)*
sobriquet *nm* bijnaam *nm*
sociabilité *nf* gezelligheid *nf*
sociable *adj* **1** *(affable)* vriendelijk **2** *(social)* sociaal
social, -ale *adj* **1** *(relatif à la société)* sociaal; le ~ de sociale sector **2** *(jur., écon.) (relatif à une société)* firma-
social-démocrate *adj* sociaaldemocratisch; le, la ~ de sociaaldemocraat
socialisation *nf* socialisatie *nf*
socialisme *nm* socialisme *het*
socialiste *adj* socialistisch; le, la ~ de socialist(e)
sociétaire *n* (verenigings)lid *het (m), het (f)*
société *nf* **1** *(communauté)* maatschappij *nf;* ~ de consommation consumptiemaatschappij; phénomène de ~ maatschappelijk verschijnsel **2** *(groupe social)* gemeenschap *nf* **3** *(organisation)* vereniging *nf;* ~ française d'enquêtes par sondage, Sofres ⟨*Frans instituut voor marktonderzoek en opiniepeilingen*⟩; *(hist.)* la Société des Nations de Volkenbond; Société protectrice des animaux, SPA de Dierenbescherming **4** *(jur., écon.)* maatschappij *nf;* ~ anonyme, SA naamloze vennootschap, nv; ~ commerciale handelsmaatschappij; *(Belg.f.)* société nationale des chemins de fer Belges, SNCB nationale maatschappij der Belgische spoorwegen, NMBS; société nationale des chemins de fer Français, SNCF Franse Spoorwegen; ~ à responsabilité limitée, SARL vennootschap met beperkte aansprakelijkheid; ± Besloten Vennootschap, bv; *(Belg.f.)* ~ de personnes à responsabilité limitée, SPRL besloten vennootschap met beperkte aansprakelijkheid, bvba *(Belg.n.)* **5** *(compagnie habituelle)* gezelschap *het* **6** *(le beau monde)* society *nf;* la haute ~ de hogere kringen
sociologie *nf* sociologie *nf*
sociologique *adj* sociologisch
sociologue *n* socio|loog, -loge *nm, nf*
socioprofessionnel, -elle *adj* sociaaleconomisch
socle *nm* sokkel *nm*
socquette *nf* kort sokje *het*
soda *nm* gazeuse *nf*
sodium *nm* natrium *het*
sœur *nf* **1** *(lien de parenté)* zus(ter) *nf* **2** *(nonne)* zuster *nf,* non *nf*
sofa *nm* sofa *nm*
software *nm* programmatuur *nf,* software *nm*
soi *pron pers* zich(zelf); à part ~ in zichzelf; chez ~ thuis; en ~ van nature, op zich(zelf); *(philo.)* 'an sich'; hors de ~ buiten zichzelf (van woede); le ~ het ik; malgré ~ tegen z'n wil; n'avoir pas d'argent sur ~ geen geld bij zich hebben
soi-disant *adj* zogenaamd
soie *nf* zij(de) *de;* de, en ~ zijden
soif *nf* **1** *(besoin d'eau)* dorst *nm;* donner ~ dorstig maken; jusqu'à plus ~ tot vervelens toe; rester sur sa ~ niet voldoende te drinken krijgen; *(fig.)* niet voldaan, bevredigd worden **2** *(désir passionné)* (hevig) verlangen *het;* avoir ~ de (vengeance) dorsten naar (wraak)
soignant, -ante *adj* verzorgend; aide ~(e) ziekenverzorg(st)er; personnel ~ verzorgend personeel
soigné, -ée *adj* (wel)verzorgd; être ~ de sa personne er verzorgd uitzien
soigner *vt* **1** *(bichonner; apporter du soin à)* verzorgen **2** *(méd.)* behandelen; il faut te faire ~ ! je moet je eens laten nakijken!; **se soigner** *vpr* **1** *(s'occuper de son bien-être)* zich in acht nemen **2** *(s'occuper de son apparence physique)* zorg besteden aan zijn uiterlijk **3** *(méd.)* behandeld kunnen worden, te behandelen zijn
soigneux, -euse *adj* zorgvuldig; être ~ de goed zorgen voor
soi-même *pron pers* **1** *(pronom réfléchi de la troisième personne)* zichzelf; de, par ~ uit zichzelf **2** *(en personne)* zelf
soin *nm* **1** *(application; charge)* zorg *de;* avoir, prendre ~ de zorgen voor **2** *(plur.) (attention)* verzorging *nf (uniquement sing.),* behandeling *nf (méd.; uniquement sing.);* premiers ~s eerste hulp; prendre ~, du ~ à verzorgen
soir *nm* avond *nm (aussi au fig.);* le quinze au ~ op de avond van de vijftiende; ce ~ vanavond; ce soir-là die avond; être du ~ een avondmens zijn; cinq heures du ~ vijf uur 's middags; le ~ *(tous les soirs)* 's avonds; un ~ op een avond
soirée *nf* **1** *(soir)* avond *nm* **2** *(fête)* avondje *het* **3** *(dram., cin.)* avondvoorstelling *nf*
[1]**soit** *adv* goed (dan)
[2]**soit** *conj* **1** *(ou)* hetzij, of; ~ que ..., ~ que ... hetzij dat ..., hetzij dat ...; ~ ..., ~ ... of ..., of ... **2** *(c'est-à-dire)* dat wil zeggen **3** *(étant donné)* gegeven
soixantaine *nf* **1** *(environ soixante)* (ongeveer) zestig **2** *(âge)* zestigjarige leeftijd *nm;* approcher, friser la ~ tegen de zestig zijn
soixante *adj numér* zestig(ste); ~ et onze eenenzeventig
soixante-dix *adj numér* zeventig
soja *nm* soja(boon) *nm (de)*

sol *nm* 1 *(terre)* grond *nm*, bodem *nm* 2 *(revêtement)* vloer *nm* 3 *(mus.)* sol *de*, g *de*

solaire *adj* zon(ne)-; **crème ~** zonnebrandcrème; **le ~** de zonne-energie

soldat *nm* soldaat *nm*

[1]**solde** *nm* 1 *(différence entre le crédit et le débit)* saldo *het*; **~ créditeur** creditsaldo; **~ débiteur** debetsaldo 2 *(ce qui reste à payer sur un compte)* negatief saldo *het*; **pour ~ de (tout) compte** ter (algehele) vereffening 3 *(souvent plur.) (vente au rabais)* opruiming *nf (uniquement sing.)*, *(Belg.)* solden *plur*

[2]**solde** *nf* soldij *nf*; *(péj.)* **être à la ~ de qqn** omgekocht zijn door iemand

solder *vt* 1 *(acquitter en payant ce qui est dû)* betalen 2 *(vendre en solde)* opruimen 3 *(clore un compte)* afsluiten; **se solder** *vpr (+ par) (fig.) (aboutir en définitive à)* uitlopen (op)

sole *nf* tong *de*

soleil *nm* zon *de*; **au ~ couchant** tegen zonsondergang; **il fait (du) ~** het is zonnig, de zon schijnt; **au ~ levant** bij het aanbreken van de dag; **en plein ~** in de volle zon; **~ de plomb** felle zon

solennel, -elle *adj* plechtig, *(péj.)* hoogdravend

solennité *nf* plechtigheid *nf*, *(péj.)* hoogdravendheid *nf*

solfège *nm* solfège *nm*

solidaire *adj* 1 *(personnes)* solidair 2 *(choses)* met elkaar in verbinding staand, *(fig.)* (onlosmakelijk) verbonden

se solidariser (avec) *vpr* zich solidair verklaren (met)

solidarité *nf* solidariteit *nf*

solide *adj* 1 *(chose) (robuste)* stevig, *(sérieux)* sterk 2 *(personne)* sterk, *(sérieux, sûr)* degelijk 3 *(bon; grand)* behoorlijk 4 *(phys.)* vast; **un ~** een (vast) lichaam

solidifier *vt* vast maken, doen stollen; **se solidifier** *vpr* vast worden, stollen

solidité *nf* 1 *(robustesse)* stevigheid *nf* 2 *(fig.) (qualité de ce qui est durable)* duurzaamheid *nf* 3 *(sérieux)* gedegenheid *nf*

soliloque *nm* (het) in zichzelf praten

soliste *n* solist(e) *nm (nf)*

[1]**solitaire** *n* 1 *(ermite)* kluizenaar *nm* 2 *(personne aimant vivre seule)* eenzelvig mens *de*, *(Belg.)* eenzaat *nm*

[2]**solitaire** *adj* 1 *(esseulé)* eenzaam, alleen; **vie ~** teruggetrokken leven 2 *(endroit)* eenzaam, verlaten

solitude *nf* eenzaamheid *nf*

sollicitation *nf* 1 *(requête)* dringend verzoek *het* 2 *(tentation)* aansporing *nf*

solliciter *vt* 1 *(demander)* (dringend) verzoeken (om); **~ un emploi** naar een baan solliciteren 2 *(inciter)* aansporen 3 *(chercher à éveiller)* trekken *(l'attention)*, opwekken *(la curiosité)*

sollicitude *nf* (liefdevolle) zorg *de*

solo *nm* solo *het/de (m)*

solstice *nm* zonnewende *de*

soluble *adj* oplosbaar *(aussi au fig.)*

solution *nf* oplossing *nf*; **~ de facilité** weg van de minste weerstand

solvabilité *nf* solvabiliteit *nf*, kredietwaardigheid *nf*

solvable *adj* solvabel

solvant *nm* oplosmiddel *het*

Somalie *nf* Somalië *n (sans art.)*

somalien, -ienne *adj* Somalisch; **le, la Somalien(ne)** de Somaliër, Somalische

sombre *adj* 1 *(obscur)* donker; **il fait ~** het is donker 2 *(triste; inquiétant)* somber ♦ **~ idiot** volslagen idioot

sombrer *vi* 1 *(bateau)* zinken 2 *(fig.) (être entraîné dans)* wegzinken, ten onder gaan, *(Belg.)* de dieperik ingaan; **~ dans la boisson** aan de drank raken; **~ dans la démence** dement worden

sommaire *adj* 1 *(court)* beknopt; **le ~** *(d'un livre, d'une revue)* de (korte) inhoudsopgave; *(bref exposé)* het beknopte overzicht 2 *(rapide)* snel, zonder veel formaliteiten, *(jur.)* zonder vorm van proces

sommation *nf* sommatie *nf*, aanmaning *nf (jur.)*

[1]**somme** *nm* dutje *het*; **ne faire qu'un ~** aan één stuk doorslapen

[2]**somme** *nf* 1 *(total)* totaal *het*; **en ~** alles tezamen genomen; **~ toute** alles tezamen genomen 2 *(montant)* som *de*, bedrag *het*

sommeil *nm* slaap *nm*; **dormir d'un ~ de plomb** slapen als een os; **succomber au ~** door slaap overmand worden; **tirer qqn du ~** iemand wakker maken

sommeiller *vi* sluimeren *(aussi au fig.)*

sommelier *nm* wijnkelner *nm*

sommer *vt* (iemand) sommeren (om)

sommet *nm* 1 *(haut)* top *nm*; **au ~** bovenaan, bovenop 2 *(fig.) (summum)* top *nm*, hoogtepunt *het* 3 *(conférence au sommet)* topconferentie *nf*

sommier *nm* spiraal(matras) *de (het/de)*; **~ (à lattes)** lattenbodem; **~ (à ressorts)** springbox

somnambule *n* slaapwandelaar(ster) *nm (nf)*; **elle est ~** zij slaapwandelt

somnifère *nm* slaapmiddel *het*

somnolence *nf* slaperigheid *nf*

somnolent, -ente *adj* slaperig

somnoler *vi* dommelen

somptueux, -euse *adj* prachtig

somptuosité *nf* pracht *de*

[1]**son** *nm* 1 *(bruit)* geluid *het*; **baisser le ~ d'un poste** de radio zachter zetten; **voilà un tout autre ~ de cloche** dat is een heel ander geluid 2 *(résidu de grains)* zemelen *plur*

[2]**son, sa, ses** *adj poss* 1 *(possesseur masculin ou neutre)* zijn, z'n *(style parlé)*; **Sa Majesté** Zijne, Hare Majesteit; **à sa vue** bij het zien van hem, haar 2 *(possesseur féminin)* haar, d'r *(style parlé)*; **elle a sa crise**

zij heeft haar gebruikelijke crisis ♦ **faire ~ droit** rechten studeren

sonate *nf* sonate *de*

sondage *nm* **1** *(de la mer, de l'air)* peiling *nf* **2** *(d'opinion)* opiniepeiling *nf;* **enquête par ~, ~ d'opinion** opinieonderzoek **3** *(géo.)* (proef)boring *nf* **4** *(méd.)* (het) sonderen

sonde *nf* **1** *(mar.)* peillood *het* **2** *(méd.)* sonde *de* ♦ **~ spatiale** ruimtesonde

sonder *vt* **1** *(des profondeurs)* peilen **2** *(explorer)* doorvorsen, peilen *(l'opinion)* **3** *(une plaie; un sol)* sonderen

songe *nm* droom *nm*

songer *vi* **1** *(rêver)* dromen **2** *(+ à) (penser à)* denken (aan); **sans ~ à mal** zonder kwade bedoelingen

songeur, -euse *adj* **1** *(rêveur)* dromerig; **laisser ~** aan het denken zetten **2** *(pensif, préoccupé)* peinzend

sonnant, -ante *adj* klinkend ♦ **à deux heures ~es** klokslag twee uur

sonné, -ée *adj* **1** *(assommé)* ↑ buiten westen (geslagen) **2** *(cinglé)* getikt ♦ **il a cinquante ans bien ~s** hij is dik over de vijftig; **il est midi ~** het is over twaalven

[1]**sonner** *vi* **1** *(résonner)* luiden *(aussi au fig.)*, slaan *(horloge)*, aflopen *(réveil);* **le téléphone sonne** de telefoon gaat **2** *(cor, trompette)* schallen **3** *(faire fonctionner une sonnerie)* bellen; **~ chez qqn** bij iemand aanbellen; **on sonne** er wordt gebeld **4** *(ressembler à)* klinken

[2]**sonner** *vt* **1** *(faire résonner)* luiden **2** *(assommer)* tegen de grond slaan ♦ **se faire ~ (les cloches)** uitgekafferd worden

sonnerie *nf* **1** *(de cloches)* gelui *het* **2** *(du téléphone)* (het) rinkelen **3** *(d'une sonnette)* (het) klingelen **4** *(avertisseur)* bel *de* ♦ **remonter la ~ d'un réveil** een wekker opwinden

sonnette *nf* bel *de*, belletje *het*

sonore *adj* **1** *(qui résonne fort)* luid **2** *(qui a le son agréable)* welluidend **3** *(relatif au son)* geluids- **4** *(qui renvoie bien le son)* met een goede akoestiek

sonorisation *nf* **1** *(cin.)* aanbrenging *nf* van geluid **2** *(d'un lieu)* plaatsing *nf* van een geluidsinstallatie (in)

sonorité *nf* **1** *(qualité du son)* klank *nm* **2** *(d'un local)* akoestiek *nf*

sophistiqué, -ée *adj* **1** *(personne)* gekunsteld **2** *(raffiné)* elegant **3** *(technol.)* geavanceerd

soporifique *adj* **1** *(somnifère)* slaapverwekkend; **le ~** het slaapmiddel **2** *(ennuyeux)* stomvervelend

[1]**soprano** *nm (voix)* sopraan *de*

[2]**soprano** *n* sopraan *nf*

sorbet *nm* sorbetijs *het*

sorcellerie *nf* tove(na)rij *nf*

sorcier, -ière *n* tove|naar, -nares *nm, nf*, heks *nf;* **ce n'est pas ~** dat is geen kunst

sordide *adj* smerig *(aussi au fig.)*

sornettes *nf* beuzelarij *nf (sing.)*

sort *nm* **1** *(destin)* lot *het;* **le ~ en est jeté** de teerling is geworpen; **mauvais ~** noodlot; **tirer au ~** loten **2** *(effet magique)* betovering *nf;* **jeter un ~ à qqn** iemand betoveren

sortable *adj* toonbaar

sortant, -ante *adj* **1** *(gagnant)* uitgeloot; **numéros ~s** winnende nummers **2** *(démissionnaire)* aftredend

sorte *nf* **1** *(façon)* manier *de*, wijze *de;* **de ~ à** zo ... dat *(subordonnée);* **de la ~** op die manier; **faire en ~ de** er zorg voor dragen dat *(subordonnée);* **en ~ que** *(+ indic.)* zodat; *(+ subj.)* opdat; **de (telle) ~ que** zo(danig) dat; **en quelque ~** in zekere zin **2** *(espèce)* soort *het/de;* **toute(s) ~(s) de** allerlei *(sans prép.)*

sortie *nf* **1** *(action de quitter un lieu; moment)* (het) uitgaan (van) **2** *(action de quitter la scène)* afgang *nm* **3** *(attaque verbale)* uitval (tegen) *nm* **4** *(action de sortir pour se distraire)* (het) uitgaan **5** *(fait de sortir du pays)* uitvoer *nm (uniquement sing.)* **6** *(somme dépensée)* uitgave *de* **7** *(action de s'écouler)* ontsnapping *nf* **8** *(issue)* uitgang *nm* **9** *(issue d'une autoroute)* afrit *nm* **10** *(issue d'un garage)* uitrit *nm* **11** *(output)* output *nm* ♦ **~ de bain** badmantel

sortilège *nm* tovermiddel *het*

[1]**sortir** *nm* ♦ **au ~ du lit** bij het opstaan; **au ~ de l'hiver** tegen het einde van de winter

[2]**sortir** *vi* **1** *(aller hors d'un lieu)* naar buiten komen (uit) **2** *(quitter une maison, une pièce)* weggaan, naar buiten gaan *(en dehors de la maison);* **sortez !** eruit! **3** *(se promener)* naar buiten gaan **4** *(se divertir)* uitgaan **5** *(s'échapper de; venir de; provenir de)* komen (uit) **6** *(aller hors du contenant normal)* raken (buiten); **cela m'est sorti de la tête** dat is me ontschoten **7** *(percer)* uitkomen, *(dents)* verschijnen, doorkomen; **que va-t-il en ~ ?** wat zal er uit voortkomen? **8** *(faire saillie de)* uitsteken (uit) **9** *(être livré au public)* uitkomen **10** *(paraître)* verschijnen **11** *(quitter)* komen (uit); **~ de table** van tafel opstaan **12** *(+ de) (quitter une occupation)* (iets) achter zich hebben; **je n'en sors pas** ik kom er niet mee klaar **13** *(+ de) (quitter un état)* (iets) achter de rug hebben; **~ d'affaire** zich uit de moeilijkheden redden; **~ de maladie** pas beter zijn van een ziekte; **en ~** zich eruit redden **14** *(ne pas faire partie de)* vallen (buiten); **~ d'un mauvais pas** zich uit een hachelijke situatie redden; **~ de l'ordinaire** anders dan anders zijn; **cela sort de ma compétence** dat valt buiten mijn bevoegdheid **15** *(avoir pour ascendance)* komen (uit), afstammen (van); **d'où sort-il ?** wat is dat voor een kinkel? **16** *(avoir été formé qqp)* afgestudeerd zijn (aan) **17** *(avoir été fait qqp)* vandaan komen (bij) **18** *(être le résultat d'un tirage)* uitkomen; **ce sujet est sorti à l'examen** dit onderwerp is als examenopgave gekozen

[3]sortir *vt* **1** *(mener dehors (des enfants))* naar buiten gaan met **2** *(mener dehors (un chien))* uitlaten **3** *(accompagner qqn au spectacle, etc.)* uitgaan met **4** *(tirer qqch de qqp)* halen (uit); **cela nous sortira de l'ordinaire** dat is weer eens wat anders **5** *(éliminer un concurrent)* uitschakelen; **se faire ~** zich laten uitschakelen **6** *(tirer d'un état)* halen (uit), helpen (uit), redden (uit) **7** *(dire)* eruit gooien; **se sortir** *vpr* ♦ **se ~ d'une situation** zich uit een situatie redden; **s'en ~** het te boven komen

SOS *nm* SOS-bericht *het*

sosie *nm* dubbelganger *nm*

sot, sotte *adj* dom; **le, la ~(te)** de dwaas; *(subst.)* **triple ~** driedubbele gek

sottise *nf* dwaasheid *nf*, stommiteit *nf*; **avoir la ~ de** zo dom zijn om

sou *nm* **1** *(plur.) (argent)* centen *plur*; **ça fait des ~s** dat brengt geld in het laatje; **être près de ses ~s** op zijn centen zitten **2** *(cinq centimes)* stuiver *nm*; **n'avoir pas le ~** geen rooie cent hebben; **pas ... pour un ~** helemaal niet ...; **de quatre ~s** geen stuiver waard; **sans un ~** zonder een rooie cent ♦ **il n'est pas méchant pour deux ~s** hij doet geen vlieg kwaad

soubassement *nm* grondslag *nm*, basis *nf (aussi au fig.)*

soubresaut *nm* **1** *(secousse)* schok *nm* **2** *(saut d'un cheval)* plotselinge sprong *nm*

souche *nf* **1** *(d'un tronc)* (boom)stronk *nm*; **dormir comme une ~** slapen als een blok **2** *(d'une plante)* wortelstok *nm* **3** *(origine d'une lignée)* stam(vader) *nm*; **de vieille ~** uit een oude familie **4** *(origine)* oorsprong *nm*

souci *nm* **1** *(inquiétude)* zorg *de*; **c'est le dernier de mes ~s** het zal me een zorg zijn; **se faire du ~** zich zorgen maken **2** *(fleur)* goudsbloem *de*

se soucier (de) *vpr* zich zorgen maken (over); **se ~ peu de** *(+ inf.)* weinig moeite doen om

soucieux, -euse *adj* **1** *(inquiet)* bezorgd **2** *(adj.; + de) (attentif)* bedacht (op)

soucoupe *nf* schoteltje *het*; **~ volante** vliegende schotel

soudain, -daine *adj* plots(eling)

Soudan *nm* Sudan *n*

soudanais, -aise *adj* Sudanees; **le, la Soudanais(e)** de Sudanees, Sudanese

soude *nf* **1** *(carbonate de sodium)* soda *de* **2** *(pharm., agric.)* natrium *het*

souder *vt* **1** *(assembler sans brasure)* lassen **2** *(braser)* solderen; **fer à ~** soldeerbout **3** *(joindre)* samenvoegen; **se souder** *vpr (s'unir)* samengroeien

soudeur, -euse *n* lasser *nm*

soudoyer *vt* (om)kopen

soudure *nf* **1** *(alliage)* soldeer(sel) *het/de (het)* **2** *(soudure autogène)* lassing *nf* **3** *(partie soudée)* lasnaad *nm* **4** *(raccord)* aaneenhechting *nf* ♦ **faire la ~** een overgangsperiode overbruggen

souffle *nm* **1** *(respiration)* adem *nm*; **être à bout de ~** buiten adem zijn; *(sports)* **avoir du ~** niet snel buiten adem raken; **couper le ~** de adem benemen; *(fig.)* paf doen staan; **avoir le ~ court** kortademig zijn; **d'un seul ~** in één adem **2** *(inspiration)* inspiratie *nf*; **second ~** opleving **3** *(bouffée)* zuchtje *het* **4** *(méd.)* geruis *het*; **avoir un ~ au cœur** hartgeruis hebben **5** *(phys.)* ruis *nm* **6** *(d'une explosion)* drukgolf *de*

soufflé, -ée *adj* **1** *(gonflé)* opgeblazen **2** *(abasourdi)* stomverbaasd ♦ *(cuis.)* **le ~** de soufflé

[1]souffler *vi* **1** *(action volontaire)* blazen **2** *(haleter)* hijgen **3** *(se reposer)* uitblazen **4** *(produire du vent)* blazen, waaien; **il soufflait une brise** er stond een briesje

[2]souffler *vt* **1** *(éteindre)* uitblazen **2** *(+ à) (piquer)* afpikken (van) **3** *(détruire)* door de drukgolf omverblazen **4** *(chuchoter)* fluisteren **5** *(dire discrètement)* voorzeggen *(à l'école)*, influisteren *(suggérer)* **6** *(stupéfier)* versteld doen staan **7** *(au théâtre)* souffleren

soufflet *nm* **1** *(pour attiser)* blaasbalg *nm* **2** *(partie pliante)* harmonica *nf (d'un train)*

souffleur, -euse *n* **1** *(au théâtre)* souf|-fleur, -fleuse *nm, nf* **2** *(ouvrier)* (glas)blazer *nm*

souffrance *nf* leed *het (uniquement sing.)*

souffrant, -ante *adj* onwel, ziek

souffre-douleur *nm* zondebok *nm*

[1]souffrir (de) *vi* **1** *(avoir mal (partie du corps))* pijn hebben (aan); **~ du cœur** hartpatiënt zijn **2** *(avoir mal (cause))* lijden (van) **3** *(avoir une maladie)* lijden (aan) **4** *(avoir des douleurs morales)* verdriet hebben (van, over), lijden (onder)

[2]souffrir *vt* **1** *(supporter)* verdragen; **ne pas pouvoir ~ qqn** iemand niet kunnen uitstaan; **il ne peut pas ~ l'odeur du fromage** hij kan die kaaslucht niet verdragen **2** *(permettre)* dulden; **ne pas pouvoir ~ (que, de)** het niet kunnen hebben (dat), er niet tegen kunnen (om)

soufre *nm* zwavel *nm*; *(fig.)* **sentir le ~** naar ketterij rieken

souhait *nm* wens *nm*; **à ~** naar wens *(comme on souhaite)*; buitengewoon *(très)*; **à vos ~s !** gezondheid!; **~s de bonne année** nieuwjaarswensen

souhaitable *adj* wenselijk

souhaiter *vt* wensen

souiller *vt* bezoedelen

soûl, soûle *adj* **1** *(ivre)* zat, bezopen **2** *(repu)* verzadigd; *(subst.)* **tout son ~** ↓ zoveel als je kunt, naar hartenlust

soulagement *nm* **1** *(adoucissement)* verlichting *nf* **2** *(apaisement)* opluchting *nf*

soulager *vt* **1** *(décharger)* verlichten **2** *(apaiser) (sentiments)* doen afnemen, wegnemen **3** *(aider)* helpen; **se soula-**

ger *vpr (satisfaire un besoin naturel)* zijn behoefte doen

soûler *vt* 1 *(enivrer)* zat voeren 2 *(griser)* het hoofd op hol brengen 3 *(ennuyer)* vervelen; **se soûler (de)** *vpr (s'enivrer de)* zich bezatten (met), *(fig.)* ↑ in vervoering geraken (door)

soulèvement *nm* 1 *(fait de se soulever)* opheffing *nf* 2 *(émeute)* opstand *nm* ◆ ~ de cœur misselijkheid

soulever *vt* 1 *(lever)* optillen 2 *(faire s'élever)* opjagen, doen opwaaien *(la poussière)*, opzwepen *(les vagues)* 3 *(inciter à la révolte)* opruien 4 *(causer)* (op)wekken 5 *(mettre sur le tapis)* aan de orde stellen, opwerpen; **se soulever** *vpr* 1 *(s'élever)* zich opheffen 2 *(se révolter)* in opstand komen

soulier *nm* schoen *nm;* être dans ses petits ~s in de knel zitten

souligner *vt* onderstrepen *(aussi au fig.)*

soumettre *vt* 1 *(assujettir à)* onderwerpen (aan) 2 *(proposer à)* voorleggen (aan); **se soumettre (à)** *vpr (s'assujettir à)* zich onderwerpen (aan)

soumis, -ise *adj* onderworpen

soumission *nf* 1 *(docilité)* onderworpenheid *nf* 2 *(action de (faire) obéir)* onderwerping *nf* 3 *(jur.)* inschrijving *nf*

soupape *nf* klep *de;* ~ de sûreté veiligheidsklep; *(fig.)* uitlaatklep

soupçon *nm* 1 *(suspicion)* verdenking *nf;* être au-dessus de tout ~ boven elke verdenking verheven zijn 2 *(idée, pressentiment)* vermoeden *het* 3 *(apparence; petite quantité)* schijn *nm;* pas un ~ d'ironie geen spoor van ironie

soupçonner *vt* 1 *(suspecter de)* verdenken (van) 2 *(pressentir)* vermoeden

soupçonneux, -euse *adj* achterdochtig

soupe *nf* 1 *(cuis.)* soep *de;* à la ~ ! aan tafel! 2 *(rata)* rats *de;* ~ populaire (volks)gaarkeuken *(lieu)* ◆ elle est ~ au lait zij is opvliegend

[1]**souper** *nm* 1 *(repas tardif)* souper *het* 2 *(f.B.) (repas du soir)* avondmaaltijd *nm*

[2]**souper** *vi* 1 *(prendre un repas tardif)* souperen 2 *(f.B.) (prendre le repas du soir)* de avondmaaltijd gebruiken

soupeser *vt* 1 *(pour juger du poids)* (op de hand) wegen 2 *(évaluer)* afwegen

soupière *nf* soepterrine *nf*

soupir *nm* zucht *nm*

soupirail *nm* kelderraam *het*

soupirant *nm* aanbidder *nm*

[1]**soupirer** *vi (pousser un soupir)* zuchten; ~ après qqch naar iets smachten, snakken

[2]**soupirer** *vt (dire en soupirant)* verzuchten

souple *adj* soepel, lenig

souplesse *nf* soepelheid *nf,* lenigheid *nf;* en ~ lenig

source *nf* bron *de (aussi au fig.);* tenir qqch de bonne ~ iets uit goede bron hebben; *(fig.)* couler de ~ vanzelf spreken; ~ lumineuse lichtbron; prendre sa ~ ontspringen, ontstaan; de ~ sûre uit betrouwbare bron

sourcil *nm* wenkbrauw *de;* froncer les ~s zijn wenkbrauwen fronsen

sourciller *vi* de wenkbrauwen fronsen; sans ~ zonder een spier te vertrekken

sourd, sourde *adj* 1 *(mal entendant)* doof; être, rester ~ à qqch doof zijn voor iets; le, la ~(e) de dove 2 *(peu sonore)* dof 3 *(vague)* stil, ingehouden; colère ~e ingehouden woede; douleur ~e vage pijn

sourdine *nf* demper *nm;* en ~ gedempt; mettre une ~ à temperen

sourd-muet, sourde-muette *n* doofstomme *nm*

souriant, -ante *adj* glimlachend; être ~ vriendelijk zijn

souricière *nf* 1 *(piège à souris)* muizenval *de* 2 *(traquenard)* valstrik *nm*

[1]**sourire** *nm* glimlach *nm;* avoir le ~ tevreden zijn

[2]**sourire** *vi* 1 *(faire un sourire)* glimlachen (tegen); ~ à qqn tegen iemand glimlachen 2 *(être favorable)* (iemand) toelachen; la chance lui sourit het geluk lacht hem, haar toe

souris *nf* 1 *(animal; aussi inform.)* muis *de* 2 *(jeune fille, femme)* grietje *het (f)*

sournois, -oise *adj* geniepig

sournoiserie *nf* geniepigheid *nf*

sous *prép* 1 *(position en bas; subordination; pendant le règne de)* onder; ~ clef achter slot; ~ enveloppe in een enveloppe; ~ (la) main bij de hand; ~ Napoléon onder, tijdens Napoleon; ~ la pluie in de regen 2 *(d'ici ...)* binnen; ~ huitaine, quinzaine binnen een week, veertien dagen; ~ peu (de temps) binnenkort ◆ ~ son air sévère achter zijn, haar strenge uiterlijk

sous-alimentation *nf* ondervoeding *nf*

sous-alimenté, -ée *adj* ondervoed

sous-bois *nm* onderhout *het*

sous-chef *nm* souschef *nm,* plaatsvervangend chef *nm*

souscripteur, -trice *n* 1 *(d'une publication)* intekenaar(ster) *nm (nf)* 2 *(d'un billet à ordre)* ondertekenaar(ster) *nm (nf)* 3 *(d'un emprunt, de titres)* inschrijver, inschrijfster *nm, nf*

souscription *nf* 1 *(à une publication)* intekening *nf* 2 *(à un emprunt, de titres)* inschrijving *nf* 3 *(somme)* inschrijvingsbedrag *het* 4 *(d'un billet à ordre)* ondertekening *nf*

[1]**souscrire (à)** *vi* 1 *(s'engager à payer)* intekenen (op) *(un abonnement),* inschrijven (op) *(un emprunt, un billet à ordre)* 2 *(consentir à)* toestemmen (in)

[2]**souscrire** *vt* ◆ ~ un abonnement een abonnement nemen

sous-développé, -ée *adj* onderontwikkeld

sous-développement *nm* onderontwikkeling *nf*

sous-directeur, -trice *n* onderdirec|teur, -trice *nm, nf*

sous-effectif *nm* onderbezetting *nf,* personeelstekort *het*
sous-emploi *nm* onderbezetting *nf* van de economie
sous-employé *adj* niet optimaal tewerkgesteld
sous-entendre *vt* laten doorschemeren
sous-entendu *adj* niet uitdrukkelijk gezegd; le ~ de (bedekte) toespeling
sous-estimer *vt* onderschatten
sous-exposer *vt* onderbelichten
sous-jacent, -ente *adj* onderliggend
sous-locataire *n* onder|huurder, -huurster *nm, nf*
sous-location *nf* 1 *(prise à qqn)* onderhuur *de* 2 *(donnée à qqn)* onderverhuring *nf*
sous-louer *vt* 1 *(prendre en sous-location)* onderhuren (van) 2 *(donner en sous-location)* onderverhuren (aan)
sous-main *nm* onderlegger *nm*
sous-marin, -ine *adj* onderzees; le ~ de onderzeeër, duikboot
sous-munition *nf* clustermunitie *nf;* bombe à ~s clusterbom
sous-officier *nm* onderofficier *nm*
sous-payer *vt* onderbetalen
sous-préfecture *nf* onderprefectuur *nf (en France)*
sous-production *nf* onderproductie *nf*
sous-produit *nm* bijproduct *het*
sous-représenté, -ée *adj* ondervertegenwoordigd
soussigné, -ée *adj* ondertekend; je ~(e) déclare ondergetekende verklaart; les ~(e)s ondergetekenden *(sans article)*
sous-sol *nm* kelderverdieping *nf*
sous-titre *nm* ondertitel *nm*
sous-titrer *vt* ondertitelen
soustraction *nf* 1 *(math.)* aftrekking *nf* 2 *(vol)* ontvreemding *nf*
soustraire *vt* 1 *(+ de) (math.)* aftrekken (van) 2 *(+ à) (voler qqch à)* (iets) ontvreemden 3 *(+ à) (faire échapper à)* onttrekken (aan); **se soustraire** (à) *vpr (échapper à)* zich onttrekken (aan)
sous-traitance *nf* 1 *(rôle du sous-traitant)* onderaanneming *nf* 2 *(travail pour l'entrepreneur principal)* toelevering *nf*
sous-traitant, -ante *n* onderaannemer *nm;* société ~e onderaannemer
sous-traiter *vt* 1 *(faire appel à un sous-traitant)* onderaanbesteden 2 *(devenir sous-traitant pour)* toeleverancier worden voor
sous-verre *nm (f.B.)* onderzetter *nm*
sous-vêtement *nm* stuk *het* ondergoed; ~s de femme (dames)lingerie
soutane *nf* soutane *de*
soute *nf* ruim *het;* ~ à bagages bagageruimte; ~ à charbon kolenbunker
souteneur *nm* souteneur *nm*
soutenir *vt* 1 *(porter, maintenir debout)* (onder)steunen 2 *(maintenir)* volhouden 3 *(aider)* (onder)steunen; ~ une famille een gezin onderhouden 4 *(soutenir sans fléchir)* doorstaan 5 *(affirmer)* staande houden; ~ une thèse een proefschrift verdedigen; **se soutenir** *vpr* 1 *(se maintenir)* zich staande houden 2 *(s'entraider)* elkaar helpen ♦ cela peut se ~ dat valt te verdedigen
soutenu, -ue *adj* 1 *(constant)* aanhoudend 2 *(élevé)* verheven 3 *(prononcé)* duidelijk
souterrain, -aine *adj* 1 *(sous terre)* onderaards, ondergronds; le ~ de onderaardse gang 2 *(caché)* ondergronds, heimelijk
soutien *nm* 1 *(étai)* steun *nm,* stut *nm* 2 *(aide)* steun *nm* 3 *(personne qui soutient)* steunpilaar *nm*
soutien-gorge *nm* beha *nm,* bustehouder *nm*
soutirer *vt* aftroggelen
1**souvenir** *nm* 1 *(mémoire; réminiscence)* herinnering (aan) *nf;* avoir ~ de qqch zich iets herinneren; en ~ (de) als aandenken (aan); en ~ de qqn ter herinnering aan iemand 2 *(objet)* souvenir (van) *het,* aandenken (aan) *het*
2**se souvenir** (de) *vpr (se rappeler)* zich (iets, iemand) herinneren; je m'en souviens ik herinner het mij; il s'en souviendra het zal hem heugen; autant que je m'en souviens, souvienne voor zover ik mij herinner
souvent *adv* vaak; le plus ~ meestal
souverain, -aine *adj* soeverein, oppermachtig; le, la ~(e) de vorst(in); *(fig.)* de heerser(es)
souveraineté *nf* soevereiniteit *nf*
soviet *nm (hist.)* sovjet *nm;* le Soviet suprême de Opperste Sovjet
soviétique *adj (hist.)* sovjet-; les Soviétiques de Sovjets, Russen; Union ~ USSR, Sovjet-Unie
soyeux, -euse *adj* zijdeachtig
spacieux, -euse *adj* ruim
spam *nm* spam *de*
sparadrap *nm* hechtpleister *de*
spasme *nm* spasme *het,* (spier)kramp *de*
spasmodique *adj* spasmodisch, krampachtig
spatial, -ale *adj* 1 *(cosmique)* ruimte- 2 *(non temporel)* ruimtelijk
spatule *nf* spatel *de (aussi méd.)*
speaker *nm* omroeper *nm*
speakerine *nf* omroepster *nf*
spécial, -ale *adj* 1 *(non général; extraordinaire)* bijzonder; *(adv.)* spécialement met name, in het bijzonder 2 *(particulier à)* speciaal (voor) ♦ c'est un peu ~ *(singulier)* dat is een beetje vreemd
spécialisation *nf* specialisatie *nf*
se spécialiser (dans) *vpr* zich specialiseren (in)
spécialiste *n* specialist(e) *nm (nf)* (in) *(aussi méd.)*
spécialité *nf* 1 *(production particulière; plat)* specialiteit *nf* 2 *(discipline)* specialisme *het*

spécification *nf* specificatie *nf*
spécificité *nf* specifiek karakter *het*
spécifier *vt* specificeren
spécifique *adj* specifiek (voor)
spécimen *nm* **1** *(exemple)* specimen *het* **2** *(exemplaire d'une publication)* proefexemplaar *het*
spectacle *nm* **1** *(tableau)* aanblik (van) *nm;* **au ~ de** bij het zien van **2** *(représentation)* (toneel)voorstelling *nf* **3** *(show-business)* showbusiness *nm* ♦ **se donner, s'offrir en ~** te kijk staan
spectaculaire *adj* spectaculair, opzienbarend
spectateur, -trice *n* **1** *(observateur; membre du public)* toeschouw(st)er *nm (nf)* **2** *(téléspectateur)* kijk(st)er *nm (nf)*
spectre *nm* **1** *(fantôme; personne maigre)* spook *het* **2** *(perspective menaçante)* spookbeeld *het* **3** *(phys.)* spectrum *het*
spéculateur, -trice *n* speculant(e) *nm (nf)*
spéculation *nf* **1** *(considération théorique)* theoretische beschouwing *nf* **2** *(opération commerciale)* speculatie *nf*
spéculer *vi* speculeren (op)
spéculoos *nm* **1** speculaasje *het* **2** speculoos *het/de (m) (Belg.n.)*
spéléologie *nf* speleologie *nf*
spéléologue *n* speleo|loog, -loge *nm, nf*
sperme *nm* sperma *het*
spermicide *adj* zaaddodend; **le ~** het zaaddodende middel
sphère *nf* **1** *(boule; globe)* bol *nm* **2** *(champ)* sfeer *de;* **~ d'influence** invloedssfeer, machtssfeer
sphérique *adj* bolvormig
sphincter *nm* sluitspier *de*
sphinx *nm* sfinx *nm*
spirale *nf* spiraal *de;* **en ~** spiraalsgewijs
spiritisme *nm* spiritisme *het*
spiritualité *nf* **1** *(immatérialité)* geestelijk karakter *het* **2** *(vie spirituelle)* spiritualiteit *nf*
spirituel, -elle *adj* **1** *(immatériel; moral; relatif à l'âme)* geestelijk, spiritueel; **le ~** het geestelijke **2** *(fin, malicieux)* geestig
spiritueux, -euse *adj* sterk; **le ~** de sterkedrank; *(plur.)* de spiritualiën, het gedistilleerd
splendeur *nf* pracht *de,* glans *nm*
splendide *adj* prachtig
spolier *vt* beroven
spongieux, -euse *adj* sponsachtig
sponsor *nm* sponsor *nm*
sponsoriser *vt* sponsoren
spontané, -ée *adj* spontaan
spontanéité *nf* spontaniteit *nf*
sporadique *adj* sporadisch
sport *nm* sport *de;* **chaussures de ~** sportschoenen; **~ d'endurance** duursport; **faire du ~** aan sport doen; **aller aux ~s d'hiver** met, op wintersport gaan
sportif, -ive *adj* **1** *(relatif au sport)* sport-; **le ~** de sportman *(qui pratique);* de sportliefhebber *(qui aime)* **2** *(beau joueur)* sportief
spot *nm* **1** *(publicité)* spot *nm;* **~ publicitaire** reclamespot **2** *(projecteur)* spot *nm,* spotlight *het*
spray *nm* verstuiver *nm,* spray *nm;* **en ~** in sprayvorm
sprint *nm* **1** *(fin de course)* eindspurt *nm* **2** *(course de vitesse)* sprint *nm*
sprinter *vi* **1** *(foncer)* spurten **2** *(sports)* een eindspurt inzetten
square *nm* plantsoen(tje) *het*
squat *nm* **1** *(fait de squatter)* (het) kraken **2** *(immeuble squatté)* kraakpand *het*
squatter *vt* kraken
squelette *nm* skelet *het,* geraamte *het (aussi au fig.)*
squelettique *adj* **1** *(relatif au squelette)* skelet- **2** *(très maigre)* skeletachtig
Sri Lanka *nm* Sri Lanka *n (sans art.)*
sri-lankais, -aise *adj* Sri Lankaans; **le, la Sri-Lankais(e)** de Sri Lankaan(se)
stabilisateur, -trice *adj* stabiliserend; *(d'un véhicule)* **le ~** de (rij)stabilisator
stabilisation *nf* stabilisatie *nf*
stabiliser *vt* stabiliseren; **se stabiliser** *vpr* zich stabiliseren
stabilité *nf* stabiliteit *nf*
stable *adj* stabiel
stade *nm* **1** *(terrain de sport)* stadion *het* **2** *(phase)* stadium *het*
stage *nm* **1** *(période d'études pratiques)* stage *nf;* **faire un ~** stage lopen **2** *(de perfectionnement)* (bijscholings)cursus *nm*
stagiaire *n* stagiair(e) *nm (nf)*
stagnant, -ante *adj* stagnerend; **eaux ~es** stilstaand water
stagnation *nf* stagnatie *nf*
stagner *vi* **1** *(fluides)* stilstaan **2** *(ne plus avancer)* stagneren
stalactite *nf* stalactiet *nm*
stalagmite *nf* stalagmiet *nm*
stand *nm* **1** *(d'une exposition)* stand *nm* **2** *(de tir)* schietbaan *de;* **~ de tir** schiettent
¹standard *nm* **1** *(d'un réseau téléphonique)* telefooncentrale *de* **2** *(type)* standaard *nm*
²standard *adj* **1** *(conforme à un type)* standaard- **2** *(sans originalité)* stereotiep
standardisation *nf* standaardisatie *nf (résultat),* standaardisering *nf (action)*
standardiser *vt* **1** *(normaliser)* standaardiseren **2** *(uniformiser)* eenvormig maken
standardiste *n* telefonist(e) *nm (nf)*
standing *nm* **1** *(prestige social)* standing *de* **2** *(luxe)* luxe *nm;* **de (grand) ~** luxe-
star *nf* (film)ster *de*
starter *nm* choke *nm*
station *nf* **1** *(fait de s'arrêter)* halte *de;* **faire de nombreuses ~s** vaak pauzeren **2** *(de transports en commun)* halte(plaats) *de* **3** *(installation)* post *nm* **4** *(ville)* plaats *de;* **~ balnéaire** badplaats, *(Belg.)* badstad; **~ thermale** kuuroord **5** *(position)* houding *nf;* **la ~ debout lui**

est pénible hij, zij kan niet lang staan; ~ horizontale, verticale horizontale, verticale stand ♦ ~ de radio radiostation
stationnaire *adj* stilstaand, stationair
stationnement *nm* 1 *(de véhicules)* (het) parkeren; ~ interdit verboden te parkeren 2 *(milit.)* (het) gelegerd zijn
stationner *vi* 1 *(véhicules)* parkeren 2 *(mar., milit.)* gestationeerd zijn
station-service *nf* benzinestation *het*
statique *adj* statisch
statistique *adj* statistisch; la ~ de statistiek
statue *nf* (stand)beeld *het*
statuer (sur) *vi* een uitspraak doen (over)
statu quo *nm* status quo *het/de (m)*
stature *nf* 1 *(du corps)* gestalte *nf* 2 *(importance)* formaat *het*
statut *nm* 1 *(ensemble de règlements)* statuut *het* 2 *(situation légale, sociale)* status *nm* 3 *(plur.) (d'une association)* statuten *plur*
steak *nm* biefstuk *nm*
stencil *nm* stencil *het/de (m)*
sténodactylo *n* stenotypist(e) *nm (nf)*
sténo(graphie) *nf* steno(grafie) *het/de (nf)*
stéréo(phonie) *nf* stereo(fonie) *nf;* en ~ stereo(fonisch)
stéréophonique *adj* stereofonisch, stereo-
stéréotype *nm* stereotiep *het,* cliché *het*
stéréotypé, -ée *adj* stereotiep
stérile *adj* 1 *(infécond; improductif)* onvruchtbaar 2 *(vain)* vruchteloos 3 *(exempt de germes)* steriel
stérilet *nm* spiraaltje *het*
stérilisation *nf* 1 *(suppression de la fécondité)* sterilisatie *nf* 2 *(suppression des germes)* (het) steriliseren
stériliser *vt* steriliseren
stérilité *nf* 1 *(absence de germes)* steriliteit *nf* 2 *(infécondité)* onvruchtbaarheid *nf (aussi au fig.)* 3 *(absence de résultats)* vruchteloosheid *nf*
sternum *nm* borstbeen *het*
stéthoscope *nm* stethoscoop *nm*
steward *nm* steward *nm*
stigmate *nm* 1 *(cicatrice)* litteken *het,* stigma *het (du Christ)* 2 *(marque)* merkteken *het*
stigmatiser *vt* stigmatiseren, brandmerken
stimulant, -ante *adj* stimulerend; le ~ het stimulerende middel; *(fig.)* de stimulans
stimulateur, -trice *adj* stimulerend; le ~ cardiaque de pacemaker
stimulation *nf* stimulering *nf*
stimuler *vt* stimuleren; ~ qqn iemand aansporen
stipulation *nf (jur.)* beding *het*
stipuler *vt* 1 *(jur.)* bedingen 2 *(préciser)* nadrukkelijk stellen (dat)
stock *nm* voorraad *nm*
stockage *nm* (goederen)opslag *nm*
stocker *vt* opslaan *(aussi inform.)*
stoïque *adj* stoïcijns
stop *nm* 1 *(panneau)* stopbord *het* 2 *(feu de signalisation)* stoplicht *het* 3 *(d'automobile)* remlicht *het* 4 *(autostop)* (het) liften; en ~ liftend; faire du ~ liften
stop! *interj* stop!
[1]**stopper** *vi* stoppen
[2]**stopper** *vt* stoppen
store *nm* 1 *(extérieur)* markies *de, (Belg.)* zonnetent *de* 2 *(intérieur)* rolgordijn *het/de;* ~ vénitien jaloezie
strabisme *nm* (het) scheelzien
strapontin *nm* 1 *(siège)* klapstoeltje *het* 2 *(place secondaire)* tweederangs plaats *de*
stratagème *nm* (krijgs)list *de*
stratège *nm* strateeg *nm*
stratégie *nf* strategie *nf*
stratégique *adj* strategisch
stratifié, -ée *adj* gelaagd
stress *nm* stress *nm*
stresser *vt* stress veroorzaken bij; être stressé onder stress staan, gestrest zijn
strict, stricte *adj* strikt; c'est son droit (le plus) ~ dat is zijn, haar goed recht; le ~ minimum het allernoodzakelijkste; ~e vérité zuivere waarheid
strident, -ente *adj* schril
strie *nf* 1 *(ligne)* streep *de* 2 *(sillon)* groef *de*
strier *vt* strepen
striptease *nm* striptease *nm;* faire du ~ strippen
stripteaseuse *nf* stripteasedanseres *nf*
strophe *nf* strofe *de*
structural, -ale *adj* structureel
structure *nf* structuur *nf,* (op)bouw *nm;* ~s d'accueil voorzieningen *(plur.);* infrastructuur *(sing.)*
structurel, -elle *adj* structureel
structurer *vt* structureren
stuc *nm* stuc *het*
studieux, -euse *adj* ijverig
studio *nm* 1 *(appartement)* eenkamerflat *nm* 2 *(d'enregistrement)* studio *nm* 3 *(atelier)* studio *nm* 4 *(salle pour cinéphiles)* filmhuis *het;* ~ (d'art et) d'essai filmhuis
stupéfaction *nf* stomme verbazing *nf*
stupéfait, -aite *adj* stomverbaasd
[1]**stupéfiant** *nm* verdovend middel *het;* trafic de ~s handel in verdovende middelen
[2]**stupéfiant, -ante** *adj* verbluffend
stupéfier *vt* verbluffen
stupeur *nf* verbijstering *nf*
stupide *adj* 1 *(bête)* dom 2 *(absurde)* idioot
stupidité *nf* 1 *(manque d'intelligence)* domheid *nf* 2 *(acte; parole)* stommiteit *nf*
style *nm* stijl *nm;* ~ direct, indirect directe, indirecte rede; en ~ télégraphique in telegramstijl; meubles de ~ stijlmeubelen; ~

soutenu verheven stijl; ~ de vie leefstijl, lifestyle

stylé, -ée *adj* stijlvol

styler *vt* stileren

styliser *vt* stileren

styliste *n* designer *nm,* vorm|gever, -geefster *nm, nf*

stylo *nm* vulpen *de;* ~ à bille balpen

stylo-bille *nm* balpen *de*

stylo-feutre *nm* viltstift *nm*

su *nm* ♦ au ~ (de qqn) met medeweten (van iemand)

suant, suante *adj* 1 *(transpirant)* zwetend 2 *(ennuyeux)* vervelend

suave *adj* zacht

subalterne *adj* ondergeschikt (aan); être le ~ de qqn iemands ondergeschikte zijn

subconscient, -iente *adj* onderbewust; le ~ het onderbewustzijn

subdiviser *vt* onderverdelen (in)

subdivision *nf* onderverdeling (in) *nf*

subir *vt* 1 *(être l'objet de)* ondergaan; ~ le charme de qqn in de ban van iemand zijn; ~ des dégâts schade lijden *(uniquement sing.)* 2 *(supporter)* dulden

subit, -ite *adj* plotseling

subjectif, -ive *adj* subjectief

subjectivité *nf* subjectiviteit *nf*

subjonctif *nm* aanvoegende wijs *de,* conjunctief *nm*

subjuguer *vt* 1 *(fasciner)* fascineren 2 *(soumettre)* onderwerpen

sublime *adj* subliem; elle a été ~ zij was groots

sublimer *vt* sublimeren

submerger *vt* 1 *(inonder)* overstromen 2 *(envahir complètement)* bedelven (onder), overweldigen (door); il est submergé de travail hij zit tot over zijn oren in het werk; je suis complètement submergé ik kom er niet meer uit

submersible *adj* onderwater-; le ~ de onderzeeër

submersion *nf* overstroming *nf*

subordination *nf* ondergeschiktheid (aan) *nf*

subordonné, -ée *adj* ondergeschikt, afhankelijk; *(ling.)* la ~e de bijzin; le, la ~(e) de ondergeschikte

subordonner *vt* 1 *(placer sous l'autorité de; soumettre à)* onderschikken (aan) 2 *(+ à) (faire dépendre de)* doen afhangen (van); être subordonné à afhangen van

subreptice *adj* steels

subside *nm* subsidie *het/de (f), (Belg.)* betoelaging *nf*

subsidiaire *adj* 1 *(accessoire)* bijkomend; question ~ schiftingsvraag 2 *(jur.)* subsidiair

subsistance *nf* (levens)onderhoud *het*

subsister *vi* 1 *(qqch)* blijven bestaan; il ne subsiste que quelques ruines er zijn alleen nog maar enkele ruïnes over 2 *(qqn)* in zijn onderhoud voorzien

substance *nf* substantie *nf* ♦ en ~ in hoofdzaak

substantiel, -elle *adj* 1 *(essentiel)* wezenlijk *(aussi philo.)* 2 *(important)* aanzienlijk 3 *(nourrissant)* voedzaam

substantif *nm* zelfstandig naamwoord *het*

substituer (à) *vt* in de plaats stellen (van); se substituer (à) *vpr* de plaats innemen (van)

substitut *nm* 1 *(jur.)* substituut-officier *nm* van justitie 2 *(ce qui remplace qqch)* substituut *het*

substitution *nf* vervanging *nf;* ~ d'enfant onderschuiving van een kind

subterfuge *nm* uitvlucht *de,* list *de*

subtil, -ile *adj* 1 *(dit ou fait avec finesse)* spitsvondig 2 *(perspicace)* fijnzinnig 3 *(difficile à percevoir)* fijn, licht *(parfum)*

subtiliser *vt* achteroverdrukken

subtilité *nf* 1 *(d'une personne)* scherpzinnigheid *nf* 2 *(souvent plur.) (pensée, parole, nuance subtile)* spitsvondigheden *plur*

subvenir (à) *vi* voorzien (in)

subvention *nf* subsidie *het/de (f), (Belg.)* betoelaging *nf*

subventionner *vt* subsidiëren, *(Belg.)* betoelagen

subversif, -ive *adj* subversief

subversion *nf* omverwerping *nf*

suc *nm* 1 *(liquide)* sap *het* 2 *(fig.) (l'essentiel)* merg *het*

succédané *nm* 1 *(méd.)* vervangingsmiddel *het* 2 *(ersatz)* surrogaat *het*

[1]**succéder (à)** *vi* 1 *(venir après qqn, qqch)* opvolgen 2 *(hériter de)* erven (van)

[2]**se succéder** *vpr (venir l'un après l'autre)* elkaar opvolgen

succès *nm* succes *het;* à ~ succesrijk, succes-; *(en vain)* sans ~ tevergeefs

successeur *nm* 1 *(personne qui succède à qqn)* opvolger *nm* 2 *(héritier)* erfgenaam *nm*

successif, -ive *adj* achtereenvolgend

succession *nf* 1 *(enchaînement; suite de choses)* opeenvolging *nf* 2 *(fait de succéder à qqn)* opvolging *nf;* prendre la ~ de qqn iemand opvolgen 3 *(héritage)* erfenis *nf*

successivement *adv* achtereenvolgens

succinct, -incte *adj* beknopt

succomber *vi* 1 *(+ à) (mourir)* bezwijken (aan) 2 *(+ à) (céder à)* bezwijken (onder) 3 *(+ sous) (être vaincu; s'affaisser sous)* bezwijken (onder)

succulent, -ente *adj* zalig

succursale *nf* filiaal *het*

sucer *vt* zuigen, uitzuigen *(aussi au fig.)*

sucette *nf* lolly *nm*

sucre *nm* 1 *(saccharose)* suiker *nm;* ~ cristallisé kristalsuiker; ~ glace poedersuiker; morceau de ~ suikerklontje; (bâton de) ~ d'orge zuurstok; ~ semoule poedersuiker 2 *(morceau de sucre)* suikerklontje *het*

♦ casser du ~ sur le dos de qqn kwaadspreken over iemand

sucré, -ée *adj* 1 *(goût)* zoet 2 *(fig.) (doucereux)* suikerzoet

sucrer *vt* 1 *(additionner de sucre)* suiker toevoegen aan 2 *(donner une saveur sucrée à)* zoeten

sucrerie *nf* 1 *(raffinerie)* suikerfabriek *nf* 2 *(plur.) (friandises)* suikergoed *het (sing.)*

sucrette *nf* zoetje *het*

sucrier, -ière *adj* suiker-; le ~ de suikerpot; le ~ verseur de suikerstrooier

sud *nm* zuiden *het;* au ~ de ten zuiden van; dans le Sud de l'Europe in het zuiden van Europa, in Zuid-Europa; immeuble exposé au ~ flat op het zuiden; le Sud de la France Zuid-Frankrijk

sud-africain, -aine *adj* Zuid-Afrikaans; le, la Sud-Africain(e) de Zuid-Afrikaan(se)

sud-américain, -aine *adj* Zuid-Amerikaans; le, la Sud-Américain(e) de Zuid-Amerikaan(se)

sud-coréen, -enne *adj* Zuid-Koreaans; le, la Sud-Coréen(ne) de Zuid-Koreaan(se)

Sud-Soudan *nm* Zuid-Sudan *n (sans art.)*

sud-soudanais, -aise *adj* Zuid-Sudanees; le, la Sud-Soudanais(e) de Zuid-Sudanees, Zuid-Sudanese

suédé, -ée *adj* ♦ (cuir) ~ suède; (tissu) ~ suèdine

Suède *nf* Zweden *n (sans art.)*

suédois, -oise *adj* Zweeds; le ~ het Zweeds; le, la Suédois(e) de Zweed(se)

[1]**suer** *vi (transpirer)* zweten ♦ *(fig.)* se faire ~ zich stierlijk vervelen; *(fig.)* faire ~ qqn iemand op de zenuwen werken

[2]**suer** *vt* 1 *(exsuder)* (uit)zweten 2 *(fig.) (exhaler)* uitstralen

sueur *nf* zweet *het;* cela me donne des ~s froides het klamme zweet breekt me uit; en ~ bezweet

[1]**suffire** *vi* voldoende zijn; ça suffit comme ça ! zo is het genoeg!; (cela) suffit dat is voldoende; cela me suffit ik heb genoeg; il suffit d'un rien er is slechts een klein beetje nodig; il suffit d'une fois één keer is voldoende

[2]**se suffire** *vpr* in eigen behoeften voorzien; se ~ à soi-même aan zichzelf genoeg hebben

suffisance *nf* verwaandheid *nf* ♦ en ~ in voldoende hoeveelheid

suffisant, -ante *adj* 1 *(qui suffit)* voldoende; avoir des notes ~es voldoendes hebben 2 *(présomptueux)* ingebeeld

suffixe *nm* suffix *het,* achtervoegsel *het*

suffocant, -ante *adj* 1 *(étouffant)* verstikkend 2 *(stupéfiant)* onthutsend

suffocation *nf* 1 *(oppression)* (aanval *nm* van) benauwdheid *nf* 2 *(asphyxie)* verstikking *nf*

[1]**suffoquer** *vi (respirer avec difficulté)* naar adem snakken

[2]**suffoquer** *vt* 1 *(empêcher de respirer)* verstikken 2 *(estomaquer)* verstomd doen staan

suffrage *nm* 1 *(voix)* stem *de* 2 *(vote)* stemming *nf;* ~ universel algemeen kiesrecht 3 *(approbation)* bijval *nm;* remporter tous les ~s alle bijval oogsten

suggérer *vt* 1 *(inspirer; proposer)* suggereren 2 *(évoquer)* doen denken aan

suggestif, -ive *adj* 1 *(évocateur)* suggestief 2 *(érotique)* (zinnen)prikkelend

suggestion *nf* suggestie *nf;* sur la ~ de op voorstel van

suicidaire *adj* 1 *(relatif au suicide)* zelfmoord-; un(e) ~ iemand met zelfmoordplannen 2 *(voué à l'échec)* tot mislukking gedoemd

suicide *nm* zelfmoord *de*

suicidé, -ée *n* zelfmoorde|naar, -nares *nm, nf*

se suicider *vpr* zelfmoord plegen

suie *nf* roet *het*

suintement *nm* (door)sijpeling *nf*

suinter *vi* (door)sijpelen

[1]**suisse** *nm* 1 *(au Vatican)* soldaat *nm* van de Zwitserse garde 2 *(bedeau)* kerkbewaarder *nm* ♦ boire en ~ op z'n eentje drinken

[2]**suisse** *adj* Zwitsers; Confédération ~ Zwitsers Eedgenootschap; la Suisse Zwitserland; le Suisse de Zwitser; la Suisse(sse) de Zwitserse ♦ garde (pontificale) ~ pauselijke garde

suite *nf* 1 *((situation de) ce qui suit)* vervolg *het; (derrière)* à la ~ de achter; deux coups furent tirés à la ~ er werd tweemaal achtereen geschoten; attendre la ~ afwachten hoe het verdergaat; par la ~ later, in het vervolg; faire ~ à volgen op, komen na; prendre la ~ de qqn iemand opvolgen; la ~ au prochain numéro wordt vervolgd 2 *(escorte)* gevolg *het* 3 *(conséquence)* consequentie *nf;* ce projet n'a pas eu de ~s dit plan is niet ten uitvoer gebracht; (comme) ~ à votre lettre in antwoord op uw schrijven; à la ~ de, par ~ de ten gevolge van 4 *(liaison)* logica *nf;* avoir de la ~ dans les idées *(aussi iron.)* op zijn stuk blijven staan; des propos sans ~ onsamenhangende woorden 5 *(série)* opeenvolging *nf* 6 *(math.)* rij *de* 7 *(dans un hôtel)* suite *de* ♦ (tout) de ~ onmiddellijk; et ainsi de ~ enzovoort(s); deux, trois fois de ~ twee, drie keer achtereen

[1]**suivant, -ante** *adj* volgend; au ~ ! wie volgt?; le ~ de volgende

[2]**suivant** *prép* 1 *(d'après)* volgens 2 *(en fonction de)* al naargelang; ~ que al naargelang

suiveur, -euse *n* volger *nm,* volgster *nf*

[1]**suivi** *nm* volgen *het, (Belg.)* opvolging *nf*

[2]**suivi, -ie** *adj* 1 *(régulier)* regelmatig 2 *(cohérent)* (logisch) samenhangend

[1]**suivre** *vi* volgen; à ~ wordt vervolgd; comme suit als volgt; *(mention portée sur l'enveloppe)* faire ~ doorzenden naar

nieuw adres; **ne pas pouvoir ~** niet kunnen meekomen

²**suivre** *vt (tous les sens)* volgen; **~ son cours** z'n normale gang gaan; **~ des cours** college lopen; **~ qqn des yeux, du regard** iemand nakijken; **professeur qui suit son élève** leraar die een leerling begeleidt; **~ un fleuve** een rivier volgen; **~ le mouvement** met de stroom mee gaan; **~ un régime** op dieet zijn; **se suivre** *vpr* **1** *(se succéder)* elkaar opvolgen **2** *(se suivre l'un l'autre)* elkaar volgen; **les voitures se suivent de trop près** de wagens rijden te dicht op elkaar ♦ **il s'en suit que** daaruit volgt dat

¹**sujet** *nm* **1** *(thème)* onderwerp *het (aussi ling.),* thema *het (aussi mus.),* motief *het (arts);* **à ce ~** daaromtrent; **au ~ de** naar aanleiding van; **sur ce ~** over dit onderwerp **2** *(raison)* reden *de;* **avoir ~ de** reden hebben om te, tot **3** *(personne)* persoon *nm;* **bon ~** brave figuur; **mauvais ~** deugniet **4** *(patient)* patiënt *nm;* **~ d'étude** studieobject **5** *(d'expérience)* proefpersoon *nm (personne),* proefdier *het*

²**sujet, -ette** *n* onderdaan *nm*

³**sujet, -ette** *adj* onderhevig (aan), lijdend (aan)

sujétion *nf* **1** *(soumission)* onderwerping *nf* **2** *(obligation pénible)* lastige dwang *nm*

sulfate *nm* sulfaat *het*

sulfureux, -euse *adj* zwavelhoudend

sulfurique *adj* ♦ **acide ~** zwavelzuur

sultan *nm* sultan *nm*

summum *nm* summum *het,* toppunt *het*

super *adj* gaaf, te gek ♦ **le ~** (de) super(benzine)

superaliments *nm* supervoeding *nf,* superfood *het (sing.)*

¹**superbe** *nf* trots *nm*

²**superbe** *adj* schitterend

supercherie *nf* bedrog *het*

superficie *nf* oppervlakte *nf (aussi au fig.)*

superficiel, -elle *adj* oppervlakkig *(aussi au fig.)*

superflu, -ue *adj* overbodig; **le ~** de overvloed

supergrand *nm* ↑ wereldmacht *de*

supérieur, -eure *adj* **1** *(plus haut, en haut)* boven- **2** *(fig.) (dans une hiérarchie)* hoger; **cadres ~s** topfunctionarissen; *(enseign.)* **le ~** het tertiair onderwijs; **le, la ~(e) (hiérarchique)** de meerdere; **officier ~** hoofdofficier **3** *(meilleur)* beter; **être ~ à** beter zijn dan; **il est ~ à la situation** hij beheerst de situatie **4** *(condescendant)* hooghartig ♦ **mère ~e** moeder-overste

supériorité *nf* superioriteit *nf*

superlatif, -ive *adj* overtreffend; **le ~** de overtreffende trap, superlatief

supermarché *nm* supermarkt *de*

superposé, -ée *adj* opgestapeld; **lits ~s** stapelbed *(sing.)*

superposer *vt* opstapelen *(aussi au fig.);* **se superposer** *vpr* zich opstapelen

superproduction *nf* groots opgezette film *nm*

superpuissance *nf* grote mogendheid *nf*

supersonique *adj* supersonisch; **le ~** het supersonische vliegtuig

superstitieux, -euse *adj* bijgelovig

superstition *nf* bijgeloof *het*

superviser *vt* de supervisie hebben over

supplanter *vt* verdringen

suppléance *nf* **1** *(fait de suppléer)* waarneming *nf,* plaatsvervanging *nf* **2** *(fonction de suppléant)* waarnemerspost *nm*

suppléant, -ante *adj* (plaats)vervangend, waarnemend; **le, la ~(e)** de plaatsvervang(st)er; *(enseign.)* de vervang(st)er

¹**suppléer (à)** *vi* **1** *(remédier à; compenser)* compenseren **2** *(remplacer)* vervangen

²**suppléer** *vt* **1** *(remplacer)* vervangen **2** *(combler)* wegwerken; **~ une lacune** een leemte wegwerken

supplément *nm* **1** *(surplus)* supplement *het (aussi math.),* aanvulling *nf;* **en ~** er bovenop, extra; **~ d'information** aanvullende informatie **2** *(édit.)* bijvoegsel *het* **3** *(dans un tarif)* toeslag *nm, (Belg.)* opleg *nm*

supplémentaire *adj* aanvullend, extra; **heures ~s** overuren

supplication *nf* smeekbede *de*

supplice *nm* **1** *(peine corporelle)* foltering *nf* **2** *(fig.) (souffrance morale)* kwelling *nf;* **être au ~** op de pijnbank liggen; **~ de Tantale** tantaluskwelling

supplicier *vt* **1** *(torturer physiquement)* folteren **2** *(fig.) (torturer moralement)* kwellen

supplier *vt* smeken

support *nm* steun *nm* ♦ **~ publicitaire** reclamemedium

supportable *adj* **1** *(d'une douleur, d'une peine)* draaglijk **2** *(acceptable)* aanvaardbaar

¹**supporter** *nm* supporter *nm*

²**supporter** *vt* **1** *(soutenir)* dragen **2** *(subir; souffrir qqn)* verdragen **3** *(assumer)* dragen **4** *(sports, pol.)* aanmoedigen; **se supporter** *vpr* **1** *(être supportable)* verdragen kunnen worden **2** *(se souffrir mutuellement)* elkaar verdragen

supporteur, -trice *n* **1** *(sports)* supporter *nm* **2** ondersteuner *nm*

supposé, -ée *adj* **1** *(présumé)* verondersteld; **~ que** gesteld dat **2** *(non-authentique)* gefingeerd

supposer *vt* **1** *(poser à titre d'hypothèse)* (veronder)stellen; **à ~ que, en supposant que** gesteld dat **2** *(impliquer)* veronderstellen **3** *(présumer)* vermoeden

supposition *nf* veronderstelling *nf*

suppositoire *nm* zetpil *de*

suppression *nf* **1** *(abolition)* afschaffing *nf* **2** *(action d'enlever, de faire disparaî-*

tre) weglating *nf* **3** *(cessation d'un état)* opheffing *nf*

supprimer *vt* **1** *(abolir)* afschaffen **2** *(ôter; faire disparaître)* weghalen, weglaten, verwijderen; **~ qqch à qqn** iemand iets afnemen; *(com.)* **~ qqn de sa liste d'amis** iemand ontvrienden; **~ un train** een trein laten uitvallen **3** *(tuer)* uit de weg ruimen **4** *(faire cesser un état)* opheffen; **se supprimer** *vpr (se suicider)* zelfmoord plegen

suppurer *vi* etteren

supputer *vt* ramen

suprématie *nf* suprematie *nf*

1 **suprême** *nm* (verfijnd gerecht *het* van) kip-, wild- of visfilet *het/de (m)*

2 **suprême** *adj* **1** *(supérieur)* hoogst **2** *(dernier)* laatst; **heure ~** laatste uur

1 **sur, sure** *adj* zurig

2 **sur** *prép* **1** *(à la surface de)* op; **~ la droite** aan de rechterkant; *(direction)* naar rechts; **~ les lieux, ~ place** ter plaatse; **la clé est ~ la porte** de sleutel zit op, in de deur **2** *(au-dessus de)* boven **3** *(à propos de)* over **4** *(en se basant sur)* op; **~ mesure** op, naar maat; **croire qqn ~ parole** iemand op zijn woord geloven **5** *(valeur temporelle) (vers)* tegen; **aller ~ ses vingt ans** bijna twintig zijn; **~ les onze heures** tegen elven; **~ le point de** op het punt te **6** *(immédiatement après)* op; **~ ce** daarop **7** *(exprime un rapport)* op; **un jour ~ deux** om de andere dag **8** *(distance)* over; **~ une longueur de 200 mètres** over een lengte van 200 meter ♦ **(je le jure) ~ ma vie** ik mag doodvallen als het niet waar is; **avoir ~ soi** bij zich hebben

sûr, sûre *adj* zeker; **ami ~** vriend waar je op kunt rekenen; **base ~e** solide basis; **j'en suis ~ et certain** ik ben er vast van overtuigd; **être ~ de qqn** iemand (volledig) vertrouwen; **ça, c'est ~, c'est ~ et certain** dat staat als een paal boven water; **j'en étais ~ !** ik wist het wel!; **main ~e** vaste hand; **en mains ~es** in veilige handen; **moyen ~** doeltreffend middel; **pas ~** dat is niet gezegd; **être ~ de soi** zelfverzekerd zijn ♦ **bien ~** natuurlijk; **bien ~ que oui !** (maar) natuurlijk!

surabondance *nf* overvloed *nm*

surabonder *vi* overvloedig zijn

suranné, -ée *adj* verouderd

surcharge *nf* **1** *(fait de surcharger; excédent)* overbelasting *nf* **2** *(charge supplémentaire)* extra belasting *nf (aussi au fig.)*; **~ de travail** overmaat aan werk **3** *(d'un timbre-poste)* overdruk *nm*

surcharger *vt (charger à l'excès)* te zwaar belasten *(aussi au fig.)*; **être surchargé de travail** te veel werk te doen hebben

surchauffé, -ée *adj* **1** *(trop chauffé)* te warm gestookt **2** *(surexcité)* overspannen

surchauffer *vt* oververhitten

surcroît *nm* toename *de;* **de ~, par ~** bovendien (nog), daarbij; **c'est un ~ de travail** dat is extra werk

surdité *nf* doofheid *nf*

surdoué, -ée *adj* buitengewoon begaafd; **le, la ~(e)** het buitengewoon begaafde kind

sureau *nm* vlier(boom) *nm*

sureffectif *nm* overbezetting *nf*

surélever *vt* verhogen

sûrement *adv* **1** *(certainement)* zeker **2** *(en sûreté)* veilig

surenchère *nf* **1** *(enchère supérieure)* hoger bod *het* **2** *(action de renchérir)* (het) tegen elkaar opbieden

surenchérir *vi* **1** *(faire une enchère supérieure)* een hoger bod doen **2** *(renchérir)* meer beloven

surestimer *vt* **1** *(la valeur de qqn, qqch)* overschatten **2** *(le prix de qqch)* te hoog schatten; **se surestimer** *vpr* zich overschatten

sûreté *nf* **1** *(sécurité)* veiligheid *nf;* **de ~** veiligheids-; **en ~** in veiligheid; **~ de l'État** staatsveiligheid; **pour plus de ~** voor alle zekerheid **2** *(garantie)* garantie *nf* **3** *(dispositif de sûreté)* beveiliging *nf* **4** *(exactitude)* feilloosheid *nf* ♦ **agent de la Sûreté** rechercheur; **la Sûreté (nationale)** de (nationale) veiligheidsdienst

surévaluer *vt* te hoog schatten

surexciter *vt* erg opwinden

surexposer *vt* overbelichten

surexposition *nf* overbelichting *nf*

surf *nm* (het) surfen

surface *nf* oppervlakte *nf (aussi au fig.)*; **~ de l'eau** waterspiegel; **faire ~** bovenkomen, weer boven water komen ♦ **grande ~** (grote) supermarkt

surfaire *vt* **1** *(proposer à un prix exagéré)* overvragen **2** *(surestimer)* overwaarderen; **auteur surfait** overschat schrijver

surfer *vi* surfen *(aussi inform.)*

surgelé, -ée *adj* diepvries-; **un ~** een diepvriesproduct

surgeler *vt* diepvriezen

surgir *vi* plotseling verschijnen

surhomme *nm* **1** *(philo.)* übermensch *nm* **2** *(génie)* genie *het*

surhumain, -aine *adj* bovenmenselijk

surimpression *nf (phot.)* overdruk *nm; (aussi au fig.)* **images en ~** over elkaar geschoven beelden

Surinam *nm* Suriname *n (sans art.)*

surinamais, -aise *adj* Surinaams; **le, la Surinamais(e)** de Surinamer, Surinaamse

sur-le-champ *adv* meteen

surlendemain *nm* tweede dag *nm* daarna

surligneur *nm* markeerpen *de*

surmenage *nm* overspanning *nf*

surmener *vt* overbelasten; **se surmener** *vpr* zich overwerken

surmonter *vt* overwinnen

surnager *vi* bovendrijven

surnaturel, -elle *adj* **1** *(qui ne relève pas des lois naturelles)* bovennatuurlijk *(aussi*

relig.); **le ~** het bovennatuurlijke **2** *(extraordinaire)* buitengewoon
surnom *nm* bijnaam *nm*
surnombre *nm* ♦ **en ~** te veel
surnommer *vt* een bijnaam geven aan; **Guillaume, surnommé le Conquérant** Willem, bijgenaamd de Veroveraar
surpasser *vt* overtreffen; **se surpasser** *vpr* zichzelf overtreffen
surpeuplé, -ée *adj* overbevolkt
surpeuplement *nm* overbevolking *nf*
surplomb *nm* overstek *het*; **en ~** overhangend
[1]**surplomber** *vi (dépasser la ligne de l'aplomb)* uit het lood hangen
[2]**surplomber** *vt (faire saillie au-dessus de)* hangen over
surplus *nm* overschot *het*; **au ~** bovendien; **en ~** extra
surpopulation *nf* overbevolking *nf*
surprenant, -ante *adj* verrassend
surprendre *vt* **1** *(prendre sur le fait)* verrassen, betrappen **2** *(attaquer par surprise; arriver à l'improviste chez)* overvallen; **~ qqn chez lui** onverwacht bij iemand op bezoek komen **3** *(étonner)* verrassen; **se surprendre (à)** *vpr (se découvrir en train de faire qqch)* zich betrappen (op)
surprise *nf* **1** *(étonnement)* verrassing *nf*; **à la ~ de tous** tot (een) ieders verbazing; **par ~** onverwachts **2** *(cadeau)* surprise *nf*
surproduction *nf* overproductie *nf*
surréalisme *nm* surrealisme *het*
surréaliste *adj* surrealistisch; **le, la ~** de surrealist(e)
sursaut *nm* **1** *(soubresaut)* plotselinge schok *nm*; **se réveiller en ~** wakker schrikken **2** *(regain subit)* plotselinge opleving *nf*
sursauter *vi* opspringen
sursis *nm* **1** *(période de répit)* respijt *het* **2** *(ajournement)* uitstel *het*; *(jur.)* **trois ans de prison avec ~** drie jaar voorwaardelijk
sursitaire *adj* **1** *(jur.)* voorwaardelijk veroordeeld **2** *(milit.)* uitstel (van militaire dienst) genietend; **un ~** een dienstplichtige met uitstel
surtaxe *nf (majoration d'une taxe)* (heffings)toeslag *nm*; **~ postale** strafport
surtaxer *vt* **1** *(lettre)* met strafport belasten **2** *(frapper d'une surtaxe)* extra aanslaan
surtout *adv* **1** *(avant tout)* vooral; **~ que** te meer omdat **2** *(plus particulièrement)* speciaal, in het bijzonder
surveillance *nf* toezicht *het*; **sans ~** onbewaakt
surveillant, -ante *n* **1** *(personne qui surveille)* toezichthoud(st)er *nm (nf)* **2** *(enseign.)* surveillant *nm*
surveiller *vt* toezicht houden op; **~ de près** scherp in 't oog houden; **~ un prisonnier** een gevangene bewaken; **se surveiller** *vpr* op zichzelf letten
survenir *vi* **1** *(arriver à l'improviste)* (onverwachts) komen **2** *(se produire)* gebeuren
survêtement *nm* trainingspak *het*
survie *nf* overleving *nf*
survivant, -ante *adj* overlevend; *(jur.)* **le ~** de langstlevende echtgenoot; **les ~s** de overlevenden
survivre *vt* overleven; **~ à qqn, qqch** iemand, iets overleven
survol *nm* **1** *(action de voler au-dessus de)* vlucht (over) *de* **2** *(d'un problème, d'un texte)* (het) vluchtig doornemen
survoler *vt* **1** *(voler au-dessus de)* vliegen over **2** *(un problème, un texte)* vluchtig doornemen
survolté, -ée *adj* **1** *(lampe, courant)* onder te hoge spanning staand **2** *(surexcité)* verhit
sus *adv* ♦ **en ~** daarenboven; **en ~ de** ↓ behalve
susceptibilité *nf* gevoeligheid *nf*
susceptible *adj* **1** *(+ de) (qui peut présenter; qui est capable de)* vatbaar (voor), in staat (om); **~ d'amélioration** voor verbetering vatbaar; **être ~ de** in staat zijn om **2** *(trop sensible)* lichtgeraakt
susciter *vt* doen ontstaan, veroorzaken
suspect, -ecte *adj* verdacht; **être ~ de qqch** van iets verdacht worden; **le ~** de verdachte
suspecter (de) *vt* verdenken (van)
suspendre *vt* **1** *(interrompre; reporter; mettre un terme aux activités de)* schorsen; **~ qqn de ses fonctions** iemand schorsen **2** *(faire pendre)* ophangen; **se suspendre** *vpr (se pendre à)* zich vastgrijpen (aan)
suspendu, -ue *adj* **1** *(interrompu; reporté; privé de ses fonctions)* geschorst **2** *(pendu)* opgehangen; **lampe ~e** hanglamp ♦ **voiture mal ~e** auto met slechte ophanging
suspens *nm* spanning *nf* ♦ **en ~** *(suspendu; inachevé)* hangend; *(dans l'incertitude)* onzeker
suspense *nm* spanning *nf*; **film (à) ~** thriller
suspension *nf* **1** *(interruption)* opschorting *nf*; **~ d'armes** wapenstilstand **2** *(d'un fonctionnaire; d'un magistrat)* schorsing *nf* **3** *(d'un véhicule)* ophanging *nf* ♦ *(chim.)* **en ~** in suspensie
suspicion *nf* argwaan *nm*; **tenir en ~** ↓ verdenken
susurrer *vti (chuchoter)* fluisteren
suture *nf* (wond)hechting *nf*
suturer *vt* hechten
svelte *adj* rank
sweat-shirt *nm* sweatshirt *het*
syllabe *nf* lettergreep *de*; **ne pas prononcer une ~** z'n mond niet opendoen
symbiose *nf* symbiose *nf (aussi au fig.)*
symbole *nm* symbool *het*
symbolique *adj* symbolisch
symboliser *vt* symboliseren

symétrie *nm* symmetrie *nf*
symétrique *adj* symmetrisch
sympathie *nf* **1** *(bienveillance; amitié)* sympathie *nf* **2** *(compassion)* medevoelen *het*
sympathique, sympa *adj* **1** *(qqn)* sympathiek **2** *(qqch)* prettig **3** *(méd.)* sympathisch
sympathisant, -ante *n* sympathisant(e) *nm (nf)*
sympathiser *vi* sympathiseren
symphonie *nf* symfonie *nf*
symphonique *adj* symfonie-, symfonisch
symposium *nm* symposium *het*
symptomatique (de) *adj* **1** *(méd.)* symptomatisch (voor) **2** *(révélateur de)* kenmerkend (voor)
symptôme *nm* symptoom *het (aussi au fig.)*
synagogue *nf* synagoge *de*
synchroniser *vt* synchroniseren
syncope *nf (méd.)* bewustzijnsverlies *het,* flauwte *nf;* avoir une ~, tomber en ~ het bewustzijn verliezen
syndic *nm (d'un immeuble)* beheerder *nm*
syndical, -ale *adj* vakbonds-; droit ~ recht om een vakbond te stichten; mouvement ~ vakbeweging
syndicalisme *nm* **1** *(mouvement syndical)* vakbeweging *nf* **2** *(activités syndicales)* vakbondswerk *het (uniquement sing.);* faire du ~ in de vakbeweging actief zijn
syndicaliste *n* vakbonds|man, -vrouw *nm, nf;* mouvement ~ vakbeweging
syndicat *nm* **1** *(pour la défense d'intérêts professionnels)* vakbond *nm* **2** *(pour la défense d'intérêts communs)* syndicaat *het;* ~ d'initiative, SI VVV(-kantoor), Vereniging voor Vreemdelingen Verkeer, Dienst voor Toerisme *(n.B.)*
syndiqué, -ée *adj* georganiseerd; les ~s de georganiseerden, vakbondsleden
syndiquer *vt* organiseren, lid maken van een vakbond; **se syndiquer** *vpr* zich organiseren, lid worden van een vakbond
syndrome *nm* syndroom *het;* ~ d'immunodéficience acquise, sida aids
synonyme *adj* synoniem; le ~ het synoniem
syntactique *adj* → syntaxique
syntaxe *nf* syntaxis *nf*
syntaxique *adj* syntactisch; analyse ~ redekundige ontleding
synthèse *nf* synthese *nf (aussi chim.);* avoir l'esprit de ~ de zaken in hun geheel bezien
synthétique *adj* synthetisch *(aussi chim.);* fibres ~s kunstvezels
synthétiseur *nm* synthesizer *nm*
syphilis *nf* syfilis *nf*
Syrie *nf* Syrië *n (sans art.)*
syrien, -ienne *adj* Syrisch; le ~ het Syrisch; le, la Syrien(ne) de Syriër, Syrische
systématique *adj* **1** *(relatif à un système; méthodique)* systematisch; c'est ~ ! dat gaat altijd zo!; la ~ de systematiek **2** *(qui pense selon un système)* consequent
systématisation *nf* systematisering *nf*
systématiser *vt* systematiseren
système *nm* **1** *(structure)* systeem *het,* stelsel *het;* ~ électoral kiesstelsel; Système Monétaire Européen, SME Europees Monetair Systeem, EMS; ~ nerveux zenuwstelsel; porter, taper sur le ~ à, de qqn op iemands zenuwen werken; ~ solaire zonnestelsel **2** *(dispositif)* systeem *het;* ~ d'exploitation besturingssysteem; ~ d'exploitation de disquettes, SED DOS *(sigle anglais)* **3** *(méthode)* werkwijze *de;* le ~ D handigheid(je)

t

t *nm* t *de;* **T comme Thérèse** de t van Theodoor ♦ **en (forme de) T** T-vormig
tabac *nm* **1** *(plante; produit manufacturé)* tabak *nm;* **imperméable ~** tabakskleurige regenjas; **~ à priser** snuiftabak **2** *(bureau de tabac)* ↑ tabakswinkel *nm* ♦ **faire un ~** groot succes hebben; **qqch du même ~** iets van dien aard; **passer qqn à ~** iemand ervan langs geven, afrossen
tabagisme *nm* nicotineverslaving *nf*
tabasser *vt* aftuigen
tabatière *nf* **1** *(boîte à tabac)* tabaksdoos *de* **2** *(lucarne)* dakraam *het*
table *nf* tafel *de;* **à ~ !** aan tafel!; **se mettre à ~** aan tafel gaan; *(fig.)* ↑ alles opbiechten; **~ des matières** inhoudsopgave; **dresser, mettre la ~** de tafel dekken; **~ d'écoute** afluisterinstallatie; **~ de lecture** draaitafel; **~ de multiplication** tafel van vermenigvuldiging; **~ de nuit, de chevet** nachtkastje; **quitter la ~** van tafel opstaan; **faire ~ rase de** definitief aan de kant zetten; **~ à repasser** strijkplank; *(fig.)* **~ ronde** rondetafelconferentie
tableau *nm* **1** *(peinture)* schilderij *het/de (f)* **2** *(scène)* tafereel *het,* scène *de (aussi au théâtre)* **3** *(description)* schildering *nf* **4** *(panneau)* bord *het;* **~ d'affichage** mededelingenbord; *(sports)* scorebord; **~ noir** (school)bord **5** *(de commande, de mesure)* bedieningspaneel *het;* **~ de bord** dashboard; **~ de commande** bedieningspaneel **6** *(liste)* lijst *de;* **~ horaire** dienstregeling **7** *(graphique)* tabel *de* ♦ **~ de chasse** naast elkaar gelegd gedood wild; *(fig.)* buit; **gagner sur tous les ~x** op alle fronten winnen
tablée *nf* tafelgezelschap *het*
tabler (sur) *vi* rekenen (op)
tablette *nf* **1** *(d'un produit médicamenteux, alimentaire)* tablet *het/de,* pil *de* **2** *(petite planche)* plankje *het* **3** *(pour écrire)* schrijfplankje *het;* **écrire, marquer qqch sur ses ~s** ergens goed nota van nemen **4** *(inform.)* tablet(computer) *nm*
tablier *nm* schort *het/de;* **rendre son ~** z'n dienst opzeggen; *(fig.)* z'n ontslag nemen
tabou *nm* taboe *het/de (m);* **sujet ~** taboeonderwerp
tabouret *nm* **1** *(siège)* krukje *het* **2** *(pour poser les pieds)* voetenbankje *het*
tabulateur *nm* tabulator *nm*
tac *nm* klik *nm;* **répondre du ~ au ~** lik op stuk geven
tache *nf* vlek *de (aussi au fig.);* **faire ~** uit de toon vallen; **faire ~ d'huile** zich als een olievlek uitbreiden; **~ de rousseur** sproet; **sans ~** vlekkeloos
tâche *nf* taak *de;* **être dur à la ~** een harde werker zijn
tacher *vt* **1** *(maculer)* (be)vlekken **2** *(souiller moralement)* bezoedelen; **se tacher** *vpr (se salir)* vlekken maken op z'n kleren
tâcher (de) *vi (essayer)* proberen (te)
tacheter *vt* (be)vlekken
tacite *adj* stilzwijgend
taciturne *adj* zwijgzaam
tacot *nm* ouwe brik *nm*
tact *nm* tact *nm*
tactile *adj* **1** *(relatif au toucher)* tast- **2** *(perçu par le toucher)* tastbaar
tactique *adj* tactisch; **la ~** de tactiek
tadjik *adj* Tadzjieks; **le, la Tadjik** de Tadzjiek(se)
Tadjikistan *nm* Tadzjikistan *n (sans art.)*
taie *nf* **1** *(d'un oreiller)* sloop *het/de* **2** *(méd.)* witte vlek *de*
taillader *vt* **1** *(la chair, la peau)* een snee maken in **2** *(un objet)* kerven in; **se taillader** *vpr* ♦ **il s'est tailladé le menton en se rasant** hij heeft zich bij het scheren in zijn kin gesneden
taille *nf* **1** *(stature)* lengte *nf;* **un adversaire à sa ~** een tegenstander van hetzelfde formaat; **de ~** flink; **de la ~ de** van het formaat van *(aussi au fig.);* **ne pas être de ~** er niet tegen opgewassen zijn; **être de ~ à faire qqch** tot iets in staat zijn **2** *(dimension)* maat *de;* **essayer la ~ au-dessus** een maat groter passen **3** *(partie du tronc)* middel *het,* taille *de* **4** *(action de tailler)* bewerking *nf*
taillé, -ée *adj* **1** *(corps)* gebouwd; **~ pour** geknipt voor **2** *(coupé)* bewerkt; **~ en** (bewerkt) in de vorm van
taille-crayon *nm* puntenslijper *nm*
taille-haie *nm* elektrische heggenschaar *de*
[1]**tailler** *vi (couper)* snijden; **~ dans le vif** in het vlees snijden ♦ **ce corsage taille trop petit** dat bloesje is te klein
[2]**tailler** *vt* **1** *(couper)* bewerken; **~ un arbuste** een struik snoeien; **~ un bloc de marbre** een brok marmer bewerken; **~ un crayon** een potlood slijpen; **~ un diamant** een diamant slijpen **2** *(confectionner en découpant)* uitsnijden, uitknippen *(une étoffe);* **~ un vêtement** een kledingstuk knippen; **se tailler** *vpr* **1** *(prendre; obtenir)* zich toe-eigenen; **se ~ un succès** succes boeken **2** *(partir)* opdonderen

tailleur *nm* 1 *(personne qui confectionne des vêtements)* kleermaker *nm;* en ~ in kleermakerszit 2 *(costume)* mantelpak *het* 3 *(personne qui taille)* slijper *nm;* ~ de pierres steenhouwer
taillis *nm* kreupelhout *het*
tain *nm* foelie *de;* glace sans ~ spiegelglas
taire *vt* verzwijgen; **se taire** (sur) *vpr* zwijgen (over); faire ~ l'opposition de oppositie monddood maken
Taïwan Taiwan *n (sans art.);* à ~ in, op Taiwan
taïwanais, -aise *adj* Taiwanees; le, la Taïwanais(e) de Taiwanees, Taiwanese
talc *nm* talk *nm*
talent *nm* talent *het;* de ~ begaafd
talentueux, -euse *adj* talentvol
talisman *nm* talisman *nm*
talkie-walkie *nm* portofoon *nm,* walkie-talkie *nm*
talon *nm* 1 *(partie du pied; d'un bas, d'une chaussure)* hiel *nm,* hak *de;* ~ d'Achille achilleshiel; ~s aiguilles naaldhakken; tourner les ~s z'n hielen lichten 2 *(de pain, de fromage)* kontje *het* 3 *(d'un jeu de cartes)* talon *nm* 4 *(d'un chèque, etc.)* souche *de*
talonner *vt (qqn)* op de hielen zitten *(aussi au fig.)*
talus *nm* talud *het*
tambour *nm* 1 *(instrument de musique)* trommel *de;* ~ battant met slaande trom; mener qqch ~ battant iets voortvarend afhandelen; partir sans ~ ni trompette met stille trom vertrekken 2 *(joueur de tambour)* trommelslager *nm* 3 *(tourniquet)* draaideur *de* 4 *(technol.)* trommel *de*
tambourin *nm* tamboerijn *nm*
tambouriner *vi (faire un bruit de roulement)* trommelen; la pluie tambourine sur le toit de regen klettert op het dak
tamis *nm* zeef *de; (fig.)* passer au ~ (uit)-schiften
tamiser *vt* 1 *(passer au tamis)* zeven 2 *(la lumière)* dempen
tampon *nm* 1 *(bouchon)* prop *de,* tampon *nm (méd.)* 2 *(cachet)* stempel *het/de (m);* ~ encreur stempelkussen 3 *(ce qui amortit les chocs)* buffer *nm;* servir de ~ als buffer dienen 4 *(petite masse de tissu, etc.)* dot *de* ♦ ~ buvard vloeiblok
tamponner *vt* 1 *(oblitérer)* stempelen 2 *(heurter)* botsen tegen 3 *(enduire d'un liquide)* betten; **se tamponner** *vpr* op elkaar botsen
tamponneur, -euse *adj* bots-; autos tamponneuses botsautootjes
tam-tam *nm* tamtam *nm*
tandem *nm* tandem *nm (aussi au fig.)* ♦ en ~ gezamenlijk
tandis que *conj* terwijl
tangent, -ente *adj* rakend, raak- ♦ c'était ~ het was op het nippertje
tangente *nf (math.)* tangens *de* ♦ prendre la ~ *(se sauver d'affaire)* zich er handig uit redden; *(se sauver)* ongezien ontkomen
tangible *adj* tastbaar
tango *nm* tango *nm*
tanguer *vi (mar.)* stampen
tanière *nf* hol *het (aussi au fig.);* rentrer dans sa ~ zich (in zijn schulp) terugtrekken
tank *nm* tank *nm*
tanner *vt* 1 *(traiter des peaux)* looien 2 *(bronzer)* bruinen 3 *(agacer)* (iemand) aan z'n kop zaniken
tannerie *nf* 1 *(établissement)* leerlooierij *nf* 2 *(activité)* (het) (leer)looien
tanneur *nm* leerlooier *nm*
tant *adv* 1 *(tellement; autant)* zoveel; ~ bien que mal zo goed en zo kwaad als het gaat; ~ de travail zoveel werk; ~ de fois zo vaak; le ~ de zoveelste *(du mois);* ~ mieux des te beter; ~ pis pour lui dat is dan jammer voor hem; (pas) ~ que ça (niet) zoveel; si ~ est que voor zover; ~ soit peu enigszins; ~ il est vrai que dat bewijst maar weer dat 2 *(aussi longtemps que)* zolang; ~ qu'il vivra zolang hij leeft ♦ en ~ que als
tante *nf* tante *nf*
tantinet *nm* tikkeltje *het*
tantôt *adv* vanmiddag ♦ ~ bien, ~ mal nu eens goed, dan weer slecht
Tanzanie *nf* Tanzania *n (sans art.)*
tanzanien, -ienne *adj* Tanzaniaans; le, la Tanzanien(ne) de Tanzaniaan(se)
taon *nm* brems *de*
tapage *nm* 1 *(vacarme)* kabaal *het,* lawaai *het;* ~ nocturne nachtelijk burengerucht 2 *(scandale)* drukte *nf*
tapageur, -euse *adj* 1 *(bruyant)* lawaaierig 2 *(voyant)* opzichtig; publicité tapageuse schreeuwerige reclame
tape *nf* klap *nm*
tape-à-l'œil *adj* opzichtig; du ~ goedkoop effect
[1]**taper** *vi* 1 *(frapper)* slaan (op); ~ à côté er naast zitten; ~ dans le ballon de bal een trap geven; ~ du pied met zijn voet stampen; ~ sur qqn iemand slaan; *(fig.)* op iemand afgeven 2 *(soleil)* branden; le soleil tape dur de zon brandt fel 3 *(dactylographier)* tikken, typen; ~ à la machine typen, tikken ♦ ça tape ici het stinkt hier; ~ dans pikken uit, zich te goed doen aan
[2]**taper** *vt* 1 *(battre)* slaan 2 *(un tapis, etc.)* kloppen 3 *(dactylographier)* tikken, *(texte)* uittypen, *(code)* intypen 4 *(emprunter de l'argent à)* geld loskloppen bij; ~ qqn de 10 euros 10 euro bij iemand lospeuteren ♦ voiture qui tape le 160 à l'heure auto die de 160 per uur haalt; **se taper** *vpr* 1 *(faire l'amour avec)* pakken 2 *(manger, boire qqch)* naar binnen slaan; se ~ tout le travail voor al het werk opdraaien 3 *(faire une corvée)* doen 4 *(se frapper l'un l'autre)* elkaar slaan ♦ ton histoire je m'en tape dat verhaal van jou zal mij een zorg zijn

tapette *nf* 1 *(pour les tapis)* (matten)klopper *nm* 2 *(contre les mouches)* vliegenmepper *nm* 3 *(petite tape)* klapje *het* 4 *(homosexuel)* flikker *nm, (Belg.)* janet *nm*

se tapir *vpr* wegduiken

tapis *nm* tapijt *het (aussi au fig.); (sports)* aller au ~ knock-out zijn; dérouler le ~ rouge devant qqn de (rode) loper voor iemand uitrollen; être sur le ~ onderwerp van gesprek zijn; mettre une affaire, une question sur le ~ een zaak ter sprake brengen; revenir sur le ~ opnieuw aan de orde komen; ~ roulant lopende band; ~ de sol grondzeil; ~ souris muismatje; le ~ vert de groene tafel

tapis-brosse *nm* ruige mat *de*

tapisser *vt* behangen

tapisserie *nf* 1 *(décoration murale)* wandtapijt *het; (fig.)* faire ~ muurbloempje zijn 2 *(broderie)* borduurwerk *het;* faire de la ~ borduren

tapissier, -ière *n* 1 *(poseur de papiers peints)* behang(st)er *nm (nf)* 2 *(fabricant de tapis)* tapijtwerk(st)er *nm (nf)* 3 *(spécialiste des tissus d'ameublement)* stoffeer|der, -ster *nm, nf*

[1]**tapoter** *vi (tambouriner)* trommelen; ~ du piano op de piano tingelen

[2]**tapoter** *vt (frapper légèrement)* klopjes geven; ~ une cigarette as van zijn sigaret aftippen; ~ la joue de qqn iemand op de wang tikken

taquin, -ine *adj* plagerig; le, la ~(e) de plaaggeest

taquiner *vt* plagen

taquinerie *nf* plagerij *nf*

tarabiscoté, -ée *adj* overladen

taratata! *interj* maak het nou!, larie(koek)!

tard *adv* laat; ~ dans la nuit diep in de nacht; il se fait ~ het wordt laat; sur le ~ op latere leeftijd; au plus ~ op z'n laatst; pas plus ~ qu'hier gisteren nog; remettre à plus ~ uitstellen; *(prov)* mieux vaut ~ que jamais beter laat dan nooit

tarder *vi* 1 *(se faire attendre)* lang uitblijven 2 *(traîner)* dralen; il tarde à venir hij laat op zich wachten; ne pas ~ à faire qqch ergens geen gras over laten groeien; il ne tardera pas à découvrir l'erreur hij zal de vergissing spoedig ontdekken; sans ~ terstond ♦ il me tarde de, que ik smacht ernaar dat

tardif, -ive *adj* laat; regrets ~s spijt achteraf

tardivement *adv* laat

tare *nf* 1 *(poids de l'emballage)* tarra *de* 2 *(défaut d'un produit)* schade *de* 3 *(méd.)* gebrek *het*

taré, -ée *adj* 1 *(abîmé)* beschadigd 2 *(fou)* gek 3 *(dégénéré)* erfelijk belast

se targuer (de) *vpr* prat gaan (op)

tarif *nm* 1 *(prix)* tarief *het,* prijs *nm;* le plein ~ het volle pond; ~ réduit korting(sprijs), *(Belg.)* gunsttarief 2 *(liste de prix)* prijslijst *de*

tarifaire *adj* tarief-

[1]**tarir** *vi* opdrogen *(aussi au fig.)*

[2]**tarir** *vt* droogleggen

tarot(s) *nm* 1 *(jeu)* tarot(spel) *het* 2 *(carte)* tarotkaart *de*

tartare *adj* ♦ sauce ~ tartaarsaus; un (steak) ~ tartaartje

[1]**tarte** *nf* 1 *(gâteau)* taart *de;* ~ à la crème slagroomtaart; *(fig.)* dooddoener 2 *(gifle)* mep *de* ♦ ce n'est pas de la ~ dat is geen peulenschilletje

[2]**tarte** *adj* stom

tartelette *nf* taartje *het*

tartine *nf* boterham *de;* faire des ~s boterhammen smeren

tartiner *vt* (be)smeren; fromage à ~ smeerkaas

tartre *nm* 1 *(des dents)* tandsteen *het/de (m)* 2 *(d'une chaudière, bouilloire)* ketelsteen *het/de (m)*

tas *nm* 1 *(amas)* hoop *nm,* berg *nm;* ~ d'idiots ! stelletje idioten!; mettre en ~ opstapelen 2 *(multitude)* hoop *nm;* tirer dans le ~ in het wilde weg schieten; un ~ de gens een heleboel mensen 3 *(chantier)* werk *het* in aanbouw; apprendre son métier sur le ~ z'n vak in de praktijk leren

tasse *nf* kopje *het;* ~ de café kopje koffie; ~ à café koffiekopje; ce n'est pas ma tasse de thé dat ligt me niet zo, dat is niets voor mij ♦ *(fig.)* boire une ~, la ~ water binnenkrijgen

tassé, -ée *adj* 1 *(plein)* ↑ vol; *(fig.)* quinze cents pages bien ~es een goeie vijftienhonderd bladzijden 2 *(fort)* sterk; café bien ~ loeisterke koffie 3 *(serré)* opeengepakt 4 *(affaissé)* verzakt

tassement *nm* verzakking *nf*

tasser *vt* 1 *(en tapant)* aanstampen 2 *(en poussant; en serrant)* samenpersen; se tasser *vpr* 1 *(s'affaisser)* verzakken 2 *(se recroqueviller)* ↑ ineenschrompelen 3 *(se serrer)* boven op elkaar gaan zitten 4 *(s'arranger)* in orde komen

tata *nf* tante *nf*

[1]**tâter (de)** *vi (faire l'expérience de)* kennismaken (met)

[2]**tâter** *vt* 1 *(palper)* (be)voelen; ~ le pouls de de pols voelen van *(aussi au fig.)* 2 *(sonder)* verkennen; ~ le terrain het terrein aftasten; se tâter *vpr (réfléchir)* zich bezinnen

tatillon, -onne *adj* pietluttig

tâtonnement *nm* 1 *(action de tâtonner)* (het) (rond)tasten 2 *(tentative)* aarzelende poging *nf*

tâtonner *vi* 1 *(tâter)* (rond)tasten 2 *(hésiter, essayer)* aftastend te werk gaan

tâtons ♦ *(adv.)* à ~ op de tast; *(fig.)* op het gevoel af

tatouage *nm* 1 *(dessin)* tatoeage(figuur) *nf (het/de)* 2 *(action de tatouer)* tatoeëring *nf*

tatouer *vt* tatoeëren
taudis *nm* **1** *(logement misérable)* krot *het* **2** *(logement mal tenu)* zwijnenstal *nm*
taule *nf* lik *nm;* faire de la ~ (in de bak) zitten
taupe *nf* mol *nm;* il est myope comme une ~ hij is erg kippig, stekeblind ♦ vieille ~ akelig oud wijf
taureau *nm* stier *nm; (fig.)* prendre le ~ par les cornes de koe bij de hoorns vatten
Taureau *nm* Stier *nm;* il est ~ hij is een Stier
tauromachie *nf* (het) stierenvechten
taux *nm* **1** *(cours)* koers *nm;* ~ du change wisselkoers **2** *(tarif)* tarief *het* **3** *(montant de l'intérêt)* rente(voet) *de (nm);* ~ d'intérêt rentevoet **4** *(pourcentage)* percentage *het,* gehalte *het (méd.);* ~ de chômage werkloosheidscijfer; ~ d'écoute luisterdichtheid; ~ de mortalité sterftecijfer
taverne *nf* **1** *(hist.)* tave(e)rne *de, (Belg.)* afspanning *nf* **2** *(hostellerie)* café-restaurant *het*
taxe *nf* **1** *(impôt)* belasting *nf;* toutes ~s comprises, TTC belasting inbegrepen, all-in; hors ~s, HT excl. btw; ~ de luxe weeldebelasting; ~ sur la valeur ajoutée, TVA belasting over de toegevoegde waarde, btw **2** *(tarif)* vastgestelde prijs *nm;* ~ postale posttarief
taxer *vt* **1** *(imposer)* belasten **2** *(fixer le prix de)* vaststellen **3** *(+ de) (accuser de)* beschuldigen (van) **4** *(+ de) (qualifier de)* bestempelen (als)
taxi *nm* **1** *(voiture)* taxi *nm* **2** *(conducteur)* ↑ taxichauffeur *nm*
taximètre *nm* taximeter *nm*
taxiphone® *nm* munttelefoon *nm*
Tchad *nm* Tsjaad *n (sans art.)*
tchadien, -ienne *adj* Tsjadisch; le, la Tchadien(ne) de Tsjadiër, Tsjadische
tchatche *nf* **1** *(bagou)* vlotte babbel *nm* **2** *(inform.)* chat *nm*
Tchécoslovaquie *nf (hist.)* Tsjecho-Slowakije *n (sans art.);* en ~ in Tsjecho-Slowakije
tchèque *adj* Tsjechisch; le ~ het Tsjechisch; le, la Tchèque de Tsjech(ische)
Tchéquie *nf* Tsjechië *n (sans art.)*
tchin-tchin! *interj* proost!
te *pron pers* je
technicien, -ienne *n* **1** *(spécialiste de la technique)* technicus *nm* **2** *(spécialiste; praticien)* vakman, vakvrouw *nm, nf*
technicité *nf* technisch karakter *het*
technique *adj* technisch, vak-; la ~ de techniek; *(fig.)* de aanpak *(manière de faire);* le ~ het technisch onderwijs; terme ~ technische term, vakterm
technocrate *nm* technocraat *nm*
technologie *nf* technologie *nf*
technologique *adj* technologisch, technisch
teck *nm* teak(hout) *het*
teeshirt *nm* T-shirt *het*
teigne *nf* **1** *(maladie)* hoofdzeer *het* **2** *(personne méchante)* klerevent *nm,* klerewijf *het (f)*
teindre *vt* verven; **se teindre** *vpr* ♦ se ~ en brun z'n haar bruin verven
teint *nm* **1** *(manière de teindre)* (het) verven; bon ~, grand ~ kleurecht, wasecht **2** *(carnation)* gelaatskleur *de*
teinte *nf* **1** *(nuance)* tint *de* **2** *(fig.) (petite dose)* zweem *nm*
teinter *vt (colorer)* tinten, kleuren
teinture *nf* **1** *(action de teindre)* (het) verven **2** *(substance colorante)* verf *de* **3** *(préparation pharmaceutique)* tinctuur *de*
teinturerie *nf* **1** *(industrie)* verfindustrie *nf* **2** *(pressing)* stomerij *nf*
teinturier, -ière *n* houd(st)er *nm (nf)* van een stomerij
[1]**tel, telle** *adj* **1** *(semblable)* zo(danig), zulk; comme ~, en tant que ~ als zodanig; il est ~ que son père hij is net als zijn vader; laisser les choses ~les quelles de dingen laten voor wat ze zijn; il n'y a rien de ~ er gaat niets boven; on n'a jamais vu rien de ~ zoiets hebben we nog nooit gezien; rien de ~ que la marche pour se détendre er gaat niets boven wandelen om zich te ontspannen **2** *(un)* een of ander; ~ ou ~ die of die, dit of dat; ~le quantité zo en zo veel; un(e) ~(le) die en die **3** *(comme)* (zo)als
[2]**tel, telle** *pron indéf* (degene) die ♦ ~ consent, ~ autre refuse de één stemt toe, de ander weigert
télé *nf* tv *nf*
télécarte® *nf* telefoonkaart *de*
téléchargement *nm (inform.)* (het) downloaden, download *nm*
télécharger *vt* downloaden
télécommande *nf* afstandsbediening *nf*
télécommander *vt* op afstand bedienen
télécommunication *nf, souvent plur* telecommunicatie *nf*
télécopie *nf* fax *de*
télécopier *vt* faxen
télécopieur *nm* (tele)fax *de*
télédiffusion *nf* televisie-uitzending *nf*
télédistribution *nf* kabeltelevisie *nf*
téléférique *nm* kabelbaan *de*
téléfilm *nm* televisiefilm *nm*
télégramme *nm* telegram *het*
télégraphe *nm* telegraaf *nm*
télégraphier *vti* telegraferen
télégraphique *adj* telegrafisch; style ~ telegramstijl
téléguider *vt* op afstand besturen; engin téléguidé geleid projectiel
télématique *nf* telematica *nf*
téléobjectif *nm* telelens *de*
télépathie *nf* telepathie *nf*
téléphérique *nm* → téléférique
téléphone *nm* telefoon *nm;* ~ arabe tamtam, lopend vuurtje; ~ à cartes kaarttelefoon; ~ sans fil draadloze telefoon; téléphone intelligent smartphone; ~ mobile

mobiele telefoon; **~ portatif** zaktelefoon, draagbare telefoon; **~ rose** sekslijn; **~ rouge** hotline
téléphoner *vi* telefoneren; **~ à** iemand (op)bellen
téléphonique *adj* telefonisch, telefoon-
téléphoniste *n* telefonist(e) *nm (nf)*
télescope *nm* telescoop *nm*
télescoper *vt* botsen met; **se télescoper** *vpr* in elkaar overlopen *(souvenirs)*
télescopique *adj* telescopisch
téléscripteur *nm* telex *nm,* telexapparaat *het*
télésiège *nm* stoeltjeslift *nm*
téléski *nm* skilift *nm*
téléspectateur, -trice *n* (televisie)kijk(st)er *nm (nf)*
télésurveillance *nf* bewaking *nf* op afstand
télétex *nm* teletekst *nm*
télévisé, -ée *adj* televisie-; **le journal ~** het televisiejournaal
téléviseur *nm* televisietoestel *het*
télévision *nf* televisie *nf;* **~ par câbles** kabeltelevisie
télex *nm* telex *nm*
tellement *adv* zo(zeer), zoveel; **vous aimez ça ? pas ~** houdt u daarvan? och, niet speciaal
téméraire *adj* stoutmoedig
témérité *nf* stoutmoedigheid *nf*
témoignage *nm* getuigenis *het/de (f);* **en ~ de** als blijk van; **faux ~** vals getuigenis; **porter un ~ sur** getuigenis afleggen van; **rendre ~ de** getuigen van
[1]**témoigner (de)** *vi (déposer; faire la preuve de)* getuigen (van)
[2]**témoigner** *vt* **1** *(certifier)* getuigen **2** *(manifester)* blijk geven van
témoin *nm* **1** *(personne)* getuige *nm;* **prendre qqn à ~** iemand tot getuige nemen; **prendre qqch à ~** zich beroepen op iets; **~ à charge** getuige à charge; **~ oculaire** ooggetuige **2** *(preuve)* bewijs *het* **3** *(sports)* estafettestokje *het* **4** *(dispositif de contrôle)* controle-; **~ lumineux** controlelampje ♦ *(inform.)* **~ de connexion** cookie; **maison ~** modelwoning, *(Belg.)* kijkwoning
tempe *nf* slaap *nm*
tempérament *nm* temperament *het;* **avoir du ~** temperament hebben ♦ **à ~** op afbetaling
tempérance *nf* matigheid *nf*
température *nf* temperatuur *nf;* **avoir, faire de la ~** koorts hebben; **prendre la ~** de temperatuur opnemen; *(fig.)* de stemming peilen
tempéré, -ée *adj* gematigd
tempérer *vt* matigen; **se tempérer** *vpr* zich matigen
tempête *nf* storm *nm (aussi au fig.);* **une ~ dans un verre d'eau** een storm in een glas water
tempêter (contre) *vi* tekeergaan (tegen)
temple *nm* **1** *(édifice religieux)* tempel *nm* **2** *(église protestante)* kerk(gebouw) *de*
tempo *nm* tempo *het*
temporaire *adj* tijdelijk
temporel, -elle *adj* tijdelijk
temps *nm* **1** *(durée; époque)* tijd *nm (aussi ling.);* **à ~** op tijd; *(sports)* **~ additionnel** extra tijd; *(prov)* **le ~ c'est de l'argent** tijd is geld; **~ d'arrêt** pauze; **avec le ~** mettertijd; **ces temps-ci** de laatste tijd; **par les ~ qui courent** heden ten dage; **~ creux** stille tijd; **dans le ~** vroeger, destijds; **le ~ de** even; **de mon ~** in mijn tijd; **être de son ~** een kind van zijn tijd zijn; **de ~ à autre, de ~ en ~** van tijd tot tijd, af en toe; **depuis quelque ~** sinds kort; **pendant ce ~** intussen; **en ~ et lieu** te gelegener tijd en plaats; **il était ~** dat was nog maar net op tijd; **avoir fait son ~** zijn (beste) tijd gehad hebben; *(pour des personnes)* versleten zijn; *(être hors d'usage)* achterhaald zijn; **il est grand ~** het is de hoogste tijd; **en même ~** tegelijkertijd; **en même ~ ... et** zowel ... als; **~ mort** *(sports)* spelonderbreking; *(fig.)* onderbreking; **au, dans le, du ~ où** toen; **passer le ~** de tijd verdrijven; **passer son ~ à** zijn tijd doorbrengen met; **il y a peu de ~** onlangs; **travailler à plein ~, à ~ complet** een volledige baan hebben; **les premiers ~** aanvankelijk; **prendre son ~** zich niet haasten; **prendre du bon ~** zich amuseren; **le ~ que** even; **depuis le ~ que** sinds; **quelque ~** een tijdje; **~ de réflexion** bedenktijd; **tout le ~** voortdurend; **de, en tout ~** te allen tijde; **tuer le ~** de tijd doden; **en ~ utile, voulu** te zijner tijd **2** *(météo.)* weer *het;* **~ de chien** hondenweer; **par le ~ qu'il fait** met dit weer; **quel ~ fait-il ?** wat voor weer is het?; **le ~ se met au beau** het wordt mooi weer **3** *(mus.)* maatdeel *het;* **(mesure à) trois ~** driekwartsmaat **4** *(ling.)* tijd *nm;* **~ simples** enkelvoudige tijden **5** *(phase)* slag *nm;* **en deux ~, trois mouvements** in een vloek en een zucht; **moteur (à) quatre ~** viertaktmotor
tenable *adj* om uit te houden
tenace *adj* **1** *(têtu)* koppig **2** *(persistant)* hardnekkig; **douleur ~** aanhoudende pijn
ténacité *nf* **1** *(obstination)* koppigheid *nf;* **faire preuve de ~** doorzettingsvermogen tonen **2** *(persistance)* taaiheid *nf*
tenaille *nf (généralement plur.)* nijptang *de*
tenailler *vt* kwellen
tenancier, -ière *n* houd(st)er *nm (nf)*
tenant, -ante *adj* ♦ *(sports)* **le, la ~(e)** de houd(st)er; **les ~s et aboutissants** het fijne; **d'un (seul) ~** aan één stuk
[1]**tendance** *nf* **1** *(inclination)* neiging *nf;* **avoir ~ à** de neiging hebben om **2** *(orientation)* tendens *de (aussi écon.),* trend *nm;* **~ à la baisse** dalende tendens
[2]**tendance** *adj* in, in de mode
tendancieux, -euse *adj* tendentieus
tendeur *nm* **1** *(dispositif pour tendre)*

spanner *nm* **2** *(câble élastique)* snelbinder *nm*

tendon *nm* pees *de*

[1]**tendre** *adj* **1** *(affectueux)* teder, lief(devol); **n'être pas ~ pour qqn** niet zachtzinnig met iemand zijn **2** *(mou)* teer; **viande ~** zacht vlees **3** *(doux)* zacht *(couleur)*, licht

[2]**tendre (à, vers)** *vi* **1** *(viser)* streven (naar) **2** *(avoir tendance)* een neiging vertonen (om)

[3]**tendre** *vt* **1** *(tirer sur; déployer)* (aan)spannen **2** *(allonger)* (uit)strekken; **~ qqch à qqn** iemand iets aangeven; **se tendre** *vpr (devenir tendu)* gespannen worden

tendrement *adv* teder, liefdevol

tendresse *nf* tederheid *nf*

tendu, -ue *adj* **1** *(étiré)* gespannen, *(sans plis)* strak **2** *(crispé; difficile)* gespannen

ténèbres *nf* duisternis *nf (sing. uniquement; aussi au fig.)*

ténébreux, -euse *adj* **1** *(obscur, mystérieux)* duister **2** *(mélancolique)* somber

teneur *nf* **1** *(d'un écrit)* inhoud *nm*, teneur *nm* **2** *(d'une substance)* gehalte *het*

ténia *nm* lintworm *nm*

[1]**tenir** *vi* **1** *(se maintenir)* houden; **~ bon** volhouden; **cela tient toujours pour samedi ?** gaat het zaterdag nog door?; **cette histoire ne tient pas debout** dat verhaal snijdt geen hout; **~ tout seul** blijven staan **2** *(être contenu dans)* een plaats vinden (in); **cela tient en quelques mots** het kan in enkele woorden worden samengevat **3** *(+ à) (être attaché à)* gehecht zijn (aan); **si vous y tenez** als u er op staat **4** *(+ à) (dépendre de)* afhangen (van); **qu'à cela ne tienne !** dat is geen bezwaar!; **à quoi cela tient-il ?** hoe komt dat?; **cela ne tient qu'à moi** dat hangt alleen van mij af **5** *(+ de) (ressembler à)* lijken (op); **il a de qui ~** dat heeft hij van geen vreemde; **cela tient du miracle** dat lijkt wel een wonder

[2]**tenir** *vt* **1** *(avoir avec soi, maintenir)* houden **2** *(prendre dans ses mains)* vasthouden; **tiens ! je ne l'aurais pas cru** hé, dat had ik niet gedacht **3** *(s'emparer de)* te pakken hebben; **~ qqn** iemand in zijn macht hebben; **~ les voleurs** de dieven te pakken hebben **4** *(résister à)* goed kunnen tegen **5** *(avoir par qqn; avoir par hérédité)* van iemand hebben; **~ la nouvelle de son voisin** het nieuws van de buurman hebben gekregen **6** *(avoir en sa possession)* in handen hebben; **~ le pouvoir** de macht in handen hebben **7** *(occuper un espace)* in beslag nemen; **~ sa droite** rechts houden **8** *(s'occuper de)* leiden; **~ la caisse** de kas houden; **~ la comptabilité** de boekhouding voeren **9** *(organiser)* houden **10** *(+ pour) (considérer comme)* beschouwen (als) **11** *(observer fidèlement)* houden; **~ ses engagements** zijn verplichtingen nakomen ♦ **il tient ça de son père** dat heeft hij van zijn vader; **~ des propos étranges** vreemde dingen vertellen; *(pour annoncer une chose renversante)* **tiens-toi bien !** houd je vast!; **tiens, tiens !** welwel!; **tenez, voilà votre argent** hier hebt u uw geld; **se tenir** *vpr* **1** *(s'accrocher)* zich vasthouden **2** *(être qqp)* staan; **façon de se ~** houding **3** *(être crédible)* steekhoudend zijn **4** *(se conduire)* zich gedragen ♦ **s'en ~ à** zich houden aan; **s'en ~ là** stoppen; **savoir à quoi s'en ~** weten waar men zich aan te houden heeft; **se ~ qqch pour dit** zich iets voor gezegd houden

tennis *nm* **1** *(sports)* tennis *het*; **jouer au ~** tennissen; **~ de table** tafeltennis **2** *(terrain)* tennisbaan *de* **3** *(plur.) (chaussures)* tennisschoenen *plur*

ténor *nm* tenor *nm*; **saxophone ~** tenorsaxofoon

tensiomètre *nm* spanningsmeter *nm*

tension *nf* **1** *(force exercée; état d'une substance tendue)* spanning *nf*, *(phys.)* druk *nm* **2** *(méd.)* bloeddruk *nm*; **avoir de la ~** hoge bloeddruk hebben **3** *(en électricité)* spanning *nf*; **haute ~** hoogspanning **4** *(nervosité; caractère délicat)* spanning *nf*; **~ nerveuse** nerveuze spanning

tentacule *nm* tentakel *nm*

tentant, -ante *adj* aanlokkelijk, verleidelijk

tentation *nf* verleiding *nf*; **ne nous induis pas en tentation** leid ons niet in verzoeking

tentative *nf* poging *nf*; **~ de suicide** zelfmoordpoging

tente *nf* tent *de*

tenter *vt* **1** *(essayer)* proberen; **~ de faire qqch** proberen iets te doen; **~ sa chance** zijn geluk beproeven **2** *(allécher)* verlokken; **être tenté de faire qqch** geneigd zijn om iets te doen; **se laisser ~ par qqch** bezwijken voor de verleiding **3** *(exposer à la tentation)* in verleiding brengen, *(relig.)* verzoeken

tenture *nf* behang(sel) *het*, wandbekleding *nf*

tenu, -ue *adj* **1** *(obligé)* verplicht (tot); **être ~ à qqch** verplicht zijn tot iets; **être ~ de** verplicht zijn te **2** *(soigné)* verzorgd; **bien, mal ~** goed, slecht verzorgd

tenue *nf* **1** *(le fait de tenir)* (het) houden **2** *(attitude)* houding *nf*; **manquer de ~** geen manieren hebben; **un peu de ~ !** gedraag je! **3** *(vêtements)* kleding *nf*; **en petite ~, en ~ légère** luchtig gekleed; **se mettre en ~** het uniform, de dienstkleding aantrekken; **~ de soirée** avondkleding ♦ **~ de route** wegligging *(d'une voiture)*, *(Belg.)* baanvastheid

térébenthine *nf* terpentijn *nm*

tergiversation *nf, généralement plur* gedraal *het*

tergiverser *vi* tijd rekken; **sans ~** zonder dralen

terme *nm* **1** *(mot)* term *nm, (plur.)* formulering *nf;* **en d'autres ~s** met andere woorden; **aux ~s de** krachtens; **les ~s d'un contrat** de bewoordingen van een contract **2** *(échéance)* termijn *nm;* **à ~** op termijn; **à court ~** op korte termijn; **moyen ~** middellange termijn **3** *(plur.) (relations)* voet *nm;* **être en mauvais ~s avec qqn** op slechte voet staan met iemand **4** *(loyer)* termijnbetaling *nf* **5** *(fin)* einde *het;* **à ~** mettertijd; **mener qqch à son ~** iets tot een goed einde brengen; **mettre un ~ à** een einde maken aan **6** *(date normale de l'accouchement)* tijd *nm;* **enfant né à ~** voldragen kind; **enfant né avant ~** te vroeg geboren kind ♦ **moyen ~** middenweg

terminaison *nf (d'un mot)* uitgang *nm*

terminal, -ale *adj* slot-, eind-; **la (classe) ~e** de eindexamenklas, het laatste jaar *(n.B.); (inform., aviat.)* **le ~** de terminal

terminer *vt* **1** *(finir; faire cesser)* beëindigen; **en avoir terminé avec qqn** de relaties met iemand verbroken hebben; **en avoir terminé avec qqch** met iets klaar zijn; **pour ~** tot slot **2** *(mettre la dernière main à)* afmaken, *(Belg.)* uitdoen **3** *(former le dernier élément de)* het einde vormen van; **se terminer (en, par)** *vpr (s'achever)* eindigen (met, op); **se ~ bien, mal** goed, slecht aflopen

terminologie *nf* terminologie *nf*

terminus *nm* eindpunt *het*

termite *nf* termiet *de*

terne *adj* **1** *(sans éclat)* mat, dof **2** *(ennuyeux)* saai

ternir *vt* **1** *(rendre terne)* dof maken, beslaan **2** *(flétrir)* bezoedelen

terrain *nm* terrein *het;* **~ accidenté** heuvelachtig terrein; **~ à bâtir** bouwgrond; *(fig.)* **céder du ~** concessies doen; **~ d'entente** mogelijkheid om tot overeenstemming te komen; **être sur son ~** op bekend terrein zijn; *(fig.)* **gagner du ~** veld winnen; **~ de jeu** speelterrein; **reconnaître, tâter le ~** het terrein verkennen; **~ vague** braakliggend terrein ♦ **sur le ~** ter plaatse; *(socio.)* in het veld

terrasse *nf* terras *het;* **cultures en ~s** terrascultuur

terrassement *nm* grondwerk *het*

terrasser *vt* **1** *(renverser)* op de grond werpen; **~ l'ennemi** de vijand een verpletterende nederlaag toebrengen **2** *(foudroyer)* vellen

terre *nf* **1** *(monde, globe)* aarde *de;* **revenir sur ~** tot de realiteit terugkeren **2** *(continent)* aarde *de;* **descendre à ~** aan wal gaan; **envoyer qqn à ~** iemand vloeren; **~ ferme** vaste grond, vaste wal; **transports par ~** vervoer over land; **sur ~ et sur mer** te land en ter zee; *(mar.)* **~ !** land in zicht! **3** *(sol; campagne; matière)* grond *nm;* **jeter, mettre à, par ~** omverwerpen; *(fig.)* ten val brengen; *(tennis)* **~ battue** gravel; **ramasser par ~** van de grond oprapen; *(fig.)* **tout est par ~** alles ligt in scherven; **s'asseoir par ~** op de grond gaan zitten; **se répandre par ~** over de grond stromen *(liquides);* zich over de grond verspreiden *(objets);* **sous ~, sous la ~** onder de grond **4** *(propriété)* grond *nm,* landgoed *het* **5** *(région)* land *het,* gebied *het;* **~ d'élection** uitverkoren land; **en ~ étrangère** in den vreemde; **~ natale** geboorteland; **la ~ promise** het beloofde land **6** *(pour poterie)* aarde *de,* klei *de;* **~ cuite** terracotta; **~ glaise** leem **7** *(en électricité)* aarde *de;* **mettre, raccorder à la ~** aarden *(électricité)*

terre-à-terre *adj* prozaïsch

terreau *nm* tuinaarde *de*

terre-plein *nm* ophoging *nf*

se terrer *vpr* **1** *(animal)* zich verschuilen in een hol **2** *(personne)* zich verbergen, *(fig.)* zich afzonderen

terrestre *adj* **1** *(de la planète terre)* aard-; **croûte ~** aardkorst **2** *(fig.) (d'ici-bas)* aards; **paradis ~** aards paradijs **3** *(qui vit sur la terre ferme; qui se déplace sur le sol)* land-; **oiseaux ~s** landvogels; **transport ~** vervoer over land

terreur *nf* **1** *(effroi)* schrik *nm,* angst *nm;* **répandre, semer la ~** schrik aanjagen **2** *(gouvernement)* terreur *de,* schrikbewind *het;* **gouverner par la ~** een schrikbewind uitoefenen **3** *(individu dangereux)* schrik *nm*

terreux, -euse *adj* **1** *(de la nature de la terre)* aard-, grond- **2** *(souillé de terre)* met aarde vermengd of besmeurd **3** *(terne)* vaal

terrible *adj* **1** *(effroyable)* verschrikkelijk, vreselijk **2** *(chouette)* te gek

terrien, -ienne *adj (foncier)* die grond bezit; **propriétaire ~** grondbezitter ♦ **le, la ~(ne)** de aardbewoner, aardbewoonster

terrier *nm* hol *het*

terrifiant, -ante *adj* **1** *(effrayant)* angstaanjagend **2** *(extraordinaire)* verbluffend

terrifier *vt* angst aanjagen; **être terrifié** doodsbang zijn

terrine *nf* terrine *nf*

territoire *nm* grondgebied *het;* **~ d'outre-mer, TOM** overzees gebiedsdeel

territorial, -ale *adj* territoriaal

terroir *nm* streek *de;* **accent du ~** regionaal accent

terroriser *vt* terroriseren

terrorisme *nm* terrorisme *het*

terroriste *adj* terroristisch; **attentat ~** aanslag door terroristen; **le, la ~** de terrorist(e)

tertiaire *adj* tertiair; *(géo.)* **le ~** het tertiair; *(écon.)* **le (secteur) ~** de tertiaire, dienstverlenende sector

tertio *adv* ten derde

tertre *nm* heuvel *nm;* **~ (funéraire)** grafheuvel

tesson *nm* scherf *de*

test *nm* test *nm;* **~ d'aptitude** vaardigheidstest; **faire passer un ~ à qqn** iemand testen

testament *nm* testament *het*

tester *vt* testen

testicule *nm* teelbal *nm*

tétanos *nm* tetanus *nm*

têtard *nm* kikkervisje *het*

tête *nf* **1** *(partie du corps)* hoofd *het,* kop *nm;* **donner ~ baissée dans qqch** er blindelings in lopen; **baisser la ~** het hoofd buigen; *(fig.)* zich onderwerpen; **la ~ basse** met gebogen hoofd *(aussi au fig.);* **avoir une bonne ~** een sympathieke kop hebben; **donner sa ~ à couper** zijn hoofd eronder durven verwedden; **en faire une ~** een lang gezicht zetten; **gagner d'une (courte) ~** met een (krappe) hoofdlengte verschil winnen; **(marcher) la ~ haute** met opgeheven hoofd (lopen) *(aussi au fig.);* **jeter qqch à la ~ de qqn** iemand iets naar het hoofd slingeren; **~ de mort** doodskop; **de la ~ aux pieds** van top tot teen; **tomber la ~ la première** voorovervallen; **sale ~** gemene kop; **tourner la ~** het hoofd afwenden; **~ de Turc** kop van Jut **2** *(siège de la pensée)* hoofd *het;* **avoir la ~ ailleurs** er met zijn gedachten niet bij zijn; **c'est une ~ en l'air, ~ de linotte** hij heeft de hersens van een garnaal; **avoir en ~ de** van plan zijn om; **avoir la ~ à ce qu'on fait** zijn aandacht bij zijn werk hebben; **~ brûlée** heethoofd; **ne te casse pas la ~** maak je niet druk; **se creuser la ~** z'n hersens pijnigen; **de ~** uit het hoofd; **avoir une idée derrière la ~** iets in zijn achterhoofd hebben; **avoir la ~ dure** *(être lent)* traag van begrip zijn; *(être têtu)* koppig zijn; **être tombé sur la ~** op zijn hoofd gevallen zijn; *(fig.)* een beetje getikt zijn; **n'en faire qu'à sa ~** precies doen waar men zin in heeft; **forte ~** dwarskop; *(fig.)* **une grosse ~** een knappe kop; **avoir une, la grosse ~** pretenties hebben; **se mettre dans la ~ que** zich inbeelden dat; **se mettre dans la ~, en ~ de** het vaste besluit nemen om; **idée qui passe par la ~ de qqn** idee dat zomaar bij iemand opkomt; **perdre la ~** zijn verstand verliezen; **avoir ses ~s** ↑ zo z'n eigen sympathieën en antipathieën hebben; **le vin lui tourne la ~** de wijn stijgt hem naar het hoofd; **tourner la ~ à qqn** iemand het hoofd op hol brengen; **avoir toute sa ~** bij zijn volle verstand zijn **3** *(fig.) (chef; première place)* hoofd *het,* leiding *nf;* **à la ~, en ~ de** aan het hoofd van; **la ~ de la classe** de beste leerlingen van de klas; **se mettre à la ~, prendre la ~ de** de leiding nemen over; *(tennis)* **~ de série** geplaatste speler **4** *(unité)* persoon *nm;* **par ~** per persoon, per man **5** *(partie supérieure, antérieure)* kop *nm;* **~ d'affiche** hoofdrolspeler(s); *(fig.)* belangrijkste attractie; **~ chercheuse** *(d'un projectile)* doelzoekende kop; *(techn.)* zoekkop; **~ d'épingle** speldenknop; **~ de lecture** (af)leeskop; **~ de ligne** kopstation; **~ de liste** *(nom)* bovenste naam op de lijst; *(personne)* lijstaanvoerder; **~ du lit** hoofdeinde van het bed; **wagon de ~** voorste wagon **6** *(sports)* kopbal *nm;* **faire une ~** een kopbal geven ♦ **se taper la ~ contre les murs** wanhopig naar een oplossing zoeken; **ne plus savoir où donner de la ~** niet meer weten waar te beginnen; **avoir la ~ sur les épaules** met beide benen op de grond staan; **faire la ~ (à qqn)** mokken (tegen iemand); **mauvaise ~** lastpost; **faire la mauvaise ~** koppig zijn, dwars liggen; **monter la ~ à qqn** iemand tegen iemand opzetten; **en avoir par-dessus la ~** er schoon genoeg van hebben; **se payer la ~ de qqn** iemand voor de gek houden; **piquer une ~** een duik nemen; *(fig.)* **relever la ~** zijn zelfvertrouwen herwinnen; **risquer sa ~** zijn leven wagen; **tenir ~** het hoofd bieden

tête-à-queue *nm* halve slag om *nm;* **faire un ~** een zwenking van 180 graden maken

tête-à-tête *nm* tête-à-tête *het;* **en ~** alleen, onder vier ogen

tête-bêche *adv* kop aan staart

tétée *nf* **1** *(repas de bébé)* voeding *nf* **2** *(action de téter)* (het) zuigen

téter *vt* drinken, zuigen; **donner à ~ à un enfant** een kind de borst geven

tétine *nf* **1** *(élément de biberon)* speen *de* **2** *(pis d'animal)* uier *nm*

têtu, -ue *adj* koppig, halsstarrig

texte *nm* tekst *nm;* **~ d'une loi** wettekst

texter *vi (com.)* sms'en, appen, een tekstbericht sturen

textile *adj* textiel-; **le ~** het textiel *(tissu);* de textiel *(industrie)*

texto *nm* sms'je *het*

textuel, -elle *adj* **1** *(littéral)* letterlijk **2** *(relatif au texte)* tekstueel, tekst-

texture *nf* opbouw *nm*

thaïlandais, -aise *adj* Thailands, Thais; **le, la Thaïlandais(e)** de Thailander, Thailandse

Thaïlande *nf* Thailand *n (sans art.)*

thé *nm* **1** *(boisson)* thee *nm;* **faire du ~** theezetten; **~ nature** thee zonder iets erin; **prendre le ~** theedrinken **2** *(collation)* theevisite *de*

théâtral, -ale *adj* **1** *(relatif au théâtre)* toneel- **2** *(artificiel)* theatraal

théâtre *nm* **1** *(bâtiment)* schouwburg *nm,* theater *het* **2** *(art; œuvre littéraire)* toneel *het* **3** *(profession)* toneelspeelkunst *nf;* **faire du ~** toneelspelen **4** *(exagération)* aanstellerij *nf;* **il fait encore du ~** hij stelt zich weer eens aan

théière *nf* theepot *nm*

thème *nm* **1** *(sujet)* thema *het,* onderwerp *het* **2** *(exercice de traduction)* thema *het/de*

théologie *nf* theologie *nf*

théologien *nm* theoloog *nm*

théorème *nm* stelling *nf*

théoricien, -ienne *n* theoreti|cus, -ca *nm, nf*
théorie *nf* theorie *nf*
théorique *adj* theoretisch *(aussi péj.)*
thérapeute *n* **1** *(médecin)* therapeut(e) *nm (nf)* **2** *(psychothérapeute)* psychotherapeut(e) *nm (nf)*
thérapeutique *adj* therapeutisch; *(thérapie)* **la ~** de behandeling, therapie
thérapie *nf* therapie *nf*
thermal, -ale *adj* **1** *(minéral)* thermaal; **eaux ~es** (warm) bronwater, warme bronnen **2** *(où l'on utilise les eaux médicinales)* badkuur-; **cure ~e** *(immersion)* badkuur; *(absorption)* drinkkuur
thermes *nm* kuurinrichting *nf*
thermique *adj* warmte-; **centrale ~** elektriciteitscentrale; *(phys.)* **la ~** de warmteleer
thermomètre *nm* **1** *(instrument)* thermometer *nm* **2** *(référence)* barometer *nm*
thermonucléaire *adj* thermonucleair
thermorésistant, -ante *adj* hittebestendig
thermos® *nm ou nf* thermosfles *de*
thermostat *nm* (kamer)thermostaat *nm*
thèse *nf* **1** *(proposition; démarche dialectique)* these *nf*, stelling *nf* **2** *(de doctorat)* proefschrift *het (aux Pays-Bas)*, dissertatie *nf*, *(Belg.n.)* doctoraatsthesis *nf*; **soutenir une ~ de doctorat** promoveren, *(Belg.)* doctoreren **3** *(soutenance)* promotie(plechtigheid) *nf*
thon *nm* tonijn *nm*
thorax *nm* **1** *(chez l'homme)* borst(kas) *de* **2** *(chez les insectes)* borststuk *het*
thrombose *nf* trombose *nf*
thym *nm* tijm *nm*
thyroïde *adj (biol.)* schild-; **la ~** de schildklier
tibétain, -aine *adj* Tibetaans; **le ~** het Tibetaans; **le, la Tibétain(e)** de Tibetaan(se)
tibia *nm* scheenbeen *het*
tic *nm* **1** *(mouvement répété)* zenuwtrek *nm*, tic *nm* **2** *(manie)* tic *nm*
ticket *nm* kaartje *het*, *(Belg.)* ticket *het/de (f)*
ticket-repas *nm* maaltijdbon *nm*
tic-tac *nm* getik *het (sing.)*; **faire ~** tikken
tiède *adj* **1** *(ni chaud ni froid)* lauw *(aussi au fig.)*; **boire ~** lauw opdrinken **2** *(doux)* zoel
tiédeur *nf* **1** *(chaleur modérée; manque d'enthousiasme)* lauwheid *nf (aussi au fig.)*; **avec ~** lauw **2** *(douceur)* zoelte *nf*
[1]**tiédir** *vi* **1** *(devenir tiède)* lauw worden; **faire ~** een beetje verwarmen; **laisser ~** laten afkoelen **2** *(s'atténuer)* verflauwen
[2]**tiédir** *vt (rendre tiède)* lauw maken
[1]**tien** *nm*, **tienne** *nf* **1** *(ta propriété)* (het) jouwe; **il faut y mettre du ~** je moet beter je best doen; **le ~ et le mien** mijn en dijn **2** *(plur.) (ta famille)* (de) jouwen *(plur.)*
[2]**tien** *nf (fredaines)* fratsen *plur*; **tu as encore fait des ~nes !** je hebt weer van die dwaze streken uitgehaald!
[3]**tien, tienne** *adj poss* jouw, van jou
[4]**tien, tienne** *pron poss* (het, de) jouwe; **à la ~ne !** proost!; **j'ai mes chagrins, tu as les ~s** ik heb mijn verdriet, jij hebt het jouwe
tierce *nf* **1** *(au jeu de cartes)* driekaart *de* **2** *(mus.)* terts *de*; **~ majeure, mineure** grote, kleine terts
tiercé *nm* **1** *(pari sur trois chevaux)* trio *het* **2** *(pari mutuel)* paardentoto *nm*
[1]**tiers** *nm* derde *het (fraction)*, derde *nm (personne)*; **les deux ~** twee derde; **en ~** als derde man
[2]**tiers, tierce** *adj* derde; **le ~ monde** de derde wereld; **une ~ personne** een derde
tiers-monde *nm* derde wereld *de*
tige *nf* **1** *(partie de plante)* stengel *nm*, steel *nm* **2** *(barre mince)* stang *de* **3** *(jeune plant)* stek *nm* **4** *(d'une bottine, d'une colonne)* bovenleer *het*
tignasse *nf* ragebol *nm*
tigre *nm* tijger *nm*
tigré, -ée *adj* **1** *(rayé)* gestreept **2** *(tacheté)* gevlekt
tigresse *nf* tijgerin *nf*
tilleul *nm* **1** *(arbre)* linde(boom) *de (nm)* **2** *(infusion)* lindethee *nm* **3** *(bois)* lindehout *het*
timbale *nf* **1** *(instrument de musique)* pauk *de* **2** *(gobelet)* metalen beker *nm*
timbre *nm* **1** *(timbre-poste)* postzegel *nm* **2** *(sonnette)* bel *nm* **3** *(sonorité)* klank *nm* **4** *(tampon)* stempel *het/de (m)* **5** *(oblitération de la poste)* postmerk *het* **6** *(vignette)* zegel *nm*
timbré, -ée *adj* **1** *(un peu fou)* getikt **2** *(affranchi)* gefrankeerd
timbre-poste *nm* postzegel *nm*
timbrer *vt* **1** *(affranchir)* frankeren **2** *(tamponner)* (af)stempelen
timide *adj* **1** *(embarrassé)* verlegen **2** *(indécis)* voorzichtig
timidité *nf* verlegenheid *nf*
timoré, -ée *adj* angstvallig
tintement *nm* **1** *(sonnerie)* (klok)gelui *het* **2** *(résonance)* gerinkel *het* **3** *(bourdonnement)* (het) suizen
[1]**tinter** *vi* **1** *(sonner)* luiden **2** *(résonner)* rinkelen **3** *(bourdonner)* suizen
[2]**tinter** *vt (sonner)* luiden
tique *nf* teek *de*
tiquer *vi* (min of meer ontstemd) reageren; **ma proposition l'a fait ~** mijn voorstel beviel hem helemaal niet; **il n'a pas tiqué** hij vertrok geen spier
tir *nm* **1** *(le fait de tirer)* (het) schieten; **le ~ à l'arc** het boogschieten; **faire du ~** schieten *(sport)* **2** *(le fait de tirer des projectiles)* (het) afschieten, (het) lanceren *(fusées)* **3** *(milit.)* vuur *het*; **tir ami** eigen vuur; **~ de barrage** spervuur **4** *(sports)* schot *het*; **~ au but** schot op het doel **5** *(stand forain)* schiettent *de* **6** *(terrain d'entraînement)* schietbaan *de*
tirade *nf* monoloog *nm*, *(péj.)* tirade *nf*

tirage *nm* **1** *(impression)* (het) drukken, (het) afdrukken *(photos, etc.)* **2** *(désignation par le sort)* trekking *nf;* **~ au sort** loting **3** *(appel d'air)* trek *nm (cheminée)* **4** *(ensemble d'exemplaires)* oplage *de;* **~ limité** beperkte oplage

tiraillement *nm* **1** *(déchirement)* (het) verscheurd zijn **2** *(crampe)* kramp *de* **3** *(plur.) (difficultés)* geharrewar *het*

tirailler *vt (tirer dans tous les sens)* heen en weer trekken ♦ **être tiraillé entre plusieurs possibilités** tussen verschillende mogelijkheden weifelen; **se tirailler (avec)** *vpr (s'entendre mal avec)* harrewarren (met)

tiré, -ée *adj* **1** *(tendu)* strak getrokken **2** *(fatigué)* vermoeid en vermagerd **3** *(qui a été tiré)* getrokken **4** *(imprimé)* gedrukt

tirebouchon *nm* kurkentrekker *nm;* **en ~** spiraalvormig; **queue en ~** krulstaart

tire-fesses *nm* ↑ skilift *nm*

tirelire *nf* spaarpot *nm*

[1]**tirer** *vi* **1** *(envoyer des projectiles)* schieten; **~ dans le tas** lukraak op een groep mensen inschieten; **~ dans le dos de qqn** *(fig.)* iemand in de rug aanvallen; **il lui tire dessus** hij schiet op hem **2** *(sens général)* trekken **3** *(aller vers)* zwemen (naar); **couleur qui tire sur le rouge** kleur die naar rood toegaat **4** *(avoir un nombre d'exemplaires de)* een oplage hebben (van); **journal qui tire à trente mille** krant die een oplage heeft van 30.000 exemplaren

[2]**tirer** *vt* **1** *(+ sur) (exercer un effort sur)* trekken (aan); **~ les rideaux** de gordijnen opentrekken, dichttrekken *(ouvrir, fermer);* **~ la porte sur soi** de deur achter zich dicht trekken **2** *(sortir de)* halen (uit); **~ argent de tout** overal geld uit slaan; **~ son origine, sa source de** afstammen van, komen uit; **~ de l'huile des olives** olie uit olijven persen; **on ne peut rien en ~** hij laat niets los; **il n'y a pas grand-chose à en ~, on ne peut rien en ~** er valt niet veel met hem te beginnen; **~ vengeance** zich wreken **3** *(envoyer un projectile)* afschieten **4** *(imprimer)* afdrukken; **~ un livre à 2.000 exemplaires** 2.000 exemplaren van een boek drukken; **se faire ~ le portrait** zich laten vereeuwigen **5** *(passer le temps)* ↑ moeizaam doorkomen; **~ six mois en prison** zes maanden moeten brommen; **se tirer** *vpr* **1** *(se sortir de)* zich redden (uit); **s'en ~** zich eruit redden **2** *(partir)* (af)nokken; **se ~ en douce** er stilletjes vandoor gaan ♦ **se ~ une balle dans la tête** zich een kogel door het hoofd jagen

tiret *nm* **1** *(trait d'union)* koppelteken *het* **2** *(sorte de parenthèse)* gedachtestreep *de*

tireur, -euse *n* **1** *(celui qui tire un projectile)* schutter *nm;* **~ d'élite** scherpschutter **2** *(personne qui tire qqch)* trek|ker, -ster *nm, nf;* **tireuse de cartes** waarzegster **3** *(d'une traite)* trekker *nm*

tiroir *nm* la *de,* lade *de*

tiroir-caisse *nm* geldlade *de*

tisane *nf* kruidenthee *nm*

tison *nm* (na)gloeiend stuk *het* hout

tisonnier *nm* pook *de*

tissage *nm* (het) weven

tisser *vt* weven; **récit tissé de mensonges** verhaal dat van leugens aan elkaar hangt

tisserand, -ande *n* (hand)wever, (hand)weefster *nm, nf*

tissu *nm* **1** *(étoffe)* (geweven) stof *de;* **~ d'ameublement** meubelstof; **~ éponge** badstof **2** *(biol.)* weefsel *het* **3** *(enchevêtrement)* aaneenschakeling *nf;* **~ de mensonges** aaneenschakeling van leugens **4** *(structure)* structuur *nf;* **~ urbain** structuur van een stad

tissu-éponge *nm* badstof *de*

titane *nm* titanium *het*

titre *nm* **1** *(dignité, fonction)* titel *nm;* **à ce ~** om die reden; **à ~ d'ami** als vriend; **à ~ personnel** persoonlijk; **à ~ exceptionnel** bij wijze van uitzondering; **à ~ d'essai** bij wijze van proef; **à ~ d'information** ter informatie; **à plus d'un ~, à plusieurs ~s** in meer dan één opzicht, om verschillende redenen; **au même ~** op dezelfde wijze; **au même ~ que** evenals; **~ de noblesse** adelbrief **2** *(document officiel)* bewijsstuk *het;* **à quel ~** met welk recht, om welke reden; **à juste ~** terecht; **à ~ gratuit** gratis; **~s de propriété** eigendomsbewijs; **avance sur ~s** lening op onderpand **3** *(en-tête)* titel *nm,* kop *nm (journal);* **les grands ~s de l'actualité** overzicht van de belangrijkste gebeurtenissen; **gros ~s** grote koppen **4** *(action boursière)* effect *het*

titre-service *nm (Belg.)* dienstencheque *nm*

tituber *vi* waggelen

titulaire *adj* **1** *(nommé)* vast benoemd; **le ~ d'un poste** de bekleder van een functie; **professeur ~** (gewoon) hoogleraar **2** *(propriétaire)* bezittend; **le ~** de (rechtmatige) bezitter; **le ~ de compte** de rekeninghouder

titulariser *vt* vast benoemen

toast *nm* toost *nm;* **porter un ~ à qqn** een toost op iemand uitbrengen

toasteur *nm* broodrooster *het/de (m)*

toboggan *nm* glijbaan *de*

[1]**toc** *adj* ↑ nagemaakt; *(subst.)* **en ~** nagemaakt; *(subst.)* **c'est du ~, ça fait ~** dat is nep

[2]**toc** *interj* tik!; **et ~ !** die zit!; **faire ~ ~** aankloppen

tocsin *nm* alarmklok *de;* **sonner le ~** alarm slaan

toge *nf* toga *de*

Togo *nm* Togo *n (sans art.)*

togolais, -aise *adj* Togoos; **le, la Togolais(e)** de Togolees, Togolese

tohu-bohu *nm* **1** *(désordre)* wanorde *de* **2** *(bruit)* rumoer *het*

toi, t' *pron pers* **1** *(sujet; intime)* jij *(emphatique)*, je *(non emphatique)* **2** *(autres cas; intime)* jou *(emphatique)*, je *(non emphatique)*; être à tu et à ~ avec qqn (nu) jij en jou tegen iemand zeggen

toile *nf* **1** *(tissu)* doek *het/de (m)*; ~ cirée wasdoek, zeil; ~ de tente tentzeil, tentdoek **2** *(tableau)* doek *het/de (m)* **3** *(toile d'araignée)* (spinnen)web *het*, *(fig.)* val(kuil) *de (nm)* ♦ ~ de fond achtergrond *(aussi au fig.)*

toilette *nf* **1** toilet *het* **2** *(habillement)* toilet *het*; en grande ~ in gala **3** *(plur.)* *(lieux d'aisances)* toilet *het (sing.)*; aller aux ~s naar de wc, het toilet gaan

toiser *vt* uit de hoogte opnemen

toison *nf* **1** *(d'un mouton)* (schapen)vacht *de*; *(myth.)* Toison d'or Gulden Vlies **2** *(chevelure)* overvloedige haardos *nm*

toit *nm* **1** *(toiture)* dak *het*; crier qqch sur les ~s iets van de daken schreeuwen **2** *(logement)* huis *het*, onderkomen *het*; avoir un ~ een dak boven zijn hoofd hebben; habiter sous le même ~ onder hetzelfde dak wonen

toiture *nf* dak(werk) *het*

tôle *nf* **1** *(acier en feuilles)* plaatijzer *het*, plaatstaal *het*; ~ ondulée golfplaat; *(revêtement routier)* ribbelvorming **2** *(feuille d'acier)* staalplaat *de* **3** *(prison)* bak *nm*; aller en ~ de bak ingaan

tolérable *adj* **1** *(supportable)* draaglijk **2** *(acceptable)* toelaatbaar

tolérance *nf* **1** *(compréhension)* verdraagzaamheid *nf*, tolerantie *nf (aussi méd.; technol.)* **2** *(faveur)* (het) dulden (van)

tolérant, -ante *adj* verdraagzaam, tolerant

tolérer *vt* verdragen, dulden

tollé *nm* kreten *plur* van verontwaardiging

tomate *nf* tomaat *de*; être rouge comme une ~ zo rood zijn als een kreeft

tombal, -ale *adj* graf-; pierre ~e grafsteen

tombant, -ante *adj* **1** *(qui tombe)* vallend; à la nuit ~e bij het vallen van de nacht **2** *(qui pend)* neerhangend; épaules ~es afhangende schouders

tombe *nf* graf *het (aussi au fig.)*; muet comme une ~ zwijgzaam als het graf; se retourner dans sa ~ zich in zijn graf omkeren

tombeau *nm* **1** *(mausolée)* grafmonument *het*; conduire, rouler à ~ ouvert met een enorme snelheid rijden **2** *(fig.)* graf *het*, dood *de*

tombée *nf* (het) vallen; ~ de la nuit (het) vallen van de nacht

tomber *vi* **1** *(choir)* vallen *(aussi au fig.)*; ~ dans l'escalier op de trap vallen; ~ dans les bras de qqn iemand in de armen vallen; ~ de fatigue van moeheid omvallen; le stylo m'est tombé des mains de vulpen viel uit mijn handen; la foudre est tombée de bliksem is ingeslagen; il tombe de la pluie het regent; laisse ~ ! kap er mee!; laisser ~ qqn, qqch iemand, iets laten vallen; ~ mort, raide mort morsdood neervallen; ~ par la fenêtre uit het raam vallen **2** *(disparaître)* uitvallen; ses cheveux tombent zijn haren vallen uit **3** *(décliner)* (weg)vallen; les cours tombent de koersen dalen; le jour tombe de avond valt; le vent est tombé de wind is gaan liggen **4** *(foncer sur)* te lijf gaan; ils nous sont tombés dessus ze hebben ons overvallen; ~ sur qqn zich op iemand storten; *(par hasard)* iemand tegen het lijf lopen; *(fig.)* iemand onbarmhartig bekritiseren **5** *(devenir)* worden; ~ amoureux, malade verliefd, ziek worden; ~ dans une erreur in een fout vervallen; ~ dans la misère in ellende geraken **6** *(s'effondrer)* vallen, instorten; il est tombé bien bas hij is wel diep gezonken; la pièce est tombée à plat het stuk is (totaal) mislukt **7** *(arriver par hasard)* (bij toeval) komen; il est bien tombé hij heeft het goed getroffen; ça tombe bien, mal dat treft goed, slecht; je suis tombé en pleine réunion ik kwam midden in de vergadering; cet article m'est tombé sous les yeux dat artikel is me toevallig onder ogen gekomen; ~ sur qqch ergens tegenaan lopen **8** *(d'une date)* *(coïncider)* vallen op

tome *nm* (boek)deel *het*

[1]**ton** *nm* **1** *(intonation)* toon *nm (aussi au fig.)*; faire baisser le ~ à qqn iemand een toontje lager laten zingen; hausser le ~ zijn, haar stem verheffen; ne le prenez pas sur ce ~ sla niet zo'n toon aan; sur tous les ~s in alle toonaarden; ~ de voix familier bekende stem **2** *(mus.)* toon(soort) *nm (de)*; donner le ~ *(fig.)* de toon aangeven; ~ majeur, mineur grote, kleine hele toon **3** *(couleur)* tint *de*, kleur *de*; cette couleur n'est pas dans le ~ deze kleur vloekt; ~ sur ~ kleur op kleur **4** *(style)* toon *nm*; être dans le ~ bij de tijd zijn; le bon ~ de goede manieren; *(fig.)* durcir le ~ de toon verharden, zich nog krachtiger uitspreken; se mettre dans le ~ mee gaan doen

[2]**ton, ta, tes** *adj poss* jouw, van jou, je

tonalité *nf* **1** *(mus.)* tonaliteit *nf*, toon(aard) *nm* **2** *(couleur)* kleur(schakering) *de (nf)* **3** *(son du téléphone)* kiestoon *nm*

tondeuse *nf* **1** *(animaux; draps)* scheermachine *nf* **2** *(cheveux)* tondeuse *nf* ♦ ~ (à gazon) grasmaaier

tondre *vt* **1** *(couper à ras)* (af)scheren **2** *(couper le gazon)* maaien **3** *(fig.)* (kaal)plukken

tong *nf* teenslipper *nm*

tonifier *vt* stimuleren

tonique *adj* **1** *(muscles)* tonisch; le (médicament) ~ het tonicum, versterkende middel **2** *(stimulant)* tonisch, stimulerend

3 *(accentué)* beklemtoond ♦ la ~ de tonica, grondtoon

tonitruer *vi* bulderen

tonnage *nm* tonnage *nf*

tonne *nf* 1 *(unité de poids)* ton *de;* un (camion de) sept ~s een zeventonner 2 *(plur.) (grande quantité)* tonnen *plur (sans prép.)*

tonneau *nm* 1 *(récipient)* ton *de*, vat *het; (fig.)* être du même ~ één pot nat zijn 2 *(jauge maritime)* registerton *de* ♦ faire des ~x (verschillende keren) over de kop slaan

tonnelet *nm* vaatje *het*

tonnelier *nm* kuiper *nm*

tonner *vt* 1 *(faire du bruit)* donderen; il tonne het dondert 2 *(+ contre) (crier contre)* uitvaren (tegen)

tonnerre *nm* donder *nm;* un ~ d'acclamations een daverend applaus; avec un bruit de ~ met donderend lawaai; du ~ fantastisch

tonte *nf* 1 *(de la laine)* (het) scheren 2 *(du gazon)* (het) maaien

tonton *nm* ome *nm*

tonus *nm* 1 *(biol.)* tonus *nm* 2 *(énergie)* pit *het/de*

top *nm* (tijd)sein *het; (sports)* ~ chrono ! de tijd gaat nú in; *(fig.)* donner le ~ départ het startsein geven; au quatrième ~ il sera exactement 8.00 heures bij het vierde piepje is het 8.00 uur precies

topaze *nf (pierre)* topaas *nm, (matière)* topaas *het*

topo *nm* uiteenzetting *nf;* c'est toujours le même ~ het is altijd hetzelfde liedje

topographie *nf* topografie *nf*

toquade *nf* bevlieging *nf*

toque *nf* muts *de;* ~ blanche koksmuts

toqué, -ée *adj* niet goed snik; ~ de verkikkerd op

torche *nf* 1 *(flambeau)* toorts *de;* ~ électrique zaklantaarn, staaflamp 2 *(flamme)* fakkel *de*

torcher *vt (bâcler)* afraffelen

torchon *nm* 1 *(essuie-verre)* theedoek *nm, (Belg.)* handdoek *nm* 2 *(écrit sans valeur)* vod *het/de* ♦ le ~ brûle de vlam is in de pan; *(fig.)* il ne faut pas mélanger les ~s et les serviettes men moet niet alles op een hoop gooien

tordant, -ante *adj* om je te bescheuren

tordre *vt* 1 *(tourner)* draaien; ~ le cou à un poulet een kip de nek omdraaien; ~ du linge wasgoed uitwringen 2 *(plier)* buigen 3 *(déformer)* verwringen; **se tordre** *vpr (se plier)* zich wringen; se ~ (de rire) zich een ongeluk lachen; se ~ de douleur kronkelen van de pijn; il y a de quoi se ~ dat is om je te bescheuren ♦ se ~ le pied zijn voet verstuiken

tordu, -ue *adj* 1 *(tourné, dévié)* krom, scheef; avoir l'esprit ~ een verwrongen geest hebben 2 *(fou)* mesjogge; le, la ~(e) de gek

tornade *nf* tornado *de*

torpeur *nf* 1 *(engourdissement)* versuftheid *nf* 2 *(abattement)* apathie *nf*

torpille *nf (milit.)* torpedo *de*

torpiller *vt* torpederen *(aussi au fig.)*

torpilleur *nm* torpedoboot *de*

torréfier *vt* branden

torrent *nm* 1 *(ruisseau)* (berg)stroom *nm;* pleuvoir à ~s stortregenen 2 *(fig.)* (stort)-vloed *nm*

torrentiel, -elle *adj* woest stromend; pluie ~le stortbui, wolkbreuk

torride *adj* verzengend

torsade *nf* (gedraaide) franje *de;* pull à ~s kabeltrui

torsader *vt* (ineen)strengelen

torse *nm* 1 *(tronc)* romp *nm;* bomber le ~ zijn borst opzetten 2 *(statue)* tors(o) *nm*

torsion *nf* (het) draaien; barre de ~ torsievering; la ~ de la bouche het vertrekken van de mond; la ~ du pied het verstuiken van de enkel

tort *nm* 1 *(erreur)* ongelijk *het;* elle a ~ de zij doet er verkeerd aan om; à ~ ten onrechte; à ~ ou à raison terecht of ten onrechte; à ~ et à travers in het wilde weg; avoir ~ ongelijk hebben; donner ~ à qqn iemand ongelijk geven; être en ~, dans son ~ schuld hebben; se mettre dans son ~ verkeerd handelen; mettre qqn dans son ~ zorgen dat iemand ongelijk krijgt; notre ~ est de onze fout is dat we; se sentir dans son ~ zich schuldig voelen; c'est un ~ dat is onjuist 2 *(préjudice)* (aangedaan) onrecht *het*, nadeel *het;* faire (du) ~ à qqn iemand schade berokkenen

torticolis *nm* stijve nek *nm*

[1]**tortiller** *vi* 1 *(balancer)* heen en weer draaien; ~ des hanches heupwiegen 2 *(fig.)* (er omheen) draaien; il n'y a pas à ~ daar kun je niet omheen

[2]**tortiller** *vt (tourner et retourner)* (ineen)-draaien, wringen; ~ ses cheveux (zenuwachtig) vlechtjes draaien; **se tortiller** *vpr (se remuer)* zich in allerlei bochten wringen *(aussi au fig.)*, (zich) kronkelen

tortionnaire *nm* folteraar *nm*

tortue *nf* schildpad *de; (fig.)* quelle ~ ! wat een treuzelaar!

tortueux, -euse *adj* 1 *(sinueux)* kronkelend 2 *(retors)* slinks

torture *nf* 1 *(supplice)* foltering *nf*, marteling *nf;* parler sous la ~ onder foltering spreken 2 *(tourment)* kwelling *nf;* mettre qqn à la ~ iemand pijnigen; *(fig.)* iemand in verlegenheid brengen

torturer *vt* 1 *(supplicier)* folteren, martelen 2 *(tourmenter)* kwellen, pijnigen; **se torturer** *vpr (se tourmenter)* zich kwellen; se ~ le cerveau zich de hersens afpijnigen

tôt *adv* 1 *(avant l'heure)* vroeg(tijdig); un jour plus ~ een dag eerder; au plus ~ en 1908 op z'n vroegst in 1908; le plus ~ sera le mieux hoe eerder hoe beter; ~ ou tard vroeg of laat; ce n'est pas trop ~ ! het werd tijd!, eindelijk! 2 *(vite)* spoedig;

avoir ~ fait de niet dralen te; le plus ~ possible, au plus ~ zo snel mogelijk; pas de si ~ voorlopig niet

[1]**total, -ale** *adj* totaal, volkomen; au ~ in totaal; confiance ~e absoluut vertrouwen; le ~ het totaal; faire le ~ optellen

[2]**total** *adv* kort en goed; ~, on n'a rien gagné kort en goed, we hebben niets gewonnen

totaliser *vt* 1 *(atteindre un chiffre)* het totaal bereiken van, *(sports)* scoren; ~ cent voix honderd stemmen behalen 2 *(additionner)* optellen

totalitaire *adj* totalitair

totalité *nf* geheel *het;* dans sa ~ in zijn geheel; en ~ in zijn geheel; la presque ~ de bijna alle *(+ plur.);* bijna het gehele *(+ sing.)*

toubib *nm* pil *nm,* ↑ dokter *nm*

[1]**touchant, -ante** *adj* ontroerend

[2]**touchant** *prép* betreffende

touche *nf* 1 *(d'un instrument, d'un appareil)* toets *nm;* ~ de fonction functietoets 2 *(épreuve)* toets *nm* 3 *(action de mordre)* (het) bijten; *(fig.)* avoir une ~ sjans hebben 4 *(action de poser la couleur)* toets *nm; (fig.)* mettre une ~ de gaieté een vrolijke noot aanbrengen 5 *(en football, rugby)* zijlijn *de;* ligne de ~ zijlijn; rester sur la ~ op het reservebankje zitten; *(fig.)* être mis sur la ~ uitgerangeerd zijn; il y a ~ de bal is uit 6 *(en escrime)* touche *de*

touche-à-tout *nm* 1 *(gosse)* kind *het (m), het (f)* dat overal aankomt, aanzit 2 *(fig.)* veelzijdig iemand

[1]**toucher** *nm* 1 *(sens)* tastzin *nm* 2 *(attouchement)* (het) aanraken; être doux, rude au ~ zacht, ruw aanvoelen

[2]**toucher** *vi* 1 *(+ à) (porter la main sur)* (iets) aanraken; cet enfant touche à tout dat kind zit overal aan; n'y touche pas ! afblijven! 2 *(+ à) (s'en prendre à)* komen (aan) 3 *(+ à) (arriver à)* (iets) bijna bereikt hebben; ~ à sa fin bijna ten einde zijn; ~ au but het doel genaderd zijn 4 *(+ à) (s'occuper de)* zich bezighouden (met) 5 *(mordre)* bijten

[3]**toucher** *vt* 1 *(palper)* aanraken, voelen; ~ du doigt met de vinger aanraken; *(fig.)* goed begrijpen 2 *(atteindre)* bereiken, *(mar.)* aandoen; ~ la cible het doel treffen; où peut-on vous ~ ? waar kan men u bereiken? 3 *(émouvoir)* treffen, roeren 4 *(recevoir)* ontvangen 5 *(intéresser)* aangaan; ~ de près qqn iemand direct aangaan 6 *(concerner)* betrekking hebben op 7 *(dire rapidement)* vluchtig meedelen; ~ un mot de qqch à qqn met iemand over iets spreken ♦ sa maison touche la mienne zijn huis grenst aan het mijne

touffe *nf* bosje *het;* une ~ de cheveux een pluk haar

touffu, -ue *adj* dicht(begroeid); barbe ~e ruige baard; végétation ~e weelderige plantengroei

touiller *vt* ↑ (om)roeren

toujours *adv* 1 *(constamment)* altijd; un ami de ~ een heel oude vriend; pour ~ voorgoed 2 *(encore)* nog altijd; il ne dormait ~ pas hij sliep nog steeds niet 3 *(cependant)* toch; c'est ~ ça dat is tenminste wat; ~ est-il que ... toch ... ♦ cause ~ ! klets maar!; dites ~ ! zeg het toch maar!; on peut ~ essayer we kunnen het (natuurlijk) altijd proberen

toupet *nm* 1 *(houppe)* (haar)lok *de* 2 *(aplomb)* lef *de;* avoir du ~ lef hebben; avoir le ~ de de onbeschaamdheid hebben om

toupie *nf* tol *nm*

[1]**tour** *nm* 1 *(rotation)* omloop *nm,* omwenteling *nf (de roue, p.ex.),* slag *nm (de vis),* toer *nm (d'un moteur);* en un ~ de main in een handomdraai; fermer la porte à double ~ de deur op het nachtslot doen; quarante-cinq ~s single 2 *(circonférence)* omtrek *nm;* ~ de poitrine borstomvang; ~ de taille taille(omvang) 3 *(circuit, parcours)* ronde *de (aussi sports);* faire le ~ de qqch rondom iets lopen; faire le ~ des invités met alle gasten een praatje maken; faire le ~ d'une question een kwestie van alle kanten bekijken; faire le ~ du propriétaire zijn huis laten zien; faire un ~ d'horizon een algemeen overzicht geven; ~ du monde reis om de wereld 4 *(promenade)* ommetje *het* 5 *(moment d'agir)* beurt *de; (fig.)* à ~ de rôle om de beurt, *(Belg.)* volgens beurtrol; c'est à son ~ hij is aan de beurt; chacun son ~ ieder op zijn beurt; ~ de garde wacht; *(jeux de cartes)* passer son ~ zijn beurt voorbij laten gaan, passen 6 *(exercice difficile)* kunststuk *het;* ~ d'adresse, de passe-passe handigheid(je), goocheltoer; ~ de force krachttoer; *(fig.)* schitterende prestatie 7 *(farce)* streek *de;* cela va vous jouer des ~s dat zou weleens slecht voor u kunnen aflopen; jouer un (mauvais) ~ à qqn iemand erin laten lopen; ~ pendable gemene streek 8 *(technol.)* draaibank *de* ♦ à ~ de bras met volle kracht; ~ de reins spit; ~ de scrutin verkiezingsronde, stembeurt *(n.B.);* ~ de table forumdiscussie

[2]**tour** *nf* 1 *(construction en hauteur)* toren *nm;* ~ de contrôle verkeerstoren; ~ d'ivoire ivoren toren 2 *(gratte-ciel)* torenflat *nm*

tourbe *nf* turf *nm*

tourbeux, -euse *adj* veenachtig

tourbière *nf* veenderij *nf*

tourbillon *nm* 1 *(masse d'air qui tournoie)* wervelwind *nm* 2 *(mouvement rapide de l'eau)* draaikolk *de,* maalstroom *nm (aussi au fig.)* 3 *(mouvement tournant)* werveling *nf (aussi au fig.);* ~ de neige sneeuwverstuiving; ~ de poussière opwervelend stof; ~ de sable zandhoos

tourbillonner *vi* wervelen

tourelle *nf* **1** *(petite tour)* torentje *het* **2** *(d'un char, etc.)* pantserkoepel *nm*
tourisme *nm* toerisme *het*
touriste *n* toerist(e) *nm (nf)*; classe ~ toeristenklasse
touristique *adj* **1** *(destiné aux touristes)* toeristen- **2** *(qui attire les touristes)* toeristisch
tourment *nm* kwelling *nf*
tourmenté, -ée *adj* **1** *(en proie aux tourments)* gekweld **2** *(agité)* onrustig, veelbewogen *(vie)*
tourmenter *vt* **1** *(faire souffrir)* kwellen **2** *(sujet de chose) (obséder)* niet met rust laten; cette idée le tourmente die gedachte achtervolgt hem **3** *(sujet de personne) (agacer, harceler)* tergen, lastigvallen; **se tourmenter** *vpr (s'inquiéter)* tobben (over)
tournage *nm* (het) draaien
[1]**tournant** *nm* **1** *(d'une route)* bocht *de* **2** *(changement de direction)* keerpunt *het*, wending *nf*; au ~ du siècle rond de eeuwwisseling ♦ je l'attends, l'aurai au ~ ik krijg hem nog wel!
[2]**tournant, -ante** *adj* **1** *(qui tourne)* draaiend **2** *(sinueux)* bochtig
tourné, -ée *adj* gevormd; bien ~ welgevormd ♦ avoir l'esprit mal ~ geneigd zijn alles verkeerd te interpreteren
tourne-disque *nm* platenspeler *nm*
tournée *nf* **1** *(voyage)* rondreis *de* **2** *(d'artistes)* tournee *nf* **3** *(de facteurs, commerçants)* ronde *de* **4** *(de gardiens)* rondgang *nm* **5** *(au café)* rondje *het*, *(Belg.)* ronde *de*
[1]**tourner** *vi* **1** *(se mouvoir (circulairement); fonctionner)* draaien, lopen *(moteur)*; faire ~ une usine een fabriek draaiende houden; faire ~ la tête duizelig maken; l'heure tourne de tijd gaat voort; la tête lui tourne het duizelt hem, hij is duizelig; qu'est-ce qui ne tourne pas rond ? wat schort er aan?; ~ rond goed lopen **2** *(changer de direction)* van richting veranderen; ~ à droite rechts afslaan; la chance a tourné het geluk heeft een keer genomen; ~ dans une rue een straat inslaan; le vent a tourné de wind is gedraaid; *(fig.)* de situatie is veranderd **3** *(se transformer)* veranderen; le temps tourne au beau het wordt mooier weer; ~ mal een verkeerde wending nemen; elle a mal tourné ze is op het verkeerde pad geraakt **4** *((dans) un film)* spelen; silence, on tourne stilte, opname **5** *(devenir aigre)* zuur worden
[2]**tourner** *vt* **1** *(imprimer un mouvement de rotation à)* draaien; *(fig.)* ~ et retourner un problème dans sa tête een probleem van alle kanten bekijken **2** *(des pages)* omslaan, *(feuille seule)* omdraaien; tournez, s'il vous plaît, t.s.v.p. zie ommezijde, z.o.z. **3** *(diriger)* richten **4** *(un film, une scène)* opnemen; ~ un film een film maken ♦ ~ qqn en ridicule iemand belachelijk maken; **se tourner** *vpr* **1** *(se retourner)* zich omkeren (naar, tot) **2** *(se diriger)* zich richten (op) ♦ ne savoir de quel côté se ~ zich geen raad meer weten
tournesol *nm* zonnebloem *de*
tourneur *nm* draaier *nm*
tournevis *nm* schroevendraaier *nm*
tourniquet *nm* **1** *(moulinet)* tourniquet *nm* **2** *(porte à tambour)* tourniquetdeur *de* **3** *(présentoir)* molen *nm* ♦ ~ de jardinier tuinsproeier
tournis *nm* ↑ duizeling *nf*; donner le ~ à qqn iemand duizelig maken
tournoi *nm* **1** *(sports)* toernooi *het* **2** *(hist.)* steekspel *het*
tournoyer *vi* (rond)draaien, cirkelen *(oiseaux, avions)*
tournure *nf* **1** *(ling.)* (zins)wending *nf* **2** *(évolution)* wending *nf*; prendre une bonne, mauvaise ~ een goede, slechte wending nemen ♦ ~ d'esprit kijk op de dingen; commencer à prendre ~ vaste vorm gaan aannemen
tourte *nf* pastei *de*
tourtereau *nm* **1** *(zool.)* jonge tortelduif *de* **2** *(plur.) (amoureux)* tortelduifjes *plur*
tourterelle *nf* tortelduif *de*
Toussaint *nf* Allerheiligen *nm*, allerheiligenfeest *het*
tousser *vi* hoesten
toussoter *vi* kuchen
[1]**tout** *nm* **1** *(totalité)* geheel *het*; du ~ au ~ helemaal; (ne) ... (pas) du ~ helemaal niet; risquer le ~ pour le ~ alles op het spel zetten **2** *(le plus important)* hoofdzaak *de*; le ~ est de ... waar het op aan komt is dat ...; *(prov)* le ~ est de commencer een goed begin is het halve werk
[2]**tout, toute, tous, toutes** *adj* **1** *(complet, entier)* (ge)heel; lire ~ Racine Racine helemaal lezen; en ~e simplicité in alle eenvoud; ~ le temps voortdurend **2** *(chaque)* elk, *(plur.)* alle; c'est sérieux ?, ~ ce qu'il y a de plus sérieux echt waar?, honderd procent serieus; ~ un chacun eenieder; tous (les) deux allebei; tous les deux jours om de andere dag **3** *(pour n'importe quel)* voor ieder(e); (film) tous publics (film) voor ieder publiek; véhicule tous terrains terreinwagen ♦ ~ Paris heel Parijs; *(tous les Parisiens)* alle Parijzenaren; pour ~ (bagage) als enige (bagage)
[3]**tout, tous, toutes** *pron indéf* alles *(tout)*, allemaal *(tous, toutes)*; après ~ tenslotte; tous (au)tant que nous sommes wij allen; avoir ~ de alle eigenschappen hebben van; pour ~ dire al met al; en ~ *(à tous égards)* in alle opzichten; *(au total)* in totaal; en ~ et pour ~ niet meer dan; ~ est là dat is alles; *(fig.)* daar gaat het 'm om; c'est ~ dire daarmee is alles gezegd; ce n'est pas ~ (que) de het is niet voldoende te; voilà ~ dat is alles ♦ comme ~ heel erg; et ~ en zo; et ~ et ~ enzovoort, enzovoort
[4]**tout** *adv* **1** *(extrêmement)* heel; ~ juste

nog maar net 2 *(en langage commercial)* zuiver 3 *(tout à fait)* geheel en al; **~ à vous** geheel tot uw beschikking; **c'est ~ le contraire** dat is juist het tegenovergestelde; **être ~ yeux, ~ oreilles** een en al oor zijn ♦ **~ d'abord** allereerst; **le ~ dernier, premier** de allerlaatste, allereerste; **~ en marchant, il m'a raconté** terwijl we liepen, vertelde hij me; **~ en étant riche, il vit très simplement** hoewel hij rijk is, leeft hij erg eenvoudig; **~ enfant, ~ gosse ...** als kind al ...; **~ à fait** helemaal; **~ de même** toch; **~ au moins** op z'n (aller)minst; **~ au plus** hoogstens

tout-à-l'égout *nm* (stads)riolering *nf*

toutefois *adv* echter

toute-puissance *nf* almacht *de*

toutou *nm* (brave) hond *nm*

tout-puissant, toute-puissante *adj* almachtig; **le Tout-Puissant** de Almachtige

tout va ♦ *(adj.; aussi adv.)* **à ~** ongebreideld

tout-venant *nm* Jan en alleman

toux *nf* hoest *nm*

toxicomane *n* verslaafde *nm;* **être ~** verslaafd zijn

toxicomanie *nf* (het) verslaafd zijn

toxique *adj* giftig; **le ~** het (ver)gif

trac *nm* 1 *(des acteurs)* plankenkoorts *de* 2 *(avant un examen)* examenvrees *de*

tracas *nm (généralement plur.)* zorg *de*

tracasser *vt* kwellen; **se tracasser** *vpr* zich zorgen maken

trace *nf* spoor *het;* **suivre les ~s de qqn, marcher sur les ~s de qqn** in iemands voetsporen treden

tracé *nm* 1 *(plan d'un ouvrage)* tracé *het* 2 *(ligne continue dans la nature)* loop *nm*

tracer *vt* 1 *(dessiner)* schetsen, trekken *(des lignes); (fig.)* **~ le chemin, ~ la voie à qqn** iemand de weg aangeven; *(fig.)* **~ la voie** de weg uitstippelen 2 *(un chemin)* traceren

trachée *nf* luchtpijp *de*

tract *nm* pamflet *het,* vlugschrift *het*

tractation *nf* geheime onderhandeling *nf*

tracter *vt* slepen

tracteur *nm* tractor *nm*

traction *nf* 1 *(force motrice)* trekkracht *de;* **~ avant** (auto met) voorwielaandrijving 2 *(fait de tirer)* (het) trekken

tradition *nf* traditie *nf,* overlevering *nf;* **il est de ~ que** het is traditie dat

traditionnel, -elle *adj* traditioneel

traducteur, -trice *n* vertaler, vertaalster *nm, nf*

traduction *nf* 1 *(version)* vertaling *nf* 2 *(expression)* weergave *de*

traduire *vt* 1 *(d'une langue dans une autre)* vertalen 2 *(exprimer)* weergeven 3 *(jur.)* dagen; **se traduire** *vpr* 1 *(dans une autre langue)* vertaald worden 2 *(s'exprimer)* zich uiten

traduisible *adj* vertaalbaar

trafic *nm* 1 *(péj.) (commerce)* handel *nm (pas d'équivalent péjoratif en néerlandais);* **~ de stupéfiants** handel in verdovende middelen 2 *(circulation)* verkeer *het (aussi des biens)* 3 *(inform.)* verkeer *het*

trafiquant, -ante, trafiqueur, -euse *n* (zwart)handelaar *nm;* **~ d'armes** wapenhandelaar

[1]**trafiquer** *vi* illegaal handel drijven

[2]**trafiquer** *vt* 1 *(falsifier)* knoeien met, vervalsen 2 *(faire le trafic de)* handelen in *(pas d'équivalent péjoratif en néerlandais)* ♦ **qu'est-ce que tu trafiques là ?** wat voer je daar uit?

tragédie *nf* tragedie *nf (aussi au fig.)*

[1]**tragique** *nm* 1 tragiek *nf,* (het) tragische; **prendre qqch au ~** iets al te ernstig opnemen; **tourner au ~** een tragische wending nemen 2 *(dram.)* tragische genre *het*

[2]**tragique** *adj* tragisch

[1]**trahir** *vi (passer à l'ennemi)* verraad plegen

[2]**trahir** *vt* 1 *(livrer; abandonner)* verraden; **~ un secret** een geheim verraden 2 *(décevoir)* beschamen; **~ la confiance de qqn** iemands vertrouwen beschamen 3 *(être infidèle à)* ontrouw zijn 4 *(des forces, des nerfs)* in de steek laten 5 *(révéler)* verraden; **se trahir** *vpr* zich verraden

trahison *nf* verraad *het*

train *nm* 1 *(moyen de transport; jouet)* trein *nm;* **le ~ de Paris** *(en provenance de)* de trein uit Parijs; *(à destination de)* de trein naar Parijs; **~ direct** doorgaande trein; **~ express** sneltrein; **~ omnibus** stoptrein; **~ à grande vitesse, TGV** hogesnelheidstrein, hst, tgv; *(n.B.)* supersnelle trein, sst 2 *(allure)* gang *nm;* **aller bon ~** een flinke vaart hebben; **aller, mener un ~ d'enfer** razendsnel rijden; **mettre qqch en ~** iets op gang brengen; **au ~ où vont les choses** zoals de zaken nu gaan 3 *(d'un véhicule)* onderstel *het;* **~ arrière, avant** achterstel, voorstel; **~ d'atterrissage** landingsgestel ♦ **être en ~ de faire qqch** iets aan het doen zijn; **je ne suis pas en ~** ik ben niet erg in vorm; **prendre le ~ (en marche)** zich (achteraf) aansluiten; **~ de vie** levensstandaard

traînant, -ante *adj* slepend

traînard, -arde *n* 1 *(dans une marche)* achter|blijver, -blijfster *nm, nf* 2 *(lambin)* treuzelaar(ster) *nm (nf)*

traîne *nf* sleep *nm* ♦ **être à la ~** achterblijven

traîneau *nm* slee *de*

traînée *nf* 1 *(trace)* spoor *het;* **~ de poudre** kruitloop; *(fig.)* lopend vuurtje 2 *(prostituée)* slet *nf, (Belg.)* schotelvod *het/de (f)*

[1]**traîner** *vi* 1 *(pendre à terre)* (neer)hangen 2 *(durer trop longtemps)* zich voortslepen; **faire ~ qqch** iets traineren; **ça n'a pas traîné** het heeft niet lang geduurd 3 *(être*

en désordre) (rond)slingeren 4 (lambiner) treuzelen 5 (errer) rondzwerven

[2]**traîner** vt 1 (tirer après soi) slepen 2 (amener avec soi) met zich meeslepen 3 (supporter) verdragen; **se traîner** vpr 1 (avancer avec peine) zich (moeizaam) voortslepen 2 (fig.) (s'étirer en longueur) zich voortslepen 3 (ramper) kruipen

training nm 1 (entraînement) training nf 2 ® (survêtement) trainingsjack het

traintrain nm sleur nm

traire vt melken

trait nm 1 (ligne) lijn de, streep de; rayer d'un ~ doorstrepen; (fig.) in een klap ongedaan maken; ~ pour ~ zeer nauwkeurig; ~ d'union verbindingsstreepje; (fig.) tussenpersoon 2 (caractéristique) trek nm, (plur.) gelaatstrekken plur 3 (marque) staaltje het; ~ d'esprit geestige opmerking; ~ de génie geniale inval ♦ avoir ~ à betrekking hebben op; faire qqch d'un ~ iets achter elkaar, in één ruk door doen; boire d'un (seul) ~ in één teug (leeg)drinken

traitant, -ante adj behandelend (médecin), verzorgend (qqch)

traite nf 1 (action de traire) (het) melken 2 (écon.) wissel nm 3 (des noirs, des blanches) handel nm; ~ des blanches handel in blanke slavinnen; ~ des noirs slavenhandel ♦ d'une (seule) ~ in één ruk

traité nm 1 (accord) verdrag het 2 (ouvrage) verhandeling nf

traitement nm 1 (manière de traiter, de soigner) behandeling nf; ~ de choc schoktherapie; ~ de données gegevensverwerking; être en ~ in behandeling zijn; ~ de faveur voorkeursbehandeling; mauvais ~s mishandelingen; suivre un ~ een kuur volgen 2 (transformation) verwerking nf; machine de ~ de texte tekstverwerker; ~ de texte(s) tekstverwerking

[1]**traiter** vi 1 (négocier) onderhandelen 2 (+ de) (avoir pour objet) handelen (over)

[2]**traiter** vt 1 (agir envers qqn; soigner) behandelen; ~ qqn en enfant iemand als een kind behandelen 2 (taxer de) uitschelden (voor) 3 (négocier) onderhandelen over 4 (inform.) verwerken

traiteur nm traiteur nm

traître, traîtresse adj verraderlijk; (subst.) en ~ verraderlijk; le, la ~(sse) de verrader, verraadster ♦ ne pas dire un ~ mot geen stom woord zeggen

traîtrise nf 1 (acte déloyal) verraad het 2 (déloyauté) verraderlijkheid nf

trajectoire nf baan de

trajet nm traject het; durant le ~ onderweg; faire un ~ een traject afleggen

tralala nm poeha het/de (m)

trame nf 1 (d'un tissu) inslag(draad) nm; usé jusqu'à la ~ tot op de draad versleten 2 (fond d'une chose) stramien het

tramer vt (comploter) beramen; **se tramer** vpr ♦ il se trame qqch er wordt iets bekokstoofd

trampoline nm trampoline nf

tramway nm tram nm

[1]**tranchant** nm scherp het; (fig.) arme à double ~ wapen met een boemerangeffect; le ~ de la main de snijkant van de hand

[2]**tranchant, -ante** adj 1 (coupant) snijdend 2 (catégorique) beslist

tranche nf 1 (morceau) plak de; ~ de bœuf biefstuk; ~ de veau kalfslapje 2 (d'un livre) snee de 3 (d'un bœuf) bilstuk het 4 (partie) gedeelte het; ~ de vie leeftijdsklasse 5 (d'imposition) belastingschijf de ♦ (fig.) ~ de vie greep uit het leven

tranché, -ée adj 1 (coupé) gesneden 2 (net) duidelijk 3 (nettement séparé) duidelijk afgegrensd

tranchée nf 1 (cavité) geul de 2 (milit.) loopgraaf de

[1]**trancher** vi 1 (couper) snijden 2 (décider) een beslissing nemen 3 (+ avec, sur) (contraster) afsteken (tegen)

[2]**trancher** vt 1 (couper) doorsnijden; ~ la tête de qqn iemand onthoofden 2 (résoudre) een beslissing nemen (over)

tranquille adj 1 (calme, paisible) rustig 2 (serein) gerust; laisse-moi ~ laat mij met rust ♦ laisse ça ~ blijf daar af

tranquillisant nm kalmeringsmiddel het

tranquilliser vt kalmeren; **se tranquilliser** vpr kalmeren

tranquillité nf 1 (calme) rust de 2 (sérénité, paix) gerustheid nf

transaction nf 1 (jur.) compromis het, overeenkomst nf 2 (écon.) transactie nf

transatlantique adj trans-Atlantisch; un ~ een trans-Atlantische stoomboot ♦ un ~, un transat een ligstoel

transcendant, -ante adj 1 (philo.) transcendent 2 (sublime) verheven, superieur

transcription nf 1 (copie) (het) overschrijven 2 (ling.) transcriptie nf 3 (mus.) arrangement het

transcrire vt 1 (copier) overschrijven 2 (dans un autre alphabet) transcriberen 3 (mus.) arrangeren

transe nf 1 (généralement plur.) (angoisse) doodsangst nm 2 (hypnose) trance de; entrer en ~ in trance geraken; (fig.) buiten zichzelf raken

transférer vt 1 (changer de place) overplaatsen (aussi un prisonnier) 2 (en droit commercial) overdragen 3 (un montant) overschrijven

transfert nm 1 (déplacement) overbrenging nf; ~ d'appel(s) (telefoon)doorschakeling 2 (jur., psycho., inform.) overdracht de 3 (écon.) transfer het/de (m) 4 (sports) transfer het/de (m)

transfigurer vt herscheppen

transformateur nm transformator nm

transformation nf 1 (conversion, changement) verandering nf; industrie de ~

veredelingsindustrie; **la ~ de matières premières** de verwerking van grondstoffen **2** *(archit.)* verbouwing *nf*
transformer *vt* **1** *(modifier, convertir)* veranderen; **~ des matières premières** grondstoffen verwerken **2** *(archit.)* verbouwen; **se transformer** *vpr (se modifier)* zich veranderen; **la chenille se transforme en papillon** de rups wordt een vlinder
transfuge *n* over|loper, -loopster *nm, nf*
transfuser *vt (du sang)* transfuseren
transfusion *nf* transfusie *nf*
transgenre *nm* transgender *de*
transgresser *vt* overtreden
transiger *vi* **1** *(conclure un arrangement)* een compromis sluiten **2** *(faire des concessions)* schipperen; **~ sur l'honneur** het niet zo nauw nemen met eer
transir *vt* **1** *(de froid)* doen verkleumen **2** *(paralyser)* doen verstijven
transistor *nm* transistor *nm*
transit *nm* doorvoer *nm,* transit(o) *nm (het/de)*
[1]**transiter** *vi* **1** *(personnes)* op doorreis zijn **2** *(marchandises)* in transito liggen
[2]**transiter** *vt (des marchandises)* doorvoeren
transitif, -ive *adj* overgankelijk
transition *nf* overgang *nm;* **de ~** overgangs-; **sans ~** plotseling
transitoire *adj* overgangs-, voorlopig
translucide *adj* doorschijnend
transmetteur *nm* seintoestel *het*
transmettre *vt* **1** *(de soi à qqn d'autre)* overdragen **2** *(en tant qu'intermédiaire)* overbrengen **3** *(de la main à la main)* overgeven **4** *(radio, télé)* uitzenden **5** *(méd.)* besmetten (met), overbrengen **6** *(phys.)* geleiden; **se transmettre** *vpr* **1** *(être transmis de soi à qqn d'autre)* overgedragen worden **2** *(par un intermédiaire)* overgebracht worden *(aussi méd.)*
transmissible *adj* **1** *(qui peut être transmis)* overdraagbaar **2** *(méd.)* besmettelijk
transmission *nf* **1** *(fait de transmettre)* overdracht *de* **2** *(action de faire connaître)* overbrenging *nf* **3** *(radio, télé)* uitzending *nf* **4** *(d'un mouvement)* overbrenging *nf* **5** *(méd.)* overbrenging *nf* **6** *(plur.) (milit.)* verbindingsdienst *nm* **7** *(technol.)* drijfwerk *het* ♦ **~ de pensée** telepathie
transparaître *vi* **1** *(se montrer au travers de qqch)* schijnen (door) **2** *(apparaître)* tevoorschijn komen
transparence *nf* doorzichtigheid *nf,* helderheid *nf*
transparent, -ente *adj* doorzichtig *(aussi au fig.)*
transpercer *vt* **1** *(percer de part en part)* doorboren **2** *(passer au travers de)* dringen door **3** *(atteindre profondément)* diep treffen
transpiration *nf* zweet *het*
transpirer *vi* **1** *(suer)* zweten, transpireren; **~ des pieds** zweetvoeten hebben **2** *(une information)* uitlekken
transplantation *nf* **1** *(méd.)* transplantatie *nf* **2** *(d'arbres, de plantes)* (het) verplanten *(aussi au fig.)*
transplanter *vt* **1** *(bot.)* verplanten *(aussi au fig.)* **2** *(méd.)* transplanteren
transport *nm* **1** *(fait, manière de déplacer)* vervoer *het;* **~s en commun** openbaar vervoer; **titre de ~** vervoersbewijs **2** *(aussi plur.) (vive émotion)* vlaag *de;* **~s amoureux** hartstocht **3** *(plur.) (moyens de transport)* transportmiddelen *plur,* vervoer *het*
transporter *vt* **1** *(déplacer)* vervoeren **2** *(transmettre; transposer)* overbrengen **3** *(exalter)* meeslepen; **être transporté de joie** buiten zichzelf zijn van vreugde
transporteur *nm* expediteur *nm*
transposer *vt* verplaatsen, transponeren *(mus.)*
transposition *nf* transpositie *nf (aussi mus.)*
transsexuel, -elle *n* transseksueel *nm*
transvaser *vt* overgieten
transversal, -ale *adj* transversaal, dwars
trapèze *nm* **1** *(math.)* trapezium *het* **2** *(sports)* trapeze *de*
trapéziste *n* trapezeacro|baat, -bate *nm, nf*
trappe *nf* **1** *(piège)* val(kuil) *nm* **2** *(ouverture)* luik *het*
trappeur *nm* pelsjager *nm*
trapu, -ue *adj* **1** *(râblé)* gedrongen **2** *(difficile)* lastig
traquenard *nm* strik *nm,* valstrik *nm (aussi au fig.)*
traquer *vt* opjagen
traumatiser *vt* hevig schokken
traumatisme *nm* traumatisme *het*
travail *nm* **1** *(activité, labeur)* werk *het,* arbeid *nm (aussi phys.);* **être au ~** aan het werk zijn; **un beau ~** een goed (stuk) werk; *(iron.)* **c'est du beau ~ !, regardez-moi ce ~ !** dat is me ook wat fraais!; **~ à la chaîne** lopendebandwerk; **~ à domicile** thuiswerk; **se mettre au ~** aan 't werk gaan; **le monde du ~** de werkenden; **~ au noir** zwartwerk; **~ aux pièces, à la tâche** stukwerk; **être sans ~** werkloos zijn; **~ à temps partiel** deeltijdbaan, parttimewerk **2** *(plur.) (opérations)* werk *het,* werkzaamheden *plur, (Belg.)* werken *(plur.);* **travaux d'aiguille** (vrouwelijke) handwerken; **travaux dirigés** werkcollege; **travaux forcés** dwangarbeid; *(tr.pub.)* **grands travaux** grote projecten; **travaux pratiques, TP** practicum; **travaux publics** openbare werken **3** *(action, façon de travailler une matière)* bewerking *nf;* **~ du bois** houtbewerking **4** *(méd.)* barensnood *nm;* **femme en ~** vrouw in barensnood
[1]**travailler** *vi* werken; **faire ~ l'argent** geld niet renteloos laten liggen; **faire ~ des ouvriers** arbeiders in dienst hebben; **son**

imagination travaille zijn verbeelding laat hem niet met rust; la maçonnerie travaille het metselwerk scheurt

[2]**travailler** *vt* **1** *(façonner)* bewerken; ~ la pâte het deeg kneden **2** *(étudier)* bestuderen; ~ une matière op een vak blokken **3** *(influencer)* beïnvloeden **4** *(inquiéter; faire souffrir)* plagen; ça le travaille, cette histoire die geschiedenis laat hem niet met rust

[1]**travailleur** *nm* werker *nm*, arbeider *nm*, *(plur.)* werknemers *plur;* ~ à domicile thuiswerker; ~ immigré gastarbeider; ~ indépendant zelfstandige

[2]**travailleur, -euse** *adj* **1** *(qui aime le travail)* arbeidzaam, ijverig **2** *(des travailleurs)* arbeiders-

travailleuse *nf* arbeidster *nf*

travailliste *n* lid *het (m)*, *het (f)* van de Labourpartij; gouvernement ~ labourregering

travée *nf* **1** *(archit.)* travee *nf* **2** *(rangée)* rij *de*

travers *nm* foutje *het* ♦ à ~ les âges door de eeuwen heen, *(Belg.)* doorheen de eeuwen; à ~, au ~ de (dwars) door, *(Belg.)* doorheen; passer à ~, au ~ ontsnappen; de ~ scheef; *(fig.)* aller de ~ mislukken; avaler de ~ zich verslikken; marcher de ~ scheef lopen; *(tituber)* waggelen; prendre qqch de ~ iets verkeerd opnemen; regarder qqn de ~ iemand boos aankijken; avoir l'esprit de ~ een verwrongen geest hebben

traverse *nf* dwarsligger *nm*, *(de chemin de fer)* biel(s) *de*

traversée *nf* **1** *(voyage en bateau)* overtocht *nm* **2** *(d'un espace)* (door)tocht *nm;* ~ du désert tocht door de woestijn; *(fig.)* periode van isolement

traverser *vt* **1** *(une étendue d'eau, une rue)* oversteken; ~ à la nage overzwemmen **2** *(une région, un pays)* doorreizen; ~ une ville door een stad heen trekken **3** *(se frayer un passage à travers)* dwars door ... gaan **4** *(passer à travers)* doordringen; un cri traversa le silence de stilte werd door een schreeuw verbroken **5** *(une période, un état)* doormaken ♦ l'idée me traversa l'esprit de gedachte ging door mijn hoofd

traversin *nm* (hoofd)peluw *de*

travesti, -ie *adj* vermomd; un ~ *(homosexuel)* een travestiet; *(acteur travesti)* een acteur die een travestierol speelt

travestir *vt* **1** *(déguiser)* vermommen **2** *(déformer)* verdraaien; **se travestir** *vpr* zich verkleden (als)

trébucher *vi* struikelen (over) *(aussi au fig.)*

trèfle *nm (bot.)* klaver *de (aussi aux cartes)*, klaverblad *het;* ~ à quatre feuilles klavertjevier

tréfonds *nm* (het) diepste; ému jusqu'au ~ de l'âme tot in het diepste van zijn ziel geroerd

treille *nf* **1** *(vigne)* wijnstok *nm* **2** *(tonnelle)* wingerdprieel *het*

treillis *nm* **1** *(grillage)* traliewerk *het;* ~ métallique metaalgaas **2** *(milit.)* gevechtspak *het* **3** *(toile de chanvre)* zakkenlinnen *het*

treize *adj numér* dertien

treizième *adj numér* dertiende

tréma *nm* trema *het*

tremblant, -ante *adj* **1** *(qui tremble)* bevend, trillend; être ~ de peur beven van angst **2** *(peu solide)* wankel, *(fig.)* wankelend

tremblement *nm* beving *nf*, trilling *nf;* ~ de terre aardbeving ♦ et tout le ~ en de hele santenkraam

trembler *vi* beven; ~ de (+ *inf.)* vrezen te; ~ de tout son corps beven over zijn hele lichaam; faire ~ qqn iemand bang maken; ~ pour qqn bang zijn dat iemand iets overkomt; la terre a tremblé cette nuit er is vannacht een aardbeving geweest

trembloter *vi* licht trillen

trémolo *nm* **1** *(mus.)* tremolo *nm* **2** *(tremblement)* trilling *nf;* avec des ~s dans la voix met trillingen in de stem

se trémousser *vpr* draaien

trempe *nf* **1** *(caractère)* slag *het* **2** *(raclée)* pak *het* slaag

trempé, -ée *adj* **1** *(mouillé)* doorweekt **2** *(technol.)* gehard *(aussi au fig.)*

[1]**tremper** *vi* **1** *(baigner)* weken; mettre le linge à ~ wasgoed in de week zetten **2** *(être impliqué dans)* verwikkeld zijn (in)

[2]**tremper** *vt* **1** *(immerger)* dopen **2** *(mouiller fortement)* helemaal natmaken, laten weken; être trempé doorweekt zijn **3** *(technol.)* harden *(aussi au fig.)*; **se tremper** *vpr (se baigner)* even gaan zwemmen

trempette *nf* ♦ faire ~ pootje baden

tremplin *nm* **1** *(planche élastique)* springplank *de (aussi au fig.)* **2** *(pour le saut en skis)* springschans *de*

trentaine *nf* **1** *(nombre)* dertigtal *het;* une ~ de een stuk of dertig **2** *(âge)* dertig(jarige leeftijd) *nm;* avoir passé la ~ de dertig gepasseerd zijn

trente *adj numér* dertig ♦ sur son ~ et un op z'n paasbest

trente-six *adj numér* **1** *(nombre)* zesendertig **2** *(un grand nombre)* honderd en één; il n'y en a pas ~ ! zoveel zijn er niet!

trentième *adj numér* dertigste

trépas *nm* verscheiden *het*

trépasser *vi* verscheiden

trépidant, -ante *adj* gejaagd

trépider *vi* trillen

trépied *nm* driepoot *nm*, drievoet *nm*

trépigner *vi* trappelen; ~ de joie dansen van blijdschap

très *adv* heel, erg; ~ au-dessus de la moyenne ver boven het gemiddelde; je suis ~, ~ content ik ben heel erg tevreden

trésor *nm* **1** schat *nm;* des ~s de patience

een eindeloos geduld; **des ~s de renseignements** een schat aan inlichtingen **2** *(Trésor public)* schatkist *de*

trésorerie *nf* **1** *(Trésor public)* schatkist *de* **2** *(finances)* geldelijke middelen *plur* **3** *(services financiers)* kas *de*

trésorier, -ière *n* penningmeester(es) *nm (nf)*

tressaillement *nm* trilling *nf*

tressaillir *vi* huiveren

tressauter *vi* **1** *(sursauter)* opspringen **2** *(être agité)* schokken

tresse *nf* **1** *(natte)* haarvlecht *de* **2** *(de fils, de cordons)* tres *de (aussi archit.)*

tresser *vt* vlechten

tréteau *nm* **1** *(support d'une table, etc.)* schraag *de* **2** *(plur.) (scène)* stellage *nf*

treuil *nm* lier *de*

trêve *nf* **1** *(cessez-le-feu)* wapenstilstand *nm* **2** *(interruption)* rust *de;* **~ de plaisanterie !** alle gekheid op een stokje!; **sans ~** ononderbroken

tri *nm* (het) sorteren; **faire le ~ de qqch** iets sorteren

triage *nm* **1** *(fait de trier; résultat)* (het) sorteren **2** *(de wagons)* (het) rangeren; **gare de ~** rangeerstation

triangle *nm* **1** *(math.)* driehoek *nm;* **en ~** driehoekig; **triangle de signalisation** gevarendriehoek, waarschuwingsdriehoek **2** *(mus.)* triangel *nm*

triangulaire *adj* driehoekig

tribord *nm* stuurboord *het;* **à ~** aan stuurboord

tribu *nf* **1** *(groupe tribal)* stam *nm* **2** *(péj. ou iron.) (smala)* aanhang *nm*

tribulation *nf (généralement plur.)* beproeving *nf*, tegenspoed *nm*

tribunal *nm (jur.)* rechtbank *de*

tribune *nf* **1** *(dans une église, une salle)* tribune *de* **2** *(pour un orateur)* spreekgestoelte *het* **3** *(débat)* forum *het* **4** *(plur.) (sports)* tribune *de*

tribut *nm* cijns *nm*

tributaire (de) *adj* afhankelijk (van)

triche *nf* gesjoemel *het*

tricher *vi* **1** *(au jeu)* vals spelen; **~ aux examens** frauderen bij examens **2** *(frauder)* knoeien; **~ sur son âge** over z'n leeftijd liegen **3** *(dissimuler un manque, un défaut)* een kunstgreep toepassen

tricherie *nf* **1** *(triche)* (het) vals spelen **2** *(filouterie)* knoeierij *nf*

tricheur, -euse *n* **1** *(au jeu)* vals|speler, -speelster *nm, nf* **2** *(personne malhonnête)* knoei(st)er *nm (nf)*

tricolore *adj* **1** *(bleu-blanc-rouge)* blauw-wit-rood **2** *(français)* Frans **3** *(de trois couleurs)* driekleurig

tricot *nm* **1** *(vêtement)* trui *de;* **~ de corps** bodystocking **2** *(action de tricoter)* (het) breien; **faire du ~** breien **3** *(ouvrage)* breiwerk *het*

tricoter *vti* breien

tricycle *nm* driewieler *nm*

trident *nm* drietand *nm*

tridimensionnel, -elle *adj* driedimensionaal

trier *vt* **1** *(choisir; ranger)* sorteren **2** *(des wagons)* rangeren

trilingue *adj* drietalig

trille *nm* triller *nm*

trilogie *nf* trilogie *nf*

trimba(l)ler *vt* meeslepen; **se trimba(l)ler (avec)** *vpr* rondsjouwen (met)

trimer *vi* zwoegen, *(Belg.)* labeuren

trimestre *nm* **1** *(trois mois)* kwartaal *het* **2** *(somme)* driemaandelijkse betaling *nf*

trimestriel, -elle *adj* **1** *(qui a lieu, paraît tous les trois mois)* driemaandelijks **2** *(qui dure trois mois)* van drie maanden

tringle *nf* roede *de*

Trinité *nf* **1** *(Dieu unique en trois personnes)* Drie-eenheid *nf* **2** *(fête chrétienne)* Drievuldigheidsdag *nm*

trinquer *vi* **1** *(porter un toast)* klinken; **~ à qqch** op iets klinken **2** *(écoper)* het gelag moeten betalen

trio *nm* trio *het*

triomphal, -ale *adj* triomfantelijk; **succès ~** enorm groot succes

triomphant, -ante *adj* zegevierend

triomphe *nm* triomf *nm;* **en ~** in triomf; **faire un ~ à qqn** iemand een geestdriftige ontvangst bereiden

triompher *vi* **1** *(vaincre; venir à bout de)* zegevieren (over); **~ d'une difficulté** een moeilijkheid overwinnen **2** *(jubiler)* jubelen

tripe *nf (généralement plur.)* pens *de;* **ça vous prend aux ~s** dat grijpt je aan

triple *adj* drievoudig; **exemplaires en ~** exemplaren in triplo; **~ idiot** volslagen idioot; **le ~** het drievoudige, drievoud

tripler *vti (devenir triple)* verdrievoudigen

triplés, -ées *n* drieling *nm (sing.; plur. possible)*

tripot *nm (péj.)* speelhol *het*

[1]**tripoter** *vi (farfouiller; magouiller)* scharrelen

[2]**tripoter** *vt* **1** *(triturer)* friemelen aan **2** *(toucher)* ↑ betasten

trique *nf* knuppel *nm* ♦ **marcher à coups de ~, à la ~** ↑ met straffe hand geleid worden

triste *adj* **1** *(affligé; abattu)* verdrietig, bedroefd **2** *(morne)* triest **3** *(affligeant)* erbarmelijk

tristesse *nf* **1** *(abattement)* droefheid *nf* **2** *(chagrin)* verdriet *het (sing.)* **3** *(grisaille)* troosteloosheid *nf*

triturer *vt* **1** *(broyer)* verpulveren **2** *(tripoter)* friemelen aan **3** *(pétrir)* kneden

trivial, -ale *adj* **1** *(vulgaire)* plat(vloers) **2** *(banal)* banaal, alledaags

trivialité *nf* **1** *(vulgarité)* platvloersheid *nf* **2** *(banalité)* (het) banale

troc *nm* **1** *(échange)* ruil *nm* **2** *(système économique)* ruilhandel *nm*

trognon *nm* **1** *(d'un fruit)* klokhuis *het;*

jusqu'au ~ door en door **2** *(d'un légume)* stronk *nm*

trois *adj numér* **1** *(cardinal)* drie **2** *(ordinal)* derde **3** *(quelques)* enkele

trois-étoiles *adj* met drie sterren; le ~ het driesterrenhotel

troisième *adj numér* derde; arriver ~ als derde aankomen; habiter au ~ op de derde (etage) wonen; *(enseign. (en France))* la ~ de vierde klas

troisièmement *adv* ten derde

trolley(bus) *nm* trolley(bus) *nm*

trombe *nf* hoos *de;* entrer en ~ komen binnenstormen; ~ d'eau wolkbreuk

trombone *nm* **1** *(mus.)* trombone *de* **2** *(agrafe)* paperclip *nm*

trompe *nf* **1** *(mus.)* (wald)hoorn *nm* **2** *(d'un éléphant, d'un tapir)* slurf *de* **3** *(d'insectes)* zuigsnuit *nm*

tromper *vt* **1** *(duper; être infidèle à)* bedriegen; c'est ce qui vous trompe daarin vergist u zich; ça ne trompe personne dat gelooft niemand **2** *(échapper à)* ontsnappen aan **3** *(décevoir)* teleurstellen **4** *(chasser)* verdrijven; ~ la, sa faim, soif de eerste honger, dorst stillen; **se tromper** *vpr* **1** *(commettre une erreur)* zich vergissen; se ~ dans ses calculs zich verrekenen; se ~ de numéro (de téléphone) een verkeerd nummer draaien; se ~ sur qqn zich in iemand vergissen; il lui ressemble à s'y ~ hij lijkt sprekend op hem **2** *(être mutuellement infidèle; se duper l'un l'autre)* elkaar bedriegen

tromperie *nf* bedrog *het*

trompette *nf* trompet *de;* en ~ trompetvormig

trompettiste *n* trompettist(e) *nm (nf)*

trompeur, -euse *adj* bedrieglijk

tronc *nm* **1** *(d'un arbre)* stam *nm* **2** *(torse)* romp *nm* **3** *(boîte dans une église)* offerblok *het* ♦ ~ commun gemeenschappelijke basis; *(école)* gemeenschappelijk basisprogramma

tronche *nf* rotkop *nm,* smoel *nm*

tronçon *nm* **1** *(morceau)* stuk *het* **2** *(d'une route)* gedeelte *het*

tronçonner *vt* in stukken zagen

tronçonneuse *nf* afkortzaagmachine *nf*

trône *nm* troon *nm*

trôner *vi* **1** *(qqn)* tronen *(aussi iron.)* **2** *(qqch)* prijken

tronquer *vt* **1** *(altérer)* verminken **2** *(couper)* knotten

trop *adv* **1** *(excessivement)* te *(suivi d'adj.),* te veel *(avec verbe);* ~ charger overladen; de, en ~ te veel; avoir qqch en ~ iets over hebben; c'est ~ ! dat had u niet moeten doen!; c'en est ~ ! dit gaat te ver!; le ~ het teveel; pas ~ niet te veel, niet zo erg; un peu ~ een beetje te veel; ça ne me dit ~ rien daar voel ik niet veel voor **2** *(très)* erg; je ne sais pas ~ ik weet het niet zo goed **3** *(langage des jeunes)* te gek

trophée *nm* trofee *nf*

tropical, -ale *adj* tropisch, tropen-

tropique *nm* **1** *(cercle)* keerkring *nm* **2** *(plur.) (région)* tropen *plur;* vivre sous les ~s in de tropen wonen

trop-plein *nm* **1** *(ce qui est en trop)* teveel *het* **2** *(déversoir)* overloop *nm*

troquer *vt* ruilen; ~ qqch contre qqch iets tegen iets anders ruilen

troquet *nm* kroeg *de*

trot *nm* draf *nm; (fig.)* au (grand) ~ vlug

trotte *nf* tippel *nm,* eind *het* lopen

trotter *vi* **1** *(aller au trot)* draven **2** *(marcher vite)* trippelen ♦ air qui vous trotte dans, par la tête deuntje dat almaar door je hoofd speelt

trotteuse *nf* secondewijzer *nm*

trottiner *vi* **1** *(aller au trot)* in korte draf gaan **2** *(marcher vite)* trippelen

trottinette *nf* step *nm*

trottoir *nm* trottoir *het,* stoep *de;* faire le ~ tippelen; ~ roulant transportband

trou *nm* **1** *(cavité; ouverture)* gat *het;* ~ d'air luchtzak; ~ de cul *(anus; terme de mépris)* boerenlul; boire comme un ~ zuipen als een tempelier; faire son ~ zich een plekje veroveren **2** *(bled)* gat *het;* n'être jamais sorti de son ~ nooit uit zijn dorp weggeweest zijn **3** *(vide)* leemte *nf,* gat *het;* avoir un ~ (de mémoire) een blackout hebben **4** *(prison)* nor *de;* être au ~ (in de bak) zitten **5** *(au golf)* hole *nm*

troublant, -ante *adj* **1** *(déconcertant)* verwarrend; ressemblance ~e verbluffende gelijkenis **2** *(qui excite le désir)* verleidelijk

[1]**trouble** *nm* **1** *(perte de lucidité, émoi)* verwarring *nf* **2** *(désordre)* onrust *de;* semer le ~ dans onenigheid zaaien in **3** *(plur.) (émeutes)* onlusten *plur* **4** *(méd.)* stoornis *nf, (psycho.)* storing *nf;* ~ déficitaire de l'attention avec hyperactivité, TDAH attention deficit hyperactivity disorder (ADHD)

[2]**trouble** *adj* troebel; voir ~ als door een waas zien

trouble-fête *n* spel|breker, -breekster *nm, nf*

troubler *vt* **1** *(rendre trouble)* troebel maken, vertroebelen; ~ la vue de qqn iemands zicht benevelen **2** *(perturber)* verstoren **3** *(priver de lucidité; émouvoir)* verwarren; **se troubler** *vpr* **1** *(devenir trouble)* troebel worden **2** *(s'affoler)* de kluts kwijtraken

trouée *nf* **1** *(large ouverture)* grote opening *nf,* blauwe plek *de (dans le ciel)* **2** *(percée)* bres *de*

trouer *vt* een gat, gaten maken in, doorboren; se faire ~ la peau door kogels doorzeefd worden; **se trouer** *vpr* gaten krijgen

trouillard, -arde *n* schijthuis *nm;* gosse ~ schijterd

trouille *nf* rats *de;* avoir la ~ 'm knijpen, in de rats zitten

troupe *nf* troep *nm*

troupeau *nm* kudde *de (aussi au fig.)*

trousse *nf* etui *het;* ~ à couture naaigarnituur; ~ de toilette toilettas(je) ♦ avoir qqn à ses ~s op de hielen gezeten worden door iemand

trousseau *nm* **1** *(de clefs)* bos *nm (sans prép.)* **2** *(linge)* uitzet *het/de (m)*

trouvaille *nf* gelukkige vondst *nf*

trouver *vt* vinden; ~ à redire à qqch iets aan te merken hebben op iets; aller ~ qqn, venir ~ qqn iemand (gaan, komen) opzoeken; enfant trouvé vondeling; où peut-on vous ~ ? waar kan men u bereiken?; *(fig.)* où avez-vous trouvé cela ? hoe komt u erbij?; ~ la porte fermée voor een gesloten deur staan; ~ le temps long zich vervelen; **se trouver** *vpr* **1** *(être)* zich bevinden, *(Belg.)* zich situeren; si ça se trouve het kan zijn dat *(+ subordonnée);* se ~ dans l'impossibilité de onmogelijk kunnen *(+ inf.); (impers.)* il se trouve toujours des gens qui er zijn altijd mensen die **2** *(se sentir)* zich voelen; s'en ~ bien zich er wel bij bevinden; se ~ laid zich lelijk vinden; se ~ mal zich niet lekker voelen **3** *(s'avérer)* blijken **4** *(se rencontrer)* elkaar vinden **5** *(être trouvé)* gevonden worden, aangetroffen worden; cela se trouve partout dat komt overal voor

truand *nm* boef *nm*

truc *nm* **1** *(astuce)* truc *nm,* foefje *het;* connaître les ~s d'un métier de kneepjes van een vak kennen **2** *(objet)* ding *het* **3** *(personne)* Dinges *(sans art.)* **4** *(domaine)* terrein; ce n'est pas mon truc dat is niet mijn ding

truchement *nm* ♦ par le ~ de bij monde van

trucider *vt* om zeep brengen

truelle *nf* troffel *nm*

truffe *nf* **1** *(champignon; confiserie)* truffel *de* **2** *(d'un chien)* neus *nm*

truffé (de) *adj* bezaaid (met)

truffer *vt* **1** *(garnir de truffes)* trufferen **2** *(remplir)* volstoppen (met), doorspekken (met) *(discours, écrit)*

truie *nf* zeug *nf*

truite *nf* forel *de*

truquage *nm* **1** *(au cinéma)* trucage *nf;* ~ des élections geknoei met de verkiezingen **2** *(falsification)* vervalsing *nf*

truquer *vt* **1** *(falsifier)* vervalsen; élections truquées schijnverkiezingen **2** *(cin.)* trucages toepassen op

trust *nm* trust *nm*

tsar *nm* tsaar *nm*

tsigane *n* zigeuner(in) *nm (nf);* musique ~ zigeunermuziek

tu *pron pers* jij *(sujet; emphatique),* je *(non emphatique; toutes les fonctions),* jou *(emphatique; non sujet);* être à ~ et à toi avec qqn met iemand op vertrouwelijke voet staan

tuant, tuante *adj* **1** *(éreintant)* uitputtend **2** *(énervant)* strontvervelend

tuba *nm* **1** *(tube respiratoire)* snorkel *nm* **2** *(instrument à vent)* tuba *nm*

tube *nm* **1** *(conduit)* buis *de;* ~ à essai reageerbuisje; ~ luminescent tl-buis **2** *(tuyau)* pijp *de* **3** *(emballage cylindrique)* tube *de* **4** *(chanson à succès)* (top)hit *nm* ♦ ~ digestif spijsverteringskanaal; à plein(s) ~(s) keihard

tuberculeux, -euse *adj* tuberculose-; le ~ de tbc-patiënt

tuberculose *nf* (long)tuberculose *nf,* (long-)tbc *nf*

tuer *vt* **1** *(causer la mort de qqn)* doden; il va se faire ~ hij zoekt de dood op *(par témérité); (fig.)* il n'a jamais tué personne hij doet geen vlieg kwaad **2** *(abattre un animal de boucherie)* slachten **3** *(détruire qqch)* kapotmaken **4** *(fatiguer)* afbeulen; **se tuer** *vpr* **1** *(se suicider)* zelfmoord plegen **2** *(mourir par accident)* omkomen **3** *(user ses forces)* zich afbeulen; je me tue à vous répéter que ik zeg u voor de zoveelste keer dat; se ~ au travail zich doodwerken

tuerie *nf* slachting *nf* ♦ *(fam.)* c'est une ~ dat is geweldig, supervet; *(cuis.)* dat is ontzettend lekker

tue-tête ♦ *(adv.)* à ~ luidkeels

tueur, -euse *n* moorde|naar, -nares *nm, nf;* ~ à gages huurmoordenaar

tuile *nf (plaque de terre cuite)* (dak)pan *de*

tulipe *nf* tulp *de*

tulle *nm* tule *de*

tuméfié, -ée *adj* (op)gezwollen

tumeur *nf* gezwel *het,* tumor *nm*

tumulte *nm* **1** *(désordre bruyant)* rumoer *het,* lawaai *het* **2** *(désordre)* opschudding *nf;* le ~ des passions de stormen der hartstochten

tumultueux, -euse *adj* **1** *(bruyant)* rumoerig **2** *(agité; passionné)* onstuimig

tunique *nf* **1** *(vêtement des Anciens)* tunica *nf* **2** *(veste d'uniforme; vêtement féminin)* tuniek *nf*

Tunisie *nf* Tunesië *n (sans art.)*

tunisien, -ienne *adj* Tunesisch; le, la Tunisien(ne) de Tunesiër, Tunesische

tunnel *nm* tunnel *nm* ♦ arriver au bout du ~ door het dieptepunt van het dal heen zijn

turban *nm* tulband *nm*

turbine *nf* turbine *nf*

turbot *nm* tarbot *nm*

turbulence *nf* **1** *(agitation)* onstuimigheid *nf* **2** *(aviat.)* turbulentie *nf*

turbulent, -ente *adj* onstuimig

turc, turque *adj* Turks; assis à la turque in kleermakerszit; cabinets à la turque voetstappentoilet; *(langue)* le ~ het Turks; *(habitant(e))* le Turc, la Turque de Turk(se) ♦ *(subst.)* fort comme un Turc sterk als een paard

turfiste *n* rensport|liefhebber, -liefhebster *nm, nf*

turkmène *adj* Turkmeens; le, la Turkmène de Turkmeen(se)
turlupiner *vt* ↑ kwellen, plagen; ça le turlupine dat laat hem niet los
Turquie *nf* Turkije *n (sans art.)*
¹**turquoise** *nm (ton)* turquoise *het*
²**turquoise** *nf (pierre fine)* turkoois *nm, (matière)* turkoois *het*
tutelle *nf* 1 *(jur.)* voogdij *nf; (fig.)* maintenir qqn en ~ iemand blijvend bevoogden; *(fig.)* tenir qqn sous sa ~ iemand bevoogden 2 *(protection)* hoede *de*
¹**tuteur** *nm* stokje *het*
²**tuteur, -trice** *n* voogd(es) *nm (nf)*
tutoiement *nm* (het) tutoyeren
tutoyer *vt* tutoyeren; **se tutoyer** *vpr* elkaar tutoyeren
tuyau *nm* 1 *(conduit)* buis *de;* ~ d'arrosage tuinslang; ~ d'échappement uitlaat(pijp) 2 *(cylindre creux)* schacht *de (d'une plume);* raconter qqch dans le ~ de l'oreille de qqn iemand iets in het oor fluisteren 3 *(indication)* tip *nm*
tuyauter *vt* tippen
tuyauterie *nf* leidingen *plur*
TV *nf* tv *nf*
tweeter *vi (com.)* twitteren, tweeten
twittos *n (com.)* twitteraar(ster) *nm (nf)*
tympan *nm* trommelvlies *het; (fig.)* crever le ~ à qqn iemand de oren doof schetteren
type *nm* 1 *(modèle; norme)* model *het;* contrat ~ modelcontract, standaardcontract; erreur ~ klassieke fout, vergissing; c'est l'intellectuel ~ hij is een typische intellectueel 2 *(genre)* type *het* 3 *(personnification)* afbeelding *nf* 4 *(individu)* kerel *nm;* un pauvre ~ een sukkel; un sale ~ een smeerlap
typhoïde *adj* ♦ la (fièvre) ~ (de) buiktyfus
typhon *nm* tyfoon *nm*
typhus *nm* (vlek)tyfus *nm*
typique *adj (+ de)* typisch (voor)
typographie *nf* typografie *nf*
typographique *adj* typografisch
tyran *nm* tiran *nm*
tyrannie *nf* tirannie *nf*
tyrannique *adj* tiranniek
tyranniser *vt* tiranniseren

U

u *nm* u *de;* U comme Ursule de u van Utrecht

Ukraine *nf* Oekraïne *nf*

ukrainien, -ienne *adj* Oekraïens; *(langue)* l'ukrainien het Oekraïens; l'Ukrainien(ne) de Oekraïner, Oekraïense

ulcéré, -ée *adj* diep gegriefd

ulcère *nm* zweer *de;* ~ à, de l'estomac maagzweer

ulcérer *vt* diep grieven; s'ulcérer *vpr (méd.)* (ver)zweren

ultérieur, -eure *adj* later

ultimatum *nm* ultimatum *het*

ultime *adj* (aller)laatst

ultraconfidentiel, -elle *adj* strikt vertrouwelijk

ultramoderne *adj* hypermodern, ultramodern

ultrasensible *adj* ultragevoelig

ultraviolet, -ette *adj* ultraviolet

[1]**un, une** *n* één *de;* ~ à ~, ~ par ~ één voor één; et d'~(e) ! dat is één!; pas ~(e) geen (enkele); plus d'~ menigeen

[2]**un, une** *adj (une seule et même chose)* één; ne faire qu'~ één geheel vormen

[3]**un, une** *adj numér* 1 *(cardinal)* één; il est ~e heure het is één uur 2 *(ordinal)* eerste

[4]**un, une** *pron indéf* ♦ ~ de ces jours één dezer dagen; l'~ et l'autre beiden; ils s'injurient l'~ l'autre zij schelden elkaar uit; ~ qui iemand die

[5]**un, une** *art* een; ~e fois, ~ jour eens; ~ monsieur X een zekere meneer X

unanime *adj* unaniem, eenstemmig; par un vote ~ met algemene stemmen

unanimité *nf* eenstemmigheid *nf;* à l'~ met algemene stemmen, eenstemmig

une *nf* 1 *(journal)* voorpagina *de;* à la ~ op de voorpagina; faire la ~ de voorpagina halen 2 *(radio, télé)* eerste net *het*

uni, unie *adj* 1 *(lisse; d'aspect uniforme)* effen 2 *(homogène)* gelijkmatig 3 *(en bonne entente)* eensgezind; famille ~e hechte familie 4 *(réuni)* verenigd

unification *nf* vereniging *nf*

unifier *vt* 1 *(unir)* verenigen 2 *(uniformiser)* eenvormig maken; s'unifier (à) *vpr (se fondre)* één geheel vormen (met)

[1]**uniforme** *nm* 1 *(tenue réglementaire)* uniform *het/de* 2 *(tenue caractéristique d'une profession)* dienstkleding *nf*

[2]**uniforme** *adj* 1 *(qui n'est pas divers)* eenvormig 2 *(pareil)* gelijk(soortig) 3 *(régulier)* gelijkmatig

uniformiser *vt* uniform maken

uniformité *nf* 1 *(monotonie)* uniformiteit *nf,* eenvormigheid *nf* 2 *(monotonie des formes)* gelijkvormigheid *nf*

unijambiste *adj* met één been; un(e) ~ iemand met één been

unilatéral, -ale *adj* eenzijdig

unilingue *adj* eentalig

union *nf* 1 *(groupement, ensemble)* unie *nf,* bond *nm,* vereniging *nf;* ~ pour la démocratie française, UDF ⟨*unie voor de Franse democratie*⟩; ~ économique et monétaire, UEM Economische en Monetaire Unie, EMU; ~ de l'Europe occidentale, UEO West-Europese Unie, WEU; ~ européenne, UE Europese Unie, EU; Union des Républiques Socialistes Soviétiques, URSS Unie van Socialistische Sovjetrepublieken, USSR; ~ de syndicats vakcentrale 2 *(fait de grouper)* vereniging *nf* 3 *(entente)* eensgezindheid *nf; (prov)* l'~ fait la force eendracht maakt macht 4 *(mariage)* (huwelijks)verbintenis *nf;* ~ conjugale echtverbintenis; ~ libre (het) ongehuwd samenwonen

unique *adj* 1 *(seul)* enig; pour l'~ raison que alléén omdat; rue à sens ~, sens ~ straat met eenrichtingsverkeer; mon seul et ~ souci mijn énige zorg; une seule et ~ entrevue één enkel gesprek 2 *(incomparable)* uniek

uniquement *adv* alleen, uitsluitend

unir *vt* 1 *(réunir)* verenigen 2 *(fig.) (marier; lier)* verbinden 3 *(associer)* in zich verenigen; ~ la beauté à l'intelligence schoonheid aan intelligentie paren; s'unir *vpr* 1 *(s'associer)* zich verenigen; s'~ avec qqn contre qqch, qqn samen met iemand tegen iets, iemand in verzet komen 2 *(se fondre)* samengaan 3 *(se combiner)* bij elkaar passen

unisexe *adj* uniseks

unisson *nm (harmonie)* harmonie *nf;* à l'~ eenstemmig

unitaire *adj* 1 *(relatif à l'unité)* eenheids- 2 *(pol.)* unitaristisch

unité *nf* 1 *(cohérence interne; union)* eenheid *nf* 2 *(élément d'un ensemble)* eenheid *nf;* prix à l'~ prijs per stuk; ~ d'enseignement et de recherche, UER vakgroep 3 *(étalon, élément arithmétique)* eenheid *nf; (enseign.)* ~ de valeur, UV studiepunt, creditpoint 4 *(milit.)* onderdeel *het* 5 *(ensemble d'appareils)* unit *de; (inform.)* ~ centrale centrale verwerkingseenheid

univers *nm* 1 *(macrocosme, monde)* heelal *het* 2 *(milieu)* wereld *de* 3 *(système planétaire)* hemelbol *nm*

universaliser *vt* algemeen verbreiden

universalité *nf* 1 *(de ce qui est universel)* universaliteit *nf* 2 *(généralité)* algemeenheid *nf*

universel, -elle *adj* 1 *(général)* universeel 2 *(polyvalent)* alomvattend 3 *(mondial)* wereld-; Exposition ~le wereldtentoonstelling

universitaire *adj* universitair, universiteits-; cité ~ complex van studentenflats; l'universitaire de universiteitsdocent(e), *(Belg.)* de academicus

université *nf* universiteit *nf*

univoque *adj* eenduidig

Untel *pron indéf* ♦ la famille ~ familie huppeldepup; Monsieur ~ meneer Dinges

uranium *nm* uranium *het*

urbain, -aine *adj* stads-, stedelijk; centres ~s steden

urbanisation *nf* verstedelijking *nf*

urbaniser *vt* verstedelijken

urbanisme *nm* stedenbouwkunde *nf*

urbaniste *adj* stedenbouwkundig; l'urbaniste de stedenbouwkundige

urée *nf* ureum *het*

urètre *nm* pisbuis *de*

urgence *nf* 1 *(nécessité d'agir vite; ce qui est urgent)* urgentie *nf;* cas d'~ spoedgeval, noodgeval; d'~ dringend; mesures d'~ urgente maatregelen 2 *(malade à soigner)* spoedgeval *het*

urgent, -ente *adj* urgent, dringend; *(impers.)* il est ~ de le prévenir hij moet onmiddellijk gewaarschuwd worden

urgentiste *nm* arts voor spoedeisende hulp *nm*

urine *nf* urine *de*

uriner *vi* urineren, wateren

urinoir *nm* urinoir *het*

urne *nf* 1 *(vase)* urn *de* 2 *(boîte pour bulletins de vote)* stembus *de;* aller aux ~s stemmen

urticaire *nf* netelroos *de*

Uruguay *nm* Uruguay *n (sans art.)*

uruguayen, -enne *adj* Uruguayaans; l'Uruguayen(ne) de Uruguayaan(se)

us *nm* gebruiken *plur;* les ~ et coutumes de zeden en gewoonten

usage *nm* 1 *(utilisation)* gebruik *het;* à l'~ de qqn ten behoeve van iemand; être d'un ~ courant veelvuldig gebruikt worden; faire ~ de qqch gebruik van iets maken; (être) hors d'~ buiten gebruik (zijn); perdre l'~ de la parole de spraak verliezen 2 *(coutume)* gewoonte *nf;* d'~ gebruikelijk; entrer dans l'~ in zwang raken 3 *(langage)* taalgebruik *het;* le bon ~ (du français, du néerlandais) het algemeen beschaafd (Frans, Nederlands) 4 *(jur.)* vruchtgebruik *het*

usagé, -ée *adj* gebruikt

usager *nm* gebruiker *nm*

usé, usée *adj* 1 *(abîmé)* versleten; eaux ~es afvalwater 2 *(épuisé)* afgeleefd 3 *(banal)* afgezaagd

¹user (de) *vi (utiliser)* (iets) gebruiken; ~ d'un droit een recht uitoefenen

²user *vt* 1 *(consommer)* verbruiken 2 *(abîmer)* verslijten 3 *(affaiblir)* verzwakken; ~ ses forces zijn krachten slopen 4 *(épuiser)* afmatten; **s'user** *vpr* 1 *(s'abîmer)* (ver)slijten; s'~ la vue, les yeux zijn ogen bederven 2 *(s'affaiblir)* verminderen 3 *(s'épuiser)* zich uitputten

usine *nf* fabriek *nf*

usiner *vt* machinaal bewerken

usité, -ée *adj* vaak gebruikt; peu ~ zeldzaam

ustensile *nm* stuk *het* gerei, *(plur.)* gerei *het,* gereedschap *het;* ~s de ménage huishoudelijke apparaten

usuel, -elle *adj* gebruikelijk; *(adv.)* usuellement gewoonlijk; langue ~le omgangstaal; objet ~ gebruiksvoorwerp

usufruit *nm* vruchtgebruik *het*

usure *nf* 1 *(action de s'user)* slijtage *nf;* résister à l'~ onverslijtbaar zijn; l'~ du temps de tand des tijds 2 *(épuisement)* afmatting *nf* 3 *(intérêt excessif)* woeker(rente) *nm (de)*

usurier, -ière *n* woekeraar(ster) *nm (nf)*

usurpateur, -trice *n* usurpator *nm*

usurpation *nf* onrechtmatige toe-eigening *nf*

usurper *vt* zich onrechtmatig toe-eigenen

utérus *nm* baarmoeder *de,* uterus *nm*

utile *adj* nuttig; si je peux vous être ~ en qqch als ik u ergens mee van nut kan zijn; joindre l'~ à l'agréable het nuttige met het aangename verenigen; il est ~ que het is nuttig dat

utilisable *adj* bruikbaar

utilisateur, -trice *n* gebruik(st)er *nm (nf)*

utilisation *nf* gebruik *het*

utiliser *vt* gebruiken

utilitaire *adj* 1 *(pratique)* utilitair, gebruiks- 2 *(intéressé)* op onmiddellijk nut gericht

utilité *nf* 1 *(caractère de ce qui est utile)* nut *het,* bruikbaarheid *nf;* n'être d'aucune ~ nergens voor deugen 2 *(intérêt)* belang *het,* nut *het;* association reconnue d'~ publique instelling van algemeen nut

utopie *nf* utopie *nf*

utopique *adj* 1 *(comme dans une utopie)* utopisch 2 *(comme un(e) utopiste)* utopistisch

utopiste *n* utopist *nm*

V

v *nm* v *de;* **V comme Victor** de v van Victor ♦ **double ~** w

va *interj* **1** *(O.K.)* nu goed dan, vooruit dan maar; **~ pour 100 euros, les voici** oké, hier heb je die 100 euro **2** *(encouragement; mise en garde)* hoor! *(encouragement),* pas op! *(mise en garde)*

vacance *nf* **1** *(poste sans titulaire)* vacature *nf* **2** *(plur.) (congé)* vakantie *nf (sing.);* **en ~s** met vakantie; **grandes ~s** zomervakantie

vacancier, -ière *n* vakantiegang(st)er *nm (nf)*

vacant, -ante *adj* **1** *(sans titulaire)* vacant, onbezet **2** *(libre)* beschikbaar, leegstaand *(immeuble)*

vacarme *nm* lawaai *het*

vacataire *n* noodhulp *de;* **personnel ~** hulppersoneel

vaccin *nm* vaccin *het*

vaccination *nf* vaccinatie *nf,* inenting *nf*

vacciner *vt* vaccineren, inenten

[1]**vache** *nf* **1** *(animal)* koe *nf;* **manger de la ~ enragée** bittere armoede lijden; **la ~ !** verduiveld! **2** *(peau)* rundleer *het* **3** *(personne méchante)* ↑ gemenerik *nm (homme),* kreng *het (f) (femme);* **c'est une vieille ~, une belle ~** het is een rotvent *(homme);* rotwijf *(femme)*

[2]**vache** *adj* rottig; **c'est ~** da's gemeen *(méchant);* pech gehad *(malchance)*

vachement *adv* **1** *(très)* hartstikke; **elle est ~ bien** *(belle)* ze ziet er fantastisch uit; *(forte)* ze is onwijs goed **2** *(d'une manière vache)* op een gemene manier

vacherie *nf* **1** *(plur.) (paroles)* gemene dingen *plur* **2** *(action)* rotstreek *de*

vacillant, -ante *adj* **1** *(chancelant)* wankelend **2** *(flamme)* flakkerend **3** *(défaillant)* zwak

vaciller *vi* **1** *(chanceler)* wankelen; **voir les murs ~ autour de soi** de muren op zich af zien komen **2** *(d'une flamme)* flakkeren **3** *(devenir faible)* verzwakken

vacuum *nm* vacuüm *het*

vadrouille *nf* uitstapje *het*

vadrouiller *vi* rondzwerven

va-et-vient *nm* **1** *(allées et venues)* heen-en-weergeloop *het* **2** *(mouvement)* heen-en-weerbeweging *nf (mécanisme),* slag *nm* **3** *(dispositif électrique)* hotelschakeling *nf*

vagabond, -onde *adj* **1** *(qui change sans cesse)* rusteloos **2** *(nomade; voyageur)* zwervend; **le, la ~(e)** de zwerver, zwerfster; **peuple ~** nomadenvolk

vagabondage *nm* (het) zwerven

vagabonder *vi* **1** *(qqn)* zwerven **2** *(qqch)* dwalen

vagin *nm* vagina *nf*

vaginal, -ale *adj* vaginaal

[1]**vague** *nm* (het) vage; **être dans le ~** in het ongewisse verkeren; **regarder dans le ~** met een lege blik voor zich uit staren; **rester dans le ~** zich op de vlakte houden ♦ **~ à l'âme** weemoed

[2]**vague** *nf* **1** *(flot)* golf *de (aussi au fig.);* **~ de chaleur** hittegolf; **~ de fond** vloedgolf *(aussi au fig.); (cin.)* **la nouvelle ~** de nouvelle vague; **~ de protestations** stortvloed van protesten **2** *(ondulation)* golving *nf* **3** *(plur.) (remous)* ↑ opschudding *nf (sing.)*

[3]**vague** *adj* **1** *(flou)* vaag; **regarder d'un air ~** met een lege blik voor zich uit staren; **concept ~** niet duidelijk gedefinieerd begrip **2** *(ample)* ruim, wijd

vaguement *adv* **1** *(sans précision)* vaag **2** *(quelque peu)* lichtelijk

vaillant, -ante *adj* **1** *(vigoureux)* gezond **2** *(devant le n.) (plein de bravoure)* ↓ dapper

vain, vaine *adj* ijdel; **en ~** tevergeefs

vaincre *vt* **1** *(battre)* overwinnen; **s'avouer vaincu** zich gewonnen geven **2** *(surmonter)* te boven komen

vainement *adv* tevergeefs

vainqueur *nm* **1** *(celui qui a gagné la bataille)* overwinnaar *nm;* **prendre un air ~** een triomfantelijke houding aannemen; **sortir ~** als overwinnaar uit de strijd komen **2** *(gagnant)* winnaar, winnares *nm, nf*

vaisseau *nm* **1** *(tube organique)* vat *het;* **~ sanguin** bloedvat **2** *(navire; nef)* schip *het;* **~ spatial** ruimteschip

vaisselier *nm* buffetkast *de*

vaisselle *nf* **1** *(assiettes, etc.)* vaatwerk *het* **2** *(assiettes, etc. à laver)* afwas *nf*

val *nm* dal *het,* vallei *de*

valable *adj* **1** *(valide)* geldig; **être ~** geldig zijn, gelden; **sans motif ~** zonder geldige reden; **le passeport n'est plus ~** het paspoort is verlopen **2** *(solide)* waardevol **3** *(bon; bien)* goed

valet *nm* **1** *(domestique)* (huis)knecht *nm;* **~ de chambre** kamerdienaar **2** *(carte)* boer *nm*

valeur *nf* **1** *(écon., math.)* waarde *nf;* **objet de ~** waardevol voorwerp; **mettre en ~** productief maken *(faire produire);* goed tot zijn recht laten komen *(montrer à son* *avantage)*; la ~ d'un litre de lait ongeveer een liter melk; prendre de la ~ in waarde stijgen; ~ marchande handelswaarde **2** *(de qqn)* waarde *nf*; homme de ~ man met grote kwaliteiten **3** *(de qqch)* waarde *nf*; sans ~ waardeloos **4** *(plur.) (titres)* waardepapieren *plur*; ~s (mobilières) effecten

validation *nf* geldigverklaring *nf*, bekrachtiging *nf*

valide *adj* **1** *(robuste)* gezond **2** *(en règle)* geldig

valider *vt* geldig verklaren

validité *nf* geldigheid *nf*

valise *nf* koffer *nm*; faire ses ~s (zijn koffers) pakken

vallée *nf* dal *het*

vallon *nm* klein dal *het*

vallonné, -ée *adj* heuvel(acht)ig

1**valoir** *vi* **1** *(coûter)* waard zijn, kosten; ~ cher duur zijn, veel kosten **2** *(correspondre à une valeur, une utilité)* waard zijn **3** *(avoir de la valeur)* gelden (voor); se faire ~ zich op z'n voordeligst voordoen; faire ~ ses droits zijn rechten doen gelden; faire ~ un argument een argument gebruiken; faire ~ ses capitaux zijn kapitaal productief maken; ~ mieux que meer waard zijn dan; ~ pour qqn gelden voor iemand **4** *(être équivalent à; avoir le même mérite que)* evenveel waard zijn (als) ♦ il vaut mieux het is beter om; ça vaut mieux dat is beter

2**valoir** *vt (procurer)* bezorgen; qu'est-ce qui nous vaut cet honneur ? wat verschaft ons deze eer?; ce tableau lui a valu d'être connu dankzij dit schilderij is hij bekend geworden; **se valoir** *vpr (avoir la même valeur)* evenveel waard zijn; ça se vaut dat is lood om oud ijzer

valoriser *vt* een hogere waarde geven aan

valse *nf* wals *de*

valser *vi* walsen ♦ envoyer ~ qqn iemand afschepen

valve *nf* **1** *(biol., technol.)* klep *de* **2** *(soupape à clapet)* (klep)ventiel *het*

vampire *nm* **1** *(fantôme; chauve-souris)* vampier *nm* **2** *(exploiteur)* uitzuiger *nm*

van *nm* veewagen *nm*

vandale *nm* vandaal *nm*, vernieler *nm*

vandalisme *nm* vandalisme *het*, vernielzucht *de*

vanille *nf* vanille *de*

vanité *nf* ijdelheid *nf*; tirer ~ de qqch zich op iets laten voorstaan

vaniteux, -euse *adj* ijdel, verwaand

vanne *nf* **1** *(réglage de débit)* afsluiter *nm* **2** *(pique)* stekeligheid *nf*

vannerie *nf* **1** *(fabrication)* mandenmakerij *nf* **2** *(produits)* mandenwerk *het*

vantail *nm* vleugel *nm*

vantard, -arde *adj* opscheppend; le, la ~(e) de opschepper, opschepster

vantardise *nf* grootspraak *de*

vanter *vt* roemen; **se vanter** (de) *vpr* zich beroemen (op), opscheppen (over); sans me ~ al zeg ik het zelf; il n'y a pas de quoi se ~ dat is niet iets om trots op te zijn

vapeur *nf* **1** *(brume)* damp *nm* **2** *(eau à l'état gazeux)* stoom *nm*; à toute ~ met volle kracht; renverser la ~ tegenstoom geven; *(fig.)* het roer omgooien

vaporeux, -euse *adj* **1** *(nébuleux; flou)* wazig **2** *(léger et fin)* luchtig

vaporisateur *nm* verstuiver *nm*

vaporiser *vt* **1** *(gazéifier)* (doen) verdampen **2** *(atomiser)* verstuiven; **se vaporiser** *vpr (se gazéifier)* verdampen

vapoter *vi* dampen

vapoteuse *nf* elektronische sigaret *de*, e-sigaret *de*

varappe *nf* ♦ faire de la ~ rotsklimmen

varech *nm* zeegras *het*

vareuse *nf* **1** *(blouse)* kiel *nm* **2** *(veste)* jekker *nm*

variable *adj* **1** *(changeant)* veranderlijk; ciel ~ wisselend bewolkt **2** *(sc.)* variabel; la ~ de variabele (grootheid)

variante *nf* variant *nm*

variation *nf* **1** *(changement)* verandering *nf*; ~s de température temperatuurschommelingen **2** *(écart entre deux valeurs)* afwijking *nf*

varice *nf* spatader *de*

varicelle *nf* waterpokken *plur*

varié, -ée *adj* **1** *(divers)* afwisselend; répertoire ~ uitgebreid repertoire **2** *(plur.) (distincts)* verschillend

1**varier** *vi* **1** *(se modifier)* veranderen, variëren; le temps varie très vite het weer is erg wisselvallig **2** *(changer d'idée)* van houding veranderen

2**varier** *vt* **1** *(diversifier)* verscheidenheid brengen in; pour ~ voor de variatie **2** *(changer)* veranderen

variété *nf* **1** *(diversité)* verscheidenheid *nf*; grande ~ de modèles grote keuze aan modellen **2** *(type)* variëteit *nf (aussi biol.)* **3** *(music-hall)* variété(theater) *het*

variole *nf* pokken *plur*

1**vase** *nm (récipient)* vaas *de*; ~s communicants communicerende vaten; ~ de nuit po

2**vase** *nf (boue)* slib *het*

vaseline *nf* vaseline *de*

vaseux, -euse *adj* **1** *(fatigué)* ↑ suf **2** *(obscur)* ↑ duister **3** *(fangeux)* slijkerig

vasistas *nm* kijkvenstertje *het*

vasque *nf* **1** *(bassin)* kom *de* **2** *(coupe)* sierschaal *de*

vaste *adj* **1** *(très grand)* groot **2** *(important en quantité)* uitgebreid

va-tout *nm* hele inzet *nm*; jouer son ~ alles op het spel zetten

vaudeville *nm* vaudeville *nm*, klucht *de*

vaurien, -enne *n* deugniet *nm*

vautour *nm (animal; personne rapace)* gier *nm*

se vautrer (dans) *vpr* **1** *(se coucher)* zich wentelen (in); se ~ par terre op de grond

liggen te spartelen **2** *(se complaire)* zwelgen (in)
va-vite ♦ *(adv.)* **à la ~** haastig
veau *nm* **1** *(animal)* (eenjarig) kalf *het* **2** *(viande)* kalfsvlees *het* **3** *(peau)* kalfsleer *het* ♦ **pleurer comme un ~** tranen met tuiten huilen
vécu, -ue *adj* beleefd, waar; **le ~** de ervaring
vedette *nf* **1** *(personne)* ster *de* **2** *(titre imprimé en gras)* vette kop *nm;* **avoir, tenir la ~** voorpaginanieuws zijn; **mettre en ~** met vette letters drukken; *(fig.)* naar voren halen **3** *(canot)* motorbootje *het*
végétal, -ale *adj* plantaardig; **règne ~** plantenrijk; **un ~** een plant
végétalien, -ienne *adj* veganistisch; **le, la ~(ne)** de veganist(e)
végétarien, -ienne *adj* vegetarisch; **le, la ~(ne)** de vegetariër
végétatif, -ive *adj* vegetatief
végétation *nf* vegetatie *nf,* plantengroei *nm* ♦ **enlever les ~s** de neusamandelen weghalen
végéter *vi* vegeteren
véhémence *nf* heftigheid *nf;* **avec ~** heftig
véhément, -ente *adj* heftig
véhicule *nm* voertuig *het (aussi au fig.)*
véhiculer *vt* **1** *(transporter)* vervoeren **2** *(constituer un véhicule pour)* met zich meedragen
veille *nf* **1** *(jour qui précède)* vorige dag *nm;* **à la ~ de** aan de vooravond van; *(fig.)* **être à la ~ de** op het punt staan om; **la ~ du Nouvel An** oudejaarsavond; **la ~ de Noël** kerstavond; **la ~ au soir** de vorige avond **2** *(action de veiller)* (het) waken; **en état de ~** wakker
veillée *nf* **1** *(soirée)* avond *nm* **2** *(près d'un malade, d'un mort)* (het) waken
[1]**veiller** *vi* **1** *(rester éveillé)* waken **2** *(+ à, sur) (prendre soin de)* waken (voor, over), zorgen (voor); **~ à ce que** ervoor zorgen dat **3** *(être de garde)* de wacht houden
[2]**veiller** *vt (un malade, un mort)* waken bij
veilleur *nm* wacht *nm;* **~ de nuit** nachtwaker
veilleuse *nf* **1** *(petite lampe)* nachtlampje *het;* **mettre (une lampe, le gaz) en ~** lager zetten; *(fig.)* op een laag pitje zetten **2** *(lanterne d'une voiture)* stadslicht *het* **3** *(petite flamme)* waakvlam *de*
veinard, -arde *n* bofkont *nm*
veine *nf* **1** *(vaisseau sanguin)* ader *de (aussi au fig.; géo.)* **2** *(inspiration)* inspiratie *nf;* **de la même ~** uit dezelfde hoek **3** *(chance)* bof *nm,* mazzel *nm;* **avoir de la ~** boffen; **pas de ~ !** pech (gehad)! **4** *(dessin sinueux)* ader *de (dans le bois, la pierre),* nerf *de*
velcro *nm* klittenband *het*
vêler *vi* kalven
vélin *nm* velijn(papier) *het*
véliplanchiste *n* (wind)surfer *nm*
vélo *nm* fiets *de;* **~ de course** racefiets, *(Belg.)* koersfiets; **faire du ~** fietsen; **~ pliant** vouwfiets, *(Belg.)* plooifiets; **~ tous terrains, VTT** mountainbike
vélocité *nf* rapheid *nf*
vélodrome *nm* wielerbaan *de*
vélomoteur *nm* bromfiets *de,* brommer *nm*
velours *nm* **1** *(tissu)* fluweel *het;* **~ côtelé** ribfluweel **2** *(douceur)* zachtheid *nf;* **faire des yeux de ~** lief (aan)kijken
velouté, -ée *adj* **1** *(doux comme du velours)* fluweelachtig; **le ~** de zachtheid **2** *(onctueux)* lichtgebonden; **le ~ d'asperges** de aspergecrèmesoep; **peau ~e** fluweelzachte huid; **vin ~** zachte wijn
velu, -ue *adj* harig
vénal, -ale *adj* **1** *(qui s'achète)* te koop **2** *(cupide)* omkoopbaar
venant *nm* ♦ **à tout ~** aan de eerste de beste
vendable *adj* verkoopbaar
vendange *nf* wijnoogst *nm;* **faire les ~s** de wijnoogst binnenhalen
[1]**vendanger** *vi (faire la vendange)* de wijnoogst binnenhalen
[2]**vendanger** *vt (récolter)* oogsten
vendangeur, -euse *n* druiven|plukker, -plukster *nm, nf*
vendeur, -euse *n* verkoper, verkoopster *nm, nf*
vendre *vt* verkopen *(aussi au fig.);* **à ~** te koop; **~ cher** duur verkopen; *(fig.)* niet cadeau geven; **~ mille euros sa voiture** z'n auto voor duizend euro verkopen; **se vendre** *vpr* **1** *(qqch)* verkocht worden **2** *(qqn)* zich verkopen
vendredi *nm* vrijdag *nm;* **~ saint** Goede Vrijdag
vendu, -ue *adj* **1** *(cédé pour de l'argent)* verkocht **2** *(vénal)* omgekocht
vénéneux, -euse *adj* (ver)giftig
vénérable *adj* eer(bied)waardig
vénération *nf* verering *nf (aussi relig.)*
vénérer *vt* vereren
vénérien, -ienne *adj* venerisch
Venezuela *nm* Venezuela *n (sans art.)*
vénézuélien, -ienne *adj* Venezolaans; **le, la Vénézuélien(ne)** de Venezolaan(se)
vengeance *nf* wraak *de;* **par ~** uit wraak; **tirer ~ de** zich wreken voor
venger *vt* wreken; **se venger** *vpr* zich wreken; **se ~ de qqn, qqch** wraak nemen op iemand, over iets
vengeur, -eresse *n* wreker, wreekster *nm, nf;* **lettre vengeresse** brief geschreven om wraak te nemen
venimeux, -euse *adj* **1** *(qui a du venin)* giftig **2** *(haineux)* venijnig
venin *nm* **1** *(poison)* gif *het* **2** *(haine)* venijn *het*
venir *vi* komen; **à ~** komend; **s'il venait à mourir** mocht hij komen te sterven; **~ au-devant de qqn** iemand tegemoet gaan; **les larmes me vinrent aux yeux** de tranen schoten me in de ogen; **ça vient ?** komt er

nog wat van?; d'où vient que ? hoe komt het dat?; ~ de faire qqch iets zojuist hebben gedaan; cela lui vient de son père dat heeft hij van zijn vader geërfd; mot qui vient du latin woord dat uit het Latijn afkomstig is; en ~ à ertoe komen om; venons-en au fait laten we ter zake komen; où veut-il en ~ ? waar wil hij naartoe?; j'en viens à me demander si ik begin me af te vragen of; j'en viens à votre question nu kom ik aan uw vraag; l'idée ne lui est pas venue het kwam niet bij hem op; le jour venu toen de dag was aangebroken; prendre les choses comme elles viennent de dingen nemen zoals ze zijn; ~ voir qqn iemand opzoeken; voir ~ (les évènements) (de gebeurtenissen) rustig afwachten; je te vois ~ ik begrijp wel waar je heen wilt

vent *nm* wind *nm;* ~ arrière rugwind, wind in de rug; avoir ~ de lucht krijgen van; quel bon ~ vous amène ? hoe komt u hier opeens?; ~ contraire tegenwind; contre ~(s) et marée(s) tegen wind en stroom; être dans le ~ in de mode zijn; *(mar.)* avoir le ~ en poupe de wind mee hebben *(aussi au fig.); (fig.)* du ~ niets; c'est du ~, ce n'est que du ~ dat stelt niets voor; *(fig.)* faire du ~ gewichtig doen; aux quatre ~s uit alle windstreken; il y a du ~, il fait du ~ het waait

vente *nf* verkoop *nm;* ~ aux enchères verkoop bij opbod; ~ de charité liefdadigheidsbazaar; en ~ te koop; mettre en ~ in de verkoop brengen, aanbieden; ~ par correspondance, VPC postorderverkoop

venter *vb impers* waaien

ventilateur *nm* ventilator *nm*

ventilation *nf* **1** *(aération)* ventilatie *nf* **2** *(répartition)* uitsplitsing *nf*

ventiler *vt* **1** *(aérer)* ventileren **2** *(répartir)* uitsplitsen

ventouse *nf* **1** *(rondelle de caoutchouc; organe des sangsues, etc.)* zuignap *nm; (fig.)* faire ~ zich vastzuigen **2** *(méd.)* laatkop *nm*

ventre *nm* buik *nm;* à plat ~ plat op de buik (liggend); *(fig.)* se mettre à plat ~ devant qqn voor iemand kruipen; avoir du ~ een buikje hebben; courir ~ à terre lopen zo snel als men kan; avoir le ~ creux een lege maag hebben; *(fig.)* avoir qqch dans le ~ fut in zijn lijf hebben; se remplir le ~ zich vol eten

ventriloque *adj* buiksprekend; le, la ~ de buikspreker, buikspreekster

ventru, -ue *adj* (dik)buikig

venu, -ue *adj* gekomen; le premier ~, la première ~e de eerste de beste; de nouveaux ~s nieuwelingen ♦ être bien, mal ~ goed, slecht van pas komen; *(impers.)* il serait mal ~ de het zou niet terecht zijn om

venue *nf* komst *nf*

ver *nm* worm *nm; (fig.)* le ~ est dans le fruit de klad zit erin; ne pas être piqué des ~s lang niet mis zijn; ~ luisant glimworm; piqué des ~s mottig, wormstekig; ~ solitaire lintworm; ~ de terre aardworm; *(fig.)* tirer les ~s du nez à qqn iemand uithoren

véracité *nf* waarachtigheid *nf*

véranda *nf* veranda *nf*

verbal, -ale *adj* **1** *(qui s'exprime par des mots)* mondeling **2** *(relatif au verbe)* van het werkwoord, werkwoords-

verbaliser *vi* proces-verbaal opmaken

verbe *nm* **1** *(en grammaire)* werkwoord *het* **2** *(langage)* taal *de*

verdâtre *adj* groenachtig

verdeur *nf* **1** *(vigueur)* groenheid *nf* **2** *(acidité)* zuurheid *nf* **3** *(du langage)* onverbloemdheid *nf*

verdict *nm* **1** *(jur.)* vonnis *het;* ~ de culpabilité schuldigverklaring **2** *(jugement sévère)* scherp oordeel *het*

[1]**verdir** *vi (devenir vert)* groen worden

[2]**verdir** *vt (rendre vert)* groen maken

verdure *nf* **1** *(feuillage)* groen *het* **2** *(crudités)* bladgroente *nf*

véreux, -euse *adj* **1** *(gâté par les vers)* wormstekig **2** *(personne) (malhonnête)* malafide **3** *(chose) (suspect)* louche

verge *nf* roede *de*

verger *nm* boomgaard *nm*

vergetures *nf* **1** *(après une grossesse)* zwangerschapsstriemen *plur* **2** *(raies sur la peau)* (huid)strepen *plur*

verglacé, -ée *adj* beijzeld

verglas *nm* ijzel *nm*

vergogne ♦ sans ~ schaamteloos

véridique *adj* **1** *(qqn)* geloofwaardig **2** *(qqch)* waarheidsgetrouw

vérifiable *adj* controleerbaar

vérification *nf* verificatie *nf,* (het) nazien; ~ faite na onderzoek

vérifier *vt* **1** *(contrôler)* verifiëren, nagaan **2** *(confirmer)* bevestigen

véritable *adj* echt

vérité *nf* **1** *(réalité)* waarheid *nf;* à la ~ weliswaar; conforme à la ~ waarheidsgetrouw; dire ses quatre ~s à qqn iemand flink de waarheid zeggen; en ~ waarlijk; ~ première fundamentele waarheid; c'est la pure ~ het is echt waar **2** *(vraisemblance)* natuurgetrouwheid *nf;* portrait d'une grande ~ zeer goed gelijkend portret

vermeil, -eille *adj* hoogrood

vermicelle *nm* vermicelli *nm*

vermifuge *adj* worm(ver)drijvend; le ~ het wormdrijvend middel

vermillon *nm* vermiljoen *het;* robes ~ vermiljoenkleurige japonnen

vermine *nf* **1** *(parasites)* ongedierte *het* **2** *(personne méprisable)* ellendeling *nm* **3** *(racaille)* gespuis *het*

vermoulu, -ue *adj* vermolmd

verni, -ie *n* boffer *nm;* vous êtes ~ ! u boft!

vernir *vt* **1** *(d'une couche de finition incolore)* vernissen **2** *(d'une peinture brillante)* lakken; chaussures vernies lakschoenen; ongles vernis gelakte nagels

vernis *nm* **1** *(couche de finition incolore)* vernis *het/de (m)* **2** *(peinture brillante)* lak *het/de (m);* **~ (à ongles)** nagellak; **se mettre du ~** z'n, haar nagels lakken **3** *(apparence brillante)* vernisje *het*

vernissage *nm* **1** *(d'un tableau, d'une planche)* (het) vernissen **2** *(d'une exposition)* vernissage *nf*

vérole *nf* sief *het/de (m)* ♦ **petite ~** (kinder)pokken

verre *nm* **1** *(substance, objet en verre; contenu d'un verre)* glas *het;* **avoir un ~ dans le nez** een glaasje op hebben; **~ à bière** bierglas; **un ~ de bière** een glas bier; **de ~** glazen, glas-; **~ à dents** wastafelglas; **~ dépoli, opaque** matglas; **lever son ~** een toost uitbrengen; **payer, offrir un ~ à qqn** iemand iets te drinken aanbieden; **un petit ~** een glaasje; **prendre un ~** iets drinken **2** *(plur.) (lunettes)* bril *nm;* **~s de contact** contactlenzen; **~s grossissants** sterke bril

verrerie *nf* **1** *(usine)* glasblazerij *nf* **2** *(articles en verre)* glaswerk *het*

verrière *nf* **1** *(grand vitrage)* glasraam *het* **2** *(toit vitré)* glazen dak *het*

verrou *nm* grendel *nm,* knip *de;* **être sous les ~s** achter slot en grendel zitten; **mettre le ~** de deur op de knip doen

verrouiller *vt* **1** *(fermer)* grendelen **2** *(emprisonner)* achter slot en grendel zetten

verrue *nf* wrat *de*

[1]**vers** *nm* **1** *(fragment d'un poème)* vers *het* **2** *(plur.) (poésie)* poëzie *nf;* **mettre en ~** op rijm zetten

[2]**vers** *prép* **1** *(en direction de)* naar **2** *(aux environs de)* omstreeks; **~ vingt et un ans** toen hij, zij ongeveer 21 jaar was; **~ six heures** tegen zes uur; **~ 700 mètres d'altitude** op een hoogte van ongeveer 700 meter

versant *nm* **1** *(d'une montagne)* helling *nf* **2** *(d'un toit)* dakhelling *nf*

versatile *adj* wispelturig

verse *nf* ♦ **il pleut à ~** het stortregent

versé, -ée (dans) *adj* ervaren (in)

Verseau *nm* Waterman *nm*

versement *nm* storting *nf*

[1]**verser** *vi* **1** *(capoter)* omslaan **2** *(+ dans) (tomber)* vervallen (tot)

[2]**verser** *vt* **1** *(transvaser)* (over)gieten **2** *(servir)* inschenken; **~ à boire** inschenken **3** *(de l'argent)* storten **4** *(ajouter à)* toevoegen (aan); **~ un nouveau document au dossier** een nieuw document toevoegen aan het dossier

verset *nm* vers *het*

verseur *adj* schenkkan *de;* **bec ~** schenktuit

version *nf* **1** *(interprétation)* versie *nf* **2** *(exercice scolaire)* vertaling *nf* uit de vreemde taal **3** *(variante)* versie *nf;* **film en ~ originale** niet-nagesynchroniseerde film

verso *nm* keerzijde *de*

[1]**vert** *nm* groen *het*

[2]**vert, verte** *adj* groen; *(subst.)* **en dire des ~es (et des pas mûres)** schuine moppen vertellen ♦ **l'Europe ~e** de Europese landbouwgemeenschap; **~e réprimande** stevige uitbrander

vert-de-gris *nm* veldgrijs *het,* grijsgroen *het;* **des uniformes ~** veldgrijze uniformen

vertébral, -ale *adj* wervel-

vertébré, -ée *adj* gewerveld; **les ~s** de gewervelde dieren

vertèbre *nf* wervel *nm*

vertical, -ale *adj* loodrecht, verticaal; **la ~e** de loodlijn; **à la ~e** loodrecht; **position ~e** rechte stand

vertige *nm* **1** *(tournis)* duizeling *nf;* **avoir un ~, des ~s** duizelig zijn; **être pris de ~** duizelig worden **2** *(peur du vide)* hoogtevrees *de;* **avoir le ~** hoogtevrees hebben; **à donner le ~** duizelingwekkend **3** *(égarement, ivresse)* verdwazing *nf*

vertigineux, -euse *adj* duizelingwekkend (hoog) *(aussi au fig.)*

vertu *nf* **1** *(qualité morale)* deugd *de;* **avoir de la ~** verdienstelijk zijn; **parer qqn de toutes les ~s** iemand alle mogelijke deugden toeschrijven **2** *(chasteté)* kuisheid *nf* **3** *(propriété)* kracht *de;* **~ curative** geneeskracht; **en ~ de** krachtens

vertueux, -euse *adj* **1** *(moral)* deugdzaam **2** *(chaste)* kuis

verve *nf* vuur *het,* geestdrift *de;* **être en ~** op dreef zijn

verveine *nf* **1** *(plante)* ijzerhard *het/de* **2** *(infusion)* soort kruidenthee *nm*

vésicule *nf* **1** *(biol.)* blaasje *het* **2** *(cloque)* blaartje *het*

vessie *nf* blaas *de*

veste *nf* jasje *het;* **~ de costume, de complet** colbertjasje; **retourner sa ~** *(changer d'opinion)* ↑ van mening veranderen; *(changer de parti)* ↑ van partij veranderen

vestiaire *nm* **1** *(d'un établissement public)* garderobe *de* **2** *(sports)* kleedkamer *de*

vestibule *nm* voorportaal *het*

vestige *nm, généralement plur* overblijfsel *het,* spoor *het (aussi au fig.)*

vestimentaire *adj* van de kleren, kleding-, *(Belg.)* vestimentair

veston *nm* colbert *het/de (m),* jasje *het*

vêtement *nm* kledingstuk *het, (plur.)* kleren *plur;* **travailler dans le ~** in de kledingbranche werken

vétéran *nm* **1** *(ancien combattant)* veteraan *nm* **2** *(personne d'expérience)* oudgediende *nm*

vétérinaire *adj* diergeneeskundig; **le, la ~** de dierenarts

vétille *nf* pietluttigheid *nf*

vêtir *vt* **1** *(habiller)* (aan)kleden **2** *(revêtir)* aantrekken; **se vêtir** *vpr (s'habiller)* zich (aan)kleden

veto *nm* veto *het*

vêtu, -ue *adj* gekleed; **il est ~ de neuf** hij heeft nieuwe kleren aan
vétuste *adj* oud
veuf, veuve *n* weduwnaar, weduwe *nm, nf;* **ce soir, je suis ~** vanavond ben ik vrijgezel
veule *adj* zwak
veuvage *nm* weduwschap *het*
vexant, -ante, vexateur *adj* **1** *(blessant)* kwetsend **2** *(irritant)* hinderlijk
vexation *nf* (het) kwetsen, belediging *nf*
vexer *vt* kwetsen; **facilement vexé** lichtgeraakt; **être vexé que** boos zijn dat; **se vexer** *vpr* zich gekwetst voelen
via *prép* via
viable *adj* levensvatbaar *(aussi au fig.)*
viaduc *nm* viaduct *het/de (m)*
viager, -ère *adj* ♦ *(subst.)* **en ~** tegen lijfrente; **le ~** de lijfrente; **rente viagère** lijfrente
viande *nf* vlees *het*
vibrant, -ante *adj* **1** *(qui vibre)* trillend **2** *(plein d'émotion)* (ont)roerend **3** *(qui résonne)* weerklinkend
vibration *nf* trilling *nf*
vibrer *vi* **1** *(trembler)* trillen **2** *(être ému)* ontroerd zijn; **faire ~ les foules** de menigte meeslepen
vicaire *nm* vicaris *nm*
vice *nm* **1** *(mauvais penchant)* ondeugd *de* **2** *(débauche)* ontucht *de* **3** *(anomalie)* fout *de*
vice-président, -ente *n* ondervoorzit(s)ter *nm (nf)*
vice-versa *adv* vice versa
vicieux, -euse *adj* **1** *(corrompu)* verdorven; **un ~, une vicieuse** een verdorven mens **2** *(obsédé sexuel)* pervers **3** *(défectueux)* gebrekkig
vicinal, -ale *adj* ♦ **chemin ~** lokale weg
vicissitudes *nf* wederwaardigheden *plur*
vicomte, vicomtesse *n* burg|graaf, -gravin *nm, nf*
victime *nf* slachtoffer *het (m), het (f)*
victoire *nf* overwinning *nf,* zege *de;* **crier ~** victorie kraaien
victorieux, -euse *adj* (over)winnend
victuailles *nf* mondvoorraad *nm (uniquement sing.)*
vidange *nf* (het) ruimen; **~ (d'huile)** olieverversing
vidanger *vi* **1** *(une fosse, un réservoir)* ruimen **2** *(de l'huile, des eaux usées)* afvoeren; **~ l'huile** de olie verversen
[1]**vide** *nm* leegte *nf (aussi au fig.);* **à ~** leeg; **passage à ~** inzinking; **le moteur tourne à ~** de motor pakt niet; **faire le ~ autour de qqn** iemand isoleren; **faire le ~ dans son esprit** nergens meer aan denken; **sa mort fait un grand ~** zijn dood laat een grote leegte achter; **parler dans le ~** *(sans objet)* in het luchtledige kletsen; *(sans auditeur)* voor stoelen en banken praten; **regarder dans le ~** voor zich uit staren; **emballage sous ~** vacuümverpakking
[2]**vide** *adj* leeg; **avoir le cœur ~** liefdeloos zijn; **mot ~ de sens** woord zonder betekenis; **mur ~** kale muur; **avoir la tête ~** een black-out hebben
vide-grenier *nm* rommelmarkt *de*
vidéo *adj* beeld-, video-; **la ~** de video(techniek)
vidéocassette *nf* videocassette *nf*
vidéodisque *nm* beeldplaat *de;* **~ compact** video-cd
vidéophone *nm* beeldtelefoon *nm,* videofoon *nm*
vide-ordures *nm* stortkoker *nm*
vidéotex *nm* teletekst *nm,* videotex *nm*
vidéothèque *nf* videotheek *nf*
vide-poches *nm* **1** *(petite corbeille)* rommelbakje *het* **2** *(dans une voiture)* handschoenenvakje *het*
vider *vt* **1** *(rendre vide)* legen **2** *(un poisson, une volaille)* schoonmaken **3** *(épuiser)* uitputten **4** *(mettre à la porte)* eruit gooien; **il s'est fait ~** hij is eruit getrapt **5** *(débarrasser de)* ontdoen (van); **~ une maison de ses meubles** de meubels uit een huis halen **6** *(enlever de)* halen (uit) **7** *(transvaser dans)* overgieten (in); **se vider** *vpr* **1** *(devenir vide)* leegstromen **2** *(se déverser dans)* lozen (op)
videur, -euse *n* uitsmijter *nm, (Belg.)* buitenwipper *nm*
vie *nf* leven *het;* **à ~** levenslang; **entrer dans la ~ active** zijn intrede doen in het beroepsleven; **c'est la belle, grande ~** dat is het ware leven; **mener la ~ de château** een luizenleven leiden; **~ en communauté** gemeenschapsleven; **jamais de la, ma, ~** nooit (van mijn leven); **mener une double ~** een dubbelleven leiden; **avoir la ~ dure** hardnekkig zijn; **c'est la ~** zo is het leven (nu eenmaal); **c'est sa ~** dat is zijn lust en zijn leven; **faire sa ~** zijn eigen leven leiden; **gagner sa ~** de kost verdienen; **genre, mode, style de ~** levenswijze; **y laisser la ~** er het leven bij inschieten; **laisser la ~ sauve à qqn** iemands leven sparen; **plein de ~** levendig; **amis pour la ~** gezworen vrienden; **sans ~** levenloos; **toute ma ~** mijn leven lang; *(prov)* **tant qu'il y a de la ~, il y a de l'espoir** zolang er leven is, is er hoop
vieillard *nm* oude man *nm,* grijsaard *nm*
vieillerie *nf* **1** *(plur.) (objets démodés)* oude rommel *nm;* **un tas de ~s** een hoop oude rommel **2** *(idée démodée)* versleten idee *het*
vieillesse *nf* **1** *(grand âge)* ouderdom *nm* **2** *(personnes âgées)* ouden *plur* van dagen
[1]**vieillir** *vi* **1** *(devenir (plus) vieux)* oud(er) worden, verouderen **2** *(se démoder)* in onbruik raken
[2]**vieillir** *vt (rendre (plus) vieux)* oud(er) maken; **tu me vieillis d'un an !** je schat me een jaar te oud!
vieillissement *nm* (het) oud(er) worden; **~ d'une population** vergrijzing van een bevolking

vieillot, -otte *adj* ouderwets

[1]**vierge** *nf* maagd *nf*

[2]**vierge** *adj* **1** *(puceau, pucelle)* maagdelijk; **être ~** maagd zijn **2** *(intact)* ongerept; **avoir un casier judiciaire ~** een blanco strafregister hebben; **film ~** onbelichte film **3** *(naturel, pur)* natuurlijk; **huile d'olive ~** fijne olijfolie ♦ **~ de** vrij van

Vierge *nf* **1** *(représentation de la Vierge)* Madonna *nf* **2** *(astrol.)* Maagd *nf;* **il est ~** hij is een Maagd ♦ **la ~** de Maagd Maria

Viêtnam *nm* Vietnam *n (sans art.)*

vietnamien, -ienne *adj* Vietnamees; **le ~** het Vietnamees; **le, la Vietnamien(ne)** de Vietnamees, Vietnamese

[1]**vieux** *nm* **1** *(père)* ouwe *nm* **2** *(chose vieille)* (het) oude; **faire du neuf avec du ~** van oud nieuw maken

[2]**vieux, vieille** *n* oude man, vrouw *nm, nf,* oudje *het (m), het (f) (nuance de condescendance); (mes parents)* **mes ~** mijn ouwe lui; *(mon père)* **mon ~** m'n ouwe heer; **(mon) ~, (ma) vieille** ouwe jongen, beste meid

[3]**vieux, vieil, vieille** *adj* oud, bejaard, verouderd; **~ avant l'âge** vroeg oud; **c'est ~ comme le monde** dat is zo oud als de wereld; **il est plus ~ que moi de deux ans** hij is 2 jaar ouder dan ik; **se faire ~** verouderen; **vieille fille** oude vrijster; **~ garçon** vrijgezel; **s'habiller ~** zich ouwelijk kleden; **vivre ~** een hoge leeftijd bereiken; **ma vieille voiture** mijn vorige auto

[1]**vif** *nm* **1** *(jur.)* levend persoon *nm* **2** *(chair vivante)* levend vlees *het* ♦ **entrer dans le ~ du sujet** tot de kern van de zaak komen; **être touché au ~** diep geraakt zijn

[2]**vif, vive** *adj* **1** *(plein de vitalité)* levendig; **couleur vive** heldere kleur; **regard ~** alerte blik **2** *(violent)* driftig **3** *(intense)* fel, hevig; **air ~** prikkelende lucht; **à feu ~** op hoog vuur; **lumière vive** scherp licht; **à mon ~ regret** tot mijn grote spijt **4** *(vivant; où la vie semble résider)* levend; **chair vive** *(non meurtrie)* gezond weefsel; *(à nu)* vlees zonder huid; **eau vive** stromend water ♦ **arête vive** scherpe kant

vigilance *nf* waakzaamheid *nf*

vigilant, -ante *adj* waakzaam; **soins ~s** toegewijde zorgen

vigile *nm* nachtwaker *nm*

vigne *nf* **1** *(arbrisseau)* wingerd *nm;* **~ vierge** wilde wingerd **2** *(vignoble)* wijngaard *nm*

vigneron, -onne *n* wijn|bouwer, -bouwster *nm, nf*

vignette *nf* **1** *(timbre légal)* belastingzegel *het* **2** *(de la Sécurité sociale)* betalingsbewijs *het*

vignoble *nm* **1** *(plantation de vignes)* wijngaard *nm* **2** *(ensemble des vignes)* wijn(bouw)gebied *het*

vigoureux, -euse *adj* stevig, sterk, krachtig *(aussi au fig.)*

vigueur *nf* kracht *de* ♦ **en ~** van kracht, in zwang; **entrer en ~** in werking treden; **mettre en ~** van kracht laten worden

vil, vile *adj* gemeen

vilain, -aine *adj* **1** *(laid; mauvais; méchant)* lelijk; **elle n'est pas ~e** ze mag er best wezen; **il fait un ~ temps** het is hondenweer; **jouer un ~ tour à qqn** iemand een vuile streek leveren **2** *(d'un enfant)* ondeugend, stout; **le, la ~e** de stouterik ♦ *(hist.)* **un ~** een vrije boer

vilebrequin *nm* **1** *(outil à mèche)* zwengelboor *de* **2** *(dans un moteur)* krukas *de*

villa *nf* villa *de*

village *nm* dorp *het;* **~ de vacances** vakantiedorp

villageois, -oise *adj* dorps; **le, la ~(e)** de dorpeling(e)

ville *nf* **1** *(agglomération; habitants)* stad *de;* **~ d'eaux** badplaats; **aller en ~** de stad ingaan; **aller dîner en ~** buitenshuis gaan eten **2** *(administration municipale)* gemeente *nf,* gemeentebestuur *het*

ville-dortoir *nf* forensenstad *de*

vin *nm* wijn *nm;* **cuver son ~** zijn roes uitslapen; **avoir le ~ gai, triste** een vrolijke, droeve dronk hebben; **~ d'honneur** erewijn; **~ de, du pays** landwijn; **tenir (bien) le ~** goed tegen wijn kunnen

vinaigre *nm* azijn *nm;* **~ de vin** wijnazijn ♦ **tourner au ~** een slechte wending nemen

vinaigrette *nf* vinaigrettesaus *de*

vindicatif, -ive *adj* wraakzuchtig

vingt *adj numér* twintig; **dans les années ~** in de twintiger jaren; **il est sept heures moins ~** het is tien minuten over halfzeven ♦ **je vous l'ai répété ~ fois** ik heb het u wel honderd keer gezegd

vingtaine *nf* twintigtal *het*

vingtième *adj numér* twintigste

vingt-quatre *adj numér* ♦ **~ heures sur ~** dag en nacht

vinicole *adj* wijn-

vinyle *nm* vinyl *het*

viol *nm* **1** *(violence sexuelle)* verkrachting *nf* **2** *(violation)* schending *nf*

violacé, -ée *adj* paarsachtig

violation *nf* overtreding *nf,* schending *nf;* **~ de domicile** huisvredebreuk

violence *nf* **1** *(force brutale)* geweld *het;* **se faire ~** zichzelf geweld aandoen **2** *(plur.) (acte violent)* gewelddadigheden *plur* **3** *(intensité)* heftigheid *nf*

violent, -ente *adj* **1** *(coléreux; brutal)* heftig, gewelddadig; **mort ~e** gewelddadige dood **2** *(intense)* hevig

violer *vt* **1** *(ne pas respecter)* overtreden *(une loi, etc.),* schenden *(un serment)* **2** *(pénétrer dans)* binnendringen in, *(une sépulture)* schenden; **~ le domicile de qqn** bij iemand huisvredebreuk plegen **3** *(une femme)* verkrachten

violet, -ette *adj* paars; **le ~** het paars

violette *nf* viooltje *het*

violon *nm* **1** *(instrument de musique)* viool *de* **2** *(musicien)* violist(e) *nm (nf)* ♦ **~ d'Ingres** liefhebberij, hobby

violoncelle *nm* cello *nm*

violoncelliste *n* cellist(e) *nm (nf)*

violoniste *n* violist(e) *nm (nf)*

vipère *nf* adder *de*

virage *nm* **1** *(tournant d'une route)* bocht *de;* **~ en épingle à cheveux** haarspeldbocht; **négocier un ~** met grote snelheid een bocht nemen; **prendre un ~** een bocht nemen; *(fig.)* van koers veranderen **2** *(aussi au fig.) (changement de direction)* draai *nm,* wending *nf; (pol.)* **un ~ à droite** een ommezwaai naar rechts

viral, -ale *adj* **1** *(méd.)* virus-, viraal **2** *(com.)* viraal; **marketing ~** virale marketing

virée *nf* **1** *(promenade)* kort uitstapje *het* **2** *(tournée des cafés)* kroegentocht *nm;* **faire une ~** gaan stappen

virement *nm* overschrijving *nf;* **paiement par ~** overschrijving ♦ *(mar.)* **~ de bord** (het) overstag gaan

[1]**virer** *vi* **1** *(changer de couleur)* veranderen **2** *(+ à) (devenir)* worden; **~ à l'aigre** zuur worden; **~ au rouge** rood worden **3** *(changer de direction)* van richting veranderen; **~ de bord** overstag gaan *(aussi au fig.)* **4** *(d'une cuti)* positief worden

[2]**virer** *vt* **1** *(une somme)* overmaken **2** *(renvoyer)* op straat zetten

virevolter *vi* **1** *(pirouetter)* snel zwenken **2** *(papillonner)* rondfladderen

virginité *nf* maagdelijkheid *nf, (fig.)* ongereptheid *nf*

virgule *nf* komma *het/de*

viril, -ile *adj* mannelijk

virilité *nf* mannelijkheid *nf*

virtuel, -elle *adj* virtueel

virtuellement *adv* **1** *(en puissance)* virtueel **2** *(pratiquement)* zo goed als

virtuose *n* **1** *(mus.)* virtuoos, virtuoze *nm, nf* **2** *(personne très habile)* meester(es) *nm (nf)*

virulent, -ente *adj* **1** *(violent)* venijnig **2** *(d'un microbe, d'un poison)* virulent

virus *nm (méd., inform.)* virus *het;* **~ de l'immunodéficience humaine, VIH** aidsvirus, hiv(-virus)

vis *nf* schroef *de,* vijs *de (n.B.);* **~ platinées** contactpunten; **serrer une ~** een schroef vastdraaien; *(fig.)* **serrer la ~ à qqn** iemand kort houden

visa *nm* visum *het, (fig.)* goedkeuring *nf;* **~ de censure** toelating door de filmkeuring

visage *nm* gezicht *het (aussi au fig.),* aanzien *het (fig.);* **changer de ~** van kleur verschieten; **à ~ découvert** met open vizier, openlijk; **les Visages pâles** de bleekgezichten

visagiste *n* schoonheidsspecialist(e) *nm (nf)*

[1]**vis-à-vis** *nm* vis-à-vis *nm;* **ils étaient assis en ~** ze zaten tegenover elkaar; **avoir un parc pour ~** op een park uitkijken

[2]**vis-à-vis** ♦ *(prép.)* **~ de** tegenover; *(fig.)* ten aanzien van, ten opzichte van; *(en comparaison de)* in vergelijking met

viscéral, -ale *adj* **1** *(des viscères)* ingewands- **2** *(profond)* diepgeworteld

viscère *nm (généralement au plur.)* ingewand *het*

viscose *nf* viscose *nf*

visée *nf* **1** *(arme, etc.)* (het) mikken; **avoir des ~s sur qqn** plannen met iemand hebben **2** *(généralement au plur.) (desseins)* plannen *plur*

[1]**viser (à)** *vi* **1** *(ajuster un tir)* mikken (op) **2** *(tendre à)* beogen, streven (naar); **visez moins haut** je moet wat minder hoog grijpen

[2]**viser** *vt* **1** *(une cible, un but)* richten op **2** *(ambitionner)* op het oog hebben; **~ l'effet** op effect uit zijn **3** *(concerner)* betrekking hebben op; **être visé** het mikpunt van kritiek zijn

viseur *nm* **1** *(dispositif de visée)* vizier *het* **2** *(phot.)* zoeker *nm*

visibilité *nf* **1** *(fait d'être visible)* zichtbaarheid *nf* **2** *(possibilité de voir),* zicht *het;* **mauvaise ~** slecht zicht; **virage sans ~** blinde bocht

visible *adj* **1** *(perceptible par la vue)* zichtbaar **2** *(manifeste)* duidelijk **3** *(en état de recevoir une visite)* te spreken; **attends, je ne suis pas ~** wacht even, ik ben me nog aan het aankleden

visière *nf* **1** *(d'une casquette)* klep *de* **2** *(contre le soleil, la lumière)* oogscherm *het;* **mettre sa main en ~** z'n hand boven de ogen houden **3** *(d'un casque)* vizier *het*

vision *nf* **1** *(perception par la vue)* (het) zien, gezicht *het* **2** *(façon de voir)* visie *nf* **3** *(hallucination)* hersenschim *de; (iron.)* **tu as des ~s !** je ziet ze vliegen!

visionnaire *n* **1** *(personne qui a des visions)* visionair *nm* **2** *(illuminé)* fantast(e) *nm (nf)*

visionneuse *nf* viewer *nm*

visite *nf* **1** *(fait d'aller voir qqn, qqch)* bezoek *het; (médecin)* **~ à domicile** huisbezoek; **être en ~ chez qqn** bij iemand op bezoek zijn; **rendre ~ à qqn** iemand een bezoek brengen; **~ guidée** rondleiding **2** *(visiteur)* bezoek *het,* bezoeker(s) *nm (plur)* **3** *(inspection)* inspectie *nf* **4** *(examen de malades)* medisch onderzoek *het*

visiter *vt* **1** *(qqn)* bezoeken; **~ un malade** op huisbezoek gaan bij een patiënt **2** *(un lieu)* bezoeken, bezichtigen; **faire ~ qqch à qqn** iemand ergens rondleiden **3** *(inspecter)* inspecteren, onderzoeken

visiteur, -euse *n* bezoek(st)er *nm (nf)*

vison *nm* nerts *het*

visqueux, -euse *adj* **1** *(épais)* taai **2** *(gluant)* kleverig **3** *(répugnant)* kruiperig

visser *vt* (aan)schroeven; **être vissé sur sa chaise** aan zijn stoel vastgenageld zitten

visu ♦ *(adv.)* **de ~** uit eigen aanschouwing

visualisation *nf* **1** *(fait de visualiser)* visualisatie *nf* **2** *(sur un écran)* zichtbaarmaking *nf*

visualiser *vt* **1** *(rendre visible)* zichtbaar maken **2** *(inform.)* displayen

visuel, -elle *adj* visueel; **un(e) ~(le)** een visueel type

vital, -ale *adj* **1** *(qui concerne la vie)* levens- **2** *(indispensable)* van levensbelang

vitalité *nf* levenskracht *de*, vitaliteit *nf*

vitamine *nf* vitamine *de*

vitaminé, -ée *adj* vitamine-

vite *adv* **1** *(rapidement)* snel; **au plus ~** zo snel mogelijk, zo spoedig mogelijk; **faire ~** voortmaken; **et plus ~ que ça !** en gauw wat!; **il (y) va un peu ~** hij loopt een beetje te hard van stapel **2** *(bientôt)* spoedig; **avoir ~ fait de** er niet lang over doen om

vitesse *nf* **1** *(rapidité; allure)* snelheid *nf*; **~ de croisière** kruissnelheid; **en ~ !** vlug een beetje!; **à toute ~** in volle vaart; **~ de pointe** topsnelheid **2** *(technol.)* versnelling *nf*; **changer de ~** (over)schakelen; **passer ses ~s** schakelen; **en quatrième ~** in een razende vaart

viticole *adj* wijn-

viticulteur *nm* wijnbouwer *nm*

viticulture *nf* wijnbouw *nm*

vitrage *nm* **1** *(vitres)* (glas)ruiten *plur* **2** *(paroi de verre)* glazen wand *nm*

vitrail *nm* **1** *(panneau de verre)* glas-in-loodraam *het* **2** *(technique)* (het) brandschilderen

vitre *nf* **1** *(carreau)* ruit *de*, raam *het* **2** *(d'un véhicule)* raam(pje) *nm* ♦ **ça ne casse pas les ~s** dat is niet veel soeps

vitré, -ée *adj* **1** *(garni de vitres)* glazen **2** *(méd.)* glasachtig

vitrer *vt* beglazen

vitreux, -euse *adj* **1** *(qui ressemble au verre fondu)* glasachtig **2** *(terne)* glazig, mat *(regard)*

vitrier *nm* glazenmaker *nm*

vitrifier *vt* verglazen

vitrine *nf* **1** *(étalage)* etalage *nf*; **lécher les ~s** etalages kijken **2** *(armoire vitrée)* vitrine *nf*

vitriol *nm* vitriool *het/de (m)*

vivable *adj* **1** *(où l'on peut vivre)* leefbaar **2** *(supportable)* waar mee te leven valt; **son mari n'est pas ~** met haar man valt niet te leven

vivace *adj* **1** *(robuste)* vol levenskracht **2** *(durable)* hardnekkig

vivacité *nf* **1** *(entrain)* levendigheid *nf*; **~ d'esprit** vlugheid van begrip **2** *(emportement)* heftigheid *nf* **3** *(de l'air, du teint)* frisheid *nf*

[1]**vivant** *nm* ♦ **de son ~** tijdens zijn leven; **du ~ de** bij het leven van

[2]**vivant, -ante** *adj* **1** *(en vie, doué de vie)* levend; **le bon ~** de bon vivant; **les ~s et les morts** de levenden en de doden **2** *(plein de vie, d'animation)* levendig

vivats *nm* juichkreten *plur*

vivement *adv* **1** *(avec vivacité)* levendig **2** *(d'un ton vif)* fel **3** *(beaucoup)* sterk; **~ affecté** diepgeroerd ♦ **~ qu'il vienne !** als hij nu maar vlug komt!; **~ ce soir !** was het maar vanavond!

vivier *nm* visvijver *nm*

vivifiant, -ante *adj* opwekkend

vivifier *vt* opwekken

vivisection *nf* vivisectie *nf*

vivoter *vi* een kwijnend bestaan leiden

[1]**vivre** *nm (plur.)* levensmiddelen *plur*; **couper les ~s à qqn** iemands toelage stoppen ♦ **le ~ et le couvert** kost en inwoning

[2]**vivre** *vi* **1** *(être en vie; mener sa vie)* leven; **qqn qui a (beaucoup) vécu** iemand die een rijk leven heeft gehad; **être facile à ~** makkelijk zijn in de omgang; **se laisser ~** Gods water over Gods akker laten lopen; **savoir ~** weten hoe men zich gedragen moet; **~ vieux** een hoge leeftijd bereiken **2** *(subvenir à ses besoins)* zich in leven houden; **avoir de quoi ~** genoeg hebben om van te leven; **faire ~ qqn** in iemands levensonderhoud voorzien; **il faut bien ~** je moet toch je brood verdienen **3** *(habiter)* wonen; **~ avec qqn** met iemand samenwonen

[3]**vivre** *vt* **1** *(avoir telle ou telle vie)* leiden; **~ sa vie** zijn eigen leven leiden **2** *(passer)* doormaken; **~ des jours heureux** een gelukkige tijd hebben

vocabulaire *nm* woordenschat *nm*

vocal, -ale *adj* **1** *(qui produit la voix)* stem- **2** *(qui concerne le chant)* vocaal

vocation *nf* **1** *(penchant pour une profession, un état)* roeping *nf (aussi relig.)* **2** *(destination)* bestemming *nf*; **région à ~ touristique** streek met een toeristische functie

[1]**vociférer** *vi* tekeergaan (tegen)

[2]**vociférer** *vt* (uit)schreeuwen

vœu *nm* **1** *(promesse; résolution)* gelofte *nf*; **faire le ~ de ne plus faire qqch** zich vast voornemen iets niet meer te doen **2** *(souhait)* wens *nm*; **~x de bonne année** gelukwensen voor het nieuwe jaar; **faire un ~** een wens doen; **tous mes ~x, meilleurs ~x** mijn beste wensen; **faire le ~ que** wensen dat

vogue *nf* mode *de*; **en ~** in (de mode)

voguer *vi* varen

voici *adv* ziehier, hier is, hier zijn; **~ ce qui m'est arrivé** het volgende is mij overkomen; **~ les faits** dit zijn de feiten; **le ~** hier is hij; **le ~ qui arrive** hier komt hij; **nous ~ arrivés** nu zijn we er

voie *nf* **1** *(chemin)* weg *nm (aussi au fig.)*; **les ~s de communication** de verkeerswegen; **être dans la bonne ~** op het goede pad zijn; **~s d'eau** waterwegen; **en ~ de guérison** aan de beterende hand; **pays en ~ de développement** ontwikkelingsland; **~ lactée** melkweg; **~s navigables** waterwegen; **par ~ de terre** over land; **~ privée** eigen weg **2** *(voie ferrée)* spoorweg *nm*; **la ~ ferrée** de spoorweg; **~ de garage** opstelspoor; *(fig.)* dood spoor **3** *(moyen)* wijze *de*, weg *nm*; **mettre qqn sur la ~** iemand op het goede spoor brengen, iemand op weg helpen **4** *(biol.)* weg *nm;* **par ~ buccale** door de mond, oraal; **~s respiratoires** luchtwegen ♦ **~ d'eau** lek; **~ maritime** verkeer over zee

voilà *adv* ziedaar, daar is, daar zijn; **~ trois ans** het is nu drie jaar geleden; *(iron.)* **nous ~ bien** nu zitten we goed in de knoei; **~ comment il faut faire** zo moet je dat doen; **en ~ un idiot !** wat een idioot!; **la ~ enfin partie** eindelijk is ze dan toch vertrokken; **les ~ enfin** daar heb je ze eindelijk; **et ~ tout** dat is alles; **nous y ~** *(lieu)* we zijn er; *(question)* nu zijn we bij de kern van de zaak; **~, ~ j'arrive** jaja, ik kom er al aan

voilage *nm* vitrage *het/de*

[1]**voile** *nm* **1** *(étoffe destinée à cacher)* doek *nm* **2** *(coiffure féminine)* sluier *nm (aussi au fig.);* **~ de mariée** bruidssluier **3** *(fig.) (ce qui cache qqch)* sluier *nm;* **lever le ~ de qqch** iets ontsluieren **4** *(tissu fin et léger)* voile *nm* ♦ **le ~ du palais** het zachte verhemelte; **un ~ au poumon** een schaduw op de long

[2]**voile** *nf* **1** *(d'un bateau)* zeil *het;* **mettre les ~s** opstappen; **mettre toutes ~s dehors** alle zeilen bijzetten **2** *(navigation à voile)* (het) zeilen; **faire de la ~** zeilen

voilé, -ée *adj* **1** *(recouvert d'un voile)* gesluierd **2** *(obscur)* verborgen; **s'exprimer en termes ~s** zich in bedekte termen uiten **3** *(flou)* wazig **4** *(d'une voix)* hees ♦ **roue ~e** wiel waar een slag in zit

voiler *vt* **1** *(couvrir d'un voile)* sluieren **2** *(dissimuler)* verhelen **3** *(obscurcir)* verduisteren; **se voiler** *vpr* **1** *(porter le voile)* een sluier dragen **2** *(perdre son éclat)* dof worden, betrekken *(ciel),* minder scherp worden *(regard)* **3** *(voix)* hees worden **4** *(d'une roue)* aanlopen

[1]**voir** *vi* zien; **on commence à y ~ clair** we beginnen het te snappen; *(fig.)* **~ rouge** in blinde woede ontsteken

[2]**voir** *vt* **1** *(percevoir par les yeux; assister à)* zien; **en faire ~ à qqn** iemand het leven zuur maken; **en avoir vu bien d'autres** nog wel wat anders meegemaakt hebben; **qu'il aille se faire ~** hij kan naar de bliksem lopen; **c'est du jamais vu** dat is nog nooit vertoond; *(indignation)* dat is ongehoord; **vous m'en voyez ravi** ik ben er verrukt van; **regarder qqn sans le ~** door iemand heen kijken; **se faire ~** zich vertonen; **allez ~ là-bas si j'y suis** laat me met rust; **on aura tout vu** dat is het toppunt; **~ venir qqn** iemand doorhebben; **je voudrais vous y ~** ik zou u weleens in mijn plaats willen zien **2** *(visiter)* bezoeken **3** *(rencontrer)* ontmoeten; **aller ~ qqn** iemand opzoeken; **~ un avocat** een advocaat raadplegen; **je ne le vois plus** ik heb het contact met hem verbroken; **je ne peux pas le ~** ik kan hem niet uitstaan; **pourrais-je ~ le patron ?** zou ik de baas kunnen spreken? **4** *(considérer)* bezien, beschouwen; **c'est à ~** dat staat te bezien; **ne ~ que l'argent** alleen maar oog voor het geld hebben **5** *(imaginer; concevoir)* voor zich zien; **je vois ça d'ici** ik zie dat duidelijk voor me; **~ tout en noir** een pessimistische kijk hebben; **je ne le vois pas en médecin** ik zie geen dokter in hem; **~ grand** grote plannen hebben ♦ **n'avoir rien à ~ avec une affaire** niets te maken hebben met een zaak; **essaie (un peu pour) ~** probeer het maar, als je durft; **je vois** ik begrijp het; **voyons !** kom aan!; **cela n'a rien à ~** dat heeft er niets mee te maken; **se voir** *vpr* **1** *(être vu)* gezien worden **2** *(voir sa propre image)* zich zien; **elle s'est vu refuser l'entrée** men heeft haar de toegang geweigerd **3** *(survenir)* te zien zijn; **cela ne s'est jamais vu** dat is nog nooit vertoond **4** *(se fréquenter)* met elkaar omgaan; **ne pas pouvoir se ~** elkaar niet kunnen uitstaan **5** *(se voir l'un l'autre)* elkaar zien

voire *adv* en zelfs

voirie *nf* **1** *(voies publiques)* wegennet *het* **2** *(service chargé des voies de communication)* overheidsdienst *nm* voor straten en wegen **3** *(nettoyage des rues, enlèvement des ordures; service de voirie)* gemeentereiniging *nf;* **service de ~** reinigingsdienst

voisin, -ine *adj* **1** *(rapproché)* naburig; **le, la ~(e)** de buurman, buurvrouw; **pays ~** buurland **2** *(semblable à)* verwant (aan)

voisinage *nm* **1** *(ensemble des voisins)* nabuurschap *nf;* **vivre en bon ~ avec qqn** in goede nabuurschap met iemand leven **2** *(proximité)* nabijheid *nf*

voisiner *vi (+ avec)* zich bevinden bij

voiture *nf* **1** *(automobile)* auto *nm, (Belg.)* wagen *nm;* **~ de course** raceauto; **en ~** met de auto, *(Belg.)* met de wagen; **~ piégée** autobom; **~ tout-terrain** terreinwagen **2** *(véhicule sur roues)* voertuig *het* **3** *(wagon)* rijtuig *het;* **en ~ !** instappen!

voix *nf* **1** *(ensemble de sons)* stem *de;* **à ~ basse** zachtjes; **chanter à deux ~** tweestemmig zingen; **à ~ haute** met luider stem; **avoir de la ~** een goede (zang)stem hebben; **se casser la ~** zich schor praten, schreeuwen; **de vive ~** mondeling; **s'éclaircir la ~** zijn keel schrapen; **entendre des ~** stemmen horen; **grosse ~** zware stem; **être sans ~** zijn stem kwijt zijn; *(fig.)* sprakeloos van verbazing zijn **2** *(avis)* stem *de;* **avoir ~ au chapitre** een stem in het kapittel hebben **3** *(suffrage)* stem *de;* **donner sa ~ à qqn** zijn stem op iemand uitbrengen **4** *(ling.)* vorm *nm;* **~ active, passive** bedrijvende, lijdende vorm

vol *nm* **1** *(fait de dérober)* diefstal *nm,* oplichting *nf;* **~ à main armée** gewapende overval **2** *(d'animaux, d'un avion)* (het) vliegen, vlucht *de;* **~ à voile** zweefvlucht; **au ~** in het voorbijgaan; **en (plein) ~** tij-

dens de vlucht *(avion);* de haut ~ hoogvliegend; *(fig.)* eersterangs; ~ de nuit nachtvlucht; à ~ d'oiseau in vogelvlucht, hemelsbreed; ~ plané zweefvlucht
volage *adj* veranderlijk, lichtzinnig
volaille *nf* gevogelte *het*
volailler *nm* poelier *nm*
[1]**volant** *nm* **1** *(d'une automobile)* stuur *het;* tenir le ~, être au ~ sturen **2** *(sports)* (badminton)shuttle *nm* **3** *(bande de tissu)* volant *nm*
[2]**volant, -ante** *adj* **1** *(qui vole, peut voler)* vliegend **2** *(mobile)* verplaatsbaar; feuille ~e los blaadje
volatil, -ile *adj (aussi au fig.)* vluchtig
volatile *nm* stuk *het* pluimvee, *(plur.)* pluimvee *het*
se volatiliser *vpr* vervliegen, *(fig.)* in het niets verdwijnen
volcan *nm (aussi au fig.)* vulkaan *nm;* ~ en activité werkzame vulkaan
volcanique *adj* vulkanisch
volée *nf* **1** *(fait de voler)* (het) vliegen; à toute ~ met kracht; prendre sa ~ opvliegen; *(fig.)* zelfstandig worden **2** *(groupe)* vlucht *de* **3** *(jet, lancement)* salvo *het* **4** *(rang)* rang *nm;* de haute ~ *(de haute condition)* uit de hoogste standen; *(de grande envergure)* van formaat **5** *(raclée)* aframmeling *nf* **6** *(au tennis, au volleyball)* volley *de;* attraper une balle à la ~ een bal in de lucht opvangen
[1]**voler** *vi* vliegen; *(fig.)* ~ dans les bras de qqn in iemands armen vliegen
[2]**voler** *vt* **1** *(dérober)* stelen **2** *(dévaliser qqn; cambrioler qqn)* bestelen; se faire ~ bestolen worden **3** *(escroquer)* oplichten ♦ il ne l'a pas volé hij heeft het wel verdiend
volet *nm* **1** *(persienne)* luik *het* **2** *(partie)* deel *het* **3** *(panneau mobile)* vleugel *nm* ♦ *(fig.)* trier sur le ~ met zorg uitkiezen
voleter *vi* fladderen
voleur, -euse *n* **1** *(cambrioleur, pickpocket, etc.)* dief, dievegge *nm, nf;* au ~ ! houdt de dief!; ~ à la tire zakkenroller **2** *(escroc)* oplichter *nm*
volière *nf* volière *de*
volleyball, volley *nm* volleybal *het*
volleyeur, -euse *n* volleyball|speler, -speelster *nm, nf*
volontaire *adj* **1** *(qui agit librement)* vrijwillig; le, la ~ de vrijwilliger, vrijwilligster **2** *(déterminé)* wilskrachtig **3** *(intentionnel)* opzettelijk
volontariat *nm* vrijwillige dienst *nm*
volonté *nf* **1** *(faculté de vouloir)* wil *nm;* à ~ naar believen; buffet à ~ onbeperkt buffet; bonne ~ goede wil; les dernières ~s de laatste wil; mauvaise ~ onwilligheid **2** *(détermination)* wilskracht *de;* avoir de la ~ wilskrachtig zijn **3** *(plur.) (caprices)* grillen *plur*
volontiers *adv* graag; très ~ erg graag
voltage *nm* voltage *het/de (f)*
volte-face *nf* **1** *(action de se retourner)* halve draai *nm;* faire ~ rechtsomkeert maken **2** *(revirement)* ommezwaai *nm;* faire ~ *(fig.)* plotseling van mening veranderen
voltige *nf* **1** *(à cheval)* (het) voltigeren **2** *(au cirque)* sprong *nm;* haute ~ trapezewerk **3** *(acrobatie intellectuelle)* hoogstandje *het*
voltiger *vi* **1** *(oiseaux, insectes)* fladderen **2** *(papiers, flocons de neige)* dwarrelen
volubile *adj* rad (van tong)
volume *nm* **1** *(partie de l'espace)* volume *het* **2** *(capacité; quantité mesurant un volume)* inhoud *nm* **3** *(mesure, proportion)* deel *het;* trois ~s d'eau pour un d'alcool drie delen water op één deel alcohol **4** *(encombrement)* ruimte *nf* **5** *(quantité globale)* omvang *nm* **6** *(intensité)* volume *het (de la voix, de la radio),* sterkte *nf (d'un son)* **7** *(tome; réunion de cahiers)* boekdeel *het;* dictionnaire en six ~s zesdelig woordenboek
volumineux, -euse *adj* omvangrijk, lijvig *(livre);* courrier ~ stapels post
volupté *nf* wellust *nm*
voluptueux, -euse *adj* wellustig
volute *nf* **1** *(enroulement)* krul *de;* les ~s d'un cigare de (rook)kringels van een sigaar **2** *(archit.)* voluut *de*
vomi *nm* braaksel *het*
vomir *vt* **1** *(rejeter par la bouche)* overgeven *(de la nourriture),* spugen *(du sang);* avoir envie de ~ moeten overgeven **2** *(exécrer)* walgen van **3** *(des insultes)* uitstoten
vomissement *nm* **1** *(fait de vomir)* (het) braken **2** *(matière vomie)* braaksel *het*
vorace *adj* vraatzuchtig, gulzig *(aussi au fig.)*
voracité *nf* **1** *(gloutonnerie)* vraatzucht *de* **2** *(avidité)* begerigheid *nf*
votant, -ante *n* **1** *(qui a le droit de voter)* stemgerechtigde *nm* **2** *(qui vote)* stemmer *nm*
vote *nm* **1** *(voix)* stem *de;* bulletin de ~ stembriefje **2** *(fait de voter)* stemming *nf* ♦ ~ d'une loi aanneming van een wet
[1]**voter** *vi (s'exprimer par un vote)* stemmen (voor); ~ à droite rechts stemmen; ~ communiste op de communisten stemmen
[2]**voter** *vt (décider par un vote)* aannemen; ~ des crédits kredieten toewijzen
votre, vos *adj poss* uw *(forme de politesse (un ou plusieurs possesseurs)),* jullie *(forme familière (plusieurs possesseurs))*
[1]**vôtre, vôtres** *nm* **1** *(propriété)* (het) uwe; il faut que vous y mettiez du ~ u moet er zelf ook wat toe bijdragen **2** *(plur.) (proches)* (de) uwen *(plur.);* je suis des ~s ik doe (met u) mee
[2]**vôtre** *adj poss* van u; considérez ma maison comme ~ beschouw mijn huis als het uwe
[3]**vôtre** *pron poss* (het, de) uwe; à la (bonne) ~ op uw gezondheid; mon livre est le ~ mijn boek is uw boek

vouer (à) *vt* **1** *(consacrer à)* wijden (aan) **2** *(promettre solennellement)* zweren **3** *(condamner à)* (voor)bestemmen (voor); **être voué à l'échec** gedoemd zijn te mislukken; **se vouer (à)** *vpr (se consacrer à)* zich wijden (aan)

[1]**vouloir** *nm* wil *nm*

[2]**vouloir (de)** *vi (accepter)* graag willen; **ne pas ~ de qqn** niets van iemand willen weten ♦ **en ~** ambitieus zijn; **en ~ à qqn** het iemand kwalijk nemen; **en ~ à qqn de qqch** iemand iets kwalijk nemen; **ne m'en veut pas, ne m'en veuillez, voulez pas** neem mij niet kwalijk

[3]**vouloir** *vt* willen; **~ du bien à qqn** het goede met iemand voorhebben; **moi, je veux bien** mij best; **si vous voulez-bien** als u het ermee eens bent; **veux-tu bien sortir ?** wil je weleens vlug naar buiten gaan?; **je veux bien que tu aies raison** je kunt best gelijk hebben; **comme vous voulez** zoals u wenst; **comment voulez-vous que je fasse ?** wat kan ik eraan doen?; **que me voulez-vous ?** wat wilt u van me?; **que tu le veuilles ou non** of je het nu wilt of niet; **veuillez poursuivre** wees zo goed om door te gaan; **que voulez-vous (que je fasse, que je dise) ?** wat kan ik eraan doen?; **sans le ~** per ongeluk, zonder opzet ♦ **~ dire qqch** iets betekenen; **que veut dire ce gribouillis ?** wat moet dit gekrabbel voorstellen?; **se vouloir** *vpr* ♦ **s'en ~ de qqch** zichzelf iets kwalijk nemen

voulu, -ue *adj* **1** *(exigé par les circonstances)* vereist **2** *(intentionnel)* opzettelijk; **c'est ~** dat is met opzet

vous *pron pers* **1** *(forme familière, plur.)* jullie; **~ autres Français** jullie Fransen **2** *(forme polie, sing. et plur.)* u; **de ~ à moi** onder ons gezegd **3** *(pron. indéf.)* je; **~ êtes surpris quand ça ~ arrive** je bent verbaasd als zoiets je overkomt

voûte *nf* gewelf *het* ♦ **~ céleste** hemelgewelf; **~ crânienne** schedeldak

voûté, -ée *adj* **1** *(qqch)* gewelfd **2** *(qqn)* met een kromme rug

voûter *vt* **1** *(qqch)* overwelven **2** *(qqn)* buigen; **se voûter** *vpr (devenir voûté)* krom worden

vouvoiement *nm* (het) met u aanspreken

vouvoyer *vt* met u aanspreken

voyage *nm* **1** *(déplacement d'une personne)* reis *de*; **en ~** op reis; **~ organisé** groepsreis **2** *(pour transporter qqch)* rit *nm*

voyager *vi* **1** *(faire un voyage)* reizen **2** *(être transporté)* vervoerd worden

voyageur, -euse *n* **1** *(personne en voyage)* reizig(st)er *nm (nf)*; **~ (de commerce), commis ~** handelsreiziger; **être ~** reislustig zijn **2** *(passager)* passagier *nm*

voyance *nf* helderziendheid *nf*

[1]**voyant, -ante** *n* **1** *(personne qui voit)* iemand die kan zien, ziende *nm*; **les non-voyants et les ~s** de blinden en de zienden **2** *(devin)* helderziende *nm, (f.)* waarzegster *nf* **3** *(m.) (signal lumineux)* controlelampje *het*; **~ lumineux** lichtsein

[2]**voyant, -ante** *adj* opvallend, schel *(couleur)*

voyelle *nf* klinker *nm*

voyeur, -euse *n* voyeur *nm*

voyou *nm* **1** *(garçon mal élevé)* straatjongen *nm* **2** *(crapule)* schooier *nm*

vrac *nm* stortgoed *het*; **en ~** in bulk; *(en désordre)* op een hoop; **acheter qqch en ~** iets los kopen

[1]**vrai, vraie** *adj* waar; *(subst.)* **à dire ~, à ~ dire** om de waarheid te zeggen; **il est ~ que** het is waar dat; **le ~** het ware, de waarheid; **être dans le ~** het bij het rechte eind hebben; **c'est pas ~** niet te geloven; **pas ~ ?** is het niet?

[2]**vrai, vraiment** *adv* **1** *(conformément à la vérité)* overeenkomstig de waarheid; **faire ~** er echt uitzien; **parler ~** de waarheid spreken **2** *(réellement)* heus

vraisemblable *adj* waarschijnlijk; **le ~** het waarschijnlijke

vraisemblance *nf* waarschijnlijkheid *nf*; **selon toute ~** naar alle waarschijnlijkheid

vrille *nf* **1** *(mouvement d'un avion)* vrille *nf* **2** *(outil)* (fret)boor *de* **3** *(spirale)* spiraal(vorm) *de (nm)*; **en ~** spiraalvormig

vrombir *vi* ronken *(moteur)*, gonzen *(insectes)*

[1]**vu** *nm* ♦ **au ~ et au su de tout le monde** publiekelijk; **c'est du déjà ~** dat is oude koek

[2]**vu, vue** *adj* **1** *(perçu par le regard)* gezien; **ni ~ ni connu** geen haan die er naar kraait **2** *(compris)* begrepen; **c'est tout ~ !** dat is een uitgemaakte zaak! ♦ **être bien ~** goed aangeschreven staan

[3]**vu** *prép* gezien; **~ que** aangezien

vue *nf* **1** *(sens; vision)* gezicht(svermogen) *het*; **avoir la ~ basse, courte** bijziend zijn; **avoir la ~ longue** verziend zijn; **perdre la ~** het gezichtsvermogen verliezen **2** *(regard)* blik *nm*; **à ~ d'œil, à ~ de nez** zo op het oog; **perdre de ~** uit het gezicht verliezen; **connaître qqn de ~** iemand van gezicht kennen; **en ~** *(visible)* zichtbaar; *(important)* vooraanstaand; **le succès est en ~** het succes is vlakbij; **hors de ~** uit het gezicht (verdwenen); **en mettre plein la ~ à qqn** iemand de ogen uitsteken; **naviguer à ~** op goed geluk handelen **3** *(panorama)* uitzicht *het* **4** *(perception par la vue)* waarneming *nf*; **à la ~ de** bij het zien van **5** *(image, photo)* afbeelding *nf*; **~ d'ensemble** overzicht; **~ de face** vooraanzicht **6** *(idée)* denkbeeld *het*, inzicht *het*; **à courte ~** kortzichtig **7** *(visée)* bedoeling *nf*; **avoir des ~s sur qqn** iets met iemand voorhebben; **avoir en ~** op het oog hebben; **en ~ de** (met het doel) om ♦ **pièce ayant ~ sur le jardin** vertrek dat uitkijkt op de tuin; **longue ~** verrekijker

vulgaire *adj* **1** *(très répandu; ordinaire)* gewoon **2** *(commun, grossier)* ordinair,

vulgair; **c'est d'un ~ !** dat is me toch laag-bij-de-gronds!
vulgarisation *nf* popularisatie *nf;* **ouvrage de ~** populairwetenschappelijk werk
vulgariser *vt* populariseren
vulgarité *nf* vulgariteit *nf*
vulnérabilité *nf* kwetsbaarheid *nf*
vulnérable *adj* kwetsbaar *(aussi au fig.)*
vulve *nf* vulva *de,* schaamspleet *de*

W

w *nm* w *de;* **W comme William** de w van Willem
wagon *nm* **1** *(voiture d'un train)* wagon *nm,* rijtuig *het;* **~ à bestiaux** beestenwagen; **~ frigorifique** koelwagen **2** *(contenu)* wagon(lading) *nm (nf)* **3** *(grande quantité)* lading *nf (sans prép.)*
wagon-citerne *nm* tankwagon *nm*
wagon-lit *nm* slaapwagen *nm*
wagonnet *nm* lorrie *nf*
wagon-restaurant *nm* restauratierijtuig *het*
wallon, -onne *adj* Waals; **le ~** het Waals; **le, la Wallon(ne)** de Waal(se)
Wallonie *nf* Wallonië *n (sans art.)*
waterproof *adj* waterdicht
waters *nm* wc *de (sing.),* toilet *het (sing.)*
watt *nm* watt *nm*
watt-heure *nm* wattuur *het*
W.-C. *nm* wc *de (sing.)*
Web *nm* web *het,* internet *het;* **page Web** webpagina; **site Web** website
webdiffusion *nf (com.)* webcasting *nm*
webmestre *nm* webmaster *nm*
week-end *nm* weekend *het;* **partir en ~** op weekend gaan
western *nm* western *nm*
whisky *nm* whisky *nm;* **~ nature** whisky puur
white-spirit *nm* terpentine *nf*

X

x *nm* x *de;* **pendant x années** gedurende zo en zoveel jaren; **X comme Xavier** de x van Xantippe

X *nm (personne inconnue)* X *de* ♦ **jambes en ~** X-benen

xénophobe *adj* vijandig gezind jegens vreemdelingen; **le, la ~** de vreemdelingenhater, vreemdelingenhaatster

xénophobie *nf* vreemdelingenhaat *nm*

xérès *nm* sherry *nm*

xylophone *nm* xylofoon *nm*

y

[1]y *nm* y *de;* **Y comme Yvonne** de ij van Ysbrand
[2]y *pron* eraan◆ **ça ~ est !** het is zover!
[3]y *adv* **1** *(lieu où l'on est)* er(in) **2** *(lieu où l'on va)* erheen
yacht *nm* jacht *het*
yaourt *nm* yoghurt *nm;* **~ à boire** drinkyoghurt
Yémen *nm* Jemen *n (sans art.)*
yéménite *adj* Jemenitisch; **le, la Yéménite** de Jemeniet, Jemenitische
yiddish *nm* Jiddisch *het;* **la littérature ~** de Jiddische literatuur
yoga *nm* yoga *de;* **exercices de ~** yogaoefeningen; **faire du ~** aan yoga doen
yogourt *nm* → **yaourt**
yougoslave *adj (hist.)* Joegoslavisch; **le, la Yougoslave** de Joegoslaviër, Joegoslavische
yo-yo® *nm* jojo *nm;* **faire du ~** jojoën
yucca *nm* palmlelie *de,* yucca *nm*

Z

z *nm* z *de;* **Z comme Zoë** de z van Zeeland
zadiste *nm* ♦ **militant ~** milieuactivist
Zambie *nf* Zambia *n (sans art.)*
zambien, -ienne *adj* Zambiaans; **le, la Zambien(ne)** de Zambiaan(se)
zapper *vi* zappen
zappette *nf (fam.)* zapper *nm,* afstandsbediening *nf*
zappeur *nm* **1** *(personne)* zapper *nm* **2** *(appareil)* afstandsbediening *nf*
zapping *nm* (het) zappen
zèbre *nm* **1** *(animal)* zebra *nm* **2** *(individu bizarre)* rare snuiter *nm*
zébrer *vt* gestreept maken; **passage zébré** zebrapad
zébu *nm* zeboe *nm*
zélandais, -aise *adj* Zeeuws; **le, la Zélandais(e)** de Zeeuw(se)
Zélande *nf* Zeeland *n (sans art.)*
zélé, -ée *adj* ijverig
zèle *nm* ijver *nm;* **faire du ~** al te ijverig zijn
zénith *nm* **1** *(astronomie)* zenit *het* **2** *(sommet)* hoogtepunt *het*
zeppelin *nm* zeppelin *nm*
zéro *nm* nul *de;* **avoir le moral à ~, être à ~** in de put zitten; **collectionner les ~s** slechte cijfers halen; **~ de conduite** gedrag onvoldoende; **c'est un ~** hij is een nul; **à ~ heure** om twaalf uur 's nachts; **partir de ~** van voor af aan beginnen
zeste *nm* **1** *(écorce)* schilletje *het* **2** *(petite quantité)* vleugje *het*
zester *vt* dun afschillen
zézayer *vti* slissen
zibeline *nf* **1** *(animal)* sabeldier *het* **2** *(fourrure)* sabelbont *het*
zig, zigoto, zigue *nm* vent *nm;* **faire le ~** de grapjas uithangen
zigouiller *vt* om zeep helpen
zigzag *nm* zigzag(lijn) *nm (de);* **en ~** zigzaggend
zigzaguer *vi* zigzaggen
Zimbabwe *nm* Zimbabwe *n (sans art.)*
zimbabwéen, -enne *adj* Zimbabwaans; **le, la Zimbabwéen(ne)** de Zimbabwaan(se)
zinc *nm* **1** *(métal)* zink *het* **2** *(comptoir)* tapkast *de* **3** *(avion)* kist *de*
zinzin *adj* mesjokke
zizanie *nf* twist *nm;* **semer la ~** tweedracht zaaien
zizi *nm* plasser *nm,* piemeltje *het*
zodiaque *nm* dierenriem *nm*
zona *nm* gordelroos *de*
zone *nf* **1** *(région)* streek *de,* zone *de;* **~ d'action, d'activité** reikwijdte; *(milit.)* gevechtszone; **~ bleue** blauwe zone, parkeerzone; **~ franche** tolvrije zone; **~ d'influence** invloedssfeer; **de seconde ~** tweederangs *(adj. invar.);* **~ à urbaniser en priorité, ZUP** bij voorrang voor stadsuitleg aangewezen gebied **2** *(faubourgs)* arme buitenwijken *plur* (van Parijs)
zoo *nm* dierentuin *nm*
zoologie *nf* dierkunde *nf,* zoölogie *nf*
zoologique *adj* zoölogisch
zoologiste, zoologue *n* dierkundige *nm,* zoö|loog, -loge *nm, nf*
zoom *nm* **1** *(effet photographique)* (het) zoomen **2** *(objectif)* zoomlens *de*
zoomer *vi* inzoomen
zouave *nm* **1** *(soldat)* zoeaaf *nm* **2** *(idiot)* pias *nm;* **faire le ~** de pias uithangen
zozo *nm* sukkel *nm*
zozoter *vi* slissen
zut *interj* verhip!, stik!

Verbes irréguliers néerlandais

Les formes régulières sont montrées entre parenthèses.
Les conjugaisons numérotées représentent la première, seconde ou troisième personne du singulier.

infinitif	imparfait singulier	imparfait pluriel	participe passé
bakken	(bakte)		gebakken
bannen	(bande)		gebannen
barsten	(barstte)		gebarsten
bederven	bedierf	bedierven	bedorven
bedriegen	bedroog	bedrogen	bedrogen
beginnen	begon	begonnen	begonnen
begrijpen	begreep	begrepen	begrepen
belijden	beleed	beleden	beleden
bergen	borg		geborgen
bevelen	beval	bevalen	bevolen
bewegen	bewoog	bewogen	bewogen
bezwijken	bezweek	bezweken	bezweken
bidden	bad	baden	gebeden
bieden	bood	boden	geboden
bijten	beet	beten	gebeten
binden	bond		gebonden
blazen	blies	bliezen	geblazen
blijken	bleek	bleken	gebleken
blijven	bleef	bleven	gebleven
blinken	blonk		geblonken
braden	(braadde)		gebraden
breken	brak	braken	gebroken
brengen	bracht		gebracht
brouwen	(brouwde)		gebrouwen
buigen	boog	bogen	gebogen
delven	(delfde)/dolf	(delfden)/dolven	gedolven
denken	dacht		gedacht
dingen	dong		gedongen
doen	deed	deden	gedaan
1. doe 2. doet 3. doet			
dragen	droeg		gedragen
drijven	dreef	dreven	gedreven
dringen	drong		gedrongen
drinken	dronk		gedronken
druipen	droop	dropen	gedropen
duiken	dook	doken	gedoken
dunken	(dunkte)/docht		(gedunkt)/gedocht
dwingen	dwong		gedwongen
eten	at	aten	gegeten
fluiten	floot	floten	gefloten
gaan	ging		gegaan
1. ga 2. gaat 3. gaat			
gelden	gold		gegolden

infinitif	imparfait singulier	imparfait pluriel	participe passé
genezen	genas	genazen	genezen
genieten	genoot	genoten	genoten
geven	gaf	gaven	gegeven
gieten	goot	goten	gegoten
glijden	gleed	gleden	gegleden
glimmen	glom	glommen	geglommen
graven	groef	groeven	gegraven
grijpen	greep	grepen	gegrepen
hangen	hing		gehangen
hebben	had	hadden	gehad
1. heb 2. hebt 3. heeft			
heffen	hief	hieven	geheven
helpen	hielp		geholpen
heten	(heette)		geheten
hijsen	hees	hesen	gehesen
houden	hield		gehouden
jagen	(jaagde)/joeg		(gejaagd)
kiezen	koos	kozen	gekozen
kijken	keek	keken	gekeken
klimmen	klom	klommen	geklommen
klinken	klonk		geklonken
kluiven	kloof	kloven	gekloven
knijpen	kneep	knepen	geknepen
komen	kwam	kwamen	gekomen
kopen	kocht		gekocht
krijgen	kreeg	kregen	gekregen
krijten	kreet	kreten	gekreten
krimpen	kromp		gekrompen
kruipen	kroop	kropen	gekropen
kunnen	kon	konden	(gekund)
1. kan 2. kan/kunt 3. kan			
kwijten	kweet	kweten	gekweten
lachen	(lachte)		gelachen
laden	(laadde)		geladen
laten	liet		gelaten
lezen	las	lazen	gelezen
liegen	loog	logen	gelogen
liggen	lag	lagen	gelegen
lijden	leed	leden	geleden
lijken	leek	leken	geleken
lopen	liep		gelopen
malen	(maalde)		gemalen
melken	molk/(melkte)		gemolken
meten	mat/(meette)	maten/(meetten)	gemeten
mijden	meed	meden	gemeden
moeten	moest		gemoeten
mogen	mocht		gemogen
1. mag 2. mag 3. mag			
nemen	nam	namen	genomen
ontginnen	ontgon	ontgonnen	ontgonnen
ontluiken	ontlook	ontloken	ontloken
ontspruiten	ontsproot	ontsproten	ontsproten
plegen			
- *avoir l'habitude*	placht		-
- *commettre*	(pleegde)		(gepleegd)
pluizen	(pluisde)		geplozen/(gepluisd)
prijzen			
- *louer*	prees	prezen	geprezen
- *marquer d'un prix*	(prijsde)		(geprijsd)
raden	(raadde)		geraden

infinitif	imparfait singulier	imparfait pluriel	participe passé
rieken	(riekte)/rook		geroken
rijden	reed	reden	gereden
rijgen	reeg	regen	geregen
rijten	reet	reten	gereten
rijzen	rees	rezen	gerezen
roepen	riep		geroepen
ruiken	rook	roken	geroken
scheiden	(scheidde)		gescheiden
schelden	schold		gescholden
schenden	schond		geschonden
schenken	schonk		geschonken
scheppen			
- *créer*	schiep		geschapen
- *enlever à la pelle*	(schepte)		(geschept)
scheren			
- *se raser*	schoor	schoren	geschoren
- *frôler*	(scheerde)		(gescheerd)
schieten	schoot	schoten	geschoten
schijnen	scheen	schenen	geschenen
schijten	scheet	scheten	gescheten
schrijden	schreed	schreden	geschreden
schrijven	schreef	schreven	geschreven
schrikken	schrok	schrokken	geschrokken
schuilen	(schuilde)/school	(schuilden)/ scholen	(geschuild)/gescholen
schuiven	schoof	schoven	geschoven
slaan	sloeg		geslagen
1. sla 2. slaat 3. slaat			
slapen	sliep		geslapen
slijpen	sleep	slepen	geslepen
slijten	sleet	sleten	gesleten
slinken	slonk		geslonken
sluipen	sloop	slopen	geslopen
sluiten	sloot	sloten	gesloten
smelten	smolt		gesmolten
smijten	smeet	smeten	gesmeten
snijden	sneed	sneden	gesneden
snuiten	snoot	snoten	gesnoten
snuiven	snoof	snoven	gesnoven
spannen	(spande)		gespannen
spijten	speet	speten	gespeten
spinnen	(spinde)/spon	(spinden)/sponnen	gesponnen
splijten	spleet	spleten	gespleten
spreken	sprak	spraken	gesproken
springen	sprong		gesprongen
spruiten	sproot	sproten	gesproten
spuiten	spoot	spoten	gespoten
staan	stond		gestaan
1. sta 2. staat 3. staat			
steken	stak	staken	gestoken
stelen	stal	stalen	gestolen
sterven	stierf	stierven	gestorven
stijgen	steeg	stegen	gestegen
stinken	stonk		gestonken
strijden	streed	streden	gestreden
strijken	streek	streken	gestreken
stuiven	stoof	stoven	gestoven
treden	trad	traden	getreden
treffen	trof	troffen	getroffen
trekken	trok	trokken	getrokken
vallen	viel		gevallen

infinitif	imparfait singulier	imparfait pluriel	participe passé
vangen	ving		gevangen
varen	voer		gevaren
vechten	vocht		gevochten
verdrieten	verdroot	verdroten	verdroten
verdwijnen	verdween	verdwenen	verdwenen
vergeten	vergat	vergaten	vergeten
verliezen	verloor	verloren	verloren
verschuilen	verschool	verscholen	verscholen
verslinden	verslond		verslonden
verzinnen	verzon	verzonnen	verzonnen
vinden	vond		gevonden
vlechten	vlocht		gevlochten
vliegen	vloog	vlogen	gevlogen
vouwen	(vouwde)		gevouwen
vragen	vroeg		gevraagd
vreten	vrat	vraten	gevreten
vriezen	vroor	vroren	gevroren
waaien	(waaide)/woei		gewaaid
wassen			
- croître	wies		gewassen
- laver	(waste)		gewassen
wegen	woog	wogen	gewogen
werpen	wierp		geworpen
werven	wierf	wierven	geworven
weten	wist		geweten
weven	weefde		geweven
wezen	was	waren	(geweest)
wijken	week	weken	geweken
wijten	weet	weten	geweten
wijzen	wees	wezen	gewezen
willen	(wilde)/wou	(wilden)/wouden	(gewild)
1. wil 2. wilt 3. wil			
winden	wond		gewonden
winnen	won	wonnen	gewonnen
worden	werd		geworden
wreken	(wreekte)		gewroken
wrijven	wreef	wreven	gewreven
wringen	wrong		gewrongen
zeggen	zei/(zegde)	zeiden/(zegden)	(gezegd)
zenden	zond		gezonden
zien	zag	zagen	gezien
1. zie 2. ziet 3. ziet			
zijn	was	waren	geweest
1. ben 2. bent 3. is			
zingen	zong		gezongen
zinken	zonk		gezonken
zinnen	zon/(zinde)	zonnen/(zinden)	gezonnen
zitten	zat	zaten	gezeten
zoeken	zocht		gezocht
zouten	(zoutte)		gezouten
zuigen	zoog	zogen	gezogen
zuipen	zoop	zopen	gezopen
zullen	zou	zouden	-
1. zal 2. zult 3. zal			
zwelgen	zwolg		gezwolgen
zwellen	zwol	zwollen	gezwollen
zwemmen	zwom	zwommen	gezwommen
zweren	zwoer	zwoeren	gezworen
zwerven	zwierf	zwierven	gezworven
zwijgen	zweeg	zwegen	gezwegen

Dictionnaire néerlandais - français

a

06-num·mer [nʌlzɛsnʌmər] *het (-s) (Pays-Bas)* numéro de portable

a [a] *de (-'s)* **1** a; *(prov)* **wie a zegt, moet ook b zeggen** quand le vin est tiré, il faut le boire **2** *(mus.)* la

aag·je [aχjə] *het (-s)* ♦ **een nieuwsgierig ~** un petit curieux, une petite curieuse

aai [aj] *nm (-en)* caresse

aai·en [ajə(n)] *vti (aaide, h. geaaid)* caresser

aak [ak] *de (aken)* chaland

aal [al] *nm (alen)* anguille; **het is een gladde ~** c'est un fin renard

aal·bes [albɛs] *de (-sen)* **1** groseille **2** groseillier

aal|moes [almus] *de (-moezen)* aumône

aal·moe·ze·nier [almuzənir] *nm (-s)* aumônier

aam·beeld [ambelt] *het (-en)* enclume; *(fig.)* **altijd op hetzelfde ~ slaan** ressasser sans cesse le même refrain

aam·bei [ambɛi] *de (-en)* hémorroïde

[1]**aan** [an] *adj, adv* **1** *(vêtements)* mis **2** en fonctionnement **3** allumé ♦ **daar heeft zij niets ~** cela ne lui sert à rien; **daar ben ik nog niet ~ toe** je n'en suis pas encore là; **hij moet er ~** il aura le dessous, il devra payer les pots cassés, il faudra le supprimer; **er beroerd ~ toe zijn** aller mal; **zij is eraan toe** elle est prête à commencer, elle en a vraiment besoin; **het is weer dik ~ tussen die twee** ils se sont rabibochés; **dat is maar net ~** c'est tout juste; **daar is niets, weinig ~** ce n'est pas (bien) difficile, ce n'est pas (très) intéressant, l'objet n'est pas (tellement) abîmé; **rustig ~!** doucement !; **zij weet niet waar zij ~ toe is** elle ne sait pas à quoi s'en tenir; **~ vakantie toe zijn** avoir besoin de vacances; **we zijn ~ hoofdstuk drie toe** nous en sommes au chapitre trois

[2]**aan** [an] *prép* **1** à; **doen ~** faire (qqch), pratiquer (qqch); **~ het werk gaan** se mettre au travail; **dat is ~ het toenemen** cela va (en) augmentant; **hoe kom je ~ dat spul?** où as-tu déniché cela ?; **dat ligt ~ haar** cela dépend d'elle, c'est de sa faute; **hij gooide het kopje ~ stukken** il cassa la tasse en mille morceaux **2** de ♦ **~ de Maas** sur la Meuse; **hij wil niet ~ een auto** il ne veut pas de voiture; **~ zee** au bord de la mer

aan·bak·ken [ambɑkə(n)] *vi (bakte aan, i. aangebakken)* attacher

aan·be·de·ne [ambedənə] *nm (-n)* idole

aan·beeld [ambelt] *het (-en)* → **aambeeld**

aan·be·lan·den [ambəlɑndə(n)] *vi (belandde aan, i. aanbeland)* atterrir

aan·bel·len [ambɛlə(n)] *vi (belde aan, h. aangebeld)* sonner (à la porte de qqn)

aan·be·nen [ambenə(n)] *vi (beende aan, h. aangebeend)* presser le pas

aan·be·ste·den [ambəstedə(n)] *vt (besteedde aan, h. aanbesteed)* mettre en adjudication

aan·be·ta·len [ambətalə(n)] *vt (betaalde aan, h. aanbetaald)* payer un acompte de

aan·be·ve·len [ambəvelə(n)] *vt (beval aan, h. aanbevolen)* recommander (qqch à qqn)

aan·be·ve·lens·waar·dig [ambəvelə(n)swardəχ] *adj* recommandable

aan·be·ve·ling [ambəvelɪŋ] *nf (-en)* **1** recommandation **2** liste de présentation (de candidats) **3** compliment

aan·bid·den [ambɪdə(n)] *vt (aanbad, h. aanbeden) (relig.; fig.)* adorer

aan|bid·der [ambɪdər] *nm (-s)*, **-bidster** *nf (-s)* **1** *(relig.)* adorateur, -trice **2** admirateur, -trice

[1]**aan·bie·den** [ambidə(n)] *vt (bood aan, h. aangeboden)* offrir; **iets te koop ~** mettre qqch en vente; **zich als vrijwilliger ~** se porter volontaire

[2]**aan·bie·den, zich** [ambidə(n)] *vpr (bood zich aan, h. zich aangeboden)* se présenter

aan·bie·ding [ambidɪŋ] *nf (-en)* **1** offre; **in de ~** en promotion **2** article en promotion ♦ **bij de ~ van het cadeau** lors de la remise du cadeau

aan·bin·den [ambɪndə(n)] *vt (bond aan, h. aangebonden)* **1** attacher **2** commencer

aan·bla·zen [amblazə(n)] *vt (blies aan, h. aangeblazen)* **1** attiser **2** *(mus.)* emboucher **3** *(ling.)* aspirer

aan·blij·ven [amblɛivə(n)] *vi (bleef aan, i. aangebleven)* rester en place

aan·blik [amblɪk] *nm* **1** vue; **bij de eerste ~** à première vue **2** apparence (extérieure)

aan·bod [ambɔt] *het* **1** offre **2** survenance

aan·bo·ren [amborə(n)] *vt (boorde aan, h. aangeboord)* **1** rencontrer; **nieuwe belastingbronnen ~** découvrir de nouvelles sources d'impôt; **petroleum ~** forer un gisement de pétrole **2** percer

aan·bouw [ambɑu] *nm* **1** construction *(action)* **2** annexe *(bâtiment)*

aan·bou·wen [ambɑuwə(n)] *vt (bouwde*

aan, h. aangebouwd) **1** ajouter (à un bâtiment, à une maison) **2** construire à côté

aan·bouw·sel [ambausəl] het (-s) annexe

aan·bra·den [ambradə(n)] vt (braadde aan, h. aangebraden) (viande) faire revenir

aan·bran·den [ambrandə(n)] vi (brandde aan, i. aangebrand) attacher

[1]**aan·bre·ken** [ambrekə(n)] vi (brak aan, i. aangebroken) naître; **de dag brak aan** le jour se levait; (fig.) le jour arriva; **het moment is aangebroken om** le moment est venu de

[2]**aan·bre·ken** [ambrekə(n)] vt (brak aan, h. aangebroken) (stock, bouteilles etc.) entamer

aan·bren·gen [ambrɛŋə(n)] vt (bracht aan, h. aangebracht) **1** mettre; **een gat in de muur ~** faire un trou dans le mur **2** recruter **3** apporter **4** causer

aan·dacht [andaχt] de attention; **~ besteden aan** faire, prêter attention à; **iets onder iemands ~ brengen** porter qqch à l'attention de qqn; **zijn ~ op iets richten** fixer son attention sur qqch; **~ schenken aan iemand** prêter attention à qqn; **de ~ trekken** attirer l'attention; **de ~ vestigen op iets** attirer l'attention sur qqch; **~!** (Belg.) attention !

aan·dach·tig [andaχtəχ] adj, adv attentif, attentivement

aan|deel [andel] het (-delen) **1** part; **~ hebben in een zaak** participer à une affaire **2** (fin.) apport **3** (fin.) action

aan·deel·hou·der [andelhaudər] nm (-s) actionnaire

aan·den·ken [andɛŋkə(n)] het souvenir; **als ~ aan** en souvenir de

[1]**aan·die·nen** [andinə(n)] vt (diende aan, h. aangediend) annoncer (une personne)

[2]**aan·die·nen, zich** [andinə(n)] vpr (diende zich aan, h. zich aangediend) se faire passer (pour)

aan·dik·ken [andɪkə(n)] vti (dikte aan, h./i. aangedikt) grossir (aussi au fig.)

aan·doen [andun] vt (deed aan, h. aangedaan) **1** (vêtements etc.) mettre **2** faire **3** donner une impression de (+ inf.) **4** s'arrêter dans **5** faire marcher

aan·doe·ning [andunɪŋ] nf (-en) **1** affection; **seksueel overdraagbare ~en** maladies sexuellement transmissibles **2** émotion

aan·doen·lijk [andunlək] adj, adv **1** émouvant, d'une manière touchante **2** impressionnable

aan·draai·en [andrajə(n)] vt (draaide aan, h. aangedraaid) **1** serrer **2** ouvrir

aan·dra·gen [andraχə(n)] vt (droeg aan, h. aangedragen) apporter; **met iets komen ~** s'amener avec qqch; (fig.) mettre qqch sur le tapis

aan·drang [andraŋ] nm **1** afflux; **~ hebben** avoir envie de satisfaire un besoin naturel **2** instances; **~ uitoefenen (op)** faire pression (sur) **3** insistance

aan·drij·ven [andrɛivə(n)] vti (dreef aan, h./i. aangedreven) **1** pousser (à) **2** (technol.) actionner ♦ **op een vlot komen ~** arriver sur un radeau

aan·drij·ving [andrɛivɪŋ] nf (-en) propulsion

aan·drin·gen [andrɪŋə(n)] vi (drong aan, h. aangedrongen) insister (sur); **op ~ van** sur les instances de; **bij iemand op hulp ~** demander instamment de l'aide à qqn

aan·druk·ken [andrʌkə(n)] vt (drukte aan, h. aangedrukt) serrer; **een deur ~** fermer une porte en poussant

aan·dui·den [andœydə(n)] vt (duidde aan, h. aangeduid) **1** indiquer; **een persoon ~** désigner une personne **2** signifier

aan·dur·ven [andʌrvə(n)] vt (durfde aan, h. aangedurfd) **1** oser (entreprendre) (qqch) **2** oser tenir tête à (qqn)

aan·du·wen [andywə(n)] vt (duwde aan, h. aangeduwd) pousser

aan·dwei·len [andwɛilə(n)] vt (dweilde aan, h. aangedweild) donner un coup de serpillière sur

aan·een [anen] adv (form.) d'affilée; **dagen ~** durant des journées entières

aan·een·ge·slo·ten [anenχəslotə(n)] adj serré; **een ~ periode** une période ininterrompue

aan·een·scha·ke·len [anensχakələ(n)] vt (schakelde aaneen, h. aaneengeschakeld) enchaîner

aan·een·scha·ke·ling [anensχakəlɪŋ] nf (-en) succession

aan·een·schrij·ven [anensχrɛivə(n)] vt écrire en un mot

[1]**aan·een·slui·ten, zich** [anensloeytə(n)] vpr (sloot zich aaneen, h. zich aaneengesloten) s'unir

[2]**aan·een·slui·ten** [anensloeytə(n)] vi (sloot aaneen, h. aaneengesloten) être bien joints

[3]**aan·een·slui·ten** [anensloeytə(n)] vt (sloot aaneen, h. aaneengesloten) ajuster

aan·flit·sen [anflɪtsə(n)] vi (flitste aan, i. aangeflitst) s'allumer subitement

aan·flui·ting [anfloeytɪŋ] nf (-en) risée; **een ~ voor de democratie** une honte pour la démocratie

[1]**aan·gaan** [aŋχan] vi (ging aan, i. aangegaan) **1** aller (vers); **achter iemand, iets ~** essayer de rattraper qqn, qqch, partir à la recherche de qqn, de qqch **2** (+ bij) passer (chez) **3** commencer **4** s'allumer **5** convenir

[2]**aan·gaan** [aŋχan] vt (ging aan, h./i. aangegaan) **1** engager **2** (traité, contrat) conclure **3** concerner; **dat gaat hem niet aan** cela ne le regarde pas; **wat dat aangaat** à cet égard **4** toucher; **wat gaat mij dat aan** qu'est-ce que cela peut me faire ?

aan·gaan·de [aŋχandə] prép (form.) à propos de

aan·ga·pen [aŋχapə(n)] vt (gaapte aan, h. aangegaapt) regarder bouche bée

aan·ge·bo·den [aŋχəbodə(n)] → aanbieden

aan·ge·bo·ren [aŋχəborə(n)] *adj* **1** inné **2** héréditaire

aan·ge·brand [aŋχəbrant] *adj* ♦ gauw ~ zijn se fâcher pour un rien

aan·ge·daan [aŋχədan] *adj* ému

aan·ge·klaag·de [aŋχəklaχdə] *nm (-n)* accusé, -ée

aan·ge·legd [aŋχəlɛχt] *adj* doué (pour); artistiek ~ doté de sens artistique

aan·ge·le·gen|heid [aŋχəleχənhɛit] *nf (-heden)* affaire

aan·ge|naam [aŋχənam] *adj, adv (-namer, -naamst)* agréable(ment); ~ (kennis met u te maken) enchanté (de faire votre connaissance)

aan·ge·no·men [aŋχənomə(n)] *conj (+ dat)* à supposer (que)

aan·ge·past [aŋχəpast] *adj* adapté (à)

aan·ge·scho·ten [aŋχəsχotə(n)] *adj (fam.)* gris

aan·ge·schre·ven [aŋχəsχrevə(n)] *adj* ♦ hij staat slecht ~ il a mauvaise réputation

aan·ge·sla|gen [aŋχəslaχə(n)] *adj (-gener, meest a.)* désemparé

aan·ge·te·kend [aŋχətekənt] *adj* recommandé; een brief ~ versturen envoyer une lettre en recommandé

aan·ge·trouwd [aŋχətraut] *adj* apparenté (par alliance)

aan·ge·ven [aŋχevə(n)] *vt (gaf aan, h. aangegeven)* **1** passer (à); *(fig.)* op ~ van ... selon les indications de ... **2** indiquer **3** déclarer; diefstal ~ porter plainte pour vol **4** dénoncer; de dader heeft zichzelf aangegeven le coupable s'est livré (à la police)

aan·ge·we·zen [aŋχəwezə(n)] *adj (Belg.)* désirable ♦ op iets ~ zijn en être réduit à qqch; de ~ persoon zijn om ... être bien placé pour ...

aan·ge·zicht [aŋχəzɪχt] *het (-en)* visage; *(fig.)* in het ~ van de dood devant la mort; van ~ tot ~ met iemand face à face avec qqn

aan·ge·zien [aŋχəzin] *conj (form.)* puisque

aan·gif·te [aŋχɪftə] *nf (-n)* déclaration; ~ doen van iets déclarer qqch

aan·gif·te·bil·jet [aŋχɪftəbɪljɛt] *het (-ten)* feuille d'impôts

aan·gren·zend [aŋχrɛnzənt] *adj* limitrophe; een ~ vertrek une pièce contiguë

aan·grij·pen [aŋχrɛipə(n)] *vt (greep aan, h. aangegrepen)* **1** émouvoir **2** attaquer **3** saisir; *(fig.)* een strohalm ~ se raccrocher à un ultime espoir

aan·grij·pend [aŋχrɛipənt] *adj, adv* (de façon) émouvant(e)

aan·groei·en [aŋχrujə(n)] *vi (groeide aan, i. aangegroeid)* **1** s'accroître **2** *(organisme)* repousser

aan·ha·ken [anhakə(n)] *vt (haakte aan, h. aangehaakt)* accrocher

aan·ha·len [anhalə(n)] *vt (haalde aan, h. aangehaald)* **1** (at)tirer (à soi) **2** serrer; *(fig.)* de vriendschapsbanden ~ resserrer les liens d'amitié **3** citer **4** câliner **5** s'engager dans

aan·ha·lig [anhaləχ] *adj, adv* (sur un ton) câlin

aan·ha·ling [anhalɪŋ] *nf (-en)* citation

aan·ha·lings·te·ken [anhalɪŋstekə(n)] *het (-s)* guillemet

aan·hang [anhaŋ] *nm* partisans; *(dans une invitation)* met ~ accompagné; *(iron.)* daar komt X. met zijn ~ voilà X. avec sa smala

aan·han·gen [anhaŋə(n)] *vt (hing aan, h. aangehangen)* **1** adhérer à **2** accrocher

[1]**aan|han·ger** [anhaŋər] *nm (-s)*, **-hangster** *nf (-s)* partisan

[2]**aan·han·ger** [anhaŋər] *nm (-s)* remorque

aan·han·gig [anhaŋəχ] *adj* ♦ de zaak is voor het gerecht ~ la cour a été saisie de l'affaire; een voorstel ~ maken soumettre une proposition (à la discussion)

aan·hang·sel [anhaŋsəl] *het (-s)* annexe

aan·hang·wa·gen [anhaŋwaχə(n)] *nm (-s)* → [2]aanhanger

aan·han·ke·lijk [anhaŋkələk] *adj, adv* affectueux, affectueusement

aan·har·ken [anharkə(n)] *vt (harkte aan, h. aangeharkt)* ratisser

aan·heb·ben [anhɛbə(n)] *vt (had aan, h. aangehad)* **1** porter **2** avoir allumé

aan·hech·ten [anhɛχtə(n)] *vt (hechtte aan, h. aangehecht)* (r)attacher

aan·hef [anhɛf] *nm* commencement

aan·hef·fen [anhɛfə(n)] *vti (hief aan, h. aangeheven)* commencer

aan·hik·ken [anhɪkə(n)] *vi (hikte aan, h. aangehikt) (fam.)* râler; hij hikte erg tegen het karwei aan il rechignait à (faire) la besogne ♦ hij zit tegen zijn proefwerk aan te hikken il sue sur sa composition

aan·hol·len [anhɔlə(n)] *vi (holde aan, i. aangehold)* ♦ komen ~, aangehold arriver en courant

aan·ho·ren [anhorə(n)] *vt (hoorde aan, h. aangehoord)* écouter; ten ~ van en présence de ♦ het is hem aan te horen, dat hij een vreemdeling is sa façon de s'exprimer indique qu'il est étranger

[1]**aan·hou·den** [anhaudə(n)] *vt (hield aan, h. aangehouden)* **1** arrêter; een onbekende ~ accoster un inconnu **2** garder **3** ajourner **4** prolonger **5** laisser allumé

[2]**aan·hou·den** [anhaudə(n)] *vi (hield aan, h. aangehouden)* **1** persister; je moet niet zo ~ tu ne dois pas insister de la sorte **2** continuer **3** *(+ op)* se diriger (vers)

aan·hou·dend [anhaudənt] *adj, adv* **1** continu, sans cesse **2** continuel(lement)

aan|hou·der [anhaudər] *nm (-s)*, **-houdster** *nf (-s)* personne persévérante; *(prov)* de ~ wint la persévérance vient à bout de tout

aan·hou·ding [anhaudɪŋ] *nf (-en)* arrestation

aan·ja·gen [aŋaχə(n)] *vt (jaagde, joeg aan, h. aangejaagd)* **1** provoquer; angst ~ faire peur **2** attiser; de economische groei ~ être un moteur de croissance économique **3** *(appareil)* booster **4** *(animaux)* exciter

aan·kaar·ten [aŋkartə(n)] *vt (kaartte aan, h. aangekaart)* aborder, entamer

aan·kij·ken [aŋkɛikə(n)] *vt (keek aan, h. aangekeken)* **1** regarder; elkaar veelbetekenend ~ échanger un regard de complicité; het ~ niet waard zijn n'être pas bon à jeter aux chiens **2** réfléchir à **3** soupçonner; ik kijk hem erop aan je l'en crois capable ♦ anders ~ tegen ... voir ... d'un autre œil; *(p.ex. entreprise)* tegen enorme verliezen ~ faire face à des pertes énormes

aan·klacht [aŋklɑχt] *de (-en)* accusation; een ~ indienen tegen iemand porter plainte contre qqn

aan·kla·gen [aŋklaχə(n)] *vt (klaagde aan, h. aangeklaagd)* accuser

aan|kla·ger [aŋklaχər] *nm (-s)*, **-klaag·ster** *nf (-s)* plaignant, -ante; de openbare ~ ± le procureur de la République

aan·klam·pen [aŋklɑmpə(n)] *vt (klampte aan, h. aangeklampt) (une personne; un bateau)* aborder

aan·kle·den [aŋkledə(n)] *vt (kleedde aan, h. aangekleed)* **1** habiller **2** décorer; hij kleedde het verhaal mooi aan il a bien présenté son histoire

aan·klik·ken [aŋklɪkə(n)] *vt (klikte aan, h. aangeklikt)* cliquer sur

aan·klop·pen [aŋklɔpə(n)] *vi (klopte aan, h. aangeklopt)* frapper (chez, à la porte de); *(fig.)* overal ~ frapper à toutes les portes

aan·kno·pen [aŋknopə(n)] *vti (knoopte aan, h. aangeknoopt)* **1** attacher **2** engager ♦ ~ bij het reeds behandelde se référer à ce qui précède

aan·kno·pings·punt [aŋknopɪŋspʌnt] *het (-en)* point de départ

aan·koe·ken [aŋkukə(n)] *vi (koekte aan, i. aangekoekt)* attacher ♦ zo'n pan koekt snel aan dans ce genre de faitouts, les aliments attachent

¹aan·ko·men [aŋkomə(n)] *vi (kwam aan, i. aangekomen)* **1** arriver; even bij iemand ~ faire un saut chez qqn; een botsing zien ~ prévoir un accident **2** atteindre son but **3** s'amener; je hoeft met dat plan bij hem niet aan te komen inutile de lui soumettre ce projet; hij zal je zien ~ il refusera à coup sûr **4** heurter (qqch contre qqch) **5** prendre du poids **6** *(+ op)* dépendre (de); het op een scheiding laten ~ risquer le divorce; iets op het laatste ogenblik laten ~ attendre le dernier moment pour faire qqch

²aan·ko·men [aŋkomə(n)] *vb impers* s'agir (de); nu komt het erop aan c'est le moment ou jamais; het komt niet op vijf minuten aan nous n'en sommes pas à cinq minutes près

aan·ko·mend [aŋkomənt] *adj* **1** jeune **2** futur **3** prochain

aan·komst [aŋkɔmst] *nf* arrivée

¹aan·kon·di·gen [aŋkɔndəχə(n)] *vt (kondigde aan, h. aangekondigd)* annoncer

²aan·kon·di·gen, zich [aŋkɔndəχə(n)] *vpr (kondigde zich aan, h. zich aangekondigd)* se révéler (comme)

aan·kon·di·ging [aŋkɔndəχɪŋ] *nf (-en)* annonce

aan|koop [aŋkop] *nm (-kopen)* achat *(action et chose)*

aan·ko·pen [aŋkopə(n)] *vt (kocht aan, h. aangekocht)* s'acheter (qqch)

aan·krij·gen [aŋkrɛiχə(n)] *vt (kreeg aan, h. aangekregen)* **1** *(vêtements)* parvenir à mettre **2** mettre en marche, *(lumière, feu)* allumer **3** *(livraison)* recevoir

aan·krui·sen [aŋkrœysə(n)] *vt (kruiste aan, h. aangekruist)* marquer d'une croix

aan·kun·nen [aŋkʌnə(n)] *vi (kon aan, h. aangekund)* **1** être de taille à; hij kon die klas niet aan il était incapable de tenir ses élèves **2** être capable de ♦ hij kan de wereld aan il veut tout avaler

aan·lan·den [anlɑndə(n)] *vi (landde aan, i. aangeland)* **1** accoster **2** arriver (à)

aan·leg [anlɛχ] *nm* **1** installation; de ~ van spoorwegen la construction de chemins de fer **2** disposition **3** prédisposition *(à une maladie)*; ~ hebben om dik te worden grossir facilement **4** tendance **5** *(jur.)* instance

¹aan·leg·gen [anlɛχə(n)] *vt (legde aan, h. aangelegd)* **1** mettre **2** procéder (à qqch); het met iemand ~ s'acoquiner avec qqn; het met de buurvrouw ~ devenir l'amant de sa voisine; het op iets ~ viser qqch **3** *(tr.pub.)* construire; een tuin ~ aménager un jardin **4** *(gaz, eau, électricité)* installer **5** *(stock, provisions, collection)* constituer; een verzameling ~ faire une collection

²aan·leg·gen [anlɛχə(n)] *vi (legde aan, h. aangelegd)* **1** aborder **2** s'arrêter (à)

³aan·leg·gen [anlɛχə(n)] *vti (legde aan, h. aangelegd)* épauler (qqch); op een vogel ~ viser un oiseau

aan·leg·plaats [anlɛχplats] *de (-en)* quai

aan·leg·stei·ger [anlɛχstɛiχər] *nm (-s)* débarcadère

aan·lei·ding [anlɛidɪŋ] *nf (-en)* occasion; ~ geven tot donner lieu à; naar ~ van à propos de; *(début de lettre)* en réponse à

aan·len·gen [anlɛŋə(n)] *vt (lengde aan, h. aangelengd)* diluer

aan·le·ren [anlerə(n)] *vt (leerde aan, h. aangeleerd)* **1** apprendre; een aangeleerde toon un ton emprunté **2** enseigner

aan·leun·wo·ning [anlønwonɪŋ] *nf (-en)* résidence-services séniors

aan·lig·gend [anlɪχənt] *adj* contigu (à)

aan·lok·ke·lijk [anlɔkələk] *adj* alléchant

aan·lok·ken [anlɔkə(n)] *vt (lokte aan, h. aangelokt)* **1** *(fig.)* séduire **2** attirer

aan|loop [anlop] *nm (-lopen)* **1** élan

2 préambule; **in de ~ naar de verkiezingen** en amont des élections 3 monde

aan·loop|pe·ri·o·de [anloperijodə] *nf (-s, -n)*, **-tijd** *nm (-en)* période de rodage

aan·lo·pen [anlopə(n)] *vi (liep aan, h./i. aangelopen)* 1 passer (chez qqn); **kom eens ~** passe me voir un de ces jours; **daar komt hij ~, aangelopen** le voilà qui arrive 2 tarder (à venir) 3 devenir *(+ couleur)*; **rood ~** devenir rouge de colère 4 *(appareil)* frotter

aan·maak [amak] *nm* fabrication

aan·maak·blok·je [amagblɔkjə] *het (-s)* allume-feu

aan·maak·hout [amakhɑut] *het* petit bois

aan·ma·ken [amakə(n)] *vt (maakte aan, h. aangemaakt)* 1 fabriquer 2 préparer 3 *(feu, poêle)* allumer

aan·ma·nen [amanə(n)] *vt (maande aan, h. aangemaand)* 1 exhorter 2 sommer

aan·ma·ning [amanɪŋ] *nf (-en)* 1 sommation 2 *(formulaire)* avertissement *(aussi au fig.)*

aan·ma·ti·gen, zich [amatəχə(n)] *vpr (matigde zich aan, h. zich aangematigd)* s'arroger

aan·ma·ti·gend [amatəχənt] *adj, adv* arrogant, avec arrogance

aan·ma·ti·ging [amatəχɪŋ] *nf (-en)* 1 arrogance 2 usurpation

[1]**aan·mel·den** [amɛldə(n)] *vt (meldde aan, h. aangemeld)* 1 annoncer (qqn) 2 faire inscrire

[2]**aan·mel·den, zich** [amɛldə(n)] *vpr (meldde zich aan, h. zich aangemeld)* se présenter

aan·mel·ding [amɛldɪŋ] *nf (-en)* inscription

aan·me·ren [amerə(n)] *vti (meerde aan, h. aangemeerd)* amarrer

aan·mer·ke·lijk [amɛrkələk] *adj, adv* considérable(ment)

aan·mer·ken [amɛrkə(n)] *vt (merkte aan, h. aangemerkt)* 1 trouver à redire à (qqch); **iets op iemand ~** blâmer qqn de, pour qqch 2 considérer (comme)

aan·mer·king [amɛrkɪŋ] *nf (-en)* critique; **~en maken op iets, iemand** critiquer qqch, qqn ♦ **in ~ komen** entrer en ligne de compte; **in ~ nemen** prendre en considération

aan·me·ten [ametə(n)] *vt (mat aan, h. aangemeten)* faire sur mesure

aan·mod·de·ren [amɔdərə(n)] *vi (modderde aan, h. aangemodderd) (fam.)* ♦ **maar wat ~** patauger

aan·moe·di·gen [amudəχə(n)] *vti (moedigde aan, h. aangemoedigd)* encourager

[1]**aan·mon·ste·ren** [amɔnstərə(n)] *vi (monsterde aan, h. aangemonsterd)* s'enrôler

[2]**aan·mon·ste·ren** [amɔnstərə(n)] *vt (monsterde aan, h. aangemonsterd)* enrôler

aan·na·me [anamə] *de (-n, -s)* 1 supposition 2 acceptation

aan·ne·me·lijk [anemələk] *adj* 1 plausible 2 acceptable

aan·ne·men [anemə(n)] *vt (nam aan, h. aangenomen)* 1 prendre; **de telefoon ~** prendre la communication 2 accepter 3 adopter; **een godsdienst ~** embrasser une religion 4 croire; **u kunt het van mij ~** croyez-moi 5 supposer; **aangenomen, dat ...** en admettant que ... 6 se charger (d'un travail) 7 engager 8 *(comme membre)* admettre

aan·ne·mer [anemər] *nm (-s)* entrepreneur (de bâtiments)

aan·pak [ampɑk] *nm* approche; **'t is een hele ~** il y a du pain sur la planche

aan·pak·ken [ampɑkə(n)] *vti (pakte aan, h. aangepakt)* 1 prendre 2 aborder; **een zaak goed ~** bien s'y prendre; **hij weet van ~** il ne rechigne pas à la besogne 3 attaquer; **iemand flink ~** dire ses quatre vérités à qqn; **iemand ruw ~** n'être pas tendre pour qqn ♦ **~!** attrape !

aan·pap·pen [ampɑpə(n)] *vi (papte aan, h. aangepapt) (fam.)* faire des avances (à qqn)

[1]**aan·pas·sen** [ampɑsə(n)] *vt (paste aan, h. aangepast)* 1 *(vêtements)* essayer 2 adapter; **de salarissen ~** r(é)ajuster les salaires; **een aangepaste woning** une maison adaptée

[2]**aan·pas·sen, zich** [ampɑsə(n)] *vpr (paste zich aan, h. zich aangepast)* s'adapter (à); **zich aan de omstandigheden ~** se plier aux circonstances

aan·pas·sing [ampɑsɪŋ] *nf (-en)* adaptation

aan·pas·sings·klas [ampɑsɪŋsklɑs] *nf (-sen) (Belg.)* classe de transition

aan·plak·bil·jet [amplɑgbɪljɛt] *het (-ten)* affiche

aan·plak·bord [amplɑgbɔrt] *het (-en)* tableau d'affichage

aan·plak·ken [amplɑkə(n)] *vt (plakte aan, h. aangeplakt)* afficher

aan·plant [amplɑnt] *nm* 1 culture 2 plant

aan·plan·ten [amplɑntə(n)] *vt (plantte aan, h. aangeplant)* planter

aan·po·ten [ampotə(n)] *vi (pootte aan, h. aangepoot) (fam.)* en mettre un coup; **flink aanpoten** mettre les bouchées doubles

aan·pra·ten [ampratə(n)] *vt (praatte aan, h. aangepraat)* 1 faire acheter (qqch) 2 faire avaler (qqch à qqn); **iemand een ziekte ~** faire croire à qqn qu'il est malade

aan·prij·zen [amprɛizə(n)] *vt (prees aan, h. aangeprezen)* vanter

aan·ra·den [anradə(n)] *vt (raadde/ried aan, h. aangeraden)* conseiller; **op ~ van** sur les conseils de

aan·ra·ken [anrakə(n)] *vt (raakte aan, h. aangeraakt)* toucher ♦ **een onderwerp slechts even ~** effleurer un sujet

aan·ra·king [anrakɪŋ] *nf (-en)* 1 contact;

een lichte ~ un frôlement 2 contact; in ~ brengen met mettre en contact avec; in ~ met iemand komen entrer en contact avec qqn; met de politie in ~ komen avoir affaire à la police

aan·ra·kings·punt [anrakɪŋspʌnt] *het (-en)* 1 point de contact 2 *(fig.)* point de convergence

aan·ran·den [anrɑndə(n)] *vt (randde aan, h. aangerand)* agresser; aangerand worden se faire agresser, être victime de violences sexuelles

aan·recht [anrɛχt] *het/de (-en)* évier

aan·rei·ken [anrɛikə(n)] *vt (reikte aan, h. aangereikt)* tendre; wil je de doperwten even ~? tu veux me passer les petits pois ?

aan·re·ke·nen [anrekənə(n)] *vt (rekende aan, h. aangerekend)* 1 imputer (qqch à qqn) 2 considérer 3 porter au compte de (qqn)

aan·rich·ten [anrɪχtə(n)] *vt (richtte aan, h. aangericht)* causer

[1]**aan·rij·den** [anrɛidə(n)] *vi (reed aan, h./i. aangereden)* rouler (vers); er kwam een nieuwe bus ~, aangereden un nouvel autobus arriva

[2]**aan·rij·den** [anrɛidə(n)] *vt (reed aan, h. aangereden)* heurter

aan·rij·ding [anrɛidɪŋ] *nf (-en)* collision

aan·roe·pen [anrupə(n)] *vt (riep aan, h. aangeroepen)* 1 appeler 2 invoquer; de heiligen ~ implorer les saints

aan·roe·ren [anrurə(n)] *vt (roerde aan, h. aangeroerd)* 1 toucher 2 *(un sujet)* effleurer 3 mélanger

aan·rol·len [anrɔlə(n)] *vti (rolde aan, h./i. aangerold)* rapprocher (qqch) en (le) roulant

aan·rom·me·len [anrɔmələ(n)] *vi (rommelde aan, h. aangerommeld)* cafouiller

aan·ruk·ken [anrʌkə(n)] *vi (rukte aan, h./i. aangerukt)* 1 *(milit.)* s'approcher rapidement; *(iron.)* nog een fles laten ~ faire venir une autre bouteille 2 se rapprocher de façon menaçante

aan·schaf [ansχɑf] *nm* achat

aan·schaf·fen [ansχɑfə(n)] *vt (schafte aan, h. aangeschaft)* se procurer

aan·schie·ten [ansχitə(n)] *vti (schoot aan, h./i. aangeschoten)* 1 enfiler 2 blesser légèrement (par une balle) 3 aborder ♦ zij kwamen ~, aangeschoten ils accouraient

aan·schijn [ansχɛin] *het* 1 face 2 *(form.)* imminence; in, voor het ~ van de dood à l'approche de la mort

aan·schop·pen [ansχɔpə(n)] *vi* ♦ tegen iets ~ critiquer qqch

aan·schou·we·lijk [ansχɑuwələk] *adj, adv* clair, d'une manière très vivante; een begrip ~ maken concrétiser un concept

aan·schou·wen [ansχɑuwə(n)] *vt (aanschouwde, h. aanschouwd)* 1 *(form.)* voir; ten ~ van en présence de 2 contempler

aan·schrij·ven [ansχrɛivə(n)] *vt (schreef aan, h. aangeschreven)* 1 mettre sur le compte de 2 sommer (qqn de faire qqch), notifier (qqch à qqn) 3 convoquer (qqn)

aan·schroe·ven [ansχruvə(n)] *vt (schroefde aan, h. aangeschroefd)* 1 visser 2 resserrer

[1]**aan·schui·ven** [ansχœyvə(n)] *vi (schoof aan, i. aangeschoven)* s'approcher en traînant les pieds; kan ik bij u ~? puis-je prendre place à votre table ?

[2]**aan·schui·ven** [ansχœyvə(n)] *vt (schoof aan, h. aangeschoven)* rapprocher (en traînant, en glissant)

[1]**aan·slaan** [anslan] *vt (sloeg aan, h. aangeslagen)* 1 frapper 2 taxer, *(impôt)* imposer; iemand hoog ~ avoir qqn en haute estime; iemand te laag ~ sous-estimer qqn 3 mettre en marche 4 confisquer 5 enfoncer

[2]**aan·slaan** [anslan] *vi (sloeg aan, i. aangeslagen)* 1 *(moteur)* démarrer 2 se déposer 3 s'embuer 4 être bien accueilli 5 avoir du succès, être efficace 6 prendre (racine)

aan·slag [anslɑχ] *nm (-en)* 1 *(mus.)* toucher 2 *(machine à écrire)* frappe 3 mise en joue 4 attentat 5 feuille d'impôt 6 *(particules solides)* dépôt 7 buée 8 tartre 9 *(impôt)* cote

aan·slag·bil·jet [anslɑχbɪljɛt] *het (-ten)* → aanslag 5

aan·sle·pen [anslepə(n)] *vti (sleepte aan, h. aangesleept)* déballer; niet aan te slepen zijn être introuvable (du fait de la demande importante); hij komt met allerlei verhalen ~ il raconte des histoires tirées par les cheveux ♦ die kwestie blijft maar ~ ce problème traîne en longueur

aan·slib·ben [anslɪbə(n)] *vi (slibde aan, i. aangeslibd)* être formé par des alluvions

aan·slui·pen [anslœypə(n)] *vi (sloop aan, i. aangeslopen)* s'approcher furtivement

[1]**aan·slui·ten** [anslœytə(n)] *vt (sloot aan, h. aangesloten)* relier (à); een nieuwe abonnee ~ raccorder un nouvel abonné

[2]**aan·slui·ten** [anslœytə(n)] *vi (sloot aan, h./i. aangesloten)* correspondre; deze route sluit aan op de snelweg cette route rejoint l'autoroute ♦ wilt u daar ~? voulez-vous prendre votre place dans la queue ?; ~! *(dans un tram etc.)* avancez !; *(milit.)* serrez (les rangs) !

[3]**aan·slui·ten, zich** [anslœytə(n)] *vpr (sloot zich aan, h. zich aangesloten)* 1 se joindre (à) 2 adhérer (à); zich bij de vorige spreker ~ abonder dans le sens de ce qui vient d'être dit

aan·slui·ting [anslœytɪŋ] *nf (-en)* 1 adhésion; ~ vinden bij iemand, iets se joindre à qqn, qqch 2 *(transp.)* correspondance 3 raccordement ♦ in ~ aan, op faisant suite à

aan·sme·ren [ansmerə(n)] *vt (smeerde aan, h. aangesmeerd)* 1 *(fam.)* refiler 2 crépir

aan·snel·len [ansnɛlə(n)] *vi (snelde aan, i. aangesneld)* accourir
aan·snij·den [ansnɛidə(n)] *vt (sneed aan, h. aangesneden) (aussi au fig.)* entamer, aborder
aan·span·nen [anspanə(n)] *vt (spande aan, h. aangespannen)* **1** *(jur.)* intenter **2** atteler **3** tendre
aan·spe·len [anspelə(n)] *vt (speelde aan, h. aangespeeld) (sports)* passer le ballon à (qqn)
[1]**aan·spoe·len** [anspulə(n)] *vi (spoelde aan, i. aangespoeld)* être (re)jeté sur le rivage
[2]**aan·spoe·len** [anspulə(n)] *vt (spoelde aan, h. aangespoeld)* (re)jeter
aan·spo·ren [ansporə(n)] *vt (spoorde aan, h. aangespoord)* pousser (qqn à faire qqch)
aan·spo·ring [ansporɪŋ] *nf (-en)* **1** encouragement; **op ~ van** à l'instigation de **2** stimulant; **dat was voor hem een ~ om** cela l'encouragea à
aan|spraak [ansprak] *de (-spraken)* **1** occasion(s) de parler; **weinig ~ hebben** avoir peu de personnes à qui parler **2** revendication; **~ maken op iets** revendiquer qqch **3** droit; **~ hebben op iets** avoir droit à qqch
aan·spra·ke·lijk [ansprakələk] *adj* (civilement) responsable (de); **iemand ~ stellen voor** rendre qqn responsable de; **zich voor iets ~ stellen** se porter garant de qqch
aan·spra·ke·lijk|heid [ansprakələkhɛit] *nf (-heden)* responsabilité (civile)
aan·spreek·baar [anspregbar] *adj* abordable
aan·spreek·ti·tel [ansprektitəl] *nm (-s)* appellatif
[1]**aan·spre·ken** [anspreke(n)] *vt (sprak aan, h. aangesproken)* **1** entamer; **de fles duchtig ~** faire largement honneur à la bouteille **2** s'adresser à; **ik heb hem erover aangesproken** je lui ai demandé des explications; **iemand met jij ~** tutoyer qqn; **iemand met mevrouw ~** appeler qqn Madame
[2]**aan·spre·ken** [anspreke(n)] *vi (sprak aan, h. aangesproken)* plaire à
aan·staan [anstan] *vi (stond aan, h. aangestaan)* **1** être entrouvert **2** plaire (à) **3** être allumé
aan·staan·de [anstandə] *adj* **1** prochain; *(subst.)* **mijn ~** mon fiancé, ma fiancée **2** futur **3** proche
aan·stal·ten [anstaltə(n)] *plur* ♦ **~ maken voor de reis** s'apprêter à partir en voyage
aan·stam·pen [anstampə(n)] *vt (stampte aan, h. aangestampt)* tasser
aan·sta·ren [anstarə(n)] *vt (staarde aan, h. aangestaard)* regarder fixement
aan·ste·ke·lijk [anstekələk] *adj, adv* contagieux, de façon contagieuse
aan·ste·ken [anstekə(n)] *vt (stak aan, h. aangestoken)* **1** allumer; **die brand is aangestoken** il s'agit d'un incendie volontaire **2** contaminer; *(fig.)* **ze steken elkaar aan** il suffit qu'il y en ait un qui commence
aan·ste·ker [anstekər] *nm (-s)* briquet
[1]**aan·stel·len** [anstɛlə(n)] *vt (stelde aan, h. aangesteld)* engager; **iemand als burgemeester ~** installer qqn maire; **iemand tot burgemeester ~** nommer qqn maire
[2]**aan·stel·len, zich** [anstɛlə(n)] *vpr (stelde zich aan, h. zich aangesteld)* jouer la comédie; **zich belachelijk ~** se conduire de façon ridicule; **stel je niet aan!** ne fais pas tant de chichis !
aan|stel·ler [anstɛlər] *nm (-s)*, **-stelster** *nf (-s)* m'as-tu-vu
aan·stel·le·rig [anstɛlərəχ] *adj, adv* maniéré, avec affection
aan·stel·le·rij [anstɛlərɛi] *nf (-en)* théâtre *(fig.)*
aan·stel·ling [anstɛlɪŋ] *nf (-en)* désignation; **een vaste ~** une titularisation
aan·ster·ken [anstɛrkə(n)] *vi (sterkte aan, i. aangesterkt)* (re)prendre des forces
aan|stich·ter [anstɪχtər] *nm (-s)*, **-stichtster** *nf (-s)* instigateur, -trice
aan·stip·pen [anstɪpə(n)] *vt (stipte aan, h. aangestipt)* **1** évoquer **2** effleurer **3** pointer
aan·sto·ken [anstokə(n)] *vt (stookte aan, h. aangestookt)* **1** attiser; **een twist ~** envenimer une querelle **2** exciter (à)
aan·sto·ker [anstokər] *nm (-s)* → **aanstichter**
aan·stonds [anston(t)s] *adv* tout à l'heure; **zo ~** tout de suite
aan·stoot [anstot] *nm* scandale; **~ geven** faire scandale; **~ nemen aan** se scandaliser de
aan·stoot·ge·vend [anstotχevənt] *adj, adv* scandaleux, scandaleusement
aan·stor·men [anstɔrmə(n)] *vi (stormde aan, i. aangestormd)* accourir à fond de train
aan·stor·mend [anstɔrmənt] *adj* ♦ **~ talent** jeune talent
aan·sto·ten [anstotə(n)] *vt (stootte aan, h. aangestoten)* **1** pousser; **zijn buurman ~** pousser son voisin du coude **2** cogner contre
aan·stre·pen [anstrepə(n)] *vt (streepte aan, h. aangestreept)* marquer d'un trait
aan·strij·ken [anstrɛikə(n)] *vt (streek aan, h. aangestreken)* **1** badigeonner **2** *(allumettes)* craquer **3** *(instruments à cordes)* faire vibrer
[1]**aan·stu·ren** [anstyrə(n)] *vti (stuurde aan, h. aangestuurd)* **1** se diriger (vers) **2** viser (à)
[2]**aan·stu·ren** [anstyrə(n)] *vt (stuurde aan, h. aangestuurd)* gérer
aan·tal [antal] *het (-len)* nombre; **hij kreeg er een ~ bij elkaar** il a réussi à en réunir plusieurs
aan·tas·ten [antastə(n)] *vt (tastte aan, h. aangetast)* **1** corroder **2** attaquer; **ie-**

mand in zijn eer ~ salir l'honneur de qqn; iemands goede naam ~ nuire à la réputation de qqn

aan·tas·ting [antastɪŋ] *nf* 1 corrosion 2 atteinte (à) 3 agression (contre)

aan·te·ke·nen [antekənə(n)] *vt (tekende aan, h. aangetekend)* noter; een brief laten ~ envoyer une lettre en recommandé ♦ daar bij tekende de spreker aan, dat ... l'orateur a expliqué à ce sujet que ...

aan·te·ke·ning [antekənɪŋ] *nf (-en)* 1 note; ~en maken prendre des notes 2 mention

aan·tij·ging [antɛiχɪŋ] *nf (-en)* imputation

¹**aan·tik·ken** [antɪkə(n)] *vi (tikte aan, h. aangetikt)* 1 atteindre un montant élevé; dat tikt lekker aan cela finit par atteindre une jolie somme, cela finit par avoir une influence considérable 2 frapper (à)

²**aan·tik·ken** [antɪkə(n)] *vti (tikte aan, h. aangetikt)* toucher

aan·tocht [antɔχt] *nm* ♦ in ~ zijn approcher

aan·to·nen [antonə(n)] *vt (toonde aan, h. aangetoond)* 1 prouver 2 montrer

aan·toon·baar [antombar] *adj, adv* démontrable, manifestement

aan·tre·den [antredə(n)] *vi (trad aan, i./h. aangetreden)* 1 s'approcher 2 se rassembler, s'aligner

aan·tref·fen [antrɛfə(n)] *vt (trof aan, h. aangetroffen) (personnes, choses)* trouver

aan·trek·ke·lijk [antrɛkələk] *adj* attrayant

aan·trek·ke·lijk|heid [antrɛkələkhɛit] *nf (-heden)* 1 caractère attrayant 2 charme 3 attraction

¹**aan·trek·ken** [antrɛkə(n)] *vt (trok aan, h. aangetrokken)* 1 *(aussi au fig.)* attirer; zout trekt vocht aan le sel absorbe l'humidité 2 serrer 3 *(corde)* tendre 4 *(vêtements)* mettre ♦ medewerkers ~ engager des collaborateurs

²**aan·trek·ken, zich** [antrɛkə(n)] *vpr (trok zich aan, h. zich aangetrokken)* se soucier de; zich een advies ~ tenir compte d'un conseil; zich niets ~ van se moquer de; zich verwijten ~ prendre des reproches au sérieux

³**aan·trek·ken** [antrɛkə(n)] *vi (trok aan, h./i. aangetrokken)* 1 se diriger (vers) 2 revenir à la normale

aan·trek·kings·kracht [antrɛkɪŋskraχt] *de* 1 *(phys.)* attraction 2 *(fig.)* attrait

aan·vaard|baar [anvardbar] *adj (-baarder, -baarst)* acceptable

aan·vaar·den [anvardə(n)] *vt (aanvaardde, h. aanvaard)* 1 accepter 2 commencer 3 assumer; een functie ~ entrer en fonction

aan·vaar·ding [anvardɪŋ] *nf (-en)* 1 acceptation 2 résignation 3 prise en charge; ~ van een ambt entrée en fonction

aan·val [anval] *nm (-len)* 1 offensive; ten ~ trekken partir à l'attaque 2 crise; een ~ van koorts un accès de fièvre

¹**aan·val·len** [anvalə(n)] *vti (viel aan, h./i. aangevallen)* attaquer; (op het eten) ~ se jeter sur son repas

²**aan·val·len** [anvalə(n)] *vt (viel aan, h. aangevallen) (fig.)* attaquer

aan·val·lend [anvalənt] *adj, adv* offensif *(aussi sports)*, offensivement; ~ te werk gaan passer à l'attaque

***aan·vals-** [anvals-] d'attaque

aan·vang [anvaŋ] *nm (form.)* commencement; een ~ nemen commencer

aan·van·gen [anvaŋə(n)] *vti (ving aan, h./i. aangevangen) (form.)* commencer; een reis ~ entreprendre un voyage ♦ wat moet ik met zo'n jongen ~? que faire d'un garçon pareil ?

***aan·vangs-** [anvaŋs-] initial; het aanvangssalaris le salaire de départ

aan·van·ke·lijk [anvaŋkələk] *adj, adv* initial(ement)

¹**aan·va·ren** [anvarə(n)] *vt (voer aan, h. aangevaren) (mar.)* aborder

²**aan·va·ren** [anvarə(n)] *vi (voer aan, i. aangevaren) (mar.)* se diriger (vers); tegen een brug ~ heurter un pont

aan·va·ring [anvarɪŋ] *nf (-en)* 1 *(sens pr.)* abordage; in ~ komen met entrer en collision avec 2 *(fig.)* collision

aan·vat·ten [anvatə(n)] *vt (vatte aan, h. aangevat) (form.)* 1 prendre 2 *(Belg.)* entreprendre 3 *(fig.)* saisir

aan·vecht·baar [anvɛχtbar] *adj* discutable

aan·vech·ten [anvɛχtə(n)] *vt (vocht aan, h. aangevochten)* contester

aan·vech·ting [anvɛχtɪŋ] *nf (-en) (fig.)* 1 contestation 2 tentation

aan·ve·gen [anveχə(n)] *vt (veegde aan, h. aangeveegd)* balayer

aan·ver·want [anvərwant] *adj* apparenté; ~e talen langues parentes

aan·vin·ken [anvɪŋkə(n)] *vt (vinkte aan, h. aangevinkt)* cocher

¹**aan·vlie·gen** [anvliχə(n)] *vt (vloog aan, h./i. aangevlogen)* 1 se jeter sur 2 *(aviat.)* transporter par avion 3 *(aviat.)* s'approcher de

²**aan·vlie·gen** [anvliχə(n)] *vi (vloog aan, i. aangevlogen)* 1 se précipiter (vers); tegen iets ~ entrer en collision avec qqch 2 s'enflammer tout à coup

aan·voe·len [anvulə(n)] *vti (voelde aan, h. aangevoeld)* 1 sentir; iemand ~ comprendre qqn intuitivement 2 toucher ♦ het voelt koud aan c'est froid au toucher

aan·voer [anvur] *nm* 1 *(marchandises)* transport 2 conduite, tuyau d'alimentation

aan·voer|der [anvurdər] *nm (-s)*, **-ster** *nf (-s)* 1 chef 2 *(sports)* capitaine (de l'équipe) 3 *(pol.)* dirigeant, -ante

aan·voe·ren [anvurə(n)] *vt (voerde aan, h. aangevoerd)* 1 diriger; de stoet ~ marcher en tête du cortège **2** transporter; **hout ~** apporter du bois **3** alléguer; **als voorwendsel ~ dat** prétexter que; **verzachtende omstandigheden ~** invoquer des circonstances atténuantes

aan·voe·ring [anvurɪŋ] *nf* direction

aan|vraag [anvraχ] *de (-vragen)* **1** demande **2** commande

aan·vra·gen [anvraχə(n)] *vt (vroeg aan, h. aangevraagd)* demander; **een studiebeurs ~** solliciter une bourse (d'étude)

aan·vre·ten [anvretə(n)] *vt (vrat aan, h. aangevreten)* ronger

aan·vul·len [anvʌlə(n)] *vt (vulde aan, h. aangevuld)* **1** compléter; **een rekening ~** approvisionner un compte **2** boucher; **een lacune ~** combler une lacune

aan·vul·lend [anvʌlənt] *adj* supplémentaire

aan·vul·ling [anvʌlɪŋ] *nf (-en)* **1** addition; **ter ~ van** en complément de **2** complément

aan·vu·ren [anvyrə(n)] *vt (vuurde aan, h. aangevuurd)* **1** *(sentiments)* exciter **2** *(personnes)* stimuler

aan·waai·en [anwajə(n)] *vi (waaide/woei aan, i. aangewaaid)* **1** venir tout seul (à qqn); **alles komt hem zo maar ~** tout lui vient en dormant **2** être apporté par le vent ♦ **kom nog eens ~** repasse me voir (un de ces jours)

[1]**aan·wak·ke·ren** [anwakərə(n)] *vi (wakkerde aan, i. aangewakkerd)* augmenter

[2]**aan·wak·ke·ren** [anwakərə(n)] *vt (wakkerde aan, h. aangewakkerd)* attiser; **iemands ijver ~** stimuler le zèle de qqn

aan·was [anwas] *nm (-sen)* augmentation

aan·wen·den [anwɛndə(n)] *vt (wendde aan, h. aangewend)* utiliser; **alles ~ (om)** mettre tout en œuvre (pour); **zijn gezag ~** user de son autorité

aan·wen·nen, zich [anwɛnə(n)] *vpr (wende zich aan, h. zich aangewend)* prendre l'habitude de; **zich kuren ~** prendre des manies

aan·wen·sel [anwɛnsəl] *het (-s)* mauvaise habitude

aan·wer·ven [anwɛrvə(n)] *vt (wierf aan, h. aangeworven)* **1** embaucher **2** recruter *(des membres, des adeptes ...)*

aan·we·zig [anwezəχ] *adj* **1** présent; **alle ~en** toutes les personnes présentes; **~ zijn bij** assister à **2** *(choses)* existant; **dit artikel is niet meer ~** cet article est épuisé

aan·we·zig·heid [anwezəχhɛit] *nf* **1** présence **2** *(choses)* existence

aan·wijs·baar [anwɛizbar] *adj* démontrable; **zonder aanwijsbare redenen** sans raison apparente

aan·wij·zen [anwɛizə(n)] *vt (wees aan, h. aangewezen)* **1** montrer; **de klok wijst de tijd aan** l'horloge indique l'heure **2** désigner; **iemand als zijn erfgenaam ~** nommer qqn son héritier ♦ **een ~d voornaamwoord** un pronom démonstratif

aan·wij·zing [anwɛizɪŋ] *nf (-en)* indication; **~en voor het gebruik** un mode d'emploi; **~en voor iets hebben** avoir des indices de qqch

aan·winst [anwɪnst] *nf (-en)* **1** enrichissement **2** (nouvelle) acquisition **3** avantage

aan·wip·pen [anwɪpə(n)] *vi (wipte aan, i. aangewipt)* ♦ **bij iemand (komen) ~** faire un saut chez qqn; **heel even komen ~** ne faire qu'entrer et sortir

aan·wo·nen·den [anwonəndə(n)] *plur* riverains

aan·wrij·ven [anvrɛivə(n)] *vt (wreef aan, h. aangewreven)* imputer (qqch à qqn); **dat laat ik me niet ~** je ne me laisse pas mettre ça sur le dos

aan·zak·ken [anzakə(n)] *vi (zakte aan, i. aangezakt) (fam.)* ♦ **daar komt hij eindelijk ~, aangezakt** le voilà enfin qui s'amène

aan·zeg·gen [anzɛχə(n)] *vt (zei, zegde aan, h. aangezegd)* annoncer; **een mogendheid de oorlog ~** déclarer la guerre à une puissance ♦ **je zou hem zijn leeftijd niet ~** il ne paraît pas son âge

aan·zeg·ging [anzɛχɪŋ] *nf (-en)* notification; **een gerechtelijke ~** un exploit

aan·zet [anzɛt] *nm (-ten)* amorce; **~ geven tot** donner une impulsion à

[1]**aan·zet·ten** [anzɛtə(n)] *vt (zette aan, h. aangezet)* **1** fixer **2** inciter à; **iemand tot wraak ~** pousser qqn à se venger **3** mettre en marche; **de verwarming ~** allumer le chauffage **4** accentuer **5** mettre plus près

[2]**aan·zet·ten** [anzɛtə(n)] *vi (zette aan, h./i. aangezet)* **1** faire grossir **2** *(récipient de cuisson)* attacher ♦ **met iets komen ~** s'amener avec qqch; *(fig.)* mettre qqch sur le tapis

aan·zicht [anzɪχt] *het (-en)* aspect; **de zaak krijgt een ander ~** l'affaire prend une autre tournure

[1]**aan·zien** [anzin] *het* **1** regard; **ten ~ van** à l'égard de; **dat is het ~ waard** cela vaut la peine d'être vu; **zonder ~ des persoons** sans acception de personne **2** aspect **3** considération; **in hoog ~ staan** être fort considéré; **een man van ~** un homme considéré

[2]**aan·zien** [anzin] *vt (zag aan, h. aangezien)* **1** regarder **2** rester passif devant; **kun je zoiets ~?** tu peux supporter ce spectacle ?; **dat is niet om aan te zien!** quelle horreur !; **ik wil het nog even ~** je préfère attendre encore un peu **3** *(+ voor)* considérer (comme); **iemand voor vol ~** prendre qqn au sérieux; **waar zie je mij voor aan?** pour qui me prends-tu ? **4** se voir; **naar het zich laat ~** selon toute probabilité; **je zou hem zijn leeftijd niet ~** il ne paraît pas son âge; **het was hem aan te zien, dat hij zorgen had** on voyait bien qu'il avait des problèmes

aan·zien·lijk [anzinlək] *adj, adv* **1** considéré **2** considérable(ment); **dat is ~ beter** c'est sensiblement mieux

aan·zit·ten [anzɪtə(n)] *vi (zat aan, h. aangezeten) (repas officiel ou de fête)* être à table; **~ aan een banket** prendre part à un banquet
aan·zoek [anzuk] *het (-en)* **1** demande en mariage **2** requête
aan·zui·gen [anzœyχə(n)] *vt (zoog aan, h. aangezogen)* aspirer; *(législation etc.)* **een ~de werking hebben** avoir un effet d'appel
aan·zwel·len [anzwɛlə(n)] *vi (zwol aan, i. aangezwollen)* **1** (s')enfler **2** s'amplifier, *(mus.)* aller crescendo
aan·zwen·ge·len [anzwɛŋələ(n)] *vt (zwengelde aan, h. aangezwengeld)* **1** mettre en marche (à la manivelle) **2** faire démarrer
aap [ap] *nm (apen)* singe; **het is een aangeklede ~** il est laid comme un pou, il est accoutré ridiculement; *(prov)* **al draagt een ~ een gouden ring, het is en blijft een lelijk ding** un singe vêtu de pourpre est toujours un singe ♦ **brutale ~!** petit impertinent !; **in de ~ gelogeerd zijn** être dans de beaux draps; **zich een ~ lachen** rire comme un fou; **zich een ~ schrikken** mourir de peur; **voor ~ staan** être la risée de tout le monde; **iemand voor ~ zetten** se payer la tête de qqn; *(Belg.)* **iemand voor de ~ houden** se payer la tête de qqn; **daar kwam (keek) de ~ uit de mouw** (et voilà qu')il a montré le bout de l'oreille
aap·mens [apmɛns] *nm (-en)* **1** anthropopithèque **2** *(personne)* singe
aar [ar] *de (aren) (blé; fleur)* épi
aard [art] *nm* nature; **iets van dien ~** une chose pareille; **dat ligt in zijn ~** c'est dans sa nature; **uit de ~ der zaak** par définition; **dat is de ~ van het beestje** c'est dans sa (ma etc.) nature; **van voorbijgaande ~** passager; **zijn ware ~ tonen** se montrer sous son vrai jour
***aard-** [art-] de (la) terre; **de aardas** l'axe de la terre
aard·ap·pel [ardapəl] *nm (-s, -en)* pomme de terre; **gebakken ~s** pommes (de terre) sautées; **hij praat of hij een hete ~ in zijn mond heeft** il a un accent snob
aard·ap·pel·meel [ardapəlmel] *het* fécule
aard·ap·pel|mes·je [ardapəlmɛʃə], **-schilmesje** *het (-s)* couteau éplucheur
aard·ap·pel·ziek·te [ardapəlziktə] *nf* mildiou (de la pomme de terre)
aard·bei [ardbɛi] *de (-en)* **1** fraise **2** fraisier
aard·be·ving [ardbevɪŋ] *nf (-en)* tremblement de terre; **het epicentrum van de ~** l'épicentre sismique
aard·be·wo·ner [ardbəwonər] *nm (-s)* terrien
aard·bo·dem [ardbodəm] *nm* (surface de la) terre; **van de ~ verdwenen zijn** avoir disparu dans la nature
aard·bol [ardbɔl] *nm (-len)* globe (terrestre)
aar·de [ardə] *de* terre; **in goede ~ vallen** être bien accueilli; **de groten der ~** les puissants de la terre; **onder de ~ liggen** être enterré; **hier op ~** ici-bas; **ter ~ bestellen** inhumer
aar·de·don·ker [ardədɔŋkər] *adj* ♦ **het is ~** il fait une nuit d'encre
[1]**aar·den** [ardə(n)] *adj* **1** de terre **2** en poterie
[2]**aar·den** [ardə(n)] *vi (aardde, h. geaard)* **1** tenir de **2** se plaire
[3]**aar·den** [ardə(n)] *vt (aardde, h. geaard) (électricité)* mettre à la terre
aar·de·werk [ardəwɛrk] *het* **1** poterie **2** céramique
aard·gas [artχas] *het* gaz naturel
aar·dig [ardəχ] *adj, adv* **1** gentil, gentiment; **een ~e jongen** un garçon sympathique; **een ~ mens** une personne aimable; **ik vind je heel ~** je t'aime bien **2** joli **3** assez, plutôt; **een ~e portie** une bonne portion **4** pas mal; **het is ~ koud** il fait assez froid **5** *(Belg.)* bizarre
aar·dig|heid [ardəχhɛit] *nf (-heden)* **1** plaisir; **~ hebben in iets** prendre plaisir à qqch; **voor mij was de ~ er al lang af** pour moi ce n'était plus amusant du tout **2** plaisanterie; **zich met een ~ ervan afmaken** s'en tirer avec une pirouette **3** petit cadeau **4** gentillesse
aar·ding [ardɪŋ] *nf* **1** prise de terre **2** mise à la terre
aard·korst [artkɔrst] *de* écorce terrestre
aard|laag [artlaχ] *de (-lagen)* couche géologique
aard·lei·ding [artlɛidɪŋ] *nf (-en)* prise de terre
aard|noot [artnot] *de (-noten)* arachide
aard|olie [artoli] *de (-oliën)* pétrole (brut)
aard·rijks·kun·de [ardrɛikskʌndə] *nf* géographie
aards [arts] *adj* de ce monde; **~e genoegens** plaisirs de la vie; **het ~e** les choses matérielles
aard·schok [artsχɔk] *nm (-ken)* **1** tremblement de terre **2** *(fig.)* séisme
aard·ver·schui·ving [artfərsχœyvɪŋ] *nf (-en)* **1** glissement de terrain **2** *(fig.)* séisme
aars [ars] *nm (aarzen)* anus
aarts·bis·schop [artsbɪsχɔp] *nm (-pen)* archevêque
aarts·en·gel [artsɛŋəl] *nm (-en)* archange
aarts·va·der [artsfadər] *nm (-s, -en)* patriarche
aarts·vij·and [artsfɛijant] *nm (-en)* **1** ennemi mortel **2** *(fig.)* ennemi déclaré
aar·ze·len [arzələ(n)] *vi (aarzelde, h. geaarzeld)* hésiter
aar·ze·ling [arzəlɪŋ] *nf (-en)* hésitation; **na enige ~** après un moment d'hésitation
[1]**aas** [as] *het (azen)* **1** appât **2** pâture ♦ *(Belg.)* **van krommen ~ gebaren** faire comme si de rien n'était
[2]**aas** [as] *het/de (azen) (aussi sports)* as
aas·gier [asχir] *nm (-en)* charognard

ABC-ei·lan·den [abesɛ̲ɛilandə(n)] *plur* îles Sous-le-Vent

ABC-wa·pens [abese̲wapə(n)s] *plur* armes NBC

ab·dij [abdɛ̲i] *nf (-en)* abbaye

ab·dis [abdɪ̲s] *nf (-sen)* abbesse

ABN [abeɛ̲n] *het* abrév. de *Algemeen Beschaafd Nederlands* néerlandais standard

ab·nor|maal [apnɔrma̲l] *adj, adv (-maler, -maalst)* anormal(ement)

abon·nee·num·mer [abɔne̲nʌmər] *het (-s)* numéro d'appel

abon·nee·te·le·vi·sie [abɔne̲teləvizi] *nf* télévision payante

[1]**abon·ne·ren, zich** [abɔne̲rə(n)] *vpr (abonneerde zich, h. zich geabonneerd) (+ op)* s'abonner (à)

[2]**abon·ne·ren** [abɔne̲rə(n)] *vt (abonneerde, h. geabonneerd) (+ op)* abonner (à)

Abo·ri·gi·nal [ɛbɔrɪdʒənəl, [B]abɔrɪdʒənɛl] *nm (-s)* aborigène

[1]**abor·te·ren** [abɔrte̲rə(n)] *vti (aborteerde, h. geaborteerd)* pratiquer un avortement sur; **zij liet zich ~** elle s'est fait avorter

[2]**abor·te·ren** [abɔrte̲rə(n)] *vi (aborteerde, h. geaborteerd)* faire une fausse couche

abor·tus [abɔ̲rtʌs] *nm (-sen)* **1** avortement; **~ plegen** se faire avorter **2** fausse couche

abor·tus·re·ge·ling [abɔ̲rtʌsreχəlɪŋ] *nf (-en)* légalisation de l'IVG

ABP [abepe̲] *het* abrév. de *Algemeen Burgerlijk Pensioenfonds* ⟨*caisse nationale d'assurance vieillesse de la fonction publique*⟩

abra·ca·da·bra [abrakada̲bra] *het* **1** abracadabra *(formule magique)* **2** charabia; **dat is ~ voor hem** c'est de l'hébreu pour lui

Abra·ham [a̲braham] *nm* ♦ **hij heeft ~ gezien** il a atteint la cinquantaine; **hij weet waar ~ de mosterd haalt** il connaît la musique

[1]**abri|koos** [abriko̲s] *de (-kozen)* abricot

[2]**abri|koos** [abriko̲s] *nm (-kozen)* abricotier

ab·rupt [aprʌ̲pt] *adj, adv* **1** brusque(ment) **2** abrupt

ab·sent [apsɛ̲nt] *adj* **1** absent **2** distrait

ab·so·luut [apsoly̲t] *adj, adv* absolu(ment); **absolute eenzaamheid** solitude totale; **dat is ~ noodzakelijk** cela est indispensable

ab·stract [apstra̲kt] *adj, adv* abstrait(ement)

ab·stra·he·ren [apstrahe̲rə(n)] *vti (abstraheerde, h. geabstraheerd)* abstraire

ab·sur·dis·tisch [apsʌrdɪ̲stis] *adj* absurde

abt [apt] *nm (-en)* abbé

[1]**abuis** [abœ̲ys] *nm* erreur; **per, bij ~** par erreur

[2]**abuis** [abœ̲ys] *adj* erroné

abu·sie·ve·lijk [abyzi̲vələk] *adv* abusivement

ABVV [abeveve̲] *het (Belg.)* abrév. de *Algemeen Belgisch Vakverbond* FGTB

aca·de·mi·cus [akade̲mikʌs] *nm (Belg.)* universitaire

aca·de·mie [akade̲mi] *nf (-s)* **1** académie **2** université ♦ **pedagogische ~** école normale primaire; **sociale ~** ± école des assistantes sociales; **de ~ voor Beeldende Kunsten** l'École des Beaux-Arts

aca·de·misch [akade̲mis] *adj* **1** universitaire **2** *(arts)* académique

ac·cent [aksɛ̲nt] *het (-en)* accent; **het ~ leggen op** mettre l'accent sur *(aussi au fig.)*

ac·cen·tu·e·ren [aksɛntywe̲rə(n)] *vt (accentueerde, h. geaccentueerd)* **1** accentuer **2** *(fig.)* mettre l'accent sur

ac·cent·ver·schui·ving [aksɛ̲ntfərsχœyvɪŋ] *nf (-en)* **1** déplacement de l'accent **2** *(fig.)* glissement

ac·cept·gi·ro·kaart [aksɛptχi̲rokart] *de (-en)* ± titre universel de paiement

ac|cijns [aksɛ̲ins] *nm (-cijnzen)* impôt indirect

ac·cijns·vrij [aksɛinsfrɛ̲i] *adj* exempt de taxe de consommation, d'accises *(Belg.)*

ac·cli·ma·ti·se·ren [aklimatize̲rə(n)] *vi (acclimatiseerde, i./h. geacclimatiseerd)* s'acclimater

ac·com·mo·da·tie [akɔmoda̲(t)si] *nf (-s)* **1** équipement(s); **er is ~ voor tien passagiers** il y a de la place pour dix passagers **2** adaptation

ac·count [əka̲unt] *het/de (-s)* compte

ac·coun·tant [əka̲untənt] *nm (-s)* (expert-)comptable

ac·cu [a̲ky] *nm (-'s)* accu, *(d'une voiture)* batterie

ac·cu|raat [akyra̲t] *adj, adv (-rater, -raatst)* soigneux, soigneusement

ach [aχ] *interj* ah !; **~ kom!** allons donc !; **~ en wee roepen** se lamenter

acht [aχt] *de (-en)* **1** huit; **zij zijn met hun ~en** ils sont huit; **het is tegen ~en** il est près de huit heures **2** attention; **zich in ~ nemen** se ménager, se surveiller, se garder (de qqn); **~ slaan op** faire attention à

acht|baan [a̲χtban] *de (-banen)* grand 8; *(fig.)* **een emotionele ~** des montagnes russes émotionnelles

acht|baar [a̲χtbar] *adj (-baarder, -baarst)* honorable

ach·te|loos [a̲χtəlos] *adj, adv (-lozer, -loost)* **1** négligent, négligemment **2** insouciant, avec insouciance **3** négligé; **een ~ gebaar** un geste désinvolte

ach·ten [a̲χtə(n)] *vt (achtte, h. geacht)* **1** se soucier de **2** estimer; **iemand zeer hoog ~** avoir qqn en grande estime; **het nodig ~ om** *(+ inf.)* juger nécessaire de

ach·tens·waar·dig [aχtə(n)swa̲rdəχ] *adj* honorable

[1]**ach·ter** [a̲χtər] *adv* **1** derrière; **~ in de tuin** au fond du jardin; **hij woont driehoog-achter** il habite au troisième, côté cour; *(fig.)* **daar zit, steekt, schuilt iets ~** il y a qqch là-dessous **2** en retard; **uw horloge loopt ~** votre montre retarde **3** au bout

de; **hij is ~ in de dertig** il approche de la quarantaine

[2]**ach·ter** [ɑχtər] *prép* **1** derrière; **~ elkaar** l'un derrière l'autre; **~ haar man om** à l'insu de son mari **2** après; **~ elkaar** l'un après l'autre; **5 dagen ~ elkaar** 5 jours de suite ♦ **ik ben er ~!** j'y suis !

*__ach·ter-__ [ɑχtər-] arrière; **de achterbank** la banquette arrière

ach·ter·aan [ɑχtəran] *adv* derrière; **~ in de zaal** au fond de la salle; **wij wandelden ~** nous fermions la marche

ach·ter·aan·gaan [ɑχtəraŋχan] *vt (ging achteraan, i. achteraangegaan)* s'occuper (activement) de

ach·ter·aan·ko·men [ɑχtəraŋkomə(n)] *vi (kwam achteraan, i. achteraangekomen)* arriver le dernier

ach·ter·aan·zicht [ɑχtəranzɪχt] *het (-en)* vue de derrière

ach·ter·aan·zit·ten [ɑχtəranzɪtə(n)] *vt (zat achteraan, h. achteraangezeten)* ♦ **ergens ~** s'occuper (activement) de qqch

ach·ter·af [ɑχtəraf] *adv* **1** à l'écart; **~ wonen** vivre dans un endroit isolé **2** après coup

ach·ter·bak [ɑχtərbɑk] *nm (-ken)* coffre arrière

[1]**ach·ter|baks** [ɑχtərbaks] *adv (-bakser, meest a.)* à l'insu des autres

[2]**ach·ter|baks** [ɑχtərbaks] *adj (-bakser, meest a.)* **1** sournois **2** hypocrite

ach·ter·ban [ɑχtərbɑn] *nm (-nen)* base *(d'un parti politique, d'un syndicat)*

ach·ter·blij·ven [ɑχtərblɛivə(n)] *vi (bleef achter, i. achtergebleven)* **1** rester; **bij haar dood bleven drie kinderen achter** elle a laissé trois enfants en mourant **2** perdre du terrain (par rapport à); *(fig.)* **bij zijn klasgenoten ~** être en retard sur ses camarades de classe **3** être, demeurer en reste ♦ **dat schilderij blijft achter bij zijn vroeger werk** ce tableau ne vaut pas les précédents

ach·ter|blij·ver [ɑχtərblɛivər] *nm (-s)*, **-blijfster** *nf (-s)* **1** traînard, -arde **2** retardataire **3** *(enseign.)* cancre **4** enfant arriéré

ach·ter·buurt [ɑχtərbyrt] *de (-en)* quartier pauvre

ach·ter·deur [ɑχtərdør] *de (-en)* porte de derrière

ach·ter·deur·tje [ɑχtərdørcə] *het (-s) (fig.)* ♦ **door, langs een ~ weer binnenkomen** rentrer par la petite porte; **hij heeft nog een ~** il s'est gardé une poire pour la soif; **een ~ openhouden** se ménager une (porte de) sortie

ach·ter·docht [ɑχtərdɔχt] *de* méfiance; **~ wegnemen** calmer les soupçons

ach·ter·een [ɑχtəren] *adv* de suite; **het heeft 10 dagen ~ geregend** il a plu sans arrêt pendant 10 jours; **uren ~** pendant des heures (et des heures)

ach·ter·een·vol·gend [ɑχtərenvɔlχənt] *adj* successif

ach·ter·een·vol·gens [ɑχtərenvɔlχə(n)s] *adv* successivement

ach·ter·eind [ɑχtərɛint] *het (-en)* **1** extrémité **2** derrière; **zo stom als het ~ van een varken** bête comme ses pieds

ach·ter·el·kaar [ɑχtərɛlkar] *adv* consécutivement

ach·te·ren [ɑχtərə(n)] *adv* (en) arrière; *(fig.)* **naar ~ gaan** aller au petit coin; **iemand van ~ zien** voir qqn de dos

ach·ter·ge·ble·ven [ɑχtərχəblevə(n)] *adj* arriéré; **~ gebieden** régions sous-développées

ach·ter·grond [ɑχtərχrɔnt] *nm (-en)* **1** fond; **de ~ van een panorama** l'arrière-plan d'un panorama **2** passé ♦ **zich op de ~ houden** se tenir au second plan; **zich op de ~ plaatsen** se tenir en dehors de la mêlée

ach·ter·grond·fi|guur [ɑχtərχrɔntfiχyr] *nm (-guren)* personne effacée

ach·ter·grond·in·for·ma·tie [ɑχtərχrɔntɪnfɔrma(t)si] *nf* informations sur le fond (d'une question, d'un problème)

ach·ter·ha·len [ɑχtərhalə(n)] *vt (achterhaalde, h. achterhaald)* **1** rattraper **2** retrouver **3** découvrir ♦ **achterhaalde theorieën** théories dépassées

ach·ter·ham [ɑχtərhɑm] *de (-men)* jambon (très fin)

ach·ter·heen [ɑχtərhen] *adv* ♦ **ergens ~ zitten** s'occuper (activement) de qqch

ach·ter·hoe·de [ɑχtərhudə] *de (-s)* **1** *(milit.)* arrière-garde **2** *(sports)* défense **3** queue

ach·ter·hoofd [ɑχtərhoft] *het (-en)* occiput; **in zijn ~ dacht hij ...** dans son for intérieur, il pensait ... ♦ **zij is niet op haar ~ gevallen** elle n'est pas bête

ach·ter·hou·den [ɑχtərhɑudə(n)] *vt (hield achter, h. achtergehouden)* **1** recéler **2** taire; **inkomsten ~** ne pas déclarer des revenus **3** retenir

ach·ter·in [ɑχtərɪn] *adv* à l'arrière

ach·ter·kant [ɑχtərkɑnt] *nm (-en)* (côté) arrière; **op de ~ van het papier** au verso de la feuille; **de ~ van een stof** l'envers d'une étoffe

ach·ter·klein·kind [ɑχtərklɛiŋkɪnt] *het (-eren)* arrière-petit-enfant

ach·ter·klep [ɑχtərklɛp] *de (-pen)* hayon

ach·ter·land [ɑχtərlɑnt] *het (-en)* arrière-pays

ach·ter·la·ten [ɑχtərlatə(n)] *vt (liet achter, h. achtergelaten)* laisser

ach·ter·la·ting [ɑχtərlatɪŋ] *nf* ♦ **met, onder ~ van** en laissant

ach·ter·lig·gen [ɑχtərlɪχə(n)] *vi (lag achter, h. achtergelegen)* être en retard

ach·ter·lig·gend [ɑχtərlɪχənt] *adj* sous-jacent

ach·ter·lig·ger [ɑχtərlɪχər] *nm (-s)* conducteur qui suit

1 **ach·ter·lijk** [ɑχtərlək] *adj* **1** arriéré **2** en retard

2 **ach·ter·lijk** [ɑχtərlək] *adv* d'une manière imbécile; **doe niet zo ~** arrête de faire l'imbécile ♦ **~ duur** horriblement cher

ach·ter·lo·pen [ɑχtərlopə(n)] *vi (liep achter, h. achtergelopen)* retarder

ach·ter·na [ɑχtərna] *adv* après

ach·ter|naam [ɑχtərnam] *nm (-namen)* nom de famille

ach·ter·na·gaan [ɑχtərnaχan] *vt (ging achterna, i. achternagegaan)* suivre; *(fig.)* **die jongen gaat zijn vader achterna** ce garçon marche sur les traces de son père

ach·ter·na·mid·dag [ɑχtərnamɪdɑχ] *nm (-en)* **1** fin de l'après-midi **2** moment perdu

ach·ter·na·rij·den [ɑχtərnarɛidə(n)] *vt (reed achterna, h./i. achternagereden)* → **achternagaan**

ach·ter·na·zit·ten [ɑχtərnazɪtə(n)] *vt (zat achterna, h. achternagezeten)* **1** poursuivre **2** surveiller de près

ach·ter|neef [ɑχtərnef] *nm (-neven)* **1** arrière-neveu, petit-neveu **2** parent éloigné

ach·ter·om [ɑχtərɔm] *adv* par-derrière; **een ~** un accès par l'arrière

ach·ter·om·kij·ken [ɑχtərɔmkɛikə(n)] *vi (keek achterom, h. achteromgekeken)* **1** regarder derrière soi **2** *(fig.)* regarder en arrière *(vers le passé)*

ach·ter·op [ɑχtərɔp] *adv* derrière; **~ staan de advertenties** les annonces sont au verso

ach·ter·op·ko·men [ɑχtərɔpkomə(n)] *vt (kwam achterop, i. achteropgekomen)* rejoindre

ach·ter·over [ɑχtərovər] *adv* à la renverse

ach·ter·over·druk·ken [ɑχtərovərdrʌkə(n)] *vt (drukte achterover, h. achterovergedrukt) (fam.)* escamoter

ach·ter·over·hel·len [ɑχtərovərhɛlə(n)] *vi (helde achterover, i. achterovergeheld)* pencher en arrière

ach·ter·over·leu·nen [ɑχtərovərlønə(n)] *vi (leunde achterover, i. achterovergeleund)* se renverser

1 **ach·ter·over·slaan** [ɑχtərovərslan] *vi (sloeg achterover, i. achterovergeslagen)* tomber à la renverse

2 **ach·ter·over·slaan** [ɑχtərovərslan] *vt (sloeg achterover, h. achterovergeslagen) (fam.)* s'envoyer (qqch)

ach·ter·pa·gi·na [ɑχtərpaχina] *de (-'s)* dernière page

ach·ter|schip [ɑχtərsχɪp] *het (-schepen)* poupe

ach·terst [ɑχtərst] *adj* dernier

ach·ter·staan [ɑχtərstan] *vi (stond achter, h. achtergestaan)* **1** *(+ bij)* être inférieur (à) **2** *(sports)* être mené (à la marque); **2-0 ~** être mené 2 à 0

ach·ter·stal·lig [ɑχtərstɑləχ] *adj* arriéré; **~e huur** loyer impayé; **~ werk** du travail en retard

ach·ter·stand [ɑχtərstɑnt] *nm* **1** retard; **op ~ zetten** reléguer au second plan; **een ~ oplopen** prendre du retard **2** *(dettes)* arriérés

ach·ter·stands·wijk [ɑχtərstɑn(t)swɛik] *de (-en)* quartier défavorisé

ach·ter·stel·len [ɑχtərstɛlə(n)] *vt (stelde achter, h. achtergesteld)* **1** reléguer au second plan **2** désavantager

ach·ter·ste·ven [ɑχtərstevə(n)] *nm (-s)* **1** poupe **2** *(iron.)* fondement

ach·ter·ste·vo·ren [ɑχtərstəvorə(n)] *adv* à l'envers; **~ keren** mettre sens devant derrière

ach·ter·stuk [ɑχtərstʌk] *het (-ken)* derrière

ach·ter·tuin [ɑχtərtœyn] *nm (-en)* **1** jardin derrière la maison **2** terrain de chasse

ach·ter·uit [ɑχtərœyt] *adv* **1** en arrière; *(véhicule)* **de ~** la marche arrière **2** *(mar.)* à l'arrière

ach·ter·uit·dein·zen [ɑχtərœydɛinzə(n)] *vi (deinsde achteruit, i. achteruitgedeinsd)* avoir un mouvement de recul

ach·ter·uit·gaan [ɑχtərœytχan] *vi (ging achteruit, i. achteruitgegaan)* **1** reculer **2** diminuer; **het gaat met de patiënt hard achteruit** le malade s'affaiblit rapidement; **er in koopkracht op ~** perdre de son pouvoir d'achat

1 **ach·ter·uit·gang** [ɑχtərœytχɑŋ] *nm* régression

2 **ach·ter·uit·gang** [ɑχtərœytχɑŋ] *nm (-en)* sortie de derrière

ach·ter·uit·kijk·spie·gel [ɑχtərœytkɛikspiχəl] *nm (-s)* rétroviseur

ach·ter·uit·lo·pen [ɑχtərœytlopə(n)] *vi (liep achteruit, h./i. achteruitgelopen)* **1** reculer **2** *(fig.)* régresser

ach·ter·uit·ste·ken [ɑχtərœytstekə(n)] *vi (stak achteruit, h. achteruitgestoken)* **1** déborder en arrière **2** garer en marche arrière

ach·ter·uit·zet·ten [ɑχtərœytsɛtə(n)] *vt (zette achteruit, h. achteruitgezet)* **1** reculer (qqch) **2** retarder **3** faire régresser

ach·ter·voeg·sel [ɑχtərvuχsəl] *het (-s)* suffixe

ach·ter·vol·gen [ɑχtərvɔlχə(n)] *vt (achtervolgde, h. achtervolgd)* **1** poursuivre **2** pourchasser

ach·ter·vol·ging [ɑχtərvɔlχɪŋ] *nf (-en)* poursuite; **de ~ inzetten** se lancer à la poursuite (de qqn)

ach·ter·vol·gings·waan·zin [ɑχtərvɔlχɪŋswanzɪn] *nm* manie de la persécution

ach·ter·waarts [ɑχtərwarts] *adj, adv* en arrière

ach·ter·wand [ɑχtərwɑnt] *nm (-en)* paroi du fond

ach·ter·we·ge [ɑχtərweχə] *adv* ♦ **~ blijven** ne pas avoir lieu; **~ houden** cacher; **~ laten** ne pas faire

ach·ter·werk [ɑχtərwɛrk] *het (-en)* **1** derrière **2** partie postérieure
ach·ter·zak [ɑχtərzɑk] *nm (-ken)* poche arrière
acht·hoek [ɑχthuk] *nm (-en)* octogone
ach·ting [ɑχtɪŋ] *nf* estime; **uit ~ voor** par considération pour
acht·ste [ɑχtstə] *ord* huitième; *(mus.)* **een ~** une croche; **de ~ juni** le huit juin; *(mus.)* **een ~ rust** un demi-soupir
acht·tal [ɑχtɑl] *het (-len)* huitaine
acht·tien [ɑχtin] *card* dix-huit
acht·tien·de [ɑχtində] *ord* dix-huitième
acht·urig [ɑχtyrəχ] *adj* de huit heures
ACOD [aseode] *nf (Belg.)* abrév. de *Algemene Centrale der Openbare Diensten* CGSP
acryl [akril] *het* acrylique
act [ɛkt, ᴮɑkt] *nm (-s)* numéro; **een ~ opvoeren** faire son numéro
ac·te·ren [ɑkterə(n)] *vi (acteerde, h. geacteerd)* **1** jouer **2** jouer la comédie
ac·tie [ɑksi] *nf (-s)* action *(aussi jur. et bourse)*; **in ~ komen** entrer en action; **een politionele ~** une expédition policière
ac|tief [ɑktif] *adj, adv (-tiever, -tiefst)* actif, activement; **~ optreden** agir énergiquement
ac·tie·punt [ɑksipʌnt] *het (-en)* action
ac·tie·ve·ling [ɑktivəlɪŋ] *nm (-en) (souvent iron.)* ± touche-à-tout
ac·tie·voer|der [ɑksivurdər] *nm (-s)*, **-ster** *nf (-s)* militant, -ante
ac·ti·va [ɑktiva] *plur* actif
ac·ti·vis·me [ɑktivɪsmə] *het* **1** activisme **2** militantisme
ac·ti·vist [ɑktivɪst] *nm (-en)* → **actievoerder**
ac·ti·vi·teit [ɑktivitɛit] *nf (-en)* activité; **bruisen van ~** déborder d'activité
¹**acuut** [ɑkyt] *adj (acuter, acuutst)* **1** urgent; **~ gevaar** danger pressant **2** aigu, -uë
²**acuut** [ɑkyt] *adv (acuter, acuutst)* immédiatement
a/d *(géo.)* abrév. de *aan de* s.
Adam [adɑm] *nm (-s)* Adam; **de oude ~ afleggen** dépouiller le vieil homme; **de oude ~ kwam weer boven** le naturel reprenait le dessus
ad·der [ɑdər] *de (-s)* vipère *(aussi au fig.)*; *(fig.)* **er zit een ~tje onder het gras** il y a anguille sous roche
ad·der·ge·broed [ɑdərχəbrut] *het* **1** vipereaux **2** *(injure)* race de vipères
ad·dict [ɑdɪkt] *nm (-s)* drogué, -ée
adel [adəl] *nm* noblesse; **hij is van ~** c'est un noble
ade·laar [adəlar] *nm (-s)* aigle *(m. et f.)*
adel·dom [adəldɔm] *nm* → **adelstand**
adel·lijk [adələk] *adj* noble; **een ~e titel** un titre nobiliaire
adel·stand [adəlstɑnt] *nm* noblesse; **iemand in, tot de ~ verheffen** anoblir qqn
adem [adəm] *nm* **1** haleine; **naar ~ happen** être à bout de souffle; **met ingehouden ~ luisteren** écouter de toutes ses oreilles; **een onrustige ~** une respiration irrégulière; **weer op ~ komen** reprendre haleine **2** souffle; **buiten ~ raken** s'essouffler; **in één ~** d'un(e) trait(e); **de laatste ~ uitblazen** rendre le dernier soupir; *(fig.)* **een spreker van lange ~** un orateur verbeux; *(fig.)* **de langste ~ hebben** être le plus coriace; *(fig.)* **iemands (hete) ~ in de nek voelen** avoir qqn à ses trousses
adem·be·ne·mend [adəmbənemənt] *adj, adv* (d'une façon) fascinant(e), admirablement
ade·men [adəmə(n)] *vti (ademde, h. geademd)* **1** respirer; *(fig.)* **ruimer ~** être soulagé **2** *(form.)* régner
adem·ha·len [adəmhalə(n)] *vi (haalde adem, h. ademgehaald)* respirer; *(fig.)* **weer adem kunnen halen** souffler; **ruimer ~** reprendre haleine *(aussi au fig.)*
adem·ha·ling [adəmhalɪŋ] *nf (-en)* **1** respiration; **een rustige ~** une respiration régulière **2** souffle
***adem·ha·lings-** [adəmhalɪŋs-] respiratoire; **ademhalingsmoeilijkheden** troubles respiratoires
adem·loos [adəmlos] *adj, adv* **1** essoufflé **2** le souffle coupé ♦ **ademloze stilte** silence de mort
adem·nood [adəmnot] *nm* suffocation; **in ~ verkeren** suffoquer
adem·pau·ze [adəmpɑuzə] *de (-s)* **1** pause respiratoire **2** temps de souffler
adem|stoot [adəmstot] *nm (-stoten)* souffle
adem·test [adəmtɛst] *nm (-s)* alcoo(l)test
adem·tocht [adəmtɔχt] *nm* souffle
ader [adər] *de (-s, -en)* veine
ader·la·ten [adərlatə(n)] *vt (h. adergelaten)* saigner *(aussi au fig.)*
ader·lijk [adərlək] *adj* veineux
ader·ver·kal·king [adərvərkɑlkɪŋ] *nf* artériosclérose
ad fun·dum [ɑtfʏndum] *adv* ♦ **~!** cul sec !
ad·he·sie [ɑthezi] *nf* adhésion; **~ betuigen** donner son adhésion
ad in·te·rim [ɑtɪntərɪm] *adv* par intérim
ad·ju·dant [ɑtjydɑnt] *nm (-en)* **1** adjudant **2** aide de camp
ad·junct [ɑtjʌŋkt] *nm (-en)* adjoint
ad·mi·nis·tra|teur [ɑtministratør] *nm (-en, -s)*, **-trice** *nf (-s)* **1** administrateur, -trice **2** chef comptable **3** administrateur (gestionnaire) **4** fonctionnaire administratif supérieur
ad·mi·nis·tra·tie [ɑtministra(t)si] *nf (-s)* **1** administration **2** comptabilité **3** *(Belg.)* gouvernement
ad·mi·nis·tra·tie·kan|toor [ɑtministra(t)sikɑntor] *het (-toren)* **1** service de comptabilité **2** société fiduciaire
ad·mi·raal [ɑtmiral] *nm (-s)* amiral
adop·te·ren [adɔpterə(n)] *vti (adopteerde, h. geadopteerd)* **1** adopter **2** prendre en charge

adop·tie·kind [adɔpsikɪnt] *het (-eren)* enfant adopté

ad rem [ɑtrɛm] *adj, adv* prompt (à la riposte), promptement; **een ~ antwoord** une réplique bien envoyée; **hij is ~** il a de l'à-propos

adres [adrɛs] *het (-sen)* adresse; *(fig.)* **die opmerking was aan het ~ van jouw zus** cette remarque s'adressait à ta sœur; **per ~** chez, aux bons soins de; *(fig.)* **aan het verkeerde ~ zijn** frapper à la mauvaise porte ♦ **een ~ aan de Tweede Kamer** une pétition à l'Assemblée Nationale

adres·boek [adrɛzbuk] *het (-en)* **1** répertoire d'adresses **2** *(inform.)* carnet d'adresses

adres·sen·be·stand [adrɛsə(n)bəstɑnt] *het (-en)* fichier d'adresses

[1]**adres·se·ren** [adrɛserə(n)] *vt (adresseerde, h. geadresseerd)* **1** écrire une adresse (sur) **2** *(un problème)* répondre (à), s'attaquer (à)

[2]**adres·se·ren, zich** [adrɛserə(n)] *vpr (adresseerde zich, h. zich geadresseerd)* s'adresser (à)

adres·se·ring [adrɛserɪŋ] *nf (-en)* **1** rédaction de l'adresse **2** adresse

ad·struc·tie [ɑtstrʌksi] *nf* ♦ **ter ~ van mijn beweringen** à l'appui de mes assertions

adv [adeve] *nf* abrév. de *arbeidsduurverkorting* RTT

ad·vent [ɑtfɛnt] *nm* Avent

ad·ver·teer|der [ɑtfərterdər] *nm (-s)*, **-ster** *nf (-s)* annonceur

ad·ver·ten·tie [ɑtfərtɛn(t)si] *nf (-s)* annonce (publicitaire); **op een ~ schrijven** répondre à une annonce

***ad·ver·ten·tie-** [ɑtfərtɛn(t)si-] de publicité

ad·ver·te·ren [ɑtfərterə(n)] *vti (adverteerde, h. geadverteerd)* faire de la publicité (pour)

ad|vies [ɑtfis] *het (-viezen)* conseil; **~ inwinnen bij iemand** consulter qqn; **op ~ van de dokter** sur ordre du médecin; **een ~ aan de minister uitbrengen** conseiller un ministre; **iemand van ~ dienen** conseiller qqn

***ad·vies-** [ɑtfis-] consultatif

ad·vies|prijs [ɑtfisprɛis] *nm (-prijzen)* prix conseillé

ad·vies|raad [ɑtfisrat] *nm (-raden)* comité consultatif

ad·vies·snel|heid [ɑtfisnɛlhɛit] *nf (-heden)* vitesse conseillée

ad·vi·se·ren [ɑtfizerə(n)] *vt (adviseerde, h. geadviseerd)* conseiller

ad·vi·se·rend [ɑtfizerənt] *adj* consultatif

ad·vi|seur [ɑtfizør] *nm (-s)*, **-seuse** *nf (-s)* conseiller, -ère

[1]**ad·vo|caat** [ɑtfokat] *nm (-caten)*, **-cate** *nf (-s, -n) (jur.)* avocat, -ate; **toegewezen ~** avocat d'office

[2]**ad·vo·caat** [ɑtfokat] *nm* liqueur aux œufs

ad·vo·ca·ten·kan|toor [ɑtfokatə(n)kɑntor] *het (-toren)* cabinet d'avocat

ad·vo·ca·tuur [ɑtfokatyr] *nf* barreau

[1]**af** [ɑf] *adv* **1** *(éloignement)* de; **af en aan lopen** aller et venir; **hij is minister af** il n'est plus ministre; **hij wil er niet af** *(possession)* il ne veut pas s'en passer; *(opinion)* il n'en démord pas; **af en toe** de temps en temps; *(fig.)* **van iemand af zijn** être débarrassé de qqn; **van elkaar af zijn** être séparé; **de vliegen van het vlees af ~** chasser les mouches de la viande **2** *(point de départ)* à partir de; **teruggaan naar af** retourner au (point de) départ; *(fig.)* **van zich af bijten** ne pas se laisser marcher sur les pieds **3** depuis; **van die dag af** depuis ce jour-là **4** *(rapprochement)* vers; **ze komen op ons af** ils se dirigent vers nous ♦ **goed af zijn** être bien loti; *(fig.)* **dat kan er niet af** on ne peut pas se le permettre; **op de minuut af** exactement; *(adressé à un chien)* **af!** couché !; **iemand te vlug af zijn** être plus rapide que qqn

[2]**af** [ɑf] *adj* **1** fini; **de radio staat af** la radio est éteinte; **af zijn** être terminé, être parfait **2** *(sports)* éliminé

afb. [ɑvbeldɪŋ] abrév. de *afbeelding* fig.

af·ba·ke·nen [ɑvbakənə(n)] *vt (bakende af, h. afgebakend)* délimiter

af·beel·den [ɑvbeldə(n)] *vt (beeldde af, h. afgebeeld)* représenter

af·beel·ding [ɑvbeldɪŋ] *nf (-en)* **1** représentation **2** image; *(dans un livre)* **de lijst van ~en** la table des illustrations

af·bek·ken [ɑvbɛkə(n)] *vt (bekte af, h. afgebekt) (fam.)* enguirlander

af·bel·len [ɑvbɛlə(n)] *vt (belde af, h. afgebeld)* **1** annuler (par téléphone) **2** appeler *(par téléphone)*

af·be·stel·len [ɑvbəstɛlə(n)] *vt (bestelde af, h. afbesteld)* décommander

af·be·ta·len [ɑvbətalə(n)] *vt (betaalde af, h. afbetaald)* **1** *(dettes)* acquitter **2** payer **3** payer par acomptes

af·be·ta·ling [ɑvbətalɪŋ] *nf (-en)* **1** *(vente à crédit)* terme; **op ~** à crédit **2** règlement

af·beu·len [ɑvbølə(n)] *vt (beulde af, h. afgebeuld) (fig.)* éreinter; **iemand ~** mener la vie dure à qqn

af·bie·den [ɑvbidə(n)] *vi (bood af, h. afgeboden) (Belg.)* marchander

af·bij·ten [ɑvbɛitə(n)] *vti (beet af, h. afgebeten)* mordre ♦ **van zich ~** ne pas se laisser marcher sur les pieds

af·bin·den [ɑvbɪndə(n)] *vt (bond af, h. afgebonden)* **1** délier; **de schaatsen ~** enlever les patins **2** *(méd.)* ligaturer

af·blad·de·ren [ɑvblɑdərə(n)] *vi (bladderde af, i. afgebladderd)* s'écailler

af·blaf·fen [ɑvblɑfə(n)] *vt (blafte af, h. afgeblaft)* fulminer contre (qqn)

af·bla·zen [ɑvblazə(n)] *vti (blies af, h. afgeblazen)* **1** siffler **2** renoncer à

af·blij·ven [ɑvblɛivə(n)] *vi (bleef af, i. afgebleven)* ne pas toucher (qqn, à qqch); *(fig.)* **van iets ~** ne pas se mêler de qqch; **van iemand ~** ne pas toucher qqn; *(fig.)* laisser qqn tranquille

af·bluf·fen [ɑvblʌfə(n)] *vt (blufte af, h. afgebluft)* esbroufer
af·boe·ken [ɑvbukə(n)] *vt (boekte af, h. afgeboekt)* **1** transférer *(une somme)* **2** passer aux pertes
af·bor·ste·len [ɑvbɔrstələ(n)] *vt (borstelde af, h. afgeborsteld)* brosser
af·bou·wen [ɑvbauwə(n)] *vt (bouwde af, h. afgebouwd)* **1** mettre progressivement un terme à **2** achever de construire
af·braak [ɑvbrak] *de* **1** démolition **2** décombres
af·braak|prijs [ɑvbrakprɛis] *nm (-prijzen)* **1** prix à l'état de décombres **2** prix choc
1**af·bran·den** [ɑvbrɑndə(n)] *vi (brandde af, h./i. afgebrand)* être détruit par un incendie
2**af·bran·den** [ɑvbrɑndə(n)] *vt (brandde af, h. afgebrand)* **1** brûler **2** nettoyer à la flamme
af·breek·baar [ɑvbregbar] *adj* ♦ **biologisch ~** biodégradable
af·breek·fout [ɑvbrekfaut] *de (-en)* mauvaise coupe *(d'un mot)*
1**af·bre·ken** [ɑvbrekə(n)] *vi (brak af, i. afgebroken)* (se) casser
2**af·bre·ken** [ɑvbrekə(n)] *vt (brak af, h. afgebroken)* **1** détacher; **woorden ~** couper des mots (en fin de ligne) **2** interrompre **3** démolir *(aussi au fig.)*; *(fig.)* **de boel ~** casser la baraque
af·bre·kend [ɑvbrekənt] *adj* éreinteur; **~e kritiek** critique violente
af·bre·kings·te·ken [ɑvbrekɪŋsteke(n)] *het (-s)* tiret
af·bren·gen [ɑvbrɛŋə(n)] *vt (bracht af, h. afgebracht)* détourner ♦ **hij heeft het er goed afgebracht** il s'en est bien tiré
af·breuk [ɑvbrøk] *de* ♦ **iemand ~ doen** porter préjudice à qqn; **dat doet geen ~ aan zijn verdiensten** cela n'ôte rien à son mérite
af·brok·ke·len [ɑvbrɔkələ(n)] *vi (brokkelde af, i. afgebrokkeld)* s'effriter
af·bui·gen [ɑvbœyχə(n)] *vi (boog af, i. afgebogen)* dévier; **~d verkeer** circulation qui prend à droite, à gauche
af·dak [ɑvdɑk] *het (-en)* **1** auvent **2** abri
af·da·len [ɑvdalə(n)] *vi (daalde af, i. afgedaald)* descendre ♦ **tot zijn leerlingen ~** se mettre au niveau de ses élèves
af·da·ling [ɑvdalɪŋ] *nf (-en)* **1** *(aussi sports)* descente **2** régression
af·dam·men [ɑvdɑmə(n)] *vt (damde af, h. afgedamd)* endiguer *(aussi au fig.)*
af·dan·ken [ɑvdɑŋkə(n)] *vt (dankte af, h. afgedankt)* **1** renvoyer **2** mettre au rancart **3** évincer; **een vrijer ~** envoyer promener un amoureux
af·dan·ker·tje [ɑvdɑŋkərcə] *het (-s)* vieilles frusques
af·dek·ken [ɑvdɛkə(n)] *vt (dekte af, h. afgedekt)* **1** débarrasser **2** (re)couvrir
af·de·ling [ɑvdelɪŋ] *nf (-en)* **1** section **2** *(entreprise)* service (administratif, technique, financier) **3** *(magasin)* rayon
af·din·gen [ɑvdɪŋə(n)] *vti (dong af, h. afgedongen)* marchander; *(fig.)* **daar valt niets op af te dingen** il n'y a pas à dire
af·doen [ɑvdun] *vt (deed af, h. afgedaan)* **1** enlever; **iets van de prijs ~** rabattre une somme du prix (à payer); **dat doet er niets toe of af** cela ne change rien à l'affaire **2** enlever la poussière de **3** liquider; **een zaak haastig ~** expédier une affaire; **iets ~ met een lachertje** s'en tirer avec une plaisanterie; *(fig.)* **hij heeft voor mij afgedaan** lui, pour moi c'est fini
af·doend [ɑvdunt] *adj* **1** efficace **2** décisif
1**af·draai·en** [ɑvdrajə(n)] *vi (draaide af, i. afgedraaid)* tourner
2**af·draai·en** [ɑvdrajə(n)] *vt (draaide af, h. afgedraaid)* **1** écarter; **de brug ~** tourner le pont; **zij draaide het hoofd af** elle détourna la tête **2** enlever (en tournant) **3** *(film, radio)* passer
af·dra·gen [ɑvdraχə(n)] *vt (droeg af, h. afgedragen)* **1** descendre **2** *(vêtements)* user **3** remettre
1**af·drij·ven** [ɑvdrɛivə(n)] *vi (dreef af, i. afgedreven)* **1** dériver **2** passer
2**af·drij·ven** [ɑvdrɛivə(n)] *vt (dreef af, h. afgedreven)* **1** chasser **2** *(méd.)* expulser; **een vrucht ~** provoquer un avortement
af·dro·gen [ɑvdroχə(n)] *vt (droogde af, h. afgedroogd)* **1** essuyer; **zich ~** se sécher **2** *(fam.)* tabasser **3** écraser
af·dronk [ɑvdrɔŋk] *nm* fin de bouche
af·droog·doek [ɑvdroχduk] *nm (-en)* torchon
af·drui·pen [ɑvdrœypə(n)] *vi (droop af, i. afgedropen)* **1** dégoutter **2** battre en retraite
af·druip·rek [ɑvdrœyprɛk] *het (-ken)* égouttoir
af·druk [ɑvdrʌk] *nm (-ken)* **1** tirage **2** trace(s) **3** exemplaire
af·druk·ken [ɑvdrʌkə(n)] *vti (drukte af, h. afgedrukt)* **1** imprimer **2** *(phot.)* tirer (des épreuves) **3** appuyer sur la détente (d'une arme)
af·druk·voor·beeld [ɑvdrʌkforbelt] *het (-en) (inform.)* aperçu avant impression
af·du·wen [ɑvdywə(n)] *vt (duwde af, h. afgeduwd)* (re)pousser
af·dwa·len [ɑvdwalə(n)] *vi (dwaalde af, i. afgedwaald)* s'égarer; **van zijn onderwerp ~** s'écarter de son sujet
af·dwin·gen [ɑvdwɪŋə(n)] *vt (dwong af, h. afgedwongen)* **1** *(aveu, promesse etc.)* arracher **2** forcer; **respect ~** imposer le respect
af·flui·ten [ɑflœytə(n)] *vti (floot af, h. afgefloten)* siffler la fin (d'un match, d'une partie)
af·gaan [ɑfχan] *vi (ging af, i. afgegaan)* **1** descendre **2** *(+ op)* aborder (qqn) **3** *(+ op)* se fier (à) **4** diminuer; **de aardigheid gaat eraf** on s'en lasse **5** être déduit **6** *(coup de fusil)* partir **7** *(réveil)* sonner **8** gaffer, chuter; **geweldig ~** faire piètre figure; **~ als een gieter** faire une gaffe

monumentale **9** *(accessoires, chapeau)* être enlevé **10** aller à la selle ♦ **het ging hem niet best af** ça ne lui a pas tellement réussi; **dat gaat hem handig af** il s'en tire bien; *(fig.)* **van de rechte weg ~** sortir du droit chemin

af·gang [ɑfχɑŋ] *nm (-en)* fiasco, *(à propos de personnes)* déconfiture

af·ge·bor·steld [ɑfχəbɔrstəlt] *adj (Belg.)* attifé

af·ge·bro·ken [ɑfχəbrokə(n)] *adj, adv* **1** entrecoupé **2** (d'une manière) saccadé(e)

af·ge·daan [ɑfχədan] *adj* → **afdoen**

af·ge·draaid [ɑfχədrajt] *adj* **1** crevé **2** claqué

af·ge·dra·gen [ɑfχədraχə(n)] *adj* usé (jusqu'à la corde)

af·ge·la·den [ɑfχəladə(n)] *adj* **1** bourré **2** plein comme une barrique

af·ge·las·ten [ɑfχəlɑstə(n)] *vt (gelastte af, h. afgelast)* annuler

af·ge·leefd [ɑfχəleft] *adj* **1** décrépit **2** usé

af·ge·le|gen [ɑfχəleχə(n)] *adj, adv (-gener, meest a.)* perdu, à l'écart

af·ge·leid [ɑfχəlɛit] *adj* **1** distrait **2** dérivé

[1]**af·ge·lo·pen** [ɑfχəlopə(n)] *adj* passé

[2]**af·ge·lo·pen** [ɑfχəlopə(n)] *interj* assez !

af·ge·mat [ɑfχəmɑt] *adj* épuisé, exténué

af·ge·me·ten [ɑfχəmetə(n)] *adj, adv* **1** bien mesuré **2** *(fig.)* (d'un air) compassé

af·ge·rond [ɑfχərɔnt] *adj* **1** complet **2** *(chiffre, somme)* arrondi

af·ge·slo·ten [ɑfχəslotə(n)] *adj, adv* ♦ **een ~ geheel vormen** former un tout cohérent

[1]**af·ge·spro·ken** [ɑfχəsprokə(n)] *adj* convenu

[2]**af·ge·spro·ken** [ɑfχəsprokə(n)] *interj* d'accord !

af·ge·stompt [ɑfχəstɔmt] *adj* **1** *(personne)* obtus; **~ raken** s'engourdir **2** émoussé

af·ge·stu·deer·de [ɑfχəstyderdə] *nm (-n)* diplômé, -ée

af·ge·trapt [ɑfχətrɑpt] *adj* éculé

af·ge·vaar·dig·de [ɑfχəvardəχdə] *nm (-n)* **1** délégué, -ée **2** député; *(États-Unis)* **het Huis van Afgevaardigden** la Chambre des représentants

[1]**af·ge·ven** [ɑfχevə(n)] *vi (gaf af, h. afgegeven)* **1** déteindre (sur) **2** *(+ op)* critiquer (qqn, qqch)

[2]**af·ge·ven** [ɑfχevə(n)] *vt (gaf af, h. afgegeven)* **1** remettre **2** délivrer **3** répandre

[3]**af·ge·ven (met), zich** [ɑfχevə(n)] *vpr (gaf zich af, h. zich afgegeven) (à propos de personnes)* se commettre (avec)

af·ge·zaagd [ɑfχəzaχt] *adj (fig.)* rebattu

af·ge|zant [ɑfχəzɑnt] *nm (-en)*, **-zante** *nf (-s, -n)* envoyé, -ée

af·ge·zien [ɑfχəzin] ♦ **~ daarvan** en dehors de cela; **~ van** indépendamment de; **~ van het feit dat** outre que

af·ge·zon·derd [ɑfχəzɔndərt] *adj, adv* **1** *(chose)* isolé **2** *(personne)* seul, en reclus; **hij stond van de anderen ~** il se tenait à l'écart des autres

Af·ghaan [ɑfχan] *nm (Afghanen)*, **Afghaanse** *nf (-n)* Afghan, -ane

Af·ghaans [ɑfχans] *adj* afghan

Af·gha·ni·stan [ɑfχanistɑn] *het* Afghanistan

af·gie·ten [ɑfχitə(n)] *vt (goot af, h. afgegoten)* **1** égoutter **2** verser **3** mouler

af·gif·te [ɑfχɪftə] *nf* remise

af·glij·den [ɑfχlɛidə(n)] *vi (gleed af, i. afgegleden)* glisser

af·god [ɑfχɔt] *nm (-en)* **1** faux dieu **2** *(fig.)* idole

af·go·de·rij [ɑfχodərɛi] *nf (-en)* **1** idolâtrie **2** culte des idoles

af·gods·beeld [ɑfχɔtsbelt] *het (-en)* → **afgod 2**

af·gooi·en [ɑfχojə(n)] *vt (gooide af, h. afgegooid)* **1** jeter **2** faire tomber

af·gra·ven [ɑfχravə(n)] *vt (groef af, h. afgegraven)* déblayer

af·gra·zen [ɑfχrazə(n)] *vt (graasde af, h. afgegraasd)* **1** brouter (jusqu'au dernier brin d'herbe) **2** épuiser

af·gren·de·len [ɑfχrɛndələ(n)] *vt (grendelde af, h. afgegrendeld)* verrouiller

af·grij·se·lijk [ɑfχrɛisələk] *adj, adv* **1** affreux, affreusement **2** terriblement

af·grij·zen [ɑfχrɛizə(n)] *het* horreur

af·grond [ɑfχrɔnt] *nm (-en)* gouffre *(aussi au fig.)*; **een ~ van leed** un abîme de souffrances

af·gunst [ɑfχʌnst] *nf* envie; **~ koesteren (jegens iemand)** envier (qqn)

af·gun·stig [ɑfχʌnstəχ] *adj, adv* envieux, jalousement; **~ op, jegens** envieux de

af·haal·res·tau·rant [ɑfhalrɛstorɑnt] *het (-s)* restaurant proposant des plats à emporter

[1]**af·ha·ken** [ɑfhakə(n)] *vt (haakte af, h. afgehaakt)* **1** décrocher **2** finir (qqch) au crochet

[2]**af·ha·ken** [ɑfhakə(n)] *vi (haakte af, h./i. afgehaakt)* décrocher *(fig.)*

af·hak·ken [ɑfhɑkə(n)] *vt (hakte af, h. afgehakt)* couper

af·ha·len [ɑfhalə(n)] *vt (haalde af, h. afgehaald)* **1** retirer *(des marchandises)* **2** aller chercher (qqn, qqch) **3** enlever; **bedden ~** défaire les lits; **iemand van iets ~** dissuader qqn de faire qqch; **ze hebben hem van de tribune afgehaald** ils l'ont fait descendre de la tribune

af·han·de·len [ɑfhɑndələ(n)] *vt (handelde af, h. afgehandeld)* **1** régler, expédier **2** achever

af·han·dig [ɑfhɑndəχ] *adj* ♦ **iemand iets ~ maken** dépouiller qqn de qqch; **iemand een mes ~ maken** arracher un couteau des mains de qqn

af·han·gen [ɑfhɑŋə(n)] *vi (hing af, h. afgehangen)* **1** pendre; **een ~d dak** un toit en pente; **~de schouders** épaules tombantes **2** *(+ van)* dépendre (de); **dat hangt er van af** cela dépend; **zijn leven hangt er van af** il y va de sa vie

af·han·ke·lijk [ɑfhɑŋkələk] *adj* dépendant (de); **in een ~e betrekking** dans un rapport de subordination; **~ zijn van** dépendre de

af·hech·ten [ɑfhɛχtə(n)] *vt (hechtte af, h. afgehecht)* arrêter

af·hel·pen [ɑfhɛlpə(n)] *vt (hielp af, h. afgeholpen)* **1** aider **2** débarrasser (de); *(iron.)* **iemand van zijn geld ~** aider qqn à dépenser son argent; **hij heeft mij van mijn verlegenheid afgeholpen** il m'a aidé à vaincre ma timidité

[1]**af·hou·den** [ɑfhaudə(n)] *vi (hield af, h. afgehouden)* s'écarter (de)

[2]**af·hou·den** [ɑfhaudə(n)] *vt (hield af, h. afgehouden)* retenir ♦ **zijn handen niet van iets of iemand kunnen ~** ne pas pouvoir s'empêcher de toucher à qqch ou à qqn; **de ogen niet kunnen ~ van** ne pas pouvoir détacher ses yeux de; **een ~de reactie** une réaction évasive; **iemand van iets ~** dissuader qqn de faire qqch; **een hond van zich ~** tenir un chien à distance; **iemand van zijn werk ~** détourner qqn de son travail

af·hu·ren [ɑfhyrə(n)] *vt (huurde af, h. afgehuurd)* louer

af·ja·gen [ɑfjaχə(n)] *vt (jaagde, joeg af, h. afgejaagd)* chasser

af·jak·ke·ren [ɑfjɑkərə(n)] *vt (jakkerde af, h. afgejakkerd)* **1** épuiser **2** bâcler **3** foncer

afk. [ɑfkɔrtɪŋ] abrév. de *afkorting* abr.

af·kam·men [ɑfkɑmə(n)] *vt (kamde af, h. afgekamd)* **1** peigner **2** démolir

af·kap·pen [ɑfkɑpə(n)] *vt (kapte af, h. afgekapt)* **1** couper **2** couvrir (d'une toiture) ♦ **een gesprek ~** couper court à un entretien

af·kat·ten [ɑfkɑtə(n)] *vt (katte af, h. afgekat) (fam.)* envoyer sur les roses

af·keer [ɑfker] *nm* aversion; **een ~ van iemand krijgen** prendre qqn en aversion; **een ~ van iemand, iets hebben** avoir de l'aversion pour qqn, qqch

af·ke·ren [ɑfkerə(n)] *vt (keerde af, h. afgekeerd)* **1** détourner **2** parer

af·ke·rig [ɑfkerəχ] *adj* **1** *(+ van)* dégoûté (de); **~ zijn van geweld** répugner à la violence; **~ zijn van iemand** ne pas pouvoir supporter qqn; **ik ben er niet ~ van** je ne suis pas contre **2** hérétique

af·ket·sen [ɑfkɛtsə(n)] *vi (ketste af, i. afgeketst)* **1** ricocher **2** *(fig.)* échouer; **daarop is het plan afgeketst** c'est ce qui a fait échouer le projet

af·keu·ren [ɑfkørə(n)] *vt (keurde af, h. afgekeurd)* **1** *(choses)* déclarer impropre, *(personnes)* déclarer inapte, *(milit.)* réformer **2** désapprouver

af·keu·rend [ɑfkørənt] *adj, adv* désapprobateur, d'un air réprobateur

af·keu·rens·waar·dig [ɑfkørə(n)swardəχ] *adj* répréhensible

af·kic·ken [ɑfkɪkə(n)] *vi (kickte af, h./i. afgekickt)* se désintoxiquer

af·kij·ken [ɑfkɛikə(n)] *vti (keek af, h. afgekeken)* **1** copier; **van zijn buurman ~** copier sur son voisin **2** scruter **3** regarder jusqu'à la fin ♦ **het mooie van iets afgekeken hebben** être saturé de qqch

af·kle·den [ɑfkledə(n)] *vi (kleedde af, h. afgekleed)* amincir *(vêtement)*

af·klet·sen [ɑfklɛtsə(n)] *vt (kletste af, h. afgekletst)* ♦ **ze hebben weer wat afgekletst** ils ont encore passé leur temps à papoter

af·klim·men [ɑfklɪmə(n)] *vi (klom af, i. afgeklommen)* descendre (de)

af·klop·pen [ɑfklɔpə(n)] *vt (klopte af, h. afgeklopt)* **1** *(poussière)* battre **2** toucher du bois; **klop die bewering maar even af!** touche du bois !

af·knap·pen [ɑfknɑpə(n)] *vi (knapte af, i. afgeknapt)* **1** se casser **2** *(personne)* craquer; **ik ben er op afgeknapt** j'en suis revenu; *(fam.)* **ik ben op hem afgeknapt** il m'a déçu

af·knap·per [ɑfknɑpər] *nm (-s) (fam.)* ♦ **wat een ~!** quelle douche !

af·knij·pen [ɑfknɛipə(n)] *vt (kneep af, h. afgeknepen)* ♦ **iemand ~** mettre qqn sur la sellette

af·knip·pen [ɑfknɪpə(n)] *vt (knipte af, h. afgeknipt)* couper

[1]**af·koe·len** [ɑfkulə(n)] *vi (koelde af, i. afgekoeld)* se refroidir; **het is na het onweer erg afgekoeld** le temps s'est bien rafraîchi après l'orage

[2]**af·koe·len** [ɑfkulə(n)] *vt (koelde af, h. afgekoeld)* refroidir

af·koe·lings·pe·ri·o·de [ɑfkulɪŋsperijodə] *nf (-n, -s)* **1** période de refroidissement **2** *(fig.)* trêve

af·ko·ken [ɑfkokə(n)] *vti (kookte af, h./i. afgekookt)* ♦ **die aardappels koken af** ces pommes de terre sont farineuses; **groenten ~** blanchir des légumes; **afgekookt vlees** de la viande bouillie

af·ko·ker [ɑfkokər] *nm (-s)* pomme de terre farineuse

af·ko·men [ɑfkomə(n)] *vi (kwam af, i. afgekomen)* **1** *(+ van)* sortir (de); **kom van het ijs af** ne reste pas sur la glace **2** *(+ op)* s'avancer (vers); **de muggen komen op het licht af** les moustiques sont attirés par la lumière; **de dingen op zich laten ~** laisser les choses suivre leur cours; **dan komt er heel wat op je af** à ce moment-là, on ne sait plus à quel saint se vouer **3** descendre (de) **4** se tirer (de); **er bekaaid ~** en être pour ses frais; **er gemakkelijk ~** s'en tirer facilement; *(maladie)* **~ van** se guérir de; **ik kon niet van hem ~** je n'arrivais pas à me débarrasser de lui **5** s'achever **6** *(Belg.)* passer *(en visite)*; **kom eens af** passe me (, nous) voir un de ces jours

af·komst [ɑfkɔmst] *nf* origine; **van eenvoudige ~** de condition modeste

af·kom·stig [ɑfkɔmstəχ] *adj* **1** originaire (de) **2** dérivé (de) **3** qui provient (de); **van wie is dat plan ~?** qui a conçu ce plan ? **4** qui vient (de)

af·kon·di·gen [ɑfkɔndəχə(n)] *vt (kondigde af, h. afgekondigd)* proclamer; wetten ~ promulguer des lois
af·koop·som [ɑfkopsɔm] *de (-men)* dédit
af·ko·pen [ɑfkopə(n)] *vt (kocht af, h. afgekocht)* racheter
af·kor·ten [ɑfkɔrtə(n)] *vt (kortte af, h. afgekort)* **1** abréger **2** raccourcir
af·kor·ting [ɑfkɔrtɪŋ] *nf (-en)* abréviation
af·krab·ben [ɑfkrɑbə(n)] *vt (krabde af, h. afgekrabd)* gratter
af·kra·ken [ɑfkrakə(n)] *vt (kraakte af, h. afgekraakt)* démolir (qqn)
af·krij·gen [ɑfkrɛiχə(n)] *vt (kreeg af, h. afgekregen)* **1** parvenir à enlever **2** réussir à terminer
af·kun·nen [ɑfkʌnə(n)] *vt (kon af, h. afgekund)* pouvoir faire; het best ~ y arriver tout seul
af·kus·sen [ɑfkʌsə(n)] *vt (kuste af, h. afgekust)* **1** essuyer par un baiser **2** couvrir de baisers ♦ laten we het ~ faisons la paix
af|laat [ɑflat] *nm (-laten) (cathol.)* indulgence
af·la·den [ɑfladə(n)] *vt (laadde af, h. afgeladen)* décharger
af·la·ten [ɑflatə(n)] *vi (liet af, h. afgelaten) (form.)* cesser (de)
af·leg·gen [ɑflɛχə(n)] *vt (legde af, h. afgelegd)* **1** *(vêtements, bijoux etc.)* ôter **2** *(à propos d'un problème)* se débarrasser de **3** faire **4** parcourir **5** retirer **6** *(défunt)* faire la toilette de ♦ het ~ tegen iemand ne pas être à la hauteur de qqn; die broek begint het af te leggen ce pantalon rend l'âme
af·leid·baar [ɑflɛidbar] *adj* ♦ de bliksem is ~ la foudre peut être détournée; vertaalbaar is ~ van vertalen traduisible est dérivé de traduire
af·lei·den [ɑflɛidə(n)] *vt (leidde af, h. afgeleid)* **1** détourner **2** distraire (qqn) (de) **3** reconduire jusqu'en bas **4** *(étymologie, généalogie)* faire remonter à **5** *(ling.)* dériver **6** déduire (de)
af·lei·ding [ɑflɛidɪŋ] *nf (-en)* **1** distraction; voor ~ zorgen procurer une distraction **2** *(ling.)* dérivation **3** *(ling.)* dérivé
af·lei·dings·ma·noeu·vre [ɑflɛidɪŋsmanœ:vrə, [B]ɑflɛidɪŋsmanøvər] *het/de (-s)* manœuvre de diversion
af·le·ren [ɑflerə(n)] *vt (leerde af, h. afgeleerd)* **1** se déshabituer de **2** corriger (qqn de qqch)
af·le·ve·ren [ɑflevərə(n)] *vt (leverde af, h. afgeleverd)* livrer
af·le·ve·ring [ɑflevərɪŋ] *nf (-en)* **1** livraison **2** *(série)* épisode, *(télévision)* émission
af·le·zen [ɑflezə(n)] *vt (las af, h. afgelezen)* **1** terminer de lire **2** lire à haute voix **3** lire; de woede van iemands gezicht ~ lire la colère de qqn sur son visage
af·lik·ken [ɑflɪkə(n)] *vt (likte af, h. afgelikt)* **1** lécher **2** bécoter
af|loop [ɑflop] *nm (-lopen)* **1** fin; na ~ van à l'issue de **2** issue **3** évacuation
[1]**af·lo·pen** [ɑflopə(n)] *vi (liep af, h. afgelopen)* **1** s'éloigner (de) **2** *(+ op)* se hâter d'aller (vers) **3** se terminer, *(échéance, contrat)* expirer; het loopt af met hem sa fin approche; de afgelopen nacht la nuit dernière; slecht ~ mal tourner **4** *(réveil-matin)* sonner **5** s'écouler (de) **6** descendre (de) **7** être en pente **8** se détacher (de) ♦ ~d tij marée descendante
[2]**af·lo·pen** [ɑflopə(n)] *vt (liep af, h. afgelopen)* **1** *(chaussures, moquette)* user **2** parcourir
af·los·sen [ɑflɔsə(n)] *vt (loste af, h. afgelost)* **1** relayer **2** rembourser
af·los·sing [ɑflɔsɪŋ] *nf (-en)* **1** relève **2** terme; een jaarlijkse ~ une annuité **3** remboursement **4** amortissement
af·luis·ter·ap·pa·ra·tuur [ɑflœystərɑparatyr] *de* table d'écoute
af·luis·te·ren [ɑflœystərə(n)] *vt (luisterde af, h. afgeluisterd)* écouter la conversation de (qqn), *(téléphone)* placer (qqn) sur écoute
af·luis·ter·prak·tij·ken [ɑflœystərpraktɛikə(n)] *plur* écoutes (téléphoniques)
af·lui·zen [ɑflœyzə(n)] *vt (luisde af, h. afgeluisd) (Belg.; fam.)* chiper
[1]**af·ma·ken** [ɑfmakə(n)] *vt (maakte af, h. afgemaakt)* **1** terminer; spijzen op smaak ~ assaisonner des plats **2** achever **3** démolir
[2]**af·ma·ken, zich** [ɑfmakə(n)] *vpr (maakte zich af, h. zich afgemaakt)* ♦ zich van iets ~ se débarrasser de qqch; hij maakt er zich met een grap van af il s'en tire avec une pirouette
af·mars [ɑfmɑrs] *de (-en)* départ
af·mat·ten [ɑfmatə(n)] *vt (matte af, h. afgemat)* épuiser
af·mel·den [ɑfmɛldə(n)] *vt (meldde af, h. afgemeld)* excuser; zich ~ se faire excuser
[1]**af·me·ren** [ɑfmerə(n)] *vi (meerde af, h. afgemeerd) (mar.)* accoster
[2]**af·me·ren** [ɑfmerə(n)] *vt (meerde af, h. afgemeerd) (mar.)* amarrer (qqch)
af·me·ten [ɑfmetə(n)] *vt (mat af, h. afgemeten)* mesurer; zijn woorden nauwkeurig ~ peser ses mots
af·me·ting [ɑfmetɪŋ] *nf (-en)* **1** dimension **2** mesure
[1]**af·mon·ste·ren** [ɑfmɔnstərə(n)] *vi (monsterde af, h./i. afgemonsterd) (mar.)* débarquer
[2]**af·mon·ste·ren** [ɑfmɔnstərə(n)] *vt (monsterde af, h. afgemonsterd) (mar.)* licencier
af·na·me [ɑfnamə] *de* **1** achat **2** vente **3** diminution
af·neem·baar [ɑfnembar] *adj* démontable
[1]**af·ne·men** [ɑfnemə(n)] *vt (nam af, h. afgenomen)* **1** enlever; iemand een last ~ débarrasser qqn d'un fardeau **2** prendre (à) **3** débarrasser *(la table)*; met zeep ~ la-

ver au savon; **meubels ~** épousseter des meubles **4** prendre (qqch à qqn); **iemand zijn beurs ~** délester qqn de sa bourse **5** faire passer (qqch à qqn); **een gelofte ~** faire prêter serment à qqn; **(iemand) een verhoor ~** faire subir un interrogatoire (à qqn) **6** acheter à

[2]**af·ne·men** [ɑfnemə(n)] *vi (nam af, i. afgenomen)* **1** diminuer; **de koorts neemt af** la fièvre tombe **2** raccourcir; **~d tij** marée descendante

af·ne·mer [ɑfnemər] *nm (-s),* **afneemster** *nf (-s)* client, -ente

af·pak·ken [ɑfpɑkə(n)] *vt (pakte af, h. afgepakt)* **1** prendre (qqch à qqn); **iemand een mes ~** confisquer un couteau à qqn **2** décharger (de)

af·pas·sen [ɑfpɑsə(n)] *vt (paste af, h. afgepast)* mesurer

af·pei·ge·ren [ɑfpɛiχərə(n)] *vt (peigerde af, h. afgepeigerd) (fam.)* crever

af·pel·len [ɑfpɛlə(n)] *vt (pelde af, h. afgepeld)* peler

af·per·ken [ɑfpɛrkə(n)] *vt (perkte af, h. afgeperkt)* délimiter

af·per·sen [ɑfpɛrsə(n)] *vt (perste af, h. afgeperst)* faire chanter; **iemand geld ~** extorquer de l'argent à qqn

af·pij·ni·gen [ɑfpɛinəχə(n)] *vt (pijnigde af, h. afgepijnigd)* **1** tourmenter **2** torturer

af·pik·ken [ɑfpɪkə(n)] *vt (pikte af, h. afgepikt) (fam.)* piquer (qqch à qqn)

af·pin·ge·len [ɑfpɪŋələ(n)] *vti (pingelde af, h. afgepingeld)* marchander

af·plak·ken [ɑfplɑkə(n)] *vt (plakte af, h. afgeplakt)* scotcher®

af·plat·ten [ɑfplɑtə(n)] *vt (platte af, h. afgeplat)* aplatir

af·poei·e·ren [ɑfpujərə(n)] *vt (poeierde af, h. afgepoeierd) (fam.)* **1** envoyer promener **2** rosser

af·poet·sen [ɑfputsə(n)] *vt (poetste af, h. afgepoetst)* **1** enlever en frottant **2** polir

af·pra·ten [ɑfpratə(n)] *vt (praatte af, h. afgepraat)* **1** dissuader (qqn de qqch) **2** discuter

af·prij·zen [ɑfprɛizə(n)] *vt (prijsde af, h. afgeprijsd)* vendre au rabais

af·ra·den [ɑfradə(n)] *vt (raadde af, h. afgeraden)* déconseiller (qqch à qqn)

af·raf·fe·len [ɑfrɑfələ(n)] *vt (raffelde af, h. afgeraffeld)* bâcler

af·ra·ken [ɑfrakə(n)] *vi (raakte af, i. afgeraakt)* ♦ **van de weg ~** s'écarter de la route; **van het roken ~** se déshabituer de fumer; **van een gewoonte ~** perdre une habitude

af·ram·me·len [ɑfrɑmələ(n)] *vt (rammelde af, h. afgerammeld) (fam.)* donner une raclée à

af·ran·se·len [ɑfrɑnsələ(n)] *vt (ranselde af, h. afgeranseld)* rosser

af·ras·te·ren [ɑfrɑstərə(n)] *vt (rasterde af, h. afgerasterd)* clôturer

af·re·a·ge·ren [ɑfrejaχerə(n)] *vti (reageerde af, h. afgereageerd)* se défouler; **zijn woede ~ op (iemand)** décharger sa colère sur (qqn)

af·reis [ɑfrɛis] *de* départ

[1]**af·rei·zen** [ɑfrɛizə(n)] *vi (reisde af, i. afgereisd)* partir (pour); **zij reizen morgen naar Zwitserland af** ils partent demain pour la Suisse

[2]**af·rei·zen** [ɑfrɛizə(n)] *vt (reisde af, h. afgereisd)* voyager beaucoup; **hij heeft al heel wat afgereisd** il a vu du pays

af·re·ke·nen [ɑfrekənə(n)] *vti (rekende af, h. afgerekend)* régler; **met de bakker ~** payer la note du boulanger; **ober, ~!** garçon, l'addition s'il vous plaît ♦ **met iemand, iets afgerekend hebben** en avoir fini une fois pour toutes avec qqn, qqch

af·re·ke·ning [ɑfrekənɪŋ] *nf (-en)* **1** règlement **2** règlement de compte **3** note

af·rem·men [ɑfrɛmə(n)] *vti (remde af, h. afgeremd)* freiner; **iemand in zijn enthousiasme ~** freiner l'enthousiasme de qqn

af·ren·nen [ɑfrɛnə(n)] *vi (rende af, h. afgerend)* **1** *(+ op)* courir (vers) **2** dévaler

af·rich·ten [ɑfrɪχtə(n)] *vt (richtte af, h. afgericht)* **1** dresser *(animal, personne)* **2** *(regard, tête)* détourner (de)

Afri·ka [afrika] *het* Afrique

Afri|kaan [afrikan] *nm (-kanen),* **-kaanse** *nf (-n)* **1** Africain, -aine **2** Afrikaner

afri·kaan·tje [afrikancə] *het (-s)* œillet d'Inde

af·rit [ɑfrɪt] *nm (-ten)* sortie (d'autoroute)

af·roep [ɑfrup] *nm (commerce)* demande

af·roe·pen [ɑfrupə(n)] *vt (riep af, h. afgeroepen)* **1** appeler **2** faire l'appel de **3** annoncer

af·rol·len [ɑfrɔlə(n)] *vt (rolde af, h. afgerold)* **1** dérouler **2** descendre (qqch) en roulant **3** enrouler

af·ro·men [ɑfromə(n)] *vt (roomde af, h. afgeroomd)* écrémer *(aussi au fig.)*

af·ron·den [ɑfrɔndə(n)] *vt (rondde af, h. afgerond)* **1** *(aussi chiffres, sommes)* arrondir **2** achever; **een gesprek ~** clore une discussion; **hij moest nog even een paar zaken ~** il avait encore quelques affaires à régler

af·ros·sen [ɑfrɔsə(n)] *vt (roste af, h. afgerost)* **1** rosser **2** éreinter

af·rui·men [ɑfrœymə(n)] *vti (ruimde af, h. afgeruimd)* débarrasser

af·ruk·ken, zich [ɑfrʌkə(n)] *vpr (rukte zich af, h. zich afgerukt) (vulg.)* se branler

af·sab·be·len [ɑfsɑbələ(n)] *vt (sabbelde af, h. afgesabbeld)* suçoter

af·scha·du·wing [ɑfsχadywɪŋ] *nf (-en)* ombre

af·schaf·fen [ɑfsχɑfə(n)] *vt (schafte af, h. afgeschaft)* **1** supprimer; *(Belg.)* **de trein van 10.14 is afgeschaft** le train de 10.14 a été annulé **2** abolir

af·scham·pen [ɑfsχɑmpə(n)] *vi (schampte af, i. afgeschampt)* raser (qqch)

af·scha·ven [ɑfsχavə(n)] *vt (schaafde af, h. afgeschaafd)* raboter

af·scheid [ɑfsχɛit] *het* adieu; **~ nemen van iemand** prendre congé de qqn, dire adieu à qqn; **tot, ten ~** au moment du départ, en guise d'adieu

af·schei·den [ɑfsχɛidə(n)] *vt (scheidde af, h. afgescheiden)* **1** séparer; **zich van de wereld ~** se retirer du monde; **zich van een kerkgenootschap ~** être dissident d'une Église **2** sécréter

af·schei·ding [ɑfsχɛidɪŋ] *nf (-en)* **1** séparation **2** sécrétion **3** scission **4** limite

af·schei·dings·be·we·ging [ɑfsχɛidɪŋzbəweχɪŋ] *nf (-en)* mouvement séparatiste

***af·scheids-** [ɑfsχɛits-] d'adieu

af·sche·pen [ɑfsχepə(n)] *vt (scheepte af, h. afgescheept)* éconduire (qqn); **iemand met iets ~** se débarrasser de qqn en lui donnant qqch; **iemand met mooie praatjes, loze beloften ~** payer qqn en monnaie de singe

af·schep·pen [ɑfsχɛpə(n)] *vt (schepte af, h. afgeschept)* enlever

af·sche·ren [ɑfsχerə(n)] *vt (schoor af, h. afgeschoren)* raser, *(laine)* tondre

af·scher·men [ɑfsχɛrmə(n)] *vt (schermde af, h. afgeschermd)* faire écran à (qqch); **een kernreactor moet goed zijn afgeschermd** un réacteur nucléaire doit être soigneusement blindé; **licht ~** masquer les lumières; **iemand voor iets ~** protéger qqn de qqch

[1]**af·scheu·ren** [ɑfsχørə(n)] *vt (scheurde af, h. afgescheurd)* arracher

[2]**af·scheu·ren** [ɑfsχørə(n)] *vi (scheurde af, i. afgescheurd)* se déchirer

[1]**af·schie·ten** [ɑfsχitə(n)] *vt (schoot af, h. afgeschoten)* **1** tirer **2** arracher **3** *(animal)* abattre **4** aménager (en posant une cloison)

[2]**af·schie·ten** [ɑfsχitə(n)] *vi (schoot af, i. afgeschoten)* **1** se précipiter (vers); **op iemand ~** se précipiter vers qqn **2** se détacher (de)

af·schil·de·ren [ɑfsχɪldərə(n)] *vt (schilderde af, h. afgeschilderd)* **1** (dé)peindre **2** achever de peindre

af·schil·de·ring [ɑfsχɪldərɪŋ] *nf (-en)* description

af·schil·fe·ren [ɑfsχɪlfərə(n)] *vi (schilferde af, i. afgeschilferd)* peler, *(peinture, vernis, plâtre)* s'écailler

af·schmin·ken [ɑfʃmiŋkə(n), [B]ɑfʃmɪŋkə(n)] *vt (schminkte af, h. afgeschminkt)* **1** démaquiller **2** terminer le maquillage de (qqn)

af·schop·pen [ɑfsχɔpə(n)] *vt (schopte af, h. afgeschopt)* **1** écarter à coups de pied **2** faire tomber à coups de pied

af·schrift [ɑfsχrɪft] *het (-en)* copie

af·schrij·ven [ɑfsχrɛivə(n)] *vt (schreef af, h. afgeschreven)* **1** débiter (de); **geld van een rekening ~** débiter un compte d'une somme **2** annuler (qqch) par lettre **3** *(fam.)* faire son deuil de; **de artsen hadden hem al afgeschreven** les médecins l'avaient déjà condamné **4** écrire **5** recopier **6** achever (d'écrire) **7** *(commerce, indus.)* amortir

af·schrij·ving [ɑfsχrɛivɪŋ] *nf (-en)* **1** *(comptabilité)* débit; **een automatische ~** un prélèvement automatique **2** *(commerce, indus.)* amortissement **3** avis de débit **4** mot d'excuse

af·schrik·ken [ɑfsχrɪkə(n)] *vt (schrikte af, h. afgeschrikt)* effrayer; **hij liet zich door niets ~** rien ne l'intimidait

af·schrik·wek·kend [ɑfsχrɪkwɛkənt] *adj, adv* (d'une manière) effrayant(e)

af·schroe·ven [ɑfsχruvə(n)] *vt (schroefde af, h. afgeschroefd)* dévisser

[1]**af·schud·den** [ɑfsχʌdə(n)] *vt (schudde af, h. afgeschud)* secouer ♦ **iemand van zich ~** semer qqn

[2]**af·schud·den, zich** [ɑfsχʌdə(n)] *vpr (schudde zich af, h. zich afgeschud)* se secouer

af·schui·men [ɑfsχœymə(n)] *vt (schuimde af, h. afgeschuimd)* écumer

af·schui·ven [ɑfsχœyvə(n)] *vt (schoof af, h. afgeschoven)* se défausser (sur qqn); **de verantwoordelijkheid op iemand ~** rejeter la responsabilité sur qqn

af·schu·ren [ɑfsχyrə(n)] *vt (schuurde af, h. afgeschuurd)* **1** récurer **2** polir

af·schuw [ɑfsχyw] *nm* horreur

af·schu·we·lijk [ɑfsχyw(ə)lək] *adj, adv* horrible(ment); **hij sprak een ~ Engels** il parlait un anglais abominable; **~ mooi** vachement beau, belle; **die rok staat je ~** tu es affreuse avec cette jupe; **~ vervelend** mortellement ennuyeux

af·schuw·wek·kend [ɑfsχywɛkənt] *adj* → **afschuwelijk**

af·sjou·wen [ɑfʃauwə(n)] *vt (sjouwde af, h. afgesjouwd)* **1** descendre **2** se traîner

[1]**af·slaan** [ɑfslan] *vi (sloeg af, i. afgeslagen)* **1** bifurquer; **links ~** prendre à gauche, tourner à gauche **2** *(machine, moteur)* s'arrêter **3** *(prix)* baisser

[2]**af·slaan** [ɑfslan] *vt (sloeg af, h. afgeslagen)* **1** repousser **2** refuser **3** faire tomber; **de storm heeft een stuk van het dak afgeslagen** la tempête a arraché une partie du toit

af·slach·ten [ɑfslɑχtə(n)] *vt (slachtte af, h. afgeslacht)* **1** *(animaux)* abattre **2** *(aussi au fig.)* massacrer

af·slag [ɑfslɑχ] *nm (-en)* **1** sortie (d'autoroute) **2** réduction **3** vente au cadran; **bij ~ veilen** vendre à la criée **4** criée **5** écoulement

[1]**af·slan·ken** [ɑfslɑŋkə(n)] *vi (slankte af, i. afgeslankt)* **1** perdre du poids **2** *(fig.)* dégraisser

[2]**af·slan·ken** [ɑfslɑŋkə(n)] *vt (slankte af, h. afgeslankt)* **1** amaigrir **2** réduire la taille de

af·slij·pen [ɑfslɛipə(n)] *vt (sleep af, h. afgeslepen)* **1** enlever **2** lisser

[1]**af·slij·ten** [ɑfslɛitə(n)] *vt (sleet af, h. afgesleten)* user

[2]**af·slij·ten** [ɑfslɛitə(n)] *vi (sleet af, i. afgesleten)* s'user

af·slo·ven [ɑfslovə(n)] *vt (sloofde af, h. afgesloofd)* épuiser; **zich ~ om** *(+ inf.)* s'éreinter à (faire qqch)

af·sluit·dijk [ɑfslœydɛik] *nm (-en)* digue de barrage

af·slui·ten [ɑfslœytə(n)] *vt (sloot af, h. afgesloten)* **1** fermer; *(inform.)* **een bestand ~** fermer un fichier; **een weg ~** barrer une route **2** fermer à clé **3** *(eau, gaz, électricité, etc.)* couper; **iemand van het gas ~** couper le gaz chez qqn **4** *(contrat etc.)* conclure **5** tenir à distance (de); **zich ~** s'isoler ♦ **een afgesloten tijdperk** une époque révolue

af·slui·ting [ɑfslœytɪŋ] *nf (-en)* fermeture

af·sme·ken [ɑfsmekə(n)] *vt (smeekte af, h. afgesmeekt)* implorer (qqch de qqn)

af·snau·wen [ɑfsnɑuwə(n)] *vt (snauwde af, h. afgesnauwd)* rabrouer

af·snij·den [ɑfsnɛidə(n)] *vt (sneed af, h. afgesneden)* couper

af·snoe·pen [ɑfsnupə(n)] *vt (snoepte af, h. afgesnoept)* souffler

af·sop·pen [ɑfsɔpə(n)] *vt (sopte af, h. afgesopt)* laver

af·speel·ap·pa·ra|tuur [ɑfspelɑparatyr] *nf (-turen)* matériel de reproduction

af·speel·lijst [ɑfspelɛist] *de (-en)* liste de lecture

af·spel·den [ɑfspɛldə(n)] *vt (speldde af, h. afgespeld)* épingler

[1]**af·spe·len, zich** [ɑfspelə(n)] *vpr (speelde zich af, h. zich afgespeeld)* se produire; **wat zich achter de schermen afspeelt** l'envers du décor

[2]**af·spe·len** [ɑfspelə(n)] *vt (speelde af, h. afgespeeld)* **1** *(disque)* (faire) passer **2** jouer in extenso **3** user (à force de jouer)

[1]**af·spie·ge·len** [ɑfspiχələ(n)] *vt (spiegelde af, h. afgespiegeld)* **1** refléter **2** dépeindre (comme)

[2]**af·spie·ge·len, zich** [ɑfspiχələ(n)] *vpr (spiegelde zich af, h. zich afgespiegeld)* se refléter

af·spie·ge·ling [ɑfspiχəlɪŋ] *nf (-en)* reflet

[1]**af·split·sen** [ɑfsplɪtsə(n)] *vt (splitste af, h. afgesplitst)* séparer

[2]**af·split·sen, zich** [ɑfsplɪtsə(n)] *vpr (splitste zich af, h. zich afgesplitst)* **1** bifurquer **2** *(personnes)* se séparer **3** se ramifier

af·spoe·len [ɑfspulə(n)] *vt (spoelde af, h. afgespoeld)* **1** rincer **2** nettoyer (à l'eau); **het stof van zijn handen ~** se laver les mains pour enlever la poussière

af|spraak [ɑfsprak] *de (-spraken)* **1** accord; **zich aan de ~ houden** tenir parole; **een ~ maken bij de tandarts** prendre un rendez-vous chez le dentiste; **dat is tegen de ~** ce n'est pas ce que nous avons convenu; **volgens (de) ~** comme convenu **2** rendez-vous; **bezoek na ~** visite sur rendez-vous

af·spraak·je [ɑfsprakjə] *het (-s)* rendez-vous (galant)

[1]**af·spre·ken** [ɑfsprekə(n)] *vt (sprak af, h. afgesproken)* convenir de; **een dag ~** fixer un jour

[2]**af·spre·ken** [ɑfsprekə(n)] *vi (sprak af, h. afgesproken)* prendre (un) rendez-vous; **met elkaar ~** se donner rendez-vous

af·sprin·gen [ɑfsprɪŋə(n)] *vi (sprong af, i. afgesprongen)* **1** sauter **2** *(+ op)* fondre (sur) **3** se détacher (de), s'écailler **4** érafler **5** échouer

af·staan [ɑfstan] *vt (stond af, h. afgestaan)* céder; **het ~ van organen** le don d'organes ♦ **~de oren** oreilles décollées

af·stam·me|ling [ɑfstɑməlɪŋ] *nm (-en),* **-linge** *nf (-n)* descendant, -ante

af·stam·men [ɑfstɑmə(n)] *vi (stamde af, i. afgestamd)* **1** descendre (de) **2** *(ling.)* dériver (de) **3** *(coutumes)* remonter (à)

af·stand [ɑfstɑnt] *nm (-en)* **1** distance; **~ houden** respecter la distance; *(fig.)* garder ses distances; *(transp.)* respecter les distances; **op een kleine ~** à faible distance; *(fig.)* **met ~ de beste zijn** être de loin le meilleur; **~ nemen van een onderwerp** prendre du recul par rapport à un sujet; **op een ~** à distance; *(fig.)* distant **2** éloignement **3** abandon; **ik wil er geen ~ van doen** je ne veux pas m'en séparer **4** abdication

af·stan·de·lijk [ɑfstɑndələk] *adj, adv* (d'une façon) réservé(e); **~ blijven** rester sur son quant-à-soi

af·stands·be·die·ning [ɑfstɑn(t)sbədinɪŋ] *nf* télécommande

af·stap·je [ɑfstɑpjə] *het (-s)* marche; **denk om het ~!** attention à la marche !

af·stap·pen [ɑfstɑpə(n)] *vi (stapte af, i. afgestapt)* **1** descendre (de) **2** *(+ op)* se diriger (à pied) (vers) **3** *(+ van)* renoncer (à); **van een onderwerp ~** passer à un autre sujet

[1]**af·ste·ken** [ɑfstekə(n)] *vi (stak af, h./i. afgestoken)* **1** *(+ bij, tegen)* contraster **2** partir

[2]**af·ste·ken** [ɑfstekə(n)] *vt (stak af, h. afgestoken)* **1** allumer **2** prononcer **3** enlever **4** nettoyer

af·stel [ɑfstɛl] *het* abandon

af·stel·len [ɑfstɛlə(n)] *vt (stelde af, h. afgesteld)* **1** régler **2** abandonner

af·stem·knop [ɑfstɛmknɔp] *nm (-pen)* bouton de réglage

af·stem·men [ɑfstɛmə(n)] *vt (stemde af, h. afgestemd)* **1** *(par vote)* rejeter **2** *(mus.)* accorder **3** *(com.)* régler (sur) **4** *(+ op)* faire concorder (avec); **inkomsten en uitgaven op elkaar ~** adapter les dépenses aux recettes **5** ne pas réélire

af·stem·pe·len [ɑfstɛmpələ(n)] *vt (stempelde af, h. afgestempeld)* **1** estampiller, oblitérer **2** composter

af·ster·ven [ɑfstɛrvə(n)] *vi (stierf af, i. afgestorven)* **1** mourir **2** disparaître

af·ste·ve·nen [ɑfstevənə(n)] *vi (stevende af, i. afgestevend) (+ op)* foncer (sur)
af·stij·gen [ɑfstɛiχə(n)] *vi (steeg af, i. afgestegen)* descendre (de)
af·stof·fen [ɑfstɔfə(n)] *vt (stofte af, h. afgestoft)* épousseter
af·stom·pen [ɑfstɔmpə(n)] *vti (stompte af, h./i. afgestompt)* s'émousser, s'abrutir
af·stor·men [ɑfstɔrmə(n)] *vi (stormde af, i. afgestormd) (+ op)* se lancer (sur)
af·sto·te·lijk [ɑfstotələk] *adj* repoussant
[1]**af·sto·ten** [ɑfstotə(n)] *vt (stootte af, h. afgestoten)* **1** faire partir **2** se débarrasser de **3** *(biol.)* rejeter
[2]**af·sto·ten** [ɑfstotə(n)] *vti (stootte af, h./i. afgestoten)* **1** déplaire **2** *(phys.)* (se) repousser
[3]**af·sto·ten** [ɑfstotə(n)] *vi (stootte af, i. afgestoten)* glisser (sur)
af·sto|tend [ɑfstotənt] *adj (-tender, meest a.)* repoussant
af·straf·fen [ɑfstrɑfə(n)] *vt (strafte af, h. afgestraft)* **1** punir **2** réprimander
[1]**af·stra·len** [ɑfstralə(n)] *vt (straalde af, h. afgestraald)* diffuser; **warmte ~** dégager de la chaleur
[2]**af·stra·len** [ɑfstralə(n)] *vi (straalde af, h./i. afgestraald)* se dégager (de) ♦ **de blijheid straalt van hem af** il rayonne de joie
af·stre·pen [ɑfstrepə(n)] *vt (streepte af, h. afgestreept)* biffer
af·strij·ken [ɑfstrɛikə(n)] *vt (streek af, h. afgestreken) (allumettes)* frotter ♦ **een afgestreken eetlepel** une cuillérée à soupe rase; **het mes op het brood ~** essuyer le couteau sur le pain
af·stro·pen [ɑfstropə(n)] *vt (stroopte af, h. afgestroopt)* **1** dépouiller **2** *(région)* écumer
af·strui·nen [ɑfstrœynə(n)] *vt (struinde af, h. afgestruind)* écumer
af·stu·deer·rich·ting [ɑfstyderɪχtɪŋ] *nf (-en)* orientation
af·stu·deer·scrip·tie [ɑfstyderskrɪpsi] *nf (-s)* mémoire de fin d'études
af·stu·de·ren [ɑfstyderə(n)] *vi (studeerde af, i. afgestudeerd)* terminer ses études
af·stui·ten [ɑfstœytə(n)] *vi (stuitte af, i. afgestuit)* rebondir
af·stui·ven [ɑfstœyvə(n)] *vi (stoof af, i. afgestoven) (+ op)* se précipiter (sur, vers)
af·stu·ren [ɑfstyrə(n)] *vti (stuurde af, h. afgestuurd)* **1** renvoyer **2** envoyer (vers) **3** changer de direction
af·taai·en [ɑftajə(n)] *vi (taaide af, i. afgetaaid) (fam.)* se tirer
af·ta·ke·len [ɑftakələ(n)] *vi (takelde af, i. afgetakeld)* dépérir; **hij begint al flink af te takelen** il commence à baisser sérieusement
af·ta·ke·ling [ɑftakəlɪŋ] *nf (-en)* dépérissement; **de seniele ~** la démence sénile
af·tak·ken [ɑftɑkə(n)] *vt (takte af, h. afgetakt) (cours d'eau)* dériver ♦ *(routes)* **zich ~** bifurquer
af|tands [ɑftɑn(t)s] *adj (-tandser, meest a.)* usé
af·tap·pen [ɑftɑpə(n)] *vt (tapte af, h. afgetapt)* **1** *(réservoir, conduite etc.)* vider; **de waterleiding ~** vidanger la conduite d'eau **2** *(liquides)* tirer **3** *(méd.)* saigner ♦ **een telefoon ~** mettre un téléphone sur (table d')écoute
af·tas·ten [ɑftɑstə(n)] *vt (tastte af, h. afgetast)* **1** tâter (qqch) **2** fouiller (qqn) **3** balayer
[1]**af·te·ke·nen** [ɑftekənə(n)] *vt (tekende af, h. afgetekend)* **1** tracer **2** signer **3** *(résultats)* inscrire **4** finir de dessiner **5** beaucoup dessiner **6** copier (un dessin)
[2]**af·te·ke·nen, zich** [ɑftekənə(n)] *vpr (tekende zich af, h. zich afgetekend)* se dessiner; **zich ~ tegen** se détacher sur
[1]**af·tel·len** [ɑftɛlə(n)] *vti (telde af, h. afgeteld)* compter; **aan het ~ zijn** compter les jours avant l'accouchement; **het ~ is onderbroken** on a interrompu le compte à rebours
[2]**af·tel·len** [ɑftɛlə(n)] *vi (telde af, h. afgeteld) (enf.)* réciter une comptine
af·tel·rijm·pje [ɑftɛlrɛimpjə] *het (-s)* comptine
af·tik·ken [ɑftɪkə(n)] *vt (tikte af, h. afgetikt)* **1** *(enf.)* donner une tape à **2** enlever **3** entériner (sans discussion) *(point à l'ordre du jour)*
af·tim·me·ren [ɑftɪmərə(n)] *vt (timmerde af, h. afgetimmerd)* **1** (finir de) bâtir **2** faire les finitions de
af·ti·te·ling [ɑftitəlɪŋ] *nf (-en)* générique
af·tob·ben [ɑftɔbə(n)] *vi (tobde af, h. afgetobd)* avoir des soucis
af·tocht [ɑftɔχt] *nm (-en)* retraite; **de ~ blazen** battre la retraite; *(fig.)* battre en retraite
af·top·pen [ɑftɔpə(n)] *vti (topte af, h. afgetopt)* étêter; **de salarissen ~** écrêter les barèmes des salaires
af·trap [ɑftrɑp] *nm (-pen)* engagement
[1]**af·trap·pen** [ɑftrɑpə(n)] *vi (trapte af, h. afgetrapt) (sports)* engager
[2]**af·trap·pen** [ɑftrɑpə(n)] *vt (trapte af, h. afgetrapt)* **1** chasser à coups de pied **2** arracher d'un coup de pied **3** pédaler **4** déformer
af·tre·den [ɑftredə(n)] *vi (trad af, i. afgetreden)* démissionner
af·tre·dend [ɑftredənt] *adj* démissionnaire
af·trek [ɑftrɛk] *nm* **1** déduction; **een ~ voor kinderen** une exonération fiscale pour enfants **2** décompte **3** débit; **~ vinden** se vendre facilement
af·trek·baar [ɑftrɛgbar] *adj* déductible
[1]**af·trek·ken** [ɑftrɛkə(n)] *vi (trok af, i. afgetrokken)* **1** partir **2** se diriger (vers)
[2]**af·trek·ken** [ɑftrɛkə(n)] *vti (trok af, h. afgetrokken)* **1** *(math.)* faire des soustractions **2** *(arme)* tirer à
[3]**af·trek·ken** [ɑftrɛkə(n)] *vt (trok af, h. af-*

getrokken) 1 déduire (de) 2 détourner (de) 3 *(fam.)* branler 4 tirer (vers le bas)

af·trek·ker [ɑftrɛkər] *nm (-s) (Belg.)* tire-bouchon

af·trek·post [ɑftrɛkpɔst] *nm (-en)* poste déductible

af·trek·sel [ɑftrɛksəl] *het (-s)* infusion ♦ **deze vertaling is een slap ~ van het origineel** cette traduction est une pâle imitation de l'original

af·trek·som [ɑftrɛksɔm] *de (-men)* (problème de) soustraction

af·troe·ven [ɑftruvə(n)] *vti (troefde af, h. afgetroefd)* 1 *(jeu de cartes)* couper 2 devancer

af·trog·ge·len [ɑftrɔχələ(n)] *vt (troggelde af, h. afgetroggeld)* extorquer (qqch à qqn)

af·tui·gen [ɑftœyχə(n)] *vt (tuigde af, h. afgetuigd)* 1 battre comme plâtre 2 déharnacher 3 *(mar.)* dégréer

af·vaar·di·gen [ɑfardəχə(n)] *vt (vaardigde af, h. afgevaardigd)* députer; **men vaardigde een gezantschap naar Engeland af** on envoya une délégation en Angleterre

af·vaar·di·ging [ɑfardəχɪŋ] *nf (-en)* délégation

af·vaart [ɑfart] *de (-en) (d'un bateau)* départ

[1]**af·val** [ɑfɑl] *nm* reniement

[2]**af·val** [ɑfɑl] *het/de* déchets

af·val·con·tai·ner [ɑfɑlkɔntenər] *nm (-s)* conteneur à ordures

af·val·len [ɑfɑlə(n)] *vi (viel af, i. afgevallen)* 1 tomber (de) 2 être éliminé 3 renier 4 maigrir ♦ **er zal voor jou ook nog wel iets ~** tu en retireras aussi quelque bénéfice

af·val·lig [ɑfɑləχ] *adj* infidèle (à); **een ~e priester** un prêtre défroqué

af·val·pro·duct [ɑfɑlprodʌkt] *het (-en)* sous-produit

af·val·race [ɑfɑlres] *nm (-s)* course par élimination

af·val·schei·ding [ɑfɑlsχɛidɪŋ] *nf* séparation des ordures

af·val·stof [ɑfɑlstɔf] *de (-fen)* déchet

af·val·wa·ter [ɑfɑlwatər] *het* eaux d'égout

af·va·ren [ɑfarə(n)] *vi (voer af, h./i. afgevaren)* 1 prendre la mer 2 partir (pour); **op iets ~** mettre le cap sur qqch 3 *(à propos d'un cours d'eau)* descendre

af·ve·gen [ɑfeχə(n)] *vt (veegde af, h. afgeveegd)* 1 nettoyer; **zijn kleren ~** brosser ses vêtements 2 essuyer

af·vij·len [ɑfɛilə(n)] *vt (vijlde af, h. afgevijld)* limer

af·vlag·gen [ɑflɑχə(n)] *vti (vlagde af, h. afgevlagd) (sports)* 1 donner le signal du départ (de) 2 donner le signal d'arrêt (de)

af·vlak·ken [ɑflɑkə(n)] *vt (vlakte af, h. afgevlakt)* aplanir

af·vloei·en [ɑflujə(n)] *vi (vloeide af, i. afgevloeid)* 1 être licencié; **overtollig personeel laten ~** dégraisser le personnel en surnombre 2 s'écouler 3 ruisseler

af·vloei·ings·re·ge·ling [ɑflujɪŋsreχəlɪŋ] *nf (-en)* (plan d')aménagement du licenciement

af·voer [ɑfur] *nm* 1 transport 2 évacuation; **de ~ van het water** l'écoulement de l'eau 3 tuyau d'écoulement; **de ~ is verstopt** le lavabo est bouché

af·voe·ren [ɑfurə(n)] *vt (voerde af, h. afgevoerd)* 1 transporter (qqch); **dat pad voert u van de stad af** ce sentier vous éloigne de la ville 2 faire descendre 3 rayer

af·vra·gen, zich [ɑfraχə(n)] *vpr (vroeg zich af, h. zich afgevraagd)* 1 s'interroger sur 2 se demander

af·vu·ren [ɑfyrə(n)] *vt (vuurde af, h. afgevuurd)* 1 *(arme, fusée)* décharger (sur); **een geweer ~** tirer un coup de fusil; **een raket ~** lancer un missile 2 émettre

af·waai·en [ɑfwajə(n)] *vi (waaide af, woei af, i. afgewaaid)* être emporté par le vent

af·waarts [ɑfwarts] *adj, adv* 1 en bas 2 vers l'aval

af·wach·ten [ɑfwɑχtə(n)] *vti (wachtte af, h. afgewacht)* attendre; **de bui ~** attendre que l'averse tombe; **een ~de houding aannemen** voir venir (les évènements); **we moeten maar ~** il faut voir venir; **~ totdat** attendre que

af·wach·ting [ɑfwɑχtɪŋ] *nf* attente; **in ~ van uw antwoord (enz.)** dans l'attente de votre réponse (etc.); **in ~ van de dingen die komen gaan** en attendant la suite des évènements

af·was [ɑfwɑs] *nm* vaisselle

af·was·baar [ɑfwɑzbar] *adj* lavable

af·was·ma·chi·ne [ɑfwɑsmaʃinə] *nf (-s)* lave-vaisselle

af·was·mid·del [ɑfwɑsmɪdəl] *het (-en)* produit vaisselle

[1]**af·was·sen** [ɑfwɑsə(n)] *vt (waste af, h. afgewassen)* laver

[2]**af·was·sen** [ɑfwɑsə(n)] *vi (waste af, h. afgewassen)* faire la vaisselle

af·was·vod [ɑfwɑsfɔt] *het (-den) (Belg.)* torchon

af·was·wa·ter [ɑfwɑswatər] *het* 1 eau de vaisselle 2 *(fam.)* bibine

af·wa·te·ren [ɑfwatərə(n)] *vi (waterde af, h. afgewaterd)* 1 déverser ses eaux 2 *(agric., tr.pub.)* être drainé

af·wa·te·ring [ɑfwatərɪŋ] *nf (-en)* 1 évacuation (des eaux) 2 *(agric., tr.pub.)* drainage

af·weer [ɑfwer] *nm* défense

af·weer·ge·schut [ɑfwerχəsχʌt] *het* défense antiaérienne

af·weer·ra·ket [ɑfwerakɛt] *de (-ten)* missile antiaérien

af·weer·stof [ɑfwerstɔf] *de (-fen)* anticorps

af·we·gen [ɑfweχə(n)] *vt (woog af, h. afgewogen)* 1 peser (exactement) 2 *(fig.)* peser; **de voor- en nadelen van iets (tegen**

elkaar) ~ peser le pour et le contre de qqch
af·we·ging [ɑfweχɪŋ] *nf (-en)* **1** pesage **2** considération
[1]**af·we·ken** [ɑfwekə(n)] *vt (weekte af, h. afgeweekt)* décoller
[2]**af·we·ken** [ɑfwekə(n)] *vi (weekte af, i. afgeweekt)* se décoller
af·wen·den [ɑfwɛndə(n)] *vt (wendde af, h. afgewend)* **1** détourner; **de ogen niet ~ van iemand, iets** ne pas quitter des yeux qqn, qqch **2** parer *(un coup)*
af·wen·nen [ɑfwɛnə(n)] *vt (wende af, h./i. afgewend)* déshabituer (qqn) de (qqch); **zich een slechte gewoonte ~** se défaire d'une mauvaise habitude
af·wen·te·len [ɑfwɛntələ(n)] *vt (wentelde af, h. afgewenteld)* **1** faire rouler vers le bas **2** *(+ op)* répercuter (sur)
af·we·ren [ɑfwerə(n)] *vt (weerde af, h. afgeweerd)* repousser; **gevaren ~** parer à des dangers; **lastige vragen ~** refuser de répondre à des questions embarrassantes
af·we·rend [ɑfwerənt] *adj* défensif
af·wer·ken [ɑfwɛrkə(n)] *vt (werkte af, h. afgewerkt)* **1** achever **2** parachever; **het ~ van houtwerk** le finissage d'une boiserie **3** effectuer; **heel wat ~** abattre de la besogne; **hij werkt wat af!** il ne fait que travailler ! **4** user **5** éreinter
af·wer·king [ɑfwɛrkɪŋ] *nf (-en)* **1** achèvement; **hij is aan de ~ van zijn roman** il est en train de parachever son roman **2** finition
af·wer·pen [ɑfwɛrpə(n)] *vt (wierp af, h. afgeworpen)* **1** enlever; **een gevoel van ongerustheid niet van zich kunnen ~** ne pas pouvoir se défaire d'un sentiment d'inquiétude **2** rejeter **3** produire; **veel ~** rapporter beaucoup **4** jeter en bas
af·we·ten [ɑfwetə(n)] *vb* ♦ **het laten ~** se décommander
af·we·zig [ɑfwezəχ] *adj* **1** absent **2** distrait; **~ zijn** avoir la tête ailleurs
af·we·zig·heid [ɑfwezəχhɛit] *nf (aussi au fig.)* absence; **bij ~ van** en l'absence de; **in een ogenblik van ~** dans un moment de distraction
af·wij·ken [ɑfwɛikə(n)] *vi (week af, i. afgeweken)* **1** s'écarter (de) **2** *(règle etc.)* dévier (de); **~d gedrag** comportement marginal; **een ~de opinie** une opinion divergente
af·wij·king [ɑfwɛikɪŋ] *nf (-en)* **1** déviation **2** anomalie; **een aangeboren lichamelijke ~** une malformation congénitale; **een geestelijke ~ hebben** souffrir de troubles psychiques; **dat roken is een ~ van hem** le tabac est un de ses vices **3** infraction; **in ~ van de regel** contrairement à la règle **4** écart
af·wij·zen [ɑfwɛizə(n)] *vt (wees af, h. afgewezen)* **1** refuser; **een aanbod ~** décliner une offre; **een ~d antwoord** une réponse négative; **geruchten ~** n'ajouter aucune foi à des rumeurs; **een verzoek ~** rejeter une demande **2** *(examen)* recaler
af·wik·ke·len [ɑfwɪkələ(n)] *vt (wikkelde af, h. afgewikkeld)* **1** dévider; **het papier van een pakje ~** déballer un paquet **2** régler
af·wim·pe·len [ɑfwɪmpələ(n)] *vt (wimpelde af, h. afgewimpeld)* refuser
af·win·den [ɑfwɪndə(n)] *vt (wond af, h. afgewonden)* dévider
[1]**af·wis·se·len** [ɑfwɪsələ(n)] *vt (wisselde af, h. afgewisseld)* **1** alterner avec; **elkaar ~** se succéder **2** varier (qqch avec qqch)
[2]**af·wis·se·len** [ɑfwɪsələ(n)] *vi (wisselde af, h. afgewisseld)* **1** alterner (avec qqch) **2** changer; **een ~d leven** une vie exempte de monotonie
af·wis·se·lend [ɑfwɪsələnt] *adj, adv* **1** alternatif, alternativement **2** varié
af·wis·se·ling [ɑfwɪsəlɪŋ] *nf (-en)* variété; **~ brengen (in)** apporter de la diversité (à); **ter ~** par souci de diversité; **voor de ~** pour changer
af·wis·sen [ɑfwɪsə(n)] *vt (wiste af, h. afgewist) (form.)* essuyer
af·wrij·ven [ɑfrɛivə(n)] *vt (wreef af, h. afgewreven)* **1** enlever (qqch) en frottant **2** frotter
afz. [ɑfsɛndər] *nm* abrév. de *afzender* exp.
af·za·de·len [ɑfsadələ(n)] *vti (zadelde af, h. afgezadeld)* desseller
af·za·gen [ɑfsaχə(n)] *vt (zaagde af, h. afgezaagd)* scier
af·zak·ken [ɑfsɑkə(n)] *vi (zakte af, i. afgezakt)* **1** glisser; **zijn broek zakt af** il perd son pantalon **2** descendre **3** baisser **4** descendre (vers le Sud) **5** s'éloigner
af·zak·ker·tje [ɑfsɑkərcə] *het (-s) (fam.)* petit verre
[1]**af·zeg·gen** [ɑfsɛχə(n)] *vt (zei af, zegde af, h. afgezegd)* **1** décommander; **een bestelling ~** annuler une commande **2** résilier; **een tijdschrift ~** se désabonner (d'une revue)
[2]**af·zeg·gen** [ɑfsɛχə(n)] *vti (zei af, zegde af, h. afgezegd)* (se) décommander
af·zen·den [ɑfsɛndə(n)] *vt (zond af, h. afgezonden)* envoyer; **iemand erop ~** dépêcher qqn
af·zen·der [ɑfsɛndər] *nm (-s),* **afzendster** *nf (-s)* expéditeur, -trice
af·zet [ɑfsɛt] *nm* **1** vente **2** débouchés **3** vente(s) **4** élan
af·zet|ge·bied [ɑfsɛtχəbit] *het (-en),* **-markt** *de (-en),* **-mogelijkheid** *nf (-heden)* débouché
[1]**af·zet·ten** [ɑfsɛtə(n)] *vt (zette af, h. afgezet)* **1** *(chaussures, bonnet etc.)* enlever; **de bril ~** retirer ses lunettes **2** *(machine)* arrêter; **de radio ~** éteindre la radio **3** amputer **4** escroquer (qqch à qqn) **5** clôturer; **het huis was door de politie afgezet** la maison était cernée par la police **6** repousser; **zich ~** prendre appel; **zich ~ tegen (iets, iemand)** s'insurger contre (qqch, qqn) **7** destituer; **een koning ~** dé-

trôner un roi **8** écarter **9** déposer **10** marquer **11** galonner (de) **12** vendre **13** tracer

[2]**af·zet·ten** [ɑfsɛtə(n)] *vi (zette af, h./i. afgezet)* **1** se jeter **2** prendre appel

af·zet·ter [ɑfsɛtər] *nm (-s)*, **afzetster** *nf (-s)* escroc

af·zet·ting [ɑfsɛtɪŋ] *nf (-en)* **1** amputation **2** destitution **3** sédimentation **4** dépôt **5** clôture

af·zich·te·lijk [ɑfsɪχtələk] *adj, adv* hideux, hideusement; **iets ~s hebben** avoir qqch de repoussant

[1]**af·zien** [ɑfsin] *vi (zag af, h. afgezien)* **1** *(+ van)* renoncer (à); **van iemand ~** renoncer à engager qqn **2** *(sports)* en voir de toutes les couleurs **3** *(Belg.)* souffrir ♦ **dat wordt ~** ce sera dur

[2]**af·zien** [ɑfsin] *vt (zag af, h. afgezien)* **1** embrasser du regard **2** s'inspirer de ♦ **je ziet het er niet aan af** ça n'en a pas l'air

af·zij·dig [ɑfsɛidəχ] *adj* neutre; **zich ~ houden van iets** rester à l'écart de qqch; **zich ~ houden van iemand** éviter qqn

af·zoe·ken [ɑfsukə(n)] *vt (zocht af, h. afgezocht)* fouiller; **de horizon ~** scruter l'horizon

af·zoe·nen [ɑfsunə(n)] *vt (zoende af, h. afgezoend)* **1** apaiser par un baiser **2** essuyer par des baisers **3** couvrir de baisers

[1]**af·zon·de·ren** [ɑfsondərə(n)] *vt (zonderde af, h. afgezonderd)* **1** séparer **2** isoler **3** séparer par une cloison **4** *(chim.)* extraire **5** réserver

[2]**af·zon·de·ren, zich** [ɑfsondərə(n)] *vpr (zonderde zich af, h. zich afgezonderd)* **1** s'isoler; **hij had zich op het land afgezonderd** il s'était retiré à la campagne **2** faire bande à part

af·zon·de·ring [ɑfsondərɪŋ] *nf (-en)* isolement

[1]**af·zon·der·lijk** [ɑfsondərlək] *adj* **1** individuel **2** particulier; **~e scholen voor protestanten en katholieken** écoles distinctes pour les protestants et les catholiques **3** spécial

[2]**af·zon·der·lijk** [ɑfsondərlək] *adv* séparément; **(met) iemand ~ spreken** avoir une entrevue particulière avec qqn

af·zui·gen [ɑfsœyγə(n)] *vt (zoog af, h. afgezogen)* **1** aspirer **2** sucer

af·zuig·kap [ɑfsœyχkɑp] *de (-pen)* hotte (aspirante)

af·zwaai·en [ɑfswajə(n)] *vi (zwaaide af, i. afgezwaaid) (fam.)* **1** *(milit.)* être démobilisé **2** quitter ses fonctions; **Fred zwaait af** Fred va nous quitter

[1]**af·zwak·ken** [ɑfswɑkə(n)] *vt (zwakte af, h. afgezwakt)* affaiblir

[2]**af·zwak·ken** [ɑfswɑkə(n)] *vi (zwakte af, i. afgezwakt)* s'affaiblir

[1]**af·zwem·men** [ɑfswɛmə(n)] *vi (zwom af, h./i. afgezwommen)* **1** s'éloigner en nageant **2** partir **3** descendre à la nage **4** passer son brevet de natation

[2]**af·zwem·men** [ɑfswɛmə(n)] *vt (zwom af, h./i. afgezwommen)* parcourir à la nage

af·zwe·ren [ɑfswerə(n)] *vt (zwoer af, h. afgezworen)* renier, renoncer à

agen·da [aχɛnda] *de (-'s)* **1** agenda **2** ordre du jour; **(iets) op de ~ plaatsen** inscrire (qqch) à l'ordre du jour

agen·de·ren [aχɛnderə(n)] *vt (agendeerde, h. geagendeerd)* inscrire à l'ordre du jour

agent [aχɛnt] *nm (-en)*, **agente** *nf (-n, -s)* **1** agent de police **2** agent; **een ~ van een verzekeringsmaatschappij** un courtier d'une compagnie d'assurances

agent·schap [aχɛntsχɑp] *het (-pen)* agence

age·ren [aχerə(n)] *vi (ageerde, h. geageerd)* ♦ **tegen iemand ~** mener une campagne contre qqn; **tegen iemands verkiezing ~** combattre l'élection de qqn

ag·gre|gaat [ɑχreχat] *het (-gaten)* **1** agrégat **2** groupe (d'appareils) **3** *(Belg.; enseign.)* agrégation

ago·gie [aχoχi] *nf* travail socioéducatif

agra·ri·ër [aχrarijər] *nm (-s)* paysan

agra·risch [aχraris] *adj* rural; **~e school** établissement d'enseignement agricole

agres|sief [aχrɛsif] *adj (-siever, -siefst)* **1** agressif **2** mordant

A-griep [aχrip] *de (méd.)* grippe asiatique

aha [aha] *interj* (tiens,) tiens !

ahob [ahɔp] *nm (-s) (transp.)* demi-barrière (automatique)

ahorn [ahɔrn] *nm (-en)* érable

a.h.w. abrév. de *als het ware* pour ainsi dire

a.i. **1** abrév. de *ad interim* par intérim **2** abrév. de *alles inbegrepen* tout compris

aids [ets] abrév. de *acquired immune deficiency syndrome* sida

aids·dra·ger [etsdraχər] *nm (-s) (méd.)* séropositif, -ive

aids·pa|tiënt [etspaʃɛnt] *nm (-en)*, **-tiënte** *nf (-s, -n) (méd.)* sidatique

aio [ajo] *nm* abrév. de *assistent in opleiding* assistant en formation

air [ɛ:r] *het (-s)* (grands) airs; **met het ~ van** en se donnant des airs de

air·bag [ɛ:rbɛ:g] *nm (-s)* airbag

air·co [ɛ:rko] *de (-'s)* clim

AIVD [aivede] *nm* abrév. de *Algemene Inlichtingen- en Veiligheidsdienst* ⟨*Services de renseignement (et de sécurité)*⟩

ajb. abrév. de *alsjeblieft* s.t.p.

aju [ajy] *interj* → **ajuus**

ajuin [ajœyn] *nm (-en) (Belg.)* oignon

ajuus [ajys] *interj (fam.)* salut !

[1]**ake·lig** [akələχ] *adj* **1** horrible; **een ~ voorgevoel** un affreux pressentiment **2** désagréable ♦ **ik word er ~ van** cela m'écœure; **ik voel me zo ~** je ne me sens vraiment pas dans mon assiette

[2]**ake·lig** [akələχ] *adv* drôlement; **dat was ~ spannend** c'était vachement passionnant

ak·ke·fiet·je [ɑkəficə] *het (-s) (fam.)* **1** corvée **2** besogne **3** bagatelle

ak·ker [ɑkər] *nm (-s)* champ; **nederigheid is geen plant die op zijn ~ groeit** il ne cultive pas l'humilité
ak·ker·bouw [ɑkərbɑu] *nm* cultures
ak·ker·land [ɑkərlɑnt] *het (-en)* terres cultivables
ak·ker·tje [ɑkərcə] *het* ♦ **op zijn dooie ~** en père peinard
ak·ke·viet·je [ɑkəvicə] *het (-s)* → **akkefietje**
1**ak·koord** [ɑkort] *het (-en)* **1** accord *(aussi mus.); (jur.)* **een ~ aanbieden** proposer un accommodement; **een stilzwijgend ~** une convention tacite **2** *(jur.)* transaction
2**ak·koord** [ɑkort] *adj* en règle; **~ bevonden** approuvé; **met iets ~ gaan** souscrire à qqch
3**ak·koord** [ɑkort] *interj* d'accord !
ak·koord·je [ɑkorcə] *het (fam.)* ♦ **het op een ~ gooien (met)** parvenir à s'entendre (avec)
akoes·tiek [akustik] *nf* acoustique
ak·te [ɑktə] *de (-n, -s)* **1** acte **2** brevet; **een ~ van bekwaamheid** un certificat d'aptitude; **een ~ halen** obtenir un diplôme
ak·te·tas [ɑktətɑs] *de (-sen)* porte-document
1**al** [ɑl] *adv* **1** déjà **2** *(insistance)* par **3** *(concession)* bien que; **al naargelang** selon, suivant; **zo hij al rijk wordt, gelukkig wordt hij niet** même s'il devient riche, il ne sera pas heureux pour autant **4** *(simultanéité)* en *(+ p. prés.)*; **dat heb ik goed gedaan, al zeg ik het zelf** je l'ai bien fait, sans vouloir me vanter ♦ **je kunt er al of niet gebruik van maken** tu peux t'en servir ou non; **wie er al niet rookt!** tout le monde fume maintenant !; **vertel me waar je zo al geweest bent** raconte-moi où tu as été
2**al** [ɑl] *indéf* tout; **al met al** tout bien considéré; **al de moeite** tous les efforts; **te allen tijde** à tout moment; **al wie** quiconque; **met schil en al opeten** tout avaler, même la peau
à la mi·nu·te [alaminyt] *adv* sur-le-champ
alarm [alɑrm] *het* **1** alarme; **groot ~** alarme générale; **loos, vals ~** fausse alerte; **~ roepen, slaan** donner l'alarme **2** dispositif d'alarme; **een stil ~** alarme par liaison directe avec le commissariat ♦ **iedereen verkeerde in ~** tout le monde était consterné
***alarm-** [alɑrm-] d'alarme; **de alarminstallatie** le dispositif d'alarme
alarm·bel [alɑrmbɛl] *de (-len) (Belg.)* sonnette d'alarme ♦ **toen gingen alle ~len rinkelen bij hem** ça a fait tilt chez lui
alarm·cen·tra·le [alɑrmsɛntralə] *de (-s)* dispatching de messages urgents
alar·me·ren [alɑrmerə(n)] *vt (alarmeerde, h. gealarmeerd)* **1** alerter; **de troepen ~** mobiliser les troupes **2** alarmer
alarm·licht [alɑrmlɪχt] *het (-en)* feu de détresse
alarm·num·mer [alɑrmnʌmər] *het (-s)* numéro (d'appel) d'urgence
alarm·toe·stand [alɑrmtustɑnt] *nm (-en)* état d'alerte
Al·ba·nees [ɑlbanes] *adj* albanais; **een ~, Albanese** un(e) Albanais(e); **het ~** l'albanais
Al·ba·nië [ɑlbanijə] *het* Albanie
al·bast [ɑlbɑst] *het (-en)* albâtre
al·co·hol [ɑlkohɔl] *nm* alcool; **verslaafd aan ~** alcoolique
al·co·hol·con·tro·le [ɑlkohɔlkɔntrɔ:lə, Bɑlkohɔlkɔntrolə] *de (-s)* contrôle de l'alcoolémie
al·co·hol·hou·dend [ɑlkohɔlhɑudənt] *adj* alcoolisé
1**al·co·ho·li·ca** [ɑlkoholika] *plur* boissons alcoolisées
2**al·co·ho·li·ca** [ɑlkoholika] *nf (-'s)* (femme) alcoolique
al·co·ho·li|cus [ɑlkoholikʌs] *nm (-ci)* (homme) alcoolique
al·co·ho·lisch [ɑlkoholis] *adj* **1** alcoolisé **2** alcoolique
al·co·ho|list [ɑlkoholɪst] *nm (-en)*, **-liste** *nf (-s, -n)* alcoolique
al·co·hol·ver·bod [ɑlkohɔlvərbɔt] *het (-en)* régime sec
al·co·hol·vrij [ɑlkohɔlvrɛi] *adj* **1** non alcoolisé **2** abstinent
al·daar [ɑldar] *adv (form.)* là-bas
al·door [ɑldor] *adv (form.)* sans cesse
al·dus [ɑldʌs] *adv (form.)* ainsi ♦ **~ de woordvoerder** déclara le porte-parole
1**al·eer** [aler] *adv (form.)* jadis
2**al·eer** [aler] *conj (form.)* avant que
alert [alɛrt] *adj (alerter, meest a.)* vif; **~ zijn op iets** rester attentif à qqch
al·fa [ɑlfa] *de (-'s)* **1** alpha **2** littéraire
al·fa·be·ti·se·ren [ɑlfabetizerə(n)] *vt (alfabetiseerde, h. gealfabetiseerd)* **1** classer par ordre alphabétique **2** alphabétiser
al·fa·we·ten·schap [ɑlfawetənsχɑp] *nf (-pen)* science humaine
alg [ɑlχ] *de (-en)*, **alge** *de (-n)* algue
al·ge·bra [ɑlχəbra] *nf* algèbre
al·ge·heel [ɑlχəhel] *adj (form.)* total; **algehele mobilisatie** mobilisation générale
1**al·ge·meen** [ɑlχəmen] *het* ensemble; **in het ~ gesproken** généralement parlant; **over het ~** en règle générale
2**al·ge|meen** [ɑlχəmen] *adj, adv (-mener, -meenst)* général(ement); **het is ~ bekend** tout le monde le sait; **~ gangbaar** couramment utilisé; **deze regel is ~ geldig** cette règle est valable dans tous les cas; **algemene geschiedenis** histoire universelle; **algemene ontwikkeling** culture générale; **het ~ welzijn** le bien commun; **~ worden** se répandre
al·ge·meen|heid [ɑlχəmenhɛit] *nf (-heden)* généralité; **in zijn ~** globalement
Al·ge·rije [ɑlχərɛijə] *het* Algérie
Al·ge|rijn [ɑlχərɛin] *nm (-en)*, **-rijnse** *nf (-n)* Algérien, -enne
Al·ge·rijns [ɑlχərɛins] *adj* algérien
al·hier [ɑlhir] *adv* ici (même)

al·hoe·wel [ɑlhuwɛl] *conj (form.)* encore que

ali·men·ta·tie [alimɛnta(t)si] *nf* pension alimentaire

à l'im·pro·vis·te [alɛ̃provist] *adv* sans préparation; **een toespraak ~** un discours improvisé

al|koof [ɑlkof] *de (-koven)* alcôve

al·la [ɑla] *interj* **1** allons ! **2** bon !

al·lang [ɑlɑŋ] *adv* depuis longtemps; **ik heb hem ~ in de gaten** je le vois venir avec ses gros sabots; **het is ~ 11 uur** il est 11 heures largement passées

al·le [ɑlə] *indéf* tout le; **~n die** tous ceux qui; **in ~ ernst** très sérieusement; **~n gingen weer naar huis** ils rentrèrent tous; **met ~ macht** de toutes ses forces; **~ moeite was vergeefs** ce fut peine perdue; **hij is ons ~r vriend** c'est notre ami à tous

al·le·bei [ɑləbɛi] *card (fam.)* (tous, toutes) les deux

al·le|daags [ɑlədaχs] *adj (-daagser, meest a.)* **1** quotidien **2** normal; **~e voorvallen** incidents banals

al·le·dag [ɑlədɑχ] *adv (fam.)* tous les jours

al·lee [ɑle] *interj* vas-y !

[1]**al·leen** [ɑlen] *adj, adv* **1** seul; *(fig.)* **in die opvatting staat zij ~** elle est la seule à voir les choses sous cet angle **2** tout seul **3** seul à seul **4** (le) seul; **ik ~ wens u te spreken** je suis le seul à désirer vous parler

[2]**al·leen** [ɑlen] *adv* seulement

al·leen·heer·schap·pij [ɑlenhersχɑpɛi] *nf* autocratie

al·leen·recht [ɑlenrɛχt] *het (-en)* droit exclusif

al·leen|spraak [ɑlensprak] *nf (-spraken)* monologue

al·leen·staand [ɑlenstant] *adj* **1** isolé; **een ~e woning** une maison isolée, maison individuelle **2** seul; **een ~e moeder** une femme seule chargée de famille; *(subst.)* **een dansavond voor ~en** une soirée dansante pour personnes seules

al·leen·ver·die·ner [ɑlenvərdinər] *nm (-s)* ± seul revenu du ménage

al·leen-zijn [ɑlenzɛin] *het* solitude

al·le·gaar·tje [ɑləχarcə] *het (-s) (fam.)* méli-mélo

[1]**al·le·maal** [ɑləmal] *adv (fam.)* rien que

[2]**al·le·maal** [ɑləmal] *num* tout; **zij is de mooiste van ~** c'est la plus belle (de toutes); **en nu ~!** et maintenant tous ensemble !

[1]**al·le·mach·tig** [ɑləmɑχtəχ] *adj, adv (fam.)* formidable, drôlement

[2]**al·le·mach·tig** [ɑləmɑχtəχ] *interj* bonté divine !

al·le·man [ɑləman] *indéf* tout le monde; **hij gaat om met Jan en ~** il fréquente n'importe qui

al·len [ɑlə(n)] *indéf* → **alle**

al·lengs [ɑlɛŋs] *adv* peu à peu

al·ler·aar·digst [ɑlərardəχst] *adj, adv* (de façon) charmant(e); **een ~ boek** un livre des plus charmants

al·ler·be·lang·rijkst [ɑlərbəlɑŋrɛikst] *adj* le plus important

al·ler·best [ɑlərbɛst] *adj, adv* excellent, (le) meilleur, on ne peut mieux; *(subst.)* **op zijn ~ zijn** être tiré à quatre épingles, être au meilleur de sa forme

al·ler·eerst [ɑlərerst] *adj, adv* (le) tout premier, avant tout; **op de ~e plaats** avant toute chose

al·ler·han·de [ɑlərhɑndə] *adj* toutes sortes de; **~ des biscuits assortis**

Al·ler·hei·li·gen [ɑlərhɛiləχə(n)] *nm* La Toussaint

al·ler·hoogst [ɑlərhoχst] *adj* très haut, le plus haut; **de Allerhoogste** le Très-Haut; *(subst.)* **op zijn ~** tout au plus

al·ler·ijl [ɑlərɛil] ♦ **in ~** en toute hâte

al·ler·laatst [ɑlərlatst] *adj, adv* (le) (tout) dernier, en dernier lieu; *(subst.)* **op het ~** au plus tard; **voor het ~** pour la dernière fois

al·ler·lei [ɑlərlɛi] *adj* toutes sortes de

al·ler·liefst [ɑlərlifst] *adj, adv* **1** adorable; **een ~ kind** un amour d'enfant **2** de préférence; **het ~ bleef ik thuis** je préférerais rester à la maison

al·ler·meest [ɑlərmest] *adj* la plupart des; *(subst.)* **op zijn ~** tout au plus

[1]**al·ler·minst** [ɑlərmɪnst] *adj* **1** le moindre **2** le moins; *(subst.)* **niet in het ~** pas le moins du monde; *(subst.)* **op zijn ~** tout au moins

[2]**al·ler·minst** [ɑlərmɪnst] *adv* ne … pas du tout

al·ler·nieuwst [ɑlərniwst] *adj* tout nouveau; **het ~e** le dernier cri

al·ler·nood·za·ke·lijkst [ɑlərnotsakələkst], **allernodigst** *adj* indispensable; **het ~e** le strict minimum

Al·ler·zie·len [ɑlərzilə(n)] *nm* le Jour des Morts

al·les [ɑləs] *indéf* tout; *(fam.)* **en ~** et tout; **~ of niets** tout ou rien; **~ op ~ zetten** risquer le tout pour le tout, faire le maximum; **van ~ (en nog wat)** toutes sortes de choses; **vóór ~** avant tout

al·les·be·hal·ve [ɑləzbəhɑlvə] *adv* tout sauf; **Dat was niet prettig. Nee, ~** Ce n'était pas agréable, bien au contraire

al·les·bran·der [ɑləzbrɑndər] *nm (-s)* (poêle) brûle-tout

al·les·eter [ɑləsetər] *nm (-s)* omnivore

al·les·over·heer·send [ɑləsovərhersənt] *adj* dominant

al·les·rei·ni·ger [ɑləsrɛinəχər] *nm (-s)* détergent

al·les·zins [ɑləsɪns] *adv* à tous égards

al·licht [ɑlɪχt] *adv* évidemment

all-in [ɔ:lɪn] *adj, adv* tout compris

al·looi [ɑloj] *het* **1** titre (légal) **2** *(fig.)* aloi

all·risk [ɔ:lrɪsk] *adj, adv* tous risques

all·round [ɔ:lraund] *adj* accompli

all|roun·der [ɔ:lraundər] *nm (-s)*, **-roundster** *nf (-s)* **1** généraliste **2** patineur, -euse toutes catégories

al·lu·re [alyrə] *de (-s)* **1** allure; **~s hebben** se donner de grands airs **2** aspect
al·maar [almar] *adv* → **alsmaar**
al·macht [almaxt] *nf* toute-puissance
al·mach·tig [almaxtəx] *adj* tout-puissant
aloë [alowe] *nf (-'s) (bot.)* aloès
al·om [alɔm] *adv* partout; **~ bekend** universellement connu
al·om·te·gen·woor·dig [alɔmtexə(n)wordəx] *adj* omniprésent
al·om·vat·tend [alɔmvatənt] *adj* universel
al·oud [alaut] *adj* **1** (très) ancien **2** *(personnes)* vénérable
***al·pen-** [alpə(n)-] alpin
al·pen·wei·de [alpə(n)wɛidə] *de (-n)* alpage
al·pi·no [alpino] *nm (-'s),* **alpinopet** *de (-ten)* béret basque
als [als] *conj* **1** *(comparaison; explication)* comme; **hij is even groot ~ jij** il est aussi grand que toi; **net ~** tout comme; **de brief luidt ~ volgt** voici le contenu de la lettre; **zowel in de stad ~ op het land** à la ville comme à la campagne **2** *(fam.; différence)* (plus, moins) ... que; **de vrouw was niet zozeer ziek, ~ wel moe** la femme n'était pas tant malade que fatiguée **3** *(manière)* comme; **~ enig antwoord** pour toute réponse; **ik heb hem nog ~ jongen meegemaakt** je l'ai connu enfant; **~ vriend** en ami **4** *(temps)* quand **5** *(condition)* si; **~ het u belieft** s'il vous plaît
ALS [aɛlɛs] *nf* abrév. de *amyotrofische laterale sclerose* SLA
als·je·blieft [alʃəblift] *adv* → [1]**alstublieft**
als·maar [alsmar] *adv (fam.)* tout le temps; **iemand ~ lopen te zoeken** courir après qqn
als·me·de [alsmedə] *conj (form.)* ainsi que
als·nog [alsnɔx] *adv* encore; **hij heeft zich ~ gemeld** il a fini par se présenter
als·of [alsɔf] *conj* comme si; **doen ~** faire comme si; faire semblant de; **~ je niet beter wist!** comme si tu ne savais pas !
als·ook [alsok] *conj (form.)* ainsi que
[1]**als·tu·blieft** [alstyblift] *adv* **1** s'il vous plaît; **hier tekenen ~** veuillez signer ici **2** bon sang
[2]**als·tu·blieft** [alstyblift] *interj* **1** *(politesse accompagnant un geste)* voilà **2** *(acceptation polie)* oui, volontiers **3** *(étonnement)* eh bien !
[1]**alt** [alt] *de (-en) (mus.)* **1** *(voix)* contralto **2** *(violon)* alto **3** *(musicien)* altiste **4** partie de contralto, d'alto
[2]**alt** [alt] *nf (-en) (mus.) (chanteuse)* contralto
al|taar [altar] *het/de (-taren)* autel
al·ter·na·tief [altɛrnatif] *adj* **1** alternatif; **een ~** une alternative **2** marginal; **alternatieve geneeswijze** médecine parallèle; **alternatieve kleding** vêtements anticonformistes
al·ter·na·tie·ve|ling [altɛrnativəlɪŋ] *nm (-en),* **-linge** *nf (-n)* marginal, -ale
al·thans [altans] *adv (form.)* (tout) au moins; **ik ~ denk er zo over** en tout cas, c'est mon avis; **hij is niet gekomen, ~ ik heb hem niet gezien** il n'est pas venu, du moins je ne l'ai pas vu
al·tijd [altɛit] *adv* toujours; **~ en eeuwig** sempiternellement
alu·mi·ni·um·fo·lie [alyminijʌmfoli] *het* papier aluminium
al·vast [alvast] *adv* déjà; **dat is ~ meegenomen** c'est toujours ça de gagné
al·vlees·klier [alvlesklir] *de (-en)* pancréas
al·vo·rens [alvorə(n)s] *conj (form.)* avant de
al·waar [alwar] *adv (form.)* où
al·weer [alwer] *adv* de nouveau
al·we·tend [alwetənt] *adj* omniscient
al·ziend [alzint] *adj* qui voit tout; **het ~ oog** l'œil divin
amai [amaj] *interj (Belg.)* eh ben dis donc
aman·del [amandəl] *de (-en)* **1** amande; **~en knippen,** *(Belg.)* **~en trekken** enlever les amygdales **2** amandier **3** amygdale
ama·nu|en·sis [amanywɛnzɪs] *nm (-enses)* préparateur (de laboratoire)
ama·teu·ris·tisch [amatørɪstis] *adj, adv* (en) amateur; *(péj.)* **dat is zeer ~ gedaan** c'est du travail d'amateur
am·bacht [ambaxt] *het (-en)* artisanat; *(prov)* **twaalf ~en, dertien ongelukken** douze métiers, treize malheurs
am·bach·te·lijk [ambaxtələk] *adj* artisanal
am·bachts|school [ambaxtsxol] *de (-scholen)* collège d'enseignement technique
am·be·tan·te·rik [ambətantərɪk] *nm (-en) (Belg.)* emmerdeur, -euse
am·bi·ë·ren [ambijerə(n)] *vt (ambieerde, h. geambieerd)* ambitionner
am·bi·tie [ambi(t)si] *nf (-s)* **1** ambition **2** zèle
am·bi|ti·eus [ambi(t)ʃøs] *adj (-tieuzer, -tieust)* **1** ambitieux **2** zélé
ambt [amt] *het (-en)* **1** fonction; **een ~ aanvaarden** entrer en fonction; **zijn ~ neerleggen** se démettre de ses fonctions **2** *(relig.)* ministère
amb·te·lijk [amtələk] *adj, adv* officiel(lement)
amb·te·loos [amtəlos] *adj* sans profession
amb·te|naar [amtənar] *nm (-naren)* fonctionnaire; *(péj.)* **hij is een echte ~** c'est un vrai bureaucrate; **~ van de burgerlijke stand** officier de l'état civil
amb·te·na·ren·ap·pa·raat [amtənarə(n)aparat] *het* administration
amb·te·na·rij [amtənarɛi] *nf* **1** bureaucratie **2** fonctionnaires
ambt·ge|noot [amtxənot] *nm (-noten),* **-note** *nf (-n, -s)* confrère, consœur

ambts·ge·heim [ɑm(t)sχəhɛim] *het (-en)* secret professionnel
ambts·hal·ve [ɑm(t)shɑlvə] *adv* d'office
ambts|pe·ri·o·de [ɑm(t)sperijodə] *de (-s),* **-termijn** *nm (-en)* mandat; **de zevenjarige ~** le septennat
ambts·we·ge [ɑm(t)sweχə] *adv* ♦ **van ~** d'office
ambts·wo·ning [ɑm(t)swonɪŋ] *nf (-en)* résidence officielle
am·bu·lant [ɑmbylɑnt] *adj* **1** ambulatoire **2** ambulant
amen [amə(n)] *interj* amen ♦ *(Belg.)* **~ en uit!** point final !
Ame·ri·ka [amerika] *het* Amérique
Ame·ri|kaan [amerikan] *nm (-kanen),* **-kaanse** *nf (-n)* Américain, -aine
Ame·ri·kaans [amerikans] *adj* américain; **het ~** l'américain
ami·no|zuur [aminozyr] *het (-zuren) (chim.)* acide aminé
am·me·hoe·la [ɑməhula] *interj (fam.)* mon œil !
am·mo·nia [ɑmonija] *nm* alcali volatil
am·mu·ni·tie [ɑmyni(t)si] *nf* munitions
am·nes·tie [ɑmnɛsti] *nf (-ën)* amnistie; **~ verlenen (aan iemand)** amnistier (qqn)
amok [amɔk] ♦ *(fig.)* **~ maken** entrer en fureur
Amor [amɔr] *nm* Cupidon
amo·reel [amorel] *adj, adv* (de façon) amoral(e)
am·per [ɑmpər] *adv* à peine
am·pul [ɑmpʌl] *de (-len)* ampoule
am·ster·dam·mer·tje [ɑmstərdɑmərcə] *het (-s)* chasse-roue
amu·se·ments·hal [amyzəmɛn(t)shɑl] *de (-len)* salle de jeux (électroniques)
amu·se·ments·mu·ziek [amyzəmɛn(t)smyzik] *nf* musique légère
amu·se·ments·pro·gram·ma [amyzəmɛn(t)sproχrɑma] *het (-'s)* spectacle de variétés
ana·bo·len [anabolə(n)] *plur (méd.)* anabolisants
an·al·fa|beet [ɑnɑlfabet] *nm (-beten),* **-bete** *nf (-s, -n)* **1** analphabète **2** ignorant, -ante
ana|list [analɪst] *nm (-en),* **-liste** *nf (-n, -s)* **1** laborantin, -ine **2** *(inform.)* analyste
ana·loog [analoχ] *adj, adv* **1** (de façon) analogue; **een analoge redenering** un raisonnement par analogie **2** *(technol.)* analogique
ana·ly·se [analizə] *nf (-s)* analyse; *(psycho.)* **in ~ zijn** suivre une psychanalyse
ana·ly·ti|cus [analitikʌs] *nm (-ci)* analyste
ana·to·mi·se·ren [anatomizerə(n)] *vt (anatomiseerde, h. geanatomiseerd)* disséquer
[1]**an·der** [ɑndər] *adj* autre; **om de ~e dag** tous les deux jours; **om de ~e keer** une fois sur deux; **ten ~en male** pour la deuxième fois; **om de ~** alternativement; **(de) een of ~e voorbijganger** quelque passant
[2]**an·der** [ɑndər] *indéf* **1** un autre; **hij kan zwemmen als geen ~** il peut nager comme pas un; **voor hem tien ~en** un de perdu, dix de retrouvés; **maak dat een ~ wijs!** à d'autres ! **2** d'autres; **onder ~e (o.a.)** entre autres ♦ *(Belg.)* **op een ~** ailleurs
an·der·half [ɑndərhɑlf] *card* **1** un et demi **2** deux ou trois
an·der·maal [ɑndərmal] *adv* encore une fois; **een en ~** à plusieurs reprises
an·der·man [ɑndərmɑn] *indéf* autrui
an·ders [ɑndərs] *adj, adv* **1** autre(ment); **mooi is ~** on ne peut pas dire que c'est beau !; **het is niet ~** c'est comme ça; **ik kan niets ~ doen dan ...** il ne me reste qu'à ...; **~ worden** changer; **~ dan ~** tout à fait original; **~ dan hij beweerde** contrairement à ce qu'il a prétendu **2** d'habitude **3** sinon; **waarom zou hij ~ zo koppig zijn?** sinon, pourquoi serait-il si têtu ? **4** du reste; **verwacht je regen? Daar ziet het ~ niet naar uit** tu penses qu'il va pleuvoir ?, on ne dirait pas, pourtant **5** si ce n'est (pour) **6** avoir beau
an·ders·den·kend [ɑndərzdɛŋkənt] *adj* non-conformiste, *(relig., sc.)* hétérodoxe
an·ders·om [ɑndərsɔm] *adv* en sens inverse; **'t is juist ~** c'est justement l'inverse
an·der·soor·tig [ɑndərsortəχ] *adj* de nature différente
an·ders·ta·lig [ɑndərstaləχ] *adj* allophone
an·ders·zins [ɑndərsɪns] *adv (form.)* autrement
an·der·zijds [ɑndərzɛits] *adv* d'autre part
an·dij·vie [ɑndɛivi] *de* ± chicorée
An·dor·rees [ɑndɔres] *adj* andorran; **de ~, Andorrese** l'Andorran(e)
an·gel [ɑŋəl] *nm (-s)* **1** dard **2** hameçon
An·gel·sak·sisch [ɑŋəlsɑksis] *adj* anglo-saxon
an·gi·na [ɑŋχina] *de (méd.)* angine ♦ **~ pectoris** angine de poitrine
An·go·la [ɑŋχola] *het* Angola
An·go·lees [ɑŋχoles] *adj* angolais; **een ~, Angolese** un(e) Angolais(e)
angst [ɑŋst] *nm (-en)* angoisse; **~ aanjagen** angoisser; **duizend ~en uitstaan** souffrir mille morts; **in ~ zitten** avoir peur; **in ~ en vrees zitten** vivre dans l'anxiété; **de ~ slaat hem om het hart** l'angoisse le paralyse; **uit ~ om** dans la crainte de *(+ inf.)*; **uit ~ voor** par peur de
angst·aan·ja·gend [ɑŋstaɲaχənt] *adj, adv* angoissant, de façon terrifiante
angst|droom [ɑŋsdrom] *nm (-dromen)* cauchemar
angst|haas [ɑŋsthas] *nm (-hazen)* poltron
ang·stig [ɑŋstəχ] *adj, adv* **1** angoissé, anxieusement **2** angoissant; **~e gedachten** idées inquiétantes **3** affreusement
angst·val·lig [ɑŋstfɑləχ] *adj, adv* **1** timoré **2** scrupuleux, scrupuleusement
angst·wek·kend [ɑŋstwɛkənt] *adj, adv* (d'une manière) angoissant(e)
angst·zweet [ɑŋ(st)swet] *het* sueur froi-

de; het ~ loopt hem over de rug il en a des sueurs froides

anijs [anɛis] *nm* **1** anis **2** graine d'anis **3** anisette

ani·ma·tie [anima(t)si] *nf (-s) (cin.)* **1** animation **2** film d'animation

ani·meer·meis·je [animermɛiʃə] *het (-s)* entraîneuse

ani·mo [animo] *het/de* entrain; met ~ iets doen avoir du cœur à l'ouvrage ♦ er was weinig ~ op die verkoping la vente était peu animée

an·je·lier [aɲəlir] *de (-en),* **anjer** *de (-s)* œillet

an·ker [aŋkər] *het (-s)* **1** *(mar.)* ancre; het ~ hijsen, lichten lever l'ancre; *(fig.)* mettre les voiles; ten, voor ~ gaan jeter l'ancre **2** *(phys.)* portant **3** *(technol.)* armature

[1]**an·ke·ren** [aŋkərə(n)] *vi (ankerde, h./i. geankerd)* mouiller, *(aussi au fig.)* s'ancrer; *(fig.)* ergens geankerd zijn avoir pris racine qqp

[2]**an·ke·ren** [aŋkərə(n)] *vt (ankerde, h. geankerd)* ancrer

an·nex [anɛks] *adj* annexe ♦ uitgeverij ~ drukkerij maison d'édition-imprimerie

an·no [ano] en l'an; ~ 1990 en 1990; ~ Domini en l'an de grâce

an·nu·le·ring [anylerɪŋ] *nf (-en)* annulation

ano·niem [anonim] *adj* anonyme; een ~ uitgegeven boek un livre anonyme

ano·ny|mus [anonimʌs] *nm (-mi)* (auteur) anonyme

an·or·ga·nisch [anɔrχanis] *adj* inorganique; ~e scheikunde chimie minérale

ANP [aɛnpe] *het* abrév. de *Algemeen Nederlands Persbureau ⟨agence de presse néerlandaise⟩*

an·sicht [anzɪχt], **ansichtkaart** *de (-en)* carte postale

an·sjo·vis [anʃovɪs] *nm (-sen)* anchois

an·ta·go|nist [antaχonɪst] *nm (-en),* **-niste** *nf (-s, -n)* **1** adversaire **2** muscle antagoniste

an·ten·ne·sys|teem [antɛnəsistem] *het (-temen) (com.)* ♦ centraal ~ antenne collective

an·ti [anti] *nm (-'s)* opposant

an·ti·aan·bak·laag [antiambaklaχ] *de (-lagen)* revêtement antiadhésif

an·ti·cli·max [antiklimaks] *nm (-en)* **1** *(litt.)* gradation décroissante **2** déception

an·ti·con·cep·tie [antikɔnsɛpsi] *nf* contraception

an·tiek [antik] *adj* antique; de ~en l'antiquité, les anciens; het ~ les antiquités

an·ti·glo·ba·lis·me [antiχlobalɪsmə] *het* altermondialisme

an·ti·pro·pa·gan·da [antipropaχanda] *de* **1** contre-propagande **2** contre-publicité

an·ti|quaar [antikwar] *nm (-quaren)* bouquiniste

an·ti·qua·ri|aat [antikwarijat] *het (-aten)* **1** commerce, magasin d'antiquités **2** commerce, magasin de livres anciens

an·ti·qui·teit [antikitɛit, [B]antikwitɛit] *nf (-en)* **1** antiquités **2** *(iron.; chose)* antiquaille, *(iron.; personne)* fossile

an·ti·re·cla·me [antirəklamə] *de* contre-publicité

an·ti·re·vo·lu·ti·o·nair [antirevoly(t)ʃonɛ:r] *adj* **1** antirévolutionnaire **2** contre-révolutionnaire

an·ti·roos·sham·poo [antiroʃampo] *nm (-'s)* shampooing antipelliculaire

an·ti·slip [antislɪp] *het* antidérapant

an·ti·slip·cur·sus [antislɪpkʌrzʌs] *nm (-sen)* cours de dérapage contrôlé

an·ti·stof [antistɔf] *de (-fen)* anticorps

an·ti·vries [antivris] *het/de,* **antivriesmiddel** *het (-en)* antigel

Ant·wer·pen [antwɛrpə(n)] *het* Anvers

ant·woord [antwort] *het (-en)* **1** réponse; een gepast ~ une réponse adéquate; ~ geven répondre; in ~ op uw brief, schrijven en réponse à votre lettre; nooit om een ~ verlegen zijn n'être jamais en reste **2** solution

ant·woord·ap·pa|raat [antwortaparat] *het (-raten)* répondeur automatique

ant·woor·den [antwordə(n)] *vti (antwoordde, h. geantwoord)* répondre; gevat, ad rem ~ riposter

ant·woord·num·mer [antwortnʌmər] *het (-s)* numéro d'autorisation

ANWB [aɛnwebe] *nm ⟨Touring Club néerlandais⟩*

AOW [aowe] *de* **1** abrév. de *Algemene Ouderdomswet* loi générale sur l'assurance vieillesse **2** cotisation de l'assurance vieillesse **3** pension de retraite de base

AOW'er [aowejər] *nm (-s)* retraité

apart [apart] *adj, adv* **1** séparé(ment), à part; dat is een verhaal ~ ça, c'est une autre histoire; geld ~ zetten mettre de l'argent de côté; de jongens en meisjes ~ zetten séparer les garçons et les filles **2** spécial, à part **3** curieux

apart·heid [aparthɛit] *nf* **1** apartheid **2** originalité

ape·ga·pen [apəχapə(n)] *vb (fam.)* ♦ op ~ liggen agoniser; *(iron.)* être à bout de souffle

ape·kool [apəkol] *de (fam.)* sornette

ape·la·za·rus [apəlazərʌs] *het (fam.)* ♦ zich het ~ schrikken serrer les fesses; zich het ~ werken trimer dur

apen·kop [apə(n)kɔp] *nm (-pen) (fam.)* polisson

apen·noot·je [apənocə] *het (-s)* cacahuète

apen·pak [apə(n)pak] *het (-ken) (fam.)* **1** accoutrement **2** costume du dimanche

apen·staart·je [apə(n)starcə] *het (-s) (inform.; fam.)* arobase

apen·tro·nie [apə(n)troni] *de (-s)* gueule de macaque

apert [apɛrt] *adj, adv* évident, évidemment

ape·trots [apətrɔts] *adj (fam.)* fier comme Artaban

ape·zuur [apəzyr] *het (fam.)* ♦ **zich het ~ lopen** courir à se tuer; **zich het ~ werken** trimer dur

apin [apɪn] *nf (-nen)* guenon

apk-keu·ring [apekakørɪŋ] *nf (-en)* contrôle technique (périodique) des véhicules automobiles

apo·dic·tisch [apodɪktis] *adj, adv* **1** apodictique **2** péremptoire(ment)

apos·tel [apɔstəl] *nm (-en)* apôtre; **een ~ van de vrije gedachte** un propagateur de la libre pensée

apo|theek [apotek] *de (-theken)* pharmacie

apo·the·ker [apotekər] *nm (-s)* pharmacien

apo·the·kers·as·sis|tent [apotekərsasistɛnt] *nm (-en)*, **-tente** *nf (-s, -n)* préparateur, -trice en pharmacie

app [ɛp] *de (-s) (inform.)* appli

ap·pa|raat [aparat] *het (-raten)* appareil

ap·pa·ra·tuur [aparatyr] *nf* appareillage

ap·par·te·ments·ge·bouw [apartəmɛn(t)sɣəbau] *het (-en) (Belg.)* immeuble (d'habitation)

[1]**ap·pel** [apəl] *nm (-s)* **1** pomme; *(prov)* **de ~ valt niet ver van de boom, stam** tel père, tel fils; *(fig.)* **voor een ~ en een ei (kopen)** (acheter qqch) pour une bouchée de pain; *(prov)* **één rotte ~ in de mand, maakt al het gave fruit te schand** il ne faut qu'une brebis galeuse pour gâter (tout) un troupeau; *(fig.)* **door de zure ~ (heen) bijten** avaler la pilule **2** pommier **3** prunelle *(de l'œil)*

[2]**ap·pel** [apɛl] *het (-s)* appel; **~ aantekenen tegen een vonnis** appeler d'un jugement; *(fig.)* **op het ~ zijn** être à l'appel

***ap·pel-** [apəl-] de pommes; **appelmoes** compote de pommes

ap·pel|boor [apəlbor] *de (-boren)* vide-pomme

ap·pel·flap [apəlflap] *de (-pen)* chausson aux pommes

ap·pel·flauw·te [apəlflautə] *nf (-n, -s)* ♦ **een ~ krijgen** tomber dans les pommes

ap·pel·ge·bak [apəlɣəbak] *het* → **appeltaart**

ap·pel·le·ren [apɛlerə(n)] *vi (appelleerde, h. geappelleerd)* **1** en appeler **2** *(sports)* signaler (qqch) **3** *(+ aan)* en appeler (à), faire appel (à)

ap·pel·sien [apəlsin] *de (-en) (Belg.)* orange

ap·pel·taart [apəltart] *de (-en)* tarte aux pommes

ap·pel·tje [apəlcə] *het (-s) (fig.)* ♦ **met iemand nog een ~ te schillen hebben** avoir un compte à régler avec qqn; **een ~ voor de dorst bewaren** garder une poire pour la soif

ap·pel·wijn [apəlwɛin] *nm* cidre

ap·pen [ɛpə(n)] *vi (appte, h. geappt) (com.)* ± texter

ap·pe·tij·te·lijk [apətɛitələk] *adj, adv* appétissant

ap·plau·dis·se·ren (voor) [aplaudisɛrə(n)] *vi (applaudisseerde, h. geapplaudisseerd)* applaudir

ap·plaus [aplaus] *het* applaudissement

april [aprɪl] *nm* avril; **~ doet wat hij wil** en avril ne te découvre pas d'un fil ; en mai, fais ce qu'il te plaît; **één ~!** ah, je t'ai eu !

april·grap [aprɪlɣrap] *de (-pen)* poisson d'avril

à pro·pos [apropo] *het* ♦ **van zijn ~ raken** perdre le fil (de sa pensée)

ap·sis [apsɪs] *nf (-sen) (archit.)* abside

aqua·duct [akwadʌkt] *het (-en)* aqueduc

[1]**aqua·ma·rijn** [akwamarɛin] *het* aigue-marine *(matière)*

[2]**aqua·ma·rijn** [akwamarɛin] *nm (-en)* aigue-marine *(pierre)*

[1]**ar** [ar] *de (-ren)* traîneau (tiré par des chevaux)

[2]**ar** [ar] *adj* ♦ **in arren moede** en désespoir de cause

Ara|bier [arabir] *nm (-en)*, **-bische** *nf (-n)* **1** Arabe **2** Saoudien, -ienne

ar·beid [arbɛit] *nm* travail; **aan de ~ gaan** se mettre au travail; *(prov)* **~ adelt** le travail ennoblit

ar·bei·den [arbɛidə(n)] *vi (arbeidde, h. gearbeid)* travailler

ar·bei·der [arbɛidər] *nm (-s)*, **arbeidster** *nf (-s)* **1** ouvrier, -ière **2** main-d'œuvre

***ar·bei·ders-** [arbɛidərs-] ouvrier; **de arbeidersbuurt** le quartier ouvrier

***ar·beids-** [arbɛits-] de, du travail; **arbeidsomstandigheden, arbeidsvoorwaarden** conditions de travail

ar·beids·be·mid·de·ling [arbɛitsbəmɪdəlɪŋ] *nf (emploi)* placement

ar·beids·be·spa·rend [arbɛitsbəsparənt] *adj* ♦ **~e machines** machines qui économisent le travail

ar·beids·bu·reau [arbɛitsbyro] *het (-s)* bureau de placement

ar·beids·in·ten·sief [arbɛitsɪntɛnzif] *adj* à fort coefficient de travail

ar·beids·kos·ten [arbɛitskɔstə(n)] *plur* coûts de production

ar·beids·kracht [arbɛitskraχt] *de (-en)* main-d'œuvre, *(sing.)* ouvrier, -ière

ar·beids·markt [arbɛitsmarkt] *de (-en)* marché du travail; **krappe ~** insuffisance de l'offre de main-d'œuvre

ar·beids·on·ge·schikt [arbɛitsɔŋɣəsχɪkt] *adj* en incapacité de travail; **gedeeltelijk ~ verklaard zijn** être déclaré partiellement inapte au travail

ar·beids·over·een·komst [arbɛitsovərenkɔmst] *nm (-en)* contrat de travail

ar·beids·plaats [arbɛitsplats] *de (-en)* emploi

ar·beids·pro·ces [arbɛitsprosɛs] *het (-sen)* **1** vie active **2** processus de production

ar·beids·the·ra·pie [arbɛitsterapi] *nf* ergothérapie

ar·beids·tijd·ver·kor·ting [ɑrbɛitstɛitfərkɔrtɪŋ] *nf* réduction du temps de travail
ar·beids·ver·hou·ding [ɑrbɛitsfərhaudɪŋ] *nf (-en)* relations entre l'employeur et les employés
ar·beid|zaam [ɑrbɛitsam] *adj (-zamer, -zaamst)* travailleur
ar·bi·trair [ɑrbitrɛːr] *adj, adv* arbitraire(ment)
ar·ce·ren [ɑrserə(n)] *vti (arceerde, h. gearceerd)* hachurer
ar|chief [ɑrχif] *het (-chieven)* archives
ar·chi·ve·ren [ɑrχiverə(n)] *vt (archiveerde, h. gearchiveerd)* classer dans les archives
are·na [arena] *de (-'s)* arène; **de ~ betreden** entrer en piste
arend [arənt] *nm (-en)* aigle
ar·ge|loos [ɑrχəlos] *adj, adv (-lozer, -loost)* ingénu(ment)
Ar·gen|tijn [ɑrχəntɛin] *nm (-en),* **-tijnse** *nf (-n)* Argentin, -ine
Ar·gen·tijns [ɑrχəntɛins] *adj* argentin
Ar·gen·ti·nië [ɑrχəntinijə] *het* Argentine
arg·list [ɑrχlɪst] *de* **1** malignité **2** ruse
arg·lis·tig [ɑrχlɪstəχ] *adj, adv (form.)* **1** malin, par malignité **2** perfide(ment)
ar·gu·ment [ɑrχymɛnt] *het (-en)* argument; **~en aanvoeren** fournir des arguments; **dat is geen ~** ça n'est pas une raison
ar·gu·men·te·ren [ɑrχymɛnterə(n)] *vti (argumenteerde, h. geargumenteerd)* argumenter; **~ tegen** invoquer des arguments contre
ar·gus·ogen [ɑrχʌsoχə(n)] *plur* yeux d'argus ♦ **iets met ~ bekijken** avoir ses doutes sur qqch
arg·waan [ɑrχwan] *nm* méfiance; **~ jegens iemand koesteren** avoir des soupçons contre qqn; **~ bij iemand wekken** éveiller les soupçons de qqn
arg·wa·nend [ɑrχwanənt] *adj, adv* méfiant, avec méfiance
ari·ër [arijər] *nm (-s),* **arische** *nf (-n)* aryen, -yenne
Ari·ër [arijər] *nm (-s),* **Arische** *nf (-n)* Aryen, -yenne
ark [ɑrk] *de (-en)* **1** Arche de Noé **2** Arche d'alliance **3** péniche
[1]**arm** [ɑrm] *nm (-en)* **1** bras; **~ in ~ lopen** se promener bras dessus, bras dessous; *(fig.)* **iemand in de ~ nemen** faire intervenir qqn; **iemand in de ~en drijven van** précipiter qqn dans les bras de; **een kandelaar met twee ~en** un chandelier à deux branches; **met de ~en over elkaar zitten** être les bras croisés **2** manche ♦ **de sterke ~** les forces de police
[2]**arm** [ɑrm] *adj* pauvre; **~ aan geld** sans argent
arm·band [ɑrmbɑnt] *nm (-en)* **1** bracelet **2** brassard
Ar·meens [ɑrmens] *adj* arménien
ar·me·lijk [ɑrmələk] *adj, adv* → **armoedig**
Ar·me·nië [ɑrmenijə] *het* Arménie
Ar·me|ni·ër [ɑrmenijər] *nm (-s),* **-nische** *nf (-n)* Arménien, -ienne
ar·men·zorg [ɑrmə(n)zɔrχ] *de* **1** aide aux indigents **2** assistance publique
ar·me·tie·rig [ɑrmətirəχ] *adj, adv* **1** misérable(ment) **2** mesquin(ement) **3** chétif
arm·las·tig [ɑrmlɑstəχ] *adj* indigent; **de ~en** les assistés
arm·leng·te [ɑrmlɛŋtə] *nf (-s)* longueur d'un bras; **op ~** à bout de bras
ar·moe [ɑrmu] *de (fam.)* misère ♦ **van ~ ging ik maar naar bed** je me sentais tellement cafardeux que je me suis mis au lit
ar·moe·de [ɑrmudə] *de,* **armoe** *de* pauvreté; **bittere ~** misère noire; **geestelijke ~** indigence d'esprit; **stille ~** pauvreté cachée; **het is daar armoe troef** c'est la misère noire
ar·moe·de·grens [ɑrmudəχrɛns] *de (écon., pol.)* seuil de pauvreté; **onder de ~ leven** vivre dans l'indigence
ar·moe·dig [ɑrmudəχ] *adj, adv* pauvre(ment)
ar·moed·zaai·er [ɑrmutsajər] *nm (-s)* sans-le-sou
arm·slag [ɑrmslɑχ] *nm (-en)* liberté d'action; **~ hebben** *(aussi)* avoir les coudées franches
arm·stoel [ɑrmstul] *nm (-en)* fauteuil
arm·vol [ɑrmvɔl] *nm* ♦ **een ~ hooi** une brassée de foin
arm·za·lig [ɑrmzaləχ] *adj, adv* **1** misérable(ment); **er ~ uitzien** avoir l'air piteux **2** stupide(ment)
arm·zwaai [ɑrmzwaj] *nm (-en)* rotation du bras
[1]**aro·ma** [aroma] *het (-'s, -men)* arôme
[2]**aro·ma** [aroma] *nm (-'s, -men)* aromatisant
arons·kelk [arɔnskɛlk] *nm (-en)* arum
ar·ren·slee [ɑrə(n)sle] *de (-ën)* traîneau
ar·rest [ɑrɛst] *het (-en)* **1** garde à vue **2** *(sanction)* arrêts **3** saisie **4** *(jugement)* arrêt
ar·res|tant [ɑrɛstɑnt] *nm (-en),* **-tante** *nf (-n, -s)* prévenu, -ue
ar·res·ta·tie·be·vel [ɑrɛsta(t)sibəvɛl] *het (-en)* mandat d'arrêt
ar·res·te·ren [ɑrɛsterə(n)] *vt (arresteerde, h. gearresteerd)* **1** arrêter **2** saisir
ar·ron·dis·se·ments·recht·bank [ɑrɔndisəmɛn(t)srɛχtbɑŋk] *de (-en)* tribunal de grande instance
ar·tiest [ɑrtist] *nm (-en),* **artieste** *nf (-s, -n)* artiste
ar·ti·kel [ɑrtikəl] *het (-en)* article
ar·ti·sjok [ɑrtiʃɔk] *de (-ken)* artichaut
ar·tis·tiek [ɑrtɪstik] *adj, adv* artistique, avec art; **dat is ~ niet verantwoord** ce n'est pas conforme aux critères de l'art; **~e voorwerpen** objets d'art
ar·tis·tie·ke·rig [ɑrtɪstikərəχ] *adj, adv* ♦ **hij doet ~** il joue les artistes
arts [ɑrts] *nm (-en)* médecin
art·se·nij [ɑrtsənɛi] *nf (-en)* médicament

Aru|baan [arubaan] *nm (-banen),* **-baanse** *nf (-n)* Arubain, -aine

as [ɑs] *de (-sen)* **1** axe; **om zijn as draaien** pivoter autour de son axe **2** essieu **3** arbre (de transmission) **4** cendre(s); *(prov)* **as is verbrande turf** avec des si, on mettrait Paris en bouteille

a.s. [anstandə] abrév. de *aanstaande* prochain

as·bak [ɑzbɑk] *nm (-ken)* **1** cendrier **2** poubelle

as·best [ɑzbɛst, ᴮɑzbɛst] *het* amiante

as·blond [ɑzblɔnt] *adj* blond cendré

ase·men [asəmə(n)] *vi (asemde, h. geasemd) (fam.)* respirer

as·falt·jeugd [ɑsfɑltjøχt] *de* loubar(d)s

as·grauw [ɑsχrɑu] *adj* cendreux

asiel [azil] *het (-en)* **1** asile **2** refuge

asiel·zoe·ker [azilzukər] *nm (-s) (pol.)* demandeur d'asile

asiel·zoe·kers·cen·trum [azilzukərsɛntrʌm] *het (-centra)* centre d'accueil pour demandeurs d'asile

as·je·blieft [ɑʃəblift] *adv* → **¹alstublieft**

as·je·me·nou [ɑʃəmənɑu] *interj* eh ben, dis donc !

as·la·de [ɑsladə] *de (-n)* → **asbak 2**

aso [aso] *nm (-'s) (fam.)* loubard

a.s.o. [aɛso] *het (Belg.; enseign.)* abrév. de *algemeen secundair onderwijs* ESG

as·pect [ɑspɛkt] *het (-en)* **1** aspect **2** perspective

as·pi|rant [ɑspirɑnt] *nm (-en),* **-rante** *nf (-s, -n)* **1** aspirant, -ante **2** *(sports)* junior

as·pi·rien·tje [ɑspirincə] *het (-s),* **aspirine** *de (-s)* aspirine

as·se·poes·ter [ɑsəpustər] *nf (-s)* **1** souffre-douleur **2** souillon

As·se·poes·ter [ɑsəpustər] Cendrillon

as·ser|tief [ɑsɛrtif] *adj (-tiever, -tiefst)* capable de s'affirmer; **nu vertoont ze ~ gedrag** maintenant, elle ose s'affirmer

as·ser·ti·vi·teit [ɑsɛrtivitɛit] *nf* affirmation de soi

as·sis|tent [ɑsistɛnt] *nm (-en),* **-tente** *nf (-n, -s)* assistant, -ante; **een ~ op een laboratorium** un laborantin

as·sis·ten·tie [ɑsistɛn(t)si] *nf* **1** assistance **2** renfort

as·sis·tent·schap [ɑsistɛntsχɑp] *het (-pen)* assistanat

as·so·ci·a·tie [ɑsoʃa(t)si] *nf (-s)* **1** association **2** *(commerce)* société

as·so·ci·ë·ren [ɑsoʃerə(n)] *vti (associeerde, h. geassocieerd)* associer; **zich ~ met** s'associer à

as·su·ran|tie [ɑsyrɑn(t)si] *nf (-ties, -tiën)* **1** assurance **2** compagnie d'assurances **3** prime d'assurance

ast·ma [ɑs(t)ma] *het/de* asthme

ast·ma|lij·der [ɑs(t)malɛidər] *nm (-s),* **-patiënt** *nm (-en),* **astmati|cus** *nm (-ci)* asthmatique

at [ɑt], **aten** → **eten, opeten, leegeten** *(etc.)*

ATB [atebe] *de (-'s)* abrév. de *All Terrain Bike* VTT (vélo tout-terrain)

athe·ne·um [ɑtənejʌm] *het (-s)* **1** lycée (classique et moderne) **2** *(Belg.)* athénée

at·leet [ɑtlet] *nm (-leten),* **atlete** *nf (-s, -n)* athlète

at·le·tiek [ɑtletik] *nf* athlétisme

at·mo|sfeer [ɑtmɔsfer] *de (-sferen)* atmosphère; **wat een ~ is het hier!** on étouffe ici !

ato·mair [atomɛːr] *adj* atomique

atoom [atom] *het (atomen)* atome

***atoom-** [atom-] nucléaire; **de atoomaanval** l'attaque nucléaire

atoom·bom [atombɔm] *de (-men)* bombe atomique

atoom·cen|trum [atomsɛntrʌm] *het (-tra)* centre de recherches nucléaires

atoom·ge·wicht [atomχəwɪχt] *het (-en)* poids atomique

at·ta·que [ɑtɑk] *de (-s)* **1** attaque **2** crise **3** attaque d'apoplexie

at·te·ken [ɛtekə(n)] *het (-s)* arobase

at·ten·de·ren [ɑtɛnderə(n)] *vti (attendeerde, h. geattendeerd)* ♦ **iemand ergens op ~** attirer l'attention de qqn sur qqch

at·tent [ɑtɛnt] *adj, adv* **1** attentif, attentivement; **iemand ~ maken op iets** signaler qqch à qqn **2** attentionné, avec prévenance; **dat is zeer ~ van u** c'est très aimable à vous

at·ten·tie [ɑtɛn(t)si] *nf (-s)* **1** attentions **2** petit cadeau ♦ **ter ~ van** à l'attention de

at·test [ɑtɛst] *het (-en)* certificat; **een ~ van goed gedrag** un certificat de bonne vie et mœurs

at·trac·tie [ɑtrɑksi] *nf (-s)* **1** attraction **2** attrait

at·trac|tief [ɑtrɑktif] *adj (-tiever, -tiefst)* attrayant

atv [ateve] *nf* abrév. de *arbeidstijdverkorting* RTT

au [ɑu] *interj* aïe !

a.u.b. [aybe] abrév. de *alstublieft* SVP

au·di·ën·tie [ɑud(i)jɛn(t)si] *nf (-s)* audience; **bij de minister op ~ gaan** être reçu en audience par le ministre

au·dio·ap·pa·ra·tuur [ɑudijoɑparatyr] *nf* équipement audio

au·dio|rack [ɑudijorɛk, ᴮɑudijorɑk] *het (-s),* **-toren** *nm (-s)* chaîne hi-fi en rack

au·di·tie [ɑudi(t)si] *nf (-s)* audition; **een ~ doen** passer une audition

au·di·to|ri·um [ɑuditorijʌm] *het (-ria, -riums)* **1** auditoire **2** auditorium

au·gurk [ɑuχʌrk] *de (-en)* cornichon

au·gus·tus [ɑuχʌstʌs] *nm* août

au·la [ɑula] *nf (-'s)* amphithéâtre

au·spi·ci·ën [ɑuspisijə(n)] *plur* auspices

Aus·tra·lië [ɑustralijə] *het* Australie

Aus·tra|li·ër [ɑustralijər] *nm (-s),* **-lische** *nf (-n)* Australien, -ienne

Aus·tra·lisch [ɑustralis] *adj* australien

au·then·tiek [ɑutɛntik] *adj* authentique; **~e berichten** nouvelles émanant de sources sûres; **~e champagne** du vrai champagne

au·to [auto] *nm (-'s)* voiture; **met de ~** en voiture; **hij was bijna onder een ~ gekomen** il a failli passer sous une voiture; **een open ~** une voiture décapotable
au·to·bom [autobɔm] *de (-men)* voiture piégée
au·to·cou·reur [autokurør] *nm (-s)* coureur automobile
au·to·gor·del [autoɣɔrdəl] *nm (-s)* ceinture de sécurité
au·to·keu·ring [autokørɪŋ] *nf (-en)* contrôle technique des voitures
au·to·luw [autolyw] *adj* à circulation restreinte
au·to|maat [automat] *nm (-maten)* **1** *(aussi au fig.)* automate **2** distributeur (automatique) **3** voiture à boîte automatique
au·to·ma·ten·hal [automatə(n)hal] *nm (-len)* hall de jeux
au·to·ma·tisch [automatis] *adj, adv* **1** *(aussi au fig.)* automatique(ment) **2** machinal(ement)
au·to·ma·ti·se·ring [automatizerɪŋ] *nf* **1** automa(tisa)tion **2** (secteur de l')informatique **3** informatisation
au·to·mon·teur [automɔntør] *nm (-s)* mécanicien
au·to·ped [autopɛt] *nm (-s)* trottinette
au·to·rij·den [autorɛidə(n)] *vi (reed auto, h. autogereden)* conduire (une voiture)
au·to·spie·gel [autospiɣəl] *nm (-s)* rétroviseur
au·to·sport [autospɔrt] *de* (sport) automobile
au·to·stra·de [autostradə] *nf (Belg.)* autoroute
au·to·ver·keer [autovərker] *het* circulation automobile
au·to·vrij [autovrɛi] *adj* interdit à la circulation automobile
au·to·weg [autowɛɣ] *nm (-en)* autoroute
ave·recht [avərɛɣt] *adj, adv* à l'envers
1**ave·rechts** [avərɛɣ(t)s] *adv* **1** à l'envers **2** mal
2**ave·rechts** [avərɛɣ(t)s] *adj* **1** déplacé; **een ~e uitwerking hebben** produire l'effet inverse **2** faux
ave·rij [avərɛi] *nf (-en)* avarie
aver·sie [avɛrzi] *nf* aversion; **~ tegen iemand, iets hebben** avoir qqn, qqch en aversion
A-vier·tje [avircə] *het (-s)* feuille A4
avo [avo] *het* abrév. de *algemeen vormend onderwijs* enseignement général
avo·ca·do [avokado] *de (-'s) (bot.)* **1** avocat **2** avocatier
avond [avɔnt] *nm (-en)* **1** soir; **bij ~** le soir; **laat in de ~** tard le soir; **op de late ~** tard dans la soirée; **met de ~** vers le soir; *(prov)* **hoe later op de ~, hoe schoner het volk** ± bienvenue aux combattants de la dernière heure !; **het liep tegen de ~** le soir approchait; **een ~je uit** une sortie; **met het vallen van de ~** à la nuit tombante; **de vorige ~** la veille au soir; **het wordt ~** le jour baisse; **'s ~s** le soir; **de ~ tevoren** la veille au soir **2** soirée; **een bonte ~** une soirée variée
***avond-** [avɔnt-] du soir; **het avondblad, de avondkrant** le journal, quotidien du soir
avond·eten [avɔntetə(n)] *het* → **avondmaal**
avond·kle·ding [avɔntkledɪŋ] *nf* tenue de soirée
avond·klok [avɔntklɔk] *de (-ken)* couvre-feu
avond·maal [avɔntmal] *het* dîner, *(Belg.)* souper; *(arts, Bible)* **het Laatste Avondmaal** la Cène
avond·mens [avɔntmɛns] *de (-en)* ♦ **een ~ zijn** être du soir
avond·rood [avɔntrot] *het* feux du couchant
avond·spits [avɔntspɪts] *de (-en) (transp.)* (heure de) pointe de fin de journée
avond·toi·let [avɔntwalɛt] *het (-ten)* → **avondkleding**
avond|uur [avɔntyr] *het (-uren)* ♦ **in de avonduren** le soir; **in de late avonduren** tard dans la soirée
avond·voor·stel·ling [avɔntforstɛlɪŋ] *nf (-en)* (représentation en) soirée
avond·vul·lend [avɔntfʌlənt] *adj* qui dure toute la soirée
avond·win·kel [avɔntwɪŋkəl] *nm (-s)* magasin ouvert en nocturne
avon|tuur [avɔntyr] *het (-turen)* aventure; **op ~ (uit)gaan** aller à l'aventure; **ik heb een vreemd ~ beleefd** il m'est arrivé qqch d'étrange
avon·tuur·lijk [avɔntyrlək] *adj, adv* aventureux, aventureusement; **een ~e onderneming** une entreprise risquée
avon·tuur·tje [avɔntyrcə] *het (-s)* aventure (sentimentale)
AWBZ [awebezɛt] *de* abrév. de *Algemene Wet Bijzondere Ziektekosten* loi générale sur les frais exceptionnels de maladie
awel [awɛl] *interj (Belg.)* eh bien !
azc [azɛtse] *het (-'s)* abrév. de *asielzoekerscentrum* centre d'accueil pour demandeurs d'asile
1**azen** [azə(n)] *vi (aasde, h. geaasd)* **1** *(+ op)* convoiter **2** *(+ op) (sujet animal)* chasser
2**azen** [azə(n)] *vt (aasde, h. geaasd)* **1** appâter **2** amorcer
Azer·bei|dzjaan [azɛrbɛidʒan] *nm (-dzjanen),* **-dzjaanse** *nf (-n)* Azerbaïdjanais, -aise
Azer·bei·dzjaans [azɛrbɛidʒans] *adj* azerbaïdjanais
Azer·bei·dzjan [azɛrbɛidʒan] *het* Azerbaïdjan
Azië [azijə] *het* Asie
azijn [azɛin] *nm (-en)* vinaigre; **met ~ aanmaken** vinaigrer
Az·teeks [asteks] *adj* aztèque

b

baai [baj] *de (-en)* baie
baal [bal] *de (balen)* balle
baan [ban] *de (banen)* **1** emploi **2** route; **iets op de lange ~ schuiven** reporter qqch indéfiniment; **ruim ~ geven** donner carte blanche (à qqn); **dat is van de ~** il n'en est plus question **3** piste **4** orbite
baan·bre·kend [bambrekənt] *adj* innovateur
baan·re·cord [banrəkɔ:r, ᴮbanrəkɔrt] *het (-s)* record de la piste
baan·vak [banvɑk] *het (-ken) (ch. de fer)* section (de voie)
baar [bar] *de (baren)* **1** barre **2** civière
baard [bart] *nm (-en)* barbe; **de ~ in de keel krijgen** avoir la voix qui mue
baar·dig [bardəχ] *adj* barbu
baar·moe·der [barmudər] *de (-s)* utérus
baar·moe·der|hals [barmudərhɑls] *nm (-halzen)* col de l'utérus
baars [bars] *nm (baarzen)* perche
baas [bas] *nm (bazen)* **1** patron; **iemand de ~ blijven** dominer qqn; **eigen ~ zijn** travailler à son compte; **iemand in iets de ~ zijn** l'emporter sur qqn dans, en qqch **2** maître **3** bonhomme
baat [bat] *de (baten)* **1** intérêt; **je zult er ~ bij hebben** *(santé)* cela te fera du bien, *(aussi)* tu en profiteras **2** profit; **ten bate van** au profit de **3** amélioration; **ik vind daar ~ bij** je m'en trouve bien
bab·bel [babəl] *nm (-s)* bagou; **~s hebben** la ramener
bab·be·len [babələ(n)] *vi (babbelde, h. gebabbeld)* bavarder
bab·bel·ziek [babəlzik] *adj* bavard
ba·by [bebi] *nm (-'s)* bébé
ba·by·sit·ten [bebisɪtə(n)] *vb* faire du baby-sitting
ba·by·uit·zet [bebiœytsɛt] *nm (-ten)* layette
ba·che·lor [bɛtʃələr] *nm* **1** bachelor, ± licence *(obtenue après trois années d'études)* **2** titulaire d'un bachelor; **bachelor of sciences, BsC** titulaire d'un bachelor en sciences
back·hand [bɛkhɛnt, ᴮbɑkhɑnt] *de* revers
back-up [bɛkʌp, ᴮbɑkʌp] *nm (-s)* **1** *(inform.)* copie de sécurité **2** dispositif de secours
bac·te|rie [bɑkteri] *nf (-riën)* bactérie
[1]**bad** [bɑt], **baden** → **bidden**
[2]**bad** [bɑt] *het (-en)* **1** baignoire **2** bain; *(fig.)* **een ~ in de menigte nemen** prendre un bain de foule; **een Turks ~** un bain turc **3** piscine
***bad-** [bɑt-] de bain
[1]**ba·den** [badə(n)] *vti (baadde, h. gebaad)* **1** prendre un bain **2** *(+ in) (fig.)* baigner dans; **~ in het zweet** être trempé de sueur
[2]**ba·den, zich** [badə(n)] *vpr (baadde zich, h. zich gebaad)* nager (dans)
bad·gast [bɑtχɑst] *nm (-en)* baigneur
bad·juf·frouw [bɑtjʌfrɑu] *nf (-en)* femme maître nageur
bad·ka·mer [bɑtkamər] *de (-s)* salle de bains
bad·kuip [bɑtkœyp] *de (-en)* → [2]**bad 1**
bad·mees·ter [bɑtmestər] *nm (-s)* maître nageur
bad·mo·de [bɑtmodə] *de (-s)* mode pour le bain
bad·plaats [bɑtplats] *de (-en)* **1** station balnéaire **2** station thermale
bad·stof [bɑtstɔf] *de (-fen)* (tissu) éponge
ba·ga·ge·de·pot [baχaʒədepo] *het/de (-s)* consigne
ba·ga·ge·dra·ger [baχaʒədraχər] *nm (-s)* porte-bagage
ba·ga·ge|kluis [baχaʒəklœys] *de (-kluizen)* consigne automatique
ba·ga·ge·rek [baχaʒərɛk] *het (-ken)* **1** filet à bagages **2** galerie
ba·ga·ge·wa·gen [baχaʒəwaχə(n)] *nm (-s)* **1** remorque **2** fourgon à bagages
ba·ga·tel·li·se·ren [baχatɛlizerə(n)] *vt (bagatelliseerde, h. gebagatelliseerd)* minimiser
bag·ger [bɑχər] *de (-s)* **1** vase **2** *(fig.)* camelote, merde; **het is ~** c'est de la camelote
bag·ge·ren [bɑχərə(n)] *vti (baggerde, h. gebaggerd)* draguer (qqch)
bag·ger|ma·chi·ne [bɑχərmaʃinə] *nf (-s)*, **-molen** *nm (-s)* drague
Ba·ha·ma's [bahamas] *plur* Bahamas
Bah·rein [bɑχrɛin] *het* Bahreïn
Bah|rei·ner [bɑχrɛinər] *nm (-s)*, **-reinse** *nf (-n)* Bahreïnite
Bah·reins [bɑχrɛins] *adj* bahreïnite
ba·jes [bajəs] *de* taule
ba·jes·klant [bajəsklɑnt] *nm (-en)* taulard
ba·jo·net [bajonɛt] *de (-ten)* baïonnette
bak [bɑk] *nm (-ken)* **1** bac **2** blague **3** taule **4** bol **5** *(Belg.)* caisse ♦ **hij zal wel aan de ~ komen** il réussira à trouver du travail; **het was volle ~** c'était plein à craquer
bak·blik [bɑgblɪk] *het (-ken)* plaque à pâtisserie
bak·boord [bɑgbort] *het* bâbord
ba·ken [bakə(n)] *het (-s)* balise

ba·ker·mat [bakərmat] *de (-ten)* **1** berceau **2** patrie
bak·fiets [bakfits] *de (-en)* triporteur
bak·ke·baard [bakəbart] *nm (-en)* favoris
[1]**bak·ken** [bakə(n)] *vt (bakte, h. gebakken)* (faire) cuire (qqch) ♦ **er niets van ~** se planter
[2]**bak·ken** [bakə(n)] *vi (bakte, h./i. gebakken)* faire de la pâtisserie
bak·ker [bakər] *nm (-s)* boulanger; **een warme ~** un boulanger qui fait son pain lui-même
bak·meel [bakmel] *het* farine; **zelfrijzend ~** farine fermentante
bak·oven [bakovə(n)] *nm (-s)* four
bak·pan [bakpan] *de (-nen)* sauteuse
bak|plaat [bakplat] *de (-platen)* plaque de four
bak·poe·der [bakpudər] *het/de (-s)* levure chimique
bak|steen [baksten] *nm (-stenen)* brique
bak·vis [bakfɪs] *nf (-sen)* adolescente
bak·vorm [bakfɔrm] *nm (-en)* moule
bak·zeil [bakseil] *het* ♦ **~ halen** *(fig.)* faire marche arrière
[1]**bal** [bal] *nm (-len)* **1** balle; **elkaar de ~ toespelen** se renvoyer l'ascenseur **2** boule **3** couille **4** snob ♦ **geen ~ van iets weten** être complètement nul sur un sujet
[2]**bal** [bal] *het* bal
[1]**ba·lan·ce·ren** [balansərə(n)] *vi (balanceerde, h. gebalanceerd)* **1** se tenir en équilibre; **op de rand van een bankroet ~** être à deux doigts de la banqueroute **2** balancer
[2]**ba·lan·ce·ren** [balansərə(n)] *vt (balanceerde, h. gebalanceerd)* équilibrer
ba·lans [balans] *de (-en)* **1** balance **2** équilibre; **uit zijn ~ zijn** être en déséquilibre **3** bilan; **de ~ opmaken** faire le point; **de ~ sluit niet** le bilan ne concorde pas
bal·da·dig|heid [baldadəχhɛit] *nf (-heden)* **1** surexcitation **2** (acte de) vandalisme
ba·len [balə(n)] *vi (baalde, h. gebaald)* en avoir ras le bol
balg [balχ] *nm (-en)* soufflet
ba·lie [bali] *nf (-s)* **1** réception **2** barreau **3** barre
balk [balk] *nm (-en)* **1** poutre **2** bande
bal·kon [balkɔn] *het (-s)* **1** balcon **2** plateforme
bal·last [balast] *nm* **1** lest **2** fardeau
bal·len [balə(n)] *vti (balde, h. gebald)* jouer au ballon
bal·let [balɛt] *het (-ten)* **1** ballet; **op ~ zitten** suivre des cours de ballet **2** danse
bal·le·tje [baləcə] *het (-s)* ♦ **een ~ over iets opgooien** tâter le terrain
bal·ling [balɪŋ] *nm (-en)* exilé, -ée
bal·ling·schap [balɪŋsχap] *nf* exil; **in ~ gaan** s'exiler
bal·lon [balɔn] *nm (-nen)* **1** ballon *(vessie de caoutchouc)*; **een ~ opblazen** gonfler un ballon **2** ballon *(aérostat)*, montgolfière **3** *(bande dessinée)* bulle
ball·point [bɔlpɔjnt, balpɔjnt] *de (-s)* stylo à bille
ba·lo·rig [balorəχ] *adj* **1** récalcitrant **2** de mauvaise humeur
bal·pen [balpɛn] *de (-nen)* → **ballpoint**
bal·se·men [balsəmə(n)] *vt (balsemde, h. gebalsemd)* embaumer
bama [bama] *nm (université)* abrév. de *bachelor-master* LMD
ba·mi [bami] *nm* nouilles sautées à l'indonésienne
ba·mis·weer [bamɪswer] *het (Belg.)* ± temps de Toussaint
ban [ban] *nm (-nen)* **1** excommunication; **iemand in de ~ doen** excommunier qqn **2** charme; **in de ~ van iets raken** tomber sous le charme de qqch
ba|naal [banal] *adj, adv (-naler, -naalst)* banal(ement)
ba|naan [banan] *de (-nanen)* **1** bananier **2** banane
ba·na·nen·schil [bananə(n)sχɪl] *de (-len)* peau de banane
[1]**band** [bɛnt] *nm (-s)* groupe
[2]**band** [bant] *nm (-en)* **1** bande **2** pneu **3** tapis (roulant); **aan de lopende ~** à la chaîne **4** lien(s) ♦ **iemand aan ~en leggen** brider qqn; **uit de ~ springen** faire les quatre cents coups
[3]**band** [bant] *het* ruban
ban·de·loos·heid [bandəloshɛit] *nf* **1** désordre **2** indiscipline
ban·den·pech [bandə(n)pɛχ] *nm* crevaison
ban·diet [bandit] *nm (-en)* **1** bandit **2** chenapan
band·lei·der [bɛntlɛidər] *nm (-s)* chef d'orchestre (d'un groupe, d'un ensemble)
band·op·na·me [bantɔpnamə] *de (-n, -s)* **1** enregistrement (sur bande) **2** tournage **3** film
band·re·cor·der [bantrikɔ:rdər] *nm (-s)* magnétophone
ba·nen·markt [banəmarkt] *de (-en)* bourse de l'emploi
ba·nen·plan [banə(n)plan] *het (-nen)* plan de création d'emplois
bang [baŋ] *adj* **1** peureux; **~ uitgevallen zijn** être peureux de nature; **~ worden** prendre peur **2** angoissant; **~e dagen** jours d'angoisse **3** inquiet
ban·ge·schij·ter [baŋəsχɛitər] *nm (-s)* foireux, -euse
bang·heid [baŋhɛit] *nf* peur
Ban·gla·desh [baŋladɛʃ] *het* Bangladesh
bang·ma·ke·rij [baŋmakərɛi] *nf (-en)* intimidation
ba·nier [banir] *de (-en)* bannière; **de ~ hooghouden** défendre l'honneur
ban·je·ren [banərə(n)] *vi (banjerde, h. gebanjerd)* vadrouiller
bank [baŋk] *de (-en)* **1** banc **2** canapé **3** banque; **geld op de ~ hebben** avoir de l'argent à la banque ♦ **door de ~** ordinairement

***bank-** [baŋk-] bancaire
bank·af·schrift [baŋkafsχrɪft] *het (-en)* relevé de compte
bank·bil·jet [baŋgbɪljɛt] *het (-ten)* billet de banque
bank·brief·je [baŋgbrifjə] *het (-s) (Belg.)* → bankbiljet
ban·ket [baŋkɛt] *het (-ten)* **1** banquet **2** ⟨*pâtisserie feuilletée fourrée de pâte d'amandes*⟩
ban·ket·bak·ker [baŋkɛdbakər] *nm (-s)* pâtissier
bank·fi·li|aal [baŋkfilijal] *het (-alen)* succursale d'une banque
bank·ge·bouw [baŋkχəbau] *het (-en)* → bank 3
ban·kier [baŋkir] *nm (-s)* banquier
bank·kaart [baŋkart] *nf (-en) (Belg.)* carte bancaire
bank·over·schrij·ving [baŋkovərsχrɛivɪŋ] *nf (-en)* virement bancaire
bank·over·val [baŋkovərval] *nm (-len)* attaque à main armée
bank·pa·pier [baŋkpapir] *het* billets de banque
bank·pas [baŋkpas] *nm (-sen)* carte bancaire
bank·re·ke·ning [baŋkrekənɪŋ] *nf (-en)* **1** compte courant **2** compte en banque
[1]**bank·roet** [baŋkrut] *het (-en)* **1** banqueroute **2** faillite
[2]**bank·roet** [baŋkrut] *adj* ♦ **~ gaan** faire faillite
bank|schroef [baŋksχruf] *de (-schroeven)* étau
bank·stel [baŋkstɛl] *het (-len)* (meubles de) salon
bank·wer·ker [baŋkwɛrkər] *nm (-s)* ajusteur
ban·ne·ling [banəlɪŋ] *nm (-en)* banni, -ie
ban·nen [banə(n)] *vt (bande, h. gebannen)* **1** bannir **2** exorciser
ban·vloek [banvluk] *nm (-en)* anathème; **de ~ over iemand uitspreken** jeter l'anathème sur qqn
[1]**bar** [bar] *adj* **1** aride **2** rigoureux ♦ **~ en boos** abominable
[2]**bar** [bar] *adv* rudement
ba·rak [barak] *de (-ken)* baraque
bar|baar [barbar] *nm (-baren)* **1** barbare **2** brute
bar·baars|heid [barbarshɛit] *nf (-heden)* **1** barbarie **2** cruauté
bar·co·de [barkodə] *nm (-s)* code-barres
ba·ren [barə(n)] *vt (baarde, h. gebaard)* **1** accoucher de **2** causer; **zorg ~** inspirer de l'inquiétude
ba·ret [barɛt] *de (-ten)* béret
Bar·goens [barχuns] *adj* argotique; **het ~** l'argot
bar·kee·per [barkipər] *nm (-s)* barman
bar·kruk [barkrʌk] *de (-ken)* tabouret de bar
barm·har·tig [barmhartəχ] *adj, adv* charitable(ment); **de ~e Samaritaan** le bon Samaritain
barn·steen [barnsten] *het/de* ambre jaune
ba·rok [barɔk] *adj* baroque; **de, het ~** le baroque
ba·ron [barɔn] *nm (-nen),* **barones** *nf (-sen)* baron, -onne
bar·re·voets [barəvuts] *adv* pieds nus
bar·ri·ca·de [barikadə] *nf (-n)* **1** barricade; **voor iets op de ~ gaan staan** se battre pour qqch **2** fossé
bars [bars] *adj, adv (barser, meest b.)* rude, avec rudesse
barst [barst] *de (-en)* fissure ♦ **dat gaat je geen ~ aan** ce n'est pas tes oignons
bar·sten [barstə(n)] *vi (barstte, i. gebarsten)* **1** se fendre **2** éclater; **tot ~s toe vol** plein à craquer ♦ **~de hoofdpijn** mal de tête atroce; **iemand laten ~** planter là qqn; **het barst hier van de cafés** les cafés, ça pullule ici
bar·stens·vol [barstə(n)sfɔl] *adj* plein à craquer; **hij zat ~ ideeën** il débordait d'idées
bas [bas] *de (-sen)* **1** basse **2** contrebasse
[1]**ba·se·ren** [bazerə(n)] *vt (baseerde, h. gebaseerd) (+ op)* baser; **een mening ~ op** asseoir une opinion sur
[2]**ba·se·ren, zich** [bazerə(n)] *vpr (baseerde zich, h. zich gebaseerd) (+ op)* se baser (sur)
bas·in·stru·ment [basɪnstrymɛnt] *het (-en)* basse
ba·sis [bazɪs] *nf (bases)* base; **de ~ leggen voor iets** jeter les bases de qqch
***ba·sis-** [bazɪs-] de base
ba·sis|beurs [bazɪzbørs] *de (-beurzen)* bourse unitaire de base
ba·sis·cur·sus [bazɪskʌrzʌs] *nm (-sen)* cours élémentaire
ba·sis·on·der·wijs [bazɪsɔndərwɛis] *het* enseignement primaire
ba·sis·prin·ci·pe [bazɪsprɪnsipə] *het (-s)* principe fondamental
ba·sis|school [bazɪsχol] *de (-scholen)* école primaire
ba·sis·vak [bazɪsfak] *het (-ken)* discipline élémentaire
ba·sis·vor·ming [bazɪsfɔrmɪŋ] *nf (Belg.)* secondaire inférieur pour tous
Bas·ken·land [baskə(n)lant] *het* Pays Basque
bas·ket·bal·len [baːskədbalə(n), [B]baskɛdbalə(n)] *vi (basketbalde, h. gebasketbald)* jouer au basket
bas·sist [basɪst] *nm (-en)* **1** (voix de) basse **2** (contre)bassiste
bast [bast] *nm (-en)* **1** écorce **2** peau; **in mijn, zijn blote ~** à poil
bas·ta [basta] *interj* assez !; **en hiermee ~!** ça suffit comme ça !
bas·taard [bastart] *nm (-s)* bâtard
bas·terd·sui·ker [bastərtsœykər] *nm* vergeoise
Ba·ta·vier [batavir] *nm (-en)* Batave
ba·te [batə] *de* ♦ **ten ~ van** au profit de
ba·ten [batə(n)] *vi (baatte, h. gebaat)* ser-

vir (à); het mocht niet ~ c'était inutile; gebaat zijn met trouver son compte à

bat·te·rij [bɑtərɛi] *nf (-en)* 1 pile 2 batterie

bat·te·rij·op·la·der [bɑtərɛiɔpladər] *nm (-s)* chargeur (de piles)

ba·vi|aan [bɑvijan] *nm (-anen)* babouin

bax·ter [bɛkstər] *nm (-s) (Belg.)* goutte-à-goutte

ba·zaar [bazar] *nm (-s)* 1 bazar 2 kermesse 3 fouillis

Ba·zel [bazəl] *het* Bâle

ba·ze·len [bazələ(n)] *vi (bazelde, h. gebazeld)* radoter

ba·zig [bazəχ] *adj, adv* autoritaire(ment)

be·ade·men [bəadəmə(n)] *vt (beademde, h. beademd)* insuffler

be·ade·mings·toe·stel [bəadəmɪŋstustɛl] *het (-len)* respirateur

be·amb·te [bəɑmtə] *nm (-n, -s)* employé

be·amen [bəamə(n)] *vt (beaamde, h. beaamd)* approuver

be·ang·sti·gen [bəɑŋstəχə(n)] *vt (beangstigde, h. beangstigd)* angoisser

[1]**be·ant·woor·den** [bəɑntwordə(n)] *vi (beantwoordde, h. beantwoord)* 1 *(+ aan)* répondre 2 *(+ aan)* correspondre

[2]**be·ant·woor·den** [bəɑntwordə(n)] *vt (beantwoordde, h. beantwoord)* répondre

be·ant·woor·ding [bəɑntwordɪŋ] *nf (-en)* réponse

beau·ty·case [bju:tikes] *nm (-s)* vanity-case, *(Belg.)* beauty-case

be·bloed [bəblut] *adj* ensanglanté

be·boe·ten [bəbutə(n)] *vt (beboette, h. beboet)* infliger une amende

be·bos·sing [bəbɔsɪŋ] *nf (-en)* 1 boisement 2 (les) bois

be·bou·wen [bəbɑuwə(n)] *vt (bebouwde, h. bebouwd)* 1 bâtir 2 cultiver

be·cij·fe·ren [bəsɛifərə(n)] *vt (becijferde, h. becijferd)* calculer

be·com·men·ta·ri·ë·ren [bəkɔmɛntarijerə(n)] *vt (becommentarieerde, h. becommentarieerd)* commenter

bed [bɛt] *het (-den)* 1 lit; zijn ~je is gespreid son avenir est assuré; met iemand naar ~ gaan coucher avec qqn; dat is ver van mijn ~ je ne suis pas concerné 2 repaire 3 plate-bande 4 plant

be·daard [bədart] *adj, adv* pondéré

be·daard·heid [bədarthɛit] *nf* calme

[1]**be·dacht** [bədɑχt], **bedachten** → bedenken

[2]**be·dacht** [bədɑχt] *adj* 1 ayant l'intention (de) 2 prêt (à); hij is op alles ~ il ne laisse rien au hasard

be·dacht|zaam [bədɑχtsam] *adj, adv (-zamer, -zaamst)* réfléchi, avec réflexion

[1]**be·dan·ken** [bədɑŋkə(n)] *vt (bedankte, h. bedankt)* remercier

[2]**be·dan·ken** [bədɑŋkə(n)] *vi (bedankte, h. bedankt)* 1 refuser (poliment) 2 démissionner ♦ daar bedank ik voor! ah, non merci, sans façons !

be·da·ren [bədarə(n)] *vti (bedaarde, h./i. bedaard)* (se) calmer; iemand tot ~ brengen apaiser qqn

bed·den·goed [bɛdə(n)χut] *het* literie

bed·den·sprei [bɛdə(n)sprɛi] *de (-en)* couvre-lit

bed·ding [bɛdɪŋ] *nf (-en)* lit

be·de [bedə] *de (-n)* prière

be|deesd [bədest] *adj, adv (-deesder, meest b.)* timide(ment)

be·dek·ken [bədɛkə(n)] *vt (bedekte, h. bedekt)* 1 (re)couvrir 2 cacher

be·dekt [bədɛkt] *adj, adv* 1 couvert 2 secret, secrètement; ~ te kennen geven donner à entendre

be·de·laar [bedəlar] *nm (-s)* mendiant, -ante

be·de·la·rij [bedəlarɛi] *nf* mendicité

[1]**be·de·len** [bədelə(n)] *vt (bedeelde, h. bedeeld)* 1 faire la part à; hij is rijk bedeeld il est bien pourvu; iemand ruim ~ faire la part belle à qqn 2 assister

[2]**be·de·len** [bedələ(n)] *vi (bedelde, h. gebedeld)* 1 mendier 2 quémander

be·del·staf [bedəlstɑf] *nm* 1 bâton de mendiant 2 mendicité

be·del·tje [bedəlcə] *het (-s)* breloque

be·del·ven [bədɛlvə(n)] *vt (bedolf, h. bedolven)* 1 ensevelir 2 accabler

be·den·ke·lijk [bədɛŋkələk] *adj, adv* 1 inquiétant 2 (d'un air) hésitant ♦ van een ~ niveau *(euph.)* d'un niveau lamentable

[1]**be·den·ken** [bədɛŋkə(n)] *vt (bedacht, h. bedacht)* 1 réfléchir à; bedenk, wat de gevolgen zullen zijn réfléchis aux conséquences 2 inventer

[2]**be·den·ken, zich** [bədɛŋkə(n)] *vpr (bedacht zich, h. zich bedacht)* 1 réfléchir 2 se raviser

be·den·king [bədɛŋkɪŋ] *nf (-en)* objection

be·denk·tijd [bədɛŋktɛit] *nm* temps de réflexion

be·derf [bədɛrf] *het* 1 pourriture 2 corruption

be·der·fe·lijk [bədɛrfələk] *adj* périssable

[1]**be·der·ven** [bədɛrvə(n)] *vi (bedierf, i. bedorven)* pourrir

[2]**be·der·ven** [bədɛrvə(n)] *vt (bedierf, h. bedorven)* 1 abîmer; iemands plezier ~ gâcher le plaisir de qqn 2 gâter

be·de·vaart [bedəvart] *de (-en)* pèlerinage

be·dien·de [bədində] *nm (-n, -s)* 1 commis 2 domestique 3 employé

be·die·nen [bədinə(n)] *vt (bediende, h. bediend)* 1 servir 2 s'occuper de, *(technol.)* commander; eenvoudig te ~ zijn être d'un maniement simple 3 administrer l'extrême-onction

be·die·ning [bədinɪŋ] *nf (-en)* 1 service; zonder, exclusief ~ service non compris 2 commande 3 administration de l'extrême-onction

be·dierf [bədirf], **bedierven** → bederven

be·dij·ken [bədɛikə(n)] *vt (bedijkte, h. bedijkt)* endiguer

be·dil·le·rig [bədɪlərəχ] *adj* chicaneur
be·ding [bədɪŋ] *het (-en)* condition; **onder geen ~** en aucun cas
be·din·gen [bədɪŋə(n)] *vt (bedong, h. bedongen)* stipuler
be·dis·se·len [bədɪsələ(n)] *vt (bedisselde, h. bedisseld)* régler
bed·lamp·je [bɛtlɑmpjə] *het (-s)* lampe de chevet
bed·le·ge·rig [bɛtleχərəχ] *adj* alité
be·doe·ïen [beduwin] *nm (-en)* bédouin
be·doe·len [bədulə(n)] *vt (bedoelde, h. bedoeld)* **1** vouloir dire **2** avoir en vue; **zo was het niet bedoeld** ce n'était pas mon intention
be·doe·ling [bədulɪŋ] *nf (-en)* **1** intention; **het ligt in onze ~ om …** nous avons l'intention de …; **dat was niet de ~** ce n'était pas cela qu'on voulait faire **2** sens
be·dolf [bədɔlf], **bedolven** → **bedelven**
be·dompt [bədɔmt] *adj* **1** confiné; **een ~ vertrek** une pièce mal aérée **2** borné **3** *(Belg.)* embué
be·don·derd [bədɔndərt] *adj* **1** cinglé **2** mal; **hij ziet er ~ uit** il a une fichue mine **3** flemmard
be·don·de·ren [bədɔndərə(n)] *vt (bedonderde, h. bedonderd)* rouler
be·dong [bədɔŋ], **bedongen** → **bedingen**
be·dor·ven [bədɔrvə(n)] → **bederven**
be·dot·ten [bədɔtə(n)] *vt (bedotte, h. bedot)* tromper
bed·plas·sen [bɛtplɑsə(n)] *vb* faire (pipi) au lit
be·dra·ding [bədradɪŋ] *nf (-en)* câblage
be·drag [bədrɑχ] *het (-en)* montant; **het resterende ~ betalen** payer le restant (d'une somme); **ten ~e van** d'un montant de; **tot een ~ van** jusqu'à concurrence de
be·dra·gen [bədraχə(n)] *vi (bedroeg, h. bedragen)* s'élever à
be·dreef [bədref], **bedreven** → **bedrijven**
be·drei·gen [bədrɛiχə(n)] *vt (bedreigde, h. bedreigd)* menacer (qqn de qqch); **zich bedreigd voelen** se sentir agressé, menacé; **in zijn voortbestaan bedreigd worden** *(entreprise)* être menacé de fermeture; **bedreigd worden** *(par courriel etc.)* recevoir des menaces
be·drei·ging [bədrɛiχɪŋ] *nf (-en)* menace
be·drem|meld [bədrɛməlt] *adj, adv (-melder, meest b.)* (d'un air) embarrassé
be·dre|ven [bədrevə(n)] *adj (-vener, meest b.) (+ in)* rompu (à)
be·dre·ven·heid [bədrevə(n)hɛit] *nf* habileté
be·drie·gen [bədriχə(n)] *vt (bedroog, h. bedrogen)* tromper; **bedrogen uitkomen** devoir déchanter
be·drieg·lijk [bədriχlək] *adj, adv* trompeur, de manière trompeuse; **~e handelingen** actions frauduleuses
be·drijf [bədrɛif] *het (bedrijven)* **1** entreprise; **gemengd ~** entreprise mixte **2** acte **3** service; **in ~** en service **4** métier ♦ **tussen de bedrijven door** entre-temps

***be·drijfs-** [bədrɛifs-] de l'entreprise, d'entreprise; **de bedrijfsleider** le chef d'entreprise
be·drijfs·arts [bədrɛifsɑrts] *nm (-en)* médecin du travail
be·drijfs·hulp·ver·le·ning [bədrɛifshʌlpfərlenɪŋ] *nf (Pays-Bas)* sauvetage secourisme du travail, SST
be·drijfs·ka·pi|taal [bədrɛifskapital] *het (-talen)* capital de roulement
be·drijfs·klaar [bədrɛifsklar] *adj* opérationnel
be·drijfs·kos·ten [bədrɛifskɔstə(n)] *plur* frais d'exploitation
be·drijfs·kun·de [bədrɛifskʌndə] *nf* sciences de gestion
be·drijfs·le·ven [bədrɛifslevə(n)] *het* **1** vie économique **2** entreprises
be·drijfs·on·ge·val [bədrɛifsɔŋχəvɑl] *het (-len)* accident du travail, *(fig.)* accident de parcours
be·drijfs·pand [bədrɛifspɑnt] *het (-en)* immeuble d'exploitation
be·drijfs·tak [bədrɛifstɑk] *nm (-ken)* **1** branche d'activité(s) **2** secteur industriel
be·drijfs·ver·eni·ging [bədrɛifsfərenəχɪŋ] *nf (-en)* association professionnelle
be·drijfs·voe·ring [bədrɛifsfurɪŋ] *nf* gestion de l'entreprise
be·drij·ven [bədrɛivə(n)] *vt (bedreef, h. bedreven)* faire; **een misdaad ~** commettre un crime
be·drij·vig·heid [bədrɛivəχhɛit] *nf* **1** activité **2** animation
be·drin·ken, zich [bədrɪŋkə(n)] *vpr (bedronk zich, h. zich bedronken)* s'enivrer
be·droefd [bədruft] *adj* triste
be·droeg [bədruχ], **bedroegen** → **bedragen**
[1]**be·droe·vend** [bədruvənt] *adj* **1** attristant **2** lamentable
[2]**be·droe·vend** [bədruvənt] *adv* vraiment très; **zijn werk is ~ slecht** son travail est lamentable
be·drog [bədrɔχ] *het* tromperie; **optisch ~** illusion d'optique; **~ plegen** frauder
be·dronk [bədrɔŋk], **bedronken** → **bedrinken**
be·droog [bədroχ], **bedrogen** → **bedriegen**
be·droop [bədrop], **bedropen** → **bedruipen**
be·drui·pen [bədrœypə(n)] *vt (bedroop, h. bedropen)* arroser ♦ **zichzelf (kunnen) ~** se suffire à soi-même
be·druk·ken [bədrʌkə(n)] *vt (bedrukte, h. bedrukt)* imprimer
be·drukt [bədrʌkt] *adj* abattu; **een ~ gemoed hebben** avoir le cœur gros
bed·rust [bɛtrʌst] *de* alitement
bed·scè·ne [bɛtsɛːnə] *de (-s)* scène érotique
bed·stee [bɛtste] *de (-ën)* lit clos
bed·tijd [bɛtɛit] *nm* heure du coucher
be|ducht [bədʌχt] *adj (-duchter, meest b.)*

inquiet; **voor iets, iemand ~ zijn** craindre qqch, qqn
be·dui·den [bədœydə(n)] *vt (beduidde, h. beduid)* **1** faire signe (de) **2** avoir de l'importance **3** signifier
be·dui·dend [bədœydənt] *adj, adv* considérable(ment)
be|duusd [bədyst] *adj (-duusder, meest b.)* déconcerté
be·du·ve·len [bədyvələ(n)] *vt (beduvelde, h. beduveld)* rouler
be·dwang [bədwɑŋ] *het* ♦ **in ~ houden** maîtriser
bed·wa·te·ren [bɛtwatərə(n)] *vb* souffrir d'énurésie nocturne
be·dwel·men [bədwɛlmə(n)] *vt (bedwelmde, h. bedwelmd)* **1** étourdir; **een ~d middel** un narcotique; **~d parfum** parfum capiteux **2** griser
be·dwin·gen [bədwɪŋə(n)] *vt (bedwong, h. bedwongen)* **1** soumettre **2** maîtriser; **zijn woede ~** réprimer sa colère
be·dwong [bədwɔŋ], **bedwongen** → **bedwingen**
be·ëdigd [bəedəxt] *adj* **1** assermenté **2** fait sous serment
be·ëdi·ging [bəedəxɪŋ] *nf (-en)* **1** confirmation par serment **2** prestation de serment
be·ëin·di·gen [bəɛindəxə(n)] *vt (beëindigde, h. beëindigd)* **1** terminer **2** régler
beek [bek] *de (beken)* ruisseau
beeld [belt] *het (-en)* **1** image; **in ~ en geschrift** en texte et en images; **een ~ van de situatie schetsen** brosser un tableau de la situation; **zich een ~ van iets vormen** se faire une idée de qqch **2** statue
beeld|buis [beldbœys] *de (-buizen)* **1** tube cathodique **2** télé
beel·dend [beldənt] *adj, adv* (de façon) imagé(e); **het ~ vermogen van een schrijver** les capacités évocatrices d'un écrivain
Beel·den·storm [beldə(n)stɔrm] *nm* iconoclasme
beeld·hou·wen [belthɑuwə(n)] *vti (beeldhouwde, h. gebeeldhouwd)* sculpter
beeld·houw·werk [belthɑuwɛrk] *het (-en)* **1** sculpture **2** relief
beel·dig [beldəx] *adj, adv* ravissant, à ravir
beeld·scherm [beltsxɛrm] *het (-en)* **1** écran **2** écran (d'affichage)
beeld·schoon [beltsxon] *adj* de toute beauté
beeld|spraak [beltsprak] *de (-spraken)* langage figuré
beeld·vor·ming [beltfɔrmɪŋ] *nf* création d'une image, d'une impression
beel·te·nis [beltənɪs] *nf (-sen)* portrait
been [ben] *het (benen)* **1** jambe; **ik heb het aan mijn ~** je suis cuit; **op eigen benen staan** voler de ses propres ailes; **geen ~ hebben om op te staan** n'avoir aucun moyen de se justifier; **met gestrekt ~ inkomen** *(football)* faire un croc-en-jambe, *(fig.)* y aller fort; **het ~ stijf houden** ne pas céder; *(fig.)* **in de benen zijn** s'activer, être à l'œuvre; **zich op de ~ houden** tenir le coup; **er was veel volk op de ~** il y avait beaucoup de monde; **de benen strekken** se dégourdir les jambes; **slecht ter ~ zijn** avoir de mauvaises jambes; **op het verkeerde ~ gezet worden** être pris à contre-pied; **iemand tegen het zere ~ schoppen** toucher qqn au vif **2** patte **3** os
been·be·scher·mer [bembəsxɛrmər] *nm (-s)* jambière
been·breuk [bembrøk] *de (-en)* **1** fracture **2** fracture de la jambe
been·hou·wer [benhɑuwər] *nm (-s) (Belg.)* boucher
been·merg [bemɛrx] *het* moelle osseuse
beer [ber] *nm (beren)* **1** ours **2** verrat
beer·put [berpʌt] *nm (-ten)* **1** fosse d'aisances **2** cloaque
beest [best] *het, dans quelques expressions de (f) (-en)* bête; **bij de ~en af** immonde; **de ~ uithangen** être débauché
beest·ach·tig [bestɑxtəx] *adj, adv* **1** bestial, comme une bête; **zich ~ gedragen** être débauché **2** terriblement
[1]**beet** [bet], **beten** → **bijten, doorbijten** *(etc.)*
[2]**beet** [bet] *nm (beten)* **1** morsure **2** piqûre (d'insecte etc.) **3** bouchée
[1]**beet·heb·ben** [bethɛbə(n)] *vt (had beet, h. beetgehad)* **1** tenir **2** avoir
[2]**beet·heb·ben** [bethɛbə(n)] *vi (had beet, h. beetgehad)* avoir une touche; **ik heb beet!** ça mord !
[1]**beet·je** [becə] *het (-s)* peu
[2]**beet·je** [becə] *adv* un peu
[3]**beet·je** [becə] *adj* qui se respecte
beet·ne·men [betnemə(n)] *vt (nam beet, h. beetgenomen)* **1** saisir **2** avoir; **zich laten ~** se faire avoir
beet·pak·ken [betpɑkə(n)] *vt (pakte beet, h. beetgepakt)* saisir
be|faamd [bəfamt] *adj (-faamder, meest b.)* célèbre; **~ om** réputé pour
be|gaafd [bəxaft] *adj (-gaafder, meest b.)* doué; **buitengewoon ~** surdoué
be·gaafd|heid [bəxafthɛit] *nf (-heden)* don
[1]**be·gaan** [bəxan] *adj* ♦ **hij is ~ met haar lot** son sort le touche
[2]**be·gaan** [bəxan] *vi (beging, h. begaan)* ♦ **iemand stil laten ~** laisser faire qqn
[3]**be·gaan** [bəxan] *vt (beging, h. begaan)* commettre
be·gaan|baar [bəxambar] *adj (-baarder, best b.)* praticable
be·gaf [bəxɑf], **begaven** → **begeven**
be·geer·te [bəxertə] *nf (-n)* désir
be·ge·lei·den [bəxəlɛidə(n)] *vt (begeleidde, h. begeleid)* **1** accompagner **2** suivre
be·ge|lei·der [bəxəlɛidər] *nm (-s)*, **-leidster** *nf (-s)* **1** accompagnateur, -trice **2** personne qui assiste
be·ge·lei·ding [bəxəlɛidɪŋ] *nf (-en)* **1** accompagnement **2** assistance **3** convoi

be·ge·na·digd [bəχənadəχt] *adj* qui a du génie

be·ge·ren [bəχerə(n)] *vt (begeerde, h. begeerd)* désirer

be·ge·rig [bəχerəχ] *adj, adv* avide(ment)

¹**be·ge·ven** [bəχevə(n)] *vt (begaf, h. begeven)* ♦ **zijn zenuwen hebben het ~** ses nerfs ont craqué

²**be·ge·ven, zich** [bəχevə(n)] *vpr (begaf zich, h. zich begeven)* se rendre (qqp)

be·gie·ten [bəχitə(n)] *vt (begoot, h. begoten)* arroser

be·gijn|hof [bəχεinhɔf] *het (-hoven)* béguinage

be·gin [bəχɪn] *het* **1** début; **een ~ maken met iets** commencer qqch **2** origine

***be·gin-** [bəχɪn-] initial; **het beginsalaris** le salaire de départ

be·ging [bəχɪŋ], **begingen** → **begaan**

be·gin·ka·pi|taal [bəχɪŋkapital] *het (-talen)* mise (de fonds)

be·gin·ne·ling [bəχɪnəlɪŋ] *nm (-en)* débutant, -ante

¹**be·gin·nen** [bəχɪnə(n)] *vt (begon, h. begonnen)* commencer; **een winkel ~** ouvrir un magasin

²**be·gin·nen** [bəχɪnə(n)] *vi (begon, i. begonnen)* **1** commencer; **aan iets nieuws ~** se mettre à autre chose; **was ik er maar nooit aan begonnen** je n'aurais jamais dû ...; **dat begint goed!** cela s'annonce bien ! **2** *(+ over)* aborder ♦ **voor zichzelf ~** se mettre à son compte

be·gin·ner [bəχɪnər] *nm (-s)* → **beginneling**

be·gin·punt [bəχɪmpʌnt] *het (-en)* point de départ

be·gin·sel [bəχɪnsəl] *het (-en)* principe de base ♦ **in ~** en principe

be·gin·sel·pro·gram·ma [bəχɪnsəlproχrɑma] *het (-'s)* déclaration de principes

be·gin·sel·ver·kla·ring [bəχɪnsəlvərklarɪŋ] *nf (-en)* programme de base

be·gla·zing [bəχlazɪŋ] *nf (-en)* vitrage

be·glu·ren [bəχlyrə(n)] *vt (begluurde, h. begluurd)* épier

be·gon [bəχɔn], **begonnen** → **beginnen**

be·goo·che·ling [bəχoχəlɪŋ] *nf (-en)* illusion

be·graaf·plaats [bəχrafplats] *de (-en)* cimetière

be·gra·fe·nis [bəχrafənɪs] *nf (-sen)* **1** enterrement **2** cortège funèbre

be·gra·fe·nis·on·der·ne·ming [bəχrafənɪsɔndərnemɪŋ] *nf (-en)* (service des) pompes funèbres

be·gra·ven [bəχravə(n)] *vt (begroef, h. begraven)* enterrer; **zich in zijn boeken ~** vivre le nez plongé dans ses livres

be·greep [bəχrep], **begrepen** → **begrijpen**

be·gren·zen [bəχrεnzə(n)] *vt (begrensde, h. begrensd)* (dé)limiter

be·grij·pe·lijk [bəχrεipələk] *adj* compréhensible

be·grij·pe·lij·ker·wij·ze [bəχrεipələkərwεizə] *adv* on le conçoit

be·grij·pen [bəχrεipə(n)] *vt (begreep, h. begrepen)* comprendre; **iemand verkeerd ~** mal comprendre qqn ♦ **het niet op iets, iemand begrepen hebben** se méfier de qqch, de qqn

be·grip [bəχrɪp] *het (-pen)* **1** compréhension; **vlug van ~ zijn** avoir l'intelligence vive; **dat gaat mijn ~ te boven** cela me dépasse **2** concept; **dat is een ~** c'est une chose reconnue

be·grips·ver·mo·gen [bəχrɪpsfərmoχə(n)] *het* entendement

be·groef [bəχruf], **begroeven** → **begraven**

be·groeid [bəχrujt] *adj* couvert (de végétation)

be·groei·ing [bəχrujɪŋ] *nf (-en)* végétation

be·groe·ten [bəχrutə(n)] *vt (begroette, h. begroet)* **1** saluer **2** accueillir

be·gro·ting [bəχrotɪŋ] *nf (-en)* **1** estimation **2** budget

***be·gro·tings-** [bəχrotɪŋs-] budgétaire

be·gun·stig·de [bəχʌnstəχdə] *nm (-n)* bénéficiaire

be·gun·sti·gen [bəχʌnstəχə(n)] *vt (begunstigde, h. begunstigd)* favoriser

be·gun·sti·ger [bəχʌnstəχər] *nm (-s)* bienfaiteur, -trice

be·ha [beha] *nm (-'s)* soutien-gorge

be·haag·lijk [bəhaχlək] *adj, adv* **1** agréable(ment) **2** (qui est) à l'aise

be·haag|ziek [bəhaχsik] *adj, adv (-zieker, meest b.)* coquet(tement)

be·haard [bəhart] *adj* **1** velu **2** chevelu

be·ha·gen [bəhaχə(n)] *vi (behaagde, h. behaagd)* plaire

be·ha·len [bəhalə(n)] *vt (behaalde, h. behaald)* obtenir

be·hal·ve [bəhalvə] *prép* **1** outre **2** excepté

be·han·de·len [bəhandələ(n)] *vt (behandelde, h. behandeld)* **1** traiter; **behandeld worden** recevoir des soins **2** manier

be·han·de·ling [bəhandəlɪŋ] *nf (-en)* **1** maniement **2** examen; **uw klacht is in ~** votre plainte est examinée; **opnieuw in ~ nemen** réexaminer **3** traitement; **zich onder ~ stellen** suivre un traitement

be·hang [bəhaŋ] *het* papier peint

¹**be·han·gen** [bəhaŋə(n)] *vti (behing, h. behangen)* tapisser

²**be·han·gen** [bəhaŋə(n)] *vt (behing, h. behangen)* (re)couvrir (de)

be·hap·baar [bəhabar] *adj* faisable, gérable

be·ha·ring [bəharɪŋ] *nf* pilosité

be·har·ti·gen [bəhartəχə(n)] *vt (behartigde, h. behartigd)* défendre

be·heer [bəher] *het* **1** gestion; **het gemeenschappelijk ~** la cogérance **2** administration; *(Belg.)* **raad van ~** conseil d'administration

be·heer·der [bəherdər] *nm (-s)* **1** exploitant **2** administrateur **3** gérant
be·heers·baar [bəherzbar] *adj* maîtrisable
[1]**be·heer·sen** [bəhersə(n)] *vt (beheerste, h. beheerst)* **1** dominer **2** maîtriser
[2]**be·heer·sen, zich** [bəhersə(n)] *vpr (beheerste zich, h. zich beheerst)* se dominer
be·heer·sing [bəhersɪŋ] *nf* contrôle
be|heerst [bəherst] *adj (-heerster, meest b.)* calme
be·hek·sen [bəhɛksə(n)] *vt (behekste, h. behekst)* ensorceler
be·hen·dig [bəhɛndəχ] *adj, adv* agile(ment)
be·he·ren [bəherə(n)] *vt (beheerde, h. beheerd)* **1** gérer **2** administrer
be·hield [bəhilt], **behielden** → [2]behouden
be·hoe·den [bəhudə(n)] *vt (behoedde, h. behoed)* **1** *(+ voor)* préserver **2** garder
be·hoed|zaam [bəhutsam] *adj, adv (-zamer, -zaamst)* circonspect, avec circonspection
be·hoef·te [bəhuftə] *nf (-n)* **1** besoin; **in een ~ voorzien** répondre à un besoin **2** besoin(s) (naturel(s))
be·hoef·tig [bəhuftəχ] *adj* nécessiteux
be·hoe·ve [bəhuvə] ♦ **ten ~ van** au profit de
be·hoor·lijk [bəhorlək] *adj, adv* **1** convenable(ment) **2** utilisable **3** important; **er is ~ wat werk** il y a pas mal de travail
be·ho·ren [bəhorə(n)] *vi (behoorde, h. behoord)* **1** appartenir; **hij behoort tot de besten** il compte parmi les meilleurs **2** falloir; **naar ~** comme il se doit **3** convenir **4** *(+ bij, tot)* faire partie (de)
be·houd [bəhɑut] *het* **1** maintien **2** préservation **3** salut
[1]**be·hou·den** [bəhɑudə(n)] *adj* **1** sain et sauf **2** intact
[2]**be·hou·den** [bəhɑudə(n)] *vt (behield, h. behouden)* **1** garder **2** maintenir
be·hou·dend [bəhɑudənt] *adj* conservateur
be·hou·dens [bəhɑudə(n)s] *prép* **1** sous réserve de **2** sauf
be·houd·zucht [bəhɑutsʌχt] *de* conservatisme
be·huisd [bəhœyst] *adj* logé; **klein ~ zijn** être logé à l'étroit
be·hulp [bəhʌlp] *het* ♦ **met ~ van iets** à l'aide de qqch; **met ~ van iemand** avec l'aide de qqn
be·hulp|zaam [bəhʌlpsam] *adj (-zamer, -zaamst)* serviable
bei·aard [bɛijart] *nm (-s) (Belg.)* carillon
bei·de [bɛidə] *card* **1** *(à valeur d'adjectif)* les deux **2** *(emploi substantivé)* tous (les) deux; **één van ~** l'un(e) ou l'autre
Bei·e·ren [bɛijərə(n)] *het* Bavière
Bei·ers [bɛijərs] *adj* bavarois
be·ij·ve·ren, zich [bəɛivərə(n)] *vpr (beijverde zich, h. zich beijverd) (+ om, voor)* s'appliquer (à)
be·ïn·vloe·den [bəɪnvludə(n)] *vt (beïnvloedde, h. beïnvloed)* influencer
bei·tel [bɛitəl] *nm (-s)* ciseau
beit·sen [bɛitsə(n)] *vt (beitste, h. gebeitst)* teinter
be·jaard [bəjart] *adj* âgé; **een ~e** une personne âgée
be·jaar·den·pas [bəjardə(n)pɑs] *nm (-sen)* carte vermeil
be·jaar·den·te|huis [bəjardə(n)təhœys] *het (-huizen)* maison de retraite, *(Belg.)* home (pour personnes âgées)
be·jaar·den·ver|zor·ger [bəjardə(n)vərzɔrχər] *nm (-s)*, **-zorgster** *nf (-s)* infirmier, -ière gériatrique
be·je·ge·nen [bəjexənə(n)] *vt (bejegende, h. bejegend)* traiter
be·ju·be·len [bəjybələ(n)] *vt (bejubelde, h. bejubeld)* acclamer
bek [bɛk] *nm (-ken)* **1** gueule; **een grote ~ opzetten tegen** gueuler contre; **(plat) op zijn ~ gaan, vallen** se casser la gueule, la figure; **gekke ~ken trekken** s'amuser à faire des grimaces **2** bec
bek·af [bɛkɑf] *adj* crevé
be|kakt [bəkɑkt] *adj, adv (-kakter, meest b.)* affecté, prétentieusement
be·keek [bəkek], **bekeken** → **bekijken**
be·kend [bəkɛnt] *adj* **1** connu; **een ~e** une connaissance; **het is algemeen ~** tout le monde sait cela; **u komt me ~ voor** il me semble vous avoir vu qqp; **voor zover mij ~** à ma connaissance **2** au courant; **bent u in de omgeving ~?** vous connaissez (bien) la région ?
be·kend·heid [bəkɛnthɛit] *de* **1** connaissance (de) **2** réputation; **~ krijgen** devenir célèbre
be·kend·ma·ken [bəkɛntmakə(n)] *vt (maakte bekend, h. bekendgemaakt)* annoncer
be·kend·ma·king [bəkɛntmakɪŋ] *nf (-en)* annonce
be·kend·staan [bəkɛntstan] *vi (stond bekend, h. bekendgestaan)* être connu (pour, comme)
be·ken·nen [bəkɛnə(n)] *vti (bekende, h. bekend)* **1** avouer, *(Belg.)* entrer en aveux **2** discerner; **er is geen mens te ~** il n'y a pas un chat
be·ken·te·nis [bəkɛntənɪs] *nf (-sen)* aveu(x); **een ~ afleggen** faire des aveux; *(Belg.)* entrer en aveux
be·ker [bekər] *nm (-s)* **1** gobelet **2** coupe
[1]**be·ke·ren** [bəkerə(n)] *vt (bekeerde, h. bekeerd)* convertir (à)
[2]**be·ke·ren, zich** [bəkerə(n)] *vpr (bekeerde zich, h. zich bekeerd)* se convertir (à)
be·ke·ring [bəkerɪŋ] *nf (-en)* conversion (à)
be·keu·ring [bəkørɪŋ] *nf (-en)* contravention; **een ~ krijgen** attraper une contravention
be·kij·ken [bəkɛikə(n)] *vt (bekeek, h. bekeken)* **1** examiner **2** considérer; **bekijk het eens van mijn kant** mets-toi à ma

place ♦ **je bekijkt het maar!** débrouille-toi !; **het is bekeken met hem** c'est un homme fini

bek·ken [bɛkə(n)] *het (-s)* **1** bassin **2** cymbale

be·klaag·de [bəklaɣdə] *nm (-n)* **1** inculpé **2** accusé

be·klad·den [bəkladə(n)] *vt (bekladde, h. beklad)* **1** barbouiller **2** souiller

[1]**be·kla·gen** [bəklaɣə(n)] *vt (beklaagde, h. beklaagd)* plaindre

[2]**be·kla·gen, zich** [bəklaɣə(n)] *vpr (beklaagde zich, h. zich beklaagd)* **1** porter plainte **2** se plaindre

be·kla·gens·waar|dig [bəklaɣə(n)swardəχ] *adj, adv (-diger, meest b.)* à plaindre, pitoyablement

be·kle·den [bəkledə(n)] *vt (bekleedde, h. bekleed)* **1** (re)couvrir **2** exercer

be·klemd [bəklɛmt] *adj* **1** coincé **2** oppressé

be·klem·to·nen [bəklɛmtonə(n)] *vt (beklemtoonde, h. beklemtoond)* accentuer

be·klij·ven [bəklɛivə(n)] *vi (beklijfde, h./i. beklijfd)* rester

be·klim·men [bəklɪmə(n)] *vt (beklom, h. beklommen)* monter

be·klin·ken [bəklɪŋkə(n)] *vt (beklonk, h. beklonken)* conclure; **de zaak is beklonken** c'est chose décidée

be·klom [bəklɔm], **beklommen** → **beklimmen**

be·klonk [bəklɔŋk], **beklonken** → **beklinken**

be·kneld [bəknɛlt] *adj* **1** coincé **2** oppressé

be|knopt [bəknɔpt] *adj, adv (-knopter, meest b.)* sommaire(ment); **een ~ overzicht** un résumé

be·knopt·heid [bəknɔpthɛit] *nf* concision

be·knot·ten [bəknɔtə(n)] *vt (beknotte, h. beknot)* restreindre

be·koe·len [bəkulə(n)] *vi (bekoelde, i. bekoeld)* (se) refroidir

be·ko·ge·len [bəkoɣələ(n)] *vt (bekogelde, h. bekogeld)* bombarder; **iemand met tomaten ~** lancer des tomates à qqn

be·ko·men [bəkomə(n)] *vi (bekwam, i. bekomen)* se remettre ♦ **die wijn is mij niet goed ~** j'ai mal supporté ce vin

be·kom·me·ren, zich [bəkɔmərə(n)] *vpr (bekommerde zich, h. zich bekommerd) (+ om)* se soucier (de)

be·kon·ke·len [bəkɔŋkələ(n)] *vt (bekonkelde, h. bekonkeld)* comploter

be·koor·lijk [bəkorlək] *adj, adv* (de façon) charmant(e)

[1]**be·ko·pen** [bəkopə(n)] *vt (bekocht, h. bekocht)* payer

[2]**be·ko·pen, zich** [bəkopə(n)] *vpr (bekocht zich, h. zich bekocht)* se faire rouler

be·ko·ring [bəkorɪŋ] *nf (-en)* **1** charme **2** tentation

be·kor·ten [bəkɔrtə(n)] *vt (bekortte, h. bekort)* abréger

be·kos·ti·gen [bəkɔstəɣə(n)] *vt (bekostigde, h. bekostigd)* payer

be·krach·ti·gen [bəkraχtəɣə(n)] *vt (bekrachtigde, h. bekrachtigd)* valider

be·kri·ti·se·ren [bəkritizerə(n)] *vt (bekritiseerde, h. bekritiseerd)* critiquer

be·krom|pen [bəkrɔmpə(n)] *adj, adv (-pener, meest b.)* **1** borné, mesquinement; **~ van geest zijn** être étroit d'esprit **2** exigu, à l'étroit

be·kro·nen [bəkronə(n)] *vt (bekroonde, h. bekroond)* couronner

be·kro·ning [bəkronɪŋ] *nf (-en)* **1** attribution (d'un prix) **2** couronnement

be·kroop [bəkrop], **bekropen** → **bekruipen**

be·krui·pen [bəkrœypə(n)] *vt (bekroop, h. bekropen)* gagner; **het verlangen bekroop mij om ...** l'envie me prit de ...

bek·vech·ten [bɛkfɛχtə(n)] *vb* se chamailler; **het ~** la prise de bec

be|kwaam [bəkwam] *adj (-kwamer, meest b.)* compétent

be·kwaam|heid [bəkwamhɛit] *nf (-heden)* **1** capacité(s) **2** compétence

be·kwa·men, zich [bəkwamə(n)] *vpr (bekwaamde zich, h. zich bekwaamd)* s'instruire; **zich verder ~** se perfectionner

bel [bɛl] *de (-len)* **1** sonnette; **de ~ gaat** on sonne **2** sonnerie **3** bulle (d'air) **4** ballon **5** poche (de gaz)

be·lab|berd [bəlabərt] *adj, adv (-berder, meest b.)* fichu, minablement

be·la·che·lijk [bəlaχələk] *adj, adv* (d'une façon) ridicule; **iemand ~ maken** ridiculiser qqn

be·la·den [bəladə(n)] *vt (belaadde, h. beladen)* charger; **een ~ onderwerp** un sujet difficile à aborder

be·la·gen [bəlaɣə(n)] *vt (belaagde, h. belaagd)* harceler

be·lan·den [bəlandə(n)] *vi (belandde, i. beland)* atterrir

be·lang [bəlaŋ] *het (-en)* **1** intérêt; **iemands ~en behartigen** défendre les intérêts de qqn; **~ stellen in iets, iemand** s'intéresser à qqch, qqn **2** importance; **van ~ zijn** importer ♦ **het was een drukte van ~** il y avait un monde fou

be·lan·ge·loos [bəlaŋəlos] *adj, adv* **1** désintéressé, bénévolement **2** gratuit(ement)

be·lan·gen·or·ga·ni·sa·tie [bəlaŋə(n)ɔrɣaniza(t)si] *de (-s)* organisation pour la défense d'intérêts communs

be·lang·heb·bend [bəlaŋhɛbənt] *adj* intéressé; **een ~e** un(e) intéressé(e)

be·lang·rijk [bəlaŋrɛik] *adj* important; *(iron.; langage des jeunes)* **lekker ~** super-intéressant; **~ worden** prendre de l'importance

be·lang·stel·len [bəlaŋstɛlə(n)] *vi (stelde belang, h. belanggesteld) (+ in)* s'intéresser (à)

be·lang·stel·ling [bəlaŋstɛlɪŋ] *nf* intérêt;

in de ~ staan être au centre de l'intérêt; **~ tonen voor** être intéressé par
be·lang·wek·kend [bəlaŋwɛkənt] *adj* intéressant
be·last [bəlast] *adj* chargé (de); **te zwaar ~** surchargé ♦ **erfelijk ~ zijn** avoir des tares
be·last·baar [bəlastbar] *adj* **1** qui a une capacité (de charge) (de) **2** imposable
be·las·ten [bəlastə(n)] *vt (belastte, h. belast)* **1** charger; **te zwaar ~** surcharger **2** imposer
be·las·tend [bəlastənt] *adj* préjudiciable
be·las·te·ren [bəlastərə(n)] *vt (belasterde, h. belasterd)* calomnier
be·las·ting [bəlastɪŋ] *nf (-en)* **1** charge **2** pression **3** impôt(s); **~ heffen** imposer; **~ ontduiken** frauder le fisc **4** fisc
***be·las·ting-** [bəlastɪŋ-] fiscal
be·las·ting·aan·gif·te [bəlastɪŋaŋɣɪftə] *nf (-n)* déclaration d'impôts
be·las·ting·aan·slag [bəlastɪŋanslɑɣ] *nm (-en)* **1** imposition **2** feuille d'impôts
be·las·ting·af·trek [bəlastɪŋɑftrɛk] *nm* exonération fiscale
be·las·ting·be·ta·ler [bəlastɪŋbətalər] *nm (-s)* contribuable
be·las·ting·bil·jet [bəlastɪŋbɪljɛt] *het (-ten)* feuille de déclaration d'impôts
be·las·ting·dienst [bəlastɪŋdinst] *nm (-en)* fisc
be·las·ting·ont·hef·fing [bəlastɪŋɔnthɛfɪŋ] *nf (-en)* exonération d'impôts
be·las·ting·ont·van·ger [bəlastɪŋɔntfaŋər] *nm (-s)* percepteur
be·las·ting·plich·ti·ge [bəlastɪŋplɪχtəχə] *nm (-n)* → **belastingbetaler**
be·las·ting·ta|rief [bəlastɪŋtarif] *het (-rieven)* taux d'imposition
be·las·ting·vrij [bəlastɪŋvrɛi] *adj* exempt d'impôts
be·la·zerd [bəlazərt] *adj* **1** dingue **2** zéro
be·la·ze·ren [bəlazərə(n)] *vt (belazerde, h. belazerd)* rouler
bel·bun·del [bɛlbʌndəl] *nm (-s) (com.)* forfait (mobile)
be·le·di·gen [bəledəɣə(n)] *vt (beledigde, h. beledigd)* offenser
be·le·di·gend [bəledəɣənt] *adj, adv* (de façon) vexant(e)
be·le·di·ging [bəledəɣɪŋ] *nf (-en)* **1** offense **2** insulte
be·leed [bəlet], **beleden** → **belijden**
be·leefd [bəleft] *adj, adv* poli(ment); **zo ~ zijn om** avoir l'amabilité de bien vouloir
be·leefd|heid [bəlefthɛit] *nf (-heden)* **1** politesse **2** égards
be·leg [bəlɛχ] *het* **1** siège **2** ⟨*ce qu'on étale sur une tartine*⟩
be·le·gen [bəleχə(n)] *adj* vieux
be·le·ge·ren [bəleχərə(n)] *vt (belegerde, h. belegerd)* **1** assiéger **2** assaillir
[1]**be·leg·gen** [bəlɛχə(n)] *vti (belegde, h. belegd)* placer (son argent)
[2]**be·leg·gen** [bəlɛχə(n)] *vt (belegde, h. belegd)* **1** convoquer **2** (re)couvrir
be·leg·ger [bəlɛχər] *nm (-s)* investisseur
be·leg·ging [bəlɛχɪŋ] *nf (-en)* placement
be·leg·gings·maat·schap·pij [bəlɛχɪŋsmatsχɑpɛi] *nf (-en)* société d'investissement
be·leid [bəlɛit] *het* **1** politique **2** prudence; **met ~ te werk gaan** agir avec discernement
be·leids·lijn [bəlɛitslɛin] *de (-en)* (ligne) politique
be·leids·ma·tig [bəlɛitsmatəχ] *adj, adv* qui répond à la politique fixée, conformément à la politique fixée
be·leids·plan [bəlɛitsplɑn] *het (-nen)* plan (stipulant la politique à suivre)
be·lem·me·ren [bəlɛmərə(n)] *vt (belemmerde, h. belemmerd)* entraver
be·lem·me·ring [bəlɛmərɪŋ] *nf (-en)* **1** obstruction **2** obstacle
be·let·sel [bəlɛtsəl] *het (-s)* obstacle
be·let·ten [bəlɛtə(n)] *vt (belette, h. belet)* empêcher
be·le·ven [bəlevə(n)] *vt (beleefde, h. beleefd)* vivre; **dat heb ik nog nooit beleefd!** on n'a jamais vu ça !; **dat ik dit nog mag ~** qu'il m'ait été donné de voir ça !; **er valt hier niets te ~** ce qu'on s'embête, ici !; **wat zullen we nu ~?** mais qu'est-ce qui se passe donc ?
be·le·ve·nis [bəlevənɪs] *nf (-sen)* évènement
be·le·vings·we·reld [bəlevɪŋswerəlt] *de (-en)* univers (mental)
be·le·zen [bəlezə(n)] *adj (meer b., meest b.)* qui a beaucoup lu
Belg [bɛlχ] *nm (-en),* **Belgische** *nf (-n)* Belge
Bel·gië [bɛlχijə] *het* Belgique
Bel·gisch [bɛlχis] *adj* belge
be·li·cha·men [bəlɪχamə(n)] *vt (belichaamde, h. belichaamd)* incarner
be·lich·ten [bəlɪχtə(n)] *vt (belichtte, h. belicht)* **1** éclairer **2** exposer
be·lich·ting [bəlɪχtɪŋ] *nf* **1** éclairage **2** exposition
be·lie·ven [bəlivə(n)] *het* **1** gré **2** discrétion
be·lij·den [bəlɛidə(n)] *vt (beleed, h. beleden)* **1** confesser **2** pratiquer **3** professer
be·lij·de·nis [bəlɛidənɪs] *nf (-sen)* profession de foi
Be·li|zaan [belizan] *nm (-zanen),* **-zaanse** *nf (-n)* Bélizien, -ienne
Be·li·zaans [belizans] *adj* bélizien
Be·li·ze [beli:zə] *het* Belize
bel·len [bɛlə(n)] *vti (belde, h. gebeld)* **1** sonner **2** téléphoner
be·lof·te [bəlɔftə] *nf (-n, -s)* promesse; **een ~ afleggen** promettre (de); **een ~ nakomen** tenir parole; **zijn ~ verbreken** manquer à sa promesse
be·lo·nen [bəlonə(n)] *vt (beloonde, h. beloond)* **1** rémunérer **2** récompenser
be·lo·ning [bəlonɪŋ] *nf (-en)* récompense
be|loop [bəlop] *het (-lopen)* déroulement; **iets op zijn ~ laten** laisser qqch suivre son cours

be·lo·ven [bəlovə(n)] *vt (beloofde, h. beloofd)* promettre; **het belooft een mooie dag te worden** la journée promet d'être belle
bel·te·goed [bɛltəχut] *het* crédit d'unités *(sur la carte téléphonique)*
be·luis·te·ren [bəlœystərə(n)] *vt (beluisterde, h. beluisterd)* **1** écouter **2** entendre
be|lust [bəlʌst] *adj (-luster, meest b.)* avide (de)
be·mach·ti·gen [bəmɑχtəχə(n)] *vt (bemachtigde, h. bemachtigd)* se procurer; **de eerste plaats ~** décrocher la première place
be·man·nen [bəmɑnə(n)] *vt (bemande, h. bemand)* pourvoir en personnel; **een bemand ruimtevaartuig** un vaisseau spatial habité
be·man·ning [bəmɑnɪŋ] *nf (-en)* équipage
be·mer·ken [bəmɛrkə(n)] *vt (bemerkte, h. bemerkt)* remarquer
be·mes·ten [bəmɛstə(n)] *vt (bemestte, h. bemest)* fumer
be·mid·de·laar [bəmɪdəlar] *nm (-s)* **1** intermédiaire **2** médiateur, -trice
be·mid|deld [bəmɪdəlt] *adj (-delder, meest b.)* aisé
be·mid·de·len [bəmɪdələ(n)] *vi (bemiddelde, h. bemiddeld)* intervenir; **~d optreden** jouer un rôle de médiateur
be·min·de [bəmɪndə] *nm (-n)* bien-aimé, -ée
be·min·ne·lijk [bəmɪnələk] *adj, adv* affable, avec affabilité
be·min·nen [bəmɪnə(n)] *vt (beminde, h. bemind)* aimer
be·moe·di·gen [bəmudəχə(n)] *vt (bemoedigde, h. bemoedigd)* encourager
be·moei·al [bəmujɑl] *nm (-len)* personne qui se mêle de tout, *(Belg.)* mêle-tout
be·moei·en (met), zich [bəmujə(n)] *vpr (bemoeide zich, h. zich bemoeid)* **1** se mêler de **2** s'occuper de; **ze bemoeit zich met niemand** elle se tient à l'écart de tout
be·moei·e·nis [bəmujənɪs] *nf (-sen)* intervention
be·moei·lij·ken [bəmujləkə(n)] *vt (bemoeilijkt, h. bemoeilijkt)* compliquer
be·moei·zucht [bəmujzʌχt] *de* (fait de) fourrer son nez partout
be·na·de·len [bənadelə(n)] *vt (benadeelde, h. benadeeld)* nuire à
be·na·de·ling [bənadelɪŋ] *nf* préjudice
be·na·der·baar [bənadərbar] *adj (personnes)* abordable
be·na·de·ren [bənadərə(n)] *vt (benaderde, h. benaderd)* **1** (s')approcher (de); **moeilijk te ~** d'accès difficile **2** pressentir **3** aborder
be·na·de·ring [bənadərɪŋ] *nf (-en)* **1** approche **2** approximation ◆ **bij ~** approximativement
be·na·druk·ken [bənadrʌkə(n)] *vt (benadrukte, h. benadrukt)* insister sur
be·nam [bənɑm], **benamen** → **benemen**
be·na·ming [bənamɪŋ] *nf (-en)* nom
be|nard [bənɑrt] *adj (-narder, meest b.)* critique
be·nauwd [bənɑut] *adj, adv* **1** oppressé **2** angoissé, avec angoisse **3** exigu, à l'étroit
be·nauwd|heid [bənɑuthɛit] *nf (-heden)* **1** oppression **2** angoisse
be·nau·wen [bənɑuwə(n)] *vt (benauwde, h. benauwd)* **1** oppresser **2** angoisser
ben·de [bɛndə] *de (-s)* **1** pagaille **2** tas **3** bande
[1]**be·ne·den** [bənedə(n)] *adv* en bas; **~ komen** descendre (d'un étage)
[2]**be·ne·den** [bənedə(n)] *prép* en dessous de; **~ iemand staan** être le subalterne de qqn
be·ne·den|huis [bənedə(n)hœys] *het (-huizen)* rez-de-chaussée
be·ne·den·ste [bənedə(n)stə] *adj* inférieur
be·ne·den·ver·die·ping [bənedə(n)vərdipɪŋ] *nf (-en)* rez-de-chaussée
be·ne·men [bənemə(n)] *vt (benam, h. benomen)* priver de; **iemand de adem ~** couper le souffle à qqn
be·nen [benə(n)] *adj* en, d'os
be·ne|pen [bənepə(n)] *adj, adv (-pener, meest b.)* **1** (de façon) étouffé(e); **met een ~ stemmetje** d'une toute petite voix **2** (de façon) mesquin(e)
be·ne·veld [bənevəlt] *adj* **1** brumeux **2** enivré
Ben·ga·lees [bɛŋχales] *adj* bangladais; **de ~, Bengalese** le, la Bangladais(e)
be·nieuwd [bəniwt] *adj* curieux (de savoir)
be·nieu·wen [bəniwə(n)] *vi (benieuwde, h. benieuwd)* intriguer; **het zal mij ~ of hij komt** je suis curieux de savoir s'il viendra, ça m'étonnerait qu'il vienne
be·nig [benəχ] *adj* osseux
be·nij·den [bənɛidə(n)] *vt (benijdde, h. benijd)* envier; **zij werd benijd om haar succes** on lui enviait son succès
be·nij·dens·waar·dig [bənɛidə(n)swardəχ] *adj, adv* (de façon) enviable
Be·nin [benin] *het* Bénin
Be·ni·ner [beninər] *nm (-s)*, **Beninse** *nf (-n)* Béninois, -oise
Be·nins [benins] *adj* béninois
be·no·digd [bənodəχt] *adj* nécessaire
be·no·digd·he·den [bənodəχthedə(n)] *plur* **1** équipement **2** ustensiles
be·noe·men [bənumə(n)] *vt (benoemde, h. benoemd)* nommer; **een probleem ~** nommer un problème; **iemand vast ~** titulariser qqn
be·noe·ming [bənumɪŋ] *nf (-en)* nomination; **een vaste ~** une titularisation
be·nul [bənʌl] *het* notion
be·nut·ten [bənʌtə(n)] *vt (benutte, h. benut)* profiter de; **de kansen ~** profiter des opportunités; **een strafschop ~** réussir un pénalty

B en W [beεnwe] *de* abrév. de *Burgemeester en Wethouders* le maire et ses adjoints, *(Belg.)* le collège échevinal, le bourgmestre et les échevins
ben·zi·ne [bεnzinə] *de* essence; **zonder ~ komen te staan** tomber en panne d'essence, en panne sèche
ben·zi·ne·pomp [bεnzinəpɔmp] *de (-en)* pompe à essence
ben·zi·ne·sta·ti·on [bεnzinəsta(t)ʃɔn] *het (-s)* station-service
ben·zi·ne·tank [bεnzinətεŋk, [B]bεnzinətɑŋk] *nm (-s)* réservoir d'essence; **de ~ vullen** faire le plein (d'essence)
be·oe·fe·nen [bəufənə(n)] *vt (beoefende, h. beoefend)* faire; **een sport ~** pratiquer un sport
be·ogen [bəoχə(n)] *vt (beoogde, h. beoogd)* viser à
be·oor·de·len [bəordelə(n)] *vt (beoordeelde, h. beoordeeld)* juger
be·oor·de·ling [bəordelɪŋ] *nf* jugement
be·paald [bəpalt] *adj, adv* **1** déterminé **2** certain
be·pak·king [bəpɑkɪŋ] *nf (-en)* équipement
[1]**be·pa·len** [bəpalə(n)] *vt (bepaalde, h. bepaald)* **1** stipuler; **in het contract wordt bepaald dat ...** le contrat stipule que ... **2** déterminer; **zijn standpunt ~** définir sa position; **dat bepaal ik zelf** je fais ce que je veux
[2]**be·pa·len, zich** [bəpalə(n)] *vpr (bepaalde zich, h. zich bepaald) (+ tot)* s'en tenir (à)
be·pa·ling [bəpalɪŋ] *nf (-en)* **1** disposition **2** détermination
[1]**be·per·ken** [bəpεrkə(n)] *vt (beperkte, h. beperkt)* limiter
[2]**be·per·ken, zich** [bəpεrkə(n)] *vpr (beperkte zich, h. zich beperkt) (+ tot)* se limiter (à)
be·per·king [bəpεrkɪŋ] *nf (-en)* **1** limitation; *(euph.)* **iemand met een ~** une personne à besoins spécifiques **2** limite
be|perkt [bəpεrkt] *adj (-perkter, meest b.)* limité; **~ in zijn oordeel zijn** avoir le jugement étroit
be·plan·ting [bəplɑntɪŋ] *nf (-en)* plantation
be·plei·ten [bəplεitə(n)] *vt (bepleitte, h. bepleit)* plaider
be·pra·ten [bəpratə(n)] *vt (bepraatte, h. bepraat)* **1** discuter de, sur **2** raisonner
be·proefd [bəpruft] *adj* éprouvé
be·proe·ven [bəpruvə(n)] *vt (beproefde, h. beproefd)* **1** éprouver; **zij is zwaar beproefd** elle a été durement frappée **2** essayer
be·proe·ving [bəpruvɪŋ] *nf (-en)* épreuve
be·raad [bərat] *het* **1** délibération; **iets in ~ nemen** prendre qqch en considération; **(iets) in ~ houden** réserver sa décision (sur qqch) **2** délai de réflexion
be·raad·sla·gen [bəratslaχə(n)] *vi (beraadslaagde, h. beraadslaagd)* délibérer
be·ra·den, zich [bəradə(n)] *vpr (beraadde zich, h. zich beraden)* réfléchir
be·ra·men [bəramə(n)] *vt (beraamde, h. beraamd)* **1** préparer **2** calculer
ber·de [bεrdə] *het* ♦ **iets te ~ brengen** mettre qqch sur le tapis
be·rech·ten [bərεχtə(n)] *vt (berechtte, h. berecht)* **1** juger **2** *(Belg.)* administrer (l'extrême-onction à)
be·rech·ting [bərεχtɪŋ] *nf (-en)* jugement
be·re·den [bəredə(n)] *adj* monté; **de ~ politie** la police montée
be·re·de·ne·ren [bərədənerə(n)] *vt (beredeneerde, h. beredeneerd)* raisonner
be·reed [bəret], **bereden** → **berijden**
be·reid [bərεit] *adj* **1** disposé (à) **2** prêt
be·rei·den [bərεidə(n)] *vt (bereidde, h. bereid)* préparer
be·reid|heid [bərεithεit] *nf (-heden)* bonne volonté
be·rei·ding [bərεidɪŋ] *nf (-en)* préparation
be·reid·wil·lig [bərεitwɪləχ] *adj, adv* obligeant, très volontiers
be·reik [bərεik] *het* **1** portée **2** champ **3** *(com.)* réseau; **ik heb geen ~** je n'ai pas de réseau
be·reik·baar [bərεigbar] *adj* accessible; **waar bent u ~?** où peut-on vous joindre ?
be·reik·baar·heid [bərεigbarhεit] *nf* accessibilité
be·rei·ken [bərεikə(n)] *vt (bereikte, h. bereikt)* **1** atteindre; **gemakkelijk te ~** d'accès facile **2** joindre
be|reisd [bərεist] *adj (-reisder, meest b.)* qui a beaucoup voyagé
be·re·ken·baar [bərekəmbar] *adj* calculable
be·re·kend [bərekənt] *adj* **1** fait (pour) **2** calculé
be·re·ke·nen [bərekənə(n)] *vt (berekende, h. berekend)* **1** calculer **2** compter
be·re·ke·nend [bərekənənt] *adj* calculateur
be·re·ke·ning [bərekənɪŋ] *nf (-en)* calcul
be·re·sterk [berəstεrk] *adj* balèze
berg [bεrχ] *nm (-en)* **1** montagne; **iemand gouden ~en beloven** promettre monts et merveilles à qqn; **in de ~en** à la montagne; **ergens tegenop zien als tegen een ~** se faire une montagne de qqch **2** tas
berg·ach·tig [bεrχɑχtəχ] *adj* montagneux
berg·af [bεrχɑf], **bergafwaarts** *adv* **1** à la descente **2** de mal en pis; **het gaat ~ met hem** il est sur une mauvaise pente
berg·be·klim·mer [bεrχbəklɪmər] *nm (-s)* alpiniste
berg·be·wo·ner [bεrχbəwonər] *nm (-s)* montagnard, -arde
[1]**ber·gen** [bεrχə(n)] *vt (borg, h. geborgen)* **1** ranger **2** ramener **3** contenir
[2]**ber·gen, zich** [bεrχə(n)] *vpr (borg zich, h. zich geborgen)* se sauver
Ber·gen [bεrχə(n)] *het* Mons
berg·geit [bεrχεit] *de (-en)* chamois

berg·hok [bɛrχhɔk] *het (-ken)* débarras
berg·hut [bɛrχhʌt] *de (-ten)* refuge
ber·ging [bɛrχɪŋ] *nf (-en)* **1** sauvetage **2** remise
ber·gings·maat·schap·pij [bɛrχɪŋsmatsχapɛi] *nf (-en)* entreprise de renflouement
berg·kam [bɛrχkam] *nm (-men)* crête
berg·meu·bel [bɛrχmøbəl] *het (-s, -en)* meuble de rangement
berg·op [bɛrχɔp], **bergopwaarts** *adv* **1** en montant **2** de mieux en mieux; **het gaat ~ met hem** il remonte la pente
berg·pas [bɛrχpas] *nm (-sen)* col
berg·plaats [bɛrχplats] *de (-en)* remise
berg·rug [bɛrχrʌχ] *nm (-gen)* → **bergkam**
berg·ruim·te [bɛrχrœymtə] *nf (-n, -s)* **1** débarras **2** espace
berg·sport [bɛrχspɔrt] *de* alpinisme
berg·top [bɛrχtɔp] *nm (-pen)* sommet
berg·wand [bɛrχwant] *nm (-en)* paroi (d'une montagne)
be·richt [bərɪχt] *het (-en)* nouvelle; **iemand ~ geven over iets** informer qqn de qqch; **tot nader ~** jusqu'à nouvel ordre; **een ~ van ontvangst** un accusé de réception
be·rich·ten [bərɪχtə(n)] *vt (berichtte, h. bericht)* annoncer
be·richt·ge·ving [bərɪ(χt)χevɪŋ] *nf* information
be·riep [bərip], **beriepen** → **beroepen**
be·rijd·baar [bərɛidbar] *adj* praticable
be·rij·den [bərɛidə(n)] *vt (bereed, h. bereden)* **1** monter **2** rouler sur
be·ris·pen [bərɪspə(n)] *vt (berispte, h. berispt)* **1** réprimander **2** blâmer
berk [bɛrk] *nm (-en)* bouleau
Ber·lijn [bɛrlɛin] *het* Berlin
berm [bɛrm] *nm (-en)* accotement; **zachte ~** accotement non stabilisé
berm·bom [bɛrmbɔm] *de (-men)* engin explosif improvisé, EEI
Ber·mu|daan [bɛrmydan] *nm (-danen)*, **-daanse** *nf (-n)* Bermudien, -ienne
Ber·mu·daans [bɛrmydans] *adj* bermudien
be·roemd [bərumt] *adj* célèbre
be·roemd|heid [bərumthɛit] *nf (-heden)* célébrité
be·roep [bərup] *het (-en)* **1** profession **2** appel; *(Belg.)* **het hof van ~** la cour d'appel
be·roe·pen, zich [bərupə(n)] *vpr (beriep zich, h. zich beroepen)* **1** *(+ op)* s'en rapporter (à) **2** *(+ op)* se prévaloir (de)
be·roeps [bərups] *adj* professionnel
***be·roeps-** [bərups-] professionnel
be·roeps·be·vol·king [bərupsbəvɔlkɪŋ] *nf* population active
be·roeps·hal·ve [bərupshalvə] *adv* à titre professionnel
be·roeps·keu·ze [bərupskøzə] *de* orientation professionnelle
be·roeps·ma·tig [bərupsmatəχ] *adv* → **beroepshalve**

be·roeps·mi·li·tair [bərupsmilitɛːr] *nm (-en)* militaire de carrière
be·roeps·op·lei·ding [bərupsɔplɛidɪŋ] *nf (-en)* formation professionnelle
be·roeps·voor·lich·ting [bərupsforlɪχtɪŋ] *nf* → **beroepskeuze**
be·roerd [bərurt] *adj, adv* patraque, mal; **er ~ uitzien** avoir l'air mal en point ♦ **niet te ~ zijn om iets te doen** bien vouloir faire qqch
be·roe·ring [bərurɪŋ] *nf (-en)* **1** trouble(s); **alles in ~ brengen** mettre tout (le monde) en émoi **2** frôlement
be·roer·te [bərurtə] *nf (-s)* attaque d'apoplexie, *(Belg.)* atteinte
be·rok·ke·nen [bərɔkənə(n)] *vt (berokkende, h. berokkend)* causer; **iemand schade ~** faire (du) tort à qqn
be·rooid [bərojt] *adj* sans le sou
be·rouw [bərau] *het* repentir; **~ hebben over** se repentir de
be·rou·wen [bərauwə(n)] *vt (berouwde, h. berouwd)* ♦ **dit zal je ~** tu le regretteras
be·ro·ven [bərovə(n)] *vt (beroofde, h. beroofd)* **1** voler (qqn); **iemand ~ van iets** voler qqch à qqn **2** priver (qqn de qqch); **zich van het leven ~** mettre fin à ses jours
be·ro·ving [bərovɪŋ] *nf (-en)* vol
be|rucht [bərʌχt] *adj (-ruchter, meest b.)* malfamé; **een ~ persoon** une personne de mauvaise réputation
be·rus·ten [bərʌstə(n)] *vi (berustte, h. berust)* **1** reposer (sur) **2** se résigner (à) **3** être entre les mains (de)
be·rus·ting [bərʌstɪŋ] *nf* résignation
bes [bɛs] *de (-sen)* baie
be|schaafd [bəsχaft] *adj, adv (-schaafder, meest b.)* **1** bien élevé, poliment **2** civilisé
be|schaamd [bəsχamt] *adj (-schaamder, meest b.)* **1** honteux **2** *(Belg.)* timide
be·scha·di·gen [bəsχadəχə(n)] *vt (beschadigde, h. beschadigd)* endommager
be·scha·di·ging [bəsχadəχɪŋ] *nf (-en)* **1** dégât **2** endommagement
be·scha·men [bəsχamə(n)] *vt (beschaamde, h. beschaamd)* **1** embarrasser **2** décevoir
be·scha·mend [bəsχamənt] *adj* honteux
be·scha·ving [bəsχavɪŋ] *nf (-en)* **1** civilisation **2** éducation
be·scheen [bəsχen], **beschenen** → **beschijnen**
be·schei|den [bəsχɛidə(n)] *adj, adv (-dener, meest b.)* **1** modeste(ment) **2** discret, discrètement
be·schei·den·heid [bəsχɛidənhɛit] *nf* modestie
be·scher·me|ling [bəsχɛrməlɪŋ] *nm (-en)*, **-linge** *nf (-n, -s)* protégé, -ée
be·scher·men [bəsχɛrmə(n)] *vt (beschermde, h. beschermd)* protéger; **een ~de laag** une couche protectrice
be·scherm·en·gel [bəsχɛrmɛŋəl] *nm (-en)* ange gardien
be·scherm·hei·li·ge [bəsχɛrmhɛiləχə] *nm (-n)* (saint) patron, (sainte) patronne

be·scher·ming [bəsχɛrmɪŋ] *nf (-en)* protection; *(Belg.)* burgerlijke ~ protection civile; iemand in ~ nemen protéger qqn

be·schie·ten [bəsχitə(n)] *vt (beschoot, h. beschoten)* **1** tirer sur **2** bombarder

be·schie·ting [bəsχitɪŋ] *nf (-en)* **1** fusillade **2** bombardement

be·schij·nen [bəsχɛinə(n)] *vt (bescheen, h. beschenen)* éclairer

be·schik·baar [bəsχɪgbar] *adj* disponible; zich ~ stellen poser sa candidature

be·schik·ken [bəsχɪkə(n)] *vti (beschikte, h. beschikt)* **1** *(+ over)* disposer (de) **2** décider (de)

be·schik·king [bəsχɪkɪŋ] *nf (-en)* **1** disposition; de vrije ~ hebben over disposer librement de **2** arrêté

be·schil·de·ren [bəsχɪldərə(n)] *vt (beschilderde, h. beschilderd)* peindre

be·schil·de·ring [bəsχɪldərɪŋ] *nf (-en)* peinture

be·schim·me·len [bəsχɪmələ(n)] *vi (beschimmelde, i. beschimmeld)* moisir

be·schim·ping [bəsχɪmpɪŋ] *nf (-en)* insulte

be·schon·ken [bəsχɔŋkə(n)] *adj* ivre

be·schou·we·lijk [bəsχauwələk] *adj* contemplatif

be·schou·wen [bəsχauwə(n)] *vt (beschouwde, h. beschouwd)* **1** considérer; een zaak als afgedaan ~ classer une affaire; op zichzelf beschouwd en soi; zo beschouwd vu sous cet angle **2** examiner

be·schou·wend [bəsχauwənt] *adj* → beschouwelijk

be·schou·wing [bəsχauwɪŋ] *nf (-en)* **1** considération; een punt buiten ~ laten ne pas prendre en considération qqch; bij nadere ~ à la réflexion **2** exposé

be·schreef [bəsχref], **beschreven** → beschrijven

be·schrij·ven [bəsχrɛivə(n)] *vt (beschreef, h. beschreven)* **1** écrire sur **2** décrire

be·schrij·ving [bəsχrɛivɪŋ] *nf (-en)* description; ~ van de inboedel inventaire du mobilier; iedere ~ tarten dépasser tout ce qu'on peut imaginer

be|schroomd [bəsχromt] *adj, adv (-schroomder, meest b.)* timide(ment)

be·schuit [bəsχœyt] *de (-en)* biscotte

be·schul·dig·de [bəsχʌldəχdə] *nm (-n)* accusé, -ée

be·schul·di·gen [bəsχʌldəχə(n)] *vt (beschuldigde, h. beschuldigd)* accuser (de)

be·schul·di·gend [bəsχʌldəχənt] *adj* accusateur

be·schul·di·ging [bəsχʌldəχɪŋ] *nf (-en)* accusation; iemand in staat van ~ stellen mettre qqn en accusation

be·schut [bəsχʌt] *adj* abrité

be·schut·ten [bəsχʌtə(n)] *vt (beschutte, h. beschut)* protéger de, contre

be·schut·ting [bəsχʌtɪŋ] *nf (-en)* **1** abri **2** protection

be·sef [bəsɛf] *het* notion; in het volle ~ van pleinement conscient de

be·sef·fen [bəsɛfə(n)] *vt (besefte, h. beseft)* se rendre compte (de ; que)

[1]**be·slaan** [bəslan] *vi (besloeg, i. beslagen)* se couvrir de buée

[2]**be·slaan** [bəslan] *vt (besloeg, h. beslagen)* **1** recouvrir **2** ferrer **3** occuper

be·slag [bəslaχ] *het (-en)* **1** pâte **2** garniture (métallique) **3** saisie ♦ iemands tijd in ~ nemen prendre le temps de qqn; haar werk neemt haar helemaal in ~ son travail l'accapare entièrement; zijn ~ krijgen se réaliser

be·sla·gen [bəslaχə(n)] → beslaan

be·slech·ten [bəslɛχtə(n)] *vt (beslechtte, h. beslecht)* régler

be·slis·sen [bəslɪsə(n)] *vti (besliste, h. beslist)* décider

be·slis·send [bəslɪsənt] *adj* décisif

be·slis·sing [bəslɪsɪŋ] *nf (-en)* **1** décision **2** tour décisif

be|slist [bəslɪst] *adj, adv (-slister, meest b.)* **1** indéniable **2** décidé, fermement **3** sûrement; dat ~ niet ça, en aucun cas

be·sloeg [bəsluχ], **besloegen** → beslaan

be·sloot [bəslot], **besloten** → besluiten

be·slo·ten [bəslotə(n)] *adj* **1** privé; een ~ vergadering une réunion à huis clos **2** décidé (à)

be·slo·ten·heid [bəslotənhɛit] *nf* intimité

be·sluit [bəslœyt] *het (-en)* **1** décision **2** fin; tot ~ pour terminer **3** mesure; bij Koninklijk ~ par arrêté royal

be·slui·te|loos [bəslœytəlos] *adj (-lozer, meest b.)* indécis

[1]**be·slui·ten** [bəslœytə(n)] *vt (besloot, h. besloten)* **1** terminer **2** décider

[2]**be·slui·ten** [bəslœytə(n)] *vi (besloot, h. besloten)* se décider (à)

be·sluit·vaar·dig·heid [bəslœytfardəχhɛit] *nf* esprit de décision

be·sluit·vor·ming [bəslœytfɔrmɪŋ] *nf* processus décisionnel

be·smet [bəsmɛt] *adj* contaminé

be·smet·te·lijk [bəsmɛtələk] *adj* contagieux

be·smet·ten [bəsmɛtə(n)] *vt (besmette, h. besmet)* contaminer

be·smet·ting [bəsmɛtɪŋ] *nf (-en)* contamination

be·sneed [bəsnet], **besneden** → besnijden

be·snij·den [bəsnɛidə(n)] *vt (besneed, h. besneden)* **1** tailler **2** circoncire

be·snij·de·nis [bəsnɛidənɪs] *nf* circoncision

[1]**be·snoei·en** [bəsnujə(n)] *vt (besnoeide, h. besnoeid)* **1** réduire **2** tailler

[2]**be·snoei·en** [bəsnujə(n)] *vi (besnoeide, h. besnoeid) (+ op)* économiser (sur)

be·span·nen [bəspɑnə(n)] *vt (bespande, h. bespannen)* **1** couvrir (de) **2** atteler; een rijtuig met paarden ~ atteler des chevaux à une voiture

be·spa·ren [bəsparə(n)] *vt (bespaarde, h. bespaard)* **1** économiser **2** épargner

be·spa·ring [bəspa̲rɪŋ] *nf (-en)* économie; **ter ~ van ruimte** pour gagner de la place

be·spe·len [bəspe̲lə(n)] *vt (bespeelde, h. bespeeld)* **1** jouer sur **2** jouer de **3** manipuler

be·speu·ren [bəspø̲rə(n)] *vt (bespeurde, h. bespeurd)* (a)percevoir

be·spie·den [bəspi̲də(n)] *vt (bespiedde, h. bespied)* épier

be·spie·ge·ling [bəspi̲χəlɪŋ] *nf (-en)* spéculation

be·spi·o·ne·ren [bəspijone̲rə(n)] *vt (bespioneerde, h. bespioneerd)* espionner

be·spoe·di·gen [bəspu̲dəχə(n)] *vt (bespoedigde, h. bespoedigd)* accélérer

be·spot·te·lijk [bəspɔ̲tələk] *adj, adv* ridicule(ment); **zich ~ maken** se ridiculiser; **~ weinig** dérisoire

be·spot·ten [bəspɔ̲tə(n)] *vt (bespotte, h. bespot)* se moquer de

be·sprak [bəspra̲k], **bespraken** → **bespreken**

be·spreek·baar [bəspre̲gbar] *adj* dont on peut parler (librement)

be·spre·ken [bəspre̲kə(n)] *vt (besprak, h. besproken)* **1** parler de **2** critiquer **3** réserver, retenir

be·spre·king [bəspre̲kɪŋ] *nf (-en)* **1** discussion; **in ~ zijn** être en réunion **2** négociation(s) **3** critique **4** réservation

be·sproei·en [bəspru̲jə(n)] *vt (besproeide, h. besproeid)* **1** arroser **2** irriguer; **het ~** l'arrosage

bes·sen·struik [bɛ̲sə(n)strœyk] *nm (-en)* groseillier

[1]**best** [bɛst] *het* ♦ **zijn ~ doen** faire de son mieux; **op zijn ~** au mieux; **iets ten ~e geven** faire entendre qqch

[2]**best** [bɛst] *adj* **1** *(superlatif de 'goed')* le meilleur; **het ~e van iets maken** faire pour le mieux **2** (très) bon **3** bon, brave; **het zijn ~e mensen** ce sont de braves gens **4** cher ♦ **(het is) mij ~** d'accord

[3]**best** [bɛst] *adv* **1** le mieux **2** très bien; **je weet het ~** tu le sais fort bien **3** assez; **ik vind het ~ lekker** ce n'est pas mauvais du tout; **het is ~ mogelijk** c'est bien possible

[1]**be·staan** [bəsta̲n] *het* **1** existence **2** vie; **een middel van ~** moyens de subsistance

[2]**be·staan** [bəsta̲n] *vi (bestond, h. bestaan)* **1** exister **2** *(+ uit, in)* consister (à, en, dans); **het examen bestaat uit 30 vragen** l'examen comprend 30 questions **3** vivre **4** être possible

be·staans·mi·ni|mum [bəsta̲nsminimʌm] *het (-ma)* minimum vital

be·staans·recht [bəsta̲nsrɛχt] *het* droit à l'existence

be·stal [bəsta̲l], **bestalen** → **bestelen**

[1]**be·stand** [bəsta̲nt] *het (-en)* **1** trêve **2** banque (de données)

[2]**be·stand** [bəsta̲nt] *adj* ♦ **~ zijn tegen** supporter

be·stand|deel [bəsta̲ndel] *het (-delen)* **1** élément **2** ingrédient

be·ste·den [bəste̲də(n)] *vt (besteedde, h. besteed)* consacrer; **aandacht ~ aan** prêter attention à ♦ **het is wel aan hem besteed** il sait l'apprécier

be·ste·ding [bəste̲dɪŋ] *nf (-en)* **1** emploi **2** dépense

be·steeg [bəste̲χ], **bestegen** → **bestijgen**

be·stek [bəstɛ̲k] *het (-ken)* **1** couvert **2** devis ♦ **iets in kort ~ uiteenzetten** exposer qqch brièvement

be·stel·au·to [bəstɛ̲lauto] *nm (-'s)* → **bestelwagen**

be·stel·bus·je [bəstɛ̲lbʌʃə] *het (-s)* fourgonnette

be·ste·len [bəste̲lə(n)] *vt (bestal, h. bestolen)* voler

be·stel·len [bəstɛ̲lə(n)] *vt (bestelde, h. besteld)* **1** faire venir; **iets bij iemand ~** commander qqch à qqn **2** livrer

be·stel·ling [bəstɛ̲lɪŋ] *nf (-en)* **1** livraison **2** commande

be·stel·wa·gen [bəstɛ̲lwaχə(n)] *nm (-s)* camionnette (de livraison)

be·stem·me·ling [bəstɛ̲məlɪŋ] *nm (-en)* destinataire

be·stem·men [bəstɛ̲mə(n)] *vt (bestemde, h. bestemd)* destiner (à); **bestemd voor uitwendig gebruik** à usage externe

be·stem·ming [bəstɛ̲mɪŋ] *nf (-en)* destination

be·stem·pe·len [bəstɛ̲mpələ(n)] *vt (bestempelde, h. bestempeld)* qualifier (de)

be·stij·gen [bəstɛ̲iχə(n)] *vt (besteeg, h. bestegen)* monter sur

be·sto·ken [bəsto̲kə(n)] *vt (bestookte, h. bestookt)* **1** attaquer **2** harceler

be·stond [bəstɔ̲nt], **bestonden** → [2]**bestaan**

be·stoof [bəsto̲f], **bestoven** → **bestuiven**

be·stor·ming [bəstɔ̲rmɪŋ] *nf (-en)* assaut

be·straf·fen [bəstra̲fə(n)] *vt (bestrafte, h. bestraft)* punir

be·straf·fing [bəstra̲fɪŋ] *nf (-en)* punition

be·stra·len [bəstra̲lə(n)] *vt (bestraalde, h. bestraald)* **1** rayonner **2** irradier

be·stra·ten [bəstra̲tə(n)] *vt (bestraatte, h. bestraat)* paver

be·streed [bəstre̲t], **bestreden** → **bestrijden**

be·streek [bəstre̲k], **bestreken** → **bestrijken**

be·strij·den [bəstrɛ̲idə(n)] *vt (bestreed, h. bestreden)* lutter contre; **een zienswijze ~** contester un point de vue

be·strij·ding [bəstrɛ̲idɪŋ] *nf* **1** combat; **plan ter ~ van de werkloosheid** plan anti-chômage **2** contestation

be·strij·dings·mid·del [bəstrɛ̲idɪŋsmɪdəl] *het (-en)* pesticide, insecticide

be·strij·ken [bəstrɛ̲ikə(n)] *vt (bestreek, h. bestreken)* **1** atteindre **2** enduire (de)

be·strooi·en [bəstro̲jə(n)] *vt (bestrooide, h. bestrooid)* saupoudrer

be·stu·de·ren [bəstyde̲rə(n)] *vt (bestudeerde, h. bestudeerd)* étudier

be·stui·ven [bəstœ̲yvə(n)] *vt (bestoof, h.*

bestoven) **1** saupoudrer **2** transporter le pollen sur
be·stui·ving [bəstœyvɪŋ] *nf* pollinisation
be·stu·ren [bəstyrə(n)] *vt (bestuurde, h. bestuurd)* **1** conduire **2** diriger **3** administrer
be·stu·rings·sys|teem [bəstyrɪŋsistem] *het (-temen) (inform.)* système d'exploitation
be|stuur [bəstyr] *het (-sturen)* **1** direction **2** régime **3** conseil (d'administration); **het dagelijks ~** le bureau
be·stuur·baar [bəstyrbar] *adj* **1** manœuvrable **2** gouvernable
be·stuur·der [bəstyrdər] *nm (-s)* **1** chauffeur **2** conducteur, -trice **3** directeur, -trice
be·stuur·lijk [bəstyrlək] *adj* administratif
***be·stuurs-** [bəstyrs-] administratif
be·stuurs|lid [bəstyrslɪt] *het (-leden)* membre du bureau
best·wil [bɛstwɪl] ♦ **het is voor je eigen ~** c'est pour ton bien; **een leugen om ~** un pieux mensonge
be·taal·au·to|maat [bətalautomat] *nm (-maten)* caisse automatique
be·taal|baar [bətalbar] *adj (-baarder, -baarst)* **1** abordable; **dat is voor iedereen ~** tout le monde peut se le permettre **2** payable
be·taal·che·que [bətalʃɛk] *nm (-s)* chèque certifié
be·taald [bətalt] *adj* **1** professionnel **2** acheté ♦ **iemand iets ~ zetten** faire payer qqch à qqn
be·taal·kaart [bətalkart] *de (-en)* **1** postchèque **2** carte bancaire
be·taal·pas [bətalpɑs] *nm (-sen)* carte de garantie
be·ta·len [bətalə(n)] *vti (betaalde, h. betaald)* payer; **de rekening ~** régler la note; **dit werk betaalt slecht** ce travail est mal rémunéré
be·ta·ling [bətalɪŋ] *nf (-en)* paiement
be·ta·lings·be|wijs [bətalɪŋzbəwɛis] *het (-wijzen)* reçu
be·ta·lings·ver·keer [bətalɪŋsfərker] *het* transactions financières
be·ta·me·lijk [bətamələk] *adj, adv* convenable(ment)
be·tas·ten [bətɑstə(n)] *vt (betastte, h. betast)* palper
bè·ta·we·ten·schap·pen [bɛːtawetənsχɑpə(n)] *plur* sciences exactes
be·te·ge·len [bətɛχələ(n)] *vt (betegelde, h. betegeld)* carreler
be·te·ke·nen [bətekənə(n)] *vt (betekende, h. betekend)* **1** signifier **2** être important
be·te·ke·nis [bətekənɪs] *nm (-sen)* **1** signification **2** importance; **~ hechten aan iets** attacher de la valeur à qqch
[1]**be·ter** [betər] *adj* **1** meilleur (que); **ergens ~ van worden** y gagner au change; **het weer wordt ~** le temps s'améliore; **het wordt er niet ~ op** ça n'arrange pas les choses **2** rétabli
[2]**be·ter** [betər] *adv* mieux; **ik wist niet ~ of ...** j'étais persuadé que ...; **des te ~** tant mieux
be·ter·schap [betərsχɑp] *nf* rétablissement ♦ **~ beloven** promettre de se corriger
be·teu·ge·len [bətøχələ(n)] *vt (beteugelde, h. beteugeld)* brider
be·tich·ten [bətɪχtə(n)] *vt (betichtte, h. beticht)* → **beschuldigen**
be·tim·me·ren [bətɪmərə(n)] *vt (betimmerde, h. betimmerd)* **1** revêtir de bois **2** latter
be·ti·te·len [bətitələ(n)] *vt (betitelde, h. betiteld)* **1** traiter (de) **2** intituler
[1]**be·to·gen** [bətoχə(n)] *vi (betoogde, h. betoogd)* manifester
[2]**be·to·gen** [bətoχə(n)] *vt (betoogde, h. betoogd)* argumenter
be·to·ging [bətoχɪŋ] *nf (-en)* manifestation
be·ton [bətɔn] *het* béton
be·to·nen [bətonə(n)] *vt (betoonde, h. betoond)* témoigner
be·ton·mo·len [bətɔmolə(n)] *nm (-s)* bétonneuse
be|toog [bətoχ] *het (-togen)* argumentation; **geen ~ behoeven** être évident; **een ~ houden** argumenter
be·to·ve·ren [bətovərə(n)] *vt (betoverde, h. betoverd)* **1** ensorceler **2** enchanter
be·to·ve·ring [bətovərɪŋ] *nf (-en)* **1** ensorcellement **2** enchantement
be·trach·ten [bətrɑχtə(n)] *vt (betrachtte, h. betracht)* pratiquer
be·trad [bətrɑt], **betraden** → **betreden**
be·trap·pen [bətrɑpə(n)] *vt (betrapte, h. betrapt)* surprendre; **op heterdaad betrapt** pris en flagrant délit
be·tre·den [bətredə(n)] *vt (betrad, h. betreden)* pénétrer dans
be·tref·fen [bətrɛfə(n)] *vt (betrof, h. betroffen)* concerner; **wat mij betreft** en ce qui me concerne
be·tref·fen·de [bətrɛfəndə] *adj* **1** concernant **2** concerné
be·trek·ke·lijk [bətrɛkələk] *adj, adv* relatif, relativement
[1]**be·trek·ken** [bətrɛkə(n)] *vt (betrok, h. betrokken)* **1** mêler (à); **betrokken zijn bij** être impliqué dans **2** s'installer dans
[2]**be·trek·ken** [bətrɛkə(n)] *vi (betrok, i. betrokken)* **1** s'assombrir **2** *(météo.)* se couvrir
be·trek·king [bətrɛkɪŋ] *nf (-en)* **1** emploi **2** rapport; **diplomatieke ~en** relations diplomatiques; **~ hebben op iets** se rapporter à qqch; **met ~ tot** en ce qui concerne
be·treu·ren [bətrørə(n)] *vt (betreurde, h. betreurd)* regretter
be·treu·rens·waar|dig [bətrørə(n)swardəχ] *adj (-diger, meest b.)* regrettable
be·trof [bətrɔf], **betroffen** → **betreffen**
be·trok [bətrɔk], **betrokken** → **betrekken**

be·trok·ken [bətrɔkə(n)] *adj* **1** en question; een ~e un(e) intéressé(e); zich ~ voelen bij se sentir concerné par **2** *(météo.)* couvert **3** engagé; zich ~ tonen montrer son engagement
be·trok·ken·heid [bətrɔkənhɛit] *nf* **1** engagement **2** implication
be·trouw|baar [bətraubar] *adj (-baarder, -baarst)* **1** digne de foi **2** fiable
be·trouw·baar·heid [bətraubarhɛit] *nf* **1** fiabilité **2** crédibilité
be·tui·gen [bətœyχə(n)] *vt (betuigde, h. betuigd)* témoigner
be·tut·te·len [bətʌtələ(n)] *vt (betuttelde, h. betutteld)* pinailler
be·twij·fe·len [bətwɛifələ(n)] *vt (betwijfelde, h. betwijfeld)* douter (de, que)
be·twis·ten [bətwɪstə(n)] *vt (betwistte, h. betwist)* **1** disputer (qqch à qqn) **2** contester
beu·gel [bøχəl] *nm (-s)* appareil (dentaire)
beu·gel·fles [bøχəlflɛs] *de (-sen)* bouteille bouchon à bascule
beuk [bøk] *nm (-en)*, **beukenboom** *nm (-bomen)* hêtre
beu·ken [bøkə(n)] *vti (beukte, h. gebeukt)* battre
beu·ken·noot·je [bøkənocə] *het (-s)* faîne
beul [bøl] *nm (-en)* bourreau
beun|haas [bønhas] *nm (-hazen)* **1** amateur **2** travailleur au noir
beu·ren [børə(n)] *vti (beurde, h. gebeurd)* **1** soulever **2** toucher
beurs [børs] *de (beurzen)* **1** bourse (d'études) **2** Bourse (des valeurs) **3** foire **4** bourse; met gesloten beurzen sans bourse délier
beurs·be·richt [børzbərɪχt] *het (-en)* bulletin de la Bourse
beurs·no·te·ring [børsnoterɪŋ] *nf (-en)* cote en Bourse
beurs·stu|dent [børstydɛnt] *nm (-en)*, **-dente** *nf (-s, -n)* boursier, -ière
beurs·waar·de [børswardə] *nf* valeur de change
beurt [bøt] *de (-en)* **1** tour; een goede ~ maken faire bonne impression; om, op de ~ à tour de rôle **2** interrogation ♦ (iemand) te ~ vallen échoir (à qqn)
beur·te·lings [børtəlɪŋs] *adv* **1** alternativement **2** à tour de rôle
beurt·sta·king [børtstakɪŋ] *nf (-en) (Belg.)* grève tournante
be·vaar|baar [bəvarbar] *adj (-baarder, best b.)* navigable
be·val [bəval], **bevalen** → bevelen, aanbevelen
be·val·len [bəvalə(n)] *vi (beviel, i. bevallen)* **1** accoucher (de), *(Belg.)* s'accoucher **2** plaire (à)
be·val·lig [bəvaləχ] *adj, adv* gracieux, gracieusement
be·val·ling [bəvalɪŋ] *nf (-en)* accouchement; dat was een zware ~ c'était laborieux
be·val·lings·ver|lof [bəvalɪŋsfərlɔf] *het (-loven) (Belg.)* congé de maternité
be·van·gen [bəvaŋə(n)] *vt (beving, h. bevangen)* saisir
be·vat·ten [bəvatə(n)] *vt (bevatte, h. bevat)* **1** contenir **2** concevoir
be·vat·tings·ver·mo·gen [bəvatɪŋsfərmoχə(n)] *het* (faculté de) compréhension
be·vech·ten [bəvɛχtə(n)] *vt (bevocht, h. bevochten)* **1** conquérir **2** combattre
be·vei·li·gen [bəvɛiləχə(n)] *vt (beveiligde, h. beveiligd)* **1** abriter **2** protéger (contre)
be·vei·li·ging [bəvɛiləχɪŋ] *nf (-en)* **1** mise à l'abri **2** protection
be·vel [bəvɛl] *het (-en)* **1** ordre; een rechterlijk ~ une injonction **2** commandement
be·ve·len [bəvelə(n)] *vti (beval, h. bevolen)* ordonner
be·vel·heb·ber [bəvɛlhɛbər] *nm (-s)* commandant
be·ven [bevə(n)] *vi (beefde, h. gebeefd)* trembler
be·ver [bevər] *nm (-s)* castor
be·ve·rig [bevərəχ] *adj* tremblant
be·ves·ti·gen [bəvɛstəχə(n)] *vt (bevestigde, h. bevestigd)* **1** confirmer **2** fixer
be·ves·ti·gend [bəvɛstəχənt] *adj, adv* affirmatif, affirmativement
be·ves·ti·ging [bəvɛstəχɪŋ] *nf (-en)* **1** confirmation **2** fixation
be·viel [bəvil], **bevielen** → bevallen
be·vin·den, zich [bəvɪndə(n)] *vpr (bevond zich, h. zich bevonden)* se trouver
be·vin·ding [bəvɪndɪŋ] *nf (-en)* résultat
[1]**be·ving** [bəvɪŋ] → bevangen
[2]**be·ving** [bevɪŋ] *nf (-en)* tremblement
be·vlek·ken [bəvlɛkə(n)] *vt (bevlekte, h. bevlekt)* (en)tacher
be·vlie·ging [bəvliχɪŋ] *nf (-en)* engouement
be·vloei·en [bəvlujə(n)] *vt (bevloeide, h. bevloeid)* irriguer; het ~ l'irrigation
be·vlo·gen [bəvloχə(n)] *adj* enthousiaste
be·vocht [bəvɔχt], **bevochten** → bevechten
be·voch·ti·gen [bəvɔχtəχə(n)] *vt (bevochtigde, h. bevochtigd)* humidifier
be·voegd [bəvuχt] *adj* compétent; ~e leerkrachten professeurs diplômés; ~ zijn om être habilité à
be·voegd|heid [bəvuχthɛit] *nf (-heden)* compétence; dat valt buiten zijn ~ cela n'est pas de son ressort; ~ tot lesgeven certificat d'aptitude à l'enseignement; *(Belg.)* agrégation
be·vo·len [bəvolə(n)] → bevelen
be·vol·ken [bəvɔlkə(n)] *vt (bevolkte, h. bevolkt)* peupler
be·vol·king [bəvɔlkɪŋ] *nf (-en)* population
***be·vol·kings-** [bəvɔlkɪŋs-] démographique
be·vol·kings·re·gis·ter [bəvɔlkɪŋsrəχɪstər] *het (-s)* registre de la population

be·vond [bəvɔnt], **bevonden** → bevinden

be·voor·de·len [bəvordelə(n)] *vt (bevoordeelde, h. bevoordeeld)* avantager

be·voor·oor·deeld [bəvorordelt] *adj* ♦ ~ zijn avoir des préjugés

be·voor·ra·den [bəvoradə(n)] *vt (bevoorraadde, h. bevoorraad)* ravitailler; het ~ le ravitaillement

be·voor·rech·ten [bəvorɛχtə(n)] *vt (bevoorrechtte, h. bevoorrecht)* privilégier

be·vor·de·ren [bəvɔrdərə(n)] *vt (bevorderde, h. bevorderd)* **1** favoriser **2** promouvoir

be·vor·de·ring [bəvɔrdərɪŋ] *nf (-en)* **1** stimulation **2** promotion; voor ~ in aanmerking komen être candidat(e) pour une promotion

be·vor·der|lijk [bəvɔrdərlək] *adj (-lijker, meest b.)* favorable (à)

be·vrach·ten [bəvrɑχtə(n)] *vt (bevrachtte, h. bevracht)* charger

be·vre·di·gen [bəvredəχə(n)] *vt (bevredigde, h. bevredigd)* satisfaire; zijn lusten ~ assouvir ses passions

be·vre·di·ging [bəvredəχɪŋ] *nf (-en)* satisfaction

be·vreem·den [bəvremdə(n)] *vt (bevreemdde, h. bevreemd)* surprendre; het bevreemdt mij dat u zoiets vraagt votre question me surprend

be|vreesd [bəvrest] *adj (-vreesder, meest b.)* craintif

be·vriend [bəvrint] *adj* ami; zij is met hem ~ ils sont amis

be·vrie·zen [bəvrizə(n)] *vi (bevroor, i. bevroren)* **1** geler **2** se glacer

be·vrie·zing [bəvrizɪŋ] *nf* **1** gel **2** gelure

be·vrij·den [bəvrɛidə(n)] *vt (bevrijdde, h. bevrijd)* libérer (de)

be·vrij·ding [bəvrɛidɪŋ] *nf* **1** libération **2** délivrance

be·vroor [bəvror], **bevroren** → bevriezen

be·vruch·ten [bəvrʌχtə(n)] *vt (bevruchtte, h. bevrucht)* **1** féconder **2** inséminer

be·vruch·ting [bəvrʌχtɪŋ] *nf (-en)* **1** fécondation **2** insémination

be·vui·len [bəvœylə(n)] *vt (bevuilde, h. bevuild)* salir

be·waar·plaats [bəwarplats] *de (-en)* dépôt

be·wa·ken [bəwakə(n)] *vt (bewaakte, h. bewaakt)* surveiller

be·wa·king [bəwakɪŋ] *nf* surveillance

be·wa·pe·nen [bəwapənə(n)] *vt (bewapende, h. bewapend)* armer

be·wa·pe·ning [bəwapənɪŋ] *nf* armement

be·wa·ren [bəwarə(n)] *vt (bewaarde, h. bewaard)* garder; de orde ~ maintenir l'ordre

be·wa·ring [bəwarɪŋ] *nf* **1** conservation; in ~ geven mettre en dépôt **2** détention **3** maintien

be·weeg·lijk·heid [bəweχləkhɛit] *nf* mobilité

be·weeg·re·den [bəweχredə(n)] *de (-en)* motif

be·wees [bəwes], **bewezen** → bewijzen

[1]**be·we·gen** [bəweχə(n)] *vti (bewoog, h. bewogen)* **1** bouger **2** actionner **3** pousser (à) **4** *(intrans.)* faire des concessions

[2]**be·we·gen, zich** [bəweχə(n)] *vpr (bewoog zich, h. zich bewogen)* fréquenter

be·we·ging [bəweχɪŋ] *nf (-en)* **1** mouvement; uit eigen ~ iets doen faire qqch de son propre chef **2** évolution **3** agitation

be·we·ging·loos [bəweχɪŋlos] *adj* immobile

be·we·gings·ruim·te [bəweχɪŋsrœymtə] *nf* **1** espace libre **2** champ de manœuvre

be·we·gings·vrij·heid [bəweχɪŋsfrɛihɛit] *nf* liberté de mouvement

be·weg·wij·ze·ring [bəwɛχwɛizərɪŋ] *nf* signalisation (des routes)

be·we·ren [bəwerə(n)] *vt (beweerde, h. beweerd)* prétendre

be·we·ring [bəwerɪŋ] *nf (-en)* affirmation

be·wer·ken [bəwɛrkə(n)] *vt (bewerkte, h. bewerkt)* **1** travailler, *(mus.)* arranger **2** agir sur **3** faire ((en sorte) que)

be·wer·king [bəwɛrkɪŋ] *nf (-en)* **1** opération, *(mus.)* arrangement **2** manipulation

be·werk·stel·li·gen [bəwɛrkstɛləχə(n)] *vt (bewerkstelligde, h. bewerkstelligd)* réaliser

be·wie·ro·ken [bəwirokə(n)] *vt (bewierookte, h. bewierookt)* encenser

be|wijs [bəwɛis] *het (-wijzen)* preuve; over het ~ beschikken tenir la preuve; het ~ leveren dat ... prouver que ...; ~ van betaling reçu; een ~ van goed gedrag une attestation de bonne conduite

be·wijs·grond [bəwɛisχrɔnt] *nm (-en)* argument

be·wijs·ma·te·ri·aal [bəwɛismater(i)jal] *het* pièces à conviction

be·wijs·stuk [bəwɛistʌk] *het (-ken)* **1** document justificatif **2** pièce à conviction

be·wij·zen [bəwɛizə(n)] *vt (bewees, h. bewezen)* **1** prouver **2** faire preuve de

be·wind [bəwɪnt] *het* **1** administration; aan het ~ komen arriver au pouvoir; het ~ voeren gouverner **2** gouvernement

be·winds|man [bəwɪn(t)smɑn] *nm (-lieden)*, **-vrouw** *nf (-en)* **1** dirigeant, -ante **2** ministre

be·wind·voer·der [bəwɪntfurdər] *nm (-s)* **1** dirigeant, -ante **2** administrateur, -trice

be·wo·gen [bəwoχə(n)] *adj* **1** ému **2** mouvementé

be·wo·gen·heid [bəwoχənhɛit] *nf* émotion

be·wol·ken [bəwɔlkə(n)] *vi (bewolkte, i. bewolkt)* se couvrir

be·wol·king [bəwɔlkɪŋ] *nf (-en)* nébulosité

be·won·de·raar [bəwɔndərar] *nm (-s)* admirateur, -trice

be·won·de·ren [bəwɔndərə(n)] *vt (bewonderde, h. bewonderd)* admirer
be·won·de·rens·waar·dig [bəwɔndərə(n)swardəχ] *adj, adv* admirable(ment)
be·won·de·ring [bəwɔndərɪŋ] *nf* admiration; **~ koesteren voor** être en admiration devant
be·wo·nen [bəwonə(n)] *vt (bewoonde, h. bewoond)* habiter
be·wo·ner [bəwonər] *nm (-s)* **1** habitant, -ante **2** locataire
be·woog [bəwoχ], **bewogen** → **bewegen**
be·woon·baar [bəwombar] *adj* habitable
be·woor·din·gen [bəwordɪŋə(n)] *plur* termes
be|wust [bəwʌst] *adj, adv (-wuster, meest b.)* **1** conscient (de), consciemment; **zich ergens ~ van zijn** se rendre compte de qqch **2** en question
be·wus·te·loos [bəwʌstəlos] *adj* sans connaissance; **~ raken** perdre connaissance
be·wus·te·loos·heid [bəwʌstəloshɛit] *nf* inconscience
be·wust·heid [bəwʌsthɛit] *nf* conscience
be·wust·wor·ding [bəwʌstwɔrdɪŋ] *nf* prise de conscience
be·wust·zijn [bəwʌ(st)sɛin] *het* conscience; **zijn ~ verliezen** perdre connaissance
be·wust·zijns·ver·rui·mend [bəwʌ(st)sɛinsfərœymənt] *adj* psychédélique
be·zaai·en [bəzajə(n)] *vt (bezaaide, h. bezaaid)* **1** ensemencer **2** parsemer (de)
be·zag [bəzɑχ], **bezagen** → **bezien**
be·zat [bəzɑt], **bezaten** → **bezitten**
be·ze·ge·len [bəzeχələ(n)] *vt (bezegelde, h. bezegeld)* sceller
be·zem [bezəm] *nm (-s)* balai
be·zem|steel [bezəmstel] *nm (-stelen)* manche à balai
¹be·ze·ren, zich [bəzerə(n)] *vpr (bezeerde zich, h. zich bezeerd)* se faire mal
²be·ze·ren [bəzerə(n)] *vt (bezeerde, h. bezeerd)* faire mal à
be·zet [bəzɛt] *adj* **1** occupé **2** pris
¹be·ze·ten [bəzetə(n)] → **bezitten**
²be·ze·ten [bəzetə(n)] *adj* **1** possédé (de) **2** *(+ van)* fou (de)
be·zet·ten [bəzɛtə(n)] *vt (bezette, h. bezet)* occuper
be·zet·ter [bəzɛtər] *nm (-s)* occupant
be·zet·ting [bəzɛtɪŋ] *nf (-en)* **1** occupation **2** *(mus.; théâtre)* distribution
be·zich·ti·gen [bəzɪχtəχə(n)] *vt (bezichtigde, h. bezichtigd)* visiter
be|zield [bəzilt] *adj (-zielder, meest b.)* **1** inspiré **2** animé
be·zie·len [bəzilə(n)] *vt (bezielde, h. bezield)* inspirer ♦ **wat bezielt je!** qu'est-ce qui te prend ?
be·zien [bəzin] *vt (bezag, h. bezien)* **1** considérer; **dat staat nog te ~** c'est à voir **2** regarder
be·ziens·waar·dig|heid [bəzinswardəχhɛit] *nf (-heden)* curiosité
be·zig [bezəχ] *adj* occupé (à); **de hele dag met iets ~ zijn** passer sa journée à faire qqch
be·zi·gen [bezəχə(n)] *vt (bezigde, h. gebezigd)* utiliser
be·zig|heid [bezəχhɛit] *nf (-heden)* occupation
¹be·zig·hou·den [bezəχhaudə(n)] *vt (hield bezig, h. beziggehouden)* occuper; **iemand aangenaam ~** distraire qqn
²be·zig·hou·den, zich [bezəχhaudə(n)] *vpr (hield zich bezig, h. zich beziggehouden) (+ met)* s'occuper (de)
be·zij·den [bəzɛidə(n)] *prép* à côté de
be·zin·gen [bəzɪŋə(n)] *vt (bezong, h. bezongen)* chanter
be·zin·ken [bəzɪŋkə(n)] *vi (bezonk, i. bezonken)* **1** se décanter **2** reposer **3** laisser (se) décanter; **dit moet even ~** cela demande réflexion
be·zin·king [bəzɪŋkɪŋ] *nf (-en)* **1** sédimentation **2** dépôt
be·zin·nen, zich [bəzɪnə(n)] *vpr (bezon zich, h. zich bezonnen)* **1** réfléchir (sur) **2** se raviser
be·zin·ning [bəzɪnɪŋ] *nf* réflexion; **tot ~ komen** retrouver son bon sens
be·zit [bəzɪt] *het* possession; **gemeenschappelijk ~** biens communs; **iets in ~ hebben** posséder qqch
be·zit·ten [bəzɪtə(n)] *vt (bezat, h. bezeten)* posséder
be·zit·te·rig [bəzɪtərəχ] *adj* possessif
be·zit·ting [bəzɪtɪŋ] *nf (-en)* possession; **persoonlijke ~en** effets personnels
be·zocht [bəzɔχt] *adj (meer b., meest b.)* **1** fréquenté **2** éprouvé
be·zoch·ten [bəzɔχtə(n)] → **bezoeken**
be·zoek [bəzuk] *het (-en)* visite; **~ krijgen** recevoir du monde
be·zoe·ken [bəzukə(n)] *vt (bezocht, h. bezocht)* **1** rendre visite à **2** visiter **3** fréquenter
be·zoe·ker [bəzukər] *nm (-s)* visiteur, -euse; **een geregeld ~** un habitué
be·zoe·king [bəzukɪŋ] *nf (-en)* épreuve
be·zoek|uur [bəzukyr] *het (-uren)* (heure de) visite
be·zol·di·ging [bəzɔldəχɪŋ] *nf (-en)* salaire
be·zon [bəzɔn], **bezonnen** → **bezinnen**
be·zon·di·gen, zich [bəzɔndəχə(n)] *vpr (bezondigde zich, h. zich bezondigd)* pécher
be·zong [bəzɔŋ], **bezongen** → **bezingen**
be·zonk [bəzɔŋk], **bezonken** → **bezinken**
be·zon·nen [bəzɔnə(n)] *adj, adv* pondéré, avec pondération
be·zoop [bəzop], **bezopen** → **bezuipen**
be·zo·pen [bəzopə(n)] *adj, adv* **1** soûl **2** (comme un) dingue
be|zorgd [bəzɔrχt] *adj (-zorgder, meest b.)* **1** attentif **2** inquiet; **zich ~ maken over** s'inquiéter de

be·zorgd|heid [bəzɔrχthɛit] *nf (-heden)* inquiétude
be·zor·gen [bəzɔrχə(n)] *vt (bezorgde, h. bezorgd)* **1** procurer (à) **2** causer **3** livrer; **de post ~** distribuer le courrier
be·zor·ging [bəzɔrχɪŋ] *nf (-en)* livraison
be·zui·ni·gen [bəzœynəχə(n)] *vti (bezuinigde, h. bezuinigd)* économiser
be·zui·ni·ging [bəzœynəχɪŋ] *nf (-en)* économie(s)
be·zui·ni·gings·po·li·tiek [bəzœynəχɪŋspolitik] *nf* politique d'austérité
be·zui·pen, zich [bəzœypə(n)] *vpr (bezoop zich, h. zich bezopen)* se soûler
be|zwaar [bəzwar] *het (-zwaren)* **1** inconvénient **2** objection
be·zwaard [bəzwart] *adj (meer b., meest b.)* tourmenté; **met een ~ hart** à contrecœur; **zich ~ voelen over iets** se faire scrupule de qqch
be·zwaar|lijk [bəzwarlək] *adj, adv (-lijker, meest b.)* difficile(ment)
be·zwaar·schrift [bəzwarsχrɪft] *het (-en)* (lettre de) réclamation; **een ~ indienen** faire une réclamation
be·zweek [bəzwek], **bezweken** → **bezwijken**
be·zweet [bəzwet] *adj* en sueur
be·zwe·ren [bəzwerə(n)] *vt (bezwoer, h. bezworen)* **1** jurer (de) **2** conjurer; **de moeilijkheden ~** écarter les difficultés **3** ensorceler
be·zwe·ring [bəzwerɪŋ] *nf (-en)* **1** exorcisme **2** formule incantatoire
be·zwij·ken [bəzwɛikə(n)] *vi (bezweek, i. bezweken)* **1** céder (à) **2** succomber (à)
bh [beha] *nm (-'s)* abrév. de *bustehouder* soutien-gorge
Bhu|taan [butan] *nm (-tanen)*, **-taanse** *nf (-n)* Bouthanais, -aise
Bhu·taans [butans] *adj* bouthanais
Bhu·tan [butan] *het* Bhoutan
bib·be·ren [bɪbərə(n)] *vi (bibberde, h. gebibberd)* trembler
bi·blio·gra·fie [biblijoχrafi] *nf (-ën)* bibliographie
bi·blio|theek [biblijotek] *nf (-theken)* bibliothèque; **openbare ~** bibliothèque publique
bid·den [bɪdə(n)] *vti (bad, h. gebeden)* prier
biecht [biχt] *de (-en)* confession; **te ~ gaan** aller à confesse; **uit de ~ klappen** vendre la mèche
biech·ten [biχtə(n)] *vti (biechtte, h. gebiecht)* confesser (qqch, qqn)
biecht·stoel [biχtstul] *nm (-en)* confessionnal
biecht·va·der [biχtfadər] *nm (-s)* confesseur
bie·den [bidə(n)] *vti (bood, h. geboden)* **1** offrir; **iets te koop ~** mettre qqch en vente **2** faire une offre de
bie·der [bidər] *nm (-s)* enchérisseur, -euse; **de hoogste ~** (l'enchérisseur) le plus offrant
bief·stuk [bifstʌk] *nm (-ken)* bifteck
bier [bir] *het (-en)* bière; **getapt ~** bière (à la) pression
bier·brou·wer [birbrauwər] *nm (-s)* brasseur
bier·fles·je [birflɛʃə] *het (-s)* canette
bies [bis] *de (biezen)* **1** liseré **2** jonc ♦ **zijn biezen pakken** plier bagage
bies·look [bislok] *het* ciboulette, *(Belg.)* brèles
biet [bit] *de (-en)* betterave
big [bɪχ] *de (-gen)* porcelet
[1]**bij** [bɛi] *de (-en)* abeille; **een bezige ~** une fourmi
[2]**bij** [bɛi] *adj, adv* **1** conscient **2** à jour **3** à la page ♦ **er warmpjes ~ zitten** être aisé; **om en(de) ~** environ; **ten naasten ~** à peu de chose près
[3]**bij** [bɛi] *prép* **1** près de; **ik kan er(gens) niet ~** je n'arrive pas à le prendre; cela me dépasse **2** chez **3** avec; **iets ~ zich hebben** avoir qqch sur soi **4** par; **~ tijden** de temps en temps; **~ mooi weer** par beau temps **5** auprès de **6** *(quantitatif)* par; **de kamer is 6 ~ 5** la pièce mesure 6 mètres sur 5 ♦ **daar ben je zelf ~** c'est toi qui décides; **~ elkaar zijn het er 20** il y en a 20 en tout; **het er niet ~ laten** ne pas en rester là; **er mag nog wel wat ~** un peu plus ne fera pas de tort; *(iron.)* **dat kon er ook nog wel ~** il ne manquait plus que cela; **er(gens) gauw ~ zijn** (ré)agir rapidement
bij·baan·tje [bɛibancə] *het (-s)* travail d'appoint
bij·be·doe·ling [bɛibədulɪŋ] *nf (-en)* arrière-pensée
bij·be·ho·rend [bɛibəhorənt] *adj* **1** assorti **2** annexe
Bij·bel [bɛibəl] *nm (-s)* Bible
Bij·bels [bɛibəls] *adj* biblique; **~e geschiedenis** histoire sainte
Bij·bel·tekst [bɛibəltɛkst] *nm (-en)* passage de la Bible
bij·be·nen [bɛibenə(n)] *vb* suivre
bij·be·ta·len [bɛibətalə(n)] *vti (betaalde bij, h. bijbetaald)* payer un supplément
bij·be·te·ke·nis [bɛibətekənɪs] *nf (-sen)* connotation
bij·blij·ven [bɛiblɛivə(n)] *vi (bleef bij, i. bijgebleven)* **1** suivre **2** rester (dans la mémoire)
bij·boe·ken [bɛibukə(n)] *vt (boekte bij, h. bijgeboekt)* inscrire en compte
bij·bren·gen [bɛibrɛŋə(n)] *vt (bracht bij, h. bijgebracht)* **1** apprendre (qqch à qqn) **2** réveiller
bij·de|hand [bɛidəhɑnt] *adj (-hanter, -handst)* **1** intelligent **2** débrouillard
bij·doen [bɛidun] *vt (deed bij, h. bijgedaan)* ajouter (à)
bij·draai·en [bɛidrajə(n)] *vi (draaide bij, i. bijgedraaid)* en rabattre
bij·dra·ge [bɛidraχə] *de (-n)* contribution
bij·dra·gen [bɛidraχə(n)] *vti (droeg bij, h. bijgedragen)* contribuer (à); **~ in de kosten van** participer aux frais de

bij·een [bɛie̲n] *adv* ensemble; **de huizen staan dicht ~** les maisons sont très proches les unes des autres
bij·een·bren·gen [bɛie̲mbrɛŋə(n)] *vt (bracht bijeen, h. bijeengebracht)* **1** (r)assembler **2** ramasser; **geld ~** collecter des fonds
bij·een·ga·ren [bɛie̲nχarə(n)] *vt (gaarde bijeen, h. bijeengegaard)* accumuler
bij·een·hou·den [bɛie̲nhaudə(n)] *vt (hield bijeen, h. bijeengehouden)* tenir ensemble
bij·een·ko·men [bɛie̲ŋkomə(n)] *vi (kwam bijeen, i. bijeengekomen)* se réunir
bij·een·komst [bɛie̲ŋkɔmst] *nf (-en)* **1** réunion **2** assemblée **3** rendez-vous
bij·een·roe·pen [bɛie̲nrupə(n)] *vt (riep bijeen, h. bijeengeroepen)* convoquer
bij·een·zijn [bɛie̲nzɛin] *vi (was bijeen, i. bijeengeweest)* être réunis
bij·en·hou·der [bɛ̲ijə(n)haudər] *nm (-s)* apiculteur
bij·en|korf [bɛ̲ijə(n)kɔrf] *nm (-korven)* ruche
bij·en·teelt [bɛ̲ijə(n)telt] *de* apiculture
bij·gaand [bɛ̲iχant] *adj* ci-inclus
bij·ge·bouw [bɛ̲iχəbau] *het (-en)* dépendance
bij·ge·dach·te [bɛ̲iχədaχtə] *nf (-n)* **1** association d'idées **2** arrière-pensée
bij·ge·loof [bɛ̲iχəlof] *het* superstition
bij·ge·lo·vig [bɛiχəlo̲vəχ] *adj, adv* superstitieux, superstitieusement
bij·ge·luid [bɛ̲iχəlœyt] *het (-en)* (bruit) parasite
bij·ge·recht [bɛ̲iχərɛχt] *het (-en)* (plat d')accompagnement
bij·ge·volg [bɛiχəvɔ̲lχ] *adv* par conséquent
bij·hou·den [bɛ̲ihaudə(n)] *vt (hield bij, h. bijgehouden)* **1** (r)approcher **2** suivre; **de fabriek kan de vraag niet ~** l'usine ne peut faire face à la demande **3** se tenir au courant de **4** tenir (à jour)
bij·kan|toor [bɛ̲ikantor] *het (-toren)* agence
bij·keu·ken [bɛ̲ikøkə(n)] *de (-s)* arrière-cuisine
bij·ko·men [bɛ̲ikomə(n)] *vi (kwam bij, i. bijgekomen)* **1** reprendre connaissance **2** reprendre haleine **3** reprendre des forces **4** s'approcher (de)
bij·ko·mend [bɛ̲ikomənt] *adj* accessoire; **~e omstandigheden** circonstances particulières
bij·kom·stig [bɛikɔ̲mstəχ] *adj* **1** accessoire **2** incident
bijl [bɛil] *de (-en)* hache; **het ~tje erbij neergooien** jeter le manche après la cognée **♦ voor de ~ gaan** se faire pincer
bij·la·ge [bɛ̲ilaχə] *de (-n)* (pièce) annexe
[1]**bij·leg·gen** [bɛ̲ilɛχə(n)] *vti (legde bij, h. bijgelegd)* payer de sa poche; **het tekort ~** combler le déficit
[2]**bij·leg·gen** [bɛ̲ilɛχə(n)] *vt (legde bij, h. bijgelegd)* aplanir; **het ~** se réconcilier
bij·les [bɛ̲ilɛs] *de (-sen)* leçon particulière
bij·lich·ten [bɛ̲ilɪχtə(n)] *vt (lichtte bij, h. bijgelicht)* éclairer
bijl·tje [bɛ̲ilcə] *het* **♦ ik heb al vaker met dat ~ gehakt** je m'y connais; **het ~ erbij neerleggen** rendre son tablier
bij·na [bɛ̲ina] *adv* presque; **~ niet** ne … guère; **~ ten einde zijn** toucher à sa fin
bij|naam [bɛ̲inam] *nm (-namen)* surnom
bij·pas·send [bɛipɑ̲sənt] *adj* assorti
bij·pro·duct [bɛ̲iprodʌkt] *het (-en)* sous-produit
bij·rij·der [bɛ̲irɛidər] *nm (-s)* aide-conducteur
bij·rol [bɛ̲irɔl] *de (-len)* second rôle
bij·scha·ven [bɛ̲isχavə(n)] *vt (schaafde bij, h. bijgeschaafd)* **1** donner un coup de rabot à **2** parfaire
bij·scho·len [bɛ̲isχolə(n)] *vt (schoolde bij, h. bijgeschoold)* perfectionner; **het ~ van leraren** le recyclage des professeurs
bij·scho·ling [bɛ̲isχolɪŋ] *nf* perfectionnement
bij·schrift [bɛ̲isχrɪft] *het (-en)* légende
bij·schrij·ving [bɛ̲isχrɛivɪŋ] *nf (-en)* **1** inscription **2** ajout
bij|slaap [bɛ̲islap] *nm (-slapen)* **1** coït **2** compagnon, compagne de lit
bij·slui·ter [bɛ̲islœytər] *nm (-s)* notice (explicative)
bij|smaak [bɛ̲ismak] *nm (-smaken)* arrière-goût
[1]**bij·spij·ke·ren** [bɛ̲ispɛikərə(n)] *vt (spijkerde bij, h. bijgespijkerd)* **1** faire rattraper; **zijn kennis ~** combler des lacunes dans ses connaissances **2** redresser
[2]**bij·spij·ke·ren** [bɛ̲ispɛikərə(n)] *vi (spijkerde bij, h./i. bijgespijkerd)* se retaper
bij·sprin·gen [bɛ̲isprɪŋə(n)] *vti (sprong bij, h./i. bijgesprongen)* venir en aide (à)
bij·staan [bɛ̲istan] *vt (stond bij, h. bijgestaan)* aider
bij·stand [bɛ̲istɑnt] *nm* **1** assistance **2** Aide sociale
bij·stands·moe·der [bɛ̲istɑn(t)smudər] *nf (-s)* mère célibataire assistée
bij·stands·uit·ke·ring [bɛ̲istɑn(t)sœytkerɪŋ] *nf (-en)* allocation de l'Aide sociale
bij·stel·len [bɛ̲istɛlə(n)] *vt (stelde bij, h. bijgesteld)* **1** régler **2** adapter
bij·stu·ren [bɛ̲istyrə(n)] *vti (stuurde bij, h. bijgestuurd)* corriger (la trajectoire (de))
bij·ten [bɛ̲itə(n)] *vti (beet, h. gebeten)* **1** mordre; **van zich af ~** se défendre **2** brûler **♦ dat bijt elkaar niet** ce n'est pas incompatible
bij·tend [bɛ̲itənt] *adj, adv* **1** corrosif **2** (de façon) mordant(e)
bij·tijds [bɛitɛ̲its] *adv* **1** de bonne heure **2** à temps
[1]**bij·trek·ken** [bɛ̲itrɛkə(n)] *vi (trok bij, i. bijgetrokken)* **1** s'améliorer **2** se calmer
[2]**bij·trek·ken** [bɛ̲itrɛkə(n)] *vt (trok bij, h. bijgetrokken)* rapprocher
bij·vak [bɛ̲ivɑk] *het (-ken)* matière secondaire

bij·val [bɛivɑl] *nm* approbation; ~ oogsten avoir du succès
bij·ver·dien·ste [bɛivərdinstə] *nf (-n)* **1** salaire d'appoint **2** extra
bij·ver·schijn·sel [bɛivərsχɛinsəl] *het (-en)* effet secondaire
bij·voe·ding [bɛivudɪŋ] *nf* complément alimentaire
bij·voe·gen [bɛivuχə(n)] *vt (voegde bij, h. bijgevoegd)* ajouter
bij·voeg·sel [bɛivuχsəl] *het (-s)* supplément
bij·voor·beeld [bɛivorbelt] *adv* par exemple
bij·vul·len [bɛivʌlə(n)] *vt (vulde bij, h. bijgevuld)* remplir (ce qui a été partiellement vidé)
¹**bij·wer·ken** [bɛiwɛrkə(n)] *vt (werkte bij, h. bijgewerkt)* **1** mettre à jour **2** parachever
²**bij·wer·ken** [bɛiwɛrkə(n)] *vi (werkte bij, h. bijgewerkt)* se faire des à-côtés
bij·wer·king [bɛiwɛrkɪŋ] *nf (-en)* **1** effet secondaire **2** mise au point
bij·wo·nen [bɛiwonə(n)] *vt (woonde bij, h. bijgewoond)* assister à
bij·woord [bɛiwort] *het (-en)* adverbe
bijz. [bizɔndər] abrév. de *bijzonder* spéc.
bij|zaak [bɛizak] *de (-zaken)* affaire de moindre importance
bij·zet·ten [bɛizɛtə(n)] *vt (zette bij, h. bijgezet)* **1** mettre à côté de **2** inhumer ♦ iets kracht ~ appuyer qqch
bij·ziend [bɛizint] *adj* myope
bij·zijn [bɛizɛin] *het* présence
bij·zit [bɛizɪt] *nf (-ten)* concubine
¹**bij·zon|der** [bizɔndər] *adj (-derder, -derst)* **1** particulier; een ~ kind un enfant spécial **2** privé ♦ *(Belg.)* het ~ste le principal
²**bij·zon|der** [bizɔndər] *adv (-derder, -derst)* **1** spécialement **2** particulièrement; iemand ~ aanbevelen recommander vivement qqn
bij·zon·der|heid [bizɔndərhɛit] *nf (-heden)* **1** détail; nadere bijzonderheden précisions **2** singularité **3** spécificité
bil [bɪl] *de (-len)* **1** fesse; *(fig.)* met samengeknepen ~len les fesses serrées **2** *(Belg.)* cuisse
bil·jard [bɪljɑrt, ᴮbɪljɑrt] *num* million de milliards
bil·jart [bɪljɑrt] *het (-s)* billard
bil·jart·bal [bɪljɑrdbɑl] *nm (-len)* boule de billard; zo kaal als een ~ chauve comme un œuf
bil·jet [bɪljɛt] *het (-ten)* billet
bill·board [bɪlbɔ:rd] *het/de (-s)* panneau d'affichage
bil·lijk [bɪlək] *adj, adv* juste, équitablement
bil·lij·ken [bɪləkə(n)] *vt (billijkte, h. gebillijkt)* accepter
bil·lijk·heid [bɪləkhɛit] *nf* équité
¹**bin·den** [bɪndə(n)] *vt (bond, h. gebonden)* (re)lier; ik ben aan huis gebonden je suis bloqué à la maison
²**bin·den, zich** [bɪndə(n)] *vpr (bond zich, h. zich gebonden)* se lier
³**bin·den** [bɪndə(n)] *vi (bond, h. gebonden)* **1** épaissir **2** créer un lien
bin·dend [bɪndənt] *adj* contraignant
bin·ding [bɪndɪŋ] *nf (-en)* lien
bind·mid·del [bɪntmɪdəl] *het (-en)* agent de liaison
bind·weef·sel [bɪntwefsəl] *het (-s)* tissu conjonctif
bink [bɪŋk] *nm (-en)* malabar; de ~ uithangen jouer les durs
¹**bin·nen** [bɪnə(n)] *adv* dedans; hij is ~ il est à l'abri; il est casé; de oogst is ~ la moisson est rentrée; naar ~ gaan entrer; iets naar ~ slaan avaler qqch; zich iets te ~ brengen se rappeler qqch
²**bin·nen** [bɪnə(n)] *prép* **1** dans **2** avant
***bin·nen-** [bɪnə(n)-] intérieur
bin·nen·bad [bɪnə(n)bɑt] *het (-en)* piscine couverte
bin·nen·band [bɪnə(n)bɑnt] *nm (-en)* chambre à air
bin·nen·bocht [bɪnə(n)bɔχt] *de (-en)* virage à la corde
bin·nen·bre·ken [bɪnə(n)brekə(n)] *vt (brak binnen, h. binnengebroken) (Belg.)* cambrioler
bin·nen·bren·gen [bɪnə(n)brɛŋə(n)] *vt (bracht binnen, h. binnengebracht)* rentrer
bin·nen·dijks [bɪnə(n)dɛiks] *adj, adv* en deçà de la digue
bin·nen·door [bɪnə(n)dor] *adv* **1** par l'intérieur **2** par un raccourci
bin·nen·drin·gen [bɪnə(n)drɪŋə(n)] *vi (drong binnen, i. binnengedrongen)* pénétrer dans; bij iemand ~ forcer la porte de qqn
bin·nen·gaan [bɪnə(n)χan] *vi (ging binnen, i. binnengegaan)* entrer (dans)
bin·nen·ha·len [bɪnə(n)halə(n)] *vt (haalde binnen, h. binnengehaald)* **1** rentrer **2** embarquer **3** ramasser
Bin·nen·hof [bɪnə(n)hɔf] *het* Binnenhof *(bâtiments historiques abritant gouvernement et parlement néerlandais)*
bin·nen·hou·den [bɪnə(n)haudə(n)] *vt (hield binnen, h. binnengehouden)* **1** tenir à l'intérieur **2** garder pour soi
bin·nen·huis·ar·chi·tect [bɪnə(n)hœysɑrʃitɛkt, bɪnə(n)hœysɑrχitɛkt] *nm (-en)* architecte décorateur
bin·nen·in [bɪnə(n)ɪn] *adv* à l'intérieur
bin·nen·kant [bɪnə(n)kɑnt] *nm (-en)* intérieur
bin·nen·ko·men [bɪnə(n)komə(n)] *vi (kwam binnen, i. binnengekomen)* **1** entrer (dans); ~de goederen arrivages **2** *(argent)* rentrer ♦ hard ~ (bij iemand) choquer (qqn)
bin·nen·komst [bɪnə(n)kɔmst] *nf* entrée
bin·nen·kort [bɪnə(n)kɔrt] *adv* sous peu
bin·nen·krij·gen [bɪnə(n)krɛiχə(n)] *vt (kreeg binnen, h. binnengekregen)* **1** absorber **2** recevoir

bin·nen·land [bɪnə(n)lɑnt] *het (-en)* intérieur ♦ **de ~en van Afrika** les régions reculées de l'Afrique
bin·nen·lands [bɪnə(n)lɑn(t)s] *adj* intérieur; **~ nieuws** nouvelles nationales; **Binnenlandse Zaken** Ministère de l'Intérieur
bin·nen·la·ten [bɪnə(n)latə(n)] *vt (liet binnen, h. binnengelaten)* introduire
bin·nen·plaats [bɪnə(n)plats] *de (-en)* cour (intérieure)
bin·nen·scheep·vaart [bɪnə(n)sχepfart] *de* navigation intérieure
bin·nen·schip·per [bɪnə(n)sχɪpər] *nm (-s)* batelier
bin·nens·huis [bɪnə(n)shœys] *adv* chez soi
bin·nens·ka·mers [bɪnə(n)skamərs] *adv* en privé; **iets ~ houden** ne pas ébruiter qqch
bin·nen·sle·pen [bɪnə(n)slepə(n)] *vt (sleepte binnen, h. binnengesleept)* faire entrer (dans) ♦ **de overwinning ~** remporter la victoire
bin·nen·smok·ke·len [bɪnə(n)smɔkələ(n)] *vt (smokkelde binnen, h. binnengesmokkeld)* **1** introduire en fraude **2** introduire subrepticement
bin·nens·monds [bɪnə(n)smɔn(t)s] *adv* entre ses dents
bin·nen|stad [bɪnə(n)stɑt] *de (-steden)* centre de la ville
bin·nen·stap·pen [bɪnə(n)stɑpə(n)] *vi (stapte binnen, i. binnengestapt)* entrer (sans hésiter) (dans)
bin·nen·ste [bɪnə(n)stə] *het* **1** intérieur **2** for intérieur
bin·nen·ste·bui·ten [bɪnə(n)stəbœytə(n)] *adv* à l'envers; **~ keren** retourner
bin·nen·stro·men [bɪnə(n)stromə(n)] *vi (stroomde binnen, i. binnengestroomd)* **1** pénétrer à flots **2** déferler (sur)
bin·nen·vaart [bɪnə(n)vart] *de* → **binnenscheepvaart**
bin·nen·val·len [bɪnə(n)vɑlə(n)] *vi (viel binnen, i. binnengevallen)* faire irruption (dans); **ik kwam midden in een vergadering ~** je suis tombé en pleine réunion
bin·nen·vet·ter [bɪnə(n)vɛtər] *nm (-s)* introverti, -ie
bin·nen·waarts [bɪnə(n)warts] *adj, adv* vers l'intérieur
bin·nen·wa·ter [bɪnə(n)watər] *het (-en)* cours d'eau
bin·nen·weg [bɪnə(n)wɛχ] *nm (-en)* chemin de traverse
bin·nen·zak [bɪnə(n)zɑk] *nm (-ken)* poche intérieure
bin·nen·zij·de [bɪnə(n)zɛidə] *de* (côté) intérieur
bio·af·val [bijoɑfɑl] *het/de* déchets biodégradables
bio·gra·fie [bijoχrafi] *nf (-ën)* biographie
bio·lo·ge·ren [bijoloχerə(n)] *vt (biologeerde, h. gebiologeerd)* magnétiser
bio|loog [bijoloχ] *nm (-logen)* biologiste
bio·mas·sa [bijomɑsa] *de* biomasse
bi·os [bijɔs] *nm* ciné
bio|scoop [bijɔskop] *nm (-scopen)* cinéma
Bir·ma [bɪrma] *het* Birmanie
Bir|maan [bɪrman] *nm (-manen),* **-maanse** *nf (-n)* Birman, -ane
Bir·maans [bɪrmans] *adj* birman
bis·dom [bɪzdɔm] *het (-men)* évêché
bi·sek·su·eel [bisɛksywel] *adj* bisexué
bis·jaar [bisjar] *het (Belg.)* année que l'on redouble
bis·schop [bɪsχɔp] *nm (-pen)* évêque
***bis·schops-** [bɪsχɔps-] épiscopal
bis·schops·wijn [bɪsχɔpswɛin] *nm (-en)* vin chaud
bis·sen [bisə(n)] *vt (biste, h. gebist) (Belg.; fam.)* redoubler
[1]**bit** [bɪt] *het (-ten)* mors
[2]**bit** [bɪt] *de (-ten)* bit
bits [bɪts] *adj, adv (bitser, meest b.)* brusque(ment)
[1]**bit|ter** [bɪtər] *adj (-terder, -terst)* amer ♦ **~e noodzaak** cruelle nécessité
[2]**bit|ter** [bɪtər] *adv (-terder, -terst)* affreusement; **~ weinig** ridiculement peu
bit·ter·gar·ni|tuur [bɪtərχɑrnityr] *nf (-turen)* plateau d'amuse-gueule
bit·ter|heid [bɪtərhɛit] *nf (-heden)* amertume
bi·vak·ke·ren [bivɑkerə(n)] *vi (bivakkeerde, h. gebivakkeerd)* **1** bivouaquer **2** camper
blaam [blam] *de* blâme; **hem treft geen ~** il n'a rien à se reprocher; **iemand van alle ~ zuiveren** disculper qqn
blaar [blar] *de (blaren)* ampoule
blaas [blas] *de (blazen)* **1** vessie **2** bulle
blaas·in·stru·ment [blasɪnstrymɛnt] *het (-en)* instrument à vent
blaas·mu·ziek [blasmyzik] *nf* musique pour instruments à vent
blaas·ont·ste·king [blasɔntstekɪŋ] *nf (-en)* cystite
blaas|proef [blaspruf] *de (-proeven)* alcootest
blad [blɑt] *het (-en, -eren)* **1** feuille; **van het ~ spelen** jouer à vue **2** plateau **3** journal ♦ **geen ~ voor de mond nemen** ne pas mâcher ses mots
blad·de·ren [blɑdərə(n)] *vi (bladderde, h. gebladderd)* s'écailler
bla·der·dak [bladərdɑk] *het (-en)* dais de verdure
bla·der·deeg [bladərdeχ] *het* pâte feuilletée
bla·de·ren [bladərə(n)] *vi (bladerde, h. gebladerd)* feuilleter (qqch)
blad·groen·te [blɑtχruntə] *nf (-n, -s)* légume à feuilles
blad|luis [blɑtlœys] *de (-luizen)* puceron
blad·mu·ziek [blɑtmyzik] *nf* partition
blad·wij·zer [blɑtwɛizər] *nm (-s)* marque-page
blad·zij·de [blɑtsɛidə] *de (-n)* page; **op ~ drie** à la page trois
blaf·fen [blɑfə(n)] *vi (blafte, h. geblaft)* aboyer

bla·ken [blakə(n)] *vi (blaakte, h. geblaakt)* brûler; **~ van ijver** déborder de zèle ♦ **in ~de welstand verkeren** être rayonnant de santé

bla·ke·ren [blakərə(n)] *vt (blakerde, h. geblakerd)* griller

bla·ma·ge [blamaʒə] *nf (-s)* honte

blan·co [blɑŋko] *adj, adv* (en) blanc; **~ stemmen** s'abstenir; **~ volmacht** pleins pouvoirs

blank [blɑŋk] *adj* **1** blanc; **de ~e** le blanc, la blanche **2** pur **3** inondé

blank·hou·ten [blɑŋkhɑutə(n)] *adj* en bois blanc

bla·ten [blatə(n)] *vi (blaatte, h. geblaat)* bêler

[1]**blauw** [blɑu] *het* **1** bleu **2** delft

[2]**blauw** [blɑu] *adj* **1** bleu; **een ~ oog** un œil au beurre noir **2** noir

blauw·druk [blɑudrʌk] *nm (-ken)* **1** copie **2** projet

blau·we·re·gen [blɑuwərexə(n)] *nm (-s)* glycine

blauw·tje [blɑucə] *het (-s)* ♦ **een ~ lopen** essuyer un refus

[1]**bla·zen** [blazə(n)] *vi (blies, h. geblazen)* **1** souffler **2** grogner **3** jouer

[2]**bla·zen** [blazə(n)] *vt (blies, h. geblazen)* ♦ **het is oppassen geblazen!** il s'agit de faire attention !

[1]**bla·zer** [blezər] *nm (-s)* blazer *(vêtement)*

[2]**bla·zer** [blazər] *nm (-s)* joueur d'instrument à vent

bleef [blef], **bleven** → **blijven, afblijven, uitblijven** *(etc.)*

[1]**bleek** [blek], **bleken** → **blijken**

[2]**bleek** [blek] *adj (bleker, bleekst)* pâle; **~ om de neus worden** pâlir

bleek·heid [blekhɛit] *nf* pâleur

bleek·jes [blekjəs] *adj, adv* **1** pâlot **2** faible(ment)

bleek·sel·de·rie [bleksɛldəri] *nm* céleri à côtes

bleek·wa·ter [blekwatər] *het* eau de Javel

blein [blɛin] *de (-en) (Belg.)* → **blaar**

ble·ken [blekə(n)] *vt (bleekte, h. gebleekt)* blanchir; **een gebleekte spijkerbroek** un blue-jean délavé

bles·se·ren [blɛserə(n)] *vt (blesseerde, h. geblesseerd)* blesser

bles·su·re·tijd [blɛsyrətɛit] *nm* arrêts de jeu

blè·ter [blɛːtər] *nm (-s),* **blèt·ster** *nf (-s) (Belg.; fam.)* pleurnicheur, -euse

blies [blis], **bliezen** → **blazen, uitblazen, omblazen**

blij [blɛi] *adj, adv* **1** heureux; **iemand met iets ~ maken** faire plaisir à qqn avec qqch **2** réjouissant **3** gai, joyeusement

blijd·schap [blɛitsχɑp] *nf* joie

blijf [blɛif] *(Belg.)* ♦ **met iemand, iets geen ~ weten** ne savoir que faire de qqn, qqch

blijf-van-mijn-lijf|huis [blɛifɑmɛinlɛifhœys] *het (-huizen)* centre d'accueil pour femmes battues

blij·heid [blɛihɛit] *nf* joie

blijk [blɛik] *het (-en)* marque; **als ~ van** en témoignage de; **~ geven van iets** manifester qqch

blijk·baar [blɛigbar] *adj, adv* manifeste(ment)

blij·ken [blɛikə(n)] *vi (bleek, i. gebleken)* s'avérer; **laten ~** manifester; **mij is gebleken dat ...** j'ai constaté que ...; **dat moet nog ~** cela reste à prouver

blij·kens [blɛikə(n)s] *prép* selon

blij·moe·dig [blɛimudəχ] *adj, adv* joyeux, joyeusement

blij·spel [blɛispɛl] *het (-en)* comédie

[1]**blij·ven** [blɛivə(n)] *vi (bleef, i. gebleven)* rester; **achterwege ~** ne pas avoir lieu; **bij iets ~** maintenir qqch; **dat kan niet zo ~** cela ne peut durer ainsi; **~ steken** être bloqué; **ik blijf werken** je continue à travailler ♦ **ergens in ~** mourir subitement de qqch

[2]**blij·ven** [blɛivə(n)] *copule* rester

blij·vend [blɛivənt] *adj* permanent

[1]**blik** [blɪk] *nm (-ken)* regard; **een ruime ~ hebben** avoir les idées larges; **zijn ~ verruimen** élargir son horizon

[2]**blik** [blɪk] *het (-ken)* **1** fer-blanc **2** boîte (en fer-blanc); **in ~** en boîte **3** pelle à poussière

blik·ken [blɪkə(n)] *adj* métallique

blik·ope·ner [blɪkopənər] *nm (-s)* ouvre-boîte

blik·scha·de [blɪksχadə] *de* tôle froissée

blik·sem [blɪksəm] *nm (-s)* **1** foudre; **de ~ slaat in** la foudre tombe **2** diable ! ♦ **als de ~** immédiatement; **alles is naar de ~** tout est foutu

blik·sem·af·lei·der [blɪksəmɑflɛidər] *nm (-s)* paratonnerre

[1]**blik·se·men** [blɪksəmə(n)] *vi (bliksemde, h./i. gebliksemd)* fulgurer

[2]**blik·se·men** [blɪksəmə(n)] *vb impers (bliksemde, h. gebliksemd)* faire des éclairs

blik·sem·flits [blɪksəmflɪts] *nm (-en)* éclair

blik·sem·in·slag [blɪksəmɪnslɑχ] *nm (-en)* foudre

blik·sem·schicht [blɪksəmsχɪχt] *nm (-en)* → **bliksemflits**

blik·van·ger [blɪkfɑŋər] *nm (-s)* accroche

blik·veld [blɪkfɛlt] *het* champ visuel

[1]**blind** [blɪnt] *het (-en)* volet

[2]**blind** [blɪnt] *adj* aveugle; **ik was ~ voor zijn gebreken** je ne voyais pas ses défauts

blind·doe·ken [blɪndukə(n)] *vt (blinddoekte, h. geblinddoekt)* bander les yeux

blin·de [blɪndə] *nm (-n)* aveugle

blin·de·darm [blɪndədɑrm] *nm (-en)* cæcum

blin·de·darm·ont·ste·king [blɪndədɑrmɔntstekɪŋ] *nf (-en)* appendicite

blin·de·lings [blɪndəlɪŋs] *adv* les yeux fermés; **~ te werk gaan** procéder sans réfléchir

blin·de·man·ne·tje [blɪndəmɑnəcə] *het* colin-maillard
blin·den·bi·blio|theek [blɪndə(n)biblijotek] *nf (-theken)* bibliothèque braille
blin·den·ge·lei·de·hond [blɪndə(n)χəlɛidəhɔnt] *nm (-en)* chien d'aveugle
blin·de·ring [blɪndərɪŋ] *nf (-en)* blindage
blind·heid [blɪnthɛit] *nf* cécité
blink [blɪŋk] *nm (Belg.)* cirage
blin·ken [blɪŋkə(n)] *vi (blonk, h. geblonken)* reluire
blits [blɪts] *adj, adv* branché; **er ~ uitzien** avoir le look
bloed [blut] *het* sang; **iemands ~ wel kunnen drinken** haïr qqn comme la peste; **in koelen ~e** de sang-froid; **dat zal kwaad ~ zetten** cela va envenimer les choses; **iemand het ~ onder de nagels vandaan halen** pousser qqn à bout
***bloed-** [blut-] sanguin
bloed·ar·moe·de [blutɑrmudə] *de* anémie
bloed·bad [bludbɑt] *het (-en)* carnage
bloed·dor·stig [bludɔrstəχ] *adj, adv* féroce(ment)
bloed·druk [bludrʌk] *nm* tension (artérielle); **hoge ~** hypertension
bloed·ei·gen [blutɛiχə(n)] *adj* ♦ **mijn ~ kind** la chair de ma chair
bloe·de·loos [bludəlos] *adj* anémique
bloe·den [bludə(n)] *vi (bloedde, h. gebloed)* **1** saigner; **met ~d hart** la mort dans l'âme **2** payer cher
bloe·de·rig [bludərəχ] *adj* sanglant
bloed·gang [blutχɑŋ] *nm (fam.)* ♦ **met een ~** à tout(e) berzingue
bloed·heet [bluthet] *adj* brûlant
[1]**bloe·dig** [bludəχ] *adj* sanglant
[2]**bloe·dig** [bludəχ] *adv* durement
bloe·ding [bludɪŋ] *nf (-en)* hémorragie
[1]**bloed·ko·raal** [blutkoral] *het* corail rouge
[2]**bloed·ko·raal** [blutkoral] *de* perle de corail
bloed·li·chaam·pje [blutlɪχampjə] *het (-s)* globule
bloed·link [blutlɪŋk] *adj, adv* (d'une façon) archirisqué(e)
bloed·mooi [blutmoj] *adj* bien foutu
bloed|neus [blutnøs] *nm (-neuzen)* ♦ **een ~ hebben** saigner du nez
bloed·on·der·zoek [blutondərzuk] *het (-en)* analyse de sang
bloed|proef [blutpruf] *de (-proeven)* prise de sang
bloed·rood [blutrot] *adj, adv* vermeil
bloed·schan·de [blutsχɑndə] *de* inceste
bloeds·om·loop [blutsɔmlop] *nm* circulation sanguine
bloed·stol·lend [blutstɔlənt] *adj* qui glace le sang
bloed·stol·ling [blutstɔlɪŋ] *nf (-en)* coagulation (sanguine)
bloed·test [blutɛst] *nm (-s)* test sanguin
bloed·uit·stor·ting [blutœytstɔrtɪŋ] *nf (-en)* ecchymose
bloed·vat [blutfɑt] *het (-en)* vaisseau (sanguin)
bloed·ver·gie·ten [blutfərχitə(n)] *het* effusion de sang
bloed·ver·gif·ti·ging [blutfərχɪftəχɪŋ] *nf (-en)* septicémie
bloed·ver·want [blutfərwɑnt] *nm (-en)* parent, -ente
bloed·zui·ger [blutsœyχər] *nm (-s)* **1** sangsue **2** exploiteur
bloei [bluj] *nm* **1** floraison **2** essor
bloei·en [blujə(n)] *vi (bloeide, h. gebloeid)* **1** fleurir **2** prospérer; **een ~de stad** une ville florissante
bloei·tijd [blujtɛit] *nm (-en)* **1** floraison **2** âge d'or
bloei·wij·ze [blujwɛizə] *de (-n)* inflorescence
bloem [blum] *de (-en)* **1** fleur **2** farine **3** *(fig.)* fleur; **de ~ van de natie** la jeunesse
bloem·bak [blumbɑk] *nm (-ken)* jardinière
bloem·bed [blumbɛt] *het (-den)* parterre
bloem·blad [blumblɑt] *het (-en)* pétale
bloem·bol [blumbɔl] *nm (-len)* bulbe
bloem·bol·len·veld [blumbɔlə(n)vɛlt] *het (-en)* champ de fleurs
bloe·men·cor·so [blumə(n)kɔrzo] *het/de (-'s)* corso fleuri
bloe·men·man [bluməmɑn] *nm (-nen)* marchand de fleurs
bloe·men·stal·le·tje [blumə(n)stɑləcə] *het (-s)* kiosque de fleuriste
bloe·men·teelt [blumə(n)telt] *de* floriculture
bloe·me·tje [bluməcə] *het (-s)* (bouquet de) fleurs ♦ **iemand in de ~s zetten** fêter qqn; **de ~s buitenzetten** faire la noce
bloe·mist [blumɪst] *nm (-en)* **1** fleuriste **2** floriculteur, -trice
bloem|kool [blumkol] *de (-kolen)* chou-fleur
bloem·le·zing [blumlezɪŋ] *nf (-en)* **1** anthologie **2** choix
bloem·perk [blumpɛrk] *het (-en)* platebande
bloem·pot [blumpɔt] *nm (-ten)* pot de fleurs
bloem·schik·ken [blumsχɪkə(n)] *het* (art de la) composition florale
bloem·stuk [blumstʌk] *het (-ken)* composition florale
bloes [blus] *de (bloezen)* **1** chemisier **2** chemise
bloe·sem [blusəm] *nm (-s)* fleur
blog [blɔχ] *de/het (-s) (inform.)* blog, blogue
blog|ger [blɔχər] *nm (-s)*, **-ster** *nf (-s) (inform.)* blogueur, -euse
[1]**blok** [blɔk] *nm (Belg.)* bloque
[2]**blok** [blɔk] *het (-ken)* **1** bloc **2** cube; **een doos met ~ken** un jeu de construction **3** *(pol.)* bloc; **Vlaams Blok** ⟨*parti flamand d'extrême droite*⟩; **een ~ vormen tegen** faire front contre ♦ **iemand voor het ~ zetten** mettre qqn au pied du mur

blok·fluit [blɔkflœyt] *de (-en)* flûte à bec
blok·hut [blɔkhʌt] *de (-ten)* chalet de jardin
blok·ka·de [blɔkadə] *nf (-s)* blocus
blok·ken|doos [blɔkə(n)dos] *de (-dozen)* jeu de construction
[1]**blok·ke·ren** [blɔkerə(n)] *vt (blokkeerde, h. geblokkeerd)* bloquer
[2]**blok·ke·ren** [blɔkerə(n)] *vi (blokkeerde, h. geblokkeerd)* se bloquer
blok·let·ter [blɔklɛtər] *de (-s)* caractère d'imprimerie
blond [blɔnt] *adj* blond
blon·de·ren [blɔnderə(n)] *vt (blondeerde, h. geblondeerd)* blondir
blonk [blɔŋk], **blonken** → **blinken, uitblinken**
bloot [blot] *adj (bloter, blootst)* **1** (à) nu; **uit zijn blote hoofd** par cœur **2** pur; **het blote feit al** le seul fait
bloot·ge·ven, zich [blotχevə(n)] *vpr (gaf zich bloot, h. zich blootgegeven)* **1** s'exposer **2** jeter le masque
bloot·je [blocə] *het (-s)* costume d'Adam
bloot·leg·gen [blotlɛχə(n)] *vt (legde bloot, h. blootgelegd)* **1** mettre à nu **2** découvrir
bloots·hoofds [blotshof(t)s] *adv* nu-tête
bloot·staan [blotstan] *vi (stond bloot, h. blootgestaan) (+ aan)* être exposé
[1]**bloot·stel·len** [blotstɛlə(n)] *vt (stelde bloot, h. blootgesteld) (+ aan)* exposer (qqn à qqch)
[2]**bloot·stel·len, zich** [blotstɛlə(n)] *vpr (stelde zich bloot, h. zich blootgesteld) (+ aan)* s'exposer (à qqch)
bloots·voets [blotsfuts] *adv* nu-pieds
blos [blɔs] *nm (-sen)* **1** teint vif **2** rougeur
blo·wen [blowə(n)] *vi (blowde, h. geblowd)* fumer un joint
blo·zen [blozə(n)] *vi (bloosde, h. gebloosd)* **1** avoir le teint vif **2** rougir
blub·ber [blʌbər] *nm* boue
bluf·fen [blʌfə(n)] *vi (blufte, h. gebluft)* bluffer
blun·der [blʌndər] *nm (-s)* bévue
blun·de·ren [blʌndərə(n)] *vi (blunderde, h. geblunderd)* gaffer
blus·ap·pa|raat [blʌsɑparat] *het (-raten)* extincteur
blus·de·ken [blʌzdekə(n)] *de (-s)* couverture antifeu
blus·sen [blʌsə(n)] *vt (bluste, h. geblust)* éteindre
blz. [blɑtsɛidə] abrév. de *bladzijde* p.
bnp [beɛmpe] *het* abrév. de *bruto nationaal product* PNB
board [bɔ:rd] *het (-s)* panneau de fibre de bois
bob·bel [bɔbəl] *nm (-s)* bosse
bob·be·lig [bɔbələχ] *adj* bosselé
bo·chel [bɔχəl] *nm (-s)* **1** bosse **2** bossu
[1]**bocht** [bɔχt] *de (-en)* **1** tournant; *(fig.)* **dat is te kort door de ~** ça va trop vite, ça c'est trop facile; **uit de ~ vliegen** manquer le virage **2** courbe; **zich in allerlei ~en wringen** se contorsionner **3** golfe
[2]**bocht** [bɔχt] *het/de (-en)* bibine
boch·tig [bɔχtəχ] *adj* sinueux
bod [bɔt] *het* offre ♦ **aan ~ komen** entrer en ligne de compte
bo·de [bodə] *nm (-n, -s)* **1** messager **2** facteur **3** huissier
bo·dem [bodəm] *nm (-s)* **1** fond; **iets de ~ inslaan** réduire à néant qqch **2** sol
bo·dem·ge·steld·heid [bodəmχəstɛlthɛit] *nf* nature du sol
bo·dem·kun·de [bodəmkʌndə] *nf* pédologie
bo·dem·loos [bodəmlos] *adj* **1** sans fond; **hij is een ~ vat** c'est un panier percé **2** insondable **3** insatiable
bo·dem·on·der·zoek [bodəmɔndərzuk] *het (-en)* prospection
bo·dem|prijs [bodəmprɛis] *nm (-prijzen)* prix plancher
bo·dem|rijk·dom [bodəmrɛigdɔm] *nm (-men)*, **-schatten** *plur* richesse du sous-sol
bo·dem·sa·ne·ring [bodəmsanerɪŋ] *nf (-en)* dépollution du sol
bo·dem·ver·ont·rei·ni·ging [bodəmvərɔntrɛinəχɪŋ] *nf (-en)* pollution du sol
Bo·den·meer [bodəmer] *het* lac de Constance
bo·dy·buil·der [bɔdibɪldər] *nm (-s)* culturiste
bo·dy·milk [bɔdimɪlk] *de* lait corporel
boed·dhis·me [budɪsmə] *het* bouddhisme
boe·del [budəl] *nm (-s)* **1** succession **2** biens meubles; **een ~ scheiden** procéder à la séparation des biens
boe·del·schei·ding [budəlsχɛidɪŋ] *nf (-en)* **1** partage d'une succession **2** séparation des biens
boef [buf] *nm (boeven)* bandit
boeg [buχ] *nm (-en)* **1** proue; **nog heel wat voor de ~ hebben** avoir du pain sur la planche **2** bord; **het over een andere ~ gooien** changer de cap
boeg·beeld [buχbelt] *het (-en)* figure de proue
boei [buj] *de (-en)* **1** bouée; **een kop als een ~ hebben** être rouge comme une pivoine **2** menotte; **iemand in de ~en slaan** passer les menottes à qqn
boei·en [bujə(n)] *vt (boeide, h. geboeid)* **1** passer les menottes à **2** captiver; **iemand weten te ~** retenir l'attention de qqn; *(fam.)* **dat boeit (mij) niet** je m'en fiche, *(aussi)* cela n'a rien à voir
boei·end [bujənt] *adj, adv* (de façon) captivant(e)
boek [buk] *het (-en)* **1** livre; **dat is voor hem een gesloten ~** pour lui, c'est du chinois **2** registre; **de ~en bijhouden** tenir les livres de comptes; **iets te ~ stellen** mettre qqch par écrit; **als eerlijk te ~ staan** avoir la réputation d'être honnête

boek·be·spre·king [bugbəsprekɪŋ] *nf (-en)* critique (d'un livre)
boek·bin·den [bugbɪndə(n)] *het* reliure
boek|deel [bugdel] *het (-delen)* **1** tome **2** volume; **zoiets spreekt boekdelen** cela en dit long
boek·druk·ken [bugdrʌkə(n)] *het* → **boekdrukkunst**
boek·druk·ke·rij [bugdrʌkərɛi] *nf (-en)* imprimerie
boek·druk·kunst [bugdrʌkʌnst] *nf* imprimerie
boe·ken [bukə(n)] *vt (boekte, h. geboekt)* **1** consigner; **een bedrag op iemands rekening ~** porter une somme au compte de qqn **2** réserver **3** obtenir; **succes ~** remporter des succès
boe·ken|beurs [bukə(n)børs] *de (-beurzen)* Salon du livre
boe·ken·bon [bukə(n)bɔn] *nm (-nen)* chèque-livre
boe·ken·kast [bukə(n)kɑst] *de (-en) (meuble)* bibliothèque
boe·ken·leg·ger [bukə(n)lɛχər] *nm (-s)* marque-page
boe·ken·plank [bukə(n)plɑŋk] *de (-en)* rayon (de bibliothèque)
boe·ken·rek [bukə(n)rɛk] *het (-ken)* étagère (à livres)
boe·ken·stal·le·tje [bukə(n)stɑləcə] *het (-s)* étalage de bouquiniste
boe·ken·steun [bukə(n)støn] *nm (-en)* serre-livres
boe·ken·tas [bukə(n)tɑs] *de (-sen)* serviette
boe·ken·wurm [bukə(n)wʌrm] *nm (-en)* rat de bibliothèque
boe·ket [bukɛt] *het/de (-ten)* bouquet
boek·han·del [bukhɑndəl] *nm (-s)* librairie
boek·hou·den [bukhɑudə(n)] *vi (hield boek, h. boekgehouden)* tenir la comptabilité
boek·hou·der [bukhɑudər] *nm (-s)* comptable
boek·hou·ding [bukhɑudɪŋ] *nf (-en)* comptabilité; **de ~ doen, voeren** tenir les livres; **een dubbele ~** une double comptabilité
boe·king [bukɪŋ] *nf (-en)* réservation
boek·je [bukjə] *het (-s)* carnet ♦ **buiten zijn ~ gaan** aller trop loin; **een ~ over iemand opendoen** en dire de belles sur qqn; **volgens het ~** selon les règles
boek·om·slag [bukɔmslɑχ] *het/de (-en)* couverture (d'un livre)
boek·sta·ven [bukstavə(n)] *vt (boekstaafde, h. geboekstaafd)* **1** enregistrer **2** documenter
boek·weit [bukwɛit] *de* sarrasin
boek·win·kel [bukwɪŋkəl] *nm (-s)* librairie
boel [bul] *nm* **1** bazar; **de hele ~ loopt in het honderd** tout va de travers; **zijn ~tje pakken** prendre ses cliques et ses claques **2** tas (de) ♦ **de ~ bij elkaar houden** ± jouer un rôle unificateur; **het is foute ~** ça tourne pas rond; **de ~ in de war sturen** brouiller les cartes
boe·man [buman] *nm (-nen)* croque-mitaine; **als ~ dienen** servir d'épouvantail
boe·mel [buməl] *nm (-s)* **1** java **2** (train) omnibus
boe·nen [bunə(n)] *vti (boende, h. geboend)* **1** frotter **2** laver
boen·was [bunwɑs] *het/de* encaustique
boer [bur] *nm (-en)* **1** fermier **2** paysan **3** rot **4** valet
boer·de·rij [burdərɛi] *nf (-en)* ferme
boe·ren [burə(n)] *vi (boerde, h. geboerd)* **1** être paysan **2** roter ♦ **hij heeft goed geboerd** il a fait de bonnes affaires
boe·ren·be|drijf [burə(n)bədrɛif] *het (-drijven)* **1** ferme **2** agriculture
boe·ren|kool [burə(n)kol] *de (-kolen)* chou frisé (d'Écosse), kale
boe·ren·lul [burə(n)lʌl] *nm (-len)* plouc
boe·ren·slim·heid [burə(n)slɪmhɛit] *nf* **1** roublardise **2** jugeote
boe·ren·ver·stand [burə(n)vərstɑnt] *het* jugeote
boe·rin [burɪn] *nf (-nen)* **1** paysanne **2** fermière
boer·ka [burka] *nf (-'s)* burqa
boers [burs] *adj, adv (boerser, meest b.)* **1** (à la) paysan(ne) **2** rustaud, en rustre
boer·tig [burtəχ] *adj, adv* (de façon) burlesque
boe·te [butə] *de (-s)* **1** amende **2** pénitence
boe·te·doe·ning [butədunɪŋ] *nf (-en)* expiation
boe·ten [butə(n)] *vi (boette, h. geboet)* expier; **daar zal hij voor ~!** il le paiera !
boet·seer·klei [butserklɛi] *de* pâte à modeler
[1]**boet·se·ren** [butserə(n)] *vi (boetseerde, h. geboetseerd)* faire du modelage
[2]**boet·se·ren** [butserə(n)] *vt (boetseerde, h. geboetseerd)* modeler
boe·ven·tro·nie [buvə(n)troni] *nf (-s)* trogne de truand
boe·zem [buzəm] *nm (-s)* poitrine
boe·zem|vriend [buzəmvrint] *nm (-en),* **-vriendin** *nf (-nen)* ami, -ie intime
bof·fen [bɔfə(n)] *vi (bofte, h. geboft)* avoir de la veine
bo·gen [boχə(n)] *vi (boogde, h. geboogd) (+ op)* se vanter
Bo·he·men [bohemə(n)] *het* Bohême
boi·ler [bɔjlər] *nm (-s)* ballon d'eau chaude
bok [bɔk] *nm (-ken)* **1** bouc **2** chevreuil **3** *(gymnastique)* cheval d'arçons ♦ **een ~ schieten** faire une gaffe
bok·ken·pruik [bɔkə(n)prœyk] *de (-en)* ♦ **de ~ ophebben** être d'une humeur massacrante
bok·ken·sprong [bɔkə(n)sprɔŋ] *nm (-en)* **1** cabriole **2** extravagance
bok·kig [bɔkəχ] *adj, adv* (avec un air) buté
bok·sen [bɔksə(n)] *vti (bokste, h. gebokst)*

faire de la boxe ♦ iets voor elkaar ~ venir à bout de qqch

[1]**bol** [bɔl] *nm (-len)* **1** boule; *(fig.)* in een glazen ~ kijken lire dans le marc de café **2** sphère **3** tête; het is hem in zijn ~ geslagen il a perdu la boule; uit zijn ~ gaan péter les plombs **4** bulbe

[2]**bol** [bɔl] *adj* **1** bombé; die recensie stond ~ van de vooroordelen la critique était bourrée de préjugés **2** rond

bol·ge·was [bɔlχəwɑs] *het (-sen)* plante à bulbe

bol·hoed [bɔlhut] *nm (-en)* (chapeau) melon

Bo·li·via [bolivija] *het* Bolivie

Bo·li·vi|aan [bolivijan] *nm (-anen)*, **-aanse** *nf (-n)* Bolivien, -ienne

Bo·li·vi·aans [bolivijans] *adj* bolivien

bol·le|boos [bɔləbos] *nm (-bozen)* crack

bol·len [bɔlə(n)] *vi (bolde, h. gebold)* se gonfler

bol·len·kwe·ker [bɔlə(n)kwekər] *nm (-s)* bulbiculteur

Bol·len|streek [bɔlə(n)strek] *de (-streken)* région de plantes à bulbes

bol·len·teelt [bɔlə(n)telt] *de* bulbiculture

bol·len·veld [bɔlə(n)vɛlt] *het (-en)* champ de bulbes en fleurs

bol·le·tje [bɔləcə] *het (-s)* petit pain rond

bol·le·tjes·slik|ker [bɔləcəslɪkər] *nm (-s)*, **-ster** *nf (-s)* mule *(passeur de drogue)*

bol·sje·wiek [bɔlʃəwik] *nm (-en)* bolcheviste

bol·staand [bɔlstant] *adj* bombé; een van leugens ~ artikel un article bourré de mensonges

bol·vor·mig [bɔlvɔrməχ] *adj, adv* sphérique, en forme de sphère

bol·was·sing [bɔlwɑsɪŋ] *nf (-en) (Belg.)* savon; iemand een ~ geven passer un savon à qqn

bol·werk [bɔlwɛrk] *het (-en)* **1** forteresse **2** bastion

bol·wer·ken [bɔlwɛrkə(n)] *vt (bolwerkte, h. gebolwerkt)* venir à bout de

bom [bɔm] *de (-men)* **1** bombe **2** paquet; een ~ duiten un joli magot

bom·aan·slag [bɔmanslɑχ] *nm (-en)* attentat à la bombe

bom·aan·val [bɔmanvɑl] *nm (-len)* attaque aérienne

bom·alarm [bɔmalɑrm] *het* **1** alerte aérienne **2** alerte à la bombe

bom·bar·de·ren [bɔmbɑrderə(n)] *vt (bombardeerde, h. gebombardeerd)* bombarder

bom·bas|tisch [bɔmbɑstis] *adj, adv (-tischer, meest b.)* emphatique, avec emphase

bom|brief [bɔmbrif] *nm (-brieven)* lettre piégée

bom·ma [bɔma] *nf (-'s) (Belg.; fam.)* mamie

bom·mel·ding [bɔmɛldɪŋ] *nf (-en)* alerte à la bombe

bom·men·wer·per [bɔmə(n)wɛrpər] *nm (-s)* **1** bombardier **2** lanceur de bombes

bom·moe·der [bɔmudər] *nf (-s)* mère célibataire volontaire

bom·pa [bɔmpa] *nm (-'s) (Belg.; fam.)* papi

bom|scherf [bɔmsχɛrf] *de (-scherven)* éclat de bombe

bom·vol [bɔmvɔl] *adj* bourré

bon [bɔn] *nm (-nen)* **1** note **2** bon **3** contravention; iemand op de ~ slingeren mettre une contravention à qqn ♦ op de ~ gaan être rationné

bo·na·fi·de [bonafidə] *adj* sérieux

bon·bon [bɔmbɔn] *nm (-s)* chocolat, *(Belg.)* praline

[1]**bond** [bɔnt], **bonden** → binden

[2]**bond** [bɔnt] *nm (-en)* **1** association **2** (con)fédération **3** syndicat **4** ligue **5** alliance

bond·ge|noot [bɔntχənot] *nm (-noten)* **1** allié, -ée **2** confédéré

bond·ge·noot·schap [bɔntχənotsχɑp] *het (-pen)* **1** alliance **2** (pays) alliés **3** (con)fédération

bon·dig [bɔndəχ] *adj, adv* (d'une façon) concis(e)

bonds·be|stuur [bɔn(t)sbəstyr] *het (-sturen)* bureau (national) d'un syndicat, d'une association

bonds·coach [bɔn(t)skotʃ] *nm (-es)* entraîneur de l'équipe nationale (de football)

Bonds·dag [bɔn(t)sdɑχ] *nm* Bundestag

bonds·kan·se·lier [bɔn(t)skɑnsəlir] *nm (-s)* chancelier fédéral

Bonds·re·pu·bliek [bɔn(t)srepyblik] *nf* ♦ de ~ Duitsland la République Fédérale d'Allemagne

bo·nen|staak [bonə(n)stak] *nm (-staken)* **1** rame **2** perche

bonk [bɔŋk] *nm (-en)* gros morceau; hij is één ~ zenuwen c'est un paquet de nerfs

bon·kaart [bɔŋkart] *de (-en)* carte de rationnement

bon·ken [bɔŋkə(n)] *vi (bonkte, h. gebonkt)* (se) cogner

bon·ne·fooi [bɔnəfoj] *de* ♦ op de ~ au petit bonheur

bons [bɔns] *nm (bonzen)* **1** coup **2** boum ♦ iemand de ~ geven plaquer qqn

[1]**bont** [bɔnt] *het (-en)* **1** fourrure **2** (linge de) couleur

[2]**bont** [bɔnt] *adj* bigarré; iemand ~ en blauw slaan rouer qqn de coups ♦ het al te ~ maken aller trop loin

bont·jas [bɔntjɑs] *de (-sen)* manteau de fourrure

bont·man·tel [bɔntmɑntəl] *nm (-s)* → bontjas

bont·muts [bɔntmʌts] *de (-en)* toque de fourrure

bo·nus [bonʌs] *nm (-sen)* boni(fication)

bon·zen [bɔnzə(n)] *vti (bonsde, h. gebonsd)* **1** frapper dur **2** se cogner **3** battre (à tout rompre)

bood [bot], **boden** → bieden, aanbieden, opbieden
bood·schap [botsχɑp] *nf (-pen)* **1** message **2** course ♦ ik heb geen ~ aan hem je n'ai que faire de lui
bood·schap·pen·lijst·je [botsχɑpə(n)lɛiʃə, ᴮbotsχɑpə(n)lɛiscə] *het (-s)* liste des courses à faire
bood·schap·pen·wa·gen·tje [botsχɑpə(n)waχəncə] *het (-s)* poussette (de marché)
bood·schap·per [botsχɑpər] *nm (-s)* messager
[1]**boog** [boχ], **bogen** → buigen, doorbuigen, krombuigen *(etc.)*
[2]**boog** [boχ] *nm (bogen)* **1** arc; met een (grote) ~ om iets heenlopen éluder une difficulté **2** arc de triomphe
boog·brug [boχbrʌχ] *de (-gen)* pont à arches
boog·schie·ten [boχsχitə(n)] *vb* tirer à l'arc
Boog·schut·ter [boχsχʌtər] *nm (-s)* Sagittaire
boog·vor·mig [boχfɔrməχ] *adj, adv* arqué, en arc de cercle
boom [bom] *nm (bomen)* **1** arbre; een ~ van een kerel un colosse **2** barre ♦ een ~ opzetten tailler une bavette
boom·gaard [bomχart] *nm (-en)* verger
boom|grens [bomχrɛns] *de (-grenzen)* limite des arbres
boom·kwe·ke·rij [bomkwekərɛi] *nf (-en)* **1** arboriculture **2** pépinière
boom·schors [bomsχɔrs] *de (-en)* écorce
boom·stam [bomstɑm] *nm (-men)* **1** tronc (d'arbre) **2** bûche (de Noël)
boom·stronk [bomstrɔŋk] *nm (-en)* souche
boom·top [bomtɔp] *nm (-pen)* tête, cime d'un arbre
boon [bon] *de (bonen)* haricot ♦ in de bonen zijn, zitten avoir perdu la tête
boon·tje [boncə] *het (-s)* ♦ zijn eigen ~s doppen se débrouiller tout seul; een heilig ~ un(e) petit(e) saint(e)
boor [bor] *de (boren)* **1** perceuse **2** roulette (de dentiste) **3** foret
***boor-** [bor-] de forage
boord [bort] *het/de (-en)* **1** bord **2** ourlet **3** col ♦ *(Belg.)* iets handig aan ~ leggen savoir s'y prendre
boor·de·vol [bordəvɔl] *adj* bourré
boord·wijd·te [bortwɛitə] *nf (-s)* encolure
boor·ei·land [borɛilɑnt] *het (-en)* plateforme (de forage)
boor·ma·chi·ne [bormaʃinə] *nf (-s)* perceuse
boos [bos] *adj, adv (bozer, boost)* **1** (d'un air) fâché **2** malveillant, avec malveillance
boos·aar·dig [bosardəχ] *adj, adv* **1** malin **2** méchant, méchamment
boos·doe·ner [bozdunər] *nm (-s)* malfaiteur, -trice ♦ wie is de ~? qui a fait ça ?
boos|heid [boshɛit] *nf (-heden)* **1** colère **2** méchanceté
boot [bot] *de (boten)* **1** bateau; uit de ~ vallen rester sur la touche **2** barque **3** canot ♦ de ~ afhouden se dérober; zich in de ~ laten nemen faire un marché de dupes; de ~ missen rater le coche
boot|huis [bothœys] *het (-huizen)* remise à bateaux
boot·tocht [botɔχt] *nm (-en)* promenade en barque
boot·vluch·te·ling [botflʌχtəlɪŋ] *nm (-en)* boat people
bord [bɔrt] *het (-en)* **1** assiette **2** écriteau **3** tableau (noir) ♦ een ~ voor zijn kop hebben être bouché à l'émeri
bor|deel [bɔrdel] *het (-delen)* bordel
bor·des [bɔrdɛs] *het (-sen)* perron
bor·du·ren [bɔrdyrə(n)] *vti (borduurde, h. geborduurd)* broder
bor·duur|steek [bɔrdyrstek] *nm (-steken)* point de broderie
bo·re·ling [borəlɪŋ] *nm (-en) (Belg. ou form.)* nouveau-né
[1]**bo·ren** [borə(n)] *vt (boorde, h. geboord)* **1** percer **2** perforer **3** creuser
[2]**bo·ren** [borə(n)] *vi (boorde, h. geboord)* forer; ~ op zee faire des forages en mer
[1]**borg** [bɔrχ], **borgen** → bergen, wegbergen, opbergen
[2]**borg** [bɔrχ] *nm (-en)* **1** garant; ~ staan voor iemand se porter garant de qqn; zich ~ stellen voor iemand cautionner qqn **2** caution **3** garantie
borg·som [bɔrχsɔm] *de (-men)* caution
borg·stel·ling [bɔrχstɛlɪŋ] *nf (-en)* **1** cautionnement **2** caution
borg·tocht [bɔrχtɔχt] *nm (-en)* **1** cautionnement **2** caution
bo·ring [borɪŋ] *nf (-en)* forage
bor·rel [bɔrəl] *nm (-s)* **1** (petit) verre; hij is aan de ~ il boit **2** apéritif
bor·re·len [bɔrələ(n)] *vi (borrelde, h. geborreld)* **1** bouillonner **2** prendre l'apéritif
bor·rel|glas [bɔrəlχlɑs] *het (-glazen)* petit verre (à genièvre)
bor·rel·hap·je [bɔrəlhɑpjə] *het (-s)* amuse-gueule
borst [bɔrst] *de (-en)* **1** poitrine; zich op de ~ kloppen, slaan se vanter (de); dat stuit mij tegen de ~ ça me rebute; uit volle ~ zingen chanter à pleins poumons **2** poitrail **3** sein; de ~ krijgen être nourri au sein ♦ maak je ~ maar nat! prépare-toi au pire !
borst·beeld [bɔrstbelt] *het (-en)* buste
bor·stel [bɔrstəl] *nm (-s)* brosse; *(Belg.)* er met de grove ~ door gaan ne pas y aller de main morte
bor·ste·len [bɔrstələ(n)] *vti (borstelde, h. geborsteld)* brosser
bor·ste·lig [bɔrstələχ] *adj* **1** hirsute **2** broussailleux
borst·kan·ker [bɔrstkɑŋkər] *nm* cancer du sein

borst·kas [bo̲rstkɑs] *de (-sen)* thorax
borst·on·der·zoek [bo̲rstɔndərzuk] *het (-en)* **1** examen des poumons **2** examen des seins
borst·voe·ding [bo̲rstfudɪŋ] *nf (-en)* **1** allaitement au sein; **een kind ~ geven** allaiter un enfant **2** tétée
borst·zak [bo̲r(st)sɑk] *nm (-ken)* poche intérieure
[1]**bos** [bɔs] *nm (-sen)* botte; **een ~ haar** des cheveux touffus; **een ~ sleutels** un trousseau de clés
[2]**bos** [bɔs] *het (-sen)* bois; **met ~ begroeide heuvels** collines boisées; **iemand het ~ in sturen** envoyer paître qqn
bos·be·heer [bo̲zbəher] *het* exploitation des forêts, (Administration des) Eaux et Forêts
bos·bes [bo̲zbɛs] *de (-sen)* myrtille
bos·bouw [bo̲zbɑu] *nm* sylviculture
bos·brand [bo̲zbrɑnt] *nm (-en)* incendie de forêt
bos·je [bo̲ʃə] *het (-s)* ♦ **bij ~s** des tas (et des tas)
Bos·nië en Her·ze·go·vi·na [bo̲snijəɛnhɛrtsəgovi̲na] *het* Bosnie-et-Herzégovine
Bos|ni·ër [bo̲snijər] *nm (-s)*, **-nische** *nf (-n)* Bosniaque
Bos·nisch [bo̲snis] *adj* bosniaque
bos·pad [bo̲spɑt] *het (-en)* sentier
bos|peen [bo̲spen] *de (-penen)* carottes en bottes
bos·rand [bo̲srɑnt] *nm (-en)* lisière du bois
bos·rijk [bo̲srɛik] *adj* boisé
bos·vrucht [bo̲sfrʌχt] *de (-en)* fruit des bois
bos·wach·ter [bo̲swɑχtər] *nm (-s)* (garde) forestier
[1]**bot** [bɔt] *nm (-ten)* plie ♦ **~ vangen** trouver porte close
[2]**bot** [bɔt] *het (-ten)* os
[3]**bot** [bɔt] *de (-ten) (Belg.)* botte
[4]**bot** [bɔt] *adj, adv* **1** émoussé **2** borné **3** grossier, grossièrement
bo·ten|huis [bo̲tə(n)hœys] *het (-huizen)* → **boothuis**
bo·ter [bo̲tər] *de (-s)* **1** beurre; **~ op zijn hoofd hebben** avoir un poids sur la conscience; **~ smeren op iets** beurrer qqch **2** margarine
bo·ter·bloem [bo̲tərblum] *de (-en)* bouton-d'or
bo·ter·ham [bo̲tərhɑm] *de (-men)* **1** tartine; **iets op zijn ~ krijgen** trinquer, écoper **2** casse-croûte
bo·ter·melk [bo̲tərmɛlk] *de (Belg.)* babeurre
bo·ter|vloot [bo̲tərvlot] *de (-vloten)* beurrier
bot·heid [bo̲thɛit] *nf* **1** état émoussé **2** balourdise
bot·ont·kal·king [bo̲tɔntkɑlkɪŋ] *nf* ostéoporose
bots·au·tootje [bo̲tsautocə] *het (-s)* auto tamponneuse
bot·sen [bo̲tsə(n)] *vi (botste, h.li. gebotst)* **1** heurter (qqch) **2** entrer en conflit; **karakters die met elkaar ~** caractères qui s'opposent
bot·sing [bo̲tsɪŋ] *nf (-en)* **1** collision; **met elkaar in ~ komen** se heurter **2** conflit; **belangen die in ~ komen** conflit d'intérêts
Bots|waan [bɔtswa̲n] *nm (-wanen)*, **-waanse** *nf (-n)* Botswanais, -aise
Bots·waans [bɔtswa̲ns] *adj* botswanais
Bots·wa·na [bɔtswa̲na] *het* Botswana
bot·te·len [bo̲tələ(n)] *vt (bottelde, h. gebotteld)* mettre en bouteilles
bot·te·rik [bo̲tərɪk] *nm (-en)* **1** imbécile **2** balourd
bot·vie·ren [bo̲tfirə(n)] *vt (vierde bot, h. botgevierd)* donner libre cours à
bot·weg [bo̲twɛχ] *adv* crûment
bouil·lon·blok·je [bujo̲mblɔkjə, buljo̲mblɔkjə] *het (-s)* bouillon cube
bou·le·vard [buləva̲r, [B]bulva̲r] *nm (-s)* **1** boulevard **2** front de mer
bou·le·vard·pers [buləva̲rpɛrs, [B]bulva̲rpɛrs] *de* presse à sensation
Bou·quet·reeks [buke̲treks] *de (-en)* série Harlequin
Bour·gon·dië [burχo̲ndijə] *het* Bourgogne
bour·gon·disch [burχo̲ndis] *adj, adv* abondant, abondamment
bout [bɑut] *nm (-en)* **1** boulon **2** fer à souder **3** fer à repasser **4** cuisse
bouw [bɑu] *nm* **1** construction **2** chantier (de construction) **3** bâtiment
bouw·be|drijf [bɑ̲ubədrɛif] *het (-drijven)* **1** bâtiment **2** entreprise de construction
bouw|doos [bɑ̲udos] *de (-dozen)* **1** jeu de construction **2** kit
[1]**bou·wen** [bɑ̲uwə(n)] *vti (bouwde, h. gebouwd)* bâtir; **een theorie op iets ~** baser une théorie sur qqch
[2]**bou·wen** [bɑ̲uwə(n)] *vi (bouwde, h. gebouwd) (+ op)* compter (sur)
bouw·grond [bɑ̲uχrɔnt] *nm (-en)* **1** terrain à bâtir **2** sol cultivable **3** terre de culture
bouw|jaar [bɑ̲ujar] *het (-jaren)* année de construction
bouw·kun·de [bɑ̲ukʌndə] *nf* architecture
bouw·kunst [bɑ̲ukʌnst] *nf* architecture
bouw·land [bɑ̲ulɑnt] *het (-en)* **1** terres arables **2** terre de culture
bouw·ma·te·ri|aal [bɑ̲umater(i)jal] *het (-alen)* matériau (de construction)
bouw·nij·ver·heid [bɑ̲unɛivərhɛit] *nf* bâtiment
bouw·pak·ket [bɑ̲upɑkɛt] *het (-ten)* kit
bouw·plan [bɑ̲uplɑn] *het (-nen)* **1** plan de construction **2** plan d'urbanisme
bouw|steen [bɑ̲usten] *nm (-stenen)* **1** pierre (de construction); **de bouwstenen van de revolutie** les fondements de la révolution **2** cube (d'un jeu de construction)
bouw·stijl [bɑ̲ustɛil] *nm (-en)* style (d'architecture)
[1]**bouw·vak** [bɑ̲uvɑk] *het (-ken)* bâtiment

²**bouw·vak** [bauvak] *nf (-ken)* congés dans l'industrie du bâtiment
bouw·vak·ker [bauvakər] *nm (-s)* ouvrier du bâtiment
bouw·val [bauval] *nm (-len)* ruines
bouw·val·lig [bauvaləχ] *adj* délabré
bouw·ver·gun·ning [bauvərχʌnɪŋ] *nf (-en)* permis de construire
bouw·werk [bauwɛrk] *het (-en)* construction
¹**bo·ven** [bovə(n)] *adv* 1 en haut; naar ~ gaan monter 2 ci-dessus ♦ te ~ komen venir à bout de; dat gaat mijn verstand te ~ ça me dépasse
²**bo·ven** [bovə(n)] *prép* 1 au-dessus de; uitsteken ~ dépasser de 2 en plus de
***bo·ven-** [bovə(n)-] supérieur
bo·ven·aan [bovə(n)an] *adv* en haut (de)
bo·ven·af [bovə(n)af] *adv* ♦ van ~ d'en haut
bo·ven·al [bovə(n)al] *adv* avant tout
bo·ven|been [bovə(n)ben] *het (-benen)* cuisse
bo·ven·bouw [bovə(n)bau] *nm* second cycle
bo·ven·dien [bovəndin] *adv* de plus
bo·ven·ha·len [bovə(n)halə(n)] *vt (haalde boven, h. bovengehaald)* (faire) remonter
bo·ven|huis [bovə(n)hœys] *het (-huizen)* appartement en étage
bo·ven·in [bovə(n)ɪn] *adv* dans le haut
bo·ven·kant [bovə(n)kant] *nm (-en)* dessus
bo·ven·ko·men [bovə(n)komə(n)] *vi (kwam boven, i. bovengekomen)* 1 remonter à la surface 2 monter 3 réapparaître
bo·ven·langs [bovə(n)laŋs] *adv* par en haut
bo·ven·lei·ding [bovə(n)lɛidɪŋ] *nf (-en)* caténaire
bo·ven|li·chaam [bovə(n)lɪχam] *het (-lichamen)*, **-lijf** *het (-lijven)* torse
bo·ven·ma·te [bovəmatə] *adv* excessivement
bo·ven·ma·tig [bovəmatəχ] *adj, adv* excessif, excessivement
bo·ven·na·tuur·lijk [bovənatyrlək] *adj, adv* (d'une manière) surnaturel(le)
bo·ven·op [bovə(n)ɔp] *adv* dessus, à la surface ♦ iemand er ~ helpen remettre qqn sur pied
bo·venst [bovə(n)st] *adj* le plus haut
bo·ven·staand [bovə(n)stant] *adj* ci-dessus
bo·ven|toon [bovə(n)ton] *nm (-tonen)* harmonique ♦ hij voert altijd de ~ il a le verbe haut
bo·ven·uit [bovə(n)œyt] *adv* au-dessus de; zijn stem klonk overal ~ sa voix dominait tout
bo·ven·wo·ning [bovə(n)wonɪŋ] *nf (-en)* → bovenhuis
bo·ven·zij·de [bovə(n)zɛidə] *de (-n)* → bovenkant
bow·ling|baan [bolɪŋban] *nf (-banen)* piste de bowling
box [bɔks] *nm (-en)* 1 enceinte (acoustique) 2 box 3 parc (d'enfant)
boy·cot [bɔjkɔt] *nm (-s)* boycott(age)
braad·pan [bratpan] *de (-nen)* cocotte (automijoteuse)
braad·slee [bratsle] *de (-ën)* plat à bec verseur (allant au four)
braad·spit [bratspɪt] *het (-ten)* broche
braad·worst [bratwɔrst] *de (-en)* saucisse (fraîche)
braaf [braf] *adj, adv (braver, braafst)* 1 honnête(ment) 2 sage(ment); *(fig.)* het ~ste jongetje van de klas l'élève modèle
braak [brak] *adj* en friche
braak·lig·gend [braklɪχənt] *adj* → braak
braak·nei·gin·gen [braknɛiχɪŋə(n)] *plur* nausée, envie de vomir
braak·sel [braksəl] *het* vomissure
braam [bram] *de (bramen)* mûre
Bra·ban·der [brabandər] *nm (-s)* Brabançon, -onne
brab·be·len [brabələ(n)] *vti (brabbelde, h. gebrabbeld)* 1 bredouiller 2 baragouiner
bracht [braχt], **brachten** → brengen, binnenbrengen, wegbrengen *(etc.)*
bra·den [bradə(n)] *vti (braadde, h. gebraden)* (faire) cuire
brak [brak], **braken** → breken, aanbreken, losbreken *(etc.)*
¹**bra·ken** [brakə(n)] *vti (braakte, h. gebraakt)* vomir
²**bra·ken** [brakə(n)] *vi (braakte, h. gebraakt)* être écœuré
bran·card [braŋkar] *nm (-s)* civière
brand [brant] *nm (-en)* 1 incendie; papier in ~ steken faire brûler du papier; in ~ raken, vliegen prendre feu; die ~ is weer geblust l'incident est clos 2 embarras; iemand uit de ~ helpen tirer qqn d'embarras
brand·alarm [brantalarm] *het* alerte d'incendie
brand|baar [brandbar] *adj (-baarder, -baarst)* 1 combustible 2 inflammable
brand·blus·ap·pa|raat [brandblʌsapa-rat] *het (-raten)*, **brandblusser** *nm (-s)* extincteur
¹**bran·den** [brandə(n)] *vi (brandde, h. gebrand)* 1 brûler 2 être allumé 3 piquer ♦ ik ben er niet op gebrand ça ne m'emballe pas
²**bran·den** [brandə(n)] *vt (brandde, h. gebrand)* 1 (se) brûler 2 graver
bran·der [brandər] *nm (-s)* brûleur
bran·de·rig [brandərəχ] *adj* 1 qui sent le brûlé 2 irrité
bran·de·wijn [brandəwɛin] *nm (-en)* eau-de-vie
brand·gang [brantχaŋ] *nm (-en)* coupe-feu
brand·ge·vaar·lijk [brantχəvarlək] *adj* inflammable
brand·hout [branthaut] *het (-en)* 1 bois

de chauffage; dat is ~ c'est de la camelote; *(fig.)* ~ maken van iets descendre qqch en flammes **2** bûche
bran·ding [brɑndɪŋ] *nf (-en)* ressac
brand·kast [brɑntkɑst] *de (-en)* coffre-fort
brand·lad·der [brɑntladər] *de (-s)* **1** échelle de pompiers **2** échelle de secours
brand·lucht [brɑntlʌχt] *de* (odeur de) brûlé
brand·mel·ding [brɑntmɛldɪŋ] *nf (-en)* alerte d'incendie
brand·mer·ken [brɑntmɛrkə(n)] *vt (brandmerkte, h. gebrandmerkt)* **1** marquer au fer rouge **2** stigmatiser
brand·ne·tel [brɑntnetəl] *de (-s)* ortie
brand·punt [brɑntpʌnt] *het (-en)* foyer
brand·schat·ten [brɑntsχɑtə(n)] *vt (brandschatte, h. gebrandschat)* **1** rançonner **2** piller
brand·schil·de·ren [brɑntsχɪldərə(n)] *vt (brandschilderde, h. gebrandschilderd)* peindre sur verre; gebrandschilderd raam vitrail
brand·schoon [brɑntsχon] *adj* **1** impeccable **2** irréprochable
brand·slang [brɑntslɑŋ] *de (-en)* boyau à incendie
brand·spi·ri·tus [brɑntspiritʌs] *nm* alcool à brûler
brand·sta·pel [brɑntstapəl] *nm (-s)* bûcher
brand·stich·ten [brɑntstɪχtə(n)] *vb (stichtte brand, h. brandgesticht)* incendier
brand·stich·ting [brɑntstɪχtɪŋ] *nf (-en)* incendie criminel
brand·stof [brɑntstɔf] *de (-fen)* **1** combustible **2** aliment
brand·trap [brɑntrɑp] *de (-pen)* escalier de secours
brand·ver·ze·ke·ring [brɑntfərzekərɪŋ] *nf (-en)* assurance contre l'incendie
brand·weer [brɑntwer] *de* (sapeurs-)pompiers
brand·weer|man [brɑntwermɑn] *nm (-lieden)* (sapeur-)pompier
brand·we·rend [brɑntwerənt] *adj* ignifuge
brand·wond [brɑntwɔnt] *de (-en)* brûlure
bra·nie·schop·per [branisχɔpər] *nm (-s)* crâneur
bras·par·tij [brɑspɑrtɛi] *nf (-en)* bombance
bra·vou·re [bravurə] *de* aplomb
Bra·zi·li|aan [brazilijan] *nm (-anen),* **-aanse** *nf (-n)* Brésilien, -ienne
Bra·zi·li·aans [brazilijans] *adj* brésilien
Bra·zi·lië [brazilijə] *het* Brésil
breed [bret] *adj, adv (breder, breedst)* large(ment); iets ~ uitmeten exagérer qqch ♦ het niet ~ hebben tirer le diable par la queue
breed·ge·bouwd [bretχəbɑut] *adj* large de carrure
breed·spra·kig [bretsprakəχ] *adv, adj* prolixe, verbeusement
breed·te [bretə] *nf (-s)* **1** largeur **2** latitude
breed·te|graad [bretəχrat] *nm (-graden)* degré de latitude
breed·uit [bretœyt] *adv* **1** sur toute sa largeur **2** ouvertement
breed·voe·rig [bretfurəχ] *adj, adv* (de façon) détaillé(e)
breek|baar [bregbar] *adj (-baarder, -baarst)* fragile
breek·ij·zer [brekɛizər] *het (-s)* **1** pied-de-biche **2** *(fig.)* ± catalyseur *(pour forcer une solution)*
breek·punt [brekpʌnt] *het (-en)* point de rupture
***brei-** [brɛi-] à tricoter
brei·en [brɛijə(n)] *vti (breide, h. gebreid)* tricoter; iets (trachten) recht (te) ~ essayer de rectifier le tir
brein [brɛin] *het* cerveau
brei|steek [brɛistek] *nm (-steken)* point de tricot
brei·werk [brɛiwɛrk] *het (-en)* (ouvrage de) tricot
[1]**bre·ken** [brekə(n)] *vt (brak, h. gebroken)* **1** casser **2** (inter)rompre
[2]**bre·ken** [brekə(n)] *vi (brak, i. gebroken)* **1** se casser **2** percer **3** craquer; toen hij dat hoorde, brak hij quand il a entendu cela, il a craqué
[3]**bre·ken** [brekə(n)] *vi (brak, h. gebroken)* rompre
brem [brɛm] *nm,* **bremstruik** *nm (-en)* genêt
Bre·men [bremə(n)] *het* Brême
bren·gen [brɛŋə(n)] *vt (bracht, h. gebracht)* **1** apporter; iets dichterbij ~ approcher qqch **2** conduire ♦ iemand ertoe ~ dat hij …, iemand tot een daad ~ amener qqn à faire qqch; iets in rekening ~ porter qqch en compte; met zich mee ~ avoir pour conséquence; iets naar voren ~ avancer qqch; dit bracht mij op de gedachte om cela m'a donné l'idée de; het ver ~ aller loin
bres [brɛs] *de (-sen)* brèche; voor iemand in de ~ springen prendre la défense de qqn
breuk [brøk] *de (-en)* **1** rupture **2** fracture **3** fraction
breuk·vlak [brøkflɑk] *het (-ken)* plan de fracture
brief [brif] *nm (brieven)* lettre; ingezonden brieven courrier des lecteurs
brief·hoofd [brifhoft] *het (-en)* en-tête (de lettre)
brief·je [brifjə] *het (-s)* **1** bout de papier; dat geef ik je op een ~ je t'en donne mon billet **2** certificat **3** billet
brief·kaart [brifkart] *de (-en)* carte postale

brief·om·slag [brifɔmslɑχ] *nm (-en) (Belg.)* enveloppe
brief·ope·ner [brifopənər] *nm (-s)* coupe-papier
brief·wis·se·ling [brifwɪsəlɪŋ] *nf (-en)* correspondance
bries [bris] *de* brise
brie·sen [brisə(n)] *vi (brieste, h. gebriest)* **1** rugir **2** s'ébrouer
brie·ven·bus [brivə(n)bʌs] *de (-sen)* boîte aux lettres; **de ~ legen, lichten** faire la levée
brij [brɛi] *nm* bouillie; **om de hete ~ draaien** tourner autour du pot
bril [brɪl] *nm (-len)* **1** lunettes; **iets door een gekleurde ~ zien** montrer du parti pris; **een sterke ~** des lunettes à verres épais **2** lunette
bril·jant [brɪljɑnt] *adj, adv* brillant, brillamment
bril·len|glas [brɪlə(n)χlɑs] *het (-glazen)* verre de lunettes
bril·mon|tuur [brɪlmɔntyr] *het/de (-turen)* monture de lunettes
bril·slang [brɪlslɑŋ] *de (-en)* serpent à lunettes
Brit [brɪt] *nm (-ten)* Britannique
Brits [brɪts] *adj* britannique
brod·del·werk [brɔdəlwɛrk] *het* travail bâclé
bro·de·loos [brodəlos] *adj* (être) sur la paille
broe·den [brudə(n)] *vi (broedde, h. gebroed)* **1** couver **2** *(fig.)* mijoter (qqch); **hij zit op iets te ~** il mijote qqch
broe·der [brudər] *nm (-s)* **1** frère **2** infirmier ♦ **'t is een zwakke ~** il n'est pas très doué
broe·der·lijk [brudərlək] *adj, adv* fraternel(lement)
[1]**broe·der·schap** [brudərsχɑp] *het/de* fraternité
[2]**broe·der·schap** [brudərsχɑp] *nf (-pen)* **1** confrérie **2** congrégation
broed·ma·chi·ne [brutmaʃinə] *nf (-s)* couveuse (artificielle)
broed·plaats [brutplats] *de (-en)* **1** lieu d'incubation **2** bouillon de culture
broed·sel [brutsəl] *het (-s)* couvée
broei·en [brujə(n)] *vi (broeide, h. gebroeid)* **1** s'échauffer **2** faire étouffant **3** se préparer; **er broeit iets** il se prépare qqch
broei·e·rig [brujərəχ] *adj, adv* étouffant
broei·kas [brujkɑs] *de (-sen)* serre (chaude)
broei·nest [brujnɛst] *het (-en)* foyer
broek [bruk] *de (-en)* pantalon; **iemand achter de ~ zitten** être toujours sur le dos de qqn; **iemand voor de ~ geven** donner une fessée à qqn ♦ **een proces aan zijn ~ krijgen** avoir un procès sur le dos
broek·je [brukjə] *het (-s)* jeunot
broek·riem [brukrim] *nm (-en)* ♦ **de ~ aanhalen** se serrer la ceinture
broeks·pijp [brukspɛip] *de (-en)* jambe (d'un pantalon)
broek·zak [bruksɑk] *nm (-ken)* poche de pantalon
broek·zak·bel·len [bruksɑkbɛlə(n)] *vi* faire des appels par inadvertance
broer [brur] *nm (-s)* frère
brok [brɔk] *het/de (-ken)* **1** morceau; **een ~ in de keel hebben, krijgen** avoir la gorge nouée; **~jes voor de kat** des croquettes pour le chat; **~ken maken** faire de la casse **2** partie; **zij is één ~ zenuwen** c'est un paquet de nerfs
[1]**brok·ke·len** [brɔkələ(n)] *vt (brokkelde, h. gebrokkeld)* mettre en petits morceaux
[2]**brok·ke·len** [brɔkələ(n)] *vi (brokkelde, h. gebrokkeld)* s'effriter
brok·ken·ma·ker [brɔkəmakər] *nm (-s)* brise-tout
brok·stuk [brɔkstʌk] *het (-ken)* fragment
brom|beer [brɔmber] *nm (-beren)* grognon
brom·fiets [brɔmfits] *de (-en)* vélomoteur
brom·men [brɔmə(n)] *vi (bromde, h. gebromd)* **1** bourdonner **2** bougonner **3** marmonner
brom·mer [brɔmər] *nm (-s)* → **bromfiets**
brom·vlieg [brɔmvliχ] *de (-en)* grosse mouche
bron [brɔn] *de (-nen)* source
bron·chi·tis [brɔŋχitəs] *nf* bronchite
brons [brɔns] *het (bronzen)* bronze
bron·stig [brɔnstəχ] *adj* en rut
bronst·tijd [brɔnstɛit] *nm (-en)* époque des chaleurs
bron·wa·ter [brɔnwatər] *het (-en)* eau de source
bron·zen [brɔnzə(n)] *adj* (couleur) de bronze
brood [brot] *het (broden)* **1** pain; **~ op de plank brengen** faire bouillir la marmite; **daar is geen droog ~ mee te verdienen** ça ne rapporte(ra) pas un sou; **dat krijg ik alle dagen op mijn ~** on me le ressort tous les jours **2** sandwichs ♦ **ergens ~ in zien** voir de l'intérêt dans qqch
brood·be·leg [brodbəlɛχ] *het* garniture
brood·deeg [brodeχ] *het* pâte à pain
brood|doos [brodos] *de (-dozen) (Belg.)* **1** boîte à pain **2** boîte à casse-croûte
brood·je [brocə] *het (-s)* sandwich ♦ *(Belg.)* **zijn ~ is gebakken** sa fortune est faite; **zoete ~s bakken** être tout sucre tout miel
brood·korst [brotkɔrst] *de (-en)* **1** croûte de pain **2** croûton
brood·maal·tijd [brotmaltɛit] *nm (-en)* repas froid
brood·ma·ger [brotmaχər] *adj* maigre comme un clou
brood·mes [brotmɛs] *het (-sen)* couteau à pain
brood·no·dig [brotnodəχ] *adj* indispensable
brood·plank [brotplɑŋk] *de (-en)* planche à pain

brood·roos·ter [brotrostər] *het/de (-s)* grille-pain
brood·trom·mel [brotrɔməl] *de (-s)* **1** boîte à pain **2** boîte à casse-croûte
brood·win·ning [brotwɪnɪŋ] *nf (-en)* gagne-pain
broos [bros] *adj, adv (brozer, broost)* fragile(ment)
bros [brɔs] *adj* friable
brou·wen [brauwə(n)] *vt (brouwde, h. gebrouwen)* **1** brasser **2** composer
brou·we·rij [brauwərɛi] *nf (-en)* brasserie
brouw·sel [brausəl] *het (-s)* **1** breuvage **2** (drôle de) mixture
brow·ser [brausər] *nm (-s)* navigateur
brug [brʌχ] *de (-gen)* **1** pont; *(fig.)* **~gen bouwen** créer des liens, *(pol.)* rassembler; *(Belg.)* **de ~ maken** faire le pont **2** bridge ♦ **hij moet over de ~ komen** il faudra bien qu'il s'exécute
Brug·ge [brʌχə] *het* Bruges
brug·gen·hoofd [brʌχə(n)hoft] *het (-en)* **1** butée (d'un pont) **2** tête de pont
brug·ge·tje [brʌχəcə] *het (-s)* **1** petit pont **2** *(fig.)* transition
brug|jaar [brʌχjar] *het (-jaren)* **1** année de transition **2** sixième
brug·klas [brʌχklɑs] *nf (-sen)* → **brugjaar 2**
brug·klas·ser [brʌχklɑsər] *nm (-s)* élève de sixième
brug·leu·ning [brʌχlønɪŋ] *nf (-en)* parapet
brug·pen·si·oen [brʌχpɛnʃun] *het (Belg.)* prépension
brug·wach·ter [brʌχwɑχtər] *nm (-s)* pont(onn)ier
bruid [brœyt] *nf (-en)* (future) mariée
brui·de·gom [brœydəχɔm] *nm (-s)* futur (époux)
bruids·ja·pon [brœytsjapɔn] *nm (-nen)* robe de mariée
bruids·jurk [brœytsjʌrk] *de (-en)* → **bruidsjapon**
bruids·meis·je [brœytsmɛiʃə] *het* demoiselle d'honneur
bruids·nacht [brœytsnɑχt] *nm (-en)* nuit de noces
bruids|paar [brœytspar] *het (-paren)* jeunes mariés
bruids·schat [brœytsχɑt] *nm (-ten)* dot
bruik|baar [brœygbar] *adj (-baarder, -baarst)* qui peut (encore) servir; **een bruikbare methode** une bonne méthode
bruik·baar·heid [brœygbarhɛit] *nf* utilité
bruik|leen [brœyklen] *het/de (-lenen)* prêt à usage; **iemand iets in ~ geven** prêter qqch à qqn
brui·loft [brœylɔft] *de (-en)* **1** mariage **2** anniversaire de mariage; **gouden ~** noces d'or
bruin [brœyn] *adj, adv* **1** brun **2** bronzé ♦ **wat bak je ze weer ~!** comme tu y vas !
bruin|brood [brœymbrot] *het (-broden)* pain bis
brui·nen [brœynə(n)] *vti (bruinde, h./i. gebruind)* bronzer
brui·sen [brœysə(n)] *vi (bruiste, h. gebruist)* bouillonner
bruis·ta·blet [brœystablɛt] *het (-ten)* comprimé effervescent
bruis·wa·ter [brœyswatər] *het (Belg.)* eau gazeuse
brul·len [brʌlə(n)] *vti (brulde, h. gebruld)* **1** rugir **2** hurler
Bru·nei [brunɛi] *het* Brunei
Bru·neis [brunɛis] *adj* brunéien
Brus·sel [brʌsəl] *het* Bruxelles
bru|taal [brytal] *adj, adv (-taler, -taalst)* **1** insolent, avec insolence **2** (d'une manière) effronté(e)
bru·ta·li·teit [brytalitɛit] *nf (-en)* insolence
bru·to [bryto] *adv* brut
bruut [bryt] *adj, adv (bruter, bruutst)* brutal(ement); **de ~** la brute; **met ~ geweld** en usant de violence
bso [beɛso] *het (enseign.)* **1** *(Belg.)* abrév. de *beroepssecundair onderwijs* ESP **2** abrév. de *buitenschoolse opvang* garde périscolaire
btw [betewe] *nf* abrév. de *belasting over de toegevoegde waarde* TVA
bub·bel [bʌbəl] *nm (-s)* **1** bulle **2** *(écon.)* bulle (économique) ♦ **~s** vin mousseux
bud·get·maat·schap·pij [bʌdʒɛtmatsχapɛi] *nf (-en)* compagnie aérienne low-cost
bud·get·te·ring [bʌdʒɛterɪŋ] *nf (-en)* budgétisation
buf·fel [bʌfəl] *nm (-s)* buffle
buf·fer [bʌfər] *nm (-s)* **1** tampon **2** réserve; **een financiële ~** une réserve financière
buf·fet [byfɛt] *het (-ten)* **1** buffet **2** comptoir
bug [bʌk] *nm (-s) (inform.)* bogue
bug·gy [bʌgi] *nm (-'s)* **1** ± poussette **2** buggy
bui [bœy] *de (-en)* **1** averse; **winterse ~en** averses de grêle et de neige; **de ~ zien hangen** sentir venir l'orage **2** humeur ♦ **bij ~en** par moments
bui·del [bœydəl] *nm (-s)* **1** bourse; **hij heeft niet al te diep in de ~ getast** il ne s'est pas fendu **2** poche ventrale
buig·baar [bœyχbar] *adj* → **buigzaam**
[1]**bui·gen** [bœyχə(n)] *vt (boog, h. gebogen)* plier
[2]**bui·gen** [bœyχə(n)] *vi (boog, h./i. gebogen)* s'incliner ♦ **het is ~ of barsten** (c'est) marche ou crève !; **de weg buigt hier naar links** ici le chemin tourne à gauche
[3]**bui·gen, zich** [bœyχə(n)] *vpr (boog zich, h. zich gebogen)* se pencher
bui·ging [bœyχɪŋ] *nf (-en)* **1** courbe **2** inclination; **een diepe ~** une révérence **3** inflexion
buig|zaam [bœyχsam] *adj (-zamer, -zaamst)* flexible
bui·ig [bœyjəχ] *adj* pluvieux
buik [bœyk] *nm (-en)* ventre; **zijn ~(je) rond eten** se remplir le ventre; **er de ~ van vol hebben** en avoir plein le dos

***buik-** [bœyk-] abdominal
buik·dan·se·res [bœygdɑnsərɛs] *nf (-sen)* danseuse orientale
buik·griep [bœykχrip] *de* grippe (gastro-)intestinale
buik·kramp [bœykrɑmp] *de (-en)* colique
buik·loop [bœyklop] *nm* diarrhée
buik·pijn [bœykpɛin] *de (-en)* mal de ventre; **er ~ over, van hebben** se faire de la bile
buik·riem [bœykrim] *nm (-en)* ceinture
buik·spier [bœykspir] *de (-en)* muscle abdominal
buik·spre·ker [bœyksprekər] *nm (-s)* ventriloque
buil [bœyl] *de (-en)* bosse; **daar kun je, zul je je geen ~ aan vallen** là, tu ne risques rien
buis [bœys] *de (buizen)* **1** tuyau; **de buizen van de waterleiding** les conduites d'eau **2** petit écran **3** *(Belg.; enseign.; fam.)* note insuffisante
buis·lamp [bœyslɑmp] *de (-en)* tube fluorescent
buit [bœyt] *nm* butin; **~ maken** s'emparer de
bui·te·len [bœytələ(n)] *vi (buitelde, h./i. gebuiteld)* culbuter
[1]**bui·ten** [bœytə(n)] *adv* dehors; *(fig.)* **iets naar ~ brengen** rendre qqch public; **zich (aan iets) te ~ gaan** abuser de qqch; **van ~** vu(e) de l'extérieur; **iets van ~ kennen** connaître qqch par cœur
[2]**bui·ten** [bœytə(n)] *prép* **1** hors de; **~ de deur** à l'extérieur **2** en dehors de; **zich ergens ~ houden** se tenir à l'écart de qqch; **ik sta geheel ~ de zaak** je ne suis pour rien dans cette affaire **3** excepté **4** hors de; **hij kon niet ~ mij** il ne pouvait pas se passer de moi
***bui·ten-** [bœytə(n)-] extérieur
bui·ten·af [bœytənɑf] *adv* **1** *(+ van)* de, à l'extérieur **2** loin (du centre)
bui·ten·band [bœytə(n)bɑnt] *nm (-en)* pneu
bui·ten·been·tje [bœytə(n)bencə] *het (-s)* original
bui·ten·boord [bœytə(n)bort] *adv* pardessus bord
bui·ten·boord·mo·tor [bœytə(n)bortmotər] *nm (-en)* hors-bord
bui·ten·ech·te·lijk [bœytə(n)ɛχtələk] *adj* extraconjugal
bui·ten·ge·meen [bœytə(n)χəmen] *adj, adv* → **buitengewoon**
[1]**bui·ten·ge|woon** [bœytə(n)χəwon] *adj (-woner, -woonst)* exceptionnel
[2]**bui·ten·ge|woon** [bœytə(n)χəwon] *adv (-woner, -woonst)* extrêmement
bui·ten|huis [bœytə(n)hœys] *het (-huizen)* maison de campagne
bui·te·nis·sig [bœytənɪsəχ] *adj* excentrique
bui·ten·kans·je [bœytə(n)kɑnʃə] *het (-s)* aubaine
bui·ten·kant [bœytə(n)kɑnt] *nm (-en)* **1** extérieur; **op de ~ afgaan** se fier aux apparences **2** périphérie
bui·ten·ko·men [bœytə(n)komə(n)] *vi (kwam buiten, i. buitengekomen)* sortir (de la maison etc.)
bui·ten·land [bœytə(n)lɑnt] *het* étranger
bui·ten·lan·der [bœytə(n)lɑndər] *nm (-s)* étranger, -ère
bui·ten·lands [bœytə(n)lɑn(t)s] *adj* étranger; **~e handel** commerce extérieur; **minister van Buitenlandse Zaken** ministre des Affaires étrangères
bui·ten·la·ten [bœytə(n)latə(n)] *vt (liet buiten, h. buitengelaten)* **1** laisser dehors **2** faire sortir
bui·ten·le·ven [bœytə(n)levə(n)] *het* vie à la campagne
bui·ten·lucht [bœytə(n)lʌχt] *de* plein air
bui·ten·mo·del [bœytəmodɛl] *adj* hors série
bui·ten·om [bœytə(n)ɔm] *adv* en faisant le tour (par l'extérieur)
bui·tens·huis [bœytə(n)shœys] *adv* à l'extérieur
bui·ten·slui·ten [bœytə(n)slœytə(n)] *vt (sloot buiten, h. buitengesloten)* **1** empêcher d'entrer **2** exclure
bui·ten·spel [bœytə(n)spɛl] *het* hors-jeu; **~ zetten** court-circuiter
bui·ten·spo·rig [bœytə(n)sporəχ] *adj, adv* excessif, excessivement
bui·ten·spo·rig|heid [bœytə(n)sporəχhɛit] *nf (-heden)* extravagance
bui·ten·sport [bœytə(n)spɔrt] *nm (-en)* sport de plein air
bui·tenst [bœytə(n)st] *adj* extérieur
bui·ten·staan [bœytə(n)stan] *vi (stond buiten, h. buitengestaan)* rester dehors
bui·ten·staan·der [bœytə(n)standər] *nm (-s)* profane; **als ~ oordelen** juger de l'extérieur
bui·ten·ste [bœytə(n)stə] *het (-n)* extérieur
bui·ten·wacht [bœytə(n)wɑχt] *de* non-initiés; **iets voor de ~ verborgen houden** cacher qqch au monde extérieur
bui·ten·we·reld [bœytə(n)werəlt] *de* **1** monde extérieur; **zich van de ~ afsluiten** se replier (sur soi-même) **2** grand public
bui·ten·wijk [bœytə(n)wɛik] *de (-en)* faubourg
bui·ten·zet·ten [bœytə(n)zɛtə(n)] *vt (zette buiten, h. buitengezet)* mettre dehors
bui·ten·zij·de [bœytə(n)zɛidə] *de (-n)* face externe
buit·ma·ken [bœytmakə(n)] *vt (maakte buit, h. buitgemaakt)* capturer
bui·zerd [bœyzərt] *nm (-s)* buse
[1]**buk·ken** [bʌkə(n)] *vi (bukte, h. gebukt)* **1** se baisser; **hij gaat gebukt onder veel zorgen** il est accablé de nombreux soucis **2** céder (à, devant, sous)
[2]**buk·ken, zich** [bʌkə(n)] *vpr (bukte zich, h. zich gebukt)* se baisser
bul [bʌl] *de (-len)* diplôme

bul·de·ren [bʌldərə(n)] *vi (bulderde, h. gebulderd)* tonner
bul·dog [bʌldɔχ] *nm (-gen)* bouledogue
Bul|gaar [bʌlχar] *nm (-garen)*, **-gaarse** *nf (-n)* Bulgare
Bul·gaars [bʌlχars] *adj* bulgare; **het ~** le bulgare
Bul·ga·rije [bʌlχarɛijə] *het* Bulgarie
bulk [bʌlk] *nm* vrac
bult [bʌlt] *nm (-en)* **1** bouton **2** bosse
bum·per [bʌmpər] *nm (-s)* parechoc
bun·del [bʌndəl] *nm (-s)* **1** botte **2** ballot **3** liasse **4** recueil **5** *(com.)* forfait; **buiten je ~ bellen** faire des appels hors forfait
bun·de·len [bʌndələ(n)] *vt (bundelde, h. gebundeld)* **1** lier **2** mettre en liasse **3** réunir en, dans un recueil **4** unir
bun·ge·len [bʌŋələ(n)] *vi (bungelde, h. gebungeld)* pendouiller; **hij bungelde er maar wat bij** il était un peu en marge du groupe
bun·zing [bʌnzɪŋ] *nm (-s, -en)* putois
burcht [bʌrχt] *de (-en)* château fort
bu·reau [byro] *het (-s)* **1** bureau **2** poste (de police) **3** service
bu·reau·blad [byroblɑt] *het* bureau *(écran d'ordinateur)*
bu·reau·cra·tisch [byrokratis] *adj, adv* bureaucratique, en bureaucrate
bu·reau·re·dac|teur [byroredɑktør] *nm (-en, -s)* secrétaire de la rédaction
bu·ren·ge·rucht [byrə(n)χərʌχt] *het* tapage
bu·ren·ru·zie [byrə(n)ryzi] *nf (-s)* querelle entre voisins
bur·ge·mees·ter [bʌrχəmestər] *nm (-s)* maire, *(Belg.)* bourgmestre
bur·ger [bʌrχər] *nm (-s)* **1** habitant (d'une commune) **2** citoyen; **dat geeft de ~ moed** voilà qui (me) donne du cœur au ventre **3** civil **4** bourgeois
***bur·ger-** [bʌrχər-] civil
bur·ger·lijk [bʌrχərlək] *adj, adv* **1** bourgeois(ement) **2** civil; **~e staat, stand** état civil; **het ~ wetboek** le code civil
bur·ger·man·ne·tje [bʌrχərmɑnəcə] *het* petit-bourgeois
bur·ger·recht [bʌrχərɛχt] *het (-en)* droits civils
bur·ger·ser·vice·num·mer [bʌrχərsʌ:rvɪsnʌmər] *het (-s) (Pays-Bas)* ⟨*numéro d'identification*⟩, *(Belg.)* numéro de registre national
bur·ger·za·ken [bʌrχərzakə(n)] *plur* service d'état civil
Bur·ki·na Fa·so [burkinafɑso] *het* Burkina (Faso)
Bur·ki·nees [burkines] *adj* burkinabé; **de ~, Burkinese** le, la Burkinabé
Bu·run·dees [burundes] *adj* burundais; **de ~, Burundese** le, la Burundais(e)
Bu·run·di [burundi] *het* Burundi
bus [bʌs] *de (-sen)* **1** (auto)bus **2** (auto)car **3** boîte **4** bidon **5** boîte (aux lettres); **er kwam niets uit de ~** ça n'a rien donné ♦ **dat klopt als een ~** il n'y a rien à redire
bus|baan [bʌzban] *de (-banen)* couloir d'autobus
bus·dienst [bʌzdinst] *nm (-en)* service d'autobus, d'autocar
bus·hok·je [bʌshɔkjə] *het (-s)* abri
bus·kruit [bʌskrœyt] *het* poudre (à canon)
bus·lich·ting [bʌslɪχtɪŋ] *nf (-en)* levée
bu·so [byzo] *het (Belg.)* abrév. de *buitengewoon secundair onderwijs* ESS
bus·sta·ti·on [bʌsta(t)ʃɔn] *het (-s)* gare routière
bus·te [bystə] *de (-s, -n)* **1** poitrine **2** buste
bus·te·hou·der [bystəhɑudər] *nm (-s)* soutien-gorge
bus·tocht [bʌstɔχt] *nm (-en)* excursion en car
bus·ver·bin·ding [bʌsfərbɪndɪŋ] *nf (-en)* liaison par autobus, car
bu·ta·gas [bytaχɑs] *het* (gaz) butane
but·ler [bʌtlər] *nm (-s)* majordome
but·ton [bʌtən] *de (-s)* **1** badge **2** *(inform.)* bouton
buur [byr] *nm (buren)* voisin
buur|man [byrmɑn] *nm (-lieden)* voisin
buurt [byrt] *de (-en)* **1** quartier **2** voisinage; **blijf in de ~** ne t'éloigne pas (trop); **hij moet uit mijn ~ blijven** il fera bien de se tenir à l'écart
buurt·cen|trum [byrtsɛntrʌm] *het (-tra)* → **buurthuis**
buurt|huis [byrthœys] *het (-huizen)* centre socioculturel de quartier
buurt·voor·zie·nin·gen [byrtforzinɪŋə(n)] *plur* structures d'accueil (d'un quartier)
buurt·werk [byrtwɛrk] *het* travail socioculturel de quartier
buur·vrouw [byrvrɑu] *nf (-en)* voisine
buz·zer [bʌzər] *nm (-s)* bip(eur)
bv [beve] *nf (-'s)* abrév. de *besloten vennootschap* SARL, *(Belg.)* SPRL
bv. abrév. de *bijvoorbeeld* p.ex.
bvba [bevebea] *nf (-'s) (Belg.)* abrév. de *besloten vennootschap met beperkte aansprakelijkheid* SPRL
by·pass [bɑjpa:s] *de (-es)* pontage
By·zan·ti·um [bizɑn(t)sijʌm] *het* Byzance

C

ca. [sɪrka] abrév. de *circa* env.
ca·ba·ret [kabarɛ(t)] *het (-s)* ± revue
ca·ba·re|tier [kabarɛcе] *nm (-s)*, **-tière** *nf (-s)* chansonnier, -ère
ca·bi·ne [kabinə] *nf (-s)* cabine
ca·cao [kakau, ᴮkakao] *nm* cacao
cac·tus [kaktʌs] *nm (-sen)* cactus
ca·dans [kadans] *de (-en)* cadence
ca·deau [kado] *het (-s)* cadeau; **iemand iets ~ doen** offrir qqch à qqn; *(euph.)* **iets niet ~ geven** vendre cher qqch; *(iron.)* **dat krijg je van me ~** tu peux le garder !; **je krijgt het niet ~ in het leven** dans la vie on n'a rien pour rien
ca·deau·bon [kadobɔn] *nm (-nen)* chèque-cadeau
ca·fé [kafe] *het (-s)* café
ca·fe·ï·ne·vrij [kafejinəvrɛi] *adj* décaféiné
ca·fe·ta·ria [kafetarija] *de (-'s)* cafétéria
Ca·ï·ro [kairo] *het* le Caire
cake [kek] *nm (-s)* cake
cake·blik [kegblɪk] *het (-ken)* moule à cake
ca·la·mi·teit [kalamitɛit] *nf (-en)* calamité
cal·cu·la·tie [kalkyla(t)si] *nf (-s)* calcul
cal·cu·la·tor [kalkylatɔr] *nm (-s)* calculatrice
ca·lo·rie·arm [kaloriarm] *adj* pauvre en calories
cal·vi·nist [kalvinɪst] *nm (-en)* calviniste
Cam·bod·ja [kambɔca] *het* Cambodge
Cam·bod|jaan [kambɔcan] *nm (-janen)*, **-jaanse** *nf (-n)* Cambodgien, -ienne
Cam·bod·jaans [kambɔcans] *adj* cambodgien
cam·cor·der [kɛmkɔ:rdər] *nm (-s)* caméscope
ca·me·ra [kamәra] *de (-'s)* caméra
ca·me·ra|man [kaməraman] *nm (-mannen, -lieden)* cameraman
ca·me·ra·toe·zicht [kamәratuzɪχt] *het* vidéosurveillance
ca·mi·o·net·te [kamijɔnɛtə] *nf (Belg.)* camionnette
ca·mou·fle·ren [kamuflerə(n)] *vt (camoufleerde, h. gecamoufleerd)* camoufler
cam·pag·ne [kampanə] *de (-s)* campagne; **de ~ openen** lancer la campagne
cam·per [kɛmpər, ᴮkampər] *de (-s)* camping-car
cam·ping [kɛmpɪŋ, ᴮkampɪŋ] *de (-s)* (terrain de) camping
cam·ping·gas [kɛmpɪŋχas, ᴮkampɪŋχas] *het* camping-gaz
cam·pus [kampʌs] *nm (-sen)* cité universitaire
Ca·na·da [kanada] *het* Canada
Ca·na·dees [kanades] *adj* canadien
Ca·na·ri·sche Ei·lan·den [kanarisəɛilandə(n)] *plur* (îles) Canaries
can·vas [kanvas] *het* toile à voile; **tegen het ~ gaan** aller au tapis
cao [seao] *nf (-'s)* abrév. de *collectieve arbeidsovereenkomst* CCT
ca·pa·bel [kapabəl] *adj* capable; **hij is niet ~ om te rijden** il n'est pas en état de conduire
ca·pa·ci·teit [kapasitɛit] *nf (-en)* capacité
cape [kep] *de (-s)* cape *(vêtement)*
ca·pi·tu·la·tie [kapityla(t)si] *nf (-s)* capitulation
ca·pi·tu·le·ren [kapitylerə(n)] *vi (capituleerde, h. gecapituleerd)* capituler
ca·pri|ool [kaprijol] *de (-olen)* cabriole; **capriolen uithalen** faire le pitre
cap·su·le [kapsylə] *de (-s)* capsule
cap·tain [kɛptən] *nm (-s)* **1** capitaine **2** commandant de bord
ca·pu·chon [kapyʃɔn] *nm (-s)* capuchon
ca·ra·van [kɛrəvɛn, ᴮkaravan] *nm (-s)* caravane
car·bo·li·ne·um [karbolinejʌm] *het* coaltar
car·bon·pa·pier [karbɔmpapir] *het (-en)* papier carbone
car·dio|loog [kardijoloχ] *nm (-logen)* cardiologue
care [kɛ:r] *nm* soins; **intensive ~** service des urgences
ca·ri·ës [karijɛs] *de* carie
car·jac·king [ka:rdʒɛkɪŋ] *de (-s)* carjacking
car·na·val [karnaval] *het (-s)* carnaval
car·na·vals·kra·ker [karnavalskrakər] *de (-s)* tube de carnaval
car·ni|voor [karnivor] *nm (-voren)* carnivore
car·poo·len [ka:rpulə(n)] *vb (carpoolde, h. gecarpoold)* faire du covoiturage
car·poo·ling [ka:rpulɪŋ] *nf* covoiturage
car·port [ka:rpɔ:rt] *nm (-s)* carport, abri de voiture
car·riè·re [kar(i)jɛ:rə] *de (-s)* carrière; **hij is zijn ~ misgelopen!** il a raté sa carrière !
car·ros·se·rie [karɔsəri] *nf (-ën)* carrosserie
car·toon [kartu:n] *nm (-s)* dessin humoristique
car·too·nist [kartunɪst] *nm (-en)* dessinateur humoristique

cas·co [kasko] *het (-'s)* **1** corps, carcasse **2** coque *(conc. voitures)*
cas·co·ver·ze·ke·ring [kaskoverzekərɪŋ] *nf (-en)* assurance des dommages au véhicule
ca·shew|noot [kɛʃunot] *de (-noten)* (noix de) cajou
ca·si·no [kazino] *het (-'s)* casino
cas·sa·tie [kasa(t)si] *nf (-s) (jur.)* cassation
cas·set·te [kasɛtə] *de (-s)* **1** coffret **2** cassette **3** *(films)* cartouche
cas·set·te·band [kasɛtəbant] *nm (-en)* (mini)cassette
cas·set·te·deck [kasɛtədɛk] *nm (-s)* lecteur-enregistreur de cassettes
cas·set·te·re·cor·der [kasɛtərikɔ:rdər] *nm (-s)* magnétophone à cassettes
cas·sis [kasɪs] *de* limonade de cassis
cas·tra·tie [kastra(t)si] *nf (-s)* castration
ca·ta·lo|gus [katalɔχʌs] *nm (-gi)* catalogue
ca·ta|loog [katalɔχ] *nm (-logen) (Belg.)* → **catalogus**
ca·tas·tro|faal [katastrofal] *adj, adv (-faler, -faalst)* (de façon) catastrophique
ca·tas·tro·fe [katastrɔ:fə] *de (-s, -n)* catastrophe
ca·te·chi·sa·tie [katəχiza(t)si] *nf (-s)* catéchisation
ca·te·go·rie [katəχori] *nf (-ën)* catégorie
ca·te·ring [kɛtərɪŋ] *de (-s)* restauration collective
ca·via [kavija] *de (-'s)* cobaye
CBS [sebeɛs] *het* abrév. de *Centraal Bureau voor de Statistiek* bureau central de la statistique, *(en France)* INSEE
[1]**cc** [sese] *nf (-'s)* abrév. de *copie conforme* cc; **iemand een cc sturen** mettre qqn en copie d'un e-mail
[2]**cc** [sese] cm³
cc'en [seseјə(n)] *vt (cc'de, h. ge-cc'd) (personne)* mettre en copie, *(message)* envoyer en copie
cd [sede] *nm* abrév. de *compact disc* CD
CDA [sedea] *het* abrév. de *Christen-Democratisch Appel* ⟨*parti chrétien-démocrate*⟩
cd-rom [sederɔm] *de (-s)* CD-ROM
cd-rom·spe·ler [sederɔmspelər] *nm (-s)* lecteur CD-ROM
cd-spe·ler [sedespelər] *nm (-s)* lecteur CD; **draagbare ~** lecteur laser baladeur
CD&V [sedeɛnve] *nf* abrév. de *Christen-Democratisch & Vlaams* ⟨*CD&V*⟩ *(parti chrétien-démocrate flamand)*
cein|tuur [sɛntyr] *nf (-turen)* ceinture
cel [sɛl] *de (-len)* cellule; **de grijze ~len** la matière grise; **hij heeft een jaar ~ gekregen** il a écopé d'un an de prison
*__cel-__ [sɛl-] cellulaire
cel·ge|noot [sɛlχənot] *nm (-noten)* codétenu
ce·li·baat [selibat] *het* célibat
cel|list [sɛlɪst] *nm (-en)*, **-liste** *nf (-s, -n)* violoncelliste
cel·lo [sɛlo, tʃɛlo] *nm (-'s)* violoncelle
ce·ment [səmɛnt] *het/de* ciment; **een steen met ~ vastzetten** couler une pierre
ce·ment·mo·len [səmɛntmolə(n)] *nm (-s)* bétonnière
cen·su·re·ren [sɛnzyrerə(n)] *vt (censureerde, h. gecensureerd)* censurer
cen·suur [sɛnzyr] *n* censure; **onder ~ staan** être censuré
cent [sɛnt] *nm (-en)* **1** centime **2** sou; **bulken van de ~en** rouler sur l'or; **hij is geen ~ waard** il ne vaut pas la corde pour le pendre; **hij deugt voor geen ~** c'est un bon à rien; **ik geef geen ~ meer voor zijn leven** je ne donne plus cher pour sa vie; **hij doet het alleen om de ~en** il fait ça uniquement pour l'argent; **erg op de ~en zijn** être près de ses sous; **geen rooie ~ bezitten** ne pas avoir un rond
cen·ti·me·ter [sɛntimetər] *nm (-s)* centimètre
cen·traal [sɛntral] *adj, adv* (à partir d'un point) central; **~ antennesysteem** antenne collective; **~ inkopen** centraliser les achats; **iets ~ stellen** donner la priorité à qqch
Cen·traal-Afri|kaan [sɛntralafrikan] *nm (-kanen)*, **-kaanse** *nf (-n)* Centrafricain, -aine
Cen·traal-Afri·kaans [sɛntralafrikans] *adj* centrafricain; **de ~e Republiek** la République centrafricaine
cen·tra·le [sɛntralə] *de (-s)* **1** centrale **2** central (téléphonique)
cen·tra·li·sa·tie [sɛntraliza(t)si] *nf (-s)* centralisation
cen·tri·fu·ge [sɛntrify:ʒə] *de (-s)* essoreuse
cen·tri·fu·ge·ren [sɛntrifyχerə(n)] *vt (centrifugeerde, h. gecentrifugeerd)* essorer
cen|trum [sɛntrʌm] *het (-tra)* **1** centre **2** *(biol.)* siège
ce·re·mo|nie [serəmoni] *nf (-nies, -niën)* **1** cérémonie **2** cérémonies; **iemand zonder ~ ontvangen** recevoir qqn en toute simplicité
ce·re·mo·ni·eel [seramon(i)jel] *adj* **1** cérémoniel **2** cérémonieux
ce·re·mo·nie·mees·ter [serəmonimestər] *nm (-s)* maître de cérémonie
cer·ti·fi|caat [sɛrtifikat] *het (-caten)* certificat
Cey·lon [sɛilɔn] *het* Ceylan
cfk [seɛfka] *de (-'s)* abrév. de *chloorfluorkoolwaterstof* CFC
cha·grijn [ʃaχrɛin] *het (-en)* **1** hargne **2** râleur
cha·grij·nig [ʃaχrɛinəχ] *adj, adv* râleur, hargneusement; **zij is nogal ~** elle est un peu rabat-joie
cha·let [ʃalɛ] *het/de (-s)* chalet
cham·pig·non [ʃampiɲɔn, ʃampijɔn] *nm (-s)* champignon (comestible)
chan·son [ʃɑ̃sɔ̃] *het/de (-s)* chanson
chan·son|nier [ʃɑ̃sɔɲe] *nm (-s)*, **-nière** *nf (-s)* chanteur, -euse

chan·ta·ge [ʃɑntaʒə] *nf (-s)* chantage
chan·te·ren [ʃɑnterə(n)] *vt (chanteerde, h. gechanteerd)* faire chanter (qqn)
chan·teur [ʃɑntør] *nm (-s)* maître chanteur
cha·os [χaɔs] *nm* chaos
cha·o|tisch [χaotis] *adj, adv (-tischer, meest c.)* (de manière) chaotique
cha·ri·ta·tief [χɑritatif] *adj* charitable
char·mant [ʃɑrmɑnt] *adj* charmant
char·me [ʃɑrmə] *nf (-s)* charme
char·te·ren [ʃɑrtərə(n), tʃɑːrtərə(n)] *vt (charterde, h. gecharterd)* **1** affréter **2** faire appel à
char·ter·vlucht [tʃɑːrtərvlʌχt] *de (-en)* vol charter
chat·box [tʃɛdbɔks] *nm (inform.)* chatbox, boîte de dialogue (en ligne)
chat·groep [tʃɛdχrup] *de (-en)* forum de discussion
chat·ten [tʃɛtə(n)] *vi (chatte, h. gechat) (inform.)* chatter
chauf·fe·ren [ʃoferə(n)] *vi (chauffeerde, h. gechauffeerd)* conduire
chauf·feur [ʃofør] *nm (-s)* chauffeur
chau·vi·nist [ʃovinɪst] *nm (-en)* chauvin
¹**check** [tʃɛk] *nm (-s)* vérif(ication)
²**check** [tʃɛk] *interj* (c'est) fait, O.K.
chec·ken [tʃɛkə(n)] *vt (checkte, h. gecheckt)* contrôler; **zijn e-mail ~** consulter sa messagerie; **de feiten ~** vérifier les faits
chef [ʃɛf] *nm (-s)* chef; **~ van een afdeling** chef de service
che·mi·ca·li·ën [χemikalijə(n)] *plur* produits chimiques
che·mi|cus [χemikʌs] *nm (-ci)* chimiste
che·mie [χemi] *nf* chimie ♦ **de ~ ontbreekt** le courant ne passe pas
che·misch [χemis] *adj, adv* chimique(ment)
che·mo·the·ra·pie [χemoterapi] *nf* chimiothérapie
che·que [ʃɛk] *nm (-s)* chèque; **een ~ innen** toucher un chèque; **met een ~ betalen** payer par chèque; **ongedekte ~** chèque sans provision; **een ~ uitschrijven** émettre un chèque
che·que·boek [ʃɛgbuk] *het (-en)* chéquier
chic [ʃik] *adj, adv* (avec) chic; **er ~ uitzien** avoir de l'allure
Chi|leen [ʃilen] *nm (-lenen)*, **-leense** *nf (-n)* Chilien, -ienne
Chi·leens [ʃilens] *adj* chilien
Chi·li [ʃili] *het* Chili
chi·li·saus [ʃilisɑus] *de* sauce au piment rouge
Chi·na [ʃina] *het* Chine
Chi·nees [ʃines] *adj* chinois; **de ~, Chinese** le, la Chinois(e); **bij de ~ gaan eten** aller (manger) au restaurant chinois
chip [tʃɪp] *nm (-s) (inform.)* puce
chip·kaart [tʃɪpkart] *de (-en)* carte à mémoire
chips [(t)ʃɪps] *plur* chips
chi·rurg [ʃirʌrχ] *nm (-en)* chirurgien
chi·rur·gisch [ʃirʌrχis] *adj, adv* (par voie) chirurgical(e)
chloor [χlor] *het/de* **1** chlore **2** eau de Javel
cho·co·la·de [ʃokoladə] *nm* chocolat
cho·co·la·de·ha·gel·slag [ʃokoladəhaχəlslɑχ] *nm* granulés de chocolat
cho·co·la·de·let·ter [ʃokoladəlɛtər] *de (-s)* lettre en chocolat ♦ *(dans un journal)* **koppen in ~s** titres en gros caractères
choke [ʃok, ᴮʃɔk] *nm (-s)* starter
cho·le·ra [χolәra] *de* choléra
cho·que·ren [ʃɔkerə(n)] *vt (choqueerde, h. gechoqueerd)* choquer
cho·reo·gra·fie [χorejoχrafi] *nf (-ën)* chorégraphie
Chr. [krɪstʌs] abrév. de *Christus* J.-C.
chris·te·lijk [krɪstələk] *adj, adv* chrétien(nement); **de ~e partijen** les partis confessionnels
chris·ten [krɪstə(n)] *nm (-en)*, **christin** *nf (-nen)* chrétien, -ienne
chris·ten·de·mo|craat [krɪstə(n)demokrat] *nm (-craten)* démocrate-chrétien, -ienne
chris·ten·dom [krɪstəndɔm] *het* christianisme; **een volk tot het ~ bekeren** christianiser un peuple
Chris·tus [krɪstʌs] *nm* le Christ; **na ~** après Jésus-Christ; **vóór ~** avant Jésus-Christ
chro·mo|soom [χromozom] *het (-somen)* chromosome
chro·nisch [χronis] *adj, adv* chronique(ment)
chro·no·lo·gisch [χronoloχis] *adj, adv* chronologique(ment)
chroom [χrom] *het* chrome
chry·sant [χrizɑnt, ᴮkrizɑnt] *de (-en)* chrysanthème
ci·cho·rei [siχorɛi, ᴮsikorɛi] *de* chicorée
ci·der [sidər] *nm* cidre
cij·fer [sɛifər] *het (-s)* **1** chiffre **2** note; **hoge ~s behalen** avoir de bonnes notes ♦ **in de rode ~s staan** être dans le rouge
cij·fer·lijst [sɛifərlɛist] *de (-en)* bulletin de notes
cij·fer·ma·te·ri·aal [sɛifərmater(i)jal] *het* chiffres
ci·lin·der [silɪndər] *nm (-s)* cylindre
ci·lin·der·in·houd [silɪndərɪnhɑut] *nm* cylindrée
ci·lin|der·vor·mig [silɪndərvɔrməχ], **-drisch** *adj* cylindrique
ci·ne·ast [sinejɑst] *nm (-en)*, **cineaste** *nf (-s, -n)* cinéaste
ci·ne·ma [sinema] *nm (-'s)* cinéma
ci·pier [sipir] *nm (-s)*, **cipierster** *nf (-s)* geôlier, -ière
ci·pres [siprɛs] *nm (-sen)* cyprès
cir·ca [sɪrka] *adv* environ
cir·cuit [sɪrkwi] *het (-s)* circuit; **het zwarte ~** le circuit parallèle
cir·cu·lai·re [sɪrkylɛːrə] *de (-s)* circulaire
cir·cu·la·tie [sɪrkyla(t)si] *nf (-s)* circulation
cir·cus [sɪrkʌs] *het/de (-sen)* cirque

cir·cus·tent [sɪrkʌstɛnt] *de (-en)* chapiteau
cir·kel [sɪrkəl] *nm (-s)* cercle
***cir·kel-** [sɪrkəl-] circulaire
cir·kel·vor·mig [sɪrkəlvɔrməχ] *adj, adv* circulaire(ment)
ci|taat [sitat] *het (-taten)* citation
ci·te·ren [siterə(n)] *vt (citeerde, h. geciteerd)* citer
ci·troen [sitrun] *de (-en)* citron
ci·troen·gras [sitrunχrɑs] *het* citronnelle (des tropiques)
ci·troen·li·mo·na·de [sitrunlimonadə] *de* citronnade
ci·troen·sap [sitrunsɑp] *het* jus de citron, citron pressé
ci·trus·fruit [sitrʌsfrœyt] *het* agrumes
ci·viel [sivil] *adj, adv* civil(ement)
ci·viel·rech·te·lijk [sivilrɛχtələk] *adj, adv* (au) civil
ci·vi·li·sa·tie [siviliza(t)si] *nf (-s)* civilisation
ci·vi·li·se·ren [sivilizerə(n)] *vt (civiliseerde, h. geciviliseerd)* civiliser
CJP [sejepe] *het (-'s)* abrév. de *cultureel jongerenpaspoort* ⟨*carte jeunes*⟩
claim [klem] *nm (-s)* **1** réclamation **2** option
clai·men [klemə(n)] *vt (claimde, h. geclaimd)* réclamer
clan·des·tien [klɑndɛstin] *adj, adv* clandestin(ement)
clas·si·cis·me [klɑsisɪsmə] *het* classicisme
clas·si|cus [klɑsikʌs] *nm (-ci),* **-ca** *nf (-cae, -'s)* professeur de lettres classiques
clas·si·fi·ca·tie [klɑsifika(t)si] *nf (-s)* classification
clau·su·le [klauzylə] *de (-s)* clause
claxon [klɑksɔn] *nm (-s)* klaxon®
clean [kli:n] *adj* désintoxiqué
cle·ma·tis [klematɪs] *de (-sen)* clématite
cle·men·tie [klemɛn(t)si] *nf* clémence
cle·rus [klerʌs] *nm* clergé
cli·ché·ma·tig [kliʃematəχ] *adj, adv* (d'une manière) stéréotypé(e)
cli·ënt [klijɛnt] *nm (-en),* **cliënte** *nf (-s, -n)* client, -ente
cli·max [klimɑks] *nm (-en)* sommet
clinch [klɪnʃ] *nm* ♦ **in de ~ gaan met iemand** ± entrer en conflit avec qqn; **in de ~ liggen met iemand** être aux prises avec qqn
clo·set·bor·stel [klozɛdbɔrstəl] *nm (-s)* balayette
clo·set·pa·pier [klozɛtpapir] *het* papier hygiénique
close-up [klozʌp] *nm (-s)* gros plan
clou [klu] *nm* essentiel
clown [klaun] *nm (-s)* clown
club [klʌp] *de (-s)* **1** club **2** *(amis)* bande; **met een ~je uitgaan** sortir en bande
clus·ter [klʌstər] *nm (-s)* agglomérat, groupe
clus·te·ren [klʌstərə(n)] *vt (clusterde, h. geclusterd)* grouper
CNV [seɛnve] *het* abrév. de *Christelijk Nationaal Vakverbond* ⟨*syndicat chrétien néerlandais*⟩
CO_2-neu·traal [seotwenøtral] *adj* neutre en CO_2
coach [kotʃ] *nm (-es)* **1** *(sports)* entraîneur **2** mentor
coa·chen [kotʃə(n)] *vt (coachte, h. gecoacht)* entraîner
co·a·li·tie [kowali(t)si] *nf (-s)* coalition
co·as·sis|tent [koɑsistɛnt] *nm (-en),* **-tente** *nf (-s, -n)* ± interne
coas·ter [kostər] *nm (-s)* caboteur
coa·ting [kotɪŋ] *de (-s)* revêtement
co·ca·ï·ne [kokainə] *de* cocaïne
cock·pit [kɔkpɪt] *nm (-s)* cabine
cock·tail [kɔktel] *nm (-s)* cocktail
co·con [kokɔn] *nm (-s)* cocon
co·de [kodə] *nm (-s)* code; **wat is de ~ van het cijferslot?** quelle est la combinaison de la serrure ?; **in ~ overzetten** coder
co·de·ren [koderə(n)] *vti (codeerde, h. gecodeerd)* coder
co·de·ring [koderɪŋ] *nf (-en)* codage
cof·fee·pad [kɔfipɛt] *nm (-s)* dosette de café
cof·fee·shop [kɔfiʃɔp] *nm (-s)* cafétéria
cog·ni·tief [kɔχnitif] *adj, adv* cognitif, au niveau de la cognition
co·he·rent [kohɛrɛnt] *adj, adv* (de façon) cohérent(e)
co·he·sie [kohezi] *nf* cohésion
co·ï·tus [koitʌs] *nm* coït
col [kɔl] *nm (-s)* **1** col montant **2** col
co·la [kola] *nm (-'s)* coca®
col·bert [kɔlbɛ:r] *het/de (-s)* veston
col·la·bo·ra·tie [kɔlabora(t)si] *nf (péj.)* collaboration
col·la·bo·re·ren [kɔlaborerə(n)] *vi (collaboreerde, h. gecollaboreerd) (péj.)* collaborer
col·lec|tant [kɔlɛktɑnt] *nm (-en),* **-tante** *nf (-n, -s)* quêteur, -euse
col·lec·te·bus [kɔlɛktəbʌs] *de (-sen) (argent)* tronc
col·lec·te·ren [kɔlɛkterə(n)] *vi (collecteerde, h. gecollecteerd)* faire la quête
col·lec·tie [kɔlɛksi] *nf (-s)* collection
col·lec·tief [kɔlɛktif] *adj, adv* collectif, collectivement; **collectieve sector** secteur semi-public et public; **collectieve uitgaven** dépenses pour la collectivité
col·le|ga [kɔleχa] *nm (-ga's, -gae)* collègue
col·le·ge [kɔleʒə] *het (-s)* **1** *(université)* cours **2** collège; **het ~ van burgemeester en wethouders** le maire et ses adjoints; *(Belg.)* le collège échevinal
col·le·ge·geld [kɔleʒəχɛlt] *het (-en)* droit d'inscription, *(Belg.)* minerval
col·le·ge·kaart [kɔleʒəkart] *de (-en)* carte d'étudiant
col·le·ge|zaal [kɔleʒəzal] *de (-zalen)* salle de cours
col·le·gi·aal [kɔleχ(i)jal] *adj, adv* confraternel(lement)
col·le·gi·a·li·teit [kɔleχ(i)jalitɛit] *nf* confraternité

Co·lom·bia [kolɔmbija] *het* Colombie
Co·lom·bi|aan [kolombijan] *nm (-anen),* **-aanse** *nf (-n)* Colombien, -ienne
Co·lom·bi·aans [kolɔmbijans] *adj* colombien
co·lon·ne [kolɔnə] *de (-s) (milit.)* colonne
col·trui [kɔltrœy] *de (-en)* pull à col roulé
co·lumn [kɔlʌm] *de (-s) (journal)* chronique (de)
co·lum|nist [kolʌmnɪst] *nm (-en),* **-niste** *nf (-s, -n)* chroniqueur, -euse
co·ma [koma] *het (-'s)* coma
co·ma·pa·tiënt [komapaʃɛnt] *nm (-en)* comateux, -euse
co·ma·zui·pen [komazœypə(n)] *vb* boire jusqu'au coma éthylique
com·bi [kɔmbi] *nm (-'s)* **1** camionnette **2** combiné
com·bi·na·tie [kɔmbina(t)si] *nf (-s)* **1** combinaison; **in ~ met** en combinaison avec **2** ensemble
com·bi·na·tie·tang [kɔmbina(t)sitɑŋ] *de (-en)* pince universelle
com·bi·ne·ren [kɔmbinerə(n)] *vt (combineerde, h. gecombineerd)* combiner
co·me·dy·se·rie [komədiseri] *nf (-s)* feuilleton comique télévisé
com·fort [kɔmfɔːr, [B]kɔmfɔrt] *het* confort
com·for·ta·bel [kɔmfɔrtabəl] *adj, adv* confortable(ment)
co·mi·té [komite] *het (-s)* comité
com·man·dant [kɔmɑndɑnt] *nm (-en)* commandant
com·man·de·ren [kɔmɑnderə(n)] *vti (commandeerde, h. gecommandeerd)* **1** avoir le commandement (sur) **2** commander
com·man·do [kɔmɑndo] *het (-'s)* commandement
com·men|taar [kɔmɛntar] *het/de (-taren)* commentaire; **~ op iets geven** commenter qqch; **~ leveren** donner son opinion
com·men·ta|tor [kɔmɛntatɔr] *nm (-en),* **-trice** *nf (-s)* commentateur, -trice
com·mer·ci·al [kɔmʌːrʃəl] *nm (-s)* publicité
com·mer·cie [kɔmɛrsi] *nf* commerce
com·mer|ci·eel [kɔmɛrʃel] *adj, adv (-ciëler, -cieelst)* commercial(ement)
com·mis·sa·ri|aat [kɔmɪsarijat] *het (-aten)* commissariat
com·mis·sa·ris [kɔmɪsarɪs] *nm (-sen)* commissaire; **~ van de Koning** *(Belg.)* ± gouverneur (d'une province); *(aux Pays-Bas)* Commissaire du Roi; *(en France)* ± préfet
com·mis·sie [kɔmɪsi] *nf (-s)* commission
com·mo·tie [kɔmo(t)si] *nf (-s)* agitation
com·mu·ne [kɔmynə] *nf (-s)* communauté
com·mu·ni|cant [kɔmynikɑnt] *nm (-en),* **-cante** *nf (-s, -n)* premier communiant, première communiante
com·mu·ni·ca·tie [kɔmynika(t)si] *nf (-s)* communication
com·mu·ni·ca·tief [kɔmynikatif] *adj* de communication
com·mu·ni·ce·ren [kɔmyniserə(n)] *vi (communiceerde, h. gecommuniceerd)* **1** communiquer **2** *(cathol.)* communier
com·mu·nie [kɔmyni] *nf (-s)* communion
com·mu·nis·me [kɔmynɪsmə] *het* communisme
com·mu·nis·tisch [kɔmynɪstis] *adj, adv* (comme un, en) communiste
com·pact disc [kɔmpɑkdɪsk, kɔmpɑkdɪsk] *nm (-s)* disque compact
com·pact·heid [kɔmpɑkthɛit] *nf* compacité
com·pag·nie [kɔmpɑɲi] *nf (-s)* compagnie
com·pag·non [kɔmpɑɲɔn] *nm (-s)* **1** associé **2** compagnon
com·pag·non·schap [kɔmpɑɲɔnsχɑp] *het (-pen)* association
com·par·ti·ment [kɔmpɑrtimɛnt] *het (-en)* compartiment
com·pen·sa·tie [kɔmpɛnza(t)si] *nf (-s)* compensation; **als ~ voor** en compensation de
com·pen·se·ren [kɔmpɛnzerə(n)] *vt (compenseerde, h. gecompenseerd)* compenser
com·pe·tent [kɔmpətɛnt] *adj* compétent
com·pe·ten·tie [kɔmpətɛn(t)si] *nf (-s)* compétence
com·pe·ti·tie [kɔmpəti(t)si] *nf (-s)* compétition
com|pleet [kɔmplet] *adj, adv (-pleter, -pleetst)* complet, complètement; **een complete uitgave** une édition intégrale
[1]**com·plex** [kɔmplɛks] *het (-en)* **1** ensemble **2** *(psycho.)* complexe
[2]**com|plex** [kɔmplɛks] *adj (-plexer, meest c.)* complexe
com·pli·ca·tie [kɔmplika(t)si] *nf (-s)* complication
com·pli·ce·ren [kɔmpliserə(n)] *vt (compliceerde, h. gecompliceerd)* compliquer
com·pli·ment [kɔmplimɛnt] *het (-en)* compliment; *(Belg.)* **Franse ~en verkopen** faire des chichis
com·pli·men·te·ren [kɔmplimɛnterə(n)] *vt (complimenteerde, h. gecomplimenteerd)* complimenter (pour, sur)
com·pli·men|teus [kɔmplimɛntøs] *adj, adv (-teuzer, meest c.)* **1** courtois(ement) **2** complimenteur, comme compliment
com·plot [kɔmplɔt] *het (-ten)* complot
com·po·nent [kɔmponɛnt] *nm (-en)* composante
com·po·ne·ren [kɔmponerə(n)] *vti (componeerde, h. gecomponeerd)* composer
com·po|nist [kɔmponɪst] *nm (-en),* **-niste** *nf (-s)* compositeur, -trice
com·po·si·tie [kɔmpozi(t)si] *nf (-s)* composition
com·pos·te·ren [kɔmpɔsterə(n)] *vt (composteerde, h. gecomposteerd)* convertir en compost
com·pro·mis [kɔmpromi, kɔmpromɪs] *het (-sen)* compromis
com·pro·mit·te·ren [kɔmpromiterə(n)] *vt (compromitteerde, h. gecompromit-*

teerd) compromettre; **zich ~** se compromettre

com·pu·ter [kɔmpjutər] *nm (-s)* ordinateur; **achter de ~ zitten** être (assis) devant l'ordinateur

***com·pu·ter-** [kɔmpjutər-] informatique; **het computerprogramma** le programme informatique

com·pu·ter·des·kun·di·ge [kɔmpjutərdɛskʌndəχə] *nm (-n)* informaticien, -ienne

com·pu·te·ren [kɔmpjutərə(n)] *vi (computerde, h. gecomputerd)* se servir de l'ordinateur

com·pu·ter·ge·stuurd [kɔmpjutərχəstyrt] *adj* commandé par ordinateur

com·pu·te·ri·se·ren [kɔmpjutərizerə(n)] *vt (computeriseerde, h. gecomputeriseerd)* informatiser

com·pu·ter|kraak [kɔmpjutərkrak] *nm (-kraken)* piratage des banques de données

com·pu·ter·on·der·steund [kɔmpjutərɔndərstønt] *adj* assisté par ordinateur

com·pu·ter|taal [kɔmpjutərtal] *de (-talen)* langage de programmation

com·pu·ter·uit·draai [kɔmpjutərœydraj] *nm (-en)* listage

com·pu·ter·ver·wer·king [kɔmpjutərvərwɛrkɪŋ] *nf* ordination

con·cen·tra·tie [kɔnsɛntra(t)si] *nf (-s)* concentration; **zijn ~ verliezen** se déconcentrer

con·cen·tra·tie·kamp [kɔnsɛntra(t)sikɑmp] *het (-en)* camp de concentration

con·cen·tra·tie·ver·mo·gen [kɔnsɛntra(t)sivərmoχə(n)] *het* faculté de concentration

[1]**con·cen·tre·ren, zich** [kɔnsɛntrerə(n)] *vpr (concentreerde zich, h. zich geconcentreerd)* se concentrer (sur)

[2]**con·cen·tre·ren** [kɔnsɛntrerə(n)] *vt (concentreerde, h. geconcentreerd)* concentrer

con·cept [kɔnsɛpt] *het (-en)* **1** projet, ébauche **2** concept

con·cep·tie [kɔnsɛpsi] *nf (-s)* conception

con·cern [kɔnsʌːrn] *het (-s)* groupe (de sociétés)

con·cert [kɔnsɛrt] *het (-en)* **1** concert **2** concerto

con·cert·ge·bouw [kɔnsɛrtχəbɑu] *het (-en)* salle de concert

con·cert·mees·ter [kɔnsɛrtmestər] *nm (-s)* premier violon

con·cert·po|di·um [kɔnsɛrtpodijʌm] *het (-diums, -dia)* estrade

con·cert·vleu·gel [kɔnsɛrtfløχəl] *nm (-s)* (grand) piano à queue

con·cert|zaal [kɔnsɛrtsal] *de (-zalen)* → **concertgebouw**

con·ces·sie [kɔnsɛsi] *nf (-s)* concession

con·ciër·ge [kɔnʃɛrʒə] *nm (-s)* concierge, gardien, -ienne

con·claaf [kɔŋklaf] *het* ♦ **met iemand in ~ gaan** se concerter avec qqn

con·clu·de·ren [kɔŋklyderə(n)] *vti (concludeerde, h. geconcludeerd)* conclure; **wat kunnen we daaruit ~?** quelle conclusion en tirer ?

con·clu·sie [kɔŋklyzi] *nf (-s)* conclusion; **tot de ~ komen dat …** en conclure que …

con·cours [kɔŋkur] *het/de (-en)* concours

con|creet [kɔŋkret] *adj, adv (-creter, -creetst)* concret, concrètement

con·cur|rent [kɔŋkyrɛnt] *nm (-en)*, **-rente** *nf (-s)* concurrent, -ente

con·cur·ren·tie [kɔŋkyrɛn(t)si] *nf* concurrence; **~ ondervinden** subir de la concurrence; **de ~ het hoofd bieden** tenir tête à la concurrence

con·cur·re·ren [kɔŋkyrerə(n)] *vi (concurreerde, h. geconcurreerd)* concurrencer; **kunnen ~ met** pouvoir soutenir la concurrence de

con·cur·re·rend [kɔŋkyrerənt] *adj* concurrentiel

con·dens [kɔndɛns] *het* (eau de) condensation

con·den·sa·tie [kɔndɛnza(t)si] *nf* condensation

[1]**con·den·se·ren** [kɔndɛnzerə(n)] *vt (condenseerde, h. gecondenseerd)* condenser

[2]**con·den·se·ren** [kɔndɛnzerə(n)] *vi (condenseerde, i. gecondenseerd)* se condenser

con·di·tie [kɔndi(t)si] *nf (-s)* condition; **in goede ~ zijn** être en (pleine) forme

con·di·tie·trai·ning [kɔndi(t)sitrenɪŋ, ᴮkɔndi(t)sitrɛːnɪŋ] *nf* mise en condition

con·do·le·an·ce [kɔndolejɑ̃sə] *de (-s)*, **condoleantie** *nf (-s)* condoléances

con·do·le·ren [kɔndolerə(n)] *vti (condoleerde, h. gecondoleerd)* présenter ses condoléances

con·doom [kɔndom] *het (-s)* préservatif

con·duc|teur [kɔndʌktør] *nm (-s)*, **-trice** *nf (-s) (transports)* contrôleur, -euse

con·fec·tie [kɔnfɛksi] *nf (vêtements)* confection, prêt-à-porter

con·fe·ren·ce [kɔnferɑ̃sə] *nf (-s)* **1** sketch, sketches **2** conférence

con·fe·ren·cier [kɔnferɑ̃ʃe] *nm (-s)* **1** chansonnier **2** conférencier, -ière

con·fe·ren·tie [kɔnferɛn(t)si] *nf (-s)* conférence

con·fes·si·o·neel [kɔnfɛʃonel] *adj* confessionnel

con·fet·ti [kɔnfɛti] *nm* confetti

con·fi·den·tie [kɔnfidɛn(t)si] *nf (-s)* confidence

con·fi·den|ti·eel [kɔnfidɛn(t)ʃel] *adj, adv (-tiëler, -tieelst)* confidentiel(lement)

con·fi·gu·ra·tie [kɔnfiχyra(t)si] *nf (-s)* configuration

con·fis·que·ren [kɔnfɪskerə(n)] *vt (confisqueerde, h. geconfisqueerd)* confisquer

con·fi·tuur [kɔnfityr] *de (Belg.)* confiture

con·flict [kɔnflɪkt] *het (-en)* conflit

con·form [kɔnfɔrm] *adj, adv* conforme, conformément à

con·for·me·ren, zich [kɔnfɔrmerə(n)] *vpr*

(conformeerde zich, h. zich geconformeerd) se conformer (à)
con·for·mis|tisch [kɔnfɔrmɪstis] *adj (-tischer, meest c.)* conformiste
con·fron·ta·tie [kɔnfrɔnta(t)si] *nf (-s)* confrontation
con·glo·me·ra·tie [kɔŋχlomәra(t)si] *nf (-s)* communauté urbaine
Con·go [kɔŋχo] *nm* Congo
Con·go|lees [kɔŋχoles] *nm (-lezen),* **-lese** *nf (-n)* Congolais, -aise
con·gres [kɔŋχrɛs] *het (-sen)* congrès
con·gres|cen·trum [kɔŋχrɛsɛntrʌm] *het (-centra),* **-gebouw** *het (-en)* palais des congrès
con·gru·en·tie [kɔŋχrywɛn(t)si] *nf* congruence
co·ni|feer [konifer] *nm (-feren)* conifère
co·nisch [konis] *adj* conique
con·junc|tief [kɔɲjʌŋktif] *nm (-tieven)* subjonctif
con·junc·tu·reel [kɔɲjʌŋktyrel] *adj* conjoncturel
con·junc|tuur [kɔɲjʌŋktyr] *nf (-turen)* conjoncture; **een dalende ~** une récession; **een opgaande ~** une expansion économique
con·nec·tie [kɔnɛksi] *nf (-s)* relation
con·no·ta·tie [kɔnota(t)si] *nf (-s)* connotation
con·rec·tor [kɔnrɛktɔr] *nm (-s)* censeur
con·se·quent [kɔnzәkwɛnt] *adj, adv* (de façon) conséquent(e); **de ~e toepassing van een beginsel** l'application systématique d'un principe
con·se·quen·tie [kɔnzәkwɛn(t)si] *nf (-s)* conséquence
con·ser·va|tief [kɔnzɛrvatif] *adj, adv (-tiever, -tiefst)* (en) conservateur
con·ser·va·to|ri·um [kɔnzɛrvatorijʌm] *het (-ria)* conservatoire (de musique)
con·ser·ven [kɔnzɛrvә(n)] *plur* conserves
con·ser·ven·blik [kɔnzɛrvә(n)blɪk] *het (-ken)* boîte de conserve
con·ser·ve·rings·mid·del [kɔnzɛrverɪŋsmɪdәl] *het (-en)* produit conservateur
con·si·de·ra·tie [kɔnzidәra(t)si] *nf (-s)* **1** indulgence; **~ met iemand hebben** avoir de l'indulgence pour qqn; **uit ~** par égard (pour) **2** *(attention; estime)* considération
con·sis·tent [kɔnsɪstɛnt] *adj* **1** conséquent **2** consistant
con·so·nant [kɔnzonɑnt] *de (-en)* consonne
con·stant [kɔnstɑnt] *adj, adv* constant, constamment; **de toestand blijft ~** la situation reste stationnaire; **hij houdt me ~ voor de gek** il n'arrête pas de se moquer de moi
con·sta·te·ren [kɔnstaterә(n)] *vt (constateerde, h. geconstateerd)* constater
con·sti·pa·tie [kɔnstipa(t)si] *nf* constipation
con·sti·tu·tie [kɔnstity(t)si] *nf (-s)* constitution
con·sti·tu·ti·o·neel [kɔnstity(t)ʃonel] *adj, adv* constitutionnel(lement)
con·struc·tie [kɔnstrʌksi] *nf (-s)* construction
con·struc|tief [kɔnstrʌktif] *adj, adv (-tiever, -tiefst)* constructif, de façon constructive
con·stru·e·ren [kɔnstrywerә(n)] *vt (construeerde, h. geconstrueerd)* construire
con·su|laat [kɔnzylat] *het (-laten)* consulat
con·su|lent [kɔnzylɛnt] *nm (-en),* **-lente** *nf (-s)* consultant, -tante
con·sult [kɔnzʌlt] *het (-en)* consultation
con·sul·ta·tie [kɔnzʌlta(t)si] *nf (-s)* consultation
con·sul·ta·tie·bu·reau [kɔnzʌlta(t)sibyro] *het (-s)* dispensaire, service de consultation
con·sul·te·ren [kɔnzʌlterә(n)] *vt (consulteerde, h. geconsulteerd)* consulter
con·su·ment [kɔnzymɛnt] *nm (-en)* consommateur, -trice
con·su·men·ten·elek·tro·ni·ca [kɔnzymɛntә(n)elɛktronika] *plur* appareils ménagers
con·su·me·ren [kɔnzymerә(n)] *vt (consumeerde, h. geconsumeerd)* consommer
con·sump·tie [kɔnzʌmpsi] *nf (-s)* consommation; **niet geschikt voor ~** impropre à la consommation
***con·sump·tie-** [kɔnzʌmpsi-] de consommation; **consumptiegoederen** biens de consommation
con·sump·tief [kɔnzʌmptif] *adj* (propre) à la consommation; **voor consumptieve doeleinden** destiné à la consommation
con·tact [kɔntɑkt] *het (-en)* **1** contact; **geen ~ meer hebben met iemand** ne plus fréquenter qqn; **~ opnemen met iemand** contacter qqn **2** communication **3** entente; **een goed ~ met iemand hebben** avoir de bonnes relations avec qqn
***con·tact-** [kɔntɑkt-] de contact; **de contactlens** la lentille de contact
con·tact·adres [kɔntɑktadrɛs] *het (-sen)* adresse d'un(e) intermédiaire
con·tact·ad·ver·ten·tie [kɔntɑktɑtfәrtɛn(t)si] *nf (-s)* annonce relations
con·tact|doos [kɔntɑkdos] *de (-dozen)* prise de courant
con·tact·loos [kɔntɑktlos] *adj (technol.)* sans contact
con·tact·per|soon [kɔntɑktpɛrson] *nm (-sonen)* contact, intermédiaire
con·tac·tu·eel [kɔntɑktywel] *adj* ♦ **goede contactuele eigenschappen bezitten** avoir le contact facile
con·tai·ner [kɔntenәr] *nm (-s)* container, conteneur
con·tant [kɔntɑnt] *adj, adv* (au) comptant; **over ~ geld beschikken** avoir du liquide
con·text [kɔntɛkst] *nm (-en)* contexte
con·ti·nent [kɔntinɛnt] *het (-en)* continent

con·ti·nu [kɔntiny] *adj, adv* continu, continuellement
con·ti·nu·e·ren [kɔntinywerə(n)] *vti (continueerde, h. gecontinueerd)* continuer
con·ti·nu·ï·teit [kɔntinywitɛit] *nf* continuité
con·ti·nu·roos·ter [kɔntinyrostər] *het (-s)* journée continue
con·to [kɔnto] *het (-'s)* compte; *(fig.)* **iets op iemands ~ schrijven** imputer qqch à qqn
con·tra [kɔntra] *prép* contre
***con·tra-** [kɔntra-] contre-
con·tra·bas [kɔntrabɑs] *de (-sen)* contrebasse
con·tra·bas·sist [kɔntrabɑsɪst] *nm (-en)* contrebassiste
con·tract [kɔntrɑkt] *het (-en)* contrat; **een ~ sluiten** passer un contrat
con·trac·te·ren [kɔntrɑkterə(n)] *vt (contracteerde, h. gecontracteerd)* engager
con·trac·tu·eel [kɔntrɑktywel] *adj, adv* contractuel, par contrat
con·tra·mi·ne [kɔntraminə] *nf* ♦ **in de ~ zijn** être d'humeur contrariante
con·trast [kɔntrɑst] *het (-en)* contraste; **een ~ vormen met** contraster avec
con·tras·te·ren [kɔntrɑsterə(n)] *vi (contrasteerde, h. gecontrasteerd)* contraster (avec)
con·tri·bu·tie [kɔntriby(t)si] *nf (-s)* cotisation
con·tro·le [kɔntrɔːlə, ᴮkɔntrolə] *de (-s)* contrôle; **een brand onder ~ hebben** avoir maîtrisé un incendie; **de situatie onder ~ hebben** avoir la situation bien en mains; **zijn reacties onder ~ hebben** contrôler ses réactions
***con·tro·le-** [kɔntrɔːlə-] de contrôle; **de controlepost** le poste de contrôle
con·tro·leer·baar [kɔntrolerbar] *adj* contrôlable, vérifiable
con·tro·le·groep [kɔntrɔːləχrup, ᴮkɔntroləχrup] *de (-en)* groupe témoin
con·tro·le·ren [kɔntrolerə(n)] *vt (controleerde, h. gecontroleerd)* contrôler, vérifier
con·tro·ver·se [kɔntrovɛrzə] *nf (-n, -s)* controverse
con·tro·ver|si·eel [kɔntrovɛrʃel] *adj (-siëler, -sieelst)* contestable
con·ven·tie [kɔnvɛn(t)si] *nf (-s)* convention
con·ver·sa·tie [kɔnvɛrza(t)si] *nf (-s)* conversation
con·ver·se·ren [kɔnvɛrzerə(n)] *vi (converseerde, h. geconverseerd)* s'entretenir (avec)
co·ö·pe·ra·tie [koopəra(t)si] *nf (-s)* **1** coopération **2** (société) coopérative
co·ör·di·na·tie [koɔrdina(t)si] *nf (-s)* coordination
co·ör·di·ne·ren [koɔrdinerə(n)] *vt (coördineerde, h. gecoördineerd)* coordonner
co-ou·der·schap [koɑudərsχɑp] *het* coparentalité
co·pu·la·tie [kopyla(t)si] *nf (-s)* copulation
co·py·pas·ten [kɔpipestə(n)] *vt (copypastte, h. gecopy-past) (inform.)* copier-coller
co·py·right [kɔpirɑjt] *het (-s)* droit d'auteur
cor·du·roy [kɔrdyrɔj] *het* velours côtelé
cor·po·ra·tie [kɔrpora(t)si] *nf (-s)* corporation
cor·rect [kɔrɛkt] *adj, adv* correct(ement)
cor·rec·tie [kɔrɛksi] *nf (-s)* correction
cor·res·pon|dent [kɔrɛspɔndɛnt] *nm (-en),* **-dente** *nf (-s)* correspondant, -ante
cor·res·pon·den·tie [kɔrɛspɔndɛn(t)si] *nf (-s)* correspondance; **zijn ~ afhandelen** faire son courrier
cor·res·pon·den·tie·adres [kɔrɛspɔndɛn(t)siadrɛs] *het (-sen)* adresse postale
cor·res·pon·de·ren [kɔrɛspɔnderə(n)] *vi (correspondeerde, h. gecorrespondeerd)* **1** *(+ met)* correspondre (à qqch) **2** *(+ met)* correspondre (avec qqn)
cor·ri·ge·ren [kɔriʒerə(n)] *vt (corrigeerde, h. gecorrigeerd)* corriger
cor·rupt [kɔrʌpt] *adj, adv* (d'une manière) corrompu(e)
cor·rupt·heid [kɔrʌpthɛit], **corruptie** *nf* corruption
cor·sa·ge [kɔrsaʒə] *het/de (-s)* boutonnière
Cor·si·ca [kɔrsika] *het* Corse
Cor·si|caan [kɔrsikan] *nm (-canen),* **-caanse** *nf (-n)* Corse
cos·me·ti·ca [kɔsmetika] *plur* produits de beauté
cos·me·tisch [kɔsmetis] *adj* cosmétique
Cos·ta Ri·ca [kɔstarika] *het* Costa Rica
Cos·ta Ri|caan [kɔstarikan] *nm (-canen),* **-caanse** *nf (-n)* Costaricain, -aine
Cos·ta Ri·caans [kɔstarikans] *adj* costaricain
co·te·ring [koterɪŋ] *nf (-en)* cotation
cou·chet·te [kuʃɛt(ə)] *de (-s) (train, bateau)* couchette
cou·lant [kulɑnt] *adj, adv* (de façon) accommodant(e)
coup [kup, ᴮku] *nm (-s)* coup d'État; **een ~ plegen** faire un coup d'État
cou·pe [kup] *de (-s)* coupe
cou·pé [kupe] *nm (-s) (train)* compartiment
cou·plet [kuplɛt] *het (-ten) (chanson)* couplet
cou·pon [kupɔn] *nm (-s)* coupon
cou·vert [kuvɛːr] *het (-s)* couvert; **diners van 40 euro per ~** repas de 40 euros par personne
cou·veu·se·kind [kuvøzəkɪnt] *het (-eren)* (enfant) prématuré
c.q. [seky] abrév. de *casu quo* le cas échéant
cra·shen [krɛʃə(n)] *vi (crashte, i. gecrasht)* **1** entrer en crise **2** s'écraser **3** *(inform.)* crasher
craw·len [krɔːlə(n)] *vi (crawlde, h. gecrawld)* nager le crawl

cre·a|tief [krejati̲f] *adj, adv (-tiever, -tiefst)* 1 créateur 2 créatif, d'une façon créative
cre·a·ti·vi·teit [krejativit̲ɛit] *nf* créativité
crè·che [krɛʃ] *de (-s) (bébés)* crèche
cre·dit [kr̲edɪt] *het* crédit; **iets op iemands ~ schrijven** porter qqch au crédit de qqn
cre·dit·card [kr̲ɛdɪtka:rt] *nm (-s)* carte de crédit
cre·di·teur [kredit̲ør] *nm (-en)* créancier
cre·ë·ren [krej̲erə(n)] *vt (creëerde, h. gecreëerd)* créer
cre·ma·tie [krem̲a(t)si] *nf (-s)* incinération, crémation
1 **crè·me** [krɛ:m] *de (-s)* crème ♦ **~ de la ~** le fin du fin
2 **crè·me** [krɛ:m] *het (couleur)* crème
cre·me·ren [krəm̲erə(n)] *vt (cremeerde, h. gecremeerd)* incinérer, crémer
cre·ool [krej̲ol] *nm (creolen),* **creoolse** *nf (-n)* 1 *(personne)* créole 2 métis, -isse
1 **cre·ools** [krej̲ols] *het* créole
2 **cre·ools** [krej̲ols] *adj* métis
crêpe·pa·pier [kr̲ɛpapir] *het* papier crépon
1 **cre·pe·ren** [krəp̲erə(n)] *vi (crepeerde, i. gecrepeerd)* crever
2 **cre·pe·ren** [krəp̲erə(n)] *vt (crepeerde, h. gecrepeerd) (cheveux)* crêper
crew [kru] *nm (-s)* équipage
cri·me [krim] *nm* plaie; **het is een ~** quelle horreur !
cri·mi·na·li·teit [kriminalit̲ɛit] *nf (-en)* criminalité, délinquance
cri·mi·neel [krimin̲el] *adj* criminel; **de ~** le, la criminel(le)
cri·sis [kr̲izɪs] *nf (crises)* crise; **zich in een ~ bevinden** être en crise
cri·sis·cen|trum [kr̲izɪsɛntrʌm] *het (-tra)* cellule de crise
cri·te|ri·um [krit̲erijʌm] *het (-ria)* critère
cri·ti|cus [kr̲itikʌs] *nm (-ci) (personne)* critique
crois·sant [krwɑs̲ɑ̃] *nm (-s)* croissant
cross|baan [kr̲ɔzban] *de (-banen)* parcours de cross
cros·sen [kr̲ɔsə(n)] *vi (croste, h. gecrost)* faire du cross
crowd·fun·ding [kr̲ɑutfʌndɪŋ] *nm* financement participatif
cru·ci·aal [krys(i)j̲al] *adj* crucial
cruise [kru:z] *de (-s)* croisière
cruise·con·trol [kr̲u:skəntrol] *de* régulateur de vitesse
cryp·tisch [kr̲ɪptis] *adj, adv* obscur, obscurément
c.s. [kumsu̲wis] abrév. de *cum suis* et crts
Cu·ba [k̲yba] *het* Cuba
Cu·baan [kyb̲an] *nm (Cubanen),* **Cubaanse** *nf (-n)* Cubain, -aine
Cu·baans [kyb̲ans] *adj* cubain
cu·li·nair [kylin̲ɛ:r] *adj* culinaire
cul·ti·ve·ren [kʌltiv̲erə(n)] *vt (cultiveerde, h. gecultiveerd)* cultiver
cul·tu|reel [kʌltyr̲el] *adj, adv (-reler, -reelst)* (du point de vue) culturel
cul·tus [k̲ʌltʌs] *nm (culten)* culte
cul|tuur [kʌlt̲yr] *nf (-turen)* 1 *(plantes)* culture 2 civilisation
cul·tuur·ge·schie·de·nis [kʌlt̲yrχəsχidənɪs] *nf* histoire de la civilisation
cul·tuur·grond [kʌlt̲yrχrɔnt] *nm (-en)* terre cultivée, terre cultivable
cul·tuur·po·li·tiek [kʌlt̲yrpolitik] *nf* politique culturelle
cu·mu·la·tie [kymyl̲a(t)si] *nf (-s)* cumul
cup [kʌp] *nm (-s)* 1 *(prix)* coupe 2 *(soutien-gorge)* bonnet
cup·wed·strijd [k̲ʌpwɛtstrɛit] *nm (-en)* match pour la coupe
cu·ri·eu·ze|neus [kyrij̲øzənøs] *nm (-neuzen) (Belg.; fam.)* fouineur, -euse
cu·ri·o|sum [kyrij̲ozʌm] *het (-sa)* curiosité, objet curieux
cur·sief [kʌrs̲if] *adj, adv* (en) italique
cur|sist [kʌrz̲ɪst] *nm (-en),* **-siste** *nf (-s, -n)* élève
cur·si·ve·ren [kʌrziv̲erə(n)] *vt (cursiveerde, h. gecursiveerd)* mettre en italique
cur·sor [k̲ʌrzɔr] *de (-s)* curseur
cur·sus [k̲ʌrzʌs] *nm (-sen)* cours; **een schriftelijke ~** un cours par correspondance
cur·sus·boek [k̲ʌrzʌzbuk] *het (-en)* manuel
cur·sus|jaar [k̲ʌrzʌsjar] *het (-jaren)* année d'études
cur·ve [k̲ʌrvə] *de (-n)* courbe
cv-ke·tel [sev̲eketəl] *nm (-s)* chaudière
cy·a·ni·de [sijan̲idə] *het (-n)* cyanure
cy·ber·aan·val [s̲ɑjbəranvɑl] *nm (-len)* cyberattaque
cy·ber·pes·ten [s̲ɑjbərpɛstə(n)] *vb* cyberharcèlement
cy·claam [sikl̲am] *de (cyclamen)* cyclamen
cy·clisch [s̲iklis] *adj* cyclique
cy·cloon [sikl̲on] *nm (cyclonen)* cyclone
cy|clus [s̲iklʌs] *nm (-cli)* cycle
cy|nisch [s̲inis] *adj, adv (-nischer, meest c.)* cynique(ment)
Cy·pri|oot [siprij̲ot] *nm (-oten),* **Cyprische** *nf (-s)* C(h)ypriote
Cy·pri·o·tisch [siprij̲otis] *adj* chypriote
Cy·prisch [s̲ipris] *adj* c(h)ypriote
Cy·prus [s̲iprʌs] *het* Chypre
cys·te [k̲istə] *de (-n)* kyste

d

D66 [dezɛsənsɛstəχ] *nf (pol.)* abrév. de *Democraten '66* ⟨*les Démocrates '66*⟩

daad [dat] *de (daden)* **1** action, acte; **iemand naar zijn daden beoordelen** juger qqn sur ses actes; **een onbezonnen ~** un coup de tête; **de ~ bij het woord voegen** joindre le geste à la parole **2** exploit

daad·kracht [datkrɑχt] *de* énergie

daad·wer·ke·lijk [datwɛrkələk] *adj, adv* réel(lement)

[1]**daags** [daχs] *adj* **1** quotidien **2** de tous les jours

[2]**daags** [daχs] *adv* par jour ♦ **~ tevoren** la veille

[1]**daar** [dar] *adv* **1** là **2** (voi)là; **~ is hij eindelijk** le voilà enfin **3** y ♦ **dat is (nog) tot ~ aan toe** passe encore

[2]**daar** [dar] *conj* comme

daar·aan [daran] *adv* y, à cela; **wat heb jij ~?** à quoi (est-ce que) ça te servira ?

daar·ach·ter [darɑχtər] *adv* **1** là derrière **2** au-delà

daar·be·ne·den [darbənedə(n)] *adv* **1** en bas **2** au-dessous

daar·bij [darbɛi] *adv* en outre; **~ komt, dat ...** à cela s'ajoute que ... ♦ **~ lag een boek** tout près, il y avait un livre

daar·bin·nen [darbɪnə(n)] *adv* là-dedans

daar·bo·ven [darbovə(n)] *adv* **1** là-haut **2** là-dessus

daar·bui·ten [darbœytə(n)] *adv* (là) dehors

daar·door [dardor] *adv* **1** par là **2** de ce fait

daar·en·te·gen [darəntexə(n)] *adv* par contre

daar·even [darevə(n)] *adv* tout à l'heure; **hij is ~ uitgegaan** il vient de sortir

daar|gin·der [darχɪndər], **-ginds** *adv* là-bas

daar·heen [darhen] *adv* (par) là, y

daar·in [darɪn] *adv* **1** (là-)dedans **2** en cela

daar·langs [darlɑŋs] *adv* par là

daar·la·ten [darlatə(n)] *vt (liet daar, h. daargelaten)* laisser là ♦ **dit daargelaten** à part cela; **enkele uitzonderingen daargelaten** à quelques exceptions près

daar·mee [darme] *adv* avec cela, ça

daar·na [darna] *adv* après

daar·naar [darnar] *adv* y

daar·naast [darnast] *adv* **1** à côté (de qqn, qqch) **2** en outre

daar·net [darnɛt] *adv* tout à l'heure

daar·om [darɔm] *adv* c'est pourquoi ♦ **het is ~ niet minder waar dat ...** il n'en est pas moins vrai que ...

daar·om·heen [darɔmhen] *adv* (tout) autour

daar·om·trent [darɔmtrɛnt] *adv* **1** à ce sujet **2** environ

daar·on·der [darɔndər] *adv* **1** là-dessous **2** parmi eux, elles

daar·op [darɔp] *adv* **1** là-dessus **2** à ce sujet **3** puis

daar·op·vol·gend [darɔpfɔlχənt] *adj, adv* (d')après

daar·over [darovər] *adv* par-dessus

daar·straks [darstrɑks] *adv* tout à l'heure

daar·te·gen [dartexə(n)] *adv* contre cela

daar·te·gen·over [dartexə(n)ovər] *adv* **1** en face **2** par contre **3** en contrepartie

daar·toe [dartu] *adv* pour cela; **niemand kan me ~ verplichten** personne ne peut m'y forcer

daar·tus·sen [dartʌsə(n)] *adv* **1** entre les deux **2** parmi eux

daar·uit [darœyt] *adv* de là

daar·van [darvɑn] *adv* en, de cela

daar·van·daan [darvɑndan] *adv* de là

daar·voor [darvor] *adv* **1** devant **2** auparavant **3** pour cela

DAC [dese] *het* abrév. de *Derde Arbeidscircuit* TCT

dacht [dɑχt], **dachten** → **denken, bedenken, overdenken** *(etc.)*

da·del [dadəl] *de (-s)* datte

da·de·lijk [dadələk] *adv* **1** tout de suite **2** dans un instant; **~ wil je nog beweren dat ...** pour un peu, tu dirais que ...

da·den·drang [dadə(n)drɑŋ] *nm* besoin d'agir

da·der [dadər] *nm (-s)* auteur

[1]**dag** [dɑχ] *nm (-en)* jour, journée; **moed aan de ~ leggen** faire preuve de courage; **dat tafeltje heeft zijn beste ~en gehad** cette petite table a fait son temps; **in mijn ~en** de mon temps; **~ in ~ uit** jour après jour; **de jongste ~** le jour du jugement dernier; **bij klaarlichte ~** en plein jour; **het is kort ~** il nous reste peu de temps; **hij wordt een ~je ouder** il se fait vieux; **vandaag de ~** à l'heure actuelle; **voor ~ en dauw** à l'aube; **voor de ~ komen** *(personne)* se montrer; **met een voorstel voor de ~ komen** lancer une proposition

[2]**dag** [dɑχ] *interj* **1** bonjour !; **zeg maar ~ met je handje** tu peux faire une croix dessus **2** au revoir !

***dag-** [dɑχ-] **1** du jour **2** de jour

dag·af·schrift [dɑχɑfsχrɪft] *het (-en)* relevé de compte

dag·blad [dɑχblɑt] *het (-en)* quotidien

dag·boek [dɑχbuk] *het (-en)* journal (intime)
dag·da·ge·lijks [dɑχdɑχələks] *adj, adv (Belg.)* quotidien, quotidiennement
da·ge·lijks [daχələks] *adj, adv* quotidien; **in het ~ leven** dans la vie de tous les jours
[1]**da·gen** [daχə(n)] *vi, vb impers (daagde, h. gedaagd)* se lever ♦ *(fig.)* **het begint mij te ~** je commence à y voir clair
[2]**da·gen** [daχə(n)] *vt (daagde, h. gedaagd)* citer
da·gen·lang [daχə(n)lɑŋ] *adj, adv* qui dure des jours entiers, durant des jours entiers
dag-en-nacht·rit·me [dɑχɛnɑχtrɪtmə] *het* rythme jour/nuit
da·ge·raad [daχərat] *nm* aube
dag·in·de·ling [dɑχɪndelɪŋ] *nf (-en)* emploi du temps
dag·jes·men·sen [dɑχjəsmɛnsə(n)] *plur* excursionnistes
dag·kaart [dɑχkart] *de (-en)* billet, carte valable 24 h
dag·licht [dɑχlɪχt] *het* (lumière du) jour; **iets aan het ~ brengen** révéler qqch; **iets in een helder ~ stellen** mettre qqch au grand jour; **in een kwaad ~ komen te staan** tomber dans le discrédit
dag·me·nu [dɑχməny] *het (-'s)* menu du jour
dag·op·lei·ding [dɑχɔplɛidɪŋ] *nf (-en)* formation (de jour)
dag·re·tour [dɑχrətur] *het (-s)* aller (et) retour valable un jour
dag·slui·ting [dɑχslœytɪŋ] *nf (-en)* méditation nocturne (radiodiffusée)
dag·tocht [dɑχtɔχt] *nm (-en)* excursion d'une journée
dag·vaar·den [dɑχfardə(n)] *vt (dagvaardde, h. gedagvaard)* citer
dag·ver|blijf [dɑχfərblɛif] *het (-blijven)* **1** salle commune **2** cage extérieure
daim [dɛ̃] *het (Belg.)* daim
dak [dɑk] *het (-en)* toit; **hij is onder ~** il a un abri; *(fig.)* il est à l'abri; **hij kreeg het op zijn ~** ça lui est retombé dessus ♦ **op zijn ~ krijgen** s'attirer (qqch de désagréable); essuyer (qqch); **iemand iets op zijn ~ schuiven** mettre qqch sur le dos de qqn; **uit je, zijn ~ gaan** s'éclater (comme une bête)
dak·dek·ker [dɑgdɛkər] *nm (-s)* couvreur
dak|goot [dɑkχot] *de (-goten)* gouttière
dak·je [dɑkjə] *het* ♦ **het gaat van een leien ~** ça marche comme sur des roulettes
dak·ka·mer [dɑkamər] *de (-s)* mansarde
dak·ka·pel [dɑkapɛl] *de (-len)* chien-assis
dak·licht [dɑklɪχt] *het (-en)* lucarne
dak·loos [dɑklos] *adj* sans abri; **een dakloze** un sans-abri, un SDF
dak·pan [dɑkpɑn] *de (-nen)* tuile, panne
dak|raam [dɑkram] *het (-ramen)* → **daklicht**
dal [dɑl] *het (-en)* vallée ♦ **hij is door een diep ~ gegaan** il a traversé une crise
da·len [dalə(n)] *vi (daalde, i. gedaald)* **1** descendre **2** baisser
da·ling [dalɪŋ] *nf (-en)* **1** descente **2** baisse; **op ~ speculeren** spéculer à la baisse **3** décrue
dal·uren [dɑlyrə(n)] *plur* heures creuses
[1]**dam** [dɑm] *nm (-men)* **1** digue; **een ~ opwerpen tegen iets** élever des barrières contre qqch **2** barrage
[2]**dam** [dɑm] *de (-men) (jeu de dames)* dame
Da·mas·cus [damɑskʌs] *het* Damas
da·me [damə] *nf (-s)* dame; **zij is op-en-top een ~** c'est une vraie dame
da·mes·blad [daməzblɑt] *het (-en)* magazine féminin
da·mes·ver·band [daməsfərbɑnt] *het (-en)* serviettes hygiéniques
dam·hert [dɑmhɛrt] *het (-en)* daim
dam·men [dɑmə(n)] *vi (damde, h. gedamd)* jouer aux dames
damp [dɑmp] *nm (-en)* **1** vapeur **2** fumée
dam·pen [dɑmpə(n)] *vi (dampte, h. gedampt)* **1** fumer **2** vapoter
damp·kap [dɑmpkɑp] *nf (-pen)* hotte (aspirante)
damp·kring [dɑmpkrɪŋ] *nm (-en)* atmosphère
[1]**dan** [dɑn] *adv* **1** alors; **tot ~** à bientôt **2** puis **3** *(dans une proposition conditionnelle) (ne se traduit pas)*; **als de trein niet rijdt, ~ kan ik niet komen** s'il n'y a pas de trains, je ne peux pas venir ♦ **hij is ~ ook niet geslaagd** aussi n'a-t-il pas été reçu; **die schrijver had ~ toch (maar) veel succes** n'empêche que cet auteur a eu beaucoup de succès
[2]**dan** [dɑn] *conj* **1** *(après un comparatif)* que, *(devant un nom de nombre)* de; **hij is groter ~ ik** il est plus grand que moi; **dat boek kost meer ~ dertig euro** ce livre coûte plus de trente euros **2** *(après 'ander(s)')* (autre) que **3** *(après une phrase négative)* que; **hij heeft niemand ~ zijn moeder** il n'a personne d'autre que sa mère
da·nig [danəχ] *adj, adv* énorme, énormément
dank [dɑŋk] *nm* **1** reconnaissance; **geen ~** il n'y a pas de quoi; **iemand iets (niet) in ~ afnemen** (ne pas) savoir gré à qqn de qqch **2** remerciement
dank|baar [dɑŋgbar] *adj, adv (-baarder, -baarst)* **1** reconnaissant de, avec reconnaissance **2** satisfaisant, avec satisfaction; **een ~ onderwerp** un sujet fécond
dan·ken [dɑŋkə(n)] *vti (dankte, h. gedankt)* **1** remercier (qqn pour, de qqch) **2** *(+ aan)* devoir à
dank·zij [dɑŋksɛi] *prép* grâce à
dans [dɑns] *nm (-en)* danse ♦ **de ~ ontspringen** l'échapper belle
dan·sen [dɑnsə(n)] *vti (danste, h. gedanst)* danser; **~ van blijdschap** trépigner de joie
dan|ser [dɑnsər] *nm (-s)*, **-seres** *nf (-sen)* danseur, -euse
dans·vloer [dɑnsflur] *nm (-en)* piste (de danse)

dap|per [dapər] *adj, adv (-perder, -perst)* courageux, courageusement

dap·per·heid [dapərhɛit] *nf* courage

darm [darm] *nm (-en)* 1 intestin 2 tripe 3 tuyau

***darm-** [darm-] intestinal

darm·ka|naal [darmkanal] *het (-nalen)* tube digestif

dar·ten [da:rtə(n)] *vi (dartte, h. gedart)* jouer aux fléchettes

darts [da:rts] *plur* jeu de fléchettes

¹**das** [das] *de (-sen)* 1 cravate 2 écharpe ♦ **dat doet hem de ~ om** ça lui donnera le coup de grâce

²**das** [das] *nm (-sen)* blaireau

dash·board [dɛʒbɔ:rt, ᴮdaʒbɔrt] *het (-s)* tableau de bord

dash·board·kast·je [dɛʒbɔ:rtkaʃə, ᴮdaʒbɔrtkascə] *het (-s)* boîte à gants

¹**dat** [dat] *dém (adjectif)* ce; **~ kind** cet enfant

²**dat** [dat] *dém (pronom)* 1 celui-(là); **wil je dit boek of ~?** veux-tu ce livre-ci ou celui-là ? 2 *(avec le verbe être)* ce; **wie is ~?** qui est-ce ?; **ziezo, ~ is ~** ça y est; **~ is nog eens een man** ça, c'est un homme 3 *(avec d'autres verbes)* cela; **~ wil zeggen** cela veut dire

³**dat** [dat] *rel* qui; **het kind ~ ik een euro gegeven had** l'enfant à qui j'avais donné un euro

⁴**dat** [dat] *conj* 1 que; **hij beweert ~ hij gelijk heeft** il prétend avoir raison 2 parce que; **hij is kwaad ~ hij niet mee mag** il est furieux, parce qu'il ne peut pas nous accompagner ♦ **de dag ~ hij thuiskwam** le jour où il est rentré chez lui; **gelopen ~ hij heeft!** comme il a couru !; **de reden ~ hij niet komt** la raison pour laquelle il ne vient pas; **in plaats ~** au lieu que, de

da·ta [data] *plur* 1 données 2 dates

da·ta·bank [databaŋk] *de (-en)* banque de données

da·ta·com·mu·ni·ca·tie [datakɔmynika(t)si] *nf* télématique

da·ta·pro·ces·sing [dataprosɛsɪŋ] *nf* traitement de données

¹**da·te·ren** [daterə(n)] *vi (dateerde, i. gedateerd)* 1 dater (de) 2 *(être démodé)* dater; **dat toneelstuk is gedateerd** c'est une pièce de théâtre qui date

²**da·te·ren** [daterə(n)] *vt (dateerde, h. gedateerd)* dater; **gedateerd zijn op** porter la date du

da·te·ring [daterɪŋ] *nf (-en)* 1 date 2 datation

dat·ge·ne [datχenə] *dém* ce (qui, que)

da·to [dato] *adv* en date de; **drie weken na ~** trois semaines après cette date

da·tum [datʌm] *nm (data)* date; **een ~ afspreken** prendre date; **over ~** *(denrées alimentaires)* périmé

dauw [dau] *nm* rosée; **van de hemelse ~ leven** vivre d'amour et d'eau fraîche

da·ver [davər] *nm (Belg.)* ♦ **de ~ op het lijf hebben** avoir la tremblote

da·ve·ren [davərə(n)] *vi (daverde, h. gedaverd)* 1 retentir 2 *(Belg.)* trembler

da·ve·rend [davərənt] *adj, adv* terrible; **een ~ succes** un succès éclatant

DB [debe] *het* abrév. de *dagelijks bestuur* bureau exécutif

d.d. [dedato] abrév. de *de dato* en date de

DDR [dedeɛr] *nf* abrév. de *Deutsche Demokratische Republik* RDA

¹**de** [də] *art déf* le, la, l', les

²**de** [də] *art déf accentué* 1 le, la, l', les … par excellence; **dat is de oplossing voor dit probleem** c'est la meilleure solution (pour résoudre ce problème) 2 le, la, l', les … qu'il me (te, lui etc.) faut; **dat is de man voor dat karwei** c'est l'homme qu'il me (te etc.) faut

dead·line [dɛdlajn] *nm (-s)* date limite

deal [di:l] *nm (-s)* marché

dea·ler [di:lər] *nm (-s)* 1 concessionnaire 2 *(drogue)* trafiquant

de·bat·te·ren [debaterə(n)] *vi (debatteerde, h. gedebatteerd)* débattre (qqch, de qqch)

de·bet [debɛt] *het* débit, doit ♦ **hij is er ~ aan** c'est de sa faute; **ik ben er niet ~ aan** je n'y suis pour rien

de·biel [dəbil] *adj* débile

de·bu·te·ren [debyterə(n)] *vi (debuteerde, h. gedebuteerd)* faire ses débuts

de·caan [dekan] *nm (decanen)* 1 doyen 2 conseiller, -ère scolaire

de·ca·fé [dekafe] *nm* décaféiné

de·cem·ber [desɛmbər] *nm* décembre

de·cen|ni·um [desɛnijʌm] *het (-nia)* décennie

de·cen·tra·li·se·ren [desɛntralizerə(n)] *vt (decentraliseerde, h. gedecentraliseerd)* décentraliser

de·ci·maal [desimal] *adj* décimal; **~ stelsel** système décimal

de·cla·ra·tie [deklara(t)si] *nf (-s)* note de frais

de·co·de·ring [dekoderɪŋ] *nf (-en)* décodage

de·co·ra·tie [dekora(t)si] *nf (-s)* décoration

de·cor·ont|wer·per [dekɔ:rɔntwɛrpər] *nm (-s)*, **-werpster** *nf (-s)* décorateur, -trice (de théâtre)

de·cou·peer|zaag [dekuperzaχ] *de (-zagen)* scie à guichet

de·creet [dəkret] *het (decreten)* décret

de·du·ce·ren [dedyserə(n)] *vti (deduceerde, h. gededuceerd)* déduire

deed [det], **deden** → ²**doen, nadoen, voordoen** *(etc.)*

deeg [deχ] *het (degen)* pâte

deel [del] *het (delen)* 1 partie; **voor een groot ~** en grande partie 2 *(mus.)* mouvement 3 part; **elk zijn ~** à chacun son dû; **iemand ten ~ vallen** échoir (en partage) à qqn 4 tome ♦ **eenzaamheid is zijn ~** la solitude est son sort

deel·ach·tig [delaχtəχ] *adj* ♦ **iets ~ worden** obtenir qqch; **~ zijn** participer (à)

deel·baar [delbar] *adj* divisible
deel·eco·no·mie [delekonomi] *nf* économie du partage
deel·ge·bied [delχəbit] *het (-en)* secteur
deel·ge|noot [delχənot] *nm (-noten),* **-note** *nf (-s)* compagnon, compagne (de); **iemand ~ maken van een geheim** mettre qqn dans le secret
deel·na·me [delnamə] *nf (germ.)* participation
deel·ne·men [delnemə(n)] *vi (nam deel, h. deelgenomen)* **1** participer (à) **2** partager (qqch)
deel·ne·ming [delnemɪŋ] *nf* **1** participation; **bij voldoende ~** en cas de participation suffisante **2** condoléances; **zijn ~ betuigen** présenter ses condoléances
deel·re·pu·bliek [delrepyblik] *nf (-en)* république fédérée
deels [dels] *adv* en partie
deel|staat [delstat] *nm (-staten)* État fédéré
deel·te·ken [deltekə(n)] *het (-s)* **1** signe de division **2** tréma
deel·tijd [deltɛit] *nm* temps partiel; **in ~** à temps partiel
deel·tje [delcə] *het (-s)* parcelle
deel·ver·za·me·ling [delvərzaməlɪŋ] *nf (-en)* sous-ensemble
deel·woord [delwort] *het (-en)* participe
dee·moe·dig [demudəχ] *adj, adv* humble(ment)
Deen [den] *nm (Denen),* **Deense** *nf (-n)* Danois, -oise
Deens [dens] *adj* danois; **het ~** le danois
deer·lijk [derlək] *adj, adv* **1** pitoyable(ment) **2** fort(ement)
deer·nis [dernɪs] *nf* pitié
de·fect [defɛkt] *adj* défectueux, détraqué; **~ raken** tomber en panne
de·fen·sie [defɛnsi] *nf* défense
de·fen|sief [defɛnsif] *adj, adv (-siever, meest d.)* défensif, défensivement; **in het ~ zijn** se tenir sur la défensive
de·fi·ni·tie [defini(t)si] *nf (-s)* définition
de·fi·ni|tief [definitif] *adj, adv (-tiever, -tiefst)* définitif, définitivement; **ergens ~ van afzien** faire une croix sur qqch
def·tig [dɛftəχ] *adj, adv* **1** (d'une façon) distingué(e); **~e buurt** quartier bourgeois; **~ doen** prendre de grands airs **2** *(Belg.)* convenable
de·ge·lijk [deχələk] *adj, adv* **1** solide(ment) **2** sérieux; **een ~e firma** une maison de confiance ◆ **wel ~!** mais si !; **ik meen het wel ~** je parle sérieusement
de·ge·lijk·heid [deχələkhɛit] *nf* **1** solidité **2** fiabilité
de·gen [deχə(n)] *nm (-s)* épée
de·ge·ne [dəχenə], **diegene** *dém* celui
de·ge·ne·ra·tie [deχenəra(t)si] *nf (-s)* dégénérescence
de·gra·de·ren [deχraderə(n)] *vti (degradeerde, h./i. gedegradeerd)* **1** dégrader **2** descendre
dei·ning [dɛinɪŋ] *nf (-en)* **1** houle **2** bercement **3** remous; **~ veroorzaken** provoquer des remous
dein·zen [dɛinzə(n)] *vi (deinsde, i. gedeinsd)* reculer
dek [dɛk] *het (-ken)* **1** couverture **2** *(bateau)* pont
dek·bed [dɛgbɛt] *het (-den)* couette
[1]**de·ken** [dekə(n)] *nm (-s)* doyen
[2]**de·ken** [dekə(n)] *de (-s)* couverture
dek·hengst [dɛkhɛŋst] *nm (-en)* étalon
dek·ken [dɛkə(n)] *vt (dekte, h. gedekt)* **1** (re)couvrir; **behoeften ~** pourvoir à des besoins; **deze cheque is niet gedekt** c'est un chèque sans provision; **zich gedekt houden** se tenir tranquille; **een verlies ~** combler un déficit; **voor twee personen ~** mettre deux couverts **2** *(sports)* marquer
dek·king [dɛkɪŋ] *nf* **1** couverture; **ter ~ van de (on)kosten** pour couvrir les frais **2** abri; **~ zoeken** se mettre à l'abri **3** provision **4** marquage
dek·la·ding [dɛkladɪŋ] *nf (-en)* pontée
dek·man·tel [dɛkmantəl] *nm (-s)* couvert
de·ko·lo·ni·sa·tie [dekoloniza(t)si] *nf* décolonisation
dek·schuit [dɛksχœyt] *de (-en)* péniche
dek·sel [dɛksəl] *het/de (-s)* **1** couvercle **2** couverture
dek·stier [dɛkstir] *nm (-en)* taureau reproducteur
dek·zeil [dɛksɛil] *het (-en)* bâche
de·le·ga·tie [deleχa(t)si] *nf (-s)* délégation
de·len [delə(n)] *vti (deelde, h. gedeeld)* **1** partager; *(com.)* **een bericht ~** partager un message; **in de winst ~** participer aux bénéfices; **iemand in zijn vreugde laten ~** associer qqn à sa joie **2** *(math.)* diviser
de·le·ten [diliṭə(n)] *vt (deletete, h. gedeletet) (inform.)* effacer
delf·stof [dɛlfstɔf] *de (-fen)* minéral
del·gen [dɛlχə(n)] *vt (delgde, h. gedelgd)* amortir
de·li·ca·tes·se [delikatɛsə] *nf (-n)* mets exquis
de·li·ca·tes·sen·win·kel [delikatɛsə(n)wɪŋkəl] *nm (-s)* épicerie fine
de·lict [delɪkt] *het (-en)* **1** délit **2** crime
de·ling [delɪŋ] *nf (-en)* **1** division **2** partage **3** participation (à)
Del·ta·wer·ken [dɛltawɛrkə(n)] *plur* travaux du plan Delta
del·ven [dɛlvə(n)] *vti (dolf, delfde, h. gedolven)* **1** creuser **2** extraire
de·ma|goog [demaχoχ] *nm (-gogen)* démagogue
de·ment [demɛnt] *adj* sénile
de·men·tie [demɛn(t)si] *nf* démence
de·mo·cra|tisch [demokratis] *adj, adv (-tischer, meest d.)* **1** démocratique(ment) **2** démocrate
de·mo·nisch [demonis] *adj, adv* démoniaque(ment)
de·mon|strant [demɔnstrant] *nm (-en),* **-strante** *nf (-s, -n)* manifestant, -ante

de·mon·stra·tie [demɔnstra(t)si] *nf (-s)* **1** démonstration **2** manifestation

[1]**de·mon·stre·ren** [demɔnstrerə(n)] *vt (demonstreerde, h. gedemonstreerd)* démontrer

[2]**de·mon·stre·ren** [demɔnstrerə(n)] *vi (demonstreerde, h. gedemonstreerd)* manifester

de·mon·te·ren [demɔnterə(n)] *vt (demonteerde, h. gedemonteerd)* démonter; **het ~** le démontage

de·mo·ti·ve·ren [demotiverə(n)] *vti (demotiveerde, h. gedemotiveerd)* enlever toute motivation à (qqn)

dem·pen [dɛmpə(n)] *vt (dempte, h. gedempt)* **1** combler **2** assourdir; **met gedempte stem** d'une voix étouffée

dem·per [dɛmpər] *nm (-s)* **1** étouffoir **2** *(mus.)* sourdine

den [dɛn] *nm (-nen)* pin

den·de·ren [dɛndərə(n)] *vi (denderde, h. gedenderd)* passer avec fracas

den·de·rend [dɛndərənt] *adj, adv* formidable(ment); **met ~ succes** avec un succès éclatant

De·ne·mar·ken [denəmarkə(n)] *het* Danemark

Den Haag [dɛnhaχ] *het* La Haye

de·ni·gre·rend [deniχrerənt] *adj, adv* (de façon) dénigrant(e); **~ over iemand, iets spreken** dénigrer qqn, qqch

de·nim [denɪm] *het* jean

de·ni·vel·le·ring [denivɛlerɪŋ] *nf* dénivellement

denk·baar [dɛŋgbar] *adj* concevable

denk·beeld [dɛŋgbelt] *het (-en)* idée

denk·beel·dig [dɛŋgbeldəχ] *adj* imaginaire; **een ~ succes** un succès illusoire

den·ken [dɛŋkə(n)] *vti (dacht, h. gedacht)* penser; **dat dacht ik al** je m'en doutais; **ik denk er niet aan!** (il n'en est) pas question !; **ik denk er ook zo over** c'est aussi mon avis; **ik denk erover met roken te stoppen** j'envisage d'arrêter de fumer; **zo kun je er ook over ~** c'est une opinion qui se défend; **om iets, iemand ~** prendre qqch, qqn en compte, faire attention à qqch, qqn; **wat zullen de mensen niet ~?** que vont (en) dire les gens ?; **dat dacht je maar!** penses-tu ! ♦ **denkt u zich eens in mijn positie** mettez-vous à ma place; **ik dacht het niet!** hors de question !; **zich suf ~** se creuser la cervelle

denk·fout [dɛŋkfaut] *de (-en)* erreur de jugement

denk·pro·ces [dɛŋkprosɛs] *het (-sen)* processus mental

denk·sport [dɛŋksport] *de (-en)* sport cérébral

denk·tank [dɛŋktɛŋk, Bdɛŋktaŋk] *nm (-s)* cellule de réflexion

denk·we·reld [dɛŋkwerəlt] *de* univers mental

den·nen|boom [dɛnə(n)bom] *nm (-bomen)* pin

den·nen·hout [dɛnə(n)haut] *het* (bois de) sapin

de·o·do·rant [dejodorant] *nm (-s, -en)* désodorisant

de·pan·na·ge [depanaʒə] *nf (Belg.)* dépannage

de·par·te·ment [departəmɛnt] *het (-en)* **1** département **2** ministère

de·pen·dan·ce [depɛndɑ̃s, Bdepɑ̃dɑ̃sə] *de (-s)* annexe

de·po·ne·ren [deponerə(n)] *vt (deponeerde, h. gedeponeerd)* déposer; **wettig gedeponeerd** modèle déposé

de·por·ta·tie [deporta(t)si] *nf (-s)* déportation

de·po·si·to [depozito] *het (-'s)* dépôt

de·pot [depo] *het/de (-s)* dépôt

dep·pen [dɛpə(n)] *vt (depte, h. gedept)* tamponner

de·pres·si·vi·teit [deprɛsivitɛit] *nf* état dépressif

de·pu·ta·tie [depyta(t)si] *nf (-s)* députation; *(Belg.)* **Bestendige Deputatie** Députation permanente

der [dɛr] *art* du, de la, des

der·de [dɛrdə] *ord* troisième; **een ~** un tiers

der·de·rangs [dɛrdəraŋs] *adj* de mauvaise qualité

der·de we·reld [dɛrdəwerəlt] *nm* → **wereld**

de·ren [derə(n)] *vi (deerde, h. gedeerd)* **1** toucher **2** faire du tort (à)

der·ge·lijk [dɛrχələk] *dém* pareil; **en ~e** et cetera; **iets ~s** qqch dans ce genre-là

der·hal·ve [dɛrhalvə] *adv* par conséquent

der·ma·te [dɛrmatə] *adv* tellement

der·tien [dɛrtin] *card* treize; **~ is het ongeluksgetal** treize porte malheur

der·tig [dɛrtəχ] *card* trente; **hij is in de ~** il a passé la trentaine

der·ti·ger [dɛrtəχər] *nm (-s)* personne dans la trentaine

der·ven [dɛrvə(n)] *vt (derfde, h. gederfd)* ♦ **inkomsten, winst ~** subir un manque à gagner

[1]**des** [dɛs] *adv* ♦ **~ te beter** tant mieux; **~ te gemakkelijker … naarmate …** d'autant plus facile … que …

[2]**des** [dɛs] *art* du, de l', de la; **de vrouw ~ huizes** la maîtresse de maison; **~ morgens** le matin

des·al·niet·te·min [dɛsalnitəmɪn] *adv* néanmoins

des·be·tref·fend [dɛzbətrɛfənt] *adj* relatif (à); **de ~e maatregelen** les mesures en question

de·sem [desəm] *nm (-s)* levain

de·ser·te·ren [dezɛrterə(n)] *vi (deserteerde, i. gedeserteerd)* déserter

des·in·te·gre·ren [dɛsɪntəχrerə(n)] *vi (desintegreerde, i. gedesintegreerd)* se désintégrer

des·kun·dig [dɛskʌndəχ] *adj* **1** expert; **de ~e** l'expert; **een ~ onderzoek, verslag** une expertise **2** compétent

des·noods [dɛsnots] *adv* 1 au besoin 2 à la rigueur

de·so|laat [dezolat] *adj (-later, -laatst)* désolé

des·on·danks [dɛsondɑŋks] *adv* cependant

des|poot [dɛspot] *nm (-poten)* despote

des·tijds [dɛstɛits] *adv* à l'époque

des·we·ge [dɛswexə] *adv* pour cette raison

de·ta·che·ring [detɑʃerɪŋ] *nf (-en)* détachement

de·tail [detɑj] *het (-s)* détail; **op de ~s ingaan** entrer dans les détails; **tot in de ~s** par le menu

de·tail·list [detɑjɪst] *nm (-en)* détaillant, -ante

de·tec·tive [ditɛktɪf] *nm (-s)* 1 détective 2 roman policier

de·ten·tie [detɛn(t)si] *nf (-s)* détention

de·ter·mi·nis·tisch [detɛrminɪstis] *adj* déterministe

de·ti·ne·ren [detinerə(n)] *vt (detineerde, h. gedetineerd)* détenir

deugd [døχt] *de (-en)* vertu ♦ **het doet me ~ dit te horen** ça me fait plaisir d'entendre ça; *(Belg.)* **ik heb er ~ van** ça me fait du bien; **lieve ~!** juste ciel !

deug·de·lijk [døχdələk] *adj, adv* bon, bien

deug·de·lijk·heid [døχdələkhɛit] *nf* (bonne) qualité

deugd|zaam [døχtsam] *adj, adv (-zamer, -zaamst)* vertueux, d'une manière vertueuse

deu·gen [døχə(n)] *vi (deugde, h. gedeugd)* 1 bien se conduire; **die jongen heeft nooit willen ~** ce garçon n'a jamais rien valu 2 être bon

deug·niet [døχnit] *nm (-en)* vaurien

deuk [døk] *de (-en)* 1 bosse 2 coup

[1]**deu·ken** [døkə(n)] *vt (deukte, h. gedeukt)* bosseler

[2]**deu·ken** [døkə(n)] *vi (deukte, h. gedeukt)* être cabossé

deun [døn] *nm (-en)* rengaine

deun·tje [døncə] *het (-s)* air; **het is het oude ~** c'est toujours le même refrain

deur [dør] *de (-en)* porte; **met gesloten ~en beraadslagen** délibérer à huis clos; **zij loopt bij haar buren de ~ plat** elle est tout le temps fourrée chez ses voisins; **met de ~ in huis vallen** ne pas y aller par quatre chemins; **hij is de ~ uit** il a quitté la maison; **dat staat voor de ~** ça ne va pas tarder; **iemand (het gat van) de ~ wijzen** mettre qqn à la porte ♦ **dat doet de ~ dicht!** c'est le comble !

deur·bel [dørbɛl] *de (-len)* sonnette (d'une porte)

deur·dran·ger [dørdrɑŋər] *nm (-s)* ferme-porte, groom de porte

deur·kruk [dørkrʌk] *de (-ken)* poignée de porte, *(Belg.)* clench(ett)e

deur·mat [dørmɑt] *de (-ten)* paillasson

deur·ope·ning [døropənɪŋ] *nf (-en)* embrasure (de porte)

deur|post [dørpɔst], **-stijl** *nm (-en)* montant

deur·ver·gren·de·ling [dørvərχrɛndəlɪŋ] *nf (-en)* condamnation automatique des portes; **centrale ~** verrouillage central, centralisé

deur·waar·der [dørwardər] *nm (-s)* huissier

[1]**de·va·lu·e·ren** [devalywerə(n)] *vt (devalueerde, h. gedevalueerd) (fin.)* dévaluer

[2]**de·va·lu·e·ren** [devalywerə(n)] *vi (devalueerde, i. gedevalueerd)* 1 *(fin.)* dévaluer 2 *(fig.)* se dévaloriser

de·vies [dəvis] *het (deviezen)* devise

de|voot [devot] *adj, adv (-voter, -vootst)* pieux, d'une manière pieuse; **een ~** un(e) dévot(e)

de·vo·tie [devo(t)si] *nf (-s)* dévotion

[1]**de·ze** [dezə] *dém* ce; **een ~r dagen** un de ces jours

[2]**de·ze** [dezə] *dém* celui-ci; **bij ~(n) meld ik u** par la présente je vous informe (que); **~ en gene** quelques(-uns); **~ of gene** quelqu'un; **de zaak is ~** l'affaire est la suivante

de·zelf·de [dəzɛlvdə] *dém* le même

dia [dija] *nm (-'s)* diapositive

di·a·be·tes [dijabetəs] *nm* diabète

di·ag·no·se [dijɑχnozə] *nf (-n, -s)* diagnostic

di·a·go·naal [dijaχonal] *adj, adv* diagonal(ement); **de ~** la diagonale

dia·gram [dijaχrɑm] *het (-men)* graphique

di·a·ken [dijakə(n)] *nm (-s, -en)* diacre

di·a·lect [dijalɛkt] *het (-en)* dialecte

dia|loog [dijaloχ] *nm (-logen)* dialogue

dia·loog|ven·ster [dijaloχfɛnstər] *het (-s)*, **-kader** *het (-s) (inform.)* boîte de dialogue

di·a·mant [dijamɑnt] *nm (-en)* diamant; **ruwe ~** diamant brut; **~ slijpen** tailler le diamant

di·a·me·ter [dijametər] *nm (-s)* diamètre

di·a·me·traal [dijametral] *adj, adv* diamétral ♦ **dat ligt, staat er ~ tegenover** c'est absolument le contraire

di·ar·ree [dijare] *nf* diarrhée

dicht [dɪχt] *adj, adv* 1 fermé; **de mond ~ houden** garder le silence; **mijn neus zit ~** j'ai le nez bouché 2 serré; **een ~e bevolking** une population dense; **~ op elkaar wonen** habiter les uns sur les autres; **~er tot elkaar komen** se rapprocher l'un de l'autre, les uns des autres 3 (tout) près (de)

dicht·be·volkt [dɪχtbəvɔlkt] *adj* très peuplé

dicht·bij [dɪχtbɛi] *adv* (tout) près

dicht·bin·den [dɪχtbɪndə(n)] *vt (bond dicht, h. dichtgebonden)* ficeler

dicht·bun·del [dɪχtbʌndəl] *nm (-s)* recueil de poèmes

dicht·doen [dɪχdun] *vt (deed dicht, h. dichtgedaan)* fermer

dicht·draai·en [dɪχdrajə(n)] *vt (draaide dicht, h. dichtgedraaid)* fermer

¹**dich·ten** [dɪχtə(n)] *vi (dichtte, h. gedicht)* faire des poèmes

²**dich·ten** [dɪχtə(n)] *vt (dichtte, h. gedicht)* boucher

dich|ter [dɪχtər] *nm (-s),* **-teres** *nf (-sen)* poète, poétesse

dich·ter·bij [dɪχtərbɛi] *adv* plus près; **~ komen** (s')approcher

dich·ter·lijk [dɪχtərlək] *adj, adv* (de façon) poétique; **~e vrijheid** licence poétique

dicht·gaan [dɪ(χt)χan] *vi (ging dicht, i. dichtgegaan)* (se) fermer

dicht·gooi·en [dɪ(χt)χojə(n)] *vt (gooide dicht, h. dichtgegooid)* **1** fermer violemment **2** combler

dicht·heid [dɪχthɛit] *nf* densité, épaisseur

dicht·hou·den [dɪχthaudə(n)] *vt (hield dicht, h. dichtgehouden)* tenir fermé; **zijn neus ~** se boucher le nez

dicht·klap·pen [dɪχtklapə(n)] *vti (klapte dicht, h./i. dichtgeklapt)* → **dichtslaan**

dicht·knij·pen [dɪχtknɛipə(n)] *vt (kneep dicht, h. dichtgeknepen)* pincer

dicht·kno·pen [dɪχtknopə(n)] *vt (knoopte dicht, h. dichtgeknoopt)* boutonner

dicht·ma·ken [dɪχtmakə(n)] *vt (maakte dicht, h. dichtgemaakt)* **1** fermer; **gordijnen ~** tirer les rideaux **2** boucher

dicht·plak·ken [dɪχtplakə(n)] *vt (plakte dicht, h. dichtgeplakt)* coller

dicht·re·gel [dɪχtreχəl] *nm (-s)* vers

dicht·rit·sen [dɪχtrɪtsə(n)] *vt (ritste dicht, h. dichtgeritst)* fermer (la fermeture à glissière de)

¹**dicht·slaan** [dɪχtslan] *vi (sloeg dicht, i. dichtgeslagen)* **1** se fermer d'un coup sec **2** se renfermer

²**dicht·slaan** [dɪχtslan] *vt (sloeg dicht, h. dichtgeslagen)* fermer (d'un coup sec)

dicht·slib·ben [dɪχtslɪbə(n)] *vi (slibde dicht, i. dichtgeslibd)* **1** *(rivière)* s'envaser **2** *(artère, route)* se boucher

dichtst·bij·zijnd [dɪχstbɛizɛint] *adj* le, la, les plus proche(s)

dicht·vou·wen [dɪχtfauwə(n)] *vt (vouwde dicht, h. dichtgevouwen)* plier

dicht·werk [dɪχtwɛrk] *het (-en)* œuvre poétique

dicht·zit·ten [dɪχtsɪtə(n)] *vi (zat dicht, h. dichtgezeten)* être bouché

dic|taat [dɪktat] *het (-taten)* **1** notes de cours **2** cahier, carnet de notes

dic·ta·tor [dɪktatɔr] *nm (-s)* dictateur

dic·te·ren [dɪkterə(n)] *vti (dicteerde, h. gedicteerd)* dicter

di·dac·tiek [didaktik] *nf* pédagogie

¹**die** [di] *dém (adjectif)* ce; **~ boom** cet arbre

²**die** [di] *dém (pronom)* **1** celui-là; **deze jas of ~** ce manteau-ci ou celui-là **2** il(s) **3** celui ♦ **~ en ~** un tel, une telle

³**die** [di] *rel* qui; **dat is een jongen ~ ik goed ken** c'est un garçon que je connais bien

di·eet [dijet] *het (diëten)* régime (alimentaire)

di·eet·voe·ding [dijetfudɪŋ] *nf (-en)* nourriture diététique

dief [dif] *nm (dieven),* **dievegge** *nf (-s, -n)* voleur, -euse; **houdt de ~!** au voleur !

dief·stal [difstal] *nm (-len)* vol

die·ge·ne [diχenə] *dém* → **degene**

dien·aan·gaan·de [dinaŋχandə] *adv* à ce sujet

die|naar [dinar] *nm (-naren),* **-nares** *nf (-sen)* **1** domestique **2** serviteur, servante; **uw gehoorzame, onderdanige ~** votre tout dévoué

dien·blad [dimblat] *het (-en)* plateau (de serveur)

dien·der [dindər] *nm (-s)* gardien de l'ordre ♦ **een dooie ~** un raseur

¹**die·nen** [dinə(n)] *vi (diende, h. gediend)* **1** servir (à); **ergens toe ~** être pour qqch **2** servir (de) **3** falloir; **dat dient u te weten** vous ne pouvez l'ignorer

²**die·nen** [dinə(n)] *vt (diende, h. gediend)* **1** servir (qqn, qqch); **hij was er niet van gediend** il n'en voulait pas; **iemand van advies ~** donner des conseils à qqn **2** être utile à

dien·over·een·kom·stig [dinovərenkɔmstəχ] *adv* conformément à

dienst [dinst] *nm (-en)* **1** service; **in ~ treden** entrer en fonction; **iemand in ~ nemen** engager qqn; **personeel in ~ nemen** embaucher; **in vaste ~ zijn** avoir un poste fixe; **de ~ openbare werken** la direction des travaux publics **2** office **3** emploi ♦ **ten ~e staan (van iemand)** être à la disposition (de qqn); **de ~ uitmaken** faire la pluie et le beau temps; **dat boekje is me van ~ geweest** j'ai tiré grand profit de ce livre

dienst|baar [dinstbar] *adj (-baarder, -baarst)* au service de

dienst·be·trek·king [dinstbətrɛkɪŋ] *nf (-en)* **1** service salarié; **volledige ~** emploi à temps plein **2** emploi

dienst·doen [dinsdun] *adj* ♦ **~ als** servir de

dienst·doend [dinsdunt] *adj* de garde

dien·sten·cen|trum [dinstə(n)sɛntrʌm] *het (-tra)* centre de services sociaux

dien·sten·che·que [dinstə(n)ʃɛk] *nm (-s) (Belg.)* titre-service

dien·sten·sec·tor [dinstə(n)sɛktɔr] *nm* secteur tertiaire

dien·ster [dinstər] *nf (-s)* serveuse

dienst·ge·heim [dinstχəhɛim] *het (-en)* secret professionnel

dien·stig [dinstəχ] *adj* utile (à)

dienst|jaar [dinstjar] *het (-jaren)* **1** année de service **2** année, annuité

dienst·knecht [dinstknɛχt] *nm (-en)* serviteur

dienst·meis·je [dinstmɛiʃə] *het* bonne

dienst·plicht [dinstplɪχt] *de* service obligatoire

dienst·plich·tig [dinstplɪχtəχ] *adj* soumis

à l'obligation du service actif; een ~e un appelé; *(en Belgique)* un milicien

dienst·re·ge·ling [dinstreχəlɪŋ] *nf (-en)* 1 horaire 2 indicateur, horaire

dienst|reis [dinstrɛis] *de (-reizen)* déplacement (de service)

dienst·roos·ter [dinstrostər] *het/de (-s)* 1 horaire 2 tour de garde

dienst·vaar·dig [dinstfardəχ] *adj, adv* (d'une manière) serviable

dienst·ver·band [dinstfərbɑnt] *het* contrat de travail; een vast ~ un poste fixe

dienst·ver·le·nend [dinstfərlenənt] *adj* prestataire de service(s), tertiaire

dienst·ver·le·ning [dinstfərlenɪŋ] *nf* 1 service(s) 2 travaux d'intérêt général

dienst·wei·ge·raar [dinstwɛiχərar] *nm (-s)* objecteur de conscience

dienst·wei·ge·ren [dinstwɛiχərən] *vi* refuser de faire son service militaire

dienst·wei·ge·ring [dinstwɛiχərɪŋ] *nf (-en)* 1 objection de conscience 2 insubordination

dien·ten·ge·vol·ge [dintɛŋχəvɔlχə] *adv* par conséquent

diep [dip] *adj, adv* profond(ément); ~ ademhalen respirer à fond; een ~ bord une assiette creuse; ~ in iets doordringen pénétrer au cœur de qqch; in ~e gedachten verzonken plongé dans ses pensées; het ~e le grand bassin; uit het ~ste van zijn hart du fond du cœur; ~ in Rusland au fin fond de la Russie; in ~e rouw en grand deuil; een ~e stem une voix grave; die twisten duurden tot ~ in de 19e eeuw ces querelles se prolongèrent bien avant dans le XIXe siècle

die·pe·rik [dipərɪk] *nm (Belg.)* ♦ de ~ ingaan sombrer

diep|gaand [dipχant] *adj, adv (-gaander, meest d.)* approfondi, en profondeur; ~e verschillen différences profondes

diep·gang [dipχɑŋ] *nm* 1 tirant d'eau 2 profondeur

diep·ge·wor·teld [dipχəwɔrtəlt] *adj* enraciné

diep·gra·vend [dipχravənt] *adj* (très) approfondi

diep·lig·gend [diplɪχənt] *adj* profond; ~e ogen yeux enfoncés

diep·te [diptə] *nf (-n, -s)* profondeur; het dorp lag in de ~ le village était en contrebas

diep·te·punt [diptəpʌnt] *het (-en)* (le) point le plus bas; een ~ bereikt hebben être au plus bas

diep·treu·rig [diptrørəχ] *adj* navrant

diep·vries [dipfris] *nm* 1 congélation 2 congélateur; groente uit de ~ légumes surgelés

diep·zee·dui·ken [dipsedœykə(n)] *het* plongée sous-marine

diep·zin·nig [dipsɪnəχ] *adj, adv* 1 perspicace, avec perspicacité 2 profond

dier [dir] *het (-en)* animal ♦ lekker ~! ben, mon cochon !

dier|baar [dirbar] *adj (-baarder, -baarst)* cher; mijn dierbaren ceux qui me sont chers

die·ren·arts [dirə(n)ɑrts] *nm (-en)* (médecin) vétérinaire

die·ren·asiel [dirə(n)azil] *het (-en)* refuge (pour animaux)

die·ren·be·scher·ming [dirə(n)bəsχɛrmɪŋ] *nf* Société Protectrice des Animaux

die·ren·beul [dirə(n)bøl] *nm (-en)* persécuteur d'animaux

die·ren·leed [dirə(n)let] *het* souffrance des animaux

die·ren·lief·heb·ber [dirə(n)lifhɛbər] *nm (-s)* ami, -ie des animaux

die·ren·mis·han·de·ling [dirəmɪshɑndəlɪŋ] *nf* cruauté envers les animaux

die·ren·pen·si·on [dirə(n)pɛnʃɔn] *het (-s)* → dierenasiel

die·ren·riem [dirə(n)rim] *nm* zodiaque

die·ren·rijk [dirə(n)rɛik] *het* règne animal

die·ren·tem·mer [dirə(n)tɛmər] *nm (-s)* dompteur, -euse

die·ren·tuin [dirə(n)tœyn] *nm (-en)* jardin, parc zoologique

die·ren·vriend [dirə(n)vrint] *nm (-en)* → dierenliefhebber

die·ren·wel·zijn [dirə(n)wɛlzɛin] *het* bien-être des animaux

dier·gaar·de [dirχardə] *de (-n)* → dierentuin

dier·ge·nees·kun·de [dirχəneskʌndə] *nf* médecine vétérinaire

dier·kun·de [dirkʌndə] *nf* zoologie

dier·lijk [dirlək] *adj, adv* 1 animal 2 bestial(ement); het ~e in de mens la bête humaine

dier·proef [dirpruf] *de (-proeven)* expérience animale

dier·soort [dirsort] *de (-en)* espèce animale

dier·ver·zor·ger [dirvərzɔrχər] *nm (-s)* gardien

[1]di·es [dijɛs] *nm* anniversaire (de la fondation)

[2]dies [dis] *dém* ♦ wat ~ meer zij et ainsi de suite

[1]die·sel [dizəl] *de* gasoil

[2]die·sel [dizəl] *nf (-s)* diesel

[3]die·sel [dizəl] *nm (-s)* train à traction Diesel

di·ë|tist [dijetɪst] *nm (-en)*, **-tiste** *nf (-s)* diététicien, -ienne

die·veg·ge [divɛχə] *nf (-s)* → dief

die·ven·klauw [divə(n)klɑu] *de (-en)* ⟨*serrure de sûreté*⟩

die·ven·wa·gen [divə(n)waχə(n)] *nm (-s)* panier à salade

dif·fe·ren·ti·ë·ren [dɪfərɛn(t)ʃerə(n)] *vti (differentieerde, h. gedifferentieerd)* 1 faire une distinction 2 *(math.)* différencier (qqch)

dif|fuus [dɪfys] *adj (-fuser, meest d.)* diffus

dif·te·rie [dɪftəri] *nf* diphtérie

dig·ge·len [dɪχələ(n)], **diggels** *plur* ♦ aan ~ vallen voler en éclats

di·gi·beet [diχibet] *adj* nul en informatique
di·gi·bord [diχibɔrt] *het (-en)* tableau blanc interactif, TBI
dij [dɛi] *de (-en)* cuisse; op zijn ~en slaan (van plezier) se taper les cuisses (de contentement)
dij|been [dɛiben] *het (-benen)* fémur
dij·en·klet·ser [dɛijə(n)klɛtsər] *nm (-s)* histoire tordante
dijk [dɛik] *nm (-en)* digue ♦ iemand aan de ~ zetten mettre qqn sur le pavé; een ~ van een ... un(e) ... très grand(e)
dijk|breuk [dɛigbrøk] *de (-en)*, **-door·braak** *de (-braken)* rupture de digue
dijk|graaf [dɛikχraf] *nm (-graven)* surintendant des digues
dik [dɪk] *adj, adv* **1** épais; ~ gezaaid semé dru; een ~ke mist un brouillard épais; dat zit er ~ in il n'y a pas l'ombre d'un doute; het ligt er ~ bovenop ça crève les yeux **2** gros **3** enflé; een ~ke keel hebben avoir la gorge enflée **4** large(ment); een ~ke kus un gros baiser; een ~ uur plus d'une heure; 't is ~ in orde pas de problèmes **5** grand, très; het is ~ aan tussen hen c'est le grand amour entre eux; ~ke vrienden, maatjes zijn être très ami(s) (avec qqn) ♦ ~ doen faire l'important; door ~ en dun envers et contre tout (tous); zich niet ~ maken ne pas s'en faire
dik·bui·kig [dɪgbœykəχ] *adj* ventru
dik·doe·ne·rij [dɪgdunərɛi] *nf* vantardise
dik·hui·dig [dɪkhœydəχ] *adj* **1** qui a la peau épaisse; de ~e zoogdieren les pachydermes **2** balourd
dik·kerd [dɪkərt] *nm (-s)* (gros) patapouf, boulotte
dik·oor [dɪkor] *het (Belg.)* oreillons
dik·te [dɪktə] *nf (-s)* **1** embonpoint **2** épaisseur
dik·wijls [dɪkwəls, dɪkwɛils] *adv* souvent; hoe ~ moet ik u dat nog zeggen? combien de fois dois-je encore vous le répéter ?
dik·zak [dɪksɑk] *nm (-ken)* gros plein de soupe
dil·le [dɪlə] *de* aneth
di·lu·vi·um [dilyvijʌm] *het* quaternaire ancien
di·men·sie [dimɛnzi] *nf (-s)* dimension
dim·licht [dɪmlɪχt] *het (-en)* feux de croisement
dim·men [dɪmə(n)] *vti (dimde, h. gedimd)* **1** la mettre en code **2** se mettre en veilleuse
di·ne·ren [dinerə(n)] *vi (dineerde, h. gedineerd)* dîner
ding [dɪŋ] *het (-en)* **1** chose; twee ~en tegen elkaar afwegen peser le pour et le contre; één ~ is zeker, hij komt niet ce qui est sûr c'est qu'il ne viendra pas; vooral geen gekke ~en doen! surtout pas de bêtises !; dat is niet mijn ~ ce n'est pas mon truc; wachten op de ~en die komen (gaan) voir venir (les évènements) **2** *(fam.)* petite; een jong ~ une petite jeune
din·gen [dɪŋə(n)] *vi (dong, h. gedongen)* **1** rivaliser **2** postuler; naar de hand van een meisje ~ demander la main d'une jeune fille
din·ges [dɪŋəs] *de (fam.)* machin
dins·dag [dɪnzdɑχ] *nm (-en)* mardi
dip [dɪp] *de (-s)* **1** baisse inattendue (des cours) **2** dépression
di·plo·ma [diploma] *het (-'s)* **1** diplôme **2** baccalauréat
di·plo·ma·ten|kof·fer·tje [diplomatə(n)kɔfərcə] *het (-s)*, **-tas** *de (-sen)* attaché-case
di·plo·ma·tiek [diplomatik] *adj, adv* diplomatique(ment); de ~ la diplomatique; in ~e dienst treden entrer dans la diplomatie; ~ te werk gaan être diplomate
di·plo·me·ren [diplomerə(n)] *vt (diplomeerde, h. gediplomeerd)* diplômer
dip|saus [dɪpsɑus] *de (-sauzen)* sauce
di|rect [dirɛkt] *adj, adv (-recter, meest d.)* **1** direct(ement) **2** immédiatement; per ~ immédiatement, sur-le-champ **3** bientôt; zo ~ dans un instant
di·rec|teur [dirɛktør] *nm (-en, -s)*, **-trice** *nf (-s)* **1** directeur, -trice; algemeen ~ van een bedrijf président-directeur général d'une entreprise **2** proviseur
di·rect·heid [dirɛkthɛit] *nf* façon , manière directe
di·rec·tie [dirɛksi] *nf (-s)* direction
di·rec·tie|keet [dirɛksiket] *de (-keten)* baraque du chef de chantier
di·rec·to|raat [dirɛktorat] *het (-raten)* direction
di·rec·to·ry [dɑjrɛktəri] *nm (-'s) (inform.)* répertoire
di·ri·geer·stok [diriχerstɔk] *nm (-ken)* baguette, bâton de chef d'orchestre
di·ri·gent [diriχɛnt] *nm (-en)* chef d'orchestre
dis [dɪs] *de (-sen)* table
dis·ci·pli·ne [disiplinə] *nf* discipline
disc·man [dɪskmɛ:n] *nm (-s)* lecteur CD portable
dis·co [dɪsko] *de (-'s)* **1** discothèque **2** disco
dis·con·to [dɪskɔnto] *het (-'s)* escompte
dis·cre·pan·tie [dɪskrepɑn(t)si] *nf* **1** décalage **2** discordance
dis·cre·tie [dɪskre(t)si] *nf* discrétion
dis·cri·mi·na·tie [dɪskrimina(t)si] *nf* discrimination
dis·cus·sie [dɪskʌsi] *nf (-s)* discussion; brede maatschappelijke ~ débat à l'échelle nationale; ter ~ staan être l'objet d'une discussion
dis·cus·sie·pro·gram·ma [dɪskʌsiproχrɑma] *het (-'s)* émission-débat
dis·cus·si·ë·ren [dɪskʌʃerə(n)] *vi (discussieerde, h. gediscussieerd)* discuter
dis·cus·wer·pen [dɪskʌswɛrpə(n)] *vb* lancer le disque
disk·drive [dɪskdrɑjf] *de (-s) (inform.)* lecteur de disquettes, de disques
dis·kre·diet [dɪskrədit] *het* discrédit; ie-

mand in ~ brengen jeter le discrédit sur qqn
dis·kwa·li·fi·ce·ren [dɪskwalifiseːrə(n)] *vt (diskwalificeerde, h. gediskwalificeerd)* **1** disqualifier **2** récuser
dis·pen·sa·tie [dɪspɛnsaː(t)si] *nf (-s)* dispense
dis·play [dɪsple] *de (-s) (inform.)* visuel, affichage
dis|puut [dɪspyːt] *het (-puten)* **1** débat **2** club d'étudiants
dis·sel [dɪsəl] *nm (-s),* **disselboom** *nm (-bomen)* timon
dis·sen [dɪsə(n)] *vt (diste, h. gedist)* insulter en public, harceler
dis·ser·ta·tie [dɪsɛrtaː(t)si] *nf (-s)* **1** thèse **2** dissertation
dis·tan·ti·ë·ren, zich [dɪstɑn(t)ʃeːrə(n)] *vpr (distantieerde zich, h. zich gedistantieerd) (+ van)* se distancier (de); **het ~** la distanciation; **zich van een politieke actie ~** se désolidariser d'une action politique
dis·tel [dɪstəl] *de (-s)* chardon
dis·til·le·ren [dɪstileːrə(n)] *vt (distilleerde, h. gedistilleerd)* **1** distiller **2** *(+ uit) (fig.)* inférer (de)
dis·tri·bu·tie [dɪstribyː(t)si] *nf (-s)* **1** distribution **2** rationnement
dis·tric·ten·stel·sel [dɪstrɪktə(n)stɛlsəl] *het (-s)* système fondé sur la répartition en districts
[1]**dit** [dɪt] *dém (adjectif)* ce; **~ meisje** cette fillette
[2]**dit** [dɪt] *dém (pronom)* **1** celui-ci; **het probleem is ~** le problème est le suivant **2** *(avec 'être')* ce; **~ is een vergissing** c'est une erreur; **~ zijn mijn dochters** voici mes filles **3** *(avec d'autres verbes)* ceci
dit·je [dɪcə] *het (-s)* un rien; **~s en datjes** des futilités
dit·maal [dɪtmal] *adv* cette fois(-ci)
Di·va·li [divaːli] *het* fête du Diwali
di·van·bed [diːvɑmbɛt] *het (-den)* lit-divan
di·vers [divɛrs] *adj* **1** divers; **~e kaassoorten** fromages assortis; *(subst.)* **~en** articles divers **2** plusieurs
di·vi·dend [dividɛnt] *het (-en)* dividende; **een ~ uitgekeerd krijgen** toucher un dividende
Dji·bou·ti [djibuːti] *het* Djibouti
Dji·bou|ti·aan [djibucaːn] *nm (-tianen),* **-tiaanse** *nf (-n)* Djiboutien, -ienne
Dji·bou·ti·aans [djibucaːns] *adj* djiboutien
dktp-prik [dekatepeːprɪk] *nm (-ken)* vaccination DTCP (diphtérie, tétanos, coqueluche, poliomyélite)
d.m.v. abrév. de *door middel van* au moyen de
DNA [deɛnaː] *het* abrév. de *desoxyribonucleïnezuur* ADN
dob·be·len [dɔbələ(n)] *vi (dobbelde, h. gedobbeld)* jouer aux dés
dob·bel|steen [dɔbəlsten] *nm (-stenen)* dé
dob·ber [dɔbər] *nm (-s)* **1** flotteur **2** bouchon ♦ **een harde ~ hebben (om)** avoir bien de la peine (à)
dob·be·ren [dɔbərə(n)] *vi (dobberde, h. gedobberd)* flotter
do·cent [dosɛnt] *nm (-en),* **docente** *nf (-s, -n)* enseignant, -ante, professeur
do·ce·ren [doseːrə(n)] *vti (doceerde, h. gedoceerd)* enseigner
doch [dɔχ] *conj* cependant
doch·ter [dɔχtər] *nf (-s)* fille
doch·ter|maat·schap·pij [dɔχtərmatsχɑpɛi] *nf (-en),* **-onderneming** *nf (-en),* **-bedrijf** *het (-bedrijven)* filiale
doc·tor [dɔktɔr] *nm (-en, -s)* docteur
doc·to·raal [dɔktoraːl] *het* ± maîtrise
doc·to·ran|dus [dɔktorɑndʌs] *nm (-dussen, -di)* ± titulaire d'une maîtrise, *(Belg.)* licencié, -ée
doc·tors|graad [dɔktɔrsχrat] *nm (-graden)* doctorat (d'État)
do·cu·ment [dokymɛnt] *het (-en)* document
do·cu·men·te·ren [dokymɛnteːrə(n)] *vt (documenteerde, h. gedocumenteerd)* documenter
do·de [doːdə] *nm (-n)* mort, morte; *(prov)* **van de ~n niets dan goeds** il ne faut pas dire du mal des morts
do·de·lijk [doːdələk] *adj, adv* mortel(lement); **een ~e afloop** une issue fatale; **~ geschrokken** mort de peur
do·den [doːdə(n)] *vt (doodde, h. gedood)* tuer; **het ~** la mise à mort
do·den·cel [doːdə(n)sɛl] *de (-len)* cellule du, d'un condamné
do·den·dans [doːdə(n)dɑns] *nm (-en)* danse macabre
do·den·mars [doːdəmɑrs] *de (-en)* marche funèbre
do·den·mas·ker [doːdəmɑskər] *het (-s)* masque mortuaire
do·den|rou·te [doːdə(n)rutə] *nm (-s),* **-weg** *nm (-en)* route meurtrière
do·den|stad [doːdə(n)stɑt] *de (-steden)* nécropole
do·den|tal [doːdə(n)tɑl] *het (-len), (Belg.)* **-tol** *het (-len)* nombre de(s) morts, bilan
do·den·wa·ke [doːdə(n)wakə] *de (-n)* veillée funèbre
do·ding [doːdɪŋ] *nf (-en)* mise à mort
doe·del·zak [duːdəlzɑk] *nm (-ken)* cornemuse
doe-het-zel·ver [duətzɛlvər] *nm (-s)* bricoleur
[1]**doek** [duk] *het/de (-en)* **1** étoffe **2** écran; **het witte ~** le grand écran **3** toile **4** rideau
[2]**doek** [duk] *nm (-en)* **1** bout d'étoffe **2** chiffon ♦ **iets uit de ~en doen** mettre (qqn) au courant de qqch
doek·je [duːkjə] *het (-s)* ♦ **er geen ~s om winden** ne pas mâcher ses mots; **'t is maar een ~ voor het bloeden** c'est un faux-fuyant
doel [dul] *het (-en)* but; **het is voor een goed ~** c'est pour une bonne cause; *(prov)* **het ~ heiligt de middelen** la fin jus-

tifie les moyens; **zijn ~ voorbijschieten** manquer son but; **hij was het ~ van bespotting** il servait de cible aux railleries
doel·be|wust [dulbəwʌst] *adj (-wuster, meest d.)* conscient
doel·ein·de [dulεində] *het (-n)* **1** but **2** fin
doe·len [dulə(n)] *vi (doelde, h. gedoeld) (+ op)* viser (qqn, qqch)
doel·ge·bied [dulχəbit] *het (-en) (sports)* surface de but
doel·ge·richt [dulχərɪχt] *adj, adv* direct, d'une façon pertinente
doel·groep [dulχrup] *de (-en)* groupe-cible
doel|loos [dulos] *adj, adv (-lozer, -loost)* sans but
doel·man [dulmɑn] *nm (-nen)* gardien de but
doel·ma·tig [dulmatəχ] *adj, adv* efficace(ment)
doel·punt [dulpʌnt] *het (-en)* but
doel·stel·ling [dulstεlɪŋ] *nf (-en)* but
doel·tref·fend [dultrεfənt] *adj, adv* efficace(ment); **snel en ~** expéditif
doel·wach·ter [dulwɑχtər] *nm (Belg.)* gardien de but
doel·wit [dulwɪt] *het (-ten)* **1** cible **2** but
doem [dum] *nm* malédiction
doem·den·ken [dumdεŋkə(n)] *vb* être défaitiste; **het ~** le catastrophisme
doe·men [dumə(n)] *vt (doemde, h. gedoemd)* vouer (à)
doem·sce·na·rio [dumsənarijo] *het (-'s)* scénario catastrophe
[1]**doen** [dun] *het* ♦ **uit zijn gewone ~ zijn** ne pas être dans son assiette; **in goeden ~ zijn** vivre dans l'aisance; **iemands ~ en laten** les faits et gestes de qqn; **voor hun ~** pour eux
[2]**doen** [dun] *vti (deed, h. gedaan)* **1** faire; **aan de slanke lijn ~** faire un régime (amaigrissant); **ik doe er twee uur over** je mets deux heures (à); *(Belg.)* **ik heb gedaan** j'ai fini; **ze doet het erom** elle le fait exprès; **het is met hem gedaan** c'en est fait de lui; **de kamer ~** faire le ménage; **iets gedaan weten te krijgen** obtenir qqch (de qqn); **lief ~** se montrer aimable; **roken doet hij niet** il ne fume pas; **dat is te ~** c'est faisable; **er is veel over te ~ geweest** cela a fait du bruit; **je doet maar!** (tu) fais ce que tu veux ! **2** mettre; **iets in zijn zak ~** mettre qqch dans sa poche **3** *(+ het)* faire; **de kachel doet het** le poêle marche ♦ **ik kan er niets aan ~** je n'y peux rien; **het moeten ~ met ...** devoir se contenter de ...; **het is niets gedaan met hem** il est dans un état déplorable; **het is hem te ~ om** ce qu'il veut, c'est; **met iemand te ~ hebben** avoir pitié de qqn; **met iemand te ~ krijgen** avoir affaire à qqn; **er het zwijgen toe ~** préférer se taire; **zich aan iets te goed ~** se régaler de qqch
doen·lijk [dunlək] *adj* faisable
doe·tje [ducə] *het (-s)* chiffe molle
doe·va·kan·tie [duvakɑn(t)si] *nf (-s)* vacances actives
doe·ze·len [duzələ(n)] *vi (doezelde, h. gedoezeld)* somnoler
dof [dɔf] *adj, adv* **1** mat; **een ~fe blik** un regard terne; **~ worden** se ternir **2** sourd(ement) **3** morne
dof·heid [dɔfhεit] *nf* **1** manque d'éclat **2** manque de sonorité
dog [dɔχ] *nm (-gen)* dogue; **Deense ~** (un) danois
dog·ma|tisch [dɔχmatis] *adj, adv (-tischer, meest d.)* dogmatique(ment)
dok [dɔk] *het (-ken)* dock
do·ka [doka] *de (-'s)* chambre noire
dok·ken [dɔkə(n)] *vti (dokte, h. gedokt)* casquer
dok|ter [dɔktər] *nm (-ters, -toren)* médecin
dok·te·ren [dɔktərə(n)] *vi (dokterde, h. gedokterd)* **1** pratiquer la médecine **2** bricoler
***dok·ters-** [dɔktərs-] médical
dok·ters·prak·tijk [dɔktərsprɑktεik] *de (-en)* **1** clientèle (d'un médecin) **2** cabinet (médical)
dok·ters·ro·man [dɔktərsromɑn] *nm (-s)* roman à l'eau de rose
dok·ters·voor·schrift [dɔktərsforsχrɪft] *het* ordonnance
dok·wer·ker [dɔkwεrkər] *nm (-s)* docker
dol [dɔl] *adj, adv* **1** fou, follement; **~ op iets zijn** adorer qqch; **te ~ om los te lopen** vraiment trop fort; **~le vreugde** joie délirante **2** qui foire; **door het ~le heen zijn** être déchaîné **3** enragé
dol·blij [dɔlblεi] *adj* ravi
dol·draai·en [dɔldrajə(n)] *vi (draaide dol, i. dolgedraaid)* **1** foirer **2** perdre la tête
dol·driest [dɔldrist] *adj, adv* fort téméraire, hardiment
do·len [dolə(n)] *vi (doolde, h. gedoold)* errer; **het ~** l'errance
dolf [dɔlf], **dolven** → **delven**
dol·fijn [dɔlfεin] *nm (-en)* dauphin
dol·fi·na|ri·um [dɔlfinarijʌm] *het (-riums, -ria)* bassin aux dauphins
dol·graag [dɔlχraχ] *adv* avec joie; **iets ~ willen hebben** mourir d'envie d'avoir qqch
dol|heid [dɔlhεit] *nf (-heden)* **1** *(maladie)* rage **2** folie
dolk [dɔlk] *nm (-en)* poignard
dol·lar·koers [dɔlɑrkurs] *nm (-en)* cours du dollar
dol·le·man [dɔləmɑn] *nm (-nen)* forcené, -ée
dol·len [dɔlə(n)] *vi (dolde, h. gedold)* faire le fou
dol·le·tjes [dɔləcəs] *interj* chouette !
[1]**dom** [dɔm] *nm (-men)* cathédrale
[2]**dom** [dɔm] *adj, adv* **1** bête(ment); **(het is) ~ geluk** c'est un pur hasard; **een ~me streek** une bêtise **2** ignorant; **zich van de ~me houden** faire l'ignorant
do·mein [domεin] *het (-en)* domaine

dom|heid [dɔmhɛit] *nf (-heden)* bêtise
do·mi|nant [dominɑnt] *adj (-nanter, meest d.)* dominant
do·mi·nee [domine] *nm (-s)* pasteur; **je lijkt wel een ~** tu te prends pour un curé
do·mi·ne·ren [dominerə(n)] *vti (domineerde, h. gedomineerd)* dominer; **een ~d karakter** un caractère dominateur
Do·mi·ni·ca [dominika] *het* Dominique
Do·mi·ni|caan [dominikan] *nm (-canen),* **-caanse** *nf (-n)* Dominicain, -aine
do·mi·ni|caans [dominikans], **-caner** *adj* dominicain ♦ **de Dominicaanse Republiek** la République dominicaine
Do·mi·ni·caans [dominikans] *adj (Rép. dom.)* dominicain, *(Dominique)* dominiquais; **de ~e Republiek** la République dominicaine
do·mi·no-ef·fect [dominoɛfɛkt] *het* réaction en chaîne
do·mi·no|steen [dominosten] *nm (-stenen)* domino
dom·kerk [dɔmkɛrk] *de (-en)* → **[1]dom**
dom·kop [dɔmkɔp] *nm (-pen)* imbécile
dom·me·len [dɔmələ(n)] *vi (dommelde, h. gedommeld)* somnoler
dom·me·rik [dɔmərɪk] *nm (-en)* → **domoor**
dom·mig|heid [dɔməχhɛit] *nf (-heden)* bêtise
dom|oor [dɔmor] *nm (-oren)* sot
dom·pe·len [dɔmpələ(n)] *vt (dompelde, h. gedompeld)* plonger
dom·per [dɔmpər] *nm (-s)* ♦ **een ~ zetten op iets** faire l'effet d'une douche
dom·weg [dɔmwɛχ] *adv* (tout) bêtement
do·na·tie [dona(t)si] *nf (-s)* donation
Do·nau [donɑu] *nm* Danube
don·der [dɔndər] *nm (-s)* **1** tonnerre; **ik snap er geen ~ van** je nage complètement; **dat gaat je geen ~ aan** et ta sœur; **daar kun je ~ op zeggen** c'est moi qui vous le dis **2** *(fam.)* carcasse; **op zijn ~ krijgen** se faire incendier ♦ **een arme ~** un pauvre diable
don·der·beest·je [dɔndərbeʃə, [B]dɔndərbescə] *het (-s)* moucheron
don·der·bui [dɔndərbœy] *de (-en)* orage
don·der·dag [dɔndərdɑχ] *nm (-en)* jeudi; **Witte Donderdag** le jeudi saint
[1]don·de·ren [dɔndərə(n)] *vi, vb impers (donderde, h./i. gedonderd)* **1** tonner; **het dondert** on entend le tonnerre **2** dégringoler ♦ **dat dondert niet** je m'en fiche
[2]don·de·ren [dɔndərə(n)] *vt (donderde, h. gedonderd)* flanquer (par terre); **ik heb hem de deur uit gedonderd** je l'ai foutu à la porte
don·der·ja·gen [dɔndərjaχə(n)] *vi (donderjaagde, h. gedonderjaagd)* casser les pieds (à qqn)
don·der|preek [dɔndərprek] *de (-preken)* admonestation; **een ~ houden** fulminer
don·der·slag [dɔndərslɑχ] *nm (-en)* coup de tonnerre
don·der·speech [dɔndərspi:tʃ] *nm (-es)* → **donderpreek**
don·der|steen [dɔndərsten] *nm (-stenen)* sacré(e) gamin(e)
don·der·stem [dɔndərstɛm] *de (-men)* voix tonitruante
don·der|straal [dɔndərstral] *nm (-stralen)* → **dondersteen**
don·der·wolk [dɔndərwɔlk] *de (-en)* nuage orageux
dong [dɔŋ], **dongen** → **dingen, afdingen, meedingen** *(etc.)*
[1]don·ker [dɔŋkər] *het/de* obscurité; **in het ~ rondtasten** tâtonner dans le noir
[2]don|ker [dɔŋkər] *adj, adv (-kerder, -kerst)* **1** obscur; **een ~e lucht** un ciel menaçant; **het wordt ~** la nuit tombe **2** (d'un air) sombre; **een ~e bladzijde in zijn leven** une page noire de sa vie **3** foncé **4** foncé (de peau), noir
don·ker·te [dɔŋkərtə] *nf* obscurité
do·nor [donɔr] *nm (-en)* donneur (de sang, d'organes, de sperme etc.)
do·nor·co·di·cil [donɔrkodisil] *het (-len)* carte (officielle) de donneur d'organes
dons [dɔns] *het* duvet
dons·de·ken [dɔnzdekə(n)] *de (-s)* édredon
don·zig [dɔnzəχ] *adj* duveteux
[1]dood [dot] *de* mort; **als de ~ voor (van) iets zijn** avoir une peur bleue de qqch; **duizend doden sterven** souffrir mille morts; **ten dode (toe) opgeschreven zijn** être un homme mort; **om de (dooie) ~ niet** jamais de la vie; *(prov)* **de een zijn ~ is de ander zijn brood** le malheur des uns fait le bonheur des autres
[2]dood [dot] *adj* mort; **een dooie vent** un type pas drôle; **dode vingers** doigts gourds; **hij is op sterven na ~** il est à deux doigts de la mort ♦ **zich ~ schamen** mourir de honte; **zich ~ werken** se tuer au travail
***dood-** [dot-] très; **doodeenvoudig, doodsimpel** très simple(ment)
dood·bid·der [dodbɪdər] *nm (-s)* croque-mort
dood·bloe·den [dodbludə(n)] *vi (bloedde dood, i. doodgebloed)* **1** perdre tout son sang **2** s'éteindre; **een staking laten ~** laisser pourrir une grève; **dat zaakje zal wel ~** cette affaire sera bientôt oubliée
dood·doen [dodun] *vt (deed dood, h. doodgedaan) (Belg.)* → **doden**
dood·doe·ner [dodunər] *nm (-s)* banalité
dood·druk·ken [dodrʌkə(n)] *vt (drukte dood, h. doodgedrukt)* **1** écraser **2** étouffer
dood·eng [dotɛŋ] *adj, adv* terrifiant, d'une manière qui fait frissonner
dood·en·kel [dotɛŋkəl] *adj* (très) rare
dood·gaan [dotχan] *vi (ging dood, i. doodgegaan)* mourir
dood·ge·bo·ren [dotχəborə(n)] *adj* mort-né
dood·ge·moe·de·reerd [dotχəmudərert] *adj, adv* impassible, sans sourciller

dood·ge·woon [dotχəwon] *adj, adv* très simple, tout simplement

dood·gooi·en [dotχojə(n)] *vt (gooide dood, h. doodgegooid)* couvrir (de); **je wordt ermee doodgegooid** on ne voit, n'entend (plus) que ça

dood·gra·ver [dotχravər] *nm (-s)* fossoyeur

dood·hon·ge·ren [dothɔŋərə(n)] *vti (hongerde dood, h./i. doodgehongerd)* (faire) mourir de faim

dood·kist [dotkɪst] *de (-en)* cercueil

dood·leuk [dotløk] *adv* sans avoir l'air de rien

[1]**dood·lo·pen** [dotlopə(n)] *vi (liep dood, i. doodgelopen)* **1** finir en cul-de-sac **2** *(fig.)* ne mener à rien

[2]**dood·lo·pen, zich** [dotlopə(n)] *vpr (liep zich dood, h. zich doodgelopen)* **1** *(fig.)* s'épuiser à la course, à la marche **2** se tuer à (force de) courir

dood·ma·ken [dotmakə(n)] *vt (maakte dood, h. doodgemaakt)* **1** tuer **2** amortir

dood·moe [dotmu] *adj* mort de fatigue; **iemand ~ maken** épuiser qqn

dood·op [dotɔp] *adj* épuisé

dood·rij·den [dotrɛidə(n)] *vt (reed dood, h. doodgereden)* écraser; **zich ~** se tuer en voiture

dood·rij·der [dotrɛidər] *nm (-s) (Belg.)* chauffard

doods [dots] *adj (doodser, meest d.)* **1** sinistre **2** mort

doods·angst [dotsɑŋst] *nm (-en)* angoisse profonde; **~en uitstaan** avoir une peur bleue

doods·bang [dotsbɑŋ] *adj, adv* terrifié; **~ zijn voor** avoir la hantise de

doods·bed [dotsbɛt] *het* lit de mort

doods·be·drei·ging [dotsbədrɛiχɪŋ] *nf (-en)* menace de mort

doods·be·nauwd [dotsbənɑut] *adj* mort de peur

dood·scha·men, zich [dotsχamə(n)] *vpr (schaamde zich dood, h. zich doodgeschaamd)* mourir de honte

dood·schie·ten [dotsχitə(n)] *vt (schoot dood, h. doodgeschoten)* tuer (d'un coup de fusil etc.)

dood·schrik·ken, zich [dotsχrɪkə(n)] *vpr (schrok zich dood, i. zich doodgeschrokken)* être mort de peur

doods·es·ka·der [dotsɛskadər] *het (-s)* escadron de la mort

doods·ge|vaar [dotsχəvar] *het (-varen)* danger de mort

doods·ge·vaar·lijk [dotsχəvarlək] *adj (Belg.)* mortel

doods·heid [dotshɛit] *nf* désolation

doods·hoofd [dotshoft] *het (-en)* tête de mort

doods·kist [dotskɪst] *de (-en)* → **doodkist**

doods|kleed [dotsklet] *het (-kleden)* **1** linceul **2** drap mortuaire

doods·klok [dotsklɔk] *de (-ken)* glas

doods·kop [dotskɔp] *nm (-pen)* → **doodshoofd**

doods|kreet [dotskret] *nm (-kreten)* cri de détresse

dood·slaan [dotslan] *vt (sloeg dood, h. doodgeslagen)* tuer (à coups de bâton etc.)

dood·slag [dotslɑχ] *nm (-en)* homicide

dood·smak [dotsmɑk] *nm (-ken)* chute grave

doods·nood [dotsnot] *nm* **1** agonie **2** détresse

doods·oor|zaak [dotsorzak] *de (-zaken)* cause de la mort

doods·strijd [dotstrɛit] *nm* agonie

dood·ste·ken [dotstekə(n)] *vt (stak dood, h. doodgestoken)* poignarder

dood·stil [dotstɪl] *adj* **1** immobile **2** tout à fait silencieux

dood·straf [dotstrɑf] *de (-fen)* peine de mort

doods·ver·ach·ting [dotsfərɑχtɪŋ] *nf* mépris de la mort

doods·ver·lan·gen [dotsfərlɑŋə(n)] *het* désir de (la) mort

doods·vij·and [dotsfɛijɑnt] *nm (-en)* ennemi mortel

dood·val·len [dotfɑlə(n)] *vi (viel dood, i. doodgevallen)* tomber raide mort; **ik mag ~ als het niet waar is** j'en donnerais ma tête à couper ♦ **het gesprek valt dood** la conversation tombe à plat

dood·ver·kla·ren [dotfərklarə(n)] *vt (verklaarde dood, h. doodverklaard)* prononcer l'ostracisme contre; **ze hebben elkaar doodverklaard** ils ont coupé les ponts

dood·ver·ven [dotfɛrvə(n)] *vt (doodverfde, h. gedoodverfd)* **1** désigner à l'avance (qqn pour qqch); **de gedoodverfde winnaar** le grand favori **2** *(+ als)* faire passer (pour)

dood·von·nis [dotfɔnɪs] *het (-sen)* **1** condamnation à mort **2** arrêt de mort

dood·vrie·zen [dotfrizə(n)] *vi (vroor dood, i. doodgevroren)* mourir de froid

[1]**dood·zon·de** [dotsɔndə] *de (-n)* **1** péché mortel **2** faute impardonnable

[2]**dood·zon·de** [dotsɔndə] *adj* très dommage

dood·zwij·gen [dotswɛiχə(n)] *vt (zweeg dood, h. doodgezwegen)* faire le silence sur

doof [dof] *adj, adv (dover, doofst)* sourd; **Oost-Indisch ~ zijn** faire la sourde oreille

doof·heid [dofhɛit] *nf* surdité

doof·pot [dofpɔt] *nm (-ten)* ♦ **iets in de ~ stoppen** étouffer qqch

doof·stom [dofstɔm] *adj* sourd-muet; **een ~me** un(e) sourd(e)-muet(te)

dooi·en [dojə(n)] *vb impers (dooide, h. gedooid)* dégeler

dooi·er [dojər] *nm (-s)* jaune d'œuf

dook [dok], **doken** → **duiken, wegduiken, onderduiken** *(etc.)*

dool|hof [dolhɔf] *nm (-hoven)* labyrinthe

doop [dop] *nm (dopen)* baptême; **een kind ten ~ houden** tenir un enfant sur les fonts baptismaux

doop|ceel [dopsel] *de (-celen)* ♦ **iemands ~ lichten** dire pis que pendre de qqn

doop·sel [dopsəl] *het (-s)* baptême

doops·ge·zind [dopsχəzɪnt] *adj* baptiste; **een ~e** un baptiste

doop·sui·ker [dopsœykər] *nm (-s) (Belg.)* dragée

doop·vont [dopfɔnt] *de (-en)* fonts baptismaux

[1]**door** [dor] *adv* **1** tout; **de hele dag ~** toute la (sainte) journée **2** à travers; **~ de kamer lopen** traverser la pièce **3** tout à fait; **~ en ~ nat zijn** être trempé jusqu'aux os ♦ **het kan ermee ~** ça peut aller

[2]**door** [dor] *prép* **1** par **2** à travers; **~ de kamer lopen** aller et venir dans la pièce; **z'n hoofd ~ het venster steken** passer la tête par la fenêtre **3** dans; **zout ~ het eten doen** saler un plat **4** à cause de; **~ ziekte verhinderd zijn** être empêché pour cause de maladie ♦ **hij gaat voor rijk ~** il passe pour riche

***door-** [dor-] **1** *(+ verbe)* continuer à, de; **doorademen** continuer à respirer **2** *(+ verbe)* se dépêcher de; **dooreten** se dépêcher de manger

door·bak·ken [dorbαkə(n)] *adj* bien cuit

door·be·re·ke·nen [dorbərekənə(n)] *vt (berekende door, h. doorberekend)* répercuter

door·bij·ten [dorbɛitə(n)] *vti (beet door, h. doorgebeten)* **1** mordre **2** ne pas lâcher prise; **zich ergens ~** persévérer dans qqch

door·bla·de·ren [dorbladərə(n)] *vt (bladerde door, h. doorgebladerd)* feuilleter

door·bor·du·ren [dorbɔrdyrə(n)] *vi (borduurde door, h. doorgeborduurd)* ♦ **op iets ~** épiloguer sur qqch

door·bo·ren [dorborə(n)] *vt (doorboorde, h. doorboord)* percer

door|braak [dorbrak] *de (-braken)* **1** rupture **2** percée ♦ **een politieke ~** un tournant dans la politique

door·bran·den [dorbrαndə(n)] *vi (brandde door, i. doorgebrand)* **1** continuer à brûler **2** griller

[1]**door·bre·ken** [dorbrekə(n)] *vt (doorbrak, h. doorbroken)* **1** rompre; **het ~** la rupture **2** percer

[2]**door·bre·ken** [dorbrekə(n)] *vi (brak door, i. doorgebroken)* **1** se rompre **2** percer

[3]**door·bre·ken** [dorbrekə(n)] *vt (brak door, h. doorgebroken)* casser

door·bre·king [dorbrekɪŋ] *nf (-en)* rupture

door·bren·gen [dorbrɛŋə(n)] *vt (bracht door, h. doorgebracht)* passer

door·bui·gen [dorbœyχə(n)] *vti (boog door, h./i. doorgebogen)* (se) courber

door·dacht [dordαχt] *adj (beter d., best d.)* réfléchi

door·dat [dordαt] *conj* parce que

door·den·ker [dordɛŋkər] *nm (-s)* personne qui réfléchit mûrement ♦ **dat is een ~** il faut y réfléchir à deux fois

door·de·weeks [dordəweks] *adj* de la semaine; **zijn ~e schoenen** ses chaussures de tous les jours

door·doen [dordun] *vt (deed door, h. doorgedaan) (Belg.)* passer

[1]**door·dou·wen** [dordαuwə(n)] *vi (douwde door, h. doorgedouwd)* persévérer

[2]**door·dou·wen** [dordαuwə(n)] *vt (douwde door, h. doorgedouwd)* faire accepter (qqch)

[1]**door·draai·en** [dordrajə(n)] *vi (draaide door, h./i. doorgedraaid)* **1** continuer à tourner **2** foirer **3** perdre la tête

[2]**door·draai·en** [dordrajə(n)] *vt (draaide door, h. doorgedraaid)* **1** visser **2** retirer de la vente **3** dilapider

[1]**door·dram·men** [dordrαmə(n)] *vi (dramde door, h. doorgedramd)* ressasser (les mêmes choses)

[2]**door·dram·men** [dordrαmə(n)] *vt (dramde door, h. doorgedramd)* imposer

door·dra·ven [dordravə(n)] *vi (draafde door, h./i. doorgedraafd)* parler à tort et à travers; **wat draaf je weer door!** comme tu y vas !

door·dren·ken [dordrɛŋkə(n)] *vt (doordrenkte, h. doordrenkt)* imbiber

door·drij·ven [dordrɛivə(n)] *vt (dreef door, h. doorgedreven)* imposer; **te ver ~** pousser trop loin

[1]**door·drin·gen** [dordrɪŋə(n)] *vt (doordrong, h. doordrongen)* **1** pénétrer **2** convaincre (profondément)

[2]**door·drin·gen** [dordrɪŋə(n)] *vi (drong door, i. doorgedrongen)* pénétrer; **tot de kern van de zaak ~** entrer dans le vif du sujet; **het drong niet tot hem door dat hij brutaal was** il ne se rendait pas compte qu'il était insolent

door·drin·gend [dordrɪŋənt] *adj* pénétrant; **een ~e stem** une voix perçante

door·druk·ken [dordrʌkə(n)] *vt (drukte door, h. doorgedrukt)* **1** faire passer (qqch) à travers **2** imposer

door·druk·strip [dordrʌkstrɪp] *nf (-s)* emballage à alvéoles

door·een [doren] *adv* pêle-mêle

door·gaan [dorχan] *vi (ging door, i. doorgegaan)* **1** avancer **2** continuer (qqch ; à, de faire qqch); **laten we daar niet over ~** n'insistons pas; **dat gaat in één moeite door** autant le faire tout de suite **3** passer **4** avoir lieu; **het feest gaat door** la fête aura lieu **5** approfondir (qqch) **6** *(+ voor)* passer pour; **hij wil voor slim ~** il veut paraître intelligent

door·gaand [dorχant] *adj* continu; **een ~e trein** un train direct; **~ verkeer** toutes directions

door·gaans [dorχans] *adv* généralement

door·gang [dorχαŋ] *nm (-en)* passage

door·gangs|huis [dorχαŋshœys] *het*

(-huizen) maison d'hébergement temporaire

door·ge·dre·ven [dorɣədrevə(n)] *adj (Belg.)* poussé

door·geef·luik [dorɣeflœyk] *het (-en)* passe-plat

door·ge·ven [dorɣevə(n)] *vt (gaf door, h. doorgegeven)* **1** (faire) passer **2** transmettre **3** raconter

door·ge·win·terd [dorɣəwɪntərt] *adj* chevronné

door·groefd [dorɣruft] *adj* creusé de rides

door·gron·den [dorɣrɔndə(n)] *vt (doorgrondde, h. doorgrond)* pénétrer

door·hak·ken [dorhɑkə(n)] *vt (hakte door, h. doorgehakt)* trancher

door·ha·len [dorhalə(n)] *vt (haalde door, h. doorgehaald)* **1** (faire) passer **2** biffer

door·ha·ling [dorhalɪŋ] *nf (-en)* rature

door·heb·ben [dorhɛbə(n)] *vt (had door, h. doorgehad)* saisir

[1]**door·heen** [dorhen] *adv* à travers; zich er (goed) ~ slaan (bien) s'en tirer ♦ daar moet je even ~ c'est un moment difficile à passer

[2]**door·heen** [dorhen] *prép (Belg.)* à travers

door·ja·ger [dorjaɣər] *nm (-s) (Belg.)* **1** gaspilleur, -euse **2** glouton, -onne

door·kies·num·mer [dorkisnʌmər] *het (-s)* ligne directe

door·kijk [dorkɛik] *nm (-en)* vue

***door·kijk-** [dorkɛik-] transparent

door·kij·ken [dorkɛikə(n)] *vt (keek door, h. doorgekeken)* parcourir

door·klin·ken [dorklɪŋkə(n)] *vi (klonk door, h. doorgeklonken)* se faire entendre

door·kneed [dorknet] *adj* consommé

door·ko·men [dorkomə(n)] *vi (kwam door, i. doorgekomen)* **1** passer; er is geen ~ aan on n'en voit pas la fin **2** percer

door·krij·gen [dorkrɛiɣə(n)] *vt (kreeg door, h. doorgekregen)* **1** faire passer (par) **2** saisir

door·krui·sen [dorkrœysə(n)] *vt (doorkruiste, h. doorkruist)* **1** parcourir **2** contrecarrer

door·la·ten [dorlatə(n)] *vt (liet door, h. doorgelaten)* laisser passer

[1]**door·le·zen** [dorlezə(n)] *vi (las door, h. doorgelezen)* continuer à lire

[2]**door·le·zen** [dorlezə(n)] *vt (las door, h. doorgelezen)* lire entièrement, jusqu'au bout; iets snel, vluchtig ~ parcourir qqch

door·lich·ten [dorlɪɣtə(n)] *vt (lichtte door, h. doorgelicht)* radiographier ♦ een bedrijf ~ passer une entreprise aux rayons X

door·liep [dorlip], **doorliepen** → doorlopen

door·lig·gen [dorlɪɣə(n)] *vti (lag door, i. doorgelegen)* avoir des escarres

[1]**door·lo·pen** [dorlopə(n)] *vt (doorliep, h. doorlopen)* **1** parcourir **2** suivre

[2]**door·lo·pen** [dorlopə(n)] *vi (liep door, h./i. doorgelopen)* **1** passer (à travers qqch) **2** continuer; ~ a.u.b.! circulez SVP ! **3** couler

door·lo·pend [dorlopənt] *adj, adv* continu, continuellement

door·ma·ken [dormakə(n)] *vt (maakte door, h. doorgemaakt)* passer par; een ontwikkeling ~ évoluer

door·mid·den [dormɪdə(n)] *adv* en deux

door·mod·de·ren [dormɔdərə(n)] *vi (modderde door, h. doorgemodderd)* patauger

doorn [dorn] *nm (-en)* épine; dat is mij een ~ in het oog c'est une cause permanente d'exaspération

door·nat [dornɑt] *adj* trempé jusqu'aux os

door·ne·men [dornemə(n)] *vt (nam door, h. doorgenomen)* **1** passer en revue **2** traiter; iets met elkaar ~ parler ensemble de qqch

door·nig [dornəx] *adj* épineux

Door·nik [dornɪk] *het* Tournai

Doorn·roos·je [dornroʃə, [B]dornroʃə] la Belle au bois dormant

door·ploe·gen [dorpluɣə(n)] *vt (doorploegde, h. doorploegd)* labourer

[1]**door·pra·ten** [dorpratə(n)] *vi (praatte door, h. doorgepraat)* continuer à parler

[2]**door·pra·ten** [dorpratə(n)] *vt (praatte door, h. doorgepraat)* discuter (qqch) à fond

door·prik·ken [dorprɪkə(n)] *vt (prikte door, h. doorgeprikt)* **1** percer **2** percer à jour

door·reis [dorɛis] *de* passage

door·rij·den [dorɛidə(n)] *vi (reed door, h./i. doorgereden)* **1** continuer sa route **2** poursuivre son chemin; na de aanrijding is hij doorgereden après l'accrochage, il a pris la fuite **3** accélérer **4** traverser; hij reed de poort door il passa par la porte

door·rij·hoog·te [dorɛihoxtə] *nf (-n)* hauteur maximale

door·scha·ke·len [dorsxakələ(n)] *vti (schakelde door, h. doorgeschakeld)* connecter, raccorder à un autre appareil; het ~ le transfert d'appel(s); mijn telefoon is doorgeschakeld naar ... tous mes appels sont renvoyés vers ...

door·sche·me·ren [dorsxemərə(n)] *vi (schemerde door, i. doorgeschemerd)* percer; hij liet ~ dat hij trouwplannen had il laissa entendre qu'il avait des projets de mariage

door·schie·ten [dorsxitə(n)] *vi (schoot door, i. doorgeschoten)* **1** continuer (sa course) **2** continuer à tirer

door·schij·nend [dorsxɛinənt] *adj* translucide

door·sei·nen [dorsɛinə(n)] *vt (seinde door, h. doorgeseind)* transmettre

door·sij·pe·len [dorsɛipələ(n)] *vi (sijpelde door, i. doorgesijpeld)* **1** s'infiltrer **2** *(fig.)* transpirer

door·slaan [dorslan] *vi (sloeg door, h./i.*

doorgeslagen) **1** continuer à frapper **2** pénétrer; **de muur slaat door** le mur suinte **3** dérailler **4** *(électricité)* sauter **5** *(fig.)* se mettre à table ♦ **de balans slaat door** la balance trébuche

door·slaand [dorslant] *adj* décisif; **~ succes** énorme succès

door·slag [dorslɑχ] *nm (-en)* copie (au carbone) ♦ **dat geeft de ~** cela fait pencher la balance

door·slag·ge·vend [dorslɑχevənt] *adj* décisif; **~ zijn** l'emporter

door·sme·ren [dorsmerə(n)] *vt (smeerde door, h. doorgesmeerd)* graisser

door|sne·de [dorsnedə] *de (-sneden)*, **doorsnee** *de* **1** intersection **2** section **3** diamètre ♦ **de doorsnee Hollander** le Hollandais moyen

***door·snee-** [dorsne-] moyen

door·snij·den [dorsnɛidə(n)] *vt (doorsneed, h. doorsneden)* traverser

door·spek·ken [dorspɛkə(n)] *vt (doorspekte, h. doorspekt) (+ met) (fig.)* truffer

[1]**door·spe·len** [dorspelə(n)] *vi (speelde door, h. doorgespeeld)* poursuivre la partie

[2]**door·spe·len** [dorspelə(n)] *vt (speelde door, h. doorgespeeld) (+ aan, naar)* passer (à)

door·spoe·len [dorspulə(n)] *vt (spoelde door, h. doorgespoeld)* **1** dégorger; **de wc ~** tirer la chasse (d'eau) **2** (re)bobiner

door·staan [dorstan] *vt (doorstond, h. doorstaan)* supporter; **dat doorstaat elke kritiek** cela défie toute critique

door·stap·pen [dorstɑpə(n)] *vi (stapte door, h./i. doorgestapt)* allonger le pas

[1]**door·ste·ken** [dorstekə(n)] *vt (stak door, i. doorgestoken)* traverser

[2]**door·ste·ken** [dorstekə(n)] *vt (doorstak, h. doorstoken)* transpercer

door·stond [dorstɔnt], **doorstonden** → **doorstaan**

door·stre·pen [dorstrepə(n)] *vt (streepte door, h. doorgestreept)* → **doorhalen 2**

door·stro·men [dorstromə(n)] *vi (stroomde door, i. doorgestroomd)* **1** déménager vers une habitation à loyer plus élevé **2** accéder à un cycle supérieur de l'enseignement **3** s'écouler; **het verkeer (vlotter) laten ~** décongestionner la circulation

door·stu·ren [dorstyrə(n)] *vt (stuurde door, h. doorgestuurd)* (r)envoyer; **een brief ~** faire suivre une lettre

door·tas|tend [dortɑstənt] *adj, adv (-tender, meest d.)* énergique(ment); **~ optreden** intervenir avec fermeté

door·tocht [dortɔχt] *nm (-en)* **1** traversée **2** passage

door·trapt [dortrɑpt] *adj, adv* fieffé, foncièrement; **dat is ~!** il faut être roué !

door·trek·ken [dortrɛkə(n)] *vti (trok door, h./i. doorgetrokken)* **1** prolonger; **een vergelijking ~** pousser plus loin une comparaison **2** tirer **3** parcourir

door·vaart [dorvart] *de (-en) (mar.)* **1** passage **2** passe

door·ver·bin·den [dorvərbɪndə(n)] *vt (verbond door, h. doorverbonden)* passer la communication

door·ver·ko·pen [dorvərkopə(n)] *vt (verkocht door, h. doorverkocht)* revendre

door·ver·tel·len [dorvərtɛlə(n)] *vt (vertelde door, h. doorverteld)* répéter

door·ver·wij·zen [dorvərwɛizə(n)] *vt (verwees door, h. doorverwezen) (+ naar)* (r)envoyer (qqn à qqn)

door·voed [dorvut] *adj* bien nourri

door·voer [dorvur] *nm (-en)* transit

door·voe·ren [dorvurə(n)] *vt (voerde door, h. doorgevoerd)* **1** transiter **2** réaliser **3** conduire à travers

door·vra·gen [dorvraχə(n)] *vi (vroeg door, h. doorgevraagd)* insister

door·waad·baar [dorwadbar] *adj* ♦ **een doorwaadbare plaats** un gué

door·weekt [dorwekt] *adj* trempé

[1]**door·wer·ken** [dorwɛrkə(n)] *vi (werkte door, h. doorgewerkt)* **1** continuer à travailler **2** avancer **3** se faire sentir

[2]**door·wer·ken** [dorwɛrkə(n)] *vt (werkte door, h. doorgewerkt)* étudier à fond

door·wer·king [dorwɛrkɪŋ] *nf* effet prolongé

door·zag [dorzɑχ], **doorzagen** → **doorzien**

door·zak·ken [dorzɑkə(n)] *vi (zakte door, i. doorgezakt)* **1** fléchir **2** prendre une cuite

door·zeefd [dorzeft] *adj (+ met)* criblé

[1]**door·zet·ten** [dorzɛtə(n)] *vi (zette door, h. doorgezet)* **1** s'intensifier **2** persévérer

[2]**door·zet·ten** [dorzɛtə(n)] *vt (zette door, h. doorgezet)* **1** faire passer **2** faire aboutir

door·zet·tings·ver·mo·gen [dorzɛtɪŋsfərmoχə(n)] *het* persévérance

door·zeu·ren [dorzørə(n)] *vi (zeurde door, h. doorgezeurd)* rabâcher

door·zich·tig [dorzɪχtəχ] *adj* transparent

door·zien [dorzin] *vt (doorzag, h. doorzien)* pénétrer; **gemakkelijk te ~** clair

door·zoe·ken [dorzukə(n)] *vt (doorzocht, h. doorzocht)* fouiller

doos [dos] *de (dozen)* boîte; **uit de oude ~** d'hier

dop [dɔp] *nm (-pen)* **1** coquille **2** bouchon **3** *(plur.)* quinquets **4** *(Belg.)* allocation de chômage ♦ **een advocaat in de ~** un avocat en herbe

do·pen [dopə(n)] *vt (doopte, h. gedoopt)* **1** tremper **2** baptiser

dop·erwt [dɔpɛrt] *de (-en)* petit pois

do·ping [dopɪŋ] *nf* doping; **die wielrenner heeft ~ gebruikt** ce coureur cycliste s'est dopé

[1]**dop·pen** [dɔpə(n)] *vt (dopte, h. gedopt)* **1** écosser **2** tremper

[2]**dop·pen** [dɔpə(n)] *vi (dopte, h. gedopt)* pointer

dop·per [dɔpər] *nm (-s) (Belg.)* chômeur

dor [dɔr] *adj (dorder, dorst)* **1** aride **2** sec
dorp [dɔrp] *het (-en)* village
dor·pe·ling [dɔrpəlɪŋ] *nm (-en)* villageois, -oise
dorps [dɔrps] *adj, adv* campagnard, comme à la campagne
dorps·be·wo·ner [dɔrpsbəwonər] *nm (-s)* → **dorpeling**
dorps|huis [dɔrpshœys] *het (-huizen)* **1** mairie **2** foyer communal
dor·sen [dɔrsə(n)] *vti (dorste, h. gedorst)* battre; **het ~** le battage
dorst [dɔrst] *nm* soif; **zijn ~ lessen** se désaltérer
dor·stig [dɔrstəχ] *adj* assoiffé
dorst·les·send [dɔrstlɛsənt] *adj* désaltérant
do·se·ring [dozerɪŋ] *nf (-en)* **1** dose **2** dosage
do·sis [dozɪs] *nf (doses)* dose
dou·a·ne·kan|toor [duwanəkantor] *het (-toren)* douane
dou·ble·ren [dublerə(n)] *vti (doubleerde, h. gedoubleerd)* redoubler
dou·che [duʃ] *de (-s)* douche; **dat was voor hen een koude ~** cela les a douchés
do·ve [dovə] *nm (-n)* sourd
do·ven [dovə(n)] *vt (doofde, h. gedoofd)* éteindre
do·ve·ne·tel [dovənetəl] *de (-s)* lamier
down [daun] *adj* déprimé
down·loa·den [daunlodə(n)] *vt (downloadde, h. gedownload) (inform.)* télécharger
do·zijn [dozɛin] *het* douzaine
draad [drat] *nm (draden)* fil; **geen droge ~ aan het lijf hebben** être trempé jusqu'aux os; **tot op de ~ versleten** usé jusqu'à la corde ♦ **hij is altijd tegen de ~ (in)** il a l'esprit de contradiction; **(met iets) voor de ~ komen** vider son sac
draad·je [dracə] *het (-s)* fil ♦ **aan een zijden ~ hangen** ne tenir qu'à un fil
draad·loos [dratlos] *adj, adv* sans fil; **~ internet** Internet (en) wifi
draad·ver·sper·ring [dratfərspɛrɪŋ] *nf (-en)* barbelés
[1]**draag|baar** [draχbar] *de (-baren)* civière
[2]**draag·baar** [draχbar] *adj* portatif
draag·balk [draχbalk] *nm (-en)* maîtresse poutre
draag·kracht [draχkraχt] *de* moyens (financiers)
draag·lijk [draχlək] *adj, adv* (d'une façon) supportable
draag·moe·der [draχmudər] *nf (-s)* mère porteuse
draag|muur [draχmyr] *nm (-muren)* mur portant
draag·riem [draχrim] *nm (-en)* brassière
draag·ver·mo·gen [draχfərmoχə(n)] *het* **1** force portative **2** tonnage brut
draag·vlak [draχflak] *het (-ken)* **1** surface portante **2** base
draag·wijd·te [draχwɛitə] *nf* portée
draai [draj] *nm (-en)* **1** tour **2** tournure ♦ **zijn ~ gevonden hebben** être dans son assiette; **iemand een ~ om de oren geven** flanquer une gifle à qqn
draai·baar [drajbar] *adj* tournant
draai·boek [drajbuk] *het (-en)* scénario
draai·deur·cri·mi·neel [drajdørkriminel] *nm* multirécidiviste
[1]**draai·en** [drajə(n)] *vt (draaide, h. gedraaid)* **1** (faire) tourner; **een deur op slot ~** fermer une porte à clé **2** composer (un numéro de téléphone) **3** *(CD, vinyle etc.)* passer **4** faire tourner; **een nachtdienst ~** faire un service de nuit
[2]**draai·en** [drajə(n)] *vi (draaide, h./i. gedraaid)* **1** tourner (autour de); **zich eruit ~** tirer son épingle du jeu **2** passer; **die film draait nog steeds** ce film passe encore
draai·ing [drajɪŋ] *nf (-en)* **1** rotation **2** vertige
draai·kolk [drajkɔlk] *de (-en)* tourbillon (d'une rivière)
draai·mo·len [drajmolə(n)] *nm (-s)* manège
draai·or·gel [drajɔrχəl] *het (-s)* orgue de Barbarie
draai|schijf [drajsχɛif] *de (-schijven)* plaque tournante
draai·ta·fel [drajtafəl] *de (-s)* platine (d'un) tourne-disque
draai·trap [drajtrap] *nm (-pen) (Belg.)* escalier tournant
draak [drak] *nm (draken)* **1** dragon **2** horreur ♦ **met iemand de ~ steken** se moquer de qqn
drab [drap] *het/de* **1** dépôt **2** gadoue
dracht [draχt] *de (-en)* **1** gestation **2** costume (folklorique)
drach·tig [draχtəχ] *adj* pleine
draf [draf] *nm* trot; **in volle ~** à toute allure
draf·sport [drafspɔrt] *de* courses au trot attelé
[1]**dra·gen** [draχə(n)] *vt (droeg, h. gedragen)* **1** porter; *(fig.)* **dat plan wordt breed gedragen** ce plan est largement consensuel **2** rapporter **3** supporter
[2]**dra·gen** [draχə(n)] *vi (droeg, h. gedragen)* *(voix, fusil)* porter; **zijn stem draagt ver** sa voix porte
[1]**dra·ger** [draχər] *nm (-s)*, **draagster** *nf (-s)* porteur, -euse
[2]**dra·ger** [draχər] *nm (-s)* support
dra·len [dralə(n)] *vi (draalde, h. gedraald)* tarder
dra·ma [drama] *het (-'s)* **1** drame **2** théâtre *(genre littéraire)*
dra·ma|tisch [dramatis] *adj, adv (-tischer, meest d.)* dramatique(ment); **een ~ feit** un fait tragique
dram·men [dramə(n)] *vi (dramde, h. gedramd)* **1** insister **2** casser les pieds (à qqn)
drang [draŋ] *nm* **1** impulsion; **~ tot zelfbehoud** instinct de conservation **2** pression
drang·hek [draŋhɛk] *het (-ken)* barrière (de sécurité), barrière Vauban, barrière Nadar

drank [draŋk] *nm (-en)* **1** boisson **2** alcool; **aan de ~ zijn** boire; *(Belg.)* **korte ~** spiritueux **3** potion
drank·be·strij·ding [draŋgbəstrɛidɪŋ] *nf* lutte contre l'alcoolisme
drank·je [draŋkjə] *het (-s)* **1** verre **2** sirop
drank·lucht [draŋklʌχt] *de* odeur d'alcool
drank·mis·bruik [draŋkmɪzbrœyk] *het* abus d'alcool
drank·zucht [draŋksʌχt] *de* alcoolisme
dras·sig [drasəχ] *adj* marécageux
dras|tisch [drastis] *adj, adv (-tischer, meest d.)* rigoureux, d'une façon rigoureuse; **~e maatregelen** mesures draconiennes
dra·ven [dravə(n)] *vi (draafde, h. gedraafd)* **1** trotter **2** courir
dra·ve·rij [dravərɛi] *nf (-en)* course de trot
dread·locks [drɛtlɔks] *plur* tresses des rastas
[1]**dreef** [dref], **dreven** → **drijven, aandrijven** *(etc.)*
[2]**dreef** [dref] *de (dreven)* allée, *(Belg.)* drève ♦ **hij is aardig op ~** il est bien lancé
dreg [drɛχ] *de (-gen)* grappin
dreg·gen [drɛχə(n)] *vi (dregde, h. gedregd)* pêcher
drei·ge·ment [drɛiχəmɛnt] *het (-en)* menace
drei·gen [drɛiχə(n)] *vti (dreigde, h. gedreigd)* menacer; **de vergadering dreigt uit te lopen** la réunion risque de se prolonger
drei·ging [drɛiχɪŋ] *nf (-en)* menace
drei·nen [drɛinə(n)] *vi (dreinde, h. gedreind)* pleurnicher
drek [drɛk] *nm* crotte
drem·pel [drɛmpəl] *nm (-s)* seuil; **hij komt niet over mijn ~** il ne met pas les pieds chez moi
drem·pel·ver·la·gend [drɛmpəlvərlaχənt] *adj, adv* ± (en rendant (qqch)) plus accessible
drem·pel·vrees [drɛmpəlvres] *de* peur d'entrer qqp
dren·ke·ling [drɛŋkəlɪŋ] *nm (-en)* noyé, -ée
dren·ken [drɛŋkə(n)] *vt (drenkte, h. gedrenkt)* abreuver ♦ **iets in alcohol ~** tremper qqch dans l'alcool
dren·te·len [drɛntələ(n)] *vi (drentelde, h./i. gedrenteld)* traîner
dres·sing [drɛsɪŋ] *de (-s)* assaisonnement
dres·suur [drɛsyr] *nf* dressage
dreu·mes [drøməs] *nm (-en)* petiot
dreun [drøn] *nm (-en)* **1** grondement **2** coup violent
dreu·nen [drønə(n)] *vi (dreunde, h. gedreund)* **1** être ébranlé **2** gronder
drie [dri] *card* trois; **het is tegen ~ën** il est près de trois heures; **niet tot ~ kunnen tellen** être bête comme ses pieds
drie·daags [dridaχs] *adj* de trois jours
drie·de·lig [dridelәχ] *adj* de, à, en trois pièces
drie·dub·bel [dridʌbəl] *adj, adv* triple(ment)
Drie·een·heid [drienhɛit] *nf* Trinité
drie·gen [driχə(n)] *vt (driegde, h. gedriegd) (Belg.) (couture)* faufiler
drie·hoek [drihuk] *nm (-en)* triangle
drie·hoeks·ver·hou·ding [drihuksfərhɑudɪŋ] *nf (-en)* ménage à trois
drie·hoog [drihoχ] *adv* au troisième (étage)
drie·ja·rig [drijarəχ] *adj* **1** (âgé) de trois ans **2** triennal
drie·kleur [driklør] *de* tricolore
Drie·ko·nin·gen [drikonɪŋə(n)] *plur* fête des Rois
drie·kwart [drikwɑrt] *adj, adv* (aux) trois quarts
drie·kwarts·maat [drikwɑrtsmat] *de* mesure à trois temps
drie·le·dig [driledəχ] *adj* triple
drie·ling [drilɪŋ] *nm (-en)* triplés, -lées
drie·luik [drilœyk] *het (-en)* triptyque
drie·maal [drimal] *adv* trois fois; **~ is scheepsrecht** jamais deux sans trois
drie·man·schap [drimɑnsχɑp] *het (-pen)* triumvirat
drie·ploe·gen·stel·sel [dripluχə(n)stɛlsəl] *het* (les) trois-huit
drie·sprong [drisprɔŋ] *nm (-en)* carrefour de trois routes
driest [drist] *adj, adv (driester, meest d.)* **1** hardi(ment) **2** effronté(ment)
drie·tal [dritɑl] *het (-len)* trois
drie·vou·dig [drivɑudəχ] *adj, adv* triple(ment); **het ~e** le triple
drie·wie·ler [driwilər] *nm (-s)* tricycle
drift [drɪft] *de (-en)* **1** colère **2** pulsion **3** dérive
drift·bui [drɪftbœy] *de (-en)* accès de colère
drif·tig [drɪftəχ] *adj, adv* **1** en colère; **~ worden** s'emporter **2** coléreux **3** violent, violemment
drijf·gas [drɛifχɑs] *het (-sen)* gaz propulseur
drijf·jacht [drɛifjɑχt] *de (-en)* battue
drijf·nat [drɛifnɑt] *adj* trempé
drijf|veer [drɛifer] *de (-veren)* mobile
drijf·zand [drɛifsɑnt] *het* sable(s) mouvant(s)
[1]**drij·ven** [drɛivə(n)] *vi (dreef, h./i. gedreven)* **1** flotter; **de zaak drijft op hem** c'est lui qui fait marcher l'affaire; **zich ~de weten te houden** arriver à ne pas perdre pied **2** être inondé
[2]**drij·ven** [drɛivə(n)] *vt (dreef, h. gedreven)* **1** pousser (devant soi); **de menigte uit elkaar ~** disperser la foule **2** pousser (qqn à); **~de krachten** forces mouvantes **3** faire
dril·len [drɪlə(n)] *vt (drilde, h. gedrild)* **1** dresser **2** driller
[1]**drin·gen** [drɪŋə(n)] *vi (drong, h./i. gedrongen)* **1** se frayer un passage **2** pousser **3** presser
[2]**drin·gen** [drɪŋə(n)] *vt (drong, h. gedron-*

gen) pousser; zich op de voorgrond ~ se mettre en avant
drin·gend [drɪŋənt] *adj, adv* **1** urgent, d'urgence **2** pressant
drink·baar [drɪŋgbar] *adj* potable
drink·bak [drɪŋgbɑk] *nm (-ken)* auge
drin·ken [drɪŋkə(n)] *vti (dronk, h. gedronken)* boire; die koffie is niet te ~ ce café est imbuvable
drin·ker [drɪŋkər] *nm (-s),* **drinkster** *nf (-s)* buveur, -euse
drink·ge·lag [drɪŋkχəlɑχ] *het (-en)* beuverie
drink·geld [drɪŋkχɛlt] *het (-en) (Belg.)* pourboire
drink·wa·ter [drɪŋkwatər] *het* eau potable
droef [druf] *adj, adv (droever, droefst)* affligé, mélancolique(ment); droeve jaren de tristes années
droef·gees·tig [drufχestəχ] *adj, adv* **1** (d'un air) abattu **2** morne
droef·heid [drufhɛit] *nf* tristesse
droeg [druχ], **droegen** → dragen, aandragen, wegdragen *(etc.)*
droe·vig [druvəχ] *adj, adv* triste(ment), misérablement
[1]**dro·gen** [droχə(n)] *vi (droogde, h./i. gedroogd)* sécher
[2]**dro·gen** [droχə(n)] *vt (droogde, h. gedroogd)* sécher; de borden ~ essuyer les assiettes
dro·gist [droχɪst] *nm (-en)* **1** droguiste **2** droguerie
drol [drɔl] *nm (-len)* crotte *(aussi terme d'affection)*
drom [drɔm] *nm (-men)* masse; in dichte ~men en rangs serrés
dro·me·da·ris [drɔmədarɪs] *nm (-sen)* dromadaire
dro·men [dromə(n)] *vti (droomde, h. gedroomd)* rêver (de, à); ik kan dat boek wel ~ je connais ce livre par cœur; wie zou dat gedroomd hebben qui aurait pu imaginer cela
drom·mel [drɔməl] *nm (-s)* **1** diable **2** pauvre type ♦ om de ~ niet! jamais de la vie !
drom·men [drɔmə(n)] *vi (dromde, h. gedromd)* se précipiter en foule; uit iedere trein ~ reizigers chaque train déverse des flots de voyageurs
drong [drɔŋ], **drongen** → dringen, aandringen, terugdringen *(etc.)*
[1]**dronk** [drɔŋk], **dronken** → drinken, opdrinken, leegdrinken *(etc.)*
[2]**dronk** [drɔŋk] *nm (-en)* gorgée ♦ een kwade ~ hebben avoir le vin mauvais; een ~ op iemand, iets uitbrengen porter un toast en l'honneur de qqn, de qqch
dronk·aard [drɔŋkart] *nm (-s)* ivrogne
dron·ken [drɔŋkə(n)] *adj* ivre; met zijn ~ kop pris de boisson
dron·ken·schap [drɔŋkənsχɑp] *nf* ivresse; in staat van ~ en état d'ébriété
[1]**droog** [droχ] *adj (droger, droogst)* **1** sec; het is weer ~ il ne pleut plus **2** assommant; een ~ vak une matière aride **3** à froid; droge grapjes blagues à froid
[2]**droog** [droχ] *adv (droger, droogst)* à sec
droog·bloem [droχblum] *de (-en)* immortelle
droog·doek [droχduk] *nm (-en)* torchon
droog·je [droχjə] *het* ♦ men liet ons op een ~ zitten on ne nous a rien offert à boire
droog·kap [droχkɑp] *de (-pen)* sèche-cheveux
droog·ko·miek [droχkomik] *nm (-en)* pince-sans-rire
droog·kuis [droχkœys] *nm (Belg.)* pressing
droog·leg·ging [droχlɛχɪŋ] *nf* mise à sec
droog·lijn [droχlɛin] *de (-en)* corde à linge
droog·ma·ken [droχmakə(n)] *vt (maakte droog, h. drooggemaakt)* (as)sécher
droog·ma·len [droχmalə(n)] *vt (maalde droog, h. drooggemalen)* assécher
droog·mo·len [droχmolə(n)] *nm (-s)* séchoir (en forme de parapluie)
droog·rek [droχrɛk] *het (-ken)* séchoir à linge
droog·staan [droχstan] *vi (stond droog, h. drooggestaan)* être à sec
droog·te [droχtə] *nf (-n)* sécheresse
droog·trom·mel [droχtrɔməl] *de (-s)* sèche-linge
droog·zwem·men [droχswɛmə(n)] *vi (zwom droog, h. drooggezwommen)* s'entraîner à sec
droog·zwier·der [droχswirdər] *nm (-s) (Belg.)* → centrifuge
droom [drom] *nm (dromen)* rêve; *(prov)* dromen zijn bedrog songes, mensonges; een boze ~ un mauvais rêve; een natte ~ des pollutions nocturnes; iemand uit de ~ helpen dessiller les yeux à, de qqn
droom·beeld [drombelt] *het (-en)* **1** vision **2** illusion
droop [drop], **dropen** → druipen, afdruipen
drop [drɔp] *het/de* réglisse
drop-out [drɔpɑut] *nm (-s)* marginal
drop·pen [drɔpə(n)] *vt (dropte, h. gedropt)* **1** déposer **2** parachuter
drug [drʌg, [B]drʌχ] *nm (-s)* stupéfiant, drogue; ~s gebruiken se droguer
drugs·be·strij·ding [drʌksbəstrɛidɪŋ, [B]drʌχsbəstrɛidɪŋ] *nf* lutte antidrogue, contre la drogue
drugs·ge·brui·ker [drʌksχəbrœykər, [B]drʌχsχəbrœykər] *nm (-s)* drogué, -ée, toxicomane
drugs·geld [drʌksχɛlt, [B]drʌχsχɛlt] *het (-en)* narcodollars
drugs·han·del [drʌkshɑndəl, [B]drʌχshɑndəl] *nm* trafic de (la) drogue
drugs·smok·ke·laar [drʌksmɔkəlar, [B]drʌχsmɔkəlar] *nm (-s)* passeur de drogue
drugs·ver·slaaf·de [drʌksfərslavdə, [B]drʌχsfərslavdə] *nm (-n)* → drugsgebruiker

drugs·ver·sla·ving [drʌksfərslavɪŋ, ᴮdrʌχsfərslavɪŋ] *nf* toxicodépendance
[1]**druif** [drœyf] *de (druiven)* (grain de) raisin
[2]**druif** [drœyf] *nm (druiven) (fam.)* (un drôle d'')oiseau; **een rare ~** un drôle de zèbre
drui·le·rig [drœylərəχ] *adj* maussade
drui·pen [drœypə(n)] *vi (droop, h./i. gedropen)* (dé)goutter ♦ **de verwaandheid druipt van hem af** il sue la prétention
drui·per [drœypər] *nm (-s)* chaude-pisse
druip·nat [drœypnɑt] *adj* trempé (jusqu'aux os)
druip·rek [drœyprɛk] *het (-ken)* égouttoir
druip·steen [drœypsten] *het/de* stalactite, stalagmite
drui·sen [drœysə(n)] *vi (druiste, h. gedruist)* **1** retentir **2** frémir
drui·ve·laar [drœyvəlar] *nm (-s) (Belg.)* vigne
drui·ven|oogst [drœyvə(n)oχst] *nm (-en)*, **-pluk** *nm (-ken)* vendange(s)
drui·ven·pers [drœyvə(n)pɛrs] *de (-en)* pressoir (à vin)
drui·ven·sui·ker [drœyvə(n)sœykər] *nm* dextrose
drui·ven·teelt [drœyvə(n)telt] *de* viticulture
drui·ven·tros [drœyvə(n)trɔs] *nm (-sen)* grappe de raisin
[1]**druk** [drʌk] *nm (-ken)* **1** pression; **een gebied van hoge ~** un anticyclone; **de ~ is van de ketel** on respire de nouveau; **onder ~ leven** vivre sous tension **2** impression **3** tirage
[2]**druk** [drʌk] *adj, adv* **1** contraignant **2** occupé; **het ~ hebben** être très occupé **3** animé; **een ~ke straat** une rue passante **4** intense, (très) intensément **5** agité; **zich niet ~ maken** ne pas s'en faire; **zich ~ maken over iets** se faire du mauvais sang **6** chargé
druk·fout [drʌkfɑut] *de (-en)* faute d'impression
[1]**druk·ken** [drʌkə(n)] *vi (drukte, h. gedrukt)* **1** appuyer (sur) **2** peser (sur) **3** faire caca
[2]**druk·ken** [drʌkə(n)] *vt (drukte, h. gedrukt)* **1** presser; **een motie erdoor ~** réussir à faire passer une motion; **de lonen ~** limiter la hausse des salaires **2** opprimer **3** imprimer
druk·kend [drʌkənt] *adj* lourd
druk·ke·rij [drʌkərɛi] *nf (-en)* (une) imprimerie
druk·kings·groep [drʌkɪŋsχrup] *de (-en) (Belg.)* groupe de pression
druk|knoop [drʌknop] *nm (-knopen)* (bouton-)pression
druk·knop [drʌknɔp] *nm (-pen)* bouton-poussoir (électrique)
druk·let·ter [drʌklɛtər] *de (-s)* caractère d'imprimerie
druk·pan [drʌkpɑn] *de (-nen)* autocuiseur
druk·pers [drʌkpɛrs] *de (-en)* presse (à imprimer)
druk|proef [drʌkpruf] *de (-proeven)* épreuve
druk·te [drʌktə] *nf* **1** foule d'occupations **2** animation **3** façons; **~ (van iets) maken** faire toute une affaire (de qqch); **over die zaak is veel ~ geweest** cette affaire a fait beaucoup de bruit
druk·toets [drʌktuts] *nm (-en)* touche
druk·werk [drʌkwɛrk] *het (-en)* imprimé(s)
drum [drʌm] *nm (-s)* batterie
drum·band [drʌmbɛnt, ᴮdrʌmbɑnt] *nm (-s)* **1** fanfare **2** tambours
drum·mer [drʌmər] *nm (-s)* batteur
drum·stel [drʌmstɛl] *het (-len)* → **drum**
drup [drʌp] *nm (-pen)* goutte
drup·pel [drʌpəl] *nm (-s)* goutte; **een ~ op een gloeiende plaat** une goutte d'eau dans la mer
[1]**drup·pe·len** [drʌpələ(n)] *vi, vb impers (druppelde, h. gedruppeld)* **1** tomber goutte à goutte **2** dégoutter
[2]**drup·pe·len** [drʌpələ(n)] *vt (druppelde, h. gedruppeld)* verser goutte à goutte; **iets in het oog ~** instiller qqch dans l'œil
dtp [detepe] *de* abrév. de *desktoppublishing* PAO
dtp-prik [detepeprɪk] *de (-ken)* vaccination DTP (diphtérie, tétanos, poliomyélite)
D-trein [detrɛin] *nm (-en)* train international à supplément
[1]**dub·bel** [dʌbəl] *adj* double; **hij ligt ~ (van het lachen)** il se tord (de rire)
[2]**dub·bel** [dʌbəl] *adv* **1** (en) double; **~ parkeren** stationner en double file **2** deux fois **3** deux fois plus; **~ en dwars** largement
dub·bel·dek·ker [dʌbəldɛkər] *nm (-s)* autobus à impériale
dub·bel·drank [dʌbəldrɑŋk] *nm (-en)* ⟨*boisson au jus de deux fruits*⟩
dub·be·len [dʌbələ(n)] *vi (dubbelde, h. gedubbeld) (Belg.)* (re)doubler une classe
dub·be·le·punt [dʌbələpʌnt] *de (-en)* deux-points
dub·bel·fo·cus·bril [dʌbəlfokʌzbrɪl] *nm (-len)* lunettes bifocales, à double foyer
dub·bel·gan·ger [dʌbəlχɑŋər] *nm (-s)* sosie
dub·bel·glas [dʌbəlχlɑs] *het* double-vitrages; **een raam met ~** une fenêtre à double vitrage
dub·bel·klik·ken [dʌbəlklɪkə(n)] *vi (dubbelklikte, h. gedubbelklikt) (inform.) (+ op)* double-cliquer (sur)
dub·bel|loop [dʌbəlop] *nm (-lopen)*, **-loopsgeweer** *het (-geweren)* fusil à deux coups
dub·bel·op [dʌbəlɔp] *adv* ♦ **dat is ~** ça fait double emploi
[1]**dub·bel·slaan** [dʌbəlslan] *vt (sloeg dubbel, h. dubbelgeslagen)* rabattre
[2]**dub·bel·slaan** [dʌbəlslan] *vi (sloeg dubbel, i. dubbelgeslagen)* se plier (en deux);

ik sloeg dubbel toen ik dat hoorde je me suis tordu (de rire) quand j'ai appris cela
dub·bel·spel [dʌbəlspɛl] *het (-en)* double
dub·bel|spoor [dʌbəlspor] *het (-sporen)* **1** double voie **2** deux pistes
dub·bel·tje [dʌbəlcə] *het (-s)* pièce de 10 centimes; elk ~ (tienmaal) omkeren regarder à la dépense; zij wil voor een ~ op de eerste rang zitten elle veut tout avoir pour rien; het is een ~ op zijn kant c'est un coup de dés
dub·bel·vou·wen [dʌbəlvɑuwə(n)] *vt (vouwde dubbel, h. dubbelgevouwen)* plier en deux
dub·bel·zin·nig [dʌbəlzɪnəχ] *adj* **1** ambigu **2** équivoque; ~e grappen plaisanteries lestes
du·bi|eus [dybijøs] *adj (-euzer, -eust)* douteux
duch·ten [dʌχtə(n)] *vt (duchtte, h. geducht)* craindre
du·el·le·ren [dywɛlerə(n)] *vi (duelleerde, h. geduelleerd)* se battre en duel
du·et [dywɛt] *het (-ten) (mus.)* duo
duf [dʌf] *adj, adv* **1** (qui sent le) moisi **2** (de façon) terne **3** bête(ment); met m'n ~fe hoofd stupidement
dui·de·lijk [dœydələk] *adj, adv* clair(ement); iemand iets ~ maken faire comprendre qqch à qqn
dui·de·lijk·heid [dœydələkhɛit] *nf* clarté; voor alle ~ pour éviter tout malentendu
[1]**dui·den** [dœydə(n)] *vi (duidde, h. geduid)* **1** *(+ op)* indiquer **2** *(+ op)* faire allusion (à)
[2]**dui·den** [dœydə(n)] *vt (duidde, h. geduid)* expliquer
duif [dœyf] *de (duiven)* **1** pigeon **2** colombe ♦ onder iemands duiven schieten marcher sur les brisées de qqn
duig [dœyχ] *de (-en)* douve (de tonneau); in ~en vallen s'écrouler
duik [dœyk] *nm (-en)* plongeon
duik|boot [dœygbot] *de (-boten)* sous-marin
dui·ke·len [dœykələ(n)] *vi (duikelde, h./i. geduikeld)* **1** faire la culbute **2** dégringoler
dui·ken [dœykə(n)] *vi (dook, h./i. gedoken)* plonger; achter zijn krant ~ se cacher derrière son journal; hij is onder de wol gedoken il s'est enfoui sous les couvertures
dui·ker·pak [dœykərpɑk] *het (-ken)* scaphandre
duik·plank [dœykplɑŋk] *de (-en)* plongeoir
duik·sport [dœyksport] *de* plongée sous-marine
duik·vlucht [dœykflʌχt] *de (-en)* (descente en) piqué
duim [dœym] *nm (-en)* pouce; de ~en leggen mettre les pouces; iemand onder de ~ houden serrer la bride à qqn ♦ iets uit zijn ~ zuigen inventer qqch de toutes pièces
duim·dik [dœymdɪk] *adv* de l'épaisseur d'un pouce; het ligt er ~ (boven)op c'est cousu de fil blanc
dui·men [dœymə(n)] *vi (duimde, h. geduimd)* **1** se tourner les pouces **2** sucer son pouce ♦ ik zal morgen voor je ~ je dirai une prière pour toi demain
duim·stok [dœymstɔk] *nm (-ken)* mètre pliant
duim·zui·gen [dœymzœyχə(n)] *vb* **1** sucer son pouce **2** imaginer de toutes pièces
duin [dœyn] *de (-en)* dune
Duin·ker·ken [dœyŋkɛrkə(n)] *het* Dunkerque
duin·pan [dœympɑn] *de (-nen)* cuvette dans les dunes
[1]**duis·ter** [dœystər] *het* obscurité; in het ~ (rond)tasten être dans le noir
[2]**duis|ter** [dœystər] *adj, adv (-terder, -terst)* **1** obscur(ément); het is me nog even ~ je n'y vois pas encore (très) clair **2** louche; ~e praktijken malversations
duis·ter·nis [dœystərnɪs] *nf (-sen)* **1** obscurité; na het invallen van de ~ la nuit tombée **2** ténèbres
duit [dœyt] *nm (-en)* sou; *(Belg.)* hij zou een ~ in tweeën bijten il tondrait un œuf; ook een ~ in het zakje doen placer son mot
Duits [dœyts] *adj* allemand; het ~ l'allemand
Duit·ser [dœytsər] *nm (-s),* **Duitse** *nf (-n)* Allemand, -ande
Duits·ge·zind [dœytsχəzɪnt] *adj* germanophile
Duits·land [dœytslɑnt] *het* Allemagne
dui·vel [dœyvəl], **duvel** *nm (-s)* diable; *(Belg.)* iemand de ~ aandoen embêter qqn; naar, voor de ~ zijn être fichu; om de ~ niet! jamais de la vie !; het is of de ~ ermee speelt c'est à croire que le diable s'en mêle; hij is des ~s il est fou de rage
dui·vel-doet-al [dœyvəldutɑl] *nm (Belg.)* homme à tout faire
dui·vels [dœyvəls] *adj, adv* **1** diabolique(ment) **2** furieux, furieusement; het is om ~ te worden c'est rageant **3** diablement
dui·vels·kun·ste|naar [dœyvəlskʌnstənar] *nm (-s),* **-nares** *nf (-sen)* magicien, -ienne
dui·ven·hok [dœyvə(n)hɔk] *het (-ken)* → duiventil
dui·ven·mel·ker [dœyvəmɛlkər] *nm (-s)* colombophile
dui·ven·sport [dœyvə(n)sport] *nm* colombophilie
dui·ven·til [dœyvə(n)tɪl] *de (-len)* pigeonnier
dui·ze·len [dœyzələ(n)] *vi (duizelde, h. geduizeld)* **1** avoir le vertige; het duizelt mij j'ai la tête qui tourne **2** tourner
dui·ze·lig [dœyzələχ] *adj* pris de vertige
dui·ze·ling·wek·kend [dœyzəlɪŋwɛkənt] *adj, adv* vertigineux, vertigineusement; ~e bedragen sommes faramineuses
dui·zend [dœyzənt] *card* mille; *(Belg.)* op

zijn ~ gemakken en prenant ses aises; in de ~en lopen se chiffrer par milliers; zij is er één uit ~(en) c'est une perle
dui·zend·ja·rig [dœyzəntjarəχ] *adj* millénaire; het ~ rijk le millénium
dui·zend·je [dœyzəncə] *het (-s)* billet de mille
dui·zend·kop·pig [dœyzəntkɔpəχ] *adj* de mille personnes
dui·zend|poot [dœyzəntpot] *nm (-poten)* **1** millepatte **2** homme-orchestre
dui·zend|schoon [dœyzəntsχon] *de (-schonen)* œillet de poète
dui·zend·tal [dœyzəntal] *het (-len)* **1** millier **2** milliers
dul·den [dʌldə(n)] *vt (duldde, h. geduld)* supporter
dum·my [dʌmi] *nm (-'s)* **1** maquette **2** poupée
[1]**dum·pen** [dʌmpə(n)] *vi (dumpte, h. gedumpt)* faire du dumping
[2]**dum·pen** [dʌmpə(n)] *vt (dumpte, h. gedumpt)* **1** décharger **2** larguer; zijn vriendinnetje ~ plaquer sa copine
dump|prijs [dʌmprɛis] *nm (-prijzen)* prix bradé
dun [dʌn] *adj, adv* **1** fin **2** clairsemé **3** (sous forme) liquide
dun·be·volkt [dʌmbəvɔlkt] *adj* peu peuplé
dun·doek [dʌnduk] *het (-en)* **1** étamine **2** drapeau
dunk [dʌŋk] *nm* **1** opinion; een lage ~ van iemand hebben avoir peu d'estime pour qqn **2** *(sports)* smash
dun·ne [dʌnə] *nm* ♦ aan de ~ zijn avoir la colique
du·pe·ren [dypərə(n)] *vt (dupeerde, h. gedupeerd)* nuire à
du·pli|caat [dyplikat] *het (-caten)* **1** ampliation **2** duplicata
du·ren [dyrə(n)] *vi (duurde, h. geduurd)* **1** durer **2** se prolonger; het duurt nog wel even (voor het zover is) ce n'est pas pour demain; lang ~ voordat ... mettre longtemps à ...; prendre du temps avant de, que ...; het zal niet lang ~ of hij komt il ne tardera pas à venir
du·rend [dyrənt] *adj* permanent
durf [dʌrf] *nm* audace
dur·ven [dʌrvə(n)] *vti (durfde, h. gedurfd)* oser; probeer maar eens als je durft essaie un peu pour voir
[1]**dus** [dʌs] *adv* ainsi
[2]**dus** [dʌs] *conj* donc
[1]**dus·da·nig** [dʌzdanəχ] *dém* tel
[2]**dus·da·nig** [dʌzdanəχ] *adv* de telle manière que
dus·ver [dʌsfɛr] *adv* ♦ tot ~ jusqu'ici
dut [dʌt] *nm (-ten)* somme; een ~je doen faire un (petit) somme
duts [dʌts] *nm (-en) (Belg.)* malheureux, -euse
dut·ten [dʌtə(n)] *vi (dutte, h. gedut)* **1** faire un somme **2** somnoler
[1]**duur** [dyr] *nm* durée; op de(n) (lange) ~ à la longue; hij zal op den ~ komen il finira par venir
[2]**duur** [dyr] *adj, adv (duurder, duurst)* **1** cher; *(fig.)* (iemand) ~ te staan komen coûter cher (à qqn); iets ~ verkopen vendre qqch au prix fort **2** ± ostentatoire, avec ostentation; ~ doen faire du chiqué
duur·sport [dyrspɔrt] *de (-en)* sport d'endurance
duur|zaam [dyrzam] *adj, adv (-zamer, -zaamst)* **1** durable **2** prolongé, longtemps
du·vel [dyvəl] *nm (-s) (voir aussi duivel)* ♦ iemand op zijn ~ geven passer un savon à qqn
du·vels [dyvəls] *interj* → duivels
duw [dyw] *nm (-en)* poussée; *(fig.)* iemand een ~tje geven donner un coup de pouce à qqn
du·wen [dywə(n)] *vti (duwde, h. geduwd)* pousser
dvd-bran·der [devedebrandər] *nm* graveur de DVD
dvd-spe·ler [devedespelər] *nm* lecteur de DVD
dwaal|spoor [dwalspor] *het (-sporen), -weg nm (-en)* fausse piste; iemand op een ~ brengen induire qqn en erreur
dwaas [dwas] *adj, adv (dwazer, dwaast)* **1** fou, follement **2** stupide(ment); dwaze streken uithalen faire des bêtises
dwaas|heid [dwashɛit] *nf (-heden)* sottise; dwaasheden begaan faire des stupidités
dwa·len [dwalə(n)] *vi (dwaalde, h. gedwaald)* errer
dwa·ling [dwalɪŋ] *nf (-en)* **1** errance **2** erreur
dwang [dwaŋ] *nm* **1** contrainte; onder ~ contraint et forcé; ~ op iemand (uit)oefenen user de contrainte avec qqn **2** manie
dwang·ar·beid [dwaŋarbɛit] *nm* travaux forcés
dwang·ar·bei·der [dwaŋarbɛidər] *nm (-s)* forçat
dwang·be·vel [dwaŋbəvɛl] *het (-en)* sommation
dwang|buis [dwaŋbœys] *het (-buizen)* camisole de force
dwang·ge·dach·te [dwaŋχədaχtə] *nf (-n)* obsession
dwang·maat·re·gel [dwaŋmatreχəl] *nm (-en)* mesure coercitive
dwang·ma·tig [dwaŋmatəχ] *adj* obsessionnel
dwang·ma·tig|heid [dwaŋmatəχhɛit] *nf (-heden)* inévitable
dwang·mid·del [dwaŋmɪdəl] *het (-en)* moyen de contrainte
dwang·som [dwaŋsɔm] *de (-men)* astreinte
dwar·re·len [dwarələ(n)] *vi (dwarrelde, h./i. gedwarreld)* voltiger
dwars [dwars] *adj, adv* **1** transversal, en travers; ~ tegen iets ingaan s'opposer radicalement à qqch; *(fig.)* ergens ~ voor

gaan liggen mettre des bâtons dans les roues de qqch; *(fig.)* het zat hem ~ cela le tracassait 2 oblique, de travers 3 récalcitrant

dwars·bo·men [dwɑrzbomə(n)] *vt (dwarsboomde, h. gedwarsboomd)* contrecarrer

dwars·fluit [dwɑrsflœyt] *de (-en)* flûte traversière

dwars·heid [dwɑrshɛit] *nf* humeur récalcitrante

dwars·lae·sie [dwɑrslezi] *nf* interruption médullaire

dwars·lat [dwɑrslɑt] *de (-ten)* traverse

dwars·lig·gen [dwɑrslɪχə(n)] *vi (lag dwars, h. dwarsgelegen)* 1 contrecarrer 2 *(fig.)* faire la mauvaise tête

dwars|straat [dwɑrstrat] *de (-straten)* rue transversale; ik noem maar een ~ comme ça, pour dire

dwars·ver·band [dwɑrsfərbɑnt] *het (-en)* connexion

dweep·ziek [dwepsik] *adj* → dweperig

dweep·zucht [dwepsʌχt] *de* → dweperij

dweil [dwɛil] *nm (-en)* serpillière

dwei·len [dwɛilə(n)] *vti (dweilde, h. gedweild)* passer la serpillière (sur), *(Belg.)* reloqueter

dwe·pen [dwepə(n)] *vi (dweepte, h. gedweept)* 1 adorer 2 *(+ met)* se passionner

dwe·pe·rig [dweperəχ] *adj, adv* exalté, avec exaltation

dwe·pe·rij [dweperɛi] *nf (-en)* exaltation

dwerg [dwɛrχ] *nm (-en)* nain

dwerg·ach·tig [dwɛrχɑχtəχ] *adj* lilliputien

dwin·ge·land [dwɪŋəlɑnt] *nm (-en)* tyran

1**dwin·gen** [dwɪŋə(n)] *vi (dwong, h. gedwongen)* réclamer à cor et à cri

2**dwin·gen** [dwɪŋə(n)] *vt (dwong, h. gedwongen)* 1 obliger (à); zich ~ se forcer (à, pour) 2 enfoncer

dwin·gend [dwɪŋənt] *adj, adv* impératif, impérativement; ~e noodzakelijkheid nécessité absolue

dwong [dwɔŋ], **dwongen** → dwingen, afdwingen

d.w.z. abrév. de *dat wil zeggen* c.-à-d.

dy·na|misch [dinamis] *adj (-mischer, meest d.)* dynamique; ~ maken dynamiser

dys·lec·tisch [dɪslɛktis] *adj* dyslexique

e

e.a. abrév. de *en andere(n)* et autre(s)
eb [ɛp] *de* **1** reflux; **het is eb** la marée descend; **eb en vloed** flux et reflux **2** marée basse; **bij eb** à marée basse
eb·ben·hout [ɛbə(n)hɑut] *het* (bois d')ébène
e-bike [i:bɑjk] *de (-s)* vélo électrique
e-book [i:buk] *het (-s)* livre électronique
e-busi·ness [ibɪznɪs] *de* e-commerce
echo·ën [ɛχowə(n)] *vti (echode, h. geëchood)* se répercuter
[1]**echt** [ɛχt] *nm (form.)* union conjugale; **in de ~ verbonden worden** être unis par les liens du mariage
[2]**echt** [ɛχt] *adj, adv* **1** authentique, sincère(ment), réellement **2** vrai(ment), véritable; **dat is ~ Hollands** c'est typiquement hollandais; **dat is ~ iets voor hem** c'est bien lui; **niet ~** pas vraiment **3** légitime
echt·bre·ken [ɛχtbrekə(n)] *vb (form.)* commettre un adultère
ech·te·lijk [ɛχtələk] *adj (form.)* conjugal; **~e ruzie** scène de ménage; **de ~e staat** l'état de mariage
ech·ter [ɛχtər] *adv* cependant
echt·ge|noot [ɛ(χt)χənot] *nm (-noten),* **-note** *nf (-s)* époux, -ouse
echt·heid [ɛχthɛit] *nf* **1** pureté, authenticité **2** légitimité
echt|paar [ɛχtpar] *het (-paren)* couple
echt·schei·ding [ɛχtsχɛidɪŋ] *nf (-en)* divorce
echt|ver·bin·te·nis [ɛχtfərbɪntənɪs] *nf (-sen),* **-vereniging** *nf (-en) (form.)* union conjugale
eco·lo·gisch [ekoloχis] *adj, adv* écologique(ment)
eco|loog [ekoloχ] *nm (-logen)* écologiste
eco·no·mie [ekonomi] *nf (-ën)* économie (politique)
eco·no·misch [ekonomis] *adj, adv* **1** économique(ment) **2** avantageux, avantageusement
eco|noom [ekonom] *nm (-nomen)* **1** économiste **2** *(Belg.; enseign.)* économe
Ecua·dor [ekwadɔr] *het* Équateur
Ecua·do|raan [ekwadoran] *nm (-anen),* **-aanse** *nf (-n)* Équatorien, -ienne
Ecua·do·raans [ekwadorans] *adj* équatorien
ec|zeem [ɛksem] *het (-zemen)* eczéma
ed. **1** abrév. de *editio* éd. **2** abrév. de *editeur* édit.
e.d. abrév. de *en dergelijke* etc.
edel [edəl] *adj, adv* noble(ment); **een ~ mens** un être généreux
edel·acht·baar [edəlɑχtbar] *adj* ♦ **Edelachtbare** Monsieur le Juge
edel·gas [edəlχɑs] *het (-sen)* gaz rare
edel·ge·steen·te [edəlχəstentə] *het (-n)* pierres précieuses
edel·hert [edəlhɛrt] *het (-en)* cerf
edel·lie·den [edəlidə(n)] *plur* gentilshommes
edel·moe·dig [edəlmudəχ] *adj, adv* magnanime(ment), généreux, généreusement
edel|smid [edəlsmɪt] *nm (-smeden)* orfèvre
edel|steen [edəlsten] *nm (-stenen)* pierre précieuse
edict [edɪkt] *het (-en)* édit
edi·tie [edi(t)si] *nf (-s)* édition
edu·ca·tie [edyka(t)si] *nf (-s)* éducation
eed [et] *nm (eden)* serment; **een ~ afleggen** prêter serment; **iemand een ~ afnemen** faire prêter serment à qqn; **zijn ~ breken** violer son serment; **onder ede staan** témoigner sous serment; **iemand onder ede horen** faire témoigner qqn sous serment; **ik zou er geen ~ op willen doen** je n'en jurerais pas
eeg [eeχe] *het (-'s) (méd.)* abrév. de *elektro-encefalogram* EEG
EEG [eeχe] *nf* abrév. de *Europese Economische Gemeenschap* CEE
ee·ga [eχa] *de (-'s) (form.)* épouse
eek·hoorn [ekhorn] *nm (-s)* écureuil
eelt [elt] *het* callosité; **~ op zijn ziel hebben** être blindé
eel·tig [eltəχ] *adj* calleux
[1]**een** [en] *adj* un(e); **~ zijn met** faire corps avec; **~ worden** s'unifier
[2]**een** [ən] *indéf* un(e); **er is er ~ vóór u geweest** quelqu'un vous a devancé; **je bent me er (ook) ~!** tu es un drôle de numéro !
[3]**een** [en] *card (accentué)* un(e); **het is bij enen** il est près d'une heure; **de ~ nog mooier dan de ander** tous plus beaux les uns que les autres; **een ~ voor wiskunde** un (sur dix) en maths; *(subst.)* **enen gooien** amener des un; **dat is ~!** et d'un(e) !; **elke stem is er ~** chaque voix compte; *(Belg.)* **op ~, twee, drie** en moins de deux; **tien tegen ~ dat** il y a gros à parier que; **~ van tweeën** de deux choses l'une; **~ voor ~** un(e) à un(e) ♦ **de weg is één en al modder** la route est pleine de boue; **de ~ of ander** quelqu'un; **(het) ~ en ander** des choses et d'autres; **niet om het ~ of ander** ce n'est pas pour dire; **het is het ~ of het ander** de deux choses l'une

[4]**een** [en] *ord (accentué)* un, premier; **op ~ april** le premier avril; **bladzijde ~** page un

[5]**een** [ən] *art (non accentué)* **1** *(indéfini)* un(e); **~ meneer A.** un (certain) Monsieur A. **2** *(générique)* le, la **3** environ, quelque; **~ dag of wat** quelques jours; **~ uur of drie** environ trois heures ♦ **het kost me ~ geld!** cela me coûte les yeux de la tête !; **~ mensen dat er waren!** il y avait un monde fou !; **wat ~ mensen!** quelle foule !; **wat ~ geldverspilling!** quel gaspillage !

een·ak·ter [enaktər] *nm (-s)* pièce en un acte

een·ar·mig [enarməχ] *adj* manchot

een·baans·weg [embanswεχ] *nm (-en)* route à voie unique

een·cel·lig [ensεləχ] *adj* unicellulaire

eend [ent] *de (-en)* **1** canard; *(fig.)* **een lelijk ~je** une deux-pattes; *(fig.)* **er is een vreemde ~ in de bijt** il y a un étranger parmi nous **2** deux chevaux *(Citroën)*

een·daags [endaχs] *adj* **1** qui dure un jour **2** *(zool.)* éphémère

een·dags·vlieg [endaχsfliχ] *de (-en)* **1** *(fig.)* quelque chose d'éphémère; **~en** *(dans le monde du spectacle)* vedettes d'un jour **2** *(zool.)* éphémère

een·de·lig [endeləχ] *adj* **1** en une pièce *(vêtements)* **2** en un seul volume

een·den·kroos [endə(n)kros] *het* lentille d'eau

een·der [endər] *adj, adv* pareil(lement)

een·dracht [endraχt] *de* concorde; *(prov)* **~ maakt macht** l'union fait la force

een·drach·tig [endraχtəχ] *adj, adv* uni, de commun accord

een·dui·dig [endœydəχ] *adj, adv* univoque(ment)

een·ei·ig [enεijəχ] *adj* monozygote

een·ge·zins·wo·ning [eŋχəzɪnswonɪŋ] *nf (-en)* ± maison individuelle, *(Belg.)* maison unifamiliale

een|heid [enhεit] *nf (-heden)* **1** unité **2** *(milit.)* unité de combat; **de mobiele ~** les compagnies républicaines de sécurité

een·heids·worst [enhεitswɔrst] *de* ± grisaille

een·hoorn [enhorn] *nm (-s)* licorne

een·ja·rig [enjarəχ] *adj* **1** d'un an; **het ~ bestaan van de vereniging** le premier anniversaire de l'association **2** d'une année; **een ~e plant** une plante annuelle

een·ken·nig [eŋkεnəχ] *adj* farouche, timide

een·ling [enlɪŋ] *nm (-en)* **1** solitaire; **zich als ~ opstellen** faire cavalier seul **2** individu

een·maal [emal] *adv* **1** une fois; **~, andermaal, voor de derde maal, verkocht!** une fois, deux fois, trois fois, adjugé ! **2** jamais; **als dat nu maar ~ gebeurd is!** vivement que ça soit fait !; **~ komt de tijd dat** le jour viendra où; **als het ~ zover komt** si jamais on en arrive là ♦ **ik ben nu ~ zo** on ne se refait pas; **zo is het leven nu ~** c'est la vie; **dat is nu ~ zo** le fait est là; c'est comme ça

een·ma·lig [emaləχ] *adj* unique

een·mans|zaak [emansak] *de (-zaken)* entreprise unipersonnelle

een·na·laatst [enalatst] *adj* avant-dernier

een·op·een [enɔpen] *adv* individuellement

een·op·een·re·la·tie [enɔpenrəla(t)si] *nf (-s)* lien direct, relation directe

een·pans·maal·tijd [empansmaltεit] *nm (-en)* repas à plat unique

een·pits·stel [empɪtstεl] *het (-len)* réchaud à un feu

een·rich·tings·ver·keer [enrɪχtɪŋsfərker] *het* **1** *(transp.)* circulation à sens unique **2** *(fig.)* contact unilatéral

[1]**eens** [ens] *adv* **1** une fois; **voor ~ en al(tijd)** une fois pour toutes; **meer dan ~** plus d'une fois; **kom ~ langs!** passe me voir !; **als hij maar ~ werkte** si seulement il travaillait; **dat is ~ en nooit weer** c'est la première et la dernière fois; **er was ~** il était une fois; **~ te meer** une fois de plus **2** deux fois; **~ zo groot** deux fois plus grand **3** *(pour accentuer, souvent non traduit)*; **dat zou best ~ kunnen** cela se pourrait bien; **kom ~ hier!** approche un peu !; **niet ~ tijd hebben om ...** n'avoir même pas le temps de ...; **dat is nog ~ een mooie vrouw!** en voilà une belle femme !; **nu ~ ..., dan weer ...** tantôt ... tantôt ...

[2]**eens** [ens] *adj* d'accord; **veel mensen zijn het met ons ~** beaucoup sont de notre avis; **het ~ worden** tomber d'accord; **zij kunnen het maar niet ~ worden** ils n'arrivent pas à s'entendre; **het erover ~ zijn, dat ...** avoir convenu de ...

eens·ge|zind [ensχəzɪnt] *adj, adv (-zinder, meest e.)* unanime(ment); **~ handelen** agir de concert

eens·klaps [ensklaps] *adv* tout à coup

eens·lui·dend [enslœydənt] *adj* conforme; **tot een ~ oordeel komen** arriver à un jugement unanime

een·stem·mig [enstεməχ] *adj, adv* **1** unanime(ment) **2** à une voix, à l'unisson

een·tje [encə] *indéf* un, un seul; **geef mij er ~** donnez-m'en un(e); **hij is me er ~!** il n'y en a pas deux comme lui !; *(péj.)* c'est un drôle de bonhomme ♦ **op zijn dooie ~** tout seul; **hij zat in zijn ~** il était assis (tout) seul

een·to·nig [entonəχ] *adj, adv* monotone, avec monotonie

een·ver·die·ner [envərdinər] *nm (-s)* salarié unique (dans une famille)

een·vor·mig [envɔrməχ] *adj* uniforme; **~ maken** uniformiser

een·voud [envaut] *nm* simplicité; **hij zei dat in zijn ~** il a dit cela en toute candeur

een·vou·dig [envaudəχ] *adj, adv* simple(ment), facile, sobre; **een ~e stijl** un style sobre; **al te ~** simplet; **zo ~ ligt dat niet** ce n'est pas si simple que ça; **het is ~ onzin** c'est tout simplement absurde

een·vou·dig·weg [envaudəχwεχ] *adv* tout simplement

een·wor·ding [enwɔrdɪŋ] *nf* unification

een|zaam [enzam] *adj, adv (-zamer, -zaamst)* **1** solitaire(ment), seul; **zich ~ voelen** se sentir seul **2** (dans un endroit) solitaire, isolé; **eenzame wegen** routes désertes

een·zaam·heid [enzamhεit] *nf* solitude; **in ~** solitairement

een|zaat [enzat] *nm (-zaten) (Belg.)* ermite

een·zel·vig [enzεlvəχ] *adj, adv* farouche, en solitaire; **hij is erg ~** il est replié sur lui-même; **een ~ kind** un enfant sauvage

een·zij·dig [enzεidəχ] *adj, adv* **1** unilatéral(ement); **een verdrag ~ opzeggen** annuler un traité par décision unilatérale **2** partial(ement) **3** limité, de façon simpliste; **een ~e ontwikkeling** une formation à courte vue

[1]**eer** [er] *de* **1** honneur, gloire; **daarmee bewijs je hem te veel ~** c'est lui faire trop d'honneur; *(Belg.)* **~ van iets halen** tirer gloire de qqch; **de ~ aan zichzelf houden** sauver la face; **iets in ere herstellen** remettre qqch en honneur; **in ~ en aanzien leven** être estimé et honoré de tous; **een gebruik in ere houden** respecter une tradition; **iemand in zijn ~ herstellen** réhabiliter qqn; **dat is, komt mijn ~ te na** il y va de mon honneur; **naar ~ en geweten handelen** agir en son âme et conscience; **er een ~ in stellen** tenir à honneur de **2** honneur, hommage; **er is geen ~ aan te behalen** on y perd sa peine; **iemand ~ bewijzen** rendre hommage à qqn; **geen ~ van iets hebben** ne tirer aucune satisfaction de qqch; **iemand de laatste ~ bewijzen** rendre les derniers honneurs à qqn; **met militaire ~ begraven worden** être enterré avec les honneurs militaires; **ter ere van** en l'honneur de; **voor de ~ bedanken** décliner l'honneur; **het zal me een ~ zijn ...** je me ferai (un) honneur de ...; **ere zij God** Dieu soit loué; *(prov)* **ere wie ere toekomt** à tout seigneur tout honneur

[2]**eer** [er] *conj (form.)* avant de, que

eer|baar [erbar] *adj, adv (-baarder, -baarst)* honorable(ment)

eer·baar·heid [erbarhεit] *nf* honneur

eer·be·toon [erbəton] *het* hommage

eer·be|wijs [erbəwεis] *het (-wijzen)* hommage, honneur; **hij werd met eerbewijzen overladen** il fut comblé d'honneurs; **iemand de militaire eerbewijzen brengen** rendre les honneurs militaires à qqn

eer·bied [erbit] *nm* respect, considération; **uit ~ voor ...** par respect de ...

eer·bie·dig [erbidəχ] *adj, adv* respectueux, respectueusement

eer·bie·di·gen [erbidəχə(n)] *vt (eerbiedigde, h. geëerbiedigd)* respecter; **God ~** révérer Dieu

eer·bied·waar·dig [erbitwardəχ] *adj* vénérable

eer·daags [erdaχs] *adv* prochainement

[1]**eer·der** [erdər] *adj, adv* antérieur, plus tôt, avant; **hij was er ~ dan ik** il est arrivé plus tôt que moi; **hoe ~ hoe beter** le plus tôt possible

[2]**eer·der** [erdər] *adv* plutôt; **zij is ~ blond dan donker** elle est plus blonde que brune

eer·ge·voel [erχəvul] *het* dignité; **geen ~ hebben** manquer de dignité; **op iemands ~ werken** piquer qqn d'honneur

eer·gis·te·ren [erχɪstərə(n), [B]erχɪstərə(n)] *adv* avant-hier

eer·her·stel [erhεrstεl] *het* réhabilitation

eer·lijk [erlək] *adj, adv* **1** honnête(ment); **een ~e behandeling** un traitement juste; *(prov)* **~ duurt het langst** il faut aller le droit chemin **2** sincère, franchement; **~ gezegd geloof ik het niet** franchement je ne le crois pas; **~ is ~** il faut reconnaître ce qui est; **een ~e tegenstander** un adversaire loyal; **het is ~ waar** c'est la pure vérité

eer·lijk·heid [erləkhεit] *nf* **1** franchise **2** honnêteté; **de ~ gebiedt dat te erkennen** la vérité nous oblige à le dire

eer·lijk·heids·hal·ve [erləkhεitshalvə] *adv* par souci d'honnêteté, de vérité

eerst [erst] *adv* **1** en premier; **hij zag de brand het ~** il vit l'incendie le premier; **voor het ~** pour la première fois **2** d'abord; *(Belg.)* **~ en vooral** avant tout **3** au début **4** *(form.; temporel)* seulement

eer·ste [erstə] *ord* premier; *(sports)* **de ~ zijn** être premier au classement; **Willem de Eerste** Guillaume premier; **zij is niet de ~ de beste** ce n'est pas n'importe qui; **bij de ~ de beste gelegenheid** à la première occasion; *(sports)* **hij speelt in het ~** il joue dans la première équipe; **het ~ wat we zagen was ...** la première chose que nous avons vu, était ...; **in de ~ klas zitten** *(enseign. primaire)* être au cours préparatoire; *(enseign. secondaire)* ± être en sixième; *(Belg.)* être en première; **ten ~** premièrement

eer·ste·graads·be·voegd·heid [erstəχratsbəvuχthεit] *nf* ♦ **hij heeft een ~** il est agrégé

eer·ste·graads·le·raar [erstəχratslerar] *nm (-raren)* ± professeur agrégé

eer·ste·graads·ver·bran·ding [erstəχratsfərbrandɪŋ] *nf (-en)* brûlure du premier degré

eer·ste·hulp·post [erstəhʌlpɔst] *nm (-en)* infirmerie *(local)*

eer·ste·hulp·ver·le·ning [erstəhʌlpfərlenɪŋ] *nf* secourisme

eer·ste·jaars [erstəjars] *adj* de première année; **een ~** un(e) étudiant(e) de première année

Eer·ste Ka·mer|lid [erstəkamərlɪt] *het (-leden)* sénateur

eer·ste·klas [erstəklas] *adj* de premier ordre; ~ aardappels des pommes de terre de première qualité; een ~ kok un fin cuisinier

***eer·ste·klas-** [erstəklɑs-] de première classe *(transports);* de eersteklaswagon le wagon de première classe

eer·ste·klas·ser [erstəklɑsər] *nm (-s)* 1 élève de cours préparatoire, *(Belg.)* élève de première 2 élève de sixième, *(Belg.)* élève de première

eer·ste·ling [erstəlɪŋ] *nm (-en)* 1 premier-né 2 premier fruit

eer·ste·rangs [erstərɑŋs] *adj* de premier ordre

eerst·ge·noemd [erstχənumt] *adj* premier

eerst|ko·mend [erstkomənt], **-volgend** *adj* prochain

eer·tijds [ertɛits] *adv (form.)* autrefois

eer·vol [ervɔl] *adj, adv* honorable(ment)

Eerw. [erwardə] abrév. de *Eerwaarde* R.P., R.M.

eer·waard [erwart] *adj* révérend; ~e vader mon père

eer·wraak [ervrak] *de* crime d'honneur

eer|zaam [erzam] *adj, adv (-zamer, -zaamst)* honnête(ment)

eer·zucht [erzʌχt] *de* ambition

eer·zuch·tig [erzʌχtəχ] *adj, adv* ambitieux, ambitieusement

eet·ap·pel [etɑpəl] *nm (Belg.)* pomme à couteau

eet·baar [edbar] *adj* mangeable, comestible

eet·ca·fé [etkafe] *het (-s)* brasserie, bistro(t)

eet·ge·rei [etχərɛi] *het* couvert et service de table

eet·ge·woon·te [etχəwontə] *nf (-n, -s)* habitude alimentaire

eet·hoek [ethuk] *nm (-en)* coin-repas

eet|huis [ethœys] *het (-huizen)* restaurant

eet·ka·mer [etkamər] *de (-s)* salle à manger

eet·keu·ken [etkøkə(n)] *de (-s)* cuisine-salle à manger

eet·le·pel [etlepəl] *nm (-s)* cuillère (à soupe)

eet·lust [etlʌst] *nm* appétit; iemand de ~ benemen couper l'appétit à qqn; dat wekt de ~ op ça met en appétit

eet|maal [etmal] *het (-malen) (Belg.)* repas

eet·tent [etɛnt] *de (-en) (fam.)* bistro(t)

eet·ver·sla·ving [etfərslavɪŋ] *nf (-en)* boulimie

eet|waar [etwar] *de (-waren)* denrée

eet|zaal [etsal] *de (-zalen)* réfectoire, cantine

eeuw [ew] *de (-en) (aussi au fig.)* siècle

eeu·wen·lang [ewə(n)lɑŋ] *adj, adv* séculaire(ment); al ~ depuis des siècles

eeu·wen·oud [ewə(n)ɑut] *adj* séculaire

eeuw·feest [ewfest] *het (-en)* centenaire

eeu·wig [ewəχ] *adj, adv* 1 éternel, (pour) toujours; voor ~ pour toujours 2 perpétuel(lement); ~ en altijd sempiternellement 3 extrêmement

eeu·wig|heid [ewəχhɛit] *nf (-heden)* éternité; in der ~ niet jamais de la vie

eeuw·wis·se·ling [ewɪsəlɪŋ] *nf (-en)* tournant du siècle; rond de ~ au tournant du siècle

ef·fect [ɛfɛkt] *het (-en)* 1 effet; een goedkoop ~ un effet facile; zoiets heeft ~ ça fait (de l')effet; ~ sorteren avoir de l'effet 2 *(commerce)* titre

ef·fect·be·jag [ɛfɛktbəjɑχ] *het* recherche de l'effet

***ef·fec·ten-** [ɛfɛktə(n)-] *(commerce)* des valeurs

ef·fec·ten·han·de|laar [ɛfɛktə(n)hɑndəlar] *nm (-laars, -laren),* **effectenmake|laar** *nm (-laars, -laren)* agent de change

ef·fec|tief [ɛfɛktif] *adj, adv (-tiever, meest e.)* 1 effectif, effectivement 2 efficace(ment)

ef·fec·tu·e·ring [ɛfɛktywerɪŋ] *nf (-en)* réalisation

ef·fen [ɛfə(n)] *adj, adv* 1 égal, lisse 2 *(fig.)* froid(ement); met een ~ gezicht d'un air impassible 3 uni(colore); ~ rood rouge uni 4 un moment; wees nou ~ stil tais-toi un peu

ef·fe·nen [ɛfənə(n)] *vt (effende, h. geëffend)* 1 égaliser 2 régler

ef·fen·tjes [ɛfə(n)cəs] *adv (fam.)* → effen 4

ef·fi|ciënt [ɛfiʃɛnt] *adj, adv (-ciënter, meest e.)* efficace(ment)

eg [ɛχ] *de (eggen)* herse

EG [eχe] *nf* abrév. de *Europese Gemeenschap* CE

egaal [eχal] *adj (egaler, egaalst)* égal, uni

egel [eχəl] *nm (-s)* hérisson

eg·gen [ɛχə(n)] *vti (egde, h. geëgd)* herser

ego·trip·pen [eχotrɪpə(n)] *vb* être narcissique

ego·trip·per [eχotrɪpər] *nm (-s)* égotiste

Egyp·te [eχɪptə] *het* Égypte

Egyp·te|naar [eχɪptənar] *nm (-naren)* Égyptien

Egyp·tisch [eχɪptis] *adj* égyptien

EHBO [ehabeo] *de* abrév. de *eerste hulp bij ongelukken* secourisme

EHBO'er [ehabeoər] *nm (-s)* secouriste

ei [ɛi] *het (-eren)* 1 œuf; dat is het hele eieren eten et voilà c'est tout; gebakken eieren œufs sur le plat; *(prov)* beter een half ei dan een lege dop mieux vaut terre gâtée que terre perdue; eieren voor zijn geld kiezen mettre de l'eau dans son vin; ik zit niet op eieren j'ai tout mon temps; met rotte eieren gooien naar iemand traîner qqn dans la boue; een zacht ei(tje) un œuf à la coque; zijn ei niet kwijt kunnen ne pas pouvoir placer son mot, ne pas trouver preneur; *(fig.)* dat is een (zachtgekookt) eitje c'est du gâteau 2 *(fig.)* bêta; wat is dat een zacht ei! ce qu'il est cucu(l) (la praline) !

ei·cel [ɛisɛl] *de (-len)* ovule

ei·dooi·er [ɛidojər] *nm* → eierdooier

ei·er·boer [ɛijərbur] *nm (-en)* marchand d'œufs
ei·er·dooi·er [ɛijərdojər] *nm (-s)* jaune d'œuf
ei·er·dop [ɛijərdɔp] *nm (-pen)* **1** coquille d'œuf **2** coquetier
ei·er|schaal [ɛijərsχal] *de (-schalen)* → **ei-erdop 1**
ei·er·stok [ɛijərstɔk] *nm (-ken) (méd.)* ovaire
¹**ei·gen** [ɛiχə(n)] *het (fam.)* ♦ **ik dacht bij mijn ~ dat** je me suis dit comme ça que; **op zijn ~ gaan wonen** aller vivre seul; **ik was mijn ~** je me lave
²**ei·gen** [ɛiχə(n)] *adj* **1** propre, à soi; **~ geld** de l'argent à soi; **onze ~ literatuur** la littérature de notre pays **2** *(+ aan)* propre (à); **dat is hem ~** c'est tout à fait lui **3** intime; **zich iets ~ maken** se familiariser avec qqch; **met iemand ~ zijn** être intime avec qqn
ei·ge|naar [ɛiχənar] *nm (-naren),* **-nares** *nf (-sen)* propriétaire
ei·gen·aar·dig [ɛiχənardəχ] *adj, adv* **1** (d'une façon) caractéristique **2** curieux, curieusement, bizarre; **hij kan zo ~ handelen** il se conduit parfois d'une façon si bizarre; **het is wel ~** c'est curieux; **een ~ soort beleefdheid** une drôle de politesse
ei·gen·aar·dig|heid [ɛiχənardəχhɛit] *nf (-heden)* bizarrerie
ei·gen·be·lang [ɛiχə(n)bəlɑŋ] *het* intérêt (personnel); **alleen op ~ uit zijn** ne chercher que son intérêt; **uit ~ handelen** agir par intérêt
¹**ei·gen·dom** [ɛiχə(n)dɔm] *nm (jur.)* propriété; **iets in ~ verkrijgen** recevoir qqch en propriété; **(het) ~ zijn van ...** être propriété de ...
²**ei·gen·dom** [ɛiχə(n)dɔm] *het (-men)* propriété, bien propre; **dat boek is mijn ~** ce livre m'appartient; **particulier ~** propriété privée
***ei·gen·doms-** [ɛiχə(n)dɔms-] de propriété
ei·gen·dunk [ɛiχə(n)dʌŋk] *nm* suffisance
ei·ge·ne [ɛiχənə] *het* propre, particularité
ei·gen·ge·bak·ken [ɛiχə(n)χəbɑkə(n)] *adj* fait maison
ei·gen·ge|reid [ɛiχə(n)χərɛit] *adj (-reider, meest e.)* qui n'en fait qu'à sa tête, entêté
ei·gen·han·dig [ɛiχə(n)hɑndəχ] *adj, adv* (fait) de ses propres mains ♦ **geef deze brief ~ aan de directeur** remettez cette lettre en mains propres au directeur
ei·gen·lijk [ɛiχə(n)lək] *adj, adv* **1** vrai, proprement dit; **de ~e betekenis van een woord** le sens propre d'un mot; **de ~e kwestie** la question proprement dite **2** au fond; **ik kom ~ niet daarom** au fond, je ne viens pas pour ça; **ze is ziek of ~: ze voelt zich niet lekker** elle est malade ou plutôt, elle ne se sent pas bien; **ik wist ~ niet wat ik moest zeggen** je ne savais trop que dire
ei·gen·mach·tig [ɛiχəmɑχtəχ] *adj, adv* arbitraire, de sa propre autorité
ei·gen|naam [ɛiχənam] *nm (-namen)* nom propre
ei·gen·schap [ɛiχənsχɑp] *nf (-pen)* caractéristique; **hij heeft veel goede ~pen** il a beaucoup de qualités; **hij heeft goede en slechte ~pen** il y a du bon et du mauvais chez lui
ei·gen·tijds [ɛiχə(n)tɛits] *adj* contemporain
ei·gen·waar·de [ɛiχə(n)wardə] *nf* dignité
ei·gen|wijs [ɛiχə(n)wɛis] *adj, adv (-wijzer, meest e.)* **1** entêté, avec obstination **2** curieux, curieusement, bizarre
ei·gen·zin|nig [ɛiχə(n)zɪnəχ] *adj, adv (-niger, meest e.)* entêté, avec obstination
eik [ɛik] *nm (-en)* chêne
ei·kel [ɛikəl] *nm (-s) (tous les sens)* gland ♦ **wat een ~!** quel con !
ei·ken·pro·ces·sie·rups [ɛikə(n)prosɛsirʌps] *de (-en)* chenille processionnaire du chêne
ei·land [ɛilɑnt] *het (-en)* île; **op een ~** dans une île
ei·lei·der [ɛilɛidər] *nm (-s)* oviducte, *(chez la femme)* trompe de Fallope
eind [ɛint] *het (-en)* **1** bout **2** fin; **op het ~ van de film** à la fin du film ♦ **een heel ~ komen** être près d'atteindre son but, avoir presque assez d'argent; **aan het kortste ~ trekken** avoir le dessous; **aan het langste ~ trekken** avoir le dessus; **het bij het rechte ~ hebben** avoir raison; **het bij het verkeerde ~ hebben** avoir tort; **een ~ weg praten** bien parler
***eind-** [ɛint-] final
eind·be·drag [ɛindbədrɑχ] *het (-en)* (montant) total, solde
eind·be·stem·ming [ɛindbəstɛmɪŋ] *nf (-en)* **1** objectif final **2** *(transp.)* terminus
eind·di·plo·ma [ɛindiploma] *het (-'s)* diplôme de fin d'études
ein·de [ɛində] *het (-n),* **eind** *het (-en)* fin, bout, extrémité; **aan zijn eind komen** arriver au terme de sa vie; **aan het eind van zijn Latijn zijn** être au bout de son rouleau; **het ~ van de besprekingen was, dat ...** le résultat des discussions fut que ...; **tot het bittere ~ doorgaan** persister jusqu'au bout; **iets tot een goed ~ brengen** mener qqch à bien; *(prov)* **eind goed, al goed** tout est bien qui finit bien; **er moet een ~ aan komen** il faut en finir; **er komt geen eind aan** on n'en voit pas la fin; *(prov)* **aan alles komt een eind** tout a une fin; **het ~ laat zich raden** l'issue se laisse entrevoir; **het ~ van het liedje** la fin de l'histoire; **er een ~ aan maken** y mettre fin; *(suicide)* en finir; **een ~ maken aan iets** mettre fin à qqch; **op zijn ~ lopen** toucher à sa fin; **ten ~ lopen** tirer à sa fin; **iets ten ~ brengen** venir à bout de qqch; **mijn geduld loopt ten ~** ma patience s'épuise; **~ voorrangsweg** fin de priorité; **dan is het ~ zoek** ça sera la fin de tout; **ten ~ raad** en désespoir de cause; **ten ~ raad zijn** ne plus

savoir à quel saint se vouer ♦ *(fam.)* **het ~!** super !; **te dien ~** à cet effet

ein·de·lijk [ɛindələk] *adv* enfin, finalement; **kom je ~?** vas-tu venir à la fin ?; **daar heb je ze ~** les voilà enfin

ein·de·loos [ɛindəlos] *adj, adv* **1** infini(ment); **zij zijn ~ gelukkig** ils sont parfaitement heureux; **de eindeloze ruimte** l'infini; **~ ver** à perte de vue **2** interminable, sans cesse; **het duurt ~ lang** cela n'en finit plus **3** *(fam.)* super

ein·der [ɛindər] *nm (form.)* horizon

eind·exa·men [ɛintɛksamə(n)] *het (-s)* examen de fin d'études, *(enseign. secondaire)* bac(calauréat); **~ doen** passer le bac; **voor zijn ~ zakken** échouer à son examen de fin d'études, au bac

eind·exa·men·pak·ket [ɛintɛksamə(n)-pɑkɛt] *het (-ten)* matières présentées à l'examen de fin d'études, au bac; **Frans in het ~ hebben** choisir le français à l'examen de fin d'études, au bac

eind·fa·se [ɛintfazə] *nf (-s, -n)* dernière phase

ein·dig [ɛindəχ] *adj* limité

ein·di·gen [ɛindəχə(n)] *vti (eindigde, h./i. geëindigd)* **1** finir, (se) terminer; **het verhaal eindigt met zijn dood** l'histoire se termine par sa mort; **de school eindigt om twaalf uur** la sortie des classes se fait à midi; **dit woord eindigt op een klinker** ce mot se termine par une voyelle **2** dire les grâces, *(prot.)* faire la prière

eind·je [ɛincə] *het (-s) (morceau, extrémité)* bout; **dat is een aardig ~** ça fait une bonne trotte; **de ~s niet aan elkaar kunnen knopen** ne pas pouvoir joindre les deux bouts; **de deur een ~ openlaten** laisser la porte entrouverte; **met iemand een ~ oplopen** faire un bout de chemin avec qqn

eind·pro·duct [ɛintprodʌkt] *het (-en)* produit fini

eind·punt [ɛintpʌnt] *het (-en)* fin, *(transports publics)* terminus

eind·rap·port [ɛintrɑpɔrt] *het (-en)* **1** *(enseign.)* bulletin de fin d'année **2** rapport final

eind·re·dac·tie [ɛintredɑksi] *nf (-s)* rédaction définitive

eind·sig|naal [ɛintsɪɲal] *het (-nalen) (sports)* coup de sifflet final

eind·spel [ɛintspɛl] *het (-en) (sports)* fin de partie

eind·stand [ɛintstɑnt] *nm (-en) (sports)* score final

eind|streep [ɛintstrep] *de (-strepen) (sports)* ligne d'arrivée; *(fig.)* **de ~ niet halen** échouer

eind·strijd [ɛintstrɛit] *nm (sports)* finale; **de halve ~** la demi-finale

eind·werk [ɛintwɛrk] *het (-en) (Belg.; enseign.)* mémoire

eis [ɛis] *nm (-en)* **1** exigence; **hoge ~en stellen aan iemand** être exigeant avec qqn; **aan de ~en voldoen** satisfaire aux exigences **2** revendication, *(jur.)* demande; **de ~en van de arbeiders** la revendication ouvrière; **een ~ tot schadevergoeding instellen** former une demande en dommages-intérêts **3** réquisition, réquisitoire; **de ~ luidde levenslang** le procureur a requis la réclusion à perpétuité

ei·sen [ɛisə(n)] *vt (eiste, h. geëist)* exiger, revendiquer, *(jur.)* requérir; **het Openbaar Ministerie eiste drie jaren** le procureur a requis trois ans de prison; **dat eist overleg** cela demande délibération; **iets van iemand ~** exiger qqch de qqn

ei·sen·pak·ket [ɛisə(n)pɑkɛt] *het (-ten)* liste de revendications

ei·ser [ɛisər] *nm (-s),* **eiseres** *nf (-sen)* demandeur, -deresse

ei·wit [ɛiwɪt] *het (-ten)* **1** blanc d'œuf; **geklopt ~** des blancs d'œuf fouettés en neige **2** protéine

ei·wit·hou·dend [ɛiwɪthaudənt] *adj* albumineux

ek·ster [ɛkstər] *de (-s) (zool.)* pie

el [ɛl] *de (-len)* aune *(mesure)*

elas·tie·ken [elɑstikə(n)] *adj* (en) élastique

elas|tisch [elɑstis] *adj (-tischer, meest e.)* élastique

el·ders [ɛldərs] *adv (form.)* ailleurs

elek·tra [elɛktra] *het/de* électricité

elek·tri·ci·teit [elɛktrisitɛit] *nf* électricité; **~ aanleggen** mettre l'électricité

elek·tri·ci·teits·net [elɛktrisitɛitsnɛt] *het (-ten)* réseau (électrique)

elek·tri·ci·teits·voor·zie·ning [elɛktrisitɛitsforzinɪŋ] *nf* alimentation en électricité

elek·trisch [elɛktris] *adj, adv* électrique, électroménager, à l'électricité; **een ~e schok** une décharge électrique

***elek·tro·nen-** [elɛktronə(n)-] électronique

elek·tro·ni·ca [elɛktronika] *nf* électronique

elek·tro·nisch [elɛktronis] *adj* électronique

ele·ment [eləmɛnt] *het (-en)* **1** élément, composant **2** *(audio)* lecteur phonographique

ele·men|tair [eləmɛntɛ:r] *adj (-tairder, meest e.)* **1** élémentaire, fondamental **2** essentiel

elf [ɛlf] *de (-en, elven)* **1** onze; **het is bij elven** il est près de onze heures; **zij waren met hun elven** ils étaient onze; **~ mei** le onze mai; **deel dit onder u elven** partagez-vous cela tous les onze **2** elfe

elf·de [ɛlvdə] *adj* onzième; **Lodewijk de Elfde** Louis onze; **drie ~** trois onzièmes; **de ~ maart** le onze mars

elf·en·der·tigst [ɛlfəndɛrtəχst] *ord* ♦ **op zijn ~** à pas de tortue

Elf·ste·den·tocht [ɛlfstedə(n)toχt] *nm (-en) (patinage en Frise)* tour des onze villes

elf·tal [ɛlftɑl] *het (-len) (sports)* onze,

équipe; het Nederlands ~ le onze néerlandais

eli·mi·na·tie [elimina(t)si] *nf (-s)* 1 élimination 2 *(euphémisme)* suppression

eli·mi·ne·ren [eliminerə(n)] *vt (elimineerde, h. geëlimineerd)* 1 éliminer 2 supprimer, tuer

elk [ɛlk] *indéf* 1 *(pronom)* chacun(e); ~ van hen chacun d'eux; van ~ vier (stuks) quatre de chaque; ~ het zijne geven donner à chacun son dû; er is daar voor ~ wat wils il y en a pour tous les goûts 2 *(adjectif)* chaque

el·kaar [ɛlkar] *récipr* se, réciproquement, l'un (à, de) l'autre; aan ~ grenzen être limitrophe; twee touwen aan ~ binden attacher deux cordes l'une à l'autre; bij ~ ensemble; bij ~ komen se réunir; die kleuren passen goed bij ~ ces couleurs vont bien ensemble; in ~ l'un dans l'autre; ~ liefhebben s'aimer ♦ zij maakt het achter ~ af elle le fait d'une traite; hij heeft drie uur achter ~ gepraat il a parlé trois heures d'affilée; alles bij ~ somme toute; alles ligt door ~ tout est en désordre; vijf keer na ~ cinq fois de suite; onder ~ entre soi; zij moeten dat onder ~ maar uitmaken ils doivent régler cela entre eux

el·le|boog [ɛləbox] *nm (-bogen)* coude; hij heeft het achter zijn ellebogen c'est un faux jeton; met de ellebogen werken jouer des coudes *(aussi au fig.)*

el·len·de [ɛlɛndə] *de* 1 misère; het was een doffe ~! c'était une catastrophe !; als dat gebeurt is de ~ niet te overzien si cela se fait, on court à la catastrophe; wat een ~! quelle misère ! 2 ennui(s); de ~ is dat ... l'ennui, c'est que ...

el·len·de·ling [ɛlɛndəlɪŋ] *nm (-en)* misérable

[1]**el·len|dig** [ɛlɛndəx] *adj (-diger, -digst)* 1 misérable 2 catastrophique; ~e toestanden situations catastrophiques 3 ennuyeux

[2]**el·len·dig** [ɛlɛndəx] *adv* 1 misérablement, de façon catastrophique 2 horriblement

el·len·lang [ɛlə(n)lɑŋ] *adj, adv* interminable(ment)

el·pee [ɛlpe] *nm (-s)* trente-trois tours

els [ɛls] *nm (elzen) (bot.)* aune

El Sal·va·dor [ɛlsɑlvadɔr] *het* Salvador

El·zas [ɛlzɑs] *nm* Alsace

e-mail [imel] *de (inform.)* courrier électronique

eman·ci·pe·ren [emɑnsiperə(n)] *vti (emancipeerde, h./i. geëmancipeerd)* émanciper, libérer

em·bry·o·naal [ɛmbrijonal] *adj (méd.)* embryonnaire

eme·ri·taat [emeritat] *het* retraite *(ecclésiastiques et professeurs d'université)*; met ~ gaan prendre sa retraite

eme·ri·tus [emeritʌs] *adj* retraité *(professeur, ecclésiastique)*

emi·gre·ren [emixrerə(n)] *vi (emigreerde, i. geëmigreerd)* émigrer

emis·sie [emɪsi] *nf (-s) (aussi phys.)* émission

em·mer [ɛmər] *nm (-s)* seau; *(fig.)* alsof je een ~ leeggooit! c'est le coup de barre !

em·me·ren [ɛmərə(n)] *vb (fam.)* ♦ lig toch niet te ~! tu me scies les côtes !; wat zit hij weer te ~! qu'est-ce qu'il est rasant !

emo·tie [emo(t)si] *nf (-s)* émotion; van de ~ kreeg hij een brok in zijn keel l'émotion lui noua la gorge

emo·tie·loos [emo(t)silos] *adj, adv* impassible(ment)

emo·ti·o·na·li·teit [emo(t)ʃonalitɛit] *nf* émotivité

emo·ti·o|neel [emo(t)ʃonel] *adj, adv (-neler, -neelst)* émotif, d'une manière émotive

em·pi·re [ɑ̃pir(ə)] *het* style Empire

em·pi·risch [ɛmpiris] *adj, adv* expérimental(ement); de ~e wijsbegeerte la philosophie empirique

em·pla·ce·ment [ɑ̃plɑsəmɛnt, [B]ɑ̃plɑsəmɑ̃] *het (-en) (gare)* voies

EMS [eɛmɛs] *het* abrév. de *Europees Monetair Systeem* SME

EMU [eɛmy] *nf (pol., écon.)* abrév. de *Economische en Monetaire Unie* UEM

emul·sie [emʌlzi] *nf (-s)* émulsion

en [ɛn] *conj* et; én boete én gevangenisstraf krijgen être puni d'une amende et d'une peine de prison; het is én én les deux sont le cas; en maar huilen et de pleurer; vind je het fijn? (nou) en of! cela te plaît ? et comment !; zachter en zachter de plus en plus doucement; ik zocht en zocht je cherchais, cherchais, cherchais; en? alors ?; en ik heb het zelf gezien! je l'ai vu, de mes yeux vu !

end [ɛnt] *het (-en)* → einde

en·del·darm [ɛndəldɑrm] *nm (-en) (méd.)* rectum

ene [enə] *indéf* un(e) certain(e)

enen·ma·le [enə(n)malə] *adv* ♦ *(form.)* (dat is) ten ~ (onmogelijk) (c'est) absolument (impossible)

***ener·gie-** [enɛrʒi-] d'énergie

ener·gie·be|drijf [enɛrʒibədrɛif] *het (-drijven)* Compagnie distributrice (d'énergie)

ener·gie·be·spa·rend [enɛrʒibəsparənt] *adj, adv* qui permet d'économiser l'énergie, de manière à économiser l'énergie

ener·gie·dra·ger [enɛrʒidraxər] *nm (-s)* source d'énergie

ener·gie·hef·fing [enɛrʒihɛfɪŋ] *nf (-en)* ⟨*taxe sur la consommation d'énergie*⟩

ener·gie·la·bel [enɛrʒilebəl] *het (-s)* étiquette énergie

ener·gie·voor·zie·ning [enɛrʒivorzinɪŋ] *nf* approvisionnement en énergie

ener·zijds [enərzɛits] *adv* d'une part

eng [ɛŋ] *adj, adv* 1 étroit(ement) 2 *(fam.)* (de façon) sinistre; wat doe je ~! tu me fais peur ! 3 (de façon) borné(e); in ~ere zin dans un sens plus restreint

[1]**en·ga·ge·ren** [ɑŋgaʒe̲rə(n)] *vt (engageerde, h. geëngageerd)* engager *(lier qqn)*

[2]**en·ga·ge·ren, zich** [ɑŋgaʒe̲rə(n)] *vpr (engageerde zich, h. zich geëngageerd)* se faire engager

en·gel [ɛŋəl] *nm (-en)* ange; **als een ~ uit de hemel komen** tomber du ciel; **als je dat doet, ben je een ~** tu serais un ange si tu faisais cela; **een gevallen ~** un ange déchu; **een ~ Gods** un ange de Dieu; **een reddende ~** un sauveur; **~en van kinderen** de vrais petits anges

en·gel·ach·tig [ɛŋəlɑχtəχ] *adj, adv* (d'une façon) angélique; **een ~ geduld** une patience d'ange

En·ge·land [ɛŋəlɑnt] *het* Angleterre

en·ge·len·kop·je [ɛŋələ(n)kɔpjə] *het (-s)* chérubin

En·gels [ɛŋəls] *adj* anglais; **het ~** l'anglais; **in het ~ vertalen** traduire en anglais; **de ~e kerk** l'Église anglicane; *(subst.)* **een leraar ~** un professeur d'anglais

En·gels·man [ɛŋəlsmɑn] *nm (Engelsen),* **Engelse** *nf (-n)* Anglais, -aise

En·gels·ta·lig [ɛŋəlsta̲ləχ] *adj* **1** en anglais **2** anglophone

en·gerd [ɛŋərt] *nm (-s)* affreux bonhomme

eng·heid [ɛŋhɛit] *nf* **1** étroitesse **2** aspect sinistre

eng·te [ɛŋtə] *nf (-n, -s)* **1** passage étroit **2** étroitesse

[1]**enig** [e̲nəχ] *adj, adv* **1** unique; **hij is de ~e die het kan** il est le seul à pouvoir le faire; **het ~e dat ...** la seule chose que ...; **het ~e dat helpt is ...** le seul remède efficace, c'est ...; **~ in zijn soort** unique en son genre **2** *(fam.)* extra(ordinaire), d'une façon formidable; **een ~e vent** un type formidable; **je woont hier ~** tu es vraiment très bien installé (ici)

[2]**enig** [e̲nəχ] *indéf* quelque

[3]**enig** [e̲nəχ] *card* **1** quelque; **wij koesteren ~e hoop** nous nourrissons quelque espoir **2** le moindre; **zonder ~ incident** sans le moindre incident **3** quelques; **er kwamen ~e bezoekers** il vint quelques visiteurs; *(subst.)* **~en hielden vol** quelques-uns persistèrent

eni·ger·lei [enəχərlɛ̲i] *adj (form.)* quelque, quelconque; **in ~ vorm** sous quelque forme que ce soit; **op ~ wijze** d'une façon quelconque

eni·ger·ma·te [e̲nəχərmatə] *adv* quelque peu, un peu

enigst [e̲nəχst] *adj (fam.)* unique; **dat is de ~e mogelijkheid** c'est la seule possibilité

enigs·zins [enəχsɪ̲ns] *adv* quelque peu, un peu ♦ **zodra ik maar ~ kan** dès que je le pourrai

enk. [ɛŋkəlvɑut] abrév. de *enkelvoud* sing.

[1]**en·kel** [ɛ̲ŋkəl] *nm (-s)* cheville

[2]**en·kel** [ɛ̲ŋkəl] *adj* simple; **in een ~ geval** dans des cas isolés, rarement

[3]**en·kel** [ɛ̲ŋkəl] *adv* seulement; **~ en alleen om ...** dans le seul but de ...; **een bos van ~ beuken** un bois uniquement planté de hêtres

[4]**en·kel** [ɛ̲ŋkəl] *card* **1** seul; **er is geen ~ gevaar** il n'y a aucun danger **2** un ou deux **3** *(plur.)* quelques; **~e opmerkingen maken** faire quelques remarques

en·ke·ling [ɛ̲ŋkəlɪŋ] *nm (-en)* individu

en·kel·spel [ɛ̲ŋkəlspɛl] *het (-en) (sports)* simple; **~ spelen** jouer en simple

en·kel·tje [ɛ̲ŋkəlcə] *het (-s) (transports)* aller simple

en·kel·voud [ɛ̲ŋkəlvɑut] *het (-en) (ling.)* singulier; **in het ~** au singulier

en·kel·vou·dig [ɛŋkəlvɑ̲u̲dəχ] *adj* simple

en·kel·zij·dig [ɛŋkəlzɛ̲i̲dəχ] *adj, adv* unilatéral(ement)

en-of·re·ke·ning [ɛnɔ̲frekənɪŋ] *nf (-en)* compte joint

en·quê·te [ɑŋkɛ̲:tə] *de (-s)* enquête *(tous les sens);* **een ~ naar de leesgewoonten** une enquête sur les habitudes de lecture; **een ~ onder Amsterdammers** une enquête parmi les habitants d'Amsterdam

en·sce·ne·ren [ɑ̃sənẹrə(n)] *vt (ensceneerde, h. geënsceneerd)* mettre en scène

en·sce·ne·ring [ɑ̃sɛne̲rɪŋ] *nf (-en)* mise en scène

en·ten [ɛ̲ntə(n)] *vt (entte, h. geënt)* greffer; **een geënte boom** une ente

en·te·ren [ɛ̲ntərə(n)] *vti (enterde, h. geënterd)* prendre à l'abordage

en·te·ring [ɛ̲ntərɪŋ] *nf (-en)* abordage

en·ter·tai·ner [ɛntərte̲nər] *nm (-s)* amuseur

en·ter·toets [ɛ̲ntərtuts] *nm (-en) (inform.)* envoi, retour

en·thou·si·as·te·ling [ɛntuʒɑ̲stəlɪŋ] *nm (-en)* enthousiaste

en·tree|geld [ɑ̃tre̲χɛlt, ɛntre̲χɛlt] *het (-en),* **-prijs** *nm (-prijzen)* prix d'entrée

ent·stof [ɛ̲ntstɔf] *de (-fen)* vaccin

enz. abrév. de *enzovoort(s)* etc.

en·zo·voort [ɛ̲nzovort] et ainsi de suite

episch [e̲pis] *adj* épique

epis·tel [epɪ̲stəl] *het/de (-s) (aussi au fig.)* épître

epos [e̲pɔs] *het (epen) (litt.)* épopée

Equa·to·ri·aal-Gui·nea [ekwatorija̲lχine̲ja] *het* Guinée équatoriale

Equa·to·ri·aal-Gui|nee·ër [ekwatorijalχine̲jər] *nm (-s),* **-neese** *nf (-n)* Équato-Guinéen, -éenne

Equa·to·ri·aal-Gui·nees [ekwatorijalχine̲s] *adj* équato-guinéen

[1]**er** [ɛr] *pers* en; **er zijn er die ...** il y en a qui ...

[2]**er** [ɛr] *adv* **1** y, là; **ik ben er** j'y suis **2** *(+ adv.)* en, y; **ik begrijp er niets van** je n'y comprends rien; **er niets van gehoord hebben** n'avoir rien entendu dire (de qqch), n'avoir rien entendu; **er voor bedanken** décliner (qqch) ♦ **dat is er niet** cela n'existe pas, ça n'est pas là; **er is, er zijn ...** il y a ...; **er wordt gepraat** on parle; **er wordt hier een museum gebouwd** on va bâtir

un musée ici; **er was eens ...** il était une fois ...

er·aan [ɛran] *adv* y; **wat kan ik ~ doen?** que voulez-vous que j'y fasse ? ♦ **wat heeft hij ~ om te ...** à quoi lui sert-il de ...; **ik kom ~!** j'arrive !

er·ach·ter [ɛrɑχtər] *adv* derrière ♦ **~ zijn** y être

er·af [ɛrɑf] *adv* ♦ **het knopje is ~** le bouton manque; **de aardigheid is ~** cela a perdu son charme

er·bar·me·lijk [ɛrbɑrmələk] *adj, adv* **1** lamentable(ment); **een ~e opleiding** un niveau d'instruction lamentable; **~ slecht** désastreux, de façon épouvantable **2** épouvantable(ment)

er·bar·men [ɛrbɑrmə(n)] *het (form.)* pitié; **vol ~** plein de pitié

er·bij [ɛrbɛi] *adv* présent, y, là; **is het supplement ~?** il y a le supplément ? ♦ **kun je ~?** tu y arrives ?, tu piges ?; **het kan hem niet schelen hoe hij ~ loopt** il se moque de son apparence; **~ zijn** être présent, être fait (comme un rat)

er·bo·ven [ɛrbovə(n)] *adv* au-dessus

er·bo·ven·op [ɛrbovə(n)ɔp] *adv* **1** au-dessus **2** *(fig.)* rétabli

er·door [ɛrdor] *adv* ♦ **ik ben ~!** j'ai réussi; **het is ~!** ça y est !; **ik wil ~** je veux passer

er·door·heen [ɛrdorhen] *adv* à travers ♦ **ik ben ~** j'ai surmonté ma peur; *(stock épuisé)* je n'en ai plus; **je moet er even doorheen** c'est un mauvais moment à passer

***ere-** [erə-] d'honneur

e·rea·der [i:ri:dər] *nm (-s)* liseuse

ere|boog [erəboχ] *nm (-bogen)* arc de triomphe

ere·dienst [erədinst] *nm (-en) (aussi au fig.)* culte

ere·di·vi·sie [erədivizi] *nf (sports)* première division

ere·doc·to|raat [erədɔktorat] *het (-raten)* doctorat honoris causa

ere·lijst [erəlɛist] *nf (-en) (Belg.)* palmarès

ere|loon [erəlon] *het (-lonen) (Belg.)* honoraires

eren [erə(n)] *vt (eerde, h. geëerd)* honorer (qqn de qqch)

ere·plaats [erəplats] *de (-en)* place d'honneur; **dat heeft een ~** c'est à l'honneur

ere·woord [erəwort] *het* parole (d'honneur); **op mijn ~!** (ma) parole (d'honneur) !; **op zijn ~ verklaren dat ...** déclarer sur son honneur que ...; **iemand op (zijn) ~ vrijlaten** libérer qqn sur parole

erf [ɛrf] *het (erven)* **1** *(propriété)* fonds **2** fonds (de terre), terrain **3** cour

***erf-** [ɛrf-] héréditaire

erf|deel [ɛrvdel] *het (-delen)* part d'héritage; *(fig.)* **het cultureel ~** le patrimoine culturel; **zijn wettelijk ~** sa réserve (légale)

er·fe·lijk [ɛrfələk] *adj, adv* héréditaire(ment); **dat is ~ bepaald** c'est déterminé par l'hérédité

er·fe·lijk·heid [ɛrfələkhɛit] *nf* hérédité

er·fe·lijk·heids·leer [ɛrfələkhɛitsler] *de* génétique

er·fe·nis [ɛrfənɪs] *nf (-sen)* héritage; **bij, door ~ verkregen** reçu par voie de succession; **een ~ krijgen** faire un héritage

erf·ge|naam [ɛrfχənam] *nm (-namen)* héritier; **iemand tot ~ benoemen** faire qqn héritier; *(fig.)* **zijn geestelijke ~** son fils spirituel

erf·goed [ɛrfχut] *het (-eren)* bien(s) héréditaire(s); **het cultureel ~** le patrimoine culturel

erf·la·ter [ɛrflatər] *nm (-s)* testateur

erf·pacht [ɛrfpɑχt] *de (-en)* bail emphytéotique

erf·recht [ɛrfrɛχt] *het (-en)* **1** droit successoral **2** droit à la succession

erf·ren·te [ɛrfrɛntə] *de (-s, -n)* rente perpétuelle

erf·stuk [ɛrfstʌk] *het (-ken)* objet hérité; **dit schilderij is een ~** c'est un tableau de famille

erf·vre·de·breuk [ɛrfredəbrøk] *nm (jur.)* violation de domicile

erf·zon·de [ɛrfsɔndə] *de (relig.)* péché originel

¹erg [ɛrχ] *het* ♦ **ergens geen ~ in hebben** ne pas se rendre compte de qqch; **~ in iets krijgen** se rendre compte de qqch; **zonder ~** sans se douter de rien, sans y penser

²erg [ɛrχ] *adj* **1** mauvais; **het ~ste hebben we gehad** le plus difficile est fait, le plus terrible est passé; **op het ~ste voorbereid zijn** être préparé au pire; **en wat ~er is** et qui pis est; **zo ~ is het niet** ce n'est rien; **het ~er maken dan het is** exagérer qqch; **wat ~!** quel malheur ! **2** grave; **iets ~ vinden** être désolé de qqch; **als u het niet ~ vindt** si cela ne vous dérange pas **3** très; **de regen is nu op zijn ~st** nous sommes au plus fort de l'averse; **zijn ~ste vijand** son pire ennemi **4** mal; **~er worden** empirer; **het wordt steeds ~er met hem** il va de plus en plus mal ♦ **het is meer dan ~** c'est une honte

³erg [ɛrχ] *adv* très, bien; **niet ~ waarschijnlijk** peu probable; **~ op iets (gesteld) zijn** tenir beaucoup à qqch

er·gens [ɛrχə(n)s] *adv* **1** quelque part; **~ anders** ailleurs; **daar ~** quelque part par là; **waar ~?** où ça ? **2** *(fam.)* d'une certaine façon **3** quelque chose; **~ mee pronken** faire étalage de qqch; **hij zocht ~ naar** il cherchait qqch

¹er·ge·ren [ɛrχərə(n)] *vt (ergerde, h. geërgerd)* agacer

²er·ge·ren, zich [ɛrχərə(n)] *vpr (ergerde zich, h. zich geërgerd)* s'irriter; **hij ergert zich dood aan alles wat ik doe** tout ce que je fais l'exaspère

er·ger·lijk [ɛrχərlək] *adj, adv* (de façon) agaçant(e)

er·ger·nis [ɛrχərnɪs] *nf (-sen)* irritation; **een bron van ~** un sujet d'irritation; **~ verwekken** irriter

er·heen [ɛrhen] *adv* y *(direction);* **ga je ~?**

est-ce que tu y vas ?; **op de weg ~** en (cours de) route

er·in [ɛrɪn] *adv* y, dedans; **~ blijven** y rester; **~ lopen** marcher *(se faire avoir)* ♦ **kom ~!** entre(z) !

Eri·trea [eritreja] *het* Érythrée

Eri|tree·ër [eritrejər] *nm (-s)*, **-trese** *nf (-n)* Érythréen, -éenne

Eri·trees [eritres] *adj* érythréen

er·kend [ɛrkɛnt] *adj* **1** reconnu, communément admis **2** agréé

er·ken·nen [ɛrkɛnə(n)] *vt (erkende, h. erkend)* **1** admettre, avouer; **ik heb me vergist, ik erken het** je me suis trompé, j'en conviens **2** reconnaître *(enfant etc.)*; **niet ~** désavouer; *(jur.)* nier

er·ken·ning [ɛrkɛnɪŋ] *nf (-en)* **1** reconnaissance, aveu; **tot de ~ komen dat ...** reconnaître que ... **2** approbation, estime

er·ken·te·lijk [ɛrkɛntələk] *adj* reconnaissant

er·ken·te·lijk·heid [ɛrkɛntələkhɛit] *nf* reconnaissance, gratitude; **een blijk van ~** une marque de gratitude; **uit ~ voor zijn hulp** en reconnaissance de son aide

er·ker [ɛrkər] *nm (-s)* bow-window

er·langs [ɛrlɑŋs] *adv* par là; **een weg met bomen ~** une route bordée d'arbres; **als je ~ komt, gaat** si tu passes par là; **hij wil ~** il veut passer

er·mee [ɛrme] *adv* avec; **je hebt jezelf ~** c'est toi que tu punis ♦ **het kan ~ door** ça peut passer; **wat wilt u ~?** que voulez-vous en faire ?

er·na [ɛrna] *adv* après

er·naar [ɛrnar] *adv* y *(direction)* ♦ **hij maakt het ~** il l'a mérité

er·naast [ɛrnast] *adv* à côté ♦ **~ zitten** se tromper

ernst [ɛrnst] *nm* sérieux, gravité; **het is bittere ~** c'est très sérieux, je ne plaisante pas; **de ~ van zijn gelaat** l'air sérieux de son visage; **in alle ~** tout à fait sérieusement; **er klonk ~ in zijn stem** il parlait d'un ton grave; **~ maken met iets** s'attaquer sérieusement à qqch; **het is mij volkomen ~ met dat plan** je prends ce projet très au sérieux

ern·stig [ɛrnstəχ] *adj, adv* sérieux, grave, sérieusement; **~ blijven** garder son sérieux; **~ kijken** avoir le regard grave; **iets, iemand ~ nemen** prendre qqch, qqn au sérieux; **dat is mijn ~e overtuiging** c'est ma conviction profonde; **iemand ~ toespreken** sermonner qqn; **zich ~ zorgen maken** être très inquiet

er·om [ɛrɔm] *adv* **1** autour **2** en, y; **denk ~!** (fais) attention !; **denk je ~?** tu y penseras ? ♦ **het gaat ~ dat** il s'agit de; **wat geef je ~?** qu'est-ce que ça peut te faire ?

er·om·heen [ɛromhen] *adv* autour; *(fig.)* **~ draaien** tourner autour du pot; *(fig.)* **zonder ~ te draaien** sans ambages

er·on·der [ɛrɔndər] *adv* en dessous ♦ **hij heeft ze ~** il les tient; **~ zitten** être sous la férule

er·on·der·door [ɛrɔndərdor] *adv* par en dessous; *(fig.)* **~ gaan** crever, claquer

er·on·der·uit [ɛrɔndərœyt] *adv* **1** par-dessous; **je onderjurk komt ~** ta combinaison dépasse **2** de dessous; **hij kwam ~** il sortit de dessous

er·op [ɛrɔp] *adv* **1** dessus; **met alles ~ en eraan** entièrement équipé; *(fig.)* **het is ~ of eronder** c'est vaincre ou périr; **de naam staat ~** le nom est écrit dessus **2** *(mouvement)* dessus; **~ slaan** taper dessus ♦ **de dag ~** le jour suivant

er·op·aan [ɛrɔpan] *adv* ♦ **nu komt het ~** c'est le moment ou jamais; **nu komt het ~ op te treden** maintenant, il s'agit d'intervenir

ero·tiek [erotik] *nf* érotisme

ero|tisch [erotis] *adj, adv (-tischer, meest e.)* érotique(ment), érotico-

er·over [ɛrovər] *adv* **1** par-dessus **2** en, y; **wie gaat ~?** qui en décide ?; **hij gaat ~** c'est lui qui s'en occupe ♦ **pas op, de melk gaat ~** fais attention, le lait déborde

er·over·heen [ɛrovərhen] *adv* par-dessus ♦ **~ komen** s'en remettre; **~ zijn** s'en consoler

er·rond [ɛrɔnt] *adv (Belg.)* → **eromheen**

er·te·gen [ɛrteχə(n)] *adv* contre *(adversaire)*; **ik ben ~** je suis contre ♦ **~ kunnen** (pouvoir) le supporter

er·te·gen·aan [ɛrteχə(n)an] *adv* ♦ **~ gaan** attaquer

er·te·gen·in [ɛrteχə(n)ɪn] *adv* ♦ **~ gaan** s'y opposer

er·te·gen·op [ɛrteχə(n)ɔp] *adv* contre *(en haut)*; **hij klom ~** il y grimpa; *(fig.)* **~ zien** s'en faire une montagne ♦ *(fig.)* **~ kunnen** être à la hauteur

er·te·gen·over [ɛrteχə(n)ovər] *adv* en face ♦ **hoe sta je ~?** qu'est-ce que tu en penses ?

er·toe [ɛrtu] *adv* en, y; **het zwijgen ~ doen** garder le silence ♦ *(fam.)* **~ doen** être important; **wat doet het ~?** qu'est-ce que ça fait ?

erts [ɛrts] *het (-en)* minerai

erts·ge·berg·te [ɛrtsχəbɛrχtə] *het (-n, -s)* monts métallifères

erts·hou·dend [ɛrtshɑudənt] *adj* métallifère

er·tus·sen [ɛrtʌsə(n)] *adv* **1** entre les deux; **het lukte me niet ~ te komen** je n'ai pas réussi à placer un mot; *(fig.)* **iemand ~ nemen, hebben** jouer un tour à qqn **2** parmi eux, elles; **kijk maar of het ~ ligt** regarde si c'est là-dedans

er·tus·sen·door [ɛrtʌsə(n)dor] *adv* **1** entre les deux, à travers **2** entre-temps ♦ **met een paar witte bloemen ~** entremêlé de quelques fleurs blanches

er·tus·sen·in [ɛrtʌsə(n)ɪn] *adv* entre les deux

er·uit [ɛrœyt] *adv* dehors *(direction)*; **iemand ~ gooien** mettre qqn dehors; **hij heeft 's morgens moeite om ~ te komen** il a de la peine à se lever le matin; **hij moet**

eens een poosje ~ il a besoin de changer d'air; ~! dehors !, sortez ! ♦ ik ben ~ je n'ai plus l'habitude, j'ai perdu le fil, j'ai trouvé (la solution); ~ liggen être tombé en disgrâce

er·uit·zien [ɛrœytzin] *vi (zag eruit, h. eruitgezien)* avoir l'air; zij zag er goed uit elle avait bonne mine; kijk nou eens hoe je eruitziet! regarde à quoi tu ressembles !; *(iron.)* dat ziet er mooi uit! c'est du joli !; het ziet eruit of wij sneeuw krijgen on dirait qu'il va neiger ♦ wat ziet de boel eruit! quel désordre !

er·van [ɛrvɑn] *adv* en; hij houdt ~ tegen te spreken il aime (à) contredire; *(fig.)* dat komt ~ ça devait arriver; ~ op aan kunnen pouvoir compter sur qqch; kan ik ~ op aan? je peux y compter ?; wat vind je ~? qu'en penses-tu ?; ~ weten être au courant; ~ op de hoogte zijn être au courant

er·van·daan [ɛrvɑndɑn] *adv* en *(direction)*; ik kom ~ j'en viens ♦ hij woont dertig kilometer ~ il habite à trente kilomètres (de là)

er·van·door [ɛrvɑndor] *adv* ♦ ~ gaan filer

er·van·langs [ɛrvɑnlɑŋs] *adv* ♦ ~ krijgen recevoir une raclée; recevoir un bon savon; *(sports)* prendre une belle raclée

¹**er·va·ren** [ɛrvarə(n)] *adj* expert, expérimenté; hij is ~ op dat gebied il est expert en la matière

²**er·va·ren** [ɛrvarə(n)] *vt (ervoer, h. ervaren)* éprouver; iets ~ faire l'expérience de qqch

er·va·ring [ɛrvarɪŋ] *nf (-en)* expérience; bij ~ par expérience; iets uit ~ kennen connaître qqch par expérience

er·ven [ɛrvə(n)] *vti (erfde, h. geërfd)* hériter

er·voor [ɛrvor] *adv* 1 *(situation)* devant 2 *(chronologie)* avant 3 *(destination)* pour; ik zal je ~ betalen je te paierai (pour cela); dat dient ~ om ... cela sert à ...; hij heeft geen gevoel ~ il n'en a pas le sens 4 pour, en faveur de; hij kwam ~ op *(à propos d'un point de vue)* il l'a défendu 5 pour, partisan ♦ wat krijg ik ~? qu'est-ce que je reçois en échange ?, qu'est-ce que ça me vaudra ?

erwt [ɛrt] *de (-en)* pois

¹**es** [ɛs] *nm (-sen) (bot.)* frêne

²**es** [ɛs] *de (-sen) (mus.)* mi bémol

es·ca·la·tie [ɛskala(t)si] *nf (-s)* escalade, aggravation

es·ca·le·ren [ɛskalerə(n)] *vi (escaleerde, i. geëscaleerd)* s'aggraver

es·cape·toets [ɛskeptuts] *nm (-en)* touche d'échappement

es·doorn [ɛzdorn] *nm (-s) (bot.)* érable

es·pres·so [ɛsprɛso] *nm (-'s)* café express

es·sen·ce [ɛsɑ̃s(ə)] *de (-s)* essence, extrait

es·sen·tie [ɛsɛn(t)si] *nf (philo.)* essence

es·sen|ti·eel [ɛsɛn(t)ʃel] *adj, adv (-tiëler, -tieelst)* essentiel(lement), fondamental(ement); ~ verschillen être essentiellement différent

Est [ɛst] *nm (-en)* → Estlander

es·ta·fet·te [ɛstafɛtə] *de (-s)*, **estafette·loop** *nm (-lopen)* (course de) relais

es·ta·fet·te·sta·king [ɛstafɛtəstakɪŋ] *nf (-en)* grève tournante

es·the|ti·ca [ɛstetika], **-tiek** *nf* esthétique

es·the·ti|cus [ɛstetikʌs] *nm (-ci)*, **-ca** *nf (-'s)* esthéticien, -ienne

Est·land [ɛstlɑnt] *het* Estonie

Est|lan·der [ɛstlɑndər] *nm (-s)*, **-landse** *nf (-n)* Estonien, -ienne

Est·lands [ɛstlɑn(t)s] *adj* estonien

Ests [ɛsts] *adj* → Estlands

eta·ge·wo·ning [etaʒəwonɪŋ] *nf (-en)* appartement

eta·la·ge·pop [etalaʒəpɔp] *de (-pen)* mannequin *(modèle)*

eta·la·ge·ruit [etalaʒərœyt] *de (-en)* vitrine

eta·le·ren [etalerə(n)] *vt (etaleerde, h. geëtaleerd)* étaler *(articles)*

eta·leur [etalør] *nm (-s)* étalagiste

etc. [ɛtsetəra] abrév. de *et cetera* etc.

¹**eten** [etə(n)] *het* 1 nourriture; het ~ is daar goed on y mange bien; iemand het ~ uit de mond kijken regarder manger qqn avec envie 2 repas; onder het ~ pendant le repas

²**eten** [etə(n)] *vti (at, h. gegeten)* manger (qqch); goed kunnen ~ avoir un bon coup de fourchette; een hapje ~ manger un morceau; het is te ~ c'est mangeable; met smaak ~ manger de bon appétit; eet smakelijk bon appétit; om op te ~ zijn être à croquer

³**eten** [etə(n)] *vi (at, h. gegeten)* manger, déjeuner, dîner, goûter; uit ~ gaan (aller) dîner en ville

⁴**eten** [etə(n)] *vt (at, h. gegeten)* manger à; zich een ongeluk ~ manger à en être malade

etens·lucht [etə(n)slʌχt] *de* odeur de cuisine

etens|waar [etə(n)swar] *de (-waren)* nourriture

eten·tje [etəncə] *het (-s)* dîner

eter [etər] *nm (-s)* 1 mangeur; een flinke ~ zijn être un gros, grand mangeur 2 convive; zij hebben ~s vandaag ils ont du monde à dîner aujourd'hui

ether [etər] *nm* 1 éther 2 *(com.)* ondes; in de ~ zijn être sur les ondes

ether·re·cla·me [etərəklamə] *de* 1 publicité à la radio 2 publicité télévisée

ethi·ca [etika], **ethiek** *nf* éthique

ethi|cus [etikʌs] *nm (-ci)* expert en science éthique

Ethi·o·pië [etijopijə] *het* Éthiopie

Ethi·o·pi·ër [etijopijər] *nm (-s)*, **Ethiopische** *nf (-n)* Éthiopien, -ienne

Ethi·o·pisch [etijopis] *adj* éthiopien

ethisch [etis] *adj, adv* éthique(ment), en termes d'éthique; het ~ reveil le réarmement moral

e-tic·ket [i:tɪkət] *het (-s)* billet électronique

eti·ket [etikɛt] *het (-ten)* étiquette *(label; aussi au fig.)*

et|maal [ɛtmal] *het (-malen)* vingt-quatre heures; **binnen een ~** dans les vingt-quatre heures

ets [ɛts] *de (-en)* (gravure à l')eau-forte

et·sen [ɛtsə(n)] *vti (etste, h. geëtst)* graver (à l'eau-forte)

et·te·lij·ke [ɛtələkə] *card* **1** *(fam.)* plusieurs **2** quelques

et·ter [ɛtər] *nm* **1** *(méd.)* pus **2** con(n)ard

et·ter·bak [ɛtərbɑk] *de (-ken)* → **etter 2**

et·ter·buil [ɛtərbœyl] *de (-en)* **1** abcès **2** connard

et·te·ren [ɛtərə(n)] *vi (etterde, h. geëtterd)* suppurer ♦ **lig niet zo te ~!** (ne) (nous) fais pas chier !

etui [etwi] *het (-s)* **1** trousse **2** étui, pochette

EU [eu] *nf (pol.)* abrév. de *Europese Unie* UE

eu·ro [øro] *nm (euro, -'s)* euro

Eu·ro·pa [øropa] *het* Europe; **de Raad van ~** le Conseil de l'Europe

Eu·ro·pa·cup [øropakʌp] *nm (-s) (sports)* Coupe d'Europe

Eu·ro·par·le·ment [øroparləmɛnt] *het (pol.)* Parlement européen

Eu·ro·par·le·men·ta·ri·ër [øroparləmɛntarijər] *nm (-s)* eurodéputé

Eu·ro|pe·aan [øropejan] *nm (-peanen)* Européen, -éenne

Eu·ro·pees [øropes] *adj, adv* européen

eu·ro·top [ørotɔp] *de* sommet européen

eu·ro·zo·ne [ørozɔ:nə] *de* zone euro

[1]**eu·vel** [øvəl] *het (-s) (fig.)* mal; **een ~ verhelpen** remédier à un mal, à un défaut

[2]**eu·vel** [øvəl] *adj, adv* ♦ **iets ~ duiden** prendre qqch en mauvaise part; **iemand iets ~ duiden** en vouloir à qqn de qqch

EVA [evea] *nf* abrév. de *Europese Vrijhandelsassociatie* AELE

evan·ge|lie [evaŋχeli] *het (-liën)* Évangile; **het ~ van Marcus** l'Évangile selon saint Marc

[1]**even** [evə(n)] *adj* pair ♦ **het is mij om het ~** ça m'est égal

[2]**even** [evə(n)] *adv* **1** aussi; **~ goede vrienden** sans rancune; **hij is ~ oud als ik** il est aussi vieux que moi **2** un moment; **het duurt nog wel ~** ce n'est pas demain la veille; **zij moet er ~ uit** elle a besoin de changer d'air; **heel ~** un tout petit moment; **ik kom maar ~ langs** je ne fais qu'entrer et sortir; **kun je ~ komen?** peux-tu venir un moment ?; **zich ~ laten zien** montrer le nez; **het is ~ voor vijven** il est près de cinq heures **3** à peine, légèrement; **iets ~ aanraken** effleurer qqch **4** un peu; **~ buiten de stad gelegen** situé juste en dehors de la ville; **nog ~ doorzetten** encore un petit effort; **zij is ~ in de twintig** elle a dans les vingt ans ♦ **gooi hem ~ de deur uit** fiche-le donc à la porte; **dat is ~ mooi!** voilà qui est beau !; **~ mijn hoed opzetten, dan kunnen wij gaan** le temps de mettre mon chapeau et nous partons; **ho eens ~!** ta, ta, ta !

eve·naar [evənar] *nm (-s) (géo.)* équateur

even·als [evə(n)ɑls] *conj* (tout) comme, ainsi que

eve·na·ren [evənarə(n)] *vt (evenaarde, h. geëvenaard)* égaler; **niet te ~** inégalable

even·beeld [evə(n)belt] *het (-en)* portrait (vivant); **zij is het ~ van haar moeder** c'est tout le portrait de sa mère

even·eens [evə(n)ens] *adv* également

even·goed [evə(n)χut] *adv* **1** tout aussi (bien), autant; **je kunt dat ~ zo doen** tu peux t'y prendre tout aussi bien comme ceci **2** néanmoins, pas pour autant

even·min [evə(n)mɪn] *adv* non plus

even·re·dig [evə(n)redəχ] *adj, adv* proportionnel, en proportion de; **~ deel** quote-part; **omgekeerd ~ met** inversement proportionnel à

even·re·dig|heid [evə(n)redəχhɛit] *nf (-heden)* proportion *(proportionnalité, aussi math.)*; **in ~ met** en proportion avec; **naar ~ van** au prorata de

even·tjes [evə(n)cəs] *adv* **1** à peine; **~ aanraken** effleurer **2** un (petit, bref, court) instant; **wacht ~** attends une minute ♦ **laat mij dat nu ~ doen** laisse-moi donc faire cela; **het kostte maar ~ 200 euro** ça a coûté la bagatelle de 200 euros

even·tu·eel [evə(n)tywel] *adj, adv* **1** éventuel(lement), possible; **als hij ~ niet komt** au cas où il ne viendrait pas **2** au besoin

even·veel [evə(n)vel] *card* (tout) autant

even·wel [evə(n)wɛl] *adv (form.)* cependant

even·wicht [evə(n)wɪχt] *het* équilibre; **in ~ brengen** mettre en équilibre; **iets in ~ houden** (main)tenir qqch en équilibre; *(fig.)* **uit zijn ~ zijn** être en déséquilibre

even·wich·tig [evə(n)wɪχtəχ] *adj, adv* (de manière) équilibré(e)

even·wich·tig·heid [evənwɪχtəχhɛit] *nf* équilibre (mental)

even·wichts·ge·voel [evə(n)wɪχ(t)sχəvul] *het* sens de l'équilibre

even·wichts·stoor·nis [evə(n)wɪχtstornɪs] *nf (-sen) (méd.)* trouble de l'équilibre

even·wij·dig [evə(n)wɛidəχ] *adj, adv* parallèle(ment); **de weg loopt ~ met de spoorbaan** la route est parallèle à la voie ferrée

even·zeer [evə(n)zer] *adv (form.)* **1** (tout) autant; **~ als** autant que **2** également

even·zo [evə(n)zo] *adv (form.)* de même

even·zo·goed [evə(n)zoχut] *adv* tout aussi bien

ever [evər] *nm (-s)*, **everzwijn** *het (-en)* sanglier

evo·lu·tie [evoly(t)si] *nf (-s)* évolution, développement

evo·lu·tie|leer [evoly(t)siler] *de*, **-theorie** *nf (-ën) (sc.)* évolutionnisme

ex [ɛks] *de* ancien, ex; **haar ex** son ex-mari; son ex

*ex- [ɛks-] ex-, ancien
exact [ɛksɑkt] *adj, adv (exacter, meest e.)* exact(ement), précis
exact·heid [ɛksɑkthɛit] *nf* exactitude
exa·men [ɛksamə(n)] *het (-s)* examen, épreuve; een ~ afleggen passer un examen; een ~ afnemen faire passer un examen; afsluitend ~ examen de sortie, examen de fin d'études; doctoraal ~ ± maîtrise; ~ doen se présenter à un examen; door een ~ komen être reçu à un examen; schriftelijk ~ (examen) écrit
*exa·men- [ɛksamə(n)-] d'(un) examen; het examenwerk les épreuves (d'un examen)
exa·men·geld [ɛksamə(n)χɛlt] *het* droits d'inscription (à un examen)
exa·men·stof [ɛksamə(n)stɔf] *de* matières d'examen, de l'examen
¹**exa·mi·ne·ren** [ɛksaminerə(n)] *vt (examineerde, h. geëxamineerd)* examiner (qqn)
²**exa·mi·ne·ren** [ɛksaminerə(n)] *vi (examineerde, h. geëxamineerd)* faire passer un examen, des examens
ex·cen·trie·ke·ling [ɛksɛntrikəlɪŋ] *nm (-en)* excentrique
ex·cen·trisch [ɛksɛntris] *adj, adv (géométrie)* excentrique(ment)
ex·clu|sief [ɛksklyzif] *adj, adv (-siever, -siefst)* 1 exclusif, exclusivement 2 *(adv.)* non compris; ~ bediening service non compris
ex|cuus [ɛkskys] *het (-cuses)* excuse; zijn ~, excuses aanbieden présenter des excuses, ses excuses
exe·cu·tie·ve [ɛksekytivə] *nf (-n) (Belg.)* (pouvoir) exécutif
exe·cu·tie·waar·de [ɛkseky(t)siwardə] *nf* valeur en vente forcée *(d'une maison)*
exem·pla·risch [ɛksɛmplaris] *adj, adv* exemplaire(ment)
exer·ce·ren [ɛksɛrserə(n)] *vi (exerceerde, h. geëxerceerd) (milit.)* faire l'exercice
exer·ci·tie [ɛksɛrsi(t)si] *nf (-s) (milit.)* exercice, manœuvre
exis·ten·tie [ɛksistɛn(t)si] *nf* existence
exo·dus [ɛksodʌs] *nm* exode
exo|tisch [ɛksotis] *adj (-tischer, meest e.)* exotique
ex·pan·de·ren [ɛkspɑnderə(n)] *vti (expandeerde, h./i. geëxpandeerd)* (s')étendre
ex·pe·di·tie [ɛkspedi(t)si] *nf (-s)* expédition *(tous les sens)*; de koper betaalt de ~ l'acheteur paie les frais de transport; de ~ naar Spitsbergen l'expédition du Spitsberg; op ~ gaan partir en expédition
ex·pe·di·tie·be|drijf [ɛkspedi(t)sibədrɛif] *het (-drijven)* société expéditrice
ex·pe·di·tie·kan|toor [ɛkspedi(t)sikɑntor] *het (-toren)* (bureau des) messageries
ex·pe·ri·ment [ɛksperimɛnt] *het (-en) (sc.)* expérience; bij wijze van ~ à titre expérimental
ex·pe·ri·men·teel [ɛksperimɛntel] *adj, adv* expérimental(ement); ~ theater théâtre d'essai
ex·pert [ɛkspɛːr] *nm (-s)* expert; ~ zijn in het vak être passé maître en la matière; medisch ~ médecin légiste; ~ zijn op een bepaald gebied être expert en
ex·plo·de·ren [ɛksploderə(n)] *vi (explodeerde, i. geëxplodeerd)* exploser
ex·plo|sief [ɛksplozif] *adj, adv (-siever, meest e.)* 1 explosible; explosieve stoffen explosifs 2 *(fig.)* explosif, de façon explosive; een explosieve groei une croissance effrénée
ex·plo·sie·ven·dienst [ɛksplozivə(n)dinst] *nm (-en)* service des Poudres
ex·po·nent [ɛksponɛnt] *nm (-en)* 1 *(math.)* exposant 2 représentant, porte-parole
ex·port [ɛkspɔrt] *nm* exportation; goederen voor de ~ produits destinés à l'exportation
*ex·port- [ɛkspɔrt-] d'exportation; de exporthandel le commerce d'exportation; de exportvergunning la licence d'exportation
ex·por·teur [ɛkspɔrtør] *nm (-s)* exportateur
ex·port·over·schot [ɛkspɔrtovərsχɔt] *het* excédent des exportations (sur les importations)
ex·pres [ɛksprɛs] *adv* exprès, délibérément
ex·pres·se [ɛksprɛs(ə)] *nf (-n)* ♦ per ~ par exprès
ex·pres·se·stuk [ɛksprɛsəstʌk] *het (-ken)* (colis) exprès
ex·pres·sie [ɛksprɛsi] *nf (-s) (visage; style)* expression
ex·pres·sie·vak [ɛksprɛsivɑk] *het (-ken) (enseign.)* matières artistiques
ex·pres·weg [ɛksprɛswɛχ] *nm (-en) (Belg.)* voie rapide
ex·ta·se [ɛkstazə] *nf* extase; in ~ raken (over) s'extasier (sur)
ex·ter·ne·ring [ɛkstɛrnerɪŋ] *nf (-en)* bannissement
ex·ter·ri·to·ri·aal [ɛkstɛritor(i)jal] *adj* exterritorial
¹**ex·tra** [ɛkstra] *adv* 1 en plus 2 extra-; ~ voordelig super-avantageux; ~ zijn best doen faire des efforts supplémentaires
²**ex·tra** [ɛkstra] *adj* supplémentaire; iets ~'s un (petit) extra; ~ kleren habits de rechange; ~ moeite doen faire des efforts supplémentaires
ex·traatje [ɛkstracə] *het (-s)* petit extra; dat ~ is welkom ça met du beurre dans les épinards
ex·tract [ɛkstrɑkt] *het (-en)* extrait *(aussi document)*
ex·tra's [ɛkstras] *plur* aubaines
ex·tra|vert [ɛkstravɛrt] *adj (-verter, meest e.)* extraverti, extroverti
ex|treem [ɛkstrem] *adj, adv (-tremer, -treemst)* extrême(ment), à l'extrême; hij

is ~ in zijn opvattingen il a des opinions extrêmes

[1]**ezel** [ezəl] *nm (-s),* **ezelin** *nf (-nen)* âne, ânesse; **zo koppig als een ~** têtu comme une mule; *(prov)* **een ~ stoot zich in 't gemeen niet tweemaal aan dezelfde steen** un âne ne trébuche pas deux fois sur la même pierre

[2]**ezel** [ezəl] *nm (-s)* chevalet

ezel·ach·tig [ezəlɑχtəχ] *adj, adv* bête(ment), stupide(ment)

ezels|brug [ezəlzbrʌχ] *de (-gen),* **-bruggetje** *het (-s)* moyen mnémotechnique

ezels|oor [ezəlsor] *het (-oren) (livre)* corne; **een boek met ezelsoren** un livre corné

f

f. 1 abrév. de *gulden* Fl. 2 abrév. de *femininum* f 3 abrév. de *forte* f

F 1 abrév. de *fluor* F 2 abrév. de *Fahrenheit* F

F. [fraŋk] abrév. de *frank* F

faal·angst [falaŋst] *nm* hantise de l'échec

faam [fam] *nf* renommée

fa·bel [fabəl] *de (-s)* fable

fa·bel·ach·tig [fabəlaχtəχ] *adj, adv* fabuleux, fabuleusement; het verhaal klinkt ~ ± c'est une histoire incroyable

fa·bri|caat [fabrikat] *het (-katen)* produit; eigen ~ (fait) maison

fa·bri·ca·ge [fabrikaʒə] *nf* fabrication

***fa·bri·ca·ge-** [fabrikaʒə-] de fabrication

fa·bri·ce·ren [fabriserə(n)] *vt (fabriceerde, h. gefabriceerd)* fabriquer

fa·briek [fabrik] *het/de (-en)* usine; op een ~ werken travailler à l'usine

***fa·brieks-** [fabriks-] 1 industriel 2 d'usine

fa·brieks·ar·bei·der [fabriksarbɛidər] *nm (-s)* ouvrier d'industrie, d'usine

fa·brieks·fout [fabriksfaut] *de (-en)* défaut de fabrication

fa·brieks·ge·heim [fabriksχəhɛim] *het (-en)* secret de fabrication

face·boo·ken [fezbukə(n)] *vi (facebookte, h. gefacebookt)* être sur Facebook

face·lift [feslɪft] *nm (-s)* 1 lifting 2 *(fig.)* retapage, modernisation

fa·cie [fasi] *het/de (-s) (fam.)* bobine

fa·ci·li·teit [fasilitɛit] *nf (-en)* facilité, commodité, équipement(s)

fa·ci·li·tei·ten·ge·meen·te [fasilitɛitə(n)χəmentə] *nf (-n, -s) (Belg.)* commune à facilités

fac·tor [faktɔr] *nm (-en)* facteur, élément

fac·tu·re·ring [faktyrerɪŋ] *nf (-en)* facturation

fac·tu·rist [faktyrɪst] *nm (-en)* facturier

fa·cul·teit [fakʌltɛit] *nf (-en) (université)* faculté

fa·got [faχɔt] *nm (-ten) (mus.)* basson

[1]**fail·liet** [fajit] *nf (-en) (Belg.)* faillite

[2]**fail·liet** [fajit] *het (-en) (fig.)* faillite, banqueroute

[3]**fail·liet** [fajit] *adj, adv* en faillite; ~ gaan faire faillite; de zaak is ~ l'affaire a fait faillite

fail·liet·ver·kla·ring [fajitfərklarɪŋ] *nf (-en)* jugement déclaratif de faillite

fail·lis·se·ment [fajisəmɛnt] *het (-en)* faillite; z'n ~ aanvragen déposer son bilan; het ~ opheffen révoquer la faillite

fail·lis·se·ments·aan·vra·ge [fajisəmɛn(t)sanvraχə] *de (-n)* dépôt de bilan

fair [fɛːr] *adj, adv (fairder, fairst)* fair-play, loyal(ement); dat is geen ~e handelwijze ce n'est pas un procédé très loyal; dat is niet ~ ce n'est pas de jeu

fak·kel [fakəl] *de (-s) (aussi au fig.)* flambeau

fa·len [falə(n)] *vi (faalde, h. gefaald)* 1 manquer (à ses devoirs); ieder mens kan ~ tout homme est faillible 2 échouer; zonder ~ sans faute

fa·lie [fali] *nf (fam.)* ♦ op zijn ~ krijgen se faire secouer les puces; iemand op zijn ~ geven flanquer une bonne raclée à qqn

fa·lie·kant [falikant] *adv* carrément; dat is ~ verkeerd c'est complètement faux

fa·ling [falɪŋ] *nf (Belg.)* → faillissement

Falk·land·ei·lan·den [falklantɛilandə(n)] *plur* (îles) Malouines

fal·si·fi·ce·ren [falsifiserə(n)] *vt (falsificeerde, h. gefalsificeerd)* falsifier

fa|meus [famøs] *adj, adv (-meuzer, meest f.)* 1 fameux 2 fabuleux, fabuleusement

fa·mi|li·air [famil(i)jɛːr] *adj, adv (-liairder, -liairst)* 1 familier, familièrement 2 *(péj.)* (très) familier, (très) familièrement; al te ~ met iemand omgaan être trop libre avec qqn

fa·mi·lie [famili] *nf (-s)* famille; erg aan zijn ~ hangen avoir l'esprit de famille; dat komt in de beste ~s voor ça arrive dans toutes les familles; het zit in de ~ c'est de famille; hij is ~ van ons c'est un parent à nous; van je ~ moet je 't maar hebben! c'est beau la famille !; ~ worden van s'apparenter à

***fa·mi·lie-** [famili-] de famille

fa·mi·lie·be·richt [familibərɪχt] *het (-en)* 1 annonce *(communication)* 2 *(plur.)* carnet mondain

fa·mi·lie·be·zoek [familibəzuk] *het (-en)* ♦ een ~ brengen rendre visite à de la famille; ~ hebben recevoir de la famille

fa·mi·lie·dra·ma [familidrama] *het (-'s)* drame familial

fa·mi·lie·kring [familikrɪŋ] *nm (-en)* cercle familial; in ~ dans la plus stricte intimité; in de ~ en famille

fa·mi·lie|lid [famililɪt] *het (-leden)* parent

fa·mi·lie·om·stan·dig·he·den [familiɔmstandəχhedə(n)] *plur* raisons de famille; wegens ~ pour raisons de famille

fa·mi·lie·ziek [familizik] *adj* entiché de sa famille

fan [fɛn, [B]fan] *nm (-s)* 1 fan, admirateur, -trice 2 ventilateur

fa·naat [fanat] *adj, adv* fanatique(ment); **de ~** le, la fana
fa·na·ti|cus [fanatikʌs] *nm (-ci)* fanatique
fa·na·tie·ke·ling [fanatikəlɪŋ] *nm (-en)* → **fanaticus**
fan·cy fair [fɛnsifɛ:r] *nm (-s)* vente de charité
fan·fa·re·korps [fɑnfarəkɔrps] *het (-en)* fanfare *(orchestre)*
fan·mail [fɛmel, ᴮfɑmel] *de* courrier d'admirateurs
[1]**fan·ta·se·ren** [fɑntazerə(n)] *vi (fantaseerde, h. gefantaseerd)* **1** délirer, divaguer **2** fantasmer
[2]**fan·ta·se·ren** [fɑntazerə(n)] *vti (fantaseerde, h. gefantaseerd)* inventer; **de jongen fantaseerde over zijn toekomst** le garçon imaginait son avenir
fan·ta·sie [fɑntazi] *nf (-ën)* imagination
fan·ta·sie·loos [fɑntazilos] *adj* dépourvu d'imagination; **~ zijn** manquer d'imagination
fan·ta·sie·rijk [fɑntazirɛik] *adj* inventif
fan·tast [fɑntɑst] *nm (-en)* fabulateur
fan·tas|tisch [fɑntɑstis] *adj, adv (-tischer, meest f.)* fantastique(ment); **~ lelijk** terriblement laid
FAQ [ɛfekju:] *nm (-'s)* abrév. de *frequently asked question* FAQ (foire aux questions)
far·de [fɑrdə] *de (Belg.)* **1** chemise, classeur, *(Belg.)* farde **2** cartouche *(de cigarettes)*
far·ma·ceut [fɑrmasœyt, fɑrmasøt] *nm (-en)* **1** pharmacien **2** étudiant en pharmacie
far·ma·ceu·ti·ca [fɑrmasœytika, fɑrmasøtika] *nf (fabrication; produits)* pharmacie
far·ma·cie [fɑrmasi] *nf (science; magasin)* pharmacie
fas·cis·to·ï·de [fɑʃɪstowidə, fɑsɪstowidə] *adj (pol.)* fascisant
fa·se·ren [fazerə(n)] *vt (faseerde, h. gefaseerd)* échelonner
fa·se·ring [fazerɪŋ] *nf (-en)* échelonnement
fa|taal [fatal] *adj, adv (-taler, -taalst)* fatal(ement); **die opmerking werd hem ~** cette remarque l'a perdu
fa·ta mor·ga·na [fatamɔrɣana] *de (-'s)* mirage *(aussi illusion)*
fat·soen [fɑtsun] *het* savoir-vivre; **het burgerlijk ~** la morale bourgeoise; **dat kun je met goed ~ niet doen** décemment, tu ne peux pas faire cela; **geen enkel ~ hebben** manquer absolument d'éducation; **zijn ~ houden** se conduire comme il faut; **u zou het ~ moeten hebben te zwijgen** vous pourriez avoir la décence de vous taire; **de regels van het ~** les convenances; **dat strookt niet met het ~** c'est contre les règles (du savoir-vivre); **voor je ~ kun je niet weggaan** tu ne peux pas partir, ce serait impoli
fat·soe·ne·ren [fɑtsunerə(n)] *vt (fatsoeneerde, h. gefatsoeneerd)* rajuster *(vêtements, cheveux)*
fat·soen·lijk [fɑtsunlək] *adj, adv* convenable(ment), décent, décemment; **een ~e buurt** un quartier bien; *(iron.)* **je kunt hier geen ~e krant kopen** ici, on ne vend pas un journal digne de ce nom
fat·soens·hal·ve [fɑtsunshɑlvə] *adv* par bienséance
fa·vo·riet [favorit] *adj* favori
fax [fɑks] *nm (-en) (com.)* **1** télécopieur **2** télécopie
faxen [fɑksə(n)] *vt (faxte, h. gefaxt)* télécopier, envoyer par fax, un fax
fa·zant [fazɑnt] *nm (-en) (zool.)* faisan
febr [febrywari] abrév. de *februari* févr.
fe·bru·a·ri [febrywari] *nm* février
fe·de·ra·tie [fedəra(t)si] *nf (-s)* fédération
feed·back [fidbɛk] *nm* feed-back; **iemand ~ geven** faire part de ses impressions à qqn
feeks [feks] *nf (-en)* mégère
fee·ling [fi:lɪŋ] *nf* intuition; **(geen) ~ hebben voor iets** (ne pas) avoir le sens de qqch
feest [fest] *het (-en)* fête, soirée; **een ~je geven, bouwen** donner, organiser une fête
***feest-** [fest-] de fête
feest·ar·ti·kel [festɑrtikəl] *het (-en)* farces et attrapes
feest·dag [fesdɑχ] *nm (-en)* **1** (jour de) fête **2** fête, jour férié; **(op) zon- en ~en** les dimanches et jours fériés
fees·te·lijk [festələk] *adj, adv* de fête, comme pour une fête; **een ~e jurk** une robe des grands jours ♦ *(iron.)* **dank je ~** merci (bien) !
fees·te·lijk|heid [festələkhɛit] *nf (-heden)* **1** ambiance de fête **2** festivité
fees·ten [festə(n)] *vi (feestte, h. gefeest)* festoyer
feest·gan·ger [festχɑŋər] *nm (-s)* participant (à la fête)
feest|maal [festmal] *het (-malen)* festin
feest|neus [festnøs] *nm (-neuzen)* **1** faux nez **2** fêtard, -arde
feest·num·mer [festnʌmər] *het (-s)* → **feestneus 2**
feest·stem·ming [fe(st)stɛmɪŋ] *nf* → **feestvreugde**
feest·var·ken [festfɑrkə(n)] *het (-s) (iron.)* héros de la fête
feest|vier·der [festfirdər] *nm (-s)*, **-vierster** *nf (-s)* **1** invité, -ée **2** fêtard, -arde
feest·vie·ren [festfirə(n)] *vi (vierde feest, h. feestgevierd)* **1** festoyer **2** célébrer (un évènement)
feest·vreug·de [festfrøχdə] *nf* joie; **ter verhoging van de ~** pour ajouter à l'allégresse générale; **de ~ verstoren** troubler les réjouissances, jouer les trouble-fêtes
feil·baar [fɛilbar] *adj* faillible; **de mens is ~** personne n'est infaillible
fei·len [fɛilə(n)] *vi (feilde, h. gefeild)* **1** faire erreur **2** faillir

feil·loos [fɛ̲ilos] *adj, adv* (de manière) infaillible

feit [fɛit] *het (-en)* fait; *(fig.)* achter de ~en aanlopen arriver après la bataille; de verdachte heeft het ~ bekend le suspect a reconnu les faits; in ~e en fait; zich bij een voldongen ~ neerleggen s'incliner devant le fait accompli; iemand voor een (voldongen) ~ stellen mettre qqn devant le fait accompli; een strafbaar ~ un délit; een voldongen ~ un fait accompli; *(fig.)* voor het ~ staan dat ne pouvoir faire autre chose que

fei·te·lijk [fɛ̲itələk] *adj, adv* de, en fait; ~ heeft hij ongelijk en fait, il a tort; de ~e toestand l'état de fait ♦ ~ geweld violence physique

fei·ten·ma·te·ri·aal [fɛ̲itəmater(i)jal] *het* (ensemble des) faits

fel [fɛl] *adj, adv* 1 vif, *(douleur)* aigu, vivement; de zon schijnt ~ le soleil tape dur 2 violent, violemment 3 acharné, passionné, avec acharnement, avec passion; een ~ verzet une opposition acharnée ♦ ~ op overtredingen qui ne laisse passer aucune infraction; dat kind is ~ op auto's cet enfant est passionné de voitures

fel·heid [fɛ̲lhɛit] *nf* 1 violence, intensité 2 acharnement

fe·li·ci·ta·tie [felisita̲(t)si] *nf (-s)* félicitations

fe·li·ci·te·ren [felisite̲rə(n)] *vt (feliciteerde, h. gefeliciteerd)* féliciter; iemand met zijn succes ~ féliciter qqn de son succès; iemand met zijn verjaardag ~ souhaiter bon anniversaire à qqn

fer|vent [fɛrvɛ̲nt] *adj, adv (-venter, meest f.)* fervent, avec ferveur

fes·tijn [fɛstɛ̲in] *het (-en)* 1 festin 2 *(aussi au fig.)* fête

fes·ti·vi·teit [fɛstivitɛ̲it] *nf (-en)* 1 fête 2 festivité

fe·tisj [fe̲tiʃ] *nm (-en)* fétiche *(objet de culte, porte-bonheur)*

feut [føt] *nm (-en) (étudiants)* bizut(h)

fi·at [fi̲jɑt] *het* autorisation

fi·ber [fi̲bər] *het/de* fibre

fic·tie [fɪ̲ksi] *nf (-s)* fiction

fi|deel [fide̲l] *adj, adv (-deler, -deelst)* jovial(ement); hij heeft zich ~ tegenover mij gedragen il a été très chic

fie·de·len [fi̲dələ(n)] *vti (fiedelde, h. gefiedeld) (fam.)* violoner

fier [fir] *adj, adv (fierder, fierst)* fier *(sens positif)*, fièrement; *(Belg.)* ~ op zijn afkomst fier de ses origines

fiets [fits] *de (-en)* vélo, bicyclette; *(fig.)* wat heb ik nou aan m'n ~ (hangen)? (mais) qu'est-ce qui m'arrive encore ?; op een ~ rijden aller à, en vélo; op zijn ~ stappen enfourcher son vélo

***fiets-** [fits-] de bicyclette

fiet·sen [fi̲tsə(n)] *vi (fietste, h./i. gefietst)* 1 faire de la bicyclette, du vélo; kun je ~? tu sais aller à vélo ?; deze weg fietst lekker il fait bon pédaler sur cette route; 3 uur ~ faire trois heures de bicyclette 2 aller à bicyclette, vélo; wij zijn naar Den Haag gefietst nous sommes allés à La Haye à bicyclette ♦ ga ~! va te faire cuire un œuf !; hij is ~ il a disparu dans la nature; hoe heb je dat voor elkaar gefietst? comment tu as fait ?

***fiet·sen-** [fi̲tsə(n)-] de cycles; een fietsenstalling un garage de cycles

fiet·sen·hok [fi̲tsə(n)hɔk] *het (-ken)* hangar à bicyclettes

fiet·sen·ma·ker [fi̲tsəmakər] *nm (-s)* réparateur de bicyclettes

fiet·sen·rek [fi̲tsə(n)rɛk] *het (-ken)* 1 râtelier à vélos 2 ± dents écartées

fiet·ser [fi̲tsər] *nm (-s)* cycliste

fiets·pad [fi̲tspɑt] *het (-en)* piste cyclable

fiets·sleu·tel·tje [fi̲tsløtəlcə] *het (-s)* clé de bicyclette

fiets·slot [fi̲tslɔt] *het (-en) (vélos)* antivol

fiets|strook [fi̲tstrok] *de (-stroken)* bande cyclable

fiets·tas [fi̲tstɑs] *de (-sen)* sacoche de cycliste

fi·gu·re·ren [fiχyre̲rə(n)] *vi (figureerde, h. gefigureerd)* 1 figurer (à titre de), faire fonction 2 figurer, faire de la figuration

fi·guur [fiχy̲r] *het/de (figuren)* 1 figure; geen gek ~ slaan faire bonne figure; een lomp ~ slaan marquer d'aisance; met zijn ~ geen raad weten ne pas savoir comment se tenir; een slecht ~ slaan faire mauvaise figure; een zielig ~ un pauvre type; *(péj.)* wat is dat voor een ~? qu'est-ce que c'est que ce zèbre-là ? 2 formes, corps; een goed ~ un beau corps; een jurk die het ~ goed laat uitkomen une robe qui dessine bien les formes 3 figurine 4 *(litt.)* personnage

fi·guur·lijk [fiχy̲rlək] *adj, adv* figuré, au (sens) figuré; je moet dat ~ opvatten c'est à prendre au sens figuré

fi·guur|zaag [fiχy̲rzaχ] *de (-zagen)* scie à contourner, à chantourner

[1]**fijn** [fɛin] *adj, adv* 1 fin, délicat; *(iron.)* ~e manieren zijn dat! en voilà des manières !; *(iron.)* een ~e meneer un joli monsieur; ~e vleeswaren charcuterie 2 agréable(ment); nog een ~e dag bonne (fin de) journée; we gaan ~ samen uit chouette, on sort ensemble; jullie hebben ~ gezongen vous avez bien chanté; een ~e meid une chouette fille; een ~e vakantie des vacances agréables; *(fam.)* laat-ie-fijn-zijn c'est drôlement chouette; nou, ~ is anders c'est pas drôle 3 subtil(ement); met een ~ gevoel voor avec le sens aigu de

[2]**fijn** [fɛin] *interj* chouette !

fijn·be|snaard [fɛimbəsna̲rt] *adj (-snaarder, meest f.) (personne)* délicat, sensible

fijn·ge·voe·lig [fɛiŋχəvu̲ləχ] *adj, adv* délicat(ement)

fijn·knij·pen [fɛ̲iŋknɛipə(n)] *vt (kneep fijn, h. fijngeknepen)* → fijnmaken

fijn·ma·ken [fɛ̲imakə(n)] *vt (maakte fijn, h. fijngemaakt)* écraser, broyer

fijn·proe·ver [fɛimpruvər] *nm (-s)* ♦ **een ~ zijn** avoir le palais fin
fijn·schrij·ver [fɛinsχrɛivər] *nm (-s)* pointe fine *(crayon feutre)*
fijn·slaan [fɛinslan] *vt (sloeg fijn, h. fijngeslagen)* **1** piler **2** mettre en pièces
fijn·stof [fɛinstɔf] *de (en-dessous de 10 micromètres)* particules en suspension, *(en-dessous de 2,5 micromètres)* particules fines
[1]**fijn·tjes** [fɛincəs] *adj* fin, délicat
[2]**fijn·tjes** [fɛincəs] *adv* finement; **ze hebben hem ~ beetgenomen** il s'est fait joliment avoir; **dat is ~ geregeld** c'est très bien ainsi; **~ lachen** rire dans sa barbe
fijn·wrij·ven [fɛinvrɛivə(n)] *vt (wreef fijn, h. fijngewreven)* écraser (en frottant); **een teentje knoflook ~** écraser une gousse d'ail au pilon
fijn·zin·nig [fɛinzɪnəχ] *adj, adv* fin(ement), subtil(ement), délicat(ement)
fik [fɪk] *nm (-ken) (fam.)* **1** feu; **in de ~ steken** foutre le feu à; **een ~ stoken** allumer un feu **2** *(chien)* loulou **3** *(plur.)* pattes; **blijf er met je ~ken van af!** bas les pattes !
fik·ken [fɪkə(n)] *vi (fikte, h. gefikt) (fam.)* cramer
fik·kie [fɪki] *het (-s) (fam.)* **1** (petit) feu **2** clebs
fiks [fɪks] *adj, adv* **1** robuste, costaud **2** ferme(ment); **een ~e klap** une bonne claque; **een ~e rekening** une note salée; **~e stappen** de grandes enjambées **3** en bonne santé; **ik ben niet al te ~** je suis plutôt mal en point
fik·sen [fɪksə(n)] *vt (fikste, h. gefikst)* **1** *(fam.)* goupiller, arranger **2** *(inform.)* remédier à, résoudre
[1]**fi·le** [filə] *de (-s) (transp.)* embouteillage; **in een ~ staan** se trouver dans un embouteillage
[2]**file** [fa:jl] *het/de (-s) (inform.)* fichier
fi·le·mel·ding [filəmɛldɪŋ] *nf (-en)* ± point sur la route, infos routières
fi·le·par·ke·ren [filəparkerə(n)] *vb (transp.)* faire un créneau, se ranger dans un, en créneau
fi·le·ren [filerə(n)] *vti (fileerde, h. gefileerd) (viande, poisson)* lever (les filets), découper en filets
fi·le·vor·ming [filəvɔrmɪŋ] *nf (transp.)* début de bouchon
fi·li|aal [filijal] *het (-alen)* succursale
fi·li·aal·hou·der [filijalhaudər] *nm (-s)* gérant de succursale
Fi·li|pijn [filipɛin] *nm (-en),* **-pijnse** *nf (-n)* Philippin, -ine
Fi·li·pij·nen [filipɛinə(n)] *plur* Philippines
Fi·li·pijns [filipɛins] *adj* philippin
Fi·li·pi·no [filipino] *nm (-'s)* Philippin
fi·lis·tij·nen [filistɛinə(n)] *plur (fam.)* ♦ **naar de ~** fichu
film [fɪlm] *nm (-s)* **1** pellicule **2** film; *(fig.)* **de ~ steeds weer afdraaien** se repasser le film en boucle dans sa tête; **een ~ draaien** passer un film; **een korte ~** un (film de) court métrage; **wij gaan naar de ~** nous allons au cinéma; **een stomme ~** un film muet **3** cinéma
***film-** [fɪlm-] cinématographique
film·doek [fɪlmduk] *het (-en)* écran (de cinéma)
fil·mer [fɪlmər] *nm (-s)* → **filmmaker**
film|huis [fɪlmhœys] *het (-huizen)* cinéma d'art et d'essai
fil·misch [fɪlmis] *adj* filmique
film|ma·ker [fɪlmakər] *nm (-s),* **-maakster** *nf (-s)* cinéaste
film·op·na·me [fɪlmɔpnamə] *de (-n, -s) (cin.)* prise de vue(s)
film·pje [fɪlmpjə] *het (-s)* vidéo
film·ploeg [fɪlmpluχ] *de (-en) (cin.)* équipe de tournage
film·rol [fɪlmrɔl] *de (-len)* **1** rôle (à l'écran) **2** bobine (de film) **3** rouleau de pellicule cinématographique
film·script [fɪlmskrɪpt] *het (-s)* scénario
film·ster [fɪlmstɛr] *de (-ren)* vedette de cinéma
film·voor·stel·ling [fɪlmvorstɛlɪŋ] *nf (-en)* séance de cinéma
fil·ter [fɪltər] *het/de (-s)* filtre *(tous les sens)*
fil·te·ren [fɪltərə(n)] *vti (filterde, h./i. gefilterd)* filtrer; **~ door ...** filtrer à travers ...
fil·ter·zak·je [fɪltərzakjə] *het (-s)* filtre à café
fil·tre·ren [fɪltrerə(n)] *vti (filtreerde, h. gefiltreerd)* → **filteren**
Fin [fɪn] *nm (-nen),* **Finse** *nf (-n)* Finlandais, -aise
fi·naal [final] *adj, adv* **1** final **2** total, complètement **3** tout simplement
fi·na·le [finalə] *de (-s)* **1** *(mus.)* finale **2** *(sports)* finale; **de halve ~ bereiken** aller en demi-finale; **in de achtste ~ komen** arriver en huitième de finale
fi·na·list [finalɪst] *nm (-en)* finaliste
fi·nan·ci·eel [finanʃel] *adj, adv* financier, financièrement; **een ~ adviesbureau** un cabinet d'affaires
fi·nan·ci·ën [finansijə(n)] *plur* finances
fi·nan·cie·ren [finansirə(n)] *vt (financierde, h. gefinancierd)* financer
fi·nan·cie·ring [finansirɪŋ] *nf (-en)* financement
fi·nan·cie·rings·te·kort [finansirɪŋstəkɔrt] *het (-en)* déficit budgétaire
fi·neer [finer] *het* placage (de bois)
fi·ne·ren [finerə(n)] *vti (fineerde, h. gefineerd)* **1** plaquer **2** *(métal)* affiner
fi·nes·se [finɛsə] *nf (-s)* finesse; **in ~s treden** entrer dans le détail; **iets in (de) ~s kennen** connaître toutes les finesses de qqch
fine·tu·nen [fajncu:nə(n)] *vt (finetunede, h. gefinetuned)* régler (qqch) minutieusement
fin·ge·ren [fɪŋχerə(n)] *vt (fingeerde, h. gefingeerd)* **1** feindre; **een gefingeerde overval** une attaque simulée; **gefingeer-**

de winst bénéfice fictif **2** inventer; **een gefingeerde naam** un faux nom
fi·nish [fɪnɪʃ] *nm (sports)* arrivée
fi·ni·shen [fɪnɪʃə(n)] *vi (finishte, h./i. gefinisht) (sports)* arriver, franchir la ligne d'arrivée
fi·ni·shing touch [fɪnɪʃɪŋtɑtʃ] *nm* dernière touche, finition
Fin·land [fɪnlɑnt] *het* Finlande
Fins [fɪns] *adj* finnois; **het ~** le finnois
fir·ma [fɪrma] *de (-'s)* **1** raison sociale **2** maison, firme; **de ~ X** les établissements X
fir|mant [fɪrmɑnt] *nm (-en)*, **-mante** *nf (-s, -n)* associé, -ée
fis·cus [fɪskʌs] *nm* fisc
fit [fɪt] *adj* en pleine forme
fit·ness [fɪtnəs] *de* mise en condition; **aan ~ doen** entretenir sa condition
fit·ness·cen|trum [fɪtnəsɛntrʌm] *het (-tra)* centre fitness
fit·ter [fɪtər] *nm (-s)* plombier
fit·ting [fɪtɪŋ] *nm (-s, -en)* **1** *(lampe)* douille **2** *(ampoule)* culot
fixeer [fɪkser] *het (phot.)* (sel) fixateur
fixe·ren [fɪkserə(n)] *vt (fixeerde, h. gefixeerd)* fixer *(tous les sens)*; **een gebroken been ~** immobiliser une jambe cassée; *(fig.)* **op iemand gefixeerd zijn** ne penser qu'à qqn
fl abrév. de *florijn(en)* fl.
flad·de·ren [flɑdərə(n)] *vi (fladderde, h./i. gefladderd)* **1** voleter **2** flâner **3** papillonner; **hij fladdert maar wat (rond, aan)** il s'éparpille
flak·ke·ren [flɑkərə(n)] *vi (flakkerde, h. geflakkerd) (flamme)* vaciller
fla·min·go [flamɪŋgo] *nm (-'s) (zool.)* flamant
fla·ne·ren [flanerə(n)] *vi (flaneerde, h. geflaneerd)* flâner
flan·ke·ren [flɑŋkerə(n)] *vti (flankeerde, h. geflankeerd)* flanquer *(être sur le côté de)*
flan·ke·ring [flɑŋkerɪŋ] *nf (-en)* flanquement
flan·sen [flɑnsə(n)] *vt (flanste, h. geflanst)* bâcler; **tussen de regels ~** glisser entre les lignes; **hij heeft dat werk haastig in elkaar geflanst** il a bâclé ce travail
flap [flɑp] *nm (-pen)* **1** *(livre)* derrière de la jaquette **2** chausson, beignet, *(Belg.)* gosette **3** *(fam.)* fafiot **4** rabat
flap·drol [flɑbdrɔl] *nm (-len) (fam.)* couille molle
¹flap|oor [flɑpor] *het (-oren)* oreille en chou-fleur
²flap|oor [flɑpor] *nm (-oren)* ⟨*personne ayant des oreilles en feuille de chou*⟩
flap·pen [flɑpə(n)] *vt (flapte, h. geflapt)* ♦ **hij flapt er maar alles uit** il dit tout ce qui lui passe par la tête
flap·pen·tap [flɑpə(n)tɑp] *nm (-pen) (iron.)* billetterie, distributeur automatique de billets (de banque)
flap·uit [flɑpœyt] *nm (-s)* bavard, -arde
flard [flɑrt] *de (-en)* **1** lambeau; **aan ~en gaan** tomber en loques; **aan ~en scheuren** mettre en lambeaux; **aan ~en schieten** mettre en pièces par des tirs **2** bribe; **~en van een gesprek** des bribes de conversation
flat [flɛt, ᴮflɑt] *nm (-s)* **1** immeuble (d'habitation) **2** appartement
fla·ter [flatər] *nm (-s)* gaffe; **een geweldige ~ slaan** gaffer lourdement; **de ene ~ na de ander slaan** collectionner les gaffes
flat·ge·bouw [flɛtχəbɑu, ᴮflɑtχəbɑu] *het (-en)* → **flat 1**
flat·screen [flɛtskri:n] *nm (-s)* écran plat
flat·te·ren [flɑterə(n)] *vti (flatteerde, h. geflatteerd)* flatter; **een geflatteerd beeld van de situatie** une image trop avantageuse de la situation
flat·teus [flɑtøs] *adj* flatteur
flauw [flɑu] *adj, adv* **1** fade, sans saveur **2** faible(ment); **ik heb geen ~ idee** je n'en ai pas la moindre idée; **een ~ licht** une lueur pâle; **~e tegenstand** faible résistance; **ik ben ~ van de honger** je meurs de faim; **een ~ vermoeden van iets hebben** soupçonner vaguement qqch **3** qui manque d'esprit, sans humour **4** insipide, fastidieusement; **~e praatjes** propos insignifiants **5** (d'une manière) puéril(e); **doe niet zo ~** ne fais pas l'enfant; **een ~e vent** un type puéril **6** doux, légèrement; **een ~e bocht** un léger virage; **een ~e glooiing** une pente douce **7** *(commerce)* (d'une manière) peu animé(e)
flau·we·kul [flɑuwəkʌl] *nm (fam.)* foutaise; **dat is ~** c'est de la foutaise; **~ verkopen** débiter des balivernes
flau·werd [flɑuwərt] *nm (-s)*, **flauwerik** *nm (-en)* **1** poule mouillée **2** *(péj.)* enfant
flau·wig|heid [flɑuwəχhɛit] *nf (-heden)* **1** fadeur **2** fadaise, platitude
flau·wi·teit [flɑuwitɛit] *nf (-en)* → **flauwigheid 2**
flauw·te [flɑutə] *nf (-s)* évanouissement; **een ~ krijgen** s'évanouir
flauw·tjes [flɑucəs] *adj, adv* faible(ment)
flauw·val·len [flɑuvɑlə(n)] *vi (viel flauw, i. flauwgevallen)* s'évanouir
fleece [fli:s] *het/de* polaire
fleg·ma·tiek [flɛχmatik] *adj, adv*, **flegmatisch** *adj, adv* flegmatique, avec flegme
fle·men [flemə(n)] *vi (fleemde, h. gefleemd)* **1** dire des cajoleries **2** *(péj.)* user de flatteries
flens·je [flɛnʃə] *het (-s) (cuis.)* crêpe (dentelle)
fles [flɛs] *de (-sen)* bouteille; **zij is behoorlijk aan de ~** elle est portée sur la boisson; **de baby krijgt de ~** on donne le biberon au bébé; **op ~sen doen** mettre en bouteilles; **(direct) uit de ~ drinken** boire à même la bouteille; **een ~ soldaat maken** faire un sort à une bouteille ♦ **op de ~ zijn** avoir fait faillite; **op de ~ gaan** faire faillite

fles·ope·ner [flɛsopənər] *nm (-s)* ouvre-bouteille

fles·sen [flɛsə(n)] *vt (fleste, h. geflest)* rouler, duper; **volgens mij zit jij de zaak te ~** je crois que tu te fiches de moi

fles·sen·bor·stel [flɛsə(n)bɔrstəl] *nm (-s)* écouvillon

fles·sen|hals [flɛsə(n)hɑls] *nm (-halzen)* **1** goulot **2** *(fig.)* goulet (d'étranglement)

fles·sen·kind [flɛsə(n)kɪnt], **fleskind** *het (-eren) (fam.)* bébé nourri au biberon

fles·sen·rek [flɛsə(n)rɛk] *het (-ken)* porte-bouteille

fles·sen·trek·ker [flɛsə(n)trɛkər] *nm (-s)* escroc

fles·sen·trek·ke·rij [flɛsə(n)trɛkərɛi] *nf* escroquerie

fles·voe·ding [flɛsfudɪŋ] *nf (-en)* biberon; **~ geven aan een kind** nourrir un enfant au biberon

flets [flɛts] *adj, adv* **1** blafard; **er ~ uitzien** être pâle **2** terne; **~ uit zijn ogen kijken** avoir le regard éteint; **~e kleuren** couleurs passées **3** fané; **de bloemen hangen er ~ bij** les fleurs ont l'air d'avoir besoin d'eau

flets·heid [flɛtshɛit] *nf* lividité

fleur [flør] *de* fraîcheur; **bloemen geven een kamer ~** les fleurs égaient une pièce; **de ~ is eraf** c'est défraîchi

fleu·rig [flørəχ] *adj, adv* fringant, d'une façon avenante; **een ~e kamer** une chambre pimpante

flex·con·tract [flɛkskɔntrɑkt] *het* contrat à durée déterminée

flexi·bel [flɛksibəl] *adj* flexible; **~e wisselkoersen** cours de change souples

flex·wer·ker [flɛkswɛrkər] *nm (-s)* travailleur à horaire irrégulier

flie·re·flui·ter [flirəflœytər] *nm (-s)* fumiste

flik [flɪk] *nm (-ken)* pastille de, au chocolat

flik·flooi·en [flɪkflojə(n)] *vi (flikflooide, h. geflikflooid)* **1** *(fam.)* passer de la pommade (à qqn), flatter **2** peloter (qqn)

flik·flooi·er [flɪkflojər] *nm (-s)* **1** lèche-botte **2** qqn qui fait des papouilles

flik·ken [flɪkə(n)] *vt (flikte, h. geflikt) (fam.)* ± arranger, ± expédier; **hoe flik je 'm dat?** comment tu t'y prends ?; **wie heeft me dat geflikt?** qui est-ce qui m'a fait ça ?; **dat moet je me niet meer ~** ne me refais pas ce coup-là; **dat zullen ze mij niet meer ~!** on ne m'y prendra plus !; **dat heeft hij netjes geflikt** il s'en est bien tiré

flik·ker [flɪkər] *nm (-s) (fam.)* **1** pédé **2** enculé; *(iron.)* **een handige ~** un (sacré) débrouillard; *(fam.)* **een luie ~** un tire-au-cul ♦ **het kan hem geen ~ schelen** il s'en fout complètement; **hij weet, kan er geen ~ van** il n'y entrave que dalle; **hij heeft geen ~ uitgevoerd** il n'a rien foutu; **iemand op zijn ~ geven** casser la gueule à qqn; *(fig.)* engueuler qqn

[1]**flik·ke·ren** [flɪkərə(n)] *vi (flikkerde, h./i. geflikkerd)* **1** scintiller; **het ~de licht van een kaars** la lumière vacillante d'une bougie; **zijn ogen ~** ses yeux étincellent **2** *(fam.)* se foutre (par terre); **van de trap ~** se casser la gueule dans l'escalier

[2]**flik·ke·ren** [flɪkərə(n)] *vt (flikkerde, h. geflikkerd) (fam.)* foutre

flik·ke·ring [flɪkərɪŋ] *nf (-en)* **1** scintillement **2** *(fig.)* lueur

flik·ker·licht [flɪkərlɪχt] *het (-en)* **1** scintillement **2** feu clignotant

[1]**flink** [flɪŋk] *adj* **1** solide, robuste; **een ~e vent** un solide gaillard; **dat meisje is ~ voor haar leeftijd** cette fille est grande pour son âge **2** bon, gros; **een ~ pak slaag krijgen** recevoir une bonne peignée; **een ~e som** une somme considérable; **een ~e tijd** un bon bout de temps **3** *(fig.)* énergique, courageux; **zich ~ houden** ne pas se laisser aller; **een ~e vent** un type énergique; **nog ~ zijn** *(personnes âgées)* être encore solide

[2]**flink** [flɪŋk] *adv* bien; **een probleem ~ aanpakken** aborder un problème de front; **iemand ~ onder handen nemen** réprimander vertement qqn; **iemand ~ de waarheid zeggen** dire à qqn ses quatre vérités

flin·kerd [flɪŋkərt] *nm (-s)* **1** *(iron.)* gaillard **2** beau morceau

flink·heid [flɪŋkhɛit] *nf* courage

flin·ter·dun [flɪntərdʌn] *adj* mince comme du papier à cigarettes

flip·pen [flɪpə(n)] *vi (flipte, i. geflipt) (fam.)* **1** flipper *(aussi drogues)* **2** faire tilt, échouer; **een geflipte onderwijzer** un instituteur raté

flip·per [flɪpər] *nm (-s)*, **flipperauto|maat** *nm (-maten)*, **flipperkast** *de (-en)* flipper *(billard électrique)*

flip·pe·ren [flɪpərə(n)] *vi (flipperde, h. geflipperd)* jouer au flipper

flirt [flʌ:rt, [B]flɪrt] *nm (-s, -en)* **1** flirt **2** flirteur, -euse

flits [flɪts] *nm (-en)* **1** flash, flashes **2** *(fig.)* éclair; **in een ~ ging die gedachte door hem heen** cette pensée lui traversa l'esprit comme un éclair

[1]**flit·sen** [flɪtsə(n)] *vi (flitste, h./i. geflitst)* **1** passer comme un éclair; **zij flitste voorbij** elle est passée comme l'éclair **2** jaillir; **er flitste een bliksemstraal in de lucht** un éclair traversa le ciel

[2]**flit·sen** [flɪtsə(n)] *vti (flitste, h./i. geflitst) (phot.)* flasher

flit·send [flɪtsənt] *adj* étourdissant, éblouissant

flit·ser [flɪtsər] *nm (-s)* flash, flashes

flits·paal [flɪtspal] *nm* radar fixe

flod·der [flɔdər] *nm (-s)* ♦ **losse ~s** cartouches à blanc; *(fig.)* remarques sans rime ni raison

flod·de·ren [flɔdərə(n)] *vi (flodderde, h. geflodderd)* **1** goder **2** *(Belg.)* cajoler

flod·de·rig [flɔdərəχ] *adj, adv* **1** *(vêtements)* qui gode, de manière flottante; **wat zit die broek ~!** comme ce pantalon tombe mal ! **2** *(vêtements)* (d'une manière) dépenaillé(e) 3 *(travail)* cochonné, comme un cochon

floep [flup] *nm (-en)* paf, plouf

floe·pen [flupə(n)] *vi (floepte, i. gefloept)* s'échapper; **de tak floepte in zijn gezicht** paf !, il reçut la branche en pleine figure

flon·ke·ren [flɔŋkərə(n)] *vi (flonkerde, h. geflonkerd)* scintiller; **~de ogen** des yeux pétillants; **een ~de stijl** un style chatoyant

floot [flot], **floten** → **fluiten, affluiten**

flop [flɔp] *nm (-s)* 1 flop, échec 2 disquette

flop·pen [flɔpə(n)] *vi (flopte, i. geflopt)* être un flop, échouer

flop·py [flɔpi] *de (-'s)* disquette

flop·py·disk [flɔpidɪsk] *de (-s)* disquette

flo·re·ren [florerə(n)] *vi (floreerde, h. gefloreerd) (fig.)* prospérer; **de vereniging floreert niet meer** l'association est en perte de vitesse

flo·ris·sant [florisɑnt] *adj* florissant; **dat ziet er niet zo ~ uit** ça s'annonce plutôt mal

flos·sen [flɔsə(n)] *vi (floste, h. geflost)* se nettoyer les dents avec un fil dentaire

fluim [flœym] *de (-en)* 1 crachat 2 *(fam.)* teigne

flui·men [flœymə(n)] *vi (fluimde, h. gefluimd)* cracher

fluis·te·ren [flœystərə(n)] *vti (fluisterde, h. gefluisterd)* 1 chuchoter 2 souffler, insinuer

fluis·ter·stem [flœystərstɛm] *de (-men)* ♦ **met een ~ iets zeggen** chuchoter qqch

fluit [flœyt] *de (-en)* 1 flûte; **op een ~ spelen** jouer de la flûte 2 sifflet ♦ *(fam.)* **geen ~!** des clopes !; *(fam.)* **je bereikt er geen ~ mee** c'est comme si on chantait; *(fam.)* **het kan me geen ~ schelen** je m'en fiche comme de ma première chemise

fluit·con·cert [flœytkɔnsɛrt] *het (-en)* 1 concerto pour flûte 2 sifflets; **op een ~ onthaald worden** être accueilli par des sifflets

flui·ten [flœytə(n)] *vti (floot, h. gefloten)* 1 siffler 2 jouer de la flûte; **in een orkest ~** être flûtiste dans un orchestre 3 *(sports)* arbitrer, siffler; **voor een overtreding ~** siffler une faute ♦ **hij kan naar zijn geld ~** il peut mettre une croix sur son argent; **daar kun je naar ~** tu peux toujours courir

flui·ten·kruid [flœytə(n)krœyt] *het (bot.)* persil sauvage

fluit·je [flœycə] *het (-s)* 1 sifflet 2 coup de sifflet ♦ **een ~ van een cent** simple comme bonjour

fluit·ke·tel [flœytketəl] *nm (-s)* bouilloire

fluit·sig|naal [flœytsɪɲal] *het (-nalen) (sports)* coup de sifflet

fluit|toon [flœyton] *nm (-tonen)* sifflement

flu·o·ri·de [flyworidə] *het (-n)* fluorure

flut [flʌt] *adj (fam.)* minable; **dat is ~** c'est de la gnognote

***flut-** [flʌt-] *(fam.)* minable

flut·blaad·je [flʌtblacə] *het (-s) (fam.)* feuille de chou *(revue)*

flu|weel [flywel] *het (-welen)* velours; *(fig.)* **op ~ zitten** jouer sur le velours

flu·weel·zacht [flywelzɑχt] *adj* velouté

flu·we·len [flywelə(n)] *adj* de velours; **hij heeft een ~ tong** c'est un beau parleur

flu·we|lig [flyweləχ] *adj (-liger, meest f.)* velouté

fly·e·ren [flɑjərə(n)] *vi (flyerde, h. geflyerd)* distribuer des tracts

FM [ɛfɛm] *de (radio)* 1 abrév. de *frequentiemodulatie* MF 2 abrév. de *frequentieband* bande de fréquence; **op de FM uitzenden** émettre en modulation de fréquence

fnui·kend [fnœykənt] *adj* funeste

FNV [ɛfɛnve] *nf* abrév. de *Federatie Nederlandse Vakverenigingen* ⟨*Confédération des Syndicats Néerlandais*⟩

fo·cus [fokʌs] *het/de (-sen)* 1 *(optique)* foyer 2 *(fig.)* accent; **de ~ leggen op ...** mettre l'accent sur ...

fo·cus·sen [fokʌsə(n)] *vti (focuste, h. gefocust)* 1 *(phys.)* focaliser 2 mettre au point (un appareil, un mécanisme)

foe|draal [fudral] *het (-dralen)* 1 étui 2 gaine

foef [fuf] *de (-en),* **foefje** *het (-s)* combine; **de ~jes kennen** connaître la combine; **~jes toepassen** truquer

foe·fe·len [fufələ(n)] *vi (foefelde, h. gefoefeld) (Belg.)* trafiquer, fricoter; **wat foefel je daar toch?** qu'est-ce que tu fabriques ?

foei [fuj] *interj* que c'est vilain !

foei·le·lijk [fujlelək] *adj* affreux; **iets dat ~ is** une horreur

foe·te·ren [futərə(n)] *vi (foeterde, h. gefoeterd) (fam.)* râler (contre), *(Belg.)* roter

foet·sie [futsi] *adv (fam.)* envolé; **ineens was mijn portemonnee ~!** tout d'un coup, plus de portemonnaie !

föhn [føn] *nm (-s)* 1 *(vent)* föhn 2 sèche-cheveux

föh·nen [fønə(n)] *vti (föhnde, h. geföhnd)* se sécher les cheveux

¹fok [fɔk] *nm* élevage

²fok [fɔk] *de (-ken) (mar.)* foc

³fok [fɔk] *interj (fam.)* merde; **wat de ~?** quoi bordel?

fok·dier [fɔgdir] *het (-en)* (animal) reproducteur

fok·ken [fɔkə(n)] *vti (fokte, h. gefokt)* 1 *(animaux)* élever 2 *(fam.; enfants)* pondre; **dat fokt maar raak** ça se reproduit comme des lapins

fok·ker [fɔkər] *nm (-s),* **fokster** *nf (-s)* éleveur, -euse

fol·der [fɔldər] *nm (-s)* dépliant

fo·lie [foli] *de (-s)* papier aluminium

fol·klo·ris·tisch [fɔlklorɪstis] *adj* folklorique

fol·low-up [fɔloʌp] *nm (-s)* suite *(ce qui suit qqch)*; **de ~ van een medische behandeling** les soins posthospitaliers; **de ~ van een gesprek** la poursuite d'un entretien

fol·te·raar [fɔltərar] *nm (-s)* tortionnaire

fol·te·ren [fɔltərə(n)] *vti (folterde, h. gefolterd)* torturer; **zijn hersenen ~** se creuser la tête
fol·te·ring [fɔltərɪŋ] *nf (-en)* torture
fonds·pa·tiënt [fɔn(t)spaʃɛnt] *nm (-en)* assuré social
***fon·due-** [fɔndy-] *(cuis.)* à fondue; **het fonduestel** le réchaud à fondue
fon·du·en [fɔndywə(n)] *vi (fondude, h. gefonduud)* dîner en prenant une fondue
fo·ne·tisch [fonetis] *adj, adv (ling.)* phonétique(ment)
fon·ke·len [fɔŋkələ(n)] *vi (fonkelde, h. gefonkeld)* étinceler; **de sterren ~** les étoiles scintillent; **zijn ogen fonkelden van vreugde** ses yeux pétillaient de joie
fon·kel·nieuw [fɔŋkəlniw] *adj* flambant neuf
font [fɔnt] *het* police de caractères
fon·tein [fɔntɛin] *de (-en)* fontaine, jet d'eau
fon·tein·tje [fɔntɛincə] *het (-s)* **1** lave-main **2** auget *(pour oiseaux)*
food·pro·ces·sor [fu:tprosɛsɔr] *de (-s)* robot culinaire
fooi [foj] *de (-en)* pourboire; **die mensen verdienen maar een ~** ces gens-là gagnent une misère
foor [for] *de (foren) (Belg.)* foire, fête foraine
fop·pen [fɔpə(n)] *vt (fopte, h. gefopt)* attraper, duper; **je hebt me lelijk gefopt** tu m'as salement attrapé; **zij hebben mij gefopt** ils m'ont eu
fop|speen [fɔpspen] *de (-spenen)* tétine
[1]**for·ce·ren** [fɔrserə(n)] *vt (forceerde, h. geforceerd)* forcer *(tous les sens)*; **een doorbraak ~** faire une percée; **een lachje ~** rire jaune
[2]**for·ce·ren, zich** [fɔrserə(n)] *vpr (forceerde zich, h. zich geforceerd)* **1** *(+ tot)* s'efforcer **2** se forcer, faire un effort physique; **zij heeft zich bij het tillen geforceerd** elle s'est forcée en soulevant qqch
fo·rel [forɛl] *de (-len)* truite
fo·rens [forɛns] *nm (forenzen)* banlieusard, *(Belg.)* navetteur
fo·ren·zen [forɛnzə(n)] *vi (forensde, h. geforensd)* faire la navette
for·fait [fɔrfɛ] *het (-s) (Belg.; sports)* ♦ **~ geven** déclarer forfait
for·ma [fɔrma] *nf* ♦ **pro ~** pour la forme; **in optima ~** en pleine forme
for|maat [fɔrmat] *het (-maten)* format; **van het ~ van** de la taille de; **een prestatie van ~** une performance de taille; *(fig.)* **een politicus van ~** un politicien d'envergure; **een concurrent van zijn ~** un concurrent à sa mesure
for·ma·li·teit [fɔrmalitɛit] *nf (-en)* formalité; **dit is zuiver een ~** c'est une simple formalité; **een ~ vervullen** remplir une formalité; **~en achterwege laten** passer sur les formalités
for·ma·teur [fɔrmatør] *nm (-s) (pol.)* personne chargée de former un gouvernement, *(Belg.)* formateur
for·ma·tie [fɔrma(t)si] *nf (-s)* **1** formation, constitution; **in ~ vliegen** voler en formation **2** *(pol.)* constitution d'un gouvernement
for·ma·tie·plaats [fɔrma(t)siplats] *de (-en)* emploi budgétaire
for|meel [fɔrmel] *adj, adv (-meler, -meelst)* **1** formel(lement) **2** compassé, conventionnel; **~ gedrag** attitude formaliste **3** officiel(lement); **~ protest aantekenen** rédiger une protestation dans les formes **4** *(adv.)* formellement
for·mu·le [fɔrmylə] *de (-s)* formule *(tous les sens)*; **het is een beproefde ~** cette solution a fait ses preuves; **de geijkte ~s** les formules consacrées
for·mu·le·ren [fɔrmylerə(n)] *vti (formuleerde, h. geformuleerd)* formuler, exprimer; **iets expliciet ~** expliciter qqch; **de wens ~ dat ...** émettre le vœu que
for·mu·le·ring [fɔrmylerɪŋ] *nf (-en)* formulation; **de ~ van een zin** la tournure d'une phrase
for·mu·lier [fɔrmylir] *het (-en)* formulaire
for|nuis [fɔrnœys] *het (-nuizen)* cuisinière, fourneau
fors [fɔrs] *adj, adv* **1** fort, robuste, fermement; **~ ingrijpen** intervenir vigoureusement; **een ~e kerel** un gars costaud; **een ~e maatregel** une mesure rigoureuse **2** important, grand
fors·ge·bouwd [fɔrsχəbɑut] *adj* robuste
fort [fɔrt] *het (-en)* **1** forteresse **2** château de sable
[1]**for·tuin** [fɔrtœyn] *het (-en)* **1** chance; **zijn ~ zoeken** chercher fortune **2** fortune
[2]**for·tuin** [fɔrtœyn] *de (fig.)* fortune, chance
for·tuin·lijk [fɔrtœynlək] *adj, adv* chanceux, avec chance; **hij heeft ~ geboerd** ses affaires ont prospéré
for·tuin·zoe·ker [fɔrtœynzukər] *nm (-s)* aventurier
fo·rum [forʌm] *het (-s)* panel, ± groupe
fo·rum·dis·cus·sie [forʌmdɪskʌsi] *nf (-s)* réunion-débat
fos·faat·vrij [fɔsfatfrɛi] *adj* sans phosphate
fo·to [foto] *de (-'s)* photo; **iemand op de ~ zetten** prendre qqn en photo
fo·to·gra·fe·ren [fotoχraferə(n)] *vti (fotografeerde, h. gefotografeerd)* **1** photographier (qqn, qqch); **zich laten ~** se faire prendre en photo **2** faire de la photo
fo·to·gra·fisch [fotoχrafis] *adj, adv* photographique(ment); *(fig.)* **een ~ geheugen** ± une mémoire visuelle
fo·to·jour·na·list [fotoʒurnalɪst] *nm (-en)* reporteur (photographe)
fo·to·mo·del [fotomodɛl] *het (-len)* modèle, mannequin
fo·to·rol·le·tje [fotorɔləcə] *het (-s)* rouleau (de pellicule photo)

fo·to·toe·stel [fototustɛl] *het (-len)* appareil photo(graphique)
foun·da·ti·on [faundeʃən] *nf (-s)* 1 fond de robe 2 (crème de) base *(maquillage)*
[1]**fout** [faut] *de (-en)* 1 défaut; zijn ~ is dat ... il a le tort de ... 2 faute, erreur; zijn ~ goedmaken racheter sa faute; in de ~ gaan commettre une erreur
[2]**fout** [faut] *adj, adv* 1 faux, mal; je bent ~ geweest tu as mal agi; de boel ging ~ les affaires ont mal tourné 2 incorrect, d'une manière fausse; hij zat goed ~ il s'est trompé sur toute la ligne; iets ~ rekenen compter une faute (pour qqch); iets ~ spellen mal orthographier qqch 3 (être) d'intelligence avec l'ennemi; zij waren ~ (in de oorlog) ils ont collaboré (pendant la guerre) 4 pas (très) comme il faut, politiquement incorrect; wat een ~e opmerking! quelle remarque déplacée !
fou·tief [fautif] *adj, adv* → [2]fout 2
fout·loos [fautlos] *adj, adv* correct, sans fautes
fout·mel·ding [fautmɛldɪŋ] *nf (-en) (inform.)* signal d'erreur
fraai [fraj] *adj, adv* beau, en beauté, admirablement; *(iron.)* dat staat je ~ c'est pas joli de ta part; *(iron.)* dat is me ook wat ~s c'est du joli !
fraai|heid [frajhɛit] *nf (-heden)* beauté
frac·tie [fraksi] *nf (-s)* 1 fraction 2 *(pol.)* groupe (parlementaire)
frac·tie·lei·der [fraksilɛidər] *nm (-s)* chef du groupe (parlementaire)
frag·ment [fraχmɛnt] *het (-en)* fragment, extrait
frag·men·ta·risch [fraχmɛntaris] *adj, adv* fragmentaire(ment)
[1]**fram|boos** [frambos] *nm (-bozen)* framboisier
[2]**fram|boos** [frambos] *de (-bozen)* framboise
*__fram·bo·zen-__ [frambozə(n)-] de framboise
frame [frem] *het (-s)* châssis, *(vélo)* cadre
fra·men [fremə(n)] *vi (framede, h. geframed)* reformuler, synthétiser
fran·co [franko] *adv* franco (de port); ~ fabriek franco en usine; ~ huis franco à domicile; de zending is ~ l'envoi est en port payé; iets ~ thuisbezorgen expédier qqch franc de port
fran·je [franə] *de (-s)* 1 frange; de ~s hangen eraan c'est effiloché; met ~s versieren franger 2 *(fig.)* enjolivure; iets van alle ~ ontdoen dépouiller qqch de tout ornement
[1]**frank** [frank] *nm (-en)* franc; *(Belg.)* zijn ~ valt il pige
[2]**frank** [frank] *adj* 1 franc; ~ en vrij très franchement 2 impertinent
fran·keer·kos·ten [frankerkɔstə(n)] *plur* frais de port
fran·ke·ren [frankerə(n)] *vt (frankeerde, h. gefrankeerd)* affranchir *(lettre, envoi)*; ~ met 50 cent affranchir à 50 centimes
fran·ke·ring [frankerɪŋ] *nf* affranchissement *(lettre, envoi)*
Frank·rijk [frankrɛik] *het* France
Frans [frans] *adj* français; in het ~ en français; op zijn ~ à la française; de ~e Rivièra la Côte d'Azur; *(subst.) (fig.)* daar is geen woord ~ bij voilà qui est clair ♦ een vrolijke frans un gai luron
Frans·ge·zind [fransχəzɪnt] *adj* francophile
Frans·man [fransman] *nm (Fransen)* Français
fran|soos [fransos] *nm (-sozen) (péj.)* franchouillard
Frans·ta·lig [franstaləχ] *adj* 1 francophone; de ~e wereld la francophonie 2 (en) français; het ~e exemplaar la version française
frap·pe·ren [fraperə(n)] *vt (frappeerde, h. gefrappeerd) (fig.)* frapper
fra·ter [fratər] *nm (-s) (relig.)* frère
frats [frats] *de (-en)* 1 grimace; ~en maken faire des grimaces 2 *(plur.)* caprices 3 *(plur.)* simagrées; rare ~en de drôles de simagrées 4 *(plur.)* farces; ~en maken faire des siennes
freak [fri:k] *de (-s)* 1 fana 2 *(toxicomane)* freak 3 *(névrosé)* flippé 4 marginal
frees [fres] *de (frezen) (indus.)* fraise
free·whee·len [friwilə(n)] *vi (freewheelde, h. gefreewheeld) (aussi au fig.)* être, se mettre en roue libre
frê·le [frɛ:lə] *adj, adv* frêle, fragilement
fre·quen·tie [frekwɛn(t)si] *nf (-s) (tous les sens)* fréquence
fret [frɛt] *het (-ten)* furet
freu·di·aans [frɔjdijans] *adj* freudien; een ~e verspreking un lapsus freudien
freu·le [frœ:lə] *nf (-s) (noble)* demoiselle
fre·zen [frezə(n)] *vt (freesde, h. gefreesd)* fraiser
fric·tie [frɪksi] *nf (-s)* friction
frie·me·len [frimələ(n)] *vi (friemelde, h. gefriemeld)* tripoter (qqch)
Fries [fris] *adj* frison; de ~(e) le, la Frison(ne); het ~ le frison
Fries·land [frislant] *het* Frise
friet [frit] *de (-en),* **frieten** *plur* frites; Franse ~jes pommes allumettes; *(Belg.)* een ~je steken manger une frite; een zakje ~ un cornet de frites
friet|kraam [fritkram] *het/de (-kramen),* **-kot** *het (-en),* **-tent** *de (-en)* friterie, *(Belg.)* friture
frik [frɪk] *nm (-ken)* prof vache
fri·ka·del [frikadɛl] *de (-len)* ± saucisse
frik·ke·rig [frɪkərəχ] *adj* pédant
fris [frɪs] *adj* 1 frais, pur, rafraîchissant; *(subst.)* een glaasje ~ une boisson rafraîchissante; het is vanmorgen ~ il fait frais ce matin; met ~se moed plein de courage; ~ en monter frais et dispos; een ~se neus halen prendre l'air; het ruikt hier niet ~ ça sent le renfermé ici; *(iron.)* met ~se tegenzin à contrecœur; zich ~ voelen être en (pleine) forme; *(fig.)* dat is geen ~ zaakje

c'est pas très catholique; de keuken ziet er niet zo ~ uit cette cuisine a besoin d'un bon nettoyage 2 neuf, original; een ~se kijk op de zaak hebben considérer une affaire d'un œil neuf

fris·drank [frɪzdrɑŋk] *nm (-en)* boisson rafraîchissante

fris·heid [frɪshɛit] *nf* fraîcheur

fris·jes [frɪʃəs] *adj* frisquet

fri·tu·ren [frityrə(n)] *vt (frituurde, h. gefrituurd)* (faire) frire

fri·tuur [frityr] *nf* 1 friture 2 friterie *(baraque), (Belg.)* friture

frö·be·len [frøbələ(n)] *vi (fröbelde, h. geföbeld)* bricoler

[1]**from·me·len** [frɔmələ(n)] *vi (frommelde, h. gefrommeld)* tripoter (qqch)

[2]**from·me·len** [frɔmələ(n)] *vt (frommelde, h. gefrommeld)* fourrer ♦ iets in elkaar ~ froisser qqch

frons [frɔns] *de (-en) (front)* pli

[1]**fron·sen** [frɔnsə(n)] *vt (fronste, h. gefronst)* froncer, *(front)* plisser

[2]**fron·sen, zich** [frɔnsə(n)] *vpr (fronste zich, h. zich gefronst)* se froncer

front [frɔnt] *het (-en)* front, avant; *(fig.)* een gesloten ~ vormen faire un front uni; *(fig.)* voor het ~ komen se manifester

fron·taal [frɔntal] *adj, adv* frontal, de front

frou·frou® [frufru] *nm* gaufrette

fruit [frœyt] *het* fruits ♦ Turks ~ du loukoum

fruit·au·to|maat [frœytɑutomat] *nm (-maten)* machine à sous

fruit|boom [frœydbom] *nm (-bomen)* arbre fruitier

frui·ten [frœytə(n)] *vt (fruitte, h. gefruit) (cuis.)* faire revenir

frui·tig [frœytəχ] *adj* fruité

fruit·mand [frœytmɑnt] *de (-en)* corbeille de, à fruits

fruit|schaal [frœytsχal] *de (-schalen)* coupe de, à fruits

fruit·teelt [frœytelt] *de (-en)* culture fruitière

frul [frʌl] *de (-len) (Belg.)* pacotille, *(fig.)* bagatelle

[1]**frun·ni·ken** [frʌnəkə(n)] *vi (frunnikte, h. gefrunnikt)* 1 chipoter 2 *(+ aan)* tripoter (qqch); aan iemand ~ faire des papouilles à qqn

[2]**frun·ni·ken** [frʌnəkə(n)] *vt (frunnikte, h. gefrunnikt)* fourrer

frut·se·len [frʌtsələ(n)] *vi (frutselde, h. gefrutseld)* → frunniken

f-sleu·tel [ɛfsløtəl] *nm (mus.)* clé de fa

fuif [fœyf] *de (fuiven)* (sur)boum; een ~ houden donner une surboum

fuif·num·mer [fœyfnʌmər] *het (-s)* noceur, -euse

fuik [fœyk] *de (-en)* nasse; *(fig.)* in de ~ lopen tomber dans le piège; *(fig.)* een ~ uitzetten tendre un piège

fui·ven [fœyvə(n)] *vti (fuifde, h. gefuifd)* 1 festoyer 2 régaler (qqn)

full·time [fultajm] *adj, adv* (à) plein temps

full·ti·mer [fultajmər] *nm (-s)* travailleur, -euse à plein temps

func·tie [fʌŋksi] *nf (-s)* 1 fonction, poste; een ~ bekleden remplir une fonction; in ~ treden entrer en fonction; iemand, een vrouw met een leidinggevende ~ un cadre, une femme cadre; iemand van zijn ~ ontheffen relever qqn de ses fonctions 2 fonction *(fonctionnement; aussi math.)*

func·tie·pro·fiel [fʌŋksiprofil] *het (-en)* profil du poste

func·ti·o·na·ris [fʌŋkʃonarɪs] *nm (-sen)* responsable, fonctionnaire, cadre

func·ti·o·ne·rings·ge·sprek [fʌŋkʃonerɪŋsχəsprɛk] *het (-ken)* entretien d'évaluation

fun·da·ment [fʌndamɛnt] *het (-en)* 1 *(archit.)* fondation; de ~en leggen jeter les fondations 2 *(fig.)* fondement; het heeft geen ~ cela manque de fondement

fun·da·men|teel [fʌndamɛntel] *adj, adv (-teler, -teelst)* fondamental(ement); van ~ belang zijn voor iets être essentiel à qqch

fun·de·ren [fʌnderə(n)] *vt (fundeerde, h. gefundeerd)* 1 jeter les fondations de; op palen gefundeerd construit sur pilotis 2 *(fig.)* fonder; dat is nergens op gefundeerd cela ne repose sur rien

fun·de·ring [fʌnderɪŋ] *nf (-en)* 1 fondation 2 fondement 3 creusement des fondations

fun·ge·ren [fʌŋχerə(n)] *vi (fungeerde, h. gefungeerd)* 1 faire fonction; zij fungeert voorlopig als voorzitter elle fait provisoirement fonction de président 2 être en fonction

fu·ro·re [fyrorə] *de* ♦ ~ maken faire fureur

fu·se·ren [fyzerə(n)] *vi (fuseerde, i. gefuseerd)* fusionner

fu·sie [fyzi] *nf (-s)* fusion, union; een ~ aangaan fusionner

fu·sie·ge·meen·te [fyziχəmentə] *nf (-s, -n) (Belg.)* commune fusionnée, entité

fust [fʌst] *het (-en)* tonneau

fut [fʌt] *de* énergie; geen ~ hebben om iets te doen manquer d'énergie pour faire qqch

fut|loos [fʌtlos] *adj, adv (-lozer, meest f.)* mou, mollement; ~ maken avachir; zich ~ voelen se sentir sans ressort

fuut [fyt] *nm (futen) (zool.)* grèbe (huppé)

fy·si·ca [fizika] *nf* (cours de) physique

fy·si|cus [fizikʌs] *nm (-ci)* physicien

fy·siek [fizik] *adj, adv* physique(ment); hij heeft een ijzersterk ~ il a une santé de fer; dat is ~ onmogelijk c'est matériellement impossible

fy·sio·the·ra·peut [fizijoterapœyt, fizijoterapøt] *nm (-en)* kinésithérapeute

fy·sio·the·ra·pie [fizijoterapi] *nf* kinésithérapie

fy·sisch [fizis] *adj, adv* physique(ment); ~e chemie physicochimie

g

gaaf [ɣaf] *adj, adv (gaver, gaafst)* **1** intact **2** entier, entièrement **3** *(fam.)* terrible

[1]**gaan** [ɣan] *vi (ging, i. gegaan)* **1** *(aussi au fig.)* aller; **er gaat niets boven ...** rien ne vaut ...; **ertussenuit ~** changer d'air; **in het zwart gekleed ~** être en noir; **iemand voor laten ~** laisser passer qqn; **~ liggen** se coucher; **zijn gedachten over iets laten ~** réfléchir sur qqch; *(fig.)* **te ver ~** dépasser les bornes; **of dat zal ~ weet ik niet** je ne sais pas si ce sera possible **2** s'en aller; **hoe laat gaat de trein?** à quelle heure le train part-il ?; **zij ~ uit elkaar** ils vont se séparer; **zullen we ~?** on y va ? **3** marcher **4** entrer dans; **er gaat een liter in die fles** cette bouteille contient un litre **5** *(+ over)* traiter (de) *(pour les expressions non mentionnées ici voir les substantifs concernés)* ♦ **eraan ~** y passer; **dat gaat er bij haar niet in** elle refuse de le croire; **met iemand ~** être le petit ami, la petite amie de qqn; **daar gaat het om** tout est là; **zij gaat over de typekamer** elle est la responsable des dactylos; **daar ga je!** à la tienne !

[2]**gaan** [ɣan] *vb impers* **1** aller; **het ga je goed** bonne chance; **hoe gaat het (met u)?** comment ça va ?; **het gaat slecht met de zaken** les affaires vont mal **2** marcher **3** *(+ om)* s'agir

gaan·de [ɣandə] *adj* **1** en mouvement; **een gesprek ~ houden** soutenir une conversation **2** en train (de); **wat is er ~?** que se passe-t-il ? **3** allant (à pied)

gaan·de·weg [ɣandəwɛɣ] *adv* peu à peu

gaar [ɣar] *adj (gaarder, gaarst)* **1** cuit **2** *(fig.)* lessivé

gaar·ne [ɣarnə] *adv* → **graag 1**

gaas [ɣas] *het (gazen)* **1** gaze **2** toile métallique

gaat·je [ɣacə] *het (-s)* **1** (petit) trou; **ik zal eens kijken of ik voor u nog een ~ kan vinden** je vais voir si je peux encore vous caser qqp **2** carie ♦ **die man heeft een ~ in zijn hoofd** ce bonhomme a une case vide

gab·ber [ɣabər] *nm (-s)* pote

Ga·bon [ɣabɔn] *het* Gabon

Ga·bo|nees [ɣabones] *nm (-nezen),* **-nese** *nf (-n)* Gabonais, -aise

ga·de·slaan [ɣadəslan] *vt (sloeg gade, h. gadegeslagen)* **1** observer **2** considérer **3** tenir à l'œil

ga·ding [ɣadɪŋ] *nf (-en)* ♦ **dat is net iets van je ~** c'est exactement ce qu'il te faut

gad·ver·(dam·me) [ɣɑtfər(damə)] *interj* c'est dégueulasse !

gaf [ɣɑf], **gaven** → **geven, aangeven, prijsgeven** *(etc.)*

gal [ɣɑl] *de (-len)* **1** bile; **zijn pen in ~ dopen** tremper sa plume dans le fiel **2** galle **3** venin

ga·la [ɣala] *het* **1** (tenue de) gala **2** bal de cour

gal|blaas [ɣalblas] *de (-blazen)* vésicule biliaire

ga·lei|slaaf [ɣalɛislaf] *nm (-slaven)* galérien

ga·le·rie·hou·der [ɣaləriɦaudər, ɣalərihaudər] *nm (-s)* exploitant, -ante d'une galerie

ga·le·rij [ɣalərɛi] *nf (-en)* galerie

galg [ɣɑlɣ] *de (-en)* potence; **zij groeien op voor ~ en rad** c'est de la graine de voyou

gal·gen·hu·mor [ɣalɣə(n)hymɔr] *nm* humour noir

gal·gen|maal [ɣalɣəmal] *het (-malen)* **1** repas d'adieu **2** cigarette du condamné

Gal·lië [ɣalijə] *het* Gaule

galm [ɣɑlm] *nm (-en)* résonance

gal·men [ɣalmə(n)] *vti (galmde, h. gegalmd)* **1** (faire) retentir **2** résonner **3** chanter à tue-tête

ga·lop [ɣalɔp] *nm (-s)* galop; **in gestrekte, vliegende ~** au grand galop

gal|steen [ɣalsten] *nm (-stenen)* calcul biliaire

Gam·bia [ɣambija] *het* Gambie

Gam·bi|aan [ɣɑmbijan] *nm (-anen),* **-aanse** *nf (-n)* Gambien, -ienne

Gam·bi·aans [ɣɑmbijans] *adj* gambien

gam·ma·we·ten·schap·pen [ɣamawetənsɣapə(n)] *plur* sciences humaines

gam·mel [ɣaməl] *adj* **1** déglingué **2** patraque

gang [ɣɑŋ] *nm (-en)* **1** corridor **2** passage **3** démarche; **zijn ~ gaan** faire ce qu'on veut **4** cours; **aan de ~ gaan** s'y mettre; **de les was al aan de ~** la classe avait déjà commencé; *(fig.)* **iemand op ~ helpen** aider qqn à démarrer; **het feest is in volle ~** la fête bat son plein; **de ~ van zaken is als volgt** la procédure est la suivante **5** plat ♦ **zijn gewone ~ gaan** suivre son cours; **ga uw ~** je vous en prie; **iemands ~en nagaan** observer les allées et venues de qqn

gang|baar [ɣaŋbar] *adj (-baarder, -baarst)* courant

gan·ge·tje [ɣaŋəcə] *het (-s)* ♦ **een flink ~ hebben** aller bon train; **het gaat zo zijn ~** ça va, avance (bien, pas mal)

gang·ma·ker [ɣaŋmakər] *nm (-s)* **1** animateur, -trice **2** promoteur, -trice; **hij is de ~** c'est lui qui mène la danse

gang·pad [χɑŋpɑt] *het (-en)* allée *(dans un train, une église etc.)*

gang·ster·film [gɛŋstərfɪlm, ᴮχɑŋstərfɪlm] *nm (-s)* film policier

¹**gans** [χɑns] *de (ganzen)* oie; **als ganzen achter elkaar lopen** marcher à la queue leu leu; **wat een domme ~, die griet!** quelle cruche, cette fille !

²**gans** [χɑns] *adj, adv (form.)* tout (à fait); **het ~e land** le pays tout entier

gan·zen·bord [χɑnzə(n)bɔrt] *het (-en)* jeu de l'oie

gan·zen·le·ver·pas·tei [χɑnzə(n)levərpɑstɛi] *de* → **ganzenpastei**

gan·zen·pas [χɑnzə(n)pɑs] *nm* pas de l'oie

gan·zen·pas·tei [χɑnzə(n)pɑstɛi] *de* (pâté de) foie gras

ga·pen [χapə(n)] *vi (gaapte, h. gegaapt)* **1** bâiller; **een ~de afgrond** un gouffre béant **2** bayer aux corneilles

gap·pen [χɑpə(n)] *vt (gapte, h. gegapt)* chiper

ga·ra·ge·hou·der [χaraʒəhaudər] *nm (-s)* garagiste

ga·ran·de·ren [χarɑnderə(n)] *vt (garandeerde, h. gegarandeerd)* garantir; **de staat heeft een winst van 5% gegarandeerd** l'État s'est porté garant d'un bénéfice de 5%

ga·ran·tie [χarɑn(t)si] *nf (-s)* garantie; **dat is een ~ voor succes** c'est un visa pour le succès

¹**gar·de** [χɑrdə] *de (-n)* **1** garde **2** fouet **3** verge

²**gar·de** [χɑrdə] *nm* garde; **een pauselijke ~** un suisse

gar·de·ro·be [χɑrdərɔːbə] *de (-s)* **1** garde-robe **2** vestiaire

ga|reel [χarel] *het (-relen)* **1** harnais **2** carcan; **iemand (weer) in het ~ brengen** (re)-mettre qqn au pas

ga·ren [χarə(n)] *het (-s)* fil

gar|naal [χɑrnal] *nm (-nalen)* crevette

gar·ne·ring [χɑrnerɪŋ] *nf (-en)* **1** garnissage **2** garniture

gar·ni|tuur [χɑrnityr] *het (-turen)* garniture ♦ **van het tweede ~** de moindre qualité

gas [χɑs] *het (-sen)* gaz; **~ terugnemen** ralentir; *(fig.)* se freiner; **vloeibaar ~** gaz liquéfié

gas·bel [χɑzbɛl] *de (-len)* **1** bulle de gaz **2** poche de gaz (naturel)

GAS-boe·te [χɑzbutə] *nm (-s) (Belg.)* sanction administrative communale, SAC

gas·bran·der [χɑzbrɑndər] *nm (-s)* → **gaspit 1, 2**

gas·lei·ding [χɑslɛidɪŋ] *nf (-en)* **1** conduite de gaz **2** canalisation de gaz **3** gazoduc

gas·pe|daal [χɑspədal] *het/de (-dalen)* (pédale d')accélérateur

gas·pijp [χɑspɛip] *de (-en)* → **gasleiding 1**

gas·pit [χɑspɪt] *de (-ten)* **1** feu (d'une cuisinière à gaz) **2** bec à gaz **3** flamme du gaz

gas·stel [χɑstɛl] *het (-len)* réchaud à gaz

gast [χɑst] *nm (-en)* **1** hôte; **een hoge ~** un invité de marque; **een ongenode ~** un intrus; **een vaste ~** un habitué **2** client, -ente **3** type **4** *(Belg.)* garçon

gast·ar·bei·der [χɑstɑrbɛidər] *nm (-s)* travailleur immigré

gast·col·le·ge [χɑstkɔleʒə] *het (-s)* ⟨*cours donné par un professeur invité*⟩

gas·ten·boek [χɑstə(n)buk] *het (-en)* **1** registre (de réception) **2** livre d'or

gast·ge·zin [χɑstχəzɪn] *het (-nen)* famille d'accueil

gast|heer [χɑsther] *nm (-heren)* hôte

gast·land [χɑstlɑnt] *het (-en)* **1** pays invitant **2** pays d'accueil

gas·toe·stel [χɑstustɛl] *het (-len)* appareil à gaz

gast·ou·der [χɑstaudər] *nm (-s)* parent d'accueil

gast·rol [χɑstrɔl] *de (-len)* ♦ **een ~ vervullen** être invité à jouer un rôle

gast·spre·ker [χɑ(st)sprekər] *nm (-s)* orateur, -trice invité(e)

gast|vrij [χɑstfrɛi] *adj, adv (-vrijer, meest g.)* hospitalier, avec hospitalité

gast·vrouw [χɑstfrau] *nf (-en)* hôtesse

gas·vor·mig [χɑsfɔrməχ] *adj* gazeux

gat [χɑt] *het (-en)* **1** trou; **ergens geen ~ meer in zien** ne pas savoir comment s'en tirer; **in een ~ vallen** se sentir désaxé; **een ~ in de markt** un créneau commercial; **een ~ in de dag slapen** faire la grasse matinée; **een ~ in de lucht springen** sauter en l'air de joie; **hij heeft een ~ in z'n hand** l'argent lui file entre les doigts **2** cul; **iemand achter zijn (luie) ~ zitten** être toujours derrière (le dos de) qqn; **met zijn ~ in de boter vallen** avoir une veine de cocu; **dat ligt op zijn ~** ça a foiré ♦ **in de ~en houden** tenir à l'œil; **iets in de ~en hebben** s'apercevoir de qqch

gauw [χau] *adj, adv* **1** rapide(ment); **dat is ~ gebeurd** ça n'a pas tardé **2** bientôt **3** aisément ♦ **zo ~ ik iets weet …** dès que je saurai qqch …

gau·wig·heid [χauwəχhɛit] *nf* ♦ **in de ~** à la hâte

ga·ve [χavə] *de (gaven)* **1** don **2** talent

ga·zet [χazɛt] *de (-ten) (Belg.)* journal

ga·zeu·se [χazøzə] *de* limonade

ge [χə] *pers* → **gij**

ge·aard [χəart] *adj* **1** mis à la terre; **een ~ stopcontact** une prise de terre **2** d'une nature

ge·aard|heid [χəarthɛit] *nf (-heden)* nature; **seksuele ~** orientation sexuelle

ge·acht [χəɑχt] *adj* estimé; **~e heer** (cher) Monsieur

ge·adres·seer·de [χəadrɛserdə] *nm (-n)* destinataire

ge·ag·gre·geerd [χəɑχreχert] *adj (Belg.)* agrégé

ge·al·li·eer·den [χəalijerdə(n)] *plur* Alliés

ge·amu·seerd [χəamyzert] *adj* amusé

ge·ani·meerd [χəanimert] *adj* animé

ge·armd [χəɑrmt] *adj, adv* bras dessus bras dessous

ge·avan|ceerd [χəavɑnsert] *adj (-ceerder, meest g.)* avancé; **~e technieken** techniques de pointe

GEB [χeebe] *het* abrév. de *Gemeentelijk Energiebedrijf* ⟨*société municipale de gaz et d'électricité*⟩

ge·baand [χəbant] *adj* praticable; **~e wegen bewandelen** suivre les sentiers battus

ge|baar [χəbar] *het (-baren)* geste

ge·bak [χəbɑk] *het* pâtisserie

ge·bak·ken [χəbɑkə(n)] *adj* cuit ♦ **hij zit ~** il peut être tranquille

ge·ba·ren [χəbarə(n)] *vi (gebaarde, h. gebaard)* **1** gesticuler **2** *(Belg.)* feindre

ge·ba·ren·spel [χəbarə(n)spɛl] *het* mimique

ge·ba·ren·taal [χəbarə(n)tal] *de* langage gestuel, *(sourds-muets)* langue des signes

ge·ba·ren·tolk [χəbarə(n)tɔlk] *nm (-en)* interprète en langue des signes

ge·bed [χəbɛt] *het (-en)* prière; **in ~ voorgaan** dire la prière; **dat is een ~ zonder einde** c'est une histoire à n'en plus finir

ge·be·del [χəbedəl] *het* demandes importunes

ge·be·den [χəbedə(n)] → **bidden**

ge·beds|huis [χəbɛtshœys] *het (-huizen)* lieu de culte

ge·been·te [χəbentə] *het (-n)* ossature; **wee je ~!** gare à toi !

ge·bei·teld [χəbɛitəlt] *adj* ♦ **hij zit ~** il est casé

ge·bekt [χəbɛkt] *adj* ♦ **goed ~ zijn** avoir la langue bien pendue

ge·berg·te [χəbɛrχtə] *het (-n, -s)* **1** montagne(s) **2** chaîne de montagnes

[1]**ge·be·ten** [χəbetə(n)] → **bijten**

[2]**ge·be·ten** [χəbetə(n)] *adj* fâché (contre); **~ op iemand zijn** avoir une dent contre qqn

ge·beu·ren [χəbørə(n)] *vi (gebeurde, i. gebeurd)* **1** arriver (à qqn); **het is gebeurd met hem** il est fini; **dat gebeurt niet meer, begrepen?** cela ne se reproduira plus, compris ?; **alsof er niets gebeurd was** comme si de rien n'était **2** se faire; **er moet nog heel wat ~ voor ...** on aura un bon bout de chemin à faire avant ...; **er moet iets ~, zo kan het niet blijven!** il faut faire qqch, cela ne peut pas continuer comme cela !; **het is zó gebeurd** c'est simple comme bonjour

ge·beur·lijk [χəbørlək] *adj (Belg.)* possible

ge·beur·te·nis [χəbørtənɪs] *nf (-sen)* évènement

ge·bied [χəbit] *het (-en)* **1** domaine; **op ecologisch ~** sur le plan écologique **2** région; **beschermd ~** réserve (naturelle); **een onveilig ~** une zone d'insécurité

ge·bie·den [χəbidə(n)] *vti (gebood, h. geboden)* commander; **het fatsoen gebiedt mij te zwijgen** par décence, je n'en dirai pas plus

ge·bie·dend [χəbidənt] *adj, adv* **1** impératif, impérativement **2** impérieux, impérieusement

ge·bieds|deel [χəbitsdel] *het (-delen)* territoire

ge·bit [χəbɪt] *het (-ten)* **1** dents **2** dentier

ge·bla·der·te [χəbladərtə] *het* feuillage

ge·blaf [χəblɑf] *het* aboiement

ge·bla·zen [χəblazə(n)] → **blazen**

ge·ble·ken [χəblekə(n)] → **blijken**

ge·bles·seerd [χəblɛsert] *adj* blessé

ge·ble·ven [χəblevə(n)] → **blijven**

ge·bloemd [χəblumt] *adj* fleuri, à fleurs

ge·blokt [χəblɔkt] *adj* à carreaux

ge·blon·ken [χəblɔŋkə(n)] → **blinken**

ge·bo·cheld [χəbɔχəlt] *adj* bossu

ge·bod [χəbɔt] *het (-en)* commandement

ge·bo·den [χəbodə(n)] *adj* obligé; **voorzichtigheid is ~** la prudence s'impose

ge·boeid [χəbujt] *adv* captivé; **~ toekijken** être captivé par le spectacle

[1]**ge·bo·gen** [χəboχə(n)] → **buigen**

[2]**ge·bo·gen** [χəboχə(n)] *adj (meer g., meest g.)* courbé; **met ~ hoofd** la tête basse

[1]**ge·bon·den** [χəbɔndə(n)] → **binden**

[2]**ge·bon·den** [χəbɔndə(n)] *adj (meer g., meest g.)* **1** occupé **2** (re)lié **3** lié; **aan strenge regels ~ zijn** être soumis à des règles strictes **4** *(mus.)* légato

ge·bon·den·heid [χəbɔndənhɛit] *nf* sujétion

ge·bood [χəbot], **geboden** → **bieden, gebieden**

ge·boor·te [χəbortə] *nf (-n, -s)* **1** naissance **2** descendance

ge·boor·te·cij·fer [χəbortəsɛifər] *het (-s)* (taux de) natalité; **de daling van het ~** la dénatalité

ge·boor·te·dag [χəbortədɑχ] *nm (-en)* **1** anniversaire **2** jour de naissance

ge·boor·te|golf [χəbortəχɔlf] *de (-golven)* poussée démographique

ge·boor·te·grond [χəbortəχrɔnt] *nm* terre natale

ge·boor·te|jaar [χəbortəjar] *het (-jaren)* année de la naissance

ge·boor·te·kaart·je [χəbortəkarcə] *het (-s)* faire-part de naissance

ge·boor·te·land [χəbortəlɑnt] *het (-en)* pays natal

ge·boor·te·re·ge·ling [χəbortəreχəlɪŋ] *nf* régulation des naissances

ge·bo·ren [χəborə(n)] *adj* né; **een ~ Nederlander** un Hollandais de naissance; **een te vroeg ~ kind** un (enfant) prématuré; **~ worden** naître

[1]**ge·bor·gen** [χəbɔrχə(n)] → **bergen, wegbergen, opbergen**

[2]**ge·bor·gen** [χəbɔrχə(n)] *adj (meer g., meest g.)* en sécurité

ge·bouw [χəbɑu] *het (-en)* bâtiment

ge·bouwd [χəbɑut] *adj* construit; **een goed ~e man** un homme bien bâti

gebr. [χəbrudərs] abrév. de *gebroeders* FF

ge·braad [χəbrat] *het* rôti

ge·brab·bel [χəbrabəl] *het* **1** bredouillage **2** babil

ge·bracht [χəbrɑχt] → **brengen**

ge·brand [χəbrɑnt] *adj* ♦ **ik ben er niet op ~** ça ne me dit pas grand-chose; **erop ~ zijn te** brûler de

ge·brek [χəbrɛk] *het (-en)* **1** manque; **bij ~ aan** faute de; **~ hebben aan iets** manquer de qqch **2** indigence; **~ lijden** vivre dans la misère **3** infirmité **4** défaut ♦ **in ~e blijven** être en défaut

ge·brek·kig [χəbrɛkəχ] *adj, adv* **1** infirme **2** défectueux, défectueusement; **zich ~ uitdrukken** s'exprimer mal

ge·broed [χəbrut] *het* **1** vermine **2** couvée

ge·broe·ders [χəbrudərs] *plur* Frères

[1]**ge·bro·ken** [χəbrokə(n)] → **breken**

[2]**ge·bro·ken** [χəbrokə(n)] *adj* **1** cassé **2** rompu, brisé **3** mauvais **4** interrompu **5** fracturé

ge·brouil·leerd [χəbrujert] *adj* brouillé

ge·bruik [χəbrœyk] *het (-en)* **1** usage; **buiten ~ raken** tomber en désuétude; **geen ~ van iets maken** ne pas se servir de qqch; **het ~ van sterkedrank** la consommation de boissons fortes **2** coutume

ge·brui·ke·lijk [χəbrœykələk] *adj* usuel; **het is ~ om** il est d'usage de; **op de ~e wijze** comme d'habitude

[1]**ge·brui·ken** [χəbrœykə(n)] *vt (gebruikte, h. gebruikt)* **1** employer; **ik kan het goed ~** cela me sera très utile; **zich voor alles laten ~** se faire exploiter **2** prendre

[2]**ge·brui·ken** [χəbrœykə(n)] *vti (gebruikte, h. gebruikt)* se droguer

ge·brui·ker [χəbrœykər] *nm (-s)* **1** utilisateur, -trice **2** consommateur, -trice **3** drogué, -ée

ge·brui·kers·vrien·de·lijk [χəbrœykərsfrindələk] *adj* convivial

ge·bruik·ma·ken [χəbrœykmakə(n)] *vb (maakte gebruik, h. gebruikgemaakt)* ♦ **~ van** se servir de; **van de gelegenheid ~** profiter de l'occasion; **van iemands uitnodiging ~** accepter l'invitation de qqn

ge·bruik·ma·king [χəbrœykmakɪŋ] *nf* utilisation; **met ~ van** à l'aide de

ge·bruiks·aan·wij·zing [χəbrœyksanwɛizɪŋ] *nf (-en)* mode d'emploi

ge·bruiks·ar·ti·kel [χəbrœyksɑrtikəl] *het (-en)* → **gebruiksvoorwerp**

ge·bruiks·goe·de·ren [χəbrœyksχudərə(n)] *plur* biens durables

ge·bruiks·klaar [χəbrœyksklar] *adj* prêt à l'emploi

ge·bruiks·voor·werp [χəbrœyksforwɛrp] *het (-en)* article d'usage courant

ge·brul [χəbrʌl] *het* hurlement

ge·bul·der [χəbʌldər] *het* grondement

ge|buur [χəbyr] *de (-buren) (Belg.)* voisin, -ine

ge·buur·te [χəbyrtə] *nf (-n) (Belg.)* quartier

ge·char·meerd [χəʃɑrmert] *adj (meer g., meest g.)* ♦ **van iemand ~ zijn** être sous le charme de qqn

ge·com·pli|ceerd [χəkɔmplisert] *adj (-ceerder, meest g.)* compliqué

ge·con·cen·treerd [χəkɔnsɛntrert] *adj, adv (meer g., meest g.)* **1** (sous forme) concentré(e) **2** concentré (sur); **~ werken** se concentrer sur son travail

ge·daan [χədan] → **doen**

ge·daan·te [χədantə] *nf (-n, -s)* **1** aspect; **in de ~ van** sous la forme de; **van ~ veranderen** se métamorphoser; **in zijn ware ~** sous son vrai jour **2** forme

ge·daan·te|ver·an·de·ring [χədantəvərɑndərɪŋ], **-verwisseling** *nf (-en)* métamorphose

[1]**ge·dacht** [χədɑχt], **gedachten** → **gedenken**

[2]**ge·dacht** [χədɑχt] → **denken**

ge·dach·te [χədɑχtə] *nf (-n)* **1** idée; **de ~ alleen al** rien que d'y penser; **zijn ~n bij iets houden** se concentrer sur qqch; **iets in ~n doen** faire qqch sans y penser; **iets in (zijn) ~n houden** ne pas perdre qqch de vue; **iets moois in ~n hebben** avoir une bonne idée; **zijn ~n over iets laten gaan** réfléchir à qqch; **er niet bij zijn met zijn ~n** avoir la tête ailleurs; **van ~n veranderen** changer d'avis **2** pensée; **tot andere ~n komen** changer d'avis

ge·dach·te·gang [χədɑχtəχɑŋ] *nm (-en)* raisonnement

ge·dach·te|loos [χədɑχtəlos] *adj, adv (-lozer, -loost)* **1** (d'une manière) étourdi(e) **2** machinal(ement); **zij staarde ~ voor zich uit** elle regardait dans le vide

ge·dach·te·nis [χədɑχtənɪs] *nf (-sen)* mémoire; **mijn vader zaliger ~** feu mon père

ge·dach·te·sprong [χədɑχtəsprɔŋ] *nm (-en)* coq-à-l'âne; **een ~ maken** passer du coq à l'âne

ge·dach·te·wis·se·ling [χədɑχtəwɪsəlɪŋ] *nf (-en)* échange de vues

ge·dach·tig [χədɑχtəχ] *adj* pensant (à)

ge·dag [χədɑχ] au revoir

ge·de·ci|deerd [χədesidert] *adj, adv (-deerder, meest g.)* (d'un air) décidé; **een ~ optreden** une ferme intervention

ge·deel·te [χədeltə] *het (-n, -s)* partie; **voor het grootste ~** pour la plupart; **twee tiende ~ van een hoeveelheid** les deux dixièmes d'une quantité

ge·deel·te·lijk [χədeltələk] *adj, adv* partiel(lement)

ge·de·gen [χədeχə(n)] *adj* solide

ge·de·le·geer·de [χədeleχerdə] *nm (-n)* délégué, -ée

ge·dempt [χədɛmpt] *adj* **1** assourdi **2** comblé

***ge·denk-** [χədɛŋk-] commémoratif

ge·denk·boek [χədɛŋgbuk] *het (-en)* **1** Mémorial **2** annales

ge·den·ken [χədɛŋkə(n)] *vt (gedacht, h. gedacht)* **1** penser à **2** commémorer; **ie-**

mand in zijn testament ~ coucher qqn sur son testament

ge·denk·schrift [χədɛŋksχrɪft] *het (-en)* mémoires

ge·denk·waar·dig [χədɛŋkwardəχ] *adj* mémorable

ge·de·pri·meerd·heid [χədeprimerthɛit] *nf* dépression

ge·de·pu·teer·de [χədepyterdə] *nm (-n)* député (provincial)

ge·de·tail|leerd [χədetajert] *adj, adv (-leerder, meest g.)* (de façon) détaillé(e); ~ **vertellen** raconter (qqch) par le menu

ge·de·ti·neer·de [χədetinerdə] *nm (-n)* détenu, -ue

ge·dicht [χədɪχt] *het (-en)* poème

ge·dien·stig [χədinstəχ] *adj, adv* **1** (de façon) serviable **2** obligeant, obligeamment

ge·dij·en [χədɛijə(n)] *vi (gedijde, h./i. gedijd)* **1** pousser **2** se plaire **3** prospérer **4** croître

ge·dimd [χədɪmt] *adj* ♦ ~ **licht** phares code

ge·ding [χədɪŋ] *het (-en)* **1** instance; **een kort** ~ un référé **2** cause; **in het** ~ **zijn** être en cause

ge·doe [χədu] *het* **1** histoires **2** remue-ménage

ge·doemd [χədumt] *adj* condamné; **een tot mislukken ~e poging** une tentative vouée à l'échec

ge·do·gen [χədoχə(n)] *vt (gedoogde, h. gedoogd)* supporter

ge·do·ken [χədokə(n)] → **duiken**

ge·dol·ven [χədɔlvə(n)] → **delven**

ge·don·der [χədɔndər] *het* **1** tonnerre **2** embêtement; **daar kun je een hoop ~ mee krijgen** tu peux t'attirer des histoires avec ça

ge·don·gen [χədɔŋə(n)] → **dingen**

ge·doog·sta·tus [χədoχstatʌs] *nm* titre de séjour temporaire

ge·draai [χədraj] *het* **1** tournoiement **2** faux-fuyant

ge·draal [χədral] *het* tergiversations

ge·drag [χədraχ] *het* comportement

[1]**ge·dra·gen** [χədraχə(n)] → **dragen**

[2]**ge·dra·gen** [χədraχə(n)] *adj, adv (meer g., meest g.)* **1** solennel(lement) **2** usagé

[3]**ge·dra·gen, zich** [χədraχə(n)] *vpr (gedroeg zich, h. zich gedragen)* se comporter; **zich voorbeeldig** ~ se conduire de façon exemplaire; **gedraag je!** tiens-toi correctement !

ge·drags·we·ten·schap·pen [χədraχswetənsχapə(n)] *plur* sciences du comportement

ge·drang [χədraŋ] *het* foule; **in het ~ komen** être dans l'embarras; être compromis

ge·dreun [χədrøn] *het* **1** trépidation **2** grondement

[1]**ge·dre·ven** [χədrevə(n)] → **drijven**

[2]**ge·dre·ven** [χədrevə(n)] *adj* fanatique

ge·drie·ën [χədrijə(n)] *card* à trois; *(Belg.)* **ons** ~ à nous trois

ge·drocht [χədrɔχt] *het (-en)* monstre

[1]**ge·dron·gen** [χədrɔŋə(n)] → **dringen**

[2]**ge·dron·gen** [χədrɔŋə(n)] *adj (meer g., meest g.)* **1** trapu **2** serré

ge·dron·ken [χədrɔŋkə(n)] → **drinken**

ge·droogd [χədroχt] *adj* séché

ge·dro·pen [χədropə(n)] → **druipen**

ge·druis [χədrœys] *het* bruit

ge|drukt [χədrʌkt] *adj (-drukter, meest g.)* abattu; **een ~e stemming** une atmosphère déprimée

ge|ducht [χədʌχt] *adj, adv (-duchter, meest g.)* **1** redoutable **2** formidablement; **een ~ pak slaag krijgen** recevoir une bonne raclée

ge·duld [χədʌlt] *het* patience; ~ **hebben met iemand** être patient avec qqn; **veel van iemands ~ vergen** épuiser la patience de qqn

ge·dul·dig [χədʌldəχ] *adj, adv* patient, patiemment; ~ **afwachten** patienter

ge·du·peerd [χədypert] *adj* victime; **de ~e** la victime, la dupe

ge·du·ren·de [χədyrəndə] *prép* pendant, durant

ge|durfd [χədʌrft] *adj (-durfder, meest g.)* osé

ge·du·rig [χədyrəχ] *adj, adv* **1** continuel **2** permanent

ge|dwee [χədwe] *adj, adv (-dweeër, meest g.)* docile(ment)

ge·dweep [χədwep] *het* exaltation (pour)

[1]**ge·dwon·gen** [χədwɔŋə(n)] → **dwingen**

[2]**ge·dwon·gen** [χədwɔŋə(n)] *adj, adv* **1** forcé, contre son gré **2** (d'une manière) contraint(e); **hij sprak op een ~ vriendelijke toon** il parlait d'un ton faussement amical

geef [χef] *nm* ♦ **dat is te ~!** c'est donné !

geef·ster [χefstər] *nf (-s)* → **gever**

ge·ëi·gend [χəɛiχənt] *adj* approprié

geel [χel] *adj (geler, geelst)* jaune; ~ **maken, worden** jaunir; **(groen en) ~ van nijd worden** en faire une jaunisse

geel·zucht [χelzʌχt] *de* jaunisse

ge·ëman·ci|peerd [χəemansipert] *adj (-peerder, meest g.)* émancipé

ge·ëmo·ti·o·neerd [χəemo(t)ʃonert] *adj, adv (meer g., meest g.)* ému, avec émotion

geen [χen] *card* **1** ne (...) pas un; **hij zwemt als ~ ander** il nage comme pas un; ~ **van allen** aucun d'entre eux **2** ne (...) pas (de, du); ~ **geld meer hebben** ne plus avoir d'argent; **er is ~ houden aan** on ne peut plus arrêter la machine **3** ne pas ... de **4** point de; ~ **één** pas un(e) seul(e)

ge·ën·quê·teer·de [χəaŋkɛterdə] *nm (-n)* personne interrogée (dans un sondage)

geens·zins [χensɪns] *adv* aucunement

ge·ër·gerd [χəɛrχərt] *adj* agacé, irrité

geest [χest] *nm (-en)* esprit; **eruitzien als een** ~ avoir l'air d'un fantôme; **de ~ geven** rendre l'âme; **de ~ krijgen** être inspiré;

scherpe ~ intelligence subtile; voor de ~ staan avoir à l'esprit; iets voor de ~ halen évoquer qqch ♦ in de ~ van ... dans le genre de ...

geest·do·dend [ɣesdodənt] *adj* abrutissant

geest·drift [ɣesdrɪft] *de* enthousiasme

gees·te·lijk [ɣestələk] *adj, adv* 1 intellectuel(lement); ~ gestoord zijn être atteint de maladie mentale 2 spirituel(lement); het ~e en het wereldlijke le spirituel et le temporel 3 religieux, religieusement; de ~en le clergé; een ~e un(e) ecclésiastique, un prêtre; un pasteur

gees·te·lijk·heid [ɣestələkhɛit] *nf* clergé

gees·ten·be·zwe·ring [ɣestə(n)bəzwerɪŋ] *nf (-en)* 1 exorcisme 2 nécromancie

gees·tes·ar·beid [ɣestəsɑrbɛit] *nm* travail intellectuel

gees·tes·ge·steld|heid [ɣestəsɣəstɛlthɛit] *nf (-heden)* 1 mentalité 2 état d'esprit

gees·tes·kind [ɣestəskɪnt] *het (-eren)* œuvre

gees·tes·we·ten·schap·pen [ɣestəswetənsɣɑpə(n)] *plur* sciences humaines

gees·tes·ziek·te [ɣestəsiktə] *nf (-n, -s)* maladie mentale

gees·tig [ɣestəɣ] *adj, adv* spirituel(lement); een ~ man un homme d'esprit; niet erg ~ zijn ne pas être très drôle

gees·tig|heid [ɣestəɣhɛit] *nf (-heden)* 1 plaisanterie 2 esprit

geest·kracht [ɣestkrɑxt] *de* force d'âme

geest·rijk [ɣestrɛik] *adj* 1 spiritueux 2 brillant 3 original

geest·ver·rui·mend [ɣestfərœymənt] *adj* psychédélique

geest·ver·schij·ning [ɣestfərsɣɛinɪŋ] *nf (-en)* apparition

geest·ver·want [ɣestfərwɑnt] *adj* proche; de ~ *(relig.)* le, la coreligionnaire

geest·ver·want·schap [ɣestfərwɑntsɣɑp] *nf (-pen)* affinité d'esprit

geeu·wen [ɣewə(n)] *vi (geeuwde, h. gegeeuwd)* bâiller

ge·fe·li·ci·teerd [ɣəfelisitert] *interj* félicitations !

ge·fin·geerd [ɣəfɪŋɣert] *adj* fictif

ge·flat·teerd [ɣəflɑtert] *adj* embelli; een ~ beeld van de situatie une image trop avantageuse de la situation; een ~e overwinning une victoire chanceuse

ge·flik·ker [ɣəflɪkər] *het* scintillement

ge·flon·ker [ɣəflɔŋkər] *het* → geflikker

ge·flo·ten [ɣəflotə(n)] → fluiten

ge·fluis·ter [ɣəflœystər] *het* chuchotement(s)

ge·fluit [ɣəflœyt] *het* 1 sifflement(s) 2 sifflets

ge·fu·meerd [ɣəfymert] *adj (Belg.)* teinté

ge·gaan [ɣəɣan] → gaan

ge·ga·dig·de [ɣəɣadəɣdə] *nm (-n)* candidat, -ate

ge·ga·ran·deerd [ɣəɣarɑndert] *adj, adv* 1 (avec) garanti(e) 2 sûrement

ge·geerd [ɣəɣert] *adj (Belg.)* demandé

ge·ge·ten [ɣəɣetə(n)] → eten

1 **ge·ge·ven** [ɣəɣevə(n)] → geven

2 **ge·ge·ven** [ɣəɣevə(n)] *het (-s)* donnée; nadere ~s précisions; een vast ~ une constante

ge·ge·vens·ver·wer·king [ɣəɣevə(n)sfərwɛrkɪŋ] *nf* traitement des données

ge·gij·zel·de [ɣəɣɛizəldə] *nm (-n)* otage

ge·gil [ɣəɣɪl] *het* cris perçants

ge·gle·den [ɣəɣledə(n)] → glijden

ge·glom·men [ɣəɣlɔmə(n)] → glimmen

ge·goed [ɣəɣut] *adj (meer g., meest g.)* aisé

ge·gol·den [ɣəɣɔldə(n)] → gelden

ge·gons [ɣəɣɔns] *het* bourdonnement

ge·goo·chel [ɣəɣoxəl] *het* jonglerie

1 **ge·go·ten** [ɣəɣotə(n)] → gieten

2 **ge·go·ten** [ɣəɣotə(n)] *adj* ♦ die jurk zit als ~ cette robe vous (lui etc.) va comme un gant

ge·gra·ven [ɣəɣravə(n)] → graven

ge·gre·pen [ɣəɣrepə(n)] → grijpen

ge·grin·nik [ɣəɣrɪnək] *het* ricanement(s)

ge·groet [ɣəɣrut] *interj* salut !

ge|grond [ɣəɣrɔnt] *adj (-gronder, meest g.)* fondé; om ~e redenen pour des raisons légitimes

ge|haaid [ɣəhajt] *adj, adv (-haaider, meest g.)* (d'un air) roublard

ge|haast [ɣəhast] *adj, adv (-haaster, meest g.)* pressé, à la hâte; het ~ la précipitation

ge·had [ɣəhɑt] → hebben

ge·hakt [ɣəhɑkt] *het* hachis; ~ van iemand maken mettre qqn en bouillie

ge·hal·te [ɣəhɑltə] *het (-s)* 1 qualité 2 teneur ♦ muziek met een hoog jacquesbrel~ une musique qui rappelle Jacques Brel

ge·han·di·capt [ɣəhɛndikɛpt, [B]ɣəhɑndikɑpt] *adj* handicapé; de geestelijk ~e le handicapé mental

ge·han·gen [ɣəhɑŋə(n)] → hangen

ge·har·re·war [ɣəhɑrəwɑr] *het* chamailleries

ge·ha·vend [ɣəhavənt] *adj* dans un triste état

ge·hecht·heid [ɣəhɛxthɛit] *nf* attachement

1 **ge·heel** [ɣəhel] *het* tout; de bevolking in zijn ~ la population dans sa totalité ♦ in het ~ niet pas du tout; over het ~ genomen dans son ensemble

2 **ge·heel** [ɣəhel] *adj, adv* entier, tout à fait; ~ en al complètement; ~ of gedeeltelijk en tout ou en partie

ge·heel·ont·hou·der [ɣəhelɔnthaudər] *nm (-s)* personne qui ne boit pas d'alcool

ge·heel·ont·hou·ding [ɣəhelɔnthaudɪŋ] *nf* tempérance

ge·heim [ɣəhɛim] *het (-en)* secret; natuurkunde kent voor mij geen ~en la physique n'a pas de secrets pour moi; hij maakt er geen ~ van il ne s'en cache pas; ergens een ~ van maken faire (grand) mystère de qqch; **dat is een publiek ~** c'est le secret de Polichinelle

ge·heim·hou·ding [χəhɛimhaudɪŋ] *nf* secret; **onder ~** sous le sceau du secret; **~ verzekerd** discrétion garantie

ge·heim·zin·nig [χəhɛimzɪnəχ] *adj, adv* mystérieux, mystérieusement; **het ~e** le mystérieux

ge·heim·zin·nig·heid [χəhɛimzɪnəχhɛit] *nf* mystère

ge·he·mel·te [χəhemǝltə] *het (-s)* palais; **gespleten ~** fissure palatine

ge·he·sen [χəhesə(n)] → **hijsen**

ge·heu·gen [χəhøχə(n)] *het (-s)* mémoire; *(inform.)* **extern ~** mémoire auxiliaire; **iets uit zijn ~ opdiepen** faire un effort de mémoire; **mijn ~ laat mij in de steek** j'ai la mémoire qui flanche

ge·heu·gen·steun·tje [χəhøχə(n)støncə] *het (-s)* moyen mnémotechnique

ge·heu·gen·stick [χəhøχə(n)stɪk] *nm (-s)* clé USB

ge·he·ven [χəhevə(n)] → **heffen**

ge·hin·nik [χəhɪnək] *het* hennissement

ge·hol·pen [χəhɔlpə(n)] → **helpen**

ge·hoor [χəhor] *het* **1** ouïe; **in het ~ liggen** être facile à écouter; **~ krijgen, vinden** être entendu; **muzikaal ~** oreille musicale; **iets ten gehore brengen** exécuter qqch **2** bruit **3** audience **4** oreille; **~ geven aan iemand, iets** prêter l'oreille à qqn, à qqch ♦ **ik krijg geen ~** ça ne répond pas

ge·hoor·ap·pa|raat [χəhoraparat] *het (-raten)* appareil de correction auditive

ge·hoor·ge·stoord [χəhorχəstort] *adj* malentendant

ge·hoornd [χəhornt] *adj* cornu

ge·hoors·af·stand [χəhorsafstant] *nm* portée de la voix

ge·hoor|zaal [χəhorzal] *de (-zalen)* **1** salle de concert, de spectacle **2** auditorium

ge·hoor|zaam [χəhorzam] *adj, adv (-zamer, -zaamst)* obéissant, avec obéissance

ge·hoor·za·men [χəhorzamə(n)] *vi (gehoorzaamde, h. gehoorzaamd)* obéir

ge·ho·rig [χəhorəχ] *adj* ♦ **deze huizen zijn erg ~** ces maisons sont mal isolées

ge·hou·den [χəhaudə(n)] → **houden**

ge·hucht [χəhʌχt] *het (-en)* hameau

ge·hui·chel [χəhœyχəl] *het* hypocrisie(s)

ge·huil [χəhœyl] *het* **1** pleurs **2** gémissement

ge·huis·vest [χəhœysfɛst] *adj* logé

ge·hu·meurd [χəhymørt] *adj* ♦ **goed ~ zijn** être de bonne humeur

ge·huwd [χəhywt] *adj* marié; **de ~e** le, la marié(e); **de ~e staat** l'état conjugal

ge·ijkt [χəɛikt] *adj* **1** étalonné **2** consacré; **~e uitdrukkingen** phrases toutes faites

geil [χɛil] *adj, adv* lubrique(ment)

gein [χɛin] *nm* rigolade; **voor de ~** pour rigoler

ge·ïn·spi·reerd [χəɪnspirert] *adj, adv (meer g., meest g.)* (d'une manière) inspiré(e)

ge·ïn·te·res·seerd [χəɪntərɛsert] *adj (meer g., meest g.)* intéressé

ge·ïr·ri|teerd [χəiritert] *adj, adv (-teerder, meest g.)* (d'un air) irrité; **~ raken door iemand, iets** s'irriter contre qqn, de qqch

gei·ser [χɛizər] *nm (-s)* chauffe-eau

geit [χɛit] *de (-en)* chèvre

gei·ten·kaas [χɛitə(n)kas] *nm* (fromage de) chèvre

gei·ten·wol·len·sok·ken·ty·pe [χɛitə(n)wɔlə(n)sɔkə(n)tipə] *het (-s)* soixante-huitard

[1]**ge·jaagd** [χəjaχt] → **jagen**

[2]**ge·jaagd** [χəjaχt] *adj, adv* agité, nerveusement

ge·jam·mer [χəjamər] *het* lamentations

ge·joel [χəjul] *het* **1** vacarme **2** cris joyeux

ge·ju·bel [χəjybəl], **gejuich** *het* cris de joie; **er ging een ~ op** il s'éleva des acclamations

[1]**gek** [χɛk] *nm (-ken)* fou; **ja, ik ben daar ~!** tu me prends pour quoi ?; **met iemand, iets de ~ steken** tourner qqn, qqch en ridicule; **iemand voor ~ zetten** ridiculiser qqn; **zichzelf voor de ~ houden** refuser de voir les choses en face; **dat is te ~ om los te lopen** c'est trop fort

[2]**gek** [χɛk] *adj, adv* **1** fou **2** bête, sottement; **hij is er ~ genoeg voor** il en est bien capable **3** idiot, drôlement; **je kunt het zo ~ niet bedenken of ...** on a beau se creuser la cervelle mais ...; **ergens ~ van opkijken** en ouvrir de grands yeux; **dat is te ~ om los te lopen** c'est complètement idiot; **wat een ~ke vent!** quel drôle de type ! **4** *(+ op)* fou (de) **5** *(+ niet)* pas trop; **die stoel is niet ~ duur** cette chaise n'est pas trop chère ♦ **het moet al ~ gaan als ...** ce serait bien le diable si ...; **dat is niet ~** c'est pas mal; **te ~, zeg!** terrible !

ge·kan·ker [χəkaŋkər] *het* ronchonnement

ge·kant [χəkant] *adj (meer g., meest g.)* ♦ **tegen iets ~ zijn** être contre qqch

ge·ke·ken [χəkekə(n)] → **kijken**

ge·keu·vel [χəkøvəl] *het* causette

gek|heid [χɛkhɛit] *nf (-heden)* **1** plaisanterie; **zonder ~** sans blague; **alle ~ op een stokje** blague à part **2** folie; **van ~ niet weten wat men doen zal** ne savoir quoi faire pour se faire remarquer

ge·kib·bel [χəkɪbəl] *het* chamaillerie

gek·ke·koei·en·ziek·te [χɛkəkujə(n)ziktə] *nf* maladie de la vache folle

gek·ken·werk [χɛkə(n)wɛrk] *het* ♦ **dat is ~!** c'est de la folie !

gek·kerd [χɛkərt] *nm (-s)* petit fou

gek·kig|heid [χɛkəχhɛit] *nf (-heden)* folie

ge·klaag [χəklaχ] *het* **1** gémissements **2** plaintes

ge·kla·ter [χəklatər] *het* murmure

ge|kleed [χəklet] *adj (-kleder, -kleedst)* habillé; **netjes ~** bien mis

ge·klets [χəklɛts] *het* **1** bavardage **2** commérage **3** claquement

ge·kleurd [χəklørt] *adj* 1 coloré 2 tendancieux ♦ **er ~ op staan** se donner en spectacle

ge·klom·men [χəkləmə(n)] → **klimmen**

[1]**ge·klon·ken** [χəklɔŋkə(n)] → **klinken**

[2]**ge·klon·ken** [χəklɔŋkə(n)] *adj* → **klinken**

ge·klo·ven [χəklovə(n)] → **kluiven**

ge·knars [χəknɑrs] *het* grincement

ge·kne·pen [χəknepə(n)] → **knijpen**

ge·knipt [χəknɪpt] *adj* ♦ **ergens voor ~ zijn** être fait pour qqch

ge·knoei [χəknuj] *het* 1 bousillage; **een ondeskundig ~** un travail d'amateur 2 gâchis 3 magouille

ge·knut·sel [χəknʌtsəl] *het* bricolage

ge·kocht [χəkɔχt] → **kopen**

ge·ko·men [χəkomə(n)] → **komen**

ge·kon·kel [χəkɔŋkəl] *het* intrigues

ge·kots [χəkɔts] *het* vomissements

ge·ko·zen [χəkozə(n)] → **kiezen**

ge·kraak [χəkrak] *het* craquement

ge·kra·keel [χəkrakel] *het* chamaillerie(s)

ge·kre·gen [χəkreχə(n)] → **krijgen**

ge·kreun [χəkrøn] *het* gémissement(s)

ge·krijs [χəkrɛis] *het* cris perçants

ge·kri·oel [χəkrijul] *het* grouillement

ge·kromd [χəkrɔmt] *adj (meer g., meest g.)* (re)courbé; **met ~e rug** voûté

ge·krom·pen [χəkrɔmpə(n)] → **krimpen**

ge·kro·pen [χəkropə(n)] → **kruipen**

ge·kruid [χəkrœyt] *adj (sterker g., sterkst g.)* épicé

gek·sche·ren [χɛksχerə(n)] *vi (gekscheerde, h. gegekscheerd)* se moquer; **~d iets zeggen** dire qqch en plaisantant

gek·te [χɛktə] *nf* 1 rage 2 délire; **de ~ op de huizenmarkt** la surchauffe du marché du logement

ge·kuifd [χəkœyft] *adj* huppé

ge|kuist [χəkœyst] *adj (-kuister, meest g.)* 1 châtié 2 expurgé

ge·kund [χəkʌnt] → **kunnen**

ge·kun|steld [χəkʌnstəlt] *adj, adv (-stelder, meest g.)* (d'une manière) artificiel(le); **een ~e stijl** un style trop recherché

ge·kwa·li·fi·ceerd [χəkwalifisert] *adj* qualifié

ge·kwe·ten [χəkwetə(n)] → **kwijten**

ge·kwetst [χəkwɛtst] *adj (meer g., meest g.)* blessé; **de ~e** le, la blessé(e)

ge·laagd [χəlaχt] *adj* 1 stratifié 2 hiérarchisé

ge·laat [χəlat] *het (gelaten)* face

***ge·laats-** [χəlats-] facial

ge·laats·kleur [χəlatsklør] *de* teint

ge·laats·trek·ken [χəlatstrɛkə(n)] *plur* traits

ge·laats·uit·druk·king [χəlatsœydrʌkɪŋ] *nf (-en)* physionomie

ge·lach [χəlɑχ] *het* rire(s)

ge·la·den [χəladə(n)] *adj* chargé

ge·lag [χəlɑχ] *het (-en)* 1 consommation; **het ~ betalen** payer les pots cassés 2 ripaille ♦ **een hard ~** un coup dur

ge·las·ten [χəlɑstə(n)] *vt (gelastte, h. gelast)* ordonner (à qqn de faire qqch)

ge·las·tig·de [χəlɑstəχdə] *nm (-n)* mandataire

[1]**ge·la·ten** [χəlatə(n)] → **laten**

[2]**ge·la|ten** [χəlatə(n)] *adj, adv (-tener, meest g.)* résigné, avec résignation

ge·la·zer [χəlazər] *het* emmerdement

geld [χɛlt] *het (-en)* argent; **~ als water verdienen, (Belg.) ~ als slijk verdienen** faire beaucoup d'argent; **contant ~** (argent) liquide; **in contant ~** en espèces; **met gepast ~ betalen** faire l'appoint; **het ~ groeit mij niet op de rug** je ne suis pas Crésus; **kinderen betalen half ~** les enfants paient demi-tarif; **het ~ voor het grijpen hebben** rouler sur l'or; **zijn ~ erbij inschieten** en être pour son argent; **klein ~** monnaie; **zijn ~ er uit krijgen** rentrer dans son argent; **met zijn ~ geen raad weten** ne savoir que faire de son argent; **om ~ verlegen zijn** être à court d'argent; **veel ~ opleveren** rapporter gros; **~ terug geven** rendre la monnaie; **er ~ op moeten toeleggen** en être de sa poche; **voor hetzelfde ~** *(fig.)* tout aussi bien; **voor geen ~ ter wereld** pour rien au monde; **~ willen zien** vouloir son argent, *(aussi)* réclamer des dommages-intérêts

geld·au·to|maat [χɛltautomat] *nm (-maten)* distributeur automatique de billets (de banque)

geld·be·leg·ging [χɛldbəlɛχɪŋ] *nf (-en)* placement (d'argent)

geld·beu·gel [χɛldbøχəl] *nm (-s) (Belg.; form.)* portemonnaie

geld·boe·te [χɛldbutə] *nf (-s)* amende

geld·bui·del [χɛldbœydəl] *nm (-s)* bourse

gel·de·lijk [χɛldələk] *adj, adv* financier, financièrement; **~ vermogen** fortune

gel·den [χɛldə(n)] *vi, vb impers (gold, h. gegolden)* 1 compter (pour); **~ als** passer pour; **die speler geldt voor twee** ce joueur compte pour deux 2 être en vigueur; **zich doen ~** *(choses)* se faire sentir; *(personnes)* se faire valoir 3 concerner

gel·dend [χɛldənt] *adj* en vigueur

Gel·der·land [χɛldərlɑnt] *het* Gueldre

geld·ge·brek [χɛltχəbrɛk] *het* manque d'argent

geld·han·del [χɛlthɑndəl] *nm* finance

gel·dig [χɛldəχ] *adj* valable; **iets ~ verklaren** valider qqch; **die wet is niet meer ~** cette loi n'est plus en vigueur

gel·dig·heids·duur [χɛldəχhɛitsdyr] *nm* durée de la validité

gel·dings·drang [χɛldɪŋzdrɑŋ] *nm* besoin de se faire valoir

geld·in·za·me·ling [χɛltɪnzaməlɪŋ] *nf (-en)* collecte

geld·kist·je [χɛltkɪʃə, [B]χɛltkɪscə] *het (-s)* coffret

geld·koers [χɛltkurs] *nm (-en)* taux du change

geld·markt [χɛltmɑrkt] *de (-en)* marché monétaire

geld·mid·de·len [χɛltmɪdələ(n)] *plur* finances; hij was zonder ~ il était sans ressources

geld·nood [χɛltnot] *nm* manque d'argent

geld·om·loop [χɛltɔmlop] *nm* circulation de l'argent

geld·ont·waar·ding [χɛltɔntwardɪŋ] *nf* dépréciation de la monnaie

geld·schie·ter [χɛltsχitər] *nm (-s)* prêteur, -euse

geld·smij·te·rij [χɛltsmɛitərɛi] *nf* folles dépenses

geld|stroom [χɛltstrom] *nm (-stromen)* flux monétaire; *(université)* de derde ~ les fonds fournis par des entreprises

geld·stuk [χɛltstʌk] *het (-ken)* pièce (de monnaie)

geld·trans·port [χɛltrɑnspɔrt] *het (-en)* transport de fonds

geld·ver·keer [χɛltfərker] *het* → geldomloop

geld·ver·spil·ling [χɛltfərspɪlɪŋ] *nf (-en)* gaspillage (d'argent)

geld·we·zen [χɛltwezə(n)] *het* finance

geld|wolf [χɛltwɔlf] *nm (-wolven)* marchand de soupe

geld·zor·gen [χɛltsɔrχə(n)] *plur* ennuis d'argent

1**ge·le·den** [χəledə(n)] → lijden

2**ge·le·den** [χəledə(n)] *adj* il y a; niet lang ~ il n'y a pas longtemps

ge·le·de·ren [χəledərə(n)] *plur* → gelid

ge·le·ding [χəledɪŋ] *nf (-en)* **1** articulation **2** catégorie du personnel

ge·leed [χəlet] *adj* **1** articulé **2** découpé

ge·leek [χəlek], **geleken** → gelijken

ge·leerd [χəlert] *adj* savant; ~e boeken livres érudits; de ~e le savant

1**ge·le·gen** [χəleχə(n)] → liggen

2**ge·le·gen** [χəleχə(n)] *adj* **1** situé, orienté (à) **2** opportun; ~ komen arriver à propos ♦ zich aan iemand iets ~ laten liggen s'intéresser au sort de qqn

ge·le·gen|heid [χəleχənhɛit] *nf (-heden)* **1** occasion; bij de eerste de beste ~ à la première occasion; in de ~ zijn om ... avoir la possibilité de ...; iemand in de ~ stellen om ... mettre qqn en mesure de ... **2** café **3** restaurant **4** circonstance; op elke ~ voorbereid zijn être prêt à toute éventualité ♦ zij keerden op eigen ~ naar huis ils rentrèrent chez eux par leurs propres moyens

ge·le·gen·heids·kle·ding [χəleχənhɛitskledɪŋ] *nf* vêtements habillés

ge·lei [ʒəlɛi] *de (-en)* gelée

ge·leid [χəlɛit] *adj* dirigé

ge·lei·de [χəlɛidə] *het* escorte; ten ~ avant-propos

ge·lei·de·hond [χəlɛidəhɔnt] *nm (-en)* chien d'aveugle

ge·lei·de·lijk [χəlɛidələk] *adj, adv* progressif, progressivement; ~ aan petit à petit

ge·lei·den [χəlɛidə(n)] *vt (geleidde, h. geleid)* conduire; een blinde ~ guider un aveugle

ge·lei·der [χəlɛidər] *nm (-s)* **1** guide **2** conducteur

ge·le·ken [χəlekə(n)] → lijken

ge·let·terd [χəlɛtərt] *adj* lettré

ge·le·zen [χəlezə(n)] → lezen

ge·lid [χəlɪt] *het (gelederen)* **1** *(milit.)* rang; de gelederen sluiten serrer les rangs **2** *(plur.)* rangs **3** articulation; door de klap raakte zijn schouder uit het ~ le choc lui a déboîté l'épaule

ge|liefd [χəlift] *adj (-liefder, meest g.)* **1** cher **2** favori **3** recherché; niet ~ impopulaire

ge·lief·de [χəlivdə] *nm (-n)* **1** bien-aimé **2** amant, maîtresse

ge·lief·koosd [χəlifkost] *adj* favori

ge·lie·ven [χəlivə(n)] *vt (geliefde, h. geliefd)* daigner; gelieve mij te volgen veuillez me suivre

1**ge·lijk** [χəlɛik] *het* raison; het ~ aan zijn kant hebben avoir le droit de son côté; ~ krijgen obtenir gain de cause; in zijn ~ staan être dans son droit

2**ge|lijk** [χəlɛik] *adj (-lijker, meest g.)* **1** égal; in ~e mate au même degré; op ~e wijze de façon identique **2** à l'heure juste; mijn horloge loopt ~ ma montre est à l'heure

3**ge|lijk** [χəlɛik] *adv (-lijker, meest g.)* **1** pareillement **2** également **3** ensemble **4** en même temps **5** immédiatement

4**ge·lijk** [χəlɛik] *conj* **1** (tout) comme **2** *(Belg.)* n'importe

ge·lij·ke [χəlɛikə] *nm (-n)* égal, -ale; hij heeft zijn ~ gevonden il a trouvé qqn à sa mesure

ge·lij·ken [χəlɛikə(n)] *vi (geleek, h. geleken)* ressembler

ge·lij·ke·nis [χəlɛikənɪs] *nf (-sen)* **1** ressemblance **2** parabole

ge·lijk·ge·stemd [χəlɛikχəstɛmt] *adv* de mêmes opinions

ge·lijk·ge·zind [χəlɛikχəzɪnt] *adj* de même opinion

ge·lijk·lui·dend [χəlɛiklœydənt] *adj, adv* **1** (d'une manière) concordant(e) **2** (d'une manière) conforme

ge·lijk·ma·ken [χəlɛikmakə(n)] *vti (maakte gelijk, h. gelijkgemaakt)* égaliser

ge·lijk·ma·tig [χəlɛikmatəχ] *adj, adv* (d'une manière) égal(e)

ge·lijk·na·mig [χəlɛiknaməχ] *adj* de, du même nom

ge·lijk·scha·ke·len [χəlɛiksχakələ(n)] *vt (schakelde gelijk, h. gelijkgeschakeld)* **1** brancher sur un même circuit électrique **2** traiter en égaux

ge·lijk·soor·tig [χəlɛiksortəχ] *adj* analogue

ge·lijk·spel [χəlɛikspɛl] *het (gelijke spelen)* match nul

ge·lijk·staan [χəlɛikstan] *vi (stond gelijk, h. gelijkgestaan)* **1** être égal (à); dat staat gelijk met een weigering cela équivaut à un refus **2** être à égalité

ge·lijk·stel·len [χəlɛikstɛlə(n)] *vt (stelde gelijk, h. gelijkgesteld) (+ met)* assimiler (à); **iemand met een ander ~** traiter deux personnes de la même manière

ge·lijk·stroom [χəlɛikstrom] *nm* courant continu

ge·lijk·tij·dig [χəlɛiktɛidəχ] *adj, adv* simultané(ment)

ge·lijk·trek·ken [χəlɛiktrɛkə(n)] *vt (trok gelijk, h. gelijkgetrokken)* **1** rajuster **2** niveler

ge·lijk·vloers [χəlɛikflurs] *adj* de plain-pied; **~e kruising** croisement à niveau

ge·lijk·vor·mig·heid [χəlɛikfɔrməχhɛit] *nf* uniformité

ge·lijk·waar·dig [χəlɛikwardəχ] *adj* équivalent; **~ zijn** se valoir

ge·lijk·zet·ten [χəlɛiksɛtə(n)] *vt (zette gelijk, h. gelijkgezet)* régler

ge·likt [χəlɪkt] *adj* ♦ **een ~e website** un site impeccable

ge·li·ni·eerd [χəlinijert] *adj* ligné

ge·loei [χəluj] *het* meuglement

ge·lof·te [χəlɔftə] *nf (-n, -s)* vœu(x)

ge·lo·gen [χəloχə(n)] → **liegen**

ge·loof [χəlof] *het (geloven)* **1** foi **2** religion **3** confiance

ge·loofs·be·lij·de·nis [χəlofsbəlɛidənɪs] *nf (-sen)* **1** profession de foi **2** credo

ge·loofs|brief [χəlofsbrif] *nm (-brieven)* lettre de créance

ge·loofs·vrij·heid [χəlofsfrɛihɛit] *nf* liberté de conscience

ge·loof·waar·dig [χəlofwardəχ] *adj, adv* digne de foi, vraisemblablement

ge·loof·waar·dig·heid [χəlofwardəχhɛit] *nf* crédibilité

ge·lo·pen [χəlopə(n)] → **lopen**

ge·lo·ven [χəlovə(n)] *vti (geloofde, h. geloofd)* croire; **~ in de toekomst** avoir foi en l'avenir; **als men hem moet ~** à l'en croire; **niet te ~!** c'est pas vrai ! ♦ **je zult eraan moeten ~** tu devras en passer par là; **ik geloof het verder wel** ± j'y renonce

ge·lo·vig [χəlovəχ] *adj, adv* (comme un) croyant; **de ~e** le, la croyant(e)

ge·lui [χəlœy] *het* sonnerie

ge·luid [χəlœyt] *het (-en)* **1** son; **een heel eigen ~** une opinion très personnelle; **verdachte ~en** bruits suspects **2** voix

ge·luid·dem·pend [χəlœydɛmpənt] *adj* insonore; **~ materiaal** matériaux d'insonorisation

ge·luid·dem·per [χəlœydɛmpər] *nm (-s)* silencieux

ge·luid·dicht [χəlœydɪχt] *adj* insonorisé

ge·luid·loos [χəlœytlos] *adj, adv* silencieux, sans faire de bruit

***ge·luids-** [χəlœyts-] sonore

ge·luids·ap·pa·ra·tuur [χəlœytsaparatyr] *nf* équipement audio

ge·luids·bar·riè·re [χəlœytsbar(i)jɛ:rə] *de (-s)* mur du son

ge·luids·in·stal·la·tie [χəlœytsɪnstala(t)si] *nf (-s)* chaîne stéréo(phonique)

ge·luids·iso·la·tie [χəlœytsizola(t)si] *nf* insonorisation

ge·luids·wal [χəlœytswal] *nm (-len)* talus acoustique

ge·luids·weer·ga·ve [χəlœytswerχavə] *nf (-n)* tonalité

ge·luid·we·rend [χəlœytwerənt] *adj* antibruit

ge·luimd [χəlœymt] *adj* ♦ **goedgeluimd** de bonne humeur

ge·luk [χəlʌk] *het* **1** bonheur **2** chance; **zijn ~ beproeven** courir sa chance; **stom ~** un coup de chance; **hij mag van ~ spreken** il peut se féliciter ♦ **op goed ~ (af)** au petit bonheur; **op goed ~ handelen** naviguer à vue

ge·luk·ken [χəlʌkə(n)] *vi (gelukte, i. gelukt)* réussir (à)

ge·luk·kig [χəlʌkəχ] *adj, adv* heureux, heureusement; **als je dat doet, ben je nog niet ~** si tu fais cela, cela risque de te coûter cher; **zich ~ prijzen** se féliciter

ge·luks·dag [χəlʌksdaχ] *nm (-en)* **1** jour faste **2** jour de chance

ge·luks·spel [χəlʌkspɛl] *het (-en)* jeu de hasard

ge·luks·tref·fer [χəlʌkstrɛfər] *nm (-s)* coup de chance

ge·luks·vo·gel [χəlʌksfoχəl] *nm (-s)* chançard, -arde

ge·luk·wen·sen [χəlʌkwɛnsə(n)] *vt (wenste geluk, h. gelukgewenst)* féliciter

ge·luk·za·lig [χəlʌksaləχ] *adj* bienheureux; **een ~e glimlach** un sourire béat

ge·luk·zoe·ker [χəlʌksukər] *nm (-s)* **1** aventurier, -ière **2** *(péj.)* chercheur d'or *(immigrant)*

ge·lul [χəlʌl] *het (fam.)* conneries

ge|maakt [χəmakt] *adj, adv (-maakter, meest g.)* (d'une manière) affecté(e); **een ~ lachje** un rire forcé

[1]**ge·maal** [χəmal] *nm,* **gemalin** *nf (-nen)* époux, -ouse

[2]**ge·maal** [χəmal] *het (gemalen)* pompe d'épuisement

ge·mach·tig·de [χəmaχtəχdə] *nm (-n)* mandataire

ge·mak [χəmak] *het (-ken)* **1** aise; **houd je ~!** ne t'emballe pas !; **met ~** facilement; **op zijn (dooie) ~,** *(Belg.)* **op zijn duizend, zeven ~ken** à l'aise **2** confort

ge·mak·ke·lijk [χəmakələk] *adj, adv* **1** facile(ment); **~ hanteerbaar** maniable; **het niet ~ hebben** ne pas avoir la vie facile; **ergens ~ (van)af komen** s'en tirer à bon compte; **~ maken** faciliter; **iets al te ~ opnemen** prendre qqch trop à la légère; **jij hebt ~ praten!** tu en parles à ton aise ! **2** confortable(ment); **maak het je ~!** fais comme chez toi !

ge·maks·hal·ve [χəmakshalvə] *adv* pour plus de commodité

ge·mak·zuch·tig [χəmaksʌχtəχ] *adj* paresseux

ge·ma·lin [χəmalɪn] *nf (-nen)* → [1]**gemaal**

ge·ma·nierd [χəmanirt] *adj (beter g., best g.)* **1** bien élevé **2** maniéré

ge·mas·kerd [χəmaskərt] *adj* masqué

ge·ma·tigd [χəmatəχt] *adj, adv* modéré(ment); het is een ~ man c'est un homme mesuré; een ~e warmte une chaleur tempérée
gem·ber [χεmbər] *nm* gingembre
ge·me·den [χəmedə(n)] → mijden
ge|meen [χəmen] *adj, adv (-mener, -meenst)* **1** méchant, méchamment **2** (en) commun **3** public; de gemene zaak la chose publique **4** commun, ordinaire; het gemene volk le commun des hommes **5** affreux, rudement
ge·meend [χəment] *adj, adv* sincère(ment)
ge·meen·goed [χəmeŋχut] *het* domaine public
ge·meen|heid [χəmenhεit] *nf (-heden)* méchanceté
ge·meen·plaats [χəmemplats] *de (-en)* lieu commun
ge·meen·schap [χəmensχɑp] *nf (-pen)* **1** communauté **2** coït **3** société
ge·meen·schap·pe·lijk [χəmensχɑpələk] *adj, adv* (en commun); ~ eigendom copropriété
ge·meen·schaps·geld [χəmensχɑpsχεlt] *het (-en)* argent public
ge·meen·schaps·mi·nis·ter [χəmensχɑpsminɪstər] *nm (-s) (Belg.)* ministre de la communauté
ge·meen·schaps|raad [χəmensχɑpsrat] *nm (-raden) (Belg.)* conseil de Communauté
ge·meen·schaps·zin [χəmensχɑpsɪn] *nm* sens communautaire
ge·meen·te [χəmentə] *nf (-n, -s)* **1** commune **2** communauté; de hervormde ~ l'Église réformée **3** paroisse
***ge·meen·te-** [χəmentə-] municipal, *(Belg.)* communal
ge·meen·te·be|stuur [χəmentəbəstyr] *het (-sturen)* municipalité
ge·meen·te|huis [χəmentəhœys] *het (-huizen)* mairie, *(Belg.)* maison communale
ge·meen·te·lijk [χəmentələk] *adj* municipal
ge·meen·te|raad [χəmentərat] *nm (-raden)* conseil municipal, *(Belg.)* conseil communal
ge·meen·te·rei·ni·ging [χəmentərεinəχɪŋ] *nf* voirie
ge·meen·te·wer·ken [χəmentəwεrkə(n)] *plur* travaux publics (municipaux)
ge·meen|zaam [χəmenzam] *adj, adv (-zamer, -zaamst)* familier, familièrement
ge·me·ne·best [χəmenəbεst] *het (-en)* ♦ het Britse Gemenebest le Commonwealth; Gemenebest van Onafhankelijke Staten Communauté des États Indépendants
ge·me·ne·rik [χəmenərɪk] *nm (-en)* canaille
ge·mengd [χəmεŋt] *adj, adv* mêlé; ~e bebouwing culture mixte
ge·me·ten [χəmetə(n)] → meten
ge·mid·deld [χəmɪdəlt] *adj, adv* (en) moyen(ne); het ~e la moyenne
ge·mij·mer [χəmεimər] *het* rêverie(s)
ge·mis [χəmɪs] *het* **1** manque **2** perte
ge·moed [χəmut] *het (-eren)* âme; de ~eren in beroering brengen bouleverser les esprits; zijn ~ luchten s'épancher; op iemands ~ werken prendre qqn par les sentiments
ge·moe·de·lijk [χəmudələk] *adj, adv* bon enfant, avec bonhomie
ge·moeds·aan·doe·ning [χəmutsandunɪŋ] *nf (-en)* émotion
ge·moeds·ge·steld·heid [χəmutsχəstεlthεit] *nf* état d'âme
ge·moeds·rust [χəmutsrʌst] *de* sérénité
ge·moeds·toe·stand [χəmutstustɑnt] *nm (-en)* → gemoedsgesteldheid
ge·moeid [χəmujt] *adj* ♦ er is een dag mee ~ cela prend une journée entière; zijn leven is ermee ~ il y va de sa vie
ge·moe·ten [χəmutə(n)] → moeten
ge·mo·gen [χəmoχə(n)] → mogen
ge·mol·ken [χəmɔlkə(n)] → melken
ge·mom·pel [χəmɔmpəl] *het* murmure
ge·mop·per [χəmɔpər] *het* grognement
ge·mor [χəmɔr] *het* **1** grognement **2** murmure(s)
gems [χεms] *de (gemzen)* chamois
ge·munt [χəmʌnt] ♦ het op iemand ~ hebben en vouloir à qqn
ge·mutst [χəmʌtst] *adj* ♦ goed ~ zijn être de bonne humeur
gen [χεn] *het (-en)* gène
ge·naamd [χənamt] *adj* **1** nommé **2** dit
ge·na·de [χənadə] *de* grâce; iemand om ~ smeken implorer le pardon de qqn; ~ tonen se montrer clément ♦ goeie ~! mon Dieu !
ge·na·de·klap [χənadəklɑp] *nm* coup de grâce
ge·na·de|loos [χənadəlos] *adj, adv (-lozer, -loost)* impitoyable(ment)
ge·na·de|schot [χənadəsχɔt] *het*, **-slag** *nm*, **-stoot** *nm* coup de grâce
ge·na·dig [χənadəχ] *adj, adv* clément, avec clémence; er ~ (van) afkomen l'échapper belle
gê|nant [ʒənɑnt] *adj (-nanter, meest g.)* gênant
ge·nas [χənɑs], **genazen** → genezen
ge·ne [χenə] *dém* celui-là, etc.; aan ~ zijde *(fig.)* dans l'autre monde
ge·nees|heer [χəneshεr] *nm (-heren)* médecin; controlerend ~ médecin consultant
ge·nees·krach·tig [χəneskrɑχtəχ] *adj* médicinal
ge·nees·kun·de [χəneskʌndə] *nf* médecine
ge·nees·kun·dig [χəneskʌndəχ] *adj* médical(ement); de ~e le médecin
ge·nees·mid·del [χənesmɪdəl] *het (-en)* remède
ge·nees·wij·ze [χəneswεizə] *de (-n)* thérapeutique; alternatieve ~n thérapeutiques douces

[1]**ge·ne·gen** [χənexə(n)] → nijgen
[2]**ge·ne·gen** [χənexə(n)] *adj (meer g., meest g.)* **1** disposé; allesbehalve ~ zijn om ne pas être près de **2** favorable (à)
ge·ne·gen·heid [χənexənhɛit] *nf* affection
ge·neigd [χənɛiχt] *adj (meer g., meest g.)* enclin (à); ~ zijn te (+ *inf.)* être tenté de
ge·neigd|heid [χənɛiχthɛit] *nf (-heden)* tendance (à)
ge·ne·raal [χenəral] *nm (-s)* général
ge·ne·ra·le [χenərale] *nf (-s)* répétition générale
ge·ne·ra·li·se·ren [χenəralizerə(n)] *vti (generaliseerde, h. gegeneraliseerd)* généraliser
ge·ne·ra·tie [χenəra(t)si] *nf (-s)* génération
ge·ne·ra·tie·kloof [χenəra(t)siklof] *de* fossé (qui existe) entre les générations
[1]**ge·ne·ren, zich** [ʒənerə(n)] *vpr (geneerde zich, h. zich gegeneerd)* (se) gêner
[2]**ge·ne·ren** [ʒənerə(n)] *vt (geneerde, h. gegeneerd)* embarrasser
ge·ner·lei [χenərlɛi] *adj* aucun
ge·ne·tisch [χenetis] *adj, adv* génétique(ment)
ge·neug·te [χənøχtə] *nf (-n)* plaisir; de ~n des levens les joies de la vie
ge·ne·ver [jənevər] *nm (-s)* → jenever
ge·ne·zen [χənezə(n)] *vti (genas, h./i. genezen)* guérir
ge·ne·zing [χənezɪŋ] *nf (-en)* guérison
ge·ni|aal [χenijal] *adj, adv (-aler, -aalst)* génial(ement); ~ zijn avoir du génie
ge·nie·pig [χənipəχ] *adj, adv* sournois(ement)
[1]**ge·nie·ten** [χənitə(n)] *vt (genoot, h. genoten)* **1** bénéficier de; een goede opvoeding genoten hebben avoir reçu une bonne éducation **2** avoir; dat geniet mijn voorkeur je préfère cela ◆ die man is niet te ~ cet homme est d'une humeur exécrable
[2]**ge·nie·ten** [χənitə(n)] *vi (genoot, h. genoten)* jouir (de qqch); ik heb genoten! je me suis bien amusé !
ge·ni·ta·li·ën [χenitalijə(n)] *plur* parties (génitales)
ge·no·dig·de [χənodəχdə] *nm (-n)* invité, -ée
ge·noeg [χənuχ] *adv* assez; daaraan heb ik ~ cela me suffit; hij heeft ~ om van te leven il a de quoi vivre; oud ~ zijn om être en âge de; men kan niet voorzichtig ~ zijn on ne saurait être trop prudent; vreemd ~ chose curieuse; aan zichzelf ~ hebben se suffire à soi-même; (het is) ~! ça suffit !; er meer dan ~ van hebben en avoir ras le bol
ge·noeg·doe·ning [χənuχdunɪŋ] *nf* satisfaction
ge·noe·gen [χənuχə(n)] *het (-s)* plaisir; met wie heb ik het ~? à qui ai-je l'honneur ? ◆ ~ nemen met iets se contenter de qqch
ge·noeg·lijk [χənuχlək] *adj, adv* agréable(ment)
ge·noemd [χənumt] *adj* nommé
ge·no·men [χənomə(n)] → nemen
ge·noot [χənot], **genoten** → genieten
ge·not [χənɔt] *het (genietingen)* **1** jouissance **2** plaisir; onder het ~ van een glas wijn en savourant un verre de vin
ge·not·mid·del [χənɔtmɪdəl] *het (-en)* denrée de luxe
ge·not·zucht [χənɔtsʌχt] *de* épicurisme
gen·ster [χɛnstər] *de (-s) (Belg.)* étincelle; *(fig.)* geen ~s slaan ne pas faire d'étincelles
Gent [χɛnt] *het* Gand
Ge·nua [χenywa] *het* Gênes
ge·nu·an|ceerd [χənywɑnsert] *adj, adv (-ceerder, meest g.)* (de façon) nuancé(e)
ge·oe·fend [χəufənt] *adj (meer g., meest g.)* **1** expérimenté **2** exercé
geo·gra·fie [χejoχrafi] *nf* géographie; sociale ~ géographie humaine
ge·olied [χəolit] *adj* huilé
geo|loog [χejoloχ] *nm (-logen)* géologue
ge·oor·loofd [χəorloft] *adj* permis
Ge·or·gië [χejɔrχijə] *het* Géorgie
Ge·or|gi·ër [χejɔrχijər] *nm (-s)*, **-gische** *nf (-n)* Géorgien, -ienne
Ge·or·gisch [χejɔrχis] *adj* géorgien
ge·ou·we·hoer [χəɑuwəhur] *het (fam.)* **1** blablabla; slap ~ déconnage **2** radotage
ge·paard [χəpart] *adj* **1** deux par deux **2** *(+ met)* s'accompagnant (de); koppigheid ~ aan domheid obstination doublée de bêtise
ge·pakt [χəpɑkt] *adj* ◆ ~ en gezakt avec armes et bagages
ge|past [χəpɑst] *adj, adv (-paster, meest g.)* **1** approprié (à), à propos **2** convenable(ment) ◆ hebt u het ~? vous avez la monnaie ?
ge·peins [χəpɛins] *het* réflexion
ge·pen·si·o·neerd [χəpɛnʃonert] *adj* retraité; de ~e le, la retraité(e)
ge·pe·perd [χəpepərt] *adj (meer g., meest g.)* **1** poivré **2** *(fig.)* poivré; een ~e rekening une note salée
ge·peu·pel [χəpøpəl] *het* populace
ge·pie·ker [χəpikər] *het* rumination
ge·pi|keerd [χəpikert] *adj (-keerder, meest g.)* touché au vif; ~ antwoorden répondre avec irritation
ge·pin·gel [χəpɪŋəl] *het* marchandage
ge·ploe·ter [χəplutər] *het* barbotage
ge·plo·zen [χəplozə(n)] → pluizen
ge·por·teerd [χəpɔrtert] *adj (meer g., meest g.)* ◆ ~ zijn voor iets être porté sur qqch; ~ zijn voor iemand être prévenu en faveur de qqn
ge·praat [χəprat] *het* bavardage
ge·pre·zen [χəprezə(n)] → prijzen
ge·prik·keld·heid [χəprɪkəlthɛit] *nf* irritation
ge·pruts [χəprʌts] *het* fignolage

ge·raakt [χərakt] *adj (meer g., meest g.)* **1** blessé **2** touché

ge·raam·te [χəramtə] *het (-n, -s)* squelette

ge·rad·braakt [χərɑdbrakt] *adj* éreinté

[1]**ge·ra·den** [χəradə(n)] → **raden**

[2]**ge·ra·den** [χəradə(n)] *adj, adv* ♦ **dat is je ~** je te le conseille

ge·raf·fi·neerd [χərɑfinert] *adj, adv* **1** raffiné **2** astucieux, astucieusement

ge·ra·tel [χəratəl] *het* **1** cliquètement **2** jacassement

ge·recht [χərɛχt] *het (-en)* **1** plat **2** tribunal; **voor het ~ gedaagd worden** être traduit en justice

ge·rech·te·lijk [χərɛχtələk] *adj, adv* judiciaire(ment); **iemand ~ vervolgen** poursuivre qqn en justice

ge·rech·tigd [χərɛχtəχt] *adj (meer g., meest g.)* fondé (à); **de ~e** l'ayant droit; **~ zijn tot iets** avoir droit à qqch

ge·rech·tig|heid [χərɛχtəχhɛit] *nf (-heden)* justice

ge·rechts|bo·de [χərɛχ(t)sbodə] *nm (-n, -s)*, **-deurwaarder** *nm (-s)* huissier (de Justice)

ge·rechts·ge·bouw [χərɛχ(t)sχəbɑu] *het (-en)* → **gerechtshof 2**

ge·rechts|hof [χərɛχ(t)shɔf] *het (-hoven)* **1** cour d'appel **2** palais de justice

ge·recht·vaar·digd [χərɛχtfardəχt] *adj, adv (meer g., meest g.)* légitime(ment); **een ~e afwijzing** un refus fondé

ge·re·den [χəredə(n)] → **rijden**

ge·reed [χəret] *adj* prêt

ge·reed·heid [χərethɛit] *nf* ♦ **iets in ~ brengen** apprêter qqch

ge·reed·hou·den [χərethɑudə(n)] *vt (hield gereed, h. gereedgehouden)* tenir prêt; **zich ~ om iets te doen** se tenir prêt à faire qqch

ge·reed·ko·men [χəretkomə(n)] *vi (kwam gereed, i. gereedgekomen)* être achevé

ge·reed·ma·ken [χəretmakə(n)] *vt (maakte gereed, h. gereedgemaakt)* préparer

ge·reed·schap [χəretsχɑp] *het (-pen)* outils

ge·re·for·meerd [χərefɔrmert] *adj* réformé; **een ~e** un membre de l'Église Réformée Calviniste; **van ~en huize** d'origine réformée

ge·re|geld [χəreχəlt] *adj, adv (-gelder, meest g.)* **1** (de manière) ordonné(e) **2** régulier, régulièrement

ge·re·gen [χəreχə(n)] → **rijgen**

ge·rei [χərɛi] *het* outils

ge·rekt [χərɛkt] *adj, adv* (de façon) prolongé(e)

ge|remd [χərɛmt] *adj, adv (-remder, meest g.)* inhibé, avec inhibition

ge·re·ser·veerd·heid [χərezɛrverthɛit] *nf* réserve

ge·re·ten [χəretə(n)] → **rijten**

ge·re·zen [χərezə(n)] → **rijzen**

ge·rib·beld [χərɪbəlt] *adj* côtelé

ge|richt [χərɪχt] *adj, adv (-richter, meest g.)* **1** orienté, de façon ponctuelle **2** intentionnel(lement); **~ zijn op iets** viser qqch

ge·rief [χərif] *het* confort; **ten gerieve van** à l'usage de ♦ **aan zijn ~ komen** prendre son plaisir

ge·rief·lijk [χəriflək] *adj, adv* confortable(ment)

ge·rim·peld [χərɪmpəlt] *adj* ridé

ge·ring [χərɪŋ] *adj* petit; **dat is van ~e betekenis** cela a peu d'importance; **niet in het ~ste** pas le moins du monde; **niet ~** important

ge·ring·schat·ten [χərɪŋsχɑtə(n)] *vt* dédaigner

ge·rin·kel [χərɪŋkəl] *het* cliquetis

ge·rit·sel [χərɪtsəl] *het* **1** bruissement **2** débrouillardise

Ger·maans [χɛrmans] *adj* **1** germain **2** teuton **3** germanique; **het ~** le germanique

ge·ro·chel [χərɔχəl] *het* râle

ge·rod·del [χərɔdəl] *het* commérages

[1]**ge·roe·pen** [χərupə(n)] → **roepen**

[2]**ge·roe·pen** [χərupə(n)] *adj* ♦ **je komt als ~** tu tombes bien; **zich niet ~ voelen tot iets, om iets te doen** ne pas avoir envie de faire qqch

ge·roe·ze·moes [χəruzəmus] *het* brouhaha

ge·rof·fel [χərɔfəl] *het* roulement (de tambour)

ge·ro·ken [χərokə(n)] → **ruiken**

ge·rom·mel [χərɔməl] *het* **1** grondement; **~ in de buik** gargouillements **2** farfouillage **3** magouille

ge·ron·nen [χərɔnə(n)] *adj* coagulé

ge·rou·ti|neerd [χərutinert] *adj, adv (-neerder, meest g.)* expérimenté (dans), avec aisance

gerst [χɛrst] *de* orge

ge·rucht [χərʌχt] *het (-en)* **1** rumeur publique; **het ~ wil dat ...** on dit que ... **2** bruit

ge·rucht·ma|kend [χərʌχtmakənt] *adj (-kender, meest g.)* sensationnel

ge·rug·gen·steund [χərʌχə(n)stønt] *adj* soutenu

ge·ruim [χərœym] *adj* assez long

ge·ruis·loos [χərœyslos] *adj, adv* silencieux, sans bruit; **het plan verdween ~ onder tafel** le projet a été mis aux oubliettes sans autre discussion

ge·ruit [χərœyt] *adj* à carreaux

ge|rust [χərʌst] *adj, adv (-ruster, meest g.)* **1** tranquille(ment); *(Belg.)* **iemand ~ laten** laisser qqn tranquille; **~ zijn op iets** ne pas se faire de soucis au sujet de qqch **2** sans crainte

ge·rust·stel·len [χərʌ(st)stɛlə(n)] *vt (stelde gerust, h. gerustgesteld)* rassurer; **zijn geweten ~** faire taire sa conscience

ge·rust·stel·ling [χərʌ(st)stɛlɪŋ] *nf (-en)*

apaisement; tot zijn grote ~ à son grand soulagement

ge·ru·zie [χəryzi] *het* chamailleries

ge·scha·pen [χəsχapə(n)] → scheppen

ge·schar·rel [χəsχɑrəl] *het* flirt

ge·scha·ter [χəsχatər] *het* éclats de rire

ge·schei·den [χəsχɛidə(n)] *adj* **1** séparé **2** divorcé

ge·scheld [χəsχɛlt] *het* invectives

ge·sche·nen [χəsχenə(n)] → schijnen

ge·schenk [χəsχɛŋk] *het (-en)* cadeau; dat komt als een ~ uit de hemel c'est une vraie aubaine

ge·sche·ten [χəsχetə(n)] → schijten

ge·schie·den [χəsχidə(n)] *vi (geschiedde, i. geschied)* **1** survenir **2** être fait

ge·schie·de·nis [χəsχidənɪs] *nf (-sen)* **1** histoire; ~ maken, schrijven faire date; een vreemde ~ une drôle d'affaire **2** *(inform.)* historique; zijn ~ wissen effacer son historique

ge·schied·kun·dig [χəsχitkʌndəχ] *adj, adv* historique(ment); de ~e l'historien-(ne)

ge|schift [χəsχɪft] *adj (-schifter, meest g.)* **1** toqué **2** tourné

ge|schikt [χəsχɪkt] *adj, adv (-schikter, meest g.)* **1** sympathique, agréablement **2** apte (à), selon les règles de l'art; iets ~ maken voor adapter qqch pour

ge·schil [χəsχɪl] *het (-len)* différend; een ~ bijleggen régler un différend

ge·schip·per [χəsχɪpər] *het* compromissions

ge·schol·den [χəsχɔldə(n)] → schelden

ge·scho·len [χəsχolə(n)] → schuilen

ge·schon·ken [χəsχɔŋkə(n)] → schenken

ge·schoold [χəsχolt] *adj* qualifié

ge·scho·ren [χəsχorə(n)] → scheren

ge·scho·ten [χəsχotə(n)] → schieten

ge·scho·ven [χəsχovə(n)] → schuiven

ge·schre·den [χəsχredə(n)] → schrijden

ge·schreeuw [χəsχrew] *het* cris; *(prov)* veel ~ maar weinig wol beaucoup de bruit, peu de fruit

ge·schre·ven [χəsχrevə(n)] → schrijven

ge·schrift [χəsχrɪft] *het (-en)* écrit

ge·schrok·ken [χəsχrɔkə(n)] → schrikken

ge·schubd [χəsχʌpt] *adj* écailleux

ge·schut [χəsχʌt] *het* artillerie; zich van zwaar ~ bedienen employer les grands moyens

ge·sel [χesəl] *nm (-s)* **1** fouet **2** fléau

ge·se·len [χesələ(n)] *vt (geselde, h. gegeseld)* **1** flageller **2** torturer

ge·sis [χəsɪs] *het* sifflement

ge·si·tu·eerd [χəsitywert] *adj* **1** en position; de beter ~e klassen les classes aisées **2** en place

ge·sjoe·mel [χəʃuməl] *het* tricherie

ge·slacht [χəslɑχt] *het (-en)* **1** lignée **2** sexe **3** genre **4** génération

ge·slach·te·lijk [χəslɑχtələk] *adj* sexuel

***ge·slachts-** [χəslɑχ(t)s-] sexuel

ge·slachts·de·len [χəslɑχ(t)sdelə(n)] *plur* parties (génitales)

ge·slachts·drift [χəslɑχ(t)sdrɪft] *de* instinct sexuel

ge·slachts|naam [χəslɑχ(t)snam] *nm (-namen)* **1** patronyme **2** terme générique

ge·slachts·rijp [χəslɑχ(t)srɛip] *adj* pubère

ge·slachts·ziek·te [χəslɑχtsiktə] *nf (-n, -s)* maladie vénérienne

ge·sla·gen [χəslaχə(n)] → slaan

ge·sla·pen [χəslapə(n)] → slapen

[1]**ge·sle·pen** [χəslepə(n)] → slijpen

[2]**ge·sle|pen** [χəslepə(n)] *adj, adv (-pener, meest g.)* (d'une manière) rusé(e)

ge·sle·ten [χəsletə(n)] → slijten

ge·slon·ken [χəslɔŋkə(n)] → slinken

ge·slo·pen [χəslopə(n)] → sluipen

ge·slo·ten [χəslotə(n)] → sluiten

ge·slo·ten·heid [χəslotənhɛit] *nf* caractère fermé

ge·smeerd [χəsmert] *adj, adv* ♦ het ging ~ ça a été comme sur des roulettes; een ~ lopende organisatie une organisation huilée

ge·sme·ten [χəsmetə(n)] → smijten

ge·smol·ten [χəsmɔltə(n)] → smelten

ge·smoord [χəsmort] *adj* étouffé

ge·sne·den [χəsnedə(n)] → snijden

ge·snik [χəsnɪk] *het* sanglots

ge·sno·ten [χəsnotə(n)] → snuiten

ge·snot·ter [χəsnɔtər] *het* **1** reniflements **2** pleurnicheries

ge·sno·ven [χəsnovə(n)] → snuiven

ge·so·de·mie·ter [χəsodəmitər] *het* emmerdements

ge·sol [χəsɔl] *het* ± tripotage (de qqch)

ge·sor·teerd [χəsɔrtert] *adj* **1** trié **2** assorti

gesp [χɛsp] *de (-en)* boucle

ge·spe·ten [χəspetə(n)] → spijten

ge|spierd [χəspirt] *adj (-spierder, meest g.)* musclé

ge·spik·keld [χəspɪkəlt] *adj* tacheté

ge|spitst [χəspɪtst] *adj (-spitster, meest g.)* ♦ ~ zijn op faire (très) attention à

ge·sple·ten [χəspletə(n)] → splijten

ge·spon·nen [χəspɔnə(n)] → spinnen

ge·spo·ten [χəspotə(n)] → spuiten

ge·sprek [χəsprɛk] *het (-ken)* conversation; het is het ~ van de dag on ne parle que de ça; (het nummer is) in ~ (c'est) occupé; een ~ onder vier ogen un tête-à-tête

ge·sprek·kos·ten [χəsprɛkɔstə(n)] *plur* coût de la communication

ge·spreks|lei·der [χəsprɛkslɛidər] *nm (-s)*, **-leidster** *nf (-s)* animateur, -trice (du débat)

ge·spreks·part·ner [χəsprɛkspɑrtnər] *nm (-s)* interlocuteur, -trice

ge·spreks·stof [χəsprɛkstɔf] *de* sujets de conversation; ~ leveren donner matière à discussion

ge·spro·ken [χəsprokə(n)] → spreken

ge·spron·gen [χəsprɔŋə(n)] → springen

ge·spuis [χəspœys] *het* racaille

ge|staag [χəstaχ] *adj, adv (-stager,*

-staagst) constant, constamment; **het werk vordert ~** le travail avance au jour le jour

ge·staan [χəstan] → **staan**

ge·stal·te [χəstaltə] *nf (-n, -s)* **1** silhouette **2** forme ♦ **~ geven (aan)** donner corps à; **~ krijgen** prendre forme

ge·stand [χəstant] *het/de* ♦ **zijn woord ~ doen** tenir parole

ge·steen·te [χəstentə] *het (-n, -s)* pierre

ge·ste·gen [χəsteχə(n)] → **stijgen**

ge·stel [χəstɛl] *het (-len)* constitution; **zijn ~ ondermijnen** se ruiner la santé

¹**ge·steld** [χəstɛlt] *adj (+ op)* attaché (à); **~ zijn op iets** tenir à qqch; **zeer ~ zijn op iemand** être très attaché à qqn ♦ **het is slecht met hem ~** il va mal

²**ge·steld** [χəstɛlt] *adv (+ dat)* à supposer que

ge·steld·heid [χəstɛlthɛit] *nf* condition

ge·stemd [χəstɛmt] *adj* **1** disposé (à qqch); **hij is goed ~** il est de bonne humeur **2** *(mus.)* accordé

ge·stern·te [χəstɛrntə] *het (-n)* **1** étoiles **2** constellation; **onder een gelukkig ~ geboren zijn** être né sous une bonne étoile

ge·sticht [χəstɪχt] *het (-en)* asile d'aliénés

ge·stip·peld [χəstɪpəlt] *adj* **1** en pointillé **2** moucheté

ge·sto·ken [χəstokə(n)] → **steken**

ge·sto·len [χəstolə(n)] → **stelen**

ge·ston·ken [χəstɔŋkə(n)] → **stinken**

ge|stoord [χəstort] *adj (-stoorder, meest g.)* **1** perturbé **2** dérangé; **de geestelijk ~e** le, la déséquilibré(e) ♦ **ergens ~ van worden** être dégoûté par qqn, qqch

ge·stor·ven [χəstɔrvə(n)] → **sterven**

ge·stot·ter [χəstɔtər] *het* balbutiement

ge·sto·ven [χəstovə(n)] → **stuiven**

ge·stre·den [χəstredə(n)] → **strijden**

ge·streept [χəstrept] *adj* rayé

ge·stre·ken [χəstrekə(n)] → **strijken**

ge·strest [χəstrɛst] *adj* stressé

ge·stu·deerd [χəstydert] *adj* ♦ **hij is een ~ iemand** il a fait des études

ge·stum·per [χəstʌmpər] *het* maladresse

ge·tal [χətal] *het (-len)* nombre; **drie in ~** au nombre de trois; **een rond ~** un chiffre rond

ge·ta·len·teerd [χətalɛntert] *adj (meer g., meest g.)* talentueux; **een zeer ~ musicus** un musicien de grand talent

ge·tand [χətant] *adj* denté

ge|tapt [χətapt] *adj (-tapter, meest g.)* populaire

ge·te·kend [χətekənt] *adj* **1** contrefait **2** marqué

ge·tem·perd [χətɛmpərt] *adj* tempéré

ge·tij·de [χətɛidə] *het (-n)* marée

ge|tikt [χətɪkt] *adj (-tikter, meest g.)* **1** dingue **2** tapé (à la machine)

ge·tint [χətɪnt] *adj* teinté

ge·tok·kel [χətɔkəl] *het* pincement

ge·tra·lied [χətralit] *adj* grillagé

ge·tre·den [χətredə(n)] → **treden**

ge·trei·ter [χətrɛitər] *het* taquinerie

ge·treu·zel [χətrøzəl] *het* traînerie(s)

ge·trof·fen [χətrɔfə(n)] → **treffen**

ge·trok·ken [χətrɔkə(n)] → **trekken**

ge·troos·ten, zich [χətrostə(n)] *vpr (getroostte zich, h. zich getroost)* s'imposer; **hij getroostte er zich veel moeite voor** il s'est donné beaucoup de peine

ge·trouw [χətrau] *adj, adv* fidèle(ment)

ge·trouwd [χətraut] *adj* marié; **hij is gelukkig ~** il est heureux en ménage; **zo zijn we niet ~** ce n'est pas dans le contrat

get·to·blas·ter [gɛtobla:stər] *nm (-s)* radiocassette

ge·tui·ge [χətœyχə] *nm (-n)* témoin; **iemand tot ~ nemen** prendre qqn à témoin; **~ zijn van een ongeluk** assister à un accident

ge·tui·gen [χətœyχə(n)] *vti (getuigde, h. getuigd)* témoigner; **die daad getuigt van moed** c'est un acte qui atteste le courage

ge·tui·ge·nis [χətœyχənɪs] *het/de (-sen)* témoignage; **~ afleggen van** porter témoignage de

ge·tui·gen·ver·kla·ring [χətœyχə(n)vərklarɪŋ] *nf (-en)* → **getuigenis**

ge·tuig·schrift [χətœyχsχrɪft] *het (-en)* attestation; **een ~ van goed gedrag** un certificat de bonne vie et mœurs

ge·twee·ën [χətwejə(n)] *card* à deux; *(Belg.)* **ons ~** à nous deux

geul [χøl] *de (-en)* **1** chenal **2** rigole

geur [χør] *nm (-en)* odeur; **iets in ~en en kleuren vertellen** raconter qqch avec force détails

geu·ren [χørə(n)] *vi (geurde, h. gegeurd)* embaumer; **het ~de hooi** le foin odorant

geu·rig [χørəχ] *adj* parfumé

geur·loos [χørlos] *adj* inodore

geur·stof [χørstɔf] *de (-fen)* aromatisant

geur·tje [χørcə] *het (-s)* **1** odeur; **er is een ~ aan** cette affaire me paraît douteuse **2** parfum

ge|vaar [χəvar] *het (-varen)* **1** danger; **de vrede in ~ brengen** menacer la paix; **hij is een ~ voor de maatschappij** c'est un danger public **2** risque; **op (het) ~ af** au risque (de)

ge·vaar·lijk [χəvarlək] *adj, adv* dangereux, dangereusement; **zich op ~ terrein begeven** s'engager sur un terrain glissant

ge·vaar·te [χəvartə] *het (-n, -s)* colosse

ge·val [χəval] *het (-len)* **1** cas; **in het ergste, ongunstigste ~** en mettant les choses au pire; **in elk ~** en tout cas; **in geen ~** en aucun cas; **in ~ van nood** en cas d'urgence; **in het onderhavige, gegeven ~** en l'occurrence; **in het uiterste ~** à la limite; **voor het ~ dat** au cas où; **als het ~ zich voordoet** le cas échéant **2** truc, *(Belg.)* bazar **3** hasard

ge·val·len [χəvalə(n)] → **vallen**

ge·vang [χəvaŋ] *het (Belg.)* prison

¹**ge·van·gen** [χəvaŋə(n)] → **vangen**

²**ge·van·gen** [χəvaŋə(n)] *adj* prisonnier; **de ~e** le, la prisonnier, -ière; **~ zitten** être en prison

ge·van·gen·hou·den [χəvɑŋə(n)hɑudə(n)] *vt (hield gevangen, h. gevangengehouden)* détenir

ge·van·ge·nis [χəvɑŋənɪs] *nf (-sen)* prison

ge·van·ge·nis·straf [χəvɑŋənɪstrɑf] *de (-fen)* peine de prison; **levenslange ~** réclusion perpétuelle; **zijn ~ uitzitten** faire son temps de prison

ge·van·gen·ne·men [χəvɑŋənemə(n)] *vt (nam gevangen, h. gevangengenomen)* arrêter; **het ~** l'arrestation

ge·van·gen·schap [χəvɑŋənsχɑp] *nf* **1** détention **2** captivité

ge·va·ren [χəvarə(n)] → ²**varen**

ge·va·ren·drie·hoek [χəvarə(n)drihuk] *nm (-en)* triangle de présignalisation

ge·va·ren·zo·ne [χəvarə(n)zɔ:nə, ᴮχəvarə(n)zonə] *de (-s)* zone dangereuse

ge·va|ri·eerd [χəvarijert] *adj (-rieerder, meest g.)* varié

ge·vat [χəvɑt] *adj, adv* qui a de l'à-propos, avec (beaucoup d')à-propos

ge·vecht [χəvεχt] *het (-en)* combat; **een ~ op leven en dood** une lutte à mort; **een ~ van man tot man** un corps à corps

ge·vechts|ac·tie [χəvεχ(t)sɑksi] *nf (-s),* **-handeling** *nf (-en)* opération militaire

ge·ve·derd [χəvedərt] *adj* emplumé

ge·vel [χevəl] *nm (-s)* façade

ge·vel·ka·chel [χevəlkɑχəl] *de (-s)* radiateur à gaz modulable (qu'on raccorde sur un mur extérieur)

ge·vel|steen [χevəlsten] *nm (-stenen)* **1** plaque commémorative (apposée sur une façade) **2** brique dure

ge·ven [χevə(n)] *vti (gaf, h. gegeven)* **1** donner; **geef dat potlood hier!** donne-moi ce crayon !; **iemand iets te verstaan ~** faire comprendre qqch à qqn; **gegeven: een vierhoek ABCD** soit un quadrilatère ABCD **2** *(+ om)* être attaché (à) **3** faire; **dat geeft niet** cela ne fait rien ♦ **hij gaf zich voor dokter uit** il se faisait passer pour un médecin; **iemand ervan langs ~** flanquer une bonne raclée à qqn; **iets ten beste ~** jouer, réciter, déclamer qqch

ge·ver [χevər] *nm (-s),* **geefster** *nf (-s)* donateur, -trice

ge|vierd [χəvirt] *adj (-vierder, meest g.)* célèbre

ge·vlamd [χəvlɑmt] *adj* **1** veiné **2** moiré

ge·vlei [χəvlεi] *het* flatterie(s)

ge·vlekt [χəvlεkt] *adj* tacheté

ge·vleu·geld [χəvløχəlt] *adj* ailé

ge·vlij [χəvlεi] *het* ♦ **(bij) iemand in het ~ komen** gagner les bonnes grâces de qqn

ge·vloch·ten [χəvlɔχtə(n)] → **vlechten**

ge·vloek [χəvluk] *het* jurons

ge·vlo·gen [χəvloχə(n)] → **vliegen**

ge·voch·ten [χəvɔχtə(n)] → **vechten**

ge·voel [χəvul] *het (-ens)* **1** sentiment; **hij las de verzen met ~ voor** il déclamait les vers avec âme; **op iemands ~ werken** prendre qqn par le sentiment; **voor mijn ~** à mon avis **2** toucher; **op het ~ af** à tâtons **3** sensation; **een benauwd ~ hebben** se sentir oppressé **4** sens; **iemands ~ van eigenwaarde** l'amour-propre de qqn

¹**ge·voe·len** [χəvulə(n)] *het (-s)* **1** sentiment; **met gemengde ~s** agité de sentiments contradictoires **2** avis

²**ge·voe·len** [χəvulə(n)] *vt (gevoelde, h. gevoeld)* **1** sentir **2** ressentir

ge·voe·lig [χəvuləχ] *adj, adv* sensible, avec (du) sentiment

ge·voe·lig|heid [χəvuləχhεit] *nf (-heden)* **1** sensibilité **2** susceptibilité

ge·voel|loos [χəvulos] *adj, adv (-lozer, meest g.)* insensible; **het been was ~** la jambe était engourdie; **~ maken** insensibiliser; **~ zijn** avoir un cœur de glace

***ge·voels-** [χəvuls-] affectif

ge·voels·ma·tig [χəvulsmatəχ] *adj, adv* instinctif, instinctivement

ge·voels·mens [χəvulsmεns] *nm (-en)* sentimental, -ale

ge·vo·gel·te [χəvoχəltə] *het* **1** volaille **2** oiseaux

ge·volg [χəvɔlχ] *het (-en)* **1** conséquence; **~ geven aan een uitnodiging** accepter une invitation; **met goed ~ examen doen** passer un examen avec succès; **met alle ~en van dien** avec tout ce qui s'ensuit; **ten ~e van** par suite de; **de ~en ondervinden van** se ressentir de **2** suite

ge·volg·trek·king [χəvɔlχtrεkɪŋ] *nf (-en)* conclusion; **een ~ maken uit** tirer une conclusion de

ge·vol·mach·tigd [χəvɔlmɑχtəχt] *adj* délégué; **een ~e** un fondé de pouvoir

ge·von·den [χəvɔndə(n)] → **vinden**

ge·vor·derd [χəvɔrdərt] *adj (verder g., verst g.)* avancé

ge·vormd [χəvɔrmt] *adj* **1** fait **2** formé

ge·vraagd [χəvraχt] → **vragen**

ge·vre·ten [χəvretə(n)] → **vreten**

ge·vro·ren [χəvrorə(n)] → **vriezen**

ge·vuld [χəvʌlt] *adj* **1** plein **2** rempli; **een ~e kies** une molaire plombée **3** farci

ge|waad [χəwat] *het (-waden)* habit

ge·waagd [χəwaχt] *adj* **1** risqué **2** osé; **een gewaagde jurk** une robe osée; **een gewaagde stelling** une thèse audacieuse

ge·waagd·heid [χəwaχthεit] *nf* audace

ge·waaid [χəwajt] → **waaien**

ge·waar·wor·den [χəwarwɔrdə(n)] *vt (werd gewaar, i. gewaargeworden)* **1** apercevoir **2** s'apercevoir de **3** sentir

ge·waar·wor·ding [χəwarwɔrdɪŋ] *nf (-en)* sensation

ge·wag [χəwɑχ] *het* ♦ **~ maken (van)** faire mention (de)

ge·was [χəwɑs] *het (-sen)* **1** plante **2** végétation

ge·wat·teerd [χəwɑtert] *adj* matelassé

ge·wee·klaag [χəweklaχ] *het* lamentations

ge·ween [χəwen] *het* pleurs

ge·weer [χəwer] *het (geweren)* fusil ♦ **in het ~ komen** prendre les armes; *(fig.)* entrer en action

ge·weer·schot [χəwersχɔt] *het (-en)* **1** coup de fusil **2** balle
ge·weer·vuur [χəwervyr] *het* fusillade
ge·weest [χəwest] → **zijn**
ge·wei [χəwɛi] *het (-en)* bois
ge·we·ken [χəwekə(n)] → **wijken**
ge·weld [χəwɛlt] *het* violence; **~ gebruiken** avoir recours à la force; **grof ~** force brutale; **verbaal ~** invectives ♦ **hij wilde met alle ~ naar huis** il voulut rentrer à toute force
ge·weld·da|dig [χəwɛldadəχ] *adj, adv (-diger, meest g.)* violent, violemment; **~ optreden** intervenir avec violence
ge·wel·de·naar [χəwɛldənar] *nm (-s)* **1** hercule **2** crack
ge·wel·dig [χəwɛldəχ] *adj, adv* **1** formidable, extrêmement **2** (de façon) fantastique; **die jurk staat haar ~** cette robe lui va à merveille **3** violent, violemment
ge·weld·loos [χəwɛltlos] *adj, adv* non violent, par la non-violence
ge·weld·ple·ging [χəwɛltpleχɪŋ] *nf (-en)* violence
ge|welf [χəwɛlf] *het (-welven)* voûte
[1]**ge·wen·nen** [χəwɛnə(n)] *vi (gewende, h./i. gewend)* **1** s'accoutumer (à); **hij is niet veel gewend** il n'a jamais rien vu; **gewend zijn (om) te** être habitué à; **dat zijn we van hem gewend** il n'en fait pas d'autres **2** s'acclimater
[2]**ge·wen·nen** [χəwɛnə(n)] *vt (gewende, h. gewend)* habituer (à)
ge·wen·ning [χəwɛnɪŋ] *nf* **1** adaptation **2** accoutumance
ge·wer·veld [χəwɛrvəlt] *adj* vertébré
ge·west [χəwɛst] *het (-en)* **1** région **2** province **3** département
ge·wes·te·lijk [χəwɛstələk] *adj, adv* **1** (au niveau) régional **2** dans une région donnée
ge·west|raad [χəwɛstrat] *nm (-raden) (Belg.)* conseil régional
[1]**ge·we·ten** [χəwetə(n)] → [2]**weten**
[2]**ge·we·ten** [χəwetə(n)] → **wijten**
[3]**ge·we·ten** [χəwetə(n)] *het* conscience; **met een knagend ~** bourrelé de remords; **iemand zonder ~** une personne sans scrupules
ge·we·ten|loos [χəwetənlos] *adj, adv (-lozer, meest g.)* sans scrupules
ge·we·tens·be|zwaar [χəwetə(n)zbəzwar] *het (-zwaren)* **1** scrupule **2** objection de conscience
ge·we·tens·kwes·tie [χəwetə(n)skwɛsti] *nf (-s)* → **gewetenszaak**
ge·we·tens·nood [χəwetə(n)snot] *nm* détresse morale
ge·we·tens|vol [χəwetə(n)sfɔl] *adj, adv (-voller, meest g.)* consciencieux, consciencieusement
ge·we·tens·wroe·ging [χəwetə(n)sfruχɪŋ] *nf (-en)* remords
ge·we·tens|zaak [χəwetənsak] *de (-zaken)* cas de conscience; **van iets een ~ maken** se faire scrupule de qqch
ge·wet·tigd [χəwɛtəχt] *adj* légitime
[1]**ge·we·zen** [χəwezə(n)] → **wijzen**
[2]**ge·we·zen** [χəwezə(n)] *adj* ancien
ge·wicht [χəwɪχt] *het (-en)* **1** poids; **~ in de schaal leggen** peser dans la balance; **zijn volle ~ in de strijd werpen** se donner corps et âme à qqch; **zijn ~ in goud waard zijn** valoir son pesant d'or **2** importance
ge·wicht·hef·fen [χəwɪχthɛfə(n)] *vb* faire des poids et haltères; **het ~** l'haltérophilie
ge·wicht·hef·fer [χəwɪχthɛfər] *nm (-s)* haltérophile
ge·wich·tig [χəwɪχtəχ] *adj, adv* important
ge·wich·tig·heid [χəwɪχtəχhɛit] *nf* **1** importance **2** suffisance
ge·wicht·loos·heid [χəwɪχtloshɛit] *nf* apesanteur
ge·wichts·ver·lies [χəwɪχ(t)sfərlis] *het* perte de poids
ge|wiekst [χəwikst] *adj (-wiekster, meest g.)* roublard
ge·wijd [χəwɛit] *adj* **1** sacré **2** saint; **~e aarde** sol béni; **~ water** eau bénite **3** ordonné
ge|wild [χəwɪlt] *adj, adv (-wilder, meest g.)* **1** demandé **2** affecté, avec affectation
ge·wil·lig [χəwɪləχ] *adj, adv* **1** docile; **zich ~ tonen** se montrer conciliant **2** de son (plein) gré
ge·win [χəwɪn] *het* bénéfice
ge|wis [χəwɪs] *adj, adv (-wisser, meest g.)* certain(ement)
ge·woel [χəwul] *het* **1** agitation **2** bousculade **3** cohue
ge·wo·gen [χəwoχə(n)] → **wegen**
ge·wond [χəwɔnt] *adj* blessé; **de ~e** le, la blessé(e)
ge·won·den [χəwɔndə(n)] → **winden**
ge·won·nen [χəwɔnə(n)] → **winnen**
[1]**ge|woon** [χəwon] *adj (-woner, -woonst)* **1** ordinaire; **het gewone leven** la vie quotidienne; **de gewone manier van doen** la manière habituelle; **gewone rechtbank** tribunal de droit commun; **op het gewone tijdstip** à l'heure accoutumée **2** habitué; **~ zijn te, om** avoir l'habitude de
[2]**ge|woon** [χəwon] *adv (-woner, -woonst)* **1** normalement; **doe maar ~!** fais comme tout le monde ! **2** franchement; **'t kan ~ niet anders** c'est forcé **3** (tout) simplement
ge·woon·lijk [χəwonlək] *adv* normalement; **als ~ kwam ze te laat** comme d'habitude elle arriva en retard
ge·woon·te [χəwontə] *nf (-n, -s)* **1** usage; **het is de ~ om** il est d'usage de **2** habitude; **dat is anders mijn ~ niet** ce n'est pas dans mes habitudes
ge·woon·te·ge·trouw [χəwontəχətrɑu] *adj* fidèle à ses habitudes
ge·woon·weg [χəwonwɛχ] *adv* **1** comme cela **2** franchement
ge·wor·den [χəwɔrdə(n)] → [3]**worden**

ge·wor·pen [χəwɔrpə(n)] → werpen
ge·wor·teld [χəwɔrtəlt] *adj* enraciné
ge·wor·ven [χəwɔrvə(n)] → werven
ge·wraakt [χəvrakt] *adj* incriminé
ge·wre·ven [χəvrevə(n)] → wrijven
ge·wricht [χəvrɪχt] *het (-en)* articulation
***ge·wrichts-** [χəvrɪχ(t)s-] articulaire
ge·wro·ken [χəvrokə(n)] → wreken
ge·wron·gen [χəvrɔŋə(n)] → wringen
ge·zag [χəzɑχ] *het* autorité(s); het ~ handhaven faire respecter la loi; ~ hebben faire autorité; het hoogste ~ over iets hebben avoir la haute main sur qqch; kerkelijk en wereldlijk ~ pouvoir spirituel et pouvoir temporel; iets op iemands ~ aannemen croire qqch sur la foi de qqn; ~ uitoefenen commander
ge·zag·dra·ger [χəzɑχdraχər] *nm (-s)* représentant, -ante de l'Autorité
ge·zag·heb·bend [χəzɑχhɛbənt] *adj* 1 revêtu d'autorité 2 autorisé; het meest ~e werk over dit onderwerp l'ouvrage le plus accrédité sur ce sujet; ~ zijn faire autorité
ge·zags|cri·sis [χəzɑχskrizɪs] *nf (-crises)* crise du pouvoir
ge·zags·ge|trouw [χəzɑχsχətrɑu] *adj (-trouwer, meest g.)* fidèle au pouvoir
ge·zag·voer·der [χəzɑχfurdər] *nm (-s)* 1 leader 2 commandant
ge·za·men·lijk [χəzamə(n)lək] *adj, adv* 1 complet 2 (en) commun; met ~e krachten d'un commun effort; voor ~e rekening à frais communs
ge·zang [χəzɑŋ] *het (-en)* chant
ge·zang·boek [χəzɑŋbuk] *het (-en)*, **gezangenbundel** *nm (-s)* recueil, livre de cantiques
ge·za·nik [χəzanɪk] *het* 1 rabâchage; hou nou op met dat ~! change de disque ! 2 emmerde(ment)s
ge·zant [χəzɑnt] *nm (-en)* 1 représentant 2 attaché d'ambassade 3 *(Bible)* messager
ge·zant·schap [χəzɑntsχɑp] *het (-pen)* légation
ge·za·pig [χəzapəχ] *adj, adv* 1 mollasse, mollement; een ~ mens un mollasson 2 doux, doucement
ge·zegd [χəzɛχt] → ²zeggen
ge·zeg·de [χəzɛχdə] *het (-n, -s)* 1 expression 2 paroles; een geestig ~ un bon mot
ge·zeik [χəzɛik] *het* emmerdement
ge·zel·lig [χəzɛləχ] *adj, adv* 1 agréable(ment); het is hier ~ on est bien ici 2 (de façon) accueillant(e) 3 charmant; ~ kletsen passer un moment agréable à bavarder
ge·zel·lig·heid [χəzɛləχhɛit] *nf* ambiance (sympathique); hij houdt van ~ il aime la compagnie
ge·zel·lig·heids·ver·eni·ging [χəzɛləχhɛitsfərenəχɪŋ] *nf (-en)* club
ge·zel·schap [χəzɛlsχɑp] *het (-pen)* 1 compagnie; in goed ~ verkeren avoir de bonnes fréquentations; ~ hebben aan avoir (qqch, qqn) pour compagnie; stelt u mijn ~ op prijs? voulez-vous de ma compagnie ?; op iemands ~ gesteld zijn se plaire en la compagnie de qqn 2 société; een besloten ~ un cercle privé; een gemengd ~ une société mêlée
ge|zet [χəzɛt] *adj (-zetter, meest g.)* 1 fixe; op ~te tijden à heure fixe 2 corpulent; ~ worden prendre de l'embonpoint
¹ge·ze·ten [χəzetə(n)] → zitten
²ge·ze·ten [χəzetə(n)] *adj* 1 sédentaire 2 aisé
ge·zeur [χəzør] *het* 1 histoire(s) 2 rabâchage(s) 3 lamentation
ge·zicht [χəzɪχt] *het (-en)* 1 vue; dat is geen ~! ça ne ressemble à rien !; op het tweede ~ à la réflexion; zover het ~ reikt à perte de vue 2 visage; iemand in zijn ~ uitlachen rire au nez de qqn; ergens zijn ~ laten zien faire acte de présence; hij heeft een sympathiek ~ il a une bonne tête 3 air; een ernstig ~ zetten prendre un air grave; een stalen ~ un visage impassible; ~en trekken faire des grimaces; hij heeft zijn ware ~ getoond il s'est montré sous son vrai jour ♦ zijn ~ verliezen perdre la face
ge·zichts·be·drog [χəzɪχ(t)sbədrɔχ] *het* illusion d'optique
ge·zichts·hoek [χəzɪχ(t)shuk] *nm (-en)* 1 angle visuel, optique 2 perspective
ge·zichts·punt [χəzɪχ(t)spʌnt] *het (-en)* point de vue ♦ dat is een heel nieuw ~ c'est une toute nouvelle optique
ge·zichts·veld [χəzɪχ(t)sfɛlt] *het (-en)* champ (visuel); buiten iemands ~ liggen, vallen ne pas être du domaine de qqn
ge·zichts·ver·lies [χəzɪχ(t)sfərlis] *het* 1 perte de la vue 2 perte de prestige; ~ lijden perdre la face
ge·zichts·ver·mo·gen [χəzɪχ(t)sfərmoχə(n)] *het* vue
¹ge·zien [χəzin] → zien
²ge|zien [χəzin] *adj (-ziener, meest g.)* bien vu (de) ♦ een stuk voor ~ tekenen viser un acte; iets, het voor ~ houden en avoir assez
³ge·zien [χəzin] *prép* étant donné
ge·zin [χəzɪn] *het (-nen)* famille; een gebroken ~ une famille éclatée; groot, kinderrijk ~ famille nombreuse; een onvolledig ~ une famille à parent unique
ge·zind [χəzɪnt] *adj* intentionné; iemand niet gunstig ~ zijn regarder qqn d'un mauvais œil
ge·zind|heid [χəzɪnthɛit] *nf (-heden)* 1 disposition 2 opinions politiques
ge·zind·te [χəzɪntə] *nf (-n)* confession
***ge·zins-** [χəzɪns-] familial
ge·zins·dra·ma [χəzɪnzdrama] *het (-'s)* drame familial
ge·zins·her·eni·ging [χəzɪnshɛrenəχɪŋ] *nf (-en)* regroupement familial
ge·zins·le·den [χəzɪnsledə(n)] *plur* membres de la famille

ge·zins·ver·band [χəzɪnsfərbɑnt] *het* 1 rapport familial 2 famille
ge·zins·zorg [χəzɪnsɔrχ] *de (-en)* service social familial
[1]**ge·zocht** [χəzɔχt] → zoeken
[2]**ge|zocht** [χəzɔχt] *adj (-zochter, meest g.)* 1 recherché 2 tiré par les cheveux 3 très demandé
ge·zoem [χəzum] *het* bourdonnement
ge·zo·gen [χəzoχə(n)] → zuigen
ge·zond [χəzɔnt] *adj, adv* 1 en bonne santé; een ~e kleur hebben avoir de belles couleurs; iemand ~ maken guérir qqn; er ~ uitzien avoir bonne mine; ~ en wel sain et sauf 2 sain(ement); een ~ bedrijf une exploitation rentable
ge·zon·den [χəzɔndə(n)] → zenden
ge·zond·heid [χəzɔnthɛit] *nf* 1 santé; blaken van ~ respirer la santé 2 salubrité
ge·zond·heids·dienst [χəzɔnthɛitsdinst] *nm (-en)* service sanitaire
ge·zond·heids·ver·kla·ring [χəzɔnthɛitsfərklarɪŋ] *nf (-en)* certificat médical
ge·zond·heids·zorg [χəzɔnthɛitsɔrχ] *de* (services de) santé publique; geestelijke ~ hygiène mentale
ge·zon·gen [χəzɔŋə(n)] → zingen
ge·zon·ken [χəzɔŋkə(n)] → zinken
ge·zon·nen [χəzɔnə(n)] → zinnen
ge·zo·pen [χəzopə(n)] → zuipen
ge·zus·ters [χəzʌstərs] *plur* sœurs
ge·zwe·gen [χəzweχə(n)] → [2]zwijgen
ge·zwel [χəzwɛl] *het (-len)* 1 enflure 2 tumeur
ge·zwen·del [χəzwɛndəl] *het* escroquerie
[1]**ge·zwol·len** [χəzwɔlə(n)] → zwellen
[2]**ge·zwol·len** [χəzwɔlə(n)] *adj (meer g., meest g.)* 1 enflé 2 emphatique
ge·zwom·men [χəzwɔmə(n)] → zwemmen
ge·zwo·ren [χəzworə(n)] → zweren
ge·zwor·ven [χəzwɔrvə(n)] → zwerven
GGD [χeχede] *nm* ⟨*office municipal de la santé*⟩
Gha·na [χana] *het* Ghana
Gha·nees [χanes] *adj* ghanéen; de ~, Ghanese le, la Ghanéen(ne)
gids [χɪts] *de (-en)* 1 guide®; de gouden, gele gids® les pages jaunes; een ~ voor radio- en televisieprogramma's un magazine de radio et télévision 2 indicateur
gie·be·len [χibələ(n)] *vi (giebelde, h. gegiebeld),* **giechelen** *vi (giechelde, h. gegiecheld)* (pouffer de) rire
[1]**gier** [χir] *nm (-en)* vautour
[2]**gier** [χir] *de* lisier
gie·ren [χirə(n)] *vi (gierde, h. gegierd)* mugir; ~d ademhalen avoir une respiration sifflante; ~ van het lachen se tordre de rire ♦ de zenuwen ~ door mijn keel j'ai la gorge qui se noue
gie·rig [χirəχ] *adj* 1 avare 2 avide
gie·rig·heid [χirəχhɛit] *nf* avarice
gierst [χirst] *de* millet
[1]**gie·ten** [χitə(n)] *vt (goot, h. gegoten)* 1 verser 2 fondre; die kleren zitten als gegoten ces vêtements te, vous etc. vont comme un gant; het ~ le coulage; hij weet zijn gedachten in een goede vorm te ~ il sait traduire très bien ses pensées; een standbeeld ~ couler une statue 3 arroser
[2]**gie·ten** [χitə(n)] *vb impers (goot, h. gegoten)* ♦ (het regent dat) het giet il pleut à seaux
gie·ter [χitər] *nm (-s)* arrosoir
giet·ij·zer [χitɛizər] *het* fonte
gif [χɪf] *het (giffen)* 1 poison; daar kun je ~ op (in)nemen tu peux en être sûr et certain 2 venin
gif·belt [χɪvbɛlt] *nm (-en)* décharge de produits toxiques
gif·gas [χɪfχɑs] *het (-sen)* gaz toxique
gif·grond [χɪfχrɔnt] *nm (-en)* terrain pollué
gif·lo·zing [χɪflozɪŋ] *nf (-en)* décharge de produits toxiques
gif·schan|daal [χɪfsχɑndal] *het (-dalen)* scandale de(s) déchets toxiques, industriels
gif·slang [χɪfslɑŋ] *de (-en)* serpent venimeux
gift [χɪft] *de (-en)* don
gif·tig [χɪftəχ] *adj* 1 empoisonné 2 virulent; hij werd ~ il s'est mis en colère
gif·tig·heid [χɪftəχhɛit] *nf* 1 toxicité 2 venin
gif·wolk [χɪfwɔlk] *nf (-en)* nuage toxique
gi·gan|tisch [χiχɑntis] *adj, adv (-tischer, meest g.)* gigantesque(ment)
gij [χɛi] *pers (form. ou Belg.)* vous, *(Bible)* tu
gij·ze·laar [χɛizəlar] *nm (-s)* 1 otage 2 ravisseur, -euse
gij·ze·len [χɛizələ(n)] *vt (gijzelde, h. gegijzeld)* prendre en otage
gil [χɪl] *nm (-len)* 1 cri (perçant) 2 sifflement
gil·de [χɪldə] *het/de (-n)* corporation
gil·len [χɪlə(n)] *vti (gilde, h. gegild)* crier
gin·der [χɪndər] *adv* → ginds
[1]**ginds** [χɪn(t)s] *adv* là
[2]**ginds** [χɪn(t)s] *adj* qui est là-bas
ging [χɪŋ], **gingen** → gaan, afgaan, misgaan *(etc.)*
gips [χɪps] *het* plâtre
gips|af·druk [χɪpsɑvdrʌk] *nm (-ken),* **-afgietsel** *het (-s)* moulage (en plâtre)
gips·ver·band [χɪpsfərbɑnt] *het (-en)* plâtre
gi·re·ren [χirerə(n)] *vt (gireerde, h. gegireerd)* faire un virement (postal)
gi·ro [χiro] *nm* 1 service de comptes postaux 2 compte chèque postal; heb je (een) ~? tu as un CCP ? 3 relevé de compte
gi·ro·af·re·ke·ning [χiroɑfrekənɪŋ] *nf (-en)* → giro 3
gi·ro·be·taal·kaart [χirobətalkart] *de (-en)* postchèque
gi·ro|maat [χiromat] *nm (-maten)* distributeur automatique de CCP

gi·ro·pas [χiropɑs] *nm (-sen)* carte de garantie (de chèque postal)
gi·ro·re·ke·ning [χirorekənɪŋ] *nf (-en)* CCP
gis·sen [χɪsə(n)] *vti (giste, h. gegist)* deviner; **wij kunnen slechts ~ naar de oorzaak** nous ignorons tout des causes
gist [χɪst] *nm* levure
gis·ten [χɪstə(n)] *vi (gistte, h. gegist)* **1** fermenter **2** être en effervescence
gis·ter·avond [χɪstəravɔnt] *adv* hier soir
gis·te·ren [χɪstərə(n)] *adv* hier; **niet van ~ zijn** ne pas être né de la dernière pluie; **niet van vandaag of ~ zijn** ne pas dater d'hier
gi|taar [χitar] *de (-taren)* guitare
git·zwart [χɪtswɑrt] *adj* noir comme (du) jais
glaas·je [χlaʃə] *het (-s)* → **glas**
glad [χlɑt] *adj, adv* **1** glissant **2** malin; **een ~de jongen** un type roublard **3** lisse; **een ~de zee** une mer plate **4** complètement; **ik ben het ~ vergeten** je l'ai complètement oublié
glad·heid [χlɑthɛit] *nf* état glissant des routes, des rues
gla·di|ool [χladijol] *de (-olen)* glaïeul
glad·strij·ken [χlɑtstrɛikə(n)] *vt (streek glad, h. gladgestreken)* **1** lisser; **moeilijkheden ~** aplanir les difficultés **2** repasser
glad·weg [χlɑtwɛχ] *adv* carrément; **~ vergeten** oublier totalement
glans [χlɑns] *nm (-en, glanzen)* **1** clarté **2** éclat; **met ~** brillamment
glans·rijk [χlɑnsrɛik] *adj, adv* **1** brillant, brillamment; **een ~e overwinning** une victoire éclatante **2** splendide
glan·zen [χlɑnzə(n)] *vi (glansde, h. geglansd)* briller
glas [χlɑs] *het (glazen)* **1** verre; **een glaasje (te veel) op hebben** avoir bu un coup de trop; **~ in lood** vitrail **2** vitre; **zijn eigen glazen ingooien, inslaan** scier la branche sur laquelle on est assis
glas·bak [χlɑzbɑk] *nm (-ken)* conteneur spécial verre
glas·fa·briek [χlɑsfabrik] *nf (-en)* verrerie
glas·hard [χlɑshɑrt] *adj, adv* **1** dur (comme du fer) **2** *(personne)* dur; **hij ontkende ~** il niait carrément
glas·hel·der [χlɑshɛldər] *adj, adv* **1** clair(ement) **2** (d'une manière) cristallin(e)
glas-in-lood|raam [χlɑsɪnlotram] *het (-ramen)* vitrail
glas|raam [χlɑsram] *het (-ramen) (Belg.)* → **glas-in-loodraam**
glas·scha·de [χlɑsχadə] *de* bris de glaces
glas|scherf [χlɑsχɛrf] *de (-scherven)* éclat de verre
glas·tuin·bouw [χlɑstœymbɑu] *nm* horticulture en serres
glas·ve·zel [χlɑsfezəl] *de (-s)* fibre de verre, *(com.)* fibre optique
glas·ve·zel·net [χlɑsfezəlnɛt] *het (-ten)* réseau de fibre optique
gla·zen [χlazə(n)] *adj* **1** de, en verre **2** vitré
gla·zig [χlazəχ] *adj* vitreux
gla·zu·ren [χlazyrə(n)] *vt (glazuurde, h. geglazuurd)* émailler
gla·zuur [χlazyr] *het* **1** vernis **2** émail **3** glace
gleed [χlet], **gleden** → **glijden, uitglijden, wegglijden** *(etc.)*
glet·sjer [χlɛtʃər] *nm (-s)* glacier
gleuf [χløf] *de (gleuven)* **1** cannelure **2** fente
glib·be·ren [χlɪbərə(n)] *vi (glibberde, i. geglibberd)* glisser
glib·be·rig [χlɪbərəχ] *adj* **1** glissant **2** *(personne)* fuyant
glij|baan [χlɛiban] *de (-banen)* **1** glissoire **2** toboggan
glij·den [χlɛidə(n)] *vi (gleed, h./i. gegleden)* glisser; **zijn vingers over iets laten ~** promener ses doigts sur qqch
glij·dend [χlɛidənt] *adj (fig.)* mobile
glim·lach [χlɪmlɑχ] *nm* sourire; **iemand een ~ ontlokken** faire sourire qqn
glim·men [χlɪmə(n)] *vi (glom, h. geglommen)* **1** briller **2** rayonner
glimp [χlɪmp] *nm (-en)* **1** lueur; **een ~ van iemand opvangen, zien** entrevoir qqn (dans un éclair); **een ~ van spot** un soupçon de malice **2** apparence
glin·ste·ren [χlɪnstərə(n)] *vi (glinsterde, h. geglinsterd)* **1** briller **2** miroiter
glin·ste·ring [χlɪnstərɪŋ] *nf (-en)* éclat
glip·pen [χlɪpə(n)] *vi (glipte, i. geglipt)* **1** glisser **2** échapper; **iets laten ~** laisser échapper qqch
glo|baal [χlobal] *adj, adv (-baler, -baalst)* global(ement); **globale cijfers** chiffres approximatifs
glo·ba·li·se·ring [χlobalizerɪŋ] *nf* mondialisation
gloed [χlut] *nm* **1** ardeur **2** feu **3** reflets
gloed·nieuw [χlutniw] *adj* flambant neuf
gloed·vol [χlutfɔl] *adj, adv* enflammé, avec flamme; **~ spreken** parler avec élan
gloei|draad [χlujdrat] *nm (-draden)* filament
gloei·en [χlujə(n)] *vi (gloeide, h. gegloeid)* **1** rougir (au feu) **2** être ardent **3** brûler
[1]**gloei·end** [χlujənt] *adj* **1** brûlant **2** ardent
[2]**gloei·end** [χlujənt] *adv* tout à fait; **er ~ bij zijn** ne pas y couper (d'une punition, d'une amende)
gloei·lamp [χlujlɑmp] *de (-en)* ampoule
glom [χlɔm], **glommen** → **glimmen**
glooi·end [χlojənt] *adj, adv* en pente
glooi·ing [χlojɪŋ] *nf (-en)* **1** pente **2** talus
glo·ren [χlorə(n)] *vi (gloorde, h. gegloord)* luire
glo·rie [χlori] *nf (gloriën, -s)* gloire; **de resten van vergane ~** les vestiges d'une splendeur passée
glui·pe·rig [χlœypərəχ] *adj, adv* sournois(ement)

glun·de·ren [χlʌndərə(n)] *vi (glunderde, h. geglunderd)* rayonner (de)
glu·ren [χlyrə(n)] *vi (gluurde, h. gegluurd)* **1** épier **2** apparaître
glu·ten·vrij [χlytə(n)vrɛi] *adj* sans gluten
gluur·der [χlyrdər] *nm (-s)* voyeur
gnif·fe·len [χnɪfələ(n)] *vi (gniffelde, h. gegniffeld)* rire sous cape
goal [gol, ᴮχol] *nm (-s)* but; **een ~ maken** marquer un but
god [χɔt] *nm (-en),* **godin** *nf (-nen)* **1** dieu, déesse; **zich aan ~ noch gebod storen** vivre sans foi ni loi; **de mindere ~en** les personnages secondaires **2** Dieu; **leven als God in Frankrijk** vivre comme un coq en pâte; **Gods water over Gods akker laten lopen** laisser passer l'eau sous les ponts
god·al·le·mach·tig [χɔtɑləmɑχtəχ] *interj* bonté divine !
god·dank [χɔdɑŋk] *interj* grâce à Dieu
god·de·lijk [χɔdələk] *adj, adv* divin(ement)
god·de|loos [χɔdəlos] *adj, adv (-lozer, meest g.)* **1** athée **2** dépravé **3** (de façon) impie
god·de·loos|heid [χɔdəloshɛit] *nf (-heden)* **1** athéisme **2** perversité **3** action impie
go·den·dom [χodə(n)dɔm] *het* panthéon
god·gans [χɔtχɑns] *adj* tout
god·ge·klaagd [χɔtχəklaχt] *adj* scandaleux
god·ge·leerd·heid [χɔtχəlerthɛit] *nf* théologie
god|heid [χɔthɛit] *nf (-heden)* divinité
go·din [χodɪn] *nf (-nen)* → **god**
gods·dienst [χɔtsdinst] *nm (-en)* religion; **van ~ veranderen** se convertir; **vrijheid van ~** liberté religieuse
gods·dien·stig [χɔtsdinstəχ] *adj, adv* religieux, religieusement
gods·dienst·vrij·heid [χɔtsdinstfrɛihɛit] *nf* liberté religieuse
gods·ge·schenk [χɔtsχəsχɛŋk] *het (-en)* **1** don de Dieu **2** cadeau du Ciel
gods·gru·we·lijk [χɔtsχrywələk] *adj, adv* affreux, affreusement
gods·las·te·rend [χɔtslɑstərənt] *adj* blasphématoire
gods·las·te·ring [χɔtslɑstərɪŋ] *nf (-en)* **1** blasphème **2** juron
gods·naam [χɔtsnam] ♦ **in ~** au nom de Dieu; **wat bezielt jullie in ~?** mais qu'est-ce qui vous prend ?
gods·on·mo·ge·lijk [χɔtsɔmoχələk] *adj* absolument impossible
gods·vrucht [χɔtsfrʌχt] *de* piété
gods·wil [χɔtswɪl] ♦ **om ~** pour l'amour de Dieu
god·ver·dom·me [χɔtfərdɔmə] *interj* nom de Dieu !
[1]**god·ver·ge·ten** [χɔtfərχetə(n)] *adj* **1** impie; **een ~ onrecht** une injustice flagrante **2** désolé
[2]**god·ver·ge·ten** [χɔtfərχetə(n)] *adv* diablement
god·vruch·tig [χɔtfrʌχtəχ] *adj, adv* pieux, pieusement; **een ~ leven** une vie dévote
[1]**goed** [χut] *het (-eren)* **1** bien; **begrip van ~ en kwaad** sens moral; **roerend en onroerend ~** biens meubles et immeubles; **zich te ~ doen aan iets** se servir de qqch; **ten ~e komen (aan)** profiter (à); **houd dat mij ten ~e** ne le prenez pas en mauvaise part **2** crédit; **dat geld heb ik nog van hem te ~** il me doit encore cette somme **3** tissu **4** linge
[2]**goed** [χut] *adj, adv (beter, best)* bon, bien *(pour les expressions non mentionnées ici voir les substantifs et verbes concernés);* **ik ben wel ~ maar niet gek** je ne suis pas tombé sur la tête; **~ bij zijn** être éveillé; **het ~ doen** bien marcher; **als ik het ~ heb** si je ne me trompe; **wij hebben het ~** nous ne manquons de rien; **dat is te veel van het ~e** c'est trop, vraiment; *(fam.)* **is ~!** ça marche !, d'accord !; **hij kan geen ~ meer doen** on critique tout ce qu'il fait; **dat komt wel weer ~** ça va s'arranger; **hij heeft ~ praten** il a beau dire; **er ~ uitzien** avoir bonne mine; **dat was maar ~ ook!** heureusement !; **ik was nog maar ~ en wel thuis of ...** j'étais à peine à la maison que ...; **zou u zo ~ willen zijn ...** voudriez-vous avoir la gentillesse de ... ♦ **zo ~ als** pratiquement; **ze is onderweg niet ~ geworden** elle a eu un malaise en cours de route
goed·aar·dig [χutardəχ] *adj, adv* **1** bon, gentiment **2** bénin
goed·be·doeld [χudbədult] *adj* ⟨*(fait ou dit) avec de bonnes intentions*⟩
goed·deels [χudels] *adv* en grande partie
[1]**goed·dun·ken** [χudʌŋkə(n)] *het* → [1]**goedvinden**
[2]**goed·dun·ken** [χudʌŋkə(n)] *vi (dacht, docht goed, h. goedgedacht, goedgedocht)* **1** sembler bon **2** plaire
goe·de·mid·dag [χudəmɪdɑχ] bonjour
goe·de·mor·gen [χudəmɔrχə(n)] bonjour
goe·de·nacht [χudənɑχt] bonne nuit
goe·den·avond [χudə(n)avɔnt] bonsoir
goe·den·dag [χudə(n)dɑχ] **1** bonjour **2** au revoir
goe·de·ren [χudərə(n)] *plur* → [1]**goed 1**
***goe·de·ren-** [χudərə(n)-] de marchandises
goe·de·ren·ver·keer [χudərə(n)vərker] *het* trafic des marchandises
goed|geefs [χutχefs] *adj (-geefser, meest g.)* généreux
goed·ge·hu·meurd [χutχəhymørt] *adj* → **goedgemutst**
goed·ge·lo·vig [χutχəlovəχ] *adj* crédule
goed·ge·mutst [χutχəmʌtst] *adj* de bonne humeur
goed·ge·zind [χutχəzɪnt] *adj* **1** bien disposé (envers qqn) **2** *(Belg.)* de bonne humeur

goed·gun·stig [χutχʌnstəχ] *adj, adv* bien disposé (envers qqn), avec bienveillance

goed·har·tig [χuthɑrtəχ] *adj, adv* **1** bon, avec bonté **2** bonhomme, avec bonhomie

goed·heid [χuthɛit] *nf* bonté

goed·hou·den [χuthɑudə(n)] *vt (hield goed, h. goedgehouden)* conserver

goe·dig [χudəχ] *adj, adv* bon, avec bonhomie

goed·keu·ren [χutkørə(n)] *vt (keurde goed, h. goedgekeurd)* **1** approuver **2** accepter **3** juger apte (à)

goed·keu·rend [χutkørənt] *adj, adv* approbateur, de façon approbative

goed·keu·ring [χutkørɪŋ] *nf (-en)* approbation; dit voorstel droeg aller ~ weg cette proposition fut acceptée par tous

goed|koop [χutkop] *adj, adv (-koper, -koopst)* **1** (à) bon marché; er ~ afkomen s'en tirer à bon compte; dit product is goedkoper geworden le prix de ce produit a baissé **2** facile

goed|lachs [χutlɑχs] *adj (-lachser, meest g.)* qui aime rire

goed·lo·pend [χutlopənt] *adj* **1** bien formulé **2** bien achalandé

goed·ma·ken [χutmakə(n)] *vt (maakte goed, h. goedgemaakt)* **1** réparer **2** justifier **3** couvrir

goed·moe·dig [χutmudəχ] *adj, adv* bon enfant, jovialement

goed·pra·ten [χutpratə(n)] *vt (praatte goed, h. goedgepraat)* justifier

goed·schiks [χutsχɪks] *adv* **1** de son (plein) gré; ~ of kwaadschiks de gré ou de force **2** convenablement

[1]**goed·vin·den** [χutfɪndə(n)] *het* **1** approbation **2** gré

[2]**goed·vin·den** [χutfɪndə(n)] *vt (vond goed, h. goedgevonden)* **1** approuver; ik vind alles goed cela m'est égal **2** juger bon

goed·zak [χutsɑk] *nm (-ken)* bonne pâte

goeie [χujə] *adj* → [2]goed

goei·erd [χujərt] *nm (-s)* brave homme, femme

goes·ting [χustɪŋ] *nf (Belg.)* envie; tegen zijn ~ à contrecœur

gok [χɔk] *nm* **1** pari; zullen we een ~je doen, wagen? on parie ?; op de ~ au hasard **2** coup de dés *(fig.)*; het is een ~ c'est un risque à prendre

gok·au·to|maat [χɔkɑutomat] *nm (-maten)*, **gokkast** *de (-en)* machine à sous

gok·ken [χɔkə(n)] *vi (gokte, h. gegokt)* **1** parier **2** spéculer **3** prendre des risques

gok·spel [χɔkspɛl] *het (-en)* jeu d'argent

gold [χɔlt], **golden** → gelden

golf [χɔlf] *de (golven)* **1** vague **2** ondulation **3** golfe **4** onde; de korte ~ les ondes courtes **5** flot ♦ groene ~ feux coordonnés

golf·bad [χɔlvbɑt] *het (-en)* piscine à vagues (artificielles)

golf·be·we·ging [χɔlvbəweχɪŋ] *nf (-en)* **1** mouvement de(s) vagues **2** mouvement ondulatoire **3** courbe

golf·bre·ker [χɔlvbrekər] *nm (-s)* brise-lame

golf·leng·te [χɔlflɛŋtə] *nf (-n, -s)* longueur d'onde

golf|plaat [χɔlfplat] *de (-platen)* tôle ondulée

golf·slag [χɔlfslɑχ] *nm* **1** déferlement (des vagues) **2** houle

golf·slag·bad [χɔlfslɑχbɑt] *het (-en)* → golfbad

golf|staat [χɔlfstat] *nm (-staten)* émirat du Golfe

Golf·stroom [χɔlfstrom] *nm* Gulf Stream

golf·ter·rein [gɔlftɛrɛin, χɔlftɛrɛin] *het (-en)* terrain de golf

gol·ven [χɔlvə(n)] *vi (golfde, h. gegolfd)* **1** onduler **2** ondoyer

gom [χɔm] *het* gomme

gon·del [χɔndəl] *de (-s)* **1** gondole **2** (petite) barque **3** cabine

gon·zen [χɔnzə(n)] *vi (gonsde, h. gegonsd)* bourdonner; het gonst van de geruchten des rumeurs s'élèvent de partout

goo·che·laar [χoχəlar] *nm (-s)* prestidigitateur

[1]**goo·che·len** [χoχələ(n)] *vi (goochelde, h. gegoocheld)* **1** exécuter des tours de prestidigitation **2** jongler

[2]**goo·che·len** [χoχələ(n)] *vt (goochelde, h. gegoocheld)* escamoter

goo·ge·len [gugələ(n)] *vti (googelde, h. gegoogeld) (inform.)* googler

gooi [χoj] *nm (-en)* jet ♦ hij heeft een gelukkige ~ gedaan il a réussi un joli coup de dés; een ~ naar iets doen tenter sa chance

gooi·en [χojə(n)] *vt (gooide, h. gegooid)* jeter; er alles uit ~ vider son sac

goor [χor] *adj, adv (goorder, goorst)* sale, malproprement

[1]**goot** [χot], **goten** → gieten, afgieten, leeggieten *(etc.)*

[2]**goot** [χot] *de (goten)* **1** conduit d'écoulement **2** caniveau; in de ~ terechtkomen tomber dans le ruisseau

goot|steen [χotsten] *nm (-stenen)* évier

gor·del [χɔrdəl] *nm (-s)* **1** ceinture **2** zone; de ~ van smaragd l'Insulinde

gor·del·roos [χɔrdəlros] *de* zona

gor·dijn [χɔrdɛin] *het/de (-en)* rideau; *(fig.)* iemand de ~en in jagen rendre qqn dingue; een ~ voor iets schuiven tirer le rideau sur qqch

gor·ge·len [χɔrχələ(n)] *vi (gorgelde, h. gegorgeld)* se gargariser

gort·droog [χɔrdroχ] *adj* sec comme une allumette

gor·tig [χɔrtəχ] *adj* ♦ hij maakt het al te ~ il dépasse les bornes

GOS [χɔs] *het* abrév. de *Gemenebest van Onafhankelijke Staten* CEI

go·tisch [χotis] *adj* gothique

goud [χɑut] *het* or; ik had het voor geen ~ willen missen pour rien au monde je n'aurais voulu manquer ça; *(fig.)* **~ in handen hebben** être tombé sur un filon; **een staaf ~** un lingot d'or

goud·bruin [χaudbrœyn] *adj* mordoré

gou·den [χaudə(n)] *adj* d'or

gou·den·re·gen [χaudə(n)reχə(n)] *nm (-s)* cytise

goud·koorts [χautkorts] *de* **1** fièvre de l'or **2** soif de l'or

Goud·kust [χautkʌst] *de* Côte-de-l'Or

goud·mijn [χautmɛin] *de (-en)* mine (d'or); **dat winkeltje is een ~tje** ce magasin fait des affaires d'or

goud·re·net [χaudrənɛt] *de (-ten)* (pomme de) reinette

gouds·bloem [χautsblum] *de (-en)* souci

goud|smid [χautsmɪt] *nm (-smeden)* orfèvre

goud·vis [χautfɪs] *nm (-sen)* poisson rouge

goud·zoe·ker [χautsukər] *nm (-s)* **1** chercheur d'or **2** aventurier, -ière

gou·ver·neur [χuvərnør] *nm (-s)* gouverneur

graad [χrat] *nm (graden)* **1** degré **2** grade

graad·me·ter [χratmetər] *nm (-s)* indicateur

graaf [χraf] *nm (graven)* comte

graaf·schap [χrafsχap] *het (-pen)* comté

graag [χraχ] *adj, adv (grager, graagst)* **1** volontiers; **~ gedaan** je vous en prie; **ik mag hem ~ (lijden)** je l'aime bien; **~ of niet** c'est à prendre ou à laisser **2** avide(ment)

[1]**graai·en** [χrajə(n)] *vi (graaide, h. gegraaid)* farfouiller

[2]**graai·en** [χrajə(n)] *vt (graaide, h. gegraaid)* chiper

graan [χran] *het (granen)* blé; **uit ~ gestookte alcohol** alcool de grains

graan·ge·was [χraŋχəwas] *het (-sen)* (plante) céréale

graan·oogst [χranoχst] *nm (-en)* moisson

graan·tje [χrancə] *het (-s)* ♦ **een ~ meepikken** avoir part au gâteau

graat [χrat] *de (graten)* arête; **niet zuiver op de ~** un peu louche; **van de ~ vallen** mourir de faim; *(Belg.)* **overal graten in zoeken** chercher la petite bête

grab·bel [χrabəl] ♦ **te ~ gooien** galvauder

[1]**grab·be·len** [χrabələ(n)] *vi (grabbelde, h. gegrabbeld)* fouiller

[2]**grab·be·len** [χrabələ(n)] *vti (grabbelde, h. gegrabbeld)* retirer qqch d'un tonneau

grab·bel·ton [χrabəltɔn] *de (-nen)* ± pêche miraculeuse

gracht [χraχt] *de (-en)* **1** canal **2** quai **3** *(Belg.)* fossé

grach·ten|huis [χraχtə(n)hœys] *het (-huizen)* maison le long d'un canal

gra·da·tie [χrada(t)si] *nf (-s)* gradation

graf [χraf] *het (graven)* tombe; **het Heilige Graf** le Saint-Sépulcre; **iemand het ~ in prijzen** faire le panégyrique de qqn; **iemand ten grave, naar het ~ dragen** porter qqn en terre

***graf-** [χraf-] funéraire

graf·del·ver [χravdɛlvər] *nm (-s)* fossoyeur

gra·fi|cus [χrafikʌs] *nm (-ci)* graphiste

gra·fisch [χrafis] *adj, adv* graphique(ment); **een ~ ontwerper** un graphiste; **een ~e voorstelling** un graphique; **~e vormgeving** la graphique

graf·kel·der [χrafkɛldər] *nm (-s)* caveau

graf·kuil [χrafkœyl] *nm (-en)* fosse

graf·re·de [χrafredə] *de (-s)* oraison funèbre

graf·schrift [χrafsχrɪft] *het (-en)* épitaphe

graf|steen [χrafsten] *nm (-stenen)* → **grafzerk**

graf·zerk [χrafsɛrk] *de (-en)* pierre tombale

[1]**gram** [χram] *het (-men)* gramme

[2]**gram** [χram] *nm* ♦ **zijn ~ halen** assouvir sa rage

gram·ma·ti·ca [χramatika] *nf* grammaire

gram·mo·foon [χramofon] *nm (-s)* tourne-disque

gram·mo·foon|plaat [χramofomplat] *de (-platen)* disque

gram·schap [χramsχap] *nf* courroux

[1]**gra|naat** [χranat] *de (-naten) (milit.)* grenade

[2]**gra|naat** [χranat] *nm (-naten) (pierre précieuse)* grenat

gra·naat|scherf [χranatsχɛrf] *de (-scherven)* éclat d'obus

gran|di·oos [χrandijos] *adj, adv (-diozer, meest g.)* **1** grandiose, superbement **2** énorm(ément); **een grandioze flater** une bévue monumentale

gra·niet [χranit] *het* granit; **van ~** granitique

grap [χrap] *de (-pen)* **1** plaisanterie; **~pen maken** plaisanter; **we zullen je die ~pen wel afleren!** on saura bien t'en faire passer l'envie ! **2** farce; **dat is een dure ~!** ce n'est pas donné !; **de ~ is eraf** ce n'est plus amusant; **het zou een mooie ~ zijn als** il ferait beau voir que; **~pen uithalen** jouer des tours

grape·fruit [grepfrut] *nm (-s)* pamplemousse

grap·jas [χrapjas] *nm (-sen)* blagueur, -euse; **de ~ uithangen** faire le pitre

grap·pen·ma·ker [χrapəmakər] *nm (-s)* plaisantin

grap·pig [χrapəχ] *adj, adv* **1** amusant, comiquement; **hij is altijd zo ~** il est toujours aussi rigolo **2** drôle(ment)

gras [χras] *het (-sen)* herbe; **hij is nog zo groen als ~** il est à peine sorti de sa coque; **er geen ~ over laten groeien** ne pas perdre de temps

gras·dui·nen [χrazdœynə(n)] *vi (grasduinde, h. gegrasduind)* se repaître (de); **in geschiedenis ~** se plonger avec délices dans l'histoire

gras·halm [χrashalm] *nm (-en)* chaume

gras·land [χraslant] *het (-en)* **1** pâturage **2** pré

gras|maai·er [χrɑsmajər] *nm (-s),* **-maai·machine** *nf (-s)* tondeuse à gazon
gras·mat [χrɑsmɑt] *de (-ten)* pelouse
gras·perk [χrɑspɛrk] *het (-en)* → grasmat
gras·veld [χrɑsfɛlt] *het (-en)* → grasmat
gra·tie [χra(t)si] *nf* grâce; bij de ~ (van) par la grâce (de); bij iemand in de ~ komen gagner les bonnes grâces de qqn; uit de ~ raken tomber en disgrâce; ~ verlenen gracier (qqn)
gra·tie·ver·zoek [χra(t)sivərzuk] *het (-en)* recours en grâce
gra·tis [χratɪs] *adj, adv* gratuit(ement); ~ hulp aide bénévole; iets er ~ bij krijgen recevoir qqch en prime
[1]**grauw** [χrau] *het* lie du peuple
[2]**grauw** [χrau] *nm (-en)* coup de bec; een ~ en een snauw une rebuffade
[3]**grauw** [χrau] *adj* gris; ~ zien être blême
grau·wen [χrauwə(n)] *vi (grauwde, h. gegrauwd)* grogner
gra·veer|kunst [χraverkʌnst] *nf,* **-werk** *het* gravure
gra·vel [grɛvəl] *het* terre battue
gra·ven [χravə(n)] *vti (groef, h. gegraven)* 1 creuser; *(fig.)* niet diep ~ rester superficiel; goud ~ extraire de l'or; het ~ le creusement; in iemands verleden ~ fouiller dans le passé de qqn 2 fouir (le sol)
gra·ve·ren [χraverə(n)] *vt (graveerde, h. gegraveerd)* graver; het ~ la gravure
gra·vin [χravɪn] *nf (-nen)* comtesse
gra·zen [χrazə(n)] *vi (graasde, h. gegraasd)* 1 paître 2 grignoter *(p.ex. devant la télé)* ♦ hij heeft mij te ~ genomen il m'a eu
green·point [gri:mpɔjnt] *nm (-s)* signal bibop
[1]**greep** [χrep] *nm (grepen)* 1 prise; een ~ in de kas doen taper dans la caisse; (geen) ~ krijgen op iets (n')avoir (aucune) prise sur qqch; met een enkele ~ d'un seul coup 2 *(mus.)* doigté 3 choix; dat was een gelukkige ~ j'ai (tu as, il a etc.) eu la main heureuse; een ~ uit het leven une tranche de vie
[2]**greep** [χrep] *de (grepen)* 1 prise 2 poignée
grein·tje [χrɛincə] *het (-s)* ♦ hij heeft geen ~ gezond verstand il n'a pas un grain de bon sens
gren·del [χrɛndəl] *nm (-s)* verrou
gren·de·len [χrɛndələ(n)] *vt (grendelde, h. gegrendeld)* verrouiller
gre·nen [χrenə(n)] *adj* en pin
gre·nen·hout [χrenə(n)haut] *het* pin
grens [χrɛns] *de (grenzen)* frontière; alles heeft zijn grenzen tout a des limites; op de ~ van leven en dood au seuil de la mort; een ~ overschrijden dépasser les bornes
***grens-** [χrɛns-] frontalier
grens·ge·bied [χrɛnsχəbit] *het (-en)* 1 région frontalière 2 domaine marginal
grens·ge·val [χrɛnsχəvɑl] *het (-len)* cas limite
grens·hos·pi·ti·um [χrɛnshɔspi(t)ʃʌm] *het (-pitiums, -pitia)* centre d'accueil pour demandeurs d'asile
grens·kan|toor [χrɛnskɑntor] *het (-toren)* bureau de la douane
grens·over·gang [χrɛnsovərχɑŋ] *nm (-en)* 1 passage de la frontière 2 (poste) frontière
grens·over·schrij·dend [χrɛnsovərsχrɛidənt] *adj* transfrontalier
grens·rech·ter [χrɛnsrɛχtər] *nm (-s)* juge de touche
grens|streek [χrɛnstrek] *de (-streken)* → grensgebied 1
grens·ver·leg·gend [χrɛnsfərlɛχənt] *adj* ♦ ~ onderzoek recherches qui élargissent le champ de la connaissance
gren·ze|loos [χrɛnzəlos] *adj, adv (-lozer, -loost)* infini(ment); ik erger me daar ~ aan cela m'horripile
gren·zen [χrɛnzə(n)] *vi (grensde, h. gegrensd)* 1 *(+ aan)* toucher 2 *(+ aan) (fig.)* côtoyer (qqch)
grep·pel [χrɛpəl] *de (-s)* fossé
gre·tig [χretəχ] *adj, adv* avide(ment); ergens ~ op ingaan sauter sur qqch; hij tastte ~ toe il dévora à belles dents
grief [χrif] *de (grieven)* grief
Griek [χrik] *nm (-en),* **Griekse** *nf (-n)* Grec, Grecque
Grie·ken·land [χrikə(n)lɑnt] *het* Grèce
Grieks [χriks] *adj* grec; het ~ le grec; ~ en Latijn studeren faire ses humanités
grie·nen [χrinə(n)] *vi (griende, h. gegriend)* pleurnicher
griep [χrip] *de* grippe; ~ krijgen attraper la grippe
griep·vac·cin [χripfɑksɛ̃] *het (-s)* vaccin antigrippal
gries·meel·pud·ding [χrismelpʌdɪŋ] *nm (-s)* gâteau de semoule
griet [χrit] *nf* nana
grie·ven [χrivə(n)] *vt (griefde, h. gegriefd)* 1 blesser; het ~ la vexation 2 tourmenter
grie·vend [χrivənt] *adj, adv* 1 blessant 2 pénible(ment)
grie·zel [χrizəl] *nm (-s)* personnage inquiétant; wat een ~! quel affreux bonhomme !
grie·zel·film [χrizəlfɪlm] *nm (-s)* film d'épouvante
grie·ze·lig [χrizələχ] *adj* angoissant; een ~ gezicht un spectacle à faire frémir
grif [χrɪf] *adj, adv* prompt(ement)
grif·fel [χrɪfəl] *de (-s)* crayon d'ardoise; de Gouden Griffel ± 'Oscar' de la littérature enfantine; een tien met een ~ krijgen avoir le pompon
grif·fie [χrɪfi] *nf (-s)* greffe
grif·fier [χrɪfir] *nm (-s) (jur.)* greffier
grijns [χrɛins] *de,* **grijnslach** *nm* grimace
grijp|baar [χrɛibar] *adj (-baarder, -baarst)* 1 à portée de la main 2 saisissable
grij·pen [χrɛipə(n)] *vti (greep, h. gegrepen)* saisir; door iets gegrepen zijn être

ému par qqch; **voor het ~ liggen** surabonder; **iets voor het ~ hebben** avoir qqch sous la main; *(fig.)* **te hoog ~** viser trop haut; **de buizen ~ in elkaar** les tubes rentrent les uns dans les autres; **naar iets ~** étendre la main vers qqch; **om zich heen ~** faire boule de neige

grijp·graag [χrɛipχraχ] *adj* ♦ **grijpgrage kinderhandjes** menottes qui touchent à tout

grijp·stui·ver [χrɛipstœyvər] *nm (-s)* ♦ **ik heb het voor een ~ gekocht** je l'ai acheté pour trois fois rien

grijs [χrɛis] *adj (grijzer, grijst)* **1** gris, *(cheveux)* blanc; **zij was in het ~** elle était en gris; **hij is ~ geworden** il a blanchi **2** lointain ♦ **maak het nou niet te ~** n'exagère pas

grijs·aard [χrɛisart] *nm (-s)* vieillard

gril [χrɪl] *de (-len)* caprice; *(Belg.)* **aprilse ~len** giboulées d'avril

gril·len [χrɪlə(n)] *vt (grilde, h. gegrild),* **grilleren** *vt (grilleerde, h. gegrilleerd)* griller

gril·lig [χrɪləχ] *adj, adv* **1** capricieux, capricieusement; **een ~ humeur hebben** être d'humeur changeante **2** (de manière) baroque

gril·lig|heid [χrɪləχhɛit] *nf (-heden)* **1** humeur capricieuse **2** caprice **3** irrégularité

gri·mas [χrimɑs] *de (-sen)* grimace; **~sen maken** grimacer

gri·me·ren [χrimerə(n)] *vt (grimeerde, h. gegrimeerd)* maquiller; **het ~** le maquillage

gri·meur [χrimør] *nm (-s)* maquilleur, -euse

grim·mig [χrɪməχ] *adj, adv* **1** effrayant, effroyablement **2** (de façon) revêche **3** rude

grind [χrɪnt], **grint** *het* gravier

grin·ni·ken [χrɪnəkə(n)] *vi (grinnikte, h. gegrinnikt)* ricaner

grint [χrɪnt] *het* → **grind**

grip [χrɪp] *nm* **1** adhérence; **geen ~ op iets kunnen krijgen** ne pas avoir prise sur qqch **2** poignée

gris·sen [χrɪsə(n)] *vt (griste, h. gegrist)* arracher

[1]**groef** [χruf], **groeven** → **graven, afgraven, opgraven** *(etc.)*

[2]**groef** [χruf] *de (groeven)* sillon

groei [χruj] *nm* **1** croissance **2** développement

***groei-** [χruj-] de croissance

groei·en [χrujə(n)] *vi (groeide, i. gegroeid)* **1** pousser; **~ en bloeien** prospérer; **het ~** la croissance; **naar elkaar toe ~** se rapprocher; **zij is zes pond gegroeid** elle a pris trois kilos; **uit elkaar ~** s'éloigner, s'écarter; **er zal een goede lerares uit haar ~** elle fera un bon professeur **2** grandir

groei·kern [χrujkɛrn] *de (-en)* noyau de croissance

groei·markt [χrujmarkt] *de (-en)* marché en expansion

groei·stuip [χrujstœyp] *de (-en)* **1** convulsion **2** crise de croissance

groen [χrun] *adj* vert; **de ~en** les verts; **zich ~ en geel ergeren** enrager; **hij werd ~ en geel van nijd** il a verdi de jalousie; **het wordt hem ~ en geel voor de ogen** la tête lui tourne; **het openbaar ~** les espaces verts

groen·blij·vend [χrumblɛivənt] *adj* persistant; **niet-~e bomen** arbres à feuilles caduques

groen·heid [χrunhɛit] *nf* **1** verdeur **2** inexpérience

Groen·land [χrunlɑnt] *het* Groenland

Groen|lan·der [χrunlɑndər] *nm (-s),* **-landse** *nf (-n)* Groenlandais, -aise

Groen·lands [χrunlɑn(t)s] *adj* groenlandais

groen|strook [χrunstrok] *de (-stroken)* **1** espace vert **2** ± terre-plein (central)

groen·te [χruntə] *nf (-n, -s)* légume

groen·te·boer [χruntəbur] *nm (-en)* → **groenteman**

groen·te·man [χruntəmɑn] *nm (-nen)* marchand de légumes

groen·te·soep [χruntəsup] *de* potage aux légumes

groen·te·tuin [χruntətœyn] *nm (-en)* (jardin) potager

groen·tijd [χruntɛit] *nm* période de bizutage

groen·tje [χruncə] *het (-s)* bleu

groen·voer [χrunvur] *het* fourrage vert

groen·voor·zie·ning [χrunvorzinɪŋ] *nf (-en)* → **groenstrook 1**

groep [χrup] *de (-en)* groupe; **in ~jes** en petits groupes; **iets in de ~ gooien** mettre qqch sur le tapis

[1]**groe·pe·ren** [χruperə(n)] *vt (groepeerde, h. gegroepeerd)* grouper

[2]**groe·pe·ren, zich** [χruperə(n)] *vpr (groepeerde zich, h. zich gegroepeerd)* se grouper

groe·pe·ring [χruperɪŋ] *nf (-en)* groupement

groeps·be·lang [χrupsbəlɑŋ] *het (-en)* intérêt collectif

groeps·ge·wijs [χrupsχəwɛis] *adv* par groupes

groeps|lei·der [χrupslɛidər] *nm (-s),* **-leidster** *nf (-s)* **1** chef de groupe, d'équipe **2** animateur, -trice

groeps|reis [χrupsrɛis] *de (-reizen)* voyage collectif

groeps·seks [χrupsɛks] *nm* amour collectif

groeps·ver·band [χrupsfərbɑnt] *het* ♦ **in ~** en groupe(s); **werk in ~** travail en équipe

groeps·werk [χrupswɛrk] *het* **1** travail en équipe **2** animation

groet [χrut] *nm (-en)* salutation; **de ~en aan uw vrouw** mes respects à votre femme; **de ~en doen** passer le bonjour (à qqn); **iemand een laatste ~ brengen** rendre un dernier hommage à qqn

groe·ten [χrutə(n)] *vt (groette, h. gegroet)* saluer; **iemand ~** dire bonjour à qqn
groe·ve [χruvə] *de (-n)* fosse
groe·ze·lig [χruzələχ] *adj* 1 défraîchi 2 terne
groe·ze·lig·heid [χruzələχhɛit] *nf* malpropreté
grof [χrɔf] *adj, adv (grover, grofst)* 1 brut; **iets ~ schetsen** esquisser qqch à grands traits 2 grossier, grossièrement; **(een) grove nalatigheid** (une) négligence impardonnable; **een ~ schandaal** un vrai scandale 3 (en) gros
grof·ge·bouwd [χrɔfχəbɑut] *adj* bâti à chaux et à sable
grof|heid [χrɔfhɛit] *nf (-heden)* grossièreté
grof·vuil [χrɔfœyl] *het* déchets encombrants mis au rebut
grof·weg [χrɔfwɛχ] *adv* grossièrement; **dat kost je ~ drieduizend euro** ça te reviendra dans les trois mille euros
grol [χrɔl] *nm (-len)* 1 fadaise 2 clownerie
grom·men [χrɔmə(n)] *vti (gromde, h. gegromd)* gronder
grond [χrɔnt] *nm (-en)* 1 terre; **als aan de ~ genageld staan** rester cloué sur place; **de begane ~** le rez-de-chaussée; **laag bij de ~** trivial; **door de ~ (kunnen) gaan** vouloir rentrer (à cent pieds) sous terre; **groente van de koude ~** légume de pleine terre; **iets met de ~ gelijk maken** raser qqch; **tot de ~ toe afbranden** brûler complètement; **deze zaak komt niet van de ~** on n'arrive pas à mettre sur pied cette affaire; **een bedrijf van de ~ af opbouwen** monter une entreprise en partant de zéro; **vaste ~ onder de voeten hebben** toucher terre 2 fond; **aan de ~ zitten** être à fond de cale; être abattu; **iemand, iets de ~ in boren** descendre qqn, qqch (en flamme(s)); **te ~e gaan** courir à sa perte 3 raison; **die bewering mist alle ~** cette affirmation est dénuée de tout fondement; **op ~ van artikel 26** en vertu de l'article 26; **aan iets ten ~e liggen** être à la base de qqch ♦ **iemand, iets te ~e richten** ruiner qqn, qqch; **iets uit de ~ stampen** faire surgir en moins de deux qqch
grond·be·gin·sel [χrɔndbəχɪnsəl] *het (-en)* 1 principe (fondamental) 2 rudiments; **iemand de ~en van een wetenschap bijbrengen** initier qqn à une science
grond·be·te·ke·nis [χrɔndbətekənɪs] *nf (-sen)* sens originel
grond·be·zit·ter [χrɔndbəzɪtər] *nm (-s)* propriétaire foncier, propriétaire foncière
grond·ei·ge|naar [χrɔntɛiχənar] *nm (-naren, -naars)* → **grondbezitter**
gron·den [χrɔndə(n)] *vt (grondde, h. gegrond)* fonder; **gegrond zijn op** se fonder sur
grond·ge·bied [χrɔntχəbit] *het (-en)* territoire
grond·ge·dach·te [χrɔntχədɑχtə] *nf (-n)* idée fondamentale
gron·dig [χrɔndəχ] *adj, adv* 1 approfondi, à fond 2 sérieux, sérieusement; **hij heeft er ~e redenen voor** il a de solides raisons pour cela
gron·dig·heid [χrɔndəχhɛit] *nf* sérieux
grond|laag [χrɔntlaχ] *de (-lagen)* couche (de fond)
grond·leg·ger [χrɔntlɛχər] *nm (-s)* fondateur, -trice
grond·on·der·zoek [χrɔntɔndərzuk] *het (-en)* analyse du sol
grond·per·so·neel [χrɔntpɛrsonel] *het* personnel au sol
grond·po·li·tiek [χrɔntpolitik] *nf* aménagement du territoire
grond|prijs [χrɔntprɛis] *nm (-prijzen)* prix du terrain
grond·recht [χrɔntrɛχt] *het (-en)* 1 droit fondamental 2 droit naturel
grond·re·gel [χrɔntreχəl] *nm (-s)* 1 règle fondamentale 2 principe
grond·slag [χrɔntslɑχ] *nm (-en)* base; **een vereniging op gereformeerde ~** une association d'inspiration calviniste; **aan iets ten ~ liggen** être à la base de qqch
grond·soort [χrɔntsort] *de (-en)* type de sol
grond·stof [χrɔntstɔf] *de (-fen)* matière première
grond|toon [χrɔnton] *nm (-tonen)* 1 son fondamental 2 tonique 3 trame
grond|verf [χrɔntfɛrf] *de (-verven)* couche de fond
grond·vest [χrɔntfɛst] *de (-en)* fondement; **op zijn ~en doen wankelen** ébranler
grond·ves·ter [χrɔntfɛstər] *nm (-s)* → **grondlegger**
grond·vorm [χrɔntfɔrm] *nm (-en)* prototype
grond·wa·ter [χrɔntwatər] *het* eau(x) souterraine(s)
grond·wet [χrɔntwɛt] *nf (-ten)* constitution
grond·zeil [χrɔntsɛil] *het (-en)* tapis de sol
Gro·nin·gen [χronɪŋə(n)] *het* (province de) Groningue
groot [χrot] *adj, adv (groter, grootst)* 1 (en) grand; **hij is 5 cm groter dan zij** il a 5 cm de plus qu'elle; **een grote eter** un gros mangeur; **zij zijn even ~** ils ont la même taille; **een ~ gezin** une famille nombreuse; **zich ~ houden** se dominer 2 important
groot·bren·gen [χrodbrɛŋə(n)] *vt (bracht groot, h. grootgebracht)* 1 élever 2 nourrir
Groot-Brit·tan·nië [χrodbrɪtɑn(i)jə] *het* Grande-Bretagne
groot·grond·be·zit [χrotχrɔndbəzɪt] *het* grande propriété
groot·han·del [χrothɑndəl] *nm (-s)* commerce de, en gros

groot·har·tig [χrothɑrtəχ] *adj* magnanime
groot·heid [χrotheit] *nf* **1** grand personnage; **een onbekende ~** un illustre inconnu **2** grandeur (d'âme); **de ~ Gods** la majesté divine
groot·heids·waan·zin [χrotheitswanzɪn] *nm* folie des grandeurs
groot·her·tog [χrothɛrtɔχ] *nm (-en)* grand-duc
groot·her·to·gin [χrothɛrtoχɪn] *nf (-nen)* grande-duchesse
groot·hoek|lens [χrothuklɛns] *de (-lenzen)* (objectif) grand(-)angle
groot·hou·den, zich [χrothaudə(n)] *vpr (hield zich groot, h. zich grootgehouden)* **1** se montrer fort **2** se comporter comme si de rien n'était
groot·je [χrocə] *het (-s)* **1** mamie **2** grand-mère ♦ **iets naar zijn ~ helpen** déglinguer qqch
groot·macht [χrotmɑχt] *nf (-en)* grande puissance
groot·ma·ken [χrotmakə(n)] *vt (maakte groot, h. grootgemaakt)* faire la grandeur de
groot·mees·ter [χrotmestər] *nm (-s)* grand maître
groot·moe·der [χrotmudər] *nf (-s)* grand-mère; **mijn ~ van vaderszijde** ma grand-mère paternelle
groot·moe·dig [χrotmudəχ] *adj, adv* généreux, généreusement
groot·oom [χrotom] *nm (-s) (Belg.)* grand-oncle
groot·ou·ders [χrotaudərs] *plur* grands-parents; **~ van moederszijde** grands-parents du côté maternel
groots [χrots] *adj, adv (grootser, meest g.)* **1** grandiose, magnifiquement **2** sublime(ment); **een ~e onderneming** une entreprise ambitieuse; **zij werden ~ onthaald** ils furent reçus en grande pompe
groot·scha·lig [χrotsχaləχ] *adj, adv* de grande envergure, à grande échelle
groot·scheeps [χrotsχeps] *adj, adv* considérable, en grand; **een ~e actie** une opération de grande envergure
groots·heid [χrotsheit] *nf* **1** grandeur **2** fierté
groot·spraak [χrotsprak] *nf* **1** vantardise **2** emphase
groot·spre·ke·rij [χrotsprekərɛi] *nf* → **grootspraak**
groot|stad [χrotstɑt] *de (-steden) (Belg.)* métropole
groot·steeds [χrotstets] *adj, adv* caractéristique des grandes villes, à l'échelle des grandes villes
groot·tan·te [χrotɑntə] *nf (-s) (Belg.)* grand-tante
groot·te [χrotə] *nf (-n, -s)* grandeur; **naar ~** par ordre de grandeur; **gelijk van ~ zijn** être de même taille
groot·va·der [χrotfadər] *nm (-s)* grand-père; **~ van vaderszijde** grand-père paternel
groot·ver·bruik [χrotfərbrœyk] *het* grande consommation
groot·vorst [χrotfɔrst] *nm (-en)* grand-duc
groot·win·kel·be|drijf [χrotwɪŋkəlbədrɛif] *het (-drijven)* grande surface
groot·zeil [χrotseil] *het (-en)* grand-voile
gros [χrɔs] *het (-sen)* **1** majorité **2** grosse
gros·sier [χrɔsir] *nm (-s)* grossiste
grot [χrɔt] *de (-ten)* grotte
grot·be·wo·ner [χrɔdbəwonər] *nm (-s)* troglodyte
gro·ten·deels [χrotə(n)dels] *adv* en grande partie
grot·schil·de·ring [χrɔtsχɪldərɪŋ] *nf (-en)* peinture rupestre
gruis [χrœys] *het* débris; **tot ~ slaan** réduire en poussière
grut [χrʌt] *het* marmaille
grut·to [χrʌto] *nm (-'s)* barge
gru·wel [χrywəl] *nm (-en)* **1** horreur **2** atrocité
gru·we·lijk [χrywələk] *adj, adv* **1** atroce(ment) **2** horrible(ment)
gru·ze·le·men·ten [χryzələmɛntə(n)] *plur* → **gruis**
GS [χeɛs] *nm* abrév. de *Gedeputeerde Staten* Députation Permanente *(Belg.)*
gsm® [χeɛsɛm] *nm (-s)* portable, *(Belg.)* GSM
Gua·de·lou·pe [gwadəlup] *het* Guadeloupe
Gu·a·de|lou·per [gwadəlupər] *nm (-s),* **-loupse** *nf (-n)* Guadeloupéen, -enne
Gua·de·loups [gwadəlups] *adj* guadeloupéen
Gua·te·ma·la [gwatəmala] *het* Guatemala
Gua·te·mal|teek [gwatəmaltek] *nm (-teken),* **-teekse** *nf (-n)* Guatémaltèque
Gua·te·mal·teeks [gwatəmalteks] *adj* guatémaltèque
guer·ril·la [gərilja, [B]χerilja] *nm (-'s)* guérilla
guer·ril·la·strij·der [gəriljastrɛidər, [B]χeriljastrɛidər] *nm (-s)* guérilléro
Gui·nee [χine] *het* Guinée
Gui·nee-Bis·sau [χinebisau] *het* Guinée-Bissau
Gui·nees [χines] *adj* guinéen
gui·tig [χœytəχ] *adj, adv* (en) espiègle
gul [χʌl] *adj, adv* **1** franc, franchement **2** généreux
[1]**gul·den** [χʌldə(n)] *nm (-s)* florin
[2]**gul·den** [χʌldə(n)] *adj* **1** en or **2** doré
gul|heid [χʌlheit] *nf (-heden)* générosité
gulp [χʌlp] *de (-en)* braguette
gul·zig [χʌlzəχ] *adj, adv* **1** glouton(nement) **2** avide(ment)
gul·zig·heid [χʌlzəχheit] *nf* gloutonnerie
gum [χʌm] *het/de,* **gummetje** *het (-s)* gomme
gum·mi [χʌmi] *het/de* caoutchouc

gum·mi|knup·pel [χʌmiknʌpəl] *nm (-s),* **-stok** *nm (-ken)* matraque

gun·nen [χʌnə(n)] *vt (gunde, h. gegund)* **1** accorder **2** se réjouir (de); **iemand alle goeds ~** vouloir du bien à qqn

gunst [χʌnst] *nf (-en)* faveur; **bij iemand in de ~ komen** gagner la faveur de qqn; **uit de ~ raken** tomber en disgrâce ♦ **ten ~e van** en faveur de

gun·stig [χʌnstəχ] *adj, adv* favorable(ment); **~ bekendstaan** être bien vu; **hij is mij ~ gezind** il est bien disposé à mon égard; **een ~ jaar** une bonne année; **het laat zich ~ aanzien** cela s'annonce bien

gunst·koop·je [χʌnstkopjə] *het (-s) (Belg.)* occasion

guts [χʌts] *de (-en)* giclée

gut·sen [χʌtsə(n)] *vi (gutste, h. gegutst)* **1** ruisseler **2** pleuvoir à verse

guur [χyr] *adj, adv (guurder, guurst)* âprement); **het is ~ vandaag** le froid est piquant aujourd'hui

Guy|aan [χijan] *nm (-anen),* **-aanse** *nf (-n)* Guyanais, -aise

Guy·aans [χijans] *adj* guyanais

Guy·a·na [χijana] *het* Guyane

¹gym [χɪm] *nf* gym(nastique)

²gym [χɪm] *het* lycée classique

gym·men [χɪmə(n)] *vi (gymde, h. gegymd)* faire de la gym

gym·na·si·ast [χɪmnaʒast] *nm (-en)* lycéen, -enne

gym·na|si·um [χɪmnazijʌm] *het (-siums, -sia)* lycée classique

gym·pie [χɪmpi], **gympje** *het (-s)* (chaussure de) tennis; **op ~s lopen** se promener en basket

gy·nae·co|loog [χinekoloχ] *nm (-logen)* gynécologue

h

haag [haχ] *de (hagen)* haie; **een ~ vormen** faire la haie
Haags [haχs] *adj* haguenois
haai [haj] *nm (-en)* requin; **naar de ~en** fichu
haai·baai [hajbaj] *nf (-en)* virago
haak [hak] *nm (haken)* **1** crochet **2** patère **3** hameçon **4** agrafe; **er zitten veel haken en ogen aan** il y a des complications; *(Belg.)* **dat hangt met haken en ogen aan elkaar** ça ne rime à rien ♦ **dat is niet in de ~** ce n'est pas en règle
haak·je [hakjə] *het (-s)* **1** crochet; **tussen (twee) ~s** entre parenthèses **2** agrafe
haak·naald [haknalt] *de (-en)* crochet
haaks [haks] *adj, adv* perpendiculaire(ment); **de ene plank staat ~ op de andere** les deux planches sont en équerre
haal [hal] *nm (halen)* **1** trait **2** coup ♦ **aan de ~ gaan** décamper
haal·baar [halbar] *adj* faisable
haal·baar·heid [halbarhεit] *nf* faisabilité
haan [han] *nm (hanen)* **1** coq; **daar kraait geen ~ naar** ni vu ni connu **2** girouette **3** *(sur un fusil)* chien
haan·tje-de-voor·ste [hancədəvorstə] *het* chef de bande
[1]**haar** [har] *het/de (haren)* cheveu; **spijt hebben als haren op z'n hoofd** être rongé de remords; **geen ~ beter zijn** ne pas valoir mieux; **geen ~ op m'n hoofd die eraan denkt** jamais de la vie; **elkaar in de haren vliegen** se chamailler; **dat scheelde maar een ~** il s'en est fallu d'un cheveu; **iemand tegen de haren in strijken** prendre qqn à rebrousse-poil
[2]**haar** [har] *het (haren)* **1** poils; **~ op de tanden hebben** avec bec et ongles; *(Belg.)* **hij spreekt Frans met ~ op** il parle français comme une vache espagnole; *(Belg.)* **iemand van ~ noch pluimen kennen** ne connaître qqn ni d'Ève ni d'Adam **2** cheveux
[3]**haar** [har] *pers* la
[4]**haar** [har] *poss* **1** *(adjectif féminin)* son **2** *(pronom féminin)* le sien
haar·band [harbant] *nm (-en)* serre-tête
haar·bor·stel [harbɔrstəl] *nm (-s)* brosse à cheveux
haar·breed [harbret] *het* ♦ **hij week geen ~** il ne recula pas d'un pouce
haard [hart] *nm (-en)* **1** poêle **2** cheminée **3** foyer
haar·dos [hardɔs] *nm (-sen)* chevelure
haar·dracht [hardraχt] *de (-en)* coiffure
haar·dro·ger [hardroχər] *nm (-s)* sèche-cheveux
haard|vuur [hartfyr] *het (-vuren)* (feu du) foyer
haar·fijn [harfεin] *adv* dans les moindres détails
haar·grens [harχrεns] *de* → **haarinplant**
haar·groei [harχruj] *nm* pousse des cheveux
haar·in·plant [harɪmplant] *nm* implantation des cheveux
haar·kam [harkam] *nm (-men)* peigne
haar·klo·ve·rij [harklovərεi] *nf (-en)* **1** querelle byzantine **2** chicane
haar·knip·pen [harknɪpə(n)] *vb* couper les cheveux
haar·lok [harlɔk] *de (-ken)* mèche
haar·schei·ding [harsχεidɪŋ] *nf (-en)* raie
haar·scherp [harsχεrp] *adj, adv* très net(tement)
haar·scheur·tje [harsχørcə] *het (-s)* craquelure
haar·speld·bocht [harspεldbɔχt] *de (-en)* virage en épingle à cheveux; **een weg vol ~en** un chemin en lacets
haar·tje [harcə] *het (-s)* ♦ **het scheelde maar een ~** il s'en est fallu d'un cheveu
haar·uit·val [harœytfal] *nm* chute des cheveux
haar·vat [harvat] *het (-en)* capillaire
haar·wor·tel [harwɔrtəl] *nm (-s)* **1** racine du cheveu **2** racine capillaire
haar·zelf [harzεlf] *pers* (à) elle-même
[1]**haas** [has] *nm* filet
[2]**haas** [has] *het/de (hazen)* **1** lièvre **2** poltron
haas·je [haʃə] *het (-s)* ♦ **dan ben je het ~** alors tu seras le dindon de la farce
haas·je-over [haʃəovər] *het* ♦ **~ springen** jouer à saute-mouton
haas·kar·bo·na·de [haskarbonadə] *nf (-n, -s)* côte(lette) première
[1]**haast** [hast] *de* **1** hâte; **~ maken** se dépêcher (de faire qqch) **2** urgence; **er is ~ bij** c'est urgent; **we hebben helemaal geen ~** nous avons tout le temps; **dat heeft geen ~** rien ne presse
[2]**haast** [hast] *adv* **1** presque **2** bientôt
[1]**haas·ten, zich** [hastə(n)] *vpr (haastte zich, h. zich gehaast)* **1** se hâter (de faire qqch), *(Belg.)* s'avancer; **zich niet ~** prendre son temps **2** presser le pas
[2]**haas·ten** [hastə(n)] *vti (haastte, h. gehaast)* presser
haas·tig [hastəχ] *adj, adv* hâtif, à la hâte; **niet zo ~!** doucement !
haast·je-rep·je [hastjərεpjə] *adv* **1** vite **2** à la va-vite

haast·klus [hastklʌs] *de (-sen)* → **haastwerk 2**
haast·werk [hastwɛrk] *het* 1 travail exécuté à la hâte 2 travail urgent
haat [hat] *nm* haine; **het is bij hen niets dan ~ en nijd** ils vivent en état de conflits perpétuels; **uit ~ tegen** en haine de
haat·dra·gend [hadraχənt] *adj* rancunier
haat·ge·voel [hatχəvul] *het (-ens)* haine; **iemand ~ens toedragen** éprouver de la haine contre qqn
haat-lief·de·ver·hou·ding [hatlivdəvərhaudɪŋ] *nf (-en)* amour-haine
hab·be·krats [habəkrats] *de (-en)* ♦ **voor een ~** pour une bouchée de pain
ha·bijt [habɛit] *het (-en)* habit
ha·chee [haʃe] *het/de* ragoût de bœuf
ha·che·lijk [haχələk] *adj* périlleux
hach·je [haχjə] *het (-s)* peau; **alleen aan zijn eigen ~ denken** ne penser qu'à soi-même
had [hat], **hadden** → **hebben, aanhebben** *(etc.)*
ha·ge·dis [haχədɪs] *de (-sen)* lézard
ha·gel [haχəl] *nm (-s)* 1 grêle; **door ~ geteisterd** grêlé 2 plomb
ha·gel·bui [haχəlbœy] *de (-en)* 1 averse de grêle 2 grêle
ha·gel·slag [haχəlslaχ] *nm* granulés de sucre
ha·gel·wit [haχəlwɪt] *adj* blanc comme neige
ha·ha [haha] *interj* ah ! ah ! *(rire)*
hair·spray [hɛːrspre] *nm (-'s)* laque
Ha·ï·ti [haiti] *het* Haïti
Ha·ï·ti|aan [haitijan] *nm (-anen),* **-aanse** *nf (-n)* Haïtien, -ienne
Ha·ï·ti·aans [haitijans] *adj* haïtien
[1]**hak** [hak] *de (-ken)* talon; **met de ~ken over de sloot** de justesse
[2]**hak** [hak] *nm (-ken)* entaille ♦ **iemand op de ~ nemen** railler qqn; **van de ~ op de tak springen** passer du coq à l'âne; **iemand een ~ zetten** jouer un (mauvais) tour à qqn
hak·bijl [hagbɛil] *de (-en)* hachette
hak·blok [hagblɔk] *het (-ken)* billot
[1]**ha·ken** [hakə(n)] *vi (haakte, h. gehaakt)* s'accrocher
[2]**ha·ken** [hakə(n)] *vti (haakte, h. gehaakt)* faire du crochet
[3]**ha·ken** [hakə(n)] *vt (haakte, h. gehaakt) (+ aan)* accrocher
ha·ken|kruis [hakə(n)krœys] *het (-kruizen)* croix gammée
hak·hout [hakhaut] *het* (bois) taillis
hak·ke·len [hakələ(n)] *vti (hakkelde, h. gehakkeld)* bredouiller
[1]**hak·ken** [hakə(n)] *vi (hakte, h. gehakt)* 1 donner des coups de hache 2 taillader; **dat hakt erin** ça fait un trou dans le budget 3 taper (sur qqn)
[2]**hak·ken** [hakə(n)] *vt (hakte, h. gehakt)* 1 hacher 2 tailler
hak·mes [hakmɛs] *het (-sen)* hachoir
hal [hal] *de (-len)* 1 hall (d'entrée) 2 halle
ha·len [halə(n)] *vt (haalde, h. gehaald)* 1 aller chercher; **iets uit een la ~** prendre qqch dans un tiroir 2 faire venir 3 obtenir 4 atteindre; **dat haalt het niet bij ...** cela n'est rien auprès de ...; **de trein niet ~** manquer le train ♦ **eruit ~ wat erin zit** tirer le maximum de qqch; **alles naar zich toe ~** tirer tout à soi; *(Belg.)* **Anderlecht haalde het met 2-1 van Standard** Anderlecht a battu Standard 2 buts à 1
half [half] *adj, adv* demi, à moitié; **voor ~ geld** à moitié prix; **een ~ jaar** six mois; **~ werk** travail bâclé; **dat middel helpt niet ~ zo goed** ce remède est loin d'être aussi efficace
***half-** [half-] demi-
half·bloed [halvblut] *adj* métis; **de ~** le, la métis(se)
half·gaar [halfχar] *adj* 1 à moitié cuit; **een halfgare** un(e) toqué(e) 2 toqué
half·god [halfχɔt] *nm (-en)* demi-dieu
half·jaar·lijks [halfjarləks] *adj, adv* semestriel, tous les six mois
half-om-half [halfɔmhalf] *het/de* hachis mi-bœuf, mi-porc
half·open [halfopə(n)] *adj* entrouvert
half·slach·tig [halfslaχtəχ] *adj, adv* 1 indécis 2 (d'une manière) ambigu(ë); **~e maatregelen** demi-mesures
half·stok [halfstɔk] *adv* en berne
half·vol [halfɔl] *adj* 1 à moitié plein; *(fig.)* **bij hem is het glas altijd ~** il voit toujours le bon côté des choses 2 demi-écrémé
half·was [halfwas] *nm (-sen)* 1 freluquet 2 apprenti, -ie
half·was·sen [halfwasə(n)] *adj* pas encore adulte
half·weg [halfwɛχ] *adv* à mi-chemin
half·zacht [halfsaχt] *adj* 1 à la coque 2 toqué 3 mou
hal·lu·ci·ne·ren [halysinerə(n)] *vi (hallucineerde, h. gehallucineerd)* avoir des hallucinations
halm [halm] *nm (-en)* tige
hals [hals] *nm (halzen)* 1 cou; **zich moeilijkheden op de ~ halen** s'attirer des ennuis 2 nigaud, -aude; **een onnozele ~** une andouille 3 encolure 4 col
hals·band [halzbant] *nm (-en)* collier
hals·bre·kend [halzbrekənt] *adj* périlleux
hals·doek [halzduk] *nm (-en)* foulard
hals·ket·ting [halskɛtɪŋ] *de (-en)* collier
hals·mis·daad [halsmɪzdat] *de (-daden)* crime capital
hals·ope·ning [halsopənɪŋ] *nf (-en)* encolure
hals·over·kop [halsovərkɔp] *adv* précipitamment
hals·slag·ader [halslaχadər] *de (-s, -en)* carotide
hals·star·rig [halstarəχ] *adj, adv* opiniâtre(ment)
hal·ster [halstər] *het/de (-s)* licol
hals·wer·vel [halswɛrvəl] *nm (-s)* vertèbre cervicale
hals|zaak [halsak] *de (-zaken)* cas penda-

ble; **ik maak er geen ~ van** je n'en fais pas une affaire d'État

[1]**halt** [hɑlt] *het* halte; **de inflatie een ~ toeroepen** mettre un frein à l'inflation

[2]**halt** [hɑlt] *de* halte

hal·te [hɑltə] *de (-s)* arrêt

hal·ter [hɑltər] *nm (-s)* haltère

hal·va·ri·ne [hɑlvarinə] *de (-s)* margarine demi-grasse

hal·ve·ga·re [hɑlvəχarə] *nm* toqué

hal·ve|maan [hɑlvəman] *de (-manen)* croissant (de lune)

hal·ve·ren [hɑlverə(n)] *vt (halveerde, h. gehalveerd)* **1** partager en deux **2** réduire de moitié

hal·ver·we·ge [hɑlvərweχə] *adv* **1** à mi-chemin; **~ blijven steken** rester en plan **2** au (beau) milieu

ham [hɑm] *de (-men)* jambon

ha·mer [hamər] *nm (-s)* marteau; **iets onder de ~ brengen** mettre qqch aux enchères

[1]**ha·me·ren** [hamərə(n)] *vi (hamerde, h. gehamerd)* **1** donner des coups de marteau **2** frapper fort **3** *(+ op)* insister (sur)

[2]**ha·me·ren** [hamərə(n)] *vt (hamerde, h. gehamerd)* marteler; **iets erin ~** enfoncer qqch dans le crâne (de qqn)

ha·mer·slag [hamərslɑχ] *nm (-en)* coup de marteau; **iets bij ~ verkopen** vendre aux enchères

ham·lap [hɑmlɑp] *nm (-pen)* tranche de porc

ham·ste·raar [hɑmstərar] *nm (-s)* stockeur, -euse

ham·ste·ren [hɑmstərə(n)] *vti (hamsterde, h. gehamsterd)* faire des réserves

ham|vraag [hɑmvraχ] *de (-vragen)* question-clé

hand [hɑnt] *de (-en)* **1** main; **aan de ~ van** d'après; **iemand iets aan de ~ doen** suggérer qqch à qqn; **iets achter de ~ hebben** avoir qqch en réserve; *(fig.)* **~en af van ...** pas touche à ...; **de ~en van iets aftrekken** se détourner de qqch; **in andere ~en komen** changer de main; **aan de beterende ~ zijn** être en voie de guérison; **mijn ~ erop!** c'est promis !; *(jeux de cartes)* **een goede ~** une belle main; **de ~ in iets hebben** être mêlé à qqch; **je hebt het zelf in de ~** c'est toi qui décides; **de ~en ineenslaan** unir ses efforts; **de ~ met iets lichten** prendre qqch à la légère; **iets uit de losse ~ doen** faire qqch par-dessus la jambe; **zich met ~ en tand verzetten** se défendre comme un lion; **met de ~en in het haar zitten** s'arracher les cheveux; **iets met beide ~en aangrijpen** saisir l'occasion; **iemand naar zijn ~ zetten** mettre qqn dans sa poche; **zijn ~ niet voor iets omdraaien** faire qqch les doigts dans le nez; **iets onder ~en hebben** travailler à qqch; **iemand onder ~en nemen** passer un savon à qqn; **iemand op ~en dragen** ± être en admiration devant qqn; **de ~ ophouden** faire la manche; **~ over ~ toenemen** aller en augmentant; **de ~ aan zichzelf slaan** mettre fin à ses jours; **zijn ~en uit de mouwen steken** mettre la main à la pâte; **streng de ~ houden aan de voorschriften** être à cheval sur le règlement; **de ~ over het hart strijken** se montrer indulgent; **zijn ~en niet thuis kunnen houden** avoir la main leste; **uit de ~ lopen** dégénérer; **er komt niets uit zijn ~en** il n'arrive à rien (de bon); **iets van de ~ doen** écouler qqch; **dat ligt voor de ~** ça va de soi; **iemand de vrije ~ laten** donner carte blanche à qqn; **aan de winnende ~ zijn** être en train de gagner **2** écriture ♦ **wat is er daar aan de ~?** qu'est-ce qui se passe ?; **alsof er niets aan de ~ was** comme si de rien n'était; **iets in de ~ werken** aider à qqch; **op iemands ~ zijn** être du côté de qqn; **zwaar op de ~ zijn** prendre tout au sérieux; *(fig.)* **op zijn ~en zitten** rester les bras croisés; **beschuldigingen van de ~ wijzen** rejeter des accusations

***hand-** [hɑnt-] à main

hand·ar·beid [hɑntɑrbɛit] *nm* → **handenarbeid**

hand·ar·bei·der [hɑntɑrbɛidər] *nm (-s)* ouvrier, -ière

hand·be·die·ning [hɑndbədinɪŋ] *nf* commande manuelle

hand·be·reik [hɑndbərɛik] *het* ♦ **onder, in, binnen ~** à portée de la main

hand·be·we·ging [hɑndbəweχɪŋ] *nf (-en)* geste (de la main)

hand·boei [hɑndbuj] *de (-en)* menottes

hand·boek [hɑndbuk] *het (-en)* manuel

hand|breed [hɑndbret] *het*, **-breedte** *nf (-n)* largeur de la main; **geen ~ terugwijken** ne pas reculer d'une semelle

hand·doek [hɑnduk] *nm (-en)* serviette (de toilette)

hand·druk [hɑndrʌk] *nm (-ken)* poignée de main; **een gouden ~** une prime de départ; *(Belg.)* un parachute doré

han·del [hɑndəl] *nm* **1** commerce; **iets in de ~ brengen** lancer un produit (sur le marché); **de ~ in verdovende middelen** le trafic des stupéfiants; **een uitvinding waar ~ in zit** une invention qui peut se vendre; **een boek uit de ~ nemen** retirer un livre de la vente; **zwarte ~** marché noir **2** marchandise; **de hele ~ meenemen** embarquer tout le bataclan ♦ **iemands ~ en wandel** les faits et gestes de qqn

han·de|laar [hɑndəlar] *nm (-laars, -laren)* commerçant, -ante

han·del|baar [hɑndəlbar] *adj (-baarder, -baarst)* maniable

han·del·drij·ven [hɑndəldrɛivə(n)] *vb* faire du commerce

han·de·len [hɑndələ(n)] *vi (handelde, h. gehandeld)* **1** faire du commerce, *(+ in)* faire le commerce (de) **2** agir; **~d optreden** intervenir **3** *(+ over)* traiter (de)

han·de·ling [hɑndəlɪŋ] *nf (-en)* **1** acte **2** intrigue ♦ *(Belg.)* **ergens ~ van hebben** savoir s'y prendre

han·del·maat·schap·pij [hɑndəlmatsχɑpɛi] *nf (-en)* → handelsmaatschappij
***han·dels-** [hɑndəls-] commercial
han·dels·cen|trum [hɑndəlsɛntrʌm] *het (-tra)* centre d'affaires
han·dels·maat·schap·pij [hɑndəlsmatsχɑpɛi] *nf (-en)* société, compagnie commerciale
han·dels|man [hɑndəlsmɑn] *nm (-lui)* commerçant
han·dels·merk [hɑndəlsmɛrk] *het (-en)* marque commerciale; gedeponeerd ~ marque déposée
han·dels·re·gis·ter [hɑndəlsrəχɪstər] *het (-s)* registre du commerce
han·dels·rei·zi·ger [hɑndəlsrɛizəχər] *nm (-s)* voyageur de commerce
han·dels·ver·drag [hɑndəlsfərdrɑχ] *het (-en)* traité de commerce
han·dels|vloot [hɑndəlsflot] *de (-vloten)* marine marchande
han·dels|waar [hɑndəlswar] *de (-waren)* marchandise
han·del·tje [hɑndəlcə] *het (-s)* 1 petite affaire 2 attirail
han·del·wij·ze [hɑndəlwɛizə] *de (-n)* 1 procédé 2 comportement
han·den·ar·beid [hɑndə(n)ɑrbɛit] *nm* travail manuel
hand·ge|baar [hɑntχəbar] *het (-baren)* geste de la main
hand·ge·meen [hɑntχəmen] *adj* ♦ het ~ le corps à corps; ~ raken en venir aux mains (avec qqn)
hand·gra|naat [hɑntχranat] *de (-naten)* grenade à main
[1]**hand|greep** [hɑntχrep] *de (-grepen)* poignée
[2]**hand|greep** [hɑntχrep] *nm (-grepen)* 1 maniement 2 tour de main
[1]**hand·ha·ven** [hɑnthavə(n)] *vt (handhaafde, h. gehandhaafd)* maintenir
[2]**hand·ha·ven, zich** [hɑnthavə(n)] *vpr (handhaafde zich, h. zich gehandhaafd)* se maintenir
han·dig [hɑndəχ] *adj, adv* 1 habile(ment) 2 pratique, facilement ♦ een ~e jongen un garçon débrouillard
han·dig|heid [hɑndəχhɛit] *nf (-heden)* 1 habileté 2 truc
hand·je [hɑncə] *het (-s)* ♦ aan het ~ lopen van iemand s'appuyer sur qqn; een ~ van iets hebben être coutumier du fait; een ~ helpen, *(Belg.)* een ~ toesteken donner un coup de main; schoon in 't ~ (payer) rubis sur l'ongle
hand·je·vol [hɑncəvɔl] *het* → handvol
hand·kus [hɑntkʌs] *nm (-sen)* baisemain
hand·lan·ger [hɑntlɑŋər] *nm (-s)* 1 complice 2 aide
hand·lei·ding [hɑntlɛidɪŋ] *nf (-en)* 1 manuel 2 notice (explicative)
hand·ma·tig [hɑntmatəχ] *adj* manuel
hand·om·draai [hɑntɔmdraj] *nm* ♦ in een ~ en un tournemain
hand·op·ste·ken [hɑntɔpstekə(n)] *vb* ♦ bij, met ~ (voter) à main levée
hand·palm [hɑntpɑlm] *nm (-en)* paume
hand·rei·king [hɑntrɛikɪŋ] *nf (-en)* coup de main
hand·rem [hɑntrɛm] *de (-men)* frein à main
hands [hɛn(t)s] *het* main
hand·schoen [hɑntsχun] *de (-en)* gant; met de ~ trouwen se marier par procuration; iemand met zijden ~en aanpakken mettre des gants avec qqn
hand·schrift [hɑntsχrɪft] *het (-en)* 1 écriture 2 manuscrit
hand·stand [hɑntstɑnt] *nm (-en)* (appui tendu) renversé
hand·tas [hɑntɑs] *de (-sen)* sac à main, *(Belg.)* sacoche
hand·tas·te·lijk [hɑntɑstələk] *adj* tripoteur
hand·te·ke·ning [hɑntekənɪŋ] *nf (-en)* signature
hand·vaar·dig|heid [hɑntfardəχhɛit] *nf (-heden)* 1 habileté manuelle 2 travaux manuels
hand·vat [hɑntfɑt] *het (-ten)* manche
hand·vest [hɑntfɛst] *het (-en)* charte
hand·vol [hɑntfɔl] *de* poignée
hand·was [hɑntwɑs] *nm* lessive à la main
hand·werk [hɑntwɛrk] *het (-en)* 1 ouvrage fait à la main 2 ouvrage (de dame(s))
hand·wer·ker [hɑntwɛrkər] *nm (-s)* artisan
hand·werks|man [hɑntwɛrksmɑn] *nm (-lieden, -lui)* → handwerker
hand·wij·zer [hɑntwɛizər] *nm (-s)* poteau indicateur
hand·woor·den·boek [hɑntwordə(n)buk] *het (-en)* dictionnaire de poche
hand|zaam [hɑntsam] *adj (-zamer, -zaamst)* maniable
ha·nen·ge·kraai [hanə(n)χəkraj] *het* chant du coq
ha·nen·kam [hanə(n)kɑm] *nm (-men)* crête (de coq)
ha·nen|poot [hanə(n)pot] *nm (-poten)* 1 patte de coq 2 pattes de mouche
hang·brug [hɑŋbrʌχ] *de (-gen)* pont suspendu
[1]**han·gen** [hɑŋə(n)] *vi (hing, h. gehangen)* 1 pendre 2 être suspendu 3 être pendu; met ~ en wurgen à grand-peine 4 être attaché; hij hangt erg aan vrouw en kinderen il est très attaché à sa famille; blijven ~ stagner; zijn betoog hing van platheden aan elkaar son exposé était cousu de platitudes ♦ het hangt erom rien n'est encore décidé
[2]**han·gen** [hɑŋə(n)] *vt (hing, h. gehangen)* (sus)pendre
hang-en-sluit·werk [hɑŋɛnslœytwɛrk] *het* serrurerie (de bâtiment)
han·ger [hɑŋər] *nm (-s)* 1 cintre 2 pendant (d'oreille) 3 pendentif
han·ge·rig [hɑŋərəχ] *adj* apathique

hang·ij·zer [hɑŋɛizər] *het (-s)* ♦ **dat is een heet ~** c'est un sujet brûlant
hang·kast [hɑŋkɑst] *de (-en)* penderie
hang·klok [hɑŋklɔk] *de (-ken)* pendule murale
hang·lamp [hɑŋlɑmp] *de (-en)* suspension
hang·map [hɑŋmɑp] *de (-pen)* dossier suspendu
hang·mat [hɑŋmɑt] *de (-ten)* hamac
hang·plek [hɑŋplɛk] *de* lieu de rassemblement de jeunes badauds
hang·slot [hɑŋslɔt] *het (-en)* cadenas
ha·nig [hanəχ] *adj* ♦ **een ~ mannetje** un petit coq
Han·no·ver [hɑnovər] *het* Hanovre
han·te·ren [hɑnterə(n)] *vt (hanteerde, h. gehanteerd)* manier; **de pen goed ~** avoir la plume facile
Han·ze·stad [hɑnzəstɑt] *de* ville hanséatique
hap [hɑp] *nm (-pen)* **1** coup de dent **2** bouchée; *(fam.)* **een vette ~** des snacks ♦ **dat is een (hele) ~ uit mijn inkomen** cela fait un trou dans mes revenus
ha·pe·ren [hapərə(n)] *vi (haperde, h. gehaperd)* **1** bafouiller **2** clocher; **dat hapert er nog maar aan** il ne manque plus que ça
ha·pe·ring [hapərɪŋ] *nf (-en)* **1** accroc **2** raté **3** bafouillage
hap·je [hɑpjə] *het (-s)* morceau; **een ~ eten** manger un morceau
hap·pen [hɑpə(n)] *vti (hapte, h. gehapt)* mordre; **een luchtje ~** prendre l'air; **naar lucht ~** être essoufflé
hap·pig [hɑpəχ] *adj (+ op)* avide (de)
hard [hɑrt] *adj, adv* **1** dur(ement); **~e afspraken** conventions expresses; **om het ~st** à qui mieux mieux; **~ maken** solidifier **2** vite
hard·board [hɑ:rdbɔ:rd] *het* isorel®
hard·dra·ve·rij [hɑrdravərɛi] *nf (-en)* course de, au trot (attelé)
hard·drugs [hɑ:rdrʌks, ᴮhɑ:rdrʌχs] *plur* drogues dures
[1]**har·den** [hɑrdə(n)] *vi (hardde, h./i. gehard)* sécher
[2]**har·den** [hɑrdə(n)] *vt (hardde, h. gehard)* **1** durcir **2** endurcir (qqn à qqch) **3** supporter; **niet te ~ zijn** être insupportable
hard·han·dig [hɑrthɑndəχ] *adj, adv* brutal(ement)
hard|heid [hɑrthɛit] *nf (-heden)* **1** dureté **2** méchanceté
hard·ho·rend [hɑrthorənt] *adj* ♦ **~ zijn** être dur d'oreille
hard|leers [hɑrtlers] *adj (-leerser, meest h.)* **1** lent (à comprendre) **2** qui a la tête dure
hard·lo·pen [hɑrtlopə(n)] *vi (liep hard, h. hardgelopen)* courir; **het ~** la course à pied
hard·ma·ken [hɑrtmakə(n)] *vt (maakte hard, h. hardgemaakt)* prouver
hard·nek·kig [hɑrtnɛkəχ] *adj, adv* **1** entêté, avec entêtement **2** obstiné(ment); **iets ~ volhouden** s'entêter à; **~ vooroordeel** préjugé tenace
hard·nek·kig·heid [hɑrtnɛkəχhɛit] *nf* obstination
hard·op [hɑrtɔp] *adv* tout haut
hard·voch·tig [hɑrtfɔχtəχ] *adj, adv* impitoyable(ment)
ha·rent·wil·le [harəntwɪlə] ♦ **om ~** pour (l'amour d')elle
ha·rer·zijds [harərzɛits] *adv* de sa part
ha·rig [harəχ] *adj* chevelu
ha·ring [harɪŋ] *nm (-en)* **1** hareng; *(Belg.)* **droge ~** hareng saur; **~ kaken** (en)caquer des harengs **2** piquet (de tente)
ha·ring·vangst [harɪŋvɑŋst] *nf (-en)* harengaison
hark [hɑrk] *de (-en)* râteau ♦ **een ~ van een vent** un type raide comme un manche à balai
har·ken [hɑrkə(n)] *vti (harkte, h. geharkt)* ratisser
har·ke·rig [hɑrkərəχ] *adj, adv* raide, avec raideur
har·le·kijn [hɑrləkɛin] *nm (-s)* arlequin
har·mo·ni·ca [hɑrmonika] *nf (-'s)* **1** accordéon **2** harmonica
har·mo·ni·ca·wand [hɑrmonikawɑnt] *nm (-en)* paroi en accordéon
har·mo·nie [hɑrmoni] *nf (-ën, -s)* harmonie; **in goede ~** en accord
har·mo·nisch [hɑrmonis] *adj, adv* **1** harmonique(ment) **2** harmonieux, harmonieusement
har·nas [hɑrnɑs] *het (-sen)* armure; **in het ~ sterven** mourir à la tâche; **iemand tegen zich in het ~ jagen** se mettre qqn à dos
harp [hɑrp] *de (-en)* harpe
har·poen [hɑrpun] *nm (-en)* harpon
har·re·war·ren [hɑrəwɑrə(n)] *vi (harrewarde, h. geharreward)* se chamailler
hars [hɑrs] *het/de (-en)* résine
hart [hɑrt] *het (-en)* **1** cœur; **het aan het ~ hebben** souffrir du cœur; **dat gaat hem aan het ~** cela le touche; *(Belg.)* **laat het niet aan je ~ komen!** ne t'en fais pas !; **met bloedend ~** la mort dans l'âme; **iemand een goed ~ toedragen** vouloir du bien à qqn; **heb het ~ eens!** ose un peu !; **~ voor een zaak hebben** prendre une affaire à cœur; **ik hield mijn ~ vast** je frémissais à cette pensée; **in mijn ~** dans mon for intérieur; **een klein ~je hebben** avoir le cœur tendre; **in ~ en nieren** dans l'âme; **iemand iets op het ~ drukken, binden** recommander (vivement) qqch à qqn; **je kunt je ~ ophalen** vous pouvez vous en donner à cœur joie; *(Belg.)* **zijn ~ opvreten** se faire du mauvais sang; **iets niet over zijn ~ kunnen verkrijgen** ne pouvoir se résoudre à qqch; **iemand een ~ onder de riem steken** remonter le moral à qqn; **dat is mij uit het ~ gegrepen** voilà qui est parler; **bij iemand zijn ~ uitstorten** ouvrir son âme à qqn; **van ~e gefeliciteerd** félicitations !; **dat moet mij toch van het ~** je ne peux m'empêcher de le dire; **zijn ~ aan ie-**

mand verloren hebben s'être épris de qqn; hij draagt die zaak een warm ~ toe cette affaire lui tient à cœur; het ~ zonk hem in de schoenen le cœur lui manqua; *(Belg.)* er het ~ van in zijn en être malade 2 centre

hart·aan·val [hartanval] *nm (-len)* crise cardiaque

hart·be·wa·king [hardbəwakɪŋ] *nf* 1 soins coronaires 2 unité coronaire

hart·bre·kend [hardbrekənt] *adj* déchirant

har·te·lijk [hartələk] *adj, adv* chaleureux, de tout cœur; met ~e groet cordialement

har·te·lijk|heid [hartələkhɛit] *nf (-heden)* cordialité

har·te|loos [hartəlos] *adj, adv (-lozer, meest h.)* sans cœur

har·ten·lust [hartə(n)lʌst] *nm* ♦ naar ~ à cœur joie

hart- en vaat·ziek·ten [hartɛnvatsiktə(n)] *plur* maladies cardiovasculaires

har·ten·wens [hartə(n)wɛns] *nm (-en)* désir le plus cher

hart·gron·dig [hartχrondəχ] *adj, adv* cordial(ement)

har·tig [hartəχ] *adj, adv* 1 épicé; ik zal eens een ~ woordje met hem spreken je vais lui dire deux mots 2 salé

hart·in·farct [hartɪnfarkt] *het (-en)* infarctus (du myocarde)

hart·je [harcə] *het (-s)* ♦ mijn ~ mon (petit) cœur; alles hebben wat je ~ begeert n'avoir rien à envier à personne

hart·klop·ping [hartklɔpɪŋ] *nf (-en)* palpitation (de cœur)

hart|kwaal [hartkwal] *de (-kwalen)* maladie de cœur

hart·pa·tiënt [hartpaʃɛnt] *nm (-en)* cardiaque

hart·roe·rend [hartrurənt] *adj, adv* (d'une façon) émouvant(e)

harts·ge·heim [hartsχəhɛim] *het (-en)* secret intime

hart·slag [hartslaχ] *nm (-en)* 1 pulsation (cardiaque) 2 pouls

hart·spe·ci·a·list [hartspeʃalɪst] *nm (-en)* cardiologue

hart·spier [hartspir] *de (-en)* myocarde

hart·stik·ke [hartstɪkə] *adv* vachement; u wordt ~ bedankt merci mille fois

harts·tocht [hartstɔχt] *nm (-en)* passion

harts·toch·te·lijk [hartstɔχtələk] *adj, adv* passionné(ment); een ~ liefhebber zijn van iets aimer passionnément qqch

harts|vriend [hartsfrint] *nm (-en),* **-vriendin** *nf (-nen)* ami, -ie de cœur

hart·trans·plan·ta·tie [hartransplanta(t)si] *nf (-s)* greffe du cœur

hart·ver·ove·rend [hartfərovərənt] *adj* adorable

hart·ver·scheu·rend [hartfərsχørənt] *adj, adv* déchirant, à fendre le cœur; dat is ~ ça vous crève le cœur

hart·ver·ster·kend [hartfərstɛrkənt] *adj* 1 (en guise de) remontant 2 (d'une façon) encourageant(e)

hart·ver·ster·king [hartfərstɛrkɪŋ] *nf (-en)* cordial

hart·ver·war·mend [hartfərwarmənt] *adj, adv* (d'une façon) réconfortant(e)

hart·zeer [hartser] *het* peine

hash·tag [hɛʃtɛk] *nm (-s) (com.)* hashtag, mot-dièse

hasj [haʃ] *nm* hasch

has·pe·len [haspələ(n)] *vti (haspelde, h. gehaspeld)* s'y prendre gauchement ♦ alles door elkaar ~ embrouiller tout

ha·te·lijk [hatələk] *adj, adv* méchant, méchamment; een ~e opmerking un coup de dent

ha·ten [hatə(n)] *vt (haatte, h. gehaat)* haïr; hij maakt zich bij iedereen gehaat il se rend odieux à tout le monde

Ha·va·na [havana] *het* La Havane

ha·ve [havə] *de* avoir; levende ~ cheptel vif

ha·ve|loos [havəlos] *adj (-lozer, -loost)* misérable

ha·ven [havə(n)] *de (-s)* 1 port 2 refuge

ha·ven·ar·bei·der [havə(n)arbɛidər] *nm (-s)* docker

ha·ven·hoofd [havə(n)hoft] *het (-en)* môle

ha·ven·mees·ter [havəmestər] *nm (-s)* capitaine de, du port

ha·ven|stad [havə(n)stat] *de (-steden)* port

ha·ver [havər] *de* avoine ♦ van ~ tot gort de bout en bout

ha·ver·klap [havərklap] *nm* ♦ om de ~ à tout instant

ha·ver·mout [havərmaut] *nm* flocons d'avoine

ha·vik [havɪk] *nm (-en)* 1 autour 2 *(pol.)* faucon

ha·viks|neus [havɪksnøs] *nm (-neuzen)* nez en bec d'aigle

ha·vo [havo] *het* abrév. de *hoger algemeen voortgezet onderwijs* ⟨*enseignement général court*⟩

[1]**ha·zel|noot** [hazəlnot] *nm (-noten)* noisetier

[2]**ha·zel|noot** [hazəlnot] *de (-noten)* noisette

***ha·zen-** [hazə(n)-] de lièvre

ha·zen·hart [hazə(n)hart] *het (-en)* ♦ een ~ hebben être poltron comme un lièvre

ha·zen·lip [hazə(n)lɪp] *de (-pen)* bec-de-lièvre

ha·zen·pad [hazə(n)pat] *het (-en)* ♦ het ~ kiezen prendre la poudre d'escampette

ha·zen·slaap·je [hazə(n)slapjə] *het (-s)* sommeil léger

hbo [habeo] *het* abrév. de *hoger beroepsonderwijs* ⟨*enseignement supérieur non-universitaire*⟩

heb·be·lijk [hɛbələk] *adj, adv* convenable(ment)

heb·be·lijk|heid [hɛbələkhɛit] *nf (-heden)* habitude

[1]**heb·ben** [hɛbə(n)] *vt (heeft, had, h. gehad)* 1 avoir; **men weet niet wat men aan hem heeft** on ne sait jamais à quoi s'en tenir sur son compte; **van wie heb je dat?** qui t'a dit ça ?; **(het) met iemand te doen ~** plaindre qqn; **je hebt alleen maar te doen wat ik zeg** tu n'as qu'à faire ce que je te dis; **iemands hele ~ en houden** toutes les possessions de qqn; **het in zijn rug ~** souffrir du dos; **het in zich ~** avoir du talent (pour); **zij ~ iets met elkaar** ils ont une liaison; **veel van iemand ~** tenir beaucoup de qqn 2 supporter; **iets kunnen ~** pouvoir supporter qqch ♦ **daar heb je het al** nous y voilà; **ik heb niets met voetbal** ça ne me dit rien, le foot; **ik moet er niets van ~** je ne veux pas en entendre parler; **ik heb niets aan die prullen** cette camelote ne me sert à rien; **ik zal het er met hem over ~** je lui en parlerai

[2]**heb·ben** [hɛbə(n)] *vb aux (auxiliaire du passé)* avoir, *(avec les verbes pronominaux et certains verbes de mouvement)* être

heb·be·rig [hɛbərəχ] *adj* avide

He·breeuws [hebrews] *adj* hébraïque; **het ~** l'hébreu

heb·zucht [hɛpsʌχt] *de* cupidité

hecht [hɛχt] *adj, adv* solide(ment)

[1]**hech·ten** [hɛχtə(n)] *vt (hechtte, h. gehecht)* 1 suturer 2 *(+ aan)* attacher 3 *(+ aan)* accorder

[2]**hech·ten** [hɛχtə(n)] *vi (hechtte, h. gehecht)* 1 tenir 2 *(+ aan)* tenir à

[3]**hech·ten, zich** [hɛχtə(n)] *vpr (hechtte zich, h. zich gehecht) (+ aan)* s'attacher

hech·te·nis [hɛχtənɪs] *nf* détention; **preventieve, voorlopige ~** garde à vue

hecht·heid [hɛχthɛit] *nf* solidité

hec|tisch [hɛktis] *adj, adv (-tischer, meest h.)* agité, fiévreusement

he·den [hedə(n)] *adv* aujourd'hui; **het ~** le présent; **~ ten dage** de nos jours

he·den·avond [hedə(n)avɔnt] *adv* ce soir

he·den·daags [hedə(n)daχs] *adj* contemporain

heel [hel] *adj, adv* 1 entier, entièrement; **zij werkt hele dagen** elle travaille à plein temps 2 tout 3 très; **~ wat** *(+ substantif)* bien du, de la, des

heel·al [helal] *het* univers

heel·huids [helhœyts] *adv* indemne; **er ~ van afkomen** l'échapper belle

heel·kun·de [helkʌndə] *nf* chirurgie

heem·raad·schap [hemratsχɑp] *het (-pen)* administration des eaux, des digues et des polders

heen [hen] *adv* 1 parti; **~ gaan** s'en aller; **~ en weer lopen** aller et venir 2 à l'aller ♦ **veel kritiek over zich ~ krijgen** ± s'attirer les critiques; **waar wil je ~?** où veux-tu en venir ?; **waar moet het ~?** comment cela finira-t-il ?

heen-en-weer·ge·draaf [henɛnwerχədraf] *het* va-et-vient

heen·gaan [henχan] *vi (ging heen, i. heengegaan)* 1 se retirer 2 décéder 3 s'écouler; **de hele zomer gaat ermee heen** cela prend tout l'été

heen·ko·men [heŋkomə(n)] *het* ♦ **een goed ~ zoeken** chercher son salut ailleurs

heen|reis [henrɛis] *de*, **-weg** *nm* aller

heen·wed·strijd [henwɛtstrɛit] *nm (-en) (Belg.)* (match en) déplacement

heer [her] *nm (heren)* 1 homme 2 Monsieur, Messieurs 3 gentleman, -men 4 Seigneur 5 maître; **zijn eigen ~ en meester zijn** être son (propre) maître; **de (mijn) oude ~** mon vieux, mon père

heer·kracht [herkrɑχt] *nm (-en) (Belg.)* force majeure

heer·lijk [herlək] *adj, adv* 1 agréable(ment) 2 délicieux, bien

heer·schap [hersχɑp] *het (-pen)* individu

heer·schap·pij [hersχɑpɛi] *nf* pouvoir

heer·sen [hersə(n)] *vi (heerste, h. geheerst)* 1 régner 2 (pré)dominer

heer·ser [hersər] *nm (-s)* souverain, -aine

heers·zuch·tig [hersʌχtəχ] *adj* dominateur

[1]**hees** [hes], **hesen** → **hijsen, ophijsen**

[2]**hees** [hes] *adj (heser, heest)* 1 enroué 2 rauque

hees·ter [hestər] *nm (-s)* arbrisseau

heet [het] *adj, adv (heter, heetst)* 1 très chaud(ement) 2 ardent, ardemment 3 piquant

heet·ge·ba·kerd [hetχəbakərt] *adj* emporté

heet·hoofd [hethoft] *nm (-en)* soupe au lait

hef|boom [hɛvbom] *nm (-bomen)* levier

hef·brug [hɛvbrʌχ] *de (-gen)* pont levant

hef·fen [hɛfə(n)] *vt (hief, h. geheven)* (pré)lever

hef·fing [hɛfɪŋ] *nf (-en)* 1 prélèvement 2 taxe

hef·schroef·vlieg·tuig [hɛfsχruflіχtœyχ] *het (-en)* hélicoptère

heft [hɛft] *het (-en)* manche; **het ~ in handen hebben** être à la barre; **het ~ in handen nemen** prendre les rênes

hef·tig [hɛftəχ] *adj, adv* violent, violemment

hef·truck [hɛftryk] *nm (-s)* chariot élévateur

heg [hɛχ] *de (-gen)* haie

hei [hɛi] *de* → **heide**

hei·de [hɛidə] *de* bruyère

hei·den [hɛidə(n)] *nm (-en)* païen, -ïenne

hei·dens [hɛidə(n)s] *adj, adv* 1 (en) païen(s) 2 terrible(ment)

hei·de·veld [hɛidəvɛlt] *het (-en)* (champ de) bruyère

hei·en [hɛijə(n)] *vti (heide, h. geheid)* enfoncer (des pilotis) à la sonnette; **het staat (als) geheid** ça ne bougera plus

hei·ig [hɛijəχ] *adj* brumeux

heil [hɛil] *het* 1 bien 2 résultat positif; **ergens geen ~ in zien** ne rien attendre de qqch 3 salut

Hei·land [hɛilɑnt] *nm* Messie

heil·dronk [hɛildrɔŋk] *nm (-en)* toast

hei·lig [hɛiləχ] *adj, adv* **1** saint(ement); **iemand ~ verklaren** canoniser qqn **2** sincère(ment); **het is mij ~e ernst** je suis on ne peut plus sérieux; **daar ben ik ~ van overtuigd** j'en suis (absolument) persuadé; **~e voornemens** de fermes résolutions

hei·lig·dom [hɛiləχdɔm] *het (-men)* sanctuaire

hei·li·ge [hɛiləχə] *nm (-n)* saint, sainte

hei·li·gen [hɛiləχə(n)] *vt (heiligde, h. geheiligd)* **1** consacrer **2** sanctifier

hei·lig·heid [hɛiləχhɛit] *nf* sainteté

hei·lig·schen·nis [hɛiləχsχɛnɪs] *nf* sacrilège

heil|loos [hɛilos] *adj, adv (-lozer, -loost)* funeste(ment)

heil·sol|daat [hɛilsɔldat] *nm (-daten)* salutiste

heil·wens [hɛilwɛns] *nm (-en)* vœu (de bonheur)

heil|zaam [hɛilzam] *adj (-zamer, -zaamst)* salutaire

hei·me·lijk [hɛimələk] *adj, adv* secret, furtivement

heim·wee [hɛimwe] *het* **1** nostalgie **2** mal du pays

Hein [hɛin] ♦ **een ijzeren ~** un dur à cuire; **Magere ~** la Faucheuse

hein·de [hɛində] *adv* ♦ **van ~ en ver(re)** de toutes parts

hei|paal [hɛipal] *nm (-palen)* pilot

hek [hɛk] *het (-ken)* barrière; **als wij dit toestaan, dan is het ~ van de dam** si nous tolérons cela, c'est le commencement de la fin

he·kel [hekəl] *nm* ♦ **een ~ aan iemand, iets hebben** détester qqn, qqch; **iemand over de ~ halen** arranger qqn de la belle manière

he·ke·len [hekələ(n)] *vt (hekelde, h. gehekeld)* fustiger

hek·je [hɛkjə] *het* dièse

hek·ken·slui·ter [hɛkə(n)slœytər] *nm (-s)* dernier, -ière

heks [hɛks] *nf (-en)* **1** sorcière **2** mégère

hek·sen·jacht [hɛksə(n)jɑχt] *de (-en)* chasse aux sorcières

hek·sen·toer [hɛksə(n)tur] *nm (-en)* tour de force

hek·werk [hɛkwɛrk] *het (-en)* grillage

1**hel** [hɛl] *de* **1** enfer; **de ~ brak los in het stadion** le public du stade se déchaîna; **iemand naar de ~ wensen** maudire qqn; **iemand het leven tot een ~ maken** rendre la vie impossible à qqn **2** (royaume des) ténèbres

2**hel** [hɛl] *adj, adv* **1** (d'une voix) perçant(e) **2** éclatant, crûment

he·laas [helas] *adv* malheureusement; **dat is ~ maar al te waar** ce n'est que trop vrai

held [hɛlt] *nm (-en)* **1** héros; **een ~ op sokken** un brave à trois poils, un bravache, une poule mouillée **2** champion; **hij is geen ~ in het rekenen** il n'est pas fort en calcul

hel·den|daad [hɛldə(n)dat] *de (-daden)* acte héroïque

hel·den|dicht [hɛldə(n)dɪχt] *het (-en)*, **-epos** *het (-epen, -sen)* épopée

hel·den·moed [hɛldəmut] *nm* héroïsme

hel|der [hɛldər] *adj, adv (-derder, -derst)* **1** clair(ement) **2** clair; **iets in een ~ licht plaatsen** mettre qqch en pleine lumière **3** lucide(ment); **~ kunnen denken** avoir toute sa tête **4** propre(ment)

hel·der·heid [hɛldərhɛit] *nf* **1** clarté **2** netteté **3** lucidité **4** propreté

hel·der·ziend [hɛldərzint] *adj* extralucide; **de ~e** le, la voyant(e)

held·haf·tig [hɛlthɑftəχ] *adj, adv* héroïque(ment)

he·le·boel [heləbul] un tas (de)

he·le·maal [heləmal] *adv* entièrement; **~ bovenaan** tout en haut; **dat is het ~** c'est tout à fait ça; **~ niet** pas du tout; **~ niets!** rien du tout !

he·len [helə(n)] *vti (heelde, h./i. geheeld)* **1** guérir **2** receler

he·ler [helər] *nm (-s)* receleur

helft [hɛlft] *de (-en)* **1** moitié; **over de ~ zijn** en être à la moitié; **voor de ~** à moitié **2** mi-temps

he·li·kop·ter [helikɔptər] *nm (-s)* hélicoptère; **vervoer per ~** héliportage

he·ling [helɪŋ] *nf* **1** guérison **2** recel

hel·len [hɛlə(n)] *vi (helde, h. geheld)* **1** pencher **2** être en pente

hel·lend [hɛlənt] *adj* en pente; **een ~ vlak** un plan incliné

hel·ling [hɛlɪŋ] *nf (-en)* **1** pente; **een ~ van 30°** une déclivité à 30 pour cent **2** inclinaison **3** *(mar.)* cale; **iets op de ~ zetten** remettre qqch en question

1**helm** [hɛlm] *nm (-en)* casque

2**helm** [hɛlm] *de* oyat

helm·gras [hɛlmχrɑs] *het* → 2**helm**

help [hɛlp] *interj* au secours !

help·desk [hɛlbdɛsk] *de (-s)* (service d')assistance téléphonique

hel·pen [hɛlpə(n)] *vti (hielp, h. geholpen)* **1** aider; **iemand aan iets ~** procurer qqch à qqn; **ik zal hem er wel door ~** je vais le tirer d'affaire; **iemand er weer bovenop ~** remettre qqn sur pied; **wat helpt het of je hem beklaagt?** à quoi bon le plaindre ?; **ik help het je hopen** je le souhaite autant que toi; **dat helpt tegen hoofdpijn** c'est bon contre le mal de tête; **zich weten, zien te ~** savoir se débrouiller **2** soigner **3** servir; **wordt u al geholpen?** on s'occupe de vous ?; **kan ik u ~?** que désirez-vous ? ♦ **iets niet kunnen ~** ne rien pouvoir à qqch

hel·per [hɛlpər] *nm (-s)* aide, *(Belg.)* aidant, -ante

hels [hɛls] *adj, adv* **1** (de façon) infernal(e) **2** furieux

hem [hɛm] *pers* le; **die van ~** le sien, la sienne, les siens, les siennes

hemd [hɛmt] *het (-en)* **1** maillot de corps, *(Belg.)* chemisette; **hij heeft geen ~ aan**

het lijf il n'a rien à se mettre; **ik stond mooi in mijn ~!** je ne savais plus où me mettre !; **tot op het ~ nat** trempé jusqu'aux os; **iemand het ~ van zijn lijf vragen** accabler qqn de questions **2** chemise

he·mel [hemǝl] *nm (-en)* **1** ciel; **tussen ~ en aarde zweven** ± être dans l'incertitude; **een verschil van ~ en aarde** une différence du tout au tout; **het scheen of ~ en aarde zouden vergaan** on aurait dit que c'était la fin du monde; **onder de blote ~ (slapen)** (coucher) à la belle étoile; **iemand, iets de ~ in prijzen** élever qqn, qqch jusqu'au ciel **2** paradis

***he·mel-** [hemǝl-] céleste

he·mel·bed [hemǝlbɛt] *het (-den)* lit à baldaquin

he·mel·hoog [hemǝlhoχ] *adj, adv* très haut

he·mel·li|chaam [hemǝlɪχam] *het (-chamen)* astre

he·mels [hemǝls] *adj, adv* **1** céleste **2** divin(ement)

he·mels·breed [hemǝlzbret] *adj, adv* **1** immense, énormément **2** à vol d'oiseau

he·mel·ter|gend [hemǝltɛrχǝnt] *adj, adv (-gender, meest h.)* (d'une façon) révoltant(e)

He·mel·vaart [hemǝlvart] *de* Ascension

hem·zelf [hɛmzɛlf] *pers* (à) lui-même

[1]**hen** [hɛn] *nf (-nen)* poule

[2]**hen** [hɛn] *pers* les; **die van ~** le leur, la leur, les leurs

hen·del [hɛndǝl] *het/de (-s)* levier

Hen·drik [hɛndrɪk] ♦ **een brave hendrik** un petit saint

He·ne·gou·wen [henǝχauwǝ(n)] *het* Hainaut

hen·gel [hɛŋǝl] *nm (-s)* canne à pêche

hen·ge·laar [hɛŋǝlar] *nm (-s)* pêcheur, -euse (à la ligne)

hen·ge·len [hɛŋǝlǝ(n)] *vi (hengelde, h. gehengeld)* **1** pêcher (à la ligne) **2** *(+ naar)* quêter

heng·sel [hɛŋsǝl] *het (-s)* **1** anse **2** gond; **een deur uit zijn ~s lichten** déboîter une porte

hengst [hɛŋst] *nm (-en)* **1** étalon **2** châtaigne

hen·nep [hɛnǝp] *nm,* **hennepplant** *de (-en)* chanvre

hen·zelf [hɛnzɛlf] *pers* (à) eux-mêmes

her [hɛr] *adv* depuis ♦ **~ en der** de tous côtés

***her-** [hɛr-] re-, ré-; **de herinvoering** la réintroduction

her·ade·men [hɛradǝmǝ(n)] *vi (herademde, h. herademd)* respirer

her·berg [hɛrbɛrχ] *de (-en)* auberge

her·ber·gen [hɛrbɛrχǝ(n)] *vt (herbergde, h. geherbergd)* héberger

her·be·zin·nen, zich [hɛrbǝzɪnǝ(n)] *vpr (herbezon zich, h. zich herbezonnen)* se remettre en question

her·be·zon [hɛrbǝzɔn], **herbezonnen** → **herbezinnen**

her·bo·ren [hɛrborǝ(n)] *adj* ♦ **wij voelden ons (als) ~** nous nous sentions renaître

her·dacht [hɛrdɑχt], **herdachten** → **herdenken**

her·den·ken [hɛrdɛŋkǝ(n)] *vt (herdacht, h. herdacht)* **1** commémorer (qqch), célébrer la mémoire de (qqn) **2** remémorer

her·den·kings·plech·tig|heid [hɛrdɛŋkɪŋsplɛχtǝχhɛit] *nf (-heden)* commémoration

her·der [hɛrdǝr] *nm (-s)* **1** berger **2** (chien de) berger

her·der·lijk [hɛrdǝrlǝk] *adj* pastoral

her·ders·hond [hɛrdǝrshɔnt] *nm (-en)* → **herder 2**

her·druk [hɛrdrʌk] *nm (-ken)* réédition

he·ren·af·de·ling [herǝ(n)ɑvdelɪŋ] *nf (-en)* → **herenmode 3**

he·ren·ak·koord [herǝ(n)ɑkort] *het (-en)* gentleman's agreement

he·ren·con·fec·tie [herǝ(n)kɔnfɛksi] *nf* prêt-à-porter masculin

he·ren|huis [herǝ(n)hœys] *het (-huizen)* hôtel (particulier)

her·eni·gen [hɛrenǝχǝ(n)] *vt (herenigde, h. herenigd)* **1** réunir **2** réconcilier

he·ren·mo·de [herǝmodǝ] *de* **1** mode masculine **2** articles de mode masculine **3** rayon hommes

her·exa·men [hɛrɛksamǝ(n)] *het (-s)* (épreuve, examen de) repêchage

herfst [hɛrfst] *nm* automne

herfst·ach·tig [hɛrfstɑχtǝχ] *adj* → **herfstig**

herf|stig [hɛrfstǝχ] *adj (-stiger, meest h.)* ♦ **het begint ~ te worden** l'automne approche

herfst·kleur [hɛrfstklør] *de (-en)* couleur d'automne

herfst·maand [hɛrfstmant] *de (-en)* **1** septembre **2** mois d'automne

herfst·tint [hɛrfstɪnt] *de (-en)* → **herfstkleur**

her·ge·boor·te [hɛrχǝbortǝ] *nf (-n)* renaissance

her·ge·bruik [hɛrχǝbrœyk] *het* réemploi

her·haald [hɛrhalt] *adj* répété; **~e malen** à plusieurs reprises; **~e pogingen doen** multiplier les tentatives

her·haal·de·lijk [hɛrhaldǝlǝk] *adv* à plusieurs reprises; **ik heb het ~ gezegd** je l'ai dit et répété

[1]**her·ha·len** [hɛrhalǝ(n)] *vt (herhaalde, h. herhaald)* répéter; **gegevens in het kort ~** récapituler des données

[2]**her·ha·len, zich** [hɛrhalǝ(n)] *vpr (herhaalde zich, h. zich herhaald)* se répéter

her·ha·ling [hɛrhalɪŋ] *nf (-en)* **1** répétition; **bij ~** à plusieurs reprises; **in ~en vervallen** se répéter; **dit experiment bleek niet voor ~ vatbaar** il s'est avéré que cette expérience n'était pas à recommencer **2** révision

her·ha·lings·oe·fe·ning [hɛrhalɪŋsufǝnɪŋ] *nf (-en)* période (d'instruction)

her·ha·lings·re·cept [hɛrhalɪŋsrǝsɛpt] *het (-en)* ordonnance renouvelée

her·ha·lings·te·ken [hɛrhalɪŋstekə(n)] *het (-s)* (signe de) reprise

her·in·de·ling [hɛrɪndelɪŋ] *nf (-en)* nouvelle répartition

[1]**her·in·ne·ren** [hɛrɪnərə(n)] *vt (herinnerde, h. herinnerd) (+ aan)* rappeler (qqch)

[2]**her·in·ne·ren, zich** [hɛrɪnərə(n)] *vpr (herinnerde zich, h. zich herinnerd)* se souvenir de; **zich iets proberen te ~** chercher qqch dans sa mémoire; **voor zover ik mij herinner** autant que je m'en souvienne

her·in·ne·ring [hɛrɪnərɪŋ] *nf (-en)* **1** souvenir; **iets in ~ brengen** remettre qqch à l'esprit (de qqn); **oude ~en ophalen** évoquer le passé; **ter ~ aan** en souvenir de **2** avertissement

her·kan·sing [hɛrkɑnsɪŋ] *nf (-en)* repêchage

her·kau·wen [hɛrkɑuwə(n)] *vti (herkauwde, h. herkauwd)* ruminer; **het ~** la rumination

her·ken|baar [hɛrkɛmbar] *adj (-baarder, -baarst)* reconnaissable, *(fig.)* lisible

her·ken·nen [hɛrkɛnə(n)] *vt (herkende, h. herkend)* reconnaître; **zich in iemand ~** se retrouver en qqn; **hij is niet te ~** il est méconnaissable

her·ken·ning [hɛrkɛnɪŋ] *nf (-en)* reconnaissance

her·ken·nings·me·lo·die [hɛrkɛnɪŋsmelodi] *nf (-ën)* indicatif

her·keu·ring [hɛrkørɪŋ] *nf (-en)* nouvel examen

her·kies·baar [hɛrkizbar] *adj* rééligible; **zich ~ stellen** accepter un nouveau mandat

her·komst [hɛrkɔmst] *nf (-en)* origine

her·kreeg [hɛrkrex], **herkregen** → **herkrijgen**

her·krij·gen [hɛrkrɛiɣə(n)] *vt (herkreeg, h. herkregen)* retrouver

her·lei·den [hɛrlɛidə(n)] *vt (herleidde, h. herleid)* réduire (à)

her·le·ven [hɛrlevə(n)] *vi (herleefde, i. herleefd)* revivre; **het verleden doen ~** ressusciter le passé; **~d fascisme** fascisme renaissant

her·me·lijn [hɛrməlɛin] *nm (-en)* hermine

her·me|tisch [hɛrmetis] *adj, adv (-tischer, meest h.)* hermétique(ment)

her·nam [hɛrnɑm], **hernamen** → **hernemen**

her·ne·men [hɛrnemə(n)] *vti (hernam, h. hernomen)* reprendre

her·nia [hɛrnija] *de (-'s)* hernie discale

her·nieu·wen [hɛrniwə(n)] *vt (hernieuwde, h. hernieuwd)* renouveler; **een hernieuwde besmetting** une réinfection

her·no·men [hɛrnomə(n)] → **hernemen**

he·ro·ï·ne·ba·by [herowinəbebi] *nm (-'s)* enfant né(e) accro

he·ro|ïsch [herowis] *adj, adv (-ïscher, meest h.)* héroïque(ment)

her·ope·nen [hɛropənə(n)] *vt (heropende, h. heropend)* rouvrir

her·ove·ren [hɛrovərə(n)] *vt (heroverde, h. heroverd)* reconquérir

her·over·we·gen [hɛrovərweɣə(n)] *vt (heroverwoog, h. heroverwogen)* reconsidérer

her·over·woog [hɛrovərwoχ], **heroverwogen** → **heroverwegen**

her·rees [hɛres], **herrezen** → **herrijzen**

her·rie [hɛri] *de* **1** tapage **2** chahut **3** dispute

her·riep [hɛrip], **herriepen** → **herroepen**

her·rij·zen [hɛrɛizə(n)] *vi (herrees, i. herrezen)* ressusciter

her·rij·ze·nis [hɛrɛizənɪs] *nf* résurrection

her·roe·pen [hɛrupə(n)] *vt (herriep, h. herroepen)* révoquer

her·scho·ling [hɛrsχolɪŋ] *nf* recyclage

***her·sen-** [hɛrsə(n)-] cérébral

her·sen·dood [hɛrsə(n)dot] *de* coma dépassé

her·se·nen [hɛrsənə(n)] *plur* **1** cerveau **2** crâne

her·sen·helft [hɛrsə(n)hɛlft] *de (-en)* hémisphère cérébral

her·sen|loos [hɛrsənlos] *adj, adv (-lozer, meest h.)* écervelé, étourdiment

her·sen·pan [hɛrsə(n)pɑn] *de (-nen)* boîte crânienne

her·sens [hɛrsə(n)s] *plur* **1** cerveau; **gebruik toch je ~!** réfléchis donc !; **zijn ~ laten werken** se creuser la cervelle; **zijn ~ pijnigen** se torturer la cervelle **2** crâne

her·sen·schim [hɛrsə(n)sχɪm] *de (-men)* chimère; **~men najagen** nourrir des chimères

her·sen·schud·ding [hɛrsə(n)sχʌdɪŋ] *nf (-en)* commotion cérébrale

her·sen·spin·sel [hɛrsə(n)spɪnsəl] *het (-s)* **1** chimère **2** fiction

her·sen·vlies·ont·ste·king [hɛrsə(n)vlisɔntstekɪŋ] *nf (-en)* méningite

her·stel [hɛrstɛl] *het* **1** rétablissement **2** réparation **3** remise

her·stel·baar [hɛrstɛlbar] *adj* réparable

her·stel·be·leid [hɛrstɛlbəlɛit] *het (Belg.)* politique de relance

her·stel·be·ta·ling [hɛrstɛlbətalɪŋ] *nf (-en)* réparation

[1]**her·stel·len** [hɛrstɛlə(n)] *vt (herstelde, h. hersteld)* **1** réparer **2** rétablir **3** remettre (en état)

[2]**her·stel·len** [hɛrstɛlə(n)] *vi (herstelde, i. hersteld)* se remettre

[3]**her·stel·len, zich** [hɛrstɛlə(n)] *vpr (herstelde zich, h. zich hersteld)* **1** se rétablir **2** se ressaisir

her·stel·lings·oord [hɛrstɛlɪŋsort] *het (-en)* maison de repos

her·stel·lings·te·ken [hɛrstɛlɪŋstekə(n)] *het (-s)* bécarre

her·stel·werk·zaam·he·den [hɛrstɛlwɛrksamhedə(n)] *plur* travaux de restauration

her·struc·tu·re·ring [hɛrstrʌktyrerɪŋ] *nf* restructuration

hert [hɛrt] *het (-en)* **1** cervidés **2** cerf

her·tog [hɛrtɔχ] *nm (-en),* **hertogin** *nf (-nen)* duc, duchesse

her·tog·dom [hɛrtɔχdɔm] *het (-men)* duché

her·trou·wen [hɛrtrɑuwə(n)] *vi (hertrouwde, i. hertrouwd)* se remarier

her·vat·ten [hɛrvɑtə(n)] *vti (hervatte, h. hervat)* reprendre

her·ver·de·ling [hɛrvərdelɪŋ] *nf (-en)* redistribution

her·ver·ka·ve·ling [hɛrvərkavəlɪŋ] *nf (-en)* remembrement

her·ver·kie·zing [hɛrvərkizɪŋ] *nf* réélection

her·vormd [hɛrvɔrmt] *adj* réformé; **de ~e** le, la réformé(e)

her·vor·ming [hɛrvɔrmɪŋ] *nf (-en)* réforme

her·waar·de·ren [hɛrwardərə(n)] *vt (herwaardeerde, h. geherwaardeerd)* revaloriser

[1]**her·win·nen** [hɛrwɪnə(n)] *vt (herwon, h. herwonnen)* **1** regagner **2** récupérer

[2]**her·win·nen, zich** [hɛrwɪnə(n)] *vpr (herwon zich, h. zich herwonnen)* se ressaisir

her·won [hɛrwɔn], **herwonnen** → **herwinnen**

her·zag [hɛrzɑχ], **herzagen** → **herzien**

her·zien [hɛrzin] *vt (herzag, h. herzien)* revoir; **de lonen ~** rajuster les salaires

her·zie·ning [hɛrzinɪŋ] *nf (-en)* révision

hesp [hɛsp] *de (-en) (Belg.)* jambon

[1]**het** [ət] *pers (pronom neutre)* ce, c'

[2]**het** [hɛt, ət] *indéf (pronom impersonnel)* il; **~ zij zo** soit ! ♦ **dat is je van ~!** c'est le fin du fin !

[3]**het** [hɛt, ət] *art neutre* le

[4]**het** [hɛt, [B]hət] *art neutre, avec accent d'insistance* **1** le, la, l' … par excellence **2** le, la, l' … qu'il me (te, lui etc.) faut **3** le, la, l' … majeur(e)

he·ten [hetə(n)] *vti (heette, h. geheten)* **1** s'appeler; **hij heet naar zijn vader** il porte le nom de son père; **het mag een wonder ~** cela tient du miracle **2** passer pour; **het heet dat hij gezeten heeft** on dit qu'il aurait fait de la prison; **hij heet rijk (te zijn)** il passe pour riche

he·ter·daad [hetərdat] ♦ **iemand op ~ betrappen** prendre qqn en flagrant délit

he·te·ro [hetəro] *adj* → **heteroseksueel**

he·te·ro·sek·su·eel [hetərosɛksywel] *adj* hétérosexuel; **de ~** le, la hétérosexuel(le)

het·geen [ətχen] *dém* ce qui

het·ze [hɛtsə] *nf (-s)* campagne de diffamation

het·zelf·de [ətsɛlvdə] *dém* **1** la même chose **2** le, la même

het·zij [ətsɛi] *conj* soit

heu·gen [høχə(n)] *vi (heugde, h. geheugd)* se souvenir de

heug·lijk [høχlək] *adj* **1** heureux **2** mémorable

heu·len [hølə(n)] *vi (heulde, h. geheuld) (+ met)* être d'intelligence (avec qqn)

heup [høp] *de (-en)* hanche ♦ **hij heeft, krijgt het op zijn ~en** il a une lubie

heup·slip [høpslɪp] *nm (-pen)* slip taille basse

heup·wie·gen [høpwiχə(n)] *vi (heupwiegde, h. geheupwiegd)* se dandiner

heup·wijd·te [høpwɛitə] *nf* tour de hanches

heus [høs] *adj, adv* vrai(ment)

heu·vel [høvəl] *nm (-s)* colline

heu·vel·ach·tig [høvəlɑχtəχ] *adj* vallonné

heu·vel·rug [høvəlrʌχ] *nm (-gen)* chaîne de collines

he·vig [hevəχ] *adj, adv* **1** fort; **~er worden** s'accentuer **2** violent, fortement

he·vig·heid [hevəχhɛit] *nf* violence

hi·aat [hijat] *het/de (hiaten)* lacune

hief [hif], **hieven** → **heffen, opheffen**

hiel [hil] *nm (-en)* talon; **de ~en lichten** lever le camp; **iemands ~en likken** lécher les bottes à qqn

hield [hilt], **hielden** → **houden, aanhouden, tegenhouden** *(etc.)*

hielp [hilp], **hielpen** → **helpen, meehelpen, vooruithelpen** *(etc.)*

hier [hir] *adv* **1** ici; **~ en daar** çà et là; **~ in de buurt** par ici **2** voici

hier·aan [hiran] *adv* à ceci, cela

hier·ach·ter [hirɑχtər] *adv* là derrière

hi·ë·rar·chisch [hijərɑrχis] *adj, adv* hiérarchique(ment)

hier·be·ne·den [hirbənedə(n)] *adv* (ici) en bas

hier·bij [hirbɛi] *adv* ♦ **~ bericht ik u, dat …** par la présente, je vous fais savoir que …; **~ komt nog dat …** ajoutez à cela que …; **ik zal het ~ laten** je vais en rester là; **~ treft u aan …** vous trouverez ci-joint …

hier·bin·nen [hirbɪnə(n)] *adv* à l'intérieur

hier·bo·ven [hirbovə(n)] *adv* **1** au-dessus **2** là-haut

hier·bui·ten [hirbœytə(n)] *adv* **1** à l'extérieur **2** en dehors de ceci; **~ kan hij niet** il ne peut s'en passer

hier·door [hirdor] *adv* **1** par ici **2** de ce fait

hier·heen [hirhen] *adv* par ici

hier·in [hirɪn] *adv* **1** là-dedans **2** en cela

hier·langs [hirlɑŋs] *adv* par ici

hier·mee [hirme] *adv* avec cela, ceci

hier·na [hirna] *adv* **1** après; **de dag ~** le lendemain **2** ci-après

hier·naast [hirnast] *adv* à côté

hier·na·maals [hirnamals] *het* au-delà

hier·om [hirɔm] *adv* **1** autour **2** c'est pourquoi

hier·om·trent [hirɔmtrɛnt] *adv* **1** quelque part par ici **2** à ce sujet

hier·on·der [hirɔndər] *adv* **1** en dessous **2** plus loin **3** en cela **4** parmi

hier·op [hirɔp] *adv* **1** là-dessus **2** sur (qqch); **met het oog ~** à cet effet **3** ensuite

hier·over [hirovər] *adv* **1** là-dessus **2** à ce sujet

hier·te·gen [hirtexə(n)] *adv* 1 là-contre 2 contre cela
hier·te·gen·over [hirtexə(n)ovər] *adv* 1 en face 2 par contre
hier·toe [hirtu] *adv* à cet effet ♦ tot ~ en niet verder ça suffit
hier·uit [hirœyt] *adv* 1 d'ici 2 de ceci; ~ volgt dat hij ongelijk heeft il s'ensuit qu'il a tort
hier·van [hirvɑn] *adv* en
hier·van·daan [hirvɑndan] *adv* d'ici
hier·voor [hirvor] *adv* 1 devant 2 avant 3 pour cela 4 à cette fin 5 en échange
hi·fi-in·stal·la·tie [hɑjfɑjɪnstɑla(t)si, Bhɑjfiɪnstɑla(t)si] *nf (-s)* chaîne hi-fi
high [hɑj] *adj* ♦ ~ zijn planer
high·tech [hɑjtɛk] *adj* de technologie de pointe
hij [hɛi] *pers* il
hij·gen [hɛixə(n)] *vi (hijgde, h. gehijgd)* haleter
hij·ger [hɛixər] *nm (-s)* ⟨*obsédé sexuel qui tient des propos obscènes au téléphone*⟩
1**hij·sen** [hɛisə(n)] *vt (hees, h. gehesen)* hisser
2**hij·sen** [hɛisə(n)] *vti (hees, h. gehesen)* lever le coude
hijs|kraan [hɛiskran] *de (-kranen)* grue
hij·zelf [hɛizɛlf] *pers* lui-même
hik [hɪk] *nm (-ken)* hoquet
hik·ken [hɪkə(n)] *vi (hikte, h. gehikt)* 1 hoqueter 2 avoir le hoquet ♦ tegen iets aan ~ se faire une montagne de qqch
hi·la·ri·teit [hilaritɛit] *nf* hilarité
hin·de [hɪndə] *nf (-n)* biche
hin·der [hɪndər] *nm* 1 gêne; ~ van iets ondervinden être gêné par qqch 2 nuisance
hin·de·ren [hɪndərə(n)] *vti (hinderde, h. gehinderd)* 1 gêner 2 déranger; dat hindert niet ça ne fait rien 3 contrarier ♦ niet gehinderd door enige kennis van … totalement ignorant dans le domaine de …
hin·der|laag [hɪndərlax] *de (-lagen)* embuscade
hin·der·lijk [hɪndərlək] *adj, adv* 1 (de façon) irritant(e) 2 ennuyeux, fâcheusement 3 gênant
hin·der·nis [hɪndərnɪs] *nf (-sen)* obstacle
hin·der|paal [hɪndərpal] *nm (-palen)* → hindernis
Hin·der·wet [hɪndərwɛt] *de (-ten)* loi sur les nuisances
hin·doe·ïs·me [hɪnduwɪsmə] *het* hindouisme
Hin·doe|staan [hɪndustan] *nm (-stanen)*, **-staanse** *nf (-n)* Hindoustani, -ie
hing [hɪŋ], **hingen** → hangen, aanhangen, samenhangen *(etc.)*
hin·ke·len [hɪŋkələ(n)] *vi (hinkelde, h. gehinkeld)* jouer à la marelle
hin·ken [hɪŋkə(n)] *vi (hinkte, h. gehinkt)* boiter, *(fig.)* clocher
hink-stap-sprong [hɪŋkstɑpsprɔŋ] *nm* triple saut
hin·ni·ken [hɪnəkə(n)] *vi (hinnikte, h. gehinnikt)* hennir
hint [hɪnt] *nm (-s)* suggestion
his·to·ri|cus [historikʌs] *nm (-ci)* historien, -ienne
his·to·risch [historis] *adj, adv* historique(ment); dat is ~ gegroeid c'est le résultat d'une évolution historique
hit [hɪt] *nm (-s)* tube
hit·sig [hɪtsəx] *adj, adv* lubrique(ment)
hit·te [hɪtə] *nf* 1 chaleur 2 ardeur
hit·te|golf [hɪtəxɔlf] *de (-golven)* vague de chaleur
hiv [haive, hɪf], **hiv-virus** *het (méd.)* abrév. de *human immunodeficiency virus* VIH
H.M. abrév. de *Hare Majesteit* S.M.
ho [ho] *interj* 1 holà !; ho maar! ça suffit ! 2 tout de même ! ♦ harder werken? ho maar! travailler davantage ? pas question !
hob·bel [hɔbəl] *nm (-s)* bosse; er moet nog één ~ genomen worden il y a encore un hic; de weg is hier vol ~s le chemin est cahoteux
hob·be·len [hɔbələ(n)] *vi (hobbelde, h. gehobbeld)* cahoter
hob·bel·paard [hɔbəlpart] *het (-en)* cheval à bascule
hob·by [hɔbi] *nm (-'s)* passe-temps
hob·by·ist [hɔbijɪst] *nm (-en)* 1 bricoleur 2 amateur
ho·bo [hobo] *nm (-'s)* hautbois
ho·bu [hoby] *het (Belg.; enseign.)* abrév. de *hoger onderwijs buiten de universiteit* ESNU
hoc·key·en [hɔkijə(n)] *vi (hockeyde, h. gehockeyd)* jouer au hockey
ho·cus po·cus [hokʌspokʌs] *interj* abracadabra !
hoe [hu] *adv* 1 comment; ~ dan ook quoi qu'il en soit 2 combien; ~ eerder ~ liever le plus tôt sera le mieux; ~ laat is het? quelle heure est-il ?; ~ langer ~ beter de mieux en mieux; ~ meer … des te meer plus … (et) plus; ~ vreemd het ook lijkt si bizarre que cela puisse paraître
hoed [hut] *nm (-en)* chapeau; een hoge ~ un haut-de-forme; daar neem ik mijn ~ voor af chapeau (bas) !
hoe·da·nig|heid [hudanəxhɛit] *nf (-heden)* qualité
hoe·de [hudə] *de* protection ♦ op zijn ~ zijn se tenir sur ses gardes
1**hoe·den** [hudə(n)] *vt (hoedde, h. gehoed)* garder
2**hoe·den, zich** [hudə(n)] *vpr (hoedde zich, h. zich gehoed) (+ voor)* faire attention (à)
hoe·den·plank [hudə(n)plɑŋk] *de (-en)* porte-chapeau
hoed·je [hucə] *het (-s)* ♦ onder één ~ spelen met iemand être de mèche avec qqn; zich een ~ schrikken avoir une peur bleue
hoef [huf] *nm (hoeven)* sabot
hoef·ij·zer [hufɛizər] *het (-s)* fer (à cheval)

hoef|smid [hufsmɪt] *nm (-smeden)* maréchal-ferrant

hoe·ge·naamd [huχənamt] *adv* **1** absolument **2** pratiquement **3** à peine

hoek [huk] *nm (-en)* **1** coin; **zich niet in een ~ laten drukken** ne pas se laisser marcher sur les pieds; **hij zit in de ~ waar de slagen vallen** c'est lui qui trinque; **om de ~** juste après le coin; **flink uit de ~ komen** dire les choses carrément **2** angle

hoek|huis [hukhœys] *het (-huizen)* maison qui fait l'angle

hoe·kig [hukəχ] *adj, adv* anguleux

hoek·je [hukjə] *het (-s)* ♦ **het ~ om gaan** casser sa pipe

hoek·schop [huksχɔp] *nm (-pen)* corner

hoek|steen [huksten] *nm (-stenen)* pierre angulaire

hoek·tand [huktɑnt] *nm (-en)* canine

hoek·wo·ning [hukwonɪŋ] *nf (-en)* → **hoekhuis**

hoe·lang [hulɑŋ] *adv* combien de temps

hoe·pel [hupəl] *nm (-s)* cerceau; **zo krom als een ~** droit comme la jambe d'un chien

hoe·pel·rok [hupəlrɔk] *nm (-ken)* crinoline

hoer [hur] *nf (-en)* **1** putain **2** garce

hoe·ren·lo·per [hurə(n)lopər] *nm (-s)* habitué des bordels

hoes [hus] *de (hoezen)* housse

hoes·la·ken [huslakə(n)] *het (-s)* drap-housse

hoest [hust] *nm* toux

***hoest-** [hust-] contre la toux

hoest·bui [hustbœy] *de (-en)* quinte (de toux)

[1]**hoes·ten** [hustə(n)] *vti (hoestte, h. gehoest)* tousser

[2]**hoes·ten** [hustə(n)] *vt (hoestte, h. gehoest)* cracher

hoe·ve [huvə] *de (-n)* ferme

hoe·veel [huvel] *card* combien (de)

hoe·veel|heid [huvelhɛit] *nf (-heden)* nombre (de); **geringe ~** faible quantité

hoe·veel·ste [huvelstə] combien; **de ~ is het vandaag?** quelle date sommes-nous ?

[1]**hoe·ven** [huvə(n)] *vt (hoefde, h. gehoefd, gehoeven)* devoir; **ik hoef niet zo nodig** je n'y tiens pas particulièrement

[2]**hoe·ven** [huvə(n)] *vi (hoefde, h. gehoefd, gehoeven)* être nécessaire; **het hoeft niet meer** ce n'est plus la peine

hoe·ver [huvɛr] *adv* (jusqu')où; **in ~re** dans quelle mesure

hoe·wel [huwɛl] *conj* quoique

hoe·zeer [huzer] *adv* combien

[1]**hof** [hɔf] *het (hoven)* cour

[2]**hof** [hɔf] *nm (hoven)* jardin

hof·da·me [hɔvdamə] *nf (-s)* dame d'honneur

hof·fe·lijk [hɔfələk] *adj, adv* courtois(ement)

hof·hou·ding [hɔfhaudɪŋ] *nf (-en)* cour

hof·je [hɔfjə] *het (-s)* **1** hospice de vieillards **2** cour intérieure

hof·nar [hɔfnɑr] *nm (-ren)* fou du roi

ho·ge·druk·ge·bied [hoχədrʌkχəbit] *het (-en)* anticyclone

ho·ge·druk·pan [hoχədrʌkpɑn] *de (-nen)* cocotte-minute®

ho·ge·pries·ter [hoχəpristər] *nm (-s)* (le) grand prêtre

ho·ger·hand [hoχərhɑnt] *de* ♦ **van ~** par ordre des autorités

Ho·ger·huis [hoχərhœys] *het* Chambre des lords

ho·ger·op [hoχərɔp] *adv* plus haut; **hij wil ~** il veut monter

ho·ge|school [hoχəsχol] *de (-scholen)* école supérieure

ho·ge·snel·heids·trein [hoχəsnɛlhɛitstrɛin] *nm (-en)* train à grande vitesse

hok [hɔk] *het (-ken)* **1** réduit **2** cabane **3** taudis

hok·je [hɔkjə] *het (-s)* **1** cabine (de bain) **2** loge (de concierge) **3** case; **iemand in een ~ plaatsen** coller une étiquette sur le dos de qqn

hok·jes|geest [hɔkjəsχest] *nm*, **-mentaliteit** *nf* esprit classificateur

hok·ken [hɔkə(n)] *vi (hokte, h. gehokt)* cohabiter

[1]**hol** [hɔl] *het (-en)* **1** caverne **2** tanière; **zich wagen in het ~ van de leeuw** se jeter dans la gueule du loup **3** cachette

[2]**hol** [hɔl] *nm* ♦ **op ~ slaan** prendre le mors aux dents

[3]**hol** [hɔl] *adj* **1** creux; **een ~ vat** un tonneau vide **2** concave ♦ **in het ~st van de nacht** au plus profond de la nuit

hol·be·wo·ner [hɔlbəwonər] *nm (-s)* **1** habitant, -ante des cavernes **2** troglodyte

ho·le·bi [holebi] *de (-'s) (Belg.)* ± LGBT

hol·heid [hɔlhɛit] *nf* **1** concavité **2** futilité

Hol·lands [hɔlɑn(t)s] *adj* hollandais; **het ~** le hollandais, le néerlandais; **~e kaas** du hollande

hol·len [hɔlə(n)] *vi (holde, h. gehold)* courir (à toute vitesse); **de kinderen holden de school uit** les enfants sortirent de l'école en courant; **het is met hem ~ of stilstaan** il passe d'un extrême à l'autre

hol·lend [hɔlənt] *adj, adv* galopant, au galop; **de zaak gaat ~ achteruit** les affaires vont de plus en plus mal

hol·le·tje [hɔləcə] *het* ♦ **op een ~** au (grand) galop

hol·ster [hɔlstər] *nm (-s)* gaine

hol·te [hɔltə] *nf (-s, -n)* **1** creux **2** cavité

ho·meo·pa·thie [homejopati] *nf* homéopathie

home·page [hompedʒ] *nm (-s)* page d'accueil

hom·mel [hɔməl] *de (-s)* bourdon

ho·mo [homo] *nm (-'s)* homo(sexuel)

ho·mo·fiel [homofil] *adj* → **homoseksueel**

ho·mo·ge·ni·teit [homoχenitɛit] *nf* homogénéité

ho·mo·hu·we·lijk [homohywələk] *het (-en)* mariage entre homosexuels

ho·mo·sek·su·eel [homosɛksywel] *adj* homosexuel; de ~ l'homosexuel(le)
homp [hɔmp] *de (-en)* gros morceau
hond [hɔnt] *nm (-en)* 1 chien; de gebeten ~ zijn être la brebis galeuse; er was geen ~ il n'y avait pas un chat; daar zouden de ~en geen brood van lusten c'est un vrai scandale; de ~ in de pot vinden ± danser devant le buffet vide 2 goujat; ondankbare ~! espèce d'ingrat !
hon·den·fok·ker [hɔndə(n)fɔkər] *nm (-s)* éleveur, -euse de chiens
hon·den·hok [hɔndə(n)hɔk] *het (-ken)* 1 niche 2 taudis
hon·den·weer [hɔndə(n)wer] *het* temps de chien
hon·derd [hɔndərt] *het (-en)* 1 cent; *(Belg.)* tien ten ~ dix pour cent 2 centaine(s) ♦ alles loopt in het ~ plus rien ne va; de boel in het ~ sturen faire tout échouer
hon·derd·dui·zend [hɔndərdœyzənt] *card* cent mille; de ~ winnen gagner le gros lot
hon·derd·ja·rig [hɔndərtjarəχ] *adj* 1 centenaire; een ~e un(e) centenaire; de Honderdjarige Oorlog la guerre de Cent Ans 2 centennal
hon·derd·je [hɔndərcə] *het (-s)* ⟨*billet de cent (euros)*⟩
hon·derd·ste [hɔndərtstə] *ord* centième; de ~ verjaardag le centenaire
hon·derd·tal [hɔndərtɑl] *het (-len)* centaine
hon·derd·voud [hɔndərtfɑut] *het (-en)* centuple
honds [hɔn(t)s] *adj, adv (hondser, meest h.)* 1 méchant, méchamment; iemand ~ behandelen traiter qqn comme un chien 2 insolent, insolemment
honds·bru·taal [hɔn(t)sbrytal] *adj, adv* grossier, grossièrement
honds·da·gen [hɔn(t)sdaχə(n)] *plur* canicule
honds·dol·heid [hɔn(t)sdɔlhɛit] *nf* rage; een inenting tegen ~ une vaccination antirabique
honds·moe [hɔn(t)smu] *adj* crevé
Hon·du·ras [hɔnduras] *het* Honduras
Hon·du·rees [hɔndures] *adj* hondurien, -ienne; de ~, Hondurese le, la Hondurien(ne)
[1]**ho·nen** [honə(n)] *vt (hoonde, h. gehoond)* bafouer
[2]**ho·nen** [honə(n)] *vi (hoonde, h. gehoond)* parler d'un ton sarcastique
ho·nend [honənt] *adj, adv* (d'un ton) sarcastique
Hon|gaar [hɔŋχar] *nm (-garen),* **-gaarse** *nf (-n)* Hongrois, -oise
Hon·gaars [hɔŋχars] *adj* hongrois
Hon·ga·rije [hɔŋχarɛijə] *het* Hongrie
hon·ger [hɔŋər] *nm* 1 faim; ~ naar geld en goed la soif de richesses; zijn ~ stillen assouvir sa faim 2 famine
hon·ge·ren [hɔŋərə(n)] *vi (hongerde, h. gehongerd) (+ naar)* avoir faim (de)
hon·ge·rig [hɔŋərəχ] *adj* affamé; ~ maken donner de l'appétit
hon·ger|kuur [hɔŋərkyr] *de (-kuren)* diète totale
hon·ger·lij·der [hɔŋərlɛidər] *nm (-s)* 1 affamé, -ée 2 boulimique 3 meurt-de-faim
hon·ger|loon [hɔŋərlon] *het (-lonen)* salaire de misère
hon·gers|nood [hɔŋərsnot] *nm (-noden)* famine
hon·ger·sta·king [hɔŋərstakɪŋ] *nf (-en)* grève de la faim
hon·ger·win·ter [hɔŋərwɪntər] *nm (-s)* hiver de (la) disette
ho·ning [honɪŋ] *nm* miel
ho·ning|raat [honɪŋrat] *de (-raten)* rayon (d'une ruche)
ho·ning·zoet [honɪŋzut] *adj, adv* sucré, mielleusement; ~e woorden flatteries
honk [hɔŋk] *het (-en)* 1 refuge 2 base
honk·bal·knup·pel [hɔŋgbɑlknʌpəl] *nm (-s)* batte (de baseball)
honk|vast [hɔŋkfɑst] *adj (-vaster, meest h.)* casanier
ho·no·ra|ri·um [honorarijʌm] *het (-ria, -riums)* honoraires
ho·no·re·ren [honorerə(n)] *vt (honoreerde, h. gehonoreerd)* 1 rémunérer 2 honorer
hoofd [hoft] *het (-en)* 1 tête; zeur me niet aan het ~! ne me casse pas les pieds !; aan het ~ staan van iets diriger qqch; iets het ~ bieden faire front à qqch; dat hangt hem boven het ~ cela lui pend au nez; iemand boven het ~ groeien dépasser qqn; iemand het ~ op hol brengen tourner la tête à qqn; dat is mij door het ~ geschoten ça m'est complètement sorti de la tête; een hard ~ in iets hebben être pessimiste (concernant qqch); het is hem gelukt het ~ boven water te houden il a réussi à se maintenir; het in zijn ~ halen om te s'aviser de; hoe haalt hij het in zijn ~? qu'est-ce qu'il va chercher là ?; alles zeggen wat in je ~ opkomt dire tout ce qui vous passe par la tête; een gat in zijn ~ vallen s'ouvrir la tête en tombant; het ~ laten hangen être abattu; het ~ in de schoot leggen courber la tête; het ~ loopt mij om je ne sais (plus) où donner de la tête; het succes is hem naar het ~ gestegen le succès lui est monté à la tête; iets over het ~ zien ne pas remarquer qqch; mijn ~ staat er niet naar je n'ai pas la tête à ça; de ~en bij elkaar steken se concerter; uit het ~ leren apprendre par cœur; dat laat ik mij niet uit mijn ~ praten on ne me fera pas changer d'idée; ik durf mijn ~ eronder te verwedden j'en mettrais ma main au feu; iemand voor het ~ stoten offenser qqn 2 en-tête; aan het ~ van de brief en tête de la lettre 3 chef ♦ uit ~e van en raison de
***hoofd-** [hoft-] principal
hoofd·agent [hoftaχɛnt] *nm (-en)* 1 brigadier 2 agent principal

hoofd·ar·ti·kel [hoftartikəl] *het (-en)* 1 éditorial 2 article principal

hoofd·be|stuur [hoftbəstyr] *het (-sturen)* direction générale

hoofd·bre·ken [hoftbrekə(n)] *het (-s)* ♦ **dat zal mij heel wat ~(s) kosten** il faudra que je fasse travailler ma matière grise

hoofd·bu·reau [hoftbyro] *het (-s)* 1 siège social 2 commissariat de police

hoofd·dek·sel [hofdɛksəl] *het (-s)* couvre-chef

hoofd·di·rec·to·ry [hovdɑjrɛktəri] *nm (-'s)* répertoire racine

hoofd·doek [hofduk] *nm (-en)* fichu

hoofd·ein·de [hoftɛində] *het (-n)* tête (du lit)

hoof·de·lijk [hovdələk] *adj, adv* par tête, individuellement; **~e omslag** répartition individuelle

hoofd·film [ho(fd)fɪlm] *nm (-s)* grand film

hoofd·ge·recht [hoftχərɛχt] *het (-en)* → **hoofdschotel 1**

hoofd|haar [hofthar] *het/de (-haren)* cheveu

hoofd·huid [hofthœyt] *de* cuir chevelu

hoofd·kan|toor [hoftkɑntor] *het (-toren)* 1 siège (principal) 2 bureau de poste central

hoofd·knik [hoftknɪk] *nm (-ken)* signe de tête

hoofd·kus·sen [hoftkʌsə(n)] *het (-s)* oreiller

hoofd·kwar·tier [hoftkwɑrtir] *het (-en)* quartier général

hoofd·let·ter [hoftlɛtər] *de (-s)* (lettre) majuscule

hoofd·lijn [hoftlɛin] *de (-en)* 1 grandes lignes; **iets in ~en aangeven** indiquer qqch dans les grandes lignes 2 ligne principale

hoofd|luis [hoftlœys] *de (-luizen)* pou (de la tête)

hoofd·me·nu [hoftməny] *het (-'s)* menu principal

hoofd|moot [hoftmot] *de (-moten)* (la) plus grande part

hoofd·pijn [hoftpɛin] *de (-en)* mal de, à la tête

hoofd·plaats [hoftplats] *de (-en)* chef-lieu

hoofd|prijs [hoftprɛis] *nm (-prijzen)* gros lot

hoofd·re·dac·tie [hoftredɑksi] *nf (-s)* rédaction en chef

hoofd·re·ke·nen [hoftrekənə(n)] *het* calcul mental

hoofd·rol [hoftrɔl] *de (-len)* 1 rôle principal 2 héros, héroïne

hoofd·scha·ke·laar [hoftsχakəlar] *nm (-s)* disjoncteur

hoofd·scho·tel [hoftsχotəl] *de (-s)* 1 plat de résistance 2 attraction principale

hoofd·schud·dend [hoftsχʌdənt] *adj* secouant la tête

hoofd|stad [hoftstɑt] *de (-steden)* capitale

hoofd·steun [hoftstøn] *nm (-en)* appuie-tête

hoofd|straat [hoftstrat] *de (-straten)* grande rue

hoofd·stuk [hoftstʌk] *het (-ken)* chapitre

hoofd·te·le·foon [hoftelәfon] *nm (-s)* casque (d'écoute)

hoofd·tel·woord [hoftɛlwort] *het (-en)* nombre cardinal

hoofd·vak [ho(fd)fɑk] *het (-ken)* matière principale

hoofd·vo·gel [ho(fd)foχəl] *nm (-s) (Belg.)* ♦ **de ~ afschieten** décrocher la timbale

hoofd·weg [hoftwɛχ] *nm (-en)* route principale

hoofd·werk [hoftwɛrk] *het (-en)* 1 travail intellectuel 2 occupation principale 3 œuvre capitale

hoofd|zaak [hoftsak] *de (-zaken)* (le) principal; **in ~** sur l'essentiel

hoofd·zon·de [hoftsɔndə] *de (-n)* péché capital

hoofs [hofs] *adj, adv (hoofser, meest h.)* courtois(ement)

hoog [hoχ] *adj, adv (hoger, hoogst)* 1 haut(ement) 2 élevé; **het hogere** le spirituel 3 grandement; **iemand ~ aanslaan** avoir de l'estime pour qqn; **~ opgeven van iemand** faire l'éloge de qqn; **iets ~ opnemen** s'offenser de qqch; **hoge snelheid** grande vitesse; **een ~ stemmetje** une voix aiguë; **het zit haar ~** cela la tracasse énormément 4 important; **hoge gasten** hôtes importants ♦ **bij ~ en laag beweren** affirmer avec insistance

hoog·ach·ten [hoχɑχtə(n)] *vt (achtte hoog, h. hooggeacht)* estimer

hoog·ach·ting [hoχɑχtɪŋ] *nf* estime; **(inmiddels) verblijven wij met de meeste ~** recevez, Monsieur (Messieurs etc.), l'assurance de mon respectueux dévouement; **met verschuldigde ~** je suis votre obligé

hoog·be·gaafd [hoχbəχaft] *adj* surdoué

hoog·be·jaard [hoχbəjart] *adj* très âgé

hoog·bouw [hoχbɑu] *nm* buildings

hoog·dag [hoχdɑχ] *nm (-en) (Belg.; cathol.)* (grande) fête

hoog·dra·vend [hoχdravənt] *adj, adv* grandiloquent, avec grandiloquence

hoog·ge·plaatst [hoχəplatst] *adj* haut placé; **in ~e kringen** en haut lieu

hoog·ge·span·nen [hoχəspɑnə(n)] *adj* ♦ **~ verwachtingen** de grandes espérances

hoog·har·tig [hoχhɑrtəχ] *adj, adv* dédaigneux, avec dédain; **een ~e houding aannemen** prendre des airs

hoog|heid [hoχhɛit] *nf (-heden)* altesse

hoog·land [hoχlɑnt] *het (-en)* hautes terres

hoog·le|raar [hoχlerar] *nm (-raren, -laars)* professeur (d'université); **bijzonder ~** professeur extraordinaire; **gewoon ~** professeur titulaire

hoog·le·raar·schap [hoχlerarsχɑp] *het (-pen)* chaire (à l'université); **een ~ in de**

taalwetenschap bekleden être titulaire d'une chaire de linguistique

Hoog·lied [hoχlit] *het* Cantique des Cantiques

hoog·lo·pend [hoχlopənt] *adj* ♦ zij hebben ~e ruzie ils ont une dispute violente

hoog·mis [hoχmɪs] *de (-sen)* grand-messe

hoog·moed [hoχmut] *nm* orgueil

hoog·moeds·waan·zin [hoχmutswanzɪn] *nm* folie des grandeurs

hoog·no·dig [hoχnodəχ], **hoogstnodig** *adj, adv* urgent, d'urgence; het ~e le strict nécessaire; er moet ~ iets aan gebeuren il est grand temps d'y faire qqch

hoog·oven [hoχovə(n)] *nm (-s)* haut-fourneau

hoog·sei·zoen [hoχsɛizun] *het (-en)* (haute) saison

hoog·span·ning [hoχspɑnɪŋ] *nf* haute tension

hoogst [hoχst] *adv* extrêmement; op zijn ~ au maximum

hoog|staand [hoχstant] *adj (-staander, meest h.)* noble

hoog·stand·je [hoχstɑncə] *het (-s)* prouesse

hoog·stens [hoχstə(n)s] *adv* (tout) au plus

hoogst·no·dig [hoχstnodəχ] *adj, adv* → hoognodig

hoog·te [hoχtə] *nf (-n, -s)* 1 hauteur; in de ~ en haut; hij was erg uit de ~ il avait un air très hautain; tot op zekere ~ jusqu'à un certain point 2 altitude; de ~ van de waterspiegel le niveau de l'eau ♦ hij kan daar geen ~ van krijgen il n'arrive pas à y voir clair; zich van iets op de ~ stellen se mettre au courant de qqch

hoog·te·punt [hoχtəpʌnt] *het (-en)* sommet

hoog·te·ver·schil [hoχtəvərsχɪl] *het (-len)* dénivellation

hoog·te·vrees [hoχtəvres] *de* vertige

hoog·te·zon [hoχtəzɔn] *de (-nen)* lampe à rayons ultraviolets

hoog·tij·dag [hoχtɛidɑχ] *nm (-en)* fête carillonnée

hoog·uit [hoχœyt] *adv* (tout) au plus

hoog·vlak·te [hoχflɑktə] *nf (-n, -s)* haut plateau

hoog·vlie·ger [hoχfliχər] *nm (-s)* ♦ 't is geen ~ ce n'est pas un aigle

hoog·waar·dig [hoχwardəχ] *adj* de haute qualité

hoog·wa·ter [hoχwatər] *het* 1 marée haute 2 crue

hooi [hoj] *het* foin; te veel ~ op zijn vork nemen vouloir en faire trop ♦ te ~ en te gras irrégulièrement

hooi·berg [hojbɛrχ] *nm (-en)* meule de foin

¹**hooi·en** [hojə(n)] *vi (hooide, h. gehooid)* faire les foins; het ~ le fauchage

²**hooi·en** [hojə(n)] *vt (hooide, h. gehooid)* faucher

hooi·koorts [hojkorts] *de* rhume des foins

hooi·vork [hojvɔrk] *de (-en)* fourche à foin

hoon [hon] *nm* dérision

hoon·ge·lach [hoŋχəlɑχ] *het* rires moqueurs

¹**hoop** [hop] *nm (hopen)* 1 tas (de); alles op één ~ vegen tout mettre dans le même sac 2 crotte ♦ te ~ lopen s'attrouper

²**hoop** [hop] *de* espoir; al onze ~ is op hem gevestigd il est notre unique espoir; ~ krijgen prendre espoir; de ~ opgeven (dat) désespérer (de, que); op ~ van zegen à la grâce de Dieu

hoop·vol [hopfɔl] *adj* 1 plein d'espoir 2 prometteur

hoor·ap·pa|raat [horɑparat] *het (-raten)* audioprothèse

hoor·baar [horbar] *adj, adv* (d'une manière) perceptible

hoor·col·le·ge [horkɔleʒə] *het (-s)* cours magistral

hoorn [horn] *nm (-s)* 1 corne 2 combiné; de ~ op de haak leggen, hangen raccrocher (le combiné) 3 cor

hoorn·bla·zer [hormblazər] *nm (-s)* 1 corniste 2 cuivres

hoor·nist [hornɪst] *nm (-en)* → hoornblazer 1

hoorn|vlies [hornvlis] *het (-vliezen)* cornée

hoor·spel [horspɛl] *het (-en)* pièce radiophonique

hoor·zit·ting [horzɪtɪŋ] *nf (-en)* séance d'audition

hoos·bui [hozbœy] *de (-en)* douche, *(Belg.)* drache

ho·pe|loos [hopəlos] *adj, adv (-lozer, meest h.)* désespéré(ment); het is ~ c'est à désespérer

ho·pen [hopə(n)] *vti (hoopte, h. gehoopt)* espérer (qqch) (que); dat is niet te ~ espérons que cela n'arrivera pas

hor [hɔr] *de (-ren)* 1 moustiquaire 2 store

hor·de [hɔrdə] *de (-s)* 1 horde 2 haie

ho·re·ca [horeka] *nm* ⟨*secteur des cafés, hôtels et restaurants*⟩, *(Belg.)* (secteur) horéca

¹**ho·ren** [horə(n)] *vti (hoorde, h. gehoord)* 1 entendre; getuigen ~ procéder à l'audition de témoins; laat eens iets van je ~ donne-nous de temps en temps de tes nouvelles; zo mag ik het ~! voilà qui est parler ! 2 écouter

²**ho·ren** [horə(n)] *vi (hoorde, h. gehoord)* 1 entendre 2 appartenir (à); bij elkaar ~ être assorti 3 convenir; voor wat hoort wat donnant donnant; hij had op tijd ~ te zijn il aurait dû arriver à l'heure; dat hoort zo c'est ce qui se fait

ho·ri·zon [horizɔn] *nm (-nen)* horizon

hor·lo·ge [hɔrloʒə] *het (-s)* 1 montre 2 *(Belg.)* horloge

hor|moon [hɔrmon] *het (-monen)* hormone

hort [hɔrt] *nm (-en)* ♦ **de ~ op zijn** se balader; **met ~en en stoten** par à-coups
hor·zel [hɔrzəl] *de (-s)* **1** taon **2** frelon
hos·pi|taal [hɔspital] *het (-talen)* hôpital
hos·pi·tant [hɔspitɑnt] *nm (-en)* (professeur) stagiaire
ho·tel [hotɛl] *het (-s)* hôtel
ho·tel|school [hotɛlsχol] *de (-scholen)* école hôtelière
hot·line [hɔtlajn] *nm (-s)* téléphone rouge
houd·baar [haudbar] *adj* **1** qui se conserve(nt) **2** défendable **3** supportable
houd·baar·heid [haudbarhɛit] *nf* **1** durabilité **2** date limite de conservation
[1]**hou·den** [haudə(n)] *vt (hield, h. gehouden)* **1** garder; **laten we het daar maar op ~, daarbij ~** restons-en là; **iets erop na ~** avoir qqch; **twee zaken uit elkaar ~** faire la différence entre deux choses **2** tenir **3** donner **4** faire **5** *(+ voor)* prendre (pour), considérer (comme) *(pour les expressions non mentionnées voir les substantifs concernés)*
[2]**hou·den** [haudə(n)] *vi (hield, h. gehouden)* **1** *(+ van)* aimer **2** tenir (bien) **3** être solide; **het ijs houdt nog niet** la glace ne porte pas encore
[3]**hou·den, zich** [haudə(n)] *vpr (hield zich, h. zich gehouden)* **1** *(+ aan)* s'en tenir (à) **2** rester; **zich goed ~** se montrer courageux **3** faire semblant d'être
hou·der [haudər] *nm (-s)* **1** étui **2** porte-; **bekerhouder** porte-gobelet
hou·ding [haudɪŋ] *nf (-en)* **1** position **2** air; **zich een ~ geven** se donner une contenance **3** attitude
hout [haut] *het* bois; **hij is uit het goede ~ gesneden** il est de la bonne trempe ♦ **dat argument snijdt geen ~** cet argument ne tient pas debout
hout·be·wer·king [haudbəwɛrkɪŋ] *nf (-en)* ébénisterie
hout·bla·zers [haudblazərs] *plur* bois
hout·blok [haudblɔk] *het (-ken)* bûche
hout|boor [haudbor] *de (-boren)* foret
hout|duif [haudœyf] *de (-duiven)* (pigeon) ramier
hou·te·rig [hautərəχ] *adj, adv* raide, avec raideur; **een ~e stijl** un style gauche
hout·gra·vu·re [hautχravyrə] *de (-s)* → **houtsnede**
hout·hak·ken [hauthakə(n)] *vb* abattre des arbres; **het ~** la coupe
hout·hak·ker [hauthakər] *nm (-s)* bûcheron
hout·in·dus·trie [hautɪndystri] *nf* industrie du bois
hout·je [haucə] *het (-s)* cintre ♦ **iets op eigen ~ doen** faire qqch de sa propre initiative; **op een ~ bijten** danser devant le buffet
hout·lijm [hautlɛim] *nm (-en)* colle à bois
hout·molm [hautmɔlm] *het/de* vermoulure
hout|nerf [hautnɛrf] *de (-nerven)* fil du bois
houts·kool [hautskol] *de* **1** charbon de bois; **de gloeiende ~** la braise **2** fusain
hout·sne·de [hautsnedə] *de (-n, -s)* **1** planche gravée de bois **2** gravure sur bois
hout·snij·werk [hautsnɛiwɛrk] *het (-en)* sculpture sur bois
hout·soort [hautsort] *de (-en)* espèce de bois
hout·sta·pel [hautstapəl] *nm (-s)* **1** pile de bois **2** bûcher
hout·ves·ter [hautfɛstər] *nm (-s)* garde forestier
hout·vrij [hautfrɛi] *adj* sans lignine
hout|vuur [hautfyr] *het (-vuren)* feu de bois
hout·wal [hautwal] *nm (-len)* talus boisé
hout·werk [hautwɛrk] *het (-en)* **1** boiseries **2** charpente
hout·wol [hautwɔl] *de* fibre de bois
hout·worm [hautwɔrm] *nm (-en)* vers à bois
hout·za·ge·rij [hautsaχərɛi] *nf (-en)* scierie
hou·vast [hauvɑst] *het* point d'appui; **~ zoeken** chercher un point de repère
hou|weel [hauwel] *het (-welen)* pioche
ho·ve·ling [hovəlɪŋ] *nm (-en)* courtisan
ho·ve·nier [hovənir] *nm (-s)* jardinier, -ière
ho·ver·craft [huvərkra:ft] *de (-s)* aéroglisseur
[1]**ho·zen** [hozə(n)] *vti (hoosde, h. gehoosd)* écoper
[2]**ho·zen** [hozə(n)] *vb impers (hoosde, h. gehoosd)* pleuvoir à seaux
hso [haɛso] *het (Belg.; enseign.)* abrév. de *hoger secundair onderwijs* ESS
hts [hatеɛs] *de (-'en)* abrév. de *hogere technische school* ⟨*école technique supérieure*⟩
hui·che·laar [hœyχəlar] *nm (-s)* hypocrite
hui·che·la·rij [hœyχəlarɛi] *nf (-en)* hypocrisie
huid [hœyt] *de (-en)* peau; **hij heeft een dikke ~** il est blindé; **met ~ en haar opeten** avaler tout cru; **iemand op zijn ~ geven** tanner le cuir à qqn; **iemand op zijn ~ zitten** chercher des poux à qqn; **iemand de ~ vol schelden** engueuler qqn
huid·arts [hœytarts] *nm (-en)* dermatologue
hui·dig [hœydəχ] *adj* actuel
huids·kleur [hœytsklør] *de (-en)* teint
huid·trans·plan·ta·tie [hœytransplanta(t)si] *nf (-s)* greffe de peau
huid·uit·slag [hœytœytslaχ] *nm* éruption
huif·kar [hœyfkar] *de (-ren)* roulotte (bâchée)
huil·bui [hœylbœy] *de (-en)* crise de larmes
hui·len [hœylə(n)] *vi (huilde, h. gehuild)* **1** pleurer **2** hurler
hui·le·rig [hœylərəχ] *adj, adv* **1** pleureur **2** (d'un ton) larmoyant
huis [hœys] *het (huizen)* maison; **aan ~ be-**

zorgen livrer à domicile; *(fig.)* dat staat als een ~ c'est très solide; *(fig.)* dat staat zo vast als een ~ cela ne fait aucun doute; van goeden huize komen être de bonne famille; ~ noch haard hebben n'avoir ni feu ni lieu; er is geen ~ met hem te houden il est invivable; iets in ~ hebben avoir des provisions; heel wat in ~ hebben avoir beaucoup de capacités; *(Belg.)* daar komt niets van in ~ il n'en est pas question; naar ~ schrijven écrire à sa famille; het is niet om over naar ~ te schrijven ça ne casse rien; open ~ houden organiser une journée portes ouvertes; van ~ uit d'origine

huis-aan-huis·blad [hœysanhœyzblɑt] *het (-en)* périodique 'toutes boîtes'

huis·adres [hœysadrɛs] *het (-sen)* adresse (personnelle)

huis·arts [hœysarts] *nm (-en)* **1** médecin de famille **2** (médecin) généraliste

huis|baas [hœyzbas] *nm (-bazen)* → huiseigenaar

huis·be·zoek [hœyzbəzuk] *het (-en)* visite à domicile

huis·deur [hœyzdør] *de (-en)* porte d'entrée

huis·dier [hœyzdir] *het (-en)* animal domestique

huis·ei·ge|naar [hœysɛiχənar] *nm (-naars, -naren)* propriétaire

hui·se·lijk [hœysələk] *adj, adv* **1** familial, en famille **2** intime **3** casanier

huis·ge|noot [hœysχənot] *nm (-noten)* **1** colocataire **2** membre de la famille

huis·ge·zin [hœysχəzɪn] *het (-nen)* famille

huis·houd|beurs [hœyshaudbørs] *de (-beurzen)* salon des arts ménagers

huis·hou·de·lijk [hœyshaudələk] *adj* ménager; voor ~ gebruik à usage domestique

[1]**huis·hou·den** [hœyshaudə(n)] *het (-s)* ménage

[2]**huis·hou·den** [hœyshaudə(n)] *vi (hield huis, h. huisgehouden)* **1** se livrer à des excès **2** faire rage

huis·houd·geld [hœyshautχɛlt] *het* argent du ménage

huis·hou·ding [hœyshaudɪŋ] *nf (-en)* ménage; de ~ doen faire le ménage

huis·houd·ster [hœyshautstər] *nf (-s)* personne qui tient la maison (de qqn)

huis|huur [hœyshyr] *de (-huren)* loyer

huis·je [hœyʃə] *het (-s)* **1** guérite **2** coquille ♦ heilige ~s omvergooien s'attaquer à des tabous

huis·jes·slak [hœyʃəslɑk] *de (-ken)* escargot

huis·ka·mer [hœyskamər] *de (-s)* (salle de) séjour

huis·man [hœysmɑn] *nm (-nen)* homme au foyer

huis·mees·ter [hœysmestər] *nm (-s)* **1** gardien d'immeuble **2** *(Belg.)* propriétaire

huis·merk [hœysmɛrk] *het (-en)* marque de distributeur

huis·mid·del [hœysmɪdəl] *het (-en)* remède de bonne femme

huis·mus [hœysmʌs] *de (-sen)* **1** moineau **2** personne casanière

huis·raad [hœysrat] *het* mobilier

huis·schil·der [hœysχɪldər] *nm (-s)* peintre en bâtiment(s)

huis·sleu·tel [hœysløtəl] *nm (-s)* clé de la maison

huis·te·le·foon [hœystelәfon] *nm (-s)* interphone

huis·va·der [hœysfadər] *nm (-s)* père de famille

huis·ves·ten [hœysfɛstə(n)] *vt (huisvestte, h. gehuisvest)* loger

huis·ves·ting [hœysfɛstɪŋ] *nf* logement

huis·vlijt [hœysflɛit] *de* travaux du foyer

huis·vrouw [hœysfrau] *nf (-en)* **1** femme au foyer **2** mère de famille

huis·vuil [hœysfœyl] *het* ordures ménagères

huis·werk [hœyswɛrk] *het* **1** devoirs **2** travaux ménagers

huis·werk·in·sti·tuut [hœyswɛrkɪnstityt] *het (-tuten) (Belg.)* école des devoirs

huis·wijn [hœyswɛin] *nm (-en)* vin du patron

huis·zoe·king [hœysukɪŋ] *nf (-en)* perquisition

hui·ve·rig [hœyvərəχ] *adj* **1** hésitant; ik ben er nogal ~ voor je ne suis pas très chaud pour cela **2** frissonnant

hui·ve·ring·wek·kend [hœyvərɪŋwɛkənt] *adj, adv* terrifiant, terriblement

hui·zen [hœyzə(n)] *vi (huisde, h. gehuisd)* habiter

hui·zen·bouw [hœyzə(n)bau] *nm* construction de logements

hul·de [hʌldə] *nf* hommage; iemand ~ bewijzen, brengen rendre hommage à qqn; ~! chapeau bas !

hul·di·ging [hʌldəχɪŋ] *nf (-en)* **1** hommage **2** installation

[1]**hul·len** [hʌlə(n)] *vt (hulde, h. gehuld)* envelopper

[2]**hul·len, zich** [hʌlə(n)] *vpr (hulde zich, h. zich gehuld)* s'envelopper

hulp [hʌlp] *de (-en)* **1** assistance; eerste ~ (bij ongelukken) premiers soins (en cas d'accident); om ~ schreeuwen crier au secours; iemand te ~ komen venir en aide à qqn **2** aide **3** auxiliaire

***hulp-** [hʌlp-] auxiliaire

hulp·ac·tie [hʌlpɑksi] *nf (-s)* (action de) secours

hulp·be·hoe·vend [hʌlbəhuvənt] *adj* **1** nécessiteux **2** infirme

hulp·bron [hʌlbrɔn] *de (-nen)* ressource

hul·pe|loos [hʌlpəlos] *adj, adv (-lozer, -loost)* sans moyens

hulp·goe·de·ren [hʌlpχudərə(n)] *plur* secours

hulp·kracht [hʌlpkrɑχt] *de (-en)* auxiliaire

hulp|kreet [hʌlpkret] *nm (-kreten)* appel au secours
hulp·mid·del [hʌlpmɪdəl] *het (-en)* **1** moyen **2** remède
hulp·sig|naal [hʌlpsɪɲal] *het (-nalen)* signal de détresse
hulp·vaar·dig [hʌlpfardəχ] *adj* serviable
hulp·ver·le·ner [hʌlpfərlenər] *nm (-s)* **1** assistant, -ante social(e) **2** thérapeute
hulp·ver·le·ning [hʌlpfərlenɪŋ] *nf* **1** secours **2** service d'aide (sociale)
huls [hʌls] *de (hulzen)* **1** enveloppe **2** douille
hu|maan [hyman] *adj, adv (-maner, -maanst)* humain, avec humanité
hu·ma·nis·tisch [hymanɪstis] *adj* **1** laïc **2** humaniste
hu·meur [hymør] *het (-en)* **1** humeur **2** bonne humeur; **dat bracht hem uit zijn ~** cela le mit de mauvaise humeur
hu·meu·rig [hymørəχ] *adj, adv* de mauvaise humeur, avec (mauvaise) humeur
hum·mel [hʌməl] *nm (-s)* marmot
hu·mor [hymɔr] *nm* (sens de l') humour
[1]**hun** [hʌn] *pers* les
[2]**hun** [hʌn] *poss* (le, la) leur, (les) leurs
hu·ne·bed [hʌnəbɛt, hynəbɛt] *het (-den)* (mégalithe appelé) lit des géants
hun·ke·ren [hʌŋkərə(n)] *vi (hunkerde, h. gehunkerd)* aspirer (à)
hun·ner·zijds [hʌnərzɛits] *adv* quant à eux
hup·pe·len [hʌpələ(n)] *vi (huppelde, h./i. gehuppeld)* sautiller
hu·ren [hyrə(n)] *vt (huurde, h. gehuurd)* louer; **iets van iemand ~** louer qqch à qqn
hur·ken [hʌrkə(n)] *vi (hurkte, h. gehurkt)* s'accroupir
hut [hʌt] *de (-ten)* **1** cabane **2** cabine
huts·pot [hʌtspɔt] *nm* **1** ⟨*purée de pommes de terre avec viande, oignons et carottes*⟩ **2** mixture
huur [hyr] *de (huren)* **1** location; **iemand de ~ opzeggen** donner congé à qqn **2** loyer; **200 euro kale ~** un loyer de 200 euros, sans les charges
huur·ach·ter·stand [hyrɑχtərstɑnt] *nm (-en)* → **huurschuld**
huur·au·to [hyrauto] *nm (-'s)* voiture de location
huur·be·scher·ming [hyrbəsχɛrmɪŋ] *nf* protection des locataires
huur·con·tract [hyrkɔntrɑkt] *het (-en)* contrat de location
huur·der [hyrdər] *nm (-s)* locataire
huur|huis [hyrhœys] *het (-huizen)* maison en location
huur·over·een·komst [hyrovərenkɔmst] *nf (-en)* → **huurcontract**
huur|prijs [hyrprɛis] *nm (-prijzen)* loyer
huur·schuld [hyrsχʌlt] *de (-en)* arriéré(s) de loyer
huur·som [hyrsɔm] *de (-men)* → **huurprijs**
huur·sub·si·die [hyrsʌpsidi] *het/de (-s)* allocation (de) logement
huur·troe·pen [hyrtrupə(n)] *plur* troupes mercenaires
huur·waar·de [hyrwardə] *nf (-n)* valeur locative
huw·baar [hywbar] *adj* en âge de se marier
hu·we·lijk [hyw(ə)lək] *het (-en)* mariage; **in het ~ treden** se marier; **een ~ sluiten met ...** se marier avec ...
hu·we·lijks [hyw(ə)ləks] *adj* matrimonial; **onder ~e voorwaarden trouwen** se marier sous le régime matrimonial séparatiste
hu·we·lijks·aan·kon·di·ging [hyw(ə)-ləksaŋkɔndəχɪŋ] *nf (-en)* faire-part de mariage
hu·we·lijks·aan·zoek [hyw(ə)ləksanzuk] *het (-en)* demande en mariage
hu·we·lijks·be·mid·de·ling [hyw(ə)-ləksbəmɪdəlɪŋ] *nf (-en)* ♦ **een bureau voor ~** une agence matrimoniale
hu·we·lijks·feest [hywələksfest] *het (-en)* noces
hu·we·lijks·le·ven [hyw(ə)ləkslevə(n)] *het* vie conjugale
hu·we·lijks·nacht [hyw(ə)ləksnɑχt] *nm (-en)* nuit de noces
hu·we·lijks|reis [hyw(ə)ləksrɛis] *de (-reizen)* voyage de noces
hu·we·lijks·voor·waar·den [hyw(ə)-ləksforwardə(n)] *plur* régime matrimonial séparatiste
hu·wen [hywə(n)] *vti (huwde, h./i. gehuwd)* se marier
hu·za·ren|sa·la·de [hyzarə(n)saladə], **-sla** *de (-salades)* ± salade russe
hy·a·cint [hijasɪnt] *de (-en)* jacinthe
hy·gi·ë|nisch [hiχ(i)jenis] *adj, adv (-nischer, meest h.)* hygiénique(ment)
hype [hɑjp] *nm (-s) (péj.)* battage publicitaire
hy·pen [hɑjpə(n)] *vt (hypete, h. gehypet) (com.)* faire un battage autour de (qqch)
hy·per·link [hɑjpərlɪŋk] *nm* hyperlien
hyp·no·se [hipnozə] *nf* **1** hypnotisme **2** hypnose; **iemand onder ~ brengen** hypnotiser qqn
hy·po·criet [hipokrit] *adj, adv* hypocrite(ment)
hy·po|theek [hipotek] *nf (-theken)* hypothèque; **een ~ aflossen** rembourser une hypothèque; **er staat een ~ op zijn huis** sa maison est hypothéquée
hys·te|risch [histeris] *adj, adv (-rischer, meest h.)* hystérique(ment)

I

ia [ia] *interj* hihan
Ibe·risch [iberis] *adj* ♦ **het ~ schiereiland** la péninsule ibérique
ibid. [ibidɛm] abrév. de *ibidem* ib(id).
IC [ise] *het (inform.)* abrév. de *integrated circuit* circuit intégré, puce
ico·nisch [ikonis] *adj* **1** iconique **2** emblématique; **een ~ beeld** une image emblématique
ICT [isete] *nf* abrév. de *informatie- en communicatietechnologie* TI
¹**ide·aal** [idejal] *het (idealen)* idéal, rêve
²**ide·aal** [idejal] *adj, adv (idealer, ideaalst)* idéal(ement); **het is ~** c'est le rêve
ide·aal·beeld [idejalbelt] *het (-en)* idéalisation; **een ~ creëren (van iemand, iets)** idéaliser (qqn, qqch)
ide·a·li·se·ren [idejalizerə(n)] *vt (idealiseerde, h. geïdealiseerd)* idéaliser
ide·a·lis|tisch [idejalɪstis] *adj, adv (-tischer, meest i.)* (de façon) idéaliste; **iets ~ opvatten** concevoir qqch en idéaliste
ide·a·li·ter [idejalitɛr] *adv* idéalement
idee [ide] *het (-ën)* idée; **iemand op een ~ brengen** donner une idée à qqn; **je hebt geen ~ hoe naar dat is** tu ne t'imagines pas combien c'est désagréable; **wat een gek ~!** quelle drôle d'idée !; **om een ~ te geven** à titre indicatif; **een gevestigd ~** une idée reçue; **ik heb zo het ~ dat ...** j'ai idée que ...; **geen (flauw) ~ van iets hebben** ne pas avoir la moindre idée de qqch; **naar mijn ~** d'après moi; **op een ~ komen** avoir une idée; **zich een ~ vormen van iets** se faire une idée de qqch; **zich vreemde ~ën in het hoofd halen** se faire des idées; **het ~!** quelle idée !
idee·ën·bus [idejə(n)bʌs] *de (-sen)* boîte à idées
idem [idɛm] *dém* idem; *(iron.)* **~ dito** et moi itou
iden·tiek [idɛntik] *adj* identique; **een ~e tweeling** de vrais jumeaux
iden·ti·fi·ca·tie·plicht [idɛntifika(t)siplɪχt] *de (pol.)* obligation de justifier de son identité
iden·ti·fi·ce·ren [idɛntifiserə(n)] *vt (identificeerde, h. geïdentificeerd)* identifier; **zich ~** justifier de son identité; **zich ~ met** s'identifier à
iden·ti·teit [idɛntitɛit] *nf* **1** identité; **zijn ~ bewijzen** justifier de son identité **2** individualité; **hij heeft geen eigen ~** il n'a pas de personnalité
***iden·ti·teits-** [idɛntitɛits-] d'identité; **het identiteitsbewijs** la pièce d'identité
ideo·lo·gisch [idejoloχis] *adj, adv* idéologique(ment)
idi·oom [idijom] *het (idiomen)* **1** idiome **2** idiotisme
idi·oot [idijot] *adj, adv (idioter, idiootst)* idiot(ement); **doe niet zo ~!** ne fais pas l'idiot !; **~!** espèce d'idiot !
idi·o·te·rie [idijotəri] *nf (-ën)* idiotie
ido·laat [idolat] *adj, adv* idolâtre; **iemand ~ vereren** idolâtrer qqn
idyl|lisch [idɪlis] *adj, adv (-lischer, meest i.)* (de façon) idyllique; **~ gelegen** situé dans un paysage idyllique
ie [i] *pers (fam.)* → **hij**
ie·der [idər] *indéf* **1** chaque, tout; **~ mens moet sterven** tout homme est mortel; **hij kan ~ moment komen** il peut venir d'un moment à l'autre **2** chacun, tous; **~ die ...** tous ceux qui (que) ...; **~ van ons** chacun d'entre nous; **tot ~s verbazing** à l'étonnement de tous; **~ het zijne** à chacun son dû
ie·der·een [idəren] *indéf* tout le monde, n'importe qui; **jij bent niet ~** tu n'es pas n'importe qui; **~ die ...** tous ceux qui ...; **~ kent er ~** tout le monde se connaît; **~ wordt geacht de wet te kennen** nul n'est censé ignorer la loi
iel [il] *adj, adv* fluet, fragilement
ie·mand [imɑnt] *indéf* **1** quelqu'un **2** *(dans les phrases qui contiennent déjà une négation)* personne **3** quelqu'un, personnalité; **~ anders** quelqu'un d'autre; **beter dan ~ anders** mieux que personne; **~ die zulke dingen doet, ken ik niet** celui qui fait des choses pareilles, je l'ignore; **hij is niet zomaar ~** ce n'est pas n'importe qui; **(een) zeker ~ vertrouwde mij dat toe** quelqu'un que je ne citerai pas me l'a soufflé à l'oreille; **ik ken nog zo ~!** j'en connais un(e) autre !; **zo ~ doet dat niet** une telle personne ne s'abaisse pas à cela
iep [ip] *nm (-en)* orme
Ier [ir] *nm (-en),* **Ierse** *nf (-n)* Irlandais, -aise
Ier·land [irlɑnt] *het* Irlande
Iers [irs] *adj* irlandais
iets [its] *indéf* **1** quelque chose; *(fig.)* **dat is ~ anders** cela change tout; **~ dergelijks** quelque chose de ce genre; **~ lekkers** quelque chose de bon; **(echt) ~ voor jou** c'est exactement ce qu'il te faut; *(fig.)* c'est bien de toi; *(iron.)* ça ne te plaira pas; **dat wil zeker wel ~ zeggen** cela signifie certainement quelque chose **2** *(dans les phrases qui contiennent déjà une né-*

gation) rien **3** un peu, un rien; **nog ~** encore un peu
iet·se·piet·sie [itsəpitsi] *het* ± tantinet
iets·je [itʃə] *het* rien (de), peu (de)
iets·jes [itʃəs], **ietwat** *adv* quelque peu, un (petit) peu; **zij was er ~ eerder** elle y était un peu avant
i.h.a. abrév. de *in het algemeen* généralement
i.h.b. abrév. de *in het bijzonder* particulièrement
ij·del [ɛidəl] *adj, adv* **1** vaniteux, vaniteusement; **een ~e kwast** un vaniteux **2** vain(ement); **dat zijn ~e beloften** ce n'est que du vent
ij·del|heid [ɛidəlhɛit] *nf (-heden)* vanité; **gekrenkte ~** fierté blessée
ij·del·tuit [ɛidəltœyt] *de (-en)* vaniteux, -euse
ij·ken [ɛikə(n)] *vt (ijkte, h. geijkt)* étalonner
ij·king [ɛikɪŋ] *nf (-en)* étalonnage
ijk·we·zen [ɛikwezə(n)] *het* **1** vérification des poids et mesures **2** (administration des) poids et mesures
[1]**ijl** [ɛil] *de (form.)* ♦ **in der ~** à la hâte
[2]**ijl** [ɛil] *adj* **1** rare, raréfié; **de lucht wordt ~er** l'air se raréfie **2** fin; **de doorzichtige, ~e wolken** les fins nuages transparents
ij·len [ɛilə(n)] *vi (ijlde, h./i. geijld)* **1** se presser **2** avoir un délire fébrile **3** délirer; **het ~ van een zieke** les divagations d'un malade
ij·lings [ɛilɪŋs] *adv* en toute hâte, au plus vite
ijl·tem·po [ɛiltɛmpo] *het (-'s)* ♦ **in ~** à toute vitesse
ijs [ɛis] *het* **1** glace, sorbet **2** glace, givre; **~ afkrabben** enlever le givre; **zich op glad ~ wagen, begeven** s'aventurer sur un terrain glissant, s'aventurer dans un domaine inconnu; **beslagen, onbeslagen ten ~ komen** être bien, mal préparé; **~ en weder dienende** si le temps le permet
ijs·af·zet·ting [ɛisɑfsɛtɪŋ] *nf* givrage
ijs|baan [ɛizban] *de (-banen)* patinoire
ijs|beer [ɛizber] *nm (-beren)* ours blanc, polaire
ijs·be·ren [ɛizberə(n)] *vi (ijsbeerde, h. geijsbeerd)* faire les cent pas; **door zijn kamer ~** arpenter sa chambre
ijs·bloe·men [ɛizblumə(n)] *plur* arborisations (sur les vitres), fleurs de givre
ijs·blok·je [ɛizblɔkjə] *het (-s)* glaçon
ijs·bre·ker [ɛizbrekər] *nm (-s)* brise-glace
ijs·co [ɛisko] *nm (-'s) (friandise)* glace
ijs·co·man [ɛiskomɑn] *nm (-nen)* vendeur de glaces
ij·se·lijk [ɛisələk] *adj, adv* atroce(ment); **~ koud** glacial
ijs·je [ɛiʃə] *het (-s)* (cornet de) glace
ijs·kar [ɛiskɑr] *de* charrette du vendeur de glaces
ijs·kast [ɛiskɑst] *de (-en)* réfrigérateur
ijs·klomp [ɛisklɔmp] *nm (-en)* bloc de glace
ijs·koud [ɛiskɑut] *adj, adv* **1** glacé; **hij kreeg het ~** il gelait; **~ worden** se glacer **2** *(fig.)* glacial, froidement; **hij bleef ~ zitten** il resta assis, imperturbable; **het is een ijskouwe** il est imperturbable; **ze zetten je ~ op straat** ils vous mettent froidement dehors
IJs·land [ɛislɑnt] *het* Islande
IJs|lan·der [ɛislɑndər] *nm (-s)*, **-landse** *nf (-n)* Islandais, -aise
IJs·lands [ɛislɑn(t)s] *adj* islandais; **het ~** l'islandais
ijs·lol·ly [ɛislɔli] *nm (-'s)* glace (à l'eau) en bâtonnet
ijs·ma·chi·ne [ɛismaʃinə] *nf (-s)* **1** machine frigorifique **2** sorbetière
ijs·muts [ɛismʌts] *de (-en)* bonnet
ijs·pe·gel [ɛispeɣəl] *nm (-s)* stalactite de glace
ijs·pret [ɛisprɛt] *de* joies du patinage
ijs·sa·lon [ɛisalɔn] *nm (-s)* salon de dégustation de glaces
ijs·schots [ɛisɣɔts] *de (-en)* glaçon *(dans une rivière)*
ijs·tijd [ɛistɛit] *nm (-en)* période glaciaire
ijs·vor·ming [ɛisfɔrmɪŋ] *nf* **1** glaciation **2** givrage
[1]**ijs·vrij** [ɛisfrɛi] *het* congé de patinage
[2]**ijs·vrij** [ɛisfrɛi] *adj* **1** libre de glace **2** dégivré
ijs·wa·ter [ɛiswatər] *het* **1** eau de fonte **2** eau glacée
ijs·zak [ɛisɑk] *nm (-ken)* vessie à glace
ijs·zee [ɛise] *de (-ën)* mer de glace; **Noordelijke IJszee** océan Arctique; **Zuidelijke IJszee** océan Antarctique
ij·ver [ɛivər] *nm* zèle
ij·ve·raar [ɛivərar] *nm (-s)* zélateur
ij·ve·ren [ɛivərə(n)] *vi (ijverde, h. geijverd)* défendre (une cause) avec zèle; **voor iets ~** se dévouer à une cause
ij·ve·rig [ɛivərəɣ] *adj, adv* zélé, avec zèle; **nog ~er worden** redoubler de zèle
ij·ver·zucht [ɛivərzʌɣt] *de* jalousie
ij·ver·zuch·tig [ɛivərzʌɣtəɣ] *adj, adv* jaloux, jalousement
ij·zel [ɛizəl] *nm* verglas
ij·ze·len [ɛizələ(n)] *vb impers (ijzelde, h. geijzeld)* verglacer; **het ijzelt** il y a du verglas
ij·zen [ɛizə(n)] *vi (ijsde, h. geijsd)* être glacé d'effroi; **die gedachte doet mij ~** cette pensée me donne froid dans le dos; **~ van, voor iets** frémir à l'idée de qqch
ij·zer [ɛizər] *het (-s)* fer; **met ~ beslaan** ferrer; *(prov)* **men kan geen ~ met handen breken** à l'impossible nul n'est tenu; **~ delven** extraire du fer; *(fig.)* **meer ~s in het vuur hebben** avoir plus d'une corde à son arc; **een heet ~ aanvatten** s'engager sur un terrain brûlant; *(fig.)* **de ~s onderbinden** mettre les patins; **oud ~** de la ferraille; **~ smeden** battre le fer
ij·zer·ach·tig [ɛizərɑɣtəɣ] *adj* ferrugineux
ij·zer·be·slag [ɛizərbəslɑɣ] *het* ferrure
ij·ze·ren [ɛizərə(n)] *adj* de, en fer

ij·zer·erts [ɛizərɛrts] *het (-en)* minerai de fer

ij·zer·ga·ren [ɛizərχarə(n)] *het (-s)* fil de lin

ij·zer·gie·te·rij [ɛizərχitərɛi] *nf (-en)* fonderie

ij·zer·han·del [ɛizərhandəl] *nm (-s)* quincaillerie *(commerce; magasin)*

ij·zer·han·de|laar [ɛizərhandəlar] *nm (-laars, -laren)* 1 ferronnier 2 quincaillier

ij·zer·hou·dend [ɛizərhaudənt] *adj* ferreux

ij·zer·in·dus·trie [ɛizərɪndystri] *nf (-ën)* industrie sidérurgique

ij·zer·sterk [ɛizərstɛrk] *adj* très solide; een ~ alibi un alibi en béton; hij kwam met ~e argumenten il est venu avec des arguments très convaincants; een ~ geheugen une mémoire phénoménale; een ~ grap une très bonne blague; ~e schoenen chaussures inusables

ij·zer·wa·ren [ɛizərwarə(n)] *plur* quincaillerie *(produits en métal)*

ij·zer·werk [ɛizərwɛrk] *het* ferrure

ij·zer|zaag [ɛizərzaχ] *de (-zagen)* scie à métaux

ij·zig [ɛizəχ] *adj, adv* 1 (d'une manière) glacial(e); iemand ~ behandelen battre qqn à froid 2 terrifiant, terriblement

ij·zing·wek·kend [ɛizɪŋwɛkənt] *adj, adv* → ijzig 2

ik [ɪk] *pers* je, j', moi; arme ik! pauvre de moi !; ik ben het c'est moi; hier ben ik me voilà; ik ben er ook nog! et moi, alors ! on m'oublie !; ik ga al c'est bon, j'y vais; ík heb het gedaan c'est moi qui l'ai fait; het ik le moi; *(psycho.)* l'ego; m'n tweede ik mon autre moi-même; wie is daar? ik qui est là ? moi

ik-fi|guur [ɪkfiχyr] *de (-guren)* narrateur, -trice

ik·ke [ɪkə] *pers (enf.)* bibi ♦ *(fam.)* ~, ~ en de rest kan stikken moi d'abord et je me fous du reste

ik-vorm [ɪkfɔrm] *nm* ♦ roman in de ~ roman à la première personne

ik·zelf [ɪksɛlf] *pers* moi-même

il·le|gaal [ileχal] *adj, adv (-galer, -gaalst)* 1 illégal(ement) 2 clandestin(ement); de ~ le travailleur immigré clandestin; *(hist.)* le, la résistant(e); ~ werk travail au noir

il·le·ga·li·teit [ileχalitɛit] *nf (-en)* 1 illégalité 2 clandestinité

il·lu·sie [ilyzi] *nf (-s)* illusion; een ~ armer zijn être Gros Jean comme devant; een ~ de grond in boren détruire une illusion; ~s koesteren caresser des illusions; een ~ verstoren rompre le charme; een ~ wekken créer une illusion

image [ɪmɪtʃ] *het/de (-s)* image de marque

ima·go [imaχo] *het/de (-'s)* → image

im·be·ciel [ɪmbesil] *adj, adv* imbécile, d'une manière stupide

IMF [iɛmɛf] *het* abrév. de *Internationaal Monetair Fonds* FMI

im·ker [ɪmkər] *nm (-s)* apiculteur, -trice

im·mer [ɪmər] *adv (form.)* toujours; voor ~ à jamais

im·mers [ɪmərs] *adv* 1 puisque 2 c'est que, en effet; hij geeft veel weg; hij is ~ rijk il donne beaucoup, c'est qu'il est riche

im·mi·grant [ɪmiχrant] *nm (-en)* immigré

im·mi·gre·ren [ɪmiχrerə(n)] *vi (immigreerde, i. geïmmigreerd)* immigrer

im·mo|reel [ɪmorel] *adj, adv (-reler, -reelst)* immoral(ement)

im·mu·ni·se·ring [ɪmynizerɪŋ] *nf* immunisation

im·muun [imyn] *adj* immunisé; iemand ~ maken immuniser qqn; *(fig.)* iemand ~ voor iets maken blinder qqn contre qqch

im·pe·ri·aal [imperijal] *het/de (-s) (voiture)* galerie

im·pe·ri·a·lis|tisch [ɪmperijalɪstis] *adj, adv (-tischer, meest i.)* (de façon) impérialiste

im·pe|ri·um [ɪmperijʌm] *het (-riums, -ria)* empire

im·pli·ce·ren [ɪmplisərə(n)] *vt (impliceerde, h. geïmpliceerd)* impliquer

im·plo·de·ren [ɪmploderə(n)] *vi (implodeerde, i. geïmplodeerd)* imploser

im·po·ne·ren [ɪmponerə(n)] *vti (imponeerde, h. geïmponeerd)* en imposer; een ~de figuur une personne imposante

im·port [ɪmpɔrt] *nm* 1 importation; *(fig.)* in deze wijk woont bijna allemaal ~ ± dans ce quartier il n'y a guère que des immigrés 2 importations

im·por·tan·tie [ɪmpɔrtan(t)si] *nf* importance

im·por·teur [ɪmpɔrtør] *nm (-s)* importateur, -trice

im·po·tent [ɪmpotɛnt] *adj* impuissant

im·po·ten·tie [ɪmpotɛn(t)si] *nf* impuissance

im·preg·ne·ren [ɪmprɛχnerə(n)] *vt (impregneerde, h. geïmpregneerd)* imprégner, imperméabiliser

im·pres·sie [ɪmprɛsi] *nf (-s)* impression; nieuwe ~s opdoen se procurer des impressions nouvelles

im·pro·vi·sa·to·risch [ɪmprovizatoris] *adj, adv* (de façon) improvisé(e)

im·puls [ɪmpʌls] *nm (-en),* **impulsie** *nf (-s)* impulsion, élan, inspiration; hij handelde in een ~ il a agi impulsivement; een nieuwe ~ krijgen recevoir un coup de fouet

[1]**in** [ɪn] *adv* dans, en; hij liep een winkel in il entra dans un magasin ♦ *(fig.)* dat wil er bij mij niet in je refuse de le croire; tegen de wind in contre le vent; tussen twee huizen in entre deux maisons

[2]**in** [ɪn] *adj* 1 *(sports)* in; de bal was in *(tennis)* la balle était in 2 branché, tendance; dat liedje was in cette chanson était à la mode; een disco die toen in was une discothèque 'in' à l'époque

[3]**in** [ɪn] *prép* 1 *(lieu)* dans, en, à; in Amsterdam à Amsterdam; in bed au lit; in het 17e-eeuwse Frankrijk dans la France du

XVIIe siècle; **in de hand** à la main; **in Le Havre** au Havre; **hij is in huis** il est là; **in het land** dans le pays; **in het land van** au pays de; **het staat in de Grote van Dale** cela se trouve dans le Grand van Dale; **de stad in gaan** aller en ville; **zij woont in de Vondelstraat** elle habite Rue Vondel; **in (volle) zee** en (pleine) mer; **iets in zich hebben** en avoir le talent 2 *(direction)* en 3 *(durée)* en, pendant, dans; **in 1982** en 1982; **in de afdaling** pendant la descente; **in het begin** au début; **in de ochtend** le matin; **in de pauze** pendant la pause; **in een uur** en moins d'une heure ♦ **in stukken slaan** briser en morceaux; **hij is in de twintig** il a dans les vingt ans

***in-** [ɪn-] 1 in- 2 extrêmement; **inbedroefd** extrêmement triste

in·ac·cu|raat [ɪnɑkyra̲t] *adj, adv (-rater, -raatst)* inexact(ement)

in·acht·ne·ming [ɪnɑ̲χtnemɪŋ] *nf* 1 observation *(de règles)* 2 considération; **met ~ van** en tenant compte de

in·ade·men [ɪ̲nadəmə(n)] *vti (ademde in, h. ingeademd)* respirer, *(contraire d'expirer)* aspirer; **frisse lucht ~** respirer le grand air

in·ade·ming [ɪnadəmɪŋ] *nf* inspiration

in·au·gu·ra·tie [ɪnɑuχyra̲(t)si] *nf (-s)* 1 inauguration 2 installation *(professeur d'université)*

in·bed·den [ɪ̲mbɛdə(n)] *vt (bedde in, h. ingebed)* encastrer

in·beel·den, zich [ɪ̲mbeldə(n)] *vpr (beeldde zich in, h. zich ingebeeld)* 1 s'imaginer 2 se faire des idées; **wat beeldt hij zich wel in?** pour qui se prend-il ?

in·beel·ding [ɪ̲mbeldɪŋ] *nf (-en)* 1 imagination; **komkom, het is maar ~** allons donc, tu te fais des idées 2 prétention 3 *(Belg.)* imagination, fantaisie, inventivité

in·be·gre·pen [ɪ̲mbəχrepə(n)] *adj* (y) compris; **niet ~** exclu

in·be·grip [ɪmbəχrɪp] *het* ♦ **met ~ van de wijn** (y) compris le vin

in·bel·punt [ɪ̲mbɛlpʌnt] *het (-en) (inform.)* point d'accès, lieu de connexion

in·be·slag·ne·ming [ɪmbəslɑ̲χnemɪŋ] *nf (-en) (jur.)* saisie

in·be·wa·ring·stel·ling [ɪmbəwa̲rɪŋstɛlɪŋ] *nf (jur.)* prise de corps

in·be·zit·ne·ming [ɪmbəzɪ̲tnemɪŋ] *nf (-en)* prise de possession; **de ~ van de veroverde gebieden** l'occupation des territoires conquis

in·bin·den [ɪ̲mbɪndə(n)] *vti (bond in, h. ingebonden)* relier ♦ **hij zal moeten ~** il devra baisser le ton

[1]**in·blik·ken** [ɪ̲mblɪkə(n)] *vt (blikte in, h. ingeblikt)* mettre en conserve

[2]**in·blik·ken** [ɪ̲mblɪkə(n)] *vi (blikte in, h. ingeblikt)* jeter un regard dans

in·boe·del [ɪ̲mbudəl] *nm (-s)* mobilier

in·boe·ten [ɪ̲mbutə(n)] *vt (boette in, h. ingeboet)* perdre *(qqch de précieux)*; **aan kracht ~** s'affaiblir; **aan waarde ~** perdre de sa valeur

in·boe·ze·men [ɪ̲mbuzəmə(n)] *vt (boezemde in, h. ingeboezemd)* inspirer

in·boor·ling [ɪ̲mborlɪŋ] *nm (-en)* indigène

in·borst [ɪ̲mbɔrst] *de* naturel

***in·bouw-** [ɪ̲mbɑu-] à encastrer

in·bou·wen [ɪ̲mbɑuwə(n)] *vt (bouwde in, h. ingebouwd)* 1 entourer (de bâtiments, de murs etc.) 2 encastrer; **een ingebouwde badkuip** une baignoire encastrée 3 incorporer *(en construisant)* 4 inclure *(tenir compte de)*; **veiligheidsmaatregelen ~** inclure des mesures de sécurité

in·bouw·kast [ɪ̲mbɑukɑst] *de (-en)* placard

in·bouw·keu·ken [ɪ̲mbɑukøkə(n)] *de (-s)* cuisine intégrée

in|braak [ɪ̲mbrak] *de (-braken)* cambriolage

in·braak·alarm [ɪ̲mbrakalɑrm] *het* alarme antivol

in·braak|be·vei·li·ging [ɪ̲mbragbəvɛiləχɪŋ] *nf (-en)*, **-preventie** *nf (-s)* protection antivol

in·braak·ver·ze·ke·ring [ɪ̲mbrakvərzekərɪŋ] *nf (-en)* assurance contre le vol avec effraction

in·bran·den [ɪ̲mbrɑndə(n)] *vt (brandde in, h. ingebrand)* marquer au fer rouge

in·bre·ken (in, bij) [ɪ̲mbrekə(n)] *vi (brak in, h.li. ingebroken)* cambrioler (qqch); **er is alweer bij ons ingebroken** nous avons encore été cambriolés

in·bre·ker [ɪ̲mbrekər] *nm (-s)* cambrioleur

in·breng [ɪ̲mbrɛŋ] *nm (-en)* 1 mise de fonds 2 contribution, apport; **hij heeft weinig ~ in de discussie** sa contribution à la discussion est faible

in·bren·gen [ɪ̲mbrɛŋə(n)] *vt (bracht in, h. ingebracht)* 1 introduire; **het ~ van een maagsonde** l'introduction d'une sonde gastrique; **vocht ~ in de huid** hydrater la peau 2 apporter *(en mariage)* 3 proposer; **niets in te brengen hebben** n'avoir pas voix au chapitre 4 objecter; **daar valt niets tegen in te brengen** on ne peut rien y objecter; **beschuldigingen tegen iemand ~** porter des accusations contre qqn; **wat hebt u tegen die beschuldiging in te brengen?** qu'avez-vous à objecter à cette accusation ?

in·breuk [ɪ̲mbrøk] *de (-en) (fig.)* infraction, atteinte; **~ maken op iemands rechten** violer les droits de qqn; **~ op iemands goede naam** atteinte à la réputation de qqn

in·bur·ge·ren [ɪ̲mbʌrχərə(n)] *vti (burgerde in, i. ingeburgerd)* s'intégrer; **in een nieuwe omgeving ingeburgerd raken** s'acclimater à un nouvel entourage

in·cal·cu·le·ren [ɪŋkɑlkylerə(n)] *vt (calculeerde in, h. ingecalculeerd)* tenir compte de

in·ca·pa·bel [ɪŋkapa̲bəl] *adj, adv* (d'une manière) incompétent(e)

in·cas·se·ren [ɪŋkɑsera(n)] *vt (incasseerde, h. geïncasseerd)* encaisser, *(impôts)* recouvrer

in·cas·se·ring [ɪŋkɑserɪŋ] *nf (-en)* encaissement

in·cas·se·rings·ver·mo·gen [ɪŋkɑserɪŋsfərmoɣə(n)] *het* ♦ een groot ~ hebben savoir encaisser

in·cas·so [ɪŋkɑso] *het (-'s)* 1 encaissement 2 somme à recouvrer

in·cest·ple·ger [ɪnsɛstpleɣər] *nm (-s)* incestueux

in·check·ba·lie [ɪntʃɛgbali] *nf (-s)* enregistrement des bagages

[1]**in·chec·ken** [ɪntʃɛkə(n)] *vi (checkte in, i. ingecheckt)* 1 *(hôtel, aéroport)* se faire enregistrer 2 *(transports en commun)* valider son passe, *(fam.)* biper

[2]**in·chec·ken** [ɪntʃɛkə(n)] *vt (checkte in, h. ingecheckt)* (faire) enregistrer (qqn, qqch)

in·ci·den·teel [ɪnsidɛntel] *adj, adv* 1 occasionnel(lement) 2 accidentel(lement)

in·clu·sief [ɪŋklyzif], **incluis** *adv* (y) compris, inclus; de prijs is ~ btw la TVA est comprise dans le prix

in con·cre·to [ɪŋkɔŋkreto] *adv* concrètement

in·con·sis·tent [ɪŋkɔnsɪstɛnt] *adj* inconsistant, incohérent

in·con·ti·nent [ɪŋkɔntinɛnt] *adj (méd.)* incontinent

in·cou·rant [ɪŋkurɑnt] *adj* 1 peu courant 2 hors-cote

in·dam·men [ɪndɑmə(n)] *vt (damde in, h. ingedamd)* endiguer

in·dam·pen [ɪndɑmpə(n)] *vt (dampte in, h. ingedampt)* faire évaporer, *(cuis.)* réduire

in·dek·ken, zich [ɪndɛkə(n)] *vpr (dekte zich in, h. zich ingedekt)* s'assurer (contre qqch)

in·de·len [ɪndelə(n)] *vt (deelde in, h. ingedeeld)* 1 diviser (en), classer (parmi), grouper (dans); zijn dag ~ organiser sa journée; zijn tijd ~ organiser son (emploi du) temps 2 *(+ bij)* affecter (à), incorporer (dans)

in·de·ling [ɪndelɪŋ] *nf (-en)* 1 division, classement; de ~ van een flat la division intérieure d'un logement; een overzichtelijke ~ une distribution claire 2 affectation (à)

in·den·ken, zich [ɪndɛŋkə(n)] *vpr (dacht zich in, h. zich ingedacht)* s'imaginer; ik kan mij ~ dat hij niet komt je comprends (fort bien) qu'il ne vienne pas; zich in iemands situatie ~ se mettre à la place de qqn; denk je dat eens even in! tu t'imagines !

in·der·daad [ɪndərdat] *adv* en effet

in·der·haast [ɪndərhast] *adv* à la hâte

in·der·tijd [ɪndərtɛit] *adv* dans le temps, à l'époque

in·deu·ken [ɪndøkə(n)] *vt (deukte in, h. ingedeukt)* bosseler (qqch)

in·dex [ɪndɛks] *nm (-en)* 1 index; deze werken zijn op de ~ geplaatst ces livres sont à l'Index 2 indice; de lonen koppelen aan de ~ van de kleinhandelsprijzen indexer les salaires sur les prix de détail 3 *(Belg.)* indice des prix, *(Belg.)* index

in·dexa·tie [ɪndɛksa(t)si] *nf (-s)*, **indexering** *nf (-en)* indexation

in·dex·cij·fer [ɪndɛksɛifər] *het (-s)* → index 2

in·dexe·ren [ɪndɛksera(n)] *vt (indexeerde, h. geïndexeerd)* 1 faire l'index de 2 incorporer dans l'index, répertorier; het is geïndexeerd onder 'Europa' ça se trouve sous 'Europe' 3 indexer

In·dia [ɪndija] *het* Inde

in·di|aan [ɪndijan] *nm (-anen)*, **-aanse** *nf (-n) (Amérindien)* Indien, -ienne

in·di·aans [ɪndijans] *adj (amérindien)* indien

In·di·aas [ɪndijas] *adj (d'Inde)* indien

in·di·a·nen·ver|haal [ɪndijanə(n)vərhal] *het (-halen)* 1 histoire de Peaux-Rouges 2 histoire à dormir debout

in·di·ca·tie [ɪndika(t)si] *nf (-s)* indication; als ~ à titre indicatif; op medische ~ sur avis médical

In·dië [ɪndijə] *het* 1 *(l'ancienne colonie britannique)* Inde 2 *(l'ancienne colonie néerlandaise)* Indes

in·dien [ɪndin] *conj* si; ~ al supposé que; ~ niet sinon

in·die·nen [ɪndinə(n)] *vt (diende in, h. ingediend)* présenter; een klacht ~ déposer une plainte; een wetsontwerp ~ déposer un projet de loi

in·die·ning [ɪndinɪŋ] *nf (-en)* présentation, *(projet de loi, motion)* dépôt

in·dienst·tre·ding [ɪndinstredɪŋ] *nf (-en)* entrée en service

In·di·ër [ɪndijər] *nm (-s)*, **Indische** *nf (-n)* 1 *(l'Inde; les Indes)* Indien, -ienne 2 *(l'Indonésie)* Indonésien, -ienne

in·dij·ken [ɪndɛikə(n)] *vt (dijkte in, h. ingedijkt)* endiguer

in·dij·king [ɪndɛikɪŋ] *nf (-en)* endiguement

in·dik·ken [ɪndɪkə(n)] *vti (dikte in, h./i. ingedikt)* (s')épaissir

In·disch [ɪndis] *adj* 1 *(des Indes néerlandaises; de l'Indonésie)* indonésien; de ~e tafel la cuisine indonésienne 2 *(de l'Inde britannique)* indien

in·di·vi·du·a·li·se·ring [ɪndividywalizerɪŋ] *nf* individualisation

in·di·vi·du·a·lis|tisch [ɪndividywalɪstis] *adj, adv (-tischer, meest i.)* (d'une manière) individualiste

in·di·vi·du·eel [ɪndividywel] *adj, adv* individuel(lement), personnel, séparément

in·do [ɪndo] *nm (-'s)* → Indo-Europeaan 1

in·doc·tri·na·tie [ɪndɔktrina(t)si] *nf* endoctrinement

In·do-Eu·ro|pe·aan [ɪndoøropejan] *nm (-peanen)* 1 Eurasien 2 Indo-Européen

In·do-Eu·ro·pees [ɪndoøropes] *adj* 1 eurasien 2 indo-européen
In·do-Ger·maans [ɪndoχɛrmans] *adj* → Indo-Europees 2
in·dom·me·len [ɪndɔmələ(n)] *vi (dommelde in, i. ingedommeld)* s'assoupir
in·dom·pe·len [ɪndɔmpələ(n)] *vt (dompelde in, h. ingedompeld)* → indopen
In·do·ne·sië [ɪndonezijə] *het* Indonésie
In·do·ne|si·ër [ɪndonezijər] *nm (-s)*, **-si·sche** *nf (-n)* Indonésien, -ienne
In·do·ne·sisch [ɪndonezis] *adj* indonésien
***in·door-** [ɪndɔ:r-] en salle
in·do·pen [ɪndopə(n)] *vt (doopte in, h. ingedoopt)* tremper (dans)
[1]**in·draai·en** [ɪndrajə(n)] *vi (draaide in, i. ingedraaid)* entrer (en tournant) dans
[2]**in·draai·en** [ɪndrajə(n)] *vt (draaide in, h. ingedraaid)* faire entrer (en tournant) dans; een schroef ~ serrer une vis
in·drij·ven [ɪndrɛivə(n)] *vt (dreef in, h. ingedreven)* faire entrer (de force) (dans)
[1]**in·drin·gen** [ɪndrɪŋə(n)] *vi (drong in, i. ingedrongen)* entrer (dans)
[2]**in·drin·gen** [ɪndrɪŋə(n)] *vt (drong in, h. ingedrongen)* pousser (dans)
[3]**in·drin·gen, zich** [ɪndrɪŋə(n)] *vpr (drong zich in, h. zich ingedrongen)* s'imposer (à); zich bij iemand ~ s'imposer auprès de qqn
in·drin·gend [ɪndrɪŋənt] *adj* pénétrant; een ~e reportage un reportage révélateur
in·drin·ger [ɪndrɪŋər] *nm (-s)* 1 intrus 2 intrigant 3 insinuant
in·drin·ken [ɪndrɪŋkə(n)] *vt (dronk in, h. ingedronken)* boire (un coup) avant de sortir ♦ zich moed indrinken boire pour se donner du courage
in·dro·gen [ɪndroχə(n)] *vi (droogde in, i. ingedroogd)* 1 sécher 2 se rétrécir en séchant
in·drui·sen [ɪndrœysə(n)] *vi (druiste in, h./i. ingedruist) (+ tegen)* être contraire (à); dat druist tegen de waarheid in ça va à l'encontre de la vérité; dat druist in tegen de goede smaak c'est une insulte au bon goût
in·druk [ɪndrʌk] *nm (-ken)* impression; een diepe ~ op iemand maken produire une vive impression sur qqn; een gunstige ~ hebben van être favorablement impressionné par; ik kreeg de ~ dat ... il me sembla que ...; een ~ van iets krijgen se faire une idée de qqch; ~ maken op iemand impressionner qqn; onder de ~ raken van être impressionné par; een verlegen ~ maken avoir l'air intimidé ♦ ~ken van vogelpootjes empreintes de pattes d'oiseaux
in·druk·ken [ɪndrʌkə(n)] *vt (drukte in, h. ingedrukt)* 1 enfoncer 2 pousser, appuyer (sur), presser; het gaspedaal ~ appuyer sur l'accélérateur; een knop ~ presser un bouton
in·druk·wek·kend [ɪndrʌkwɛkənt] *adj, adv* (de manière) impressionnant(e)
in·drup·pe·len [ɪndrʌpələ(n)] *vt (druppelde in, h. ingedruppeld)* instiller
in du·bio [ɪndybijo] *adv* ♦ ~ staan hésiter
in·du·ce·ren [ɪndyserə(n)] *vt (induceerde, h. geïnduceerd)* induire (qqch de qqch), conclure
in·duc·tie [ɪndʌksi] *nf (-s)* induction *(tous les sens)*
in·duc·tief [ɪndʌktif] *adj, adv* inductif, par induction; ~ te werk gaan procéder par induction
in·dui·ken [ɪndœykə(n)] *vi (dook in, i. ingedoken)* se plonger dans; ergens dieper ~ approfondir (une question); *(fam.)* z'n nest ~ se pieuter
in du·plo [ɪndyplo] *adv* en double (exemplaire)
in·dus·trie [ɪndystri] *nf (-ën)* industrie; verwerkende ~ industrie de transformation
in·dus·trie- [ɪndystri-] industriel
in·dus·trie·bond [ɪndystribɔnt] *nm (-en)* syndicat de l'industrie
in·dus·tri·eel [ɪndystrijel] *adj* industriel, manufacturier; industriële vormgeving esthétique industrielle
in·dus·trie·land [ɪndystrilant] *het (-en)* pays industrialisé
in·dus·trie·tak [ɪndystritak] *nm (-ken)* secteur (industriel); een opbloeiende ~ un secteur (qui est) en expansion
in·dus·trie·ter·rein [ɪndystritɛrɛin] *het (-en)* zone industrielle
in·dut·ten [ɪndʌtə(n)] *vi (dutte in, i. ingedut)* → indommelen
in·du·wen [ɪndywə(n)] *vt (duwde in, h. ingeduwd)* 1 enfoncer (dans); zij hebben hem de wagen ingeduwd ils l'ont poussé dans la voiture 2 *(vitre)* briser
in·een [ɪnen] *adv* 1 l'un dans l'autre 2 ensemble
in·een·ge·do·ken [ɪneŋχədokə(n)] *adj* recroquevillé
in·een·krim·pen [ɪneŋkrɪmpə(n)] *vi (kromp ineen, i. ineengekrompen)* 1 se recroqueviller; hij kromp ineen van de pijn il se tordit de douleur 2 tressaillir; mijn hart krimpt ineen mon cœur se serre
in·eens [ɪnens] *adv* 1 en une fois, d'un seul coup 2 tout à coup; wat heb je ~? qu'est-ce qui te prend ?; hij kwam ~ op mij af il s'est jeté sur moi
in·een·stor·ten [ɪnenstɔrtə(n)] *vi (stortte ineen, i. ineengestort)* s'effondrer
in·een·zak·ken [ɪnenzakə(n)] *vi (zakte ineen, i. ineengezakt)* s'affaisser
in·ef·fi·ciënt [ɪnɛfiʃɛnt] *adj, adv* inefficace(ment); ~ bezig zijn éparpiller ses forces
in·en·ten (tegen) [ɪnɛntə(n)] *vt (entte in, h. ingeënt)* vacciner
in·en·ting [ɪnɛntɪŋ] *nf (-en)* vaccination
in·fan·te·rist [ɪnfantərɪst] *nm (-en)* fantassin
in·farct [ɪnfarkt] *het (-en)* infarctus

in·fec·tie [ɪnfɛksi] *nf (-s)* infection
in·fec·tie·ziek·te [ɪnfɛksiziktə] *nf (-n, -s)* maladie infectieuse
in·fil·tra·tie [ɪnfɪltra(t)si] *nf (-s)* infiltration, *(pol.)* entrisme
in·fil·tre·ren [ɪnfɪltrerə(n)] *vi (infiltreerde, i. geïnfiltreerd)* s'infiltrer, noyauter
in·flu·en·za [ɪnflywɛnza] *de* grippe
in·fluis·te·ren [ɪnflœystərə(n)] *vt (fluisterde in, h. ingefluisterd)* 1 chuchoter (qqch à qqn); mijn geweten fluistert me in dat ... ma conscience me dit tout bas que ... 2 insinuer
in·fo·lijn [ɪnfolɛin] *de (-en)* service téléphonique d'informations
in·for·mant [ɪnfɔrmɑnt] *nm (-en)* informateur, indicateur de police
in·for·ma·ti·ca [ɪnfɔrmatika] *de* informatique
in·for·ma·ti|cus [ɪnfɔrmatikʌs] *nm (-ci)* informaticien, -ienne
in·for·ma·tie [ɪnfɔrma(t)si] *nf (-s)* information, renseignement; ~ inwinnen se renseigner; nadere ~ un complément d'information; een schat aan ~ une masse d'informations; te uwer ~ pour votre information; ter ~ à titre d'information; (aan) iemand ~ verschaffen renseigner qqn
in·for·ma·tie·kun·de [ɪnfɔrma(t)sikʌndə] *nf* ± informatique
in·for·ma·tie·lijn [ɪnfɔrma(t)silɛin] *de (-en)* → infolijn
in·for|meel [ɪnfɔrmel] *adj, adv (-meler, -meelst)* 1 informel 2 (à titre) non officiel
[1]**in·for·me·ren** [ɪnfɔrmerə(n)] *vi (informeerde, h. geïnformeerd)* se renseigner (sur); ik heb ernaar geïnformeerd je me suis informé (à ce sujet); naar iemand ~ demander des nouvelles de qqn
[2]**in·for·me·ren** [ɪnfɔrmerə(n)] *vt (informeerde, h. geïnformeerd)* renseigner (qqn sur qqch)
in·fuus [ɪnfys] *het (infusen)* perfusion; aan het ~ leggen perfuser; aan het ~ liggen être sous perfusion, *(fig.)* survivre grâce à l'aide extérieure
in·gaan [ɪŋχan] *vti (ging in, i. ingegaan)* 1 entrer dans, chez; een bocht ~ prendre un virage; een deur ~ entrer; de stad ~ aller en ville 2 *(+ op)* réagir (à); ergens niet op ~ laisser qqch de côté; nader ~ op een kwestie traiter une question plus à fond; ~ tegen être contraire à, s'opposer à 3 *(+ op)* accéder à, donner suite (à); gretig op iets ~ sauter sur qqch; ~ op een verzoek accéder à une demande 4 commencer; de regeling gaat 1 juli in le règlement prend cours le 1er juillet ♦ *(fam.)* er wel ~ ne pas refuser (qqch), être très appétissant
in·gaan·de [ɪŋχandə] *prép* à partir de
in·gang [ɪŋχɑŋ] *nm (-en)* entrée ♦ ~ doen vinden introduire, faire accepter; met ~ van 1 april à partir du 1er avril; met onmiddellijke ~ dès maintenant; ~ vinden être bien accueilli; idee dat (steeds meer) ~ vindt idée qui fait son chemin
in·ge·bak·ken [ɪŋχəbɑkə(n)] *adj* tenace
in·ge·beeld [ɪŋχəbelt] *adj* 1 imaginaire; ~e zwangerschap grossesse nerveuse 2 prétentieux
in·ge·bo·ren [ɪŋχəborə(n)] *adj* inné
in·ge·bre·ke·stel·ling [ɪŋχəbrekəstɛlɪŋ] *nf* constitution en demeure
in·ge·bruik·ne·ming [ɪŋχəbrœyknemɪŋ] *nf* mise en service
in·ge·bur·gerd [ɪŋχəbʌrχərt] *adj* 1 bien intégré 2 consacré, entré dans les mœurs
in·ge·maakt [ɪŋχəmakt] *adj* en conserve
in·ge·meen [ɪŋχəmen] *adj* ignoble
in·ge·ni·eur [ɪnʒeɲør, ɪŋχeɲør] *nm (-s)* ingénieur; civiel ~, *(Belg.)* burgerlijk ~ ingénieur civil; elektrotechnisch ~ ingénieur électrotechnicien; *(Belg.)* industrieel ~ ingénieur industriel
in·ge·no·men [ɪŋχənomə(n)] *adj (meer i., meest i.)* 1 *(+ met)* satisfait (de), content (de); met zichzelf ~ zijn être satisfait de sa (petite) personne 2 *(+ tegen)* indisposé (envers), prévenu (contre)
in·ge·roest [ɪŋχərust] *adj* invétéré
in·ge·slo·ten [ɪŋχəslotə(n)] *adj, adv* ci-joint
in·ge·span·nen [ɪŋχəspɑnə(n)] *adj, adv (meer i., meest i.)* concentré, avec concentration; ~ geestesarbeid travail intellectuel intensif; ~ nadenken se concentrer
in·ge·sprek|toon [ɪŋχəsprɛkton] *nm (-tonen)* tonalité d'occupation
in·ge·steld [ɪŋχəstɛlt] *adj* ♦ op iets ~ zijn être préparé à qqch; op iemand ~ zijn être habitué à qqn
in·ge·to|gen [ɪŋχətoχə(n)] *adj, adv (-gener, meest i.)* réservé, avec réserve; een ~ leven leiden mener une vie rangée
in·ge·val [ɪŋχəvɑl] *conj (form.)* au cas où
in·ge·val·len [ɪŋχəvɑlə(n)] *adj* creux, *(yeux)* cave
in·ge·ven [ɪŋχevə(n)] *vt (gaf in, h. ingegeven)* 1 faire prendre 2 inspirer; alsof het mij zo werd ingegeven comme si cela m'avait été dicté
in·ge·ving [ɪŋχevɪŋ] *nf (-en)* inspiration; een ~ krijgen avoir une idée géniale
in·ge·voerd [ɪŋχəvurt] *adj* ♦ goed ~ zijn in een milieu être bien introduit dans un milieu; hij is in deze materie goed ~ il est compétent en la matière
in·ge·vol·ge [ɪŋχəvɔlχə] *prép (form.)* en conséquence (de); ~ uw verzoek suite à votre demande
in·ge·wan·den [ɪŋχəwɑndə(n)] *plur* 1 intestins, *(zool.)* boyaux, *(cuis.)* tripes; het in de ~ hebben avoir mal au ventre 2 *(fig.)* entrailles
in·ge·wij·de [ɪŋχəwɛidə] *nm (-n)* initié, -ée
in·ge·wik·keld [ɪŋχəwɪkəlt] *adj, adv* (d'une façon) compliqué(e); doe niet zo ~! ne complique pas tant les choses !

in·ge·wik·keld·heid [ɪŋχəwɪkəlthɛit] *nf* complication, complexité

in·ge·wor·teld [ɪŋχəwɔrtəlt] *adj* enraciné

in·ge·ze·te·ne [ɪŋχəzetənə] *nm (-n) (form.)* habitant, -ante

in·gooi [ɪŋχoj] *nm (-en) (sports)* rentrée en touche

1**in·gooi·en** [ɪŋχojə(n)] *vt (gooide in, h. ingegooid)* 1 jeter dans 2 casser; de ruiten ~ casser les vitres à coups de pierre

2**in·gooi·en** [ɪŋχojə(n)] *vi (gooide in, h. ingegooid) (sports)* remettre en jeu

in|greep [ɪŋχrep] *nm (-grepen)* intervention; ik heb maar één ~ gekregen (tijdens het rijexamen) l'inspecteur n'est intervenu qu'une seule fois (pendant l'examen du permis de conduire)

in·grij·pen [ɪŋχrɛipə(n)] *vi (greep in, h. ingegrepen)* intervenir, s'ingérer; dat grijpt diep in in het maatschappelijk leven cela bouleverse la vie sociale

in·grij·pend [ɪŋχrɛipənt] *adj, adv* radical(ement); ~ veranderen bouleverser

in·haal·ma·noeu·vre [ɪnhalmanœ:vrə, Bɪnhalmanøvər] *de (-s)* (manœuvre de) dépassement

in·haal·race [ɪnhalres] *nm (-s)* effort de rattrapage

in·haal|strook [ɪnhalstrok] *de (-stroken)* bande de dépassement

in·haal·ver·bod [ɪnhalvərbɔt] *het (-en)* interdiction de dépasser

in·ha·ken [ɪnhakə(n)] *vi (haakte in, h. ingehaakt)* 1 *(+ op)* enchaîner; de spreker haakte in op wat er was beweerd l'orateur réagit à ce qui venait d'être dit 2 donner le bras (à qqn)

1**in·hak·ken** [ɪnhakə(n)] *vt (hakte in, h. ingehakt)* entailler; een boom ~ faire une entaille dans un arbre

2**in·hak·ken** [ɪnhakə(n)] *vi (hakte in, h. ingehakt) (+ op)* fondre (sur), foncer (sur) ♦ dat hakt er flink in cela représente une grosse dépense

in·ha·len [ɪnhalə(n)] *vti (haalde in, h. ingehaald)* 1 dépasser; veel ongelukken gebeuren bij het ~ les dépassements sont la cause de nombreux accidents 2 rentrer (qqch); de vlag ~ rentrer les couleurs; de zeilen ~ amener les voiles 3 rattraper; zijn achterstand ~ rattraper son retard; de schade ~ se rattraper; de verloren tijd ~ rattraper le temps perdu 4 recevoir solennellement; de burgemeester ~ recevoir le maire solennellement

in·ha·ler [ɪnhelər] *nm (-s) (méd.)* inhalateur

in·ha·lig [ɪnhaləχ] *adj* cupide

in·ha·lig·heid [ɪnhaləχhɛit] *nf* cupidité

in·ham [ɪnham] *nm (-men)* 1 crique, baie 2 (r)enfoncement 3 tempe dégarnie

in·ha·me·ren [ɪnhamərə(n)] *vt (hamerde in, h. ingehamerd)* 1 enfoncer (à coups de marteau) 2 *(fig.)* enfoncer dans la tête

in·hech·te·nis·ne·ming [ɪnhɛχtənɪsnemɪŋ] *nf (-en)* arrestation

in·heems [ɪnhems] *adj* indigène, autochtone; die ziekte is in dat land ~ cette maladie est endémique dans ce pays

in·houd [ɪnhaut] *nm (-en)* 1 contenu; ~ geven aan iets ± donner vie à qqch; een korte ~ un résumé; telegram met de volgende ~ télégramme ainsi conçu 2 capacité, contenance 3 table des matières

in·hou·de·lijk [ɪnhaudələk] *adj, adv* du contenu, sur le plan du contenu; ~e opmerkingen remarques portant sur le fond

1**in·hou·den** [ɪnhaudə(n)] *vt (hield in, h. ingehouden)* 1 contenir; hij kon zijn lachen niet ~ il ne pouvait s'empêcher de rire 2 renfermer 3 impliquer 4 retenir; er wordt een zeker percentage ingehouden on déduit un certain pourcentage 5 rentrer *(ventre)*

2**in·hou·den, zich** [ɪnhaudə(n)] *vpr (hield zich in, h. zich ingehouden)* se contenir, se retenir

in·hou·ding [ɪnhaudɪŋ] *nf (-en)* 1 *(action de retenir)* retenue, retrait *(du permis de conduire)* 2 prélèvement

in·houds|maat [ɪnhautsmat] *de (-maten)* mesure de capacité

in·houds|op·ga·ve [ɪnhautsɔpχavə] *de (-n),* **-tafel** *de (-s)* table des matières

in·hul·di·gen [ɪnhʌldəχə(n)] *vt (huldigde in, h. ingehuldigd)* 1 installer (solennellement), *(un roi)* sacrer, *(un évêque)* consacrer 2 *(Belg.)* inaugurer, *(une église)* consacrer

in·hul·di·ging [ɪnhʌldəχɪŋ] *nf (-en)* 1 installation, *(roi)* sacre, *(évêque)* consécration 2 *(Belg.)* inauguration, *(église)* consécration

in·hu·ren [ɪnhyrə(n)] *vt (huurde in, h. ingehuurd)* engager

ini·ti·a·tief·ne·mer [ini(t)ʃatifnemər] *nm (-s)* initiateur, inspirateur

ini·ti·ë·ren [ini(t)ʃerə(n)] *vt (initieerde, h. geïnitieerd)* 1 initier 2 introduire

in·jec·tie [ɪŋjɛksi] *nf (-s)* injection; iemand een ~ geven faire une piqûre à qqn; de economie een ~ geven stimuler l'économie

in·jec·tie·spuit·je [ɪŋɛksispœycə] *het (-s)* seringue à injections

in·kap·se·len [ɪŋkapsələ(n)] *vt (kapselde in, h. ingekapseld)* envelopper, *(socio.)* embrigader; zich ~ *(chenille)* coconner

in·keer [ɪŋker] *nm* repentir; iemand tot ~ brengen amener qqn à de meilleurs sentiments; tot ~ komen se repentir

in·ke·ping [ɪŋkepɪŋ] *nf (-en)* encoche

in·ke·ren [ɪŋkerə(n)] *vi (keerde in, i. ingekeerd)* ♦ tot zichzelf ~ se recueillir

in·kijk [ɪŋkɛik] *nm* regards des passants ♦ je hebt ~ ± cette tenue ne cache pas grand-chose; een jurk met ~ une robe au corsage échancré

in·kij·ken [ɪŋkɛikə(n)] *vt (keek in, h. ingekeken)* parcourir, feuilleter

in·klap·baar [ɪŋklabar] *adj* escamotable

[1]**in·klap·pen** [ɪŋklɑpə(n)] *vi (klapte in, i. ingeklapt)* s'effondrer (psychiquement)
[2]**in·klap·pen** [ɪŋklɑpə(n)] *vt (klapte in, h. ingeklapt)* rabattre
in·kla·ren [ɪŋklarə(n)] *vt (klaarde in, h. ingeklaard) (commerce)* dédouaner
in·kle·den [ɪŋkledə(n)] *vt (kleedde in, h. ingekleed)* présenter; **hoe zal ik mijn verzoek ~?** comment formulerai-je ma demande ?
in·kleu·ren [ɪŋkløːrə(n)] *vt (kleurde in, h. ingekleurd)* colorier
in·klin·ken [ɪŋklɪŋkə(n)] *vi (klonk in, i. ingeklonken) (tr.pub.)* se tasser
in·ko·ken [ɪŋkokə(n)] *vti (kookte in, h./i. ingekookt) (cuis.)* (se) réduire
in·kom [ɪŋkɔm] *nm (Belg.)* entrée
[1]**in·ko·men** [ɪŋkomə(n)] *het (-s)* revenu
[2]**in·ko·men** [ɪŋkomə(n)] *vi (kwam in, i. ingekomen)* **1** entrer (dans) **2** arriver, *(argent)* rentrer; **ingekomen brieven** lettres reçues; **~de goederen** un arrivage ♦ **daar komt niets van in** il n'en est pas question; **daar kan ik ~** ça, je le comprends bien
in·kom·sten [ɪŋkɔmstə(n)] *plur* **1** revenu, ressources **2** rentes
in|koop [ɪŋkop] *nm (-kopen)* achat; **inkopen doen** faire des courses
in·ko·pen [ɪŋkopə(n)] *vt (kocht in, h. ingekocht)* acheter; **zich ~ (in een zaak)** acheter le droit d'entrer (dans une firme)
in·ko·per [ɪŋkopər] *nm (-s),* **inkoopster** *nf (-s)* acheteur, -euse
in·kop·pen [ɪŋkɔpə(n)] *vt (kopte in, h. ingekopt)* marquer (un but) d'un coup de tête
in·kor·ten [ɪŋkɔrtə(n)] *vti (kortte in, h./i. ingekort)* **1** raccourcir, écourter, abréger **2** réduire, diminuer
[1]**in·krim·pen** [ɪŋkrɪmpə(n)] *vi (kromp in, i. ingekrompen)* **1** rétrécir **2** diminuer, être réduit
[2]**in·krim·pen** [ɪŋkrɪmpə(n)] *vt (kromp in, h. ingekrompen)* réduire
inkt [ɪŋkt] *nm (-en)* encre; **Oost-Indische ~**, *(Belg.)* **Chinese ~** encre de Chine
inkt·kus·sen [ɪŋ(kt)kʌsə(n)] *het (-s)* tampon encreur
inkt·lap [ɪŋktlɑp] *nm (-pen)* essuie-plume
inkt·pa|troon [ɪŋktpatron] *de (-tronen)* cartouche d'encre
inkt·pot [ɪŋktpɔt] *nm (-ten)* encrier
inkt·vis [ɪŋktfɪs] *nm (-sen) (zool.)* seiche, pieuvre
in·kwak·ken [ɪŋkwɑkə(n)] *vt (kwakte in, h. ingekwakt) (fam.)* flanquer (dans), balancer (dans)
in·kwar·tie·ren [ɪŋkwɑrtirə(n)] *vt (kwartierde in, h. ingekwartierd)* cantonner
in·kwar·tie·ring [ɪŋkwɑrtirɪŋ] *nf (-en)* cantonnement
in|laat [ɪnlat] *nm (-laten)* admission
in·la·den [ɪnladə(n)] *vt (laadde in, h. ingeladen)* charger
in·la·ding [ɪnladɪŋ] *nf* chargement
in·lan·der [ɪnlɑndər] *nm (-s),* **inlandse** *nf (-n)* indigène
in·lands [ɪnlɑn(t)s] *adj* indigène
in·las [ɪnlɑs] *nm (-sen),* **inlassing** *nf (-en)* insertion, intercalation
in·las·sen [ɪnlɑsə(n)] *vt (laste in, h. ingelast)* intercaler, insérer
[1]**in·la·ten** [ɪnlatə(n)] *vti (liet in, h. ingelaten)* faire entrer
[2]**in·la·ten (met), zich** [ɪnlatə(n)] *vpr (liet zich in, h. zich ingelaten) (à propos de choses)* s'occuper (de), *(à propos de personnes)* se commettre (avec); **zich met een gevaarlijke zaak ~** s'aventurer dans une affaire dangereuse
in·leg·geld [ɪnlɛχɛlt] *het (-en),* **inleg** *nm* mise, *(dans une banque)* dépôt, *(dans une société)* mise de fonds
in·leg·gen [ɪnlɛχə(n)] *vt (legde in, h. ingelegd)* **1** déposer, *(dans une société)* apporter, *(au jeu)* miser **2** confire, conserver (à l'eau-de-vie, au sel) **3** incruster ♦ **een zoom ~** faire un ourlet
in·leg·ger [ɪnlɛχər] *nm (-s)* déposant
in·leg·kruis·je [ɪnlɛχkrœyʃə] *het (-s)* protège-slip
in·leg·lui·er [ɪnlɛχlœyjər] *de (-s)* couche T
in·leg·vel [ɪnlɛχfɛl] *het (-len)* feuille intercalaire
in·leg·werk [ɪnlɛχwɛrk] *het* incrustation, marqueterie, mosaïque
in·lei·den [ɪnlɛidə(n)] *vt (leidde in, h. ingeleid)* **1** introduire (qqn), faire entrer (qqn) **2** présenter (qqn à) **3** initier (qqn à) **4** préluder à
in·lei·dend [ɪnlɛidənt] *adj* d'introduction; *(milit.)* **~e gevechten** combats préliminaires
in·lei·ding [ɪnlɛidɪŋ] *nf (-en)* **1** introduction; *(titre de livre)* **~ in de scheikunde** notions de chimie; **dat verhaal was de ~ tot haar verzoek** cette histoire était le préambule à sa demande **2** exposé
in·le·ven (in), zich [ɪnlevə(n)] *vpr (leefde zich in, h. zich ingeleefd)* se mettre dans la peau (de qqn), vivre (qqch)
[1]**in·le·ve·ren** [ɪnlevərə(n)] *vt (leverde in, h. ingeleverd)* **1** remettre **2** rendre
[2]**in·le·ve·ren** [ɪnlevərə(n)] *vi (leverde in, h. ingeleverd)* accepter une réduction de son pouvoir d'achat
in·le·vings·ver·mo·gen [ɪnlevɪŋsfərmoχə(n)] *het* empathie
in·le·zen [ɪnlezə(n)] *vti (las in, h. ingelezen) (inform.)* introduire, mettre en mémoire; **het ~ van gegevens** la lecture de données
in·lich·ten [ɪnlɪχtə(n)] *vt (lichtte in, h. ingelicht)* renseigner (qqn sur qqn, qqch); **uit wel ingelichte bron vernemen wij ...** nous apprenons de bonne source ...; **zich laten ~ over** s'informer (de)
in·lich·ting [ɪnlɪχtɪŋ] *nf (-en)* renseignement; **iemand ~en geven, verstrekken over iets** renseigner qqn sur qqch; **bij iemand ~en inwinnen over iets** s'informer

de qqch auprès de qqn; **op ~en uitgaan** aller aux renseignements

in·lich·tin·gen·dienst [ɪnlɪχtɪŋə(n)dinst] *nm (-en)* **1** (bureau des) renseignements **2** service secret

in·lijs·ten [ɪnlɛistə(n)] *vti (lijstte in, h. ingelijst)* encadrer

in·lij·ven [ɪnlɛivə(n)] *vt (lijfde in, h. ingelijfd)* **1** embrigader, *(milit.)* incorporer (dans) **2** annexer (à)

in·log·gen [ɪnlɔχə(n)] *vi (logde in, h. ingelogd) (inform.)* se connecter

in·loop [ɪnlop] *nm* entrée (libre)

in·loop|huis [ɪnlophœys] *het (-huizen)* foyer *(maison)*

[1]**in·lo·pen** [ɪnlopə(n)] *vi (liep in, h./i. ingelopen)* entrer; **bij iemand ~** passer voir qqn ♦ **er iemand laten ~** attraper qqn; faire tomber qqn dans le panneau

[2]**in·lo·pen** [ɪnlopə(n)] *vt (liep in, h. ingelopen)* ♦ **nieuwe schoenen ~** porter des chaussures neuves plusieurs jours pour s'y habituer

[3]**in·lo·pen, zich** [ɪnlopə(n)] *vpr (liep zich in, h. zich ingelopen)* s'échauffer

in·los·sen [ɪnlɔsə(n)] *vt (loste in, h. ingelost)* dégager, retirer

in·lo·ten [ɪnlotə(n)] *vi (lootte in, i./h. ingeloot)* être désigné par le sort; **hij is ingeloot voor medicijnen** il a été admis par tirage au sort à la faculté de médecine

in·lui·den [ɪnlœydə(n)] *vt (luidde in, h. ingeluid)* inaugurer; **een nieuw tijdperk ~** annoncer une ère nouvelle

in·maak [ɪmak] *nm* **1** conservation **2** conserve

in·maak|fles [ɪmakflɛs] *de (-sen)*, **-glas** *het (-glazen)* bocal

in·ma·ken [ɪmakə(n)] *vti (maakte in, h. ingemaakt)* **1** mettre en conserve, confire, saler **2** *(fig.; sports)* battre à plate couture

in·men·gen, zich [ɪmɛŋə(n)] *vpr (mengde zich in, h. zich ingemengd) (+ in)* se mêler (de)

in·met·se·len [ɪmɛtsələ(n)] *vt (metselde in, h. ingemetseld)* **1** sceller **2** *(une porte, une fenêtre)* murer, *(une personne)* emmurer

in·mid·dels [ɪmɪdəls] *adv* en attendant, entre-temps

in·naai·en [ɪnajə(n)] *vt (naaide in, h. ingenaaid)* **1** coudre (dans) **2** *(édit.)* brocher

in·na·me [ɪnamə] *de* prise

in·ne·men [ɪnemə(n)] *vt (nam in, h. ingenomen)* **1** prendre; **deze tafel neemt veel plaats in** cette table prend beaucoup de place; **een standpunt ~** prendre position **2** prévenir; **hij neemt iedereen tegen zich in** il se met tout le monde à dos; **iemand voor zich ~** gagner (la sympathie de) qqn **3** raccourcir **4** ramasser; **de gemaakte examens ~** ramasser les copies (après une épreuve) **5** confisquer; **voor straf wordt je telefoon ingenomen** ton portable te sera confisqué

in·ne·mend [ɪnemənt] *adj, adv* (d'une manière) affable; **een jongeman met een ~ uiterlijk** un jeune homme à l'air avenant

in·nen [ɪnə(n)] *vt (inde, h. geïnd)* encaisser, recouvrer, percevoir; **het ~ van een cheque** l'encaissement d'un chèque

in·ner·lijk [ɪnərlək] *adj, adv* intérieur, dans mon (ton etc.) for intérieur; **~e beschaving** vraie culture; **het ~** l'âme; **~ overtuigd** intimement convaincu

in·nig [ɪnəχ] *adj, adv* **1** intime(ment); **dat is mijn ~e overtuiging** c'est ma conviction intime **2** intense **3** sincère **4** cordialement, profondément; **mijn ~ geliefde dochter** ma fille bien-aimée; **~ met elkaar omgaan** avoir des rapports cordiaux

in·nig·heid [ɪnəχhɛit] *nf* intimité

in·of·fi·ci·eel [ɪnɔfiʃel] *adj, adv* officieux, officieusement

in·pak·ken [ɪmpɑkə(n)] *vt (pakte in, h. ingepakt)* **1** emballer, *(dans une valise)* ranger **2** empaqueter **3** emmitoufler **4** entortiller; **zich laten ~** se faire avoir ♦ **~ en wegwezen** il n'y a plus qu'à plier bagage

in·pal·men [ɪmpɑlmə(n)] *vt (palmde in, h. ingepalmd)* **1** enjôler **2** s'approprier

in·pas·sen [ɪmpɑsə(n)] *vt (paste in, h. ingepast)* **1** insérer (qqch dans) **2** intégrer (qqn dans); **iemand ~ in de salarisschaal** placer qqn dans la grille des salaires

in·pe·pe·ren [ɪmpepərə(n)] *vt (peperde in, h. ingepeperd)* poivrer ♦ **dat zal ik hem ~** il me le paiera

in·per·ken [ɪmpɛrkə(n)] *vt (perkte in, h. ingeperkt)* restreindre

in pet·to [ɪmpɛto] ♦ **iets ~ hebben** préparer qqch, avoir une idée derrière la tête

[1]**in·pik·ken** [ɪmpɪkə(n)] *vt (pikte in, h. ingepikt) (fam.)* chiper

[2]**in·pik·ken** [ɪmpɪkə(n)] *vi (pikte in, h. ingepikt) (Belg.)* enchaîner; **de spreker pikte in op wat er was beweerd** l'orateur réagit à ce qui venait d'être dit

in·plak·ken [ɪmplɑkə(n)] *vt (plakte in, h. ingeplakt)* coller (dans un album etc.)

in·plan·ting [ɪmplɑntɪŋ] *nf (-en)* implantation

in·plug·gen [ɪmplʌχə(n)] *vt (plugde in, h. ingeplugd) (audio)* enficher, brancher

in·pol·de·ren [ɪmpɔldərə(n)] *vt (polderde in, h. ingepolderd)* poldériser

in·pom·pen [ɪmpɔmpə(n)] *vt (pompte in, h. ingepompt)* **1** fourrer dans la tête (de qqn) **2** injecter *(de l'argent)*

in·pra·ten [ɪmpratə(n)] *vti (praatte in, h. ingepraat)* ♦ **op iemand ~** convaincre qqn

in·pren·ten [ɪmprɛntə(n)] *vt (prentte in, h. ingeprent)* inculquer (qqch à qqn); **zich iets (goed) ~** se mettre qqch dans le crâne

in·ra·men [ɪnramə(n)] *vt (raamde in, h. ingeraamd)* encadrer

in·re·ge·nen [ɪnreχənə(n)] *vi (regende in, h. ingeregend)* ♦ **het regent hier in** la pluie pénètre ici

in·re·ke·nen [ɪnrekənə(n)] *vt (rekende in, h. ingerekend)* mettre sous les verrous

in·rich·ten [ɪnrɪχtə(n)] *vt (richtte in, h. in-*

gericht) **1** aménager, *(une maison)* décorer; **een oude kazerne tot sporthal ~** transformer une caserne désaffectée en salle de sports; **zich ~** se meubler **2** régler; **het zo ~ dat** faire en sorte que **3** organiser; **anders ~** réorganiser

in·rich·ting [ɪnrɪχtɪŋ] *nf (-en)* **1** aménagement, *(maison)* décoration **2** institution, établissement non-commercial **3** maison de santé, hôpital psychiatrique; **open ~** hôpital psychiatrique ouvert; *(iron.)* **hij is rijp voor een ~** il est bon à enfermer **4** organisation

[1]**in·rij·den** [ɪnrɛidə(n)] *vi (reed in, i. ingereden)* entrer dans *(en voiture etc.)*

[2]**in·rij·den** [ɪnrɛidə(n)] *vt (reed in, h. ingereden)* **1** rentrer; **op elkaar ~** se tamponner; **recht op iemand ~** foncer sur qqn **2** roder; **een auto ~** roder une voiture

in·rit [ɪnrɪt] *nm (-ten)* entrée *(allée, accès)*

in·roe·pen [ɪnrupə(n)] *vt (riep in, h. ingeroepen)* appeler, invoquer; **de hulp van de politie ~** appeler la police

in·rol·len [ɪnrɔlə(n)] *vti (rolde in, h./i. ingerold)* **1** rouler dans **2** enrouler (qqch)

in·ruil [ɪnrœyl] *nm* **1** échange **2** reprise

in·ruil·au·to [ɪnrœylɑuto] *nm (-'s)* voiture d'occasion

in·rui·len [ɪnrœylə(n)] *vt (ruilde in, h. ingeruild)* **1** changer *(marchandises; voitures)* **2** échanger (contre)

in·ruil·waar·de [ɪnrœylwardə] *nf (-n)* valeur de reprise

in·rui·men [ɪnrœymə(n)] *vt (ruimde in, h. ingeruimd)* dégager; **voor iemand een plaats ~** faire une place à qqn

in·ruk·ken [ɪnrʌkə(n)] *vi (rukte in, i. ingerukt)* se retirer, rentrer, *(milit.)* rompre les rangs; **de brandweer kon spoedig weer ~** les pompiers ont pu rentrer rapidement; **ingerukt mars!** rompez !

in·scha·ke·len [ɪnsχakələ(n)] *vt (schakelde in, h. ingeschakeld)* **1** mettre en marche; **de stroom ~** allumer l'électricité **2** faire appel à

in·scha·len [ɪnsχalə(n)] *vt (schaalde in, h. ingeschaald)* insérer dans la grille des salaires; **iemand opnieuw ~** reclasser qqn

in·schat·ten [ɪnsχɑtə(n)] *vt (schatte in, h. ingeschat)* évaluer; **iemand verkeerd ~** méconnaître qqn

in·schen·ken [ɪnsχɛŋkə(n)] *vti (schonk in, h. ingeschonken)* **1** servir *(qqch à boire)*; **wat mag ik u ~?** qu'est-ce que je vous sers ? **2** remplir *(un verre, une tasse)*

in·sche·pen [ɪnsχepə(n)] *vt (scheepte in, h. ingescheept)* embarquer

in·scheu·ren [ɪnsχørə(n)] *vi (scheurde in, i. ingescheurd)* se déchirer; **zij is bij de bevalling ingescheurd** elle a eu une déchirure lors de l'accouchement; **mijn nagel is ingescheurd** je me suis fendu l'ongle

in·schie·ten [ɪnsχitə(n)] *vti (schoot in, h./i. ingeschoten)* envoyer (le ballon) dans le but ♦ **geld erbij ~** en être pour son argent; **mijn eten schoot erbij in** j'ai dû me passer de repas

in·schik·ke·lijk [ɪnsχɪkələk] *adj, adv* accommodant, avec complaisance

in·schik·ken [ɪnsχɪkə(n)] *vi (schikte in, h. ingeschikt)* **1** se serrer **2** se montrer accommodant

in·schop·pen [ɪnsχɔpə(n)] *vt (schopte in, h. ingeschopt)* **1** faire entrer à coups de pied dans, *(sports)* envoyer dans **2** briser à coups de pied **3** briser en jouant au football

[1]**in·schrij·ven** [ɪnsχrɛivə(n)] *vi (schreef in, h. ingeschreven)* **1** soumissionner; **hoog ~** faire une soumission à prix élevé **2** *(+ op)* souscrire (à)

[2]**in·schrij·ven** [ɪnsχrɛivə(n)] *vt (schreef in, h. ingeschreven)* inscrire, *(un étudiant, une voiture)* immatriculer; **iemand ~ als leerling** inscrire un élève; **zijn bagage laten ~** faire enregistrer ses bagages; **zich ~** se faire inscrire; **zich als student laten ~** prendre une inscription

in·schrij·ving [ɪnsχrɛivɪŋ] *nf (-en)* **1** inscription, *(étudiant, voiture)* immatriculation; **~ in het handelsregister** immatriculation au registre de commerce **2** souscription, *(adjudication)* soumission; **aanbesteding bij ~** appel d'offres

in·schui·ven [ɪnsχœyvə(n)] *vt (schoof in, h. ingeschoven)* pousser, remettre en place

in·sec·ten·poe·der [ɪnsɛktə(n)pudər] *het/de (-s)* poudre insecticide

ins en outs [ɪnsɛnɑuts] (les) tenants et les aboutissants

ins·ge·lijks [ɪnsχəlɛiks] *adv* de même

in·si·der [ɪnsɑjdər] *nm (-s)* initié, -ée

[1]**in·slaan** [ɪnslan] *vt (sloeg in, h. ingeslagen)* **1** briser **2** s'approvisionner en **3** enfoncer

[2]**in·slaan** [ɪnslan] *vi (sloeg in, h./i. ingeslagen)* **1** prendre, s'engager dans; **een weg ~** prendre un chemin; *(fig.)* s'engager dans une voie; *(fig.)* **de goede weg ~** prendre la bonne voie; *(fig.)* **een verkeerde weg ~** faire fausse route **2** frapper (qqp), *(foudre)* tomber (qqp) **3** *(fig.)* avoir de l'effet (sur); **die opmerking sloeg in** cette remarque a fait sensation

in·slag [ɪnslɑχ] *nm (-en)* **1** chute, impact; **plaats van ~** point d'impact **2** approvisionnement (en, de) **3** tendance

in·sla·pen [ɪnslapə(n)] *vi (sliep in, i. ingeslapen)* **1** s'endormir **2** *(euph.)* fermer les yeux, mourir

in·slecht [ɪnslɛχt] *adj* ignoble

in·slik·ken [ɪnslɪkə(n)] *vt (slikte in, h. ingeslikt)* **1** avaler **2** ravaler

in·slui·me·ren [ɪnslœymərə(n)] *vi (sluimerde in, i. ingesluimerd)* **1** s'assoupir **2** *(euph.)* fermer les yeux, mourir

in·slui·pen [ɪnslœypə(n)] *vi (sloop in, i. ingeslopen)* se glisser (dans)

in·slui·per [ɪnslœypər] *nm (-s)* cambrioleur

in·slui·ping [ɪnslœypɪŋ] *nf (-en)* escalade
in·slui·ten [ɪnslœytə(n)] *vt (sloot in, h. ingesloten)* **1** joindre à **2** enfermer **3** comprendre, impliquer; **dit sluit niet in, dat ...** cela n'implique pas que ... ♦ *(sports)* **een tegenstander ~** enfermer un adversaire
in·sme·ren [ɪnsmerə(n)] *vt (smeerde in, h. ingesmeerd)* enduire; **met olie ~** huiler; **zal ik even je rug ~?** je te frotte le dos ?
in·sneeu·wen [ɪnsnewə(n)] *vi, vb impers (sneeuwde in, h./i. ingesneeuwd)* être bloqué par la neige ♦ **het sneeuwt in op zolder** la neige entre dans le grenier
in·snij·den [ɪnsnɛidə(n)] *vt (sneed in, h. ingesneden)* **1** inciser; **die opmerking sneed diep in in haar ziel** cette remarque la toucha profondément; **de rozen ~** tailler les rosiers **2** graver
in·snij·ding [ɪnsnɛidɪŋ] *nf (-en)* incision
in·snoe·ren [ɪnsnurə(n)] *vt (snoerde in, h. ingesnoerd)* lacer; **zich ~** se sangler
in·span·nen [ɪnspɑnə(n)] *vt (spande in, h. ingespannen)* utiliser au maximum; **zich dubbel ~** redoubler d'efforts; **zich ~ voor iemand** se démener pour qqn
in·span|nend [ɪnspɑnənt] *adj (-nender, meest i.)* fatigant
in·span·ning [ɪnspɑnɪŋ] *nf (-en)* effort; **zich veel ~ getroosten** se donner beaucoup de peine (pour); **hun gezamenlijke ~** leurs efforts conjugués; **met grote ~** à grands frais
in spe [ɪnspe] futur
in·spec·te·ren [ɪnspɛkterə(n)] *vt (inspecteerde, h. geïnspecteerd)* **1** inspecter **2** passer en revue
in·spec|teur [ɪnspɛktør] *nm (-s),* **-trice** *nf (-s)* inspecteur, -trice
in·spec·tie [ɪnspɛksi] *nf (-s)* inspection; **op ~ gaan** aller en tournée d'inspection
[1]**in·spe·len** [ɪnspelə(n)] *vti (speelde in, h. ingespeeld) (mus.)* essayer ♦ *(sports)* **goed op elkaar ingespeeld zijn** former une bonne équipe *(aussi au fig.); (sports)* **zich ~** se roder
[2]**in·spe·len** [ɪnspelə(n)] *vi (speelde in, h. ingespeeld)* **1** *(+ op)* anticiper (sur); **~ op wat komen gaat** se préparer à la suite des évènements **2** *(+ op)* répondre (à); **~ op een rage** sacrifier à une mode
in·spi·re·ren [ɪnspirerə(n)] *vt (inspireerde, h. geïnspireerd)* **1** inspirer **2** baser (sur); **zich laten ~ door** s'inspirer de
in·spraak [ɪnsprak] *de* participation *(codécision);* **~ hebben bij een zaak** avoir voix au chapitre dans une affaire
in·sprin·gen [ɪnsprɪŋə(n)] *vi (sprong in, i. ingesprongen)* **1** suppléer (qqn); **voor een collega ~** remplacer un collègue **2** (r)entrer (dans); **dat huis springt daar in** cette maison présente un renfoncement à cet endroit; **deze regel moet een beetje ~** il faut renfoncer un peu cette ligne **3** se jeter (dans) **4** donner suite (à), adhérer (à); **deze firma is ingesprongen op de laatste ontwikkelingen op modegebied** cette firme a suivi les dernières évolutions de la mode
in·spui·ten [ɪnspœytə(n)] *vti (spoot in, h. ingespoten)* injecter ♦ **het water spoot de kamer in** l'eau gicla dans la pièce
in·staan [ɪnstan] *vi (stond in, h. ingestaan)* **1** *(+ voor)* répondre (de), *(jur.)* être garant (de) **2** *(+ voor) (Belg.)* être responsable (de)
in·sta·biel [ɪnstabil] *adj* instable
in·stal·la·tie [ɪnstɑla(t)si] *nf (-s)* **1** *(technol.)* installation **2** *(audio, vidéo)* chaîne **3** installation, inauguration
in·stam·pen [ɪnstɑmpə(n)] *vt (stampte in, h. ingestampt)* **1** enfoncer; *(fig.)* **iemand de grond ~** enfoncer qqn **2** défoncer **3** inculquer (qqch à qqn), entrer dans la tête (de qqn)
in·stand·hou·ding [ɪnstɑnthaudɪŋ] *nf* **1** maintien **2** perpétuation
in·stant [ɪnstɑnt] *adj* instantané
in·stan·tie [ɪnstɑn(t)si] *nf (-s) (aussi jur.)* instance, service; **zich tot een hogere ~ richten** aller en appel; *(fig.)* **in eerste ~** en premier lieu; **in laatste ~** en dernier ressort
in·stant·kof·fie [ɪnstɑntkɔfi] *nm* café soluble
in·stap·pen [ɪnstɑpə(n)] *vi (stapte in, i. ingestapt)* monter (dans un véhicule)
[1]**in·ste·ken** [ɪnstekə(n)] *vt (stak in, h. ingestoken)* introduire (dans); **een draad ~** enfiler une aiguille; **de auto een parkeerplaats ~** faire un créneau; **de stekker ~** brancher la prise
[2]**in·ste·ken** [ɪnstekə(n)] *vti (stak in, h. ingestoken)* **1** donner le bras **2** *(tricot)* piquer dans la maille précédente
[1]**in·stel·len** [ɪnstɛlə(n)] *vt (stelde in, h. ingesteld)* **1** créer; **een belasting ~** établir un impôt **2** régler, mettre au point; **het ~** la mise au point **3** *(Belg.)* organiser *(un concours, une rencontre sportive)* **4** *(Belg.)* mettre à prix (à) *(un objet)* ♦ **een vervolging ~ tegen iemand** engager des poursuites contre qqn
[2]**in·stel·len, zich** [ɪnstɛlə(n)] *vpr (stelde zich in, h. zich ingesteld) (+ op)* se préparer (à)
in·stel·ling [ɪnstɛlɪŋ] *nf (-en)* **1** création **2** réglage **3** institution, établissement, organisme **4** mentalité; **een zakelijke ~ hebben** avoir le sens des affaires
in·stem·men [ɪnstɛmə(n)] *vi (stemde in, h. ingestemd) (+ met)* approuver
in·stem·mend [ɪnstɛmənt] *adj, adv* (d'un air) approbateur
in·stem·ming [ɪnstɛmɪŋ] *nf* accord, consentement; **zijn ~ betuigen (met)** accorder son suffrage (à); **tekenen van ~ geven** manifester son approbation
in·stinct [ɪnstɪŋkt] *het (-en)* instinct; **uit ~** instinctivement
in·stinc·tief [ɪnstɪŋktif], **instinctmatig** *adj, adv* instinctif, instinctivement

in·stin·ken [ɪnstɪŋkə(n)] *vi (stonk in, i. ingestonken) (fam.)* se faire avoir
in·sti|tuut [ɪnstityt] *het (-tuten)* **1** institution *(chose instituée)*; **het ~ huwelijk** le mariage en tant qu'institution **2** institut
in·stop·pen [ɪnstɔpə(n)] *vt (stopte in, h. ingestopt)* **1** fourrer (dans); **je moet er een euro ~** il faut y mettre un euro **2** border (qqn) **3** emmitoufler; **zich warm ~** s'emmitoufler
in·stor·ten [ɪnstɔrtə(n)] *vi (stortte in, i. ingestort)* **1** s'écrouler; **dat gebouw staat op ~** ce bâtiment menace de s'écrouler **2** *(personne)* craquer, *(après une maladie)* faire une rechute ♦ **zij heeft zich er volledig ingestort** elle s'est donnée à fond
in·stroom [ɪnstrom] *nm* afflux
in·struc|teur [ɪnstrʌktør] *nm (-s)*, **-trice** *nf (-s)* instructeur, moniteur, -trice
in·struc·tie [ɪnstrʌksi] *nf (-s)* instruction; **de ~s opvolgen** observer la consigne; **de ~s stipt volgen** suivre les instructions à la lettre
in·stru·e·ren [ɪnstrywerə(n)] *vt (instrueerde, h. geïnstrueerd)* instruire
in·stru·ment [ɪnstrymɛnt] *het (-en)* instrument; **een ~ bespelen** jouer d'un instrument
in·stru·men·ten·bord [ɪnstrymɛntə(n)bɔrt] *het (-en)* tableau de bord
in·stru·ment·ma·ker [ɪnstrymɛntmakər] *nm (-s)* fabricant d'instruments
in·stu·de·ren [ɪnstyderə(n)] *vt (studeerde in, h. ingestudeerd)* étudier; **een muziekstuk ~** travailler un morceau de musique
in|stuif [ɪnstœyf] *nm (-stuiven)* surprise-partie
in·stul·ping [ɪnstʌlpɪŋ] *nf (-en)* incurvation, *(méd.)* invagination
in·suf·fen [ɪnsʌfə(n)] *vi (sufte in, i. ingesuft)* s'endormir *(aussi au fig.)*
in·take·ge·sprek [ɪntekχəsprɛk] *het (-ken)* entretien préliminaire
in·teelt [ɪntelt] *de (personnes)* consanguinité, union consanguine, *(animaux)* croisement consanguin
in·te·gen·deel [ɪntεχə(n)del] *adv* au contraire, loin de là
in·te|ger [ɪnteχər] *adj, adv (-gerder, meest i.)* intègre(ment)
in·te·graal [ɪnteχral] *adj, adv* intégral; **een tekst ~ uitgeven** publier un texte en édition intégrale
in·te·gra·tie [ɪnteχra(t)si] *nf* intégration; **de Europese ~** l'unification européenne
in·te·gre·ren [ɪnteχrerə(n)] *vti (integreerde, h./i. geïntegreerd)* (s')intégrer
in·te·ke·naar [ɪntekənar] *nm (-s)* souscripteur
[1]**in·te·ke·nen** [ɪntekənə(n)] *vi (tekende in, h. ingetekend)* souscrire (à)
[2]**in·te·ke·nen** [ɪntekənə(n)] *vt (tekende in, h. ingetekend)* **1** inscrire **2** dessiner
in·tel·li·gen·tie [ɪntεliχɛn(t)si] *nf* intelligence
in·ten·sive care [ɪntεnsɪfkε:r] *de* service de réanimation
in·ten·si·ve·ren [ɪntεnziverə(n)] *vt (intensiveerde, h. geïntensiveerd)* intensifier
in·ten·tie·ver·kla·ring [ɪntɛn(t)sivərklarɪŋ] *nf (-en)* déclaration de principe
in·ter·ci·ty [ɪntərsɪti] *nm (-'s)*, **intercity-trein** *nm (-en)* express, train intercités
in·ter·com [ɪntərkɔm] *nm (-s)* interphone
[1]**in·te·ren** [ɪnterə(n)] *vt (teerde in, h. ingeteerd)* écorner *(une fortune)*
[2]**in·te·ren** [ɪnterə(n)] *vi (teerde in, h./i. ingeteerd)* **1** dépenser plus qu'on ne gagne; **zij teert in op haar spaargeld** elle vit sur ses économies **2** *(capitaux etc.)* diminuer
in·te·res·sant [ɪntərεsɑnt] *adj, adv* (de façon) intéressant(e), plein d'intérêt; **~ doen** faire l'intéressant; **~ willen zijn** chercher à se rendre intéressant
in·te·res·se [ɪntərɛsə] *het/de (-s)* intérêt; **~ hebben voor iets** s'intéresser à qqch; **geen ~ (meer) hebben voor iets** se désintéresser de qqch; **~ tonen voor iemand** témoigner de l'intérêt à qqn; **uit ~ voor** par intérêt pour ♦ **mijn zuster heeft veel ~s** ma sœur s'intéresse à bien des choses
[1]**in·te·res·se·ren** [ɪntərεserə(n)] *vt (interesseerde, h. geïnteresseerd)* intéresser (qqn à qqch)
[2]**in·te·res·se·ren, zich** [ɪntərεserə(n)] *vpr (interesseerde zich, h. zich geïnteresseerd) (+ voor)* s'intéresser (à)
in·te·ri·eur|zaak [ɪnter(i)jørzak] *de (-zaken)* maisonnerie
in·te·rim [ɪntərɪm] *de (-s)* intérimaire
***in·te·rim-** [ɪntərɪm-] provisoire; **het interim-rapport** le rapport provisoire
in·te·ri·ma·ris [ɪntərimarəs] *nm (-sen) (Belg.)* intérimaire
in·ter·ker·ke·lijk [ɪntərkɛrkələk] *adj* œcuménique, entre les Églises
in·ter·land [ɪntərlɑnt] *nm (-s)*, **interlandwedstrijd** *nm (-en)* match international
in·ter·li·nie [ɪntərlini] *nf (-s)* interligne *(m.)*
in·ter·lo·kaal [ɪntərlokal] *adj* interurbain
in·ter·me·di·air [ɪntərmedijε:r] *adj* médiateur; **de ~** l'intermédiaire; le médiateur, la médiatrice
in·ter·mez·zo [ɪntərmɛdzo] *het (-'s)* **1** intermède **2** *(mus.)* intermezzo
in·tern [ɪntɛrn] *adj, adv* (de façon) interne
in·ter·ne·ring [ɪntεrnerɪŋ] *nf (-en)* internement
in·ter·net·ter [ɪntərnεtər] *nm (-s) (inform.)* internaute
in·ter·punc·tie [ɪntərpʌŋksi] *nf* ponctuation; **~ aanbrengen in een tekst** mettre la ponctuation dans un texte
in·ter·view [ɪntərvju] *het (-s)* interview; **iemand een ~ afnemen** interviewer qqn; **een ~ weggeven** accorder une interview
in·tiem [ɪntim] *adj, adv* **1** intime(ment); **in**

~e kring entre intimes; **~e omgang** relations intimes **2** secret

in·tik·ken [ɪntɪkə(n)] *vt (tikte in, h. ingetikt)* **1** enfoncer, briser **2** taper (à la machine) **3** *(inform.)* introduire (des données)

in·ti·mi·teit [ɪntimitɛit] *nf (-en)* **1** intimité; **de ~ van hun omgang** l'intimité de leurs relations **2** privautés; **ongewenste ~en** harcèlement sexuel; **zich ~en veroorloven** se permettre des privautés

in·tocht [ɪntɔχt] *nm (-en)* entrée; **zijn ~ houden** faire son entrée

in·toet·sen [ɪntutsə(n)] *vt (toetste in, h. ingetoetst) (inform.)* → **intikken 3**

in·to·men [ɪntomə(n)] *vt (toomde in, h. ingetoomd)* refréner

in·tra·mu·raal [ɪntramyral] *adj* en milieu hospitalier; **intramurale gezondheidszorg** soins hospitaliers

in·trap·pen [ɪntrɑpə(n)] *vt (trapte in, h. ingetrapt)* enfoncer

in·tre·de [ɪntredə] *de* entrée, apparition, début; *(personne)* **zijn ~ doen** ± entrer en fonction

in·tre·den [ɪntredə(n)] *vi (trad in, h./i. ingetreden)* **1** entrer dans **2** entrer dans les ordres **3** commencer **4** se produire; **de dood trad spoedig in** la mort fit rapidement son œuvre

in·tree [ɪntre] *de* → **intrede**

in·trek [ɪntrɛk] *nm* ♦ **bij iemand zijn ~ nemen** s'installer chez qqn; **zijn ~ in een hotel nemen** descendre à l'hôtel

[1]in·trek·ken [ɪntrɛkə(n)] *vi (trok in, h./i. ingetrokken)* **1** *(+ bij)* aller vivre (chez, avec qqn) **2** entrer dans **3** être absorbé (par)

[2]in·trek·ken [ɪntrɛkə(n)] *vt (trok in, h. ingetrokken)* retirer; **een belofte ~** revenir sur une promesse; **zijn buik ~** rentrer le ventre

in·trek·king [ɪntrɛkɪŋ] *nf (-en) (permis de conduire)* retrait, *(loi)* abrogation, *(paroles)* rétractation; **een tijdelijke ~** une suspension

in·tri·ge [ɪntriʒə, ᴮɪntriχə] *de (-s)* intrigue; **een ~ beramen** ourdir un complot; **de ~ zit goed in elkaar** l'intrigue est bien conduite

in·tro·du·cé [ɪntrodyse] *nm (-s)* invité *(non-membre d'un cercle)*

in·tro·du·ce·ren [ɪntrodyserə(n)] *vt (introduceerde, h. geïntroduceerd)* introduire *(qqn, un nouveau produit)*

in·tro·duc·tie [ɪntrodʌksi] *nf (-s)* introduction, présentation, lancement

in·tro·duc·tie|prijs [ɪntrodʌksiprɛis] *nm (-prijzen)* prix de lancement

in·troe·ven [ɪntruvə(n)] *vi (troefde in, h. ingetroefd) (jeux de cartes)* couper

in·tus·sen [ɪntʌsə(n)] *adv* **1** en attendant **2** cependant

in·ty·pen [ɪntipə(n)] *vt (typte in, h. ingetypt) (inform.)* taper

in·val [ɪnvɑl] *nm (-len)* **1** invasion; **een ~ doen in een café** faire une descente dans un café **2** idée (subite); **een geestige ~** un trait d'esprit; **geniale ~** idée géniale **3** commencement; **de ~ van de dooi** la brusque apparition du dégel **4** *(mus.)* entrée ♦ *(phys.)* **hoek van ~** angle d'incidence; **de zoete ~** la maison du bon Dieu; **'t is daar de zoete ~** on y tient table ouverte

in·va·li·den·wa·gen [ɪnvalidə(n)waχə(n)] *nm (-s)* fauteuil roulant

in·val·len [ɪnvɑlə(n)] *vi (viel in, i. ingevallen)* **1** entrer (dans) **2** *(météo.)* commencer; **de dooi is ingevallen** il commence à dégeler **3** remplacer; **voor een collega ~** remplacer un collègue **4** (re)venir à l'esprit; **het viel me te laat in** j'y ai songé trop tard; **zijn naam wil mij maar niet ~** son nom m'échappe **5** *(mus.)* intervenir **6** s'écrouler ♦ **ingevallen wangen** joues creuses

in·val·ler [ɪnvɑlər] *nm (-s)* remplaçant, *(au théâtre)* doublure

in·vals·hoek [ɪnvɑlshuk] *nm (-en)* **1** angle d'incidence **2** point de vue

in·vals·weg [ɪnvɑlswɛχ] *nm (-en)* voie d'accès

in·ven·ta·ri·sa·tie [ɪnvɛntariza(t)si] *nf (-s)* inventaire

in·ver·ze·ke·ring·stel·ling [ɪnvərzekərɪŋstɛlɪŋ] *nf (jur.)* mandat de dépôt

in·ves·teer·der [ɪnvɛsterdər] *nm (-s)* investisseur

in·ves·te·ren [ɪnvɛsterə(n)] *vt (investeerde, h. geïnvesteerd)* investir; **ik heb in dat project veel tijd geïnvesteerd** j'ai consacré beaucoup de temps à ce projet

in·vet·ten [ɪnvɛtə(n)] *vt (vette in, h. ingevet)* graisser

in·vi·tro·fer·ti·li·sa·tie [ɪnvitrofɛrtiliza(t)si] *nf (-s) (méd.)* fécondation in vitro

[1]in·vlie·gen [ɪnvliχə(n)] *vi (vloog in, i. ingevlogen)* **1** entrer (en volant) dans; **het luchtruim ~** décoller **2** se précipiter dans; **met volle snelheid vloog de trein de tunnel in** le train s'engouffra à toute vitesse dans le tunnel ♦ **er ~** tomber dans le panneau

[2]in·vlie·gen [ɪnvliχə(n)] *vt (vloog in, h. ingevlogen)* essayer *(un avion etc.)*

in·vloed [ɪnvlut] *nm (-en)* influence; **zijn ~ laten gelden** user de son influence; **een man van ~** un homme influent; **onder iemands ~ staan** subir l'influence de qqn; **onder ~ van drank handelen** agir sous l'empire de la boisson; **een schadelijke ~ op iets hebben** avoir une action nocive sur qqch; **een schadelijke ~ op iemand hebben** exercer une influence néfaste sur qqn; **~ uitoefenen op iemand** influencer qqn; **van ~ zijn** avoir de l'influence ♦ **rijden onder ~** conduire en état d'ivresse

in·vloed·rijk [ɪnvlutrɛik] *adj* influent

in·vloeds|sfeer [ɪnvlutsfer] *de (-sferen)* zone d'influence

[1]in·voe·gen [ɪnvuχə(n)] *vt (voegde in, h. ingevoegd)* insérer (dans)

[2]in·voe·gen [ɪnvuχə(n)] *vi (voegde in, h. ingevoegd) (transp.)* se rabattre

in·voe·ging [ɪnvuχɪŋ] *nf (-en)* insertion *(action et résultat)*

in·voeg|strook [ɪnvuχstrok] *de (-stroken) (transp.)* bretelle d'accès

in·voe·len [ɪnvulə(n)] *vt (voelde in, h. ingevoeld)* comprendre (de façon empathique)

in·voer [ɪnvur] *nm (-en)* **1** importation **2** *(inform.)* entrée

***in·voer-** [ɪnvur-] d'importation

in·voe·ren [ɪnvurə(n)] *vt (voerde in, h. ingevoerd)* **1** importer **2** introduire; **een nieuwe mode ~** lancer une nouvelle mode ♦ **belastingen ~** créer des impôts; **een wet ~** adopter une loi

in·voe·ring [ɪnvurɪŋ] *nf (-en)* introduction, instauration, lancement

in·voer·recht [ɪnvurɛχt] *het (-en) (écon.)* droit d'entrée

in·vor·der·baar [ɪnvɔrdərbar] *adj* exigible, *(somme)* recouvrable, *(impôt)* perceptible

in·vor·de·ren [ɪnvɔrdərə(n)] *vti (vorderde in, h. ingevorderd)* exiger, *(une somme)* recouvrer, *(un impôt)* percevoir

in·vre·ten [ɪnvretə(n)] *vti (vrat in, h./i. ingevreten)* **1** ronger, *(chim.)* corroder **2** *(chim.)* être corrodé

in·vrie·zen [ɪnvrizə(n)] *vt (vroor in, h. ingevroren)* congeler

in·vrij·heid·stel·ling [ɪnvrɛihɛitstɛlɪŋ] *nf (jur.)* mise en liberté

in·vul·len [ɪnvʌlə(n)] *vt (vulde in, h. ingevuld)* remplir *(un formulaire, un bulletin etc.)* ♦ **vul maar in** et ainsi de suite

in·vul·ling [ɪnvʌlɪŋ] *nf (-en)* **1** remplissage, *(un formulaire etc.)* fait de remplir **2** interprétation

in·vul·oe·fe·ning [ɪnvʌlufənɪŋ] *nf (-en)* exercice à compléter

in·waai·en [ɪnwajə(n)] *vi, vb impers (waaide, woei in, h./i. ingewaaid)* être renversé par le vent ♦ **het waait hier nogal in** le vent souffle pas mal ici dedans

in·waarts [ɪnwarts] *adj, adv* vers l'intérieur

in·we·ken [ɪnwekə(n)] *vti (weekte in, h./i. ingeweekt)* (faire) tremper

in·wen·dig [ɪnwɛndəχ] *adj, adv* interne, intérieurement; **voor ~ gebruik** à usage interne

[1]**in·wer·ken** [ɪnwɛrkə(n)] *vt (werkte in, h. ingewerkt)* mettre au courant; **hij is nog niet ingewerkt** il n'est pas encore rodé; **zich ergens ~** se familiariser avec qqch

[2]**in·wer·ken** [ɪnwɛrkə(n)] *vi (werkte in, h. ingewerkt) (+ op)* agir (sur); **op elkaar ~** s'influencer mutuellement; **een film op zich laten ~** se laisser influencer par un film

in·wer·king [ɪnwɛrkɪŋ] *nf (-en)* action, influence

in·wer·king·tre·ding [ɪnwɛrkɪŋtredɪŋ] *nf* entrée en vigueur

in·werk·pe·ri·o·de [ɪnwɛrkperijodə] *nf (-s, -n)* (période de) rodage

in·wer·pen [ɪnwɛrpə(n)] *vt (wierp in, h. ingeworpen)* **1** casser, briser (en lançant qqch) **2** jeter (dans) **3** *(sports)* remettre (le ballon) en jeu

in·we·ven [ɪnwevə(n)] *vt (weefde in, h. ingeweven)* **1** tisser (dans) **2** *(fig.)* entremêler (de), insérer (dans)

in·wij·den [ɪnwɛidə(n)] *vt (wijdde in, h. ingewijd)* **1** inaugurer **2** initier

in·wij·ding [ɪnwɛidɪŋ] *nf (-en)* **1** inauguration, *(église)* consécration **2** initiation

in·wij·ke·ling [ɪnwɛikəlɪŋ] *nm (-en) (Belg.)* immigrant, -ante

in·wij·ken [ɪnwɛikə(n)] *vi (week in, i. ingeweken) (Belg.)* immigrer

in·wik·ke·len [ɪnwɪkələ(n)] *vt (wikkelde in, h. ingewikkeld)* envelopper

in·wil·li·gen [ɪnwɪləχə(n)] *vt (willigde in, h. ingewilligd)* agréer, accepter

in·win·nen [ɪnwɪnə(n)] *vt (won in, h. ingewonnen)* (chercher à) recueillir; **bij iemand informatie ~** s'informer auprès de qqn; **inlichtingen gaan ~** aller aux renseignements; **iemands raad ~** prendre conseil de qqn

in·wis·sel·baar [ɪnwɪsəlbar] *adj* convertible (en)

in·wis·se·len [ɪnwɪsələ(n)] *vt (wisselde in, h. ingewisseld)* échanger (contre); **het ~** l'échange

in·wo·nen [ɪnwonə(n)] *vi (woonde in, h. ingewoond)* habiter (chez qqn)

in·wo·nend [ɪnwonənt] *adj* interne; **~e kinderen** enfants habitant chez leurs parents

in·wo·ner [ɪnwonər] *nm (-s),* **inwoonster** *nf (-s)* habitant, -ante

in·wo·ner·tal [ɪnwonərtɑl] *het (-len)* nombre d'habitants

in·wo·ning [ɪnwonɪŋ] *nf* cohabitation

in·worp [ɪnwɔrp] *nm (-en)* **1** introduction, insertion **2** somme, montant **3** *(sports)* rentrée en touche

in·wrij·ven [ɪnvrɛivə(n)] *vt (wreef in, h. ingewreven)* frotter ♦ **dat zal ik hem eens ~** il me le paiera

in·zaai·en [ɪnzajə(n)] *vt (zaaide in, h. ingezaaid)* **1** semer **2** ensemencer

in·za·ge [ɪnzaχə] *de* communication, information; **na ~ van de stukken** sur le vu des pièces; **recht tot ~** droit de regard; **een boek ter ~ ontvangen** recevoir un livre pour information

in·za·ke [ɪnzakə] *prép (form.)* en ce qui concerne

in·zak·ken [ɪnzɑkə(n)] *vi (zakte in, i. ingezakt)* s'effondrer

in·za·me·len [ɪnzamələ(n)] *vti (zamelde in, h. ingezameld)* collecter

in·za·me·ling [ɪnzaməlɪŋ] *nf (-en)* collecte

in·za·me·lings·ac·tie [ɪnzaməlɪŋsɑksi] *nf (-s)* collecte *(quête)*

in·ze·ge·nen [ɪnzeχənə(n)] *vt (zegende in, h. ingezegend)* bénir

in·zen·den [ɪnzɛndə(n)] *vt (zond in, h. in-*

gezonden) 1 envoyer *(lettre etc.)* 2 exposer

in·zen·ding [ɪnzɛndɪŋ] *nf (-en)* envoi

in·ze·pen [ɪnzepə(n)] *vt (zeepte in, h. ingezeept)* savonner

in·zet [ɪnzɛt] *nm (-ten)* 1 ardeur, enthousiasme 2 emploi 3 *(photo, dessin)* encart 4 *(sports)* mise 5 enjeu 6 *(vente aux enchères)* mise à prix 7 *(mus.)* attaque, *(chant)* intonation

in·zet·baar [ɪnzɛdbar] *adj* ♦ **op verschillende fronten ~ zijn** pouvoir être affecté à des tâches différentes

in·zet·baar·heid [ɪnzɛdbarhɛit] *nf* ♦ **de ~ van extra personeel** la possibilité de faire appel à du personnel supplémentaire

¹**in·zet·ten** [ɪnzɛtə(n)] *vt (zette in, h. ingezet)* 1 mettre; **edelstenen ~** monter des pierres précieuses; **het ~** la pose 2 entamer, déclencher; **een aanval ~** déclencher une attaque 3 engager; **de trainer zette beide wisselspelers in** l'entraîneur a fait monter sur le terrain les deux remplaçants

²**in·zet·ten** [ɪnzɛtə(n)] *vti (zette in, h. ingezet)* 1 *(sports)* miser 2 *(vente aux enchères)* mettre à prix 3 *(mus.)* attaquer, *(chant)* entonner

³**in·zet·ten** [ɪnzɛtə(n)] *vi (zette in, h. ingezet)* commencer

⁴**in·zet·ten, zich** [ɪnzɛtə(n)] *vpr (zette zich in, h. zich ingezet)* s'engager; **zich voor een zaak ~** embrasser une cause

in·zicht [ɪnzɪχt] *het (-en)* 1 intelligence (de qqch); **hij heeft een goed ~ in de zaak** il comprend bien cette question 2 idée; **naar zijn ~** d'après lui; **tot het ~ komen, dat ...** en arriver à l'idée que ...; **verschil van ~** différence de vues 3 conscience; **tot ~ komen** prendre conscience de ses erreurs 4 *(Belg.)* intention

in·zich·te·lijk [ɪnzɪχtələk] *adj* compréhensible

in·zien [ɪnzin] *vt (zag in, h. ingezien)* 1 parcourir, consulter 2 comprendre, prendre conscience de; **een dwaling ~** s'apercevoir d'une erreur; **de noodzaak van iets ~** être conscient de la nécessité de qqch 3 considérer (comme); **hij ziet de toekomst donker in** il voit l'avenir en noir ♦ *(subst.)* **mijns ~s** à mon avis; *(subst.)* **bij nader ~ geef ik hem gelijk** réflexion faite, je lui donne raison

in·zin·king [ɪnzɪŋkɪŋ] *nf (-en)* dépression

in·zit·ten [ɪnzɪtə(n)] *vi (zat in, h. ingezeten)* ♦ *(fig.)* **dat zit er niet in** c'est peu probable; **over iets, iemand ~** s'inquiéter au sujet de qqch, d'une personne

in·zit·ten·de [ɪnzɪtəndə] *nm (-n)* passager, -ère

in·zoo·men [ɪnzumə(n)] *vi (zoomde in, h. ingezoomd)* zoomer, faire un zoom (sur)

in·zou·ten [ɪnzɑutə(n)] *vt (zoutte in, h. ingezouten)* saler

IOC [iose] *het* abrév. de *Internationaal Olympisch Comité* CIO

i.p.v. abrév. de *in plaats van* au lieu de

IQ [iky] *het (-'s)* abrév. de *intelligentiequotiënt* QI

Iraans [irans] *adj* iranien

Irak [irɑk] *het* Irak

Ira|kees [irakes] *nm (-kezen),* **Iraakse** *nf (-n)* Irakien, -ienne

Iran [irɑn] *het* Iran

Ira·ni·ër [iranijər] *nm (-s),* **Iraanse** *nf (-n)* Iranien, -ienne

iri·sco·pist [irɪskopɪst] *nm (-en)* iridologue

iro·nie [ironi] *nf* ironie; **met lichte ~** avec une pointe d'ironie

iro|nisch [ironis] *adj, adv (-nischer, meest i.)* ironique(ment)

ir·re·le·vant [ɪreləvɑnt] *adj* non pertinent

is·chi·as [ɪsχijɑs] *de* sciatique

is·la·miet [ɪslamit] *nm (-en)* musulman, -ane

is·la·mi·tisch [ɪslamitis] *adj* musulman

i.s.m. abrév. de *in samenwerking met* en collaboration avec

iso·la·tie [izola(t)si] *nf (-s)* 1 isolement 2 isolation 3 isolant

iso·leer·cel [izolersɛl] *de (-len)* 1 cachot 2 cabanon *(dans un hôpital psychiatrique)*

iso·le·ren [izolerə(n)] *vti (isoleerde, h. geïsoleerd)* isoler; **iemand ~** mettre qqn en quarantaine; *(fig.)* faire le vide autour de qqn

iso·le·ring [izolerɪŋ] *nf (-en)* → **isolatie**

Is·ra·ël [ɪsraɛl] *het* Israël

Is·ra·ë|li·ër [ɪsraelijər] *nm (-s),* **-lische** *nf (-n)* Israélien, -ienne

Is·ra·ë·lisch [ɪsraelis] *adj* israélien

IT [ite] *nf* abrév. de *informatietechnologie* TI

Ita·li|aan [itɑljan] *nm (-anen),* **-aanse** *nf (-n)* Italien, -ienne

Ita·li·aans [itɑljans] *adj* italien; **het ~** l'italien

Ita·lië [italijə] *het* Italie

item [ɑjtəm] *het (-s)* 1 point, question; **een hot ~** un sujet délicat 2 article

i.t.t. abrév. de *in tegenstelling tot* contrairement à

ivf [ivеɛf] *nf (méd.)* abrév. de *in-vitrofertilisatie* FIV

i.v.m. abrév. de *in verband met* en rapport avec, à cause de

Ivoor·kust [ivorkʌst] *de* Côte d'Ivoire

Ivo|ri·aan [ivorijan] *nm (-rianen),* **-riaanse** *nf (-n)* Ivoirien, -ienne

Ivo·ri·aans [ivorijans] *adj* ivoirien

Ivriet [ivrit] *het* hébreu (moderne)

j

ja [ja] *interj* **1** oui, si; **ja knikken** faire oui de la tête; **nee heb je, ja kun je krijgen** ça ne coûte rien de demander **2** à propos; **o ja, nu je er toch bent ...** à propos, puisque tu es là ...
jaap [jap] *nm (japen)* coupure, balafre
jaar [jar] *het (jaren)* an(née); **hij is 40 ~** il a 40 ans; **sinds ~ en dag** depuis une éternité; **ik doe het in geen honderd ~** jamais de la vie, je ne ferai cela; **~ in, ~ uit** au fil des ans; **in zijn jonge jaren** dans son jeune âge; **het lopend ~** l'année en cours; **de jaren nul** les années zéro; *(fig.)* **van, uit het ~ nul** vieux comme le monde; **om de twee ~** tous les deux ans; **de jaren des onderscheids, *(Belg.)* de jaren van verstand** l'âge de raison; **~ op ~** tous les ans; **over een ~** dans un an; **van 't ~** cette année; **in vroeger jaren** autrefois
***jaar-** [jar-] annuel
jaar|beurs [jarbørs] *de (-beurzen)* **1** foire (annuelle) **2** hall d'exposition
jaar·boek [jarbuk] *het (-en)* **1** annales **2** annuaire
jaar·gang [jarχaŋ] *nm (-en)* **1** année **2** *(plur.)* collection; **alle ~en van dat tijdschrift** la collection complète de cette revue
jaar·ge|noot [jarχenot] *nm (-noten)*, **-note** *nf (-s, -n)* camarade de promotion
jaar·ge·tij·de [jarχətɛidə] *het (-n)* saison
jaar·lijks [jarləks] *adj, adv* annuel(lement)
jaar·tal [jartɑl] *het (-len)* **1** année **2** *(plur.)* tables chronologiques; **~len leren** apprendre des dates
jaar·tel·ling [jartɛlɪŋ] *nf (-en)* ère
jaar·wis·se·ling [jarwɪsəlɪŋ] *nf (-en)* Nouvel An
[1]**jacht** [jɑχt] *het (-en)* yacht
[2]**jacht** [jɑχt] *de* chasse; **~ maken op iemand, iets** pourchasser qqn, qqch; **op ~ gaan** aller à la chasse
***jacht-** [jɑχt-] de chasse
jach·ten [jɑχtə(n)] *vi (jachtte, h. gejacht)* se dépêcher
jacht·ha·ven [jɑχthavə(n)] *de (-s)* port de plaisance
jach·tig [jɑχtəχ] *adj, adv* précipité, avec précipitation
jacht·lui·paard [jɑχtlœypart] *nm (-en)* *(zool.)* guépard
jacht·scho·tel [jɑχtsχotəl] *de (-s)* ± ragoût (aux pommes et aux pommes de terre)
jack [jɛk, [B]jɑk] *het (-s)* blouson
[1]**ja·gen** [jaχə(n)] *vt (jaagde, joeg, h. gejaagd)* **1** chasser **2** courir (après) ♦ **erdoor(heen) ~** dissiper; **die wet werd door de Tweede Kamer gejaagd** la Chambre des députés a voté cette loi trop hâtivement
[2]**ja·gen** [jaχə(n)] *vi (jaagde, joeg, h. gejaagd)* **1** chasser **2** *(+ naar)* courir (après)
ja·ger [jaχər] *nm (-s)* chasseur
jak|hals [jɑkhɑls] *nm (-halzen)* chacal
jak·ke·ren [jɑkərə(n)] *vi (jakkerde, h. gejakkerd)* **1** aller, rouler à fond de train **2** se presser
jak·kes [jɑkəs] *interj* pouah !
Ja·kob [jakɔp] ♦ **zij heeft de ware ~ gevonden** elle a trouvé l'homme de sa vie
ja·kobs·schelp [jakɔpsχɛlp] *de (-en)* coquille Saint-Jacques
ja|loers [jalurs] *adj, adv (-loerser, meest j.)* jaloux, avec jalousie
ja·loe·zie [ʒaluzi, jaluzi] *nf (-ën)* **1** jalousie **2** persienne
jam [ʒɛm, [B]jɑm] *de (-s)* confiture
Ja·mai·ca [dʒamɑjka] *het* Jamaïque
Ja·mai|caan [dʒamɑjkan] *nm (-canen)*, **-caanse** *nf (-n)* Jamaïcain, -aine
Ja·mai·caans [dʒamɑjkans] *adj* jamaïcain
jam·mer [jɑmər] *adj* dommage; **~ genoeg ...** malheureusement, ...; **dat is dan ~ voor hem** tant pis pour lui
jam·me·ren [jɑmərə(n)] *vi (jammerde, h. gejammerd)* se lamenter
jam·mer·klacht [jɑmərklɑχt] *de (-en)* lamentations
jam·mer·lijk [jɑmərlək] *adj, adv* lamentable(ment)
Jan [jɑn] Jean; **~ en alleman** tout le monde; **~ Modaal** les revenus moyens; **~ Rap en zijn maat** la populace; **~ met de pet** l'homme de la rue ♦ **boven ~ zijn** s'en être tiré
jan·boel [jɑmbul] *nm* fouillis
jan·boe·ren·fluit·jes [jɑmburə(n)flœycəs] ♦ **op zijn ~** à la va comme je te pousse
ja·net [ʒanɛt] *nm (-ten) (Belg.; fam.)* tapette
jan·ken [jɑŋkə(n)] *vi (jankte, h. gejankt)* **1** *(loup, chien)* hurler **2** piailler **3** pleurnicher **4** *(mus.)* pleurer
Jan Klaas·sen [jɑŋklasə(n)] *nm* Guignol
jan·tje-van-lei·den [jɑncəvɑnlɛidə(n)] *het* ♦ **zich met een ~ ergens van afmaken** répondre par des pirouettes, faire qqch par-dessus la jambe
ja·nu·a·ri [jɑnywari] *nm* janvier
Ja·pan [japɑn] *het* Japon
Ja·pan·ner [japɑnər] *nm (-s)*, **Japanse** *nf (-n)* Japonais, -aise

Ja·pans [japɑns] *adj* japonais; **het ~** le japonais; **~ papier** papier japon
ja·pon [japɔn] *nm (-nen)* robe
jap·pen·kamp [jɑpə(n)kɑmp] *het (-en)* camp de concentration japonais
ja·ren·lang [jarə(n)lɑŋ] *adj, adv* de plusieurs années, pendant des années
ja·rig [jarəχ] *adj* qui fête son anniversaire; **(als dat gebeurt) dan ben je nog niet ~** (si ça se produit) tu ne vas pas être à la fête; **~ zijn** fêter son anniversaire
jas [jɑs] *de (-sen)* **1** manteau; **iemand aan zijn ~(je) trekken** tirer qqn par la manche **2** veston
jas·be·scher·mer [jɑzbəsχɛrmər] *nm (-s)* filet de roue arrière
jas·mijn [jɑsmɛin] *de (-en)* jasmin
jas·ses [jɑsəs] *interj (fam.)* berk !
jat·ten [jɑtə(n)] *vti (jatte, h. gejat) (fam.)* chiper
ja·wel [jawɛl] *interj* si !
ja·woord [jawort] *het* (grand) oui; **iemand het ~ geven** prendre qqn pour époux, épouse
jazz·fes·ti·val [dʒɛːsfɛstivɑl] *het (-s)* festival de jazz
[1]**je** [jə] *pers* tu, te, toi
[2]**je** [jə] *indéf* on; **zoiets doe je niet** ça ne se fait pas
[3]**je** [jə] *poss* **1** ton, ta, tes **2** votre, vos ♦ **dat is je van het** c'est le fin du fin
jee [je] *interj (fam.)* ♦ **o ~, tijd zat!** oh là, on a tout le temps !; **~tje!** Mon Dieu !
je·gens [jeχə(n)s] *prép (form.)* envers
Je·men [jemə(n)] *het* Yémen
Je·me|niet [jemənit] *nm (-nieten)*, **-nitische** *nf (-n)* Yéménite
Je·me·ni·tisch [jemənitis] *adj* yéménite
je·ne·ver [jənevər] *nm (-s)* genièvre
je·ne·ver·bes [jənevərbɛs] *de (-sen)* **1** baie de genièvre **2** genévrier
jen·ge·len [jɛŋələ(n)] *vi (jengelde, h. gejengeld)* pleurnicher
jen·nen [jɛnə(n)] *vt (jende, h. gejend) (fam.)* enquiquiner
je·re·mi·ë·ren [jerəmijerə(n)] *vi (jeremieerde, h. gejeremieerd)* se lamenter
Jet [jɛt] ♦ **de jarige ~** celui, celle qui fête son anniversaire; **geef hem van jet(je)!** flanque-lui une raclée !
jeu [ʒø] *nm* ♦ **iets met veel ~ vertellen** raconter qqch avec truculence; **de ~ is eraf** le charme s'est envolé
jeugd [jøχt] *de* **1** jeunesse; **in zijn prille ~** dans sa plus tendre enfance; *(prov)* **wie de ~ heeft, heeft de toekomst** ⟨*l'avenir est aux jeunes*⟩ **2** jeunes
jeugd·her·berg [jøχthɛrbɛrχ] *de (-en)* auberge de (la) jeunesse
jeugd·her·in·ne·ring [jøχthɛrɪnərɪŋ] *nf (-en)* souvenir d'enfance
jeug·dig [jøχdəχ] *adj, adv* (de façon) jeune; **~ enthousiasme** ardeur juvénile
jeugd|lei·der [jøχtlɛidər] *nm (-s)*, **-leidster** *nf (-s)* animateur, -trice (de jeunesse)
jeugd·puist·jes [jøχtpœyʃəs, [B]jøχtpœyscəs] *plur* acné juvénile
jeugd·sen·ti·ment [jøχtsɛntimɛnt] *het (-en)* souvenirs de jeunesse
jeuk [jøk] *nm* démangeaison; **ik heb ~ aan mijn been** ma jambe me démange; **hij heeft ~** ça le, lui démange; *(fig.)* **ik krijg er ~ van dat ...** cela me hérisse de voir que ...
jeu·ken [jøkə(n)] *vi (jeukte, h. gejeukt)* démanger
je·zelf [jəzɛlf] *pers* toi(-même), vous(-même), soi(-même)
je·zu·ïet [jezywit] *nm (-en)* jésuite
je·zus [jezʌs] *interj (juron)* Jésus !; **~ (christus), wat een troep!** Grand Dieu, quelle pagaille !
jicht [jɪχt] *de* goutte
Jid·disch [jɪdis] *adj* yiddish
jij [jɛi] *pers* tu, toi, tu ...
jij·zelf [jɛizɛlf] *pers* toi-même
jl. [jɔŋstledə(n)] abrév. de *jongstleden* dernier
Job [jɔp] *nm* ♦ **de jarige ~** ± celui, celle dont c'est l'anniversaire
jobs·tij·ding [jɔpstɛidɪŋ] *nf (-en)* nouvelle désastreuse
job·stu|dent [[B]ʒɔpstydɛnt] *nm (-en)*, **-dente** *nf (-s, -n) (Belg.)* étudiant(e) salarié(e), *(Belg.)* jobiste
joch [jɔχ] *het*, **jochie** *nm (-s) (fam.)* gosse
jo·de·len [jodələ(n)] *vi (jodelde, h. gejodeld)* jodler
jo·den·dom [jodəndɔm] *het* **1** peuple juif **2** judaïsme
Jo·den·haat [jodə(n)hat] *nm* antisémitisme
jo·di·um [jodijʌm] *het (méd.)* iode
joeg [juχ], **joegen** → **jagen, najagen, wegjagen** *(etc.)*
Joe·go·sla·vië [juχoslavijə] *het* Yougoslavie
joe·kel [jukəl] *nm (-s) (fam.)* mastodonte; **een ~ van een vis** un poisson énorme
joe·len [julə(n)] *vi (joelde, h. gejoeld)* faire du boucan
joe·pie [jupi] *interj* youp !
jo·fel [jofəl] *adj, adv (fam.)* chouette(ment)
jog·gen [dʒɔgə(n), [B]jɔχə(n)] *vi (jogde, h. gejogd)* faire du jogging
joh [jɔ] *interj (fam.)* dis donc !; **kop op, ~!** allez, ne t'en fais pas !
jo·jo [jojo] *nm (-'s)* yo-yo®
joke [dʒok] *nm (-s)* ♦ **practical ~** (une) farce
jo·ker [jokər] *nm (-s)* joker ♦ **voor ~ staan** ne pas avoir l'air malin; **iemand voor ~ zetten** ridiculiser qqn
jo·ke·ren [jokərə(n)] *vi (jokerde, h. gejokerd)* jouer au joker
jok·ke·brok [jɔkəbrɔk] *nm (-ken) (enf.)* (petit(e)) menteur, -euse
jok·ken [jɔkə(n)] *vi (jokte, h. gejokt) (enf.)* mentir
jo·lig [joləχ] *adj, adv* gai(ement)
[1]**jong** [jɔŋ] *het (-en)* petit

[2]**jong** [jɔŋ] *adj* **1** jeune; **de ~ste gebeurtenissen** les évènements les plus récents; *(prov)* **~ geleerd, oud gedaan** ce qu'on apprend au berceau dure jusqu'au tombeau; **hij is twee jaar ~er dan ik** il a deux ans de moins que moi; **er ~ uitzien** faire jeune; **van ~s af** dès l'enfance **2** nouveau

jon·ge [jɔŋə] *interj* eh ben dis donc !

jon·ge·da·me [jɔŋədamə] *nf (-s) (form.)* demoiselle

jon·ge|heer [jɔŋəher] *nm (-heren)* **1** *(form.)* jeune homme **2** ± quéquette

jon·ge·lui [jɔŋəlœy] *plur* jeunes gens

jon·ge·man [jɔŋəman] *nm (-nen)* jeune homme

[1]**jon·gen** [jɔŋə(n)] *nm (-s)* **1** garçon; **daar is hij maar een kleine ~ bij** à côté d'eux, il ne fait pas le poids; *(iron.)* **een lieve ~** un beau numéro **2** *(fam.)* gars; **het is een keiharde ~** c'est un dur de dur; **kom, ouwe ~** allons, mon vieux; **zware ~s** les gars du milieu

[2]**jon·gen** [jɔŋə(n)] *vi (jongde, h. gejongd)* faire des petits

jon·gens·ach|tig [jɔŋə(n)saχtəχ] *adj, adv (-tiger, meest j.)* de, d'un garçon, comme un garçon

jon·gens·gek [jɔŋə(n)sχɛk] *nf (-ken)* dragueuse

jon·ge·re [jɔŋərə] *nm (-n)* jeune

jon·ge·ren·werk [jɔŋərə(n)wɛrk] *het* activités sociales en faveur de la jeunesse

jong·ge·huwd [jɔŋχəhywt] *adj* qui vient de se marier; **de ~en** les jeunes mariés

jong·le·ren [jɔŋlerə(n)] *vi (jongleerde, h. gejongleerd)* jongler

jongst·le·den [jɔŋstledə(n)] *adj* dernier

jon·ker [jɔŋkər] *nm (-s)* gentilhomme (campagnard)

jon·kie [jɔŋki] *het (-s) (fam.)* petit, -ite

jonk·vrouw [jɔŋkfrau] *nf (-en)* demoiselle

jood [jot] *nm (joden),* **jodin** *nf (-nen)* Juif, Juive

Jood [jot] *nm (Joden),* **Jodin** *nf (-nen)* Juif, Juive

joods [jots] *adj, adv* juif

Joods [jots] *adj, adv* juif

Joost [jost] ♦ **dat mag ~ weten** qu'est-ce que j'en sais !

Jor·daans [jɔrdans] *adj* jordanien

Jor·da·nië [jɔrdanijə] *het* Jordanie

Jor|da·ni·ër [jɔrdanijər] *nm (-s),* **-daanse** *nf (-n)* Jordanien, -ienne

jo·ta [jota] *de (-'s)* ♦ **hij snapt er geen ~ van** il n'y comprend pas un traître mot

jou [jau] *pers* te, t', toi; **een kabaal van heb ik ~ daar** un boucan de tous les diables

jour|naal [ʒurnal] *het (-nalen)* **1** actualités **2** journal (de bord) **3** *(comptabilité)* livre d'ordre

jour·na|list [ʒurnalɪst] *nm (-en),* **-liste** *nf (-s, -n)* journaliste

jouw [jau] *poss* **1** ton, ta, tes **2** le tien, la tienne

jou·wen [jauwə(n)] *vi (jouwde, h. gejouwd)* huer

joy·stick [dʒɔjstɪk] *de (-s) (inform.)* manche à balai, manette de jeux

jr. [jynijɔr] abrév. de *junior* fils

ju·be·len [jybələ(n)] *vi (jubelde, h. gejubeld)* **1** pousser des cris d'allégresse **2** exulter

ju·bel·stem·ming [jybəlstɛmɪŋ] *nf* ambiance de liesse

ju·bel·te·nen [jybəltenə(n)] *plur* orteils retroussés

ju·bi·la|ris [jybilarɪs] *nm (-sen),* **-resse** *nf (-n)* héros de la fête

ju·bi·le·ren [jybilerə(n)] *vi (jubileerde, h. gejubileerd)* célébrer un anniversaire, un jubilé

ju·bi·le·um [jybilejʌm] *het (jubilea)* anniversaire, jubilé

jucht·leer [jʌχtler] *het* cuir de Russie

ju·das [jydɑs] *nm (-sen)* **1** Judas **2** scélérat, -ate

ju·das·pen·ning [jydɑspɛnɪŋ] *nm (-en)* monnaie-du-pape

juf [jʌf] *nf (-s, -fen) (fam.)* maîtresse (d'école)

juf·frouw [jʌfrau] *nf (-en)* **1** demoiselle, Mademoiselle **2** maîtresse (d'école)

ju·gend·stil [jugəntʃtil] *nm* Art nouveau

jui·chen [jœyχə(n)] *vi (juichte, h. gejuicht)* pousser des cris de joie

juist [jœyst] *adj, adv (juister, meest j.)* **1** juste(ment); **de ~e woorden weten te vinden** savoir trouver les mots qu'il faut **2** correct(ement) **3** venir de; **zij is ~ gearriveerd** elle vient d'arriver **4** justement; **~ van pas komen** tomber à point; **~ op het moment dat** au moment précis où

juk [jʌk] *het (-ken)* joug; **het ~ afwerpen, afschudden** secouer le joug

juk·been [jʌgben] *het (-deren)* pommette

ju·li [jyli] *nm* juillet

[1]**jul·lie** [jʌli] *pers* vous (autres)

[2]**jul·lie** [jʌli] *poss* votre, vos

ju·ni [jyni] *nm* juin

junk [dʒʌŋk] *nm (-s)* camé

junk·food [dʒʌŋkfu:t] *het* malbouffe

ju·ri·disch [jyridis] *adj, adv* juridique(ment)

ju·ris·dic·tie [jyrɪzdɪksi] *nf (-s)* juridiction

ju·ris·pru·den·tie [jyrɪsprydɛn(t)si] *nf* jurisprudence

jurk [jʌrk] *de (-en)* robe

jus [ʒy] *nm* jus de viande

jus·kom [ʒykɔm] *de (-men)* saucière

jus·ti·tie [jysti(t)si] *nf* justice

jus·ti·ti·eel [jysti(t)ʃel] *adj* judiciaire

Jut [jʌt] ♦ **~ en Jul** ± un couple mal assorti

jut·ten [jʌtə(n)] *vti (jutte, h. gejut)* piller (des épaves)

ju·weel [jywel] *het (juwelen)* bijou ♦ **dit schilderij is een ~** ce tableau est une merveille

ju·we|lier [jywəlir] *nm (-s),* **-lierster** *nf (-s)* bijoutier, -ière

k

k [kilo] abrév. de *kilo* k
kaai·man [kajman] *nm (-nen)* caïman
kaak [kak] *de (kaken)* **1** mâchoire **2** joue **3** *(zool.)* branchie ♦ **aan de ~ stellen** dénoncer
kaak·been [kagben] *het (-deren)* (os) maxillaire
kaak·chi·rurg [kakʃirʌrχ] *nm (-en)* chirurgien odontostomatologue
kaal [kal] *adj (kaler, kaalst)* **1** chauve, tondu, sans poils; **~ worden** perdre ses cheveux **2** nu **3** nu, découvert; **een kale boterham** du pain sec; **de kale huur** le loyer sans les charges ♦ **iemand ~ plukken** plumer qqn
kaap [kap] *de (kapen)* cap
kaars [kars] *de (-en)* bougie, *(relig.)* cierge
kaars·licht [karslɪχt] *het* lumière d'une bougie; **bij ~ dineren** dîner aux chandelles
kaars·vet [karsfɛt] *het* suif
kaart [kart] *de (-en)* **1** carte **2** carte; *(sports)* **de rode ~** le carton rouge **3** billet **4** plan; **in ~ brengen** dresser la carte de; *(fig.)* faire un tour d'horizon (de) **5** menu ♦ **dat is doorgestoken ~** c'est un coup monté; **de ~en zijn geschud** les jeux sont faits; **dat is een haalbare ~** c'est (tout à fait) réalisable; **de ~en liggen nu anders** le vent a tourné; **open ~ spelen** jouer cartes sur table; **zijn ~en voor (tegen) de borst houden** ne pas montrer ses cartes, son jeu; **van de ~ zijn** avoir perdu les pédales
kaar·ten [kartə(n)] *vi (kaartte, h. gekaart)* jouer aux cartes
kaar·ten·bak [kartə(n)bɑk] *nm (-ken)* fichier
kaart·je [karcə] *het (-s)* **1** billet; **een tweedeklaskaartje** un billet de seconde (classe) **2** fiche ♦ **een ~ leggen** faire une partie de cartes
kaart·sys|teem [kartsistem] *het (-temen)* fichier; **gegevens in een ~ opnemen** mettre des données en fiche
kaart·ver·koop [kartfərkop] *nm* vente des billets
kaas [kas] *nm (kazen)* fromage; **belegen ~** fromage demi-vieux; **zich (niet) de ~ van het brood laten eten** (ne pas) se laisser marcher sur les pieds; *(Belg.)* **platte ~** fromage blanc ♦ **ergens geen ~ van gegeten hebben** ne pas s'y connaître en, dans qqch
***kaas-** [kas-] de, au, à fromage
kaas·boer [kazbur] *nm (-en)* **1** marchand de fromages **2** fromager
kaas·kop [kaskɔp] *nm (-pen) (péj.)* ± batave
kaas·plank [kasplɑŋk] *de (-en)* **1** planche à fromage **2** plateau de fromages
kaas|schaaf [kasχaf] *de (-schaven)* coupe-tranche à fromage
[1]kaat·sen [katsə(n)] *vi (kaatste, h. gekaatst) (sports)* **1** jouer à la paume **2** rebondir
[2]kaat·sen [katsə(n)] *vt (kaatste, h. gekaatst)* renvoyer *(lumière, son)*
ka·baal [kabal] *het* vacarme
kab·be·len [kɑbələ(n)] *vi (kabbelde, h. gekabbeld)* clapoter
ka·bel [kabəl] *nm (-s)* câble
ka·bel|baan [kabəlban] *de (-banen)* téléférique
ka·bel·brug [kabəlbrʌχ] *de (-gen)* pont suspendu
ka·bel·ex·ploi·tant [kabəlɛksplwatɑnt] *nm (-en) (com.)* câblodistributeur
ka·bel·jauw [kabəljau] *nm (-en)* cabillaud
ka·bel·net [kabəlnɛt] *het (-ten)* **1** *(com.)* réseau câblé; **op het ~ aansluiten** câbler **2** réseau électrique
ka·bi·net [kabinɛt] *het (-ten)* cabinet, *(pol., aussi)* gouvernement
ka·bi·nets·be·raad [kabinɛtsbərat] *het* conseil de ministres
ka·bi·nets|cri·sis [kabinɛtskrizɪs] *nf (-crises)* **1** chute du gouvernement **2** crise ministérielle
ka·bou·ter [kabautər] *nm (-s)* **1** nain; **dat hebben de ~tjes gedaan** ça s'est fait tout seul **2** lutin **3** *(scoutisme)* jeannette
ka·chel [kɑχəl] *de (-s)* poêle
ka·de [kadə] *de (-n)* quai
ka·der [kadər] *het (-s)* **1** cadre, encadrement; **in het ~ van** dans le cadre de **2** cadres *(personnel)*
ka·der|lid [kadərlɪt] *het (-leden)* cadre *(personne)*
ka·det·je [kadɛcə] *het (-s)* petit pain (au lait)
kaf [kɑf] *het* **1** balle (du blé); **het ~ van het koren scheiden** séparer le bon grain de l'ivraie; **er is veel ~ onder het koren** il y a plus de paille que de grain **2** cosse
kaf·fer [kɑfər] *nm (-s) (fam.)* **1** mufle, plouc **2** crétin, -ine
kaf·fe·ren [kɑfərə(n)] *vi (kafferde, h. gekafferd)* fulminer
kaft [kɑft] *het/de (-en)* couverture *(d'un livre, cahier)*
kaf·ten [kɑftə(n)] *vt (kaftte, h. gekaft)* couvrir *(livre)*

ka·juit [kajœyt] *de (-en)* cabine *(d'un navire)*
kak [kαk] *nm (fam.)* **1** merde **2** chiqué; **kale, kouwe ~** du chiqué
ka·kel·bont [kakəlbɔnt] *adj* bariolé
ka·ke·len [kakələ(n)] *vi (kakelde, h. gekakeld)* caqueter
ka·kel·vers [kakəlvεrs] *adj* du jour *(œuf)*
kak·ken [kαkə(n)] *vti (kakte, h. gekakt) (fam.)* crotter, faire caca; **in zijn broek ~** trembler dans sa culotte
kak·ker·lak [kαkərlαk] *nm (-ken)* cancrelat
ka·len·der [kalεndər] *nm (-s)* calendrier
ka·len·der|jaar [kalεndərjar] *het (-jaren)* année civile
kalf [kαlf] *het (kalveren)* **1** veau; *(prov)* **als het ~ verdronken is, dempt men de put** il est trop tard pour fermer l'écurie quand le cheval s'est sauvé, après la mort, le médecin **2** benêt
***kalfs-** [kαlfs-] de veau
ka·li·ber [kalibər] *het (-s)* **1** calibre **2** acabit; **zij zijn van hetzelfde ~** ils sont de la même trempe **3** envergure; **iemand van zijn ~** qqn de son envergure
ka·li|faat [kalifat] *het (-faten)* califat
ka·li·mijn [kalimεin] *de (-en)* mine de potasse
ka·li·um [kalijʌm] *het* potassium
kalk [kαlk] *nm* **1** chaux **2** mortier **3** plâtre **4** plâtres, *(en extérieur)* crépi **5** calcaire **6** calcium
kalk·aan·slag [kαlkanslαχ] *nm* tartre
kal·ken [kαlkə(n)] *vt (kalkte, h. gekalkt)* **1** enduire de chaux, blanchir à la chaux, plâtrer **2** gribouiller
kal·koen [kαlkun] *nm (-en)* dindon, *(cuis.)* dinde
kalm [kαlm] *adj, adv* calme(ment); **~ aan een beetje!** oh là, doucement !; **~ blijven** garder son calme; **~e dagen** jours paisibles; **een ~ gangetje** une petite allure; **~ worden** se calmer
[1]**kal·me·ren** [kαlmerə(n)] *vi (kalmeerde, i. gekalmeerd)* se calmer
[2]**kal·me·ren** [kαlmerə(n)] *vt (kalmeerde, h. gekalmeerd)* calmer
kal·me·rings·mid·del [kαlmerɪŋsmɪdəl] *het (-en)* calmant
kalm·pjes [kαlmpjəs] *adv* **1** calmement; **~ aan!** doucement ! **2** paisiblement
kalm·te [kαlmtə] *nf* calme
kal·ver·lief·de [kαlvərlivdə] *nf (-s)* (premier) amour d'adolescent
kam [kαm] *nm (-men)* **1** peigne **2** crête ♦ **alles, iedereen over één ~ scheren** mettre tout, tout le monde dans le même sac
ka·meel [kamel] *nm (kamelen)* chameau
ka·mer [kamər] *de (-s)* **1** pièce **2** (salle de) séjour **3** chambre *(qu'on loue; association)*; **de ~ van koophandel** la chambre de commerce; **op zijn ~** dans sa chambre; **hij woont op ~s** il habite une chambre (garnie) **4** *(pol. et jur.)* Chambre; **de Eerste ~** le Sénat; **de ~ ontbinden** *(en France)* dissoudre l'Assemblée nationale; *(en Belgique)* la Chambre des Représentants; **de Tweede ~** *(en France)* l'Assemblée nationale; *(en Belgique)* la Chambre des Représentants; *(Belg.)* **de Kamer van Volksvertegenwoordigers** la Chambre des Représentants ♦ **de ~ van het hart** le ventricule
ka·me|raad [kamərat] *nm (-raden)* camarade
ka·me·raad·schap [kamərαtsχαp] *nf* camaraderie
ka·me·raad·schap·pe·lijk [kamərαtsχαpələk] *adj, adv* de camarades, en camarade(s)
ka·mer·breed [kamərbret] *adj* ♦ **~ tapijt** moquette grande largeur; *(Belg.)* du tapis-plain
ka·mer·de·bat [kamərdəbαt] *het (-ten)* débat parlementaire
ka·mer·frac·tie [kamərfrαksi] *nf (-s)* groupe parlementaire
ka·mer·ge|noot [kamərχənot] *nm (-noten)*, **-note** *nf (-n)* compagnon, camarade de chambre, *(milit.)* camarade de chambrée
ka·mer|lid [kamərlɪt] *het (-leden)* parlementaire, député
Ka·me·roen [kamərun] *het* Cameroun
Ka·me|roe·ner [kamərunər] *nm (-s)*, **-roense** *nf (-n)* Camerounais, -aise
Ka·me·roens [kameruns] *adj* camerounais
ka·mer·scherm [kamərsχεrm] *het (-en)* paravent
ka·mer·ver·kie·zin·gen [kamərvərkizɪŋə(n)] *plur* élections législatives
ka·mer·ze·tel [kamərzetəl] *nm (-s) (pol.)* siège
ka·mil·le [kamɪlə] *de* camomille
kam·men [kαmə(n)] *vt (kamde, h. gekamd)* peigner
kamp [kαmp] *het (-en)* **1** camp, campement, parti; **zich in hetzelfde ~ scharen** se mettre dans le camp de qqn **2** colonie (de vacances); **op ~ gaan** partir en colo
***kam·peer-** [kαmper-] de camping
kam·peer·der [kαmperdər] *nm (-s)* campeur, -euse
kam·peer·wa·gen [kαmperwaχə(n)] *nm (-s)* caravane pliante
kam·pen [kαmpə(n)] *vi (kampte, h. gekampt) (form.)* lutter; **te ~ hebben met moeilijkheden** devoir faire face à des difficultés
kam·pe·ren [kαmperə(n)] *vi (kampeerde, h. gekampeerd)* faire du camping
kam·per·foe·lie [kαmpərfuli] *de (-s)* chèvrefeuille
kam|pi·oen [kαmpijun] *nm (-en)*, **-pioene** *nf (-n, -s)* champion, -onne
kam·pi·oen·schap [kαmpijunsχαp] *het (-pen)* **1** championnat; **aan een ~ meedoen** concourir dans un championnat **2** titre de champion
kan [kαn] *de (-nen)* pot; *(fig.)* **de zaak is in**

~nen en kruiken l'affaire est dans le sac; *(prov)* wie het onderste uit de ~ wil hebben, krijgt het lid op de neus on hasarde de perdre en voulant trop gagner, qui veut tout n'a rien

ka·naal [kanal] *het (kanalen)* **1** canal, voie d'eau **2** détroit maritime; het Kanaal la Manche **3** chaîne de radio, de télévision **4** conduit *(aussi méd.)*

ka·na·li·se·ren [kanalizerə(n)] *vt (kanaliseerde, h. gekanaliseerd)* canaliser

kan·de·laar [kandəlar] *nm (-s)* chandelier, candélabre

kan·di|daat [kandidat] *nm (-daten)*, **-date** *nf (-s)* candidat, -ate, aspirant; zijn er nog kandidaten om mee te rijden? est-ce qu'il y a encore des amateurs à emmener ?; kandidaten stellen proposer des candidats; zich ~ stellen poser sa candidature

kan·di·daats [kandidats] *het*, **kandidaatsexamen** *het (-s, -examina)* ± licence

kan·di·daat·stel·ling [kandidatstɛlɪŋ] *nf (-en)* (déclaration de) candidature

kan·di·da|tuur [kandidatyr] *nf (-turen)* candidature; *(Belg.)* in eerste ~ en première candidature; *(Belg.)* zijn ~ stellen poser sa candidature

kan·dij [kandɛi] *de* (sucre) candi

ka·neel [kanel] *het/de* cannelle

kan·jer [kaŋər] *nm (-s)* ♦ een ~ van een vis un poisson énorme; het is een ~ van een wijf c'est un vrai gendarme; wat een ~ is die Hans, hè! c'est un beau mec ce Hans, hein !

kan·ker [kaŋkər] *nm* cancer

kan·ke·raar [kaŋkərar] *nm (-s)* râleur, -euse

kan·ke·ren [kaŋkərə(n)] *vi (kankerde, h. gekankerd)* râler, *(Belg.)* roter

kan·ker·ver·wek·kend [kaŋkərvərwɛkənt] *adj* cancérogène

ka·no [kano] *nm (-'s)* **1** canoë **2** canot **3** barquette

ka·no·ën [kanowə(n)] *vi (kanode, h. gekanood)* faire du canoë

ka·non [kanɔn] *het (-nen)* canon; een ~ afvuren tirer le canon

ka·non·schot [kanɔnsχɔt] *het (-en)* coup de canon

kans [kans] *de (-en)* **1** chance, possibilité, risque; je hebt alle ~ dat ... neuf chances sur dix que ...; de ~ is groot dat ... il y a toutes les chances que ...; de ~en keren la chance tourne; de ~ krijgen te ... avoir l'occasion de ...; de ~ niet krijgen te ... ne pas avoir la possibilité de ...; de ~ lopen courir le risque (de); ~ maken op avoir des chances de; er is ~ op regen il risque de pleuvoir; ik zie er geen ~ toe je ne peux pas (le faire); ~ zien om trouver moyen de **2** occasion; grijp je ~! tentez votre chance !; de ~ is verkeken l'occasion est perdue; geen schijn van ~ pas l'ombre d'une chance

kans·arm [kansarm] *adj* défavorisé

kans·be·re·ke·ning [kanzbərekənɪŋ] *nf (-en)* calcul des probabilités

kan·sel [kansəl] *nm (-s)* chaire

kan·se·lier [kansəlir] *nm (-s)* chancelier

kans·heb·ber [kanshɛbər] *nm (-s)* favori

kans·loos [kanslos] *adj, adv* qui n'a aucune chance de réussite

kans·rijk [kansrɛik] *adj* **1** ayant des chances de **2** favorisé

kans·spel [kanspɛl] *het (-en)* jeu de hasard

kant [kant] *nm (-en)* **1** côté; aan de andere ~ d'autre part; aan iemands ~ staan être du côté de qqn; aan de ene ~ ..., aan de andere ~ d'un côté ... de l'autre; een goede ~ hebben avoir du bon; zich van zijn goede, slechte ~ laten zien se montrer à son avantage, désavantage; de scherpe ~en van iets afnemen arrondir les angles; iemands sterke ~en les (points) forts de qqn; van uw ~ de votre côté; alles van de zonnige ~ bekijken voir tout en rose **2** dentelle **3** bord, rive; aan de ~! du large !; dat raakt ~ noch wal cela n'a ni rime ni raison **4** *(d'une page)* marge **5** direction; we kunnen nog alle ~en op on peut encore faire ce qu'on veut; geen ~ meer op kunnen être coincé; de verkeerde ~ opgaan se tromper de chemin; *(fig.)* tourner mal ♦ iets aan ~ maken ranger qqch; een zaak aan de ~ doen vendre une affaire; zet je zorgen aan de ~ oublie tes soucis; *(fam.)* dat klopt van geen ~en ça n'a ni queue ni tête; hij is aan de kleine ~ il est plutôt petit; aan de late ~ sur le tard; wij van onze ~ quant à nous; dat kan ik niet over mijn ~ laten gaan je ne peux pas accepter cela; zich van ~ maken se suicider; iemand van ~ maken liquider qqn; van de verkeerde ~ zijn en être

kan|teel [kantel] *nm (-telen)* créneau

kan·te·len [kantələ(n)] *vti (kantelde, h./i. gekanteld)* basculer

kan·ten [kantə(n)] *adj* en dentelle

kant-en-klaar [kantɛŋklar] *adj* tout fait

kan·ti·ne [kantinə] *nf (-s)* **1** cantine **2** buvette **3** bar

kant·je [kancə] *het (-s)* page ♦ er de ~s aflopen ne pas se fouler; het was ~ boord il s'en est fallu de peu; dat is op het ~ cela frise l'inacceptable; dat is op het ~ af c'est tout juste

kant·klos·sen [kantklɔsə(n)] *vb* faire de la dentelle aux fuseaux

kant·lijn [kantlɛin] *de (-en)* (ligne de la) marge

kan·ton·ge·recht [kantɔŋχərɛχt] *het (-en)* tribunal d'instance

kan|toor [kantor] *het (-toren)* bureau, *(avocat)* cabinet, *(notaire, huissier, avoué)* étude; hij heeft een druk ~ il a une clientèle importante; naar ~ gaan aller au bureau; op een ~ werken travailler dans un bureau; hij is op zijn ~ il est à son bureau

***kan·toor-** [kantor-] de bureau
kan·toor·boek·han·del [kantorbukhandəl] *nm (-s)* papeterie
kan·toor|ge·bouw [kantorχəbau] *het (-en),* **-pand** *het (-en)* immeuble de bureaux
kan·toor·ruim·te [kantorœymtə] *nf (-n, -s)* bureau(x) *(lieu)*
kant·te·ke·ning [kantekənɪŋ] *nf (-en)* **1** remarque **2** annotation
ka·nun·nik [kanʌnɪk] *nm (-en)* chanoine
kap [kap] *de (-pen)* **1** coiffe **2** capuchon, capuce **3** toiture; **twee (huizen) onder één ~** maisons jumelées **4** abat-jour **5** *(d'une voiture)* capote **6** casque, sèche-cheveux ♦ *(Belg.)* **op iemands ~ leven** vivre aux crochets de qqn; *(Belg.)* **op iemands ~ zitten** en vouloir à qqn
ka·pel [kapɛl] *de (-len)* chapelle
ka·pe·laan [kapəlan] *nm (-s)* vicaire (de paroisse)
ka·pen [kapə(n)] *vt (kaapte, h. gekaapt)* détourner *(avion, bateau)*
ka·per [kapər] *nm (-s)* **1** pirate de l'air, terroriste **2** *(hist.)* corsaire ♦ **er zijn ~s op de kust** nous ne sommes pas (les) seuls sur cette affaire
ka·ping [kapɪŋ] *nf (-en)* détournement, attaque (et détention d'otages)
[1]**ka·pi|taal** [kapital] *het (-talen)* **1** capital, capitaux, *(comptabilité)* avoir; **het benodigde ~ bezitten om iets te doen** posséder les fonds nécessaires pour faire qqch; **een bedrijf met gemengd ~** une entreprise mixte **2** fortune
[2]**ka·pi|taal** [kapital] *de (-talen)* capitale, majuscule
[3]**ka·pi·taal** [kapital] *adj* **1** capital, important **2** excellent
***ka·pi·taal-** [kapital-] de capitaux
ka·pi·taal·goe·de·ren [kapitalχudərə(n)] *plur* biens d'équipement
ka·pi·taal·krach·tig [kapitalkrɑχtəχ] *adj* nanti, bien en fonds; **hij is niet ~ genoeg** il ne dispose pas des moyens financiers nécessaires
ka·pi·taal·markt [kapitalmarkt] *de* marché financier
ka·pi|teel [kapitel] *het (-telen) (archit.)* chapiteau
ka·pi·tein [kapitɛin] *nm (-s)* capitaine, commandant; **~ bij de koopvaardij** capitaine marchand; **er kunnen geen twee ~s zijn op een schip** il ne peut pas y avoir deux maîtres à bord
ka·pit·tel [kapɪtəl] *het (-s)* chapitre *(tous les sens)*
ka·pit·te·len [kapɪtələ(n)] *vt (kapittelde, h. gekapitteld)* chapitrer
kap·je [kapjə] *het (-s)* **1** entame **2** capuche **3** masque *(narcose)*
ka·pot [kapɔt] *adj* **1** brisé, cassé, abîmé, déchiré; **niet ~ te krijgen** incassable; inusable **2** détraqué, en panne **3** *(fam.)* crevé, éreinté; **hij is niet ~ te krijgen** il est increvable **4** catastrophé; **hij was ~ van dat ongeluk** cet accident l'a bouleversé **5** emballé; **ik ben er niet ~ van** ça ne m'emballe pas
ka·pot·gaan [kapɔtχan] *vi (ging kapot, i. kapotgegaan)* **1** se casser, s'abîmer, tomber en panne **2** *(fam.)* crever
ka·pot·je [kapɔcə] *het (-s) (fam.)* capote (anglaise)
ka·pot·ma·ken [kapɔtmakə(n)] *vt (maakte kapot, h. kapotgemaakt)* **1** casser, abîmer, déchirer; **verdriet maakt iemand kapot** le chagrin démolit qqn **2** *(fam.; tuer)* refroidir
kap·pen [kapə(n)] *vti (kapte, h. gekapt)* **1** coiffer **2** couper *(arbres)* **3** découper ♦ *(fam.)* **ik kap ermee** j'en ai assez; *(fam.)* **met iemand ~** rompre avec qqn; **~ met die onzin!** arrête(z) ces bêtises !; *(fam.)* **~ nou!** ça suffit !
kap·per [kapər] *nm (-s),* **kapster** *nf (-s)* coiffeur, -euse
kap·sa·lon [kapsalɔn] *het/de (-s)* salon de coiffure
kap·sei·zen [kapsɛizə(n)] *vi (kapseisde, i. gekapseisd)* chavirer
kap·sel [kapsəl] *het (-s)* **1** coiffure **2** *(biol.)* capsule
kap·so·nes [kapsonəs] *plur (fam.)* chichis; **~ hebben** se croire sorti de la cuisse de Jupiter
kap·stok [kapstɔk] *nm (-ken)* **1** portemanteau **2** *(fig.)* point de départ
kapt. [kapitɛin] abrév. de *kapitein* cpt.
ka·pu·cij·ner [kapysɛinər] *nm (-s)* (gros) pois gris
kar [kar] *de (-ren)* **1** charrette **2** *(fam.)* bagnole
ka·raf [karaf] *de (-fen)* carafe, pichet
ka·rak·ter [karaktər] *het (-s)* caractère; **een avontuurlijk ~ hebben** avoir l'esprit aventureux
***ka·rak·ter-** [karaktər-] de caractère
ka·rak·ter·ei·gen·schap [karaktərɛiχə(n)sχap] *nf (-pen)* trait de caractère
ka·rak·te·ri·se·ren [karakterizerə(n)] *vt (karakteriseerde, h. gekarakteriseerd)* caractériser
ka·rak·te·ris|tiek [karakterɪstik] *adj (-tieker, meest k.)* caractéristique, particularité; **een ~ geven van iets** caractériser qqch
ka·rak·ter|loos [karaktərlos] *adj (-lozer, meest k.)* sans caractère
kar·bo·na·de [karbonadə] *nf (-s)* côtelette
[1]**kar·di|naal** [kardinal] *nm (-nalen)* cardinal
[2]**kar·di·naal** [kardinal] *adj* cardinal, principal; **het kardinale punt** le point crucial
ka·rig [karəχ] *adj, adv* **1** parcimonieux, parcimonieusement; **~ bedeeld zijn** n'être guère favorisé; **~ zijn met woorden** être chiche de ses paroles; **~ zijn met complimenten** être avare de compliments **2** maigre(ment), pauvre(ment) **3** rare; **~e gegevens** de rares données

ka·rig·heid [kɑrəχhɛit] *nf* **1** parcimonie **2** frugalité
ka·ri·ka·tu·raal [karikatyral] *adj, adv* (d'une façon) caricatural(e)
kar·kas [kɑrkɑs] *het/de (-sen)* squelette, carcasse
kar·me·liet [kɑrməlit] *nm (-en) (relig.)* carme
kar·ne·melk [kɑrnəmɛlk] *de* babeurre, *(Belg.)* lait battu
kar·ren [kɑrə(n)] *vi (karde, h.li. gekard) (fam.)* **1** rouler **2** pédaler (à vive allure)
kar·ren|spoor [kɑrə(n)spor] *het (-sporen)* ornière
kar·ren·vracht [kɑrə(n)vrɑχt] *de (-en)* charretée; **bij, met ~en** à la pelle
kar·re·tje [kɑrəcə] *het (-s)* ♦ **zich voor iemands ~ laten spannen** servir de marchepied à qqn
[1]**kar·tel** [kɑrtɛl] *het (-s)* cartel
[2]**kar·tel** [kɑrtəl] *nm (-s)* cannelure
kar·te·len [kɑrtələ(n)] *vti (kartelde, h.li. gekarteld)* canneler, créneler, denteler
kar·tel·rand [kɑrtəlrɑnt] *nm (-en)* **1** grènetis, crénelage **2** feston
kar·ton·nen [kɑrtɔnə(n)] *adj* en carton
kar·wei [kɑrwɛi] *het/de (-en)* **1** travail, corvée; **dat is een heel ~** c'est toute une affaire; **een heidens ~** un travail de Romain **2** ouvrage
kas [kɑs] *de (-sen)* **1** serre **2** caisse; **aan de ~ betalen** régler à la caisse; **naar de ~ gaan** passer à la caisse **3** caisse; **krap bij ~ zitten** être à court d'argent; **in ~ hebben** avoir (une somme) en caisse; **geld in de ~ storten** alimenter la caisse; **de ~ opmaken** faire sa caisse; **per ~** au comptant **4** *(d'yeux)* orbite
***kas-** [kɑs-] **1** de serre **2** de caisse
kas·che·que [kɑʃɛk] *nm (-s)* chèque de retrait, *(Belg.)* chèque domicilié
kas·geld [kɑsχɛlt] *het* encaisse
[1]**kas·sa** [kɑsa] *de (-'s)* **1** caisse **2** guichet
[2]**kas·sa** [kɑsa] *interj* ♦ **vijftig euro voor een kaartje? ~!** ± cinquante euros pour un billet, mais c'est une fortune !
kas·sei [kɑsɛi] *de (-en) (Belg.)* pavé
kas|sier [kɑsir] *nm (-s)*, **-sierster** *nf (-s)* caissier, -ière
kas·stuk [kɑstʌk] *het (-ken)* **1** pièce à succès **2** *(comptabilité)* justificatif de paiement
kas·suc·ces [kɑsyksɛs] *het (-sen)* spectacle à succès, film à succès, pièce à succès
kast [kɑst] *de (-en)* **1** armoire, placard; *(fig.)* **op de ~ zitten** être furax; *(fig.)* **iemand op de ~ jagen, krijgen** faire monter qqn (à l'arbre); **een vaste ~** un placard **2** casier **3** baraque, *(bateau)* rafiot, *(auto)* tacot; **een ~ van een huis** un véritable château
[1]**kas·tan·je** [kɑstɑɲə] *nm (-s)* **1** marronnier (d'Inde) **2** châtaignier
[2]**kas·tan·je** [kɑstɑɲə] *het (-s)* châtaignier
[3]**kas·tan·je** [kɑstɑɲə] *de (-s)* **1** marron **2** châtaigne
kas|teel [kɑstel] *het (-telen)* **1** château (fort) **2** manoir
kas·teel|heer [kɑstelher] *nm (-heren)* châtelain
kas·te·lein [kɑstəlɛin] *nm (-s)* aubergiste
kas·tij·den [kɑstɛidə(n)] *vt (kastijdde, h. gekastijd)* châtier, fouetter, mortifier
kas·tij·ding [kɑstɛidɪŋ] *nf (-en)* châtiment, flagellation, mortification
kast·je [kɑʃə, [B]kɑscə] *het (-s)* **1** casier **2** *(fam.)* télé ♦ *(fig.)* **iemand van het ~ naar de muur sturen** envoyer qqn d'un endroit à l'autre
kat [kɑt] *de (-ten)* **1** chat, chatte, chaton; **zich als een ~ in een vreemd pakhuis voelen** se sentir tout à fait dépaysé; *(prov)* **men moet de ~ niet op het spek binden** il ne faut pas enfermer le loup dans la bergerie; **een cyperse ~** un chat tigré; **de ~ uit de boom kijken** se tenir sur la réserve; **de ~ in het donker knijpen** agir en dessous; **maak dat de ~ wijs!** à d'autres !; *(Belg.)* **nu komt de ~ op de koord** maintenant ça va chauffer; **er uitzien als een verzopen ~** être trempé comme une soupe; **de ~ zit in de gordijnen** ça va chauffer; **~ in het bakkie** c'est du gâteau **2** chipie **3** *(plur.)* *(biol.)* félins **4** *(méchanceté)* pique
kat·ach·tig [kɑtɑχtəχ] *adj* félin
ka·ten·spek [katənspɛk] *het* lard poché et fumé
ka·ter [katər] *nm (-s)* **1** matou; **een gesneden ~** un chat castré **2** gueule de bois; **een ~ hebben** avoir la gueule de bois **3** désillusion
ka·tern [katɛrn] *het/de (-en) (imprimerie)* cahier
kath. [kɑtolik] abrév. de *katholiek* cathol.
ka·the·der [katedər] *nm (-s)* chaire
ka·tho·liek [kɑtolik] *adj* catholique; **~ worden** se convertir au catholicisme
kat·je [kɑcə] *het (-s)* chaton ♦ *(fig.)* **zij is geen ~ om zonder handschoenen aan te pakken** elle sort vite ses griffes
ka·toen [katun] *het/de* **1** coton **2** cotonnier ♦ **'m van ~ geven** mettre toute la gomme; **iemand van ~ geven** étriller qqn
***ka·toen-** [katun-] de coton
ka·toe·nen [katunə(n)] *adj* en coton
ka·trol [katrɔl] *de (-len)* **1** *(pêche)* moulinet **2** poulie
kat·te·bel·le·tje [kɑtəbɛləcə] *het (-s)* (petit) mot
kat·ten [kɑtə(n)] *vi (katte, h. gekat)* lancer des piques (à qqn)
kat·ten·kop [kɑtə(n)kɔp] *nm (-pen)* chipie
kat·ten·kwaad [kɑtə(n)kwat] *het* polissonnerie; **~ uithalen** faire des bêtises
kat·ten·luik [kɑtə(n)lœyk] *het (-en)* (volet de) chatière
kat·ten·pis [kɑtə(n)pɪs] *nm* pisse de chat ♦ **dat is geen ~** ce n'est pas de la roupie de sansonnet
kat·te·rig [kɑtərəχ] *adj* ♦ **~ zijn** se sentir un peu patraque, avoir la gueule de bois

kat·tig [kɑtəχ] *adj, adv* hargneux, avec hargne
kat·zwijm [kɑtswɛim] *de* défaillance; **in ~ liggen, vallen** se trouver mal
kau·wen [kɑuwə(n)] *vti (kauwde, h. gekauwd)* mâcher, mâchonner; *(fig.)* **op iets ~** ruminer qqch
kauw·gom [kɑuχɔm] *het/de* chewing-gum
ka·vel [kavəl] *nm (-s)* lot, parcelle
Ka·zach [kazɑχ] *nm (-en),* **Kazachse** *nf (-n)* Kazakh
Ka·zachs [kazɑχs] *adj* kazakh
Ka·zach·stan [kazɑχstɑn] *het* Kazakhstan
kB [kilobɑjt(s)] *de (inform.)* abrév. de *kilobyte(s)* Ko
[1]**KB** [kabe] *nf* abrév. de *Koninklijke Bibliotheek ⟨Bibliothèque royale⟩*
[2]**KB** [kabe] abrév. de *Koninklijk Besluit* A.R. *(Belg.)*
keek [kek], **keken** → **kijken, aankijken, terugkijken**
keel [kel] *de (kelen)* **1** gorge, gosier; **iemand de ~ afsnijden** couper la gorge à qqn; *(fig.)* ruiner qqn; **iemand bij de ~ grijpen** serrer qqn à la gorge; *(fig.)* prendre qqn à la gorge; **het hangt me de ~ uit** j'en ai par-dessus la tête; **dat werk hangt mij (mijlenver) de ~ uit** ce travail me sort par les yeux; **hij hangt me de ~ uit met zijn problemen** j'en ai plein le dos de ses problèmes; **de woorden bleven in mijn ~ steken** ma voix s'étranglait; **iemand naar de ~ vliegen** sauter à la gorge de qqn; **de rook slaat op mijn ~** la fumée m'irrite la gorge; *(fig.)* **de ~ smeren** se rincer la dalle **2** voix; **een (grote) ~ opzetten** (se mettre à) brailler
keel·gat [kelχɑt] *het (-en)* gosier; *(fig.)* **dat is hem in het verkeerde ~ geschoten** il l'a pris de travers; **er is me iets in het verkeerde ~ geschoten** j'ai avalé de travers
keel·hol·te [kelhɔltə] *nf (-n, -s)* pharynx, arrière-bouche
keel·ont·ste·king [kelɔntstekɪŋ] *nf (-en)* angine, pharyngite
kee·pen [kipə(n)] *vi (keepte, h. gekeept)* défendre le(s) but(s)
kee·per [kipər] *nm (-s)* gardien de but
keer [ker] *nm (keren)* **1** fois; **op een andere ~** une autre fois; **dat komt een andere ~ wel (weer)** ce n'est que partie remise; **drie ~ van de vier** les trois quarts du temps; **in één ~** en une seule fois; **een ~ of vijf** environ cinq fois; **~ op ~** coup sur coup; **(op) een ~** une fois; **twee ~ zoveel** deux fois plus; **twee ~ negen is achttien** deux fois neuf font dix-huit; **voor een ~tje mag dat wel** d'accord pour une fois; **dat zeg ik nu al voor de zoveelste ~; ik heb dat nu al honderd ~ gezegd** je vous le répète pour la nième fois **2** tour(nure) ♦ **binnen de kortste keren** en moins de rien
keer·kring [kerkrɪŋ] *nm (-en)* tropique
keer·punt [kerpʌnt] *het (-en)* **1** *(fig.)* tournant **2** virage, tournant
keer·zij·de [kerzɛidə] *de (-n)* revers
keet [ket] *de (keten)* **1** baraque **2** pagaïe **3** boucan, chahut; **~ schoppen, trappen** faire du chahut
kef·fen [kɛfə(n)] *vi (kefte, h. gekeft)* japper
ke·gel [keχəl] *nm (-s)* **1** cône **2** *(sports)* quille ♦ *(fam.)* **hij kwam met een ~ thuis** il puait l'alcool à plein nez quand il est rentré à la maison
ke·gel|baan [keχəlban] *de (-banen)* jeu de quilles, bowling
ke·ge·len [keχələ(n)] *vti (kegelde, h. gekegeld)* jouer aux quilles, jouer au bowling; **gaan ~** aller au bowling ♦ *(fig.)* **iemand eruit ~** flanquer qqn à la porte
ke·gel·vor·mig [keχəlvɔrməχ] *adj* conique; **een ~e berg** une montagne en cône
kei [kɛi] *nm (-en)* **1** caillou, galet **2** pavé **3** *(fam.)* as, crack
kei·hard [kɛihɑrt] *adj, adv* **1** dur comme du caillou; **~e wind** vent terrible **2** à toute allure **3** dur comme la pierre, impitoyablement; **de ~e realiteit** la réalité crue; **~ zeggen waar het op staat** ne pas mâcher ses mots **4** très fort, à pleins tubes; **~ lachen** rire à tout casser
kei·kop [kɛikɔp] *nm (-pen) (Belg.)* entêté, -ée
kei·len [kɛilə(n)] *vt (keilde, h. gekeild)* ♦ **steentjes over het water ~** faire ricocher des cailloux sur l'eau; *(fam.)* **iemand de deur uit ~** flanquer qqn à la porte
kei·zer [kɛizər] *nm (-s),* **keizerin** *nf (-nen)* empereur, impératrice; **~ Karel** Charles Quint; **~ Wilhelm II** le Kaiser, Guillaume II
kei·zer·lijk [kɛizərlək] *adj, adv* impérial(ement)
kei·zer·rijk [kɛizərɛik] *het (-en)* empire
kei·zer·sne·de [kɛizərsnedə] *de (-n)* césarienne
kel·der [kɛldər] *nm (-s)* **1** cave **2** caveau, tombeau
kel·de·ren [kɛldərə(n)] *vi (kelderde, i. gekelderd)* **1** *(aussi au fig.)* dégringoler, s'écrouler **2** couler, sombrer
ke·len [kelə(n)] *vt (keelde, h. gekeeld)* **1** égorger **2** étrangler
ke·le·re [kəlerə] *de (vulg.)* ♦ **krijg de ~!** va te faire foutre !
ke·le·re·lij·er [k(ə)lerəlɛijər] *nm (-s) (vulg.)* fumier
kelk [kɛlk] *nm (-en)* **1** coupe, jatte **2** calice
kel|ner [kɛlnər] *nm (-s),* **-nerin** *nf (-nen)* serveur, -euse
Kel·ten [kɛltə(n)] *plur* Celtes
kemp|haan [kɛmphan] *nm (-hanen)* **1** bagarreur; **vechten als kemphanen** se battre comme des chiffonniers **2** *(zool.)* (chevalier) combattant
ke·nau [kenɑu] *nf (-s)* dragon, virago
ken|baar [kɛmbar] *adj (-baarder, -baarst)* manifeste, ± clair; **zijn bedoelingen ~ maken** faire connaître ses intentions (à qqn);

~ worden devenir manifeste; *(nouvelle)* se répandre
ken·ge·tal [kɛŋχətɑl] *het (-len)* indicatif (d'appel)
Ke·nia [kenija] *het* Kenya
Ke·ni|aan [kenijan] *nm (-anen),* **-aanse** *nf (-n)* Kényan(e)
Ke·ni·aans [kenijans] *adj* kényan
ken·merk [kɛmɛrk] *het (-en)* caractéristique, signe distinctif, *(méd.)* symptôme; *(en tête de lettre)* ~ votre référence
ken·mer·ken [kɛmɛrkə(n)] *vt (kenmerkte, h. gekenmerkt)* **1** caractériser **2** marquer
ken·mer·kend [kɛmɛrkənt] *adj, adv* (de façon) caractéristique; **het ~e van iets** ce qui caractérise qqch
ken·nel [kɛnəl] *nm (-s)* chenil
ken·ne·lijk [kɛnələk] *adj, adv* manifeste(ment), évident, de toute évidence; **hij heeft zich ~ in het adres vergist** il s'est sûrement trompé d'adresse
ken·nen [kɛnə(n)] *vt (kende, h. gekend)* **1** connaître, savoir; **zich als een bekwaam man doen ~** se révéler (un homme) compétent; *(fig.)* **laat je niet ~!** ne te dégonfle pas !; **men zal mij nog leren ~** on verra de quel bois je me chauffe; **zij hebben elkaar in België leren ~** ils se sont connus en Belgique; *(fam.)* **ons kent ons** nous sommes, ils sont de la même race; **zijn plaats ~** savoir rester à sa place **2** *(+ in)* consulter (qqn), mettre (qqn) au courant ♦ **te ~ geven dat ...** faire savoir que ...; **het reglement kent geen uitzonderingen** le règlement n'admet pas d'exceptions
ken·ner [kɛnər] *nm (-s)* **1** connaisseur **2** spécialiste
[1]**ken·nis** [kɛnɪs] *nf* **1** connaissance(s); **dat is buiten mijn ~ gebeurd** cela s'est produit à mon insu; **~ dragen van iets** connaître qqch; **~ van zaken hebben** s'y connaître; **iemand van iets in ~ stellen** informer qqn de qqch; **ik zal je met haar in ~ brengen** je te la présenterai; **met ~ van zaken** en connaissance de cause; **~ der natuur** histoire naturelle; **parate ~** ± les connaissances dont on dispose; **iemand iets ter ~ brengen** porter qqch à la connaissance de qqn; **dat gaat mijn ~ te boven** cela me dépasse **2** connaissance; **(geheel) bij ~ zijn** avoir toute sa connaissance; **zij is weer bij ~ gekomen** elle a repris connaissance; **buiten ~ zijn** être sans connaissance; **buiten ~ raken** perdre connaissance; **de ~ van goed en kwaad** la notion du bien et du mal ♦ *(fam.)* **~ aan iemand hebben** sortir avec qqn
[2]**ken·nis** [kɛnɪs] *nm (-sen)* (personne de) connaissance; **zij waren goede ~sen** ils se connaissaient bien
ken·nis·ge·ving [kɛnɪsχevɪŋ] *nf (-en)* **1** avis; **iets voor ~ aannemen** prendre acte de qqch, passer outre (à qqch) **2** faire-part
ken·nis·ma·ken [kɛnɪsmakə(n)] *vi (maakte kennis, h. kennisgemaakt)* faire connaissance; **aangenaam kennis te maken!** enchanté de faire votre connaissance; **ik heb met hem kennisgemaakt** j'ai fait sa connaissance; **~ met iemand, iets** entrer en contact avec qqn, qqch
ken·nis·ma·king [kɛnɪsmakɪŋ] *nf (-en)* **1** première rencontre; **bij nadere ~** à mieux le, la etc. connaître **2** apprentissage (de); **de eerste ~ met het Sanskriet** l'initiation au sanskrit
ken·nis·ne·ming [kɛnɪsnemɪŋ] *nf* connaissance; **na ~ van de brief** après avoir pris connaissance de la lettre; **ter ~** à titre d'information
ken·schet·sen [kɛnsχɛtsə(n)] *vt (kenschetste, h. gekenschetst)* caractériser
ken·te·ken [kɛntekə(n)] *het (-s)* signe distinctif ♦ **het ~ van een auto** le numéro d'immatriculation d'une voiture
ken·te·ken·be|wijs [kɛntekəmbəwɛis] *het (-wijzen)* certificat d'immatriculation, carte grise, vignette (de l'impôt)
ken·te·ken|plaat [kɛntekəmplat] *de (-platen)* plaque d'immatriculation
ken·te·ren [kɛntərə(n)] *vi (kenterde, i. gekenterd)* changer, *(vent, marée, courant)* renverser
ken·te·ring [kɛntərɪŋ] *nf (-en)* **1** renversement, changement **2** *(fig.)* revirement
ke·per [kepər] *nm (-s)* ♦ **op de ~ beschouwd** tout bien considéré
ke·ra·miek [keramik] *nf* céramique
ke·rel [kerəl] *nm (-s)* **1** (grand, solide) gaillard, malabar; **een ~ van een vent** un balèze **2** homme, mâle; **een sterke ~** un costaud; **wees een ~** montre-leur (lui) que tu es un homme **3** *(fam.)* type, mec; **een beste ~** un brave type; **~, wat zie je er goed uit** tu as bonne mine, mon vieux **4** *(fam.)* jules
ke·rel·tje [kerəlcə] *het (-s)* petit gars; **een lief ~** un amour de petit bonhomme
[1]**ke·ren** [kerə(n)] *vi (keerde, h./i. gekeerd)* tourner, changer ♦ **in zichzelf ~** se replier sur soi-même
[2]**ke·ren** [kerə(n)] *vt (keerde, h. gekeerd)* **1** retourner, *(bateau)* faire virer **2** tourner *(la tête, le dos)*; **de rug naar iemand ~** tourner le dos à qqn **3** parer, enrayer; **het kwaad is niet meer te ~** le mal est irrémédiable; **het water ~** endiguer l'eau ♦ **iets ten goede ~** faire en sorte que les choses tournent bien
[3]**ke·ren, zich** [kerə(n)] *vpr (keerde zich, h. zich gekeerd)* se tourner; **zich ~ tegen iemand** se tourner contre qqn; **zich ~ tot iemand** se tourner vers qqn; **zich ergens niet kunnen wenden of ~** être à l'étroit
kerf [kɛrf] *de (kerven)* coche
kerf·stok [kɛrfstɔk] *nm (-ken)* ♦ **heel wat op zijn ~ hebben** en avoir lourd sur la conscience, avoir un casier judiciaire chargé; **ik wil dat niet op mijn ~ hebben** je ne veux pas avoir ça sur la conscience
kerk [kɛrk] *de (-en)* **1** église, *(prot.)* tem-

ple; **in de ~ trouwen** se marier à l'église; **naar de ~ gaan** aller à l'église **2** Église **3** service (religieux), *(cathol.)* messe, *(prot.)* culte ♦ **je bent zeker in de ~ geboren** la porte !; *(fig.)* **vóór het zingen de ~ uitgaan** sauter du train en marche
kerk·be·zoek [kɛrgbəzuk] *het* assistance à la messe, au culte
kerk·boek [kɛrgbuk] *het (-en)* **1** *(prot.)* psautier **2** *(cathol.)* missel **3** registre d'église
ker·ke·lijk [kɛrkələk] *adj, adv* **1** ecclésiastique(ment), clérical; **de ~en** les cléricaux **2** religieux, religieusement; **het ~ jaar** l'année liturgique **3** de l'Église; **~ recht** droit canonique **4** pratiquant; **is zij ~?** est-ce qu'elle est pratiquante ?
ker·ken|raad [kɛrkə(n)rat] *nm (-raden)* **1** réunion du conseil presbytéral; **~ houden** convoquer le conseil presbytéral en assemblée **2** conseil presbytéral
ker·ker [kɛrkər] *nm (-s) (form.)* cachot
kerk·fa·briek [kɛrkfabrik] *nf (-en) (Belg.; cathol.)* conseil de fabrique
kerk|gan·ger [kɛrkχɑŋər] *nm (-s)*, **-gangster** *nf (-s)* celui, celle qui va à l'église, au temple, pratiquant
kerk|hof [kɛrkhɔf] *het (-hoven)* cimetière; **op het ~ liggen** être mort et enterré
kerk·or·de [kɛrkɔrdə] *de (-n, -s)* discipline ecclésiastique
kerk·uil [kɛrkœyl] *nm (-en)* **1** *(zool.)* (chouette) effraie **2** *(iron.)* grenouille de bénitier
kerk·volk [kɛrkfɔlk] *het* fidèles
[1]**ker·men** [kɛrmə(n)] *vi (kermde, h. gekermd)* **1** gémir; **~ van pijn** gémir de douleur **2** se lamenter; **over zijn lot ~** se lamenter sur son sort
[2]**ker·men** [kɛrmə(n)] *vt (kermde, h. gekermd)* dire d'un ton plaintif
ker·mis [kɛrmɪs] *de (-sen)* fête foraine, foire, *(Belg., nord de la France)* kermesse; **~ houden** *(fig.)* faire la foire; **het is ~ in de hel** le diable bat sa femme et marie sa fille; *(fig.)* **van een koude ~ thuiskomen** s'être cassé le nez; *(Belg.)* **een Vlaamse ~** une vente de charité
ker·mis|gast [kɛrmɪsχɑst], **-klant** *nm (-en)* (marchand) forain
kern [kɛrn] *de (-en)* **1** noyau **2** noyau, centre; **tot de ~ van een zaak doordringen** entrer dans le cœur du sujet; **dat bevat een ~ van waarheid** il y a du vrai dans ce que vous dites **3** point essentiel; **de ~ van het probleem** le fond du problème
***kern-** [kɛrn-] nucléaire
kern·ach·tig [kɛrnɑχtəχ] *adj, adv* (de façon) lapidaire
kern·fy·si|cus [kɛrnfizikʌs] *nm (-ci)* atomiste
kern·ge·dach·te [kɛrŋχədɑχtə] *nf (-n)* idée fondamentale
kern·ge·zond [kɛrŋχəzɔnt] *adj* en parfaite santé; **hij ziet er ~ uit** il respire la santé
kern·ploeg [kɛrmpluχ] *de (-en) (sports)* sélection de base
kern·punt [kɛrmpʌnt] *het (-en)* (point) essentiel; **het ~ van een betoog** l'essentiel d'une argumentation
kern·stop [kɛrnstɔp] *nm* **1** limitation de l'armement nucléaire **2** arrêt des essais nucléaires **3** dénucléarisation
kern|vraag [kɛrnvraχ] *de (-vragen)* question fondamentale
kern·wa·pen·vrij [kɛrnwapə(n)vrɛi] *adj* dénucléarisé
ker·rie [kɛri] *nm*, **kerriepoeder** *het* curry
[1]**kers** [kɛrs] *de (-en)* cerise
[2]**kers** [kɛrs] *nm (-en)* cerisier
ker·sen·bon·bon [kɛrsə(n)bɔmbɔn] *nm (-s)* griotte au chocolat
kerst [kɛrst] *de* Noël; **een witte ~** ± un Noël sous la neige
***kerst-** [kɛrst-] de Noël
kerst·avond [kɛrstavɔnt] *nm (-en)* **1** Veillée de Noël, réveillon de Noël **2** soir de Noël
kerst·bood·schap [kɛrstbotsχɑp] *nf (-pen)* Évangile de Noël, de la Nativité
kerst·dag [kɛrsdɑχ] *nm (-en)* (Jour de) Noël; **eerste ~** le jour de Noël; **tweede ~** le lendemain de Noël
ker·ste·nen [kɛrstənə(n)] *vt (kerstende, h. gekerstend)* christianiser
kerst·kind·je [kɛrstkɪncə] *het* Enfant Jésus
kerst·maal [kɛrstmal] *het* repas de Noël, réveillon
kerst·man [kɛrstmɑn] *nm (-nen)* Père Noël
Kerst·mis [kɛrstmɪs] *nm* Noël; **met ~** à (la) Noël
kerst·pak·ket [kɛrstpɑkɛt] *het (-ten)* étrennes *(paquet de Noël)*
kerst·spel [kɛr(st)spɛl] *het (-en)* pastorale de la Nativité
kerst·stal [kɛr(st)stɑl] *nm (-len)* crèche (de Noël)
kerst·stuk·je [kɛr(st)stʌkjə] *het (-s)* arrangement de Noël
[1]**kers·vers** [kɛrsfɛrs] *adj* tout frais, frais émoulu
[2]**kers·vers** [kɛrsfɛrs] *adv* tout juste
ker·vel [kɛrvəl] *nm* cerfeuil
ker·ven [kɛrvə(n)] *vt (kerfde, h. gekerfd)* **1** entailler **2** couper, graver
ke·tel [ketəl] *nm (-s)* **1** chaudron, bouilloire **2** chaudière
ke·tel·steen [ketəlsten] *het/de* tartre
[1]**ke·ten** [ketə(n)] *de (-s)* chaîne *(enchaînement; aussi au fig.)*
[2]**ke·ten** [ketə(n)] *vi (keette, h. gekeet) (fam.)* faire du chahut
ke·te·nen [ketənə(n)] *vt (ketende, h. geketend)* enchaîner
ket·jap [kɛtjɑp] *de* sauce de soja
ket·sen [kɛtsə(n)] *vi (ketste, h./i. geketst)* **1** ricocher **2** s'enrayer *(arme)*
ket·ter [kɛtər] *nm (-s)* hérétique ♦ **roken**

als een ~ fumer comme une locomotive; vloeken als een ~ jurer comme un charretier

ket·te·rij [kɛtərɛi] *nf (-en)* hérésie

ket·ters [kɛtərs] *adj, adv* **1** *(relig.)* (en) hérétique **2** non-conformiste, d'une manière peu orthodoxe

ket·ting [kɛtɪŋ] *de (-en)* chaîne ♦ **op de ~ springen voor iemand** voler au secours de qqn

ket·ting·bot·sing [kɛtɪŋbɔtsɪŋ] *nf (-en)* carambolage

ket·ting·kast [kɛtɪŋkɑst] *de (-en)* carter

ket·ting·re·ac·tie [kɛtɪŋrejɑksi] *nf (-s)* **1** réaction en chaîne **2** *(fig.)* effet d'entraînement

ket·ting·ro·ker [kɛtɪŋrokər] *nm (-s)* fumeur invétéré

keu [kø] *de (-s) (billard)* queue

keu·ken [køkə(n)] *de (-s)* cuisine

***keu·ken-** [køkə(n)-] de cuisine

keu·ken·lift [køkə(n)lɪft] *nm (-en)* monte-plat

keu·ken·meid [køkəmɛit] *nf (-en)* fille de cuisine ♦ **een gillende ~** ± un pétard

keu·ken·mei·den·ro·man [køkəmɛidə(n)romɑn] *nm (-s)* roman à l'eau de rose

keu·ken·prin·ses [køkə(n)prɪnsɛs] *nf (-sen)* cordon-bleu *(d'une femme)*

keu·ken·rol [køkə(n)rɔl] *de (-len)* essuie-tout

keu·ken·trap [køkə(n)trɑp] *nm (-pen)* escabeau

Keu·len [kølə(n)] *het* Cologne; *(prov)* **~ en Aken zijn niet op één dag gebouwd** Paris ne s'est pas fait en un jour; **het in ~ horen donderen** tomber des nues

keur [kør] *de (-en)* **1** poinçon *(or ou argent)* **2** choix, assortiment

keu·ren [kørə(n)] *vt (keurde, h. gekeurd)* contrôler; **de kandidaten moeten gekeurd worden** les candidats doivent subir un examen médical

keu·rig [kørəχ] *adj, adv* **1** irréprochable, (très) bien **2** soigné, BCBG **3** beau, excellent ♦ **~ netjes** très bien

keu·rig·heid [kørəχhɛit] *nf* **1** distinction, finesse **2** élégance **3** beauté

keu·ring [kørɪŋ] *nf (-en)* **1** contrôle **2** inspection

keu·rings·dienst [kørɪŋzdinst] *nm (-en)* service de contrôle; **~ van waren** inspection des denrées

keur·mees·ter [kørmestər] *nm (-s)* contrôleur, -euse, *(alimentation)* inspecteur, -trice

keur·merk [kørmɛrk] *het (-en)* **1** poinçon, cachet **2** label de qualité

keurs|lijf [kørslɛif] *het (-lijven)* carcan; **in een ~ zitten** être comme dans un carcan; **iemand in een ~ dwingen** corseter qqn

keur·troe·pen [kørtrupə(n)] *plur* troupes d'élite

keus [køs] *de (keuzen)* choix, option, préférence; **aan u de ~** à vous de choisir; **hij had geen (andere) ~** il n'avait pas le choix; **hij kan maar geen ~ maken** il n'arrive pas à se décider; **naar ~** au choix; **een ongelukkige ~** un mauvais choix; **tweede ~** articles de second choix; **zijn ~ laten vallen op** porter son choix sur; **er is volop ~** il y en a pour tous les goûts; **voor een ~ staan** avoir un choix à faire

keu·tel [køtəl] *nm (-s)* crotte

keu·ve·len [køvələ(n)] *vi (keuvelde, h. gekeuveld)* causer

keu·ze [køzə] *de (-n)* → **keus**

keu·ze·pak·ket [køzəpɑkɛt] *het (-ten)* matières à option (d'un examen)

keu·ze·vak [køzəvɑk] *het (-ken) (enseign.)* matière à option

ke·ver [kevər] *nm (-s)* **1** *(zool.)* scarabée **2** coccinelle *(voiture)*

KG [kɔrtəχɔlf] abrév. de *korte golf* o.c.

k.g.v. [klɛinstəχəmenəvelvɑut] abrév. de *kleinste gemene veelvoud* ppcm

KI [kai] *nf* abrév. de *kunstmatige inseminatie* insémination artificielle

kib·be·la·rij [kɪbəlarɛi], **kibbelpartij** *nf (-en)* chamaille(rie)

kib·be·len [kɪbələ(n)] *vi (kibbelde, h. gekibbeld)* se chamailler

kib·be·ling [kɪbəlɪŋ] *nf (cuis.)* joue de cabillaud

kick [kɪk] *nm (-s)* ♦ **dat geeft me een ~!** ça me stimule énormément !

kic·ken [kɪkə(n)] *vi (kickte, h. gekickt) (+ op)* bander (pour)

kie·ke·boe [kikəbu] *interj* coucou !; **~ spelen** faire coucou; *(fig.)* jouer à cache-cache

kiek·je [kikjə] *het (-s) (fam.)* photo; **een ~ nemen** prendre une photo

[1]**kiel** [kil] *nm (-en)* vareuse, sarrau

[2]**kiel** [kil] *de (mar.)* quille

kie·le·kie·le [kiləkilə] ♦ **het was ~** c'était tout juste

kiel|wa·ter [kilwatər], **-zog** *het* sillage ♦ *(fig.)* **in iemands ~ varen** suivre le sillage de qqn

kiem [kim] *de (-en)* germe; **iets in de ~ smoren** étouffer qqch dans l'œuf; **in de ~ aanwezig zijn** être présent en germe

kie·men [kimə(n)] *vi (kiemde, i. gekiemd)* germer

kiem·vrij [kimvrɛi] *adj* aseptique, stérilisé

kien [kin] *adj, adv* futé, astucieusement; **een ~e jongen** un (garçon) malin ♦ **~ zijn op iets** être fou de qqch, briguer qqch

kie·pen [kipə(n)] *vti (kiepte, h./i. gekiept)* basculer; **het glas is van de tafel gekiept** le verre qui était sur la table s'est renversé et est tombé par terre

[1]**kie·pe·ren** [kipərə(n)] *vi (kieperde, i. gekieperd) (fam.)* dégringoler

[2]**kie·pe·ren** [kipərə(n)] *vt (kieperde, h. gekieperd) (fam.)* balancer, flanquer

kier [kir] *de (-en)* fente; **op een ~ zetten** entrouvrir; **de deur staat op een ~** la porte est entrouverte

kie·re·wiet [kirəwit] *adj (fam.)* dingue

[1]**kies** [kis] *de (kiezen)* dent, molaire; **een ~**

vullen plomber une dent ♦ iets achter de kiezen hebben venir de casser la croûte; iets voor zijn kiezen krijgen écoper (de) qqch; we kregen het zwaar voor de kiezen nous étions dans la mélasse

[2]**kies** [kis] *adj, adv (kieser, meest k.)* délicat(ement); niet ~ zijn in être peu délicat dans

*__kies-__ [kis-] électoral; de kiesdeler le quotient électoral

kies·baar [kizbar] *adj* éligible

kies|brief [kizbrif] *nm (-brieven) (Belg.)* bulletin de vote

kies·ge·rech·tigd [kisχərεχtəχt] *adj* qui a le droit de vote

kies·heid [kishεit] *nf (form.)* 1 délicatesse 2 goût difficile

kies·kau·wen [kiskauwə(n)] *vi (kieskauwde, h. gekieskauwd)* 1 chipoter 2 rabâcher

kies·keu·rig [kiskørəχ] *adj* délicat; niet ~ zijn in être peu délicat dans; hij is niet ~ il n'est pas difficile; ~ op het eten zijn faire la fine bouche; ~ zijn faire le délicat

kies·pijn [kispεin] *de* mal de, aux dents ♦ ik kan hem missen als ~ plus il est loin, mieux je me porte !

kies·recht [kisrεχt] *het (-en)* droit de vote; algemeen ~ suffrage universel

kies|schijf [kisχεif] *de (-schijven)* cadran (d'appel)

kies·toon [kiston] *nm* tonalité *(téléphone)*

kie·te·len [kitələ(n)] *vti (kietelde, h. gekieteld)* chatouiller

kieuw [kiw] *de (-en)* branchie

kie·viet [kivit] *nm (-en)* vanneau; zo vlug zijn als een ~ être rapide comme une flèche; hij loopt nog als een ~ il a encore de bonnes jambes

[1]**kie·zel** [kizəl] *nm (-s)* caillou

[2]**kie·zel** [kizəl] *het* gravier

[1]**kie·zen** [kizə(n)] *vi (koos, h. gekozen)* 1 choisir, opter (pour); ~ als choisir pour; moeten ~ of delen devoir se décider; je moet ~ of delen c'est à prendre ou à laisser; we ~ uit drie kandidaten nous choisissons parmi trois candidats; zij kozen voor de vrijheid ils ont choisi la liberté 2 voter (pour); voor Tindemans ~ voter pour Tindemans ♦ *(au téléphone)* 724058 ~ composer le (numéro) 724058

[2]**kie·zen** [kizə(n)] *vt (koos, h. gekozen)* 1 choisir, sélectionner; partij ~ (voor iemand) prendre parti (pour qqn) 2 élire; gekozen worden être élu

kie·zer [kizər] *nm (-s)* électeur, -trice; de ~s l'électorat

kif·ten [kɪftə(n)] *vi (kiftte, h. gekift)* se chamailler

kijf [kεif] *de* ♦ dat is buiten ~ cela ne fait aucun doute

kijk [kεik] *nm* 1 regards (sur); te ~ zitten se donner en spectacle; *(fig.)* iemand te ~ zetten tourner qqn en ridicule 2 point de vue, opinion; ergens een andere ~ op krijgen voir qqch sous un autre jour; ~ op iets hebben voir clair dans qqch; zijn ~ op de wereld sa vision du monde ♦ daar is geen ~ op c'est peu probable; *(fam.)* tot ~! salut !

kijk·cij·fer [kεiksεifər] *het (-s)* chiffre d'écoute

kijk·dag [kεigdɑχ] *nm (-en)* (jour d')exposition

kijk|doos [kεigdos] *de (-dozen)* boîte à images

kij·ken [kεikə(n)] *vti (keek, h. gekeken)* 1 regarder; door iemand heen ~ regarder qqn sans le voir; kijk eens aan! regardemoi ça !; naar rechts ~ regarder à droite; op de klok ~ regarder l'heure; tegen iemand aan ~ éprouver du respect pour qqn; uit het raam ~ regarder par la fenêtre; kijk voor je *(fig.)* tu veux ma photo ? 2 voir; laten wij maar eens ~ voyons voir; naar een huis ~ chercher une maison; we zullen eens gaan ~ nous allons voir ça ♦ bang ~ avoir l'air effrayé; hij komt pas ~ il sort de l'œuf; voor zo'n examen komt heel wat ~ un tel examen n'est pas une petite affaire; laat naar je ~ fais-toi examiner; hij zou eens naar zichzelf moeten ~ il ne s'est pas regardé; wij ~ niet op vijf minuten nous n'en sommes pas à cinq minutes près; daar sta ik van te ~ je n'en reviens pas; daar sta je van te ~, hè? ça te la coupe hein ?

[1]**kij·ker** [kεikər] *nm (-s)* 1 longue-vue, jumelles 2 *(plur.) (fam.)* yeux, mirettes; iets, iemand loopt in de ~ qqch, qqn attire l'attention; iets, iemand in de ~ hebben avoir qqch, qqn dans le collimateur *(aussi au fig.)*

[2]**kij·ker** [kεikər] *nm (-s)* spectateur, observateur

kijk·geld [kεikχεlt] *het (-en)* redevance (télé); kijk- en luistergeld redevance radio et télé

kijk·je [kεikjə] *het (-s)* coup d'œil; een ~ achter de schermen un coup d'œil dans les coulisses

kij·ven [kεivə(n)] *vi (keef, h. gekeven)* criailler

kik [kɪk] *nm* ♦ hij gaf geen ~ il n'a pas bronché

kik·ken [kɪkə(n)] *vi (kikte, h. gekikt)* ♦ je hoeft maar te ~ en het gebeurt tu n'as qu'un mot à dire … (et c'est chose faite)

kik·ker [kɪkər] *nm (-s)* grenouille; een ~ in de keel hebben avoir un chat dans la gorge; zij is een koude ~ tout glisse sur elle; *(frigide)* c'est un glaçon

kik·ker·vis·je [kɪkərvɪʃə] *het (-s) (zool.)* têtard

kik·vors [kɪkfɔrs] *nm (-en)* → kikker

kil [kɪl] *adj, adv* 1 frais, froid, frisquet 2 *(aussi au fig.)* froid(ement); een ~le maatschappij une société sans âme; dat voelt ~ aan c'est froid au toucher

kil·heid [kɪlhεit] *nf* 1 fraîcheur 2 froideur

ki·lo [kilo] *het/de (-'s)* kilo; **prijs per ~** prix au kilo

***ki·lo-** [kilo-] kilo-

ki·lo·me·ter [kilometər] *nm (-s)* kilomètre; **honderd ~ per uur rijden** faire du cent à l'heure; **per vierkante ~** au kilomètre carré

ki·lo·me·ter|paal [kilometərpal] *nm (-palen)* borne kilométrique

ki·lo·me·ter·stand [kilometərstɑnt] *nm (-en)* kilométrage

kin [kɪn] *de (-nen)* menton; *(fig.)* **iemand onder de ~ strijken** passer de la pommade à qqn

kind [kɪnt] *het (-eren)* **1** enfant; **als ~** lorsque j'étais enfant; **een buitenechtelijk ~** un enfant illégitime; **een echt ~** un enfant légitime; **geen ~ aan iemand hebben** ne pas être gêné par qqn; **~ noch kraai hebben** être seul au monde; **een ~ krijgen** avoir un enfant; *(fig.)* **een ondergeschoven ~je** un(e) laissé(e)-pour-compte; **van ~ af aan** dès l'enfance; **dit bedrijf is toch zijn ~je** cette entreprise, c'est tout de même son bébé; **ergens (als) ~ aan huis zijn** être qqp comme chez soi **2** petite, gosse; **ach ~, schei toch uit!** voyons mon petit, je t'en prie ! ♦ **het ~ van de rekening zijn** être le dindon de la farce

kin·der·ach·tig [kɪndərɑχtəχ] *adj, adv* enfantin, comme un enfant ♦ **de beloning is niet ~** la récompense n'est pas mince; **niet ~ in iets zijn** ne pas être regardant sur qqch

kin·der·ach·tig|heid [kɪndərɑχtəχhɛit] *nf (-heden)* **1** caractère infantile **2** infantilisme **3** enfantillage

kin·der·af·de·ling [kɪndərɑvdelɪŋ] *nf (-en)* **1** rayon des enfants **2** service de pédiatrie

kin·der·bij·slag [kɪndərbɛislɑχ] *nm* allocations familiales

kin·der·dag·ver|blijf [kɪndərdɑχfərblɛif] *het (-blijven)* crèche, pouponnière

kin·der·geld [kɪndərχɛlt] *het (Belg.; fam.)* → **kinderbijslag**

kin·der·hand [kɪndərhɑnt] *de (-en)* menotte; *(fig.)* **een ~ is gauw gevuld** un rien lui fait plaisir

kin·der·hoofd·je [kɪndərhofjə, [B]kɪndərhofcə] *het (-s)* pavé (rond)

kin·der·ja·ren [kɪndərjarə(n)] *plur* (années d')enfance

kin·der·krib [kɪndərkrɪp] *de (-ben) (Belg.)* crèche

kin·der·lijk [kɪndərlək] *adj, adv* (de façon) enfantin(e); **~ geloof** foi naïve; *(subst.)* **iets ~s** quelque chose d'enfantin

kin·der·lijk·heid [kɪndərləkhɛit] *nf* **1** nature enfantine **2** candeur

kin·der·lok·ker [kɪndərlɔkər] *nm (-s)* ± satyre *(homme qui poursuit des enfants)*

kin·der·loos [kɪndərlos] *adj* sans enfants

kin·der·meis·je [kɪndərmɛiʃə] *het (-s)* bonne d'enfants

kin·der·op·pas [kɪndərɔpɑs] *nm (-sen)* baby-sitter

kin·der·op·vang [kɪndərɔpfɑŋ] *nm* → **kinderdagverblijf**

kin·der·po·li·tie [kɪndərpoli(t)si] *nf* brigade (de protection) des mineurs

kin·der·rech·ter [kɪndərɛχtər] *nm (-s)* **1** juge des enfants **2** tribunal pour enfants

kin·der·rijm·pje [kɪndərɛimpjə] *het (-s)* **1** poésie enfantine **2** comptine

kin·der·schoen [kɪndərsχun] *nm (-en)* soulier d'enfants; *(fig.)* **nog in de ~en staan** en être à ses premiers balbutiements

kin·der·slot [kɪndərslɔt] *het (-en)* sécurité enfant

kin·der·tal [kɪndərtɑl] *het* nombre d'enfants

[1]**kin·der·te·le·foon** [kɪndərteləfon] *nm (-s)* téléphone d'enfant

[2]**kin·der·te·le·foon®** [kɪndərteləfon] *nm* S.O.S. enfants

kin·der·tijd [kɪndərtɛit] *nm* enfance

kin·der·ver·lam·ming [kɪndərvərlɑmɪŋ] *nf* polio(myélite)

kin·der·ver·zor·ging [kɪndərvərzɔrχɪŋ] *nf* puériculture

kin·der·wa·gen [kɪndərwaχə(n)] *nm (-s)* landau, voiture d'enfant

kin·der·werk [kɪndərwɛrk] *het* **1** futilités **2** jeu d'enfant

kin·der·ze·gel [kɪndərzeχəl] *nm (-s)* timbre-poste émis au profit de l'enfance

kin·der·zit·je [kɪndərzɪcə] *het (-s)* siège-auto, *(aussi pour vélo)* siège-enfant

kinds [kɪn(t)s] *adj* gâteux; **~ worden** (re)tomber en enfance

kinds·been [kɪn(t)sben] ♦ **van ~ (af)** depuis l'enfance

kinds·heid [kɪn(t)shɛit] *nf* **1** (prime) enfance, jeune âge **2** gâtisme

ki·ne·sist [kinezɪst], **kinesitherapeut** *nm (-en) (Belg.)* kinésithérapeute

kink [kɪŋk] *de (-en)* ♦ **er is een ~ in de kabel** il y a qqch qui ne va pas

kin·kel [kɪŋkəl] *nm (-s)* rustre

kink·hoest [kɪŋkhust] *nm* coqueluche

ki·osk [kijɔsk] *de (-en)* kiosque, *(Belg.)* aubette

kip [kɪp] *nf (-pen)* **1** poule; **er als de ~pen bij zijn** sauter sur l'occasion; **er was geen ~ te zien** il n'y avait pas un chat **2** *(cuis.)* poulet **3** *(fam.)* poule(tte), cocotte ♦ **redeneren als een ~ zonder kop** raisonner comme une pantoufle; **met de ~pen op stok gaan** se coucher comme les poules; **de ~ met de gouden eieren slachten** tuer la poule aux œufs d'or; **~, ik heb je!** je t'ai bien eu; *(dans une discussion)* là, je t'ai; **een ~ zonder kop** une cervelle d'oiseau

kip·lek·ker [kɪplɛkər] *adj* ♦ **ik voel me ~** je me porte comme un charme

kip·pen·boer [kɪpə(n)bur] *nm (-en)* marchand de volaille

kip·pen·borst [kɪpə(n)bɔrst] *de (-en)* blanc de poulet
kip·pen·bout·je [kɪpə(n)baucə] *het (-s)* cuisse de poulet
kip·pen·eind·je [kɪpə(n)ɛincə] *het (-s) (fam.)* petit bout de chemin
kip·pen·gaas [kɪpə(n)χas] *het* grillage, toile métallique
kip·pig [kɪpəχ] *adj* myope
Kir|gies [kɪrχis] *nm (-giezen),* **Kirgizi·sche** *nf (-n)* Kirghiz
Kir·gi·zië [kɪrχizijə] *het* Kirghizistan
Kir·gi·zisch [kɪrχizis] *adj* kirghiz
kir·ren [kɪrə(n)] *vi (kirde, h. gekird)* roucouler
kis·se·bis·sen [kɪsəbɪsə(n)] *vi (kissebiste, h. gekissebist)* se chamailler
kist [kɪst] *de (-en)* **1** coffre **2** bière, cercueil **3** caisse, boîte **4** *(fam.; avion)* zinc
kis·ten [kɪstə(n)] *vt (kistte, h. gekist)* mettre en bière; *(fam., fig.)* **laat je niet ~** ne te laisse pas faire
kist·je [kɪʃə, ᴮkɪscə] *het (-s)* godillot
¹**kit** [kɪt] *de (-ten)* seau à charbon
²**kit** [kɪt] *het/de (-ten)* mastic
kits [kɪts] *adj (fam.)* ♦ **alles ~?** tout va bien?
kit·te·laar [kɪtəlar] *nm (-s)* clitoris
kit·ten [kɪtə(n)] *vt (kitte, h. gekit)* mastiquer
kit·tig [kɪtəχ] *adj, adv* vif, vivement
klaag·lied [klaχlit] *het (-eren)* **1** complainte **2** *(fig.)* lamentation
klaag·lijk [klaχlək] *adj, adv* plaintif, plaintivement
Klaag·muur [klaχmyr] *nm* mur des Lamentations
klaag·stem [klaχstɛm] *de (-men)* voix plaintive
klaar [klar] *adj, adv (klaarder, klaarst)* **1** *(aussi au fig.)* clair(ement) **2** pur(e-ment) **3** prêt, paré; *(sports)* **~? af!** prêt ? partez !; **ik ben zo ~** je n'en ai que pour un moment; **hij staat altijd voor iedereen ~** il est prêt à aider tout le monde **4** fini, achevé; **iets ~ hebben** avoir fini qqch; **~ is Kees** voilà qui est fait ♦ **daar ben je mooi ~ mee** nous voilà bien (avancés); **ergens ~ mee zijn** avoir fini qqch; *(fig.)* en avoir marre de qqch; **met iemand nog niet ~ zijn** avoir encore deux mots à dire à qqn
klaar·blij·ke·lijk [klarblɛikələk] *adj, adv* manifeste(ment)
klaar·heid [klarhɛit] *nf* clarté *(tous les sens)*
klaar·ko·men [klarkomə(n)] *vi (kwam klaar, i. klaargekomen)* **1** *(+ met)* achever (qqch); **op tijd met zijn werk ~** achever son travail à temps **2** parvenir à, venir à bout de **3** *(sexualité)* jouir
klaar·krij·gen [klarkrɛiχə(n)] *vt (kreeg klaar, h. klaargekregen)* → **klaarkomen 1**
klaar·leg·gen [klarlɛχə(n)] *vt (legde klaar, h. klaargelegd)* préparer, disposer
klaar·licht [klarlɪχt] *adj* ♦ **op ~e dag** au grand jour; en plein jour
klaar·lig·gen [klarlɪχə(n)] *vi (lag klaar, h. klaargelegen)* être prêt
klaar·ma·ken [klarmakə(n)] *vt (maakte klaar, h. klaargemaakt)* préparer
klaar-over [klarovər] *nm* ⟨*personne qui aide des élèves à traverser la rue*⟩
klaar·spe·len [klarspelə(n)] *vt (speelde klaar, h. klaargespeeld)* réussir
klaar·staan [klarstan] *vi (stond klaar, h. klaargestaan)* **1** être prêt (à); **voor iemand ~** être à la disposition de qqn **2** se tenir prêt (à)
klaar·sto·men [klarstomə(n)] *vt (stoomde klaar, h. klaargestoomd)* chauffer *(en vue d'un examen)*
klaar·wak·ker [klarwɑkər] *adj* tout à fait réveillé
klaar·zet·ten [klarzɛtə(n)] *vt (zette klaar, h. klaargezet)* préparer, disposer
klaar·zit·ten [klarzɪtə(n)] *vi (zat klaar, h. klaargezeten)* être prêt (à)
klaas [klas] *nm (klazen)* ♦ **een houten ~ zijn** être raide comme un manche à balai; **Klaas Vaak (komt)** le marchand de sable (passe)
klacht [klɑχt] *de (-en)* plainte, réclamation, lamentation; **een ~ tegen iemand indienen** porter plainte contre qqn; **het regende ~en over dat programma** cette émission a provoqué un flot de protestations; **wat zijn de ~en van de patiënt?** de quoi se plaint le patient ?
klach·ten·lijn [klɑχtə(n)lɛin] *de (-en)* ⟨*numéro de téléphone où l'on peut faire des réclamations*⟩
¹**klad** [klɑt] *het* brouillon; **een brief in (het) ~ schrijven** écrire une lettre au brouillon
²**klad** [klɑt] *de (-den)* ♦ *(fig.)* **iemand bij de ~den grijpen** prendre qqn au collet; **de ~ komt erin** cela se gâte
klad·blaad·je [klɑdblacə] *het (-s)* feuille de brouillon
klad·den [klɑdə(n)] *vti (kladde, h. geklad)* **1** barbouiller **2** gribouiller; **een paar woorden op een papiertje ~** gribouiller quelques mots sur un billet
klad·de·ren [klɑdərə(n)] *vi (kladderde, h. gekladderd)* → **kladden 1**
klad·werk [klɑtwɛrk] *het (-en)* **1** barbouillage **2** brouillon
kla·gen [klaχə(n)] *vti (klaagde, h. geklaagd)* **1** se plaindre, se lamenter **2** *(jur.)* porter plainte
kla·ger [klaχər] *nm (-s),* **klaagster** *nf (-s)* plaignant, -ante
kla·ge·rig [klaχərəχ] *adj, adv* plaintif, plaintivement
klak·ke·loos [klɑkəlos] *adj, adv* **1** gratuit, sans motif, arbitraire(ment); **dat is ~ uit het Duits overgenomen** c'est calqué sur l'allemand **2** soudain(ement)
klak·ken [klɑkə(n)] *vi (klakte, h. geklakt)* claquer; **met de tong ~** faire claquer sa langue
klam [klɑm] *adj* moite
klam·boe [klɑmbu] *nm (-s)* moustiquaire

klam·pen [klampə(n)] *vt (klampte, h. geklampt)* plaquer; iemand tegen zich aan ~ plaquer qqn contre soi; zich aan iets ~ se cramponner à qqch
klan·di·zie [klandizi] *nf* clientèle; veel ~ hebben avoir une clientèle nombreuse
klank [klaŋk] *nm (-en)* 1 son; *(fig.)* zijn naam heeft een goede ~ il a une bonne réputation; op de ~en van au(x) son(s) de 2 sonorité
klank·bord [klaŋgbɔrt] *het (-en)* ♦ *(fig.)* een ~ vormen servir de caisse de résonance
klank·dem·per [klaŋgdɛmpər] *nm (-s)* sourdine
klank·kleur [klaŋklør] *de (-en) (mus.)* timbre
klant [klant] *nm (-en)* 1 client, acheteur; de ~ is koning le client a toujours raison 2 *(fam.)* type, individu
klan·ten·bin·ding [klantə(n)bɪndɪŋ] *nf* fidélisation; aan ~ doen fidéliser la clientèle
klan·ten·kring [klantə(n)krɪŋ] *nm (-en)* clientèle
klan·ten·ser·vice [klantə(n)sʌ:rvɪs, Bklantə(n)sɛrvis] *nm* service après-vente
1**klap** [klap] *nm (-pen)* coup, bruit, claque; *(prov)* de eerste ~ is een daalder waard le premier coup en vaut deux; *(fig.)* een ~ van de molen gehad hebben être tombé sur la tête; een grote ~ krijgen en prendre un sale coup; een ~ in het gezicht *(aussi au fig.)* une gifle; iemand een ~ op zijn muil geven foutre un coup de poing dans la gueule à qqn; er vielen rake ~pen les coups pleuvaient sec; iemand een ~ verkopen administrer une gifle à qqn ♦ *(Belg.)* iemand aan de ~ houden tenir la jambe à qqn; geen ~ uitvoeren ne rien ficher; het interesseert hem geen ~ il s'en moque éperdument; in één ~ d'un seul coup; als ~ op de vuurpijl pour couronner le tout; het was de ~ op de vuurpijl c'était le bouquet
2**klap** [klap] *interj* clac !
klap·band [klabant] *nm (-en)* ♦ ik kreeg een ~ mon pneu a éclaté
klap·deur [klabdør] *de (-en)* 1 porte battante 2 portillon 3 *(plur.)* portes de saloon
klap·lo·pe·rij [klaplopərɛi] *nf* parasitisme
klap·pen [klapə(n)] *vi (klapte, h. geklapt)* 1 applaudir 2 éclater 3 claquer *(aussi au fig.)*; in de handen ~ battre des mains; met de deur ~ claquer la porte
klap·per [klapər] *nm (-s)* 1 répertoire, index alphabétique 2 classeur 3 noix de coco 4 cocotier 5 pétard
klap·pe·ren [klapərə(n)] *vi (klapperde, h. geklapperd)* claquer *(dents, porte)* ♦ met zijn oren staan te ~ ne pas en croire ses oreilles
klap·per·tan·den [klapərtandə(n)] *vi (klappertandde, h. geklappertand)* claquer des dents
klap·per·tje [klapərcə] *het (-s)* amorce, pétard
klap|roos [klapros] *de (-rozen)* coquelicot
klap·stoel [klapstul] *nm (-en)* 1 strapontin 2 chaise pliante
klap·stuk [klapstʌk] *het (-ken)* 1 plat de côte(s) 2 clou *(d'un spectacle etc.)*; hij was het ~ op het festival il a fait un tabac au festival
klap·wie·ken [klapwikə(n)] *vi (klapwiekte, h. geklapwiekt)* battre des ailes
kla·re [klarə] *nm* (verre de) genièvre
kla·ren [klarə(n)] *vti (klaarde, h. geklaard)* 1 venir à bout de (qqch) 2 clarifier ♦ het begint te ~ le jour se lève
klas [klas] *nf (-sen)* 1 *(enseign.; sports; ch. de fer)* classe; *(sports)* in de tweede ~ spelen jouer en deuxième division; bij iemand in de ~ zitten être dans la même classe que qqn; de ~ uitgestuurd worden être expulsé du cours; voor de ~ staan enseigner 2 catégorie
klas·ge|noot [klasχənot] *nm (-noten)* camarade de classe
klas·lo|kaal [klaslokal] *het (-kalen)* (salle de) classe
klas·se [klasə] *nf (-n)* classe *(standing; aussi socio.)*; *(fam.)* dat is grote ~! c'est extra !
klas·se·loos [klasəlos] *adj (socio.)* sans classes
***klas·sen-** [klasə(n)-] de classe
klas·sen·haat [klasə(n)hat] *nm (socio.)* haine entre les classes
klas·sen·le|raar [klasə(n)lerar] *nm (-raren)*, **-rares** *nf (-sen)* professeur principal, *(Belg.)* titulaire de classe
klas·sen·ti·tu·la·ris [klasə(n)titylarɪs] *nm (-sen) (Belg.; enseign.)* → klassenleraar
klas·sen·ver·te·gen·woor|di·ger [klasə(n)vərteχə(n)wordəχər] *nm (-s)*, **-digster** *nf (-s) (enseign.)* délégué, -ée de classe
1**klas·se·ren** [klaserə(n)] *vt (klasseerde, h. geklasseerd)* classer
2**klas·se·ren, zich** [klaserə(n)] *vpr (klasseerde zich, h. zich geklasseerd) (sports)* se classer; zich als eerste ~ se classer premier; zich ~ voor de finale se qualifier pour la finale
klas·se·ring [klaserɪŋ] *nf (-en)* classement, classification
klas·se·werk [klasəwɛrk] *het* travail de premier ordre
klas·siek [klasik] *adj, adv* classique(ment), traditionnel; de ~e oudheid l'Antiquité
klas·sie·ker [klasikər] *nm (-s)* classique
klas·si·kaal [klasikal] *adj, adv* collectif, collectivement
kla·te·ren [klatərə(n)] *vi (klaterde, h. geklaterd)* murmurer *(eau)*
kla·ter·goud [klatərχaut] *het* clinquant
klau·te·ren [klautərə(n)] *vi (klauterde, h./i. geklauterd)* grimper; in een boom ~ grimper dans un arbre; over banken heen ~ grimper par-dessus les bancs
klauw [klau] *de (-en)* 1 *(zool.)* griffe *(aussi*

au fig.) **2** *(vulg.)* patte; **in iemands ~en vallen** tomber sous la griffe de qqn; **iemand in zijn ~en hebben** avoir qqn sous sa griffe; **blijf met je ~en van mijn auto af** enlève tes pattes de ma voiture; *(fig.)* **uit de ~en lopen** dégénérer

[1]**klau·wen** [klauwə(n)] *vi (klauwde, h. geklauwd)* sortir ses griffes

[2]**klau·wen** [klauwə(n)] *vt (klauwde, h. geklauwd) (fam.)* faucher

kla·ve·cim·bel [klavəsɪmbəl] *het/de (-s)* clavecin

kla·ver [klavər] *de (-s) (bot.; aussi jeux de cartes)* trèfle

kla·ver·blad [klavərblɑt] *het (-en)* **1** feuille de trèfle **2** *(transp.)* (croisement en) trèfle

kla·ver·jas·sen [klavərjɑsə(n)] *vi (klaverjaste, h. geklaverjast)* jouer à la belote

kla·ver·tje·vier [klavərcəvir] *het (-en)* trèfle à quatre feuilles

[1]**kled·der** [klɛdər] *nm (-s)* éclaboussure, tache (de boue), *(encre)* pâté

[2]**kled·der** [klɛdər] *adj (fam.)* → **kleddernat**

kled·de·ren [klɛdərə(n)] *vi (kledderde, h. gekledderd)* **1** tomber en faisant plouf **2** barbouiller

kled·der·nat [klɛdərnɑt] *adj (fam.)* trempé (jusqu'aux os)

[1]**kle·den** [kledə(n)] *vi (kleedde, h. gekleed)* faire habillé

[2]**kle·den** [kledə(n)] *vt (kleedde, h. gekleed)* habiller, vêtir; **in het wit gekleed** habillé de blanc; **zich ~** s'habiller

kle·der·dracht [kledərdrɑχt] *de (-en)* costume (traditionnel)

kle·dij [kledɛi] *nf* **1** tenue **2** vêtement(s)

kle·ding [kledɪŋ] *nf* vêtements; **~ naar maat** vêtements sur mesure

kle·ding|zaak [kledɪŋzak] *de (-zaken)* maison de confection

kleed [klet] *het (kleden)* **1** tapis **2** nappe(ron) **3** *(Belg.)* robe

kleed·geld [kletχɛlt] *het* somme pour les frais d'habillement

kleed·hok·je [klethɔkjə] *het (-s)* cabine *(d'essayage)*

kleed|ka·mer [kletkamər] *de (-s)*, **-lokaal** *het (-kalen)* **1** loge (d'artiste) **2** *(sports)* vestiaire

kleef·band [klevbɑnt] *het/de* ruban adhésif

kleef·pleis·ter [klefplɛistər] *de (-s)* sparadrap (adhésif)

kleer·han·ger [klerhɑŋər] *nm (-s)* **1** cintre **2** portemanteau

kleer·ma·ker [klermakər] *nm (-s)* tailleur *(personne)*

kleer·ma·kers·zit [klermakərsɪt] *nm* ♦ **in ~** (assis) en tailleur

kleer·scheu·ren [klersχørə(n)] *plur* ♦ **er zonder ~ (van) afkomen** en sortir indemne

klef [klɛf] *adj* **1** pâteux **2** moite **3** borné ♦ **een ~fe man** un homme qui a les mains baladeuses

klei [klɛi] *de* argile ♦ **uit de ~ getrokken zijn** ± arriver du fin fond de sa province

klei·dui·ven·schie·ten [klɛidœyvə(n)sχitə(n)] *het* ball-trap

klei·en [klɛijə(n)] *vti (kleide, h. gekleid)* jouer avec de la pâte à modeler

klein [klɛin] *adj, adv* petit(ement), menu *(pour les expressions non mentionnées voir les substantifs concernés)*; **een ~e drie kilometer** trois kilomètres au (grand) maximum; **~ gebouwd zijn** être de petite taille; **hebt u het niet ~er?** vous n'avez pas la monnaie ?; **in het ~** en miniature; **in het ~ verkopen** vendre au détail; *(prov)* **wie het ~e niet eert, is het grote niet weerd** celui qui ne se baisse pas pour ramasser une épingle n'est pas digne de trouver une livre; **~ van geest** mesquin; **een ~e woordenschat** un vocabulaire pauvre ♦ **iemand ~ krijgen** mater qqn

Klein-Azië [klɛinazijə] *het* Asie Mineure

klein·be·drijf [klɛimbədrɛif] *het (emploi collectif)* petites entreprises

klein·bur·ger·lijk [klɛimbʌrχərlək] *adj* petit-bourgeois

klein·bur·ger·lijk·heid [klɛimbʌrχərləkhɛit] *nf* esprit petit-bourgeois

klei·ne·ren [klɛinerə(n)] *vt (kleineerde, h. gekleineerd)* (r)abaisser; **een ~d lachje** un rire humiliant

klein·gees·tig [klɛiŋχestəχ] *adj* (d'une manière) borné(e), mesquin(ement)

klein·gees·tig·heid [klɛiŋχestəχhɛit] *nf* mesquinerie, petitesse d'esprit

klein·geld [klɛiŋχɛlt] *het* monnaie; **een euro aan ~** un euro en monnaie

klein·goed [klɛiŋχut] *het* objets de petit format

klei·nig|heid [klɛinəχhɛit] *nf (-heden)* **1** petite chose, babiole **2** bagatelle, détail; **dat is geen ~** ce n'est pas une petite affaire; **dat is voor hem maar een ~** c'est de la broutille pour lui; **maakt u zich toch geen zorgen om zo een ~!** ne vous tourmentez pas pour si peu !

klein·kind [klɛiŋkɪnt] *het (-eren)* petit-enfant

klein·krij·gen [klɛiŋkrɛiχə(n)] *vt (kreeg klein, h. kleingekregen)* **1** mater; **hij is niet klein te krijgen** c'est un dur à cuire **2** (parvenir à) réduire en morceaux; *(fig.)* **iets ~** venir à bout de qqch

klein·kunst [klɛiŋkʌnst] *nf* (théâtre de) variétés

klei|nood [klɛinot] *het (-noden)* joyau

klein·scha·lig [klɛinsχaləχ] *adj (fig.)* sur une petite échelle

klein|steeds [klɛinstets] *adj, adv (-steedser, meest k.)* (avec un air) provincial; **~ aandoen** faire province

klein·tje [klɛincə] *het (-s)* petit; **de buurvrouw heeft pas een ~ gekregen** la voisine vient d'avoir un bébé ♦ **op de ~s letten** regarder à la dépense; **voor geen ~ vervaard zijn** n'avoir pas froid aux yeux

[1]**klein·tjes** [klɛincəs] *adj* petit, médiocre

[2]**klein·tjes** [klɛincəs] *adv* **1** misérablement **2** timidement

klein·ze·rig [klɛinzərəχ] *adj* douillet

[1]**klem** [klɛm] *de (-men)* **1** étau; **zijn vinger zit in de ~** son doigt est coincé **2** embarras, difficultés; **in de ~ zitten** être en mauvaise posture; **uit de ~ raken** se dépêtrer d'une situation **3** force, insistance; **met ~ vragen** adjurer (de); **met ~ spreken** parler avec énergie **4** piège **5** agrafe, trombone **6** *(Belg.)* tétanos

[2]**klem** [klɛm] *adj* coincé

klem·bord [klɛmbɔrt] *het (inform.)* presse-papier

[1]**klem·men** [klɛmə(n)] *vt (klemde, h. geklemd)* serrer; **een kind in zijn armen ~** serrer un enfant dans ses bras

[2]**klem·men** [klɛmə(n)] *vi (klemde, h. geklemd)* **1** se coincer, être bloqué **2** serrer *(le cœur)*

klem·mend [klɛmənt] *adj, adv* **1** (d'une manière) concluant(e) **2** (d'une manière) angoissant(e)

klem·rij·den [klɛmrɛidə(n)] *vb (reed klem, h. klemgereden)* ♦ **een auto ~** coincer une voiture

klem|toon [klɛmton] *nm (-tonen) (ling.)* accent(uation)

klep [klɛp] *de (-pen)* **1** valve, soupape **2** couvercle **3** *(méd.)* valvule **4** volet, trappe; **de ~ van een mand** le couvercle d'un panier **5** rabat, patte **6** visière **7** bavard ♦ *(fam.)* **hou nou eens even je ~!** ferme-la !

kle·pel [klepəl] *nm (-s)* battant

klep·pen [klɛpə(n)] *vi (klepte, h. geklept)* **1** claquer, battre **2** bavarder, caqueter **3** tinter *(cloches)* **4** battre *(des ailes)*; **met de vleugels ~** battre les ailes

klep·per [klɛpər] *nm (-s)* claquette, crécelle, *(plur.)* castagnettes

kle·re [klerə] *de (vulg.)* ♦ **krijg de ~!** va te faire foutre !

***kle·re-** [klerə-] *(vulg.)* de merde

kle·re·lij·er [klerəlɛijər] *nm (-s) (vulg.)* salaud, salope

kle·ren [klerə(n)] *plur* vêtements; **in zijn ~ schieten** enfiler ses vêtements; **iemand in de ~ steken** habiller qqn (de pied en cap); *(fig.)* rouler qqn; **niet in iemands ~ willen zitten** ne pas vouloir être à la place de qqn; *(prov)* **~ maken de man** la belle plume fait le bel oiseau ♦ **dat gaat hem niet in zijn koude ~ zitten** ça ne le laisse pas froid

kle·re·zooi [klerəzoj] *de (fam.)* bordel, pagaille

klerk [klɛrk] *nm (-en)* **1** clerc; **~ op een notariskantoor** clerc de notaire **2** *(rang)* employé

kles·se·bes·sen [klɛsəbɛsə(n)] *vi (klessebeste, h. geklessebest) (fam.)* papoter

[1]**klets** [klɛts] *de (-en)* **1** *(pas de plur.)* bavardages, baliverne(s) **2** claque, gifle; **een ~ om de oren** une gifle **3** giclée, éclaboussure

[2]**klets** [klɛts] *nm (-en)* bavard

klets! [klɛts] *interj* vlan !, clac !

[1]**klet·sen** [klɛtsə(n)] *vi (kletste, h. gekletst)* **1** bavarder; **hij kan goed ~** c'est un beau parleur; **laat ze maar ~** laisse-les dire; **waar kletst ie toch over?** mais qu'est-ce qu'il raconte ?; **er wordt over hem gekletst** on raconte un tas de choses sur lui **2** radoter; **geloof het toch niet, hij kletst maar wat** ne le crois pas, il ne sait pas ce qu'il dit **3** clapoter **4** claquer; **met een spaan in het water ~** battre l'eau d'une rame

[2]**klet·sen** [klɛtsə(n)] *vt (kletste, h. gekletst)* **1** jeter **2** flanquer

klets·kop [klɛtskɔp] *nm (-pen)* **1** *(cuis.)* galette de pralin **2** bavard; **het is een echte ~** c'est une vraie concierge **3** *(Belg.)* boule de billard

klets·kous [klɛtskɑus] *nm (-en)* bavard, -arde

klets·ma·joor [klɛtsmajor] *nm (-s)* radoteur

klets·nat [klɛtsnɑt] *adj* trempé; **~ worden** recevoir la douche

klets|praat [klɛtsprat] *nm*, **-praatje** *het (-s)* **1** bavardage **2** ragot; **dat geeft aanleiding tot ~jes** ça fera jaser

klet·te·ren [klɛtərə(n)] *vi (kletterde, h. gekletterd)* cliqueter

kleu·men [klømə(n)] *vi (kleumde, h. gekleumd)* grelotter de froid

kleu·nen [kлønə(n)] *vi (kleunde, h. gekleund) (fam.)* ♦ **ernaast ~** gaffer

kleur [klør] *de (-en)* **1** couleur, coloris; **~ bekennen** annoncer la couleur *(fig. et sports)*; **welke ~ heeft dit dagblad?** de quelle tendance est ce journal ?; **primaire ~en** couleurs fondamentales; **zijn ~ verliezen** pâlir; déteindre **2** teint; **een ~ als een boei hebben** être rouge comme une pivoine; **een ~ krijgen** rougir; **hij heeft een ongezonde ~** il a le teint blafard; **veel ~ hebben** être haut en couleur

kleur·boek [klørbuk] *het (-en)* album à colorier

kleur·echt [klørɛχt] *adj* grand teint; **~ zijn** ne pas s'altérer au lavage

[1]**kleu·ren** [klørə(n)] *vi (kleurde, h. gekleurd)* rougir

[2]**kleu·ren** [klørə(n)] *vt (kleurde, h. gekleurd)* **1** colorer, teinter; **feiten sterk ~** transformer les faits **2** faire rougir

[3]**kleu·ren** [klørə(n)] *vti (kleurde, h. gekleurd)* colorier, *(étoffe, cheveux)* teindre; **zij kleurt graag** elle aime beaucoup faire du coloriage

***kleu·ren-** [klørə(n)-] **1** en couleurs **2** de(s) couleurs

kleu·ren·blind [klørə(n)blɪnt] *adj (méd.)* daltonien

kleu·ren·op·na·me [klørə(n)ɔpnamə] *de (-n, -s)* **1** photographie en couleurs **2** photo en couleurs

kleu·ren·spec·trum [klørə(n)spɛktrʌm] *het (-s)* spectre (solaire)

kleur·fil·ter [kløfrɪltər] *het/de (-s)* filtre coloré
kleu·rig [kløraχ] *adj, adv* coloré, avec beaucoup de couleurs
kleu·ring [kløːrɪŋ] *nf (-en)* coloration
kleur|ling [kløːrlɪŋ] *nm (-en),* **-linge** *nf (-s, -n)* **1** personne de couleur **2** métis, -isse
kleur|loos [kløːrlos] *adj (-lozer, meest k.)* **1** incolore, non teinté **2** pâle, blafard **3** terne, monotone **4** *(pol.)* neutre
kleur|plaat [kløːrplat] *de (-platen)* coloriage *(dessin)*
kleur·rijk [kløːrɛik] *adj* **1** coloré, multicolore **2** *(fig.)* haut en couleur
kleur·stof [kløːrstɔf] *de (-fen)* **1** colorant **2** pigment
kleur·tje [kløːrcə] *het (-s)* **1** couleurs, rougeur **2** *(plur.)* couleurs, crayons de couleur
kleu·ter [kløːtər] *nm (-s)* petit (enfant)
kleu·ter·klas [kløːtərklɑs] *nf (-sen)* (classe) maternelle
kleu·ter·leid·ster [kløːtərlɛitstər] *nf (-s)* maîtresse d'école maternelle
kleu·ter·on·der·wijs [kløːtərɔndərwɛis] *het* enseignement préélémentaire
kleu·ter|school [kløːtərsχol] *de (-scholen)* école maternelle
kle·ven [kleːvə(n)] *vti (kleefde, h. gekleefd)* coller; *(fig.)* **er kleeft bloed aan zijn handen** il a du sang sur les mains; **blijven ~** ne pas décoller; **er ~ nog enige gebreken aan** il reste encore quelques imperfections
kle·ve·rig [kleːvəraχ] *adj* collant, gluant; **een ~ vocht** un liquide visqueux
kle·ve·rig·heid [kleːvəraχhɛit] *nf* viscosité
klie·der·boel [kliːdərbul] *nm* barbouillage
klie·de·ren [kliːdərə(n)] *vi (kliederde, h. gekliederd)* barbouiller, gribouiller; **met inkt ~** faire des pâtés d'encre; **met water ~** mettre de l'eau partout
klie·de·rig [kliːdəraχ] *adj* bourbeux, malpropre
kliek [klik] *de (-en)* clique
kliek·je [kliːkjə] *het (-s)* reste *(d'un repas);* **~s eten** finir les restes
[1]**klier** [klir] *de (-en)* glande
[2]**klier** [klir] *nm (-en) (fig., fam.)* emmerdeur
klie·ren [kliːrə(n)] *vi (klierde, h. geklierd) (fam.)* enquiquiner
klie·rig [kliːraχ] *adj, adv (fam.)* (de façon) enquiquinant(e)
[1]**klie·ven** [kliːvə(n)] *vt (kliefde, h. gekliefd)* fendre
[2]**klie·ven** [kliːvə(n)] *vi (kliefde, h. gekliefd)* **1** se fendre **2** se fendiller
klif [klɪf] *het (-fen)* **1** falaise **2** escarpement
[1]**klik** [klɪk] *nm (-ken)* **1** déclic, claquement **2** *(+ op) (inform.)* clic (sur)
[2]**klik** [klɪk] *interj* clic !, clac !
klik·ken [klɪkə(n)] *vi (klikte, h. geklikt)* **1** claquer, cliqueter **2** moucharder, rapporter; **er is geklikt** qqn a dû jaser **3** *(+ op) (inform.)* cliquer (sur) ♦ **het klikte niet tussen hen** ça ne collait pas entre eux
klik·ker [klɪkər] *nm (-s),* **klikster** *nf (-s)* mouchard, -arde, rapporteur, -euse
klik|spaan [klɪkspan] *nm (-spanen)* → **klikker**
klim [klɪm] *nm* montée, grimpée, *(d'une montagne)* ascension; **naar de derde verdieping is een hele ~** trois étages, c'est dur à monter
kli|maat [klimaːt] *het (-maten)* climat, ambiance
kli·maat·re·ge·ling [klimaːtreχəlɪŋ] *nf (-en)* climatisation
klim·men [klɪmə(n)] *vi (klom, h./i. geklommen)* grimper, monter; **bij, met het ~ der jaren** en prenant de l'âge; **naar de top van een berg ~** grimper jusqu'au sommet d'une montagne; **op een toren ~** monter au sommet d'une tour; **over een muur ~** escalader un mur; **uit een boom ~** descendre d'un arbre; **uit het raam ~** sortir par la fenêtre
klim·mer [klɪmər] *nm (-s)* **1** grimpeur **2** alpiniste
klim·op [klɪmɔp] *het/de* lierre
klim·rek [klɪmrɛk] *het (-ken)* **1** échelle murale **2** cage à écureuils
klin·ge·len [klɪŋələ(n)] *vi (klingelde, h. geklingeld)* tinter
kli·nisch [kliːnis] *adj, adv* **1** clinique(ment) **2** froid, impersonnel
klink [klɪŋk] *de (-en)* loquet
[1]**klin·ken** [klɪŋkə(n)] *vi (klonk, h. geklonken)* **1** sonner, retentir **2** paraître; **een Italiaans ~de naam** un nom à consonance italienne **3** trinquer (à) ♦ **een ~de naam** un nom connu
[2]**klin·ken** [klɪŋkə(n)] *vt (klonk, h. geklonken)* **1** river **2** enchaîner
klin·ker [klɪŋkər] *nm (-s)* **1** voyelle **2** brique
klink·klaar [klɪŋklaːr] *adj* pur (et simple); **dat is klinkklare onzin** ça n'a ni rime ni raison
klink·na·gel [klɪŋknaχəl] *nm (-s)* rivet
klip [klɪp] *de (-pen)* écueil; **op een ~ lopen** heurter un écueil ♦ **tegen de ~pen op liegen** mentir comme un arracheur de dents
klit [klɪt] *de (-ten)* ± nœud *(cheveux);* **zijn haar zit in de ~** ses cheveux sont tout emmêlés
klit·ten [klɪtə(n)] *vi (klitte, h. geklit)* **1** s'emmêler *(cheveux)* **2** s'accrocher (à qqch, qqn)
klit·ten·band [klɪtə(n)bɑnt] *het (-en)* Velcro
klod·der [klɔdər] *nm (-s)* grumeau
[1]**kloek** [kluk] *nf (-en)* **1** poule meneuse **2** mère poule
[2]**kloek** [kluk] *adj, adv* **1** robuste, fort **2** volumineux **3** solide **4** ferme(ment); **een ~ besluit** une ferme résolution
klof·fie [klɔfi] *het (-s) (fam.)* costard; **in z'n beste ~ zijn** être bien sapé
klok [klɔk] *de (-ken)* **1** cloche; **dat klinkt als**

een ~ c'est on ne peut mieux; iets aan de grote ~ hangen crier qqch sur les toits **2** pendule, pendulette, horloge; *(fig.)* hij heeft de ~ horen luiden (maar weet niet waar de klepel hangt) il a entendu qqch mais il ne connaît pas le fin fond de l'histoire; hij is een man van de ~ il a la ponctualité d'une horloge; met de ~ mee dans le sens des aiguilles d'une montre; op de ~ kijken regarder l'heure; de ~ rond douze heures d'affilée; het is alles ... wat de ~ slaat il, elle ne sait parler que de ...; race tegen de ~ course contre la montre; de ~ terugdraaien, terugzetten revenir en arrière; daar kun je de ~ op gelijk zetten c'est réglé comme du papier à musique; *(prov)* zoals het ~je thuis tikt, tikt het nergens il n'y a point de petit chez-soi; rien ne vaut un chez-soi **3** compteur

klok·ge·lui [klɔkχəlœy] *het* **1** sonnerie de cloche(s) **2** son de cloche

klok|huis [klɔkhœys] *het (-huizen)* cœur *(de fleur, pomme, poire),* trognon *(de pomme, poire)*

klok·je [klɔkjə] *het (-s)* **1** *(bot.)* campanule **2** montre ♦ het ~ van gehoorzaamheid l'heure du dodo

klok·ken [klɔkə(n)] *vti (klokte, h. geklokt)* **1** *(dans une usine, entreprise)* pointer **2** glouglouter **3** ± s'évaser **4** *(sports)* chronométrer

klok·ken·lui·der [klɔkə(n)lœydər] *nm* **1** sonneur de cloches **2** dénonciateur

klok·ken·ma·ker [klɔkəmakər] *nm (-s)* horloger

klok·ken·spel [klɔkə(n)spɛl] *het (-len)* carillon

klok·ken·to·ren [klɔkə(n)torə(n)] *nm (-s)* clocher

klok·kij·ken [klɔkɛikə(n)] *vb* regarder l'heure

klok·slag [klɔkslɑχ] *nm (-en)* coup de cloche; ~ vier uur sur le coup de quatre heures

klok·vast [klɔkfɑst] *adj (Belg.)* ♦ ~e treinen trains à horaires cadencés

klok·vor·mig [klɔkfɔrməχ] *adj, adv* campanulé, (en forme de) tulipe, en forme de cloche(tte)

klom [klɔm], **klommen** → klimmen, afklimmen, opklimmen *(etc.)*

klomp [klɔmp] *nm (-en)* **1** sabot; *(fig.)* nu breekt mijn ~ les bras m'en tombent **2** gros morceau; een ~ aarde une motte de terre ♦ *(fig.)* dat kon je op je ~en aanvoelen il fallait s'y attendre

klomp·voet [klɔmpfut] *nm (-en)* pied bot

klonk [klɔŋk], **klonken** → klinken, inklinken

klont [klɔnt] *de (-en)* **1** morceau *(de sucre, beurre)* **2** grumeau

klon·te·ren [klɔntərə(n)] *vi (klonterde, i. geklonterd)* se cailler, se grumeler, se coaguler

klon·te·rig [klɔntərəχ] *adj* grumeleux

klont·je [klɔncə] *het (-s)* morceau de sucre

♦ dat is zo klaar als een ~ c'est clair comme de l'eau de roche

[1]kloof [klof], **kloven** → kluiven

[2]kloof [klof] *de (kloven)* **1** fente; kloven in de lippen des lèvres gercées **2** fissure **3** *(fig.)* fossé, abîme; de ~ overbruggen combler l'abîme

klooi·en [klojə(n)] *vi (klooide, h. geklooid) (fam.)* **1** cafouiller; ik heb de hele dag zitten ~ je n'ai rien fichu de la journée **2** déconner; loop toch niet zo te ~ arrête de déconner

kloos·ter [klostər] *het (-s)* couvent, monastère

kloos·ter·ling [klostərlɪŋ] *nm (-en)* religieux

kloos·ter·over·ste [klostərovərstə] *nm (-n)* supérieur, -eure (d'un monastère, couvent)

kloot [klot] *nm (kloten) (vulg.)* couille ♦ naar de kloten zijn être foutu

kloot·zak [klotsɑk] *nm (-ken) (vulg.)* con

klop [klɔp] *nm (-pen)* **1** coup **2** *(cœur)* battement **3** tape

klop·jacht [klɔpjɑχt] *de (-en)* **1** rafle **2** battue

[1]klop·pen [klɔpə(n)] *vi (klopte, h. geklopt)* **1** frapper, battre **2** correspondre (à); een ~d antwoord une réponse exacte; dat klopt c'est exact; daar klopt iets niet il y a qqch qui ne va pas; de rekening klopt le compte y est

[2]klop·pen [klɔpə(n)] *vt (klopte, h. geklopt)* **1** battre, frapper; ze hebben hen met 5-0 geklopt ils leur ont mis cinq buts à zéro **2** battre, *(crème)* fouetter; eiwit stijf ~ battre des œufs en neige

klop·per [klɔpər] *nm* **1** heurtoir **2** fouet *(pour faire une crème etc.)*

klos [klɔs] *de (-sen)* bobine ♦ de ~ zijn être le dindon de la farce

[1]klos·sen [klɔsə(n)] *vi (kloste, h./i. geklost)* saboter, traîner les pieds

[2]klos·sen [klɔsə(n)] *vt (kloste, h. geklost)* (em)bobiner

klo·te [klotə] *adj, adv (vulg.)* con; ik voel me ~ j'ai le moral à zéro

***klo·te-** [klotə-] *(vulg.)* putain de; wat een kloteweer! quel putain de temps !

klo·ten [klotə(n)] *vi (klootte, h. gekloot) (Belg.; fam.)* cafouiller ♦ *(vulg.)* wie heeft er aan mijn radio zitten te ~? qui est l'enculé qui a touché à ma radio ?; *(vulg.)* wat zit je nou te ~? qu'est-ce que tu fous ?

klo·te·vent [klotəvɛnt] *nm (vulg.)* couillon

klo·te·wijf [klotəwɛif] *het (vulg.)* conasse

klot·sen [klɔtsə(n)] *vi (klotste, h. geklotst)* clapoter

klo·ven [klovə(n)] *vti (kloofde, h./i. gekloofd)* (se) cliver, (se) fendre

klucht [klʌχt] *de (-en)* farce

kluch·tig [klʌχtəχ] *adj, adv* burlesque

kluif [klœyf] *de (kluiven)* **1** os **2** gros boulot; dat is een hele ~ c'est un sacré boulot

kluis [klœys] *de (kluizen)* coffre-fort

kluis·te·ren [klœystərə(n)] *vt (kluisterde, h. gekluisterd)* enchaîner; **aan de buis gekluisterd** rivé devant son poste de télévision; **aan het ziekbed gekluisterd** cloué au lit

kluit [klœyt] *de (-en)* **1** motte **2** tas ♦ *(fam.)* **de ~ bedonderen** se payer la tête de tout le monde; **hij is flink uit de ~en gewassen** il a bien profité

kluit·je [klœycə] *het (-s)* ♦ **iemand met een ~ in het riet sturen** envoyer qqn paître; **op een ~ zitten, staan** être les uns sur les autres

klui·ven [klœyvə(n)] *vi (kloof, h. gekloven)* **1** ronger *(un os)* **2** sucer

klui·ze·naar [klœyzənar] *nm (-s)* ermite

klun·gel [klʌŋəl] *de (-s)* manche, minus

klun·ge·len [klʌŋələ(n)] *vi (klungelde, h. geklungeld)* cafouiller ♦ **hij klungelt maar wat aan** il s'y prend comme un manche

klun·ge·lig [klʌŋələχ] *adj, adv* (de manière) godiche

kluns [klʌns] *nm (klunzen) (fam.)* → **klungel**

klus [klʌs] *nm (-sen) (fam.)* **1** gros boulot; **een zware ~** un sacré boulot **2** bricole; **~jes opknappen** bricoler

klus·jes·man [klʌʃəsman] *nm (-nen)* homme à tout faire

klus·sen [klʌsə(n)] *vti (kluste, h. geklust)* bricoler

kluts [klʌts] *de* ♦ **de ~ kwijt zijn** être dans le cirage; **de ~ kwijtraken** perdre les pédales

klut·sen [klʌtsə(n)] *vt (klutste, h. geklutst)* battre, fouetter

kluut [klyt] *nm (kluten) (zool.)* avocette (blanche)

klu·wen [klywə(n)] *het (-s)* **1** pelote **2** *(fig.)* écheveau; **een ~ mensen** une confusion de gens

KMA [kaɛma] *nf (-'s)* abrév. de *Koninklijke Militaire Academie* Académie royale militaire

KMI [kaɛmi] *het (Belg.)* abrév. de *Koninklijk Meteorologisch Instituut* IRM

KMI's [kaɛmis] *plur (Belg.)* abrév. de *Kleine en Middelgrote Industrieën* PMI

kmo's [kaɛmos] *plur (Belg.)* abrév. de *kleine en middelgrote ondernemingen* PME

km/u [kilometərpɛryr] abrév. de *kilometer per uur* km/h

knaag·dier [knaχdir] *het (-en)* rongeur

knaap [knap] *nm (knapen)* gars ♦ **een ~ van een karper** une carpe de taille

knaap·je [knapjə] *het (-s)* cintre, *(Belg.)* esse

knab·be·len [knabələ(n)] *vti (knabbelde, h. geknabbeld)* grignoter

[1]**kna·gen** [knaχə(n)] *vi (knaagde, h. geknaagd)* ronger; **de ratten ~ aan het hout** les rats rongent le bois

[2]**kna·gen** [knaχə(n)] *vt (knaagde, h. geknaagd)* faire (qqch) en rongeant

knak [knak] *nm (-ken)* **1** craquement **2** fêlure **3** *(fig.)* coup, entorse

[1]**knak·ken** [knakə(n)] *vi (knakte, h./i. geknakt)* craquer

[2]**knak·ken** [knakə(n)] *vt (knakte, h. geknakt)* **1** (faire) craquer **2** *(fig.)* porter un coup à

knak·worst [knakwɔrst] *de (-en)* saucisse de Francfort

[1]**knal** [knal] *nm (-len)* coup, détonation

[2]**knal** [knal] *adj (fam.)* **1** chouette, vachement bien **2** vif

***knal-** [knal-] vachement; **knalgoed** vachement bien

knal·geel [knalχel] *adj* (d'un) jaune éclatant

knal·len [knalə(n)] *vi (knalde, h./i. geknald)* **1** péter, retentir **2** *(+ op)* s'écraser (contre) ♦ **een ~de ruzie** une fière engueulade

knal·ler [knalər] *nm (-s)* succès fou; **wat een ~!** c'est sensa(ss) !

knal·pijp [knalpɛip] *de (-en)* silencieux *(d'une voiture)*

knal·pot [knalpɔt] *nm (-ten)* pot d'échappement

knal|prijs [knalprɛis] *nm (-prijzen)* prix défiant toute concurrence

knal·rood [knalrot] *adj* rouge sang

knap [knap] *adj, adv* **1** beau, joli **2** brillant, doué; **een ~pe kop** une grosse tête **3** fort, calé (en); **dat heb je ~ gedaan!** tu t'en es bien tiré !; **een ~pe jongen die ...** il ne sera pas tombé de la dernière pluie celui qui ... **4** drôlement, rudement; **hij werkt ~ hard** il travaille drôlement dur

knap·pen [knapə(n)] *vti (knapte, h./i. geknapt)* **1** craqueter, crépiter **2** craquer

knap·pend [knapənt] *adj* **1** crépitant **2** croustillant

knap·perd [knapərt] *nm (-s)* crack

knap·pe·rig [knapərəχ] *adj* → **knappend 2**

knap·zak [knapsak] *nm (-ken)* havresac

knar [knar] *nm (-ren) (fam.)* **1** vioc **2** caboche; **hoe haal je 't in je ~?** tu sors ça d'où ?

knar·sen [knarsə(n)] *vi (knarste, h. geknarst)* grincer

knar·se·tan·den [knarsətandə(n)] *vi (knarsetandde, h. geknarsetand)* grincer des dents

knauw [knau] *nm (-en)* coup (de dent); *(fig.)* **dat gaf hem een ~** ça lui a porté un rude coup

knau·wen [knauwə(n)] *vti (knauwde, h. geknauwd)* **1** mâcher **2** *(fig.)* porter un coup à

knecht [knɛχt] *nm (-en)* domestique

knech·ten [knɛχtə(n)] *vt (knechtte, h. geknecht)* asservir

kne·den [knedə(n)] *vt (kneedde, h. gekneed)* pétrir; *(fig.)* **iemands karakter ~** façonner le caractère de qqn

kneed|baar [knedbar] *adj (-baarder, -baarst)* malléable

[1]**kneep** [knep], **knepen** → **knijpen, uitknijpen, fijnknijpen**

[2]**kneep** [knep] *de (knepen)* **1** pincement **2** pinçon **3** *(fig.)* astuce; **de (fijne) ~jes**

van het vak kennen connaître les (subtiles) ficelles du métier; voel je de ~? tu vois l'astuce ?; daar zit (hem) de ~ voilà le nœud de l'affaire

kne·kel [knekəl] *nm (-s)* os

knel [knɛl] *de (-len)* pétrin; in de ~ zitten être dans le pétrin ♦ mijn vinger zit in de ~ j'ai le doigt pris

knel·len [knɛlə(n)] *vti (knelde, h. gekneld)* serrer; het ~de juk van de dictatuur le joug écrasant de la dictature; die schoen knelt cette chaussure me serre le pied

knel·punt [knɛlpʌnt] *het (-en)* **1** point chaud **2** embouteillage

knet·ter [knɛtər] *adj* fou à lier; je wordt ~ van dit werk ce travail te rend complètement fou

knet·te·ren [knɛtərə(n)] *vi (knetterde, h. geknetterd)* crépiter

knet·ter·gek [knɛtərχɛk] *adj (fam.)* complètement dingue

kneus·je [knøʃə] *het (-s)* **1** raté **2** clou *(vieille voiture)*

kneu·te·rig [knøtərəχ] *adj, adv* douillet(tement)

kneu·zen [knøzə(n)] *vt (kneusde, h. gekneusd)* meurtrir; mijn arm is gekneusd je me suis contusionné le bras

kneu·zing [knøzɪŋ] *nf (-en)* meurtrissure; inwendige ~en lésions internes

kne·vel [knevəl] *nm (-s)* moustache

kne·ve·len [knevələ(n)] *vt (knevelde, h. gekneveld)* garrotter

knib·be·len [knɪbələ(n)] *vi (knibbelde, h. geknibbeld)* lésiner (sur)

knie [kni] *de (-ën)* genou; *(fig.)* door de ~ën gaan céder; knikkende ~ën genoux qui se dérobent ♦ iets onder de ~ hebben connaître qqch à fond; iets onder de ~ krijgen arriver à bout de qqch; iemand over de ~ leggen donner la fessée à qqn

knie·ban·den [knibandə(n)] *plur* ligaments rotuliens

knie·be·scher·mer [knibəsχɛrmər] *nm (-s)* genouillère

knie·broek [knibruk] *de (-en)* culottes de golf

knie·hol·te [knihɔltə] *nf (-n, -s)* (pli du) jarret

knie·kous [knikaus] *de (-en)* chaussette, mi-bas

knie·len [knilə(n)] *vi (knielde, h./i. geknield)* s'agenouiller

knie|schijf [knisχɛif] *de (-schijven)* rotule

knies|oor [knisor] *nm (-oren)* grincheux, -euse; wie daarop let, is een ~ tant pis pour ceux qui ne sont jamais contents !

knie·tje [knicə] *het (-s)* ♦ iemand een ~ geven faire du genou à qqn *(en poussant)*

knie·val [knival] *nm (-len)* génuflexion; een ~ doen voor *(aussi au fig.)* tomber aux genoux de

knie·zen [knizə(n)] *vi (kniesde, h. gekniesd)* broyer du noir

knie·zer [knizər] *nm (-s)* bilieux

knijp [knɛip] *de (fam.)* ♦ *(fig.)* in de ~ zitten être dans le pétrin, être dans ses petits souliers, être serré

knij·pen [knɛipə(n)] *vti (kneep, h. geknepen)* pincer; iemand in de arm ~ pincer le bras de qqn ♦ *(fam.)* ertussenuit ~ filer à l'anglaise; het knijpt ça pince (dur); *(fam.)* 'm ~ ne pas en mener large

knij·per [knɛipər] *nm (-s)* pince

knijp·kat [knɛipkat] *de (-ten)* torche dynamoélectrique

knijp·tang [knɛiptaŋ] *de (-en)* tenaille(s)

knik [knɪk] *nm (-ken)* **1** brisure; die steel heeft een ~ cette tige est brisée **2** rupture; een ~ in de rijweg une inégalité dans la chaussée **3** signe de tête; een kort ~je une légère inflexion de la tête

knik·ke·bol·len [knɪkəbɔlə(n)] *vi (knikkebolde, h. geknikkebold)* dodeliner de la tête, branler la tête

[1]**knik·ken** [knɪkə(n)] *vi (knikte, h./i. geknikt)* **1** se casser, se briser; de bloemen zijn geknikt les fleurs sont flétries **2** fléchir **3** flageoler **4** faire un signe de tête; goedendag ~ saluer d'un signe de tête; goedkeurend ~ approuver de la tête; met ~d hoofd en dodelinant de la tête; instemmend ~ acquiescer de la tête; ja ~ faire oui de la tête

[2]**knik·ken** [knɪkə(n)] *vt (knikte, h. geknikt)* fléchir, courber

knik·ker [knɪkər] *nm (-s)* **1** bille; met ~s spelen jouer aux billes **2** *(fam.; tête)* boule; een kale ~ une boule de billard ♦ er is toch niets aan de ~? il n'y a rien qui cloche, au moins ?; *(fig.)* het is niet om de ~s, maar om het spel ce n'est pas par intérêt, mais pour le principe

knik·ke·ren [knɪkərə(n)] *vti (knikkerde, h. geknikkerd)* jouer aux billes ♦ *(fam.)* iemand eruit ~ jeter qqn dehors

[1]**knip** [knɪp] *de (-pen)* **1** chiquenaude; *(fig.)* hij is geen ~ voor de neus waard il ne vaut pas un pet de lapin; een ~ met de vingers une chiquenaude **2** trou *(perforation)* **3** fermoir **4** verrou; doe de ~ op de deur verrouille la porte ♦ iemand een ~ op de neus zetten couper les ailes à qqn

[2]**knip** [knɪp] *interj* clic

knip-en-plak·werk [knɪpɛmplakwɛrk] *het* **1** copier-coller **2** *(péj.)* patchwork

knip·kaart [knɪpkart] *de (-en)* carte d'abonnement

knip·mes [knɪpmɛs] *het (-sen)* canif; buigen als een ~ faire des courbettes

knip·ogen [knɪpoχə(n)] *vi (knipoogde, h. geknipoogd)* **1** faire un clin d'œil; tegen elkaar ~ échanger des clins d'œil **2** cligner des yeux

knip·oog·je [knɪpoχjə] *nm (-s)* **1** clin d'œil; elkaar ~s geven se faire des clins d'œil **2** œillade

knip·pa|troon [knɪpatron] *het (-tronen)* patron

knip·pen [knɪpə(n)] *vti (knipte, h. geknipt)* **1** couper; in een film ~ faire des coupures dans un film, censurer un film;

iets in tweeën ~ couper qqch en deux; **kaartjes ~** poinçonner des billets; **zich laten ~** se faire couper les cheveux **2** découper, tailler; **een plaat uit een tijdschrift ~** découper une image dans une revue; **een rok uit een lap stof ~** tailler une jupe dans un coupon **3** *(inform.)* couper; **~ en plakken** couper-coller ♦ **met de ogen ~** cligner des yeux; **met de vingers ~** claquer des doigts; *(fig.)* **hij hoeft maar met zijn vingers te ~ of ...** il n'a qu'à lever le petit doigt pour que ...

knip·pe·ren [knɪpərə(n)] *vi (knipperde, h. geknipperd)* **1** cligner des yeux; *(fig.)* **met de ogen zitten te ~** écarquiller les yeux **2** faire des appels de phare

knip·per·licht [knɪpərlɪχt] *het (-en)* **1** (feu) clignotant, *(Belg.)* clignoteur **2** *(plur.)* feux de détresse, lumière intermittente

knip·sel [knɪpsəl] *het (-s)* **1** coupure **2** découpage

knip·sel·krant [knɪpsəlkrɑnt] *de (-en)* montage de coupures de presse

knip·tang [knɪptɑŋ] *de (-en)* **1** cisailles **2** poinçonneuse

knis·pe·ren [knɪspərə(n)] *vi (knisperde, h. geknisperd)* grésiller, crépiter

KNMI [kaɛnɛmi] *het* abrév. de *Koninklijk Nederlands Meteorologisch Instituut* ⟨*institut royal météorologique des Pays-Bas*⟩, ± météo

kno-arts [kaɛnoɑrts] *nm (-en)* abrév. de *keel-, neus- en oorarts* médecin ORL, oto-rhino(laryngologiste)

knob·bel [knɔbəl] *nm (-s)* bosse, nodule; **een ~tje in de borst** une grosseur au sein; **een ~ voor wiskunde hebben** avoir la bosse des mathématiques

knock-out [nɔkɑut] *adj* knock-out; **~ gaan** être mis K.-O.; *(aussi)* tomber dans les pommes

knoe·del [knudəl] *nm (-s)* **1** boulette de pâte **2** pelote **3** chignon

knoei [knuj] *nm* ♦ **in de ~ zitten** être dans le pétrin; **nu zitten we goed in de ~** nous voilà dans de beaux draps

knoei·boel [knujbul] *nm* **1** gâchis; **een onleesbare ~** un gribouillage illisible **2** tripotage, micmac

knoei·en [knujə(n)] *vi (knoeide, h. geknoeid)* **1** faire des saletés; **met as ~** mettre de la cendre partout; **wat zit je toch te ~!** tu en fais des saletés ! **2** faire du gâchis **3** cafouiller **4** tripoter, trafiquer; **in de boeken ~** tripatouiller des comptes; **er is in die zaak geknoeid** il y a eu des tripotages dans cette affaire; **~ met de prijzen** tricher sur les prix

knoei·er [knujər] *nm (-s),* **knoeister** *nf (-s)* **1** barbouilleur, -euse **2** bricoleur, -euse **3** tripoteur, -euse

knoei·e·rig [knujərəχ] *adj* bousillé

knoei·e·rij [knujərɛi] *nf (-en)* tripotage, combine

knoei·werk [knujwɛrk] *het* **1** bousillage **2** bricolage

knoe·per [knupər] *nm (-s) (fam.)* ♦ **een ~ van een fout** une gaffe; **wat een ~!** quel mastodonte !

knoert [knurt] *nm (-en) (fam.)* ♦ **een ~ van een karper** une carpe gigantesque

knoert·hard [knurthɑrt] *adj (fam.)* assourdissant, dur comme le fer

knoest [knust] *nm (-en) (bois)* nœud

knoes·tig [knustəχ] *adj* noueux

knoet [knut] *nm (-en)* **1** knout; **met de ~ regeren** régner avec un sceptre de fer **2** chignon

knof·look [knɔflok] *het/de* ail

knof·look·bo·ter [knɔflogbotər] *de* beurre maître d'hôtel

knof·look·lucht [knɔfloklʌχt] *de* odeur d'ail; **er hangt een ~ hier** ça sent l'ail ici

knof·look·teen·tje [knɔfloktencə] *het (-s)* gousse d'ail

kno·kig [knokəχ] *adj* osseux

knok·kel [knɔkəl], **knokel** *nm (-s)* nœud (du doigt); **met een ~ tegen het raam tikken** cogner (du doigt) au carreau

knok·ken [knɔkə(n)] *vi (knokte, h. geknokt) (fam.)* se bagarrer; **ze zal ervoor moeten ~ om te slagen** elle devra se bagarrer pour réussir; **dat wordt ~** il va y avoir du rififi

knok·par·tij [knɔkpɑrtɛi] *nf (-en)* bagarre, rixe

knok·ploeg [knɔkpluχ] *de (-en)* hommes de main

knol [knɔl] *nm (-len)* **1** tubercule **2** navet; *(fig.)* **iemand ~len voor citroenen verkopen** faire prendre à qqn des vessies pour des lanternes **3** *(fam.)* canasson, haridelle

knol·ge·was [knɔlχəwɑs] *het (-sen)* plante à tubercules

knol|raap [knɔlrap] *de (-rapen)* chou-rave

knol·sel·de·rie [knɔlsɛldəri] *nm,* **knolselderij** *nm* céleri-rave

knook [knok] *de (knoken)* os; **hij is zo mager, dat zijn knoken uitsteken** il est tellement maigre qu'on lui voit les côtes

knoop [knop] *nm (knopen)* **1** nœud; *(fig.)* **de ~ doorhakken** trancher; **in de ~ zitten** être enchevêtré; *(fig.)* ne pas pouvoir s'en sortir; **het touw zit in de ~** la corde est pleine de nœuds; **een ~ in zijn zakdoek leggen** faire un nœud à son mouchoir; **het schip liep negen knopen** le navire filait neuf nœuds; *(fig.)* **de ~ ontwarren** dénouer l'intrigue; **een veter uit de ~ halen** défaire un lacet; **zijn haar uit de ~ halen** démêler les cheveux; **hier zit 'm de ~** voilà le nœud de l'affaire **2** bouton; **de blauwe ~** la ligue antialcoolique; **de knopen van zijn jas dichtdoen** se boutonner; **je ~ springt er bijna af** ton bouton va sauter

knoop·punt [knopʌnt] *het (-en)* **1** nœud routier **2** centre ferroviaire

knoops·gat [knopsχɑt] *het (-en)* boutonnière; **in het ~** à la boutonnière

knoop·slui·ting [knopslœytɪŋ] *nf (-en)* boutonnage

knoop·werk [knopwɛrk] *het* ouvrage à points noués

knop [knɔp] *nm (-pen)* 1 bouton; *(fig.)* de ~ omzetten repartir sur de nouvelles bases; de ~ van een paraplu le pommeau d'un parapluie; de ~ van een speld la tête d'une épingle 2 boucle d'oreille 3 bourgeon, bouton; de roos is nog in de ~ la rose n'est pas encore éclose; *(fig.)* in de ~ gebroken tué dans l'œuf ♦ naar de ~pen gaan être fichu

kno·pen [knopə(n)] *vt (knoopte, h. geknoopt)* nouer; twee touwen aan elkaar ~ nouer deux cordes; *(fig.)* ik heb er nog een dagje aan vast geknoopt je suis resté un jour de plus; een das ~ nouer une cravate; je moet het niet zo stijf ~ ne serre pas tant ce nœud; een geknoopt tapijt un tapis à points noués

knop·pen [knɔpə(n)] *vi (knopte, h. geknopt)* bourgeonner; de bomen beginnen al te ~ les arbres commencent déjà à fleurir

knor·ren [knɔrə(n)] *vi (knorde, h. geknord)* grogner; *(iron.)* mijn maag knort mon estomac gargouille; over iets ~ grogner à propos de qqch; ~ van tevredenheid ronronner de satisfaction

knor·re·pot [knɔrəpɔt] *nm (-ten)* grognon

knor·rig [knɔrəχ] *adj, adv* (d'un air) grognon, d'un ton râleur

knor·rig·heid [knɔrəχhɛit] *nf* mauvaise humeur

knot [knɔt] *de (-ten)* pelote; een ~ haar un chignon; een ~ wol une pelote de laine

[1]**knots** [knɔts] *de (-en)* 1 massue 2 *(gymnastique)* mil ♦ een ~ van een ... un(e) ... gigantesque

[2]**knots** [knɔts] *adj, adv (fam.)* dingue, toqué, de façon dingue

knots·gek [knɔtsχɛk] *adj, adv (fam.)* (de façon) complètement dingue

knot·ten [knɔtə(n)] *vt (knotte, h. geknot)* 1 *(arbres)* étêter 2 *(fig.)* rabaisser

knot·wilg [knɔtwɪlχ] *nm (-en)* (saule taillé en) têtard

KNSB [kaɛnɛzbe] *nm* 1 abrév. de *Koninklijke Nederlandse Schaakbond* ⟨*Fédération royale néerlandaise des Échecs*⟩ 2 abrév. de *Koninklijke Nederlandse Schaatsenrijdersbond* ⟨*Fédération royale néerlandaise de Patinage*⟩

knud·de [knʌdə] *adj (fam.)* ♦ het is ~ (met een rietje) ça ne vaut pas un clou

knuf·fel [knʌfəl] *nm (-s)* ♦ een ~ geven faire un câlin

knuf·fel|beest [knʌfəlbest] *het (-en)*, **-dier** *het (-en)* animal en peluche

knuf·fe·len [knʌfələ(n)] *vt (knuffelde, h. geknuffeld)* câliner

knuist [knœyst] *de (-en)* grosse main, poing

knul [knʌl] *nm (-len)* gars, type; 't is een goeie ~ c'est un brave gars; *(fam.)* zij heeft een ~ elle a un jules

knul·lig [knʌləχ] *adj, adv* maladroit(ement), gauche(ment); dat is ~ gedaan c'est du travail d'amateur

knup·pel [knʌpəl] *nm (-s)* 1 matraque 2 *(aviat.)* manche (à balai) 3 empoté, nigaud ♦ de ~ in het hoenderhok gooien jeter le pavé dans la mare

knup·pe·len [knʌpələ(n)] *vti (knuppelde, h. geknuppeld)* matraquer

knus [knʌs] *adj, adv (knusser, meest k.)* intime(ment); een ~ leventje une vie ouatinée; een ~ woninkje un petit logis douillet

knus·jes [knʌʃəs] *adv* dans une atmosphère intime; wij zitten hier zo ~ nous sommes si bien ici

knut·se·laar [knʌtsəlar] *nm (-s)* bricoleur

knut·se·len [knʌtsələ(n)] *vti (knutselde, h. geknutseld) (aussi péj.)* bricoler; hij knutselt graag aan zijn bromfiets il aime bricoler son vélomoteur

knut·sel·werk [knʌtsəlwɛrk] *het* bricolage

KNVB [kaɛnvebe] *nm* abrév. de *Koninklijke Nederlandse Voetbalbond* ⟨*Fédération royale néerlandaise de Football*⟩

ko·balt [kobalt] *het* (bleu de) cobalt

kocht [kɔχt], **kochten** → kopen, omkopen, inkopen

kod·dig [kɔdəχ] *adj, adv* (de façon) comique

kod·dig|heid [kɔdəχhɛit] *nf (-heden)* drôlerie

koe [ku] *nf (koeien)* 1 vache; iemand koeien met gouden hoorns beloven promettre monts et merveilles à qqn; *(fig.)* oude koeien uit de sloot halen sortir les squelettes (cadavres) du placard; remuer le passé; *(prov)* men kan nooit weten hoe een ~ een haas vangt on ne sait jamais; tout est possible; *(prov)* men noemt geen ~ bont, of er zit wel een vlekje aan il n'y a pas de fumée sans feu; *(Belg.)* on n'appelle jamais une vache pie, si elle n'a une tache noire 2 *(personne stupide)* oie, âne ♦ koeien van fouten fautes énormes; *(fig.)* de ~ bij de hoorns vatten prendre le taureau par les cornes

koei·en·let·ter [kujə(n)lɛtər] *de (-s)* lettre énorme

koei·en·vlaai [kujə(n)vlaj] *de (-en)* → koemest

koei·o·ne·ren [kujonerə(n)] *vt (koeioneerde, h. gekoeioneerd)* brimer

koek [kuk] *nm (-en)* 1 gâteau; een gevulde ~ ⟨*un gâteau fourré à la pâte d'amande*⟩ 2 biscuit, gâteau sec 3 croûte *(de peinture etc.)* 4 pain d'épices ♦ dat gaat erin als (gesneden) ~ *(nourriture)* cela passe comme une lettre à la poste, *(produit)* ça se vend comme des petits pains; dat is andere ~! c'est une autre paire de manches !; het is ~ en ei tussen hen ils sont comme les deux doigts de la main; dat is voor haar gesneden ~ c'est du gâteau pour elle; de ~ is op c'est fini; dat is ouwe ~ c'est du déjà-vu; iets voor zoete ~ slikken avaler qqch, prendre qqch pour argent comptant

koe·ke·loe·ren [kukəlurə(n)] *vi (koekeloerde, h. gekoekeloerd)* **1** lorgner; ergens naar binnen ~ lorgner qqp à l'intérieur (chez les gens) **2** bayer aux corneilles

koe·ken·bak·ker [kukə(n)bakər] *nm (-s)* **1** pâtissier **2** *(fam.)* gâte-métier

koe·ken·pan [kukə(n)pan] *de (-nen)* poêle (à frire)

koek-en-zo·pie [kukɛnzopi] *nm* buvette (sur glace)

koek·hap·pen [kukhapə(n)] *vb ⟨jeu d'enfant : les yeux bandés, il faut essayer de manger une tranche de pain d'épices pendue à une ficelle⟩*

koek·je [kukjə] *het (-s)* biscuit, gâteau sec ♦ iemand een ~ van eigen deeg geven rendre à qqn la monnaie de sa pièce

[1]**koe·koek** [kukuk] *nm (-en)* **1** *(animal; pendule)* coucou **2** lucarne, œil-de-bœuf ♦ *(fig.)* dat haalt je de ~! à d'autres !

[2]**koe·koek** [kukuk] *interj* coucou !; ~, daar ben ik weer! coucou, me (re)voilà !

koel [kul] *adj, adv* **1** frais; ~ bewaren conserver au frais; ~ worden se rafraîchir; een ~e zomer un été froid, frisquet **2** *(attitude)* froid(ement); iemand ~ bejegenen traiter qqn avec froideur; ~ reageren op répondre avec froideur à; zeer ~ zijn être de glace

***koel-** [kul-] frigorifique

koel·bloe·dig [kulbludəχ] *adj, adv (à propos de qqn)* froid, de sang-froid

koel·bloe·dig·heid [kulbludəχhɛit] *nf* sang-froid

koel·box [kulbɔks] *nm (-en)* glacière portative

koel·cel [kulsɛl] *de (-len)* chambre froide

koel|doos [kuldos] *de (-dozen) (que l'on met au réfrigérateur)* boîte à aliments

koel·ele·ment [kuleləmɛnt] *het (-en)* **1** élément de réfrigération **2** *(dans une glacière)* pingouin

koe·len [kulə(n)] *vt (koelde, h. gekoeld)* **1** refroidir; champagne ~ glacer le champagne **2** assouvir; zijn drift ~ (op) assouvir sa colère (sur)

koe·ler [kulər] *nm (-s)* **1** refroidisseur **2** seau à glace

koel|huis [kulhœys] *het (-huizen)* entrepôt frigorifique

koe·ling [kulɪŋ] *nf* **1** refroidissement **2** chambre froide

koel·kast [kulkast] *de (-en)* réfrigérateur, frigidaire®; in de ~ zetten mettre au frigidaire

koel·tas [kultas] *de (-sen)* sac isotherme

koel·te [kultə] *nf* **1** fraîcheur; de ~ opzoeken rechercher le frais **2** *(fig.)* froideur

[1]**koel·tjes** [kulcəs] *adj* frisquet, frais

[2]**koel·tjes** [kulcəs] *adv* froidement; zij heeft mij maar ~ ontvangen elle m'a reçu d'une manière plutôt froide

koel·wa·gen [kulwaχə(n)] *nm (-s)* wagon frigorifique

koel·wa·ter [kulwatər] *het* eau de refroidissement, *(auto)* eau du radiateur

koe·mest [kumɛst] *nm* bouse de vache

koen [kun] *adj, adv (form.)* (de manière) intrépide

koe·pel [kupəl] *nm (-s) (archit.)* coupole

koer [kur] *de (Belg.; fam.)* **1** cour **2** cour (de récréation)

Koerd [kurt] *nm (-en)* Kurde

koe·ren [kurə(n)] *vi (koerde, h. gekoerd)* roucouler

koe·rier [kurir] *nm (-s)* **1** *(messager)* courrier **2** passeur, -euse, contrebandier

koe·riers·dienst [kurirzdinst] *nm (-en)* (service (rapide) de) messageries

[1]**koers** [kurs] *nm (-en)* **1** *(aussi aviat.; mar.)* route, direction; de ~ bepalen fixer la route; ~ houden (op) garder le cap (sur); *(fig.)* de ~ kwijt zijn être désorienté; het schip op, in ~ brengen redresser le navire; op ~ liggen *(navire)* tenir le bon cap; *(fig.)* être en bonne voie; *(fig.)* van de rechte ~ afdwalen quitter le droit chemin; uit de ~ brengen dévier; *(fig.)* van ~ veranderen prendre une autre direction; ~ zetten naar mettre le cap sur **2** ligne (de conduite); een harde ~ volgen suivre une ligne dure **3** *(commerce)* cours; tegen de hoogste ~ verkopen vendre au cours le plus élevé

[2]**koers** [kurs] *de (-en) (sports)* course

***koers-** [kurs-] des cours; de koersverhoging la hausse des cours

koer·sen [kursə(n)] *vi (koerste, h./i. gekoerst)* **1** *(+ naar)* faire route, *(bateau)* faire voile, mettre le cap **2** *(sports)* courir; de wielrenner koerste voor in het peloton le cycliste était dans la tête du peloton

koers·lijst [kurslɛist] *de (-en)* bulletin des cours

koers·no·te·ring [kursnoterɪŋ] *nf (-en)* cotation

koers·ver|loop [kursfərlop] *het (-lopen)* **1** *(écon.)* évolution des cours **2** *(sports)* déroulement de la course

koers·waar·de [kurswardə] *nf (-n, -s)* valeur en Bourse

koers·wij·zi·ging [kurswɛizəχɪŋ] *nf (-en)* **1** fluctuation des cours **2** changement de route **3** *(pol.)* changement d'orientation

[1]**koest** [kust] *adj* ♦ zich ~ houden se tenir coi

[2]**koest** [kust] *interj (fam.)* couché !

[1]**koes·te·ren** [kustərə(n)] *vt (koesterde, h. gekoesterd)* **1** *(donner une chaleur bienfaisante à)* (ré)chauffer **2** choyer, dorloter **3** chérir; zij koestert haar vrijheid elle chérit sa liberté **4** avoir, *(des sentiments)* ressentir, *(des espoirs, un projet)* caresser; argwaan ~ avoir des soupçons; wrok jegens iemand ~ garder rancune à qqn

[2]**koes·te·ren, zich** [kustərə(n)] *vpr (koes-*

terde zich, h. zich gekoesterd) se (ré)-chauffer
koes·te·ring [kustərɪŋ] *nf (-en)* **1** chaleur (bienfaisante) **2** soins attentifs
koe·ter·waals [kutərwals] *het* charabia
koe·ter·wa·len [kutərwalə(n)] *vi* baragouiner
koe·tje [kucə] *het (-s)* ♦ **over ~s en kalfjes praten** parler de la pluie et du beau temps
koets [kuts] *de (-en)* carrosse, calèche
koets|huis [kutshœys] *het (-huizen) (archit.)* remise
koet·sier [kutsir] *nm (-s)* cocher
koe·voet [kuvut] *nm (-en)* pied-de-biche, pince-monseigneur
Koe·weit [kuwɛit] *het* Koweït
Koe|wei·ter [kuwɛitər] *nm (-s),* **-weitse** *nf (-n)* Koweïtien, -ienne
Koe·weits [kuwɛits] *adj* koweïtien
kof·fer [kɔfər] *nm (-s)* **1** valise, malle; **zijn ~s pakken** faire ses valises *(aussi au fig.)*; **zijn ~s uitpakken** défaire ses valises **2** *(fam.)* pieu, page(ot); **in de ~ duiken** se pieuter; **met iemand de ~ in duiken** faire une partie de jambes en l'air
kof·fer·bak [kɔfərbak] *nm (-ken)* coffre, malle
kof·fer·ruim·te [kɔfərœymtə] *nf (-n, -s)* → **kofferbak**
kof·fer·schrijf·ma·chi·ne [kɔfərsχrɛifmaʃinə] *nf (-s)* machine à écrire portative
kof·fie [kɔfi] *nm* café; *(fig.)* **dat is andere ~!** c'est une autre paire de manches !; **een kleintje ~** un petit café; **een kopje ~** une tasse de café; **~ met melk** café crème; **zij zal na de ~ nog even langskomen** elle passera vers 11 heures, 11 heures et demie; **ongemalen ~** café en grains; **op de ~ komen** venir prendre le café; **~ schenken** servir le café; **slappe ~** lavasse; *(fig.)* **dat is geen zuivere ~** ce n'est pas très catholique
***kof·fie-** [kɔfi-] de café; **de koffieautomaat** le distributeur de café
kof·fie|boon [kɔfibon] *de (-bonen)* grain de café; **koffiebonen malen** moudre du café
kof·fie·bran·der [kɔfibrandər] *nm (-s)* torréfacteur
kof·fie·bran·de·rij [kɔfibrandərɛi] *nf (-en)* usine de torréfaction
kof·fie·brood·je [kɔfibrocə] *het (-s)* ⟨*petit pain sucré aux raisins*⟩
kof·fie·bus [kɔfibʌs] *de (-sen)* boîte à café
kof·fie·con·cert [kɔfikɔnsɛrt] *het (-en)* ⟨*concert donné le matin, au cours duquel on sert gratuitement une tasse de café*⟩
kof·fie·crea·mer [kɔfikrimər] *nm (-s)* succédané de lait en poudre
kof·fie·dik [kɔfidɪk] *het* marc de café; *(iron.)* **het is zo helder als ~** c'est la bouteille à l'encre ♦ **~ kijken** lire (dans) le marc de café; **ik kan geen ~ kijken** je ne suis pas devin
kof·fie·fil·ter [kɔfifɪltər] *het/de (-s)* filtre (de cafetière)
kof·fie|huis [kɔfihœys] *het (-huizen)* café
kof·fie·juf·frouw [kɔfijʌfrau] *nf (-en)* ± serveuse
kof·fie·ka·mer [kɔfikamər] *de (-s)* foyer
kof·fie·krans·je [kɔfikranʃə] *het (-s)* ⟨*cercle de dames se retrouvant pour prendre le café*⟩
kof·fie·leut [kɔfiløt] *nm (-en)* grand buveur, grande buveuse de café
kof·fie·melk [kɔfimɛlk] *de* lait (entier) condensé
kof·fie·pad [kɔfipɛt] *nm (-s)* dosette de café
kof·fie·plant [kɔfiplant] *de (-en)* caféier
kof·fie·plan·ta·ge [kɔfiplantaʒə] *nf (-s)* caféière
kof·fie·plan·ter [kɔfiplantər] *nm (-s)* planteur de caféiers
kof·fie·pot [kɔfipɔt] *nm (-ten)* cafetière
kof·fie·shop [kɔfiʃɔp] *nm (-s)* cafétéria
kof·fie·ta·fel [kɔfitafəl] *de (-s)* repas sandwichs
kof·fie·zet·ap·pa|raat [kɔfizɛtaparat] *het (-raten)* cafetière électrique, percolateur
ko·gel [koχəl] *nm (-s)* **1** *(armes à feu)* balle, boulet; **zich een ~ door het hoofd jagen** se brûler la cervelle; **de ~ krijgen** être fusillé; **veroordeeld tot de ~** condamné à être fusillé; **de ~ is door de kerk** le sort en est jeté **2** *(technol.)* bille, boule **3** *(sports)* marteau, poids
ko·gel·bief·stuk [koχəlbifstʌk] *nm (-ken)* bifteck dans la tranche
ko·gel·gat [koχəlχat] *het (-en)* trou laissé par une balle; **een muur vol ~en** un mur criblé de balles
ko·gel·la·ger [koχəlaχər] *het (-s)* roulement à billes
ko·gel·rond [koχəlrɔnt] *adj* sphérique
ko·gel·slin·ge·ren [koχəlslɪŋərə(n)] *het (sports)* lancement du marteau
ko·gel·sto·ten [koχəlstotə(n)] *het (sports)* lancement du poids
ko·gel·vrij [koχəlvrɛi] *adj* pare-balle
kok [kɔk] *nm (-ken),* **kokkin** *nf (-nen)* **1** cuisinier, -ière; *(prov)* **het zijn niet allen ~s die lange messen dragen** ceux qui portent les longs couteaux ne sont pas tous gueux (cuisiniers) ni bourreaux **2** chef (de cuisine)
[1]**ko·ken** [kokə(n)] *vi (kookte, h./i. gekookt)* **1** bouillir, être en ébullition; **een ~de motor** un moteur surchauffé; **~d water** eau bouillante; **water kookt bij 100°C** l'eau bout à 100°C **2** *(à l'eau)* cuire; **gekookte aardappels** pommes de terre vapeur; **aardappels moeten 25 minuten ~** il faut faire cuire les pommes de terre pendant 25 minutes **3** faire la cuisine; **zij is aan het ~** elle fait la cuisine **4** bouillonner; **zij kookte van woede** elle bouillonnait de colère
[2]**ko·ken** [kokə(n)] *vt (kookte, h. gekookt)*

1 faire bouillir; heb je melk gekookt? tu as fait chauffer du lait ? 2 (faire) cuire; het eten ~ préparer le repas; soep ~ faire de la soupe

ko·kend·heet [kokənthet] *adj* bouillant, brûlant

ko·ker [kokər] *nm (-s)* 1 étui 2 *(technol.)* manchon ♦ dit komt niet uit zijn ~ cela n'est pas de son cru; dit plan komt uit de ~ van technocraten ce projet est dû à des technocrates

ko·ket·te·ren [kokɛterə(n)] *vi (koketteerde, h. gekoketteerd)* 1 coqueter 2 *(+ met)* faire étalage; hij koketteert met zijn kennis il fait étalage de son savoir

kok·hal·zen [kokhɑlzə(n)] *vi (kokhalsde, h. gekokhalsd)* avoir des haut-le-cœur; van iets ~ *(aussi au fig.)* avoir un haut-le-cœur à la vue de qqch; het is om van te ~ ça soulève le cœur

kok·kel [kokəl] *nm (-s) (zool.)* coque

kok·ke·rel·len [kokərɛlə(n)] *vi (kokkerelde, h. gekokkereld)* préparer de bons petits plats

kok·meeuw [kokmew] *de (-en)* mouette rieuse, goéland marin

ko·kos [kokɔs] *het* 1 (fibre de) coco 2 (noix de) coco

*__ko·kos-__ [kokɔs-] de coco

ko·kos|brood [kokɔzbrot] *het (-broden)* ⟨*garniture de tartine à la noix de coco*⟩

ko·kos·mat [kokɔsmɑt] *de (-ten)* paillasson en (fibres de) coco

koks|buis [koksbœys] *het (-buizen)* blouse blanche (de cuisinier)

koks·jon·gen [koksjɔŋə(n)] *nm (-s)* marmiton, gâte-sauce

koks|maat [koksmat] *nm (-maten)* aide-cuisinier

koks·muts [koksmʌts] *de (-en)* toque de cuisinier

kol [kɔl] *nf (-len) (aussi au fig.)* sorcière

kol·der [koldər] *nm* loufoquerie ♦ de ~ in het hoofd hebben être tombé sur la tête; de ~ in het hoofd krijgen perdre la tête

kol·der·film [koldərfɪlm] *nm (-s)* film burlesque

ko·len [kolə(n)] *plur* charbon, houille; *(fig.)* op hete ~ zitten être sur des charbons ardents

*__ko·len-__ [kolə(n)-] à charbon

ko·len·boer [kolə(n)bur] *nm (-en)* charbonnier

ko·len·cen·tra·le [kolə(n)sɛntralə] *de (-s)* centrale thermique (alimentée en houille)

ko·len·damp [kolə(n)dɑmp] *nm* émanations d'oxyde de carbone

ko·len·gruis [kolə(n)χrœys] *het* poussier

ko·len·hok [kolə(n)hɔk] *het (-ken)* resserre (à charbon)

ko·len·mijn [koləmɛin] *de (-en)* houillère, mine de houille, de charbon

ko·len·schop [kolə(n)sχɔp] *de (-pen)* pelle à charbon; handen als ~pen (des mains comme) des battoirs

ko·le·re [kolerə] *nf* ♦ *(fam.)* krijg de ~! va te faire foutre !

kolf [kɔlf] *de (kolven)* 1 *(d'une arme)* crosse 2 *(chim.)* cornue, matras 3 *(bot.)* épi

kolf·je [kɔlfjə] *het* ♦ dat is een ~ naar haar hand cela lui convient à merveille

kolk [kɔlk] *de (-en)* 1 tourbillon 2 abîme 3 chambre d'écluse

kol·ken [kɔlkə(n)] *vi (kolkte, h. gekolkt)* tourbillonner

ko·lom [kolɔm] *de (-men)* colonne

ko·lo·ni·aal [kolonijal] *adj* 1 colonial; *(milit.; fam.)* de ~ le colonial 2 colonisateur; koloniale mogendheden puissances colonisatrices; het Franse koloniale rijk l'empire colonial français

ko·lo·ni·se·ren [kolonizerə(n)] *vti (koloniseerde, h. gekoloniseerd)* coloniser

ko·lo·nist [kolonɪst] *nm (-en)* colon

ko·los [kolɔs] *nm (-sen)* colosse, mastodonte; een ~ van een kerel un colosse *(personne)*

ko·los|saal [kolɔsal] *adj, adv (-saler, -saalst)* colossal(ement), gigantesque, immensément

kol·ven [kɔlvə(n)] *vti (kolfde, h. gekolfd)* 1 tirer le lait *(femme)* 2 jouer au mail

[1]**kom** [kɔm] *de (-men)* 1 récipient, bol, jatte, bassin 2 *(transp.)* agglomération; de bebouwde ~ l'agglomération ♦ zijn arm uit de ~ draaien se déboîter le bras

[2]**kom** [kɔm] *interj* 1 *(exhortations)* allez !; ~, ik stap maar weer eens op bon, je m'en vais 2 *(apaisement)* allons ! 3 *(étonnement; doute; incrédulité)* ça alors !, allons donc !; ~ nou, dat maak je me niet wijs! allons donc, tu ne vas pas me faire croire ça !; och ~, dat kan toch niet! mais voyons, ce n'est pas possible !

kom·af [kɔmɑf] *nm (fam.)* origine, milieu; van adellijke ~ zijn avoir du sang bleu; van hoge ~ zijn être de bonne famille ♦ *(Belg.)* ~ maken met iets en finir avec qqch

kom|buis [kɔmbœys] *de (-buizen)* coquerie

ko·me·di·ant [komedijɑnt] *nm (-en) (acteur; cabotin)* comédien

ko·me·die [komedi] *nf (-s)* 1 comédie; dat is allemaal ~ tout cela n'est que de la comédie; ~ spelen jouer la comédie 2 *(l'art)* théâtre 3 pièce (de théâtre) 4 *(le lieu)* théâtre

ko·men [komə(n)] *vi (kwam, i. gekomen)* 1 venir; je komt als geroepen tu ne pouvais mieux tomber; bij elkaar ~ se voir; se réunir; daar komt de boot de haven in voilà le bateau qui entre dans le port; het water kwam door de bodem van de boot l'eau a pénétré dans le bateau par le plancher; dat komt eerst cela passe avant; *(prov)* wie het eerst komt, het eerst maalt le premier au moulin premier engrène; komt er nog wat van? c'est pour aujourd'hui ou pour demain ?; er komt niets van in! il n'en est pas question !; dat komt ervan als je niet luistert voilà ce qui arrive quand on n'écoute pas; **in afwachting van de dingen die ~ gaan** en attendant la suite des évènements; **er ~ mensen vanavond** nous avons du monde ce soir; **overeind ~** se lever, se dresser; **tussenbeide ~** intervenir; **hij kan niet uit zijn bed ~** il a des problèmes à se lever; **van school ~** rentrer de l'école **2** arriver (à); *(fig.)* **komt hij er vandaag niet, dan komt hij er morgen** avec lui c'est tout doucement le matin, pas trop vite le soir **3** être ajouté (à); **daar komt nog bij dat ...** ajoutez à cela que; **er komt 15% voor bediening bij** il faut ajouter 15 % pour le service ♦ **aan geld zien te ~** se procurer de l'argent; **hoe kom je aan die knul?** où as-tu déniché ce gars ?; **de wegen ~ hier bij elkaar** les chemins se rejoignent ici; **er kwam bloed uit zijn mond** le sang coulait de sa bouche; **hoe kom je daar nou bij?, hoe kom je erbij** où vas-tu chercher cela ?; où as-tu pris une telle idée ?; **van het een komt het ander** de fil en aiguille; **nu komt het er op aan om ...** il s'agit maintenant de; **kom ik gelegen?** est-ce que je (vous) dérange ?; **waardoor, hoe komt het?** comment ça se fait ?; *(fig.)* **ergens in (kunnen) ~** (pouvoir) s'imaginer qqch; **de optocht kwam langs mijn huis** le défilé est passé devant chez moi; **het komt niet zo nauw** ce n'est pas à un(e) cm (minute etc.) près; **dat komt op 200 euro** cela revient à 200 euros; **op een gedachte ~** avoir une idée; **ergens niet op kunnen ~** ne plus se rappeler qqch; **vervolgens kwam de spreker op een ander onderwerp** ensuite l'orateur aborda un sujet différent; *(fig.)* **dat komt hem duur te staan** ça va lui coûter cher; **ergens niet aan toe ~** ne pas trouver le temps de faire qqch; **tot zichzelf ~** se reprendre, reprendre ses sens; **uit een probleem ~** ± résoudre un problème; **dat komt (goed) van pas, uit** ça tombe à pic; **dat komt voor elkaar** ça s'arrangera, on va arranger cela; **iets te weten ~** apprendre qqch

ko·mend [komənt] *adj* à venir, futur, prochain; **~e week** la semaine prochaine

ko·miek [komik] *adj, adv* comique(ment); **de ~** *(acteur)* le comique, le clown; *(fig.)* **de ~ uithangen** faire le clown

ko·mijn [komɛin] *nm,* **komijnzaad** *het (-zaden)* cumin

ko|misch [komis] *adj, adv (-mischer, meest k.)* comique(ment), (de façon) burlesque

kom·kom·mer [kɔmkɔmər] *de (-s)* concombre

kom·kom·mer·tijd [kɔmkɔmərtɛit] *nm (période creuse pour les informations dans la presse et les médias)* morte-saison

kom·ma [kɔma] *het/de (-'s)* virgule; **met een vaart van nul ~ nul** à une vitesse nulle; **~'s en punten** la ponctuation

kom·mer [kɔmər] *nm* misère, malheur, peine; **~ en kwel** succession de malheurs

kom·mer·lijk [kɔmərlək] *adj, adv* (d'un air) soucieux, plein de soucis; **~ kijken** avoir l'air soucieux

kom·pas [kɔmpɑs] *het (-sen)* boussole, compas; *(fig.)* **op iemands ~ varen** emboîter le pas à qqn; **op het ~ navigeren** naviguer au compas

kom·pas·rich·ting [kɔmpɑsrɪχtɪŋ] *nf (-en)* aire de vent, r(h)umb

kom·pel [kɔmpəl] *nm (-s)* (ouvrier) mineur

komst [kɔmst] *nf* **1** venue, arrivée; **op ~ zijn** *(choses)* être proche; *(personnes)* devoir arriver d'un moment à l'autre; **er is onweer op ~** il y a de l'orage dans l'air; *(fig.)* **er is er één op ~ bij hen** ils attendent une naissance **2** *(aussi au fig.)* avènement

kon [kɔn], **konden** → **kunnen, aankunnen, afkunnen**

kond [kɔnt] *adj (form.)* ♦ **iemand ~ van iets doen** faire savoir qqch à qqn

kon·fij·ten [kɔnfɛitə(n)] *vt (konfijtte, h. gekonfijt)* confire; **gekonfijte vruchten** fruits confits

ko·nijn [konɛin] *het (-en)* lapin; **een jong ~** un lapereau; **een tam ~** un lapin domestique; **een wild ~** un lapin de garenne ♦ **het is bij de ~en af** c'est scandaleux

***ko·nij·nen-** [konɛinə(n)-] de lapin

ko·ning [konɪŋ] *nm (-en)* roi; **~ Filip** le roi Philippe; **Vondel, de ~ van onze dichters** Vondel, le prince de nos poètes; *(Bible)* **de drie ~en** les rois mages; **Koning Winter** Monsieur Hiver, le père Hiver ♦ **de ~ te rijk zijn** être heureux comme un roi

ko·nin·gin [konɪŋɪn, konɪχɪn] *nf (-nen)* reine

Ko·nin·gin·ne·dag [konɪŋɪnədɑχ] *nm (-en) ⟨jour (férié) de la fête de la reine⟩*

ko·nin·gin·nen·soep [konɪŋɪnə(n)sup, konɪχɪnə(n)sup] *de* suprême de volaille

***ko·nings-** [konɪŋs-] royal

ko·nings·blauw [konɪŋzblau] *het* bleu roi

ko·ning·schap [konɪŋsχɑp] *het* **1** royauté **2** monarchie

Ko·nings·dag [konɪŋzdɑχ] *nm* fête du Roi

ko·nings·ge|zind [konɪŋsχəzɪnt] *adj (-zinder, meest k.)* royaliste

ko·nings·ge·zind·heid [konɪŋsχəzɪnthɛit] *nf* royalisme

ko·nings·kind [konɪŋskɪnt] *het (-eren)* enfant de roi; **zo mooi als een ~** beau comme un prince; belle comme une princesse

ko·nink·lijk [konɪŋklək] *adj, adv* royal(ement); **iemand ~ onthalen** traiter qqn royalement

ko·nink·rijk [konɪŋkrɛik] *het (-en)* royaume; **het Verenigd Koninkrijk** le Royaume-Uni

kon·ke·laar [kɔŋkəlar] *nm (-s) (fam.)* magouilleur

kon·ke·len [kɔŋkələ(n)] *vi (konkelde, h. gekonkeld) (fam.)* magouiller

kont [kɔnt] *de (-en) (fam.)* cul, croupe; **al-**

les achter zijn ~ laten slingeren laisser tout traîner; in zijn blote ~ à poil; je kunt hier je ~ niet keren on est serrés comme des sardines ici; op zijn (luie) ~ blijven zitten tirer au cul; *(fig.)* het hele bedrijf ligt op zijn ~ ils n'ont rien à foutre, l'entreprise est foutue pour de bon ♦ de ~ tegen de krib gooien ruer dans les brancards

kon·ter·feit·sel [kɔntərfɛitsəl] *het (-s)* portraiture

kont·je [kɔncə] *het (-s)* ♦ geef 's effen een ~ ± fais-moi la courte échelle

kont·lik·ken [kɔntlɪkə(n)] *vb (fam.)* faire de la lèche

kont·zak [kɔntsɑk] *nm (-ken) (fam.)* poche fessière

kon·vooi [kɔnvoj] *het (-en)* convoi; onder ~ varen naviguer en convoi

kon·vooi·e·ren [kɔnvojerə(n)] *vt (konvooieerde, h. gekonvooieerd)* escorter, convoyer

kon·vooi|schip [kɔnvojsχɪp] *het (-schepen) (mar.)* convoyeur

kooi [koj] *de (-en)* **1** cage, volière **2** *(pour moutons)* bergerie **3** *(sur un navire)* couchette, cabine; naar, te ~ gaan aller pioncer **4** canardière ♦ de ~ van een lift la cabine d'un ascenseur

kooi·en [kojə(n)] *vt (kooide, h. gekooid)* encager, *(moutons)* parquer

kook [kok] *de* ébullition; aan de ~ zijn être en ébullition; aan de ~ brengen faire bouillir; van de ~ zijn ne plus bouillir; *(fig.)* être désemparé

***kook-** [kok-] de cuisine

kook·ge·le·gen·heid [kokχəleχənhɛit] *nf* ♦ kamer met ~ pièce avec cuisinette, kitchenette

kook·ke·tel [koketəl] *nm (-s)* marmite, chaudron

kook·kunst [kokʌnst] *nf* art culinaire, cuisine

kook·nat [koknɑt] *het* eau de cuisson

kook|plaat [kokplat] *de (-platen)* plaque de cuisson, plaque chauffante

kook·punt [kokpʌnt] *het (-en)* point d'ébullition; *(fig.)* tot het ~ doen stijgen porter au paroxysme

kook·stel [kokstɛl] *het (-len)* réchaud

kook·tijd [koktɛit] *nm* temps de cuisson

kook·was [kokwɑs] *de* linge à bouillir

kook·wek·ker [kokwɛkər] *nm (-s)* minuteur (de cuisine)

kool [kol] *de (kolen)* **1** chou; groeien als ~ pousser comme des champignons; de ~ en de geit willen sparen vouloir ménager la chèvre et le chou **2** charbon, houille ♦ iemand een ~ stoven jouer un tour à qqn

kool·di·oxi·de [koldijɔksidə] *het* dioxyde de carbone

kool·hy|draat [kolhidrat] *het (-draten)* hydrate de carbone

kool|mees [kolmes] *de (-mezen)* (mésange) charbonnière

kool·mo·noxi·de [kolmonɔksidə] *het* oxyde de carbone

kool·mo·noxi·de·ver·gif·ti·ging [kolmonɔksidəvərχɪftəχɪŋ] *nf (-en)* intoxication par (l')oxyde de carbone

kool|raap [kolrap] *de (-rapen)* **1** rutabaga, chou-navet **2** chou-rave

kool·ra·bi [kolrabi] *de (-'s)* → koolraap 2

kool·stof [kolstɔf] *de* carbone

kool·stof·ver·bin·ding [kolstɔfərbɪndɪŋ] *nf (-en)* composé du carbone

kool·vis [kolvɪs] *nm (-sen)* colin, merlus

kool·wa·ter·stof [kolwatərstɔf] *de (-fen)* hydrocarbure

kool·wit·je [kolwɪcə] *het (-s) (zool.)* piéride du chou

kool·zaad [kolzat] *het (agric.)* colza

kool·zuur [kolzyr] *het* **1** acide carbonique **2** dioxyde de carbone

kool·zuur·hou·dend [kolzyrhɑudənt] *adj* gazeux

kool·zwart [kolzwɑrt] *adj* noir comme du charbon; het ~ le noir de jais

koon [kon] *de (konen) (form.)* joue; rode ~tjes van opwinding krijgen rougir d'excitation

koop [kop] *nm (kopen)* **1** *(action d'acheter)* achat, acquisition; *(Belg.)* te ~ hebben avoir à revendre; te ~ aanbieden mettre en vente; te ~ (zijn, staan) (être) à vendre, (être) en vente; *(fig.)* vriendschap is niet te ~ l'amitié ne s'achète pas; *(fig.)* weten wat er in de wereld te ~ is savoir ce qui se passe dans le monde **2** marché, affaire; *(fig.)* de ~ gaat niet door le marché est rompu; een goede ~ une bonne affaire; *(fig.)* op de ~ toe par-dessus le marché; een ~ sluiten conclure un marché ♦ te ~ zitten être exposé aux regards de tout le monde; met iets te ~ lopen afficher qqch

koop·avond [kopavɔnt] *nm (-en) (de magasin)* nocturne; vrijdag ~ ouvert en nocturne le vendredi

koop·bon [kobɔn] *nm (-nen)* chèque-cadeau

koop·con·tract [kopkɔntrɑkt] *het (-en)* contrat de vente; een voorlopig ~ un compromis

koop·ge·drag [kopχədrɑχ] *het* habitudes d'achat (de la clientèle)

koop·je [kopjə] *het (-s)* occasion, (bonne) affaire; dat is een ~ c'est donné; op een ~ à bon marché

koop·kracht [kopkrɑχt] *de* pouvoir d'achat

koop·krach·tig [kopkrɑχtəχ] *adj* disposant d'un grand pouvoir d'achat

koop·lust [koplʌst] *nm* goût de la dépense, *(Bourse, marché)* demande

koop·lus·tig [koplʌstəχ] *adj* dépensier

koop|man [kopmɑn] *nm (-lieden)* **1** marchand, commerçant, négociant; *(fig.)* hij is een echte ~ il a l'esprit mercantile, c'est un vrai commerçant; ~ in graan marchand de grains **2** vendeur ambulant, colporteur

koop·man·schap [kopmansχap] *nf (-pen)* commerce

koop·or·der [kopɔrdər] *nm (-s)* ordre d'achat

koop·som·po·lis [kopsɔmpolɪs] *de (-sen) (fin.)* assurance vie à prime unique

koop·vaar·der [kopfardər] *nm (-s),* **koopvaardijschip** *het (-schepen)* navire marchand

koop·vaar·dij [kopfardɛi] *nf,* **koopvaardijvloot** *de (-vloten),* **koopvaart** *de* marine marchande

koop·vrouw [kopfrau] *nf (-en)* **1** marchande, commerçante **2** vendeuse, colporteuse

koop|waar [kopwar] *de (-waren)* marchandise; **zijn ~ aanprijzen** vanter sa marchandise *(aussi au fig.)*; **slechte ~** camelote

koop·wo·ning [kopwonɪŋ] *nf (-en)* **1** *(par opposition à la location, fréquente aux Pays-Bas)* habitation en propriété **2** maison à vendre

koop·ziek [kopsik] *adj* → **kooplustig**

koor [kor] *het (koren)* chœur; **een driestemmig ~** un chœur à trois voix; **men riep in ~ zijn naam** on criait son nom en chœur

koor·bank [korbaŋk] *de (-en) (relig.)* stalle

koord [kort] *het/de (-en)* **1** corde, cordon; **op het (slappe) ~ dansen** danser sur la corde (raide) *(aussi au fig.)* **2** galon, tresse

koord·dan·ser [kordansər] *nm (-s)* funambule, danseur

koor·de [kordə] *de (-n) (math.)* corde

koor·di·ri·gent [kordiriχɛnt] *nm (-en)* chef de chœur

koor|knaap [korknap] *nm (-knapen)* **1** petit chanteur **2** enfant de chœur

koor·mu·ziek [kormyzik] *nf* musique chorale

koorts [korts] *de* fièvre; **hoge ~** forte fièvre; **~ krijgen** attraper la fièvre; **bij iemand de ~ opnemen** prendre la température de qqn ♦ **de (koude) ~ op het lijf krijgen** mourir de peur

koorts·aan·val [kortsanval] *nm (-len)* accès de fièvre

koorts·blaas·je [kortsblaʃə] *het (-s)* → **koortsuitslag**

koort·sig [kortsəχ] *adj, adv* fiévreux, fiévreusement, fébrile(ment); **~e pogingen** tentatives effrénées

koorts·mid·del [kortsmɪdəl] *het (-en)* (médicament) fébrifuge

koorts·stuip [kortstœyp] *de (-en)* convulsion fébrile

koorts·ther·mo·me·ter [kortstɛrmometər] *nm (-s)* thermomètre médical

koorts·uit·slag [kortsœytslaχ] *nm* boutons de fièvre

koorts·ver·drij·vend [kortsfərdrɛivənt] *adj* fébrifuge; **het ~ middel** le fébrifuge

koorts·vrij [kortsfrɛi] *adj* sans fièvre

koor·ver·eni·ging [korvərenəχɪŋ] *nf (-en)* chorale

koor·zang [korzaŋ] *nm (-en)* chant choral, *(relig.)* choral

koor·zan·ger [korzaŋər] *nm (-s)* choriste

koos [kos], **kozen** → **kiezen, uitkiezen**

koo·sjer [koʃər] *adj* **1** *(dans la religion juive)* casher **2** *(+ négation: fig.)* catholique; **dat zaakje is niet ~** cette affaire n'est pas très catholique

koos|naam [kosnam] *nm (-namen)* petit nom

koot·je [kocə] *het (-s)* phalange

kop [kɔp] *nm (-pen)* **1** tête, début, extrémité; **veel aan zijn ~ hebben** avoir une foule de choses à régler; **iemand aan zijn ~ zeuren** casser les pieds à qqn; **postzegels met de ~ van de koningin** timbres à l'effigie de la reine; **met een kwaaie ~ weglopen** s'en aller en colère; **~ of munt** pile ou face; *(sports)* **op ~ liggen** se trouver en tête; **op zijn ~ staan** se trouver la tête en bas; *(fig.)* **de zaal stond op zijn ~** la salle était déchaînée; *(fig.)* **het hele huis staat op zijn ~** toute la maison est sens dessus dessous; *(fig.)* **de ~ opsteken** réapparaître; *(fig.)* **over de ~ gaan** faire la culbute; **over de ~ slaan** capoter; **de ~ van Overijssel** la partie Nord de l'Overijssel; **~ aan staart** tête-bêche; *(fam.)* **de ~pen tellen** faire le compte des personnes présentes **2** *(fam.)* caboche; **~ dicht!** la ferme !; **hij heeft een dikke ~** il a une grosse caboche; **mijn ~ eraf als ...** le diable m'emporte, si ...; **hij heeft een harde ~** il a la tête dure; **hou je ~!** la ferme !; **een houten ~ hebben** avoir la gueule de bois; **een kale ~** une boule de billard; **een knappe ~** une grosse tête; *(fig.)* **dat zal me de ~ niet kosten** ça ne va pas me coûter les yeux de la tête, je n'y risque pas ma tête; **~ op!** allons, courage !; *(fig.)* **op zijn ~ krijgen** se faire gronder; **iemand op zijn ~ geven** *(réprimander)* laver la tête à qqn; *(vaincre)* écraser qqn; *(fig.)* **zich niet op zijn ~ laten zitten** ne pas se laisser faire; **je krijgt het niet al ga je op je ~ staan** tu as beau faire, tu ne l'auras pas; *(fig.)* **zich over de ~ werken** se crever à la tâche; **met rode ~pen tegenover elkaar staan** s'affronter comme deux coqs; **een rooie ~ krijgen** piquer un fard; *(fig.)* **met ~ en schouders boven iemand uitsteken** dépasser qqn de cent coudées; *(fig.)* **de ~ in de wind steken** mettre le nez au vent; *(fig.)* **de ~ in het zand steken** pratiquer la politique de l'autruche; *(fig.)* **de ~pen bij elkaar steken** se concerter; *(Belg.; fig.)* **van ~ tot teen** de la tête aux pieds; **ik wil er mijn ~ onder verwedden** j'en donnerais ma tête à couper; **iemand voor de ~ schieten** brûler la cervelle à qqn **3** tasse; **een Haags ~je** ± une demi-tasse; **uit een ~ drinken** boire dans une tasse **4** titre, manchette, *(lettre)* en-tête; **vette ~pen in de krant** manchettes du journal ♦ **de ~ is eraf** c'est parti; **iets de**

~ indrukken couper court à qqch; op de ~ af tout juste; iets op de ~ tikken dénicher qqch; iemand op zijn ~ zitten enguirlander qqn

kop·bal [kɔbɑl] *nm (-len) (sports)* tête

ko·pen [kopə(n)] *vti (kocht, h. gekocht)* acheter, acquérir; *(fig.)* wat koop ik ervoor? ça m'avance à quoi ?; *(jeux de cartes)* kaarten ~ prendre des cartes; een kaartje ~ prendre un billet; van iemand ~ acheter à qqn *(au vendeur)*; iets voor zichzelf ~ s'acheter qqch; iets voor tien euro ~ acheter qqch pour dix euros

[1]**ko·per** [kopər] *het* **1** *(chim.)* cuivre **2** *(aussi mus.)* cuivres

[2]**ko·per** [kopər] *nm (-s),* **koopster** *nf (-s)* acheteur, -euse

***ko·per-** [kopər-] de cuivre

ko·per·ach·tig [kopərɑχtəχ] *adj* cuivré, cuivreux

ko·per·bla·zer [kopərblazər] *nm (-s)* joueur d'un instrument à vent en cuivre

ko·per·druk [kopərdrʌk] *nm (-ken)* → kopergravure

ko·pe·ren [kopərə(n)] *adj* **1** en cuivre **2** cuivré

ko·per·gra·vu·re [kopərχravyrə] *de (-s)* taille-douce

ko·per·groen [kopərχrun] *adj* vert-de-gris

ko·per·hou·dend [kopərhɑudənt] *adj* cuivreux

ko·per·le·ge·ring [kopərləχerɪŋ] *nf (-en)* alliage cuivreux

ko·per·poets [kopərputs] *nm* pâte à cuivre

ko·per·werk [kopərwɛrk] *het* cuivres, dinanderie

ko·pi·eer·ap·pa|raat [kopijerɑparat] *het (-raten),* **kopieermachine** *nf (-s),* **kopieerder** *nm (-s)* (photo)copieur

ko·pi·ë·ren [kopijerə(n)] *vti (kopieerde, h. gekopieerd)* **1** *(aussi arts)* copier **2** photocopier

ko·pij [kopɛi] *nf (-en) (manuscrit)* copie

kop·je [kɔpjə] *het (-s)* tasse ♦ ~s geven frôler de la tête *(chat)*; iemand een ~ kleiner maken couper la tête à qqn

kop·je·dui·ke·len [kɔpjədœykələ(n)] *vi* faire la culbute

kop·je-on·der [kɔpjəɔndər] *adv* ♦ ~ gaan disparaître sous l'eau

kop|lamp [kɔplɑmp] *de (-en),* **-licht** *het (-en)* phare *(d'une auto)*

kop|lo·per [kɔplopər] *nm (-s),* **-loopster** *nf (-s) (sports)* leader

kop·man [kɔpmɑn] *nm (-nen) (sports)* chef d'équipe

kop·na·gel [kɔpnaχəl] *nm (-s)* clou à tête

kop·pak·king [kɔpɑkɪŋ] *nf (-en) (technol.)* joint de culasse

[1]**kop·pel** [kɔpəl] *de (-s)* **1** ceinturon, baudrier **2** laisse

[2]**kop·pel** [kɔpəl] *het (-s)* **1** couple, paire **2** attelage, couple

kop·pe|laar [kɔpəlar] *nm (-s),* **-laarster** *nf (-s)* marieur, -euse

kop·pe·la·rij [kɔpəlarɛi] *nf (-en)* proxénétisme ♦ zij is gek op ~ c'est une marieuse enragée

kop·pel|baas [kɔpəlbas] *nm (-bazen)* marchandeur *(main-d'œuvre)*

[1]**kop·pe·len** [kɔpələ(n)] *vt (koppelde, h. gekoppeld)* **1** accoupler, atteler, *(astronaut.)* arrimer **2** relier, associer; het loon ~ aan de prijsindex indexer les prix **3** pousser l'un vers l'autre, s'entremettre (pour faciliter un mariage) **4** *(technol.)* (ac)coupler

[2]**kop·pe·len** [kɔpələ(n)] *vi (koppelde, h. gekoppeld)* embrayer *(véhicule à moteur)*

kop·pe·ling [kɔpəlɪŋ] *nf (-en)* **1** *(technol.)* accouplement, embrayage **2** embrayage; de ~ intrappen enfoncer la pédale d'embrayage **3** liaison, *(des prix)* indexation, alignement (des allocations sur les salaires) **4** raccordement, *(astronaut.)* arrimage, *(wagons)* attelage **5** relation, lien

kop·pel·riem [kɔpəlrim] *nm (-en)* → [1]koppel 1

kop·pel·te·ken [kɔpəltekə(n)] *het (-s)* trait d'union

kop·pel·ver·koop [kɔpəlvərkop] *nm* vente couplée

kop·pel·werk·woord [kɔpəlwɛrkwort] *het (-en) (ling.)* copule

kop·pen [kɔpə(n)] *vti (kopte, h. gekopt) (sports)* faire une tête

kop·pen·snel·len [kɔpə(n)snɛlə(n)] *vb* **1** chasser des têtes *(aussi cadres)* **2** parcourir le journal

kop·pie [kɔpi] *het (fam.)* caboche; ~, ~ hebben être intelligent; *(iron.)* ~, ~! pas fou

kop·pig [kɔpəχ] *adj, adv* entêté, obstiné(ment); (iets) ~ volhouden s'obstiner (à) ♦ ~e wijn vin capiteux

kop·pig·aard [kɔpəχart] *nm (-s) (Belg.)* personne têtue, entêtée

kop·rol [kɔprɔl] *nm (-len)* roulé-boulé, culbute

kop·schuw [kɔpsχyw] *adj* farouche; iemand ~ maken effaroucher qqn

kop·spij·ker [kɔpspɛikər] *nm (-s)* broquette, semence

kop·stem [kɔpstɛm] *de (-men)* voix de fausset

kop|stoot [kɔpstot] *nm (-stoten)* (coup de) tête

kop·stuk [kɔpstʌk] *het (-ken)* sommité, leader

kop·te·le·foon [kɔptelefon] *nm (-s)* casque (à écouteurs)

kop·tisch [kɔptis] *adj* copte

kop-van-jut [kɔpfɑnjʌt] *nm* tête de Turc

kop·werk [kɔpwɛrk] *het* ♦ ~ verrichten prendre la tête (du peloton)

kop·zorg [kɔpsɔrχ] *de (-en)* tracas; zich ~en maken se mettre martel en tête

ko|raal [koral] *het (-ralen)* **1** *(biol.)* corail

2 *(cathol.)* plain-chant, cantique 3 *(prot.)* choral

ko·raal·bank [koralbɑŋk] *de (-en)* banc de coraux

ko·raal·die·ren [koraldirə(n)] *plur* anthozoaires

ko·raal·rif [koralrɪf] *het (-fen)* récif corallien

ko·ra·len [koralə(n)] *adj* de corail

kor|daat [kɔrdat] *adj, adv (-dater, -daatst)* résolu(ment), ferme(ment)

Ko·rea [koreja] *het* Corée

Ko·re|aan [korejan] *nm (-anen),* **-aanse** *nf (-n)* Coréen, -enne

ko·ren [korə(n)] *het (-s)* blé; *(fig.)* **dat is ~ op zijn molen** cela l'arrange bien; **wat je daar zegt is ~ op zijn molen** en disant ça, tu apportes de l'eau à son moulin

ko·ren|aar [korə(n)ar] *de (-aren)* épi (de blé)

ko·ren·blauw [korə(n)blɑu] *adj* bleu barbeau

ko·ren·bloem [korə(n)blum] *de (-en)* bleuet

ko·ren·halm [korə(n)hɑlm] *nm (-en)* tige de blé

ko·ren|schoof [korə(n)sχof] *de (-schoven)* gerbe (de blé)

korf [kɔrf] *nm (korven)* panier, corbeille, hotte; *(korfbal)* **de bal door de ~ werpen** mettre le ballon au panier

korf·bal [kɔrvbɑl] *het* korfbal

korf·bal·len [kɔrvbɑlə(n)] *vi (korfbalde, h. gekorfbald)* jouer au korfbal

kor·hoen [kɔrhun] *het (-ders) (zool.)* tétras-lyre

1**kor·net** [kɔrnɛt] *nm (-ten) (milit.)* aspirant (de réserve)

2**kor·net** [kɔrnɛt] *de (-ten) (mus.)* cornet

kor·nuit [kɔrnœyt] *nm (-en) (fam.)* camarade

kor·po·raal [kɔrporal] *nm (-s) (milit.)* caporal

kor·po·raals·stre·pen [kɔrporalstrepə(n)] *plur* galons de caporal

korps [kɔrps] *het (-en) (groupe)* corps

kor·rel [kɔrəl] *nm (-s)* grain ♦ **iemand op de ~ nemen** viser qqn; **iets met een ~(tje) zout nemen** ne pas prendre qqch au sérieux

kor·re·len [kɔrələ(n)] *vti (korrelde, h. gekorreld)* être granulé, granuler

kor·re·lig [kɔrələχ] *adj* granuleux

korst [kɔrst] *de (-en)* croûte

korst·deeg [kɔrsdeχ] *het* pâte feuilletée

korst·ge·bak [kɔrstχəbɑk] *het* feuilleté

korst·je [kɔrʃə, ᴮkɔrscə] *het (-s)* gratin

kort [kɔrt] *adj, adv* 1 court, petit; **iemand ~ houden** serrer la bride à qqn; **alles ~ en klein slaan** tout mettre en pièces 2 bref, brièvement; **hij bleef maar ~** il ne resta que quelques instants; **~ daarna** peu (de temps) après; **~ geleden** récemment; **ik ken hem nog maar ~** je ne le connais que depuis peu; **het ~ maken** être bref; **~ na elkaar aankomen** se suivre de près; **~ tevoren** peu de temps avant; **tot voor ~** il y a peu de temps encore 3 succinct(ement); **om ~ te gaan** bref; **~ en goed** bref; **iets in het ~ uiteenzetten** exposer qqch sommairement; **in het ~ betekent het dat ...** en résumé, cela signifie que ...

kort·aan·ge·bon·den [kɔrtaŋχəbɔndə(n)] *adj* coléreux; **~ zijn** avoir la tête près du bonnet

kort·ade·mig [kɔrtadəməχ] *adj* poussif; **~ zijn** manquer de souffle

kort·ade·mig·heid [kɔrtadəməχhɛit] *nf* essoufflement

kort·af [kɔrtɑf] *adj, adv* sec, sèchement; **~ tegen iemand zijn** parler à qqn d'un ton sec

kor·te·baan·wed·strijd [kɔrtəbanwɛtstrɛit] *nm (-en)* course de vitesse

kor·te·lings [kɔrtəlɪŋs] *adv* récemment, dernièrement

1**kor·ten** [kɔrtə(n)] *vi (kortte, i. gekort)* raccourcir *(devenir plus court);* **de dagen ~** les jours raccourcissent

2**kor·ten** [kɔrtə(n)] *vt (kortte, h. gekort)* 1 raccourcir *(faire plus court)* 2 déduire, décompter; *(fig.)* **de ambtenaren werden gekort** le salaire des fonctionnaires a été diminué

kort·ha·rig [kɔrtharəχ] *adj* à poil court, à cheveux courts

kort·heids·hal·ve [kɔrthɛitshɑlvə] *adv* pour être bref

kor·ting [kɔrtɪŋ] *nf (-en)* 1 diminution, raccourcissement; **de ~ op lonen en salarissen** la diminution des salaires 2 réduction, remise; **~ geven** faire une réduction

kort·lo·pend [kɔrtlopənt] *adj* à court terme

kort·om [kɔrtɔm] *adv* bref, en un mot

Kort·rijk [kɔrtrɛik] *het* Courtrai

kort·slui·ten [kɔrtslœytə(n)] *vt (sloot kort, h. kortgesloten) (technol.)* court-circuiter

kort·slui·ting [kɔrtslœytɪŋ] *nf (-en)* court-circuit

kort·ston·dig [kɔrtstɔndəχ] *adj* éphémère, de courte durée

kort·ston·dig·heid [kɔrtstɔndəχhɛit] *nf* brièveté

kort·weg [kɔrtwɛχ] *adv* 1 sans ambages, sans détours 2 en un mot, bref

kort·wie·ken [kɔrtwikə(n)] *vt (kortwiekte, h. gekortwiekt)* rogner les ailes à; **iemand ~** rogner les ailes, les ongles à qqn

kort·zich·tig [kɔrtsɪχtəχ] *adj, adv* 1 *(méd.)* myope 2 *(fig.)* (de manière) imprévoyant(e); **een ~ persoon** un esprit à courtes vues

kort·zich·tig·heid [kɔrtsɪχtəχhɛit] *nf* 1 *(méd.)* myopie 2 *(fig.)* imprévoyance

kor·ze·lig [kɔrzələχ] *adj, adv* de, avec mauvaise humeur

kos·mo·po·li·tisch [kɔsmopolitis] *adj, adv* (de façon) cosmopolite

kost [kɔst] *nm (-en)* 1 *(plur.)* coûts, frais; **de ~en eruit halen** rentrer dans ses frais;

(prov) **de ~ gaat voor de baat uit** pour gagner de l'argent, il faut en dépenser; **tegen hoge ~en** à grands frais; **~en koper** frais d'acquisition (à régler par l'acheteur); **de ~en van levensonderhoud** le coût de la vie; **iemand op ~en jagen** pousser qqn à la dépense; **op iemands ~en leven** vivre aux crochets de qqn; **niet op de ~en kijken** ne pas regarder à la dépense; **op ~en van het rijk, van de zaak** aux frais de l'État, de l'entreprise; **~en noch moeite sparen** ne pas épargner sa peine; **uit de ~en zijn** être sorti des frais; **vrij van alle ~en** tous frais payés **2** *(seulement au sing.)* nourriture; **aan de ~ komen** gagner sa vie; **de dagelijkse ~** l'ordinaire; **eenvoudige ~** cuisine simple; **bij iemand in de ~ zijn** être en pension chez qqn; **~ en inwoning** le vivre et le couvert; *(fig.)* **dat is al oude ~** c'est du réchauffé; **de ~ verdienen** gagner sa vie; **wat doe jij voor de ~?** qu'est-ce que tu fais dans la vie ?; **doe jij ook eens wat voor de ~!** mets la main à la pâte !; **ik zou ze niet graag de ~ willen geven, die ...** ceux qui ... sont légion; **zware ~** aliments bourratifs ♦ **ten ~e van zijn leven** au prix de sa vie; **het gaat ten ~e van zijn gezondheid** c'est au détriment de sa santé; **geestig zijn ten ~e van iemand anders** faire de l'esprit aux dépens de qqn

kost|baar [kɔstbar] *adj (-baarder, -baarst)* **1** cher **2** précieux

kost·baar·he·den [kɔstbarhedə(n)] *plur* objets précieux

kos·te·lijk [kɔstələk] *adj, adv* **1** précieux, excellent, précieusement, très (bien); **zich ~ amuseren** s'amuser comme un fou, comme des fous; **dat smaakt ~** c'est d'un goût exquis **2** savoureux, amusant, savoureusement

kos·te·loos [kɔstəlos] *adj, adv* gratuit(ement)

kos·ten [kɔstə(n)] *vi (kostte, h. gekost)* **1** coûter; **dat kost (veel) geld** cela coûte cher; **een hoop geld ~** coûter les yeux de la tête **2** demander, exiger; **zijn luiheid heeft hem zijn baan gekost** par sa paresse, il a perdu son poste; **het kost mij moeite hem te volgen** j'ai de la peine à le suivre; **het kost hem moeite zijn ongelijk te bekennen** il ne reconnaît pas facilement ses torts; **dat kost tijd** cela prend du temps

kos·ten-ba·ten·ana·ly·se [kɔstə(n)batə(n)analizə] *nf (-s)* analyse coût-efficacité

kos·ten·be·re·ke·ning [kɔstə(n)bərekənɪŋ] *nf (-en)* calcul des frais

kos·ten·be·spa·rend [kɔstə(n)bəsparənt] *adj* économique, avantageux

kos·ten·be·spa·ring [kɔstə(n)bəsparɪŋ] *nf (-en)* économie, épargne

kos·ten·dek·kend [kɔstə(n)dɛkənt] *adj* qui couvre les frais

kos·ten·der·ving [kɔstə(n)dɛrvɪŋ] *nf (-en)* manque à gagner

kos·ten·ra·ming [kɔstə(n)ramɪŋ] *nf (-en)* devis (estimatif)

kos·ter [kɔstər] *nm (-s)* sacristain

kost|gan·ger [kɔstχaŋər] *nm (-s)*, **-gang·ster** *nf (-s)* pensionnaire *(dans un hôtel etc.)*

kost·geld [kɔstχɛlt] *het (-en)* pension *(somme versée)*

kost|huis [kɔsthœys] *het (-huizen)* pension (de famille)

kost·je [kɔʃə, ᴮkɔscə] *het (-s)* ♦ **zijn ~ is gekocht** son avenir est assuré; **zijn ~ bij elkaar scharrelen** vivre d'expédients

kost·prijs [kɔstprɛis] *nm* prix de revient; **iets onder de ~ verkopen** vendre qqch à perte; **iets tegen ~ verkopen** vendre qqch à prix coûtant

kost|school [kɔ(st)sχol] *de (-scholen)* pensionnat; **op ~ zijn** être en pension

kos·tuum·naai·ster [kɔstymnajstər] *nf (-s)* couturière, *(au théâtre)* costumière

kost|win·ner [kɔstwɪnər] *nm (-s)*, **-winster** *nf (-s)* soutien de famille

kost·win·ning [kɔstwɪnɪŋ] *nf* gagne-pain

kot [kɔt] *het (-ten)* **1** taudis **2** *(Belg.; fam.)* t(h)urne, chambre d'étudiant, *(Belg.)* kot

kot|baas [kɔdbas] *nm (-bazen)*, **-bazin** *nf (-nen) (Belg.; fam.)* propriétaire

ko·te·let [kotəlɛt] *de (-ten)* côte(lette)

ko·ter [kotər] *nm (-s) (fam.)* môme

kots [kɔts] *nm (fam.)* dégueulis

kot·sen [kɔtsə(n)] *vi (kotste, h. gekotst) (fam.)* dégueuler; **ik kots van jullie** vous me faites chier; **'t is om van te ~** c'est à dégueuler, c'est chiant

kots·mis·se·lijk [kɔtsmɪsələk] *adj (fam.)* ♦ *(fig.)* **ik word er ~ van** je trouve ça dégueulasse; **~ zijn** avoir envie de dégueuler

kot·stu|dent [kɔtstydɛnt] *nm (-en)*, **-dente** *nf (-s, -n) (Belg.)* ⟨*étudiant, -iante qui vit dans une chambre ou dans un petit studio*⟩, *(Belg.)* koteur, koteuse

kot·ter [kɔtər] *nm (-s) (mar.)* cotre

kou [kau] *nf* froid; **een bittere ~** un froid de canard; *(fig.)* **in de ~ komen te staan** se retrouver démuni; **ze hebben me in de ~ laten staan** ils m'ont laissé tomber; **een ~ te pakken hebben** avoir chopé un rhume; *(fig.)* **uit de ~ zijn** être tiré d'embarras; **blauw zien van de ~** être bleu de froid

¹**koud** [kaut] *adj* froid; **daar blijf ik ~ onder** cela ne me fait ni chaud ni froid; **~ drinken** boire frais; **het ~ hebben** avoir froid; **het is ~** il fait froid; **zijn lot laat me ~** son sort m'est indifférent; **de ~e luchtstreken** les zones polaires; *(fam.)* **iemand ~ maken** refroidir qqn; descendre qqn; **~ tot op het bot zijn** être gelé jusqu'aux os; **ik word er ~ van** cela me donne le frisson; **het wordt ~** il commence à faire froid

²**koud** [kaut] *adv (fam.)* à peine; **~ waren we de brug over of ...** à peine avions-nous traversé le pont que ...

koud·bloe·dig [kaudbludəχ] *adj (biol.)* à sang froid

koud·vuur [kautfyr] *het (méd.)* gangrène

koud·weg [kautwɛχ] *adv* **1** simplement,

sans aucun rajout **2** sans la moindre émotion, sans sourciller

kou·kleum [kaukløm] *nm (-en)* frileux, -euse

kou·kleu·men [kaukløma(n)] *vb* grelotter

kous [kaus] *de (-en)* bas *(vêtement);* **halve ~en** (de)mi-bas; **een ~ met een ladder** un bas filé; **op (zijn) ~en lopen** marcher en chaussettes ♦ **daarmee is de ~ af** c'en est assez, l'affaire est close; **de ~ op de kop krijgen** ramasser une veste

kou·sen·band [kausə(n)bant] *nm (-en)* **1** jarretière **2** haricot kilomètre

kou·sen·voet [kausə(n)vut] *nm (-en)* ♦ **op ~en lopen** marcher en chaussettes

kou·we·lijk [kauwələk] *adj, adv* frileux, frileusement

[1]**ko·zijn** [kozɛin] *het* encadrement *(d'une porte, d'une fenêtre)*

[2]**ko·zijn** [kozɛin] *nm (Belg.)* cousin

kraag [kraχ] *nm (kragen)* col *(vêtement);* **iemand bij zijn ~ grijpen** *(sens pr. et fig.)* saisir qqn au collet; **in z'n ~ gepakt worden** se faire épingler; **opstaande ~** col officier; **de ~ van zijn jas opzetten** relever le col de son manteau ♦ **een glas bier met een ~** un verre de bière avec un faux col

kraai [kraj] *de (-en)* corneille

kraai·en [krajə(n)] *vti (kraaide, h. gekraaid)* **1** chanter *(coq); (fig.)* **zijn haan moet altijd koning ~** il veut toujours avoir raison **2** pousser de petits cris de joie

kraai·en·nest [krajənɛst] *het (-en)* **1** nid de corneille **2** *(mar.)* nid de pie

kraai·en·poot·jes [krajə(n)pocəs] *plur* pattes d'oie

kraak [krak] *nm (kraken)* ♦ **daar zit ~ noch smaak aan** ça n'a aucun goût; **een ~(je) zetten** faire un casse

kraak·ac·tie [krakaksi] *nf (-s)* (opération de) squattage

kraak·been [kragben] *het (-deren)* cartilage

kraak·be·we·ging [kragbəweχɪŋ] *nf (-en)* mouvement de squatters

kraak·hel·der [krakhɛldər] *adj, adv* d'une propreté extrême

kraak·pand [krakpant] *het (-en)* immeuble squatté

kraak·stem [krakstɛm] *de (-men)* voix rauque

kraal [kral] *de (kralen)* **1** perle; **de kralen van een rozenkrans** les grains d'un chapelet **2** corral

kraal|oog [kraloχ] *het (-ogen)* ♦ **zij heeft zwarte ~jes** elle a de petits yeux noirs en boutons de bottine

kraam [kram] *het/de (kramen)* **1** étal; *(fig.)* **dat komt in mijn ~ te pas** cela tombe à point nommé **2** baraque (foraine)

kraam·bed [krambɛt] *het* couches *(d'une femme enceinte);* **in het ~ sterven** mourir en couches

kraam·hulp [kramhʌlp] *de (-en)* **1** aide obstétricien, -ienne **2** soins obstétriques

kraam·ka·mer [kramkamər] *de (-s)* chambre de l'accouchée

kraam·kli·niek [kramklinik] *nf (-en)* maternité *(établissement)*

kraam·vi·si·te [kramvizitə] *de (-s)* visite (à l'accouchée); **op ~ gaan** faire une visite (à l'accouchée)

kraam·vrouw [kramvrau] *nf (-en)* accouchée

kraam·zorg [kramzɔrχ] *de* soins postnatals

kraan [kran] *de (kranen)* **1** robinet; **de ~ laten lopen** laisser le robinet ouvert; **een lekkende ~** un robinet qui fuit; **dweilen met de ~ open** c'est un emplâtre sur une jambe de bois **2** *(technol., zool.)* grue

kraan|be·stuur·der [krambəstyrdər] *nm (-s),* **-drijver** *nm (-s)* grutier

kraan·leer·tje [kranlercə] *het (-s)* joint de robinet

kraan·vo·gel [kranvoχəl] *nm (-s) (zool.)* grue

kraan·wa·gen [kranwaχə(n)] *nm (-s)* dépanneuse

kraan·wa·ter [kranwatər] *het* eau du robinet

krab [krap] *de (krabben)* **1** crabe **2** coup de griffe, coup d'ongle

krab·bel [krabəl] *de (-s)* **1** griffure **2** griffonnage

[1]**krab·be·len** [krabələ(n)] *vi (krabbelde, h. gekrabbeld)* gratter; **niet aan dat wondje ~** ne gratte (donc) pas cette éraflure, égratignure

[2]**krab·be·len** [krabələ(n)] *vti (krabbelde, h. gekrabbeld)* griffonner

krab·bel|poot·je [krabəlpocə] *het (-s),* **-schrift** *het* écriture de chat

krab·ben [krabə(n)] *vti (krabde, h. gekrabd)* gratter; **zijn hoofd ~** se gratter la tête; **de kat krabt** le chat griffe; **iemand de ogen uit het hoofd ~** arracher les yeux à qqn; **een vlek van de muur ~** gratter une tache sur un mur

[1]**krab·ber** [krabər] *nm (-s),* **krabster** *nf (-s)* **1** griffeur, -euse **2** *(Belg.)* gâcheur, -euse

[2]**krab·ber** [krabər] *nm (-s)* grattoir, raclette

krab·be·tje [krabecə] *het (-s)* côtelette de porc (dans l'échine)

krab·sticks [krapstɪks] *plur (cuis.)* (bâtonnets en) surimi

kracht [kraχt] *de (-en)* **1** force, vigueur; **met alle ~** de toutes ses forces; **iets uit, op eigen ~ doen** faire qqch par ses propres moyens; **hij heeft zich op eigen ~ omhoog-gewerkt** il s'est élevé à la force du poignet; **aan het eind van zijn ~en zijn** être à bout de force(s); **het eist te veel van zijn ~en** c'est au-dessus de ses forces; **in de ~ van zijn leven** dans la force de l'âge; **dat kost ~** c'est un travail de force; **daarin ligt zijn (grote) ~** c'est ce qui fait sa force; **weer op ~en komen** reprendre des forces; **nieuwe ~en opdoen** refaire ses forces; **~ putten uit iets** puiser sa force dans qqch; **stille ~en** pouvoirs occultes; **de stuwende**

~ in een bedrijf le moteur, l'animateur d'une entreprise; een wet met terugwerkende ~ une loi rétroactive; van ~ zijn être en vigueur; van ~ worden prendre effet; van ~ blijven rester en vigueur; met vereende ~en dans un effort commun; volle ~ vooruit à plein régime, à toute vapeur *(aussi au fig.)* 2 employé, -ée; betaalde en onbetaalde ~en main-d'œuvre rétribuée et non-rétribuée; een losse ~ un employé temporaire

kracht·bron [krɑχtbrɔn] *de (-nen)* source d'énergie

kracht·cen·tra·le [krɑχtsɛntralə] *de (-s)* centrale électrique

kracht·da·dig [krɑχdadəχ] *adj, adv* énergique(ment); ~e middelen gebruiken employer les grands moyens

krach·te|loos [krɑχtəlos] *adj (-lozer, meest k.)* faible

krach·te·loos·heid [krɑχtəloshɛit] *nf* faiblesse

krach·tens [krɑχtə(n)s] *prép (form.)* en vertu de

krach·ten·veld [krɑχtə(n)vɛlt] *het (-en)* champ de forces

krach·tig [krɑχtəχ] *adj, adv* vigoureux, vigoureusement, énergique(ment); ~ gebouwd zijn être taillé en force; met ~e hand d'une main ferme; ~ optreden faire preuve de fermeté; ~e taal spreken tenir un langage ferme; ~er worden s'intensifier ♦ een ~e soep une soupe nourrissante; ~ voedsel nourriture substantielle; een ~e wijn un vin qui a du corps

kracht·me·ting [krɑχtmetɪŋ] *nf (-en)* épreuve de force

kracht·pat·ser [krɑχtpɑtsər] *nm (-s) (fam.)* armoire à glace, malabar

krachts·in·span·ning [krɑχ(t)sɪnspɑnɪŋ] *nf (-en)* effort (physique); met de uiterste ~ de toutes ses forces

kracht·term [krɑχtɛrm] *nm (-en)* gros mot

kracht·trai·ning [krɑχtrenɪŋ, ᴮkrɑχtrɛ:nɪŋ] *nf* musculation

kracht·ver·spil·ling [krɑχtfərspɪlɪŋ] *nf* gaspillage de forces

kracht·voer [krɑχtfur] *het* fourrage concentré

krak [krɑk] *interj* crac !

kra|keel [krakel] *het (-kelen)* chamaillerie

kra·ke·len [krakelə(n)] *vi (krakeelde, h. gekrakeeld)* se chamailler, se quereller

kra·ke·ling [krakəlɪŋ] *nm (-en)* 1 craquelin *(biscuit)* 2 bretzel *(pâtisserie salée)*

¹kra·ken [krakə(n)] *vi (kraakte, h. gekraakt)* craquer, cracher, grincer; een ~de stem une voix cassée

²kra·ken [krakə(n)] *vt (kraakte, h. gekraakt)* 1 casser *(des noix etc.)* 2 *(inform.)* pirater 3 squatter; het ~ le squattage 4 cambrioler; een code ~ déchiffrer un code 5 éreinter, critiquer vivement 6 *(technol.)* fracturer

¹kra·ker [krakər] *nm (-s),* **kraakster** *nf (-s)* 1 squatteur, -euse 2 cambrioleur, -euse 3 *(inform.)* pirate 4 *(fam.)* chiropraticien, -ienne, chiropracteur

²kra·ker [krakər] *nm (-s)* tube, hit

kra·ke·rig [krakərəχ] *adj* grinçant !

krak·ke·mik·kig [krakəmɪkəχ] *adj, adv (fam.)* mal fichu

kram [krɑm] *de (-men)* 1 crampon 2 *(méd.)* agrafe ♦ *(Belg.)* uit zijn ~men schieten sortir de ses gonds, entrer en action

kra·miek [kramik] *nm (-en) (Belg.)* cramique *(Belg.)*

kramp [krɑmp] *de (-en)* crampe; ~ in de kuiten hebben avoir une crampe au mollet; *(fig.)* in een ~ schieten se crisper

kramp·ach·tig [krɑmpɑχtəχ] *adj, adv* 1 crispé; ~ lachen avoir un rire forcé 2 ± acharné, ± avec acharnement; zich ~ aan iemand, iets vasthouden se cramponner à qqn, à qqch 3 *(méd.)* convulsif; ~ samentrekken contracturer

kra·nig [kranəχ] *adj, adv* courageux, courageusement

krank·jo·rum [krɑŋkjorʌm] *adj (fam.)* dingue

krank·zin·nig [krɑŋksɪnəχ] *adj, adv* fou, comme un fou, une folle; de ~e l'aliéné(e) mental(e)

krank·zin·nig·heid [krɑŋksɪnəχhɛit] *nf* 1 aliénation mentale 2 *(fig.)* démence, folie

krans [krɑns] *nm (-en)* couronne

krans·je [krɑnʃə] *het (-s)* 1 cercle *(réunion de personnes)* 2 *(cuis.)* gimblette

krans·leg·ging [krɑnslɛχɪŋ] *nf (-en)* dépôt de, d'une gerbe

krans·slag·ader [krɑnslɑχadər] *de (-s),* **kransvat** *het (-en)* artère coronaire

krant [krɑnt] *de (-en)* journal, quotidien; het staat in de ~ c'est dans le journal; dat mag wel in de ~ cela n'arrive pas tous les jours

kran·ten·be·richt [krɑntə(n)bərɪχt] *het (-en)* nouvelle parue dans la presse

kran·ten·be|zor·ger [krɑntə(n)bəzɔrχər] *nm (-s),* **-zorgster** *nf (-s)* porteur, -euse de journaux

kran·ten·jon·gen [krɑntə(n)jɔŋə(n)] *nm (-s)* → krantenbezorger

kran·ten·kop [krɑntə(n)kɔp] *nm (-pen)* titre

kran·ten·stijl [krɑntə(n)stɛil] *nm* style journalistique

kran·ten·wijk [krɑntə(n)wɛik] *de (-en)* ♦ hij heeft een ~ om aan zakgeld te komen il se fait de l'argent de poche en portant des journaux à domicile

krap [krɑp] *adj, adv* 1 (trop) juste, étroit; zij zijn ~ behuisd ils sont logés à l'étroit; die schoenen zijn aan de ~pe kant ces chaussures sont un peu justes; een ~ tijdschema un horaire serré; ~ zitten être à court d'argent 2 tout juste; het is maar ~ aan c'est tout juste; er zijn ~ 500 exemplaren verkocht c'est à peine si on en a vendu 500 exemplaires; **~ in zijn tijd zitten** manquer de temps

krap·jes [krɑpjəs] *adv* ♦ **het ~ hebben** avoir tout juste de quoi vivre

krap·te [krɑptə] *nf* pénurie; **~ op de arbeidsmarkt** pénurie de main-d'œuvre

[1]**kras** [krɑs] *de (-sen)* **1** trait *(mouvement);* **een ~ met de pen** un trait de plume **2** rayure, éraflure, *(Belg.)* griffe

[2]**kras** [krɑs] *adj, adv* **1** vert, gaillard **2** *(choses abstraites)* fort, *(paroles)* en termes vifs; **dat is ~!** c'est un peu fort !; **~se middelen gebruiken** employer les grands moyens; **dat lijkt me al te ~** cela me paraît aller un peu loin

kras·lot [krɑslɔt] *het (-en)* jeu à gratter®

kras·lo·te·rij [krɑslotərɛi] *nf (-en)* loterie instantanée

[1]**kras·sen** [krɑsə(n)] *vi (kraste, h. gekrast)* **1** crisser, grincer; **het ~ van een viool** le crincrin d'un violon; **op een viool ~** racler du violon **2** croasser, chuinter; **het ~ van de kraaien** le croassement des corneilles **3** faire des rayures, érafler; **~ in het pleister van een muur** érafler le plâtre d'un mur

[2]**kras·sen** [krɑsə(n)] *vt (kraste, h. gekrast)* graver; **zijn naam in een boom ~** graver son nom sur un arbre

kras·se·rig [krɑsərəχ] *adj, adv* qui ressemble à des coups de griffe ♦ **een ~ handschrift** une écriture de chat

krat [krɑt] *het (-ten)* caisse (à claire-voie)

kra·ter [kratər] *nm (-s)* cratère

kra·ter·vor·mig [kratərvɔrməχ] *adj* cratériforme

krats [krɑts] *de (fam.)* bouchée de pain; **dat kost (maar) een ~** c'est donné

kre·diet [krədit] *het (-en)* crédit; **doorlopend ~** crédit permanent; **iemand ~ geven** faire crédit à qqn; **ergens ~ hebben** avoir un crédit ouvert qqp; **~ hebben bij een bankier** être accrédité auprès d'un banquier

***kre·diet-** [krədit-] de crédit

kre·diet·cri·sis [kreditkrizɪs] *de* crise du crédit

kre·diet·ver·le·ning [kreditfərlenɪŋ] *nf (-en)* octroi de crédits

kre·diet·waar·dig [kreditwardəχ] *adj* solvable

kreeft [kreft] *de (-en)* écrevisse, homard

Kreeft [kreft] *de (-en) (astrol.)* Cancer

kreeft·ach·tig [kreftɑχtəχ] *adj* ♦ **~e dieren** crustacés

kreeg [kreχ], **kregen** → **krijgen, afkrijgen, terugkrijgen**

kreek [krek] *de (kreken)* crique, anse

kreet [kret] *nm (kreten)* **1** cri; **een ~ slaken** pousser un cri **2** slogan ♦ **loze kreten** paroles en l'air

kre·gel [kreχəl] *adj* acariâtre, irascible

krek [krɛk] *adv (fam.)* exactement

kre·kel [krekəl] *nm (-s)* grillon

kreng [krɛŋ] *het (-en)* **1** saleté *(qqch ou qqn);* **gemeen ~!** sale garce ! **2** charogne *(animal)*

kren·ge·rig [krɛŋərəχ] *adj* vache, rosse; **ze doet altijd zo ~** c'est une vraie rosse

kren·ken [krɛŋkə(n)] *vt (krenkte, h. gekrenkt)* froisser, blesser; **iemand diep ~** blesser qqn au vif; **iemand in zijn eer ~** atteindre qqn dans son honneur; **zich gekrenkt voelen** se sentir insulté

kren·king [krɛŋkɪŋ] *nf (-en)* froissement, offense

[1]**krent** [krɛnt] *de (-en)* **1** raisin de Corinthe; *(fig.)* **hij heeft de ~en uit de pap gehaald** il a pris ce qu'il y avait de meilleur, il s'est réservé la meilleure part du travail **2** *(fam.)* derrière, postérieur

[2]**krent** [krɛnt] *nm (-en)* pingre, grippe-sou

***kren·ten-** [krɛntə(n)-] aux raisins

kren·ten·bol [krɛntə(n)bɔl] *nm (-len)* petit pain rond aux raisins

kren·ten·kak·ker [krɛntə(n)kɑkər] *nm (-s) (fam.)* grippe-sou

kren·ten·we·ger [krɛntə(n)weχər] *nm (-s) (fam.)* **1** grippe-sou **2** coupeur de cheveux en quatre, pinailleur, -euse **3** épicier, personne mesquine

kren·te·rig [krɛntərəχ] *adj, adv* **1** mesquin, avec mesquinerie **2** avare, pingre, avec avarice

Kre·ten·zer [kretɛnzər] *nm (-s),* **Kretenzische** *nf (-n)* Crétois, -oise

kreuk·echt [krøkɛχt] *adj* → **kreukvrij**

kreu·kel [krøkəl] *de (-s)* (faux) pli; **ik heb mijn auto in de ~s gereden** j'ai bousillé ma voiture

[1]**kreu·ke·len** [krøkələ(n)] *vt (kreukelde, h. gekreukeld)* froisser, chiffonner

[2]**kreu·ke·len** [krøkələ(n)] *vi (kreukelde, i. gekreukeld)* se froisser, se chiffonner

kreu·ke·lig [krøkələχ] *adj* froissé, chiffonné

kreuk·vrij [krøkfrɛi] *adj* infroissable

kreu·nen [krønə(n)] *vi (kreunde, h. gekreund)* gémir

kreu·pel [krøpəl] *adj, adv* boiteux *(aussi au fig.),* bancal; **de ~e** le boiteux, la boiteuse; **het paard loopt ~** le cheval boite; **iemand ~ maken** estropier qqn

kreu·pel·bos [krøpəlbɔs] *het (-sen)* fourrés, taillis

kreu·pel·dicht [krøpəldɪχt] *het (-en)* mauvais poème

kreu·pel·hout [krøpəlhɑut] *het* fourré

kreu·pel·rijm [krøpəlrɛim] *het (-en)* rimes défectueuses

krib [krɪp] *de (-ben)* **1** mangeoire, auge **2** *(relig.)* crèche **3** lit (de camp) **4** épi *(au bord d'une rivière)*

krib·big [krɪbəχ] *adj, adv* hargneux, hargneusement

krie·bel [kribəl] *nm (-s) (fam.)* démangeaison; **~ in de keel hebben** éprouver un chatouillement dans la gorge; *(fig.)* **de ~s krijgen van** s'énerver à propos de

krie·be·len [kribələ(n)] *vti (kriebelde, h. gekriebeld)* **1** chatouiller; **mijn benen ~**

j'ai des fourmis dans les jambes **2** gribouiller
krie·bel·hoest [kribəlhust] *nm* toux sèche
krie·be·lig [kribələχ] *adj* chatouilleux; **~ van iets worden** s'énerver à propos de qqch ♦ *(fig.)* **~ schrift** pattes de mouches
krie·bel·schrift [kribəlsχrɪft] *het* gribouillage
krie·gel [kriχəl] *adj (fam.)* → **kregel**
kriek [krik] *de (-en)* **1** guigne *(petite cerise)* **2** *(Belg.)* griotte ♦ **zich een ~ lachen** se tordre (de rire)
krie·ken [krikə(n)] *het* ♦ **bij het ~ van de dag** au point du jour
kriel [kril] *het (-en),* **krielaardappel** *nm (-en)* grenaille *(petite pomme de terre ronde)*
krie·len [krilə(n)] *vi (krielde, h. gekrield)* → **krioelen**
kriel·kip [krilkɪp] *nf (-pen)* poule naine
krij·gen [krεiχə(n)] *vt (kreeg, h. gekregen)* **1** recevoir, avoir; **je kunt mijn auto ~ voor duizend euro** je te laisse ma voiture pour mille euros; **ik heb veel complimentjes gekregen** on m'a fait beaucoup de compliments; **wat ~ we te eten?** qu'est-ce qu'on mange ?; **ik krijg nog geld van hem** il me doit de l'argent; **vanavond krijg je je geld** ce soir, tu auras ton argent; **een ziekte ~** attraper une maladie **2** attraper *(qqn),* saisir; **ik krijg hem nog wel** je l'aurai au tournant; **je kunt me toch niet ~!** tu ne m'attraperas pas ! ♦ **iets af ~** terminer qqch; **argwaan ~** commencer à se méfier; **een bedrag bij elkaar ~** réunir une somme; **te ~ bij** en vente chez; **waar kun je dat boek ~?** où peut-on se procurer ce livre ?; **ik kan de deur niet dicht ~** je n'arrive pas à fermer la porte; **ik krijg er iets van** j'en ai ras le bol; **je zult er niets van ~** tu n'en mourras pas; **ervanlangs ~** recevoir une bonne raclée, recevoir son paquet; **iets van iemand gedaan ~** (finir par) obtenir qqch de qqn; **genoeg van iets ~** en avoir assez de qqch; **deze uitgave is niet meer te ~** cette édition est épuisée; **kinderen ~** avoir des enfants; **neem wat je ~ kunt** *(fig.)* profite de la situation; *(fam.)* **iemand te pakken ~** arriver à mettre la main sur qqn; **we ~ regen** il va pleuvoir; **iemand te spreken ~** réussir à voir qqn; **de schoolkinderen ~ op 1 juli vakantie** les vacances scolaires commencent le 1er juillet; **daar krijg je me niet voor** je ne marche pas dans cette combine; **iets niet voor elkaar kunnen ~** ne pas réussir à faire qqch; **vrienden ~** se faire des amis; *(fam.)* **krijg wat!** va te faire voir !; **wat zullen we nou ~!** qu'est-ce que c'est que ça, encore !; **hij is niet weg te ~** il s'incruste; **meer zelfvertrouwen ~** prendre de l'assurance; **heb je het of krijg je het?** ça te prend souvent ?
krij·ger [krεiχər] *nm (-s)* guerrier
krij·ger·tje [krεiχərcə] *het* ♦ **~ spelen** jouer au chat (perché)
***krijgs-** [krεiχs-] militaire; **de krijgstucht** la discipline militaire
krijgs·bijl [krεiχsbεil] *de (-en)* hache de guerre
krijgs·dienst [krεiχsdinst] *nm* service militaire
krijgs·ge·van·gen [krεiχsχəvɑŋə(n)] *adj (milit.)* prisonnier; **de ~e** le prisonnier de guerre
krijgs·ge·van·gen·schap [krεiχsχəvɑŋənsχɑp] *nf (milit.)* captivité; **in ~ raken** être fait prisonnier (de guerre)
krijgs·ge·woel [krεiχsχəwul] *het (milit.)* mêlée
krijgs·haf·tig [krεiχshɑftəχ] *adj, adv* (comme un) guerrier, martial(ement)
krijgs·haf·tig·heid [krεiχshɑftəχhεit] *nf* **1** esprit guerrier **2** vaillance
Krijgs·hof [krεiχshɔf] *het (Belg.; jur.)* cour martiale
krijgs·kun·de [krεiχskʌndə] *nf* art militaire
krijgs·lied [krεiχslit] *het (-eren)* chant guerrier
krijgs·list [krεiχslɪst] *de (-en)* ruse de guerre
krijgs·macht [krεiχsmɑχt] *de (-en)* forces armées
krijgs·mak·ker [krεiχsmɑkər] *nm (-s)* compagnon d'armes
krijgs|raad [krεiχsrat] *nm (-raden)* conseil de guerre; **iemand voor de ~ brengen** faire passer qqn en conseil de guerre
krijgs·tocht [krεiχstɔχt] *nm (-en) (milit.)* campagne
krijgs·to|neel [krεiχstonel] *het (-nelen)* théâtre du combat
krijgs·volk [krεiχsfɔlk] *het* gens de guerre
krijgs·zuch·tig [krεiχsʌχtəχ] *adj, adv* belliqueux, guerrier, de façon belliqueuse
krij·sen [krεisə(n)] *vi (krijste/krees, h. gekrijst/gekresen)* crier, glapir; **de papegaai krijst** le perroquet pousse des cris stridents
krijt [krεit] *het* **1** craie; **een pijpje ~** une craie **2** crétacé ♦ **in het ~ treden** entrer en lice; **bij iemand in het ~ staan** avoir une ardoise chez qqn; **voor iemand in het ~ treden** prendre la défense de qqn
***krijt-** [krεit-] crayeux
krijt·ach·tig [krεitɑχtəχ] *adj* crayeux
[1]**krij·ten** [krεitə(n)] *vt (krijtte, h. gekrijt)* enduire de craie
[2]**krij·ten** [krεitə(n)] *vi (kreet, h. gekreten) (form.)* crier, hurler
krijt·je [krεicə] *het (-s)* (bâton de) craie
krik [krɪk] *nm (-s) (voitures)* cric
Krim [krɪm] *nf* ♦ **de ~** la Crimée
krimp [krɪmp] *nm* rétrécissement ♦ **geen ~ geven** tenir bon
krim·pen [krɪmpə(n)] *vi (kromp, i. gekrompen)* **1** rétrécir (au lavage), se contracter **2** tourner *(vent)*
krimp·fo·lie [krɪmpfoli] *het* film rétractable
krimp·vrij [krɪmpfrεi] *adj* irrétrécissable

kring [krɪŋ] *nm (-en)* **1** cercle, *(d'yeux)* cerne, *(astronaut.)* orbite, *(fumée)* volute, *(astron.)* halo; **~en onder de ogen hebben** avoir les yeux cernés; **in een ~ zitten** être assis en rond; *(fig.)* **in een ~(etje) ronddraaien** tourner en rond; *(fig.)* se mordre la queue; **de ~ sluiten** boucler la boucle **2** milieu, cercle; **in besloten ~** en petit comité; **de hogere ~en** la haute société; **de hoogste ~en** le grand monde; **de huiselijke ~** le cercle familial; **in intieme ~ ergens over praten** discuter de qqch dans l'intimité; **in kleine ~** en petit comité; **in welingelichte ~en** dans les milieux bien informés

krin·ge·len [kr̲ɪŋələ(n)] *vi (kringelde, h. gekringeld)* tournoyer, *(rivière)* serpenter, *(fumée)* former des volutes

kring·ge·sprek [kr̲ɪŋχəsprɛk] *het (-ken)* table ronde

kring·loop [kr̲ɪŋlop] *nm* cycle, *(écon.)* circuit; **de ~ van de natuur** le cycle de la nature

kring·loop·pa·pier [kr̲ɪŋlopapir] *het* papier recyclé

kring·loop·pro·ces [kr̲ɪŋloprosɛs] *het (-sen) (biol.)* cycle naturel

kring·loop·wo·ning [kr̲ɪŋlopwonɪŋ] *nf (-en)* logement provisoire

kring·vor·mig [krɪŋvɔ̲rməχ] *adj* circulaire

krin·ke·len [kr̲ɪŋkələ(n)] *vi (krinkelde, h./i. gekrinkeld)* serpenter

kri·oe·len [kriju̲lə(n)] *vi (krioelde, h. gekrioeld) (+ van)* fourmiller; **in dit water krioelt het van de vissen** ce cours d'eau fourmille de poissons; **het krioelde van de mensen op het plein** la place grouillait de monde

kris·kras [kr̲ɪskrɑs] *adv* en tous sens; **alles staat ~ door elkaar** tout est sens dessus dessous

kris·tal [krɪstɑ̲l] *het (-len)* cristal; **zo helder als ~** clair comme du cristal; *(fig.)* clair comme de l'eau de roche; **van ~** de, en cristal

kris·tal·ach·tig [krɪstɑ̲lɑχtəχ] *adj* cristallin

kris·tal·hel·der [krɪstɑ̲lhɛldər] *adj* cristallin, *(aussi au fig.)* clair (comme de l'eau de roche)

kris·tal·len [krɪstɑ̲lə(n)] *adj* de cristal

kris·tal·li·sa·tie [krɪstɑliza̲(t)si] *nf (-s)* cristallisation

kris·tal·li·se·ren [krɪstɑlize̲rə(n)] *vi (kristalliseerde, i. gekristalliseerd)* (se) cristalliser

[1]**kri·tiek** [kriti̲k] *nf (-en)* critique; **afbrekende ~** critique violente; **felle ~ leveren op iemand** critiquer vivement qqn; **goede ~en krijgen** avoir de bonnes critiques; **~ leveren op iemand** adresser une critique à qqn; **~ hebben op iets** critiquer qqch; **~ spuien** formuler des critiques; **de ~ is het erover eens dat …** la critique est d'accord pour dire que …

[2]**kri|tiek** [kriti̲k] *adj (-tieker, meest k.)* critique, crucial

kri·tiek·loos [kriti̲klos] *adj, adv* dépourvu d'esprit critique, sans esprit critique; **iets ~ aanvaarden** accepter qqch sans réfléchir

kri|tisch [kri̲tis] *adj, adv (-tischer, meest k.)* (de manière) critique *(aussi phys.)*; **~ zijn** avoir l'esprit critique

kri·ti·se·ren [kritize̲rə(n)] *vt (kritiseerde, h. gekritiseerd)* critiquer

KRO [kaɛro̲] *nm* abrév. de *Katholieke Radio-omroep* ⟨*association catholique de radiotélévision*⟩

Kro·aat [krowa̲t] *nm (Kroaten),* **Kroatische** *nf (-n)* Croate

Kro·a·tië [krowa̲(t)sijə] *het* Croatie

Kro·a·tisch [krowa̲tis] *adj* croate

kroeg [kruχ] *de (-en)* bistro(t)

kroeg|baas [kru̲χbas] *nm (-bazen)* bistrot, cafetier

kroe·gen·tocht [kru̲χə(n)tɔχt] *nm (-en)* tournée de(s) cafés, *(Belg.)* guindaille

kroeg|lo·per [kru̲χlopər] *nm (-s),* **-loopster** *nf (-s)* coureur, -euse de cafés

kroeg·tij·ger [kru̲χtɛiχər] *nm (-s) (iron.)* pilier de cabaret

kroe·poek [kru̲puk] *nm* chips de crevette

kroes [krus] *nm (kroezen)* timbale, gobelet

kroes|haar [kru̲shar] *het (-haren)* cheveux crépus; **met ~** aux cheveux crépus

kroes·kop [kru̲skɔp] *nm (-pen)* cheveux crépus

kroe·zen [kru̲zə(n)] *vi (kroesde, h. gekroesd)* friser, se crêper; **het ~** le crêpage *(de cheveux)*

kroe·zig [kru̲zəχ] *adj* crépu

kro·kant [kroka̲nt] *adj* croustillant, croquant

kro·ket [krokɛ̲t] *de* croquette

kro·ko·dil·len·leer [krokodɪ̲lə(n)ler] *het* crocodile *(cuir)*

kro·kus·va·kan·tie [kro̲kʌsfakɑn(t)si] *nf* vacances de carnaval

krols [krɔls] *adj (krolser, meest k.)* en chaleur *(chats)*

krols·heid [krɔ̲lshɛit] *nf* chaleur *(chats)*

krom [krɔm] *adj, adv* **1** courbe; **het pad loopt erg ~** le sentier est très sinueux; **een ~me weg** un chemin tortueux **2** *(personne)* voûté, bossu, *(nez, doigts)* crochu; **zich ~ lachen** se tordre de rire; **zich ~ werken** s'esquinter à travailler **3** *(chose)* tordu, déformé; **~me benen** jambes torses; **een spijker ~ slaan** enfoncer un clou de travers **4** faux; **iets dat ~ is recht trachten te praten** essayer de justifier une chose indéfendable; **een ~me redenering** un raisonnement biscornu **5** mauvais, défectueux, mal, d'une manière défectueuse

krom·be·nig [krɔmbe̲nəχ] *adj* cagneux *(personne)*

krom·bui·gen [krɔ̲mbœyχə(n)] *vti (boog krom, h./i. kromgebogen)* (se) courber, (se) tordre

krom·groei·en [krɔmχrujə(n)] *vi (groeide krom, i. kromgegroeid)* se déjeter, pousser de travers
krom·heid [krɔmhɛit] *nf* courbure
krom·lig·gen [krɔmlɪχə(n)] *vi (lag krom, h. kromgelegen)* se saigner (aux quatre veines)
krom·lo·pen [krɔmlopə(n)] *vi (liep krom, h. kromgelopen)* marcher (le dos) courbé, avoir le dos rond
krom·me [krɔmə] *de (math.)* (ligne) courbe
¹**krom·men** [krɔmə(n)] *vi (kromde, h./i. gekromd)* se courber, *(chemin)* tourner, *(rivière)* faire un coude; de weg kromt hier naar rechts le chemin oblique ici vers la droite
²**krom·men** [krɔmə(n)] *vt (kromde, h. gekromd)* courber, tordre; de rug ~ courber le dos
krom·ming [krɔmɪŋ] *nf (-en)* 1 courbure 2 courbe, *(d'une rivière)* coude; bij een ~ van de weg à un tournant du chemin
kromp [krɔmp], **krompen** → krimpen, ineenkrimpen, inkrimpen
krom·trek·ken [krɔmtrɛkə(n)] *vi (trok krom, i. kromgetrokken)* se déformer, gauchir
kro·nen [kronə(n)] *vt (kroonde, h. gekroond)* couronner; iemand tot koning ~ sacrer qqn roi
kro·niek [kronik] *nf (-en)* chronique
kro·niek|schrij·ver [kroniksχrɛivər] *nm (-s)*, **-schrijfster** *nf (-s)* chroniqueur, -euse
kro·ning [kronɪŋ] *nf (-en)* couronnement, sacre
kron·kel [krɔŋkəl] *nm (-s)* courbe, méandre, lacet; een rare ~ in zijn hersens hebben avoir le cerveau fêlé
¹**kron·ke·len** [krɔŋkələ(n)] *vi (kronkelde, h./i. gekronkeld)* se tordre, *(chemin, rivière)* serpenter; ~ van pijn se tordre de douleur
²**kron·ke·len** [krɔŋkələ(n)] *vt (kronkelde, h. gekronkeld)* tordre; *(fig.)* zich in allerlei bochten ~ om faire des pieds et des mains pour; een beekje kronkelt zich tussen de heuvels door un ruisseau serpente entre les collines
kron·ke·lend [krɔŋkələnt] *adj, adv,* **kronkelig** *adj* tortueux, sinueux, tortueusement, sinueusement
kron·ke·ling [krɔŋkəlɪŋ] *nf (-en)* → kronkel
kroon [kron] *de (kronen)* couronne; een gouden ~ op een kies zetten mettre une couronne en or sur une dent; iemand een ~ opzetten faire l'éloge de qqn ♦ iemand naar de ~ steken rivaliser avec qqn; dat is de ~ op zijn werk c'est le couronnement de son travail; de ~ spannen l'emporter; *(iron.; à propos de qqn)* avoir le pompon; *(iron.)* dat spant de ~ c'est le comble
***kroon-** [kron-] de la couronne
kroon·do·mein [krondomɛin] *het (-en)* domaine royal, domaine de la couronne
kroon·ge·tui·ge [kronχətœyχə] *de (-n)* témoin principal
kroon|jaar [kronar] *het (-jaren)* année anniversaire *(revenant tous les dix ans)*
kroon·kurk [kronkʌrk] *de (-en)* capsule *(d'une bouteille)*; de ~ van een fles nemen décapsuler une bouteille
kroon·lamp [kronlɑmp] *de (-en)* → kroonluchter
kroon|lid [kronlɪt] *het (-leden)* membre nommé par la couronne
kroon·luch·ter [kronlʌχtər] *nm (-s)* lustre, candélabre
kroon·prins [kromprɪns] *nm (-en)* 1 prince héritier 2 *(fig.)* dauphin, successeur; een ~ aanwijzen désigner un successeur
kroon·prin·ses [kromprɪnsɛs] *nf (-sen)* 1 princesse héritière 2 épouse du prince héritier
kroon·steen·tje [kronstencə] *het (-s)* domino (de jonction)
kroon·tjes·pen [kroncəspɛn] *de (-nen)* plume sergent-major
kroop [krop], **kropen** → kruipen, wegkruipen
kroos [kros] *het (bot.)* lentilles d'eau
kroost [krost] *het* progéniture
kroost·rijk [krostrɛik] *adj (Belg.)* ♦ een ~ gezin une famille nombreuse
kroot [krot] *de (kroten)* betterave potagère; zo rood als een ~ rouge comme une pivoine
krop [krɔp] *nm (-pen)* 1 pomme, cœur (de laitue); een ~ sla une laitue (pommée) 2 *(méd.)* goitre ♦ een ~ in de keel hebben avoir une boule dans la gorge
krop·sla [krɔpsla] *de* laitue pommée
krot [krɔt] *het (-ten)* taudis
krot·ten·wijk [krɔtə(n)wɛik] *de (-en)* bidonville
kruid [krœyt] *het (-en)* herbe *(médicinale ou aromatique)*; daar is geen ~ tegen gewassen il n'y a (plus) rien à faire; omelet met (fijne) ~en omelette aux fines herbes
krui·den [krœydə(n)] *vt (kruidde, h. gekruid)* épicer *(aussi au fig.)*, assaisonner
krui·de·nier [krœydənir] *nm (-s)* épicier, -ière *(aussi au fig.)*
krui·de·niers·geest [krœydənirsχest] *nm* esprit boutiquier
krui·de·niers·wa·ren [krœydənirswarə(n)] *plur* épicerie *(produits)*
krui·de·niers|win·kel [krœydənirswɪŋkəl] *nm (-s)*, **-zaak** *de (-zaken)* épicerie *(magasin)*
krui·den·rek·je [krœydə(n)rɛkjə] *het (-s)* étagère à épices
krui·den·thee [krœydə(n)te] *nm* infusion, tisane
krui·de·rij [krœydərɛi] *nf (-en)* épices, herbes (aromatiques)
krui·dig [krœydəχ] *adj* épicé, aromatique; een ~e smaak un goût relevé
kruid·je-roer-mij-niet [krœycərurmə-

nit] *het (bot.)* sensitive ♦ *(fig.)* **het is zo'n ~** il est tellement susceptible

kruid·koek [krœytkuk] *nm (-en)* pain d'épices

kruid·na·gel [krœytnaχəl] *nm (-s, -en)* (clou de) girofle

[1]**krui·en** [krœyjə(n)] *vt (kruide, h. gekruid)* brouetter

[2]**krui·en** [krœyjə(n)] *vi (kruide, h. gekruid)* débâcler *(rivière)*; **het ~** la débâcle

krui·er [krœyjər] *nm (-s)* porteur, bagagiste

kruik [krœyk] *de (-en)* **1** cruche *(récipient)*; *(prov)* **de ~ gaat zo lang te water, tot ze breekt** tant va la cruche à l'eau (qu'à la fin elle se brise) **2** bouillotte

kruim [krœym] *het/de (-en)* **1** miette **2** mie **3** *(Belg.)* fine fleur

krui·mel [krœyməl] *nm (-s)* miette

krui·mel·deeg [krœyməldeχ] *het* pâte brisée

[1]**krui·mel|dief** [krœyməldif] *nm (-dieven)* chapardeur

[2]**krui·mel|dief®** [krœyməldif] *nm (-dieven)* mini-aspirateur®

krui·mel·dief·stal [krœyməldifstɑl] *nm (-len)* larcin

[1]**krui·me·len** [krœymələ(n)] *vt (kruimelde, h. gekruimeld)* émietter

[2]**krui·me·len** [krœymələ(n)] *vi (kruimelde, i. gekruimeld)* s'émietter

krui·mig [krœyməχ] *adj* farineux *(pommes de terre)*

kruin [krœyn] *de (-en)* **1** sommet de la tête; **bij de ~ begon hij kaal te worden** il commençait à se dégarnir au sommet du crâne; **een dubbele ~** deux épis **2** tête, crâne **3** sommet, faîte, crête

krui·pen [krœypə(n)] *vi (kroop, h./i. gekropen)* **1** ramper; **~ over** ramper sur **2** se traîner, avancer lentement; **de uren kropen voorbij** les heures se traînaient **3** s'abaisser, s'aplatir; *(fig.)* **voor iemand ~** se mettre à plat ventre devant qqn **4** se glisser, se réfugier; **bij elkaar ~** se blottir l'un contre l'autre, les uns contre les autres; **erin ~** se fourrer sous les couvertures

krui·per [krœypər] *nm (-s)* lèche-botte

krui·pe·rig [krœypərəχ] *adj, adv* servile(ment); **hij is ~ beleefd** il est d'une politesse obséquieuse

kruip·olie [krœypoli] *de* huile graphitée

kruip·pak·je [krœypɑkjə] *het (-s)* grenouillère, combinaison pour bébé

kruip·ruim·te [krœyprœymtə] *nf (-n, -s)* vide sanitaire

kruis [krœys] *het (kruizen)* **1** croix; **iemand aan het ~ slaan** crucifier qqn; **iemand aan het ~ nagelen** clouer qqn sur la croix; **het Blauwe Kruis** la ligue antialcoolique; **iemand het heilig ~ (achter)nageven** souhaiter bon vent à qqn *(iron.)*; *(Belg.; fig.)* **een ~ maken over iets** faire une croix sur qqch, passer l'éponge sur qqch; **met een ~je ondertekenen** signer d'une croix; **een ~ slaan** se signer; **het grondvlak van de kerk vormt een ~** le plan de l'église est cruciforme **2** entrejambe *(d'un vêtement)*; **die broek is te nauw in het ~** ce pantalon est trop étroit à l'entrejambe **3** organes (génitaux); **een trap in zijn ~ krijgen** recevoir un coup de pied dans les parties; *(fam.)* **zich in zijn ~ getast voelen** se sentir piqué au vif, avoir l'impression de s'être fait rouler **4** face *(d'une pièce de monnaie)*; **~ of munt gooien** jouer à pile ou face

kruis·beeld [krœyzbelt] *het (-en)* **1** crucifix **2** calvaire

kruis·bes [krœyzbɛs] *de (-sen)* **1** groseille à maquereau **2** groseillier épineux

kruis|boog [krœyzboχ] *nm (-bogen)* **1** *(archit.)* ogive **2** arbalète

kruis·da·gen [krœyzdaχə(n)] *plur (relig.)* rogations

krui·se·lings [krœysəlɪŋs] *adj, adv* (entre)croisé, en croix; **met de benen ~ over elkaar geslagen zitten** être assis les jambes croisées

[1]**krui·sen** [krœysə(n)] *vt (kruiste, h. gekruist)* croiser; **elkaar ~** se croiser

[2]**krui·sen** [krœysə(n)] *vi (kruiste, h. gekruist)* **1** *(mar.)* croiser **2** *(mar.)* louvoyer

krui·ser [krœysər] *nm (-s) (mar.)* **1** croiseur **2** cruiser *(petit yacht)*

kruis·gang [krœysχɑŋ] *nm* cloître

kruis·ge|welf [krœysχəwɛlf] *het (-welven) (archit.)* voûte d'arête

krui·si·gen [krœysəχə(n)] *vt (kruisigde, h. gekruisigd)* crucifier

krui·si·ging [krœysəχɪŋ] *nf (-en)* crucifixion, crucifiement

krui·sing [krœysɪŋ] *nf (-en)* **1** croisement; **een ~ van een herdershond met een labrador** un berger mâtiné d'un labrador **2** carrefour, croisement **3** hybride **4** *(sports)* lucarne

kruis·kop·pe·ling [krœyskɔpəlɪŋ] *nf (-en)* (joint de) cardan

kruis·kop|schroef [krœyskɔpsχruf] *de (-schroeven)* vis cruciforme

kruis·kop·schroe·ven·draai·er [krœyskɔpsχruvə(n)drajər] *nm (-s)* tournevis cruciforme

kruis·licht [krœyslɪχt] *het (-en) (Belg.)* feux de croisement

kruis·punt [krœyspʌnt] *het (-en)* carrefour; **een ~ van spoorwegen** un nœud ferroviaire

kruis·ra·ket [krœysrakɛt] *de (-ten)* missile de croisière

kruis·rid·der [krœysrɪdər] *nm (-s) (hist.)* croisé

kruis·snel·heid [krœysnɛlhɛit] *nf* vitesse de croisière

kruis·spin [krœyspɪn] *de (-nen) (zool.)* araignée des jardins

kruis|steek [krœystek] *nm (-steken)* point de croix *(broderie)*

kruis·te·ken [krœystekə(n)] *het (-s)* signe de (la) croix

kruis|tocht [krœystɔχt] *nm (-en)*, **-vaart** *de (-en)* croisade *(aussi au fig.)*; **op ~ gaan**

partir pour la croisade; *(fig.)* partir en croisade; **een ~ voeren tegen iets** mener une campagne contre qqch

kruis·vaar·der [krœysfardər] *nm (-s)* croisé

kruis·ver·eni·ging [krœysfərenəχɪŋ] *nf (-en)* association de services de soins à domicile

kruis·ver|hoor [krœysfərhor] *het (-horen)* interrogatoire serré; **iemand een ~ afnemen** mettre qqn sur la sellette; **een ~ ondergaan** être sur la sellette

kruis·vuur [krœysfyr] *het (milit.)* feux croisés; *(fig.)* **een ~ van vragen** un feu roulant de questions

kruis·weg [krœyswɛχ] *nm (-en)* **1** *(relig.)* chemin de la Croix **2** *(cathol.; arts)* chemin de croix

kruis·woord|puz·zel [krœyswortpʌzəl] *nm (-s)*, **-raadsel** *het (-s)* mots croisés; **een doorlopende ~** ± une grille muette

kruit [krœyt] *het* poudre *(mélange explosif)*; **met los ~ schieten** tirer à blanc; **al zijn ~ verschoten hebben** être à bout de forces, être à bout d'arguments

kruit·damp [krœydamp] *nm (-en)* fumée de la poudre; *(généralement au fig.)* **toen de ~ was opgetrokken** après la bataille

kruit·lucht [krœytlʌχt] *de* odeur de poudre

kruit·vat [krœytfat] *het (-en)* **1** baril de poudre; **de lont in het ~** le détonateur **2** *(fig.)* poudrière, point chaud

krui·wa·gen [krœywaχə(n)] *nm (-s)* **1** brouette; **iets vervoeren met een ~** brouetter qqch **2** *(fig.)* piston; **een (goede) ~ hebben** avoir un (bon) piston; **een ~ zijn voor iemand** pistonner qqn

[1]**kruk** [krʌk] *de (-ken)* **1** tabouret **2** béquille **3** poignée *(de la porte)*

[2]**kruk** [krʌk] *nm (-ken)* empoté, -ée, maladroit, maladroite

kruk·as [krʌkas] *de (-sen) (technol.)* vilebrequin

kruk·ken [krʌkə(n)] *vi (krukte, h. gekrukt)* travailler maladroitement

kruk·kig [krʌkəχ] *adj, adv* maladroit(ement), gauche(ment)

krul [krʌl] *de (-len)* **1** boucle; **~len in het haar zetten** mettre des bigoudis **2** *(plur.)* copeaux

krul·an·dij·vie [krʌlandɛivi] *de* (chicorée) frisée

krul|haar [krʌlhar] *het (-haren)* cheveux bouclés

krul·len [krʌlə(n)] *vti (krulde, h. gekruld)* boucler, onduler; **een lach krulde zijn lippen** un sourire plissait ses lèvres

krul·len|bol [krʌlə(n)bɔl] *nm (-len)*, **-kop** *nm (-pen)* tête frisée

krul·len·jon·gen [krʌlə(n)jɔŋə(n)] *nm (-s)* **1** apprenti menuisier **2** *(fig.)* novice

krul·set [krʌlsɛt] *nm (-s)* set de bigoudis chauffants

krul·speld [krʌlspɛlt] *de (-en)* bigoudi, rouleau

krul·staart [krʌlstart] *nm (-en)* queue en tirebouchon

krul·tang [krʌltaŋ] *de (-en)* fer à friser

kst [kst] *interj* oust(e)

ku·biek [kybik] *adj* cube; **de ~** le mètre cube; **de inhoud bedraagt tien ~e meter** le volume est de dix mètres cubes

ku·bus [kybʌs] *nm (-sen)* cube; **de (magische) ~** le rubicube

kuch [kʌχ] *nm* toussotement

ku·chen [kʌχə(n)] *vi (kuchte, h. gekucht)* toussoter

kuch·hoest [kʌχhust] *nm* toux sèche

kud·de [kʌdə] *de (-s)* troupeau

kud·de·dier [kʌdədir] *het (-en)* **1** animal grégaire **2** *(fig.)* mouton

kui·e·ren [kœyjərə(n)] *vi (kuierde, h./i. gekuierd) (fam.)* se balader; **een eindje ~** faire un petit tour

kui·er·lat·ten [kœyjərlatə(n)] *plur (fam.)* ♦ **de ~ nemen** jouer des cannes

kuif [kœyf] *de (kuiven)* **1** toupet, houppe **2** *(fam.)* cheveux **3** *(zool.)* aigrette, huppe ♦ *(fam.)* **in zijn ~ gepikt zijn** être dépité, être piqué au vif

Kuif·je [kœyfjə] Tintin

kui·ken [kœykə(n)] *het (-s)* poussin; **een kloek met ~s** une poule et ses poussins

kuil [kœyl] *nm (-en)* trou, creux; *(prov)* **wie een ~ graaft voor een ander valt er zelf in** tel est pris qui croyait prendre

kui·len [kœylə(n)] *vt (kuilde, h. gekuild)* ensiler, mettre en silo

kuil·tje [kœylcə] *het (-s)* fossette; **~s in de wangen hebben** avoir des fossettes aux joues

kuip [kœyp] *de (-en)* **1** cuve **2** *(sports)* stade

[1]**kui·pen** [kœypə(n)] *vt (kuipte, h. gekuipt)* mettre en cuve

[2]**kui·pen** [kœypə(n)] *vi (kuipte, h. gekuipt)* intriguer, manœuvrer

kuip·je [kœypjə] *het (-s)* boîte; **een ~ margarine** une boîte de margarine

kuip·stoel [kœypstul] *nm (-en)* (siège) baquet

kuis [kœys] *adj, adv (kuiser, meest k.)* chaste(ment)

kui·sen [kœysə(n)] *vt (kuiste, h. gekuist)* **1** châtier *(son langage, son style)*, affiner **2** *(Belg.)* nettoyer

kuis·heid [kœyshɛit] *nf* chasteté

kuis·heids·gor·del [kœyshɛitsχɔrdəl] *nm (-s)* ceinture de chasteté

kuis·vrouw [kœysfrau] *nf (-en) (Belg.)* femme de ménage

kuit [kœyt] *de (-en)* **1** mollet **2** œufs *(poissons)*, frai

kuit·been [kœydben] *het (-deren) (biol.)* péroné

kuit·broek [kœydbruk] *de (-en)* pantacourt

kuit·spier [kœytspir] *de (-en) (biol.)* (muscle) soléaire

ku·ke·le·ku [kykələky] *interj* cocorico !

ku·ke·len [kʏkələ(n)] *vi (kukelde, i. gekukeld) (fam.)* tomber les quatre fers en l'air
kul [kʌl] *nm (-len) (fam.)* foutaise; **wat een ~!** quelle foutaise !
kum·mel [kʌməl] *nm (cuis.)* cumin
kun·de [kʌndə] *nf* compétence
kun·dig [kʌndəχ] *adj, adv* compétent, avec compétence ♦ **ter zake ~** expert en la matière
kun·dig|heid [kʌndəχhɛit] *nf (-heden)* compétence
kun·ne [kʌnə] *de (-n) (form.)* sexe; **van beiderlei ~** des deux sexes
kun·nen [kʌnə(n)] *vti, vb aux (kon, konden, h. gekund)* **1** pouvoir; **hij kan het niet meer bijhouden** il est débordé; **buiten iets ~** pouvoir se passer de qqch; **had jij dat gekund?** tu en aurais été capable ?; **dat kan híj doen!** il peut se le permettre, lui !; **we ~ er niet onderuit** il n'y a pas moyen d'y échapper; **hij kan er niet over uit** il en parle tout le temps; **je kunt hier heel lekker eten** on mange très bien, ici; **u kunt gaan** vous pouvez disposer; **je kunt gaan!** va-t'en, allez-vous-en !; **zijn ogen niet ~ geloven** ne pas en croire ses yeux; **het ~** les capacités; **je kunt het of je kunt het niet** c'est une question de compétence; **dat kan geen kwaad** ça ne peut pas faire de mal; **hij kan niet meer** il n'en peut plus; *(fam.)* **ik kan daar niets mee (doen)** que veux-tu, que voulez-vous que j'en fasse ?; **ergens tegen ~** (pouvoir) supporter qqch; **elkaar ~ vinden** réussir à se mettre d'accord; **zich in iets ~ vinden** se reconnaître dans qqch; **het met iemand ~ vinden** s'entendre avec qqn; **hij kan er wat van** il est rudement fortiche; **laat eens zien wat je kunt** montre un peu ce que tu sais faire; **ze kan uren voor zich uit zitten staren** il lui arrive de rester des heures à contempler le vide; **ervan op aan ~** pouvoir compter dessus; **tegen iemand op ~** être de taille à se mesurer avec qqn **2** savoir *(être capable de);* **helder ~ denken** avoir toute sa tête; **erg goed ~ leren** avoir une grande facilité pour apprendre; **niet ~ liegen** être incapable de mentir; **niets ~ onthouden** n'avoir aucune mémoire; **goed ~ paardrijden** être bon cavalier, bonne cavalière; **goed ~ tekenen** avoir un joli coup de crayon ♦ **dat kan zo wel** ça peut aller; **dat kan een andere keer wel** ce sera pour une autre fois; **zoiets kun je niet doen** ça ne se fait pas; **het deksel kan er niet af** on, je n'arrive pas à dévisser le couvercle; **het kan ermee door** ça ira; **zó kan het niet langer** ça ne peut plus durer; **dat moet ~** c'est jouable; cela devrait être possible; **die trui kán gewoon niet** ce pull est immettable; **het kan niet op** il y en a en veux-tu, en voilà !; **het zou ~** ça se pourrait; *(fam.)* **ze kán me wat!** qu'elle aille se faire voir ailleurs !
kunst [kʌnst] *nf (-en)* art; **iemand de ~ afkijken** imiter qqn; **zo is er geen ~ aan** de cette façon, ce n'est pas sorcier; **een handelaar in ~** un marchand d'objets d'art; **dat is juist de ~** c'est là tout l'art; **met kunst- en vliegwerk** avec beaucoup d'habileté; **de ~ om de ~** l'art pour l'art; **de ~ verstaan om** avoir l'art (et la manière) de; *(iron.)* **de ~ van iets verstaan** avoir le chic pour faire qqch; **hij verstaat de ~ van het schermen** il s'y connaît en escrime; **zijn ~en vertonen** faire une démonstration de son talent; **dat heeft hij tot een ware ~ verheven** il est passé maître dans l'art de … ♦ **ik zal hem die ~en wel afleren** je lui ferai passer le goût de ces simagrées; **~en maken** faire des tours; **dat is uit de ~** c'est du grand art; **de zwarte ~** la magie noire
***kunst-** [kʌnst-] **1** d'art **2** artificiel, *(chim.)* synthétique; **een kunstbloem** une fleur artificielle; **een kunstvezel** une fibre synthétique
kunst·aca·de·mie [kʌnstakademi] *nf (-s)* école des Beaux-Arts
kunst·be·oe·fe·ning [kʌnstbəufənɪŋ] *nf* pratique d'un art
kunst·be·zit [kʌnstbəzɪt] *het* patrimoine culturel
kunst·bij·la·ge [kʌnstbɛilaχə] *de (-n)* supplément artistique (d'un journal)
kun·ste|naar [kʌnstənar] *nm (-s),* **-nares** *nf (-sen)* artiste; **een beeldend ~** un sculpteur, un peintre, un dessinateur
kun·ste·naar·schap [kʌnstənarsχɑp] *het* **1** métier d'artiste **2** art (de peintre, sculpteur etc.)
kun·sten·ma·ker [kʌnstəmakər] *nm (-s)* **1** acrobate, saltimbanque **2** clown, pitre
kunst- en vlieg·werk [kʌnstɛnvliχwɛrk] *het* ♦ **met ~** à force de tours d'adresse
kunst·ge·bit [kʌnstχəbɪt] *het (-ten)* dentier, prothèse dentaire
kunst·ge·schie·de·nis [kʌnstχəsχidənɪs] *nf (-sen)* histoire de l'art
kunst|greep [kʌnstχrep] *nm (-grepen)* **1** tour (de main) **2** artifice, manœuvre
kunst·han·del [kʌnsthɑndəl] *nm (-s)* **1** commerce d'objets d'art **2** galerie d'art
kunst·his·to·ri|cus [kʌnsthistorikʌs] *nm (-ci),* **-ca** *nf (-ca's)* historien, -ienne de l'art
kun·stig [kʌnstəχ] *adj, adv* habile(ment); **een ~ bouwwerk** une construction ingénieuse
kun·stig·heid [kʌnstəχhɛit] *nf* habileté
kunst·je [kʌnʃə, [B]kʌnscə] *het (-s)* **1** tour de main, truc, astuce; **dat is een koud ~** ce n'est pas sorcier **2** tour d'adresse, tour de passe-passe; **die hond kan ~s** c'est un chien savant **3** mauvais tour
kunst·lie·vend [kʌnstlivənt] *adj* (qui est) amateur d'art
kunst|maan [kʌnstman] *de (-manen)* satellite (artificiel)
kunst·ma·tig [kʌnstmatəχ] *adj, adv* artificiel(lement)
kunst·mest [kʌnstmɛst] *nm* engrais chimique

kunst·min·nend [kʌnstmɪnənt] *adj* → kunstlievend

kunst·nij·ver·heid [kʌnstnɛivərhɛit] *nf* artisanat d'art

kunst·rij·den [kʌnstrɛidə(n)] *vb* → kunstschaatsen

kunst|rij·der [kʌnstrɛidər] *nm (-s)*, **-rijdster** *nf (-s) (sports)* patineur, -euse artistique

kunst·schaats [kʌn(st)sχats] *de (-en) (sports)* patin de figure

kunst·schaat·sen [kʌn(st)sχatsə(n)] *vb (sports)* faire du patinage artistique

kunst·schat·ten [kʌn(st)sχatə(n)] *plur* collection d'objets d'art

kunst·schil|der [kʌn(st)sχɪldər] *nm (-s)*, **-deres** *nf (-sen)* (artiste) peintre

kunst·stof [kʌn(st)stɔf] *de (-fen)* matière synthétique; van ~ synthétique

kunst·stuk [kʌn(st)stʌk] *het (-ken)* **1** tour de force **2** chef-d'œuvre

kunst·uit|leen [kʌnstœytlen] *nm (-lenen)* (organisme de) prêt d'œuvres d'art

kunst·vlie·gen [kʌnstfliχə(n)] *vb* faire des acrobaties aériennes

kunst·vorm [kʌnstfɔrm] *nm (-en)* genre (artistique)

kunst·we·reld [kʌnstwerəlt] *de* monde des arts

kunst·werk [kʌnstwɛrk] *het (-en)* œuvre d'art

kunst·zin·nig [kʌn(st)sɪnəχ] *adj* artiste, artistique

kunst·zwem·men [kʌn(st)swɛmə(n)] *het (sports)* natation artistique

[1]ku·ren [kyrə(n)] *plur* caprices, fredaines, frasques; hij heeft altijd van die vreemde ~ il a toujours des drôles de lubies; dat zijn maar ~ ce sont des caprices

[2]ku·ren [kyrə(n)] *vi (kuurde, h. gekuurd)* faire une cure

kur·haus [kurhaus] *het* **1** établissement thermal **2** casino *(salle de spectacles)*

[1]kurk [kʌrk] *het/de (-en)* liège; zo droog als ~ sec comme de l'amadou

[2]kurk [kʌrk] *de (-en) (d'un récipient)* bouchon; doe de ~ er goed op enfonce bien le bouchon ♦ we hebben nog meer onder de ~ nous avons de la boisson de réserve

kurk·droog [kʌrgdroχ] *adj* archisec

kurk·eik [kʌrkɛik] *nm (-en)* chêne-liège

[1]kur·ken [kʌrkə(n)] *adj* en liège

[2]kur·ken [kʌrkə(n)] *vt (kurkte, h. gekurkt)* boucher; het ~ le bouchage

kur·ken·trek·ker [kʌrkə(n)trɛkər] *nm (-s)* tirebouchon

kurk|plaat [kʌrkplat] *de (-platen)* plaque en liège

kur|saal [kʌrsal] *het/de (-salen) (Belg.)* → kurhaus

kus [kʌs] *nm (-sen)* baiser; een ~ krijgen van iemand être embrassé par qqn; iemand een ~ toewerpen envoyer un baiser à qqn

kus·hand·je [kʌshancə] *het (-s)* ♦ ~s geven envoyer des baisers

[1]kus·sen [kʌsə(n)] *het (-s)* **1** coussin, coussinet; de ~s schudden battre les coussins **2** oreiller

[2]kus·sen [kʌsə(n)] *vti (kuste, h. gekust)* embrasser; elkaar ~ s'embrasser (l'un l'autre, les uns les autres); iemand gedag, vaarwel ~ donner un baiser d'adieu à qqn

kus·sen·ge·vecht [kʌsə(n)χəvɛχt] *het (-en)* bataille (à coups) de polochons

kus·sen|sloop [kʌsə(n)slop] *het/de (-slopen)* taie (d'oreiller)

kus·sen·tje [kʌsəncə] *het (-s)* **1** coussinet, petit coussin **2** bourrelet (de graisse)

kust [kʌst] *de (-en)* côte, littoral, bord de (la) mer; langs de ~ varen longer la côte; *(fig.)* de ~ is veilig la voie est libre; voor de ~ à proximité de la côte ♦ te ~ en te keur à volonté

***kust-** [kʌst-] côtier

kust·be|wo·ner [kʌstbəwonər] *nm (-s)*, **-woonster** *nf (-s)* habitant, -ante de la côte

kust|ge·bied [kʌstχəbit], **-land** *het (-en)* littoral, zone côtière

kust·lijn [kʌstlɛin] *de (-en)* littoral

kust|meer [kʌstmer] *het (-meren)* lagune

kust|strook [kʌ(st)strok] *de (-stroken)* **1** littoral, zone côtière **2** cordon littoral

kust·vaar·der [kʌstfardər] *nm (-s) (mar.)* caboteur *(bâtiment; personne)*

kust·vaart [kʌstfart] *de (mar.)* cabotage

kust·wach·ter [kʌstwaχtər] *nm (-s)* garde-côte

kust·wa·te·ren [kʌstwatərə(n)] *plur* eaux territoriales

[1]kut [kʌt] *de (-ten) (vulg.)* chatte, con, tirelire ♦ ~ met peren! des conneries !, de la merde !

[2]kut [kʌt] *interj (vulg.)* putain !

***kut-** [kʌt-] *(vulg.)* à la con; een kutsmoes une excuse à la con

kut·ten·kop [kʌtə(n)kɔp] *nf (-pen) (péj.)* conasse

kut·vent [kʌtfɛnt] *nm (-en) (vulg.)* enculé

kut·wijf [kʌtwɛif] *het (-wijven) (vulg.)* conasse

kuub [kyp] *nm* mètre cube; een tientje de ~ dix euros le mètre cube

kuur [kyr] *de (kuren)* cure, traitement; een ~ doen om mager te worden suivre un régime amaigrissant

kuur·oord [kyrort] *het (-en)* station thermale, station climatique

KvK en F [kamərvaŋkophandəlɛnfabrikə(n)] *de* abrév. de *Kamer van Koophandel en Fabrieken* CCI

[1]kwaad [kwat] *het (-en)* **1** mal; van ~ tot erger (vervallen) (aller) de mal en pis; van geen ~ weten être parfaitement innocent; ik zie daar geen ~ in je n'y vois aucun mal; ergens geen ~ in zien ne pas entendre malice à qqch; daar steekt geen ~ in ce n'est pas bien méchant; hij kan daar geen ~ doen il a conquis tous les cœurs; tout le monde l'aime (bien); zij bedoelt daar geen ~ mee elle n'y entend pas malice;

zich ten kwade keren tourner mal; **het ~ was al geschied** le mal était déjà fait **2** tort, préjudice, dommage; **meer ~ dan goed doen** faire plus de tort que de bien; **~ stichten** faire du mal; **het ~ met wortel en al uitroeien** couper le mal à la racine; **als iemand ~ wil ...** si qqn a de mauvaises intentions ...

[2]**kwaad** [kwat] *adj, adv (kwader, kwaadst)* **1** mauvais, mal; **het is niet ~ bedoeld** c'est dit sans malice; **hij is de ~ste niet** il n'est pas bien méchant; **het te ~ krijgen** en avoir le cœur serré, avoir les larmes aux yeux; **het ~ (te verduren) hebben** être (mis) à mal; **dat is zo ~ niet** cela n'est pas trop mal **2** *(+ op)* fâché (contre, avec qqn), d'un ton fâché; **~ kijken** avoir un air fâché; **zich ~ maken, ~ worden** se fâcher

kwaad·aar·dig [kwadardəχ] *adj, adv* **1** méchant, malfaisant **2** nuisible, pernicieux **3** *(méd.)* malin

kwaad·aar·dig·heid [kwadardəχhɛit] *nf* **1** méchanceté **2** nocivité **3** *(méd.)* malignité

kwaad·den·kend [kwadɛŋkənt] *adj* soupçonneux

kwaad·heid [kwathɛit] *nf* colère

kwaad·schiks [kwatsχɪks] *adv* à contre-cœur

kwaad·spre·ken (over) [kwatsprekə(n)] *vi (sprak kwaad, h. kwaadgesproken)* dire du mal, calomnier

kwaad·spre·ke·rij [kwatsprekərɛi] *nf (-en)* médisance

kwaad·wil·lig [kwatwɪləχ] *adj* malveillant

kwaaie [kwajə] *nm (fam.)* dur, dure (à cuire); **daar heb je een ~ aan** en voilà un qui te donnera du fil à retordre

kwaal [kwal] *de (kwalen)* **1** *(méd.)* mal **2** défaut *(imperfection morale)*

kwab [kwɑp] *de (-ben)* **1** couche de graisse **2** *(des poumons, du cerveau)* lobe

kwa|draat [kwɑdrat] *het (-draten)* carré *(multiplication par la même grandeur)*; **in het ~** au carré; **in het ~ verheffen** mettre au carré

kwa·drant [kwadrɑnt] *het (-en)* quadrant

kwa·jon·gen [kwajɔŋə(n)] *nm (-s)* gamin

kwa·jon·gens·ach·tig [kwajɔŋə(n)sɑχtəχ] *adj, adv* gamin, espiègle, comme un gamin

kwa·jon·gens|streek [kwajɔŋə(n)strek] *de (-streken)* gaminerie, espièglerie; **een ~ uithalen** faire une gaminerie

[1]**kwak** [kwɑk] *nm (-ken)* **1** p(l)ouf *(bruit)* **2** paquet *(quantité de liquide ou de matière pâteuse)*

[2]**kwak** [kwɑk] *interj* **1** coin-coin *(cri des canards)*, coa-coa *(chant des grenouilles)* **2** plouf ! *(chute d'une masse difforme)*

kwa·ken [kwakə(n)] *vi (kwaakte, h. gekwaakt)* **1** *(zool.)* cancaner, coasser, cacarder **2** *(personne)* jacasser

kwak·ke·len [kwɑkələ(n)] *vi, vb impers (kwakkelde, h. gekwakkeld)* **1** être souffreteux **2** *(verbe impers.)* ⟨*tantôt geler et tantôt dégeler*⟩

kwak·kel·weer [kwɑkəlwer] *het (météo.)* temps instable

[1]**kwak·ken** [kwɑkə(n)] *vi (kwakte, h. gekwakt)* s'écraser, tomber, s'abattre; **hij kwakte tegen de grond** il s'est écrasé au sol

[2]**kwak·ken** [kwɑkə(n)] *vt (kwakte, h. gekwakt)* flanquer, lancer, foutre; **hij kwakte de jongen tegen de grond** il a flanqué le garçon par terre

kwak·zal·ver [kwɑksɑlvər] *nm (-s)* charlatan

kwak·zal·ve·rij [kwɑksɑlvərɛi] *nf* charlatanisme

kwal [kwɑl] *de (-len)* **1** *(zool.)* méduse **2** enquiquineur, -euse; **wat een ~ van een vent!** quel rasoir, ce type !

[1]**kwa·li·fi·ce·ren** [kwalifisərə(n)] *vt (kwalificeerde, h. gekwalificeerd)* qualifier, caractériser; **iemand ~ als** qualifier qqn de

[2]**kwa·li·fi·ce·ren, zich** [kwalifisərə(n)] *vpr (kwalificeerde zich, h. zich gekwalificeerd)* se qualifier *(dans une compétition)*

kwa·lijk [kwalək] *adj* fâcheux, mauvais, fâcheusement, mal; **hij nam het zichzelf ~ dat ...** il se reprochait de ...; **neem(t) (u) mij niet ~** excuse(z)-moi; **iemand iets ~ nemen** en vouloir à qqn de qqch; **dat is een ~e zaak** c'est une fâcheuse affaire

kwa·li·teit [kwalitɛit] *nf (-en)* qualité; **alle mogelijke ~en bezitten** avoir toutes les qualités imaginables; **in mijn ~ van voorzitter kan ik ...** en ma qualité de président, je peux ...

kwam [kwɑm], **kwamen** → **komen, aankomen, thuiskomen**

kwan·se·len [kwɑnsələ(n)] *vi (kwanselde, h. gekwanseld) (péj.)* faire du troc

kwan·ti·fi·ce·ren [kwɑntifisərə(n)] *vt (kwantificeerde, h. gekwantificeerd)* quantifier

kwan|tum [kwɑntʌm] *het (-tums, -ta)* **1** quantité **2** *(phys.)* quantum

***kwan·tum-** [kwɑntʌm-] *(phys.)* quantique

kwark [kwɑrk] *nm* fromage blanc

kwart [kwɑrt] *het (-en)* quart; **drie ~ van zijn vermogen** les trois quarts de sa fortune; **een ~ slag** un quart de tour; **het is ~ voor elf** il est onze heures moins le quart

kwar|taal [kwɑrtal] *het (-talen)* trimestre

***kwar·taal-** [kwɑrtal-] trimestriel

kwar·tel [kwɑrtəl] *de (-s) (zool.)* caille; **zo doof als een ~** sourd comme un pot; **een dove ~** un sourdingue

kwar·tet [kwɑrtɛt] *het (-ten)* **1** *(mus.)* quatuor, *(jazz)* quartette; **een ~ voor strijkers** un morceau pour quatuor à cordes **2** *(jeux de cartes)* quarte, famille

kwar·tet·spel [kwɑrtɛtspɛl] *het (-en)* jeu des sept familles

kwar·tet·ten [kwɑrtɛtə(n)] *vi (kwartette, h. gekwartet)* jouer aux sept familles

kwar·tier [kwɑrtir] *het (-en)* **1** quartier

2 quart d'heure; om het ~ tous les quarts d'heure
kwar·tier·mees·ter [kwɑrtirmestər] *nm (-s)* 1 *(milit.)* officier d'intendance 2 *(mar.)* quartier-maître
kwart·je [kwɑrcə] *het (-s)* ⟨*(ancienne pièce de) 25 centimes*⟩; het kost twee ~s cela coûte cinquante centimes
kwart|noot [kwɑrtnot] *de (-noten) (mus.)* noire
kwar·to [kwɑrto] *het (-'s),* **kwartoformaat** *het (-maten)* (format) in-quarto
kwart·rust [kwɑrtrʌst] *de (-en) (mus.)* soupir
kwarts [kwɑrts] *het* quartz
kwart·slag [kwɑrtslɑχ] *nm (-en)* quart de tour
kwast [kwɑst] *nm (-en)* 1 brosse, pinceau, blaireau; verven met een ~ peindre au pinceau 2 houppe, pompon 3 nœud *(dans le bois)* 4 pédant 5 *(cuis.)* citronnade
kwas·tig [kwɑstəχ] *adj, adv* 1 *(bois)* noueux 2 (de manière) pédant(e)
kwa·tong [kwatɔŋ] *nf (-en) (Belg.)* mauvaise langue
[1]**kweb·bel** [kwɛbəl] *nm (-s)* moulin à paroles; wat een ~! quel bavard !
[2]**kweb·bel** [kwɛbəl] *de (-s) (fam.)* bec, bouche; houd je ~ dicht! ferme-la !
kweb·be·len [kwɛbələ(n)] *vi (kwebbelde, h. gekwebbeld)* bavarder
kweek [kwek] *nm* culture, élevage
kweek·bak [kwegbɑk] *nm (-ken) (agric.)* bâche
kweek·bed [kwegbɛt] *het (-den)* planche, couche
kweek·plaats [kwekplats] *de (-en)* 1 pépinière 2 *(fig.; péj.)* foyer
kweek|proef [kwekpruf] *de (-proeven)* culture microbienne; een ~ op tuberculose une culture microbienne pour dépister la tuberculose
kweek·re·ac·tor [kwekrejɑktɔr] *nm (-s) (phys.)* régénérateur
kweek|school [kweksχol] *de (-scholen)* 1 école normale d'enseignement professionnel 2 école normale d'instituteurs *(formation d'instituteurs)*
kweek·vij·ver [kwekfɛivər] *nm (-s)* alevinier
kwee|peer [kweper] *de (-peren)* coing
kweet [kwet], **kweten** → kwijten
kwek [kwɛk] *nm (-ken)* → [1]kwebbel
kwe·ke|ling [kwekəlɪŋ] *nm (-en),* **-linge** *nf (-n, -s)* 1 apprenti, -ie 2 normalien, -ienne *(futur instituteur)*
kwe·ken [kwekə(n)] *vt (kweekte, h. gekweekt)* 1 *(agric., bot.)* cultiver; het ~ van bomen l'arboriculture 2 élever *(animaux)*; het ~ van vis la pisciculture 3 engendrer, produire
kwe·ker [kwekər] *nm (-s),* **kweekster** *nf (-s)* cultivateur, -trice, éleveur, -euse, horticulteur, -trice
kwe·ke·rij [kwekərɛi] *nf (-en)* 1 culture, élevage, horticulture 2 entreprise horticole
kwek·ken [kwɛkə(n)] *vi (kwekte, h. gekwekt)* 1 *(zool.)* coasser, cancaner, jacasser 2 *(fam.)* caqueter, papoter
kwel·der [kwɛldər] *de (-s)* pré salé
kwe·len [kwelə(n)] *vti (kweelde, h. gekweeld)* 1 *(form.; zool.)* gazouiller 2 roucouler
kwel·geest [kwɛlχest] *nm (-en)* démon
kwel·len [kwɛlə(n)] *vt (kwelde, h. gekweld)* 1 tourmenter, torturer 2 harceler
kwel·ling [kwɛlɪŋ] *nf (-en)* 1 *(physique)* supplice 2 *(psychologique)* harcèlement
kwes·tie [kwɛsti] *nf (-s)* question, problème, affaire; dat is buiten ~ c'est hors de question; de persoon in ~ la personne en question; een slepende ~ une question qui traîne en longueur; het is een ~ van smaak c'est (une) affaire de goût; het is een ~ van tien minuten c'est l'affaire de dix minutes; dat is alleen nog maar een ~ van tijd ce n'est plus qu'une question de temps
kwets [kwɛts] *de (-en)* quetsche *(fruit)*
kwets|baar [kwɛtsbar] *adj (-baarder, -baarst)* vulnérable
kwets·baar·heid [kwɛtsbarhɛit] *nf* vulnérabilité
kwet·sen [kwɛtsə(n)] *vt (kwetste, h. gekwetst)* 1 blesser 2 vexer
kwet|suur [kwɛtsyr] *nf (-suren)* blessure
kwet·te·ren [kwɛtərə(n)] *vi (kwetterde, h. gekwetterd)* 1 *(zool.)* gazouiller 2 *(zool.)* jacasser 3 jacasser, bavarder
kwe·zel [kwezəl] *nf (-s) (péj.)* bigot, -ote
kwe·zel·ach·tig [kwezəlɑχtəχ] *adj, adv* (comme un(e)) bigot(e)
kwi·bus [kwibʌs] *nm (-sen)* zouave, hurluberlu; wat een rare ~! quel drôle de zouave !; *(Belg.)* quel drôle d'apothicaire !
kwiek [kwik] *adj, adv* (d'une façon) alerte, leste(ment)
kwijl [kwɛil] *het/de* bave
kwij·len [kwɛilə(n)] *vi (kwijlde, h. gekwijld)* baver; om van te ~ qui met l'eau à la bouche *(appétissant)*
kwij·nen [kwɛinə(n)] *vi (kwijnde, h. gekwijnd)* 1 dépérir 2 *(bot.)* s'étioler
kwij·nend [kwɛinənt] *adj* dépérissant; *(fig.)* een ~ bestaan leiden vivoter
kwijt [kwɛit] *adj (uniquement attribut; sans prép.)* 1 libéré (de), débarrassé (de); hij is al die zorgen ~ il est libéré de tous ces soucis; ik wil hem best ~ je voudrais bien me débarrasser de lui; ik ben je liever ~ dan rijk moins je te vois, mieux je me porte 2 privé (de); ik ben zijn naam ~ j'ai oublié son nom 3 perdu ♦ kan ik iets aan je ~? je peux t'offrir quelque chose ?; wel ~ willen bien vouloir dire, bien vouloir admettre
kwij·ten, zich [kwɛitə(n)] *vpr (kweet zich, h. zich gekweten) (form.) (+ van)* s'acquitter (de)
kwijt·ra·ken [kwɛitrakə(n)] *vt (raakte*

kwijt, i. kwijtgeraakt) **1** perdre **2** se défaire de; **ik kon hem maar niet ~** je n'arrivais pas à me débarrasser de lui

kwijt·schel·den [kwɛitsχɛldə(n)] *vt (schold kwijt, h. kwijtgescholden)* **1** déclarer (qqn) quitte de *(dette)* **2** remettre *(punition);* **iemand een straf ~** remettre une peine à qqn

kwijt·schel·ding [kwɛitsχɛldɪŋ] *nf (-en)* **1** pardon, *(relig.)* absolution; *(cathol.)* **de algemene ~ van zonden** l'absoute; **~ van straffen voor staatsmisdaden** amnistie pour les crimes politiques **2** remise de dette

kwik [kwɪk] *het* mercure; **hij is als ~** c'est du vif-argent ♦ **het ~ stijgt** le thermomètre monte

kwik·staart [kwɪkstart] *nm (-en) (zool.)* bergeronnette

kwik·zil·ver [kwɪksɪlvər] *het* → **kwik**

kwik·zil·ver·ach·tig [kwɪksɪlvərɑχtəχ] *adj* comme du mercure

kwin·ke·le·ren [kwɪŋkəlerə(n)] *vi (kwinkeleerde, h. gekwinkeleerd) (oiseaux)* ramager

kwink·slag [kwɪŋkslɑχ] *nm (-en)* boutade; **hij wil er zich met een ~ afmaken** il essaie de s'en tirer par une boutade

kwint [kwɪnt] *de (-en) (mus.)* quinte

kwin·tes·sens [kwɪntɛsɛns] *de* **1** essentiel **2** *(philo.)* quintessence

kwin·tet [kwɪntɛt] *het (-ten) (mus.)* quintette

kwis·pe·len [kwɪspələ(n)] *vi (kwispelde, h. gekwispeld),* **kwispelstaarten** *vi (kwispelstaartte, h. gekwispelstaart)* frétiller de la queue

kwis·tig **(met)** [kwɪstəχ] *adj, adv* prodigue, avec prodigalité

kwi·tan·tie [kwitɑn(t)si] *nf (-s)* quittance

KZ-syn|droom [kazɛtsɪndrom] *het (-dromen)* syndrome postconcentrationnaire, syndrome des survivants

l

[1]**la** [la] *de (-'s)* → **lade**

[2]**la** [la] *de (-'s) (mus.)* la

laad·bak [ladbɑk] *nm (-ken) (technol.)* **1** benne **2** container

laad|paal [latpal] *nm (-palen)* borne de recharge

laad·ruim [latrœym] *het (-en)* cale *(d'un bateau)*

laad·ver·mo·gen [latfərmoχə(n)] *het* capacité de charge

[1]**laag** [laχ] *de (lagen)* couche; **in lagen** (disposé) par couches; **de onderste lagen van de bevolking** les classes inférieures de la société; **uit alle lagen van de maatschappij** de toutes les couches de la société ♦ **de volle ~ krijgen** en prendre pour son grade

[2]**laag** [laχ] *adj, adv (lager, laagst)* **1** bas, peu élevé; **de lagere dieren en planten** les espèces animales et végétales inférieures; **lage tonen** tons graves; **een ~ uitgesneden japon** une robe à décolleté plongeant, profond; **zet jij de soep wat lager?** veux-tu baisser le feu de la soupe ? **2** modeste, *(somme)* modique; **van lage afkomst** de condition modeste; **de lire staat ~** le cours de la lire est bas **3** bas(sement), vil(ement)

laag-bij-de-gronds [laχbɛidəχrɔn(t)s] *adj, adv (fig.)* terre à terre, grossièrement

laag·bouw [laχbɑu] *nm (archit.)* constructions basses

laag·drem·pe·lig [laχdrɛmpələχ] *adj* à la portée de tous; **~e hulpverlening** aide accessible à tous

laag·ge·let·terd [laχəlɛtərt] *adj* illettré

laag·han·gend [laχhɑŋənt] *adj (surtout météo.)* bas; *(fig.)* **~ fruit** gains rapides

laag·har·tig [laχhɑrtəχ] *adj, adv* bas(sement), vil(ement), ignoble

laag·staand [laχstant] *adj* bas, infâme

laag·te [laχtə] *nf (-n, -s)* **1** niveau peu élevé **2** modicité **3** vallée

laag|veen [laχfen] *het (-venen)* marais tourbeux

laag·wa·ter [laχwatər] *het* **1** marée basse **2** étiage

laai·en [lajə(n)] *vi (laaide, h. gelaaid)* brûler

laai·end [lajənt] *adj* **1** brûlant, ardent; **~ enthousiasme** enthousiasme débordant **2** bouillant de colère

laak|baar [lagbar] *adj, adv (-baarder, -baarst)* (de façon) blâmable; **een laakbare handelwijze** un procédé répréhensible

laan [lan] *de (lanen)* allée; *(fig.)* **hij gaat de ~ uit, wordt de ~ uitgestuurd** il va être viré

laars [lars] *de (laarzen)* botte; *(fam., fig.)* **dat lap ik aan mijn ~** je m'en fiche éperdument

laat [lat] *adj, adv (later, laatst)* **1** tard; *(prov)* **beter ~ dan nooit** mieux vaut tard que jamais; **hoe ~?** à quelle heure ?; **hoe ~ is het?** quelle heure est-il ?; *(fig.)* **ik weet al hoe ~ het is** je sais à quoi m'en tenir; **~ in de ochtend** en fin de matinée; **~ op de dag** tard dans la journée; **het wordt ~** il se fait tard; **wordt het ~?** tu rentres tard ?, cela va-t-il durer longtemps ?; **zo en zo ~** à telle heure **2** tardif, tardivement; **het ~ maken** s'attarder; **te ~ komen** arriver en retard; *(fig.)* **is het weer zo ~?** tu recommences ?

laat·bloei·er [ladblujər] *nm (-s)* **1** *(bot.)* plante tardive **2** talent qui se révèle sur le tard

laat·dun·kend [ladʌŋkənt] *adj, adv* dédaigneux, avec dédain

laatst [latst] *adj, adv* dernier, dernièrement; **de op één na ~e** l'avant-dernier; **voor het ~** pour la dernière fois ♦ **op z'n ~** au plus tard; **ten ~e** en dernier lieu, finalement, en conclusion

lab [lɑp] *het (-s) (fam.)* labo

la·bel [lebəl] *het/de (-s)* **1** étiquette **2** *(mus.)* label

la·beur [labør] *het (Belg.)* labeur

la|biel [labil] *adj (-bieler, meest l.)* instable

la·bo|rant [laborɑnt] *nm (-en)*, **-rante** *nf (-s, -n)* laborantin, -ine

la·bo·ra·to|ri·um [laboratorijʌm] *het (-ria)* laboratoire

lach [lɑχ] *nm* rire; **in de ~ schieten** éclater de rire; **de slappe ~ hebben** avoir le fou rire

lach·bui [lɑχbœy] *de (-en)* accès de (fou) rire

la·chen [lɑχə(n)] *vti (lachte, h. gelachen)* rire; **je blijft ~!** c'est trop ridicule !; **dan zou je ~, hè?** tu trouverais ça drôle, hein ?; *(Belg.)* **groen ~** rire jaune; **niet meer bijkomen van het ~** se tordre de rire; **in zichzelf ~** rire intérieurement; **laat mij niet ~!** laissez-moi rire !; **om, over iets ~** rire de qqch; *(prov)* **~ is gezond** c'est demie vie que de rire

la·chend [lɑχənt] *adj, adv* rieur, en riant

la·che·rig [lɑχərəχ] *adj, adv* rieur, en riant

la·cher·tje [lɑχərcə] *het (-s)* plaisanterie; **dat voorstel is gewoon een ~** cette proposition est ridicule

lach·spier [lɑχspir] *de (-en)* ♦ **op de ~en**

werken faire rire; **het op zijn ~en krijgen** éclater de rire
lach·stuip [lɑχstœyp] *de (-en)* fou rire
lach·wek·kend [lɑχwɛkənt] *adj* risible; **~ zijn** être ridicule
la·co|niek [lakonik] *adj, adv (-nieker, meest l.)* imperturbable(ment)
lad·der [lɑdər] *de (-s)* **1** échelle **2** *(bas)* maille filée
lad·de·ren [lɑdərə(n)] *vi (ladderde, h. geladderd)* filer *(d'un bas)*
lad·der·zat [lɑdərzɑt] *adj (fam.)* bourré
la·de [ladə] *de (-n)* **1** tiroir **2** fût *(d'un fusil)*
la·de·kast [ladəkɑst] *de (-en)* commode
la·den [ladə(n)] *vt (laadde, h. geladen)* charger; **~ en lossen** charger et décharger; **het schip is te zwaar geladen** le bateau est surchargé
la·ding [ladɪŋ] *nf (-en)* **1** charge *(électricité)* **2** chargement, cargaison; *(iron.)* **een ~ toeristen** une fournée de touristes
laf [lɑf] *adj, adv* **1** lâche(ment) **2** fade; *(fig.)* **een ~fe vent** un mollasson **3** *(Belg.)* lourd
laf·aard [lɑfart] *nm (-s)* lâche
laf·har·tig [lɑfhɑrtəχ] *adj, adv* → **laf 1**
laf|heid [lɑfhɛit] *nf (-heden)* **1** lâcheté **2** fadeur
lag [lɑχ], **lagen** → **liggen, dwarsliggen, klaarliggen**
la·ge·druk·ge·bied [laχədrʌkχəbit] *het (-en)* dépression (atmosphérique)
la·ger [laχər] *het (-s)* **1** bière blonde **2** *(technol.)* coussinet
La·ger·huis [laχərhœys] *het* Chambre des communes
la·ger·wal [laχərwɑl] *nm* ♦ **aan ~ geraken** *(navire)* échouer; *(personne)* tomber dans le ruisseau; **aan ~ geraakt zijn** *(personne)* être dans une misère noire
lak [lɑk] *het/de (-ken)* **1** laque **2** peinture laquée **3** cire (à cacheter) **4** cachet de cire **5** laques *(objets laqués)* ♦ **daar heb ik ~ aan** je m'en tamponne le coquillard; *(fam.)* **~ aan iemand hebben** enquiquiner qqn
la·kei [lakɛi] *nm (-en)* laquais
[1]**la·ken** [lakə(n)] *het (-s)* **1** drap (de lit); **het groene ~** le tapis de billard; **onder, tussen de ~s kruipen** se fourrer entre les draps **2** nappe **3** drap *(tissu de laine)*; *(fig.)* **dat is van hetzelfde ~ een pak** c'est du pareil au même; *(fig.)* **van hetzelfde ~ een pak krijgen** être traité de la même façon, être logé à la même enseigne **4** linceul ♦ **de ~s uitdelen** faire la pluie et le beau temps
[2]**la·ken** [lakə(n)] *vt (laakte, h. gelaakt)* **1** condamner *(qqch)* **2** blâmer *(qqn)*
la·ken·zak [lakə(n)zɑk] *nm (-ken)* drap de sac de couchage
lak·jas [lɑkjɑs] *de (-sen)* ciré
lak·ken [lɑkə(n)] *vt (lakte, h. gelakt)* **1** laquer; **z'n nagels ~** se mettre du vernis à ongles; **gelakte schoenen** chaussures vernies **2** cacheter
laks [lɑks] *adj, adv (lakser, meest l.)* **1** apathique **2** laxiste
lak·stem·pel [lɑkstɛmpəl] *het/de (-s)* cachet (de cire)
lak·werk [lɑkwɛrk] *het* laques
lak·ze·gel [lɑkseχəl] *het (-s)* cachet (de cire)
lal·len [lɑlə(n)] *vti (lalde, h. gelald)* bafouiller
[1]**lam** [lɑm] *het (-meren)* agneau, agnelle; **zo gedwee, mak als een ~** doux comme un agneau; **als een ~ naar de slachtbank geleid worden** se laisser égorger comme un mouton
[2]**lam** [lɑm] *adj, adv* **1** (comme) paralysé; **zich (half) ~ werken** travailler comme une bête de somme **2** fou *(vis, aiguille de compas)* **3** faible(ment); **zich ~ voelen** se sentir faible **4** ennuyeux, désagréablement **5** *(fam.)* rond, cuité
lam·bri·se·ring [lɑmbrizerɪŋ] *nf (-en)* lambris
lam·ge·sla·gen [lɑmχəslaχə(n)] *adj* paralysé
lam|heid [lɑmhɛit] *nf (-heden)* **1** paralysie; **met ~ geslagen zijn** *(fig.)* être paralysé **2** apathie
lam·leg·gen [lɑmlɛχə(n)] *vt (legde lam, h. lamgelegd)* paralyser
lam·len·dig [lɑmlɛndəχ] *adj, adv* **1** détestable(ment) **2** (de façon) avachi(e)
lam·me [lɑmə] *nm (-n)* paralytique
lam·me·ling [lɑməlɪŋ] *nm (-en) (fam.)* **1** feignant, -ante **2** chiffe molle **3** personne désagréable
lam·me·tjes·pap [lɑməcəspɑp] *de* bouillie
lamp [lɑmp] *de (-en)* **1** lampe; *(fig.)* **er gaat (bij mij) een ~je branden** cela me rappelle quelque chose; *(fig.)* **tegen de ~ lopen** se faire prendre *(être puni; avoir affaire à la police)* **2** ampoule; **die ~ is doorgebrand** l'ampoule est grillée
lam·pen·kap [lɑmpə(n)kɑp] *de (-pen)* abat-jour
lam·pen·kous·je [lɑmpə(n)kauʃə] *het (-s)*, **lampenpit** *de (-ten)* mèche *(d'une lampe à pétrole)*
lam·pet·kan [lɑmpɛtkɑn] *de (-nen)* broc
lam·pet·kom [lɑmpɛtkɔm] *de (-men)* cuvette
lamp·fit·ting [lɑmpfɪtɪŋ] *nm (-s, -en)* douille *(d'une ampoule électrique)*
***lams-** [lɑms-] d'agneau; **een lamsbout** un gigot d'agneau
lam·slaan [lɑmslan] *vt (sloeg lam, h. lamgeslagen)* tabasser
lan·ce·ren [lɑnserə(n)] *vt (lanceerde, h. gelanceerd)* lancer
lan·ce·ring [lɑnserɪŋ] *nf (-en) (astronaut.)* lancement *(aussi d'un produit)*
land [lɑnt] *het (-en)* **1** terre, terrain; **aan ~ gaan** descendre à terre; **aan ~ komen** aborder, débarquer; **~ aandoen** faire escale; *(fig.)* **er is met hem geen ~ te bezeilen** on ne sait pas par quel bout le pren-

dre; op het ~ werken travailler aux champs; over ~ vervoeren transporter par voie de terre; te ~ en ter zee sur terre et sur mer 2 campagne, champs; op het ~ wonen habiter à la campagne 3 pays; hij is al een week weer in het ~ il est revenu au pays il y a une semaine; hier te ~e au pays; *(prov)* 's ~s wijs 's ~s eer à Rome comme à Rome, autant de pays, autant de guises ♦ het ~ aan iets hebben avoir horreur de qqch

land|aan·win·ning [lɑntanwɪnɪŋ], **-aan·winst** *nf (-en)* terres conquises (sur la mer, les lacs)

land·aard [lɑntart] *nm* caractère national

land·adel [lɑntadəl] *nm* noblesse de province

land·ar·beid [lɑntɑrbɛit] *nm* travaux agricoles

land·bouw [lɑndbɑu] *nm* agriculture

***land·bouw-** [lɑndbɑu-] agricole

land·bouw·fa·cul·teit [lɑndbɑufakʌltɛit] *nf (Belg.)* faculté agronomique

land·bouw·kun·de [lɑndbɑukʌndə] *nf* agronomie

Land·bouw·schap [lɑndbɑusχɑp] *het (-pen)* chambre d'agriculture

lan·de·lijk [lɑndələk] *adj, adv* 1 national, au niveau, à l'échelon national 2 champêtre 3 rural

lan·den [lɑndə(n)] *vi (landde, i. geland)* 1 atterrir 2 débarquer

land·eng·te [lɑntɛŋtə] *nf (-n, -s)* isthme

lan·de·rig [lɑndərəχ] *adj* 1 apathique 2 maussade

lan·de·rig·heid [lɑndərəχhɛit] *nf* 1 apathie 2 mauvaise humeur

lan·de·rij·en [lɑndərɛijə(n)] *plur* terres

land·ge|noot [lɑntχənot] *nm (-noten),* **-note** *nf (-s, -n)* compatriote

land·goed [lɑntχut] *het (-eren)* propriété, domaine; zich op zijn ~ terugtrekken se retirer sur ses terres

land·her·vor·ming [lɑnthɛrvɔrmɪŋ] *nf (-en)* réforme agraire

land·hoofd [lɑnthoft] *het (-en)* 1 butée *(d'un pont)* 2 épi *(d'une jetée)*

land|huis [lɑnthœys] *het (-huizen)* propriété, villa

lan·ding [lɑndɪŋ] *nf (-en)* 1 atterrissage, amerrissage, apportage, alunissage 2 *(milit.)* débarquement

***lan·dings-** [lɑndɪŋs-] 1 *(aviat.)* d'atterrissage 2 *(milit.)* de débarquement

lan·dings·ge·stel [lɑndɪŋsχəstɛl] *het (-len)* train d'atterrissage

land·in·waarts [lɑntɪnwarts] *adv* vers l'intérieur des terres; de zee dringt steeds dieper ~ la mer empiète sur les côtes

land·je [lɑncə] *het (-s)* terrain vague

land·kaart [lɑntkart] *de (-en)* carte géographique

land·kli·maat [lɑntklimat] *het* climat continental

land·lo·per [lɑntlopər] *nm (-s)* vagabond

land·macht [lɑntmɑχt] *de* armée de terre

land·me·ten [lɑntmetə(n)] *vb* arpenter *(mesurer une superficie)*

land·rot [lɑntrɔt] *de (-ten)* terrien

lands·ad·vo|caat [lɑn(t)sɑtfokat] *nm (-caten)* avocat du gouvernement

land·schap [lɑntsχɑp] *het (-pen)* 1 paysage 2 pays; een nationaal ~ un site protégé

land·schap·pe·lijk [lɑntsχɑpələk] *adj* du paysage

land|streek [lɑntstrek] *de (-streken)* contrée

land·ver·hui·zing [lɑntfərhœyzɪŋ] *nf (-en) (hist.)* émigration

land·ver·raad [lɑntfərat] *het* haute trahison

land|voogd [lɑntfoχt] *nm (-en),* **-voog·des** *nf (-sen)* gouverneur

land·weg [lɑntwɛχ] *nm (-en)* chemin rural

land·win·ning [lɑntwɪnɪŋ] *nf (-en)* accrue *(terre)*

lang [lɑŋ] *adj, adv* 1 long(uement), longtemps; al ~ depuis longtemps; al ~ en breed thuis zijn être rentré depuis longtemps; het is zo ~ als het breed is c'est bonnet blanc et blanc bonnet; ~ geleden il y a longtemps; dat heeft ~ genoeg geduurd cela a assez duré; in het ~ zijn être en long; hoe ~er, hoe liever le plus longtemps sera le mieux; het wordt hoe ~er hoe erger ça va de mal en pis; ik heb in ~ niet zo gelachen cela fait longtemps que je n'ai pas ri autant; hij maakt het niet ~ meer *(il mourra bientôt)* il n'en a plus pour longtemps; ~ meegaan *(ne pas s'user rapidement)* durer; ergens ~ over doen prendre beaucoup de temps à faire qqch; de tijd valt me ~ je trouve le temps long; ~ van stof zijn être prolixe; het vriest niet ~er il ne gèle plus; twee weken ~ pendant quinze jours; de dagen worden ~er les jours commencent à rallonger; dat kan zo niet ~er cela ne peut plus durer 2 *(avec une négation)* du tout; men was het ~ niet eens on était loin d'être d'accord; dat smaakt ~ niet slecht ce n'est pas mauvais du tout; hij is nog ~ niet zo ver il n'y est pas encore; bij ~e na niet il s'en faut de beaucoup 3 grand (de taille)

lang·dra·dig [lɑŋdradəχ] *adj, adv* 1 (d'une manière) prolixe; een ~ verhaal un récit diffus 2 filandreux

lang·du·rig [lɑŋdyrəχ] *adj, adv* long(uement)

lan·ge·baan|rij·der [lɑŋəbanrɛidər] *nm (-s),* **-rijdster** *nf (-s)* patineur, -euse de fond

lang·ge·rekt [lɑŋχərɛkt] *adj* 1 allongé 2 prolongé *(dans le temps)*; een ~ verhaal un récit interminable

lang·lau·fen [lɑŋlaufə(n)] *vb (langlaufte, h./i. gelanglauft)* faire du ski de fond

lang·lo·pend [lɑŋlopənt] *adj* à long terme

lang|poot [lɑŋpot] *nm (-poten) (zool.)* 1 faucheur, faucheux 2 tipule

[1]**langs** [lɑŋs] *adv* le long (de)

[2]**langs** [lɑŋs] *prép* **1** le long de; **in een boot ~ de kust varen** longer la côte en bateau **2** par, via **3** devant; **zij praten ~ elkaar heen** ils ne parlent pas la même langue, ils ne parlent pas de la même chose; **iets ~ zich heen laten gaan** laisser glisser, laisser faire, laisser dire

langs·door·sne·de [lɑŋzdorsnedə] *de (-n)* coupe longitudinale

langs·gaan [lɑŋsχan] *vi (ging langs, i. langsgegaan),* **langskomen** *vi (kwam langs, i. langsgekomen)* **1** *(qqp)* passer (devant) **2** *(+ bij)* passer en coup de vent (chez)

langs·heen [lɑŋshen] *prép (Belg.)* → [2]**langs 1**

langs·lo·pen [lɑŋslopə(n)] *vi (liep langs, i. langsgelopen)* → **langsgaan**

lang·speel·film [lɑŋspelfɪlm] *nm (-s) (Belg.)* long métrage

lang·speel|plaat [lɑŋspelplat] *de (-platen),* **langspeler** *nm (-s)* trente-trois tours

langs·rij·den [lɑŋsrɛidə(n)] *vi (reed langs, i. langsgereden)* passer *(en voiture, à vélo, à cheval)*

langst [lɑŋst] *adj, adv* le plus long(temps); **op zijn ~** (tout) au plus

langst·le·ven·de [lɑŋstlevəndə] *nm (-n)* survivant, -ante; **testament op de ~** testament en faveur du survivant

langs·zij [lɑŋsɛi] *adv (mar.)* bord à bord; **~ komen** *(navire)* accoster; *(sports)* égaliser

lang·uit [lɑŋœyt] *adv* de tout son long; **~ voorover** à plat ventre

lang·wer·pig [lɑŋwɛrpəχ] *adj* allongé

lang|zaam [lɑŋzam] *adj, adv (-zamer, -zaamst)* lent(ement), *(esprit)* obtus; **langzamer gaan lopen** ralentir le pas

lang·za·mer·hand [lɑŋzamərhɑnt] *adv* peu à peu

lank·moe·dig [lɑŋkmudəχ] *adj, adv* patient, avec patience

lan·taarn|paal [lɑntarmpal] *nm (-palen)* (poteau de) réverbère

lan·ter·fan·ten [lɑntərfɑntə(n)] *vi (lanterfantte, h. gelanterfant)* battre le pavé

lan·ter·fan·ter [lɑntərfɑntər] *nm (-s)* flâneur, -euse

La·os [laɔs] *het* Laos

La·o·ti|aan [laotʃan] *nm (-anen),* **-aanse** *nf (-n)* Laotien, -ienne

La·o·ti·aans [lao(t)ʃans] *adj* laotien

lap [lɑp] *nm (-pen)* **1** métrage *(tissu)* **2** chiffon; **een ~ inzetten** rapiécer (qqch) **3** lavette **4** morceau, tranche **5** coupon **6** gifle

lap·je [lɑpjə] *het (-s)* ♦ **iemand voor het ~ houden** faire marcher qqn

lap·jes·kat [lɑpjəskɑt] *de (-ten)* chat tricolore

Lap·land [lɑplɑnt] *het* Laponie

lap·mid·del [lɑpmɪdəl] *het (-en)* palliatif

lap·pen [lɑpə(n)] *vt (lapte, h. gelapt)* **1** rapiécer **2** nettoyer (avec une peau de chamois); **ramen ~** faire les vitres **3** *(sports)* gratter ♦ **iemand erbij ~** moucharder qqn; **iemand iets ~** jouer un tour à qqn

lap·pen·de·ken [lɑpə(n)dekə(n)] *de (-s)* **1** (couverture en) patchwork **2** *(fig.)* mosaïque

lap·pen·mand [lɑpəmɑnt] *de (-en)* ♦ *(fig.)* **in de ~ zijn** être patraque

lap·top [lɛptɔp] *nm (-s) (inform.)* ordinateur portable

lap·werk [lɑpwɛrk] *het* rafistolage

lap·zwans [lɑpswɑns] *nm (-en)* chiffe molle

la·rie [lari] *nf,* **lariekoek** *nm* balivernes

la·riks [larɪks] *nm (-en) (bot.)* mélèze

[1]**las** [lɑs], **lazen** → **lezen, doorlezen, voorlezen** *(etc.)*

[2]**las** [lɑs] *de (-sen)* **1** soudure **2** joint

***las-** [lɑs-] à souder

las·sen [lɑsə(n)] *vt (laste, h. gelast)* **1** *(technol.)* souder **2** insérer **3** assembler

las·ser [lɑsər] *nm (-s)* soudeur, -euse

last [lɑst] *nm (-en)* **1** charge, poids, fardeau; **buitengewone ~en** frais extraordinaires; **hij bezweek haast onder de ~** il succomba presque sous le poids du fardeau; **op ~ van de politie** sur mandat de la police; **iemand iets ten ~e leggen** accuser qqn de qqch; **iemand tot zijn ~ hebben** avoir qqn à sa charge; **tot ~, ten ~e van** à la charge de **2** gêne; **iemand ~ bezorgen** causer de l'embarras à qqn; **iemand tot ~ zijn** importuner qqn; **ik heb ~ van mijn maag** je souffre de l'estomac; **wij hebben veel ~ van onze buren** nos voisins nous gênent beaucoup **3** *(phys.)* poids

last·dier [lɑsdir] *het (-en)* bête de somme

las·ter [lɑstər] *nm* **1** calomnie **2** *(jur.)* diffamation

las·te·ren [lɑstərə(n)] *vt (lasterde, h. gelasterd)* calomnier ♦ **God ~** blasphémer

las·ter·lijk [lɑstərlək] *adj, adv* **1** blasphématoire, (de manière) impie **2** (de manière) outrageant(e)

last|ge·ver [lɑstχevər] *nm (-s),* **-geefster** *nf (-s)* commettant

last·ge·ving [lɑstχevɪŋ] *nf (-en)* mandat

last·heb·ber [lɑsthɛbər] *nm (-s)* mandataire

las·tig [lɑstəχ] *adj, adv* **1** pénible(ment), exigeant; **het iemand ~ maken** rendre la vie difficile à qqn; **~ worden** se rendre importun; *(enfant)* devenir pénible; *(situation)* devenir embarrassant **2** difficile(ment); **~ te hanteren** récalcitrant, peu pratique

last|pak [lɑstpɑk] *nm (-ken),* **-post** *nm (-en)* enquiquineur, -euse, *(enfant)* diable

lat [lɑt] *de (-ten)* **1** latte; *(fig.)* **de ~ te hoog leggen** mettre la barre trop haut; *(sports)* **onder de ~ staan** être dans le but; *(sports)* **de bal kwam tegen de ~** le ballon a touché la barre transversale **2** asperge, échalas; **zo mager als een ~** maigre comme un clou

Lat. [latɛin(s)] abrév. de *Latijn(s)* lat.

la·ten [latə(n)] *vt, vb aux (liet, h. gelaten)* **1** laisser; **iemand ~ begaan** laisser faire qqn; daar zullen we het bij ~! nous en resterons là !; laat dat! ça suffit !; hij kan het niet ~ il ne peut pas s'en empêcher; het erbij ~ (zitten) en rester là; laat de kinderen maar laisse donc (faire) les enfants; ik heb het op tafel ~ liggen je l'ai oublié sur la table; laat maar! laisse !; laat maar zitten! gardez la monnaie !; iemand met rust ~ laisser qqn tranquille; ik heb mij ~ wijsmaken (dat) je me suis laissé dire (que); wil je dat weleens ~! as-tu bientôt fini !; *(Belg.)* zich ~ doen se laisser faire **2** mettre, fourrer, poser; waar moet ik het boek ~? où est-ce que je dois mettre le livre ?; waar laat die jongen al dat eten? où est-ce que ce garçon fourre toute cette nourriture ? **3** faire; zich ~ beetnemen se faire avoir; zijn gedachten ~ gaan laisser libre cours à ses pensées; iemand ~ halen envoyer chercher qqn; iemand iets ~ weten faire savoir qqch à qqn **4** lâcher, *(un soupir, un cri)* pousser, *(des larmes)* verser ♦ en laat hij het nu nog doen ook! et le plus beau c'est qu'il le fait !; ~ wij elkaar helpen aidons-nous les uns les autres; laat het nu net beginnen te gieten et voilà qu'il commence à pleuvoir; waar heb ik mijn potlood gelaten? qu'ai-je fait de mon crayon ?; *(locution prépositionnelle ou conjonctive)* laat staan moins encore, sans parler de

la·tent [latɛnt] *adj, adv* (de manière) latent(e); ~ aanwezig en puissance; *(vocabulaire)* disponible; ~ blijven demeurer à l'état latent

la·ter [latər] *adj, adv* plus récent, plus tard

la·ter·tje [latərcə] *het (-s)* ♦ het is een ~ geworden ± on est rentré très tard

la·thy·rus [latirʌs] *nm (-sen) (bot.)* pois de senteur

La·tijn [latɛin] *het* latin ♦ dat is ~ voor me c'est du chinois pour moi

La·tijns [latɛins] *adj* latin; ~e letters caractères romains

lat·re·la·tie [lɑtrela(t)si] *nf (-s)* ♦ ze hebben een ~ c'est un couple non cohabitant

lat·werk [lɑtwɛrk] *het* **1** lattis **2** treillage

lauw [lɑu] *adj, adv* tiède(ment); ~ worden *(aussi au fig.)* tiédir

[1]**lau·we·ren** [lɑuwərə(n)] *plur* lauriers; ~ behalen, plukken, oogsten se couvrir de lauriers ♦ op zijn ~ rusten se reposer sur ses lauriers

[2]**lau·we·ren** [lɑuwərə(n)] *vt (lauwerde, h. gelauwerd)* couronner de lauriers; gelauwerd uit de strijd treden rentrer de la guerre le front ceint de lauriers

la·ve·loos [laveləs] *adj (fam.)* complètement bourré, noir

la·ven [lavə(n)] *vt (laafde, h. gelaafd)* désaltérer; *(fig.)* zich ~ aan iets reprendre le dessus en *(+ gérondif)*

la·ve·ren [laverə(n)] *vi (laveerde, h. gelaveerd)* **1** louvoyer **2** tituber

[1]**la·vo** [lavo] *het* abrév. de *lager algemeen voortgezet onderwijs* ⟨*enseignement général du premier cycle*⟩

[2]**la·vo** [lavo] *de (-'s)* ⟨*école d'enseignement général du premier cycle*⟩

la·waai [lawaj] *het* vacarme; ~ schoppen, trappen faire du boucan

la·waai·e·rig [lawajərəχ] *adj, adv* bruyant, bruyamment

la·wi·ne [lawinə] *nf (-s)* avalanche

laxeer·mid·del [lɑksermɪdəl] *het (-en) (pharm.)* laxatif

laxe·ren [lɑkserə(n)] *vti (laxeerde, h. gelaxeerd)* purger, administrer un purgatif à; dat werkt ~d c'est laxatif

lay-out [leɑut] *nm* mise en page(s)

[1]**la·za·rus** [lazərʌs] *het (vulg.)* ♦ ik ben me het ~ geschrokken j'ai eu une de ces trouilles; zich het ~ werken trimer comme un dingue

[2]**la·za·rus** [lazərʌs] *adj (vulg.)* plein comme un âne, soûl comme toute la Pologne

la·zer [lazər] *nm,* **lazerij** *nf (vulg.)* ♦ iemand op zijn ~ geven casser la gueule à qqn

[1]**la·ze·ren** [lazərə(n)] *vt (lazerde, h. gelazerd) (vulg.)* foutre

[2]**la·ze·ren** [lazərə(n)] *vi (lazerde, h./i. gelazerd) (vulg.)* **1** se casser la gueule; hij lazerde van de trap af il s'est cassé la gueule dans les escaliers **2** foutre *(ne pas avoir d'importance);* dat lazert niet ça a rien à foutre

lbo [ɛlbeo] *het* abrév. de *lager beroepsonderwijs* ⟨*enseignement professionnel secondaire du premier cycle*⟩

lea·der [liːdər] *nm (-s)* éditorial

lead|zan·ger [liːtsɑŋər] *nm (-s),* **-zangeres** *nf (-sen)* chanteur, -euse d'un groupe

[1]**leao** [leao] *het* abrév. de *lager economisch en administratief onderwijs* ⟨*enseignement économique et administratif du premier cycle*⟩

[2]**leao** [leao] *de (-'s)* ⟨*école d'enseignement économique et administratif du premier cycle*⟩

lease·au·to [liːsɑuto] *nm (-'s)* voiture en leasing

lea·sen [liːsə(n)] *vt (leasete, h. geleaset)* louer en crédit-bail

leb·be·ren [lɛbərə(n)] *vi (lebberde, h. gelebberd)* siroter

leb|maag [lɛpmaχ] *de (-magen) (biol.)* caillette

lec·tor [lɛktɔr] *nm (-en, -s)* **1** maître de conférences **2** *(Belg.)* lecteur

lec·tuur [lɛktyr] *nf* lecture *(les ouvrages qu'on lit);* lichte ~ lectures populaires

le·de·ma·ten [ledəmatə(n)] *plur (biol.)* membres

le·den·stop [ledə(n)stɔp] *nm* blocage des (nouvelles) adhésions

le·den·tal [ledə(n)tɑl] *het (-len)* nombre de membres, d'adhérents

le·den·ver·ga·de·ring [ledə(n)vərχadərɪŋ] *nf (-en)* assemblée générale

le·der [ledər] *het (form.)* → [1]leer

le·de·ren [ledərə(n)] *adj* → [1]leren

le·der·wa·ren [ledərwarə(n)] *plur* maroquinerie

le·di·gen [ledəɣə(n)] *vt (ledigde, h. geledigd)* → legen

le·dig·heid [ledəɣhɛit] *nf (form.)* oisiveté; *(prov)* ~ is des duivels oorkussen l'oisiveté est la mère de tous les vices

le·di·kant [ledikɑnt] *het (-en)* lit *(meuble)*

led·lamp [lɛtlɑmp] *de (-en)* lampe à LEDs

[1]**leed** [let], **leden** → lijden

[2]**leed** [let] *het* **1** douleur, chagrin; ~ aanwakkeren retourner le couteau dans la plaie; het ~ is weer geleden le gros chagrin est passé; *(à propos d'une réparation)* il n'y paraît plus **2** regrets; zijn ~ betuigen témoigner ses regrets **3** mal, dommage

leed·ver·maak [letfərmak] *het* malin plaisir

leed·we·zen [letwezə(n)] *het (form.)* regret; iemand zijn ~ betuigen témoigner ses regrets à qqn; tot mijn ~ à mon grand regret

leef|baar [levbar] *adj (-baarder, -baarst)* **1** vivable **2** *(Belg.)* rentable

leef·baar·heid [levbarhɛit] *nf (socio.)* *(qqp)* qualité de (la) vie

leef·een|heid [lefenhɛit] *nf (-heden)* **1** *(archit.)* unité de volume habitable **2** *(jur.)* cellule de cohabitants

leef·ka·mer [lefkamər] *nm (Belg.)* salle de séjour

leef·kli·maat [lefklimat] *het (socio.)* cadre de vie, ambiance

leef|loon [leflon] *het (-lonen) (Belg.)* revenu minimum, *(Belg.)* revenu d'intégration

leef·mi·li·eu [lefmɪljø] *het (-s) (socio.)* environnement

leef·pa|troon [lefpatron] *het (-tronen) (socio.)* mode de vie

leef·re·gel [lefreɣəl] *nm (-s) (socio.)* hygiène de vie

leef·tijd [leftɛit] *nm (-en)* âge; *(Belg.)* de derde ~ le troisième âge; overleden in de ~ van 78 jaar décédé à l'âge de 78 ans; op latere ~ sur le tard; een man op ~ un homme d'âge; en dat op zijn ~! à son âge !; hij ziet er jong uit voor zijn ~ il ne paraît pas son âge

leef·tijd·ge|noot [leftɛitɣənot] *nm (-noten)*, **-note** *nf (-s, -n)* ♦ hij is een ~ van mij il est de mon âge, de ma génération

leeg [leɣ] *adj (leger, leegst)* **1** vide **2** inoccupé, oisif; in een ~ uurtje pendant une heure creuse

leeg·bloe·den [leɣbludə(n)] *vi (bloedde leeg, i. leeggebloed)* se vider de son sang

leeg·drin·ken [leɣdrɪŋkə(n)] *vt (dronk leeg, h. leeggedronken)* vider *(en buvant)*

leeg·eten [leɣetə(n)] *vt (at leeg, h. leeggegeten)* vider *(en mangeant)*; zijn bord ~ finir son assiette; zijn mond ~ terminer ce qu'on a en bouche

leeg·gie·ten [leɣitə(n)] *vt (goot leeg, h. leeggegoten)*, **leeggooien** *vt (gooide leeg, h. leeggegooid)* → legen

leeg·ha·len [leɣhalə(n)] *vt (haalde leeg, h. leeggehaald)* vider

leeg·heid [leɣhɛit] *nf* **1** vide **2** oisiveté

leeg·loop [leɣlop] *nm* **1** *(socio.)* dépeuplement; de ~ van het platteland l'exode rural **2** *(écon.)* marche à vide

leeg·lo·pen [leɣlopə(n)] *vi (liep leeg, h./i. leeggelopen)* **1** se vider **2** fainéanter **3** se dégonfler *(chambre à air)*

leeg·ma·ken [leɣmakə(n)] *vt (maakte leeg, h. leeggemaakt)* vider, *(boissons, aliments)* finir

leeg·pom·pen [leɣpɔmpə(n)] *vt (pompte leeg, h. leeggepompt)* vider à la pompe

leeg·staan [leɣstan] *vi (stond leeg, h. leeggestaan)* être vide *(endroit)*, être inoccupé

leeg·stand [leɣstɑnt] *nm* inoccupation *(immeubles)*

leeg·stro·men [leɣstromə(n)] *vi (stroomde leeg, i. leeggestroomd)* se vider, se dégager

leeg·te [leɣtə] *nf (-s, -n)* vide; de geestelijke ~ la pauvreté intellectuelle; hij liet een grote ~ achter sa mort a fait un grand vide

leeg·ver·koop [leɣfərkop] *nm (commerce)* liquidation totale

[1]**leek** [lek], **leken** → lijken

[2]**leek** [lek] *nm (leken)* **1** profane **2** laïc, laïque

leem [lem] *het/de* (terre) glaise

leem|groe·ve [lemɣruvə] *de (-n)*, **-kuil** *nm (-en)*, **-put** *nm (-ten)* argilière

leem·te [lemtə] *nf (-n, -s)* **1** lacune; ~n in het geheugen trous de mémoire; in een ~ voorzien, een ~ aanvullen combler une lacune **2** faiblesse; ~n vertonen présenter des faiblesses

leen [len] *het (lenen)* fief ♦ iets in ~ ontvangen recevoir qqch à titre de prêt; iets van iemand in ~ hebben avoir emprunté qqch à qqn; te ~ en prêt; iemand iets te ~ geven prêter qqch à qqn; iemand iets te ~ vragen demander à qqn de prêter qqch

leen·goed [leŋɣut] *het (-eren)* fief

leen|heer [lenher] *nm (-heren)* seigneur féodal

leen·man [lemɑn] *nm (-nen)* vassal

leen·recht [lenrɛɣt] *het* **1** *(hist.)* droit féodal **2** droit de prêt *(droit d'auteur basé sur le nombre de prêts dans les bibliothèques)*

leen·tje·buur [lencəbyr] ♦ ~ spelen bij iemand copier sur qqn

leen·woord [lenwort] *het (-en) (ling.)* emprunt

leep [lep] *adj, adv* malin, rusé, d'une façon maligne

[1]**leer** [ler] *het* cuir ♦ van ~ trekken (tegen iemand) fulminer (contre qqn)

[2]**leer** [ler] *de* **1** théorie; hij is niet zuiver in de ~ il n'est pas orthodoxe; de oude en

de nieuwe ~ le catholicisme et le protestantisme **2** apprentissage; **bij iemand in de ~ gaan, komen** aller en apprentissage chez qqn **3** leçon
leer·boek [lerbuk] *het (-en)* manuel
leer·gang [lerχaŋ] *nm (-en) (enseign.)* **1** (un ensemble de) cours **2** méthode
leer·geld [lerχɛlt] *het* frais de scolarité, droits d'inscription ♦ **~ betalen voor iets** apprendre qqch à ses dépens
leer·gie·rig [lerχirəχ] *adj, adv* avide d'apprendre, avec curiosité
leer·gie·rig·heid [lerχirəχhɛit] *nf* soif d'apprendre
leer|jaar [lerjar] *het (-jaren)* **1** année scolaire **2** année d'études **3** année d'apprentissage
leer·kracht [lerkrɑχt] *de (-en)* enseignant, -ante
leer|ling [lerlɪŋ] *nm (-en),* **-linge** *nf (-s, -n)* **1** élève; **de nieuwe ~en** les élèves de 1ère année; les nouveaux arrivants **2** disciple **3** apprenti, -ie
leer·looi·en [lerlojə(n)] *vb* tanner *(cuir);* **het ~** le tannage
leer·mees·ter [lermestər] *nm (-s)* **1** maître **2** professeur
leer·mid·de·len [lermɪdələ(n)] *plur* matériel éducatif
leer·plan [lerplɑn] *het (-nen)* curriculum
leer·plicht [lerplɪχt] *de* scolarité obligatoire
leer·plich·tig [lerplɪχtəχ] *adj* en âge scolaire
leer|school [lersχol] *de (-scholen)* école, apprentissage; **dat was een goede ~ voor hem** il était à bonne école
leer·stel·ling [lerstɛlɪŋ] *nf (-en)* doctrine
leer·stoel [lerstul] *nm (-en)* chaire; **een ~ bekleden** être titulaire d'une chaire
leer·stof [lerstɔf] *de (enseign.)* matière
leer·tje [lercə] *het (-s)* morceau de cuir ♦ **een nieuw ~ in de kraan doen** remplacer le joint d'un robinet
leer·vak [lervɑk] *het (-ken) (enseign.)* **1** matière théorique **2** discipline
leer|zaam [lerzam] *adj, adv (-zamer, -zaamst)* instructif, de façon instructive
***lees-** [les-] de lecture
lees|baar [lezbar] *adj, adv (-baarder, -baarst)* lisible(ment)
lees·blind [lezblɪnt] *adj* dyslexique
lees·boek [lezbuk] *het (-en)* **1** *(enseign.)* manuel de lecture **2** livre, roman
lees·lamp [leslɑmp] *de (-en)* **1** lampe de bureau **2** lampe de chevet
lees·moe·der [lesmudər] *nf (-s)* ⟨*mère d'élève qui aide l'enseignant pendant la leçon de lecture*⟩
lees·pen [lespɛn] *de (-nen) (inform.)* lecteur de code-barres
lees·por·te·feuil·le [lespɔrtəfœyjə] *nm (-s)* ⟨*chemise rassemblant des revues, magazines d'un service de prêt*⟩
lees·stof [lestɔf] *de* lectures
leest [lest] *de (-en)* forme *(chaussures); (fig.)* **op een andere ~ schoeien** arranger autrement; *(fig.)* **iets op dezelfde ~ schoeien** former qqch d'après le même modèle
lees·te·ken [lestekə(n)] *het (-s)* **1** signe de ponctuation **2** accent
lees·vaar·dig·heid [lesfardəχhɛit] *nf* maîtrise de la lecture
lees|zaal [lesal] *de (-zalen)* **1** salle de lecture *(pièce)* **2** bibliothèque *(institution)*
leeuw [lew] *nm (-en),* **leeuwin** *nf (-nen)* lion, lionne; *(fig.)* **iemand voor de ~en gooien** donner qqn en pâture (à l'opinion publique)
leeu·wen·bek [lewə(n)bɛk] *nm (-ken) (bot.)* gueule-de-loup
leeu·we·rik [lewərɪk] *nm (-en)* alouette
lef [lɛf] *het/de (fam.)* culot
lef|go·zer [lɛfχozər], **-schopper** *nm (-s) (fam.)* crâneur
leg [lɛχ] *nm* ponte *(ovipares);* **van de ~ zijn** ne pas pondre
[1]**le|gaat** [leχat] *nm (-gaten)* légat
[2]**le|gaat** [leχat] *het (-gaten) (jur.)* legs
le·ga·li·se·ren [leχalizerə(n)] *vt (legaliseerde, h. gelegaliseerd)* légaliser
le·gen [leχə(n)] *vt (leegde, h. geleegd)* vider
le·gen·da·risch [leχɛndaris] *adj* légendaire
le·ger [leχər] *het (-s)* **1** armée; **het Leger des Heils** l'Armée du Salut **2** gîte, terrier
***le·ger-** [leχər-] d'armée, militaire
le·ge·ren [leχərə(n)] *vt (legerde, h. gelegerd)* **1** camper *(installer dans un camp)* **2** *(milit.)* cantonner
[1]**le·ge·ring** [leχərɪŋ] *nf (-en) (milit.)* campement
[2]**le·ge·ring** [ləχerɪŋ] *nf (-en)* alliage
le·ger·lei·ding [leχərlɛidɪŋ] *nf* **1** commandement d'une armée **2** (haut) commandement (des armées)
le·ges [leχɛs] *plur (jur., fin.)* droits d'expédition
leg·gen [lɛχə(n)] *vt (legde, h. gelegd)* **1** coucher **2** pondre **3** poser, mettre; **aan de ketting ~** attacher à une chaîne; **de arm om iemands hals ~** prendre qqn par le cou; **klemtoon op een lettergreep ~** mettre l'accent sur une syllabe **4** poser *(pour les expressions non mentionnées voir les substantifs concernés);* **een brug ~** jeter un pont
leg·ger [lɛχər] *nm (-s)* **1** pondeuse **2** pomme de terre de semence **3** solive
le·gio [leχijo] *het* multitude
le·gi·oen [leχijun] *het (-en)* **1** légion **2** *(sports)* supporters
le·gi·ti·ma·tie [leχitima(t)si] *nf (-s)* pièce d'identité; **geen geldige ~ bij zich hebben** ne pas avoir de papiers d'identité sur soi
le·gi·ti·ma·tie·be|wijs [leχitima(t)sibəwɛis] *het (-wijzen)* pièce d'identité
[1]**le·gi·ti·me·ren, zich** [leχitimerə(n)] *vpr (legitimeerde zich, h. zich gelegitimeerd)* justifier (de son identité)

[2]**le·gi·ti·me·ren** [leχitimerə(n)] *vt (legitimeerde, h. gelegitimeerd)* légitimer
leg·kast [lɛχkɑst] *de (-en)* armoire à linge
[1]**lei** [lɛi] *het* ardoise *(pierre)*
[2]**lei** [lɛi] *de* **1** ardoise *(pour écrire)*; *(fig.)* (weer) met een schone ~ beginnen recommencer à zéro **2** *(Belg.)* avenue
lei·band [lɛibɑnt] *nm (-en)* ♦ *(fig.)* hij loopt aan de ~ van ... il est à la remorque de ...; iemand aan de ~ laten lopen tenir qqn en laisse
lei·dek·ker [lɛidɛkər] *nm (-s)* couvreur
lei·den [lɛidə(n)] *vt (leidde, h. geleid)* **1** *(aussi sports)* mener **2** conduire **3** mener (à); tot niets ~ ne mener à rien **4** diriger; een vergadering ~ présider une réunion
Lei·den [lɛidə(n)] *het* Leyde; *(fig.)* ~ is in last c'est la fin des haricots
lei·der [lɛidər] *nm (-s)* **1** dirigeant **2** capitaine **3** moniteur **4** chef de file **5** *(sports)* leader
lei·der·schap [lɛidərsχɑp] *het* direction, *(milit.)* commandement; het ~ op zich nemen prendre la direction (des affaires)
lei·ding [lɛidɪŋ] *nf (-en)* **1** direction; ~ geven (aan) être à la tête (de); de ~ (in handen) hebben avoir la direction (de); onder ~ staan être placé sous la direction (de qqn); het orkest onder ~ van A. l'orchestre sous la direction d'A. **2** conduite **3** *(électricité)* ligne **4** *(sports)* tête; de ~ nemen prendre la tête
lei·ding·ge·vend [lɛidɪŋχevənt] *adj* dirigeant; een ~e functie une fonction de cadre
lei·ding·wa·ter [lɛidɪŋwatər] *het* eau de ville
lei|draad [lɛidrat] *nm (-draden)* fil (conducteur)
leid·ster [lɛitstər] *nf (-s)* **1** dirigeante **2** cheftaine, monitrice **3** *(sports)* première du classement **4** *(fig.)* guide
lei·en [lɛijə(n)] *adj* en ardoise
lei·steen [lɛisten] *het/de* schiste
[1]**lek** [lɛk] *het (-ken)* fuite
[2]**lek** [lɛk] *adj* qui fuit, crevé; ~ zijn avoir une fuite; *(navire)* prendre l'eau
***le·ken-** [lekə(n)-] laïque
lek·ka·ge [lɛkaʒə] *nf (-s)* **1** fuite **2** suintement
lek·ken [lɛkə(n)] *vi, vb impers (lekte, h. gelekt)* **1** fuir **2** suinter
lek|ker [lɛkər] *adj, adv (-kerder, -kerst)* **1** bon, délicieux, bien; *(fam.)* gaat ie ~? tout va bien ?; iets ~s quelque chose de bon; ~e trek hebben avoir envie de qqch de bon; ~ vinden aimer (qqch); ik voel mij niet erg ~ je ne me sens pas très bien; ~ warm bien chaud; het is ~ warm hier il fait bon ici; ~ weer un temps agréable; ik zit niet ~ je suis mal (assis); dat zit hem niet ~ cela le tracasse **2** appétissant; *(fam.)* een ~e meid un beau brin de fille ♦ *(fig.)* je bent niet ~ tu es cinglé; ik doe het ~ toch niet! je ne le ferai pas, na !; hij is er ~ ingelopen il s'est fait avoir, bien fait pour lui; iemand ~ maken allécher qqn; ~ mis! raté, bien fait !; *(iron.)* voel je je wel ~? ça va pas la tête ?
lek·ker·bek [lɛkərbɛk] *nm (-ken)* fine bouche, gourmet
lek·ker·bek·je [lɛkərbɛkjə] *het (-s) (cuis.)* morceau d'aiglefin frit
lek·ker·koek [lɛkərkuk] *nm (-en) (Belg.)* pain d'épice
lek·ker·nij [lɛkərnɛi] *nf (-en)*, **lekkers** *het* friandise
lek·ker·tje [lɛkərcə] *het (-s) (fam.)* (petit(e)) coco, cocotte; *(iron.)* het is me een ~! il, elle est vraiment difficile !; *(enfant)* c'est un vrai diable !
lek·vrij [lɛkfrɛi] *adj* étanche
[1]**lel** [lɛl] *nf (-len) (fam.)* traînée, poule
[2]**lel** [lɛl] *de (-len)* **1** lobe **2** *(oiseau)* caroncule **3** gifle; iemand een ~ geven flanquer une bonne gifle à qqn; de bal een ~ geven frapper le ballon d'un grand coup
le·lie [leli] *de (-s)* lis; de Franse ~ la fleur de lys
le·lie·tje-van-da·len [lelicəvɑndalə(n)] *het (lelietjes-van-dalen)* muguet
le·lijk [leløk] *adj, adv* **1** *(pas beau; pas joli)* laid(ement); ~ maken enlaidir; ~ schrijven avoir une vilaine écriture **2** mauvais, vilainement, mal; iemand uitmaken voor alles wat ~ is traiter qqn de tous les noms; het ziet er ~ uit ça va mal; er ~ aan toe zijn être bien mal en point **3** vilain, salement **4** salement, terriblement; ~ toegetakeld mal en point; er ~ naast zitten se mettre le doigt dans l'œil; hij heeft het ~ te pakken il a attrapé un rhume; *(amoureux)* il est mordu ♦ daar zal hij ~ van staan te kijken! il va faire une de ces têtes !
le·lij·kerd [leløkərt] *nm (-s)* **1** épouvantail **2** *(injure)* vilain, -aine
lel·le·bel [lɛləbɛl] *nf (-len)* → [1]lel
le·men [lemə(n)] *adj* de, en limon
lem·met [lɛmət, [B]lɛmɛt] *het (-en)* lame
len·de [lɛndə] *de (-nen)* reins, région lombaire
len·den·doek [lɛndə(n)duk] *nm (-en)* pagne
[1]**le·nen** [lenə(n)] *vt (leende, h. geleend)* **1** prêter; *(souvent péj.)* zich ~ tot, voor iets se prêter à qqch **2** emprunter
[2]**le·nen, zich** [lenə(n)] *vpr (leende zich, h. zich geleend) (+ voor)* se prêter (à), être susceptible (de)
le·ner [lenər] *nm (-s)*, **leenster** *nf (-s)* **1** prêteur, -euse **2** emprunteur, -euse
len·gen [lɛŋə(n)] *vi (lengde, i. gelengd)* (s')allonger; de dagen ~ les jours (s')allongent
leng·te [lɛŋtə] *nf (-n, -s)* **1** longueur; in de ~ doorzagen scier dans le sens de la longueur; van drie meter in de ~ de trois mètres de long; het moet uit de ~ of uit de breedte komen il faut bien que cela vienne de qqp; in zijn volle ~ de toute sa lon-

gueur **2** durée; **tot in ~ van dagen** éternellement **3** longitude

***leng·te-** [lɛŋtə-] longitudinal; **de lengteas** l'axe longitudinal

le·nig [lenəχ] *adj, adv* **1** *(aussi au fig.)* souple(ment); **~ maken** assouplir **2** agile, avec agilité

le·ni·gen [lenəχə(n)] *vt (lenigde, h. gelenigd)* apaiser, adoucir

le·ning [lenɪŋ] *nf (-en)* **1** prêt; **iemand een ~ verstrekken** consentir un prêt à qqn **2** emprunt; **een ~ sluiten** faire un emprunt

[1]**lens** [lɛns] *de (lenzen)* **1** lentille, objectif **2** lentille (de contact) **3** cristallin

[2]**lens** [lɛns] *adj* ♦ **iemand ~ slaan** mettre qqn en bouillie; **zich ~ trappen** s'esquinter à pédaler

lens·ope·ning [lɛnsopənɪŋ] *nf (-en)* diaphragme

len·te [lɛntə] *de (-s)* printemps

***len·te-** [lɛntə-] printanier

len·te·ach·tig [lɛntəɑχtəχ] *adj* printanier

len·te·dag [lɛntədɑχ] *nm (-en)* journée printanière; *(fig.)* **in onze ~en** dans nos jeunes années

le·pel [lepəl] *nm (-s)* cuillère; *(fig.)* **het iemand met de ~ ingieten** seriner qqch à qqn; **een ~ vol** une cuillérée

le·pe·laar [lepəlar] *nm (-s) (zool.)* spatule

le·pe·len [lepələ(n)] *vti (lepelde, h. gelepeld)* prendre, manger à la cuillère

le·perd [lepərt] *nm (-s)* futé, -ée

le·pra [lepra] *de* lèpre

le·pra|lij·der [lepralɛidər] *nm (-s),* **-lijdster** *nf (-s),* **leproos** *nm (leprozen)* lépreux, -euse

le·raar [lerar] *nm (leraren),* **lerares** *nf (-sen)* professeur(e), prof

[1]**le·ren** [lerə(n)] *adj* de, en cuir

[2]**le·ren** [lerə(n)] *vti (leerde, h. geleerd)* **1** apprendre (qqch à qqn); **iemand ~ kennen** faire la connaissance de qqn; *(iron.)* **leer mij ze kennen!** c'est toi qui vas me dire à qui j'ai à faire ! **2** apprendre, étudier

le·ring [lerɪŋ] *nf (-en) (form.)* **1** leçon; **dat strekt tot ~** cela est fort instructif; **~ uit iets trekken** tirer une leçon de qqch **2** catéchisme

les [lɛs] *de (-sen)* leçon, cours; *(fig.)* **iemand een geduchte ~ geven** réprimander qqn vertement; **~ geven in iets** enseigner qqch; **~ in tekenen** leçon de dessin; **laat dit een ~ voor u zijn** que cela vous serve de leçon; *(fig.)* **een kind de ~ lezen,** *(Belg.)* **een kind de ~ spellen** gronder un enfant; **een ~ opgeven** donner une leçon à apprendre

les·au·to [lɛsɑuto] *nm (-'s)* voiture d'autoécole

les·be·voegd·heid [lɛzbəvuχthɛit] *nf* certificat d'aptitude professionnelle à l'enseignement

les·bisch [lɛzbis] *adj* lesbien

les·bo [lɛzbo] *nf (-'s) (fam.)* lesbienne

les·geld [lɛsχɛlt] *het* frais de scolarité

les·ge·ven [lɛsχevə(n)] *vb (gaf les, h. lesgegeven)* enseigner

les·roos·ter [lɛsrostər] *het/de (-s)* emploi du temps

[1]**les·sen** [lɛsə(n)] *vt (leste, h. gelest)* assouvir; **niet te ~** inassouvissable

[2]**les·sen** [lɛsə(n)] *vi (leste, h. gelest) (fam.)* **1** prendre des leçons **2** donner des leçons

les·se·naar [lɛsənar] *nm (-s)* pupitre

lest [lɛst] *adj, adv* dernier, en dernier (lieu); *(prov)* **~ best** aux derniers les bons; **ten langen ~e** enfin

les|toe·stel [lɛstustɛl] *het (-len),* **-vliegtuig** *het (-en)* avion-école

les|uur [lɛsyr] *het (-uren)* heure (de cours)

Let [lɛt] *nm (-ten),* **Letse** *nf (-n)* Letton, -one

Let·land [lɛtlɑnt] *het* Lettonie

Lets [lɛts] *adj* letton

let·sel [lɛtsəl] *het* blessure; **hij is er zonder ~ afgekomen** il en est sorti indemne

let·ten [lɛtə(n)] *vi (lette, h. gelet)* **1** faire attention (à); **let op mijn woorden** prends note de ce que je dis; **let wel** remarque **2** *(+ op)* surveiller (qqch); **let op je woorden** fais attention à ce que tu dis; **let op de kinderen** surveille les enfants ♦ **wat let mij?** qu'est-ce qui m'en empêche ?

let·ter [lɛtər] *de (-s)* **1** lettre *(de l'alphabet; aussi au fig.)*; **bij de ~ Q** à la lettre Q; **geen ~ (meer) op papier zetten** ne pas écrire un mot de plus; **een grote ~** une (lettre) majuscule; **naar de ~ van de wet** à la lettre de la loi; **iets naar de ~ opvatten** prendre qqch au pied de la lettre **2** caractère (d'imprimerie)

let·ter·bak [lɛtərbɑk] *de (-ken)* casse

let·te·ren [lɛtərə(n)] *plur* lettres; **hij studeert ~** il fait des études de lettres

let·ter|greep [lɛtərχrep] *de (-grepen)* syllabe

let·ter·kun·de [lɛtərkʌndə] *nf* **1** littérature **2** manuel de littérature

let·ter·kun·dig [lɛtərkʌndəχ] *adj, adv* (du point de vue) littéraire

let·ter·lijk [lɛtərlək] *adj, adv* **1** littéral(ement), mot à mot; **iets al te ~ opvatten** prendre qqch par trop au pied de la lettre; **in de ~e zin** au sens propre **2** littéralement, totalement

let·ter·te·ken [lɛtərtekə(n)] *het (-s)* **1** caractère, signe graphique **2** code en lettres

let·ter·zet·ten [lɛtərzɛtə(n)] *vb* composer *(caractères)*

leu·gen [løχə(n)] *de (-s)* mensonge; **een ~tje om bestwil** un pieux mensonge; **het hangt van ~s aan elkaar** c'est un tissu de mensonges; **~s verkopen** débiter des mensonges; *(prov)* **al is de ~ nog zo snel, de waarheid achterhaalt haar wel** la vérité s'élève au-dessus du mensonge, comme l'huile au-dessus de l'eau

leu·ge|naar [løχənar] *nm (-s),* **-naarster** *nf (-s)* menteur, -euse

leu·gen·ach·tig [løχənaχtəχ] *adj* mensonger

leuk [løk] *adj, adv* **1** drôle, de manière amusante; *(iron.)* **wat ben je weer ~!** tu te crois drôle, hein !; **~!** chic ! **2** joli(ment); **dat staat je ~** cela te va bien **3** agréable(ment); **~ dat je gebeld hebt** gentil d'avoir téléphoné; *(iron.)* **dat kan ~ worden** cela promet; **een ~ tochtje** une belle balade; **ik vind het niet ~ om dat te doen** je n'aime pas faire cela

leu·kerd [løkərt] *nm (-s)* farceur, -euse

leuk·weg [løkwɛχ] *adv* mine de rien

leu·nen [lønə(n)] *vi (leunde, h. geleund)* s'appuyer; *(fig.)* **erg op iemand ~** être très dépendant de qqn

leu·ning [lønɪŋ] *nf (-en)* **1** rampe **2** accoudoir, accotoir **3** appui, dossier **4** *(mar.)* garde-corps

leun·stoel [lønstul] *nm (-en)* fauteuil

leu·ren [lørə(n)] *vi (leurde, h. geleurd)* **1** colporter **2** *(Belg.)* offrir avec insistance

leus [løs] *de (leuzen)* slogan

leut [løt] *de* **1** rigolade; **voor de ~** pour rigoler **2** *(fam.)* café

leu·te·ren [løtərə(n)] *vi (leuterde, h. geleuterd)* bavarder

Leu·ven [løvə(n)] *het* Louvain

[1]**le·ven** [levə(n)] *het (-s)* vie, existence, âge; **een ~ als een luis op een zeer hoofd hebben** vivre comme un coq en pâte; **zich het ~ benemen, zich van het ~ beroven** se suicider; **bij, tijdens zijn ~** de son vivant; **zich door het ~ slaan** se débrouiller dans la vie; **in ~** en vie; **iets in het ~ roepen** mettre qqch sur pied; **mijn ~ lang** ma vie durant; **een lui ~tje** une petite vie pépère; **met zijn ~ spelen** risquer sa vie; **iemand naar het ~ staan** attenter à la vie de qqn; **om het ~ komen** trouver la mort; **iemand om het ~ brengen** tuer qqn; **het ~ schenken aan** donner la vie à; **hoe staat het ~?** comment ça va ?; **uit het ~ gegrepen** pris sur le vif; **bij ~ en welzijn** s'il plaît à Dieu ♦ **dat brengt ~ in de brouwerij** cela met de l'entrain, les affaires prennent tournure; **zij is in het ~** elle est prostituée

[2]**le·ven** [levə(n)] *vti (leefde, h. geleefd)* **1** vivre; **blijven ~** rester en vie; **we moeten daar nog een jaar mee ~** il faudra supporter cela un an encore; **naar iets toe ~** se réjouir à l'idée de qqch; **stil gaan ~** se retirer des affaires; **leeft die vaas nog?** ce vase n'est toujours pas cassé ?; **men moet ermee leren ~** il faudra bien s'y faire; **zij ~ langs elkaar heen** ils vivent chacun de leur côté; *(prov)* **wie dan leeft, die dan zorgt** qui vivra, verra **2** vivre (de); **van dit vak kun je niet ~** ce métier ne nourrit pas son homme; **hij heeft genoeg om van te ~** il a de quoi vivre

le·vend [levənt] *adj* vivant; **'t er ~ vanaf brengen** avoir la vie sauve

le·ven·dig [levəndəχ] *adj, adv* **1** animé, avec animation; **~er worden** s'animer **2** vif **3** net(tement); **dat kan ik mij ~ voorstellen** je n'ai aucune peine à me l'imaginer

le·ven·dig·heid [levəndəχhɛit] *nf* **1** animation **2** vivacité

le·ven·loos [levənlos] *adj* inanimé, *(aussi au fig.)* sans vie

***le·vens-** [levə(n)s-] **1** de (la) vie **2** vital; **het levensbelang** l'intérêt vital

le·vens·ader [levə(n)sadər] *de (-s) (fig.)* élément vital; **de Schelde is de ~ van Antwerpen** c'est l'Escaut qui fait vivre Anvers

le·vens·be·schou·we·lijk [levə(n)zbəsχauwələk] *adj* philosophique

le·vens·be·schou·wing [levə(n)zbəsχauwɪŋ] *nf (-en)* conception de la vie

le·vens·duur [levə(n)zdyr] *nm* **1** longévité **2** durée de vie, durée d'utilisation, durée de validité

le·vens·duur·te [levə(n)zdyrtə] *nf (Belg.)* coût de la vie

le·vens|echt [levə(n)sɛχt] *adj, adv (-echter, meest l.)* fidèle(ment), réaliste, avec réalisme

le·vens·ge·vaar [levə(n)sχəvar] *het* danger de mort; **in ~ verkeren** être en danger de mort

le·vens·ge·vaar·lijk [levə(n)sχəvarlək] *adj, adv* mortel, au péril de sa vie

le·vens·groot [levə(n)sχrot] *adj* **1** (de, en) grandeur nature **2** *(fig.)* énorme

le·vens·lang [levə(n)slɑŋ] *adj, adv* perpétuel(lement); **hij kreeg ~** il a été condamné à perpétuité

le·vens·licht [levə(n)slɪχt] *het* ♦ **het ~ aanschouwen** voir le jour

le·vens·loop [levə(n)slop] *nm* **1** (cours de la) vie **2** curriculum vitæ

le·vens·lot [levə(n)slɔt] *het* sort

le·vens·lust [levə(n)slʌst] *nm* **1** attachement à la vie **2** joie de vivre

le·vens·lus·tig [levə(n)slʌstəχ] *adj* **1** désireux de vivre **2** débordant de vie

le·vens·mid·de·len [levə(n)smɪdələ(n)] *plur* produits alimentaires

le·vens·on·der·houd [levə(n)sɔndərhaut] *het* **1** entretien; **in zijn eigen ~ kunnen voorzien** pouvoir assurer sa propre subsistance **2** nourriture

le·vens·over·tui·ging [levə(n)sovərtœyχɪŋ] *nf (-en)* convictions, principes

le·vens·pad [levə(n)spɑt] *het (-en)* cours de la vie

le·vens·stan·daard [levə(n)stɑndart] *nm* **1** niveau de vie **2** coût de la vie

le·vens·vat|baar [levə(n)sfɑdbar] *adj (-baarder, meest l.) (aussi au fig.)* viable

le·vens·ver·vul·ling [levə(n)sfərvʌlɪŋ] *nf* réalisation de son idéal

le·vens·ver·wach·ting [levə(n)sfərwɑχtɪŋ] *nf* **1** perspective **2** espérance de vie

le·vens·wan·del [levə(n)swɑndəl] *nm* vie, conduite

le·vens·wij·ze [levə(n)swɛizə] *de* mode de vie

le·ver [levər] *de (-s)* foie ♦ *(Belg.; fig.)* **dat**

ligt op zijn ~ ça lui reste sur l'estomac; iets op zijn ~ hebben avoir qqch sur le cœur

*le·ver- [levər-] du foie

le·ve·ran·cier [levəransir] nm (-s) fournisseur, -euse; vaste ~ fournisseur attitré

le·ve·ran·tie [levərɑn(t)si] nf (-s) livraison

le·ver·baar [levərbar] adj livrable

le·ve·ren [levərə(n)] vt (leverde, h. geleverd) 1 fournir 2 donner 3 faire; wie heeft me dat geleverd? qui m'a fait ça ? 4 (bataille) livrer ♦ het hem ~ réussir qqch

le·ve·ring [levərɪŋ] nf (-en) livraison

*le·ve·rings- [levərɪŋs-] de livraison

le·ver·pa·tiënt [levərpaʃɛnt] nm (-en) hépatique

le·ver·tijd [levərtɛit] nm (-en) délai de livraison

le·ver·traan [levərtran] nm huile de foie de morue

le·ver·worst [levərwɔrst] de (-en) saucisson de pâté de foie

le·zen [lezə(n)] vti (las, h. gelezen) 1 lire, déchiffrer, interpréter; een boek gaan ~ commencer la lecture d'un livre; kunnen ~ savoir lire; er staat te ~ il est écrit 2 se lire ♦ het ~ van de mis la célébration de la messe

le·zens·waar|dig [lezə(n)swardəχ] adj (-diger, meest l.) qui mérite d'être lu

le·zer [lezər] nm (-s) lecteur (personne et appareil)

le·ze·res [lezərɛs] nf (-sen) lectrice

le·zing [lezɪŋ] nf (-en) 1 lecture 2 version 3 conférence

lhbt'er [ɛlhabetejər] nm (-s), lhbt'ster nf (-s) LGBT

lhno [ɛlhaɛno] het abrév. de lager huishoud- en nijverheidsonderwijs ⟨enseignement ménager et industriel du premier cycle⟩

Li·ba·nees [libanes] adj libanais; de ~, Libanese le, la Libanais(e)

Li·ba·non [libanɔn] het Liban

li·bel [libɛl] de (-len) libellule

li·be|raal [liberal] adj, adv (-raler, meest l.) 1 (pol., écon.) (du point de vue) libéral 2 libéral(ement), tolérant

li·be·ra·li·se·ren [liberalizerə(n)] vt (liberaliseerde, h. geliberaliseerd) libéraliser, (écon.) libérer

Li·be·ria [liberija] het Liberia

Li·be·ri|aan [liberijan] nm (-anen), -aanse nf (-n) Libérien, -ienne

Li·be·ri·aans [liberijans] adj libérien

Li·bië [libijə] het Libye

Li·bi·ër [libijər] nm (-s), Libische nf (-n) Libyen, -enne

Li·bisch [libis] adj libyen

li·bret·to [librɛto] het (-'s) (opéra) livret

li·cen·tie [lisɛn(t)si] nf (-s) (tous les sens) licence; iets in ~ vervaardigen fabriquer qqch sous licence

li·chaam [lɪχam] het (lichamen) corps (anatomie; institution)

*li·chaams- [lɪχams-] 1 physique 2 du corps

li·chaams·be·we·ging [lɪχamzbəweχɪŋ] nf (-en) exercice (physique)

li·cha·me·lijk [lɪχamələk] adj, adv physique(ment)

¹licht [lɪχt] het (-en) 1 (aussi au fig.) lumière; (fig.) iets aan het ~ brengen révéler qqch; (fig.) aan het ~ komen être révélé; iets in een ander ~ zien voir qqch sous un jour nouveau; tussen ~ en donker entre chien et loup; (fig.) nu gaat mij een ~ op! j'y suis !; toen ging bij hem het ~ uit à ce moment-là, il est tombé dans les pommes, (aussi) à ce moment-là, il a disjoncté; zij gunnen elkaar het ~ in de ogen niet ils ne peuvent pas se sentir; laat je ~ eens op deze zaak schijnen essaie de tirer ce problème au clair; zijn ~ opsteken bij se renseigner auprès de; iets tegen het ~ houden tenir qqch à la lumière; het ~ zien voir le jour 2 éclair 3 feu (rouge)

²licht [lɪχt] adj, adv 1 léger, légèrement; (fig.) zich een stuk ~er voelen se sentir soulagé d'un fardeau; twaalf pond ~er worden maigrir de six kilos 2 clair; het wordt al ~ il commence à faire jour 3 facile(ment); dat zal niet ~ vergeten worden on ne l'oubliera pas facilement

*licht- [lɪχt-] clair; lichtblauw bleu clair

lich·te·kooi [lɪχtəkoj] nf (-en) (prostituée) grue

lich·te·lijk [lɪχtələk] adv 1 légèrement 2 aisément

¹lich·ten [lɪχtə(n)] vi (lichtte, h./i. gelicht) briller

²lich·ten [lɪχtə(n)] vt (lichtte, h. gelicht) 1 lever 2 soulever 3 enlever

lich·tend [lɪχtənt] adj 1 (fig.) édifiant 2 lumineux

lich·ter·laaie [lɪχtərlajə] ♦ het gebouw stond in ~ l'édifice était en flammes

licht·ge·lo·vig [lɪ(χt)χəlovəχ] adj, adv crédule(ment)

licht·ge·raakt [lɪ(χt)χərakt] adj irritable

licht·ge·vend [lɪ(χt)χevənt] adj phosphorescent

licht·ge·wond [lɪ(χt)χəwɔnd] adj blessé léger; de ~e le blessé léger

lich·ting [lɪχtɪŋ] nf (-en) 1 (poste) levée 2 (mar.) renflouage 3 déchargement

licht|jaar [lɪχtjar] het (-jaren) année-lumière

licht·jes·feest [lɪχcəsfest] het fête de la lumière

licht·net [lɪχtnɛt] het (-ten) réseau électrique

licht·punt [lɪχtpʌnt] het (-en) 1 point lumineux 2 (fig.) lueur d'espoir

licht·scha·ke·laar [lɪχtsχakəlar] nm (-s) interrupteur

licht|schip [lɪχtsχɪp] het (-schepen) bateau-feu

licht·vaar·dig [lɪχtfardəχ] adj, adv (fig.) léger, à la légère

licht·val [lɪχtfal] nm éclairage

licht·voe·tig [lɪχtfutəχ] adj, adv (d'un pas) léger

licht·zin·nig [lɪχtsɪnəχ] *adj, adv* **1** léger, à la légère **2** léger, frivole, légèrement
lid [lɪt] *het (leden)* **1** paupière **2** membre; **hij heeft een ziekte onder de leden** il couve une maladie **3** *(mot)* élément **4** articulation **5** alinéa
lid·geld [lɪtχɛlt] *het (Belg.)* cotisation
lid·kaart [lɪtkart] *de (-en) (Belg.)* → **lidmaatschapskaart**
lid·maat·schap [lɪtmatsχɑp] *het (-pen)* **1** affiliation **2** appartenance (à une Église)
lid·maat·schaps·kaart [lɪtmatsχɑpskart] *de (-en)* carte de membre
lid|staat [lɪtstat] *nm (-staten)* État membre
lid·woord [lɪtwort] *het (-en) (ling.)* article
Liech·ten·stein [liχtənstɛin] *het* Liechtenstein
Liech·ten|stei·ner [liχtənstɛinər] *nm (-s),* **-steinse** *nf (-n)* Liechtensteinois, -oise
Liech·ten·steins [liχtənstɛins] *adj* liechtensteinois
lied [lit] *het (-eren)* **1** chanson **2** chant
lie·den [lidə(n)] *plur* gens
lie·der·lijk [lidərlək] *adj, adv* (comme un(e)) débauché(e)
lied·je [licə] *het (-s)* chanson; *(Belg.)* **schone ~s duren niet lang** les belles choses ne durent pas ♦ **het is weer het oude ~** c'est toujours la même chanson
lief [lif] *adj (liever, liefst)* **1** cher, chéri; **dat heeft hij het ~ste** c'est ce qu'il préfère; **lieve mensen** mes (chers) amis; **iets voor ~ nemen** se contenter de qqch **2** gentil, gentiment, sage; **het zou ~ van u zijn om ...** vous seriez gentil de ... **3** mignon, d'une façon adorable ♦ **~ en leed** les joies et les peines; **ik deed het net zo ~ niet** j'aimerais autant ne pas le faire; *(formule finale dans une lettre)* **veel ~s** bons baisers
lief·da·dig [livdadəχ] *adj* charitable
lief·da·dig·heids·werk [livdadəχhɛitswɛrk] *het* bénévolat
lief·de [livdə] *nf (-s, -n)* amour; **de ~ bedrijven** faire l'amour; *(prov)* **oude ~ roest niet** on revient toujours à ses premières amours; **~ op het eerste gezicht** le coup de foudre
lief·de|loos [livdəlos] *adj, adv (-lozer, meest l.)* peu affectueux, avec indifférence
***lief·des-** [livdəs-] d'amour
lief·de|vol [livdəvɔl] *adj, adv (-voller, meest l.)* affectueux, affectueusement
lief·de·werk [livdəwɛrk] *het (-en)* **1** bonne œuvre **2** bienfaisance; **het is ~ oud papier** c'est par pur idéalisme
lie·fe·lijk [lifələk] *adj, adv* doux, charmant, avec douceur
lief·heb·ben [lifhɛbə(n)] *vt (had lief, h. liefgehad)* aimer; **je ~de dochter** ta fille qui t'aime
lief|heb·ber [lifhɛbər] *nm (-s),* **-hebster** *nf (-s)* amateur; **een ~ van chocola zijn** raffoler de chocolat
lief·heb·be·rij [lifhɛbərɛi] *nf (-en)* **1** divertissement, hobby **2** goût, plaisir; **uit, voor ~** par plaisir
lief·je [lifjə] *het (-s)* **1** petite amie **2** (mon, ma) chéri(e)
lief·jes [lifjəs] *adv* **1** gentiment **2** *(iron.)* doucereusement
lief·ko·zen [lifkozə(n)] *vt (liefkoosde, h. geliefkoosd)* câliner
lief·ko·zend [lifkozənt] *adj* câlin, tendre
lief·ko·zing [lifkozɪŋ] *nf (-en)* câlinerie
liefst [lifst] *adv* **1** le plus gentiment **2** de la façon la plus charmante **3** de préférence; **het ~ hebben dat ...** préférer que ...; **~ niet** plutôt pas **4** s'il vous plaît
lief·ste [lifstə] *nm (-n)* **1** amour **2** (mon, ma) chéri(e)
lief·tal·lig [liftɑləχ] *adj, adv* (d'une manière) charmant(e)
lie·gen [liχə(n)] *vti (loog, h. gelogen)* mentir; **hij liegt (als)of het gedrukt staat** il ment comme un arracheur de dents ♦ **dat liegt er niet om** ce n'est pas mal du tout, c'est une vérité éclatante
liep [lip], **liepen** → **lopen, aflopen, langslopen**
lier [lir] *de (-en)* ♦ **het gaat als een ~** ça marche comme sur des roulettes; **het brandt als een ~** ça flambe comme une torche
lies [lis] *de (liezen)* aine
lies·breuk [lizbrøk] *de (-en)* hernie inguinale
liet [lit], **lieten** → **laten, achterlaten, toelaten**
lie·ve·heers·beest·je [livəherzbeʃə, [B]livəherzbescə] *het (-s)* bête à bon Dieu
lie·ve·ling [livəlɪŋ] *nm (-en)* **1** (mon) chéri, (ma) chérie **2** préféré, -ée
lie·ver [livər] *adv* **1** de préférence; **hij ~ dan ik** plutôt lui que moi **2** plutôt; **~ gezegd** (ou) plutôt
lie·ver·le·de [livərledə] ♦ **van ~** petit à petit
lif·laf [lɪflɑf] *nm (-fen)* **1** amuse-gueule **2** baliverne
lift [lɪft] *nm (-en)* ascenseur; *(fig.)* **in de ~ zitten** avoir le vent en poupe ♦ **iemand een ~ geven** emmener qqn dans sa voiture
lif·ten [lɪftə(n)] *vi (liftte, h.li. gelift)* faire de l'autostop
li·ga [liχa] *de (-'s)* ligue
lig·fiets [lɪχfits] *de* vélo couché
lig·geld [lɪχɛlt] *het (-en)* **1** frais d'ancrage **2** *(à l'hôpital)* prix de journée
lig·gen [lɪχə(n)] *vi (lag, h.li. gelegen)* **1** être étendu **2** être couché; **gaan ~** se coucher **3** être, se trouver; **Antwerpen ligt aan de Schelde** Anvers est située sur l'Escaut; **er ligt, er ~ ...** il y a ...; **het appartement ligt op het noorden** l'appartement est orienté au nord **4** *(+ aan)* tenir (à), dépendre (de); **aan wie ligt het?** à qui la faute ?; **als het aan mij lag** s'il ne tenait qu'à moi; **dat lag aan verscheidene dingen** il y avait différentes raisons à cela; **dat ligt er-**

aan cela dépend **5** convenir à; dat genre ligt mij niet ce genre ne m'attire pas **6** tomber; de wind ging ~ le vent est tombé **7** reposer; *(épitaphe)* hier ligt ... ci-gît ... **8** *(+ inf.)* être en train de ♦ daar is mij veel aan gelegen c'est très important pour moi; als ze dat merken lig ik eruit s'ils découvrent ça, ils me mettront à la porte; *(Belg.)* iemand ~ hebben avoir le dessus; ik heb dat boek laten ~ j'ai oublié ce livre; zich nergens iets aan gelegen laten ~ n'en faire qu'à sa tête

lig·gend [lɪχənt] *adj* **1** couché, étendu **2** situé

lig·ging [lɪχɪŋ] *nf (-en)* position

lig·stoel [lɪχstul] *nm (-en)* chaise longue

lij·de·lijk [lɛidələk] *adj, adv* **1** résigné, avec résignation **2** passif, passivement; ~ toezien rester les bras croisés

[1]**lij·den** [lɛidə(n)] *het* souffrance

[2]**lij·den** [lɛidə(n)] *vt (leed, h. geleden)* **1** souffrir **2** supporter; *(fig.)* het kan wel wat ~ il y a suffisamment de marge **3** tolérer

[3]**lij·den** [lɛidə(n)] *vi (leed, h. geleden)* souffrir (de); ~d aan souffrant de; ~ onder iets souffrir de qqch; te ~ hebben van iets se ressentir de qqch ♦ *(ling.)* ~de vorm voix passive

lij·dens·tijd [lɛidə(n)stɛit] *nm* temps de la Passion

lij·dens·weg [lɛidə(n)swɛχ] *nm (-en)* **1** *(relig.)* chemin de la croix **2** *(fig.)* calvaire

lij·der [lɛidər] *nm (-s)* **1** personne qui souffre (beaucoup) **2** malade

lijd·zaam [lɛitsam] *adj, adv* → lijdelijk

lijf [lɛif] *het (lijven)* corps; blijf van mijn ~! ne me touche pas !; gezond van ~ en leden bien portant; in levenden lijve en chair et en os; iemand te ~ gaan se jeter sur qqn ♦ aan den lijve ondervinden apprendre à ses dépens; dat heeft niets om het ~ c'est sans conséquence; die rol is haar op het ~ geschreven ce rôle lui va comme un gant; iemand tegen het ~ lopen tomber sur qqn

lijf·arts [lɛifarts] *nm (-en)* médecin traitant

lijf·blad [lɛivblat] *het (-en)* journal, magazine préféré

lij·fe·lijk [lɛifələk] *adj, adv* **1** charnel **2** physique(ment)

lijf·ren·te [lɛifrɛntə] *de (-n, -s)* rente viagère

lijf·spreuk [lɛifsprøk] *de (-en)* devise

lijf·wacht [lɛifwaχt] *nm (-en)* garde du corps

lijk [lɛik] *het (-en)* cadavre ♦ over mijn ~! jamais de la vie !; over ~en gaan passer sur le ventre de tout le monde

lij·ken [lɛikə(n)] *vi (leek, h. geleken)* **1** ressembler (à); het begint erop te ~ ça commence à prendre tournure; dat lijkt er niet naar ce n'est pas du tout ça; hij lijkt sprekend op zijn vader c'est tout le portrait de son père; dat lijkt nergens op, naar ça ne ressemble à rien **2** sembler; dat werk lijkt zo eenvoudig ce travail n'a l'air de rien; het, alles lijkt erop dat ... tout porte à croire que ... **3** convenir (à); dat lijkt me niets cela ne me dit rien

lijk·kist [lɛikɪst] *de (-en)* cercueil

lijk·schou·wer [lɛiksχauwər] *nm (-s)* médecin légiste

lijk·schou·wing [lɛiksχauwɪŋ] *nf (-en)* autopsie

lijk·stoet [lɛikstut] *nm (-en)* cortège funèbre

lijk·wa·gen [lɛikwaχə(n)] *nm (-s)* corbillard

lijm [lɛim] *nm (-en)* colle

lij·men [lɛimə(n)] *vt (lijmde, h. gelijmd)* **1** coller **2** recoller **3** entortiller

lijn [lɛin] *de (-en)* **1** ligne; aan de (slanke) ~ doen surveiller sa ligne; Maastricht is aan de ~ vous avez Maastricht au bout du fil; blijft u aan de ~, a.u.b.! ne quittez pas !; daar zit geen ~ in cela manque de cohérence; in grote ~en en gros; *(fig.)* op één ~ stellen (met) mettre sur le même plan que; op dezelfde, op één ~ zitten être sur la même ligne **2** corde **3** laisse; een hond aan de ~ houden tenir un chien en laisse **4** trait **5** chaîne de fabrication ♦ zij trekken één ~ ils agissent de concert

lijn·dienst [lɛindinst] *nm (-en) (transports)* service régulier

lij·nen [lɛinə(n)] *vi (lijnde, h. gelijnd)* faire un régime (amaigrissant)

lijn·recht [lɛinrɛχt] *adj, adv* **1** rectiligne **2** diamétralement

lijn·tje [lɛincə] *het (-s)* ♦ iemand aan het ~ houden tenir qqn en haleine

lijn·trek·ken [lɛintrɛkə(n)] *vb* travailloter, *(Belg.)* carotter

lijn·vlucht [lɛinvlʌχt] *de (-en)* **1** vol de ligne **2** ligne aérienne régulière

lijn·zaad [lɛinzat] *het* graine de lin

lijp [lɛip] *adj, adv (fam.)* **1** risqué **2** (comme un) cinglé

lijs [lɛis] *nm (lijzen)* ♦ een lange ~ une grande perche

lijst [lɛist] *de (-en)* **1** liste **2** cadre; (een schilderij) in een ~ zetten encadrer (un tableau) **3** moulure

lijst·aan·voer·der [lɛistanvurdər] *nm (-s)* tête de liste

lijs·ter [lɛistər] *de (-s)* grive

lijst·trek·ker [lɛistrɛkər] *nm (-s)* → lijstaanvoerder

lij·vig [lɛivəχ] *adj* **1** volumineux **2** corpulent **3** épais

lij·zig [lɛizəχ] *adj, adv (fam.)* **1** mou **2** lent(ement)

lik [lɪk] *nm (-ken)* **1** peu de **2** *(fam.)* taule ♦ de hond gaf een ~ op mijn hand le chien m'a léché la main; ~ op stuk geven répondre du tac au tac

lik·doorn [lɪgdorn] *nm (-s) (méd.)* cor, œil-de-perdrix

like [lajk] *nm (-s) (com.)* j'aime, like; hoe-

veel ~s heb je? t'as combien de j'aime, likes ?
li·ken [lɑ̲jkə(n)] *vt (likete, h. geliket) (com.)* aimer, liker
lik·ke·baar·den [lɪ̲kəbardə(n)] *vi (likkebaardde, h. gelikkebaard)* s'en lécher les babines, les doigts
lik·ken [lɪ̲kə(n)] *vti (likte, h. gelikt)* **1** lécher **2** faire de la lèche; **iemands hielen ~** lécher les bottes de, à qqn
lik·me·vest·je [lɪ̲kməvɛʃə] ♦ **van ~** à la noix
li·miet [limi̲t] *de (-en)* limite; **een ~ stellen aan een budget** plafonner un budget
li·mo·na·de [limona̲də] *de (-s)* sirop, limonade
lin·de [lɪ̲ndə] *de (-n),* **lindeboom** *nm (-bomen)* tilleul
li·ni|aal [linija̲l] *het/de (-alen)* règle
li·nie [li̲ni] *nf (-s)* ligne *(tous les sens)*
[1]**link** [lɪŋk] *nm (-en, -s)* rapport, *(inform.)* lien
[2]**link** [lɪŋk] *adj (fam.)* **1** astucieux **2** louche, risqué; **het is me te ~** c'est trop risqué
lin·ker [lɪ̲ŋkər] *nm* gauche
***lin·ker-** [lɪ̲ŋkər-] gauche
lin·ker·hand [lɪ̲ŋkərhɑnt] *de (-en)* main gauche; **aan de ~** à (main) gauche; *(fig.)* **twee ~en hebben** ne rien savoir faire de ses dix doigts
links [lɪŋks] *adj, adv (linkser, meest l.)* **1** de gauche, à (la) gauche; **~ afslaan** prendre à gauche **2** gaucher **3** gauche(ment), maladroit ♦ **iets ~ laten liggen** laisser qqch de côté; **iemand ~ laten liggen** ignorer qqn
links·af [lɪŋksɑ̲f] *adv* à gauche *(direction)*
lin·nen [lɪ̲nə(n)] *adj* de lin
lin·nen·goed [lɪ̲nə(n)χut] *het* linge
lint [lɪnt] *het (-en)* ruban; *(fig.)* **door het ~ gaan** péter les plombs
lint·jes·re·gen [lɪ̲ncəsreχə(n)] *nm* ⟨*pluie de décorations*⟩
lint·me·ter [lɪ̲ntmetər] *nm (-s) (Belg.)* mètre à ruban
lint·worm [lɪ̲ntwɔrm] *de (-en)* ténia, ver solitaire
lin·ze [lɪ̲nzə] *de (-n) (cuis.)* lentille
lip [lɪp] *de (-pen)* lèvre; *(fig.)* **iemand op de ~ zitten** ne pas quitter qqn d'une semelle
lip·pen·stift [lɪ̲pə(n)stɪft] *de (-en),* **lipstick** *nm (-s)* rouge à lèvres
[1]**lis·pe·len** [lɪ̲spələ(n)] *vi (lispelde, h. gelispeld)* zézayer
[2]**lis·pe·len** [lɪ̲spələ(n)] *vt (lispelde, h. gelispeld)* chuchoter
Lis·sa·bon [lɪ̲sabɔn] *het* Lisbonne
list [lɪst] *de (-en)* ruse
lis·tig [lɪ̲stəχ] *adj, adv* rusé, avec ruse
li·ter [li̲tər] *nm (-s)* litre
li·te·ra·tuur|lijst [litəratyrlɛist] *de (-en),* **-opgave** *de (-n),* **-overzicht** *het (-en)* bibliographie
Li·tou·wen [lita̲uwə(n)] *het* Lituanie
Li·tou·wer [lita̲uwər] *nm (-s),* **Litouwse** *nf (-n)* Lit(h)uanien, -ienne
Li·touws [li̲taus] *adj* lituanien

lit·te·ken [lɪ̲tekə(n)] *het (-s)* cicatrice
live [lɑjf] *adj, adv (mus.)* en direct, en public; **met livemuziek** avec des musiciens
live·op·tre·den [lɑ̲jfɔptredə(n)] *het* prestation live, concert live
[1]**lob** [lɔp] *de (-ben)* **1** lobe *(méd.; partie d'une feuille)* **2** *(bot.)* lobe séminal
[2]**lob** [lɔp] *nm (-s) (sports)* lob
lob·bes [lɔ̲bəs] *nm (-en)* **1** bon gros toutou **2** bon bougre
lob·by [lɔ̲bi] *de (-'s)* **1** hall **2** lobby **3** conversations de couloir
lob·by·en [lɔ̲bijə(n)] *vi (lobbyde, h. gelobbyd)* faire pression (sur)
lo·ca·tie [loka̲(t)si] *nf (-s)* **1** localisation; **op ~ filmen** tourner en extérieur **2** *(mines)* lieu d'extraction
lo·co·bur·ge·mees·ter [lo̲kobʌrχəmestər] *nm (-s)* maire par intérim
lod·de·rig [lɔ̲dərəχ] *adj, adv* (d'un air) endormi
lo·den [lo̲də(n)] *adj* **1** *(aussi au fig.)* de, en plomb **2** *(étoffe)* de, en loden
loe·bas [lu̲bɑs] *nm (-sen) (Belg.)* **1** balourd **2** brave bête **3** gros bêta
loe·der [lu̲dər] *het/de (-s) (fam.)* crapule, (petite) garce
loef [luf] *de* ♦ *(fig.)* **iemand de ~ afsteken** damer le pion à qqn
loei [luj] *nm (fam.)* **1** claque, beigne **2** *(sports)* boulet de canon *(tir puissant)*
loei·en [lu̲jə(n)] *vi (loeide, h. geloeid)* mugir
loei·hard [lujhɑ̲rt] *adj, adv (fam.)* **1** à fond de train **2** assourdissant, avec un bruit d'enfer
loem·pia [lu̲mpija] *de (-'s)* ± pâté impérial; **Vietnamese ~** nem
loen·sen [lu̲nzə(n)] *vi (loenste, h. geloenst)* loucher (sur, vers)
loep [lup] *de (-en)* loupe; *(fig.)* **iets onder de ~ nemen** regarder une chose à la loupe
loer [lur] *de* ♦ **iemand een ~ draaien** jouer un sale tour à qqn; *(Belg.)* jouer cinq lignes à qqn; **op de ~ staan, liggen** faire le guet
loe·ren [lu̲rə(n)] *vi (loerde, h. geloerd)* être à l'affût (de qqch), guetter (qqch); **door, uit een raam ~** épier par une fenêtre; **op iemand ~** espionner qqn
[1]**lof** [lɔf] *nm* éloge; **met ~ over iemand spreken** louer qqn; **een examen met ~ afleggen** passer un examen avec la mention très honorable; **dat strekt u tot ~** c'est tout à votre éloge; **hij was een en al ~** il ne tarissait pas d'éloges
[2]**lof** [lɔf] *het* endive (de Bruxelles); **Brussels ~** endive (de Bruxelles); *(Belg.)* chicon
lof·fe·lijk [lɔ̲fələk] *adj, adv* **1** (d'une manière) louable **2** élogieux, élogieusement
lof·trom·pet [lɔ̲ftrɔmpɛt] *de (-ten)* ♦ **de ~ over iemand steken** chanter les louanges de qqn
lof·zang [lɔ̲fsɑŋ] *nm (-en)* hymne; **een ~ op de vrede** un hymne à la paix
[1]**log** [lɔχ] *(math.)* abrév. de *logaritme* log

[2]**log** [lɔχ] *adj, adv* lourd(ement), pesant, pesamment; een ~ge gang une démarche de pachyderme; een ~ gevaarte une masse pesante
log·boek [lɔχbuk] *het (-en)* livre de bord
lo·gé [loʒe] *nm (-s)* hôte
lo·geer·par·tij [loʒerpartɛi] *nf (-en)* séjour chez des amis
lo·gen [loχə(n)] *vt (loogde, h. geloogd)* lessiver
lo·gen·straf·fen [loχə(n)strafə(n)] *vt (logenstrafte, h. gelogenstraft)* démentir
lo·ge·ren [loʒerə(n)] *vti (logeerde, h. gelogeerd)* loger, séjourner; iemand te ~ hebben loger un hôte; uit ~ gaan être invité à passer quelque temps chez qqn
lo·gi·ca [loχika] *nf* logique
lo·gies [loʒis] *het* gîte, logement; ~ met ontbijt chambre avec petit-déjeuner
log·in|naam [lɔχɪnam] *nm (-namen)* pseudo, nom de connexion
lo|gisch [loχis] *adj, adv (-gischer, meest l.)* logique(ment)
lo·go·pe·dist [loχopedɪst] *nm (-en)* orthophoniste
lok [lɔk] *de (-ken)* **1** mèche (de cheveux) **2** *(plur.)* chevelure
[1]**lo|kaal** [lokal] *het (-kalen)* local, salle
[2]**lo·kaal** [lokal] *adj* local
lok|aas [lɔkas] *het (-azen)* appât
lo·ket [lokɛt] *het (-ten)* guichet
lok·ken [lɔkə(n)] *vt (lokte, h. gelokt)* attirer
lok·ker·tje [lɔkərcə] *het (-s)* → lokaas
lok·roep [lɔkrup] *nm (-en) (animaux)* appel, *(fig.)* attrait
lol [lɔl] *de (fam.)* rigolade; zeg, doe me een ~ dis donc, fais-moi le plaisir (de ...); ~ hebben, maken se marrer; *(iron.)* zijn ~ wel op kunnen ne pas être à la noce; ~ trappen faire les fous; voor de ~ pour rigoler; ik doe het niet voor de ~! si tu crois que ça m'amuse !; de ~ was er gauw af le plaisir n'a pas duré
lol·le·tje [lɔləcə] *het (-s) (fam.)* **1** rigolade; dat is geen ~ c'est pas de la tarte **2** blague; een ~ met iemand uithalen faire une blague à qqn
lol·lig [lɔləχ] *adj, adv (fam.)* (d'une manière) rigolo(te)
lol·ly [lɔli] *nm (-'s) (bonbon)* sucette
lom·mer·rijk [lɔmərɛik] *adj* ombragé
[1]**lomp** [lɔmp] *de (-en)* loque; hij was in ~en gekleed il était en haillons
[2]**lomp** [lɔmp] *adj, adv (lomper, meest l.)* **1** grossier, grossièrement; een ~e boer un vrai rustre; wat kan hij ~ doen! ce qu'il peut être mufle ! **2** gauche(ment)
lom·perd [lɔmpərt] *nm (-s)*, **lomperik** *nm (-en)* balourd
lomp|heid [lɔmphɛit] *nf (-heden)* **1** maladresse **2** grossièreté
Lon·den [lɔndə(n)] *het* Londres
lo·nen [lonə(n)] *vt (loonde, h. geloond)* récompenser
lo·nend [lonənt] *adj* payant; dat is niet ~ ça ne paie pas
long [lɔŋ] *de (-en)* poumon; over de ~en roken avaler la fumée
***long-** [lɔŋ-] pulmonaire
long·ont·ste·king [lɔŋɔntstekɪŋ] *nf (-en)* fluxion de poitrine, *(méd.)* pneumonie
long·pijp [lɔŋpɛip] *de (-en) (méd.)* bronche
long·spe·ci·a·list [lɔŋspeʃalɪst] *nm (-en)* pneumologue
lon·ken [lɔŋkə(n)] *vi (lonkte, h. gelonkt)* **1** *(+ naar)* cligner de l'œil, lorgner (qqch, qqn) **2** cligner des yeux
lont [lɔnt] *de (-en) (d'une bougie, mine etc.)* mèche; *(fig.)* een kort ~je hebben être soupe au lait
loo·che·nen [loχənə(n)] *vt (loochende, h. geloochend)* nier (l'existence de)
lood [lot] *het* plomb; het weegt als ~ c'est lourd comme du plomb; *(fig.)* mijn benen zijn zo zwaar als ~ je me sens les jambes lourdes; *(fig.)* met ~ in de schoenen aankomen arriver la mort dans l'âme; dat is ~ om oud ijzer c'est bonnet blanc et blanc bonnet ♦ die muur staat niet in het ~ ce mur n'est pas à plomb; uit het ~ *(sens pr.)* penché; *(fig.)* qui a perdu les pédales; uit zijn, het ~ (geslagen) zijn avoir perdu son aplomb
***lood-** [lot-] de plomb
lood·gie·ter [lotχitər] *nm (-s)* plombier
lood·hou·dend [lothaudənt] *adj* plombifère
lood·je [locə] *het (-s)* plomb ♦ ik heb bijna het ~ gelegd j'ai failli y passer; hij heeft het ~ gelegd il a cassé sa pipe; *(prov)* de laatste ~s wegen het zwaarst il n'y a rien de si difficile à écorcher que la queue
lood·lijn [lotlɛin] *de (-en)* **1** *(math.)* perpendiculaire **2** *(mar.)* sonde
lood·recht [lotrɛχt] *adj, adv* **1** vertical(ement); ~ omhoog rijzen s'élever à pic; ~ op iets staande perpendiculaire à qqch **2** *(math.)* perpendiculaire(ment)
[1]**loods** [lots] *nm (-en) (mar.)* pilote
[2]**loods** [lots] *de (-en)* baraque, remise
lood·sen [lotsə(n)] *vt (loodste, h. geloodst)* piloter
lood·vrij [lotfrɛi] *adj* sans plomb
lood·zwaar [lotswar] *adj, adv* lourd comme du plomb, *(fig.)* (d'une manière) accablant(e)
loof [lof] *het* feuillage
loof|boom [lovbom] *nm (-bomen)* arbre feuillu
Loof·hut·ten·feest [lofhʌtə(n)fest] *het (judaïsme)* fête des Tabernacles
[1]**loog** [loχ], **logen** → liegen, voorliegen
[2]**loog** [loχ] *het/de (logen)* lessive alcaline, soude
looi·en [lojə(n)] *vt (looide, h. gelooid) (peaux)* tanner
looi·er [lojər] *nm (-s)* tanneur
look [lok] *het/de (Belg.)* ail

loom [lom] *adj, adv (lomer, loomst)* mou, avec lenteur

loom·heid [lomhɛit], **loomte** *nf* **1** fatigue **2** mollesse

loon [lon] *het (lonen)* **1** salaire **2** récompense *(aussi iron.)*; **hij kreeg ~ naar werken** il a été payé en fonction du travail fourni; *(fig.)* il a reçu la récompense qu'il méritait !; **dat is zijn verdiende ~** c'est bien fait pour lui

***loon-** [lon-] **1** salarial **2** de(s) salaire(s)

loon·ar·beid [lonarbɛit] *nm* travail salarié

loon·be·las·ting [lombəlastɪŋ] *nf (-en)* impôt sur les (traitements et) salaires *(retenu par l'employeur)*

loon·der·ving [londɛrvɪŋ] *nf* manque à gagner

loon·dienst [londinst] *nm (-en)* ♦ **in ~ werken** travailler comme salarié

loon|grens [lonɣrɛns] *de (-grenzen)* **1** plafond d'affiliation **2** limite barémique

loon|groep [lonɣrup] *de (-en)*, **-klasse** *nf (-n)* catégorie de salaires

loon|kos·ten [lonkɔstə(n)], **-lasten** *plur* charges salariales

loon·lijst [lonlɛist] *de (-en)* bordereau de salaires; **op de ~ staan** figurer sur les cadres

loon·strook·je [lonstrokjə] *het (-s)* fiche de paye

loon·trek·ker [lontrɛkər] *nm (-s)* (travailleur) salarié

loop [lop] *nm (lopen)* **1** cours; **een andere ~ nemen** prendre une tournure différente; **in de ~ der tijd** à la longue; **in de ~ der jaren** au fil des ans, années; **in de ~ der tijden** à travers les âges; **in de ~ van de dag** au cours de la journée; **de vrije ~ laten** donner, laisser libre cours à **2** *(d'un fusil)* canon **3** fuite; **op de ~ gaan** s'enfuir **4** course, (dé)marche **5** passage

loop·af·stand [lopafstant] *nm* ♦ **op ~** à deux pas (d'ici, de là)

loop|baan [loban] *de (-banen)* **1** *(profession)* carrière **2** *(astron.)* orbite

loop·brug [lobrʌχ] *de (-gen)* passerelle

loop|graaf [lopχraf] *de (-graven) (milit.)* tranchée; *(fig.)* **de loopgraven betrekken** se retrancher sur ses positions

loop·je [lopjə] *het (-s)* petite promenade ♦ **een ~ met iemand nemen** se payer la tête de qqn

loop·jon·gen [lopjɔŋə(n)] *nm (-s)* garçon de courses

loop|neus [lopnøs] *nm (-neuzen)* nez qui coule

loop·pas [lopas] *nm* pas de course; **in ~** au pas de course

loop·plank [loplaŋk] *de (-en)* passerelle

loops [lops] *adj* en rut, en chaleur

loop·tijd [loptɛit] *nm (-en)* durée *(d'un prêt, d'une traite)*

loos [los] *adj* **1** faux, trompeur **2** vide; **een loze ruimte** un espace perdu ♦ **er is iets ~** il se passe qqch

loot [lot] *de (loten) (bot.)* pousse

loot·je [locə] *het (-s)* billet de loterie; **~s trekken** tirer au sort

[1]lo·pen [lopə(n)] *vi (liep, h./i. gelopen)* **1** marcher, aller à pied; **achter iemand aan ~** suivre qqn; *(fig.)* courir après qqn; **heen en weer ~** aller et venir, faire les cent pas; **het ~** la marche à pied; **de modder is in het tapijt gelopen** la boue s'est incrustée dans le tapis; **over zich laten ~** tout supporter sans rechigner; **ergens tegenaan ~** se heurter à qqch; *(fig.)* tomber sur qqch; *(Belg.)* **verloren ~** se perdre **2** courir; **kans ~ op een blessure** courir le risque d'une blessure; **het op een ~ zetten** prendre ses jambes à son cou; **hij liep wat hij kon** il courait à perdre haleine **3** aller, durer, s'étendre; **de zaak loopt fout** ça va mal finir **4** couler; **de kraan loopt niet meer** le robinet ne coule plus **5** marcher, fonctionner; **een motor die loopt op benzine** un moteur qui marche à l'essence; **het moet al heel raar ~ als ...** il est peu probable que ... **6** être en train (de faire qqch) *(pour les expressions non mentionnées voir les substantifs concernés)* ♦ **het loopt wel los** cela finira par s'arranger; *(fig.)* **warm ~ voor** s'échauffer pour

[2]lo·pen [lopə(n)] *vb impers* approcher (de) *(heure)*; **het loopt tegen zessen** il est près de six heures

lo·pend [lopənt] *adj* **1** à pied; **lopendebandwerk** travail à la chaîne **2** mobile **3** courant, en cours; **gesmeerd ~** *(fig.)* bien huilé ♦ *(Belg.)* **~ water** eau courante

lo·per [lopər] *de (-s)* **1** marcheur, -euse, coureur, -euse **2** tapis d'escalier **3** *(aux échecs)* fou **4** *(clé)* passe-partout

lor [lɔr] *het/de (-ren)* chiffon; **geen ~** pas un clou ♦ **ik geef er geen ~ om** je m'en moque comme de l'an quarante

los [lɔs] *adj, adv (losser, meest l.)* **1** mal fixé; **er is een schroef ~** une des vis s'est desserrée **2** détaché; **alles wat ~ en vast zit** tout le saint-frusquin; **~!** lâche(z) ! **3** séparé(ment), en vrac; **~se nummers** publications vendues au numéro; **~ werk** du travail occasionnel **4** lâche(ment) **5** peu compact **6** disparate; **~se gedachten** idées sans suite **7** vide **8** isolé(ment); **een ~se aantekening** une note jetée sur le papier; **~ van** abstraction faite de **9** aisé(ment), souple **10** léger, superficiel, à la légère **11** dissolu ♦ **ze leven er maar op ~** ils vivent au jour le jour, ils mènent une vie de bâton de chaise; **er gemakkelijk op ~ slaan** avoir la main leste; **erop ~** allons-y !, allez-y !, vas-y !

los·ban·dig [lɔzbandəχ] *adj, adv* débauché, dans la débauche

los·bar·sten [lɔzbarstə(n)] *vi (barstte los, i. losgebarsten)* éclater

los·bij·ten [lɔzbɛitə(n)] *vt (beet los, h. losgebeten)* détacher (en mordant)

los·bla·dig [lɔzbladəχ] *adj* à feuilles mobiles

los·bol [lɔzbɔl] *nm (-len)* noceur, -euse

[1]**los·bran·den** [lɔzbrandə(n)] *vt (brandde los, h. losgebrand)* détacher à la flamme

[2]**los·bran·den** [lɔzbrandə(n)] *vi (brandde los, i. losgebrand) (critiques, questions)* se déchaîner; **brand(t) maar los!** allez-y !; **een spervuur van vragen brandde los** les questions fusèrent de toutes parts

[1]**los·bre·ken** [lɔzbrekə(n)] *vt (brak los, h. losgebroken)* détacher

[2]**los·bre·ken** [lɔzbrekə(n)] *vi (brak los, i. losgebroken)* **1** se détacher **2** s'évader **3** se déchaîner

los·doen [lɔzdun] *vt (deed los, h. losgedaan)* défaire

los·draai·en [lɔzdrajə(n)] *vt (draaide los, h. losgedraaid)* **1** défaire **2** dévisser, desserrer, ouvrir

los·gaan [lɔsχan] *vi (ging los, i. losgegaan)* **1** se détacher, se défaire **2** *(+ op)* fondre (sur); **erop ~** se précipiter **3** *(objet)* s'ouvrir **4** s'éclater *(faire la fête)*

los·geld [lɔsχɛlt] *het (-en)* rançon

los·ha·ken [lɔshakə(n)] *vt (haakte los, h. losgehaakt)* décrocher, dé(sa)grafer

los·han·gen [lɔshaŋə(n)] *vi (hing los, h. losgehangen)* **1** ballotter **2** flotter, être défait

los·heid [lɔshɛit] *nf* **1** aisance **2** relâchement *(aussi au fig.)*; **de ~ van zeden** le libertinage **3** mobilité

los·jes [lɔʃəs] *adv* **1** peu solidement **2** légèrement; **de zaken ~ opnemen** prendre les choses à la légère

los·klop·pen [lɔsklɔpə(n)] *vt (klopte los, h. losgeklopt) (cuis.)* battre

los·knip·pen [lɔsknɪpə(n)] *vt (knipte los, h. losgeknipt)* couper

los·kno·pen [lɔsknopə(n)] *vt (knoopte los, h. losgeknoopt)* déboutonner, dénouer

los·ko·men [lɔskomə(n)] *vi (kwam los, i. losgekomen)* **1** se détacher **2** se manifester **3** être dégagé **4** être mis en liberté

los·kop·pe·len [lɔskɔpələ(n)] *vt (koppelde los, h. losgekoppeld)* séparer, *(technol.)* débrancher

los·krij·gen [lɔskrɛiχə(n)] *vt (kreeg los, h. losgekregen)* **1** obtenir la libération de **2** arriver à détacher **3** obtenir (qqch de qqn)

[1]**los·la·ten** [lɔslatə(n)] *vt (liet los, h. losgelaten)* **1** libérer, relâcher **2** révéler; **hij laat niets los** il ne veut rien révéler **3** laisser tranquille; **die gedachte laat haar niet los** cette idée ne la quitte pas **4** abandonner; **zijn kinderen niet kunnen ~** ne pas pouvoir se détacher de ses enfants

[2]**los·la·ten** [lɔslatə(n)] *vi (liet los, h./i. losgelaten)* se détacher

los·la·ting [lɔslatɪŋ] *nf* libération, *(jur.)* élargissement

los·lip·pig [lɔslɪpəχ] *adj* bavard

los·lo·pen [lɔslopə(n)] *vi (liep los, h./i. losgelopen)* **1** être en liberté **2** s'arranger; **het zal wel ~** cela finira par s'arranger ♦ **dat is te gek om los te lopen** c'est absurde

los·ma·ken [lɔsmakə(n)] *vt (maakte los, h. losgemaakt)* **1** détacher, dégager; **zich ~ van** s'arracher à **2** rendre moins compact **3** mobiliser *(argent)* **4** susciter (des émotions etc.); **die film heeft een hoop losgemaakt** ce film a suscité de vives émotions

los·peu·te·ren [lɔspøtərə(n)] *vt (peuterde los, h. losgepeuterd)* **1** détacher avec difficulté **2** soutirer

los·ra·ken [lɔsrakə(n)] *vi (raakte los, i. losgeraakt)* se détacher

[1]**los·ruk·ken** [lɔsrʌkə(n)] *vt (rukte los, h. losgerukt)* arracher; *(fig.)* **zich ~ uit iets** s'arracher à, de qqch

[2]**los·ruk·ken** [lɔsrʌkə(n)] *vi (rukte los, i. losgerukt) (+ op)* se précipiter (sur)

[1]**los·scheu·ren** [lɔsχørə(n)] *vt (scheurde los, h. losgescheurd)* déchirer, arracher

[2]**los·scheu·ren** [lɔsχørə(n)] *vi (scheurde los, i. losgescheurd)* se détacher *(papier)*

los·schie·ten [lɔsχitə(n)] *vi (schoot los, i. losgeschoten)* se détacher brusquement

los·schroe·ven [lɔsχruvə(n)] *vt (schroefde los, h. losgeschroefd)* dévisser

los·sen [lɔsə(n)] *vt (loste, h. gelost)* **1** décharger **2** tirer, faire feu; **een schot op (het) doel ~** tirer au but **3** lâcher; *(Belg.)* **hij lost geen woord** il ne lâche rien, il est muet comme une carpe

los·snij·den [lɔsnɛidə(n)] *vt (sneed los, h. losgesneden)* couper, détacher (en coupant)

los·sprin·gen [lɔsprɪŋə(n)] *vi (sprong los, i. losgesprongen)* s'ouvrir tout seul, se détacher brusquement

los·staan [lɔstan] *vi (stond los, h. losgestaan)* ♦ **dat staat hiervan los** c'est sans rapport (avec ceci)

los·staand [lɔstant] *adj* isolé

los·tor·nen [lɔstɔrnə(n)] *vt (tornde los, h. losgetornd)* découdre

los·trek·ken [lɔstrɛkə(n)] *vt (trok los, h. losgetrokken)* détacher (en tirant), arracher

los·we·ken [lɔswekə(n)] *vti (weekte los, h./i. losgeweekt)* (se) décoller

los·wer·ken [lɔswɛrkə(n)] *vt (werkte los, h. losgewerkt)* **1** libérer **2** dégager à grand-peine

los·wrin·gen [lɔsfrɪŋə(n)] *vt (wrong los, h. losgewrongen)* → **loswerken 2**

los·zit·ten [lɔsɪtə(n)] *vi (zat los, h. losgezeten)* bouger, être mal fixé; *(fig.)* **zijn handen zitten los** il a la main leste

lot [lɔt] *het (-en)* **1** billet de loterie **2** lot; **het ~ is op hem gevallen** le sort est tombé sur lui; **een ~ uit de loterij trekken** tirer le bon numéro; *(fig.)* **dat is een ~ uit de loterij** c'est une chance **3** sort, destin; **iemands ~ delen** partager le sort de qqn; **het ~ was hem gunstig geweest** le sort lui avait été favorable; **het ~ in zijn eigen hand hebben** être maître de son destin; **het ~ heeft anders beslist** le sort en a décidé autrement; **zich in zijn (haar) ~ schikken** se résigner; **iemand aan zijn ~ overlaten** abandonner qqn à son sort; **met zijn ~ tevreden zijn** être content de son sort; **het ~ naar zijn hand zetten** forcer le destin ♦ **het ~ is geworpen** les jeux sont faits; *(Belg.; fam.)* **~je trekken** tirer au sort

lo·ten [lotə(n)] *vi (lootte, h. geloot)* tirer au sort

lot·ge|noot [lotɣənot] *nm (-noten)* compagnon d'infortune

lot·ge·val [lotɣəvɑl] *het (-len)* aventure, vicissitude

Lo·tha·rin·gen [lotarɪŋə(n)] *het* Lorraine

lo·ting [lotɪŋ] *nf (-en)* tirage au sort; **bij ~** (par tirage) au sort

lot·je [locə] ♦ **hij is van ~ getikt** il est fêlé

lou·ter [lautər] *adj, adv* pur(ement), rien … que; **~ uit een gril** par pur caprice

lou·te·ren [lautərə(n)] *vt (louterde, h. gelouterd)* purifier

lo·ven [lovə(n)] *vt (loofde, h. geloofd) (form.)* louer, faire l'éloge de

lo|vend [lovənt] *adj, adv (-vender, meest l.)* élogieux, élogieusement

lo·vens·waar·dig [lovə(n)swardəɣ] *adj* louable

lo·ya·li·teit [lojalitɛit, lwɑjalitɛit] *nf* loyauté

lo·zen [lozə(n)] *vti (loosde, h. geloosd)* **1** déverser (les eaux) **2** lâcher *(évacuer du corps)* **3** se débarrasser de qqn

lp [ɛlpe] *nm (-'s)* abrév. de *langspeelplaat* 33 tours

lpg [ɛlpeɣe] *het* abrév. de *liquefied petrol gas* GPL

L.S. [ɛlɛs] abrév. de *Lectori salutem* au lecteur

lso [ɛlɛso] *het (Belg.; enseign.)* abrév. de *lager secundair onderwijs* ESI

lt. [lœytənɑnt] abrév. de *luitenant* ltn.

lts [ɛlteɛs] *de (-'en)* abrév. de *Lagere Technische School* CET

lucht [lʌɣt] *de (-en)* **1** air; **in de ~ vliegen** exploser; *(fig.)* **dat hangt in de ~** c'est dans l'air, cela ne repose sur rien; **de ~ ingaan** être diffusé; *(fig.)* **~ krijgen** respirer; *(Belg.; fig.)* **uit de ~ vallen** tomber des nues; *(fig.)* **uit de ~ komen vallen** faire l'effet d'une bombe; *(fig.)* **dat komt niet uit de ~ vallen** ce n'est pas totalement inattendu; **een uit de ~ gegrepen verhaal** une histoire inventée de toutes pièces; *(fig.)* **die bewering is uit de ~ gegrepen** cette affirmation est dénuée de fondement **2** ciel **3** nuages; *(fig.)* **de ~ klaren** ± briser la glace **4** odeur; *(fig.)* **~ van iets krijgen** avoir vent de qqch ♦ **doen of iemand ~ is** faire comme si qqn n'existait pas; **het gemopper is niet van de ~** on n'en finit pas de ronchonner

***lucht-** [lʌɣt-] **1** aérien **2** d'air, de l'air **3** pneumatique

lucht·af·weer [lʌɣtɑfwer] *nm (milit.)* **1** défense antiaérienne **2** défense contre avions

lucht·bal·lon [lʌɣtbɑlɔn] *nm (-nen)* ballon, montgolfière

lucht·dicht [lʌɣdɪɣt] *adj, adv* hermétique(ment)

lucht·doel·ra·ket [lʌɣdulrakɛt] *de (-ten) (milit.)* engin antiaérien

lucht·druk [lʌɣdrʌk] *nm (météo.)* pression atmosphérique

[1]**luch·ten** [lʌɣtə(n)] *vt (luchtte, h. gelucht)* **1** aérer **2** épancher; **zijn hart ~** s'épancher ♦ **iemand niet kunnen ~ (of zien)** ne pas pouvoir sentir qqn

[2]**luch·ten** [lʌɣtə(n)] *vi (luchtte, h. gelucht)* être aéré

luch·ter [lʌɣtər] *nm (-s)* **1** candélabre **2** lustre

lucht·ha·ven [lʌɣthavə(n)] *de (-s)* aéroport

luch·tig [lʌɣtəɣ] *adj, adv* **1** léger, légèrement; **de zaken ~ opnemen** prendre les choses à la légère **2** aéré, frais

lucht·je [lʌɣjə, [B]lʌɣcə] *het (-s)* odeur; **er zit een ~ aan** cela sent mauvais; *(fig.)* ça sent le roussi ♦ **een ~ scheppen, happen** prendre l'air

lucht·kas|teel [lʌɣtkɑstel] *het (-telen)* chimère; **luchtkastelen bouwen** bâtir des châteaux en Espagne

lucht·ko·ker [lʌɣtkokər] *nm (-s)* conduite d'aération

lucht·le·dig [lʌɣtledəɣ] *adj* vide, sans air; **in het ~e kletsen** parler en l'air; **~ maken** faire le vide (dans)

lucht·macht [lʌɣtmɑɣt] *de (-en)* armée de l'air

lucht·pijp [lʌɣtpɛip] *de (-en) (méd.)* trachée(-artère)

lucht·post [lʌɣtpɔst] *de* poste aérienne; **(per) ~** par avion

lucht|reis [lʌɣtrɛis] *de (-reizen)* voyage en avion, en ballon

lucht·roos·ter [lʌɣtrostər] *het/de (-s)* grille d'aération

lucht·ruim [lʌɣtrœym] *het* **1** atmosphère; **het ~ kiezen** *(avion, ballon)* s'envoler **2** espace aérien; **het ~ schenden** violer l'espace aérien

lucht|schip [lʌɣtsɣɪp] *het (-schepen)* dirigeable

lucht·spie·ge·ling [lʌɣtspiɣəlɪŋ] *nf (-en)* mirage

lucht·sprong [lʌɣtsprɔŋ] *nm (-en)* cabriole

lucht|streek [lʌɣtstrek] *de (-streken) (météo., géo.)* latitude

lucht|stroom [lʌɣtstrom] *nm (-stromen) (météo.)* courant atmosphérique

lucht·toe·voer [lʌɣtuvur] *nm* arrivée d'air

lucht·vaart [lʌɣtfart] *de* aviation

lucht·vaart·maat·schap·pij [lʌɣtfartmatsɣɑpɛi] *nf (-en)* compagnie aérienne

lucht·ver·de·di·ging [lʌɣtfərdedəɣɪŋ] *nf (milit.)* défense aérienne (du territoire)

lucht·ver·fris·ser [lʌɣtfərfrɪsər] *nm (-s)* désodorisant

lucht·ver·keers·lei·der [lʌχtfərkerslɛidər] *nm (-s) (aviat.)* contrôleur aérien
lucht·ver·ver·sing [lʌχtfərvɛrsɪŋ] *nf* aération
lucht·vracht [lʌχtfrɑχt] *de (-en)* fret aérien
lucht·weg [lʌχtwɛχ] *nm (-en)* **1** *(plur.) (méd.)* voies respiratoires **2** *(aviat.)* voie aérienne
lucht·zak [lʌχtsɑk] *nm (-ken) (aviat.)* trou d'air
lucht·ziek [lʌχtsik] *adj* ♦ **~ zijn** avoir le mal de l'air
lu·ci·fer [lysifɛr] *nm (-s)* allumette
[1]**lui** [lœy] *plur* gens; **dat zijn vervelende ~** ce sont des casse-pieds
[2]**lui** [lœy] *adj, adv* paresseux, paresseusement; **ik ben ~ vandaag** aujourd'hui, j'ai envie de ne rien faire; **een ~e dag** une journée de farniente; **hij is liever ~ dan moe** il a peur de se fatiguer; **een ~ leven leiden** mener une vie oisive; **een ~e stoel** un fauteuil relax(e)
lui·aard [lœyjart] *nm (-s)* **1** paresseux, -euse **2** *(zool.)* paresseux
luid [lœyt] *adj, adv* fort *(aussi adv.)*, haut, à haute voix
lui·den [lœydə(n)] *vti (luidde, h. geluid)* **1** sonner **2** être conçu
luid·keels [lœytkels] *adv* à tue-tête; **~ lachen** rire à gorge déployée
luid·op [lœytɔp] *adv (Belg.)* tout haut, à haute voix
luid·ruch·tig [lœytrʌχtəχ] *adj, adv* bruyant, bruyamment; **~ zijn** faire du tapage
luid·spre·ker [lœytsprekər] *nm (-s)* haut-parleur
lui·er [lœyjər] *de (-s)* couche, lange; *(fig.)* **nog in de ~s zitten** avoir encore des enfants en bas âge
lui·e·ren [lœyjərə(n)] *vi (luierde, h. geluierd)* paresser, lézarder
lui·fel [lœyfəl] *de (-s)* auvent, marquise
lui·heid [lœyhɛit] *nf* paresse
luik [lœyk] *het (-en)* **1** trappe *(ouverture)* **2** volet **3** panneau *(tableau, paravent)* **4** *(Belg.)* volet *(élément détachable, dépliable)*
Luik [lœyk] *het* Liège
lui·lak [lœylɑk] *nm (-ken)* → **luiaard 1**
lui·lek·ker·land [lœylɛkərlɑnt] *het* Pays de cocagne
luim [lœym] *de (-en)* caprice
lui·paard [lœypart] *nm (-en)* léopard
luis [lœys] *de (luizen)* pou, poux, puceron
luis·ter [lœystər] *nm* éclat, magnificence; **een gebeurtenis ~ bijzetten** rehausser l'éclat d'un évènement
luis·te·raar [lœystərar] *nm (-s)* auditeur
luis·ter·dicht·heid [lœystərdɪχthɛit] *nf* indice d'écoute
luis·te·ren [lœystərə(n)] *vi (luisterde, h. geluisterd)* **1** écouter (qqch); **aandachtig ~** dresser l'oreille; **luister eens** à propos; **goed kunnen ~** savoir écouter; **~ naar goede raad** suivre les bons conseils; **de hond luistert naar de naam Tino** le chien répond au nom de Tino; **naar de stem van zijn hart ~** écouter son cœur; **niet willen ~ naar** fermer l'oreille à **2** être aux écoutes; **staan te ~** être aux écoutes ♦ **dat luistert nauw** cela exige une précision rigoureuse
luis·ter·geld [lœystərχɛlt] *het (-en)* redevance radio(phonique)
luis·ter·rijk [lœystərɛik] *adj, adv* **1** somptueux, splendide, somptueusement **2** glorieux
luis·ter·toets [lœystərtuts] *nm (-en) (enseign.)* test de compréhension orale
luis·ter·vaar·dig·heid [lœystərvardəχhɛit] *nf (enseign.)* compréhension orale
luit [lœyt] *de (-en)* luth
lui·te·nant [lœytənɑnt] *nm (-s)* lieutenant
lui·zen [lœyzə(n)] *vt (luisde, h. geluisd) (fam.)* ♦ **iemand erin ~** blouser qqn
lui·zen·le·ven [lœyzə(n)levə(n)] *het (-s) (fam.)* vie facile; **een ~ leiden** se la couler douce
luk·ken [lʌkə(n)] *vi (lukte, i. gelukt)* marcher, tomber bien; **het is mij gelukt** j'y suis arrivé; **het is niet gelukt** ça n'a pas marché
luk·raak [lʌkrak] *adj, adv* au petit bonheur; **lukrake opmerkingen** remarques faites au hasard
lul [lʌl] *nm (-len) (fam.)* **1** bit(t)e **2** con(-n)ard, con; **sta daar nou niet als een Jan ~, maar doe wat!** remue-toi, merde !; **een slappe ~** une couille molle; **voor ~ staan** avoir l'air (d'un) con; **iemand voor ~ zetten** se foutre de la gueule de qqn ♦ **hij is de ~** il s'est fait baiser
lul·koek [lʌlkuk] *nm (fam.)* connerie(s) *(paroles)*
lul·len [lʌlə(n)] *vi (lulde, h. geluld) (fam.)* déconner; **laat ze maar ~** laisse-les déconner; **niet ~!** arrête tes conneries !
lul·lig [lʌləχ] *adj, adv (fam.)* (comme un) con; **doe niet zo ~** fais pas le con; **dat is een ~ gezicht** ça fait con
lum·mel [lʌməl] *nm (-s)* (grand) dadais
lum·me·len [lʌmələ(n)] *vi (lummelde, h. gelummeld)* fainéanter, traînasser
lunch [lʌnʃ] *nm (-es)* déjeuner, *(Belg.)* dîner
lun·chen [lʌnʃə(n)] *vi (lunchte, h. geluncht)* déjeuner
lunch·pak·ket [lʌnʃpɑkɛt] *het (-ten)* casse-croûte
lu·ren [lyrə(n)] *plur* ♦ **iemand in de ~ leggen** embobiner qqn
lur·ken [lʌrkə(n)] *vi (lurkte, h. gelurkt)* **1** suçoter (qqch), téter (qqch) **2** siroter
lur·ven [lʌrvə(n)] *plur (fam.)* ♦ **iemand bij zijn ~ grijpen** harponner qqn
lus [lʌs] *de (-sen)* boucle
lust [lʌst] *nm (-en)* **1** *(form.)* envie, désir; **iemand de ~ tot iets benemen** faire passer à qqn l'envie de qqch **2** passions, appétits; **dierlijke ~en** appétits bestiaux **3** plaisir; **~ in het leven hebben** aimer la vie; **werken, dat het een (lieve) ~ is** travailler

de bon cœur; **zwemmen is zijn ~ en zijn leven** la natation est toute sa vie; **een ~ voor het oog zijn** être un régal pour les yeux; **wel de ~en maar niet de lasten willen hebben** vouloir manger les raisins et laisser les pépins

lus·te|loos [lʌstəlos] *adj, adv (-lozer, meest l.)* indolent, apathique, mollement, sans entrain; **~ zijn** manquer d'entrain; **er ~ bij zitten** rester amorphe

lus·ten [lʌstə(n)] *vti (lustte, h. gelust)* aimer (qqch); **zoveel eten als men lust** manger à sa faim; **er wel eentje ~** aimer la bouteille ♦ **hij zal ervan ~** il lui en cuira

lust|hof [lʌsthɔf] *nm (-hoven)* jardin d'agrément

lus·tig [lʌstəχ] *adj, adv* gai(ement), joyeux, joyeusement; **een ~ leven leiden** mener joyeuse vie ♦ **hij sloeg er ~ op los** il frappait ferme

lust·oord [lʌstort] *het (-en)* éden, paradis

lus|trum [lʌstrʌm] *het (-tra)* lustre *(cinq ans d'existence d'une institution)*

lu·thers [lytərs] *adj* luthérien

lut·tel [lʌtəl] *adj, adv* petit, peu

luw [lyw] *adj* **1** abrité, à l'abri du vent **2** tiède, doux

lu·wen [lywə(n)] *vi (luwde, i. geluwd)* se calmer *(vent, aussi au fig.)*, tomber

luw·te [lywtə] *nf (-n)* endroit à l'abri du vent

Luxem·burg [lyksəmbʌrχ] *het* **1** Luxembourg **2** (le) Luxembourg

Luxem|bur·ger [lyksəmbʌrχər] *nm (-s)*, **-burgse** *nf* Luxembourgeois, -oise

Luxem·burgs [lyksəmbʌrχs] *adj* luxembourgeois

luxe·pro|bleem [lyksəproblem] *het (-blemen)* problème de luxe; **een ~ hebben** avoir l'embarras du choix

lym·fe·klier [lɪmfəklir] *de (-en) (méd.)* ganglion lymphatique

ly·riek [lirik] *nf* lyrisme

ly·risch [liris] *adj, adv* lyrique, avec lyrisme

m

ma [ma] *nf (-'s)* maman
maag [maχ] *de (magen)* estomac; **hij zit ermee in z'n ~** ça lui reste sur l'estomac; **iemand iets in de ~ splitsen** refiler qqch à qqn; **op de nuchtere ~** à jeun; **mijn avondeten ligt me zwaar op de ~** mon dîner m'est resté sur l'estomac; **mijn ~ is van streek** j'ai l'estomac dérangé; **last van zijn ~ hebben** avoir mal à l'estomac
***maag-** [maχ-] de l'estomac; **een maagaandoening** une maladie de l'estomac
maag·band [maχbɑnt] *nm (-en)* anneau gastrique
maagd [maχt] *nf (-en)* vierge; **een vestaalse ~** une vestale *(aussi au fig.)*
Maagd [maχt] *nf (-en) (astrol.)* Vierge
maag·de·lijk [maχdələk] *adj, adv* vierge, virginalement; **~ wit** d'une blancheur virginale
maag·de·lijk·heid [maχdələkhɛit] *nf* virginité
maag·den|vlies [maχdə(n)vlis] *het (-vliezen) (méd.)* hymen
maag·klacht [maχklɑχt] *de (-en)* douleur d'estomac
maag·pa|tiënt [maχpaʃɛnt] *nm (-en),* **-tiënte** *nf (-s, -n)* gastrique
maag·streek [maχstrek] *de (méd.)* épigastre
maag·zuur [maχsyr] *het* aigreurs (d'estomac)
maag|zweer [maχswer] *de (-zweren)* ulcère de l'estomac; *(fig.)* **daar krijg ik een ~ van** il y a de quoi attraper un ulcère
maai·en [majə(n)] *vti (maaide, h. gemaaid)* **1** faucher, tondre **2** faucher, balayer; **hij maaide zijn tegenstander tegen de grond** il a fauché son adversaire **3** moissonner
maai·tijd [majtɛit] *nm (agric.)* fauchaison
maak [mak] *de* ♦ **mijn fiets is in de ~** ma bicyclette est en réparation; **er is daarvoor een regeling in de ~** on prépare un règlement à ce sujet
maak·sel [maksəl] *het (-s)* fabrication
[1]**maal** [mal] *het/de (malen)* fois
[2]**maal** [mal] *het (malen)* **1** portion **2** repas
maal|stroom [malstrom] *nm (-stromen)* **1** tourbillon **2** *(fig.)* maelstrom
maal·tijd [maltɛit] *nm (-en)* repas; **aan de ~ zitten** être à table; **een ~ gebruiken** prendre un repas; **een lichte ~** un casse-croûte; **een uitgebreide ~** un repas copieux
maal·tijd·sa·la·de [maltɛitsaladə] *de (-s)* salade-repas
maal·tijd·soep [maltɛitsup] *de (-en)* soupe paysanne
maan [man] *de (manen)* **1** lune; *(fig.)* **loop naar de ~!** allez au diable !; **het is naar de ~** c'est fichu; **naar de ~ helpen** bousiller **2** satellite
***maan-** [man-] lunaire
maand [mant] *de (-en)* mois; **tijdschrift dat om de twee ~en verschijnt** revue bimestrielle
***maand-** [mant-] mensuel
maan·dag [mandɑχ] *nm (-en)* lundi; *(fig.)* **een blauwe ~** très peu de temps; **'s ~s** le lundi
maand·blad [mandblɑt] *het (-en)* mensuel
maan·de·lijks [mandələks] *adj, adv* mensuel(lement)
maan·den·lang [mandə(n)lɑŋ] *adj, adv* pendant des mois
maand·ver·band [mantfərbɑnt] *het (-en)* serviette hygiénique
maan·licht [manlɪχt] *het* clair de lune; **bij ~** au clair de (la) lune
maans·ver·duis·te·ring [mansfərdœystərɪŋ] *nf (-en)* éclipse de (la) Lune
maan·vor·mig [manvɔrməχ] *adj* en croissant de lune
maan·zaad [manzat] *het* graine de pavot
[1]**maar** [mar] *adv* **1** ne ... que, seulement; **je hoeft ~ te bellen** tu n'as qu'à téléphoner; **hij is nog ~ pas hier** il vient tout juste d'arriver; **hij is ~ twintig jaar (oud) geworden** il n'avait que vingt ans quand il est mort **2** *(exprimant le doute)* du moins; **als ik ~ kan** du moins, si je peux **3** *(exprimant le souhait)* pourvu que; **waren zij ~ hier** si au moins ils étaient ici **4** sans cesse; **ze bleef ~ kijken** elle continuait à regarder; **het wil ~ niet (lukken)** rien à faire, ça ne marche pas ♦ **je doet ~** fais ce que tu veux; **pas ~ op** fai(te)s attention
[2]**maar** [mar] *conj* mais; **er is één ~ aan verbonden** il y a un mais; *(subst.)* **altijd met maren aankomen** avoir toujours des si et des mais ♦ **nee ~!** ça alors !
maar·schalk [marsχɑlk] *nm (-en)* maréchal
maart [mart] *nm* mars; **~ roert zijn staart** soit au début, soit à la fin, mars nous montre son venin
maas [mas] *de (mazen)* maille; *(fig.)* **door de mazen (van het net) kruipen** glisser entre les mailles (du filet)
Maas [mas] *de* Meuse
[1]**maat** [mat] *de (maten)* **1** mesure *(aussi*

mus.); (mus.) **de ~ aangeven** marquer la mesure; **maten en gewichten** poids et mesures; **in de ~ lopen** marcher en cadence; *(fig.)* **onder de ~ zijn** ne pas faire le poids; **uit de ~ spelen** ne pas jouer en mesure; *(fig.)* **de ~ is vol** la mesure est comble **2** taille ♦ **~ houden met drinken** boire modérément

²**maat** [mat] *nm (maten)* copain

maat·be·ker [madbekər] *nm (-s)* verre gradué

maat·ge·vend [matχevənt] *adj* qui donne le ton

maat·ge·voel [matχəvul] *het (mus.)* sens de la mesure

maat·hou·den [mathaudə(n)] *vi (hield maat, h. maatgehouden) (mus.)* garder la mesure

maat·je [macə] *het (-s)* copain

maat·re·gel [matreχəl] *nm (-en)* mesure; **geen halve ~en treffen** ne pas y aller de main morte; **zijn ~en treffen** prendre ses dispositions

maat·schap·pe·lijk [matsχapələk] *adj, adv* social(ement); **~ werk** assistance sociale

maat·schap·pij [matsχapɛi] *nf (-en) (socio.)* société

maat·schap·pij·leer [matsχapɛiler] *de* instruction civique

maat|staf [matstaf] *nm (-staven)* critère; **naar menselijke maatstaven** à l'échelle de l'homme

maat|streep [matstrep] *de (-strepen)* repère

maat|vast [matfast] *adj, adv (-vaster, meest m.) (mus.)* qui observe bien la mesure, en mesure

Ma·ce·do·nië [masədonijə] *het* Macédoine

Ma·ce·do|ni·ër [masədonijər] *nm (-s),* **-nische** *nf (-n)* Macédonien, -ienne

Ma·ce·do·nisch [masədonis] *adj* macédonien

ma·chi·naal [maʃinal] *adj, adv* **1** mécanique(ment), (fait) à la machine **2** machinal(ement), automatique(ment)

ma·chi·ne·ge|weer [maʃinəχəwer] *het (-weren)* mitrailleuse

ma·chi·nist [maʃinɪst] *nm (-en) (ch. de fer)* mécanicien, -ienne

macht [maχt] *de (-en)* **1** pouvoir; **bij ~e zijn om ...** être à même de ...; **~ over iemand hebben** avoir de l'autorité sur qqn; **de hogere ~** la puissance divine; **uit de ouderlijke ~ ontzet worden** être déchu de l'autorité paternelle; *(fig.)* **de ~ over het stuur verliezen** perdre le contrôle de sa voiture; **de ~ van het woord** la magie du verbe **2** *(math.)* puissance; **(een getal) tot de tweede ~ verheffen** élever (un nombre) au carré **3** force **4** *(milit.)* force ♦ **uit alle ~** de toutes ses forces

mach·te|loos [maχtəlos] *adj, adv (-lozer, meest m.)* impuissant, dans l'impuissance; **daar sta ik ~ tegenover** je n'y puis rien

mach·te·loos·heid [maχtəloshɛit] *nf* impuissance

macht·heb·ber [maχthɛbər] *nm (-s)* détenteur du pouvoir

mach·tig [maχtəχ] *adj, adv* **1** puissant, puissamment; **de ~en der aarde** les puissants de ce monde **2** énorme, énormément **3** *(cuis.; fig.)* lourd; **dat is mij te ~** c'est trop dur pour moi **4** *(fam.)* formidable; **een ~ gevoel** une sensation de joie intense **5** extrêmement; **dat doet mij ~ veel plezier** cela me fait un immense plaisir

mach·ti·gen [maχtəχə(n)] *vt (machtigde, h. gemachtigd)* mandater

mach·ti·ging [maχtəχɪŋ] *nf (-en)* autorisation, mandat

machts·mid·del [maχ(t)smɪdəl] *het (-en)* moyen de pression

machts·po·si·tie [maχ(t)spozi(t)si] *nf (-s)* position de force

machts·strijd [maχ(t)strɛit] *nm (-en)* lutte pour le pouvoir

Ma·da·gas·kar [madaχaskar] *het* Madagascar

ma·dam [madam] *nf (-men)* **1** *(péj.)* bonne femme **2** madame

ma·de [madə] *de (-n)* **1** ver **2** asticot

ma·de·lief·je [madəlifjə] *het (-s)* pâquerette

maf [maf] *adj (fam.)* loufoque

maf·fen [mafə(n)] *vi (mafte, h. gemaft) (fam.)* roupiller

maf|kees [mafkes] *nm (-kezen),* **-ketel** *nm (-s) (fam.)* dingue

ma·ga·zijn [maχazɛin] *het (-en)* magasin

ma·ga·zij·nier [maχazɛinir] *nm (-s) (Belg.)* magasinier

ma|ger [maχər] *adj, adv (-gerder, -gerst)* maigre(ment); *(Belg.)* **'t is een ~ beestje** ± ce n'est pas fameux; **~e kost** maigre chère; **een ~e ontvangst** un accueil réservé

ma·ger·tjes [maχərcəs] *adv* maigrement

mag·gi·plant [maχiplant] *de (-en) (bot.)* livèche

ma·gi·ër [maχijər] *nm (-s)* magicien, *(hist.)* mage

ma|gisch [maχis] *adj (-gischer, meest m.)* magique

mag|neet [maχnet] *nm (-neten)* aimant

***mag·neet-** [maχnet-] magnétique; **het magneetveld** le champ magnétique

mag·ne·tisch [maχnetis] *adj* **1** aimanté **2** magnétique

mag·ne·ti·se·ren [maχnetizerə(n)] *vt (magnetiseerde, h. gemagnetiseerd)* **1** magnétiser **2** hypnotiser

mag·ne·tron [maχnetron], **magnetronoven** *nm (-s)* four à micro-ondes

mag·ni·fiek [maɲifik] *adj, adv* magnifique(ment)

¹**ma·ho·nie** [mahoni], **mahoniehout** *het* acajou

²**ma·ho·nie** [mahoni], **mahoniehouten** *adj* d'acajou

mail [mel] *de* e-mail, courriel

mail·adres [meladrɛs] *het (-sen)* adresse e-mail
mail·box [melbɔks] *nm (-en)* boîte aux lettres (électronique), BAL, messagerie
mai·ling·list [melɪŋlɪst] *nm* liste de diffusion
mail·lot [mɑjo] *nm (-s)* collant
mai·son·net·te [mɛzɔnɛtə] *nf (-s)* duplex *(appartement sur deux étages)*
ma·jes·teit [majəstɛit] *nf (-en)* majesté
ma·jes·teits·schen·nis [majəstɛitsχɛnɪs] *nf* crime de lèse-majesté
ma·joor [major] *nm (-s)* commandant
ma·jo·raan [majoran] *de* → **marjolein**
mak [mɑk] *adj, adv* **1** *(animaux)* apprivoisé **2** *(personnes)* docile(ment)
ma·ke·laar [makəlar] *nm (-s)* **1** agent immobilier **2** courtier; **~ in effecten** agent de change
ma·ke·lij [makəlɛi] *nf* fabrication; **van vreemde ~** de fabrication étrangère
ma·ken [makə(n)] *vt (maakte, h. gemaakt)* **1** faire; *(fam.)* **het (helemaal) ~** avoir un succès monstre **2** fabriquer **3** créer **4** rendre; **iemand dood ~** tuer qqn; **het erger ~ dan het is** grossir les choses; **maak het kort** soyez bref; **hij zal het niet lang meer ~** il n'en a plus pour longtemps; **het mogelijk ~ dat** permettre que; **maak dat je weg komt!** débarrasse le plancher ! **5** effectuer; **je hebt het ernaar gemaakt** tu l'as bien mérité; **ik heb daar niets mee te ~** je n'y suis pour rien; **met iemand te ~ hebben** avoir affaire à qqn; **hij kan mij niets ~** il ne peut rien contre moi; **zijn opwachting ~** se présenter; **ruzie ~** se disputer **6** faire (que); **naam ~** se faire un nom **7** réparer ♦ **ik weet het goed gemaakt** j'ai une bonne idée; **je hebt er niets mee te ~** cela ne te regarde pas; **dat heeft niets te ~ (met)** cela n'a rien à voir (avec); **hoe maakt u het?** comment allez-vous ?; **een kans ~** avoir une chance; **de patiënt maakt het slecht** le malade se porte mal; *(fam.)* **maak het nou (een beetje)!** non, mais des fois !
make-up [mekʌp] *nm* maquillage
mak·ke·lijk [mɑkələk] *adj, adv* facile(ment); **je hebt ~ praten** c'est facile à dire; **dat kan ~** c'est bien possible; **net zo ~** tout aussi facilement, *(péj.)* c'est le même tarif
mak·ker [mɑkər] *nm (-s)* copain
mak·kie [mɑki] *het (-s) (fam.)* chose facile; **'t is geen ~** c'est pas de la tarte
ma|kreel [makrel] *nm (-krelen)* maquereau
1**mal** [mɑl] *nm (-len)* moule ♦ **iemand voor de ~ houden** se payer la tête de qqn
2**mal** [mɑl] *adj, adv* **1** farfelu, follement; **ben je ~?** tu n'es pas fou ? **2** foufou, comme des fous
ma·la·fi·de [malafidə] *adj* véreux *(fig.)*
Ma·la·gas|si·ër [malaχɑsijər] *nm (-s)*, **-sische** *nf (-n)* Malgache
Ma·la·gas·sisch [malaχɑsis] *adj* malgache
ma·la·ria [malarija] *de (méd.)* paludisme
Ma·la·wi [malawi] *het* Malawi
Ma·la|wi·ër [malawijər] *nm (-s)*, **-wische** *nf (-n)* Malawien, -ienne
Ma·la·wisch [malawis] *adj* malawien
Ma·lei·sië [malɛizijə] *het* Malaisie
Ma·lei|si·ër [malɛizijər] *nm (-s)*, **-sische** *nf (-n)* Malaisien, -ienne
Ma·lei·sisch [malɛizis] *adj* malaisien
1**ma·len** [malə(n)] *vi (maalde, h. gemaald)* **1** *(moulin)* tourner **2** divaguer **3** se tourmenter; **niet om iets ~** se moquer de qqch **4** tourner à l'obsession
2**ma·len** [malə(n)] *vt (maalde, h. gemaald)* **1** moudre **2** assécher
ma·le·rij [malərɛi] *nf (-en)* minoterie
mal|heid [mɑlhɛit] *nf (-heden)* sottise
Ma·li [mali] *het* Mali
ma·li·ën·kol·der [malijənkɔldər] *nm (-s)* cotte de mailles
Ma·li·nees [malines] *adj* malien; **de ~, Malinese** le, la Malien(ne)
ma·ling [malɪŋ] *nf* ♦ **ik heb er ~ aan** je m'en moque; **iemand in de ~ nemen** se payer la tête de qqn
mal·le·moer [mɑləmur] *plur (fam.)* ♦ **naar zijn ~** fichu
mal|loot [mɑlot] *nm (-loten)* pitre
mals [mɑls] *adj, adv* tendre; **het is zo ~ als boter** cela fond dans la bouche
Mal·ta [mɑlta] *het* (île de) Malte
Mal·tees [mɑltes] *adj* maltais
ma·ma [mɑma] *nf (-'s)* maman
man [mɑn] *nm (-nen)* **1** homme; **iets aan de ~ brengen** trouver acheteur; *(prov)* **een gewaarschuwd ~ telt voor twee** un homme averti en vaut deux; **de gewone ~** l'homme de la rue; **met ~ en macht** à la force des bras; **op de ~ af** sans détour; **recht op de ~ af spreken** parler cru; *(fig.)* **er is geen ~ overboord** ce n'est pas la mort d'un homme; **zij waren vijf ~ sterk** ils étaient cinq; **~ voor ~** un à un; *(prov)* **een ~ een ~, een woord een woord** chose promise, chose due **2** mari; **aan de ~ komen** trouver un mari **3** personne ♦ **~s genoeg zijn om** être de taille à; **met ~ en muis vergaan** périr corps et biens
man·co [mɑŋko] *het (-'s)* manque
mand [mɑnt] *de (-en)* panier; **in je ~!** couché ! ♦ **door de ~ vallen** se montrer sous son vrai jour
man·da·rijn [mɑndarɛin] *nm (-en)* **1** *(cuis.)* mandarine **2** *(hist.)* mandarin
1**ma·nen** [manə(n)] *plur* crinière
2**ma·nen** [manə(n)] *vt (maande, h. gemaand)* **1** sommer (de) **2** exhorter (à); **dit maant ons tot voorzichtigheid** cela nous oblige à nous montrer prudents
ma·ne·schijn [manəsχɛin] *nm* clair de lune
man·ge·len [mɑŋələ(n)] *vt (mangelde, h. gemangeld)* ♦ *(fig.)* **gemangeld worden** être coincé (par)
man·go [mɑŋgo, [B]mɑŋχo] *nm (-'s)* mangue

man·haf·tig [mɑnhɑftəχ] *adj, adv* courageux, courageusement
ma·ni·a·kaal [manijakal] *adj, adv* (comme un(e)) maniaque
ma·nier [manir] *de (-en)* **1** manière; **zijn ~ van doen bevalt me niet** son comportement me déplaît; **op die ~** de cette façon; **de ~ waarop** la façon dont **2** *(plur.)* manières
ma·nier·tje [manircə] *het (-s)* **1** truc **2** *(plur.)* manières (affectées)
ma·ni·fes·ta·tie [manifɛsta(t)si] *nf (-s)* manifestation
ma·ni·pu·la·tie [manipyla(t)si] *nf (-s)* manipulation
mank [mɑŋk] *adj, adv* boiteux; **~ gaan, lopen** boiter
man·ke·ment [mɑŋkəmɛnt] *het (-en)* **1** défaut **2** infirmité
man·ke·ren [mɑŋkerə(n)] *vti (mankeerde, h. gemankeerd)* **1** manquer; **dat mankeert er nog maar aan** il ne manquait plus que ça **2** *(maladies, défauts etc.)* avoir
man·kracht [mɑŋkrɑχt] *de* **1** force musculaire **2** main-d'œuvre
man·ne·ke [mɑnəkə] *het (-s)* → **mannetje 1**
man·ne·lijk [mɑnələk] *adj, adv* **1** mâle **2** viril(ement); **dat staat ~** ça fait viril **3** *(ling.)* (au) masculin
man·ne·lijk·heid [mɑnələkhɛit] *nf* virilité
man·nen·ge·meen·schap [mɑnə(n)χəmensχɑp] *de (-pen)* société masculine
man·ne·tje [mɑnəcə] *het* **1** petit bonhomme **2** *(animaux)* mâle ♦ **zijn ~ staan** ne pas se laisser faire
***man·ne·tjes-** [mɑnəcəs-] mâle; **de mannetjeseend** le canard mâle
mans [mɑns] *adj* de taille (à); **zij is er ~ genoeg voor** elle n'a besoin de personne
man·schap·pen [mɑnsχɑpə(n)] *plur* hommes
man·tel [mɑntəl] *nm (-s)* **1** manteau; *(fig.)* **iets bedekken met de ~ der liefde** fermer les yeux sur qqch **2** *(technol.)* revêtement ♦ *(fig.)* **onder de ~ van** sous le couvert de; **iemand de ~ uitvegen** passer un savon à qqn
man·tel·pak [mɑntəlpɑk] *het (-ken)* tailleur
man·tel·zorg [mɑntəlzɔrχ] *de* aide non institutionnalisée
ma·nu·eel [manywel] *adj* manuel
ma·nu·fac·tu·ren·win·kel [manyfɑktyrə(n)wɪŋkəl] *nm (-s)* magasin de tissus
ma·nus·cript [manyskrɪpt] *het (-en)* manuscrit
man|uur [mɑnyr] *het (-uren)* heure de travail par homme
man·wijf [mɑnwɛif] *het* virago
man|ziek [mɑnzik] *adj (-zieker, meest m.)* nymphomane
map [mɑp] *de (-pen)* **1** chemise; **een ~je postzegels** un carnet de timbres **2** dossier **3** *(inform.)* répertoire
ma·ra·thon·ver·ga·de·ring [maratɔnvərχadərɪŋ] *nf (-en)* marathon *(réunion)*
mar·che·ren [mɑrʃerə(n)] *vi (marcheerde, h./i. gemarcheerd)* marcher au pas
ma·re [marə] *de (-n) (form.)* **1** nouvelle **2** rumeur; **de ~ gaat** le bruit court
[1]**ma·re·chaus·see** [marəʃose] *de* gendarmerie
[2]**ma·re·chaus·see** [marəʃose] *nm (-s)* gendarme
mar·griet [mɑrχrit] *de (-en)* marguerite
Ma·ria·beeld [marijabelt] *het (-en)* madone *(statue)*
Ma·ria-Bood·schap [marijabotsχɑp] *nf (cathol.)* Annonciation
ma·ri·nier [marinir] *nm (-s)* fusilier marin
ma·ri·tiem [maritim] *adj* maritime
mar·jo·lein [mɑrjolɛin] *de (cuis.)* marjolaine
mar·kant [mɑrkɑnt] *adj* marquant
mar·ke·ren [mɑrkerə(n)] *vt (markeerde, h. gemarkeerd)* marquer
mar·ke·ring [mɑrkerɪŋ] *nf (-en)* **1** marquage **2** balisage **3** repère
[1]**mar|kies** [mɑrkis] *nm (-kiezen),* **-kiezin** *nf (-nen)* marquis, marquise
[2]**mar|kies** [mɑrkis] *de (-kiezen)* **1** marquise **2** store
markt [mɑrkt] *de (-en)* marché; **het gat in de ~** le créneau (commercial); **goed in de ~ liggen** être demandé; *(fig.)* avoir la cote; *(Belg.)* **het niet onder de ~ hebben** avoir une vie difficile; **op de ~ staan** vendre au marché; **op de ~ komen met een nieuw product** lancer un nouveau produit; **van alle ~en thuis zijn** s'y connaître dans tous les domaines
***markt-** [mɑrkt-] du marché
markt·ge·voe·lig [mɑrktχəvuləχ] *adj* soumis, sensible aux fluctuations du marché
markt|kraam [mɑr(kt)kram] *het/de (-kramen)* étal
markt|prijs [mɑrktprɛis] *nm (-prijzen)* **1** prix du marché **2** prix courant
markt·waar·de [mɑrktwardə] *nf* valeur marchande
mar·mer [mɑrmər] *het (-s)* marbre
mar·me·ren [mɑrmərə(n)] *adj (aussi au fig.)* de, en marbre
mar·mot [mɑrmɔt] *de (-ten)* marmotte; **slapen als een ~** dormir comme un loir
Ma·rok|kaan [marɔkan] *nm (-kanen),* **-kaanse** *nf (-n)* Marocain, -aine
Ma·rok·kaans [marɔkans] *adj* marocain
Ma·rok·ko [marɔko] *het* Maroc
[1]**mars** [mɑrs] *de (-en)* marche *(à pied; aussi mus.)* ♦ **hij heeft niet veel in zijn ~** il n'a pas grand-chose dans le ventre
[2]**mars** [mɑrs] *interj* en route !; **voorwaarts ~!** en avant, marche !
mar·se·pein [mɑrsəpɛin] *het/de* massepain
mars·kra·mer [mɑrskramər] *nm (-s)* marchand ambulant

mar·te|laar [martəlar] *nm (-laren),* **-lares** *nf (-sen)* martyr, -yre
mar·te·laar·schap [martəlarsχap] *het* martyre *(tourments)*
mar·tel·dood [martəldot] *de* martyre *(la mort)*
mar·te·len [martələ(n)] *vti (martelde, h. gemarteld)* torturer
mar·tel·gang [martəlχaŋ] *nm,* **marte·ling** *nf (-en)* martyre, torture
mar·ter [martər] *nm (-s)* martre
Mar·ti·ni|kaan [martinikan] *nm (-kanen),* **-kaanse** *nf (-n)* Martiniquais, -aise
mas·ker [maskər] *het (-s)* masque
mas·ke·ren [maskerə(n)] *vt (maskeerde, h. gemaskeerd)* masquer
mas·sa [masa] *de (-'s)* masse; **de domme ~** la foule (aveugle); **een ~ mensen denkt dat** une foule de gens pensent que
***mas·sa-** [masa-] de masse; **de massacommunicatie** la communication de masse
mas|saal [masal] *adj, adv (-saler, -saalst)* massif, massivement; **~ verzet** résistance en masse
mas·sa|graf [masaχraf] *het (-graven)* fosse commune
mas·sa·moord [masamort] *de (-en)* massacre
mas·sa·pro·duct [masaprodʌkt] *het (-en)* produit de masse
[1]**mas|sief** [masif] *het (-sieven) (géo.)* massif
[2]**mas|sief** [masif] *adj, adv (-siever, -siefst)* massif, massivement
mast [mast] *nm (-en)* **1** mât **2** poteau **3** pylône
mas·ter [ma:stər] *nm* master; **master of arts, MA** titulaire d'un master en lettres
mas·tur·be·ren [mastʌrberə(n)] *vi (masturbeerde, h. gemasturbeerd)* se masturber
[1]**mat** [mat], **maten** → **meten, afmeten, opmeten** *(etc.)*
[2]**mat** [mat] *de (-ten)* tapis; **de groene ~** la pelouse
[3]**mat** [mat] *adj, adv* **1** mat, d'un regard terne **2** opaque **3** faible(ment) **4** *(échecs)* mat
match [mɛtʃ, [B]matʃ] *de (-es)* **1** *(sports)* match **2** correspondance; **de politie vond geen ~ tussen de DNA-profielen** parmi les profils d'ADN, la police n'a trouvé aucune correspondance **3** déclic; **er was geen ~ tussen hen** entre eux il n'y a pas eu de déclic
ma·te [matə] *de (-n)* mesure; **in die ~** tellement; **in mindere ~** à un degré moindre; **in aanzienlijke ~** considérablement; **in meer of mindere ~** plus ou moins; **het is in hoge ~ aan hem te danken** il y est pour beaucoup; **in voldoende ~ over iets beschikken** avoir suffisamment de qqch; **met ~** modérément
ma·te·loos [matəlos] *adj, adv* démesuré(ment)
ma·te·ri|aal [mater(i)jal] *het (-alen)* **1** matière, matériau(x) **2** matériel
ma·te·rie [materi] *nf (-s)* **1** matière **2** *(fig.)* sujet
[1]**ma·te·ri·eel** [mater(i)jel] *het* matériel
[2]**ma·te|ri·eel** [mater(i)jel] *adj (-riëler, -rieelst)* matériel
mat·glas [matχlas] *het* verre dépoli
mat·heid [mathɛit] *nf* **1** apathie **2** matité
ma·tig [matəχ] *adj, adv* **1** (de façon) raisonnable **2** (de façon) modéré(e) **3** médiocre(ment); **het gaat maar ~** ça ne va pas trop bien
ma·ti·gen [matəχə(n)] *vt (matigde, h. gematigd)* modérer
ma·tig·heid [matəχhɛit] *nf* **1** modération **2** sobriété
ma·ti·ging [matəχɪŋ] *nf (-en)* → **matigheid 1**
ma·tig·jes [matəχjəs] *adv* médiocrement
ma·ti·neus [matinøs] *adj* matinal
mat·je [macə] *het (-s)* ♦ **op het ~ worden geroepen** devoir rendre des comptes, se faire rappeler à l'ordre
ma·tras [matras] *het/de (-sen)* matelas
ma|troos [matros] *nm (-trozen)* matelot
mat·se [matsə] *nm (-s)* pain azyme
mat·sen [matsə(n)] *vt (matste, h. gematst) (fam.)* être sympa avec (qqn); **hij zal zorgen dat ik gematst word** il va me pistonner
mat·ten·klop·per [matə(n)klɔpər] *nm (-s)* tapette
Mau·ri·ta·nië [mauritanijə] *het* Mauritanie
Mau·ri·ta|ni·ër [mauritanijər] *nm (-s),* **-nische** *nf (-n)* Mauritanien, -ienne
Mau·ri|ti·aan [mauri(t)ʃan] *nm (-tianen),* **-tiaanse** *nf (-n)* Mauricien, -ienne
Mau·ri·ti·aans [mauri(t)ʃans] *adj* mauricien
Mau·ri·ti·us [mauritsijʌs] *het* île Maurice
mau·so·le·um [mauzolejʌm] *het (-s)* mausolée
mau·wen [mauwə(n)] *vi (mauwde, h. gemauwd)* miauler
[1]**ma·vo** [mavo] *het* abrév. de *middelbaar algemeen voortgezet onderwijs* ⟨*enseignement général secondaire*⟩
[2]**ma·vo** [mavo] *de (-'s)* ⟨*collège d'enseignement général secondaire*⟩
m.a.w. abrév. de *met andere woorden* en d'autres termes
maxi·maal [maksimal] *adj, adv* maximal, au maximum
maxi·ma·li·se·ren [maksimalizerə(n)] *vt (maximaliseerde, h. gemaximaliseerd)* maximiser
ma·ze·len [mazələ(n)] *plur* rougeole
maz·zel [mazəl] *nm (fam.)* pot; **een reuze ~ hebben** avoir une veine de cocu; **de ~!** salut !
maz·ze·laar [mazəlar] *de (-s) (fam.)* veinard, -arde
maz·ze·len [mazələ(n)] *vi (mazzelde, h. gemazzeld) (fam.)* avoir du pot
mbo [ɛmbeo] *het* abrév. de *middelbaar*

beroepsonderwijs ⟨*enseignement secondaire professionnel*⟩
m.b.t. abrév. de *met betrekking tot* par rapport à
m.b.v. abrév. de *met behulp van* à l'aide de
me [mə] *pers* me, m', moi
ME [ɛme] *nf (-'s)* abrév. de *mobiele eenheid* CRS
[1]**meao** [meao] *het* abrév. de *middelbaar economisch en administratief onderwijs* ⟨*enseignement économique et administratif du deuxième cycle*⟩
[2]**meao** [meao] *de (-'s)* ⟨*école d'enseignement économique et administratif du deuxième cycle*⟩
me·ce·nas [mesenɑs] *nm (-sen)* mécène
me·cha·ni·ca [meχanika] *nf (phys.)* mécanique
me·cha·niek [meχanik] *het/de (-en)* mécanique
me·cha·ni·se·ren [meχanizerə(n)] *vti (mechaniseerde, h. gemechaniseerd)* mécaniser
me·de [medə] *adv (form.)* également
*****me·de-** [medə-] co-; de medebewoner le cohabitant
me·de·be·pa·lend [medəbəpalənt] *adj* qui joue un rôle; ~ zijn voor iets intervenir dans qqch
me·de·deel|zaam [medədelzam] *adj (-zamer, -zaamst)* communicatif
me·de·de·ling [medədelɪŋ] *nf (-en)* communication; een ingezonden ~ une annonce; zonder voorafgaande ~ sans avis préalable
me·de·de·lin·gen·bord [medədelɪŋə(n)bɔrt] *het (-en)* tableau d'affichage
me·de|din·ger [medədɪŋər] *nm (-s)*, **-dingster** *nf (-s)* concurrent, -ente
me·de·din·ging [medədɪŋɪŋ] *nf* concurrence; *(sports)* buiten ~ hors-concours
me·de·do·gen [medədoχə(n)] *het* commisération
me·de·klin·ker [medəklɪŋkər] *nm (-s)* consonne
me·de·le·ven [medəlevə(n)] *het* compassion
me·de·lij·den [medəlɛidə(n)] *het* pitié; ~ krijgen met iemand prendre qqn en pitié; uit ~ (met) par pitié (pour); ~ wekken faire pitié
me·de·mens [medəmɛns] *nm (-en)* prochain
me·de·plich·tig [medəplɪχtəχ] *adj* complice (de)
me·de·plich·tig·heid [medəplɪχtəχhɛit] *nf* complicité
me·de·schul·dig [medəsχʌldəχ] *adj* complice (de)
me·de|stan·der [medəstɑndər] *nm (-s)*, **-standster** *nf (-s)* partisan, -ane
me·de|wer·ker [medəwɛrkər] *nm (-s)*, **-werkster** *nf (-s)* collaborateur, -trice; een administratief ~ un adjoint administratif; een wetenschappelijk ~ *(à l'université)* un assistant
me·de·wer·king [medəwɛrkɪŋ] *nf* **1** collaboration **2** aide
me·de·we·ten [medəwetə(n)] *het* ♦ buiten mijn ~ à mon insu; met ~ van iemand au su de qqn
me·de·zeg·gen·schap [medəzɛχənsχɑp] *het/de* participation
me·dia·be·leid [medijabəlɛit] *het* politique concernant les mass media
me·di·cijn [medisɛin] *de (-en)* **1** médicament **2** médecine; een student in de ~en un étudiant en médecine
me·di·cijn·man [medisɛimɑn] *nm (-nen)* sorcier
me·di|cus [medikʌs] *nm (-ci)* médecin
me·dio [medijo] *adv* mi-; ~ september à la mi-septembre
me·disch [medis] *adj, adv* médical(ement); de ~e faculteit la faculté de médecine
me·di·ter·raan [meditɛran] *adj* méditerranéen
[1]**me·di·um** [medijʌm] *het (media)* **1** media; het ~ televisie la télévision **2** *(spiritisme)* médium
[2]**me·di·um** [mi:dijʌm] *adj* **1** *(xérès)* demi-sec **2** *(taille de vêtements)* moyen
mee [me] *adv* **1** avec; hij wil met ons ~ il veut aller avec nous **2** dans le sens de; met de haren ~ dans le sens du poil ♦ alles ~ hebben om être en posture de; hij heeft zijn uiterlijk ~ son physique joue en sa faveur; dat kan nog jaren ~ cela peut durer encore des années
mee·bren·gen [mebrɛŋə(n)] *vt (bracht mee, h. meegebracht)* **1** apporter **2** comporter **3** entraîner
meed [met], **meden** → mijden
[1]**mee·de·len** [medelə(n)] *vi (deelde mee, h. meegedeeld)* participer
[2]**mee·de·len** [medelə(n)] *vt (deelde mee, h. meegedeeld)* communiquer
mee·din·gen [medɪŋə(n)] *vi (dong mee, h. meegedongen)* concourir (pour)
mee·doen [medun] *vi (deed mee, h. meegedaan)* participer; hij wil ~ met zijn vrienden il veut faire comme ses amis
mee·do·gen|loos [medoχənlos] *adj, adv (-lozer, meest m.)* impitoyable(ment)
mee-eten [meetə(n)] *vti (at mee, h. meegegeten)* manger (avec qqn); eet je een hapje mee? tu manges un morceau avec nous ?
mee-eter [meetər] *nm (-s)* point noir
mee·gaan [meχan] *vi (ging mee, i. meegegaan)* **1** aller (avec qqn) **2** suivre (qqch, qqn); met zijn tijd ~ vivre avec son temps **3** durer; lang ~ faire de l'usage
mee·gaand [meχant] *adj* accommodant, docile
mee·gaand·heid [meχanthɛit] *nf* flexibilité, docilité
[1]**mee·ge·ven** [meχevə(n)] *vt (gaf mee, h. meegegeven)* donner (qqch à qqn); ie-

mand een boodschap ~ confier un message à qqn

²**mee·ge·ven** [megevə(n)] *vi (gaf mee, h. meegegeven)* céder, *(étoffe, cuir)* prêter

mee·hel·pen [mehɛlpə(n)] *vi (hielp mee, h. meegeholpen)* **1** aider (qqn à faire qqch) **2** contribuer (à qqch, à faire qqch)

mee·ko·men [mekomə(n)] *vi (kwam mee, i. meegekomen)* **1** venir (avec qqn) **2** *(rythme)* suivre

mee·krij·gen [mekrɛiχə(n)] *vt (kreeg mee, h. meegekregen)* **1** recevoir **2** gagner, mettre de son côté

meel [mel] *het* farine; met ~ bestrooien, in ~ wentelen fariner

mee·le·ven [melevə(n)] *vi (leefde mee, h. meegeleefd)* compatir (à)

mee·lif·ten [melɪftə(n)] *vi (liftte mee, h./i. meegelift)* profiter (de)

mee·lij [melɛi] *het* → medelijden

mee·lij·wek·kend [melɛiwɛkənt] *adj, adv* (de façon) pitoyable

mee·lok·ken [melɔkə(n)] *vt (lokte mee, h. meegelokt)* entraîner (avec soi)

mee·lo·pen [melopə(n)] *vi (liep mee, h./i. meegelopen)* **1** accompagner (qqn); er lopen goede atleten mee in deze wedstrijd il y a de bons athlètes qui participent à cette course **2** suivre (qqn), imiter (qqn) ♦ *(fig.)* hij loopt nu al tien jaar mee in dit vak il fait ce métier depuis dix ans déjà

mee|lo·per [melopər] *nm (-s)*, **-loopster** *nf (-s)* suiviste

meel·pro·duct [melprodʌkt] *het (-en)* farineux

mee·luis·te·ren [melœystərə(n)] *vi (luisterde mee, h. meegeluisterd)* **1** écouter (avec qqn) **2** écouter (une conversation)

mee·ma·ken [memakə(n)] *vt (maakte mee, h. meegemaakt)* **1** vivre; zoiets heb ik nog nooit meegemaakt je n'ai jamais vu ça; heel wat (ellende) ~ en voir (de rudes,) de belles **2** *(voyage)* participer à

mee·ne·men [menemə(n)] *vt (nam mee, h. meegenomen)* **1** emporter; iemand aan de hand ~ mener qqn par la main; weer ~ remporter, remmener **2** apporter; weer ~ rapporter, ramener **3** faire en même temps ♦ dat is meegenomen c'est toujours ça de gagné

mee·pak·ken [mepakə(n)] *vt (pakte mee, h. meegepakt)* prendre

mee·pra·ten [mepratə(n)] *vi (praatte mee, h. meegepraat)* **1** prendre part à la conversation; daar kan ik van ~ je suis passé par là; mogen ~ avoir voix au chapitre; daar kan jij niet over ~ tu n'en sais rien, toi **2** flagorner (qqn)

¹**meer** [mer] *nm (meren)* lac

²**meer** [mer] *adv* **1** plus (que); ~ en ~ de plus en plus; hoe ~ ..., des te ~ ... plus ..., (et) plus ...; des te ~ d'autant plus **2** plutôt (que) **3** de plus; wie waren er nog ~? qui y avait-il encore ? **4** *(avec négation)* plus; dat kan nu niet ~ cela n'est plus possible maintenant **5** plus souvent

³**meer** [mer] *card* **1** plus (de) **2** plus, davantage; onder ~ entre autres; zonder ~ simplement; iets zonder ~ aannemen accepter qqch inconditionnellement; ik zou het zonder ~ doen (als ik jou was) je n'hésiterais pas (à ta place)

ME'er [ɛmeər] *nm (-s)* ± CRS

¹**meer·de·re** [merdərə] *nm (-n)* supérieur

²**meer·de·re** [merdərə] *card (fam.)* plusieurs

meer·der·heid [merdərhɛit] *nf* **1** majorité; in de ~ zijn dominer; *(pol.)* être majoritaire **2** supériorité

***meer·der·heids-** [merdərhɛits-] majoritaire

meer·der·ja·rig [merdərjarəχ] *adj* majeur

meer·der·ja·rig·heid [merdərjarəχhɛit] *nf* majorité *(âge)*

meer·der·waar·dig·heids·ge·voel [merdərwardəχhɛitsχəvul] *het* sentiment de supériorité

mee·rei·zen [merɛizə(n)] *vi (reisde mee, h./i. meegereisd)* voyager (avec qqn)

mee·re·ke·nen [merekənə(n)] *vt (rekende mee, h. meegerekend)* inclure; alles meegerekend kost het ... cela coûte ... tout compris; ... niet meegerekend sans compter ...

mee·rij·den [merɛidə(n)] *vi (reed mee, h./i. meegereden)* accompagner (qqn) (en voiture, à bicyclette)

meer·ja·ren·plan [merjarə(n)plan] *het (-nen)* plan pluriannuel

meer·ja·rig [merjarəχ] *adj* de plusieurs années

meer·kos·ten [merkɔstə(n)] *plur* surcoût

meer·maals [mermals] *adv* à plusieurs reprises

mee·ro·ken [merokə(n)] *het* tabagisme passif

meer·par·tij·en·stel·sel [merpartɛijə(n)stɛlsəl] *het (-s)* pluripartisme

meer·stem·mig [merstɛməχ] *adj, adv (mus.)* polyphonique, à plusieurs voix

meer·ta·lig [mertaləχ] *adj* polyglotte

meer·voud [mervaut] *het (-en)* pluriel

meer·vou·dig [mervaudəχ] *adj, adv* **1** (de façon) multiple **2** *(ling.)* (au) pluriel

meer·waar·de [merwardə] *nf* plus-value

meer·zij·dig [merzɛidəχ] *adj* multilatéral

mee·sle·pen [meslepə(n)] *vt (sleepte mee, h. meegesleept)* (en)traîner

mee·sle·pend [meslepənt] *adj, adv* entraînant, avec enthousiasme

mees·mui·len [mesmœylə(n)] *vti (meesmuilde, h. gemeesmuild)* ricaner

mee·spe·len [mespelə(n)] *vi (speelde mee, h. meegespeeld)* **1** jouer (avec qqn) **2** *(aussi au fig.)* jouer un rôle (dans)

mee·spre·ken [mesprekə(n)] *vi (sprak mee, h. meegesproken)* **1** participer à la conversation; daar kan jij niet over ~ tu n'en sais rien; daar kan ik van ~ je sais de quoi je parle **2** avoir son mot à dire **3** jouer un rôle (dans)

[1]**meest** [mest] *adj* **1** la plupart de; **hij heeft het ~e geld** c'est lui qui a le plus d'argent **2** le plus grand

[2]**meest** [mest] *adv* **1** le (la, les) plus **2** en général

meest·al [mestal] *adv* généralement

mees·ter [mestər] *nm (-s)* maître; **zich ~ maken van iets** s'emparer de qqch; **iets ~ zijn** *(situation)* dominer qqch; *(sentiments)* maîtriser qqch ♦ **een ~ in de rechten** un licencié en droit

mees·ter·lijk [mestərlək] *adj, adv* magistral(ement)

mees·ter·schap [mestərsχap] *het* maîtrise

mees·ter|stuk [mestərstʌk] *het (-ken),* **-werk** *het (-en)* chef-d'œuvre

meet [met] *de* marque; **weer van ~ (af) aan beginnen** recommencer au (tout) début

meet·baar [medbar] *adj* mesurable

mee·tel·len [metɛlə(n)] *vti (telde mee, h. meegeteld)* compter

meet·kun·de [metkʌndə] *nf* géométrie

meet·lat [metlat] *de (-ten)* règle (graduée)

meet·lint [metlɪnt] *het (-en)* mètre à ruban

meeuw [mew] *de (-en)* mouette

mee·val·len [mevalə(n)] *vi (viel mee, i. meegevallen)* **1** être, se révéler mieux, moins difficile, moins cher qu'on ne s'y attendait; **dat zal wel ~!** ce ne sera pas si terrible (difficile, cher, fatigant etc.) que ça !; **hij valt bij nader inzien mee** il gagne à être connu **2** dépasser l'attente, les espérances

mee·val·ler [mevalər] *nm (-s)* aubaine

mee·voe·len [mevulə(n)] *vti (voelde mee, h. meegevoeld)* compatir (à)

mee·voe·ren [mevurə(n)] *vt (voerde mee, h. meegevoerd)* **1** entraîner **2** emporter

mee·vra·gen [mevraχə(n)] *vt (vroeg mee, h. meegevraagd)* **1** demander (à qqn) d'accompagner (celui qui demande) **2** inviter

mee·wa·rig [mewarəχ] *adj, adv* compatissant, avec compassion

mee·wer·ken [mewɛrkə(n)] *vi (werkte mee, h. meegewerkt)* **1** collaborer (à) **2** contribuer (à)

mee·zeu·len [mezølə(n)] *vi (zeulde mee, h. meegezeuld) (fam.)* trimbaler

mee·zin·gen [mezɪŋə(n)] *vi (zong mee, h. meegezongen)* chanter en chœur

mee·zin·ger [mezɪŋər] *nm (-s)* rengaine

mee·zit·ten [mezɪtə(n)] *vi (zat mee, h. meegezeten)* être favorable; **het zat hem niet mee** il n'a pas eu de chance

mei [mɛi] *nm* mai

meid [mɛit] *nf (-en)* **1** (jeune) fille **2** (ma) vieille **3** bonne

mei·doorn [mɛidorn] *nm (-s)* aubépine

mei·ke·ver [mɛikevər] *nm (-s)* hanneton

mei·klok·je [mɛiklɔkjə] *het (-s) (Belg.)* muguet

mein|eed [mɛinet] *nm (-eden)* parjure

meis·je [mɛiʃə] *het (-s)* **1** fille **2** jeune fille **3** petite amie

meis·jes·ach·tig [mɛiʃəsaχtəχ] *adj, adv* de (jeune) fille, en (jeune) fille

meis·jes|naam [mɛiʃəsnam] *nm (-namen)* **1** (pré)nom de fille **2** *(femme mariée)* nom de jeune fille

mej. [məjʌfrau] abrév. de *mejuffrouw* Mlle

me·juf·frouw [məjʌfrau] *nf (-en)* mademoiselle

me·kaar [məkar] *pers (fam.)* se; **dik voor ~** parfaitement réglé

me·ka·nie·ker [mekanikər] *nm (-s) (Belg.)* mécanicien

mek·ka [mɛka] *het (fig.)* eldorado

Mek·ka [mɛka] *het* la Mecque

mek·ke·ren [mɛkərə(n)] *vi (mekkerde, h. gemekkerd)* bêler *(aussi au fig.)*

me·laats [melats] *adj* lépreux

[1]**mel·den** [mɛldə(n)] *vt (meldde, h. gemeld)* **1** communiquer (qqch à qqn); **ze heeft zich ziek gemeld** elle s'est fait porter malade **2** annoncer **3** mentionner

[2]**mel·den, zich** [mɛldə(n)] *vpr (meldde zich, h. zich gemeld)* se présenter

mel·der [mɛldər] *nm (-s)* avertisseur

mel·ding [mɛldɪŋ] *nf (-en)* **1** mention **2** annonce

meld·ka·mer [mɛltkamər] *de (-s)* bureau central

meld·punt [mɛltpʌnt] *het (-en)* **1** ⟨*lieu où l'on annonce sa présence, son arrivée*⟩ **2** ⟨*lieu ou service où l'on peut se plaindre en cas d'injustice*⟩

me·lig [meləχ] *adj* **1** farineux **2** bébête **3** apathique

melk [mɛlk] *de* lait; **halfvolle ~** lait demi-écrémé; **een land van ~ en honing** un pays d'abondance; **niets in de ~ te brokkelen hebben** ne pas avoir voix au chapitre; *(fig.)* **de room is van de ~** ce sont les vaches maigres

melk·ach·tig [mɛlkaχtəχ] *adj* laiteux

melk·boer [mɛlgbur] *nm (-en)* laitier; *(iron.)* **dat is er zeker een van de ~** c'est sûrement le gosse du facteur

mel·ken [mɛlkə(n)] *vt (molk, melkte, h. gemolken)* traire

melk|glas [mɛlkχlas] *het (-glazen)* verre à lait

melk·poe·der [mɛlkpudər] *het/de* lait en poudre

melk·pro·duct [mɛlkprodʌkt] *het (-en)* produit lacté

melk·sui·ker [mɛlksœykər] *nm* lactose

melk|weg [mɛlkwɛχ] *nm (-en),* **-weg·stelsel** *het (-s) (astron.)* galaxie

melk·wit [mɛlkwɪt] *adj* laiteux

melk·zuur [mɛlksyr] *het* acide lactique

me·lo|disch [melodis] *adj, adv (-discher, meest m.)* **1** mélodique(ment) **2** mélodieux, mélodieusement

me·loen [məlun] *de (-en)* melon

me·mo [memo] *het/de (-'s)* 1 papillon 2 note

me·mo·re·ren [memorerə(n)] *vt (memoreerde, h. gememoreerd)* remémorer

me·mo·rie [memori] *nf (-s)* mémoire *(m. et f.)*

men [mɛn] *indéf* on

me|neer [məner] *nm (-neren)* monsieur; **de (grote, mooie) ~ uithangen** faire le grand seigneur

me·nen [menə(n)] *vt (meende, h. gemeend)* 1 parler sérieusement; **dat meen je niet!** ce n'est pas sérieux ! 2 vouloir dire; **het goed met iemand ~** vouloir du bien à qqn 3 croire

me·nens [menə(n)s] *adj (fam.)* ♦ **het is ~** c'est sérieux; **het wordt ~** *(dispute)* ça chauffe

men·ge·ling [mɛŋəlɪŋ] *nf (-en)* mélange; **een bonte ~** *(fig.)* un brassage

men·gel·moes [mɛŋəlmus] *het/de* 1 mélange (disparate, hétéroclite) 2 pot-pourri

[1]**men·gen** [mɛŋə(n)] *vt (mengde, h. gemengd)* 1 mélanger 2 mêler

[2]**men·gen, zich** [mɛŋə(n)] *vpr (mengde zich, h. zich gemengd) (+ in)* se mêler; **zich ~ in een twist** s'entremettre dans une querelle

men·ging [mɛŋɪŋ] *nf (-en)* mélange

meng·sel [mɛŋsəl] *het (-s)* mélange

me·nig [menəχ] *card* plusieurs; **~ mens** plus d'un

me·nig·een [menəχen] *indéf* plus d'un

me·nig·maal [menəχmal] *adv* plusieurs fois

me·nig·te [menəχtə] *nf (-n, -s)* 1 foule; **de grote ~** le grand public 2 multitude

me·ning [menɪŋ] *nf (-en)* opinion; **bij zijn ~ blijven** maintenir son point de vue; **in de ~ verkeren dat** croire que; **dezelfde ~ toegedaan zijn** partager l'avis (de); **een uitgesproken ~** une opinion tranchée

me·nings·ver·schil [menɪŋsfərsχɪl] *het (-len)* 1 divergence d'opinions 2 désaccord

men·nen [mɛnə(n)] *vt (mende, h. gemend)* conduire

men·ner [mɛnər] *nm (-s)* 1 conducteur de chevaux 2 meneur

[1]**mens** [mɛns] *nm (-en)* 1 homme; **geen ~** pas un chat; *(fig.)* **geen ~ meer zijn** être mort de fatigue; **de grote ~en** les grandes personnes; **ik voel me maar een half ~** je ne me sens pas dans mon assiette; **de inwendige ~ versterken** se restaurer; *(prov)* **de ~ zijn lust is een ~ zijn leven** chacun selon son bon plaisir; *(prov)* **de ~ wikt, God beschikt** l'homme propose, Dieu dispose 2 *(plur.)* gens; **onder de ~en komen** sortir dans le monde ♦ **beste ~en** chers amis; **ik ben geen ~ om …** ce n'est pas mon genre de …

[2]**mens** [mɛns] *het (-en) (péj.; d'une femme)* créature

men·sa [mɛnza] *de (-'s)* restaurant universitaire

mens|aap [mɛnsap] *nm (-apen) (zool.)* (singe) anthropoïde

mens·beeld [mɛnzbelt] *het* image de l'homme

mens·dom [mɛnzdɔm] *het* genre humain

men·se·lijk [mɛnsələk] *adj, adv* humain(ement)

men·se·lij·ker·wijs [mɛnsələkərwɛis] *adv* ♦ **~ gesproken** humainement parlant

men·se·lijk·heid [mɛnsələkhɛit] *nf* humanité *(qualité)*

***men·sen-** [mɛnsə(n)-] humain; **het mensenleven** la vie humaine

men·sen·haat [mɛnsə(n)hat] *nm* misanthropie

men·sen·heu·ge·nis [mɛnsə(n)høχənɪs] *nf* mémoire d'homme; **sinds ~** de mémoire d'homme

men·sen·ken·nis [mɛnsə(n)kɛnɪs] *nf* connaissance des hommes

men·sen·kind [mɛnsə(n)kɪnt] *het (-eren)* homme

men·sen·kin·de·ren [mɛnsə(n)kɪndərə(n)] *interj* bougre !

men·sen·mas·sa [mɛnsəmɑsa] *de (-'s)* foule (de gens)

men·sen·schuw [mɛnsə(n)sχyw] *adj* sauvage

men·sen·vriend [mɛnsə(n)vrint] *nm (-en)* philanthrope

mens·heid [mɛnshɛit] *nf* 1 humanité 2 nature humaine

mens·lie·vend [mɛnslivənt] *adj, adv* humain(ement)

mens·lie·vend·heid [mɛnslivənthɛit] *nf* philanthropie

mens·ont·erend [mɛnsɔnterənt] *adj* honteux

mens·on·waar·dig [mɛnsɔnwardəχ] *adj* avilissant

men·stru·e·ren [mɛnstrywerə(n)] *vi (menstrueerde, h. gemenstrueerd)* avoir ses règles

mens·waar·dig [mɛnswardəχ] *adj* digne

mens·we·ten·schap·pen [mɛnswetənsχɑpə(n)] *plur* sciences humaines

mens·wor·ding [mɛnswɔrdɪŋ] *nf* 1 *(sc.)* anthropogenèse 2 *(relig.)* incarnation

men·taal [mɛntal] *adj, adv* mental(ement); **een mentale klap** un coup dur

men·ta·li·teit [mɛntalitɛit] *nf* mentalité

men|tor [mɛntɔr] *nm (-en),* **-trix** *nf (-trices)* tuteur, -trice

mep [mɛp] *de (-pen)* tarte; **iemand een ~ in zijn gezicht geven** flanquer une gifle à qqn ♦ **de volle ~** la somme totale

mep·pen [mɛpə(n)] *vt (mepte, h. gemept)* 1 taper 2 battre à mort *(des mouches)*

me·rel [merəl] *de (-s) (zool.)* merle

me·ren·deel [merə(n)del] *het* (la) plupart

me·ren·deels [merə(n)dels] *adv* 1 pour la plupart 2 le plus souvent

merg [mɛrχ] *het* moelle (osseuse); **hij is een musicus in ~ en been** il est musicien jusqu'à la moelle des os; **die kreet drong je door ~ en been** ce cri vous crevait le tympan

me·ri·di|aan [meridijan] *nm (-anen) (géo.)* méridien

merk [mɛrk] *het (-en)* marque

merk|baar [mɛrgbar] *adj, adv (-baarder, -baarst)* perceptible, sensiblement

mer·ken [mɛrkə(n)] *vt (merkte, h. gemerkt)* **1** remarquer; **het is niet te ~** il n'y paraît pas; **iets laten ~** faire sentir qqch (à qqn); **zonder iets te laten ~** en ne faisant mine de rien **2** marquer

merk·te·ken [mɛrktekə(n)] *het (-s)* marque

merk·waar·dig [mɛrkwardəχ] *adj, adv* **1** remarquable(ment) **2** curieux, curieusement; **het ~e van dit geval is dat ...** ce qu'il y a d'étrange dans ce cas, c'est que ...

merk·waar·di·ger·wijs [mɛrkwardəχərwɛis] *adv* curieusement

merk·waar·dig|heid [mɛrkwardəχhɛit] *nf (-heden)* curiosité

mer·rie [mɛri] *nf (-s) (zool.)* jument

mes [mɛs] *het (-sen)* couteau; **onder het ~ gaan, zitten** *(examen)* subir une épreuve, *(méd.)* subir une opération; *(sens pr.)* **een ~ dat aan twee kanten snijdt** un couteau à double tranchant; *(fig.)* **het ~ in iets zetten** couper dans le vif

me·sjog·ge [məʃɔχə] *adj (fam.)* cinglé

mes·punt [mɛspʌnt] *het (-en)* **1** pointe de couteau **2** pincée

mes·scherp [mɛsχɛrp] *adj* aiguisé

Mes·si·as [mɛsijɑs] *nm (Bible)* Messie

mes·sing [mɛsɪŋ] *het* laiton

mest [mɛst] *nm (agric.)* engrais

mes·ten [mɛstə(n)] *vti (mestte, h. gemest)* **1** *(animaux)* engraisser **2** *(sols)* fumer

mest|hoop [mɛsthop] *nm (-hopen)* **1** (tas de) fumier **2** *(fig.)* tas de cochonneries

met [mɛt] *prép* avec; **~ de trein gaan** aller par le train; **tot en ~ hoofdstuk drie** jusqu'au chapitre trois inclus

¹**me·taal** [metal] *het* métal

²**me·taal** [metal] *de* métallurgie

***me·taal-** [metal-] métallique; **de, het metaaldraad** le fil métallique

me·taal·ach·tig [metalɑχtəχ] *adj, adv* métallique

me·taal|ar·bei·der [metalɑrbɛidər], **-bewerker** *nm (-s)* métallurgiste

me·taal·wa·ren [metalwarə(n)] *plur* quincaillerie

me·ta|foor [metafor] *de (-foren) (litt.)* métaphore

me·ta·fy·si·ca [metafizika] *nf (philo.)* métaphysique

me·ta·len [metalə(n)] *adj* métallique

me·tal·lic [metɛlɪk] *adj* métallisé

met·een [məten] *adv* **1** tout de suite; **~ in het begin** d'emblée **2** en même temps

¹**me·ten** [metə(n)] *vt (mat, h. gemeten)* **1** mesurer; **iets ~ naar** mesurer qqch sur **2** sonder, *(la tension, la température)* prendre

²**me·ten** [metə(n)] *vi (mat, h. gemeten)* mesurer

³**me·ten, zich** [metə(n)] *vpr (mat zich, h. zich gemeten) (+ met)* se mesurer (avec, à)

¹**me·ter** [metər] *nm (-s)* **1** mètre; **een ~ in de lucht springen** sauter au plafond **2** compteur

²**me·ter** [metər] *nf (-s)* marraine *(d'un enfant)*

me·ter·stand [metərstɑnt] *nm (-en)* chiffre du compteur

met|ge·zel [mɛtχəzɛl] *nm (-len)*, **-gezellin** *nf (-nen)* compagnon, compagne

me·tho·diek [metodik] *nf* méthodologie

me·ting [metɪŋ] *nf (-en)* mesurage

me·trisch [metris] *adj, adv* **1** métrique *(poésie; phys.)* **2** en vers

me·trum [metrʌm] *het (-s)* cadence, *(versification)* mètre

met·se·laar [mɛtsəlar] *nm (-s)* maçon

met·se·len [mɛtsələ(n)] *vti (metselde, h. gemetseld)* maçonner

met·sel·werk [mɛtsəlwɛrk] *het* **1** maçonnerie **2** ouvrage de maçonnerie

met·ser [mɛtsər] *nm (-s) (Belg.)* → **metselaar**

met·ten [mɛtə(n)] *plur* ♦ **korte ~ maken** être expéditif; **korte ~ met iemand maken** sévir contre qqn

met·ter·daad [mɛtərdat] *adv* **1** en effet **2** effectivement

met·ter·tijd [mɛtərtɛit] *adv* avec le temps

meu·bel [møbəl] *het (-s, -en)* meuble

meu·bel·stuk [møbəlstʌk] *het (-ken)* **1** meuble **2** personne qui fait partie des meubles

meu·bi·lair [møbilɛ:r] *het* mobilier

meu·bi·le·ren [møbilerə(n)] *vt (meubileerde, h. gemeubileerd)* meubler *(sens pr.)*

meu·bi·le·ring [møbilerɪŋ] *nf* **1** ± aménagement **2** ameublement

meu·te [møtə] *de (-s)* **1** meute *(de chiens)* **2** foule *(de personnes)*; **de hele ~ komt hiernaartoe** toute l'équipe va venir ici

mevr. [məvrɑu] abrév. de *mevrouw* Mme

me·vrouw [məvrɑu] *nf (-en)* **1** *(appellatif)* madame, mesdames; **~ de voorzitter** Madame la Présidente **2** dame

Mexi|caan [mɛksikan] *nm (-canen)*, **-caanse** *nf (-n)* Mexicain, -aine

Mexi·caans [mɛksikans] *adj* mexicain

Mexi·co [mɛksiko] *het* **1** Mexique **2** Mexico

¹**me·zelf** [məzɛlf] *pers (en tant que complément)* moi-même

²**me·zelf** [məzɛlf] *réfl (pronom)* me

M.H. [mɛinəherə(n)] abrév. de *Mijne Heren* MM.

m.i. abrév. de *mijns inziens* à mon avis

mi·au·wen [mijɑuwə(n)] *vi (miauwde, h. gemiauwd)* miauler

mi·cro·golf·oven [mikroxɔlfovə(n)] *nm (-s) (Belg.)* (four à) micro-ondes

mid·dag [mɪdɑx] *nm (-en)* 1 après-midi; **'s ~s** l'après-midi 2 midi; **rond de ~** vers midi; **tussen de ~** à l'heure du déjeuner

mid·dag·dut·je [mɪdɑxdʌcə] *het (-s)* sieste

mid·dag|eten [mɪdɑxetə(n)] *het*, **-maal** *het (-malen)* déjeuner

mid·dag·slaap·je [mɪdɑxslapjə] *het (-s)* → **middagdutje**

mid·dag|uur [mɪdɑxyr] *het (-uren)* midi ♦ **in de middaguren** dans l'après-midi

mid·del [mɪdəl] *het (-en)* 1 taille 2 moyen; **door ~ van** au moyen de 3 remède; **kalmerende ~en** calmants; **verdovende ~en** stupéfiants 4 *(plur.)* ressources

mid·del·baar [mɪdəlbar] *adj* moyen

mid·del·eeu·wen [mɪdəlewə(n)] *plur (hist.)* Moyen Âge; **de vroege ~** le haut Moyen Âge

mid·del·eeuws [mɪdəlews] *adj* 1 médiéval 2 moyenâgeux

mid·del·groot [mɪdəlxrot] *adj* moyen *(grandeur)*

mid·del·lang [mɪdəlɑŋ] *adj* moyen *(de longueur, durée moyenne)*

mid·del·lijn [mɪdəlɛin] *de (-en)* diamètre

mid·del·maat [mɪdəlmat] *de* 1 moyenne *(médiocre)* 2 milieu *(entre deux extrêmes)*; **de grijze ~** la médiocrité

mid·del·ma·tig [mɪdəlmatəx] *adj, adv* 1 moyen(nement) 2 médiocre(ment)

mid·del·ma·tig|heid [mɪdəlmatəxhɛit] *nf (-heden)* médiocrité

mid·del·punt [mɪdəlpʌnt] *het (-en)* 1 centre 2 pivot *(fig.)*

mid·dels [mɪdəls] *prép (form.)* au moyen de

mid·delst [mɪdəlst] *adj* du milieu; **de ~e van drie kinderen** le deuxième de trois enfants

mid·del·vin·ger [mɪdəlvɪŋər] *nm (-s)* majeur *(doigt)*

[1]**mid·den** [mɪdə(n)] *het (-s)* 1 centre; *(fig.)* **iets in het ~ laten** passer qqch sous silence; *(fig.)* **zich in het ~ houden** rester dans le vague; *(fig.)* **iets in het ~ brengen** mettre qqch sur le tapis; **te ~ van** au milieu de 2 milieu; **in het ~ van de winter** en plein hiver 3 entourage ♦ **dit houdt het ~ tussen … en …** ceci est un compromis entre … et …; **iemand uit ons ~** (l')un des nôtres

[2]**mid·den** [mɪdə(n)] *adv* au (beau) milieu (de); **~ in het land** en pleine campagne; **~ op de dag** en plein jour

Mid·den-Ame·ri·ka [mɪdə(n)amerika] *het* Amérique centrale

mid·den·door [mɪdə(n)dor] *adv* en deux

Mid·den-Eu·ro·pa [mɪdə(n)øropa] *het* Europe centrale

mid·den·golf [mɪdə(n)xɔlf] *de* ondes moyennes

mid·den·groep [mɪdə(n)xrup] *de (-en)* 1 groupe du milieu 2 *(fig.)* classe moyenne; **de ~en** les revenus moyens

mid·den·in [mɪdə(n)ɪn] *adv* au milieu

mid·den·klas·se [mɪdə(n)klɑsə] *nf* classe moyenne *(prix, grandeur)*

mid·den·moot [mɪdəmot] *de* moyenne *(fig.)*

Mid·den-Oos·ten [mɪdə(n)ostə(n)] *het* Moyen-Orient

mid·den·rif [mɪdə(n)rɪf] *het (méd.)* diaphragme

mid·den·stand [mɪdə(n)stɑnt] *nm* 1 commerçants 2 *(technol.)* position moyenne

mid·den·weg [mɪdə(n)wɛx] *nm* (juste) milieu; **de gulden ~ bewandelen** garder le juste milieu

mid·der·nacht [mɪdərnɑxt] *nm* minuit

mid·der·nach·te·lijk [mɪdərnɑxtələk] *adj* de minuit

mid·life|cri·sis [mɪtlɑjfkrizəs] *de (-crises) (psycho.)* crise de la cinquantaine

mid·weeks [mɪtweks] *adj* en milieu de semaine

mid·zo·mer [mɪtsomər] *nm* milieu de l'été

mier [mir] *de (-en)* fourmi

mie·ren|hoop [mirə(n)hop] *nm (-hopen)*, **-nest** *het (-en)* fourmilière

mie·ren·neu·ker [mirənøkər] *nm (-s) (fam.)* enculeur de mouches

mie·riks·wor·tel [mirɪkswɔrtəl] *nm (bot.)* raifort

mier·zoet [mirzut] *adj* trop sucré

mie·te·ren [mitərə(n)] *vti (mieterde, h./i. gemieterd) (fam.)* flanquer par terre

[1]**mie·ters** [mitərs] *adj (fam.)* chouette; **een ~ wijf** une femme épatante

[2]**mie·ters** [mitərs] *adv (fam.)* sacrément

[3]**mie·ters** [mitərs] *interj (fam.)* chouette !

miet·je [micə] *het (-s)* 1 *(fam.)* pédé 2 pinailleur ♦ *(fig.)* **laten we elkaar geen ~ noemen** appelons un chat un chat

mie·ze·ren [mizərə(n)] *vb impers (miezerde, h. gemiezerd)* bruiner

mie·ze·rig [mizərəx] *adj* 1 bruineux 2 miteux; **een ~ kereltje** un petit minable 3 maussade

mij [mɛi] *pers* 1 *(complément)* me, m', moi; **moet u ~ hebben?** c'est moi que vous voulez voir ? 2 *(forme tonique)* me, m', à moi; *(iron.)* **dan moet u ~ net hebben!** ce n'est sûrement pas à moi qu'il faut le demander !

Mij. [matsxɑpɛi] abrév. de *maatschappij* cie

mij·den [mɛidə(n)] *vt (meed, h. gemeden)* éviter

mijl [mɛil] *de (-en)* lieue; **een Engelse ~** un mil(l)e anglais; **dat is een ~ op zeven** on sera encore là demain ♦ **hij bleef ~en achter** il était à des kilomètres derrière

mij·len·ver [mɛilə(n)vɛr] *adj, adv* à des kilomètres

mijl|paal [mɛilpal] *nm (-palen)* 1 borne (milliaire, kilométrique) 2 étape

mij·me·ren [mɛimərə(n)] *vi (mijmerde, h. gemijmerd)* rêvasser

mij·me|rend [mɛimərənt],**-rig** *adj* rêveur
[1]**mijn** [mɛin] *de (-en) (aussi milit.)* mine
[2]**mijn** [mɛin] *poss* **1** *(adjectif)* mon, ma, mes; **~s inziens** à mon avis **2** *(pronom)* le mien, la mienne; **de ~en** les miens *(mes parents, mes amis)*; **het ~ en dijn** le tien et le mien; **ik heb het ~e gedaan** j'ai fait ce que j'ai pu; **daar moet ik het ~e van weten, hebben** je veux en avoir le cœur net
***mijn-** [mɛin-] **1** minier; **de mijnbouw** l'exploitation minière **2** *(milit.)* de mines
mij·nent·we·ge [mɛinəntweχə] *adv (form.)* **1** de ma part **2** quant à moi
mij·nen·ve·ger [mɛinə(n)veχər] *nm (-s)* dragueur de mines
mij·ner·zijds [mɛinərzɛits] *adv (form.)* pour ma part
mijn·gas [mɛiŋχɑs] *het* grisou
mijn|heer [məner] *nm (-heren) (appellatif, homme important)* monsieur, messieurs; **de grote ~ uithangen** faire le grand seigneur
mijn·wer·ker [mɛinwɛrkər] *nm (-s)* mineur *(ouvrier)*
mijt [mɛit] *de (-en)* **1** tas **2** *(zool.)* mite
mij·ter [mɛitər] *nm (-s)* **1** mitre **2** épiscopat
mij·zelf [mɛizɛlf] *pers* → [1]**mezelf**
[1]**mik·ken** [mɪkə(n)] *vi (mikte, h. gemikt)* viser *(aussi au fig.)*
[2]**mik·ken** [mɪkə(n)] *vt (mikte, h. gemikt) (fam.)* balancer
mik·mak [mɪkmɑk] *nm (fam.)* bazar
mik·punt [mɪkpʌnt] *het (-en)* cible
mild [mɪlt] *adj, adv* **1** généreux, généreusement **2** bienveillant, avec bienveillance; **het hart ~ stemmen** disposer à la bienveillance **3** doux, doucement
mild·heid [mɪlthɛit] *nf* **1** clémence **2** générosité **3** douceur
mi·li·eu [mɪljø] *het (-s)* **1** milieu *(groupe social et pègre)*; **boven zijn ~ uitstijgen** s'élever au-dessus de sa condition **2** *(biol.)* environnement
mi·li·eu- [mɪljø-] *(biol.)* de l'environnement; **het milieubeleid** la politique de l'environnement
mi·li·eu·ac·ti|vist [mɪljøɑktivɪst] *nm (-en)*, **-viste** *nf (-s, -n)* écologiste
mi·li·eu·be·heer [mɪljøbəher] *het* protection de l'environnement
mi·li·eu·be·las·ting [mɪljøbəlɑstɪŋ] *nf (-en)* taxe sur la pollution
mi·li·eu·be·we·ging [mɪljøbəweχɪŋ] *nf (-en) (pol.)* mouvement écologiste
mi·li·eu·be·wust [mɪljøbəwʌst] *adj* sensibilisé aux problèmes de l'environnement
mi·li·eu·hef·fing [mɪljøhɛfɪŋ] *nf (-en)* → **milieubelasting**
mi·lieu·hy·gi·ë·ne [mɪljøhiχ(i)jenə] *de* **1** protection de l'environnement **2** équilibre de l'environnement
mi·li·eu·on·vrien·de·lijk [mɪljøɔnvrindələk] *adj* polluant
mi·li·eu·par·tij [mɪljøpɑrtɛi] *nf (-en) (pol.)* parti écologiste
mi·li·eu·ramp [mɪljørɑmp] *de (-en)* catastrophe écologique
mi·li·eu·scha·de·lijk [mɪljøsχadələk] *adj* écotoxique
mi·li·eu·vei|lig [mɪljøvɛiləχ] *adj (-liger, meest m.)* non polluant
mi·li·eu·vrien·de·lijk [mɪljøvrindələk] *adj* non polluant, *(inscription)* 'respecte l'environnement'; **een ~e verpakking** un emballage biodégradable, un écoemballage
mi·li·eu·wet [mɪljøwɛt] *de (-ten) (jur.)* loi en matière de protection de l'environnement
mi·li·tie [mili(t)si] *nf* milice
mil·jard [mɪljɑrt] *card* milliard; **de schade loopt in de ~en euro** les dommages s'élèvent à des milliards
mil·jar·den·no·ta [mɪljɑrdənota] *de (-'s)* → **miljoenennota**
mil·jard·ste [mɪljɑrtstə] *ord* milliardième
mil·joen [mɪljun] *card* million
mil·joe·nen·no·ta [mɪljunənota] *de (-'s) (Pays-Bas)* projet de loi de finances
mil·joen·ste [mɪljunstə] *ord* millionième
mil·li·me·te·ren [milimetərə(n)] *vt (millimeterde, h. gemillimeterd)* couper ras *(cheveux)*
milt [mɪlt] *de (-en) (biol.)* rate
mime [mim, [B]mimə] *de (-n, -s)* pantomime
mi·miek [mimik] *nf* mimique
[1]**min** [mɪn] *de (-nen)* **1** valeur négative; **honderd euro in de ~ staan** avoir un découvert de cent euros; **er zijn ~nen en plussen in deze zaak** dans cette affaire, il y a du pour et du contre **2** *(math.)* moins
[2]**min** [mɪn] *nf (-nen)* nourrice
[3]**min** [mɪn] *adj, adv* **1** bas(sement) **2** peu; **zij is (net) zo ~ verlegen als ik** elle est aussi peu timide que moi; **zo ~ mogelijk fouten** le moins de fautes possible **3** médiocre **4** *(thermomètre)* moins **5** *(phys.)* au pôle négatif ♦ **ergens ~ over denken** mésestimer qqch; **~ of meer** plus ou moins
[4]**min** [mɪn] *prép (math.)* moins
min. [minyt] abrév. de *minuut* mn.
min·ach·ten [mɪnɑχtə(n)] *vt (minachtte, h. geminacht)* mépriser
min·ach·tend [mɪnɑχtənt] *adj, adv* méprisant, avec mépris
min·ach·ting [mɪnɑχtɪŋ] *nf* mépris
[1]**min·der** [mɪndər] *adj* **1** moindre **2** inférieur **3** de moindre importance **4** moins bien; **het wordt ~ met de omzet** le chiffre d'affaires diminue
[2]**min·der** [mɪndər] *adv* moins; **dat was ~ geslaagd** c'était peu réussi; **het met ~ moeten doen** devoir se contenter de moins; **kan het wat ~?** ne pourriez-vous pas faire plus doucement ?
[3]**min·der** [mɪndər] *num* moins (de); **het is iets ~, mag dat?** il y en a un peu moins, ça va ?

min·der·be·gaafd [mɪndərbəχaft] *adj (euph.)* peu doué

min·de·re [mɪndərə] *nm (-n)* 1 inférieur 2 personne qui est inférieure (à)

min·de·ren [mɪndərə(n)] *vti (minderde, h./i. geminderd)* diminuer

min·der·he·den·be·leid [mɪndərhedə(n)bəlɛit] *het* politique relative aux minorités

min·der|heid [mɪndərhɛit] *nf (-heden)* 1 minorité 2 infériorité 3 rang inférieur

***min·der·heids-** [mɪndərhɛits-] minoritaire; **de minderheidsgroepering** le groupe minoritaire

min·de·ring [mɪndərɪŋ] *nf (-en)* déduction; **iets in ~ brengen** déduire qqch

min·der·ja·rig [mɪndərjarəχ] *adj* mineur *(âge)*

min·der·ja·rig·heid [mɪndərjarəχhɛit] *nf* minorité *(âge)*

min·der·va·li·de [mɪndərvalidə] *adj* handicapé

min·der·waar·dig [mɪndərwardəχ] *adj, adv* 1 inférieur 2 (de façon) infâme

min·der·waar·dig·heid [mɪndərwardəχhɛit] *nf* infériorité

mi·ne·raal [minəral] *adj* minéral

mi·neur [minør] *de* 1 *(mus.)* mode mineur 2 humeur sombre

mi·neur·stem·ming [minørstɛmɪŋ] *nf* → mineur 2

***mi·ni·a·tuur-** [minijatyr-, [B]miɲatyr-] miniature; **de miniatuurtrein** le train miniature

mi·niem [minim] *adj, adv* (de façon) minime

mi·ni·ma [minima] *plur* minima sociaux

mi·ni·maal [minimal] *adj, adv* 1 minime, le moins possible 2 *(adv.)* au minimum

mi·ni·ma·li·se·ren [minimalizerə(n)] *vt (minimaliseerde, h. geminimaliseerd)* 1 réduire au maximum 2 minimiser

mi·ni|mum [minimʌm] *het (-ma)* 1 minimum 2 *(plur.)* smicards

mi·ni·mum·eis [minimʌmɛis] *nm (-en)* minimum exigé

mi·ni·mum·in·ko·men [minimʌmɪŋkomə(n)] *het (-s)* 1 bas revenu 2 *(plur.)* (personnes touchant de) bas revenus

mi·ni·mum·lij·der [minimʌmlɛidər] *nm (-s)* 1 smicard 2 tire-au-flanc

mi·nis·ter [minɪstər] *nm (-s) (pol.)* ministre

mi·nis·te·rie [minɪsteri] *het (-s) (pol.)* ministère

mi·nis·te·ri·eel [minɪsterijel] *adj* ministériel; **een ministeriële crisis** une crise gouvernementale

mi·nis·ter-pre·si·dent [minɪstərprezidɛnt] *nm (-en)* Premier ministre

mi·nis·ter·schap [minɪstərsχɑp] *het* fonction de ministre

min·ku·kel [mɪŋkykəl] *nm (-s) (iron.)* imbécile

min|naar [mɪnar] *nm (-s)*, **-nares** *nf (-sen)* amant, maîtresse

min·ne [mɪnə] *de* ♦ **iets in der ~ schikken** régler qqch à l'amiable

min·ne·ko·zen [mɪnəkozə(n)] *vi (minnekoosde, h. geminnekoosd)* roucouler *(fig.)*

[1]**min·nen** [mɪnə(n)] *vi (minde, h. gemind)* faire la cour; **~de paartjes** (couples) amoureux

[2]**min·nen** [mɪnə(n)] *vt (minde, h. gemind) (form.)* chérir

min·ne·tjes [mɪnəcəs] *adj, adv* 1 bien faible, (assez) faiblement 2 bien bas, (assez) bassement

min·ne·zan·ger [mɪnəzɑŋər] *nm (-s)* ménestrel

min·punt [mɪmpʌnt] *het (-en)* mauvais point

minst [mɪnst] *adj, adv* moindre, moins; **er niet het ~ van weten** n'en savoir absolument rien; **bij het ~e of geringste** pour un oui ou pour un non; **die schram is nog het ~e** cette éraflure n'est encore rien; **er niet in het ~ bezwaar tegen hebben** ne pas y voir la moindre objection; **ten ~e** au moins; **op z'n ~** pour le moins

min·ste [mɪnstə] *nm (-n)* inférieur

min·stens [mɪnstə(n)s] *adv* au moins

[1]**mi·nus** [minʌs] *het* 1 (signe) moins 2 déficit

[2]**mi·nus** [minʌs] *prép* moins

mi|nuut [minyt] *de (-nuten)* minute; **het is drie minuten voor vier** il est quatre heures moins trois (minutes); **het is drie minuten voor half vier** il est trois heures vingt-sept (minutes)

min|zaam [mɪnzam] *adj, adv (-zamer, -zaamst)* 1 affable, avec affabilité 2 bienveillant, avec bienveillance

min·zaam·heid [mɪnzamhɛit] *nf* 1 affabilité 2 bienveillance

mi·ra·kel [mirakəl] *het (-s, -en)* miracle

mi·ra·kel·spel [mirakəlspɛl] *het (-en) (hist.)* miracle

mir·re [mɪrə] *de* myrrhe

[1]**mis** [mɪs] *de (-sen)* messe

[2]**mis** [mɪs] *adj, adv* 1 faux; **je hebt het ~** tu te trompes; **je hebt het niet ver ~** tu n'es pas loin de la vérité 2 raté; **het is weer ~ met hem** il va de nouveau mal; **het liep ~** l'affaire a raté ♦ **het ~ hebben** avoir tort; **dat is lang niet ~!** ce n'est pas mal du tout !

mis·baar [mɪzbar] *het* tapage

mis·bak·sel [mɪzbɑksəl] *het (-s)* 1 (de la) camelote 2 ± avorton 3 salaud

mis·bruik [mɪzbrœyk] *het (-en)* abus; **~ maken van iemand** exploiter qqn

mis·brui·ken [mɪzbrœykə(n)] *vt (misbruikte, h. misbruikt)* abuser de; **Gods naam ~** blasphémer

mis|daad [mɪzdat] *de (-daden)* 1 crime 2 criminalité

mis·daad·film [mɪzdatfɪlm] *nm (-s)* film policier

mis·daan [mɪzdan] → **misdoen**

mis·da·dig [mɪzdadəχ] *adj, adv* **1** (d'une manière) criminel(le) **2** scandaleusement
mis·da|di·ger [mɪzdadəχər] *nm (-s)*,**-dig·ster** *nf (-s)* criminel, -elle
mis·da·dig·heid [mɪzdadəχhɛit] *nf* criminalité
mis·deed [mɪzdet], **misdeden** → **misdoen**
mis·deeld [mɪzdelt] *adj* déshérité
mis·die·naar [mɪzdinar] *nm (-s) (cathol.)* servant, *(enfant)* enfant de chœur
mis·doen [mɪzdun] *vt (misdeed, h. misdaan)* **1** faire (qqch) de mal **2** faire du mal à
mis·dra·gen, zich [mɪzdraχə(n)] *vpr (misdroeg zich, h. zich misdragen)* mal se conduire
mis|drijf [mɪzdrɛif] *het (-drijven) (jur.)* délit
mis·druk [mɪzdrʌk] *nm (-ken) (édit.)* maculature
[1]**mi·se·ra|bel** [mizerabəl] *adj (-beler, -belst)* **1** misérable; **een ~ beetje** un misérable petit morceau **2** méprisable **3** piètre
[2]**mi·se·ra·bel** [mizerabəl] *adv* **1** tristement **2** affreusement
mis·gaan [mɪsχan] *vi (ging mis, i. misgegaan)* **1** échouer **2** se tromper de route **3** ne pas atteindre son but
mis·gok·ken [mɪsχɔkə(n)] *vi (gokte mis, h. misgegokt)* se tromper (dans ses prévisions)
mis·gooi·en [mɪsχojə(n)] *vti (gooide mis, h. misgegooid)* manquer le but
mis|greep [mɪsχrep] *nm (-grepen)* maladresse
mis·grij·pen [mɪsχrɛipə(n)] *vi (greep mis, h. misgegrepen)* **1** manquer **2** se tromper
mis·gun·nen [mɪsχʌnə(n)] *vt (misgunde, h. misgund)* envier (qqch à qqn)
mis·ha·gen [mɪshaχə(n)] *vi (mishaagde, h. mishaagd) (form.)* déplaire
mis·han·de·len [mɪshandələ(n)] *vt (mishandelde, h. mishandeld)* maltraiter
mis·han·de·ling [mɪshandəlɪŋ] *nf (-en)* mauvais traitements; **geestelijke ~** cruauté mentale; **zware ~** sévices graves
mis·ken·nen [mɪskɛnə(n)] *vt (miskende, h. miskend)* méconnaître
mis·ken·ning [mɪskɛnɪŋ] *nf (-en)* **1** méconnaissance **2** non-reconnaissance
mis·kleun [mɪskløn] *nm (-en) (fam.)* gaffe
mis|koop [mɪskop] *nm (-kopen)* mauvais achat
mis|kraam [mɪskram] *het/de (-kramen) (méd.)* fausse couche
mis·lei·den [mɪslɛidə(n)] *vt (misleidde, h. misleid)* tromper
mis·lei·dend [mɪslɛidənt] *adj, adv* trompeur, de manière trompeuse
mis·lei·ding [mɪslɛidɪŋ] *nf (-en)* mystification
[1]**mis·lo·pen** [mɪslopə(n)] *vt (liep mis, h. misgelopen)* **1** manquer **2** ne pas obtenir
[2]**mis·lo·pen** [mɪslopə(n)] *vi (liep mis, h. misgelopen)* mal tourner
mis·luk·ke·ling [mɪslʌkəlɪŋ] *nm (-en)* raté, -ée
mis·luk·ken [mɪslʌkə(n)] *vi (mislukte, i. mislukt)* **1** échouer **2** rater; **zijn zoon is mislukt** son fils n'a pas réussi (dans la vie)
mis·luk·king [mɪslʌkɪŋ] *nf (-en)* échec
mis·maakt [mɪsmakt] *adj* difforme
mis·maakt|heid [mɪsmakthɛit] *nf (-heden)* difformité
mis·mees·te·ren [mɪsmestərə(n)] *vt (mismeesterde, h. mismeesterd) (Belg.)* soigner très mal *(à propos d'un médecin)*
mis·moe·dig [mɪsmudəχ] *adj* découragé
mis|noegd [mɪsnuχt] *adj (-noegder, meest m.)* contrarié
mis·noe·gen [mɪsnuχə(n)] *het* mécontentement; **iemands ~ opwekken** contrarier qqn
mis·oogst [mɪsoχst] *nm (-en) (agric.)* mauvaise récolte
mis·pak·ken, zich [mɪspɑkə(n)] *vpr (mispakte zich, h. zich mispakt) (Belg.)* se tromper (de)
[1]**mis·pel** [mɪspəl] *nm (-s)* néflier
[2]**mis·pel** [mɪspəl] *de (-s)* nèfle; *(fig.)* **zo rot als een ~** pourri jusqu'à l'os
mis·plaatst [mɪsplatst] *adj* déplacé; **zich ~ voelen** ne pas se sentir à sa place
[1]**mis·prij·zen** [mɪsprɛizə(n)] *het (Belg.)* mépris
[2]**mis·prij·zen** [mɪsprɛizə(n)] *vt (misprees, h. misprezen)* désapprouver
mis·punt [mɪspʌnt] *het (-en)* poison; **wat een ~ ben jij!** tu es un vrai poison !
mis·ra·den [mɪsradə(n)] *vti (raadde mis, h. misgeraden)* ne pas deviner
mis·re·ke·nen, zich [mɪsrekənə(n)] *vpr (misrekende zich, h. zich misrekend)* se tromper dans ses calculs
mis·re·ke·ning [mɪsrekənɪŋ] *nf (-en)* **1** erreur (de calcul) **2** mauvais calcul
mis|saal [mɪsal] *het (-salen) (cathol.)* missel
mis·schien [mɪsχin] *adv* peut-être
mis·schie·ten [mɪsχitə(n)] *vti (schoot mis, h. misgeschoten)* **1** *(tir)* manquer (le but) **2** *(fig.)* se tromper
mis·se·lijk [mɪsələk] *adj, adv* **1** qui a mal au cœur; **~ maken** écœurer; **~ zijn** avoir mal au cœur **2** *(+ niet)* rien; **dat is niet ~** ce n'est pas rien **3** (de façon) écœurant(e); **een ~e streek** un sale tour
mis·se·lijk|heid [mɪsələkhɛit] *nf (-heden)* **1** nausée **2** caractère écœurant **3** vacherie
mis·sen [mɪsə(n)] *vti (miste, h. gemist)* **1** *(fam.)* manquer **2** se passer (de) **3** manquer (de); **ik mis in dit boek een inleidend hoofdstuk** je trouve qu'il manque une introduction à ce livre; **ik mis je erg** tu me manques beaucoup; **zij mist haar zoon** son fils lui manque **4** *(Belg.)* se tromper ♦ *(fam.)* **dat kan niet ~** c'est sûr et certain

mis·ser [mɪsər] nm *(-s)* 1 échec 2 *(sports)* coup manqué

mis·sie [mɪsi] nf *(-s)* mission

mis·sie·post [mɪsipɔst] nm *(-en)* *(cathol.)* mission

mis·sie·werk [mɪsiwɛrk] *het* œuvre missionnaire

mis·slaan [mɪslan] *vti (sloeg mis, h. misgeslagen)* frapper à côté

mis·slag [mɪslɑχ] nm *(-en)* 1 coup manqué 2 bévue

mis·spre·ken, zich [mɪsprekə(n)] *vpr (missprak zich, h. zich missproken) (Belg.)* faire un lapsus

mis·staan [mɪstan] *vi (misstond, h. misstaan)* 1 ne pas aller *(vêtements etc.)* 2 ne pas convenir (à)

mis·stand [mɪstɑnt] nm *(-en)* abus

mis·stap [mɪstɑp] nm *(-pen)* faux pas *(aussi au fig.)*

mis·stond [mɪstɔnt] → misstaan

mist [mɪst] nm *(aussi au fig.)* brouillard ♦ de ~ in gaan rater son effet

***mist-** [mɪst-] de brume

mist·ach·ter·licht [mɪstɑχtərlɪχt] *het (-en) (transp.)* feu antibrouillard

mis·tas·ten [mɪstɑstə(n)] *vi (tastte mis, h. misgetast)* 1 prendre à côté 2 faire erreur

mist·bank [mɪstbɑŋk] *de (-en)* nappe de brouillard

mis·ten [mɪstə(n)] *vb impers (mistte, h. gemist)* faire du brouillard

mis·tig [mɪstəχ] *adj* brumeux; een ~ figuur un personnage obscur

mist·lamp [mɪstlɑmp] *de (-en) (transp.)* phare antibrouillard

mist·licht [mɪstlɪχt] *het (-en)* → mistlamp

mis·troos·tig [mɪstrostəχ] *adj* maussade

mis·troos·tig·heid [mɪstrostəχhɛit] *nf* mélancolie

mis·val [mɪsfɑl] *het (-len) (Belg.)* → miskraam

mis·val·len [mɪsfɑlə(n)] *vi (misviel, i. misvallen) (Belg.)* rester sur l'estomac

mis·vat·ting [mɪsfɑtɪŋ] *nf (-en)* erreur

mis·ver·staan [mɪsfərstan] *vt (verstond mis, h. misverstaan)* comprendre mal

mis·ver·stand [mɪsfərstɑnt] *het (-en)* malentendu; een ~ uit de weg ruimen dissiper un malentendu

mis·vor·men [mɪsfɔrmə(n)] *vt (misvormde, h. misvormd)* déformer

mis·vor·ming [mɪsfɔrmɪŋ] *nf (-en)* déformation *(aussi méd.)*

mis·zeg·gen [mɪsɛχə(n)] *vt (miszei/miszegde, h. miszegd)* dire (qqch) de travers

mis·zit·ten [mɪsɪtə(n)] *vi (zat mis, h. misgezeten)* 1 ne pas aller 2 *(personne)* être à côté de la question

mi·tel·la [mitɛla] *de (-'s) (méd.)* écharpe

mits [mɪts] *conj* à condition que

m.i.v. 1 abrév. de *met ingang van* à partir de 2 abrév. de *met inbegrip van* (y) compris

mix [mɪks] nm *(-en)* 1 *(cuis.)* mélange 2 mixage (sonore)

mixen [mɪksə(n)] *vt (mixte, h. gemixt)* 1 *(cuis.)* mélanger 2 mixer *(de la musique, des sons)*

mkb [ɛmkabe] *het* abrév. de *midden- en kleinbedrijf* PME

mmm [məm] *interj* 1 miam(-miam) 2 *(marque l'indifférence)* hum 3 *(marque la confirmation)* hm(m)

m.m.v. [mɛtmedəwɛrkɪŋvɑn] abrév. de *met medewerking van* en collaboration avec

m.n. abrév. de *met name* notamment

mo [ɛmo] *het* abrév. de *middelbaar onderwijs* ⟨*enseignement secondaire*⟩

mo-ak·te [ɛmoɑktə] *de (-s, -n)* ⟨*certificat d'aptitude pédagogique à l'enseignement secondaire*⟩, *(Belg.)* ⟨*agrégation*⟩

¹mo·biel [mobil] *de (-en)* (téléphone) portable

²mo·biel [mobil] *adj* 1 portatif 2 *(milit.)* mobile

mo·bil·home [mobəlhom] nm *(-s) (Belg.)* autocaravane

mocht [mɔχt], **mochten** → ²mogen

mo·daal [modal] *adj* 1 moyen; het ~ le salaire médian 2 médiocre

mod·der [mɔdər] nm boue; een figuur als ~ slaan se ridiculiser; *(fig.)* met zijn voeten, poten in de ~ staan aller au charbon, mouiller sa chemise

mod·de·ren [mɔdərə(n)] *vi (modderde, h. gemodderd)* vasouiller

mod·der·fi|guur [mɔdərfiχyr] *het/de (-guren)* ♦ een ~ slaan se ridiculiser

mod·de·rig [mɔdərəχ] *adj* boueux

mod·der·poel [mɔdərpul] nm *(-en)* bourbier

mod·der·vet [mɔdərvɛt] *adj* gras comme un porc

mo·de [modə] *nf (-s)* mode *(f.)*; in de ~ raken devenir à la mode; uit de ~ raken se démoder ♦ het is in de ~ te ... il est de bon ton de

mo·de·ar·ti·kel [modəɑrtikəl] *het (-en)* 1 article de mode 2 article à la mode

mo·de·be|wust [modəbəwʌst] *adj (-wuster, meest m.)* qui est (toujours) habillé(e) à la dernière mode

mo·de·ge·voe·lig [modəχəvuləχ] *adj* sensible aux changements de la mode

mo·de·kleur [modəklør] *de (-en)* couleur à la mode

¹mo·del [modɛl] *het (-len)* modèle; het ~ van de attente huisvader l'exemple type du père de famille attentif; ~ staan *(pour un artiste)* poser; die trui is helemaal uit (zijn) ~ ce chandail est complètement déformé

²mo·del [modɛl] *adj, adv* 1 modèle, à la perfection 2 (de manière) exemplaire

mo·del·bouw [modɛlbɑu] nm modélisme

mo·del·le·ren [modɛlerə(n)] *vt (modelleerde, h. gemodelleerd)* faire du modelage

mo·del·spoor|baan [modɛlsporban] *de (-banen)* chemin de fer miniature

mo·del·te·ke·nen [modɛltekənə(n)] *vi (modeltekende, h. modelgetekend)* dessiner d'après le modèle

mo·de·ont|wer·per [modəontwɛrpər] *nm (-s),-***werpster** *nf (-s)* couturier

mo·de·pop [modəpɔp] *de (-pen)* minet, -ette *(mode)*

mo·der·ni·se·ring [modɛrnizerɪŋ] *nf (-en)* modernisation

mo·de·ver·schijn·sel [modəvərsχɛinsəl] *het (-en)* phénomène passager

mo·de·woord [modəwort] *het (-en)* mot dans le vent

mo|di·eus [modijøs] *adj, adv (-dieuzer, -dieust)* à la mode

mo·dus [modʌs] *nm (modi)* mode *(m.)*

[1]**moe** [mu] *nf (fam.)* (m')man ♦ **nou ~!** ça alors !

[2]**moe** [mu] *adj* fatigué; **zij is het leven ~** elle est lasse de vivre; **iets ~ zijn** en avoir assez de qqch

moed [mut] *nm* courage; **iemand de ~ benemen, ontnemen** décourager qqn; **zich ~ indrinken** boire pour se donner du courage; **iemand ~ inspreken** encourager qqn; **de ~ opgeven, verliezen, laten zakken** perdre courage; **met de ~ der wanhoop** avec l'énergie du désespoir; **de ~ zonk hem in de schoenen** il a perdu courage

moe·de|loos [mudəlos] *adj, adv (-lozer, -loost)* découragé, sans courage

moe·de·loos·heid [mudəloshɛit] *nf* découragement

moe·der [mudər] *nf (-s)* mère; *(iron.)* **zij, hij is niet ~s mooiste!** elle n'est pas jolie jolie !; ce n'est pas un adonis !; **een ontaarde ~** une marâtre; *(fig.)* **~(tje) spelen** materner; *(fam.)* **~ de vrouw** ± bobonne

***moe·der-** [mudər-] **1** maternel; **het moederinstinct** l'instinct maternel **2** *(origine de qqch)* mère; **het moederbedrijf** la maison mère

moe·der·bin·ding [mudərbɪndɪŋ] *nf* attachement (pathologique) à la mère

Moe·der·dag [mudərdɑχ] *nm* fête des Mères

moe·der·fi|guur [mudərfiχyr] *de (-guren)* mère

moe·der·koek [mudərkuk] *nm (-en) (méd.)* placenta

moe·der·land [mudərlɑnt] *het* **1** métropole *(état considéré par rapport à ses colonies, aux territoires extérieurs)* **2** (mère) patrie

moe·der·lijk [mudərlək] *adj, adv* maternel(lement)

moe·der·loos [mudərlos] *adj* sans mère

moe·der·over·ste [mudərovərstə] *nf (-n) (cathol.)* (mère) supérieure

moe·der·schap [mudərsχɑp] *het* maternité *(état de mère)*

moe·der·schoot [mudərsχot] *nm (fig.)* sein (maternel)

moe·ders·kind [mudərskɪnt] *het (-eren)* **1** chouchou (à sa mère) **2** enfant couvé, surprotégé

moe·der·taal·spre·ker [mudərtalsprekər] *nm (-s)* locuteur natif

moe·der·vlek [mudərvlɛk] *de (-ken) (méd.)* tache de vin

moe·der·ziel [mudərzil] *de* ♦ **~ alleen** tout seul

moe·dig [mudəχ] *adj, adv* courageux, courageusement

moed·wil [mutwɪl] *nm* malveillance; **ik deed het niet met, uit ~** je ne l'ai pas fait exprès

moed·wil·lig [mutwɪləχ] *adj, adv* malveillant, exprès

moed·wil·lig·heid [mutwɪləχhɛit] *nf* → **moedwil**

moe·ge·stre·den [muχəstredə(n)] *adj* de guerre lasse

moe·ge·tergd [muχətɛrχt] *adj (Belg.)* de guerre lasse

moe·heid [muhɛit] *nf* **1** fatigue *(aussi de métaux)* **2** épuisement *(du sol)*

moei·en [mujə(n)] *vt (moeide, h. gemoeid)* → **gemoeid**

moei·lijk [mujlək] *adj, adv* difficile(ment); *(fam.)* **doe niet zo ~!** ne fai(te)s pas tant de complications !; **een ~ iemand** un(e) compliqué(e); **dat kan ~ aan haar aandacht ontsnapt zijn** il serait étonnant que cela ait échappé à son attention; **dat kunnen wij toch ~ doen** nous ne pouvons pas quand même faire cela; **het zichzelf ~ maken** se compliquer la vie; **dat zal hem ~ vallen** ça va être dur pour lui

moei·lijk|heid [mujləkhɛit] *nf (-heden)* difficulté; **hij maakt altijd moeilijkheden** il fait toujours des histoires; **uit de moeilijkheden helpen** tirer d'embarras; **daar zit, ligt de ~** voilà le problème

moei·te [mujtə] *nf* **1** peine; **doe (maar) geen ~** ne vous dérangez pas; **~ hebben om te** avoir du mal à; **~ hebben met iemand** avoir des problèmes avec qqn; **dat gaat in één ~ door** autant le faire en même temps; **dat is maar een kleine ~** c'est la moindre des choses; **dat loont de ~** cela vaut la peine (de); **met ~** difficilement; **vergeefse ~ gedaan hebben** en être pour sa peine **2** effort; *(Belg.)* **eraan zijn voor de ~** en être pour sa peine

moei·te·loos [mujtəlos] *adj, adv* sans peine

moei|zaam [mujzam] *adj, adv (-zamer, -zaamst)* pénible(ment); **het gaat nog ~** ça n'avance pas encore très vite; **een moeizame stijl** un style laborieux

moe·ke [mukə] *het (-s) (fam.)* maman ♦ **een gezellig(e) ~** une bonne grosse

[1]**moer** [mur] *de (-en)* écrou; *(fig.)* **dat is geen ~ waard** cela ne vaut pas un clou ♦ **dat kan me geen (ene) ~ schelen** je m'en fiche complètement

[2]**moer** [mur] *nf (-en) (fam.)* vieille

moe·ras [murɑs] *het (-sen)* **1** marais **2** *(fig.)* pétrin

***moe·ras-** [murɑs-] des marais; **de moeraskoorts** la fièvre des marais

moe·ras|grond [murɑsχrɔnt] *nm (-en),* **-land** *het (-en)* marais
moe·ras·sig [murɑsəχ] *adj* marécageux
moes [mus] *het (cuis.)* purée; **iemand tot ~ slaan** mettre qqn en bouillie
moest [must], **moesten** → [2]moeten
moes·tuin [mustœyn] *nm (-en)* (jardin) potager
[1]**moe·ten** [mutə(n)] *vb aux* **1** devoir, falloir; **moest (je) dat nou (doen)?** est-ce que c'était vraiment nécessaire (de faire ça) ?; **dat moet je nog eens doen (als je durft)!** recommence (si tu oses) !; *(fig.)* **eraan ~ geloven** (devoir) y passer; **dat moet gezegd (worden)** il faut le dire; **het moet** il le faut; **moet je eens horen!** écoute(-moi ça) !; **hij moest wel lachen** il ne pouvait pas s'empêcher de rire; **wat moet, dat moet maar** il faut ce qu'il faut; **weg ~** devoir partir; **het moet al heel slecht weer zijn, wil hij thuis blijven** il faut vraiment qu'il fasse très mauvais pour qu'il reste à la maison **2** vouloir; **ze moet er even uit** elle a besoin de changer d'air; **~ jullie niet eten?** n'alliez-vous pas manger ?; **waar moet je heen (gaan)?** où est-ce que tu vas ?; **wat moet je?** qu'est-ce que tu veux ?; **wat moet dat?** qu'est-ce que c'est que ça ?; **hij moest en zou het hebben** il le lui fallait coûte que coûte
[2]**moe·ten** [mutə(n)] *vt (moest, h. gemoeten) (fam.)* vouloir (qqch de qqn); **ik moet die man niet** je n'aime pas ce type
moet·je [mucə] *het (-s) (fam.)* **1** mariage forcé **2** accident *(enfant non désiré)*
[1]**mof** [mɔf] *nm (-fen) (péj.)* boche
[2]**mof** [mɔf] *de (-fen)* manchon *(pour les mains)*
mof·fin [mɔfɪn] *nf (-nen) (péj.)* → [1]mof
mo·ge·lijk [moχələk] *adj, adv* **1** possible; **al het ~e doen** faire tout son possible; **het ~ maken dat** permettre que; **voor zover ~** autant que possible; **zo goed ~** le mieux possible; **zo veel ~** autant que possible; **zo kort ~** le moins longtemps possible; **zo spoedig ~** le plus tôt possible **2** éventuel, peut-être
mo·ge·lij·ker·wijs [moχələkərwɛis] *adv* peut-être
mo·ge·lijk|heid [moχələkhɛit] *nf (-heden)* **1** possibilité; **ik kan met geen ~ ...** il m'est impossible de ...; **op alle mogelijkheden voorbereid zijn** être prêt à toute éventualité; **de mogelijkheden van een persoon** les capacités d'une personne **2** *(plur.)* chances; **de ~ bestaat dat ...** il est possible que ...
[1]**mo·gen** [moχə(n)] *vb aux* **1** pouvoir; **alles mag toch maar vandaag de dag** tout est permis de nos jours; **het mocht niet baten** ça n'a servi à rien; **er mag hier niet gerookt worden** il est interdit de fumer ici; **mocht u iets nodig hebben, vraag het dan gerust** si vous avez besoin de qqch, n'hésitez pas à le demander; **voor dit keer mag het** passe pour cette fois(-ci); **mag ik een kilo peren van u?** je voudrais un kilo de poires, s'il vous plaît; **het moest niet ~** ça devrait être interdit; **dat mag niet van haar moeder** sa mère ne le lui permet pas; **mag dat wel?** c'est permis ?; **als ik dat zo mag zeggen** si j'ose dire; **het heeft niet zo ~ zijn** il n'en a rien été **2** falloir; **als men hem geloven mag** à l'en croire; **wat een mooie jas! dat mag ook wel voor dat geld!** quel beau manteau ! il peut, vu son prix ! **3** avoir beau; **hij mag dan slim zijn, sterk is hij niet** il a beau être malin, il n'en est pas fort pour autant ♦ **zo mag ik het horen** ça fait plaisir à entendre; **ze ~ me hier niet zien** il ne faut pas qu'on me voie ici; **wij ~ niet vergeten dat ...** nous ne devons pas oublier que ...; **dat mocht je willen!** tu voudrais bien !; **hij mag er zijn** c'est un type bien; *(physique)* il n'est pas mal
[2]**mo·gen** [moχə(n)] *vt (mag, mocht, h. gemogen)* aimer (qqch, qqn); **ik mag hem graag, wel** je l'aime bien
mo·gend|heid [moχənthɛit] *nf (-heden)* puissance; **vreemde mogendheden** puissances étrangères
Mo·ham·med [mohamɛt] Mahomet
mo·ham·me|daan [mohamədan] *nm (-danen),* **-daanse** *nf (-n)* musulman, -ane
mok [mɔk] *de (-ken)* ± gobelet
mo·ker·slag [mokərslɑχ] *nm (-en)* coup de masse; **dat nieuws kwam aan als een ~** cette nouvelle a fait l'effet d'une bombe
mok·ka [mɔka] *nm* **1** moka **2** tasse de moka **3** crème (parfumée) au café
mok·ken [mɔkə(n)] *vi (mokte, h. gemokt)* faire la tête
[1]**mol** [mɔl] *de (-len)* **1** *(mus.)* bémol **2** *(mus.)* mode mineur
[2]**mol** [mɔl] *nm (-len)* taupe
Mol·da·vië [mɔldavijə] *het* Moldavie
Mol·da|vi·ër [mɔldavijər] *nm (-s),* **-vische** *nf (-n)* Moldave
Mol·da·visch [mɔldavis] *adj* moldave
mo·len [molə(n)] *nm (-s)* moulin ♦ **de ambtelijke ~(s)** les rouages de l'administration; **door de ~ gaan, moeten** *(procédure)* être soumis à tout un processus
mo·le|naar [molənar] *nm (-s),* **-naarster** *nf (-s)* meunier, -ière
mo·len|steen [molə(n)sten] *nm (-stenen)* meule; **dat ligt me als een ~ op het hart, dat hangt me als een ~ om de nek** c'est un boulet à traîner
molk [mɔlk], **molken** → melken
mol·len [mɔlə(n)] *vt (molde, h. gemold) (fam.)* bousiller
mol·lig [mɔləχ] *adj* potelé; **zij is aan de ~e kant** elle est plutôt rondelette
mols|hoop [mɔlshop] *nm (-hopen)* taupinière *(aussi au fig.)*
mol·ton [mɔltɔn] *het* molleton
mom [mɔm] *het/de* ♦ **onder het ~ van** sous prétexte de
mo·ment [momɛnt] *het (-en)* moment; **hij kan elk, ieder ~ binnen komen** il peut arri-

ver d'un moment à l'autre; geen ~ aarzelen ne pas hésiter une seconde; op het juiste ~ komen tomber à point

mo·men·teel [momɛntel] *adj, adv* 1 actuel, pour le moment 2 momentané(ment)

mo·ment·op·na·me [momɛntɔpnamə] *de (-n, -s)* 1 instantané 2 *(fig.)* flash

mom·pe·len [mɔmpələ(n)] *vti (mompelde, h. gemompeld)* marmonner; ik heb al zoiets horen ~ j'en ai déjà vaguement entendu parler

mond [mɔnt] *nm (-en)* 1 bouche; bij ~e van par la bouche de; doe je ~ dan open! mais il faut te faire entendre !; dat gaat je ~ voorbij ça te passe sous le nez; hij heeft een grote ~ il est fort en gueule; dat is een hele ~ vol on en a plein la bouche; zijn ~ houden tenir sa langue; wat los in de ~ zijn parler sans réfléchir, avoir un langage peu soigné; iemand woorden in de ~ leggen faire dire qqch à qqn; bepaalde woorden in de ~ nemen prononcer certaines paroles; iemand naar de ~ praten caresser qqn dans le sens du poil; met open ~ naar iets kijken regarder qqch bouche bée; zijn ~ opendoen élever la voix; zij heeft geen ~ opengedaan elle n'a pas soufflé mot; iemand de ~ snoeren imposer (le) silence à qqn; de oppositie de ~ snoeren bâillonner l'opposition; *(iron.)* zijn ~ staat er gewoon naar il n'a que ça à la bouche; zijn ~ staat geen ogenblik stil c'est un moulin à paroles; *(fig.)* het viel me uit de ~ ça m'a échappé; (als) uit één ~ spreken tenir le même langage (que qqn); het gerucht ging van ~ tot ~ la rumeur se répandit de bouche à oreille; iedereen heeft er de ~ van vol tout le monde n'a que ça à la bouche; zijn ~ voorbijpraten en dire trop; met de ~ vol tanden staan en être (tout) interdit 2 embouchure

***mond-** [mɔnt-] buccal; de mondholte la cavité buccale

mon·de·ling [mɔndəlɪŋ] *adj, adv* oral(ement); *(examen)* het ~ l'oral; een ~e overeenkomst un accord verbal

mon·dig [mɔndəχ] *adj* majeur; *(jur.)* iemand ~ verklaren émanciper qqn

mon·dig·heid [mɔndəχhɛit] *nf* 1 *(âge)* majorité 2 autonomie

mon·ding [mɔndɪŋ] *nf (-en)* embouchure, bouche

mond·je [mɔncə] *het (-s)* bouchée; een ~ Frans spreken connaître quelques mots de français ♦ ~ dicht! (motus et) bouche cousue !; niet op zijn ~ gevallen zijn ne pas avoir sa langue dans sa poche; zijn ~ weten te roeren avoir la langue bien pendue

mond·jes·maat [mɔncəsmat] *adv* au compte-goutte ♦ ~ eten grignoter

mond-tot-mond·re·cla·me [mɔntɔtmɔntrəklamə] *de* (publicité par le) bouche-à-oreille

mond·vol [mɔntfɔl] *nm* 1 bouchée; *(fig.)* een ~ Engels deux ou trois mots d'anglais 2 gorgée

Mo·ne|gask [monəχask] *nm (-en)*, **-gaskische** *nf (-n)* Monégasque

Mo·ne·gas·kisch [monəχaskis] *adj* monégasque

Mon·go·lië [mɔŋχolijə] *het* Mongolie

mon|gool [mɔŋχol] *nm (-golen)*, **mongooltje** *het (-s)* mongolien, -ienne

Mon|gool [mɔŋχol] *nm (-golen)*, **-goolse** *nf (-n)* Mongol, -ole

Mon·gools [mɔŋχols] *adj* mongol

[1]**mo·ni|tor** [monitɔr] *nm (-s)*, **-trice** *nf (-s)* *(Belg.)* moniteur, -trice

[2]**mo·ni·tor** [monitɔr] *nm (-s, -en) (technol.)* moniteur; bewaking met ~en télésurveillance

mo·ni·to·ren [monitorə(n)] *vt (monitorde, h. gemonitord)* contrôler, surveiller, faire le suivi de

mon·nik [mɔnək] *nm (-en)* moine; *(prov)* gelijke ~en, gelijke kappen il ne faut pas avoir deux poids, deux mesures

mon·ni·ken·or·de [mɔnəkə(n)ɔrdə] *de (-n, -s)* ordre monastique

mon·ni·ken·werk [mɔnəkə(n)wɛrk] *het* travail de bénédictin

mo·no·po·lie [monopoli] *het (-s)* monopole

mon·ster [mɔnstər] *het (-s)* 1 échantillon 2 monstre

***mon·ster-** [mɔnstər-] monstre; het monsterproces le procès monstre

mon·ster·ach·tig [mɔnstərɑχtəχ] *adj, adv* monstrueux, monstrueusement; een ~ geheel une monstruosité

mon·ster·lijk [mɔnstərlək] *adj, adv* → monsterachtig

mon·ta·ge·fo·to [mɔntaʒəfoto] *de (-'s)* 1 photomontage 2 photo-robot

Mon·te·ne|grijn [mɔntənəχrɛin] *nm (-en)*, **-grijnse** *nf (-n)* Monténégrin, -ine

Mon·te·ne·grijns [mɔntənəχrɛins] *adj* monténégrin

Mon·te·ne·gro [mɔntənegro] *het* Monténégro

mon·ter [mɔntər] *adj, adv* guilleret, gaiement

mon·te·ring [mɔnterɪŋ] *nf (-en)* montage

mo·nu·men·ten·zorg [monymɛntə(n)zɔrχ] *de* conservation des monuments historiques

mooi [moj] *adj, adv* 1 beau, bien, *(iron.)* joliment; *(iron.)* jij bent (me) ook een ~e! tu es bien bon(ne), toi !; je hebt ~ lachen tu as beau jeu de rire; dat is niet zo ~ ce n'est pas très réjouissant; dat is ~ meegenomen! c'est toujours ça de pris !; het is ~ (geweest) zo cela suffit; wel nu nog ~er! ça alors !; iets ~er voorstellen (dan het is) embellir qqch 2 amusant; ... dat het niet ~ meer was ..., c'était terrible ♦ *(iron.)* daar is hij ~ mee le voilà joliment arrangé

moois [mojs] *het* belles choses; *(iron.)* dat is ook wat ~! c'est du beau !; *(iron.)* hij zal nog wat ~ beleven! il aura une belle surprise !; *(iron.)* het zou me wat ~ zijn, als … il ferait beau voir que …

moor [mor] *nm (Moren)* 1 Maure 2 noir, noire

moord [mort] *de (-en)* meurtre; ~ en brand schreeuwen pousser les hauts cris; *(fig.)* daar komt ~ en doodslag van ça va tourner au drame

moord·aan·slag [mortanslaχ] *nm (-en)* attentat (à la vie)

moord·com·man·do [mortkɔmando] *het (-'s)* escadron de la mort

moord·da·dig [mordadəχ] *adj, adv* 1 meurtrier 2 insupportable, atrocement 3 super, vachement

moor·den [mordə(n)] *vi (moordde, h. gemoord)* commettre des assassinats; erop los ~ semer la mort

moor·de|naar [mordənar] *nm (-s),* **-nares** *nf (-sen)* meurtrier, -ière

moor·dend [mordənt] *adj* meurtrier

moord·griet [mortχrit] *nf (-en) (fam.)* môme du tonnerre

moord·lust [mortlʌst] *nm* envie de tuer

moord·par·tij [mortpartɛi] *nf (-en)* massacre

moord·vent [mortfɛnt] *nm (-en) (fam.)* type épatant

Moors [mors] *adj* 1 maure 2 *(arts)* mauresque

moot [mot] *de (moten)* tranche; iemand aan ~jes hakken trucider qqn

mop [mɔp] *de (-pen)* blague; een schuine ~ une blague osée; ~pen tappen raconter des blagues; voor de ~ iets doen faire qqch pour s'amuser

mop·pe|raar [mɔpərar] *nm (-s),* **-raarster** *nf (-s)* râleur, -euse

mop·pe·ren [mɔpərə(n)] *vi (mopperde, h. gemopperd)* râler; ik mag niet ~ ça ne va pas trop mal

mop·pe·rig [mɔpərəχ] *adj* râleur

mop·per·kont [mɔpərkɔnt] *nm (-en)* → mopperaar

mo·raal [moral] *nf* 1 morale; de losse ~ van het Franse hof les mœurs relâchées de la cour de France 2 *(sports)* moral

mo·reel [morel] *adj, adv* moral(ement)

mo·res [morəs] *plur* mœurs ♦ iemand ~ leren apprendre à qqn à vivre

[1]**mor·gen** [mɔrχə(n)] *nm (-s)* matin; (goede) ~! bonjour !; *(étonnement)* goeie ~! par exemple !; in de ~ dans la matinée; de volgende ~ le lendemain matin; 's ~s le matin

[2]**mor·gen** [mɔrχə(n)] *adv* demain; ~ vroeg demain matin

Mor·gen·land [mɔrχə(n)lant] *het* Orient

mor·gen·rood [mɔrχə(n)rot] *het* aurore

Mor·gen·ster [mɔrχə(n)stɛr] *de* étoile du berger

mor·gen·stond [mɔrχə(n)stɔnt] *nm* aurore; *(prov)* de ~ heeft goud in de mond l'avenir (le monde) appartient à ceux qui se lèvent tôt

mor·mel [mɔrməl] *het (-s)* 1 fichu gosse 2 *(personne)* horreur

mor·re·len [mɔrələ(n)] *vi (morrelde, h. gemorreld) (+ aan)* farfouiller

mor·ren [mɔrə(n)] *vi (morde, h. gemord)* 1 grogner 2 murmurer

mors·dood [mɔrzdot] *adj* raide mort

[1]**mor·sen** [mɔrsə(n)] *vti (morste, h. gemorst)* faire des taches (sur); *(sports)* punten ~ gaspiller des points

[2]**mor·sen** [mɔrsə(n)] *vi (morste, h. gemorst)* se barbouiller

mor·sig [mɔrsəχ] *adj, adv* malpropre(ment)

mor·tu·a|ri·um [mɔrtywarijʌm] *het (-ria)* 1 morgue 2 funérarium

mos [mɔs] *het (-sen)* mousse

mos·ach·tig [mɔsaχtəχ] *adj* 1 mousseux 2 moussu

mos·kee [mɔske] *nf (-ën)* mosquée

mos|lim [mɔslɪm] *nm (-s),* **-lima** *nf (-'s)* musulman, -ane

mos·sel [mɔsəl] *de (-en)* moule

mos·sig [mɔsəχ] *adj* → mosachtig

mos·terd [mɔstərt] *nm* moutarde; als ~ na de maaltijd komen arriver trop tard

mot [mɔt] *de (-ten)* 1 teigne 2 mite 3 *(fam.)* prise de bec

mo·tie [mo(t)si] *nf (-s)* motion; een ~ indienen déposer une motion

mo|tief [motif] *het (-tieven)* motif

mo·ti·ve·ren [motiverə(n)] *vt (motiveerde, h. gemotiveerd)* 1 motiver 2 encourager

mo·tor [motər] *nm (-en)* 1 moteur 2 moto

mo·to·riek [motorik] *nf* motricité

mo·to·risch [motoris] *adj, adv* 1 moteur 2 mécanique, pour ce qui est du moteur

mo·tor·kap [motərkap] *de (-pen)* capot

mo·tor|rij·der [motərɛidər] *nm (-s),* **-rijdster** *nf (-s)* motocycliste

mo·tor·sport [motərspɔrt] *de* motocyclisme

mot·re·gen [mɔtreχə(n)] *nm (-s)* bruine

mot·to [mɔto] *het (-'s)* devise; onder het ~ van sous le couvert de

mouw [mau] *de (-en)* manche; *(Belg.)* iets achter, in de ~ hebben être sournois; *(fig.)* iemand iets op de ~ spelden monter un bateau à qqn; ik weet er geen ~ aan te passen je ne vois pas de solution; *(fig.)* iets uit zijn ~ schudden ± improviser qqch

mouw·loos [maulos] *adj* sans manches

mo·za·ïek [mozaik] *het (-en)* 1 mosaïque 2 marqueterie

Mo·zam·bi|kaan [mozambikan] *nm (-kanen),* **-kaanse** *nf (-n)* Mozambicain, -aine

Mo·zam·bi·kaans [mozambikans] *adj* mozambicain

Mo·zam·bi·que [mozambik] *het* Mozambique

mr. [mestər] abrév. de *meester* Me

Mr. abrév. de *monsieur* M

MRI-scan [ɛmɛriskɛn] *nm (-s)* IRM

MS [ɛmɛs] *de* abrév. de *multiple sclerose* sclérose en plaques
mts [ɛmteɛs] *de (-'en)* abrév. de *middelbare technische school* ⟨*école d'enseignement technique du deuxième cycle*⟩
muf [mʌf], **muffig** *adj* **1** qui sent le renfermé **2** qui a un goût de moisi **3** ennuyeux; **wat een ~fe boel!** c'est à crever d'ennui ici !
mug [mʌχ] *de (-gen)* moustique; **van een ~ een olifant maken** se faire une montagne d'un rien
mug·gen|beet [mʌχə(n)bet] *nm (-beten)*, **-bult** *de (-en)*, **-steek** *nm (-steken)* piqûre de moustique
mug·gen·zif·ten [mʌχə(n)zɪftə(n)] *vi (muggenziftte, h. gemuggenzift)* couper les cheveux en quatre
[1]**muil** [mœyl] *nm (-en) (vulg.)* gueule
[2]**muil** [mœyl] *de (-en)* mule *(chaussure)*
muil·band [mœylbɑnt] *nm (-en)* → **muilkorf**
muil|ezel [mœylezəl] *nm (-s)*, **-dier** *het (-en)* mule
muil|korf [mœylkɔrf] *nm (-korven)* muselière
muil·kor·ven [mœylkɔrvə(n)] *vt (muilkorfde, h. gemuilkorfd)* **1** museler **2** bâillonner
muis [mœys] *de (muizen)* **1** souris; **ze zijn zo stil als een ~** on entendrait trotter une souris; **daar dansen de muizen in het spek** ± c'est un pays de cocagne **2** thénar
muis·cur·sor [mœyskʌrzɔr] *de (-s)* pointeur de souris
muis·je [mœyʃə] *het (-s) (plur.)* grains d'anis; **beschuit met ~s** biscotte ronde recouverte de perles d'anis ♦ *(fig.)* **dat ~ zal een staartje hebben** l'affaire aura des suites
muis·stil [mœystɪl] *adj* ♦ **zich ~ houden** ne pas souffler mot; **het is ~** on entendrait voler une mouche
mui·ten [mœytə(n)] *vi (muitte, h. gemuit)* se mutiner
mui·te·rij [mœytərɛi] *nf (-en)* mutinerie
mui·ze·nis [mœyzənɪs] *nf (-sen)* souci
mul·ti·func·ti·o·neel [mʌltifʌŋkʃonel] *adj* polyvalent
mul·ti·ple [mʌltipəl] *adj* ♦ **~ sclerose** sclérose en plaques
mul·to·map [mʌltomɑp] *de (-pen)* classeur *(portefeuille)*
mum [mʌm] *het (fam.)* ♦ **in een ~ (van tijd)** en un rien de temps
mum·mie [mʌmi] *nf (-s)* momie
mum·mi·fi·ce·ren [mʌmifisərə(n)] *vti (mummificeerde, h./i. gemummificeerd)* momifier, se momifier
mu·ni·tie [myni(t)si] *nf* munitions
munt [mʌnt] *de (-en)* **1** (pièce de) monnaie; **iemand met gelijke ~ (terug)betalen** rendre à qqn la monnaie de sa pièce; **met klinkende ~ betalen** payer comptant; *(fig.)* **~ slaan uit iets** tirer profit de qqch **2** jeton **3** *(pièce de monnaie)* face **4** *(bot.; aussi Belg.)* menthe
***munt-** [mʌnt-] monétaire; **de munteenheid** l'unité monétaire
mun·ten [mʌntə(n)] *vt (muntte, h. gemunt)* **1** frapper **2** viser; **het op iemand gemunt hebben** en avoir après qqn **3** *(mot)* inventer
munt·je [mʌncə] *het (-s) (Belg.)* pastille de menthe
munt·stuk [mʌntstʌk] *het (-ken)* pièce (de monnaie)
mur·me·len [mʌrmələ(n)] *vti (murmelde, h. gemurmeld)* murmurer
murw [mʌrf] *adj* mou
mus [mʌs] *de (-sen)* moineau; **iemand blij maken met een dode ~** donner une fausse joie à qqn; **de ~sen vallen (van de hitte) van het dak** il fait une chaleur accablante
mu·se·um [myzejʌm] *het (musea)* musée
mu·se·um·stuk [myzejʌmstʌk] *het (-ken)* **1** pièce (exposée dans un musée) **2** *(aussi au fig.)* pièce de musée
mu·si·cal [mjuzəkəl] *nm (-s)* comédie musicale
mu·si·ce·ren [myzisərə(n)] *vi (musiceerde, h. gemusiceerd)* faire de la musique
mu·si|cus [myzikʌs] *nm (-ci)*, **musicienne** *nf (-s)* musicien, -ienne
mus·ke·tier [mʌskətir] *nm (-s) (hist.)* mousquetaire
mus·kiet [mʌskit] *nm (-en)* moustique
muts [mʌts] *de (-en)* **1** bonnet **2** *(fam.)* gourde, cloche
muur [myr] *nm (muren)* **1** mur; *(hist.)* **de Berlijnse Muur** le mur de Berlin; *(fig.)* **de muren komen op mij af** j'ai l'impression d'étouffer (entre mes quatre murs) **2** muraille
***muur-** [myr-] mural
muur·bloem·pje [myrblumpjə] *het (iron.)* ♦ **een ~ zijn** faire tapisserie
muur·kast [myrkɑst] *de (-en)* placard
muur·vast [myrvɑst] *adj* **1** solide comme un roc **2** serré à bloc; **de besprekingen zitten ~** les discussions sont dans une impasse totale
m.u.v. [mɛtœytsɔndərɪŋvɑn] abrév. de *met uitzondering van* à l'exception de
mu·ze [myzə] *nf (-n)* **1** *(myth.)* Muse **2** muse
mu·ziek [myzik] *nf* musique; **gewijde ~** de la musique religieuse; *(fig.)* **voor de ~ uit lopen** vouloir aller trop vite; **daar zit ~ in** ça promet
***mu·ziek-** [myzik-] musical; **de muziekkritiek** la critique musicale
mu·ziek·je [myzikjə] *het (-s)* petit air (de musique)
mu·ziek·korps [myzikɔrps] *het (-en)* fanfare
mu·ziek|noot [myziknot] *de (-noten) (mus.)* note
mu·ziek·schrift [myziksχrɪft] *het* notation musicale
mu·zi|kaal [myzikal] *adj, adv (-kaler,*

-kaalst) **1** musicien, musicalement; **~ (begaafd) zijn** être doué pour la musique **2** musical(ement)

mu·zi·ka·li·teit [myzikalitɛit] *nf* **1** talent musical **2** musicalité

mu·zi|kant [myzikɑnt] *nm (-en),* **-kante** *nf (-s, -n)* musicien, -ienne

mv. [mɛrvɑut] abrév. de *meervoud* pl.

mw. [məvrɑu] abrév. de *mevrouw* Mme

My·an·mar [mijɑnmɑr] *het* Myanmar

My·an·ma·rees [mijɑnmares] *adj* du Myanmar

mys·te·rie [mɪsteri] *het (-s)* mystère *(aussi relig.)*

mys·ti|cus [mɪstikʌs] *nm (-ci),* **-ca** *nf (-'s)* mystique *(personne)*

mys·tiek [mɪstik] *adj* mystique; **de ~** la mystique, le mysticisme

mys·ti·fi·ce·ren [mɪstifiserə(n)] *vt (mystificeerde, h. gemystificeerd)* mystifier

n

n. [nœytrʌm, nøtrʌm] *(ling.)* abrév. de *neutrum* n
'n [ən] *art* → [4]**een**
N. [ɛn] abrév. de *noord(en)* N.
[1]**na** [na] *adv* (tout) près (de); **allen zijn mij even na** je les aime tous autant ♦ **allen op één na** tous sauf un; **er twee huizen op na houden** posséder deux maisons
[2]**na** [na] *prép* après; **na elkaar** l'un après l'autre
naad [nat] *nm (naden)* **1** couture **2** joint ♦ **zich uit de ~ werken** s'éreinter au travail; *(fam.)* **zich voor iemand uit de ~ lopen** se mettre en quatre pour qqn
naad·je [nacə] *het* ♦ **het ~ van de kous willen weten** vouloir savoir le fin mot de l'affaire
naad·loos [natlos] *adj* **1** sans couture **2** sans soudure ♦ **~ aansluiten op** correspondre parfaitement à
naai·en [najə(n)] *vti (naaide, h. genaaid)* **1** coudre; **het ~** la couture; **een wond ~** suturer une plaie **2** *(vulg.)* baiser
naai·ster [najstər] *nf (-s)* couturière
naakt [nakt] *adj, adv* nu
naakt·heid [nakthɛit] *nf* nudité *(aussi au fig.)*
naakt·strand [naktstrɑnt] *het (-en)* plage pour nudistes
naald [nalt] *de (-en)* **1** aiguille **2** *(d'électrophone)* saphir ♦ **heet van de ~** fraîchement sorti de ...
naald|boom [naldbom] *nm (-bomen)* conifère
naam [nam] *nm (namen)* **1** nom; **te goeder ~ en faam bekendstaan** jouir d'une bonne renommée; **iemands ~ gebruiken** se recommander de qqn; **een goede ~ hebben** avoir bonne réputation; **mijn ~ is haas** je n'ai rien à voir avec cette histoire, je n'en sais rien; **dat mag geen ~ hebben** c'est sans importance; **de ~ hebben (van) rijk te zijn** passer pour être riche; **ik wil niet de ~ hebben (dat) ...** je ne veux pas qu'on dise de moi que ...; *(fig.)* **~ maken** se faire un nom; **een man van ~** un homme en renom; **een geleerde van ~** un savant renommé **2** nom (de famille); **aangenomen ~** nom d'emprunt; **een dubbele ~** un nom à rallonges; **iemands goede ~** la réputation de qqn; **ten name van** au nom de; **iemand met ~ en toenaam noemen** désigner qqn nommément; **uit mijn ~** en mon nom ♦ **in ~ der wet** au nom de la loi; **met name** notamment
naam·bord [nambɔrt] *het (-en)* plaque
naam·dag [namdɑχ] *nm (-en) (cathol.)* fête
naam·ge|noot [namχənot] *nm (-noten)*, **-note** *nf (-n, -s)* homonyme *(personne)*
naam·ge·ving [namχevɪŋ] *nf* **1** baptême **2** nomenclature
naam·loos [namlos] *adj, adv* **1** anonyme(ment) **2** *(abstr.)* obscur
naam|plaat [namplat] *de (-platen)* → **naambord**
naam·val [namvɑl] *nm (-len) (ling.)* cas
naam·woord [namwort] *het (-en) (ling.)* nom; **een bijvoeglijk ~** un adjectif; **een zelfstandig ~** un substantif
naam·woor·de·lijk [namwordələk] *adj (ling.)* nominal; **het ~ deel van het gezegde** l'attribut
na-apen [naapə(n)] *vt (aapte na, h. nageaapt)* singer; **hij aapt alles van zijn vrienden na** il imite ses amis en tout
na-aper [naapər] *nm (-s)*, **na-aapster** *nf (-s)* imitateur, -trice
[1]**naar** [nar] *adj, adv (naarder, naarst)* **1** triste(ment); **er ~ aan toe zijn** être mal en point **2** indisposé; **ik ben me ~ geschrokken** j'ai eu une peur bleue; **ik heb me ~ gezocht** j'ai cherché comme un fou **3** (d'une façon) désagréable
[2]**naar** [nar] *prép* **1** à, en, chez, vers; **~ huis gaan** rentrer (chez soi); **~ boven gaan** monter; **~ beneden gaan** descendre; **~ Amsterdam vertrekken** partir pour Amsterdam **2** d'après; **de kwaliteit is er dan ook ~** la qualité est en rapport avec le prix; **het ziet er ~ uit, dat ...** on peut s'attendre à, à ce que
[3]**naar** [nar] *conj* à ce que
naar·gees·tig [narχestəχ] *adj, adv* triste(ment); **een ~ gebouw** un bâtiment lugubre; **~e gedachten** idées noires
[1]**naar·ge·lang** [narχəlɑŋ] *adv* suivant ♦ **ieder betaalt ~ (van) zijn vermogen** chacun paie en proportion de ses moyens
[2]**naar·ge·lang** [narχəlɑŋ] *conj* (au fur et) à mesure que
naar·ma·te [narmatə] *conj* → [2]**naargelang**
naar·stig [narstəχ] *adj, adv* assidu, assidûment
[1]**naast** [nast] *adj, adv* (le plus) proche, le plus près
[2]**naast** [nast] *prép* **1** à côté de; **~ elkaar** côte à côte; **er ~ zijn** être à côté de la question; **ergens ~ kijken** regarder à côté de qqch **2** auprès de
naas·te [nastə] *nm (-n)* prochain

naas·ten·lief·de [nastə(n)livdə] *nf* amour du prochain, *(relig.)* charité

na·be·schou·wing [nabəsχauwɪŋ] *nf (-en)* commentaire

na·be·spre·ken [nabəsprekə(n)] *vt (besprak na, h. nabesproken)* commenter

na·be·staan·de [nabəstandə] *nm (-n)* proche parent

na·be·stel·len [nabəstɛlə(n)] *vt (bestelde na, h. nabesteld)* renouveler la commande (de)

1**na·bij** [nabɛi] *adj, adv* proche, près (de); **de ~e omgeving** les environs; **zij was een flauwte ~** elle était sur le point de s'évanouir

2**na·bij** [nabɛi] *prép* près (de)

na·bij·ge·le·gen [nabɛiχəleχə(n)] *adj* proche

na·bij·heid [nabɛihɛit] *nf* **1** proximité; **in de ~** dans les environs **2** approche

na·blij·ven [nablɛivə(n)] *vi (bleef na, i. nagebleven)* **1** être (gardé) en retenue; **een leerling laten ~** mettre un élève en retenue **2** subsister

na·boot·sen [nabotsə(n)] *vt (bootste na, h. nagebootst)* imiter

na·bu·rig [nabyrəχ] *adj* voisin; **de ~e gemeenten** les communes environnantes

na·chec·ken [natʃɛkə(n)] *vt (checkte na, h. nagecheckt)* contrôler

nacht [nɑχt] *nm (-en)* nuit; **zo zwart als de ~** noir comme du charbon; **zo lelijk als de ~** laid à faire peur; **bij ~, 's ~s** la nuit; **hij gaat niet over één ~ ijs** il ne se lance pas à la légère; **slapeloze ~en** nuits blanches; **een ~je over iets willen slapen** (vouloir) réfléchir (à qqch) à tête reposée

***nacht-** [nɑχt-] de nuit; **het nachthemd, de nacht(ja)pon** la chemise de nuit

nacht·blind [nɑχtblɪnt] *adj (méd.)* héméralope

nacht·bra·ken [nɑχtbrakə(n)] *vi (nachtbraakte, h. genachtbraakt)* **1** faire la fête; **het ~** le noctambulisme **2** travailler la nuit

nacht·club [nɑχtklʌp] *de (-s)* boîte (de nuit)

nach·te|gaal [nɑχtəχal] *nm (-galen)* rossignol

nach·te·lijk [nɑχtələk] *adj, adv* nocturne, de nuit

nacht·kast·je [nɑχtkɑʃə, Bnɑχtkɑscə] *het (-s)* table de nuit

nacht·kus [nɑχtkʌs] *de (-sen)* ♦ **iemand een ~ geven** embrasser qqn pour lui souhaiter une bonne nuit

nacht·le·ven [nɑχtlevə(n)] *het* noctambulisme

nacht·mer·rie [nɑχtmɛri] *de (-s)* cauchemar

nacht·rust [nɑχtrʌst] *de* sommeil

nacht·slot [nɑχtslɔt] *het (-en)* serrure de sûreté; **op het ~ doen** fermer à double tour

nacht·vlin·der [nɑχtflɪndər] *nm (-s)* **1** papillon de nuit **2** oiseau de nuit

nacht·voor·stel·ling [nɑχtforstɛlɪŋ] *nf (-en)* séance nocturne

1**nacht·wacht** [nɑχtwɑχt] *de* **1** veillée nocturne, *(à l'hôpital)* garde de nuit **2** ronde de nuit

2**nacht·wacht** [nɑχtwɑχt] *nm (-en)* veilleur de nuit

nacht·wa·ker [nɑχtwakər] *nm (-s)* → 2**nachtwacht**

nacht·werk [nɑχtwɛrk] *het* travail de nuit; **er ~ van maken** travailler jusqu'à tard dans la nuit; **dat wordt weer ~** la soirée promet d'être longue

nacht·zoen [nɑχtsun] *nm (-en)* → **nachtkus**

na·da·gen [nadaχə(n)] *plur* dernières années *(aussi au fig.)*

na·dar·af·slui·ting [nadɑrɑfslœytɪŋ] *nf (-en) (Belg.)* barrière

na·dat [nadɑt] *conj* après (que)

na|deel [nadel] *het (-delen)* désavantage; **er ~ bij hebben** y perdre; **in het ~ zijn** être dans une position désavantageuse; **~ van iets ondervinden** subir les inconvénients de qqch; **ten nadele van** au détriment de

na·de·lig [nadeləχ] *adj, adv* **1** désavantageux, désavantageusement **2** nuisible

na·den·ken [nadɛŋkə(n)] *vi (dacht na, h. nagedacht)* réfléchir (sur, à); **het ~** la réflexion

na·den·kend [nadɛŋkənt] *adj, adv* (de manière) réfléchi(e)

na·der [nadər] *adj, adv* **1** plus proche, plus près; **het huilen stond hem ~ dan het lachen** il avait plus envie de pleurer que de rire; **partijen ~ tot elkaar brengen** concilier les parties **2** (de manière) plus précis(e); **laten we dat eens ~ bekijken** voyons cela de plus près; **iemand ~ leren kennen** faire plus ample connaissance avec qqn; **een ~ te bepalen plaats** un endroit à préciser

na·der·bij [nadərbɛi] *adv* plus près; **~ komen** se rapprocher

1**na·de·ren** [nadərə(n)] *vi (naderde, i. genaderd)* approcher

2**na·de·ren** [nadərə(n)] *vt (naderde, i. genaderd)* (s')approcher de; **bij het ~ van de veertig** à l'approche de la quarantaine

na·de·rend [nadərənt] *adj* proche; **een ~ onweer** un orage qui se prépare

na·der·hand [nadərhɑnt] *adv* par la suite

na·de·ring [nadərɪŋ] *nf* approche

na·dien [nadin] *adv (form.)* après

na·doen [nadun] *vt (deed na, h. nagedaan)* imiter; **dat doe je mij niet na** tu n'en feras pas autant

na·druk [nadrʌk] *nm (-ken)* **1** insistance **2** accent; **de ~ leggen op** insister sur

na·druk·ke·lijk [nadrʌkələk] *adj, adv* formel(lement); **zeer ~ aanwezig zijn** se faire remarquer; **een woord ~ uitspreken** appuyer sur un mot

na·gaan [naχan] *vt (ging na, h./i. nagegaan)* **1** examiner **2** s'imaginer; **kun je ~!** tu te rends compte ! **3** surveiller **4** contrôler; ~ **of** vérifier si **5** suivre; **met de ogen ~** suivre des yeux

na·ge·dach·te·nis [naχədaχtənɪs] *nf* mémoire; **in dierbare ~** regrets éternels; **ter ~ van** en mémoire de

na·gel [naχəl] *nm (-s)* **1** ongle; *(fam., fig.)* **hij heeft geen ~ om zijn gat te krabben** il est pauvre comme Job **2** marque de l'ongle **3** clou; *(fig.)* **hij is een ~ aan mijn doodkist** il me fera mourir

na·gel·bij·ten [naχəlbɛitə(n)] *vb* se ronger les ongles

na·ge·len [naχələ(n)] *vt (nagelde, h. genageld)* clouer; **Christus werd aan het kruis genageld** le Christ fut crucifié

na·ge·noeg [naχənuχ] *adv (form.)* pratiquement

na·ge·recht [naχərɛχt] *het (-en)* dessert

na·ge·slacht [naχəslɑχt] *het (-en)* **1** descendance **2** postérité; **het ~ zal over mij oordelen** l'histoire me jugera

na·ge·ven [naχevə(n)] *vt (gaf na, h. nagegeven)* **1** donner en plus **2** reconnaître (qqch à qqn); **men moet hem ~ dat ...** on lui doit cette justice que ... ♦ *(Belg.)* **dat zou ik hem niet ~** je ne le vois pas faire cela

na·hou·den [nahaudə(n)] *vt (hield na, h. nagehouden)* **1** garder en retenue **2** avoir; **er een vriendje op ~** avoir un petit ami

na·ïef [naif] *adj, adv (naïever, naïefst)* naïf, naïvement

na·ïe·ve·ling [naivəlɪŋ] *nm (-en)* **1** naïf, naïve **2** nigaud

na·ij·ver [naɛivər] *nm* envie

na·jaar [najar] *het* automne

***na·jaars-** [najars-] d'automne; **de najaarscollectie** la collection d'automne

na·ja·gen [najaχə(n)] *vt (jaagde, joeg na, h. nagejaagd)* poursuivre *(aussi au fig.)*

na·ken [nakə(n)] *vi (naakte, i. genaakt) (form.)* approcher

na·kie [naki] *het (-s) (fam.)* ♦ **in zijn ~ staan** être à poil

na·kij·ken [nakɛikə(n)] *vt (keek na, h. nagekeken)* **1** suivre des yeux; **hij had het ~** il fut de la revue **2** vérifier; **laat je eens ~!** il faut te faire soigner ! **3** corriger

na·klin·ken [naklɪŋkə(n)] *vi (klonk na, h. nageklonken)* **1** se faire encore entendre **2** résonner

na·ko·me|ling [nakoməlɪŋ] *nm (-en),* **-linge** *nf (-n, -s)* descendant, -ante

[1]**na·ko·men** [nakomə(n)] *vi (kwam na, i. nagekomen)* arriver plus tard

[2]**na·ko·men** [nakomə(n)] *vt (kwam na, i. nagekomen)* observer; **zijn afspraken ~** tenir parole

na·ko·mer·tje [nakomərcə] *het (-s)* petit dernier, petite dernière

na·la·ten [nalatə(n)] *vt (liet na, h. nagelaten)* **1** laisser; **een diepe indruk ~** faire grande impression **2** négliger de ♦ **ik kan het niet ~** je ne peux pas m'en empêcher

na·la·ten·schap [nalatənsχɑp] *nf (-pen)* héritage

na·la·tig [nalatəχ] *adj, adv* négligent, avec négligence

na·le·ven [nalevə(n)] *vt (leefde na, h. nageleefd)* observer

na·le·zen [nalezə(n)] *vt (las na, h. nagelezen)* **1** consulter **2** relire

na·lo·pen [nalopə(n)] *vt (liep na, h./i. nagelopen)* **1** suivre en marchant; **de meisjes ~** courir les filles **2** contrôler

nam [nɑm], **namen** → **nemen, aannemen, gevangennemen** *(etc.)*

na·maak [namak] *nm,* **namaaksel** *het (-s)* imitation

na·ma·ken [namakə(n)] *vt (maakte na, h. nagemaakt)* **1** faire une copie de **2** imiter

na·me [namə] → **naam**

na·me·lijk [namələk] *adv* **1** c'est-à-dire **2** en effet

na·me·loos [naməlos] *adj, adv* sans nom, de façon indicible

na·mens [namə(n)s] *prép* de la part de

Na·mi·bië [namibijə] *het* Namibie

Na·mi·bi·ër [namibijər] *nm (-s),* **Namibische** *nf (-n)* Namibien, -ienne

Na·mi·bisch [namibis] *adj* namibien

na·mid·dag [namɪdɑχ] *nm (-en)* aprèsmidi

na·oor·logs [naorlɔχs] *adj* d'après-guerre

na·pijn [napɛin] *de (-en)* **1** douleur secondaire **2** *(fig.)* suites; **ergens de ~ van ondervinden** ressentir les suites de qqch

[1]**na·pra·ten** [napratə(n)] *vt (praatte na, h. nagepraat)* répéter

[2]**na·pra·ten** [napratə(n)] *vi (praatte na, h. nagepraat)* rester à causer

nar [nɑr] *nm (-ren)* **1** fou **2** *(hist.)* bouffon

nar·cis·me [nɑrsɪsmə] *het (psycho.)* narcissisme

nar·co·se [nɑrkozə] *nf (méd.)* anesthésie; **iemand onder ~ brengen** anesthésier qqn

na·re·ke·nen [narekənə(n)] *vt (rekende na, h. nagerekend)* **1** vérifier **2** recalculer

na·rig·heid [narəχhɛit] *nf* ennui; **in de ~ zitten** avoir des ennuis; **daar komt ~ van** ça va m' (t', lui etc. ...) attirer des ennuis

na·roe·pen [narupə(n)] *vt (riep na, h. nageroepen)* interpeller

na·schil·de·ren [nasχɪldərə(n)] *vt (schilderde na, h. nageschilderd)* imiter (un tableau)

[1]**na·scho·len** [nasχolə(n)] *vt (schoolde na, h. nageschoold)* recycler *(éducation)*

[2]**na·scho·len** [nasχolə(n)] *vi (schoolde na, h. nageschoold)* se recycler

na·schrift [nasχrɪft] *het (-en)* post-scriptum

na·sei·zoen [nasɛizun] *het (-en)* arrière-saison

na·slaan [naslan] *vt (sloeg na, h. nageslagen)* consulter

na·slag·werk [naslɑχwɛrk] *het (-en)* ouvrage de référence

na·sleep [naslep] *nm* suites; **de ~ van iets ondervinden** ressentir les suites de qqch

na|smaak [nasmak] *nm (-smaken)* arrière-goût

na·spel [naspɛl] *het (-en)* 1 *(fig.)* suite 2 *(mus.)* finale 3 épilogue

na·spe·len [naspelə(n)] *vt (speelde na, h. nagespeeld)* reproduire (en jouant)

na·sta·ren [nastarə(n)] *vt (staarde na, h. nagestaard)* → nakijken 1

na·stre·ven [nastrevə(n)] *vt (streefde na, h. nagestreefd)* 1 poursuivre 2 chercher à égaler (qqn)

na·stu·ren [nastyrə(n)] *vt (stuurde na, h. nagestuurd)* faire suivre

na·syn·chro·ni·se·ren [nasɪŋχronizerə(n)] *vt (synchroniseerde na, h. nagesynchroniseerd)* 1 postsynchroniser 2 *(cin., com.)* doubler

nat [nɑt] *adj* 1 mouillé; de verf is ~ la peinture est fraîche; ~te sneeuw neige fondue; door en door ~ trempé jusqu'aux os 2 pluvieux

na·ta·fe·len [natafələ(n)] *vt (tafelde na, h. nagetafeld)* s'attarder à table

na·te·ke·nen [natekənə(n)] *vt (tekende na, h. nagetekend)* 1 dessiner d'après qqch 2 copier

na·tel·len [natɛlə(n)] *vt (telde na, h. nageteld)* 1 calculer 2 recompter

nat·heid [nɑthɛit] *nf* → nattigheid

na·tie [na(t)si] *nf (-s)* nation

na·ti·o·naal [na(t)ʃonal] *adj, adv* 1 national 2 patriotique(ment)

na·tive spea·ker [netɪfspikər] *nm (-s)* locuteur natif

nat·je [nɑcə] *het* ♦ hij houdt van zijn ~ en droogje il aime être dorloté, il aime les plaisirs de la table

nat·ma·ken [nɑtmakə(n)] *vt (maakte nat, h. natgemaakt)* mouiller

NA·TO [nato] *nf* abrév. de *North Atlantic Treaty Organization* OTAN

na·trap·pen [natrɑpə(n)] *vti (trapte na, h. nagetrapt)* 1 donner un coup de pied par-derrière 2 *(fig.)* donner le coup de pied de l'âne

nat·re·ge·nen [nɑtreχənə(n)] *vi (regende nat, i. natgeregend)* se mouiller

na·trek·ken [natrɛkə(n)] *vt (trok na, h. nagetrokken)* 1 calquer 2 contrôler

na·tri·um [natrijʌm] *het (chim.)* sodium

nat·te·vin·ger·werk [nɑtəvɪŋərwɛrk] *het* approximations

nat·tig [nɑtəχ] *adj* humide

nat·tig·heid [nɑtəχhɛit] *nf* humidité; ~ voelen sentir que qqch n'est pas catholique, sentir que les choses se gâtent

na·tuur [natyr] *nf* nature; dat druist tegen de ~ in c'est contre nature; in de vrije ~ en pleine campagne

***na·tuur-** [natyr-] naturel; het natuurgebied la région naturelle

na·tuur·be·heer [natyrbəher] *het* gestion des paysages naturels

na·tuur·be·houd [natyrbəhɑut] *het* préservation de la nature

na·tuur·be·scher·ming [natyrbəsχɛrmɪŋ] *nf* conservation de la nature

na·tuur·ge·nees·wij·ze [natyrχəneswɛizə] *de* traitement naturopathe

na·tuur·ge·trouw [natyrχətrɑu] *adj, adv* fidèle(ment)

na·tuur·kun·de [natyrkʌndə] *nf (enseign.)* physique

na·tuur·kun·dig [natyrkʌndəχ] *adj* physique; de ~e le, la physicien(ne)

na·tuur·lijk [natyrlək] *adj, adv* naturel(lement); maar ~! mais bien sûr !

na·tuur·lij·ker·wij·ze [natyrləkərwɛizə] *adv* naturellement

na·tuur·lijk·heid [natyrləkhɛit] *nf* naturel

na·tuur·mens [natyrmɛns] *nm (-en)* 1 homme primitif 2 ami, -ie de la nature

na·tuur·mo·nu·ment [natyrmonymɛnt] *het (-en)* site protégé

na·tuur·schoon [natyrsχon] *het* beauté de la nature

na·tuur·steen [natyrsten] *het/de* pierre de taille

na·tuur·ta·lent [natyrtalɛnt] *het (-en)* personne douée

na·tuur·voe·dings·win·kel [natyrvudɪŋswɪŋkəl] *nm (-s)* boutique de produits naturels

na·tuur·volk [natyrvɔlk] *het (-en, -eren)* peuple primitif

na·tuur·we·ten·schap [natyrwetənsχɑp] *nf (-pen)* 1 sciences naturelles 2 physique

na·tuur·we·ten·schap·per [natyrwetənsχɑpər] *nm (-s)* scientifique

[1]**nauw** [nɑu] *het* détroit; het Nauw van Calais le pas de Calais ♦ in het ~ zitten être dans une mauvaise passe; iemand in het ~ drijven pousser qqn dans ses derniers retranchements

[2]**nauw** [nɑu] *adj, adv* 1 étroit(ement); ~ zitten être serré 2 précis, avec précision; hij kijkt niet zo ~ il n'y regarde pas de si près; dat luistert ~ il s'agit d'être très précis; hij neemt het zeer ~ met de discipline il est très strict sur la discipline; het niet zo ~ nemen ne pas y regarder de si près; het steekt niet zo ~ on n'en est pas à cela près 3 à peine

nau·we·lijks [nɑuwələks] *adv* à peine

nauw·ge|zet [nɑuχəzɛt] *adj, adv (-zetter, meest n.)* (avec) exact(itude)

nauw·keu·rig [nɑukørəχ] *adj, adv* (d'une manière) précis(e); zij stemmen ~ overeen ils sont en parfait accord

nauw·keu·rig·heid [nɑukørəχhɛit] *nf* précision

nauw·let·tend [nɑulɛtənt] *adj, adv* attentif, attentivement

nauw·let·tend·heid [nɑulɛtənthɛit] *nf* attention

nauw·slui·tend [nɑuslœytənt] *adj* (bien) ajusté

nauw·te [nɑutə] *nf* étroitesse

n.a.v. abrév. de *naar aanleiding van* à propos de
na·vel [navəl] *nm (-s)* nombril
na·ve·nant [navənant] *adv (fam.)* à l'avenant
na·ver·tel·len [navərtɛlə(n)] *vt (vertelde na, h. naverteld)* raconter (ce qu'on a entendu dire, ce qu'on a vécu)
NA·VO [navo] *nf* abrév. de *Noord-Atlantische Verdragsorganisatie* OTAN
na·vol·gen [navɔlχə(n)] *vt (volgde na, h. nagevolgd)* suivre
na·vol·ging [navɔlχɪŋ] *nf (-en)* imitation; **in ~ van** à l'exemple de; **dat voorbeeld verdient (geen) ~** c'est un exemple à (ne pas) suivre; **~ vinden** faire école
na·vraag [navraχ] *de* enquête; **bij ~ bleek, dat ...** renseignements pris, il s'est avéré que ...; **~ doen** s'informer (de qqch)
na·vra·gen [navraχə(n)] *vt (vraagde, vroeg na, h. nagevraagd)* s'informer de
na·vul·baar [navʌlbar] *adj* rechargeable *(bouteille, flacon etc.)*
na·wee [nawe] *het (-ën)* **1** contractions utérines après l'accouchement **2** *(fig.)* séquelles; **de ~ën van de oorlog ondervinden** se ressentir des suites de la guerre
na·wer·ken [nawɛrkə(n)] *vi (werkte na, h. nagewerkt)* agir (longtemps); **de maatregel werkte nog lang na** les effets de cette mesure se sont fait longtemps ressentir
na·wer·king [nawɛrkɪŋ] *nf (-en)* **1** effet **2** *(fig.)* contrecoup
na·woord [nawort] *het (-en)* postface
na·wui·ven [nawœyvə(n)] *vt (wuifde na, h. nagewuifd)* faire adieu de la main
na|zaat [nazat] *nm (-zaten)* descendant
na·zeg·gen [nazɛχə(n)] *vt (zei, zegde na, h. nagezegd)* répéter
na·zen·den [nazɛndə(n)] *vt (zond na, h. nagezonden)* faire suivre
na·zicht [nazɪχt] *het (Belg.)* **1** contrôle **2** révision *(de machines etc.)*
na·zien [nazin] *vt (zag na, h. nagezien)* **1** revoir **2** corriger **3** examiner
na·zit·ten [nazɪtə(n)] *vt (zat na, h. nagezeten)* **1** poursuivre **2** courir après **3** surveiller (de près)
na·zoe·ken [nazukə(n)] *vt (zocht na, h. nagezocht)* **1** fouiller (qqch, dans qqch) **2** vérifier
na·zo·mer [nazomər] *nm (-s)* fin de l'été
na·zorg [nazɔrχ] *de* postcure
NB [ɛnbe] **1** abrév. de *nota bene* NB **2** abrév. de *noorderbreedte* lat. N.
n.Chr. [nakrɪstʌs] abrév. de *na Christus* apr. J.-C.
ne·de·rig [nedərəχ] *adj, adv* humble(ment)
ne·de·rig·heid [nedərəχhɛit] *nf* humilité
ne·der|laag [nedərlaχ] *de (-lagen)* défaite; **een ~ lijden** subir une défaite
Ne·der·land [nedərlant] *het* Pays-Bas; *(hist.)* **de Verenigde ~en** les Provinces-Unies
Ne·der|lan·der [nedərlandər] *nm (-s),* **-landse** *nf (-n)* Néerlandais, -aise; **een nieuwe ~** un Néerlandais issu de l'immigration
Ne·der·lands [nedərlan(t)s] *adj* néerlandais; **het Algemeen Beschaafd ~** le néerlandais standard
Ne·der·lands·ta·lig [nedərlan(t)staləχ] *adj* **1** néerlandophone **2** (écrit, prononcé en) néerlandais
ne·der·zet·ting [nedərzɛtɪŋ] *nf (-en)* établissement
nee [ne] *interj* non; **~ heb je, ja kun je krijgen** ça ne coûte rien de demander; **~ schudden** faire non de la tête; **~ maar!** ça par exemple !; **~ zeg, nou nog mooier!** ah non alors !
neef [nef] *nm (neven)* **1** neveu **2** cousin; **een volle ~** un cousin germain
neeg [neχ], **negen** →**nijgen**
neer [ner] *adv* **1** en bas; **op en ~** de haut en bas **2** à, par terre
neer·bui·gend [nerbœyχənt] *adj, adv* condescendant, avec condescendance
neer·da·len [nerdalə(n)] *vi (daalde neer, i. neergedaald)* descendre; **het ~** la descente
neer·druk·ken [nerdrʌkə(n)] *vt (drukte neer, h. neergedrukt)* **1** appuyer sur (qqch) **2** déprimer
neer·gaan [nerχan] *vi (ging neer, i. neergegaan)* **1** descendre; **in ~de lijn** en régression **2** tomber ♦ **de straat op- en ~** se promener de long en large dans la rue
neer·gang [nerχaŋ] *nm* déclin
neer·gooi·en [nerχojə(n)] *vt (gooide neer, h. neergegooid)* **1** jeter en bas **2** jeter à, par terre; **hij gooit zijn boeken overal neer** il laisse traîner ses livres n'importe où **3** cesser *(travail)*
neer·ha·len [nerhalə(n)] *vt (haalde neer, h. neergehaald)* **1** abaisser **2** abattre **3** descendre **4** rabaisser
neer·kij·ken [nerkɛikə(n)] *vi (keek neer, h. neergekeken)* **1** baisser les yeux (sur) **2** *(+ op)* regarder (qqn) de haut
neer·knal·len [nerknalə(n)] *vt (knalde neer, h. neergeknald) (fam.)* flinguer
neer·knie·len [nerknilə(n)] *vi (knielde neer, h. neergeknield)* s'agenouiller
neer·ko·men [nerkomə(n)] *vi (kwam neer, i. neergekomen)* **1** se poser **2** tomber **3** *(+ op)* retomber (sur qqn), s'abattre (sur) **4** *(+ op)* revenir (à); **het komt erop neer dat ...** cela revient à dire que ...
neer·krab·be·len [nerkrabələ(n)] *vt (krabbelde neer, h. neergekrabbeld)* griffonner
neer·kwak·ken [nerkwakə(n)] *vt (kwakte neer, h. neergekwakt) (fam.)* flanquer
neer·lan·di|cus [nerlandikʌs] *nm (-ci),* **-ca** *nf (-cae, -'s)* néerlandiciste
neer·la·ten [nerlatə(n)] *vt (liet neer, h. neergelaten)* (a)baisser
[1]**neer·leg·gen** [nerlɛχə(n)] *vt (legde neer, h. neergelegd)* **1** poser (qqch); **iemands bevelen naast zich ~** braver les ordres de

qqn **2** déposer **3** descendre ◆ *(Belg.)* **de boeken ~** déposer le bilan; **ik heb tien euro moeten ~** j'ai dû allonger dix euros

²**neer·leg·gen, zich** [nerlɛχə(n)] *vpr (legde zich neer, h. zich neergelegd) (+ bij)* se résigner; **zich bij de feiten ~** se rendre à l'évidence

¹**neer·plof·fen** [nerplɔfə(n)] *vi (plofte neer, i. neergeploft)* tomber lourdement; **in zijn stoel ~** s'affaler dans son fauteuil

²**neer·plof·fen** [nerplɔfə(n)] *vt (plofte neer, h. neergeploft)* laisser tomber

neer·schie·ten [nersχitə(n)] *vt (schoot neer, h. neergeschoten)* abattre

neer·schrij·ven [nersχrɛivə(n)] *vt (schreef neer, h. neergeschreven)* mettre (qqch) par écrit

¹**neer·slaan** [nerslan] *vi (sloeg neer, i. neergeslagen)* **1** *(chim.)* (se) précipiter **2** s'abattre

²**neer·slaan** [nerslan] *vt (sloeg neer, h. neergeslagen)* **1** (r)abattre; **de ogen ~** baisser les yeux **2** assommer; **een opstand ~** écraser une insurrection **3** *(chim.)* précipiter

neer·slach·tig [nerslɑχtəχ] *adj, adv* déprimé, d'un air abattu

neer·slach·tig·heid [nerslɑχtəχhɛit] *nf* abattement

neer·slag [nerslɑχ] *nm (-en)* **1** *(météo.)* précipitations (atmosphériques); **winterse ~** averses de grêle et de neige **2** *(chim.)* précipité **3** *(fig.)* retombées, conséquences

neer·smij·ten [nersmɛitə(n)] *vt (smeet neer, h. neergesmeten)* flanquer par terre

neer·ste·ken [nerstekə(n)] *vt (stak neer, h. neergestoken)* poignarder

¹**neer·stor·ten** [nerstɔrtə(n)] *vt (stortte neer, h. neergestort)* déverser

²**neer·stor·ten** [nerstɔrtə(n)] *vi (stortte neer, i. neergestort)* tomber, *(avion)* s'écraser

neer·strij·ken [nerstrɛikə(n)] *vi (streek neer, i. neergestreken)* **1** se poser *(oiseau)* **2** *(fig.)* s'installer

neer·tel·len [nertɛlə(n)] *vt (telde neer, h. neergeteld)* **1** compter **2** débourser

neer·val·len [nervɑlə(n)] *vi (viel neer, i. neergevallen)* **1** tomber (par terre); **erbij ~** être mort de fatigue **2** tomber à genoux **3** s'affaler

neer·vlij·en [nervlɛijə(n)] *vt (vlijde neer, h. neergevlijd)* poser doucement

neer·waarts [nerwarts] *adj, adv* descendant, en bas

neer·wer·pen [nerwɛrpə(n)] *vt (wierp neer, h. neergeworpen)* **1** jeter (par terre) **2** renverser

neer·zet·ten [nerzɛtə(n)] *vt (zette neer, h. neergezet)* **1** poser; *(sports)* **een goede tijd ~** réaliser un bon temps; **zich ~** s'asseoir **2** *(dram.)* camper; **krachtig ~** typer

neer·zien [nerzin] *vi (zag neer, h. neergezien)* **1** *(+ op)* regarder (qqn) de haut **2** regarder en bas

neer·zit·ten [nerzɪtə(n)] *vi (zat neer, h. neergezeten)* **1** *(form.)* prendre un siège **2** être assis ◆ **bij de pakken ~** baisser les bras

ne·ga|tief [neχatif] *adj, adv (-tiever, -tiefst)* négatif, négativement; **~ staan** être à découvert *(compte en banque)*

ne·gen [neχə(n)] *card* neuf; **het is bij ~en** il est près de neuf heures; **met zijn ~en** à neuf

ne·gen·de [neχəndə] *ord* neuvième; **ten ~** neuvièmement

ne·gen·ja·rig [neχə(n)jarəχ] *adj* de neuf ans

ne·gen·tal [neχə(n)tɑl] *het (-len)* ennéade; **een ~ dagen** huit, neuf jours

ne·gen·tien [neχə(n)tin] *card* dix-neuf

ne·gen·tig [neχə(n)təχ] *card* quatre-vingt-dix, *(Belg.)* nonante

ne·gen·vou·dig [neχə(n)vaudəχ] *adj, adv* nonuple, neuf fois

ne·ger [neχər] *nm (-s),* **negerin** *nf (-nen)* noir, noire

ne·ge·ren [nəχerə(n)] *vt (negeerde, h. genegeerd)* ignorer; **hij heeft elke waarschuwing genegeerd** il a négligé tous les avertissements

ne·ge·rin [neχərɪn] *nf (-nen)* → **neger**

ne·gli·gé [negliʒe] *het (-s)* déshabillé

ne·gri·de [neχridə] *adj* nègre

nei·gen [nɛiχə(n)] *vti (neigde, h./i. geneigd)* **1** tendre (à) **2** pencher

nei·ging [nɛiχɪŋ] *nf (-en)* tendance; **hij toonde niet de minste ~ om ...** il ne montrait pas la moindre disposition à; **de ~ vertonen om** avoir tendance à; **ergens de ~ toe voelen** être enclin à qqch; **ziekelijke ~** impulsion morbide

nek [nɛk] *nm (-ken)* nuque; **~ aan ~** *(fig.)* (au) coude à coude; *(fig.)* **iemand de ~ breken** casser les reins à qqn; *(fig.)* **zijn ~ breken (over iets)** se casser la figure (sur qqch); *(Belg.)* **een dikke ~ hebben** se croire sorti de la cuisse de Jupiter; *(Belg.)* avoir un gros cou; **ik heb geen ogen in mijn ~** je n'ai pas des yeux derrière la tête; *(fig.)* **iemand in zijn ~ hijgen** être sur les talons de qqn; *(fig.)* **iemand met de ~ aankijken** traiter qqn par-dessous la jambe; *(fig.)* **op iemands ~ zitten** être sur le dos de qqn; *(fig.)* **wat haal je je op je ~!** dans quoi est-ce que tu t'embarques !; **iemand op z'n ~ springen** bondir sur le paletot de qqn; *(fam.)* **over zijn ~ gaan** vomir; *(fig.)* **daarvan ga ik over mijn ~** ça me débecte; **een stijve ~** un torticolis; *(fig.)* une tête de mule; **uit zijn ~ praten, kletsen** dire des bêtises; *(fig.)* **zijn ~ uitsteken** prendre des risques

nek·ken [nɛkə(n)] *vt (nekte, h. genekt)* **1** tordre le cou (à) **2** *(fig.)* démolir; **dat heeft hem genekt** cela l'a mis à plat

nek·slag [nɛkslɑχ] *nm (-en)* coup de grâce;

(fig.) **dat heeft hem de ~ gegeven** cela l'a achevé

ne·men [nemə(n)] *vt (nam, h. genomen)* prendre *(pour les expressions non mentionnées voir au substantif concerné); (Belg.)* **neem dat ...** suppose(z) que; **dat neem ik niet!** cela je ne l'accepte pas !; **iets op zich ~** se charger de qqch; *(fig.)* **zich genomen voelen** se sentir trompé; **het er (goed) van ~** se payer du bon temps; **alles bij elkaar genomen** somme toute ♦ **iemand er (mooi) tussen ~** faire marcher qqn

nep [nɛp] *nm (fam.)* bidon

Ne·pal [nepɑl] *het* Népal

Ne·pa|lees [nepɑles] *nm (-lezen),* **-lese** *nf (-n)* Népalais, -aise

nep·pen [nɛpə(n)] *vt (nepte, h. genept) (fam.)* estamper

nerf [nɛrf] *de (nerven)* **1** nervure **2** *(papier, cuir)* grain

ner·gens [nɛrɣə(n)s] *adv* **1** nulle part; **~ anders dan** nulle part ailleurs que; **hij, zij kan ~ meer terecht** toutes les portes lui sont fermées **2** rien; **dat slaat ~ op** cela ne rime à rien; **dit gaat helemaal ~ over** c'est de la connerie; *(fig.)* **~ zijn** n'être rien

nerts·man·tel [nɛrtsmɑntəl] *nm (-s)* manteau de vison

ner|veus [nɛrvøs] *adj, adv (-veuzer, -veust)* **1** nerveux, nerveusement **2** *(commerce)* (d'une manière) agité(e)

nest [nɛst] *het (-en)* **1** nid; *(fig.)* **zijn (eigen) ~ bevuilen** salir les siens; **dat kind komt uit een goed ~** cet enfant est issu d'une bonne famille **2** nichée **3** péronnelle; **een eigenwijs ~** une donzelle **4** *(fam.)* pieu ♦ **in de ~en zitten** être dans le pétrin; **zich in de ~en werken** se mettre dans de mauvais draps; **iemand uit de ~en helpen** tirer qqn d'embarras

[1]**nes·te·len** [nɛstələ(n)] *vi (nestelde, h. genesteld) (biol.)* nidifier

[2]**nes·te·len, zich** [nɛstələ(n)] *vpr (nestelde zich, h. zich genesteld)* se nicher; **bacteriën ~ zich in kleine wondjes** les petites plaies sont des nids de bactéries

nes·tor [nɛstɔr] *nm (-s)* doyen *(le plus ancien des membres)*

[1]**net** [nɛt] *het (-ten)* **1** filet; **achter het ~ vissen** rater l'occasion; *(fig.)* **in iemands ~ten verstrikt raken** tomber dans les filets de qqn **2** *(aussi Belg.; enseign.)* réseau **3** chaîne *(radio, télévision)*

[2]**net** [nɛt] *adj, adv* **1** en ordre **2** correct(ement); **doe je ~te jurk aan** mets ta belle robe **3** convenable; **~te manieren hebben** savoir comment se tenir **4** net; **~te toiletgebouwen** toilettes propres **5** exactement; **~ doen alsof** faire semblant de; **~ goed!** (c'est) bien fait !; **~ iets voor hem** c'est bien (de) lui, cela ferait son affaire; **~ zo** de la même manière; **~ zoals** tout comme; **de een ~ zoveel geven als de ander** donner autant à l'un qu'à l'autre; **zo is het maar ~** c'est comme ça **6** (tout) juste; **~ aangekomen zijn** venir d'arriver; **dat was nog maar ~ op tijd** il s'en est fallu de peu ♦ **het zijn ~ broers** ils se ressemblent comme des frères; **~ echt** on jurerait que c'est (du) vrai; **zij is ~ een jongen** c'est un vrai garçon; **~ of** comme si; **dat is ~ zilver** on dirait de l'argent; **hij is ~ zo lui als ik** il est aussi paresseux que moi; **ik zou ~ zo goed kunnen weigeren** je pourrais (tout) aussi bien refuser; **je kunt ~ zo goed tegen een dove praten** autant parler à un sourd !

ne·te·lig [netələx] *adj* épineux

net·heid [nɛthɛit] *nf* **1** propreté **2** correction

net·jes [nɛcəs] *adj, adv* **1** propre(ment); **dat staat ~** ça fait soigné **2** convenable(ment); **wat ben je ~ vandaag!** comme te voilà beau, belle !; **dat is niet ~** cela ne se fait pas

net·num·mer [nɛtnʌmər] *het (-s)* indicatif interurbain

net·span·ning [nɛtspɑnɪŋ] *nf (-en)* tension *(électricité)*

net·to [nɛto] *adj, adv* net

***net·to-** [nɛto-] net; **het nettoloon** le salaire net

net|vlies [nɛtflis] *het (-vliezen) (méd.)* rétine; *(fig.)* **dat staat op zijn ~ gebrand** c'est resté gravé dans sa mémoire

net·werk [nɛtwɛrk] *het* **1** réseau; **een sociaal ~** un réseau social **2** trame

net·wer·ken [nɛtwɛrkə(n)] *vi (netwerkte, h. genetwerkt)* nouer des contacts (par intérêt pour une carrière etc.)

neu·ken [nøkə(n)] *vti (neukte, h. geneukt) (fam.)* baiser

neu·ri·ën [nørijə(n)] *vti (neuriede, h. geneuried)* fredonner

neu|root [nørot] *nm (-roten)* névrosé, -ée

neu·ro·se [nørozə] *nf (-n, -s)* névrose

neu·ro·ti|cus [nørotikʌs] *nm (-ci)* → **neuroot**

neu·ro|tisch [nørotis] *adj (-tischer, meest n.)* névrotique

neus [nøs] *nm (neuzen)* nez; **dat ga ik jou niet aan je ~ hangen** je ne risque pas de te le dire; **iemand bij de ~ hebben, nemen** mener qqn en bateau; **doen alsof zijn ~ bloedt** faire semblant de rien; **een fijne ~ voor iets hebben** flairer qqch instantanément, avoir du nez; **een frisse ~ halen** prendre un bol d'air; **zijn ~ krult** il ne se sent plus, il boit du petit-lait; **langs zijn ~ weg** comme si de rien n'était; **tussen ~ en lippen door** à un moment perdu, mine de rien; **met zijn ~ kijken** avoir le nez sur qqch; **met zijn ~ in de boter vallen** avoir une veine de cocu; **iemand met zijn ~ op de feiten drukken** forcer qqn à regarder la réalité en face; *(iron.)* **ja, mijn ~!** mon œil !; **wit om de ~ zien** être blanc comme un linge; **iemand iets onder zijn ~ wrijven** jeter des reproches au nez de qqn; **zijn ~ ophalen** renifler; **de ~ ophalen voor iets** renâcler à qqch; **zijn ~ snuiten** se moucher; **zijn ~ overal in steken** fourrer son nez partout; **zijn ~ in de wind steken** porter le nez au vent; **het komt me mijn ~ uit** j'en ai par-dessus la tête; *(fam.)* **sta niet uit je ~ te eten** ne reste pas là à te tourner les pouces; *(Belg.)* **van zijn ~ maken** faire des histoires; *(fig.)* **hij heeft hem die baan voor de ~ weggekaapt** il lui a soufflé ce poste ♦ **iemand iets door de ~ boren** faire passer qqch sous le nez de qqn

***neus-** [nøs-] du nez; **de neusvleugel** l'aile du nez

neus·doek [nøzduk] *nm (-en) (Belg.)* mouchoir

neus·gat [nøsχɑt] *het (-en)* narine

neus·hol·te [nøshɔltə] *nf (-n, -s)* fosse nasale

neus·hoorn [nøshorn] *nm (-s)* rhinocéros

neus·je [nøʃə] *het (-s)* ♦ **het ~ van de zalm** la crème; le fin du fin

neus-keel·hol·te [nøskelhɔltə] *nf (méd.)* rhinopharynx

neus·klank [nøsklɑŋk] *nm (-en) (ling.)* nasale

neus·leng·te [nøslɛŋtə] *nf (-n, -s) (fig.; sports)* tête

neus·peu·te·ren [nøspøtərə(n)] *vb* fourrer ses doigts dans son nez

neus·ver·koud·heid [nøsfərkauthɛit] *nf* rhume de cerveau

neut [nøt] *de (-en) (fam.)* goutte

neu·traal [nøtral] *adj* neutre

neu·zen [nøzə(n)] *vi (neusde, h. geneusd)* **1** fureter **2** fouiller

ne·vel [nevəl] *nm (-en)* **1** brume **2** *(fig.)* voile *(m.)*; **in ~en gehuld zijn** être mystérieux **3** *(astron.)* nébuleuse

ne·vel·ach·tig [nevəlɑχtəχ] *adj* brumeux

ne·ve·len [nevələ(n)] *vb impers (nevelde, h. geneveld)* faire du brouillard

ne·ve·lig [nevələχ] *adj* → **nevelachtig**

ne·ven·be·doe·ling [nevə(n)bədulɪŋ] *nf (-en)* arrière-pensée

ne·ven·ef·fect [nevə(n)ɛfɛkt] *het (-en)* effet secondaire

ne·ven·func·tie [nevə(n)fʌŋksi] *nf (-s)* fonction annexe

ne·ven·ge·schikt [nevə(n)χəsχɪkt] *adj (ling.)* coordonné

ne·ven·in·kom·sten [nevə(n)ɪŋkɔmstə(n)] *plur* revenus supplémentaires

ne·ven·staand [nevə(n)stant] *adj* ci-contre

Ni·ca·ra·gua [nikaraguwa] *het* Nicaragua

Ni·ca·ra·gu|aan [nikaraguwan] *nm (-anen),* **-aanse** *nf (-n)* Nicaraguayen, -enne

Ni·ca·ra·gu·aans [nikaragwans] *adj* nicaraguayen

[1]nicht [nɪχt] *nf (-en)* **1** nièce **2** cousine

[2]nicht [nɪχt] *nm (-en)* tante, tapette

nich·te·rig [nɪχtərəχ] *adj, adv* (de manière) efféminé(e)

ni·co·ti·ne|arm [nikotinəɑrm], **-vrij** *adj* dénicotinisé

nie·mand [nimɑnt] *indéf* personne (ne); **~ van u** aucun d'entre vous

nie·mands·land [nimɑn(t)slɑnt] *het* no man's land

nie·men·dal [nimənd ɑl] *indéf* ne … rien du tout; **een ~** un rien (du tout)

nier [nir] *de (-en)* **1** *(méd.)* rein **2** *(cuis.)* rognon

***nier-** [nir-] rénal; **de niersteen** le calcul rénal

nier·pa|tiënt [nirpaʃɛnt] *nm (-en),* **-tiënte** *nf (-n, -s) (méd.)* néphrétique

nies·bui [nizbœy] *de (-en)* accès d'éternuement

nie·sen [nisə(n)] *vi (nieste, h. geniest)* → **niezen**

[1]niet [nit] *het (-en)* néant; **in het ~ verzinken (bij)** pâlir (devant); **te ~ doen** abolir; **te ~ gaan** disparaître

[2]niet [nit] *adv* **1** ne pas, non; **het betaalt goed, daar ~ van** ça paie bien, là n'est pas le problème; **dan ~!** tant pis !; **~ eens** même pas; *(fam.)* **is 't ~?** pas vrai ?; **ik ook ~** moi non plus; **volstrekt ~** pas du tout **2** pourtant; **heb ik het je ~ gezegd?** je te l'avais bien dit !

[3]niet [nit] *indéf* (ne …) rien

***niet-** [nit-] non(-); **niet-gebonden landen** pays non-alignés

niet-af·la·tend [nitɑflatənt] *adj* incessant

niet-bin·dend [nidbɪndənt] *adj* non contractuel, *(référendum)* consultatif

niet-com·mer·ci·eel [nitkɔmɛrʃel] *adj* à but non lucratif

nie·ten [nitə(n)] *vt (niette, h. geniet)* agrafer

nie·tes [nitəs] *interj (fam.)* mais non; **~! welles!** non ! si !

niet-ge·bon·den [nitχəbɔndə(n)] *adj* ♦ **de ~ landen** les pays non-alignés

nie·tig [nitəχ] *adj* **1** *(jur.)* nul; **~ verklaren** annuler **2** futile **3** chétif

nie·tig·heid [nitəχhɛit] *nf* **1** *(jur.)* nullité **2** néant **3** insignifiance

nie·tig·ver·kla·ring [nitəχfərklarɪŋ] *nf (-en)* invalidation

niet·je [nicə] *het (-s)* agrafe

[1]niets [nits] *adv* absolument pas

[2]niets [nits] *indéf* (ne …) rien; **~ daarvan!** rien à faire !; **~ doen dan lachen** ne faire que rire; **dat heeft ons ~ dan ellende opgeleverd** cela ne nous a valu que des ennuis; **het ~** le néant; *(fig.)* **van ~ iets maken** faire d'une mouche un éléphant; **dat loopt op ~ uit** cela finira mal; **daar is ~ van aan, van waar!** il n'en est rien !

niets·be·te·ke·nend [nitsbətekənənt] *adj* insignifiant

niets·doen [nitsdun] *het* inactivité; **een zalig ~** un dolce farniente

niets·nut [nitsnʌt] *nm (-ten)* bon à rien

niets·zeg·gend [nitsɛχənt] *adj* vide de sens

[1]niet·te·gen·staan·de [niteχənstandə] *prép (form.)* malgré

[2]niet·te·gen·staan·de [niteχənstandə] *conj (form.)* bien que

niet·te·min [nitəmɪn] *adv* néanmoins

niet·waar [nitwar] *interj (fam.)* pas vrai, n'est-ce pas
nieuw [niw] *adj* nouveau; **de ~e en ~ste geschiedenis** l'histoire des temps modernes et l'histoire contemporaine; **het ~e is eraf** l'attrait du nouveau a disparu; **zich in het ~ steken** s'habiller de neuf; *(subst.)* **Hollandse ~e** harengs nouveaux; *(subst.)* **het ~ste van het ~ste** le dernier cri
nieuw·bak·ken [niwbakə(n)] *adj (fam.)* ± nouveau
nieuw·bouw [niwbau] *nm* **1** quartier nouveau **2** construction de bâtiments nouveaux **3** construction nouvelle
Nieuw-Ca·le·do·nië [niwkalədonijə] *het* Nouvelle-Calédonie
Nieuw-Ca·le·do|ni·ër [niwkalədonijər] *nm (-s),* **-nische** *nf (-n)* Néo-Calédonien, -ienne
Nieuw-Ca·le·do·nisch [niwkalədonis] *adj* néo-calédonien
nieu·we|ling [niwəlɪŋ] *nm (-en),* **-linge** *nf (-n)* nouveau, -elle
nieu·wer|wets [niwərwɛts] *adj, adv (-wetser, meest n.)* à la mode
nieu·wig|heid [niwəχhɛit] *nf (-heden)* nouveauté
nieuw·jaar [niwjar] *het* nouvel an; **gelukkig ~!** bonne année !
nieuw·jaars·dag [niwjarzdaχ] *nm (-en)* → **nieuwjaar**
nieuw·ko·mer [niwkomər] *nm (-s)* **1** nouveau venu, nouvelle venue **2** nouveauté
nieuw·kuis [niwkœys] *nm (Belg.)* pressing
nieuw·lich·ter [niwlɪχtər] *nm (-s) (péj.)* moderniste
nieuws [niws] *het* **1** nouvelle(s); **gemengd ~** faits divers; **in het ~ zijn** tenir la vedette; **dat is oud ~** ce n'est pas nouveau **2** actualités
nieuws·gie·rig [niwsχirəχ] *adj, adv* **1** curieux, avec curiosité **2** *(péj.)* curieux, indiscrètement
nieuws·gie·rig·heid [niwsχirəχhɛit] *nf* curiosité
nieuws|le·zer [niwslezər] *nm (-s),* **-lezeres** *nf (-sen) (com.)* speaker, -erine
nieuws·lijn [niwslɛin] *de* infos par téléphone
nieuw·tje [niwcə] *het (-s)* **1** nouveauté; **het ~ was eraf** cela n'avait plus le charme de la nouveauté **2** nouvelle
Nieuw-Zee·land [niwzelant] *het* Nouvelle-Zélande
Nieuw-Zee|lan·der [niwzelandər] *nm (-s),* **-landse** *nf (-n)* Néo-Zélandais, -aise
Nieuw-Zee·lands [niwzelan(t)s] *adj* néo-zélandais
nie·zen [nizə(n)] *vi (niesde, h. geniesd)* éternuer
Ni·ger [niχər] *het* Niger
Ni·ge·rees [niχəres] *adj* nigérien; **de ~, Nigerese** le, la Nigérien(ne)
Ni·ge·ria [niχerija] *het* Nigeria
Ni·ge·ri|aan [niχerijan] *nm (-anen),* **-aanse** *nf (-n)* Nigérian, -ane
Ni·ge·ri·aans [niχerijans] *adj* nigérian
ni·hil [nihil] *adj* nul
nijd [nɛit] *nm* **1** envie; **groen en geel worden van ~ (over iets)** en faire une jaunisse **2** haine
nij·dig [nɛidəχ] *adj, adv* **1** furieux, en colère **2** hargneux, hargneusement; **een ~ kereltje** une teigne
nij·gen [nɛiχə(n)] *vi (neeg, h. genegen)* s'incliner
nijl·paard [nɛilpart] *het (-en)* hippopotame; **briesen als een ~** souffler comme un phoque
nij·pen [nɛipə(n)] *vi (neep, h. genepen)* presser
nij·pend [nɛipənt] *adj* aigu; **~e armoede** misère noire
nijp·tang [nɛiptaŋ] *de (-en)* tenailles
nij|ver [nɛivər] *adj, adv (-verder, -verst)* laborieux, laborieusement
nij·ver·heid [nɛivərhɛit] *nf* industrie
nij·ver·heids|school [nɛivərhɛitsχol] *de (-scholen)* **1** école ménagère **2** école technique
nik·ker [nɪkər] *nm (-s) (péj.)* négro
[1]**niks** [nɪks] *adv (fam.)* pas du tout; **ik heb ~ geen zin** j'ai pas envie
[2]**niks** [nɪks] *indéf (fam.)* rien (du tout); **dat wordt ~** ça ne va rien donner
nik·sen [nɪksə(n)] *vb (fam.)* se tourner les pouces
niks·nut [nɪksnʌt] *nm (-ten)* → **nietsnut**
nimf [nɪmf] *nf (-en)* nymphe
nim·mer [nɪmər] *adv (form.)* jamais
nim·mer·meer [nɪmərmer] *adv (form.)* jamais plus; **de liefde vergaat ~** l'amour est éternel
nip·pen [nɪpə(n)] *vi (nipte, h. genipt)* tremper ses lèvres (dans)
nip·per·tje [nɪpərcə] *het* ♦ **op het ~** de justesse
nipt [nɪpt] *adj* tangent, de justesse
nis [nɪs] *de (-sen)* niche
ni·veau [nivo] *het (-s)* **1** niveau; **besprekingen op het hoogste ~** pourparlers au sommet; **onder zijn ~ werken** ne pas exploiter toutes ses capacités **2** *(météo., géo.)* couche
ni·veau·ver·schil [nivovərsχɪl] *het (-len)* **1** dénivellation **2** différence de niveau
ni·vel·le·ring [nivɛlerɪŋ] *nf (-en)* nivellement
nl. [namələk] abrév. de *namelijk* c.-à-d.
NMBS [ɛnɛmbeɛs] *nf* abrév. de *Nationale Maatschappij der Belgische Spoorwegen* SNCB
N.N.O. abrév. de *noordnoordoost(en)* N-N-E
N.N.W. abrév. de *noordnoordwest(en)* N-N-O
no [nymero, nʌmər] abrév. de *numero, nummer* N°
N.O. abrév. de *noordoost(en)* N-E

no·bel [nobəl] *adj, adv* 1 généreux, généreusement 2 noble(ment)

no·bil·jon [nobɪljɔn] *nm (-s) (Belg.; iron.)* noblaillon, -onne

noch [nɔχ] *conj (form.)* ni

noch·tans [nɔχtɑns] *adv (form.)* nonobstant

no·de·loos [nodəlos] *adj, adv* inutile(ment)

no·dig [nodəχ] *adj, adv* 1 nécessaire(ment); **dat is hard, dringend ~** c'est urgent; **iets ~ hebben** avoir besoin de qqch; **het ~ vinden om** éprouver le besoin de; **zo ~** au besoin 2 absolument; *(fam.)* **~ moeten** avoir un besoin pressant, être pressé ♦ **de ~e borrels drinken** prendre sa dose d'alcool; **dat brengt de ~e rompslomp met zich mee** avec tous les tracas qui s'ensuivent (habituellement)

noe·men [numə(n)] *vt (noemde, h. genoemd)* 1 nommer; **iemand een leugenaar ~** traiter qqn de menteur; **naar iemand genoemd worden** porter le nom de qqn; **een kind naar zijn vader ~** appeler un enfant comme son père; **hij noemt zich mijn vriend** il se dit mon ami; *(fam.)* **het is nog niet wat je noemt** c'est pas encore tout à fait ça 2 citer

noe·mens·waar·dig [numə(n)swardəχ] *adj, adv* 1 digne d'être mentionné 2 notable(ment); **niet ~** négligeable

noe·mer [numər] *nm (-s) (math.)* dénominateur; *(fig.)* **onder één ~ brengen** grouper sous un dénominateur commun

noest [nust] *adj (noester, meest n.)* laborieux

nog [nɔχ] *adv* 1 encore; **~ geen week geleden** il y a moins d'une semaine; **gisteren ~** pas plus tard qu'hier; **zij had ~ maar net de tijd om** elle avait tout juste le temps de; **hij heeft ~ steeds geen antwoord** il n'a toujours pas de réponse; **vandaag ~** aujourd'hui-même; **over van alles en ~ wat praten** parler de choses et d'autres 2 *(+ comparatif)* encore plus, davantage ♦ **en wat dan ~?** et alors ?; **ook dat ~!** il ne manquait plus que cela !; **ze ging ~ mee ook!** et qu'est-ce que tu crois ? elle est venue avec nous !; **ik was ~ wel bang dat je niet zou komen** et moi qui craignais que tu ne viennes pas; **je zult me ~ weleens gelijk geven** tu finiras bien par me donner raison; **ook al is het ~ zo weinig** si peu que ce soit; **ik heb hem ~ zó gewaarschuwd** et pourtant je l'avais bien averti

no·ga [noχa] *nm* nougat

nog·al [nɔχal] *adv* assez

nog·maals [nɔχmals] *adv* encore une fois

nok [nɔk] *de (-ken)* faîte; **tot de ~ toe gevuld** plein à craquer

nok·ken [nɔkə(n)] *vi (nokte, h. genokt) (fam.)* (s')arrêter

no·mi·na·tie [nomina(t)si] *nf (-s)* 1 nomination 2 liste (de candidats)

non [nɔn] *nf (-nen)* religieuse

non-ac·tief [nɔnɑktif] *adj* en non-activité; *(subst.)* **op ~ stellen** mettre en non-activité

non·kel [nɔŋkəl] *nm (-s) (Belg.)* oncle

***no-non·sense-** [nonɔnsɛns-] pragmatique

non-pro·fit [nɔmprɔfɪt] *adj* non-marchand, *(Belg.)* sans but lucratif

non·sens [nɔnsɛns] *nm* non-sens; **~ verkopen** débiter des absurdités

nood [not] *nm (noden)* 1 danger; **als de ~ dringt** quand nécessité fait loi; **geen ~!** pas de problème !; **zijn ~ bij iemand klagen** conter ses peines à qqn; **als de ~ aan de man komt** en cas de besoin; *(prov)* **als de ~ 't hoogst is, is de redding nabij** c'est quand on n'a plus d'espoir qu'il ne faut désespérer de rien 2 besoin, dénuement; **hoge ~ hebben** avoir un besoin pressant; **iemand uit de ~ helpen** tirer qqn d'affaire 3 besoin, nécessité; *(prov)* **~ breekt wet** nécessité fait loi ♦ *(Belg.)* **~ hebben aan** avoir besoin de

***nood-** [not-] 1 provisoire; **de noodoplossing** la solution provisoire 2 d'urgence; **de noodmaatregel** la mesure d'urgence

nood·fonds [notfɔn(t)s] *het (-en)* fonds de prévoyance

nood·gang [notχɑŋ] *nm* ♦ **met een ~** en quatrième vitesse

nood·ge·dwon·gen [notχədwɔŋə(n)] *adv* par la force des choses; **~ liegen** mentir pour les besoins de la cause

nood|kreet [notkret] *nm (-kreten)* cri de détresse

nood·lij·dend [notlɛidənt] *adj* indigent

nood·lot [notlɔt] *het* sort; **het ~ tarten** défier le sort

nood·lot·tig [notlɔtəχ] *adj, adv* fatal(ement); **de ~e afloop** la fin tragique

nood·num·mer [notnʌmər] *het (-s)* numéro d'urgence

nood·rem [notrɛm] *de (-men)* signal d'alarme

nood|sein [notsɛin] *het (-en)*, **-signaal** *het (-signalen)* signal d'alarme

nood·uit·gang [notœytχɑŋ] *nm (-en)* sortie de secours

nood·vaart [notfart] *de* → **noodgang**

nood·voor|raad [notforat] *nm (-raden)* réserve

[1]**nood·weer** [notwer] *het* (violente) tempête

[2]**nood·weer** [notwer] *de* légitime défense; **uit ~** en état de légitime défense

nood·zaak [notsak] *de* nécessité

nood·za·ke·lijk [notsakələk] *adj, adv* 1 nécessaire(ment); **het hoogst ~e** l'indispensable 2 inévitable(ment)

nood·za·ke·lij·ker·wijs [notsakələkərwɛis] *adv* nécessairement

nood·za·ke·lijk|heid [notsakələkhɛit] *nf (-heden)* nécessité

nood·za·ken [notsakə(n)] *vt (noodzaakte, h. genoodzaakt)* obliger

nooit [nojt] *adv* (ne ...) jamais; **je moet het ~ doen** ne le fais en aucun cas; **had ik hem**

maar ~ ontmoet je maudis le jour où je l'ai rencontré; ~ ofte nimmer au grand jamais !; ik zal het ~ meer doen je ne le ferai plus jamais

Noor [nor] *nm (Noren)*, **Noorse** *nf (-n)* Norvégien, -ienne

1**noord** [nort] *nm* nord

2**noord** [nort] *adj* du nord

3**noord** [nort] *adv* vers le nord

***noord-** [nort-] nord; de noordkant le côté nord

noor·de·lijk [nordələk] *adj, adv* 1 du nord 2 vers le nord 3 au nord; het ~ halfrond l'hémisphère Nord 4 nordique

noor·den [nordə(n)] *het* nord; het hoge ~ le Grand Nord; ten ~ van au nord de

noor·den·wind [nordə(n)wɪnt] *nm (-en)* vent du nord

noor·der·breed·te [nordərbretə] *nf* latitude Nord

noor·der·keer·kring [nordərkerkrɪŋ] *de* Tropique du Cancer

noor·der·licht [nordərlɪχt] *het* aurore boréale

noor·der·ling [nordərlɪŋ] *nm (-en)* Nordique

noor·der·zon [nordərzɔn] *de* ♦ met de ~ vertrekken mettre la clé sous la porte

Noord-Ko·rea [nortkoreja] *het* Corée du Nord

Noord-Ko·re|aan [nortkorejan] *nm (-anen)*, **-aanse** *nf (-n)* Nord-Coréen, -enne

Noord-Ko·re·aans [nortkorejans] *adj* nord-coréen

noord·pool [nortpol] *nf* pôle Nord

noords [norts] *adj* 1 du Nord 2 nordique

noord·waarts [nortwarts] *adj, adv* vers le nord

Noor·man [norman] *nm (-nen)* Normand

Noors [nors] *adj* norvégien; het ~ le norvégien

Noor·we·gen [norweχə(n)] *het* Norvège

noot [not] *de (noten)* 1 noix; *(fig.)* dat is een harde ~ om te kraken ça n'est pas une petite affaire 2 note *(aussi mus.)*; een ~ in de kantlijn une annotation; veel noten op zijn zang hebben être très exigeant

noot·mus·kaat [notmʌskat] *de* (noix de) muscade

1**nop** [nɔp] *indéf* → noppes

2**nop** [nɔp] *de (-pen)* 1 nope 2 nœud 3 crampon

no·pen [nopə(n)] *vt (noopte, h. genoopt)* 1 contraindre 2 amener (à)

nop·jes [nɔpjəs] *plur* ♦ in zijn ~ zijn boire du petit-lait

nop·pes [nɔpəs] *indéf (fam.)* des clous

nor [nɔr] *de (-ren) (fam.)* taule; de ~ indraaien se faire embarquer

no·ren [norə(n)] *plur* patins de course

norm [nɔrm] *de (-en)* norme; als ~ gelden faire autorité; ethische ~en règles éthiques

nor|maal [nɔrmal] *adj, adv (-maler, -maalst)* normal(ement)

nor·ma·li·ter [nɔrmalitər] *adv* normalement

norm·be·sef [nɔrmbəsɛf] *het* sens de la norme

nors [nɔrs] *adj, adv (norser, meest n.)* (de manière) bourru(e)

nors·heid [nɔrshɛit] *nf* brusquerie

no·ta [nota] *de (-'s)* 1 note 2 annotation

no·ta be·ne [notabenə] 1 remarque(z) 2 tiens-toi bien, tenez-vous bien

no·ta·boek [notabuk] *het (-en) (Belg.)* → notitieboekje

no·ta·ri·eel [notar(i)jel] *adj, adv* 1 notarial 2 notarié, par-devant notaire

no·ta·ris [notarɪs] *nm (-sen)* notaire

no·ten·balk [notə(n)balk] *nm (-en) (mus.)* portée

no·ten·dop [notə(n)dɔp] *nm (-pen)* coquille de noix; de hele theorie in een ~ toute la théorie (résumée) en un mot

no·ten·schrift [notə(n)sχrɪft] *het (-en)* notation musicale

no·te·ren [noterə(n)] *vt (noteerde, h. genoteerd)* 1 noter 2 *(fin.)* coter; *(fig.)* hoog genoteerd staan être bien noté

no·tie [no(t)si] *nf (-s)* notion; geen flauwe ~ pas la moindre idée

no·ti·tie [noti(t)si] *nf (-s)* note; geen ~ van iemand nemen ignorer qqn ♦ ~ nemen van prendre acte de, prêter attention à

no·ti·tie·boek·je [noti(t)sibukjə] *het (-s)* carnet de notes

no·tu·len [notylə(n)] *plur* procès-verbal

1**no·tu·le·ren** [notylerə(n)] *vi (notuleerde, h. genotuleerd)* rédiger le procès-verbal

2**no·tu·le·ren** [notylerə(n)] *vt (notuleerde, h. genotuleerd)* noter au procès-verbal

1**nou** [nau] *adv (fam.)* → 1nu

2**nou** [nau] *conj (fam.)* → 2nu

3**nou** [nau] *interj* ♦ ben je ~ helemaal! non, mais des fois, tu es dingue !; ~, en of! et comment !; ~ ja zeg! eh ben, mon salaud !; ~ ja, wat zou dat et puis après; meen je dat ~? sérieusement ?; ~ moe! fichtre !; dat is ~ toch wel wat overdreven ça, c'est un peu exagéré quand même; toe ~ alsjeblieft je t'en supplie; wanneer ga je ~ ook weer weg? quand est-ce que tu pars déjà ?; wie doet ~ zoiets? qui peut donc faire une chose pareille ?; als je me ~! c'est pas vrai !; ~, dat was het dan voilà, c'est tout; ~, komt er nog wat van? alors, c'est pour aujourd'hui ou pour demain ?

no·vel·le [novɛlə] *de (-n) (litt.)* nouvelle

no·vum [novʌm] *het (nova)* fait nouveau

no·zem [nozəm] *nm (-s)* blouson noir

nr. [nʌmər] abrév. de *nummer* n°

NS [ɛnɛs] *nm* abrév. de *Nederlandse Spoorwegen* ⟨*Chemins de fer néerlandais*⟩

1**nu** [ny] *adv* 1 maintenant; nu en dan de temps à autre; het nu le présent; tot nu (toe) jusqu'à présent; van nu af aan désormais; wat nu? et maintenant ?; wat nu weer? quoi encore ?; nu eens ... dan weer tantôt ... tantôt 2 donc

²nu [ny] *conj* maintenant (que)

³nu [ny] *interj* **1** alors; **stil nu toch!** tais-toi (donc) ! **2** *(incertitude)* déjà; **wie komen er nu precies?** qui vient au juste ? **3** *(concession)* enfin; **de mensen zijn nu eenmaal zo** que voulez-vous, les gens sont comme ça; **nu ja, wat dan nog?** enfin oui, et alors ? **4** *(indignation)* franchement **5** *(en résumé)* bon

nu·an·ce·ring [nywɑnsẹrɪŋ] *nf (-en)* **1** apport de nuance(s) **2** nuance *(couleurs)*

nuch|ter [nʌχtər] *adj, adv (-terder, -terst)* **1** à jeun **2** qui n'a pas bu d'alcool; **hij is niet helemaal ~** il est légèrement éméché **3** réaliste, calmement; **~ verstand** solide bon sens

nuch·ter·heid [nʌχtərhɛit] *nf* **1** solide bon sens **2** réalisme

nuk [nʌk] *de (-ken)* caprice; **~ken en grillen** caprices en tous genres

nuk·kig [nʌkəχ] *adj, adv* capricieux, de manière capricieuse

¹nul [nʌl] *adj* nul; **dat is van ~ en gener waarde** c'est sans valeur aucune

²nul [nʌl] *card* zéro; **de stemming zakte al gauw beneden ~** l'atmosphère ne tarda pas à se refroidir; **hij is een grote ~** c'est une nullité; **van iemand ~ op het rekest krijgen** essuyer un refus (de la part de qqn); *(fig.)* **onder, beneden ~ zijn** être au-dessous de tout

nul·punt [nʌlpʌnt] *het (point le plus bas)* zéro *(aussi au fig.)*

nul·zes·num·mer [nʌlzɛsnʌmər] *het (-s)* *(Pays-Bas)* numéro de portable

num·mer [nʌmər] *het (-s)* **1** numéro; **een ~ draaien** composer un numéro; **~ één van de klas zijn** être le premier, la première de (la) classe; *(iron.)* **~ honderd** le cent; **schrijven onder ~ x** écrire sous la référence x **2** chanson ♦ **iemand op zijn ~ zetten** remettre qqn à sa place

num·mer·bord [nʌmərbɔrt] *het (-en)* → **nummerplaat**

num·me·ren [nʌmərə(n)] *vt (nummerde, h. genummerd)* numéroter

num·me·ring [nʌmərɪŋ] *nf (-en)* **1** numérotation **2** pagination

num·mer|plaat [nʌmərplat] *de (-platen)* plaque d'immatriculation

num·mer·tje [nʌmərcə] *het (-s)* **1** numéro (d'ordre) *(dans un magasin)* **2** (bel) exemple; **een ~ weggeven** faire son (petit) numéro ♦ *(fam.)* **een ~ maken** faire une partie de jambes en l'air

nut [nʌt] *het* **1** utilité; **zich iets ten ~te maken** profiter de qqch; **ik zie er het ~ niet van in** je n'en vois pas l'intérêt **2** usage

nut·te|loos [nʌtəlos] *adj, adv (-lozer, meest n.)* inutile(ment)

nut·tig [nʌtəχ] *adj, adv* utile (à, de), utilement

nut·ti·gen [nʌtəχə(n)] *vt (nuttigde, h. genuttigd) (form.) (nourriture)* consommer

nv [ɛnvẹ] *nf* abrév. de *naamloze vennootschap* S.A.

N-VA [ɛnveạ] *nf* abrév. de *Nieuw-Vlaamse Alliantie* ⟨*N-VA*⟩ *(parti nationaliste flamand)*

N.W. abrév. de *noordwest(en)* N-O

ny·lon [nɛilɔn] *adj* de nylon; **de ~** le bas (de) nylon

O

o [o] *interj* oh !; **o ja?** ah oui ?; **o jee!** oh là là !

o. [ɔnzɛidəχ] abrév. de *onzijdig* n.

O. [ost(ə(n))] abrév. de *oost(en)* E.

o.a. abrév. de *onder andere(n)* e.a.

oa·se [owazə] *nf (-s)* oasis

O-be·nen [obenə(n)] *plur* jambes arquées

ober [obər] *nm (-s)* garçon *(dans cafés, restaurants)*

ob·ject [ɔpjɛkt] *het (-en)* objet *(choses, personnes)*

obli·gaat [obliχat] *adj, adv* obligé, obligatoirement

ob·sta·kel [ɔpstakəl] *het (-s)* obstacle; **een ~ nemen** franchir un obstacle

ob·sti|naat [ɔpstinat] *adj (-nater, meest o.)* obstiné

oce·aan [osejan] *nm (oceanen)* océan; **de Grote, Stille Oceaan** l'océan Pacifique

och [ɔχ] *interj* ah !; **~ gut!** oh ! mon Dieu !; **~ kom!** à d'autres !

och·tend [ɔχtənt] *nm (-en)* matin; **'s ~s** le matin; **van de vroege ~ tot de late avond** du matin au soir

***och·tend-** [ɔχtənt-] du matin; **het ochtendblad** le journal du matin

och·tend·glo·ren [ɔχtəntχlorə(n)] *het (form.)* aube

och·tend·hu·meur [ɔχtənthymør] *het* mauvaise humeur au réveil; **vandaag heeft hij een ~** ce matin il s'est levé du pied gauche

och·tend·jas [ɔχtəntjɑs] *de (-sen)* peignoir

och·tend·mens [ɔχtəntmɛns] *de (-en)* personne matinale

och·tend·sche·me·ring [ɔχtəntsχemərɪŋ] *nf* aube

oc·to·pus [ɔktopʌs] *nm (-sen)* pieuvre

oc·trooi [ɔktroj] *het (-en)* brevet d'invention; **~ aanvragen** déposer un brevet

oc·trooi·recht [ɔktrojrɛχt] *het* droit de la propriété intellectuelle et industrielle

ode [odə] *de (-n, -s)* ode *(poème lyrique)*; **een ~ aan iemand** un hymne à (la gloire de) qqn

oe·cu·me·ne [œykymenə, økymenə] *de* œcuménisme

oef [uf] *interj* ouf !

***oe·fen-** [ufən-] d'entraînement

[1]**oe·fe·nen** [ufənə(n)] *vt (oefende, h. geoefend)* **1** exercer; **kinderen ~ in het lezen** former des enfants à la lecture **2** mettre en pratique; **geduld ~** prendre patience

[2]**oe·fe·nen** [ufənə(n)] *vi (oefende, h. geoefend)* s'entraîner

oe·fe·ning [ufənɪŋ] *nf (-en)* exercice; *(prov)* **~ baart kunst** c'est en forgeant qu'on devient forgeron

oe·fen·stof [ufənstɔf] *de (-fen) (enseign.)* exercices

oe·fen·the·ra|peut [ufənterapœyt, ufənterapøt] *nm (-en),* **-peute** *nf (-s, -n)* kinésithérapeute

oe·hoe [uhu] *interj (pour attirer l'attention)* hé !

oei [uj] *interj* ouïe !

Oe·kra·ïens [ukrains] *adj* ukrainien

Oe·kra·ï·ne [ukrainə] *nf* Ukraine

Oe·kra|ï·ner [ukrainər] *nm (-s),* **-ïense** *nf (-n)* Ukrainien, -ienne

oe·le·wap·per [uləwapər] *nm (-s),* **oen** *nm (-en) (fam.; péj.)* nouille

oe·nig [unəχ] *adj, adv (fam.)* bête(ment)

O en W [oɛnwe] *het* abrév. de *(ministerie van) Onderwijs en Wetenschappen* Ministère de l'Éducation nationale et de la Recherche scientifique

***oer-** [ur-] **1** primitif; **de oermens** l'homme primitif **2** *(fam.)* archi-; **oerdegelijk** archisolide

oer|ex·plo·sie [urɛksplozi] *nf,* **-knal** *nm* big bang

oer·ge·zel·lig [urχəzɛləχ] *adj, adv (fam.)* plein d'ambiance, avec beaucoup d'ambiance

oer·oud [urɑut] *adj* immémorial; **in ~e tijden** aux temps les plus reculés

oer·tijd [urtɛit] *nm (-en)* origine des temps; *(fig.)* **iemand uit de ~** qqn de préhistorique

oer·vorm [urvɔrm] *nm (-en)* archétype

oer·woud [urwɑut] *het (-en)* **1** forêt vierge **2** *(fig.)* forêt

oes·ter [ustər] *de (-s)* huître

oes·ter·zwam [ustərzwɑm] *de (-men)* pleurote

oe·ver [uvər] *nm (-s)* bord; **buiten zijn ~s treden** sortir de son lit

oe·ver·loos [uvərlos] *adj* sans fin

Oez|beek [uzbek] *nm (-beken),* **-beekse** *nf (-n)* Ouzbek

Oez·beeks [uzbeks] *adj* ouzbek

Oez·be·ki·stan [uzbekistɑn] *het* Ouzbékistan

of [ɔf] *conj* **1** *(opposition)* ou; **niet meer of minder** ni plus ni moins; **hij komt niet of het moet dringend zijn** il ne viendra pas, à moins que ce ne soit urgent; **je moet het doen, of je wilt of niet** tu devras le faire, que tu le veuilles ou non **2** ou bien **3** que; **hou op of ik krijg de slappe lach** arrête, sinon je crève; nauwelijks was hij in slaap gevallen of hij begon te snurken à peine endormi, il se mit à ronfler; ik weet niet beter of hij is springlevend il est bien vivant que je sache 4 *(concession)* avoir beau; of je roept en schreeuwt, ik doe toch niet open tu as beau crier et hurler, je ne te laisserai pas entrer 5 comme si; eruitzien of avoir l'air de; of jij nooit eens een fout maakt comme si toi, tu ne faisais jamais de faute 6 *(question indirecte)* si 7 *(renforcement)* et comment; kom je ook? en of! tu viendras aussi ? et comment ! ♦ een man of acht environ huit personnes; een stuk of twintig (boeken) une vingtaine (de livres); een dag of wat quelques jours

of·fer [ɔfər] *het (-s)* sacrifice; ~s brengen voor iets faire des sacrifices pour qqch; zich grote ~s getroosten faire de grands sacrifices; ten ~ vallen aan être victime de

of·fe·ran·de [ɔfərɑndə] *de (-n)* 1 offrande 2 sacrifice 3 *(cathol.)* offertoire

of·fe·ren [ɔfərə(n)] *vt (offerde, h. geofferd)* sacrifier

of·fer·ga·ve [ɔfərɣavə] *de (-n)* offrande

of·fer·te [ɔfɛrtə] *de (-s) (commerce)* offre

of·fer·vaar·dig [ɔfərvardəχ] *adj* qui a l'esprit de sacrifice

of·fi·cier [ɔfisir] *nm (-en) (milit.; jur.; mar. etc.)* officier; ~ van justitie procureur (de la République)

of·schoon [ɔfsχon] *conj (form.)* quoique

of·te [ɔftə] *conj* ♦ nooit ~ nimmer au grand jamais

of·te·wel [ɔftəwɛl] *conj (form.)* ou (bien)

ogen [oχə(n)] *vi (oogde, h. geoogd)* 1 aller (à qqn) *(de vêtements)* 2 ressembler (à); opa oogt nog jong grand-père paraît encore jeune

ogen·blik [oχə(n)blɪk] *het (-ken)* moment; hij kan elk, ieder ~ aankomen il peut arriver d'un moment à l'autre; geen ~ vrij hebben ne pas avoir un moment à soi; in een ~ en un clin d'œil; in een onbewaakt ~ dans un moment d'inattention; op een ongelukkig ~ aankomen arriver à contretemps; op dat ~ à ce moment-là; juist op het ~ dat à l'instant (même) où

ogen·blik·ke·lijk [oχə(n)blɪkələk] *adj, adv* immédiat(ement)

ogen·schijn·lijk [oχə(n)sχɛinlək] *adj, adv* apparent, apparemment

ogen·schouw [oχə(n)sχɑu] ♦ iets in ~ nemen considérer qqch

o.g.v. [ɔpχrɔntfɑn] abrév. de *op grond van* à cause de

o.i. [ɔnzəsɪnzins] abrév. de *onzes inziens* à notre avis

o.i.d. abrév. de *of iets dergelijks* ou qqch dans ce genre-là

oio [ojo] *nm (-'s)* abrév. de *onderzoeker in opleiding* chercheur en formation

oker [okər] *nm (-s)* ocre

oki·do [okido] *interj (fam.)* d'acc !

ok·sel [ɔksəl] *nm (-s)* aisselle

ok·to·ber [ɔktobər] *nm (-s)* octobre

old·ti·mer [ɔltɑjmər] *nm (-s)* voiture ancienne

ole·an·der [olejɑndər] *nm (-s)* laurier-rose

olie [oli] *de (oliën)* 1 huile; *(prov)* ~ drijft boven la vérité comme l'huile vient au-dessus; *(fig.)* ~ op de golven gieten mettre de l'huile dans les rouages 2 pétrole; naar ~ boren faire de la prospection pétrolière; met ~ besmeurde vogels des oiseaux mazoutés 3 *(plur.)* actions pétrolières

***olie-** [oli-] 1 pétrolier; de olie-industrie l'industrie pétrolière 2 à huile; de olielamp la lampe à huile

olie·ach·tig [oliɑχtəχ] *adj* huileux

olie·ba·ron [olibarɔn] *nm (-nen)* pétrolier

olie·bol [olibɔl] *nm (-len)* 1 *(cuis.)* beignet soufflé, *(Belg.)* croustillon 2 *(fam.)* bêta, -asse

olie·dom [olidɔm] *adj, adv* bête comme ses pieds, bêtement

olie·hou·dend [olihɑudənt] *adj* oléagineux

olie·land [olilɑnt] *het (-en)* → oliestaat

oli·ën [olijə(n)] *vt (oliede, h. geolied)* huiler

olie|noot [olinot] *nm (-noten)* cacahuète

olie·sel [olisəl] *het (cathol.)* ♦ het heilig ~ toedienen administrer l'extrême-onction, le sacrement des malades

olie|staat [olistat] *nm (-staten)* pays producteur de pétrole

olie·vlek [olivlɛk] *de (-ken)* 1 nappe de pétrole 2 *(fig.)* tache d'huile

oli·fant [olifɑnt] *nm (-en)* éléphant

olijf [olɛif] *de (olijven)* olive

Olijf·berg [olɛivbɛrχ] *nm* mont des Oliviers

olijf|boom [olɛivbom] *nm (-bomen)* olivier

olijk [olək] *adj, adv (form.)* mutin, avec espièglerie

olm [ɔlm] *nm (-en)* orme

o.l.v. abrév. de *onder leiding van* sous la direction de

O.L.V. [ɔnzəlivəvrɑuwə] abrév. de *Onze-Lieve-Vrouw* N-D

¹om [ɔm] *adj, adv* pour; waar gaat het om? de quoi s'agit-il ? ♦ dat gaat buiten hem om cela se passe à son insu; om en om alternativement; toen we de hoek om kwamen après avoir tourné le coin de la rue, nous ...; het uur is om l'heure est passée; als de week om is à la fin de la semaine; dat is minstens een kwartier om c'est un détour d'au moins un quart d'heure; de dagen zijn zo gauw om les journées passent vite

²om [ɔm] *prép* 1 autour de 2 tout près; om de hoek (juste) après le coin 3 vers; om en nabij drie jaar environ trois ans; om een uur of negen vers neuf heures 4 *(indication de l'heure)* à 5 tous, toutes les; om de andere dag tous les deux jours 6 pour; het is om de zaak, niet om de persoon te doen il s'agit de l'affaire, non de la personne; **het is mij te doen om ...** je cherche à

o.m. abrév. de *onder meer* e.a.

OM [oɛm] *het* abrév. de *Openbaar Ministerie* ministère public

oma [oma] *nf (-'s)* grand-mère

Oman [oman] *het* Oman

Oma|niet [omanit] *nm (-en)*, **-nitische** *nf (-n)* Omanais, -aise

Oma·ni·tisch [omanitis] *adj* omanais

om·ar·men [ɔmarmə(n)] *vt (omarmde, h. omarmd)* **1** embrasser **2** épouser

om·ar·ming [ɔmarmɪŋ] *nf (-en)* enlacement

om·bin·den [ɔmbɪndə(n)] *vt (bond om, h. omgebonden)* nouer (qqch) (autour de)

om·bla·zen [ɔmblazə(n)] *vt (blies om, h. omgeblazen)* renverser (d'un souffle, en soufflant)

om·bou·wen [ɔmbɑuwə(n)] *vt (bouwde om, h. omgebouwd)* transformer *(une construction)*

om·bren·gen [ɔmbrɛŋə(n)] *vt (bracht om, h. omgebracht)* tuer; **elkaar ~** s'entre-tuer

¹om·bui·gen [ɔmbœyɣə(n)] *vt (boog om, h. omgebogen)* **1** infléchir **2** économiser **3** courber

²om·bui·gen [ɔmbœyɣə(n)] *vi (boog om, h./i. omgebogen)* se courber *(choses, matières)*

om·bui·ging [ɔmbœyɣɪŋ] *nf (-en)* **1** courbure **2** fléchissement **3** *(euph.)* mesure d'austérité

om·cir·ke·len [ɔmsɪrkələ(n)] *vt (omcirkelde, h. omcirkeld)* encercler

om·dat [ɔmdat] *conj* parce que; **dat komt ~ hij ziek werd** c'est (parce) qu'il est tombé malade

om·doen [ɔmdun] *vt (deed om, h. omgedaan)* mettre *(autour du cou, des épaules, du corps)*

om·do·pen [ɔmdopə(n)] *vt (doopte om, h. omgedoopt)* rebaptiser

om·draai·en [ɔmdrajə(n)] *vti (draaide om, h./i. omgedraaid)* tourner; **iemands arm ~** tordre le bras à qqn; **een plaat ~** retourner un disque; **de volgorde ~** inverser l'ordre; **de zaak ~** dénaturer les faits; **zich ~** se retourner; **hij is plotseling omgedraaid** il s'est soudainement ravisé; **bij het zien van de drukte zijn we omgedraaid** en voyant la cohue nous avons fait demi-tour

omen [omɛn] *het (omina)* présage

om·gaan [ɔmɣan] *vi (ging om, i. omgegaan)* **1** tourner (autour de); **de bocht ~** prendre le virage; **een heel eind ~** faire un grand détour; **wat gaat er in hem om?** qu'est-ce qui se passe en lui ?; **een straatje ~** (aller) faire un tour; **er gaat daar heel wat om** il s'y passe toutes sortes de choses **2** passer *(du temps)* **3** *(+ met)* fréquenter (qqn); **zij kan goed met kinderen ~** elle s'y prend bien avec les enfants; **vriendschappelijk met iemand ~** entretenir des rapports d'amitié avec qqn **4** *(+ met)* manier **5** tomber par terre **6** se raviser

om·gaand [ɔmɣant] *adj, adv* ♦ **~ doe ik u toekomen ...** par retour du courrier je vous fais parvenir ...; **per ~e antwoorden** répondre (à qqn) par retour du courrier

om·gaf [ɔmɣaf], **omgaven** → **omgeven**

om·gang [ɔmɣaŋ] *nm* **1** fréquentation; **~ hebben met iemand** fréquenter qqn, être (intimement) lié avec qqn; **gemakkelijk in de ~** sociable **2** galerie *(d'une tour)* **3** *(Belg.)* défilé

om·gangs·re·ge·ling [ɔmɣaŋsreɣəlɪŋ] *nf (-en)* règlement du droit de visite

om·gangs·taal [ɔmɣaŋstal] *de* langue usuelle

om·gangs·vor·men [ɔmɣaŋsfɔrmə(n)] *plur* formes; **geen goede ~ hebben** manquer de savoir-vivre

om·ge·keerd [ɔmɣəkert] *adj, adv* **1** (à l')inverse **2** inverse(ment); **zij gedroeg zich juist ~** elle a fait tout le contraire; **het ~e van** le contraire de

om·ge·le·gen [ɔmɣəleɣə(n)] *adj* → **omliggend**

om·ge·ven [ɔmɣevə(n)] *vt (omgaf, h. omgeven)* entourer; **zich ~ met** s'entourer de

om·ge·ving [ɔmɣevɪŋ] *nf* **1** entourage; **in mijn naaste ~** dans mon entourage immédiat **2** environs; **een groene ~** un cadre de verdure; **nergens in de wijde ~** nulle part aux alentours (les plus éloignés)

om·gooi·en [ɔmɣojə(n)] *vt (gooide om, h. omgegooid)* **1** renverser **2** jeter sur ses épaules **3** *(fam.)* bouleverser

om|haal [ɔmhal] *nm (-halen)* **1** façons; **~ maken** faire du zèle **2** détours; **met een grote ~ van woorden** à grand renfort de circonlocutions

om·hak·ken [ɔmhakə(n)] *vt (hakte om, h. omgehakt)* abattre *(arbres)*

om·ha·len [ɔmhalə(n)] *vt (haalde om, h. omgehaald)* **1** abattre **2** *(sports)* faire un ciseau arrière **3** retourner *(de terre)* **4** *(Belg.)* collecter

om·ha·ling [ɔmhalɪŋ] *nf (-en) (Belg.)* collecte

¹om·han·gen [ɔmhaŋə(n)] *vt (omhing, h. omhangen)* draper

²om·han·gen [ɔmhaŋə(n)] *vt (hing om, h. omgehangen)* envelopper (qqn) (de) *(mettre autour du cou, des épaules)*

om·heb·ben [ɔmhɛbə(n)] *vt (had om, h. omgehad)* porter *(des vêtements)*

om·heen [ɔmhen] *adv* (tout) autour; *(fig.)* **ergens ~ draaien** tourner autour du pot; *(fig.)* **ergens niet ~ kunnen** ne pas pouvoir passer à côté de qqch

om·hei·nen [ɔmhɛinə(n)] *vt (omheinde, h. omheind)* clôturer

om·hel·zen [ɔmhɛlzə(n)] *vt (omhelsde, h. omhelsd)* embrasser *(aussi au fig.)*

om·hel·zing [ɔmhɛlzɪŋ] *nf (-en)* enlacement

om·hing [ɔmhɪŋ], **omhingen** → **omhangen**

om·hoog [ɔmhoχ] *adv* **1** en hauteur **2** en haut

[1]**om·hoog·drij·ven** [ɔmhoχdrɛivə(n)] *vt (dreef omhoog, h. omhooggedreven)* faire monter

[2]**om·hoog·drij·ven** [ɔmhoχdrɛivə(n)] *vi (dreef omhoog, i. omhooggedreven)* (re)-monter

om·hoog·gaan [ɔmhoχan] *vi (ging omhoog, i. omhooggegaan)* monter

om·hoog·ko·men [ɔmhoχkomə(n)] *vi (kwam omhoog, i. omhooggekomen)* **1** se lever; **de melk komt omhoog** le lait monte **2** *(fig.)* s'élever

[1]**om·hoog·schie·ten** [ɔmhoχsχitə(n)] *vi (schoot omhoog, i. omhooggeschoten)* **1** pousser vite **2** s'élancer (vers le haut); **de prijzen schieten omhoog** les prix montent en flèche

[2]**om·hoog·schie·ten** [ɔmhoχsχitə(n)] *vti (schoot omhoog, h./i. omhooggeschoten)* tirer (en l'air) *(fusil)*

[1]**om·hoog·ste·ken** [ɔmhoχstekə(n)] *vt (stak omhoog, h. omhooggestoken)* lever *(bras, main)*

[2]**om·hoog·ste·ken** [ɔmhoχstekə(n)] *vi (stak omhoog, h. omhooggestoken)* se dresser

om·hoog·til·len [ɔmhoχtɪlə(n)] *vt (tilde omhoog, h. omhooggetild)* **1** *(sens pr.)* soulever **2** *(fig.)* relever

om·hoog·val·len [ɔmhoχfɑlə(n)] *vi (viel omhoog, i. omhooggevallen) (iron.)* monter en grade par manque de poids

om·hoog·vlie·gen [ɔmhoχfliχə(n)] *vi (vloog omhoog, i. omhooggevlogen)* s'envoler; **de prijzen vliegen omhoog** les prix montent en flèche

om·hoog·wer·ken, zich [ɔmhoχwɛrkə(n)] *vpr (werkte zich omhoog, h. zich omhooggewerkt)* **1** *(sens pr.)* se hisser **2** *(fig.)* s'élever (par son travail)

om·hoog·zit·ten [ɔmhoχsɪtə(n)] *vi (zat omhoog, h. omhooggezeten)* avoir des difficultés

om·hul·len [ɔmhʌlə(n)] *vt (omhulde, h. omhuld)* envelopper

om·hul·sel [ɔmhʌlsəl] *het (-s)* enveloppe; *(litt.)* **het stoffelijk ~** l'enveloppe terrestre, la dépouille mortelle

[1]**om·kan·te·len** [ɔmkɑntələ(n)] *vi (kantelde om, i. omgekanteld)* se renverser *(choses)*

[2]**om·kan·te·len** [ɔmkɑntələ(n)] *vt (kantelde om, h. omgekanteld)* renverser *(choses)*

om·kap·pen [ɔmkɑpə(n)] *vt (kapte om, h. omgekapt)* → **omhakken**

om·keer·baar [ɔmkerbar] *adj* réversible

[1]**om·ke·ren** [ɔmkerə(n)] *vt (keerde om, h. omgekeerd)* **1** retourner; **de woordvolgorde ~** inverser l'ordre des mots **2** renverser *(situations)*

[2]**om·ke·ren** [ɔmkerə(n)] *vi (keerde om, h./i. omgekeerd)* **1** faire demi-tour **2** virer de bord *(fig.)*

om·ke·ring [ɔmkerɪŋ] *nf (-en)* inversion

om·kie·pen [ɔmkipə(n)] *vti (kiepte om, h./i. omgekiept) (fam.)* (faire) basculer

[1]**om·kie·pe·ren** [ɔmkipərə(n)] *vt (kieperde om, h. omgekieperd)* flanquer par terre

[2]**om·kie·pe·ren** [ɔmkipərə(n)] *vi (kieperde om, i. omgekieperd)* dégringoler

om·kij·ken [ɔmkɛikə(n)] *vi (keek om, h. omgekeken)* **1** tourner la tête **2** *(+ naar)* s'occuper (de qqn, qqch); **ik heb er geen ~ aan** je n'ai pas besoin de m'en occuper **3** *(+ naar)* chercher

[1]**om·kle·den** [ɔmkledə(n)] *vt (omkleedde, h. omkleed)* revêtir (de) *(abstr.)*; **de harde waarheid tactvol ~** choisir ses mots pour dire la vérité

[2]**om·kle·den** [ɔmkledə(n)] *vt (kleedde om, h. omgekleed)* changer *(de vêtements)*

om·klem·men [ɔmklɛmə(n)] *vt (omklemde, h. omklemd),* **omknellen** *vt (omknelde, h. omkneld)* étreindre

om·kno·pen [ɔmknopə(n)] *vt (knoopte om, h. omgeknoopt)* nouer

om·ko·men [ɔmkomə(n)] *vi (kwam om, i. omgekomen)* **1** mourir **2** tourner *(le coin de la rue)* **3** s'écouler *(du temps)*; **hoe komt die tijd om!** le temps me semble long

om·koop·baar [ɔmkobar] *adj* vénal

om·ko·pen [ɔmkopə(n)] *vt (kocht om, h. omgekocht) (péj.)* acheter *(corrompre)*; **getuigen ~** suborner des témoins

om·ko·per [ɔmkopər] *nm (-s)* corrupteur

om·ko·pe·rij [ɔmkopərɛi], **omkoping** *nf* corruption

om·krui·pen [ɔmkrœypə(n)] *vi (kroop om, i. omgekropen)* se traîner *(temps)*

[1]**om·krul·len** [ɔmkrʌlə(n)] *vi (krulde om, i. omgekruld)* se recourber

[2]**om·krul·len** [ɔmkrʌlə(n)] *vt (krulde om, h. omgekruld)* recourber

om·laag [ɔmlaχ] *adv* en bas *(direction)*; **het werkloosheidscijfer moet ~** le taux de chômage doit baisser

om·laag·gaan [ɔmlaχan] *vi (ging omlaag, i. omlaaggegaan)* descendre

om·laag·ha·len [ɔmlaχhalə(n)] *vt (haalde omlaag, h. omlaaggehaald)* abaisser *(aussi au fig.)*; **iemands reputatie ~** défaire la réputation de qqn

om·leg·gen [ɔmlɛχə(n)] *vt (legde om, h. omgelegd)* **1** entourer (de) **2** (re)tourner **3** détourner **4** descendre

om·lei·den [ɔmlɛidə(n)] *vt (leidde om, h. omgeleid)* dévier

om·lig·gend [ɔmlɪχənt] *adj* environnant

om·lijnd [ɔmlɛint] *adj* **1** précis; **duidelijk ~e ideeën** idées claires et précises **2** aux contours nets

om·lij·nen [ɔmlɛinə(n)] *vt (omlijnde, h. omlijnd)* délimiter, tracer une ligne autour de

om·lijs·ten [ɔmlɛistə(n)] *vt (omlijstte, h. omlijst)* encadrer

om·lijs·ting [ɔmlɛistɪŋ] *nf (-en)* **1** cadre **2** encadrement

om|loop [ɔmlop] *nm (-lopen)* 1 circulation; **niet meer in ~ zijn** ne plus avoir cours; **tegenstrijdige berichten in ~ brengen** répandre des informations contradictoires 2 *(planète)* tour 3 galerie *(d'une tour, d'un clocher)* 4 *(Belg.)* course cycliste

om·lo·pen [ɔmlopə(n)] *vi (liep om, h./i. omgelopen)* 1 faire le tour de 2 faire un (petit) tour 3 faire un détour 4 entourer

om·me·keer [ɔməker] *nm* retournement; **een ~ in haar leven** un bouleversement dans sa vie

om·me·tje [ɔməcə] *het (-s) (fam.)* (petit) tour

om·me·zien [ɔməzin] *het* ♦ **in een ~** en un clin d'œil

om·me·zij·de [ɔməzɛidə] *de (-n)* verso; **zie ~** voir au verso

om·me·zwaai [ɔməzwaj] *nm (-en)* revirement

om·mu·ren [ɔmyrə(n)] *vt (ommuurde, h. ommuurd)* murer

om·ni·um·ver·ze·ke·ring [ɔmnijʌmvərzekərɪŋ] *nf (-en) (Belg.)* assurance tous risques

om·ploe·gen [ɔmpluχə(n)] *vt (ploegde om, h. omgeploegd)* labourer

om·pra·ten [ɔmpratə(n)] *vt (praatte om, h. omgepraat)* faire changer d'avis

om·ran·den [ɔmrɑndə(n)] *vt (omrandde, h. omrand)* border (de); **rood omrande ogen** des yeux rougis

om·ras·te·ren [ɔmrɑstərə(n)] *vt (omrasterde, h. omrasterd)* entourer d'une palissade, d'un grillage

om·rei·zen [ɔmrɛizə(n)] *vi (reisde om, h./i. omgereisd)* faire un détour

om·re·ke·nen [ɔmrekənə(n)] *vt (rekende om, h. omgerekend)* convertir

[1]**om·rij·den** [ɔmrɛidə(n)] *vi (reed om, h./i. omgereden)* 1 faire un détour (en voiture) 2 faire le tour (de)

[2]**om·rij·den** [ɔmrɛidə(n)] *vt (reed om, h. omgereden)* renverser *(en voiture, en vélo)*

om·rin·gen [ɔmrɪŋə(n)] *vt (omringde, h. omringd)* entourer (de)

om·roep [ɔmrup] *nm (-en)* 1 radiotélévision 2 association assurant des programmes de radiotélévision

om·roe·pen [ɔmrupə(n)] *vt (riep om, h. omgeroepen)* 1 diffuser *(radio, télévision)* 2 appeler (par haut-parleur)

om·roe·per [ɔmrupər] *nm (-s)*, **omroepster** *nf (-s)* présentateur, -trice, speaker, -erine

om·roe·ren [ɔmrurə(n)] *vt (roerde om, h. omgeroerd)* remuer

om·rol·len [ɔmrɔlə(n)] *vt (rolde om, h. omgerold)* 1 renverser 2 rouler

om·rui·len [ɔmrœylə(n)] *vti (ruilde om, h. omgeruild)* échanger (contre)

om·scha·ke·len [ɔmsχakələ(n)] *vti (schakelde om, h./i. omgeschakeld)* 1 commuter, *(électricité)* inverser 2 convertir

om·scha·ke·ling [ɔmsχakəlɪŋ] *nf (-en)* réorientation, *(courant)* inversion, *(écon.)* conversion

om·scho·len [ɔmsχolə(n)] *vt (schoolde om, h. omgeschoold)* recycler *(éducation)*

om·schop·pen [ɔmsχɔpə(n)] *vt (schopte om, h. omgeschopt)* renverser d'un coup de pied, à coups de pied

om·schreef [ɔmsχref], **omschreven** → **omschrijven**

om·schrij·ven [ɔmsχrɛivə(n)] *vt (omschreef, h. omschreven)* définir

om·schrij·ving [ɔmsχrɛivɪŋ] *nf (-en)* définition; **ter ~** à titre de précision

om·sin·ge·len [ɔmsɪŋələ(n)] *vt (omsingelde, h. omsingeld)* encercler

[1]**om·slaan** [ɔmslan] *vt (sloeg om, h. omgeslagen)* 1 renverser 2 rabattre 3 tourner *(page)* 4 répartir (entre); **de onkosten hoofdelijk ~** répartir les frais entre les participants 5 jeter sur les épaules *(vêtement)* 6 *(Belg.)* se fouler

[2]**om·slaan** [ɔmslan] *vi (sloeg om, i. omgeslagen)* 1 tourner *(le coin etc.)* 2 changer brusquement 3 se renverser

om·slach·tig [ɔmslɑχtəχ] *adj, adv* (d'une façon) compliqué(e)

[1]**om·slag** [ɔmslɑχ] *nm (-en)* 1 changement brusque 2 façons 3 détour

[2]**om·slag** [ɔmslɑχ] *het/de (-en)* 1 *(objet, vêtement)* revers 2 couverture *(livre, magazine)* 3 chemise 4 enveloppe

om·slag·doek [ɔmslɑχduk] *nm (-en)* châle

om·sloot [ɔmslot], **omsloten** → **omsluiten**

om·slui·e·ren [ɔmslœyjərə(n)] *vt (omsluierde, h. omsluierd)* voiler *(aussi au fig.)*

om·slui·ten [ɔmslœytə(n)] *vt (omsloot, h. omsloten)* 1 entourer 2 renfermer 3 enserrer

om·smij·ten [ɔmsmɛitə(n)] *vt (smeet om, h. omgesmeten)* renverser (violemment)

om·span·nen [ɔmspɑnə(n)] *vt (omspande, h. omspannen)* entourer (de)

om·spe·len [ɔmspelə(n)] *vt (omspeelde, h. omspeeld)* dribbler

om·spit·ten [ɔmspɪtə(n)] *vt (spitte om, h. omgespit)* bêcher *(terre)*

[1]**om·spoe·len** [ɔmspulə(n)] *vt (omspoelde, h. omspoeld)* baigner (dans); **het water omspoelde de caravan** la caravane baignait dans l'eau

[2]**om·spoe·len** [ɔmspulə(n)] *vt (spoelde om, h. omgespoeld)* rincer

om·sprin·gen [ɔmsprɪŋə(n)] *vi (sprong om, h./i. omgesprongen) (+ met)* se servir (de), *(personnes)* se conduire (avec)

om·stan·der [ɔmstɑndər] *nm (-s)* personne présente

om·stan·dig [ɔmstɑndəχ] *adj, adv* détaillé, en détail

om·stan·dig|heid [ɔmstɑndəχhɛit] *nf (-heden)* 1 circonstance; **zij bevindt zich in de gelukkige ~ dat ...** elle a la chance de ...; **naar omstandigheden** compte tenu des circonstances; **behoudens onvoorziene omstandigheden** sauf imprévu; **verzachtende omstandigheden** circonstances atténuantes; **wegens omstandigheden te koop** à vendre pour des raisons de convenance personnelle **2** profusion de détails

om·sto·ten [ɔmstotə(n)] *vt (stootte om, h. omgestoten)* renverser

om·stre·den [ɔmstredə(n)] *adj (meer o., meest o.)* controversé

[1]**om·streeks** [ɔmstreks] *adv* environ

[2]**om·streeks** [ɔmstreks] *prép* vers

om·stre·ken [ɔmstrekə(n)] *plur* environs; **in B. en ~** dans la région de B.

om·stren·ge·len [ɔmstrɛŋələ(n)] *vt (omstrengelde, h. omstrengeld)* enlacer

om·trek [ɔmtrɛk] *nm (-ken)* **1** contour **2** *(math.)* périmètre **3** alentours; **personen uit de ~** gens du voisinage

om·trek·ken [ɔmtrɛkə(n)] *vt (trok om, h. omgetrokken)* **1** renverser (en tirant) **2** tracer les contours de **3** contourner

[1]**om·trent** [ɔmtrɛnt] *adv* à peu près

[2]**om·trent** [ɔmtrɛnt] *prép* **1** vers **2** concernant **3** près de

om·tur·nen [ɔmtʌrnə(n)] *vt (turnde om, h. omgeturnd)* faire changer d'opinion

om·val·len [ɔmvɑlə(n)] *vi (viel om, i. omgevallen)* tomber; **~ van verbazing** *(fig.)* tomber à la renverse

om·vang [ɔmvɑŋ] *nm* **1** tour **2** ampleur **3** étendue

om·vang·rijk [ɔmvɑŋrɛik] *adj* étendu

om·vat·ten [ɔmvɑtə(n)] *vt (omvatte, h. omvat)* **1** entourer **2** comprendre

om·ver [ɔmvɛr] *adv* à, par terre

om·ver·du·wen [ɔmvɛrdywə(n)] *vt (duwde omver, h. omvergeduwd)* renverser *(en poussant)*

om·ver·gooi·en [ɔmvɛrχojə(n)] *vt (gooide omver, h. omvergegooid)* **1** *(aussi au fig.)* renverser **2** faire échouer

om·ver·lo·pen [ɔmvɛrlopə(n)] *vt (liep omver, h. omvergelopen)* renverser

om·ver·rij·den [ɔmvɛrɛidə(n)] *vt (reed omver, h. omvergereden)* renverser *(en voiture, en vélo)*

om·ver·trek·ken [ɔmvɛrtrɛkə(n)] *vt (trok omver, h. omvergetrokken)* renverser

om·ver·wer·pen [ɔmvɛrwɛrpə(n)] *vt (wierp omver, h. omvergeworpen)* **1** *(aussi au fig.)* renverser **2** réfuter

om·vlie·gen [ɔmvliχə(n)] *vi (vloog om, i. omgevlogen)* **1** tourner à grande vitesse **2** *(temps)* passer vite

om·vor·men [ɔmvɔrmə(n)] *vt (vormde om, h. omgevormd)* transformer

om·vou·wen [ɔmvɑuwə(n)] *vt (vouwde om, h. omgevouwen)* faire un pli à

[1]**om·waai·en** [ɔmwajə(n)] *vi (waaide, woei om, i. omgewaaid)* **1** être balayé par le vent **2** être renversé par le vent

[2]**om·waai·en** [ɔmwajə(n)] *vt (waaide, woei om, h. omgewaaid)* renverser

om·weg [ɔmwɛχ] *nm (-en)* **1** détour **2** circonlocution; **iets zonder ~en zeggen** dire qqch sans ambages

[1]**om·wen·te·len** [ɔmwɛntələ(n)] *vi (wentelde om, i. omgewenteld)* tourner

[2]**om·wen·te·len** [ɔmwɛntələ(n)] *vt (wentelde om, h. omgewenteld)* **1** faire tourner **2** inverser

om·wen·te·ling [ɔmwɛntəlɪŋ] *nf (-en)* **1** tour **2** *(math.)* rotation **3** révolution

***om·wen·te·lings-** [ɔmwɛntəlɪŋs-] de rotation

om·wer·ken [ɔmwɛrkə(n)] *vt (werkte om, h. omgewerkt)* **1** remanier **2** remuer

om·wil·le [ɔmwɪlə] *(form.)* ♦ **~ van** pour

[1]**om·wis·se·len** [ɔmwɪsələ(n)] *vt (wisselde om, h. omgewisseld)* échanger (contre)

[2]**om·wis·se·len** [ɔmwɪsələ(n)] *vi (wisselde om, h. omgewisseld)* changer de place

om·wo·nend [ɔmwonənt] *adj* voisin

om·za·gen [ɔmzaχə(n)] *vt (zaagde om, h. omgezaagd)* scier

[1]**om·zei·len** [ɔmzɛilə(n)] *vt (omzeilde, h. omzeild)* contourner *(fig.)*

[2]**om·zei·len** [ɔmzɛilə(n)] *vti (zeilde om, h./i. omgezeild)* **1** doubler *(à la voile)* **2** naviguer

om·zet [ɔmzɛt] *nm (-ten)* **1** volume des affaires **2** chiffre (d'affaires)

om·zet·ten [ɔmzɛtə(n)] *vt (zette om, h. omgezet)* **1** intervertir **2** manœuvrer **3** déplacer **4** vendre; **een miljoen ~** réaliser un chiffre d'affaires d'un million **5** transformer (en); **zijn beloften in daden ~** mettre ses promesses en pratique; **een straf ~** commuer une peine **6** *(mus.)* transposer

om·zich·tig [ɔmzɪχtəχ] *adj, adv* (avec) circonspect(ion)

om·zich·tig·heid [ɔmzɪχtəχhɛit] *nf* circonspection

om·zien [ɔmzin] *vi (zag om, h. omgezien)* **1** se retourner **2** *(+ naar)* s'occuper (de) **3** *(+ naar)* chercher

om·zwer·ving [ɔmzwɛrvɪŋ] *nf (-en)* **1** pérégrination **2** vagabondage

on·aan·ge·daan [ɔnaŋχədan] *adj* →**onberoerd 1**

on·aan|ge·kon·digd [ɔnaŋχəkɔndəχt], **-gemeld** *adj* non annoncé

on·aan·ge|naam [ɔnaŋχənam] *adj, adv (-namer, -naamst)* désagréable(ment); **een ~ karakter** un sale caractère

on·aan|ge·raakt [ɔnaŋχərakt], **-geroerd** *adj* intact; **iets ~ laten** *(sens pr.)* ne pas toucher à qqch; *(fig.)* passer qqch sous silence

on·aan·ge·tast [ɔnaŋχətɑst] *adj* **1** intact **2** non attaqué

on·aan·ne·me·lijk [ɔnanemələk] *adj* **1** invraisemblable **2** inacceptable

on·aan·spra·ke·lijk [ɔnansprakələk] *adj* non responsable

on·aan·tast|baar [ɔnantɑstbar] *adj (-baarder, -baarst)* **1** intangible **2** inattaquable, *(personnes)* incorruptible

on·aan·trek·ke·lijk [ɔnantrɛkələk] *adj* disgracieux

on·aan·vaard|baar [ɔnanvardbar] *adj (-baarder, -baarst)* inacceptable

on·aan·zien·lijk [ɔnanzinlək] *adj, adv* humble(ment); een ~ mannetje un homme insignifiant; voor een niet-onaanzienlijk bedrag pour une somme coquette; er ~ uitzien ne pas payer de mine

on·aar·dig [ɔnardəχ] *adj, adv* désagréable(ment) ♦ niet ~ pas mal

on·acht|zaam [ɔnɑχtsam] *adj, adv (-zamer, -zaamst)* négligent, négligemment

on·acht·zaam·heid [ɔnɑχtsamhɛit] *nf* 1 inattention 2 négligence

on·af [ɔnɑf] *adj* inachevé

on·af·ge·bro·ken [ɔnɑfχəbrokə(n)] *adj, adv* ininterrompu, sans interruption

on·af·ge·werkt [ɔnɑfχəwɛrkt] *adj* inachevé

on·af·han·ke·lijk [ɔnɑfhɑŋkələk] *adj, adv* indépendant, indépendamment

on·af·han·ke·lijk·heid [ɔnɑfhɑŋkələkhɛit] *nf* indépendance

on·af·han·ke·lijk·heids·be·we·ging [ɔnɑfhɑŋkələkhɛitsbəweχɪŋ] *nf (-en)* mouvement indépendantiste

on·af|scheid·baar [ɔnɑfsχɛidbar], **-scheidelijk** *adj, adv* inséparable(ment); zijn onafscheidbare sigaar son éternel cigare

on·af·wend|baar [ɔnɑfwɛndbar] *adj (-baarder, -baarst)* inéluctable

on·af·zien·baar [ɔnɑfsimbar] *adj, adv* incommensurable(ment)

on·ap·pe·tij·te·lijk [ɔnɑpətɛitələk] *adj, adv* (de façon) peu appétissant(e)

on·baat·zuch·tig [ɔmbatsʌχtəχ] *adj, adv* désintéressé, avec désintéressement

on·barm·har·tig [ɔmbɑrmhɑrtəχ] *adj, adv* impitoyable(ment)

on·be·ant·woord [ɔmbəɑntwort] *adj* resté sans réponse; ~e liefde amour non partagé

on·be·bouwd [ɔmbəbɑut] *adj* 1 non bâti 2 non cultivé

on·be·daar·lijk [ɔmbədarlək] *adj, adv* (de manière) incoercible

on·be·dacht|zaam [ɔmbədɑχtsam] *adj, adv (-zamer, -zaamst)* (de manière) irréfléchi(e); een onbedachtzame opmerking une remarque maladroite

on·be·dekt [ɔmbədɛkt] *adj, adv* 1 (à) découvert 2 franc, franchement

on·be·doeld [ɔmbədult] *adj, adv* involontaire(ment)

on·be·dor·ven [ɔmbədɔrvə(n)] *adj* 1 intact 2 innocent

on·be·dui·dend [ɔmbədœydənt] *adj* 1 insignifiant 2 banal

on·be·dwing|baar [ɔmbədwɪŋbar] *adj (-baarder, -baarst)* irrésistible; een onbedwingbare verlegenheid une timidité insurmontable; een onbedwingbare woede une colère incoercible

on·be·gaan|baar [ɔmbəχambar] *adj (-baarder, -baarst)* impraticable *(chemin)*

on·be·gon·nen [ɔmbəχɔnə(n)] *adj* irréalisable

on·be·grensd [ɔmbəχrɛnst] *adj* illimité

on·be·gre·pen [ɔmbəχrepə(n)] *adj* incompris

on·be·grij·pe·lijk [ɔmbəχrɛipələk] *adj, adv* 1 incompréhensible(ment) 2 (de façon) inexplicable 3 incroyable(ment)

on·be·grip [ɔmbəχrɪp] *het* incompréhension

on·be·haag·lijk [ɔmbəhaχlək] *adj* déplaisant; een ~ gevoel un sentiment de malaise

on·be·ha·gen [ɔmbəhaχə(n)] *het* malaise *(fig.)*; een algemeen gevoel van ~ un malaise général

on·be·heerd [ɔmbəhert] *adj* 1 abandonné *(objets)* 2 *(jur.)* en déshérence

on·be|heerst [ɔmbəherst] *adj, adv (-heerster, meest o.)* incontrôlé; zijn ~e optreden son comportement violent

on·be·hol|pen [ɔmbəhɔlpə(n)] *adj, adv (-pener, meest o.) (personne)* gauche(ment) *(fig.)*; een ~ mannetje un gros balourd

on·be·hoor·lijk [ɔmbəhorlək] *adj, adv* 1 (de manière) inconvenant(e) 2 *(heure)* indu, indûment

on·be·hou|wen [ɔmbəhɑuwə(n)] *adj, adv (-wener, meest o.)* grossier, grossièrement; wat een ~ lomperd! quel mufle !

on·be·kend [ɔmbəkɛnt] *adj* inconnu; 't is u niet ~ dat ... vous n'êtes pas sans savoir que ...; *(prov)* ~ maakt onbemind on n'aime que ce qu'on connaît; ~ met iets zijn ne pas être au courant de qqch

on·be·kend·heid [ɔmbəkɛnthɛit] *nf* ignorance (de)

on·be·kom·merd [ɔmbəkɔmərt] *adj, adv* insouciant, sans souci

on·be·krom|pen [ɔmbəkrɔmpə(n)] *adj, adv (-pener, meest o.)* 1 large d'esprit, avec un esprit large 2 généreux, généreusement

on·be|kwaam [ɔmbəkwam] *adj (-kwamer, -kwaamst)* incapable; een ~ ambtenaar un fonctionnaire incompétent

on·be·lang·rijk [ɔmbəlɑŋrɛik] *adj, adv* sans importance, de façon insignifiante

on·be·leefd [ɔmbəleft] *adj, adv* impoli(ment)

on·be·lem·merd [ɔmbəlɛmərt] *adj, adv* libre(ment)

on·be·mand [ɔmbəmɑnt] *adj* 1 *(mar.)* sans équipage 2 *(aviat.)* sans pilote 3 *(astronaut.)* non habité

on·be·mid·deld [ɔmbəmɪdəlt] *adj* sans ressources

on·be|mind [ɔmbəmɪnt] *adj (-minder, meest o.)* impopulaire

on·be·nul [ɔmbənʌl] *nm (-len) (personne)* nullité; wat een stuk ~! quelle nullité !

on·be·nul·lig [ɔmbənʌləχ] *adj, adv*

1 *(personne)* nul, bêtement **2** *(chose)* bêtifiant, stupidement

on·be·nul·lig|heid [ɔmbənʌləχhɛit] *nf (-heden)* **1** *(personne)* bêtise **2** *(chose)* insignifiance

on·be·paald [ɔmbəpa̲lt] *adj, adv* **1** illimité, indéfiniment **2** indéfini **3** vague-(ment)

on·be·perkt [ɔmbəpɛ̲rkt] *adj, adv* **1** illimité, à discrétion **2** *(fig.)* absolu(ment); **~e volmacht** pleins pouvoirs

on·be·perkt·heid [ɔmbəpɛ̲rkthɛit] *nf* **1** espace infini **2** caractère absolu

on·be·proefd [ɔmbəpru̲ft] *adj* **1** non expérimenté; **geen middel ~ laten om ...** ne négliger aucun moyen pour **2** non éprouvé

on·be·ra·den [ɔmbəra̲də(n)] *adj, adv* étourdi(ment)

on·be·re·de·neerd [ɔmbəredəne̲rt] *adj, adv* irraisonné, de façon inconsidérée

on·be·reik|baar [ɔmbərɛ̲igbar] *adj (-baarder, -baarst)* inaccessible; **een ~ ideaal** un idéal irréalisable

on·be·re·ken|baar [ɔmbəre̲kəmbar] *adj, adv (-baarder, -baarst)* **1** incalculable, démesurément; **van onberekenbare waarde** inestimable **2** (de manière) fantasque; **hij is ~** on ne peut pas compter sur lui

on·be·rijd·baar [ɔmbərɛ̲idbar] *adj* → **onbegaanbaar**

on·be·ris·pe·lijk [ɔmbərɪ̲spələk] *adj, adv* impeccable(ment)

on·be·roerd [ɔmbəru̲rt] *adj, adv* **1** impassible(ment) **2** calme(ment)

on·be|schaafd [ɔmbəsχa̲ft] *adj, adv (-schaafder, meest o.)* **1** *(peuples)* (de façon) barbare **2** *(personnes)* grossier, grossièrement

on·be|schaamd [ɔmbəsχa̲mt] *adj, adv (-schaamder, meest o.)* impertinent, impertinemment

on·be·schaamd·heid [ɔmbəsχa̲mthɛit] *nf* insolence

on·be·scha·digd [ɔmbəsχa̲dəχt] *adj* **1** intact **2** indemne

on·be·schei|den [ɔmbəsχɛ̲idə(n)] *adj, adv (-dener, meest o.)* indiscret, indiscrètement

on·be|schermd [ɔmbəsχɛ̲rmt] *adj (-schermder, meest o.)* exposé; **iets ~ achterlaten** abandonner qqch (à découvert)

on·be·schoft [ɔmbəsχɔ̲ft] *adj, adv* → **onbeschaamd**

on·be·schre·ven [ɔmbəsχre̲və(n)] *adj* blanc; *(fig.)* **een ~ blad papier** une feuille de papier vierge

on·be·schrij·fe·lijk [ɔmbəsχrɛ̲ifələk] *adj, adv* indescriptible(ment)

on·be|schroomd [ɔmbəsχro̲mt] *adj, adv (-schroomder, meest o.)* assuré, avec assurance

on·be·schut [ɔmbəsχʌ̲t] *adj* → **onbeschermd**

on·be·sla·pen [ɔmbəsla̲pə(n)] *adj* ♦ **het bed was ~** il, elle n'avait pas dormi dans son lit

on·be·slecht [ɔmbəslɛ̲χt], **onbeslist** *adj* **1** indécis; **de wedstrijd bleef ~** la rencontre se solda par un match nul **2** incertain

on·be·speel·baar [ɔmbəspe̲lbar] *adj (sports)* impraticable

on·be·spo·ten [ɔmbəspo̲tə(n)] *adj* non traité

on·be·spro·ken [ɔmbəspro̲kə(n)] *adj* **1** irréprochable **2** non discuté; **iets ~ laten** ne pas mettre qqch en discussion **3** libre

on·be·staan·baar [ɔmbəsta̲mbar] *adj* **1** impossible **2** *(jur.)* incompatible (avec)

on·be·stemd [ɔmbəstɛ̲mt] *adj* vague

on·be·sten·dig [ɔmbəstɛ̲ndəχ] *adj* variable

on·be·stuur|baar [ɔmbəsty̲rbar] *adj (-baarder, -baarst)* ingouvernable

on·be|suisd [ɔmbəsœ̲ys t] *adj, adv (-suisder, meest o.)* fougueux, fougueusement; **~ te werk gaan** agir sans réfléchir

on·be·taal|baar [ɔmbəta̲lbar] *adj (-baarder, -baarst)* **1** qui ne peut être payé **2** inestimable **3** *(fig.)* impayable

on·be·taald [ɔmbəta̲lt] *adj* impayé

on·be·ta·me·lijk [ɔmbəta̲mələk] *adj, adv* incorrect(ement); **hij vraagt ~ veel** il demande un prix indécent

on·be·te·ke·nend [ɔmbəte̲kənənt] *adj* insignifiant

on·be·trouw|baar [ɔmbətrɑ̲ubar] *adj (-baarder, -baarst)* douteux; **hij is ~** on ne peut pas se fier à lui

on·be·trouw·baar·heid [ɔmbətrɑ̲ubarhɛit] *nf* caractère douteux

on·be·tuigd [ɔmbətœ̲yχt] *adj* ♦ **zich niet ~ laten** payer de sa personne

on·be·twist [ɔmbətwɪ̲st] *adj* incontesté

on·be·twist·baar [ɔmbətwɪ̲stbar] *adj, adv* incontestable(ment)

on·be·vaar|baar [ɔmbəva̲rbar] *adj (-baarder, -baarst) (mar.)* qui n'est pas navigable

on·be|van·gen [ɔmbəvɑ̲ŋə(n)] *adj, adv (-vangener, meest o.)* **1** naïf, naïvement **2** sans préjugés

on·be·van·gen·heid [ɔmbəvɑ̲ŋənhɛit] *nf* **1** candeur **2** impartialité

on·be·vlekt [ɔmbəvlɛ̲kt] *adj* immaculé

on·be·voegd [ɔmbəvu̲χt] *adj* incompétent, sans compétence; **~ tot iets** incompétent en matière de; **het ~ uitoefenen van de geneeskunde** l'exercice illégal de la médecine

on·be·voeg·de [ɔmbəvu̲χdə] *nm (-n)* ♦ **geen toegang voor ~n** interdit au public

on·be·volkt [ɔmbəvɔ̲lkt] *adj* inhabité

on·be·voor·oor·deeld [ɔmbəvo̲rordelt] *adj, adv* sans préjugés

on·be·vre·digd [ɔmbəvre̲dəχt] *adj* insatisfait; **ergens een ~ gevoel aan overhouden** être insatisfait de qqch

on·be·vre·di·gend [ɔmbəvre̲dəχənt] *adj* non satisfaisant

on·be|vreesd [ɔmbəvrest] *adj, adv (-vreesder, meest o.)* hardi(ment)

on·be·waakt [ɔmbəwakt] *adj* non gardé

on·be·weeg·lijk [ɔmbəweχlək] *adj, adv* **1** inerte, sans bouger **2** inébranlable(ment) **3** *(fig.)* inflexible(ment)

on·be·weeg·lijk·heid [ɔmbəweχləkhɛit] *nf* **1** immobilité **2** *(fig.)* inflexibilité

on·be·werkt [ɔmbəwɛrkt] *adj* brut

on·be·we·zen [ɔmbəwezə(n)] *adj* non fondé

on·be·wo|gen [ɔmbəwoχə(n)] *adj, adv (-gener, meest o.)* **1** immobile **2** impassible, imperturbablement

on·be·wolkt [ɔmbəwɔlkt] *adj* clair; **een ~e hemel** un ciel dégagé

on·be·woon|baar [ɔmbəwombar] *adj (-baarder, -baarst)* inhabitable

on·be·woond [ɔmbəwont] *adj* **1** dépeuplé **2** inhabité

on·be|wust [ɔmbəwʌst] *adj, adv (-wuster, meest o.)* **1** inconscient, inconsciemment **2** involontaire(ment)

on·be·zet [ɔmbəzɛt] *adj* **1** inoccupé **2** vacant **3** non occupé *(par une armée)*

on·be·zon|nen [ɔmbəzɔnə(n)] *adj, adv (-nener, meest o.)* étourdi(ment)

on·be·zorgd [ɔmbəzɔrχt] *adj, adv* insouciant, avec insouciance

on·bil·lijk [ɔmbɪlək] *adj, adv (form.)* injuste(ment)

on·brand·baar [ɔmbrandbar] *adj* ininflammable

on·breek·baar [ɔmbregbar] *adj* **1** incassable **2** indestructible

on·bruik [ɔmbrœyk] *het* désuétude; **in ~ raken** tomber en désuétude

on·bruik|baar [ɔmbrœygbar] *adj (-baarder, -baarst)* inutilisable

on·bruik·baar·heid [ɔmbrœygbarhɛit] *nf* **1** inaptitude **2** état défectueux

on·buig|baar [ɔmbœyχbar] *adj, adv (-baarder, -baarst),* **onbuig|zaam** *adj, adv (-zamer, -zaamst)* rigide, avec rigidité

on·chris·te·lijk [ɔŋkrɪstələk] *adj, adv* **1** (d'une manière) non chrétien(ne) **2** (d'une façon) peu chrétien(ne) **3** indu, indûment

on·con·tro·leer·baar [ɔŋkontrolerbar] *adj* incontrôlable

on·dank [ɔndaŋk] *nm* ingratitude; *(prov)* **~ is 's werelds loon** le monde paie d'ingratitude

on·dank|baar [ɔndaŋgbar] *adj, adv (-baarder, -baarst)* **1** (avec) ingrat(itude) **2** aride *(tâche, besogne)*

on·danks [ɔndaŋks] *prép* **1** malgré **2** contre le gré de

on·deel·baar [ɔndelbar] *adj, adv* **1** indivisible **2** infime, infiniment

on·de·fi·ni·eer·baar [ɔndefin(i)jerbar] *adj* indéfinissable

on·de·mo·cra|tisch [ɔndemokratis] *adj (-tischer, meest o.)* antidémocratique

on·denk|baar [ɔndɛŋgbar] *adj (-baarder, -baarst)* inconcevable; **het is niet ~ dat ...** il n'est pas impossible que ...

[1]on·der [ɔndər] *adv* en bas (de); **hij dook kopje ~** il piqua une tête; **~ in de mand** au fond du panier; **iemand van ~ tot boven opnemen** examiner qqn des pieds à la tête ♦ **de zon is nog niet ~** le soleil n'est pas encore couché; **ten ~ gaan** sombrer (dans la misère, le vice etc.)

[2]on·der [ɔndər] *prép* **1** sous; **~ iemand staan** être sous les ordres de qqn **2** parmi; **~ meer** entre autres choses; **~ ons** entre nous **3** pendant **4** moins de

on·der·aan [ɔndəran] *adv* au bas (de); **~ de lijst staan** être placé en fin de liste; **~ staan** être (classé) le dernier

on·der·aards [ɔndərarts] *adj* souterrain ♦ **het ~e rijk** les enfers

on·der·af [ɔndəraf] *adv (+ van)* d'en bas; **van ~ beginnen** commencer par le bas

on·der·arm [ɔndərarm] *nm (-en)* avant-bras

on·der|baas [ɔndərbas] *nm (-bazen)* contremaître

on·der|been [ɔndərben] *het (-benen)* jambe *(partie au-dessous du genou)*

on·der·be·licht [ɔndərbəlɪχt] *adj* **1** *(phot.)* sous-exposé **2** *(fig.)* méconnu

on·der·be|wust [ɔndərbəwʌst] *adj, adv (-wuster, meest o.)* subconscient, subconsciemment; **het ~e** l'inconscient

on·der·be·wust·zijn [ɔndərbəwʌ(st)sɛin] *het (psycho.)* inconscient

on·der·be·zet [ɔndərbəzɛt] *adj* qui manque de personnel

on·der·bouw [ɔndərbau] *nm* **1** *(archit.)* soubassement **2** *(enseign. primaire)* ± cours élémentaire, *(enseign. secondaire)* premier cycle

on·der·bou·wen [ɔndərbauwə(n)] *vt (onderbouwde, h. onderbouwd)* étayer *(fig.)*

on·der·brak [ɔndərbrak], **onderbraken** → **onderbreken**

on·der·bre·ken [ɔndərbrekə(n)] *vt (onderbrak, h. onderbroken)* interrompre

on·der·bre·king [ɔndərbrekɪŋ] *nf (-en)* interruption; **zonder ~** sans arrêt

on·der·bren·gen [ɔndərbrɛŋə(n)] *vt (bracht onder, h. ondergebracht)* **1** héberger **2** rentrer

on·der·broek [ɔndərbruk] *de (-en)* **1** slip **2** caleçon

on·der·bro·ken [ɔndərbrokə(n)] → **onderbreken**

on·der·buik [ɔndərbœyk] *nm (-en)* bas-ventre

on·der|daan [ɔndərdan] *nm (-danen)* ressortissant

on·der·dak [ɔndərdak] *het* gîte; **iemand ~ geven, verlenen** loger qqn; **~ hebben** être logé

on·der·da·nig [ɔndərdanəχ] *adj, adv* **1** docile(ment) **2** servile(ment)

on·der|deel [ɔndərdel] *het (-delen)* **1** partie; **onderdelen van een machine** pièces (détachées) d'une machine; een ~ vormen van faire partie de 2 *(milit.)* unité

on·der·deur·tje [ɔndərdørcə] *het (-s) (péj.)* microbe

¹**on·der·doen** [ɔndərdun] *vi (deed onder, h. ondergedaan) (+ voor)* ne pas égaler; in niets voor iemand ~ ne le céder en rien à qqn; zij doen niet voor elkaar onder ils se valent

²**on·der·doen** [ɔndərdun] *vt (deed onder, h. ondergedaan)* mettre (aux pieds)

on·der·dom·pe·len [ɔndərdɔmpələ(n)] *vt (dompelde onder, h. ondergedompeld)* immerger

on·der·door [ɔndərdor] *adv* par en dessous; *(fig.)* hij ging eraan ~ ça l'a complètement démoli

on·der·druk [ɔndərdrʌk] *nm (-ken)* tension (artérielle) minimale

on·der·druk·ken [ɔndərdrʌkə(n)] *vt (onderdrukte, h. onderdrukt)* 1 opprimer 2 réprimer

on·der·dui·ken [ɔndərdœykə(n)] *vi (dook onder, i. ondergedoken)* 1 se cacher 2 prendre le maquis 3 plonger (dans)

on·der·duims [ɔndərdœyms] *adj, adv (Belg.)* sournois(ement)

on·der·du·wen [ɔndərdywə(n)] *vt (duwde onder, h. ondergeduwd)* enfoncer sous l'eau

on·der·een [ɔndəren] *adv (Belg.)* pêlemêle

on·de·ren [ɔndərə(n)] *adv* 1 *(+ naar)* vers le bas 2 *(+ van)* (d')en bas; een huis van boven tot ~ doorzoeken fouiller une maison de fond en comble

¹**on·der·gaan** [ɔndərɣan] *vt (onderging, h. ondergaan)* subir

²**on·der·gaan** [ɔndərɣan] *vi (ging onder, i. ondergegaan)* 1 disparaître sous qqch 2 se coucher *(soleil)* 3 sombrer

on·der·gang [ɔndərɣɑŋ] *nm* 1 déclin; met ~ bedreigen menacer ruine; zijn ~ tegemoet gaan courir à sa perte 2 chute; de ~ van de zon le coucher du soleil

on·der·ge·schikt [ɔndərɣəsɣɪkt] *adj* 1 subordonné; de ene zaak aan de andere ~ maken subordonner une chose à une autre 2 secondaire

on·der·ge·schikt·heid [ɔndərɣəsɣɪkthɛit] *nf* 1 dépendance 2 subordination *(aussi milit.)*

on·der·ge·scho·ven [ɔndərɣəsɣovə(n)] *adj* faux

on·der·ge·te·ken·de [ɔndərɣətekəndə] *nm (-n)* 1 soussigné, -ée 2 je soussigné(e)

on·der·ging [ɔndərɣɪŋ], **ondergingen** → ondergaan

on·der·goed [ɔndərɣut] *het* sous-vêtements

on·der·gra·ven [ɔndərɣravə(n)] *vt (ondergroef, h. ondergraven)* 1 creuser 2 *(fig.)* saper

on·der·grond [ɔndərɣrɔnt] *nm (-en)* 1 *(fig.)* base 2 *(géo.)* sous-sol

on·der·gronds [ɔndərɣrɔn(t)s] *adj* 1 souterrain; de ~e le métro 2 clandestin; de ~e beweging la Résistance

on·der·hand [ɔndərhɑnt] *adv* entretemps

on·der·han·de·len [ɔndərhɑndələ(n)] *vi (onderhandelde, h. onderhandeld)* négocier; over iets ~ négocier qqch

on·der·han·de·ling [ɔndərhɑndəlɪŋ] *nf (-en)* négociation

on·der·hands [ɔndərhɑn(t)s] *adj, adv* 1 secret, secrètement; iets ~ regelen régler qqch en sous-main 2 *(sports)* bas ♦ ~e koop achat de gré à gré

on·der·ha·vig [ɔndərhavəɣ] *adj* présent

on·der·he·vig [ɔndərhevəɣ] *adj (+ aan)* sujet (à)

on·der·hield [ɔndərhilt], **onderhielden** → onderhouden

on·der·houd [ɔndərhɑut] *het* 1 entretien *(maintenance; conversation)* 2 vie; in zijn ~ voorzien pourvoir à ses besoins

¹**on·der·hou·den** [ɔndərhɑudə(n)] *vt (onderhield, h. onderhouden)* 1 entretenir; een gezin ~ faire vivre une famille 2 observer 3 amuser

²**on·der·hou·den, zich** [ɔndərhɑudə(n)] *vpr (onderhield zich, h. zich onderhouden) (+ met)* s'entretenir (avec qqn)

on·der·hou·dend [ɔndərhɑudənt] *adj, adv* agréable(ment)

on·der·huid [ɔndərhœyt] *de (-en) (biol.)* (hypo)derme

on·der·huids [ɔndərhœyts] *adj, adv* 1 sous-cutané 2 *(fig.)* imperceptible(ment)

on·der·in [ɔndərɪn] *adv* au fond

on·der·jurk [ɔndərjʌrk] *de (-en)* combinaison

on·der|kaak [ɔndərkak] *de (-kaken)* mâchoire inférieure

on·der·kant [ɔndərkɑnt] *nm (-en)* dessous

on·der·ken·nen [ɔndərkɛnə(n)] *vt (onderkende, h. onderkend)* reconnaître

on·der·kin [ɔndərkɪn] *de (-nen)* double menton

on·der·kle·ding [ɔndərkledɪŋ] *nf* → ondergoed

¹**on·der·koeld** [ɔndərkult] *adj, adv* impassible, avec, de sang-froid

²**on·der·koeld** [ɔndərkult] *adj (phys.)* surfondu

¹**on·der·ko·men** [ɔndərkomə(n)] *het (-s)* abri

²**on·der·ko·men** [ɔndərkomə(n)] *adj (Belg.)* affaibli

on·der·ko·ning [ɔndərkonɪŋ] *nm (-en)* vice-roi

on·der·krui·per [ɔndərkrœypər] *nm (-s)* 1 gâcheur 2 jaune *(briseur de grève)*

on·der|laag [ɔndərlaɣ] *de (-lagen)* couche inférieure

on·der·legd [ɔndərlɛɣt] *adj* instruit

on·der·leg·ger [ɔndərlɛɣər] *nm (-s)*

1 dessous *(objet qui se place sous qqch)* 2 sous-main

on·der·li|chaam [ɔndərlɪχam] *het (-chamen)* → onderlijf

on·der·lig·gend [ɔndərlɪχənt] *adj (fig.)* sous-jacent

on·der|lijf [ɔndərlɛif] *het (-lijven)* 1 partie inférieure du corps 2 bas-ventre

on·der·lij·nen [ɔndərlɛinə(n)] *vt (onderlijnde, h. onderlijnd)* souligner

on·der·ling [ɔndərlɪŋ] *adj, adv* réciproque(ment); iets ~ oplossen résoudre qqch entre soi; ~e strijd lutte interne; ~ verwisselbaar interchangeable

on·der·lip [ɔndərlɪp] *de (-pen)* lèvre inférieure

on·der·lo·pen [ɔndərlopə(n)] *vi (liep onder, i. ondergelopen)* être inondé

on·der·maans [ɔndərmans] *adj* terrestre; *(subst.)* in dit ~e en ce bas monde

on·der·maats [ɔndərmats] *adj* 1 au-dessous du format exigé 2 médiocre

on·der·mij·nen [ɔndərmɛinə(n)] *vt (ondermijnde, h. ondermijnd)* → ondergraven 2

on·der·mij·nend [ɔndərmɛinənt] *adj, adv* subversif, subversivement

on·der·mij·ning [ɔndərmɛinɪŋ] *nf* 1 ébranlement 2 minage

on·der·nam [ɔndərnam], **ondernamen** → ondernemen

on·der·ne·men [ɔndərnemə(n)] *vt (ondernam, h. ondernomen)* entreprendre; pogingen ~ tenter; ~d zijn avoir l'esprit d'entreprise

on·der·ne·ming [ɔndərnemɪŋ] *nf (-en)* entreprise

on·der·no·men [ɔndərnomə(n)] → ondernemen

on·der·ons·je [ɔndərɔnʃə] *het (-s)* 1 petit comité 2 aparté; een ~ hebben faire des messes basses

on·der·op [ɔndərɔp] *adv* (au-)dessous; ~ raken perdre du terrain; het initiatief moet van ~ komen l'initiative doit venir de la base

on·der·pand [ɔndərpɑnt] *het (-en)* gage *(aussi au fig.)*; ~ geven mettre en gage

on·der·pas·toor [ɔndərpɑstor] *nm (-s)* *(Belg.)* vicaire

on·der·richt [ɔndərɪχt] *het* enseignement; het ~ dat hij genoten heeft l'instruction qu'il a reçue

on·der·rich·ten [ɔndərɪχtə(n)] *vt (onderrichtte, h. onderricht)* enseigner (qqch à qqn)

on·der·rok [ɔndərɔk] *nm (-ken)* jupon

on·der·schat·ten [ɔndərsχɑtə(n)] *vt (onderschatte, h. onderschat)* sous-estimer (qqch, qqn)

on·der·scheid [ɔndərsχɛit] *het* 1 distinction 2 discernement

[1]on·der·schei·den [ɔndərsχɛidə(n)] *vt (onderscheidde, h. onderscheiden)* 1 distinguer; echt van onecht (kunnen) ~ discerner le vrai du faux 2 décorer *(ordre, décoration)*

[2]on·der·schei·den, zich [ɔndərsχɛidə(n)] *vpr (onderscheidde zich, h. zich onderscheiden)* se distinguer

on·der·schei·ding [ɔndərsχɛidɪŋ] *nf (-en)* distinction *(aussi Belg.; enseign.)*; een ~ verlenen décerner une décoration

on·der·schei·dings·ver·mo·gen [ɔndərsχɛidɪŋsfərmoχə(n)] *het* discernement

on·der·schep·pen [ɔndərsχɛpə(n)] *vt (onderschepte, h. onderschept)* intercepter

on·der·schik·king [ɔndərsχɪkɪŋ] *nf (ling.)* subordination

on·der·schreef [ɔndərsχref], **onderschreven** → onderschrijven

on·der·schrift [ɔndərsχrɪft] *het (-en)* 1 légende 2 signature

on·der·schrij·ven [ɔndərsχrɛivə(n)] *vt (onderschreef, h. onderschreven)* 1 approuver 2 signer

on·ders·hands [ɔndərshɑn(t)s] *adv* 1 en secret 2 à l'amiable

on·der·spit [ɔndərspɪt] *het* ♦ het ~ delven avoir le dessous

on·derst [ɔndərst] *adj* inférieur; het ~e uit de kan willen hebben vouloir l'impossible

on·der·staan [ɔndərstan] *vi (stond onder, h. ondergestaan)* être inondé

on·der·staand [ɔndərstant] *adj* ci-dessous

on·der·ste·bo·ven [ɔndərstəbovə(n)] *adv* 1 sens dessus dessous 2 *(fig.)* bouleversé

on·der·stel [ɔndərstɛl] *het (-len)* châssis

on·der·steu·nen [ɔndərstønə(n)] *vt (ondersteunde, h. ondersteund)* soutenir *(aussi au fig.)*; een voorstel ~ appuyer une proposition

on·der·steu·ning [ɔndərstønɪŋ] *nf* soutien *(aussi au fig.)*

on·der·stop·pen [ɔndərstɔpə(n)] *vt (stopte onder, h. ondergestopt)* border *(dans un lit)*

on·der·stre·pen [ɔndərstrepə(n)] *vt (onderstreepte, h. onderstreept)* souligner

on·der|stroom [ɔndərstrom] *nm (-stromen)* 1 courant sous-marin 2 *(fig.)* courant sous-jacent

on·der·stuk [ɔndərstʌk] *het (-ken)* partie inférieure

on·der·te·ke·nen [ɔndərtekənə(n)] *vt (ondertekende, h. ondertekend)* signer

on·der·te·ke·ning [ɔndərtekənɪŋ] *nf (-en)* signature

on·der·ti·te·len [ɔndərtitələ(n)] *vt (ondertitelde, h. ondertiteld)* sous-titrer

on·der|toon [ɔndərton] *nm (-tonen)* 1 *(fig.)* nuance 2 *(mus.)* harmonique inférieur

on·der·trouw [ɔndərtrɑu] *nm* publication des bans; in ~ gaan faire publier les bans

on·der·tus·sen [ɔndərtʌsə(n)] *adv* 1 entre-temps 2 en attendant

on·der·uit [ɔndərœyt] *adv* 1 en dessous; daar zul je niet ~ komen tu n'y couperas pas; er niet ~ kunnen ne pas pouvoir y échapper 2 de dessous ♦ even lekker ~ zakken s'enfoncer confortablement dans son siège

on·der·uit·gaan [ɔndərœytχan] *vi (ging onderuit, i. onderuitgegaan) (fam.)* 1 tomber les quatre fers en l'air 2 tomber dans les pommes 3 *(sports)* aller au tapis 4 *(fig.)* se casser le nez

on·der·uit·ha·len [ɔndərœythalə(n)] *vt (haalde onderuit, h. onderuitgehaald)* 1 *(sports)* faucher 2 *(fig.)* battre; hij werd volledig onderuitgehaald on lui a fait casser le nez en beauté

on·der·van·gen [ɔndərvɑŋə(n)] *vt (onderving, h. ondervangen)* parer à

on·der·ver·de·len [ɔndərvərdelə(n)] *vt (verdeelde onder, h. onderverdeeld)* subdiviser

on·der·vin·den [ɔndərvɪndə(n)] *vt (ondervond, h. ondervonden)* 1 éprouver 2 apprendre 3 recevoir *(de la sympathie etc.)*

on·der·vin·ding [ɔndərvɪndɪŋ] *nf (-en)* expérience

on·der·ving [ɔndərvɪŋ], **ondervingen** → ondervangen

on·der·voed [ɔndərvut] *adj* sous-alimenté

on·der·vond [ɔndərvɔnt], **ondervonden** → ondervinden

on·der·vraag·de [ɔndərvraχdə] *nm (-n)* personne interrogée

on·der·vra·gen [ɔndərvraχə(n)] *vt (ondervraagde, ondervroeg, h. ondervraagd)* interroger (qqn)

on·der·vra·ging [ɔndərvraχɪŋ] *nf (-en)* 1 interrogation 2 interrogatoire

on·der·vroeg [ɔndərvruχ], **ondervroegen** → ondervragen

on·der·waar·de·ren [ɔndərwarderə(n)] *vt (onderwaardeerde, h. ondergewaardeerd)* sous-évaluer

on·der·wees [ɔndərwes], **onderwezen** → onderwijzen

on·der·weg [ɔndərwɛχ] *adv* 1 en cours de route 2 en route

on·der·we·reld [ɔndərwerəlt] *de* 1 Milieu 2 *(myth.)* enfers

on·der·werp [ɔndərwɛrp] *het (-en)* sujet *(aussi ling.)*

on·der·wer·pen [ɔndərwɛrpə(n)] *vt (onderwierp, h. onderworpen)* soumettre

on·der·wer·ping [ɔndərwɛrpɪŋ] *nf (-en)* sujétion

on·der·wierp [ɔndərwirp], **onderwierpen** → onderwerpen

on·der·wijl [ɔndərwɛil] *adv (form.)* → ondertussen 1

on·der·wijs [ɔndərwɛis] *het* enseignement; bijzonder ~ enseignement privé; *(Belg.)* enseignement libre; *(Belg.)* buitengewoon ~ enseignement spécial; ~ genieten suivre un enseignement; hoger ~ enseignement supérieur; lager ~ enseignement primaire; middelbaar ~ enseignement secondaire; *(Pays-Bas)* passend ~ enseignement spécial *(pour élèves à besoins spécifiques)*; voorbereidend ~ enseignement préélémentaire; voorbereidend wetenschappelijk ~ ± enseignement secondaire préparant à l'université; voortgezet ~ enseignement secondaire; algemeen vormend ~ enseignement général; het wetenschappelijk ~ l'enseignement universitaire ♦ zij zit op Onderwijs elle est au ministère de l'Éducation nationale

on·der·wijs·be·voegd|heid [ɔndərwɛizbəvuχthɛit] *nf (-heden)* certificat d'aptitude pédagogique, *(Belg.)* agrégation

on·der·wijs·kracht [ɔndərwɛiskrɑχt] *de (-en)* enseignant, -ante

on·der·wijs·kun·di·ge [ɔndərwɛiskʌndəχə] *de (-n)* pédagogue

on·der·wij·zen [ɔndərwɛizə(n)] *vt (onderwees, h. onderwezen)* enseigner (qqch à qqn)

on·der·wij|zer [ɔndərwɛizər] *nm (-s)*, **-zeres** *nf (-sen)* instituteur, -trice

[1]**on·der·wor·pen** [ɔndərwɔrpə(n)] → onderwerpen

[2]**on·der·wor|pen** [ɔndərwɔrpə(n)] *adj (-pener, meest o.)* 1 soumis 2 exposé (à)

on·der·wor·pen·heid [ɔndərwɔrpənhɛit] *nf* soumission

on·der·zee|boot [ɔndərzebot] *de (-boten)*, **onderzeeër** *nm (-s) (mar.)* sous-marin

on·der·zet·ter [ɔndərzɛtər] *nm (-s)* 1 dessous-de-verre 2 dessous-de-plat

on·der·zij·de [ɔndərzɛidə] *de (-n)* dessous

on·der·zocht [ɔndərzɔχt], **onderzochten** → onderzoeken

on·der·zoek [ɔndərzuk] *het* 1 examen *(aussi méd.)* 2 recherche; op ~ uitgaan entreprendre des recherches 3 *(jur.)* enquête; een ~ instellen ouvrir une enquête 4 audit

on·der·zoe·ken [ɔndərzukə(n)] *vt (onderzocht, h. onderzocht)* examiner *(aussi méd.)*; een ~de blik un regard scrutateur

on·der|zoe·ker [ɔndərzukər] *nm (-s)*, **-zoekster** *nf (-s)* chercheur, -euse

on·der·zoeks·rech·ter [ɔndərzuksrɛχtər] *nm (-s) (Belg.; jur.)* juge d'instruction

on·des·kun·dig [ɔndɛskʌndəχ] *adj* incompétent

[1]**on·deugd** [ɔndøχt] *de (-en)* 1 vice 2 malice

[2]**on·deugd** [ɔndøχt] *nm (-en)* polisson, -onne

on·deug·de·lijk [ɔndøχdələk] *adj, adv* 1 défectueux, imparfaitement 2 fragile, peu solidement

on·deu·gend [ɔndøχənt] *adj, adv* 1 (d'une façon) insupportable 2 malicieux, malicieusement 3 (de façon) osé(e)

on·diep [ɔndip] *adj* peu profond; het ~e *(piscine)* le petit bassin

on·dier [ɔndir] *het (-en)* monstre
on·ding [ɔndɪŋ] *het (-en)* camelote
on·doel·ma·tig [ɔndulmatəχ] *adj, adv* inefficace(ment)
on·doen·lijk [ɔndunlək] *adj* infaisable
on·door|dacht [ɔndordɑχt] *adj, adv (-dachter, meest o.)* irréfléchi, sans réfléchir
on·door·dring|baar [ɔndordrɪŋbar] *adj (-baarder, -baarst)* **1** impénétrable **2** opaque **3** imperméable
on·door·gron·de·lijk [ɔndorχrɔndələk] *adj* impénétrable *(fig.)*
on·door·schij·nend [ɔndorsχɛinənt] *adj* opaque
on·door·zich·tig [ɔndorzɪχtəχ] *adj* **1** non transparent **2** *(fig.)* obscur
on·draag·lijk [ɔndraχlək] *adj, adv* insupportable(ment)
on·drink·baar [ɔndrɪŋgbar] *adj* imbuvable, *(eau)* non potable
on·dub·bel·zin·nig [ɔndʌbəlzɪnəχ] *adj, adv* explicite(ment)
on·dui·de·lijk [ɔndœydələk] *adj, adv* **1** imprécis, vaguement; **de situatie is ~** la situation est confuse **2** indistinct(ement); **~ schrijven** écrire de façon illisible **3** (de façon) équivoque
on·dui·de·lijk|heid [ɔndœydələkhɛit] *nf (-heden)* imprécision
on·duld·baar [ɔndʌldbar] *adj* intolérable
on·echt [ɔnɛχt] *adj* **1** illégitime *(enfant)*; **een ~ kind** un enfant naturel **2** faux
on·edel [ɔnedəl] *adj, adv* ignoble(ment)
on·eens [ɔnens] *adj* divisé; **het met iemand ~ zijn over iets** être en désaccord avec qqn sur qqch
on·eer [ɔner] *de* déshonneur; **iemand ~ aandoen** déshonorer qqn
on·eer|baar [ɔnerbar] *adj, adv (-baarder, -baarst)* indécent, indécemment
on·eer·bie·dig [ɔnerbidəχ] *adj, adv* irrespectueux, irrespectueusement
on·eer·lijk [ɔnerlək] *adj, adv* malhonnête(ment)
on·eer·vol [ɔnervɔl] *adj, adv* sans honneur; **iemand ~ ontslaan** licencier qqn pour faute grave
on·eet·baar [ɔnedbar] *adj* immangeable
on·ef·fen [ɔnɛfə(n)] *adj* inégal
on·ei·gen·lijk [ɔnɛiχə(n)lək] *adj, adv* impropre(ment)
on·ein·dig [ɔnɛindəχ] *adj, adv* infini(ment)
on·ein·dig·heid [ɔnɛindəχhɛit] *nf* **1** infini **2** éternité **3** infinité
on·enig [ɔnenəχ] *adj, adv* en désaccord
on·enig|heid [ɔnenəχhɛit] *nf (-heden)* **1** désaccord **2** brouille; **in ~ leven** vivre en mauvais termes
on·er·va·ren [ɔnɛrvarə(n)] *adj, adv* (d'une façon) inexpérimenté(e); **~ zijn** manquer d'expérience
on·er·va·ren·heid [ɔnɛrvarənhɛit] *nf* inexpérience
on·es·the|tisch [ɔnɛstetis] *adj (-tischer, meest o.)* inesthétique
on·even [ɔnevə(n)] *adj, adv* impair
on·even·re·dig [ɔnevə(n)redəχ] *adj, adv* disproportionné (de, avec qqch), hors de proportion
on·even·re·dig·heid [ɔnevə(n)redəχhɛit] *adv* disproportion
on·even·wich·tig [ɔnevə(n)wɪχtəχ] *adj* déséquilibré
on·fat·soen·lijk [ɔnfɑtsunlək] *adj, adv* **1** (d'une façon) inconvenant(e) **2** indécent, indécemment **3** excessivement
on·feil·baar [ɔnfɛilbar] *adj, adv* **1** (d'une façon) infaillible *(qui ne peut (se) tromper)* **2** immanquable(ment) **3** indéniable(ment)
on·for·tuin·lijk [ɔnfɔrtœynlək] *adj, adv* malchanceux, d'une façon malchanceuse
on|fris [ɔnfrɪs] *adj, adv (-frisser, meest o.)* **1** douteux; **er ~ uitzien** être d'une propreté douteuse **2** louche, douteusement
ong. [ɔŋχəver] abrév. de *ongeveer* env.
on·gaar·ne [ɔŋχarnə] *adv* à contrecœur; **niet ~** bien volontiers
on·ge·acht [ɔŋχəɑχt] *prép* malgré; **~ hoeveel het inkomen bedraagt** quel que soit le revenu
on·ge·bon·den [ɔŋχəbɔndə(n)] *adj* **1** libre *(sans obligations)*; **de ~ landen** les pays non-alignés **2** *(édit.)* non relié **3** libertin
on·ge·bo·ren [ɔŋχəborə(n)] *adj* à naître
on·ge·brei·deld [ɔŋχəbrɛidəlt] *adj, adv* sans frein *(fig.)*, sans retenue
on·ge·bro·ken [ɔŋχəbrokə(n)] *adj, adv* **1** intact **2** ininterrompu, sans interruption
on·ge·brui·ke·lijk [ɔŋχəbrœykələk] *adj* **1** particulier **2** inaccoutumé **3** inusité
on·ge·bruikt [ɔŋχəbrœykt] *adj* **1** inutilisé **2** neuf
on·ge·com·pli·ceerd [ɔŋχəkɔmpliseːrt] *adj, adv* simple(ment)
on·ge·con·tro·leerd [ɔŋχəkɔntrolert] *adj* **1** non contrôlé **2** incontrôlé; **in een ~ moment** impulsivement
on·ge·daan [ɔŋχədan] *adj* ♦ **iets ~ laten** ne pas faire qqch; **niets ~ laten (om)** ne rien négliger (pour); **iets ~ maken** *(faute)* réparer qqch, annuler qqch
on·ge·da·teerd [ɔŋχədatert] *adj* non daté
on·ge·deerd [ɔŋχədert] *adj* indemne
on·ge·dekt [ɔŋχədɛkt] *adj, adv* **1** découvert **2** à découvert **3** *(milit.; sports)* découvert; **een ~ schaakstuk** une pièce (d'échecs) non protégée ♦ **de tafel is nog ~** le couvert n'est pas encore mis
on·ge·dier·te [ɔŋχədirtə] *het* **1** vermine **2** animaux nuisibles
on·ge·dis·ci·pli·neerd [ɔŋχədisiplinert] *adj, adv* indiscipliné, sans discipline
on·ge·duld [ɔŋχədʌlt] *het* impatience; **trappelen van ~** brûler d'impatience

on·ge·dul·dig [ɔŋχədʌldəχ] *adj, adv* impatient, impatiemment

on·ge·du·rig [ɔŋχədyrəχ] *adj, adv* agité, sans pouvoir tenir en place

on·ge|dwon·gen [ɔŋχədwɔŋə(n)] *adj, adv (-dwongener, meest o.)* **1** (avec) naturel; **een ~ gesprek** une conversation détendue **2** libre(ment)

on·ge·dwon·gen·heid [ɔŋχədwɔŋənhɛit] *nf* aisance

on·ge·ëve·naard [ɔŋχəevənart] *adj, adv* inégalé, incomparablement; **~ lage prijzen** prix exceptionnels

on·ge·fran·keerd [ɔŋχəfraŋkert] *adj* non affranchi

on·ge·fun·deerd [ɔŋχəfʌndert] *adj* → **ongegrond 1**

on·ge·ge·neerd [ɔŋχəʒənert] *adj, adv* sans-gêne, sans se gêner

on·ge·grond [ɔŋχəχrɔnt] *adj, adv* **1** sans fondement, sans raison **2** injuste(ment)

on·ge·hin·derd [ɔŋχəhɪndərt] *adj, adv* tranquille(ment)

on·ge·hoord [ɔŋχəhort] *adj, adv* **1** (de façon) inouï(e) **2** sans avoir été entendu

on·ge·hoor|zaam [ɔŋχəhorzam] *adj (-zamer, -zaamst)* désobéissant (à)

on·ge·huwd [ɔŋχəhywt] *adj* célibataire; **een bewust ~e moeder** une mère volontairement célibataire; **de ~e staat** le célibat

on·gein [ɔŋχɛin] *nm* fadaise

on·ge·ïn·te·res·seerd [ɔŋχəɪntərɛsert] *adj, adv* indifférent, avec indifférence

[1]**on·ge·kend** [ɔŋχəkɛnt] *adj* inconnu; **dat is voor hen iets ~s** c'est du jamais vu pour eux

[2]**on·ge·kend** [ɔŋχəkɛnt] *adv* exceptionnellement

on·ge·kleed [ɔŋχəklet] *adj* (tout) nu

on·ge·kookt [ɔŋχəkokt] *adj* cru

on·ge·kun·steld [ɔŋχəkʌnstəlt] *adj, adv* → **ongedwongen 1**

on·gel·dig [ɔŋχɛldəχ] *adj* non valable

on·gel·dig·heid [ɔŋχɛldəχhɛit] *nf* nullité

on·ge·le|gen [ɔŋχəlexə(n)] *adj, adv (-gener, meest o.)* inopportun, à contretemps; **komt het ~ als ik ...** cela vous dérange que ...; **dat komt niet ~** cela tombe plutôt bien

on·ge·let·terd [ɔŋχəlɛtərt] *adj* illettré

on·ge·le·zen [ɔŋχəlezə(n)] *adj* non lu

[1]**on·ge·lijk** [ɔŋχəlɛik] *het* tort

[2]**on·ge·lijk** [ɔŋχəlɛik] *adj, adv* inégal(ement)

on·ge·lijk·heid [ɔŋχəlɛikhɛit] *nf* **1** inégalité **2** *(math.)* inéquation

on·ge·lijk·ma·tig [ɔŋχəlɛikmatəχ] *adj, adv* irrégulier, irrégulièrement

on·ge·lijk·soor·tig [ɔŋχəlɛiksortəχ] *adj* hétérogène

on·ge·lijk·vor·mig [ɔŋχəlɛikfɔrməχ] *adj* dissemblable

on·ge|likt [ɔŋχəlɪkt] *adj (-likter, meest o.)* grossier

on·ge·li·mi·teerd [ɔŋχəlimitert] *adj, adv* illimité, infiniment

on·ge·lo·fe·lijk [ɔŋχəlofələk] *adj, adv* incroyable(ment); **dat grenst aan het ~e** c'est presque incroyable

on·ge·lood [ɔŋχəlot] *adj* sans plomb

on·ge·loof [ɔŋχəlof] *het (aussi relig.)* incrédulité

on·ge·loof·waar·dig [ɔŋχəlofwardəχ] *adj* invraisemblable; **~e getuigen** témoins peu crédibles

on·ge·lo·vig [ɔŋχəlovəχ] *adj, adv* **1** incrédule, avec incrédulité **2** *(relig.)* incroyant

on·ge·luk [ɔŋχəlʌk] *het (-ken)* **1** malheur **2** accident; *(euph.)* **een ~je hebben** s'oublier; **zich een ~ lachen** se tordre de rire; **zich een ~ sjouwen** s'épuiser à coltiner; *(prov)* **een ~ zit in een klein hoekje** un malheur est si vite arrivé

on·ge·luk·kig [ɔŋχəlʌkəχ] *adj, adv* **1** malheureux, malheureusement **2** malencontreux, malencontreusement; **het komt heel ~ uit** ça tombe très mal **3** de malheur, funestement **4** infirme

on·ge·luk·ki·ger·wij·ze [ɔŋχəlʌkəχərwɛizə] *adv* malheureusement

on·ge·luks·ge·tal [ɔŋχəlʌksχətal] *het (-len)* ♦ **dertien is een ~** (le nombre) treize porte malheur

on·ge·luks·vo·gel [ɔŋχəlʌksfoχəl] *nm (-s)* malchanceux

on·ge·mak [ɔŋχəmak] *het (-ken)* **1** gêne **2** désagrément **3** *(méd.)* affection

on·ge·mak·ke·lijk [ɔŋχəmakələk] *adj, adv* **1** malcommode, incommodément; **een ~e houding** une position inconfortable **2** gênant, de façon embarrassante; **een ~ gevoel hebben bij iets** se sentir mal à l'aise au sujet de qqch; **zich ~ voelen** se sentir mal à l'aise **3** *(personne)* insupportable(ment)

on·ge·ma·nierd [ɔŋχəmanirt] *adj, adv* impoli(ment)

on·ge·meen [ɔŋχəmen] *adj, adv* extraordinaire(ment)

on·ge·merkt [ɔŋχəmɛrkt] *adj, adv* **1** discret, discrètement; **ik kan die opmerking niet ~ laten voorbijgaan** je ne peux pas laisser passer cette remarque **2** imperceptible(ment); **~ oud worden** vieillir insensiblement

on·ge·moeid [ɔŋχəmujt] *adj* en paix

on·ge·mo·ti·veerd [ɔŋχəmotivert] *adj, adv* **1** immotivé, sans motif **2** non motivé, sans motivation

on·ge·naak|baar [ɔŋχənagbar] *adj (-baarder, -baarst)* **1** inaccessible *(fig.)* **2** *(sports)* imbattable, souverain

on·ge·na·de [ɔŋχənadə] *de* disgrâce

on·ge·na·dig [ɔŋχənadəχ] *adj, adv* **1** formidable(ment); **hij kreeg een ~ pak voor zijn broek** il a reçu une raclée terrible, une terrible fessée **2** impitoyable(ment)

on·ge·nees·lijk [ɔŋχəneslək] *adj, adv* **1** *(méd.)* incurable(ment) **2** incorrigible

on·ge·niet|baar [ɔŋχənidbar] *adj (-baar-*

der, *-baarst)* 1 *(personne)* insupportable 2 mauvais 3 immangeable 4 imbuvable

on·ge·noe·gen [ɔŋχənuχə(n)] *het (-s)* mécontentement; **tot mijn ~ heb ik vernomen dat ...** c'est avec déplaisir que j'ai appris que ...

on·ge·noemd [ɔŋχənumt] *adj* anonyme

on·ge·nu·an·ceerd [ɔŋχənywɑnsert] *adj, adv (fig.)* peu nuancé

on·ge·oe·fend [ɔŋχəufənt] *adj* inexpérimenté

on·ge·oor·loofd [ɔŋχəorloft] *adj* interdit

on·ge·opend [ɔŋχəopənt] *adj* fermé; **een brief ~ terzijde leggen** mettre de côté une lettre non décachetée

on·ge·or·dend [ɔŋχəɔrdənt] *adj, adv* (de manière) désordonné(e)

on·ge·or·ga·ni·seerd [ɔŋχəɔrχanizert] *adj, adv* 1 mal organisé, de manière désordonnée 2 inorganisé *(personne)* 3 non syndiqué

on·ge|past [ɔŋχəpɑst] *adj, adv (-paster, meest o.)* 1 inconvenant, incongrûment 2 déplacé, mal à propos

on·ge·peld [ɔŋχəpɛlt] *adj* non décortiqué

on·ge·rech·tig|heid [ɔŋχərɛχtəχhɛit] *nf (-heden)* injustice

on·ge·recht·vaar|digd [ɔŋχərɛχtfardəχt] *adj, adv (-digder, meest o.)* (de façon) injustifié(e)

on·ge·re·de [ɔŋχəredə] *het* ♦ **in het ~ raken** être hors d'usage; s'abîmer; s'égarer

on·ge·re·geld [ɔŋχəreχəlt] *adj, adv* 1 désordonné, en désordre 2 irrégulier, irrégulièrement 3 *(comportement)* (de façon) déréglé(e)

on·ge·re·geld·he·den [ɔŋχəreχəlthedə(n)] *plur* 1 irrégularités 2 troubles

on·ge|remd [ɔŋχərɛmt] *adj, adv (-remder, meest o.)* 1 immodéré(ment) 2 désinvolte, avec laisser-aller

on·ge|rept [ɔŋχərɛpt] *adj (-repter, meest o.)* intact; **de ~e natuur** la nature vierge; **~e sneeuw** neige immaculée

on·ge·rief [ɔŋχərif] *het,* **ongerieflijkheid** *nf* désagrément; **dat is een groot ~** c'est un grand inconvénient; **neem me niet kwalijk voor het ~** excusez-moi du dérangement

on·ge·rie·fe·lijk [ɔŋχərifələk] *adj, adv* incommode, incommodément

on·ge·rijmd [ɔŋχərɛimt] *adj, adv* absurde(ment); *(math.)* **een bewijs uit het ~e** une démonstration par l'absurde

on·ge|rust [ɔŋχərʌst] *adj, adv (-ruster, meest o.)* inquiet, avec inquiétude; **(zich) ~ maken** (s')inquiéter

on·ge·rust·heid [ɔŋχərʌsthɛit] *nf* inquiétude; **er is geen reden tot ~** il n'y a pas de quoi s'inquiéter

on·ge|schikt [ɔŋχəsχɪkt] *adj, adv (-schikter, meest o.)* 1 impropre(ment); **lichamelijk ~** physiquement inapte; **het moment is ~** le moment est inopportun 2 désagréable(ment)

on·ge·schon·den [ɔŋχəsχɔndə(n)] *adj* intact

on·ge·schoold [ɔŋχəsχolt] *adj* non qualifié *(travailleurs)*

on·ge·scho·ren [ɔŋχəsχorə(n)] *adj* pas rasé

on·ge·schre·ven [ɔŋχəsχrevə(n)] *adj* non écrit

on·ge·sla·gen [ɔŋχəslaχə(n)] *adj* invaincu; **een ~ record** un record qui n'a pas (encore) été battu

on·ge·steld [ɔŋχəstɛlt] *adj* 1 *(femme)* qui a ses règles; **ik ben ~** j'ai mes règles 2 indisposé

on·ge·stoord [ɔŋχəstort] *adj, adv* tranquille(ment)

on·ge·straft [ɔŋχəstrɑft] *adj, adv* impuni, impunément

on·ge·trouwd [ɔŋχətrɑut] *adj* célibataire

on·ge·twij·feld [ɔŋχətwɛifəlt] *adv* sans aucun doute

on·ge·vaar·lijk [ɔŋχəvarlək] *adj* inoffensif; **~ speelgoed** jouets non dangereux

on·ge·val [ɔŋχəvɑl] *het (-len)* accident; **een ~ met dodelijke afloop** un accident mortel

on·ge·veer [ɔŋχəver] *adv* environ; **hier ~ is het** c'est à peu près ici; **~ een idee hebben van het probleem** se faire une idée approximative de la question

on·ge·veinsd [ɔŋχəvɛinst] *adj, adv* sincère(ment)

on·ge·voe·lig [ɔŋχəvuləχ] *adj, adv* insensible, avec indifférence; **~ zijn voor goede raad** n'écouter aucun conseil

on·ge·vraagd [ɔŋχəvraχt] *adv* spontanément; **~ komen** venir sans être invité

on·ge·wa·pend [ɔŋχəwapənt] *adj* 1 sans armes 2 *(technol.)* non armé

on·ge·was·sen [ɔŋχəwɑsə(n)] *adj* non lavé

on·ge|wenst [ɔŋχəwɛnst] *adj (-wenster, meest o.)* 1 indésirable 2 *(enfant)* non désiré

on·ge·wer·veld [ɔŋχəwɛrvəlt] *adj (biol.)* invertébré

on·ge·wij·zigd [ɔŋχəwɛizəχt] *adj* inchangé

on·ge·wild [ɔŋχəwɪlt] *adj, adv* 1 involontaire(ment) 2 indésirable

on·ge·wis·se [ɔŋχəwɪsə] *het* incertitude; **wij tasten rond in het ~** nous sommes en plein mystère

on·ge|woon [ɔŋχəwon] *adj, adv (-woner, -woonst)* 1 (d'une manière) inhabituel(le) 2 singulier, d'une manière étrange; **~ zijn** sortir de l'ordinaire

on·ge·zel·lig [ɔŋχəzɛləχ] *adj, adv* 1 peu sociable, d'une manière peu aimable 2 peu confortable; **het is in die kamer erg koud en ~** c'est une pièce froide et qui manque d'intimité 3 (d'une manière) peu agréable

on·ge·zel·lig·heid [ɔŋχəzɛləχhɛit] *nf* 1 manque de sociabilité 2 manque de confort 3 manque d'intimité

on·ge·zien [ɔŋχəzin] *adj, adv* 1 inaperçu, sans être vu 2 sans l'avoir vu 3 mal vu

on·ge·zond [ɔŋχəzɔnt] *adj, adv* 1 en mauvaise santé, maladivement 2 (d'une manière) malsain(e) 3 précaire

on·ge·zou·ten [ɔŋχəzautə(n)] *adj, adv* 1 non salé 2 *(fig.)* cru, crûment; **iemand ~ de waarheid zeggen** dire ses quatre vérités à qqn

on·grijp|baar [ɔŋχrɛibar] *adj (-baarder, -baarst)* insaisissable

on·grond·wet·tig [ɔŋχrɔntwɛtəχ] *adj, adv (jur.)* inconstitutionnel(lement)

on·gun·stig [ɔŋχʌnstəχ] *adj, adv* défavorable(ment); **~ bericht** mauvaise nouvelle; **iemand niet ~ gezind zijn** ne pas être hostile à qqn; **~ licht** éclairage désavantageux; **op een ~ moment** à un moment inopportun

on|guur [ɔŋχyr] *adj (-guurder, -guurst)* 1 repoussant 2 sinistre 3 *(météo.)* rude

on·haal|baar [ɔnhalbar] *adj (-baarder, -baarst)* impossible à atteindre

on·han·del|baar [ɔnhɑndəlbar] *adj (-baarder, -baarst)* 1 récalcitrant 2 difficile à manier, à déplacer

on·han·dig [ɔnhɑndəχ] *adj, adv* 1 maladroit(ement) 2 peu pratique

on·heb·be·lijk [ɔnhɛbələk] *adj, adv* désagréable, grossièrement

on·heil [ɔnhɛil] *het (-en)* malheur; **zijn ~ tegemoet gaan** courir à sa perte

on·heil·spel·lend [ɔnhɛilspɛlənt] *adj, adv* sinistre(ment); **zijn blik was ~** son regard ne présageait rien de bon

on·her·berg|zaam [ɔnhɛrbɛrχsam] *adj, adv (-zamer, -zaamst)* inhospitalier, d'une manière inhospitalière

on·her·ken|baar [ɔnhɛrkɛmbar] *adj, adv (-baarder, -baarst)* (d'une façon) méconnaissable

on·her·roe·pe·lijk [ɔnhɛrupələk] *adj, adv* 1 irrévocable(ment) 2 inéluctable(ment); **een ~ afscheid** une séparation définitive

on·her·stel·baar [ɔnhɛrstɛlbar] *adj, adv* irréparable(ment)

on·heug·lijk [ɔnhøχlək] *adj, adv* immémorial; **dat is ~ lang geleden** il y a une éternité de cela

on|heus [ɔnhøs] *adj, adv (-heuser, meest o.)* (d'une manière) désobligeant(e); **iemand ~ behandelen** vexer qqn

on·hoor|baar [ɔnhorbar] *adj, adv (-baarder, -baarst)* (d'une manière) inaudible

on·houd|baar [ɔnhaudbar] *adj (-baarder, -baarst)* 1 intenable 2 imparable 3 insoutenable

on·hy·gi·ë|nisch [ɔnhiχ(i)jenis] *adj, adv (-nischer, meest o.)* antihygiénique, sans respecter les règles de l'hygiène

on·in·baar [ɔnɪmbar] *adj* irrécouvrable *(dette)*

on·in·ge·wij·de [ɔnɪŋχəwɛidə] *nm (-n)* profane

on·in·te·res·sant [ɔnɪntərɛsɑnt] *adj* sans intérêt

on|juist [ɔnœyst] *adj, adv (-juister, meest o.)* 1 faux, faussement; **~ verhaal** récit infidèle 2 mauvais, mal; **~ redeneren** raisonner de travers

on·juist|heid [ɔnœysthɛit] *nf (-heden)* erreur

on·kel [ɔŋkəl] *nm (-s) (Belg.)* oncle

on|kies [ɔŋkis] *adj, adv (-kieser, meest o.)* indélicat(ement)

on·klaar [ɔŋklar] *adj, adv* détraqué; **iets ~ maken** détraquer qqch

on·knap [ɔŋknɑp] *adj* ♦ **dat meisje is niet ~** cette fille est plutôt bien

on·kos·ten [ɔŋkɔstə(n)] *plur* 1 frais; **op ~ jagen** pousser à la dépense 2 faux frais *(dépense accidentelle)*; **ik heb al heel wat ~ aan dat horloge gehad** cette montre m'a déjà coûté pas mal d'argent

on·kreuk|baar [ɔŋkrøgbar] *adj (-baarder, -baarst)* 1 infroissable 2 *(fig.)* intègre

on·kruid [ɔŋkrœyt] *het* 1 mauvaise herbe; *(prov)* **~ vergaat niet** mauvaise herbe pousse toujours 2 *(fig.)* mauvaise graine

on|kuis [ɔŋkœys] *adj, adv (-kuiser, meest o.)* 1 (de manière) inconvenant(e); **~e taal** langage grossier 2 impudique(ment)

on·kuis·heid [ɔŋkœyshɛit] *nf* 1 impudeur 2 impudicité

on·kun·de [ɔŋkʌndə] *nf* ignorance; **uit ~** par ignorance

on·kun·dig [ɔŋkʌndəχ] *adj* ignorant

on·kwets|baar [ɔŋkwɛtsbar] *adj, adv (-baarder, -baarst)* 1 invulnérable(ment) 2 insensible, avec insensibilité

on·langs [ɔnlɑŋs] *adv* récemment

on·le·dig [ɔnledəχ] *adj (form.)* occupé *(personne)*; **zich ~ houden (met)** s'occuper (à)

on·leef|baar [ɔnlevbar] *adj (-baarder, -baarst)* invivable

on·lees|baar [ɔnlezbar] *adj, adv (-baarder, -baarst)* illisible(ment)

on·lo|gisch [ɔnloχis] *adj, adv (-gischer, meest o.)* illogique(ment)

on·loo·chen|baar [ɔnloχəmbar] *adj (-baarder, -baarst)* indéniable

on·los·ma·ke·lijk [ɔnlɔsmakələk] *adj, adv* (de façon) indissociable

on·lust [ɔnlʌst] *nm (-en)* 1 *(plur.)* troubles 2 malaise 3 répugnance 4 ennui

on·macht [ɔmɑχt] *de* 1 impuissance 2 défaillance; **in ~ liggen** être évanoui

on·mach·tig [ɔmɑχtəχ] *adj, adv* impuissant (à), avec impuissance

on·meet·baar [ɔmedbar] *adj, adv* 1 (de façon) immensurable 2 *(math.)* incommensurable

on·mens [ɔmɛns] *nm (-en)* monstre

on·men·se·lijk [ɔmɛnsələk] *adj, adv* 1 inhumain(ement) 2 *(adv.)* surhumainement

on·merk|baar [ɔmɛrgbar] *adj, adv (-baarder, -baarst)* imperceptible(ment)

[1]**on·me·te·lijk** [ɔmetələk] *adj* immense

[2]**on·me·te·lijk** [ɔmetələk] *adv* infiniment

on·mid·del·lijk [ɔmɪdələk] *adj, adv* **1** immédiat(ement) **2** direct(ement)

on·min [ɔmɪn] *de* désaccord; **in ~ geraken** se brouiller (avec qqn)

on·mis|baar [ɔmɪzbar] *adj, adv (-baarder, -baarst)* **1** indispensable(ment) **2** immanquable(ment)

on·mis·ken|baar [ɔmɪskɛmbar] *adj, adv (-baarder, -baarst)* incontestable(ment)

on·mo·ge·lijk [ɔmoɣələk] *adj, adv* **1** impossible; **ik kan ~ langer blijven** il m'est impossible de rester plus longtemps **2** insupportable; **zich ~ maken** se discréditer totalement **3** invraisemblable(ment); **een ~e naam** un nom à coucher dehors ♦ **ik kon het ~ horen** je ne pouvais absolument pas l'entendre

on·mo·ge·lijk|heid [ɔmoɣələkhɛit] *nf (-heden)* impossibilité; **dat behoort tot de onmogelijkheden** il ne faut même pas y songer

on·mon·dig [ɔmɔndəχ] *adj* **1** mineur **2** incapable

on·na·den·kend [ɔnadɛŋkənt] *adj, adv* irréfléchi, sans réfléchir

on·na·tuur·lijk [ɔnatyrlək] *adj, adv* **1** contre nature **2** (de façon) dénaturé(e) **3** artificiel(lement)

on·nauw·keu·rig [ɔnɑukørəχ] *adj, adv* imprécis(ément)

on·na·volg|baar [ɔnavɔlχbar] *adj, adv (-baarder, -baarst)* (de façon) inimitable

on·neem·baar [ɔnembar] *adj* imprenable

on·no·dig [ɔnodəχ] *adj, adv* inutile(ment); **~ veel** beaucoup trop

on·noe·me·lijk [ɔnumələk] *adj, adv* immense, infiniment; **~ veel** énormément (de)

on·no·zel [ɔnozəl] *adj, adv* **1** niais(ement); **~ kijken** avoir l'air de tomber des nues **2** misérable **3** naïf, naïvement

on·om·keer·baar [ɔnɔmkerbar] *adj* irréversible

on·om·koop·baar [ɔnɔmkobar] *adj* incorruptible

on·om·sto·te·lijk [ɔnɔmstotələk] *adj, adv* (de façon) inébranlable; **dat staat ~ vast** cela est absolument incontestable

on·om·stre·den [ɔnɔmstredə(n)] *adj* sans conteste

on·om·won·den [ɔnɔmwɔndə(n)] *adj, adv* franc, franchement

on·on·der·bro·ken [ɔnɔndərbrokə(n)] *adj, adv* ininterrompu, sans interruption

on·ont·beer·lijk [ɔnɔndberlək] *adj* indispensable

on·ont·koom·baar [ɔnɔntkombar] *adj, adv* inévitable(ment)

on·ont·wik·keld [ɔnɔntwɪkəlt] *adj* **1** non développé **2** ignorant

on·oog·lijk [ɔnoχlək] *adj, adv* laid(ement); **~ gekleed gaan** être mal vêtu; **er ~ uitzien** ne pas payer de mine

on·oor·baar [ɔnorbar] *adj* inconvenant

on·op·ge·hel·derd [ɔnɔpχəhɛldərt] *adj* non élucidé

on·op·ge·lost [ɔnɔpχəlɔst] *adj* **1** non résolu **2** non dissous

on·op·ge·maakt [ɔnɔpχəmakt] *adj* **1** *(lit, cheveux)* défait **2** sans maquillage

on·op·ge·merkt [ɔnɔpχəmɛrkt] *adj, adv* inaperçu, sans être aperçu; **iets ~ laten** passer sur qqch

on·op·hou·de·lijk [ɔnɔphɑudələk] *adj, adv* perpétuel(lement)

on·op·let·tend [ɔnɔplɛtənt] *adj, adv* inattentif, distraitement

on·op·let·tend·heid [ɔnɔplɛtənthɛit] *nf* manque d'attention

on·op·los·baar [ɔnɔplɔzbar] *adj* insoluble

on·op·recht [ɔnɔprɛχt] *adj* peu sincère

on·op·val·lend [ɔnɔpfɑlənt] *adj, adv* **1** qui passe inaperçu, sans être aperçu **2** insignifiant

on·op·zet·te·lijk [ɔnɔpsɛtələk] *adj, adv* involontaire(ment)

on·or·de·lijk [ɔnɔrdələk] *adj, adv* en désordre, *(personne)* désordonné, sans ordre; **een ~e boel** un désordre; **het gaat daar zeer ~ toe** c'est la pagaïe là-bas

on·over·brug·baar [ɔnovərbrʌχbar] *adj* infranchissable

on·over·gan·ke·lijk [ɔnovərχɑŋkələk] *adj, adv* intransitif, intransitivement

on·over·ko·me·lijk [ɔnovərkomələk] *adj* insurmontable

on·over·trof·fen [ɔnovərtrɔfə(n)] *adj* inégalé

on·over·win·ne·lijk [ɔnovərwɪnələk] *adj* **1** invincible **2** *(fig.)* insurmontable

on·over·zich·te·lijk [ɔnovərzɪχtələk] *adj, adv* (d'une façon) peu clair(e)

on·paar [ɔmpar] *adj (Belg.)* impair

on·par·tij·dig [ɔmpɑrtɛidəχ] *adj, adv* impartial(ement)

on·pas [ɔmpɑs] *adv* → [2]**pas**

on·pas·se·lijk [ɔmpɑsələk] *adj* indisposé; **~ worden** se trouver mal; **~ zijn** avoir mal au cœur

on·pas·se·lijk·heid [ɔmpɑsələkhɛit] *nf* nausée

on·peil|baar [ɔmpɛilbar] *adj (-baarder, -baarst)* **1** immensurable **2** insondable

on·per·soon·lijk [ɔmpərsonlək] *adj, adv* impersonnel(lement)

on·ple·zie·rig [ɔmpləzirəχ] *adj, adv* **1** désagréable(ment) **2** pas bien, sans entrain

on·prak|tisch [ɔmprɑktis] *adj, adv (-tischer, meest o.)* **1** (de façon) peu pratique **2** qui manque d'esprit pratique, maladroitement

on·pret·tig [ɔmprɛtəχ] *adj, adv* → **onplezierig**

on·raad [ɔnrat] *het* danger

on·recht [ɔnrɛχt] *het* injustice; **iemand ~ (aan)doen** faire (du) tort à qqn; **ten ~e** injustement

on·recht·ma·tig [ɔnrɛχtmatəχ] *adj, adv* illégitime, injustement

on·recht·streeks [ɔnrɛχtstreks] *adj, adv (Belg.)* indirect(ement)

on·recht·vaar·dig [ɔnrɛχtfardəχ] *adj, adv* injuste(ment)

on·re·de·lijk [ɔnredələk] *adj, adv* **1** (d'une façon) injustifié(e) **2** déraisonnable(ment)

on·re·gel·ma·tig [ɔnreχəlmatəχ] *adj, adv* irrégulier, irrégulièrement; **~e diensten** horaires irréguliers

on·re·gel·ma·tig|heid [ɔnreχəlmatəχhɛit] *nf (-heden)* **1** irrégularité **2** dérèglement

on·rein [ɔnrɛin] *adj, adv* **1** *(form.)* malpropre(ment) **2** impur(ement)

on·rijp [ɔnrɛip] *adj* **1** pas mûr **2** qui manque de maturité (mentale)

on·roe·rend [ɔnrurənt] *adj* immobilier

on·rust [ɔnrʌst] *de* **1** agitation; **~ zaaien** semer le désordre **2** désordres; **sociale ~** troubles sociaux

on·rust·ba·rend [ɔnrʌstbarənt] *adj, adv* (d'une façon) inquiétant(e)

on·rus·tig [ɔnrʌstəχ] *adj, adv* (d'une façon) agité(e)

on·rust|sto·ker [ɔnrʌ(st)stokər], **-zaaier** *nm (-s)* agitateur

[1]**ons** [ɔns] *het (-en, onzen)* cent grammes; **wachten tot je een ~ weegt** attendre jusqu'à la saint-glinglin

[2]**ons** [ɔns] *pers* nous; **~ kent ~** on se connaît; **onder ~ gezegd** (soit dit) entre nous; **dat is van ~** c'est à nous

[3]**ons** [ɔns] *poss* notre, nos, nôtre; **de onzen** les nôtres; **uw boeken en die van ~** vos livres et les nôtres

on·sa·men·han·gend [ɔnsamə(n)haŋənt] *adj, adv* incohérent, sans cohérence; **~ geleuter** bafouillage

on·scha·de·lijk [ɔnsχadələk] *adj, adv* inoffensif, d'une façon inoffensive; **iemand ~ maken** enfermer qqn, éliminer qqn

on·schat|baar [ɔnsχadbar] *adj, adv (-baarder, -baarst)* (d'une façon) inestimable

on·scheid·baar [ɔnsχɛidbar] *adj, adv* **1** inséparable, d'une façon indivisible **2** *(ling.)* à particule inséparable

on·schend·baar [ɔnsχɛndbar] *adj* inviolable

on·schend·baar·heid [ɔnsχɛndbarhɛit] *nf* inviolabilité; **diplomatieke ~** immunité diplomatique; **territoriale ~** intégrité territoriale

on|scherp [ɔnsχɛrp] *adj (-scherper, meest o.)* flou

on·schuld [ɔnsχʌlt] *de* innocence; **hij ziet eruit als de ~ zelve** on lui donnerait le bon Dieu sans confession; **de beledigde, vermoorde ~ spelen** jouer les vertus outragées

on·schul·dig [ɔnsχʌldəχ] *adj* **1** innocent **2** inoffensif

on·sma·ke·lijk [ɔnsmakələk] *adj, adv* **1** qui a mauvais goût, de façon peu appétissante **2** (d'une manière) dégoûtant(e)

on·spor|tief [ɔnspɔrtif] *adj, adv (-tiever, -tiefst)* antisportif, sans sportivité; **hij heeft zich ~ gedragen** il ne s'est pas conduit sportivement; **~ zijn** ne pas être sport

on·sta·biel [ɔnstabil] *adj, adv* (de façon) instable; **een ~e markt** un marché fluctuant

on·stand·vas·tig [ɔnstɑntfɑstəχ] *adj, adv* inconstant, avec inconstance

on·ster·fe·lijk [ɔnstɛrfələk] *adj, adv* immortel, éternellement; **zich ~ belachelijk maken** se couvrir de ridicule; **(zich) ~ maken** (s')immortaliser

on·ster·fe·lijk·heid [ɔnstɛrfələkhɛit] *nf* immortalité

on·stui·mig [ɔnstœymәχ] *adj, adv* **1** impétueux, impétueusement; **~e liefde** amour ardent **2** orageux

on·stui·mig·heid [ɔnstœyməχhɛit] *nf* impétuosité; **de ~ van de jeugd** la fougue de la jeunesse

on·stuit|baar [ɔnstœydbar] *adj, adv (-baarder, -baarst)* irrésistible(ment)

on·sym·pa·thiek [ɔnsɪmpatik] *adj, adv* (de façon) antipathique

ons·zelf [ɔnsɛlf] *pers* nous-mêmes

[1]**ont·aard** [ɔntart] *adj* dégénéré; **een ~e vader** un père dénaturé

[2]**ont·aard** [ɔntart] *adv (fam.)* excessivement

ont·aar·den [ɔntardə(n)] *vi (ontaardde, i. ontaard)* dégénérer

on·tac|tisch [ɔntɑktis] *adj, adv (-tischer, meest o.)* sans tact

ont·beet [ɔndbet], **ontbeten** → **ontbijten**

ont·be·ren [ɔndberə(n)] *vt (ontbeerde, h. ontbeerd)* se passer de

ont·be·ring [ɔndberɪŋ] *nf (-en)* privation

ont·bie·den [ɔndbidə(n)] *vt (ontbood, h. ontboden)* convoquer

ont·bijt [ɔndbɛit] *het* petit-déjeuner, *(Belg.)* déjeuner

ont·bij·ten [ɔndbɛitə(n)] *vi (ontbeet, h. ontbeten)* déjeuner

ont·bijt·koek [ɔndbɛitkuk] *nm (-en)* pain d'épice

ont·bijt·spek [ɔndbɛitspɛk] *het* bacon

ont·bin·den [ɔndbɪndə(n)] *vt (ontbond, h. ontbonden)* **1** dissoudre **2** *(math., phys.)* décomposer **3** *(chim.)* dissocier

ont·bin·ding [ɔndbɪndɪŋ] *nf (-en)* **1** dissolution **2** décomposition *(aussi math.; phys.)*

ont·bloot [ɔndblot] *adj* **1** dénudé **2** dénué (de)

ont·blo·ten [ɔndblotə(n)] *vt (ontblootte, h. ontbloot)* **1** dénuder **2** dépouiller (de)

ont·boe·ze·ming [ɔndbuzəmɪŋ] *nf (-en)* épanchement

ont·bond [ɔndbɔnt], **ontbonden** → **ontbinden**

ont·bood [ɔndbot], **ontboden** → **ontbieden**

ont·bos·sen [ɔndbɔsə(n)] *vt (ontboste, h. ontbost)* déboiser

ont·brak [ɔndbrɑk], **ontbraken** → ontbreken

ont·brand·baar [ɔndbrɑndbar] *adj* → ontvlambaar

ont·bran·den [ɔndbrɑndə(n)] *vi (ontbrandde, i. ontbrand)* prendre feu

ont·bre·ken [ɔndbrekə(n)] *vi (ontbrak, h. ontbroken)* manquer; **het ontbreekt hem aan moed** il manque de courage; **dat ontbrak er nog maar aan** il ne manquait plus que ça; **het zich aan niets laten ~** ne se priver de rien

ont·bro·ken [ɔndbrokə(n)] → ontbreken

ont·cij·fe·ren [ɔntsɛifərə(n)] *vt (ontcijferde, h. ontcijferd)* déchiffrer; **niet te ~** indéchiffrable

1**ont·daan** [ɔndan] → ontdoen

2**ont·daan** [ɔndan] *adj* désemparé

ont·deed [ɔndet], **ontdeden** → ontdoen

ont·dek·ken [ɔndɛkə(n)] *vt (ontdekte, h. ontdekt)* découvrir

ont·dek·king [ɔndɛkɪŋ] *nf (-en)* découverte; **deze actrice is de ~ van het jaar** cette actrice est la révélation de l'année; **op ~ uitgaan** partir à la découverte; **tot de ~ komen, dat ...** s'apercevoir que ...

ont·dek·kings·rei|zi·ger [ɔndɛkɪŋsrɛizəχər] *nm (-s)*, **-zigster** *nf (-s)* explorateur, -trice

1**ont·doen** [ɔndun] *vt (ontdeed, h. ontdaan) (+ van)* défaire (de); **een boek van zijn kaft ~** enlever la jaquette d'un livre

2**ont·doen, zich** [ɔndun] *vpr (ontdeed zich, h. zich ontdaan)* **1** *(+ van)* se défaire (de) **2** *(+ van)* se débarrasser (de)

1**ont·dooi·en** [ɔndojə(n)] *vi (ontdooide, i. ontdooid)* **1** dégeler **2** *(fam., fig.)* se dégeler

2**ont·dooi·en** [ɔndojə(n)] *vt (ontdooide, h. ontdooid)* dégeler

ont·dook [ɔndok], **ontdoken** → ontduiken

ont·dui·ken [ɔndœykə(n)] *vt (ontdook, h. ontdoken)* **1** se soustraire à **2** esquiver

on·te·gen·zeg·lijk [ɔnteχənzɛχlək] *adj, adv* incontestable(ment)

ont·ei·ge·nen [ɔntɛiχənə(n)] *vt (onteigende, h. onteigend)* exproprier

on·tel·baar [ɔntɛlbar] *adj, adv* incalculable, infiniment; **~ veel** énormément (de)

on·tem|baar [ɔntɛmbar] *adj (-baarder, -baarst)* indomptable

on·te|recht [ɔntərɛχt] *adj, adv (-rechter, meest o.)* injuste(ment)

ont·eren [ɔnterə(n)] *vt (onteerde, h. onteerd)* déshonorer; **een tempel ~** profaner un temple

ont·er·ven [ɔntɛrvə(n)] *vt (onterfde, h. onterfd)* déshériter

on·te·vre·den [ɔntəvredə(n)] *adj, adv* **1** (l'air) insatisfait **2** (l'air) mécontent

on·te·vre·den·heid [ɔntəvredənhɛit] *nf* mécontentement

ont·fer·men, zich [ɔntfɛrmə(n)] *vpr (ontfermde zich, h. zich ontfermd)* **1** avoir pitié (de) **2** se charger (de) **3** s'occuper (de)

ont·fer·ming [ɔntfɛrmɪŋ] *nf* pitié

ont·fut·se·len [ɔntfʌtsələ(n)] *vt (ontfutselde, h. ontfutseld)* soutirer; **iemand een geheim ~** arracher un secret à qqn

ont·gaan [ɔntχan] *vi (ontging, i. ontgaan)* échapper (à); **de zaak is mij ~** l'affaire m'est sortie de l'esprit

ont·gel·den [ɔntχɛldə(n)] *vt (ontgold, h. ontgolden)* ♦ **het moeten ~** écoper

ont·ging [ɔntχɪŋ], **ontgingen** → ontgaan

ont·gin·nen [ɔntχɪnə(n)] *vt (ontgon, h. ontgonnen)* **1** défricher **2** exploiter

ont·glip·pen [ɔntχlɪpə(n)] *vi (ontglipte, i. ontglipt)* échapper (à)

ont·gon [ɔntχɔn], **ontgonnen** → ontginnen

ont·goo·che·len [ɔntχoχələ(n)] *vt (ontgoochelde, h. ontgoocheld)* décevoir

ont·goo·che·ling [ɔntχoχəlɪŋ] *nf (-en)* désillusion

ont·gren·de·len [ɔntχrɛndələ(n)] *vt (ontgrendelde, h. ontgrendeld)* déverrouiller

ont·groei·en [ɔntχrujə(n)] *vi (ontgroeide, i. ontgroeid)* devenir trop grand pour (qqch); **die jongens ~ me** ces garçons commencent à m'échapper; **de kinderschoenen ontgroeid zijn** être sorti de l'enfance

ont·groe·nen [ɔntχrunə(n)] *vt (ontgroende, h. ontgroend)* bizuter

ont·haal [ɔnthal] *het* accueil

ont·haal·moe·der [ɔnthalmudər] *nf (-s) (Belg.)* gardienne d'enfants, *(Belg.)* maman gardienne

ont·ha·len [ɔnthalə(n)] *vt (onthaalde, h. onthaald)* **1** accueillir **2** régaler (qqn de qqch, avec qqch) **3** *(fig.)* donner

ont·ha·ren [ɔntharə(n)] *vt (onthaarde, h. onthaard)* épiler

ont·heemd [ɔnthemt] *adj* **1** expatrié **2** *(fig.)* dépaysé

ont·hef·fen [ɔnthɛfə(n)] *vt (onthief, h. ontheven)* **1** délivrer **2** exonérer **3** démettre (de)

ont·hief [ɔnthif], **onthieven** → ontheffen

ont·hield [ɔnthilt], **onthielden** → onthouden

ont·hoof·den [ɔnthovdə(n)] *vt (onthoofdde, h. onthoofd)* décapiter

1**ont·hou·den** [ɔnthaudə(n)] *vt (onthield, h. onthouden)* **1** retenir; **onthoud dat goed!** prenez-en bonne note ! **2** priver (qqn de qqch)

2**ont·hou·den, zich** [ɔnthaudə(n)] *vpr (onthield zich, h. zich onthouden) (+ van)* s'abstenir (de)

ont·hou·ding [ɔnthaudɪŋ] *nf* **1** abstention **2** continence

ont·hul·len [ɔnthʌlə(n)] *vt (onthulde, h. onthuld)* **1** *(sens pr. et fig.)* découvrir **2** *(monument)* inaugurer

ont·hul·lend [ɔnthʌlənt] *adj* révélateur

ont·hul·ling [ɔnthʌlɪŋ] *nf (-en)* **1** inauguration **2** révélation

ont|hutst [ɔnthʌtst] *adj, adv (-hutster, meest o.)* (d'un air) déconcerté

on·tie·ge·lijk [ɔntiɣələk] *adv (fam.)* rudement; het is ~ koud il fait un froid de canard

on·tij·dig [ɔntɛidəχ] *adj, adv* inopportun, mal à propos

ont·kal·ken [ɔntkɑlkə(n)] *vt (ontkalkte, h. ontkalkt)* détartrer

ont·ken·nen [ɔntkɛnə(n)] *vti (ontkende, h. ontkend)* (dé)nier; het valt niet te ~, dat ... il est indéniable que ...

ont·ken·nend [ɔntkɛnənt] *adj, adv* 1 négatif, négativement 2 *(ling.)* de négation

ont·ken·ning [ɔntkɛnɪŋ] *nf (-en)* négation

ont·ke·te·nen [ɔntketənə(n)] *vt (ontketende, h. ontketend)* déchaîner; een prijzenslag ~ casser les prix

ont·kie·men [ɔntkimə(n)] *vi (ontkiemde, i. ontkiemd)* germer; een ~de liefde un amour naissant

ont·kle·den [ɔntkledə(n)] *vt (ontkleedde, h. ontkleed) (form.)* déshabiller

ont·kno·ping [ɔntknopɪŋ] *nf (-en)* dénouement

ont·ko·men [ɔntkomə(n)] *vi (ontkwam, i. ontkomen)* échapper (à qqch); daaraan valt niet te ~ il faudra bien en passer par là

ont·kop·pe·len [ɔntkɔpələ(n)] *vt (ontkoppelde, h. ontkoppeld)* 1 *(fig.)* séparer 2 débrayer

ont·krach·ten [ɔntkrɑχtə(n)] *vt (ontkrachtte, h. ontkracht)* affaiblir

ont·kur·ken [ɔntkʌrkə(n)] *vt (ontkurkte, h. ontkurkt)* déboucher

ont·kwam [ɔntkwɑm], **ontkwamen** → ontkomen

¹**ont·la·den** [ɔntladə(n)] *vti (ontlaadde, h. ontladen)* décharger

²**ont·la·den, zich** [ɔntladə(n)] *vpr (ontlaadde zich, h. zich ontladen)* 1 vider son cœur 2 décharger sa colère

¹**ont·las·ten** [ɔntlɑstə(n)] *vt (ontlastte, h. ontlast)* 1 décharger; een drukke verkeersader ~ décongestionner une grande artère 2 *(fig.)* soulager

²**ont·las·ten, zich** [ɔntlɑstə(n)] *vpr (ontlastte zich, h. zich ontlast)* 1 aller à la selle 2 se déverser 3 se vider

ont·las·ting [ɔntlɑstɪŋ] *nf* 1 déchargement 2 décharge 3 *(fig.)* allègement 4 *(fig.)* soulagement 5 défécation

ont·le·den [ɔntledə(n)] *vt (ontleedde, h. ontleed)* 1 disséquer 2 analyser

ont·le·ding [ɔntledɪŋ] *nf (-en)* 1 dissection 2 analyse 3 *(chim.)* décomposition

ont·le·nen [ɔntlenə(n)] *vt (ontleende, h. ontleend)* 1 emprunter (à) 2 devoir; zijn ideeën aan iets, iemand ~ s'inspirer de qqch, de qqn ♦ waaraan ontleent hij het recht ...? de quel droit ... ?

ont·le·ning [ɔntlenɪŋ] *nf* emprunt

ont·liep [ɔntlip], **ontliepen** → ontlopen

ont·lok·ken [ɔntlɔkə(n)] *vt (ontlokte, h. ontlokt)* tirer; iemand een geheim ~ arracher un secret à qqn

ont·look [ɔntlok], **ontloken** → ontluiken

ont·lo·pen [ɔntlopə(n)] *vt (ontliep, i. ontlopen)* 1 échapper à (qqn, qqch) 2 fuir 3 différer; die twee ~ elkaar niet veel ces deux-là ne diffèrent que de peu

ont·lui·ken [ɔntlœykə(n)] *vi (ontlook, i. ontloken)* 1 éclore 2 s'épanouir

ont·luis·te·rend [ɔntlœystərənt] *adj* humiliant

ont·maag·den [ɔntmaχdə(n)] *vt (ontmaagdde, h. ontmaagd)* dépuceler

ont·man·te·len [ɔntmɑntələ(n)] *vt (ontmantelde, h. ontmanteld)* démonter

ont·mas·ke·ren [ɔntmɑskərə(n)] *vt (ontmaskerde, h. ontmaskerd)* démasquer

ont·moe·di·gen [ɔntmudəɣə(n)] *vt (ontmoedigde, h. ontmoedigd)* décourager

ont·moe·ten [ɔntmutə(n)] *vt (ontmoette, h. ontmoet)* rencontrer

ont·moe·ting [ɔntmutɪŋ] *nf (-en)* rencontre

ont·nam [ɔntnɑm], **ontnamen** → ontnemen

ont·ne·men [ɔntnemə(n)] *vt (ontnam, h. ontnomen)* prendre (qqch à qqn); iemand zijn illusies ~ enlever ses illusions à qqn

ont·no·men [ɔntnomə(n)] → ontnemen

ont·nuch·te·ren [ɔntnʌχtərə(n)] *vt (ontnuchterde, h. ontnuchterd)* dégriser

on·toe·gan·ke·lijk [ɔntuɣɑŋkələk] *adj* inaccessible

on·toe·laat|baar [ɔntuladbar] *adj (-baarder, -baarst)* intolérable

on·toe·laat·baar·heid [ɔntuladbarhɛit] *nf* inadmissibilité

on·toe·rei·kend [ɔnturɛikənt] *adj, adv* insuffisant, insuffisamment

on·toe·re·ke·nings·vat·baar [ɔnturekənɪŋsfɑdbar] *adj* en état de démence

ont·plof·baar [ɔntplɔvbar] *adj* explosif

ont·plof·fen [ɔntplɔfə(n)] *vi (ontplofte, i. ontploft)* exploser

ont·plof·fing [ɔntplɔfɪŋ] *nf (-en)* explosion; iets tot ~ brengen faire exploser qqch; tot ~ komen exploser

ont·plooi·en [ɔntplojə(n)] *vt (ontplooide, h. ontplooid)* 1 développer 2 déployer *(aussi au fig.)*

ont·plooi·ing [ɔntplojɪŋ] *nf* 1 épanouissement 2 déploiement 3 dépliage

ont·pop·pen, zich [ɔntpɔpə(n)] *vpr (ontpopte zich, h. zich ontpopt)* se révéler

ont·raad·se·len [ɔntratsələ(n)] *vt (ontraadselde, h. ontraadseld)* 1 déchiffrer 2 découvrir

ont·ra·den [ɔntradə(n)] *vt (ontraadde, h. ontraden)* déconseiller

ont·ra·fe·len [ɔntrafələ(n)] *vt (ontrafelde, h. ontrafeld)* effil(och)er; een complot ~ découvrir un complot

ont·red|derd [ɔntrɛdərt] *adj (-derder, meest o.)* 1 abasourdi, décontenancé 2 désordonné

ont·red·de·ring [ɔntrɛdərɪŋ] *nf* 1 désarroi 2 confusion (totale)
ont·re·ge·len [ɔntrexələ(n)] *vt (ontregelde, h. ontregeld)* dérégler
ont·ried [ɔntrit], **ontrieden** → ontraden
ont·roe·ren [ɔntrurə(n)] *vt (ontroerde, h. ontroerd)* émouvoir
ont·roe·ring [ɔntrurɪŋ] *nf (-en)* émotion
on·troost|baar [ɔntrostbar] *adj (-baarder, -baarst)* inconsolable
¹**on·trouw** [ɔntrau] *de* 1 infidélité 2 adultère
²**on·trouw** [ɔntrau] *adj* 1 infidèle; **iemand ~ worden** trahir qqn 2 malhonnête
ont·rui·men [ɔntrœymə(n)] *vt (ontruimde, h. ontruimd)* 1 évacuer *(une maison, un local)* 2 expulser *(les habitants d'un logement)* ♦ **een kamer ~** débarrasser une pièce
ont·rui·ming [ɔntrœymɪŋ] *nf (-en)* 1 évacuation 2 abandon 3 expulsion
ont·ruk·ken [ɔntrʌkə(n)] *vt (ontrukte, h. ontrukt)* arracher
ont·sche·pen [ɔntsxepə(n)] *vti (ontscheepte, h./i. ontscheept)* débarquer
ont·schie·ten [ɔntsxitə(n)] *vi (ontschoot, i. ontschoten)* échapper (à qqn)
ont·schoot [ɔntsxot], **ontschoten** → ontschieten
ont·sie·ren [ɔntsirə(n)] *vt (ontsierde, h. ontsierd)* enlaidir
ont·slaan [ɔntslan] *vt (ontsloeg, h. ontslagen)* 1 licencier; **iemand eervol ~** accepter la démission de qqn 2 dispenser 3 libérer
ont·slag [ɔntslɑx] *het (-en)* 1 licenciement; **iemand zijn ~ geven** donner son congé à qqn; **~ krijgen** être congédié 2 démission; **zijn ~ indienen** donner sa démission 3 libération 4 décharge
ont·sla·gen [ɔntslaxə(n)] → ontslaan
ont·sloeg [ɔntslux], **ontsloegen** → ontslaan
ont·sloot [ɔntslot], **ontsloten** → ontsluiten
ont·slui·e·ren [ɔntslœyjərə(n)] *vt (ontsluierde, h. ontsluierd)* dévoiler
ont·slui·ten [ɔntslœytə(n)] *vt (ontsloot, h. ontsloten)* ouvrir
ont·smet·ten [ɔntsmɛtə(n)] *vt (ontsmette, h. ontsmet)* 1 désinfecter 2 assainir
ont·smet·tings·mid·del [ɔntsmɛtɪŋsmɪdəl] *het (-en)* désinfectant
ont·snap·pen [ɔntsnɑpə(n)] *vi (ontsnapte, i. ontsnapt)* 1 échapper (à) 2 s'évader 3 s'échapper
ont·snap·ping [ɔntsnɑpɪŋ] *nf (-en)* 1 fuite 2 évasion 3 *(sports)* échappée 4 *(phys.)* échappement
¹**ont·span·nen** [ɔntspɑnə(n)] *vt (ontspande, h. ontspannen)* détendre
²**ont·span·nen** [ɔntspɑnə(n)] *vi (ontspande, h./i. ontspannen)* se détendre
ont·span·ning [ɔntspɑnɪŋ] *nf (-en)* détente; **~ zoeken** chercher à se distraire
ont·spin·nen, zich [ɔntspɪnə(n)] *vpr (ontspon zich, h. zich ontsponnen) (conversation)* s'engager
ont·spo·ren [ɔntsporə(n)] *vi (ontspoorde, i. ontspoord)* 1 dérailler 2 *(fig.)* se dévoyer
ont·spo·ring [ɔntsporɪŋ] *nf (-en)* 1 déraillement 2 *(fig.)* excès
ont·sprin·gen [ɔntsprɪŋə(n)] *vi (ontsprong, i. ontsprongen)* 1 prendre sa source 2 échapper 3 s'échapper
ont·sprong [ɔntsprɔŋ], **ontsprongen** → ontspringen
ont·sproot [ɔntsprot], **ontsproten** → ontspruiten
ont·sprui·ten [ɔntsprœytə(n)] *vi (ontsproot, i. ontsproten)* 1 pousser 2 être issu (de)
ont·staan [ɔntstan] *vi (ontstond, i. ontstaan)* 1 naître; **doen ~** créer, susciter; **het ~** la formation; **daarover ontstond algemene ontevredenheid** cela provoqua un mécontentement général 2 *(discussion)* s'élever 3 prendre naissance; **het ~** l'origine
ont·stak [ɔntstɑk], **ontstaken** → ontsteken
¹**ont·ste·ken** [ɔntstekə(n)] *vt (ontstak, h. ontstoken)* allumer
²**ont·ste·ken** [ɔntstekə(n)] *vi (ontstak, i. ontstoken)* 1 *(fig.)* s'enflammer 2 *(méd.)* s'infecter
ont·ste·king [ɔntstekɪŋ] *nf (-en)* 1 allumage *(aussi moteur)* 2 *(méd.)* inflammation 3 *(milit.)* détonateur
ont|steld [ɔntstɛlt] *adj, adv (-stelder, meest o.)* (d'un air) bouleversé
ont·stel·lend [ɔntstɛlənt] *adj, adv* 1 bouleversant 2 extrême, terriblement
ont·stel·te·nis [ɔntstɛltənɪs] *nf* 1 trouble 2 frayeur
¹**ont·stem·men** [ɔntstɛmə(n)] *vt (ontstemde, h. ontstemd)* contrarier
²**ont·stem·men** [ɔntstɛmə(n)] *vti (ontstemde, h. ontstemd) (mus.)* désaccorder, se désaccorder
ont·sten·te·nis [ɔntstɛntənɪs] *nf* 1 défaut; **bij ~ van** à défaut de 2 absence; **bij ~ van** en l'absence de
ont·sto·ken [ɔntstokə(n)] → ontsteken
ont·stond [ɔntstɔnt], **ontstonden** → ontstaan
ont·stop·pen [ɔntstɔpə(n)] *vt (ontstopte, h. ontstopt)* déboucher
¹**ont·trek·ken** [ɔntrɛkə(n)] *vt (onttrok, h. onttrokken)* 1 extraire 2 soustraire
²**ont·trek·ken, zich** [ɔntrɛkə(n)] *vpr (onttrok zich, h. zich onttrokken) (+ aan)* se soustraire (à)
ont·trok [ɔntrɔk], **onttrokken** → onttrekken
ont·tro·nen [ɔntronə(n)] *vt (onttroonde, h. onttroond)* détrôner
on·tucht [ɔntʌxt] *de* débauche
on·tuch·tig [ɔntʌxtəx] *adj* débauché; **een ~ woord** une obscénité
ont·val·len [ɔntfɑlə(n)] *vi (ontviel, i. ont-*

vallen) 1 échapper (à) *(mot, juron)* 2 abandonner ♦ zijn vrouw is hem vroeg ~ il a perdu sa femme de bonne heure

ont·van·gen [ɔntfɑ̲ŋə(n)] *vti (ontving, h. ontvangen)* recevoir; iemand goed ~ faire bon accueil à qqn; zijn boek werd gunstig ~ son livre fut accueilli favorablement; de bevolking heeft hem met gejuich ~ la population lui a réservé un accueil triomphal

ont·van·ge·nis [ɔntfɑ̲ŋənɪs] *nf* ♦ *(cathol.)* onbevlekte ~ der Heilige Maagd Immaculée Conception

ont·van·ger [ɔntfɑ̲ŋər] *nm (-s)* 1 bénéficiaire 2 destinataire 3 *(sang, greffe)* receveur, -euse 4 *(radio)* récepteur

ont·vangst [ɔntfɑ̲ŋst] *nf (-en)* 1 réception; bij de ~ van uw brief au reçu de votre lettre; in ~ nemen recevoir 2 perception 3 recette 4 accueil; een hartelijke ~ un accueil chaleureux

ont·vangst·be|wijs [ɔntfɑ̲ŋstbəwɛis] *het (-wijzen)* reçu

ont·van·ke·lijk [ɔntfɑ̲ŋkələk] *adj* sensible; iemand ~ maken voor ouvrir l'esprit de qqn à

ont·vet·ten [ɔntfɛ̲tə(n)] *vt (ontvette, h. ontvet)* dégraisser

ont·viel [ɔntfi̲l], **ontvielen** → ontvallen

ont·ving [ɔntfɪ̲ŋ], **ontvingen** → ontvangen

ont·vlam·baar [ɔntflɑ̲mbar] *adj* inflammable ♦ hij is licht ~ il s'éprend facilement

ont·vlam·men [ɔntflɑ̲mə(n)] *vi (ontvlamde, i. ontvlamd)* s'enflammer

ont·vluch·ten [ɔntflʌ̲χtə(n)] *vti (ontvluchtte, i. ontvlucht)* fuir

ont·voer·der [ɔntfu̲rdər] *nm (-s)* ravisseur

ont·voe·ren [ɔntfu̲rə(n)] *vt (ontvoerde, h. ontvoerd)* enlever

ont·vol·ken [ɔntfɔ̲lkə(n)] *vt (ontvolkte, h. ontvolkt)* dépeupler

ont·voog·ding [ɔntfo̲χdɪŋ] *nf* émancipation

ont·vou·wen [ɔntfɑ̲uwə(n)] *vt (ontvouwde, h. ontvouwd, ontvouwen)* 1 exposer 2 déplier

ont·vreem·den [ɔntfre̲mdə(n)] *vt (ontvreemdde, h. ontvreemd)* dérober

ont·vrien·den [ɔntfri̲ndə(n)] *vt (ontvriendde, h. ontvriend) (com.)* supprimer de sa liste d'amis

ont·waar·ding [ɔntwa̲rdɪŋ] *nf* dévalorisation

ont·wa·ken [ɔntwa̲kə(n)] *vi (ontwaakte, i. ontwaakt)* s'éveiller; uit de droom ~ sortir de sa rêverie

ont·wa·pe·nen [ɔntwa̲pənə(n)] *vti (ontwapende, h. ontwapend)* désarmer

ont·war·ren [ɔntwɑ̲rə(n)] *vt (ontwarde, h. ontward)* 1 démêler 2 résoudre

ont·week [ɔntwe̲k], **ontweken** → ontwijken

[1]**ont·wen·nen** [ɔntwɛ̲nə(n)] *vt (ontwende, h. ontwend)* 1 déshabituer de 2 désintoxiquer

[2]**ont·wen·nen** [ɔntwɛ̲nə(n)] *vi (ontwende, i. ontwend)* perdre l'habitude de

ont·werp [ɔntwɛ̲rp] *het (-en)* 1 plan 2 projet 3 *(couture)* création

ont·wer·pen [ɔntwɛ̲rpə(n)] *vt (ontwierp, h. ontworpen)* 1 dessiner 2 *(couture)* créer 3 concevoir

ont|wer·per [ɔntwɛ̲rpər] *nm (-s)*, **-werp·ster** *nf (-s)* 1 auteur 2 *(en couture)* modéliste 3 concepteur, -trice; een industrieel ~ un designer

ont·wierp [ɔntwi̲rp], **ontwierpen** → ontwerpen

ont·wij·ken [ɔntwɛ̲ikə(n)] *vt (ontweek, h./i. ontweken)* éviter; de klappen ~ esquiver les coups

ont·wij·kend [ɔntwɛ̲ikənt] *adj, adv* 1 évasif, évasivement 2 d'esquive

ont·wik·keld [ɔntwɪ̲kəlt] *adj* 1 formé; een slecht ~ kind un enfant chétif 2 cultivé 3 développé *(aussi phot.)*

[1]**ont·wik·ke·len** [ɔntwɪ̲kələ(n)] *vt (ontwikkelde, h. ontwikkeld)* 1 développer; zich ~ se cultiver 2 produire

[2]**ont·wik·ke·len, zich** [ɔntwɪ̲kələ(n)] *vpr (ontwikkelde zich, h. zich ontwikkeld)* se développer; zich ~ tot se développer en

ont·wik·ke·ling [ɔntwɪ̲kəlɪŋ] *nf (-en)* 1 développement; tot ~ komen arriver à maturité, se développer 2 production 3 formation; algemene ~ culture générale 4 évolution

ont·wik·ke·lings·ge·bied [ɔntwɪ̲kəlɪŋsχəbit] *het (-en)* 1 région à industrialiser en priorité 2 pays en voie de développement

ont·wik·ke·lings·hulp [ɔntwɪ̲kəlɪŋshʌlp] *de* aide aux pays en voie de développement

ont·wik·ke·lings·land [ɔntwɪ̲kəlɪŋslɑnt] *het (-en)* → ontwikkelingsgebied 2

ont·wik·ke·lings·werk [ɔntwɪ̲kəlɪŋswɛrk] *het* aide au développement

ont·wor·pen [ɔntwɔ̲rpə(n)] → ontwerpen

ont·wor·ste·len [ɔntwɔ̲rstələ(n)] *vt (ontworstelde, h. ontworsteld)* arracher

[1]**ont·wor·te·len** [ɔntwɔ̲rtələ(n)] *vt (ontwortelde, h. ontworteld)* déraciner

[2]**ont·wor·te·len** [ɔntwɔ̲rtələ(n)] *vi (ontwortelde, h. ontworteld)* se déraciner

ont·wrich·ten [ɔntfrɪ̲χtə(n)] *vt (ontwrichtte, h. ontwricht)* 1 désorganiser; een huishouden ~ désunir un ménage; onze gehele samenleving is ontwricht notre société est complètement disloquée 2 désarticuler

ont·wrich·ting [ɔntfrɪ̲χtɪŋ] *nf (-en)* 1 désorganisation; een duurzame ~ van het huwelijk une désunion durable du mariage 2 désarticulation

[1]**ont·zag** [ɔntsɑ̲χ], **ontzagen** → ontzien

[2]**ont·zag** [ɔntsɑ̲χ] *het* respect; iemand ~ inboezemen imposer le respect à qqn; ~ voor iemand hebben avoir du respect envers qqn

ont·zag·lijk [ɔntsɑ̲χlək] *adj, adv* 1 redoutable 2 imposant 3 formidable(ment); ~ veel drinken boire comme un trou; ~ veel geld uitgeven dépenser un argent fou; hij ging ~ tekeer il fit une vie de tous les diables

ont·zag·wek·kend [ɔntsɑχwɛkənt] *adj, adv* imposant, considérablement

[1]**ont·zeg·gen** [ɔntsɛχə(n)] *vt (ontzegde, ontzei, h. ontzegd)* 1 interdire 2 priver 3 *(jur.)* rejeter 4 dénier

[2]**ont·zeg·gen, zich** [ɔntsɛχə(n)] *vpr (ontzegde zich, ontzei, h. zich ontzegd)* se priver de

ont·zei [ɔntsɛi], **ontzeiden** →ontzeggen

ont·ze·nu·wen [ɔntsenywə(n)] *vt (ontzenuwde, h. ontzenuwd)* 1 réfuter; volledig ~ pulvériser 2 affaiblir

[1]**ont·zet** [ɔntsɛt] *het* →ontzetting 3

[2]**ont·zet** [ɔntsɛt] *adj* effaré

ont·zet·ten [ɔntsɛtə(n)] *vt (ontzette, h. ontzet)* 1 démettre; uit de ouderlijke macht ~ déclarer déchu de l'autorité parentale 2 délivrer 3 épouvanter; ontzet staan kijken regarder avec stupeur 4 disloquer

ont·zet·tend [ɔntsɛtənt] *adj, adv* 1 épouvantable(ment) 2 formidable(ment) 3 énormément

ont·zet·ting [ɔntsɛtɪŋ] *nf (-en)* 1 dislocation 2 destitution; ~ uit burgerrechten privation des droits civiques 3 libération 4 épouvante; ~ teweegbrengen jeter l'effroi

[1]**ont·zien** [ɔntsin] *vt (ontzag, h. ontzien)* ménager

[2]**ont·zien, zich** [ɔntsin] *vpr (ontzag zich, h. zich ontzien) (phrases négatives)* appréhender

on·uit·ge·spro·ken [ɔnœytχəsprokə(n)] *adj* inexprimé

on·uit·put·te·lijk [ɔnœytpʌtələk] *adj, adv* inépuisable(ment)

on·uit·spre·ke·lijk [ɔnœytsprekələk] *adj, adv* inexprimable(ment)

on·uit·staan|baar [ɔnœytstɑmbar] *adj, adv (-baarder, -baarst)* (de manière) insupportable

on·uit·voer·baar [ɔnœytfurbar] *adj* inexécutable

on·uit·wis·baar [ɔnœytwɪzbar] *adj* ineffaçable

on|vast [ɔnvɑst] *adj, adv (-vaster, meest o.)* 1 (de manière) instable 2 léger *(sommeil)* 3 (de manière) hésitant(e)

on·vat|baar [ɔnvɑdbar] *adj (-baarder, -baarst)* 1 immunisé 2 insensible (à) 3 insaisissable

on·vei·lig [ɔnvɛiləχ] *adj, adv* 1 dangereux, dangereusement; het sein op ~ zetten fermer la voie 2 (de manière) peu sûr(e)

on·vei·lig·heid [ɔnvɛiləχhɛit] *nf* insécurité

on·ver·an·derd [ɔnvərɑndərt] *adj* inchangé

on·ver·an·der·lijk [ɔnvərɑndərlək] *adj, adv* invariable(ment); de ~e natuurwetten les lois immuables de la nature

on·ver·ant|woord [ɔnvərɑntwort] *adj, adv (-woorder, meest o.)* (de manière) injustifiable

on·ver·ant·woor·de·lijk [ɔnvərɑntwordələk] *adj, adv* (de manière) irresponsable

on·ver·be·ter·lijk [ɔnvərbetərlək] *adj, adv* 1 incorrigible 2 impeccable, à la perfection 3 irréparable

on·ver·bid·de·lijk [ɔnvərbɪdələk] *adj, adv* 1 impitoyable(ment) 2 implacable(ment) 3 inévitablement

on·ver·bid·de·lijk·heid [ɔnvərbɪdələkhɛit] *nf* inflexibilité; de ~ van het lot la cruauté du destin

on·ver·bloemd [ɔnvərblumt] *adj, adv* 1 sincère 2 cru, sans fard

on·ver·bre·ke·lijk [ɔnvərbrekələk] *adj, adv* indissoluble(ment)

on·ver·dacht [ɔnvərdɑχt] *adj* au-dessus de tout soupçon

on·ver·deeld [ɔnvərdelt] *adj, adv* 1 indivis 2 entier, entièrement 3 unanime 4 *(attention)* soutenu ♦ het was geen ~ genoegen ce ne fut vraiment pas drôle

on·ver·diend [ɔnvərdint] *adj, adv* immérité, à tort

on·ver·dien·ste·lijk [ɔnvərdinstələk] *adj, adv* ♦ niet ~ non sans mérite

on·ver·draag·lijk [ɔnvərdraχlək] *adj, adv* (de manière) insupportable

on·ver·draag|zaam [ɔnvərdraχsam] *adj (-zamer, -zaamst)* intolérant

on·ver·dro·ten [ɔnvərdrotə(n)] *adj, adv* imperturbable(ment)

on·ver·dund [ɔnvərdʌnt] *adj* non dilué

on·ver·enig·baar [ɔnvərenəχbar] *adj* incompatible

on·ver·gan·ke·lijk [ɔnvərχɑŋkələk] *adj* impérissable

on·ver·geef·lijk [ɔnvərχeflək] *adj, adv* (d'une manière) impardonnable

on·ver·ge·lijk|baar [ɔnvɛrχəlɛigbar], **-elijk** *adj, adv* incomparable(ment)

on·ver·ge·te·lijk [ɔnvərχetələk] *adj, adv* (de façon) inoubliable

on·ver·hoeds [ɔnvərhuts] *adj, adv* imprévu, à l'improviste; zijn vijand ~ overvallen attaquer son ennemi par surprise

on·ver·ho·len [ɔnvərholə(n)] *adj, adv* non déguisé, sans fard

[1]**on·ver·hoopt** [ɔnvərhopt] *adv* par malheur

[2]**on·ver·hoopt** [ɔnvərhopt] *adj* inespéré

on·ver·kies·baar [ɔnvərkizbar] *adj* inéligible

on·ver·klaar|baar [ɔnvərklarbar] *adj, adv (-baarder, -baarst)* inexplicable(ment)

on·ver·kort [ɔnvərkɔrt] *adj, adv* 1 intégral(ement); iemand ~ de waarheid zeggen ne rien cacher à qqn, dire son fait à qqn 2 intact

on·ver·kwik·ke·lijk [ɔnvərkwɪkələk] *adj*

fâcheux; **een ~ begin** un début peu engageant

on·ver·let [ɔnvərlɛt] *adj* ♦ **dat laat ~ dat** toujours est-il que; *(Belg.)* **niets ~ laten** tout mettre en œuvre

on·ver·licht [ɔnvərlɪχt] *adj* sans éclairage

on·ver·meld [ɔnvərmɛlt] *adj* non mentionné; **zijn naam mag niet ~ blijven** son nom ne peut être passé sous silence; **iets ~ laten** ne pas faire mention de qqch

on·ver·mij·de·lijk [ɔnvərmɛidələk] *adj, adv* inévitable(ment); **dat loopt ~ fout** cela ne manquera pas de mal tourner; **het ~e van de dood** la fatalité de la mort

on·ver·mij·de·lijk|heid [ɔnvərmɛidələkhɛit] *nf (-heden)* inéluctabilité

on·ver·min·derd [ɔnvərmɪndərt] *adj, adv* intact, toujours

on·ver·moed [ɔnvərmut] *adj* insoupçonné

on·ver·moei|baar [ɔnvərmujbar] *adj, adv (-baarder, -baarst)* infatigable, inlassablement

on·ver·mo·gen [ɔnvərmoχə(n)] *het* **1** impuissance **2** *(fin.)* insolvabilité

on·ver·murw|baar [ɔnvərmʌrwbar] *adj (-baarder, -baarst)* intraitable

on·ver·saagd [ɔnvərsaχt] *adj, adv* intrépide(ment)

on·ver·schil·lig [ɔnvərsχɪləχ] *adj, adv* indifférent, avec indifférence; **dat laat mij volmaakt ~** cela ne me fait ni chaud ni froid

on·ver·schil·lig·heid [ɔnvərsχɪləχhɛit] *nf* indifférence

on·ver·schrok·ken [ɔnvərsχrɔkə(n)] *adj, adv* hardi(ment)

on·ver·slijt·baar [ɔnvərslɛidbar] *adj* **1** inusable **2** *(fig.)* inaltérable

on·ver·staan|baar [ɔnvərstambar] *adj, adv (-baarder, -baarst)* (de manière) incompréhensible

on·ver·stan·dig [ɔnvərstɑndəχ] *adj, adv* (de façon) déraisonnable

on·ver·stoor|baar [ɔnvərstorbar] *adj, adv (-baarder, -baarst)* imperturbable(ment)

on·ver·taal·baar [ɔnvərtalbar] *adj* intraduisible

on·ver·teer·baar [ɔnvərterbar] *adj, adv* (de manière) indigeste

on·ver·to·gen [ɔnvərtoχə(n)] *adj* inconvenant; **een ~ woord** un gros mot

on·ver·valst [ɔnvərvɑlst] *adj* authentique

on·ver·vang·baar [ɔnvərvɑŋbar] *adj* irremplaçable

on·ver·vreemd·baar [ɔnvərvremdbar] *adj, adv* (de façon) inaliénable

on·ver|wacht [ɔnvərwɑχt] *adj, adv (-wachter, meest o.)* **1** inattendu, à l'improviste **2** accidentel(lement)

on·ver·wachts [ɔnvərwɑχ(t)s] *adj, adv* brusque(ment)

on·ver·wijld [ɔnvərwɛilt] *adj, adv* immédiat(ement)

on·ver·woest·baar [ɔnvərwustbar] *adj* **1** indestructible **2** *(fig.)* éternel

on·ver·za·dig·baar [ɔnvərzadəχbar] *adj* insatiable

on·ver·za|digd [ɔnvərzadəχt] *adj (-digder, meest o.)* **1** non rassasié **2** *(phys.)* non saturé

on·ver·zet·te·lijk [ɔnvərzɛtələk] *adj, adv* inflexible, avec intransigeance; **~ aan iets vasthouden** s'obstiner à; **een ~e wil** une volonté de fer

on·ver·zoen·lijk [ɔnvərzunlək] *adj, adv* irréconciliable(ment)

on·ver|zorgd [ɔnvərzɔrχt] *adj (-zorgder, meest o.)* **1** sans ressources **2** négligé

on·vind|baar [ɔnvɪndbar] *adj (-baarder, -baarst)* introuvable

on·vol·daan [ɔnvɔldan] *adj* **1** non réglé **2** insatisfait

on·vol·doen·de [ɔnvɔldundə] *adj, adv* insuffisant, insuffisamment; **een ~** une note au-dessous de la moyenne

on·vol·dra·gen [ɔnvɔldraχə(n)] *adj* **1** prématuré **2** immature

on·vol·groeid [ɔnvɔlχrujt] *adj* immature

on·vol·ko·men [ɔnvɔlkomə(n)] *adj* imparfait(ement)

on·vol·ko·men|heid [ɔnvɔlkomənhɛit] *nf (-heden)* → **onvolmaaktheid**

on·vol·le·dig [ɔnvɔledəχ] *adj, adv* **1** incomplet, incomplètement **2** partiel(lement)

on·vol·le·dig·heid [ɔnvɔledəχhɛit] *nf* **1** caractère incomplet **2** lacunes

on·vol·maakt [ɔnvɔlmakt] *adj* imparfait

on·vol·maakt|heid [ɔnvɔlmakthɛit] *nf (-heden)* imperfection

on·vol·pre·zen [ɔnvɔlprezə(n)] *adj (form.)* incomparable

on·vol·tooid [ɔnvɔltojt] *adj* inachevé, *(ling.)* imperfectif

on·vol·waar·dig [ɔnvɔlwardəχ] *adj* **1** insuffisant **2** déficient

on·vol·was·sen [ɔnvɔlwɑsə(n)] *adj, adv* **1** qui manque de maturité, comme un(e) adolescent(e) **2** *(jur.)* mineur **3** immature

on·voor·be·reid [ɔnvorbərɛit] *adj, adv* non préparé, sans préparation; **~ spreken** improviser

on·voor·de·lig [ɔnvordeləχ] *adj, adv* désavantageux, de manière désavantageuse

on·voor·spel|baar [ɔnvorspɛlbar] *adj, adv (-baarder, -baarst)* (de manière) imprévisible

on·voor·stel|baar [ɔnvorstɛlbar] *adj, adv (-baarder, -baarst)* (de façon) inimaginable

on·voor·waar·de·lijk [ɔnvorwardələk] *adj, adv* inconditionnel(lement); **iemand ~ geloven** croire qqn sans réserve

on·voor·zich·tig [ɔnvorzɪχtəχ] *adj, adv* imprudent, imprudemment

on·voor·zien [ɔnvorzin] *adj, adv* **1** imprévisible(ment) **2** (de façon) imprévu(e)

on·vre·de [ɔnvredə] *de* **1** mécontentement 2 discorde; in ~ leven vivre en mauvaise entente

on·vrien·de·lijk [ɔnvrindələk] *adj, adv* désobligeant, avec désobligeance

on|vrij [ɔnvrɛi] *adj (-vrijer, meest o.)* 1 opprimé; wij voelden ons ~ in onze bewegingen nous nous sentions gênés dans nos mouvements 2 exposé à la vue de tout le monde 3 réglementé

on·vrij·wil·lig [ɔnvrɛiwɪləχ] *adj, adv* involontaire(ment)

on·vrucht|baar [ɔnvrʌχtbar] *adj (-baarder, -baarst)* 1 infertile 2 stérile

on·waar [ɔnwar] *adj* 1 faux 2 feint 3 trompeur

on·waar·dig [ɔnwardəχ] *adj, adv* indigne(ment)

on·waar|heid [ɔnwarhɛit] *nf (-heden)* 1 mensonge 2 fausseté

on·waar·schijn·lijk [ɔnwarsχɛinlək] *adj, adv* 1 invraisemblable 2 improbable 3 incroyable(ment)

on·waar·schijn·lijk|heid [ɔnwarsχɛinləkhɛit] *nf (-heden)* invraisemblance

on·wan·kel|baar [ɔnwɑŋkəlbar] *adj, adv (-baarder, -baarst)* imperturbable(ment)

on|weer [ɔnwer] *het (-weren)* orage; het ~ komt opzetten l'orage menace

on·weer·ach·tig [ɔnwerɑχtəχ] *adj* orageux

on·weer·leg|baar [ɔnwerlɛχbar] *adj, adv (-baarder, -baarst)* irréfutable(ment)

on·weers·bui [ɔnwerzbœy] *de (-en)* averse (orageuse)

on·weer·staan|baar [ɔnwerstambar] *adj, adv (-baarder, -baarst)* irrésistible(ment)

on·wel [ɔnwɛl] *adj* indisposé; ~ zijn se trouver mal

on·wel·ge·val·lig [ɔnwɛlχəvɑləχ] *adj* importun

on·wel·kom [ɔnwɛlkɔm] *adj* 1 importun 2 désagréable; ~e uitgaven dépenses inopportunes; niet ~ zijn être le bienvenu

on·wel·wil·lend [ɔnwɛlwɪlənt] *adj, adv* désobligeant, avec désobligeance

on·wen·nig [ɔnwɛnəχ] *adj, adv* dépaysé, mal à l'aise

on·we·ren [ɔnwerə(n)] *vb impers (onweerde, h. geonweerd)* faire de l'orage

on·wer·ke|lijk [ɔnwɛrkələk] *adj (-lijker, meest o.)* irréel

on·we·tend [ɔnwetənt] *adj* 1 ignorant 2 inconscient

on·we·tend·heid [ɔnwetənthɛit] *nf* ignorance; uit, door ~ par ignorance

on·we·ten·schap·pe·lijk [ɔnwetənsχɑpələk] *adj, adv* (d'une manière) ascientifique

on·wet·tig [ɔnwɛtəχ] *adj, adv* 1 naturel 2 illégal(ement); een ~ huwelijk un mariage illégitime

on·we·zen·lijk [ɔnwezə(n)lək] *adj* → onwerkelijk

on|wijs [ɔnwɛis] *adj, adv (-wijzer, -wijst)* 1 idiot(ement) 2 *(fam.)* vachement

on·wil [ɔnwɪl] *nm* mauvaise volonté

on·wil·le·keu·rig [ɔnwɪləkørəχ] *adj, adv* involontaire(ment)

on·wil·lig [ɔnwɪləχ] *adj, adv* récalcitrant, de mauvaise volonté

on·wrik|baar [ɔnvrɪgbar] *adj, adv (-baarder, -baarst)* 1 *(fig.)* inébranlable 2 irréfutable(ment)

onz. [ɔnzɛidəχ] *(ling.)* abrév. de *onzijdig* n.

on·zacht [ɔnzɑχt] *adj, adv* dur(ement)

on·za·ke·lijk [ɔnzakələk] *adj, adv* 1 peu commercial, sans esprit commercial 2 hors de propos

on·za·lig [ɔnzaləχ] *adj, adv* funeste(ment)

on·ze·de·lijk [ɔnzedələk] *adj, adv* immoral(ement)

on·ze·de·lijk|heid [ɔnzedələkhɛit] *nf (-heden)* 1 immoralité 2 obscénité

on·ze·dig [ɔnzedəχ] *adj, adv* indécent, indécemment

on·ze|ker [ɔnzekər] *adj, adv (-kerder, -kerst)* 1 incertain, avec incertitude; in het ~e verkeren être dans l'incertitude 2 (de façon) hésitant(e) 3 variable(ment)

on·ze·ker|heid [ɔnzekərhɛit] *nf (-heden)* incertitude

on·zelf·stan·dig [ɔnzɛlfstɑndəχ] *adj* dépendant

On·ze-Lie·ve-Heer [ɔnzəlivəher] *nm* 1 le bon Dieu; *(prov)* ~ heeft rare kostgangers il faut de tout pour faire un monde 2 le Christ

on·ze·lie·ve·heers·beest·je [ɔnzəlivəherzbeʃə, ᴮɔnzəlivəherzbescə] *het (-s)* coccinelle

on·zer·zijds [ɔnzərzɛits] *adv (form.)* de notre part

on·ze·va·der [ɔnzəvadər] *het (-s)* Pater; ~s bidden dire des Pater

on·zicht|baar [ɔnzɪχt[illegible]r] *adj (-baarder, -baarst)* invisible; *(i[illegible])* hij bleef de hele dag ~ il ne s'est pas [illegible]tré [illegible]e la journée

on·zij·dig [ɔnzɛidəχ] [illegible] neutre

on·zin [ɔnzɪn] *nm* 1 absurdité; je reinste ~ pure idiotie; ~ uitslaan, uitkramen, verkopen dire des bêtises 2 folie

on·zin·de·lijk [ɔnzɪndələk] *adj, adv* 1 sale 2 *(fig.)* malpropre(ment) ♦ dat kind is nog ~ cet enfant n'est pas encore propre

on·zin·nig [ɔnzɪnəχ] *adj, adv* 1 (d'une manière) insensé(e) 2 extravagant, excessivement

on·zorg·vul·dig [ɔnzɔrχfʌldəχ] *adj, adv* négligent, négligemment

on·zui|ver [ɔnzœyvər] *adj, adv (-verder, -verst)* 1 impur 2 brut 3 (de manière) déviant(e); ~ zingen chanter faux 4 (de manière) erroné(e)

on·zui·ver|heid [ɔnzœyvərhɛit] *nf (-heden)* impureté

oog [oχ] *het (ogen)* 1 œil; een blauw ~ un œil au beurre noir; het boze ~ le mauvais œil; door het ~ van de naald kruipen l'échapper belle; zijn ogen gebruiken ouvrir l'œil; ogen hebben van voren en van achteren avoir des yeux derrière la tête; ~

in ~ staan met se trouver nez à nez avec; heb je geen ogen in je hoofd? tu n'as pas les yeux en face des trous ?; iemand recht in de ogen kijken regarder qqn en face; in het ~ van de orkaan dans l'œil du cyclone; iets met lede ogen aanzien voir qqch d'un mauvais œil; met de ogen spreken avoir des yeux expressifs; het ~ van de naald le chas de l'aiguille; een gesprek onder vier ogen un tête-à-tête; een open ~ voor iets hebben être sensible à qqch; haar ogen schieten vuur ses yeux lancent des éclairs; de ogen ten hemel slaan lever les yeux en ciel; *(fig.)* de ogen sluiten voor iets fermer les yeux sur qqch; zijn ogen uitkijken (aan iets) ne pas détacher les yeux (de qqch); iemand de ogen uitsteken faire mourir qqn d'envie; voor iemands ogen sous les yeux (de qqn); het ~ wil ook wat ± le plaisir des yeux compte aussi; zijn ogen goed de kost geven *(iron.)* ne pas avoir les yeux dans sa poche; se rincer l'œil; zijn ogen aan iets tegoeddoen repaître ses yeux de qqch; zijn ogen uit zijn hoofd kijken se repaître de, à la vue de (qqch) **2** (coup d')œil; aan het ~ ontsnappen se dérober à la vue; iets aan het ~ onttrekken masquer qqch à la vue; met een half ~ iets zien entrevoir qqch; in het ~ lopen se faire remarquer; in het ~ houden tenir à l'œil; *(ne pas oublier)* ne pas perdre de vue; in het ~ krijgen apercevoir; in het ~ springen sauter aux yeux; het ~ over iets laten gaan promener son regard sur qqch; *(fig.)* het ~ op iets laten vallen avoir des desseins sur qqch; het ~ laten vallen op iemand jeter son dévolu sur qqn; onder iemands ogen komen se présenter devant qqn; iets niet onder ogen willen zien se mentir à soi-même; iets (de werkelijkheid) onder ogen zien regarder qqch (les choses) en face; op het ~ à première vue; iemand, iets op het ~ hebben avoir qqn, qqch en vue; zover het ~ reikt à perte de vue; iemand met schele ogen aankijken être jaloux de qqn; uit het ~ raken disparaître (aux yeux); (ga) uit mijn ogen! hors de ma vue !; *(prov)* uit het ~, uit het hart loin des yeux, loin du cœur; iets voor ogen houden garder qqch à l'esprit; iets voor ogen stellen représenter qqch, se représenter qqch; iemand voor ogen staan être présent à l'esprit de qqn; een doel voor ogen houden poursuivre un but **3** *(sports)* point; hoge ogen gooien être bien placé (pour); hij gooide zes ogen il a jeté un six ♦ met het ~ op en vue de; met het ~ hierop à cet effet; iemand naar de ogen zien ramper devant qqn

***oog-** [oχ-] oculaire; de ooggetuige le témoin oculaire

oog·ap·pel [oχapəl] *nm (-s)* **1** chéri, -ie **2** globe oculaire

oog·arts [oχarts] *nm (-en)* oculiste

oog·con·tact [oχkɔntakt] *het* ♦ ~ hebben met elkaar échanger des regards (éloquents)

oog·heel·kun·de [oχhelkʌndə] *nf* ophtalmologie

oog·je [oχjə] *het (-s)* ♦ *(fig.)* een ~ dichtknijpen fermer les yeux (sur qqch); een ~ hebben op avoir des vues sur (qqn), avoir (qqch) en vue; een ~ houden op tenir à l'œil; een ~ in het zeil houden surveiller du coin de l'œil

oog·klep [oχklɛp] *de (-pen)* œillère

oog|lid [oχlɪt] *het (-leden)* paupière

oog·lui·kend [oχlœykənt] *adv* ♦ iets ~ toelaten, dulden fermer les yeux sur qqch

oog·merk [oχmɛrk] *het (-en)* intention; met het ~ dans l'intention (de)

oog·op·slag [oχɔpslαχ] *nm* coup d'œil

oog·punt [oχpʌnt] *het (-en)* point de vue; uit het ~ van du point de vue de

oog·scha·duw [oχsχadyw] *de* fard à paupières

oogst [oχst] *nm (-en)* récolte

oog·sten [oχstə(n)] *vt (oogstte, h. geoogst)* récolter

oog·stre·lend [oχstrelənt] *adj* charmant

oog·ver·blin·dend [oχfərblɪndənt] *adj, adv* (de façon) éblouissant(e); ~ mooi d'une beauté éblouissante

oog·ver·blin·ding [oχfərblɪndɪŋ] *nf (Belg.)* attrape-nigaud

oog·wenk [oχwɛŋk] *nm (-en)* clin d'œil

ooi [oj] *nf (-en)* brebis

ooi·e·vaar [ojəvar] *nm (-s)* cigogne

ooit [ojt] *adv* jamais; de beste prestatie ~ la meilleure performance de tous les temps; mocht ik ~ in Londen komen si jamais je viens à Londres ♦ wel heb je ~! ça par exemple !

ook [ok] *adv* **1** aussi, *(négatif)* non plus; als ~ ainsi que; zo kun je er ~ over denken c'est une opinion qui se défend; ik ben er ~ nog! et moi ! on m'oublie !; 't is ~ wat! quelle affaire !; ~ een mop! la bonne blague !; ik ~ niet moi non plus; *(iron.)* dat is ~ een standpunt! en voilà une idée ! **2** même **3** vraiment; hoe heet hij ~ alweer? comment s'appelle-t-il déjà ?; hoe het ~ zij de toute façon; hoe dom hij ~ is aussi bête qu'il soit; wat u ~ zegt vous avez beau dire; wat er ~ gebeurt quoiqu'il arrive; wie (dan) ~ qui que ce soit **4** par conséquent; zij heeft hard gewerkt, zij is dan ~ geslaagd elle a travaillé dur, aussi a-t-elle réussi **5** il faut dire que; zij is eindelijk geslaagd, zij had dan ~ hard gewerkt elle a fini par réussir, il faut dire qu'elle avait travaillé dur **6** peut-être ♦ ~ al protesteert u vous avez beau protester; ~ al is hij niet rijk bien qu'il ne soit pas riche; dat gezanik ~! ces éternelles jérémiades !

oom [om] *nm (-s)* oncle ♦ *(fam.)* een hoge ~ une grosse légume

oor [or] *het (oren)* **1** oreille; geen oren hebben naar iets ne pas être intéressé par qqch; iets in het ~, in de oren knopen prendre bonne note de qqch; **zijn ~ te luisteren leggen** écouter attentivement; *(Belg.)* **van z'n oren maken** faire des histoires; **slechts met één, een half ~ luisteren** n'écouter que d'une oreille; **de kogels vlogen ons om de oren** les balles sifflaient à nos oreilles; *(fig.)* **de getallen vlogen ons om de oren** on nous a rebattu les oreilles avec des chiffres; **op één ~ liggen** dormir; **iemand de oren van het hoofd praten** assourdir qqn de paroles; **met rode ~tjes luisteren** écouter de toutes ses oreilles; **met rode oren, ~tjes in iets lezen** être tout excité à la lecture de qqch; **de oren voor iets sluiten** se boucher les oreilles pour qqch; *(fig.)* ne pas vouloir entendre qqch; **de oren spitsen** tendre l'oreille *(aussi au fig.)*; **het is mij ter ore gekomen dat** j'ai appris que; **tot over de oren in de schulden zitten** être criblé de dettes; **tot over de oren verliefd zijn op iemand** être follement amoureux de qqn; **het zit tussen de oren** c'est dans le cerveau; **iemand de oren van het hoofd vragen** accabler qqn de questions; **voor het ~ waarneembaar** perceptible à l'ouïe; **één en al ~ zijn** être (tout yeux) tout oreilles **2** anse **3** corne ♦ **iemand een ~ aannaaien** rouler qqn; **het is op een ~ na gevild** c'est comme si c'était fait; *(Belg.; fam.)* **iemand de oren van de kop zagen** casser les oreilles à qqn

oor·arts [orɑrts] *nm (-en)* otologiste

oor·bel [orbɛl] *de (-len)* boucle d'oreille

oord [ort] *het (-en)* **1** endroit **2** lieu; *(fig.)* **een beter ~** l'au-delà

oor|deel [ordel] *het (-delen)* **1** jugement; **dat laat ik aan uw ~ over** à vous de juger; **een ~ vellen** rendre un verdict; **een vernietigend ~** un jugement impitoyable **2** avis; **naar mijn ~** à mon avis; **naar ~ van de deskundige** selon l'expert; **van ~ zijn dat** être d'avis que **3** discernement; **een helder, gezond ~ hebben** avoir du jugement

oor·deel·kun·dig [ordelkʌndəχ] *adj, adv* judicieux, judicieusement

oor·de·len [ordelə(n)] *vti (oordeelde, h. geoordeeld)* juger; **hij kan erover ~** il est bon juge en la matière; **naar zijn woorden te ~** à l'entendre; **te ~ naar** à en juger d'après

oor·kon·de [orkɔndə] *de (-n)* diplôme

oor·lel [orlɛl] *de (-len)* lobe de l'oreille

oor·log [orlɔχ] *nm (-en)* guerre; **de allerlaatste ~** *(iron.)* la der des der(s); **in ~ raken** entrer en guerre; **~ voeren** faire la guerre

***oor·logs-** [orlɔχs-] de guerre; **de oorlogsfilm** le film de guerre

oor·logs·slacht·of·fer [orlɔχslɑχtɔfər] *het (-s)* **1** victime de (la) guerre **2** mutilé de guerre

oor·logs·ver·le·den [orlɔχsfərledə(n)] *het* passé pendant la guerre

oor·logs·zuch·tig [orlɔχsʌχtəχ] *adj, adv* belliqueux, avec bellicisme

oor·log·voe·rend [orlɔχfurənt] *adj* belligérant

oor·log·voe·ring [orlɔχfurɪŋ] *nf* (tactique de) guerre

oor·merk [ormɛrk] *het (-en) (agric.)* marque à l'oreille

oor·mer·king [ormɛrkɪŋ] *nf (pol.)* assignation

oor·sprong [orsprɔŋ] *nm (-en)* origine; **de ~ van de Rijn** la source du Rhin

oor·spron·ke·lijk [orsprɔŋkələk] *adj, adv* **1** originel, à l'origine; **de ~e eigenaar** le premier propriétaire **2** (d'une manière) original(e); **beide boeken waren ~** les deux livres étaient authentiques

oor·spron·ke·lijk·heid [orsprɔŋkələkhɛit] *nf* originalité

oor·tje [orcə] *het (-s)* oreillette ♦ **hij kijkt of hij zijn laatste ~ versnoept heeft** il a l'air tout penaud

oor|veeg [orveχ] *de (-vegen),* **-vijg** *de (-en)* gifle

oor·ver·do·vend [orvərdovənt] *adj, adv* (d'une manière) assourdissant(e)

oor|zaak [orzak] *nf (-zaken)* cause; **~ en gevolg** cause et effet

oor·za·ke·lijk [orzakələk] *adj* causal

[1]**oost** [ost] *het/de* est; *(prov)* **~ west, thuis best** à chaque oiseau son nid semble beau

[2]**oost** [ost] *adj* de l'est

[3]**oost** [ost] *adv* vers l'est

oos·te·lijk [ostələk] *adj, adv* **1** de l'est; **een ~e wind** un vent d'est **2** vers l'est; **in ~e richting** vers l'est **3** à l'est **4** oriental

oos·ten [ostə(n)] *het* **1** est; **ten ~ van** à l'est de **2** Est **3** Orient; **het Nabije Oosten** le Proche-Orient; **het Verre Oosten** l'Extrême-Orient

Oos·ten·rijk [ostə(n)rɛik] *het* Autriche

Oos·ten|rij·ker [ostə(n)rɛikər] *nm (-s),* **-rijkse** *nf (-n)* Autrichien, -ienne

Oos·ten·rijks [ostə(n)rɛiks] *adj* autrichien

oos·ter·bu·ren [ostərbyrə(n)] *plur* voisins de l'est

oos·ter·leng·te [ostərlɛŋtə] *nf* longitude est

oos·ter|ling [ostərlɪŋ] *nm (-en),* **-linge** *nf (-n)* Oriental, -ale

oos·ters [ostərs] *adj* oriental

oost·waarts [ostwarts] *adv* vers l'est

Oost·zee [o(st)se] *de* mer Baltique

oot·je [ocə] *het* ♦ **iemand in het ~ nemen** faire marcher qqn

oot·moe·dig [otmudəχ] *adj, adv (form.)* humble(ment)

[1]**op** [ɔp] *adv* en haut; **tegen iemand op kunnen** valoir qqn; **ik moet op** il faut que je me lève; **de straat op en neer lopen** aller et venir dans la rue; **het gaat met hem op en neer** il a des hauts et des bas ♦ **ik heb het niet op hem** je ne l'aime guère; **zit het er weer op?** alors, ça y est ?

[2]**op** [ɔp] *adj* fini; **hij is op** il est à bout de forces, il est levé; **het geld is op** il n'y a plus

d'argent; de soep op maken finir le potage

[3]**op** [ɔp] *prép* 1 sur; *(Belg.)* op café gaan aller au bistrot; op zijn kamer dans sa chambre; op straat dans la rue 2 à; op een dag un jour; op maandag (le) lundi; op die manier de cette façon; op mijn wandeling pendant ma promenade; op zijn Frans à la française 3 contre ♦ tot op jusqu'à

opa [o̲pa] *nm (-'s)* grand-père

op·ba·ren [ɔ̲barə(n)] *vt (baarde op, h. opgebaard)* mettre en bière; de overledene ligt opgebaard le défunt est exposé

op·bel·len [ɔ̲bɛlə(n)] *vti (belde op, h. opgebeld)* appeler, *(Belg.)* sonner; ik moet nog even ~ j'ai un coup de téléphone à donner

op·ber·gen [ɔ̲bɛrɣə(n)] *vt (borg op, h. opgeborgen)* ranger

op·beu·ren [ɔ̲børə(n)] *vti (beurde op, h. opgebeurd)* remonter le moral (de qqn)

op·biech·ten [ɔ̲biχtə(n)] *vt (biechtte op, h. opgebiecht)* confesser; hij heeft alles opgebiecht il a tout avoué

op·bie·den [ɔ̲bidə(n)] *vi (bood op, h. opgeboden)* surenchérir; tegen iemand ~ enchérir sur qqn

op·bin·den [ɔ̲bɪndə(n)] *vt (bond op, h. opgebonden)* lier

op·blaas·baar [ɔbla̲zbar] *adj* gonflable

op·bla·zen [ɔ̲blazə(n)] *vt (blies op, h. opgeblazen)* 1 faire sauter 2 gonfler

op·blij·ven [ɔ̲blɛivə(n)] *vi (bleef op, i. opgebleven)* veiller (tard)

op·bloei [ɔ̲bluj] *nm* épanouissement

op·bloei·en [ɔ̲blujə(n)] *vi (bloeide op, i. opgebloeid)* 1 fleurir; ~d *(fig.)* florissant 2 s'épanouir

op·bod [ɔ̲bɔt] *het* 1 surenchère 2 enchère

op·bok·sen [ɔ̲bɔksə(n)] *vi (bokste op, h. opgebokst) (fam.) (+ tegen)* faire face (à)

op·bor·re·len [ɔ̲bɔrələ(n)] *vi (borrelde op, i. opgeborreld)* bouillonner; al die gedachten borrelden weer in hem op toutes ces pensées lui revenaient à l'esprit; water borrelt uit de grond op l'eau surgit du sol en bouillonnant

op·bouw [ɔ̲bɑu] *nm* 1 construction 2 promotion; de ~ van de economie le redressement de l'économie 3 *(chim.)* synthèse 4 structure

op·bou·wen [ɔ̲bɑuwə(n)] *vt (bouwde op, h. opgebouwd)* construire; een klantenkring ~ se créer une clientèle; een onderneming van de grond af ~ monter une entreprise à partir de rien; het weefsel is uit cellen opgebouwd le tissu est composé de cellules; een vermogen ~ bâtir une fortune

op·bou|wend [ɔbɑ̲uwənt] *adj (-wender, meest o.)* constructif

[1]**op·bran·den** [ɔ̲brɑndə(n)] *vi (brandde op, i. opgebrand)* brûler entièrement

[2]**op·bran·den** [ɔ̲brɑndə(n)] *vt (brandde op, h. opgebrand)* brûler *(du bois etc.)*

[1]**op·bre·ken** [ɔ̲brekə(n)] *vt (brak op, h. opgebroken)* démonter ♦ de straat ~ dépaver la rue

[2]**op·bre·ken** [ɔ̲brekə(n)] *vi (brak op, h./i. opgebroken)* lever le camp ♦ dit zal hem zuur ~ il le paiera cher

op·bren·gen [ɔ̲brɛŋə(n)] *vt (bracht op, h. opgebracht)* 1 rapporter 2 payer 3 appliquer ♦ hij kon de moed niet meer ~ om … il n'avait plus le courage de …

op·brengst [ɔ̲brɛŋst] *nf (-en)* 1 rapport; de ~ van de avond bedroeg … la soirée a rapporté … 2 récolte

op·da·gen [ɔ̲bdaɣə(n)] *vi (daagde op, i. opgedaagd)* apparaître; komen ~ se présenter; onverwacht komen ~ arriver à l'improviste

op·dat [ɔbdɑ̲t] *conj* pour que

op·dek·ken [ɔ̲bdɛkə(n)] *vt (dekte op, h. opgedekt) (Belg.)* 1 mettre (la table, le couvert) 2 faire (le, son lit)

op·de·len [ɔ̲bdelə(n)] *vt (deelde op, h. opgedeeld)* diviser

op·die·nen [ɔ̲bdinə(n)] *vti (diende op, h. opgediend)* servir *(des plats, des boissons)*

op·die·pen [ɔ̲bdipə(n)] *vt (diepte op, h. opgediept)* 1 retirer (qqch) (de) 2 dénicher

[1]**op·dir·ken** [ɔ̲bdɪrkə(n)] *vt (dirkte op, h. opgedirkt) (fam.)* fagoter; hij ziet er echt opgedirkt uit il est ficelé comme l'as de pique

[2]**op·dir·ken, zich** [ɔ̲bdɪrkə(n)] *vpr (dirkte zich op, h. zich opgedirkt) (fam.; iron.)* se pomponner

op·dis·sen [ɔ̲bdɪsə(n)] *vt (diste op, h. opgedist)* 1 *(fig.)* débiter 2 servir *(des repas)*

[1]**op·doe·ken** [ɔ̲bdukə(n)] *vt (doekte op, h. opgedoekt) (fam.)* liquider

[2]**op·doe·ken** [ɔ̲bdukə(n)] *vi (doekte op, i. opgedoekt) (fam.)* plier bagage

op·doe·men [ɔ̲bdumə(n)] *vi (doemde op, i. opgedoemd)* → opdagen

op·doen [ɔ̲bdun] *vt (deed op, h. opgedaan)* 1 acquérir *(connaissances)* 2 attraper *(un rhume)* 3 obtenir 4 servir *(des plats, des boissons)* 5 *(bonnet, chapeau)* mettre 6 *(Belg.)* dépenser 7 apprendre *(une nouvelle, un évènement)* 8 se mettre 9 (re)lever *(un col etc.)*

op·dof·fen, zich [ɔ̲bdɔfə(n)] *vpr (dofte zich op, h. zich opgedoft) (fam.)* → [2]opdirken

op·don·der [ɔ̲bdɔndər] *nm (-s)* 1 châtaigne; iemand een ~ verkopen flanquer une châtaigne à qqn 2 *(fig.)* coup dur; hij heeft een flinke ~ gekregen ça lui a fait un sale coup 3 moutard

op·don·de·ren [ɔ̲bdɔndərə(n)] *vi (donderde op, i. opgedonderd) (vulg.)* foutre le camp

op·draai·en [ɔ̲bdrajə(n)] *vti (draaide op, h./i. opgedraaid)* 1 remonter 2 visser ♦ dan moet ik ervoor ~ c'est sur moi que ça retombe; voor iets ~ faire les frais de qqch; **voor al het werk ~** se taper tout le travail

op·dracht [ɔbdrɑxt] *de (-en)* **1** mission; **~ geven** charger (qqn de faire qqch); **in ~ van** sur l'ordre de; **een ~ krijgen** être chargé (de); **met de ~ om** avec mission de; **~ tot betaling** ordre de paiement; **een kunstenaar een ~ verstrekken** passer commande à un artiste **2** *(relig.)* consécration **3** dédicace

op·dracht|ge·ver [ɔbdrɑ(xt)xevər] *nm (-s)*, **-geefster** *nf (-s)* client

op·dra·gen [ɔbdraxə(n)] *vt (droeg op, h. opgedragen)* **1** monter (en portant) **2** *(+ aan)* offrir (qqch à qqn) **3** *(relig.)* consacrer **4** charger (qqn de faire qqch) **5** *(+ aan)* dédier

op·dra·ven [ɔbdravə(n)] *vi (draafde op, i. opgedraafd)* venir ♦ **de trap ~** monter les marches quatre à quatre

op·dreu·nen [ɔbdrønə(n)] *vt (dreunde op, h. opgedreund)* ânonner

op·drij·ven [ɔbdrɛivə(n)] *vt (dreef op, h. opgedreven)* **1** conduire **2** gonfler

[1]**op·drin·gen** [ɔbdrɪŋə(n)] *vi (drong op, i. opgedrongen)* s'avancer

[2]**op·drin·gen** [ɔbdrɪŋə(n)] *vt (drong op, h. opgedrongen)* imposer (qqch à qqn)

[3]**op·drin·gen, zich** [ɔbdrɪŋə(n)] *vpr (drong zich op, h. zich opgedrongen)* s'imposer (à qqn)

op·drin·ge·rig [ɔbdrɪŋərəx] *adj, adv* importun(ément); **die man wordt ~** cet homme devient envahissant

op·drin·ken [ɔbdrɪŋkə(n)] *vt (dronk op, h. opgedronken)* **1** boire; **drink je melk op** finis ton lait **2** vider

op·dro·gen [ɔbdroxə(n)] *vti (droogde op, h./i. opgedroogd)* sécher

op·druk [ɔbdrʌk] *nm (-ken)* surcharge; **een T-shirt met ~** un t-shirt avec impression

op·druk·ken [ɔbdrʌkə(n)] *vt (drukte op, h. opgedrukt)* **1** estampiller **2** pousser (vers le haut); *(sports)* **zich ~** faire des pompes

op·dui·ke·len [ɔbdœykələ(n)] *vt (duikelde op, h. opgeduikeld) (fam.)* → [2]**opduiken 2**

[1]**op·dui·ken** [ɔbdœykə(n)] *vi (dook op, i. opgedoken)* **1** émerger **2** *(fam.)* ressurgir **3** surgir

[2]**op·dui·ken** [ɔbdœykə(n)] *vt (dook op, h. opgedoken)* **1** pêcher **2** *(fam.)* dénicher

op·du·vel [ɔbdyvəl] *nm (-s) (fam.)* → **opdonder 1, 2**

op·du·ve·len [ɔbdyvələ(n)] *vi (duvelde op, i. opgeduveld) (fam.)* ficher le camp

op·du·wen [ɔbdywə(n)] *vt (duwde op, h. opgeduwd)* pousser

op·dwei·len [ɔbdwɛilə(n)] *vt (dweilde op, h. opgedweild)* **1** essuyer avec une serpillière **2** passer la serpillière sur

op·een [ɔpen] *adv (form.)* **1** l'un sur l'autre **2** l'un contre l'autre

op·een·ge·pakt [ɔpenxəpɑkt] *adj* entassé

op·een·ho·ping [ɔpenhopɪŋ] *nf (-en)* amas

op·eens [ɔpens] *adv* tout à coup

op·een·sta·pe·len [ɔpenstapələ(n)] *vt (stapelde opeen, h. opeengestapeld)* empiler; **ongelukken stapelen zich opeen** les malheurs se multiplient

op·een·sta·pe·ling [ɔpenstapəlɪŋ] *nf (-en)* amoncellement

op·een·vol·gen [ɔpenvɔlxə(n)] *vi (volgde opeen, i. opeengevolgd)* se succéder

op·een·vol·ging [ɔpenvɔlxɪŋ] *nf (-en)* suite

op·ei·sen [ɔpɛisə(n)] *vt (eiste op, h. opgeëist)* exiger; **een verantwoordelijkheid ~** revendiquer une responsabilité; **voor zich ~** s'adjuger; **de aandacht voor zich ~** mobiliser l'attention

open [opə(n)] *adj, adv (opener, meest o.)* **1** ouvert(ement); **~ en bloot** au vu et au su de tout le monde; **~ wond** plaie à vif; **~ met iemand zijn** être franc avec qqn **2** en plein air **3** libre **4** décapotable

open·baar [opəmbar] *adj, adv* **1** public, publiquement; **openbare kritiek** critique ouverte **2** manifeste(ment)

open·baar·heid [opəmbarhɛit] *nf* publicité

open·baar·ma·king [opəmbarmakɪŋ] *nf* publication *(d'une nouvelle)*

open·baar·ver·voer·kaart [opəmbarvərvurkart] *de (-en)* ⟨*carte annuelle des transports publics*⟩

[1]**open·ba·ren** [opəmbarə(n)] *vt (openbaarde, h. geopenbaard)* révéler

[2]**open·ba·ren, zich** [opəmbarə(n)] *vpr (openbaarde zich, h. zich geopenbaard)* **1** se révéler **2** se déclarer

open·ba·ring [opəmbarɪŋ] *nf (-en)* révélation; **de Openbaring van Johannes** l'Apocalypse

open·bar·sten [opə(n)bɑrstə(n)] *vi (barstte open, i. opengebarsten)* éclater

open·bre·ken [opə(n)brekə(n)] *vt (brak open, h. opengebroken)* forcer

open·doen [opə(n)dun] *vti (deed open, h. opengedaan)* ouvrir

open·draai·en [opə(n)drajə(n)] *vt (draaide open, h. opengedraaid)* → [2]**openen**

[1]**ope·nen** [opənə(n)] *vi (opende, h. geopend)* s'ouvrir

[2]**ope·nen** [opənə(n)] *vt (opende, h. geopend)* ouvrir; **het gevecht ~** engager le combat

open·gaan [opə(n)xan] *vi (ging open, i. opengegaan)* s'ouvrir

open·gooi·en [opə(n)xojə(n)] *vt (gooide open, h. opengegooid)* ouvrir violemment; **zijn jas ~** déboutonner vivement son manteau

open·ha·len [opə(n)halə(n)] *vt (haalde open, h. opengehaald)* **1** déchirer **2** écorcher

open·har·tig [opənhɑrtəx] *adj, adv* franc,

franchement; een ~ gesprek un entretien ouvert

open·heid [openhɛit] *nf* 1 franchise 2 largeur d'esprit

open·hou·den [opə(n)hɑudə(n)] *vt (hield open, h. opengehouden)* 1 garder ouvert 2 réserver; een betrekking ~ laisser un poste vacant

ope·ning [opənɪŋ] *nf (-en)* 1 ouverture; de ~ van het parlementaire jaar la rentrée parlementaire; de ~ van een krant l'article de tête d'un journal 2 inauguration ♦ ~ van zaken geven donner tous les détails sur une affaire

open·krab·ben [opə(n)krɑbə(n)] *vt (krabde open, h. opengekrabd)* ouvrir en grattant ♦ iemands arm ~ égratigner le bras de qqn

open·la·ten [opə(n)latə(n)] *vt (liet open, h. opengelaten)* 1 laisser ouvert 2 laisser libre 3 laisser en blanc; een betrekking ~ laisser un poste vacant; de datum ~ ne pas dater

open·leg·gen [opə(n)lɛɣə(n)] *vt (legde open, h. opengelegd)* 1 ouvrir 2 *(fig.)* étaler

open·lig·gen [opə(n)lɪɣə(n)] *vi (lag open, h. opengelegen)* 1 être ouvert 2 être découvert 3 être visible

open·lijk [openlək] *adj, adv* 1 ouvert(ement); iemand ~ de waarheid zeggen dire la franche vérité à qqn 2 public, publiquement

open·lucht [opə(n)lʌxt] *de* ♦ in de ~ en plein air

open·ma·ken [opəmakə(n)] *vt (maakte open, h. opengemaakt)* → ²openen

open·ruk·ken [opə(n)rʌkə(n)] *vt (rukte open, h. opengerukt)* → opengooien

¹**open·scheu·ren** [opə(n)sχørə(n)] *vt (scheurde open, h. opengescheurd)* ouvrir (en déchirant)

²**open·scheu·ren** [opə(n)sχørə(n)] *vi (scheurde open, i. opengescheurd)* s'ouvrir

¹**open·schui·ven** [opə(n)sχœyvə(n)] *vt (schoof open, h. opengeschoven)* ouvrir

²**open·schui·ven** [opə(n)sχœyvə(n)] *vi (schoof open, i. opengeschoven)* s'ouvrir

¹**open·slaan** [opə(n)slan] *vi (sloeg open, i. opengeslagen)* s'ouvrir (brusquement)

²**open·slaan** [opə(n)slan] *vt (sloeg open, h. opengeslagen)* ouvrir (avec force)

open·slaand [opə(n)slant] *adj* ♦ ~e deuren portes-fenêtres

open·snij·den [opə(n)snɛidə(n)] *vt (sneed open, h. opengesneden)* ouvrir

open·sper·ren [opə(n)spɛrə(n)] *vt (sperde open, h. opengesperd)* ouvrir tout grand

open·sprin·gen [opə(n)sprɪŋə(n)] *vi (sprong open, i. opengesprongen)* s'ouvrir brusquement

open·staan [opə(n)stan] *vi (stond open, h. opengestaan)* 1 être ouvert 2 être impayé 3 être vacant ♦ ~ voor kritiek être ouvert à la critique

open·stel·len [opə(n)stɛlə(n)] *vt (stelde open, h. opengesteld)* ouvrir

op-en-top [ɔpɛntɔp] *adv* jusqu'au bout des ongles

open·trap·pen [opə(n)trɑpə(n)] *vt (trapte open, h. opengetrapt)* enfoncer (à coups de pied)

open·trek·ken [opə(n)trɛkə(n)] *vt (trok open, h. opengetrokken)* 1 ouvrir (en tirant) 2 déboucher

open·val·len [opə(n)vɑlə(n)] *vi (viel open, i./h. opengevallen)* s'ouvrir (en tombant); zijn mond viel open van verbazing il resta bouche bée de surprise

Open VLD [openveɛlde] *plur (Belg.)* abrév. de *Open Vlaamse Liberalen en Democraten* ⟨Open VLD⟩ *(parti libéral flamand)*

open·vou·wen [opə(n)vɑuwə(n)] *vt (vouwde open, h. opengevouwen)* déplier

open·zet·ten [opə(n)zɛtə(n)] *vt (zette open, h. opengezet)* ouvrir

ope·ra·tie [operɑ(t)si] *nf (-s)* 1 opération 2 *(milit.)* manœuvres

ope·ra·tief [operatif] *adj, adv* opératoire, en opérant; ~ ingrijpen pratiquer une intervention chirurgicale

op·eten [ɔpetə(n)] *vt (at op, h. opgegeten)* 1 manger; *(fig.)* om op te eten zijn être à croquer 2 dévorer

¹**op·fleu·ren** [ɔpflørə(n)] *vi (fleurde op, h. opgefleurd)* se remonter

²**op·fleu·ren** [ɔpflørə(n)] *vt (fleurde op, h. opgefleurd)* (r)aviver

op·flik·ke·ren [ɔpflɪkərə(n)] *vi (flikkerde op, i. opgeflikkerd)* 1 *(fam.)* ficher le camp 2 flamber 3 *(fig.)* se raviver

op·fok·ken [ɔpfɔkə(n)] *vt (fokte op, h. opgefokt)* 1 élever 2 *(moteur)* pousser 3 *(fam.)* bousculer *(fig.)*

¹**op·fris·sen** [ɔpfrɪsə(n)] *vi (friste op, h./i. opgefrist)* se rafraîchir

²**op·fris·sen** [ɔpfrɪsə(n)] *vt (friste op, h. opgefrist)* rafraîchir

op·gaan [ɔpχan] *vi (ging op, i. opgegaan)* 1 monter; *(fig.)* er gaan stemmen op des voix se lèvent 2 se lever *(soleil)* 3 se rendre (à); de straat ~ sortir; *(manifestation)* descendre dans la rue 4 se présenter (à un examen) 5 tenir debout *(assertion, comparaison)* 6 *(+ in)* être absorbé (dans) 7 fusionner; in de menigte ~ se mêler à la foule ♦ die wijn gaat vanavond nog wel op nous finirons bien ce vin dans la soirée

op·gang [ɔpχɑŋ] *nm* 1 *(soleil)* lever 2 escalier; vrije ~ accès indépendant ♦ ~ maken être en vogue; avoir du succès

op·ga·ve [ɔpχavə] *de (-n)* 1 indication 2 relevé 3 énoncé 4 épreuve 5 *(sports)* abandon

op·ge·bla·zen [ɔpχəblazə(n)] *adj* 1 enflé; een ~ gevoel hebben se sentir tout gonflé; *(fig.)* een ~ stijl un style ampoulé 2 suffisant

op·ge·brand [ɔpχəbrɑnt] *adj* à bout de forces

op·ge|fokt [ɔpχəfɔkt] *adj (-fokter, -fokst)* stressé

op·ge·la|ten [ɔpχəlatə(n)] *adj (-tener, meest o.)* gêné

op·ge|lucht [ɔpχəlʌχt] *adj, adv (-luchter, meest o.)* soulagé, avec soulagement; ~ ademhalen pousser un soupir de soulagement

op·ge|propt [ɔpχəprɔpt] *adj, adv (-propter, meest o.)* bourré

op·ge|ruimd [ɔpχərœymt] *adj, adv (-ruimder, meest o.)* enjoué, de bonne humeur

op·ge·scheept [ɔpχəsχept] *adj* ♦ met iemand, iets ~ zijn se retrouver avec qqn, qqch sur les bras

op·ge·scho·ten [ɔpχəsχotə(n)] *adj* élancé ♦ een ~ jongen un grand adolescent

op·ge·smukt [ɔpχəsmʌkt] *adj* 1 enjolivé 2 artificiel

op·ge·to|gen [ɔpχətoχə(n)] *adj (-gener, meest o.)* enchanté; de ~ toehoorders les auditeurs ravis; ~ van vreugde, van blijdschap transporté de joie

op·ge·ven [ɔpχevə(n)] *vti (gaf op, h. opgegeven)* 1 renoncer à; het ~ baisser les bras, donner sa langue au chat; de hoop niet ~ ne pas désespérer; een zieke ~ condamner un malade 2 donner; sommen ~ faire faire des problèmes 3 inscrire (à); iemand als vermist ~ porter qqn disparu; zijn inkomsten ~ aan de belasting déclarer ses revenus au fisc 4 rendre; slijm ~ cracher des glaires ♦ hoog ~ van dire merveilles de

op·ge·was·sen [ɔpχəwɑsə(n)] *adj (+ tegen)* de taille (à); tegen iemand ~ zijn valoir qqn; tegen de omstandigheden ~ zijn se montrer à la hauteur des circonstances

op·ge·wekt [ɔpχəwɛkt] *adj, adv* gai(ement); zich ~ voelen avoir le cœur léger

op·ge·won|den [ɔpχəwɔndə(n)] *adj, adv (-dener, meest o.)* 1 excité, avec excitation 2 *(montre)* remonté

op·ge·zet [ɔpχəzɛt] *adj* 1 enflé 2 empaillé ♦ *(Belg.)* ~ zijn met iets être ravi, fier de qqch

op·ge·zwol·len [ɔpχəzwɔlə(n)] *adj* → opgezet 1

op·gooi·en [ɔpχojə(n)] *vt (gooide op, h. opgegooid)* lancer ♦ een munt ~ jouer à pile ou face

op·gra·ven [ɔpχravə(n)] *vt (groef op, h. opgegraven)* déterrer

op·gra·ving [ɔpχravɪŋ] *nf (-en)* 1 exhumation 2 site archéologique

op·groei·en [ɔpχrujə(n)] *vi (groeide op, i. opgegroeid)* grandir; de ~de generatie la génération montante; met iets opgegroeid zijn avoir vu qqch toute son enfance

op·ha·len [ɔphalə(n)] *vt (haalde op, h. opgehaald)* 1 lever 2 ramasser, *(qqn)* aller chercher; geld ~ faire une collecte 3 évoquer 4 améliorer; ik wil mijn Frans ~ je veux reprendre mon français 5 raviver *(couleur)*

op·han·den [ɔphɑndə(n)] ♦ ~ zijn être proche

[1]**op·han·gen** [ɔphɑŋə(n)] *vi (hing op, h. opgehangen)* raccrocher

[2]**op·han·gen** [ɔphɑŋə(n)] *vt (hing op, h. opgehangen)* 1 accrocher; de was ~ mettre le linge à sécher 2 pendre ♦ iemand ~ aan een uitspraak prendre qqn au mot; een raar verhaal ~ raconter une drôle d'histoire

op·heb·ben [ɔphɛbə(n)] *vt (had op, h. opgehad)* 1 *(chapeau)* porter 2 avoir bu, mangé; wat ~ être gris 3 *(+ met)* faire cas (de); *(Belg.)* het hoog ~ met iemand tenir qqn en haute estime; veel ~ met iemand faire grand cas de qqn 4 devoir préparer

op·hef [ɔphɛf] *nm* bruit; veel ~ maken over iets faire toute une histoire de qqch; zonder veel ~ sans tambour ni trompette

op·hef·fen [ɔphɛfə(n)] *vt (hief op, h. opgeheven)* 1 lever; het hoofd ~ relever la tête; een school ~ fermer une école 2 abolir; elkaar ~ se neutraliser

op·hef·fing [ɔphɛfɪŋ] *nf (-en)* 1 suppression 2 liquidation

op·hef·ma·kend [ɔphɛfmakənt] *adj (Belg.)* retentissant

[1]**op·hel·de·ren** [ɔphɛldərə(n)] *vi (helderde op, i. opgehelderd)* 1 s'éclaircir 2 *(fig.)* s'éclairer

[2]**op·hel·de·ren** [ɔphɛldərə(n)] *vt (helderde op, h. opgehelderd)* éclaircir; een misverstand ~ dissiper un malentendu

op·hel·de·ring [ɔphɛldərɪŋ] *nf (-en)* éclaircissement; iemand ~ vragen demander des explications à qqn (sur qqch)

op·he·me·len [ɔphemələ(n)] *vt (hemelde op, h. opgehemeld)* porter (qqn) aux nues

op·hij·sen [ɔphɛisə(n)] *vt (hees op, h. opgehesen)* lever

op·hit·sen [ɔphɪtsə(n)] *vt (hitste op, h. opgehitst)* exciter; het volk tegen de regering ~ ameuter le peuple contre le gouvernement

op·hit·ser [ɔphɪtsər] *nm (-s)* provocateur

op·hoe·pe·len [ɔphupələ(n)] *vi (hoepelde op, i. opgehoepeld) (fam.)* → opduvelen

op·hoes·ten [ɔphustə(n)] *vt (hoestte op, h. opgehoest)* cracher

op·ho·gen [ɔphoχə(n)] *vt (hoogde op, h. opgehoogd)* élever; een land ~ remblayer un terrain

[1]**op·ho·pen** [ɔphopə(n)] *vt (hoopte op, h. opgehoopt)* entasser

[2]**op·ho·pen, zich** [ɔphopə(n)] *vpr (hoopte zich op, h. zich opgehoopt)* s'accumuler

[1]**op·hou·den** [ɔphaudə(n)] *vi (hield op, i. opgehouden)* arrêter; laten we erover ~

n'en parlons plus; niet van ~ weten ne pas savoir s'arrêter; zonder ~ sans cesse

²**op·hou·den** [ɔphaudə(n)] *vt (hield op, h. opgehouden)* 1 tendre 2 garder; zijn eer ~ sauver son honneur 3 retenir 4 retarder; het verkeer ~ gêner la circulation 5 garder *(sur la tête)*

³**op·hou·den, zich** [ɔphaudə(n)] *vpr (hield zich op, h. zich opgehouden)* 1 séjourner; zich in verdachte kringen ~ fréquenter des milieux louches 2 *(+ met)* s'occuper (de)

opi·nie [opini] *nf (-s)* opinion

opi·um·kit [opijʌmkɪt] *de (-ten)* fumerie (d'opium)

op·ja·gen [ɔpjaɣə(n)] *vt (joeg, jaagde op, h. opgejaagd)* 1 presser 2 *(fig.)* pousser 3 traquer 4 dresser (qqn contre qqn)

op·jui·nen [ɔpjœynə(n)] *vt (juinde op, h. opgejuind),* **opjutten** *vt (jutte op, h. opgejut) (fam.)* → opjagen 1

op·ka·le·fa·te·ren [ɔpkaləfatərə(n)] *vt (kalefaterde op, h. opgekalefaterd),* **opkalfateren** *vt (kalfaterde op, h. opgekalfaterd) (fam.)* retaper; zich ~ se refaire la façade, se mettre sur son trente-et-un

op·kij·ken [ɔpkɛikə(n)] *vi (keek op, h. opgekeken)* 1 lever les yeux 2 *(+ tegen)* respecter; ~ tegen iemand ± se sentir petit à côté de qqn 3 être surpris; daar zul je van ~ ça va t'étonner; ergens vreemd van ~ être surpris par qqch

¹**op·kik·ke·ren** [ɔpkɪkərə(n)] *vi (kikkerde op, i. opgekikkerd)* se retaper; daar zal je van ~ ça va te retaper

²**op·kik·ke·ren** [ɔpkɪkərə(n)] *vt (kikkerde op, h. opgekikkerd)* remonter

op·kik·ker·tje [ɔpkɪkərcə] *het (-s)* 1 remontant 2 petit remontant

op·klap·baar [ɔpklɑbar] *adj* pliant

op·klap·pen [ɔpklɑpə(n)] *vt (klapte op, h. opgeklapt)* relever

op·kla·ren [ɔpklarə(n)] *vi (klaarde op, i. opgeklaard)* s'éclaircir; zijn gezicht klaarde op son visage s'éclaira

op·klim·men [ɔpklɪmə(n)] *vi (klom op, i. opgeklommen)* 1 grimper 2 monter (en grade)

op·klop·pen [ɔpklɔpə(n)] *vt (klopte op, h. opgeklopt)* 1 battre 2 grossir; daar heb je hem weer met zijn opgeklopte verhalen ça, c'est bien lui, il dramatise tout

op·knap·beurt [ɔpknabørt] *de (-en)* remise en état

¹**op·knap·pen** [ɔpknapə(n)] *vi (knapte op, i. opgeknapt)* se remettre

²**op·knap·pen** [ɔpknapə(n)] *vt (knapte op, h. opgeknapt)* 1 retaper 2 régler ♦ iemand ~ met een rotklusje refiler un sale boulot à qqn

³**op·knap·pen, zich** [ɔpknapə(n)] *vpr (knapte zich op, h. zich opgeknapt)* faire un brin de toilette

op·kno·pen [ɔpknopə(n)] *vt (knoopte op, h. opgeknoopt)* 1 pendre 2 nouer

op·ko·men [ɔpkomə(n)] *vi (kwam op, i. opgekomen)* 1 monter 2 se lever 3 venir à l'esprit 4 naître; *(écon.)* ~de landen pays émergents 5 s'établir 6 *(dram.)* entrer en scène 7 se rendre (qqp) 8 *(+ tegen)* s'élever (contre) 9 *(+ voor)* défendre 10 germer 11 *(Belg.; élections)* se présenter (à) ♦ kom op! allez !; kom maar op als je durft! viens ici, si tu oses !; kom op, we gaan allons-y

op·komst [ɔpkɔmst] *nf* 1 *(soleil)* lever 2 affluence 3 entrée (en scène) 4 *(plantes)* croissance 5 *(fig.)* ascension; een stad in ~ une ville en plein développement 6 *(élections)* participation ♦ die zaak is nog in ~ cette affaire en est encore à sa phase initiale

op·ko·pen [ɔpkopə(n)] *vt (kocht op, h. opgekocht)* acheter (massivement)

¹**op·krab·be·len** [ɔpkrɑbələ(n)] *vi (krabbelde op, i. opgekrabbeld)* 1 se (re)lever difficilement 2 escalader (qqch) avec peine

²**op·krab·be·len** [ɔpkrɑbələ(n)] *vt (krabbelde op, h. opgekrabbeld)* griffonner

op·kra·men [ɔpkramə(n)] *vi (kraamde op, i. opgekraamd) (Belg.)* plier bagage

op·kras·sen [ɔpkrɑsə(n)] *vi (kraste op, i. opgekrast) (fam.)* → opduvelen

op·krik·ken [ɔpkrɪkə(n)] *vt (krikte op, h. opgekrikt)* 1 soulever au cric 2 *(fig.)* rehausser

op·krop·pen [ɔpkrɔpə(n)] *vt (kropte op, h. opgekropt)* contenir; alles in zichzelf ~ garder tout en soi-même; zijn tranen ~ refouler ses larmes

op·kui·sen [ɔpkœysə(n)] *vt (kuiste op, h. opgekuist) (Belg.)* nettoyer

op·laad·baar [ɔpladbar] *adj* rechargeable *(batterie)*

op·laai·en [ɔplajə(n)] *vi (laaide op, i. opgelaaid)* flamber; de ~de hartstochten les passions qui se déchaînent

op·la·den [ɔpladə(n)] *vt (laadde op, h. opgeladen)* 1 charger 2 recharger; *(fig.)* zich ~ recharger ses accus

op·la·ge [ɔplaɣə] *de (-n)* tirage

op·lap·pen [ɔplɑpə(n)] *vt (lapte op, h. opgelapt)* 1 rafistoler 2 rapiécer

op·la·ten [ɔplatə(n)] *vt (liet op, h. opgelaten)* 1 lâcher 2 lever

op·la·waai [ɔplawaj] *nm (-en) (fam.)* torgnole

op·la·ze·ren [ɔplazərə(n)] *vi (lazerde op, i. opgelazerd) (fam.)* foutre le camp

op·leg·gen [ɔplɛɣə(n)] *vt (legde op, h. opgelegd)* imposer (qqch à qqn); iemand een rijverbod ~ retirer son permis (de conduire) à qqn

op·lei·den [ɔplɛidə(n)] *vt (leidde op, h. opgeleid)* former; iemand voor iets ~ préparer qqn à qqch

op·lei·ding [ɔplɛidɪŋ] *nf (-en)* 1 formation 2 institut

op·le·pe·len [ɔplepələ(n)] *vt (lepelde op, h. opgelepeld)* manger avec une cuillère

♦ **boekenkennis ~** étaler des connaissances livresques

op·let·ten [ɔplɛtə(n)] *vi (lette op, h. opgelet)* faire attention; **opgelet!** attention !

op·let·tend [ɔplɛtənt] *adj, adv* attentif, attentivement

op·le·ven [ɔplevə(n)] *vi (leefde op, i. opgeleefd)* revivre; **de handel leefde op** le commerce reprit

op·le·ve·ren [ɔplevərə(n)] *vt (leverde op, h. opgeleverd)* **1** livrer **2** rapporter **3** produire; **gevaar ~** présenter un danger; **het onderzoek leverde niets op** l'enquête n'a rien donné

op·le·ving [ɔplevɪŋ] *nf* reprise

op·le·zen [ɔplezə(n)] *vt (las op, h. opgelezen)* lire à haute voix

1**op·lich·ten** [ɔplɪχtə(n)] *vi (lichtte op, i. opgelicht)* s'éclaircir

2**op·lich·ten** [ɔplɪχtə(n)] *vt (lichtte op, h. opgelicht)* **1** soulever **2** escroquer

op·lich·ter [ɔplɪχtər] *nm (-s),* **oplicht·ster** *nf (-s)* escroc

op·lik·ken [ɔplɪkə(n)] *vt (likte op, h. opgelikt)* lécher

op·loop [ɔplop] *nm* attroupement

1**op·lo·pen** [ɔplopə(n)] *vi (liep op, i. opgelopen)* **1** monter *(aussi au fig.)*; **dat kan aardig ~** ça peut finir par chiffrer joliment **2** se mettre en route; **een stuk met iemand ~** faire un bout de chemin avec qqn **3** *(+ met) (Belg.)* faire grand cas de **4** *(+ tegen)* heurter (qqch); *(fig.)* **tegen iemand ~** tomber sur qqn

2**op·lo·pen** [ɔplopə(n)] *vt (liep op, h. opgelopen)* attraper

op·lo·pend [ɔplopənt] *adj* **1** montant **2** en hausse, progressif

op·los·baar [ɔplɔzbar] *adj* soluble

op·los·mid·del [ɔplɔsmɪdəl] *het (-en)* solvant

1**op·los·sen** [ɔplɔsə(n)] *vi (loste op, i. opgelost)* **1** se dissoudre **2** disparaître; **de mist loste op** le brouillard s'est dissipé

2**op·los·sen** [ɔplɔsə(n)] *vt (loste op, h. opgelost)* **1** résoudre **2** régler **3** *(chim., phys.)* (faire) dissoudre

op·los·sing [ɔplɔsɪŋ] *nf (-en)* **1** solution **2** règlement

op·luch·ten [ɔplʌχtə(n)] *vi (luchtte op, h. opgelucht)* soulager

op·luch·ting [ɔplʌχtɪŋ] *nf* soulagement

op·luis·te·ren [ɔplœystərə(n)] *vt (luisterde op, h. opgeluisterd)* agrémenter

opm. [ɔpmɛrkɪŋ] abrév. de *opmerking* rem.

op·maak [ɔpmak] *nm* **1** *(imprim.)* mise en pages **2** décoration

1**op·ma·ken** [ɔpmakə(n)] *vt (maakte op, h. opgemaakt)* **1** manger **2** arranger; **het bed ~** faire le lit; **taarten ~** décorer des gâteaux **3** maquiller **4** dépenser **5** faire *(le calcul de)* **6** dresser **7** *(imprim.)* mettre en pages **8** *(+ uit)* conclure (de); **ik kan er niet uit ~ (dat)** je ne peux pas en déduire (que) **9** *(Belg.)* monter (contre)

2**op·ma·ken, zich** [ɔpmakə(n)] *vpr (maakte zich op, h. zich opgemaakt) (+ om, voor)* s'apprêter (à)

op·mars [ɔpmɑrs] *de (-en)* progression; **in ~ zijn** avoir un succès grandissant

op·mer·ke·lijk [ɔpmɛrkələk] *adj, adv* remarquable(ment)

op·mer·ken [ɔpmɛrkə(n)] *vt (merkte op, h. opgemerkt)* **1** remarquer; **merk op dat ...** remarquez bien que ... **2** signaler

op·mer·king [ɔpmɛrkɪŋ] *nf (-en)* remarque; **op- en aanmerkingen maken** trouver à redire (à)

op·merk|zaam [ɔpmɛrksam] *adj, adv (-zamer, -zaamst)* attentif, attentivement; **iemand op iets ~ maken** attirer l'attention de qqn sur qqch

op·me·ten [ɔpmetə(n)] *vt (mat op, h. opgemeten)* mesurer

op·mon·te·ren [ɔpmɔntərə(n)] *vt (monterde op, h. opgemonterd)* remonter le moral à

op·na·me [ɔpnamə] *de (-n, -s)* **1** hospitalisation **2** *(cin.)* tournage **3** *(cin.)* plan **4** *(phot.)* photographie **5** enregistrement; **de ~ van een nieuw album** l'enregistrement d'un nouvel album **6** insertion **7** *(argent)* retrait **8** *(agric.)* absorption *(par les racines)*

op·ne·men [ɔpnemə(n)] *vt (nam op, h. opgenomen)* **1** prendre; **iets ernstig ~** prendre qqch au sérieux; **200 euro ~** retirer 200 euros; **het gesprek weer ~** reprendre la conversation; **~ in het ziekenhuis** hospitaliser; **het tegen iemand ~** s'attaquer à qqn; **het voor iemand ~** prendre parti pour qqn **2** se charger de; **zijn verdediging ~** plaider sa cause **3** examiner **4** mesurer; **de gasmeter ~** relever le compteur à gaz **5** *(film)* tourner **6** *(son)* enregistrer **7** *(+ in)* incorporer (dans) **8** assimiler; **iets goed in zich ~** prendre bonne note de qqch **9** *(téléphone)* répondre; **er wordt niet opgenomen** ça ne répond pas **10** nettoyer **11** absorber

op·nieuw [ɔpniw] *adv* **1** de nouveau **2** à nouveau; **helemaal ~ beginnen** recommencer à zéro

op·noe·men [ɔpnumə(n)] *vt (noemde op, h. opgenoemd)* énumérer; **en noem maar op** et ainsi de suite

opoe [opu] *nf (-s)* (vieille) mémé

op·of·fe·ren [ɔpɔfərə(n)] *vt (offerde op, h. opgeofferd)* sacrifier (à, pour)

op·of·fe·ring [ɔpɔfərɪŋ] *nf (-en)* sacrifice; **zich grote ~en getroosten** faire de grands sacrifices

op·of·fe·rings·ge·zind [ɔpɔfərɪŋsχəzɪnt] *adj* qui a l'esprit de sacrifice

op·ont·houd [ɔpɔnthɑut] *het* **1** séjour **2** contretemps

op·pak·ken [ɔpɑkə(n)] *vt (pakte op, h. opgepakt)* **1** ramasser; **de telefoon ~** décrocher **2** *(par la police)* arrêter **3** empaqueter

op·pas [ɔpɑs] *nm (-sen)* 1 garde 2 babysitter

op·pas·sen [ɔpɑsə(n)] *vi (paste op, h. opgepast)* 1 faire attention 2 garder

op·pep·pen [ɔpɛpə(n)] *vt (pepte op, h. opgepept) (fam.)* remonter

op·pep·per [ɔpɛpər] *de (-s) (fam.)* stimulant

op·per·best [ɔpərbɛst] *adj, adv* excellent, très bien

op·per·be·vel [ɔpərbəvɛl] *het* commandement en chef; **het ~ voeren** commander en chef

op·pe·ren [ɔpərə(n)] *vt (opperde, h. geopperd)* avancer; **een plan ~** suggérer un projet

op·per·ge·zag [ɔpərχəzɑχ] *het* autorité suprême

op·per·hoofd [ɔpərhoft] *het (-en)* chef (de tribu)

op·per·huid [ɔpərhœyt] *de (méd.)* épiderme

op·per·macht [ɔpərmɑχt] *de* pouvoir suprême

op·per·mach·tig [ɔpərmɑχtəχ] *adj, adv* 1 tout-puissant, souverainement 2 *(sports)* supérieur, souverain

op·perst [ɔpərst] *adj* 1 supérieur 2 suprême

op·per·vlak [ɔpərvlɑk] *het (-ken)* →**oppervlakte**

op·per·vlak·kig [ɔpərvlɑkəχ] *adj, adv* superficiel(lement)

op·per·vlak·kig|heid [ɔpərvlɑkəχhɛit] *nf (-heden)* 1 caractère superficiel 2 frivolité

op·per·vlak·te [ɔpərvlɑktə] *nf (-n, -s)* surface

Op·per·we·zen [ɔpərwezə(n)] *het* Être suprême

op·peu·ze·len [ɔpøzələ(n)] *vt (peuzelde op, h. opgepeuzeld)* grignoter

op·pie·pen [ɔpipə(n)] *vt (piepte op, h. opgepiept) (fam.)* appeler par bip

op·pik·ken [ɔpɪkə(n)] *vt (pikte op, h. opgepikt)* 1 prendre (qqn); **waar heb je dat opgepikt?** où as-tu déniché cela ? 2 repêcher 3 apprendre 4 picorer ♦ **een uitzending ~** capter une émission

op·plak·ken [ɔplɑkə(n)] *vt (plakte op, h. opgeplakt)* 1 coller (sur) 2 *(fig.)* attacher (à)

op·poet·sen [ɔputsə(n)] *vt (poetste op, h. opgepoetst)* 1 retaper 2 *(fig.)* embellir; **een oud plan een beetje ~** requinquer un vieux projet

op·pom·pen [ɔpɔmpə(n)] *vt (pompte op, h. opgepompt)* 1 gonfler *(un pneu, un matelas pneumatique)* 2 pomper

op·po·nent [ɔponɛnt] *nm (-en)* opposant, -ante

op·por·ren [ɔpɔrə(n)] *vt (porde op, h. opgepord)* 1 aiguillonner 2 *(fig.)* pousser (à)

op·pot·ten [ɔpɔtə(n)] *vt (potte op, h. opgepot)* amasser

op·prik·ken [ɔprɪkə(n)] *vt (prikte op, h. opgeprikt)* épingler ♦ **opgeprikte dames** dames guindées

op·ra·ke·len [ɔprakələ(n)] *vt (rakelde op, h. opgerakeld)* attiser *(aussi au fig.)*; **een oude twist ~** ranimer une vieille querelle

op·ra·ken [ɔprakə(n)] *vi (raakte op, i. opgeraakt)* s'épuiser

op·ra·pen [ɔprapə(n)] *vt (raapte op, h. opgeraapt)* ramasser; *(fig.)* **dat ligt niet voor het ~** cela ne se trouve pas sous le pas d'un cheval; *(fig.)* **men heeft het daar (maar) voor het ~** il n'y a qu'à se baisser pour en ramasser

op·recht [ɔprɛχt] *adj, adv* sincère(ment)

[1]**op·rich·ten** [ɔprɪχtə(n)] *vt (richtte op, h. opgericht)* 1 fonder 2 dresser

[2]**op·rich·ten, zich** [ɔprɪχtə(n)] *vpr (richtte zich op, h. zich opgericht)* se dresser

op·rich·ter [ɔprɪχtər] *nm (-s),* **oprichtster** *nf (-s)* fondateur, -trice

op·rich·ting [ɔprɪχtɪŋ] *nf (-en)* 1 fondation; **een onderneming in ~** une entreprise en cours de formation 2 construction

op·rij·den [ɔprɛidə(n)] *vti (reed op, h./i. opgereden)* 1 monter *(en voiture, en vélo etc.)* 2 s'engager (en roulant) dans, sur *(un terrain etc.)* ♦ **ik rijd deze auto helemaal op** je garde cette voiture jusqu'au bout

op·rij|laan [ɔprɛilan] *de (-lanen)* →**oprit 1**

op·rij·zen [ɔprɛizə(n)] *vi (rees op, i. opgerezen)* 1 se dresser 2 naître *(fig.)*; **herinneringen rezen op in mijn geest** des souvenirs me venaient à l'esprit 3 surgir

op·ris·ping [ɔprɪspɪŋ] *nf (-en)* renvoi; **zure ~en hebben** avoir des aigreurs

op·rit [ɔprɪt] *nm (-ten)* 1 allée 2 bretelle d'accès

op·roep [ɔprup] *nm* 1 appel 2 convocation 3 appel; *(com.)* **een gemiste ~** un appel en absence

op·roe·pen [ɔprupə(n)] *vt (riep op, h. opgeroepen)* 1 appeler 2 appeler (au téléphone) 3 évoquer 4 soulever 5 *(Belg.)* réveiller

op·roep·kracht [ɔprupkrɑχt] *nm (-en)* free-lance

op·roer [ɔprur] *het (-en)* 1 révolte; **in ~ komen** se révolter; **in ~ brengen** pousser à la révolte 2 agitation

op·roe·rig [ɔprurəχ] *adj, adv* révolté, de façon séditieuse; **~e geschriften** écrits subversifs

op·roer|kraai·er [ɔprurkrajər], **-stoker** *nm (-s)* agitateur, -trice

op·roer·po·li·tie [ɔprurpoli(t)si] *nf* police antiémeute

op·ro·ken [ɔprokə(n)] *vt (rookte op, h. opgerookt)* 1 fumer 2 finir *(une cigarette)*

[1]**op·rol·len** [ɔprɔlə(n)] *vi (rolde op, i. opgerold)* s'enrouler

[2]**op·rol·len** [ɔprɔlə(n)] *vt (rolde op, h. opgerold)* 1 (en)rouler; **zich ~** se ramasser en boule 2 neutraliser

op·rot·ten [ɔprɔtə(n)] *vi (rotte op, i. opgerot) (fam.)* foutre le camp

op·rui·en [ɔprœyjə(n)] *vt (ruide op, h. opgeruid)* exciter (à); **het ~** l'incitation à la révolte; **het volk ~** inciter le peuple à la révolte

op·rui·end [ɔprœyjənt] *adj* subversif

op·rui·men [ɔprœymə(n)] *vt (ruimde op, h. opgeruimd)* **1** ranger; *(fig.)* **dat ruimt op** ça soulage; **de tafel ~** débarrasser la table; **opgeruimd staat netjes** bon débarras **2** solder

op·rui·ming [ɔprœymɪŋ] *nf (-en)* soldes

op·ruk·ken [ɔprʌkə(n)] *vi (rukte op, i. opgerukt)* progresser

op·schar·re·len [ɔpsχɑrələ(n)] *vt (scharrelde op, h. opgescharreld)* dénicher; **een meisje ~** se dégoter une fille

op·sche·pen [ɔpsχepə(n)] *vt (scheepte op, h. opgescheept)* ♦ **met iets opgescheept zitten** se retrouver avec qqch sur les bras; **iemand met iemand, iets ~** mettre qqn, qqch sur le dos à qqn

[1]**op·schep·pen** [ɔpsχɛpə(n)] *vt (schepte op, h. opgeschept)* **1** ramasser à la pelle; **het geld voor het ~ hebben** ramasser l'argent à la pelle **2** *(nourriture)* servir

[2]**op·schep·pen** [ɔpsχɛpə(n)] *vi (schepte op, h. opgeschept) (+ over)* se vanter (de)

op·schep·per [ɔpsχɛpər] *nm (-s),* **opschepster** *nf (-s)* vantard, -arde

op·schep·pe·rig [ɔpsχɛpərəχ] *adj, adv* vantard, avec vantardise

op·schie·ten [ɔpsχitə(n)] *vi (schoot op, i. opgeschoten)* **1** se dépêcher; **niet ~** traîner **2** avancer; **daar schiet ik niets mee op** ça ne m'avance pas **3** s'entendre (avec)

op·schor·ten [ɔpsχɔrtə(n)] *vt (schortte op, h. opgeschort)* suspendre

op·schrift [ɔpsχrɪft] *het (-en)* **1** inscription; **~ van een brief** adresse d'une lettre **2** titre *(d'un livre, d'un document)*

op·schrijf·boek·je [ɔpsχrɛivbukjə] *het (-s)* carnet

op·schrij·ven [ɔpsχrɛivə(n)] *vt (schreef op, h. opgeschreven)* noter; **schrijf het maar (voor mij) op** mettez-le sur mon compte

[1]**op·schrik·ken** [ɔpsχrɪkə(n)] *vi (schrikte op, i. opgeschrikt)* sursauter; **uit zijn slaap ~** se réveiller en sursaut

[2]**op·schrik·ken** [ɔpsχrɪkə(n)] *vt (schrikte op, h. opgeschrikt)* effaroucher

op·schroe·ven [ɔpsχruvə(n)] *vt (schroefde op, h. opgeschroefd)* **1** faire monter (en vissant) **2** grossir (qqch) **3** visser (sur)

op·schud·ding [ɔpsχʌdɪŋ] *nf (-en)* agitation; **in ~ brengen** mettre en émoi; **zijn optreden zorgde voor veel ~** son action a fait scandale

[1]**op·schui·ven** [ɔpsχœyvə(n)] *vi (schoof op, i. opgeschoven)* **1** se pousser **2** être remis à plus tard

[2]**op·schui·ven** [ɔpsχœyvə(n)] *vt (schoof op, h. opgeschoven)* **1** pousser (qqch) **2** remettre

[1]**op·slaan** [ɔpslan] *vi (sloeg op, i. opgeslagen)* monter

[2]**op·slaan** [ɔpslan] *vt (sloeg op, h. opgeslagen)* **1** entreposer **2** *(sports)* servir **3** lever (les yeux) **4** *(inform.)* mémoriser **5** retrousser

op·slag [ɔpslɑχ] *nm (-en)* **1** augmentation *(de salaire etc.)* **2** *(sports)* service **3** stockage **4** entrepôt

***op·slag-** [ɔpslɑχ-] de stockage; **de opslagkosten** les frais de stockage

op·slok·ken [ɔpslɔkə(n)] *vt (slokte op, h. opgeslokt)* avaler *(un liquide)*; **miljoenen ~** absorber des millions

op·slor·pen [ɔpslɔrpə(n)] *vt (slorpte op, h. opgeslorpt)* **1** aspirer **2** absorber

[1]**op·slui·ten** [ɔpslœytə(n)] *vt (sloot op, h. opgesloten)* **1** enfermer **2** être impliqué

[2]**op·slui·ten, zich** [ɔpslœytə(n)] *vpr (sloot zich op, h. zich opgesloten)* s'enfermer

op·slui·ting [ɔpslœytɪŋ] *nf* enfermement; **eenzame ~** isolement cellulaire

op·smuk [ɔpsmʌk] *nm* parure; **zonder ~** sans apprêt

op·smuk·ken [ɔpsmʌkə(n)] *vt (smukte op, h. opgesmukt)* **1** parer **2** *(fig.)* embellir; **zijn stijl ~** surcharger son style

op·snor·ren [ɔpsnɔrə(n)] *vt (snorde op, h. opgesnord) (fam.)* → **opvissen 2**

op·snui·ven [ɔpsnœyvə(n)] *vt (snoof op, h. opgesnoven)* respirer

op·so·de·mie·te·ren [ɔpsodəmitərə(n)] *vi (sodemieterde op, i. opgesodemieterd) (fam.)* → **oplazeren**

op·sol·fe·ren [ɔpsɔlfərə(n)] *vt (Belg.)* ♦ **iemand iets ~** mettre qqch sur les bras à qqn

op·som·men [ɔpsɔmə(n)] *vt (somde op, h. opgesomd)* énumérer

op·spa·ren [ɔpsparə(n)] *vt (spaarde op, h. opgespaard)* **1** économiser **2** mettre de côté; **opgespaarde rancune** rancune accumulée

op·spat·ten [ɔpspɑtə(n)] *vi (spatte op, i. opgespat)* gicler

op·spel·den [ɔpspɛldə(n)] *vt (speldde op, h. opgespeld)* épingler

op·spe·len [ɔpspelə(n)] *vi (speelde op, h. opgespeeld)* s'emporter (contre); **mijn maag speelt op** mon estomac fait des siennes

op·spo·ren [ɔpsporə(n)] *vt (spoorde op, h. opgespoord)* **1** découvrir; **een misdadiger ~** dépister un criminel **2** *(chasse)* quêter

op·spo·ring [ɔpsporɪŋ] *nf (-en)* recherche; **~ verzocht** on recherche

op·spo·rings·dienst [ɔpsporɪŋzdinst] *nm* police judiciaire

op·spraak [ɔpsprak] *de* ♦ **in ~ komen** être compromis; **in ~ brengen** mettre en cause

op·sprin·gen [ɔpsprɪŋə(n)] *vi (sprong op, i. opgesprongen)* bondir; **iemand doen ~** faire sursauter qqn

op·spui·ten [ɔpspœytə(n)] *vi (spoot op, i. opgespoten)* jaillir

op·staan [ɔpstan] *vi (stond op, i./h. opge-*

staan) 1 se lever; van tafel ~ quitter la table; ~ voor iemand céder sa place à qqn; ~! debout ! 2 *(cuis.)* être sur le feu 3 ressusciter 4 se révolter (contre)

op·staand [ɔpstant] *adj* relevé

op·stand [ɔpstɑnt] *nm (-en)* révolte; in ~ komen tegen se révolter contre

op·stan·de|ling [ɔpstɑndəlɪŋ] *nm (-en)*, **-linge** *nf (-s, -n)* révolté, -ée

op·stan·dig [ɔpstɑndəχ] *adj* 1 révolté 2 réfractaire; een ~ kind un enfant récalcitrant

op·stan·ding [ɔpstɑndɪŋ] *nf* résurrection

op·stap [ɔpstɑp] *nm (-pen)* marche

[1]**op·sta·pe·len** [ɔpstapələ(n)] *vt (stapelde op, h. opgestapeld)* entasser

[2]**op·sta·pe·len, zich** [ɔpstapələ(n)] *vpr (stapelde zich op, h. zich opgestapeld)* s'accumuler

op·stap·pen [ɔpstɑpə(n)] *vi (stapte op, i. opgestapt)* 1 lever l'ancre 2 monter (sur) 3 donner sa démission

op·star·ten [ɔpstɑrtə(n)] *vt (startte op, h. opgestart)* 1 mettre en marche 2 amorcer 3 *(inform.)* ouvrir

[1]**op·ste·ken** [ɔpstekə(n)] *vi (stak op, i. opgestoken) (vent)* se lever

[2]**op·ste·ken** [ɔpstekə(n)] *vt (stak op, h. opgestoken)* 1 lever 2 apprendre 3 allumer 4 relever *(cheveux)* 5 *(Belg.; enseign.)* souffler

op·ste·ker [ɔpstekər] *nm (-s)*, **opsteker·tje** *het (-s)* aubaine

op·stel [ɔpstɛl] *het (-len)* 1 article 2 *(enseign.)* rédaction

[1]**op·stel·len** [ɔpstɛlə(n)] *vt (stelde op, h. opgesteld)* 1 placer 2 ébaucher; een theorie ~ élaborer une théorie 3 rédiger

[2]**op·stel·len, zich** [ɔpstɛlə(n)] *vpr (stelde zich op, h. zich opgesteld)* 1 se placer; zich verdekt ~ se mettre en embuscade 2 adopter une attitude

op·stel·ling [ɔpstɛlɪŋ] *nf (-en)* 1 disposition 2 prise de position 3 *(milit.)* formation 4 *(sports)* composition (de l'équipe)

op·stij·gen [ɔpstɛiχə(n)] *vi (steeg op, i. opgestegen)* monter; het vliegtuig steeg op l'avion décolla

op·sto·ken [ɔpstokə(n)] *vt (stookte op, h. opgestookt)* 1 activer 2 brûler (complètement) 3 animer (contre)

op·stoot·je [ɔpstocə] *het (-s)* bagarre

op·stop·ping [ɔpstɔpɪŋ] *nf (-en)* 1 obstruction 2 embouteillage

op·strij·ken [ɔpstrɛikə(n)] *vt (streek op, h. opgestreken)* ramasser

op·stro·pen [ɔpstropə(n)] *vt (stroopte op, h. opgestroopt)* retrousser

op·stui·ven [ɔpstœyvə(n)] *vi (stoof op, i. opgestoven)* 1 s'élever en tourbillons 2 poudroyer *(neige)* 3 monter sur ses grands chevaux

op·stu·ren [ɔpstyrə(n)] *vt (stuurde op, h. opgestuurd)* envoyer

op·ta·ter [ɔptatər] *nm (-s)* beigne

op·te·ke·nen [ɔptekənə(n)] *vt (tekende op, h. opgetekend)* noter

op·tel·len [ɔptɛlə(n)] *vt (telde op, h. opgeteld)* additionner; iets bij iets anders ~ additionner qqch à qqch

op·tie [ɔpsi] *nf (-s)* option

op·til·len [ɔptɪlə(n)] *vt (tilde op, h. opgetild)* soulever; til je voet eens op lève le pied

op·tisch [ɔptis] *adj* optique; ~ bedrog illusion d'optique

op·tocht [ɔptɔχt] *nm (-en)* cortège

op·tor·nen [ɔptɔrnə(n)] *vi (tornde op, h./i. opgetornd) (+ tegen)* lutter (contre)

[1]**op·tre·den** [ɔptredə(n)] *het (-s)* 1 comportement 2 représentation 3 *(radio, télé)* prestation

[2]**op·tre·den** [ɔptredə(n)] *vi (trad op, i. opgetreden)* 1 jouer (un rôle) dans 2 servir (de) 3 (ap)paraître 4 intervenir; streng ~ tegen iemand sévir contre qqn

op·trek·je [ɔptrɛkjə] *het (-s)* pied-à-terre

[1]**op·trek·ken** [ɔptrɛkə(n)] *vi (trok op, i. opgetrokken)* 1 se rendre (à) 2 démarrer 3 *(milit.)* marcher (sur, contre) 4 *(+ met)* être (avec); ze trekken met elkaar op ils sont souvent ensemble 5 se dissiper

[2]**op·trek·ken** [ɔptrɛkə(n)] *vt (trok op, h. opgetrokken)* 1 hisser; zijn benen ~ replier les jambes; de wenkbrauwen ~ lever les sourcils 2 élever 3 augmenter *(salaires)* ♦ zich aan iemand ~ ± prendre qqn comme modèle

op·trom·me·len [ɔptrɔmələ(n)] *vt (trommelde op, h. opgetrommeld)* mobiliser

op·tui·gen [ɔptœyχə(n)] *vt (tuigde op, h. opgetuigd)* 1 décorer 2 *(mar.)* armer 3 *(une monture)* harnacher 4 *(d'organismes etc.)* ± créer et développer

op·tut·ten [ɔptʌtə(n)] *vt (tutte op, h. opgetut)* pomponner

opus [opʌs] *het (opera, opussen)* 1 *(mus.)* opus 2 œuvre

op·val·len [ɔpfɑlə(n)] *vi (viel op, i. opgevallen)* frapper; ~ door zijn moed se signaler par son courage

op·val·lend [ɔpfɑlənt] *adj, adv* remarquable, particulièrement

op·vang [ɔpfɑŋ] *nm* accueil; *(enseign.)* buitenschoolse ~ garde périscolaire

op·van·gen [ɔpfɑŋə(n)] *vt (ving op, h. opgevangen)* 1 attraper 2 percevoir; flarden van een gesprek ~ saisir des bribes d'une conversation 3 s'occuper de 4 capter 5 recueillir 6 compenser; een klap ~ parer un coup

op·va·ren·de [ɔpfarəndə] *nm (-n)* passager, -ère

op·vat·ten [ɔpfɑtə(n)] *vt (vatte op, h. opgevat)* 1 prendre 2 se mettre (à) 3 concevoir; liefde ~ voor se prendre d'amour pour

op·vat·ting [ɔpfɑtɪŋ] *nf (-en)* 1 idée 2 opinion; naar mijn ~ à mon avis

op·ve·gen [ɔpfeχə(n)] *vt (veegde op, h. opgeveegd)* balayer; *(fig.)* je kunt me opvegen je suis à ramasser à la petite cuillère

op·ve·ren [ɔpferə(n)] *vi (veerde op, i. opgeveerd)* → opspringen

op·vij·ze·len [ɔpfɛizələ(n)] *vt (vijzelde op, h. opgevijzeld)* remonter

op·vis·sen [ɔpfɪsə(n)] *vt (viste op, h. opgevist)* 1 repêcher 2 *(fig.)* dénicher

op·vlam·men [ɔpflɑmə(n)] *vi (vlamde op, i. opgevlamd)* 1 s'enflammer; *(fig.)* opnieuw ~ se raviver 2 flamber

op·vlie·gen [ɔpfliχə(n)] *vi (vloog op, i. opgevlogen)* 1 s'envoler 2 bondir 3 s'emporter ♦ hij mag voor mijn part ~ pour moi, il peut aller au diable

op·vlie·gend [ɔpfliχənt] *adj* (de manière) colérique

op·vlie·ging [ɔpfliχɪŋ] *nf (-en)* (bouffée de) chaleur

op·voed·baar [ɔpfudbar] *adj* éducable; moeilijk opvoedbare kinderen enfants caractériels

op·voe·den [ɔpfudə(n)] *vt (voedde op, h. opgevoed)* éduquer

op·voe·der [ɔpfudər] *nm (-s)*, **opvoedster** *nf (-s)* 1 éducateur, -trice 2 *(Belg.; enseign.)* surveillant

op·voe·ding [ɔpfudɪŋ] *nf (-en)* éducation

op·voed·kun·de [ɔpfutkʌndə] *nf* pédagogie

op·voed·kun·dig [ɔpfutkʌndəχ] *adj, adv* pédagogique(ment); de ~e le, la pédagogue

op·voe·ren [ɔpfurə(n)] *vt (voerde op, h. opgevoerd)* 1 augmenter; een motor ~ gonfler un moteur; tot een maximum ~ porter au maximum 2 exécuter 3 *(impôt)* porter en déduction

op·voe·ring [ɔpfurɪŋ] *nf (-en)* 1 représentation 2 intensification

op·vol·gen [ɔpfɔlχə(n)] *vt (volgde op, h. opgevolgd)* 1 suivre 2 succéder à 3 obéir à *(un ordre)*

op·vol·ger [ɔpfɔlχər] *nm (-s)*, **opvolgster** *nf (-s)* successeur

op·vouw·baar [ɔpfaubar] *adj* pliant

op·vou·wen [ɔpfauwə(n)] *vt (vouwde op, h. opgevouwen)* replier

op·vra·gen [ɔpfraχə(n)] *vt (vroeg, vraagde op, h. opgevraagd)* réclamer

1**op·vre·ten** [ɔpfretə(n)] *vt (vrat op, h. opgevreten) (fam.)* dévorer; *(iron.)* ik kan je wel ~ je te mangerais tout cru; opgevreten worden van de zenuwen être à bout de nerfs

2**op·vre·ten, zich** [ɔpfretə(n)] *vpr (vrat zich op, h. zich opgevreten) (fam.)* se ronger; zich lopen ~ ronger son frein

op·vrij·en [ɔpfrɛijə(n)] *vt (vrijde op, h. opgevrijd)* 1 exciter 2 courtiser 3 flatter

op·vro·lij·ken [ɔpfroləkə(n)] *vt (vrolijkte op, h. opgevrolijkt)* égayer

op·vul·len [ɔpfʌlə(n)] *vt (vulde op, h. opgevuld)* 1 remplir 2 bourrer

op·waai·en [ɔpwajə(n)] *vti (waaide, woei op, h./i. opgewaaid)* s'envoler

op·waar·de·ren [ɔpwarderə(n)] *vt (waardeerde op, h. opgewaardeerd)* réévaluer

op·waarts [ɔpwarts] *adj, adv* 1 ascendant, en haut 2 (en) montant

op·wach·ten [ɔpwɑχtə(n)] *vt (wachtte op, h. opgewacht)* attendre (qqn)

op·wach·ting [ɔpwɑχtɪŋ] *nf* ♦ zijn ~ maken apparaître; faire ses débuts

1**op·war·men** [ɔpwɑrmə(n)] *vt (warmde op, h. opgewarmd)* 1 réchauffer 2 *(fig.)* réveiller

2**op·war·men** [ɔpwɑrmə(n)] *vi (warmde op, i. opgewarmd)* chauffer

3**op·war·men, zich** [ɔpwɑrmə(n)] *vpr (warmde zich op, h. zich opgewarmd) (sports)* s'échauffer

op·we·gen [ɔpweχə(n)] *vi (woog op, h. opgewogen)* 1 (équi)valoir (qqch); ~ tegen faire bonne mesure par rapport à 2 contrebalancer (qqch)

op·wek·ken [ɔpwɛkə(n)] *vt (wekte op, h. opgewekt)* 1 exciter 2 produire *(énergie)* 3 ressusciter 4 inciter (à)

op·wek·kend [ɔpwɛkənt] *adj, adv* 1 divertissant 2 (de manière) stimulant(e)

op·wel·len [ɔpwɛlə(n)] *vi (welde op, i. opgeweld)* jaillir

op·wel·ling [ɔpwɛlɪŋ] *nf (-en)* 1 *(fig.)* accès 2 impulsion

op·wer·ken, zich [ɔpwɛrkə(n)] *vpr (werkte zich op, h. zich opgewerkt)* s'élever à force de travail

1**op·wer·pen** [ɔpwɛrpə(n)] *vt (wierp op, h. opgeworpen)* 1 lancer 2 soulever *(question)* 3 élever

2**op·wer·pen, zich** [ɔpwɛrpə(n)] *vpr (wierp zich op, h. zich opgeworpen)* se faire; zich ~ als s'ériger en ♦ zich ~ tegen s'élever contre

1**op·win·den** [ɔpwɪndə(n)] *vt (wond op, h. opgewonden)* 1 *(horloge, montre)* remonter 2 bobiner 3 exciter

2**op·win·den, zich** [ɔpwɪndə(n)] *vpr (wond zich op, h. zich opgewonden)* s'exciter; zich ~ over iemand, iets se mettre en colère contre qqn, qqch

op·win·ding [ɔpwɪndɪŋ] *nf (-en)* excitation; van ~ wist zij niet, wat zij deed dans son émoi, elle ne savait pas ce qu'elle faisait

op·za·de·len [ɔpsadələ(n)] *vt (zadelde op, h. opgezadeld)* seller ♦ iemand met iets ~ imposer qqch à qqn, à qqn de faire qqch

op·zeg [ɔpsɛχ] *nm (Belg.)* 1 préavis; zijn ~ krijgen être licencié 2 délai de préavis

op·zeg·gen [ɔpsɛχə(n)] *vt (zegde, zei op, h. opgezegd)* 1 annuler; met drie maanden ~ donner un préavis de trois mois 2 réciter

op·zeg·ging [ɔpsɛχɪŋ] *nf (-en)* 1 annulation 2 délai de préavis

1**op·zet** [ɔpsɛt] *nm* 1 organisation; de ~ van een roman la trame d'un roman 2 projet

2**op·zet** [ɔpsɛt] *het* dessein; boze ~ acte de

malveillance; **met ~** à dessein; **zonder ~** involontairement

op·zet·te·lijk [ɔpsɛtələk] *adj, adv* **1** volontaire, exprès **2** spécial, exprès

¹op·zet·ten [ɔpsɛtə(n)] *vi (zette op, i. opgezet)* **1** enfler, *(eau)* monter **2** *(météo.)* surgir; **de mist komt ~** le brouillard se lève

²op·zet·ten [ɔpsɛtə(n)] *vt (zette op, h. opgezet)* **1** mettre **2** commencer **3** empailler **4** *(+ tegen)* dresser (qqn contre)

op·zicht [ɔpsɪχt] *het (-en)* égard; **in ieder ~** à tous (les) égards; **in zeker ~** dans un sens; **in moreel ~** sur le plan moral; **ten ~e van** à l'égard de, par rapport à

op·zich·ter [ɔpsɪχtər] *nm (-s)* surveillant, -ante

op·zich·tig [ɔpsɪχtəχ] *adj, adv* (d'une manière) voyant(e)

op·zich·zelf·staand [ɔpsɪχsɛlfstant] *adj* isolé

¹op·zien [ɔpsin] *het* ♦ **(veel) ~ baren, wekken, maken** faire sensation

²op·zien [ɔpsin] *vi (zag op, h. opgezien)* **1** lever les yeux; *(fig.)* **daar zullen ze van ~** ils ouvriront de grands yeux **2** *(+ tegen)* appréhender (de faire qqch) **3** *(+ tegen)* avoir de l'admiration (pour qqn); **hoog tegen iemand ~** avoir une grande admiration pour qqn

op·zien·ba·rend [ɔpsimbarənt] *adj* retentissant

op·zie·ner [ɔpsinər] *nm (-s)* → **opzichter**

op·zij [ɔpsɛi] *adv* **1** de côté; **ga eens een eindje ~** pousse-toi un peu; **iemand van ~ zien** voir qqn de profil **2** à l'écart

op·zit·ten [ɔpsɪtə(n)] *vi (zat op, h. opgezeten)* ♦ **hij heeft er vijf jaar ~** il vient de faire cinq ans de prison; *(Belg.)* **het zit erop** il y a du grabuge; **het zit erop** c'est fini; **daar zit niets anders op** il n'y a rien à faire

op·zoe·ken [ɔpsukə(n)] *vt (zocht op, h. opgezocht)* **1** (re)chercher **2** aller voir (qqn) **3** s'installer à

op·zui·gen [ɔpsœyχə(n)] *vt (zoog op, h. opgezogen)* **1** aspirer; **limonade door een rietje ~** sucer, siroter de la limonade avec une paille **2** absorber

op·zwel·len [ɔpswɛlə(n)] *vi (zwol op, i. opgezwollen)* (se) gonfler

op·zwe·pen [ɔpswepə(n)] *vt (zweepte op, h. opgezweept)* fouetter *(aussi au fig.)*

ora·kel [orakəl] *het (-s)* oracle

oran·je [orɑɲə] *adj* orange

¹Oran·je [orɑɲə] *nm (-s)* prince, princesse d'Orange *(aux Pays-Bas)*

²Oran·je [orɑɲə] *het (-s)* **1** Maison d'Orange *(aux Pays-Bas)*; **~ boven!** vive (la Maison d')Orange ! **2** *(sports)* équipe (nationale) des Pays-Bas

Oran·je·ge·zind [orɑɲəχəzɪnt] *adj* orangiste

Oran·je·huis [orɑɲəhœys] *het* → **²Oranje 1**

oran·je·kleur [orɑɲəklør] *de* **1** orange **2** *(Pays-Bas)* drapeau orange *(de la Maison d'Orange)*

ora·tie [ora(t)si] *nf (-s)* discours

ora·to|ri·um [oratorijʌm] *het (-ria)* **1** *(mus.)* oratorio **2** *(cathol.)* oratoire

or·de [ɔrdə] *de (-n, -s)* ordre *(tous les sens)*; **iets aan de ~ stellen** soulever un problème; **dat komt later aan de ~** nous traiterons cela plus tard; **dat is van een heel andere ~** c'est d'un tout autre ordre; **toeristische attractie van de eerste ~** haut lieu touristique; **zij kan goed ~ houden in de klas** elle sait faire régner la discipline dans sa classe; **in ~** d'accord; **alles in ~** tout va bien; **iets in ~ maken** régler qqch; **ik ben weer in ~** je suis tout à fait rétabli; **in goede ~ ontvangen** reçu en bon état; **alles zal wel in ~ komen** tout s'arrangera; **hij is niet helemaal in ~** il est mal fichu; **dat is van later ~** cela viendra plus tard; **~ op zaken stellen** remettre une affaire en ordre

or·de·lijk [ɔrdələk] *adj, adv* **1** rangé, en ordre **2** réglé, d'une manière régulière **3** ordonné, en ordre; **~ werken** travailler avec méthode; **~ zijn** avoir (le sens) de l'ordre

or·de|loos [ɔrdəlos] *adj, adv (-lozer, -loost)* désordonné, en désordre

or·de·nen [ɔrdənə(n)] *vt (ordende, h. geordend)* ranger

or·de·ning [ɔrdənɪŋ] *nf (-en)* rangement ♦ **ruimtelijke ~** aménagement du territoire

or·den·te·lijk [ɔrdɛntələk] *adj, adv* convenable(ment)

or·der [ɔrdər] *het/de (-s)* ordre *(tous les sens)*; **een ~ plaatsen** faire, passer une commande

or·de·ver·sto·ring [ɔrdəvərstorɪŋ] *nf (-en)* atteinte à l'ordre public

or·di|nair [ɔrdinɛːr] *adj, adv (-nairder, -nairst)* **1** banal(ement) **2** vulgaire(ment)

ord·ner [ɔrtnər] *nm (-s)* classeur

or|gaan [ɔrχan] *het (-ganen)* organe *(tous les sens)*; **de organen van de Staat** les organismes de l'État

or·ga·ni·sa·tie [ɔrχaniza(t)si] *nf (-s)* organisation *(tous les sens)*; **een politieke ~** une formation politique

or·ga·ni·sa·to·risch [ɔrχanizatoris] *adj, adv* d'organisateur, d'organisatrice, du point de vue de l'organisation

or·ga·ni·se·ren [ɔrχanizerə(n)] *vt (organiseerde, h. georganiseerd)* **1** organiser **2** *(fam.)* chiper

or·gel [ɔrχəl] *het (-s)* orgue

or·gel·punt [ɔrχəlpʌnt] *het/de (-en)* *(Belg.)* point d'orgue

ori·ën·te·ren [orijɛnterə(n)] *vt (oriënteerde, h. georiënteerd)* **1** orienter; **zich ergens niet meer kunnen ~** ne plus se reconnaître qqp **2** informer

ori·gi|neel [oriʒinel] *adj, adv (-neler, -neelst)* **1** original, à l'origine **2** (avec) original(ité)

or|kaan [ɔrkan] *nm (-kanen)* ouragan
or·kest [ɔrkɛst] *het (-en)* orchestre
or·naat [ɔrnat] *het* costume d'apparat; *(iron.)* **in vol ~** en grande pompe
os [ɔs] *nm (-sen)* **1** bœuf; **slapen als een os** dormir comme une souche **2** imbécile
os·ten·ta|tief [ɔstɛntatif] *adj, adv (-tiever, -tiefst)* ostensible(ment)
O.T. [audətɛstamɛnt] abrév. de *Oude Testament* AT
ou·bol·lig [aubɔləχ] *adj* vieillot
oud [aut] *adj* **1** âgé de; **zij is 2 jaar ~er dan ik** elle a 2 ans de plus que moi; **de ~en van dagen** les personnes âgées; **even ~ zijn als ...** être du même âge que ...; **~ genoeg zijn om ...** être en âge de ...; **~er worden** vieillir **2** vieux; **de ~e dag** la vieillesse; *(prov)* **zoals de ~en zongen, piepen de jongen** bon chien chasse de race; **~e rommel** du bric-à-brac; **vroeg ~** vieux avant l'âge **3** classique ♦ **zij is nog niet helemaal de ~e** elle est encore convalescente; **alles blijft bij het ~e** il n'y a rien de changé; *(subst.)* **~ en jong** tout le monde; *(subst.)* **~ en nieuw vieren** fêter la Saint-Sylvestre
***oud-** [aut-] ancien; **de oud-strijder** l'ancien combattant
oud·bak·ken [audbakə(n)] *adj* **1** rassis **2** dépassé
ou·de·dags·voor·zie·ning [audədaχsforzinɪŋ] *nf (-en)* (pension de) retraite
ou·de|jaar [audəjar] *het,* **-jaarsavond** *nm (-en)* Saint-Sylvestre
ou·de·lui [audəlœy] *plur (fam.)* vieux *(parents)*
ou·der [audər] *nm (-s)* parent
ou·der·dom [audərdɔm] *nm* **1** âge **2** vieillesse; *(prov)* **de ~ komt met gebreken** la vieillesse est chagrine
***ou·der·doms-** [audərdɔms-] de vieillesse
ou·de·re·jaars [audərəjars] *nm* ancien *(étudiant)*
ou·de·ren [audərə(n)] *plur* plus âgés
ou·der·lief·de [audərlivdə] *nf* amour des parents
ou·der·lijk [audərlək] *adj* paternel; **de ~e macht** l'autorité parentale
ou·der|ling [audərlɪŋ] *nm (-en),* **-linge** *nf (-s, -n) (prot.)* ancien *(membre du conseil presbytéral)*
ou·der·loos [audərlos] *adj* orphelin
ou·der·schap [audərsχap] *het* (fait d')être parent(s)
ou·der|wets [audərwɛts] *adj, adv (-wetser, meest o.)* **1** vieux jeu, comme dans le temps **2** *(fig.)* bon, valablement
ou·de·wij·ven·praat [audəwɛivə(n)prat] *nm (fam.)* radotage de bonnes femmes
oud|heid [authɛit] *nf (-heden)* antiquité; **de klassieke ~** l'antiquité gréco-romaine
oud·heid·kun·dig [authɛitkʌndəχ] *adj* archéologique; **~ museum** musée d'archéologie
oud·je [aucə] *het (-s)* vieux, vieille
oud·oom [autom] *nm (-s)* grand-oncle
oud·ro·ze [autrɔ:zə] *adv* vieux rose
ouds·her [autshɛr] *adv* ♦ **van ~** de tout temps
oud·ste [autstə] *nm (-n)* **1** aîné, -ée **2** ancien, -ienne
oud·tan·te [autantə] *nf (-s)* grand-tante
ou·we [auwə] *nm (-n) (fam.)* vieux *(patron, père)* ♦ *(fam.)* **gouwe ~** *(mus.)* vieux machin
ou·we·hoer [auwəhur] *nm (fam.)* casse-pied
ou·we·hoe·ren [auwəhurə(n)] *vi (ouwehoerde, h. geouwehoerd) (fam.)* radoter
ou·we·lijk [auwələk] *adj, adv* (d'une manière) vieillot(te); **hij ziet er ~ uit** il fait vieux
ov [ove] *het* abrév. de *openbaar vervoer* transports en commun
ova·ti·o·neel [ova(t)ʃonel] *adj, adv* frénétique(ment)
ov-chip·kaart [ovetʃɪpkart] *de (-en) (Pays-Bas)* ⟨*passe pour les transports en commun*⟩
oven [ovə(n)] *nm (-s)* four; *(fig.)* **'t is hier een ~!** c'est une fournaise !
oven·scho·tel [ovə(n)sχotəl] *de (-s)* plat cuit au four
oven·vast [ovə(n)vast] *adj* résistant à la chaleur
[1]**over** [ovər] *adj* passé
[2]**over** [ovər] *adv* **1** à travers; **zij liep de gang ~** elle traversa le couloir; **~ en weer** de part et d'autre **2** de l'autre côté; **morgen gaan we ~** on déménage demain; **mijn tante is gisteren ~ geweest** ma tante est venue nous voir hier; *(com.)* **~!** terminé ! ♦ **zij heeft nog wat tijd ~** il lui reste un peu de temps; *(Belg.)* **daar kan ik niet van ~** ça me dépasse; **te ~** plus qu'il n'en faut
[3]**over** [ovər] *prép* **1** sur; **zij heeft iets innemends ~ zich** elle a qqch d'avenant **2** par **3** au-dessus de; **~ de grens komen** franchir, passer la frontière **4** de l'autre côté de **5** *(durée)* dans **6** plus de; **het is ~ vieren** il est quatre heures passées
over·al [ovəral] *adv* **1** partout; **~ ter wereld** aux quatre coins de la terre **2** *(+ prép.)* tout; **dat kind zit ~ aan** cet enfant touche à tout; **~ tegen bestand** à toute épreuve
over·all [ovərɔ:l] *nm (-s)* salopette
over·at [ovərat], **overaten** → **overeten**
over·be·kend [ovərbəkɛnt] *adj* archiconnu
over|be·la·den [ovərbəladə(n)], **-belast** *adj* surchargé
over·be·las·ten [ovərbəlastə(n)] *vt (overbelastte, h. overbelast)* surcharger; **schoolkinderen ~** surmener des écoliers
over·be·lich·ten [ovərbəlɪχtə(n)] *vt (belichtte over, h. overbelicht)* **1** *(phot.)* surexposer **2** *(fig.)* mettre trop en lumière
over·be·vol·king [ovərbəvɔlkɪŋ] *nf* surpopulation
over·be·volkt [ovərbəvɔlkt] *adj* surpeuplé

over·be·zet [ovərbəzɛt] *adj* surchargé (de)

over·blijf·sel [ovərblɛifsəl] *het (-en)* **1** reste; **~en van heiligen** reliques **2** vestige

over·blij·ven [ovərblɛivə(n)] *vi (bleef over, i. overgebleven)* **1** rester **2** rester à faire; **er bleef ons niets anders over dan …** il ne nous restait plus qu'à … **3** *(enseign.)* être en demi-pension **4** *(enseign.)* être en retenue ♦ **~de planten** plantes vivaces

over·bluf·fen [ovərblʌfə(n)] *vt (overblufte, h. overbluft)* épater

over·bo·dig [ovərbodəχ] *adj, adv* superflu, trop

over·boord [ovərbort] *adv* par-dessus bord; *(fig.)* **alles ~ gooien** ficher tout en l'air; **iets ~ gooien, werpen** laisser tomber qqch

over·bren·gen [ovərbrɛŋə(n)] *vt (bracht over, h. overgebracht)* **1** transporter **2** transmettre

over·brie·ven [ovərbrivə(n)] *vt (briefde over, h. overgebriefd)* rapporter

over·brug·gen [ovərbrʌχə(n)] *vt (overbrugde, h. overbrugd)* **1** jeter un pont sur **2** *(fig.)* jeter un pont entre; **een verschil in opvatting ~** concilier deux opinions divergentes

over·brug·ging [ovərbrʌχɪŋ] *nf (-en)* pont; *(fig.)* **ter ~** pour faire la soudure

over·brug·gings·pe·ri·o·de [ovərbrʌχɪŋsperijodə] *nf (-n, -s)* période de transition

over|buur [ovərbyr] *nm (-buren)*, **over·buur|man** *nm (-lieden, -lui)*, **overbuurvrouw** *nf (-en)* voisin, -ine d'en face

over·ca·pa·ci·teit [ovərkapasitɛit] *nf* surcapacité

over·com·pen·sa·tie [ovərkɔmpɛnza(t)si] *nf (-s)* surcompensation

over·com·pleet [ovərkɔmplet] *adj* surnuméraire, *(aussi adv.)* de trop

over|daad [ovərdat] *de*, **-dadigheid** *nf* **1** excès *(boisson, nourriture)*; *(prov)* **~ schaadt** l'excès en tout est un défaut **2** surabondance

over·dacht [ovərdaχt], **overdachten** → **overdenken**

over·da·dig [ovərdadəχ] *adj, adv* **1** excessif, excessivement **2** trop copieux, trop copieusement

over·dag [ovərdaχ] *adv* le jour

over·dekt [ovərdɛkt] *adj* couvert *(bâtiment)*

over·den·ken [ovərdɛŋkə(n)] *vt (overdacht, h. overdacht)* réfléchir sur

over·den·king [ovərdɛŋkɪŋ] *nf (-en)* réflexion

over·doen [ovərdun] *vt (deed over, h. overgedaan)* **1** refaire; *(fig.)* **wij gaan het (nog eens) dunnetjes ~** on va remettre ça **2** céder **3** transvaser

over·don·de·ren [ovərdɔndərə(n)] *vt (overdonderde, h. overdonderd)* épater

over|do·sis [ovərdozɪs] *nf (-doses)* overdose

over·draag·baar [ovərdraχbar] *adj* transmissible

over·dracht [ovərdraχt] *de (-en)* transmission

over·drach·te·lijk [ovərdraχtələk] *adj, adv* (au (sens)) figuré

over·dra·gen [ovərdraχə(n)] *vt (droeg over, h. overgedragen)* **1** transmettre *(aussi autorité, pouvoir)* **2** remettre

over·dreef [ovərdref], **overdreven** → **overdrijven**

over·dre·ven [ovərdrevə(n)] *adj, adv* exagéré(ment); **~ vriendelijk zijn** être aimable à l'excès

[1]**over·drij·ven** [ovərdrɛivə(n)] *vti (overdreef, h. overdreven)* exagérer

[2]**over·drij·ven** [ovərdrɛivə(n)] *vi (dreef over, i. overgedreven)* passer *(p.ex. orage)*

over·druk·ken [ovərdrʌkə(n)] *vt (drukte over, h. overgedrukt)* réimprimer

over·dui·de·lijk [ovərdœydələk] *adj, adv* plus qu'évident, de toute évidence

over·dwars [ovərdwars] *adj, adv* transversal(ement)

over·een·bren·gen [ovərembrɛŋə(n)] *vt (bracht overeen, h. overeengebracht)* concilier (avec)

[1]**over·een·ko·men** [ovərenkomə(n)] *vi (kwam overeen, i. overeengekomen)* **1** *(+ met)* correspondre (à) **2** *(+ met)* s'accorder (avec)

[2]**over·een·ko·men** [ovərenkomə(n)] *vt (kwam overeen, i. overeengekomen)* **1** tomber d'accord **2** convenir

over·een·ko·mend [ovərenkomənt] *adj* **1** analogue **2** concordant

over·een·komst [ovərenkɔmst] *nf (-en)* **1** ressemblance; **punten van ~ tussen twee zaken** points communs à deux affaires **2** analogie **3** accord; **in ~ met** conformément à; **volgens ~** comme convenu

[1]**over·een·kom·stig** [ovərenkɔmstəχ] *adj* analogue (à)

[2]**over·een·kom·stig** [ovərenkɔmstəχ] *prép* conformément à

over·een·stem·men [ovərenstɛmə(n)] *vi (stemde overeen, h. overeengestemd)* → [1]**overeenkomen 1**

over·een·stem·ming [ovərenstɛmɪŋ] *nf* accord; **partijen tot ~ brengen** concilier des parties; **zaken met elkaar in ~ brengen** accorder des choses; **in ~ met zijn principes handelen** agir conformément à ses principes; **zijn daden zijn niet in ~ met zijn woorden** ses actions démentent ses paroles; **tot ~ komen** se mettre d'accord

over·eind [ovərɛint] *adv* debout; *(fig.)* **~ blijven** maintenir sa position; **een bedrijf weer ~ helpen** relever une entreprise; *(fig.)* **dat houdt hem ~** ça le soutient; *(fig.)* **zijn haren gingen ~ staan** ses cheveux se hérissèrent

over·er·ven [overɛrvə(n)] *vt (erfde over, h. overgeërfd)* hériter (de)

over·eten, zich [overetə(n)] *vpr (overat zich, h. zich overeten)* manger trop

over·gaan [overχan] *vi (ging over, i. overgegaan)* **1** passer (sur) **2** passer (de … à) **3** passer dans la classe supérieure **4** se transformer (en); **griep die in een longontsteking overgaat** grippe qui tourne à la pneumonie **5** passer à; **ertoe ~ om …** se mettre en devoir de … **6** passer **7** sonner ♦ **wij gaan over** on déménage

over·gang [overχɑŋ] *nm (-en)* **1** passage **2** retour d'âge **3** transition

***over·gangs-** [overχɑŋs-] de transition; **de overgangsfase** la phase de transition

over·gangs·exa·men [overχɑŋsɛksamə(n)] *het (-s) (enseign.)* examen de passage

over·gan·ke·lijk [overχɑŋkələk] *adj, adv (ling.)* transitif, transitivement

over·ga·ve [overχavə] *de* **1** capitulation **2** soumission **3** dévouement; **spelen met ~** jouer avec conviction; **met volle ~** corps et âme

over·ge·luk·kig [overχəlʌkəχ] *adj, adv* ivre de bonheur, au comble de la joie

¹**over·ge·ven** [overχevə(n)] *vt (gaf over, h. overgegeven)* remettre

²**over·ge·ven, zich** [overχevə(n)] *vpr (gaf zich over, h. zich overgegeven)* **1** se rendre **2** *(+ aan)* se livrer (à); **zich aan de wetenschap ~** se consacrer à la science **3** *(+ aan)* s'adonner (à) *(des drogues, l'alcool)*

³**over·ge·ven** [overχevə(n)] *vi (gaf over, h. overgegeven)* vomir

over·ge·voe·lig [overχevuləχ] *adj, adv* (de façon) hypersensible

¹**over·gie·ten** [overχitə(n)] *vt (overgoot, h. overgoten)* arroser; *(fig.)* **met hetzelfde sop overgoten** de la même farine

²**over·gie·ten** [overχitə(n)] *vt (goot over, h. overgegoten)* transvaser

over·gooi·en [overχojə(n)] *vti (gooide over, h. overgegooid)* **1** lancer par-dessus (qqch) **2** jeter à nouveau

over·gooi·er [overχojər] *nm (-s)* robe chasuble

over·goot [overχot], **overgoten** → **overgieten**

over·groot [overχrot] *adj* ♦ **het overgrote deel van de bevolking** la majorité de la population; **met overgrote meerderheid** à l'immense majorité

over·groot·ou·ders [overχrotaudərs] *plur* arrière-grands-parents

over·haas·ten [overhastə(n)] *vt (overhaastte, h. overhaast)* précipiter

over·ha·len [overhalə(n)] *vt (haalde over, h. overgehaald)* décider (qqn à faire qqch); **zich laten ~** se laisser convaincre ♦ **een hendel ~** tirer une manette

over·hand [overhɑnt] *de* avantage; **de ~ hebben** l'emporter (sur); **de ~ krijgen** prendre le dessus

over·han·di·gen [overhɑndəχə(n)] *vt (overhandigde, h. overhandigd)* remettre

over·han·gen [overhɑŋə(n)] *vi (hing over, h. overgehangen)* surplomber

over·heb·ben [overhɛbə(n)] *vt (had over, h. overgehad)* **1** *(+ voor)* donner (pour); **ik heb veel voor haar over** je ferais tout pour elle **2** avoir de reste; **ik heb geen geld meer over** il ne me reste plus d'argent

over·heen [overhen] *adv* par-dessus; **hij liep er snel ~** il passa rapidement dessus ♦ **daar groeit hij wel ~** cela passera avec l'âge; **over dat verdriet zal hij nooit heen komen** il ne se relèvera jamais de ce chagrin; **ergens ~ lezen** passer sur qqch en lisant; **ergens ~ praten** changer de conversation; **zich ergens ~ zetten** prendre son parti de qqch; **twee jaar zijn er ~ gegaan** deux ans ont passé

over·heer·lijk [overherlək] *adj, adv* (de façon) exquis(e)

over·heer·sen [overhersə(n)] *vti (overheerste, h. overheerst)* dominer

over·heer·ser [overhersər] *nm (-s)* oppresseur

over·heer·sing [overhersɪŋ] *nf (-en)* **1** domination **2** *(psycho.)* prédominance

over|heid [overhɛit] *nf (-heden)* autorité(s)

***over·heids-** [overhɛits-] public

over·heids·dienst [overhɛitsdinst] *nm (-en)* service public ♦ **in ~ zijn** être dans la fonction publique

over·heids·per·so·neel [overhɛitspɛrsonel] *het* personnel de la fonction publique

over·heids·steun [overhɛitstøn] *nm* ♦ **met ~** subventionné (par l'État)

over·heids·we·ge [overhɛitsweχə] ♦ **van ~** de la part des pouvoirs publics

over·hel·len [overhɛlə(n)] *vi (helde over, h. overgeheld)* **1** pencher **2** *(+ naar, tot) (fig.)* pencher (pour)

over·hemd [overhɛmt] *het (-en)* chemise

over·he·ve·len [overhevələ(n)] *vt (hevelde over, h. overgeheveld)* **1** *(fig.)* transférer **2** transvaser

over·hoop [overhop] *adv* sens dessus dessous

over·hoop·gooi·en [overhopχojə(n)] *vt (gooide overhoop, h. overhoopgegooid),* **overhoophalen** *vt (haalde overhoop, h. overhoopgehaald)* mettre sens dessus dessous

over·hoop·lig·gen [overhoplɪχə(n)] *vi (lag overhoop, h. overhoopgelegen)* **1** être sens dessus dessous **2** *(+ met)* être brouillé (avec); *(iron.)* **hij lag overhoop met de strandstoel** il avait des emmêlés avec la chaise longue

over·hoop·schie·ten [overhopsχitə(n)] *vt (schoot overhoop, h. overhoopgeschoten) (fam.)* flinguer

over·hoop·smij·ten [overhopsmɛitə(n)]

vt (smeet overhoop, h. overhoopgesmeten) → overhoopgooien

over·hoop·ste·ken [ovərhopstekə(n)] *vt (stak overhoop, h. overhoopgestoken) (fam.)* poignarder

over·ho·ren [ovərhorə(n)] *vt (overhoorde, h. overhoord) (enseign.)* **1** faire réciter (qqch à qqn); de lessen schriftelijk ~ donner une interrogation écrite **2** *(test)* interroger (qqn)

over·hou·den [ovərhaudə(n)] *vti (hield over, h. overgehouden)* conserver; zij heeft er een depressie aan overgehouden cela lui a valu une dépression nerveuse; ik houd twee kopjes over il me reste deux tasses ♦ dat houdt niet over ce n'est pas fameux

ove·rig [ovərəχ] *adj* **1** restant **2** autre; voor het ~e pour le reste

ove·ri·gens [ovərəχə(n)s] *adv* d'ailleurs

over·ja·rig [ovərjarəχ] *adj* **1** âgé de plus d'un an **2** vivace *(plante)* **3** *(iron.)* prolongé

over·kant [ovərkant] *nm* autre côté; zij woont aan de ~ elle habite en face

over·kij·ken [ovərkɛikə(n)] *vt (keek over, h. overgekeken)* revoir

over·koe·pe·len [ovərkupələ(n)] *vt (overkoepelde, h. overkoepeld)* **1** recouvrir d'une coupole **2** *(fig.)* coiffer; een ~de organisatie une organisation de coordination

over·ko·ken [ovərkokə(n)] *vi (kookte over, h./i. overgekookt)* déborder

over·ko·me·lijk [ovərkomələk] *adj* surmontable

[1]**over·ko·men** [ovərkomə(n)] *vi (overkwam, i. overkomen)* arriver (à qqn); dat moet mij weer ~! il n'y a vraiment qu'à moi que ça arrive !; wat overkomt jou? qu'est-ce qui te prend ?

[2]**over·ko·men** [ovərkomə(n)] *vi (kwam over, i. overgekomen)* **1** passer par-dessus **2** être bien reçu **3** venir

[1]**over·la·den** [ovərladə(n)] *vt (overlaadde, h. overladen)* **1** surcharger; ~ zijn met werk être débordé de travail **2** *(+ met)* couvrir (de)

[2]**over·la·den** [ovərladə(n)] *vt (laadde over, h. overgeladen)* transborder

over·langs [ovərlaŋs] *adj, adv* longitudinal(ement)

over·lap·pen [ovərlapə(n)] *vt (overlapte, h. overlapt)* chevaucher

over·last [ovərlast] *nm* dérangement; ~ ondervinden van iets être gêné par qqch

over·la·ten [ovərlatə(n)] *vt (liet over, h. overgelaten)* laisser (qqch à qqn); je kunt (aan) hem niets ~ il est incapable de se débrouiller tout seul

over·le·den [ovərledə(n)] *adj* défunt

over·leed [ovərlet], **overleden** → overlijden

over·leg [ovərlɛχ] *het* **1** réflexion **2** concertation; in gemeenschappelijk ~ après délibération commune; in goed ~ handelen agir de concert; in ~ met en accord avec (qqn)

[1]**over·leg·gen** [ovərlɛχə(n)] *vti (overlegde, h. overlegd)* **1** réfléchir (à qqch) **2** délibérer (sur qqch)

[2]**over·leg·gen** [ovərlɛχə(n)] *vt (legde over, h. overgelegd)* produire

[1]**over·leg·ging** [ovərlɛχɪŋ] *nf (-en)* → overleg

[2]**over·leg·ging** [ovərlɛχɪŋ] *nf* remise *(de pièces, documents)*

over·le·ven [ovərlevə(n)] *vt (overleefde, h. overleefd)* survivre à

over·le·ven·de [ovərlevəndə] *nm (-n)* survivant, -ante

over·le·ve·ren [ovərlevərə(n)] *vt (leverde over, h. overgeleverd)* **1** livrer (à) **2** transmettre *(traditions, usages)*; overgeleverde gebruiken usages transmis de génération en génération

over·le·ve·ring [ovərlevərɪŋ] *nf (-en)* tradition; de ~ wil dat … selon la tradition …

over·le·zen [ovərlezə(n)] *vt (las over, h. overgelezen)* **1** relire **2** parcourir (du regard)

over·lij·den [ovərlɛidə(n)] *vi (overleed, i. overleden) (form.)* décéder

over|loop [ovərlop] *nm (-lopen)* palier

[1]**over·lo·pen** [ovərlopə(n)] *vt (overliep, h. overlopen)* **1** *(Belg.)* parcourir **2** *(sports)* écraser; Anderlecht werd volledig ~ Anderlecht s'est fait écraser

[2]**over·lo·pen** [ovərlopə(n)] *vi (liep over, i./h. overgelopen)* **1** passer sur **2** inonder **3** passer (à) **4** déborder; de emmer liep over le seau déborda; *(fig.)* la coupe déborda **5** *(+ van)* déborder (de)

[3]**over·lo·pen** [ovərlopə(n)] *vti (liep over, i./h. overgelopen)* recourir (une course)

over·lo·per [ovərlopər] *nm (-s)* transfuge

over·maat [ovərmat] *de* excès (de); tot ~ van ramp pour comble de malheur

over·macht [ovərmaχt] *de* **1** suprématie; Club Luik won met ~ van Ajax Liège l'a largement emporté sur l'Ajax d'Amsterdam **2** *(jur.; commerce)* force majeure

over·ma·ken [ovərmakə(n)] *vt (maakte over, h. overgemaakt)* **1** virer *(argent)* **2** refaire **3** *(Belg.)* transmettre

over·man·nen [ovərmanə(n)] *vt (overmande, h. overmand)* vaincre; hij werd door slaap overmand il succomba au sommeil

over·ma·tig [ovərmatəχ] *adj, adv* démesuré(ment); een ~ gebruik van un abus de; hij is niet ~ ijverig il ne fait pas d'excès de zèle

over·mees·te·ren [ovərmestərə(n)] *vt (overmeesterde, h. overmeesterd)* maîtriser

over·mees·te·ring [ovərmestərɪŋ] *nf* conquête

over·moed [ovərmut] *nm* **1** témérité **2** bravade; in mijn (zijn enz.) ~ par bravade

over·moe·dig [overmudəχ] *adj, adv* téméraire, avec témérité
over·mor·gen [overmɔrχə(n)] *adv* après-demain
over·nach·ten [overnɑχtə(n)] *vi (overnachtte, h. overnacht)* passer la nuit (à, chez)
over·nach·ting [overnɑχtɪŋ] *nf (-en)* **1** logement *(action de passer la nuit)* **2** nuit
over·na·me [overnamə] *de (-s, -n)* **1** rachat; **ter ~ gevraagd** cherche; **ter ~ (aangeboden)** à céder **2** emprunt
over·ne·men [overnemə(n)] *vt (nam over, h. overgenomen)* **1** prendre *(des mains de qqn)* **2** se charger de; **het ~ van iemand** prendre le relais de qqn **3** reprendre **4** emprunter (à)
over·nieuw [overniw] *adv (form.)* de nouveau; **~ beginnen** recommencer
over·pein·zen [overpɛinzə(n)] *vt (overpeinsde, h. overpeinsd)* → **overdenken**
over·pein·zing [overpɛinzɪŋ] *nf (-en)* méditation
over·pen·nen [overpɛnə(n)] *vt (pende over, h. overgepend) (fam.)* → **¹overschrijven 1**
over·plaat·sen [overplatsə(n)] *vt (plaatste over, h. overgeplaatst)* **1** déplacer **2** muter
over·plan·ten [overplɑntə(n)] *vt (plantte over, h. overgeplant)* transplanter
over·pro·duc·tie [overprodʌksi] *nf* surproduction
over·re·den [overedə(n)] *vt (overreedde, h. overreed)* persuader (qqn de faire qqch)
over·reed [overet] → **overrijden**
¹over·rij·den [overɛidə(n)] *vt (overreed, h. overreden)* écraser *(en roulant)*
²over·rij·den [overɛidə(n)] *vi (reed over, i. overgereden)* traverser *(véhicule)*
over·rijp [overɛip] *adj* trop mûr
over·rom·pe·len [overɔmpələ(n)] *vt (overrompelde, h. overrompeld)* **1** attaquer par surprise **2** *(fig.)* prendre au dépourvu
over·scha·du·wen [oversχadywə(n)] *vt (overschaduwde, h. overschaduwd)* **1** ombrager **2** *(fig.)* éclipser
over·scha·ke·len [oversχakələ(n)] *vi (schakelde over, h. overgeschakeld)* **1** brancher (sur) *(électricité)* **2** changer de vitesse **3** *(+ op) (fig.)* passer à (l'usage de)
over·schat·ten [oversχɑtə(n)] *vt (overschatte, h. overschat)* surestimer
over·schen·ken [oversχɛŋkə(n)] *vt (schonk over, h. overgeschonken)* → **²overgieten**
over·schil·de·ren [oversχɪldərə(n)] *vt (schilderde over, h. overgeschilderd)* repeindre
over·schot [oversχɔt] *het (-ten)* **1** reste; **het stoffelijk ~** la dépouille (mortelle); *(Belg.)* **~ van gelijk hebben** avoir parfaitement raison **2** surplus; **een ~ aan geld** un surplus d'argent
over·schreed [oversχret], **overschreden** → **overschrijden**
over·schreeu·wen [oversχrewə(n)] *vt (overschreeuwde, h. overschreeuwd)* crier plus fort que (qqn); *(fig.)* **hij probeerde zijn angst te ~** il essayait de dominer sa peur en criant; **zich ~** forcer sa voix
over·schrij·den [oversχrɛidə(n)] *vt (overschreed, h. overschreden)* **1** franchir **2** (dé)passer
¹over·schrij·ven [oversχrɛivə(n)] *vti (schreef over, h. overgeschreven)* **1** copier (sur) **2** virer *(argent)* **3** transférer *(mettre au nom d'un autre)* **4** (re)copier
²over·schrij·ven [oversχrɛivə(n)] *vt (overschreef, h. overschreven) (inform.)* écraser
over·schrij·vings·for·mu·lier [oversχrɛivɪŋsfɔrmylir] *het (-en)* titre interbancaire de paiement (TIP)
over·sei·nen [oversɛinə(n)] *vt (seinde over, h. overgeseind)* câbler
over·sized [oversɑjst] *adj (couture)* à coupe ample
¹over·slaan [overslan] *vi (sloeg over, i. overgeslagen)* **1** gagner (qqn, qqch); **de vlammen sloegen over op het dak** les flammes ont gagné le toit **2** passer *(d'un état à un autre)* **3** se casser *(voix)*
²over·slaan [overslan] *vt (sloeg over, h. overgeslagen)* omettre; **één beurt ~** laisser passer un tour; **hij werd overgeslagen bij het voorstellen** il fut oublié dans les présentations
over·slag [overslɑχ] *nm (-en)* **1** revers **2** transbordement
over·sla·pen, zich [overslapə(n)] *vpr (oversliep zich, h. zich overslapen) (Belg.)* se lever trop tard
¹over·span·nen [overspɑnə(n)] *adj* **1** surexcité; **~ verwachtingen koesteren** caresser des espoirs démesurés **2** surmené
²over·span·nen [overspɑnə(n)] *vt (overspande, h. overspannen)* **1** franchir **2** tendre trop (fort)
over·spel [overspɛl] *het* adultère
over·spe·len [overspelə(n)] *vt (speelde over, h. overgespeeld)* **1** rejouer **2** *(sports)* passer
over·spe·lig [overspeləχ] *adj* **1** adultère **2** adultérin
over·spoe·len [overspulə(n)] *vt (overspoelde, h. overspoeld)* inonder *(aussi au fig.)*
over·sprin·gen [oversprɪŋə(n)] *vi (sprong over, i. overgesprongen)* **1** sauter pardessus (qqch) **2** sauter (d'un point à un autre); **hij sprong op een ander onderwerp over** il passa brusquement à un autre sujet
over·staan [overstan] ♦ **ten ~ van** en présence de; **ten ~ van de gehele wereld verkondigen** proclamer à la face du monde

over·stag [ovərstɑχ] *adv*♦ *(mar.)* **~ gaan** virer de bord; *(fig.)* tourner casaque

over·stap [ovərstɑp] *nm (-pen)* **1** passage (d'un point à un autre) **2** fait d'enjamber (qqch); **dat was een hele ~** ça n'a pas été facile à enjamber

over·stap·pen [ovərstɑpə(n)] *vi (stapte over, i. overgestapt)* **1** passer par-dessus (qqch) **2** changer (de train etc.) **3** *(+ op)* passer (d'un point à un autre, d'un sujet à un autre)

over·ste [ovərstə] *nm (-n)* **1** *(fam.; milit.)* lieutenant-colonel **2** *(relig.)* supérieur, -eure

over|steek [ovərstek] *nm (-steken)* traversée

over·ste·ken [ovərstekə(n)] *vi (stak over, i./h. overgestoken)* **1** traverser **2** échanger (qqch contre qqch d'autre); **gelijk ~** échanger (qqch) donnant donnant

over·stel·pen [ovərstɛlpə(n)] *vt (overstelpte, h. overstelpt) (+ met)* couvrir (de); **ik heb een ~de hoeveelheid werk** je suis accablé de travail; **iemand ~ met verwijten** accabler qqn de reproches

[1]**over·stem·men** [ovərstɛmə(n)] *vt (overstemde, h. overstemd)* **1** couvrir *(bruit)* **2** mettre en minorité *(élections)* **3** l'emporter sur

[2]**over·stem·men** [ovərstɛmə(n)] *vi (stemde over, h. overgestemd)* revoter

[1]**over·stro·men** [ovərstromə(n)] *vt (overstroomde, h. overstroomd)* inonder

[2]**over·stro·men** [ovərstromə(n)] *vi (stroomde over, h. overgestroomd) (+ van)* déborder

over·stuur [ovərstyr] *adj, adv (meer o., meest o.)*♦ **mijn maag is ~** j'ai l'estomac dérangé; **zich ~ maken** se détraquer les nerfs; **~ raken** se laisser démonter; **zij was er helemaal van ~** elle en était toute retournée

over·te·ke·nen [ovərtekənə(n)] *vt (tekende over, h. overgetekend)* **1** dessiner à nouveau **2** copier (un dessin)

over·tel·len [ovərtɛlə(n)] *vt (telde over, h. overgeteld)* recompter

over·tik·ken [ovərtɪkə(n)] *vt (tikte over, h. overgetikt)* **1** taper (à la machine) **2** retaper (à la machine)

over·til·len, zich [ovərtɪlə(n)] *vpr (overtilde zich, h. zich overtild)* attraper un tour de reins

over·tocht [ovərtɔχt] *nm (-en)* **1** passage **2** traversée *(de la mer)*

over·tol·lig [ovərtɔləχ] *adj, adv* **1** excédentaire, en excédent **2** superflu, inutilement

over·trad [ovərtrɑt], **overtraden** → **overtreden**

over·tre·den [ovərtredə(n)] *vt (overtrad, h. overtreden)* enfreindre

over·tre·ding [ovərtredɪŋ] *nf (-en)* **1** infraction; **wegens ~ van de wet** pour infraction à la loi **2** faute

over·tref·fen [ovərtrɛfə(n)] *vt (overtrof, h. overtroffen)* dépasser; **hij heeft zichzelf overtroffen** il s'est surpassé

[1]**over·trek·ken** [ovərtrɛkə(n)] *vt (overtrok, h. overtrokken)* **1** (re)couvrir (de) **2** exagérer

[2]**over·trek·ken** [ovərtrɛkə(n)] *vi (trok over, i. overgetrokken)* **1** passer (à travers, par-dessus) **2** *(météo.)* passer **3** *(Belg.; météo.)* se couvrir

[3]**over·trek·ken** [ovərtrɛkə(n)] *vt (trok over, h. overgetrokken)* repasser *(dessin)*

over·troe·ven [ovərtruvə(n)] *vt (overtroefde, h. overtroefd) (fig.)* damer le pion à (qqn); **overtroefd worden** trouver plus fort que soi

over·trof [ovərtrɔf], **overtroffen** → **overtreffen**

over·trok [ovərtrɔk], **overtrokken** → **overtrekken**

over·trok·ken [ovərtrɔkə(n)] *adj, adv* surfait; **een ~ reactie** une réaction disproportionnée; **wat jij zegt is zwaar ~** tu forces la dose

[1]**over·tui·gen** [ovərtœyχə(n)] *vti (overtuigde, h. overtuigd)* convaincre (qqn de qqch); **hij is overtuigd van zijn gelijk** il est convaincu d'avoir raison

[2]**over·tui·gen, zich** [ovərtœyχə(n)] *vpr (overtuigde zich, h. zich overtuigd)* se convaincre (soi-même) (de qqch)

over·tui·ging [ovərtœyχɪŋ] *nf (-en)* **1** conviction; **in de ~ dat** convaincu que; **in de stellige ~ verkeren** être totalement convaincu (de qqch); **de ~ toegedaan zijn, dat …** être convaincu que … **2** persuasion

over·ty·pen [ovərtipə(n)] *vt (typte over, h. overgetypt)* → **overtikken**

over|uur [ovəryr] *het (-uren)* heure supplémentaire

over·vaart [ovərvart] *de (-en)* → **overtocht**

over·val [ovərvɑl] *nm (-len)* attaque

over·val·len [ovərvɑlə(n)] *vt (overviel, h. overvallen)* **1** attaquer **2** surprendre

over·val|ler [ovərvɑlər] *nm (-s)*, **-ster** *nf (-s)* agresseur

[1]**over·va·ren** [ovərvarə(n)] *vi (overvoer, h. overvaren)* traverser *(en bateau)*

[2]**over·va·ren** [ovərvarə(n)] *vt (voer over, h. overgevaren)* faire traverser *(en bateau)*

over·ver·hit·ten [ovərvərhɪtə(n)] *vt (oververhitte, h. oververhit)* surchauffer

over·ver·moeid [ovərvərmujt] *adj* épuisé

over·ver·za·digd [ovərvərzadəχt] *adj* sursaturé

over·viel [ovərvil], **overvielen** → **overvallen**

over·vleu·ge·len [ovərvløχələ(n)] *vt (overvleugelde, h. overvleugeld) (fig.)* éclipser

[1]**over·vlie·gen** [ovərvliχə(n)] *vi (vloog over, i. overgevlogen)* **1** survoler; **de oceaan ~** traverser l'océan en avion **2** *(fig.)* s'élancer

[2]**over·vlie·gen** [ovərvliχə(n)] *vt (vloog over, h. overgevlogen)* transporter en avion

over·vloed [ovərvlut] *nm* abondance; **een ~ hebben aan** abonder en; **in ~ baden** nager dans l'opulence; **in ~ aanwezig zijn** abonder ♦ **ten ~e** en outre

over·vloe·dig [ovərvludəχ] *adj, adv* (sur)-abondant, abondamment

over·vloei·en [ovərvlujə(n)] *vi (vloeide over, h./i. overgevloeid)* **1** déborder **2** *(+ van)* regorger (de) ♦ **kleuren in elkaar laten ~** fondre des couleurs

over·voe·ren [ovərvurə(n)] *vt (overvoerde, h. overvoerd)* **1** gaver **2** *(fig.)* saturer

over·vol [ovərvɔl] *adj* plein à craquer; **een ~le week** une semaine surchargée

over·waai·en [ovərwajə(n)] *vi (waaide, woei over, i. overgewaaid)* **1** être apporté par le vent **2** *(fig.)* arriver **3** *(météo.)* passer

over·waar·de·ren [ovərwarderə(n)] *vt (waardeerde over, h. overgewaardeerd)* surestimer

[1]**over·weg** [ovərwεχ] *nm (-en) (transp.)* passage à niveau

[2]**over·weg** [ovərwεχ] *adv* ♦ **met iemand ~ kunnen** s'entendre avec qqn; **met een nieuwe machine ~ kunnen** savoir se servir d'une nouvelle machine

[1]**over·we·gen** [ovərweχə(n)] *vt (overwoog, h. overwogen)* considérer; **zij overwoog of zij ontslag zou nemen** elle envisageait de donner sa démission; **~ om iets wel of niet te doen** peser le pour et le contre de qqch

[2]**over·we·gen** [ovərweχə(n)] *vi (overwoog, h. overwogen)* l'emporter

[1]**over·we·gend** [ovərweχənt] *adj* **1** déterminant **2** *(fig.)* prépondérant

[2]**over·we·gend** [ovərweχənt] *adv* essentiellement

over·we·ging [ovərweχɪŋ] *nf (-en)* considération; **iemand iets in ~ geven** soumettre qqch à qqn

over·wel·di·gen [ovərwεldəχə(n)] *vt (overweldigde, h. overweldigd)* envahir *(par la force)*

[1]**over·wel·di·gend** [ovərwεldəχənt] *adj* écrasant

[2]**over·wel·di·gend** [ovərwεldəχənt] *adv* énormément

over·wel·ven [ovərwεlvə(n)] *vt (overwelfde, h. overwelfd) (archit.)* voûter

over·werk [ovərwεrk] *het* ♦ **~ doen** effectuer des heures supplémentaires

[1]**over·wer·ken, zich** [ovərwεrkə(n)] *vpr (overwerkte zich, h. zich overwerkt)* se surmener

[2]**over·wer·ken** [ovərwεrkə(n)] *vi (werkte over, h. overgewerkt)* effectuer des heures supplémentaires

over·werkt [ovərwεrkt] *adj* surmené

over·wicht [ovərwɪχt] *het* **1** supériorité; **hij heeft geen ~** il n'a aucune autorité; **~ krijgen** prendre de l'ascendant (sur qqn) **2** excédent

over·win·naar [ovərwɪnar] *nm (-s)* vainqueur

[1]**over·win·nen** [ovərwɪnə(n)] *vt (overwon, h. overwonnen)* **1** vaincre **2** surmonter

[2]**over·win·nen** [ovərwɪnə(n)] *vi (overwon, h. overwonnen)* triompher

over·win·ning [ovərwɪnɪŋ] *nf (-en)* victoire; **het heeft mij een ~ gekost** ça a été une victoire sur moi-même

over·win·te·ren [ovərwɪntərə(n)] *vi (overwinterde, h. overwinterd)* hiverner

over·wip·pen [ovərwɪpə(n)] *vi (wipte over, i. overgewipt)* faire un saut (chez qqn)

over·woe·ke·ren [ovərwukərə(n)] *vt (overwoekerde, h. overwoekerd)* envahir

over·won [ovərwɔn], **overwonnen** → **overwinnen**

over·woog [ovərwoχ], **overwogen** → **overwegen**

over·zag [ovərzaχ], **overzagen** → **overzien**

over·zee [ovərze] *adv* outre-mer

over·zees [ovərzes] *adj* d'outre-mer

over·zei·len [ovərzεilə(n)] *vi (zeilde over, i. overgezeild)* traverser à la voile

over·zet·ten [ovərzεtə(n)] *vti (zette over, h. overgezet)* **1** faire traverser; **iemand de grens ~** expulser qqn **2** déplacer **3** traduire (en) **4** *(inform.)* transcoder

over·zicht [ovərzɪχt] *het (-en)* **1** vue d'ensemble **2** aperçu

over·zich·te·lijk [ovərzɪχtələk] *adj, adv* clair(ement)

over·zichts·ten·toon·stel·ling [ovərzɪχ(t)stεntonstεlɪŋ] *nf (-en)* rétrospective *(exposition)*

over·zien [ovərzin] *vt (overzag, h. overzien)* **1** embrasser du regard, *(fig.)* planer (au-dessus de); **de gevolgen zijn niet te ~** les conséquences sont incalculables **2** revoir *(leçons)*

over·zij·de [ovərzεidə] *de* autre côté; **aan de ~ van** de l'autre côté de; **aan de ~ van het Kanaal** outre-Manche

over·zit·ten [ovərzɪtə(n)] *vt (zat over, h. overgezeten) (Belg.)* redoubler

over·zwem·men [ovərzwεmə(n)] *vi (zwom over, i. overgezwommen)* traverser à la nage

ov-jaar·kaart [ovejarkart] *de (-en)* ⟨*carte annuelle des transports publics*⟩

p

pa [pa] *nm (-'s)* papa
p/a [pɛradrɛs] abrév. de *per adres* a/s
paad·je [pacə] *het (-s)* →[1]pad
paai·en [pajə(n)] *vt (paaide, h. gepaaid)* enjôler
paal [pal] *nm (palen)* **1** poteau; dat staat als een ~ boven water ça crève les yeux **2** borne; ~ en perk stellen aan iets mettre un terme à qqch **3** *(fam.)* barre *(sexe en érection)* ♦ voor ~ staan avoir l'air cloche; iemand voor ~ zetten tourner qqn en ridicule
paap [pap] *nm (papen)* calotin
paaps [paps], **paapsgezind** *adj* papiste
[1]**paar** [par] *het (paren)* **1** paire *(deux choses qui vont ensemble)* **2** couple *(personnes et animaux)*; het gouden ~ le couple qui fête ses noces d'or **3** quelques ♦ *(fig.)* zo lust ik er nog wel een ~! vous m'en direz tant !
[2]**paar** [par] *adj* pair; ~ of onpaar pair ou impair
paard [part] *het (-en)* **1** cheval; werken als een ~ travailler comme un bœuf; zo sterk als een ~ fort comme un bœuf; *(fig.)* het beste ~ van stal le meilleur de tous; een blind ~ zou er geen schade doen il n'y a guère que les quatre murs; *(fig.)* aan een dood ~ trekken faire des efforts inutiles; *(prov)* men moet een gegeven ~ niet in de bek zien à cheval donné on ne regarde pas la bouche; hij is over het ~ getild ± il est gâté; *(fig.)* het ~ ruikt de stal il, elle sent l'écurie; het ~ achter de wagen spannen mettre la charrue avant les bœufs; *(inform.)* een Trojaans ~ un cheval de Troie **2** *(aux échecs)* cavalier
***paar·den-** [pardə(n)-] de cheval; een paardenmiddel un remède de cheval; *(Belg.)* een paardenremedie un remède de cheval
paar·den·bloem [pardə(n)blum] *de (-en)* *(bot.)* pissenlit
paar·den·kracht [pardə(n)krɑχt] *de (-en)* *(phys.)* cheval-vapeur
paar·den·mo·len [pardəmolə(n)] *nm (-s)* *(Belg.)* manège
paar·den|oog [pardə(n)oχ] *het (-ogen)* *(Belg.)* œuf sur le plat
paard·je·rij·den [parcərɛidə(n)] *vi (reed paardje, h. paardjegereden)* faire du dada (sur les genoux de qqn)
paard·rij·den [partrɛidə(n)] *vi (reed paard, h. paardgereden)* faire du cheval
paar·le·moer [parləmur] *het* nacre
paar·len [parlə(n)] *adj* de perles
paars [pars] *adj* **1** violet; hij loopt ~ aan van woede il se fâche tout rouge **2** *(pol.)* concernant la coalition de socialistes et libéraux
paars·ge·wijs [parsχəwɛis] *adv* deux par deux
paar·tijd [partɛit] *nm* rut
paar·tje [parcə] *het (-s)* →[1]paar 2
***paas-** [pas-] de Pâques; het paasei l'œuf de Pâques
paas·best [pazbɛst] *adj, adv* ♦ zijn ~e kleren aantrekken mettre ses habits du dimanche; *(subst.)* op zijn ~ zijn être sur son trente et un
paas·klok [pasklɔk] *de (-ken)* *(Belg.)* cloche de Pâques
pab [peabe] *het (Belg.; méd.)* abrév. de *persoonlijkeassistentiebudget* BAP (budget d'assistance personnelle)
pa·bo [pabo] *nf (-'s)* abrév. de *pedagogische academie voor het basisonderwijs (aujourd'hui)* ESPE
pacht [pɑχt] *de (-en)* *(jur.)* **1** bail; *(fig.)* iets in ~ (menen te) hebben (croire) avoir le monopole de qqch **2** fermage
pach·ten [pɑχtə(n)] *vt (pachtte, h. gepacht)* prendre à bail
pach·ter [pɑχtər] *nm (-s)*, **pachtster** *nf (-s)* fermier, -ière *(uniquement qqn qui tient à ferme une propriété agricole)*
[1]**pad** [pɑt] *het (-en)* sentier, *(aussi au fig.)* chemin; het ~ van de deugd bewandelen suivre le chemin de la vertu; *(fig.)* het ~ effenen voor iemand frayer le chemin à qqn; op het goede ~ zijn être dans le droit chemin; *(fig.)* platgetreden ~en volgen suivre les sentiers battus; van het rechte ~ afraken sortir du droit chemin; zich op het slechte ~ begeven, het slechte ~ opgaan s'engager sur la mauvaise voie ♦ op ~ gaan partir; zij is altijd op ~ elle est toujours en route
[2]**pad** [pɑt] *de (-en)* *(zool.)* crapaud
pad·den·stoel [pɑdəstul] *nm (-en)* *(bot.)* champignon; als ~en uit de grond schieten pousser comme des champignons
pad|vin·der [pɑtfɪndər] *nm (-s)*, **-vindster** *nf (-s)* scout
[1]**paf** [pɑf] *adj* baba; ergens ~ van staan être époustouflé de qqch
[2]**paf** [pɑf] *interj* pan !
paf·fen [pɑfə(n)] *vi (pafte, h. gepaft)* *(fam.)* **1** fumer comme une locomotive à faveur **2** tirer
paf·fe·rig [pɑfərəχ] *adj* gonflé; er ~ uitzien être bouffi

pag. [paχina] abrév. de *pagina* p.

pa·gad·der [paχadər] *nm (-s) (Belg.)* 1 galopin 2 môme

pa·gi·na [paχina] *de (-'s)* page

pa·gi·na·groot [paχinaχrot] *adj, adv* pleine page

pais [pajs] *de* ♦ **alles was ~ en vree** le calme régnait; **alles is weer ~ en vree tussen hen** ils ont fait la paix

pak [pak] *het (-ken)* 1 paquet; **een ~ melk** une brique de lait; **de prijs staat op het ~** le prix est indiqué sur l'emballage; *(Belg.)* **met ~ en zak vertrekken** partir avec armes et bagages 2 costume; **goed in het ~ zitten** être bien habillé; *(fig.)* **in het ~ genaaid worden** tomber dans le panneau; **een nat ~ halen** recevoir une douche ♦ *(Belg.)* **een ~ beter** beaucoup mieux; **bij de ~ken neerzitten** baisser les bras; se décourager; *(Belg.)* **een ~ mensen** un tas de gens; *(fam.)* **iemand een ~ op zijn donder, sodemieter, verdommenis geven** flanquer une rossée à qqn; *(fig.)* engueuler qqn; **een ~ rammel** une raclée; **dat is een ~ van mijn hart** cela m'enlève un poids du cœur; **moet je een ~ voor je billen, je broek?** tu veux une fessée ?

pak·ezel [pakezəl] *nm (-s)* 1 âne de bât 2 *(fig.)* bête de somme

pak|huis [pakhœys] *het (-huizen)* entrepôt; **het is hier net een ~!** quel capharnaüm !

Pa·ki|staan [pakistan] *nm (-stani),* **-staanse** *nf (-n)* Pakistanais, -aise

Pa·ki·staans [pakistans] *adj* pakistanais

Pa·ki·stan [pakistan] *het* Pakistan

pak·je [pakjə] *het (-s)* 1 paquet 2 (petit) cadeau

[1]**pak·ken** [pakə(n)] *vti (pakte, h. gepakt)* 1 prendre; **er eentje ~** boire un coup; **iets te ~ krijgen** réussir à obtenir qqch; **proberen iemand te ~ te krijgen** essayer de joindre qqn; **pak ze!** attaque ! 2 attraper 3 emballer 4 faire ses valises 5 rouler; **iemand te ~ nemen** avoir qqn; duper qqn; **de zwaksten worden altijd gepakt** ce sont toujours les plus faibles qui se font avoir 6 tasser 7 s'envoyer *(qqn, une boisson)* 8 passionner; **een ~de titel** un titre accrocheur 9 *(Belg.)* toucher ♦ **iemand op iets ~** faire grief à qqn de qqch; **het lelijk te ~ hebben** avoir un rhume carabiné, être bien mordu(e); **ze hebben me flink te ~ gehad** ils m'ont rudement malmené; *(fig.)* ils m'ont bien eu

[2]**pak·ken** [pakə(n)] *vi (pakte, h. gepakt)* 1 tenir *(à propos d' une substance)* 2 se tasser

pak·kend [pakənt] *adj* passionnant, captivant; **een ~e titel** un titre accrocheur

pak·kerd [pakərt] *nm (-s) (fam.)* grosse bise

pak·ket [pakɛt] *het (-ten)* 1 paquet; **een ~ maatregelen** un train de mesures 2 *(enseign.)* ensemble de matières (présentées au bac) 3 *(télévision)* bouquet

pak·ket·post [pakɛtpɔst] *de* service des colis postaux

pak·kie-an [pakian] ♦ **dat is niet mijn ~** c'est pas mon turf

pak·pa·pier [pakpapir] *het* papier d'emballage

pak·weg [pakwɛχ] *adv (fam.)* dans les

pal [pal] *adv* 1 juste 2 sans bouger; **~ staan voor iets** défendre qqch de pied ferme ♦ **hij liep ~ tegen mij aan** il m'a heurté de front

pa|leis [palɛis] *het (-leizen)* palais

Pa·les|tijn [paləstɛin] *nm (-en),* **-tijnse** *nf (-n)* Palestinien, -ienne

Pa·les·ti·na [paləstina] *het* Palestine

pa·ling [palɪŋ] *nm (-en)* anguille

pal·lie·ter [paliter] *nm (-s) (Belg.)* joyeux luron

palm [palm] *nm (-en)* 1 palmier 2 paume *(de la main);* **in de ~ van zijn hand** dans le creux de la main 3 palme *(symbole de la victoire)*

Palm·pa·sen [palmpasə(n)] *nm* les Rameaux

palm·tak [palmtak] *nm (-ken) (cathol.)* buis des Rameaux

Palm·zon·dag [palmzɔndaχ] *nm* dimanche des Rameaux

Pam·pus [pampʌs] ♦ *(fam.)* **voor ~ liggen** être crevé

pan [pan] *de (-nen)* 1 fait-tout, faitout 2 tuile *(toit);* **hij is weer even onder de ~nen** il est casé pour le moment ♦ **in de ~ hakken** battre à plate(s) couture(s); **de ~ uit rijzen** dépasser les bornes; **dat swingt de ~ uit** ça swingue à mort

Pa·na·ma [panama] *het* Panama

Pa·na·mees [panames] *adj* panaméen; **de ~, Panamese** le, la Panaméen(ne)

[1]**pand** [pant] *het (-en)* 1 immeuble 2 gage *(aussi jur., fig.)*

[2]**pand** [pant] *het/de (-en) (vêtements)* 1 panneau 2 basque 3 pan (de chemise)

pand·jes|huis [pancəshœys] *het (-huizen)* mont-de-piété

pand·jes·jas [pancəsjas] *de (-sen)* queue de morue

pa|neel [panel] *het (-nelen)* panneau

pa·neer·meel [panermel] *het* chapelure

pan·fluit [panflœyt] *de (-en)* flûte de Pan

pan·ha·ring [panharɪŋ] *nm (-en)* hareng frais

pa·niek [panik] *nf* panique; **in ~ raken** être pris de panique

pa·nie·ke·rig [panikərəχ] *adj, adv* paniqué

pa·niek|zaai·er [paniksajər] *nm (-s),* **-zaaister** *nf (-s)* alarmiste

pa|nisch [panis] *adj, adv (-nischer, meest p.)* (de) panique

pan·klaar [paŋklar] *adj (cuis.)* prêt à cuire

pan·nen·koek [panə(n)kuk] *nm (-en) (cuis.)* crêpe

pan·nen·lap [panə(n)lap] *nm (-pen)* manique

pan·ter [pantər] *nm (-s)* panthère

pan·tof·fel [pɑntɔfəl] *de (-s)* pantoufle; **hij zit onder de ~** sa femme porte la culotte

pan·tof·fel·held [pɑntɔfəlhɛlt] *nm (-en)* **1** mari soumis **2** dégonflé, -ée

pant·ser [pɑn(t)sər] *het (-s)* **1** blindage **2** *(biol.)* carapace **3** armure

***pant·ser-** [pɑn(t)sər-] blindé

pant·se·ren [pɑn(t)sərə(n)] *vt (pantserde, h. gepantserd)* blinder

pan·ty [pɛnti, ᴮpɑnti] *nm (-'s)* collant(s)

pap [pɑp] *de (-pen) (cuis.)* bouillie; **niets in de ~ te brokkelen hebben** compter pour du beurre; **ik lust er wel ~ van** j'en raffole ♦ **geen ~ meer kunnen zeggen** être éreinté, avoir l'estomac plein

pa·pa·ver [papavər] *de (-s)* pavot

pa·pe·gaai [papəχaj] *nm (-en)* perroquet

pa·per [pepər] *de (-s)* exposé; **een ~ schrijven over** écrire un article sur

pa·per·back [pepərbɛk] *nm (-s)* édition de poche

pa·per·clip [pepərklɪp] *nm (-s)* trombone *(agrafe de bureau)*

pa·pier [papir] *het (-en)* papier; **goede ~en hebben** avoir de bonnes références; **het loopt aardig in de ~en** ça va chiffrer; **iets op ~ zetten** mettre qqch par écrit; *(Belg.)* **in slechte ~en zitten** être dans de mauvais draps

***pa·pier-** [papir-] **1** à papier; **de papierbak, papiermand** la corbeille à papier **2** de papier; **een papiersnipper** une rognure de papier

pa·pie·ren [papirə(n)] *adj* en papier

pa·pier·werk [papirwɛrk] *het* papiers; **in te vullen ~** papiers à remplir

pap·kind [pɑpkɪnt] *het (-eren)* enfant chétif

pap·le·pel [pɑplepəl] *nm (-s)* **1** cuillère à dessert; *(fig.)* **dat is hem met de ~ ingegeven** on le lui a inculqué dès sa plus tendre enfance; *(fig.)* **iemand iets met de ~ ingieten** faire sucer qqch à qqn avec le lait **2** cuillérée à dessert

Pa·poea [papuwa] *nm (-'s)* Papou, -oue

Pa·poea-Nieuw-Gui·nea [papuwaniwχineja] *het* Papouasie-Nouvelle-Guinée

Pa·poea-Nieuw-Gui·nees [papuwaniwχines] *adj* papouan-néo-guinéen

pap·pen·hei·mer [pɑpə(n)hɛimər] *nm (-s)* ♦ **hij kent zijn ~s** il connaît son monde

pap·pe·rig [pɑpərəχ] *adj* **1** pâteux **2** adipeux; **een ~e kop** une figure joufflue

pap·pie [pɑpi] *nm (-s)* (mon petit) papa

pap·pot [pɑpɔt] *nm (-ten)* ♦ **bij moeders ~ blijven** ne pas quitter les jupons de sa mère

pa·pri·ka [paprika] *de (-'s)* **1** piment doux **2** poivron **3** paprika

pa·pri·ka·poe·der [paprikapudər] *het* → **paprika 3**

paps [pɑps] *nm* papa

pap·zak [pɑpsɑk] *nm (-ken) (fam.)* gros plein de soupe

pa|raat [parat] *adj (-rater, -raatst)* prêt; **~ staan** être prêt

pa·raat·heid [parathɛit] *nf* ♦ **in staat van ~** en état d'alerte

pa·ra·bel [parabəl] *de (-s, -en) (relig.)* parabole

pa·ra·chu·te·sprin·gen [paraʃytsprɪŋə(n)] *vb* faire du parachutisme

pa·ra·de [paradə] *nf (-s)* **1** parade *(exhibition; revue)* **2** *(milit.)* défilé

pa·ra·de·paard [paradəpart] *het (-en)* **1** orgueil **2** cheval de parade

pa·ra·de·ren [paraderə(n)] *vi (paradeerde, h. geparadeerd)* **1** *(milit.)* parader **2** faire étalage (de)

pa·ra|dijs [paradɛis] *het (-dijzen)* paradis

pa·ra·dijs·ach·tig [paradɛisɑχtəχ], **paradijselijk** *adj, adv* (d'une manière) paradisiaque

pa·rag|nost [paraχnɔst] *nm (-en)*, **-noste** *nf (-n, -s)* voyant, -ante

pa·rag·nos·tisch [paraχnɔstis] *adj, adv* (d'une manière) extrasensoriel(le); **~e dromen** rêves prémonitoires

Pa·ra·gu·ay [paragwɑj] *het* Paraguay

Pa·ra·gu·ay|aan [paragwajan] *nm (-anen)*, **-aanse** *nf (-n)* Paraguayen, -enne

Pa·ra·gu·ay·aans [paragwajans] *adj* paraguayen

pa·ral·lel [paralɛl] *adj, adv* parallèle(ment); **een ~ trekken tussen ...** établir un parallèle entre ...; **~ lopen met** être parallèle à

pa·ral·lel·lie [paralɛli] *nf*, **parallellisme** *het* parallélisme

Pa·ra·lym·pics [paralɪmpɪks] *plur (sports)* jeux olympiques handisports

pa·ra·me·disch [paramedis] *adj* paramédical

pa·ra|noot [paranot] *de (-noten)* châtaigne, noix du Brésil

pa·ra·plu [paraply] *nm (-'s)* parapluie ♦ *(fam.)* **aju ~!** à la revoyure !

pa·ra·si·te·ren [paraziterə(n)] *vi (parasiteerde, h. geparasiteerd)* vivre en parasite; **hij parasiteert op zijn makkers** il vit aux crochets de ses camarades

pa·ra·sol [parasɔl] *nm (-s)* **1** parasol **2** ombrelle

pa·ra·troe·pen [paratrupə(n)] *plur (milit.)* paras

par·does [pɑrdus] *adv* tête baissée; **hij sprong ~ in het water** il a sauté dans l'eau sans hésiter une seconde

[1]**par·don** [pɑrdɔn] *het* **1** pardon; **geen ~ kennen** être impitoyable; **zonder ~** sans rémission; sans états d'âme **2** *(jur.)* grâce; **generaal ~** amnistie générale

[2]**par·don** [pɑrdɔn] *interj* (je vous demande) pardon

par·don·re·ge·ling [pɑrdɔnreχəlɪŋ] *nf (-en)* amnistie; **een algemene ~** une amnistie générale

pa·rel [parəl] *de (-s)* perle; *(fig.)* **de schoonste ~ aan zijn kroon** le plus beau fleuron de sa couronne; **~s voor de zwijnen gooien** jeter des perles aux pourceaux

***pa·rel-** [parəl-] de perles; **de parelvisser** le pêcheur de perles

pa·re·len [parələ(n)] *vi (parelde, h. gepareld)* perler

pa·rel·hoen [parəlhun] *het (-ders) (zool.)* pintade

pa·rel·moer [parəlmur] *het* → **paarlemoer**

pa·rel·wit [parəlwɪt] *adj* blanc nacré

[1]**pa·ren** [parə(n)] *vi (paarde, h. gepaard)* s'accoupler

[2]**pa·ren** [parə(n)] *vt (paarde, h. gepaard)* **1** apparier **2** *(fig.)* unir (à); **moed aan voorzichtigheid ~** joindre le courage à la prudence

Pa·rijs [parɛis] *het* Paris

Pa·rij·ze·naar [parɛizənar] *nm (-s)* Parisien

pa·ring [parɪŋ] *nf (-en)* **1** accouplement **2** appariement

pa·rings·drift [parɪŋzdrɪft] *de* rut

pa·rings·tijd [parɪŋstɛit] *nm (zool.)* saison des amours

park [park] *het (-en)* parc

par·ke·ren [parkerə(n)] *vti (parkeerde, h. geparkeerd) (transp.)* garer, se garer; **verboden te ~** interdiction de stationner

par·ket [parkɛt] *het (-ten)* **1** parquet **2** *(dans un théâtre, un cinéma)* orchestre ♦ **iemand in een lastig ~ brengen** mettre qqn dans de beaux draps

par·kiet [parkit] *nm (-en)* perruche

par·man·tig [parmantəχ] *adj, adv* (d'un air) crâne

Par·me·zaans [parməzans] *adj* ♦ **~e kaas** du (fromage) parmesan

pa·ro·chie [parɔχi] *nf (-s)* paroisse

***pa·ro·chie-** [parɔχi-] paroissial

pa|rool [parol] *het (-rolen)* **1** devise **2** *(milit.)* mot de passe

[1]**part** [part] *de (-en)* ♦ **mijn geheugen speelt mij ~en** ma mémoire me joue des tours

[2]**part** [part] *het (-en)* part *(ce qui revient à qqn, partie d'un tout)* ♦ **~ noch deel hebben aan iets** n'être pour rien dans qqch

par·ter·re [partɛ:rə] *het/de (-s)* **1** rez-de-chaussée **2** parterre *(dans un théâtre, un cinéma)*

par·ti·cu·lier [partikylir] *adj, adv* (en) privé; **de ~** le particulier *(personne)*; **zich ~ verzekeren** souscrire une assurance maladie auprès d'un organisme privé

par·tij [partɛi] *nf (-en)* **1** *(jur.; milit.; mus.; jeux)* partie; **geen ~ zijn voor** ne pas faire le poids contre; **~ kiezen, trekken (voor iemand)** prendre parti (pour qqn); *(fig.)* **~ zijn** avoir un intérêt dans l'affaire **2** *(pol.)* parti **3** *(quantité indéterminée)* lot **4** fête ♦ **~ geven** répliquer; **zij is een goede ~** c'est un beau parti; **een ~tje vechten** se bagarrer

***par·tij-** [partɛi-] *(pol.)* du parti; **de partijleider** le chef du parti

par·tij·dig [partɛidəχ] *adj, adv* partial(ement)

par·tij·gan·ger [partɛiχaŋər] *nm (-s) (pol.)* partisan, -ane

par·tij·ge·bon·den [partɛiχəbɔndə(n)] *adj* appartenant à un parti politique

par·tij·ge|noot [partɛiχənot] *nm (-noten)*, **-note** *nf (-n, -s) (pol.)* membre d'un même parti

par·ti|tuur [partityr] *nf (-turen)* partition

par·ti|zaan [partizan] *nm (-zanen)* partisan

part·ner [partnər] *nm (-s)* partenaire

part·ner·schap [partnərsχap] *het* partenariat; **geregistreerd ~** PACS

[1]**pas** [pas] *nm (-sen)* **1** pas *(enjambée)*; **iemand de ~ afsnijden** couper la route à qqn; **de ~ inhouden** ralentir le pas; **er flink de ~ inzetten** y aller d'un pas énergique; **~ op de plaats maken** piétiner sur place **2** passeport **3** *(géo.)* col **4** carte; **~ 65+** carte sénior **5** *(Belg.; sports)* passe

[2]**pas** [pas] *het (-sen)* occasion; **te ~ en te onpas** à tort et à travers; **er niet aan te ~ komen** n'avoir aucune chance; **van ~** opportun; **niet van ~** hors de propos; **juist van ~ komen** tomber à pic; venir au bon moment

[3]**pas** [pas] *adj, adv* **1** qui a la mesure exacte **2** horizontal(ement) **3** venir de; **ik ben ~ klaar** je viens de finir; **ik heb hem ~ nog gezien** je l'ai vu l'autre jour encore **4** ne … que; **het is ~ een begin** ce n'est qu'un début; **dan ~** alors seulement; **het is ~ een jaar geleden** il y a un an seulement; **we zijn ~ in Utrecht** nous ne sommes qu'à Utrecht; **~ toen hij weg was begreep ik …** ce n'est qu'après son départ que j'ai compris … **5** voilà qui, voilà ce que, ça, c'est du, de la; **dat is ~ lekker!** voilà qui est bon !

Pa·sen [pasə(n)] *nm* Pâques

pas·fo·to [pasfoto] *nm (-'s)* photo d'identité

pas·ge·bo·ren [pasχəborə(n)] *adj* nouveau-né

pas·ge·trouwd [pasχətrаut] *adj* qui vient de se marier; **het ~e stel** les jeunes mariés

pas·hok·je [pashɔkjə] *het (-s)* → **paskamer**

pas·je [paʃə] *het (-s)* → [1]**pas 4**

pas·ka·mer [paskamər] *de (-s)* cabine (d'essayage)

pas·klaar [pasklar] *adj* ajusté; **pasklare antwoorden** réponses toutes prêtes; **pasklare oplossingen** solutions appropriées

pas·poort [pasport] *het (-en)* passeport

pas|saat [pasat] *nm (-saten)*, **passaatwind** *nm (-en) (géo.)* alizé

pas·sa|gier [pasaʒir, [B]pasaχir] *nm (-s)*, **-giere** *nf (-s), (Belg.)* **-giersterr** *nf (-s)* passager, -ère

[1]**pas·sen** [pasə(n)] *vi (paste, h. gepast)* **1** aller (bien) *(avoir la bonne taille)*; **in elkaar ~** s'emboîter; **dat past niet in zijn denkwijze** cela ne cadre pas avec ses idées **2** aller ensemble; **dat past niet bij je leeftijd** ce n'est pas de ton âge; **een stel dat slecht bij elkaar past** un couple mal assorti

3 convenir; *(Belg.)* **als het eens past** à l'occasion; **hij past niet in deze omgeving** il détonne dans ce milieu 4 s'occuper (de qqn, qqch); **op zijn zaken ~** veiller à la bonne marche de ses affaires; **op de kinderen ~** garder les enfants; *(fig.)* **op zijn woorden ~** surveiller ses paroles 5 *(aux cartes)* passer; *(fig.)* **daar pas ik voor** je n'en suis pas

[2]**pas·sen** [pɑsə(n)] *vt (paste, h. gepast)* 1 mesurer (qqch) (avec précision); *(sens pr.)* **het was wel ~ en meten** c'était un peu juste; *(fig.)* **met veel ~ en meten kwamen we eruit** cela n'est pas allé tout seul, mais nous y sommes arrivés 2 faire l'appoint; **gelieve met gepast geld te betalen** le public est tenu de faire l'appoint; **hebt u het niet gepast?** vous n'avez pas la monnaie ? 3 ajuster 4 essayer *(vêtement)*

pas·send [pɑsənt] *adj, adv* 1 convenable(ment); **~ bij zijn smaak** conforme à ses goûts; **niet bij elkaar ~e karakters** caractères incompatibles; **~ in het geheel** cadrant avec l'ensemble 2 ajusté ♦ **een ~ argument** un argument approprié

pas·se-par·tout [pɑspɑrtu] *het/de (-s)* 1 passe-partout *(clé; cadre)* 2 forfait

pas·se·ren [pɑserə(n)] *vti (passeerde, h./i. gepasseerd)* 1 passer (devant) 2 passer; *(fig.)* **iemand ~** ne pas inviter qqn; **de vijftig gepasseerd zijn** avoir dépassé la cinquantaine; **zich gepasseerd voelen** se sentir frustré 3 passer (pour) 4 se passer 5 réussir un examen

pas·sie [pɑsi] *nf (-s)* passion

***pas·sie-** [pɑsi-] *(relig.)* de la Passion

pas|sief [pɑsif] *adj, adv (-siever, -siefst)* 1 passif, passivement 2 *(commerce)* en déficit

pas·ta [pɑsta] *het/de (-'s)* 1 pâte *(mélange plus ou moins mou)* 2 pâtes (alimentaires)

pas·tei [pɑstɛi] *de (-en)* pâté en croûte

pas·tei·tje [pɑstɛicə] *het (-s) (cuis.)* vol-au-vent

pas·toor [pɑstor] *nm (-s)* curé

pas·tor [pɑstɔr] *nm (-s, -es)* pasteur (spirituel)

pas·to·rie [pɑstori] *nf (-ën) (relig.)* cure

pas·vorm [pɑsfɔrm] *nm (-en)* coupe

pa·tat [patɑt] *de* 1 frites; **~ met (mayonaise)** frites mayonnaise 2 *(Belg.)* patate *(aussi au fig.)*

pa·ta·tes fri·tes [patɑtfrit] *plur* → **patat 1**

pa·tat·je [patɑcə] *het (-s) (fam.)* portion de frites

pa·tat|kraam [patɑtkram] *het/de (-kramen)*, **-tent** *de (-en)* friterie

[1]**pa·tent** [patɛnt] *het (-en)* brevet (d'invention); **een ~ op iets nemen** faire breveter qqch

[2]**pa·tent** [patɛnt] *adj, adv* excellent, à merveille

pa·ter [patər] *nm (-s) (relig.)* père

[1]**pa·ter·nos·ter** [patərnɔstər] *het (-s) (cathol.)* Pater

[2]**pa·ter·nos·ter** [patərnɔstər] *nm (-s) (cathol., relig.)* 1 chapelet 2 *(Belg.)* série

pa·thos [patɔs] *het* 1 pathétique 2 pathos

pa·tiënt [paʃɛnt] *nm (-en)*, **patiënte** *nf (-s, -n)* malade; **hij is ~ bij dokter X** le docteur X est son médecin; **volgende ~!** au suivant !

pa·tiën·ten·stop [paʃɛntə(n)stɔp] *nm (-s)* ♦ **een ~ afkondigen** annoncer qu'on n'accepte plus de nouveaux clients

pa|trijs [patrɛis] *de (-trijzen)* perdrix

pa·tro|naat [patronat] *het (-naten)* 1 patronage *(aussi relig.)* 2 *(Belg.)* patronat

pa·tro·nes [patronɛs] *nf (-sen)* 1 *(relig.)* patronne 2 protectrice

[1]**pa|troon** [patron] *de (-tronen)* cartouche; **een losse ~** une cartouche à blanc

[2]**pa|troon** [patron] *het (-tronen)* 1 patron 2 motif

pa·troon·hei·li·ge [patronhɛiləɣə] *nm (-n) (cathol.)* patron, -onne

[1]**pats** [pɑts] *nm (-en)* tape

[2]**pats** [pɑts] *interj* vlan !

pat·ser [pɑtsər] *nm (-s)* 1 frimeur 2 mufle

pat·stel·ling [pɑtstɛlɪŋ] *nf (-en)* 1 *(aux échecs)* pat 2 *(fig.)* impasse

pauk [pɑuk] *de (-en)* timbale

pau·per [pɑupər] *nm (-s)* pauvre

paus [pɑus] *nm (-en)* pape; *(fig.)* **roomser zijn dan de ~** être plus royaliste que le roi

paus·dom [pɑuzdɔm] *het* 1 papauté 2 papisme

pau·se·lijk [pɑusələk] *adj* papal; **de ~e zegen** la bénédiction apostolique

paus·schap [pɑusxɑp] *het* → **pausdom 1**

pauw [pɑu] *nm (-en)* paon; **zo trots als een ~** vaniteux comme un paon

pau·ze [pɑuzə] *de (-s)* pause; **een kwartier ~ houden** faire une pause d'un quart d'heure; **in de ~** pendant la pause

pa·vil·joen [pavɪljun] *het (-en, -s)* pavillon *(bâtiment (annexe))*

pct. [pɛrsɛnt] abrév. de *percent* p.c.

pech [pɛχ] *nm* 1 malchance; **~ gehad!** pas de chance !; **hij heeft ook altijd ~!** la malchance le poursuit 2 panne

pech·vo·gel [pɛχfoɣəl] *nm (-s)* malchanceux, -euse

pe·dant [pədɑnt] *adj, adv* 1 (de façon) pédant(e); **een ~e kwast** un cuistre 2 présomptueux, présomptueusement

ped·del [pɛdəl] *nm (-s)* pagaie

ped·de·len [pɛdələ(n)] *vti (peddelde, h./i. gepeddeld)* 1 pédaler 2 pagayer

pe·del [pədɛl] *nm (-len)* appariteur

pee [pe] *de (fam.)* ♦ **de ~ inhebben** être d'une humeur massacrante

peen [pen] *de (penen)* carotte

peen·tje [pencə] *het (-s)* ♦ **~s zweten** suer à grosses gouttes

[1]**peer** [per] *de (peren)* poire ♦ **een elektrische ~** une ampoule électrique; **daar zaten we met de gebakken peren** nous étions dans de beaux draps

[2]**peer** [per] *nm (peren)* 1 poirier 2 *(fam.)* gars; **een geschikte ~** un type bien

pees [pes] *de (pezen)* tendon; **een verrekte ~** un tendon claqué
peet·doch·ter [pedɔχtər] *nf (-s)* filleule
peet·oom [petom] *nm (-s)* parrain
peet·va·der [petfadər] *nm (-s)* **1** parrain **2** père spirituel
pe·gel [peχəl] *nm (-s)* glaçon
peil [pɛil] *het (-en)* niveau; *(fig.)* **dat is beneden ~** c'est au-dessous de tout; **zijn conditie op ~ houden** entretenir sa forme ♦ **er is geen ~ op te trekken** cela est imprévisible
peil|da·tum [pɛildatʌm] *nm (-data)* date repère
pei·len [pɛilə(n)] *vt (peilde, h. gepeild)* **1** sonder; **iemands bedoelingen ~** scruter les intentions de qqn **2** localiser
pei·ling [pɛilɪŋ] *nf (-en)* **1** sondage **2** localisation; *(fig.)* **iemand in de ~ hebben** avoir qqn à l'œil, percer les intentions de qqn
peil·loos [pɛilos] *adj, adv* insondable, immensément
pein·zen [pɛinzə(n)] *vi (peinsde, h. gepeinsd)* **1** songer; **zich suf ~** se creuser la tête **2** réfléchir
pein·zend [pɛinzənt] *adj, adv* pensif, pensivement
pe·kel [pekəl] *nm* **1** *(cuis.)* saumure **2** sel de déneigement
pel·grim [pɛlχrɪm] *nm (-s)* pèlerin
pel·len [pɛlə(n)] *vt (pelde, h. gepeld)* peler
pels [pɛls] *nm (pelzen)* **1** peau **2** pelisse
pels·dier [pɛlzdir] *het (-en)* animal à fourrure
pen [pɛn] *de (-nen)* **1** plume; *(fig.)* **zijn ~ in vergif dopen** tremper sa plume dans le fiel; *(fig.)* **in de ~ klimmen** prendre la plume; **dat is met geen ~ te beschrijven** c'est indescriptible; *(fig.)* **een scherpe ~** une plume acérée; **uit de ~ rollen** se présenter sous la plume **2** *(technol.)* tenon **3** broche
pe·na·rie [pənari] *nf (fam.)* ♦ **in de ~ zitten** être dans le pétrin
pen·de·laar [pɛndəlar] *nm (-s)* **1** personne qui fait la navette *(entre son domicile et son lieu de travail)* **2** *(Belg.)* sourcier, -ière
pen·de·len [pɛndələ(n)] *vi (pendelde, h. gependeld)* faire la navette
pe·ni·ten|tie [penitɛn(t)si] *nf (-ties, -tiën)* pénitence
pen·nen [pɛnə(n)] *vti (pende, h. gepend)* **1** écrire fiévreusement **2** *(échecs)* clouer (une pièce)
pen·nen·lik·ker [pɛnə(n)lɪkər] *nm (-s) (péj.)* scribouillard
pen·nen|streek [pɛnə(n)strek] *de (-streken)* trait de plume
pen·ning [pɛnɪŋ] *nm (-en)* **1** pièce (de monnaie); **tot de laatste ~** jusqu'au dernier sou; **op de ~ zijn** être dur à la détente **2** médaille
pen·ning|mees·ter [pɛnɪŋmestər] *nm (-s),* **-meesteres** *nf (-sen)* trésorier, -ière
pe·no·pau·ze [penopauzə] *de (-s) (iron.)* andropause
pe·no·ze [pənozə] *de* pègre
pens [pɛns] *de (-en)* **1** *(fam.)* panse; **een dikke ~** un gros bide; **zijn ~ vol eten** se remplir la panse **2** *(cuis.)* tripes **3** gras-double **4** *(Belg.)* boudin (noir)
pen|seel [pɛnsel] *het (-selen)* pinceau
pen·si·oen [pɛnʃun] *het (-en)* **1** (pension de) retraite; **met ~ gaan** prendre sa retraite; **met ~ zijn** être à la retraite; **vervroegd ~** préretraite **2** pension d'invalidité
pen·si·on [pɛnʃɔn] *het (-s)* pension *(tous les sens sauf 'allocation')*
pen·si·o·ne·ren [pɛnʃonerə(n)] *vt (pensioneerde, h. gepensioneerd)* mettre à la retraite
pen|vriend [pɛnvrint] *nm (-en),* **-vriendin** *nf (-nen)* correspondant, -ante *(avec qui on entretient des relations épistolaires)*
pe·per [pepər] *nm (-s)* poivre; **een Spaanse ~** un piment fort
pe·per·duur [pepərdyr] *adj* terriblement cher
pe·pe·ren [pepərə(n)] *vt (peperde, h. gepeperd)* poivrer; **een gepeperde rekening** une note salée
pe·per-en-zout·stel [pepərɛnzautstɛl] *het (-len)* salière poivrière
pe·per·koek [pepərkuk] *nm (-en) (Belg.)* pain d'épices
pe·per·munt [pepərmʌnt] *de (-en)* **1** pastille de menthe **2** *(bot.)* menthe poivrée
***pe·per·munt-** [pepərmʌnt-] de menthe
pe·per·munt·je [pepərmʌncə] *het (-s)* pastille de menthe
pe·per|noot [pepərnot] *de (-noten) (cuis.)* nonnette
pep|mid·del [pɛpmɪdəl] *het (-en),* **-pil** *de (-len)* stimulant
pep·talk [pɛptɔ:k] *de* ♦ **vlak voor de wedstrijd een ~ met de spelers hebben** prodiguer des encouragements aux joueurs juste avant le match
per [pɛr] *prép* **1** par; **iets ~ gewicht verkopen** vendre qqch au poids **2** à partir de ♦ **~ adres** chez
per|ceel [pɛrsel] *het (-celen)* **1** immeuble **2** parcelle (de terrain)
per·cent [pɛrsɛnt] *het (-en)* → **procent**
per·cen·ta·ge [pɛrsɛntaʒə] *het (-s)* pourcentage
pe·ren|boom [perə(n)bom] *nm (-bomen)* poirier
per·fect [pɛrfɛkt] *adj, adv* parfait(ement)
per·for·mance [pərfɔ:məns] *de (-s)* **1** spectacle **2** présentation
pe·ri·feer [perifer] *adj* périphérique
pe·ri·ke·len [perikələ(n)] *plur* péripéties
perk [pɛrk] *het (-en)* **1** parterre *(dans un jardin)* **2** *(fig.)* limite; **zijn verbeelding binnen de ~en houden** brider son imagination; **alle ~en te buiten gaan** dépasser les bornes

per·ka·ment [pɛrkamɛnt] *het (-en)* parchemin
per·ka·ment·ach·tig [pɛrkamɛntɑχtəχ] *adj, adv* parcheminé, comme du parchemin
per·mis·sie [pɛrmɪsi] *nf (-s)* permission; **~ geven om** donner la permission de
per·mit·te·ren [pɛrmitera(n)] *vt (permitteerde, h. gepermitteerd)* permettre
per·pe·tu·um mo·bi·le [pɛrpetywʌmobile] *het* **1** appareil à mouvement perpétuel **2** *(fig.)* mouvement perpétuel
per·plex [pɛrplɛks] *adj* interdit; **~ staan** rester bouche bée
per·ron [pɛrɔn] *het (-s)* quai *(dans une gare)*
[1]**pers** [pɛrs] *de (-en)* presse; **in de ~ terechtkomen** être dans les journaux; **de ~ aan banden leggen** étrangler la presse; **het boek is ter ~e** le livre est sous presse; **bij het ter ~e gaan van dit nummer** au moment de la publication de ce numéro; **dat boek komt vers van de ~** ce livre vient de paraître
[2]**pers** [pɛrs] *nm (perzen)* tapis persan
***pers-** [pɛrs-] de presse; **de persconferentie** la conférence de presse
Pers [pɛrs] *nm (Perzen),* **Perzische** *nf (-n)* Persan, -ane
pers|agent [pɛrsaχɛnt] *nm (-en),* **-agente** *nf (-n, -s)* correspondant
pers·be·richt [pɛrzbərɪχt] *het (-en)* **1** dépêche **2** communiqué de presse
pers·bu·reau [pɛrsbyro] *het (-s)* agence de presse
per se [pɛrse] *adv* **1** absolument **2** forcément; **dat hoeft niet ~ het geval te zijn** ce n'est pas forcément le cas **3** en soi-même
[1]**per·sen** [pɛrsə(n)] *vt (perste, h. geperst)* **1** presser; **zich door een nauwe doorgang ~** se faufiler dans un passage étroit **2** repasser à la vapeur ♦ **vloeistof door leidingen ~** envoyer du liquide dans des tuyaux
[2]**per·sen** [pɛrsə(n)] *vi (perste, h. geperst)* pousser *(lors d'un accouchement)*
pers·klaar [pɛrsklar] *adj* bon à tirer; **iets ~ maken** réviser qqch pour l'impression, mettre la dernière main à qqch
per·so·na·lia [pɛrsonalija] *plur* **1** coordonnées **2** détails personnels
[1]**per·so·neel** [pɛrsonel] *het* personnel; **~ aangeboden** demandes d'emploi; **~ gevraagd** offres d'emploi
[2]**per·so·neel** [pɛrsonel] *adj* personnel
***per·so·neels-** [pɛrsonels-] du personnel; **de personeelschef** le chef du personnel
per|soon [pɛrson] *nm (-sonen)* **1** personne; **hij, zij is de aangewezen ~** c'est la personne toute désignée; **bij de juiste, verkeerde ~ aankloppen** frapper à la bonne, mauvaise porte **2** personnage ♦ **in eigen ~** en personne
per·soon·lijk [pɛrsonlək] *adj, adv* personnel(lement); **deze opmerking is niet ~ bedoeld** ne voyez, dans cette remarque, aucune allusion personnelle; **een ~ onderhoud** un entretien privé; **een ~ tintje** une note personnelle; **ik trek me dat ~ aan** je me sens personnellement offensé; **een ~e vriend van de president** un ami intime du président; **~e vrijheid** liberté individuelle; **~ worden** devenir blessant
per·soon·lijk|heid [pɛrsonləkhɛit] *nf (-heden)* personnalité; **een gespleten ~** une double personnalité
per·soons·be|wijs [pɛrsonzbəwɛis] *het (-wijzen)* carte d'identité
per·soons·ge·bon·den [pɛrsonsχəbɔndə(n)] *adj* personnel
per·soons·re·gis·ter [pɛrsonsrəχɪstər] *het (-s)* registre d'état civil
per·soons·vorm [pɛrsonsfɔrm] *nm (-en)* verbe conjugué
per·spex [pɛrspɛks] *adj* en plexiglas; **het ~** le plexi(glas)®
per·ti·nent [pɛrtinɛnt] *adj, adv* **1** incontestable(ment) **2** formel(lement); **~ volhouden dat …** s'obstiner à dire que …
Pe·ru [peru] *het* Pérou
Pe·ru|aan [peruwan] *nm (-anen),* **-aanse** *nf (-n)* Péruvien, -ienne
Pe·ru·aans [peruwans] *adj* péruvien
per·zik [pɛrzɪk] *de (-en)* pêche *(fruit)*
Per·zisch [pɛrzis] *adj* persan
pest [pɛst] *de* **1** peste **2** *(fig.)* fléau ♦ *(fam.)* **de ~ aan iets hebben** avoir qqch en horreur; **de ~ aan iemand hebben** ne pas pouvoir blairer qqn; *(fam.)* **zo lui als de ~ zijn** être tire-au-flanc; *(fam.)* **ik snap er geen ~ van** je n'y comprends que dalle; *(fam.)* **ik vind er geen ~ aan!** c'est la barbe !; **de ~ inhebben** être en rogne; **hij heeft er de ~ over in** ça le fait râler
pest·bui [pɛstbœy] *de (-en) (fam.)* rogne; **een ~ hebben** être en rogne
pes·ten [pɛstə(n)] *vt (pestte, h. gepest) (fam.)* faire enrager
pes·te·rig [pɛstərəχ] *adj, adv* (de façon) exaspérant(e)
pes·te·rij [pɛstərɛi] *nf (-en)* tracasserie
pest·hu·meur [pɛsthymør] *het (-en) (fam.)* → **pestbui**
pest·kop [pɛstkɔp] *nm (-pen) (fam.)* taquin, -ine
pest|streek [pɛ(st)strek] *de (-streken) (fam.)* sale tour
[1]**pet** [pɛt] *de (-ten)* casquette; *(fig.)* **Jan met de ~** le commun des mortels; *(fig.)* **met de ~ rondgaan** faire la quête; **met de ~ naar iets gooien** faire qqch à la va-vite; **daar neem ik mijn ~je voor af!** chapeau (bas) ! ♦ **dat gaat boven mijn ~** cela me dépasse; **geen hoge ~ op hebben van** ne pas avoir une haute opinion de; **hij heeft een hoge ~ op van zichzelf** il ne se prend pas pour de la crotte de bique; **ik kan er met mijn ~ niet bij** cela me dépasse
[2]**pet** [pɛt] *adj (fam.)* ♦ **dat is zwaar ~** c'est complètement nul
pe·te·kind [petəkɪnt] *het (-eren)* filleul, -eule
pe·ter·se·lie [petərseli] *de* persil

pe·tie·te·rig [pətitərəχ] *adj, adv* tout petit, petitement
pe·tro·le·um [petrolejʌm] *nm* pétrole
***pe·tro·le·um-** [petrolejʌm-] à pétrole; petroleumkachel le poêle à pétrole
pets [pɛts] *nm (-en)* claque; iemand een ~ om de oren geven donner une claque à qqn
pet·to [pɛto] → in petto
peuk [pøk] *nm (-en)* 1 mégot 2 *(fam.)* clope
peul [pøl] *de (-en)* cosse
peu·len·schil [pølə(n)sχɪl] *de (-len)* 1 bagatelle; het is waarachtig geen ~ ce n'est pas de la tarte; dat is maar een ~(letje) voor hem pour lui, c'est du billard 2 cosse
peul·tje [pølcə] *het (-s)* mange-tout; *(fig.)* lust je nog ~s? ça te la coupe !
peul·vrucht [pølvrʌχt] *de (-en)* 1 gousse 2 *(plur.)* légumes secs 3 *(plur.)* légumineuses
[1]**peu·ren** [pørə(n)] *vt (peurde, h. gepeurd) (fam.)* décrocher
[2]**peu·ren** [pørə(n)] *vi (peurde, h. gepeurd)* tripoter (dans)
peu·ter [pøtər] *nm (-s)* bambin, -ine
peu·ter·dag·ver|blijf [pøtərdɑχfərblɛif] *het (-blijven) (Belg.)* crèche
peu·te·ren [pøtərə(n)] *vi (peuterde, h. gepeuterd)* 1 farfouiller (dans) 2 tripoter (qqch) 3 chipoter
peu·ter·klas [pøtərklɑs] *de (-sen)* petite section de la maternelle
peu·ter·leid·ster [pøtərlɛitstər] *nf (-s)* jardinière d'enfants
peu·ter·speel|zaal [pøtərspelzal] *de (-zalen)* garderie
peu·ter·tuin [pøtərtœyn] *nm (-en) (Belg.)* école maternelle
peu·ter·werk [pøtərwɛrk] *het* travail délicat
peu·ze·len [pøzələ(n)] *vi (peuzelde, h. gepeuzeld)* savourer
pe·zen [pezə(n)] *vi (peesde, h. gepeesd) (fam.)* 1 foncer 2 trimer
pe·zig [pezəχ] *adj* sec *(corps humain)*
pf [pf] *interj* 1 ouf ! 2 pff(t) !
pfeif·fer [pfɑjfər] *de (méd.)* mononucléose infectieuse
pi·as [pijɑs] *nm (-sen)* pitre
pic·ca·lil·ly [pɪkalɪli] *nm (cuis.)* pickles
pic·co·lo [pikolo] *nm (-'s)* 1 chasseur *(dans un hôtel)* 2 *(mus.)* pic(c)olo 3 *(Belg.)* petit pain
pick·nick [pɪknɪk] *nm (-s)* piquenique
pick-up [pɪkʌp] *nm (-s)* tourne-disque
pi·co bel·lo [pikobɛlo] *adj, adv* impeccable(ment)
pic·ture [pɪktʃər] *de* ♦ in de ~ zijn être la vedette; in de ~ komen retenir l'attention
pief [pif] *nm (-en) (fam.)* type; een hoge ~ un gros bonnet
[1]**piek** [pik] *nm (fam.)* balles *(euros)*; ik krijg nog vijftig ~ van je tu me dois encore cinquante balles
[2]**piek** [pik] *de (-en)* 1 sommet; een ~ in het elektriciteitsverbruik un pic de la consommation d'électricité 2 mèche rebelle 3 pic *(d'une montagne)*
pie·ken [pikə(n)] *vi (piekte, h. gepiekt)* atteindre son plus haut niveau, culminer
pie·ke·ren [pikərə(n)] *vi (piekerde, h. gepiekerd)* 1 se tracasser (à propos de qqch) 2 se creuser la tête
pie·ke·rig [pikərəχ] *adj* hérissé
piek·fijn [pikfɛin] *adj, adv* 1 élégant, avec élégance 2 parfait, à la perfection
piek·haar [pikhar] *het* cheveux hérissés
piek·pe·ri·o·de [pikperijodə] *nf* période de pointe
piel [pil] *nm (-en),* **piemel** *nm (-s) (fam.)* zizi
pie·mel·naakt [piməlnakt] *adj (fam.)* à poil
pien|ter [pintər] *adj (-terder, -terst)* intelligent
[1]**piep** [pip] *adj* → piepjong
[2]**piep** [pip] *interj* c(o)ui-c(o)ui
[1]**pie·pen** [pipə(n)] *vi (piepte, h. gepiept)* 1 grincer, pousser de petits cris; een ~de ademhaling une respiration sifflante 2 *(fam.)* gémir; dan zal hij wel anders ~ ça le fera changer de ton; hij piept gauw il se lamente pour un rien
[2]**pie·pen** [pipə(n)] *vt (piepte, h. gepiept)* 1 gémir 2 *(fam.)* rafler ♦ *(fam.)* het is gepiept l'affaire est dans le sac; *(fam.)* 'm ~ filer (à l'anglaise)
pie·per [pipər] *nm (-s)* 1 *(fam.)* bip 2 *(fam.)* patate; ~s jassen être de corvée de patates 3 pleurnicheur
pie·pe·rig [pipərəχ] *adj, adv* grêle *(voix)*
piep·jong [pipjɔŋ] *adj* tout jeune
piep·klein [pipklɛin] *adj* minuscule
piep·kui·ken [pipkœykə(n)] *het (-s)* poussin
piep·schuim [pipsχœym] *het (fam.)* polystyrène expansé
piep·stem [pipstɛm] *de (-men)* voix grêle
piep|toon [pipton] *nm (-tonen)* bip
piep·zak [pipsɑk] *nm (fam.)* ♦ in z'n ~ zitten serrer les fesses
pier [pir] *nm (-en)* 1 ver; hij is voor de ~en il mange les pissenlits par la racine, il est foutu 2 jetée 3 jetée-promenade 4 passerelle télescopique *(à l'aéroport)* ♦ zo dood als een ~ bel et bien mort; *(fam.)* een dooie ~ un bonnet de nuit *(d'une personne)*; hij is altijd de kwade ~ ± c'est toujours lui qui écope
pie·sen [pisə(n)] *vi (pieste, h. gepiest) (fam.)* pisser
piet [pit] *nm (-en)* 1 crack *(as)* 2 *(Belg.; fam.)* zizi ♦ *(fam.)* stinken als de ~en puer comme une charogne; *(fam.)* hij lijkt een hele ~ il a l'air de quelqu'un; *(fam.)* een hoge ~ une grosse légume
Piet [pit] *nm (-en)* Pierre; *(Belg.)* ~je de Dood la Faucheuse; voor ~ Snot staan passer pour un(e) imbécile; iets voor ~ Snot doen faire qqch pour des prunes; er voor ~ Snot bijzitten compter pour du beurre;

iemand voor ~ Snot zetten se payer la tête de qqn; Zwarte ~ *(valet de Saint-Nicolas)* le père Fouettard

pi·ë·teit [pijetɛit] *nf* piété

pie·te·peu·te·rig [pitəpøtərəχ] *adj, adv (fam.)* 1 tatillon, avec une minutie exagérée 2 minuscule

piet·lut [pitlʌt] *de (-ten)* chicanier

piet·lut·tig [pitlʌtəχ] *adj, adv* chicanier, pour le plaisir de chicaner

piets·je [pitʃə] *het (-s) (fam.)* tantinet

pij [pɛi] *de (-en)* froc *(habit du moine)*

pijl [pɛil] *nm (-en)* flèche; als een ~ uit de boog comme une flèche; nog andere ~en op zijn boog hebben avoir plus d'une carte dans son jeu, avoir plus d'une corde à son arc; *(fig.)* zijn ~en richten op ... diriger ses critiques contre ...; *(fig.)* al zijn ~en verschoten hebben être à bout d'arguments

pijn [pɛin] *de (-en)* 1 douleur; iemand ~ doen faire mal à qqn, faire de la peine à qqn; ~ hebben, voelen avoir mal; helse ~en uitstaan souffrir comme un damné; *(prov)* wie mooi wil zijn, moet ~ lijden il faut souffrir pour être beau, belle 2 peine; met veel ~ en moeite iets gedaan krijgen arriver à qqch à grand-peine

pijn·bank [pɛimbaŋk] *de (-en)* ♦ iemand op de ~ leggen mettre qqn au supplice

pijn|boom [pɛimbom] *nm (-bomen)* pin

pijn·drem·pel [pɛindrɛmpəl] *nm* seuil de sensibilité à la douleur

pijn|grens [pɛiŋχrɛns] *de (-grenzen)* → pijndrempel

pij·ni·gen [pɛinəχə(n)] *vt (pijnigde, h. gepijnigd)* 1 torturer 2 faire souffrir

pijn·lijk [pɛinlək] *adj, adv* 1 douloureux, douloureusement; een ~e opmerking une remarque blessante 2 blessé, l'air peiné; ~ glimlachen avoir un sourire contraint 3 difficile, péniblement; een ~e stilte un silence pénible

pijn|loos [pɛinlos] *adj, adv (-lozer, meest p.)* 1 indolore, sans faire souffrir 2 insensible, sans douleur; de zieke is ~ le malade ne souffre pas

pijn·stil·lend [pɛinstɪlənt] *adj* calmant

pijn·stil·ler [pɛinstɪlər] *nm (-s)* calmant

pijp [pɛip] *de (-en)* 1 tuyau 2 jambe *(de pantalon)* 3 pipe 4 bâton *(de craie, de cannelle)* 5 *(méd.)* os long ♦ *(fam.)* de ~ uitgaan casser sa pipe

pij·pen [pɛipə(n)] *vti (pijpte, h. gepijpt) (fam.)* faire une pipe (à) ♦ *(subst.)* naar iemands ~ dansen se laisser mener par qqn

pij·pen·krul [pɛipə(n)krʌl] *de (-len)* anglaise *(cheveux)*

pij·pen·la [pɛipə(n)la] *de (-den, -'s) (fig.)* boyau

pij·pen|steel [pɛipə(n)stel] *nm (-stelen)* ♦ *(fig.)* het regent pijpenstelen il pleut des cordes

pijp·lei·ding [pɛiplɛidɪŋ] *nf (-en)* 1 tuyauterie 2 pipeline

¹pik [pɪk] *de (-ken)* 1 *(fam.)* queue *(sexe)* 2 pioche

²pik [pɪk] *nm (-ken)* 1 *(fam.)* type; een vervelend ~kie un petit emmerdeur 2 piqûre ♦ de ~ op iemand hebben avoir une dent contre qqn; *(Belg.)* ~ à ~ zijn être à couteaux tirés

pik·don·ker [pɪgdɔŋkər] *adj* très noir; in het ~ dans l'obscurité la plus totale

pik·ke·don·ker [pɪkədɔŋkər] *het* → pikdonker

pik·ke·len [pɪkələ(n)] *vi (pikkelde, h. gepikkeld) (Belg.)* clopiner

pik·ken [pɪkə(n)] *vti (pikte, h. gepikt)* 1 *(fam.)* piquer 2 *(fam.)* prendre; een bioscoopje ~ aller au ciné 3 *(fam.)* encaisser *(fig.)* 4 picorer

pik·zwart [pɪkswɑrt] *adj* noir comme du charbon

pil [pɪl] *de (-len)* 1 pilule; *(fig.)* het is een bittere ~ voor hem c'est dur à avaler pour lui; de ~ slikken prendre la pilule; aan de ~ zijn prendre la pilule 2 pavé *(livre)*; wat een dikke ~! quel pavé !

pi|laar [pilar] *nm (-laren)* pilier

¹pils [pɪls] *het/de* bière blonde

²pils [pɪls] *nm* demi; een ~je pakken boire un demi

pim·pel·paars [pɪmpəlpars] *adj* violet; hij is ~ van de kou il est bleu de froid

pin [pɪn] *de (-nen)* 1 cheville *(tige de bois ou métal)* 2 pince; *(fig.)* iemand de ~ op de neus zetten réprimander qqn vertement 3 chipie

pin·ap·pa|raat [pɪnaparat] *het (-raten)* lecteur de codes confidentiels

pin·au·to|maat [pɪnautomat] *nm (-maten)* distributeur (automatique) de billets, DAB

pin·co·de [pɪŋkodə] *nm (-s)* code confidentiel, *(Belg.)* code secret

pin·da [pɪnda] *de (-'s)* 1 cacahuète 2 arachide

pin·da·kaas [pɪndakas] *nm* beurre de cacahuète

pi·neut [pinøt] *nm (fam.)* ♦ de ~, het ~je zijn être le dindon de la farce

pin·ge·len [pɪŋələ(n)] *vi (pingelde, h. gepingeld)* 1 marchander 2 *(sports)* trop dribbler 3 *(mus.)* gratter

pin·gu·ïn [pɪŋgwɪn] *nm (-s) (zool.)* manchot

pink [pɪŋk] *nm (-en)* petit doigt ♦ bij de ~en zijn être dégourdi

pin·ken [pɪŋkə(n)] *vt (pinkte, h. gepinkt)* ♦ een traan uit het oog ~ essuyer une larme (du bout du doigt)

pink·ster·be·we·ging [pɪŋkstərbəweχɪŋ] *nf (-en)* pentecôtisme

pink·ster·dag [pɪŋkstərdɑχ] *nm (-en)* ♦ eerste ~ dimanche de (la) Pentecôte; tweede ~ lundi de Pentecôte

Pink·ste·ren [pɪŋ(k)stərə(n)] *nm*, **pinksterfeest** *het* Pentecôte

pin·nen [pɪnə(n)] *vti (pinde, h. gepind)*

1 payer par carte bancaire 2 retirer (de l'argent) à un distributeur de billets
pin·nig [pɪnəχ] *adj, adv* caustique(ment)
pin·pas [pɪmpɑs] *nm (-sen)* carte bancaire
pi·oen [pijun] *de (-en),* **pioenroos** *de (-rozen)* pivoine
pi·o·niers·geest [pijonirsχest] *nm* esprit innovateur
pi·o·niers·werk [pijonirswɛrk] *het* 1 travail de pionnier 2 *(fig.)* œuvre de pionnier
pips [pɪps] *adj (pipser, meest p.)* pâlot
pi·ra·te·rij [piratərɛi] *nf* piratage
pis [pɪs] *nm (fam.)* pisse
1**pi·sang** [pisɑŋ] *de (-s)* banane
2**pi·sang** [pisɑŋ] *nm (-s)* bananier ♦ *(fam.)* een rare ~ un drôle de coco
pis·nij·dig [pɪsnɛidəχ] *adj (fam.)* furibard
pis·paal [pɪspal] *nm (fam.)* souffre-douleur
pis·se·bed [pɪsəbɛt] *de (-den)* cloporte
1**pis·sen** [pɪsə(n)] *vti (piste, h. gepist) (fam.)* pisser; *(fig.)* tegen iemand (aan) ~ pisser sur qqn
2**pis·sen** [pɪsə(n)] *vb impers (piste, h. gepist) (fam.)* pleuvasser
pis·sig [pɪsəχ] *adj, adv (fam.)* (d'un ton) furibard
pis·to·let [pistolɛt, Bpistole] *nm (-s)* petit pain
pis|tool [pistol] *het (-tolen)* pistolet
1**pit** [pɪt] *de (-ten)* 1 pépin 2 noyau 3 amande 4 mèche 5 brûleur
2**pit** [pɪt] *het/de* nerf; geen ~ in zijn lijf hebben manquer de tonus; er zit ~ in die meid cette fille a du peps
pit·je [pɪcə] *het (-s)* veilleuse; iets op een zacht ~ koken, laten sudderen faire cuire qqch à feu doux ♦ *(fig.)* iets op een laag ~ zetten mettre qqch en veilleuse
pit·ten [pɪtə(n)] *vi (pitte, h. gepit) (fam.)* roupiller; *(fig.)* hij loopt te ~ il est dans les nuages
pit·tig [pɪtəχ] *adj, adv* 1 énergique, avec énergie; een ~ meisje une fille qui a du peps 2 épicé 3 *(fig.)* spirituel, avec esprit ♦ een ~e rekening une addition salée; het is een ~ tentamen! il est coton, ce partiel !
pk [peka] *de* abrév. de *paardenkracht* ch
plaag [plaχ] *de (plagen)* 1 invasion *(d'insectes, de souris etc.)* 2 fléau; een ware ~ zijn voor iemand être une plaie pour qqn
plaag·geest [plaχest] *nm (-en)* 1 peste *(personne)* 2 démon
plaag·stok [plaχstɔk] *nm (-ken) (Belg.; fam.)* → plaaggeest 1
plaag|ziek [plaχsik] *adj (-zieker, meest p.)* taquin
plaas·ter [plastər] *nm (Belg.)* plâtre
plaat [plat] *de (platen)* 1 plaque 2 disque; *(iron.)* deze ~ heb ik al eerder, al vaker gehoord je connais la musique 3 image 4 banc de sable 5 *(Belg.; méd.)* radio ♦ de ~ poetsen décamper
plaat·je [placə] *het (-s)* 1 prothèse dentaire 2 *(fam.)* photo; ~s schieten prendre des photos 3 ébauche 4 image 5 *(fig.)* beauté; het is net een ~ il, elle est joli(e) comme un cœur
plaats [plats] *de (-en)* 1 place; de ~ bepalen localiser; in, op de eerste ~ en premier lieu; neemt u a.u.b. ~ veuillez vous asseoir, SVP; *(fig.)* op de ~ dood blijven tomber raide mort; op uw ~en!, klaar, af! à vos marques !, prêts, partez !; zijn gezin komt op de eerste ~ sa famille passe avant (tout); ter ~e sur place; niet van zijn ~ te krijgen zijn ne pas pouvoir être délogé de sa place; opgestaan ~ vergaan qui va à la chasse perd sa place 2 lieu 3 endroit; je kunt niet op twee ~en tegelijk zijn on ne peut pas être partout à la fois 4 ville 5 cour ♦ in ~ van au lieu de; iets in de ~ stellen van substituer qqch à; voor iets, iemand in de ~ komen remplacer qqch, qqn
plaats·be·pa·ling [platsbəpalɪŋ] *nf (-en)* repérage
plaats·be|wijs [platsbəwɛis] *het (-wijzen)* billet
plaat·se·lijk [platsələk] *adj, adv* 1 local(ement) 2 (sur le plan) communal 3 (sur le plan) municipal 4 (sur le plan) régional 5 sur place 6 par endroits
1**plaat·sen** [platsə(n)] *vt (plaatste, h. geplaatst)* 1 placer; *(fig.)* iets (niet) kunnen ~ (ne) pouvoir caser qqch, (ne pas) comprendre qqch; *(fig.)* iemand niet kunnen ~ ne pas pouvoir se remettre qqn, ne pas pouvoir situer qqn 2 poser 3 affecter 4 *(sports)* classer
2**plaat·sen, zich** [platsə(n)] *vpr (plaatste zich, h. zich geplaatst) (sports)* se qualifier
plaats·grij·pen [platsχrɛipə(n)] *vi (greep plaats, h. plaatsgegrepen),* **plaatshebben** *vi (had plaats, h. plaatsgehad)* → plaatsvinden
plaat·sing [platsɪŋ] *nf (-en)* 1 mise en place; ~ in een inrichting placement dans une institution; de ~ van kruisraketten le déploiement de missiles de croisière 2 insertion 3 *(sports)* classement 4 *(sports)* qualification
plaats·ver·van·gend [platsfərvɑŋənt] *adj* remplaçant; het ~ hoofd le directeur adjoint
plaats·ver|van·ger [platsfərvɑŋər] *nm (-s),* **-vangster** *nf (-s)* remplaçant, -ante
plaats·vin·den [platsfɪndə(n)] *vi (vond plaats, h. plaatsgevonden)* avoir lieu
place·mat [plesmɛt] *nm (-s)* napperon
pla·dijs [pladɛis] *nm (pladijzen) (Belg.)* plie
pla·gen [plaχə(n)] *vti (plaagde, h. geplaagd)* 1 taquiner; iemand met iets ~ plaisanter qqn sur qqch 2 tourmenter; mag ik u even ~? vous permettez ?
pla·ge·rij [plaχərɛi] *nf (-en)* taquinerie; niet tegen een ~tje kunnen se piquer pour un rien
plak [plɑk] *de (-ken)* 1 tranche; een ~ chocolade une tablette de chocolat 2 *(fam.)*

médaille ♦ **onder de ~ zitten** être sous la coupe (de qqn)

plak·band [plɑgbɑnt] *het* scotch®

plak·boek [plɑgbuk] *het (-en)* album *(pour photos, images etc.)*

plak·bord [plɑgbɔrt] *het (-en)* tableau d'affichage

plak|kaat [plɑkat] *het (-katen)* affiche

plak·ken [plɑkə(n)] *vti (plakte, h. geplakt)* coller *(aussi inform.)*; *(fig.)* **blijf niet zo aan mij ~** ne reste pas toujours pendu à mes basques; **een band ~** réparer un pneu; **een etiketje op iemand ~** mettre une étiquette sur qqn

plak·sel [plɑksəl] *het (-s)* **1** colle **2** collage

pla·muur [plamyr] *de*, **plamuursel** *het* enduit; *(iron.)* **een laag ~ op het gezicht** une couche de peinture sur le visage

plan [plɑn] *het (-nen)* **1** plan; *(Belg.)* **bijzonder ~ van aanleg** plan de secteur; *(fig.)* **een ~ de campagne maken** dresser un plan de campagne, de bataille **2** intention; *(péj.)* **~nen beramen** comploter; *(euph.)* **dat lijkt me geen goed ~** je ne crois pas que ce soit une très bonne idée; **grote ~nen hebben** avoir de grands projets; **een ~ laten varen** abandonner un projet; **een ~ maken** ébaucher un plan; **met het ~ rondlopen om ...** songer à; **een ondoordacht ~** un projet hasardeux; **het ~ opvatten (om)** projeter (de); **iets van ~ zijn** compter faire qqch; **iets niet van ~ zijn** ne pas avoir l'intention de faire qqch; **we waren net van ~ om ...** nous étions sur le point de ♦ *(Belg.)* **zijn ~ trekken** se débrouiller, *(Belg.)* tirer son plan

pla|neet [planet] *de (-neten)* planète; *(iron.)* **hij komt van een andere ~** il a des idées d'un autre monde

plank [plɑŋk] *de (-en)* **1** planche; **dat is van de bovenste ~** c'est une bouteille de derrière les fagots, c'est une personne de premier ordre; *(fig.)* **een ~ voor de kop hebben** en avoir, tenir une couche; **de ~ misslaan** être à côté de la plaque **2** *(plur.) (théâtre)* scène; **dat stuk blijft lang op de ~en** cette pièce tient longtemps l'affiche

plan·ken·koorts [plɑŋkə(n)korts] *de* trac

plank·gas [plɑŋkχɑs] *het* ♦ **~ geven** écraser le champignon

plan·ma·tig [plɑmatəχ] *adj, adv* méthodique(ment)

plan·nen [plɛnə(n), [B]plɑnə(n)] *vt (plande, h. gepland)* projeter; **gepland op 20 november** prévu pour le 20 novembre

pla·no·lo·gie [planoloχi] *nf* aménagement du territoire

plant [plɑnt] *de (-en)* plante; *(fig.)* **een teer ~je** une petite nature; **een vaste ~** une plante vivace

plant·aar·dig [plɑntardəχ] *adj* végétal

plan·ta·ge [plɑntaʒə] *nf (-s)* plantation

plan·ten [plɑntə(n)] *vt (plantte, h. geplant)* planter; **zijn voet tussen de deur ~** mettre le pied en travers de la porte; **zich voor de spiegel ~** se camper devant la glace

***plan·ten-** [plɑntə(n)-] végétal; **de plantensoort** l'espèce végétale

plan·ten·eter [plɑntə(n)etər] *nm (-s)* herbivore

plan·ten·groei [plɑntə(n)χruj] *nm* **1** pousse *(des plantes)* **2** végétation

plant·kun·de [plɑntkʌndə] *nf* botanique

plan·trek·ker [plɑntrɛkər] *nm (-s) (Belg.)* tire-au-flanc, *(Belg.)* carotteur

plant·soen [plɑntsun] *het (-en)* jardin public

plas [plɑs] *nm (-sen)* **1** flaque **2** mare **3** urine; *(enf.)* **een ~(je) moeten** avoir envie de faire pipi; *(iron.)* **een ~(je) plegen** faire pipi **4** étang ♦ **zo'n ~ limonade kan ik niet op** je ne peux pas avaler une telle quantité de limonade

plas·sen [plɑsə(n)] *vti (plaste, h. geplast)* uriner

plas·ser [plɑsər] *nm (-s) (fam.)* zizi

plas·tic [plɛstɪk] *adj* en plastique ♦ *(iron.)* **we kregen zo'n ~ maaltijd in het vliegtuig** dans l'avion, nous avons reçu un de ces repas synthétiques

plas·tisch [plɑstis] *adj, adv* **1** plastique; **~ chirurg(e)** plasticien(ne) **2** *(ling.)* (dans un langage) imagé

[1]plat [plɑt] *het (-ten)* **1** langue populaire **2** terrasse **3** plat *(la partie plate de qqch)* **4** plate-forme

[2]plat [plɑt] *adj, adv* **1** plat **2** à plat; *(fig.)* **iemand ~ krijgen** arriver à retourner qqn; **de zaal ~ krijgen** *(théâtre)* faire un malheur, faire crouler la salle de rire; **de patiënt moet twee weken ~** le malade doit garder le lit pendant deux semaines **3** paralysé *(par une grève)*; **een bedrijf ~ leggen** paralyser une entreprise **4** (en) patois; **~ Utrechts** le parler d'Utrecht **5** populaire, en argot; **~te taal** langage vulgaire; **zich ~ uitdrukken** s'exprimer grossièrement **6** bas(sement) **7** *(Belg.)* complètement

plat·bran·den [plɑdbrɑndə(n)] *vt (brandde plat, h. platgebrand)* réduire en cendres

plat·druk·ken [plɑdrʌkə(n)] *vt (drukte plat, h. platgedrukt)* écraser

***pla·ten-** [platə(n)-] **1** d'images; **het platenboek** le livre d'images **2** de disques; **de platenzaak** le magasin de disques

pla·ten·bon [platə(n)bɔn] *nm (-nen)* chèque disque(s)

pla·ten·spe·ler [platə(n)spelər] *nm (-s)* tourne-disque

plat·gaan [plɑtχan] *vi (ging plat, i. platgegaan) (fam.)* **1** se pieuter **2** être épaté

plat·ge·tre·den [plɑtχətredə(n)] *adj* piétiné; *(fig.)* **~ paden volgen** suivre les sentiers battus

plat·gooi·en [plɑtχojə(n)] *vt (gooide plat, h. platgegooid)* **1** raser *(par un bombardement)* **2** paralyser *(par une grève)*

plat|heid [plɑthɛit] *nf (-heden)* **1** trivialité **2** platitude
pla·ti·na [plɑtina] *adj* de platine
plat·leg·gen [plɑtlɛχə(n)] *vt (legde plat, h. platgelegd)* **1** étendre **2** *(fam.)* paralyser *(par une grève)*
plat·lig·gen [plɑtlɪχə(n)] *vi (lag plat, h. platgelegen)* **1** être renversé **2** être alité **3** être paralysé *(par une grève)*
plat·lo·pen [plɑtlopə(n)] *vt (liep plat, h. platgelopen)* écraser; **het gras ~** piétiner l'herbe
plat·ma·ken [plɑtmakə(n)] *vt (maakte plat, h. platgemaakt)* aplatir
plat·schie·ten [plɑtsχitə(n)] *vt (schoot plat, h. platgeschoten)* pilonner
plat·slaan [plɑtslan] *vt (sloeg plat, h. platgeslagen)* **1** aplatir **2** *(fam.)* tabasser
plat·spui·ten [plɑtspœytə(n)] *vt (spoot plat, h. platgespoten) (fam.)* passer la camisole chimique à
plat·strij·ken [plɑtstrɛikə(n)] *vt (streek plat, h. platgestreken)* aplatir
plat·te·grond [plɑtəχrɔnt] *nm (-en)* plan *(d'une ville, d'un bâtiment)*
plat·te·kaas [plɑtəkas] *nm (Belg.)* fromage blanc
plat·te·land [plɑtəlɑnt] *het* campagne
plat|vloers [plɑtflurs] *adj (-vloerser, meest p.)* trivial
plat·voet [plɑtfut] *nm (-en)* **1** pied plat **2** personne qui a les pieds plats
plat·wal·sen [plɑtwɑlsə(n)] *vt (walste plat, h. platgewalst)* **1** en boucher un coin à (qqn) **2** *(technol.)* laminer
plat·weg [plɑtwɛχ] *adv* carrément
plat·zak [plɑtsɑk] *adj* fauché
pla·vei·en [plavɛijə(n)] *vt (plaveide, h. geplaveid)* paver
pla·vei·sel [plavɛisəl] *het (-s)* pavé
pla|vuis [plavœys] *nm (-vuizen)* dalle
[1]**plebs** [plɛps] *het* populace
[2]**plebs** [plɛps] *nf (hist.)* plèbe
plech·tig [plɛχtəχ] *adj, adv* solennel(lement); **~e taal** langage cérémonieux
plech·tig|heid [plɛχtəχhɛit] *nf (-heden)* **1** cérémonie **2** solennité
plecht·sta·tig [plɛχtstatəχ] *adj, adv* cérémonieux, cérémonieusement
plee [ple] *nm (-s) (fam.)* chiottes
plee·fi·guur [plefiχyr] *het (fam.)* ♦ **een ~ slaan** faire piètre figure
***pleeg-** [pleχ-] adoptif; **het pleeggezin** la famille adoptive
[1]**ple·gen** [pleχə(n)] *vi (placht)* avoir l'habitude (de); **zo placht ik altijd te doen** je n'ai jamais fait autrement ♦ **hier placht een opschrift te staan** autrefois, il y avait là une inscription
[2]**ple·gen** [pleχə(n)] *vt (pleegde, h. gepleegd)* faire, commettre; **een moord ~** commettre un meurtre; **terreurdaden ~** se livrer à des actes de terrorisme
plei·dooi [plɛidoj] *het (-en)* plaidoyer; **een ~ houden voor …** plaider pour …
plein [plɛin] *het (-en)* **1** place **2** rond-point
[1]**pleis·ter** [plɛistər] *de (-s)* sparadrap; *(fig.)* **een ~ op de wonde** une consolation
[2]**pleis·ter** [plɛistər] *het (-s)* **1** crépi **2** plâtre
pleis·ter·plaats [plɛistərplats] *de (-en)* **1** étape **2** ville de séjour
pleit [plɛit] *het* **1** procès; **het ~ winnen** avoir gain de cause **2** différend; **het ~ is beslecht** la question a été tranchée **3** plaidoyer
pleit·be|zor·ger [plɛidbəzɔrχər] *nm (-s),* **-zorgster** *nf (-s)* avocat, -ate; **~ voor iets zijn** plaider pour qqch
plei·te [plɛitə] *adj (fam.)* ♦ **~ gaan** se tirer; **dat boek is ~** ce bouquin s'est envolé
plei·ten [plɛitə(n)] *vi (pleitte, h. gepleit)* plaider; **voor iemand ~** plaider en faveur de qqn; **pro Deo ~** plaider d'office
plek [plɛk] *de (-ken)* **1** endroit; **een apart ~je in iemands hart innemen** avoir une place spéciale dans le cœur de qqn; **een blauwe ~** un bleu *(sur la peau)*; *(fig.)* **iets een ~ geven** accepter qqch; **een gevoelige, zere ~** un point douloureux; *(fig.)* un point sensible; **z'n ~ gevonden hebben** être finalement à sa place, avoir trouvé l'endroit idéal **2** *(sports)* place
ple·nair [plenɛ:r] *adj* plénier
plens [plɛns] *nm (plenzen)* giclée
plens·bui [plɛnzbœy] *de (-en)* averse
plen·ty [plɛnti] *adj* plein de
[1]**plen·zen** [plɛnzə(n)] *vi (plensde, h. geplensd) (fam.)* pleuvoir des cordes
[2]**plen·zen** [plɛnzə(n)] *vt (plensde, h. geplensd)* (dé)verser
[3]**plen·zen** [plɛnzə(n)] *vb impers (plensde, h. geplensd) (fam.)* pleuvoir des cordes
[1]**plet·ten** [plɛtə(n)] *vt (plette, h. geplet)* **1** écraser **2** aplatir
[2]**plet·ten** [plɛtə(n)] *vi (plette, h. geplet)* s'aplatir
plet·ter [plɛtər] ♦ **de vaas viel te ~** le vase se brisa en mille morceaux; **zich te ~ vervelen** s'ennuyer à mourir; **zich te ~ schrikken** mourir de peur; **hij heeft zich te ~ gereden** il s'est tué sur la route
pleu·ren [plørə(n)] *vt (pleurde, h. gepleurd) (fam.)* fiche(r)
pleu·ris [plørɪs] *het/de* pleurésie; *(fig.)* **krijg het, de ~** crève ! ♦ *(fam.)* **ik schrok me het, de ~** j'ai eu une trouille bleue
pleu·ris·lij·der [plørɪslɛidər] *nm (-s)* **1** *(fam.; péj.)* salaud **2** *(méd.)* pleurétique
ple·zant [pləzɑnt] *adj, adv (Belg.; fam.)* **1** agréable(ment) **2** gai(ement)
ple·zier [pləzir] *het* plaisir; **iemand een ~ doen** faire plaisir à qqn; rendre service à qqn; **~ in zijn werk hebben** travailler avec plaisir; **~ maken, hebben** s'amuser; **met alle ~** avec plaisir; **een huis van ~** une maison close; **veel ~!** amusez-vous bien !; **ik zit hier niet voor mijn ~!** je ne suis pas là pour m'amuser !
ple·zie·ren [pləzirə(n)] *vt (plezierde, h. geplezierd)* faire plaisir à
ple·zie·rig [pləzirəχ] *adj, adv* agréable-

(ment); **een ~e man** un homme sympathique
ple·zier·jacht [pləzirjɑχt] *het (-en)* bateau de plaisance
plicht [plɪχt] *de (-en)* devoir; **hiermede vervullen wij de droevige ~ ...** nous avons la douleur de; **iets tot zijn ~ rekenen** se faire un devoir de faire qqch
plicht·be·wust [plɪχtbəwʌst] *adj, adv (Belg.)* → **plichtsgetrouw**
plicht·ma·tig [plɪχtmatəχ] *adj, adv* obligé, par devoir; **een ~ bezoekje** une visite de politesse; **iets ~ doen** faire qqch par acquit de conscience
plicht·ple·ging [plɪχtpleχɪŋ] *nf (-en)* cérémonie; **met veel ~en** cérémonieux; cérémonieusement; **zonder ~(en)** sans façon
plichts·be·sef [plɪχ(t)sbəsɛf] *het* sens du devoir
plichts·be·trach·ting [plɪχ(t)sbətrɑχtɪŋ] *nf* dévouement
plichts·ge|trouw [plɪχ(t)sχətrau] *adj, adv (-trouwer, meest p.)* consciencieux, consciencieusement
PLO [peɛlo] *nf* abrév. de *Palestinian Liberation Organization* OLP
ploeg [pluχ] *de (-en)* **1** équipe *(aussi sports)* **2** *(agric.)* charrue
[1]**ploe·gen** [pluχə(n)] *vti (ploegde, h. geploegd)* labourer
[2]**ploe·gen** [pluχə(n)] *vi (ploegde, h. geploegd)* avancer en peinant
ploe·gen·dienst [pluχə(n)dinst] *nm (-en)* travail en équipe
ploeg·ver·band [pluχfərbɑnt] *het (sports)* ♦ **in ~ werken** travailler en équipe
ploert [plurt] *nm (-en)* crapule
ploer·ten|streek [plurtə(n)strek] *de (-streken)* tour de cochon
ploer·te·rig [plurtərəχ] *adj, adv (fam.)* (de façon) ignoble
ploe·te|raar [plutərar] *nm (-s)*, **-raarster** *nf (-s)* bûcheur, -euse
ploe·te·ren [plutərə(n)] *vi (ploeterde, h. geploeterd)* **1** trimer **2** patauger
plof [plɔf] *interj* pouf !; **de ~** le boum
[1]**plof·fen** [plɔfə(n)] *vi (plofte, h./i. geploft)* **1** tomber avec un bruit sourd **2** ± toussoter *(voiture)* **3** exploser **4** s'affaler
[2]**plof·fen** [plɔfə(n)] *vt (plofte, h. geploft) (fam.)* balancer
plomp [plɔmp] *adj, adv* **1** lourd(ement) **2** grossier, grossièrement
plomp|ver·lo·ren [plɔmpfərlorə(n)], **-weg** *adv* de but en blanc, subitement
plons [plɔns] *interj* plouf !
[1]**plon·zen** [plɔnzə(n)] *vi (plonsde, h./i. geplonsd)* tomber (avec un plouf)
[2]**plon·zen** [plɔnzə(n)] *vt (plonsde, h. geplonsd) (fam.)* ± jeter
plooi [ploj] *de (-en)* **1** pli; *(fig.)* **de ~en gladstrijken** arrondir les angles; **hij raakt nooit uit de ~** il ne se déride jamais **2** ride ♦ *(fig.)* **zijn gezicht in de ~ zetten** prendre un air grave, reprendre son sérieux
plooi|baar [plojbar] *adj (-baarder, -baarst)* souple
[1]**plooi·en** [plojə(n)] *vt (plooide, h. geplooid)* **1** plisser **2** plier (qqn à qqch, qqch à qqch); **iets zo ~ dat iedereen tevreden is** régler qqch à la satisfaction de tout le monde **3** *(Belg.)* plier
[2]**plooi·en** [plojə(n)] *vi (plooide, h. geplooid)* **1** se plisser **2** faire des plis
plooi·fiets [plojfits] *de (-en) (Belg.)* vélo pliant
ploos [plos], **plozen** → **pluizen, uitpluizen**
plot [plɔt] *nm (-s)* intrigue
plots [plɔts], **plotseling** *adj, adv* soudain, subitement
plots·klaps [plɔtsklɑps] *adv (iron.)* subito
plu [ply] *nm (-'s) (fam.)* pépin *(parapluie)*
plu·che [plyʃ(ə)] *adj* en peluche
plug [plʌχ] *de (-gen)* **1** *(technol.)* cheville **2** fiche *(électricité)* **3** *(technol.)* tampon
plug·gen [plʌχə(n)] *vt (plugde, h. geplugd)* **1** tamponner **2** promouvoir *(des disques)*
pluim [plœym] *de (-en)* **1** plume; *(Belg.; fig.)* **met de ~en gaan lopen** s'attribuer le mérite de qqch; *(fig.)* **iemand een ~ op de hoed steken** chanter les louanges de qqn **2** houppe **3** plumeau; *(fig.)* **een ~ van rook** un panache de fumée **4** queue en panache
pluim·pje [plœympjə] *het (-s)* **1** fléchette **2** compliment; **iemand een ~ geven** faire un compliment à qqn
pluim·vee [plœymve] *het* volaille
[1]**pluis** [plœys] *de (pluizen)* peluche
[2]**pluis** [plœys] *het (pluizen)* peluches
[3]**pluis** [plœys] *adj* ♦ **hij is niet ~** il ne vaut rien; **het is daar niet ~** ce n'est pas très sûr là-bas, ce n'est pas très catholique là-bas
plui·zen [plœyzə(n)] *vi (ploos, h. geplozen)* plucher
pluk [plʌk] *nm (-ken)* **1** touffe **2** cueillette **3** récolte **4** *(fam.)* masse
pluk·ken [plʌkə(n)] *vt (plukte, h. geplukt)* **1** cueillir; *(fam.)* **pluk de dag** profite du moment présent; **het ~** la récolte; *(fig.)* **de vruchten van iets ~** recueillir le fruit de qqch **2** plumer **3** attraper
plun·de·ren [plʌndərə(n)] *vt (plunderde, h. geplunderd)* piller; **de koelkast ~** dégarnir le réfrigérateur
plun·je [plʌɲə] *de (-s)* **1** *(fam.)* frusques **2** barda
plu·ri·form [plyrifɔrm] *adj* multiforme
plu·ri·for·mi·teit [plyrifɔrmitɛit] *nf* pluralisme
[1]**plus** [plʌs] *het/de (-sen)* **1** plus *(signe arithmétique)* **2** excédent **3** élément positif; **er zijn minnen, maar ook ~sen** il y a du pour et du contre **4** *(phys.)* pôle positif
[2]**plus** [plʌs] *adv* plus; *(fromage)* **veertig ~** contenant plus de quarante pour cent de matières grasses; **vijfenzestig ~** de plus de 65 ans
[3]**plus** [plʌs] *prép* plus; **twee ~ drie is vijf** deux et trois font cinq

plus·mi·nus [plʌsmi̲nʌs] *adv* environ
plus·punt [plʌ̲spʌnt] *het (-en)* → [1]**plus 3**
po [po] *nm (-'s)* pot de chambre
p.o. **1** abrév. de *per order* p.o. **2** abrév. de *per omgaande* par retour du courrier
po·chen [pɔ̲χə(n)] *vti (pochte, h. gepocht)* se vanter
***poc·ket-** [pɔ̲kət-] de poche; **het pocketboek** le livre de poche
po·di·um [po̲dijʌm] *het (podia)* **1** estrade; **een ~ bieden aan jonge kunstenaars** offrir une scène aux jeunes artistes **2** avant-scène
poe·del [pu̲dəl] *nm (-s)* caniche
poe·de·len [pu̲dələ(n)] *vi (poedelde, h. gepoedeld)* barboter (dans l'eau)
poe·del·naakt [pudəlna̲kt] *adj* nu comme un ver
[1]**poe·der** [pu̲dər] *de (-s) (méd.)* poudre
[2]**poe·der** [pu̲dər] *het/de* poudre *(matière);* **tot ~ malen** réduire en poudre
***poe·der-** [pu̲dər-] en poudre; **poedermelk** lait en poudre
poe·der·vorm [pu̲dərvɔrm] *nm* poudre
[1]**poef** [puf] *nm (-en)* **1** bruit sourd **2** pouf *(siège)*
[2]**poef** [puf] *interj* pan !
poeh [pu] *interj* dis donc !
poe·ha [puha̲] *het/de* esbroufe
poel [pul] *nm (-en)* mare; **een ~ van ellende** un gouffre de malheurs; **een ~ van verderf** un lieu de perdition
poe·lier [puli̲r] *nm (-s)* volailler, -ère
poen [pun] *het/de (fam.; argot)* fric
[1]**poep** [pup] *nm (-en) (fam.)* **1** *(pas de plur.)* crotte; **in een ~ en een scheet klaar zijn** être prêt en deux temps trois mouvements **2** pet; **een ~je laten vliegen** lâcher un pet; *(fig.)* **iemand een ~ie (poepje) laten ruiken** en boucher un coin à qqn ♦ **een (flinke) ~ geld** un joli paquet
[2]**poep** [pup] *de (-en) (Belg.)* derrière; **op zijn ~ krijgen** recevoir une fessée
poep·duur [pubdy̲r] *adj (fam.)* ♦ **dat is ~** ça coûte la peau des fesses, les yeux de la tête
poe·pen [pu̲pə(n)] *vi (poepte, h. gepoept) (fam.)* **1** faire caca; *(fig.)* **in zijn broek ~** trembler dans sa culotte **2** *(Belg.)* baiser
poes [pus] *de (poezen)* **1** chatte; *(fig.)* **voor de ~ zijn** être fichu; *(fig.)* **niet voor de ~ zijn** ne pas être de la gnognote **2** *(fam.)* beau morceau **3** *(fam.)* chatte *(sexe féminin)* **4** minet, -ette ♦ **mis ~!** faux !, mon œil !
poe·sje·nel [puʃənɛ̲l] *nm (-len) (Belg.)* polichinelle
poes·lief [pusli̲f] *adj, adv* doucereux, d'une manière doucereuse; **~ doen** faire la chattemite; **ze is ~ voor hem** avec lui, elle est tout sucre tout miel
poes·pas [pu̲spɑs] *nm* chichis; **zonder ~** sans façons
poet [put] *de (argot)* taf *(somme d'argent)*
poets [puts] *de (-en)* tour ♦ **iemand een ~ bakken** jouer un tour à qqn; *(Belg.)* **~ wederom ~** un prêté pour un rendu
poet·sen [pu̲tsə(n)] *vt (poetste, h. gepoetst)* **1** frotter; **schoenen ~** cirer des chaussures **2** nettoyer
poets·mid·del [pu̲tsmɪdəl] *het (-en)* pâte à polir
poe·ze·lig [pu̲zələχ] *adj* dodu
po·ë·zie [powezi̲] *nf* poésie
pof [pɔf] *de* bouillon *(en couture)* ♦ **op de ~** à crédit; *(Belg.)* à pouf, au petit bonheur
pof·broek [pɔ̲vbruk] *de (-en)* culotte bouffante
pof·fen [pɔ̲fə(n)] *vti (pofte, h. gepoft)* faire griller
pof·fer·tje [pɔ̲fərcə] *het (-s)* pet-de-nonne
pof·mouw [pɔ̲fmɑu] *de (-en)* manche bouffante
po·gen [po̲χə(n)] *vi (poogde, h. gepoogd) (form.)* tenter (de)
po·ging [po̲χɪŋ] *nf (-en)* tentative; **verwoede ~en doen** faire des efforts effrénés; **een ~ wagen** faire un essai
poin·te [pwɛ̲:nt(ə)] *de (-s)* fin mot
pok·da·lig [pɔgda̲ləχ] *adj* grêlé
po·ker·face [po̲kərfes] *het (-s)* visage impassible
pok·ken [pɔ̲kə(n)] *plur* variole; **krijg de ~!** va te faire foutre ! ♦ *(fam.)* **zich de ~ werken** se crever au travail
pok·ken·lij·er [pɔ̲kə(n)lɛijər] *nm (-s) (fam.)* salaud
pok·ken·vent [pɔ̲kə(n)vɛnt] *nm (fam.)* saligaud
pok·ken·weer [pɔ̲kə(n)wer] *het (fam.)* temps de cochon
pok·ken·werk [pɔ̲kəw(n)ɛrk] *het (fam.)* sale boulot
pol [pɔl] *nm (-len)* motte
po·la·ri·sa·tie [polariza̲(t)si] *nf (-s)* **1** *(phys., psycho.)* polarisation **2** *(pol.)* bipolarisation
Po·len [po̲lə(n)] *het* Pologne
po·lijs·ten [polɛ̲istə(n)] *vt (polijstte, h. gepolijst)* polir
po·li·kli·nisch [polikli̲nis] *adj, adv* ambulatoire, à la policlinique
po·lis [po̲lɪs] *de (-sen)* police (d'assurance)
po·li·ti|cus [poli̲tikʌs] *nm (-ci)*, **-ca** *nf (-'s)* (homme) politique, femme politique
[1]**po·li·tie** [poli̲(t)si] *de* police
[2]**po·li·tie** [poli̲(t)si] *nm (-s) (fam.)* agent de police
***po·li·tie-** [poli̲(t)si-] de police; **de politieagent** l'agent de police
po·li·tiek [politi̲k] *adj, adv* **1** politique(ment); *(subst.)* **aan ~ doen** faire de la politique **2** *(fig.)* diplomatique(ment)
po·li·tie·ker [politi̲kər] *nm (-s) (Belg.; fam.)* → **politicus**
pol·le·pel [pɔ̲lepəl] *nm (-s)* **1** louche de cuisine **2** cuillérée **3** *(Belg.)* louche
po·lo·nai·se [polonɛ̲:zə] *nf (-s)* **1** farandole **2** *(mus.)* polonaise

pols [pɔls] *nm (-en)* **1** poignet; *(fig.)* **iets uit de losse ~ doen** faire qqch en un tour de main **2** *(méd.)* pouls; **zich de ~ doorsnijden** s'ouvrir les veines **3** perche

pol·sen [pɔlsə(n)] *vt (polste, h. gepolst)* pressentir (qqn sur, pour qqch)

pols·slag [pɔlslɑχ] *nm (-en) (méd.)* pouls; **zijn ~ is hoog** il a un pouls rapide

pols·slag·ader [pɔlslɑχadər] *de (-s)* artère radiale

pols·stok [pɔlstɔk] *nm (-ken)* → **pols 3**

pomp [pɔmp] *de (-en)* **1** pompe **2** *(fam.)* pompe (à essence)

pomp·af [pɔmpɑf] *adv (Belg.)* pompé

pom·pel|moes [pɔmpəlmus] *de (-moezen) (Belg.)* pamplemousse

pom·pen [pɔmpə(n)] *vti (pompte, h. gepompt)* **1** pomper; *(fig.)* **het is ~ of verzuipen** ça passe ou ça casse **2** *(+ erin)* bûcher

pom|peus [pɔmpøs] *adj, adv (-peuzer, meest p.)* **1** pompeux, pompeusement **2** somptueux, somptueusement

pom·poen [pɔmpun] *nm (-en)* courge

pomp·sta·ti·on [pɔmpsta(t)ʃɔn] *het (-s)* **1** station-service **2** château d'eau

pomp|steen [pɔmpsten] *nm (-stenen) (Belg.)* évier

pond [pɔnt] *het (-en)* livre *(unité de poids et unité monétaire)* ♦ **het volle ~ moeten betalen** devoir payer le plein tarif

po·ne·ren [ponerə(n)] *vt (poneerde, h. geponeerd)* avancer

pont [pɔnt] *de (-en)* bac

pon·ti·fi·caal [pɔntifikal] *adj, adv* **1** solennel, en grand apparat **2** pontifical

[1]**po·ny** [pɔni] *nm (-'s) (zool.)* poney

[2]**po·ny** [pɔni] *het/de (-'s)* frange

pooi·er [pojər] *nm (-s)* **1** maquereau **2** fumier

pook [pok] *de (poken)* **1** tisonnier **2** levier de vitesse

[1]**pool** [pol] *de (polen)* pôle

[2]**pool** [pul] *nm (-s)* **1** pronostics **2** pool

***pool-** [pol-] polaire; **de poolcirkel** le cercle polaire

Pool [pol] *nm (Polen),* **Poolse** *nf (-n)* Polonais, -aise

Pools [pols] *adj* polonais; **het ~** le polonais

pools·hoog·te [polshoχtə] *nf* hauteur du pôle; **~ nemen** *(fig.)* tâter le terrain

poon [pon] *nm (ponen)* grondin; **rode ~** grondin perlon

poort [port] *de (-en)* **1** porte **2** *(inform.)* port

poos [pos] *de (pozen)* moment; **dat is al een hele ~ geleden** cela fait déjà un bon bout de temps

poot [pot] *nm (poten)* **1** *(zool.)* patte; *(fig.)* **op zijn achterste poten gaan staan** monter sur ses grands chevaux; *(fig.)* **met hangende ~jes terugkeren** revenir l'oreille basse; **mijn pen heeft ~jes gekregen** mon stylo s'est envolé; *(fig.)* **op hoge poten aan komen lopen** arriver en écumant (de rage) **2** pied *(d'objets)*; **de poten onder het kabinet wegzagen** saper le gouvernement, tirer à boulets rouges sur le gouvernement **3** *(fam.)* patte; **geen ~ uitsteken** ne pas remuer le petit doigt; **geen ~ verzetten** ne pas bouger d'un pouce; **geen ~ aan de grond krijgen** n'avoir aucune chance de succès; **geen ~ hebben om op te staan** ne pas faire le poids; **iemand ~je haken** faire un croche-pied à qqn; *(fig.)* faire un croc-en-jambe à qqn; **geen ~ meer kunnen verzetten** ne plus pouvoir mettre un pied devant l'autre; *(fig.)* **zijn ~ stijf houden** ne pas lâcher pied; *(fig.)* **zijn poten thuishouden** garder ses mains dans sa poche **4** *(fam.)* pince **5** signature; *(fam.)* **zijn ~ zetten** signer **6** *(fam.)* pédé ♦ **de poten van een bril** les branches d'une paire de lunettes

poot·je·ba·den [pocəbadə(n)] *vb* faire trempette

[1]**pop** [pɔp] *de (-pen)* **1** poupée *(jouet)* **2** marionnette; *(fig.)* **daar heb je de ~pen aan het dansen** ça va faire du grabuge **3** mannequin *(dans un étalage)* **4** pépée *(jolie fille)*

[2]**pop** [pɔp] *nm (mus.)* pop

po·pe·len [popələ(n)] *vi (popelde, h. gepopeld)* **1** palpiter **2** trépigner

pop·pen·kast [pɔpə(n)kɑst] *de (-en)* **1** théâtre de marionnettes **2** *(fig.)* guignol

pop·pe·rig [pɔpərəχ] *adj* **1** poupin *(visage)* **2** mignonnet; **een ~ huisje** une maison de poupée

pop·pe·tje [pɔpəcə] *het (-s)* figurine; **een ~ tekenen** dessiner un bonhomme ♦ **~ gezien, kastje dicht!** le spectacle est terminé !; **zij is een teer ~** c'est une petite nature

po·pu|lair [popylɛ:r] *adj, adv (-lairder, -lairst)* populaire, en vogue

po·pu·lair·we·ten·schap·pe·lijk [popylɛ:rwetə(n)sχɑpələk] *adj, adv* de vulgarisation, à des fins vulgarisatrices

po·pu·la·ri·se·ren [popylarizerə(n)] *vt (populariseerde, h. gepopulariseerd)* vulgariser

po·pu·lier [popylir] *nm (-en)* peuplier

por [pɔr] *nm (-ren)* bourrade

po·rie [pori] *nf (poriën)* pore

[1]**por·ren** [pɔrə(n)] *vt (porde, h. gepord)* **1** *(fam.)* stimuler **2** donner une bourrade à; **iemand in de zij ~** donner un coup dans les côtes à qqn ♦ **ergens wel voor te ~ zijn** se laisser tenter par qqch

[2]**por·ren** [pɔrə(n)] *vi (porde, h. gepord)* tisonner

por·se·lein [pɔrsəlɛin] *het* **1** porcelaine; **ik ben niet van ~, hoor!** je ne suis pas en sucre ! **2** porcelaines; **van ~ eten** manger dans des assiettes en porcelaine

por·se·lei·nen [pɔrsəlɛinə(n)] *adj* **1** en porcelaine **2** *(fig.)* délicat

[1]**port** [pɔrt] *het/de (-en)* port *(de lettres)*

[2]**port** [pɔrt] *nm (-en)* porto *(boisson)*

por|taal [pɔrtal] *het (-talen)* **1** porche **2** palier

por·ta·ble [pɔ:rtəbəl] *adj* portatif
por·te·feuil·le [pɔrtəfœyjə] *nm (-s)* portefeuille *(tous les sens)* ♦ **in ~ hebben** avoir en réserve
por·te·mon·nee [pɔrtəmɔne] *nm (-s)* **1** portemonnaie **2** ressources *(moyens d'existence);* **van iemands ~ leven** vivre aux crochets de qqn
por·tie [pɔrsi] *nf (-s)* **1** part; **geef mijn ~ maar aan Fikkie!** je passe, très peu pour moi !; *(fig.)* **zijn ~ wel gehad hebben** avoir eu son compte **2** portion
por·tiek [pɔrtik] *het/de (-en)* ± entrée *(d'une maison)*
[1]**por·tier** [pɔrtir] *nm (-s)* portier
[2]**por·tier** [pɔrtir] *het (-en)* portière
por·to [pɔrto] *het/de (porti)* → [1]port
Por·to Ri·caans [pɔrtorikans] *adj* portoricain
Por·to Ri·co [pɔrtoriko] *het* Porto Rico
por·tret [pɔrtrɛt] *het (-ten)* **1** portrait **2** numéro; **een lastig ~** un casse-pied; **een mooi ~** un sacré numéro
Por·tu·gal [pɔrtyχɑl] *het* Portugal
Por·tu·gees [pɔrtyχes] *adj* portugais
port·vrij [pɔrtfrɛi] *adj* franc de port
po·si·tie [pozi(t)si] *nf (-s)* **1** position **2** situation; **een ~ bij het Rijk** un poste de fonctionnaire (d'État); **in een moeilijke ~ verkeren** se trouver en mauvaise posture
po·si|tief [pozitif] *adj, adv (-tiever, -tiefst)* **1** positif, positivement; **een ~ advies** un avis favorable; **een vraag ~ beantwoorden** répondre affirmativement à une question **2** constructif, de manière constructive; **een positieve instelling** une attitude constructive
po·si·tie·ven [pozitivə(n)] *plur* ♦ **goed bij zijn ~ zijn** avoir toute sa tête; **weer bij zijn ~ komen** revenir à soi; *(fig.)* reprendre ses esprits
[1]**post** [pɔst] *de* **1** poste; **verzending over de ~** envoi par la poste **2** courrier; **zijn ~ beantwoorden** faire son courrier **3** bureau de poste; **naar de ~ lopen** aller à la boîte aux lettres; **een brief op de ~ doen** poster une lettre **4** distribution *(du courrier);* **per ommegaande, kerende ~** par retour du courrier **5** poste, fonction; **een ~ bekleden** occuper un poste ♦ **naar zijn ~ gaan** aller prendre son poste
[2]**post** [pɔst] *nm (-en)* **1** facteur **2** montant *(de porte, fenêtre)* **3** *(en comptabilité)* poste; **een ~ opvoeren** créer un poste **4** piquet de grève
***post-** [pɔst-] **1** post-; **postdoctoraal** postuniversitaire **2** postal; **het postagentschap** l'agence postale
post·bo·de [pɔstbodə] *nm (-s)* facteur
post·bus [pɔstbʌs] *de (-sen)* **1** boîte postale **2** boîte aux lettres
post|duif [pɔsdœyf] *de (-duiven)* pigeon voyageur
pos·te·lein [pɔstəlɛin] *nm (bot.)* pourpier
[1]**pos·ten** [pɔstə(n)] *vt (postte, h. gepost)* poster *(aussi sur réseaux sociaux)*
[2]**pos·ten** [pɔstə(n)] *vi (postte, h. gepost)* **1** monter la garde **2** faire le piquet de grève
pos·te·rij·en [pɔstərɛijə(n)] *plur* postes
post·gi·ro [pɔstχiro] *nm* chèques postaux
post·kan|toor [pɔstkɑntor] *het (-toren)* (bureau de) poste
post·koets [pɔstkuts] *de (-en)* diligence
post·man [pɔstmɑn] *nm (Belg.)* facteur
post·pa·pier [pɔstpapir] *het* papier à lettres
post·re·ke·ning [pɔstrekənɪŋ] *nf (-en)* compte chèque postal
post·stuk [pɔ(st)stʌk] *het (-ken)* envoi postal
pos·tuum [pɔstym] *adj, adv* (à titre) posthume
pos|tuur [pɔstyr] *het (-turen)* **1** taille **2** port; **met zijn ~ verlegen zijn** ne pas savoir quelle contenance prendre
post·we·zen [pɔstwezə(n)] *het* postes
post·wis·sel [pɔstwɪsəl] *nm (-s)* mandat
post·ze·gel [pɔ(st)seχəl] *nm (-s)* timbre(-poste)
[1]**pot** [pɔt] *nm (-ten)* **1** pot *(récipient)* **2** pot (de chambre); *(fig.)* **buiten de ~, het ~je piesen** donner un coup de canif dans le contrat, ± dépasser les bornes; *(fam.)* **hij kan (me) de ~ op!** il peut aller se faire voir !; il peut toujours courir ! **3** marmite; **Hollandse ~** ⟨*repas hollandais typique*⟩ *(viande, légumes, pommes de terre);* **eten wat de ~ schaft** manger à la fortune du pot **4** pot (de fleurs) **5** cagnotte; **de ~ spekken** verser de l'argent dans la cagnotte; **de ~ verteren** manger la cagnotte **6** *(jeux de cartes)* enjeu **7** herbe **8** *(Belg.)* pot *(verre)* **9** fossette *(jeu de billes)* ♦ **dat is één ~ nat** c'est du pareil au même; c'est bonnet blanc et blanc bonnet
[2]**pot** [pɔt] *nf (-ten) (fam.)* gouine *(homosexuelle)*
pot·dicht [pɔdɪχt] *adj* hermétiquement fermé; *(fig.)* **hij is ~** il est muet comme la tombe
pot·dom·me [pɔdɔmə] *interj* nom d'une pipe !
po·ten [potə(n)] *vt (pootte, h. gepoot)* planter *(aussi au fig.)*
po·tent [potɛnt] *adj* vigoureux *(sexualité)*
po·ten·tie [potɛn(t)si] *nf (-s)* **1** puissance **2** vigueur (sexuelle, virile)
po·tig [potəχ] *adj (fam.)* costaud
pot·je [pɔcə] *het (-s)* ♦ **zijn eigen ~ koken** faire sa popote; *(fig.)* se débrouiller tout seul; **een ~ huilen** pleurer un bon coup; **een ~ kaarten** faire une partie de cartes; *(prov)* **kleine ~s hebben grote oren** petit chaudron, grandes oreilles; **bij iemand een ~ kunnen breken** pouvoir tout se permettre avec qqn; **er een ~ van maken** faire qqch par-dessus la jambe
pot|lood [pɔtlot] *het (-loden)* crayon
pot·sier·lijk [pɔtsirlək] *adj, adv* grotesque(ment)

pot·ten|bak·ker [pɔtə(n)bɑkər] *nm (-s),* **-bakster** *nf (-s)* potier, -ière

pot·ten·kij·ker [pɔtə(n)kɛikər] *nm (-s)* indiscret; **bij dit werk kan ik geen ~s gebruiken** pour ce travail, je ne supporte pas les curieux

pot·ver [pɔtfər] *interj* abrév. de *potverdikkie, potverdomme* nom de nom

pot|ver·dik·kie [pɔtfərdɪki], **-verdorie** *interj* sacré nom d'une pipe !

po|ver [povər] *adj, adv (-verder, -verst)* médiocre(ment)

p.p. **1** abrév. de *per persoon* p.p. **2** abrév. de *per procuratie* pp **3** abrév. de *per post* par la poste

pr [peɛr] *plur* abrév. de *public relations* R.P.

pr. [pristər] abrév. de *priester* P.

praal [pral] *de* pompe

praal·wa·gen [pralwaχə(n)] *nm (-s)* char *(voiture décorée)*

praat [prat] *nm* **1** conversation; **iemand aan de ~ houden** tenir la jambe à qqn, bercer qqn avec de belles paroles; **met iemand aan de ~ raken** entrer en conversation avec qqn; **~s hebben** avoir le verbe haut **2** propos; **vuile ~ uitslaan** tenir des propos obscènes ♦ **een auto aan de ~ krijgen** réussir à faire démarrer une voiture

praat·graag [pratχraχ] *adj* bavard

praat·je [pracə] *het (-s)* **1** causette **2** propos; **~s verkopen** baratiner; *(prov)* **~s vullen geen gaatjes** bien dire fait rire, bien faire fait taire, les grands diseurs ne sont pas les grands faiseurs; *(fig.)* **zonder (veel) ~s** sans beaucoup de mots **3** rumeur; **het ~ gaat, dat ...** on dit que ...; **er gaan vreemde ~s over haar** on raconte des choses bizarres sur elle **4** causerie **5** *(plur.)* ± bagou; **~s hebben** être fort en gueule

praat·jes|ma·ker [pracəsmakər] *nm (-s),* **-maakster** *nf (-s)* baratineur, -euse

praat|paal [pratpal] *nm (-palen)* **1** borne d'appel **2** confesseur *(personne à qui parler)*

praat·stoel [pratstul] *nm* ♦ **hij zit weer op zijn ~** le voilà lancé !, il a enfourché son dada

praat|ziek [pratsik] *adj (-zieker, meest p.)* bavard

praat·zucht [pratsʌχt] *de* loquacité

pracht [prɑχt] *de* splendeur; **met ~ en praal** en grande pompe; **een ~ van een huis** une maison magnifique

prach·tig [prɑχtəχ] *adj, adv* magnifique(ment); **dat komt ~ uit!** ça ne peut pas mieux tomber !

prac·ti·cal joke [prɛktɪkəldʒok] *nm (-s)* mauvais tour

prac·ti|cum [prɑktikʌm] *het (-ca) (enseign.)* travaux pratiques

prak [prɑk] *nm (-ken)* fricot; **kom, eet een ~je mee** mange donc un morceau avec nous ♦ *(fam.)* **een auto in de ~ rijden** bousiller une voiture

prak·ken [prɑkə(n)] *vt (prakte, h. geprakt)* écraser (à la fourchette)

prak·ke·se·ren [prɑkəzerə(n)] *vi (prakkeseerde, h. geprakkeseerd) (fam.)* **1** gamberger; **ik prakkeseer er niet over dat te doen** pas question que je fasse ça **2** se biler

prak·tijk [prɑktɛik] *de (-en)* **1** pratique; **een man van de ~** un homme de terrain **2** *(méd.)* cabinet; **een drukke ~** une nombreuse clientèle; **een ~ hebben** exercer **3** usage, *(plur.)* pratiques **4** clientèle; **zijn ~ overdoen** céder sa clientèle

prak|tisch [prɑktis] *adj, adv (-tischer, meest p.)* pratique(ment); **een zaak ~ aanpakken** traiter une affaire de façon très pragmatique

prak·ti·se·ren [prɑktizerə(n)] *vi (praktiseerde, h. gepraktiseerd)* **1** exercer **2** *(relig.)* pratiquer

pra·len [pralə(n)] *vi (praalde, h. gepraald) (+ met)* étaler (qqch)

pra·men [pramə(n)] *vt (praamde, h. gepraamd) (Belg.)* museler

prat [prɑt] *adj, adv* ♦ **~ gaan op zijn geboorte** se faire une gloire de sa naissance

pra·ten [pratə(n)] *vi (praatte, h. gepraat)* parler; **iemand aan het ~ krijgen** faire parler qqn; **eromheen ~** tourner autour du pot; **zich eruit ~** s'en tirer; **gemakkelijk ~ hebben** avoir beau dire; **langs elkaar heen ~** mener un dialogue de sourds; **onzin ~** dire des absurdités; **over iets ~** parler de qqch; **tegen iemand ~** parler à qqn; **daarover valt met hem te ~** on peut s'arranger avec lui là-dessus

pra·ter [pratər] *nm (-s),* **praatster** *nf (-s)* causeur, -euse; **hij is een vlotte ~** il a la parole facile

pre [pre] *het/de* ♦ **een ~ hebben boven iemand** avoir la préférence sur qqn

pre·ad|vies [preɑtfis] *het (-viezen)* avis préalable

[1]**pre|cies** [prəsis] *adj, adv (-ciezer, meest p.)* **1** exact(ement); **~ op tijd** à l'heure juste **2** précis(ément); **zij is zeer ~ op haar auto** elle prend grand soin de sa voiture ♦ **zij is ~ vertrokken** elle vient juste de partir

[2]**pre·cies** [prəsis] *interj* exactement !

pre·di|caat [predikat] *het (-caten)* **1** *(aussi ling.)* prédicat **2** appellation

pre·di·kant [predikɑnt] *nm (-en)* **1** *(prot.)* pasteur **2** *(cathol.)* prédicateur

pre·di·ken [predɪkə(n)] *vti (predikte, h. gepredikt)* prêcher

Pre·di·ker [predɪkər] *nm (Bible)* (le livre de) l'Ecclésiaste

preek [prek] *de (preken)* sermon *(aussi au fig.)*

preek·stoel [prekstul] *nm (-en) (relig.)* chaire

prees [pres], **prezen** → **prijzen, aanprijzen**

prei [prɛi] *de (-en)* poireau

pre·ken [prekə(n)] *vti (preekte, h. gepreekt)* prêcher; **~ tegen iemand** sermonner qqn

pre·ke·rig [prekərəχ] *adj, adv (péj.)* (d'un ton) prêcheur
pre·mie [premi] *nf (-s)* **1** prime **2** prix **3** cotisation **4** subvention
pre·mier [prəmje] *nm (-s)* Premier ministre
pre·mier·schap [prəmjesχap] *het* charge de Premier ministre
prent [prεnt] *de (-en)* **1** image **2** drôle de numéro **3** *(fam.)* biffeton **4** *(fam.)* contredanse
pren·ten [prεntə(n)] *vt (prentte, h. geprent)* imprimer; **prent dat goed in je hoofd!** enfonce-toi bien ceci dans la tête !
pre·paid [pri:pet] *adj* prépayé; **prepaid beltegoed** crédit d'appel
pre·pa|raat [preparat] *het (-raten) (pharm., chim., méd.)* préparation
[1]**pre·sent** [prezεnt] *het (-en)* cadeau; *(fig.)* **ik heb het niet ~ gekregen!** on ne m'en a pas fait cadeau !
[2]**pre·sent** [prezεnt] *adj* **1** présent **2** lucide
pre·sen·teer·blad [prezεnterblɑt] *het (-en)* plateau; *(fig.)* **je wilt het misschien op een ~ krijgen!** tu voudrais peut-être qu'on te l'apporte sur un plateau !
pre·sen·tie [prezεn(t)si] *nf* présence
pre·si·dent·schap [prezidεntsχap] *het (-pen)* présidence
pres·ta·tie [prεsta(t)si] *nf (-s)* **1** accomplissement **2** performance; **een hele ~** une belle performance
pres·ta·tie·beurs [prεsta(t)sibørs] *de (-beurzen)* ⟨*bourse accordée à un étudiant qui est transformée en prêt en cas de non-réussite*⟩
pres·te·ren [prεsterə(n)] *vti (presteerde, h. gepresteerd)* réussir (à); **hij heeft het gepresteerd om ...** il a trouvé moyen de ...; **veel ~** réaliser de belles choses; être très fort (en qqch); **niet veel ~** obtenir des résultats médiocres
pret [prεt] *de* plaisir; **dat was dolle ~** on s'est amusé comme des fous; **ergens ~ in hebben** aimer faire qqch; **daar kun je nog veel ~ aan beleven** cela te fera encore passer de bons moments, cela te rendra encore bien des services; **dat mag de ~ niet drukken** il n'y a pas de quoi en faire un drame; *(fig.)* il n'y a pas d'inconvénient; **~ maken** s'amuser; **(het is) uit met de ~!** fini de s'amuser !; *(iron.)* **zijn ~ wel op kunnen** ne pas être à la fête
pre·ten·tie|loos [pretεn(t)silos] *adj (-lozer, meest p.)* sans prétention
pret·je [prεcə] *het (-s)* ♦ **dat is geen ~** ce n'est pas une partie de plaisir
pret·ogen [prεtoχə(n)] *plur* yeux rieurs
pret·pak·ket [prεtpɑkεt] *het (-ten) (fam.)* ♦ **het is een ~** ce programme, c'est de la rigolade
pret·park [prεtpɑrk] *het (-en)* parc d'attractions (et de loisirs)
pret·tig [prεtəχ] *adj, adv* **1** agréable(ment); **iets ~ vinden** aimer qqch; **zich ~ voelen** être à l'aise; **~ weekend!** bon week-end ! **2** commode, confortablement
preuts [prøts] *adj, adv (preutser, meest p.)* prude, de manière pudibonde
pre·ve·len [prevələ(n)] *vti (prevelde, h. gepreveld)* marmonner
pri·eel [prijel] *het (priëlen)* tonnelle
prie·ge·len [priχələ(n)] *vi (priegelde, h. gepriegeld)* fignoler
prie·ge·lig [priχələχ] *adj* minuscule
priem [prim] *nm (-en)* **1** *(technol.)* poinçon **2** *(Belg.)* aiguille à tricoter
prie·men [primə(n)] *vti (priemde, h. gepriemd)* percer *(regard, soleil)*
priem·ge·tal [primχətɑl] *het (-len) (math.)* nombre premier
pries·ter [pristər] *nm (-s),* **priesteres** *nf (-sen)* prêtre, prêtresse
pries·ter·schap [pristərsχap] *het* sacerdoce
priet·praat [pritprat] *nm* verbiage
prij·ken [prεikə(n)] *vi (prijkte, h. geprijkt)* briller
prijs [prεis] *nm (prijzen)* **1** prix; **bij de ~ inbegrepen** tout compris; **tegen, tot elke ~** à tout prix; *(fig.)* **een vette ~** un prix salé; **voor geen ~** à aucun prix; **voor een zacht ~je** à un prix d'ami **2** récompense **3** lot; **altijd ~!** à tous les coups on gagne !; **in de prijzen vallen** gagner ♦ **iets op ~ stellen** apprécier qqch
***prijs-** [prεis-] des prix; **de prijsstijging** la hausse des prix
prijs·be|wust [prεizbəwʌst] *adj (-wuster, meest p.)* qui n'achète pas à n'importe quel prix
prijs·ge·ven [prεisχevə(n)] *vt (gaf prijs, h. prijsgegeven)* abandonner; **terrein ~** céder du terrain
prijs·kaart·je [prεiskarcə] *het (-s)* **1** étiquette **2** *(fig.)* prix; **aan deze regeringsmaatregel hangt geen ~** on ne connaît pas encore le prix de cette mesure gouvernementale
prijs·klas·se [prεisklɑsə] *nf (-n)* catégorie; **producten in een lage ~** produits bas de gamme
prijs|vraag [prεisfraχ] *de (-vragen)* concours *(doté de prix)*
prijs|win·naar [prεiswɪnar] *nm (-s),* **-winnares** *nf (-sen)* lauréat, -ate
[1]**prij·zen** [prεizə(n)] *vt (prees, h. geprezen)* **1** estimer; **zich gelukkig ~** se féliciter **2** louer
[2]**prij·zen** [prεizə(n)] *vt (prijsde, h. geprijsd)* marquer d'un prix
prij·zens·waar|dig [prεizə(n)swardəχ] *adj (-diger, meest p.)* louable
prij·zig [prεizəχ] *adj* coûteux
prik [prɪk] *nm (-ken)* **1** piqûre *(aussi méd.)* **2** *(pas de plur.)* boisson gazeuse; **een fles ~** une bouteille de limonade; **bronwater zonder ~** eau plate ♦ **dat is vaste ~** c'est de règle; **iets voor een ~(je) kopen** acheter qqch pour une bouchée de pain
prik·ac·tie [prɪkɑksi] *nf (-s)* grève perlée

prik·bord [prɪgbɔrt] *het (-en)* tableau d'affichage
prik·kel [prɪkəl] *nm (-s)* **1** picotement; **ik heb ~s in mijn arm** j'ai des fourmis dans le bras **2** *(biol.)* stimulus **3** stimulant **4** *(bot.)* épine
prik·kel|baar [prɪkəlbar] *adj (-baarder, -baarst)* irritable
prik·kel·draad [prɪkəldrat] *het/de* fil de fer barbelé
[1]**prik·ke·len** [prɪkələ(n)] *vt (prikkelde, h. geprikkeld)* **1** piquer; **een ~de kou** un froid vif **2** agacer; **iemand tot het uiterste ~** pousser qqn à bout **3** exciter
[2]**prik·ke·len** [prɪkələ(n)] *vi (prikkelde, h. geprikkeld)* picoter; **mijn been prikkelt** j'ai des fourmis dans la jambe
prik·kel·hoest [prɪkəlhust] *nm* toux sèche
prik·ke·ling [prɪkəlɪŋ] *nf (-en)* **1** excitation **2** frisson
[1]**prik·ken** [prɪkə(n)] *vt (prikte, h. geprikt)* **1** piquer; **zich aan iets ~** se piquer avec qqch **2** épingler **3** *(fam.)* faire une piqûre à **4** fixer *(une date)*
[2]**prik·ken** [prɪkə(n)] *vi (prikte, h. geprikt)* piquer
prik·ker [prɪkər] *nm (-s)* bâtonnet
prik·kie [prɪki] *het (-s)* → **prik**
prik·li·mo·na·de [prɪklimonadə] *nf (-s)* → **prik 2**
prik·pil [prɪkpɪl] *de (-len)* piqûre contraceptive
pril [prɪl] *adj* frais
[1]**pri·ma** [prima] *adj, adv* excellent, très bien
[2]**pri·ma** [prima] *interj* parfait !
[1]**pri|maat** [primat] *nm (-maten)* **1** chef de l'Église **2** *(cathol.)* primat
[2]**pri|maat** [primat] *het (-maten)* primauté
pri·mair [primɛ:r] *adj, adv* **1** (d'une façon) primaire **2** principal, en premier lieu; **iets ~ stellen** considérer qqch comme nécessaire **3** fondamental
pri·mi·ti·vi·teit [primitivitɛit] *nf (-en)* **1** *(socio.)* primitivisme **2** caractère primitif
pri·mo [primo] *adv* premièrement
pri·mu·la [primyla] *de (-'s) (bot.)* primevère
prin·ci·pi·eel [prɪnsipjel] *adj, adv* **1** fondamental(ement) **2** de principe, par principe; **een ~ tegenstander** un adversaire convaincu
prins [prɪns] *nm (-en)* prince; **de ~ te rijk zijn** être heureux comme un roi ♦ **van de ~ geen kwaad weten** être innocent comme l'enfant qui vient de naître
prin·se·lijk [prɪnsələk] *adj, adv* princier, princièrement; **een ~ leven** une vie de château
prin·ses [prɪnsɛs] *nf (-sen)* **1** princesse **2** reine *(fig.)*
prins·heer·lijk [prɪnsherlək] *adv* princièrement
Prins·jes·dag [prɪnʃəzdɑχ] *nm (-en)* jour de l'ouverture du Parlement
prin·ten [prɪntə(n)] *vt (printte, h. geprint)* **1** *(inform.)* imprimer **2** *(phot.)* tirer une épreuve
print·vrien·de·lijk [prɪntfrindələk] *adj (inform.)* imprimable
pri·vaat [privat] *adj (Belg.)* → **privé**
pri·vaat·recht [privatrɛχt] *het (jur.)* droit privé
pri·va·cy [prɑjvəsi] *nf* vie privée; **iemands ~ schenden** violer la vie privée de qqn
pri·vé [prive] *adj, adv* (en) privé
pri·vé·adres [priveadrɛs] *het (-sen)* adresse personnelle
pri·vé·les [privelɛs] *de (-sen)* leçon particulière
pri·vé|sfeer [privesfer] *de (-sferen)* vie privée
pro [pro] *adj* ♦ **ik ben ~** je suis pour; **het ~ en het contra** le pour et le contre
pro|baat [probat] *adj, adv (-bater, meest p.)* efficace(ment)
pro·beer·sel [probersəl] *het (-s)* (modeste) essai
pro·be·ren [proberə(n)] *vt (probeerde, h. geprobeerd)* essayer; **dat hoef je niet eens te ~** ce n'est même pas la peine d'essayer; **(het met) iemand ~** prendre qqn à l'essai
pro|bleem [problem] *het (-blemen)* problème; **in de problemen zitten** être dans des difficultés; **iemand uit de problemen halen** sortir qqn d'affaire
pro·bleem·ge·val [problemχəvɑl] *het (-len)* cas problématique
pro·bleem·loos [problemlos] *adj, adv* sans problème(s)
pro·bleem·stel·ling [problemstɛlɪŋ] *nf (-en)* problème
pro·bleem·wijk [problemwɛik] *de (-en)* quartier difficile
pro·ce·de·ren [prosədərə(n)] *vi (procedeerde, h. geprocedeerd)* **1** intenter un procès (à) **2** procéder
pro·ce·du·re [prosedyrə] *de (-s)* **1** procédé **2** procédure
pro·cent [prosɛnt] *het (-en)* pour cent; *(fig.)* **zich niet helemaal honderd ~ voelen** ne pas être dans son assiette; *(complètement)* **voor honderd ~** à cent pour cent
pro·cen·tu·eel [prosɛntywel] *adj* exprimé en pourcentage
pro·ces [prosɛs] *het (-sen)* **1** *(jur.)* procès; **iemand een ~ aandoen** intenter un procès à qqn **2** processus
pro·ces-ver·baal [prosɛsfərbal] *het (processen-verbaal)* procès-verbal; **~ opmaken** verbaliser; **een ~ uitschrijven voor iemand** donner une contravention à qqn
pro·cu·reur [prokyrør] *nm (-s)* avoué
pro Deo [prodejo] bénévole(ment); *(jur.)* **pro-Deozaak** cause plaidée d'office
pro·du|cent [prodysɛnt] *nm (-en)*, **-cente** *nf (-s, -n)* producteur
pro·du·cer [prodju:sər] *nm (-s)* réalisateur, -trice
pro·du·ce·ren [prodyserə(n)] *vt (produceerde, h. geproduceerd)* produire

pro·duct [prodʌkt] *het (-en)* produit *(aussi math.)*
pro·duc·tie [prodʌksi] *nf (-s)* production; **een gemeenschappelijke ~** une coproduction
***pro·duc·tie-** [prodʌksi-] de production
pro·duc|tief [prodʌktif] *adj (-tiever, -tiefst)* productif; **~ maken** exploiter
proef [pruf] *de (proeven)* **1** épreuve; **de ~ doorstaan** faire ses preuves; **zwaar op de ~ stellen** mettre à dure épreuve **2** essai; **op ~** à l'essai **3** expérience; **proeven nemen** faire des expériences **4** preuve *(aussi math.); (fig.)* **de ~ op de som nemen** faire l'expérience **5** échantillon
***proef-** [pruf-] **1** d'essai(s); **het proefabonnement** l'abonnement d'essai **2** pilote; **het proefproces** le procès pilote
proef|buis [pruvbœys] *de (-buizen) (Belg.)* éprouvette
proef·dier [pruvdir] *het (-en)* animal de laboratoire
proef·draai·en [pruvdrajə(n)] *vb (draaide proef, h. proefgedraaid)* faire des essais
proef·druk [pruvdrʌk] *nm (-ken) (imprim.)* épreuve
proef·exem|plaar [prufɛksɛmplar] *het (-plaren)* spécimen
proef·ko·nijn [prufkonɛin] *het (-en)* **1** *(fam., fig.)* cobaye **2** lapin employé comme animal de laboratoire
proef·les [pruflɛs] *de (-sen)* **1** leçon d'introduction **2** leçon d'essai
proef·ne·ming [prufnemɪŋ] *nf (-en)* essai
proef·num·mer [prufnʌmər] *het (-s)* spécimen
proef·on·der·vin·de·lijk [prufɔndərvɪndələk] *adj, adv* **1** expérimental(ement) **2** empirique(ment)
proef·per|soon [prufpɛrson] *nm (-sonen)* sujet (d'expérience)
proef·schrift [prufsχrɪft] *het (-en)* thèse de doctorat
proef·stuk [prufstʌk] *het (-ken)* ♦ *(Belg.)* **niet aan zijn ~ zijn** ne pas en être à son premier essai
proef·tijd [pruftɛit] *nm* **1** période d'essai **2** *(jur.)* délai probatoire
proef·werk [prufwɛrk] *het (-en) (enseign.)* composition
proes·ten [prustə(n)] *vi (proestte, h. geproest)* **1** éternuer **2** s'ébrouer **3** pouffer
proe·ven [pruvə(n)] *vt (proefde, h. geproefd)* **1** goûter **2** goûter (à, de) **3** sentir le goût de; *(fig.)* **daar kun je de aristocraat uit ~** c'est à ça que l'on reconnaît l'aristocrate
prof [prɔf] *nm (-s)* **1** prof de faculté **2** *(sports)* pro
***prof-** [prɔf-] professionnel; **de profvoetballer** le footballeur professionnel
pro|faan [profan] *adj (-faner, -faanst)* **1** profane **2** impie
pro·fes·sor [profɛsɔr] *nm (-en)* professeur de faculté; *(fig.)* **een verstrooide ~** qqn qui est dans la lune
[1]**pro·fi·ci·at** [profisijɑt] *het* félicitations
[2]**pro·fi·ci·at** [profisijɑt] *interj* ((toutes) mes) félicitations !; **~ met je verjaardag!** bon anniversaire !
pro·fiel [profil] *het (-en)* **1** profil **2** structures; *(fig.)* **de vertolking krijgt geen ~** l'interprétation manque de relief **3** *(enseign.)* filière ♦ *(inform.)* **een ~ aanmaken** créer un profil
pro·fiel·schets [profilsχɛts] *de (-en)* profil
pro·fijt [profɛit] *het (-en)* profit; **voor algemeen ~** d'utilité publique
pro·fij·tig [profɛitəχ] *adj, adv (Belg.)* **1** économe, économiquement **2** bon marché
pro·fi·le·ren, zich [profilerə(n)] *vpr (profileerde zich, h. zich geprofileerd)* se définir
pro·fi·te·ren [profiterə(n)] *vi (profiteerde, h. geprofiteerd)* profiter (de); *(péj.)* **van iemand ~** exploiter qqn
prog·no·se [prɔχnozə] *nf (-s)* pronostic; **een ~ stellen** pronostiquer
pro·gram·ma [proχrɑma] *het (-'s)* **1** programme **2** émission
pro·gres|sief [proχrɛsif] *adj, adv (-siever, meest p.)* **1** *(pol.)* (d'une façon) progressiste; **~ stemmen** voter pour un parti progressiste **2** progressif, progressivement
pro·ject [projɛkt] *het (-en)* projet
pro·ject|lei·der [projɛktlɛidər] *nm (-s),* **-leidster** *nf (-s)* responsable d'un projet
pro·me·na·de [promənadə] *nf (-s)* **1** promenade **2** rue piétonnière
pro·mil·la·ge [promilaʒə] *het (-s)* **1** proportion pour mille **2** taux d'alcool
pro·mil·le [promil] *het (-n)* pour mille
pro·mi|nent [prominɛnt] *adj (-nenter, meest p.)* éminent; **een ~e rol vervullen** jouer un rôle de premier plan
pro·mo·ten [promotə(n)] *vt (promootte, h. gepromoot)* promouvoir
pro·mo·tie [promo(t)si] *nf (-s)* **1** promotion; **~ maken** obtenir une promotion **2** *(sports)* montée **3** soutenance de thèse
pro·mo·tor [promotər] *nm (-s)* **1** directeur de thèse **2** promoteur, -trice **3** *(Belg.)* promoteur *(immobilier)*
pro·mo·ven|dus [promovɛndʌs] *nm (-di)* **1** doctorant(e) **2** *(sports)* promu(e)
pro·mo·ve·ren [promoverə(n)] *vi (promoveerde, i. gepromoveerd)* **1** préparer, soutenir une thèse **2** *(sports)* monter
prompt [prɔmt] *adj, adv* **1** sur-le-champ **2** rapide, promptement **3** ponctuel(lement)
pronk [prɔŋk] *nm* apparat; **te ~ staan** être exposé à tous les regards; *(fig.)* **iets te ~ stellen** faire étalage de qqch
pron·ken [prɔŋkə(n)] *vi (pronkte, h. gepronkt)* se faire valoir; **~ met iets** étaler qqch

pron·ke·rig [prɔŋkərəχ] *adj, adv* qui aime parader, avec ostentation
pronk·stuk [prɔŋkstʌk] *het (-ken)* **1** ± joyau *(aussi au fig.)* **2** *(fig.)* perle
prooi [proj] *de (-en)* proie; **ten ~ vallen aan** devenir la proie de
proost [prost] *interj* **1** à votre santé ! **2** à vos, tes souhaits !
proos·ten [prostə(n)] *vi (proostte, h. geproost) (fam.)* trinquer
prop [prɔp] *de (-pen)* **1** boulette; *(fig.)* **een ~ in de keel hebben** avoir la gorge serrée; **iemand een ~ in de mond stoppen** mettre un bâillon à qqn **2** boulot, -otte *(personne)* ♦ **op de ~pen komen** s'amener; **met iets op de ~pen komen** proposer qqch, mettre qqch sur le tapis
pro·pe·deu·se [propədœyzə] *nf* ± propédeutique
pro|per [propər] *adj, adv (-perder, -perst)* propre(ment)
pro·por·tie [propɔrsi] *nf (-s)* proportion; *(fig.)* **dit is buiten alle ~s** c'est hors de proportion; **naar ~** proportionnellement
prop·pen [prɔpə(n)] *vt (propte, h. gepropt)* **1** entasser **2** engloutir
prop·pe·rig [prɔpərəχ] *adj* en boule
prop·vol [prɔpfɔl] *adj* bourré (de); **een ~le kamer** une pièce bourrée de meubles, une pièce bondée
pro·test [protɛst] *het (-en)* **1** protestation; **~ aantekenen tegen** protester contre **2** contestation
***pro·test-** [protɛst-] de protestation
pro·to·ty·pe [prototipə] *het (-n, -s)* **1** prototype **2** type (même)
prot·se·rig [prɔtsərəχ] *adj, adv* (d'une manière) clinquant(e)
pro·vi·and [provijɑnt] *het/de* provisions
pro·vin·cie [provɪnsi] *nf (-s)* province
pro·vi·sie [provizi] *nf (-s)* **1** commission **2** provisions **3** *(Belg.)* provision
pro·vo·ce·ren [provoserə(n)] *vti (provoceerde, h. geprovoceerd)* provoquer (qqn à)
pro·za [proza] *het* prose
pruik [prœyk] *de (-en)* perruque; *(fig.)* **zijn ~ staat scheef** il s'est levé du pied gauche
prui·len [prœylə(n)] *vi (pruilde, h. gepruild)* **1** bouder **2** pleurnicher
pruil·lip [prœylɪp] *de* moue (boudeuse)
[1]**pruim** [prœym] *de (-en)* **1** prune **2** chique
[2]**pruim** [prœym] *nm (-en)* prunier
prui·me·laar [prœymәlar] *nm (-s) (Belg.)* prunier
prui·men [prœymə(n)] *vti (pruimde, h. gepruimd)* **1** chiquer **2** *(fam.)* blairer; **het eten is niet te ~** la nourriture est infecte
Prui·sen [prœysə(n)] *het* Prusse
prul [prʌl] *het (-len)* **1** chiffon de papier **2** babiole; **een ~ van een boek** un livre à la noix ♦ **mijn lieve, kleine ~** mon petit lapin
prul·la·ria [prʌlarija] *plur* camelote
prul·len|bak [prʌlə(n)bɑk] *nm (-ken)*, **-mand** *de (-en)* **1** corbeille à papier; *(iron.)* **dat opstel is goed voor de ~** cette rédaction est bonne à jeter au panier **2** *(inform.)* corbeille
[1]**prut** [prʌt] *de* **1** *(fam.)* boue **2** marc de café **3** *(fam.)* tambouille
[2]**prut** [prʌt] *adj, adv* toc; **we speelden weer ~ vandaag** on a encore joué comme des pieds aujourd'hui
pruts [prʌts] *nm (-en) (Belg.)* bon, bonne à rien; **jij kleine ~** petit coquin
prut·sen [prʌtsə(n)] *vti (prutste, h. geprutst)* cafouiller; **wat zit je toch te ~** qu'est-ce que tu fabriques
prut·ser [prʌtsər] *nm (-s)* **1** bousilleur, -euse **2** bricoleur, -euse
pruts·werk [prʌtswɛrk] *het* **1** bousillage **2** bricolage
prut·te·len [prʌtələ(n)] *vti (pruttelde, h. geprutteld)* **1** *(cuis.)* mijoter; **de koffie staat te ~** ± le café est en train de passer **2** bougonner
psalm [psɑlm] *nm (-en) (relig.)* psaume
psych [psiχ] *nm (-en) (fam.)* psy
psy·chisch [psiχis] *adj, adv* psychique; **~ gestoord** déséquilibré
PTT [petete] *de* abrév. de *Posterijen, Telegrafie, Telefonie* P et T, *(Belg.)* RTT
pu·ber [pybər] *nm (-s)* adolescent, -ente
pu·ber·teit [pybərtɛit] *nf* puberté
pu·bli·ci·tair [pyblisitɛ:r] *adj* **1** publicitaire **2** médiatique
pu·bli·ci·teit [pyblisitɛit] *nf* publicité; **iets in de ~ brengen** rendre qqch public; **in de ~ treden met iets** exposer qqch au grand jour
[1]**pu·bliek** [pyblik] *het* public; **Jan Publiek** la foule; **die twee scholen hebben een zeer verschillend ~** ces deux écoles ont des élèves d'un type bien différent
[2]**pu·bliek** [pyblik] *adj, adv* public, publiquement; **iets ~ maken** rendre qqch public
pu·blie·ke·lijk [pyblikələk] *adv* publiquement
puf [pʌf] *de* ♦ **er zit geen ~ meer in hem** il est vidé; **ergens de ~ niet meer voor hebben** ne plus avoir la force de faire qqch
puf·fen [pʌfə(n)] *vi (pufte, h. gepuft)* **1** haleter (de chaleur); **het is hier om te ~** on étouffe ici **2** faire teuf-teuf
pui [pœy] *de (-en)* façade
puik [pœyk] *adj, adv* **1** excellent; **er ~ uitzien** avoir une mine magnifique **2** parfait(ement); **~ samenspel** jeu d'ensemble parfait
pui·len [pœylə(n)] *vi (puilde, h. gepuild)* ♦ **de ogen puilden uit zijn hoofd** les yeux lui sortaient de la tête
[1]**puin** [pœyn] *het* **1** décombres; *(fig., fam.)* **in ~ liggen** *(personnes)* être à ramasser à la petite cuillère; *(choses)* être bousillé; **een stad in ~ schieten** pilonner une ville **2** *(fig.)* crotte de bique
[2]**puin** [pœyn] *de* ♦ *(fam.)* **hij heeft zijn brommer in (de) ~ gereden** il a bousillé son vélomoteur

puin|hoop [pœynhop] *nm (-hopen)* **1** décombres **2** pagaille; **hij maakte een ~ van dat werkstuk** il a complètement gâché ce travail

puin|rui·mer [pœynrœymər] *nm (-s),* **-ruimster** *nf (-s) (fam.)* ♦ *(fig.)* **als ~ fungeren** réparer les dégâts

puist [pœyst] *de (-en)* bouton

puit [pœyt] *nm (-en) (Belg.)* crapaud ♦ **een ~ in de keel hebben** avoir un chat dans la gorge

puk [pʌk] *nm (-ken)* **1** (petit) bout (de chou) **2** *(péj.)* avorton

puk·kel [pʌkəl] *de (-s)* **1** bouton **2** sac à bandoulière

pul [pʌl] *de (-len)* chope

pul·ken [pʌlkə(n)] *vi (pulkte, h. gepulkt)* tripoter; **zit niet zo in je neus te ~** ne fourre pas tes doigts dans ton nez

pulp [pʌlp] *de* **1** pulpe **2** *(fig.; péj.)* torchon, *(film)* navet

pulp·blad [pʌlblɑt] *het (-en) (fam.)* feuille de chou

pum·mel [pʌməl] *nm (-s)* butor *(fig.)*

pump [pʌmp] *nm (-s)* escarpin

punc|tu·eel [pʌŋktywel] *adj, adv (-tueler, -tueelst)* ponctuel(lement)

[1]**punt** [pʌnt] *het/de (-en)* point; **een ~ hebben** avoir raison; **zijn ~ maken** faire valoir ses arguments; **~, uit!** un point c'est tout !; **ergens een ~ achter zetten** en finir avec qqch ♦ **op ~ stellen** *(Belg.)* mettre au point

[2]**punt** [pʌnt] *het (-en)* problème; **geen ~!** pas de problème !; **ergens een ~ van maken** faire toute une affaire de qqch; **~ voor ~** point par point

[3]**punt** [pʌnt] *nm (-en)* pointe; **hij zat op de ~, het ~je van zijn stoel** il était assis à l'extrémité de sa chaise; *(fig.)* il était tout ouïe; **een ~ van de taart** un morceau de tarte; *(fig.)* **je kunt er een ~ aan zuigen** prends-en de la graine

pun·ten [pʌntə(n)] *vt (puntte, h. gepunt)* tailler

pun·ten·lijst [pʌntə(n)lɛist] *de (-en)* **1** *(enseign.)* bulletin (de notes) **2** *(sports)* liste (des résultats)

pun·ten·slij·per [pʌntə(n)slɛipər] *nm (-s)* taille-crayon

punt·gaaf [pʌntχaf] *adj, adv* **1** parfait(ement) **2** *(fam.)* impec(cablement)

punt·hoofd [pʌnthoft] *het (-en)* ♦ **ik krijg er een ~ van** ça me rend dingue

pun·tig [pʌntəχ] *adj, adv* **1** aigu **2** pointu, en pointe **3** (avec) concis(ion) **4** sagace, avec sagacité

punt·je [pʌncə] *het (-s)* **1** petit pain **2** (petit) point ♦ **tot in de ~s verzorgd** tiré à quatre épingles; **iets tot in de ~s kennen** connaître qqch sur le bout des doigts; *(fig.)* **als ~ bij paaltje komt** au moment décisif; **ik zie aan het ~ van je neus dat je jokt** ton nez remue, tu mens; **het ligt op het ~ van mijn tong** je l'ai sur le bout de la langue; **~, ~, ~** points de suspension

punts·ge·wijs [pʌn(t)sχəwɛis] *adv* point par point

punt·vor·mig [pʌntfɔrməχ] *adj, adv* → **puntig 2**

[1]**pu·pil** [pypɪl] *de (-len)* pupille *(de l'œil)*

[2]**pu·pil** [pypɪl] *nm (-len)* **1** pupille *(enfant)* **2** élève **3** *(sports)* benjamin, -ine

pu·ree [pyre] *nf* purée ♦ **nu zitten we mooi in de ~!** nous voilà bien (foutus) !

pu·re·ren [pyrerə(n)] *vt (pureerde, h. gepureerd)* écraser en purée

pur·per [pʌrpər] *adj* pourpre

pur·per·rood [pʌrpərot] *adj* → **purper**

pur sang [pyrsɑŋ] *adj* **1** *(fig.)* pur; **een ~ romanticus** un romantique dans l'âme **2** de pure race

pu·shen [puʃə(n)] *vt (pushte, h. gepusht)* **1** pousser **2** pousser (la vente de) **3** appuyer

put [pʌt] *nm (-ten)* **1** puits; *(fig.)* **dat is een bodemloze ~** c'est un gouffre; *(fig.)* **in de ~ zitten** avoir le moral à zéro; *(fig.)* **iemand uit de ~ halen** remonter (le moral à) qqn **2** fosse; **~ten in de weg** trous dans la route **3** puisard ♦ *(Belg.)* **in het ~je van de winter** au cœur de l'hiver

put·ten [pʌtə(n)] *vt (putte, h. geput)* puiser; **moed ~** prendre courage

puur [pyr] *adj, adv (puurder, puurst)* pur(ement); **pure chocola** chocolat fondant

puz·zel [pʌzəl] *nm (-s)* **1** puzzle **2** mots croisés

puz·ze·len [pʌzələ(n)] *vi (puzzelde, h. gepuzzeld)* **1** faire des puzzles **2** faire des mots croisés **3** se casser la tête

PvdA [pevɑndea] *nf (pol.)* abrév. de *Partij van de Arbeid* ⟨*Parti du Travail*⟩

PVV [peveve] *nf* abrév. de *Partij voor de Vrijheid* Parti pour la liberté *(parti nationaliste néerlandais)*

q

Qa·tar [katar] *het* Qatar
Qa·ta·rees [katares] *adj* qatari; **de ~, Qatarese** le, la Qatari(e)
Q-koorts [kykorts] *de* fièvre Q, coxiellose
qua [kwa] *prép* en ce qui concerne
quar·tair [kwartɛːr] *adj* quaternaire
qua·si [kwasi] *adj, adv* quasi-, sous prétexte (de); **hij keek quasideskundig onder de motorkap** il regarda sous le capot en prenant des airs d'expert; **quasiverrast** feignant l'étonnement
quatsch [kwatʃ] *nm* sottises
quo·ta [kwota] *de* **1** *(écon.)* quote-part **2** *(commerce)* quota
quo·te·ring [kwoterɪŋ] *nf (-en)* répartition proportionnelle

r

r. [rɛχ(t)s] abrév. de *rechts* a. dr.

[1]**ra** [ra] *de (-'s) (mar.)* vergue

[2]**ra** [ra] *interj* ♦ **ra, ra, wat is dat?** devine(z) (ce que c'est) !

raad [rat] *nm (raden)* conseil; **de ~ van bestuur** le conseil d'administration; **iemand met ~ en daad bijstaan** apporter aide et conseil à qqn; **ik weet me geen ~** je ne sais à quel saint me vouer; *(prov)* **goede ~ is duur** ⟨*on ne sait à quel saint se vouer*⟩; **de Hoge Raad** la Haute Cour (de justice); **iemand om ~ vragen** demander conseil à qqn; **bij iemand te rade gaan** demander conseil à qqn; **hij weet overal ~ op** il trouve toujours une solution; **hij weet wel ~ met zijn geld** il ne laisse pas moisir son argent; **geen ~ weten met iets** ne pas savoir comment s'y prendre ♦ **met voorbedachten rade** de propos délibéré; *(jur.)* avec préméditation; prémédité

raad·ge·vend [ratχevənt] *adj* consultant

raad|ge·ver [ratχevər] *nm (-s),* **-geefster** *nf (-s)* conseiller, -ère

raad·ge·ving [ratχevɪŋ] *nf (-en)* → **raad**

raad|huis [rathœys] *het (-huizen)* hôtel de ville

raad·ple·gen [ratpleχə(n)] *vt (raadpleegde, h. geraadpleegd)* consulter; **zijn geheugen ~** interroger sa mémoire; **iemand over iets ~** demander conseil à qqn sur qqch

raad·sel [ratsəl] *het (-s)* **1** énigme; **het is mij een ~ hoe dat zo gekomen is** je me demande comment cela a pu arriver **2** devinette

raad·sel·ach·tig [ratsəlaχtəχ] *adj, adv (form.)* énigmatique, mystérieusement; **het ~e is dat** ce qui intrigue, c'est que

raads|heer [ratsher] *nm (-heren)* conseiller

raads|lid [ratslɪt] *het (-leden)* conseiller municipal

raads|man [ratsman] *nm (-lieden),* **-vrouw** *nf (-en)* **1** conseiller, -ère **2** avocat, -ate

raad|zaam [ratsam] *adj (-zamer, -zaamst)* opportun; **het is niet ~** c'est déconseillé; **het is ~ dat …** il convient que …

raaf [raf] *nf (raven)* (grand) corbeau; **stelen als een ~, als de raven** être voleur comme une pie; *(fig.)* **het is een witte ~** c'est un merle blanc

raak [rak] *adj, adv (raker, raakst)* **1** dans le mille; *(iron.)* **het is weer ~** il y a de nouveau qqch **2** bien envoyé, avec justesse; **iemand ~ typeren** bien camper un personnage **3** ressemblant, avec justesse ♦ **maar ~** sans réfléchir

raak·lijn [raklɛin] *de (-en) (math.)* tangente

raak·punt [rakpʌnt] *het (-en)* **1** *(math.)* point de tangence **2** *(fig.)* point commun

raak·vlak [rakflak] *het (-ken)* **1** *(math.)* plan tangent **2** point commun

raam [ram] *het (ramen)* **1** fenêtre; **hij schoot een bal door het ~** il a envoyé un ballon dans les vitres; **dubbele ramen** double vitrage **2** encadrement **3** cadre

raam·ko·zijn [ramkozɛin] *het (-en) (archit.)* châssis

raam·werk [ramwɛrk] *het (-en)* **1** *(archit.)* châssis **2** cadre; **het ~ van haar scriptie is af** le plan de son mémoire est terminé

raap [rap] *de (rapen)* navet ♦ *(fam.)* **recht voor zijn ~** sans mâcher ses mots; *(fam.)* **zich voor zijn ~ schieten** se brûler la cervelle

raar [rar] *adj, adv (raarder, raarst)* **1** étrange(ment); **een rare** un drôle de type; **daar zul je ~ van opkijken** ça t'en bouchera un coin **2** dingue **3** (tout) chose

raas·kal·len [raskalə(n)] *vi (raaskalde, h. geraaskald)* dérailler

raat [rat] *de (raten)* rayon (d'une ruche)

ra·bar·ber [rabarbər] *de* rhubarbe

rab·bijn [rabɛin] *nm (-en)* rabbin

ra·bi·ës [rabijɛs] *nf* rage

race [res] *nm (-s)* course; *(fig.)* **nog in de ~ zijn** rester en course; *(fig.)* **de ~ naar de top** ± le carriérisme; **een ~ tegen de klok** une course contre la montre ♦ *(fam., fig.)* **aan de ~ zijn** avoir la courante

***race-** [res-] de course; **de racefiets** le vélo de course

race|baan [rezban] *de (-banen)* circuit *(pour voitures de course)*

race|boot [rezbot] *de (-boten)* racer

ra·cen [resə(n)] *vi (racete, h. geracet)* **1** courir *(course)* **2** *(fam.)* foncer

[1]**rad** [rat] *het (-eren)* roue; **het ~ van avontuur** la roue de la fortune; *(fête foraine)* la grande roue; *(fig.)* **iemand een ~ voor de ogen draaien** ± jeter de la poudre aux yeux de qqn

[2]**rad** [rat] *adj, adv* **1** rapide(ment) **2** agile(ment) **3** volubile(ment)

rad·bra·ken [radbrakə(n)] *vt (radbraakte, h. geradbraakt)* rouer, *(fig.)* éreinter

ra·de|loos [radəlos] *adj, adv (-lozer, meest r.)* (de manière) affolé(e); **iemand ~ maken** pousser qqn à bout

ra·den [radə(n)] *vti (raadde, h. geraden)*

1 deviner; **naar iets ~** deviner qqch; **dat raadt u nooit** je vous le donne en mille 2 conseiller; **het is je geraden om ...** tu ferais bien de ... ♦ **dat is je geraden!** tiens-le-toi pour dit !

ra·der·tje [radərcə] *het (-s)* rouage; **een ~ in het raderwerk zijn** être un maillon de la chaîne

ra·der·werk [radərwɛrk] *het (-en)* 1 engrenage 2 rouages

ra·di·aal [radijal] *adj* radial; *(math.)* **de ~** le radian

ra|dijs [radɛis] *de (-dijzen)* radis

ra·dio [radijo] *nm (-'s)* (poste de) radio; **op de ~** à la radio; **voor de ~ komen** passer à la radio

ra·dio·zen·der [radijozɛndər] *nm (-s)* 1 (poste) émetteur 2 station de radiodiffusion

ra|di·us [radijʌs] *nm (-diussen, -dii)* rayon *(fig.)*

[1]**ra·fe·len** [rafələ(n)] *vi (rafelde, h./i. gerafeld)* s'effilocher

[2]**ra·fe·len** [rafələ(n)] *vt (rafelde, h. gerafeld)* effilocher

raf·fi·na·de·rij [rɑfinadərɛi] *nf (-en)* raffinerie

rag [rɑχ] *het* toile (d'araignée)

ra·ge·bol [raχəbɔl] *nm (-len)* 1 tête-de-loup 2 *(fam.)* tignasse

rag·fijn [rɑχfɛin] *adj* 1 arachnéen 2 subtil

ra·ke·lings [rakəlɪŋs] *adv* ♦ **~ langsgaan** frôler; **hij liep mij ~ voorbij** il me dépassa en me frôlant

[1]**ra·ken** [rakə(n)] *vt (raakte, h. geraakt)* 1 toucher; **iemand met een steen ~** atteindre qqn d'un coup de pierre 2 émouvoir 3 concerner ♦ *(fam.)* **'m ~** s'en mettre plein la lampe, s'en envoyer

[2]**ra·ken** [rakə(n)] *vi (raakte, h./i. geraakt)* 1 devenir; **gewond ~** se blesser 2 *(+ aan)* obtenir (qqch), trouver (qqch) *(pour les expressions non mentionnées voir également les substantifs, les adjectifs ou les adverbes concernés)*

ra·ket [rakɛt] *de (-ten)* 1 fusée; **een ~ de ruimte in schieten** lancer une fusée dans l'espace 2 missile 3 *(Belg.; sports)* raquette

rak·ker [rɑkər] *nm (-s)* garnement ♦ **hij is een rooie ~** c'est un sale rouge; **een taaie ~** un dur à cuire

ral·ly [rɛli] *nm (-'s)* 1 rallye 2 *(tennis)* échange de balles

ram [rɑm] *nm (-men)* bélier; **iemand een ~ geven** flanquer une torgnole à qqn

ra·men [ramə(n)] *vt (raamde, h. geraamd)* évaluer (à)

ram·mel [rɑməl] *nm (-s)* ♦ **een pak ~ krijgen** recevoir une raclée

ram·me·laar [rɑməlar] *nm (-s)* hochet

[1]**ram·me·len** [rɑmələ(n)] *vi (rammelde, h. gerammeld)* 1 cliqueter 2 ne pas tenir debout 3 claquer du bec

[2]**ram·me·len** [rɑmələ(n)] *vt (rammelde, h. gerammeld)* secouer; **een kind door elkaar ~** secouer un enfant comme un prunier

ram·mel·kast [rɑməlkɑst] *de (-en)* 1 *(instrument de musique)* casserole 2 guimbarde

ram·men [rɑmə(n)] *vt (ramde, h. geramd)* 1 enfoncer à coups de bélier; *(fig.)* **iemand in elkaar ~** démolir qqn; **op een piano ~** taper sur un piano 2 *(mar.)* heurter de l'avant 3 tamponner *(voiture)*

ram·me·nas [rɑmənɑs] *de (-sen)* radis noir

ramp [rɑmp] *de (-en)* catastrophe; **dat is geen ~** ce n'est pas la fin du monde

ram·pen·fonds [rɑmpə(n)fɔn(t)s] *het (-en)* fonds pour les sinistrés

ram·pen·plan [rɑmpə(n)plɑn] *het (-nen)* plan d'urgence

ramp·ge·bied [rɑmpχəbit] *het (-en)* région sinistrée

ramp·spoed [rɑmpsput] *nm (-en)* *(form.)* 1 infortune 2 malheur

ramp·spoe·dig [rɑmpspudəχ] *adj, adv (form.)* 1 (de façon) infortuné(e) 2 désastreux, de façon désastreuse

ramp·za·lig [rɑmpsaləχ] *adj, adv* 1 misérable(ment) 2 désastreux, de manière désastreuse 3 désespéré(ment)

ran·cu|neus [rɑŋkynøs] *adj, adv (-neuzer, meest r.)* rancunier, de façon rancunière

rand [rɑnt] *nm (-en)* 1 bord; *(fig.)* **op de ~ van de ondergang** au bord de la décadence; **tot de ~ gevuld** rempli à ras bord 2 lisière 3 encadrement 4 rand *(monnaie sud-africaine)*

rand·aar·ding [rɑntardɪŋ] *nf (-en)* *(électricité)* prise de terre

rand·ap·pa·ra·tuur [rɑntɑparatyr] *nf (inform.)* (appareillage) périphérique

rand·fi|guur [rɑntfiχyr] *de (-guren)* marginal, -ale

rand·ge·bied [rɑntχəbit] *het (-en)* 1 zone périphérique 2 marge

rand·ge·meen·te [rɑntχəmentə] *nf (-n, -s)* commune de banlieue

rand·je [rɑncə] *het (-s)* ♦ **op het ~ (af)** à la limite; **dat was op het ~** il s'en est fallu de peu

ran·dom [rɛndəm] *adj, adv* aléatoire, au hasard

Rand·stad [rɑntstɑt] *de* ♦ **de ~ Holland, de ~** ⟨*la conurbation de l'ouest des Pays-Bas*⟩

rand·ver·schijn·sel [rɑntfərsχɛinsəl] *het (-en)* phénomène marginal

rand·voor·waar·de [rɑntforwardə] *nf (-n)* condition secondaire

rand·weg [rɑntwɛχ] *nm (-en)* boulevard périphérique

rang [rɑŋ] *nm (-en)* 1 rang 2 classe sociale 3 rangée

ran·ge [rendʒ] *de (-s)* série

ran·ge·ren [rɑŋʒerə(n)] *vti (rangeerde, h. gerangeerd)* trier

rang·lijst [rɑŋlɛist] *de (-en)* classement

rang·or·de [rɑŋɔrdə] *de* 1 ordre (de préséance) 2 échelle *(fig.)*

rang·schik·ken [rɑŋsχɪkə(n)] *vt (rangschikte, h. gerangschikt)* **1** classer **2** ranger
rang·tel·woord [rɑŋtɛlwort] *het (-en)* (nombre) ordinal
ran·ja® [rɑna] *nm* orangeade
[1]**rank** [rɑŋk] *de (-en) (bot.)* **1** vrille **2** pousse
[2]**rank** [rɑŋk] *adj* svelte; **een ~e hals** un cou gracile
ran·se·len [rɑnsələ(n)] *vti (ranselde, h. geranseld)* rosser; **hij ranselt er maar op los** il flanque coup sur coup
rant·soen [rɑn(t)sun] *het (-en)* ration; **hij is op ~ gesteld** on le rationne
ran·zig [rɑnzəχ] *adj* rance
rap [rɑp] *adj, adv* rapide(ment); **~ ter been zijn** avoir des jambes de vingt ans
ra·pen [rapə(n)] *vt (raapte, h. geraapt)* ramasser
rap·port [rɑpɔrt] *het (-en)* **1** rapport **2** *(enseign.)* bulletin
rap·por·ta·ge [rɑpɔrtaʒə] *nf* compte rendu
ra·ra [rara] *interj* → [2]**ra**
ra·ri·teit [raritɛit] *nf (-en)* curiosité
[1]**ras** [rɑs] *het (-sen)* **1** race **2** *(bot.)* variété
[2]**ras** [rɑs] *adj, adv (rasser, meest r.) (form.)* rapide(ment)
*__ras-__ [rɑs-] **1** de race (pure); **de rashond** le chien de race **2** vrai; **een rasegoïst** un vrai égoïste
ras·echt [rɑsɛχt] *adj* **1** de race **2** vrai
rasp [rɑsp] *de (-en)* râpe
ras·paard·je [rɑsparcə] *het (-s) (fig.)* champion
[1]**ras·pen** [rɑspə(n)] *vi (raspte, h. geraspt)* parler d'une voix râpeuse
[2]**ras·pen** [rɑspə(n)] *vt (raspte, h. geraspt)* râper
*__ras·sen-__ [rɑsə(n)-] racial; **de rassendiscriminatie** la discrimination raciale
[1]**ras·ter** [rɑstər] *nm (-s)* grillage *(télévision)*
[2]**ras·ter** [rɑstər] *het/de (-s)* définition
ras·zui·ver [rɑsœyvər] *adj* **1** de race pure **2** de lignée pure
rat [rɑt] *de (-ten) (zool.)* rat; *(fig.)* **als een ~ in de val zitten** être fait comme un rat
ra·ta·plan [rataplɑn] *nm (fig.)* bazar; **en de hele ~** et tout le bataclan
ra·tel [ratəl] *nm (-s)* **1** *(fam.)* clapet; **haar ~ stond niet stil** elle parlait sans arrêt **2** moulin à paroles **3** crécelle
ra·te·len [ratələ(n)] *vi (ratelde, h. gerateld)* **1** produire un bruit de crécelle, crépiter; **de wekker ratelt** ± le réveil sonne **2** jacasser
ra·tel·slang [ratəlslɑŋ] *de (-en)* serpent à sonnette
ra·tio [ra(t)sijo] *nf* raison
ra·ti·o·na·li·se·ren [ra(t)ʃonalizerə(n)] *vt (rationaliseerde, h. gerationaliseerd)* **1** rationaliser **2** aborder rationnellement
rat·je·toe [rɑcətu] *het/de (-s)* **1** embrouillamini **2** *(cuis.)* ratatouille
ra·to [rato] ♦ **naar ~** proportionnellement (à)
rats [rɑts] *de (fam.)* ♦ **in de ~ zitten** avoir la pétoche, être dans le pétrin; **uit de ~ helpen** tirer (qqn) du pétrin
rat·ten·kop [rɑtə(n)kɔp] *nm (-pen)* (coupe en) brosse
rat·ten·van·ger [rɑtə(n)vɑŋər] *nm (-s)* chasseur de rats; **de ~ van Hamelen** le charmeur de rats de Hameln
rauw [rɑu] *adj, adv* **1** cru **2** irrité *(gorge)* **3** (d'une voix) rauque **4** brutal(ement); **dat viel ~ op mijn dak** cela a été un coup brutal; **de ~e waarheid** la vérité toute nue ♦ *(fig.)* **ik lust hem ~** je n'en ferai qu'une bouchée
rauw·kost [rɑukɔst] *nm* crudités
ra·va·ge [ravaʒə] *nf (-s)* **1** ravages **2** ruines *(fig.)*
ra·vijn [ravɛin] *het (-en)* précipice
ra·vot·ten [ravɔtə(n)] *vi (ravotte, h. geravot)* jouer (avec)
ra·yon [rɛjɔn] *het (-s)* secteur
ra·zen [razə(n)] *vi (raasde, h. geraasd)* **1** se démener; **hij blijft maar ~ en tieren** il ne cesse de fulminer **2** bouillonner **3** foncer
ra·zend [razənt] *adj, adv* **1** furibond, furieusement; **als een ~e tekeergaan** s'agiter comme un forcené; **iemand ~ maken** faire enrager qqn **2** énorme, énormément
ra·zend·snel [razəntsnɛl] *adj, adv* ultrarapide, avec une rapidité fulgurante
ra·zer·nij [razərnɛi] *nf* **1** fureur **2** frénésie **3** folie furieuse
raz·zia [rɑ(d)zija] *de (-'s)* rafle; **een ~ houden** effectuer une rafle
re·ac·tie [rejɑksi] *nf (-s)* réaction *(aussi chim.)*; **traag van ~ zijn** avoir la réaction lente; **een ~ vertonen** réagir
re·ac·tie·ver·mo·gen [rejɑksivərmoχə(n)] *het* capacité de réagir
re·a·geer|buis [rejaχerbœys] *de (-buizen)* éprouvette
re·a·ge·ren [rejaχerə(n)] *vi (reageerde, h. gereageerd)* réagir (à); *(chim.)* **~ met elkaar** entrer en réaction; **(daar moet je) niet op ~!** laisse tomber, ne réponds pas !
re·a·li·seer·baar [rejalizerbar] *adj* réalisable
[1]**re·a·li·se·ren** [rejalizerə(n)] *vt (realiseerde, h. gerealiseerd)* réaliser
[2]**re·a·li·se·ren, zich** [rejalizerə(n)] *vpr (realiseerde zich, h. zich gerealiseerd)* **1** se réaliser **2** se rendre compte de, que
re·a·li·se·ring [rejalizerɪŋ] *nf* **1** réalisation *(aussi commerce)* **2** prise de conscience
re·a·lis|tisch [rejalɪstis] *adj, adv (-tischer, meest r.)* **1** réaliste *(aussi philo.; arts)*, avec réalisme **2** cru, crûment
re·a·li·teit [rejalitɛit] *nf (-en)* réalité
re·bel [rəbɛl] *nm (-len)* **1** rebelle **2** forte tête
re·bel·le·ren [rəbɛlerə(n)] *vi (rebelleerde, h. gerebelleerd)* se rebeller (contre)
re|bels [rəbɛls] *adj, adv (-belser, meest r.)* **1** (comme un) rebelle **2** furieux (contre)

re·cen·se·ren [resɛnsɛrə(n)] *vt (recenseerde, h. gerecenseerd)* faire la critique de
re·cen·sie [resɛnsi] *nf (-s)* critique
re·cent [rəsɛnt] *adj* récent; **dit is niet van ~e datum** cela ne date pas d'hier; **volgens ~e onderzoekingen** selon les dernières études
re·cen·te·lijk [rəsɛntələk] *adv* récemment
re·cept [rəsɛpt] *het (-en)* **1** *(méd.)* ordonnance; **een ~ afhalen** aller chercher des médicaments **2** *(cuis.)* recette; *(iron.)* **het gewone ~** comme d'habitude
re·cep·tie [resɛpsi] *nf (-s)* **1** réception; **~ houden** donner une réception; **staande ~** réception **2** accueil
re·cep·tief [resɛptif] *adj* **1** réceptif **2** récepteur
re·ces [rəsɛs] *het (-sen)* vacances parlementaires; **de Kamer gaat op ~** la Chambre suspend ses travaux
re·cher·che [reʃɛrʃə] *de (-s)* **1** police judiciaire **2** enquête policière
re·cher·cheur [reʃɛrʃør] *nm (-s)* **1** inspecteur (de la police judiciaire) **2** détective
¹recht [rɛχt] *het (-en)* **1** droit; **naar ~ en rede** à bon droit; *(jur.)* **het ongeschreven ~** la coutume; **iemand het ~ ontzeggen om ...** interdire à qqn de (faire qqch); **op zijn ~ staan** revendiquer ses droits; *(fig.)* **tot zijn ~ komen** être mis en valeur; *(fig.)* **~ van spreken hebben** être fondé à donner son avis; **zich het ~ verschaffen om ...** obtenir le droit de ..., s'octroyer le droit de ...; **verworven ~en** droits acquis; **met het volste ~** de son plein droit **2** justice; **~ doen aan iets** tenir compte de qqch; **iemand ~ doen (wedervaren)** rendre justice à qqn; *(fig.)* **het ~ aan zijn kant hebben** avoir raison; **het ~ in eigen hand nemen** faire sa propre loi; **~ spreken** rendre la justice ♦ **met ~ (en reden)** à juste titre
²recht [rɛχt] *adj, adv* **1** droit; **~ op iemand, iets afgaan** aller droit sur qqn, qqch; **~ overeind** tout droit **2** *(form.)* bon, bien **3** droit(ement) **4** juste **5** *(Belg.)* debout ♦ **~ voor de zaak uitkomen** avouer la chose sans détours
recht·bank [rɛχtbaŋk] *de (-en)* tribunal; **een zaak bij de ~ aanhangig maken** saisir le tribunal d'une affaire; **voor de ~ moeten komen** devoir comparaître devant le tribunal
recht·door [rɛχdor] *adv* tout droit
recht·door·zee [rɛχdorze] *adj* franc
rech·te [rɛχtə] *de (-n) (math.)* droite
rech·te|loos [rɛχtəlos] *adj (-lozer, -loost)* **1** sans droit **2** *(hist.)* proscrit **3** sans lois
rech·ten [rɛχtə(n)] *vt (rechtte, h. gerecht)* ♦ **hij rechtte zijn rug** il se redressa
rech·tens [rɛχtə(n)s] *adv* de droit
¹rech·ter [rɛχtər] *nm (-s)* juge; **naar de ~ gaan, stappen** intenter un procès; **de opperste ~** le Très-Haut
²rech·ter [rɛχtər] *adj* **1** droit **2** à droite
***rech·ter-** [rɛχtər-] droit; **de rechterarm** le bras droit
rech·ter·hand [rɛχtərhɑnt] *de (-en)* **1** main droite; **twee ~en hebben** être très habile de ses mains **2** *(fig.)* bras droit
rech·ter·lijk [rɛχtərlək] *adj, adv* judiciaire(ment); **bij ~ vonnis** par décision du juge
rech·ter·zij·de [rɛχtərzɛidə] *de* **1** côté droit **2** droite *(aussi pol.)*
recht·ge·aard [rɛ(χt)χəart] *adj* qui se respecte
recht·heb·ben·de [rɛχthɛbəndə] *nm (-n)* ayant droit, *(Belg.)* bénéficiaire; **aan de ~** à qui de droit
recht·hoek [rɛχthuk] *nm (-en)* rectangle
recht·hoe·kig [rɛχthukəχ] *adj, adv* **1** rectangle, à angle droit; **~ op elkaar staan** être perpendiculaire **2** rectangulaire
recht·lij·nig [rɛχtlɛinəχ] *adj, adv* rectiligne, en ligne droite; **~ denken, redeneren** raisonner linéairement; **een ~e redenering** un raisonnement linéaire; *(pol.)* orthodoxe
recht·lij·nig·heid [rɛχtlɛinəχhɛit] *nf* esprit de suite
recht·ma·tig [rɛχtmatəχ] *adj, adv* **1** légitime(ment); **zijn ~ deel opeisen** réclamer son dû; **dat komt ons ~ toe** cela nous revient de droit **2** juste(ment)
recht·op [rɛχtɔp] *adv* droit; **zij zat ~ in bed** elle était assise dans son lit
recht·op·staand [rɛχtɔpstant] *adj* droit; **~ haar** cheveux hérissés; **een ~e ladder** une échelle dressée à la verticale
¹rechts [rɛχ(t)s] *het* droite
²rechts [rɛχ(t)s] *adj, adv* **1** à, de droite; **~ afslaan** tourner à droite; **de vierde van ~** le quatrième en partant de la droite **2** droitier; **~ schrijven** être droitier **3** *(pol.)* de droite
rechts·af [rɛχ(t)sɑf] *adv* à droite
rechts·be·gin·sel [rɛχ(t)sbəχɪnsəl] *het (-en)* principe de droit
rechts·bij·stand [rɛχ(t)sbɛistɑnt] *nm* → **rechtshulp**
rechts·bui·ten [rɛχ(t)sbœytə(n)] *nm (-s) (sports)* ailier droit
recht·scha|pen [rɛχtsχapə(n)] *adj, adv (-pener, meest r.)* droit, honnêtement; **~ mensen** gens honnêtes
rechts·gang [rɛχ(t)sχɑŋ] *nm (jur.)* procédure
rechts·ge·bied [rɛχ(t)sχəbit] *het* juridiction
rechts·ge·ding [rɛχ(t)sχədɪŋ] *het (-en) (jur.)* **1** procès **2** procédure
rechts·gel·dig [rɛχ(t)sχɛldəχ] *adj, adv (jur.)* valide(ment); **~ zijn** *(texte)* faire foi
rechts·ge·leer·de [rɛχ(t)sχəlerdə] *nm (-n)* jurisconsulte
rechts·ge·leerd·heid [rɛχ(t)sχəlerthɛit] *nf* (science du) droit
rechts·ge·lijk·heid [rɛχ(t)sχəlɛikhɛit] *nf* égalité devant la loi

rechts·han·dig [rɛχ(t)shɑndəχ] *adj, adv* → [2]rechts 2

rechts·hulp [rɛχ(t)shʌlp] *de* aide judiciaire

rechts·kun·dig [rɛχ(t)skʌndəχ] *adj* juridique

rechts·om [rɛχ(t)sɔm] *adv* à droite

rechts·om·keert [rɛχ(t)sɔmkert] *adv* ♦ ~ maken faire demi-tour, faire volte-face *(aussi au fig.)*

rechts·or·de [rɛχ(t)sɔrdə] *de* ordre juridique

rechts·per|soon [rɛχ(t)spɛrson] *nm (-sonen)* personne juridique

rechts·ple·ging [rɛχ(t)spleχɪŋ] *nf (-en) (jur.)* procédure

rechts·po·si·tie [rɛχ(t)spozi(t)si] *nf* statut juridique; de zwakke ~ van werknemers la position faible des travailleurs

recht·spraak [rɛχtsprak] *de* **1** justice; ~ uitoefenen rendre la justice **2** procédure **3** jurisprudence

recht·spre·ken [rɛχtsprekə(n)] *vi (sprak recht, h. rechtgesproken)* prononcer (sur); de ~de macht l'autorité judiciaire

rechts|staat [rɛχ(t)stat] *nm (-staten)* État de droit

recht·staan [rɛχtstan] *vi (stond recht, i. rechtgestaan) (Belg.)* **1** se lever **2** être debout

recht·stan·dig [rɛχtstɑndəχ] *adj, adv* vertical(ement)

recht·streeks [rɛχtstreks] *adj, adv* direct(ement) *(aussi au fig.)*; ~e afstammelingen descendants en ligne directe; niet ~ indirect *(aussi au fig.)*; niet ~ antwoorden éluder une question

rechts·ver·vol·ging [rɛχ(t)sfərvɔlχɪŋ] *nf (-en)* poursuite en justice; iemand van ~ ontslaan décharger qqn

rechts·vor·de·ring [rɛχ(t)sfɔrdərɪŋ] *nf (-en)* **1** action (en justice); ~ tot action en **2** procédure judiciaire

rechts·we·ge [rɛχ(t)sweχə] ♦ van ~ de plein droit

rechts·win·kel [rɛχ(t)swɪŋkəl] *nm (-s)* boutique de droit *(agence d'information et de soutien juridiques)*

rechts|zaak [rɛχtsak] *de (-zaken)* procès; een ~ voor de rechtbank brengen porter une affaire devant le tribunal

rechts|zaal [rɛχtsal] *de (-zalen)* salle d'audience *(d'un tribunal)*

rechts·ze·ker·heid [rɛχtsekərhɛit] *nf* sécurité juridique

recht·toe [rɛχtu] *adv* ♦ ~, rechtaan tout droit; *(fig.)* sans détour

recht·trek·ken [rɛχtrɛkə(n)] *vt (trok recht, h. rechtgetrokken)* **1** rectifier **2** rajuster

recht·uit [rɛχtœyt] *adv* **1** tout droit **2** franchement

recht·vaar·dig [rɛχtfardəχ] *adj, adv* juste, équitablement; een ~ oordeel un jugement équitable

recht·vaar·di·gen [rɛχtfardəχə(n)] *vt (rechtvaardigde, h. gerechtvaardigd)* justifier; (niet) te ~ (in)justifiable

recht·vaar·dig·heid [rɛχtfardəχhɛit] *nf* justice

recht·vaar·di·ging [rɛχtfardəχɪŋ] *nf* justification

recht·zet·ten [rɛχtsɛtə(n)] *vt (zette recht, h. rechtgezet)* **1** rectifier **2** redresser

recht·zin·nig [rɛχtsɪnəχ] *adj, adv* orthodoxe, conformément à l'orthodoxie; niet ~ hérétique

re·ci·di|vist [residivɪst] *nm (-en)*, **-viste** *nf (-s, -n)* **1** *(jur.)* récidiviste **2** *(enseign.)* redoublant, -ante

re·cla·me [rəklamə] *de (-s)* **1** publicité; ideële ~ publicité non commerciale; dat artikel is in de ~ cet article est en réclame **2** réclamation

***re·cla·me-** [rəklamə-] publicitaire; het reclamebureau l'agence publicitaire

re·cla·me·ren [reklamerə(n)] *vi (reclameerde, h. gereclameerd)* **1** réclamer **2** *(Belg.)* rouspéter

re·cla·me·we·zen [rəklaməwezə(n)] *het* publicité *(en tant que phénomène)*

re·clas·se·ren [reklɑserə(n)] *vt (reclasseerde, h. gereclasseerd)* réinsérer (qqn) dans la vie sociale

re·clas·se·ring [reklɑserɪŋ] *nf* **1** assistance postpénale **2** réinsertion sociale **3** comité d'assistance postpénale

re·con·struc·tie [rekɔnstrʌksi] *nf (-s)* **1** reconstruction **2** reconstitution *(aussi jur.)*

re·con·stru·e·ren [rekɔnstrywerə(n)] *vt (reconstrueerde, h. gereconstrueerd)* **1** reconstruire **2** reconstituer *(aussi jur.)*

re·cord [rəkɔːr, [B]rəkɔrt] *het (-s)* record; een ~ breken, slaan battre un record; een officieus ~ un record non homologué

re·cor·der [rikɔːrdər] *nm (-s)* **1** magnétoscope **2** magnétophone

re·cord|hou·der [rəkɔːrhaudər, [B]rəkɔrthaudər] *nm (-s)*, **-houdster** *nf (-s)* détenteur, -trice d'un record

re·cre|ant [rekrejɑnt] *nm*, **-ante** *nf (-s, -n)* **1** vacancier, -ière **2** amateur, -trice

re·cre·a·tie [rekreja(t)si] *nf (-s)* **1** récréation **2** loisirs

re·cre·a·tie·sport [rekreja(t)sispɔrt] *nm (-en)* sport amateur

rec·to [rɛkto] *adv* au recto

rec·tor [rɛktɔr] *nm (-en, -s)* **1** recteur **2** proviseur

rec|trix [rɛktrɪks] *nf (-trices) (enseign.)* directrice

re·cy·cle·baar [risɑjkəlbar] *adj* recyclable

red·de·loos [rɛdəlos] *adj, adv* perdu, irrémédiablement

[1]**red·den** [rɛdə(n)] *vti (redde, h. gered)* **1** sauver (qqn) **2** (+ het) s'en tirer; zich eruit ~ s'en sortir

[2]**red·den, zich** [rɛdə(n)] *vpr (redde zich, h. zich gered)* se débrouiller; hij kan zich goed ~ il est débrouillard, il s'en tire bien; wij ~ ons aardig on se défend

red·ding [rɛdɪŋ] *nf (-en)* **1** salut **2** délivrance **3** sauvetage **4** *(sports)* parade

***red·dings-** [rɛdɪŋs-] de sauvetage; **het reddingsvest** le gilet de sauvetage

red·dings·wer·ker [rɛdɪŋswɛrkər] *nm (-s)* sauveteur

re·de [redə] *de (-s)* **1** raison; **iemand tot ~ brengen** ramener qqn à la raison; **met ~** raisonnablement **2** *(aussi ling.)* discours; **iemand in de ~ vallen** interrompre qqn **3** *(mar.)* rade

re·de·lijk [redələk] *adj, adv* **1** raisonnable(ment) **2** acceptable, équitablement **3** correct(ement); **dat ziet er ~ uit** cela a l'air convenable

re·de·lij·ker·wijs [redələkərwɛis] *adv* raisonnablement

re·de·lijk·heid [redələkhɛit] *nf* **1** raison; **de ~ van zijn besluit** le bien-fondé de sa décision **2** équité; **tegen alle ~ in** contre toute logique

re·de|loos [redəlos] *adj, adv (-lozer, meest r.)* **1** déraisonnable(ment) **2** insensé, follement

re·den [redə(n)] *de (-en)* raison; **met ~** avec juste raison; **om een of andere ~** pour une raison ou pour une autre; **voldoende ~ voor iets hebben** avoir une bonne raison de faire qqch; **er is geen ~ voor ongerustheid** il n'y a pas lieu de s'inquiéter; **en niet zonder ~!** et pour cause !; **we hebben ~ te over om** nous avons toutes les raisons du monde de

re·de·naar [redənar] *nm (-s)* orateur; **hij is geen ~** il n'est pas éloquent

re·de·na·tie [redəna(t)si] *nf (-s) (fam.)* raisonnement

re·de·ne·ren [redənerə(n)] *vi (redeneerde, h. geredeneerd)* **1** discourir **2** raisonner **3** argumenter

re·de·ne·ring [redənerɪŋ] *nf (-en)* raisonnement; **~ die mank gaat** raisonnement bancal

re·de·rij [redərɛi] *nf (-en)* **1** armement **2** société d'armateurs

re·de·twis·ten [redətwɪstə(n)] *vi (redetwistte, h. geredetwist)* argumenter

re·de·voe·ring [redəvurɪŋ] *nf (-en)* discours; **een ~ houden** prononcer un discours

red·mid·del [rɛtmɪdəl] *het (-en)* recours

re·du·ce·ren [redyserə(n)] *vt (reduceerde, h. gereduceerd)* réduire

ree [re] *het/de (-ën)* **1** chevreuil **2** chevrette

ree·bok [rebɔk] *nm (-ken)* **1** chevreuil *(mâle)* **2** rhebok

ree·bruin [rebrœyn] *adj* ± fauve

reed [ret], **reden** → **rijden, aanrijden, voorbijrijden** *(etc.)*

reeds [rets] *adv (form.)* déjà; **nu ~** déjà

re·ëel [rejel] *adj, adv (reëler, reëelst)* **1** réel(lement) **2** réaliste *(personne)*, avec réalisme; **je moet ~ blijven** il faut rester réaliste

reeg [reχ], **regen** → **rijgen**

reeks [reks] *de (-en)* **1** rangée **2** série; **rekenkundige ~** progression arithmétique ♦ **een literaire ~** une collection littéraire

reep [rep] *nm (repen)* **1** bande **2** barre (de chocolat)

rees [res], **rezen** → **rijzen, oprijzen**

[1]**reet** [ret], **reten** → **rijten**

[2]**reet** [ret] *de (reten)* **1** fente **2** *(vulg.)* troufignon; **iemand achter zijn ~ zitten** coller au cul de qqn; **het kan me geen ~ schelen** je m'en tamponne (le coquillard); **je kunt m'n ~ likken!, lik m'n ~!** va te faire foutre !

re·fe|raat [refərat] *het (-raten)* exposé; **een ~ houden** faire un exposé

re·fe·ren·tie [refərɛn(t)si] *nf (-s)* référence(s); **onder ~ aan ...** en référence à ...

***re·fe·ren·tie-** [refərɛn(t)si-] de référence; **het referentiekader** le cadre de référence

re·fe·re·ren [refərerə(n)] *vi (refereerde, h. gerefereerd)* **1** *(+ aan)* se référer (à) **2** rapporter

re·fer·te [rəfɛrtə] *de (-s)* ♦ *(form.)* **onder, met ~ aan uw schrijven** me référant à votre lettre

[1]**re·flec·te·ren** [reflɛkterə(n)] *vi (reflecteerde, h. gereflecteerd) (form.)* ♦ **~ op een advertentie** répondre à une annonce

[2]**re·flec·te·ren** [reflɛkterə(n)] *vti (reflecteerde, h. gereflecteerd)* réfléchir; **papier dat sterk reflecteert** papier qui brille

re·flec·tor [reflɛktɔr] *nm (-en)* **1** réflecteur **2** *(transp.)* cataphote®

re·flex [reflɛks] *nm (-en)* **1** (mouvement) réflexe **2** reflet

re·form·ar·ti·kel [refɔrmartikəl, rifɔrmartikəl] *het (-en)* produit diététique

re·for·ma·tie [refɔrma(t)si] *nf (-s)* réforme

re·for·ma·to·risch [refɔrmatoris] *adj* **1** relatif à la Réforme **2** réformateur

re·form|huis [rifɔrmhœys, refɔrmhœys] *het (-huizen)*, **-winkel** *nm (-s)* magasin diététique

re·frein [rəfrɛin] *het (-en)* refrain

ref·ter [rɛftər] *nm (-s)* réfectoire

re·geer·ak·koord [rəχerakort] *het (-en)* accord de gouvernement

re·geer·baar [rəχerbar] *adj* gouvernable

re·geer·der [rəχerdər] *nm (-s)* dirigeant

re·gel [reχəl] *nm (-s)* **1** règle *(aussi latte)*; **zich aan geen ~s storen** ne faire cas d'aucune règle; **als ~** en général; **gulden ~** règle d'or; **in de ~** en général; **het is vaste ~** c'est la règle **2** ligne **3** mot *(courte lettre)*

re·ge|laar [reχəlar] *nm (-s)*, **-laarster** *nf (-s)* **1** organisateur, -trice **2** *(technol.)* régulateur

re·gel·af·stand [reχəlafstant] *nm (-en)* interligne

re·gel·baar [reχəlbar] *adj* réglable

re·ge·len [reχələ(n)] *vi (regelde, h. geregeld)* **1** régler **2** fixer; **dat is geregeld bij de wet** c'est fixé par la loi **3** ajuster

re·gel·ge·ving [reχəlχevɪŋ] *nf (-en)* réglementation

re·ge·ling [reχəlɪŋ] *nf (-en)* **1** arrange-

ment **2** *(technol.)* réglage **3** réglementation **4** disposition; **een ~ treffen** faire un arrangement
re·gel·maat [rexəlmat] *de* **1** régularité **2** ordre
re·gel·ma·tig [rexəlmatəx] *adj, adv* régulier, régulièrement; **dat komt tegenwoordig ~ voor** ça se voit souvent de nos jours
re·gel·recht [rexəlrɛxt] *adj, adv* direct(ement); **~ van iemand afstammen** descendre en ligne directe de qqn; **~ iets vragen** demander qqch carrément
re·gen [rexə(n)] *nm (-s)* pluie, *(fig.)* avalanche (de); **bij, door, in ~ en wind** qu'il pleuve, qu'il vente; *(prov)* **na ~ komt zonneschijn** après la pluie le beau temps; **van de ~ in de drup komen** tomber de Charybde en Scylla; **er zit ~ in de lucht** le temps est à la pluie; **zware, tropische ~s** pluies torrentielles
***re·gen-** [rexə(n)-] de pluie; **regenwater** de l'eau de pluie
re·gen·ach·tig [rexənɑxtəx] *adj* pluvieux; **het ziet er ~ uit** le temps est à la pluie
re·gen|boog [rexə(n)box] *nm (-bogen)* arc-en-ciel
re·gen·boog|vlies [rexə(n)boxflis] *het (-vliezen) (biol.)* iris
re·gen·bui [rexə(n)bœy] *de (-en)* averse
re·ge·nen [rexənə(n)] *vb impers (regende, h. geregend)* pleuvoir; **het regent dat het giet** il pleut à verse; *(fig.)* **als het daar regent, druppelt het hier** il y en a pour tout le monde
re·gen·jas [rexə(n)jɑs] *de (-sen)* (manteau) imperméable
re·gen·man·tel [rexəmɑntəl] *nm (-s)* → **regenjas**
re·gen·pak [rexə(n)pɑk] *het (-ken)* ensemble pour cyclistes
re·gen·pijp [rexə(n)pɛip] *de (-en)* (tuyau de) descente
re·gent·schap [rəxɛntsxɑp] *het (-pen) (pol.)* régence
re·gen·val [rexə(n)vɑl] *nm* (chutes de) pluie
re·gen|vlaag [rexə(n)vlax] *de (-vlagen)* rafale de pluie
re·gen|worm [rexə(n)wɔrm], **-wurm** *nm (-en)* ver de terre
re·gen·woud [rexə(n)wɑut] *het (-en)* forêt tropicale
re·ge·ren [rəxerə(n)] *vti (regeerde, h. geregeerd)* régner (sur), gouverner
re·ge·ring [rəxerɪŋ] *nf (-en)* **1** gouvernement; **de ~ aanvaarden** prendre la tête du gouvernement **2** règne *(d'un roi)*
***re·ge·rings-** [rəxerɪŋs-] gouvernemental; **het regeringsbeleid** la politique gouvernementale
re·ge·rings·func·ti·o·na·ris [rəxerɪŋsfʌŋkʃonarɪs] *nm (-sen)* officiel gouvernemental
re·ge·rings·lei·der [rəxerɪŋslɛidər] *nm (-s)* chef de, du gouvernement
re·ge·rings·pe·ri·o·de [rəxerɪŋsperijodə] *nf (-n, -s)* durée d'un gouvernement
re·ge·rings·stel·sel [rəxerɪŋstɛlsəl] *het (-s) (pol.)* régime
re·ge·rings·we·ge [rəxerɪŋswexə] ♦ **van ~** à l'initiative du gouvernement
re·ge·rings·zij·de [rəxerɪŋsɛidə] *de* → **regeringswege**
re·gie [reʒi, rexi] *nf (-s)* **1** *(dram.)* mise en scène **2** *(fig.)* contrôle; **de ~ kwijt zijn** avoir perdu le contrôle **3** *(Belg.)* régie *(entreprise)*
re·gio [rexijo] *de (-'s)* **1** région **2** *(plur.)* couches **3** *(plur.) (fig.)* sphères; **in hogere ~nen zijn** être dans les nuages
re·gis·se·ren [rexiserə(n)] *vti (regisseerde, h. geregisseerd)* mettre en scène
re·gis|seur [rexisør] *nm (-s)*, **-seuse** *nf (-s)* metteur en scène
re·gis·ter [rəxɪstər] *het (-s)* **1** registre *(aussi mus.)*; *(fig.)* **een ander ~ kiezen** changer de style; **alle ~s opentrekken** *(mus.)* tirer tous les registres; *(fig.)* jouer le grand jeu **2** index
re·gis·tra·tie [rexistra(t)si] *nf (-s)* enregistrement
re·gis·tra·tie·num·mer [rexistra(t)sinʌmər] *het (-s)* **1** numéro (d'enregistrement) **2** numéro d'immatriculation **3** *(milit.)* (numéro) matricule **4** numéro d'inscription
re·gis·tre·ren [rexistrerə(n)] *vti (registreerde, h. geregistreerd)* enregistrer
re·gle·men·tair [rexləmɛntɛ:r] *adj, adv* réglementaire(ment); **dat is ~ niet geoorloofd** ce n'est pas régulier; **iets ~ vaststellen** arrêter qqch par règlement
re·gu·le·ren [rexylerə(n)] *vt (reguleerde, h. gereguleerd)* régulariser
re·gu·lier [rexylir] *adj* régulier; *(sports)* **de ~e speeltijd** le temps réglementaire
rei [rɛi] *de (-en)* **1** chœur; *(fig.)* **de ~ aanvoeren** donner le ton **2** ronde *(danse)* **3** *(Belg.)* canal **4** *(Belg.)* quai
rei·ger [rɛixər] *nm (-s)* héron; *(vulg.)* **schijten als een ~** avoir la chiasse
rei·ken [rɛikə(n)] *vti (reikte, h. gereikt)* **1** tendre la main (vers); **ik kan zo ver niet ~** c'est hors de ma portée **2** aller (jusqu'à); **ver ~de doelstellingen** objectifs qui visent loin; **hij reikt tot mijn schouder** il m'arrive à l'épaule
reik·hal·zen (naar) [rɛikhɑlzə(n)] *vi* aspirer (à); **iets ~d tegemoet zien** attendre qqch avec impatience
reik·hoog·te [rɛikhoxtə] *nf* ♦ **de doos stond op ~** la boîte était à portée (de la main)
reik·wijd·te [rɛikwɛitə] *nf* portée
rei·len [rɛilə(n)] *vb* ♦ **het ~ en zeilen van zijn huishouden** le train(-train) de son ménage; **zoals het reilt en zeilt** tel(le) quel(le)
rein [rɛin] *adj, adv* **1** *(form.)* propre(ment) **2** pur(ement) ♦ *(relig.)* **~e dieren** animaux cashers; **in het ~e komen** s'arranger; **een zaak weer in het ~e brengen** tirer une af-

faire au clair; **met zichzelf nog niet in het ~e zijn** ne pas s'être réconcilié avec soi-même

rei·ni·gen [rɛinəχə(n)] *vt (reinigde, h. gereinigd)* **1** nettoyer; **chemisch ~** nettoyer à sec **2** *(fig.)* purifier

rei·ni·gend [rɛinəχənt] *adj* détergent

rei·ni·ging [rɛinəχɪŋ] *nf* **1** nettoyage **2** (service de) voirie **3** *(relig.)* purification

rei·ni·gings·crème [rɛinəχɪŋskrɛ:m] *de (-s)* crème démaquillante

rei·ni·gings·mid·del [rɛinəχɪŋsmɪdəl] *het (-en)* détergent

reis [rɛis] *de (reizen)* voyage; **enkele ~** aller (simple); **waar gaat de ~ heen?** quelle est votre destination ?; **onze Griekse ~** notre voyage en Grèce; *(Belg.)* **van een kale ~ thuiskomen** revenir bredouille; **op ~ gaan** partir en voyage; **dat is handig voor op ~** c'est pratique pour le voyage; **een geheel verzorgde ~** un voyage organisé

***reis-** [rɛis-] de voyage; **het reisverslag** le compte rendu de voyage

reis·apo|theek [rɛisapotek] *nf (-theken)* pharmacie portative

reis·bu·reau [rɛizbyro] *het (-s)* agence de voyages

reis·che·que [rɛiʃɛk] *nm (-s)* traveller's chèque

reis·ge|noot [rɛisχənot] *nm (-noten),* **-note** *nf (-s, -n)* compagnon, compagne de voyage

reis·ge·zel·schap [rɛisχəzɛlsχɑp] *het (-pen)* **1** groupe de touristes; **met een ~ op vakantie gaan** partir en voyage organisé **2** compagnon, compagne de voyage

reis·gids [rɛisχɪts] *nm (-en)* **1** brochure touristique **2** guide touristique

reis·kaart·je [rɛiskarcə] *het (-s) (Belg.)* billet (de chemin de fer)

reis·kos·ten [rɛiskɔstə(n)] *plur* frais de déplacement

reis|lei·der [rɛislɛidər] *nm (-s),* **-leidster** *nf (-s)* guide

reis·lust [rɛislʌst] *nm* amour des voyages

reis·tijd [rɛistɛit] *nm (-en)* durée du voyage

reis·vaar·dig [rɛisfardəχ] *adj* prêt à partir; **zich ~ maken** boucher ses valises

reis·we·zen [rɛiswezə(n)] *het* voyages

rei·zen [rɛizə(n)] *vi (reisde, h./i. gereisd)* voyager; **op en neer ~** faire la navette; **via Parijs ~** passer par Paris; **voor zaken ~** faire un voyage d'affaires

rei·zend [rɛizənt] *adj* **1** en voyage **2** itinérant

rei|zi·ger [rɛizəχər] *nm (-s),* **-zigster** *nf (-s)* **1** voyageur, -euse **2** touriste

[1]**rek** [rɛk] *het (-ken)* **1** étagère **2** *(sports)* barre fixe

[2]**rek** [rɛk] *nm (-ken)* élasticité; *(fig.)* **de ~ is er uit** il, elle a perdu son élasticité; *(finances)* nous n'avons plus de marge de manœuvre

rek|baar [rɛgbar] *adj (-baarder, -baarst)* élastique; *(fig.)* **een rekbare bepaling** un arrêté qui permet une interprétation assez large

re·kel [rekəl] *nm (-s)* vaurien; **brutale ~!** petit effronté !

re·ke·na·rij [rekənarɛi] *nf (péj.)* ± casse-tête; **dat is een hele ~** c'est tout un calcul

re·ken·cen|trum [rekənsɛntrʌm] *het (-tra)* centre informatique

re·ken·een|heid [rekənenhɛit] *nf (-heden)* unité de compte

[1]**re·ke·nen** [rekənə(n)] *vi (rekende, h. gerekend)* **1** calculer; **ik heb even zitten ~, maar het wordt een heel bedrag** j'ai fait quelques (petits) calculs, mais ça va faire une grosse somme **2** compter; **naar zich toe ~** faire le compte à son propre avantage **3** *(+ op)* tenir compte (de); **daar mag je wel op ~!** je t'en donne ! **4** *(+ op)* compter (sur)

[2]**re·ke·nen** [rekənə(n)] *vt (rekende, h. gerekend)* **1** compter; **alles bij elkaar gerekend** tout compte fait **2** demander (pour qqch) *(prix)* **3** *(+ tot, onder)* compter (parmi, au nombre de) **4** estimer **5** considérer; **reken maar!** je t'en donne !; **je moet ~ dat ...** n'oublie pas que ... **6** admettre

re·ken·fout [rekənfɑut] *de (-en)* erreur de calcul, *(fig.)* mécompte

Re·ken·hof [rekə(n)hɔf] *het (Belg.)* Cour des comptes

re·ke·ning [rekənɪŋ] *nf (-en)* **1** note; **een hoge ~** une note salée; **ober, mag ik de ~?** garçon, l'addition s'il vous plaît; **iemand de ~ (voor iets) presenteren** demander des comptes à qqn; **een ~ sturen** envoyer une facture **2** compte; **voor eigen ~** à son propre compte; **in ~ brengen** facturer; **op ~ kopen** acheter à crédit; *(fig.)* **iets op iemands ~ schrijven** mettre qqch sur le compte de qqn; **dat komt voor zijn ~** c'est lui qui paie, *(fig.)* il s'en charge, *(aussi)* c'est grâce à lui; *(fig.)* **dat is geheel voor ~ van de schrijver** la responsabilité en revient entièrement à l'auteur **3** calcul ♦ **~ houden met iets, iemand** tenir compte de qqch, qqn; **voor uw ~ en verantwoording** à vos risques et périls

re·ke·ning|hou·der [rekənɪŋhɑudər] *nm (-s),* **-houdster** *nf (-s)* titulaire de compte

Re·ken·ka·mer [rekə(n)kamər] *de* Cour des comptes

re·ken·kun·de [rekəŋkʌndə] *nf* arithmétique

re·ken·schap [rekənsχɑp] *nf* compte; **~ en verantwoording afleggen (aan iemand, over iets)** rendre des comptes (à qqn, sur qqch) ♦ **zich ~ van iets geven** se rendre compte de qqch

re·ken·som [rekə(n)sɔm] *de (-men)* problème d'arithmétique ♦ **het is een eenvoudig ~metje** c'est tout simple

re·ken·won·der [rekənwɔndər] *het (-s)* surdoué, -ée en calcul

re·kest [rekɛst] *het (-en)* requête

[1]**rek·ken** [rɛkə(n)] *vi (rekte, h./i. gerekt)* s'étirer

[2]**rek·ken** [rɛkə(n)] *vt (rekte, h. gerekt)* **1** étirer **2** faire durer; **het leven van een stervende ~** prolonger la vie d'un mourant

re·kruut [rekryt] *nm (rekruten)* recrue

rek·stok [rɛkstɔk] *nm (-ken) (sports)* barre fixe

rek·ver·band [rɛkfərbɑnt] *het (-en) (méd.)* **1** bandage **2** bande Velpeau

re·kwi·siet [rekwizit] *het (-en) (dram.)* accessoire

re·kwi·si·tie [rekwizi(t)si] *nf (-s)* réquisition

rel [rɛl] *nm (-len)* bagarre, *(plur.)* troubles, *(fig.)* scandale; **een ~ in de media** un tollé, un scandale médiatique

re·laas [relas] *het (relazen)* récit; **een droevig ~** une histoire triste

re·lais [rəlɛ:] *het* relais *(tous les sens); (Belg.)* **uitgesteld ~** émission en différé

re·la·te·ren [relaterə(n)] *vt (relateerde, h. gerelateerd)* relier (à)

re·la·tie [rela(t)si] *nf (-s)* **1** relation *(aussi personne)*; **goede ~s hebben** avoir des relations; **in ~ tot** en rapport avec; **in ~ staan tot, met** être en relation avec **2** liaison (amoureuse)

re·la·tief [relatif] *adj, adv* relatif, relativement; **~ gezien** toutes proportions gardées

re·la·tie·ge·schenk [rela(t)sixəsχɛŋk] *het (-en)* cadeau publicitaire, d'entreprise

re·la·ti·ve·ren [relativerə(n)] *vt (relativeerde, h. gerelativeerd)* relativiser; **kunnen ~** avoir le sens du relatif

re·lease [rili:s] *de (-s)* sortie (d'un disque, d'un film)

re·le|vant [reləvɑnt] *adj (-vanter, meest r.)* pertinent

re·liek [rəlik] *het/de (-en)* → **relikwie**

re·li·gie [relixi] *nf (-s)* religion

[1]**re·li·kwie** [relikwi] *nf (-ën) (cathol.; aussi au fig.)* relique

[2]**re·li·kwie** [relikwi] *het (-ën)* relique *(objet)*

re·ling [relɪŋ] *de (-en)* **1** *(mar.)* bastingage; **over de ~ hangen** s'appuyer au bastingage **2** parapet

rel|schop·per [rɛlsχɔpər], **-trapper** *nm (-s)* provocateur, hooligan

rem [rɛm] *de (-men)* frein; *(fig.)* **alle ~men losgooien** ne plus se contrôler; **op de ~ staan** écraser la pédale de frein; *(fig.)* **aan de ~ trekken** mettre un frein (à qqch); *(fig.)* **alle ~men vallen weg** il n'y a plus aucune retenue; *(fig.)* **dat was voor mij een ~** cela m'a freiné

*__rem-__ [rɛm-] de frein; **het, de rempedaal** la pédale de frein

rem·be·krach·ti·ging [rɛmbəkrɑχtəχɪŋ] *nf* servofrein

rem·blok [rɛmblɔk] *het (-ken)* garniture (de frein)

rem·bours [rɑmburs] *het (-en)* **1** envoi contre remboursement **2** remboursement **3** couverture *(d'une traite)*

re·me·die [rəmedi] *het/de (-s)* remède

rem·geld [rɛmχɛlt] *het (-en) (Belg.)* ticket modérateur

re·mi·se [rəmizə] *nf (-s)* **1** hangar **2** *(échecs; dames)* partie nulle **3** *(fin.)* remise

rem·licht [rɛmlɪχt] *het (-en)* feu de stop

rem·men [rɛmə(n)] *vti (remde, h. geremd)* freiner; *(psycho.)* **door iets geremd worden** être inhibé par qqch; **een ~de invloed hebben op iemand** *(positif)* avoir une influence modératrice sur qqn; *(négatif)* bloquer qqn

rem·ming [rɛmɪŋ] *nf (-en)* inhibition

re·mon·strant [remɔnstrɑnt] *nm (-en)* arminien, -ienne

rem|spoor [rɛmspor] *het (-sporen)* trace de freinage

rem·weg [rɛmwɛχ] *nm* distance de freinage

[1]**ren** [rɛn] *nm (-nen)* course

[2]**ren** [rɛn] *de (-nen)* parquet d'élevage

ren|baan [rɛmban] *de (-banen)* **1** hippodrome **2** vélodrome

ren·da·bel [rɛndabəl] *adj* rentable

ren·de·ren [rɛnderə(n)] *vi (rendeerde, h. gerendeerd)* **1** rapporter; **een kapitaal ~d maken** rendre un capital productif **2** être rentable

ren·dez-vous [rɑ̃devu] *het* rendez-vous; **iemand ~ geven** prendre rendez-vous avec qqn; **een ~ hebben** avoir un rendez-vous amoureux

ren·dier [rɛndir] *het (-en) (zool.)* renne

ren·nen [rɛnə(n)] *vi (rende, h.li. gerend)* **1** courir; **de trap af ~** descendre l'escalier quatre à quatre; **aan komen ~** arriver en courant; **hij rende de deur uit** il fonça dehors **2** galoper **3** foncer

ren·sport [rɛnspɔrt] *de* hippisme

ren·te [rɛntə] *de (-n, -s)* **1** rente **2** *(fin.)* intérêt; *(fig.)* **dat brengt dubbele ~ op** c'est doublement rentable; *(fig.)* **ik heb het met ~ teruggekregen** il me l'a rendu avec intérêt(s)

ren·te|dra·gend [rɛntədraχənt], **-gevend** *adj* **1** productif d'intérêts **2** rentable

ren·te·loos [rɛntəlos] *adj (fin.)* **1** sans intérêt **2** improductif

ren·te·nie·ren [rɛntənirə(n)] *vi (renteniërde, h. gerentenierd)* **1** vivre de ses rentes **2** *(fam.; iron.)* mener une vie de rentier

ren·te·voet [rɛntəvut] *nm* taux d'intérêt

rent·mees·ter [rɛntmestər] *nm (-s)* intendant

rep [rɛp] ♦ **in ~ en roer brengen** mettre en émoi

[1]**re·pa·tri·ë·ren** [repatrijerə(n)] *vi (repatrieerde, i. gerepatrieerd)* rentrer (en métropole)

[2]**re·pa·tri·ë·ren** [repatrijerə(n)] *vt (repatrieerde, h. gerepatrieerd)* rapatrier

re·per·toi·re [repɛrtwar] *het (-s) (arts, mus.)* répertoire; **dat staat niet op zijn ~**

ce n'est pas dans ses cordes, il n'en a pas la moindre intention

[1]**re·pe·te·ren** [repətərə(n)] *vi (repeteerde, h. gerepeteerd)* **1** répéter **2** se répéter

[2]**re·pe·te·ren** [repətərə(n)] *vt (repeteerde, h. gerepeteerd)* **1** répéter; **de les ~** réviser la leçon **2** donner des répétitions

re·pe·ti·tie [repəti(t)si] *nf (-s)* **1** répétition *(aussi fig. de rhétorique)* **2** interrogation écrite

re·pli·ca [replika] *de (-'s)* réplique

re·pliek [replik] *nf (-en)* réplique; **iemand van ~ dienen** répondre à qqn du tac au tac

[1]**rep·pen** [rɛpə(n)] *vi (repte, h. gerept)* ♦ **met geen woord ~ over** ne pas souffler mot de

[2]**rep·pen, zich** [rɛpə(n)] *vpr (repte zich, h. zich gerept)* se hâter; **rep je wat!** dépêche-toi !

re·pro [repro] *de (-'s)* reproduction

[1]**re·pro·du·ce·ren** [reprodysərə(n)] *vt (reproduceerde, h. gereproduceerd)* reproduire

[2]**re·pro·du·ce·ren, zich** [reprodysərə(n)] *vpr (reproduceerde zich, h. zich gereproduceerd) (biol.)* se reproduire

re·pu·bliek [repyblik] *nf (-en)* république

re·pu·bli·kein [repyblikɛin] *nm (-en)* républicain, -aine

re·pu·ta·tie [repyta(t)si] *nf (-s)* réputation; **een café met een slechte ~** un café malfamé; **dat is hij aan zijn ~ verplicht** sa réputation l'y oblige

re·search [risʌːrtʃ] *nm (sc.)* recherche(s)

re·sel [resəl] *nm (Belg.)* série

re·ser|vaat [rezɛrvat] *het (-vaten)* réserve *(pour animaux, Indiens)*

re·ser·ve [rəzɛrvə] *de (-s)* **1** réserve; **hij heeft nog niet al zijn ~s aangesproken** il a de la ressource; **zijn ~s aanspreken** entamer ses réserves; **enige ~ is hierbij geboden** ceci exige une certaine réserve **2** remplaçant, -ante **3** *(milit.)* réserviste

***re·ser·ve-** [rəzɛrvə-] de réserve

re·ser·ve·bank [rəzɛrvəbaŋk] *de (-en) (sports)* banc des joueurs de réserve

re·ser·ve·on·der|deel [rəzɛrvəondərdel] *het (-delen)* pièce de rechange

re·ser·vist [rezɛrvɪst] *nm (-en)* **1** réserviste **2** remplaçant, -ante

re·si·den·tie [rezidɛn(t)si] *nf (-s)* résidence *(d'un chef d'État)*

re·sis·ten·tie [rezistɛn(t)si] *nf (sc.)* résistance

re·so·ci·a·li·se·ren [resoʃalizərə(n)] *vt (resocialiseerde, h. geresocialiseerd)* réinsérer dans la société

re·so|luut [rezolyt] *adj, adv (-luter, meest r.)* résolu(ment); **~ optreden** agir avec fermeté

re·so·nan·tie [rezonan(t)si] *nf (-s)* **1** résonance **2** *(fig.)* écho

re·so·ne·ren [rezonərə(n)] *vi (resoneerde, h. geresoneerd)* **1** résonner **2** trouver des échos

res·pect [rɛspɛkt] *het* respect; **~ afdwingen** imposer le respect; **daar heb ik ~ voor** je respecte cela; **met ~** respectueusement; **met alle ~** soit dit sans offense; **uit ~ voor hun gevoelens** par égard pour leurs sentiments; **zonder ~** irrespectueusement

res·pec·ta·bel [rɛspɛktabəl] *adj, adv* **1** estimable, honorablement; **~e voorstellen** propositions honorables **2** (de façon) respectable

res·pec·tie·ve·lijk [rɛspɛktivələk] *adj, adv* respectif, respectivement

res·pect·vol [rɛspɛktfɔl] *adj, adv* respectueux, respectueusement

res·pijt [rɛspɛit] *het* **1** délai; **~ vragen** demander un sursis **2** répit

res·pons [rɛspɔns] *het/de* **1** réaction; **een ~ van 40%** un taux de réponse de 40% **2** *(relig.)* répons

res·sor·te·ren [rɛsɔrtərə(n)] *vi (ressorteerde, h. geressorteerd) (+ onder)* ressortir (à)

rest [rɛst] *de (-en)* reste; **de ~ kun je wel raden** tu devines la suite; **de ~ laat zich raden** cela en dit long; **ik spreek nog niet eens over de ~!** j'en passe et des meilleures !; **de stoffelijke ~en** la dépouille mortelle; **voor de ~ geen nieuws** à part ça, rien de neuf

res·tant [rɛstɑnt] *het (-en)* restant; **het ~ van de oplage** le reste du tirage; **opruiming van ~en** soldes de fins de séries

res·tau·rant|hou·der [rɛstorɑnthɑudər] *nm (-s),* **-houdster** *nf (-s)* restaurateur, -trice

res·tau·ra·tie [rɛstora(t)si] *nf (-s)* **1** *(archit., arts, pol.)* restauration **2** buffet (de gare) **3** wagon-restaurant

rest·be·voegd·he·den [rɛstbəvuχthedə(n)] *plur (Belg.)* pouvoirs résiduaires

res·ten [rɛstə(n)] *vi (restte, h. gerest)* rester; **nu rest mij nog te verklaren ...** il me reste encore à annoncer ...

res·te·ren [rɛsterə(n)] *vi (resteerde, i. geresteerd)* rester

res·ti·tu·e·ren [rɛstitywərə(n)] *vt (restitueerde, h. gerestitueerd)* rembourser

rest·waar·de [rɛstwardə] *nf (-n) (écon.)* valeur résiduelle

re·sul|taat [rezʌltat] *het (-taten)* résultat; **de onderhandelingen hebben niet tot ~ geleid** les pourparlers n'ont pas abouti

re·sul·te·ren [rezʌltərə(n)] *vi (resulteerde, h. geresulteerd)* ♦ **hieruit resulteert dat ...** il en résulte que ...; **~ in iets** aboutir à qqch

re·to·ri·ca [retorika] *nf* rhétorique *(aussi enseign.)*

re·to·riek [retorik] *nf* rhétorique

re·to·risch [retoris] *adj, adv* **1** oratoire, avec rhétorique; **~ talent** talent oratoire; **een ~e vraag** une question rhétorique **2** emphatique, avec emphase

[1]**re·tour** [rətur] *het (-s)* (billet d')aller (et) retour

[2]**re·tour** [rətu̲r] *adv* ♦ ~ **afzender** retour à l'expéditeur; **iets ~ sturen** renvoyer qqch
re·tour·en·ve·lop·pe [rətu̲rɛnvəlɔp, rətu̲rɑ̃vəlɔp] *de (-n)* enveloppe-réponse
re·tour·kaart·je [rətu̲rkarcə] *het (-s)* → [1]retour
re·tour·vlucht [rətu̲rvlʌχt] *de (-en) (aviat.)* **1** vol de retour **2** vol aller (et) retour
ret·tich [rɛ̲tiχ] *nm (-s) (cuis.)* raifort
re·turn [ritʌ̲:rn] *nm (-s)* **1** *(sports)* renvoi (de la balle) **2** *(sports)* match retour **3** *(inform.)* retour chariot; **een harde ~** un retour (à la ligne) forcé; **een zachte ~** un saut de ligne
re·twee·ten [ritwi̲:tə(n)] *vt (retweette, h. geretweet) (com.)* retweeter
reu [rø] *nm (-en)* chien (mâle)
reuk [røk] *nm (-en)* **1** odorat; **een scherpe, fijne ~ hebben** avoir l'odorat fin, avoir du flair **2** odeur **3** réputation; **in een slechte, kwade, kwalijke ~ staan** avoir mauvaise réputation, être malfamé
***reuk-** [røk-] olfactif
reuk·loos [rø̲klos] *adj, adv* **1** dépourvu d'odorat **2** inodore, sans dégager d'odeur
reuk·of·fer [rø̲kɔfər] *het (-s)* oblation de parfums; **de goden een ~ brengen** brûler de l'encens aux dieux
reuk·wa·ter [rø̲kwatər] *het (-s)* eau de senteur
reuk·zin [rø̲ksɪn] *nm* → **reuk 1**
reu·ma [rø̲ma] *het (méd.)* rhumatisme
reu·ma·tiek [rømati̲k] *nf* → **reuma**
reu·ma·tisch [røma̲tis] *adj (méd.)* **1** rhumatismal **2** rhumatisant
re·ü·nie [rejyni̲] *nf (-s)* réunion *(d'anciens combattants, d'anciens élèves etc.)*
reus [røs] *nm (reuzen)* **1** *(myth.)* géant; **Klein Duimpje en de ~** l'ogre et le Petit Poucet **2** ogre **3** mastodonte
[1]**reus·ach·tig** [røza̲χtəχ] *adj* **1** gigantesque; **een ~e gestalte** une stature colossale **2** prodigieux
[2]**reus·ach·tig** [røza̲χtəχ] *adv* énormément
reut [røt] *nm (fam.)* ♦ **de hele ~** tout le tremblement, toute la bande
reu·te·len [rø̲tələ(n)] *vi (reutelde, h. gereuteld)* râler
reu·te·me·teut [rø̲təmətøt] *nm (fam.)* → **reut**
[1]**reu·ze** [rø̲zə] *adj, adv (fam.)* **1** énorme, énormément; **~ veel** énormément (de) **2** fantastique
[2]**reu·ze** [rø̲zə] *interj (fam.)* formidable
***reu·ze-** [rø̲zə-] *(fam.)* énorme; **een reuzeblunder** une gaffe énorme
reu·zel [rø̲zəl] *nm (-s)* **1** panne *(graisse)* **2** saindoux
***reu·zen-** [rø̲zə(n)-] de géant; **een reuzengestalte** une taille de géant
reu·zen·rad [rø̲zə(n)rɑt] *het (-eren)* grande roue *(attraction foraine)*
reu·zen·schild·pad [rø̲zə(n)sχɪltpɑt] *de (-den) (zool.)* tortue géante
reu·zin [røzɪ̲n] *nf (-nen)* géante
re·va·li·da·tie [revalida̲(t)si] *nf (méd.)* rééducation
[1]**re·va·li·de·ren** [revalide̲rə(n)] *vi (revalideerde, h./i. gerevalideerd) (méd.)* faire de la rééducation
[2]**re·va·li·de·ren** [revalide̲rə(n)] *vt (revalideerde, h. gerevalideerd) (méd.)* rééduquer
re·van·che·ren, zich [revɑ̃ʃe̲rə(n)] *vpr (revancheerde zich, h. zich gerevancheerd)* prendre sa revanche; **zich voor iets op iemand ~** se venger sur qqn de qqch
re·veil [revɛ̲i] *het,* **reveille** *de* réveil *(abstr.)*; **het ~ blazen** sonner le réveil; *(slogan politique)* **ethisch ~** ± nouvel élan moral
re·ven [re̲və(n)] *vti (reefde, h. gereefd) (mar.)* ariser
re·vol·ver·held [rəvɔ̲lvərhɛlt] *nm (-en) (iron.)* as de la gâchette
re·vue [rəvy̲] *de (-s)* revue *(tous les sens); (fig.)* **iets de ~ laten passeren** passer qqch en revue; **de ~ passeren** être passé en revue *(aussi au fig.)*
Ri·agg [rijɑχ] *het* abrév. de *Regionaal Instituut voor de Ambulante Geestelijke Gezondheidszorg* institut régional pour l'assistance ambulatoire (secteur psychiatrique), *(Belg.)* centre de santé mentale ambulatoire
ri·ant [rija̲nt] *adj, adv (rianter, meest r.)* **1** agréable(ment) **2** spacieux, confortablement; **een ~ inkomen** un revenu confortable **3** très favorable(ment); **de bungalow is ~ gelegen** le bungalow est très bien situé
rib [rɪp] *de (ribben)* **1** *(biol., viande)* côte; **de korte, de zwevende ~ben** les côtes flottantes **2** *(math.)* arête ♦ **dat is een ~ uit je lijf** c'est une sacrée ponction
rib·bel [rɪ̲bəl] *de (-s)* côte *(partie saillante d'un objet)*; **de ~s op de rand van munten** les stries sur le listel de pièces de monnaie
rib·be·lig [rɪ̲bələχ] *adj* nervuré
rib·ben·kast [rɪ̲bə(n)kɑst] *de (-en) (fam.)* coffre; **je kunt zijn hele ~ zien** on lui compterait les côtes
ri·bes [ri̲bɛs] *nm (bot.)* groseillier à fleurs
rib·flu·weel [rɪ̲pflywel] *het* velours côtelé
ri·chel [rɪ̲χəl] *de (-s)* **1** rebord **2** latte
[1]**rich·ten** [rɪ̲χtə(n)] *vt (richtte, h. gericht)* **1** aligner **2** diriger; **gericht zijn op iets** viser à qqch **3** adresser
[2]**rich·ten** [rɪ̲χtə(n)] *vti (richtte, h. gericht)* **1** placer **2** *(avec arme à feu)* viser; **scherp ~** viser bien
[3]**rich·ten, zich** [rɪ̲χtə(n)] *vpr (richtte zich, h. zich gericht)* **1** s'adresser (à qqn) **2** se régler (sur qqn) **3** se concentrer (sur)
rich·ter [rɪ̲χtər] *nm (-en) (Bible)* juge
rich·ting [rɪ̲χtɪŋ] *nf (-en)* **1** direction; **de ~ aangeven** mettre son clignotant; **zij gingen ~ Amsterdam** ils allaient en direction d'Amsterdam; **in tegenovergestelde ~** en sens inverse; **welke ~ is hij uitgegaan?** de

quel côté est-il allé ? **2** tendance **3** orientation
rich·ting·aan·wij·zer [rɪχtɪŋanwɛizər] *nm (-s)* clignotant
richt·lijn [rɪχtlɛin] *de (-en)* **1** directive *(aussi jur.)* **2** cordeau
richt|prijs [rɪχtprɛis] *nm (-prijzen)* prix indicatif
richt·snoer [rɪχtsnur] *het (-en)* **1** cordeau **2** ligne directrice **3** exemple (à suivre); **iets tot ~ nemen** prendre qqch en exemple
rid·der [rɪdər] *nm (-s)* **1** chevalier; **iemand tot ~ slaan** armer qqn chevalier **2** chevalier servant
rid·de·ren [rɪdərə(n)] *vt (ridderde, h. geridderd)* **1** recevoir (qqn) chevalier **2** décorer
rid·der|lijk [rɪdərlək] *adj, adv (-lijker, meest r.)* **1** (de façon) chevaleresque **2** d'un chevalier **3** carrément
rid·der·or·de [rɪdərɔrdə] *de (-n, -s)* décoration
rid·der·ro·man [rɪdəroman] *nm (-s)* roman de chevalerie
rid·der·schap [rɪdərsχap] *het* chevalerie
rid·der|zaal [rɪdərzal] *de (-zalen)* grande salle *(dans un château (fort))*
ried [rit], **rieden** → **raden, aanraden, afraden** *(etc.)*
rie·del [ridəl] *nm (-s)* **1** *(mus.)* ritournelle **2** slogan
riek [rik] *nm (-en)* fourche (à fumier)
[1]**rie·ken** [rikə(n)] *vi (riekte, rook, h. geroken) (form.) (+ naar)* sentir *(fig., donner l'impression de)*
[2]**rie·ken** [rikə(n)] *vt (rook, h. geroken) (Belg.)* sentir *(odeur)*
riem [rim] *nm (-en)* **1** ceinture **2** courroie **3** lanière **4** laisse **5** *(pour porter qqch)* bretelle **6** *(souvent pluriel)* ceinture (de sécurité) **7** rame; **met zijn eigen ~en roeien** voler de ses propres ailes; *(prov)* **men moet roeien met de ~en die men heeft** quand on n'a pas ce que l'on aime, il faut aimer ce que l'on a
riep [rip], **riepen** → **roepen, afroepen, wegroepen** *(etc.)*
riet [rit] *het* **1** roseau; *(fig.)* **iets in het ~ sturen** faire rater qqch; *(fig.)* **iets in het ~ laten lopen** laisser aller qqch à vau-l'eau **2** canne; **beven als een ~** trembler comme une feuille **3** *(mus.)* anche **4** canne à sucre
rie·ten [ritə(n)] *adj* de roseau; **een ~ zitting** un siège canné
riet·je [ricə] *het (-s)* paille
riet·sten·gel [ritstɛŋəl] *nm (-s)* hampe de roseau
riet·sui·ker [ritsœykər] *nm* sucre de canne
rif [rɪf] *het (-fen)* récif
rij [rɛi] *de (-en)* **1** rangée; **in de ~ staan** faire la queue; **in de ~ gaan staan** prendre la queue, s'aligner; **een ~ maken (om iets door te geven)** faire la chaîne; **ze zitten op een ~tje** ils sont assis en rang d'oignons; **de ~ sluiten** fermer la marche; **de ~en sluiten** serrer les rangs *(aussi au fig.)*; **een ~ stoelen** un rang de chaises; **een ~ wachtenden** une file d'attente **2** suite; **op de ~ af** à tour de rôle; **alles nog eens op een ~tje zetten** faire le point; *(fig.)* **hij heeft ze niet allemaal op een ~tje** il lui manque une case **3** série
rij|baan [rɛiban] *de (-banen)* chaussée
rij·be|wijs [rɛibəwɛis] *het (-wijzen)* permis (de conduire); **z'n ~ halen** passer son permis
[1]**rij·den** [rɛidə(n)] *vi (reed, h. gereden)* **1** *(véhicule)* rouler; **auto's die te dicht op elkaar ~** voitures qui se suivent de trop près; **op elkaar ~** entrer en collision **2** conduire; **de heuvel af ~** descendre la colline; **hij reed zijn auto de garage in** il rentra sa voiture au garage; **de brug over ~** traverser le pont; **u moet deze straat uit ~ en dan rechtsaf** il faut tourner à droite au bout de cette rue **3** *(sports)* patiner **4** se balancer
[2]**rij·den** [rɛidə(n)] *vt (reed, h. gereden)* transporter
[3]**rij·den** [rɛidə(n)] *vti (reed, h. gereden)* **1** monter **2** conduire; **verboden in te ~** sens interdit; **honderd kilometer per uur ~** faire cent kilomètres à l'heure; **het is twee uur ~** c'est à deux heures de route **3** renverser (qqn, qqch); **iemand ondersteboven ~** renverser qqn
rij·dend [rɛidənt] *adj* **1** ambulant **2** en marche **3** à cheval
rij·der [rɛidər] *nm (-s),* **rijdster** *nf (-s)* **1** conducteur, -trice **2** cavalier, -ière **3** patineur, -euse
rij·dier [rɛidir] *het (-en)* monture *(animal)*
rij·exa·men [rɛiɛksamə(n)] *het (-s)* examen pour le permis (de conduire)
rij·gen [rɛiχə(n)] *vti (reeg, h. geregen)* **1** enfiler *(passer par un fil)* **2** faufiler *(couture)* **3** lacer
rij·hoog·te [rɛihoχtə] *nf (-n, -s) (transp.)* hauteur maximum
rij·in·struc|teur [rɛiɪnstrʌktør] *nm (-s),* **-trice** *nf (-s)* moniteur, -trice (d'autoécole)
[1]**rijk** [rɛik] *het (-en)* **1** empire **2** royaume *(aussi au fig.)* **3** État (souverain); **het Derde Rijk** le Troisième Reich; **het heilige Roomse Rijk** le Saint Empire Romain germanique **4** domaine; **iets naar het ~ der fabelen verwijzen** considérer qqch comme pur produit de l'imagination ♦ **het ~ alleen hebben** avoir le champ libre
[2]**rijk** [rɛik] *adj, adv* **1** riche(ment); **het gaat er ~ toe** tout y est cher; **stinkend ~ zijn** être pourri de fric; **~ worden** faire fortune **2** magnifique ♦ **~ in bloei staan** être complètement en fleur; **iets ~ zijn** posséder qqch
rijk·aard [rɛikart] *nm (-s) (péj.)* richard
rijk·dom [rɛigdɔm] *nm (-men)* richesse
rij·ke·lijk [rɛikələk] *adj, adv* **1** généreux,

généreusement **2** abondant, abondamment **3** trop (de); **dat is ~ laat!** ce n'est pas trop tôt !

rij·ke·lui [rɛikəlœy] *plur (fam.)* richards

rij·ke·luis·wens [rɛikəlœyswɛns] *nm (-en) (fam.)* caprice de riches

***rijks-** [rɛiks-] national; **het Rijksarchief** les Archives nationales

rijks·be·trek·king [rɛiksbətrɛkɪŋ] *nf (-en)* fonction publique *(poste)*

rijks·bij·dra·ge [rɛiksbɛidraχə] *de (-n)* → **rijkssubsidie**

rijks|deel [rɛiksdel] *het (-delen)* partie du Royaume

rijks·dienst [rɛiksdinst] *nm (-en)* **1** fonction publique *(collectif)*; **ambtenaar in ~** fonctionnaire de l'État **2** service de l'État

rijks·ge·bouw [rɛiksχəbɑu] *het (-en)* bâtiment de l'État

rijks·on·der·wijs [rɛiksondərwɛis] *het (Belg.)* enseignement de l'État

rijks·over|heid [rɛiksovərhɛit] *nf (-heden)* administration d'État

rijks·re·gis·ter·num·mer [rɛiksrəχɪstərnʌmər] *het (-s) (Belg.)* numéro de registre national

rijks·sub·si·die [rɛiksʌpsidi] *het/de (-s)* subvention de l'État

rijks·uni·ver·si·teit [rɛiksynivɛrzitɛit] *nf (-en)* université d'État

rijks·voor·lich·tings·dienst [rɛiksforlɪχtɪŋzdinst] *nm* service d'information et de diffusion du gouvernement

rijks·wacht [rɛikswɑχt] *de (Belg.)* gendarmerie

rijks·wa·ter·staat [rɛikswatərstat] *nm* Ponts et Chaussées

rijks·weg [rɛikswɛχ] *nm (-en)* (route) nationale

rijks·we·ge [rɛiksweχə] ♦ **van ~** de par l'État

rij·kunst [rɛikʌnst] *nf (sports)* équitation

rijm [rɛim] *het (-en) (litt.)* **1** rime; **afwisselend ~** rime alternée; **gepaard ~** rime plate **2** vers **3** comptine

¹rij·men [rɛimə(n)] *vi (rijmde, h. gerijmd)* **1** rimer; **deze woorden ~ op elkaar** ces mots riment **2** *(+ met) (fig.)* correspondre (à) **3** faire des vers

²rij·men [rɛimə(n)] *vt (rijmde, h. gerijmd)* concilier; **dat viel niet te ~ met ...** il était impossible de concilier cela avec ...

rijm·pje [rɛimpjə] *het (-s)* → **rijm 3**

Rijn [rɛin] *nm* Rhin

rijn|aak [rɛinak] *de (-aken) (mar.)* chaland

¹rijp [rɛip] *nm* **1** *(météo.)* givre **2** *(bot.)* pruine

²rijp [rɛip] *adj* mûr; **zij is ~ voor het gekkenhuis** elle est bonne à enfermer; **de geesten ~ maken voor iets** préparer les esprits à qqch

rij·pen [rɛipə(n)] *vti, vb impers (rijpte, h./i. gerijpt)* mûrir; **~ tot iets** devenir mûr pour qqch

rijp·heid [rɛiphɛit] *nf* maturité; **tot ~ komen** mûrir

rij·ping [rɛipɪŋ] *nf (-en)* **1** *(bot.)* maturation **2** adolescence

rij·rich·ting [rɛirɪχtɪŋ] *nf (-en)* sens de la marche, de la circulation

rij|school [rɛisχol] *de (-scholen)* **1** auto-école **2** manège

Rij·sel [rɛisəl] *het* Lille

rij·sport [rɛispɔrt] *de (sports)* équitation

rijst [rɛist] *nm* riz

rijs·te·brij [rɛistəbrɛi] *nm (cuis.)* riz au lait

rijs·te·brij·berg [rɛistəbrɛibɛrχ] *nm* ♦ *(fig.)* **eerst moet je je door een ~ heen eten** il faut d'abord vaincre de nombreuses difficultés

rijs·te·pap [rɛistəpɑp] *de* → **rijstebrij**

rijst·pap [rɛistpɑp] *de (Belg.)* → **rijstebrij**

rij·strook [rɛistrok] *de (transp.)* voie

rijst·wa·fel [rɛistwafəl] *de* galette de riz

rij·taks [rɛitɑks] *de (Belg.)* vignette (automobile)

rij·ten [rɛitə(n)] *vt (reet, h. gereten) (form.)* déchirer

rij·tjes|huis [rɛicəshœys] *het (-huizen)* maison dans une rangée

rij·tuig [rɛitœyχ] *het (-en)* **1** voiture **2** wagon

rij·vaar·dig·heid [rɛivardəχhɛit] *nf* habilité à conduire; **geneesmiddelen die de ~ beïnvloeden** médicaments qui diminuent la vigilance au volant

rij·ver·bod [rɛivərbɔt] *het* interdiction de conduire; **hier geldt een ~** ici la circulation est interdite

rij·weg [rɛiwɛχ] *nm (-en)* route

rij·wiel [rɛiwil] *het (-en) (form.)* cycle

rij·wiel·pad [rɛiwilpɑt] *het (-en)* piste cyclable

rij·zen [rɛizə(n)] *vi (rees, i. gerezen)* **1** se dresser **2** se lever **3** monter; **in aanzien ~** croître en considération **4** lever; **~de kaas** fromage qui fermente **5** surgir; **de vraag rijst, of ...** la question qui se présente est (celle) de savoir si ...

rij·zig [rɛizəχ] *adj* élancé

¹rik·ke·tik [rɪkətɪk] *nm (-ken) (fam.)* palpitant ♦ **in zijn ~ zitten** avoir la frousse

²rik·ke·tik [rɪkətɪk] *interj* ♦ **zijn hartje gaat van ~** il a le cœur qui bat la chamade, il a la frousse

ril·len [rɪlə(n)] *vi (rilde, h. gerild)* frissonner; **van koorts ~** grelotter de fièvre; **het is om van te ~** cela donne le frisson

ril·le·rig [rɪlərəχ] *adj* frissonnant

ril·ling [rɪlɪŋ] *nf (-en)* frisson; **koude ~en hebben** *(sens pr.) (fig.)* avoir des frissons; **er liep een ~ over mijn rug** cela m'a fait froid dans le dos

rim·boe [rɪmbu] *de (-s)* **1** brousse **2** trou perdu

rim·pel [rɪmpəl] *nm (-s)* ride; **~s in het voorhoofd trekken** plisser le front; *(fig.)* **iemands ~s wegstrijken** dérider qqn

¹rim·pe·len [rɪmpələ(n)] *vi (rimpelde, i. gerimpeld)* **1** se rider **2** se plisser

²rim·pe·len [rɪmpələ(n)] *vt (rimpelde, h. gerimpeld)* **1** rider **2** plisser

rim·pe·lig [rɪmpələχ] *adj* ridé
rim·pel·loos [rɪmpəlos] *adj* 1 sans ride 2 *(fig.)* lisse; een ~ bestaan une existence uniforme
ring [rɪŋ] *nm (-en)* 1 anneau; de ~en van een ketting les maillons d'une chaîne 2 bague 3 cercle; de ~en van een boom les cernes d'un arbre 4 arène 5 *(Belg.)* (boulevard) périphérique ♦ eruitzien om door een ~etje te halen être tiré à quatre épingles
ring|baan [rɪŋban] *de (-banen) (transp.)* 1 *(trains, trams)* ligne périphérique 2 (boulevard) périphérique
ring·band [rɪŋbɑnt] *nm (-en)* classeur à anneaux
rin·ge·lo·ren [rɪŋəlorə(n)] *vt (ringeloorde, h. geringeloord)* ♦ zich laten ~ se laisser mener par le bout du nez
ring·vaart [rɪŋvart] *de (-en)* canal de ceinture
ring·vin·ger [rɪŋvɪŋər] *nm (-s)* annulaire
ring·vor·mig [rɪŋvɔrməχ] *adj* en forme d'anneau
ring·weg [rɪŋwɛχ] *nm (-en)* (boulevard) périphérique
ring·worm [rɪŋwɔrm] *nm (-en)* 1 *(zool.)* annélide 2 *(méd.)* herpès circiné
rin·ke·len [rɪŋkələ(n)] *vi (rinkelde, h. gerinkeld)* tinter; kassa rinkelt! passez la monnaie !; de telefoon rinkelde le téléphone sonna
rins [rɪns] *adj (rinser, meest r.)* aigrelet
ri·o·le·ring [rijolerɪŋ] *nf (-en)* (réseau d')égouts
ri·ool [rijol] *het/de (riolen)* égout; *(fig.)* het deksel van het ~ lichten découvrir le pot aux roses; *(fig.)* een open ~ ± une décharge publique
***ri·ool-** [rijol-] d'égout; het rioolwater les eaux d'égout
ri·ool·jour·na·lis·tiek [rijolʒurnalɪstik] *nf* presse à scandales
ri·si·co [riziko] *het/de (-'s)* risque; ~ dragen assumer des responsabilités financières; op eigen ~ à mes, tes, ses (etc.) risques et périls; dat blijft voor uw, voor eigen ~ c'est à vos risques et périls
ri·si·co·dra·gend [rizikodraχənt] *adj* à risque(s)
ri·si·co·groep [rizikoχrup] *de (-en)* groupe à haut risque
ris|kant [rɪskɑnt] *adj (-kanter, meest r.)* risqué
ris·ke·ren [rɪskerə(n)] *vt (riskeerde, h. geriskeerd)* risquer
ris·sen [rɪsə(n)] *vt (riste, h. gerist)* → risten
ris·ten [rɪstə(n)] *vt (ristte, h. gerist) (des fruits, des céréales)* égrener
rit [rɪt] *nm (-ten)* 1 promenade (à cheval, à vélo, en voiture) 2 trajet; de laatste ~ is om twaalf uur le dernier train, autobus, tram (etc.) part à minuit; *(fig.)* de ~ uitzitten tenir (le coup) jusqu'au bout 3 *(sports)* étape
rit·me [rɪtmə] *het (-s)* rythme *(aussi mus., litt.)*
rit·miek [rɪtmik] *nf* 1 rythmique 2 rythmicité
rit·misch [rɪtmis] *adj, adv* 1 rythmique 2 rythmé, rythmiquement
rits [rɪts] *de (-en)* 1 fermeture éclair® 2 série
rit·se·laar [rɪtsəlar] *nm (-s) (fam.)* débrouillard
[1]**rit·se·len** [rɪtsələ(n)] *vi (ritselde, h. geritseld)* bruire; het ~ van de bladeren le bruissement des feuilles; ~ met een papiertje faire crisser du papier
[2]**rit·se·len** [rɪtsələ(n)] *vt (ritselde, h. geritseld)* arranger
[3]**rit·se·len** [rɪtsələ(n)] *vb impers (ritselde, h. geritseld)* grouiller
rits·slui·ting [rɪtslœytɪŋ] *nf (-en)* → rits 1
ri·tus [ritʌs] *nm (-sen)* rite
ri·vier [rivir] *de (-en)* rivière, fleuve; *(iron.)* alle ~en lopen in de zee ± Lapalisse n'aurait pas dit mieux
***ri·vier-** [rivir-] de rivière; de rivierbedding le lit de rivière
Ri·viè·ra [rivjɛ:ra] *de* Côte d'Azur
ri·vier|baars [rivirbars] *nm (-baarzen) (zool.)* perche
ri·vier·ha·ven [rivirhavə(n)] *de (-s)* port fluvial
ri·vier·kreeft [rivirkreft] *de (-en) (zool.)* écrevisse
rob [rɔp] *nm (-ben) (zool.)* phoque
rob·be|does [rɔbədus] *nm (-doezen)* enfant turbulent(e)
ro·bijn [robɛin] *adj* rubis
ro·chel [rɔχəl] *nm (-s)* 1 crachat 2 *(méd.)* râle
ro·che·len [rɔχələ(n)] *vi (rochelde, h. gerocheld)* 1 crachoter 2 cracher (des glaires) 3 *(méd.)* râler
ro·co·co [rokoko] *het* 1 *(arts)* (style) rococo 2 *(hist.)* période rococo 3 (motifs du style) rocaille
rod·del [rɔdəl] *nm (-s)* 1 ragot 2 bavardages; de nieuwste ~s uit de showwereld les derniers potins du monde du spectacle
rod·de|laar [rɔdəlar] *nm (-s)*, **-laarster** *nf (-s)* mauvaise langue
rod·del·blad [rɔdəlblɑt] *het (-en)* presse people
rod·de·len [rɔdələ(n)] *vi (roddelde, h. geroddeld)* faire des ragots (sur); daar zal over geroddeld worden ça va faire jaser
rod·del·pers [rɔdəlpɛrs] *de* presse à scandales
rod·del·praat [rɔdəlprat] *nm* ragots; bang zijn voor ~jes avoir peur du qu'en-dira-t-on
ro·de [rodə] *nm (-n)* 1 roux 2 *(pol.)* rouge
ro·de·hond [rodəhɔnt] *nm (méd.)* 1 rubéole 2 *(Belg.)* scarlatine
ro·de|kool [rodəkol] *de (-kolen) (cuis.)* chou rouge
roe·bel [rubəl] *nm (-s) (monnaie)* rouble

roe·de [rudə] *de (-n)* **1** verge *(pour frapper)* **2** tringle *(tige métallique)*
roe·del [rudəl] *het (-s) (animaux)* harde
roei|boot [rujbot] *de (-boten)* canot (à rames)
[1]**roei·en** [rujə(n)] *vti (roeide, h./i. geroeid)* ramer; **naar de overkant ~** ramer vers la rive opposée
[2]**roei·en** [rujə(n)] *vt (roeide, h. geroeid)* transporter en canot
[3]**roei·en** [rujə(n)] *vi (roeide, h. geroeid)* **1** faire de l'aviron **2** battre (des ailes)
roei|riem [rujrim] *nm (-en)*, **-spaan** *de (-spanen)* aviron
roei·sport [rujspɔrt] *de (sports)* aviron
roe·ke|loos [rukəlos] *adj, adv (-lozer, meest r.)* téméraire, imprudemment; **roekeloze daden** actes irréfléchis
Roe·land [rulɑnt] ♦ **een razende roeland** un enragé
roem [rum] *nm* gloire; *(prov)* **eigen ~ stinkt** qui se loue, s'emboue
Roe|meen [rumen] *nm (-menen)*, **-meen·se** *nf (-n)* Roumain, -aine
Roe·meens [rumens] *adj* roumain; **het ~** le roumain
roe·men [rumə(n)] *vti (roemde, h. geroemd)* être élogieux; **daar valt niet op te ~, het is niet om over te ~** il n'y a pas de quoi être fier
Roe·me·nië [rumenijə] *het* Roumanie
roem|loos [rumlos] *adj (-lozer, meest r.)* sans gloire
roem·rijk [rumrɛik] *adj, adv* glorieux, glorieusement
roem|rucht [rumrʌχt] *adj (-ruchter, meest r.) (form.)* célèbre
roep [rup] *nm* **1** appel, *(animaux)* cri **2** revendication **3** bruit **4** réputation
roe·pen [rupə(n)] *vti (riep, h. geroepen)* **1** crier **2** appeler; **je komt als geroepen** tu tombes à pic; **de dokter laten ~** envoyer chercher le médecin; **dat roept om wraak** cela crie vengeance; **daar voel ik mij niet toe geroepen** ça ne m'attire pas spécialement **3** *(péj.)* proclamer; **je roept dat nu wel, maar ...** c'est ce que tu proclames, mais ...; **van alles ~ over buitenlanders** dire n'importe quoi sur les étrangers ♦ **ik zal je om zeven uur ~** je te réveillerai à sept heures
roe·ping [rupɪŋ] *nf (-en)* vocation
roep|naam [rupnam] *nm (-namen)* (prénom) usuel
roep|zaal [rupsal] *de (-zalen) (Belg.)* salle de ventes
roer [rur] *het (-en)* gouvernail; **aan het ~ staan, zitten** tenir la barre *(aussi au fig.)*; **het ~ naar rechts gooien** donner un coup de barre à droite; **het ~ in handen hebben** tenir la barre *(aussi au fig.)*; *(fig.)* **hou je ~ recht** essaye de marcher droit; *(fig.)* **het ~ in handen houden** rester à la barre; *(fig.)* ne pas passer les commandes; *(fig.)* **het ~ is van het schip** c'est la pagaille; *(fig.)* **het ~ moet om** il faut un changement radical; *(fig.)* **het ~ omgooien** renverser la vapeur
roer·bak·ken [rurbɑkə(n)] *vt (roerbakte, h. geroerbakt) (cuis.)* faire cuire en touillant
roer·ei [rurɛi] *het (-eren) (cuis.)* œuf brouillé
[1]**roe·ren** [rurə(n)] *vi (roerde, h. geroerd) (+ in)* remuer (qqch)
[2]**roe·ren** [rurə(n)] *vt (roerde, h. geroerd)* **1** remuer (qqch); **de soep ~** mélanger la soupe **2** toucher; **iemand tot tranen toe ~** toucher qqn jusqu'aux larmes
[3]**roe·ren, zich** [rurə(n)] *vpr (roerde zich, h. zich geroerd)* bouger; **zich niet kunnen ~** ne pas arriver à bouger; *(fig.)* être à sec
roe·rend [rurənt] *adj, adv* **1** (d'une façon) touchant(e) **2** meuble ♦ **ik ben het ~ met hem eens** je suis tout à fait d'accord avec lui
roe·rig [rurəχ] *adj* **1** remuant **2** désordonné; **een ~ leven** une vie mouvementée **3** turbulent
roer·loos [rurlos] *adj, adv* immobile, sans bouger
roer·sel [rursəl] *het (-en)* mouvement (de l'âme)
roer|spaan [rurspan] *de (-spanen)*, **-staaf** *de (-staven)* spatule
roes [rus] *nm (roezen)* ivresse; **zich in een ~ bevinden** être euphorique; **zijn ~ uitslapen** cuver son vin
roest [rust] *het/de (-en)* **1** rouille **2** oxydation ♦ **een hoop oud ~** un tas de ferraille
roest·bruin [rustbrœyn] *adj* rouille
roes·ten [rustə(n)] *vi (roestte, h./i. geroest)* **1** rouiller **2** s'incruster
roes·tig [rustəχ] *adj* rouillé
roest·vrij [rustfrɛi] *adj* inoxydable
roest·we·rend [rustwerənt] *adj* antirouille
roet [rut] *het* suie; **~ in het eten gooien** tout gâcher
roet·ach·tig [rutɑχtəχ] *adj, adv* (comme) de (la) suie
roet·mop [rutmɔp] *nm (-pen)* moricaud, -aude *(injure)*
roet·sjen [rutʃə(n)] *vi (roetsjte, h./i. geroetsjt)* dévaler (de)
roet·zwart [rutswɑrt] *adj* **1** noir comme du charbon **2** crasseux
roe·ze·moe·zen [ruzəmuzə(n)] *vi (roezemoesde, h. geroezemoesd)* **1** faire du tapage **2** faire du remue-ménage
rof·fel [rɔfəl] *nm (-s)* roulement de tambour
rof·fe·len [rɔfələ(n)] *vi (roffelde, h. geroffeld)* **1** battre le tambour **2** résonner *(d'un tambour)* **3** tambouriner
rog [rɔχ] *nm (-gen) (zool.)* raie
rog·ge [rɔχə] *de* seigle
rok [rɔk] *nm (-ken)* **1** jupe; **aan moeders ~ken hangen** être dans les jupes de sa mère **2** habit ♦ **achter de ~ken lopen** courir le jupon
ro·ka·de [rokadə] *nf (-s) (sports)* roque

ro·ken [rokə(n)] *vti (rookte, h. gerookt)* fumer; ~ **als een schoorsteen** fumer comme un sapeur; **het (passief)** ~ le tabagisme (passif); *(avion; train)* ~ **of niet** ~? fumeurs ou non-fumeurs ?

ro·ke·rig [rokərəχ] *adj* **1** fumeux **2** enfumé **3** ayant un goût de fumée **4** noirci de fumée

ro·ke·rij [rokərɛi] *nf (-en)* fumoir *(pour les aliments)*

rok·ken·ja·ger [rɔkə(n)jaχər] *nm (-s)* coureur (de jupons)

rok·kos·tuum [rɔkɔstym] *het (-s)* → **rok 2**

[1]**rol** [rɔl] *de (-len)* **1** rôle; **geld speelt geen** ~ l'argent ne compte pas; **een** ~ **spelen** *(dram.)* interpréter un rôle, *(fig.)* jouer un rôle, être important; *(fig.)* **uit zijn** ~ **vallen** sortir de son rôle; **de** ~ **vervullen van** faire fonction de **2** rouleau

[2]**rol** [rɔl] *nm* ♦ *(fig.)* **aan de** ~ **gaan, zijn** faire la bombe

rol·be·ves·ti·gend [rɔlbəvɛstəχənt] *adj* qui confirme les rôles sociaux traditionnels

rol·door·bre·kend [rɔldorbrekənt] *adj* qui s'attaque aux rôles sociaux traditionnels

rol·ge·drag [rɔlχədraχ] *het* comportement dicté par le rôle social

rol·gor·dijn [rɔlχɔrdɛin] *het/de (-en)* store

rol·la·de [rɔladə] *nf (-s) (cuis.)* roulade

rol·la·tor [rɔlatɔr] *nm* déambulateur à roues

[1]**rol·len** [rɔlə(n)] *vi (rolde, h./i. gerold)* **1** rouler; *(fig.)* **de zaak aan het** ~ **brengen** déclencher une affaire; *(fig.)* **hij zal er wel door(heen)** ~ il va s'en tirer; **ik ben er vanzelf in gerold** je me suis retrouvé dans cette situation par un pur hasard **2** se rouler; *(fig.)* ~**d over straat gaan** se disputer en public **3** tomber; **van de trap** ~ dégringoler dans l'escalier **4** résonner

[2]**rol·len** [rɔlə(n)] *vt (rolde, h. gerold)* **1** rouler **2** escamoter

rol·len·spel [rɔlə(n)spɛl] *het* jeu de rôle

rol·le·tje [rɔləcə] *het (-s)* ♦ **alles loopt op** ~**s** tout va comme sur des roulettes

rol·pa|troon [rɔlpatron] *het (-tronen)* schéma de comportement dicté par le rôle social

rol·prent [rɔlprɛnt] *de (-en) (cin.)* film

rol·schaats [rɔlsχats] *de (-en)* patin à roulettes

rol·schaat·sen [rɔlsχatsə(n)] *vi (rolschaatste, h. gerolschaatst)* faire du skating

rol·stoel [rɔlstul] *nm (-en)* fauteuil roulant

rol·trap [rɔltrap] *nm (-pen)* escalator

ro·maans [romans] *adj (archit.)* roman

ro·ma·nis·tiek [romanɪstik] *nf (ling.)* philologie romane

ro·man·ne·tje [romanəcə] *het (-s)* **1** *(péj.)* roman de quatre sous **2** roman d'amour

ro·man·ti|cus [romantikʌs] *nm (-ci) (litt.)* romantique

ro·man·tiek [romantik] *nf (litt.)* romantisme

ro·man|tisch [romantis] *adj, adv (-tischer, meest r.)* **1** romanesque **2** romantique(ment)

ro·man·ti·se·ren [romantizerə(n)] *vt (romantiseerde, h. geromantiseerd)* romancer

Ro·meins [romɛins] *adj* romain

ro·men [romə(n)] *vt (roomde, h. geroomd)* écrémer

ro·mig [roməχ] *adj* crémeux

rom·mel [rɔməl] *nm* **1** bric-à-brac **2** pagaille; **let maar niet op de** ~ ne fais pas attention au désordre **3** camelote

rom·me·len [rɔmələ(n)] *vi (rommelde, h. gerommeld)* **1** gronder; **het rommelt in zijn buik** son ventre gargouille **2** farfouiller (dans qqch) **3** cafouiller **4** arranger (qqch) ♦ **ons land is de oorlog in gerommeld** notre pays a été entraîné dans la guerre

rom·me·lig [rɔmələχ] *adj, adv* (d'une façon) désordonné(e)

rom·mel·ka·mer [rɔməlkamər] *de (-s)* débarras *(pièce)*

rom·mel·kot [rɔməlkɔt] *het (-ten) (Belg.)* → **rommelkamer**

rom·mel·markt [rɔməlmarkt] *de (-en)* vide-grenier

romp [rɔmp] *nm (-en)* **1** *(d'une personne, d'un animal)* tronc **2** *(d'un objet)* carcasse **3** coque *(d'un navire, d'un avion)*

romp·slomp [rɔmpslɔmp] *nm* tracas; **papieren** ~ de la paperasserie

[1]**rond** [rɔnt] *adj, adv* **1** (en) rond; **zich** ~ **eten** se remplir le ventre **2** complet; **de zaak is** ~ l'affaire est conclue; **het hele jaar** ~ l'année entière **3** global(ement) **4** approximatif, environ **5** ouvert, rondement; ~ **voor zijn mening uitkomen** afficher ses opinions **6** faisant le tour (de); **ik ben het eiland** ~ **geweest** j'ai fait le tour de l'île **7** *(à propos de son)* plein ♦ **hij keek angstig in het** ~ il regardait anxieusement autour de lui; **de schijf draait eenmaal per seconde in het** ~ le disque fait un tour par seconde

[2]**rond** [rɔnt] *prép* **1** autour de; **hij is** ~ **de dertig** il a la trentaine **2** vers

rond·ba·zui·nen [rɔndbazœynə(n)] *vt (bazuinde rond, h. rondgebazuind)* claironner *(fig.)*

rond·bor|stig [rɔndbɔrstəχ] *adj, adv (-stiger, meest r.)* franc, franchement

rond·bren·gen [rɔndbrɛŋə(n)] *vt (bracht rond, h. rondgebracht)* distribuer (à domicile)

rond·cir·ke·len [rɔntsɪrkələ(n)] *vi (cirkelde rond, h. rondgecirkeld)* tournoyer

rond·dan·sen [rɔndansə(n)] *vi (danste rond, h. rondgedanst)* **1** danser en rond **2** sautiller

rond·de·len [rɔndelə(n)] *vt (deelde rond, h. rondgedeeld)* distribuer

rond·do·len [rɔndolə(n)] *vi (doolde rond, h. rondgedoold)* → **ronddwalen**

[1]**rond·draai·en** [rɔndrajə(n)] *vi (draaide rond, h./i. rondgedraaid)* **1** tourner; **~de beweging** mouvement giratoire **2** tourner autour (de)

[2]**rond·draai·en** [rɔndrajə(n)] *vt (draaide rond, h. rondgedraaid)* faire tourner

rond·dwa·len [rɔndwalə(n)] *vi (dwaalde rond, h. rondgedwaald)* errer; **haar ogen dwaalden het vertrek rond** ses yeux faisaient la tour de la pièce

ron·de [rɔndə] *de (-n)* **1** ronde **2** tour; **het gerucht doet de ~** le bruit court **3** *(sports)* manche **4** *(élections, épreuve cycliste)* tour; **twee ~n voor liggen** avoir deux tours d'avance **5** *(Belg.)* environs **6** *(Belg.)* tournée

ron·de·dans [rɔndədɑns] *nm (-en) (danse)* ronde

ron·den [rɔndə(n)] *vt (rondde, h. gerond)* **1** *(mar.)* doubler **2** arrondir

rond·gaan [rɔntχan] *vi (ging rond, i. rondgegaan)* **1** faire le tour (de) **2** circuler; **zijn ogen gingen rond** il promenait ses regards

rond·gang [rɔntχɑŋ] *nm (-en)* **1** mouvement circulaire **2** *(voyage professionnel)* tournée **3** tour *(circuit)* **4** quête

rond·han·gen [rɔnthɑŋə(n)] *vi (hing rond, h. rondgehangen)* traîner

ron·ding [rɔndɪŋ] *nf (-en)* rondeur

rond·je [rɔncə] *het (-s)* **1** rond *(objet rond)* **2** tour *(jeux de cartes, promenade)*; **een ~ lopen** faire un tour **3** tournée *(dans un café)*; **een ~ van de zaak** une tournée du patron

rond·kij·ken [rɔntkɛikə(n)] *vi (keek rond, h. rondgekeken)* **1** regarder autour de soi; **de kamer ~** promener son regard dans la pièce **2** (re)chercher; **naar een huis ~** chercher une maison

rond·ko·men [rɔntkomə(n)] *vi (kwam rond, i. rondgekomen) (fin.)* s'en sortir

rond·lei·den [rɔntlɛidə(n)] *vt (leidde rond, h. rondgeleid)* **1** faire visiter **2** guider *(servir de guide)*

rond·lei·ding [rɔntlɛidɪŋ] *nf (-en)* visite guidée

rond·lo·pen [rɔntlopə(n)] *vi (liep rond, h. rondgelopen)* se promener; **de grootste gek die op twee benen rondloopt** le plus grand imbécile qui soit; **met een plan ~** avoir un projet en tête; **verloren ~** errer comme une âme en peine

rond·neu·zen [rɔntnøzə(n)] *vi (neusde rond, h. rondgeneusd)* fureter (dans)

[1]**rond·om** [rɔntɔm] *adv* autour; **een plein, ~ beplant met bomen** une place entourée d'arbres

[2]**rond·om** [rɔntɔm] *prép* autour de

rond|reis [rɔntrɛis] *de (-reizen)* tour

rond·rei·zen [rɔntrɛizə(n)] *vi (reisde rond, h./i. rondgereisd)* **1** voyager; **een ~d circus** un cirque ambulant **2** faire la tournée (de)

[1]**rond·rij·den** [rɔntrɛidə(n)] *vi (reed rond, h./i. rondgereden)* **1** faire un tour, faire le tour (de) **2** faire un tour (en voiture)

[2]**rond·rij·den** [rɔntrɛidə(n)] *vt (reed rond, h. rondgereden)* promener qqn (en voiture)

rond·rit [rɔntrɪt] *nm (-ten)* tour

rond·schar·re·len [rɔntsχɑrələ(n)] *vi (scharrelde rond, h. rondgescharreld)* **1** bricoler **2** traîner **3** fureter (dans)

rond·schrij·ven [rɔntsχrɛivə(n)] *vt (schreef rond, h. rondgeschreven)* écrire (à chacun); **een ~** une circulaire

[1]**rond·slin·ge·ren** [rɔntslɪŋərə(n)] *vi (slingerde rond, h. rondgeslingerd)* traîner *(en désordre)*

[2]**rond·slin·ge·ren** [rɔntslɪŋərə(n)] *vt (slingerde rond, h. rondgeslingerd)* envoyer dinguer

rond·sprin·gen [rɔntsprɪŋə(n)] *vi (sprong rond, h. rondgesprongen)* sautiller

rond·stu·ren [rɔntstyrə(n)] *vt (stuurde rond, h. rondgestuurd)* envoyer *(des circulaires, des invitations etc.)*

rond·te [rɔntə] *nf (-n, -s)* ronde ♦ **hij sprong in de ~** il sautait dans tous les sens

rond·toe·ren [rɔnturə(n)] *vi (toerde rond, h. rondgetoerd)* → [1]**rondrijden 2**

rond·tol·len [rɔntɔlə(n)] *vti (tolde rond, h. rondgetold)* → **ronddraaien**

rond·trek·ken [rɔntrɛkə(n)] *vi (trok rond, h./i. rondgetrokken)* → **rondreizen**

rond·uit [rɔntœyt] *adv* franchement; **je kunt ~ spreken** tu peux parler à cœur ouvert; **~ weigeren** refuser net; **iemand iets ~ zeggen** dire qqch à qqn en face

rond·vaart|boot [rɔntfardbot] *de (-boten)* bateau-mouche

rond·ver·tel·len [rɔntfərtɛlə(n)] *vt (vertelde rond, h. rondverteld)* répandre *(nouvelles, calomnies)*

rond·vlie·gen [rɔntfliχə(n)] *vi (vloog rond, h./i. rondgevlogen)* **1** tournoyer **2** voler dans tous les sens, de-ci de-là **3** voler **4** courir (çà et là)

rond·vraag [rɔntfraχ] *de* **1** tour de table **2** enquête, sondage

[1]**rond·weg** [rɔntwɛχ] *nm (-en)* boulevard périphérique

[2]**rond·weg** [rɔntwɛχ] *adv* → **ronduit**

rond·zwer·ven [rɔntswɛrvə(n)] *vi (zwierf rond, h. rondgezworven)* **1** errer **2** traîner

ron·ken [rɔŋkə(n)] *vi (ronkte, h. geronkt)* **1** ronfler **2** dormir à poings fermés **3** *(Belg.)* bourdonner *(insectes)*

ron·se·len [rɔnsələ(n)] *vt (ronselde, h. geronseld)* recruter *(implique l'usage de la ruse ou de la violence)*

rönt·gen·ap·pa|raat [rʌntχə(n)ɑparat] *het (-raten)* appareil à rayons X

rönt·gen·fo·to [rʌntχə(n)foto] *de (-'s)* radiographie

rönt·gen·on·der·zoek [rʌntχənɔndərzuk] *het* examen radiologique

rönt·gen·stra·len [rʌntχə(n)stralə(n)] *plur* rayons X
rood [rot] *adj (roder, roodst)* rouge; **~ aanlopend** rougissant; **~ haar** des cheveux roux; **~ vlees** viande saignante; **~ worden tot achter de oren** rougir jusqu'à la racine des cheveux ♦ **~ staan** être dans le rouge
rood·borst·je [rodbɔrʃə, ᴮrodbɔrscə] *het (-s)* rouge-gorge
rood·gloei·end [rotχlujənt] *adj* chauffé au rouge; **de telefoon staat ~** le téléphone n'arrête pas (de sonner)
rood·ha·rig [rotharəχ] *adj* roux
Rood·kap·je [rotkapjə] le petit Chaperon Rouge
[1]**rood·vonk** [rotfɔŋk] *de* scarlatine
[2]**rood·vonk** [rotfɔŋk] *het (Belg.)* rubéole
roof [rof] *nm (roven)* vol
roof·bouw [rovbɑu] *nm* **1** *(agric.)* déprédation **2** abus; **~ plegen op zijn lichaam** miner sa santé
roof·dier [rovdir] *het (-en)* carnivore
roof·moord [rofmort] *de (-en)* meurtre pour vol
roof·over·val [rofovərvɑl] *nm (-len)* attaque à main armée
roof·tocht [roftɔχt] *nm (-en)* ♦ **op ~ gaan** aller piller
roof·vo·gel [rofoχəl] *nm (-s)* rapace
roof·zuch·tig [rofsʌχtəχ] *adj* rapace
rooie [rojə] *nm (-n)* → **rode**
rooi·en [rojə(n)] *vt (rooide, h. gerooid)* **1** arracher **2** en finir avec; **hij kan het amper ~** il peut à peine s'en sortir
[1]**rook** [rok], **roken** → **ruiken**
[2]**rook** [rok] *nm* fumée; **in ~ opgaan** se consumer; *(fig.)* partir en fumée; *(fig.)* **onder de ~ van de stad wonen** habiter aux portes de la ville
rook·ar·ti·ke·len [rokɑrtikələ(n)] *plur* articles de fumeur
rook·cou·pé [rokupe] *nm (-s)* compartiment fumeurs
rook·gor·dijn [rokχɔrdɛin] *het (-en)* rideau de fumée; *(aussi au fig.)* **een ~ leggen** brouiller les pistes
rook·hol [rokhɔl] *het (-en)* tabagie
rook·ruim·te [rokrœymtə] *nf (-n, -s)* espace fumeur
rook·ver·bod [rokfərbɔt] *het* interdiction de fumer
rook·vlees [rokfles] *het* viande fumée
rook·vrij [rokfrɛi] *adj* sans fumée
rook·worst [rokwɔrst] *de (-en)* saucisse fumée
room [rom] *nm* crème; **geslagen ~** crème fouettée
room·bo·ter [rombotər] *de* beurre
room·ijs [romɛis] *het* crème glacée
room|kaas [romkas] *nm (-kazen)* fromage à la crème
rooms [roms] *adj (roomser, meest r.)* catholique
rooms-ka·tho·liek [romskɑtolik] *adj* catholique
roos [ros] *de (rozen)* **1** rosier; *(fig.)* **op rozen zitten** être dans une position très confortable; *(fig.)* **zijn weg gaat niet over rozen** il n'a pas la vie toute rose; *(fig.)* **rozen op iemands pad strooien** rendre la vie agréable à qqn **2** rose **3** rosette **4** mille *(cible)* **5** *(sans art. ni plur.)* pellicules ♦ **slapen als een ~** dormir comme un ange
roos·kleu·rig [rosklørəχ] *adj, adv (fig.)* (en) rose; **hij weet alles ~ voor te stellen** il présente toujours les choses sous un jour favorable; **de toekomst ziet er niet ~ uit** l'avenir n'est pas brillant
roos·ter [rostər] *het/de (-s)* **1** grille **2** gril; *(Belg.; fig.)* **iemand op het ~ leggen** mettre qqn sur la sellette **3** schéma **4** emploi du temps
[1]**roos·te·ren** [rostərə(n)] *vt (roosterde, h. geroosterd)* **1** rôtir **2** griller *(pain, viandes etc.)*
[2]**roos·te·ren** [rostərə(n)] *vi (roosterde, h. geroosterd)* se faire rôtir
[1]**ros** [rɔs] *het (-sen)* **1** *(form.)* coursier; **het stalen ~** ± la petite reine **2** *(Belg.)* canasson
[2]**ros** [rɔs] *adj* roux ♦ **de ~se buurt** le quartier chaud
ros·bief [rɔzbif] *nm* rosbif
ros·sen [rɔsə(n)] *vi (roste, h. gerost)* rouler comme un fou
ros·sig [rɔsəχ] *adj* roussâtre
[1]**rot** [rɔt] *de (-ten)* ♦ **een oude ~ in het vak zijn** être un vieux routier
[2]**rot** [rɔt] *adj* **1** pourri; **een ~te kies** une dent cariée **2** *(fam.)* sale; **doe niet zo ~** ne sois pas si vache; **zich ~ lachen** se tordre (de rire); **zich ~ vervelen** s'emmerder; **zich ~ voelen** avoir le cafard; **zich ~ werken** trimer
ro·tan [rotɑn] *adj* en rotin
ro·te·ren [roterə(n)] *vi (roteerde, h. geroteerd) (technol.)* tourner; **een ~de beweging** un mouvement de rotation
rot·gang [rɔtχɑŋ] *nm (fam.)* ♦ **met een ~** en quatrième vitesse
rot·hu·meur [rɔthymør] *het (fam.)* humeur massacrante
rot·je [rɔcə] *het (-s)* pétard ♦ **zich een ~ lachen** se tordre comme une baleine
rot·joch [rɔtjɔχ] *het (-ies) (fam.)* garnement
rot·meid [rɔtmɛit] *nf (-en) (fam.)* garce *(fille)*
ro·ton·de [rotɔndə] *de (-s)* rond-point
rot·op·mer·king [rɔtɔpmɛrkɪŋ] *nf (-en) (fam.)* vacherie; **~en maken** dire des vacheries
rots [rɔts] *de (-en)* rocher; *(fig.)* **een ~ in de branding** un port dans la tempête
rots·ach·tig [rɔtsɑχtəχ] *adj* rocheux
rots·blok [rɔtsblɔk] *het (-ken)* rocher
rot·sig [rɔtsəχ] *adj* → **rotsachtig**
rots|kloof [rɔtsklof] *de (-kloven)* crevasse
rots·par·tij [rɔtspɑrtɛi] *nf (-en)* **1** massif rocheux **2** rocaille
rot|streek [rɔtstrek] *de (-streken) (fam.)* tour de cochon

rots·vast [rɔtsfɑst] *adj, adv* inébranlable(ment)
rots·wand [rɔtswɑnt] *nm (-en)* paroi rocheuse
rot·ten [rɔtə(n)] *vi (rotte, h./i. gerot)* pourrir ♦ **liggen te ~ in zijn bed** ne pas décoller de son lit
rot·tig [rɔtəχ] *adj (fam.)* **1** emmerdant; **~ tegen iemand doen** être vache avec qqn **2** infect
rot·tig·heid [rɔtəχhɛit] *nf* **1** cochonnerie **2** emmerdement
rot·vent [rɔtfɛnt] *nm (-en) (fam.)* → **rotzak**
rot·weer [rɔtwer] *het (fam.)* fichu temps
rot·wijf [rɔtwɛif] *het (-wijven) (fam.)* garce *(femme)*
rot·zak [rɔtsɑk] *nm (-ken) (fam.)* salaud, salope
rot·zooi [rɔtsoj] *de* **1** *(fam.)* saleté **2** pagaille
rot·zooi·en [rɔtsojə(n)] *vi (rotzooide, h. gerotzooid) (fam.)* **1** faire des cochonneries **2** frauder **3** cafouiller **4** fricoter *(relations sexuelles)*
rot·zorg [rɔtsɔrχ] *de (fam.)* ♦ **dat zal mij een ~ zijn** je m'en fiche et je m'en contrefiche
rou·la·tie [rula(t)si] *nf* circulation
rou·le·ren [rulerə(n)] *vi (rouleerde, h. gerouleerd)* **1** être en circulation **2** se relayer; **het voorzitterschap rouleert** la présidence est assurée par roulement
rou·te [rutə] *de (-s)* itinéraire; **dat ligt niet op onze ~** ce n'est pas sur notre chemin
rou·ti·ne·ma·tig [rutinəmatəχ] *adj* routinier, de façon routinière
rou·ti·neus [rutinøs] *adj, adv (fam.)* routinier, de façon routinière
rou·ti·ne·werk [rutinəwɛrk] *het* **1** travail de routine **2** travail routinier
[1]**rouw** [rɑu] *nm* deuil; **een dag van nationale ~** un jour de deuil national
[2]**rouw** [rɑu] *adj* rude; **~e klanten** de rudes gaillards
***rouw-** [rɑu-] de deuil
rouw|brief [rɑubrif] *nm (-brieven)* faire-part de décès
rouw·dienst [rɑudinst] *nm (-en)* service funèbre
rou·wen [rɑuwə(n)] *vi (rouwde, h. gerouwd)* **1** *(+ om)* pleurer (qqn) **2** *(+ om)* être en deuil (de qqn) ♦ **dat zal hem ~** il s'en repentira
rou·wig [rɑuwəχ] *adj* affligé (de)
rouw·kaart [rɑukart] *de (-en)* faire-part de décès
rouw·mis [rɑumɪs] *de (-sen)* messe de requiem
rouw·pro·ces [rɑuprosɛs] *het* travail du deuil
rouw·rand [rɑurɑnt] *nm (-en)* bord noir *(deuil)*
rouw·stoet [rɑustut] *nm (-en)* cortège (funèbre)
rouw·tijd [rɑutɛit] *nm* deuil *(période)*
[1]**ro·ven** [rovə(n)] *vt (roofde, h. geroofd)* **1** voler **2** enlever
[2]**ro·ven** [rovə(n)] *vi (roofde, h. geroofd)* pirater
ro·ver [rovər] *nm (-s)* brigand
ro|yaal [rojal, rwajal] *adj, adv (-aler, -aalst)* **1** généreux, généreusement; **~ met zijn geld omspringen** avoir l'argent facile; **te ~ leven** vivre sur un trop grand pied **2** large (d'esprit), sans étroitesse (d'esprit) **3** vaste
roy·al·ty's [rɔjəltis] *plur* **1** royalties **2** *(édit.)* droits d'auteur
roy·e·ren [rojerə(n), rwajerə(n)] *vt (royeerde, h. geroyeerd)* radier
ro·ze [rɔ:zə, [B]rozə] *adj* rose *(couleur formée de rouge et de blanc)*
ro·ze·ma·rijn [rozəmarɛin] *nm* romarin
***ro·zen-** [rozə(n)-] de rose; **de rozenknop** le bouton de rose
ro·zen·bot·tel [rozə(n)bɔtəl] *de (-s)* gratte-cul
ro·zen·geur [rozə(n)χør] *nm* odeur de roses; **het is niet altijd ~ en maneschijn** tout n'est pas rose dans la vie
ro·zen·krans [rozə(n)krɑns] *nm (-en)* **1** *(relig.)* rosaire **2** *(relig.)* chapelet
ro·zet [rozɛt] *de (-ten)* rosette
ro·zig [rozəχ] *adj* **1** rose *(de la couleur des roses)* **2** béat
ro·zijn [rozɛin] *de (-en)* raisin sec
RSI [ɛrɛsi] *de* abrév. de *repetitive strain injury* TMS
RSZ [ɛrɛszɛt] *nf (Belg.)* abrév. de *Rijksdienst voor Sociale Zekerheid* ONSS
rub·ber [rʌbər] *adj* en caoutchouc
rub·ber|boot [rʌbərbot] *de (-boten)* canot pneumatique
rub·ber|zool [rʌbərzol] *de (-zolen)* semelle de crêpe
ru·bri·ce·ren [rybriserə(n)] *vt (rubriceerde, h. gerubriceerd)* **1** catégoriser **2** classer
ru·briek [rybrik] *nf (-en)* **1** rubrique **2** magazine *(programme de radio, de télévision)*
rucht·baar [rʌχtbar] *adj* notoire; **iets ~ maken** divulguer qqch; **~ worden** s'ébruiter
rucht·baar·heid [rʌχtbarhɛit] *nf* notoriété; **~ aan iets geven** donner de la publicité à qqch
rück·sichts·los [ryksiχ(t)slos] *adj, adv* impitoyable(ment)
rug [rʌχ] *nm (-gen)* dos; **dat is weer achter de ~** voilà qui est fait; **een moeilijke tijd achter de ~ hebben** venir de passer une période difficile; **hij heeft een brede ~** on lui met tout sur le dos, il a bon dos; **een hoge ~ (op)zetten** *(chat)* faire le gros dos; *(fig.)* **een duwtje in de ~** un coup de pouce; **met de ~ tegen de muur staan** être au pied du mur; **met de ~ tegen iets aan zitten** être adossé à qqch; *(fam.)* **je kunt mijn ~ op!** tu peux te fouiller !; **een open ~**

(méd.) un spina-bifida; **iemand de ~ toekeren** tourner le dos à qqn *(aussi au fig.)*

rug·dek·king [rʌχdɛkɪŋ] *nf* protection (dans le dos)

¹rug·ge·lings [rʌχəlɪŋs] *adv* **1** dos à dos **2** à la renverse **3** à l'envers **4** sur le dos

²rug·ge·lings [rʌχəlɪŋs] *adj* en arrière

rug·gen|graat [rʌχə(n)χrat] *de (-graten)* **1** colonne vertébrale **2** *(fig.)* énergie; **iemand met ~** qqn qui a du caractère

rug·gen·merg [rʌχəmɛrχ] *het (méd.)* moelle épinière

rug·gen·prik [rʌχə(n)prɪk] *nm (-ken) (méd.)* ponction lombaire

rug·gen·steun [rʌχə(n)støn] *nm* soutien

rug·ge·spraak [rʌχəsprak] *de* concertation; **~ met iemand houden** se concerter

rug·kant [rʌχkɑnt] *nm* → **rugzijde 1**

rug·klach·ten [rʌχklɑχtə(n)] *plur* douleurs dans le dos

rug·leu·ning [rʌχlønɪŋ] *nf (-en)* dossier *(d'un siège)*

rug·slag [rʌχslɑχ] *nm* nage sur le dos

rug·zak [rʌχsɑk] *nm (-ken)* sac à dos

rug·zij·de [rʌχsɛidə] *de (-n)* **1** côté dorsal **2** dos

rui [rœy] *nm (zool.)* mue; **de kippen zijn in de ~** les poules muent

ruif [rœyf] *de (ruiven)* râtelier

ruig [rœyχ] *adj, adv* **1** rugueux **2** rude(ment); **een ~ feest** une fête à tout casser

¹rui·ken [rœykə(n)] *vi (rook, h. geroken)* sentir; **aan iets ~** sentir qqch; renifler qqch; *(fig.)* **aan iets geroken hebben** avoir une (vague) idée de qqch; **hij ruikt naar jenever** il sent le genièvre; **het ruikt niet** ça n'a pas d'odeur; **hij ruikt uit zijn mond** il a mauvaise haleine

²rui·ken [rœykə(n)] *vt (rook, h. geroken)* **1** sentir **2** *(fig.)* sentir; **hoe kon ik dat nu ~!** comment est-ce que j'aurais pu savoir ça !; **onraad ~** flairer le danger

rui·ker [rœykər] *nm (-s)* bouquet

ruil [rœyl] *nm (-en)* échange; **een goede ~ doen** gagner au change; **in ~ voor** en échange de

¹rui·len [rœylə(n)] *vti (ruilde, h. geruild)* échanger; **zullen we ~?** on change ?

²rui·len [rœylə(n)] *vi (ruilde, h. geruild)* changer (avec)

ruil·han·del [rœylhɑndəl] *nm* troc

ruil·ver·ka·ve·ling [rœylvərkavəlɪŋ] *nf* remembrement

¹ruim [rœym] *het (-en) (mar.)* cale

²ruim [rœym] *adj, adv* **1** (de manière) étendu(e) **2** spacieux, au large **3** large(ment); **de dingen ~ zien** avoir l'esprit large **4** large, généreux; **~ rekenen** calculer large **5** un peu plus de; **~ een kilo** un bon kilo; **dat is ~ voldoende** c'est largement suffisant

ruim·den|kend [rœymdɛŋkənt] *adj (-kender, meest r.)* large d'esprit

rui·men [rœymə(n)] *vt (ruimde, h. geruimd)* **1** débarrasser **2** nettoyer **3** balayer **4** quitter

ruim·schoots [rœymsχots] *adv* largement; **~ geven** donner généreusement

ruim·te [rœymtə] *nf (-n, -s)* **1** espace; **het vliegtuig biedt ~ aan tien personen** l'avion peut accueillir dix personnes; **iemand de ~ geven** laisser passer qqn, *(fig.)* donner les coudées franches à qqn; **in de ~ staren** regarder dans le vide; **~ maken (voor)** faire place; **dat neemt veel ~ in** cela prend beaucoup de place; **te weinig ~ hebben** être à l'étroit **2** pièce

***ruim·te-** [rœymtə-] spatial; **de ruimtevlucht** le vol spatial

ruim·te·ge·brek [rœymtəχəbrɛk] *het* manque de place

ruim·te·lijk [rœymtələk] *adj, adv* **1** (de manière) spatial(e) **2** spatial, dans l'espace

ruim·te·on·der·zoek [rœymtəɔndərzuk] *het (-en)* exploration spatiale

ruim·te|schip [rœymtəsχɪp] *het (-schepen)* → **ruimtevaartuig**

ruim·te·vaar·der [rœymtəvardər] *nm (-s)* cosmonaute

ruim·te·vaart [rœymtəvart] *de* navigation spatiale

ruim·te·vaar·tuig [rœymtəvartœyχ] *het (-en)* engin spatial

ruim·te|veer [rœymtəver] *het (-veren)* navette spatiale

ruim·te·wa·gen [rœymtəwaχə(n)] *nm* monospace

ruis [rœys] *nm* **1** bruit léger **2** froissement **3** *(radio, télé)* bruit de fond

rui·sen [rœysə(n)] *vi (ruiste, h. geruist)* **1** faire un bruit léger; **het ~ van de zee** le murmure de la mer **2** froisser

ruit [rœyt] *de (-en)* **1** vitre; *(fig.)* **zijn eigen ~en ingooien** scier la branche sur laquelle on est assis **2** carreau *(forme)* **3** losange

rui·ten [rœytə(n)] *adj* à carreaux

***rui·ten-** [rœytə(n)-] *(jeux de cartes)* de carreau

rui·ten·sproei·er [rœytə(n)sprujər] *nm (-s)* lave-glace

rui·ten·wis·ser [rœytə(n)wɪsər] *nm (-s)* **1** essuie-glace **2** raclette *(instrument d'un laveur de vitres)*

rui·ter [rœytər] *nm (-s)* cavalier

rui·ter·lijk [rœytərlək] *adj, adv* franc, franchement

ruit·jes·pa·pier [rœycəspapir] *het* papier quadrillé

ruk [rʌk] *nm (-ken)* **1** coup; **hij gaf een ~ aan de bel** avec énergie, il donna un coup de sonnette; **met een ~ vloog hij overeind** il sursauta **2** coup de vent **3** trotte *(distance)* **4** bout de temps; **hij werkte aan één ~ door** il travailla d'une traite

¹ruk·ken [rʌkə(n)] *vi (rukte, h. gerukt)* **1** tirer fort; **aan de bel ~** donner un grand coup de sonnette **2** *(vulg.)* se branler

²ruk·ken [rʌkə(n)] *vt (rukte, h. gerukt)* arracher; *(fig.)* **de woorden uit hun verband ~** isoler les mots de leur contexte

ruk·wind [rʌkwɪnt] *nm (-en)* coup de vent
rul [rʌl] *adj* meuble; **het ~le zand** le sable où les pieds s'enfoncent
rum|boon [rʌmbon] *de (-bonen)* chocolat au rhum
rum·mi·kub® [rʌmikʌp] *het (-s) (jeux)* Rummikub®
ru·moer [rymur] *het (-en)* bruit
ru·moe·rig [rymurəχ] *adj* **1** bruyant **2** agité **3** tumultueux
run [rʌn] *nm (-s)* **1** ruée **2** *(inform.)* exécution
rund [rʌnt] *het (-eren)* **1** bœuf **2** âne
***run·der-** [rʌndər-] de bœuf; **een runderlap** un morceau de bœuf
rund·vee [rʌntfe] *het* bovins; **een stuk ~** un bovin
run·nen [rʌnə(n)] *vt (runde, h. gerund) (fam.)* gérer
rups [rʌps] *de (-en) (zool.)* chenille
rups·band [rʌpsbɑnt] *nm (-en)* chenille *(courroie)*
Rus [rʌs] *nm (-sen),* **Russin** *nf (-nen)* Russe
Rus·land [rʌslɑnt] *het* Russie
Rus·sisch [rʌsis] *adj* russe; **het ~** le russe
rust [rʌst] *de* **1** repos; **zich geen ~ gunnen** ne pas s'accorder de répit; **iemand geen ~ gunnen** tenir qqn en haleine; **hij is in diepe ~** il dort profondément; *(Belg.)* **op ~ gaan** prendre sa retraite; *(prov)* **~ roest** la rouille ronge le fer, l'écurie use plus que la course **2** calme; **in ~ en vrede leven** mener une vie paisible; **iemand, iets met ~ laten** laisser qqn, qqch tranquille **3** tranquillité **4** *(sports)* mi-temps
***rust-** [rʌst-] de repos; **de rustdag** le jour de repos
rus·te|loos [rʌstəlos] *adj, adv (-lozer, -loost)* **1** toujours en mouvement, sans arrêt **2** agité, avec fébrilité
rus·ten [rʌstə(n)] *vi (rustte, h. gerust)* **1** se reposer; **niet ~ voor ...** n'avoir pas de cesse que ... ne **2** reposer *(dans la tombe)* **3** avoir l'esprit tranquille; **niet kunnen ~ voor ...** ne pas avoir l'âme tranquille tant que ... **4** ne pas être utilisé; **ik zal de zaak nu laten ~** je n'aborderai plus cette affaire pour l'instant **5** reposer (sur) **6** peser; **op die onderneming rust geen zegen** cette entreprise est maudite **7** être posé ♦ **een ~d predikant** un pasteur en retraite
rust·ge·vend [rʌstχevənt] *adj* **1** reposant; **een ~e gedachte** une pensée apaisante **2** calmant
rus|tiek [rʌstik] *adj (-tieker, meest r.)* **1** champêtre **2** rustique
rus·tig [rʌstəχ] *adj, adv* tranquille(ment); **hij gaat ~ zijn gang** il suit tranquillement son petit bonhomme de chemin; **alles is ~** tout est calme; **~e kleuren** couleurs reposantes; **het hart klopt ~** le cœur bat régulièrement; **~ sterven** mourir paisiblement
rust·plaats [rʌstplats] *de (-en)* **1** tombe; **de laatste ~** la dernière demeure **2** halte **3** aire de repos
ruw [ryw] *adj, adv* **1** rugueux **2** rêche, avec des inégalités **3** brut; **~e suiker** du sucre non raffiné **4** à l'état naturel **5** grossier, grossièrement; **~ geschat** approximatif, approximativement **6** sans précaution **7** rude(ment) **8** rigoureux, rudement; **een ~e wind** un vent âpre
ruw|heid [rywhɛit] *nf (-heden)* **1** rugosité **2** dureté **3** grossièreté **4** brutalité
ruw·weg [rywɛχ] *adv* grossièrement
ru·zie [ryzi] *nf (-s)* dispute; **een ~ bijleggen** se réconcilier; **een huiselijke ~** une querelle domestique; **~ krijgen met iemand** (commencer à) se disputer avec qqn; **~ maken (met iemand)** se disputer (avec qqn); **~ schoppen** se quereller; **slaande ~ hebben** se manger le nez
ru·zie·ach·tig [ryziɑχtəχ] *adj* **1** agressif **2** querelleur
ru·zie|ma·ker [ryzimakər] *nm (-s),* **-maakster** *nf (-s)* querelleur, -euse
ru·zi·ën [ryzijə(n)] *vi (ruziede, h. geruzied) (form.)* se disputer
RVA [ɛrvea] *nm (Belg.)* abrév. de *Rijksdienst voor Arbeidsvoorziening* ONEM
RVD [ɛrvede] *nm* abrév. de *Rijksvoorlichtingsdienst ⟨service porte-parole du gouvernement⟩*
Rwan·da [ruwɑnda] *het* Rwanda
Rwan·dees [ruwɑndes] *adj* rwandais; **de ~, Rwandese** le, la Rwandais(e)

S

saai [saj] *adj, adv* ennuyeux, d'une manière ennuyeuse; **wat een ~e boel is 't hier!** qu'est-ce qu'on s'ennuie ici !; **een ~e wijk** un quartier monotone

saam·ho·rig [samhorəχ] *adj, adv* solidaire(ment)

sab·be·len [sɑbələ(n)] *vi (sabbelde, h. gesabbeld)* suçoter; **op een potlood ~** mâchouiller un crayon

sa·bel [sabəl] *nm (-s)* sabre

sa·dist [sadɪst] *nm (-en),* **sadiste** *nf (-s, -n)* sadique

[1]**safe** [sef] *nm (-s)* coffre-fort

[2]**safe** [sef] *adj* sûr; **op ~ spelen** ne prendre aucun risque; **zich niet ~ voelen** ne pas être sûr de soi, ne pas se sentir en sécurité

sa·ge [saχə] *de (-n)* légende

Sa·ha·ra [sahara] *nm* **1** Sahara **2** *(fig.)* désert

sak·ker·loot [sɑkərlot] *interj* saperlotte !

Sak·sisch [sɑksis] *adj* saxon

sa·la·ri·ë·ring [salarijerɪŋ] *nf* rémunération

sa·la·ris [salarɪs] *het (-sen)* salaire; **verlof met behoud van ~** congés sans perte de rémunération

sa·la·ris|schaal [salarɪsχal] *de (-schalen)* grille des salaires

sal·do [sɑldo] *het (saldi)* solde; **per ~** en solde; *(fig.)* tout compte fait

sal·do·te·goed [sɑldotəχut] *het (-en)* solde positif

sal·do·te·kort [sɑldotəkɔrt] *het (-en)* découvert

sa·lie [sali] *de* sauge

sal·mi·ak [sɑlmijɑk] *nm* sel ammoniac

sa·lon [salɔn] *het/de (-s) (Belg.)* foire

sa·lon·mu·ziek [salɔmyzik] *nf* musique d'ambiance

sal·to [sɑlto] *nm (-'s)* saut; **~ mortale** saut de la mort; *(fig.)* saut dans le vide

Sal·va·do|raan [sɑlvadoran] *nm (-ranen),* **-raanse** *nf (-n)* Salvadorien, -ienne

Sal·va·do·raans [sɑlvadorans] *adj* salvadorien

sal·vo [sɑlvo] *het (-'s)* salve

sam·bal [sɑmbɑl] *nm (cuisine asiatique)* pâte de piment

sa·men [samə(n)] *adv* **1** ensemble; **zij zijn het ~ eens** ils sont d'accord; **zich ~ verzetten tegen iets, iemand** faire bloc contre qqch, qqn; **nu wij hier ~ zijn, wil ik ...** maintenant que nous sommes réunis, j'aimerais ... **2** au total **3** à deux ♦ **~ uit, ~ thuis** ± on ne laisse pas tomber les copains (en cours de route)

[1]**sa·men·bal·len** [samə(n)bɑlə(n)] *vt (balde samen, h. samengebald)* agglomérer

[2]**sa·men·bal·len** [samə(n)bɑlə(n)] *vi (balde samen, i. samengebald)* **1** se mettre en boule **2** se réunir

sa·men·bin·den [samə(n)bɪndə(n)] *vt (bond samen, h. samengebonden)* lier

sa·men·bren·gen [samə(n)brɛŋə(n)] *vt (bracht samen, h. samengebracht)* **1** rassembler **2** assembler *(objets)*

sa·men·bun·de·len [samə(n)bʌndələ(n)] *vt (bundelde samen, h. samengebundeld)* **1** unir **2** faire un paquet de

sa·men·drom·men [samə(n)drɔmə(n)] *vi (dromde samen, i. samengedromd)* se masser

sa·men·druk·ken [samə(n)drʌkə(n)] *vt (drukte samen, h. samengedrukt)* **1** serrer **2** comprimer

sa·men·gaan [samə(n)χan] *vi (ging samen, i. samengegaan)* **1** aller de pair **2** s'accorder (avec); **niet ~ met** être incompatible avec

sa·men·ge·steld [samə(n)χəstɛlt] *adj* composé

sa·men·hang [samə(n)hɑŋ] *nm* **1** cohérence **2** contexte **3** lien; **de ~ van de gebeurtenissen** la relation entre les évènements; **iets in ~ zien met** considérer qqch en fonction de **4** *(phys.)* cohésion

sa·men·han·gen [samə(n)hɑŋə(n)] *vi (hing samen, h. samengehangen)* être lié (à); **~d met** en liaison avec

sa·men·han·gend [samə(n)hɑŋənt] *adj, adv* (d'une façon) cohérent(e)

sa·men·hok·ken [samə(n)hɔkə(n)] *vi (hokte samen, h. samengehokt)* **1** vivre les uns sur les autres **2** vivre à la colle

sa·men·klank [samə(n)klɑŋk] *nm* harmonie

sa·men·klem·men [samə(n)klɛmə(n)] *vt (klemde samen, h. samengeklemd)* serrer

sa·men·klin·ken [samə(n)klɪŋkə(n)] *vi (klonk samen, h. samengeklonken)* **1** retentir ensemble **2** s'harmoniser

sa·men·klon·te·ren [samə(n)klɔntərə(n)] *vi (klonterde samen, i. samengeklonterd)* s'agglutiner

sa·men·knij·pen [samə(n)knɛipə(n)] *vt (kneep samen, h. samengeknepen)* **1** presser **2** pincer **3** plisser *(yeux)*

sa·men·ko·men [samə(n)komə(n)] *vi (kwam samen, i. samengekomen)* **1** se rencontrer **2** converger

sa·men·komst [samə(n)kɔmst] *nf (-en)* **1** rencontre **2** réunion

sa·men·le·ving [samə(n)levɪŋ] *nf* **1** société **2** vie en commun

sa·men·loop [samə(n)lop] *nm* **1** coïncidence; **een ~ van omstandigheden** un concours de circonstances **2** jonction **3** rencontre **4** affluence

sa·men·lo·pen [samə(n)lopə(n)] *vi (liep samen, i. samengelopen)* **1** converger **2** confluer **3** affluer **4** concourir

[1]**sa·men·pak·ken** [samə(n)pakə(n)] *vt (pakte samen, h. samengepakt)* faire un paquet de

[2]**sa·men·pak·ken, zich** [samə(n)pakə(n)] *vpr (pakte zich samen, h. zich samengepakt)* s'amonceler

sa·men·per·sen [samə(n)pɛrsə(n)] *vt (perste samen, h. samengeperst)* comprimer

sa·men·raap·sel [samə(n)rapsəl] *het (-s) (péj.)* **1** ramassis **2** bric-à-brac

sa·men·roe·pen [samə(n)rupə(n)] *vt (riep samen, h. samengeroepen)* convoquer

sa·men·scho·len [samə(n)sχolə(n)] *vi (schoolde samen, h./i. samengeschoold)* s'attrouper

[1]**sa·men·smel·ten** [samə(n)smɛltə(n)] *vi (smolt samen, i. samengesmolten)* **1** fondre **2** *(fig.)* s'unir

[2]**sa·men·smel·ten** [samə(n)smɛltə(n)] *vt (smolt samen, h. samengesmolten)* (faire) fondre (ensemble)

sa·men·span·nen [samə(n)spanə(n)] *vi (spande samen, h./i. samengespannen)* → **samenzweren**

sa·men·spel [samə(n)spɛl] *het* jeu d'ensemble; *(fig.)* **het ~ tussen twee organisaties** la collaboration entre deux organisations

sa·men|spraak [samə(n)sprak] *de (-spraken)* dialogue

sa·men·stel [samə(n)stɛl] *het* système

sa·men·stel·len [samə(n)stɛlə(n)] *vt (stelde samen, h. samengesteld)* **1** composer; **een machine ~** construire une machine; **samengesteld zijn uit** se composer de **2** rédiger

sa·men·stel·ling [samə(n)stɛlɪŋ] *nf (-en)* **1** composition *(action, manière)* **2** rédaction *(d'un texte)* **3** *(ling.)* composé

sa·men·stro·men [samə(n)stromə(n)] *vi (stroomde samen, i. samengestroomd)* **1** affluer **2** confluer

[1]**sa·men·trek·ken** [samə(n)trɛkə(n)] *vt (trok samen, h. samengetrokken)* **1** (res)serrer **2** *(milit.)* concentrer ♦ *(ling.)* **twee lettergrepen ~** contracter deux syllabes

[2]**sa·men·trek·ken** [samə(n)trɛkə(n)] *vi (trok samen, i. samengetrokken)* se contracter

sa·men·trek·king [samə(n)trɛkɪŋ] *nf (-en)* contraction *(tous les sens)*

sa·men·val·len [samə(n)valə(n)] *vi (viel samen, i. samengevallen)* **1** se confondre **2** converger **3** coïncider (avec); **die twee feesten vielen samen** ces deux fêtes tombaient le même jour

sa·men·vat·ten [samə(n)vatə(n)] *vt (vatte samen, h. samengevat)* résumer

sa·men·vloei·en [samə(n)vlujə(n)] *vi (vloeide samen, i. samengevloeid)* **1** confluer **2** se confondre

sa·men·voe·gen [samə(n)vuχə(n)] *vt (voegde samen, h. samengevoegd)* **1** (ré)unir **2** fusionner

sa·men·vou·wen [samə(n)vauwə(n)] *vt (vouwde samen, h. samengevouwen)* plier; **de handen ~** joindre les mains

sa·men·wer·ken [samə(n)wɛrkə(n)] *vi (werkte samen, h. samengewerkt)* **1** collaborer **2** concourir

sa·men·wer·king [samə(n)wɛrkɪŋ] *nf* collaboration

sa·men·wer·kings·ver·band [samə(n)wɛrkɪŋsfərbant] *het (-en)* **1** accord de coopération **2** groupement

sa·men·wo·nen [samə(n)wonə(n)] *vi (woonde samen, h. samengewoond)* **1** cohabiter *(couple)* **2** habiter ensemble

sa·men·zijn [samə(n)zɛin] *het* réunion; **een gezellig ~** ± une réunion intime

sa·men·zwe·ren [samə(n)zwerə(n)] *vi (zwoer samen, h. samengezworen)* comploter (contre); *(fig.)* **alles schijnt wel tegen mij samen te zweren** tout semble conspirer à mon malheur

sa·men·zwe·ring [samə(n)zwerɪŋ] *nf (-en)* **1** conspiration **2** complot

sam·sam [samsam] *adv (fam.)* moitié-moitié

sanc·tie [saŋksi] *nf (-s)* sanction; **~s opleggen** imposer des sanctions

sand·wich [sɛntwɪtʃ, [B]santwɪʃ] *nm (-es) (Belg.)* petit pain

sa·ne·ren [sanerə(n)] *vt (saneerde, h. gesaneerd)* **1** ± restaurer *(dentition)* **2** assainir *(finances)* **3** réhabiliter *(maisons)*

sa·ni·tair [sanitɛ:r] *adj* ♦ **een ~e stop (maken)** (faire) un arrêt-pipi

San Ma·ri·nees [sanmarines] *adj* saint-marinais; **de ~, San Marinese** le, la Saint-Marinais(e)

San Ma·ri·no [sanmarino] *het* Saint-Marin

San·skriet [sanskrit] *het* sanscrit; **dat is ~ voor hem** pour lui, c'est du chinois

sant [sant] *nm (-en)* ♦ *(Belg.) (prov)* **niemand is ~ in eigen land** nul n'est prophète en son pays

sap [sap] *het (-pen)* jus

sap·je [sapjə] *het (-s)* jus de fruits

sap·pig [sapəχ] *adj* **1** juteux; **~ vlees** de la viande très tendre **2** truculent; **iets ~ vertellen** faire le récit savoureux de qqch

sar·cast [sarkast] *nm (-en)* personne sarcastique

Sar·di·nië [sardinijə] *nf* Sardaigne

sar·ren [sarə(n)] *vt (sarde, h. gesard)* faire enrager

sas [sas] *het* ♦ **(niet) in zijn ~ zijn** (ne pas) avoir le sourire

sa·tans [satans] *adj, adv* démoniaque, diablement
sa·té [sate] *de* brochette *(avec de la viande à l'indonésienne)*
sa·ter [satər] *nm (-s)* satyre
sa·té|saus [satesaus] *de (-sauzen)* sauce aux cacahuètes
sa·tijn [satɛin] *het (-en)* satin; **zo zacht als ~** doux comme de la soie
Sa·tur·nus [satʌrnʌs] *nm* Saturne
sau|cijs [sausɛis] *de (-cijzen)* saucisse
sau·cij·zen·brood·je [sausɛizə(n)brocə] *het (-s)* friand *(à la viande)*
Sa·u·di-Ara·bië [saudiarabijə] *het* Arabie saoudite
Sa·u|di·ër [saudijər] *nm (-s),* **-dische** *nf (-n)* Saoudien, -ienne
Sa·u·disch [saudis] *adj* saoudien
saus [saus] *de (sauzen)* sauce
[1]**sau·zen** [sauzə(n)] *vt (sausde, h. gesausd)* badigeonner
[2]**sau·zen** [sauzə(n)] *vb impers (sausde, h. gesausd)* pleuvoir à verse
sa·vooie|kool [savojəkol, [B]savojkol] *de (-kolen)* chou de Milan
sax [saks] *nm (-en) (mus.)* saxo
sca·la [skala] *de (-'s)* gamme
scan [skɛn, [B]skan] *nm (-s) (méd.)* scanner
Scan·di·na|vi·ër [skandinavijər] *nm (-s),* **-vische** *nf (-n)* Scandinave
scene [si:n] *de* monde
scep·sis [sɛpsɪs, skɛpsɪs] *nf* scepticisme
scep·ter [sɛptər, skɛptər] *nm (-s)* sceptre; *(fig.)* **de ~ zwaaien** tenir le sceptre
schaaf [sχaf] *de (schaven)* **1** rabot **2** râpe
schaaf·wond [sχafwɔnt] *de (-en)* écorchure
[1]**schaak** [sχak] *het* (jeu d')échecs
[2]**schaak** [sχak] *adj* échec; *(fig.)* **iemand ~ zetten** tenir qqn en échec
[3]**schaak** [sχak] *interj* échec (au roi) !
***schaak-** [sχak-] d'échecs; **het schaakstuk** la pièce d'échecs
schaak·bord [sχagbɔrt] *het (-en)* échiquier
schaak·mat [sχakmat] *adj* échec et mat; *(fig.)* **iemand ~ zetten** coincer qqn
schaal [sχal] *de (schalen)* **1** échelle; *(fig.)* **op bescheiden ~** modestement; *(fig.)* **op ruime ~** largement **2** plat *(récipient)* **3** coque *(coquille)* **4** *(zool.)* carapace ♦ **de ~ slaat door** la balance penche *(aussi au fig.)*
schaal·dier [sχaldir] *het (-en)* crustacé
schaal·ver·de·ling [sχalvərdelɪŋ] *nf (-en)* graduation
schaam|deel [sχamdel] *het (-delen)* sexe
schaam|haar [sχamhar] *het (-haren)* poils du pubis
schaam·lip·pen [sχamlɪpə(n)] *plur* lèvres de la vulve
schaam·rood [sχamrot] *het* rouge de la honte; *(iron.)* **met het ~ op de kaken moet ik bekennen dat …** à ma grande honte, je dois avouer que …
schaam·te [sχamtə] *nf* honte; **alle ~ afgelegd hebben** avoir perdu toute réserve; **geen ~ kennen** être effronté; **plaatsvervangende ~ voelen** avoir honte pour qqn; **van ~ door de grond gaan** mourir de honte
schaam·te|loos [sχamtəlos] *adj, adv (-lozer, -loost)* (d'une manière) éhonté(e); **schaamteloze taal** propos impudents
schaam·te·loos·heid [sχamtəloshɛit] *nf* effronterie
schaap [sχap] *het (schapen)* **1** mouton; **zijn ~jes op het droge hebben** *(fig.)* avoir du foin dans ses bottes; *(prov)* **er gaan veel makke schapen in een hok** à doux moutons bon parcage; *(fig.)* **de schapen van de bokken scheiden** ne pas mélanger les torchons et les serviettes; **het verloren ~** la brebis égarée; *(fig.)* **het zwarte ~ zijn** être la brebis galeuse; *(prov)* **als er één ~ over de dam is, volgen er meer** un mouton en suit un autre **2** ouailles **3** nigaud, -aude ♦ **arm ~!** pauvre chat(te) !
schaap·ach·tig [sχapaχtəχ] *adj, adv* (d'un air) niais; **iemand ~ aankijken** regarder qqn d'un air stupide; **er ~ bij staan kijken** rester tout sot
schaar [sχar] *de (scharen)* **1** (paire de) ciseaux; **de ~ in iets zetten** commencer à couper qqch **2** pince
schaars [sχars] *adj, adv* **1** rare **2** pauvre(ment); **~ beloond worden** être chichement récompensé; **~ verlicht** mal éclairé
schaars·te [sχarstə] *nf* pénurie; **de ~ aan levensmiddelen** le manque de produits alimentaires
schaats [sχats] *de (-en)* patin; *(fig.)* **een scheve ~ rijden** se comporter d'une façon incongrue
schaat·sen [sχatsə(n)] *vi (schaatste, h. geschaatst),* **schaatsenrijden** *vb* patiner
schacht [sχaχt] *de (-en)* **1** puits **2** cage **3** *(Belg.; fam.)* bleu *(bizut; novice)*
scha·de [sχadə] *de (-n)* **1** dommage; **~ berokkenen aan** porter préjudice à; **zijn ~ inhalen** se rattraper; **hij is door ~ en schande wijs geworden** l'expérience l'a rendu sage; *(prov)* **door ~ en schande wordt men wijs** dommage rend sage; **iemand ~ toebrengen** nuire à qqn; **iets tot zijn ~ ondervinden** faire la triste expérience de qqch **2** dégât; *(fam.; iron.)* **hoeveel is de ~?** combien ça coûte ?; **de ~ opmaken** faire l'inventaire des dégâts; **~ opnemen** faire une expertise; **~ aan iets toebrengen** endommager qqch; **wij zijn er zonder ~ afgekomen** nous en sommes sortis indemnes
scha·de·lijk [sχadələk] *adj, adv* **1** (d'une manière) nuisible; **~ zijn voor** nuire à **2** désavantageux, désavantageusement
scha·de·loos [sχadəlos] *adj, adv* **1** intact **2** inoffensif **3** indemne
scha·de·loos·stel·len [sχadəlostɛlə(n)] *vt (stelde schadeloos, h. schadeloosgesteld)* dédommager

scha·den [sχadə(n)] *vti (schaadde, h. geschaad)* nuire à
scha·duw [sχadyw] *de (-en)* ombre; *(fig.)* **niet in iemands ~ kunnen staan** ne pas arriver à la cheville de qqn
scha·du·wen [sχadywə(n)] *vt (schaduwde, h. geschaduwd)* **1** filer **2** *(sports)* marquer
scha·duw·ka·bi·net [sχadywkabinɛt] *het (-ten)* gouvernement fantôme
scha·duw·kant [sχadywkɑnt] *nm (-en)* → **schaduwzijde**
scha·duw·re·ge·ring [sχadywrəχerɪŋ] *nf (-en)* → **schaduwkabinet**
scha·duw·rijk [sχadywrɛik] *adj* **1** qui donne beaucoup d'ombre **2** ombragé
scha·duw·ver·kie·zin·gen [sχadywvərkizɪŋə(n)] *plur* élections simulées
scha·duw·zij·de [sχadywzɛidə] *de (-n)* **1** côté situé à l'ombre **2** *(fig.)* envers; **die zaak heeft een ~** le revers de la médaille dans cette affaire, c'est …
schaf·ten [sχɑftə(n)] *vi (schaftte, h. geschaft)* casser la croûte ♦ *(fam.)* **ik wil niets met hem te ~ hebben** je ne veux rien avoir à faire avec lui
scha·kel [sχakəl] *de (-s)* maillon
scha·ke·laar [sχakəlar] *nm (-s)* interrupteur
scha·ke·len [sχakələ(n)] *vti (schakelde, h. geschakeld)* **1** enchaîner **2** *(électricité)* connecter **3** passer ses vitesses
[1]**scha·ken** [sχakə(n)] *vi (schaakte, h. geschaakt)* jouer aux échecs
[2]**scha·ken** [sχakə(n)] *vt (schaakte, h. geschaakt)* ravir
scha·ke·ren [sχakerə(n)] *vt (schakeerde, h. geschakeerd)* **1** varier les couleurs de **2** varier
scha·ke·ring [sχakerɪŋ] *nf (-en)* **1** agencement de couleurs différentes **2** variété de couleurs **3** nuances **4** diversité
scha·lie [sχali] *nf (-s)* **1** *(géo.)* schiste **2** *(Belg.)* ardoise
scha·lie·gas [sχaliχɑs] *het* gaz de schiste
schalks [sχɑlks] *adj, adv* malicieux, malicieusement
schal·len [sχɑlə(n)] *vi (schalde, h. geschald)* retentir
scha·mel [sχaməl] *adj, adv* **1** pauvre(ment) **2** pitoyable(ment)
scha·men, zich [sχamə(n)] *vpr (schaamde zich, h. zich geschaamd)* avoir honte; **zich dood ~** mourir de honte; **foei, schaam je om zoiets te zeggen** tu n'as pas honte de dire une chose pareille ?
scham·pen [sχɑmpə(n)] *vi (schampte, i. geschampt)* érafler *(v.trans.)*
scham|per [sχɑmpər] *adj, adv (-perder, -perst)* narquois(ement)
schan|daal [sχɑndal] *het (-dalen)* scandale; **zijn gedrag is een ~** son comportement est scandaleux
schan·da·lig [sχɑndaləχ] *adj, adv* scandaleux, scandaleusement
schan·de [sχɑndə] *de* **1** honte; **iemand te ~ maken** faire honte à qqn **2** scandale; **~ van iets spreken** crier au scandale à propos de qqch
schan·de·lijk [sχɑndələk] *adj, adv* scandaleux, scandaleusement; **een ~e leugen** un mensonge éhonté; **een kind ~ verwennen** pourrir un enfant
schand|paal [sχɑntpal] *nm (-palen)* pilori
schans [sχɑns] *de (-en)* **1** fortification **2** *(ski)* tremplin
schap [sχɑp] *het/de (-pen)* étagère
schap·pe·lijk [sχɑpələk] *adj, adv* raisonnable(ment)
scha·re [sχarə] *de (-n) (form.)* armée
scha·ren [sχarə(n)] *vt (schaarde, h. geschaard)* ranger; **ze stonden om hem heen geschaard** ils s'étaient réunis autour de lui
schar·la·ken [sχɑrlakə(n)] *adj* écarlate
schar·min·kel [sχɑrmɪŋkəl] *het/de (-s)* **1** squelette *(personne maigre)* **2** pauvre bête
schar·nier [sχɑrnir] *het (-en)* charnière
schar·rel [sχɑrəl] *nm (-s) (fam.)* flirt; **aan de ~ zijn** courir les filles, les garçons
schar·re·laar [sχɑrəlar] *nm (-s)* **1** bricoleur *(personne qui gagne sa vie en faisant toutes sortes de petites besognes)* **2** coureur
schar·re·len [sχɑrələ(n)] *vti (scharrelde, h. gescharreld)* **1** *(+ in)* bricoler *(en faisant toutes sortes de petites besognes)* **2** *(+ met)* flirter (avec) ♦ **wat geld bij elkaar ~** gratter quelques sous; **hij scharrelt de hele dag in de tuin** il travaillote toute la journée dans le jardin
schar·rel·kip [sχɑrəlkɪp] *nf (-pen)* poulet élevé au sol
schat [sχɑt] *nm (-ten)* **1** trésor; **een ~ aan gegevens** quantité de renseignements **2** fortune; **~ten aan iets verdienen** faire des affaires d'or **3** chéri, -ie; **lieve ~** mon chéri; **een ~ van een vrouw** un amour de femme
scha·te·ren [sχatərə(n)] *vi (schaterde, h. geschaterd)* rire aux éclats; **~ van het lachen** pousser des éclats de rire
scha·ter·lach [sχatərlɑχ] *nm* éclat de rire
schat·kist [sχɑtkɪst] *de (-en)* **1** coffre **2** Trésor *(administration)*
schat·rijk [sχɑtrɛik] *adj* richissime
schat·te·bout [sχɑtəbaut] *nm (-en) (fam.)* → **schat 3**
schat·ten [sχɑtə(n)] *vt (schatte, h. geschat)* **1** évaluer; **hoe oud schat je hem?** quel âge lui donnes-tu ? **2** estimer
schat·tig [sχɑtəχ] *adj, adv* adorable, d'une manière exquise
schat·ting [sχɑtɪŋ] *nf (-en)* évaluation; **naar ~** d'après les estimations
scha·ven [sχavə(n)] *vt (schaafde, h. geschaafd)* **1** raboter **2** *(fig.)* perfectionner; **aan die jongen valt nog heel wat te ~** ce garçon est encore mal dégrossi **3** écorcher
scha·vot [sχavɔt] *het (-ten)* échafaud

scha·vuit [sχavœyt] *nm (-en)* coquin, -ine
sche·de [sχedə] *de (-n, -s)* **1** étui **2** vagin
sche·del [sχedəl] *nm (-s)* crâne; *(fig.)* **een harde ~ hebben** avoir la tête dure
scheed [sχet] → **uitscheiden**
scheef [sχef] *adj, adv (schever, scheefst)* **1** oblique(ment); **scheve hoeken** angles qui ne sont pas droits; **een kopje ~ houden** tenir une tasse inclinée; **iets ~ snijden** ne pas couper droit qqch; **de tafel staat ~** la table n'est pas d'aplomb **2** tordu, de travers **3** faux, mal; **de zaak gaat ~** l'affaire tourne mal; **dat geeft een scheve verhouding** cela fausse les proportions
scheef·lo·pen [sχeflopə(n)] *vi (liep scheef, h. scheefgelopen)* ♦ **dat loopt scheef** ça va tourner mal
[1]**scheef·trek·ken** [sχeftrɛkə(n)] *vt (trok scheef, h. scheefgetrokken)* **1** déformer **2** *(fig.)* fausser
[2]**scheef·trek·ken** [sχeftrɛkə(n)] *vi (trok scheef, h. scheefgetrokken)* se gauchir
scheel [sχel] *adj, adv (scheler, scheelst)* affecté de strabisme; **hij ziet ~** il louche
[1]**scheen** [sχen], **schenen** → **schijnen, toeschijnen**
[2]**scheen** [sχen], **scheenbeen** *de (-benen)* tibia; **iemand tegen de schenen schoppen** envoyer à qqn des coups de pied dans les tibias; *(fig.)* tirer dans les jambes de qqn
scheeps·bouw [sχepsbɑu] *nm* construction navale
scheeps·ramp [sχepsrɑmp] *de (-en)* catastrophe maritime
scheeps·recht [sχepsrɛχt] *het* droit maritime; *(prov)* **driemaal is ~** jamais deux sans trois
scheeps|werf [sχepswɛrf] *de (-werven)* chantier naval
scheep·vaart [sχepfart] *de* navigation
*__scheer-__ [sχer-] à raser
scheer·ap·pa|raat [sχerɑparat] *het (-raten)* rasoir électrique
scheer·lings [sχerlɪŋs] *adv (Belg.)* ♦ **~ langsgaan** frôler; **hij liep mij ~ voorbij** il me dépassa en me frôlant
scheer·mes [sχermɛs] *het (-sen)* rasoir à main
scheer·mes·je [sχermɛʃə] *het (-s)* lame de rasoir
scheer·schuim [sχersχœym] *het* mousse à raser
scheer·wol [sχerwɔl] *de* laine vierge
[1]**scheet** [sχet], **scheten** → **schijten, uitschijten**
[2]**scheet** [sχet] *nm (scheten) (fam.)* **1** pet; *(fig.)* **om een ~ lachen** rire pour un rien; **een ~ laten** péter **2** *(terme d'affection)* bouchon ♦ **een ~ van een kind** un enfant mignon, à croquer
[1]**schei·den** [sχɛidə(n)] *vt (scheidde, h. gescheiden)* **1** séparer; **twee begrippen van elkaar ~** distinguer une notion d'une autre; **een kamer door schotten in tweeën ~** diviser une pièce en deux par des cloisons; **die begrippen zijn niet scherp van elkaar te ~** ces deux notions sont difficilement dissociables **2** prononcer le divorce de; **zich laten ~** divorcer
[2]**schei·den** [sχɛidə(n)] *vi (scheidde, i. gescheiden)* **1** *(+ van)* se séparer (de) **2** *(+ van)* divorcer (d'avec qqn)
schei·ding [sχɛidɪŋ] *nf (-en)* **1** séparation; **de ~ tussen de standen** la séparation des classes sociales **2** divorce; *(fam.)* **in ~ liggen** être en instance de divorce; **~ van tafel en bed** séparation de corps **3** raie *(des cheveux)*
schei·dings·wand [sχɛidɪŋswɑnt] *nm (-en)* cloison
scheids·rech·ter [sχɛitsrɛχtər] *nm (-s)* arbitre
schei·kun·de [sχɛikʌndə] *nf* chimie
schei·kun·dig [sχɛikʌndəχ] *adj, adv* chimique(ment); **de ~e** le, la chimiste
[1]**schel** [sχɛl] *de (-len)* ♦ **de ~len zijn hem van de ogen gevallen** les écailles lui sont tombées des yeux
[2]**schel** [sχɛl] *adj, adv* **1** aigu **2** cru, crûment; **het licht is ~** la lumière est aveuglante
Schel·de [sχɛldə] *nf* Escaut
schel·den [sχɛldə(n)] *vi (schold, h. gescholden)* **1** jurer (contre); **~ en tieren** jurer et tempêter; **~ doet geen zeer (slaan zoveel te meer)** les cris font moins mal que les coups **2** pester (contre)
scheld|naam [sχɛltnam] *nm (-namen)* injure
scheld·par·tij [sχɛltpɑrtɛi] *nf (-en)* prise de bec
scheld·woord [sχɛltwort] *het (-en)* insulte
sche·le [sχelə] *nm (-n)* bigleux, -euse
sche·len [sχelə(n)] *vi (scheelde, h. gescheeld)* **1** faire une différence; **dat scheelt!** ah mais ça change tout !; **zij scheelt een hoofd met hem** elle a une tête de plus que lui, elle a une tête de moins que lui; **zij ~ niet veel in leeftijd** il n'y a pas une grande différence d'âge entre eux; **het scheelt weinig** ça ne fait pas une grande différence **2** importer (à qqn); **het kan mij niets ~** je m'en fiche; **het kan mij weinig ~** peu m'importe **3** manquer; **het scheelde niet veel (maar weinig) of ik was gekomen** j'ai (bien) failli venir; **dat scheelt maar weinig** il s'en faut de peu **4** ne pas aller; **wat scheelt er aan dat boek?** qu'est-ce que tu lui reproches, à ce livre ?; **er scheelt altijd iets aan (bij hem)** il n'est jamais content; **wat scheelt je?** il y a quelque chose qui ne va pas ?
schelm [sχɛlm] *nm (-en)* **1** gredin **2** garnement
schel·men·ro·man [sχɛlmə(n)roman] *nm (-s)* roman picaresque
schelp [sχɛlp] *de (-en)* **1** coquille **2** pavillon *(de l'oreille)*
schelp·die·ren [sχɛlbdirə(n)] *plur* coquillages
schelp·vor·mig [sχɛlpfɔrməχ] *adj* en forme de coquille

schel·vis [sχɛlvɪs] *nm (-sen)* aiglefin
sche·ma [sχe̲ma] *het (-'s)* **1** schéma; **volgens ~ te werk gaan** programmer ses activités; **alles verliep volgens ~** tout s'est déroulé comme prévu **2** programme; **op ~ liggen** ne pas avoir de retard sur le planning; **we liggen weer op ~** nous avons rattrapé le temps perdu
sche·mer [sχe̲mər] *nm,* **schemerdonker** *het,* **schemerduister** *het* → **schemering**
sche·me·ren [sχe̲mərə(n)] *vi (schemerde, h. geschemerd)* commencer à faire jour, nuit; **het schemert al** le soir tombe; **het schemert nog** il ne fait pas encore tout à fait jour ♦ *(fig.)* **er schemerde iets van door haar verhaal heen** on en percevait des traces dans son récit
sche·me·rig [sχe̲mərəχ] *adj, adv* **1** crépusculaire; **een ~ licht** *(le jour)* une lumière crépusculaire; *(la lumière en général)* une lumière voilée; **het wordt al ~** le soir tombe **2** plongé dans la pénombre
sche·me·ring [sχe̲mərɪŋ] *nf (-en)* crépuscule; **in de ~** au crépuscule, à l'aube, dans la pénombre; **de ~ valt** le jour baisse
sche·mer·lamp [sχe̲mərlɑmp] *de (-en)* lampe d'ambiance
sche·mer·licht [sχe̲mərlɪχt] *het* → **schemering**
sche·mer·toe·stand [sχe̲mərtustɑnt] *nm (-en)* état second
schen·den [sχɛndə(n)] *vt (schond, h. geschonden)* **1** mutiler **2** porter atteinte à; **iemands goede naam ~** ternir la réputation de qqn **3** violer; **de mensenrechten ~** violer les droits de l'homme
schen·ken [sχɛŋkə(n)] *vt (schonk, h. geschonken)* **1** verser *(d'un récipient);* **de kopjes halfvol ~** remplir les tasses à moitié **2** servir **3** offrir; **iemand kinderen ~** donner des enfants à qqn **4** accorder **5** faire grâce de
schen·king [sχɛŋkɪŋ] *nf (-en)* don
schen·nis [sχɛnɪs] *nf* violation; **~ plegen** violer
[1]**schep** [sχɛp] *de (-pen)* pelle
[2]**schep** [sχɛp] *nm (-pen)* **1** cuillère **2** pelletée **3** *(fam.; sans prép.)* tas
sche·pen [sχe̲pə(n)] *nm (-en) (Belg.)* échevin *(Belg.)*
schep·ijs [sχɛpɛis] *het* glace en boules
schep·je [sχɛpjə] *het (-s)* ♦ *(fam., fig.)* **er een ~ boven op doen** accélérer, renchérir, en remettre
[1]**schep·pen** [sχɛpə(n)] *vt (schiep, h. geschapen)* créer
[2]**schep·pen** [sχɛpə(n)] *vt (schepte, h. geschept)* **1** prendre; **een voetganger ~** faucher un piéton **2** puiser; **aardappelen in een zak ~** mettre des pommes de terre dans un sac *(à l'aide d'une pelle);* **groente op een bord ~** mettre des légumes dans une assiette *(à la cuillère);* **een kruiwagen vol ~** remplir une brouette *(à l'aide d'une pelle)*
schep·per [sχɛpər] *nm (-s),* **schepster** *nf (-s)* créateur, -trice
schep·ping [sχɛpɪŋ] *nf (-en)* création
schep·sel [sχɛpsəl] *het (-en, -s)* créature
[1]**sche·ren** [sχe̲rə(n)] *vt (schoor, h. geschoren)* **1** raser; **zich glad ~** se raser de près **2** tondre
[2]**sche·ren** [sχe̲rə(n)] *vi (schoor, h. geschoren)* raser; **~ langs iets** effleurer qqch; **het vliegtuig scheerde over de huizen** l'avion volait en rase-mottes au-dessus des maisons
scherf [sχɛrf] *de (scherven)* éclat; **scherven brengen geluk** ± à quelque chose malheur est bon; **in scherven vallen** tomber en morceaux
sche·ring [sχe̲rɪŋ] *nf (-en)* ♦ **dat is ~ en inslag** c'est monnaie courante
scherm [sχɛrm] *het (-en)* **1** écran **2** rideau; **achter de ~en blijven** rester dans la coulisse *(aussi au fig.)*
***scherm-** [sχɛrm-] *(sports)* d'escrime
scherm·af·beel·ding [sχɛ̲rmɑvbeldɪŋ] *nf (-en) (inform.)* capture d'écran
scher·men [sχɛ̲rmə(n)] *vi (schermde, h. geschermd)* **1** faire de l'escrime **2** *(+ met)* agiter (qqch) ♦ *(fig.)* **met iets ~** faire grand cas de qqch
scher·mut·se·ling [sχɛrmʌtsəlɪŋ] *nf (-en)* accrochage
[1]**scherp** [sχɛrp] *het* **1** tranchant; *(fig.)* **op het ~ van de snede** sur le fil du rasoir **2** balles *(projectile);* **op ~ staan** être armé *(arme à feu),* être sur la détente
[2]**scherp** [sχɛrp] *adj, adv* **1** aigu **2** pointu; **~e doorns** épines piquantes; **~e trekken** traits en lame de couteau **3** piquant *(goût);* **~e mosterd** moutarde forte **4** brusque, extrêmement **5** mordant, avec virulence; **een ~e daling van de koersen** une chute des cours; **~ gekant zijn tegen** être fortement hostile à; **~ reageren** réagir avec véhémence **6** net, avec netteté **7** fin(ement); **~ horen** avoir l'oreille fine; **~ luisteren** tendre l'oreille **8** sévère(ment) **9** serré; **~ concurreren** faire une concurrence acharnée; **een bocht ~ nemen** prendre un virage à la corde **10** à balles *(projectiles)* ♦ **dat houdt je ~** cela t'empêchera de t'endormir; **~ op iets zijn** être très attentif à qqch
scher·pen [sχɛ̲rpə(n)] *vt (scherpte, h. gescherpt)* aiguiser *(aussi au fig.)*
scher·per [sχɛ̲rpər] *nm (-s) (Belg.)* taille-crayon
scherp|heid [sχɛ̲rphɛit] *nf (-heden)* → **scherpte**
scherp·om·lijnd [sχɛrpɔmlɛ̲int] *adj* à contours nets
scherp·schut·ter [sχɛ̲rpsχʌtər] *nm (-s)* tireur d'élite
scherp·te [sχɛ̲rptə] *nf (-n, -s)* **1** tranchant **2** acuité **3** âpreté **4** mordant **5** netteté **6** finesse **7** sévérité **8** rigueur
scherp·zin·nig [sχɛrpsɪ̲nəχ] *adj, adv* **1** pénétrant, avec finesse **2** subtil(ement)

scherts [sχεrts] *de* plaisanterie

schert·sen [sχεrtsə(n)] *vi (schertste, h. geschertst)* **1** plaisanter **2** *(+ met)* se moquer (de)

schert·send [sχεrtsənt] *adj, adv* badin, pour rire; **~ antwoorden** répondre en riant

scherts·ver·to·ning [sχεrtsfərtonɪŋ] *nf (-en)* comédie

schets [sχεts] *de (-en)* **1** esquisse **2** aperçu; **een ruwe ~** une ébauche

schets·blok [sχεtsblɔk] *het* carnet de croquis

schet·sen [sχεtsə(n)] *vt (schetste, h. geschetst)* esquisser; **een beeld van de situatie ~** brosser un tableau de la situation; **iets in grote lijnen ~** esquisser qqch *(aussi au fig.)*

schet·te·ren [sχεtərə(n)] *vi (schetterde, h. geschetterd)* claironner; **hij loopt altijd te ~** c'est un braillard

scheur [sχør] *de (-en)* **1** crevasse; **een ~ in het hout** une fente dans le bois; **het schilderwerk vertoont kleine ~tjes** la peinture se fendille **2** déchirure; **een ~ in zijn jas krijgen** déchirer son manteau **3** *(fam.)* gueule; **zijn ~ opentrekken** ouvrir une grande gueule

scheur·buik [sχørbœyk] *het/de (méd.)* scorbut

[1]**scheu·ren** [sχørə(n)] *vt (scheurde, h. gescheurd)* **1** déchirer; **een plaat van de muur ~** arracher une image du mur **2** arracher **3** *(bot.)* multiplier par division

[2]**scheu·ren** [sχørə(n)] *vi (scheurde, h./i. gescheurd)* **1** se déchirer; **uit zijn jasje ~** craquer sa veste **2** se fissurer **3** *(fam.)* rouler plein gaz

scheur·ka·len·der [sχørkalεndər] *nm (-s)* calendrier à effeuiller

scheur·mand [sχørmɑnt] *de (-en) (Belg.)* corbeille à papier

scheut [sχøt] *nm (-en)* **1** *(méd.)* élancement; **een ~ van pijn** un élancement douloureux **2** *(bot.)* pousse **3** *(boissons alcoolisés)* coup (de), *(lait)* nuage (de)

scheu·tig [sχøtəχ] *adj* **1** *(+ met)* généreux; **niet ~ met iets** avare de qqch **2** empressé (à) ♦ *(Belg.)* **~ op iets zijn** être désireux de qqch

schich·tig [sχɪχtəχ] *adj, adv* peureux, peureusement; **~ worden** s'effaroucher

schie·lijk [sχilək] *adj, adv* précipité, précipitamment

schiep [sχip], **schiepen** → **scheppen**

schier [sχir] *adv (form.)* quasi

schier·ei·land [sχirεilɑnt] *het (-en)* presqu'île

***schiet-** [sχit-] de tir

[1]**schie·ten** [sχitə(n)] *vi (schoot, h./i. geschoten)* **1** tirer; *(fig.)* **niet geschoten is altijd mis** on peut toujours essayer; **een humeur om op te ~ hebben** être d'une humeur de chien; *(fig.)* **het is vrij ~ op hem** il est bombardé de critiques **2** faire du tir **3** *(plantes)* pousser **4** s'élancer; **door de voorruit ~** être projeté à travers le parebrise; **de pijn schiet door zijn been** des élancements lui traversent la jambe; **de prijzen ~ omhoog** les prix montent en flèche **5** *(+ laten)* lâcher; **laat hem ~** laisse-le partir, laisse-le tomber; *(fig.)* **iets laten ~** abandonner qqch **6** tomber **7** venir à l'esprit; **er schiet mij iets te binnen** qqch me revient, une idée me traverse l'esprit

[2]**schie·ten** [sχitə(n)] *vt (schoot, h. geschoten)* **1** tirer *(à l'aide de projectiles)*; **ik zou hem wel kunnen ~** je le tuerais; **iemand overhoop ~** abattre qqn **2** toucher *(en tirant)* ♦ **een huis plat ~** raser une maison

[3]**schie·ten** [sχitə(n)] *vti (schoot, h. geschoten) (sports)* tirer

schiet·ge·bed [sχitχəbεt] *het (-en)* courte prière *(en cas de détresse)*

schiet·par·tij [sχitpɑrtεi] *nf (-en)* fusillade

[1]**schif·ten** [sχɪftə(n)] *vt (schiftte, h. geschift)* trier

[2]**schif·ten** [sχɪftə(n)] *vi (schiftte, i. geschift)* tourner *(lait)*

schif·ting [sχɪftɪŋ] *nf (-en)* tri; *(Belg.; sports)* **de ~en** les éliminatoires

schif·tings|vraag [sχɪftɪŋsfraχ] *de (-vragen) (Belg.)* question subsidiaire

schijf [sχεif] *de (schijven)* **1** disque **2** *(cuis.)* tranche; **een ~je citroen** une rondelle de citron **3** cible

schijn [sχεin] *nm* **1** apparence; **het heeft er alle ~ van dat ...** tout porte à croire que; **~ bedriegt** il ne faut pas se fier aux apparences; **naar alle ~** selon toute apparence; **op de uiterlijke ~ afgaan** juger sur les apparences; **men moet zelfs de ~ vermijden** il ne faut même pas éveiller les soupçons; **voor de schone ~** pour la façade **2** lueur ♦ **je hebt geen ~ van kans** tu n'as pas la moindre chance

schijn·baar [sχεimbar] *adj, adv* **1** apparent, en apparence; **een ~ onverschillige houding** un air faussement indifférent **2** apparemment

schijn·be·we·ging [sχεimbəweχɪŋ] *nf (-en)* feinte

schij·nen [sχεinə(n)] *vi (scheen, h. geschenen)* **1** briller **2** transparaître **3** paraître; **het schijnt mij dat ...** il me semble que ...; **naar het schijnt** à ce qu'il paraît; **er schijnt iets mis te zijn** il semble y avoir un problème

schijn·hei·lig [sχεinhεiləχ] *adj, adv* hypocrite(ment); **met een ~ gezicht** hypocritement

schijn·hu·we·lijk [sχεinhywələk] *het (-en)* mariage blanc

schijn·op·los·sing [sχεinɔplɔsɪŋ] *nf (-en)* semblant de solution

schijn·sel [sχεinsəl] *het (-s)* lueur

schijn·tje [sχεincə] *het (-s)* soupçon; **ik kocht het voor een ~** je l'ai acheté pour une bouchée de pain

schijn·ver·to·ning [sχεinvərtonɪŋ] *nf (-en)* comédie

schijn·wer·per [sχεinwεrpər] *nm (-s)* pro-

jecteur; *(fig.)* **iemand in de ~s zetten** mettre pleins feux sur qqn
schijn·zwan·ger·schap [sχɛinzwɑŋərsχɑp] *nf (-pen)* grossesse nerveuse
schijt [sχɛit] *het/de (vulg.)* **1** merde **2** chiasse; **aan de ~ zijn** avoir la chiasse; *(fig.)* **ik heb er ~ aan** je m'en branle; *(fig.)* **ik heb ~ aan die mensen** je n'ai rien à cirer de ces gens
schij·ten [sχɛitə(n)] *vti (scheet, h. gescheten) (vulg.)* chier; *(fig.)* **op iets, iemand ~** se contrefoutre de qqch, de qqn
schij·terd [sχɛitərt] *nm (-s) (fam.)* trouillard
schij·te·rig [sχɛitərəχ] *adj, adv (fam.)* (de façon) trouillard(e)
schij·te·rij [sχɛitərɛi] *nf (fam.)* **1** chiasse **2** trouille
schik [sχɪk] *nm (fam.)* plaisir ♦ **ik ben ermee in mijn ~** j'en suis ravi
schik·go·din [sχɪkχodɪn] *nf (-nen)* Parque
[1]**schik·ken** [sχɪkə(n)] *vt (schikte, h. geschikt)* arranger
[2]**schik·ken, zich** [sχɪkə(n)] *vpr (schikte zich, h. zich geschikt)* **1** s'installer **2** *(+ naar)* s'accommoder (de); **zich naar iemand ~** s'adapter à qqn **3** *(+ in)* se résigner (à); **hij schikt zich in alles** il s'accommode de tout
[3]**schik·ken** [sχɪkə(n)] *vi (schikte, h. geschikt)* convenir
schik·king [sχɪkɪŋ] *nf (-en)* **1** arrangement; **een gerechtelijke ~** un règlement judiciaire; **een minnelijke ~ treffen** s'arranger à l'amiable; **de ~ van de figuren op een schilderij** la disposition des personnages d'un tableau; **tot een ~ komen** arriver à un accord **2** *(Belg.)* mesure
schil [sχɪl] *de (-len)* **1** peau, épluchures, *(d'un citron, melon etc.)* écorce **2** *(fig.)* entourage
schild [sχɪlt] *het (-en)* **1** bouclier **2** écu *(blason)* **3** panneau ♦ **iets in zijn ~ voeren** avoir des desseins secrets; **ik weet niet, wat hij in zijn ~ voert** je ne sais pas ce qu'il trafique; **het ~ van een schildpad** la carapace d'une tortue
schil|der [sχɪldər] *nm (-s)*, **-deres** *nf (-sen)* **1** peintre (en bâtiment(s)) **2** artiste peintre
schil·der·ach·tig [sχɪldərɑχtəχ] *adj, adv* (d'une manière) pittoresque
schil·de·ren [sχɪldərə(n)] *vti (schilderde, h. geschilderd)* **1** peindre; **iemand zwart ~** dire du mal de qqn **2** dépeindre
schil·de·rij [sχɪldərɛi] *het/de (-en)* tableau
schil·de·ring [sχɪldərɪŋ] *nf (-en)* peinture *(tableau)*
schil·der·kunst [sχɪldərkʌnst] *nf* peinture *(l'art)*
***schil·ders-** [sχɪldərs-] **1** de peintre; **een schildersatelier** un atelier de peintre **2** de peinture; **de schildersschool** l'école de peinture
schild·klier [sχɪltklir] *de (-en) (méd.)* thyroïde
schild|knaap [sχɪltknap] *nm (-knapen)* écuyer *(gentilhomme)*
schild·pad [sχɪltpɑt] *de (-den)* tortue
schild·wacht [sχɪltwɑχt] *nm (-en)* sentinelle
schil·fer [sχɪlfər] *nm (-s)* écaille *(parcelle qui se détache)*; **~s op het hoofd** pellicules
schil·fe·ren [sχɪlfərə(n)] *vi (schilferde, h./i. geschilferd)* **1** s'écailler **2** écailler
schil·len [sχɪlə(n)] *vt (schilde, h. geschild)* **1** éplucher; **appels ~** peler des pommes **2** décortiquer
schim [sχɪm] *de (-men)* ombre; **hij is geen ~ van zichzelf** il n'est plus que l'ombre de lui-même
schim·mel [sχɪməl] *nm (-s)* **1** moisissure **2** *(méd.)* mycose **3** *(zool.)* cheval blanc
schim·me·len [sχɪmələ(n)] *vi (schimmelde, i. geschimmeld)* (se) moisir
schim·mel|kaas [sχɪməlkas] *nm (-kazen)* fromage fermenté
schim·men·spel [sχɪmə(n)spɛl] *het* **1** théâtre d'ombres **2** fantasmagorie
schim·mig [sχɪməχ] *adj* fantomatique
schimp·scheut [sχɪmpsχøt] *nm (-en)* trait
schip [sχɪp] *het (schepen)* **1** bateau; **schoon ~ maken** faire place nette; **schoon ~ maken met iets** rejeter qqch, faire table rase de qqch; *(fig.)* **het ~ van staat** le char de l'État; *(fig.)* **zijn schepen achter zich verbranden** brûler les ponts derrière soi **2** *(archit.)* nef ♦ **in het ~ zitten** être coincé; **voor 1000 euro het ~ in gaan** en être de sa poche pour 1000 euros
schip·breuk [sχɪbrøk] *de (-en)* naufrage; **~ lijden** faire naufrage *(aussi au fig.)*
schip·per [sχɪpər] *nm (-s)* **1** commandant **2** batelier
schip·pe·ren [sχɪpərə(n)] *vi (schipperde, h. geschipperd)* biaiser; **je moet een beetje weten te ~** il faut savoir louvoyer un peu
schip·pers·trui [sχɪpərstrœy] *de (-en)* pull marin
schit·te·ren [sχɪtərə(n)] *vi (schitterde, h. geschitterd)* briller
schit·te·rend [sχɪtərənt] *adj, adv* brillant, brillamment; **een ~e prestatie** une action d'éclat; **~ zingen** chanter à ravir ♦ **~!** parfait !
schit·te·ring [sχɪtərɪŋ] *nf (-en)* éclat
schla·ger [ʃlagər] *nm (-s) (musique allemande ou de carnaval)* tube
schle·miel [ʃləmil] *nm (-en) (fam.)* **1** chiffe (molle) **2** déveinard, -arde
schmink [ʃmiŋk, Bʃmɪŋk] *nm* fard
schmin·ken [ʃmiŋkə(n), Bʃmɪŋkə(n)] *vt (schminkte, h. geschminkt)* grimer
schnab·bel [ʃnɑbəl] *nm (-s)* à-côté
schnit·zel [ʃnitsəl] *nm (-s)* escalope
schoei·sel [sχujsəl] *het* chaussure *(nom collectif)*
schoen [sχun] *nm (-en)* **1** chaussure; *(fig.)* **stevig in zijn ~en staan** être ferme sur ses étriers; *(fig.)* **iemand iets in de ~en schuiven** mettre qqch sur le dos de qqn; *(fig.)*

ik zou niet graag in zijn ~en willen staan je ne voudrais pas être dans sa peau; *(fig.)* op zijn laatste ~en lopen être à sec; met loden ~en à contrecœur; *(fig.)* naast zijn ~en lopen ne pas se moucher du pied; *(prov)* men moet geen oude ~en weggooien eer men nieuwe heeft ± il ne faut pas lâcher la proie pour l'ombre; *(prov)* wie de ~ past, trekke hem aan que celui à qui le bonnet fait, le mette; *(fig.)* de stoute ~en aantrekken prendre son courage à deux mains; *(fig.)* daar wringt bij u de ~ voilà où le bât vous blesse; *(pour les enfants)* de ~ zetten mettre son soulier dans la cheminée *(en attendant un cadeau de Saint-Nicolas)* **2** *(technol.)* patin

schoen|maat [sχumat] *de (-maten)* pointure

schoen·ma·ker [sχumakər] *nm (-s)* cordonnier; *(prov)* ~, blijf bij je leest (à) chacun son métier, les vaches seront bien gardées

schof·fe·len [sχɔfələ(n)] *vti (schoffelde, h. geschoffeld)* sarcler

schoft [sχɔft] *nm (-en)* salaud

schof·ten|streek [sχɔftə(n)strek] *de (-streken)* vacherie

schof·te·rig [sχɔftərəχ] *adj, adv* dégueulasse, comme un salaud

schok [sχɔk] *nm (-ken)* **1** choc; de ~ken van een aardbeving les secousses d'un tremblement de terre; er ging een ~ door hem heen il eut un soubresaut; met ~ken par à-coups **2** décharge **3** commotion

[1]**schok·ken** [sχɔkə(n)] *vi (schokte, h. geschokt)* **1** ballotter **2** cahoter ♦ het ~ van een motor la trépidation d'un moteur

[2]**schok·ken** [sχɔkə(n)] *vt (schokte, h. geschokt)* choquer; iemands vertrouwen ~ ébranler la confiance de qqn

schoks·ge·wijs [sχɔksχəwɛis] *adv* par à-coups

[1]**schol** [sχɔl] *nm (-len)* plie

[2]**schol** [sχɔl] *interj (Belg.)* à votre santé !

schold [sχɔlt], **scholden** → schelden, kwijtschelden, uitschelden

scho·len [sχolə(n)] *vt (schoolde, h. geschoold)* former

scho·len·ge·meen·schap [sχolə(n)χəmensχɑp] *nf (-pen)* groupe scolaire

scho|lier [sχolir] *nm (-en)*, **-liere** *nf (-s, -n)* **1** écolier, -ière **2** lycéen, -enne

scho·ling [sχolɪŋ] *nf* formation; een man met weinig ~ un homme peu instruit

schom·mel [sχɔməl] *de (-s)* balançoire

schom·me·len [sχɔmələ(n)] *vi (schommelde, h. geschommeld)* **1** balancer **2** se balancer **3** osciller; de prijzen ~ les prix fluctuent **4** bercer

schom·me·ling [sχɔməlɪŋ] *nf (-en)* oscillation

scho·ne [sχonə] *nf (-n)* beauté

schonk [sχɔŋk], **schonken** → schenken, volschenken, inschenken

schoof [sχof], **schoven** → schuiven, aanschuiven *(etc.)*

schooi·er [sχojər] *nm (-s)* **1** vagabond, -onde **2** va-nu-pieds **3** arsouille **4** mendiant, -ante

[1]**school** [sχol], **scholen** → schuilen, wegschuilen

[2]**school** [sχol] *de (scholen)* **1** école; een bijzondere ~ une école libre; een christelijke ~ une école protestante; gemengde ~ école mixte, école pluraliste; de Haagse ~ l'école de La Haye; lagere ~ école primaire; middelbare ~ (école d') enseignement secondaire; uit ~ komen revenir de l'école; (de) ~ verzuimen manquer l'école **2** classe; de ~ gaat aan la classe commence **3** *(poissons)* banc ♦ uit de ~ klappen parler *(dévoiler un secret)*

*school- [sχol-] scolaire; de schoolvakantie les vacances scolaires

school·bank [sχolbɑŋk] *de (-en)* banc d'école; met iemand in de ~en gezeten hebben avoir usé ensemble ses fonds de culotte sur les bancs de l'école

school·bord [sχolbɔrt] *het (-en)* tableau (noir)

school·dag [sχoldɑχ] *nm (-en)* jour de classe

school·gaan [sχolχan] *vi (ging school, i. schoolgegaan)* aller en classe, à l'école

school·gaand [sχolχant] *adj* d'âge scolaire

school·geld [sχolχɛlt] *het (-en)* frais de scolarité

school|jaar [sχoljar] *het (-jaren)* année scolaire ♦ tijdens zijn schooljaren au cours de sa scolarité

school·jeugd [sχoljøχt] *de* scolaires

school·jon·gen [sχoljɔŋə(n)] *nm (-s)* écolier; iemand als een ~ behandelen traiter qqn comme un enfant; *(fig.)* hij is nog een echte ~ c'est encore un enfant

school·kind [sχolkɪnt] *het (-eren)* → scholier 1

school·mees·ter [sχolmestər] *nm (-s)* **1** maître d'école **2** cuistre

school·meis·je [sχolmɛiʃə] *het (-s)* écolière

school·on·der·zoek [sχolɔndərzuk] *het (-en) (enseign.)* contrôle continu des connaissances *(en terminale du secondaire)*

school·plein [sχolplɛin] *het (-en)* cour de récréation

school·plicht [sχolplɪχt] *de* obligation scolaire

school·plich·tig [sχolplɪχtəχ] *adj* scolarisable

school·reis·je [sχolrɛiʃə] *het* sortie scolaire

school·rijp [sχolrɛip] *adj* scolarisable

schools [sχols] *adj, adv (schoolser, meest s.)* ♦ een methode ~ navolgen suivre servilement une méthode

school·tas [sχoltɑs] *de (-sen)* cartable

school·tijd [sχoltɛit] *nm (-en)* **1** classe **2** (années de) scolarité

school·ver·band [sχolvərbɑnt] *het* ♦ bui-

ten ~ périscolaire; een sporttoernooi in ~ un tournoi scolaire
school·ver|la·ter [sχolvərlatər] *nm (-s),* **-laatster** *nf (-s)* ⟨*jeune diplômé(e) arrivant sur le marché du travail*⟩; voortijdige, vroegtijdige ~ élève décrocheur
school·voor·beeld [sχolvorbelt] *het (-en)* exemple classique; dit is een ~ van hoe het niet moet c'est l'exemple type de ce qu'il ne faut pas faire
schoon [sχon] *adj, adv (schoner, schoonst)* **1** (de façon à être) propre **2** *(form.)* beau, bien; *(subst.)* het vrouwelijk ~ les femmes, les beautés; ~ volk du beau monde **3** net *(après déduction des frais)* **4** bien; ergens ~ genoeg van hebben en avoir vraiment marre de qqch
schoon|heid [sχonhɛit] *nf (-heden)* beauté *(esthétique; belle femme);* dat sterft in ~ ça se perd dans l'esthétisme
***schoon·heids-** [sχonhɛits-] de beauté
schoon·heids·fout [sχonhɛitsfɑut] *de (-en)* (petit) défaut
schoon·heids·spe·ci·a·lis·te [sχonhɛitspeʃalɪstə] *nf (-s)* esthéticienne
schoon·hou·den [sχonhɑudə(n)] *vt (hield schoon, h. schoongehouden)* **1** entretenir **2** nettoyer
schoon·maak [sχomak] *nm* ménage; ~ houden faire le nettoyage
schoon·maak·beurt [sχomagbørt] *de (-en)* nettoyage
schoon·ma·ken [sχomakə(n)] *vti (maakte schoon, h. schoongemaakt)* **1** nettoyer **2** essuyer
schoon·schrift [sχonsχrɪft] *het (-en)* calligraphie
schoon·spoe·len [sχonspulə(n)] *vt (spoelde schoon, h. schoongespoeld)* rincer
schoon·sprin·gen [sχonsprɪŋə(n)] *het* plongeon acrobatique *(discipline sportive)*
schoon·ve·gen [sχonveχə(n)] *vt (veegde schoon, h. schoongeveegd)* nettoyer *(à l'aide d'une brosse, d'un balai etc.),* balayer; *(fig.)* de straat ~ dégager la rue *(action de police)*
schoor [sχor], **schoren** → scheren, afscheren
schoor|steen [sχorsten] *nm (-stenen)* cheminée; hij rookt als een ~ il fume comme un pompier; *(fig.)* daar kan de ~ niet van roken ce n'est pas ça qui fera bouillir la marmite; de ~ vegen ramoner la cheminée
schoor·voe·tend [sχorvutənt] *adj, adv* hésitant, à contrecœur
[1]**schoot** [sχot], **schoten** → schieten, opschieten, neerschieten *(etc.)*
[2]**schoot** [sχot] *nm (schoten)* **1** giron; *(fig.)* de ~ van de aarde les entrailles de la terre; in de ~ van het gezin terugkeren rentrer au foyer **2** genoux; *(fig.)* het wordt hem zo maar in de ~ geworpen tout lui réussit; *(fig.)* bij elkaar op ~ zitten être les uns sur les autres
schoot·hond·je [sχothɔncə] *het (-s)* bichon, -onne
[1]**schop** [sχɔp] *nm (-pen)* coup de pied; iemand een ~ onder zijn kont geven botter les fesses à qqn; iemand een ~ verkopen envoyer un coup de pied à qqn; *(sports)* een vrije ~ un coup franc
[2]**schop** [sχɔp] *de (-pen)* pelle
[1]**schop·pen** [sχɔpə(n)] *de (schoppen) (jeux de cartes)* pique
[2]**schop·pen** [sχɔpə(n)] *vti (schopte, h. geschopt)* **1** donner un coup de pied (à); *(fig.)* tegen iemand ~ se révolter contre qqn **2** lancer; iemand buiten de deur ~ flanquer qqn à la porte; *(fig.)* kinderen in de wereld ~ pondre des gosses ♦ het ver ~ aller loin
schop·stoel [sχɔpstul] *nm (-en)* siège éjectable ♦ op de ~ zitten être sur le point d'être renvoyé, être dans l'incertitude
schor [sχɔr] *adj, adv (schorder, schorst)* (d'une voix) enroué(e)
scho·rem [sχorəm] *het* racaille
schor·pi·oen [sχɔrpijun] *nm (-en)* scorpion
schors [sχɔrs] *de (-en)* écorce
schor·sen [sχɔrsə(n)] *vt (schorste, h. geschorst)* suspendre *(destituer provisoirement)*
schor·se|neer [sχɔrsəner] *de (-neren) (bot., cuis.)* scorsonère
schort [sχɔrt] *het/de (-en)* tablier
schor·ten [sχɔrtə(n)] *vi (schortte, h. geschort)* manquer; wat schort eraan? qu'est-ce qui ne va pas ?
schot [sχɔt] *het (-en)* **1** coup (de feu); een ~ in de roos un coup dans le mille *(aussi au fig.);* een ~ voor de boeg un coup de semonce *(aussi au fig.)* **2** *(sports)* tir **3** progression; er kwam ~ in de opgedrongen menigte la foule commença à bouger **4** cloison ♦ *(fig.)* buiten ~ blijven rester hors d'atteinte; iemand onder ~ hebben coucher qqn en joue
scho·tel [sχotəl] *de (-s)* **1** plat *(récipient; mets)* **2** soucoupe **3** antenne parabolique
Schot·land [sχɔtlɑnt] *het* Écosse
[1]**schots** [sχɔts] *de (-en)* glaçon *(morceau de glace naturelle)*
[2]**schots** [sχɔts] *adv* ♦ ~ en scheef tout de travers
schou·der [sχɑudər] *nm (-s)* épaule; ~ aan ~ coude à coude; afhangende ~s épaules tombantes; *(fig.)* hij heeft brede ~s il a bon dos; iemand op zijn ~ kloppen approuver qqn, encourager qqn; de ~s ophalen hausser les épaules *(aussi au fig.); (fig.)* een last van iemands ~s nemen débarrasser qqn d'un poids; *(fig.)* zijn ~s onder iets zetten se battre pour qqch
***schou·der-** [sχɑudər-] d'épaule; de schouderham le jambon d'épaule
schou·der·band [sχɑudərbɑnt] *nm (-en)* **1** bretelle *(d'un vêtement)* **2** bandoulière

schou·der·blad [sχɑudərblɑt] *het (-en)* omoplate
schou·der·klop·je [sχɑudərklɔpjə] *het (-s)* 1 tape dans le dos 2 *(fig.)* marque d'estime
schou·der·tas [sχɑudərtɑs] *de (-sen)* sac à bandoulière
schouw [sχɑu] *de (-en)* cheminée
schouw·burg [sχɑubʌrχ] *nm (-en)* théâtre
schouw·spel [sχɑuspɛl] *het (-en)* spectacle
schraal [sχral] *adj, adv (schraler, schraalst)* 1 maigre(ment); het ~ hebben être dans la gêne; dat is schrale kost c'est un repas bien frugal 2 aride 3 rigoureux, rigoureusement 4 rêche
schraal·tjes [sχralcəs] *adv* maigrement; hij ziet er ~ uit il est tout maigrichon; ~ in de kleren zitten être habillé pauvrement
schram [sχrɑm] *de (-men)* égratignure; *(après un accident)* geen ~metje hebben sortir indemne
schran|der [sχrɑndər] *adj, adv (-derder, -derst)* intelligent, intelligemment
schran·sen [sχrɑnzə(n)] *vi (schranste, h. geschranst)* faire bombance
schrans·par·tij [sχrɑnspɑrtɛi] *nf (-en)* bombance
schrap [sχrɑp] *adv* ♦ ~ staan ne pas lâcher pied, être prêt (à); zet je ~! cramponne-toi !
schra·pen [sχrapə(n)] *vti (schraapte, h. geschraapt)* 1 gratter 2 racler *(la gorge)* 3 amasser; geld bij elkaar ~ entasser de l'argent
schrap·pen [sχrɑpə(n)] *vt (schrapte, h. geschrapt)* 1 gratter; wortels ~ gratter des carottes 2 rayer; iemand van de lijst ~ barrer le nom de qqn sur la liste, rayer qqn de la liste; een woord uit zijn woordenboek ~ bannir un mot de son vocabulaire; een post van een begroting ~ supprimer un poste d'un budget
schre·de [sχredə] *de (-n) (form.)* pas; *(fig.)* zijn eerste ~n zetten débuter (dans); met rasse ~n à grands pas
schreed [sχret], **schreden** → schrijden, voortschrijden
[1]**schreef** [sχref], **schreven** → schrijven, voorschrijven, overschrijven *(etc.)*
[2]**schreef** [sχref] *de (schreven) (Belg.)* bornes ♦ over de ~ gaan dépasser les bornes
schreeuw [sχrew] *nm (-en)* cri; een harde ~ geven pousser un grand cri
[1]**schreeu·wen** [sχrewə(n)] *vti (schreeuwde, h. geschreeuwd)* crier
[2]**schreeu·wen** [sχrewə(n)] *vi (schreeuwde, h. geschreeuwd)* 1 crier 2 *(+ om)* réclamer (qqch) 3 hurler 4 brailler *(chanter)*
[1]**schreeu·wend** [sχrewənt] *adj* 1 flagrant 2 criant; ~e kleuren couleurs criardes
[2]**schreeu·wend** [sχrewənt] *adv* extrêmement
schreeu·we·rig [sχrewərəχ] *adj* 1 criard; een ~ kind un enfant piailleur 2 tapageur
schreeuw·le·lijk [sχrewlelək] *nm (-en)* criailleur, -euse
schrei·en [sχrɛijə(n)] *vti (schreide, h. geschreid) (form.)* pleurer
schriel [sχril] *adj, adv* 1 maigre 2 chiche(ment)
schrift [sχrɪft] *het (-en)* 1 écrit; ik heb het op ~ je l'ai noir sur blanc 2 écriture 3 cahier
schrif·te·lijk [sχrɪftələk] *adj, adv* (par) écrit; *(enseign.)* het ~ l'épreuve écrite; ~ onderwijs enseignement par correspondance; ~ oproepen convoquer par lettre
schrift·ge·leer·de [sχrɪftχəlerdə] *nm (-n)* exégète
schrij·den [sχrɛidə(n)] *vi (schreed, h./i. geschreden) (form.)* marcher (à pas comptés)
schrijf·fout [sχrɛifɑut] *de (-en)* faute d'orthographe *(dans un texte manuscrit)*
schrijf·ster [sχrɛifstər] *nf (-s)* auteur
schrijf·taal [sχrɛiftal] *de* langue écrite
schrijf·ta·fel [sχrɛiftafəl] *de (-s)* bureau
schrijf·trant [sχrɛiftrɑnt] *nm* style scripturaire
schrijf·vaar·dig·heid [sχrɛifardəχhɛit] *nf* expression écrite
schrijf·wij·ze [sχrɛifwɛizə] *de (-n)* orthographe
schrij·lings [sχrɛilɪŋs] *adv* à califourchon
schrijn [sχrɛin] *het/de (-en)* châsse
schrij·nen [sχrɛinə(n)] *vi (schrijnde, h. geschrijnd)* brûler; een ~d gebrek aan un manque total de, une pénurie totale de; een ~de herinnering un souvenir poignant; een ~de wind un vent mordant
schrijn·wer·ker [sχrɛinwɛrkər] *nm (-s) (Belg.)* menuisier
schrij·ven [sχrɛivə(n)] *vti (schreef, h. geschreven)* écrire; *(form.)* een ~ une missive; op een advertentie ~ répondre à une annonce; een vriend ~ écrire à un ami ♦ *(subst.)* in antwoord op uw ~ van 3 mei en réponse à votre lettre du 3 mai
schrij·ver [sχrɛivər] *nm (-s)* écrivain, auteur
schrik [sχrɪk] *nm (-ken)* 1 peur; iemand ~ aanjagen effrayer qqn; van de ~ bekomen se remettre de sa frayeur; iemand de ~ op het lijf jagen faire une peur bleue à qqn; hij kreeg de ~ van zijn leven il eut une peur bleue; iets met ~ en beven tegemoet zien trembler à la perspective de qqch; *(fig.)* de ~ sloeg ons om het hart la peur nous saisit; de ~ zit erin ils ont bien peur maintenant 2 terreur *(qui inspire la peur)*
schrik·aan·ja·gend [sχrɪkaɲaχənt] *adj* effrayant
schrik·ach·tig [sχrɪkɑχtəχ] *adj, adv* → schrikkerig
schrik·ba·rend [sχrɪgbarənt] *adj, adv* effrayant, terriblement
schrik·beeld [sχrɪgbelt] *het (-en)* cauchemar
schrik·be·wind [sχrɪgbəwɪnt] *het (-en)*

(*pol.*) (régime de) terreur; **een waar ~ voeren** régner par la terreur
schrik|draad [sχrɪgdrat] *nm (-draden)* fil électrisé
schrik·kel·dag [sχrɪkəldɑχ] *nm (-en)* jour intercalaire
schrik·kel|jaar [sχrɪkəljar] *het (-jaren)* année bissextile
schrik·ken [sχrɪkə(n)] *vi (schrok, i. geschrokken)* avoir peur; **iemand aan het ~ maken** faire peur à qqn; **ik schrok me kapot, dood** j'ai eu une peur bleue; **iemand laten ~** faire peur à qqn; **ik schrik me een ongeluk!** j'ai eu une de ces peurs !; **wakker ~** se réveiller en sursaut
schrik·ke·rig [sχrɪkərəχ] *adj, adv* peureux, peureusement
schrik·wek·kend [sχrɪkwɛkənt] *adj* effrayant
schril [sχrɪl] *adj, adv* **1** aigu **2** criard; **in ~le tegenstelling met iets staan** contraster violemment avec qqch
schrob·ben [sχrɔbə(n)] *vti (schrobde, h. geschrobd)* frotter
schroef [sχruf] *de (schroeven)* **1** vis; **de ~ van een kurkentrekker** la spirale d'un tire-bouchon; (*fig.*) **alles staat (weer) op losse schroeven** tout est remis en question **2** hélice
schroei·en [sχrujə(n)] *vt (schroeide, h. geschroeid)* flamber; **zijn kleren ~** roussir ses vêtements
schroe·ven [sχruvə(n)] *vt (schroefde, h. geschroefd)* visser; **iets uit elkaar ~** dévisser qqch
schroe·ven·draai·er [sχruvə(n)drajər] *nm (-s)* tournevis
schrok [sχrɔk], **schrokken** → **schrikken, terugschrikken, opschrikken** (*etc.*)
schrok·ken [sχrɔkə(n)] *vti (schrokte, h. geschrokt)* manger goulûment
schrok·ke·rig [sχrɔkərəχ] *adj, adv* glouton(nement)
schrok·op [sχrɔkɔp] *nm (-pen)* glouton, -onne
schro·me·lijk [sχromələk] *adj, adv* énorme, énormément
schro·men [sχromə(n)] *vti (schroomde, h. geschroomd)* hésiter
schrom·pe·len [sχrɔmpələ(n)] *vi (schrompelde, i. geschrompeld)* se rider
schroom [sχrom] *nm* hésitation
[1]**schroot** [sχrot] *het* ferraille
[2]**schroot** [sχrot] *nm* frisette
schroot|hoop [sχrothop] *nm (-hopen)* (tas de) ferraille; **op de ~ gooien** jeter à la ferraille; (*fig.*) jeter au rebut; **deze auto is rijp voor de ~** cette voiture est bonne pour la casse
schub [sχʌp] *de (-ben) (zool.)* écaille
schuch|ter [sχʌχtər] *adj, adv (-terder, -terst)* timide(ment)
[1]**schud·den** [sχʌdə(n)] *vti (schudde, h. geschud)* secouer; **de kaarten ~** battre les cartes; **nee ~ (met het hoofd)** faire non de la tête; **~ voor gebruik** agiter avant de servir; **iemand door elkaar ~** secouer qqn comme un prunier ♦ (*fam.*) **dat kun je wel ~** tu peux toujours courir
[2]**schud·den** [sχʌdə(n)] *vi (schudde, h. geschud)* être secoué, ébranlé; **doen ~** ébranler; **~ op zijn grondvesten** trembler sur ses fondements
schuif [sχœyf] *de (schuiven)* **1** targette **2** panneau coulissant **3** (*Belg.*) tiroir
schuif·balk [sχœyvbɑlk] *nm (-en) (inform.)* barre de défilement
schui·fe·len [sχœyfələ(n)] *vi (schuifelde, h./i. geschuifeld)* avancer à petits pas
schui·len [sχœylə(n)] *vi (schuilde/school, h. geschuild/gescholen)* **1** se cacher; **daar schuilt iets achter** il y a qqch là-dessous **2** s'abriter ♦ **de oorzaak daarvan schuilt in ...** il faut en attribuer la cause à ...
schuil·gaan [sχœylχan] *vi (ging schuil, i. schuilgegaan)* se cacher
schuil·hou·den, zich [sχœylhɑudə(n)] *vpr (hield zich schuil, h. zich schuilgehouden)* **1** se cacher **2** se tenir à l'écart
schuil|naam [sχœylnam] *nm (-namen)* pseudonyme
schuil·plaats [sχœylplats] *de (-en)* **1** cachette; **iemand een ~ verlenen** donner asile à qqn; **een ~ zoeken** chercher refuge **2** abri
schuim [sχœym] *het* **1** écume **2** mousse **3** (*cuis.*) meringue
schuim·bek·ken [sχœymbɛkə(n)] *vi (schuimbekte, h. geschuimbekt)* écumer
schui·men [sχœymə(n)] *vti (schuimde, h. geschuimd)* écumer; **het bier schuimt sterk** la bière mousse beaucoup
schui·mend [sχœymənt] *adj* **1** écumant **2** moussant **3** écumeux **4** mousseux
schui·mer [sχœymər] *nm (-s) (Belg.)* parasite (*pique-assiette*)
schui·mig [sχœyməχ] *adj* → **schuimend**
schuim·kop [sχœymkɔp] *nm (-pen)* ♦ **~pen op de golven** les moutons des vagues
schuim·pje [sχœympjə] *het (-s)* → **schuim 3**
schuim|spaan [sχœymspan] *de (-spanen)* écumoire
schuin [sχœyn] *adj, adv* **1** oblique(ment); **een stof ~ afknippen** couper un tissu dans le biais; **~e letters** (caractères) italiques; (*fig.*) **met een ~ oog kijken naar** jeter des regards envieux sur; **hier ~ tegenover** presque en face; **een ~ vlak** un plan incliné **2** (de façon) grivois(e)
schuins [sχœyns] *adj, adv (schuinser, meest s.)* **1** oblique(ment) **2** licencieux
schuins·mar·cheer·der [sχœynsmɑrʃerdər] *nm (-s)* noceur
schuit [sχœyt] *de (-en)* barque
schuit·je [sχœycə] *het (-s)* ♦ (*fig.*) **in hetzelfde ~ zitten** être logé à la même enseigne
[1]**schui·ven** [sχœyvə(n)] *vt (schoof, h. geschoven)* pousser (*en glissant*); **een stoel bij de tafel ~** approcher une chaise de la

table; *(fig.)* iets, iemand terzijde ~ écarter qqch, qqn ♦ opium ~ fumer de l'opium

[2]**schui·ven** [sχœyvə(n)] *vi (schoof, h./i. geschoven)* **1** se glisser; in elkaar ~ s'emboîter **2** se rapprocher; schuif wat bij elkaar rapprochez-vous un peu

schuld [sχʌlt] *de (-en)* **1** dette; een ~ aangaan contracter une dette; diep in de ~en zitten être criblé de dettes; zich diep in de ~en steken se couvrir de dettes **2** faute; ~ bekennen avouer sa faute; dood door ~ homicide par imprudence **3** tort; ~ aan iets hebben y être pour qqch; eigen ~ dikke bult! c'est bien fait pour toi (lui etc.) !; iemand de ~ van iets geven accuser qqn de qqch; de ~ krijgen être accusé; de ~ van iets op zich nemen assumer la responsabilité de qqch; *(fig.)* de ~ op iemand schuiven faire porter le chapeau à qqn; hem treft geen ~ il n'a aucun tort

schuld·be·ken·te·nis [sχʌldbəkɛntənɪs] *nf (-sen)* **1** reconnaissance de dette **2** aveu; een volledige ~ afleggen faire des aveux complets

schuld·be·lij·de·nis [sχʌldbəlɛidənɪs] *nf (-sen)* → schuldbekentenis 2

schuld·be·sef [sχʌldbəsɛf] *het* sentiment de culpabilité

schuld|be·wijs [sχʌldbəwɛis] *het (-bewijzen)*, **-brief** *nm (-brieven)* → schuldbekentenis 1

schuld·com·plex [sχʌltkɔmplɛks] *het (-en)* complexe de culpabilité

schuld|ei·ser [sχʌltɛisər] *nm (-s)*, **-eiseres** *nf (-sen)* créancier, -ière

schuld·ge·voel [sχʌltχəvul] *het (-ens)* sentiment de culpabilité; iemand een ~ aanpraten culpabiliser qqn

schul·dig [sχʌldəχ] *adj* **1** redevable; het antwoord op een vraag ~ blijven ne savoir que répondre, rester sans réponse; iemand geld ~ zijn devoir de l'argent à qqn **2** coupable

schulp [sχʌlp] *de (-en)* coquille; *(fig.)* in zijn ~ kruipen rentrer dans sa coquille

schun·nig [sχʌnəχ] *adj, adv* cochon, salement; een ~e streek un tour de cochon; ~e taal uitslaan dire des cochonneries

[1]**schu·ren** [sχyrə(n)] *vi (schuurde, h. geschuurd)* frotter (contre)

[2]**schu·ren** [sχyrə(n)] *vt (schuurde, h. geschuurd)* **1** poncer **2** frotter

schurft [sχʌrft] *het/de* gale; ik heb de ~ aan dit werk ce travail me sort par les yeux; de ~ aan iemand hebben ne pas pouvoir blairer qqn

schurk [sχʌrk] *nm (-en)* **1** bandit **2** salaud **3** *(iron.)* filou

schur·ken|streek [sχʌrkə(n)strek] *de (-streken)* sale tour

schut [sχʌt] *het (-ten)* ♦ voor ~ staan faire scandale, être là, comme un idiot; hij loopt voor ~ il fait scandale, ± heureusement que le ridicule ne tue pas; iemand voor ~ zetten tourner qqn en ridicule

schut·blad [sχʌdblɑt] *het (-en)* **1** page de garde **2** *(bot.)* bractée

schut·kleur [sχʌtklør] *de (-en)* couleur de camouflage

schuts·en·gel [sχʌtsɛŋəl] *nm (-en)* ange gardien

schuts·pa|troon [sχʌtspatron] *nm (-tronen)*, **-trones** *nf (-sen)* patron *(saint(e))*

schut·ter [sχʌtər] *nm (-s)* **1** tireur **2** *(hist.)* milicien *(de la milice bourgeoise)*

schut·te·ren [sχʌtərə(n)] *vi (schutterde, h. geschutterd)* chipoter; staan te ~ agir comme un empoté

schut·te·rig [sχʌtərəχ] *adj, adv* (avec) gauche(rie)

schut·ting [sχʌtɪŋ] *nf (-en)* clôture *(entourant un terrain)*

schut·ting·taal [sχʌtɪŋtal] *de* langage grossier; ~ uitslaan parler grossièrement

schuur [sχyr] *de (schuren)* **1** remise **2** grange

schuur·mid·del [sχyrmɪdəl] *het (-en)* abrasif

schuur·pa·pier [sχyrpapir] *het* papier de verre

schuw [sχyw] *adj, adv* craintif, craintivement; het kind is ~ l'enfant est sauvage

schu·wen [sχywə(n)] *vt (schuwde, h. geschuwd)* craindre

schwung [ʃwuŋ] *nm* élan

sco·ren [skorə(n)] *vti (scoorde, h. gescoord)* **1** *(sports)* marquer **2** *(fam.)* se piquer *(drogues)*

screen·sa·ver [skri:nsevər] *nm (-s) (inform.)* économiseur d'écran

screen·shot [skri:nʃɔt] *het/de (-s) (inform.)* capture d'écran

screen·test [skri:ntɛst] *nm (-s) (cin.; télé)* bout d'essai

scrip·tie [skrɪpsi] *nf (-s) (enseign.)* mémoire

scrip·tie·be·ge·lei·der [skrɪpsibəχəlɛidər] *nm (-s)* directeur de mémoire

scroll·balk [skrɔlbɑlk] *nm (-en)* barre de défilement

scrol·len [skrɔlə(n)] *vi (scrolde, h. gescrold) (inform.)* dérouler, défiler

scroll·wiel [skrɔlwil] *het (-en)* roulette de défilement

scru·pu·le [skrypylə] *de (-s)* scrupule; hij heeft geen last van ~s il ne s'embarrasse pas de scrupules

sec. [səkɔndə] abrév. de *seconde* s.

se·creet [səkret] *het (secreten)* **1** garce **2** fumier

se·cre·ta·res·se [sɪkrətarɛsə] *nf (-s)* secrétaire *(n.f.)*

se·cre·ta·ris [sɪkrətarɪs] *nm (-sen)* secrétaire *(n.m.)*

sec·tie [sɛksi] *nf (-s)* **1** section **2** *(méd.)* dissection

sec·tor [sɛktɔr] *nm (-en)* secteur

se|cuur [səkyr] *adj, adv (-cuurder, -cuurst)* **1** minutieux, minutieusement; ~ (zijn) in financiële zaken (être) scrupuleux dans les questions financières **2** sûr(ement)

[1]**se·dert** [sedərt] *prép* → [1]sinds
[2]**se·dert** [sedərt] *conj* → [2]sinds
se·dert·dien [sedərdin] *adv* → sindsdien
sef·fens [sɛfə(n)s] *adv (Belg.)* **1** tout de suite **2** tout à l'heure
seig·neur [sɛɲør] *nm (-s)* ♦ een vreemde ~ un drôle de coco
sein [sɛin] *het (-en)* signal; iemand een ~tje geven faire (un) signe à qqn *(abstrait); (fig.)* alle ~en staan op groen, rood voor ... tous les signaux sont au vert, rouge pour ...
***sein-** [sɛin-] de signalisation
[1]**sei·nen** [sɛinə(n)] *vi (seinde, h. geseind)* **1** faire des signaux; om hulp ~ faire des signaux de détresse **2** télégraphier
[2]**sei·nen** [sɛinə(n)] *vt (seinde, h. geseind)* signaler
sei·zoen [sɛizun] *het (-en)* saison; in het ~ pendant la saison
***sei·zoen-** [sɛizun-] saisonnier
sei·zoen·ge·bon·den [sɛizuŋχəbɔndə(n)] *adj* saisonnier *(qui dépend de la saison)*
seks [sɛks] *nm* sexe; ~ bedrijven faire l'amour; vrije ~ amour libre
***seks-** [sɛks-] porno(graphique); het seksblad la revue porno(graphique)
seks·baas [sɛksbas] *nm (-bazen)* maquereau
sek·se [sɛksə] *nf (-n) (biol.)* sexe *(masculinité ou féminité)*
seks·le·ven [sɛkslevə(n)] *het (-s)* vie sexuelle
seks·lijn [sɛkslɛin] *de (-en)* téléphone rose
seks·ma·ni·ak [sɛksmanijɑk] *nm (-ken)* obsédé sexuel
sek·ta|risch [sɛktaris] *adj, adv (-rischer, meest s.)* (de façon) sectaire
sel·der [sɛldər] *nm (-s) (Belg.)* → selderie
sel·de·rie [sɛldəri] *nm* céleri
sel·de·rie·knol [sɛldəriknɔl] *nm (-len)* céleri-rave
sel·de·rij [sɛldərɛi] *nm* → selderie
se·lect [selɛkt] *adj* choisi
se·lec·te·ren [selɛkterə(n)] *vt (selecteerde, h. geselecteerd)* sélectionner
se·lec·tie [selɛksi] *nf (-s)* sélection
sel·fie [sɛlfi] *nm (-s) (com.)* selfie
sel·fie·stick [sɛlfistɪk] *nm (-s) (com.)* perche à selfie
self·sup·por·ting [sɛlfsʌpɔ:rtɪŋ] *adj* **1** autonome **2** financièrement indépendant
sel·lo·tape [sɛlotep] *nm* scotch
se·mi·nar [sɛminər] *het (-s)* séminaire
Se·ne·gal [senəχɑl] *het* Sénégal
Se·ne·ga·lees [seneχales] *adj* sénégalais; de ~, Senegalese le, la Sénégalais(e)
se·ni·or [senijɔr] *nm (-en)* **1** aîné; Verhoeven ~ Verhoeven père **2** *(sports)* sénior
se·ni·o·ren|kaart [senijorə(n)kart] *de (-en)*, **-pas** *nm (-sen)* carte du troisième âge *(pour tram et bus)*
sen·sa·tie [sɛnza(t)si] *nf (-s)* sensation; op ~ belust sensationnaliste
***sen·sa·tie-** [sɛnza(t)si-] à sensation; de sensatiepers la presse à sensation
sen·sor [sɛnzɔr] *nm (-en)* détecteur
sen·ti·ment [sɛntimɛnt] *het (-en) (souvent péj.)* sentiment; vals ~ sentimentalisme
sen·ti·men|teel [sɛntimɛntel] *adj, adv (-teler, -teelst)* sentimental(ement); ~ doen faire du sentiment
se·pa·raat [separat] *adj* séparé
se·po·ne·ren [seponerə(n)] *vt (seponeerde, h. geseponeerd) (jur.)* classer (sans suite)
se|reen [seren] *adj, adv (-rener, -reenst)* serein(ement)
se·rie [seri] *nf (-s)* **1** série; een incomplete ~ une collection dépareillée **2** feuilleton **3** suite
***se·rie-** [seri-] en série
se|ri·eus [serijøs] *adj, adv (-rieuzer, -rieust)* sérieux, sérieusement; ik meen het ~ c'est sérieux; dat meen je niet ~! tu rigoles !; een zaak ~ opnemen prendre une affaire au sérieux
se·ring [sərɪŋ] *de (-en) (bot.)* lilas
ser·re [sɛ:rə] *de (-s)* **1** véranda **2** serre *(pour les plantes)*
ser|veer·der [sɛrverdər] *nm (-s)*, **-veer·ster** *nf (-s)* serveur, -euse
ser·ve·ren [sɛrverə(n)] *vti (serveerde, h. geserveerd)* servir *(aussi sports)*
ser·vet [sɛrvɛt] *het (-ten)* serviette (de table); *(fig.)* te groot voor ~ en te klein voor tafellaken entre nappe et serviette
Ser·vië [sɛrvijə] *het* Serbie
Ser|vi·ër [sɛrvijər] *nm (-s)*, **-vische** *nf (-n)* Serbe
ser|vies [sɛrvis] *het (-viezen)* service *(vaisselle)*
ser·vies·goed [sɛrvisχut] *het (-eren)* vaisselle *(ensemble des récipients)*
Ser·visch [sɛrvis] *adj* serbe
Ser·vo-Kro·a·tisch [sɛrvokrowatis] *adj* serbo-croate
set [sɛt] *nm (-s)* **1** *(sports)* manche **2** jeu **3** *(cin.)* plateau
set·te·len, zich [sɛtələ(n)] *vpr (settelde zich, h. zich gesetteld)* s'installer
sex·tet [sɛkstɛt] *het (-ten) (mus.)* sextuor
sfeer [sfer] *de (sferen)* **1** ambiance *(aussi au fig.)*; een stad met een heel eigen ~ une ville avec une atmosphère bien particulière; een ~ uitademen van ... respirer une atmosphère de ... **2** sphère; in hogere sferen zijn être dans les hautes sphères; *(iron.)* être dans les nuages; hij zei iets in de ~ van ... il a dit qqch dans le goût de ...; iets in de persoonlijke ~ trekken porter qqch sur le plan personnel
sfeer|loos [sferlos] *adj (-lozer, meest s.)* sans ambiance
sfeer·vol [sfervɔl] *adj* où il y a de l'ambiance
's-Gra·ven·ha·ge [sχravə(n)haχə] *het* La Haye
shag [ʃɛk] *nm* tabac (à rouler)

sheet [ʃi:t] *de (-s)* transparent *(pour rétroprojecteur)*
sher·ry [ʃɛri] *nm (-'s)* xérès
shift [ʃɪft] *nm (-s) (Belg.)* équipe
shirt [ʃʌ:rt] *het (-s)* **1** chemise **2** *(sports)* maillot
[1]**shit** [ʃɪt] *nm (fam.)* **1** merde **2** shit *(drogue)*
[2]**shit** [ʃɪt] *interj (fam.)* merde !
shock [ʃɔk] *nm (-s) (méd.)* choc; **in een ~ verkeren** être sous le choc
shock·the·ra·pie [ʃɔkterapi] *nf (-ën) (méd.; fig.)* traitement de choc
shot [ʃɔt] *nm (-s)* **1** *(phot.)* photo, *(cin.)* prise de vues **2** shoot, piquouse
show [ʃo] *nm (-s)* **1** présentation *(dans une foire etc.)* **2** *(dram., télé)* spectacle (de variétés); *(fig.)* **dat is allemaal ~** c'est du cinéma; *(fig.)* **een ~ opvoeren** faire un numéro; *(fig.)* **de ~ stelen** être la vedette; **dat is alleen maar voor de ~** c'est seulement pour la galerie
show·bink [ʃobɪŋk] *nm (-en)* fanfaron
sho·wen [ʃowə(n)] *vti (showde, h. geshowd)* présenter
show·room [ʃorum] *nm* salle d'exposition
shut·tle [ʃʌtəl] *nm (-s)* **1** *(sports)* volant **2** navette (spatiale)
Si·a·mees [sijames] *adj* siamois ♦ **Siamese tweelingen** frères siamois, sœurs siamoises *(aussi au fig.)*
Si·be·risch [siberis] *adj, adv* (à la) sibérien(ne); **het laat mij siberisch** cela me laisse froid
sick [sɪk] *adj* ♦ **een ~ joke** une plaisanterie macabre
sid·de·ren [sɪdərə(n)] *vti (sidderde, h. gesidderd)* trembler
sier [sir] *de* parure ♦ **goede ~ maken (met iets)** se donner du bon temps (en faisant qqch), faire bombance (en mangeant qqch)
***sier-** [sir-] décoratif
sie|raad [sirat] *het (-raden)* bijou
sie·ren [sirə(n)] *vt (sierde, h. gesierd)* honorer
sier·lijk [sirlək] *adj, adv* gracieux, gracieusement
Si·er·ra Le·o·ne [ʃɛralejonə] *het* Sierra Leone
Si·er·ra Le|o·ner [ʃɛralejonər] *nm*, **-oonse** *nf* Sierra-Léonais, -aise
Si·er·ra Le·oons [ʃɛralejons] *adj* sierra-léonais
si|gaar [sixar] *de (-garen)* cigare ♦ **de ~ zijn** être chocolat, porter le chapeau
si·ga·ret [sixarɛt] *de (-ten)* cigarette
sig·na|tuur [sɪɲatyr] *nf (-turen)* **1** signature **2** *(fig.)* tendance
sig·ni·fi·cant [sɪxnifikɑnt] *adj, adv* significatif, de façon significative
sij·pe·len [sɛipələ(n)] *vi (sijpelde, h./i. gesijpeld)* suinter
sik [sɪk] *de (-ken)* barbiche ♦ *(fam.)* **er een ~ van krijgen** en avoir ras le bol
sik·kel [sɪkəl] *de (-s)* **1** faucille **2** faux **3** croissant (de lune)
sik·ke·neu·rig [sɪkənørəx] *adj, adv (fam.)* grognon, de manière bougonne
sik·ke·pit [sɪkəpɪt] *de* brin; **het is geen ~ waard** ça ne vaut pas un clou; **er geen ~ van begrijpen** n'y comprendre goutte
sim·pel [sɪmpəl] *adj, adv* simple(ment); **dat is toch zo ~ als wat** c'est pourtant simple comme bonjour
sim·pel·weg [sɪmpəlwɛx] *adv* (tout) simplement
si·mu|lant [simylɑnt] *nm (-en)*, **-lante** *nf (-s, -n)* simulateur, -trice *(personne qui fait semblant d'être malade)*
si·mul·taan [simʌltan] *adj, adv* simultané(ment)
si·naas·ap·pel [sinɑsɑpəl] *nm (-en, -s)* orange
si·nas [sinɑs] *nm* orangeade
[1]**sinds** [sɪn(t)s] *prép* depuis
[2]**sinds** [sɪn(t)s] *conj* depuis que
sinds·dien [sɪn(t)sdin] *adv* depuis lors
Sin·ga·pore [sɪŋgapur] *het* Singapour
Sin·ga·po·rees [sɪŋgapores] *adj* singapourien; **de ~, Singaporese** le, la Singapourien(ne)
sin·gel [sɪŋəl] *nm (-s)* **1** canal *(de ceinture)* **2** rue *(longeant un canal)*
sin·gle [sɪŋgəl] *nm (-s)* **1** *(sports)* simple **2** célibataire
Sink·sen [sɪŋksə(n)] *nm (Belg.)* Pentecôte
sint [sɪnt] *nm (-en)* saint, sainte; **de goede ~** Saint-Nicolas
Sin·ter·klaas [sɪntərklas] *nm* **1** Saint-Nicolas *(saint)*; *(fig.)* **voor ~ spelen** jouer au père Noël **2** Saint-Nicolas *(fête célébrée en famille, la veille du 6 décembre)*
sin·ter·klaas·avond [sɪntərklasavɔnt] *nm (-en)* veille de la Saint-Nicolas
sint-jut·te·mis [sɪntjʌtəmɪs] *de* ♦ **met ~** à la saint-glinglin; **iets tot ~ uitstellen** renvoyer qqch aux calendes grecques
sip [sɪp] *adj (fam.)* déconfit; **~ kijken** faire triste mine
[1]**sis·sen** [sɪsə(n)] *vi (siste, h. gesist)* **1** siffler **2** grésiller
[2]**sis·sen** [sɪsə(n)] *vt (siste, h. gesist)* siffler *(dire d'une voix sifflante)*
sis·ser [sɪsər] *nm (-s)* ♦ **met een ~ aflopen** se terminer en queue de poisson
si·sy·fus·ar·beid [sisifʌsɑrbɛit] *nm* travail de Sisyphe
site [sɑjt] *de* site (Internet)
si·tu·a·tie [sitywa(t)si] *nf (-s)* **1** situation **2** circonstances; **de ~ meester zijn** être maître de la situation
si·tu·e·ring [sitywerɪŋ] *nf* localisation
sjaal [ʃal] *nm (-s)* châle
sja·che·ren [ʃɑxərə(n)] *vi (sjacherde, h. gesjacherd)* **1** traficoter *(vendre occasionnellement de la mauvaise qualité ou des marchandises suspectes)* **2** marchander
sja·lot [ʃalɔt] *de (-ten)* échalote
sjans [ʃɑns] *de* ♦ **~ hebben** faire une touche

sjan·sen [ʃɑnsə(n)] *vi (sjanste, h. gesjanst) (fam.)* flirter
sjees [ʃes] *de (sjezen)* **1** *(fam.)* tapée **2** cabriolet **3** *(fam.)* bagnole
sjeik·dom [ʃɛigdɔm] *het (-men)* territoire d'un cheik
sjek·kie [ʃɛki] *het (-s) (fam.)* sèche
sjerp [ʃɛrp] *nm (-en)* écharpe
sje·zen [ʃezə(n)] *vi (sjeesde, h./i. gesjeesd)* **1** *(fam.)* foncer **2** être collé ♦ **een gesjeesd student** ± un dropé
sjiek [ʃik] → **chic**
sjil·pen [ʃɪlpə(n)] *vi (sjilpte, h. gesjilpt)* gazouiller
sjir·pen [ʃɪrpə(n)] *vi (sjirpte, h. gesjirpt)* chanter; **het ~ van de krekels** le cri-cri des cigales
sjoe·ge [ʃuχə] *nm (fam.)* ♦ **geen ~ geven** ne pas broncher; **ergens geen ~ van hebben** ne rien piger à qqch
sjoel·bak·ken [ʃulbɑkə(n)] *vi (sjoelbakte, h. gesjoelbakt),* **sjoelen** *vi (sjoelde, h. gesjoeld)* ± jouer au palet
sjoe·me·len [ʃumələ(n)] *vi (sjoemelde, h. gesjoemeld) (fam.)* fricoter
sjo·fel [ʃofəl] *adj, adv* minable(ment)
sjok·ken [ʃɔkə(n)] *vi (sjokte, h./i. gesjokt)* traîner les pieds; **voorbij ~** passer en traînant les pieds
sjor·ren [ʃɔrə(n)] *vti (sjorde, h. gesjord)* **1** traîner *(avec beaucoup d'effort)* **2** attacher *(solidement avec une corde)*
sjouw [ʃɑu] *nm (-en)* travail pénible ♦ **op ~ zijn** être en vadrouille
[1]**sjou·wen** [ʃɑuwə(n)] *vt (sjouwde, h. gesjouwd)* coltiner
[2]**sjou·wen** [ʃɑuwə(n)] *vi (sjouwde, h. gesjouwd)* **1** *(+ met)* trimballer (qqch) **2** peiner **3** *(fam.)* se trimballer; **trap op, trap af ~** se crever à monter et à descendre les escaliers
skee·ler [skilər] *nm (-s)* roller
ske·let [skəlɛt] *het (-ten)* squelette
skel·ter [skɛltər] *nm (-s) (sports)* kart
ski·ën [skijə(n)] *vi (skiede, h./i. geskied)* faire du ski
ski·lift [skilɪft] *nm (-en)* remonte-pente
sla [sla] *de salade (mets; plante)*
slaaf [slaf] *nm (slaven),* **slavin** *nf (-nen)* esclave
slaafs [slafs] *adj, adv (slaafser, meest s.)* servile(ment)
slaag [slaχ] *nm* ♦ **iemand (een pak) ~ geven** donner une correction à qqn, faire prendre la piquette à qqn; **een pak ~ krijgen** prendre une raclée, prendre une piquette
slaags [slaχs] *adv* ♦ **~ raken** en venir aux mains
[1]**slaan** [slan] *vt (sloeg, h. geslagen)* **1** battre; *(sports)* **een paar balletjes ~** faire quelques balles; *(monnaies)* **het ~** la frappe; **iemand in elkaar ~** mettre qqn en bouillie; **alles kort en klein ~** tout démolir; **de bal over het hek ~** envoyer le ballon par-dessus la grille; **een spijker in de muur ~** enfoncer un clou dans le mur; **stof van zijn jas ~** secouer la poussière de son manteau; *(fig.)* **ergens niet weg te ~ zijn** ne pouvoir être délogé de qqp; *(fig.)* **zich er doorheen ~** s'en tirer; *(fig.)* **zich door het werk heen ~** venir à bout de son travail **2** gifler (qqn) **3** jeter *(regards etc.)*; **zijn arm om iemand heen ~** enlacer qqn; **iemand een mantel om het lichaam ~** envelopper qqn dans un manteau; **de armen over elkaar ~** croiser les bras **4** prendre *(une pièce, un pion) (pour les expressions non mentionnées voir les substantifs concernés)*
[2]**slaan** [slan] *vi (sloeg, h. geslagen)* **1** frapper; **met de armen en benen ~** se démener; **er flink op los ~** ne pas y aller de main morte; **er maar op los ~, in het wilde weg ~** taper dans le tas **2** battre *(pouls, porte)*; **het schip slaat aan stukken** le navire se brise; **de regen slaat tegen de ruit** la pluie fouette contre la vitre **3** sonner *(sonnerie d'horloge etc.)* **4** *(+ op)* concerner (qqch); **dat slaat op mij** c'est de moi qu'il s'agit; **dat slaat nergens op** ça ne rime à rien **5** se mettre (à faire qqch) ♦ **de angst slaat hem om het hart** l'angoisse le paralyse; **de rook slaat op mijn keel** la fumée m'irrite la gorge; **overboord ~** passer par-dessus bord; **tegen de grond ~** tomber par terre; **de vlammen sloegen uit het dak** les flammes jaillissaient du toit
slaap [slap] *nm* **1** sommeil; **in ~ vallen** s'endormir; *(involontairement)* succomber au sommeil; **in ~ sukkelen** s'assoupir; *(euph.)* **iemand in ~ brengen** endormir qqn; **een kind in ~ wiegen** bercer un enfant pour l'endormir; **over zijn ~ heen zijn** ne plus avoir sommeil; **de ~ der rechtvaardigen slapen** dormir du sommeil du juste; **iemand uit de ~ houden** empêcher qqn de dormir; **de ~ niet kunnen vatten** ne pas arriver à s'endormir **2** tempe **3** chassie; **de ~ uit zijn ogen wrijven** se nettoyer le coin des yeux
slaap·bank [slabɑŋk] *de (-en)* canapé-lit
slaap·dron·ken [slabdrɔŋkə(n)] *adj, adv* (tout) engourdi de sommeil, dans un demi-sommeil
slaap·ge·le·gen|heid [slapχəleχənhɛit] *nf (-heden)* endroit où passer la nuit
[1]**slaap·je** [slapjə] *het (-s)* (petit) somme
[2]**slaap·je** [slapjə], **slapie** *het (-s)* **1** voisin, -ine de lit **2** camarade de chambre
slaap·ka·mer [slapkamər] *de (-s)* chambre (à coucher)
slaap·kop [slapkɔp] *nm (-pen)* **1** dormeur, -euse **2** endormi, -ie
slaap·lied·je [slaplicə] *het (-s)* berceuse
slaap·mid·del [slapmɪdəl] *het (-en)* somnifère
slaap·muts·je [slapmʌtʃə] *het (-s)* coup de l'étrier *(dernier (petit) verre avant de se coucher)*
slaap·pil [slapɪl] *de (-len)* → **slaapmiddel**

slaap·plaats [slaplats] *de (-en)* **1** lit **2** endroit où passer la nuit

slaap|stad [slapstɑt] *de (-steden)* ville-dortoir

slaap·ster [slapstər] *nf (-s)* ♦ **de Schone Slaapster** la Belle au bois dormant

slaap·ver·wek·kend [slapfərwɛkənt] *adj* soporifique

slaap·wan·de·len [slapwɑndələ(n)] *vi (slaapwandelde, h. geslaapwandeld)* être somnambule

slaap|zaal [slapsal] *de (-zalen)* dortoir

slaap·zak [slapsɑk] *nm (-ken)* sac de couchage

slaatje [slacə] *het (-s)* salade ♦ **een ~ uit iets slaan** faire son profit de qqch

slab [slɑp] *de (-ben)* bavoir

slacht·bank [slɑχtbɑŋk] *de (-en)* **1** *(d'un boucher)* billot **2** *(fig.)* abattoir

slach·ten [slɑχtə(n)] *vt (slachtte, h. geslacht)* **1** *(animaux)* abattre **2** *(humains)* massacrer

slacht|huis [slɑχthœys] *het (-huizen)* abattoir

slach·ting [slɑχtɪŋ] *nf (-en)* **1** abattage *(d'animaux)* **2** boucherie

slacht·of·fer [slɑχtɔfər] *het (-s)* victime

slacht·par·tij [slɑχtpɑrtɛi] *nf (-en)* → **slachting 2**

[1]**slag** [slɑχ] *nm (-en)* **1** coup; *(sports)* **aan ~ zijn** être au service, être à l'attaque; *(fig.)* **het was een ~ in zijn gezicht** ça lui a fait l'effet d'une gifle; *(fig.)* **een ~ in de lucht** un coup d'épée dans l'eau; *(fig.)* **van ~ zijn** être désemparé; **mijn pendule is van ~** ma pendule décompte *(avance, retarde)*; **zonder ~ of stoot** sans coup férir **2** coup de poing; **een ~ afweren** parer un coup **3** *(milit.)* bataille; *(Belg.)* **zich uit de ~ trekken** se tirer d'affaire **4** ondulation *(de cheveux)* **5** battement *(du cœur, du pouls, des ailes)* **6** tour de main; **de ~ van iets kwijtraken** perdre la main (pour faire qqch); **de ~ te pakken krijgen** prendre le coup **7** *(jeux de cartes)* pli; *(fig.)* **die ~ is voor jou** très juste ! **8** *(jeu de dames)* prise **9** *(sports)* nage **10** *(sports)* coup de rame **11** *(patinage)* enjambée **12** tour; **iets een halve ~ omdraaien** faire faire un demi-tour à qqch ♦ **aan de ~ gaan** se mettre au travail; **iets met de Franse ~ doen** faire qqch à la va-vite; **een ~ om de arm houden** se ménager une porte de sortie; **hij was op ~ dood** il est mort sur le coup; **zijn ~ slaan** réussir son coup; **een ~ naar iets slaan** deviner qqch

[2]**slag** [slɑχ] *het (-en)* espèce; **een raar ~ volk** de drôles de gens ♦ **een ~ groter** un peu plus grand

slag·ader [slɑχadər] *de (-s)* artère; **de grote ~** l'aorte

slag|boom [slɑχbom] *nm (-bomen)* barrière

sla·gen [slaχə(n)] *vi (slaagde, i. geslaagd)* réussir (à); **~ in, met iets** réussir qqch; **in een winkel (kunnen) ~** trouver ce que l'on cherche dans un magasin; **hij is voor zijn Frans geslaagd** il a réussi son examen de français

sla·ger [slaχər] *nm (-s)* boucher, -ère

slag·in·stru·ment [slɑχɪnstrymɛnt] *het (-en) (mus.)* instrument à percussion

slag·re·gen [slɑχreχə(n)] *nm (-s)* pluie battante

slag·room [slɑχrom] *nm* (crème) chantilly

slag|schip [slɑχsχɪp] *het (-schepen) (mar.)* cuirassé

slag·tand [slɑχtɑnt] *nm (-en)* défense *(d'éléphant, de sanglier)*

slag·vaar·dig [slɑχfardəχ] *adj, adv* **1** prompt à la riposte, avec à-propos **2** résolu

slag·vaar·dig·heid [slɑχfardəχhɛit] *nf* **1** esprit d'à-propos **2** esprit de décision

slag·veld [slɑχfɛlt] *het (-en)* champ de bataille; *(fig.)* **het ~ betreden** descendre dans l'arène

slag·werk [slɑχwɛrk] *het (-en) (mus.)* instruments à percussion

slag·zin [slɑχsɪn] *nm (-nen)* slogan

slak [slɑk] *de (-ken)* **1** escargot **2** *(indus.)* scories ♦ **op alle ~ken zout leggen** chercher la petite bête

sla·ken [slakə(n)] *vt (slaakte, h. geslaakt)* pousser *(des cris, soupirs etc.)*

slak·ken·gang [slɑkə(n)χɑŋ] *nm* allure de tortue; **alles gaat hier met een ~(etje)** tout traîne en longueur ici

slak·ken|huis [slɑkə(n)hœys] *het (-huizen)* coquille d'escargot

[1]**slang** [slɑŋ] *de (-en)* **1** serpent; **listig als een ~** rusé comme une fouine **2** tuyau **3** vipère *(fig.)*

[2]**slang** [slɛŋ] *het* argot

***slan·gen-** [slɑŋə(n)-] de serpent; **de slangenbeet** la morsure de serpent

slank [slɑŋk] *adj* mince; *(vêtement)* **~ afkleden** amincir; **~e benen hebben** avoir des jambes fines; **een ~e toren** une tour élancée

sla·olie [slaoli] *de* huile de table

slap [slɑp] *adj, adv* **1** lâche **2** souple **3** faible; **de huid wordt ~** la peau se distend **4** mou **5** *(liquide)* léger **6** (d'une façon) insignifiant(e)

sla·pe·loos [slapəlos] *adj, adv* sans sommeil, sans (pouvoir) dormir; **dat bezorgt me slapeloze nachten** cela m'empêche de dormir

sla·pe·loos·heid [slapəloshɛit] *nf* insomnie

sla·pen [slapə(n)] *vti (sliep, h. geslapen)* **1** dormir; **bij iemand blijven ~** passer la nuit chez qqn; **ik ben door al het lawaai heen geslapen** le bruit ne m'a pas réveillé du tout; **ik slaap licht** j'ai le sommeil léger; **(een nachtje) over iets ~** attendre le lendemain pour prendre sa décision; **vast, diep ~** dormir profondément **2** *(+ met)* coucher (avec qqn) *(relations sexuelles)* **3** être engourdi **4** reposer *(morts)*

sla·pend [slapənt] *adj* **1** endormi; **zich ~**

houden faire semblant de dormir; **iets ~e kunnen vinden** pouvoir trouver qqch les yeux fermés **2** dormant *(choses)*
sla·pen·gaan [slapə(n)χan] *het* coucher
sla·pe·rig [slapərəχ] *adj, adv* **1** somnolent; **~ kijken** avoir les yeux lourds de sommeil; **iemand ~ maken** endormir qqn **2** (d'un air) ensommeillé **3** endormi
slap·ja·nus [slapjanʌs] *nm (-sen) (fam.)* chiffe molle
slap·jes [slapjəs] *adj, adv* **1** faible(ment) **2** mou, mollement
slap·pe·ling [slapəlɪŋ] *nm (-en)* → **slapjanus**
sla|saus [slasaus] *de (-sausen, -sauzen)* vinaigrette
sla·ven·ar·beid [slavə(n)arbɛit] *nm* **1** travail d'esclave **2** travail pénible
sla·ven·drij·ver [slavə(n)drɛivər] *nm (-s) (fig.)* négrier
sla·ver·nij [slavərnɛi] *nf* esclavage
sla·vin [slavɪn] *nf (-nen)* → **slaaf**
sla·vink [slavɪŋk] *de (-en) (cuis.)* paupiette
Sla·visch [slavis] *adj* slave
slecht [slɛχt] *adj, adv* **1** mauvais, mal; **~ aangeschreven staan (bij)** être mal vu (par); **de ~ste van de klas** le dernier de la classe; **het gaat hem ~** il va mal, ses affaires vont mal; **hoe langer hoe ~er** de plus en plus mal; **het loopt nog eens ~ met je af** tu finiras mal; **een ~ mens** un méchant homme; **~e omstandigheden** circonstances défavorables; **~ kunnen rekenen** être faible en calcul; **~er worden** se détériorer; **dat ziet er ~ uit** cela s'annonce mal; **er ~ aan toe zijn** être dans de mauvais draps, être mal en point **2** faible; **de zieke wordt ~er** l'état du malade empire; **hij ziet er ~ uit** il a mauvaise mine **3** difficilement
slecht·be·taald [slɛχ(t)bətalt] *adj* mal payé
slech·ten [slɛχtə(n)] *vt (slechtte, h. geslecht)* **1** aplanir **2** *(fig.)* supprimer; **een taboe ~** briser un tabou
slech·te·rik [slɛχtərɪk] *nm (-en) (fam.)* méchant homme
slecht·ge·hu·meurd [slɛ(χt)χəhymørt] *adj* de mauvaise humeur
slecht·ge·ma·nierd [slɛ(χt)χəmanirt] *adj* sans manières
slecht·ge·zind [slɛ(χt)χəzɪnt] *adj* **1** mal disposé (envers qqn); **iemand ~ zijn** vouloir du mal à qqn, être défavorable à qqn **2** *(Belg.)* de mauvaise humeur
slecht·ho·rend [slɛχthorənt] *adj* dur d'oreille; **de ~en** les malentendants
slechts [slɛχ(t)s] *adv* seulement; **je hebt ~ te gehoorzamen** tu n'as qu'à obéir; **er is ~ een klein beetje nodig** il suffit d'un rien; **nog ~** ne … plus que; **in ~ enkele gevallen** dans de rares cas
slecht·ziend [slɛχtsint] *adj* malvoyant
slee [sle] *de (-ën)* **1** traîneau **2** *(fam.)* tank; **een dure ~** une grosse bagnole
slee·ën [slejə(n)] *vi (sleede, h.li. gesleed)* faire de la luge; **de kinderen sleeden naar beneden** les enfants descendaient en luge
[1]**sleep** [slep], **slepen** → **slijpen, afslijpen** *(etc.)*
[2]**sleep** [slep] *nm (slepen)* **1** traîne *(d'une robe)* **2** suite; **hij heeft een ~ kinderen** il a une ribambelle d'enfants
sleep·touw [sleptau] *het (-en)* (câble de) remorque; *(fig.)* **iemand op ~ nemen** entraîner qqn, trimbaler qqn
sleet [slet], **sleten** → **slijten, afslijten, uitslijten**
slen·te·ren [slɛntərə(n)] *vi (slenterde, h.li. geslenterd)* flâner; **op straat ~** traîner les rues
[1]**sle·pen** [slepə(n)] *vt (sleepte, h. gesleept)* **1** traîner; **iemand door een examen ~** aider qqn à réussir à un examen; **ze sleepte er een goed cijfer uit** elle a réussi à décrocher une bonne note; **hij sleept zijn vrouw overal heen** il trimbale sa femme partout **2** remorquer
[2]**sle·pen** [slepə(n)] *vi (sleepte, h. gesleept)* traîner; **met iets ~** traîner qqch; **de uren ~ voort** les heures n'en finissent pas
slet [slɛt] *nf (-ten)* traînée
sleuf [sløf] *de (sleuven)* **1** fente **2** rainure
sleur [slør] *nm* traintrain; **de ~ (door)breken** sortir de l'ornière
sleu·ren [slørə(n)] *vti (sleurde, h. gesleurd)* traîner; **iemand uit zijn bed ~** tirer qqn de son lit
sleu·tel [sløtəl] *nm (-s)* clé *(aussi au fig.; mus.)*; **de ~ in het slot steken** introduire la clé dans la serrure
*__sleu·tel-__ [sløtəl-] -clé; **de sleutelfiguur** le personnage-clé
sleu·tel·been [sløtəlben] *het (-deren) (méd.)* clavicule
sleu·te·len [sløtələ(n)] *vi (sleutelde, h. gesleuteld) (fam.)* bricoler (qqch)
sleu·tel·gat [sløtəlχat] *het (-en)* trou de serrure; **aan het ~ luisteren** écouter aux portes
sleu·tel|han·ger [sløtəlhaŋər] *nm (-s)*, **-ring** *nm (-en)* porte-clé (en forme d'anneau)
sleu·tel·ro·man [sløtəlroman] *nm (-s)* roman à clé
slib [slɪp] *het* **1** vase **2** dépôt
sliep [slip], **sliepen** → **slapen, uitslapen** *(etc.)*
sliert [slirt] *nm (-en)* **1** file **2** kyrielle; **een hele ~** toute une ribambelle **3** perche ♦ **een ~ haar** une mèche qui pendouille; **~en rook** volutes de fumée
slijk [slɛik] *het* **1** boue; **iemands naam door het ~ halen, sleuren** traîner qqn dans la boue; *(fig.)* **zich in het ~ wentelen** se vautrer dans la boue **2** vase ♦ **het ~ der aarde** le vil argent
slijm [slɛim] *het/de (-en) (biol.)* **1** glaire **2** bave
slijm|bal [slɛimbal] *nm (-len)*, **-jurk** *de (-en)*, **slijmerd** *nm (-s) (fam.)* lécheur, -euse

slij·men [slɛimə(n)] *vi (slijmde, h. geslijmd) (fam.)* faire de la lèche (à qqn)
slij·me·rig [slɛimərəχ] *adj* **1** glaireux **2** visqueux **3** *(fig.)* mielleux
slijm|vlies [slɛimvlis] *het (-vliezen) (méd.)* muqueuse
slij·pen [slɛipə(n)] *vt (sleep, h. geslepen)* **1** polir **2** aiguiser *(aussi au fig.)* **3** tailler
slij·ta·ge [slɛitaʒə] *nf* usure; **aan ~ onderhevig** altérable; **tekenen van ~ vertonen** commencer à s'user
slij·ta·ge·slag [slɛitaʒəslαχ] *nm (-en) (fig.)* guerre d'usure
[1]**slij·ten** [slɛitə(n)] *vt (sleet, h. gesleten)* **1** user; **een gat in zijn schoenen ~** faire un trou à ses chaussures **2** passer *(du temps)* **3** débiter
[2]**slij·ten** [slɛitə(n)] *vi (sleet, h. gesleten)* s'user
slij·ter [slɛitər] *nm (-s)* débitant de boissons
[1]**slik** [slɪk] *het/de* **1** boue **2** vase
[2]**slik** [slɪk] *nm* déglutition
slik·ken [slɪkə(n)] *vti (slikte, h. geslikt)* avaler; **je hebt het maar te ~** tu ne peux qu'accepter; **ze moest een paar keer ~ voor ze kon spreken** elle a dû respirer un bon coup avant de pouvoir parler
slim [slɪm] *adj, adv* **1** (d'un air) malin; **niet een van de ~sten zijn** ne pas être une lumière; *(iron.)* **hij is ook een ~me!** quel dégourdi !; **de ~me jongen uithangen** faire le malin; **een ~me kerel** un gars intelligent; **iemand te ~ af zijn** mettre qqn dans sa poche; **iemand te ~ af willen zijn** jouer au plus fin avec qqn **2** mauvais, fâcheusement
slim|heid [slɪmhɛit], **-migheid** *nf* **1** finesse **2** truc; **hij wist zich er door een ~je uit te redden** il s'en est sorti avec une pirouette
slim|merd [slɪmərt] *nm (-s)*, **-merik** *nm (-en)* malin, -igne
slin·ger [slɪŋər] *nm (-s)* **1** oscillation; *(fig.)* **ergens een (andere) ~ aan geven** présenter qqch sous un autre jour **2** guirlande **3** sinuosité **4** fronde **5** pendule
[1]**slin·ge·ren** [slɪŋərə(n)] *vi (slingerde, h./i. geslingerd)* **1** osciller **2** zigzaguer; **hij slingert als iemand die dronken is** il titube comme un ivrogne **3** balancer **4** traîner *(en désordre)* **5** serpenter; **een ~de weg** un chemin sinueux
[2]**slin·ge·ren** [slɪŋərə(n)] *vt (slingerde, h. geslingerd)* **1** lancer; *(fig.)* **tussen vrees en hoop heen en weer geslingerd worden** osciller entre la crainte et l'espoir **2** agiter **3** enrouler **4** lancer avec une fronde
[3]**slin·ge·ren, zich** [slɪŋərə(n)] *vpr (slingerde zich, h. zich geslingerd)* **1** serpenter **2** *(+ om)* s'enrouler
slin·ken [slɪŋkə(n)] *vi (slonk, i. geslonken)* diminuer; **vlees slinkt bij het aanbraden** la viande réduit quand on la saisit
slinks [slɪŋks] *adj, adv (slinkser, meest s.)* sournois(ement); **~e streken** des subterfuges; **op ~e wijze** par des voies détournées
slinks|heid [slɪŋkshɛit] *nf (-heden)* **1** sournoiserie **2** subterfuge
[1]**slip** [slɪp] *de (-pen)* **1** pan **2** *(transp.)* dérapage **3** erreur; *(langue orale)* **~ of the tongue** lapsus (linguae)
[2]**slip** [slɪp] *nm (-pen)* slip
slip·je [slɪpjə] *het (-s)* → [2]**slip**
slip-over [slɪpovər] *nm (-s)* débardeur
slip·pen [slɪpə(n)] *vi (slipte, h./i. geslipt)* **1** glisser; *(fig.)* **het geld slipt door z'n vingers** l'argent file entre ses doigts; **laat deze goede gelegenheid maar niet ~** ne laisse pas échapper cette bonne occasion **2** déraper **3** se glisser; **er doorheen ~** passer au travers
slip·per [slɪpər] *nm (-s)* pantoufle
slip·per·tje [slɪpərcə] *het (-s)* ♦ **een ~ maken** donner un coup de canif dans le contrat
slip·ton·ge·tjes [slɪptoŋəcəs] *plur (cuis.)* solettes
slis·sen [slɪsə(n)] *vi (sliste, h. geslist)* avoir un cheveu sur la langue
[1]**slob·be·ren** [slɔbərə(n)] *vi (slobberde, h. geslobberd)* flotter *(vêtement)*
[2]**slob·be·ren** [slɔbərə(n)] *vti (slobberde, h. geslobberd)* avaler bruyamment
slob·be·rig [slɔbərəχ] *adj, adv* **1** flottant *(vêtement)* **2** (dans une tenue) débraillé(e)
slod·der·vos [slɔdərvɔs] *nm (-sen)* négligent, -ente
sloe·ber [slubər] *nm (-s)* **1** *(Belg.)* glouton, -onne **2** *(Belg.)* coquin, -ine ♦ **een arme ~** un pauvre bougre
sloeg [sluχ], **sloegen** → **slaan, afslaan, terugslaan** *(etc.)*
sloep [slup] *de (-en)* **1** chaloupe **2** chalutier
sloe·rie [sluri] *nf (-s)* salope
slof [slɔf] *nm (-fen)* **1** savate; *(fig.)* **iets op zijn ~fen af kunnen** faire qqch les doigts dans le nez **2** cartouche (de cigarettes) ♦ **in de ~ blijven** ne pas se réaliser; **uit zijn ~ schieten** sortir de ses gonds, se laisser aller
slof·fen [slɔfə(n)] *vi (slofte, h./i. gesloft)* **1** traîner les pieds **2** négliger; **hij laat alles maar ~** il se fiche de tout
slok [slɔk] *nm (-ken)* **1** gorgée; **grote ~ken nemen** boire à longs traits; **dat scheelt een ~ op een borrel** ça fait une sacrée différence **2** (petit) coup
slok·darm [slɔgdαrm] *nm (-en)* œsophage
slok·ken [slɔkə(n)] *vti (slokte, h. geslokt)* engloutir
slok·op [slɔkɔp] *nm (-pen)* goinfre
slo·me [slomə] *nm (-n)* mollasson
slonk [slɔŋk], **slonken** → **slinken**
slons [slɔns] *nf (slonzen)* souillon
slon·zig [slɔnzəχ] *adj, adv* débraillé, négligemment
sloof [slof] *nf (sloven) (péj.)* bobonne
sloom [slom] *adj, adv (slomer, sloomst)*

lent(ement); ~ **kijken** regarder comme une vache qui voit passer un train
[1]**sloop** [slop], **slopen** → **sluipen, wegsluipen** *(etc.)*
[2]**sloop** [slop] *het/de (slopen)* taie (d'oreiller)
[3]**sloop** [slop] *nm (slopen)* (chantier de) démolition
[1]**sloot** [slot], **sloten** → **sluiten, aansluiten, kortsluiten** *(etc.)*
[2]**sloot** [slot] *de (sloten)* **1** fossé; *(fig.)* **niet in zeven sloten tegelijk lopen** savoir se débrouiller **2** *(grande quantité)* mer
sloot·wa·ter [slotwatər] *het* **1** eau d'un fossé **2** *(fig.)* lavasse
slop [slɔp] *het (-pen)* **1** ruelle **2** impasse; *(fig.)* **in het ~ raken** être dans une impasse
slo·pen [slopə(n)] *vt (sloopte, h. gesloopt)* **1** démolir **2** démonter **3** récupérer **4** épuiser
slop·pen·wijk [slɔpə(n)wɛik] *de (-en)* bidonville
slor·dig [slɔrdəχ] *adj, adv* **1** débraillé, sans soin **2** négligent, avec négligence; ~ **schrijven** avoir une écriture peu soignée; **dat staat zo ~** ça fait vraiment négligé; **een ~e stijl** un style confus **3** environ
slor·dig|heid [slɔrdəχhɛit] *nf (-heden)* **1** négligence **2** incorrection
slot [slɔt] *het (-en)* **1** serrure; **iets achter ~ houden** garder qqch sous clé; **iemand achter ~ en grendel zetten** mettre qqn sous les verrous; **het ~je van een halsketting** le fermoir d'un collier; **een deur op ~ doen** fermer une porte à clé; **een fiets op ~ zetten** mettre l'antivol à sa bicyclette; **de deur is van het ~** la porte n'est pas fermée; **op ~ zitten** être fermé à clé; *(fig.)* être dans une impasse **2** fin; *(fig.)* **per ~ van rekening** en fin de compte; **ten ~te** enfin, finalement, à la fin; **tot ~** pour finir **3** château (fort) **4** *(commerce)* clôture
***slot-** [slɔt-] final; **de slotfase** la phase finale
slot·ak·te [slɔtaktə] *de (-s, -n)* **1** *(dram.)* dernier acte **2** *(pol.)* accords
slot·som [slɔtsɔm] *de* conclusion *(d'un raisonnement)*
slot·woord [slɔtwort] *het (-en)* **1** épilogue **2** allocution de clôture
Slo|veen [sloven] *nm (Slovenen)*, **-veen·se** *nf (-n)* Slovène
Slo·veens [slovens] *adj* slovène
slo·ven [slovə(n)] *vi (sloofde, h. gesloofd)* peiner
Slo·ve·nië [slovenijə] *het* Slovénie
Slo|waak [slowak] *nm (-waken)*, **-waak·se** *nf (-n)* Slovaque
Slo·waaks [slowaks] *adj* slovaque
Slo·wa·kije [slowakɛijə] *het* Slovaquie
slui·er [slœyjər] *nm (-s)* voile *(m.)*
slui·er·be·wol·king [slœyjərbəwɔlkɪŋ] *nf (météo.)* nébulosité légère, faible
slui·e·ren [slœyjərə(n)] *vt (sluierde, h. gesluierd)* voiler
sluik [slœyk] *adj* raide *(cheveux)*
slui·me·ren [slœymərə(n)] *vi (sluimerde, h. gesluimerd)* **1** somnoler **2** *(fig.)* sommeiller; **de ~de twisten laaiden weer op** les disputes latentes se sont rallumées
slui·pen [slœypə(n)] *vi (sloop, h./i. geslopen)* se glisser; **stiekem naar binnen ~** entrer furtivement
slui·pend [slœypənt] *adj* furtif; **een ~e ziekte** une maladie insidieuse
sluip·moord [slœypmort] *de (-en)* ± assassinat
sluip·rou·te [slœyprutə] *de (-s)* → **sluipweg 1**
sluip·schut·ter [slœypsχʌtər] *nm (-s)* tireur (d'élite) embusqué
sluip·weg [slœypwɛχ] *nm (-en)* **1** ⟨*chemin que l'on prend pour éviter les encombrements, les contrôles de police*⟩ **2** biais; **zijn doel via ~en trachten te bereiken** essayer d'atteindre son but par des voies détournées
sluis [slœys] *de (sluizen)* écluse
[1]**slui·ten** [slœytə(n)] *vt (sloot, h. gesloten)* **1** fermer; *(inform.)* **een bestand ~** fermer un fichier **2** enfermer **3** fermer à; **iemand buiten de deur ~** fermer sa porte à qqn **4** serrer *(sans laisser d'espace)* **5** conclure *(un accord etc.)*; **een lening ~** contracter un emprunt **6** arrêter; **de stoet ~** fermer la marche; **een vergadering ~** clôturer une réunion
[2]**slui·ten** [slœytə(n)] *vi (sloot, h. gesloten)* **1** fermer **2** (se) fermer; **engsluitend** très collant **3** s'accorder *(former un tout harmonieux)*; **die redenering sluit niet** ce raisonnement est boiteux **4** fermer (à clé) **5** se terminer **6** se solder (en, par) ♦ **een ~de begroting** un budget en équilibre
[3]**slui·ten, zich** [slœytə(n)] *vpr (sloot zich, h. zich gesloten)* (se) fermer
slui·ting [slœytɪŋ] *nf (-en)* **1** fermeture **2** clôture **3** fermoir
sluit·post [slœytpɔst] *nm (-en)* compte de résultat; *(fig.)* **als ~ op de begroting dienen** ± servir de bouche-trou *(budget)*
sluit·spier [slœytspir] *de (-en)* sphincter
slui·zen [slœyzə(n)] *vt (sluisde, h. gesluisd)* écluser
slun·gel [slʌŋəl] *nm (-s)* grande perche
slun·ge·lig [slʌŋələχ], **slungelachtig** *adj* (de façon) dégingandé(e); **een ~ figuur** un grand flandrin
slurf [slʌrf] *de (slurven)* **1** trompe *(d'un animal)* **2** tuyau **3** passerelle télescopique *(d'un avion)* **4** boudin *(fig.)*
slurp [slʌrp] *nm (-en)* gorgée
[1]**slur·pen** [slʌrpə(n)] *vi (slurpte, h. geslurpt)* faire du bruit en buvant
[2]**slur·pen** [slʌrpə(n)] *vt (slurpte, h. geslurpt)* boire en faisant du bruit ♦ **zo'n auto slurpt benzine** ce genre de voiture est très gourmand
sluw [slyw] *adj, adv* rusé, avec ruse; **de ~e vos** le fin renard
smaad [smat] *nm* diffamation; **iemand met ~ bejegenen** injurier qqn
smaak [smak] *nm (smaken)* **1** goût; **een**

fijne ~ hebben avoir un sens gustatif très développé; in de ~ vallen bij ... plaire à ...; naar mijn ~ à mon goût; kruiden naar ~ toevoegen assaisonner à volonté; iets op ~ brengen assaisonner qqch; de ~ van iets te pakken krijgen prendre goût à qqch; smaken verschillen tous les goûts sont dans la nature; *(fig.)* van iets een vieze ~ in de mond krijgen être dégoûté par qqch; *(prov)* over ~ valt niet te twisten des goûts et des couleurs on ne dispute point **2** appétit; iets met (veel) ~ nuttigen manger qqch de bon appétit

smaak·je [smakjə] *het (-s)* **1** (petit) goût; er zit een ~ aan dat vlees cette viande a un (petit) goût **2** aromatisant

smaak·loos [smaklos] *adj* sans goût

smaak·ma·ker [smakmakər] *nm (-s)* **1** aromatisant **2** lanceur, -euse de modes

smaak·stof [smakstɔf] *de (-fen)* aromatisant

smaak·vol [smakfɔl] *adj, adv* de goût, avec (beaucoup de) goût

smach·ten [smaχtə(n)] *vi (smachtte, h. gesmacht) (+ naar)* désirer ardemment; naar gezelschap ~ avoir un intense besoin de compagnie ♦ van honger of dorst ~ mourir de faim ou de soif

smach·tend [smaχtənt] *adj, adv* **1** langoureux, langoureusement **2** (d'une manière) languissant(e)

sma·de·lijk [smadələk] *adj, adv* **1** (d'une manière) infamant(e) **2** (d'une manière) méprisable; een ~e aftocht une retraite honteuse

smak [smak] *nm (-ken)* **1** lourde chute **2** fracas **3** bruit de bouche **4** tas (de)

sma·ke·lijk [smakələk] *adj, adv* **1** délicieux, délicieusement; eet ~! bon appétit ! *(aussi iron.)*; het ziet er ~ uit c'est appétissant **2** *(fig.)* savoureux, savoureusement; ~ lachen rire de bon cœur

sma·ke·loos [smakəlos] *adj, adv* de mauvais goût, sans goût

sma·ke·loos|heid [smakəloshεit] *nf (-heden)* manque de goût

[1]**sma·ken** [smakə(n)] *vi (smaakte, h. gesmaakt)* **1** avoir le goût (de); hij liet zich het eten goed ~ il mangea de bon appétit; hoe smaakt het? c'est bon ?; naar iets ~ avoir le goût de qqch; dat smaakt naar meer ça a un goût de revenez-y **2** être bon; het begint haar weer te ~ l'appétit lui revient; dat zal ~! ça promet !; de koffie scheen hem niet te ~ le café ne semblait pas lui plaire **3** sentir (qqch)

[2]**sma·ken** [smakə(n)] *vt (smaakte, h. gesmaakt) (form.)* goûter

[1]**smak·ken** [smakə(n)] *vi (smakte, h. gesmakt)* **1** faire du bruit en mangeant **2** *(fam.)* tomber lourdement

[2]**smak·ken** [smakə(n)] *vt (smakte, h. gesmakt)* balancer

smak·ker [smakər] *nm (-s)* **1** personne qui mange bruyamment **2** *(fam.)* bise (sonore)

smal [smal] *adj* étroit; een ~ gezichtje une petite figure; Holland op zijn ~st la mesquinerie typiquement hollandaise

sma·lend [smalənt] *adj, adv* condescendant, avec condescendance

[1]**sma·ragd** [smaraχt] *nm (-en)* émeraude *(pierre)*

[2]**sma·ragd** [smaraχt] *het* émeraude *(matière)*

smart [smart] *nf (-en)* **1** *(form.)* douleur; *(prov)* gedeelde ~ is halve ~ au malheureux fait confort avoir compagnie dans son sort **2** impatience fébrile

smar·te·lijk [smartələk] *adj, adv* **1** douloureux, douloureusement **2** plein d'impatience, avec impatience

smar·ten·geld [smartəχεlt] *het (-en)* réparation pour préjudice moral

smart·lap [smartlap] *nm (-pen)* chanson mélo

[1]**sme·den** [smedə(n)] *vt (smeedde, h. gesmeed)* **1** forger; aan elkaar ~ souder **2** fabriquer **3** tramer

[2]**sme·den** [smedə(n)] *vi (smeedde, h. gesmeed)* travailler le métal chaud

smeed·ij·zer [smetεizər] *het (-s)* fer forgé

smeek·be·de [smegbedə] *de (-n)* supplication

smeek·schrift [smeksχrɪft] *het (-en)* supplique

smeer [smer] *het/de* **1** graisse **2** crasse **3** cambouis ♦ *(prov)* omwille van de ~ likt de kat de kandeleer pour l'amour du saint, on baise les reliques

smeer·baar [smerbar] *adj* facile à étaler

smeer·boel [smerbul] *nm* saleté

smeer·geld [smerχεlt] *het (-en)* pot-de-vin

smeer|kaas [smerkas] *nm (-kazen)* fromage fondu

smeer|kees [smerkes] *nm (-kezen)* → smeerlap **1**

smeer·lap [smerlap] *nm (-pen)* **1** cochon *(fig.)* **2** salaud

smeer·mid·del [smermɪdəl] *het (-en)* lubrifiant

smeer|olie [smeroli] *de (-oliën)* huile lubrifiante

smeer·poets [smerputs] *nm (-en)* → smeerlap **1**

smeer·sel [smersəl] *het (-s)* pommade

smeer·worst [smerwɔrst] *de (-en)* saucisse à tartiner

smeet [smet], **smeten** → smijten, wegsmijten *(etc.)*

sme·ken [smekə(n)] *vi (smeekte, h. gesmeekt)* supplier (qqn de faire qqch); iemand om hulp ~ implorer l'aide de qqn

[1]**smel·ten** [smεltə(n)] *vi (smolt, h. gesmolten)* **1** fondre; *(fig.)* ~ van de hitte étouffer de chaleur **2** se dissoudre; die perziken ~ op de tong ces pêches fondent dans la bouche **3** se fondre *(se réunir en un tout)* ♦ iemands hart doen ~ faire fondre qqn

²**smel·ten** [smɛltə(n)] *vt (smolt, h. gesmolten)* (faire) fondre
smelt|kroes [smɛltkrus] *nm (-kroezen)* creuset
smelt·punt [smɛltpʌnt] *het (-en)* point de fusion
¹**sme·ren** [smerə(n)] *vt (smeerde, h./i. gesmeerd)* **1** graisser; **het loopt (als) gesmeerd** ça marche comme sur des roulettes **2** beurrer **3** étaler ♦ **'m ~** décamper, caleter; **nou, ik smeer 'm maar** eh bien, je file
²**sme·ren** [smerə(n)] *vi (smeerde, h. gesmeerd)* **1** s'étaler **2** salir (tout)
sme·rig [smerəχ] *adj, adv* **1** sale(ment); **iemand ~ behandelen** traiter qqn comme un chien; **~ weer** temps infect; **een ~ werk** un travail salissant; **een ~ zaakje** une affaire qui pue **2** (d'une façon) obscène; **~e taal uitslaan** dire des cochonneries
sme·ris [smerɪs] *nm (-sen) (fam.)* flic
smet [smɛt] *de (-ten)* tache *(aussi au fig.)*; **iemand, iemands naam van alle ~ten zuiveren** blanchir qqn; **dit werpt een ~ op zijn naam** cela entache sa réputation
smet·te|loos [smɛtəlos] *adj, adv (-lozer, meest s.)* propre, sans tache(s); **~ wit** d'un blanc impeccable
smeu·ïg [smøjəχ] *adj, adv* **1** crémeux **2** savoureux, d'une façon savoureuse
smeu·len [smølə(n)] *vi (smeulde, h. gesmeuld)* **1** couver sous la cendre **2** *(fig.)* couver
smid [smɪt] *nm (smeden)* forgeron
smie·zen [smizə(n)] *plur (fam.)* ♦ **dat loopt in de ~** ça se voit comme le nez au milieu de la figure; **iets in de ~ hebben** piger qqch; **iemand in de ~ hebben** avoir qqn dans son collimateur; **iemand in de ~ houden** tenir qqn à l'œil
smij·ten [smɛitə(n)] *vti (smeet, h. gesmeten)* flanquer; **met de deuren ~** faire claquer les portes
smik·ke·len [smɪkələ(n)] *vti (smikkelde, h. gesmikkeld)* se régaler (de)
¹**smoel** [smul] *nm (-en) (fam.)* **1** gueule; **een grote ~ opzetten** gueuler; **houd je ~!** ta gueule ! **2** grimace; **~en trekken** faire des grimaces
²**smoel** [smul] *het/de (-en) (fam.)* gueule
smoel·tje [smulcə] *het (-s) (fam.)* frimousse
smoel·werk [smulwɛrk] *het (-en) (fam.)* → ¹**smoel**
smoes [smus] *de (smoezen)* prétexte; **je moet mij geen ~jes verkopen** ce n'est pas à moi qu'il faut raconter tes salades
smoe·ze·lig [smuzələχ] *adj* souillé
smoe·zen [smuzə(n)] *vi (smoesde, h. gesmoesd)* **1** raconter des histoires *(fig.)* **2** chuchoter
smok·kel [smɔkəl] *nm* contrebande
smok·ke·laar [smɔkəlar] *nm (-s)* contrebandier
smok·ke·len [smɔkələ(n)] *vti (smokkelde, h. gesmokkeld)* **1** passer (des marchandises) en fraude **2** escamoter
smolt [smɔlt], **smolten** → **smelten, wegsmelten, samensmelten**
smoor [smor] *nm* ♦ **de ~ inhebben** râler
smoor·heet [smorhet] *adj* suffocant
smoor·ver·liefd [smorvərlift] *adj* amoureux fou (de)
smo·ren [smorə(n)] *vti (smoorde, h./i. gesmoord)* **1** étouffer; **met gesmoorde stem** d'une voix étranglée **2** s'enfoncer **3** *(cuis.)* mijoter
smos [smɔs] *nm* ♦ *(Belg.)* **een broodje ~** *(Belg.)* un sandwich dagobert
smout·bol [smɑudbɔl], **smoutebol** *nm (-len) (Belg.)* beignet soufflé, *(Belg.)* croustillon
sms [ɛsɛmɛs] *de* abrév. de *short message service* SMS, texto
smul·len [smʌlə(n)] *vi (smulde, h. gesmuld)* se régaler
smul|paap [smʌlpap] *nm (-papen)* gourmand, -ande
smul·par·tij [smʌlpartɛi] *nf (-en)* festin
smurf [smʌrf] *nm (-en)* Schtroumpf
smur·rie [smʌri] *de* crasse
snaak [snak] *nm (snaken)* **1** loustic **2** type; **een rare, een vreemde ~** un drôle de zèbre
snaar [snar] *de (snaren) (mus.; sports)* **1** corde; *(fig.)* **een gevoelige, tere ~ bij iemand aanraken, treffen** toucher la corde sensible de qqn **2** courroie
snak·ken [snɑkə(n)] *vi (snakte, h. gesnakt)* **1** haleter; **naar lucht ~** être à bout de souffle **2** *(+ naar)* aspirer (à); **~ naar een koud biertje** mourir d'envie de boire une bière fraîche
¹**snap·pen** [snɑpə(n)] *vi (snapte, h. gesnapt)* happer (qqch)
²**snap·pen** [snɑpə(n)] *vt (snapte, h. gesnapt)* **1** *(fam.)* piger; **hij snapt niet waar het om gaat** il ne comprend pas de quoi il s'agit; *(iron.)* **gesnopen?** comprendu ? **2** piquer
snars [snɑrs] *nm* ♦ **hij weet er geen ~ van** il n'en sait pas un traître mot; **hij trekt zich er geen ~ van aan** il s'en fout complètement
sna·ter [snatər] *nm (-s) (fam.)* bec; **hou je ~!** la ferme !
sna·te·ren [snatərə(n)] *vi (snaterde, h. gesnaterd)* **1** criailler **2** jacasser
snauw [snɑu] *nm (-en)* coup de bec *(fig.)*; **iemand ~en en grauwen geven** rudoyer qqn
¹**snau·wen** [snɑuwə(n)] *vi (snauwde, h. gesnauwd) (+ tegen)* rudoyer (qqn)
²**snau·wen** [snɑuwə(n)] *vt (snauwde, h. gesnauwd)* dire d'un ton hargneux
sna·vel [snavəl] *nm (-s)* bec *(de l'animal; fam. de l'homme)*; *(fam.)* **hou je ~!** la ferme !; *(fam.)* **zijn ~ roeren** faire marcher le moulin à paroles
sne·dig [snedəχ] *adj, adv* prompt(ement); **een ~ antwoord** une riposte

snee [sne] *de (-ën)* 1 incision 2 tranche 3 coupure 4 coupe *(action de couper)* 5 tranchant

sneed [snet], **sneden** → snijden, aansnijden *(etc.)*

sneer [sner] *nm (sneren)* coup de bec *(fig.)*; iets met een ~ zeggen dire qqch en ricanant

sneeuw [snew] *de* neige; natte ~ neige fondue; *(Belg.)* smeltende ~ neige fondue; *(Belg.)* zwarte ~ zien être sur la paille

***sneeuw-** [snew-] de neige; de sneeuwstorm la tempête de neige

sneeu·wen [snewə(n)] *vb impers (sneeuwde, h. gesneeuwd)* neiger

sneeuw·klok·je [snewklɔkjə] *het (-s)* perce-neige

sneeuw·man [snewmɑn] *nm (-nen)* 1 bonhomme de neige 2 (abominable) homme des neiges

sneeuw·pop [snewpɔp] *de (-pen)* → sneeuwman 1

Sneeuw·wit·je [snewɪcə] Blanche-Neige

snel [snɛl] *adj, adv* 1 rapide(ment); op zijn ~st au plus vite; ~ van begrip zijn avoir l'esprit vif 2 branché, à la page 3 bientôt

snel·bin·der [snɛlbɪndər] *nm (-s)* tendeur

snel|heid [snɛlhɛit] *nf (-heden)* vitesse; op volle ~ à toute vitesse

***snel·heids-** [snɛlhɛits-] de vitesse; de snelheidsbeperking la limitation de vitesse

snel·kook·pan [snɛlkokpɑn] *de (-nen)* cocotte-minute®

snel·len [snɛlə(n)] *vi (snelde, i./h. gesneld)* 1 accourir; iemand tegemoet ~ courir au-devant de qqn 2 courir à toute vitesse

snel·trein·vaart [snɛltrɛinvart] *de* ♦ iets in ~ bespreken traiter une affaire en deux coups de cuillère à pot; hij kwam in een ~ de hoek om il a passé le coin à toute allure

snel·wan·de·len [snɛlwɑndələ(n)] *vb (sports)* faire de la marche (athlétique)

snel·weg [snɛlwɛχ] *nm (-en)* autoroute *(aussi inform.)*

snel·wer·kend [snɛlwɛrkənt] *adj (remède, poison)* (à effet) rapide

sner·pen [snɛrpə(n)] *vi (snerpte, h. gesnerpt)* cingler

snert [snɛrt] *de* 1 soupe aux pois 2 balivernes 3 camelote

***snert-** [snɛrt-] 1 dégueulasse 2 tout petit

snert·weer [snɛrtwer] *het* sale temps

sneu [snø] *adj, adv* fâcheux, fâcheusement; hoe ~!, wat ~! quelle pitié !

sneu·ve·len [snøvələ(n)] *vi (sneuvelde, i. gesneuveld)* 1 mourir à la guerre 2 se briser; *(fig.)* er sneuvelden weer enige records quelques records sont de nouveau tombés

snib·big [snɪbəχ] *adj, adv* hargneux, hargneusement

snij|boon [snɛibon] *de (-bonen)* 1 haricot sabre, *(Belg.)* haricot à couper 2 oiseau; een rare ~ un drôle de coco

snij·den [snɛidə(n)] *vti (sneed, h. gesneden)* 1 couper; *(fig.)* flink in de uitgaven ~ faire une coupe sombre dans les dépenses; iets klein ~ couper qqch en petits morceaux 2 découper 3 tailler 4 rouler 5 *(transp.)* faire une queue de poisson à 6 *(météo.)* cingler 7 se couper 8 *(jeux de cartes)* couper

snij·dend [snɛidənt] *adj* 1 coupant 2 aigu *(sons, douleur)*; op ~e toon d'un ton cinglant 3 âpre

snij·kant [snɛikɑnt] *nm (-en)* tranchant

snij·koek [snɛikuk] *nm (-en)* pain d'épice

snij·lijn [snɛilɛin] *de (-en) (math.)* 1 sécante 2 ligne d'intersection 3 ligne de coupe

snij·punt [snɛipʌnt] *het (-en)* 1 point d'intersection 2 *(fig.)* carrefour

snij·tand [snɛitɑnt] *nm (-en)* incisive

snij·vlak [snɛivlɑk] *het (-ken)* 1 tranchant 2 section 3 *(math.)* plan coupant

snij·wond [snɛiwɔnt] *de (-en)* coupure *(blessure)*

[1]**snik** [snɪk] *nm (-ken)* 1 soupir; de laatste ~ geven rendre son dernier soupir 2 sanglot

[2]**snik** [snɪk] *adj (fam.)* ♦ niet goed ~ toqué

snik·heet [snɪkhet] *adj* affreusement chaud

snik·ken [snɪkə(n)] *vi (snikte, h. gesnikt)* 1 sangloter 2 dire en sanglotant

snip [snɪp] *de (-pen)* bécasse *(oiseau)*

snip·per [snɪpər] *nm (-s)* 1 rognure 2 *(tissu)* recoupe 3 miette

snip·per·dag [snɪpərdɑχ] *nm (-en)* jour à disposition

snip·pe·ren [snɪpərə(n)] *vi (snipperde, h. gesnipperd) (fam.)* prendre un jour de congé

snip·ver·kou·den [snɪpfərkɑudə(n)] *adj* ♦ ~ zijn avoir un rhume carabiné

snit [snɪt] *de (couture)* coupe; het is naar de laatste ~ c'est le dernier cri

***snoei-** [snuj-] *(fam.)* vachement

snoei·en [snujə(n)] *vti (snoeide, h. gesnoeid)* 1 tailler *(des arbres, arbustes)* 2 couper

snoek [snuk] *nm (-en) (zool.)* brochet

snoek|duik [snugdœyk], **-sprong** *nm (-en)* saut de carpe

snoep [snup] *nm* bonbons

snoe·pen [snupə(n)] *vti (snoepte, h. gesnoept)* 1 manger des bonbons 2 *(+ van)* manger (qqch) en cachette

snoe·per [snupər] *nm (-s)* 1 amateur de sucreries 2 coureur de jupons

snoep·goed [snupχut] *het* → snoep

snoep·je [snupjə] *het (-s)* 1 bonbon 2 trésor *(terme d'affection)*

snoep·lust [snuplʌst] *nm* gourmandise

snoep·reis·je [snuprɛiʃə] *het (-s)* court voyage d'agrément

snoer [snur] *het (-en)* 1 cordon 2 *(pêche)* ligne 3 fil électrique 4 collier

snoe·ren [snurə(n)] *vt (snoerde, h. gesnoerd)* attacher (avec un cordon)

snoer·loos [snurlos] *adj* sans fil

snoes [snus] *nm (snoezen)* chou *(terme d'affection);* **je bent een ~** tu es un amour
snoes|haan [snushan] *nm (-hanen)* **1** fanfaron, -onne **2** *(fam.)* hurluberlu; **een rare, een vreemde ~** un drôle de pistolet
snoet [snut] *nm (-en)* **1** museau **2** *(fam.)* bec **3** *(généralement 'snoetje')* frimousse; **zij heeft een leuk ~je** elle est mignonne **4** *(terme d'affection)* chou
snoe·ven [snuvə(n)] *vi (snoefde, h. gesnoefd)* fanfaronner
snoe·ze|poes [snuzəpus] *de (-poezen)* → **snoes**
snoe·zig [snuzəχ] *adj, adv* mignon; **zij ziet er ~ uit** elle est jolie comme un cœur
snol [snɔl] *nf (-len) (vulg.)* pute
snood [snot] *adj, adv (snoder, snoodst)* (de façon) infâme
snood·aard [snodart] *nm (-s) (form.)* coquin
snoof [snof], **snoven** → **snuiven**
snoot [snot], **snoten** → **snuiten**
snor [snɔr] *de (-ren)* moustache; **zijn ~ laten staan** se laisser pousser la moustache ♦ *(fam.)* **zijn ~ drukken** s'esquiver; **dat zit (wel) ~** c'est réglé
snor·fiets [snɔrfits] *de (-en)* cyclomoteur
snor|haar [snɔrhar] *de (m.) (-haren) (plur.) (d'un animal)* moustaches
snor·kel [snɔrkəl] *nm (-s) (sports)* tuba
snor·ren [snɔrə(n)] *vi (snorde, h./i. gesnord)* **1** ronfler **2** rouler comme un bolide **3** *(fam.)* fouiner
snot [snɔt] *het/de* morve
snot|aap [snɔtap] *nm (-apen)* morveux, -euse
snot·jon·gen [snɔtjɔŋə(n)] *nm (-s)* morveux; **iemand als een ~ behandelen** traiter qqn par-dessous la jambe
snot|neus [snɔtnøs] *nm (-neuzen)* **1** nez qui coule **2** morveux, -euse
snot·te·bel [snɔtəbɛl] *de (-len) (fam.)* chandelle
snot·te·ren [snɔtərə(n)] *vi (snotterde, h. gesnotterd)* **1** avoir le nez qui coule **2** renifler **3** pleurnicher
snot·ver·kou·den [snɔtfərkaudə(n)] *adj* → **snipverkouden**
snuf·fe·len [snʌfələ(n)] *vi (snuffelde, h. gesnuffeld)* **1** flairer (qqch) **2** fureter; **hij snuffelt altijd in de boeken** il a toujours le nez dans les livres
snuf·ferd [snʌfərt] *nm (-s) (fam.)* **1** pif; *(fig.)* **steek je ~ er niet in** ne fourre pas ton nez là-dedans **2** figure
snuf·je [snʌfjə] *het (-s)* **1** gadget; **het laatste, nieuwste ~** la dernière trouvaille **2** pincée
snug|ger [snʌχər] *adj, adv (-gerder, -gerst)* malin, intelligemment; *(euph.)* **hij is niet erg ~** il n'a pas inventé la poudre
snuif·je [snœyfjə] *het (-s)* **1** prise (de tabac, de cocaïne, d'héroïne) **2** pincée
snuis·te·ren [snœystərə(n)] *vi (snuisterde, h. gesnuisterd) (Belg.)* fouiner
snuis·te·rij [snœystərɛi] *nf (-en)* bibelot
snuit [snœyt] *nm (-en)* → **snoet 1, 2, 3**
snui·ten [snœytə(n)] *vt (snoot, h. gesnoten)* moucher
snui·ter [snœytər] *nm (-s)* hurluberlu; **een rare ~** un drôle de coco
snui·ven [snœyvə(n)] *vti (snoof, h. gesnoven)* **1** respirer bruyamment; **~d van woede** fulminant de colère **2** renifler **3** snifer
snul [snʌl] *nm (-len) (Belg.; fam.)* nigaud, -aude
snur·ken [snʌrkə(n)] *vi (snurkte, h. gesnurkt)* ronfler
soa [sowa] *nf (-'s)* abrév. de *seksueel overdraagbare aandoening* MST
soap [sop] *de (-s),* **soapserie** *de (-s)* **1** feuilleton mélo **2** *(fig.)* mélodrame
so|ber [sobər] *adj, adv (-berder, -berst)* **1** sobre(ment); **in ~e bewoordingen** en peu de paroles **2** frugal(ement) **3** maigre(ment); **een ~ bestaan leiden** vivre petitement
so·ber·heid [sobərhɛit] *nf* **1** sobriété **2** dépouillement **3** frugalité
so|ci·aal [soʃal] *adj, adv (-cialer, -ciaalst)* social; **een ~ mens** ± une personne tournée vers les autres
so·ci·a·li·sa·tie [soʃaliza(t)si] *nf* **1** *(socio., écon.)* acculturation **2** socialisation
so·ci·al me·dia [soʃəlmi:dijə] *plur* médias sociaux
so·ci·ë·teit [soʃetɛit] *nf (-en)* **1** cercle **2** société
so·ci·e·ty [sosajəti] *nf* haute société
so·da [soda] *nm* **1** soude **2** eau gazeuse
so·de·ju [sodəjy] *interj* mince (alors) !
so·de·mie·ter [sodəmitər] *nm (-s)* **1** *(fam.)* salopard **2** *(vulg.; corps)* viande ♦ **er geen ~ van snappen** (ne) rien y piger; **dat gaat je geen ~ aan** t'en as rien à foutre
[1]**so·de·mie·te·ren** [sodəmitərə(n)] *vi (sodemieterde, h./i. gesodemieterd) (vulg.)* **1** se casser la gueule; **pas op dat je niet uit het raam sodemietert** fais gaffe de pas passer par la fenêtre **2** faire le con
[2]**so·de·mie·te·ren** [sodəmitərə(n)] *vt (sodemieterde, h. gesodemieterd) (vulg.)* envoyer; **iemand de deur uit ~** foutre qqn à la porte
soe·bat·ten [subatə(n)] *vi (soebatte, h. gesoebat)* quémander (qqch)
soe·laas [sulas] *het* **1** soulagement **2** consolation
soep [sup] *de (-en)* potage; **daar lust ik wel ~ van!** je ne crache pas dessus !; *(prov)* **de ~ wordt nooit zo heet gegeten als ze wordt opgediend** toutes les fois qu'il tonne le tonnerre ne tombe pas ♦ **in de ~ zitten** être dans le pétrin; **z'n auto in de ~ rijden** bousiller sa voiture; **het is niet veel ~s** ce ne vaut pas grand-chose
soe·pel [supəl] *adj, adv* **1** souple, avec souplesse; **zich ~ opstellen** faire preuve de souplesse (d'esprit) **2** aisé(ment); **een ~e samenwerking** une collaboration harmonieuse
soep·jurk [supjʌrk] *de (-en)* robe sac

soes [sus] *de (soezen)* chou (à la crème)
soe·sa [suza] *nm* tintouin
soe·zen [suzə(n)] *vi (soesde, h. gesoesd)* **1** somnoler **2** rêvasser
sof [sɔf] *nm* fiasco
so·fi·num·mer [sofinʌmər] *het (-s)* ⟨*numéro d'identification sociale et fiscale*⟩
soft [sɔft] *adj (softer, meest s.) (fam.)* mollasse
soft·drink [sɔvdrɪŋk] *nm (-s)* boisson rafraîchissante
soft·drug [sɔvdrʌg, [B]sɔvdrʌχ] *de (-s)* drogue douce
soft·ice [sɔftɑjs], **softijs** *het (cuis.)* glace à l'italienne
[1]**sok** [sɔk] *nm (-ken)* manchon
[2]**sok** [sɔk] *de (-ken)* **1** chaussette; **oude ~** bas de laine *(fig.)* **2** vieille barbe ♦ **iemand van de ~ken rijden** tailler un short à qqn; **er de ~ken in zetten** accélérer le pas, courir à toutes jambes
sok·kel [sɔkəl] *nm (-s)* **1** socle **2** pied *(base)*
sol|daat [sɔldat] *nm (-daten)* soldat ♦ **iets ~ maken** s'envoyer qqch; **een fles ~ maken** faire un sort à une bouteille; *(Belg.)* **~ zijn** être rond
sol·de·ren [sɔlderə(n)] *vt (soldeerde, h. gesoldeerd) (technol.)* **1** souder **2** ressouder
sol·dij [sɔldɛi] *nf (milit.)* solde
so·list [solɪst] *nm (-en)*, **soliste** *nf (-s, -n)* **1** *(mus.)* soliste **2** individualiste
so·lis·tisch [solɪstis] *adj, adv* (en) soliste; **~ optreden** se produire en soliste; *(fig.)* agir en solo
sol·len [sɔlə(n)] *vi (solde, h. gesold)* ♦ **(niet) met zich laten ~** (ne pas) se laisser faire
sol·li·ci|tant [sɔlisitɑnt] *nm (-en)*, **-tante** *nf (-s, -n)* postulant, -ante *(à un emploi)*
sol·li·ci·ta·tie [sɔlisita(t)si] *nf (-s)* **1** candidature **2** lettre de candidature
sol·li·ci·ta·tie·ge·sprek [sɔlisita(t)siχəsprɛk] *het (-ken)* entretien d'embauche
sol·li·ci·te·ren [sɔlisiterə(n)] *vi (solliciteerde, h. gesolliciteerd)* **1** *(emploi)* postuler; **naar een functie ~** poser sa candidature à un poste **2** *(+ naar)* tout faire pour
so·lo·toer [solotur] *nm (fam.)* ♦ **op de ~ gaan** agir en solitaire
som [sɔm] *de (-men)* **1** somme; **een lief ~metje** une coquette somme **2** *(math.)* problème
So·ma·lië [somalijə] *het* Somalie
So·ma|li·ër [somalijər] *nm (-s)*, **-lische** *nf (-n)* Somalien, -ienne
So·ma·lisch [somalis] *adj* somalien
som|ber [sɔmbər] *adj, adv (-berder, -berst) (aussi au fig.)* sombre(ment); **~ gestemd zijn over iets** être pessimiste sur qqch; *(fig.)* **iets ~ voorstellen** noircir qqch
som·ber·heid [sɔmbərhɛit] *nf* **1** obscurité **2** morosité
som·mi·ge [sɔməχə] *indéf* **1** quelques **2** *(subst.)* quelques-uns
soms [sɔms] *adv* **1** parfois **2** peut-être; **mocht zij ~ niet thuis komen, dan ...** au cas où elle ne rentrerait pas à la maison ...; **weet je dat ~ niet?** tu le sais aussi bien que moi
soort [sort] *het/de (-en)* espèce; **~ bij ~** par genre; **in zijn ~** en son genre; **die is enig in zijn ~** il n'a pas son pareil; **ik heb ze in alle ~en en maten** j'en ai de toutes (les) sortes et dans toutes les tailles; **Frankrijk heeft veel ~en kaas** la France a de nombreuses variétés de fromage; **ons ~ mensen** les gens comme nous; *(prov)* **~ zoekt ~** qui se ressemble, s'assemble
soor·te·lijk [sortələk] *adj, adv* spécifique(ment)
soor·te·ment [sortəmɛnt] *het (fam.)* espèce
soort·ge·lijk [sortχəlɛik] *adj* similaire
soort·ge|noot [sortχənot] *nm (-noten)*, **-note** *nf (-s, -n)* congénère
soort|naam [sortnam] *nm (-namen)* **1** *(biol.)* nom générique **2** *(ling.)* terme générique
sop [sɔp] *het (-pen)* **1** eau savonneuse; **het (nog) een ~je geven** (re)passer qqch à l'eau savonneuse **2** lessive ♦ *(fig.)* **iemand in zijn eigen ~ gaar laten koken** laisser qqn mijoter dans son jus; **het ruime ~ kiezen** gagner le large
sop·pen [sɔpə(n)] *vti (sopte, h. gesopt)* **1** *(cuis.)* tremper **2** passer à l'eau savonneuse **3** lessiver
so·res [sorəs] *plur* embêtements; **in de ~ zitten** être dans le pétrin
sor·ry [sɔri] *interj* pardon
sor·te·ren [sɔrterə(n)] *vt (sorteerde, h. gesorteerd)* **1** trier **2** calibrer **3** router
sor·te·ring [sɔrterɪŋ] *nf (-en)* **1** triage **2** choix *(variété)*
sou [su] *nm (-s)* ♦ **hij heeft geen ~ meer** il n'a plus un rond
sou·ter·rain [sutərɛ̃] *het (-s)* sous-sol
***Sov·jet-** [sɔvjɛt-] *(hist.)* soviétique
Sov·jet-Unie [sɔvjɛtyni] *nf (hist.)* Union soviétique
so·wie·so [sowizo] *adv* de toute manière
spa® [spa] *de* eau minérale, eau de Spa; **~ blauw** eau minérale plate; **~ rood** eau minérale pétillante
sp.a [ɛspea] *nf* abrév. de *socialistische partij anders* sp.a *(parti socialiste flamand)*
[1]**spaak** [spak] *de (spaken)* rayon *(d'une roue)*; *(fig.)* **(iemand) een ~ in het wiel steken** mettre des bâtons dans les roues (à qqn)
[2]**spaak** [spak] *adv* ♦ **dat huwelijk is toen ~ gelopen** ce mariage a alors mal tourné; **zo loopt de boel helemaal ~** comme ça, rien ne va plus; **het loopt ~ op een onbenulligheid** ça va tomber à l'eau pour une futilité
spaan [span] *de (spanen)* **1** copeau; **er bleef geen ~ van heel** il n'en resta pas une miette; *(fig.)* il s'est fait complète-

ment démolir **2** éclat de bois **3** *(cuis.)* spatule
spaan·der [spandər] *nm (-s)* copeau; *(prov)* **waar gehakt wordt, vallen ~s** on ne fait pas d'omelette(s) sans casser des œufs ♦ **de ~s vlogen eraf** on en a mis un coup
spaan|plaat [spamplat] *de (-platen)* (panneau d')aggloméré
Spaans [spans] *adj, adv* espagnol ♦ **ik had het ~ benauwd** j'étais drôlement inquiet; **het ging er ~ (aan) toe** ça a bardé
***spaar-** [spar-] d'épargne; **de spaarpremie** la prime d'épargne
spaar·bank [sparbaŋk] *de (-en)* caisse d'épargne
spaar·cen·ten [sparsɛntə(n)] *plur* économies
spaar·geld [sparχɛlt] *het (-en)* → **spaarcenten**
spaar·lamp [sparlɑmp] *de (-en)* lampe fluocompacte
spaar·pot [sparpɔt] *nm (-ten)* **1** tirelire **2** économies; **zij heeft een vette ~** elle a un joli magot
spaar·var·ken [sparvɑrkə(n)] *het (-s)* grenouille *(tirelire)*
spaar|zaam [sparzam] *adj, adv (-zamer, -zaamst)* **1** (de façon) économe; **hij is ~ met (zijn) lof** il ne prodigue pas les éloges **2** rare(ment); **spaarzame verlichting** lumière indigente
spa|gaat [spaχat] *nm (-gaten)* grand écart; **een ~ maken** faire le grand écart; *(fig.)* **zich in een ~ bevinden** être face à un dilemme
spal·ken [spɑlkə(n)] *vt (spalkte, h. gespalkt)* éclisser
spam [spɛm] *de* spam
span [spɑn] *het (-nen)* **1** attelage **2** équipe; **een aardig ~** un beau couple **3** paire ♦ **een ~ne tijds** un laps de temps
span·doek [spɑnduk] *het/de (-en)* banderole
Span·jaard [spɑnjart] *nm (-en),* **Spaanse** *nf (-n)* Espagnol, -ole
Span·je [spɑnjə] *het* Espagne
[1]**span·nen** [spɑnə(n)] *vt (spande, h. gespannen)* **1** tendre **2** armer *(appareil)* **3** atteler ♦ **haar verwachtingen waren te hoog gespannen** elle avait visé trop loin
[2]**span·nen** [spɑnə(n)] *vi (spande, h. gespannen)* coller
[3]**span·nen** [spɑnə(n)] *vb impers* être (tout) juste; **het zal erom ~ wie er wint** le vainqueur l'emportera de justesse
span·nend [spɑnənt] *adj* **1** captivant; **de zaak wordt ~** l'affaire se corse **2** *(Belg.)* collant
span·ning [spɑnɪŋ] *nf (-en)* **1** tension; **in ~ zitten** être anxieux; **iemand in ~ houden** tenir qqn en haleine; **in ~ iets afwachten** attendre qqch avec impatience; **onder voortdurende ~ staan** être sur les nerfs; **op het lichtnet staat ~** il y a du courant sur le réseau **2** suspense; **hij houdt van ~ en sensatie** il aime le sensationnel
span·nings·boog [spɑnɪŋzboχ] *nm* ♦ **een korte ~ hebben** être vite distrait
span·nings·veld [spɑnɪŋsfɛlt] *het (-en)* **1** champ électrique **2** *(fig.)* zone de tension
spar [spɑr] *nm (-ren)* sapin
spa·ren [sparə(n)] *vti (spaarde, h. gespaard)* **1** économiser; **bij elkaar ~** amasser **2** ménager; **spaar me de details** épargne-moi les détails; **gespaard blijven voor de sloop** être sauvé de la démolition **3** collectionner **4** épargner
Spar·taans [spɑrtans] *adj, adv* (à la) spartiate
spar·te·len [spɑrtələ(n)] *vi (spartelde, h. gesparteld)* **1** remuer **2** barboter
spas|misch [spɑsmis], **-tisch** *adj, adv* (de manière) spastique ♦ **je moet niet zo ~ doen!** décontracte-toi un peu !
spat [spɑt] *de (-ten)* éclaboussure ♦ *(fam.)* **er is geen ~ van waar** il n'y a pas une miette de vérité dans tout ça; *(fam.)* **zij is geen ~ veranderd** elle n'a pas changé d'un grain
spat·ader [spɑtadər] *de (-en) (méd.)* varice
spat·bord [spɑdbɔrt] *het (-en)* **1** gardeboue **2** aile *(d'une voiture)*
spa·tel [spatəl] *de (-s)* spatule
spa·tie [spa(t)si] *nf (-s)* espace
[1]**spat·ten** [spɑtə(n)] *vi (spatte, h./i. gespat)* gicler; **vonken ~ in het rond** des étincelles jaillissent alentour; **uit elkaar ~** éclater
[2]**spat·ten** [spɑtə(n)] *vti (spatte, h./i. gespat)* **1** éclabousser **2** tacher **3** lancer (des éclats, étincelles)
spea·ker [spi:kər] *nm (-s)* **1** haut-parleur **2** speaker ♦ *(ling.)* **native ~** locuteur natif
spe·ce·rij [spesərɛi] *nf (-en)* épice
specht [spɛχt] *nm (-en) (zool.)* pic
spe|ci·aal [speʃal] *adj, adv (-cialer, -ciaalst)* spécial(ement)
spe·ci·a·li·sa·tie [speʃaliza(t)si] *nf (-s)* **1** spécialisation **2** spécialité *(connaissances)*
spe·ci·a·lis·me [speʃalɪsmə] *het (-n)* → **specialisatie 2**
spe·cie [spesi] *nf (-s)* espèces *(argent)*
spe·ci·fiek [spesifik] *adj, adv* **1** spécifique(ment) **2** (de manière) spécifié(e) **3** expressément
spec|trum [spɛktrʌm] *het (-tra)* spectre *(couleurs; aussi au fig.)*; **een breed ~ van mogelijkheden** une gamme étendue de possibilités; **het politieke ~** l'éventail politique
spe·cu·laas [spekylas] *het/de,* **speculaasje** *het (-s)* spéculoos
spe·cu|lant [spekylɑnt] *nm (-en),* **-lante** *nf (-s, -n)* spéculateur, -trice
spe·cu·loos [spekylos] *het/de* spéculoos
speech [spi:tʃ] *nm (-es)* discours; **een ~ afsteken** prononcer un discours

speed|boot [spi:dbot] *nm (-boten)* canot automobile de course
speed·da·ten [spi:tdetə(n)] *vb* speed-dating, rencontre rapide
speek·sel [speksəl] *het* salive
speel·au·to|maat [spelautomat] *nm (-maten)* machine à sous
speel·baar [spelbar] *adj* jouable
speel·bal [spelbal] *nm (-len)* **1** balle **2** *(fig.)* jouet
speel|doos [speldos] *de (-dozen)* **1** boîte à musique **2** boîte à jouets
speel·film [spelfɪlm] *nm (-s)* film *(œuvre)*
speel·goed [spelχut] *het* jouets; **een stuk ~** un jouet
speel·helft [spelhɛlft] *de (-en) (sports)* **1** moitié du terrain **2** mi-temps
speel·kwar·tier [spelkwartir] *het (-en)* récréation
speel|plaats [spelplats] *de (-en),* **-plein** *het (-en)* **1** terrain de jeu **2** cour de récréation
speel·ruim·te [spelrœymtə] *nf (-n, -s)* **1** *(technol.)* jeu **2** *(fig.)* marge; **~ geven** donner du champ **3** salle de jeu
speels [spels] *adj, adv (speelser, meest s.)* **1** joueur **2** léger, par jeu; **een ~e aanpak** une approche ludique **3** capricieux, capricieusement; **~e versieringen** décorations pleines de fantaisie
speel·ster [spelstər] *nf (-s)* → **speler**
speel·tje [spelcə] *het (-s) (fam.)* joujou
speel·tuin [speltœyn] *nm (-en)* jardin pour enfants
speel·veld [spelvɛlt] *het (-en)* **1** terrain de sport **2** terrain de jeu
speel·vo·gel [spelvoχəl] *nm (-s) (Belg.)* enfant joueur
speen [spen] *de (spenen)* **1** tétine **2** *(Belg.)* hémorroïdes
speen·var·ken [spenvarkə(n)] *het (-s)* cochon de lait; **schreeuwen, brullen als een mager ~** crier comme un veau qu'on égorge
speer [sper] *de (speren)* lance; *(fig.)* **lopen als een ~** baigner dans l'huile
speer·punt [sperpʌnt] *de (-en)* fer de lance *(aussi au fig.)*
speer·wer·pen [sperwɛrpə(n)] *vb* lancer le javelot
speet [spet], **speten** → **spijten**
spek [spɛk] *het* **1** lard; *(Belg.)* **het ~ aan z'n been hebben** être chocolat; **eieren met ~** œufs au bacon **2** *(enf.)* guimauve ♦ **voor ~ en bonen meedoen** compter pour du beurre; **met ~ schieten** se vanter
spek·glad [spɛkχlat] *adj* très glissant
spek·je [spɛkjə] *het (-s)* ♦ **dat is ~ voor je bekje** voilà ce qu'il te faut; **dat is geen ~ voor je bekje** c'est trop bien pour toi, ce n'est pas pour toi
spek·ken [spɛkə(n)] *vt (spekte, h. gespekt)* **1** remplir les poches de (qqn) **2** remplir *(pourvoir d'argent)*
spek·kie [spɛki] *het (-s)* → **spek 2**
spek·ta·kel [spɛktakəl] *het (-s)* **1** *(souvent iron.)* spectacle **2** tumulte; **~ maken** tempêter
spek|zool [spɛksol] *de (-zolen)* semelle de crêpe
spel [spɛl] *het (-en, -len)* **1** jeu; *(sports)* **gevaarlijk ~** jeu dangereux; **hij maakt van alles een ~** il prend tout à la légère; **iets op het ~ zetten** mettre qqch en jeu *(aussi au fig.)*; *(fig.)* **geen ~letjes spelen** ne pas jouer de jeux; *(fig.)* **een ~ met iemand spelen** se payer la tête de qqn; **vals ~** tricherie; **iemand vrij ~ laten** laisser le champ libre à qqn; **zijn verbeelding vrij ~ laten** donner libre cours à son imagination **2** *(sports)* partie; **het ~ gewonnen geven** abandonner la partie; **het ~ in handen hebben** *(sens pr. et fig.)* mener le jeu; *(fig.)* **het ~ is uit** la plaisanterie est finie **3** *(théâtre)* pièce ♦ **buiten ~ blijven** rester sur la touche; **er is een vergissing in het ~** il y a (un) malentendu; **alles op het ~ zetten** risquer le tout pour le tout; **uw toekomst staat op het ~** il y va de votre avenir
spel|bre·ker [spɛlbrekər] *nm (-s),* **-breekster** *nf (-s)* **1** personne qui sabote le jeu **2** *(fig.)* trouble-fête
speld [spɛlt] *de (-en)* **1** épingle; **daar is geen ~ tussen te krijgen** tout se tient, on ne peut pas placer un mot; *(fig.)* **men kon er een ~ horen vallen** on aurait entendu voler une mouche; *(fig.)* **een ~ in een hooiberg zoeken** chercher une aiguille dans une botte de foin **2** broche *(bijou)* **3** barrette *(cheveux)*
spel·den·knop [spɛldə(n)knɔp] *nm (-pen)* **1** tête d'épingle **2** *(fig.)* pointe d'épingle
spel·den·prik [spɛldə(n)prɪk] *nm (-ken)* **1** piqûre d'épingle **2** *(fig.)* pique **3** *(fig.)* escarmouche
speld·je [spɛlcə] *het (-s)* **1** insigne **2** badge
spe·len [spelə(n)] *vti (speelde, h. gespeeld)* **1** jouer; **het speelt me door de geest** cela me trotte dans la tête; **hij laat niet met zich ~** il ne se laisse pas marcher sur les pieds; **op iemands ijdelheid ~** spéculer sur la vanité de qqn; **hij heeft het slecht gespeeld** il s'y est mal pris **2** jouer (à); **om geld ~** jouer pour de l'argent; **vals ~** tricher **3** *(mus.)* jouer (de); **vals ~** jouer faux **4** se passer ♦ **met de gedachte ~ om …** songer à …
spe·len·der·wijs [spelənderwɛis] *adv* en jouant
spe·ler [spelər] *nm (-s),* **speelster** *nf (-s)* **1** joueur, -euse **2** acteur, -trice **3** musicien, -ienne
spel·fout [spɛlfaut] *de (-en)* faute d'orthographe
spe·ling [spelɪŋ] *nf (-en)* **1** jeu *(du destin, du sort; aussi d'une corde)*; **een ~ van de natuur** un caprice de la nature **2** *(fig.)* marge
spel·len [spɛlə(n)] *vt (spelde, h. gespeld)* **1** épeler; **hoe spelt hij zijn naam?** comment s'écrit son nom ? **2** *(fig.)* éplucher *(un journal, une lettre)*

spel·le·tje [spɛləcə] *het (-s)* **1** jeu; ergens een ~ van maken s'amuser à faire qqch; *(fig.)* een ~ spelen met iemand se payer la tête de qqn **2** partie; doe je ook een ~ mee? tu joues avec nous ?
spel·ling [spɛlɪŋ] *nf (-en)* orthographe
spe·lonk [spelɔŋk] *de (-en)* caverne
spel·re·gel [spɛlreχəl] *nm (-s)* **1** règle du jeu **2** règle d'orthographe
spelt|brood [spɛltbrot] *het (-broden)* pain d'épeautre
spen·de·ren [spɛnderə(n)] *vt (spendeerde, h. gespendeerd)* consacrer (à)
spe·nen [spenə(n)] *vt (speende, h. gespeend)* sevrer ♦ van iets gespeend zijn manquer de qqch
sper|vuur [spɛrvyr] *het (-vuren) (aussi au fig.)* feu nourri; hij stond onder een ~ van vragen il était mitraillé de questions
sper·wer [spɛrwər] *nm (-s)* épervier
sper·zie|boon [spɛrzibon] *de (-bonen)* haricot vert
spet·ter [spɛtər] *nm (-s)* **1** éclaboussure **2** *(fam.)* beau gosse, jolie môme
spet·te·ren [spɛtərə(n)] *vi (spetterde, h. gespetterd)* **1** éclater **2** éclabousser
speu·ren [spørə(n)] *vti (speurde, h. gespeurd)* **1** *(+ naar)* chercher **2** enquêter
speur|neus [spørnøs] *nm (-neuzen)* **1** nez fin **2** limier
speur·tocht [spørtɔχt] *nm (-en)* recherches
speur·werk [spørwɛrk] *het* recherches
spich·tig [spɪχtəχ] *adj* effilé
spie·den [spidə(n)] *vi (spiedde, h. gespied)* épier; in het rond ~ promener un regard fureteur
spie·gel [spiχəl] *nm (-s)* **1** miroir; in de ~ kijken se regarder dans la glace **2** exemple **3** *(méd.)* taux
spie·gel·beeld [spiχəlbelt] *het (-en)* **1** image **2** image inverse; in ~ schrijven écrire à l'envers
spie·gel·ei [spiχəlɛi] *het (-eren) (cuis.)* œuf sur le plat
[1]**spie·ge·len** [spiχələ(n)] *vi (spiegelde, h. gespiegeld)* **1** réfléchir; het ~d ijs la glace brillante comme un miroir **2** faire réfléchir **3** être lustré
[2]**spie·ge·len, zich** [spiχələ(n)] *vpr (spiegelde zich, h. zich gespiegeld)* **1** se refléter **2** *(+ aan)* s'inspirer (de); *(prov)* wie zich aan een ander spiegelt, spiegelt zich zacht bien se châtie qui par autrui se châtie
spie·ge·ling [spiχəlɪŋ] *nf (-en)* **1** reflet **2** *(math.)* retournement
spie·gel·re·flex·ca·me·ra [spiχəlreflɛkskamərа] *de (-'s)* appareil reflex
spiek·brief·je [spigbrifjə] *het (-s)* petit papier
spie·ken [spikə(n)] *vi (spiekte, h. gespiekt)* copier; even ~ que je jette un coup d'œil sur mes notes
spiek·pa·pier·tje [spikpapircə] *het (-s)* → spiekbriefje
spier [spir] *de (-en)* muscle; de ~en losmaken s'échauffer les muscles; zonder een ~ te vertrekken sans sourciller
***spier-** [spir-] musculaire; het spierstelsel le système musculaire
spier·bal [spirbɑl] *nm (-len)* biceps
spie·ring [spirɪŋ] *nm (-en)* éperlan; een ~ uitgooien om een kabeljauw te vangen donner un œuf pour avoir un bœuf
spier·naakt [spirnakt] *adj* nu comme un ver
spier·pijn [spirpɛin] *de (-en)* courbatures
spier·wit [spirwɪt] *adj* blanc comme neige
spies [spis] *de (spiezen)* **1** épieu **2** *(gril)* brochette
spiet·sen [spitsə(n)] *vt (spietste, h. gespietst)* empaler
spij·be·len [spɛibələ(n)] *vi (spijbelde, h. gespijbeld)* sécher un cours
spij·ker [spɛikər] *nm (-s)* clou; *(fig.)* een ~ in zijn kop hebben avoir la gueule de bois; *(fig.)* ~s met koppen slaan ne pas prendre de demi-mesures; *(fig.)* de ~ op de kop slaan mettre le doigt dessus; *(fig.)* ~s op laag water zoeken couper les cheveux en quatre
spij·ker·broek [spɛikərbruk] *de (-en)* jean
spij·ker·hard [spɛikərhɑrt] *adj* **1** dur comme fer **2** impitoyable
spij·ker·schrift [spɛikərsχrɪft] *het* écriture cunéiforme
spijl [spɛil] *de (-en)* barreau
spijs [spɛis] *de (spijzen)* **1** mets **2** *(cuis.)* pâte
spijs|kaart [spɛiskart], **-lijst** *de (-en)* carte *(au restaurant)*
spijs·ver·te·ring [spɛisfərterɪŋ] *nf* digestion
spijt [spɛit] *de* **1** regret; ~ van iets hebben regretter qqch; ~ van iets hebben als haren op zijn hoofd se mordre les doigts de qqch **2** chagrin
spij·ten [spɛitə(n)] *vi (speet, h. gespeten)* regretter; het spijt me dat ik u stoor je suis désolé de vous déranger
spij·tig [spɛitəχ] *adj, adv* (de façon) regrettable
spik·kel [spɪkəl] *nm (-s)* tache
spik·splin·ter·nieuw [spɪksplɪntərniw] *adj (fam.)* → splinternieuw
spil [spɪl] *de (-len)* **1** axe **2** *(technol.)* arbre **3** essieu **4** *(fig.)* pivot **5** *(archit.)* noyau
[1]**spil·le|been** [spɪləben] *het (-benen)* allumette
[2]**spil·le|been** [spɪləben] *nm (-benen)* ± personne qui a des jambes comme des allumettes
[1]**spin** [spɪn] *de (-nen)* **1** araignée; de ~ in het web le pivot du système **2** tendeur multiple *(dispositif)*
[2]**spin** [spɪn] *nm (-s)* rotation
spi·na·zie [spinazi] *de* épinards
spi·net [spinɛt] *het (-ten) (mus.)* épinette
[1]**spin·nen** [spɪnə(n)] *vti (spon, h. gesponnen)* filer
[2]**spin·nen** [spɪnə(n)] *vi (spon, h. gesponnen)* ronronner *(chats)*

[3]**spin·nen** [spɪnə(n)] *vi (spinde, h. gespind) (pol.)* ⟨*manipuler les médias*⟩
spin·nen·kop [spɪnə(n)kɔp] *de (-pen)* **1** araignée **2** petite teigne *(d'une personne)*
spin·nen·web [spɪnə(n)wɛp] *het (-ben)* toile d'araignée
spin·rag [spɪnrɑχ] *het* → spinnenweb
spi·on [spijɔn] *nm (-nen),* **spionne** *nf (-s, -n)* espion, -onne
spi|raal [spiral] *de (-ralen)* **1** spirale **2** hélice **3** ressort **4** sommier métallique
spi·raal·tje [spiralcə] *het (-s) (méd.)* stérilet
spi·rit [spɪrɪt] *nm* dynamisme; ~ hebben avoir du sang dans les veines
spi·ri·tus [spiritʌs] *nm* alcool à brûler
[1]**spit** [spɪt] *het (-ten)* **1** broche *(pour gril)* **2** bêche
[2]**spit** [spɪt] *het/de (méd.)* lumbago
[1]**spits** [spɪts] *de (-en)* **1** pointe; de ~ van een toren la flèche d'une tour **2** heures de pointe; in de ~ zitten se trouver en pleine heure de pointe **3** avant-garde ♦ de, het ~ afbijten essuyer les plâtres; iets op de ~ drijven pousser qqch à outrance
[2]**spits** [spɪts] *nm (-en) (sports)* avant de pointe
[3]**spits** [spɪts] *adj, adv* **1** pointu, en pointe; ~ toelopen se terminer en pointe **2** sagace, avec sagacité; een ~ antwoord une réponse caustique
spits·heid [spɪtshɛit] *nf* acuité
spits·von·dig [spɪtsfɔndəχ] *adj, adv* ingénieux, subtilement
spits·von·dig|heid [spɪtsfɔndəχhɛit] *nf (-heden)* **1** ingéniosité **2** argutie
spit·ten [spɪtə(n)] *vti (spitte, h. gespit)* bêcher; in een stapel papier ~ trifouiller dans un tas de papiers
spit·zen [ʃpitsə(n)] *plur (danse)* chaussons à pointes
[1]**spleet** [splet], **spleten** → splijten
[2]**spleet** [splet] *de (spleten)* fente
[1]**spleet|oog** [spletoχ] *het (-ogen)* œil bridé
[2]**spleet|oog** [spletoχ] *nm (-ogen) (péj.)* chinetoque
[1]**splij·ten** [splɛitə(n)] *vt (spleet, h. gespleten)* **1** fendre **2** fissionner
[2]**splij·ten** [splɛitə(n)] *vi (spleet, h. gespleten)* se fendre; een gespleten tong une langue bifide
splin·ter [splɪntər] *nm (-s)* écharde; iets aan ~s slaan casser qqch en mille morceaux; de ~ in een anders oog zien en niet de balk in zijn eigen voir la paille dans l'œil de son voisin et ne pas voir la poutre dans le sien
splin·te·ren [splɪntərə(n)] *vi (splinterde, h. gesplinterd)* éclater
splin·ter·groe·pe·ring [splɪntərχrupərɪŋ] *de (-en)* groupuscule
splin·ter·nieuw [splɪntərniw] *adj* flambant neuf
splin·ter·par·tij [splɪntərpɑrtɛi] *nf (-en)* → splintergroepering
[1]**split** [splɪt] *het (-ten)* fente *(jupe, robe)*
[2]**split** [splɪt] *de (-ten) (sports)* grand écart
split·erwt [splɪtɛrt] *de (-en)* pois cassé
[1]**split·sen** [splɪtsə(n)] *vt (splitste, h. gesplitst)* **1** diviser **2** fissionner
[2]**split·sen, zich** [splɪtsə(n)] *vpr (splitste zich, h. zich gesplitst)* se diviser; daar splitst de weg zich c'est là que la route bifurque
split·sing [splɪtsɪŋ] *nf (-en)* **1** division **2** fission **3** bifurcation **4** scission
spoed [sput] *nm* hâte; er is ~ bij c'est urgent; *(prov)* haastige ~ is zelden goed la hâte est mère de l'échec; ~ maken se hâter; met ~ en hâte; ergens ~ achter zetten se hâter de faire qqch
*__spoed-__ [sput-] d'urgence; een spoedoperatie une opération d'urgence
spoed·cur·sus [sputkʌrzʌs] *nm (-sen)* cours intensif
spoed·ei·send [sputɛisənt] *adj* urgent
spoed·ge·val [sputχəvɑl] *het (-len)* **1** cas urgent **2** *(méd.)* urgence
spoe·dig [spudəχ] *adj, adv* **1** prochain, bientôt **2** rapide(ment); zo ~ mogelijk dès que possible
spoed·stuk [sputstʌk] *het (-ken)* **1** document urgent **2** *(P. et T.)* exprès
spoel [spul] *de (-en)* **1** bobine **2** canette
spoel·bak [spulbɑk] *nm (-ken)* évier
[1]**spoe·len** [spulə(n)] *vt (spoelde, h. gespoeld)* **1** rincer **2** bobiner
[2]**spoe·len** [spulə(n)] *vi (spoelde, i. gespoeld)* **1** être emporté *(par l'eau);* aan land ~ échouer **2** couler *(fleuve)*
spo·ken [spokə(n)] *vi, vb impers (spookte, h. gespookt)* **1** hanter (un lieu) **2** rôder **3** hanter (qqn) *(idées)* **4** être hanté; het spookt in dat kasteel ce château est hanté
spo·ke·rij [spokərɛi] *nf (-en)* apparition de fantômes; ik geloof niet in ~ je ne crois pas aux histoires de fantômes
spon [spɔn], **sponnen** → spinnen
spons [spɔns] *de (sponzen)* éponge
spon|taan [spɔntan] *adj, adv (-taner, -taanst)* spontané(ment)
spook [spok] *het (spoken)* **1** fantôme **2** vision; overal spoken zien avoir des visions **3** spectre *(menace)* **4** chipie
spook·ach·tig [spokɑχtəχ] *adj, adv* **1** fantomatique, comme un fantôme **2** (d'une façon) terrifiant(e)
spook·beeld [spogbelt] *het (-en)* → spook 2
spook|huis [spokhœys] *het (-huizen)* **1** maison hantée **2** palais de l'horreur
spook|rij·der [spokrɛidər] *nm (-s),* **-rijdster** *nf (-s)* fantôme *(voiture, conducteur, -trice roulant à contresens sur une autoroute)*
[1]**spoor** [spor] *de (sporen)* **1** éperon *(de cavalier); (fig.)* zijn sporen verdiend hebben avoir fait ses preuves **2** *(biol.)* spore
[2]**spoor** [spor] *het (sporen)* **1** trace; het ~ bijster zijn *(chasse)* avoir perdu la trace, s'être égaré, être dérouté; *(fig.)* iemand

op het ~ komen dépister qqn; iets, iemand op het ~ zijn être sur la trace de qqch, de qqn; sporen vertonen van iets porter les traces de qqch **2** piste **3** voie; iemand op het goede ~ brengen mettre qqn sur la voie; het rechte ~ la bonne voie; iemand op een verkeerd ~ brengen induire qqn en erreur **4** voie ferrée; op een dood ~ zitten être sur une voie de garage **5** chemins de fer **6** chemin de fer ♦ geen ~ van ... pas l'ombre de ...

spoor|baan [spoːrban] *de (-banen)* → spoorlijn 2

spoor·boek·je [spoːrbukjə] *het (-s)* indicateur des chemins de fer

spoor|boom [spoːrbom] *nm (-bomen)* barrière de passage à niveau

spoor·lijn [spoːrlɛin] *de (-en)* **1** ligne de chemin de fer **2** voie ferrée

spoor·loos [spoːrlos] *adj* sans traces; mijn bril is ~ mes lunettes ont disparu; ~ verdwijnen disparaître sans laisser de traces

spoor·slags [spoːrslɑχs] *adv* à bride abattue

spoor·weg [spoːrwɛχ] *nm (-en)* **1** voie ferrée **2** *(plur.)* chemins de fer

***spoor·weg-** [spoːrwɛχ-] des chemins de fer

spoor·zoe·ken [spoːrzukə(n)] *vb* relever des signes de piste

spoot [spot], **spoten** → spuiten, inspuiten *(etc.)*

¹spo·ren [spoːrə(n)] *vi (spoorde, h./i. gespoord) (aussi au fig.)* suivre l'ornière; het beleid spoort niet met de maatschappelijke ontwikkelingen la politique adoptée ne va pas dans le sens de l'évolution sociale; *(fig.)* hij spoort niet il lui manque une case

²spo·ren [spoːrə(n)] *vt (spoorde, h. gespoord)* éperonner *(un cheval)*

sport [spɔrt] *de (-en)* **1** sport; veel aan ~ doen être sportif **2** *(aussi au fig.)* échelon; op de onderste ~ staan occuper le dernier échelon

***sport-** [spɔrt-] sportif; de sportuitslagen les résultats sportifs

spor·ten [spɔ̱rtə(n)] *vi (sportte, h. gesport)* faire du sport

spor|tief [spɔrtiːf] *adj, adv (-tiever, -tiefst)* **1** sportif, d'une manière sportive **2** sportif *(esprit)*, sportivement

spor·tie·ve|ling [spɔrtiːvəlɪŋ] *nm (-en)*, **-linge** *nf (-s, -n) (fam.)* fana du sport

spot [spɔt] *nm (-s)* **1** spot *(petite lampe; aussi message publicitaire)* **2** moquerie; de ~ drijven met iets, iemand se moquer de qqch, de qqn

spot·goed·koop [spɔtχutkoːp] *adj, adv* très bon marché

spot·lust [spɔ̱tlʌst] *nm* esprit moqueur

spot|naam [spɔ̱tnam] *nm (-namen)* sobriquet

spot·prent [spɔ̱tprɛnt] *de (-en)* caricature

spot|prijs [spɔ̱tprɛis] *nm (-prijzen)* prix dérisoire; voor een ~ pour rien

spot·ten [spɔ̱tə(n)] *vi (spotte, h. gespot)* **1** railler **2** *(+ met)* se moquer (de qqn, qqch); hij laat niet met zich ~ on ne se moque pas de lui impunément; met dergelijke zaken moet je niet ~ on ne plaisante pas avec ces choses-là; ja, spot er maar mee! tu peux bien rire !

spot·ziek [spɔ̱tsik] *adj* moqueur

spraak [sprak] *de* **1** parole **2** (façon de) parler

spraak·ge·brek [spraːkχəbrɛk] *het (-en)* défaut de prononciation

spraak·ge·bruik [spraːkχəbrœyk] *het* usage *(langage)*

spraak·kunst [spraːkʌnst] *nf* grammaire

spraak·ma|kend [sprakmaːkənt] *adj (-kender, meest s.)* qui fait beaucoup parler (de) ♦ de ~e gemeente la communauté linguistique

spraak·ver·mo·gen [spraːkfərmoχə(n)] *het* usage de la parole

spraak·ver·war·ring [spraːkvərwɑrɪŋ] *nf (-en)* confusion des langues; er heerste een babylonische ~ c'était une véritable tour de Babel

spraak|zaam [spraːksam] *adj (-zamer, -zaamst)* loquace

sprak [sprɑk], **spraken** → spreken, afspreken, tegenspreken *(etc.)*

spra·ke [spraːkə] *nf* ♦ daar is geen ~ van il n'en est pas question; er is hier ~ van ... il s'agit ici de ...; ter ~ komen être évoqué; iets ter ~ brengen mettre qqch sur le tapis

spra·ke·loos [spraːkəlos] *adj, adv* muet, sans pouvoir proférer une parole; ik sta ~ les bras m'en tombent; ~ zijn avoir perdu la parole, rester interdit

spran·ke·len [sprɑ̱ŋkələ(n)] *vi (sprankelde, h. gesprankeld)* étinceler *(surtout au fig.)*; een ~de geest un esprit brillant

sprank·je [sprɑ̱ŋkjə] *het (-s)* ♦ een ~ hoop une lueur d'espoir

spreek·beurt [spreːgbørt] *de (-en)* **1** conférence **2** *(enseign.)* exposé

spreek|buis [spreːgbœys] *de (-buizen) (fig.)* porte-parole

spreek·ge·stoel·te [spreːkχəstultə] *het (-n, -s)* tribune

spreek·ka·mer [spreːkamər] *de (-s)* cabinet (de consultation)

spreek·ster [spreːkstər] *nf (-s)* → spreker

spreek·taal [spreːktal] *de* langue parlée

spreek|uur [spreːkyr] *het (-uren)* consultation *(d'un médecin etc.)*; ~ houden recevoir, donner des consultations

spreek·vaar·dig·heid [sprekfaːrdəχhɛit] *nf* élocution

spreek·ver·bod [spreːkfərbɔt] *het (-en)* interdiction de parler en public

spreek·woord [spreːkwort] *het (-en)* proverbe

spreek·woor·de·lijk [sprekwoːrdələk] *adj, adv* proverbial(ement); zijn verstrooidheid is ~ sa distraction est légendaire

spreeuw [sprew] *de (-en)* étourneau

sprei [sprɛi] *de (-en)* couvre-lit

sprei·den [sprɛidə(n)] *vt (spreidde, h. gespreid)* **1** étendre **2** étaler (sur); **de macht ~** répartir le pouvoir **3** écarter *(jambes)*

sprei·ding [sprɛidɪŋ] *nf* **1** étalement **2** décentralisation **3** *(math.)* dispersion

spre·ken [sprekə(n)] *vti (sprak, h. gesproken)* **1** parler; **je spreekt nu heel anders** ce n'est pas ce que tu disais (avant); **deze cijfers ~ (voor zich)** ces chiffres sont éloquents; **alleen de feiten laten ~** se baser uniquement sur les faits; **met wie spreek ik?** qui est à l'appareil ?; **er valt met hem niet te ~** il est impossible de discuter avec lui; **iemand te na ~** dire du mal de qqn; **ik spreek je nader** nous en reparlerons; *(menace)* tu auras de mes nouvelles; **om met mevrouw C. te ~** comme l'a dit Madame C.; **over iemand, iets ~** parler de qqn, qqch; **ik ben voor niemand te ~** je n'y suis pour personne; **niet tegen elkaar ~** ne pas se parler; **om niet te ~ van ...** sans parler de ...; **het spreekt vanzelf** cela va de soi; **~ voor iets** parler en faveur de qqch; **dit geval spreekt voor zich** ce cas se passe de commentaire; **een paar ~de voorbeelden** quelques exemples frappants; **in zichzelf ~** parler tout seul **2** *(+ uit)* (se) manifester; **er sprak argwaan uit zijn stem** sa voix dénotait la méfiance ♦ **slecht te ~ zijn** être de mauvaise humeur; **niet te ~ zijn over iets** ne pas être content de qqch

[1]**spre·kend** [sprekənt] *adj* **1** parlant; **een ~e gelijkenis** une ressemblance frappante; **~e kleuren** couleurs vives **2** éloquent; **een ~ bewijs** une preuve évidente **3** expressif

[2]**spre·kend** [sprekənt] *adv* exactement; **zij is ~ haar moeder** c'est tout le portrait de sa mère

spre·ker [sprekər] *nm (-s),* **spreekster** *nf (-s)* **1** orateur, -trice; **een geboren ~ zijn** avoir le don de la parole **2** locuteur, -trice

spren·ke·len [sprɛŋkələ(n)] *vti (sprenkelde, h. gesprenkeld)* **1** répandre **2** humecter

spreuk [sprøk] *de (-en)* dicton; **een ~ uit de Bijbel** un proverbe de la Bible

spriet [sprit] *nm (-en)* **1** *(bot.)* brin **2** *(zool.)* antenne **3** *(péj.)* perche **4** mèche folle

sprin·gen [sprɪŋə(n)] *vi (sprong, h./i. gesprongen)* **1** sauter; **de band is gesprongen** le pneu a crevé; *(fig.)* **eruit ~** rentrer dans ses frais, ne pas passer inaperçu; **het glas is gesprongen** le verre a éclaté; **je kunt hoog of laag ~, het moet toch gebeuren** on aura beau faire des pieds et des mains, on n'y changera rien; *(fam.)* **op ~ staan** être à bout de nerfs, être pressé; *(besoins naturels)* ne plus pouvoir se retenir; **het verkeerslicht sprong op groen** le feu est passé au vert; **er is een snaar gesprongen** une corde a pété; *(fig.)* **staan te ~** sauter d'impatience; **hij staat te ~ om weg te komen** il brûle d'envie de partir; *(fig.)* **zitten te ~ om iemand, iets** attendre fébrilement qqn, qqch **2** rebondir *(ballon)* **3** jaillir **4** faire faillite

sprin·ge·rig [sprɪŋərəχ] *adj, adv* (en) sautillant; **~ haar** cheveux rebelles

spring·la·ding [sprɪŋladɪŋ] *nf (-en)* charge explosive

spring·le·vend [sprɪŋlevənt] *adj* bien vivant

spring·stof [sprɪŋstɔf] *de (-fen)* explosif

spring·tij [sprɪŋtɛi] *het (-en)* → **springvloed 1**

spring·tuig [sprɪŋtœyχ] *het (-en) (Belg.)* explosif

spring|uur [sprɪŋyr] *het (-uren) (Belg.; enseign.)* heure creuse, *(Belg.)* fourche

spring|veer [sprɪŋver] *de (-veren)* ressort

spring·vloed [sprɪŋvlut] *nm (-en)* **1** marée d'équinoxe **2** raz-de-marée

sprink|haan [sprɪŋkhan] *nm (-hanen)* sauterelle; **zo mager als een ~** maigre comme un clou

sprits [sprɪts] *de (-en) (cuis.)* sablé

sproei·en [sprujə(n)] *vti (sproeide, h. gesproeid)* arroser

sproei·er [sprujər] *nm (-s)* **1** arroseur **2** pulvérisateur **3** *(technol.)* buse **4** pomme (d'arrosoir) **5** gicleur *(du carburateur)*

sproet [sprut] *de (-en)* tache de rousseur

sprok·ke·len [sprɔkələ(n)] *vti (sprokkelde, h. gesprokkeld)* **1** ramasser du bois mort **2** *(fig.)* glaner

[1]**sprong** [sprɔŋ], **sprongen** → **springen, openspringen** *(etc.)*

[2]**sprong** [sprɔŋ] *nm (-en)* saut; *(fig.)* **een grote ~ doen** faire son chemin en peu de temps; **hoge ~en maken** *(sens pr.)* faire de grands bonds; *(sports)* sauter haut; *(fig.)* courir d'énormes risques; *(fig.)* **een ~ in het duister** un saut dans l'inconnu; **een ontwikkeling met ~en** un développement par à-coups; **met een ~ belandde zij in de tuin** d'un bond elle a atterri dans le jardin; *(fig.)* **de ~ wagen** faire le saut

sprongs·ge·wijs [sprɔŋsχəwɛis] *adv* par bonds

sprook·je [sprokjə] *het (-s)* **1** conte de fées; **het ~ van Roodkapje** l'histoire du petit Chaperon rouge **2** rêve; **eruitzien als een ~** être d'une beauté éblouissante

sprook·jes·ach·tig [sprokjəsɑχtəχ] *adj, adv* féerique(ment)

sprook·jes·we·reld [sprokjəswerəlt] *de* monde féerique

sprot [sprɔt] *nm (-ten) (zool.)* sprat

[1]**spruit** [sprœyt] *nm (-en)* rejeton *(enfant)*; **de jongste ~** le bébé

[2]**spruit** [sprœyt] *de (-en)* **1** *(bot.)* pousse **2** chou de Bruxelles, *(Belg.)* petit chou; **~jes** choux de Bruxelles

sprui·ten [sprœytə(n)] *vi (sproot, h./i. gesproten)* **1** résulter **2** descendre (de)

spu·gen [spyχə(n)] *vti (spuugde, h. gespuugd)* **1** cracher **2** vomir; **de boel onder ~** vomir partout

spui·en [spœyjə(n)] *vti (spuide, h. ge-*

spuid) **1** déverser **2** *(fig.)* exprimer (qqch); **hij moet even ~** il a besoin de s'exprimer
spui·gat [spœyχɑt] *het (-en)* ♦ **dat loopt de ~en uit** cela dépasse les bornes
spuit [spœyt] *de (-en)* **1** lance (d'incendie) **2** tuyau (d'arrosage) **3** *(peinture)* pistolet **4** seringue **5** *(méd.)* piqûre; **een ~(je) geven** faire une piqûre (à qqn) **6** *(fam.)* shoot *(drogue);* **aan de ~ zijn** se shooter **7** *(fam.)* courante; **aan de ~ zijn** avoir la courante
spuit·bus [spœydbʌs] *nm (-sen)* bombe
[1]**spui·ten** [spœytə(n)] *vti (spoot, h. gespoten)* **1** arroser **2** *(parfum; agric.)* pulvériser **3** peindre au pistolet **4** *(méd.)* piquer; **iemand plat ~** bourrer qqn de calmants **5** *(fam.)* se shooter *(drogue)* ♦ **een slagroomrand ~** faire une bordure de chantilly à l'aide d'une douille
[2]**spui·ten** [spœytə(n)] *vi (spoot, h./i. gespoten)* jaillir
spuit·wa·ter [spœytwatər] *het* eau gazeuse
spul [spʌl] *het (-len)* **1** affaires **2** marchandise; **dat is raar ~** c'est un drôle de truc ♦ **zijn ~len voor elkaar hebben** être bien renseigné, avoir bien réglé ses affaires
spurt [spʌrt] *nm (-s)* sprint
sput·te·ren [spʌtərə(n)] *vi (sputterde, h. gesputterd)* **1** rouspéter; **tegen iets ~** râler contre qqch **2** crépiter
spuug [spyχ] *het (fam.)* salive
spuug·le·lijk [spyχlelək] *adj* laid à faire peur
spuug·zat [spyχsɑt] *adj* ♦ **iets ~ zijn** en avoir ras le bol de qqch
spu·wen [spywə(n)] *vti (spuwde, h. gespuwd)* **1** cracher **2** vomir
squa·dron [skwɔdrən, skwadrɔn] *het (-s)* escadron
sr. [senijɔr] abrév. de *senior* père
Sri Lan·ka [srilɑŋka] *het* Sri Lanka
Sri Lan|kaan [srilɑŋkan] *nm (-kanen),* **-kaanse** *nf (-n)* Sri-Lankais, -aise
Sri Lan·kaans [srilɑŋkans] *adj* sri-lankais
[1]**sst** [ɛsɛste] *nm (Belg.)* abrév. de *supersnelle trein* TGV
[2]**sst** [st] *interj* chut !
staaf [staf] *de (staven)* barre; **glazen ~jes** tiges de verre; **de staven van een rooster** les barreaux d'une grille
staaf·mixer [stafmɪksər] *nm (-s)* mixeur, batteur plongeur
staak [stak] *nm (staken)* **1** perche **2** *(iron.)* allumette **3** poteau **4** *(fig.)* échalas
staakt-het-vu·ren [staktətfyrə(n)] *het* cessez-le-feu
staal [stal] *het* **1** acier; **een sterk ~tje** un exploit **2** échantillon; **~tjes van iets kunnen vertellen** pouvoir donner des exemples frappants de qqch ♦ *(méd.)* **~ innemen** prendre du fer
***staal-** [stal-] d'acier; **de, het staaldraad** le fil d'acier
staal·bor·stel [stalbɔrstəl] *nm (-s)* brosse métallique
staal·con·struc·tie [stalkɔnstrʌksi] *nf (-s)* charpente métallique
staal·pil [stalpɪl] *de (-len)* comprimé de fer
staal·wol [stalwɔl] *de* paille de fer
staan [stan] *vi (stond, h. gestaan)* **1** être debout; *(fig.)* **achter iets ~** soutenir qqch; **ik kan niet lezen wat daar staat** je ne peux pas lire ce qui est écrit; **gaan ~** se lever; **ergens aan gaan ~** attaquer qqch; *(iron.)* **hij stond erbij en keek ernaar** il restait les bras ballants; **ergens onverwacht voor komen te ~** se trouver subitement confronté à qqch; **iemand laten ~** laisser qqn debout; **je staat op mijn tenen** tu me marches sur le pied; **die gebeurtenis staat geheel op zichzelf** cet évènement est totalement isolé; **rechtop ~** se tenir droit; **voor zijn mening ~** défendre son opinion; *(fig.)* **ergens alleen voor ~** être seul face à qqch **2** se trouver; **hiermee staat of valt de zaak** c'est cela qui sera décisif **3** être; **hoog aangeschreven ~** être bien vu; **er goed bij ~** prospérer; *(fig.)* **hij staat er goed voor** ça marche bien (pour lui); **zoals de zaken ervoor ~** au point où en sont les choses; **de tranen ~ hem in de ogen** il a les larmes aux yeux; **leeg ~** être inoccupé *(logement);* **ergens middenin ~** participer activement à qqch; **de bloemen ~ er mooi bij** les fleurs sont belles; *(fig.)* **iemand na ~** être proche de qqn; **onder iemand ~** être sous les ordres de qqn; **ergens sceptisch tegenover ~** être sceptique à l'égard de qqch; **7 staat tot 14 als 8 staat tot 16** 7 est à 14 ce que 8 est à 16 **4** aller (à qqn); **dat stáát** ça fait bien **5** figurer; **geld op de bank hebben ~** avoir de l'argent à la banque **6** *(+ op) (+ inf.)* être sur le point (de) **7** être dirigé (vers); **de zon staat 's middags op deze kamer** l'après-midi, le soleil donne dans cette pièce **8** être en train (de); **ergens van ~ kijken** être très étonné par qqch **9** être passible (de); **er staat 10 jaar gevangenisstraf op** c'est passible de 10 ans de prison **10** rester immobile; **blijven ~** s'arrêter; **sta of ik schiet!** halte ou je tire !; **(iets) tot ~ brengen** arrêter (qqch) **11** rester intact; **laat ~ dat ...** sans parler de ...; **zijn eten laten ~** ne pas toucher à son repas; **zijn baard laten ~** se laisser pousser la barbe **12** résister (à); **ervoor ~** être prêt à affronter qqch; **zij staat voor niets** elle ne recule devant rien **13** convenir **14** exiger (que); **Jan staat erop dat ...** Jan exige que ...; **hij staat op goede manieren** il exige de bonnes manières ♦ **het staat te bezien** cela reste à voir; **er staat hem wat te wachten** *(fig.)* ça va être sa fête; **zij ziet hem niet ~** il n'existe pas pour elle
staand [stant] *adj* ♦ *(fig.)* **~e blijven** ne pas céder; **zich ~e houden** se maintenir; **iets ~e houden** soutenir qqch *(aussi au fig.);* **iemand ~e houden** arrêter qqn
staan·de [standə] *prép (form.)* pendant; **~ de vergadering** séance tenante

staan·der [standər] *nm (-s)* montant *(pièce verticale)*
staan·plaats [stamplats] *de (-en)* **1** place debout **2** emplacement
staar [star] *de (méd.)* cataracte
staart [start] *nm (-en)* **1** queue; het haar in ~jes dragen avoir des couettes; daar krijg ik een ~ van j'en ai par-dessus la tête; *(fig.; iron.)* 'm op zijn ~ trappen appuyer à fond sur le champignon **2** *(fig.)* suites; die zaak krijgt nog een ~je cette affaire aura des suites **3** restant
staart·de·ling [stardelɪŋ] *nf (-en) (math.)* division
staat [stat] *nm (staten)* **1** état; de ~ van beleg l'état de siège; tot alles in ~ zijn être capable de tout; in ~ zijn te betalen être en mesure de payer; iemand in ~ stellen (om) te ... permettre à qqn de ...; zij is niet in ~ iemand te bedriegen elle est incapable de tromper qqn; in kennelijke ~ verkeren se trouver en état d'ébriété; iets weer in zijn vroegere ~ terugbrengen remettre qqch en état **2** État; de Kerkelijke Staat les États pontificaux ♦ Gedeputeerde Staten administration de la province
staat·kun·de [statkʌndə] *nf* (science) politique
staat·lo·ze [statlozə] *nm (-n)* apatride
***staats-** [stats-] d'État; het staatsgeheim le secret d'État
staats·be·dien·de [statsbədində] *nm (-n, -s) (Belg.)* fonctionnaire (d'État)
staats·be·stel [statsbəstɛl] *het (-len) (pol.)* régime
Staats·blad [statsblɑt] *het (-en)* Journal officiel
staats·bos·be·heer [statsbɔzbəher] *het* les Eaux et Forêts
Staats·cou·rant [statskurɑnt] *de (-en)* → Staatsblad
staats·dienst [statsdinst] *nm* **1** service de l'État **2** fonction publique
staats·ei·gen·dom [statsɛiχə(n)dɔm] *het (-men)* bien public
staats|greep [statsχrep] *nm (-grepen)* coup d'État
staats·hoofd [statshoft] *het (-en)* chef d'État
staat·sie [statsi] *nf (-s)* pompe
staats·in·rich·ting [statsɪnrɪχtɪŋ] *nf (-en)* **1** organisation de l'État **2** instruction civique
staats·kas [statskɑs] *de (-sen)* trésor public
staats·lo·te·rij [statslotərɛi] *nf (-en)* loterie nationale
staats·recht [statsrɛχt] *het (-en)* droit constitutionnel
staats·vei·lig·heid [statsfɛiləχhɛit] *nf* sécurité nationale
staats·vorm [statsfɔrm] *nm (-en)* régime (politique)
staats·we·ge [statsweχə] ♦ van ~ émanant de l'État
sta·biel [stabil] *adj* stable
sta·ca·ra·van [stakɛrəvɛn, [B]stakɑrəvɑn] *nm (-s)* mobile-home
stad [stɑt] *de (steden)* ville; ~ en land aflopen courir le pays
stad|huis [stɑthœys] *het (-huizen)* mairie
sta·di·on [stadijɔn] *het (-s) (sports)* stade
sta·di·um [stadijʌm] *het (stadia)* stade; een ~ doorlopen franchir un stade
stads [stɑts] *adj* **1** urbain; ~e manieren manières citadines **2** (originaire) de la ville
***stads-** [stɑts-] urbain
stads·beeld [stɑtsbelt] *het* paysage urbain
stads·be|stuur [stɑtsbəstyr] *het (-sturen)* **1** administration (de la ville) **2** municipalité
stads|deel [stɑtsdel] *het (-delen)* quartier *(d'une ville)*
stads·kern [stɑtskɛrn] *de (-en)* centre-ville
stads·licht [stɑtslɪχt] *het (-en)* feu de stationnement
stads·mens [stɑtsmɛns] *nm (-en)* citadin, -ine
stads·schouw·burg [stɑtsχaubʌrχ] *nm (-en)* théâtre municipal
staf [stɑf] *nm (staven)* **1** bâton *(servant d'appui)* **2** direction; de redactionele ~ van een dagblad la rédaction générale d'un quotidien; de wetenschappelijke ~ van een universiteit le corps universitaire **3** baguette (magique) **4** *(milit.)* état-major; de generale ~ *(France)* l'état-major de l'armée **5** sceptre ♦ de ~ breken over iemand casser du sucre sur le dos de qqn
staf|lid [stɑflɪt] *het (-leden)* cadre (supérieur)
sta-in-de-weg [staɪndəwɛχ] *nm* **1** gêneur, -euse **2** obstacle
stak [stɑk], **staken** → steken, aansteken, doodsteken *(etc.)*
[1]**sta·ken** [stakə(n)] *vt (staakte, h. gestaakt)* arrêter; het ~ van de vijandelijkheden la cessation des hostilités
[2]**sta·ken** [stakə(n)] *vi (staakte, h. gestaakt)* faire grève
sta·king [stakɪŋ] *nf (-en)* **1** grève; in ~ gaan se mettre en grève **2** arrêt **3** partage *(des voix)*
***sta·kings-** [stakɪŋs-] de grève
sta·kings·aan·zeg·ging [stakɪŋsanzɛχɪŋ] *nf (-en) (Belg.)* mot d'ordre de grève
sta·kings·op·roep [stakɪŋsɔprup] *nm (-en)* ordre de grève
sta·kings·post [stakɪŋspɔst] *nm (-en) (Belg.)* piquet de grève
stak·ker [stɑkər] *nm (-s)* malheureux, -euse
[1]**stal** [stɑl], **stalen** → stelen
[2]**stal** [stɑl] *nm (-len)* **1** étable; de ~ van Bethlehem la Crèche; *(fig.)* iets van ~ halen ressortir qqch **2** *(sports)* écurie
[1]**sta·len** [stalə(n)] *adj* d'acier
[2]**sta·len** [stalə(n)] *vt (staalde, h. gestaald)* **1** *(technol.)* tremper **2** *(fig.)* endurcir
stal·len [stɑlə(n)] *vt (stalde, h. gestald)* rentrer *(des animaux, des véhicules etc.)*

stal·le·tje [stɑləcə] *het (-s)* **1** *(cathol.)* crèche **2** étal; **aan een ~ kopen** acheter à l'étalage
stal·ling [stɑlɪŋ] *nf (-en)* **1** remise **2** mise à l'écurie **3** garage
stam [stɑm] *nm (-men)* **1** tronc *(d'un arbre)* **2** lignée **3** tribu **4** *(ling.)* racine *(d'un mot)*, radical *(d'un verbe)*
stam|boom [stɑmbom] *nm (-bomen)* **1** *(personne)* généalogie, *(animal)* pedigree **2** arbre généalogique
stam·ca·fé [stɑmkafe] *het (-s)* café habituel
sta·me·len [stɑmələ(n)] *vti (stamelde, h. gestameld)* balbutier
stam·gast [stɑmχɑst] *nm (-en)* habitué, -ée *(d'un café etc.)*
stam·hou·der [stɑmhɑudər] *nm (-s)* héritier du nom
stam·kroeg [stɑmkruχ] *de (-en)* → **stamcafé**
stam·men [stɑmə(n)] *vi (stamde, i. gestamd)* **1** *(+ uit)* provenir (de); **hij stamt uit een oud geslacht** il descend d'une vieille famille **2** *(+ uit) (ling.)* dériver (de)
stamp [stɑmp] *nm (-en)* **1** trépignement **2** coup de pied; **een ~ op de grond geven** frapper le sol du pied **3** *(mar.)* tangage **4** *(Belg.)* coup; **iemand een ~ geven** pousser qqn
[1]**stam·pen** [stɑmpə(n)] *vi (stampte, h. gestampt)* **1** taper du pied; **~ van woede** trépigner de colère **2** trépider **3** *(mar.)* tanguer **4** donner un coup de pied
[2]**stam·pen** [stɑmpə(n)] *vt (stampte, h. gestampt)* **1** écraser **2** tasser
stam·per [stɑmpər] *nm (-s)* **1** pilon **2** *(bot.)* pistil
stam·pij [stɑmpɛi] *nf* tapage; **~ maken (over iets)** faire du tapage autour d'une affaire
stamp·pot [stɑmpɔt] *nm (-ten)* purée de légumes
stamp·voe·ten [stɑmpfutə(n)] *vi (stampvoette, h. gestampvoet)* → [1]**stampen 1**
stamp·vol [stɑmpfɔl] *adj* bourré
stam·va·der [stɑmvadər] *nm (-s)* aïeul
[1]**stand** [stɑnt] *nm (-en)* **1** position; **de ~ van de hemel** la position des étoiles; **de ~ van het water** le niveau de l'eau **2** état; **bij deze ~ van zaken** dans l'état actuel des choses **3** *(sports)* marque; **de ~ is 2-1** le score est de 2 à 1 **4** condition; **boven zijn ~ leven** vivre au-dessus de ses moyens; *(hist.)* **de derde ~** le tiers état; **de geestelijke ~** le clergé; **de gegoede ~** les milieux aisés; **de hogere ~en** les classes supérieures; **zijn ~ ophouden** garder son rang **5** emplacement; **op ~ wonen** vivre dans un beau quartier ♦ **iets in ~ houden** conserver qqch; **tot ~ komen** se faire; **iets tot ~ brengen** réaliser qqch
[2]**stand** [stɛnt, [B]stɑnt] *nm (-s)* stand *(d'une exposition)*
[1]**stan·daard** [stɑndart] *nm (-s)* **1** support; **de ~ van een fiets** la béquille d'une bicyclette **2** étalon *(unité de mesure)* **3** norme; **een bepaalde ~ bereiken** atteindre un certain niveau; **tot ~ verheffen** prendre pour norme
[2]**stan·daard** [stɑndart] *adj, adv* standard, normalement
***stan·daard-** [stɑndart-] standard; **de standaardafmeting** la dimension standard
stan·daard·werk [stɑndartwɛrk] *het (-en)* ouvrage de base
stand·beeld [stɑndbelt] *het (-en)* statue
stand·hou·den [stɑnthɑudə(n)] *vi (hield stand, h. standgehouden)* **1** résister **2** subsister *(persister)*
stand·je [stɑncə] *het (-s)* **1** position **2** réprimande; **een ~ geven** réprimander (qqn) **3** attroupement **4** excité, -ée; **een opgewonden ~** une soupe au lait *(fig.)*
stand·plaats [stɑntplats] *de (-en)* **1** place **2** poste *(fonction)*
stand·punt [stɑntpʌnt] *het (-en)* point de vue; **bij zijn ~ blijven** rester sur ses positions; **een ~ innemen** adopter un point de vue, avoir un point de vue
stands·ver·schil [stɑn(t)sfərsχɪl] *het (-len)* différence de classe (sociale)
stand·vas·tig [stɑntfɑstəχ] *adj, adv* tenace, avec ténacité; **een ~e liefde** un amour durable
stand·vas·tig|heid [stɑntfɑstəχhɛit] *nf (-heden)* ténacité *(constance)*
stang [stɑŋ] *de (-en)* barre ♦ **iemand op ~ jagen** faire mousser qqn
stan·gen [stɑŋə(n)] *vti (stangde, h. gestangd) (fam.)* faire mousser (qqn)
stank [stɑŋk] *nm (-en)* mauvaise odeur; **een ondraaglijke ~** une odeur pestilentielle; **het huis is vergeven van de ~** la maison est empestée; **~ voor dank geven** payer qqn d'ingratitude
stan·te pe·de [stɑntəpedə] *adv* sur-le-champ
stap [stɑp] *nm (-pen)* **1** pas; *(fig.)* **geen ~ meer kunnen verzetten** ne plus pouvoir mettre un pied devant l'autre; *(fig.)* **ergens geen ~ voor verzetten** ne pas remuer le petit doigt pour qqch; *(fig.)* **daarmee komen we geen ~ vooruit** cela ne nous avance pas d'un pouce; *(fig.)* **een ~(je) terugdoen** se contenter de moins; **dat is een ~ te ver** cela va trop loin; **~ voor ~** pas à pas **2** *(fig.)* démarche; **het is een hele ~** c'est un grand pas à franchir; **de (grote) ~ wagen** franchir le pas ♦ **op ~ gaan** sortir *(pour se distraire)*
[1]**sta·pel** [stapəl] *nm (-s)* **1** pile; **een ~ hout** un tas de bois **2** *(mar.)* cale; **op ~ staan** *(sens pr.)* être en construction; *(fig.)* être imminent; *(fig.)* **te hard van ~ lopen** aller trop vite; *(fig.)* **die onderneming liep goed van ~** cette entreprise marchait bien **3** âme *(d'un violon)*
[2]**sta·pel** [stapəl] *adj* → **stapelgek**
sta·pel·bed [stapəlbɛt] *het (-den)* lits superposés
sta·pe·len [stapələ(n)] *vt (stapelde, h. ge-*

stapeld) empiler; **tegenslagen die zich op elkaar ~** échecs qui se multiplient

sta·pel·gek [stapəlχɛk] *adj, adv* **1** fou à lier **2** fou (de)

sta·pel|huis [stapəlhœys] *het (-huizen) (Belg.)* entrepôt

sta·pel·ver·liefd [stapəlvərlift] *adj* → **stapelgek 2**

sta·pel·wolk [stapəlwɔlk] *de (-en)* cumulus

sta·plaats [staplats] *de (-en)* → **staanplaats 1**

stap·pen [stɑpə(n)] *vi (stapte, h./i. gestapt)* **1** marcher; **in een lift ~** monter dans un ascenseur; *(Belg.)* **naar de ambassade ~** marcher sur l'ambassade; **op iemand af ~** se diriger vers qqn; **uit de auto ~** descendre de voiture **2** *(chevaux)* aller au pas **3** sortir *(pour se distraire)*; **gaan ~** faire une virée ♦ *(fig.)* **eruit ~** quitter (qqch); *(euph.; se suicider)* quitter la scène; *(fig.)* **wij zullen er maar overheen ~** n'en parlons plus

stap·per [stɑpər] *nm (-s) (fam.)* godillot

staps·ge·wijs [stɑpsχəwɛis] *adv* pas à pas

stap·voets [stɑpfuts] *adv* au pas

star [stɑr] *adj, adv* **1** fixe(ment) **2** rigide, avec rigidité

sta·ren [starə(n)] *vi (staarde, h. gestaard)* **1** regarder dans le vide; **doelloos voor zich uit ~** avoir les yeux perdus dans le vague **2** fixer (qqn, qqch)

start [stɑrt] *nm (-s)* départ; **van ~ gaan** prendre le départ

***start-** [stɑrt-] de, du départ

start|baan [stɑrdban] *de (-banen)* piste d'envol

start·blok [stɑrdblɔk] *het (-ken) (sports)* starting-block; *(fig.)* **in de ~ken staan** être prêt à démarrer; *(fig.)* **uit de ~ken zijn** avoir démarré; *(fig.)* **slecht uit de ~ken komen** prendre un mauvais départ

star·ten [stɑrtə(n)] *vti (startte, h./i. gestart)* **1** démarrer **2** mettre en marche

start·geld [stɑrtχɛlt] *het (-en) (sports)* prime de participation

start·klaar [stɑrtklar] *adj* prêt à partir

start·num·mer [stɑrtnʌmər] *het (-s) (sports)* dossard

sta·te·loos [statəlos] *adj* apatride

Sta·ten-Ge·ne·raal [statə(n)χenəral] *plur* **1** Parlement **2** *(hist.)* États-Généraux

sta·tie [sta(t)si] *nf (-s)* **1** station *(de la Croix)* **2** *(Belg.)* gare

sta|tief [statif] *het (-tieven)* support

sta·tie·geld [sta(t)siχɛlt] *het* consigne

sta·tig [statəχ] *adj, adv* **1** digne(ment) **2** solennel(lement) **3** majestueux, majestueusement

sta·ti·on [sta(t)ʃɔn] *het (-s)* **1** gare **2** station *(scientifique, radiophonique)*

sta·ti·on·car [steʃənkɑ:r] *nm (-s)* break

[1]**sta·ti·o·ne·ren** [sta(t)ʃonerə(n)] *vt (stationeerde, h. gestationeerd)* **1** placer; **waar is die ambtenaar gestationeerd?** où ce fonctionnaire est-il en poste ? **2** *(Belg.)* garer

[2]**sta·ti·o·ne·ren** [sta(t)ʃonerə(n)] *vi (stationeerde, h./i. gestationeerd)* **1** être placé **2** stationner

***sta·ti·ons-** [sta(t)ʃɔns-] de (la) gare

sta·tus [statʌs] *nm* **1** standing; **sociale ~** position sociale **2** statut

sta·tus·sym|bool [statʌsɪmbol] *het (-bolen)* symbole de prestige

sta·ven [stavə(n)] *vt (staafde, h. gestaafd)* **1** appuyer **2** étayer

ste·de·lijk [stedələk] *adj* **1** municipal **2** urbain

ste·de|ling [stedəlɪŋ] *nm (-en)*, **-linge** *nf (-s, -n)* citadin, -ine

ste·den·bouw [stedə(n)bɑu] *nm* urbanisme

ste·den·bouw·kun·dig [stedə(n)bɑukʌndəχ] *adj* urbaniste

steeds [stets] *adj, adv* **1** toujours; **iemand ~ aankijken** regarder qqn tout le temps; **~ meer** de plus en plus; **het regent nog ~** il pleut toujours; **hij begint ~ opnieuw** il recommence sans cesse **2** de la ville, comme à la ville

[1]**steeg** [steχ], **stegen** → **stijgen, uitstijgen, opstijgen** *(etc.)*

[2]**steeg** [steχ] *de (stegen)* ruelle; **een blinde ~** une impasse

steek [stek] *nm (steken)* **1** coup; *(fig.)* **dat was een ~ door mijn hart** cela m'a fendu le cœur; *(fig.)* **iemand een ~ onder water geven** lancer une pointe à qqn **2** piqûre **3** point, élancement **4** *(couture)* point; **een ~ laten vallen** laisser tomber une maille; *(fig.)* faire une gaffe; *(fig.)* **aan hem is een ~je los** il lui manque une case ♦ **geen ~** rien du tout; **~ houden** tenir (debout); **iemand in de ~ laten** laisser tomber qqn; **zijn geheugen liet hem in de ~** il a eu un trou de mémoire

steek·hou·dend [stekhɑudənt] *adj* fondé; **een ~e opmerking** une remarque qui tient debout

steek·par·tij [stekpɑrtɛi] *nf (-en)* rixe

steek·pen·nin·gen [stekpɛnɪŋə(n)] *plur* pots-de-vin

steek|proef [stekpruf] *de (-proeven)* **1** sondage **2** échantillon *(de personnes)*

steek·spel [stekspɛl] *het (-en)* joute

steek·vlam [stekflɑm] *de (-men)* immense flamme

steek·wa·pen [stekwapə(n)] *het (-s)* arme blanche

steek·wond [stekwɔnt] *de (-en)* blessure (occasionnée par un objet pointu)

steel [stel] *nm (stelen)* **1** tige **2** manche *(m.)*

steel·pan [stelpɑn] *de (-nen)* casserole

steels [stels] *adj, adv* furtif, furtivement

[1]**steen** [sten] *het/de* pierre; **koud als ~** glacé ♦ **~ en been klagen** se répandre en lamentations

[2]**steen** [sten] *nm* **1** pierre; *(fig.)* **een ~ des aanstoots** une source de scandale; **als een**

~ op de maag liggen peser sur l'estomac; *(fig.)* een ~ in een vijver gooien jeter un pavé dans la mare; er is me een ~ van het hart gevallen me voilà soulagé d'un grand poids; *(fig.)* de onderste ~ moet boven komen l'affaire doit être tirée au clair à tout prix **2** pierre précieuse **3** *(méd.)* calcul **4** *(sports)* dé **5** *(sports)* domino **6** *(sports)* pion **7** grêlon **8** dalle ♦ de ~ der wijzen zoeken chercher la pierre philosophale *(aussi au fig.)*

[3]**steen** [sten] *het (Belg.)* forteresse

steen·bok [stembɔk] *nm (-ken) (zool.)* bouquetin

Steen·bok [stembɔk] *nm (-ken) (astrol.)* Capricorne

steen·dood [stendot] *adj (Belg.)* raide mort

steen·eik [stenɛik] *nm (-en)* yeuse

steen·ezel [stenezəl] *nm (-s) (Belg.; fam.)* **1** âne (bâté) **2** tête de mule

steen·goed [steŋχut] *adj, adv* terrible(ment bien)

steen·groe·ve [steŋχruvə] *de (-n)* carrière *(de pierres)*

steen·hard [stenhɑrt] *adj, adv* **1** dur comme la pierre, durement **2** *(fig.)* de pierre

steen·hou·wer [stenhɑuwər] *nm (-s)* **1** carrier **2** tailleur de pierre(s)

steen·ko·len [steŋkolə(n)] *plur* charbon

steen·kool [steŋkol] *de* houille; ~ stoken brûler du charbon

steen·koud [steŋkɑut] *adj* **1** glacé; het is ~ buiten il fait un froid de canard dehors **2** de marbre

steen·puist [stempœyst] *de (-en) (méd.)* furoncle

steen·rijk [stenrɛik] *adj (fam.)* richissime

steen·slag [stenslɑχ] *het* gravillon

steen|tijd [stentɛit] *nm,* **-tijdperk** *het* âge de la pierre

steen·tje [stencə] *het (-s)* ♦ zijn, haar, een ~ bijdragen apporter sa pierre à l'édifice, apporter son obole à qqch

steen·weg [stenwɛχ] *nm (-en) (Belg.)* chaussée

steen·wol [stenwɔl] *de* laine de roche

stee·vast [stevɑst] *adj, adv* habituel, toujours; een ~ gebruik une habitude immuable

stei·ger [stɛiχər] *nm (-s)* **1** *(mar.)* appontement **2** échafaudage; in de ~s staan être entouré d'échafaudages; *(fig.)* être en chantier

stei·ge·ren [stɛiχərə(n)] *vi (steigerde, h. gesteigerd) (aussi au fig.)* se cabrer

steil [stɛil] *adj, adv* **1** (en pente) raide; een ~e daling une descente à pic; *(fig.)* ergens ~ van achterover slaan tomber à la renverse en apprenant qqch **2** (de façon) rigide; een ~ calvinist un calviniste rigoriste

stek [stɛk] *nm (-ken)* **1** bouture **2** plant **3** coin préféré; *(fig.)* hij heeft zijn ~(je) gevonden il a fait son trou; een vaste ~ hebben avoir un coin à soi

ste·ke·blind [stekəblɪnt] *adj* complètement aveugle

ste·kel [stekəl] *nm (-s)* piquant; *(fig.)* zijn ~s opzetten se hérisser

ste·kel|baars [stekəlbars] *nm (-baarzen) (zool.)* épinoche

ste·kel·haar [stekəlhar] *het* cheveux en brosse

ste·ke·lig [stekələχ] *adj* **1** piquant **2** *(fig.)* acerbe; een ~e opmerking une pique

ste·ke·lig·heid [stekələχhɛit] *nf* **1** causticité **2** pique

ste·kel·var·ken [stekəlvɑrkə(n)] *het (-s)* porc-épic

[1]**ste·ken** [stekə(n)] *vti (stak, h. gestoken)* **1** piquer; hij had de agent een mes in de rug gestoken il avait planté un couteau dans le dos de l'agent **2** blesser (avec un objet pointu) **3** blesser; dat steekt hem cela le contrarie, cela le rend jaloux **4** mettre; zich in het zwart ~ s'habiller en noir; iets in elkaar ~ monter qqch ♦ alle banden waren lek gestoken tous les pneus avaient été crevés

[2]**ste·ken** [stekə(n)] *vi (stak, h. gestoken)* **1** être coincé; ergens blijven ~ rester en panne qqp; ergens in blijven ~ être coincé qqp **2** se trouver; daar steekt iets achter il y a qqch là-dessous; er steekt een schrijver in hem il a l'étoffe d'un écrivain; uit de toren stak een vlag il y avait un drapeau sur la tour

ste·kend [stekənt] *adj, adv* **1** piquant **2** (d'un air) méchant **3** (de façon) lancinant(e) **4** (de façon) blessant(e)

stek·ken [stɛkə(n)] *vti (stekte, h. gestekt)* bouturer

stek·ker [stɛkər] *nm (-s)* fiche; de ~ in het stopcontact steken brancher la prise; de ~ eruit trekken débrancher; *(fig.)* mettre fin à qqch ♦ *(fam.)* balen als een ~ en avoir plein le dos

stek·kie [stɛki] *het (-s) (fam.)* coin (favori)

stel [stɛl] *het (-len)* **1** série; een heel ~ boeken pas mal de livres; hij heeft een goed ~ hersens il a la tête solide; een ~ kaarten un jeu de cartes; een leuk ~ kinderen des enfants charmants; *(iron.)* dat is ook een mooi ~ bij elkaar! quelle bande ils forment ! **2** couple **3** réchaud ♦ op ~ en sprong sur-le-champ

ste·len [stelə(n)] *vti (stal, h. gestolen)* voler (qqch à qqn); *(Belg.)* iets niet gestolen hebben avoir bien mérité qqch; hij kan me gestolen worden le diable l'emporte; dat is om te ~ c'est à croquer

stel·la·ge [stɛlaʒə] *nf (-s)* **1** estrade **2** rayonnage **3** charpente

stel·len [stɛlə(n)] *vt (stelde, h. gesteld)* **1** mettre **2** régler **3** faire **4** supposer (que) **5** affirmer; dat kun je wel ~ ça on peut le dire **6** *(+ op)* estimer (à) *(pour les expressions non mentionnées ici voir les substantifs et adjectifs concernés)* ♦ het goed ~ aller bien; ik kan het hier niet alleen ~ je n'y arriverai pas tout seul; het niet kunnen ~ zonder iemand, iets ne pas pouvoir se passer de qqn, de qqch; het is er lelijk mee gesteld ça ne promet rien de bon; het is niet zo best met hem gesteld ça ne va pas très bien pour lui; veel te ~ hebben met iemand, iets avoir fort à faire avec qqn, qqch; *(Belg.)* zich in iets ~ se résigner à qqch

stel·le·tje [stɛləcə] *het (-s)* **1** *(péj.)* bande **2** couple

stel·lig [stɛləχ] *adj, adv* **1** réel(lement) **2** catégorique(ment); ik geloof het ~ je le crois fermement; iets ten ~ste verzekeren garantir qqch formellement; een ~e wens un vœu ardent **3** certainement

stel·lig|heid [stɛləχhɛit] *nf (-heden)* **1** fermeté **2** affirmation catégorique

stel·ling [stɛlɪŋ] *nf (-en)* **1** position; de ~ van het probleem is onjuist le problème est mal posé **2** échafaudage **3** rayonnage **4** thèse **5** *(math.)* théorème

stel·ling·na·me [stɛlɪŋnamə] *de* prise de position

stel·pen [stɛlpə(n)] *vt (stelpte, h. gestelpt)* étancher

stel·re·gel [stɛlreχəl] *nm (-s)* règle de conduite; ik hanteer de ~ dat ... je pars du principe que ...

stel·sel [stɛlsəl] *het (-s)* système; een parlementair ~ un régime parlementaire

stel·sel·ma·tig [stɛlsəlmatəχ] *adj, adv* systématique(ment)

stelt [stɛlt] *de (-en)* échasse; *(fam., fig.)* lange ~en hebben être monté sur des échasses ♦ het hele huis stond op ~en toute la maison était sens dessus dessous; de boel op ~en brengen, zetten tout chambarder

stem [stɛm] *de (-men)* voix; met algemene ~men à l'unanimité (des voix); goed bij ~ zijn être en voix; naar de ~ van de kiezers dingen briguer les suffrages des électeurs; met gedempte ~ à mi-voix; de meeste ~men gelden la majorité (des voix) l'emporte; met omfloerste ~ d'une voix voilée; de ~men staken il y a partage de voix; zijn ~ stokte in zijn keel la voix lui manqua; zijn ~ op iemand uitbrengen voter pour qqn; *(fig.)* zijn ~ verheffen tegen élever des protestations (contre qqch); de ~men zijn verdeeld les avis sont partagés

stem·band [stɛmbɑnt] *nm (-en)* corde vocale

stem·bui·ging [stɛmbœyχɪŋ] *nf (-en)* intonation

stem·bus [stɛmbʌs] *de (-sen)* **1** urne *(pour les bulletins de vote)*; naar de ~ gaan aller aux urnes **2** scrutin

stem·ge·drag [stɛmχədrɑχ] *het* comportement électoral

stem·ge·rech·tigd [stɛmχərɛχtəχt] *adj* ♦ de ~e le, la votant(e); de ~e leeftijd hebben avoir l'âge de voter; ~ zijn avoir le droit de vote

stem·heb·bend [stɛmhɛbənt] *adj* sonore

stem·loos [stɛmlos] *adj* aphone

[1]**stem·men** [stɛmə(n)] *vti (stemde, h. gestemd) (mus.)* accorder

[2]**stem·men** [stɛmə(n)] *vi (stemde, h. gestemd)* voter; op wie stemt zij? pour qui vote-t-elle ?; ~ over een voorstel voter une proposition ♦ iemand gunstig ~ disposer favorablement qqn; tot tevredenheid ~ rendre content; dat stemt mij treurig cela m'attriste

stem·mig [stɛməχ] *adj, adv* **1** sobre(ment) **2** *(Belg.)* agréable(ment)

stem·ming [stɛmɪŋ] *nf (-en)* **1** humeur; de ~ is goed, slecht le moral est bon, bas; in de ~ zijn om ... être d'humeur à ...; de ~ zit erin il y a de l'ambiance **2** disposition **3** vote; een hoofdelijke ~ un vote par appel nominal; in ~ brengen mettre aux voix **4** *(mus.)* accord

stem·ming·ma·ke·rij [stɛmɪŋmakərɛi] *nf* ♦ zich schuldig maken aan ~ se rendre coupable de manipulation de l'opinion publique

[1]**stem·pel** [stɛmpəl] *nm (-s)* tampon *(timbre)*

[2]**stem·pel** [stɛmpəl] *het/de (-s)* cachet; iemands ~ dragen porter la griffe de qqn; zijn ~ op iemand drukken marquer qqn de son empreinte; iemand het ~ opdrukken van étiqueter qqn comme ♦ van de oude ~ comme on n'en fait plus; iemand van de oude ~ qqn de la vieille école

stem·pe|laar [stɛmpəlar] *nm (-s)*, **-laars·ter** *nf (-s) (Belg.)* chômeur, -euse

[1]**stem·pe·len** [stɛmpələ(n)] *vt (stempelde, h. gestempeld)* **1** tamponner **2** *(fig.)* marquer

[2]**stem·pe·len** [stɛmpələ(n)] *vi (stempelde, h. gestempeld) (Belg.)* pointer *(au chômage)*

stem·pel·geld [stɛmpəlχɛlt] *het (Belg.)* allocation de chômage

stem·pel·kaart [stɛmpəlkart] *de (-en) (Belg.)* carte de chômeur, de pointage

stem·plicht [stɛmplɪχt] *de* vote obligatoire

stem·recht [stɛmrɛχt] *het* droit de vote; het algemeen ~ le suffrage universel

stem·ron·de [stɛmrɔndə] *de (-n) (Belg.)* tour de scrutin

stem·vork [stɛmvɔrk] *de (-en) (mus.)* diapason

sten·cil [stɛnsəl] *het/de (-s)* **1** stencil **2** polycopié

ste·nen [stenə(n)] *adj* de pierre, de briques; een ~ vloer un carrelage

sten·gel [stɛŋəl] *nm (-s)* tige *(d'une plante)*

ste·ni·gen [stenəχə(n)] *vt (stenigde, h. gestenigd)* lapider

sten·nis [stɛnɪs] *nm (fam.)* ♦ ~ maken, schoppen faire du boucan

step [stɛp] *nm (-pen)* trottinette

ster [stɛr] *de (-ren)* **1** étoile; *(Belg.)* het hoog in zijn ~ hebben se croire sorti de la cuisse de Jupiter; het staat in de ~ren c'est écrit dans le ciel; *(fig.)* de ~ren van de he-

mel spelen jouer comme un dieu; **een vallende ~** une étoile filante **2** vedette ♦ *(Belg.; fam.)* **tegen de ~ren op** effroyablement

ster·al·lu·res [stɛrɑlyrəs] *plur* vedettariat; **hij heeft ~** il joue les vedettes

ste·reo-in·stal·la·tie [stɛrejoɪnstɑla(t)si] *nf (-s)* chaîne stéréo

ste·re·o·tiep [sterejotip] *adj, adv* (d'une façon) stéréotypé(e)

ste·reo·to·ren [stɛrejotorə(n)] *nm (-s)* rack stéréo

sterf·bed [stɛrvbɛt] *het (-den)* lit de mort

sterf·dag [stɛrvdɑχ] *nm (-en)* **1** jour du décès (de qqn) **2** anniversaire de la mort

sterf·da·tum [stɛrvdatʌm] *nm (-data)* date de, du décès

ster·fe·lijk [stɛrfələk] *adj* mortel

ster·fe·lijk·heid [stɛrfələkhɛit] *nf* condition mortelle

sterf·ge·val [stɛrfχəvɑl] *het (-len)* décès

sterf·jaar [stɛrfjar] *het* année de (la) mort

sterf·te [stɛrftə] *nf* **1** mort **2** mortalité *(taux)*

sterf·te·cij·fer [stɛrftəsɛifər] *het (-s)* (taux de) mortalité

ste·riel [steril] *adj, adv* **1** (de façon) stérile **2** morne

ste·ri·li·se·ren [sterilizerə(n)] *vt (steriliseerde, h. gesteriliseerd)* **1** stériliser **2** *(Belg.)* mettre en conserve

sterk [stɛrk] *adj, adv* **1** fort(ement); **dat is ~!** c'est à peine croyable !; *(fig.)* **zich ~ maken voor iemand** prendre fait et cause pour qqn; **~er nog ...** le plus fort c'est que ...; **zij zijn numeriek ~er** ils sont supérieurs en nombre; **een ~ parfum** un parfum capiteux **2** solide(ment); **een ~ gezondheid hebben** avoir une santé robuste ♦ **ik maak mij ~ dat ...** je doute fort que; **zij staat (nogal) ~** ses arguments sont très solides

ster·ke·drank [stɛrkədrɑŋk] *nm* boissons spiritueuses

ster·ken [stɛrkə(n)] *vt (sterkte, h. gesterkt)* **1** fortifier **2** conforter

sterk·te [stɛrktə] *nf (-n, -s)* **1** force; **de ~ van een leger** la puissance d'une armée; **de ~ van een elektrische stroom** l'intensité d'un courant électrique; **op volle ~** au grand complet; **iemand ~ wensen** souhaiter bon courage à qqn **2** solidité

ster·ren·beeld [stɛrə(n)belt] *het (-en)* **1** *(astron.)* constellation **2** *(astrol.)* signe

ster·ren·kij·ker [stɛrə(n)kɛikər] *nm (-s)* télescope

ster·ren·kun·de [stɛrə(n)kʌndə] *nf* astronomie

ster·ren·wacht [stɛrə(n)wɑχt] *de (-en)* *(astron.)* observatoire

ster·ren·wi·che·laar [stɛrə(n)wɪχəlar] *nm (-s)* astrologue

ster·re·tje [stɛrəcə] *het (-s)* **1** bougie magique *(feu d'artifice)* **2** astérisque ♦ **~s zien** en voir trente-six chandelles

ster·ve|ling [stɛrvəlɪŋ] *nm (-en)*, **-linge** *nf (-n)* mortel, -elle; **er was geen ~ te bekennen** il n'y avait âme qui vive; **de gewone ~** le commun des mortels

ster·ven [stɛrvə(n)] *vti, vb impers (stierf, i. gestorven)* mourir (de) *(aussi au fig.)*; **op ~ liggen** agoniser ♦ **het sterft hier van de vliegen** c'est plein de mouches ici

ster·vor·mig [stɛrvɔrməχ] *adj* en (forme d')étoile

steun [støn] *nm (-en)* **1** appui; **de ~ aan de ontwikkelingslanden** l'aide aux pays en voie de développement; **~ hebben aan iets, iemand** pouvoir s'appuyer sur qqch, qqn; *(fig.)* **een ~tje in de rug** un soutien; **iemands ~ en toeverlaat zijn** être la providence de qqn; **iemand tot ~ zijn** servir d'appui à qqn **2** *(fam.)* allocation de chômage; **~ trekken** recevoir une allocation de chômage

[1]**steu·nen** [stønə(n)] *vt (steunde, h. gesteund) (aussi au fig.)* appuyer; **elkaar ~** s'épauler; **iemand met raad en daad ~** soutenir qqn de son aide et de ses conseils

[2]**steu·nen** [stønə(n)] *vi (steunde, h. gesteund)* **1** *(+ op)* (s')appuyer (sur) **2** gémir

steun·punt [stømpʌnt] *het (-en)* **1** point d'appui **2** *(fig.)* base; **een van de ~en van zijn betoog** un des points-clés de son argumentation **3** point service

steun|zool [stønzol] *de (-zolen)* semelle orthopédique

steur [stør] *nm (-en) (zool.)* esturgeon

ste·ven [stevə(n)] *nm (-s) (mar.)* **1** étrave; **de ~ wenden** changer de cap **2** étambot

ste·ve·nen [stevənə(n)] *vi (stevende, i. gestevend)* **1** aller d'un pas décidé (vers) **2** *(mar.)* cingler (vers)

ste·vig [stevəχ] *adj, adv* **1** substantiel **2** gros **3** sacré; **een ~e borrelaar** un fameux buveur **4** solide(ment); **een ~ pak slaag** une bonne raclée; *(fig.)* **niet erg ~ in zijn schoenen staan** ne pas être très sûr de son affaire; **iemand ~ onder handen nemen** dire ses quatre vérités à qqn **5** fort(ement) **6** beaucoup; **~ aanpakken** ne pas ménager ses efforts; **~ doorstappen** presser le pas

stich·te·lijk [stɪχtələk] *adj, adv* **1** (de manière) édifiant(e) **2** pieux, pieusement

stich·ten [stɪχtə(n)] *vti (stichtte, h. gesticht)* **1** fonder **2** *(relig.)* édifier **3** causer; **vrede ~** rétablir la paix

stich·ting [stɪχtɪŋ] *nf (-en)* fondation *(aussi institution (d'utilité publique))*

stic·ker [stɪkər] *nm (-s)* autocollant

stic·kie [stɪki] *het (-s) (fam.)* joint *(drogue)*

stief·broer [stivbrur] *nm (-s)* fils du beau-père

stief·doch·ter [stivdɔχtər] *nf (-s)* belle-fille

stief·kind [stifkɪnt] *het (-eren)* **1** beau-fils, belle-fille **2** *(fig.)* parent pauvre

stief·moe·der [stifmudər] *nf (-s)* **1** belle-mère **2** *(péj.)* marâtre

stief·moe·der·lijk [stifmudərlək] *adj,*

adv dur(ement); **ze werden maar ~ behandeld** ils furent traités en parents pauvres
stie·kem [stikəm] *adj, adv (fam.)* **1** sournois(ement) **2** secret, en cachette
stie·kem·pjes [stikəmpjəs] *adv (fam.)* en douce
stiel [stil] *nm (-en) (Belg.)* métier
stier [stir] *nm (-en)* taureau; **snuiven als een ~** souffler comme un bœuf ♦ *(fam.)* **balen als een ~** en avoir plein le dos
stie·ren·ge·vecht [stirə(n)χəvɛχt] *het (-en)* corrida
stie·ren·vech·ter [stirə(n)vɛχtər] *nm (-s)* toréro
stierf [stirf], **stierven** → **sterven, afsterven, uitsterven**
stier·lijk [stirlək] *adv (fam.)* drôlement; **dat is ~ vervelend** c'est terriblement ennuyeux
stift [stɪft] *de (-en)* **1** pointe **2** *(stylo etc.)* mine **3** (crayon) feutre
stig·ma [stɪχma] *het (-'s)* stigmate
stijf [stɛif] *adj, adv (stijver, stijfst)* **1** raide *(aussi au fig.)*, avec raideur; **wat een stijve hark!** il, elle est raide comme un échalas, quel(le) empoté(e) !; **stijve manieren** manières guindées; **een stijve rug** des courbatures dans le dos; *(fig.)* **iemand ~ schelden, vloeken** engueuler qqn un bon coup; **~ van angst** paralysé par la peur; **~ van de kou** engourdi par le froid **2** épais; *(cuis.)* **~ laten worden** laisser prendre **3** plein (de); *(fig.)* **hij staat ~ van de drugs** il est drogué à mort **4** *(fig.)* maladroit(ement) **5** bien tendu, fixement ♦ **een stijve bries** une forte brise
stijf|heid [stɛifhɛit] *nf (-heden)* **1** raideur **2** réserve **3** consistance
stijf·hoof·dig [stɛifhovdəχ] *adj, adv* obstiné(ment)
stijf·jes [stɛifjəs] *adj, adv* (d'un air) compassé
stijf·klop·pen [stɛifklɔpə(n)] *vt (klopte stijf, h. stijfgeklopt) (cuis.)* battre en neige; **eiwit ~ kloppen** monter des blancs d'œuf en neige
stijf·kop [stɛifkɔp] *nm (-pen)* entêté, -ée
stijf·sel [stɛifsəl] *het/de* amidon
stijg·beu·gel [stɛiχbøχəl] *nm (-s)* étrier
stij·gen [stɛiχə(n)] *vi (steeg, i. gestegen)* monter; **een ~de lijn** une ligne ascendante; **de lonen ~** les salaires augmentent; **~de tendens** tendance à la hausse ♦ **van het paard ~** descendre de cheval
stij·ging [stɛiχɪŋ] *nf (-en)* **1** hausse **2** crue
stijl [stɛil] *nm (-en)* **1** style; **dat is geen ~** ça ne se fait pas; **~ hebben** avoir de l'allure; **met, in ~** avec allure; **het onderwijs nieuwe ~** l'enseignement nouvelle formule **2** montant *(pièce verticale)*
***stijl-** [stɛil-] de style; **de stijlfiguur** la figure de style
stijl·bloem·pje [stɛilblumpjə] *het (-s)* élégance
stijl·dan·sen [stɛildɑnsə(n)] *het* danse de salon
stijl·leer [stɛiler] *de* stylistique
stijl|loos [stɛilos] *adj, adv (-lozer, meest s.)* **1** dénué de style (propre), sans style (propre) **2** incorrect, d'une façon inconvenante; **wat je gedaan hebt is ~** tu devrais avoir honte
stijl·vol [stɛilvɔl] *adj, adv* de (bon) goût, avec élégance
stij·ve [stɛivə] *nm (-n)* érection; **een ~ krijgen** bander
stik [stɪk] *interj (fam.)* zut !
stik·don·ker [stɪgdɔŋkər] *adj* tout à fait noir
stik·heet [stɪkhet] *adj (fam.)* étouffant
[1]**stik·ken** [stɪkə(n)] *vi, vb impers (stikte, i. gestikt)* **1** étouffer; **in iets ~** s'étouffer en mangeant qqch; **hij stikte bijna in zijn woorden** sa voix s'étrangla **2** *(fam.)* avoir en surabondance; **~ in het werk** être débordé de travail ♦ *(fam.)* **je kunt voor mijn part ~!, stik jij toch!** va te faire foutre !; *(fam.)* **iemand laten ~** laisser tomber qqn; *(fam.)* **~ van de warmte** crever de chaleur; *(fam.)* **het stikt hier van de restaurantjes** il y a plein de petits restaurants dans le coin
[2]**stik·ken** [stɪkə(n)] *vti (stikte, h. gestikt) (couture)* piquer
stik·stof [stɪkstɔf] *de (chim.)* azote
stik·stof·hou·dend [stɪkstɔfhɑudənt] *adj* azoté
stik·vol [stɪkfɔl] *adj (fam.)* bourré
stil [stɪl] *adj, adv* **1** silencieux, silencieusement; **zo ~ als een muis, als het graf** très silencieux; **het was er zo ~, dat men een speld kon horen vallen** le silence y était tel qu'on aurait entendu une mouche voler; **hij is er ~ van** il en reste muet; *(Belg.)* **~ spreken** parler doucement; **~!** silence ! **2** tranquille(ment); **een ~le zee** une mer calme; **~ blijven zitten** rester assis sans bouger **3** (en) secret; **~le armoede** misère cachée
stil·aan [stɪlan] *adv* peu à peu
sti·le·ren [stilerə(n)] *vt (stileerde, h. gestileerd)* **1** styliser **2** bien formuler
sti·let·to [stilɛto] *nm (-'s)* couteau à cran d'arrêt
[1]**stil·hou·den** [stɪlhɑudə(n)] *vt (hield stil, h. stilgehouden)* **1** tenir tranquille; **hou je stil!** tais-toi ! **2** tenir secret
[2]**stil·hou·den** [stɪlhɑudə(n)] *vi (hield stil, h. stilgehouden)* s'arrêter
stil·le [stɪlə] *nm (-n)* **1** taciturne **2** *(fam.)* condé
stil·leg·gen [stɪlɛχə(n)] *vt (legde stil, h. stilgelegd)* arrêter; **een bedrijf ~** paralyser une entreprise
stil·len [stɪlə(n)] *vt (stilde, h. gestild)* assouvir
stil·le·tjes [stɪləcəs] *adv* **1** tranquillement; **~ verdwijnen** s'esquiver **2** secrètement; **hij stak haar ~ wat geld toe** il lui passa discrètement de l'argent
stil·le·ven [stɪlevə(n)] *het (-s) (arts)* nature morte
stil·lig·gen [stɪlɪχə(n)] *vi (lag stil, h. stilge-*

legen) **1** être couché tranquillement **2** être immobilisé **3** être paralysé

stil·staan [stɪlstan] *vi (stond stil, h. stilgestaan)* **1** rester immobile **2** s'arrêter; *(fig.)* **ergens bij ~** s'attarder sur qqch **3** ne pas évoluer **4** être arrêté; **daar staat mijn verstand bij stil** je n'y comprends rien

stil·stand [stɪlstɑnt] *nm* **1** immobilité **2** arrêt; **tot ~ brengen** arrêter; *(prov)* **~ is achteruitgang** qui n'avance pas recule

stil·te [stɪltə] *nf* **1** silence; **een doodse ~** un silence lugubre; **hij is in alle ~ begraven** il a été enterré dans la plus stricte intimité; **een ogenblik ~ in acht nemen, in ~ bidden** se recueillir; **er viel een ~** il y eut un silence **2** calme

stil·val·len [stɪlvɑlə(n)] *vi (viel stil, i. stilgevallen)* s'arrêter

stil·zet·ten [stɪlzɛtə(n)] *vt (zette stil, h. stilgezet)* arrêter

stil·zit·ten [stɪlzɪtə(n)] *vi (zat stil, h. stilgezeten)* **1** ne pas bouger (sur sa chaise) **2** rester inactif

stil·zwij·gen [stɪlzwɛiχə(n)] *het* silence; **er het ~ toe doen** se taire

stil·zwij·gend [stɪlzwɛiχənt] *adj, adv* **1** silencieux, sans mot dire **2** tacite(ment); **~ bedoelen** sous-entendre

sti·mu·lans [stimylɑns] *nm (-en)* stimulant

stink·dier [stɪŋgdir] *het (-en) (zool.)* mouffette

stin·ken [stɪŋkə(n)] *vi (stonk, h. gestonken)* puer; **uit de mond ~** avoir mauvaise haleine; **een uur in de wind ~** puer à des kilomètres à la ronde; *(fig.)* **die zaak stinkt** cette affaire-là sent mauvais ♦ *(fam.)* **erin ~** se faire pincer, se faire avoir

stin·kend [stɪŋkənt] *adj, adv* **1** puant **2** infect, horriblement; **zijn ~e best doen** faire tout son possible

stin·kerd [stɪŋkərt] *nm (-s)* ♦ *(fam.)* **rijke ~s** rupins

stip [stɪp] *de (-pen),* **stippel** *de (-s)* point; *(mus.)* **een hit met ~** un tube qui grimpe au hit-parade

sti·pen|di·um [stipɛndijʌm] *het (-diums, -dia)* bourse (d'études)

stip·pe·len [stɪpələ(n)] *vt (stippelde, h. gestippeld)* pointiller

stipt [stɪpt] *adj, adv* **1** ponctuel(lement); **hij is altijd ~ op tijd** il vient toujours à l'heure exacte **2** rigoureux, rigoureusement

stipt·heids·ac·tie [stɪpthɛitsɑksi] *nf (-s)* grève du zèle

stoe·fen [stufə(n)] *vi (stoefte, h. gestoeft) (Belg.)* frimer

stoei·en [stujə(n)] *vi (stoeide, h. gestoeid)* folâtrer

stoei·par·tij [stujpɑrtɛi] *nf (-en)* batifolage

stoel [stul] *nm (-en)* chaise; **een luie, gemakkelijke ~** un fauteuil; *(fig.)* **de poten onder iemands ~ wegzagen** couler qqn; *(fig.)* **iets niet onder ~en of banken steken** ne pas faire mystère de qqch; *(fig.)* **op het puntje van zijn ~ zitten** être assis sur la pointe des fesses; *(Belg.; fig.)* **van zijn ~ vallen** se casser le nez; *(fig.)* **van verbazing van zijn ~ vallen** tomber à la renverse; **voor ~en en banken praten** parler dans le vide ♦ **de Heilige Stoel** le Saint-Siège

stoe·len [stulə(n)] *vi (stoelde, h. gestoeld) (+ op)* reposer (sur)

stoel·gang [stulχɑŋ] *nm* selles

stoep [stup] *de (-en)* **1** trottoir **2** perron; **onverwachts op de ~ staan bij iemand** se pointer chez qqn à l'improviste

stoer [stur] *adj (stoerder, stoerst)* robuste; *(fam.; iron.)* **~ doen** faire le mariolle; **de ~e jongen uithangen** jouer au petit soldat

stoet [stut] *nm (-en)* cortège

stoet·has·pel [stuthɑspəl] *nm (-s)* **1** empoté, -ée **2** type

[1]**stof** [stɔf] *het* poussière; *(fig.)* **veel ~ doen opwaaien** faire beaucoup de bruit; *(fig.)* **voor iemand in het ~ buigen** se mettre à plat ventre devant qqn

[2]**stof** [stɔf] *de (-fen)* **1** matière **2** *(pas de plur.)* sujet; **~ opleveren voor** fournir matière à; **de verplichte ~ voor een examen** le programme d'un examen **3** étoffe ♦ **kort van ~ zijn** être peu loquace

stof·boel [stɔvbul] *nm* ♦ **wat een ~!** quelle poussière !

stof·deel·tje [stɔvdelcə] *het (-s)* **1** *(phys.)* corpuscule **2** (grain de) poussière

stof·doek [stɔvduk] *nm (-en)* chiffon à poussière

stof·fe·lijk [stɔfələk] *adj* matériel

[1]**stof·fen** [stɔfə(n)] *adj* en tissu

[2]**stof·fen** [stɔfə(n)] *vti (stofte, h. gestoft)* ôter la poussière; **de kamer ~** ôter la poussière dans le salon

stof·fer [stɔfər] *nm (-s)* balayette; **~ en blik** balayette et pelle

stof·fe·ren [stɔferə(n)] *vt (stoffeerde, h. gestoffeerd)* recouvrir; **een stoel ~** tapisser un fauteuil ♦ **een gestoffeerde kamer** une pièce garnie de rideaux et de moquette

stof·fe·ring [stɔferɪŋ] *nf (-en)* **1** ± tissu d'ameublement **2** ± ameublement

stof·fig [stɔfəχ] *adj* poussiéreux

stof·je [stɔfjə] *het (-s)* → **stofdeeltje 2**

stof·lon·gen [stɔflɔŋə(n)] *plur (méd.)* silicose

stof·vod [stɔfɔt] *het (-den) (Belg.)* → **stofdoek**

stof·vrij [stɔfrɛi] *adj* sans poussière

stof·wis·se·ling [stɔfwɪsəlɪŋ] *nf (biol.)* métabolisme

stof·zui·gen [stɔfsœyχə(n)] *vti (stofzuigde, h. gestofzuigd)* passer l'aspirateur

stof·zui·ger [stɔfsœyχər] *nm (-s)* aspirateur

sto·ï·cijns [stowisɛins] *adj, adv* stoïque, stoïquement

stok [stɔk] *nm (-ken)* bâton; *(fig.)* **het aan de ~ krijgen met iemand** avoir maille à partir avec qqn; *(fig.)* **een ~ achter de deur nodig hebben** avoir besoin d'une épée dans les reins (pour faire qqch); *(fig.)* **dat is een mooie ~ achter de deur** c'est un bon moyen de pression; *(fig.)* **iemand een ~ tussen de benen gooien** mettre des bâtons dans les roues à qqn; **hij is met geen ~ hierheen te krijgen** il n'y a pas moyen de le faire venir

stok|brood [stɔgbrot] *het (-broden)* baguette *(pain)*

stok·dood [stɔgdot] *adj (Belg.)* → **steendood**

stok·doof [stɔgdof] *adj* sourd comme un pot

[1]**sto·ken** [stokə(n)] *vt (stookte, h. gestookt)* **1** entretenir (un feu); **een vuurtje ~** faire un feu **2** se chauffer (à) **3** attiser; **ruzie ~** semer la discorde **4** distiller ♦ **zijn tanden ~** se curer les dents

[2]**sto·ken** [stokə(n)] *vi (stookte, h. gestookt)* **1** faire du feu **2** intriguer

stok·je [stɔkjə] *het (-s)* ♦ *(fig.)* **ergens een ~ voor steken** mettre le holà à qqch; **van zijn ~ gaan** tomber dans les pommes

stok·ken [stɔkə(n)] *vi (stokte, i. gestokt)* manquer (à qqn); **het gesprek stokt** la conversation tombe à plat

stok·oud [stɔkaut] *adj* vieux comme Mathusalem

stok·paard·je [stɔkparcə] *het (-s)* cheval de bataille *(fig.)*

stok·stijf [stɔkstɛif] *adj, adv* **1** raide comme un piquet; **~ blijven staan** rester rivé sur place **2** obstiné(ment)

stok·vis [stɔkfɪs] *nm (-sen)* morue séchée

sto·la [stola] *de (-'s)* étole

stol·len [stɔlə(n)] *vi (stolde, i. gestold)* se coaguler; **doen ~** coaguler

stolp [stɔlp] *de (-en)* **1** cloche **2** bouchon de verre

stol·sel [stɔlsəl] *het (-s)* **1** caillot **2** grumeau

stom [stɔm] *adj, adv* **1** bête(ment); **~me ezel dat je bent!** triple idiot !; **een ~me streek uithalen** faire une bêtise; *(fig.)* **te ~ zijn om voor de duvel te dansen** être bête à manger du foin; **dat vind ik ~ van je** je ne trouve pas ça malin de ta part **2** muet; **geen ~ woord zeggen** ne pas dire un traître mot **3** ennuyeux

stom·dron·ken [stɔmdrɔŋkə(n)] *adj* ivre mort

[1]**sto·men** [stomə(n)] *vi (stoomde, h./i. gestoomd)* **1** faire de la vapeur **2** naviguer

[2]**sto·men** [stomə(n)] *vt (stoomde, h. gestoomd)* **1** étuver **2** nettoyer à sec

sto·me·rij [stomərɛi] *nf (-en)* pressing

stom|heid [stɔmhɛit] *nf (-heden)* **1** mutité; **met ~ geslagen zijn** être frappé de stupeur **2** bêtise

stom·kop [stɔmkɔp] *nm (-pen)* → **stommeling**

stom·me·len [stɔmələ(n)] *vi (stommelde, h. gestommeld)* **1** cogner **2** faire du bruit, un bruit sourd

stom|me·ling [stɔməlɪŋ] *nm (-en)*, **-merd** *nm (-s)*, **-merik** *nm (-en)* imbécile

stom·me·tje [stɔməcə] ♦ **~ spelen** faire le muet, la muette

stom·mi·teit [stɔmitɛit] *nf (-en)* bêtise

[1]**stomp** [stɔmp] *nm (-en)* **1** bout **2** coup (de poing)

[2]**stomp** [stɔmp] *adj* **1** obtus **2** émoussé

stom·pen [stɔmpə(n)] *vt (stompte, h. gestompt)* donner des coups de poing à

stomp·zin·nig [stɔmpsɪnəχ] *adj, adv* (d'une façon) stupide

stom·toe·val·lig [stɔmtuvɑləχ] *adj, adv* tout à fait par hasard

stom·ver·baasd [stɔmvərbast] *adj, adv* muet d'étonnement, avec stupéfaction

stom·ver·ve·lend [stɔmvərvelənt] *adj* assommant

stom·weg [stɔmwɛχ] *adv* (tout) bêtement

stond [stɔnt], **stonden** → **staan, afstaan, klaarstaan** *(etc.)*

stonk [stɔŋk], **stonken** → **stinken, instinken**

[1]**stoof** [stof], **stoven** → **stuiven, opstuiven** *(etc.)*

[2]**stoof** [stof] *de (stoven)* **1** chauffe-pieds **2** étuveur, étuveuse **3** *(Belg.)* poêle *(m.)*

stoof·pan [stofpɑn] *de (-nen)* → **stoofpot 2**

stoof|peer [stofper] *de (-peren)* poire à cuire

stoof·pot [stofpɔt] *nm (-ten)* **1** daube **2** cocotte

stoof·vlees [stofles] *het (Belg.)* viande en daube, à l'étuve

stook·kos·ten [stokɔstə(n)] *plur* frais de chauffage

stook|olie [stokoli] *de (-oliën)* mazout

stoom [stom] *nm* vapeur; *(fig.)* **~ afblazen** libérer le trop-plein

***stoom-** [stom-] à vapeur

stoom·bad [stombɑt] *het (-en)* bain de vapeur

stoom·cur·sus [stomkʌrzʌs] *nm (-sen)* cours accéléré

stoor·nis [stornɪs] *nf (-sen)* **1** dérangement **2** trouble

stoor·zen·der [storzɛndər] *nm (-s)* **1** brouilleur *(émetteur)* **2** *(fig.)* perturbateur, -trice

[1]**stoot** [stot] *nm (stoten)* **1** coup; *(fig.)* **de ~ tot iets geven** prendre l'initiative de qqch; **een ~ onder de gordel** *(boxe; fig.)* un coup bas **2** *(fam.)* cargaison **3** à-coup

[2]**stoot** [stot] *nf (stoten) (vulg.)* beau châssis

stoot·je [stocə] *het (-s)* ♦ *(fig.)* **wel tegen een ~ kunnen** avoir les reins solides, être dur au mal

stoots·ge·wijs [stotsχəwɛis] *adj, adv* saccadé, par à-coups

stoot·vast [stotfɑst] *adj* antichoc

[1]**stop** [stɔp] *nm (-pen)* **1** bouchon **2** plomb; **de ~pen slaan door** les plombs sautent, il (elle) est en train de craquer **3** reprise **4** arrêt; **een ~ maken** faire un stop ♦ **voor**

enkele studierichtingen is een ~ ingesteld il y a un numerus clausus pour quelques branches

[2]**stop** [stɔp] *interj* stop !

stop·bord [stɔbɔrt] *het (-en) (transp.)* stop

stop·con·tact [stɔpkɔntakt] *het (-en)* prise (de courant); **de stekker in het ~ steken** brancher la prise

stop·licht [stɔplɪχt] *het (-en)* **1** feu; **door een ~ rijden** brûler un feu rouge **2** (signal de) stop

stop·pel [stɔpəl] *nm (-s)* **1** chaume **2** poil (de la barbe)

stop·pel·baard [stɔpəlbart] *nm (-en)* barbe de deux jours

[1]**stop·pen** [stɔpə(n)] *vt (stopte, h. gestopt)* **1** boucher; **een lek ~** colmater une fuite **2** mettre; **een kind onder de wol ~** mettre un enfant au lit **3** arrêter; **hij was niet te ~** il n'y avait pas moyen de l'arrêter

[2]**stop·pen** [stɔpə(n)] *vi (stopte, i. gestopt)* s'arrêter (de)

[3]**stop·pen** [stɔpə(n)] *vti (stopte, h. gestopt)* **1** repriser **2** constiper

stop·trein [stɔptrɛin] *nm (-en)* train omnibus

stop·verf [stɔpfɛrf] *de* mastic

stop·watch [stɔpwɔtʃ] *het/de (-es)* chronomètre

stop·woord [stɔpwort] *het (-en)* tic de langage; **'weet je' is zijn ~** 'tu sais' est son expression favorite

stop·zet·ten [stɔpsɛtə(n)] *vt (zette stop, h. stopgezet)* arrêter; **subsidie ~** couper les subventions

sto·ren [storə(n)] *vti (stoorde, h. gestoord)* déranger ♦ **zich niet ~ aan** se moquer de; **zich aan niets of niemand ~** ne tenir compte de rien ni de personne

sto·rend [storənt] *adj, adv* (d'une façon) gênant(e)

sto·ring [storɪŋ] *nf (-en)* **1** interruption; **technische ~** incident technique **2** *(com.)* brouillage **3** *(météo.)* perturbation

storm [stɔrm] *nm (-en)* tempête *(aussi au fig.); (fig.)* **een ~ ontketenen** déchaîner un ouragan ♦ **het loopt ~** il y a foule

storm·aan·val [stɔrmanval] *nm (-len)* → **stormloop**

storm·ach·tig [stɔrmaχtəχ] *adj, adv* (d'une façon) agité(e); **een ~ applaus** un tonnerre d'applaudissements; **het bleef ~** la tempête persistait

stor·men [stɔrmə(n)] *vi, vb impers (stormde, h./i. gestormd)* **1** y avoir de la tempête **2** s'élancer

stor·men·der·hand [stɔrməndərhɑnt] *adv* d'assaut; **het publiek ~ veroveren** conquérir d'emblée son public

storm·kracht [stɔrmkraχt] *de* tempête

storm·loop [stɔrmlop] *nm* **1** assaut **2** ruée

storm·lo·pen [stɔrmlopə(n)] *vb impers (liep storm, h. stormgelopen)* ♦ **het loopt storm** c'est la bousculade

storm·troep [stɔrmtrup] *nm (-en) (milit.)* troupe d'assaut

storm·vloed [stɔrmvlut] *nm (-en)* grande marée

storm·vloed·ke·ring [stɔrmvlutkerɪŋ] *nf (-en)* barrage antitempêtes

stort·bad [stɔrdbat] *het (-en)* douche

stort·bak [stɔrdbak] *nm (-ken)* **1** réservoir de la chasse **2** cuve

stort·bui [stɔrdbœy] *de (-en)* averse

[1]**stor·ten** [stɔrtə(n)] *vi (stortte, i. gestort)* tomber; **de regen stort naar beneden** il pleut à verse

[2]**stor·ten** [stɔrtə(n)] *vt (stortte, h. gestort)* (dé)verser; **beton ~** couler du béton; **het land in een diepe crisis ~** précipiter le pays dans une crise profonde

[3]**stor·ten, zich** [stɔrtə(n)] *vpr (stortte zich, h. zich gestort)* se jeter; **zich in de politiek ~** se lancer dans la politique

stor·ting [stɔrtɪŋ] *nf (-en)* **1** versement **2** déversement

stort·ko·ker [stɔrtkokər] *nm (-s)* vide-ordures

stort·plaats [stɔrtplats] *de (-en)* décharge, déchetterie

stort·re·gen [stɔrtreχə(n)] *nm (-s)* averse

stort·vloed [stɔrtflut] *nm (-en)* **1** raz-de-marée **2** *(fig.)* torrent; **een ~ van protesten** une vague de protestations

[1]**sto·ten** [stotə(n)] *vi (stootte, h./i. gestoten)* **1** heurter (qqch), se heurter (à) **2** tressauter

[2]**sto·ten** [stotə(n)] *vt (stootte, h. gestoten)* **1** bousculer **2** (se) cogner; *(fig.)* **zijn hoofd ~** se casser le nez

[3]**sto·ten** [stotə(n)] *vti (stootte, h. gestoten)* **1** *(poids et haltères)* faire un épaulé-jeté **2** *(billard)* jouer à la bande

[4]**sto·ten (aan), zich** [stotə(n)] *vpr (stootte zich, h. zich gestoten)* **1** se heurter (contre) **2** être choqué (par)

sto·tend [stotənt] *adj* **1** choquant **2** heurté

stot·te·ren [stɔtərə(n)] *vti (stotterde, h. gestotterd)* bégayer

stout [staut] *adj, adv* **1** *(à propos d'un enfant)* (comme un) vilain **2** audacieux, audacieusement; **Karel de Stoute** Charles le Téméraire; **het overtreft mijn ~ste verwachtingen** cela dépasse toutes mes attentes

stou|terd [stautərt] *nm (-s)*, **-terik** *nm (-en)* (petit(e)) vilain, -aine

stout·moe·dig [stautmudəχ] *adj, adv* audacieux, audacieusement

sto·ven [stovə(n)] *vti (stoofde, h./i. gestoofd) (cuis.)* mijoter

sto·ve·rij [stovərɛi] *de (-en) (Belg.)* carbonnades (flamandes)

[1]**straal** [stral] *de (stralen)* **1** rayon; *(fig.)* **er is geen ~tje hoop meer** il n'y a plus une lueur d'espoir **2** jet; **een ~ bloed** un flot de sang

[2]**straal** [stral] *adv* **1** tout droit **2** *(fam.)* to-

talement; iemand ~ voorbij lopen dépasser qqn sans se retourner

straal·be·zo·pen [stralbəzopə(n)] *adj (fam.)* complètement bourré

straal·ja·ger [straljaχər] *nm (-s) (aviat.)* chasseur à réaction

straal·ka·chel [stralkaχəl] *de (-s)* radiateur électrique

straat [strat] *de (straten)* **1** rue; een doodlopende ~ une impasse; op ~ staan être à la rue, être sur le pavé; *(fig.)* de ~ op gaan descendre dans la rue; iemand op ~ zetten jeter qqn à la rue, mettre qqn à la porte; je kunt zo niet over ~ gaan tu ne peux pas sortir comme ça **2** détroit

straat·arm [stratarm] *adj* très pauvre

straat·beeld [stradbelt] *het (-en)* aspect de la rue

straat·hond [strathɔnt] *nm (-en)* **1** chien errant **2** (chien) bâtard

straat·je [stracə] *het (-s)* ♦ *(fig.)* dat was precies in zijn ~ cela faisait parfaitement son affaire; een ~ omlopen faire un (petit) tour

straat·jon·gen [stratjɔŋə(n)] *nm (-s)* **1** gamin des rues **2** voyou

straat·or·gel [stratɔrχəl] *het (-s)* orgue de barbarie

straat|steen [stratsten] *nm (-stenen)* pavé; een product aan de straatstenen niet kwijt kunnen ne pas trouver le moindre acquéreur pour un produit

straat·ver·bod [stratfərbɔt] *het (-en)* ⟨*interdiction de se trouver dans une certaine zone*⟩

[1]**straf** [straf] *nf (-fen)* **1** punition; een ~ kwijtschelden lever une punition **2** *(jur.)* peine; op ~fe van sous peine de; zijn ~ uitzitten purger sa peine (en prison); een zware ~ une peine sévère

[2]**straf** [straf] *adj, adv* **1** sévère(ment) **2** fort(ement); een ~ tempo une cadence soutenue, un rythme d'enfer **3** raide

straf|baar [stravbar] *adj (-baarder, -baarst)* **1** coupable **2** punissable; een ~ feit fait délictueux; dat is ~ cela tombe sous le coup de la loi

straf·baar·heid [stravbarhɛit] *nf (jur.)* pénalité

straf·bank [stravbaŋk] *de* **1** banc des accusés; *(fig.)* op het ~je zitten être sur la sellette **2** *(sports)* banc de pénalité

straf·be·pa·ling [stravbəpalɪŋ] *nf (-en) (jur.)* clause pénale

straf·blad [stravblat] *het (jur.)* casier judiciaire

straf·fe·loos [strafəlos] *adj, adv* impuni, impunément

straf·fen [strafə(n)] *vti (strafte, h. gestraft)* punir; met een boete ~ infliger une amende

straf·in·rich·ting [strafɪnrɪχtɪŋ] *nf (-en)* établissement pénitentiaire

straf·kamp [strafkamp] *het (-en)* camp de travail

straf·maat·re·gel [strafmatreχəl] *nm (-en)* sanction

straf·punt [strafpʌnt] *het (-en) (sports)* point de pénalisation

straf·recht [strafrɛχt] *het (jur.)* droit pénal

straf·rech·te·lijk [strafrɛχtələk] *adj, adv (jur.)* (au) pénal

straf·re·gis·ter [strafrəχɪstər] *het (-s)* → strafblad

straf·schop [strafsχɔp] *nm (-pen) (sports)* pénalty

straf·tijd [straftɛit] *nm* **1** *(jur.)* durée de sa peine; zijn ~ uitzitten purger sa peine **2** *(sports)* exclusion

straf·ver·vol·ging [strafərvɔlχɪŋ] *nf (jur.)* poursuite judiciaire

straf·vor·de·ring [strafɔrdərɪŋ] *nf (jur.)* procédure pénale

straf·werk [strafwɛrk] *het* travail supplémentaire

straf·wet [strafwɛt] *de (-ten) (jur.)* loi pénale

straf|zaak [strafsak] *de (-zaken) (jur.)* affaire criminelle

strak [strak] *adj, adv* **1** raide, avec raideur; een ~ke bouwstijl une architecture austère; *(fig.)* iemand ~ houden serrer la vis à qqn; een touw ~ houden tendre une corde; de snaren ~ker spannen resserrer les cordes; de broek zit daar te ~ le pantalon est trop étroit ici **2** fixe(ment) **3** impassible(ment) **4** ferme(ment); ~ gespannen aandacht attention soutenue; ~ aan iets vasthouden s'obstiner dans qqch **5** *(langage des jeunes)* super, grave, mortel; een ~ plan un plan d'enfer; ~ plan! impeccable !

strak·blauw [stragblau] *adj* bleu azur

strak·jes [strakjəs] *adv* → straks

straks [straks] *adv* tout à l'heure

[1]**stra·len** [stralə(n)] *vi (straalde, h. gestraald)* briller; ~ van vreugde rayonner de joie

[2]**stra·len** [stralə(n)] *vi (straalde, i. gestraald) (fam.)* être collé

stra·lend [stralənt] *adj* **1** lumineux; *(fig.)* een ~ witte was un linge d'un blanc éclatant; een ~e zon un soleil resplendissant **2** qui dégage de la chaleur **3** rayonnant; ~ weer temps splendide

stra·len|krans [stralə(n)krans] *nm (-en)*, **-kroon** *de (-kronen)* auréole

stra·ling [stralɪŋ] *nf (-en)* rayonnement; radioactieve ~ radioactivité

stra·lings·ge·vaar [stralɪŋsχəvar] *het* risque d'irradiation

stram [stram] *adj, adv* raide, avec raideur

stra·mien [stramin] *het* trame; volgens een vast ~ toujours selon le même scénario

strand [strant] *het (-en)* **1** plage **2** *(form.)* rivage

stran·den [strandə(n)] *vi (strandde, i. gestrand)* échouer *(aussi mar.)*; al mijn pogingen strandden op zijn onverzettelijk-

heid toutes mes tentatives se sont brisées sur son intransigeance

strand·jut·ten [strɑntjʌtə(n)] *vb* piller des épaves

strand·weer [strɑntwer] *het* (beau) temps pour aller à la plage

strap·less [strɛpləs] *adj* sans bretelles

stre·ber [strebər, ʃtrebər] *nm (-s)* jeune loup *(fig.)*

streed [stret], **streden** → **strijden**

streef|da·tum [strevdatʌm] *nm (-data)* date limite

¹**streek** [strek], **streken** → **strijken, afstrijken, gladstrijken** *(etc.)*

²**streek** [strek] *de (streken)* **1** tour; **we zullen hem die streken wel afleren** on va lui faire passer l'envie de recommencer; **een stomme ~ begaan** faire une bêtise; **iemand een vuile ~ leveren** jouer un vilain tour à qqn; **zijn streken thuis krijgen** recevoir la monnaie de sa pièce **2** région **3** touche ♦ *(fig.)* **op ~ zijn** être en train; *(fig.)* **van ~ zijn** *(personnes)* être bouleversé; *(choses)* être perturbé

***streek-** [strek-] régional; **het streekblad** le journal régional

streeks·ge·wijs [streksχəwɛis] *adj, adv* régional(ement)

streep [strep] *de (strepen)* **1** ligne; *(fig.)* **een ~ door de rekening** un mécompte; **een ~ door iets halen** barrer qqch, faire une croix sur qqch *(fig.); (Belg.; fig.)* **een ~ onder iets trekken** tirer un trait sur qqch **2** bande; **een stof met blauwe en witte strepen** un tissu à rayures bleues et blanches; *(fig.)* **iemand over de ~ trekken** gagner qqn (à une cause)

streep·je [strepjə] *het (-s)* **1** trait; *(fig.)* **een ~ voor hebben** être dans les petits papiers (de qqn) **2** tiret **3** trait d'union **4** rayures

streep·jes·co·de [strepjəskodə] *nm (-s)* code-barres

¹**strek·ken** [strɛkə(n)] *vi (strekte, h. gestrekt)* **1** s'étendre; **mijn verplichtingen ~ niet verder** mes obligations s'arrêtent là **2** être suffisant; **zolang de voorraad strekt** jusqu'à épuisement du stock **3** *(+ tot)* servir (à)

²**strek·ken** [strɛkə(n)] *vt (strekte, h. gestrekt)* allonger; **even de benen ~** se dégourdir les jambes; **zijn ledematen ~** s'étirer ♦ **(per) ~de meter** (au) mètre courant

strek·king [strɛkɪŋ] *nf (-en)* portée; **woorden van gelijke ~** mots de même signification

stre·len [strelə(n)] *vt (streelde, h. gestreeld)* **1** caresser **2** flatter

¹**strem·men** [strɛmə(n)] *vti (stremde, i. gestremd) (lait)* (se) cailler

²**strem·men** [strɛmə(n)] *vt (stremde, h. gestremd)* gêner; **de scheepvaart was tijdelijk gestremd** la navigation était temporairement interrompue

strem·ming [strɛmɪŋ] *nf (-en)* **1** arrêt; **de ~ van het verkeer** l'interruption de la circulation **2** caillage *(du lait)*

¹**streng** [strɛŋ] *de (-en)* **1** écheveau **2** torsade **3** cordon ♦ **een ~ knoflook** une tresse d'ails

²**streng** [strɛŋ] *adj, adv* **1** rigoureux **2** sévère(ment); **de ~e schoonheid van romaanse kerken** l'austère beauté des églises romanes; **dat is ten ~ste verboden** c'est formellement interdit **3** strict(ement); **een gevangene ~ bewaken** surveiller étroitement un prisonnier

stres·sen [strɛsə(n)] *vi (streste, h. gestrest)* stresser

stret·cher [strɛtʃər] *nm (-s)* lit de camp

streu·vel·haar [strøvəlhar] *het (Belg.)* tignasse hirsute

¹**stre·ven** [strevə(n)] *het* **1** effort **2** aspiration; **een nobel ~** une noble ambition

²**stre·ven** [strevə(n)] *vi (streefde, h. gestreefd) (+ naar)* aspirer (à); **ernaar ~ de orde te handhaven** s'efforcer de maintenir l'ordre ♦ **je doel voorbij ~** dépasser son but

striem [strim] *de (-en)* **1** marque **2** coup

strie·men [strimə(n)] *vti (striemde, h. gestriemd)* cingler; **in de ~de regen lopen** marcher sous une pluie battante

strijd [strɛit] *nm* **1** lutte; **de ~ aanbinden (tegen)** engager la lutte (contre); **de ~ om de macht** la course au pouvoir; **de ~ om de kwartfinales** la lutte pour l'accession aux quarts de finale; **~ op leven en dood** lutte à mort; **ten ~e trekken (tegen)** marcher au combat; *(fig.)* partir en guerre (contre); **gehavend uit de ~ (vandaan) komen** *(sens pr.)* revenir en piteux état; *(fig.)* y laisser des plumes; **~ voeren, leveren** livrer combat; **een zware ~** un violent combat **2** dispute; **daar is, bestaat ~ over** cela fait l'objet d'une controverse **3** contradiction

strijd·bijl [strɛidbɛil] *de (-en)* hache de guerre

strij·den [strɛidə(n)] *vi (streed, h. gestreden)* **1** lutter (pour, contre qqch) **2** débattre (de) **3** être contraire (à)

strij·der [strɛidər] *nm (-s)*, **strijdster** *nf (-s)* **1** combattant, -ante **2** lutteur

strijd·ge·woel [strɛitχəwul] *het* mêlée *(combat)*

strij·dig [strɛidəχ] *adj (+ met)* contraire (à)

strij·dig|heid [strɛidəχhɛit] *nf (-heden)* opposition; **de ~ van de gevoelens** le conflit des sentiments; *(jur.)* **de ~ van vonnissen** la contrariété de jugements; **wegens ~ met de wet** parce qu'en violation de la loi

strijd·krach·ten [strɛitkrɑχtə(n)] *plur* forces armées

strijd|kreet [strɛitkret] *nm (-kreten)* cri de guerre

strijd·lus·tig [strɛitlʌstəχ] *adj* combatif

strijd·macht [strɛitmɑχt] *de (-en)* force armée

strijd·perk [strɛitpɛrk] *het (-en)* champ de

bataille; **met iemand in het ~ treden** se mesurer avec qqn

strijd·vaar·dig [strɛitfardəχ] *adj* **1** combatif **2** prêt au combat

strijd|vraag [strɛitfraχ] *de (-vragen)* question en litige

strijk [strɛik] *nm (Belg.)* → **strijkgoed**

[1]strij·ken [strɛikə(n)] *vi (streek, h./i. gestreken)* **1** se repasser **2** raser; **de zwaluwen ~ over het water** les hirondelles volent au ras de l'eau ♦ **hij ging met de eer ~** c'est à lui qu'est revenu l'honneur

[2]strij·ken [strɛikə(n)] *vti (streek, h./i. gestreken)* **1** effleurer; **iemand over de haren ~** caresser les cheveux de qqn **2** repasser (qqch)

[3]strij·ken [strɛikə(n)] *vt (streek, h. gestreken)* **1** étaler **2** (a)baisser; **de vlag ~** amener le drapeau **3** frotter ♦ **geld naar zich toe ~** ramasser de l'argent; **de haren uit zijn gezicht ~** écarter les cheveux de son visage

strij·ker [strɛikər] *nm (-s)*, **strijkster** *nf (-s) (mus.)* musicien, -ienne qui joue d'un instrument à cordes

strijk·goed [strɛikχut] *het* linge à repasser

strijk·in·stru·ment [strɛikɪnstrymɛnt] *het (-en) (mus.)* instrument à cordes (frottées)

strijk·je [strɛikjə] *het (-s) (mus.)* (petit) orchestre à cordes

strijk·kwar·tet [strɛikwartɛt] *het (-ten) (mus.)* quatuor à cordes

strijk·stok [strɛikstɔk] *nm (-ken) (mus.)* archet ♦ **er blijft veel aan de ~ hangen** il y a beaucoup d'argent qui disparaît dans les poches

strik [strɪk] *nm (-ken)* **1** nœud **2** collet

strik·je [strɪkjə] *het (-s)* nœud (papillon)

strik·ken [strɪkə(n)] *vti (strikte, h. gestrikt)* nouer; **een schoen ~** lacer un soulier ♦ **iemand ~ voor een karweitje** trouver une victime pour une corvée

strikt [strɪkt] *adj, adv* strict(ement); **onder ~e geheimhouding** dans le plus grand secret; **~ genomen** strictement parlant

strik|vraag [strɪkfraχ] *de (-vragen)* question piège

strin·gent [strɪŋχɛnt] *adj* péremptoire; **~e voorwaarden** conditions contraignantes

strip [strɪp] *nm (-s, -pen)* **1** bande **2** bande dessinée **3** plaquette *(de pilules etc.)*

strip·fi|guur [strɪpfiχyr] *de (-guren)* personnage de bande dessinée

strip·pen [strɪpə(n)] *vi (stripte, h. gestript)* faire du striptease

strip·pen·kaart [strɪpə(n)kart] *de (-en) (transp.)* carte multiple (pour les transports en commun), *(Belg.)* carte de zone

strip·ver|haal [strɪpfərhal] *het (-halen)* bande dessinée

stro [stro] *het* paille; *(Belg.)* **gekapt ~ zijn** être décousu; être incohérent

***stro-** [stro-] de paille

stro·bloem [stroblum] *de (-en)* immortelle

stro·breed [strobret] *het* ♦ **geen ~ wijken** ne pas céder d'un pouce; *(fig.)* **iemand geen ~ in de weg leggen** ne pas faire la moindre difficulté à qqn

stroef [struf] *adj, adv (stroever, stroefst)* **1** rude (au toucher) **2** *(technol.)* grippé, péniblement; **dit slot gaat erg ~** cette serrure a besoin d'être huilée **3** heurté, péniblement **4** (d'une manière) revêche; **een ~ antwoord** une réponse sèche

stro·halm [strohalm] *nm (-en)* brin de paille; *(fig.)* **zich aan een (laatste) ~ vastklampen** se cramponner à un dernier espoir

stro·ken [strokə(n)] *vi (strookte, h. gestrookt) (+ met)* cadrer (avec); **dat strookt niet met elkaar** ça ne va pas ensemble

stro·kleu·rig [stroklørəχ] *adj* (couleur) paille

stro·men [stromə(n)] *vi (stroomde, h./i. gestroomd)* **1** couler; **de rivier stroomt in zee** le fleuve se jette dans la mer; **~de regen** pluie torrentielle **2** affluer (vers); **het licht stroomt de kamer in** la lumière inonde la pièce; **uit iedere trein ~ drommen reizigers** chaque train déverse un flot de passagers

stro·ming [stromɪŋ] *nf (-en)* **1** courant *(mer, fleuve)* **2** flux

strom·pe·len [strɔmpələ(n)] *vi (strompelde, h./i. gestrompeld)* avancer péniblement

stronk [strɔŋk] *nm (-en)* **1** souche *(d'un arbre)* **2** trognon

stront [strɔnt] *nm (vulg.)* merde; *(fig.)* **er is ~ aan de knikker** il y a de la merde après la rampe; *(fig.)* **iemand door de ~ halen** traîner qqn dans la merde ♦ **iemand uit de ~ helpen** tirer qqn du merdier

stront·ei·gen·wijs [strɔntɛiχə(n)wɛis] *adj (fam.)* ♦ **~ zijn** avoir une tête de cochon

stront·ver·ve·lend [strɔntfərvelənt] *adj (fam.)* emmerdant

stront·zat [strɔntsɑt] *adj (fam.)* complètement bourré ♦ **ik ben het ~** j'en ai plein le cul

strooi·bus [strojbʌs] *de (-sen)* saupoudreuse

[1]strooi·en [strojə(n)] *adj* de, en paille

[2]strooi·en [strojə(n)] *vti (strooide, h. gestrooid)* répandre; **met geld ~** dépenser sans compter

strook [strok] *de (stroken)* bande; **het ~je van een overschrijvingsformulier** le talon d'un titre interbancaire de paiement

stroom [strom] *nm (stromen)* **1** courant *(eau, électricité)*; **veel ~ gebruiken** consommer beaucoup d'électricité; **tegen de ~ in lopen** aller à contre-courant; *(fig.)* **tegen de ~ oproeien** remonter le courant; **~ uitschakelen** couper le courant; **de ~ valt uit** il y a une panne de courant **2** *(grande quantité)* flot; **in, bij stromen** à flots; **met**

de ~ meegaan suivre le mouvement 3 tension (électrique); onder ~ staan être sous tension; er staat ~ op die draad ce fil est sous tension 4 cours d'eau

***stroom-** [strom-] de courant; de stroombesparing l'économie de courant

stroom·af·waarts [stromafwarts] *adv* en aval; in ~e richting dans le sens du courant

stroom·ge·bied [stromχəbit] *het (-en)* bassin

stroom·lij·nen [stromlɛinə(n)] *vt (stroomlijnde, h. gestroomlijnd)* 1 caréner; een gestroomlijnde auto une voiture aérodynamique 2 *(fig.)* huiler

stroom·op·waarts [stromɔpwarts] *adv* en amont; ~ gaan remonter le courant

stroom·sterk·te [stromstɛrktə] *nf (-n, -s)* 1 intensité du courant *(électricité)* 2 force du courant *(eau)*

stroom·ver·snel·ling [stromvərsnɛlɪŋ] *nf (-en)* 1 *(d'un cours d'eau)* rapide 2 *(fig.)* accélération; het conflict is in een ~ geraakt le conflit a redoublé d'intensité

stroom·voor·zie·ning [stromvorzinɪŋ] *nf* distribution d'électricité

stroop [strop] *de (stropen)* mélasse; *(fig.)* ~ (om iemands mond) smeren passer de la pommade à qqn

stroop·ach·tig [stropɑχtəχ] *adj* sirupeux

stroop|lik·ker [stroplɪkər] *nm (-s)*, **-likster** *nf (-s)*, **-smeerder** *nm (-s)*, **-smeerster** *nf (-s)* lèche-botte

stroop·tocht [stroptɔχt] *nm (-en)* pillage

stroop·wa·fel [stropwafəl] *de (-s)* gaufrette à la mélasse

strootje [strocə] *het (-s)* 1 brin de paille; ~ trekken tirer à la courte paille 2 roulée *(cigarette)* 3 cigarillo

strop [strɔp] *de (-pen)* 1 corde; een dier in een ~ vangen prendre un animal au lacet; *(fig.)* iemand de ~ om de hals doen perdre qqn 2 tuile; een ~ hebben essuyer une perte 3 cravate

strop·das [strɔbdɑs] *de (-sen)* → strop 3

[1]**stro·pen** [stropə(n)] *vti (stroopte, h. gestroopt)* braconner

[2]**stro·pen** [stropə(n)] *vt (stroopte, h. gestroopt)* 1 retrousser *(relever)* 2 dépouiller *(du gibier etc.)* 3 éplucher 4 *(Belg.)* plumer *(fig.)*

[3]**stro·pen** [stropə(n)] *vi (stroopte, h. gestroopt)* piller

stro·per [stropər] *nm (-s)* 1 braconnier 2 pillard

stro·pe·rig [stropərəχ] *adj* 1 sirupeux 2 mielleux, mielleusement

strot [strɔt] *de (-ten)* 1 gosier; iemand bij de ~ grijpen saisir qqn à la gorge; *(fam.)* ik krijg het niet door mijn ~ ça ne passe pas, ça me reste en travers du gosier, je n'arrive pas à le dire; *(fam.)* het komt me de ~ uit j'en ai ras le bol; iemand naar de ~ vliegen sauter à la gorge de qqn 2 larynx

strot·ten·hoofd [strɔtə(n)hoft] *het (-en)* → strot 2

strub·be·ling [strʌbəlɪŋ] *nf (-en)* 1 friction; politieke ~en perturbations politiques 2 anicroche; zonder ~en sans heurts

struc|tuur [strʌktyr] *nf (-turen)* structure; een ~ geven structurer

struc·tuur|verf [strʌktyrvɛrf] *de (-verven)* peinture à (texture en) relief

struik [strœyk] *nm (-en)* buisson

struik·ach·tig [strœykɑχtəχ] *adj* buissonneux

strui·kel·blok [strœykəlblɔk] *het (-ken)* handicap

strui·ke·len [strœykələ(n)] *vi (struikelde, h./i. gestruikeld)* 1 trébucher; het team is in de halve finale gestruikeld l'équipe s'est fait battre en demi-finale 2 *(fig.)* faire un faux pas ♦ *(fam.)* in Rome struikel je over de beeldhouwwerken à Rome, il y a des sculptures partout

struik·ge·was [strœykχəwɑs] *het (-sen)* 1 buissons 2 broussailles

struik·ro·ver [strœykrovər] *nm (-s)* brigand

strui·nen [strœynə(n)] *vi (struinde, h. gestruind)* fureter

struis [strœys] *adj* robuste

struis·vo·gel [strœysfoχəl] *nm (-s)* autruche

stru·ma [stryma] *het/de (méd.)* goitre

stuc·werk [stykwɛrk] *het* stucage

stu·deer|ka·mer [styderkamər] *de (-s)*, **-vertrek** *het (-ken)* bureau *(pièce)*

stu|dent [stydɛnt] *nm (-en)*, **-dente** *nf (-s, -n)* étudiant, -ante; zich laten inschrijven als ~ s'inscrire à la Faculté

stu·den·ten|corps [stydɛntə(n)kɔ:r] *het (-corpora)* association d'étudiants

stu·den·ten·de|caan [stydɛntə(n)dekan] *nm (-canen)* conseiller, -ère d'orientation *(pour étudiants)*

stu·den·ten·ha·ver [stydɛntə(n)havər] *de* les (quatre) mendiants *(dessert)*

stu·den·ten|stad [stydɛntə(n)stɑt] *de (-steden)* ville universitaire

stu·den·ten·stop [stydɛntə(n)stɔp] *nm (-s)* numerus clausus

stu·den·ten·tijd [stydɛntə(n)tɛit] *nm (-en)* années d'études

stu·den·ti|koos [stydɛntikos] *adj, adv (-kozer, -koost)* (de façon) estudiantin(e)

stu·de·ren [styderə(n)] *vti (studeerde, h. gestudeerd)* 1 étudier; medicijnen ~ faire des études de médecine; verder ~ poursuivre ses études; voor ingenieur ~ faire des études d'ingénieur; ~ voor een tentamen préparer un examen (universitaire); wat studeert zij? quelles études fait-elle ? 2 *(+ op)* réfléchir (sur)

stu·die [stydi] *nf (-s)* 1 étude(s); aan de ~ zijn étudier; in ~ zijn faire l'objet d'une étude; iets in ~ nemen mettre qqch à l'étude 2 études 3 application

***stu·die-** [stydi-] d'études; studiekosten frais d'études

stu·die·fi·nan·cie·ring [stydifinɑnsirɪŋ] *nf* système d'allocation de bourses

stu·die·ge|noot [stydiχənot] *nm (-noten),* **-note** *nf (-s, -n)* camarade d'études
stu·die·gids [stydiχɪts] *nm (-en)* guide de l'étudiant
stu·die·hoofd [stydihoft] *het (-en)* intellectuel, -elle; **hij is geen ~** il n'est pas doué pour les études
stu·die|jaar [stydijar] *het (-jaren)* **1** année universitaire **2** année d'étude **3** promotion *(enseign.)*
stu·die·punt [stydipʌnt] *het/de (-en)* ± unité de valeur
stu·die·rich·ting [stydirɪχtɪŋ] *nf (-en)* discipline
stu·die·tijd [stydítɛit] *nm* (années d')études
stu·die·ver|lof [stydivərlɔf] *het (-loven)* congé-formation
stuf [stʌf] *het* gomme
stuff [stʌf] *nm* schnouf *(drogue)*
stug [stʌχ] *adj* **1** raide **2** revêche **3** fort *(affirmation, récit etc.)*; **dat lijkt me ~** ça m'a l'air fort **4** acharné, avec acharnement
stuif·meel [stœyfmel] *het (bot.)* pollen
stuif·sneeuw [stœyfsnew] *de* (neige) poudreuse
stuif·zand [stœyfsɑnt] *het* sable très fin
stuip [stœyp] *de (-en)* **1** *(méd.)* convulsion; *(fig.)* **iemand de ~en op het lijf jagen** flanquer la frousse à qqn **2** caprice
stuip·trek·ken [stœyptrɛkə(n)] *vi (stuiptrekte, h. gestuiptrekt)* avoir des convulsions
stuip·trek·king [stœyptrɛkɪŋ] *nf (-en)* convulsion; *(fig.)* **de laatste ~en van de revolutie** les derniers soubresauts de la révolution
[1]**stuit** [stœyt] *de (-en)* coccyx
[2]**stuit** [stœyt] *nm (-en)* bond
stuit·been [stœydben] *het (-deren)* → [1]stuit
[1]**stui·ten** [stœytə(n)] *vi (stuitte, h./i. gestuit)* **1** s'arrêter **2** *(+ op) (fig.)* se heurter (à) **3** *(+ op)* rencontrer (qqch) **4** rebuter **5** rebondir
[2]**stui·ten** [stœytə(n)] *vt (stuitte, h. gestuit)* **1** arrêter **2** *(fig.)* réprimer
stui·tend [stœytənt] *adj, adv* (de manière) repoussant(e)
stui·ter [stœytər] *nm (-s)* calot *(bille)*
stui·te·ren [stœytərə(n)] *vi (stuiterde, h./i. gestuiterd)* rebondir
stuit·lig·ging [stœytlɪχɪŋ] *nf (méd.)* (présentation par le) siège
[1]**stui·ven** [stœyvə(n)] *vi (stoof, h./i. gestoven)* **1** voler **2** partir comme une flèche; **zij stoof de deur uit** elle est sortie en trombe; **de wielrenners stoven ons voorbij** les coureurs cyclistes nous ont dépassés à toute vitesse; **uit elkaar ~** se disperser
[2]**stui·ven** [stœyvə(n)] *vb impers* poudroyer; **het stuift hier verschrikkelijk** il y a énormément de poussière dans l'air ♦ *(Belg.)* **het zal er ~!** ça va chauffer !
stui·ver [stœyvər] *nm (-s)* **1** ⟨*pièce de cinq centimes*⟩ **2** sou; **daar is een aardige ~ mee te verdienen** en faisant cela, on peut gagner une somme rondelette
stui·vers·ro·man [stœyvərsromɑn] *nm (-s)* roman de quatre sous
stui·ver·tje-wis·se·len [stœyvərcəwɪsələ(n)] *vb* **1** jouer aux quatre coins **2** échanger (un emploi etc.)
[1]**stuk** [stʌk] *het (-ken)* **1** morceau; *(fig.)* **een man uit één ~** un homme tout d'une pièce; **aan één ~ doorpraten** parler sans interruption; **een pond biefstuk aan één ~** une livre de bifteck en un seul morceau; **in, aan, bij ~ken en brokken** fait de pièces et de morceaux; *(Belg.)* **dat kost ~ken van mensen** ça coûte les yeux de la tête; **een ~ met iemand meelopen** faire un bout de chemin avec qqn; **een ~ uit een boek voorlezen** lire un passage d'un livre; **een ~ van haar leven** une partie de sa vie; **werken dat de ~ken er af vliegen** travailler d'arrache-pied **2** (grande) quantité; **een ~ beter** beaucoup mieux; **een ~ onvrede** une certaine dose d'insatisfaction; **op geen ~ken na** en aucune manière **3** exemplaire; **een ~ gereedschap** un outil; **een ~ of tien appels** une dizaine de pommes; **geef me maar een ~ of wat schroeven** donne-moi quelques vis; **twee euro per ~** deux euros pièce; **een ~ speelgoed** un jouet; **het zijn ~ voor ~ deugnieten** ce sont des vauriens, tous tant qu'ils sont; **~ voor ~ werden de onderdelen vervangen** les pièces ont été remplacées l'une après l'autre **4** envoi postal; **een aangetekend ~** un recommandé **5** *(fam.)* (beau) morceau *(personne attirante)*; **een lekker ~** un beau morceau **6** écrit; **de ingezonden ~ken** le courrier des lecteurs **7** document; **ingekomen ~ken** documents reçus **8** œuvre **9** pièce (de théâtre) **10** *(mus.)* morceau **11** empiècement **12** taille; **klein van ~** de petite taille **13** pièce (d'artillerie) ♦ **een ~ chagrijn** un(e) pisse-vinaigre; **een ~ verdriet** un vrai poison; **van zijn ~ raken** se démonter; **iemand van zijn ~ brengen** déconcerter qqn
[2]**stuk** [stʌk] *adj* **1** cassé; **de machine ging ~** la machine est tombée en panne; **de klok is ~** la pendule ne marche plus; **een boek ~ lezen** abîmer un livre (à force de le lire) **2** *(fam.)* bouleversé
stu·ka·door [stykador] *nm (-s)* plâtrier
stuk·gaan [stʌkχan] *vi (ging stuk, i. stukgegaan)* **1** se casser **2** *(fig.)* craquer
stuk·goed [stʌkχut] *het (-eren)* marchandise isolée
stuk·gooi·en [stʌkχojə(n)] *vt (gooide stuk, h. stukgegooid)* mettre en pièces
stuk·je [stʌkjə] *het (-s)* article ♦ **een ~ meeeten** manger un morceau avec qqn; **een ~ meelopen** faire un bout de chemin avec qqn; **~ bij beetje** petit à petit
[1]**stuk·lo·pen** [stʌklopə(n)] *vt (liep stuk, h. stukgelopen)* user (en marchant); **zijn voeten ~** s'abîmer les pieds (en marchant)

[2]**stuk·lo·pen** [stʌklopə(n)] *vi (liep stuk, i. stukgelopen)* échouer *(fig.)*

stuk·ma·ken [stʌkmakə(n)] *vt (maakte stuk, h. stukgemaakt)* casser

stuks·ge·wijs [stʌksχəwɛis] *adj, adv* **1** par parties **2** pièce par pièce

[1]**stuk·slaan** [stʌkslan] *vi (sloeg stuk, i. stukgeslagen)* se briser

[2]**stuk·slaan** [stʌkslan] *vt (sloeg stuk, h. stukgeslagen)* briser; *(fig.)* **veel geld ~** claquer beaucoup d'argent

stuk·trap·pen [stʌktrɑpə(n)] *vt (trapte stuk, h. stukgetrapt)* piétiner

stuk·val·len [stʌkfɑlə(n)] *vi (viel stuk, i. stukgevallen)* tomber en morceaux

stum·per [stʌmpər] *nm (-s)* **1** pauvre type **2** mauviette **3** empoté, -ée

stum·pe·rig [stʌmpərəχ] *adj, adv* empoté, gauchement

stunt [stʌnt] *nm (-s)* **1** exploit **2** truc publicitaire

stun·te·len [stʌntələ(n)] *vi (stuntelde, h. gestunteld)* **1** s'y prendre gauchement **2** bafouiller

stun·te·lig [stʌntələχ] *adj, adv* (de manière) godiche

stunt·man [stʌntmɑn] *nm (-nen)* cascadeur

stunt|prijs [stʌntprɛis] *nm (-prijzen)* prix choc

stunt·vlie·gen [stʌntfliχə(n)] *vb* faire de la haute voltige

[1]**stu·ren** [styrə(n)] *vt (stuurde, h. gestuurd)* **1** envoyer; **iemand naar huis ~** renvoyer qqn à la maison; **iemand om een boodschap ~** envoyer qqn faire une commission; **een speler van het veld ~** faire sortir un joueur du terrain **2** commander

[2]**stu·ren** [styrə(n)] *vti (stuurde, h. gestuurd)* conduire

stut [stʌt] *nm (-ten)* **1** support **2** étai

stuur [styr] *het (sturen)* volant ♦ **het ~ nemen** *(voiture)* prendre le volant; *(fig.)* prendre les choses en main

stuur·boord [styrbort] *het (mar.)* tribord

stuur·groep [styrχrup] *de (-en)* groupe directeur

stuur·loos [styrlos] *adj, adv* indirigeable, à la dérive

stuur|man [styrmɑn] *nm (-lui)*, **-vrouw** *nf (-en)* **1** homme de barre; *(prov)* **de beste stuurlui staan aan wal** la critique est aisée, mais l'art est difficile **2** capitaine en second

stuurs [styrs] *adj, adv (stuurser, meest s.)* (d'un air) renfrogné

stuw [styw] *nm (-en)* → **stuwdam**

stuw·dam [stywdɑm] *nm (-men)* barrage

stu·wen [stywə(n)] *vt (stuwde, h. gestuwd)* **1** pousser **2** retenir *(de l'eau)*

stuw·kracht [stywkrɑχt] *de (-en)* **1** force de propulsion **2** dynamisme

stuw|meer [stywmer] *het (-meren)* lac artificiel

SU [sɔvjɛtyni] *nf (hist.)* abrév. de *Sovjet-Unie* URSS

sub [sʌp] *prép* sous

***sub-** [sʌp-] sous-

sub·fa·cul·teit [sʌpfɑkʌltɛit] *nf (-en)* faculté

su·biet [sybit] *adj, adv* **1** immédiat(ement) **2** inévitable(ment) **3** subit(ement)

sub·ject [sʌpjɛkt] *het (-en)* sujet

su·bliem [syblim] *adj, adv* **1** (de manière) sublime **2** *(fam.)* divin(ement)

sub·si·die [sʌpsidi] *het/de (-s)* subvention

sub·stan·tie [sʌpstɑn(t)si] *nf (-s)* substance

[1]**sub·sti|tuut** [sʌpstityt] *nm (-tuten)* adjoint, -ointe

[2]**sub·sti|tuut** [sʌpstityt] *het (-tuten)* substitut

sub·to·taal [sʌptotal] *het (-talen)* total partiel

sub·tro·pen [sʌptropə(n)] *plur* régions subtropicales

suc·ces [syksɛs] *het (-sen)* succès; **een aardig ~** un beau coup; **ik vind dat gedicht niet zo'n ~** je ne trouve pas ce poème très réussi; **iemand ~ wensen** souhaiter bonne chance à qqn

suc·ces·sie·ve·lijk [sʌksɛsivələk] *adv* successivement

suc·ces·vol [syksɛsfɔl] *adj, adv* réussi, avec succès

Su·dan [sudan] *het* Soudan

Su·da|nees [sudanes] *nm (-nezen)*, **-nese** *nf (-n)* Soudanais, -aise

sud·de·ren [sʌdərə(n)] *vi (sudderde, h. gesudderd)* mijoter; **iets gaar laten ~** laisser mijoter qqch

sud·der·lap [sʌdərlɑp] *nm (-pen) (cuis.)* morceau de bœuf à mijoter

suf [sʌf] *adj, adv* **1** (l'air) abruti; **zich ~ peinzen** se creuser (la tête); **zich ~ zoeken** chercher comme un(e) dingue **2** (d'un air) bête **3** (de manière) abrutissant(e)

suf·fen [sʌfə(n)] *vi (sufte, h. gesuft)* **1** se sentir abruti **2** rêvasser **3** se creuser la tête

suf·ferd [sʌfərt] *nm (-s)* abruti, -ie

suf·fig [sʌfəχ] *adj, adv* (à moitié) abruti, d'un air abruti

sug·ges·tie [sʌχɛsti] *nf (-s)* suggestion; **de ~ wekken dat ...** suggérer que ...

sui·ker [sœykər] *nm (-s)* **1** sucre; **bruine ~** de la cassonade **2** diabète

sui·ker|boon [sœykərbon] *de (-bonen) (Belg.)* dragée

sui·ker|brood [sœykərbrot] *het (-broden)* pain au sucre

Sui·ker·feest [sœykərfest] *het* Aïd-el-Fitr, fête du Sucre

sui·ker·goed [sœykərχut] *het* sucreries

sui·ker·hou·dend [sœykərhaudənt] *adj* qui contient du sucre

sui·ker·klont·je [sœykərklɔncə] *het (-s)* (morceau de) sucre

sui·ker·me·loen [sœykərməlun] *de (-en) (cuis.)* sucrin *(melon)*

sui·ker·oom [sœykərom] *nm (-s)* oncle d'Amérique *(fig.)*

sui·ker·pa|tiënt [sœykərpaʃɛnt] *nm (-en),* **-tiënte** *nf (-s, -n) (méd.)* diabétique
sui·ker·spin [sœykərspɪn] *de (-nen)* barbe à papa
sui·ker·stroop [sœykərstrop] *de* **1** sirop de sucre **2** mélasse
sui·ker·tan·te [sœykərtɑntə] *nf (-s)* tante à héritage
sui·ker·vrij [sœykərvrɛi] *adj* sans sucre
sui·ker·werk [sœykərwɛrk] *het (-en)* → suikergoed
sui·ker·ziek·te [sœykərziktə] *nf (méd.)* diabète
sui·ker·zoet [sœykərzut] *adj, adv* doucereux, d'une manière doucereuse
sui·te [switə] *de (-s)* **1** enfilade **2** suite
sui·zen [sœyzə(n)] *vi (suisde, h./i. gesuisd)* **1** murmurer *(arbres, eau etc.);* mijn oren ~ j'ai les oreilles qui sifflent **2** filer à toute vitesse; in ~de vaart à toute allure
su·jet [syʒɛt] *het (-ten)* individu
su·ka·de [sykadə] *de (cuis.)* cédrat confit
suk·kel [sʌkəl] *nm (-s)* **1** andouille **2** pauvre type
suk·kel·draf·je [sʌkəldrɑfjə] *het (cheval)* petit trot, *(personne)* petit (train)train
suk·ke·len [sʌkələ(n)] *vi (sukkelde, h./i. gesukkeld)* **1** avoir des problèmes; hij sukkelt met zijn eindscriptie son mémoire n'avance pas **2** (se) traîner
suk·kel·gan·ge·tje [sʌkəlχɑŋəcə] *het* petit (train)train; het gaat met een ~ cela traîne en longueur
suk·kel·straat·je [sʌkəlstracə] *het (-s) (Belg.)* ♦ in het ~ zijn être dans de mauvais draps
sul [sʌl] *nm (-len)* **1** bonne poire **2** nigaud, -aude
sul·lig [sʌləχ] *adj, adv* (d'un air, d'un ton) bonasse
sum·mier [sʌmir] *adj, adv* sommaire(ment)
su·per-de-luxe [sypərdəlyks] *adj (fam.)* super(-luxe)
su·pe·ri·eur [syperijør] *adj, adv* **1** arrogant, d'un air supérieur **2** supérieur(ement)
sup·poost [sʌpost] *nm (-en)* gardien
sur·fen [sʌ:rfə(n)] *vi (surfte, h. gesurft)* **1** faire de la planche à voile **2** *(inform.)* naviguer
Su·ri·naams [syrinams] *adj* surinamais
Su·ri·na·me [syrinamə] *het* Surinam
Su·ri|na·mer [syrinamər] *nm (-s),* **-naamse** *nf (-n)* Surinamien, -ienne
sur·pri·se [sʌrprizə] *nf (-s)* ⟨*cadeau sous forme de surprise qui s'offre à la Saint-Nicolas*⟩
sur·ro|gaat [sʌroχat] *het (-gaten)* succédané
sus·sen [sʌsə(n)] *vti (suste, h. gesust)* apaiser; zijn geweten in slaap ~ endormir sa conscience; de zaak werd gesust l'affaire a été calmée
swi·pen [swajpə(n)] *vi (swipete, h. geswipet) (inform.)* balayer
swit·chen [swɪtʃə(n)] *vi (switchte, h. geswitcht)* **1** changer **2** *(sports)* changer de place
syl·la|bus [sɪlabʌs] *nm (-bi)* (cours) polycopié
sym·bo·liek [sɪmbolik] *nf (-en)* symbolisme
sym|bool [sɪmbol] *het (-bolen)* symbole; ~ staan voor iets être le symbole de qqch
sym·pa·thie [sɪmpati] *nf (-ën)* sympathie
sy·no·niem [sinonim] *adj* synonyme
syn·taxis [sɪntɑksɪs] *nf (ling.)* syntaxe
Sy·rië [sirijə] *het* Syrie
Sy·ri·ër [sirijər] *nm (-s),* **Syrische** *nf (-n)* Syrien, -ienne
Sy·risch [siris] *adj* syrien
sys|teem [sistem] *het (-temen)* système; het kapitalistische ~ le régime capitaliste; in een ~ onderbrengen systématiser; daar zit geen ~ in cela manque de système
sys·teem·ana|list [sistemanalɪst] *nm (-en),* **-liste** *nf (-s, -n) (inform.)* analyste fonctionnel
sys·teem·be·heer·der [sistembəherdər] *nm (-s) (inform.)* opérateur de système
sys·teem·bouw [sistembɑu] *nm (archit.)* préfabrication
sys·teem·loos [sistemlos] *adj, adv* sans méthode
sys·teem·ont·wer·per [sistemɔntwɛrpər] *nm (-s)* → systeemanalist
sys·te·ma·tiek [sistematik] *nf* **1** systématique **2** aspect systématique

t

taai [taj] *adj, adv* **1** dur(ement) **2** endurant, avec ténacité; een ouwe ~e un vieux coriace; houd je ~ porte-toi bien, tiens bon; zich ~ houden ne pas céder; een ~ volk un peuple tenace **3** ennuyeux, ennuyeusement **4** *(liquides)* visqueux

taai·pop [tajpɔp] *de (-pen)* bonhomme de pain d'épice *(friandise)*

taai·taai [tajtaj] *het/de* ± pain d'épice *(friandise)*

taak [tak] *de (taken)* **1** tâche; het is mijn ~ dit te doen il m'appartient de le faire; tot ~ hebben avoir pour tâche; zich iets tot ~ stellen s'imposer qqch; niet voor zijn ~ berekend zijn ne pas être à la hauteur de sa tâche **2** *(enseign.)* ± cahier de vacances

taak·leer·kracht [taklerkrɑχt] *de (-en) (Belg.)* chargé d'enseignement de soutien

taal [tal] *nm (talen)* **1** langue; mijn eigen ~ ma langue maternelle; gore ~ uitslaan avoir un langage ordurier; deze scholier heeft een zes voor ~ cet élève a obtenu un six (sur dix) en langue maternelle; vreemde talen langues étrangères **2** langage; de cijfers spreken duidelijke ~ les chiffres sont éloquents; in alle talen zwijgen rester bouche cousue; ~ noch teken geven ne pas donner signe de vie; wat is dat voor een ~? qu'est-ce que c'est que cette façon de parler ?

***taal-** [tal-] linguistique, de (la) langue; de taalstrijd la querelle linguistique

taal|arm [talɑrm] *adj (-armer, meest t.)* dont le langage est pauvre

taal·be·heer·sing [talbəhersɪŋ] *nf* **1** connaissances de la langue **2** *(branche)* langue **3** (acquisition de la) langue

taal·ei·gen [talɛiχə(n)] *het* idiome

taal·fout [talfɑut] *de (-en)* faute de langage

taal·ge·bied [talχəbit] *het (-en)* **1** région linguistique; het Franse ~ les pays francophones **2** domaine linguistique *(ce qui concerne la langue, le langage)*

taal·ge·bruik [talχəbrœyk] *het* langage; het correcte ~ le bon usage; het mondeling ~ la langue parlée

taal·ge·leer·de [talχəlerdə] *nm (-n)* linguiste

taal·ge·voel [talχəvul] *het* sens de la langue

taal·gids [talχɪts] *nm (-en)* guide de la conversation

taal·kun·de [talkʌndə] *nf* linguistique *(d'une langue déterminée);* Nederlandse taal- en letterkunde langue et littérature néerlandaises

taal·kun·dig [talkʌndəχ] *adj, adv* (du point de vue) linguistique; de ~e le, la linguiste; een zin ~ ontleden faire une analyse grammaticale d'une phrase

taal·kwes·tie [talkwɛsti] *nf (-s)* **1** question de linguistique **2** problème linguistique

taal·on·der·wijs [talɔndərwɛis] *het* enseignement d'une langue, des langues

taal·schat [talsχɑt] *nm* lexique

taal·stu·die [talstydi] *nf* étude d'une langue, de langues

taal·vaar·dig·heid [talvardəχhɛit] *nf* → taalbeheersing

taal·ver·mo·gen [talvərmoχə(n)] *het* compétence linguistique

taal·ver·wer·ving [talvərwɛrvɪŋ] *nf* acquisition d'une langue

taal·we·ten·schap [talwetənsχɑp] *nf* linguistique (générale)

taart [tart] *de (-en)* **1** gâteau **2** (petit) gâteau **3** (vieille) tarte

taart·je [tarcə] *het (-s)* **1** gâteau **2** petit gâteau

ta·bak [tabɑk] *nm* tabac; *(fig.)* dat is andere ~ c'est tout autre chose; lichte ~ tabac blond ♦ *(fam.)* er ~ van hebben en avoir ras le bol

ta·baks·ar·ti·kel [tabɑksartikəl] *het (-en)* article pour fumeurs

ta·baks·ver·gun·ning [tabɑksfərχʌnɪŋ] *nf (-en)* licence de débit de tabac

tab·blad [tɑblɑt] *het (-en)* intercalaire, onglet *(aussi inform.)*

ta·bee [tabe] *interj (fam.)* salut !

ta·bel [tabɛl] *de (-len)* tableau

ta·ber·na·kel [tabərnakəl] *het/de (-s)* **1** *(Bible)* tabernacle **2** *(fig.)* sanctuaire

ta·bleau [tablo] *het (-s)* **1** plateau *(plat)* **2** tableau

[1]ta·blet [tablɛt] *het/de (-ten)* **1** tablette **2** *(pharmacie)* comprimé **3** *(cuis.)* cube

[2]ta·blet [tɛblət] *nm (-s) (inform.)* tablette (tactile)

ta·blet·vorm [tablɛtfɔrm] *nm* ♦ medicijnen in ~ (médicaments en) comprimés

ta·boe [tabu] *adj* **1** tabou; er rust een ~ op c'est tabou **2** sacré

ta·boe·sfeer [tabusfer] *de* domaine des tabous

tach·tig [tɑχtəχ] *card* quatre-vingt; in de ~ zijn être octogénaire; in '80 ben ik verhuisd j'ai déménagé en 1980; mijn oma is ~ jaar oud ma grand-mère a quatre-vingts

ans; wij waren met zijn ~en nous étions quatre-vingts
tach·ti·ger [tɑχtəχər] *nm (-s)* octogénaire
Tach·ti·ger [tɑχtəχər] *nm (-s) (litt.)* écrivain du mouvement de 1880
tach·tig·ja·rig [tɑχtəχjarəχ] *adj* âgé de quatre-vingts ans ♦ de Tachtigjarige Oorlog la guerre de quatre-vingts ans
tach·tig·ste [tɑχtəχstə] *ord* quatre-vingtième
tac·ke·len [tɛkələ(n)] *vti (tackelde, h. getackeld) (football)* tacler; *(fig.)* een probleem ~ s'attaquer à un problème
tact [tɑkt] *nm* tact; *(iron.)* de ~ van een olifant hebben n'avoir aucun tact
tac·tiek [tɑktik] *nf* tactique
tac|tisch [tɑktis] *adj, adv (-tischer, meest t.)* diplomatique, avec tact
tact|loos [tɑktlos] *adj, adv (-lozer, meest t.)* sans tact
tact·vol [tɑktfɔl] *adj, adv* plein de tact, avec tact
Ta|dzjiek [tadʒik] *nm (-en)*, **-dzjiekse** *nf (-n)* Tadjik
Ta·dzjieks [tadʒiks] *adj* tadjik
Ta·dzji·ki·stan [tadʒikistɑn] *het* Tadjikistan
ta·fel [tafəl] *de (-s)* table; aan ~ gaan (zitten) passer à table; scheiden van ~ en bed se séparer de corps; *(fig.)* iets boven ~ krijgen jeter la lumière sur qqch; de waarheid boven ~ krijgen établir la vérité; de ~ dekken mettre la table; een inklapbare ~ une table pliante; *(fig.)* om de ~ gaan zitten entamer la concertation; *(fig.)* een bedrag onder ~ un dessous-de-table; iemand onder ~ drinken faire rouler qqn sous la table; bezwaren onder de ~ schuiven, van ~ vegen balayer des objections; *(fig.)* met de voeten, benen op ~ de façon informelle; *(Bible)* de stenen ~en les Tables de la Loi; een voorstel ter ~ brengen mettre un projet sur le tapis; van ~ gaan, opstaan quitter la table; een voorstel van ~ vegen rejeter une proposition ♦ de ~s doen dansen faire tourner les tables
***ta·fel-** [tafəl-] de table; de tafelpoot le pied de table
ta·fel·blad [tafəlblɑt] *het (-en)* dessus d'une table
ta·fel·da·me [tafəldamə] *nf (-s)* voisine de table
ta·fel·dans [tafəldɑns] *nm (-en)* tables tournantes *(spiritisme)*
ta·fel·dek·ken [tafəldɛkə(n)] *vb* mettre la table
ta·fe·len [tafələ(n)] *vi (tafelde, h. getafeld)* être à table
ta·fel·ge|noot [tafəlχənot] *nm (-noten)*, **-note** *nf (-s, -n)* convive
ta·fel·ge·rei [tafəlχərɛi] *het* vaisselle et couverts
ta·fel·ge·zel·schap [tafəlχəzɛlsχɑp] *het* table
ta·fel|kleed [tafəlklet] *het (-kleden)* **1** tapis de table **2** nappe
ta·fel·la·ken [tafəlakə(n)] *het (-s)* → tafelkleed 2
ta·fel·ma·nie·ren [tafəlmanirə(n)] *plur* bonnes manières *(à table)*
ta·fel·ron·de [tafəlrɔndə] *de* Table Ronde
ta·fel·tje-dek-je [tafəlcədɛkjə] *het* ± table magique
ta·fel·zil·ver [tafəlzɪlvər] *het* argenterie
ta·fe|reel [taf(ə)rel] *het (-relen)* **1** scène **2** tableau
ta·hoe [tahu] *nm* tofu
tai chi [tɑjtʃi] *de (sports)* taï-chi(-chuan)
tail·le·ren [tɑjerə(n)] *vt (tailleerde, h. getailleerd)* cintrer
Tai·wan [tɑjwɑn] *het* Taïwan
Tai·wa·nees [tɑjwanes] *adj* taïwanais; de ~, Taiwanese le, la Taïwanais(e)
tak [tɑk] *nm (-ken)* **1** branche; dorre ~ken branches mortes **2** *(conduites)* branchement **3** affluent **4** branche, discipline; een ~ van sport une discipline sportive **5** *(enseign.)* département ♦ *(zool.)* de wandelende ~ le phasme
ta·kel [takəl] *het/de (-s)* palan
ta·kel·au·to [takəlauto] *nm (-'s)* → takelwagen
ta·ke·len [takələ(n)] *vti (takelde, h. getakeld) (mar., technol.)* hisser
ta·kel·wa·gen [takəlwaχə(n)] *nm (-s)* dépanneuse
tak·ken·bos [tɑkə(n)bɔs] *nm (-sen)* fagot
taks [tɑks] *de (-en)* **1** portion; ik zit aan mijn ~ je suis gavé, j'ai eu ma dose **2** taxe **3** *(Belg.)* surtaxe (postale)
tal [tɑl] *het* (grand) nombre; ~ van voorbeelden une multitude d'exemples
ta·len [talə(n)] *vi (taalde, h. getaald)* **1** *(+ naar) (souvent avec une négation)* se soucier (de) **2** *(+ naar) (souvent avec une négation)* aspirer (à)
ta·len·ken·nis [talə(n)kɛnɪs] *nf* connaissance des langues
ta·len·knob·bel [talə(n)knɔbəl] *nm* don des langues
ta·len·prac·ti|cum [talə(n)prɑktikʌm] *het (-ca)* laboratoire de langues
ta·lent [talɛnt] *het (-en)* talent; jong ~ de jeunes espoirs
ta·lent·vol [talɛntfɔl] *adj, adv* talentueux, talentueusement
talg [tɑlχ] *nm* → talk
talg·klier [tɑlχklir] *de (-en)* glande sébacée
talk [tɑlk] *nm* talc
tal·loos [tɑlos] *adj, adv* innombrable, en nombre infini; ~ veel énormément (de)
tal·men [tɑlmə(n)] *vi (talmde, h. getalmd) (form.)* faire traîner les choses en longueur
tal·rijk [tɑlrɛik] *adj, adv* nombreux, en grand nombre
tam [tɑm] *adj, adv* **1** domestique; een ~me vos un renard apprivoisé **2** *(bot.)* cultivé **3** doux **4** sans vigueur
ta·me·lijk [tamələk] *adv* **1** assez; ze is ~

knap elle est plutôt jolie; ~ veel bezoekers pas mal de visiteurs 2 assez bien
tam·tam [tɑmtɑm] *nm (-s)* tam-tam; met veel ~ à grand renfort de publicité
tand [tɑnt] *nm (-en)* 1 dent; *(fig.)* iemand aan de ~ voelen mettre qqn sur la sellette; een ~ krijgen avoir une dent qui pousse; met lange ~en eten manger du bout des dents; een losse ~ une dent qui branle; *(fig.)* op zijn ~en bijten serrer les dents; zijn ~en poetsen se brosser les dents; ~en wisselen perdre ses dents de lait; zijn ~en in iets zetten planter ses dents dans qqch; *(fig.)* s'attaquer à qqch 2 marque, empreinte de dent; zijn ~en staan in mijn hand ma main porte la marque de ses dents
***tand-** [tɑnt-] dentaire; de tandplak la plaque dentaire
tand·arts [tɑndɑrts] *nm (-en)* dentiste
tand·be·derf [tɑndbədɛrf] *het* carie (dentaire)
tan·de·loos [tɑndəlos] *adj* édenté *(qqn)*
tan·den·bor·stel [tɑndə(n)bɔrstəl] *nm (-s)* brosse à dents
tan·den·sto·ker [tɑndə(n)stokər] *nm (-s)* cure-dent
tand·heel·kun·de [tɑnthelkʌndə] *nf* médecine dentaire
tand·heel·kun·dig [tɑnthelkʌndəχ] *adj, adv* dentaire; ~e behandeling soins dentaires; de ~e le, la dentiste
tand·kas [tɑntkɑs] *de (-sen)* alvéole (dentaire)
tand·pas·ta [tɑntpɑsta] *het/de (-'s)* (pâte) dentifrice
tand·rad [tɑntrɑt] *het (-eren)* pignon *(d'une roue)*
tand·rad|baan [tɑntrɑdban] *de (-banen)* chemin de fer à crémaillère
tand·re·gu·la·tie [tɑntreχyla(t)si] *nf* orthodontie
tand·steen [tɑntsten] *het/de* tartre *(de dents)*
tand·vlees [tɑntfles] *het* gencive; *(fig.)* hij loopt op zijn ~ il est sur les genoux, il est raide comme un passe-lacet
tand·wiel [tɑntwil] *het (-en)* → tandrad
tand·zij·de [tɑntsɛidə] *de* fil dentaire
ta·nen [tanə(n)] *vi (taande, h./i. getaand)* 1 décliner; ~de belangstelling intérêt qui commence à faiblir 2 pâlir
tang [tɑŋ] *de (-en)* pince(s); dat slaat als een ~ op een varken cela ne rime à rien; *(fig.)* iemand in de ~ nemen ± mettre le couteau sous la gorge à qqn ♦ *(fam.)* het is een ~ van een wijf c'est une vraie chipie
tan·gens [tɑŋə(n)s] *de (-en, tangenten)* tangente
tang·ver·los·sing [tɑŋvərlɔsɪŋ] *nf (-en)* accouchement au forceps
ta·nig [tanəχ] *adj* tanné
tank [tɛŋk, ᴮtɑŋk] *nm (-s)* 1 réservoir *(d'un véhicule)*; een ~ leegrijden mettre à sec le réservoir d'essence; *(fam.)* de ~ volgooien faire le plein 2 citerne 3 bidon 4 char d'assaut
tank·au·to [tɛŋkauto, ᴮtɑŋkoto] *nm (-'s)* camion-citerne
tank·di·vi·sie [tɛŋgdivizi, ᴮtɑŋgdivizi] *nf (-s)* division blindée
tan·ken [tɛŋkə(n), ᴮtɑŋkə(n)] *vti (tankte, h. getankt)* prendre de l'essence
tank·sta·ti·on [tɛŋksta(t)ʃɔn, ᴮtɑŋkstɑsjɔn] *het (-s)* station-service
tank·wa·gen [tɛŋkwaχə(n), ᴮtɑŋkwaχə(n)] *nm (-s)* → tankauto
tan·te [tɑntə] *nf (-s)* 1 tante *(parente)* 2 *(vocatif)* tata ♦ *(fam.)* geen gemakkelijke ~ une enquiquineuse; je ~! et ta sœur ?; *(fam.)* een stevige ~ une grosse dondon; *(fam.)* een uitgekookte ~ une roublarde
Tan·za·nia [tɑnzanija] *het* Tanzanie
Tan·za·ni|aan [tɑnzanijan] *nm (-anen)*, **-aanse** *nf (-n)* Tanzanien, -enne
Tan·za·ni·aans [tɑnzanijans] *adj* tanzanien
tap [tɑp] *nm (-pen)* 1 tampon 2 robinet; bier van de ~ bière pression 3 *(vin, bière)* tirage 4 comptoir
t.a.p. abrév. de *ter aangehaalder plaatse* loc. cit.
tap·bier [tɑbir] *het (-en)* bière (à la) pression
tap·dans [tɛbdɑns, ᴮtɑbdɑns] *nm (-en)* claquettes *(danse)*
tape [tep] *nm (-s)* 1 scotch® 2 bande magnétique
tape·re·cor·der [tepriko:rdər] *nm (-s)* magnétophone
ta·pijt [tapɛit] *het (-en)* tapis *(revêtement de sol)*; een kamerbreed ~ de la moquette grande largeur; een Perzisch ~ un tapis de Perse
tap·je [tɑpjə] *het (-s) (fam.)* pression *(bière)*
tap·kast [tɑpkɑst] *de (-en)* comptoir
tap·pen [tɑpə(n)] *vt (tapte, h. getapt)* 1 tirer *(un liquide)* 2 raconter *(des blagues)* ♦ getapt zijn avoir la cote
taps [tɑps] *adj, adv* conique, en cône
tap·te·melk [tɑptəmɛlk] *de* lait écrémé
tap·toe [tɑptu] *nm (-s)* défilé de fanfares militaires
tap·ver·bod [tɑpfərbɔt] *het (-en)* interdiction de servir des boissons alcoolisées
tap·ver·gun·ning [tɑpfərχʌnɪŋ] *nf (-en)* licence de débit de boisson(s)
tar·bot [tɑrbɔt] *nm (-ten)* turbot
ta·rief [tarif] *het (tarieven)* tarif
tar·ra [tɑra] *de* tare *(poids de l'emballage)*
tar·taar [tɑrtar] *nm* (steak) tartare
tar·ten [tɑrtə(n)] *vt (tartte, h. getart)* 1 affronter 2 agacer 3 défier 4 dépasser
tar·we [tɑrwə] *de* 1 froment 2 (grains de) blé 3 pain de froment
***tar·we-** [tɑrwə-] de blé; de tarwekiem le germe de blé
tar·we·bloem [tɑrwəblum] *de* (fine) fleur de farine

tar·we|brood [tɑrwəbrot] *het (-broden)* pain de froment
tas [tɑs] *de (-sen)* **1** sac **2** *(Belg.)* tasse
tas·je [tɑʃə] *het (-s)* sac à main
tas·jes|dief [tɑʃəzdif] *nm (-dieven)* voleur à l'arraché
tast [tɑst] *nm* toucher *(sens)* ♦ *(fig.)* **op de ~** à l'aveuglette; **op de ~ lopen** avancer à tâtons
tast|baar [tɑstbar] *adj, adv (-baarder, -baarst)* **1** (d'une manière) tangible **2** manifeste, clairement; **tastbare voordelen** avantages réels
¹tas·ten [tɑstə(n)] *vt (tastte, h. getast)* **1** tâter **2** toucher
²tas·ten [tɑstə(n)] *vi (tastte, h. getast)* **1** tâtonner; **als men dieper tast, merkt men ...** un examen plus approfondi révélera ... **2** mettre la main à
tast·or|gaan [tɑstɔrɣan] *het (-ganen) (biol.)* récepteur tactile
tast·zin [tɑ(st)sɪn] *nm* (sens du) toucher
ta·ter [tatər] *nm (-s) (fam.)* clapet *(bouche)*; **zijn ~ staat nooit stil** c'est un vrai moulin à paroles
ta·te·ren [tatərə(n)] *vi (taterde, h. getaterd) (Belg.)* **1** *(personne)* jacasser **2** papoter
tau·gé [tauge] *de* germes de soja
t.a.v. **1** abrév. de *ten aanzien van* à l'égard de **2** abrév. de *ter attentie van* à l'attention de
taxa|teur [tɑksatør] *nm (-s),* **-trice** *nf (-s) (jur.)* **1** expert **2** commissaire-priseur
taxa·tie [tɑksa(t)si] *nf (-s)* **1** estimation **2** expertise **3** évaluation
taxe·ren [tɑkserə(n)] *vt (taxeerde, h. getaxeerd)* **1** expertiser; **te hoog ~** surévaluer **2** estimer; **een ~de blik** un regard scrutateur
taxi·ën [tɑksijə(n)] *vi (taxiede, h./i. getaxied) (aviat.)* rouler
tbc [tebese] *nf* abrév. de *tuberculose* tuberculose
T-bil·jet [tebɪljɛt] *het (-ten)* ⟨*formulaire pour demander la restitution d'impôts sur le revenu*⟩
tbs [tebeɛs] *nf* abrév. de *terbeschikkingstelling* mise sous la sauvegarde de la justice
t.b.v. abrév. de *ten behoeve van, ten bate van* au profit de
¹te [tə] *(placé devant un infinitif)* **1** *(après 'hangen, liggen, lopen, staan, zitten') (ne se traduit pas)*; **zij ligt te slapen** elle dort **2** *(but, destination; infinitives)* à; **te kennen geven** faire savoir; **trachten te** essayer de; **zo te zien** à première vue **3** *(à propos de qqch à venir)* à; **er is veel te doen** il y a beaucoup à faire
²te [tə] *adv* **1** trop; **te veel** trop; **dat gaat me te ver** ça dépasse les bornes; **te is nooit goed** l'excès en tout est un défaut **2** d'autant; **zoveel te meer (omdat)** d'autant plus (que)
³te [tə] *prép (contractions avec l'article: ter, ten) à (situation; moment; finalité)*; **het Rijksmuseum te Amsterdam** le Rijksmuseum d'Amsterdam; **te land, ter zee en in de lucht** sur terre, sur mer et dans l'air
teak [tik] *het* te(c)k
team [ti:m] *het (-s)* équipe
team·ge|noot [timɣənot] *nm (-noten),* **-note** *nf (-s, -n)* (co)équipier, -ière
team·ver·band [timvərbɑnt] *het* équipe
team·work [timwʌ:rk] *het* travail d'équipe
tea·room [tirum] *nm (-s)* salon de thé
tech·neut [tɛχnøt] *nm (-en) (iron.)* ± technicien *(étudiant dans une branche de la technique; bricoleur; ingénieur)*
tech·ni|cus [tɛχnikʌs] *nm (-ci)* technicien, -ienne
tech·niek [tɛχnik] *nf (-en)* **1** technique **2** outillage
tech·nisch [tɛχnis] *adj, adv* technique(ment); **een ~ bureau** un bureau d'études; **hij is niet erg ~** la technique n'est pas son fort
tec·tyl® [tɛktil] *nm* pâte antirouille *(pour voitures)*
ted·dy|beer [tɛdiber] *nm (-beren)* ours en peluche
te|der [tedər] *adj, adv (-derder, -derst)* tendre(ment)
te·der|heid [tedərhɛit] *nf (-heden)* tendresse
teef [tef] *nf (teven)* chienne
teek [tek] *de (teken)* tique
teel·aar·de [telardə] *de* terre franche
teel·bal [telbɑl] *nm (-len)* testicule
teelt [telt] *nf (-en)* **1** *(agric.)* culture **2** élevage ♦ **eigen ~** produit(s) du jardin
teen [ten] *de (tenen)* **1** orteil; *(fig.)* **lange tenen hebben** prendre tout de travers; **op zijn tenen lopen** marcher sur la pointe des pieds; *(fig.)* ± (essayer de) se maintenir la tête hors de l'eau; **op z'n tenen gaan staan** se dresser sur la pointe des pieds; **iemand op de tenen trappen** rudoyer qqn, piquer qqn au vif; *(fig.)* **gauw op zijn ~tjes getrapt zijn** se piquer pour un rien; *(fig.)* **het komt uit zijn tenen** il doit faire un effort extraordinaire **2** pointe *(d'une chaussette, d'un bas, d'une chaussure)* ♦ **een ~tje knoflook** une gousse d'ail
teen·slip·per [tenslɪpər] *nm (-s)* tong
¹teer [ter] *het/de* goudron
²teer [ter] *adj, adv (teerder, teerst)* **1** fragile **2** délicat
teer·har·tig [terhɑrtəχ] *adj (form.) (à propos d'une personne)* sensible
teer·ling [terlɪŋ] *nm (-en)* ♦ **de ~ is geworpen** le sort en est jeté, les dés sont jetés
tee·vee [teve] *de (-s),* **teeveetoestel** *het (-len)* télé
te·gel [teχəl] *nm (-s)* **1** carreau *(pour les sols, les murs)*; **een met ~s beklede badkamer** une salle de bain carrelée **2** dalle *(tapis etc.)*
te·ge·lijk [təχəlɛik] *adv* **1** en même temps; *(iron.)* **niet allemaal ~!** pas tous à

la fois !; **hij is dokter en ~ apotheker** il est à la fois médecin et pharmacien; **laat slechts één persoon ~ binnen** ne faites entrer qu'une personne à la fois **2** ensemble

te·ge·lij·ker·tijd [təɣəlɛikərtɛit] *adv* en même temps

te·ge·moet [təɣəmut] *adv* à la rencontre de; **ik ben hem een eind ~ gegaan** je suis allé à sa rencontre

te·ge·moet·ko·men [təɣəmutkomə(n)] *vt (kwam tegemoet, h./i. tegemoetgekomen)* **1** aller à la rencontre (de); **de warmte komt ons tegemoet** la chaleur arrive jusqu'à nous **2** faire une concession (à); **aan iemands bezwaren ~** tenir compte des objections de qqn; **iemand ~ in de kosten** intervenir dans les frais de qqn

te·ge·moet·ko·mend [təɣəmutkomənt] *adj* **1** conciliant **2** en sens inverse; **~ verkeer** circulation venant en sens inverse

te·ge·moet·ko·ming [təɣəmutkomɪŋ] *nf (-en)* **1** concession **2** participation aux frais; **iemand een ~ in de kosten verstrekken** intervenir dans les frais de qqn; **een ~ van het rijk** une aide financière de l'État

te·ge·moet·zien [təɣəmutsin] *vt (zag tegemoet, h. tegemoetgezien)* être dans l'attente de; **wij zien uw reactie met belangstelling tegemoet** dans l'attente de votre réaction, nous vous prions ...

[1]**te·gen** [teɣə(n)] *adv* contre *(exprime le contact; l'opposition à qqn, qqch)*; **iemand ~ hebben** avoir qqn comme ennemi; **ergens iets (op) ~ hebben** avoir qqch contre qqch; *(subst.)* **alles heeft zijn voor en ~** il y a du pour et du contre à toute chose ♦ **(zich) iets ~ eten** manger qqch jusqu'au dégoût

[2]**te·gen** [teɣə(n)] *prép* **1** contre; **hebt u er iets (op) ~?** y voyez-vous un inconvénient ?; **~ een muur opklimmen** escalader un mur; **iets ~ iemand zeggen** dire qqch à qqn **2** envers **3** contraire à **4** vers; **~ dat hij thuiskomt** juste avant qu'il (ne) rentre; **het is ~ elven** il est près de onze heures **5** moyennant; **~ betaling van** moyennant; **een lening ~ 7,5% (rente)** un emprunt à 7,5 % **6** *(Belg.)* près de

***te·gen-** [teɣə(n)-] contre-; **het tegenoffensief** la contre-offensive

te·gen·aan [teɣə(n)an] *adv* contre *(à proximité de; en contact avec)*; **het andere huis staat er vlak ~** l'autre maison est tout à côté; *(fig.)* **er flink, stevig ~ gaan** y mettre le paquet

te·gen·ar·gu·ment [teɣə(n)ɑrɣymɛnt] *het (-en)* argument contraire; **~en aanvoeren** opposer des arguments

te·gen·be·richt [teɣə(n)bərɪɣt] *het (-en)* avis contraire

te·gen·be|wijs [teɣə(n)bəwɛis] *het (-wijzen)* preuve contraire

te·gen·be·zoek [teɣə(n)bəzuk] *het (-en)* ♦ **een ~ afleggen bij iemand** rendre sa visite à qqn

te·gen·bod [teɣə(n)bɔt] *het* surenchère *(lors d'une vente)*

te·gen·deel [teɣə(n)del] *het* contraire; **het ~ is waar** c'est justement l'inverse

te·gen·doel·punt [teɣə(n)dulpʌnt] *het (-en) (sports)* but pour la partie adverse

te·gen|draads [teɣə(n)drats] *adj, adv (-draadser, meest t.)* contrariant; **altijd ~ zijn** avoir l'esprit de contradiction

te·gen·een [teɣə(n)en] *adv (Belg.)* l'un contre l'autre; **~ spreken** se parler

te·gen·ef·fect [teɣə(n)ɛfɛkt] *het* effet contraire

te·gen·gaan [teɣə(n)ɣan] *vti (ging tegen, h./i. tegengegaan)* **1** combattre **2** aller à la rencontre de

te·gen·gas [teɣə(n)ɣɑs] *het* ♦ **~ geven** donner un coup de frein (à qqch)

te·gen·ge·steld [teɣə(n)ɣəstɛlt] *adj, adv* contraire, en sens inverse; **~e getallen** nombres opposés; **hij is het ~e van zijn broer** il est l'opposé de son frère

te·gen·gif [teɣə(n)ɣɪf] *het* antidote

te·gen·han·ger [teɣə(n)hɑŋər] *nm (-s)* **1** pendant *(chose égale, symétrique à une autre)* **2** homologue

te·gen·heb·ben [teɣə(n)hɛbə(n)] *vt (had tegen, h. tegengehad)* **1** être desservi par **2** se heurter à l'opposition de

te·gen·hou·den [teɣə(n)hɑudə(n)] *vt (hield tegen, h. tegengehouden)* **1** arrêter **2** empêcher

te·gen·in [teɣə(n)ɪn] *adv* ♦ **ergens ~ gaan** combattre qqch, s'inscrire en faux contre qqch

te·gen·kan·di|daat [teɣə(n)kɑndidat] *nm (-daten)*, **-date** *nf (-s, -n)* **1** candidat, -ate du parti adverse **2** concurrent, -ente (au sein du parti); **een ~ stellen** présenter un second candidat

te·gen·ko·men [teɣə(n)komə(n)] *vt (kwam tegen, i. tegengekomen)* **1** rencontrer; *(fig.)* **zichzelf ~** être confronté à ses propres limites **2** *(fam.)* tomber sur *(qqch)* ♦ *(Belg.)* **komt dat tegen!** ça alors !, ça, par exemple !

te·gen·licht [teɣə(n)lɪɣt] *het* contre-jour

te·gen·lig·ger [teɣə(n)lɪɣər] *nm (-s)* véhicule venant en sens inverse

te·gen·lo·pen [teɣə(n)lopə(n)] *vi (liep tegen, i. tegengelopen)* marcher mal; **het loopt allemaal een beetje tegen bij haar** rien ne lui réussit vraiment

te·gen·na·tuur·lijk [teɣənatyrlək] *adj, adv* (d'une façon) contre nature

te·gen·op [teɣə(n)ɔp] *adv* ♦ **daar kan ik niet ~** c'est au-dessus de mes forces; **ik kan er niet meer ~** je n'en peux plus; **daar kan ik niet ~ bieden** je déclare forfait; **niemand kon tegen hem op** il était le plus fort; **daar moeten we ~** il va falloir grimper

te·gen·over [teɣə(n)ovər] *prép* **1** en face de; *(fig.)* **je zult merken wie je ~ je hebt!** tu vas trouver à qui parler !; **de afbeelding ~ pagina drie** l'image à côté de la page trois

2 contrairement à; **zij staan lijnrecht ~ elkaar (in hun mening)** ils ont une opinion diamétralement opposée; **daar staat ~ dat je ...** en revanche, tu ...; **hier moet ik ~ stellen dat ...** en revanche, je dirai que ... 3 comparé à 4 à l'égard de; **~ mij is hij altijd beleefd** il est toujours poli avec moi; **sympathiek ~ iets staan** être favorable à qqch ♦ **staat er nog iets ~?** y a-t-il qqch en échange ?

te·gen·over·ge·steld [teχə(n)ovərχəstɛlt] *adj* 1 opposé; **in ~e richting** en sens inverse 2 *(fig.)* (diamétralement) opposé; **in het ~e geval** dans le cas contraire

te·gen·over|lig·gend [teχə(n)ovərlɪχənt], **-staand** *adj* opposé

te·gen·over·stel·len [teχə(n)ovərstɛlə(n)] *vt (stelde tegenover, h. tegenovergesteld)* proposer en contrepartie

te·gen·par·tij [teχə(n)partɛi] *nf (-en)* 1 partie adverse 2 *(mus.)* seconde partie

te·gen|pool [teχə(n)pol] *de (-polen) (phys.)* pôle opposé ♦ *(fig.)* **ze zijn elkaars tegenpolen** ils sont à l'opposé l'un de l'autre

te·gen·pres·ta·tie [teχə(n)prɛsta(t)si] *nf (-s)* contrepartie

te·gen·slag [teχə(n)slaχ] *nm (-en)* contretemps

te·gen·spar·te·len [teχə(n)spartələ(n)] *vi (spartelde tegen, h. tegengesparteld)* 1 se débattre 2 regimber

te·gen·spel [teχə(n)spɛl] *het (-en)* ♦ **~ bieden** bien jouer contre l'adversaire; *(fig.)* **~ geven** donner la réplique

te·gen|spe·ler [teχə(n)spelər] *nm (-s),* **-speelster** *nf (-s)* 1 *(au théâtre)* partenaire 2 adversaire

te·gen·spoed [teχə(n)sput] *nm* malchance

te·gen·spraak [teχə(n)sprak] *nf* 1 objection; **zonder ~** certainement 2 contradiction; **lijnrecht in ~ met ...** en opposition totale avec ...

te·gen·spre·ken [teχə(n)sprekə(n)] *vt (sprak tegen, h. tegengesproken)* 1 contredire; **het één spreekt het ander tegen** les deux choses sont contradictoires 2 contester; **dat gerucht is door niemand tegengesproken** cette rumeur n'a été démentie par personne; **ik moet u ~** je dois contester ce que vous dites

te·gen·sput·te·ren [teχə(n)spʌtərə(n)] *vi (sputterde tegen, h. tegengesputterd) (fam.)* rouspéter

te·gen·staan [teχə(n)stan] *vi (stond tegen, h. tegengestaan)* 1 répugner (à qqn) 2 *(Belg.)* être entrouvert

te·gen·stand [teχə(n)stant] *nm* résistance; **~ bieden (aan)** résister (à); **~ ondervinden, ontmoeten** rencontrer de l'opposition

te·gen|stan·der [teχə(n)standər] *nm (-s),* **-standster** *nf (-s)* adversaire; **de ~s van een plan** les opposants à un projet; **~ van iets zijn** être opposé à qqch

te·gen·ste·ken [teχə(n)stekə(n)] *vi (stak tegen, h. tegengestoken) (Belg.; fam.)* → **tegenstaan 1**

te·gen·stel·ling [teχə(n)stɛlɪŋ] *nf (-en)* 1 opposition; **er bestonden grote ~en binnen de partij** il y avait de profondes dissensions au sein du parti 2 contraste; **in ~ met, tot** contrairement à; **een schrille ~** un contraste violent

te·gen·stem·men [teχə(n)stɛmə(n)] *vi (stemde tegen, h. tegengestemd)* voter contre

te·gen·strib·be·len [teχə(n)strɪbələ(n)] *vi (stribbelde tegen, h. tegengestribbeld)* 1 résister mollement; **~ helpt hier niet** toute résistance est inutile 2 regimber

te·gen·strij·dig [teχə(n)strɛidəχ] *adj, adv* (de façon) contradictoire; **~e belangen** intérêts opposés

te·gen·stu·ren [teχə(n)styrə(n)] *vi (stuurde tegen, h. tegengestuurd)* contrebraquer

te·gen·val·len [teχə(n)valə(n)] *vi (viel tegen, i. tegengevallen)* décevoir; **dat valt mij van je tegen** (là,) tu me déçois; **de rekening is vies tegengevallen** la note était drôlement salée

te·gen·val·ler [teχə(n)valər] *nm (-s)* contretemps

te·gen·wer·ken [teχə(n)wɛrkə(n)] *vti (werkte tegen, h. tegengewerkt)* contrarier

te·gen·wer·king [teχə(n)wɛrkɪŋ] *nf (-en)* opposition *(action, fait de s'opposer)*

te·gen·wer·pen [teχə(n)wɛrpə(n)] *vt (wierp tegen, h. tegengeworpen)* objecter

te·gen·wicht [teχə(n)wɪχt] *het (-en)* 1 contrepoids 2 *(fig.)* compensation; **een goed ~ vormen tegen iets** équilibrer qqch

te·gen·wind [teχə(n)wɪnt] *nm (-en)* 1 vent contraire 2 *(fig.)* contrariétés

te·gen·woor·dig [teχə(n)wordəχ] *adj, adv* 1 présent *(non absent)*; **de jeugd van ~** la jeunesse actuelle 2 actuel(lement)

te·gen·woor·dig·heid [teχə(n)wordəχhɛit] *nf* présence

te·gen·zet [teχə(n)zɛt] *nm (-ten)* riposte

te·gen·zin [teχə(n)zɪn] *nm* répugnance; **hij doet alles met ~** il fait tout à contrecœur

te·gen·zit·ten [teχə(n)zɪtə(n)] *vi (zat tegen, h. tegengezeten)* 1 être contraire; **het weer zat lelijk tegen** on a vraiment eu mauvais temps 2 ne pas être facile *(action)*

te·goed [təχut] *het (-en)* crédit

te·goed·bon [təχudbɔn] *nm (-nen)* avoir *(papier attestant une dette)*

te|huis [təhœys] *het (-huizen)* 1 maison *(lieu où l'on est chez soi)* 2 foyer *(local de réunion)*; **een ~ voor daklozen** un refuge pour sans-abris

teil [tɛil] *de (-en)* bassine

teis·te·ren [tɛistərə(n)] *vt (teisterde, h. geteisterd)* 1 ravager 2 tourmenter

te·keer·gaan (tegen) [təkerɣan] *vi (ging tekeer, i. tekeergegaan)* se démener; hoor die hond eens ~ écoute ce chien aboyer comme un fou

te·ken [tekə(n)] *het (-s)* signe; dat is een ~ aan de wand cela ne présage rien de bon; onze tijd staat in het ~ van de computer notre époque est placée sous le signe de l'ordinateur; ten ~ van rouw en signe de deuil; dit is een veeg ~ c'est de mauvais augure

***te·ken-** [tekən-] à dessin

te·ke|naar [tekənar] *nm (-s)*, **-nares** *nf (-sen)* dessinateur, -trice; technisch ~ dessinateur industriel

te·ken·blok [tekəmblɔk] *het (-ken)* bloc de papier à dessin

[1]**te·ke·nen** [tekənə(n)] *vt (tekende, h. getekend)* **1** signer; ik teken ervoor altijd zulk weer te hebben avoir toujours un temps pareil, je ne serais pas contre; iets voor gezien ~ viser qqch; was getekend ... signé ... **2** dessiner; vanmiddag hebben we ~ cet après-midi nous avons dessin **3** (dé)peindre **4** marquer; dat antwoord tekent de man cette réponse caractérise le personnage

[2]**te·ke·nen** [tekənə(n)] *vi (tekende, h. getekend)* ♦ hij zag er slecht uit, maar hij tekent altijd gauw il avait mauvaise mine, mais il a vite les traits tirés

te·ke·nend (voor) [tekənənt] *adj* caractéristique (de)

te·ken·film [tekənfɪlm] *nm (-s)* dessin animé

te·ke·ning [tekənɪŋ] *nf (-en)* **1** dessin; er komt ~ in (de zaak) cela commence à prendre tournure; volgens ~ d'après le(s) plan(s) **2** signature; ter ~ liggen être à la signature **3** peinture

te·ken·le|raar [tekə(n)lerar] *nm (-raren)*, **-rares** *nf (-sen)* professeur de dessin

te·ken·schrift [tekəmsxrɪft] *het (-en)* **1** cahier de dessin **2** notation

te·kort [təkɔrt] *het (-en)* **1** déficit; een ~ dekken combler un déficit **2** *(+ aan)* manque (de); er is een schreeuwend ~ aan technische specialisten il y a une grave pénurie d'experts techniques; in een ~ voorzien combler une lacune

te·kort·doen [təkɔrdun] *vb (deed tekort, h. tekortgedaan)* léser (qqn); zich tekortgedaan voelen se sentir trahi, *(aussi)* se sentir frustré; zichzelf ~ ne pas se rendre justice

te·kort·ko·men [təkɔrtkomə(n)] *vt (kwam tekort, i. tekortgekomen)* manquer de; *(fig.)* handen ~ avoir du travail par-dessus la tête; niets ~ ne manquer de rien; *(fig.)* ogen en oren ~ n'avoir pas assez de ses yeux et de ses oreilles

te·kort·ko·ming [təkɔrtkomɪŋ] *nf (-en)* faute

te·kort·schie·ten [təkɔrtsxitə(n)] *vi (schoot tekort, i. tekortgeschoten) (+ in)* manquer (à)

tekst [tɛkst] *nm (-en)* **1** texte; bij de ~ blijven rester sur ses positions, ne pas s'écarter de son sujet; iemand ~ en uitleg geven (over iets) expliquer (qqch) en détail à qqn; iemand van zijn ~ brengen faire perdre le fil à qqn **2** légende *(accompagnant une image)*

tekst·boek·je [tɛkstbukjə] *het (-s) (mus.)* livret

tekst|schrij·ver [tɛk(st)sxrɛivər] *nm (-s)*, **-schrijfster** *nf (-s)* **1** parolier, -ière **2** scénariste **3** rédacteur, -trice publicitaire

tekst·ver·kla·ring [tɛkstfərklarɪŋ] *nf (-en) (enseign.)* commentaire de texte

tekst·ver·wer·ker [tɛkstfərwɛrkər] *nm (-s)* machine de traitement de texte(s)

tel [tɛl] *nm* **1** compte *(fait de compter)*; ik was de ~ kwijt *(fig.)* je m'étais embrouillé, je m'étais trompé en comptant **2** seconde; in één ~ had hij hem doorzien il avait deviné son jeu en moins de rien ♦ *(Belg.)* van geen ~ zijn ne pas compter; op zijn ~len passen faire attention

Te·le·ac [telejɑk] *nf* abrév. de *Televisie-academie* ⟨*organisme de radiotélévision diffusant des programmes éducatifs*⟩

te·le·ban·kie·ren [teləbɑŋkirə(n)] *vi (telebankierde, h. getelebankierd) (inform.)* ⟨*régler ses affaires financières par ordinateur*⟩

te·le·fo·na·de [telәfonadə] *nf (-s) (iron.)* interminable coup de fil

te·le·fo·ne·ren [teləfonerə(n)] *vti (telefoneerde, h. getelefoneerd)* téléphoner; met iemand ~ téléphoner à qqn

te·le·foon [teləfon] *nm (-s)* **1** téléphone; de ~ gaat (over) le téléphone sonne **2** appel téléphonique, coup de fil; de ~ aannemen répondre au téléphone; er is ~ voor u on vous demande au téléphone

te·le·foon·aan·slui·ting [teləfonansløeytɪŋ] *nf (-en)* branchement du téléphone

te·le·foon·boek [teləfombuk] *het (-en)* annuaire du téléphone

te·le·foon·tje [teləfoncə] *het (-s)* coup de fil

te·le·foon·toe·stel [teləfontustɛl] *het (-len)* → telefoon 1

te·le·gram·stijl [teləɣrɑmstɛil] *nm* style télégraphique

te·le|lens [telelɛns] *de (-lenzen)* téléobjectif

te·len [telə(n)] *vt (teelde, h. geteeld)* **1** *(agric.)* cultiver **2** *(zool.)* élever

te·leur·gang [teløɾɣɑŋ] *nm (Belg.)* déclin

te·leur·stel·len [teløɾstɛlə(n)] *vti (stelde teleur, h. teleurgesteld)* décevoir

te·leur·stel·ling [teløɾstɛlɪŋ] *nf (-en)* déception; een bittere ~ une cruelle déception

te·le·vi·sie [teləvizi] *nf (-s)* **1** télévision **2** téléviseur

te·le·vi·sie|kij·ker [teləvizikɛikər] *nm (-s)*, **-kijkster** *nf (-s)* téléspectateur, -trice

te·le·vi·sie·toe·stel [teləvizitustɛl] *het (-len)* → televisie 2
tel·fout [tɛlfɑut] *de (-en)* erreur de calcul
telg [tɛlχ] *de (-en)* **1** descendant **2** rejeton
tel·kens [tɛlkə(n)s] *adv* **1** chaque fois; ~ en ~ weer perpétuellement **2** constamment
tel·len [tɛlə(n)] *vti (telde, h. geteld)* compter; (iets) bij iets ~ ajouter (qqch) à qqch; hij staat daar alsof hij niet tot tien kan ~ il est là comme une poule qui a trouvé un couteau ♦ op zijn ~ passen faire attention
tel·ler [tɛlər] *nm (-s)* **1** *(math.)* numérateur **2** compteur
tel·ling [tɛlɪŋ] *nf (-en)* compte *(fait de compter, d'être compté)*
tel|raam [tɛlram] *het (-ramen)* boulier
tel·woord [tɛlwort] *het (-en) (ling.)* numéral
te·meer [təmer] *adv* ♦ dat verheugt mij ~ daar ... cela me réjouit d'autant plus que ...
tem·men [tɛmə(n)] *vt (temde, h. getemd)* **1** dompter **2** dresser
tem·pel [tɛmpəl] *nm (-s) (relig.; aussi au fig.)* temple *(ne s'applique pas au temple protestant)*
tem·pe·ra·ment [tɛmpəramɛnt] *het (-en)* tempérament; een rustig ~ une nature tranquille
tem·pe·ra·ment·vol [tɛmpəramɛntfɔl] *adj, adv* exubérant, avec exubérance
tem·pe·ra·tu·ren [tɛmpəratyrə(n)] *vti (temperatuurde, h. getemperatuurd)* prendre la température de (qqn)
tem·pe·ra|tuur [tɛmpəratyr] *nf (-turen)* température; op ~ brengen *(pièce)* réchauffer; chambrer; *(fig.)* op ~ moeten komen devoir s'acclimater
***tem·pe·ra·tuur-** [tɛmpəratyr-] de (la) température; de temperatuurstijging la hausse de la température
tem·po [tɛmpo] *het (-'s)* **1** rythme **2** *(mus.)* tempo **3** allure, vitesse; een hels ~ une cadence infernale; ~ maken faire vite; in razend ~ en quatrième vitesse; ~! ~! plus vite !
tem·po·beurs [tɛmpobørs] *de (-beurzen)* ⟨*bourse qui est modifiée en prêt si l'étudiant n'obtient pas assez de résultats*⟩
ten·dens [tɛndɛns] *de (-en)* tendance
ten·den|ti·eus [tɛndɛn(t)ʃøs] *adj, adv (-tieuzer, meest t.)* tendancieux, tendancieusement
ten·de·ren [tɛnderə(n)] *vi (tendeerde, h. getendeerd) (form.) (+ naar)* tendre (à, vers)
ten·ein·de [tɛnɛində] *conj* afin de
te·nen [tenə(n)] *adj* en osier
te·neur [tənør] *nm* portée
ten·gel [tɛŋəl] *nm (-s) (fam.)* patte; blijf er met je ~s af! bas les pattes !
ten·ger [tɛŋər] *adj (tengerder, tengerst)* **1** gracile **2** délicat
te·niet·doen [tənidun] *vt (deed teniet, h. tenietgedaan)* annuler; een beschuldiging ~ réduire une accusation à néant
ten·min·ste [tɛmɪnstə] *adv* du moins; dat is ~ iets c'est toujours ça
ten·nis·arm [tɛnɪsɑrm] *nm (méd.)* tennis-elbow
ten·nis|baan [tɛnɪzban] *de (-banen) (sports)* **1** court **2** (club de) tennis
ten·slot·te [tɛnslɔtə] *adv* **1** en somme; ~ is zij nog maar een kind somme toute elle n'est encore qu'une enfant **2** enfin
tent [tɛnt] *de (-en)* **1** tente *(abri provisoire); (milit.)* ergens zijn ~en opslaan établir un bivouac qqp; *(fig.)* s'établir qqp; *(fig.)* iemand uit zijn ~ lokken provoquer qqn **2** baraque **3** *(fam.)* boîte *(discothèque; lieu où l'on travaille); (fig.)* het publiek brak de ~ af le public était en délire
ten·ta·kel [tɛntakəl] *nm (-s)* tentacule
ten·ta·men [tɛntamə(n)] *het (-s)* (examen) partiel
ten·ten·kamp [tɛntə(n)kɑmp] *het (-en)* campement
ten·toon·sprei·den [tɛntonsprɛidə(n)] *vt (spreidde tentoon, h. tentoongespreid)* étaler
ten·toon·stel·len [tɛntonstɛlə(n)] *vt (stelde tentoon, h. tentoongesteld)* exposer
ten·toon·stel·ling [tɛntonstɛlɪŋ] *nf (-en)* exposition
tent·stok [tɛntstɔk] *nm (-ken)* mât (de tente)
tent·zeil [tɛntsɛil] *het (-en)* toile (de tente)
te·nue [təny] *het/de (-s)* **1** tenue **2** costume
ten·uit·voer·leg·ging [tɛnœytfurlɛχɪŋ] *nf (-en)* (mise à) exécution
ten·wa·re [tɛnwarə] *conj (Belg.)* → tenzij
ten·zij [tɛnzɛi] *conj* à moins que ... ne
te·pel [tepəl] *nm (-s)* bout du sein
ter·aar·de·be·stel·ling [tɛrardəbəstɛlɪŋ] *nf (-en) (form.)* inhumation
ter·de·ge [tɛrdeχə] *adv* **1** dûment **2** à fond; zich ~ van iets bewust zijn être parfaitement conscient de qqch
[1]**te·recht** [tərɛχt] *adv* **1** à sa place; hij kan nergens meer ~ toutes les portes lui sont fermées **2** retrouvé **3** à juste titre, justement; ~ of ten onrechte à tort ou à raison
[2]**te·recht** [tərɛχt] *adj* juste; een ~e opmerking une remarque pertinente
te·recht·bren·gen [tərɛχtbrɛŋə(n)] *vt (bracht terecht, h. terechtgebracht)* retrouver ♦ hij heeft er niets van terechtgebracht il ne s'en est pas très bien sorti
te·recht·ko·men [tərɛχtkomə(n)] *vi (kwam terecht, i. terechtgekomen)* **1** arriver **2** tomber; lelijk ~ se faire mal en tombant **3** trouver **4** être retrouvé **5** s'arranger; hij is ten slotte nog goed terechtgekomen il a fini par faire son chemin; er komt niets van terecht c'est raté d'avance; wat is er van hem terechtgekomen? qu'est-il devenu ?
te·recht·kun·nen [tərɛχ(t)kʌnə(n)] *vi (kon terecht, h. terechtgekund)* pouvoir

entrer, *(fig.)* être écouté (par); **hij kan nergens meer terecht** toutes les portes lui sont fermées; **voor al uw vragen kunt u terecht bij …** pour toutes vos questions, contactez …

te·recht·staan [tərɛ̲χtstan] *vi (stond terecht, h. terechtgestaan)* être prévenu

te·recht·stel·len [tərɛ̲χtstɛlə(n)] *vt (stelde terecht, h. terechtgesteld)* exécuter *(qqn)*

te·recht·wij·zen [tərɛ̲χtwɛizə(n)] *vt (wees terecht, h. terechtgewezen)* reprendre

te·recht·wij·zing [tərɛ̲χtwɛizɪŋ] *nf (-en)* **1** réprimande **2** observation

[1]**te·ren** [te̲rə(n)] *vi (teerde, h. geteerd) (+ op)* vivre (de); **op kosten van anderen ~** vivre aux crochets des autres; **op dat succes kan hij nog jaren ~** il peut encore se reposer sur ses lauriers pendant des années

[2]**te·ren** [te̲rə(n)] *vt (teerde, h. geteerd)* goudronner

ter·gen [tɛ̲rχə(n)] *vt (tergde, h. getergd)* agacer

ter·gend [tɛ̲rχənt] *adj, adv* **1** (d'une manière) provocant(e) **2** (d'une façon) exaspérant(e)

te·ring [te̲rɪŋ] *nf (-en)* **1** dépenses; **de ~ naar de nering zetten** vivre selon ses moyens **2** phtisie; **krijg de ~!** va te faire foutre !; **vliegende ~** phtisie galopante

ter·loops [tɛrlo̲ps] *adj, adv* (fait) en passant

term [tɛrm] *nm (-en)* terme; **in bedekte ~en iets meedelen** annoncer qqch à mots couverts; **de geijkte ~** l'expression consacrée

ter·mijn [tɛrmɛ̲in] *nm (-en)* **1** délai; **in twee ~en betalen** payer en deux fois **2** terme; **in ~en te voldoen** payable par versements échelonnés; **uiterste ~** terme de rigueur; **na het vervallen van de ~** à terme échu

ter·nau·wer·nood [tɛrnɑ̲uwərnot] *adv* de justesse; **het beeld was ~ herkenbaar** la statue était à peine reconnaissable

ter·neer·ge·sla·gen [tɛrne̲rχəslaχə(n)] *adj* abattu

terp [tɛrp] *nm (-en)* tertre (artificiel) *(en Frise)*

ter·pen|tijn [tɛrpəntɛ̲in], **-tine** *de* essence de térébenthine

ter·pen·ti·ne [tɛrpənti̲nə] *nf* white-spirit

ter·ra·cot·ta [tɛrakɔ̲ta] *adj* **1** en terre cuite **2** d'un brun rougeâtre

ter·ras [tɛrɑ̲s] *het (-sen)* terrasse; **op een ~je zitten** être assis à une terrasse

ter·rein [tɛrɛ̲in] *het (-en)* **1** terrain; **eigen ~** domaine privé; **verboden ~** domaine privé, chantier interdit **2** *(fig.)* domaine; **zich op bekend, vertrouwd ~ bevinden** être en pays de connaissance; **die activiteiten vallen buiten ons ~** ces activités ne sont pas de notre domaine; **~ prijsgeven** céder du terrain

ter·rein·ver·ken·ning [tɛrɛ̲invərkɛnɪŋ] *nf* **1** étude exploratoire **2** reconnaissance de terrain

ter·rein·wa·gen [tɛrɛ̲inwaχə(n)] *nm* quatre-quatre

ter·ri·to|ri·um [tɛrito̲r(i)jʌm] *het (-ria)* territoire

ter·sluiks [tɛrslœ̲y̲ks] *adv* furtivement

ter·stond [tɛrstɔ̲nt] *adv* **1** aussitôt **2** dans un instant

terts [tɛrts] *de (-en) (mus.)* tierce; **grote ~** tierce majeure; **c kleine ~** do mineur

te·rug [tərʌ̲χ] *adv* **1** en arrière; *(fig.)* **niet (meer) ~ kunnen** ne pas pouvoir faire marche arrière **2** de retour; **ik ben zo ~** je reviens dans une minute; **hij wil zijn fiets ~ (hebben)** il veut récupérer son vélo; **~ hebben van 20 euro** pouvoir rendre la monnaie de 20 euros; **heen en ~** aller et retour; **~ in de tijd** en remontant le cours du temps; **wij moeten ~** nous devons faire demi-tour, nous devons rentrer; **~ naar af** retour à la case départ; **~ van weg geweest** de retour **3** il y a *(dans le passé)*; **enige jaren ~** il y a quelques années **4** *(Belg.)* de nouveau ♦ **daar heeft hij niet van ~** cela lui cloue le bec, cela dépasse ses possibilités; **na zoveel jaar ken je haar niet meer ~** après tant d'années elle est méconnaissable

te·rug·bel·len [tərʌ̲χbɛlə(n)] *vti (belde terug, h. teruggebeld)* rappeler (qqn) *(par téléphone)*

te·rug·be·ta·len [tərʌ̲χbətalə(n)] *vti (betaalde terug, h. terugbetaald)* **1** rembourser **2** rendre

te·rug·be·zor·gen [tərʌ̲χbəzɔrχə(n)] *vt (bezorgde terug, h. terugbezorgd)* → **terugbrengen 1**

te·rug·blik [tərʌ̲χblɪk] *nm* (vue) rétrospective

te·rug·bren·gen [tərʌ̲χbrɛŋə(n)] *vt (bracht terug, h. teruggebracht)* **1** ramener; **een geleend boek ~** rapporter un livre emprunté **2** ramener *(dans un état antérieur)* **3** réduire

te·rug·dein·zen [tərʌ̲χdɛinzə(n)] *vi (deinsde terug, i. teruggedeinsd) (+ voor)* reculer (devant)

te·rug·den·ken [tərʌ̲χdɛŋkə(n)] *vi (dacht terug, h. teruggedacht) (+ aan)* se reporter (à); **dat doet ons ~ aan de tijd dat …** cela nous rappelle l'époque où …

te·rug·doen [tərʌ̲χdun] *vt (deed terug, h. teruggedaan)* **1** remettre **2** faire en retour; **doe hem de groeten terug** rendez-lui son bonjour **3** ramener

te·rug·draai·en [tərʌ̲χdrajə(n)] *vt (draaide terug, h. teruggedraaid)* **1** faire tourner dans le sens opposé **2** annuler

te·rug·drin·gen [tərʌ̲χdrɪŋə(n)] *vt (drong terug, h. teruggedrongen)* **1** repousser **2** réduire

te·rug·ei·sen [tərʌ̲χɛisə(n)] *vt (eiste terug, h. teruggeëist)* revendiquer

te·rug·gaan [tərʌ̲χan] *vi (ging terug, i. teruggegaan)* **1** reculer **2** retourner; **naar**

huis ~ rentrer (chez soi); **weer ~** repartir **3** remonter *(dans le temps)*
te·rug·gang [tərʌxɑŋ] *nm* **1** recul **2** retour
te·rug·ga·ve [tərʌxavə] *de* restitution
te·rug·ge·trok·ken [tərʌxətrɔkə(n)] *adj* solitaire
te·rug·ge·ven [tərʌxevə(n)] *vt (gaf terug, h. teruggegeven)* rendre
te·rug·grij·pen [tərʌxrɛipə(n)] *vi (greep terug, h. teruggegrepen) (+ op)* se baser (sur)
te·rug·ha·len [tərʌxhalə(n)] *vt (haalde terug, h. teruggehaald)* **1** récupérer **2** ramener **3** retirer **4** se rappeler
te·rug·hou·dend [tərʌxhaudənt] *adj* réservé
[1]**te·rug·kaat·sen** [tərʌxkatsə(n)] *vti (kaatste terug, h./i. teruggekaatst)* (se) réfléchir
[2]**te·rug·kaat·sen** [tərʌxkatsə(n)] *vt (kaatste terug, h. teruggekaatst)* renvoyer (la balle)
te·rug·keer [tərʌxker] *nm* retour
te·rug·ke·ren [tərʌxkerə(n)] *vi (keerde terug, i. teruggekeerd)* **1** retourner; **naar huis ~** rentrer (chez soi) **2** revenir
te·rug·kij·ken [tərʌxkɛikə(n)] *vi (keek terug, h. teruggekeken)* **1** répondre au regard de **2** revoir (qqch)
te·rug·ko·men [tərʌxkomə(n)] *vi (kwam terug, i. teruggekomen)* revenir *(aussi au fig.)*; **~ van kantoor** rentrer du bureau; **~ van een besluit** revenir sur une décision
te·rug·komst [tərʌxkɔmst] *nf* retour
te·rug·krab·be·len [tərʌxkrɑbələ(n)] *vi (krabbelde terug, i. teruggekrabbeld)* reculer
te·rug·krij·gen [tərʌxkrɛixə(n)] *vt (kreeg terug, h. teruggekregen)* **1** récupérer **2** recevoir en retour; **u krijgt nog 1 euro van mij terug** je vous dois encore 1 euro
te·rug·loop [tərʌxlop] *nm* recul
te·rug·lo·pen [tərʌxlopə(n)] *vi (liep terug, i. teruggelopen)* **1** reculer **2** *(fig.)* baisser; **het aantal leerlingen loopt terug** le nombre d'élèves diminue **3** retourner (à pied)
te·rug·ne·men [tərʌxnemə(n)] *vt (nam terug, h. teruggenomen)* **1** retirer **2** reprendre
te·rug|reis [tərʌxrɛis] *de (-reizen)* retour *(voyage)*; **de ~ aanvaarden** (re)prendre le chemin du retour
te·rug·rij·den [tərʌxrɛidə(n)] *vi (reed terug, i. teruggereden)* → **teruggaan 2**
te·rug·roe·pen [tərʌxrupə(n)] *vt (riep terug, h. teruggeroepen)* **1** rappeler; *(fig.)* **iets in het geheugen ~** rappeler qqch **2** répondre (en criant)
te·rug·schrik·ken [tərʌxsxrɪkə(n)] *vi (schrikte, schrok terug, i. teruggeschrikt, -geschrokken)* **1** reculer (de frayeur) **2** *(fig.)* reculer devant; **nergens voor ~** ne craindre ni Dieu ni diable
te·rug·slaan [tərʌxslan] *vti (sloeg terug, h. teruggeslagen)* **1** rendre les coups (à) **2** *(+ op) (fig.)* renvoyer (à) ♦ **een aanval ~** parer une attaque; **de bal ~** renvoyer la balle; **de vijand ~** repousser l'ennemi
te·rug·slag [tərʌxslɑx] *nm* **1** choc en retour; **een ~ krijgen** *(maladie)* avoir une rechute **2** *(fig.)* contrecoup; **de economische ~ van de jaren dertig** la récession des années trente; **~ hebben op** se répercuter sur
te·rug·stu·ren [tərʌxstyrə(n)] *vt (stuurde terug, h. teruggestuurd)* renvoyer
te·rug·tocht [tərʌxtɔxt] *nm* **1** (chemin du) retour; **de ~ aanvaarden** prendre le chemin du retour **2** *(milit.)* retraite; *(aussi au fig.)* **de ~ blazen** sonner la retraite
te·rug·trap·rem [tərʌxtraprɛm] *de (-men)* frein à rétropédalage
te·rug·tre·den [tərʌxtredə(n)] *vi (trad terug, i. teruggetreden)* se retirer; **de koningin treedt terug ten gunste van haar dochter** la reine abdique en faveur de sa fille
te·rug·tre·ding [tərʌxtredɪŋ] *nf* démission
[1]**te·rug·trek·ken** [tərʌxtrɛkə(n)] *vi (trok terug, i. teruggetrokken)* se retirer
[2]**te·rug·trek·ken** [tərʌxtrɛkə(n)] *vt (trok terug, h. teruggetrokken)* **1** retirer; **troepen ~** replier des troupes **2** ramener **3** tirer à nouveau
[3]**te·rug·trek·ken, zich** [tərʌxtrɛkə(n)] *vpr (trok zich terug, h. zich teruggetrokken)* se retirer; **zich bij, voor een sollicitatie ~** retirer sa candidature à un poste
te·rug·val [tərʌxfɑl] *nm* **1** retour **2** rechute *(maladie, péché)*
te·rug·val·len [tərʌxfɑlə(n)] *vi (viel terug, i. teruggevallen)* **1** retomber **2** *(+ op)* se raccrocher (à); **~ op een uitkering** devoir se contenter d'une allocation; **op zijn oude baan ~** revenir à son ancien emploi
te·rug·ver·die·nen [tərʌxfərdinə(n)] *vt (verdiende terug, h. terugverdiend)* récupérer
[1]**te·rug·ver·lan·gen** [tərʌxfərlɑŋə(n)] *vi (verlangde terug, h. terugverlangd) (+ naar)* regretter (qqch); **naar huis ~** vouloir être à la maison
[2]**te·rug·ver·lan·gen** [tərʌxfərlɑŋə(n)] *vt (verlangde terug, h. terugverlangd)* réclamer
te·rug·vin·den [tərʌxfɪndə(n)] *vt (vond terug, h. teruggevonden)* retrouver
te·rug·voe·ren [tərʌxfurə(n)] *vt (voerde terug, h. teruggevoerd)* **1** ramener (à) **2** attribuer (à)
te·rug·vra·gen [tərʌxfraxə(n)] *vt (vraagde/vroeg terug, h. teruggevraagd)* **1** redemander **2** inviter à son tour
te·rug·wed·strijd [tərʌxwɛtstrɛit] *nm (-en) (Belg.; sports)* match retour
te·rug·weg [tərʌxwɛx] *nm (-en)* (route du) retour; **een andere ~ nemen** prendre une autre route pour retourner; *(fig.)* **de ~ is afgesneden** on a atteint le point de non-retour

te·rug·win·nen [tərʌχwɪnə(n)] *vt (won terug, h. teruggewonnen)* → **terugkrijgen 1**

te·rug·zak·ken [tərʌχsɑkə(n)] *vi (zakte terug, i. teruggezakt)* **1** s'affaisser de nouveau **2** *(fig.)* retomber

te·rug·zet·ten [tərʌχsɛtə(n)] *vt (zette terug, h. teruggezet)* **1** reculer **2** remettre à sa place **3** dégrader

[1]**te·rug·zien** [tərʌχsin] *vi (zag terug, h. teruggezien) (+ op)* se remémorer (qqch); **op zijn vroegere leven ~** passer en revue sa vie passée

[2]**te·rug·zien** [tərʌχsin] *vt (zag terug, h. teruggezien)* revoir

ter·wijl [tɛrwɛil] *conj* **1** tandis que **2** alors que

ter·zij·de [tɛrzɛidə] *adv* **1** de côté; **dit ~** soit dit en passant; **iemand ~ nemen, roepen** prendre qqn à part; **iets ~ schuiven** refuser qqch, essayer d'oublier qqch; **iemand ~ staan** assister qqn, être aux côtés de qqn **2** à côté

test [tɛst] *nm (-s)* test; **iemand een ~ afnemen** faire passer un test à qqn

tes·ta·ment [tɛstamɛnt] *het (-en)* testament *(jur.; Bible; pol.)*; **het Oude en Nieuwe Testament** l'Ancien et le Nouveau Testament

test·beeld [tɛstbelt] *het (-en)* mire *(de la télévision)*

tes·ti·kel [tɛstikəl] *nm (-s)* testicule

test·pi|loot [tɛstpilot] *nm (-loten) (aviat.)* pilote d'essai

te·ta·nus [tetanʌs] *nm (méd.)* tétanos

tet·te·ren [tɛtərə(n)] *vi (tetterde, h. getetterd) (fam.)* **1** jacasser **2** pinter **3** trompeter

teug [tøχ] *de (-en)* **1** gorgée; **met lange ~en drinken** boire à longs traits; **met volle ~en van iets genieten** savourer qqch pleinement **2** bouffée **3** goulée

teu·gel [tøχəl] *nm (-s)* rêne; **een paard de ~ aandoen** brider un cheval; *(fig.)* **(iemand) de ~s aanhalen** serrer la vis (à qqn); *(fig.)* **de ~(s) afwerpen** s'affranchir; *(fig.)* **de ~ kort houden** être très strict; **de ~(s) laten vieren** lâcher la bride *(aussi au fig.)*; *(fig.)* **de ~s van de regering in handen hebben** être aux leviers de commande du gouvernement; **iemand de vrije ~ laten** laisser la bride sur le cou à qqn

teu·gel|loos [tøχəlos] *adj, adv (-lozer, -loost)* **1** débridé, sans bride **2** *(fig.)* effréné, sans frein

[1]**teut** [tøt] *nm (-en) (péj.)* **1** lambin, -ine **2** rabâcheur, -euse

[2]**teut** [tøt] *adj (fam.)* pompette; **half ~** éméché

teu·ten [tøtə(n)] *vi (teutte, h. geteut)* **1** lambiner **2** rabâcher

te·veel [təvel] *het* excès

te·vens [tevə(n)s] *adv* **1** aussi **2** en même temps **3** *(ensemble)* à la fois

[1]**te·ver·geefs** [təvərχefs] *adj, adv* (en) vain

[2]**te·ver·geefs** [təvərχefs] *interj* peine perdue !

te·voor·schijn [təvorsχɛin] *adv* au jour; **~ brengen** mettre au jour; **zijn zakdoek ~ halen** sortir son mouchoir; **~ komen, treden** apparaître; **als overwinnaar uit de strijd ~ komen** sortir vainqueur du match

te·vo·ren [təvorə(n)] *adv* avant; **het jaar ~** l'année précédente; **van ~** d'avance, à l'avance; **iemand iets ~ zeggen** prévenir qqn de qqch

te·vre·den [təvredə(n)] *adj* content (de); **~ met zijn baan** satisfait de son emploi; **zij is snel ~** elle se contente de peu

te·vre·den·heid [təvredənhɛit] *nf* satisfaction

te·vre·den·stel·len [təvredə(n)stɛlə(n)] *vt (stelde tevreden, h. tevredengesteld)* contenter; **zich ~ met** se contenter de

te·wa·ter·la·ting [təwatərlatɪŋ] *nf (-en)* mise à l'eau

te·weeg·bren·gen [təweχbrɛŋə(n)] *vt (bracht teweeg, h. teweeggebracht)* provoquer; **onrust ~** semer le trouble; **een grote verandering ~** amener un changement profond

te·werk·stel·len [təwɛrkstɛlə(n)] *vt (stelde tewerk, h. tewerkgesteld)* embaucher

te·werk·stel·ling [təwɛrkstɛlɪŋ] *nf* **1** emploi **2** embauchage

[1]**tex·tiel** [tɛkstil] *het/de* textile *(tissu)*

[2]**tex·tiel** [tɛkstil] *de* (industrie) textile

te·za·men [təzamə(n)] *adv (form.)* ensemble; **alles ~ genomen** somme toute

tgov. [teχə(n)ovər] abrév. de *tegenover* vs

t.g.v. abrév. de *ten gevolge van* à la suite de

Thai [tɑj] *nm*, **Thaise** *nf* Thaïlandais, -aise

Thai·land [tɑjlɑnt] *het* Thaïlande

Thais [tɑjs] *adj* thaïlandais

thans [tɑns] *adv (form.)* à présent

the·a·ter [tejatər] *het (-s)* **1** théâtre; **die film draait in verschillende ~s** on donne ce film dans plusieurs salles **2** *(fig.)* cinéma

thee [te] *nm* thé; **een geneeskrachtige ~** une infusion médicinale; **~ laten trekken** laisser infuser du thé; **op de ~ komen (bij iemand)** venir prendre le thé (chez qqn); **slappe ~** thé léger

***thee-** [te-] **1** de thé; **een theekop(je)** une tasse à thé; **het theezakje** le sachet de thé **2** à thé

thee·doek [teduk] *nm (-en) (vaisselle)* torchon

thee·krans·je [tekrɑnʃə] *het (-s)* ⟨*personnes qui se réunissent pour prendre le thé et pour converser*⟩

thee·le·pel·tje [telepəlcə] *het (-s)* **1** cuillère à thé **2** *(cuis.)* petite cuillère

thee·leut [teløt] *nm (-en) (fam.)* grand buveur, grande buveuse

thee·licht·je [telɪχjə, [B]telɪχcə] *het (-s)* **1** bougie pour chauffe-plat **2** chauffe-théière

thee·muts [temʌts] *de (-en)* couvre-théière, cache-théière

thee·pot [tepɔt] *nm (-ten)* théière

thee·vi·si·te [tevizitə] *de (-s)* thé *(collation; réunion)*; **op ~ komen** venir prendre le thé

thee·wa·ter [tewatər] *het* eau pour le thé; **het ~ opzetten** faire chauffer l'eau pour le thé ♦ **boven zijn ~ zijn** être pompette

the·ma [tema] *het (-'s)* thème

the·ma·num·mer [temanʌmər] *het (-s)* numéro spécial *(d'un magazine)*

the·ma·tisch [tematis] *adj, adv* thématique, par sujet

theo|loog [tejoloχ] *nm (-logen)*, **-loge** *nf (-n, -s)* **1** théologien, -enne **2** étudiant, -ante en théologie

the·o·re·ti|cus [tejoretikʌs] *nm (-ci)*, **-ca** *nf (-'s)* théoricien, -enne

the·o·re·tisch [tejoretis] *adj, adv* théorique

the·o·rie [tejori] *nf (-ën)* théorie; **een ~ opstellen** formuler une théorie

the·ra·pie [terapi] *nf (-ën)* thérapie ♦ **in ~ zijn** suivre une psychothérapie

ther·mos·kan® [tɛrmɔskɑn] *de (-nen)* carafe isolante

the·sis [tezɪs] *nf (theses)* **1** thèse (de doctorat) **2** *(Belg.; fam.)* mémoire *(m.)*

Tho·mas [tomɑs] *nm* ♦ **het is een ongelovige thomas** il nierait la lumière en plein midi

¹thuis [tœys] *het* chez-soi; **van ~ weggaan** quitter le logis familial; *(fig.)* **niet ~ zijn** être aux abonnés absents

²thuis [tœys] *adv* à la maison; **vanmiddag ben ik ~** cet après-midi, je suis chez moi; **voor jou ben ik altijd ~** pour toi, je suis toujours là; **doe maar of je ~ bent** fais comme chez toi; **niet ~ geven** *(sens pr.)* n'y être pour personne; *(fig.)* (se) refuser (à); **zich in een omgeving niet ~ voelen** ne pas se sentir à l'aise qqp; **hij woont nog ~** il habite encore chez ses parents; *(fig.)* **ergens ~ zijn** se sentir à l'aise qqp ♦ *(fig.)* **in iets (goed) ~ zijn** s'y connaître en qqch

***thuis-** [tœys-] à domicile; **thuisbezorgen** livrer à domicile

thuis·ban·kie·ren [tœyzbɑŋkirə(n)] *vi (thuisbankierde, h. thuisgebankierd) (fin.)* ⟨*régler ses affaires bancaires à la maison*⟩

thuis·blij·ven [tœyzblɛivə(n)] *vi (bleef thuis, i. thuisgebleven)* rester à la maison; *(fig.)* **hij kan wel ~** il peut s'épargner le déplacement

thuis·bren·gen [tœyzbrɛŋə(n)] *vt (bracht thuis, h. thuisgebracht)* **1** (r)amener (qqn) chez lui; **de boodschappen ~** apporter les commissions à la maison **2** situer; **iets, iemand niet thuis kunnen brengen** ne pas pouvoir remettre qqch, qqn

thuis·club [tœysklʌp] *de (-s)* équipe qui joue à domicile

thuis·front [tœysfrɔnt] *het* ♦ **overleggen met het ~** se concerter avec les siens; **nieuws van het ~** nouvelles de la famille

thuis·ha·ven [tœyshavə(n)] *de (-s)* port d'attache

thuis·ho·ren [tœyshorə(n)] *vi (hoorde thuis, h. thuisgehoord)* avoir sa place

thuis·hou·den [tœyshɑudə(n)] *vt (hield thuis, h. thuisgehouden)* garder à la maison

thuis·ko·men [tœyskomə(n)] *vi (kwam thuis, i. thuisgekomen)* rentrer (chez soi)

thuis·komst [tœyskɔmst] *nf* retour

thuis·land [tœyslɑnt] *het (-en)* **1** *(Afrique du Sud)* homeland **2** pays d'origine

thuis|reis [tœysrɛis] *de (-reizen)* → **terugreis**

thuis·ver·ple·ging [tœysfərpleχɪŋ] *nf (méd.)* soins à domicile

thuis·wed·strijd [tœyswɛtstrɛit] *nm (-en)* match à domicile; *(fig.)* **een ~ spelen** parler devant un public acquis d'avance

thuis|wer·ker [tœyswɛrkər] *nm (-s)*, **-werkster** *nf (-s)* travailleur, -euse à domicile

thuis·zit·ten [tœysɪtə(n)] *vi (zat thuis, h. thuisgezeten)* rester chez soi

thuis·zorg [tœysɔrχ] *de (méd.)* hospitalisation à domicile

ti [ti] *de (-'s) (mus.)* si

tic [tɪk] *nm (-s)* tic; **zij heeft een ~ om alles te bewaren** elle a la manie de tout garder

tien [tin] *card* dix; **een ~ voor Engels** un dix (sur dix) en anglais; *(en France)* vingt sur vingt en anglais; **in negen van de ~ gevallen** neuf fois sur dix; **wij waren met ons ~en** nous étions (à) dix; **het is ~ over ~** il est dix heures dix; **een stuk of ~** une dizaine; **~ tegen één (dat)** il y a gros à parier (que); **hij ziet eruit of hij niet tot ~ kan tellen** il n'a pas inventé l'eau chaude; **het is ~ voor** il est moins dix

tien·de [tində] *ord* dixième; **Karel de Tiende** Charles X; **de ~ september** le dix septembre

tien·dui·zend [tindœyzənt] *card* dix mille; **~en vogels** des dizaines de milliers d'oiseaux

tie·ner [tinər] *nm (-s)* adolescent(e)

tien·ja·rig [tinarəχ] *adj* de dix ans; **het ~ bestaan vieren** célébrer le dixième anniversaire

tien·kamp [tiŋkɑmp] *nm (-en)* décathlon

tien·tal [tintɑl] *het (-len)* dizaine

tien·tal·lig [tintɑləχ] *adj* décimal

tien·tje [tincə] *het (-s)* billet de dix (euros)

tie·re·lan·tijn [tirəlɑntɛin] *nm (-en)* **1** fioriture **2** histoire

tie·ren [tirə(n)] *vi (tierde, h. getierd)* **1** faire du tapage; **de wind raast en tiert** le vent rugit **2** hurler **3** prospérer; **welig ~** prospérer

tie·rig [tirəχ] *adj, adv* **1** prospère, vigoureusement **2** vif, avec vivacité

tiet [tit] *de (-en) (fam.)* néné; **het kind een ~ geven** donner la gougoutte à l'enfant

♦ **lopen als een ~** marcher comme sur des roulettes

tig [tɪχ] *card (fam.)* ♦ **ik heb het al ~ keer gezegd** je l'ai déjà dit cent fois

tij [tɛi] *het (-en)* marée; *(fig.)* **gunstig ~** moment favorable; **het ~ keert, kentert** la marée perd; *(fig.)* il y a un renversement de la situation; *(fig.)* **het ~ proberen te keren** essayer d'y remédier; *(fig.)* **het ~ laten verlopen** laisser passer l'occasion

tijd [tɛit] *nm (-en)* **1** temps *(sauf conditions atmosphériques)*; **binnen afzienbare ~** sous peu; **in de baas zijn ~** aux frais du patron; **bij de ~ zijn** ne pas être né d'hier; **waar blijft de ~?** où passe le temps ?; **niemand weet wat de ~ ons brengen zal** personne ne sait ce que l'avenir nous réserve; **het zal mijn ~ wel duren!** après moi le déluge !; **de eerste ~** les premiers temps; **een flinke ~** un bon bout de temps; **de ~ gaat nu in!** top, chrono !; **in minder dan geen ~** en moins de deux; *(à propos de qqch)* **zijn (beste) ~ gehad hebben** avoir fait son temps; **te gelegener ~** en temps opportun; **geruime ~** assez longtemps; **waar is de goede oude ~ gebleven?** où sont les neiges d'antan ?; **iemand de ~ gunnen** donner du temps à qqn; **zich de ~ niet gunnen (om)** ne pas prendre le temps (de); **~ te over hebben** avoir du temps en trop; **de ~ aan zichzelf hebben** avoir du temps devant soi; **we hebben onze familie een ~ niet gezien** il y a longtemps que nous n'avons pas vu notre famille; **dat heeft nog de ~** cela ne presse pas; **dat heeft ~ tot morgen** cela peut attendre demain; *(prov)* **de ~ heelt alle wonden** le temps est le meilleur médecin; le temps guérit les douleurs (et les querelles); **een hele ~ geleden** il y a bien longtemps; **het is hoog ~ om** il est (grand) temps de, que; **het heeft in ~en niet zo geregend** il y a bien longtemps qu'il n'a pas plu ainsi; **als het mijn ~ is** quand je devrai partir, quand mon heure viendra; **het is er de ~ niet naar om te** ce n'est pas le moment de; **in een jaar ~** en un an; *(prov)* **komt ~, komt raad** qui vivra, verra; **in korte ~** en peu de temps; **na kortere of langere ~** tôt ou tard; **de laatste ~** ces derniers temps; **iemand geen ~ laten** presser qqn; **met zijn ~ meegaan** vivre avec son temps; **in een paar minuten ~** en l'espace de quelques minutes; **hij heeft een moeilijke ~ gehad** il a eu une période difficile; **dat moet (zijn) ~ hebben** cela demande du temps; **vorig jaar om dezelfde ~** l'année dernière à pareille époque; **voor onbeperkte ~** pour une durée illimitée; **onvoltooid verleden ~** imparfait; **onvoltooid verleden toekomende ~** futur du passé; **onvoltooid tegenwoordig toekomende ~** futur simple; *(Belg.)* **op ~ en stond** en temps utile; **alles op zijn ~** il y a un moment pour chaque chose; **ik kon op ~ remmen** j'ai pu freiner à temps; **dat komt juist op ~** cela tombe bien; **we hebben de trein net op ~ gehaald** nous avons attrapé le train de justesse; **de oude ~** les temps anciens; **zij is over ~** elle a du retard *(menstruation)*; **~ rekken** chercher à gagner du temps; **de ~ is rijp** la poire est mûre; **het zijn slechte ~en** les temps sont difficiles; **een stille ~** une période creuse; **te allen ~e** à tout moment; **te zijner ~** en temps voulu; **tegen die ~ zullen we wel zien** d'ici-là, on verra bien; **ten ~e van** à l'époque de; **terzelfder ~** en même temps; **uit de ~** démodé; **uit de ~ raken** passer de mode; **zijn ~ uitzitten** faire son temps, purger sa peine; **de ~ valt mij te lang** le temps me dure; **de ~ verdrijven** faire passer le temps; **dat is allemaal verleden ~!** tout ça, c'est du passé !; **zijn ~ verpraten** perdre son temps à bavarder; **binnen de voorgeschreven ~** dans les délais prescrits; **in vroegere ~en** au temps jadis; **u heeft een week de ~ om** vous avez une semaine pour; **eindelijk! het werd ~** ce n'est pas trop tôt; *(prov)* **de ~ zal het leren** qui vivra, verra; **mijn ~ zit erop** j'ai fait mon temps; **een ~je** un moment **2** heure; **bij ~ en wijle** de temps en temps; **om de hoeveel ~ komt de bus langs?** tous les combien passe le car ?; **op ~ vertrekken** partir à temps, partir à l'heure; **het wordt ~ voor school** c'est l'heure d'aller à l'école **3** saison; **de slappe ~** la saison morte

***tijd-** [tɛit-] de temps; **het tijdverlies** la perte de temps

tijd·bom [tɛidbɔm] *de (-men) (aussi au fig.)* bombe à retardement

tij·de·lijk [tɛidələk] *adj, adv* **1** temporaire(ment); **~ personeel** personnel intérimaire; **een ~e verblijfplaats** un domicile provisoire **2** temporel(lement); **het ~e met het eeuwige verwisselen** passer de vie à trépas

tij·dens [tɛidə(n)s] *prép* pendant; **~ zijn leven** de son vivant; **~ Napoleon** sous Napoléon

tijd·ge·bon·den [tɛitχəbɔndə(n)] *adj* lié à son époque

tijd·geest [tɛitχest] *nm* esprit du siècle

tijd·ge|noot [tɛitχənot] *nm (-noten)*, **-note** *nf (-n, -s)* contemporain, -aine

tij·dig [tɛidəχ] *adj, adv* opportun, à temps

tij·ding [tɛidɪŋ] *nf (-en)* nouvelle

tijd·klok [tɛitklɔk] *de (-ken)* temporisateur

tijd·lang [tɛitlɑŋ] *adv* ♦ **een ~** pendant un certain temps

tijd·loos [tɛitlos] *adj* intemporel

tijd·nood [tɛitnot] *nm* manque de temps; **in ~ zijn** être pressé par le temps; **in ~ komen** ne plus avoir assez de temps

tijd·perk [tɛitpɛrk] *het (-en)* ère; **het stenen ~** l'âge de (la) pierre

tijd·rek·ken [tɛitrɛkə(n)] *vb* tirer les choses en longueur

tijd·rit [tɛitrɪt] *nm (-ten) (sports)* (étape) contre la montre

tijd·ro·vend [tɛitrovənt] *adj* qui prend du temps
tijds·beeld [tɛitsbelt] *het (-en)* **1** conjoncture d'une époque **2** image d'une époque
tijds·be·spa·rend [tɛitsbəsparənt] *adj* permettant une économie de temps
tijds·be·stek [tɛitsbəstɛk] *het* laps de temps; **in een kort ~** en très peu de temps
tijd·sche·ma [tɛitsχema] *het (-'s)* horaire; **een strak ~** un emploi du temps serré
tijd·schrift [tɛitsχrɪft] *het (-en)* périodique; **~en voor taalstudie** revues de linguistique
tijds·duur [tɛitsdyr] *nm* durée
tijd·sein [tɛitsɛin] *het (-en)* signal horaire
tijds·li·miet [tɛitslimit] *de (-en)* limite de temps
tijd·span·ne [tɛitspɑnə] *de (form.)* → **tijdsbestek**
tijd·stip [tɛitstɪp] *het (-pen)* moment; **iets tot een later ~ uitstellen** remettre qqch à plus tard
tijds·ver·schil [tɛitsfərsχɪl] *het (-len)* décalage horaire
tijd·vak [tɛitfɑk] *het (-ken)* période
tijd·ver·drijf [tɛitfərdrɛif] *het* amusement
tijd·ver·schijn·sel [tɛitfərsχɛinsəl] *het (-en)* signe du temps
tijd·ver·slin·dend [tɛitfərslɪndənt] *adj* → **tijdrovend**
tijd·winst [tɛitwɪnst] *nf* gain de temps; **~ boeken** gagner du temps
tij|ger [tɛiχər] *nm (-s),* **-gerin** *nf (-nen)* tigre, tigresse
tijm [tɛim] *nm* thym
[1]**tik** [tɪk] → **tic**
[2]**tik** [tɪk] *nm (-ken)* tape; **iemand een ~ om de oren geven** donner une gifle à qqn; **een ~ op de deur** un petit coup à la porte; *(fig.)* **een ~ van de molen hebben** travailler du chapeau
[3]**tik** [tɪk] *interj* **1** toc ! **2** *(jeux d'enfants)* touché !
tik·fout [tɪkfaut] *de (-en)* → **typefout**
tik·je [tɪkjə] *het (-s)* brin (de); **zij is een ~ bleek** elle est un peu pâle; **hij heeft een ~ weg van ...** il a un petit qqch de ...
tik·kel·tje [tɪkəlcə] *het* brin (de); **een ~ overdreven** un tantinet exagéré
tik·ken [tɪkə(n)] *vti (tikte, h. getikt)* taper; **de wekker tikte niet meer** le réveil ne faisait plus tic-tac
tik·ker·tje [tɪkərcə] *het (sports)* ♦ **~ spelen** jouer au chat (perché)
[1]**til** [tɪl] *nm* soulèvement ♦ **op ~ zijn** se préparer
[2]**til** [tɪl] *de (-len)* pigeonnier
[1]**til·len** [tɪlə(n)] *vt (tilde, h. getild)* **1** (sou)lever **2** *(fig.)* rouler
[2]**til·len (aan)** [tɪlə(n)] *vi (tilde, h. getild)* (sou)lever (qqch); *(fig.)* **zwaar ~ aan** faire grand cas de
tilt [tɪlt] *nm* ♦ **op ~ slaan** *(flipper)* faire tilt, devenir fou de rage
time [tɑjm] *de (Belg.; sports)* mi-temps
ti·men [tɑjmə(n)] *vt (timede, h. getimed)* **1** chronométrer **2** programmer
time-out [tɑjmɑut] *nm (sports)* temps mort
[1]**tim·me·ren** [tɪmərə(n)] *vi (timmerde, h. getimmerd)* cogner; **erop los ~** cogner dur; **de hele boel in elkaar ~** tout casser
[2]**tim·me·ren** [tɪmərə(n)] *vt (timmerde, h. getimmerd) (menuiserie, charpentes)* construire
tim·mer|man [tɪmərmɑn] *nm (-lieden, -lui)* **1** menuisier **2** charpentier
tin [tɪn] *het* **1** étain **2** boîte (en fer-blanc)
tinc|tuur [tɪŋktyr] *de (-turen)* teinture
tin·nen [tɪnə(n)] *adj* d'étain
tint [tɪnt] *de (-en)* ton; **iets een feestelijk ~je geven** donner à qqch un air de fête; **een gelige ~ hebben** avoir un teint jaunâtre; *(fig.)* **een socialistisch ~je** une touche socialiste
tin·te·len [tɪntələ(n)] *vi (tintelde, h. getinteld)* **1** avoir des picotements **2** scintiller; **haar ogen ~ van vreugde** ses yeux brillent de joie **3** *(fig.)* pétiller
tin·ten [tɪntə(n)] *vt (tintte, h. getint)* teindre; **het artikel is sterk communistisch getint** cet article est nettement communisant
tip [tɪp] *nm (-s)* **1** pointe; **een ~je van de sluier oplichten** soulever un coin du voile *(aussi au fig.)* **2** pourboire **3** tuyau **4** petite tape
tip|ge·ver [tɪpχevər] *nm (-s),* **-geefster** *nf (-s)* tuyauteur, -euse
tip·pe·len [tɪpələ(n)] *vi (tippelde, h. getippeld)* **1** trotter; *(fam., fig.)* **erin ~** tomber dans le panneau **2** faire le trottoir
[1]**tip·pen** [tɪpə(n)] *vi (tipte, h. getipt)* ♦ **aan iemand niet kunnen ~** ne pas arriver à la cheville de qqn
[2]**tip·pen** [tɪpə(n)] *vti (tipte, h. getipt)* **1** tuyauter **2** donner un pourboire à **3** donner favori
tip·top [tɪptɔp] *adj, adv* de premier ordre, on ne peut mieux; **~ gekleed zijn** être bien sapé; **~ in orde** parfait(ement)
tis·sue [tɪʃu] *nf (-s)* **1** kleenex **2** ouate de cellulose
ti·tel [titəl] *nm (-s)* titre
ti·tel·blad [titəlblɑt] *het (-en)* (page de) titre
ti·tel|hou·der [titəlhaudər] *nm (-s),* **-houdster** *nf (-s)* tenant, -ante du titre
ti·tu·la·ris [titylarɪs] *nm (-sen)* **1** titulaire **2** *(Belg.)* professeur principal
tja [ca] *interj* ma foi !; **~, wat nu?** eh bien, que faire maintenant ?
tjee [ce] *interj* Jésus !
tjil·pen [cɪlpə(n)] *vi (tjilpte, h. getjilpt)* piailler
tjok·vol [cɔkfɔl] *adj* bourré
tjon·ge [cɔŋə] *interj* eh bien ! *(étonnement admiratif)*
tl-buis [teɛlbœys] *de (tl-buizen)* tube fluorescent

t/m [tɔtɛmɛt] abrév. de *tot en met* jusqu'à ... (inclus)
TNO [teɛno] *het* abrév. de *Toegepast Natuurwetenschappelijk Onderzoek* ⟨*institut de recherches appliquées dans les sciences expérimentales*⟩
t.n.v. abrév. de *ten name van* au nom de
toast [tost] *nm (-s)* toast
tob·be [tɔbə] *de (-s)* baquet
tob·ben [tɔbə(n)] *vi (tobde, h. getobd)* **1** se faire du mauvais sang **2** travailler dur **3** avoir des problèmes
toch [tɔχ] *adv* **1** cependant; **ik doe het (lekker) ~** je le ferai quand même **2** au fond **3** effectivement; **~ maar goed dat hij met hem is meegegaan** effectivement, c'est heureux qu'il l'ait accompagné **4** *(étonnement, impatience)* donc; **zij had me ~ een wagen!** elle avait une de ces voitures !; **jongen ~, hoe kan je dat nou doen!** mais enfin, comment peux-tu faire une chose pareille ! **5** de toute façon; **het wordt ~ niks** cela ne donnera rien de toute façon **6** non ?; **dat is ~ belachelijk?** mais c'est se moquer du monde !; **ja ~?** non ?; **nee ~?** c'est pas vrai ! **7** en fin de compte; **dat pand is ~ nog verkocht** finalement, cet immeuble a été vendu
tocht [tɔχt] *nm (-en)* **1** courant d'air; **op de ~ (komen te) staan** (aller,) être dans un courant d'air; *(fig.)* (aller,) être dans une situation critique; *(fig.)* **er staan honderd banen op de ~** cent emplois sont menacés **2** voyage
toch·ten [tɔχtə(n)] *vi, vb impers (tochtte, h. getocht)* faire un courant d'air
toch·tig [tɔχtəχ] *adj* **1** très exposé aux courants d'air **2** faisant courant d'air
tocht·je [tɔχjə, ᴮtɔχcə] *het (-s)* → **tocht 2**
tocht·strip [tɔχtstrɪp] *nm (-s)* bourrelet (autocollant)
tocht·vrij [tɔχtfrɛi] *adj* à l'abri du courant d'air
[1]**toe** [tu] *adv* **1** vers; *(fig.)* **ergens naartoe willen** vouloir en venir à qqch **2** en plus; **al kreeg ik geld ~** même si on me donnait de l'argent; **hopjesvla ~** de la crème au caramel comme dessert **3** fermé ♦ **aan vakantie ~ zijn** avoir vraiment besoin de vacances; **er (na) aan ~ zijn om ...** en être arrivé au point de ..., être sur le point de ...; **ik was blij ~ dat het eerder afgelopen was** j'étais drôlement soulagé que ce soit fini plus tôt; **waar dient dat ~?** à quoi cela sert-il ?; **er het zwijgen ~ doen** préférer se taire; **dat doet er niet(s) ~** cela n'a aucun rapport; **aan iets ~ komen** en arriver à qqch; **er slecht aan ~ zijn** vivre dans la misère, être mal en point
[2]**toe** [tu] *interj* **1** allons ! **2** je t'en supplie, je vous en supplie **3** pas vrai ! **4** allons, allons ♦ **~ maar** ho ! ho !
toe·be·de·len [tubədelə(n)] *vt (bedeelde toe, h. toebedeeld)* attribuer
[1]**toe·be·ho·ren** [tubəhorə(n)] *het* accessoires
[2]**toe·be·ho·ren (aan)** [tubəhorə(n)] *vi (behoorde toe, h. toebehoord)* appartenir (à)
toe·be·rei·den [tubərɛidə(n)] *vt (bereidde toe, h. toebereid) (form.)* préparer
toe·be·reid·se·len [tubərɛitsələ(n)] *plur* préparatifs
toe·bren·gen [tubrɛŋə(n)] *vt (bracht toe, h. toegebracht)* ♦ **iemand een slag ~** porter un coup à qqn
toe·dek·ken [tudɛkə(n)] *vt (dekte toe, h. toegedekt)* border *(qqn)*
toe·dich·ten [tudɪχtə(n)] *vt (dichtte toe, h. toegedicht)* attribuer (qqch à qqn)
toe·die·nen [tudinə(n)] *vt (diende toe, h. toegediend)* administrer
[1]**toe·doen** [tudun] *het* intervention; **buiten zijn ~** sans qu'il y soit pour rien; **door ~ van** à cause de
[2]**toe·doen** [tudun] *vt (deed toe, h. toegedaan)* **1** ajouter; **wat doet het er toe!** qu'importe !; **dat doet er niets toe** ça n'a aucune importance **2** fermer
toe·dracht [tudrɑχt] *de* circonstances; **de ware ~ vertellen** raconter la vérité sur ce qui s'est passé
toe·ei·ge·nen, zich [tuɛiχənə(n)] *vpr (eigende zich toe, h. zich toegeëigend)* s'approprier
toe·gaan [tuχan] *vi, vb impers (ging toe, i. toegegaan)* **1** se passer; **het gaat er daar vreemd aan toe** il s'y passe des choses bizarres **2** être fermé
toe·gang [tuχɑŋ] *nm (-en)* accès; **verboden ~** entrée interdite; **zich ~ verschaffen** s'introduire
toe·gangs|be·wijs [tuχɑŋzbəwɛis] *het (-bewijzen)*, **-kaartje** *het (-s)* billet d'entrée
toe·gangs·poort [tuχɑŋsport] *de (-en)* **1** porte d'entrée **2** *(fig.)* voie d'accès (vers)
toe·gangs|prijs [tuχɑŋsprɛis] *nm (-prijzen)* (prix d')entrée
toe·gan·ke·lijk [tuχɑŋkələk] *adj* **1** accessible, facile d'accès **2** *(fig.)* ouvert (à)
toe·ge·daan [tuχədan] *adj* **1** attaché à **2** partisan de; **ik ben deze mening ~** j'ai cette opinion
toe·geef·lijk [tuχeflək] *adj, adv* indulgent, avec indulgence
toe·ge·ne|gen [tuχəneχə(n)] *adj, adv (-gener, meest t.) (form.)* affectionné, affectueusement
[1]**toe·ge·ven** [tuχevə(n)] *vi (gaf toe, h. toegegeven)* **1** céder (à) **2** avouer
[2]**toe·ge·ven** [tuχevə(n)] *vt (gaf toe, h. toegegeven)* **1** admettre **2** donner en plus
toe·ge·vend [tuχevənt] *adj, adv* → **toegeeflijk**
toe·ge·ving [tuχevɪŋ] *nf (-en)* concession
toe·ge·voegd [tuχəvuχt] *adj* **1** adjoint **2** ajouté **3** (commis) d'office
toe·ge|wijd [tuχəwɛit] *adj, adv (-wijder, meest t.)* dévoué, avec dévouement
toe·gift [tuχɪft] *de (-en)* **1** *(mus.)* morceau

donné en supplément (de programme) **2** extra

toe·hap·pen [tuhɑpə(n)] *vi (hapte toe, h. toegehapt)* **1** accepter avec plaisir **2** mordre à l'hameçon

toe·hoor|der [tuhordər] *nm (-s)*, **-ster** *nf (-s)* **1** auditeur, -trice **2** *(enseign.)* auditeur libre

toe·jui·chen [tujœyχə(n)] *vt (juichte toe, h. toegejuicht)* **1** acclamer **2** *(fig.)* applaudir à

toe·ken·nen (aan) [tukɛnə(n)] *vt (kende toe, h. toegekend)* attribuer (à)

toe·ke·ren [tukerə(n)] *vt (keerde toe, h. toegekeerd)* tourner vers

toe·kij·ken [tukɛikə(n)] *vi (keek toe, h. toegekeken)* **1** être spectateur **2** devoir se contenter de regarder; **de kinderen mogen ~** les enfants ne peuvent que regarder sans rien faire, on ne donne rien aux enfants

toe·knik·ken [tuknɪkə(n)] *vi (knikte toe, h. toegeknikt)* faire un signe de tête (à qqn)

toe·ko·men [tukomə(n)] *vi (kwam toe, i. toegekomen)* **1** revenir (à) **2** s'approcher (de); **niet aan ontspanning ~** ne pas arriver à trouver un moment de détente **3** joindre les deux bouts **4** *(form.)* faire parvenir (à) **5** *(Belg.)* arriver

toe·ko·mend [tukomənt] *adj* prochain ♦ *(ling.)* **de ~e tijd** le futur

toe·komst [tukɔmst] *nf* avenir; **in de nabije, naaste ~** dans un proche avenir

toe·komst·beeld [tukɔmstbelt] *het (-en)* vision de l'avenir

toe·kom·stig [tukɔmstəχ] *adj* futur; **een ~e verhoging** une augmentation à venir

toe·komst·mo·ge·lijk·he·den [tukɔmstmoχələkhedə(n)] *plur* **1** perspectives d'avenir **2** débouchés

toe·komst·mu·ziek [tukɔmstmyzik] *nf* beaux projets

toe·komst·per·spec|tief [tukɔmstpɛrspɛktif] *het (-tieven)* → **toekomstmogelijkheden**

toe·komst·plan·nen [tukɔmstplɑnə(n)] *plur* projets (d'avenir)

toe·komst·ver·wach·ting [tukɔmstfərwɑχtɪŋ] *nf (-en)* expectative

toe·kun·nen (met) [tukʌnə(n)] *vi (kon toe, h. toegekund)* pouvoir s'en sortir (avec)

toe·laat·baar [tuladbar] *adj* **1** admissible **2** permis

toe·la·chen [tulɑχə(n)] *vt (lachte toe, h. toegelachen)* sourire à

toe·la·ge [tulaχə] *de (-n)* **1** allocation **2** sursalaire

toe·la·ten [tulatə(n)] *vt (liet toe, h. toegelaten)* **1** permettre **2** laisser entrer **3** admettre; **iemand tot een examen ~** autoriser qqn à présenter un examen

toe·la·ting [tulatɪŋ] *nf (-en)* **1** accord **2** admission

¹toe·leg·gen [tulɛχə(n)] *vt (legde toe, h. toegelegd)* **1** ajouter **2** viser (à)

²toe·leg·gen, zich [tulɛχə(n)] *vpr (legde zich toe, h. zich toegelegd) (+ op)* se consacrer (à)

toe·lich·ten [tulɪχtə(n)] *vt (lichtte toe, h. toegelicht)* commenter; **iets nader ~** apporter des précisions sur qqch

toe·lich·ting [tulɪχtɪŋ] *nf (-en)* **1** commentaire; **een ~ bij iets geven** joindre une explication à qqch; **ter ~ van zijn betoog** pour illustrer son exposé **2** texte explicatif

toe·loop [tulop] *nm* affluence

toe·lo·pen [tulopə(n)] *vi (liep toe, i. toegelopen)* **1** avancer (vers) **2** affluer (vers) **3** finir (en); **spits ~** se terminer en pointe

toe·maat·je [tumacə] *het (-s) (Belg.)* **1** extra **2** dessert

¹toen [tun] *adv* **1** autrefois **2** alors

²toen [tun] *conj* lorsque; **juist ~** comme

toe|naam [tunam] *nm (-namen)* surnom

toe·na·de·ring [tunadərɪŋ] *nf (-en)* rapprochement

toe·na·me [tunamə] *de (-n)* augmentation

toe·ne·men [tunemə(n)] *vi (nam toe, i. toegenomen)* **1** augmenter; **in omvang ~** prendre de l'ampleur **2** s'intensifier

toen·maals [tumals] *adv* à l'époque

toen·ma·lig [tumaləχ] *adj* de l'époque

toen·ter·tijd [tuntərtɛit] *adv* à l'époque

toe·pas·baar [tupɑzbar] *adj* applicable

toe·pas·se·lijk [tupɑsələk] *adj* **1** approprié (à) **2** applicable

toe·pas·sen (op) [tupɑsə(n)] *vt (paste toe, h. toegepast)* appliquer (à); **in de praktijk ~** mettre en pratique

toe·pas·sing [tupɑsɪŋ] *nf (-en)* application; **in ~ brengen** mettre en pratique; **van ~ zijn (op)** s'appliquer (à); **doorhalen wat niet van ~ is** biffer la mention inutile; **~ vinden** être utilisé

toer [tur] *nm (-en)* **1** tour; **op ~en komen** atteindre le régime de fonctionnement; *(fig.)* **over zijn ~en zijn** être dans tous ses états; **iemand over zijn ~en jagen** pousser qqn à bout; **op volle ~en** à plein régime; **op volle ~en draaien** donner à plein **2** tour (d'adresse) **3** tour de force; **het invullen van die formulieren is een hele ~** c'est toute une affaire de remplir ces formulaires **4** *(Belg.)* tour *(succession)* ♦ **op de lollige ~ gaan** faire le rigolo

toer·beurt [turbørt] *de (-en)* tour *(succession)*; **bij ~** à tour de rôle

toe·rei·kend [turɛikənt] *adj* suffisant (pour)

toe·re·ke·nings·vat·baar [turekənɪŋsfɑdbar] *adj (jur.)* responsable *(de ses actes)*

toe·ren [turə(n)] *vi (toerde, h. getoerd)* **1** faire un tour; **een eindje ~** faire une promenade en voiture **2** faire des voyages

toe·ren·tal [turə(n)tɑl] *het (-len)* régime *(d'un moteur)*

***toe·ris·ten-** [turɪstə(n)-] touristique

toe·ris|tisch [turɪstis] *adj (-tischer, meest t.)* touristique

toer·nooi [turnoj] *het (-en)* tournoi

toe·roe·pen [turupə(n)] *vt (riep toe, h. toegeroepen)* crier (qqch à qqn)

toe·rus·ting [turʌstɪŋ] *nf (-en)* équipement

toe·schie·te·lijk [tusχitələk] *adj* bien disposé

toe·schie·ten [tusχitə(n)] *vi (schoot toe, i. toegeschoten)* accourir

toe·schij·nen [tusχɛinə(n)] *vi (scheen toe, h. toegeschenen)* sembler

toe|schou·wer [tusχɑuwər] *nm (-s)*, **-schouwster** *nf (-s)* spectateur, -trice

toe·schreeu·wen [tusχrewə(n)] *vt (schreeuwde toe , h. toegeschreeuwd)* crier

toe·schrij·ven [tusχrɛivə(n)] *vt (schreef toe, h. toegeschreven)* **1** imputer **2** attribuer

[1]**toe·slaan** [tuslan] *vi (sloeg toe, h. toegeslagen)* **1** toucher (au but) **2** frapper; bij zo'n mooi aanbod moet je snel ~ devant une si belle offre, il faut vite saisir sa chance

[2]**toe·slaan** [tuslan] *vt (sloeg toe, h. toegeslagen)* **1** claquer **2** lancer **3** fermer

toe·slag [tuslɑχ] *nm (-en)* supplément

toe·snau·wen [tusnɑuwə(n)] *vt (snauwde toe, h. toegesnauwd)* lancer *(des reproches etc. à la figure de qqn)*

toe·snel·len [tusnɛlə(n)] *vi (snelde toe, i. toegesneld)* accourir

toe·speld [tuspɛlt] *de (-en) (Belg.)* épingle de sûreté

toe·spe·len [tuspelə(n)] *vt (speelde toe, h. toegespeeld) (aussi au fig.)* envoyer; ze speelden elkaar de voordeligste baantjes toe ils se procuraient mutuellement les meilleurs jobs

toe·spe·ling [tuspelɪŋ] *nf (-en)* allusion; een bedekte ~ un sous-entendu

toe|spijs [tuspɛis] *de (-spijzen) (Belg.)* garniture *(pour tartines)*

toe·spit·sen [tuspɪtsə(n)] *vt (spitste toe, h. toegespitst)* **1** *(fig.)* intensifier **2** *(+ op)* diriger (sur); zich ~ op se concentrer sur **3** appointer; haar mondje spitste zich venijnig toe elle fit une moue haineuse

toe|spraak [tusprak] *de (-spraken)* discours; een ~ houden prononcer un discours

toe·spre·ken [tusprekə(n)] *vt (sprak toe, h. toegesproken)* s'adresser à

toe·staan [tustan] *vt (stond toe, h. toegestaan)* **1** permettre **2** accorder

toe·stand [tustɑnt] *nm (-en)* **1** situation; de ~ van de wegen l'état des routes **2** confusion; ~en maken faire des histoires; wat een ~! quelle histoire !

toe·ste·ken [tustekə(n)] *vt (stak toe, h. toegestoken)* tendre (qqch à qqn)

toe·stel [tustɛl] *het (-len)* appareil

toe·stem·men [tustɛmə(n)] *vi (stemde toe, h. toegestemd) (+ in)* consentir; erin ~ dat, om ... consentir à ce que, à ...

toe·stem·ming [tustɛmɪŋ] *nf (-en)* permission

toe·stop·pen [tustɔpə(n)] *vt (stopte toe, h. toegestopt)* **1** glisser **2** emmitoufler **3** *(ouverture)* boucher

toe·stro·men [tustromə(n)] *vi (stroomde toe, i. toegestroomd)* affluer

toe·stu·ren [tustyrə(n)] *vt (stuurde toe, h. toegestuurd)* expédier

toet [tut] *nm (-en) (fam.)* frimousse; een ~ trekken faire la grimace

toe·ta·ke·len [tutakələ(n)] *vt (takelde toe, h. toegetakeld)* **1** amocher **2** accoutrer

toe·tas·ten [tutɑstə(n)] *vi (tastte toe, h. toegetast)* se servir

toe·ten [tutə(n)] *vi (toette, h. getoet)* ♦ van ~ noch blazen weten ne savoir rien de rien

[1]**toe·ter** [tutər] *nm (-s)* **1** corne *(instrument; jouet); (fig.)* met allerlei ~s en bellen en grand tralala **2** klaxon®

[2]**toe·ter** [tutər] *adj (fam.)* → toeterzat

[1]**toe·te·ren** [tutərə(n)] *vi (toeterde, h. getoeterd)* **1** klaxonner **2** corner

[2]**toe·te·ren** [tutərə(n)] *vt (toeterde, h. getoeterd)* corner

toe·ter·zat [tutərzɑt] *adj (fam.)* complètement beurré

toe·tje [tucə] *het (-s) (fam.)* dessert

toe·tre·den (tot) [tutredə(n)] *vi (trad toe, i. toegetreden)* **1** s'approcher (de) **2** s'affilier (à); ~ tot een vereniging devenir membre d'une association

toe·tre·ding [tutredɪŋ] *nf (-en)* affiliation

toets [tuts] *nm (-en)* **1** épreuve **2** touche *(mus.; arts)*

toet·sen [tutsə(n)] *vt (toetste, h. getoetst)* mettre à l'épreuve; zijn idealen ~ aan de werkelijkheid confronter ses idéaux à la réalité; (iemands) kennis ~ contrôler les connaissances (de qqn)

toet·sen·bord [tutsə(n)bɔrt] *het (-en)* clavier

toet·sing [tutsɪŋ] *nf (-en)* contrôle

[1]**toe·val** [tuvɑl] *het/de (-len)* crise (épileptique); een ~ krijgen être frappé d'une attaque d'épilepsie

[2]**toe·val** [tuvɑl] *het (-len)* hasard; een gelukkig ~ un coup de chance; stom ~ pur hasard

toe·val·len [tuvɑlə(n)] *vi (viel toe, i. toegevallen)* **1** échoir (à) *(héritage etc.)* **2** se fermer *(en tombant)*

toe·val·lig [tuvɑləχ] *adj, adv* fortuit, par hasard; ~ heb ik daar geen zin in il se trouve que je n'en ai pas envie

toe·val·lig|heid [tuvɑləχhɛit] *nf (-heden)* **1** hasard; een samenloop van toevalligheden un concours de circonstances **2** caractère fortuit

toe·vals·tref·fer [tuvɑlstrɛfər] *nm (-s)* hasard
toe·ven [tuvə(n)] *vi (toefde, h. getoefd) (form.)* ♦ **het is daar goed ~** on y est bien
toe·ver·trou·wen [tuvərtrɑuwə(n)] *vt (vertrouwde toe, h. toevertrouwd)* confier; **dat is hem wel toevertrouwd** pour cela on peut lui faire confiance; **zich aan iemand ~** s'en remettre à qqn
toe·vloed [tuvlut] *nm* afflux
toe·vlucht [tuvlʌχt] *de* **1** recours **2** refuge; **~ zoeken bij iemand** se réfugier dans les bras de qqn
toe·vluchts·oord [tuvlʌχ(t)sort] *het (-en)* → **toevlucht 2**
toe·voe·gen (aan) [tuvuχə(n)] *vt (voegde toe, h. toegevoegd)* ajouter; **iets aan de discussie ~** apporter un nouvel élément à la discussion
toe·voe·ging [tuvuχɪŋ] *nf (-en)* **1** addition **2** additif
toe·voer [tuvur] *nm* amenée
toe·wen·den [tuwɛndə(n)] *vt (wendde toe, h. toegewend)* → **toekeren**
toe·wen·sen [tuwɛnsə(n)] *vt (wenste toe, h. toegewenst)* souhaiter (qqch à qqn)
toe·wij·den [tuwɛidə(n)] *vt (wijdde toe, h. toegewijd)* dévouer
toe·wij·ding [tuwɛidɪŋ] *nf* **1** dévouement **2** application **3** dévotion
toe·wij·zen [tuwɛizə(n)] *vt (wees toe, h. toegewezen)* **1** admettre; **een kind aan de vader ~** attribuer la garde d'un enfant au père **2** attribuer; **een bedrag ~ aan iemand** allouer une somme à qqn
toe·wij·zing [tuwɛizɪŋ] *nf (-en)* **1** attribution **2** allocation
toe·zeg·gen [tuzɛχə(n)] *vt (zei, zegde toe, h. toegezegd)* promettre
toe·zen·den [tuzɛndə(n)] *vt (zond toe, h. toegezonden) (form.)* → **toesturen**
toe·zicht [tuzɪχt] *het* surveillance; **~ houden op (over) (iemand, iets)** surveiller (qqn, qqch); **onder ~ staan** être sous surveillance, être en liberté surveillée
toe·zien [tuzin] *vi (zag toe, h. toegezien)* **1** regarder; **machteloos ~** être impuissant (devant qqch) **2** surveiller (qqch) **3** prendre garde (à)
tof [tɔf] *adj, adv (fam.)* **1** chic **2** terrible, du tonnerre
tof·fee [tɔfe] *nm (-s)* caramel mou
to·foe [tofu] *de (cuis.)* tofu
to·ga [toχa] *de (-'s)* **1** toge **2** soutane
To·go [toχo] *het* Togo
To·go·lees [toχoles] *adj* togolais; **de ~, Togolese** le, la Togolais(e)
toi·let [twalɛt] *het (-ten)* **1** toilettes **2** toilette *(vêtements)*
***toi·let-** [twalɛt-] de toilette; **de toiletzeep** le savon de toilette
toi·let·juf·frouw [twalɛtjʌfrɑu] *nf (-en)* dame des lavabos
toi·let·rei·ni·ger [twalɛtrɛinəχər] *nm (-s)* détergent pour toilettes
toi·let·rol [twalɛtrɔl] *de (-len)* rouleau de papier toilette
toi·let·tas [twalɛtɑs] *de (-sen)* trousse de toilette
tok·kel·in·stru·ment [tɔkəlɪnstrymɛnt] *het (-en)* instrument à cordes pincées
tol [tɔl] *nm (-len)* **1** toupie **2** péage; *(fig.)* **ergens ~ voor moeten betalen** payer (cher) qqch; **de vooruitgang eist zijn ~** c'est la rançon du progrès; **~ heffen** percevoir le péage
to·le·ran·tie [tolerɑn(t)si] *nf* tolérance
tol·geld [tɔlχɛlt] *het (-en)* péage *(montant; argent)*
tolk [tɔlk] *nm (-en)* interprète
tol·ken [tɔlkə(n)] *vi (tolkte, h. getolkt)* servir d'interprète *(traduire)*; **simultaan ~** faire de l'interprétation, de la traduction simultanée
tol·len [tɔlə(n)] *vi (tolde, h./i. getold)* **1** jouer à la toupie **2** tourner (comme une toupie); **zij stond te ~ van de slaap** elle tombait de sommeil
tol·vrij [tɔlvrɛi] *adj* exempt de péage
to|maat [tomat] *de (-maten)* tomate; **gevulde tomaten** tomates farcies
to·ma·ten·pu·ree [tomatə(n)pyre] *nf* concentré de tomates
tom·be [tɔmbə] *de (-s, -n)* tombeau
to·me|loos [toməlos] *adj, adv (-lozer, -loost)* démesuré(ment); **~ geweld** une violence déchaînée
ton [tɔn] *de (-nen)* **1** tonneau; **zo rond als een ~** gros comme une barrique; *(nourriture)* plein comme une barrique; **een ~ wijn** un fût de vin **2** cent mille euros; **dat huis kost ~nen** cette maison coûte une fortune **3** tonne
to·neel [tonel] *het (tonelen)* **1** scène *(aussi partie d'une pièce)*; **het ~ betreden** entrer en scène; **op het ~ komen** *(aussi au fig.)* entrer en scène, monter sur la scène; **iets ten tonele voeren** mettre qqch en scène **2** théâtre *(art; profession; lieu de l'évènement)*; **het absurdistisch ~** le théâtre de l'absurde; **bij het ~ gaan** devenir acteur, actrice **3** *(fig.)* comédie
***to·neel-** [tonel-] théâtral; **de toneelvoorstelling** la représentation théâtrale
to·neel|ge·zel·schap [tonelχəzɛlsχɑp] *het (-pen)*, **-groep** *de (-en)* troupe (théâtrale)
to·neel·kij·ker [tonelkɛikər] *nm (-s)* jumelles *(de spectacle)*
to·neel·mees·ter [tonelmestər] *nm (-s)* régisseur
to·neel|school [tonelsχol] *de (-scholen)* école d'art dramatique
to·neel|schrij·ver [tonelsχrɛivər] *nm (-s)*, **-schrijfster** *nf (-s)* auteur dramatique
to·neel·spel [tonelspɛl] *het (-en)* **1** pièce (de théâtre) **2** *(péj.)* comédie **3** jeu *(de l'acteur)*
to·neel·spe·len [tonelspelə(n)] *vi (speelde toneel, h. toneelgespeeld)* **1** faire du théâtre **2** *(péj.)* jouer la comédie

to·neel|spe·ler [tonelspelər] *nm (-s),* **-speelster** *nf (-s)* **1** acteur, -trice **2** *(péj.)* comédien, -ienne

to·neel·stuk [tonelstʌk] *het (-ken)* pièce de théâtre; **een ~ opvoeren** donner une pièce de théâtre; *(fig.)* jouer la comédie

to·neel·ver·eni·ging [tonelvərenəχɪŋ] *nf (-en)* cercle dramatique

to·neel|zaal [tonelzal] *de (-zalen)* salle de spectacle

[1]**to·nen** [tonə(n)] *vt (toonde, h. getoond)* **1** montrer; **zijn ware aard ~** se montrer sous son vrai jour **2** manifester

[2]**to·nen** [tonə(n)] *vi (toonde, h. getoond)* donner une impression; **die jurk toont aardig** cette robe est du plus bel effet

[3]**to·nen, zich** [tonə(n)] *vpr (toonde zich, h. zich getoond)* se montrer

tong [tɔŋ] *de (-en)* **1** langue *(organe); (fig.)* **het achterste van zijn ~ laten zien** se mettre à table *(fig.)*, dévoiler ses batteries; **met een dubbele ~ spreken** avoir la langue pâteuse; *(fig.)* **met dubbele ~ spreken** tenir un double langage; **een gladde ~ hebben** n'avoir pas sa langue dans sa poche; *(fig.)* **zijn ~ hing hem op de schoenen** il était sur les genoux; **de ~en komen los** les langues se dénouent; **een losse ~ hebben** ne pas savoir tenir sa langue; **met de ~ op de schoenen** à bout de forces; **het hart ligt hem op de ~** il a son franc-parler; **over de ~ gaan** faire les frais de la conversation; **over zijn ~ struikelen** trébucher sur ses mots; **zijn ~ roeren** bavarder; **een scherpe ~ hebben** avoir la langue bien affilée; **de ~ strelen** flatter le palais; **zijn ~ uitsteken tegen iemand** tirer la langue à qqn; **rad, rap van ~ zijn** avoir la langue bien pendue **2** sole *(poisson)*

tong·kus [tɔŋkʌs] *nm (-sen)* → **tongzoen**

tong·val [tɔŋvɑl] *nm (-len)* **1** *(ling.)* accent **2** dialecte

tong·zoen [tɔŋzun] *nm (-en)* baiser profond, pelle; **iemand een ~ geven** rouler une pelle à qqn

to·nijn [tonɛin] *nm (-en)* thon

toog [toχ] *nm (togen)* **1** soutane **2** comptoir *(d'un café)* **3** *(Belg.)* comptoir *(d'un magasin)*

tooi [toj] *nm (-en)* parure

tooi·en (met) [tojə(n)] *vt (tooide, h. getooid)* parer

toom [tom] *nm (tomen)* **1** bride; *(fig.)* **in ~ houden** contenir **2** groupe *(d'animaux)*

toon [ton] *nm (tonen)* **1** ton; *(aussi au fig.)* **de ~ aangeven** donner le ton; **een andere ~ aanslaan** changer de ton; **op gedempte ~** à mi-voix; **de goede ~ te pakken hebben** être dans le ton; **hoge ~** son aigu; **iets op hoge ~ eisen** revendiquer qqch d'un ton arrogant; **de juiste ~ aanslaan** être dans le ton; **op de tonen van** aux sons de; **uit de ~ vallen** détonner; **volle ~** son riche **2** ambiance **3** timbre *(voix, instrument)*

toon·aan·ge·vend [tonanχevənt] *adj* qui donne(nt) le ton

toon·aard [tonart] *nm (-en)* tonalité; **in alle ~en** sur tous les tons

toon·baar [tombar] *adj* présentable

toon·bank [tombɑŋk] *de (-en)* comptoir *(de magasin)*; **(van) onder de ~ verkopen** vendre sous le manteau

toon·beeld [tombelt] *het (-en)* modèle

toon·der [tondər] *nm (-s) (jur.)* porteur

toon·kunst [toŋkʌnst] *nf* art musical

toon·lad·der [tonlɑdər] *de (-s) (mus.)* gamme

toon·loos [tonlos] *adj* **1** sourd; **een toonloze stem** une voix éteinte **2** inaccentué

toon·soort [tonsort] *de (-en)* → **toonaard**

toon·tje [toncə] *het (-s)* ♦ **dat ~ van jou bevalt mij niet!** je n'aime pas que tu me parles sur ce ton-là !; **een ~ lager zingen** baisser le ton

toon|zaal [tonzal] *de (-zalen)* salle d'exposition *(d'un commerçant)*

toorn [torn] *nm (form.)* courroux; **de ~ Gods** l'ire de Dieu

toorts [torts] *de (-en)* flambeau

toost [tost] *nm (-s)* toast; **een ~ op iemand uitbrengen** porter un toast à qqn

toos·ten (op) [tostə(n)] *vi (toostte, h. getoost)* porter un toast (à)

[1]**top** [tɔp] *nm (-pen)* **1** sommet; *(Belg.)* **hoge ~pen scheren** obtenir des succès; **ten ~ stijgen** arriver à son comble; **iemand van ~ tot teen opnemen** toiser qqn (des pieds à la tête) **2** bout; **op de ~pen van zijn zenuwen leven** vivre sur les nerfs **3** élite; **de ~ van een bedrijf** la direction d'une entreprise; **zijn weg naar de ~** son ascension **4** (conférence au) sommet; **een Europese ~** un sommet européen

[2]**top** *interj* génial, super

*__top-__ [tɔp-] record; **een topjaar** une année record

to·paas [topas] *nm* **1** topaze **2** couleur topaze

top·amb·te|naar [tɔpɑmtənar] *nm (-naren)* haut fonctionnaire

top·at|leet [tɔpɑtlet] *nm (-leten),* **-lete** *nf (-n, -s)* athlète de niveau international

top·con·di·tie [tɔpkondi(t)si] *nf* superforme

top·fi|guur [tɔpfiχyr] *nm (-guren)* sommité

top·func·tie [tɔpfʌŋksi] *nf (-s)* haute fonction

top·hit [tɔphɪt] *nm (-s)* tube

to·pic [tɔpɪk] *de (-s)* sujet

top·je [tɔpjə] *het (-s)* **1** sommet; **het ~ van de ijsberg** la partie visible de l'iceberg **2** bustier

top·klas·se [tɔpklɑsə] *nf (-n)* classe supérieure

top·less [tɔplɛs] *adj* seins nus; **~ zwemkleding** monokini

top·man [tɔpmɑn] *nm (-nen)* grand patron

top·per [tɔpər] *nm (-s)* **1** sommet **2** *(mus.; arts etc.)* succès **3** match vedette **4** sommité

top·po·si·tie [tɔpozi(t)si] *nf* **1** position de tête **2** haute position *(fonction)*
top·pres·ta·tie [tɔprɛsta(t)si] *nf (-s)* performance
top·punt [tɔpʌnt] *het (-en)* **1** sommet; **het ~ bereiken** arriver à son comble; **dat is het ~!** c'est le comble ! **2** paroxysme **3** apogée
top·snel|heid [tɔpsnɛlhɛit] *nf (-heden)* vitesse de pointe
top|spe·ler [tɔpspelər] *nm (-s)*, **-speel·ster** *nf (-s)* joueur vedette, joueuse vedette
top·sport [tɔpspɔrt] *de* sport de haut niveau
top·vorm [tɔpfɔrm] *nm* → **topconditie**
tor [tɔr] *de (-ren)* coléoptère; **zo zat als een ~** soûl comme un âne
to·re·a·dor [torejadɔ:r] *nm (-es)* toréro
to·ren [torə(n)] *nm (-s)* tour *(f.)*; **ik hoor de ~** j'entends le clocher; **hoog van de ~ blazen** se donner des grands airs, être exigeant
to·ren·hoog [torə(n)hoχ] *adj* haut comme une tour
to·ren·spits [torə(n)spɪts] *de (-en)* flèche (de clocher)
[1]**tor·nen** [tɔrnə(n)] *vi (tornde, h. getornd)* ♦ **ergens aan ~** chercher à changer qqch; **daar valt niet aan te ~** il n'y a pas à y revenir
[2]**tor·nen** [tɔrnə(n)] *vt (tornde, h. getornd)* découdre
tor·pe·de·ren [tɔrpədeɾə(n)] *vt (torpedeerde, h. getorpedeerd)* torpiller
tor·pe·do [tɔrpedo] *de (-'s)* torpille
tor·sen [tɔrsə(n)] *vt (torste, h. getorst)* **1** porter avec effort **2** être accablé par
tor·so [tɔrso] *nm (-'s)*, **tors** *nm (-en)* torse
tor·tel|duif [tɔrtəldœyf] *de (-duiven)* **1** tourterelle **2** *(plur.) (fig.)* tourtereaux
tos·sen [tɔsə(n)] *vi (toste, h. getost) (sports)* jouer à pile ou face
tos·ti [tɔsti] *nm (-'s)* croque-monsieur
[1]**tot** [tɔt] *prép* **1** jusque, jusqu'à; **dat is ~ daar aan toe** passe encore; **~ dusver** jusqu'ici; **het zit me ~ hier!** j'en ai jusque-là !; **van huis ~ huis gaan** aller de maison en maison; **~ nu toe** jusqu'ici; **~ op de cent** au centime près; **~ voor drie maanden** il y a trois mois encore; **~ drie maal toe** par trois fois; **~ en met pagina 8** jusqu'à la page 8 incluse; **~ en met 31 december** jusqu'au 31 décembre (inclus) **2** à; **~ mijn verwondering** à mon étonnement **3** *(préposition fixe, exprimée en français par:)* de, à; **het teken ~ de aanval** le signal de l'attaque **4** comme; **~ antwoord geven** donner comme réponse
[2]**tot** [tɔt] *conj* jusqu'à ce que
to·taal [total] *adj, adv* total(ement); **ik ben ~ op** je suis à bout; **ik ben ~ vergeten te betalen** j'ai complètement oublié de payer; *(substantivé)* **in ~** au total; **~ niet** pas ... du tout
to·taal|beeld [totalbelt], **-overzicht** *het* vue d'ensemble
to·taal·wei·ge·raar [totalwɛiχərar] *nm (-s)* insoumis *(service militaire)*
to·tal loss [totəllɔs] *adj* bon pour la casse; **een auto ~ rijden** faire une perte totale
tot·dat [tɔdɑt] *conj* → [2]**tot**
to·tem|paal [totəmpal] *nm (-palen)* mât totémique
tot-en-met [tɔtɛmɛt] *adv (fam.)* au plus haut degré; **hij is gierig ~** il est l'avarice même
to·to [toto] *nm* **1** loto sportif **2** pari mutuel
tot·stand·ko·ming [tɔtstɑntkomɪŋ] *nf* réalisation
tou·pet [tupɛt] *nm (-ten)* postiche
tour [tur] *nm (-s)* tour *(m.)*; *(fam.)* **een ~ bouwen** faire des siennes
touw [tɑu] *het (-en)* corde; **het ~ laten vieren** *(sens pr.)* détendre la corde; *(fig.)* se détendre; **daar is geen ~ aan vast te knopen** cela n'a ni queue ni tête; **ik kan er geen ~ aan vastknopen** je n'y comprends rien ♦ **voortdurend in ~ zijn** être toujours sur la brèche; **iets op ~ zetten** mettre qqch sur pied
touw·tje [tɑucə] *het (-s)* ficelle; *(fig.)* **de ~s in handen hebben** tenir les rênes
touw·trek·ken [tɑutrɛkə(n)] *het* **1** *(sports)* lutte à la corde **2** *(fig.)* tiraillements
t.o.v. **1** abrév. de *ten opzichte van* à l'égard de **2** abrév. de *ten overstaan van* en présence de
to·ve|naar [tovənar] *nm (-s)*, **-nares** *nf (-sen)* **1** sorcier, -ière **2** *(fig.)* magicien, -ienne
to·ve·na·rij [tovənarɛi] *nf (-en)* → **toverkunst 1**
***to·ver-** [tovər-] magique; **de toverstaf** la baguette magique
to·ver·ach·tig [tovərɑχtəχ] *adj, adv* **1** féerique, magiquement **2** magique(ment)
[1]**to·ve·ren** [tovərə(n)] *vi (toverde, h. getoverd)* **1** exercer la magie; *(fig.)* **ik kan niet ~, hoor!** je ne fais pas de miracles ! **2** faire des tours de passe-passe **3** *(fig.)* être magicien, -ienne
[2]**to·ve·ren** [tovərə(n)] *vt (toverde, h. getoverd)* faire par enchantement; **een konijn uit een hoed ~** faire sortir un lapin d'un chapeau; **(iemand) iets voor ogen ~** faire miroiter qqch (à qqn)
to·ver·fluit [tovərflœyt] *de (-en)* flûte enchantée
to·ve·rij [tovərɛi] *nf (-en)* → **toverkunst 1**
to·ver·kunst [tovərkʌnst] *nf (-en)* **1** magie **2** tour de magie
to·ver·slag [tovərslɑχ] *nm* coup de baguette (magique); **als bij ~** comme par magie
traag [traχ] *adj, adv (trager, traagst)* lent(ement); **~ van begrip zijn** avoir l'esprit

lent; ~ op gang komen être lent à se mettre en train

[1]**traan** [tran] *de (tranen)* larme; geen ~ om iets laten regarder qqch d'un œil sec; geen ~ om iemand laten ne pas verser une larme sur qqn; in tranen uitbarsten fondre en larmes; ze kreeg tranen in de ogen les larmes lui montèrent aux yeux; tranen met tuiten huilen pleurer comme une Madeleine; de tranen schoten, sprongen hem in de ogen; z'n ogen schoten vol tranen ses yeux se sont remplis de larmes; een ~ wegpinken essuyer une larme; z'n tranen de vrije loop laten laisser couler ses larmes

[2]**traan** [tran] *nm* ± huile *(p.ex. de foie de morue)*

traan·gas [traŋχɑs] *het* gaz lacrymogène

traan·klier [traŋklir] *de (-en)* glande lacrymale

traan|oog [tranoχ] *het (-ogen)* œil larmoyant

traan·vocht [tranvɔχt] *het* larmes

tra·ce·ren [trɑserə(n)] *vt (traceerde, h. getraceerd)* **1** *(tr.pub.)* tracer **2** rechercher les traces de

trach·ten [trɑχtə(n)] *vt (trachtte, h. getracht) (form.)* tâcher (de); iets gedaan ~ te krijgen chercher à obtenir qqch

track [trɛk] *de (-s)* **1** plage *(d'un disque)* **2** *(inform.)* piste

trac·tor [trɑktɔr, trɛktɔr] *nm (-s)* tracteur

trad [trɑt], **traden** → treden, aftreden, terugtreden *(etc.)*

tra·di·tie [tradi(t)si] *nf (-s)* tradition; een ~ in ere houden maintenir une tradition; in een bepaalde ~ staan s'inscrire dans une tradition; volgens de ~ d'après la tradition

tra·di·tie·ge·trouw [tradi(t)siχətrɑu] *adj, adv* → traditioneel

tra·di·ti·o|neel [tradi(t)ʃonel] *adj, adv (-neler, -neelst)* traditionnel(lement); ze trouwen heel ~ ils se marieront très conventionnellement

tra·giek [traχik] *nf* tragique

tra|gisch [traχis] *adj, adv (-gischer, meest t.)* tragique(ment)

[1]**trai·nen** [trenə(n), [B]trɛ:nə(n)] *vi (trainde, h. getraind)* s'entraîner

[2]**trai·nen** [trenə(n), [B]trɛ:nə(n)] *vt (trainde, h. getraind)* entraîner

trai·ne·ren [trɛ:nerə(n)] *vti (traineerde, h. getraineerd)* **1** traîner **2** traîner (en longueur)

trai·ning [trenɪŋ, [B]trɛ:nɪŋ] *nf (-en)* entraînement

trai·nings·pak [trenɪŋspɑk, [B]trɛ:nɪŋspɑk] *het (-ken)* survêtement

tra·ject [trajɛkt] *het (-en)* trajet

trak|taat [trɑktat] *het (-taten)* traité *(accord; écrit)*

trak·ta·tie [trɑkta(t)si] *nf (-s)* friandise; dat is een ~ voor mij c'est un régal pour moi

trak·te·ren [trɑkterə(n)] *vti (trakteerde, h. getrakteerd)* **1** offrir des friandises; ~ op gebakjes offrir des pâtisseries **2** payer un verre (à qqn), payer un repas (à qqn); iemand ~ op een bioscoopje inviter qqn au cinéma; ik trakteer c'est moi qui paye

tra·lie [trali] *nf (-s)* barreau *(barre)*

tra·lie·werk [traliwɛrk] *het* grillage

tram·me·lant [trɑməlɑnt] *het (fam.)* histoires; ze hebben weer ~ gehad ils se sont engueulés une fois de plus; daar krijg je ~ mee ça va t'attirer des ennuis

trance [trɑ̃s] *de (-s)* transe; in ~ raken entrer en transe

tra·nen [tranə(n)] *vi (traande, h. getraand)* larmoyer

tran·quil·li·zer [trɛŋkwɪlɑjzər] *nm (-s)* tranquillisant; *(fam.)* onder de ~s zitten être bourré de tranquillisants

trans·ac·tie [trɑnsɑksi] *nf (-s)* transaction; een ~ aangaan conclure un marché

trans·plan·te·ren [trɑnsplɑnterə(n)] *vt (transplanteerde, h. getransplanteerd)* greffer

trans·port [trɑnspɔrt] *het (-en)* transport *(fait, manière de déplacer)*; op ~ stellen (naar) diriger (sur, vers)

trant [trɑnt] *nm* **1** manière **2** genre

trap [trɑp] *nm (-pen)* **1** escalier; op één ~ wonen habiter sur le même palier **2** coup de pied; *(fig.)* iemand een ~ nageven donner le coup de pied de l'âne à qqn; vrije ~ coup franc **3** coup de pédale **4** degré; een hoge ~ van ontwikkeling un haut niveau de civilisation; de overtreffende ~ le superlatif; de vergrotende, vergelijkende ~ le comparatif **5** *(fig.)* marche

*__trap-__ [trɑp-] d'escalier; de traptrede la marche d'escalier

tra·pe·zi·um [trapezijʌm] *het (-s) (math.)* trapèze

trap·gat [trɑpχɑt] *het (-en)* **1** jour d'escalier **2** cage d'escalier

trap·ge·vel [trɑpχevəl] *nm (-s)* pignon à redans

trap|leer [trɑpler] *de (-leren)* échelle *(dispositif à marches)*

trap·leu·ning [trɑplønɪŋ] *nf (-en)* rampe *(d'escalier)*

trap·loos [trɑplos] *adj* en continu

trap·pe·len [trɑpələ(n)] *vi (trappelde, h. getrappeld)* **1** trépigner; met de voeten ~ piétiner **2** gigoter; de baby ligt te ~ le bébé remue ses jambes

trap·pel·zak [trɑpəlzɑk] *nm (-ken)* sac de nuit (pour bébés)

[1]**trap·pen** [trɑpə(n)] *vti (trapte, h./i. getrapt)* **1** (+ *in, op*) marcher (dans, sur); *(fig.)* ergens niet in ~ ne pas gober qqch; *(fig.)* ergens in ~ tomber dans le panneau **2** (+ *op*) appuyer le pied (sur) **3** (+ *tegen*) donner des coups de pied (à) **4** *(fam.)* pédaler

[2]**trap·pen** [trɑpə(n)] *vt (trapte, h. getrapt)* écraser *(à coups de pied)*; hij is eruit getrapt il s'est fait mettre à la porte; een

stuk hout in de grond ~ enfoncer un bout de bois dans le sol à coups de pied
trap·pen|huis [trɑpə(n)hœys] *het (-huizen)* → **trapgat 2**
trap·per [trɑpər] *nm (-s)* **1** pédale *(de vélo)* **2** *(fam.)* godasse
trap·por|taal [trɑpɔrtal] *het (-talen)* palier
traps·ge·wijs [trɑpsχəwɛis] *adj, adv* graduel(lement)
trap|zaal [trɑpsal] *de (-zalen) (Belg.)* cage d'escalier
trau·ma [trɑuma] *het/de (-'s)* **1** *(psycho.)* traumatisme **2** lésion
tra·ves·tie [travɛsti] *nf (-ën)* travestissement
tra·ves·tiet [travɛstit] *nm (-en)* travesti
tra·want [trawɑnt] *nm (-en) (péj.)* acolyte
traw·ler [trɔ:lər] *nm (-s)* chalutier *(navire)*
trech·ter [trɛχtər] *nm (-s)* entonnoir
trech·ter·vor·mig [trɛχtərvɔrməχ] *adj* en entonnoir
tred [trɛt] *nm (-en)* pas; **gelijke ~ (met iemand) houden** marcher du même pas (que qqn); *(fig.)* être au même niveau; **met vaste ~** d'un pas assuré; **zijn ~ versnellen** presser le pas
tre·de [tredə] *de (-n)* **1** marche *(aussi au fig.)*; **de hoogste ~ op de maatschappelijke ladder** le plus haut degré de l'échelle sociale **2** marchepied **3** *(form.)* pas
[1]**tre·den** [tredə(n)] *vi (trad, i. getreden) (form.)* aller; **in de plaats ~ van** succéder à (qqn), remplacer (qqn); **in onderhandeling ~** entrer en pourparlers; **naar buiten ~ met iets** rendre qqch public; **naar voren ~** avancer, se manifester; **iemand tegemoet ~** aller au-devant de qqn *(aussi au fig.)*; **uit de regering ~** quitter le gouvernement
[2]**tre·den** [tredə(n)] *vt (trad, h. getreden)* fouler
tred·mo·len [trɛtmolə(n)] *nm (-s)* manège *(appareil)*; *(fig.)* **in de ~ lopen** traîner son collier de misère
tree·plank [treplɑŋk] *de (-en)* marchepied
tref [trɛf] *nm* chance
tref·cen|trum [trɛfsɛntrʌm] *het (-tra)* lieu de rencontre
tref·fe·lijk [trɛfələk] *adj, adv (Belg.)* correct(ement)
[1]**tref·fen** [trɛfə(n)] *het* rencontre
[2]**tref·fen** [trɛfə(n)] *vt (trof, h. getroffen)* **1** toucher; **de getroffene** la victime; **het schot trof doel** le coup atteignit la cible; **door een kogel getroffen** atteint d'une balle; **het getroffen gebied** la région sinistrée **2** rencontrer; **iemand thuis ~** trouver qqn chez lui **3** frapper **4** émouvoir ♦ **dat treft goed** ça tombe bien; **je treft het goed** tu as de la chance; **zij hebben het met elkaar getroffen** ils ont eu de la chance de se rencontrer, ils sont très heureux ensemble
tref·fend [trɛfənt] *adj, adv* **1** (d'une manière) frappant(e); **iets ~ karakteriseren** donner une définition juste de qqch; **een ~e vergelijking** une comparaison parlante **2** (d'une manière) touchant(e)
tref·fer [trɛfər] *nm (-s)* **1** bon tir **2** coup de chance **3** *(inform.)* réponse
tref·punt [trɛfpʌnt] *het (-en)* point de rencontre
tref·woord [trɛfwort] *het (-en)* **1** entrée **2** mot-clé
tref·ze·ker [trɛfsekər] *adj, adv* (d'une manière) précis(e) *(qui va droit au but)*; **een ~e bal** un tir bien assuré
trein [trɛin] *nm (-en) (ch. de fer)* train; **dat loopt als een ~** ça marche comme sur des roulettes, ça se vend comme des petits pains; **de ~ halen** avoir son train; *(Belg.)* **klokvaste ~** train à horaire cadencé; **iemand op de ~ zetten** mettre qqn dans le train; **iemand van de ~ gaan halen** aller chercher qqn à la gare; **zich voor de ~ gooien** se jeter sous le train
***trein-** [trɛin-] des chemins de fer; **de treinconducteur** le contrôleur des chemins de fer
trei·nen [trɛinə(n)] *vi (treinde, h. getreind)* aller en train
trein·stel [trɛinstɛl] *het (-len) (wagons)* rame *(de voitures)*
trein·taxi [trɛintɑksi] *nm (-'s)* ⟨*taxi pour usager du rail*⟩
trein·ver·bin·ding [trɛinvərbɪndɪŋ] *nf (-en)* communication ferroviaire; **dat dorp heeft geen ~** le chemin de fer ne dessert pas ce village
trei·te·ren [trɛitərə(n)] *vti (treiterde, h. getreiterd)* faire enrager (qqn); **zijn kleine broertje ~** embêter son petit frère
trei·te·rig [trɛitərəχ] *adj, adv* méchant, méchamment
trek [trɛk] *nm (-ken)* **1** traction **2** coup *(action de tirer une fois)* **3** trait; **dat is een mooi ~je van haar** ça fait partie de ses qualités; **onsympathieke ~ken hebben** avoir des côtés antipathiques **4** *(plur.)* traits *(du visage)*; **een spottende ~ om de mond** des plis railleurs autour de la bouche **5** bouffée *(de fumée)* **6** faim; **niet aan zijn ~ken komen** rester sur sa faim; **ergens ~ in hebben** avoir envie de (manger) qqch; **als je er ~ in hebt** si le cœur vous en dit **7** migration; **de ~ naar de stad** l'exode rural ♦ **in ~ zijn** être recherché; **hij zal zijn ~ken thuis krijgen** il recevra la monnaie de sa pièce
trek·dier [trɛgdir] *het (-en)* **1** bête de trait **2** *(zool.)* migrateur
trek|haak [trɛkhak] *nm (-haken)* crochet d'attelage
trek·har·mo·ni·ca [trɛkhɑrmonika] *nf (-'s)* accordéon
trek·ke·bek·ken [trɛkəbɛkə(n)] *vi (trekkebekte, h. getrekkebekt)* faire des grimaces
[1]**trek·ken** [trɛkə(n)] *vi (trok, h./i. getrokken)* **1** tirer; *(fig.)* **er hard aan ~** travailler

d'arrache-pied; **de politie moest ~ om iets uit hem te krijgen** la police a dû lui tirer les vers du nez **2** s'en aller; **door Frankrijk ~** parcourir la France; **in een huis ~** s'installer dans une maison; **de zwaluwen ~ al** les hirondelles commencent déjà leur migration; **de wijde wereld in ~** partir à la conquête du monde **3** *(+ met)* traîner (qqch) *(la jambe)* **4** *(+ met)* avoir un tic (nerveux) (à) **5** *(+ naar)* être attiré (par); **die jas trekt onder de oksel** ce manteau serre sous l'aisselle; **krom ~** se déformer; **de kinderen ~ nogal naar hun vader** les enfants tiennent plutôt de leur père **6** être absorbé (par) **7** *(+ naar, op)* tirer (sur); *(Belg.)* **dat trekt op niets** cela ne ressemble à rien

[2]**trek·ken** [trɛkə(n)] *vti (trok, h. getrokken)* **1** tirer; **een kies ~** arracher une dent; **loten ~** tirer des lots au sort **2** attirer; **die stad blijft ~** cette ville garde son attrait; **volle zalen ~** remplir les salles **3** *(argent)* toucher

[3]**trek·ken** [trɛkə(n)] *vt (trok, h. getrokken)* **1** tirer; **de deur in het slot ~** fermer la porte; *(fig.)* **iets naar zich toe ~** s'occuper intensivement de qqch; **iets omver ~** renverser qqch; **iets stuk ~** déchirer qqch; **de bloemen van de planten ~** arracher les fleurs des plantes **2** attirer **3** faire infuser; **bouillon ~** faire un bouillon **4** *(dessin)* tracer **5** prendre (dans) **6** *(Belg.; phot.)* prendre ♦ **iets in het belachelijke ~** tourner qqch en dérision; **ik trek het niet langer** je n'en peux plus; **rimpels ~** faire des rides

trek·ker [trɛkər] *nm (-s)* **1** personne qui tire (qqch) **2** campeur, -euse **3** prestataire **4** *(des W.-C.)* chaîne **5** gâchette; **de ~ overhalen** presser sur la détente **6** tracteur **7** attraction

trek·king [trɛkɪŋ] *nf (-en)* tirage

trek·pleis·ter [trɛkplɛistər] *de (-s)* (pôle d')attraction

trek·schuit [trɛksχœyt] *de (-en)* coche d'eau

trek·tang [trɛktɑŋ] *de (-en) (Belg.)* tenaille(s)

trek·tocht [trɛktɔχt] *nm (-en)* randonnée

trek·vo·gel [trɛkfoχəl] *nm (-s)* oiseau migrateur

trek|zalf [trɛksɑlf] *de (-zalven)* pommade désinfectante

trend [trɛnt] *nm (-s)* **1** tendance **2** (nouvelle) mode

trend·ge·voe·lig [trɛntχəvuləχ] *adj* sensible aux tendances de la mode

trend·set·ter [trɛntsɛtər] *nm (-s)* locomotive *(fig.)*

trend|vol·ger [trɛntfɔlχər] *nm (-s)*, **-volg·ster** *nf (-s)* **1** assimilé fonctionnaire (au niveau du traitement) **2** personne qui suit la mode *(du moment)*

tren·dy [trɛndi] *adj* à la mode

treur·dicht [trørdɪχt] *het (-en) (litt.)* élégie

treu·ren [trørə(n)] *vi (treurde, h. getreurd)* **1** *(+ om)* être triste; **daarom niet getreurd** ne nous laissons pas abattre pour autant **2** *(+ om)* pleurer (qqch) **3** *(plantes)* languir

treu·rig [trørəχ] *adj, adv* **1** triste(ment); **~ gestemd zijn** être d'humeur chagrine; **een ~ ongeval** un accident malheureux; **er ~ aan toe zijn** être dans une triste situation **2** déplorable(ment); **het ziet er ~ voor ons uit** cela ne nous promet rien de bon

treu·rig·heid [trørəχhɛit] *nf* **1** tristesse **2** ennui **3** mélancolie

treur·mu·ziek [trørmyzik] *nf* musique funèbre

treur·spel [trørspɛl] *het (-en)* tragédie

treur·wilg [trørwɪlχ] *nm (-en)* saule pleureur

treur·zang [trørzɑŋ] *nm (-en)* **1** complainte **2** récit funèbre

treu·ze·len [trøzələ(n)] *vi (treuzelde, h. getreuzeld)* lambiner

tri·bu·ne [tribynə] *de (-s)* tribune *(dans une salle, église; pour un orateur; sports)*; *(fig.)* **voor de publieke ~ spreken** faire appel à l'opinion publique

tric·ky [trɪki] *adj* délicat *(périlleux)*

triest [trist] *adj, adv (triester, meest t.)* triste(ment); **het is diep ~** c'est lamentable

tries·tig [tristəχ] *adj, adv* triste(ment)

tril·func·tie [trɪlfʌŋksi] *nf (com.)* fonction vibreur

tril·jard [trɪljɑrt] *het (-en)* mille trillions

tril·joen [trɪljun] *het (-en)* trillion

tril·len [trɪlə(n)] *vi (trilde, h. getrild)* trembler; **ik sta te ~ op mijn benen** je flageole sur mes jambes; **de lucht trilt van de hitte** la chaleur fait vibrer l'air

tril·ler [trɪlər] *nm (-s) (mus.)* trille

tril·ling [trɪlɪŋ] *nf (-en)* **1** tremblement **2** vibration

trim|baan [trɪmban] *de (-banen)* parcours de santé

[1]**trim·men** [trɪmə(n)] *vi (trimde, h. getrimd)* faire son parcours de santé

[2]**trim·men** [trɪmə(n)] *vt (trimde, h. getrimd) (chien, cheval)* toiletter

trim·schoen [trɪmsχun] *nf (-en)* training *(chaussure)*

trim·toe·stel [trɪmtustɛl] *het (-len)* appareil de gymnastique

trio [trijo] *het (-'s)* **1** trio *(groupe de 3 personnes; mus.)* **2** tiercé *(dans l'ordre)* **3** partouze à trois

tri·omf [trijɔmf] *nm (-en)* triomphe; **de ~ behalen** remporter la victoire; **~en vieren** remporter des triomphes

tri·om·fan·te·lijk [trijɔmfɑntələk] *adj, adv* triomphant, triomphalement

tri·omf|boog [trijɔmvboχ] *nm (-bogen)*, **-poort** *de (-en)* arc de triomphe

tri·omf·tocht [trijɔmftɔχt] *nm (-en)* marche triomphale

trip [trɪp] *nm (-s)* **1** excursion **2** trip

tri·plex [triplɛks] *adj* en contreplaqué

trip·pe·len [trɪpələ(n)] *vi (trippelde, h./i. getrippeld)* trottiner
trip·pen [trɪpə(n)] *vi (tripte, h. getript)* **1** trottiner **2** *(drogues)* faire un trip; **hij tript op hardrockmuziek** pour lui, le hard rock c'est le pied
trip·tiek [trɪptik] *nf (-en)* triptyque
troe·bel [trubəl] *adj* trouble; **een ~e sfeer** une ambiance équivoque
troe·bel·heid [trubəlhɛit] *nf* **1** (état) trouble **2** confusion
troef [truf] *de (troeven)* atout; *(fig.)* **zijn laatste ~ uitspelen** jouer sa dernière carte
troel [trul] *nf (-en) (fam.)* **1** *(terme d'affection)* poulette; **lekkere ~** ma poulette **2** pépée
troep [trup] *nm (-en)* **1** troupe; **een ~ nieuwsgierigen** une bande de curieux; *(fig.)* **voor de ~en uit lopen** vouloir aller trop vite **2** pagaille; **ik lust die ~ niet** c'est dégueulasse; **~ maken** faire du désordre; **wat een saaie ~!** quelle barbe !; **hij slikt heel wat ~** il avale des tas de saletés
troe·pen·macht [trupəmɑχt] *de (-en)* forces militaires
troe·tel·dier [trutəldir] *het (-en)* nounours *(jouet)*
troe·te·len [trutələ(n)] *vt (troetelde, h. getroeteld)* dorloter
troe·tel·kind·je [trutəlkɪncə] *het (-s)* préféré, -ée *(enfant)*
troe·tel|naam [trutəlnam] *nm (-namen)* surnom d'affection
troe·tel·woord [trutəlwort] *het (-en)* terme d'affection
[1]**troe·ven** [truvə(n)] *vi (troefde, h. getroefd) (jeux de cartes)* jouer (un) atout
[2]**troe·ven** [truvə(n)] *vti (troefde, h. getroefd) (jeux de cartes)* couper
trof [trɔf], **troffen** → **treffen, aantreffen**
trog [trɔχ] *nm (-gen)* auge *(mangeoire)*
trok [trɔk], **trokken** → **trekken, aantrekken, samentrekken** *(etc.)*
trom [trɔm] *de (-men)* tambour; **met stille ~ vertrekken** partir sans tambour ni trompette
trom·mel [trɔməl] *de (-s)* **1** tambour **2** boîte *(en métal, à couvercle)* **3** *(méd.)* caisse du tympan
[1]**trom·me·len** [trɔmələ(n)] *vi (trommelde, h. getrommeld)* **1** battre le tambour **2** tapoter
[2]**trom·me·len** [trɔmələ(n)] *vt (trommelde, h. getrommeld)* tambouriner ♦ *(fam.)* **een groep mensen bij elkaar ~** mobiliser des gens
trom·mel|vlies [trɔməlvlis] *het (-vliezen) (méd.)* tympan
trom·pet·ge·schal [trɔmpɛtχəsχɑl] *het* son des trompettes; **met ~** à son de trompe
tro·nen [tronə(n)] *vi (troonde, h. getroond)* ♦ **iemand ergens heen ~** entraîner qqn qqp
tro·nie [troni] *nf (-s)* trogne
troon [tron] *nm (tronen)* trône; **iemand van de ~ stoten** chasser qqn de son trône; **afstand doen van de ~** abdiquer
troon·op|vol·ger [tronɔpfɔlχər] *nm (-s)*, **-volgster** *nf (-s)* **1** héritier, -ière de la couronne **2** *(fig.)* dauphin
troon·re·de [tronredə] *de (-s)* discours du trône
troons·af·stand [tronsɑfstɑnt] *nm* abdication
troons·be·stij·ging [tronzbəstɛiχɪŋ] *nf* avènement
troost [trost] *nm* consolation; **iemand ~ bieden** consoler qqn; **dat is een schrale ~** c'est une piètre consolation
troos·te|loos [trostəlos] *adj, adv (-lozer, -loost)* **1** triste(ment); **troosteloze eenzaamheid** solitude désolante; **een ~ leven** une vie morne; **in een troosteloze toestand** dans un état déplorable **2** inconsolable, désespérément
troos·te·loos·heid [trostəloshɛit] *nf* désolation
troos·ten [trostə(n)] *vt (troostte, h. getroost)* consoler; **een ~d woord** une parole consolatrice; **hij troostte zich met de gedachte dat ...** il trouva de la consolation à penser que ...
tro·pen [tropə(n)] *plur* tropiques; **in de ~** sous les tropiques
tro·pen·ja·ren [tropə(n)jarə(n)] *plur* années passées sous les tropiques, dans les colonies
tro·pen·roos·ter [tropə(n)rostər] *het (-s)* ⟨*ajustement des horaires de travail en fonction de la canicule*⟩
tro·pisch [tropis] *adj, adv* tropical; **een ~ aquarium** un aquarium de poissons exotiques; **het is hier ~** il fait une chaleur tropicale
tros [trɔs] *nm (-sen)* **1** grappe **2** régime *(de bananes)* **3** câble; **de ~sen losgooien** larguer les amarres
[1]**trots** [trɔts] *nm* **1** fierté **2** orgueil
[2]**trots** [trɔts] *adj, adv* **1** fier (de), avec fierté; **ergens ~ op (mogen) zijn** pouvoir être fier de qqch **2** fier, d'un air hautain; **zo ~ als een aap** fier comme Artaban **3** superbe(ment)
trot·se·ren [trɔtserə(n)] *vt (trotseerde, h. getrotseerd)* braver
[1]**trouw** [trɑu] *de* fidélité; **te goeder ~ zijn** être de bonne foi; **te kwader ~** de mauvaise foi
[2]**trouw** [trɑu] *nm* mariage
[3]**trouw** [trɑu] *adj, adv* **1** fidèle(ment) **2** régulier, régulièrement
*__trouw-__ [trɑu-] **1** de mariage; **de trouwakte** l'acte de mariage **2** des mariages; **de trouwzaal** la salle des mariages
trouw·boek·je [trɑubukjə] *het (-s)* livret de famille
trouw·dag [trɑudɑχ] *nm (-en)* **1** (jour du) mariage **2** anniversaire de mariage
trou·we|loos [trɑuwəlos] *adj, adv (-lozer, -loost)* **1** infidèle(ment); **een ~ karakter** un caractère déloyal **2** perfide(ment)

trou·wen [trauwə(n)] *vi (trouwde, i. getrouwd)* se marier; *(fig.)* **ik ben er niet mee getrouwd** ce n'est pas pour la vie
trou·wens [trauwə(n)s] *adv* d'ailleurs; **hij moest ~ naar huis** de toute façon, il devait rentrer
trou·we·rij [trauwərɛi] *nf (-en),* **trouw·feest** *het (-en) (fam.)* → **trouwpartij**
trouw·par·tij [traupartɛi] *nf (-en)* mariage
trouw·plan·nen [trauplanə(n)] *plur* ♦ **~ hebben** avoir des projets de mariage
trouw·ring [traurɪŋ] *nm (-en)* alliance *(anneau)*
truc [tryk] *nm (-s)* **1** tour *(m.)* **2** truc; **met die ~jes moet je bij mij niet aankomen** ces trucs-là ne prennent pas avec moi
truck [trʌk] *nm (-s)* **1** camion-remorque **2** camion à plate-forme
truc·op·na·me [trykɔpnamə] *de (-s, -n) (cin.)* trucage
truf·fel [trʌfəl] *de (-s)* truffe *(champignon; confiserie)*
trui [trœy] *de (-en)* **1** pull; **ze droeg een strak ~tje** elle portait un pull moulant **2** *(cyclisme)* maillot
tru·ken|doos [trykə(n)dos] *de (-dozen)* ♦ **zijn ~ opengooien, opentrekken** puiser dans sa boîte à malice
trut [trʌt] *de (-ten) (fam.)* **1** conne; **een stijve ~** une petite-bourgeoise; **stomme ~!** pauvre conne ! **2** con *(vagin)*
trut·te·bol [trʌtəbɔl] *nf (-len) (fam.)* gourde *(femme)*
trut·tig [trʌtəχ] *adj, adv (fam.)* **1** lent(ement) **2** empoté; **die jurk staat ~** cette robe fait ringard
try-out [trajaut] *de (-s)* **1** (répétition) générale **2** essai
tsaar [tsar] *nm (tsaren),* **tsarina** *nf (-'s)* tsar, tsarine
Tsjaad [tʃat] *het* Tchad
Tsja|di·ër [tʃadijər] *nm (-s),* **-dische** *nf (-n)* Tchadien, -ienne
Tsja·disch [tʃadis] *adj* tchadien
Tsjech [tʃɛχ] *nm (-en),* **Tsjechische** *nf (-n)* Tchèque
Tsje·chië [tʃɛχijə] *het* République tchèque
Tsje·chisch [tʃɛχis] *adj* tchèque
Tsje·cho-Slo·wa·kije [tʃɛχoslowakɛijə] *het (hist.)* Tchécoslovaquie
tso [teɛso] *het (Belg.; enseign.)* abrév. de *technisch secundair onderwijs* EST
t.t.z. [tɪstəzɛχə(n)] *(Belg.)* abrév. de *'t is te zeggen* c.-à-d.
tu [teu] *nf (-'s)* abrév. de *technische universiteit* ⟨*école supérieure d'ingénieurs*⟩
tucht [tʌχt] *de* **1** discipline **2** règles
tucht·col·le·ge [tʌχtkɔleʒə] *het (-s)* conseil de discipline
tucht·com·mis·sie [tʌχtkɔmɪsi] *nf (-s) (sports)* conseil de discipline
tuch·te·loos·heid [tʌχtəlosɦɛit] *nf* **1** manque de discipline **2** insubordination
tucht|huis [tʌχthœys] *het (-huizen)* **1** maison de correction **2** prison
tucht|raad [tʌχtrat] *nm (-raden)* → **tuchtcollege**
tucht|school [tʌχtsχol] *de (-scholen)* → **tuchthuis 1**
tuf·fen [tʌfə(n)] *vi (tufte, h./i. getuft)* **1** faire teuf-teuf **2** faire de la voiture, rouler pépère
tuig [tœyχ] *het (-en)* **1** harnais **2** racaille **3** *(mar.)* gréement
tuig·je [tœyχjə] *het (-s)* harnais de sécurité
tui·me·laar [tœymələr] *nm (-s)* **1** flacon verseur **2** culbuteur
tui·me·len [tœymələ(n)] *vi (tuimelde, i. getuimeld)* **1** faire la culbute; **uit een raam ~** tomber de la fenêtre; **van de trap ~** dégringoler dans l'escalier **2** basculer
tuin [tœyn] *nm (-en)* jardin; *(fig.)* **een ~ van Eden** un jardin de délices ♦ **iemand om de ~ leiden** faire marcher qqn
***tuin-** [tœyn-] de jardin; **een tuinkabouter** un nain de jardin
tuin·aar·de [tœynardə] *de* terreau
tuin|boon [tœymbon] *de (-bonen)* fève (des marais)
tuin·bouw [tœymbau] *nm* horticulture
tuin·bouw·be|drijf [tœymbaubədrɛif] *het (-drijven)* → **tuinderij 2**
tuin·broek [tœymbruk] *de (-en)* salopette
tuin·cen|trum [tœynsɛntrʌm] *het (-tra)* jardinerie
tuin·der [tœyndər] *nm (-s)* maraîcher
tuin·de·rij [tœyndərɛi] *nf (-en)* **1** culture maraîchère **2** exploitation maraîchère
tui·nen [tœynə(n)] *vi (tuinde, h. getuind) (fam.)* ♦ **erin ~** se faire avoir
tuin·ge·reed·schap [tœyŋχəretsχap] *het* outils de jardinage
tuin·grond [tœyŋχrɔnt] *nm* → **tuinaarde**
tuin·hek [tœynhɛk] *het (-ken)* grille (autour du jardin)
tuin|huis [tœynhœys] *het (-huizen)* gloriette
tui·nier [tœynir] *nm (-s)* **1** jardinier **2** amateur de jardinage
tui·nie·ren [tœynirə(n)] *vi (tuinierde, h. getuinierd)* **1** entretenir des jardins **2** jardiner
tuin·kers [tœyŋkɛrs] *de* cresson (alénois)
tuin·krui·den [tœyŋkrœydə(n)] *plur* (fines) herbes
tuin|man [tœyman] *nm (-lieden)* → **tuinier 1**
tuin·schaar [tœynsχar] *de (-scharen)* sécateur
tuin·slang [tœynslaŋ] *de (-en)* tuyau d'arrosage
tuin·sproei·er [tœynsprujər] *nm (-s)* tourniquet (de jardinier)
tuit [tœyt] *de (-en)* **1** bec verseur **2** pointe **3** cornet
tui·ten [tœytə(n)] *vi (tuitte, h. getuit)* corner
[1]**tuk** [tʌk] *nm (-ken)* somme *(repos);* **een ~je**

doen faire un petit somme ♦ iemand ~ hebben avoir qqn *(le rouler)*
[2]**tuk** [tʌk] *adj (+ op)* friand (de)
tul·band [tʌlbɑnt] *nm (-en)* 1 turban 2 kouglof alsacien
tulp [tʌlp] *de (-en)* tulipe
tu·mor [tymɔr] *nm (-en) (méd.)* tumeur
tune [cu:n] *nm (-s)* indicatif *(médias)*
Tu·ne·sië [tynezijə] *het* Tunisie
Tu·ne|si·ër [tynezijər] *nm (-s)*, **-sische** *nf (-n)* Tunisien, -ienne
Tu·ne·sisch [tynezis] *adj* tunisien
tu·niek [tynik] *nf (-en)* tunique
tun·nel [tʌnəl] *nm (-s)* 1 *(tr.pub.)* tunnel 2 passage souterrain
tur·bo·taal [tʌrbotal] *de (iron.)* langage branché
tu·re·luurs [tyrəlyrs] *adj* ♦ het is om ~ te worden c'est à devenir dingue
tu·ren [tyrə(n)] *vi (tuurde, h. getuurd)* ♦ in de verte ~ scruter l'horizon; naar iets ~ regarder fixement qqch; zitten ~ regarder dans le vague
turf [tʌrf] *nm (turven)* 1 tourbe; ~ steken extraire la tourbe 2 motte (de tourbe séchée) *(combustible)*; *(fig.)* toen hij nog maar drie turven hoog was quand il n'était pas plus haut que trois pommes
Turk [tʌrk] *nm (-en)*, **Turkse** *nf (-n)* Turc, Turque
Tur·kije [tʌrkɛijə] *het* Turquie
Turk|meen [tʌrkmen] *nm (-menen)*, **-meense** *nf (-n)* Turkmène
Turk·meens [tʌrkmens] *adj* turkmène
Turk·me·ni·stan [tʌrkmenistɑn] *het* Turkménistan
[1]**tur·koois** [tʌrkojs] *nm* turquoise *(pierre)*
[2]**tur·koois** [tʌrkojs] *het* turquoise *(matière, couleur)*
Turks [tʌrks] *adj* turc; ~ bad bain turc
tur·nen [tʌrnə(n)] *vi (turnde, h. geturnd)* faire de la gymnastique
tur·ven [tʌrvə(n)] *vi (turfde, h. geturfd)* cocher *(pour compter)*
[1]**tus·sen** [tʌsə(n)] *adv* ♦ er lelijk ~ zitten être dans une mauvaise posture; als er niets ~ komt sauf empêchement; als er maar niets ~ komt pourvu qu'il n'y ait aucun problème; *(fam.)* er niet van ~ kunnen ne pas y couper
[2]**tus·sen** [tʌsə(n)] *prép* 1 entre; zijn vinger ~ de deur klemmen se prendre le doigt dans la porte 2 dans
***tus·sen-** [tʌsə(n)-] intermédiaire; de tussenoplossing la solution intermédiaire
tus·sen·bei·de [tʌsə(n)bɛidə] *adv* ♦ (voor iemand) ~ komen intervenir (en faveur de qqn)
tus·sen·deur [tʌsə(n)dør] *de (-en)* porte de communication
tus·sen·door [tʌsə(n)dor] *adv* 1 entre; een apart verhaal dat daar ~ loopt un autre récit qui s'y insère 2 *(fam.)* entretemps
tus·sen·door·tje [tʌsə(n)dorcə] *het (-s)* coupe-faim; een ~ eten grignoter qqch entre les repas
tus·sen·ge·le·gen [tʌsə(n)χəleχə(n)] *adj* situé au milieu
tus·sen·han·del [tʌsə(n)hɑndəl] *nm* commerce de demi-gros
tus·sen·in [tʌsə(n)ɪn] *adv* entre les deux
tus·sen·ko·men [tʌsə(n)komə(n)] *vi (kwam tussen, i. tussengekomen) (Belg.)* intervenir
tus·sen·komst [tʌsə(n)kɔmst] *nf* 1 intervention; iemands ~ inroepen faire appel à la médiation de qqn 2 *(Belg.)* contribution *(financière)* 3 *(Belg.)* intervention *(dans un débat)*
tus·sen·lan·ding [tʌsə(n)lɑndɪŋ] *nf (-en) (aviat.)* escale
tus·sen·lig·gend [tʌsə(n)lɪχənt] *adj* intermédiaire
tus·sen|muur [tʌsəmyr] *nm (-muren)* 1 mur de refend 2 mur mitoyen
tus·sen|poos [tʌsə(n)pos] *de (-pozen)* ♦ met lange tussenpozen à longs intervalles; zonder tussenpozen sans répit
tus·sen·ruim·te [tʌsə(n)rœymtə] *nf (-n, -s)* 1 intervalle 2 interligne
tus·sen·schot [tʌsə(n)sχɔt] *het (-ten)* cloison
tus·sen·sprint [tʌsə(n)sprɪnt] *nm (-s) (sports)* sprint de bonification
tus·sen·stand [tʌsə(n)stɑnt] *nm (-en)* score provisoire
tus·sen·tijd [tʌsə(n)tɛit] *nm (-en)* 1 intervalle *(temps)* 2 *(sports)* temps intermédiaire
tus·sen·tijds [tʌsə(n)tɛits] *adj, adv* intérimaire, entre-temps; ~e verkiezingen élections partielles
tus·sen·uit [tʌsə(n)œyt] *adv* ♦ je moet er eens ~ tu as besoin d'un changement d'air; daar steekt een papier ~ il y a un papier qui dépasse
tus·sen|uur [tʌsə(n)yr] *het (-uren)* heure creuse
tus·sen·ver·die·ping [tʌsə(n)vərdipɪŋ] *nf (-en)* entresol
tus·sen·voe·gen [tʌsə(n)vuχə(n)] *vt (voegde tussen, h. tussengevoegd)* intercaler
tus·sen·wand [tʌsə(n)wɑnt] *nm (-en)* → tussenmuur 1
tus·sen·weg [tʌsə(n)wɛχ] *nm (-en)* moyen terme; een ~ is er niet aucun compromis n'est possible
tus·sen·werp·sel [tʌsə(n)wɛrpsəl] *het (-s) (ling.)* interjection
tut [tʌt] *nf (-ten)*, **tuttebel** *nm (-len)* cloche
tut·tig [tʌtəχ] *adj (fam.)* 1 cloche 2 cucu(l)
tv [teve] *nf (-'s)* abrév. de *televisie* télé
t.w. abrév. de *te weten* à savoir
twaalf [twalf] *card* douze; met ~ tegelijk par douzaines; het is ~ uur 's nachts il est minuit; het is ~ uur 's middags il est midi; *(fig.)* het is vijf voor ~ il est grand temps

twaalf·de [twalvdə] *adj* douzième; **de ~ mei** le douze mai
twaalf·ja·rig [twalfjarəχ] *adj* de douze ans
twaalf·tal [twalftɑl] *het (-len)* douzaine
twaalf·uur·tje [twalfyrcə] *het (-s)* déjeuner *(froid)*
twee [twe] *card* deux; **~ aan ~** deux par deux; **~ boezemvrienden** une paire d'amis; **één en één is ~** C.Q.F.D., deux et deux font quatre; *(voiture)* **in z'n ~ zetten** passer la seconde; **hij deed het in ~ën** il l'a fait en deux fois; **zij waren met hun ~ën** ils étaient deux; **om ~ redenen** à double titre
twee·de [twedə] *adj* deuxième; **een ~ baan** un travail d'appoint; **Willem de Tweede** Guillaume deux; **de ~ december** le deux décembre; **drie ~** trois demis; **in de ~ klas zitten** *(enseign. primaire)* être en cours élémentaire (CE1); *(enseign. secondaire)* ± être en cinquième; **in, op de ~ plaats** deuxièmement; **ten ~** deuxièmement; **hij is een ~ Vondel** c'est un nouveau Molière
twee·de·graads·be·voegd·heid [twedəχratsbəvuχthɛit] *nf* ♦ **hij heeft een ~** il est capésien
twee·de·hands [twedəhɑn(t)s] *adj* d'occasion
twee·de·jaars [twedəjars] *adj* de deuxième année; **de ~** l'étudiant(e) de deuxième année
Twee·de Ka·mer|lid [twedəkamərlɪt] *het (-leden)* député
twee·de·kans·on·der·wijs [twedəkɑnsɔndərwɛis] *het* ⟨*enseignement pour adultes désireux de reprendre leurs études*⟩
twee·de·klas·ser [twedəklɑsər] *de (-s)* **1** *(enseign. primaire)* élève de cours élémentaire (CE1) **2** *(enseign. secondaire)* élève de cinquième
twee·de·lig [twedeləχ] *adj* binaire ♦ **een ~ woordenboek** un dictionnaire en deux volumes
twee·de·rangs [twedərɑŋs] *adj* de second ordre; *(fig.)* **~ plaats** strapontin
twee·dracht [twedrɑχt] *de* discorde; **in ~ leven** vivre dans la désunion
twee·ei·ig [tweɛijəχ] *adj* bivitellin
twee·ër·lei [twejərlɛi] *adj* de deux sortes
twee·fa·se·struc|tuur [twefazəstrʌktyr] *nf (-turen)* ⟨*organisation de l'enseignement universitaire en deux cycles*⟩
twee·ge·sprek [tweχəsprɛk] *het (-ken)* → **tweespraak**
twee·ge·vecht [tweχəvɛχt] *het (-en)* duel
twee·han·dig [twehɑndəχ] *adj, adv* bimane, des deux mains
twee·hoog [twehoχ] *adv* au deuxième (étage)
twee·ja·rig [twejarəχ] *adj* **1** (âgé) de deux ans **2** biennal **3** bisannuel
twee·kamp [twekɑmp] *nm (-en)* **1** tournoi **2** *(form.)* duel
twee·klank [tweklɑŋk] *nm (-en) (ling.)* diphtongue
twee·le·dig [tweledəχ] *adj, adv* **1** double(ment) **2** ambigu(ment)
twee·ling [twelɪŋ] *nm (-en)* jumeau, -elle; **een ~ krijgen** avoir des jumeaux
Twee·ling [twelɪŋ] *nm (-en) (astrol.)* Gémeaux
Twee·lin·gen [twelɪŋə(n)] *plur (astrol.)* Gémeaux
twee·maal [twemal] *adv* deux fois
twee·maan·de·lijks [twemandələks] *adj* bimestriel
twee·per·soons·ka·mer [twepɛrsonskamər] *de (-s)* chambre à deux lits
twee·slach·tig [tweslɑχtəχ] *adj* **1** bisexué **2** ambivalent **3** *(zool.)* amphibie
twee·slach·tig·heid [tweslɑχtəχhɛit] *nf* **1** ambivalence **2** hermaphrodisme
twee·spalt [twespɑlt] *de* → **tweedracht**
twee|spraak [twesprak] *de (-spraken)* dialogue
twee·sprong [twesprɔŋ] *nm (-en)* bifurcation; *(fig.)* **op de ~ van zijn leven** à la croisée des chemins
twee·stem·mig [twestɛməχ] *adj, adv* à deux voix
twee·strijd [twestrɛit] *nm* **1** duel **2** *(fig.)* débat intérieur; **in ~ staan** être dans l'indécision
tweet [twi:t] *nm (-s) (com.)* tweet
twee·tal [twetɑl] *het (-len)* paire; **een ~ oplossingen** deux, trois solutions
twee·ta·lig [twetaləχ] *adj* bilingue
twee·tal·lig [twetɑləχ] *adj* binaire
twee·ten [twi:tə(n)] *vt (tweette, h. getweet) (com.)* tweeter
twee·tjes [twecəs] *card* ♦ **met z'n, met ons ~** tous, toutes les deux; **wij ~** nous deux
twee·ver·die·ners [twevərdinərs] *plur* ménage à double revenu
twee·voud [twevɑut] *het (-en)* nombre pair ♦ **in ~** en deux exemplaires
twee·vou·dig [twevɑudəχ] *adj, adv* double(ment)
twee·woonst [twewonst] *nf (-en) (Belg.)* maison jumelée
twee·zij·dig [twezɛidəχ] *adj, adv* bilatéral(ement)
twee·zits·bank [twezɪtsbɑŋk] *de (-en)*, **tweezitter** *nm (-s)* canapé à deux places
twij·fel [twɛifəl] *nm (-s)* doute; **aan ~ onderhevig zijn** être sujet à caution; **boven (alle) ~ verheven zijn** être hors de doute; **~ doen rijzen** introduire le doute; **in ~ staan** hésiter; **iets in ~ trekken** mettre qqch en doute; **geen ~ lijden** ne faire aucun doute; **zonder ~** sans aucun doute
twij·fe·laar [twɛifəlar] *nm (-s)* **1** sceptique; **hij is een echte ~** il doute de tout **2** lit de 120 (cm)
twij·fel·ach·tig [twɛifəlɑχtəχ] *adj, adv* **1** (d'une manière) incertain(e); **het is ~ of ...** il est douteux que ... **2** douteux, douteusement; **de ~e eer hebben om ...** avoir le triste privilège de ...; **~e smaak** goût discutable
twij·fe·len [twɛifələ(n)] *vi (twijfelde, h.*

getwijfeld) **1** hésiter; **~ of men iets zal doen** hésiter à faire qqch; **staan te ~** être indécis **2** *(+ aan)* douter (de); **ik twijfel niet, of ...** je ne doute pas que
twij·fel·ge·val [twɛifəlχəvɑl] *het (-len)* cas douteux
twijg [twɛiχ] *de (-en)* rameau
twin·ke·len [twɪŋkələ(n)] *vi (twinkelde, h. getwinkeld)* scintiller
twin·tig [twɪntəχ] *card* vingt; **hij is in de ~** il a entre vingt et trente ans; **ik heb je dat al ~ keer gezegd** je te l'ai déjà dit cent fois
twin·tig·ste [twɪntəχstə] *ord* vingtième; **de ~ november** le vingt novembre
twin·tig·tal [twɪntəχtɑl] *het (-len)* vingtaine
twist [twɪst] *nm (-en)* **1** querelle; **huiselijke ~en** scènes de ménage; **~ zaaien** semer la zizanie **2** twist *(danse)*
twis·ten [twɪstə(n)] *vi (twistte, h. getwist)* **1** argumenter; **daarover valt te ~** c'est discutable **2** twister **3** se quereller
twist·ge·sprek [twɪstχəsprɛk] *het (-ken)* discussion
twist·punt [twɪstpʌnt] *het (-en)* point litigieux
twist|vraag [twɪstfraχ] *de (-vragen)* question controversée
twit·te|raar [twɪtərar] *nm (-s)*, **-raarster** *nf (-s)* twittos
Twit·ter·be·richt [twɪtərbərɪχt] *nm (-en)* tweet
twit·te·ren [twɪtərə(n)] *vi (twitterde, h. getwitterd) (com.)* tweeter, poster des tweets
t.w.v. [tɛrwardəvɑn] abrév. de *ter waarde van* d'une valeur de
ty·fus [tifʌs] *nm (méd.)* (fièvre) typhoïde
ty·pe [tip, tipə] *het/de (-s)* type; **hij is een ~ hoor!** c'est un original !; **hij is mijn ~ niet** ce n'est pas mon genre; **een onguur ~** un individu louche; **een raar ~** un drôle de type; **een vlot ~** qqn du genre décontracté; **een zuidelijk ~** qqn du type méditerranéen
type·fout [tipfɑut] *de (-en)* faute de frappe
type·ma·chi·ne [tipmaʃinə] *nf (-s)* machine à écrire
ty·pen [tipə(n)] *vti (typte, h. getypt)* taper à la machine
ty·pe·ren [tiperə(n)] *vt (typeerde, h. getypeerd)* caractériser; **dat typeert hem** c'est typiquement lui; **een ~de uitlating (voor)** une déclaration significative (de)
ty|pisch [tipis] *adj, adv (-pischer, meest t.)* **1** typique(ment); **~e verschijnselen** phénomènes caractéristiques **2** curieux, curieusement; **een ~e vent** un drôle de type; **wat ~!** comme c'est curieux !
ty·pist [tipɪst] *nm (-en)*, **typiste** *nf (-s)* dactylo
ty·po·script [tiposkrɪpt] *het (-en) (imprim.)* tapuscrit
t.z.t. [tezɛte] abrév. de *te zijner tijd* en temps voulu

U

u [y] *pers* vous *(forme de politesse);* **dank u zeer** merci beaucoup; **is dit van u?** c'est à vous ?; **u tegen iemand zeggen** vouvoyer qqn; *(fig.)* **een machine waar je U tegen zegt** une machine impressionnante

UB [ybe] *nf* abrév. de *universiteitsbibliotheek* BU

über·haupt [ybərhaupt] *adv* absolument

ufo [yfo] *nm (-'s)* abrév. de *unidentified flying object* ovni

Ugan·da [uɣanda] *het* Ouganda

Ugan·dees [uɣandes] *adj* ougandais; **de ~, Ugandese** l'Ougandais(e)

ui [œy] *nm (-en)* oignon

ui·er [œyjər] *nm (-s)* mamelle

uil [œyl] *nm (-en)* **1** hibou; *(prov)* **elk meent zijn ~ een valk te zijn** l'aigle d'une maison n'est qu'un sot dans une autre **2** *(fam.)* buse *(qqn)*

ui·len·bal [œylə(n)bal] *nm (-len)* **1** pelote *(de régurgitation)* **2** *(fam.)* tête d'œuf

uils·kui·ken [œylskœykə(n)] *het (-s) (fam.)* buse *(qqn)*

uil·tje [œylcə] *het (-s)* ♦ **een ~ knappen** piquer un roupillon

[1]**uit** [œyt] *adv* ♦ *(fig.; personne)* **er ~ stappen** se supprimer; **ik ben er helemaal ~** (ça y est,) je m'en suis sorti; **ik kan er niet over ~** je n'en reviens pas; **er even helemaal ~ zijn** être loin des problèmes quotidiens; **ik zou er graag eens ~ willen zijn** je voudrais bien être débarrassé de tout cela; **mijn huis ~!** dehors !; **voor zich ~ kijken** regarder dans le vide; **voor zich ~ praten** parler tout seul

[2]**uit** [œyt] *adj* **1** sorti **2** fini; **het is ~ tussen hen** tout est fini entre eux; **het is ~ met de pret!** finie la belle vie !; **dat moet nu eens ~ zijn** il faut en finir une bonne fois pour toutes; **~! en daarmee ~!** un point c'est tout **3** éteint *(qui ne brûle pas)* **4** out *(démodé)* ♦ **het boek is ~** *(sur le marché)* le livre est sorti; **op iets ~ zijn** viser qqch; être à l'affût de qqch

[3]**uit** [œyt] *prép* **1** de; **je hoorde hem boven alle anderen ~** on n'entendait que lui; **~ een fles schenken** servir à boire d'une bouteille **2** par *(au moyen de; en raison de);* **~ uw brief vernam ik ...** j'ai appris par votre lettre (que) ... ♦ **~ elkaar gaan** se séparer; rompre; **~ eten gaan** dîner dehors

[1]**uit·ade·men** [œytadəmə(n)] *vi (ademde uit, h. uitgeademd)* expirer *(souffler)*

[2]**uit·ade·men** [œytadəmə(n)] *vt (ademde uit, h. uitgeademd)* exhaler; **het bos ademde een sfeer uit van rust** le bois respirait la tranquillité

uit·ba·lan·ce·ren [œydbalanserə(n)] *vt (balanceerde uit, h. uitgebalanceerd)* ♦ **een uitgebalanceerd dieet** un régime (alimentaire) équilibré

uit·ban·nen [œydbanə(n)] *vt (bande uit, h. uitgebannen)* bannir; **een duivel ~** exorciser un démon

uit·bar·sten [œydbarstə(n)] *vi (barstte uit, i. uitgebarsten)* exploser

uit·bar·sting [œydbarstɪŋ] *nf (-en)* **1** explosion; **tot een ~ komen** finir par exploser **2** éclat *(de rire)* **3** *(géo.)* éruption

uit·ba·ten [œydbatə(n)] *vt (baatte uit, h. uitgebaat) (Belg.)* exploiter

uit·beel·den [œydbeldə(n)] *vt (beeldde uit, h. uitgebeeld)* représenter

uit·be·nen [œydbenə(n)] *vt (beende uit, h. uitgebeend)* désosser

uit·be·ste·den [œydbəstedə(n)] *vt (besteedde uit, h. uitbesteed)* **1** mettre en pension; **de kinderen een week ~** confier les enfants à qqn pendant une semaine **2** faire appel à un sous-traitant

uit·be·ta·len [œydbətalə(n)] *vti (betaalde uit, h. uitbetaald)* payer

uit·bij·ten [œydbɛitə(n)] *vt (beet uit, h. uitgebeten)* corroder

uit·bla·zen [œydblazə(n)] *vti (blies uit, h. uitgeblazen)* souffler

uit·blij·ven [œydblɛivə(n)] *vi (bleef uit, i. uitgebleven)* **1** ne pas venir **2** ne pas se produire; **de gevolgen bleven niet uit** les conséquences ne se sont pas fait attendre; **dat kon niet ~** ça ne pouvait pas manquer (d'arriver)

uit·blin·ken [œydblɪŋkə(n)] *vi (blonk uit, h. uitgeblonken)* exceller

uit|blin·ker [œydblɪŋkər] *nm (-s),* **-blinkster** *nf (-s)* as

uit·bloei·en [œydblujə(n)] *vi (bloeide uit, i. uitgebloeid)* se faner

uit·bouw [œydbau] *nm (-en)* **1** *(archit.)* avancée **2** *(fig.)* développement

uit·bou·wen [œydbauwə(n)] *vt (bouwde uit, h. uitgebouwd)* **1** *(archit.)* agrandir; **een uitgebouwde vleugel** une aile rajoutée **2** développer

uit·braak [œydbrak] *de* évasion *(fuite)*

uit·bra·ken [œydbrakə(n)] *vt (braakte uit, h. uitgebraakt)* vomir

uit·bran·den [œydbrandə(n)] *vi (brandde uit, i. uitgebrand)* **1** s'éteindre *(qqch qui brûle)* **2** brûler

uit·bran·der [œydbrandər] *nm (-s)* savon

(fig.); **iemand een ~ geven** passer un savon à qqn

[1]**uit·brei·den** [œydbrɛidə(n)] *vt (breidde uit, h. uitgebreid)* étendre; **de contacten ~** multiplier les contacts; **zijn kennis ~** développer ses connaissances; **het onderzoek verder ~** élargir le champ des recherches; **het aantal leden ~ tot acht** augmenter le nombre des membres à huit; **zijn woordenschat ~** enrichir son vocabulaire; **een ziekenhuis ~** agrandir un hôpital

[2]**uit·brei·den, zich** [œydbrɛidə(n)] *vpr (breidde zich uit, h. zich uitgebreid)* s'étendre

uit·brei·ding [œydbrɛidɪŋ] *nf (-en)* **1** extension **2** propagation *(feu, maladie)*

[1]**uit·bre·ken** [œydbrekə(n)] *vi (brak uit, i. uitgebroken)* **1** s'évader **2** apparaître; **het angstzweet brak hem uit** il fut inondé d'une sueur froide **3** éclater; **de brand is uitgebroken in de kelder** le feu a pris à la cave

[2]**uit·bre·ken** [œydbrekə(n)] *vt (brak uit, h. uitgebroken)* enlever *(en cassant)*; **de kamer ~** abattre un mur dans une pièce

uit·bren·gen [œydbrɛŋə(n)] *vt (bracht uit, h. uitgebracht)* **1** émettre **2** mettre dans le commerce; **boeken ~** sortir des livres

uit·broe·den [œydbrudə(n)] *vt (broedde uit, h. uitgebroed)* **1** *(zool.)* faire éclore **2** *(fig.)* couver **3** *(iron.)* concocter

uit·brul·len [œydbrʌlə(n)] *vt (brulde uit, h. uitgebruld)* hurler

uit·bui·ten [œydbœytə(n)] *vt (buitte uit, h. uitgebuit) (péj.)* exploiter

uit·bun·dig [œydbʌndəχ] *adj, adv* exubérant, avec exubérance; **iemand ~ prijzen** exalter (les mérites de) qqn

uit·chec·ken [œytʃɛkə(n)] *vi (checkte uit, h. uitgecheckt) (aviat.)* passer le contrôle (de sortie)

uit·da·gen [œydaχə(n)] *vt (daagde uit, h. uitgedaagd)* provoquer

uit·da·gend [œydaχənt] *adj, adv* (d'une manière) provocant(e); **iemand ~ aankijken** lancer un regard de défi à qqn

uit·da·ging [œydaχɪŋ] *nf (-en)* défi; **die nieuwe baan is voor haar een ~** son nouvel emploi constitue une gageure pour elle

uit·de·len [œydelə(n)] *vt (deelde uit, h. uitgedeeld)* distribuer

uit·den·ken [œydɛŋkə(n)] *vti (dacht uit, h. uitgedacht)* concevoir ♦ **men raakt daar niet over uitgedacht** la question reste en suspens

uit·deu·ken [œydøkə(n)] *vt (deukte uit, h. uitgedeukt)* décabosser

uit·die·pen [œydipə(n)] *vt (diepte uit, h. uitgediept)* creuser *(aussi au fig.)*

uit·dij·en [œydɛijə(n)] *vi (dijde uit, i. uitgedijd)* **1** gonfler **2** *(personne)* grossir

uit·doen [œydun] *vt (deed uit, h. uitgedaan)* **1** enlever **2** éteindre **3** *(Belg.)* enlever; **een fout ~** effacer une faute **4** *(Belg.)* arracher ♦ *(Belg.)* **de school ~** terminer ses études

uit·dok·te·ren [œydɔktərə(n)] *vt (dokterde uit, h. uitgedokterd) (fam.)* concocter

uit·dos·sen [œydɔsə(n)] *vt (doste uit, h. uitgedost)* **1** habiller (comme) pour un jour de fête **2** accoutrer

uit·do·ven [œydovə(n)] *vi (doofde uit, i. uitgedoofd)* s'éteindre; **een uitgedoofde vulkaan** un volcan éteint

uit·draai [œydraj] *nm (-en) (inform.)* imprimé, listage

[1]**uit·draai·en** [œydrajə(n)] *vi (draaide uit, i. uitgedraaid)* ♦ **het zal wel weer op niets ~** une fois de plus, ça ne va sûrement rien donner; **waar moet dat op ~?** comment cela va-t-il finir ?

[2]**uit·draai·en** [œydrajə(n)] *vt (draaide uit, h. uitgedraaid)* **1** dévisser **2** éteindre **3** *(inform.)* imprimer

uit·dra·gen [œydraχə(n)] *vt (droeg uit, h. uitgedragen)* répandre

uit·drij·ven [œydrɛivə(n)] *vt (dreef uit, h. uitgedreven)* **1** chasser **2** exorciser

uit·drin·ken [œydrɪŋkə(n)] *vt (dronk uit, h. uitgedronken)* vider *(en buvant)*

uit·dro·gen [œydroχə(n)] *vi (droogde uit, i. uitgedroogd)* **1** s'assécher **2** se tarir **3** se déshydrater

uit·drui·pen [œydrœypə(n)] *vi (droop uit, i. uitgedropen)* (s')égoutter

uit·druk·ke·lijk [œydrʌkələk] *adj, adv* formel(lement); **op de ~e voorwaarde dat …** à la condition expresse que …

uit·druk·ken [œydrʌkə(n)] *vt (drukte uit, h. uitgedrukt)* exprimer; **iets juist ~** bien exprimer une chose; **als ik mij zo mag ~** si j'ose dire; **dat is sterk uitgedrukt** *(à propos de paroles, d'un écrit)* c'est exagéré

uit·druk·king [œydrʌkɪŋ] *nf (-en)* expression; **~ geven aan iets** exprimer qqch; **tot ~ komen** s'exprimer; **dat komt niet in haar brief tot ~** cela n'apparaît pas dans sa lettre; **een vaste ~** une locution figée; **een verwilderde ~ in zijn ogen hebben** avoir l'air hagard

uit·druk·kings|loos [œydrʌkɪŋslos] *adj, adv (-lozer, -loost)* inexpressif, d'une manière inexpressive

[1]**uit·dun·nen** [œydʌnə(n)] *vt (dunde uit, h. uitgedund)* **1** élaguer **2** désépaissir

[2]**uit·dun·nen** [œydʌnə(n)] *vi (dunde uit, h. uitgedund)* s'éclaircir

uit·een [œyten] *adv* séparément

uit·een·gaan [œytenɣan] *vi (ging uiteen, i. uiteengegaan)* se séparer

uit·een·lo·pen [œytenlopə(n)] *vi (liep uiteen, i. uiteengelopen)* diverger

uit·een·lo·pend [œytenlopənt] *adj* divergent; **~e berichten** nouvelles contradictoires; **een ~ gezelschap** une société hétéroclite

uit·een·val·len [œytenvɑlə(n)] *vi (viel uiteen, i. uiteengevallen)* se décomposer; **een gezin uiteen doen vallen** démembrer une famille; **het ~ van een partij** l'éclatement d'un parti; **de stoet viel uiteen** le cortège s'est dissous

uit·een·zet·ten [œytenzɛtə(n)] *vt (zette uiteen, h. uiteengezet)* **1** séparer **2** exposer; **een plan ~** présenter un projet

uit·een·zet·ting [œytenzɛtɪŋ] *nf (-en)* exposé

uit·ein·de [œytɛində] *het (-n)* bout ♦ **iemand een zalig ~ wensen** souhaiter une bonne fin d'année à qqn

uit·ein·de·lijk [œytɛindələk] *adj, adv* final(ement); **~ moet hij beslissen** en fin de compte, c'est à lui de décider; **het ~ uit te keren bedrag** le total à verser

[1]**ui·ten** [œytə(n)] *vt (uitte, h. geuit)* exprimer

[2]**ui·ten, zich** [œytə(n)] *vpr (uitte zich, h. zich geuit)* s'exprimer; **zich vrij ~ tegenover iemand** parler à cœur ouvert (à qqn)

uit·en·ter·na [œytɛntɛrna] *adv* **1** mille fois **2** à fond

ui·ten·treu·ren [œytəntrørə(n)] *adv* sempiternellement

ui·ter·aard [œytərart] *adv* naturellement

[1]**ui·ter·lijk** [œytərlək] *het* **1** apparence **2** apparence(s); **dat is alleen maar voor het ~** c'est uniquement pour la forme

[2]**ui·ter·lijk** [œytərlək] *adj, adv* **1** extérieur, apparemment; **~ scheen hij kalm** il donnait l'impression d'être calme; **op de ~e schijn afgaan** juger sur les apparences **2** au plus tard

ui·ter·ma·te [œytərmatə] *adv* extrêmement; **~ geschikt** hautement qualifié (pour)

ui·terst [œytərst] *adj, adv* **1** extrême(ment); **zijn ~e best doen** faire tout son possible **2** dernier; **~e datum** date limite

ui·ter·ste [œytərstə] *het (-n)* extrême; **tot ~n vervallen** tomber dans l'excès ♦ **tot het ~ doorgaan** aller jusqu'au bout; **iemand tot het ~ drijven** pousser qqn à bout

ui·ter·waard [œytərwart] *de (-en) (géo.)* laisse

uit·fil·te·ren [œytfɪltərə(n)] *vt (filterde uit, h. uitgefilterd)* filtrer

uit·flap·pen [œytflɑpə(n)] *vt (flapte uit, h. uitgeflapt)* ♦ **er alles ~** lâcher le morceau, vendre la mèche

uit·floe·pen [œytflupə(n)] *vi (floepte uit, i. uitgefloept)* **1** s'éteindre brusquement *(flamme)* **2** s'échapper (de)

uit·flui·ten [œytflœytə(n)] *vt (floot uit, h. uitgefloten)* siffler

uit·foe·te·ren [œytfutərə(n)] *vt (foeterde uit, h. uitgefoeterd)* sonner les cloches à (qqn)

uit·gaan [œytχan] *vi (ging uit, i. uitgegaan)* **1** sortir (de) *(aussi pour se distraire)*; **het huis ~** quitter la maison; **op verkenning ~** aller en reconnaissance **2** s'éteindre *(cesser de brûler)* **3** *(+ van)* partir (de); **ervan ~de dat ...** partant du principe que ...; **laten we ~ van een gezin van 4 personen** prenons une famille de 4 personnes **4** *(+ van)* émaner (de); **er gaat niets van hem uit** il ne fait preuve d'aucune initiative **5** *(+ van)* être organisé (par) **6** *(+ op) (ling.)* se terminer (par, en) ♦ **de bioscoop gaat uit** c'est la sortie du cinéma

uit·gaans·cen|trum [œytχansɛntrʌm] *het (-tra)* **1** quartier animé **2** centre de distractions

uit·gaans·le·ven [œytχanslevə(n)] *het* possibilités de sortie

uit·gaans·ver·bod [œytχansfərbɔt] *het (-en)* couvre-feu

uit·gang [œytχɑŋ] *nm (-en)* **1** sortie *(endroit par où l'on sort)* **2** terminaison

uit·gangs|po·si·tie [œytχɑŋspozi(t)si] *nf (-s)*, **-punt** *het (-en)* point de départ

uit·ga·ve [œytχavə] *de (-n)* **1** dépense; **als ~n boeken** porter en dépense **2** édition

uit·ge·blust [œytχəblʌst] *adj* crevé; **een uitgebluste blik** un regard éteint

uit·ge·breid [œytχəbrɛit] *adj, adv* **1** étendu; **~ repertoire** répertoire varié **2** (d'une manière) détaillé(e); **~e bibliotheek** bibliothèque bien garnie; **~ dineren** faire un repas copieux

uit·ge·hon·gerd [œytχəhɔŋərt] *adj* affamé

uit·ge·kiend [œytχəkint], **uitgekookt** *adj* astucieux

uit·ge·la|ten [œytχəlatə(n)] *adj, adv (-tener, meest u.)* très gai, avec beaucoup de gaieté

uit·ge·lei·de [œytχəlɛidə] *het* ♦ **iemand ~ doen** raccompagner qqn jusqu'à la sortie, raccompagner qqn un bout de chemin

uit·ge·le|zen [œytχəlezə(n)] *adj (-zener, meest u.)* **1** de choix; **~ gerechten** mets délicats **2** choisi

uit·ge·luld [œytχəlʌlt] *adj (fam.)* ♦ **~ zijn** n'avoir plus rien à dire

uit·ge·maakt [œytχəmakt] *adj* décidé *(choses)*; **dit is een ~e zaak** l'affaire est entendue

uit·ge·mer·geld [œytχəmɛrχəlt] *adj* famélique

uit·ge·put [œytχəpʌt] *adj* **1** épuisé **2** à bout *(choses)*; **ons geduld raakt ~** notre patience est à bout

[1]**uit·ge·re·kend** [œytχərekənt] *adj* calculateur, -trice

[2]**uit·ge·re·kend** [œytχərekənt] *adv* précisément; **~ hem moest dat weer treffen!** il a fallu que ça tombe sur lui !; **~ nu!** c'est bien le moment !

uit·ge·sche·den [œytχəsχedə(n)] → **uitscheiden**

uit·ge·sla|pen [œytχəslapə(n)] *adj (-pener, meest u.)* **1** malin **2** (bien) reposé

uit·ge·slo·ten [œytχəslotə(n)] *adj* exclu; **iets ~ achten** exclure toute possibilité de faire qqch

uit·ge·spro·ken [œytχəsprokə(n)] *adj, adv* net(tement); **met de ~ bedoeling (om) te ...** dans l'intention délibérée de; **hij is ~ lelijk** il est franchement laid

uit·ge·stor·ven [œytχəstɔrvə(n)] *adj* **1** désert **2** disparu

uit·ge·stre·ken [œytχəstrekə(n)] *adj* impassible
uit·ge·strekt [œytχəstrɛkt] *adj* étendu
uit·ge·teld [œytχətɛlt] *adj* **1** fourbu **2** à terme *(grossesse);* **zij is ~ op 13 augustus** l'accouchement est prévu pour le 13 août **3** *(boxe)* knock-out
[1]**uit·ge·ven** [œytχevə(n)] *vt (gaf uit, h. uitgegeven)* **1** dépenser **2** émettre *(mettre en circulation)* **3** publier **4** *(+ voor)* faire passer (pour)
[2]**uit·ge·ven** [œytχevə(n)] *vi (gaf uit, h. uitgegeven) (Belg.) (+ op, in)* donner sur
uit|ge·ver [œytχevər] *nm (-s),* **-geefster** *nf (-s)* éditeur, -trice
uit·ge·ve·rij [œytχevərɛi] *nf (-en)* maison d'édition
uit·ge·vloerd [œytχəvlurt] *adj* **1** *(sports)* knock-out **2** *(fam.)* vidé
uit·ge·we·ke·ne [œytχəwekənə] *nm (-n)* réfugié, -ée
uit·ge·werkt [œytχəwɛrkt] *adj* **1** élaboré **2** qui n'a plus d'effet
uit·ge·woond [œytχəwont] *adj* en piteux état *(habitation)*
uit·ge·zakt [œytχəzɑkt] *adj* avachi *(qqn);* **~ in een luie stoel zitten** être affalé dans un fauteuil
uit·ge·zocht [œytχəzɔχt] *adj* de choix; **een ~e gelegenheid** une occasion unique
uit·ge·zon·derd [œytχəzɔndərt] *prép* sauf
uit·gie·ren [œytχirə(n)] *vt (gierde uit, h. uitgegierd)* crier; **zij gierden het uit van pret** ils riaient à gorge déployée
uit·gie·ten [œytχitə(n)] *vt (goot uit, h. uitgegoten)* déverser
uit·gif·te [œytχɪftə] *nf (-n)* **1** *(écon.)* distribution **2** *(écon.)* émission **3** *(jur.)* publication
uit·gil·len [œytχɪlə(n)] *vt (gilde uit, h. uitgegild)* crier; **hij gilde het uit van de pijn** il cria de douleur
uit·glij·den [œytχlɛidə(n)] *vi (gleed uit, i. uitgegleden)* **1** glisser **2** *(fig.)* faire un faux pas
uit|glij·der [œytχlɛidər] *nm (-s),* **-glijer** *nm (-s) (fam.)* faux pas *(fig.)*
uit·gooi·en [œytχojə(n)] *vt (gooide uit, h. uitgegooid)* **1** jeter *(vers l'extérieur);* **zijn kleren ~** enlever ses vêtements à la hâte **2** flanquer dehors **3** *(sports)* remettre en jeu
uit·gra·ven [œytχravə(n)] *vt (groef uit, h. uitgegraven)* **1** exhumer (qqch) **2** creuser
uit·groei·en [œytχrujə(n)] *vi (groeide uit, i. uitgegroeid)* **1** se développer **2** *(fig.)* s'élever (au-dessus de)
uit·gum·men [œytχʌmə(n)] *vt (gumde uit, h. uitgegumd)* gommer
uit|haal [œythal] *nm (-halen)* **1** coup *(de poing, pied)* **2** *(sports)* extension **3** coup de griffe *(animal)* **4** tenue *(son)*
uit·hak·ken [œythakə(n)] *vt (hakte uit, h. uitgehakt)* **1** creuser **2** tailler
[1]**uit·ha·len** [œythalə(n)] *vt (haalde uit, h. uitgehaald)* **1** enlever **2** vider **3** faire ♦ **het haalt niets uit** cela n'avance à rien
[2]**uit·ha·len** [œythalə(n)] *vi (haalde uit, h. uitgehaald)* **1** étendre *(la jambe, le bras);* **de kat haalde naar hem uit** le chat lui donna un coup de patte **2** déblatérer (contre)
uit·hang·bord [œythaŋbɔrt] *het (-en)* enseigne; *(iron.)* **mijn arm is geen ~** mon bras n'est pas un porte-manteau
[1]**uit·han·gen** [œythaŋə(n)] *vi (hing uit, h./i. uitgehangen)* **1** être mis **2** *(fam.)* se cacher; **waar heb jij uitgehangen?** où étais-tu fourré ?
[2]**uit·han·gen** [œythaŋə(n)] *vt (hing uit, h. uitgehangen)* **1** mettre dehors **2** pendre **3** *(fam.)* faire le; **het slachtoffer ~** jouer les victimes
uit·heems [œythems] *adj* étranger; **~e planten** plantes exotiques
uit·hoek [œythuk] *nm (-en)* coin perdu; **tot in alle ~en van de wereld** aux quatre coins du monde; **in een ~ wonen** *(fig.)* habiter au bout du monde; **tot in de verste ~en van het land** jusqu'au fin fond du pays
uit·hol·len [œythɔlə(n)] *vt (holde uit, h. uitgehold)* **1** évider **2** *(fig.)* miner
uit·hol·ling [œythɔlɪŋ] *nf (-en)* **1** évidement **2** *(fig.)* érosion **3** cavité
uit·hon·ge·ren [œythɔŋərə(n)] *vt (hongerde uit, h. uitgehongerd)* affamer
uit·ho·ren [œythorə(n)] *vt (hoorde uit, h. uitgehoord)* interroger
uit·hou·den [œythaudə(n)] *vt (hield uit, h. uitgehouden)* supporter; **niet om uit te houden** insupportable ♦ **het ergens lang ~** tenir le coup longtemps qqp; **het niet langer kunnen ~** ne plus y tenir
uit·hou·dings·ver·mo·gen [œythaudɪŋsfərmoχə(n)] *het* endurance
uit·hui·len [œythœylə(n)] *vi (huilde uit, h. uitgehuild)* pleurer tout son soûl; **bij iemand gaan ~** aller pleurer dans le gilet de qqn; **~ en opnieuw beginnen** pleurer un bon coup et repartir à zéro
uit·huis·plaat·sing [œythœysplatsɪŋ] *nf (-en) (jur.)* placement de l'enfant hors de sa famille
uit·hui·zig [œythœyzəχ] *adj* ♦ **hij is nogal ~** il n'est pas souvent chez lui
uit·hu·we·lij·ken [œythywələkə(n)] *vt (huwelijkte uit, h. uitgehuwelijkt)* marier
ui·ting [œytɪŋ] *nf (-en)* expression *(d'une pensée, d'un sentiment);* **~ geven aan zijn tevredenheid** exprimer sa satisfaction; **tot ~ komen (in, door)** s'exprimer (dans, par)
[1]**ui·tje** [œycə] *het (-s)* petit oignon
[2]**uit·je** [œycə] *het (-s) (fam.)* sortie; **een ~ hebben** sortir
uit·joe·len [œytjulə(n)] *vt (joelde uit, h. uitgejoeld),* **uitjouwen** *vt (jouwde uit, h. uitgejouwd)* huer
uit·kaf·fe·ren [œytkafərə(n)] *vt (kafferde uit, h. uitgekafferd)* engueuler
uit·kam·men [œytkamə(n)] *vt (kamde*

uit, h. uitgekamd) **1** *(région)* ratisser **2** peigner; **wol ~** démêler de la laine

uit·ke·ren [œytkerə(n)] *vt (keerde uit, h. uitgekeerd) (fin.)* verser

uit·ke·ring [œytkerɪŋ] *nf (-en)* **1** versement **2** allocation; **een eenmalige ~** une prestation unique

uit·ke·rings·frau·de [œytkerɪŋsfraudə] *de (-s)* fraude concernant les prestations sociales

uit·ke·rings·ge·rech·tigd [œytkerɪŋsχərɛχtəχt] *adj* ayant droit à une allocation

uit·ke·rings·trek·ker [œytkerɪŋstrɛkər] *nm (-s)* allocataire

uit·kie·nen [œytkinə(n)] *vt (kiende uit, h. uitgekiend) (fam.)* goupiller

uit·kie·zen [œytkizə(n)] *vt (koos uit, h. uitgekozen)* choisir; **je hebt het maar voor het ~** on a l'embarras du choix

uit·kijk [œytkɛik] *nm (-en)* **1** vue *(le fait de pouvoir contempler qqch)* **2** poste d'observation; **op de ~ zetten** poster *(à un endroit)* ♦ **op de ~ staan** faire le guet

uit·kij·ken [œytkɛikə(n)] *vi (keek uit, h./i. uitgekeken)* **1** faire attention; **ik kijk wel (linker) uit** tu peux toujours courir **2** *(+ op)* avoir vue (sur); **deze kamer kijkt uit op de zee** cette pièce donne sur la mer **3** *(+ naar)* guetter; **naar de vakantie ~** aspirer aux vacances; **naar een andere baan ~** être à la recherche d'un autre emploi ♦ **gauw uitgekeken zijn op iets, iemand** en avoir vite assez de qqch, qqn

uit·kijk·to·ren [œytkɛiktorə(n)] *nm (-s)* mirador

uit·klap·baar [œytklɑbar] *adj* pliant; **een ~ stoeltje** un strapontin

[1]**uit·klap·pen** [œytklɑpə(n)] *vt (klapte uit, h. uitgeklapt)* déplier

[2]**uit·klap·pen** [œytklɑpə(n)] *vi (klapte uit, h. uitgeklapt)* se déplier

uit·kla·ren [œytklarə(n)] *vt (klaarde uit, h. uitgeklaard)* dédouaner

uit·kla·ring [œytklarɪŋ] *nf (-en)* **1** dédouanement **2** acquit de douane

uit·kle·den [œytkledə(n)] *vt (kleedde uit, h. uitgekleed)* **1** déshabiller; **een voorstel ~** supprimer l'essentiel d'une proposition **2** dépouiller

uit·klop·pen [œytklɔpə(n)] *vt (klopte uit, h. uitgeklopt)* battre *(pour nettoyer)*

uit·knij·pen [œytknɛipə(n)] *vt (kneep uit, h. uitgeknepen)* **1** presser *(pour vider de son contenu)* **2** éteindre

uit·knip·pen [œytknɪpə(n)] *vt (knipte uit, h. uitgeknipt)* **1** découper *(avec des ciseaux)* **2** éteindre *(la lumière etc.)*

uit·knob·be·len [œytknɔbələ(n)] *vt (knobbelde uit, h. uitgeknobbeld) (fam.)* → **uitkienen**

uit·ko·ken [œytkokə(n)] *vt (kookte uit, h. uitgekookt)* faire bouillir

uit·ko·men [œytkomə(n)] *vi (kwam uit, i. uitgekomen)* **1** arriver; **ik kom er wel uit** je trouverai (bien) la sortie **2** *(+ op)* donner (sur); **het pad komt op een weg uit** le sentier débouche sur une route **3** sortir; **de bladeren komen uit** les feuilles s'ouvrent; **de bloemen komen uit** les fleurs éclosent **4** s'ébruiter **5** *(+ voor)* reconnaître; **voor zijn mening ~** exprimer son opinion **6** être exact **7** *(sports)* participer; **Ajax komt uit met drie buitenlandse spelers** Ajax aligne trois joueurs étrangers; **wedstrijd waarin twee teams tegen elkaar ~** match qui oppose deux équipes **8** *(édit.)* paraître **9** s'en sortir **10** ressortir (sur); **boven het lawaai ~** dominer le tumulte; *(vêtement)* **het figuur goed laten ~** mettre en valeur les formes du corps; **iets goed laten ~** bien faire ressortir qqch ♦ **er niet meer ~** ne plus s'en sortir; **dat komt goed uit** cela tombe bien; **dat komt mij net goed uit** cela m'arrange; **dat komt goedkoper uit** cela revient moins cher; **op hetzelfde ~** revenir au même; **een voorspelling zien ~** voir s'accomplir une prédiction

uit·komst [œytkɔmst] *nf (-en)* **1** résultat **2** *(math.)* quotient **3** *(math.)* produit **4** solution; **geen ~ meer zien** ne plus voir d'issue **5** *(bridge)* entame

uit·ko·pen [œytkopə(n)] *vt (kocht uit, h. uitgekocht)* désintéresser; **zich ~** payer un dédit

uit·kot·sen [œytkɔtsə(n)] *vt (kotste uit, h. uitgekotst) (fam.)* dégobiller; **alles ~** rendre tripes et boyaux ♦ **iemand ~** vomir qqn

uit·krab·ben [œytkrɑbə(n)] *vt (krabde uit, h. uitgekrabd)* arracher (en grattant)

uit·kra·men [œytkramə(n)] *vt (kraamde uit, h. uitgekraamd)* débiter *(p.ex. des bêtises)*

uit·krij·gen [œytkrɛiχə(n)] *vt (kreeg uit, h. uitgekregen)* **1** parvenir à enlever **2** finir *(de lire)* **3** venir à bout (de)

uit·kris·tal·li·se·ren [œytkrɪstɑlizerə(n)] *vi (kristalliseerde uit, i. uitgekristalliseerd)* se cristalliser

uit|laat [œytlat] *nm (-laten)* **1** échappement *(liquides, gaz)* **2** tuyau d'échappement **3** *(fig.)* exutoire

uit·laat·klep [œytlatklɛp] *de (-pen)* **1** soupape d'échappement **2** *(fig.)* soupape de sûreté

uit·la·chen [œytlɑχə(n)] *vt (lachte uit, h. uitgelachen)* se moquer de

uit·la·den [œytladə(n)] *vt (laadde uit, h. uitgeladen)* décharger *(des marchandises etc.)*

[1]**uit·la·ten** [œytlatə(n)] *vt (liet uit, h. uitgelaten)* **1** (laisser, faire) sortir **2** accompagner jusqu'à la porte **3** ne pas mettre *(vêtement)* **4** *(poêle)* ne pas allumer

[2]**uit·la·ten, zich** [œytlatə(n)] *vpr (liet zich uit, h. zich uitgelaten) (+ over)* se prononcer (sur); **zich lovend over iemand ~** parler de qqn en termes laudatifs

uit·la·ting [œytlatɪŋ] *nf (-en)* déclaration

uit·leen·ter·mijn [œytlentɛrmɛin] *nm (-en)* durée du prêt

uit·leg [œytlɛχ] *nm* explication

uit·leg·gen [œytlɛχə(n)] *vt (legde uit, h. uitgelegd)* **1** expliquer; **hoe moet ik dat nu ~?** comment dire ?; **iets ten kwade ~** interpréter qqch en mal **2** interpréter *(donner un sens à)* **3** élargir **4** allonger **5** étaler

uit·lek·ken [œytlɛkə(n)] *vi (lekte uit, i. uitgelekt)* **1** transpirer; **het plan is uitgelekt** il y a eu des fuites au sujet du projet **2** s'égoutter

uit·le·nen [œytlenə(n)] *vt (leende uit, h. uitgeleend)* prêter *(donner en prêt)*

uit·le·pe·len [œytlepələ(n)] *vt (lepelde uit, h. uitgelepeld)* vider à la cuillère

uit·le·ven, zich [œytlevə(n)] *vpr (leefde zich uit, h. zich uitgeleefd)* se défouler

uit·le·ve·ren [œytlevərə(n)] *vt (leverde uit, h. uitgeleverd)* extrader

uit·le·zen [œytlezə(n)] *vt (las uit, h. uitgelezen)* finir *(de lire)*

uit·lich·ten [œytlɪχtə(n)] *vt (lichtte uit, h. uitgelicht)* ♦ **een passage ~ uit een geschrift** relever un passage d'un écrit

uit·lik·ken [œytlɪkə(n)] *vt (likte uit, h. uitgelikt)* lécher

uit·log·gen [œytlɔχə(n)] *vi (logde uit, h. uitgelogd) (inform.)* se déconnecter

uit·lok·ken [œytlɔkə(n)] *vt (lokte uit, h. uitgelokt)* provoquer; **een discussie ~** soulever une discussion

uit·loop [œytlop] *nm* **1** marge **2** possibilité de prolongation **3** *(sports)* recul

[1]**uit·lo·pen** [œytlopə(n)] *vi (liep uit, h./i. uitgelopen)* **1** sortir de *(en marchant, en courant)*; **het hele dorp was uitgelopen** tout le village était là; **bij iemand in- en ~** être un familier de la maison; **je moet deze straat helemaal ~** il faut suivre cette rue jusqu'au bout **2** ralentir **3** *(bot.)* bourgeonner **4** déboucher (sur, dans) **5** *(+ op)* aboutir (à); **dat loopt op een ramp uit** cela va tourner en catastrophe; **waar moet dat op ~?** comment cela finira-t-il ? **6** *(sports)* prendre une avance; **verder ~ op het peloton** augmenter son avance sur le peloton **7** se prolonger *(dans le temps)* **8** couler *(liquide)*; **de inkt is uitgelopen** l'encre a bavoché ♦ **deze schoenen moeten nog ~** ces chaussures doivent encore se faire au pied; **een japon met ~de mouwen** une robe aux manches évasées

[2]**uit·lo·pen** [œytlopə(n)] *vt (liep uit, h. uitgelopen)* **1** suivre jusqu'au bout; **een wedstrijd ~** terminer une course **2** assouplir à l'usage

uit·lo·per [œytlopər] *nm (-s)* **1** *(géo.)* contrefort **2** *(bot.)* pousse

uit·lo·ten [œytlotə(n)] *vt (lootte uit, i. uitgeloot)* **1** exclure par tirage au sort **2** tirer au sort

uit·lo·ven [œytlovə(n)] *vt (loofde uit, h. uitgeloofd)* promettre *(un prix, une récompense)*

uit·lui·den [œytlœydə(n)] *vt (luidde uit, h. uitgeluid)* **1** sonner la fin de **2** enterrer **3** conduire (qqn) jusqu'à sa dernière demeure **4** ± faire l'éloge de

uit·ma·ken [œytmakə(n)] *vt (maakte uit, h. uitgemaakt)* **1** rompre *(mettre un terme à)* **2** former **3** avoir de l'importance; **dat maakt niets uit** ça n'a pas d'importance **4** décider; **dat is moeilijk uit te maken** c'est difficile à déterminer; **ik kan niet ~ wat daar staat** je ne vois pas ce qui est marqué là; **het is een uitgemaakte zaak (dat)** c'est un fait établi (que) **5** *(+ voor)* traiter (de) *(qualifier (de))*; **iemand ~ voor alles wat lelijk is** traiter qqn de tous les noms **6** éteindre

uit·mel·ken [œytmɛlkə(n)] *vt (molk uit, h. uitgemolken)* ♦ **iemand ~** plumer qqn, saigner qqn à blanc, tirer les vers du nez à qqn; **een onderwerp ~** épuiser un sujet

uit·mer·ge·len [œytmɛrχələ(n)] *vt (mergelde uit, h. uitgemergeld)* **1** épuiser *(sol)* **2** décharner

uit·mes·ten [œytmɛstə(n)] *vt (mestte uit, h. uitgemest) (fam.)* nettoyer à fond

uit·me·ten [œytmetə(n)] *vt (mat uit, h. uitgemeten)* **1** s'étendre sur *(en parlant)* **2** mesurer

uit·mik·ken [œytmɪkə(n)] *vt (mikte uit, h. uitgemikt) (fam.)* **1** mesurer; **ik kon het niet zo precies ~** j'ai dû le faire au pifomètre **2** arranger

uit·mon·den [œytmɔndə(n)] *vi (mondde uit, i. uitgemond)* **1** *(+ in)* se jeter (dans) *(une rivière)* **2** *(+ op) (fig.)* se terminer (en, par)

uit·mon·ste·ren [œytmɔnstərə(n)] *vt (monsterde uit, h. uitgemonsterd)* **1** pomponner; **vreemd uitgemonsterd** bizarrement accoutré; **zich ~** se parer **2** *(personne)* équiper (de)

uit·moor·den [œytmordə(n)] *vt (moordde uit, h. uitgemoord)* massacrer

uit·mun·ten [œytmʌntə(n)] *vi (muntte uit, h. uitgemunt)* exceller (dans, en qqch); **hij munt uit door zijn bekwaamheid** il se distingue par ses capacités

uit·mun·tend [œytmʌntənt] *adj, adv* excellent, brillamment

uit·neem·baar [œytnembar] *adj* **1** amovible **2** démontable

uit·ne·men [œytnemə(n)] *vt (nam uit, h. uitgenomen)* enlever

uit·ne·mend [œytnemənt] *adj, adv* → **uitmuntend**

uit·no·di·gen [œytnodəχə(n)] *vt (nodigde uit, h. uitgenodigd)* inviter (à qqch, à faire qqch)

uit·no·di·ging [œytnodəχɪŋ] *nf (-en)* invitation; **een ~ afslaan** décliner une invitation

uit·oe·fe·nen [œytufənə(n)] *vt (oefende uit, h. uitgeoefend)* exercer; **kritiek ~ op iets** critiquer qqch

[1]**uit·pak·ken** [œytpɑkə(n)] *vt (pakte uit, h. uitgepakt)* **1** *(sens pr.)* déballer **2** vider

[2]**uit·pak·ken** [œytpɑkə(n)] *vi (pakte uit, h./*

i. uitgepakt) **1** se terminer; **goed ~** s'arranger; **verkeerd ~** tourner mal **2** se mettre en frais **3** vider son sac; **hij kan behoorlijk ~** quand ça le prend, il déballe tout ce qu'il a sur le cœur; **tegen iemand ~** lâcher son paquet à qqn ♦ *(Belg.)* **met iets ~** exhiber qqch

uit·per·sen [œytpɛrsə(n)] *vt (perste uit, h. uitgeperst)* **1** presser *(citron etc.)* **2** *(fig.)* pressurer

uit·peu·te·ren [œytpøtərə(n)] *vt (peuterde uit, h. uitgepeuterd)* ♦ **z'n oren ~** se curer les oreilles

uit·pik·ken [œytpɪkə(n)] *vt (pikte uit, h. uitgepikt)* **1** *(fam.)* choisir **2** prendre au hasard ♦ **de ogen ~** crever les yeux (à qqn)

uit·plui·zen [œytplœyzə(n)] *vt (ploos uit, h. uitgeplozen)* **1** *(fig.)* éplucher **2** effilocher

uit·poe·pen [œytpupə(n)] *vi (poepte uit, h. uitgepoept)* ♦ *(fig.)* **uitgepoept zijn** être vidé

[1]**uit·pra·ten** [œytpratə(n)] *vi (praatte uit, i. uitgepraat)* parler jusqu'au bout; **niet uitgepraat raken over een onderwerp** être intarissable sur un sujet; **uitgepraat zijn** n'avoir plus rien à dire, n'être plus dans la course

[2]**uit·pra·ten** [œytpratə(n)] *vt (praatte uit, h. uitgepraat)* régler (par la discussion); **we hebben het uitgepraat** nous nous sommes expliqués

uit·prin·ten [œytprɪntə(n)] *vt (printte uit, h. uitgeprint) (inform.)* imprimer

uit·pro·be·ren [œytproberə(n)] *vt (probeerde uit, h. uitgeprobeerd) (fam.)* mettre à l'essai

uit·proes·ten [œytprustə(n)] *vt (proestte uit, h. uitgeproest)* pouffer (de rire)

uit·puf·fen [œytpʌfə(n)] *vi (pufte uit, h. uitgepuft) (fam.)* souffler

uit·pui·len [œytpœylə(n)] *vi (puilde uit, h. uitgepuild)* **1** saillir; **hij had ~de ogen** il avait les yeux qui lui sortaient de la tête **2** *(fig.)* être plein à craquer (de)

uit·put·ten [œytpʌtə(n)] *vt (putte uit, h. uitgeput)* épuiser; **de voorraad raakt uitgeput** le stock s'épuise; **zich ~ in verontschuldigingen** se répandre en excuses

uit·put·tings·slag [œytpʌtɪŋslɑχ] *nm (-en)* guerre d'usure

uit·puz·ze·len [œytpʌzələ(n)] *vt (puzzelde uit, h. uitgepuzzeld) (fam.)* tirer au clair

[1]**uit·ra·fe·len** [œytrafələ(n)] *vi (rafelde uit, i. uitgerafeld)* s'effilocher

[2]**uit·ra·fe·len** [œytrafələ(n)] *vt (rafelde uit, h. uitgerafeld)* effilocher

uit·ran·ge·ren [œytrɑnʒerə(n)] *vt (rangeerde uit, h. uitgerangeerd)* **1** mettre sur une voie de garage **2** *(fig.)* écarter

uit·ra·zen [œytrazə(n)] *vi (raasde uit, h./i. uitgeraasd)* se calmer

uit·rei·ken [œytrɛikə(n)] *vt (reikte uit, h. uitgereikt)* remettre

uit·reis|vi·sum [œytrɛisfizʌm] *het (-visa)* visa de sortie

uit·re·ke·nen [œytrekənə(n)] *vt (rekende uit, h. uitgerekend)* calculer ♦ **zij is begin maart uitgerekend** son accouchement est prévu pour le début du mois de mars

[1]**uit·rek·ken** [œytrɛkə(n)] *vt (rekte uit, h. uitgerekt)* étirer; **zijn armen ~** étendre les bras

[2]**uit·rek·ken** [œytrɛkə(n)] *vi (rekte uit, i. uitgerekt)* s'étirer

uit·rich·ten [œytrɪχtə(n)] *vt (richtte uit, h. uitgericht)* faire; **niet veel goeds ~** ne faire rien qui vaille

uit·rij·den [œytrɛidə(n)] *vt (reed uit, h. uitgereden)* suivre jusqu'au bout; **een wedstrijd ~** terminer une course (cycliste)

uit·rij·zen [œytrɛizə(n)] *vi (rees uit, i. uitgerezen) (+ boven)* s'élever (au-dessus de)

uit·rit [œytrɪt] *nm (-ten) (transp.)* sortie; **~ vrijhouden s.v.p.** défense de stationner, sortie de véhicules

uit·roei·en [œytrujə(n)] *vt (roeide uit, h. uitgeroeid) (zool.)* exterminer

uit·roei·ing [œytrujɪŋ] *nf (-en)* **1** extermination **2** *(méd.)* éradication

uit·roep [œytrup] *nm (-en)* exclamation

uit·roe·pen [œytrupə(n)] *vt (riep uit, h. uitgeroepen)* **1** s'exclamer **2** proclamer

uit·roep·te·ken [œytruptekə(n)] *het (-s)* point d'exclamation

uit·rol·len [œytrɔlə(n)] *vt (rolde uit, h. uitgerold)* **1** dérouler **2** *(cuis.)* étendre *(avec un rouleau)* **3** *(com.)* déployer

uit·rui·men [œytrœymə(n)] *vt (ruimde uit, h. uitgeruimd)* vider *(pour nettoyer)*

[1]**uit·ruk·ken** [œytrʌkə(n)] *vt (rukte uit, h. uitgerukt)* arracher

[2]**uit·ruk·ken** [œytrʌkə(n)] *vi (rukte uit, i. uitgerukt)* sortir *(pompiers etc.)*; **de brandweer rukte uit** les pompiers se sont rendus sur les lieux

[1]**uit·rus·ten** [œytrʌstə(n)] *vi (rustte uit, h./i. uitgerust)* se reposer; **~ van de vermoeienissen van de reis** se remettre des fatigues du voyage

[2]**uit·rus·ten** [œytrʌstə(n)] *vt (rustte uit, h. uitgerust)* équiper (de)

uit·rus·ting [œytrʌstɪŋ] *nf (-en)* équipement

uit·scha·ke·len [œytsχakələ(n)] *vt (schakelde uit, h. uitgeschakeld)* **1** débrancher **2** *(fig.)* éliminer

uit·scha·te·ren [œytsχatərə(n)] *vt (schaterde uit, h. uitgeschaterd)* s'esclaffer

[1]**uit·schei·den** [œytsχɛidə(n)] *vt (scheidde uit, h. uitgescheiden)* **1** isoler **2** sécréter

[2]**uit·schei·den** [œytsχɛidə(n)] *vi (scheidde uit, h. uitgescheiden) (fam.)* (s')arrêter (de faire qqch)

uit·schei·ding [œytsχɛidɪŋ] *nf* excrétion

uit·schel·den [œytsχɛldə(n)] *vt (schold uit, h. uitgescholden)* insulter; **iemand ~ voor ...** traiter qqn de ...

uit·schen·ken [œytsχɛŋkə(n)] *vt (schonk*

uit, h. uitgeschonken) **1** vider *(en servant)* **2** verser *(en servant)*
[1]**uit·scheu·ren** [œytsχørə(n)] *vt (scheurde uit, h. uitgescheurd)* arracher
[2]**uit·scheu·ren** [œytsχørə(n)] *vi (scheurde uit, i. uitgescheurd)* se déchirer
[1]**uit·schie·ten** [œytsχitə(n)] *vi (schoot uit, i. uitgeschoten)* **1** glisser **2** exploser; **tegen iemand ~** fulminer contre qqn ♦ **de aardappels schieten uit** les pommes de terre germent
[2]**uit·schie·ten** [œytsχitə(n)] *vti (schoot uit, h. uitgeschoten) (sports)* remettre (le ballon) en jeu
uit·schie·ter [œytsχitər] *nm (-s)* pointe *(maximum d'intensité)* ♦ **hij is een ~** c'est un as
uit·schij·nen [œytsχεinə(n)] *vi (Belg.)* ♦ **iets laten ~** laisser entendre qqch
uit·schij·ten [œytsχεitə(n)] *vt (scheet uit, h. uitgescheten) (vulg.)* chier ♦ **hij wordt door iedereen uitgescheten** personne ne peut le blairer
uit·schot [œytsχɔt] *het* déchet; *(fig.)* **al dat ~** toute cette racaille
uit·schra·pen [œytsχrapə(n)] *vt (schraapte uit, h. uitgeschraapt)* gratter
uit·schreeu·wen [œytsχrewə(n)] *vt (schreeuwde uit, h. uitgeschreeuwd)* hurler
uit·schrij·ven [œytsχrεivə(n)] *vt (schreef uit, h. uitgeschreven)* **1** écrire **2** annoncer; **een lening ~** émettre un emprunt; **een prijsvraag ~** organiser un concours; **een vergadering ~** convoquer une assemblée **3** rayer; **zich laten ~ uit Oldenzaal** notifier à l'état civil son départ d'Oldenzaal **4** rédiger
uit·schud·den [œytsχʌdə(n)] *vt (schudde uit, h. uitgeschud)* secouer; **zich ~** s'ébrouer
uit·schuif·baar [œytsχœyvbar] *adj* coulissant
uit·schuif·ta·fel [œytsχœyftafəl] *de (-s)* table à rallonge(s)
uit·schui·ven [œytsχœyvə(n)] *vt (schoof uit, h. uitgeschoven)* **1** pousser **2** tirer
[1]**uit·slaan** [œytslan] *vt (sloeg uit, h. uitgeslagen)* **1** étendre *(le bras etc.)* **2** faire sortir (par des coups); **iemand een tand ~** casser une dent à qqn **3** secouer **4** déplier **5** débiter ♦ *(sports)* **een bal ~** faire sortir la balle; **een deuk ~** redresser une tôle cabossée
[2]**uit·slaan** [œytslan] *vi (sloeg uit, i. uitgeslagen)* **1** jaillir; **een ~de brand** un incendie violent **2** suinter **3** moisir; **dat boek is groen uitgeslagen** ce livre est couvert d'une couche de moisissure **4** dévier *(aiguilles)*
uit·slag [œytslɑχ] *nm (-en)* **1** moisissure **2** suintement; **koorts met ~** fièvre éruptive **3** boutons **4** résultat **5** déplacement *(aiguille)*
uit·sla·pen [œytslapə(n)] *vi (sliep uit, h./i. uitgeslapen)* faire la grasse matinée; **goed uitgeslapen zijn** être bien reposé, être dégourdi, futé
[1]**uit·slij·ten** [œytslεitə(n)] *vi (sleet uit, i. uitgesleten)* s'user *(par frottements)*
[2]**uit·slij·ten** [œytslεitə(n)] *vt (sleet uit, h. uitgesleten)* user
uit·slo·ven, zich [œytslovə(n)] *vpr (sloofde zich uit, h. zich uitgesloofd)* **1** faire du zèle **2** se donner du mal; **zich voor iemand ~** se mettre en quatre pour qqn
uit|slo·ver [œytslovər] *nm (-s)*, **-sloof·ster** *nf (-s)* personne qui fait du zèle
uit·slui·ten [œytslœytə(n)] *vt (sloot uit, h. uitgesloten)* **1** exclure **2** excepter
uit·slui·tend [œytslœytənt] *adj, adv* **1** unique(ment) **2** exclusif, exclusivement
uit·slui·ting [œytslœytɪŋ] *nf (-en)* **1** exclusion **2** exception; **met ~ van** à l'exclusion de
uit·sluit·sel [œytslœytsəl] *het* réponse définitive
uit·sme·ren [œytsmerə(n)] *vt (smeerde uit, h. uitgesmeerd)* étaler *(aussi au fig.)*
uit·smij·ten [œytsmεitə(n)] *vt (smeet uit, h. uitgesmeten) (fam.)* ficher dehors; **iemand de deur ~** ficher qqn à la porte
uit·smij·ter [œytsmεitər] *nm (-s)* **1** videur *(dans un cabaret)* **2** ⟨*pain avec œufs sur le plat, et fromage, jambon, ou rosbif*⟩ **3** bouquet *(numéro final)*
uit·snij·den [œytsnεidə(n)] *vt (sneed uit, h. uitgesneden)* **1** couper **2** échancrer **3** découper
uit·span·nen [œytspɑnə(n)] *vt (spande uit, h. uitgespannen)* dételer
uit·span·ning [œytspɑnɪŋ] *nf (-en)* **1** distraction **2** café
uit·span·sel [œytspɑnsəl] *het (form.)* firmament
uit·spa·ren [œytsparə(n)] *vt (spaarde uit, h. uitgespaard)* **1** économiser; **ruimte ~** gagner de la place **2** laisser en blanc
uit·spa·ring [œytsparɪŋ] *nf (-en)* **1** économie **2** évidement
uit·spat·ting [œytspɑtɪŋ] *nf (-en)* débauche
uit·spe·len [œytspelə(n)] *vt (speelde uit, h. uitgespeeld)* **1** terminer (un jeu) **2** jouer; **iets ~ tegen iemand** utiliser qqch contre qqn; **mensen tegen elkaar ~** monter des gens les uns contre les autres **3** *(sports)* déjouer
uit·spit·ten [œytspɪtə(n)] *vt (spitte uit, h. uitgespit)* **1** extraire à la bêche **2** *(fam., fig.)* fouiller
uit·split·sen [œytsplɪtsə(n)] *vt (splitste uit, h. uitgesplitst)* **1** détordre *(en divisant)* **2** ventiler *(répartir en plusieurs groupes)*
uit·spoe·len [œytspulə(n)] *vt (spoelde uit, h. uitgespoeld)* rincer
uit·spo·ken [œytspokə(n)] *vt (spookte uit, h. uitgespookt) (fam.)* fabriquer
uit|spraak [œytsprak] *de (-spraken)* **1** *(ling.)* prononciation **2** jugement; **~ doen** prononcer un jugement; **ergens**

geen ~ over kunnen doen ne pouvoir se prononcer sur qqch **3** paroles; een bekende ~ un mot célèbre; een ~ van Pascal une pensée de Pascal

uit·sprei·den [œytsprɛidə(n)] *vt (spreidde uit, h. uitgespreid)* **1** étendre **2** étaler **3** écarter

[1]**uit·spre·ken** [œytsprekə(n)] *vti (sprak uit, h./i. uitgesproken)* **1** prononcer **2** exprimer **3** finir (sa phrase)

[2]**uit·spre·ken, zich** [œytsprekə(n)] *vpr (sprak zich uit, h. zich uitgesproken)* se prononcer (en faveur de qqch, contre qqch)

uit·sprin·gen [œytsprɪŋə(n)] *vi (sprong uit, i. uitgesprongen)* **1** déborder **2** sortir *(en sautant);* ergens mooi ~ bien s'en sortir ♦ zij is er bij de selectie uitgesprongen elle s'est distinguée dans la sélection

uit·sprui·ten [œytsprœytə(n)] *vi (sproot uit, i. uitgesproten) (bot.)* pousser

uit·spu·gen [œytspyχə(n)] *vt (spoog/spuugde uit, h. uitgespogen/uitgespuugd)* → uitspuwen

uit·spui·ten [œytspœytə(n)] *vt (spoot uit, h. uitgespoten)* faire gicler; zijn oren ~ se déboucher les oreilles avec une poire

uit·spu·wen [œytspywə(n)] *vt (spuwde uit, h. uitgespuwd)* **1** cracher **2** vomir

[1]**uit·staan** [œytstan] *vi (stond uit, h. uitgestaan)* **1** faire saillie; ~de oren oreilles décollées **2** être placé *(argent);* ~de schulden dettes en souffrance **3** être tendu *(piège)* **4** avoir à faire (avec); dat heeft er niets mee uit te staan cela n'a aucun rapport

[2]**uit·staan** [œytstan] *vt (stond uit, h. uitgestaan)* supporter; iemand niet kunnen ~ ne pas pouvoir souffrir qqn

uit·stal·len [œytstɑlə(n)] *vt (stalde uit, h. uitgestald)* étaler

uit·stap·je [œytstɑpjə] *het (-s)* excursion ♦ een ~ buiten zijn vakgebied maken faire une incursion dans un domaine qui n'est pas le sien

uit·stap·pen [œytstɑpə(n)] *vi (stapte uit, i. uitgestapt)* **1** descendre **2** *(fam.)* se laisser glisser

uit·steek·sel [œytsteksəl] *het (-s)* saillie

uit·stek [œytstɛk] *het (-ken)* ♦ bij ~ par excellence

[1]**uit·ste·ken** [œytstekə(n)] *vi (stak uit, h. uitgestoken)* dépasser; de toren steekt boven de huizen uit la tour domine les maisons; ~de jukbeenderen pommettes saillantes

[2]**uit·ste·ken** [œytstekə(n)] *vt (stak uit, h. uitgestoken)* **1** (é)tendre **2** creuser **3** éborgner **4** *(Belg.)* jouer un tour; wat heeft hij nu weer uitgestoken? qu'est-ce qu'il a encore fait ?

uit·ste·kend [œytstekənt] *adj, adv* excellent, à la perfection; ~! parfait !

uit·stel [œytstɛl] *het* délai; *(fig.)* dat is slechts ~ van executie c'est reculer pour mieux sauter; *(prov)* van ~ komt afstel partie remise, partie manquée

uit·stel·len [œytstɛlə(n)] *vt (stelde uit, h. uitgesteld)* remettre; tot nadere datum ~ renvoyer à une date ultérieure

uit·ster·ven [œytstɛrvə(n)] *vi (stierf uit, i. uitgestorven) (à propos d'une lignée; zool.)* s'éteindre; ~de dieren animaux en voie de disparition

uit·stij·gen [œytstɛiχə(n)] *vi (steeg uit, i. uitgestegen)* **1** *(form.)* descendre *(d'un véhicule)* **2** *(+ boven)* dépasser

uit·stip·pe·len [œytstɪpələ(n)] *vt (stippelde uit, h. uitgestippeld)* jalonner; een plan ~ définir un projet

uit|stoot [œytstot] *nm (-stoten)* **1** fumées **2** déchets

uit·stor·ten [œytstɔrtə(n)] *vt (stortte uit, h. uitgestort)* **1** déverser **2** épancher

uit·stor·ting [œytstɔrtɪŋ] *nf (-en)* **1** déversement **2** *(méd.)* hémorragie

uit·sto·ten [œytstotə(n)] *vt (stootte uit, h. uitgestoten)* **1** expulser; verbrandingsgassen ~ évacuer des gaz de combustion **2** excommunier **3** pousser *(des cris);* onverstaanbare klanken ~ proférer des sons inintelligibles

[1]**uit·stra·len** [œytstralə(n)] *vt (straalde uit, h. uitgestraald)* **1** émettre *(projeter hors de soi)* **2** *(fig.)* respirer

[2]**uit·stra·len** [œytstralə(n)] *vi (straalde uit, h./i. uitgestraald)* rayonner

uit·stra·ling [œytstralɪŋ] *nf (-en)* **1** rayonnement; een enorme ~ hebben avoir beaucoup de présence **2** radiation

[1]**uit·strek·ken** [œytstrɛkə(n)] *vt (strekte uit, h. uitgestrekt)* tendre; zijn macht verder ~ étendre son pouvoir

[2]**uit·strek·ken, zich** [œytstrɛkə(n)] *vpr (strekte zich uit, h. zich uitgestrekt)* s'étendre (sur) *(surface)*

uit·strij·ken [œytstrɛikə(n)] *vt (streek uit, h. uitgestreken)* étaler

uit·strijk·je [œytstrɛikjə] *het (-s) (méd.)* frottis

uit·stro·men [œytstromə(n)] *vi (stroomde uit, i. uitgestroomd)* **1** s'écouler; de hele stad stroomde uit naar het plein toute la ville afflua vers la place **2** se jeter (dans)

uit·strooi·en [œytstrojə(n)] *vt (strooide uit, h. uitgestrooid)* **1** éparpiller **2** répandre

uit·stuf·fen [œytstʌfə(n)] *vt (stufte uit, h. uitgestuft)* gommer

uit·stul·pen [œytstʌlpə(n)] *vi (stulpte uit, i. uitgestulpt)* se boursoufler

uit·stul·ping [œytstʌlpɪŋ] *nf (-en)* renflement

uit·stu·ren [œytstyrə(n)] *vt (stuurde uit, h. uitgestuurd)* envoyer; iemand op iets ~ envoyer qqn aux nouvelles

uit·te·ke·nen [œytekənə(n)] *vt (tekende uit, h. uitgetekend)* dessiner, *(fig.)* décrire; ik kan die plaats wel ~ je connais cette ville comme ma poche

uit·tel·len [œytɛlə(n)] *vt (telde uit, h./i. uitgeteld)* **1** *(boxe)* compter jusqu'à dix **2** compter *(jusqu'au bout)* ♦ **ze is in september uitgeteld** elle doit accoucher en septembre; **tel uit je winst!** regarde ce que cela te coûte !; **uitgeteld zijn** *(fig.)* ne plus être dans la course

uit·tes·ten [œytɛstə(n)] *vt (testte uit, h. uitgetest)* tester

uit·tik·ken [œytɪkə(n)] *vt (tikte uit, h. uitgetikt)* taper (à la machine)

uit·til·len [œytɪlə(n)] *vt (tilde uit, h. uitgetild)* **1** soulever **2** relever le niveau de; **zichzelf ~ boven zijn medestudenten** s'élever au-dessus de ses condisciples

uit·tocht [œytɔχt] *nm (-en)* exode

uit·to·re·nen [œytorənə(n)] *vi (torende uit, h. uitgetorend)* dominer *(avoir au-dessous de soi); (fig.)* **hoog boven iemand ~** laisser qqn loin derrière soi

[1]**uit·trap·pen** [œytrɑpə(n)] *vt (trapte uit, h. uitgetrapt)* **1** quitter d'un coup de pied; **zijn schoenen ~** se déchausser d'un coup de pied **2** éteindre avec le pied

[2]**uit·trap·pen** [œytrɑpə(n)] *vti (trapte uit, h. uitgetrapt) (football)* **1** remettre (le ballon) en jeu **2** taper, botter (le ballon) en touche

uit·tre·den [œytredə(n)] *vi (trad uit, i. uitgetreden)* **1** démissionner; **vervroegd ~** prendre une retraite anticipée **2** se désaffilier **3** se défroquer

uit·trek·baar [œytrɛgbar] *adj* ♦ **een tafel met ~ blad** une table à rallonge(s)

[1]**uit·trek·ken** [œytrɛkə(n)] *vt (trok uit, h. uitgetrokken)* **1** enlever **2** arracher **3** *(+ voor)* réserver; **een bedrag voor iets ~** affecter un montant à qqch **4** défaire **5** tirer *(vers soi);* **een uitschuiftafel ~** mettre les rallonges à une table **6** étirer

[2]**uit·trek·ken** [œytrɛkə(n)] *vi (trok uit, i. uitgetrokken)* partir

uit·trek·sel [œytrɛksəl] *het (-s)* extrait; **een ~ uit het bevolkingsregister** un bulletin d'état civil

uit·ty·pen [œytipə(n)] *vt (typte uit, h. uitgetypt)* → **uittikken**

uit·vaag·sel [œytfaχsəl] *het (-s)* → **uitschot**

uit·vaar·di·gen [œytfardəχə(n)] *vt (vaardigde uit, h. uitgevaardigd)* **1** décréter **2** promulguer **3** lancer

uit·vaar·di·ging [œytfardəχɪŋ] *nf (-en)* proclamation

uit·vaart [œytfart] *de (-en)* obsèques

uit·vaart|cen·trum [œytfartsɛntrʌm] *het (-centra)* funérarium

uit·vaart·dienst [œytfardinst] *nm (-en)* office des morts

uit·vaart·mis [œytfartmɪs] *de (-sen)* service funèbre

uit·vaart·plech·tig|heid [œytfartplɛχtəχhɛit] *nf (-heden)* → **uitvaart**

uit·vaart·stoet [œytfartstut] *nm (-en)* cortège funèbre

uit·val [œytfɑl] *nm (-len)* **1** sortie; **een scherpe ~** un coup de bec **2** chute *(des cheveux, poils etc.)* **3** *(milit.)* percée **4** suppression *(de trains etc.),* panne *(de courant),* absence *(pour cause de maladie);* **~ van lessen** annulation de cours

uit·val·len [œytfɑlə(n)] *vi (viel uit, i. uitgevallen)* **1** éclater *(qqn)* **2** tomber *(en se détachant);* **zijn haren vallen uit** il perd ses cheveux **3** abandonner; **de stroom is uitgevallen** il y a une panne de courant; **die trein is uitgevallen** ce train a été supprimé **4** *(milit.)* faire une percée ♦ **die tekening is goed uitgevallen** ce dessin est réussi; **in iemands voordeel ~** tourner à l'avantage de qqn

uit·vals·weg [œytfɑlswɛχ] *nm (-en) (transp.)* route de sortie

uit·va·ren [œytfarə(n)] *vi (voer uit, i. uitgevaren)* **1** *(+ tegen)* fulminer (contre) **2** *(mar.)* appareiller

uit·vech·ten [œytfɛχtə(n)] *vt (vocht uit, h. uitgevochten)* **1** décider par les armes **2** *(fig.)* vider (une querelle)

uit·ve·gen [œytfeχə(n)] *vt (veegde uit, h. uitgeveegd)* **1** balayer; **een kast ~** nettoyer une armoire **2** effacer *(en frottant)*

uit·ver·gro·ten [œytfərχrotə(n)] *vt (vergrootte uit, h. uitvergroot)* agrandir

uit·ver·kie·zen [œytfərkizə(n)] *vt (verkoos uit, h. uitverkoren, uitverkozen) (form.)* **1** élire **2** *(relig.)* prédestiner

[1]**uit·ver·kocht** [œytfərkɔχt] → **uitverkopen**

[2]**uit·ver·kocht** [œytfərkɔχt] *adj* **1** épuisé *(stock);* **wij zijn totaal ~** notre stock est épuisé **2** comble *(cinéma, théâtre)*

uit·ver·koop [œytfərkop] *nm* solde; **~ houden** liquider

uit·ver·ko·pen [œytfərkopə(n)] *vt (verkocht uit, h. uitverkocht)* solder

uit·ver·ko·ren [œytfərkorə(n)] *adj* **1** élu **2** *(relig.)* prédestiné

uit·ver·ko·re·ne [œytfərkorənə] *nm (-n)* **1** élu, -ue; **de ~n** les Prédestinés **2** favori, -ite; **hij is haar ~** c'est l'élu de son cœur

uit·ver·ko·zen [œytfərkozə(n)] → **uitverkiezen**

uit·vin·den [œytfɪndə(n)] *vt (vond uit, h. uitgevonden)* **1** inventer **2** découvrir

uit|vin·der [œytfɪndər] *nm (-s),* **-vindster** *nf (-s)* inventeur, -trice

uit·vin·ding [œytfɪndɪŋ] *nf (-en)* invention

uit·vis·sen [œytfɪsə(n)] *vt (viste uit, h. uitgevist) (fam.)* découvrir; **je moet zien uit te vissen hoe dat in elkaar zit** débrouille-toi pour tirer cela au clair

uit·vlak·ken [œytflɑkə(n)] *vt (vlakte uit, h. uitgevlakt) (fam.)* ♦ *(fig.)* **dat moet je niet ~** ce n'est pas rien

uit·vlie·gen [œytfliχə(n)] *vi (vloog uit, i. uitgevlogen)* **1** s'envoler **2** *(fig.)* quitter le nid

uit·vloei·en [œytflujə(n)] *vi (vloeide uit, i. uitgevloeid)* **1** s'épandre **2** s'écouler

uit·vloei·sel [œytflujsəl] *het (-s) (form.)* conséquence

uit·vloe·ken [œytflukə(n)] *vt (vloekte uit, h. uitgevloekt)* injurier
uit·vlooi·en [œytflojə(n)] *vt (vlooide uit, h. uitgevlooid) (fam.)* → **uitpluizen 1**
uit·vlucht [œytflʌχt] *de (-en)* prétexte; **~en zoeken** chercher des excuses
uit·voer [œytfur] *nm (-en)* **1** exportation **2** exécution *(fait d'effectuer);* **ten ~ brengen, leggen** mettre à exécution **3** *(inform.)* sortie
***uit·voer-** [œytfur-] d'exportation; **de uitvoerhandel** le commerce d'exportation
uit·voer·baar [œytfurbar] *adj* **1** réalisable **2** exportable
uit·voer·baar·heid [œytfurbarhɛit] *nf* **1** *(fig.)* viabilité **2** *(technol.)* faisabilité
uit·voer|der [œytfurdər] *nm (-s),* **-ster** *nf (-s)* exécutant, -ante
uit·voe·ren [œytfurə(n)] *vt (voerde uit, h. uitgevoerd)* **1** exporter **2** exécuter; **herstelwerkzaamheden ~** effectuer des travaux de restauration; **hij voert niets uit** il se croise les bras; **wat voer je daar uit?** qu'est-ce que tu fabriques là ? **3** accomplir ♦ **dat boek is goed uitgevoerd** ce livre est bien fait; **een sieraad in goud ~** réaliser un bijou en or
uit·voe·rend [œytfurənt] *adj* exécutif
uit·voe·rig [œytfurəχ] *adj, adv* détaillé, en détail
uit·voe·ring [œytfurɪŋ] *nf (-en)* **1** exécution; **~ geven aan een plan** mettre un projet à exécution; **de ~ van een bouwwerk** la réalisation d'une construction **2** fabrication; **normale ~** modèle courant
uit·vo·ge·len [œytfoχələ(n)] *vt (vogelde uit, h. uitgevogeld) (fam.)* dégoter une combine pour
uit·vou·wen [œytfauwə(n)] *vt (vouwde uit, h. uitgevouwen)* déplier
uit·vra·gen [œytfraχə(n)] *vt (vroeg uit, h. uitgevraagd)* interroger ♦ **ik ben nu uitgevraagd** je n'ai plus de questions
uit·vre·ten [œytfretə(n)] *vt (vrat uit, h. uitgevreten) (fam.)* **1** fabriquer **2** vivre aux crochets (de qqn)
uit·vre·ter [œytfretər] *nm (-s)* pique-assiette
[1]**uit·waai·en** [œytwajə(n)] *vi (waaide, woei uit, i. uitgewaaid)* **1** prendre un bol d'air **2** se déployer *(par le vent)* ♦ **de vlam waaide uit** la flamme a été soufflée (par le vent); **de wind is uitgewaaid** le vent s'est calmé
[2]**uit·waai·en** [œytwajə(n)] *vt (waaide, woei uit, h. uitgewaaid)* éteindre *(par le vent)*
uit·waai·e·ren [œytwajərə(n)] *vi (waaierde uit, h. uitgewaaierd)* rayonner
uit·was [œytwas] *het/de (-sen)* **1** excès **2** excroissance
[1]**uit·wa·se·men** [œytwasəmə(n)] *vi (wasemde uit, h. uitgewasemd)* se dégager
[2]**uit·wa·se·men** [œytwasəmə(n)] *vt (wasemde uit, h. uitgewasemd)* dégager
uit·was·sen [œytwasə(n)] *vt (waste uit, h. uitgewassen)* **1** laver **2** enlever (à l'eau)
uit·wed·strijd [œytwɛtstrɛit] *nm (-en)* (match en) déplacement
uit·weg [œytwɛχ] *nm (-en)* issue; **het water moet een ~ hebben** l'eau doit pouvoir s'écouler; **een ~ zoeken** chercher un expédient
uit·wei·den [œytwɛidə(n)] *vi (weidde uit, h. uitgeweid) (+ over)* s'étendre (sur)
uit·wei·ding [œytwɛidɪŋ] *nf (-en)* digression
uit·wen·dig [œytwɛndəχ] *adj, adv* extérieur(ement); **de ~e gehoorgang** le conduit auditif externe
[1]**uit·wer·ken** [œytwɛrkə(n)] *vt (werkte uit, h. uitgewerkt)* **1** développer; **zijn aantekeningen ~** mettre ses notes au net **2** résoudre **3** effectuer
[2]**uit·wer·ken** [œytwɛrkə(n)] *vi (werkte uit, h./i. uitgewerkt)* faire son effet; **een geneesmiddel laten ~** laisser à un médicament le temps d'agir; **de verdoving is uitgewerkt** l'anesthésie n'agit plus
uit·wer·king [œytwɛrkɪŋ] *nf (-en)* **1** effet; **dat zal zijn ~ niet missen** cela produira son effet **2** développement **3** calcul
uit·wer·pen [œytwɛrpə(n)] *vti (wierp uit, h. uitgeworpen)* **1** jeter **2** rejeter **3** *(sports)* remettre (le ballon) en jeu
uit·werp·sel [œytwɛrpsəl] *het (-en)* excrément
uit·wij·ke·ling [œytwɛikəlɪŋ] *nm (-en) (Belg.)* émigré
uit·wij·ken [œytwɛikə(n)] *vi (week uit, i. uitgeweken)* **1** s'écarter *(d'un chemin, d'une trajectoire)* **2** s'exiler **3** *(Belg.)* émigrer
uit·wijk·ma·noeu·vre [œytwɛikmanœ:-vrə, [B]œytwɛikmanøvər] *het/de (-s)* crochet (pour éviter un obstacle)
uit·wijk·mo·ge·lijk|heid [œytwɛikmoχələkhɛit] *nf (-heden)* **1** solution de remplacement **2** échappatoire
uit·wij·zen [œytwɛizə(n)] *vt (wees uit, h. uitgewezen)* **1** montrer; **de tijd zal het ~** le temps en décidera; **dat zal zich spoedig ~** on le verra bientôt **2** expulser (qqn)
uit·wij·zing [œytwɛizɪŋ] *nf (-en)* expulsion *(d'un réfugié etc.)*
uit·wis·sel·baar [œytwɪsəlbar] *adj* interchangeable
uit·wis·se·len [œytwɪsələ(n)] *vt (wisselde uit, h. uitgewisseld)* échanger
uit·wis·se·ling [œytwɪsəlɪŋ] *nf (-en)* échange
uit·wis·sen [œytwɪsə(n)] *vt (wiste uit, h. uitgewist)* effacer
uit·woe·den [œytwudə(n)] *vi (woedde uit, i. uitgewoed)* se calmer
uit·wo·nend [œytwonənt] *adj* ♦ **twee studerende, ~e dochters** deux filles étudiantes qui n'habitent plus chez leurs parents
uit·worp [œytwɔrp] *nm (-en)* **1** *(sports)*

remise en jeu (par le gardien de but) **2** déchets

uit·wrij·ven [œytfrɛivə(n)] *vt (wreef uit, h. uitgewreven)* astiquer; **zijn ogen ~** se frotter les yeux; *(fig.)* **zich de ogen ~** ouvrir de grands yeux; **de schoenen ~** faire briller les chaussures

uit·wrin·gen [œytfrɪŋə(n)] *vt (wrong uit, h. uitgewrongen)* essorer; *(iron.)* **je kunt hem wel ~!** il est trempé comme une soupe !

uit·wui·ven [œytwœyvə(n)] *vt (wuifde uit, h. uitgewuifd)* accompagner (qqn qui part)

uit·zaai·en, zich [œytsajə(n)] *vpr (zaaide zich uit, h. zich uitgezaaid) (méd.)* se généraliser

uit·zaai·ing [œytsajɪŋ] *nf (-en) (méd.)* dissémination

uit·za·gen [œytsaχə(n)] *vt (zaagde uit, h. uitgezaagd)* découper (à la scie)

uit·zak·ken [œytsɑkə(n)] *vi (zakte uit, is uitgezakt)* **1** *(méd.)* descendre **2** se déformer; **een uitgezakt lichaam** un corps avachi

uit·zei·len [œytsɛilə(n)] *vi (zeilde uit, i. uitgezeild) (mar.)* partir

uit·zend·bu·reau [œytsɛndbyro] *het (-s)* agence de travail intérimaire

uit·zen·den [œytsɛndə(n)] *vti (zond uit, h. uitgezonden)* **1** *(com.)* émettre; **een concert ~** diffuser un concert **2** envoyer

uit·zen·ding [œytsɛndɪŋ] *nf (-en)* **1** *(com.)* émission **2** *(com.)* diffusion; **hij zit in de ~** il est sur l'antenne

uit·zend·kracht [œytsɛntkrɑχt] *nm (-en)* (personnel) intérimaire

uit·zet [œytsɛt] *het/de (-ten)* **1** layette **2** trousseau *(d'une mariée)*

[1]**uit·zet·ten** [œytsɛtə(n)] *vt (zette uit, h. uitgezet)* **1** expulser **2** tendre *(déployer)* **3** disposer **4** *(argent)* placer **5** arrêter; **het gas ~** couper le gaz **6** tracer

[2]**uit·zet·ten** [œytsɛtə(n)] *vi (zette uit, i. uitgezet)* se dilater; **haar buik begint uit te zetten** son ventre commence à s'arrondir

uit·zet·ting [œytsɛtɪŋ] *nf (-en)* **1** expulsion **2** gonflement **3** expansion

uit·zicht [œytsɪχt] *het (-en)* **1** vue **2** perspective *(éventualité)*; **~ geven op** promettre

uit·zicht|loos [œytsɪχtlos] *adj (-lozer, -loost)* sans issue

uit·zie·ken [œytsikə(n)] *vi (ziekte uit, h./i. uitgeziekt) (méd.)* laisser la maladie suivre son cours; **je moet ~ voordat je weer aan het werk gaat** tu ne peux pas reprendre le travail avant de t'être complètement remis

uit·zien [œytsin] *vi (zag uit, h. uitgezien)* **1** *(+ naar)* guetter (qqch); **~ naar de vakantie** aspirer aux vacances **2** *(+ naar)* être à la recherche (de); **naar een gelegenheid ~** attendre une occasion **3** *(+ op)* donner (sur)

uit·zin·gen [œytsɪŋə(n)] *vt (zong uit, h. uitgezongen) (fam.)* tenir jusqu'au bout *(qqn)*; **hij kan het een paar jaar ~** il a de quoi durer quelques années ♦ **een lied ~** chanter une chanson en entier

uit·zin·nig [œytsɪnəχ] *adj, adv* (comme un) forcené; **een ~e menigte** une foule en délire; **~ van verdriet** fou de chagrin

uit·zit·ten [œytsɪtə(n)] *vt (zat uit, h. uitgezeten)* ♦ **het oude jaar ~** fêter la Saint-Sylvestre; **ik heb de vergadering niet helemaal uitgezeten** je suis parti avant la fin de la réunion

uit·zoe·ken [œytsukə(n)] *vt (zocht uit, h. uitgezocht)* **1** choisir **2** trier **3** tirer au clair; **dat moeten zij zelf maar ~!** qu'ils se débrouillent !; **ze zoeken het maar uit!** je m'en moque éperdument !

uit·zon·de·ren [œytsɔndərə(n)] *vt (zonderde uit, h. uitgezonderd)* excepter

uit·zon·de·ring [œytsɔndərɪŋ] *nf (-en)* exception; **bij ~** exceptionnellement; **met ~ van** à l'exception de

***uit·zon·de·rings-** [œytsɔndərɪŋs-] d'exception; **een uitzonderingsmaatregel** une mesure d'exception

uit·zon·der·lijk [œytsɔndərlək] *adj, adv* exceptionnel(lement)

uit·zui·gen [œytsœyχə(n)] *vt (zoog uit, h. uitgezogen)* sucer; **het volk ~** sucer le sang du peuple

uit|zui·ger [œytsœyχər] *nm (-s)*, **-zuigster** *nf (-s)* profiteur, -euse

uit·zwaai·en [œytswajə(n)] *vt (zwaaide uit, h. uitgezwaaid)* → **uitwuiven**

uit·zwer·men [œytswɛrmə(n)] *vi (zwermde uit, i. uitgezwermd)* **1** essaimer **2** se disperser

uit·zwe·ten [œytswetə(n)] *vt (zweette uit, h. uitgezweet)* **1** guérir en transpirant **2** suer; **de mens zweet per dag ongeveer 600 g vocht uit** l'homme élimine environ 600 g de liquide par jour

uk [ʌk], **ukkepuk** *nm (-ken)* mouflet, -ette

una·niem [ynanim] *adj, adv* unanime, à l'unanimité

un·der·co·ver·agent [ʌndərkɔvəraχɛnt] *nm (-en)* agent secret

un·der·dog [ʌndərdɔg] *nm (-s)* ♦ **het team startte in de rol van ~** avant la rencontre, l'équipe faisait figure d'outsider

un·fair [ʌnfɛ:r] *adj, adv* injuste(ment)

uni·cum [ynikʌm] *het (-s)* **1** chose unique; **dit is een ~ in de geschiedenis** c'est un cas unique dans l'histoire **2** exemplaire unique

unie [yni] *nf (-s)* union *(groupement)*

unief [ynif] *nf (Belg.)* fac

uniek [ynik] *adj, adv* (en exemplaire) unique; **~ in zijn soort zijn** n'avoir point d'égal

uni·for·me·ren [yniformerə(n)] *vt (uniformeerde, h. geüniformeerd)* uniformiser

uni·for·mi·teit [yniformitɛit] *nf* uniformité; **de ~ van de verklaringen** la conformité des déclarations

unit [junɪt] *de (-s)* unité

uni·ver·si·teit [yniverzitɛit] *nf (-en)* université

***uni·ver·si·teits-** [yniverzitɛits-] universitaire

uni·ver·si·teits·gids [yniverzitɛitsχɪts] *nm (-en)* guide de l'étudiant

uni·ver·sum [yniveɾzʌm] *het* univers

UNO [yno] *nf* abrév. de *United Nations Organization* ONU

up·da·ten [ʌbdetə(n)] *vb (updatete, h. geüpdatet)* mettre à jour

up·per ten [ʌpərtɛn] *plur* élite

up·pie [ʌpi] *het (fam.)* ♦ **in z'n ~** tout seul

ups-and-downs [ʌpsɛndauns] *plur* hauts et bas

up-to-date [ʌptudet] *adj* **1** à la page **2** à jour

ure [yrə] *de (form.)* ♦ **te(r) elfder ~** au dernier moment

uren·lang [yrə(n)lɑŋ] *adj, adv* qui dure des heures, pendant des heures

ur·gen·tie [ʌrχɛn(t)si] *nf* urgence

ur·gen·tie·ver·kla·ring [ʌrχɛn(t)sivərklarɪŋ] *nf (-en)* certificat attestant un cas d'urgence

uri·ne|buis [yrinəbœys] *de (-buizen) (méd.)* urètre

Uru·gu·ay [urugwɑj] *het* Uruguay

Uru·gu·ay|aan [urugwajan] *nm (-anen),* **-aanse** *nf (-n)* Uruguayen, -enne

Uru·gu·ay·aans [urugwajans] *adj* uruguayen

USB-poort [yɛzbeport] *de (-en)* port USB

USB-stick [yɛzbeportstɪk] *nm (-s)* clé USB

USSR [yɛsɛsɛr] *nf* abrév. de *Unie van Socialistische Sovjet-Republieken* URSS

uur [yr] *het (uren)* heure; **het is 12 ~ geweest** il est midi sonné; **uren en uren zat hij voor zijn werktafel** il restait assis à son bureau des heures durant; *(fig.)* **een ~ van geluk** un moment de bonheur; **om het half ~ gaat er een trein** il y a un train toutes les demi-heures; **op het halve ~** à la demie; **op het hele ~** à l'heure; **ze stonken een ~ in de wind** ils empestaient à une lieue à la ronde; **nog maar een ~tje** plus qu'une petite heure; **uren maken** faire de longues heures; **het nachtelijk ~** la nuit; **over een ~** dans une heure; **het is een ~ rijden** c'est à une heure de route; **ruim een ~** une bonne heure; **wij geven op deze school uren van 45 minuten** dans notre lycée nous donnons des cours de 45 minutes; **een vol ~** une heure entière; **het ~ U** l'heure H; **een ~ of twee** environ deux heures; **rond een ~ of twee** vers deux heures ♦ **in de kleine ~tjes, in de vroege uren thuiskomen** rentrer au petit matin

***uur-** [yr-] horaire; **het uurtarief** le tarif horaire

uur·do|cent [yrdosɛnt] *nm (-en),* **-cente** *nf (-s, -n)* enseignant, -ante à temps partiel

uur|loon [yrlon] *het (-lonen)* salaire horaire ♦ **zij werkt op ~** elle est payée à l'heure

uur·roos·ter [yrostər] *het (-s) (Belg.)* **1** *(enseign.)* emploi du temps **2** horaire

uur·ver·schil [yrvərsχɪl] *het* décalage horaire

uur·werk [yrwɛrk] *het (-en)* **1** horloge **2** mécanisme **3** *(Belg.)* montre

U-vor·mig [yvɔrməχ] *adj, adv* en U

uw [yw] *poss* votre, vos; **de uwen** les vôtres

uwer·zijds [ywərzɛits] *adv* de votre part

V

v. 1 abrév. de *vide* v. 2 abrév. de *vrouwelijk* f. 3 abrév. de *vers* v.

vaag [vaχ] *adj, adv (vager, vaagst)* vague(ment); **een ~ glimlachje** une ébauche de sourire; **ik heb zo'n ~ vermoeden dat ...** j'ai la vague impression que ...

vaak [vak] *adv (vaker, vaakst)* souvent; **dat gebeurt niet ~** c'est plutôt rare; **hoe ~ heb ik het (je) niet gezegd?** combien de fois faudra-t-il que je (te) le dise ?

vaal [val] *adj (valer, vaalst)* 1 terne 2 blême

***vaal-** [val-] sale; **vaalbruin** (d'un) brun sale

vaal·bleek [valblek] *adj* → **vaal 2**

vaan·del [vandəl] *het (-s)* 1 drapeau; *(fig.)* **zich onder iemands ~ scharen** se ranger sous la bannière de qqn 2 étendard 3 enseigne ♦ **iets in zijn ~ schrijven** inscrire qqch à son programme; **iets hoog in het ~ hebben (staan)** avoir un profond respect pour qqch; **iemand hoog in het ~ hebben (staan)** tenir qqn en haute estime

vaan·drig [vandrɪχ] *nm (-s) (milit.)* ± aspirant

vaan·tje [vancə] *het (-s)* fanion ♦ *(Belg.)* **naar de ~s zijn** être fichu

vaar·dig [vardəχ] *adj, adv (form.)* 1 habile (à), habilement; **~ zijn met de pen** avoir la plume facile 2 disposé (à)

vaar·dig|heid [vardəχhɛit] *nf (-heden) (form.)* 1 habileté; **de ~ kwijtraken** perdre la main 2 aptitude

vaart [vart] *de (-en)* 1 allure; **veel ~ hebben** aller à grande vitesse; **de ~ erin houden** ne pas laisser traîner les choses; **het zal zo'n ~ niet lopen** cela n'ira pas jusque-là; **~ maken** filer bon train; **~ minderen** ralentir; **in vliegende ~** à fond de train; **in volle ~** à toute allure; **ergens ~ achter zetten** activer les choses 2 navigation 3 canal

vaart·je [varcə] *het (-s)* bonne allure

vaar·tuig [vartœyχ] *het (-en)* bateau

vaart·ver·min·de·ring [vartfərmɪndərɪŋ] *nf* ralentissement

vaar·wa·ter [varwatər] *het (-s, -en) (mar.)* 1 eaux navigables; *(fig.)* **(een) gevaarlijk ~** une affaire épineuse; **in iemands ~ komen, zitten** marcher sur les brisées de qqn, se mettre sur le chemin de qqn; **in rustiger ~ komen** être dans l'accalmie; **blijf uit mijn ~** ne me mets pas de bâtons dans les roues 2 voie navigable

[1]**vaar·wel** [varwɛl] *het (form.)* adieu

[2]**vaar·wel** [varwɛl] *interj* adieu !

vaar·wel·zeg·gen [varwɛlzɛχə(n)] *vt (zegde, zei vaarwel, h. vaarwelgezegd)* 1 faire ses adieux à 2 renoncer à

vaas [vas] *de (vazen)* vase

vaat [vat] *de* vaisselle

***vaat-** [vat-] *(biol., méd.)* vasculaire; **het vaatstelsel** le système vasculaire

vaat·doek [vaduk] *nm (-en)* torchon; **hij is, voelt zich zo slap als een ~** il a les jambes en coton

vaat·je [vacə] *het (-s)* tonnelet ♦ *(fig.)* **uit een ander ~ tappen** changer de ton; **'t is een ~ buskruit** il (elle) est vif (vive) comme la poudre

vaat·ver·kal·king [vatfərkalkɪŋ] *nf (méd.)* artériosclérose

vaat·ver·nau·wing [vatfərnauwɪŋ] *nf (-en) (méd.)* vasoconstriction

vaat·ver·wij·ding [vatfərwɛidɪŋ] *nf (-en) (méd.)* vasodilatation

vaat|was·ma·chi·ne [vatwasmaʃinə] *nf (-s)*, **-wasser** *nm (-s)* lave-vaisselle

vaat·werk [vatwɛrk] *het* vaisselle

vaat·ziek·te [vatsiktə] *nf (-n, -s)* 1 *(méd.)* angiopathie *(maladie des vaisseaux)* 2 *(bot.)* maladie vasculaire

va·ca·tu·re [vakatyrə] *nf (-s)* 1 poste vacant; **aangeboden ~s** offres d'emploi 2 vacance

va·ca·tu·re·bank [vakatyrəbaŋk] *de (-en)* bourse de l'emploi

va·ca·tu·re·stop [vakatyrəstɔp] *nm (-s)* arrêt de l'embauchage

vacht [vaχt] *de (-en)* 1 toison *(d'un mouton)* 2 poil 3 fourrure *(pelage)*

va·cu·üm [vakywʌm] *het (-s)* vide

***va·cu·üm-** [vakywʌm-] à vide

va·cu·üm·ver·pak·king [vakywʌmvərpakɪŋ] *nf (-en)* emballage sous vide

va·dem [vadəm] *nm (-en, -s)* 1 toise 2 brasse *(mesure de longueur)*

va·der [vadər] *nm (-s)* père; **daar helpt geen lieve ~ of moeder aan** il n'y a pas à rechigner; **~tje en moedertje spelen** jouer au papa et à la maman; **onze Vader** Dieu le Père; *(prière)* pater; **Vadertje Staat** l'État-providence; **van ~ op zoon** de père en fils; **hoe gaat het ~tje?** comment ça va, pépé ?

***va·der-** [vadər-] paternel; **de vaderliefde** l'amour paternel

va·der·beeld [vadərbelt] *het (-en) (psycho.)* image du père

Va·der·dag [vadərdaχ] *nm* fête des Pères

va·de·ren [vadərə(n)] *plur* aïeux ♦ **de vroede ~** les édiles

va·der·fi|guur [vadərfiχyr] *de (-guren)* figure du père
va·der·land [vadərlant] *het (-en)* patrie; **een tweede ~** une patrie d'adoption; **hij vindt overal zijn ~** il se sent chez lui dans chaque pays
va·der·lan·der [vadərlandər] *nm (-s)* patriote
va·der·lands [vadərlan(t)s] *adj* national; **de ~e grond** le territoire national
va·der·lands·lief·de [vadərlan(t)slivdə] *nf* patriotisme
va·der·lands·lie·vend [vadərlan(t)slivənt] *adj, adv* **1** *(à propos de qqn)* (en) patriote **2** *(à propos de qqch)* patriotique(ment)
va·der·lijk [vadərlək] *adj, adv* paternel(lement); **een ~e vriend** un ami qui est comme un père
va·der·loos [vadərlos] *adj* **1** naturel **2** orphelin; **die kinderen zijn ~** ces enfants ont perdu leur père
va·der·moord [vadərmort] *de (-en)* parricide
va·der·schap [vadərsχap] *het* paternité
va·ders·kind [vadərskɪnt] *het (-eren)* **1** préféré, -ée du père **2** enfant très attaché(e) à son père
vad·sig [vatsəχ] *adj, adv* indolent, avec indolence
VAE [veae] *plur* abrév. de *Verenigde Arabische Emiraten* EAU
va·ge·bond [vaχəbɔnt] *nm (-en)* vagabond
va·ge·lijk [vaχələk] *adv* vaguement
va·ge·vuur [vaχəvyr] *het* purgatoire
va·gi·na [vaχina] *de (-'s)* vagin
vak [vak] *het (-ken)* **1** compartiment; **de ~ken van een schaakbord** les cases d'un jeu d'échecs; **~ken vullen** *(dans un magasin)* remplir les rayons, *(péj.)* faire un travail simple comme bonjour **2** métier **3** discipline; **acht ~ken in zijn pakket hebben** avoir un programme scolaire de huit matières
va·kan·tie [vakan(t)si] *nf (-s)* vacances; **doorbetaalde ~** congés payés; **met, op ~ gaan** partir en vacances
***va·kan·tie-** [vakan(t)si-] de vacances; **het vakantiewerk** le travail de vacances
va·kan·tie·dag [vakan(t)sidaχ] *nm (-en)* **1** jour, journée de vacances **2** jour de congé
va·kan·tie·gan·ger [vakan(t)siχaŋər] *nm (-s)* vacancier
va·kan·tie·geld [vakan(t)siχɛlt] *het (-en)* indemnité de congé, de vacances
va·kan·tie·oord [vakan(t)siort] *het (-en)* **1** villégiature **2** lieu touristique
va·kan·tie·park [vakan(t)sipark] *het (-en)* village de vacances
va·kan·tie·tijd [vakan(t)sitɛit] *nm (-en)* **1** temps des vacances **2** période des vacances
va·kan·tie·toe·slag [vakan(t)situslaχ] *de (-en)* → **vakantiegeld**
vak·ar·bei·der [vakarbɛidər] *nm (-s)* ouvrier qualifié
vak·be|kwaam [vagbəkwam] *adj (-kwamer, -kwaamst)* qualifié
vak·be·kwaam·heid [vagbəkwamhɛit] *nf* compétence professionnelle
vak·be·we·ging [vagbəweχɪŋ] *nf* syndicalisme
vak·blad [vagblat] *het (-en)* revue professionnelle
vak·bond [vagbɔnt] *nm (-en)* **1** syndicat **2** centrale syndicale
vak·broe·der [vagbrudər] *nm (-s) (form.)* → **vakgenoot**
vak·di·plo·ma [vagdiploma] *het (-'s)* certificat d'aptitude professionnelle
va·ke [vakə] *nm (-s) (Belg.; enf.)* papa
vak·ge·bied [vakχəbit] *het (-en)* spécialité *(branche)*
vak·ge|noot [vakχənot] *nm (-noten)*, **-note** *nf (-s, -n)* collègue
vak·groep [vakχrup] *de (-en)* unité d'enseignement et de recherche
vak·ken·nis [vakɛnɪs] *nf* connaissances professionnelles
vak·ken·pak·ket [vakə(n)pakɛt] *het (-ten)* ensemble des matières choisies
vak·ken·vul·ler [vakə(n)vʌlər] *nm (-s)* gondolier *(dans un magasin)*
vak·kring [vakrɪŋ] *nm (-en)* ♦ **in ~en** dans les milieux professionnels, la profession
vak·kun·dig [vakʌndəχ] *adj, adv* compétent, avec compétence
vak·li·te·ra·tuur [vaklitəratyr] *nf* littérature (spécialisée)
vak|man [vakman] *nm (-lui, -lieden, -mannen, -mensen)* spécialiste
vak·man·schap [vakmansχap] *het* métier *(habileté technique)*
vak·on·der·wijs [vakɔndərwɛis] *het* enseignement technique
vak·op·lei·ding [vakɔplɛidɪŋ] *nf (-en)* formation professionnelle
vak·or|gaan [vakɔrχan] *het (-ganen)* → **vakblad**
vak·or·ga·ni·sa·tie [vakɔrχaniza(t)si] *nf (-s)* → **vakvereniging**
vak·pers [vakpɛrs] *de* presse spécialisée
vak|school [vaksχol] *de (-scholen)* école professionnelle
vak|taal [vaktal] *de (-talen)* vocabulaire technique
vak·tech·nisch [vaktɛχnis] *adj* spécialisé
vak·term [vaktɛrm] *nm (-en)* terme technique
vak·tijd·schrift [vaktɛitsχrɪft] *het (-en)* → **vakblad**
vak·ver·bond [vakfərbɔnt] *het (-en)* → **vakbond 2**
vak·ver·eni·ging [vakfərenəχɪŋ] *nf (-en)* **1** syndicat **2** syndicat patronal
vak·werk [vakwɛrk] *het* travail de professionnel; **dat zijn knappe staaltjes ~** c'est du beau travail de professionnel
[1]**val** [val] *nm* **1** chute; **ten ~ komen** faire une chute; *(fig.)* **ten ~ komen** tomber en dis-

grâce; ten ~ brengen faire tomber; de regering ten ~ brengen renverser le gouvernement 2 pli

[2]**val** [vɑl] *de (-len)* 1 piège; in de ~ lopen tomber dans le panneau 2 *(Belg.)* trappe

val·avond [vɑlavɔnt] *nm (Belg.)* crépuscule; bij, met, in, tegen ~ à la nuit tombante

val·bijl [vɑlbɛil] *de (-en)* guillotine

val·brug [vɑlbrʌχ] *de (-gen)* pont-levis

val·helm [vɑlhɛlm] *nm (-en)* casque

va·li·de [validə] *adj* valide

va|lies [valis] *het (-liezen)* valise

valk [vɑlk] *de (-en)* faucon

val·kuil [vɑlkœyl] *nm (-en)* 1 trappe 2 *(fig.)* piège

val·lei [vɑlɛi] *de (-en)* vallée

val·len [vɑlə(n)] *vi (viel, i. gevallen)* 1 tomber; een gat in zijn knie ~ s'ouvrir le genou en tombant; hij laat alles ~ tout lui glisse des mains; zijn beste vriend laten ~ lâcher son meilleur ami; op, over een woord ~ tiquer sur un mot; de verantwoordelijkheid valt op ... la responsabilité incombe à ...; *(fig.)* met ~ en opstaan avec des hauts et des bas; over een steen ~ trébucher sur une pierre; *(fig.)* over iemand heen ~ accabler qqn de reproches; er valt sneeuw il neige; voor het vaderland ~ mourir pour la patrie 2 (re)tomber 3 avoir un faible pour; ze ~ niet op elkaar ils ne sont pas faits l'un pour l'autre ♦ het besluit viel om in te grijpen on prit la décision d'intervenir; er vielen doden il y eut des morts; wat valt er te doen? qu'est-ce qu'il y a à faire ?; een kandidaat laten ~ faire échouer un candidat; hij liet de aanklacht ~ il a retiré sa plainte; ~ onder être du ressort de; er viel niet aan te tornen il n'y eut rien à faire; al naar het valt suivant le cas

val·luik [vɑlœyk] *het (-en)* trappe

val·par·tij [vɑlpɑrtɛi] *nf (-en)* chutes en série

val|reep [vɑlrep] *nm (-repen)* ♦ op de ~ à la toute dernière minute

vals [vɑls] *adj, adv (valser, meest v.)* 1 faux *(aussi mus.)*, faussement; iets in een ~ (dag)licht stellen présenter qqch sous un faux jour; ~ getuigen porter un faux témoignage; een ~e piano un piano désaccordé; ~ spelen tricher; *(mus.)* jouer faux 2 mauvais, avec méchanceté; een ~ beest une bête méchante

val·scherm [vɑlsχɛrm] *het (-en)* parachute

val·se·lijk [vɑlsələk] *adv (form.)* faussement

val·se·mun·ter [vɑlsəmʌntər] *nm (-s)* faux-monnayeur

val·se·rik [vɑlsərɪk] *nm (-en)* faux jeton

vals|heid [vɑlshɛit] *nf (-heden)* fausseté ♦ ~ in geschrifte (plegen) (faire des) faux en écriture

val·strik [vɑlstrɪk] *nm (-ken)* piège

va·lu·ta [valyta] *de (-'s) (écon.)* 1 monnaie 2 cours 3 devises

va·lu·ta·koers [valytakurs] *nm (-en) (écon.)* taux de change

vam·pier [vɑmpir] *nm (-s)* vampire

van [vɑn] *prép* 1 de; daar niet ~ il ne s'agit pas de ça; drie ~ de vier trois sur quatre; ~ een bord eten manger dans une assiette; sigaren ~ vijf euro cigares à cinq euros; ~ wie is dit boek? het is ~ Orwell de qui est ce livre ? il est d'Orwell 2 *(temporel)* dès; ~ toen af à partir de ce moment-là; ~ voren af aan dès le début 3 *(matériau)* en 4 *(exprimant la possession)* à; ~ wie is dit boek? het is ~ mij à qui appartient ce livre ? il est à moi ♦ ik geloof ~ niet je ne (le) crois pas; het lijkt ~ wel ça en a tout l'air; ik verzeker u ~ wel je vous assure que si; ik ben niet zo ~ de feestjes je ne suis pas très fête

van·ach·ter [vɑnɑχtər] *adv* 1 de derrière; zij komt ~ uit de tuin elle vient du fond du jardin 2 *(Belg.)* derrière

van·af [vɑnɑf] *prép (fam.)* depuis; ~ hier moeten we klimmen à partir d'ici nous devrons grimper; ~ volgend jaar à partir de l'année prochaine

van·avond [vɑnavɔnt] *adv* ce soir

van·bin·nen [vɑmbɪnə(n)] *adv* à l'intérieur; het zit ~ c'est interne; *(psycho.)* c'est dans la tête

van·bo·ven [vɑmbovə(n)] *adv* 1 dessus 2 d'en haut

van·bui·ten [vɑmbœytə(n)] *adv* 1 de l'extérieur 2 à l'extérieur ♦ iets ~ leren apprendre qqch par cœur

van·daag [vɑndaχ] *adv* aujourd'hui; wat is het ~? quel jour sommes-nous ?; van ~ op morgen du jour au lendemain; dat is niet van ~ of gisteren c'est un fait établi de longue date; beter, liever ~ dan morgen le plus tôt sera le mieux ♦ ~ of morgen un de ces jours

van|daal [vɑndal] *nm (-dalen)* vandale

van·daan [vɑndan] *adv* 1 en; ze gingen om twaalf uur bij mij ~ ils sont partis de chez moi à midi 2 de; waar haal je dat ~? d'où tiens-tu cela ?; is Amsterdam hier ver ~? est-ce qu'Amsterdam est loin d'ici ?

van·daar [vɑndar] *adv* de là(-bas) ♦ ~ dat ... c'est pourquoi ...; o ~! ah ! voilà !

van·da·lis·tisch [vɑndalɪstis] *adj, adv* de, en vandale

van·door [vɑndor] *adv* ♦ er snel ~ gaan partir en flèche; ik moet er weer ~ il faut que je m'en aille; hij is er met de vrouw van een ander ~ il est parti avec la femme d'un autre

van·een [vɑnen] *adj (Belg.)* séparé; Marc en Nathalie zijn ~ Marc et Nathalie se sont séparés

[1]**van·gen** [vɑŋə(n)] *vt (ving, h. gevangen)* 1 attraper; iemands blik ~ accrocher le regard de qqn 2 *(fam.)* toucher

[2]**van·gen** [vɑŋə(n)] *vi (ving, h. gevangen) (Belg.)* être cinglé

vang·hek [vɑŋhɛk] *het (-ken)* garde-fou

vang·net [vɑŋnɛt] *het (-ten)* **1** filet **2** filet de sécurité *(pour des personnes)*
vang·rail [vɑŋrel] *de (-s)* glissière de sécurité
vangst [vɑŋst] *nf (-en)* prise ♦ **de heroïnebrigade deed een goede ~** la brigade des stupéfiants a fait un formidable coup de filet
vang·zeil [vɑŋzɛil] *het (-en)* toile de sauvetage *(incendie)*
van·hier [vɑnhir] *adv* d'ici
va·nil·le·stok·je [vanijəstɔkjə, vaniljəstɔkjə] *het (-s)* gousse de vanille
va·nil·le·sui·ker [vanijəsœykər, vaniljəsœykər] *nm* sucre vanillé
van·je·wel·ste [vɑnjəwɛlstə] d'importance
van·mid·dag [vɑmɪdɑχ] *adv* cet après-midi
van·mor·gen [vɑmɔrχə(n)], **vanochtend** *adv* ce matin
van·nacht [vɑnɑχt] *adv* cette nuit
van·on·der [vɑnɔndər] *adv* de dessous
van·ouds [vɑnɑuts] *adv* depuis longtemps; **als ~** comme toujours
van·uit [vɑnœyt] *prép* **1** de *(lieu)* **2** à partir de
van·waar [vɑnwar] *adv* **1** d'où **2** pourquoi
van·we·ge [vɑnweχə] *prép* **1** par **2** au nom de **3** à cause de
van·zelf [vɑnzɛlf] *adv* **1** de son plein gré **2** automatiquement; **dat spreekt ~** cela va de soi **3** naturellement
van·zelf·spre·kend [vɑnzɛlfsprekənt] *adj, adv* évident, évidemment
[1]**va·ren** [varə(n)] *de (-s)* fougère
[2]**va·ren** [varə(n)] *vi (voer, h./i. gevaren)* **1** naviguer; **op de Oost ~** assurer la liaison maritime avec les Indes Orientales; *(fig.)* **op één kompas ~** suivre une voie déterminée **2** aller *(en bateau)* ♦ *(Belg.)* **het zal hem ~** il ne sait pas ce qui l'attend; **ergens wel bij ~** se trouver bien de qqch
va·ria [varija] *plur* mélanges
va·ri·ant [varijɑnt] *de (-en)* variante
va·ri·a·tie [varija(t)si] *nf (-s)* **1** variation **2** variété; **ergens ~ in brengen** varier qqch; **voor de ~** pour changer
va·ri·é·té [varijete] *het (-s)* spectacle de variétés
va·ri·ë·teit [varijetɛit] *nf (-en)* **1** variété **2** *(biol.)* variation
va·ri·é·té·pro·gram·ma [varijeteproχrɑma] *het (-'s)* → **variété**
var·ken [vɑrkə(n)] *het (-s)* **1** porc; *(fig.)* **het ~ is op een oor na gevild** le gros de l'ouvrage est fait; **een lui ~ zijn** être paresseux comme un loir; **schreeuwen als een mager ~** crier comme un putois; *(prov)* **veel ~s maken de spoeling dun** les étourneaux sont maigres, parce qu'ils vont en troupe; *(prov)* **vieze ~s worden niet vet** chat ganté n'a jamais pris de souris; *(fig.)* **wij zullen dat ~(tje) wel wassen** on s'en occupe **2** tirelire *(contenant de l'argent)*
***var·kens-** [vɑrkə(n)s-] de porc; **een varkenshaasje** un filet de porc
vast [vɑst] *adj, adv (vaster, meest v.)* **1** fixe(ment); **aan iets ~ zitten** être accroché à qqch, ne pouvoir se libérer; **daar zit meer aan ~ dan je denkt** c'est plus compliqué qu'on ne le pense; *(com.)* **een ~ nummer** un numéro de téléphone fixe; **een ~e slaap** un sommeil profond; **een ~e telefoon** un téléphone fixe; **de deur zit ~** la porte est coincée **2** ferme(ment) **3** solide(ment) **4** sûr(ement); **voor ~** pour sûr; **~ wel** sûrement; **~ en zeker** sans aucun doute; **u heeft ~ dorst** je parie que vous avez soif **5** déjà; **hier heb je ~ een euro** en attendant, voilà un euro ♦ **voor ~** pour de bon
vast·bak·ken [vɑstbɑkə(n)] *vi (bakte vast, i. vastgebakken) (cuis.)* attacher ♦ **vastgebakken zitten aan** ne (pas) pouvoir se libérer de
vast·be·ra|den [vɑstbəradə(n)] *adj, adv (-dener, meest v.)* ferme, avec fermeté
vast·be·slo|ten [vɑstbəslotə(n)] *adj (-tener, meest v.)* résolu; **~ zijn om** être bien résolu à
vast·bij·ten, zich [vɑstbɛitə(n)] *vpr (beet zich vast, h. zich vastgebeten) (+ in)* s'accrocher (à)
vast·bin·den [vɑstbɪndə(n)] *vt (bond vast, h. vastgebonden)* attacher
vast·draai·en [vɑsdrajə(n)] *vt (draaide vast, h. vastgedraaid)* serrer
vast·druk·ken [vɑsdrʌkə(n)] *vt (drukte vast, h. vastgedrukt)* serrer
vas·te·land [vɑstəlɑnt] *het* **1** continent **2** terre ferme
[1]**vas·ten** [vɑstə(n)] *nm* **1** jeûne **2** carême
[2]**vas·ten** [vɑstə(n)] *vi (vastte, h. gevast)* jeûner; **~ op water en brood** se mettre au pain et à l'eau
Vas·ten·avond [vɑstə(n)avɔnt] *nm (-en)* mardi gras
vas·ten·tijd [vɑstə(n)tɛit] *nm* → [1]**vasten 2**
vast·ges·pen [vɑstχɛspə(n)] *vt (gespte vast, h. vastgegespt)* boucler
vast·goed [vɑstχut] *het* immobilier
vast·grij·pen [vɑstχrɛipə(n)] *vt (greep vast, h. vastgegrepen)* saisir; **zich aan een tak ~** se rattraper à une branche
vast·hech·ten [vɑsthɛχtə(n)] *vt (hechtte vast, h. vastgehecht)* attacher
vast·heid [vɑsthɛit] *nf* **1** consistance **2** fermeté; **~ van hand** sûreté de la main
[1]**vast·hou·den** [vɑsthɑudə(n)] *vt (hield vast, h. vastgehouden)* **1** tenir; **iemands aandacht ~** retenir l'attention de qqn; *(fig.)* **hou je vast!** tiens-toi bien ! **2** *(sports)* bloquer **3** garder; **hou dat voor mij vast** réservez cela pour moi **4** maintenir
[2]**vast·hou·den** [vɑsthɑudə(n)] *vi (hield vast, h. vastgehouden)* **1** *(+ aan)* tenir (à) **2** *(+ aan) (fig.)* persister (dans)
vast·hou·dend [vɑsthɑudənt] *adj* **1** persévérant **2** conservateur

vas·tig|heid [vɑstəχhɛit] *nf (-heden) (fam.)* sécurité

vast·ke·te·nen [vɑstketənə(n)] *vt (ketende vast, h. vastgeketend)* enchaîner *(sens pr.)*

vast·klam·pen, zich [vɑstklɑmpə(n)] *vpr (klampte zich vast, h. zich vastgeklampt)* → ²vastklemmen

¹**vast·klem·men** [vɑstklɛmə(n)] *vt (klemde vast, h. vastgeklemd)* serrer

²**vast·klem·men, zich** [vɑstklɛmə(n)] *vpr (klemde zich vast, h. zich vastgeklemd)* se cramponner (à)

vast·kle·ven [vɑstklevə(n)] *vti (kleefde vast, h./i. vastgekleefd)* → vastplakken

vast·kno·pen [vɑstknopə(n)] *vt (knoopte vast, h. vastgeknoopt)* **1** boutonner **2** nouer **3** attacher avec une corde **4** *(fig.)* relier ♦ **er een dagje aan ~** rester un jour de plus

vast·koe·ken [vɑstkukə(n)] *vi (koekte vast, i. vastgekoekt)* → vastbakken

vast·leg·gen [vɑstlɛχə(n)] *vt (legde vast, h. vastgelegd)* **1** attacher **2** *(fin.)* immobiliser **3** enregistrer **4** fixer; **in het contract werd vastgelegd dat ...** il a été stipulé dans le contrat que ... **5** engager; **een speler ~** engager un joueur

vast·lig·gen [vɑstlɪχə(n)] *vi (lag vast, h. vastgelegen)* **1** être attaché **2** être immobilisé **3** être fixé; **hun lot ligt vast** leur sort est réglé

vast·lo·pen [vɑstlopə(n)] *vi (liep vast, i. vastgelopen)* **1** s'échouer; **met een auto in de modder ~** embourber sa voiture; **de machine is vastgelopen** la machine a grippé **2** *(fig.)* être dans une impasse

vast·ma·ken [vɑstmakə(n)] *vt (maakte vast, h. vastgemaakt)* **1** attacher **2** *(Belg.)* fermer

vast·na·ge·len [vɑstnaχələ(n)] *vt (nagelde vast, h. vastgenageld)* clouer

vast·nie·ten [vɑstnitə(n)] *vt (niette vast, h. vastgeniet)* agrafer *(fixer des agrafes)*

vast·om·lijnd [vɑstɔmlɛint] *adj* bien défini

vast·pak·ken [vɑstpɑkə(n)] *vt (pakte vast, h. vastgepakt)* saisir

vast·pin·nen [vɑstpɪnə(n)] *vt (pinde vast, h. vastgepind) (technol.)* goupiller; *(fig.)* **iemand op een uitspraak ~** forcer qqn à respecter ses engagements

vast·plak·ken [vɑstplɑkə(n)] *vti (plakte vast, h./i. vastgeplakt)* coller (à)

vast·pra·ten [vɑstpratə(n)] *vt (praatte vast, h. vastgepraat)* ♦ **hij praatte zich volledig vast** il s'enferra complètement dans ses explications

vast·prik·ken [vɑstprɪkə(n)] *vt (prikte vast, h. vastgeprikt)* épingler

vast·roes·ten [vɑstrustə(n)] *vi (roestte vast, i. vastgeroest)* se coincer, *(fig.)* s'encroûter

vast·schroe·ven [vɑ(st)sχruvə(n)] *vt (schroefde vast, h. vastgeschroefd)* visser

vast·spel·den [vɑ(st)spɛldə(n)] *vt (speldde vast, h. vastgespeld)* épingler

vast·spij·ke·ren [vɑ(st)spɛikərə(n)] *vt (spijkerde vast, h. vastgespijkerd)* → vastnagelen

vast·staan [vɑ(st)stan] *vi (stond vast, h. vastgestaan)* **1** être d'aplomb **2** être certain **3** être ferme

vast·staand [vɑ(st)stant] *adj* **1** acquis **2** arrêté; **~e prijzen** prix fixes **3** permanent

vast·stel·len [vɑ(st)stɛlə(n)] *vt (stelde vast, h. vastgesteld)* **1** fixer **2** arrêter **3** constater

vast·stel·ling [vɑ(st)stɛlɪŋ] *nf (-en)* **1** décision **2** constatation

vast·vrie·zen [vɑstfrizə(n)] *vi (vroor vast, i. vastgevroren)* être pris dans la glace

vast·zet·ten [vɑ(st)sɛtə(n)] *vt (zette vast, h. vastgezet)* **1** fixer **2** *(fin.)* déposer **3** mettre en prison **4** *(échecs, jeu de dames)* coincer

vast·zit·ten [vɑ(st)sɪtə(n)] *vi (zat vast, h. vastgezeten)* **1** être coincé **2** être fixé; *(fig.)* **daar zit heel wat aan vast** cette affaire est complexe; **die spijker zit behoorlijk vast** ce clou est bien planté **3** être en prison **4** être engagé; **aan die belofte zat hij nu eenmaal vast** il était tenu, lié par cette promesse

¹**vat** [vɑt] *nm* prise; *(fig.)* **~ op iemand krijgen** avoir prise sur qqn; **geen ~ op iemand hebben** n'avoir aucune prise sur qqn, ne pas avoir d'ascendant, d'emprise sur qqn

²**vat** [vɑt] *het (-en)* **1** tonneau; *(prov)* **holle ~en klinken het hardst** les tonneaux vides (sont ceux qui) font le plus de bruit; *(fig.)* **hij heeft bij mij nog iets in het ~** il me doit encore qqch; *(prov)* **wat in het ~ is, verzuurt niet** ± ce qui est différé n'est pas perdu; **een pils van het ~** un demi pression **2** *(phys.)* vase **3** *(biol.)* vaisseau ♦ *(fig.)* **ik weet niet in welk ~ ik het zal gieten** je ne sais pas comment je dois m'y prendre; **een ~ vol tegenstrijdigheden** un abîme de contradictions

vat|baar [vɑdbar] *adj (-baarder, -baarst)* **1** sensible (à) **2** *(+ voor)* accessible (à) **3** *(+ voor)* susceptible (de)

Va·ti·caan·stad [vatikanstɑt] *de* cité du Vatican

vat·ten [vɑtə(n)] *vt (vatte, h. gevat)* **1** attraper; **iemand bij de hand ~** prendre qqn par la main; *(fam.)* **er eentje ~** prendre un verre **2** comprendre **3** encadrer ♦ **dat is niet in woorden te ~** c'est inexprimable

va·zal [vazɑl] *nm (-len)* vassal

va·zal|staat [vazɑlstat] *nm (-staten)* (pays) satellite

VBO [vebeo] *het (Belg.)* abrév. de *Verbond van Belgische Ondernemingen* FEB

v.Chr. [vorkrɪstʌs] abrév. de *voor Christus* av. J.-C.

v.d. [vɑndə] abrév. de *van de* du, de l', de la, des

v.e. [vɑnən] abrév. de *van een* d'un(e)

vech·ten [vɛχtə(n)] *vi (vocht, h. gevochten)* se battre; **tegen de slaap ~** lutter contre le sommeil; **tegen, met iemand ~** se battre avec qqn; **voor dat ideaal heeft zij altijd gevochten** elle a toujours lutté pour cet idéal
vech·ter [vɛχtər] *nm (-s),* **vechtster** *nf (-s)* **1** lutteur, -euse **2** combattant, -ante
vech·ters|baas [vɛχtərzbas] *nm (-bazen),* **vechtjas** *nm (-sen)* bagarreur
vecht·lust [vɛχtlʌst] *nm* combativité
vecht·par·tij [vɛχtpartɛi] *nf (-en)* bagarre
vecht·sport [vɛχtspɔrt] *de (-en)* sport de combat
vec·tor [vɛktɔr] *nm (-en)* vecteur
ve·der·licht [vedərlɪχt] *adj* léger comme une plume
vee [ve] *het* bétail; **een stuk ~** une tête de bétail
***vee-** [ve-] de bestiaux; **de veehandelaar** le marchand de bestiaux
vee·arts [vearts] *nm (-en)* vétérinaire
veeg [veχ] *de (vegen)* **1** coup de balai **2** claque **3** trace ♦ **een ~ uit de pan krijgen** recevoir un coup de patte
vee|hou·der [vehaudər] *nm (-s),* **-houdster** *nf (-s)* éleveur, -euse
vee·hou·de·rij [vehaudərɛi] *nf (-en)* élevage
[1]**veel** [vel] *adv (meer, meest)* beaucoup; **je moet niet zo ~ lopen** il ne faut pas marcher autant
[2]**veel** [vel] *indéf* beaucoup (de); **het heeft er ~ van dat ...** il semble bien que ...; **te ~** trop; **dat was haar te ~** c'en était trop pour elle; **dat is niet ~ zaaks** ce n'est pas grand-chose; **net als zo velen** comme tant d'autres; *(iron.)* **jij hebt ook niet ~ meer nodig!** ça ne va pas mieux, toi !
veel·al [velal] *adv* **1** d'ordinaire **2** pour la plupart
veel·be·lo·vend [velbəlovənt] *adj, adv* prometteur, de façon prometteuse; **dat ziet er ~ uit** cela promet
veel·be·spro·ken [velbəsprokə(n)] *adj* dont on parle beaucoup
veel·be·te·ke·nend [velbətekənənt] *adj, adv* significatif, d'une manière significative; **een ~ zwijgen** un silence éloquent
veel·be·wo·gen [velbəwoχə(n)] *adj* mouvementé
veel·eer [veler] *adv (form.)* plutôt; **hij is ~ zwak dan slecht** il est plus faible que mauvais
veel·ei|send [velɛisənt] *adj (-sender, meest v.)* exigeant
veel·ge·bruikt [velχəbrœykt] *adj* fréquemment utilisé; **een ~ argument** un argument souvent cité
veel·ge·steld [velχəstɛlt] *adj* ♦ *(Internet)* **~e vragen** question fréquentes
veel·ge·vraagd [velχəvraχt] *adj* très demandé
veel|heid [velhɛit] *nf (-heden)* multiplicité
veel·hoek [velhuk] *nm (-en) (math.)* polygone
veel·kleu·rig [velkløɾəχ] *adj* multicolore
veel·kop·pig [velkɔpəχ] *adj* **1** polycéphale **2** nombreux
veel·om·vat·tend [velɔmvɑtənt] *adj* **1** vaste **2** complexe
veel·soor·tig [velsortəχ] *adj* multiple
veel·stem·mig [velstɛməχ] *adj (mus.)* polyphonique
veel·ta·lig [veltaləχ] *adj* multilingue
veel·voud [velvaut] *het (-en)* multiple; **dat kost een ~ van het oorspronkelijke bedrag** cela coûte beaucoup plus cher que prévu
veel·vou·dig [velvaudəχ] *adj, adv* **1** multiple **2** fréquent, fréquemment **3** multiple, diversement
veel|vraat [velvrat] *nm (-vraten)* goinfre
veel·vul·dig [velvʌldəχ] *adj, adv* multiple, fréquemment
veel·zeg·gend [velzɛχənt] *adj* éloquent; **dat is ~** cela en dit long
veel·zij·dig [velzɛidəχ] *adj* **1** multiple; **een ~e geest** un esprit universel; **~e kennis** de vastes connaissances **2** *(math.)* polygonal
veel·zij·dig·heid [velzɛidəχhɛit] *nf* universalité
veen [ven] *het (venen)* **1** tourbe **2** tourbière
veen·bes [vembɛs] *de (-sen)* canneberge *(baie rouge)*
vee·pest [vepɛst] *de* peste bovine
[1]**veer** [ver] *de (veren)* **1** plume; *(fig.)* **iemand een ~ op de hoed steken** louer qqn **2** plume d'oie **3** ressort ♦ **onder de veren duiken** se mettre au plumard; **vroeg uit de veren** levé de bonne heure
[2]**veer** [ver] *het (veren) (mar.)* **1** passage **2** bac
veer|boot [verbot] *de (-boten)* → [2]**veer 2**
veer·dienst [verdinst] *nm (-en) (mar.)* service de bac
veer·kracht [verkrɑχt] *de* **1** *(phys.)* élasticité **2** *(fig.)* ressort
veer·krach·tig [verkrɑχtəχ] *adj* **1** élastique; **met ~e tred** d'un pas souple **2** *(fig.)* énergique
veer|man [vermɑn] *nm (-lieden, -lui)* passeur
veer·pont [verpɔnt] *de (-en)* → [2]**veer 2**
veer·tien [vertin] *card* quatorze; **dinsdag over ~ dagen** mardi en quinze; **een dag of ~** une quinzaine de jours
veer·tien·daags [vertindaχs] *adj* **1** bimensuel **2** de quinze jours
veer·tien·de [vertində] *ord* quatorzième; **Lodewijk de Veertiende** Louis quatorze
veer·tig [fɛrtəχ] *card* quarante; **over de ~ zijn** avoir dépassé la quarantaine; *(fromage)* **~ plus** fromage à quarante pour cent de matières grasses
veer·ti·ger [fɛrtəχər] *adj* ♦ **de ~** le, la quadragénaire; **hij is een goede ~** il a une bonne quarantaine d'années; **de ~ jaren** les années quarante
veer·tig·ja·rig [fertəχjarəχ] *adj* **1** de qua-

rante ans 2 qui revient tous les quarante ans
veer·tig·ste [fertəχstə] *ord* quarantième
veer·tig·tal [fertəχtɑl] *het (-len)* quarantaine
vee·sta·pel [vestapəl] *nm (-s)* cheptel
vee·teelt [vetelt] *de* élevage
vee·wa·gen [vewaχə(n)] *nm (-s) (fourgon automobile)* bétaillère
ve·ga·nist [veχanɪst] *nm (-en)* végétalien, -ienne
[1]**ve·gen** [veχə(n)] *vti (veegde, h. geveegd)* 1 balayer 2 essuyer 3 draguer *(des mines)* ♦ *(sports)* geveegd worden se faire écraser
[2]**ve·gen** [veχə(n)] *vi (veegde, h. geveegd)* passer *(la main (sur)); (inform.)* veeg met uw vinger over het scherm faites glisser votre doigt sur l'écran (pour balayer)
ve·ger [veχər] *nm (-s)* 1 (balai-)brosse; ~ en blik balayette et pelle 2 balayeur, -euse
ve·ge·ta·ri·ër [veχetarijər] *nm (-s)* végétarien, -enne
ve·ge·ta·risch [veχetaris] *adj, adv* (de façon) végétarien(ne)
ve·ge·te·ren [veχeterə(n)] *vi (vegeteerde, h. gevegeteerd)* végéter; op iemand ~ vivre aux crochets de qqn
ve·hi·kel [vehikəl] *het (-s)* 1 tacot 2 clou *(vélo)*
vei·len [vɛilə(n)] *vt (veilde, h. geveild)* vendre aux enchères
vei·lig [vɛiləχ] *adj, adv* 1 sûr, en (toute) sécurité; iets ~ opbergen mettre qqch en lieu sûr; ~ thuiskomen bien rentrer (à la maison); niets is voor hem ~ il est touche-à-tout 2 sûr, sans risque 3 sûr, *(route)* libre; *(fig.)* het sein op ~ stellen donner le feu vert
vei·lig|heid [vɛiləχhɛit] *nf (-heden)* sécurité; iets in ~ brengen mettre qqch en lieu sûr; voor de ~ pour plus de sûreté
***vei·lig·heids-** [vɛiləχhɛits-] de sécurité; de veiligheidsgordel la ceinture de sécurité
vei·lig·heids·be·amb·te [vɛiləχhɛitsbəɑmtə] *nm (-n, -s)* employé d'un service de sécurité
vei·lig·heids·hal·ve [vɛiləχhɛitshɑlvə] *adv* par mesure de sécurité
vei·lig·heids·over·we·ging [vɛiləχhɛitsovərweχɪŋ] *nf (-en)* ♦ uit ~en par mesure de sécurité
vei·lig·heids·speld [vɛiləχhɛitspɛlt] *de (-en)* épingle de nourrice
vei·ling [vɛilɪŋ] *nf (-en)* 1 vente aux enchères; openbare ~ vente publique 2 vente à la criée 3 salle des ventes
vei·ling·mees·ter [vɛilɪŋmestər] *nm (-s)* commissaire-priseur
vein·zen [vɛinzə(n)] *vti (veinsde, h. geveinsd)* feindre; ~ te slapen faire semblant de dormir
vein·ze·rij [vɛinzərɛi] *nf (-en)* simulation
vel [vɛl] *het (-len)* 1 peau; ~ over been zijn n'avoir que la peau et les os; iemand het ~ over de oren halen saigner qqn à blanc; (van woede) uit zijn ~ springen sortir de ses gonds 2 pellicule 3 feuille
veld [vɛlt] *het (-en)* 1 champ; op het ~ werken travailler aux champs; tegen iets te ~e trekken se mettre en campagne contre qqch; in geen ~en of wegen was er iemand te zien on n'apercevait âme qui vive; hij was in geen ~en of wegen te bekennen on ne le voyait nulle part 2 campagne; in het open ~ wandelen se promener dans la campagne 3 *(sports)* terrain; in het ~ zijn être sur le terrain; het ~ ruimen abandonner le terrain; *(fig.)* lever le camp; *(fig.)* de mensen uit het ~ les gens qui travaillent sur le terrain 4 *(sports)* participants 5 *(échecs)* case ♦ uit het ~ slaan décontenancer, dérouter
veld·bed [vɛldbɛt] *het (-den)* lit de camp
veld·boe·ket [vɛldbukɛt] *het/de (-ten)* bouquet de fleurs des champs
veld·fles [vɛltflɛs] *de (-sen)* gourde
veld|heer [vɛlther] *nm (-heren) (milit.)* 1 commandant 2 stratège
veld·hoc·key [vɛlthɔki] *het (sports)* hockey sur gazon
veld·hos·pi|taal [vɛlthɔspital] *het (-talen) (milit.)* hôpital mobile
veld|loop [vɛltlop] *nm (-lopen) (sports)* cross(-country)
veld·maar·schalk [vɛltmarsχɑlk] *nm (-en) (milit.)* maréchal de France
veld·rij·den [vɛltrɛidə(n)] *het (sports)* cyclo-cross
veld·sla [vɛltsla] *de (bot.)* mâche
veld·slag [vɛltslɑχ] *nm (-en)* bataille
veld·sport [vɛltspɔrt] *de (-en)* sport de plein air
veld·tocht [vɛltɔχt] *nm (-en) (milit.)* campagne *(aussi au fig.)*
veld·werk [vɛltwɛrk] *het* 1 recherches sur le terrain 2 travaux des champs
ve·len [velə(n)] *vt (veelde, h. geveeld) (form.)* supporter
ve·ler|han·de [velərhɑndə], **-lei** *adj* toutes sortes de; op ~ gebied dans des domaines variés
velg [vɛlχ] *de (-en)* jante
vel·len [vɛlə(n)] *vt (velde, h. geveld)* 1 abattre 2 prononcer; het vonnis is geveld la cause est entendue
ven [vɛn] *het (-nen)* marais
ven·du [vɛndy] *het/de (-'s)* → veiling
ve·ne·risch [veneris] *adj* vénérien
Ve·ne·tië [vene(t)sijə] *het* Venise
Ve·ne·zo|laan [venezolan] *nm (-lanen)*, **-laanse** *nf (-n)* Vénézuélien, -ienne
Ve·ne·zo·laans [venəzolans] *adj* vénézuélien
Ve·ne·zu·e·la [venəzywela] *het* Venezuela
ve·nijn [vənɛin] *het* venin; *(fig.)* een stuk ~ une vipère
ve·nij·nig [vənɛinəχ] *adj, adv* (sur un ton) venimeux; een ~e opmerking un coup de griffe ♦ het is ~ koud il fait un froid de ca-

nard; dat kan zo ~ zeer doen ça peut faire atrocement mal

ven·kel [vɛŋkəl] *de* fenouil

ven|noot [vɛnot] *nm (-noten),* **-note** *nf (-s, -n)* associé, -ée

ven·noot·schap [vɛnotsχɑp] *nf (-pen)* **1** association **2** société

ven·ster [vɛnstər] *het (-s)* **1** fenêtre **2** vitre **3** ouverture

ven·ster·bank [vɛnstərbɑŋk] *de (-en)* rebord d'une fenêtre; in de ~ sur le rebord de la fenêtre

vent [vɛnt] *nm (-en)* **1** bonhomme; een gemene ~ un sale type; dat is nog eens een ~! ça, c'est un homme !; wees een ~! montre que tu es un homme !; een ~ van niets un minable **2** *(fam.)* jules

ven·ten [vɛntə(n)] *vti (ventte, h. gevent)* colporter

ven·tiel [vɛntil] *het (-en)* **1** valve **2** piston *(instruments à vent)*

ven·ti·la·tor [vɛntilatɔr] *nm (-s, -en)* ventilateur

ven·ti·le·ren [vɛntilerə(n)] *vti (ventileerde, h. geventileerd)* **1** aérer **2** *(fig.)* exprimer (qqch)

vent·weg [vɛntwɛχ] *nm (-en)* contre-allée

ver [vɛr] *adj, adv (verder, verst)* **1** loin(tain); hij is ~ boven de vijftig il a largement dépassé la cinquantaine; ~ gevorderd zijn avoir bien progressé; hoe ~ bent u? où en êtes-vous ?; hoe ~ is het nog? c'est encore loin ?; dat is ~ gezocht c'est tiré par les cheveux; ~ komen aller loin; ~ met iets komen bien avancer qqch; *(fig.)* dat gaat te ~! c'est trop fort !; ~ uit, van elkaar liggen être éloignés; *(prov)* wat men van ~ haalt, is lekker vache de loin a assez de lait; ~ weg loin; nog (altijd) even ~ zijn ne pas être plus avancé (qu'auparavant); zo ~ zijn we nog niet on n'en est pas encore là; zo ~ reikt mijn macht niet mon pouvoir ne s'étend pas jusque-là; de vrede is nog ~ te zoeken la paix n'est pas pour demain **2** de loin; *(fig.)* ~ heen zijn être bien parti, être à peine conscient, être au plus mal **3** long **4** éloigné *(parent)* ♦ het ~ brengen aller loin; dat het zo ~ met iemand kan komen que l'on puisse tomber si bas !

ver·aan·ge·na·men [vəraŋχenamə(n)] *vt (veraangenaamde, h. veraangenaamd)* rendre plus agréable

ver·ach·te·lijk [vərɑχtələk] *adj, adv* **1** méprisant, avec mépris **2** méprisable, indignement

ver·ach·ten [vərɑχtə(n)] *vt (verachtte, h. veracht)* mépriser

ver·ade·ming [vəradəmɪŋ] *nf* soulagement

ver·af [vɛrɑf] *adv* loin

ver·af·ge·le·gen [vɛrɑfχəlеχə(n)] *adj* éloigné

ver·af·go·den [vərɑfχodə(n)] *vt (verafgoodde, h. verafgood)* idolâtrer

ver·af·schu·wen [vərɑfsχywə(n)] *vt (verafschuwde, h. verafschuwd)* avoir en horreur

ver·al·ge·me·nen [vəralχəmenə(n)] *vt (veralgemeende, h. veralgemeend),* **veralgemeniseren** *vt (veralgemeniseerde, h. veralgemeniseerd)* généraliser

ver·an·de·ren [vərɑndərə(n)] *vti (veranderde, h./i. veranderd)* **1** transformer; de wereld ~ refaire le monde **2** (se) changer

ver·an·de·ring [vərɑndərɪŋ] *nf (-en)* changement; *(prov)* ~ van spijs doet eten changement de corbillon fait trouver le pain bon; voor de ~ pour changer

ver·an·der·lijk [vərɑndərlək] *adj* variable; niets is ~er dan een mens rien n'est plus changeant que l'homme

ver·an·ke·ren [vərɑŋkərə(n)] *vt (verankerde, h. verankerd)* ancrer

ver·ant·woord [vərɑntwort] *adj* raisonnable

ver·ant·woor·de·lijk [vərɑntwordələk] *adj* **1** responsable; zich ~ stellen engager sa responsabilité **2** qui engendre des responsabilités

ver·ant·woor·de·lijk|heid [vərɑntwordələkhɛit] *nf (-heden)* responsabilité; de ~ niet aankunnen ne pas pouvoir assumer ses responsabilités; eigen ~ responsabilité individuelle; de ~ voor een aanslag opeisen revendiquer un attentat; de ~ voor de kinderen hebben avoir la charge des enfants ♦ op eigen ~ à ses risques et périls

[1]**ver·ant·woor·den** [vərɑntwordə(n)] *vt (verantwoordde, h. verantwoord)* justifier

[2]**ver·ant·woor·den, zich** [vərɑntwordə(n)] *vpr (verantwoordde zich, h. zich verantwoord)* se justifier

ver·ant·woor·ding [vərɑntwordɪŋ] *nf (-en)* **1** justification; ~ afleggen (voor iets) justifier (qqch); iemand ter ~ roepen demander des comptes à qqn **2** responsabilité; op jouw ~ à tes risques et périls; niemand ~ schuldig zijn n'avoir de comptes à rendre à personne

[1]**ver·ar·men** [vərɑrmə(n)] *vi (verarmde, i. verarmd)* s'appauvrir

[2]**ver·ar·men** [vərɑrmə(n)] *vt (verarmde, h. verarmd)* appauvrir

ver·as·sen [vərɑsə(n)] *vt (veraste, h. verast)* incinérer

ver·baal [vɛrbal] *adj, adv* verbal(ement)

ver|baasd [vərbast] *adj (-baasder, meest v.)* étonné (de)

ver·band [vərbɑnt] *het (-en)* **1** bandage **2** assemblage **3** rapport; in Europees ~ dans le contexte européen; in deze zaak houdt alles ~ met elkaar dans cette affaire, tout est lié; in ~ met en rapport avec, à cause de; in geen ~ staan met être sans rapport avec; in welk ~ werd dat gezegd? à quel propos a-t-on dit cela ?; in dit ~ wil ik nog opmerken ... dans cet ordre d'idées, j'ajouterai ...; een vraag met een andere in ~ brengen rattacher une question à une autre; uit z'n ~ raken se désarticuler; iets uit zijn ~ rukken isoler qqch de son contexte 4 engagement 5 serviette hygiénique

ver·band|doos [vərbɑndos] *de (-dozen),* **-trommel** *nm (-s)* boîte à pansements

ver·ban·nen [vərbɑnə(n)] *vt (verbande, h. verband)* bannir

ver·ban·ning [vərbɑnɪŋ] *nf (-en)* 1 bannissement 2 exil

[1]**ver·bas·te·ren** [vərbɑstərə(n)] *vi (verbasterde, i. verbasterd)* s'altérer

[2]**ver·bas·te·ren** [vərbɑstərə(n)] *vt (verbasterde, h. verbasterd)* altérer

[1]**ver·ba·zen** [vərbazə(n)] *vt (verbaasde, h. verbaasd)* étonner; dat hoeft je niet te ~ cela n'a rien d'étonnant

[2]**ver·ba·zen, zich** [vərbazə(n)] *vpr (verbaasde zich, h. zich verbaasd) (+ over)* s'étonner (de)

ver·ba·zend [vərbazənt] *adj, adv* étonnant, étonnamment

ver·ba·zing [vərbazɪŋ] *nf* étonnement; wie schetst mijn ~ quel n'était pas mon étonnement; tot ieders ~ à la surprise générale; omvallen van ~ baver d'étonnement, en rester comme deux ronds de flan; van de ene ~ in de andere vallen aller de surprise en surprise

ver·ba·zing·wek·kend [vərbazɪŋwɛkənt] *adj* → verbazend

[1]**ver·beel·den, zich** [vərbeldə(n)] *vpr (verbeeldde zich, h. zich verbeeld)* s'imaginer; dat verbeeld je je maar tu te fais des idées; verbeeld je! tu te rends compte !; hij verbeeldt zich heel wat il se croit qqch

[2]**ver·beel·den** [vərbeldə(n)] *vt (verbeeldde, h. verbeeld)* représenter

ver·beel·ding [vərbeldɪŋ] *nf* 1 imagination; dat is maar ~ ce n'est qu'illusion; dat spreekt tot de ~ cela frappe l'imagination 2 fatuité; ~ hebben se croire qqch 3 *(form.)* représentation

ver·beel·dings·kracht [vərbeldɪŋskrɑχt] *de* imagination

ver·beet [vərbet], **verbeten** → verbijten

ver·ber·gen [vərbɛrχə(n)] *vt (verborg, h. verborgen)* cacher; *(fig.)* zich achter iemand ~ s'abriter derrière qqn; zich ~ voor iemand se cacher de qqn

ver·be·ten [vərbetə(n)] *adj* 1 contenu; met ~ woede la rage au cœur 2 acharné; met ~ gezicht le visage crispé

[1]**ver·be·te·ren** [vərbetərə(n)] *vt (verbeterde, h. verbeterd)* 1 améliorer 2 corriger ♦ het iemand ~ faire mieux que qqn

[2]**ver·be·te·ren** [vərbetərə(n)] *vi (verbeterde, i. verbeterd)* s'améliorer

ver·be·te·ring [vərbetərɪŋ] *nf (-en)* 1 amélioration; dat is een hele ~ c'est une nette amélioration 2 correction

ver·be·te·rings·ge·sticht [vərbetərɪŋsχəstɪχt] *het (-en) (Belg.)* maison d'éducation

ver·beurd·ver·kla·ren [vərbørtfərklarə(n)] *vt (verklaarde verbeurd, h. verbeurdverklaard)* confisquer

ver·beu·ren [vərbørə(n)] *vt (verbeurde, h. verbeurd)* perdre

ver·beu·ze·len [vərbøzələ(n)] *vt (verbeuzelde, h. verbeuzeld)* gaspiller

ver·bie·den [vərbidə(n)] *vt (verbood, h. verboden)* interdire; verboden toegang entrée interdite

ver·bijs·te·ren [vərbɛistərə(n)] *vt (verbijsterde, h. verbijsterd)* stupéfier

ver·bijs·te·ring [vərbɛistərɪŋ] *nf* stupéfaction

[1]**ver·bij·ten** [vərbɛitə(n)] *vt (verbeet, h. verbeten)* réprimer

[2]**ver·bij·ten, zich** [vərbɛitə(n)] *vpr (verbeet zich, h. zich verbeten)* se contenir; zij stond zich te ~ van woede elle se mordait les lèvres de colère

[1]**ver·bin·den** [vərbɪndə(n)] *vt (verbond, h. verbonden)* 1 unir 2 rattacher; aan de proefles zijn geen kosten verbonden la leçon d'essai est gratuite; zijn naam aan iets ~ associer son nom à qqch 3 panser 4 mettre en communication; ik ben verkeerd verbonden j'ai fait un faux numéro

[2]**ver·bin·den, zich** [vərbɪndə(n)] *vpr (verbond zich, h. zich verbonden)* 1 s'engager; zich tot iets ~ s'engager à faire qqch 2 *(chim.)* se combiner

ver·bin·ding [vərbɪndɪŋ] *nf (-en)* 1 union; een vaste ~ une expression toute faite; een ~ tot stand brengen établir une liaison 2 contact; een ~ leggen met ... se mettre en contact avec ... 3 liaison; een directe ~ une communication en direct, une route directe; een geregelde ~ une ligne régulière 4 *(chim.)* combinaison 5 *(Belg.; transp.)* correspondance 6 communication *(téléphone)*

ver·bin·dings·stuk [vərbɪndɪŋstʌk] *het (-ken)* raccord

ver·bin·dings·te·ken [vərbɪndɪŋstekə(n)] *het (-s)* trait d'union

ver·bin·te·nis [vərbɪntənɪs] *nf (-sen)* 1 engagement 2 contrat 3 union

ver·bit|terd [vərbɪtərt] *adj, adv (-terder, meest v.)* amer, amèrement

ver·bit·te·ring [vərbɪtərɪŋ] *nf* amertume

ver·bleef [vərblef], **verbleven** → verblijven

ver·ble·ken [vərblekə(n)] *vi (verbleekte, i. verbleekt)* 1 blêmir 2 passer *(couleurs)* 3 *(fig.)* (se) ternir; iets doen ~ ternir qqch 4 *(fig.)* s'estomper; ~ bij iets faire pâle figure à côté de qqch

[1]**ver·blij·den** [vərblɛidə(n)] *vt (verblijdde, h. verblijd)* réjouir; iemand met iets ~ faire à qqn la surprise de qqch

[2]**ver·blij·den, zich** [vərblɛidə(n)] *vpr (verblijdde zich, h. zich verblijd) (form.)* se réjouir

ver|blijf [vərblɛif] *het (-blijven)* 1 séjour; ergens ~ houden séjourner qqp 2 résidence; zijn ~ hebben, houden demeurer; zijn ~ nemen s'installer

***ver·blijf-** [vərblɛif-] de séjour; de verblijfkosten les frais de séjour

ver·blijf·plaats [vərblɛifplats] *de (-en)* domicile
ver·blij·ven [vərblɛivə(n)] *vi (verbleef, h. verbleven)* **1** séjourner **2** *(+ bij)* demeurer ♦ **inmiddels verblijf ik, hoogachtend ...** en attendant, je vous prie d'agréer, Monsieur (Madame), l'expression de mes sentiments distingués
ver·blin·den [vərblɪndə(n)] *vt (verblindde, h. verblind)* aveugler *(aussi au fig.)*; **een ~de schoonheid** une beauté éblouissante
ver·blin·ding [vərblɪndɪŋ] *nf* **1** éblouissement **2** *(fig.)* aveuglement
ver·bloe·men [vərblumə(n)] *vt (verbloemde, h. verbloemd)* **1** cacher **2** déguiser **3** enjoliver
ver·bluf·fend [vərblʌfənt] *adj, adv* stupéfiant
ver|bluft [vərblʌft] *adj (-blufter, meest v.)* stupéfait
ver·bod [vərbɔt] *het (-en)* interdiction; **een ~ op het gebruik van alcohol** une prohibition de la consommation de l'alcool; **een ~ uitvaardigen om** interdire de
ver·bol|gen [vərbɔlɣə(n)] *adj (-gener, meest v.) (form.)* en colère
[1]**ver·bond** [vərbɔnt], **verbonden** → **verbinden**
[2]**ver·bond** [vərbɔnt] *het (-en)* **1** alliance **2** union
ver·bon·den [vərbɔndə(n)] *adj* **1** tenu (à) **2** allié **3** pansé **4** uni; **de daaraan ~ risico's** les risques que cela comporte
ver·bon·den·heid [vərbɔndənhɛit] *nf* solidarité
ver·bood [vərbot], **verboden** → **verbieden**
ver·boog [vərboχ], **verbogen** → **verbuigen**
ver·borg [vərbɔrχ], **verborgen** → **verbergen**
ver·bou·wen [vərbɑuwə(n)] *vt (verbouwde, h. verbouwd)* **1** *(agric.)* cultiver **2** transformer
ver·bou·we|reerd [vərbɑuwərert] *adj (-reerder, meest v.)* ahuri
ver·bou·wing [vərbɑuwɪŋ] *nf (-en)* (travaux de) transformation
ver·brak [vərbrɑk], **verbraken** → **verbreken**
[1]**ver·bran·den** [vərbrɑndə(n)] *vt (verbrandde, h. verbrand)* brûler; **zijn gezicht is door de zon verbrand** son visage est brûlé par le soleil, son visage est bronzé
[2]**ver·bran·den** [vərbrɑndə(n)] *vi (verbrandde, i. verbrand)* **1** être brûlé; **mijn moeder is erg verbrand** ma mère a pris un bon coup de soleil **2** brûler
ver·bran·ding [vərbrɑndɪŋ] *nf (-en)* **1** destruction par le feu **2** brûlure **3** *(chim.)* combustion **4** métabolisme
ver·bras·sen [vərbrɑsə(n)] *vt (verbraste, h. verbrast)* dilapider
[1]**ver·bre·den** [vərbredə(n)] *vt (verbreedde, h. verbreed)* élargir; **zijn kennis ~** étendre le champ de ses connaissances
[2]**ver·bre·den, zich** [vərbredə(n)] *vpr (verbreedde zich, h. zich verbreed)* **1** s'élargir **2** *(fig.)* s'étendre
ver·brei·den [vərbrɛidə(n)] *vt (verbreidde, h. verbreid)* répandre
ver·brei·ding [vərbrɛidɪŋ] *nf* **1** propagation **2** extension; **de algemene ~ van deze denkbeelden** la généralisation de ces idées
ver·bre·ken [vərbrekə(n)] *vt (verbrak, h. verbroken)* **1** briser **2** rompre; **de verbinding werd verbroken** la communication a été coupée **3** déroger à **4** annuler
ver·brij·ze·len [vərbrɛizələ(n)] *vt (verbrijzelde, h. verbrijzeld)* broyer
[1]**ver·broe·de·ren** [vərbrudərə(n)] *vti (verbroederde, h. verbroederd)* unir; **zich met iemand ~** fraterniser avec qqn
[2]**ver·broe·de·ren** [vərbrudərə(n)] *vi (verbroederde, h. verbroederd)* fraterniser
ver·bro·ken [vərbrokə(n)] → **verbreken**
[1]**ver·brok·ke·len** [vərbrɔkələ(n)] *vt (verbrokkelde, h. verbrokkeld)* morceler; **de aandacht ~** disperser l'attention
[2]**ver·brok·ke·len** [vərbrɔkələ(n)] *vi (verbrokkelde, i. verbrokkeld)* s'effriter
ver·brui·en [vərbrœyjə(n)] *vt (verbruide, h. verbruid)* gâcher; **hij heeft het bij mij verbruid** je n'ai plus aucune confiance en lui
ver·bruik [vərbrœyk] *het* consommation
ver·brui·ken [vərbrœykə(n)] *vt (verbruikte, h. verbruikt)* **1** consommer **2** gaspiller
ver|brui·ker [vərbrœykər] *nm (-s)*, **-bruikster** *nf (-s)* consommateur, -trice
***ver·bruiks-** [vərbrœyks-] de consommation; **de verbruiksgoederen** les biens de consommation
ver·bui·gen [vərbœyɣə(n)] *vt (verboog, h. verbogen)* **1** tordre **2** *(ling.)* décliner
ver·bui·ging [vərbœyɣɪŋ] *nf (-en)* déclinaison
[1]**ver·bur·ger·lij·ken** [vərbʌrɣərləkə(n)] *vi (verburgerlijkte, i. verburgerlijkt)* s'embourgeoiser
[2]**ver·bur·ger·lij·ken** [vərbʌrɣərləkə(n)] *vt (verburgerlijkte, h. verburgerlijkt)* embourgeoiser
ver·chro·men [vərχromə(n)] *vt (verchroomde, h. verchroomd)* chromer
[1]**ver·com·mer·ci·a·li·se·ren** [vərkɔmɛrʃalizerə(n)] *vi (vercommercialiseerde, i. vercommercialiseerd)* se commercialiser
[2]**ver·com·mer·ci·a·li·se·ren** [vərkɔmɛrʃalizerə(n)] *vt (vercommercialiseerde, h. vercommercialiseerd)* commercialiser
ver·daan [vərdan] → **verdoen**
[1]**ver·dacht** [vərdɑχt], **verdachten** → **verdenken**
[2]**ver|dacht** [vərdɑχt] *adj, adv (-dachter, meest v.)* **1** suspect, étrangement; **een ~e zaak** une affaire louche **2** *(+ op)* préparé (à)

ver·dacht·ma·king [vərdɑχtmakɪŋ] *nf (-en)* insinuation

ver·da·gen [vərdaχə(n)] *vt (verdaagde, h. verdaagd)* ajourner; een zitting ~ suspendre une séance

[1]**ver·dam·pen** [vərdɑmpə(n)] *vi (verdampte, i. verdampt)* s'évaporer

[2]**ver·dam·pen** [vərdɑmpə(n)] *vt (verdampte, h. verdampt)* faire évaporer

ver·de·dig·baar [vərdedəχbar] *adj* défendable; uw gedrag is niet ~ votre comportement est injustifiable; een zeer verdedigbare opvatting une opinion tout à fait soutenable

ver·de·di·gen [vərdedəχə(n)] *vt (verdedigde, h. verdedigd)* défendre; een proefschrift ~ soutenir une thèse de doctorat

ver·de·di·gend [vərdedəχənt] *adj, adv* défensif, défensivement

ver·de|di·ger [vərdedəχər] *nm (-s)*, **-dig·ster** *nf (-s)* **1** défenseur **2** *(sports)* arrière

ver·de·di·ging [vərdedəχɪŋ] *nf (-en)* défense; *(sports)* in de ~ gaan jouer la défense; in zijn ~ sprak hij over ... dans son plaidoyer, il a évoqué ...; de ~ van een proefschrift la soutenance d'une thèse

ver·deed [vərdet], **verdeden** → verdoen

[1]**ver·deeld** [vərdelt] *adj* **1** partagé **2** divisé

[2]**ver·deeld** [vərdelt] *adv* différemment; daar wordt nog ~ over gedacht les opinions sur ce sujet restent partagées

ver·deeld·heid [vərdeltheit] *nf* division; ~ zaaien semer la discorde

ver·dekt [vərdɛkt] *adj* dissimulé; zich ~ opstellen se mettre en embuscade

[1]**ver·de·len** [vərdelə(n)] *vt (verdeelde, h. verdeeld)* **1** diviser **2** répartir; de buit ~ partager le butin; we zullen het werk onder elkaar ~ nous allons nous partager le travail; de rollen ~ distribuer les rôles **3** désunir

[2]**ver·de·len, zich** [vərdelə(n)] *vpr (verdeelde zich, h. zich verdeeld)* se diviser

ver·de·ler [vərdelər] *nm (Belg.)* concessionnaire

ver·del·gen [vərdɛlχə(n)] *vt (verdelgde, h. verdelgd)* détruire

ver·de·ling [vərdelɪŋ] *nf (-en)* **1** division; de hoofdelijke ~ le partage par tête **2** distribution

ver·den·ken [vərdɛŋkə(n)] *vt (verdacht, h. verdacht)* soupçonner

ver·den·king [vərdɛŋkɪŋ] *nf (-en)* suspicion; boven (iedere) ~ verheven zijn être au-dessus de tout soupçon; de ~ op zich laden faire peser des soupçons sur soi; onder ~ staan faire l'objet de soupçons; iemand in hechtenis nemen op ~ van moord arrêter une personne suspectée de meurtre; de ~ op iemand werpen faire porter les soupçons sur qqn

[1]**ver·der** [vɛrdər] *adj* **1** qui reste de; de ~e middag le reste de l'après-midi **2** autre; iemands ~e bevelen afwachten attendre de nouveaux ordres de qqn

[2]**ver·der** [vɛrdər] *adv* **1** plus loin; daar kom ik niet ~ mee cela ne m'avance pas; niet ~ komen dan iets en rester à qqch **2** ensuite; hoe ging het ~? qu'est-ce qui s'est passé ensuite ? **3** de plus **4** pour le reste; zonder zich ~ zorgen te maken sans plus se soucier de rien **5** davantage; ~ lezen continuer à lire ♦ veel plezier ~! amusez-vous bien !; *(péj.)* iets ~ vertellen répéter qqch

ver·derf [vərdɛrf] *het* perte; iemand in het ~ storten mener qqn à sa perte

ver·der·fe·lijk [vərdɛrfələk] *adj* malsain; ~e lectuur lecture pernicieuse

ver·der·op [vɛrdərɔp] *adv* **1** plus loin **2** ci-après

[1]**ver·dich·ten** [vərdɪχtə(n)] *vt (verdichtte, h. verdicht) (phys.)* condenser

[2]**ver·dich·ten** [vərdɪχtə(n)] *vi, aussi réfl (verdichtte, i. verdicht) (phys., chim.)* se condenser

ver·diend [vərdint] *adj, adv* mérité, à juste titre; zijn ~e loon krijgen n'avoir que ce qu'on mérite

[1]**ver·die·nen** [vərdinə(n)] *vt (verdiende, h. verdiend)* **1** gagner; er iets aan ~ y gagner qqch; een goed salaris ~ avoir un bon salaire **2** mériter; *(iron.)* dat heeft hij niet aan haar verdiend il n'a pas mérité qu'elle lui fasse une chose pareille; dat voorbeeld verdient geen navolging ce n'est pas un exemple à suivre

[2]**ver·die·nen** [vərdinə(n)] *vi (verdiende, h. verdiend)* **1** gagner sa vie **2** rapporter; dat baantje verdient slecht ce job ne paie pas

ver·dien·ste [vərdinstə] *nf (-n)* **1** salaire **2** mérite

ver·dien·ste·lijk [vərdinstələk] *adj, adv* (de façon) méritoire; zich ~ maken se rendre utile; een ~e poging un effort louable; een ~ schilder un peintre qui n'est pas sans mérite

ver·diep [vərdip] *het (-en) (Belg.)* → verdieping

[1]**ver·die·pen, zich** [vərdipə(n)] *vpr (verdiepte zich, h. zich verdiept) (+ in)* se plonger (dans)

[2]**ver·die·pen** [vərdipə(n)] *vt (verdiepte, h. verdiept)* approfondir

ver·die·ping [vərdipɪŋ] *nf (-en)* **1** étage **2** approfondissement

[1]**ver·dier·lij·ken** [vərdirləkə(n)] *vt (verdierlijkte, h. verdierlijkt)* abrutir

[2]**ver·dier·lij·ken** [vərdirləkə(n)] *vi (verdierlijkte, i. verdierlijkt)* s'abrutir

ver·dik·ke·me [vərdɪkəmə] *interj* zut !

[1]**ver·dik·ken** [vərdɪkə(n)] *vi (verdikte, i. verdikt)* **1** épaissir **2** *(Belg.)* grossir

[2]**ver·dik·ken** [vərdɪkə(n)] *vt (verdikte, h. verdikt)* (faire) épaissir

ver·dik·king [vərdɪkɪŋ] *nf (-en)* **1** enflure **2** épaississement

ver·dis·con·te·ren [vərdɪskɔnterə(n)] *vt (verdisconteerde, h. verdisconteerd)* escompter *(aussi commerce)*; dat is erin verdisconteerd on en a tenu compte

ver·dob·be·len [vərdɔbələ(n)] *vt (ver-*

dobbelde, h. verdobbeld) 1 perdre aux dés 2 jouer aux dés

ver·doemd [vərdumt] adj damné *(aussi relig.)*

ver·doe·men [vərdumə(n)] vt *(verdoemde, h. verdoemd)* 1 damner; **tot de hel verdoemd** condamné à l'enfer 2 maudire

ver·doe·me·nis [vərdumənɪs] nf damnation; **hij kan naar de ~ lopen** qu'il aille au diable

ver·doen [vərdun] vt *(verdeed, h. verdaan)* gaspiller

1**ver·doe·ze·len** [vərduzələ(n)] vt *(verdoezelde, h. verdoezeld)* dissimuler

2**ver·doe·ze·len** [vərduzələ(n)] vi *(verdoezelde, h. verdoezeld)* s'estomper

1**ver·domd** [vərdɔmt] adj, adv *(fam.)* 1 sacré, rudement; **die ~e rotjongens** ces maudits garnements 2 sacrément ♦ **~ als het niet waar is** ma tête à couper si ce n'est pas vrai

2**ver·domd** [vərdɔmt] interj *(fam.)* merde !; **~ nog aan toe!** sacré nom d'un chien !

ver·dom·hoek·je [vərdɔmhukjə] het *(fam.)* ♦ **ik zit bij hem in het ~** il m'a pris en grippe, avec lui, c'est toujours moi qui trinque

ver·dom·me [vərdɔmə] interj *(fam.)* 1 merde ! 2 nom de Dieu !

ver·dom·men [vərdɔmə(n)] vt *(verdomde, h. verdomd) (fam.)* ♦ **dat verdom ik te enenmale!** je ne marche pas, ça non !; **m'n auto verdomt 't!** ma fichue voiture ne marche pas !; **'t kan me niks ~!** je m'en balance !

ver·dom·me·nis [vərdɔmənɪs] nf *(fam.)* ♦ **loop naar de ~!** va te faire voir !; **iets naar de ~ helpen** bousiller qqch; **iemand naar de ~ helpen** mettre qqn sur la paille, descendre qqn

ver·don·ke·re·ma·nen [vərdɔŋkərəmanə(n)] vt *(verdonkeremaande, h. verdonkeremaand)* détourner

ver·doofd [vərdoft] adj abruti

ver·dord [vərdɔrt] adj desséché; **~e bladeren** feuilles mortes

ver·do·rie [vərdori] interj *(fam.)* flûte !; **dat is me ~ wat moois!** eh ben, c'est du beau !

ver·dor·ren [vərdɔrə(n)] vti *(verdorde, h./i. verdord)* sécher

ver·dor|ven [vərdɔrvə(n)] adj *(-vener, meest v.)* corrompu; **zijn geest was ~** son esprit était perverti; **~ maatschappij** société pourrie

ver·dor·ven|heid [vərdɔrvənhɛit] nf *(-heden)* 1 corruption 2 perversité *(action perverse)*

ver·do·ven [vərdovə(n)] vt *(verdoofde, h. verdoofd)* insensibiliser; **plaatselijk ~** anesthésier localement; **het verdriet verdoofde hem** il était hébété de chagrin

ver·do·ving [vərdovɪŋ] nf *(-en)* 1 anesthésie 2 engourdissement 3 anesthésique; **de ~ is uitgewerkt** l'anesthésique n'agit plus

ver·draag·lijk [vərdraχlək] adj *(form.)* supportable

ver·draag|zaam [vərdraχsam] adj *(-zamer, -zaamst)* tolérant; **verdraagzame ouders** parents indulgents

1**ver·draaid** [vərdrajt] adj 1 *(fam.)* sacré 2 fou 3 de travers 4 contrefait

2**ver·draaid** [vərdrajt] adv rudement

3**ver·draaid** [vərdrajt] interj *(fam.)* nom d'un chien !; **wel ~!** bon sang de bon sang !

ver·draai·en [vərdrajə(n)] vt *(verdraaide, h. verdraaid)* 1 tourner 2 tordre; **zij verdraaide haar pols** elle s'est fait une entorse au poignet 3 déformer; **iemands woorden ~** dénaturer les paroles de qqn

ver·drag [vərdrɑχ] het *(-en)* traité

ver·dra·gen [vərdraχə(n)] vt *(verdroeg, h. verdragen)* supporter; **honger en dorst moeten ~** devoir endurer la faim et la soif; **kool verdraag ik niet** je ne digère pas le chou; **te ~** supportable

ver·dra·gend [vɛrdraχənt] adj 1 à longue portée 2 qui porte loin

ver·dreef [vərdref], **verdreven** → **verdrijven**

ver·driet [vərdrit] het chagrin; **iemand ~ doen** causer du chagrin à qqn

ver·drie·tig [vərdritəχ] adj triste

ver·drie·vou·di·gen [vərdrivɑudəχə(n)] vti *(verdrievoudigde, h./i. verdrievoudigd)* tripler

ver·drij·ven [vərdrɛivə(n)] vt *(verdreef; h. verdreven)* chasser; **de tijd ~** tuer le temps

1**ver·drin·gen** [vərdrɪŋə(n)] vt *(verdrong, h. verdrongen)* 1 bousculer 2 supplanter; **een concurrent ~** éliminer un concurrent; **hij verdrong zijn rivaal van de eerste plaats** il a détrôné son rival 3 refouler

2**ver·drin·gen, zich** [vərdrɪŋə(n)] vpr *(verdrong zich, h. zich verdrongen)* se bousculer

1**ver·drin·ken** [vərdrɪŋkə(n)] vi *(verdronk, i. verdronken)* se noyer ♦ **hij verdrinkt in die jas** il nage dans ce manteau; **~ in het materiaal** être submergé de données

2**ver·drin·ken** [vərdrɪŋkə(n)] vt *(verdronk, h. verdronken)* noyer

ver·droeg [vərdruχ], **verdroegen** → **verdragen**

ver·dro·gen [vərdroχə(n)] vti *(verdroogde, h./i. verdroogd)* sécher

ver·drong [vərdrɔŋ], **verdrongen** → **verdringen**

ver·dronk [vərdrɔŋk], **verdronken** → **verdrinken**

ver·druk·ken [vərdrʌkə(n)] vt *(verdrukte, h. verdrukt)* opprimer

ver·druk·king [vərdrʌkɪŋ] nf *(-en)* oppression; *(fig.)* **tegen de ~ in** malgré tout ♦ **in de ~ raken** être négligé

ver·dub·be·len [vərdʌbələ(n)] vti *(verdubbelde, h./i. verdubbeld)* (re)doubler

ver·duft [vərdʌft] adj *(Belg.)* 1 qui sent le renfermé 2 qui a un goût de moisi 3 ennuyeux

ver·dui·de·lij·ken [vərdœydələkə(n)] *vt (verduidelijkte, h. verduidelijkt)* préciser
ver·dui·de·lij·king [vərdœydələkɪŋ] *nf (-en)* éclaircissement
[1]**ver·duis·te·ren** [vərdœystərə(n)] *vt (verduisterde, h. verduisterd)* 1 assombrir 2 obscurcir totalement 3 détourner *(de l'argent)*
[2]**ver·duis·te·ren** [vərdœystərə(n)] *vi (verduisterde, i. verduisterd)* s'assombrir, *(astron.)* s'éclipser
ver·duis·te·ring [vərdœystərɪŋ] *nf (-en)* 1 obscurcissement 2 *(astron.)* éclipse 3 détournement
[1]**ver·dui·veld** [vərdœyvəlt] *adj (fam.)* satané
[2]**ver·dui·veld** [vərdœyvəlt] *adv (fam.)* drôlement
ver·dui·veld! [vərdœyvəlt] *interj (fam.)* nom d'une pipe !
[1]**ver·dui·zend·vou·di·gen** [vərdœyzəntfaudəχə(n)] *vt (verduizendvoudigde, h. verduizendvoudigd)* 1 multiplier par mille 2 multiplier à l'infini
[2]**ver·dui·zend·vou·di·gen** [vərdœyzəntfaudəχə(n)] *vi (verduizendvoudigde, i. verduizendvoudigd)* 1 se multiplier par mille 2 se multiplier à l'infini
[1]**ver·dun·nen** [vərdʌnə(n)] *vt (verdunde, h. verdund)* 1 amenuiser 2 diluer; een saus ~ allonger une sauce; wijn ~ couper du vin 3 raréfier
[2]**ver·dun·nen** [vərdʌnə(n)] *vi (verdunde, i. verdund)* 1 se raréfier 2 s'amenuiser
ver·du·ren [vərdyrə(n)] *vt (verduurde, h. verduurd)* endurer; het zwaar te ~ hebben endurer de terribles privations, encaisser des injures; heel wat moeten ~ ne pas être à la fête *(fig.)*
ver·du·veld [vərdyvəlt] *adj, adv (fam.)* → verduiveld
ver|dwaasd [vərdwast] *adj (-dwaasder, meest v.)* égaré
ver·dwa·len [vərdwalə(n)] *vi (verdwaalde, i. verdwaald)* s'égarer
ver·dwa·zing [vərdwazɪŋ] *nf* égarement
ver·dween [vərdwen], **verdwenen** → verdwijnen
ver·dwij·nen [vərdwɛinə(n)] *vi (verdween, i. verdwenen)* disparaître; stilletjes ~ s'éclipser; verdwijn! va-t'en !
ver·ede·len [varedələ(n)] *vt (veredelde, h. veredeld)* améliorer
ver·eelt [vərelt] *adj* 1 calleux 2 *(fig.)* endurci
ver·een·vou·di·gen [vərenvaudəχə(n)] *vt (vereenvoudigde, h. vereenvoudigd)* simplifier
ver·een·za·men [vərenzamə(n)] *vi (vereenzaamde, i. vereenzaamd)* devenir de plus en plus seul
ver·een·zel·vi·gen [vərenzɛlvəχə(n)] *vt (vereenzelvigde, h. vereenzelvigd)* identifier; twee begrippen ~ assimiler deux notions
ver·eer·der [vərerdər] *nm (-s)* admirateur
ver·eeu·wi·gen [vərewəχə(n)] *vt (vereeuwigde, h. vereeuwigd)* immortaliser; *(iron.)* zich laten ~ poser pour la postérité
ver·ef·fe·nen [vərɛfənə(n)] *vt (vereffende, h. vereffend)* 1 acquitter 2 régler
ver·ei·sen [vərɛisə(n)] *vt (vereiste, h. vereist)* exiger; dat vereist veel tijd cela demande beaucoup de temps; de vereiste zorg aan iets besteden consacrer l'attention nécessaire à qqch
ver·eis·te [vərɛistə] *het/de (-n)* exigence; dat is een eerste ~ c'est la première condition
[1]**ve·ren** [verə(n)] *adj* de plumes
[2]**ve·ren** [verə(n)] *vi (veerde, h. geveerd)* 1 faire ressort; ~de kussens coussins moelleux 2 être souple 3 se redresser; overeind ~ se redresser en sursaut
ver·en·gen [vərɛŋə(n)] *vt (verengde, h. verengd)* rétrécir
ver·enig·baar [vərenəχbar] *adj* compatible; dat is niet ~ met zijn principes cela est inconciliable avec ses principes
Ver·enig·de Ara·bi·sche Emi·ra·ten [vərenəχdearabisəemiratə(n)] *plur* Émirats arabes unis
Ver·enig·de Na·ties [vərenəχdəna(t)sis] *plur* Organisation des Nations Unies
Ver·enig·de Sta·ten [vərenəχdəstatə(n)] *plur* États-Unis
Ver·enigd Ko·nink·rijk [vərenəχtkonɪŋkrɛik] *het* Royaume-Uni
ver·eni·gen [vərenəχə(n)] *vt (verenigde, h. verenigd)* 1 réunir 2 *(+ met)* concilier
ver·eni·ging [vərenəχɪŋ] *nf (-en)* 1 association 2 réunion; het recht van ~ en vergadering le droit de rassemblement et de réunion
ver·eren [vərerə(n)] *vt (vereerde, h. vereerd)* 1 adorer 2 honorer; zeer vereerd! enchanté !
[1]**ver·er·ge·ren** [vərɛrχərə(n)] *vt (verergerde, h. verergerd)* aggraver
[2]**ver·er·ge·ren** [vərɛrχərə(n)] *vi (verergerde, i. verergerd)* s'aggraver
ver·ering [vərerɪŋ] *nf (-en)* vénération; de ~ van Maria le culte de la vierge
verf [vɛrf] *de (verven)* peinture; de deur staat in de ~ la porte vient d'être (re)peinte; het huis zit nog goed in de ~ la peinture de la maison est encore en bon état ♦ niet uit de ~ komen ne pas ressortir
verf|doos [vɛrvdos] *de (-dozen)* boîte de couleurs
ver·fij·nen [vərfɛinə(n)] *vt (verfijnde, h. verfijnd)* raffiner
ver·fil·men [vərfɪlmə(n)] *vt (verfilmde, h. verfilmd)* porter à l'écran
ver·fil·ming [vərfɪlmɪŋ] *nf (-en)* 1 tournage 2 adaptation cinématographique
ver·flau·wen [vərflauwə(n)] *vi (verflauwde, i. verflauwd)* faiblir
ver·foei·en [vərfujə(n)] *vt (verfoeide, h. verfoeid)* exécrer
ver·foei·lijk [vərfujlək] *adj, adv* exécrable(ment)

[1]**ver·fom·faai·en** [vərfɔmfajə(n)] *vt (verfomfaaide, h. verfomfaaid)* chiffonner
[2]**ver·fom·faai·en** [vərfɔmfajə(n)] *vi (verfomfaaide, i. verfomfaaid)* être chiffonné
ver·fraai·en [vərfrajə(n)] *vt (verfraaide, h. verfraaid)* embellir
ver·fris·sen [vərfrɪsə(n)] *vt (verfriste, h. verfrist)* **1** rafraîchir **2** renouveler
ver·fris·sing [vərfrɪsɪŋ] *nf (-en)* rafraîchissement
ver·from·me·len [vərfrɔmələ(n)] *vt (verfrommelde, h. verfrommeld)* froisser
verf·stof [vɛrfstɔf] *de (-fen)* colorant
ver·gaan [vərχan] *vi (verging, i. vergaan)* **1** passer; **horen en zien vergaat je erbij** il y fait un bruit infernal **2** se décomposer **3** périr; **de wereld vergaat binnenkort volgens sommigen** la fin du monde est proche selon certains **4** *(+ van)* mourir (de) ♦ **hoe is het jou ~?** comment ça s'est passé pour toi ?; **het zal hem slecht ~** mal lui en prendra
ver·gaand [vɛrχant] *adj* extrême
ver·gaar·bak [vərχarbɑk] *nm (-ken)* **1** bac collecteur **2** *(fig.)* réceptacle, *(péj.)* dépotoir
ver·ga·de·ren [vərχadərə(n)] *vi (vergaderde, h. vergaderd)* se réunir; **hij heeft de hele ochtend vergaderd** il a passé toute la matinée en réunion
ver·ga·de·ring [vərχadərɪŋ] *nf (-en)* réunion; **in ~ bijeen zijn** être réunis en assemblée; **staande de ~** séance tenante
ver·ga·der|zaal [vərχadərzal] *de (-zalen)* salle de réunion
ver·gaf [vərχɑf], **vergaven** → **vergeven**
ver·gal·len [vərχɑlə(n)] *vt (vergalde, h. vergald)* empoisonner
ver·ga·lop·pe·ren, zich [vərχalɔperə(n)] *vpr (vergaloppeerde zich, h. zich vergaloppeerd) (fig.)* **1** se trahir **2** agir sans réfléchir; **hij heeft zich aan die zaak vergaloppeerd** il est allé trop vite en besogne
ver·gan·ke·lijk [vərχɑŋkələk] *adj* éphémère
ver·gan·ke·lijk·heid [vərχɑŋkələkhɛit] *nf* précarité
ver·ga·pen, zich [vərχapə(n)] *vpr (vergaapte zich, h. zich vergaapt) (+ aan)* se pâmer (d'admiration); *(fig.)* **zich ~ aan de schijn** se laisser éblouir par les apparences
ver·ga·ren [vərχarə(n)] *vt (vergaarde, h. vergaard)* amasser
[1]**ver·gas·sen** [vərχɑsə(n)] *vi (vergaste, i. vergast)* se gazéifier
[2]**ver·gas·sen** [vərχɑsə(n)] *vt (vergaste, h. vergast)* **1** gazer **2** gazéifier
ver·gas·ten [vərχɑstə(n)] *vt (vergastte, h. vergast) (+ op)* régaler
ver·gat [vərχɑt], **vergaten** → **vergeten**
ver·geef·lijk [vərχeflək] *adj* **1** pardonnable **2** indulgent
ver·geefs [vərχefs] *adj, adv* vain(ement)
ver·geet·ach·tig [vərχetɑχtəχ] *adj* à la mémoire courte; **~ zijn** ne pas avoir de mémoire
ver·geet·boek [vərχedbuk] *het* ♦ **in het ~ raken** sombrer dans l'oubli; **in het ~ doen raken** jeter aux oubliettes
ver·geet-mij-niet [vərχetmɛinit] *de (-en) (bot.)* myosotis
ver·gel·den [vərχɛldə(n)] *vt (vergold, h. vergolden)* payer
ver·gel·ding [vərχɛldɪŋ] *nf (-en)* **1** rémunération **2** représailles
ver·ge·leek [vɛrχəlek], **vergeleken** → **vergelijken**
ver·ge·len [vərχelə(n)] *vi (vergeelde, i. vergeeld)* jaunir
ver·ge·lijk [vɛrχəlɛik] *het (-en)* arrangement; **tot een ~ komen** parvenir à un compromis
ver·ge·lijk·baar [vɛrχəlɛigbar] *adj (+ met)* comparable
ver·ge·lij·ken [vɛrχəlɛikə(n)] *vt (vergeleek, h. vergeleken)* comparer; **vergelijk artikel 12** confer article 12; **vergeleken met** par rapport à; **te ~ met** comparable à
ver·ge·lij·kend [vɛrχəlɛikənt] *adj* comparatif, *(sc.)* comparé
ver·ge·lij·ken·der·wijs [vɛrχəlɛikəndərwɛis] *adv* par comparaison
ver·ge·lij·king [vɛrχəlɛikɪŋ] *nf (-en)* **1** comparaison; **in ~ met** en comparaison de; **een ~ trekken** établir une comparaison; **een ~ tussen Caesar en Napoleon** un parallèle entre César et Napoléon **2** *(math., chim.)* équation
ver·ge·mak·ke·lij·ken [vɛrχəmɑkələkə(n)] *vt (vergemakkelijkte, h. vergemakkelijkt)* faciliter
ver·gen [vɛrχə(n)] *vt (vergde, h. gevergd)* exiger
ver·ge·noe·gen [vɛrχənuχə(n)] *vt (vergenoegde, h. vergenoegd)* satisfaire; **zich ~ met** se contenter de
ver·ge·tel·heid [vərχetəlhɛit] *nf* oubli; **iets aan de ~ ontrukken, onttrekken** tirer qqch de l'oubli; **in de ~ geraken** tomber dans l'oubli
[1]**ver·ge·ten** [vərχetə(n)] *vt (vergat, h./i. vergeten)* oublier; **vergeet het maar!** détrompez-vous !; **dat is al lang ~** c'est de l'histoire ancienne; **dat is om nooit te ~!** c'est inoubliable !; **alles is ~ en vergeven** c'est une histoire enterrée; **dat kun je wel ~!** tu peux toujours courir !
[2]**ver·ge·ten, zich** [vərχetə(n)] *vpr (vergat zich, h. zich vergeten)* s'oublier
ver·ge·ven [vərχevə(n)] *vt (vergaf, h. vergeven)* **1** pardonner **2** distribuer ♦ **het is hier ~ van de muggen** cet endroit est infesté de moustiques
ver·ge·ving [vərχevɪŋ] *nf* pardon; **iemand ~ schenken** pardonner à qqn; **de ~ van de zonden** la rémission des péchés
ver·ge·vings·ge·zind [vərχevɪŋsχəzɪnt] *adj* indulgent
ver·ge·vor·derd [vɛrχəvɔrdərt] *adj* avancé
ver·ge·wis·sen [vɛrχəwɪsə(n)] *vt (verge-*

wiste, h. vergewist) (form.) ♦ **zich ervan ~ dat …** s'assurer que …

ver·ge·zel·len [vɛrχəzɛlə(n)] *vt (vergezelde, h. vergezeld)* accompagner; **dat ging van veel plichtplegingen vergezeld** cela s'assortit de multiples obligations

ver·ge·zicht [vɛrχəzɪχt] *het (-en)* panorama

ver·ge·zocht [vɛrχəzɔχt] *adj* forcé; **ik vind dat nogal ~** je trouve cela un peu tiré par les cheveux

ver·giet [vərχit] *het/de (-en)* passoire

ver·gie·ten [vərχitə(n)] *vt (vergoot, h. vergoten)* verser

ver·gif [vərχɪf] *het (-fen)* poison; **daar kun je ~ op nemen** j'en donnerais ma tête à couper; **een stuk ~** un poison

ver·gif·fe·nis [vərχɪfənɪs] *nf* pardon; **iemand ~ schenken** pardonner à qqn

ver·gif·tig [vərχɪftəχ] *adj* **1** venimeux **2** vénéneux **3** toxique

ver·gif·ti·gen [vərχɪftəχə(n)] *vt (vergiftigde, h. vergiftigd)* empoisonner

ver·gif·ti·ging [vərχɪftəχɪŋ] *nf (-en)* empoisonnement

ver·ging [vərχɪŋ], **vergingen** → **vergaan**

ver·gis·sen, zich [vərχɪsə(n)] *vpr (vergiste zich, h. zich vergist)* se tromper; **daarin vergist u zich** c'est ce qui vous trompe; **zich in de persoon ~** se tromper de personne; **zich lelijk ~** se mettre le doigt dans l'œil; **vergis je niet!** ne te trompe pas !, ne t'y trompe pas !

ver·gis·sing [vərχɪsɪŋ] *nf (-en)* erreur; **iets bij, per ~ doen** faire qqch par mégarde

ver·gleed [vərχlet], **vergleden** → **verglijden**

ver·glij·den [vərχlɛidə(n)] *vi (vergleed, i. vergleden)* filer; **het ~ van de tijd** la fuite des jours

ver·goe·den [vərχudə(n)] *vt (vergoedde, h. vergoed)* **1** rembourser; **iemand een verlies ~** dédommager qqn d'une perte **2** compenser; **dat vergoedt veel** cela compense **3** rémunérer

ver·goe·ding [vərχudɪŋ] *nf (-en)* **1** indemnisation; **~ van geleden oorlogsschade** indemnités pour dommages de guerre **2** indemnité; **tegen een geringe ~** moyennant rémunération modeste; **vaste ~** indemnité forfaitaire

ver·goe·lij·ken [vərχuləkə(n)] *vt (vergoelijkte, h. vergoelijkt)* excuser

ver·gok·ken [vərχɔkə(n)] *vt (vergokte, h. vergokt)* perdre au jeu

ver·gold [vərχɔlt], **vergolden** → **vergelden**

ver·gooi·en [vərχojə(n)] *vt (vergooide, h. vergooid)* gâcher; **zijn eer ~** galvauder son honneur; **zijn leven ~** gâcher sa vie; *(fig.)* **zich ~** s'avilir, se mésallier

ver·goot [vərχot], **vergoten** → **vergieten**

ver·greep [vərχrep], **vergrepen** → **vergrijpen**

ver·gren·de·len [vərχrɛndələ(n)] *vt (vergrendelde, h. vergrendeld)* verrouiller; **een pistool ~** mettre un pistolet à la sûreté

ver·grijp [vərχrɛip] *het (-en)* délit; **een licht, gering ~** un délit mineur

ver·grij·pen, zich [vərχrɛipə(n)] *vpr (vergreep zich, h. zich vergrepen) (+ aan)* attenter (à); **zich aan iemand ~** violer qqn

ver·grij·zen [vərχrɛizə(n)] *vi (vergrijsde, i. vergrijsd)* grisonner; **Nederland vergrijst** la population des Pays-Bas vieillit

ver·grij·zing [vərχrɛizɪŋ] *nf* vieillissement

ver·groei·en [vərχrujə(n)] *vi (vergroeide, i. vergroeid)* **1** se souder; **met zijn omgeving vergroeid zijn** s'identifier avec son milieu **2** se déformer **3** disparaître **4** se cicatriser

ver·groot|glas [vərχrotχlɑs] *het (-glazen)* loupe; *(fig.)* **iets met een ~ bekijken** examiner qqch à la loupe

ver·gro·ten [vərχrotə(n)] *vti (vergrootte, h. vergroot)* **1** augmenter **2** grossir; **foto's ~** agrandir des photos

ver·gro·ting [vərχrotɪŋ] *nf (-en)* **1** augmentation **2** grossissement; **de ~ van het park** l'agrandissement du parc

[1]**ver·grui·zen** [vərχrœyzə(n)] *vi (vergruisde, i. vergruisd)* se désagréger

[2]**ver·grui·zen** [vərχrœyzə(n)] *vt (vergruisde, h. vergruisd)* broyer

ver·gui·zen [vərχœyzə(n)] *vt (verguisde, h. verguisd)* vilipender

ver·gul·den [vərχʌldə(n)] *vt (verguldde, h. verguld)* **1** dorer **2** *(form.)* ravir

ver·guld·sel [vərχʌltsəl] *het (-s)* dorure

ver·gun·nen [vərχʌnə(n)] *vt (vergunde, h. vergund) (form.)* permettre; **het was hem niet vergund de overwinning mee te maken** il ne lui fut pas donné d'assister à la victoire

ver·gun·ning [vərχʌnɪŋ] *nf (-en)* **1** autorisation; *(droit, privilège)* **~ verlenen** accorder une concession **2** permis; **iemand een ~ geven voor, tot** autoriser qqn à

ver|haal [vərhal] *het (-halen)* **1** histoire; **zijn ~ doen** débiter son histoire; **dat ~ ken ik intussen wel!** je connais la chanson !; **om een lang ~ kort te maken** (enfin) bref; **een onwaarschijnlijk ~** un récit invraisemblable; **sterke verhalen** histoires à dormir debout; **het ~ wil, gaat dat …** on raconte que … **2** nouvelle **3** recours; **~ halen (op)** avoir recours (à) ♦ **laat me nou even op ~ komen** laisse-moi me remettre un peu

ver·haal·baar [vərhalbar] *adj* recouvrable

[1]**ver·ha·len** [vərhalə(n)] *vi (verhaalde, h. verhaald)* conter; **over, van vroeger ~** raconter des histoires d'autrefois; **~de poëzie** poésie narrative

[2]**ver·ha·len** [vərhalə(n)] *vt (verhaalde, h. verhaald) (+ op)* se dédommager (sur); **de schade op iemand ~** se faire rembourser les dommages par qqn

ver·han·del·baar [vərhɑndəlbar] *adj* négociable

ver·han·de·len [vərhɑndələ(n)] *vt (verhandelde, h. verhandeld)* négocier

ver·han·de·ling [vərhɑndəlɪŋ] *nf (-en)* **1** négociation **2** essai; **zij hield een hele ~** elle a tenu tout un discours **3** *(Belg.; enseign.)* dissertation

[1]**ver·han·gen** [vərhɑŋə(n)] *vt (verhing, h. verhangen)* déplacer

[2]**ver·han·gen, zich** [vərhɑŋə(n)] *vpr (verhing zich, h. zich verhangen)* se pendre

ver·hap·stuk·ken [vərhɑpstʌkə(n)] *vt (verhapstukte, h. verhapstukt) (fam.)* faire; **ik heb met jou nog iets te ~** j'ai encore un compte à régler avec toi

[1]**ver·har·den** [vərhɑrdə(n)] *vi (verhardde, h./i. verhard)* **1** durcir **2** *(fig.)* s'endurcir

[2]**ver·har·den** [vərhɑrdə(n)] *vt (verhardde, h. verhard)* **1** durcir **2** *(route)* revêtir **3** *(fig.)* endurcir

ver·har·ding [vərhɑrdɪŋ] *nf (-en)* **1** durcissement **2** endroit dur

ver·ha·ren [vərharə(n)] *vi (verhaarde, i./h. verhaard)* **1** perdre ses poils **2** *(Belg.)* devenir rugueux

ver·has·pe·len [vərhɑspələ(n)] *vt (verhaspelde, h. verhaspeld)* déformer *(en parlant)*

ver·heer·lij·ken [vərherləkə(n)] *vt (verheerlijkte, h. verheerlijkt)* **1** glorifier **2** ravir

ver·heer·lij·king [vərherləkɪŋ] *nf* glorification

ver·hef·fen [vərhɛfə(n)] *vt (verhief, h. verheven) (form.)* **1** lever **2** élever; **iets tot principe ~** ériger qqch en principe

ver·hef|fend [vərhɛfənt] *adj (-fender, meest v.)* édifiant

ver·hef·fing [vərhɛfɪŋ] *nf (-en)* élévation

ver·hei·me·lij·ken [vərhɛimələkə(n)] *vt (verheimelijkte, h. verheimelijkt)* dissimuler

ver·hel·de·ren [vərhɛldərə(n)] *vt (verhelderde, h. verhelderd)* éclaircir; **een ~d antwoord** une réponse clarifiante

ver·he·len [vərhelə(n)] *vt (verheelde, h. verheeld) (form.)* cacher; **iets ~ voor iemand** cacher qqch à qqn

ver·hel·pen [vərhɛlpə(n)] *vt (verhielp, h. verholpen)* remédier à; **dat is te ~** on peut y remédier

ver·he·mel·te [vərheməltə] *het (-n, -s)* palais *(bouche)*; **gespleten ~** fente de la voûte du palais; **het harde ~** la voûte du palais; **het zachte ~** le voile du palais

ver|heugd [vərhøxt] *adj (-heugder, meest v.)* réjoui; **over iets ~ zijn** se réjouir de qqch

[1]**ver·heu·gen, zich** [vərhøxə(n)] *vpr (verheugde zich, h. zich verheugd)* se réjouir; **zich op iets ~** se réjouir à l'idée de qqch

[2]**ver·heu·gen** [vərhøxə(n)] *vt (verheugde, h. verheugd)* réjouir

ver·he|ven [vərhevə(n)] *adj (-vener, meest v.)* élevé

[1]**ver·he·vi·gen** [vərhevəxə(n)] *vt (verhevigde, h. verhevigd)* intensifier

[2]**ver·he·vi·gen** [vərhevəxə(n)] *vi (verhevigde, i. verhevigd)* s'intensifier

ver·hief [vərhif], **verhieven** → **verheffen**

ver·hield (zich) [vərhilt (sɪx)], **verhielden (zich)** → **verhouden**

ver·hielp [vərhilp], **verhielpen** → **verhelpen**

ver·hin·de·ren [vərhɪndərə(n)] *vt (verhinderde, h. verhinderd)* empêcher; **verhinderd zijn** avoir un empêchement

ver·hin·de·ring [vərhɪndərɪŋ] *nf (-en)* empêchement

ver·hing [vərhɪŋ], **verhingen** → **verhangen**

ver·hip [vərhɪp] *interj (fam.)* mince !

ver·hip·pen [vərhɪpə(n)] *vi (verhipte, h. verhipt) (fam.)* ♦ **we verhipten in dat zaaltje van de kou** on caillait dans cette petite salle

ver|hit [vərhɪt] *adj (-hitter, meest v.)* échauffé; **~te discussies** discussions enflammées; **het gesprek raakte ~** la conversation s'animait; **het gaat er ~ aan toe** ça chauffe

ver·hit·ten [vərhɪtə(n)] *vt (verhitte, h. verhit)* **1** chauffer **2** *(fig.)* échauffer

ver·hoe·den [vərhudə(n)] *vt (verhoedde, h. verhoed) (form.)* prévenir; **God verhoede dat je ziek wordt** Dieu te préserve de tomber malade

ver·ho·gen [vərhoxə(n)] *vt (verhoogde, h. verhoogd)* **1** surélever **2** augmenter **3** *(mus.)* hausser **4** relever

ver·ho·ging [vərhoxɪŋ] *nf (-en)* **1** surélévation **2** hauteur; **de spreker stond op een ~** l'orateur se tenait sur une estrade **3** augmentation; **een ~ van de tarieven** un relèvement des tarifs **4** température; **ik had wat ~** je faisais un peu de température

ver·ho·len [vərholə(n)] *adj* **1** dissimulé **2** furtif

ver·hol·pen [vərhɔlpə(n)] → **verhelpen**

ver·hon·derd·vou·di·gen [vərhɔndərtfɑudəxə(n)] *vti (verhonderdvoudigde, h./i. verhonderdvoudigd)* centupler

ver·hon·ge·ren [vərhɔŋərə(n)] *vi (verhongerde, i. verhongerd)* mourir de faim; **zijn kinderen laten ~** laisser ses enfants souffrir de la faim

ver·hoogd [vərhoxt] *adj* **1** accru **2** surélevé

ver|hoor [vərhor] *het (-horen)* interrogatoire; **iemand een ~ afnemen** soumettre qqn à un interrogatoire

ver·ho·ren [vərhorə(n)] *vt (verhoorde, h. verhoord)* **1** interroger; **getuigen ~** entendre des témoins **2** exaucer

ver·hou·den, zich [vərhɑudə(n)] *vpr (verhield zich, h. zich verhouden)* être dans un rapport (de … à)

ver·hou·ding [vərhɑudɪŋ] *nf (-en)* **1** rapport; **dat moet je in (zijn) ~(en) zien** il faut le voir par rapport au reste **2** relation **3** liaison (amoureuse) **4** proportion; **in ~ brengen** proportionner; **in ~ tot** en proportion de; naar ~ proportionnellement; naar ~ is dat duur c'est relativement cher

ver·hou·dings·ge·wijs [vərhɑudɪŋsχəwɛis] *adv* proportionnellement

*__ver·huis-__ [vərhœys-] de déménagement; de verhuiskosten les frais de déménagement

ver·huis|kaart [vərhœyskart] *de (-en),* **-bericht** *het (-en)* avis de changement d'adresse

ver·hui·zen [vərhœyzə(n)] *vti (verhuisde, h./i. verhuisd)* **1** déménager; iemand ~ faire le déménagement de qqn; wij zijn uit Parijs verhuisd in 1975 nous avons quitté Paris en 1975 **2** changer de place; dit bureau moet ~ naar de kamer hiernaast il faut mettre ce bureau dans la pièce voisine

ver·hul·len [vərhʌlə(n)] *vt (verhulde, h. verhuld) (form.)* masquer; in verhulde termen en termes voilés; de waarheid ~ déguiser la vérité

[1]**ver·hu·ren** [vərhyrə(n)] *vt (verhuurde, h. verhuurd)* louer

[2]**ver·hu·ren, zich** [vərhyrə(n)] *vpr (verhuurde zich, h. zich verhuurd)* se louer

ver·huur [vərhyr] *nm* location

ver·huur|der [vərhyrdər] *nm (-s),* **-ster** *nf (-s)* loueur, -euse

ve·ri·fi·eer·baar [verifjerbar] *adj* vérifiable

ver·ij·de·len [vərɛidələ(n)] *vt (verijdelde, h. verijdeld)* **1** déjouer **2** décevoir

ve·ring [verɪŋ] *nf (-en)* **1** suspension *(d'une voiture)* **2** sommier *(d'un lit)*

ver·jaard [vərjart] *adj* prescrit

ver·jaar·dag [vərjardɑχ] *nm (-en)* anniversaire; gefeliciteerd met je ~! bon anniversaire !; iemand met zijn ~ gelukwensen souhaiter un bon anniversaire à qqn

*__ver·jaars-__ [vərjars-] d'anniversaire

ver·ja·gen [vərjaχə(n)] *vt (verjaagde, verjoeg, h. verjaagd)* chasser

ver·ja·ren [vərjarə(n)] *vi (verjaarde, h./i. verjaard)* **1** *(form.)* avoir son anniversaire **2** *(jur.)* se prescrire

ver·ja·rings·ter·mijn [vərjarɪŋstɛrmɛin] *nm (-en)* délai de prescription

ver·joeg [vərjuχ], **verjoegen** → verjagen

ver·jon·gen [vərjɔŋə(n)] *vti (verjongde, h./i. verjongd)* rajeunir

ver·jon·gings|kuur [vərjɔŋɪŋskyr] *de (-kuren)* cure de rajeunissement; *(fig.)* een ~ ondergaan hebben avoir fait peau neuve

ver·kal·ken [vərkɑlkə(n)] *vi (verkalkte, i. verkalkt)* **1** se calcifier **2** s'entartrer **3** *(aussi au fig.)* se scléroser

ver·kapt [vərkɑpt] *adj* (de manière) déguisé(e)

ver·kas·sen [vərkɑsə(n)] *vi (verkaste, i. verkast) (fam.)* changer de crémerie

ver·ka·ve·len [vərkavələ(n)] *vt (verkavelde, h. verkaveld)* lotir

ver·keek [vərkek], **verkeken** → verkijken

ver·keer [vərker] *het* **1** circulation; *(sur un panneau de signalisation)* doorgaand ~ toutes directions; handel en ~ commerce et transports; het doorgaand ~ is gestremd la circulation est interrompue; veilig ~ sécurité routière; zwaar ~ poids lourds **2** relations; seksueel ~ rapports sexuels **3** communications *(téléphone)*

ver|keerd [vərkert] *adj, adv (-keerder, meest v.)* mauvais, mal; het ~ aanpakken s'y prendre mal; iemand ~ aanpakken prendre qqn à rebrousse-poil; zijn kousen ~ aantrekken mettre ses chaussettes à l'envers; een ~e beweging un faux mouvement; de ~e voorhebben se tromper de personne; er ~ aan doen te avoir tort de; als er iets ~ gaat en cas de malheur; zijn handen staan ~ il n'est pas adroit de ses mains; je hoed staat ~ ton chapeau est de travers; ~ verbonden zijn s'être trompé de numéro; iets ~ verstaan comprendre qqch de travers; hij was in de oorlog ~ il était du mauvais bord pendant la guerre

ver·keers·ader [vərkersadər] *de (-s) (transp.)* artère

ver·keers·bord [vərkerzbɔrt] *het (-en) (transp.)* panneau de signalisation

ver·keers·di·plo·ma [vərkerzdiploma] *het (-'s) (enseign.)* diplôme de Code de la route

ver·keers·do·de [vərkerzdodə] *nm (-n)* mort de la route

ver·keers·drem·pel [vərkerzdrɛmpəl] *nm (-s) (transp.)* ralentisseur (de vitesse)

ver·keers·druk·te [vərkerzdrʌktə] *nf* intensité de la circulation

ver·keers·lei·der [vərkerslɛidər] *nm (-s) (aviat.)* aiguilleur du ciel

ver·keers·licht [vərkerslɪχt] *het (-en)* feu (de signalisation)

ver·keers|on·ge·val [vərkersɔŋχəvɑl] *het (-len),* **-ongeluk** *het (-ken)* accident de la route

ver·keers·over·tre·ding [vərkersovərtredɪŋ] *nf (-en)* infraction au Code de la route

ver·keers·plein [vərkersplɛin] *het (-en)* rond-point

ver·keers|re·gels [vərkersreχəls] *plur,* **-reglement** *het (-en)* Code de la route

ver·keers·to·ren [vərkerstorə(n)] *nm (-s) (aviat.)* tour de contrôle

ver·keers·vei·lig·heid [vərkersfɛiləχhɛit] *nf* sécurité routière

ver·keers·vlieg·tuig [vərkersfliχtœyχ] *het (-en)* avion de ligne

ver·keers·wis·se·laar [vərkerswɪsəlar] *nm (-s) (Belg.)* échangeur

ver·keers·zuil [vərkersœyl] *de (-en)* borne (de signalisation)

ver·ken·nen [vərkɛnə(n)] *vt (verkende, h. verkend)* explorer

ver·ken·ner [vərkɛnər] *nm (-s)* **1** observateur, -trice **2** scout

ver·ken·ning [vərkɛnɪŋ] *nf (-en)* **1** exploration; op ~ uitgaan aller reconnaître le terrain; *(fig.)* tâter le terrain **2** *(milit.)* reconnaissance

***ver·ken·nings-** [vərkɛnɪŋs-] de reconnaissance; **de verkenningstocht** la mission de reconnaissance

ver·ke·ren [vərkerə(n)] *vi (verkeerde, h./i. verkeerd)* **1** être **2** *(+ in)* fréquenter (qqch) ♦ **het kan ~** la chance peut tourner

ver·ke·ring [vərkerɪŋ] *nf (-en)* ♦ **~ hebben (met iemand)** sortir avec qqn, avoir un(e) petit(e) ami(e); **de ~ is uit** ils ont rompu; **vaste ~** une relation durable

ver·ket·te·ren [vərkɛtərə(n)] *vt (verketterde, h. verketterd)* jeter l'anathème sur

ver·kies·baar [vərkizbar] *adj* éligible; **zich niet meer ~ stellen** ne plus se présenter aux élections

ver·kies·lijk [vərkisl**ə**k] *adj (form.)* préférable

ver·kie·zen [vərkizə(n)] *vt (verkoos, h. verkozen) (form.)* **1** préférer; **te ~ zijn boven** être préférable à **2** élire

ver·kie·zing [vərkizɪŋ] *nf (-en)* élection; **de getrapte ~** le suffrage indirect; **~en houden** procéder à des élections; **tussentijdse ~en** élections partielles

***ver·kie·zings-** [vərkizɪŋs-] électoral; **de verkiezingsstrijd** la bataille électorale

ver·kie·zings·ron·de [vərkizɪŋsrɔndə] *de (-s, -n)* tour (de scrutin)

ver·kij·ken, zich [vərkɛikə(n)] *vpr (verkeek zich, h. zich verkeken)* **1** mal voir **2** se tromper; **ik heb me op de afstand verkeken** j'ai mal évalué la distance

ver·kik·kerd [vərkɪkərt] *adj (fam.)* toqué (de qqn); **~ op iemand zijn** en pincer pour qqn; **~ raken op iemand** se toquer de qqn

[1]**ver·kil·len** [vərkɪlə(n)] *vi (verkilde, i. verkild)* se refroidir

[2]**ver·kil·len** [vərkɪlə(n)] *vt (verkilde, h. verkild)* refroidir

ver·klaar|baar [vərklarbar] *adj (-baarder, -baarst)* **1** explicable; **dat is eenvoudig ~** cela s'explique facilement **2** interprétable

ver·klap·pen [vərklɑpə(n)] *vt (verklapte, h. verklapt)* trahir; **dat mag ik u niet ~** je ne peux pas vous le révéler

[1]**ver·kla·ren** [vərklarə(n)] *vt (verklaarde, h. verklaard)* **1** expliquer; **een raadsel ~** élucider une énigme; **een ~d woordenboek** un dictionnaire explicatif **2** interpréter **3** déclarer; **iemand schuldig ~** reconnaître qqn coupable

[2]**ver·kla·ren, zich** [vərklarə(n)] *vpr (verklaarde zich, h. zich verklaard)* **1** se déclarer **2** s'expliquer

ver·kla·ring [vərklarɪŋ] *nf (-en)* **1** explication; **ik ben u een ~ schuldig** je vous dois des explications **2** interprétation **3** déclaration; **een ~ afleggen** faire une déclaration **4** certificat

[1]**ver·kle·den, zich** [vərkledə(n)] *vpr (verkleedde zich, h. zich verkleed)* **1** se changer **2** se déguiser

[2]**ver·kle·den** [vərkledə(n)] *vt (verkleedde, h. verkleed)* **1** changer *(de vêtements)* **2** déguiser

ver·kleed·par·tij [vərkletpɑrtɛi] *nf (-en)* **1** déguisement **2** bal masqué

ver·klei·nen [vərklɛinə(n)] *vt (verkleinde, h. verkleind)* **1** réduire; **deze bril verkleint** ces lunettes rapetissent les objets **2** diminuer

ver·klein·woord [vərklɛinwort] *het (-en)* diminutif

[1]**ver·klet·sen** [vərklɛtsə(n)] *vt (verkletste, h. verkletst)* ♦ **zijn tijd ~** perdre son temps en bavardages

[2]**ver·klet·sen, zich** [vərklɛtsə(n)] *vpr (verkletste zich, h. zich verkletst)* en dire trop

ver·kleu·men [vərklømə(n)] *vi (verkleumde, i. verkleumd)* être transi; **we zaten daar te ~** nous étions là, transis de froid

[1]**ver·kleu·ren** [vərklørə(n)] *vi (verkleurde, i. verkleurd)* **1** se décolorer **2** changer de couleur

[2]**ver·kleu·ren** [vərklørə(n)] *vt (verkleurde, h. verkleurd)* décolorer

ver·klik·ken [vərklɪkə(n)] *vt (verklikte, h. verklikt)* dénoncer

[1]**ver·klik·ker** [vərklɪkər] *nm (-s)* dénonciateur

[2]**ver·klik·ker** [vərklɪkər] *nm (-s)* détecteur

ver·klun·ge·len [vərklʌŋələ(n)] *vt (verklungelde, h. verklungeld)* ♦ **zijn tijd ~** gaspiller son temps

ver·knal·len [vərknɑlə(n)] *vt (verknalde, h. verknald) (fam.)* bousiller; **een kans ~** gâcher une occasion ♦ **in één avond hebben we toen 500 euro verknald** en une soirée nous avons fait péter pour 500 euros de feu d'artifice

ver·kneu·ke·len, zich [vərknøkələ(n)] *vpr (verkneukelde zich, h. zich verkneukeld)* **1** jubiler; **zich in iets ~** se réjouir vivement de qqch **2** se frotter les mains

ver·knip·pen [vərknɪpə(n)] *vt (verknipte, h. verknipt)* **1** découper **2** abîmer en coupant

ver|knipt [vərknɪpt] *adj (-knipter, meest v.) (fam.)* piqué

ver·knocht [vərknɔχt] *adj (meer v., meest v.) (+ aan)* attaché (à)

ver·knoei·en [vərknujə(n)] *vt (verknoeide, h. verknoeid)* **1** gâcher **2** gaspiller

ver·kocht [vərkɔχt], **verkochten** → **verkopen**

[1]**ver·koe·len** [vərkulə(n)] *vi (verkoelde, i. verkoeld)* se refroidir

[2]**ver·koe·len** [vərkulə(n)] *vt (verkoelde, h. verkoeld)* refroidir; **~de dranken** boissons rafraîchissantes

[1]**ver·ko·len** [vərkolə(n)] *vi (verkoolde, i. verkoold)* se carboniser

[2]**ver·ko·len** [vərkolə(n)] *vt (verkoolde, h. verkoold)* carboniser

ver·kom·me·ren [vərkɔmərə(n)] *vi (verkommerde, i. verkommerd)* dépérir

ver·kon·di·gen [vərkɔndəχə(n)] *vt (verkondigde, h. verkondigd)* proclamer; **nu**

verkondig je grote onzin ce que tu avances là ne tient pas debout; een stelling ~ avancer une thèse; het woord Gods ~ prêcher la bonne parole

ver·kon·di·ging [vərkɔndəχɪŋ] *nf (-en)* **1** promulgation **2** *(relig.)* prédication

ver|koop [vɛrkop] *nm (-kopen)* vente; in de ~ brengen mettre en vente

***ver·koop-** [vɛrkop-] de vente; de verkoopdatum la date de vente

ver·koop·baar [vərkobar] *adj* **1** vendable **2** acceptable; deze maatregel is niet ~ aan onze achterban nous ne pourrons pas faire avaler cette mesure à notre base

ver·koop·praat·je [vɛrkopracə] *het (-s)* ♦ ~s houden pousser à la vente

ver·koop·ster [vɛrkopstər] *nf (-s)* → verkoper

ver·koop·truc [vɛrkoptryk] *nm (-s)* ♦ dit is een ~ c'est un truc pour faire acheter

ver·koos [vərkos], **verkozen** → verkiezen

[1]**ver·ko·pen** [vərkopə(n)] *vi (verkocht, h. verkocht)* se vendre

[2]**ver·ko·pen** [vərkopə(n)] *vt (verkocht, h. verkocht)* **1** vendre **2** *(fam.)* administrer; iemand een dreun ~ envoyer un coup à qqn **3** débiter; onzin ~ dire des bêtises **4** faire accepter; zichzelf weten te ~ savoir se mettre en valeur

ver|ko·per [vərkopər] *nm (-s)*, **-koopster** *nf (-s)* vendeur, -euse

ver·kort [vərkɔrt] *adj* **1** raccourci; een ~ overzicht un résumé **2** simplifié **3** réduit

ver·kor·ten [vərkɔrtə(n)] *vt (verkortte, h. verkort)* **1** raccourcir **2** écourter

ver·kor·ting [vərkɔrtɪŋ] *nf (-en)* **1** raccourcissement **2** *(ling.)* abréviation

ver·kou·den [vərkaudə(n)] *adj* enrhumé; ~ worden s'enrhumer

ver·koud|heid [vərkauthɛit] *nf (-heden)* rhume

ver·krach·ten [vərkraχtə(n)] *vt (verkrachtte, h. verkracht)* violer

ver|krampt [vərkramt] *adj (-krampter, meest v.)* crispé; een ~e schrijfstijl un style forcé

ver·kreeg [vərkreχ], **verkregen** → verkrijgen

[1]**ver·kreu·ke·len** [vərkrøkələ(n)] *vi (verkreukelde, i. verkreukeld)* se froisser

[2]**ver·kreu·ke·len** [vərkrøkələ(n)] *vt (verkreukelde, h. verkreukeld)* froisser

ver·krijg·baar [vərkrɛiχbar] *adj* en vente; niet meer ~ épuisé

ver·krij·gen [vərkrɛiχə(n)] *vt (verkreeg, h. verkregen)* obtenir; die boeken kun je hier ~ ces livres sont en vente ici; een betere positie ~ acquérir une meilleure position

ver·krop·pen [vərkrɔpə(n)] *vt (verkropte, h. verkropt)* ♦ iets niet kunnen ~ ne pas pouvoir garder qqch, ne pas pouvoir avaler qqch

[1]**ver·krui·me·len** [vərkrœymələ(n)] *vi (verkruimelde, i. verkruimeld)* s'émietter

[2]**ver·krui·me·len** [vərkrœymələ(n)] *vt (verkruimelde, h. verkruimeld)* émietter

ver·kwan·se·len [vərkwɑnsələ(n)] *vt (verkwanselde, h. verkwanseld)* **1** brader **2** gaspiller

ver·kwik·ken [vərkwɪkə(n)] *vt (verkwikte, h. verkwikt)* rafraîchir

ver·kwik·kend [vərkwɪkənt] *adj* **1** rafraîchissant **2** *(fig.)* bienfaisant

ver·kwis·ten [vərkwɪstə(n)] *vt (verkwistte, h. verkwist)* gaspiller

ver·kwis|tend [vərkwɪstənt] *adj (-tender, meest v.)* **1** dépensier **2** gaspilleur

ver·la·gen [vərlaχə(n)] *vt (verlaagde, h. verlaagd)* **1** baisser; iets in prijs ~ baisser le prix de qqch; iemand in rang ~ rétrograder, dégrader qqn; de salarissen ~ diminuer les salaires **2** avilir; zich ~ tot iets s'abaisser à qqch

ver·la·ging [vərlaχɪŋ] *nf (-en)* **1** abaissement **2** avilissement **3** dévalorisation

ver·lak·ke·rij [vərlɑkərɛi] *nf (-en)* duperie

ver·lam·men [vərlɑmə(n)] *vt (verlamde, h. verlamd)* paralyser; hij is aan de rechterzijde verlamd il est paralysé du côté droit

[1]**ver·lan·gen** [vərlɑŋə(n)] *het (-s)* désir; iets met ~ tegemoet zien attendre qqch avec impatience

[2]**ver·lan·gen** [vərlɑŋə(n)] *vi (verlangde, h. verlangd) (+ naar)* désirer (qqch); ik verlang ernaar je te zien je suis impatient de te voir; naar huis ~ désirer rentrer

[3]**ver·lan·gen** [vərlɑŋə(n)] *vt (verlangde, h. verlangd)* **1** désirer **2** réclamer

ver|lan·gend [vərlɑŋənt] *adj, adv (-langender, meest v.)* désireux (de), avec impatience

ver·lang·lijst [vərlɑŋlɛist] *de (-en)* liste (des objets désirés)

[1]**ver·la·ten** [vərlatə(n)] *vt (verliet, h. verlaten)* **1** quitter **2** abandonner; een ~ buurt un quartier désert; van God ~ zijn *(personnes)* s'abandonner au vice; *(lieu)* être abandonné

[2]**ver·la·ten, zich** [vərlatə(n)] *vpr (verliet zich, h. zich verlaten)* se mettre en retard ♦ zich ~ op s'en remettre à, compter sur

ver·la·ten·heid [vərlatənhɛit] *nf* solitude

[1]**ver·le·den** [vərledə(n)] *het* passé; dat behoort tot het ~ c'est du passé; teruggaan in het ~ remonter dans le temps; het jongste ~ le passé récent; het ~ laten rusten laisser le passé pour ce qu'il est

[2]**ver·le·den** [vərledə(n)] *adj* passé

ver·le|gen [vərleχə(n)] *adj, adv (-gener, meest v.)* **1** timide(ment); iemand ~ maken intimider qqn **2** *(+ met)* (d'un air) embarrassé ♦ ergens om ~ zitten avoir besoin de qqch; nooit om een antwoord ~ zijn avoir réponse à tout

ver·le·gen·heid [vərleχənhɛit] *nf* **1** timidité **2** embarras; iemand in ~ brengen embarrasser qqn

ver·leg·gen [vərlɛχə(n)] *vt (verlegde, h.*

verlegd) déplacer; **de aandacht ~** porter son attention sur autre chose

ver·lei·de·lijk [vərlɛidələk] *adj, adv* (d'une façon) séduisant(e)

ver·lei·den [vərlɛidə(n)] *vt (verleidde, h. verleid)* tenter; **zich door mooie beloften laten ~** se laisser séduire par de belles promesses; **zich tot een wandelingetje laten ~** se laisser tenter par une petite promenade

ver|lei·der [vərlɛidər] *nm (-s),* **-leidster** *nf (-s)* séducteur, -trice

ver·lei·ding [vərlɛidɪŋ] *nf (-en)* tentation; **in de ~ komen (om)** être tenté (de)

ver·lek·kerd [vərlɛkərt] *adj* gourmand; **~ zijn op iets** être friand de qqch

ver·le·nen [vərlenə(n)] *vt (verleende, h. verleend)* **1** accorder **2** *(form.)* donner

ver·leng·de [vərlɛŋdə] *het* prolongement

ver·len·gen [vərlɛŋə(n)] *vt (verlengde, h. verlengd)* prolonger

ver·len·ging [vərlɛŋɪŋ] *nf (-en)* **1** prolongement **2** prolongation; **~ van een paspoort aanvragen** demander le renouvellement d'un passeport

ver·leng·snoer [vərlɛŋsnur] *het (-en)* rallonge *(cordon électrique)*

ver·leng·stuk [vərlɛŋstʌk] *het (-ken)* (r)allonge

ver|lept [vərlɛpt] *adj (-lepter, meest v.)* fané

ver·le·ren [vərlerə(n)] *vt (verleerde, h./i. verleerd)* oublier

ver·leu·te·ren [vərløtərə(n)] *vt (verleuterde, h. verleuterd)* perdre (son temps) en bavardages

[1]**ver·le·ven·di·gen** [vərlevəndəχə(n)] *vt (verlevendigde, h. verlevendigd)* animer

[2]**ver·le·ven·di·gen** [vərlevəndəχə(n)] *vi (verlevendigde, i. verlevendigd)* s'animer; **de handel is verlevendigd** le commerce a refleuri

ver·lich·ten [vərlɪχtə(n)] *vt (verlichtte, h. verlicht)* **1** éclairer; **verlicht denken** être un esprit éclairé **2** soulager; **iemand het werk ~** faciliter le travail à qqn

ver·lich·ting [vərlɪχtɪŋ] *nf (-en)* **1** lumière **2** soulagement **3** éclairage ♦ **de eeuw van de ~** le Siècle des lumières

ver|liefd [vərlift] *adj, adv (-liefder, meest v.)* amoureux, amoureusement; **iemand ~ aankijken** faire les yeux doux à qqn; **~ worden op iemand** tomber amoureux de qqn

ver·liefd|heid [vərliftheit] *nf (-heden)* amour; **een kortstondige ~** un feu de paille; **zijn ~ was van korte duur** il n'a pas été longtemps amoureux

ver·liep [vərlip], **verliepen** → **verlopen**

ver|lies [vərlis] *het (-liezen)* perte; **zijn ~ erkennen** s'avouer vaincu; **~ lijden** subir une perte; *(fig.)* **zijn ~ nemen** reconnaître son échec; **niet tegen (zijn) ~ kunnen** être mauvais joueur

ver·lies·ge·vend [vərlisχevənt] *adj* déficitaire

ver·lies·la·tend [vərlislatənt] *adj (Belg.)* → **verliesgevend**

ver·lies·post [vərlispɔst] *nm (-en)* poste déficitaire

ver·liet [vərlit], **verlieten** → **verlaten**

[1]**ver·lie·zen** [vərlizə(n)] *vti (verloor, h. verloren)* perdre

[2]**ver·lie·zen, zich** [vərlizə(n)] *vpr (verloor zich, h. zich verloren) (+ in)* se noyer (dans)

ver·lie·zer [vərlizər] *nm (-s)* perdant, -ante; **een goede ~** un beau joueur

ver·lin·ken [vərlɪŋkə(n)] *vt (verlinkte, h. verlinkt) (fam.)* donner

ver·loe·de·ren [vərludərə(n)] *vi (verloederde, i. verloederd)* **1** se clochardiser **2** se dégrader

ver|lof [vərlɔf] *het (-loven)* **1** permission; **~ geven om te ...** donner la permission de ... **2** congé; **buitengewoon ~** congé spécial; **educatief ~** congé-formation; **met groot ~ gaan** être démobilisé; **met ~ gaan** partir en congé; *(milit.)* partir en permission; *(Belg.)* **~ zonder wedde** congé sans solde

ver·lok·ken [vərlɔkə(n)] *vt (verlokte, h. verlokt) (form.)* tenter; **zich laten ~ tot iets** se laisser tenter par qqch

ver·loo·che·nen [vərloχənə(n)] *vt (verloochende, h. verloochend)* renier; **zijn aard verloochent zich niet** il reste fidèle à sa nature

ver·loofd [vərloft] *adj* fiancé

ver·loop [vərlop] *het* **1** déroulement; **een grillig ~** une progression en dents de scie; **na ~ van tijd** au bout d'un certain temps; **het ~ van een ziekte** l'évolution d'une maladie **2** mouvement; **er is veel ~ bij dat bedrijf** il y a un grand renouvellement de personnel dans cette entreprise; **het natuurlijk ~** la rotation naturelle du personnel

ver·loor [vərlor], **verloren** → **verliezen**

ver·lo·pen [vərlopə(n)] *vi (verliep, i. verlopen)* **1** passer; **een ~ termijn** un délai révolu **2** expirer; **mijn paspoort is ~** mon passeport est périmé **3** se dérouler ♦ **een ~ kerel** un (type) débauché

ver·lo·ren [vərlorə(n)] *adj* perdu *(tous les sens);* **in de menigte ~ gaan** se perdre dans la foule; **geen tijd ~ laten gaan** ne pas perdre de temps; *(Belg.)* **~ lopen** s'égarer; **~ raken** s'égarer; **~ ronddwalen** errer comme une âme en peine; **~ in een hoekje zitten** être assis seul dans un coin

ver·los·kun·di·ge [vərlɔskʌndəχə] *nm (-n)* accoucheur, -euse

ver·los·sen [vərlɔsə(n)] *vt (verloste, h. verlost)* **1** délivrer **2** accoucher

Ver·los·ser [vərlɔsər] *nm* Rédempteur

ver·los·sing [vərlɔsɪŋ] *nf (-en)* **1** libération **2** *(relig.)* rédemption **3** accouchement

ver·lo·ten [vərlotə(n)] *vt (verlootte, h. verloot)* mettre en loterie

ver·lo·ven, zich [vərlovə(n)] *vpr (verloofde zich, h. zich verloofd)* se fiancer
ver·lo·ving [vərlovɪŋ] *nf (-en)* fiançailles
ver·luch·ten [vərlʌχtə(n)] *vt (verluchtte, h. verlucht) (Belg.)* aérer
ver·lui·den [vərlœydə(n)] *vti (verluidde, h./i. verluid)* ♦ **naar verluidt** d'après ce qu'on dit
ver·lum·me·len [vərlʌmələ(n)] *vt (verlummelde, h. verlummeld)* ♦ **zijn tijd ~** flemmarder
ver·lus·ti·gen [vərlʌstəχə(n)] *vt (verlustigde, h. verlustigd) (form.)* égayer; **zich ~ in** se délecter à, de
ver|maak [vərmak] *het (-maken)* divertissement; **~ vinden (in)** prendre plaisir à
ver|maard [vərmart] *adj (-maarder, meest v.) (form.)* célèbre
ver·ma·ge·ren [vərmaχərə(n)] *vti (vermagerde, h./i. vermagerd)* maigrir
ver·ma·ge·rings|kuur [vərmaχərɪŋskyr] *de (-kuren)* régime (amaigrissant)
ver·ma·ke·lijk [vərmakələk] *adj, adv* (d'une façon) amusant(e)
ver·ma·ke·lijk|heid [vərmakələkhɛit] *nf (-heden)* **1** caractère amusant **2** amusement
ver·ma·ken [vərmakə(n)] *vt (vermaakte, h. vermaakt)* **1** amuser **2** léguer **3** refaire; **een pak laten ~** faire retailler un costume
ver·ma·le·dijd [vərmalədɛit] *adj (form.)* maudit
ver·ma·len [vərmalə(n)] *vt (vermaalde, h. vermalen)* broyer; **koren tot meel ~** moudre du blé en farine
ver·ma·nen [vərmanə(n)] *vt (vermaande, h. vermaand)* faire des remontrances à (qqn); **een lastige leerling ~** chapitrer un élève difficile
ver·ma·ning [vərmanɪŋ] *nf (-en)* remontrance
ver·man·nen, zich [vərmɑnə(n)] *vpr (vermande zich, h. zich vermand)* se ressaisir
ver·me·den [vərmedə(n)] → **vermijden**
ver·meend [vərment] *adj (form.)* prétendu; **de ~e erfgenaam** l'héritier présomptif
ver·meer·de·ren [vərmerdərə(n)] *vti (vermeerderde, h./i. vermeerderd)* augmenter
ver·mel·den [vərmɛldə(n)] *vt (vermeldde, h. vermeld)* mentionner
ver·mel·dens·waar|dig [vərmɛldə(n)swardəχ] *adj (-diger, meest v.)* digne de mention
ver·mel·ding [vərmɛldɪŋ] *nf (-en)* mention
¹**ver·men·gen** [vərmɛŋə(n)] *vt (vermengde, h. vermengd)* mélanger
²**ver·men·gen, zich** [vərmɛŋə(n)] *vpr (vermengde zich, h. zich vermengd)* se mêler
¹**ver·me·nig·vul·di·gen** [vərmenəχfʌldəχə(n)] *vt (vermenigvuldigde, h. vermenigvuldigd)* multiplier; **een getal ~ met 8** multiplier un nombre par 8
²**ver·me·nig·vul·di·gen, zich** [vərmenəχfʌldəχə(n)] *vpr (vermenigvuldigde zich, h. zich vermenigvuldigd)* se multiplier
ver·men·se·lij·ken [vərmɛnsələkə(n)] *vi (vermenselijkte, i. vermenselijkt)* s'humaniser
ver·me·tel [vərmetəl] *adj, adv (form.)* téméraire(ment)
ver·me·tel·heid [vərmetəlhɛit] *nf (form.)* audace
ver·mi·cel·li [vɛrmisɛli] *nm* vermicelle
ver·mij·den [vərmɛidə(n)] *vt (vermeed, h. vermeden)* éviter; **men moet zien te ~ dat ...** il faut éviter que ...
ver·min·de·ren [vərmɪndərə(n)] *vti (verminderde, h./i. verminderd)* diminuer; **de druk ~** faire descendre la pression
ver·min·de·ring [vərmɪndərɪŋ] *nf (-en)* diminution; **~ van straf** remise de peine
ver·min·de·rings·kaart [vərmɪndərɪŋskart] *de (-en) (Belg.)* carte de réduction
ver·min·ken [vərmɪŋkə(n)] *vt (verminkte, h. verminkt)* mutiler; **een naam ~** écorcher un nom
ver·mis·sen [vərmɪsə(n)] *vt (vermiste, h. vermist)* ne pas retrouver; **iemand als vermist opgeven** porter qqn disparu; **er wordt tien miljoen vermist na de overval** dix millions ont disparu à la suite du hold-up
ver·mis·sing [vərmɪsɪŋ] *nf (-en)* disparition
ver·mis·te [vərmɪstə] *nm (-n)* disparu, -ue
ver·mits [vərmɪts] *conj (Belg.; form.)* comme
ver·mocht [vərmɔχt], **vermochten** → ²**vermogen**
ver·moe·de·lijk [vərmudələk] *adj, adv* probable(ment); **de ~e erfgenaam** l'héritier présomptif
¹**ver·moe·den** [vərmudə(n)] *het (-s)* **1** supposition **2** soupçon; **ik had er geen flauw ~ van** je n'avais pas le moindre soupçon; **ik had al zo'n ~** j'en avais le pressentiment; **een kwaad ~ hebben** avoir des soupçons
²**ver·moe·den** [vərmudə(n)] *vt (vermoedde, h. vermoed)* **1** supposer **2** soupçonner; **kwaad ~** pressentir le mal
ver·moeid [vərmujt] *adj* fatigué; **dodelijk ~** harassé
ver·moeid·heid [vərmujthɛit] *nf* fatigue
ver·moei·en [vərmujə(n)] *vt (vermoeide, h. vermoeid)* fatiguer
ver·moei·e·nis [vərmujənɪs] *nf (-sen)* fatigue
¹**ver·mo·gen** [vərmoχə(n)] *het (-s)* **1** fortune; **het eigen ~** *(à propos d'une personne)* la fortune personnelle; *(à propos d'une entreprise)* les fonds propres; **naar ~ bijdragen** contribuer selon ses moyens **2** puissance **3** pouvoir; **naar mijn beste ~** de mon mieux; **doen wat in zijn ~ is** faire tout son possible; **het ~ om te denken** la faculté de penser; **de verstandelijke ~s** les facultés intellectuelles
²**ver·mo·gen** [vərmoχə(n)] *vt (vermocht, h.*

vermocht) (form.) ◆ **de medische wetenschap vermag hier niets** la médecine est impuissante face à ce mal

ver·mo·gend [vərmoχənt] *adj* **1** fortuné **2** puissant

ver·mol·men [vərmɔlmə(n)] *vi (vermolmde, i. vermolmd)* devenir vermoulu

ver·mom·men [vərmɔmə(n)] *vt (vermomde, h. vermomd)* déguiser; **zich ~ als** se déguiser en

ver·mom·ming [vərmɔmɪŋ] *nf (-en)* déguisement, *(fig.)* camouflage; **in deze ~** sous ce déguisement

ver·moor·den [vərmordə(n)] *vt (vermoordde, h. vermoord)* assassiner; *(fig.)* **je hebt haar vermoord** tu as causé sa mort; **als je dat doet, vermoord ik je** si tu fais ça, je te tue

ver·mor·ze·len [vərmɔrzələ(n)] *vt (vermorzelde, h. vermorzeld)* **1** écraser **2** *(fig.)* pulvériser

ver·mur·wen [vərmʌrwə(n)] *vt (vermurwde, h. vermurwd)* apitoyer; **hij was niet te ~** il demeura inflexible

ver·na·che·len [vərnaχələ(n)] *vt (vernachelde, h. vernacheld) (fam.)* avoir

ver·nam [vərnam], **vernamen** → **vernemen**

[1]**ver·nau·wen** [vərnauwə(n)] *vt (vernauwde, h. vernauwd)* rétrécir

[2]**ver·nau·wen** [vərnauwə(n)] *vi (vernauwde, i. vernauwd)* se rétrécir

ver·nau·wing [vərnauwɪŋ] *nf (-en)* **1** resserrement; **een ~ van de bloedvaten** une constriction des vaisseaux sanguins **2** étranglement *(endroit resserré)*

ver·ne·de·ren [vərnedərə(n)] *vt (vernederde, h. vernederd)* humilier

ver·ne·men [vərnemə(n)] *vt (vernam, h. vernomen)* **1** percevoir **2** apprendre; **naar wij ~** nous apprenons que; **iets van iemand ~** apprendre qqch par qqn

ver·neu·ken [vərnøkə(n)] *vt (verneukte, h. verneukt) (fam.)* baiser

ver·neu·ke·ra|tief [vərnøkəratif] *adj, adv (-tiever, -tiefst) (fam.)* d'arnaque, par l'arnaque

ver·nie·len [vərnilə(n)] *vt (vernielde, h. vernield)* ravager

ver·nie·ling [vərnilɪŋ] *nf (-en)* **1** destruction; **in de ~ gaan** être démoli; **geestelijk in de ~ raken** sombrer dans la déprime; *(fig.)* **ze ligt volkomen in de ~** elle est à ramasser à la petite cuillère **2** dégât

ver·niel·zucht [vərnilzʌχt] *de* vandalisme

ver·nie·ti·gen [vərnitəχə(n)] *vt (vernietigde, h. vernietigd)* **1** détruire **2** exterminer **3** annuler

ver·nie·ti·gend [vərnitəχənt] *adj, adv* destructeur, d'une manière destructrice; **iemand ~ aankijken** fusiller qqn du regard; **een ~e oorlog** une guerre dévastatrice

ver·nie·ti·ging [vərnitəχɪŋ] *nf (-en)* **1** destruction **2** extermination **3** annulation

ver·nie·ti·gings·kamp [vərnitəχɪŋskɑmp] *het (-en)* camp d'extermination

ver·nieu·wen [vərniwə(n)] *vt (vernieuwde, h. vernieuwd)* **1** rénover; **een ~de geest** un esprit novateur **2** remplacer; **met vernieuwde kracht** avec des forces nouvelles; **een overeenkomst ~** renouveler une convention

ver·nieu·wing [vərniwɪŋ] *nf (-en)* **1** rénovation **2** remplacement **3** innovation; **allerlei ~en aanbrengen** apporter toutes sortes de modifications; **~en invoeren** innover

[1]**ver·nik·ke·len** [vərnɪkələ(n)] *vt (vernikkelde, h. vernikkeld)* nickeler

[2]**ver·nik·ke·len** [vərnɪkələ(n)] *vi (vernikkelde, i. vernikkeld) (fam.)* se cailler (de froid)

ver·nis [vərnɪs] *het/de (-sen)* vernis *(aussi au fig.)*; **iets een ~je geven** vernir qqch; *(fig.)* enjoliver qqch

ver·nis·sen [vərnɪsə(n)] *vt (verniste, h. gevernist)* vernir

ver·noe·men [vərnumə(n)] *vt (vernoemde, h. vernoemd) (+ naar)* donner le même nom que (qqn, qqch) (à qqn, à qqch); **vernoemd zijn naar iemand** porter le nom de qqn

ver·no·men [vərnomə(n)] → **vernemen**

ver·nuft [vərnʌft] *het (-en)* génie; **iemand met ~** qqn d'ingénieux

ver·nuf·tig [vərnʌftəχ] *adj, adv* ingénieux, ingénieusement

ver·on·aan·ge·na·men [vərɔnaŋχənamə(n)] *vt (veronaangenaamde, h. veronaangenaamd)* rendre désagréable; **iemand het leven ~** rendre la vie dure à qqn

ver·on·acht·za·men [vərɔnɑχtsamə(n)] *vt (veronachtzaamde, h. veronachtzaamd)* négliger

ver·on·der·stel·len [vərɔndərstɛlə(n)] *vt (veronderstelde, h. verondersteld)* supposer; **veronderstelt u dat ...?** pensez-vous que ... ?; **veronderstel eens dat ...** admettons que ...; **alles doet ~ dat ...** tout porte à croire que ...

ver·on·der·stel·ling [vərɔndərstɛlɪŋ] *nf (-en)* supposition; **in de ~ dat ...** en supposant que ...; **in de ~ verkeren dat ...** supposer que ...; **een uit de lucht gegrepen ~** une supposition gratuite

ver·on·ge·lijkt [vərɔŋχəlɛikt] *adj, adv* (d'un air) dépité

ver·on·ge·luk·ken [vərɔŋχəlʌkə(n)] *vi (verongelukte, i. verongelukt)* **1** mourir victime d'un accident **2** s'écraser

ver·ont·rei·ni·gen [vərɔntrɛinəχə(n)] *vt (verontreinigde, h. verontreinigd)* polluer

ver·ont·rus·ten [vərɔntrʌstə(n)] *vt (verontrustte, h. verontrust)* inquiéter; **het verontrust me (dat)** je suis préoccupé (par le fait que); **zich ~ over iets** s'inquiéter (à cause) de qqch

ver·ont·rus·ting [vərɔntrʌstɪŋ] *nf (-en)* préoccupation

[1]**ver·ont·schul·di·gen** [vərɔntsχʌldəχə(n)] *vt (verontschuldigde, h. verontschuldigd)* excuser

[2]**ver·ont·schul·di·gen, zich** [vərɔntsχʌldəχə(n)] *vpr (verontschuldigde zich, h. zich verontschuldigd)* s'excuser; **zich ~ voor iets** s'excuser de qqch

ver·ont·schul·di·ging [vərɔntsχʌldəχɪŋ] *nf (-en)* **1** fait d'excuser (qqn); **ter ~ voerde hij aan ...** à sa décharge, il a avancé ... **2** fait de s'excuser **3** excuse; **~en aanbieden** présenter des excuses; **iets als ~ aanvoeren** avancer qqch comme excuse

ver·ont·waar·digd [vərɔntwardəχt] *adj, adv* indigné, avec indignation; **hij is ~ over hetgeen ik doe** il s'indigne de ce que je fais; **erover ~ zijn dat ...** être indigné que ...

ver·ont·waar·di·gen [vərɔntwardəχə(n)] *vt (verontwaardigde, h. verontwaardigd)* indigner; **zich ~ over iets** s'indigner de qqch

ver·ont·waar·di·ging [vərɔntwardəχɪŋ] *nf* indignation; **een storm van ~** un tollé

ver·oor·deel·de [vərordeldə] *nm (-n)* condamné, -damnée

ver·oor·de·len [vərordelə(n)] *vt (veroordeelde, h. veroordeeld)* condamner; **iemands gedrag ~** désapprouver (le comportement de) qqn; *(fig.)* **iemand tot de reservebank ~** reléguer qqn parmi les remplaçants; *(fig.)* **tot elkaar veroordeeld zijn** être condamnés à collaborer

ver·oor·lo·ven [vərorlovə(n)] *vt (veroorloofde, h. veroorloofd)* permettre; **het is veroorloofd (om) ...** il est permis de ...; **zich veel ~** prendre beaucoup de libertés; **zich de weelde van iets ~** se payer le luxe de qqch; **zich vrijheden tegenover iemand ~** prendre des libertés avec qqn

ver·oor·za·ken [vərorzakə(n)] *vt (veroorzaakte, h. veroorzaakt)* causer; **dat veroorzaakt veel verdriet** cela suscite beaucoup de chagrin

ver·or·be·ren [vərɔrberə(n)] *vt (verorberde, h. verorberd)* **1** savourer **2** avaler

ver·or·de·nen [vərɔrdenə(n)] *vt (verordende, h. verordend)* décréter

ver·or·de·ning [vərɔrdenɪŋ] *nf (-en)* règlement; **een ~ uitvaardigen** prendre un arrêté

[1]**ver·ou·de·ren** [vəraudərə(n)] *vt (verouderde, h. verouderd)* vieillir

[2]**ver·ou·de·ren** [vəraudərə(n)] *vi (verouderde, i. verouderd)* **1** tomber en désuétude **2** être dépassé **3** vieillir

ver·ove|raar [vərovərar] *nm (-s),* **-raarster** *nf (-s)* **1** conquérant, -ante **2** séducteur, -trice

ver·ove·ren [vərovərə(n)] *vt (veroverde, h. veroverd)* conquérir; **land op de zee ~** gagner des terres sur la mer; **de eerste plaats ~ in de wedstrijd** enlever (la victoire dans) une course; **een goed plaatsje weten te ~** réussir à occuper une position stratégique

ver·ove·ring [vərovərɪŋ] *nf (-en)* conquête

ver·pach·ten [vərpɑχtə(n)] *vt (verpachtte, h. verpacht)* donner à ferme

ver·pak·ken [vərpɑkə(n)] *vt (verpakte, h. verpakt)* emballer; **zijn kritiek in milde termen ~** enrober ses critiques

ver·pak·king [vərpɑkɪŋ] *nf (-en)* emballage

ver·pan·den [vərpɑndə(n)] *vt (verpandde, h. verpand)* mettre en gage

ver·pat·sen [vərpɑtsə(n)] *vt (verpatste, h. verpatst) (fam.)* bazarder

ver·pau·pe·ren [vərpaupərə(n)] *vi (verpauperde, i. verpauperd)* s'appauvrir

ver·per·soon·lij·king [vərpərsonləkɪŋ] *nf* personnification

ver·pes·ten [vərpɛstə(n)] *vt (verpestte, h. verpest) (fam.)* **1** gâcher; **mijn hele avond is verpest** toute ma soirée est foutue; **ik heb het bij hem verpest** je me suis fait mal voir de lui; **zo verpest je die jongen** en agissant comme ça, tu pourris ce garçon **2** empester

ver·pie·te·ren [vərpitərə(n)] *vi (verpieterde, i. verpieterd)* **1** cuire trop longtemps **2** dépérir; *(fam.)* **er verpieterd uitzien** ne pas payer de mine

ver·pin·ken [vərpɪŋkə(n)] *vi (verpinkte, h. verpinkt) (Belg.)* ♦ **zonder ~** sans sourciller

ver·plaats·baar [vərplatsbar] *adj* transportable

[1]**ver·plaat·sen** [vərplatsə(n)] *vt (verplaatste, h. verplaatst)* déplacer; **een vergadering ~** reporter une réunion

[2]**ver·plaat·sen, zich** [vərplatsə(n)] *vpr (verplaatste zich, h. zich verplaatst)* **1** se déplacer **2** *(+ in)* se mettre à la place (de qqn); **zich ~ in iemands toestand** se mettre à la place de qqn

ver·plaat·sing [vərplatsɪŋ] *nf (-en)* **1** déplacement **2** *(Belg.)* déplacement (de service) **3** *(Belg.)* mutation ♦ *(Belg.)* **op ~ spelen** jouer (un match) en déplacement

ver·plan·ten [vərplɑntə(n)] *vt (verplantte, h. verplant)* transplanter *(arbres, plantes)*

ver·pleeg|huis [vərplexhœys] *het (-huizen)* ⟨*maison de soins pour malades de longue durée*⟩

ver·pleeg·hulp [vərplexhʌlp] *nm (-en)* aide-soignant, aide-soignante

ver·pleeg·kos·ten [vərplexkɔstə(n)] *plur* → **verplegingskosten**

ver·pleeg·kun·di·ge [vərplexkʌndəχə] *nm (-n),* **verpleger** *nm (-s),* **verpleegster** *nf (-s)* infirmier, -ière

ver·ple·gen [vərplexə(n)] *vt (verpleegde, h. verpleegd)* soigner

ver·ple·ging [vərplexɪŋ] *nf* **1** soins **2** personnel soignant ♦ **zij gaat in de ~** elle va faire des études d'infirmière

ver·ple·gings·kos·ten [vərplexɪŋskɔstə(n)] *plur* frais d'hospitalisation

ver·plet·te·ren [vərplɛtərə(n)] *vt (ver-*

pletterde, h. verpletterd) 1 écraser 2 (fig.) accabler

ver·plicht [vərplɪχt] adj, adv 1 (+ tot) obligé (de); **ergens toe ~ zijn** être tenu à qqch 2 obligatoire(ment); **iets aan iemand ~ zijn** devoir qqch à qqn; **aan zichzelf ~ zijn (iets te doen)** se devoir de 3 (form.) obligé

ver·plich·ten [vərplɪχtə(n)] vt (verplichtte, h. verplicht) (+ tot) obliger (à); **iemand (aan zich) ~** obliger qqn; **dat verplicht u tot niets** cela ne vous engage à rien; **zich ~ tot** s'engager à

ver·plich·ting [vərplɪχtɪŋ] nf (-en) obligation; **zijn ~en nakomen** faire face à ses obligations; **een ~ om iets te doen op zich nemen** s'engager à faire qqch

ver·po·ten [vərpotə(n)] vt (verpootte, h. verpoot) → **verplanten**

ver·pot·ten [vərpɔtə(n)] vt (verpotte, h. verpot) rempoter

ver·po·zen, zich [vərpozə(n)] vpr (verpoosde zich, h. zich verpoosd) (form.) faire halte; **zich met lezen ~** se délasser en lisant

ver·prut·sen [vərprʌtsə(n)] vt (verprutste, h. verprutst) gâcher; **zijn tijd ~** gaspiller son temps

ver·pul·ve·ren [vərpʌlvərə(n)] vti (verpulverde, h./i. verpulverd) (se) pulvériser

ver·raad [vərat] het trahison; **~ plegen aan iets** trahir qqch

ver·ra·den [vəradə(n)] vt (verraadde, h. verraden) trahir

ver·ra·der·lijk [vəradərlək] adj, adv 1 traître, traîtreusement 2 révélateur

ver·ras·sen [vərɑsə(n)] vt (verraste, h. verrast) surprendre; **iemand met een geschenk ~** faire une surprise à qqn

ver·ras·sing [vərɑsɪŋ] nf (-en) surprise

ver·re [vɛrə] adv 1 loin de; **hij is ~ van knap** il est loin d'être beau 2 de loin; **~ de voorkeur verdienen boven** être de loin préférable à

ver·recht·sen [vərɛχ(t)sə(n)] vi (verrechtste, i. verrechtst) (pol.) virer à droite

ver·recht·sing [vərɛχ(t)sɪŋ] nf montée de la droite

ver·reed [vəret], **verreden** → **verrijden**

ver·rees [vəres], **verrezen** → **verrijzen**

ver·re·gaand [vɛrəχant] adj, adv extrême(ment); **in ~e staat van ontbinding** en état de putréfaction avancée

ver·re·ge·nen [vərexənə(n)] vi (verregende, i. verregend) être abîmé par la pluie; **het feest is verregend** la fête a été gâchée par la pluie

ver·rei|kend [vɛrɛikənt] adj (-kender, meest v.) 1 à longue portée 2 (fig.) d'une grande portée; **~e ambities** de vastes ambitions; **dat heeft ~e gevolgen** c'est lourd, gros de conséquences

ver·rek [vərɛk] interj (fam.) 1 zut ! 2 mince !

[1]**ver·re·ke·nen** [vərekənə(n)] vt (verrekende, h. verrekend) régler

[2]**ver·re·ke·nen, zich** [vərekənə(n)] vpr (verrekende zich, h. zich verrekend) se tromper dans ses calculs

ver·re·kij·ker [vɛrəkɛikər] nm (-s) 1 jumelles 2 lunette 3 télescope

[1]**ver·rek·ken** [vərɛkə(n)] vt (verrekte, h. verrekt) se fouler; **een spier ~** se froisser un muscle

[2]**ver·rek·ken** [vərɛkə(n)] vi (verrekte, h./i. verrekt) (fam.) crever ♦ **het kan me niet(s) ~** je m'en contrefous

ver·rekt [vərɛkt] adj, adv 1 foulé 2 (fam.) sacré, vachement

ver·re·weg [vɛrəwɛχ] adv de loin; **~ de meeste** la grande majorité; **~ het grootste deel** la majeure partie

ver·rich·ten [vərɪχtə(n)] vt (verrichtte, h. verricht) exécuter; **reparatiewerkzaamheden ~** effectuer des réparations; **iets naar behoren ~** faire qqch comme il convient

ver·rich·ting [vərɪχtɪŋ] nf (-en) 1 exécution 2 activité

ver·rij·den [vərɛidə(n)] vt (verreed, h. verreden) 1 déplacer (en roulant) 2 dépenser en frais de déplacement

ver·rij·ken [vərɛikə(n)] vt (verrijkte, h. verrijkt) enrichir

ver·rij·zen [vərɛizə(n)] vi (verrees, i. verrezen) 1 se lever 2 (relig.) ressusciter 3 surgir

ver·rij·ze·nis [vərɛizənɪs] nf résurrection

ver·roe·ren [vərurə(n)] vt (verroerde, h. verroerd) bouger

ver·roest [vərust] interj (fam.) mince alors !

ver·roes·ten [vərustə(n)] vi (verroestte, i. verroest) 1 rouiller 2 se rouiller

[1]**ver|rot** [vərɔt] adj (-rotter, meest v.) 1 pourri (en mauvais état); **iemand ~ slaan** casser la figure à qqn 2 (fam., fig.) misérable

[2]**ver|rot** [vərɔt] adv (-rotter, meest v.) (fam.) drôlement

ver·rot·ten [vərɔtə(n)] vi (verrotte, i. verrot) pourrir ♦ (vulg.) **het kan mij niet(s) ~** je m'en fous

ver·rui·len [vərœylə(n)] vt (verruilde, h. verruild) 1 changer 2 échanger

ver·rui·men [vərœymə(n)] vti (verruimde, h./i. verruimd) élargir; **de mogelijkheden ~** étendre les possibilités

ver·ruk·ke·lijk [vərʌkələk] adj, adv délicieux, délicieusement

ver·ruk·king [vərʌkɪŋ] nf (-en) 1 ravissement 2 délice

ver|rukt [vərʌkt] adj (-rukter, meest v.) (+ over) ravi (de)

ver·ru·wing [vərywɪŋ] nf détérioration

[1]**vers** [vɛrs] het (verzen) 1 vers (ligne, genre littéraire); (Bible) **Lucas 6, ~ 10** Luc, (chapitre) 6, (verset) 10 2 couplet; (fig.) **dat is ~ twee** c'est une autre chanson 3 poème

[2]**vers** [vɛrs] adj, adv 1 frais (qui vient d'être fait etc.), fraîchement; **~ van de pers** qui vient de paraître 2 nouveau, nouvellement 3 récent, récemment; **nog ~ in het**

geheugen liggen être encore présent à la mémoire

ver·schaf·fen [vərsχɑfə(n)] *vt (verschafte, h. verschaft)* procurer; wat verschaft mij het genoegen? qu'est-ce qui me vaut le plaisir ?; zich toegang ~ s'introduire

ver·scha·len [vərsχalə(n)] *vi (verschaalde, i. verschaald)* s'éventer; verschaald bier bière plate

ver·schal·ken [vərsχɑlkə(n)] *vt (verschalkte, h. verschalkt)* **1** avaler **2** attraper; de keeper ~ tromper le gardien (de but)

ver·schan·sen, zich [vərsχɑnsə(n)] *vpr (verschanste zich, h. zich verschanst)* se retrancher

ver·schan·sing [vərsχɑnsɪŋ] *nf (-en)* fortification

ver·scheen [vərsχen], **verschenen** → verschijnen

ver·schei·den [vərsχɛidə(n)] *card* plusieurs

ver·schei·den|heid [vərsχɛidənhɛit] *nf (-heden)* diversité; een grote ~ van prijzen une grande variété de prix

ver·sche·pen [vərsχepə(n)] *vt (verscheepte, h. verscheept)* **1** transborder **2** expédier par bateau

[1]**ver·scher·pen** [vərsχɛrpə(n)] *vt (verscherpte, h. verscherpt)* aiguiser

[2]**ver·scher·pen** [vərsχɛrpə(n)] *vi (verscherpte, i. verscherpt)* s'aggraver

ver·scheurd·heid [vərsχørthɛit] *nf* déchirement

ver·scheu·ren [vərsχørə(n)] *vt (verscheurde, h. verscheurd)* déchirer

ver·scheu·rend [vərsχørənt] *adj* carnassier *(animaux)*

ver·schiet [vərsχit] *het (-en)* **1** horizon; in het ~ à l'horizon **2** perspective; er ligt voor haar een mooie toekomst in het ~ elle a un bel avenir en perspective

[1]**ver·schie·ten** [vərsχitə(n)] *vt (verschoot, h. verschoten)* épuiser ses munitions

[2]**ver·schie·ten** [vərsχitə(n)] *vi (verschoot, i. verschoten)* **1** passer; zijn jas is verschoten son manteau est passé de ton **2** pâlir **3** *(Belg.)* sursauter

ver·schij·nen [vərsχɛinə(n)] *vi (verscheen, i. verschenen)* **1** apparaître **2** se présenter; voor de rechter ~ comparaître devant le juge **3** paraître

ver·schij·ning [vərsχɛinɪŋ] *nf (-en)* **1** apparition **2** parution ♦ een sympathieke ~ une personne sympathique

ver·schij·nings·vorm [vərsχɛinɪŋsfɔrm] *nm (-en)* manifestation *(manière de se manifester)*

ver·schijn·sel [vərsχɛinsəl] *het (-en)* phénomène; het ~ doet zich voor, dat … il se produit que …

ver·schil [vərsχɪl] *het (-len)* différence; een ~ van hemel en aarde une différence du tout au tout; ~ van mening divergence d'opinions; met dit ~ dat … à la différence que …

ver·schil·len [vərsχɪlə(n)] *vi (verschilde, h. verschild)* différer; dat verschilt ça dépend; in aard ~ être de nature différente; in leeftijd ~ présenter une différence d'âge

[1]**ver·schil·lend** [vərsχɪlənt] *adj, adv* différent, différemment; dat is erg ~ cela varie; hierover wordt ~ gedacht les avis sont partagés sur ce point

[2]**ver·schil·lend** [vərsχɪlənt] *card* différents; ~e toehoorders verlieten de zaal plusieurs auditeurs quittèrent la salle

ver·scho·len [vərsχolə(n)] *adj* caché

ver·scho·nen [vərsχonə(n)] *vt (verschoonde, h. verschoond)* **1** changer *(mettre du linge propre à);* de bedden ~ changer les draps **2** *(form.)* épargner

ver·scho·ning [vərsχonɪŋ] *nf (-en)* **1** fait de se changer, de changer de linge **2** (linge de) rechange **3** *(form.)* pardon

ver·schoof [vərsχof], **verschoven** → verschuiven

ver·school [vərsχol], **verscholen** → verschuilen

ver·schoot [vərsχot], **verschoten** → verschieten

ver·schop·pe|ling [vərsχɔpəlɪŋ] *nm (-en),* **-linge** *nf (-n)* paria

ver·schot [vərsχɔt] *het (-ten) (Belg.)* lumbago

[1]**ver·schra·len** [vərsχralə(n)] *vi (verschraalde, i. verschraald)* **1** s'altérer **2** *(météo.)* se détériorer

[2]**ver·schra·len** [vərsχralə(n)] *vt (verschraalde, h. verschraald)* diminuer

ver·schrik·ke·lijk [vərsχrɪkələk] *adj, adv* terrible(ment); hij brulde ~ il hurlait affreusement; ~ lekker diablement bon; een ~e moord un assassinat horrible; hij is ~ slechtgehumeurd il est d'une humeur exécrable

ver·schrik·king [vərsχrɪkɪŋ] *nf (-en)* horreur

[1]**ver·schroei·en** [vərsχrujə(n)] *vt (verschroeide, h. verschroeid)* brûler; het linnengoed bij het strijken ~ roussir le linge en le repassant

[2]**ver·schroei·en** [vərsχrujə(n)] *vi (verschroeide, i. verschroeid)* être brûlé

ver·schrom·pe·len [vərsχrɔmpələ(n)] *vi (verschrompelde, i. verschrompeld)* **1** se rabougrir **2** se ratatiner

ver·schui·len, zich [vərsχœylə(n)] *vpr (verschool/verschuilde zich, h. zich verscholen)* se cacher

[1]**ver·schui·ven** [vərsχœyvə(n)] *vt (verschoof, h. verschoven)* **1** déplacer **2** remettre

[2]**ver·schui·ven** [vərsχœyvə(n)] *vi (verschoof, i. verschoven)* se déplacer

ver·schui·ving [vərsχœyvɪŋ] *nf (-en)* **1** déplacement; de ~ van de aardkorst le glissement de l'écorce terrestre **2** ajournement **3** *(géo.)* faille

ver·schul·digd [vərsχʌldəχt] *adj* **1** dû; de

jongen was zijn leraar veel ~ le garçon devait beaucoup à son prof **2** obligé
vers·heid [vɛrshɛit] *nf* fraîcheur *(état de ce qui vient d'être produit etc.)*
ver·sie [vɛrzi] *nf (-s)* version *(aussi Belg.)*
ver·sier|der [vərsirdər] *nm (-s),* **-ster** *nf (-s)* séducteur, -trice
ver·sie·ren [vərsirə(n)] *vt (versierde, h. versierd)* **1** décorer **2** orner **3** *(fam.)* arranger **4** *(fam.)* séduire; een meisje ~ se trouver une petite amie, draguer une jeune fille ♦ valt er nog wat te ~? qu'est-ce qu'on peut faire ?, c'est intéressant ?
ver·sier·sel [vərsirsəl] *het (-en)* ornement
ver·sier·toer [vərsirtur] *nm (fam.)* ♦ op de ~ zijn draguer
ver·sja·che·ren [vərʃɑxərə(n)] *vt (versjacherde, h. versjacherd)* bazarder
ver·sjou·wen [vərʃɑuwə(n)] *vt (versjouwde, h. versjouwd)* coltiner
ver|slaafd [vərslaft] *adj (-slaafder, meest v.)* intoxiqué; aan drank ~ zijn être alcoolique; aan roken ~ zijn être dépendant du tabac; de ~e le, la drogué(e), l'intoxiqué(e); hij is eraan ~ il ne peut pas s'en passer
ver·slaafd·heid [vərslafthɛit] *nf* dépendance *(drogues)*
ver·slaan [vərslan] *vt (versloeg, h. verslagen)* **1** battre **2** faire un compte rendu de
ver·slag [vərslɑx] *het (-en)* rapport; ~ uitbrengen faire un compte rendu
[1]**ver·sla·gen** [vərslaxə(n)] → verslaan
[2]**ver·sla|gen** [vərslaxə(n)] *adj (-gener, meest v.)* **1** vaincu **2** abattu; ~ gezicht mine déconfite
ver·sla·gen·heid [vərslaxənhɛit] *nf* abattement
ver·slag|ge·ver [vərslɑxevər] *nm (-s),* **-geefster** *nf (-s)* reporteur; een speciale ~ un envoyé spécial
ver·slag·leg·ging [vərslɑxlɛxɪŋ] *nf* rapport *(compte rendu)*
[1]**ver·sla·pen, zich** [vərslapə(n)] *vpr (versliep zich, h. zich verslapen)* se lever trop tard; hij had zich drie uur ~ il s'était levé avec trois heures de retard
[2]**ver·sla·pen** [vərslapə(n)] *vt (versliep, h. verslapen)* faire passer en dormant ♦ zijn tijd ~ passer son temps à dormir
[1]**ver·slap·pen** [vərslɑpə(n)] *vt (verslapte, h. verslapt)* **1** détendre **2** ramollir
[2]**ver·slap·pen** [vərslɑpə(n)] *vi (verslapte, i. verslapt)* se relâcher; de pols verslapt le pouls faiblit
ver·sla·ven, zich [vərslavə(n)] *vpr (verslaafde zich, h. zich verslaafd) (+ aan)* s'adonner (à)
ver·sla·vend [vərslavənt] *adj, adv* qui crée une dépendance; ~ werken être comme une drogue
ver·sla·ving [vərslavɪŋ] *nf* accoutumance; de ~ aan verdovende middelen la toxicomanie
ver·slech·te·ren [vərslɛxtərə(n)] *vi (verslechterde, i. verslechterd)* s'aggraver
ver·slech·te·ring [vərslɛxtərɪŋ] *nf* aggravation; de ~ van de internationale situatie la dégradation de la situation internationale
ver·sleet [vərslet], **versleten** → verslijten
ver·sle·pen [vərslepə(n)] *vt (versleepte, h. versleept)* traîner; een auto ~ remorquer une voiture
ver·sle·ten [vərsletə(n)] *adj (meer v., meest v.)* usé
ver·sliep [vərslip], **versliepen** → verslapen
[1]**ver·slij·ten** [vərslɛitə(n)] *vt (versleet, h. versleten)* **1** user; *(iron.)* hij had al drie echtgenotes versleten il avait déjà épuisé trois épouses **2** *(+ voor)* prendre (pour)
[2]**ver·slij·ten** [vərslɛitə(n)] *vi (versleet, i. versleten)* s'user
ver·slik·ken, zich [vərslɪkə(n)] *vpr (verslikte zich, h. zich verslikt)* **1** avaler de travers; hij verslikte zich in zijn woorden les mots s'étranglaient dans sa gorge **2** *(+ in)* se méprendre (sur qqch)
ver·slin·den [vərslɪndə(n)] *vt (verslond, h. verslonden)* dévorer
ver·slin·gerd [vərslɪŋərt] *adj (fam.) (+ aan)* fou (de); ~ zijn aan iets être entiché de qqch; hij raakte aan het gokken ~ il s'est pris de passion pour le jeu
ver·sloeg [vərslux], **versloegen** → verslaan
ver·slof·fen [vərslɔfə(n)] *vi (verslofte, h. versloft)* aller à vau-l'eau
ver·slond [vərslɔnt], **verslonden** → verslinden
ver·slon·zen [vərslɔnzə(n)] *vt (verslonsde, h. verslonsd)* négliger
ver·slui·e·ren [vərslœyjərə(n)] *vt (versluierde, h. versluierd)* voiler *(fig.)*; in ~de taal en termes voilés
vers|maat [vɛrsmat] *de (-maten)* mètre *(en prosodie)*
ver·smach·ten [vərsmɑxtə(n)] *vi (versmachtte, i. versmacht)* **1** mourir (de) **2** dépérir **3** *(Belg.)* étouffer
ver·sma·den [vərsmadə(n)] *vt (versmaadde, h. versmaad)* **1** refuser; dat is niet te ~ cela ne se refuse pas **2** dédaigner
[1]**ver·smal·len** [vərsmɑlə(n)] *vt (versmalde, h. versmald)* rétrécir
[2]**ver·smal·len** [vərsmɑlə(n)] *vi, aussi réfl (versmalde, h./i. versmald)* se rétrécir
[1]**ver·smel·ten** [vərsmɛltə(n)] *vt (versmolt, h. versmolten)* **1** fondre **2** fuser
[2]**ver·smel·ten** [vərsmɛltə(n)] *vi (versmolt, i. versmolten)* **1** se fondre **2** fondre
ver·smolt [vərsmɔlt], **versmolten** → versmelten
ver·sna·pe·ring [vərsnapərɪŋ] *nf (-en)* friandise
ver·sneed [vərsnet], **versneden** → versnijden
[1]**ver·snel·len** [vərsnɛlə(n)] *vti (versnelde, h./i. versneld)* accélérer
[2]**ver·snel·len, zich** [vərsnɛlə(n)] *vpr (versnelde zich, h. zich versneld)* s'accélérer

ver·snel·ling [vərsnɛlɪŋ] *nf (-en)* **1** accélération **2** changement de vitesse; **naar de derde ~ schakelen** passer la troisième vitesse; **een fiets met ~** une bicyclette avec un dérailleur

ver·snij·den [vərsnɛidə(n)] *vt (versneed, h. versneden)* **1** découper **2** couper

[1]**ver·snip·pe·ren** [vərsnɪpərə(n)] *vt (versnipperde, h. versnipperd)* **1** couper en petits morceaux **2** éparpiller; **zijn aandacht ~** disperser son attention

[2]**ver·snip·pe·ren** [vərsnɪpərə(n)] *vi (versnipperde, i. versnipperd)* s'éparpiller; **het rijk versnipperde** l'empire se démembra

ver·snip·pe·ring [vərsnɪpərɪŋ] *nf* **1** fragmentation **2** éparpillement **3** morcellement

ver·snoe·pen [vərsnupə(n)] *vt (versnoepte, h. versnoept)* ♦ **hij heeft al zijn zakgeld versnoept** il a dépensé tout son argent de poche en friandises

[1]**ver·so·be·ren** [vərsobərə(n)] *vi (versoberde, i. versoberd)* devenir plus sobre

[2]**ver·so·be·ren** [vərsobərə(n)] *vt (versoberde, h. versoberd)* mener une politique d'austérité en matière de *(dépenses publiques etc.)*

ver·so·be·ring [vərsobərɪŋ] *nf (-en)* ♦ **streven naar ~** aspirer à une plus grande sobriété; *(pol., écon.)* préconiser une politique d'austérité

[1]**ver·soe·pe·len** [vərsupələ(n)] *vt (versoepelde, h. versoepeld)* assouplir

[2]**ver·soe·pe·len** [vərsupələ(n)] *vi (versoepelde, i. versoepeld)* s'assouplir

[1]**ver·som·be·ren** [vərsɔmbərə(n)] *vt (versomberde, h. versomberd)* assombrir

[2]**ver·som·be·ren** [vərsɔmbərə(n)] *vi (versomberde, i. versomberd)* s'assombrir

ver·spe·len [vərspelə(n)] *vt (verspeelde, h. verspeeld)* jouer ♦ **die jongen verspeelt zijn tijd** ce garçon passe son temps à jouer

ver·spe·nen [vərspenə(n)] *vt (verspeende, h. verspeend) (bot.)* repiquer

ver·sper·ren [vərspɛrə(n)] *vt (versperde, h. versperd)* barrer

ver·spil·len [vərspɪlə(n)] *vt (verspilde, h. verspild)* gaspiller

[1]**ver·splin·te·ren** [vərsplɪntərə(n)] *vt (versplinterde, h. versplinterd)* faire éclater

[2]**ver·splin·te·ren** [vərsplɪntərə(n)] *vi (versplinterde, i. versplinterd)* éclater

ver·splin·te·ring [vərsplɪntərɪŋ] *nf (fig.)* fractionnement

ver·sprak [vərsprɑk], **verspraken** → **verspreken**

ver·spreid [vərsprɛit] *adj (meer v., meest v.)* dispersé; **over de hele aarde ~ zijn** être répandu partout dans le monde

[1]**ver·sprei·den** [vərsprɛidə(n)] *vt (verspreidde, h. verspreid)* **1** répandre; **een leer ~** propager une doctrine **2** distribuer **3** disperser

[2]**ver·sprei·den, zich** [vərsprɛidə(n)] *vpr (verspreidde zich, h. zich verspreid)* **1** se répandre **2** se disperser

ver·sprei·ding [vərsprɛidɪŋ] *nf* **1** diffusion **2** distribution

ver·spre·ken, zich [vərsprekə(n)] *vpr (versprak zich, h. zich versproken)* **1** se tromper; **ik heb me versproken** la langue m'a fourché **2** se trahir

ver·spre·king [vərsprekɪŋ] *nf (-en)* lapsus

[1]**ver·sprin·gen** [vərsprɪŋə(n)] *vi (versprong, i./h. versprongen)* **1** se déplacer (brusquement) **2** être décalé ♦ **het paasfeest verspringt elk jaar** la date de la fête de Pâques change tous les ans

[2]**ver·sprin·gen** [vɛrsprɪŋə(n)] *vi (sprong ver, h. vergesprongen) (sports)* sauter en longueur

ver·sprong [vərsprɔŋ], **versprongen** → **verspringen**

vers·re·gel [vɛrsreɣəl] *nm (-s)* → [1]**vers 1**

verst [vɛrst] *adj, adv* plus éloigné, plus loin; **het ~e punt** le point le plus éloigné

[1]**ver·staan** [vərstan] *vt (verstond, h. verstaan)* **1** comprendre *(ce qui est bien articulé, bien distinct)*; **te ~ geven** donner à entendre **2** *(+ onder)* entendre; **wat verstaat men onder die uitdrukking?** qu'entend-on par cette expression ?

[2]**ver·staan, zich** [vərstan] *vpr (verstond zich, h. zich verstaan)* s'entendre (avec qqn)

ver·staan|baar [vərstambar] *adj, adv (-baarder, -baarst)* **1** distinct(ement) **2** clair(ement); **verstaanbare taal** langage intelligible

ver·staan·baar·heid [vərstambarhɛit] *nf* **1** netteté *(langage)* **2** compréhensibilité

ver·staan·der [vərstandər] *nm (-s)* ♦ *(prov)* **een goed ~ heeft maar een half woord nodig** à bon entendeur, salut !

ver·stand [vərstɑnt] *het* **1** intelligence; **hij is niet goed bij zijn ~** il n'a plus toute sa tête; **(nog) bij zijn (volle) ~ zijn** avoir toute sa raison; **iemand iets aan het ~ brengen** faire comprendre qqch à qqn; **gebruik toch je ~!** réfléchis !; **gezond ~** du bon sens; *(prov)* **het ~ komt met de jaren** avec l'âge on devient sage; **zijn ~ verliezen** perdre la raison; **met zijn volle ~ iets doen** faire qqch en toute conscience; **dat gaat mijn ~ te boven** cela me dépasse **2** jugement; **hij heeft er geen ~ van** il n'y connaît rien; **~ hebben van iets** s'entendre à qqch **3** entendement; **met dien ~e dat ...** étant (bien) entendu que ...

ver·stan·de·lijk [vərstɑndələk] *adj, adv* intellectuel(lement); **iets ~ beredeneren** parler rationnellement de qqch; **een ~ type** un type cérébral; **~e vermogens** facultés intellectuelles

ver·stand·hou·ding [vərstɑnthaudɪŋ] *nf (-en)* entente; **een teken van ~** un signe d'intelligence

ver·stan·dig [vərstɑndəɣ] *adj, adv* **1** raisonnable(ment); **iets ~ aanpakken** s'y prendre intelligemment **2** judicieux

ver·stands·hu·we·lijk [vərstɑn(t)shywələk] *het (-en)* mariage de raison
ver·stands|kies [vərstɑn(t)skis] *de (-kiezen)* dent de sagesse
ver·stands·ver·bijs·te·ring [vərstɑn(t)sfərbɛistərɪŋ] *nf* aliénation mentale
[1]**ver·star·ren** [vərstɑrə(n)] *vt (verstarde, h. verstard)* figer; **~d werken op iemand** paralyser qqn
[2]**ver·star·ren** [vərstɑrə(n)] *vi (verstarde, i. verstard)* se figer
ver·star·ring [vərstɑrɪŋ] *nf (fig.)* sclérose
ver·ste·de·lij·king [vərstedələkɪŋ] *nf* urbanisation
ver·stek [vərstɛk] *het (-ken)* ♦ **bij ~ veroordelen** condamner par contumace; **~ laten gaan** ne pas se présenter
ver·ste·ke|ling [vərstekəlɪŋ] *nm (-en)*, **-linge** *nf (-n)* (passager) clandestin
ver·stel·baar [vərstɛlbar] *adj* réglable
ver·steld [vərstɛlt] *adj* ahuri; **iemand ~ doen staan** confondre qqn; **ik sta er ~ van** les bras m'en tombent
ver·stel·len [vərstɛlə(n)] *vt (verstelde, h. versteld)* **1** régler **2** réparer; **een overhemd ~** repriser une chemise
[1]**ver·ste·nen** [vərstenə(n)] *vi (versteende, i. versteend)* **1** se pétrifier; **versteende dieren** animaux fossilisés; **~ van schrik** être paralysé par la peur; **versteend van de kou** transi (de froid) **2** *(fig.)* s'endurcir
[2]**ver·ste·nen** [vərstenə(n)] *vt (versteende, h. versteend)* **1** pétrifier **2** *(fig.)* endurcir
ver·ster·ken [vərstɛrkə(n)] *vt (versterkte, h. versterkt)* **1** renforcer; **geluid ~** amplifier un son **2** fortifier
ver·ster·ker [vərstɛrkər] *nm (-s)* ampli(ficateur)
ver·ster·king [vərstɛrkɪŋ] *nf (-en)* **1** renforcement **2** fortifiant **3** *(milit.)* renfort **4** amplification **5** fortification
[1]**ver·ste·vi·gen** [vərstevəχə(n)] *vt (verstevigde, h. verstevigd)* renforcer; **zijn positie ~** consolider sa position
[2]**ver·ste·vi·gen, zich** [vərstevəχə(n)] *vpr (verstevigde zich, h. zich verstevigd)* se renforcer
ver·ste·vi·ging [vərstevəχɪŋ] *nf (-en)* **1** renforcement **2** renfort
ver·stij·ven [vərstɛivə(n)] *vi (verstijfde, i. verstijfd)* se raidir; **~ van kou** être transi (de froid); **~ van schrik** être paralysé par la peur
ver·stik·ken [vərstɪkə(n)] *vt (verstikte, h. verstikt)* étouffer
ver·stik·kings·dood [vərstɪkɪŋzdot] *nm* mort par asphyxie
[1]**ver·sto·ken** [vərstokə(n)] *adj* ♦ **van iets ~ zijn** être privé de qqch
[2]**ver·sto·ken** [vərstokə(n)] *vt (verstookte, h. verstookt)* **1** brûler *(des combustibles)* **2** dépenser pour le chauffage
ver|stokt [vərstɔkt] *adj (-stokter, meest v.)* endurci; **een ~e roker** un fumeur invétéré
ver·stomd [vərstɔmt] *adj* ♦ **~ staan** ne pas en croire ses yeux
[1]**ver·stom·men** [vərstɔmə(n)] *vi (verstomde, i. verstomd)* devenir muet; **plotseling verstomde hij** il se tut ♦ **het gesprek verstomde bij mijn aankomst** la conversation s'interrompit à mon arrivée
[2]**ver·stom·men** [vərstɔmə(n)] *vt (verstomde, h. verstomd)* rendre muet
ver·stond [vərstɔnt], **verstonden** → **verstaan**
ver·stoof [vərstof], **verstoven** → **verstuiven**
ver|stoord [vərstort] *adj (-stoorder, meest v.)* irrité
ver·stop·pen [vərstɔpə(n)] *vt (verstopte, h. verstopt)* **1** cacher **2** constiper
ver·stop·per·tje [vərstɔpərcə] *het* ♦ **~ spelen** jouer à cache-cache; *(fig.)* **geen ~ spelen** ne pas y aller par quatre chemins, de main morte
ver·stop·ping [vərstɔpɪŋ] *nf (-en)* **1** obstruction **2** *(transp.)* embouteillage **3** *(méd.)* constipation
ver·stopt [vərstɔpt] *adj* **1** bouché; **~ raken** se boucher **2** *(transp.)* encombré **3** *(méd.)* constipé
ver·sto·ren [vərstorə(n)] *vt (verstoorde, h. verstoord)* troubler; **het evenwicht ~** rompre l'équilibre; **plannen ~** déranger des projets
ver·sto·ring [vərstorɪŋ] *nf (-en)* perturbation; **de ~ van zijn innerlijk evenwicht** la rupture de son équilibre intérieur
ver·sto·te·ling [vərstotəlɪŋ] *nm (-en)* → **verschoppeling**
ver·sto·ten [vərstotə(n)] *vt (verstootte, h. verstoten)* repousser; **een kind ~** abandonner un enfant
ver·stou·wen [vərstɑuwə(n)] *vt (verstouwde, h. verstouwd) (fam.)* digérer; **heel wat kunnen ~** engouffrer; *(fig.)* pouvoir en encaisser de toutes sortes
ver·strak·ken [vərstrɑkə(n)] *vi (verstrakte, i. verstrakt)* se durcir *(expression du visage)*
ver·streek [vərstrek], **verstreken** → **verstrijken**
ver·strek·ken [vərstrɛkə(n)] *vt (verstrekte, h. verstrekt)* fournir; **wat verstrekt mij de eer?** qu'est-ce qui me vaut l'honneur ?; **iemand de nodige gelden ~** procurer à qqn les fonds nécessaires
ver·strek·kend [vɛrstrɛkənt] *adj* lourd, gros de conséquences; **dat heeft ~e gevolgen** cela a des conséquences énormes
ver·strek·king [vərstrɛkɪŋ] *nf (-en)* distribution
ver·stren·ge·len [vərstrɛŋələ(n)] *vt (verstrengelde, h. verstrengeld)* emmêler
ver·stren·ge·ling [vərstrɛŋəlɪŋ] *nf* entrelacement
ver·strij·ken [vərstrɛikə(n)] *vi (verstreek, i. verstreken)* **1** expirer **2** s'écouler
ver·strik·ken [vərstrɪkə(n)] *vt (verstrikte, h. verstrikt)* **1** prendre au piège **2** empêtrer; **in iets verstrikt raken** s'empêtrer dans qqch *(aussi au fig.)*

ver|strooid [vərstrojt] *adj, adv (-strooider, meest v.)* **1** éparpillé **2** distrait(ement)
ver·strooid|heid [vərstrojthɛit] *nf (-heden)* distraction
ver·strooi·en [vərstrojə(n)] *vt (verstrooide, h. verstrooid)* **1** distraire **2** éparpiller
ver·strooi·ing [vərstrojɪŋ] *nf (-en)* **1** distraction; **ter ~** pour se distraire **2** éparpillement
ver·stui·ken [vərstœykə(n)] *vt (verstuikte, h. verstuikt)* ♦ **z'n enkel ~** se fouler la cheville
ver·stui·king [vərstœykɪŋ] *nf (-en)* entorse
[1]**ver·stui·ven** [vərstœyvə(n)] *vi (verstoof, i. verstoven)* **1** s'en aller en poussière **2** s'envoler
[2]**ver·stui·ven** [vərstœyvə(n)] *vt (verstoof, h. verstoven)* pulvériser
ver·stu·ren [vərstyrə(n)] *vt (verstuurde, h. verstuurd)* envoyer
[1]**ver·suf·fen** [vərsʌfə(n)] *vi (versufte, i. versuft)* s'abrutir
[2]**ver·suf·fen** [vərsʌfə(n)] *vt (versufte, h. versuft)* abrutir
ver|suft [vərsʌft] *adj (-sufter, meest v.)* abruti; **~ raken** s'engourdir; **~ rondstaren** promener un regard hébété autour de soi
ver·suk·ke·ling [vərsʌkəlɪŋ] *nf* ♦ **in de ~ raken** décliner, être en perte de vitesse
vers·voet [vɛrsfut] *nm (-en)* pied *(en prosodie)*
vers·vorm [vɛrsfɔrm] *nm (-en)* **1** vers **2** forme de versification
ver·taal·bu·reau [vərtalbyro] *het (-s)* bureau de traduction
ver·taal·werk [vərtalwɛrk] *het* traductions
[1]**ver·tak·ken** [vərtɑkə(n)] *vt (vertakte, h. vertakt)* ramifier
[2]**ver·tak·ken, zich** [vərtɑkə(n)] *vpr (vertakte zich, h. zich vertakt)* se ramifier
ver·ta·len [vərtalə(n)] *vt (vertaalde, h. vertaald)* **1** traduire; **~ met** traduire par **2** exprimer
ver|ta·ler [vərtalər] *nm (-s),* **-taalster** *nf (-s)* traducteur, -trice
ver·ta·ling [vərtalɪŋ] *nf (-en)* traduction
ver·te [vɛrtə] *nf (-n, -s)* lointain; **het lijkt er in de ~ op** cela y ressemble de loin; **uit de ~** de loin; **ik denk er in de verste ~ niet aan** je n'y pense pas le moins du monde
[1]**ver·te·de·ren** [vərtedərə(n)] *vt (vertederde, h. vertederd)* attendrir
[2]**ver·te·de·ren** [vərtedərə(n)] *vi (vertederde, i. vertederd)* s'attendrir
ver·teer·baar [vərterbar] *adj* digestible; **licht ~ voedsel** aliment facile à digérer; *(fig.)* **dat is voor de vakbond niet ~** ce n'est pas acceptable pour le syndicat
ver·te·gen·woor·di·gen [vərtexə(n)wordəxə(n)] *vt (vertegenwoordigde, h. vertegenwoordigd)* représenter
ver·te·gen·woor·di·ging [vərtexə(n)wordəxɪŋ] *nf (-en)* représentation *(délégation)*
ver·te·ke·nen [vərtekənə(n)] *vti (vertekende, h./i. vertekend)* déformer
[1]**ver·tel·len** [vərtɛlə(n)] *vti (vertelde, h. verteld)* **1** dire; **dat kan ik je wél ~!** c'est moi qui te le dis !; **je kunt me nog meer ~!** (raconte cela) à d'autres !; **iets verder ~ aan anderen** répéter qqch; **zal ik je eens wat ~?** tu veux que je te dise ? **2** raconter; **hij kan leuk ~** c'est un excellent conteur; **iemand iets uit en te na ~** rebattre les oreilles à qqn de qqch ♦ **niet veel te ~ hebben** ne pas avoir voix au chapitre, ne pas avoir grand-chose à dire
[2]**ver·tel·len, zich** [vərtɛlə(n)] *vpr (vertelde zich, h. zich verteld)* se tromper en comptant
ver·tel|ler [vərtɛlər] *nm (-s),* **-ster** *nf (-s)* **1** conteur, -euse **2** *(ling.)* narrateur, -trice
ver·tel·ling [vərtɛlɪŋ] *nf (-en)* **1** conte **2** récit
ver·tel·sel [vərtɛlsəl] *het (-s)* conte; *(fig.)* **dat zijn allemaal ~tjes** ce sont des contes à dormir debout
[1]**ver·te·ren** [vərterə(n)] *vt (verteerde, h. verteerd)* **1** digérer **2** dépenser **3** ronger; **door verdriet verteerd worden** être consumé par le chagrin
[2]**ver·te·ren** [vərterə(n)] *vi (verteerde, h./i. verteerd)* **1** se digérer **2** se décomposer **3** consommer *(dans un café, restaurant)*
ver·tien·vou·di·gen [vərtinvɑudəxə(n)] *vti (vertienvoudigde, h./i. vertienvoudigd)* décupler
ver·tier [vərtir] *het* distraction; **hij moet wat ~ hebben** il a besoin de distractions; **er is hier veel ~** il y a beaucoup d'animation ici
ver·tik·ken [vərtɪkə(n)] *vt (vertikte, h. vertikt) (fam.)* refuser; **hij vertikt het** il ne veut rien savoir
ver·til·len, zich [vərtɪlə(n)] *vpr (vertilde zich, h. zich vertild)* ♦ **zich aan iets ~** se donner un tour de reins en soulevant qqch; *(fig.)* ± se surestimer en entreprenant qqch
ver·tim·me·ren [vərtɪmərə(n)] *vt (vertimmerde, h. vertimmerd)* ♦ **veel geld aan een huis ~** dépenser beaucoup d'argent pour la transformation d'une maison
ver·toe·ven [vərtuvə(n)] *vi (vertoefde, h. vertoefd)* séjourner (qqp)
ver·tol·ken [vərtɔlkə(n)] *vt (vertolkte, h. vertolkt)* **1** exprimer **2** *(mus., dram.)* interpréter
ver|tol·ker [vərtɔlkər] *nm (-s),* **-tolkster** *nf (-s) (mus., dram.)* interprète
ver·tol·king [vərtɔlkɪŋ] *nf (-en) (mus., dram.)* interprétation
[1]**ver·to·nen** [vərtonə(n)] *vt (vertoonde, h. vertoond)* présenter; **dat is nog nooit vertoond** c'est de l'inédit, c'est du jamais vu; **hij vertoonde geen spoor van verbazing** il ne montrait aucun signe d'étonnement

[2]**ver·to·nen, zich** [vərtonə(n)] *vpr (vertoonde zich, h. zich vertoond)* se montrer; **ik durf me daar niet meer te ~** je n'ose plus y retourner; **zich even ~** faire acte de présence

ver·to·ning [vərtonɪŋ] *nf (-en)* **1** représentation **2** spectacle; **het was een ~!** c'était tout un cinéma !

ver·toon [vərton] *het* présentation *(action de présenter)* ♦ **met veel ~** avec ostentation

ver·toor·nen [vərtornə(n)] *vt (vertoornde, h. vertoornd) (form.)* fâcher

[1]**ver·tra·gen** [vərtraχə(n)] *vt (vertraagde, h. vertraagd)* **1** ralentir **2** retarder

[2]**ver·tra·gen** [vərtraχə(n)] *vi (vertraagde, h./i. vertraagd)* ralentir

ver·tra·ging [vərtraχɪŋ] *nf (-en)* **1** ralentissement **2** retard; **~ ondervinden** prendre du retard

ver·trap·pen [vərtrɑpə(n)] *vt (vertrapte, h. vertrapt)* **1** piétiner **2** opprimer

ver·trek [vərtrɛk] *het (-ken)* **1** départ; **op het punt van ~ staan** être sur le départ **2** pièce *(local)*

[1]**ver·trek·ken** [vərtrɛkə(n)] *vi (vertrok, i. vertrokken)* **1** partir; **op het punt staan te ~** être sur le départ **2** *(+ uit)* quitter **3** *(Belg.)* prendre pour point de départ; **~ van een veronderstelling** partir d'une hypothèse ♦ *(fam.)* **..., dan ben ik gauw vertrokken** ..., je m'endors à la minute

[2]**ver·trek·ken** [vərtrɛkə(n)] *vt (vertrok, h. vertrokken)* ♦ **het gezicht van pijn ~** grimacer de douleur; **de mond tot een grijns ~** tordre la bouche en faisant une grimace

[1]**ver·troe·be·len** [vərtrubələ(n)] *vt (vertroebelde, h. vertroebeld)* troubler

[2]**ver·troe·be·len** [vərtrubələ(n)] *vi (vertroebelde, h. vertroebeld)* se troubler

ver·troe·be·ling [vərtrubəlɪŋ] *nf (-en)* **1** opacification **2** *(fig.)* embrouillement

ver·troe·te·len [vərtrutələ(n)] *vt (vertroetelde, h. vertroeteld)* dorloter

ver·troos·ting [vərtrostɪŋ] *nf (-en)* consolation

ver|trouwd [vərtrɑut] *adj (-trouwder, meest v.)* **1** intime; **een ~ persoon** une personne de confiance **2** *(+ met)* familier; **~ raken met** se familiariser avec; **~ met iets zijn** bien connaître qqch **3** sûr

ver·trou·we·lijk [vərtrɑuwələk] *adj, adv* **1** intime(ment); **met iemand ~ omgaan** être intime avec qqn **2** confidentiel(lement); **~ praten** parler en confidence

ver·trou·we·lijk|heid [vərtrɑuwələkhɛit] *nf (-heden)* **1** familiarité **2** caractère confidentiel

ver·trou·we|ling [vərtrɑuwəlɪŋ] *nm (-en)*, **-linge** *nf (-n)* confident, -ente

[1]**ver·trou·wen** [vərtrɑuwə(n)] *het* confiance; **iemand in ~ nemen** mettre qqn dans la confidence; **iemand iets in ~ zeggen** confier qqch à qqn; **iemand zijn ~ schenken, ~ stellen in iemand** faire confiance à qqn; **goed van ~ zijn** être d'un naturel confiant; **met het volste ~** en toute confiance; **~ wekken** inspirer confiance

[2]**ver·trou·wen** [vərtrɑuwə(n)] *vti (vertrouwde, h. vertrouwd)* avoir confiance (en); **iemand blindelings ~** avoir une confiance absolue en qqn; **ik vertrouw erop dat het in orde komt** j'ose espérer que ça s'arrangera; **hij is niet te ~** on ne peut pas lui faire confiance; **iets niet ~** se méfier de qqch; **op zijn geluk ~** avoir confiance en sa bonne étoile; **op zijn intuïtie ~** se fier à son intuition

***ver·trou·wens-** [vərtrɑuwə(n)s-] de confiance; **een vertrouwenskwestie** une question de confiance

ver·trou·wen·wek|kend [vərtrɑuwə(n)wɛkənt] *adj (-kender, -kendst)* qui inspire confiance

ver·twij·feld [vərtwɛifəlt] *adj, adv* désespéré(ment)

ver·twij·fe·ling [vərtwɛifəlɪŋ] *nf (-en)* désespoir

ver·uit [vɛrœyt] *adv* de loin

ver·vaar·di·gen [vərvardəχə(n)] *vt (vervaardigde, h. vervaardigd)* fabriquer; **met de hand vervaardigd** fait main

ver·vaar·lijk [vərvarlək] *adj, adv* redoutable, épouvantablement; **~ tekeergaan** se déchaîner

[1]**ver·va·gen** [vərvaχə(n)] *vi (vervaagde, i. vervaagd)* s'estomper; **zijn schoolkennis is al lang vervaagd** il a pratiquement oublié ce qu'il a appris à l'école

[2]**ver·va·gen** [vərvaχə(n)] *vt (vervaagde, h. vervaagd)* estomper

ver·val [vərvɑl] *het* **1** déclin; **in ~ raken** tomber en ruine; **het ~ van de goede zeden** la dépravation des mœurs **2** pente

ver·val|dag [vərvɑldɑχ] *nm (-en)*, **-datum** *nm (-data, -s)* échéance *(date)*

[1]**ver·val|len** [vərvɑlə(n)] *adj (-lener, meest v.)* **1** délabré **2** chétif **3** aboli **4** expiré; **na het ~ van de termijn** à terme échu

[2]**ver·val·len** [vərvɑlə(n)] *vi (verviel, i. vervallen)* **1** tomber en ruine **2** (re)tomber (dans); **tot armoede ~** être réduit à la pauvreté; **van het ene uiterste in het andere ~** passer d'un extrême à l'autre **3** expirer **4** *(+ aan)* revenir (à) **5** tomber; **die mogelijkheid vervalt** cette possibilité est éliminée; **die plannen ~** ces projets sont abandonnés; **de vergadering vervalt** la réunion est supprimée

ver·val·sen [vərvɑlsə(n)] *vt (vervalste, h. vervalst)* **1** falsifier; **een handtekening ~** contrefaire une signature; **schilderijen ~** peindre de faux tableaux **2** trafiquer; **een paspoort ~** maquiller un passeport; **iemands woorden ~** dénaturer les paroles de qqn

ver·val·sing [vərvɑlsɪŋ] *nf (-en)* **1** falsification **2** contrefaçon

ver·vang·baar [vərvɑŋbar] *adj* remplaçable

ver·van·gen [vərvaŋə(n)] *vt (verving, h. vervangen)* remplacer
ver·van·ging [vərvaŋɪŋ] *nf (-en)* remplacement; ter ~ van en remplacement de
ver·vat·ten [vərvatə(n)] *vt* ♦ zijn oordeel was in deze bewoordingen vervat son jugement était ainsi conçu
ver·ve [vɛrvə] *de* verve
ver|veeld [vərvelt] *adj (-veelder, meest v.)* ♦ hij keek ~ toe l'ennui se lisait dans son regard; *(Belg.)* ik zit ermee ~ ça m'empoisonne
[1]**ver·ve·len** [vərvelə(n)] *vti (verveelde, h. verveeld)* ennuyer; dat zal gauw ~ on en aura vite assez; tot ~s toe à satiété
[2]**ver·ve·len, zich** [vərvelə(n)] *vpr (verveelde zich, h. zich verveeld)* s'ennuyer
ver·ve·lend [vərvelənt] *adj, adv* **1** ennuyeux, d'une manière ennuyeuse; wat een ~e vent! quel type assommant !; wees nu niet zo ~! ne sois pas si assommant ! **2** embarrassant; een ~e geschiedenis une histoire fâcheuse **3** désagréable; zich ~ voelen se sentir mal à l'aise, éprouver un (léger) malaise
ver·ve·ling [vərvelɪŋ] *nf* ennui
ver·vel·len [vərvɛlə(n)] *vi (vervelde, i. verveld)* peler
[1]**ver·ven** [vɛrvə(n)] *vt (verfde, h. geverfd)* **1** peindre **2** teindre
[2]**ver·ven** [vɛrvə(n)] *vi (verfde, h. geverfd)* faire de la peinture; pas op! geverfd! attention ! peinture fraîche !
ver·ver·sen [vərvɛrsə(n)] *vt (ververste, h. ververst)* **1** rafraîchir **2** renouveler
ver·viel [vərvil], **vervielen** → [2]vervallen
ver·vier·vou·di·gen [vərvirvaudəɣə(n)] *vti (verviervoudigde, h. verviervoudigd)* quadrupler
ver·vil·ten [vərvɪltə(n)] *vti (verviltte, h./i. vervilt)* feutrer
ver·ving [vərvɪŋ], **vervingen** → vervangen
ver·vlaam·sen [vərvlamsə(n)] *vti (vervlaamste, h./i. vervlaamst) (Belg.)* flamandiser
[1]**ver·vlak·ken** [vərvlakə(n)] *vt (vervlakte, h. vervlakt)* **1** niveler **2** abrutir **3** émousser
[2]**ver·vlak·ken** [vərvlakə(n)] *vi (vervlakte, i. vervlakt)* **1** se niveler **2** s'abrutir **3** s'émousser
ver·vlie·gen [vərvliɣə(n)] *vi (vervloog, i. vervlogen)* **1** s'écouler; lang vervlogen jaren années lointaines **2** s'évaporer **3** *(fig.)* s'envoler; vervlogen hoop espoir déçu
ver·vloe·ken [vərvlukə(n)] *vt (vervloekte, h. vervloekt)* maudire
ver·vloe·king [vərvlukɪŋ] *nf (-en)* **1** malédiction **2** juron
[1]**ver·vloekt** [vərvlukt] *adj* abominable
[2]**ver·vloekt** [vərvlukt] *adv* bigrement
[3]**ver·vloekt** [vərvlukt] *interj* diable !
ver·vloog [vərvlox], **vervlogen** → vervliegen
ver·vluch·ti·gen [vərvlʌxtəɣə(n)] *vi (vervluchtigde, i. vervluchtigd)* **1** s'évaporer **2** se perdre
[1]**ver·voe·gen** [vərvuɣə(n)] *vt (vervoegde, h. vervoegd) (ling.)* conjuguer
[2]**ver·voe·gen, zich** [vərvuɣə(n)] *vpr (vervoegde zich, h. zich vervoegd)* ♦ zich ~ bij iemand se rendre auprès de qqn, s'adresser à qqn
ver·voe·ging [vərvuɣɪŋ] *nf (-en)* conjugaison
ver·voer [vərvur] *het* **1** transport; het openbaar ~ les transports en commun **2** moyen de transport
*__ver·voer-__ [vərvur-] de transport; het vervoermiddel le moyen de transport
ver·voer·baar [vərvurbar] *adj* transportable
ver·voer|der [vərvurdər] *nm (-s)*, **-ster** *nf (-s)* transporteur
ver·voe·ren [vərvurə(n)] *vt (vervoerde, h. vervoerd)* **1** transporter **2** exalter
ver·voe·ring [vərvurɪŋ] *nf* exaltation; in ~ raken s'exalter; in ~ brengen jeter dans l'ivresse
ver·voers·be·wijs [vərvurzbəwɛis] *het* titre de transport
ver·volg [vərvɔlx] *het (-en)* suite; als ~ op uw brief suite à votre lettre; in het ~ désormais
ver·volg·cur·sus [vərvɔlxkʌrzʌs] *nm (-sen)* cours complémentaire
ver·vol·gen [vərvɔlɣə(n)] *vt (vervolgde, h. vervolgd)* **1** poursuivre; de reis ~ continuer le voyage; iemand vanwege zijn geloof ~ persécuter qqn pour sa foi; wordt vervolgd à suivre **2** poursuivre en justice
ver·vol·gens [vərvɔlɣə(n)s] *adv* ensuite
ver·vol·ging [vərvɔlɣɪŋ] *nf (-en)* **1** poursuite **2** persécution **3** poursuites (judiciaires)
ver·vol·gings·waan·zin [vərvɔlɣɪŋswanzɪn] *nm* délire de (la) persécution
ver·volg·op·lei·ding [vərvɔlxɔplɛidɪŋ] *nf (-en)* formation complémentaire
ver·volg·se·rie [vərvɔlxseri] *nf (-s)* feuilleton
ver·vol·le·di·gen [vərvɔledəɣə(n)] *vt (vervolledigde, h. vervolledigd)* compléter
ver·vol·ma·ken [vərvɔlmakə(n)] *vt (vervolmaakte, h. vervolmaakt) (form.)* perfectionner
[1]**ver·vor·men** [vərvɔrmə(n)] *vi (vervormde, i. vervormd)* **1** se transformer **2** se distordre *(de sons)*
[2]**ver·vor·men** [vərvɔrmə(n)] *vt (vervormde, h. vervormd)* **1** transformer **2** distordre *(de sons)*
[1]**ver·vreem·den** [vərvremdə(n)] *vt (vervreemdde, h. vervreemd)* aliéner; zich ~ van s'éloigner de
[2]**ver·vreem·den** [vərvremdə(n)] *vi (vervreemdde, i. vervreemd) (+ van)* devenir étranger (à)
ver·vroe·gen [vərvruɣə(n)] *vt (vervroegde, h. vervroegd)* avancer

[1]**ver·vui·len** [vərvœylə(n)] *vi (vervuilde, i. vervuild)* s'encrasser; **de Rijn vervuilt** le Rhin est de plus en plus pollué

[2]**ver·vui·len** [vərvœylə(n)] *vti (vervuilde, h. vervuild)* polluer

ver·vui·ling [vərvœylɪŋ] *nf* pollution

ver·vul·len [vərvʌlə(n)] *vt (vervulde, h. vervuld)* **1** remplir **2** réaliser; **beloften ~** tenir des promesses; **de dienstplicht ~** accomplir son service militaire **3** exercer

ver·vul·ling [vərvʌlɪŋ] *nf* réalisation; **uw wens gaat in ~** votre vœu se réalise

ver·waaid [vərwajt] *adj* emporté par le vent, *(cheveux)* ébouriffé

ver·waand [vərwant] *adj, adv* présomptueux, présomptueusement; **een ~e kwast** un m'as-tu-vu

ver·waar·di·gen [vərwardəχə(n)] *vt (verwaardigde, h. verwaardigd)* ♦ **zich ~** daigner

ver·waar·lo·zen [vərwarlozə(n)] *vt (verwaarloosde, h. verwaarloosd)* négliger; **een niet te ~ factor** un facteur non négligeable

ver·wach·ten [vərwaχtə(n)] *vt (verwachtte, h. verwacht)* s'attendre (à); **bericht ~** attendre des nouvelles; **lang verwacht** longtemps attendu; **het verwachte resultaat** le résultat escompté; **veel van iemand ~** espérer beaucoup de qqn; **dat kunt u niet van ons ~** vous ne pouvez pas nous demander cela; **het was te ~** il fallait s'y attendre; **men kan niet te veel van hem ~** il ne faut pas lui en demander trop ♦ **een baby ~** attendre un bébé

ver·wach·ting [vərwaχtɪŋ] *nf (-en)* **1** attente; **in ~ zijn** être enceinte **2** espoirs; **buiten ~** contre toute attente; **geen enkele ~ hebben van iets, iemand** ne rien attendre de qqch, qqn; **hoge ~en** de grands espoirs; **naar ~** comme prévu **3** *(écon., météo.)* prévision

ver·wach·tings·pa|troon [vərwaχtɪŋspatron] *het (-tronen)* attentes

ver·wach·tings·vol [vərwaχtɪŋsfɔl] *adj* plein d'espoir

ver·want [vərwant] *adj* **1** *(+ aan)* parent (de); **nauw ~ zijn** être proches parents **2** *(+ aan, met)* proche; **zich met iemand ~ voelen** se sentir proche de qqn

ver·want·schap [vərwantsχap] *nf* **1** parenté **2** analogie; **daartussen bestaat geen ~** il n'y a pas de rapport (entre ces deux choses)

ver·ward [vərwart] *adj, adv* **1** emmêlé, pêle-mêle; **~ geschreeuw** des cris chaotiques **2** confus, confusément; **~ spreken** tenir des propos sans suite **3** embarrassé, avec embarras

ver·ward·heid [vərwarthɛit] *nf* **1** désordre **2** incohérence **3** embarras

ver·war·men [vərwarmə(n)] *vt (verwarmde, h. verwarmd)* (ré)chauffer

ver·war·ming [vərwarmɪŋ] *nf (-en)* chauffage

ver·war·ren [vərwarə(n)] *vt (verwarde, h. verward)* **1** embrouiller; **in iets verward raken** s'empêtrer dans qqch **2** *(fig.)* troubler **3** confondre, embarrasser

ver·war·ring [vərwarɪŋ] *nf (-en)* confusion; **in ~ raken** se troubler; **iemand in ~ brengen** troubler qqn

[1]**ver·wa·te·ren** [vərwatərə(n)] *vi (verwaterde, i. verwaterd)* **1** se diluer **2** *(fig.)* s'effriter

[2]**ver·wa·te·ren** [vərwatərə(n)] *vt (verwaterde, h. verwaterd)* **1** diluer **2** *(fig.)* délayer

ver·wed·den [vərwɛdə(n)] *vt (verwedde, h. verwed)* parier ♦ **hij heeft al zijn geld verwed** il a perdu tout son argent (au jeu, aux courses etc.)

ver|weer [vərwer] *het (-weren)* défense; **geen ~ hebben** être sans défense

ver·weerd [vərwert] *adj* altéré par les intempéries; **een ~ gezicht** un visage buriné, marqué; **een oude, ~e muur** un vieux mur décrépit

ver·weer·schrift [vərwersχrɪft] *het (-en)* apologie

ver·wees [vərwes], **verwezen** → **verwijzen**

ver·weet [vərwet], **verweten** → **verwijten**

ver·we·ken [vərwekə(n)] *vi (verweekte, i. verweekt)* se ramollir

ver·wek·ken [vərwɛkə(n)] *vt (verwekte, h. verwekt)* engendrer; **kinderen ~** faire des enfants

ver|wek·ker [vərwɛkər] *nm (-s)*, **-wekster** *nf (-s)* **1** géniteur, -trice **2** auteur

ver·wel·ken [vərwɛlkə(n)] *vi (verwelkte, i. verwelkt)* **1** se faner **2** *(fig.)* se flétrir

ver·wel·ko·men [vərwɛlkomə(n)] *vt (verwelkomde, h. verwelkomd) (form.)* accueillir

ver·wen·nen [vərwɛnə(n)] *vt (verwende, h. verwend)* gâter; **een verwend publiek** un public exigeant; **zichzelf ~** se dorloter

ver·wen·sen [vərwɛnsə(n)] *vt (verwenste, h. verwenst)* maudire (qqn, qqch)

ver·wen·sing [vərwɛnsɪŋ] *nf (-en)* **1** malédiction **2** juron

[1]**ver·we·ren** [vərwerə(n)] *vi (verweerde, i. verweerd)* **1** être rongé par les intempéries **2** devenir calleux

[2]**ver·we·ren, zich** [vərwerə(n)] *vpr (verweerde zich, h. zich verweerd)* se défendre

ver·wer·ke·lij·ken [vərwɛrkələkə(n)] *vti (verwerkelijkte, h./i. verwerkelijkt)* → **verwezenlijken**

ver·wer·ken [vərwɛrkə(n)] *vt (verwerkte, h. verwerkt)* **1** traiter **2** *(+ tot)* transformer (en) **3** *(+ in)* incorporer; **het geleerde ~** assimiler ce que l'on a appris **4** accepter; **ik heb tijd nodig om dat te ~** il me faut du temps pour mettre de l'ordre dans tout cela

ver·wer·pe·lijk [vərwɛrpələk] *adj* condamnable

ver·wer·pen [vərwɛrpə(n)] *vt (verwierp,*

h. verworpen) 1 repousser; een gedachte onmiddellijk weer ~ écarter immédiatement une pensée 2 répudier

ver·wer·ven [vərwɛrvə(n)] *vt (verwierf, h. verworven)* obtenir; een reputatie ~ se faire une réputation; zich iets ~ acquérir qqch *(de l'expérience etc.)*

ver·wer·ving [vərwɛrvɪŋ] *nf* acquisition *(d'expérience etc.)*

ver·we·ven [vərwevə(n)] *vt (verweefde, h. verweven)* 1 tisser 2 *(fig.)* mêler; die zaken zijn nauw ~ ces affaires sont étroitement imbriquées

ver·we·zen [vərwezə(n)] *adj* hagard

[1]**ver·we·zen·lij·ken** [vərwezə(n)ləkə(n)] *vi (verwezenlijkte, h. verwezenlijkt)* se réaliser

[2]**ver·we·zen·lij·ken** [vərwezə(n)ləkə(n)] *vt (verwezenlijkte, h. verwezenlijkt)* réaliser; dat is niet te ~ ce n'est pas réalisable

ver·wierf [vərwirf], **verwierven** → verwerven

ver·wierp [vərwirp], **verwierpen** → verwerpen

ver·wij·den [vərwɛidə(n)] *vt (verwijdde, h. verwijd)* élargir

ver·wij·derd [vərwɛidərt] *adj (meer v., meest v.)* lointain

ver·wij·de·ren [vərwɛidərə(n)] *vt (verwijderde, h. verwijderd)* 1 éloigner; deze boeken worden uit de bibliotheek verwijderd ces livres sont retirés de la bibliothèque; dit voorval heeft die jongens zeer van elkaar verwijderd cet incident a jeté un grand froid entre ces garçons 2 enlever; iemand uit de klas ~ renvoyer qqn de la classe; iemand uit zijn huis ~ expulser qqn de sa maison

ver·wij·de·ring [vərwɛidərɪŋ] *nf (-en)* 1 éloignement 2 *(fig.)* distance

ver·wijfd [vərwɛift] *adj* efféminé

ver·wijs·brief·je [vərwɛizbrifjə] *het (-s)* lettre d'introduction *(auprès d'un médecin spécialiste, de la part du médecin de famille)*

ver·wijt [vərwɛit] *het (-en)* reproche; iemand een ~ maken over iets faire reproche à qqn de qqch; ons treft geen ~ nous n'avons rien à nous reprocher

ver·wij·ten [vərwɛitə(n)] *vt (verweet, h. verweten)* reprocher; iemand ~d aankijken regarder qqn d'un air de reproche; ~de blikken regards réprobateurs

ver·wij·zen [vərwɛizə(n)] *vt (verwees, h. verwezen)* renvoyer

ver·wik·ke·len [vərwɪkələ(n)] *vt (verwikkelde, h. verwikkeld)* impliquer; in iets verwikkeld raken se trouver mêlé à qqch

ver·wik·ke·ling [vərwɪkəlɪŋ] *nf (-en)* 1 implication 2 complication 3 *(litt.)* intrigue

ver·wil·derd [vərwɪldərt] *adj* 1 (laissé) à l'abandon, *(enfant)* indiscipliné, *(animal)* redevenu sauvage 2 ébouriffé 3 hagard

[1]**ver·wil·de·ren** [vərwɪldərə(n)] *vi (verwilderde, i. verwilderd)* 1 retourner à l'état sauvage 2 se dépraver

[2]**ver·wil·de·ren** [vərwɪldərə(n)] *vt (verwilderde, h. verwilderd)* abrutir

ver·wis·sel·baar [vərwɪsəlbar] *adj* interchangeable

ver·wis·se·len [vərwɪsələ(n)] *vt (verwisselde, h. verwisseld)* 1 changer; een band ~ changer un pneu 2 échanger 3 confondre

ver·wit·ti·gen [vərwɪtəɣə(n)] *vt (verwittigde, h. verwittigd) (form., sauf Belg.)* 1 *(+ van)* informer (qqn de qqch) 2 avertir

ver·woed [vərwut] *adj, adv* 1 furieux, furieusement; een ~ gevecht un combat acharné 2 enragé, passionnément; een ~ liefhebber van schaatsenrijden un fervent du patinage

ver·woes·ten [vərwustə(n)] *vt (verwoestte, h. verwoest)* détruire

ver·woes·ting [vərwustɪŋ] *nf (-en)* destruction; ~en aanrichten faire des ravages

ver·won·den [vərwɔndə(n)] *vt (verwondde, h. verwond)* blesser

[1]**ver·won·de·ren** [vərwɔndərə(n)] *vt (verwonderde, h. verwonderd)* étonner

[2]**ver·won·de·ren, zich** [vərwɔndərə(n)] *vpr (verwonderde zich, h. zich verwonderd)* s'étonner (de); dat is niet te ~ rien d'étonnant à cela

ver·won·de·ring [vərwɔndərɪŋ] *nf* étonnement; tot mijn grote ~ à ma grande surprise

ver·won·der·lijk [vərwɔndərlək] *adj, adv* étonnant, étonnamment

ver·won·ding [vərwɔndɪŋ] *nf (-en)* blessure

ver·woor·den [vərwordə(n)] *vt (verwoordde, h. verwoord)* exprimer (par des paroles)

ver·wor·den [vərwɔrdə(n)] *vi (verwerd, i. verworden) (form.)* 1 changer 2 dégénérer

ver·wor·pen [vərwɔrpə(n)] → verwerpen

ver·wor·pe·ne [vərwɔrpənə] *nm (-n)* → verschoppeling

ver·wor·ven [vərwɔrvə(n)] → verwerven

ver·wor·ven|heid [vərwɔrvənhɛit] *nf (-heden)* acquis

ver·wrin·gen [vərvrɪŋə(n)] *vt (verwrong, h. verwrongen)* tordre

ver·wrong [vərvrɔŋ], **verwrongen** → verwringen

ver·zach·ten [vərzɑχtə(n)] *vt (verzachtte, h. verzacht)* 1 atténuer; een straf ~ commuer une peine 2 adoucir

ver·za·di·gen [vərzadəɣə(n)] *vt (verzadigde, h. verzadigd)* 1 rassasier; hij was niet te ~ il était insatiable 2 *(phys., chim.)* saturer

ver·za·ken [vərzakə(n)] *vt (verzaakte, h. verzaakt)* renier

ver·zak·ken [vərzɑkə(n)] *vi (verzakte, i. verzakt)* s'affaisser; verzakte gevel façade tassée

ver·zak·king [vərzɑkɪŋ] *nf (-en)* 1 effondrement; **de ~ van de zeedijk** l'affaissement de la digue de mer 2 *(méd.)* descente de l'utérus

ver·za|ligd [vərzaləχt] *adj, adv (-ligder, meest v.)* béat(ement)

ver·za·me|laar [vərzamələr] *nm (-s),* **-laarster** *nf (-s)* collectionneur, -euse

1**ver·za·me·len** [vərzamələ(n)] *vt (verzamelde, h. verzameld)* 1 rassembler; **informatie ~** réunir des informations 2 collectionner

2**ver·za·me·len** [vərzamələ(n)] *vti (verzamelde, h./i. verzameld)* se rassembler

ver·za·me·ling [vərzaməlɪŋ] *nf (-en)* 1 rassemblement *(fait de (se) rassembler);* **de ~ van gegevens** la compilation de données; la collecte de renseignements 2 collection 3 *(math.)* ensemble

ver·za·mel|naam [vərzaməlnam] *nm (-namen)* 1 *(ling.)* (nom) collectif 2 dénomination commune

ver·za·mel·woe·de [vərzaməlwudə] *nf* manie de la collection

ver·zan·den [vərzɑndə(n)] *vi (verzandde, i. verzand)* 1 *(fig.)* s'enliser 2 s'ensabler

ver·ze·ge·len [vərzeχələ(n)] *vt (verzegelde, h. verzegeld)* cacheter; **een woning ~** apposer les scellés sur une demeure

ver·ze·ge·ling [vərzeχəlɪŋ] *nf (-en)* 1 cachetage 2 cachet *(de cire)*

ver·zei·len [vərzɛilə(n)] *vi (verzeilde, i. verzeild)* ♦ **in een gevaarlijke situatie verzeild raken** se trouver embarqué dans une situation dangereuse; **ergens verzeild raken** échouer qqp

ver·ze·ke·raar [vərzekərar] *nm (-s)* assureur

ver·ze·kerd [vərzekərt] *adj* assuré; **van iets ~ zijn** être sûr de qqch

1**ver·ze·ke·ren** [vərzekərə(n)] *vt (verzekerde, h. verzekerd)* 1 assurer 2 garantir 3 assurer, garantir par contrat d'assurance; **zijn leven ~** contracter une assurance vie; **ik ben voor 100.000 euro verzekerd** je suis assuré jusqu'à concurrence de 100 000 euros

2**ver·ze·ke·ren, zich** [vərzekərə(n)] *vpr (verzekerde zich, h. zich verzekerd)* s'assurer (de qqch)

ver·ze·ke·ring [vərzekərɪŋ] *nf (-en)* 1 assurance *(aussi garantie);* **een ~ afsluiten** s'assurer 2 compagnie d'assurances; **dat krijgt hij terug van de ~** l'assurance le lui remboursera

***ver·ze·ke·rings-** [vərzekərɪŋs-] d'assurances

ver·ze·ke·rings·maat·schap·pij [vərzekərɪŋsmatsχɑpɛi] *nf (-en)* → **verzekering 2**

ver·zen·den [vərzɛndə(n)] *vt (verzond, h. verzonden)* expédier

ver·zen·ding [vərzɛndɪŋ] *nf (-en)* 1 expédition 2 envoi

ver·zend·kos·ten [vərzɛntkɔstə(n)] *plur* frais d'expédition

ver·zen·gen [vərzɛŋə(n)] *vti (verzengde, h./i. verzengd) (form.)* roussir; **een ~de hitte** une chaleur torride; **een ~de zon** un soleil de plomb

ver·zet [vərzɛt] *het* 1 résistance; **~ bieden, plegen** résister (à); **het heimelijk ~ tegen de Duitse bezetting** la résistance clandestine à l'occupation allemande; **in ~ komen (tegen)** s'insurger (contre); **~ tegen het gezag** opposition au pouvoir 2 délassement 3 (mouvement de) résistance; **in het ~ gaan** prendre le maquis

ver·zet·je [vərzɛcə] *het (-s)* ♦ **een ~ nemen** prendre du bon temps; **hij heeft een ~ nodig** il a besoin de souffler un coup

ver·zets|strij·der [vərzɛtstrɛidər] *nm (-s),* **-strijdster** *nf (-s),* **-man** *nm (-lui, -lieden)* résistant, -ante

1**ver·zet·ten** [vərzɛtə(n)] *vt (verzette, h. verzet)* 1 déplacer 2 *(form.)* distraire; **zoiets verzet de zinnen** ça change les idées

2**ver·zet·ten, zich** [vərzɛtə(n)] *vpr (verzette zich, h. zich verzet)* s'opposer; **zich niet ~** se laisser faire

1**ver·zie·ken** [vərzikə(n)] *vi (verziekte, i. verziekt)* dépérir; **de verziekte politiek** la politique pourrie

2**ver·zie·ken** [vərzikə(n)] *vt (verziekte, h. verziekt) (fam.)* gâcher; **een verziekte sfeer** une atmosphère pourrie

ver·ziend [vɛrzint] *adj* presbyte

ver·zil·ve·ren [vərzɪlvərə(n)] *vt (verzilverde, h. verzilverd)* 1 argenter 2 encaisser 3 *(fin.)* réaliser ♦ **een kans ~** saisir l'occasion

ver·zin·ken [vərzɪŋkə(n)] *vi (verzonk, i. verzonken)* 1 sombrer 2 plonger *(fig.)*

ver·zin·nen [vərzɪnə(n)] *vt (verzon, h. verzonnen)* 1 inventer; **een manier ~ om** trouver un moyen pour; **ik zal er iets op ~** je trouverai bien une solution 2 *(péj.)* fabuler; **een verzonnen verhaal** une histoire inventée de toutes pièces

ver·zin·sel [vərzɪnsəl] *het (-s)* invention, *(péj.)* fable

ver·zit·ten [vərzɪtə(n)] *vi (verzat, h. verzeten)* ♦ **gaan ~** changer de position, changer de place

ver·zocht [vərzɔχt], **verzochten** → **verzoeken**

ver·zoek [vərzuk] *het (-en)* 1 demande; **ik heb een ~ aan u** j'ai une demande à vous adresser; **een dringend ~** une prière instante; **op dringend ~ van** sur les instances de; **een ~ inwilligen** accéder à une demande; **een ~ om gratie** un recours en grâce; **op ~ van** sur la demande de; **vriendelijk ~** demande à titre d'ami 2 requête

ver·zoe·ken [vərzukə(n)] *vti (verzocht, h. verzocht)* 1 prier; **ik verzoek om stilte** je vous demande le silence 2 *(+ om)* inviter (à); **mag ik u ~ (om) ...?** auriez-vous l'obligeance (de) ... ? 3 tenter

ver·zoe·king [vərzukɪŋ] *nf (-en) (form.)* tentation; *(Bible)* **leid ons niet in ~** ne nous induis pas en tentation

ver·zoek·num·mer [vərzuknʌmər] *het (-s)* numéro demandé par le public, à la demande générale
ver·zoek·schrift [vərzuksχrɪft] *het (-en)* requête; **een ~ indienen** introduire une demande
ver·zoe·nen [vərzunə(n)] *vt (verzoende, h. verzoend)* **1** apaiser; **ik kan mij er best mee ~** cela ne me dérange pas; **met een idee verzoend raken** se faire à une idée **2** (ré)concilier
ver·zoe·ning [vərzunɪŋ] *nf (-en)* **1** apaisement; **partijen tot ~ brengen** (ré)concilier les (deux) parties **2** (ré)conciliation
ver·zon [vərzɔn], **verzonnen** → **verzinnen**
ver·zond [vərzɔnt], **verzonden** → **verzenden**
ver·zonk [vərzɔŋk], **verzonken** → **verzinken**
ver·zoop [vərzop], **verzopen** → **verzuipen**
ver·zorgd [vərzɔrχt] *adj* soigné
ver·zor·gen [vərzɔrχə(n)] *vt (verzorgde, h. verzorgd)* **1** soigner; **de kinderen ~** prendre soin des enfants **2** entretenir; **zich (goed) ~** prendre soin de sa personne
ver·zor·ging [vərzɔrχɪŋ] *nf* soins; **medische ~** assistance médicale
ver·zor·gings·flat [vərzɔrχɪŋsflɛt, [B]vərzɔrχɪŋsflɑt] *nm (-s)* résidence du troisième âge
ver·zor·gings·staat [vərzɔrχɪŋstat] *nm* État-providence
ver·zor·gings·te|huis [vərzɔrχɪŋstəhœys] *het (-huizen)* hospice de vieillards
ver|zot [vərzɔt] *adj (-zotter, meest v.)* fou (de); **~ zijn op iets** raffoler de qqch
ver·zuch·ten [vərzʌχtə(n)] *vt (verzuchtte, h. verzucht)* soupirer
ver·zui·ling [vərzœylɪŋ] *nf* compartimentage
ver·zuim [vərzœym] *het (-en)* **1** omission; **een ernstig ~** une faute grave **2** absentéisme
ver·zui·men [vərzœymə(n)] *vti (verzuimde, h. verzuimd)* **1** négliger **2** manquer; **hij verzuimt zelden** il manque rarement à l'appel
[1]**ver·zui·pen** [vərzœypə(n)] *vi (verzoop, i. verzopen) (fam.)* se noyer; **zij verzuipt in het werk** elle a du travail par-dessus la tête; **het is zwemmen of ~!** (c'est) marche ou crève !
[2]**ver·zui·pen** [vərzœypə(n)] *vt (verzoop, h. verzopen) (fam.)* **1** noyer *(aussi à propos d'un moteur)* **2** boire
[1]**ver·zu·ren** [vərzyrə(n)] *vi (verzuurde, i. verzuurd)* s'acidifier
[2]**ver·zu·ren** [vərzyrə(n)] *vt (verzuurde, h. verzuurd)* acidifier
[1]**ver·zwak·ken** [vərzwɑkə(n)] *vt (verzwakte, h. verzwakt)* affaiblir
[2]**ver·zwak·ken** [vərzwɑkə(n)] *vi (verzwakte, i. verzwakt)* faiblir
[1]**ver·zwa·ren** [vərzwarə(n)] *vt (verzwaarde, h. verzwaard)* alourdir; **een dijk ~** renforcer une digue
[2]**ver·zwa·ren** [vərzwarə(n)] *vi (verzwaarde, i. verzwaard)* s'alourdir; **het onweer verzwaart** l'orage s'intensifie
ver·zweeg [vərzweχ], **verzwegen** → **verzwijgen**
ver·zwel·gen [vərzwɛlχə(n)] *vt (verzwolg, h. verzwolgen)* **1** avaler **2** absorber; **de zee heeft heel wat schepen verzwolgen** la mer a englouti plus d'un navire
ver·zwij·gen [vərzwɛiχə(n)] *vt (verzweeg, h. verzwegen)* taire; **niets te ~ hebben** n'avoir rien à cacher
ver·zwik·ken [vərzwɪkə(n)] *vt (verzwikte, h. verzwikt)* fouler
ver·zwolg [vərzwɔlχ], **verzwolgen** → **verzwelgen**
ves·per [vɛspər] *de (-s) (cathol.)* vêpres
vest [vɛst] *het (-en)* **1** gilet; **iemand op zijn ~je spuwen** dire ses quatre vérités à qqn **2** cardigan **3** *(Belg.)* veston
ves·te [vɛstə] *de (-n)* **1** *(plur.)* remparts **2** forteresse
ves·ti·gen [vɛstəχə(n)] *vt (vestigde, h. gevestigd)* **1** *(+ op)* fixer; **zijn hoop op iemand ~** mettre son espoir en qqn **2** fonder **3** établir; **zijn naam ~** se faire une réputation
ves·ti·ging [vɛstəχɪŋ] *nf (-en)* **1** fondation **2** succursale **3** établissement
ves·ting [vɛstɪŋ] *nf (-en)* forteresse; **Naarden is een oude ~** N. est une ancienne ville forte
[1]**vet** [vɛt] *het (-ten)* **1** graisse; **zich met zijn eigen ~ bedruipen** se suffire à soi-même; *(fig.)* **laat hem in zijn eigen ~ gaar worden, smoren** laisse-le mijoter dans son jus; **iets in het ~ zetten** graisser qqch **2** matière grasse **3** *(langage des jeunes)* grave, vachement ♦ **iemand zijn ~ geven** dire son fait à qqn; **hij krijgt zijn ~** il se fait sonner les cloches
[2]**vet** [vɛt] *adj, adv* **1** gras **2** lucratif; **het is er niet ~** ce n'est pas le pérou; *(iron.)* **daar zal ik ~ van worden!** ça me fait une belle jambe ! **3** graisseux; **~te vingers op het papier** empreintes grasses sur le papier **4** bien garni; *(fig.)* **een ~ schandaal** un gros scandale **5** *(langage des jeunes)* top, super; **~te pech** manque de pot, bol
vet·arm [vɛtɑrm] *adj* maigre
vet·bult [vɛdbʌlt] *nm (-en)* boule de graisse
ve·te [vetə] *de (-s)* rancune; **er bestond een oude ~ tussen hun families** de vieilles haines opposaient leurs familles
ve·ter [vetər] *nm (-s)* lacet; **zijn ~s strikken, vastmaken** nouer ses lacets; **je ~ zit los!** ton lacet est défait !
ve·te|raan [vetəran] *nm (-ranen)* vétéran; **een ~ in het vak** un vieux de la vieille
ve·te·ra·nen·ziek·te [vetəranə(n)ziktə] *nf* ± légionellose
vet·ge·hal·te [vɛtχəhaltə] *het (-s, -n)* te-

neur en matières grasses; een ~ van 40% 40 % de matières grasses

vet·hou·dend [vɛthaudənt] *adj* gras

vet·kaars [vɛtkars] *de (-en)* bougie de suif

vet|kuif [vɛtkœyf] *de (-kuiven)* banane *(coiffure)*

vet·mes·ten [vɛtmɛstə(n)] *vt (mestte vet, h. vetgemest)* engraisser

ve·to [veto] *het (-'s)* veto *(interdiction)*; zijn ~ over iets uitspreken mettre son veto à qqch

vet·plant [vɛtplɑnt] *de (-en)* plante grasse

vet·pot [vɛtpɔt] *nm* ♦ *(fig.)* het is geen ~ ce n'est pas le pérou

vet·puist·je [vɛtpœyʃə, [B]vɛtpœyscə] *het (-s)* bouton d'acné

vet·rijk [vɛtrɛik] *adj* gras

vet·rol [vɛtrɔl] *de (-len)* bourrelet *(pli de graisse)*

vet·tig [vɛtəχ] *adj, adv* gras

vet·tig|heid [vɛtəχhɛit] *nf (-heden)* graisse

vet·vrij [vɛtfrɛi] *adj* sans matières grasses ♦ ~ papier papier sulfurisé

vet·zak [vɛtsɑk] *nm (-ken) (péj.)* gros lard

vet·zucht [vɛtsʌχt] *de* obésité

vet|zuur [vɛtsyr] *het (-zuren)* acide gras

veu·len [vølə(n)] *het (-s)* **1** poulain **2** jeune chien *(enfant étourdi, folâtre)*

ve·zel [vezəl] *de (-s)* fibre

ve·ze·lig [vezələχ] *adj* fibreux

ve·zel|plaat [vezəlplat] *de (-platen)* panneau de fibres

ve·zel·rijk [vezəlrɛik] *adj* riche en fibres

ve·zel·stof [vezəlstɔf] *de (-fen)* **1** *(biol.)* tissu fibreux **2** fibre

vgl. [vɛrχələk] abrév. de *vergelijk* cf.

v.h. abrév. de *van het* du, de l', de la

V-hals [vehɑls] *nm (V-halzen)* décolleté en V

via [vija] *prép* **1** via **2** par; ~ ~ en passant par des intermédiaires

[1]vi·bre·ren [vibrerə(n)] *vi (vibreerde, h. gevibreerd)* vibrer

[2]vi·bre·ren [vibrerə(n)] *vt (vibreerde, h. gevibreerd)* faire vibrer

vic·to·ri·aans [vɪktorijans] *adj* victorien

vic·to·rie [vɪktori] *nf (-s)* victoire

vi·dé [vide] *nm (Belg.)* vol-au-vent

vi·deo [videjo] *de (-'s)* **1** vidéo **2** magnétoscope **3** cassette vidéo

vief [vif] *adj, adv (viever, viefst)* vif, vivement

viel [vil], **vielen** → vallen, aanvallen, flauwvallen *(etc.)*

vier [vir] *card* quatre; (een auto) in z'n ~ zetten mettre (une voiture) en quatrième; met ons, z'n, jullie, hun ~en à quatre; na ~en après quatre heures ♦ *(subst.)* met veel ~en en vijven à contrecœur; *(subst.)* veel ~en en vijven (hebben) (faire) beaucoup de chichis

vier·de [virdə] *ord* quatrième; Hendrik de Vierde Henri IV; het is vandaag de ~ nous sommes le quatre; de ~ juni le quatre juin; in de ~ klas zitten *(enseign. primaire)* être en cours moyen (CM 1), *(enseign. secondaire)* ± être en troisième; ten ~ quatrièmement; twee ~ les deux quarts

vie·ren [virə(n)] *vt (vierde, h. gevierd)* **1** fêter; de sabbat ~ observer le sabbat; veel triomfen ~ remporter de nombreux triomphes **2** célébrer **3** filer *(voile)*; een zeil ~ larguer une voile

vier·hoek [virhuk] *nm (-en)* quadrilatère

vier·hoe·kig [virhukəχ] *adj* quadrangulaire

vie·ring [virɪŋ] *nf (-en)* célébration

vier·ja·rig [virjarəχ] *adj* **1** de quatre ans **2** quadriennal

[1]vier·kant [virkɑnt] *adj* carré; *(subst.)* de kamer meet drie meter in het ~ la pièce fait trois mètres sur trois

[2]vier·kant [virkɑnt] *adv* carrément

vier·kant·je [virkɑncə] *het (-s)* case

vier·klau·wens [virklauwə(n)s] *adv (Belg.)* quatre à quatre

vier·kwarts|maat [virkwɑrtsmat] *de (-maten)* mesure à quatre temps

vier·ling [virlɪŋ] *nm (-en)* **1** quadruplés, -ées **2** un des quadruplés

vier·span [virspɑn] *het (-nen)* **1** attelage à quatre **2** voiture attelée à quatre

vier·sprong [virsprɔŋ] *nm (-en)* carrefour; op de ~ van het leven staan être à la croisée des chemins

vier·tal [virtɑl] *het (-len)* quatre; een ~ jaren trois, quatre ans

vier·uur·tje [viryrcə] *het (-s) (Belg.)* goûter

vier·voe·ter [virvutər] *nm (-s)* quadrupède

vier·voud [virvaut] *het (-en)* quadruple

vies [vis] *adj, adv (viezer, viest)* **1** sale(ment); een vieze bende une écurie; een ~ drankje une boisson dégoûtante; een vieze lucht une mauvaise odeur **2** obscène, grossièrement; vieze praatjes saletés; zij zijn tegen alles wat ~ en voos is ils combattent tout ce qu'ils considèrent comme immoral **3** difficile(ment); ergens ~ van zijn détester qqch; ergens niet ~ van zijn ne pas cracher sur qqch **4** *(Belg.)* de mauvaise humeur ♦ er ~ bij zijn ± se faire coincer; dat valt me ~ van je tegen ça me déçoit terriblement de ta part

vies·peuk [vispøk] *nm (-en)* cochon, -onne

Viet·nam [vjɛtnɑm] *het* Viêtnam

Viet·na·mees [vjɛtnames] *adj* vietnamien

vi·eux [vjø] *nm* brandy *(de fabrication hollandaise)*

vie·ze·rik [vizərɪk] *nm (-en)* **1** cochon **2** dégoûtant

vie·zig|heid [vizəχhɛit] *nf (-heden)* saleté; je leest die ~ toch niet? tu ne lis quand même pas ces cochonneries ?

vij|and [vɛijɑnt] *nm (-en)*, **-andin** *nf (-nen)* ennemi, -ie; naar de ~ overlopen passer à l'ennemi

vij·an·de·lijk [vɛijɑndələk] *adj, adv* (en) ennemi; op ~e bodem en pays ennemi

vij·an·de·lijk|heid [vɛijɑndələkhɛit] *nf (-heden)* hostilité *(acte de guerre)*
vij·an·dig [vɛijɑndəχ] *adj, adv* (de façon) hostile; **~ gestemd** hostile; **iemand ~ gezind zijn** être hostile à qqn; **~ tegenover iets staan** être hostile à qqch
vij·an·dig|heid [vɛijɑndəχhɛit] *nf (-heden)* **1** hostilité **2** acte d'hostilité
vij·and·schap [vɛijantsχɑp] *nf (-pen)* hostilité *(état d'un ennemi, des ennemis)*
vijf [vɛif] *card* cinq; **~ aan ~** cinq par cinq; **~ december** le cinq décembre *(la veille de la Saint-Nicolas);* **een ~ krijgen** avoir un cinq (sur dix); *(subst.) (fam.)* **geef mij de ~!** serre-moi la pince !; **(een auto) in z'n ~ zetten** mettre (une voiture) en cinquième; **met z'n vijven** à cinq; **om de ~ minuten** toutes les cinq minutes; **het is over vijven** il est cinq heures passées; **het is ~ over ~** il est cinq heures cinq; **de trein vertrekt om ~ over 't heel** le train part à cinq ♦ **ze alle ~ op een rijtje hebben** avoir du bon sens; *(subst.)* **na veel vijven en zessen** après toutes sortes d'objections
vijf·de [vɛivdə] *ord* cinquième; **Karel de Vijfde** Charles Quint; **het is vandaag de ~** c'est aujourd'hui le cinq; **in de ~ klas zitten** être en avant-dernière année *(élèves de 11 ou de 17 ans);* **ten ~** cinquièmement
vijf·en·zes·tig·plus·ser [vɛifə(n)sɛstəχplʌsər] *nm (-s)* ♦ **de ~s** les plus de 65 ans, le troisième âge
vijf·hoek [vɛifhuk] *nm (-en)* pentagone
vijf·ja·ren·plan [vɛifjarə(n)plɑn] *het (-nen)* plan quinquennal
vijf·ja·rig [vɛifjarəχ] *adj* **1** de cinq ans **2** quinquennal
vijf·je [vɛifjə] *het (-s)* ⟨*billet de cinq (euros)*⟩
vijf·kamp [vɛifkɑmp] *nm* pentathlon
vijf·ling [vɛiflɪŋ] *nm (-en)* **1** quintuplés, -ées **2** un des quintuplés
vijf·tal [vɛiftɑl] *het (-len)* cinq; **een ~ personen** cinq, six personnes
vijf·tien [vɛiftin] *card* quinze; **met z'n ~en** à quinze; **een man of ~** environ quinze personnes
vijf·tien·de [vɛiftində] *ord* quinzième
vijf·tig [fɛiftəχ] *card* cinquante; **wij waren met ons ~en** nous étions cinquante; **over de ~ zijn** avoir passé la cinquantaine; **tegen de ~ lopen** aller sur ses cinquante ans
vijf·ti·ger [fɛiftəχər] *nm (-s)* quinquagénaire
Vijf·ti·ger [fɛiftəχər] *nm (-s) (litt.)* poète du mouvement des années 50
vijf·tig·tal [fɛiftəχtɑl] *het* cinquantaine
vijf·voud [vɛifɑut] *het (-en)* quintuple
[1]**vijg** [vɛiχ] *de (-en)* **1** figue; *(Belg.)* **zo plat als een ~** plat comme une galette **2** crottin
[2]**vijg** [vɛiχ] *nm (-en)* figuier; *(Belg.)* **~en na Pasen zijn** arriver trop tard
vijl [vɛil] *de (-en)* lime; *(fig.)* **de ~ erover halen** y donner un dernier coup de lime
vijs [vɛis] *de (vijzen) (Belg.)* vis; **een ~ los hebben** être toqué
vij·ver [vɛivər] *nm (-s)* étang
[1]**vij·zel** [vɛizəl] *nm (-s)* mortier
[2]**vij·zel** [vɛizəl] *de (-s)* vérin
vij·zen [vɛizə(n)] *vt (vees, h. gevezen) (Belg.)* visser
vil·len [vɪlə(n)] *vt (vilde, h. gevild)* écorcher; **iemand wel kunnen ~** être d'humeur à écorcher qqn vif
vilt [vɪlt] *het* **1** feutre *(étoffe)* **2** morceau de feutre
vilt·je [vɪlcə] *het (-s)* sous-bock
vim [vɪm] *het/de* poudre abrasive
vin [vɪn] *de (-nen)* **1** *(zool.)* nageoire; **geen ~ verroeren** ne pas faire un mouvement **2** *(mar.)* aileron
vin·den [vɪndə(n)] *vt (vond, h. gevonden)* **1** trouver; **daar zullen ze ook wel iets op ~** ils trouveront bien une solution; **nergens te ~ zijn** être introuvable; **ergens te ~ zijn** se trouver qqp; **ergens voor te ~ zijn** vouloir bien *(+ inf.);* **ik zal hem weten te ~** je ne le manquerai pas **2** estimer; **elkaar aardig ~** se plaire; **ik vind niet dat je moet gaan** à mon avis, tu ne devrais pas y aller; **iets goed ~** approuver qqch; **als u het tenminste goed vindt** du moins, si vous le permettez; **hoe vind je haar? ik vind er niet veel aan** comment la trouves-tu ? je la trouve assez quelconque; **ik vind het jammer** je le regrette; **ik vind het vandaag koud** je trouve qu'il fait froid aujourd'hui; **vind je ook niet?** n'est-ce pas ?; **wat vind jij van haar voorstel?** que penses-tu de sa proposition ?; **ik vind het vervelend voor hem** j'en suis désolé pour lui **3** inventer
vin·der [vɪndər] *nm (-s),* **vindster** *nf (-s)* ♦ **de eerlijke ~** la personne qui a trouvé
vin·ding [vɪndɪŋ] *nf (-en)* **1** découverte **2** invention
vin·ding·rijk [vɪndɪŋrɛik] *adj* inventif; **een ~e oplossing** une solution ingénieuse
vind·plaats [vɪntplats] *de (-en)* ⟨*endroit où l'on trouve ...*⟩
ving [vɪŋ], **vingen** → **vangen, aanvangen, opvangen** *(etc.)*
vin·ger [vɪŋər] *nm (-s)* doigt; **een ~ aan de pols houden** suivre de près les développements d'une affaire; **zij heeft er aan elke ~ één!** ce ne sont pas les admirateurs qui lui manquent !; **dat is iets om je ~s bij af te likken** c'est jouissif; *(fig.)* **daar wil hij zijn ~s niet aan branden** il ne veut pas s'y brûler les doigts; **een ~ dik** d'un doigt d'épaisseur; **iets door de ~s zien** fermer les yeux sur qqch; **geen ~ voor iets of iemand uitsteken** ne pas remuer le petit doigt pour qqch ou qqn; *(fig.)* **groene ~s hebben** avoir les pouces verts; **een ~ in de pap hebben** avoir son mot à dire; **pas op als ik je in mijn ~s krijg!** gare à toi si je te mets la main dessus !; *(fig.)* **kromme, lange ~s hebben** avoir les doigts crochus; **met de ~ wijzen** montrer du doigt; **met de ~s**

knippen faire claquer ses doigts; blijf eraf met je ~s! touche pas !; met zijn ~ tussen de deur komen se prendre le doigt dans la porte; (fig.) met de natte ~ au jugé; (fig.) met een natte ~ te lijmen zijn se laisser facilement convaincre; (fig.) zij kan hem om haar ~ winden elle en fait ce qu'elle veut; (fig.) de ~ op iets leggen mettre le doigt sur qqch; (fig.) iemand op de ~s tikken rappeler qqn à l'ordre; (fig.) iets op zijn ~s kunnen natellen être facile à comprendre; ergens de ~s voor durven opsteken mettre sa main au feu que qqch est vrai; zich in de ~s snijden se couper le doigt; (fig.) se brûler les doigts; er staan vuile ~s op il y a des marques (de doigts) dessus; (fig.) je zult er je ~s niet aan vuilmaken tu n'en mourras pas ♦ een lange ~ un boudoir (biscuit)

vin·ger·af·druk [vɪŋəravdrʌk] *nm (-ken)* empreinte digitale

vin·ger·hoed [vɪŋərhut] *nm (-en)* dé à coudre

vin·ger·hoeds·kruid [vɪŋərhutskrœyt] *het (bot.)* digitale

vin·ger·koot·je [vɪŋərkocə] *het (-s)* phalange *(d'un doigt)*

vin·ger·oe·fe·ning [vɪŋərufənɪŋ] *nf (-en)* **1** *(mus.)* exercice de doigté, de vélocité **2** *(fig.)* préparation

vin·ger·top [vɪŋərtɔp] *nm (-pen)* bout du doigt; *(fig.)* iets in de ~pen hebben avoir qqch dans les doigts; *(fig.)* tot in zijn ~pen jusqu'au bout des ongles

vin·ger·vlug [vɪŋərvlʌχ] *adj* **1** qui est adroit, agile de ses doigts **2** *(péj.)* chapardeur

vin·ger·wij·zing [vɪŋərwɛizɪŋ] *nf (-en)* indication

vink [vɪŋk] *de (-en)* pinson ♦ een blinde ~ une paupiette

vin·ken·slag [vɪŋkə(n)slaχ] *de (-en) (Belg.)* ♦ op ~ liggen guetter sa chance

vin·ken·touw [vɪŋkə(n)tau] *het* ♦ op het ~ zitten guetter sa chance

vin·nig [vɪnəχ] *adj, adv* **1** aigre(ment); ~ kijken lancer un regard noir; een ~e opmerking une remarque blessante **2** *(Belg.)* vif, vivement

vi·o|list [vijolɪst] *nm (-en)*, **-liste** *nf (-s)* violoniste; de eerste ~ le premier violon

vi·ool [vijol] *de (violen)* violon; *(fig.)* de eerste ~ spelen tenir la vedette; *(fig.)* op de grote ~ spelen faire l'important; *(fig.)* dat heb ik nog nooit op de ~ horen spelen je n'ai jamais entendu dire des bêtises pareilles

vi·ool·bou·wer [vijolbauwər] *nm (-s)* luthier

vi·ool·kist [vijolkɪst] *de (-en)* étui à violon

vi·ool·mu·ziek [vijolmyzik] *nf* musique pour violon ♦ ik hoor ~ j'entends du violon

vi·ool·sleu·tel [vijolsløtəl] *nm* clé de sol

vi·ool·tje [vijolcə] *het (-s)* violette; maarts ~ violette odorante

vi·riel [viril] *adj* viril

vir|tu·oos [vɪrtywos] *adj, adv (-tuozer, meest v.)* virtuose, avec virtuosité

vi·rus·in·fec·tie [virʌsɪnfɛksi] *nf (-s)* infection virale

vi·rus·ziek·te [virʌsiktə] *nf (-n, -s)* maladie virale

vis [vɪs] *nm (-sen)* poisson; hij is zo gezond als een ~ il se porte comme un charme; zich voelen als een ~ op het droge être comme le poisson hors de l'eau; *(fig.)* de ~ wordt duur betaald c'est chèrement payé

Vis [vɪs] *nm (-sen) (astrol.)* Poissons

vis·ak·te [vɪsaktə] *de (-n, -s)* permis de pêche

vis|boer [vɪzbur] *nm (-en)*, **-vrouw** *nf (-en)* poissonnier, -ière

vis|graat [vɪsχrat] *de (-graten)* **1** arête *(de poisson)* **2** chevrons **3** étoffe, tissu à chevrons

vis|haak [vɪshak] *nm (-haken)* hameçon

vi·sie [vizi] *nf (-s)* point de vue

vi·si·oen [vizjun] *het (-en)* vision

vi·si·te [vizitə] *de (-s)* visite *(fait d'aller voir qqn, qqch; visiteur)*; ~s afleggen rendre des visites; bij iemand op ~ gaan rendre visite à qqn

vi·si·te·kaart·je [vizitəkarcə] *het (-s)* **1** carte de visite **2** *(fig.)* image de marque, *(personne)* ambassadeur, -drice

vis·kom [vɪskɔm] *de (-men)* bocal à poissons

vis·net [vɪsnɛt] *het (-ten)* filet de pêche

vis·rijk [vɪsrɛik] *adj* poissonneux

vis·scho·tel [vɪsχotəl] *nm (-s)* **1** (plat de) poisson **2** plat à poisson

vis·sei·zoen [vɪsɛizun] *het* (saison de la) pêche

[1]**vis·sen** [vɪsə(n)] *vi (viste, h. gevist)* **1** *(+ op)* pêcher **2** *(+ naar)* repêcher **3** *(+ naar)* chercher à savoir; bij iemand naar iets ~ chercher à apprendre qqch de qqn

[2]**vis·sen** [vɪsə(n)] *vt (viste, h. gevist)* **1** pêcher **2** (re)pêcher

Vis·sen [vɪsə(n)] *plur (astrol.)* Poissons

vis·ser [vɪsər] *nm (-s)* pêcheur

vis·se·rij [vɪsərɛi] *nf (-en)* pêche *(activité économique)*

vis·sers|boot [vɪsərzbot] *de (-boten)* bateau de pêche

vis·sers·la·tijn [vɪsərslatɛin] *het* exagération

vis·stick [vɪstɪk] *nm (-s)* bâtonnet de poisson

vis·tuig [vɪstœyχ] *het (-en)* engins de pêche

vi·sum [vizʌm] *het (visa)* visa

vis·vangst [vɪsfaŋst] *nf* pêche *(prise; activité économique)*

vis·ver·gun·ning [vɪsfərχʌnɪŋ] *nf (-en)* → visakte

vis·vrouw [vɪsfrau] *nf (-en)* → visboer

vis·wa·ter [vɪswatər] *het (-s, -en)* pêcherie *(eaux)*

vis|wijf [vɪswɛif] *het (-wijven) (péj.)* harengère
vi|taal [vital] *adj (-taler, -taalst)* **1** vif **2** vital
vit·ten [vɪtə(n)] *vi (vitte, h. gevit)* chicaner (sur)
vi·zier [vizir] *het (-s)* **1** visière; **iets, iemand in het ~ hebben** surveiller qqch, qqn; **iets, iemand in het ~ krijgen** repérer qqch, qqn; **een geweer met ~** un fusil à lunette; *(fig.)* **iemand met open ~ bestrijden** combattre qqn à visage découvert **2** viseur; *(fig.)* **het ~ richten op iemand, iets** viser qqn, qqch
vla [vla] *de (-'s)* **1** crème *(dessert à la vanille, au chocolat etc.)* **2** tarte (aux fruits) *(spécialité du Limbourg néerlandais)*
vlaag [vlaχ] *de (vlagen)* **1** coup de vent **2** accès; **in een ~ van verstandsverbijstering** dans un moment d'aberration
vlaai [vlaj] *de (-en)* tarte (aux fruits) *(spécialité du Limbourg néerlandais)*
Vlaams [vlams] *adj* flamand; *(subst.)* **op zijn ~** à la flamande ♦ **een ~e gaai** un geai
Vlaams·ge·zind [vlamsχəzɪnt] *adj* flamingant
Vlaan·de·ren [vlandərə(n)] *het* Flandre
vlag [vlaχ] *de (-gen)* drapeau; **dat staat als een ~ op een modderschuit** ça (lui) va comme un tablier à une vache; *(fig.)* **die ~ dekt de lading niet** cela ne correspond pas à la réalité; *(mar.)* **onder de Franse ~ varen** battre pavillon français; *(fig.)* **de ~ voor iemand (moeten) strijken** (devoir) baisser pavillon devant qqn; **de ~ uitsteken** pavoiser (pour une fête); *(fig.)* **onder valse ~ varen** se faire passer pour qqn d'autre; *(fig.)* **welke ~ voert hij?** quelle est sa couleur ?; *(fig.)* **met ~ en wimpel (slagen)** (réussir) haut la main
vlag·gen [vlaχə(n)] *vi (vlagde, h. gevlagd)* ♦ **~ voor buitenspel** faire signe qu'il y a hors-jeu; *(iron.)* **je vlagt** ton jupon dépasse
vlag·gen·mast [vlaχəmast] *nm (-en)* mât de pavillon
vlag·gen|schip [vlaχə(n)sχɪp] *het (-schepen)* navire amiral
vlag·gen·stok [vlaχə(n)stɔk] *nm (-ken)* manche d'un drapeau
vlag·ge·tjes·dag [vlaχəcəzdaχ] *nm ⟨fête à l'occasion du départ pour la pêche au hareng⟩*
[1]**vlak** [vlak] *het (-ken)* **1** face; **het ~ van de hand** le plat de la main **2** plan; **dat ligt op een ander ~** il s'agit d'un autre domaine; *(fig.)* **op een hellend ~ raken** être sur la mauvaise pente
[2]**vlak** [vlak] *adj* **1** plat; **iets ~ maken** aplanir qqch, lisser qqch; **het ~ke veld** la rase campagne **2** terne
[3]**vlak** [vlak] *adv* **1** à plat **2** juste; **~ bij de school** tout près de l'école; **~ na iemand aankomen** arriver sur les pas de qqn; **hier ~ om de hoek** à deux pas d'ici
vlak·af [vlakaf] *adv (Belg.)* carrément
vlak·bij [vlagbɛi] *adv* (tout) près
vlak·gom [vlakχɔm] *het/de* gomme (à effacer)
vlak·ken [vlakə(n)] *vt (vlakte, h. gevlakt)*, **vlakmaken** *vt (maakte vlak, h. vlakgemaakt)* aplanir
vlak·te [vlaktə] *nf (-n, -s)* plaine; **een kale ~** une plaine aride; *(fig.)* **zich op de ~ houden** rester dans le vague; **tegen de ~ gaan** tomber dans les pommes, être jeté à terre; **iemand tegen de ~ slaan** jeter qqn à terre
vlam [vlam] *de (-men)* flamme; **in ~ staan** flamber; **in ~men opgaan** être dévoré par les flammes; *(fig.)* **iemands hart in ~ zetten** embraser le cœur de qqn; *(fig.)* **de ~ is in de pan** le torchon brûle; **een oude ~ van mij** l'une de mes anciennes amours; **haar ogen schoten ~men** ses yeux lançaient des éclairs; **de ~men slaan me uit** le feu me monte au visage; **de ~ sloeg in de pan** la poêle a pris feu; **de ~men sloegen uit het dak** les flammes jaillissaient du toit; **~ vatten** prendre feu *(aussi au fig.)*
Vla·ming [vlamɪŋ] *nm (-en)*, **Vlaamse** *nf (-n)* Flamand, -ande
vlam·men [vlamə(n)] *vi (vlamde, h. gevlamd)* **1** flamber **2** *(fig.)* flamboyer
vlam·mend [vlamənt] *adj* **1** flambant **2** flamboyant **3** enflammé
vlam·men·zee [vlamə(n)ze] *de* mer de feu
vlas [vlas] *het* **1** lin **2** filasse (de lin)
***vlas-** [vlas-] de lin; **een vlasdraad** un fil de lin
vlas·blond [vlazblɔnt] *adj* blond filasse
vlas·kleu·rig [vlasklørəχ] *adj* filasse
vlas·sen [vlasə(n)] *vi (vlaste, h. gevlast) (+ op)* désirer (qqch) ardemment
vlas·sig [vlasəχ] *adj* filasse
vlecht [vlɛχt] *de (-en)* tresse
vlech·ten [vlɛχtə(n)] *vt (vlocht, h. gevlochten)* **1** tresser **2** (entre)mêler
vlecht·werk [vlɛχtwɛrk] *het* travaux de tressage
vleer|muis [vlermœys] *de (-muizen)* chauve-souris
vlees [vles] *het* **1** viande; *(fig.)* **in eigen ~ snijden** se faire du tort; **weten wat voor ~ men in de kuip heeft** savoir à quoi on a affaire, savoir à qui on a affaire **2** chair; **mijn eigen ~ en bloed** la chair de ma chair **3** pulpe
***vlees-** [vles-] de viande; **een vleesballetje** une boulette de viande
vlees|boom [vlezbom] *nm (-bomen) (méd.)* myome
vlees·etend [vlesetənt] *adj* carnivore
vlees·eter [vlesetər] *nm (-s)* carnivore
vlees·fon·due [vlesfɔndy] *de (-s)* fondue bourguignonne
vlees·ge·wor·den [vlesχəwɔrdə(n)] *adj* incarné
vlees·kleu·rig [vlesklørəχ] *adj* couleur (de) chair
vlees·pen [vlespɛn] *de (-nen)* **1** brochette **2** broche

vlees·scho·tel [vlesχotəl] *nm (-s)* **1** plat à viande **2** plat de viande

vlees·ver·wer·kend [vlesfərwɛrkənt] *adj* ♦ **~e industrie** industrie de transformation de la viande

vlees·wa·ren [vleswarə(n)] *plur* charcuterie

vlees·wor·ding [vleswɔrdɪŋ] *nf* incarnation

vleet [vlet] *de* ♦ **hij heeft geld bij de ~** il a de l'argent à foison; il a de l'argent à mac

vle·gel [vleχəl] *nm (-s)* **1** rustre **2** gamin

[1]**vlei·en** [vlɛijə(n)] *vti (vleide, h. gevleid)* **1** flatter **2** cajoler

[2]**vlei·en, zich** [vlɛijə(n)] *vpr (vleide zich, h. zich gevleid)* s'illusionner

vlei·end [vlɛijənt] *adj, adv* flatteur, flatteusement

vlei|er [vlɛijər] *nm (-s),* **-ster** *nf (-s)* flatteur, -euse

vlei·e·rij [vlɛijərɛi] *nf (-en)* flatterie; **zonder ~** sans compliment

vlek [vlɛk] *de (-ken)* tache; **~ken in het gezicht** des marques sur le visage

vlek·ke·loos [vlɛkəlos] *adj* **1** impeccable **2** immaculé; **~ wit papier** papier immaculé

vlek·ken [vlɛkə(n)] *vi (vlekte, h. gevlekt)* **1** tacher **2** se tacher

vlek·ken|mid·del [vlɛkəmɪdəl] *het (-en),* **-water** *het (-s)* détachant

vlek·ke·rig [vlɛkərəχ] *adj, adv* **1** taché **2** salissant

[1]**vlerk** [vlɛrk] *nm (-en)* rustre

[2]**vlerk** [vlɛrk] *de (-en)* **1** aile **2** *(fam.)* patte; **blijf er met je ~en af!** bas les pattes ! ♦ **iemand bij zijn ~en pakken** mettre le grappin sur qqn

vle·se·lijk [vlesələk] *adj, adv* **1** en chair et en os **2** charnel(lement); **de ~e gemeenschap** l'union charnelle **3** de sa chair

vleu·gel [vløχəl] *nm (-s)* **1** aile; **de ~s laten hangen** baisser l'oreille; **met de ~s slaan** battre des ailes; **de ~s uitslaan** déployer les ailes; *(fig.)* prendre son vol **2** piano à queue

vleu·gel·lam [vløχəlɑm] *adj* qui bat de l'aile; **iemand ~ maken** rogner les ailes à qqn

vleug·je [vløχjə] *het (-s)* **1** lueur; **er is geen ~ wind** il n'y a pas un souffle de vent **2** bouffée

vle·zig [vlezəχ] *adj* charnu

vlg. [vɔlχəndə] abrév. de *volgend(e)* suiv.

vlieg [vliχ] *de (-en)* mouche; **iemand een ~ afvangen** couper l'herbe sous les pieds de qqn; **twee ~en in één klap slaan** faire d'une pierre deux coups; **ik ben hier niet om ~en te vangen** je ne suis pas ici pour enfiler des perles

vlieg·angst [vliχɑŋst] *nm* phobie de l'avion

vlieg|ba·sis [vliχbazɪs] *nf (-bases)* base aérienne (d'aviation)

vlieg·bre·vet [vliχbrəvɛt] *het (-ten)* brevet de pilote *(d'avion)*

vlieg·dek [vliχdɛk] *het (-ken)* pont d'envol

vlieg·dek|schip [vliχdɛksχɪp] *het (-schepen)* porte-avion

[1]**vlie·gen** [vliχə(n)] *vi (vloog, h./i. gevlogen)* **1** voler; *(fig.)* **eruit ~** être mis à la porte; *(fig.)* **hoog (willen) ~** chercher à s'élever; **van hot naar haar ~** courir à droite et à gauche; **zijn ogen vlogen over de regels** ses yeux glissaient sur les lignes; **de bijl vloog van de steel** la hache s'est détachée du manche **2** s'envoler; **de dagen ~ (om)** les jours passent vite; **het ~** l'aviation ♦ *(fig.)* **erin ~** se faire avoir; **hij ziet ze ~!** il a des visions, la berlue !; **de lucht in ~** sauter

[2]**vlie·gen** [vliχə(n)] *vt (vloog, h. gevlogen)* **1** transporter en avion **2** piloter

vlie·ge·nier [vliχənir] *nm (-s)* aviateur

vlie·gen·mep·per [vliχəmɛpər] *nm (-s)* tapette *(pour tuer les mouches)*

vlie·gen|raam [vliχə(n)ram] *het (-ramen)* *(Belg.)* moustiquaire

vlie·gens·vlug [vliχə(n)sflʌχ] *adj, adv* ultrarapide, au galop

vlie·gen·van·ger [vliχə(n)vɑŋər] *nm (-s)* **1** attrape-mouche **2** gobe-mouche

vlie·ger [vliχər] *nm (-s)* **1** cerf-volant; **die ~ gaat niet op** cela ne prend pas; **een ~ oplaten** lancer un cerf-volant; *(fig.)* lancer un ballon d'essai **2** pilote *(d'avion)*

vlie·ge·ren [vliχərə(n)] *vi (vliegerde, h. gevliegerd)* jouer au cerf-volant

vlieg·ha·ven [vliχhavə(n)] *de (-s) (Belg.)* → **vliegveld**

vlieg·ramp [vliχrɑmp] *de (-en)* catastrophe aérienne

vlieg|reis [vliχrɛis] *de (-reizen)* voyage en avion

vlieg·tuig [vliχtœyχ] *het (-en)* avion

vlieg·va·kan·tie [vliχfakɑn(t)si] *nf (-s)* vacances par avion

vlieg·veld [vliχfɛlt] *het (-en)* aéroport

vlieg·ver·keer [vliχfərker] *het* trafic aérien

vlier [vlir] *nm (-en) (bot.)* sureau

vlie·ring [vlirɪŋ] *de (-en)* soupente

vlies [vlis] *het (vliezen)* **1** peau **2** *(biol.)* membrane; **het breken van de vliezen** la rupture de la poche des eaux

vlies·dun [vlizdʌn] *adj* mince comme une pellicule

vliet [vlit] *nm (-en)* **1** cours d'eau **2** ruisseau

vlij·en [vlɛijə(n)] *vt (vlijde, h. gevlijd)* **1** (ar)ranger **2** coucher délicatement

vlijm·scherp [vlɛimsχɛrp] *adj* **1** tranchant comme une lame de rasoir **2** *(fig.)* incisif; **een ~ vernuft** une intelligence aiguë; **~e woorden** propos acerbes

vlijt [vlɛit] *nf* zèle

vlij·tig [vlɛitəχ] *adj, adv* **1** zélé, avec zèle; **een ~e leerling** un élève appliqué **2** assidu, avec application

vlin·der [vlɪndər] *nm (-s)* papillon; *(fig.)* **ik heb ~s in mijn buik** ± j'ai des envies

vlin·der·das [vlɪndərdɑs] *de (-sen)* nœud papillon
vlin·der·slag [vlɪndərslɑχ] *nm* brasse papillon
v.l.n.r. [vɑnlɪŋksnarɛχ(t)s] abrév. de *van links naar rechts* de g. à dr.
vlo [vlo] *de (vlooien)* puce; **onder de vlooien zitten** être couvert de puces
v.l.o. [veɛlo] *het (Belg.; enseign.)* abrév. de *vernieuwd lager onderwijs* EPR
vlocht [vlɔχt], **vlochten** → **vlechten**
vloed [vlut] *nm (-en)* **1** marée haute; **de ~ komt opzetten** l'eau monte **2** flot; **een ~ van tranen** un torrent de larmes **3** *(méd.)* pertes
vloed|golf [vlutχɔlf] *de (-golven)* **1** marée montante **2** raz-de-marée
vloei [vluj] *het* **1** papier de soie **2** papier à cigarettes **3** (papier) buvard
vloei|baar [vlujbar] *adj (-baarder, -baarst)* liquide; **in vloeibare toestand** à l'état liquide
vloei·en [vlujə(n)] *vi (vloeide, h./i. gevloeid)* **1** couler; **in elkaar ~** se fondre **2** *(fam.)* avoir des pertes (de sang)
vloei·end [vlujənt] *adj, adv* **1** fluide, avec fluidité; **~e kleuren** couleurs fondues **2** coulant, couramment; **een ~e lijn** une ligne souple
vloei·pa·pier [vlujpapir] *het* **1** (papier) buvard **2** papier de soie
vloei·stof [vlujstɔf] *de (-fen)* liquide
vloei·tje [vlu(j)cə] *het (-s)* (feuille de) papier à cigarettes
vloek [vluk] *nm (-en)* **1** malédiction; **een ~ uitspreken (over iemand, iets)** maudire (qqn, qqch) **2** juron; *(fig.)* **in een ~ en een zucht** en un tour de main
vloe·ken [vlukə(n)] *vi (vloekte, h. gevloekt)* **1** jurer **2** *(+ op)* maudire (qqn, qqch)
vloer [vlur] *nm (-en)* **1** sol; *(fig.)* **met iemand de ~ (aan)vegen, aandweilen** ridiculiser qqn; **ik dacht dat ik door de ~ ging** j'aurais voulu disparaître sous terre; **een ~ leggen** poser un plancher; **op de ~ slapen** dormir par terre; **veel mensen over de ~ hebben** avoir la maison pleine, avoir toujours beaucoup de monde chez soi; **hij komt daar (vaak) over de ~** il y va régulièrement (souvent); **voetje van de ~ doen** jouer à chat perché **2** partie inférieure
vloer·be·dek·king [vlurbədɛkɪŋ] *nf (-en)* revêtement de sol; **vaste ~** moquette
vloe·ren [vlurə(n)] *vt (vloerde, h. gevloerd)* envoyer (qqn) à terre
vlok [vlɔk] *de (-ken)* **1** touffe **2** flocon
vlon·der [vlɔndər] *nm (-s)* **1** caillebotis **2** palette *(pour le transport de marchandises)* **3** passerelle
vloog [vloχ], **vlogen** → **vliegen, wegvliegen, opvliegen** *(etc.)*
vlooi·en [vlojə(n)] *vti (vlooide, h. gevlooid)* épucer
vlooi·en·band [vlojə(n)bɑnt] *nm (-en)* collier antipuce
vlooi·en|beet [vlojə(n)bet] *nm (-beten)* piqûre de puce
vlooi·en·markt [vlojəmɑrkt] *de (-en)* marché aux puces
vlooi·en·spel [vlojə(n)spɛl] *het (-len)* jeu de puce
vloot [vlot] *nm (vloten)* flotte *(bateaux; avions)*
¹vlot [vlɔt] *het (-ten)* **1** radeau **2** bateau de sauvetage pneumatique
²vlot [vlɔt] *adj, adv* **1** facile(ment); **een ~te babbel hebben** avoir du bagou; **~ spreken** parler avec aisance; **een ~te stijl** un style coulant **2** rapide(ment); **een ~ verloop hebben** se dérouler sans encombre **3** affable, avec affabilité **4** joli(ment); **een ~ hoedje** un petit chapeau coquet; **hij is wat ~ter geworden** il s'est dégourdi un peu **5** renfloué; **een schip ~ trekken** renflouer un navire; *(fig.)* **de onderhandelingen ~ trekken** tirer les négociations de l'impasse
vlot·ten [vlɔtə(n)] *vi (vlotte, h. gevlot)* marcher *(se dérouler comme il faut)*; **het gesprek vlotte niet erg** la conversation manquait d'entrain; **de onderhandelingen ~ nogal** les négociations vont bon train
vlucht [vlʌχt] *de (-en)* **1** fuite; **op de ~ slaan** prendre la fuite, battre en retraite; **voor de politie op de ~ zijn** fuir la police; **op de ~ drijven, jagen** mettre en fuite **2** vol; *(fig.)* **een hoge ~ nemen** prendre son envol ◆ *(Belg.)* **in volle ~** en toute hâte
***vlucht-** [vlʌχt-] *(aviat.)* de vol; **de vluchtleider** le directeur de vol
vluch·te|ling [vlʌχtəlɪŋ] *nm (-en)*, **-linge** *nf (-n)* **1** réfugié, -ée **2** fuyard, -arde
vluch·ten [vlʌχtə(n)] *vi (vluchtte, i. gevlucht)* **1** fuir; **~ naar** fuir (qqp); **~ uit een brandend huis** se sauver d'une maison en flammes **2** se réfugier (qqp)
vlucht·ha·ven [vlʌχthavə(n)] *de (-s)* port de refuge
vlucht·heu·vel [vlʌχthøvəl] *nm (-s)* refuge *(pour piétons)*
vluch·tig [vlʌχtəχ] *adj, adv* **1** passager, passagèrement; **iets ~ behandelen** traiter qqch sommairement; **een ~e blik op iets slaan** jeter un coup d'œil (rapide) sur qqch; **iets ~ doorlezen** lire qqch en diagonale; **een ~ gebaar maken** esquisser un geste; **een ~e indruk krijgen** recueillir une impression superficielle; **een ~ onderzoek** un examen sommaire **2** volatil **3** éphémère, fugitivement
vlucht·mis·drijf [vlʌχtmɪzdrɛif] *het (Belg.)* délit de fuite
vlucht·oord [vlʌχtort] *het (-en)* refuge
vlucht·po·ging [vlʌχtpoχɪŋ] *nf (-en)* **1** tentative d'évasion **2** *(sports)* tentative d'échappée
vlucht|strook [vlʌχtstrok] *de (-stroken)* bande d'arrêt d'urgence

vlucht·weg [vlʌχtwɛχ] *nm (-en)* sortie de secours *(chemin à suivre)*
vlug [vlʌχ] *adj, adv* **1** rapide, vite; **~ ter been zijn** être ingambe; **je moet er ~ bij zijn** il faut se dépêcher (pour ...); **~ wat!** au trot !; **iemand te ~ af zijn** prendre qqn de vitesse **2** prompt, sans délai **3** éveillé, avec vivacité
vlug·ger·tje [vlʌχərcə] *het (-s)* **1** *(sports)* blitz **2** *(fam.)* coup; **een ~ maken** tirer un coup
vlug·schrift [vlʌχsχrɪft] *het (-en)* tract
vlug·zout [vlʌχsɑut] *het* sel volatil
VN [veɛn] *plur* abrév. de *Verenigde Naties* ONU
vnl. [vornamələk] abrév. de *voornamelijk* principalement
vnw. [vornamwort] *(ling.)* abrév. de *voornaamwoord* pron.
vo·ca|list [vokalɪst] *nm (-en)*, **-liste** *nf (-s, -n)* chanteur, -euse
[1]**vocht** [vɔχt], **vochten** → **vechten, uitvechten**
[2]**vocht** [vɔχt] *het* liquide; **er komt nog ~ uit de wond** la blessure suinte encore
[3]**vocht** [vɔχt] *het/de* humidité
vocht·ge·hal·te [vɔ(χt)χəhɑltə] *het* teneur en humidité
voch·tig [vɔχtəχ] *adj* humide; **iets ~ maken** mouiller qqch; **een ~e warmte** une chaleur moite
voch·tig·heid [vɔχtəχhɛit] *nf* humidité
voch·tig·heids·graad [vɔχtəχhɛitsχrat] *nm* humidité relative
vocht·vrij [vɔχtfrɛi] *adj* ♦ **~ bewaren** conserver à l'abri de l'humidité, craint l'humidité
vod [vɔt] *het/de (-den)* **1** chiffon **2** torchon *(fig.)*; **hij heeft me als een ~ behandeld** il m'a traité comme le dernier venu **3** *(Belg.)* chiffon (à poussière) **4** *(Belg.)* torchon *(non fig.)* ♦ **iemand achter de ~den zitten** être toujours derrière (le dos de) qqn; **iemand bij zijn ~den pakken** prendre qqn au collet
[1]**voe·den** [vudə(n)] *vt (voedde, h. gevoed)* **1** nourrir; **zich ~ met** se nourrir de **2** allaiter; **gevoed worden** recevoir le sein **3** alimenter
[2]**voe·den** [vudə(n)] *vi (voedde, h. gevoed)* être nourrissant
voe·de·ren [vudərə(n)] *vt (voederde, h. gevoederd)* → **voeren**
voe·ding [vudɪŋ] *nf (-en)* **1** alimentation **2** tétée
***voe·dings-** [vudɪŋs-] alimentaire; **de voedingsgewoonte** l'habitude alimentaire
voe·dings·bo·dem [vudɪŋzbodəm] *nm (-s)* bouillon de culture
voe·dings·leer [vudɪŋsler] *de* diététique
voe·dings·mid·del [vudɪŋsmɪdəl] *het (-en)* produit alimentaire
voe·dings·pa|troon [vudɪŋspatron] *het (-tronen)* habitudes alimentaires
voe·dings·stof [vudɪŋstɔf] *de (-fen)* substance alimentaire
voe·dings·waar·de [vudɪŋswardə] *nf* valeur nutritive
voed·sel [vutsəl] *het* nourriture; **dat gaf zijn jaloezie nieuw ~** cela a nourri sa jalousie
voed·sel·bank [vutsəlbɑŋk] *de* banque alimentaire
voed·sel·hulp [vutsəlhʌlp] *de* aide alimentaire
voed·sel·pak·ket [vutsəlpɑkɛt] *het (-ten)* **1** colis de vivres **2** assortiment d'aliments
voed·sel·schaars·te [vutsəlsχarstə] *de* manque de vivres
voed·sel·ver·gif·ti·ging [vutsəlvərχɪftəχɪŋ] *nf* intoxication alimentaire
voed·sel·voor·zie·ning [vutsəlvorzinɪŋ] *nf* ravitaillement
voed|zaam [vutsam] *adj (-zamer, -zaamst)* nourrissant
voeg [vuχ] *de (-en)* **1** joint *(en construction)* **2** jointure; **uit zijn ~en rukken** *(aussi au fig.)* disloquer
voe·ge [vuχə] *de (form.)* ♦ *(Belg.)* **in ~ zijn** être en usage; être en vigueur
[1]**voe·gen** [vuχə(n)] *vt (voegde, h. gevoegd)* **1** joindre; **planken aan elkaar ~** assembler des planches; **zich bij iemand ~** rejoindre qqn **2** *(+ bij)* ajouter
[2]**voe·gen, zich** [vuχə(n)] *vpr (voegde zich, h. zich gevoegd)* **1** *(+ naar)* s'adapter (à) **2** *(Belg.)* se conduire
voeg·woord [vuχwort] *het (-en)* conjonction
voel|baar [vulbar] *adj, adv (-baarder, -baarst)* sensible(ment); *(fig.)* **iets ~ maken** rendre qqch perceptible
[1]**voe·len** [vulə(n)] *vt (voelde, h. gevoeld)* **1** sentir **2** éprouver; **zoiets moet je ~** qqch comme ça, il faut pouvoir le sentir **3** comprendre; **ik voel wel waar hij heen wil** je devine où il veut en venir
[2]**voe·len, zich** [vulə(n)] *vpr (voelde zich, h. zich gevoeld)* se sentir; **voel je je wel lekker?** tu es sûr que ça va ?; **zich ergens thuis ~** se sentir qqp comme chez soi ♦ **hij voelt zich (heel wat, een hele piet)** il ne se croit pas rien
[3]**voe·len** [vulə(n)] *vi (voelde, h. gevoeld)* **1** être (au toucher) **2** *(+ voor)* être attiré par; **veel voor elkaar ~** éprouver de l'attrait l'un pour l'autre; **ik voel er niet veel voor** ça ne me tente pas trop; **voel je wat voor een weekendje Parijs?** un week-end à Paris, ça te dit ?; **er veel voor ~ om naar huis te gaan** avoir grande envie de rentrer (à la maison)
voel·hoorn [vulhorn] *nm (-s)* antenne; *(fig.)* **zijn ~s uitsteken** tâter le terrain
voe·ling [vulɪŋ] *nf* contact
voel·spriet [vulsprit] *nm (-en)* → **voelhoorn**
[1]**voer** [vur], **voeren** → [2]**varen, uitvaren, overvaren** *(etc.)*
[2]**voer** [vur] *het* nourriture *(donnée au bétail)*
[1]**voe·ren** [vurə(n)] *vti (voerde, h. gevoerd)*

mener; **het pad voerde de berg af** le sentier descendait de la montagne; **wat voert u hierheen?** qu'est-ce qui vous amène ici ?

[2]**voe·ren** [vurə(n)] vt *(voerde, h. gevoerd)* **1** porter **2** commander; **het bevel ~** commander **3** nourrir *(ceux qui ne peuvent se nourrir eux-mêmes);* **iemand dronken ~** enivrer qqn; **de kippen ~** donner à manger aux poules **4** doubler **5** *(fam.)* charrier

voe·ring [vurɪŋ] *nf (-en)* doublure

voer|man [vurman] *nm (-lieden, -lui)* charretier

voer|taal [vurtal] *de (-talen)* langue véhiculaire

voer·tuig [vurtœyχ] *het (-en)* véhicule

voet [vut] *nm (-en)* **1** pied; **geen ~ aan de grond krijgen** ne pas réussir à prendre pied; **geen ~ buiten de deur zetten** ne pas mettre le nez dehors; **ik zet daar geen ~ meer in huis** je ne mettrai plus les pieds chez eux; **ik kan geen ~ verzetten of hij bemoeit zich er mee** je ne peux pas bouger le petit doigt sans qu'il s'en mêle; **op gelijke ~ met iemand staan** être sur un pied d'égalité avec qqn; **ze staan op gespannen ~** leurs rapports sont tendus; **zij staan op goede ~ met elkaar** ils sont en bons termes; *(Belg.)* **het hangt m'n ~en uit** j'en ai marre; *(fig.)* **een ~ in de stijgbeugel hebben** avoir fait le premier pas; *(fig.)* **dat heeft heel wat ~en in de aarde** c'est toute une affaire; *(fig.)* **ergens (vaste) ~ krijgen** avoir un pied dans la place; *(Belg.)* **met iemands ~en spelen** se ficher de qqn; **onder de ~ gelopen worden** être piétiné; **de grond wordt mij te heet onder de ~en** le pavé me brûle les pieds; **iemand op de ~ volgen** emboîter le pas à qqn; **op de oude, dezelfde ~ voortgaan** continuer de la même façon; **de gebeurtenissen op de ~ volgen** suivre les évènements de près; **op staande ~** sur-le-champ; *(fig.)* **dat is hem ten ~en uit** c'est lui tout craché; **zich uit de ~en maken** décamper; **met iets uit de ~en kunnen** être dépanné par qqch; *(Belg.)* **hij veegt er zijn ~en aan** il ne fiche rien; **op vertrouwelijke ~ staan met iemand** être intime avec qqn; **~ voor ~** pas à pas; **iemand voor de ~en lopen** être dans les jambes de qqn; *(fig.)* **iemand iets voor de ~en gooien, werpen** jeter qqch à la tête de qqn; **iemand op vrije ~en stellen** mettre qqn en liberté; **iemand de ~ dwars zetten** mettre des bâtons dans les roues à qqn; **~ bij stuk houden** tenir bon **2** pas *(trace laissée par un pied humain)* ♦ **belastingvrije ~** abattement à la base; *(Belg.)* **alle vijf ~en** toutes les cinq minutes

voet·an·gel [vutaŋəl] *nm (-s)* piège *(destiné à attraper qqn par le pied et le lui blesser); (fig.)* **vol ~s en klemmen** plein de pièges

[1]**voet·bal** [vudbal] *nm (-len)* ballon de football

[2]**voet·bal** [vudbal] *het* football; **het betaald ~** le football professionnel

***voet·bal-** [vudbal-] de football; **het voetbalveld** le terrain de football

voet·bal|ge·weld [vudbalχəwɛlt], **-vandalisme** *het* violence autour des stades de football

voet·bal·knie [vudbalkni] *de (-ën)* lésion du ménisque

voet·bal·len [vudbalə(n)] *vi (voetbalde, h. gevoetbald)* **1** jouer au foot(ball) **2** donner des coups (de pied)

voet·bal·van|daal [vudbalvandal] *nm (-dalen) (sports)* hooligan

voet·bank [vudbaŋk] *de (-en)* tabouret

voet·breed [vudbret] *het* ♦ **hij wijkt geen ~** il ne recule pas d'une semelle

voe·ten·eind [vutə(n)ɛint] *het (-en)* pied (d'un lit)

voet|gan·ger [vutχaŋər] *nm (-s),* **-gangster** *nf (-s)* piéton, -onne

***voet·gan·gers-** [vutχaŋərs-] piéton; **het voetgangersgebied, de voetgangerszone** la zone piétonne

voet·je [vucə] *het (-s)* ♦ **~ voor ~** pas à pas; **~ vrijen (met iemand)** faire du pied (à qqn); **een wit ~ bij iemand proberen te halen** s'insinuer dans les bonnes grâces de qqn

voet·licht [vutlɪχt] *het (-en)* (feux de la) rampe; **voor het ~ komen** monter sur les planches; *(fig.)* se produire; *(fig.)* **iets voor het ~ brengen** braquer les projecteurs sur qqch

voet|noot [vutnot] *de (-noten)* **1** note (en bas de page) **2** note en marge

voet·pad [vutpat] *het (-en)* **1** sentier (piétonnier) **2** *(Belg.)* trottoir

voet|reis [vutrɛis] *de (-reizen)* voyage à pied

voet|spoor [vutspor] *het (-sporen)* trace; **in het ~ van** dans le sillage de (qqn); **in iemands voetsporen treden** marcher sur les traces de qqn

voet·stap [vutstap] *nm (-pen)* pas; *(fig.)* **in iemands ~pen treden** suivre les brisées de qqn

voet·stoots [vutstots] *adv* tel quel; **ik kan dat niet ~ aanvaarden** je ne peux pas prendre ça pour argent comptant

voet·stuk [vutstʌk] *het (-ken)* socle; **iemand op een ~ plaatsen** mettre qqn sur un piédestal

voet·tocht [vutɔχt] *nm (-en)* randonnée pédestre

voet·val [vutfal] *nm (-len)* prosternation; *(fig.)* **voor iemand een ~ doen** se jeter aux pieds de qqn

voet|veeg [vutfeχ] *de (-vegen)* ♦ **iemands ~ zijn** être le paillasson de qqn

voet·volk [vutfɔlk] *het* **1** infanterie **2** piétaille

voet·zoe·ker [vutsukər] *nm (-s)* pétard

vo·gel [voχəl] *nm (-s)* oiseau; **zo vrij als een ~(tje) (in de lucht)** libre comme l'air; *(prov)* **beter één ~ in de hand dan tien in de lucht**

un tiens vaut mieux que deux tu l'auras; **een hippe ~** un type branché; **het is een slimme ~** c'est une fine mouche; *(fig.)* **~s van diverse pluimage** des gens de tous poils; *(fig.)* **een ~ voor de kat zijn** ± être fichu; **een vrije ~ zijn** mener une vie indépendante; **een vroege ~** un(e) lève-tôt

vo·gel·bek·dier [voxəlbɛgdir] *het (-en)* ornithorynque

vo·gel·griep [voxəlxrip] *de* grippe aviaire

vo·gel·pik [voxəlpɪk] *nm (Belg.)* jeu de fléchettes

vo·gel·tje [voxəlcə] *het (-s)* ♦ **kijk eens naar het ~!** attention, le petit oiseau va sortir !; *(prov)* **ieder ~ zingt zoals het gebekt is** chaque oiseau chante sa propre chanson

vo·gel·trek [voxəltrɛk] *nm* migration des oiseaux

vo·gel·ver·schrik·ker [voxəlvərsxrɪkər] *nm (-s)* épouvantail; **je ziet eruit als een ~** tu es ficelé comme un sac

vo·gel·vlucht [voxəlvlʌxt] *de (-en)* vol d'oiseau; *(fig.)* **iets in ~ behandelen** traiter qqch sommairement

vo·gel·vrij [voxəlvrɛi] *adj* hors-la-loi

vo·gel·vrij·ver·klaar·de [voxəlvrɛivərklardə] *nm (-n)* proscrit, -ite

Vo·ge·zen [voxezə(n)] *plur* Vosges

vol [vɔl] *adj, adv (sans prép.)* plein (de), pleinement; **een ~le dagtaak** toute une journée de travail; **zich ~ eten** manger à satiété; *(fig.)* **hij zit ~ gekheid** il a toujours le mot pour rire; *(fig.)* **de hele stad is er ~ van** on ne parle que de ça; **de tafel ligt ~ boeken** la table est couverte de livres; **de kranten staan er ~ van** les journaux ne tarissent pas là-dessus; **~ stoppen** bourrer; **ten ~le** pleinement; *(fig.)* **~ van iets zijn** être obsédé par qqch; **het was er ~** il y avait beaucoup de monde; **een ~le zaal** une salle comble; **ik zit ~** je suis gavé; **~ zitten met** être couvert de

vol·bloed [vɔlblut] *adj* **1** de race (pure) **2** pur-sang, de race **3** de race

vol·bracht [vɔlbraxt], **volbrachten** → **volbrengen**

vol·bren·gen [vɔlbrɛŋə(n)] *vt (volbracht, h. volbracht)* **1** accomplir; **een taak ~** s'acquitter d'une tâche **2** exécuter

[1]**vol·daan** [vɔldan] → **voldoen**

[2]**vol|daan** [vɔldan] *adj (-daner, -daanst)* **1** *(+ over)* satisfait (de); **een ~ gevoel** un sentiment de satisfaction **2** acquitté **3** rassasié

vol·deed [vɔldet], **voldeden** → **voldoen**

[1]**vol·doen** [vɔldun] *vt (voldeed, h. voldaan)* payer

[2]**vol·doen** [vɔldun] *vi (voldeed, h. voldaan)* **1** *(+ aan)* accomplir (qqch); **aan een voorwaarde ~** remplir une condition **2** *(+ aan)* répondre (à); **deze machine voldoet niet** cette machine ne donne pas satisfaction

vol·doen·de [vɔldundə] *adj, adv* suffisant, suffisamment; **een ~ antwoord** une réponse satisfaisante; **de ~** la note passable; **een ~ halen voor** avoir la moyenne en; **~ grond zien om ...** entrevoir des raisons suffisantes pour ...; **dat is ~** c'est assez; **één blik op hem is ~ om ...** on peut voir au premier coup d'œil que ...; **~ reden hebben om ...** avoir de bonnes raisons de ...; **ruim ~ zijn** suffire amplement; **dat moet ~ zijn** cela devrait suffire

vol·doe·ning [vɔldunɪŋ] *nf* satisfaction; **dat stemt tot ~** ± ça fait plaisir

vol·dra·gen [vɔldraxə(n)] *adj* ♦ **een ~ kind** un enfant né à terme

volg·au·to [vɔlxauto] *nm (-'s)* **1** voiture d'escorte **2** voiture de suiveur

vol·ge·boekt [vɔlxəbukt] *adj* complet *(n'ayant plus de place)* ♦ **mijn agenda is ~** mon carnet de rendez-vous est plein; **die popgroep is ~ tot volgend jaar** ce groupe pop est engagé pour toute la saison

vol·ge|ling [vɔlxəlɪŋ] *nm (-en)*, **-linge** *nf (-n)* disciple

vol·gen [vɔlxə(n)] *vti (volgde, h./i. gevolgd)* **1** suivre *(aussi au fig.)*; **als volgt ...** de la façon suivante; **daaruit volgt dat ...** il s'ensuit que ...; **zij liet er dadelijk op ~ dat ...** elle ajouta tout de suite que ...; **op elkaar ~** se suivre; **de nacht volgt op de dag** la nuit succède au jour; **iemand op Twitter ~** suivre qqn sur Twitter; **wie volgt?** au suivant ? **2** observer

vol·gend [vɔlxənt] *adj* **1** suivant; **het gaat om het ~e** il s'agit de ceci; **daar heb ik het ~e op gevonden** voici ce que j'ai trouvé; **een ~e keer** une autre fois; *(par plaisanterie)* **de ~e patiënt** la personne suivante **2** ultérieur

vol·gens [vɔlxə(n)s] *prép* suivant; **~ het boekje** comme prévu; **~ hem** selon lui

vol·ger [vɔlxər] *nm (-s)*, **volgster** *nf (-s)* suiveur, -euse

volg·num·mer [vɔlxnʌmər] *het (-s)* numéro d'ordre

vol·gooi·en [vɔlxojə(n)] *vt (gooide vol, h. volgegooid)* remplir; *(fam.; à la station-service)* **gooi maar vol** le plein

volg·or·de [vɔlxɔrdə] *de (-n, -s)* ordre (de succession); **in ~ van binnenkomst** par ordre d'arrivée; **op ~ leggen** classer

vol·groeid [vɔlxrujt] *adj* adulte *(animal, arbre, plante)*

volg|zaam [vɔlxsam] *adj (-zamer, -zaamst)* docile

vol·har·den [vɔlhardə(n)] *vi (volhardde, h. volhard)* persévérer; **in een weigering ~** persister dans son refus

vol·heid [vɔlhɛit] *nf* plénitude

vol·hou·den [vɔlhaudə(n)] *vti (hield vol, h. volgehouden)* **1** continuer (à); **dit is niet vol te houden** c'est insoutenable; **ik kan het niet ~** je ne tiens pas le coup; **tot het uiterste ~** tenir jusqu'au bout **2** maintenir; **hardnekkig ~** s'obstiner

vol|hou·der [vɔlhaudər] *nm (-s)*, **-houdster** *nf (-s)* accrocheur, -euse

volk [vɔlk] *het (-en, -eren)* **1** peuple; **goed ~** braves gens **2** foule; **er is veel ~ op de**

been il y a foule ♦ er is ~ binnen il y a du monde; (goed) ~! il y a quelqu'un ?

Vol·ken·bond [vɔlkə(n)bɔnt] *nm (hist.)* Société des Nations

vol·ken·kun·de [vɔlkə(n)kʌndə] *nf* anthropologie (culturelle)

vol·ken·recht [vɔlkə(n)rɛχt] *het* droit international public

vol·ko·men [vɔlkomə(n)] *adj, adv* 1 complet, complètement; wij zijn ~ bereid (om ...) nous sommes tout disposés (à ...); ik ben het ~ met u eens je suis tout à fait de votre avis; u hebt ~ gelijk vous avez parfaitement raison 2 parfait

vol·ko·ren·brood [vɔlkorə(n)brot] *het* pain complet

volks [vɔlks] *adj* populaire *(du peuple)*; een ~e vrouw une femme du peuple

***volks-** [vɔlks-] 1 populaire *(du peuple)*; de volksbuurt le quartier populaire 2 national; de volksaard, het volkskarakter le caractère national

volks·be·we·ging [vɔlksbəweχɪŋ] *nf (-en)* 1 mouvement populaire *(du peuple)* 2 troubles

volks·dans [vɔlksdɑns] *nm (-en)* danse folklorique

volks|deel [vɔlksdel] *het (-delen)* fraction de la population; het katholieke ~ in Nederland les catholiques des Pays-Bas

volks·ge·loof [vɔlksχəlof] *het* 1 croyance populaire 2 religion nationale

volks·ge·meen·schap [vɔlksχəmensχɑp] *nf (-pen)* 1 communauté nationale 2 ethnie

volks·ge·zond·heid [vɔlksχəzɔnthɛit] *nf* santé publique

volks·huis·ves·ting [vɔlkshœysfɛstɪŋ] *nf* 1 logement 2 service d'attribution des logements 3 (conditions de) logement

volks·lied [vɔlkslit] *het (-eren)* hymne national

volks·men·ner [vɔlksmɛnər] *nm (-s) (péj.)* démagogue

volks·mond [vɔlksmɔnt] *nm* ♦ in de ~ populairement

volks|naam [vɔlksnam] *nm (-namen)* nom vulgaire

volks·stam [vɔlkstɑm] *nm (-men)* 1 tribu 2 flopée; er zijn hele ~men die dat nooit leren il y a un tas de gens qui n'arriveront jamais à l'apprendre

volks·tel·ling [vɔlkstɛlɪŋ] *nf (-en)* recensement

volks·tuin [vɔlkstœyn] *nm (-en)* jardin ouvrier

Volks·unie [vɔlksyni] *nf (Belg.)* ⟨*Parti populaire*⟩

volks·ver·hui·zing [vɔlksfərhœyzɪŋ] *nf (-en)* 1 migration; *(hist.)* de grote Volksverhuizing les grandes invasions 2 grandes migrations

volks·ver·lak·ke·rij [vɔlksfərlɑkərɛi] *nf* ± tromperie

volks·ver·te·gen·woor·di·ger [vɔlksfərteχə(n)wordəχər] *nm (-s)* parlementaire; *(Belg.)* de Kamer van Volksvertegenwoordigers la Chambre des représentants

volks·ver·te·gen·woor·di·ging [vɔlksfərteχə(n)wordəχɪŋ] *nf (-en)* parlement

volks·ver·ze·ke·ring [vɔlksfərzekərɪŋ] *nf (-en)* assurance sociale pour toute la population

volks·vij·and [vɔlksfɛijɑnt] *nm (-en)* fléau *(fig.)*; ~ nummer één ennemi public numéro un

volks·ziek·te [vɔlksiktə] *nf (-s, -n)* maladie très répandue

vol·le·dig [vɔledəχ] *adj, adv* complet, complètement; een ~e beschrijving une description exhaustive

vol·le·dig·heids·hal·ve [vɔledəχhɛitshɑlvə] *adv* pour être complet

vol·leerd [vɔlert] *adj* 1 ayant une formation complète 2 *(fig.)* accompli

vol·le·maan [vɔləman] *de* pleine lune

vol·ley [vɔli] *de (-s)* volée *(tennis, football)*

[1]**vol·ley·bal** [vɔlibɑl] *nm (-len)* ballon de volley(-ball)

[2]**vol·ley·bal** [vɔlibɑl] *het* volley(-ball)

vol·ley·bal·len [vɔlibɑlə(n)] *vi (volleybalde, h. gevolleybald)* jouer au volley

vol·lo·pen [vɔlopə(n)] *vi (liep vol, i. volgelopen)* se remplir; zich laten ~ boire comme un trou

vol·maakt [vɔlmakt] *adj, adv* parfait(ement); een ~e stilte un silence absolu

vol·maakt·heid [vɔlmakthɛit] *nf* perfection

vol·macht [vɔlmɑχt] *de (-en)* procuration; ~ hebben avoir les pleins pouvoirs

vol·mon·dig [vɔlmɔndəχ] *adj, adv* franc, franchement; ~ iets toegeven reconnaître qqch sans réserve

vol·op [vɔlɔp] *adv* en abondance; het is ~ zomer c'est le plein été

vol·pen·si·on [vɔlpɛnʃɔn] *het* pension complète

vol·prop·pen [vɔlprɔpə(n)] *vt (propte vol, h. volgepropt)* bourrer; volgepropte trams trams bondés; zich ~ s'empiffrer

vol·schen·ken [vɔlsχɛŋkə(n)] *vt (schonk vol, h. volgeschonken)* remplir

vol·sla·gen [vɔlslaχə(n)] *adj, adv* complet, complètement; ~ anarchie anarchie totale; ~ belachelijk tout à fait ridicule; een ~ idioot un triple idiot; ~ onzin bêtise sans nom

vol·slank [vɔlslɑŋk] *adj* bien en chair

vol·staan [vɔlstan] *vi (volstond, h. volstaan)* suffire

vol·stond [vɔlstɔnt], **volstonden** → volstaan

vol·stop·pen [vɔlstɔpə(n)] *vt (stopte vol, h. volgestopt)* → volproppen

vol·strekt [vɔlstrɛkt] *adj, adv* absolu(ment)

vol·tal·lig [vɔltɑləχ] *adj (form.)* complet; de ~e vergadering l'assemblée plénière

vol·te [vɔltə] *nf* foule

vol·tooi·en [vɔltoːjə(n)] *vt (voltooide, h. voltooid)* achever; *(ling.)* **de voltooide tijden** les temps composés

vol·tref·fer [vɔltrɛfər] *nm (-s)* coup au but

1**vol·trek·ken** [vɔltrɛkə(n)] *vt (voltrok, h. voltrokken)* exécuter, *(mariage)* célébrer

2**vol·trek·ken, zich** [vɔltrɛkə(n)] *vpr (voltrok zich, h. zich voltrokken)* se dérouler; **er zal zich een ramp ~** une catastrophe va avoir lieu

vol·trok [vɔltrɔk], **voltrokken** → **voltrekken**

vol·uit [vɔlœyt] *adv* entièrement; **zijn naam ~ schrijven** écrire son nom en toutes lettres; **~ zingen** chanter à pleine voix

vol·vet [vɔlvɛt] *adj* double crème *(fromage)*

vol·voe·ren [vɔlvurə(n)] *vt (volvoerde, h. volvoerd) (form.)* exécuter

vol·waar·dig [vɔlwardəχ] *adj* complet; **een ~e arbeidsplaats** un poste à part entière

vol·was|sen [vɔlwɑsə(n)] *adj, adv (-sener, meest v.)* (comme un) adulte

vol·was·se·nen·edu·ca·tie [vɔlwɑsənə(n)edyka(t)si] *nf* éducation permanente

vol·was·se·nen·on·der·wijs [vɔlwɑsənə(n)ɔndərwɛis] *het* enseignement pour adultes

vol·was·sen·heid [vɔlwɑsənhɛit] *nf* âge adulte

vol·zet [vɔlzɛt] *adj (Belg.)* complet

vol·zin [vɔlzɪn] *nm (-nen)* phrase; **spreken in (prachtige) ~nen** parler en phrases bien tournées

vond [vɔnt], **vonden** → **vinden, uitvinden, terugvinden** *(etc.)*

von·de|ling [vɔndəlɪŋ] *nm (-en)*, **-linge** *nf (-n)* enfant trouvé(e); **een kind te ~ leggen** abandonner un enfant

vondst [vɔnst] *nf (-en)* **1** trouvaille **2** découverte

vonk [vɔŋk] *de (-en)* étincelle; **zijn ogen schoten ~en** ses yeux étincelaient; **de ~ sloeg over** il a su nous enthousiasmer

von·ken [vɔŋkə(n)] *vi (vonkte, h. gevonkt)* jeter des étincelles

von·nis [vɔnɪs] *het (-sen)* **1** jugement; *(fig.)* **hij heeft zijn ~ getekend** il a signé son arrêt de mort; **een ~ vellen** prononcer une sentence **2** condamnation

voogd [voχt] *nm (-en)*, **voogdes** *nf (-sen)* tuteur, -trice; **toeziend ~** subrogé-tuteur

voog·dij [voχdɛi] *nf (-en)* tutelle

voog·dij·kind [voχdɛikɪnt] *het (-eren)* pupille

voog·dij|raad [voχdɛirat] *nm (-raden)* Assistance éducative

voog·dij·schap [voχdɛisχɑp] *het (-pen)* tutelle

1**voor** [vor] *het (-s)* pour

2**voor** [vor] *de (voren)* sillon

3**voor** [vor] *adv* **1** devant; **hij is ~ in de dertig** il a dépassé de peu la trentaine; **de auto staat ~** la voiture se trouve devant la porte, la voiture est avancée **2** avant; **het is meneer ~ en meneer na** c'est monsieur par-ci, monsieur par-là; **zij zijn ons ~ geweest** ils nous ont devancés **3** pour **4** de plus ♦ **~ geweest zijn** avoir comparu en justice

4**voor** [vor] *prép* **1** pour; **dat is goed ~ de koorts** c'est bon contre la fièvre; **dat is net iets ~ hem** c'est tout à fait ce qu'il lui faut, c'est bien lui; **dat is niets ~ mij** cela ne m'intéresse pas; **~ een wet stemmen** voter une loi; **~ de minister stemmen** voter en faveur du ministre; **waar doet hij het ~?** qu'est-ce que ça lui apporte ?; **wat is dat ~ een ding?** qu'est-ce que c'est que ce truc-là ? **2** devant; **~ een vergadering spreken** s'adresser à une assemblée **3** avant; **~ een paar dagen** il y a quelques jours; **tien ~ zeven** sept heures moins dix ♦ *(choses)* **~ elkaar komen** s'arranger; **ik ~ mij** quant à moi

5**voor** [vor] *conj* avant que; **~ hij vertrok, was ik al weg** j'étais déjà parti avant son départ; **~ ik vertrok, heb ik alles opgeruimd** j'ai tout rangé avant de partir

voor·aan [voran] *adv* en avant; **hij is ~ in de veertig** il a juste la quarantaine; il a dépassé de peu la quarantaine; **~ zitten** être assis aux premiers rangs

voor·aan·staand [voranstant] *adj* éminent; **een ~e figuur** un personnage en vue

voor·aan·zicht [voranzɪχt] *het* vue de face

voor·af [voraf] *adv* d'abord; **~ betalen** payer d'avance; **een verklaring ~** une déclaration préliminaire; **wilt u iets ~?** prendrez-vous un apéritif ?, prendrez-vous un hors-d'œuvre ?; **dat had je ~ moeten zeggen** il fallait le dire avant

voor·af·gaan [vorafχan] *vi (ging vooraf, i. voorafgegaan)* précéder; **al wat aan de oorlog is voorafgegaan** tout ce qui a précédé la guerre

voor·af·gaand [vorafχant] *adj* précédent; **de ~e bepalingen** les prémisses; **de ~e gesprekken** les entretiens préliminaires

voor·af·je [vorafjə] *het (-s)* hors-d'œuvre

voor·al [voral] *adv* **1** surtout; *(iron.)* **dat moet je ~ doen!** ne te gêne surtout pas ! **2** en particulier

voor·als·nog [voralsnɔχ] *adv* pour le moment

voor·ar·rest [vorarɛst] *het* détention préventive

voor·avond [voravɔnt] *nm (-en)* **1** veille **2** début de (la) soirée

voor·baat [vorbat] *de* ♦ **bij ~ dank** merci d'avance

voor·bak·ken [vorbakə(n)] *vt (bakte voor, h. voorgebakken)* précuire

voor·bank [vorbaŋk] *de (-en)* siège avant

voor·ba·rig [vorbarəχ] *adj, adv* **1** prématuré(ment); **~ spreken** en dire trop **2** inconsidéré(ment)

voor·beeld [vorbelt] *het (-en)* exemple; *(prov)* **goed ~ doet goed volgen** qui prêche l'exemple, prêche au cœur; **tekenen naar een ~** dessiner d'après un modèle; **naar het ~ van ...** à l'image de ...; **aan iemand een ~ nemen** prendre exemple sur qqn; **een ~ stellen** faire un exemple; **ten ~ gesteld worden** être cité en exemple; **dat is zonder ~** cela est sans précédent

voor·beel·dig [vorbeldəχ] *adj, adv* (d'une façon) exemplaire; **een ~ echtgenoot** un mari modèle

voor·be·hoed·mid·del [vorbəhutmɪdəl] *het (-en)* contraceptif

voor·be·houd [vorbəhaut] *het* réserve; **zonder ~** sans réserves

voor·be·hou·den [vorbəhaudə(n)] *vt (behield voor, h. voorbehouden)* réserver *(conserver pour l'avenir le droit ou la possibilité de faire qqch)*; **hem was de eer ~ ...** c'est à lui que revenait l'honneur de ... ♦ **onvoorziene omstandigheden ~** sauf imprévu

voor·be·rei·den [vorbərɛidə(n)] *vt (bereidde voor, h. voorbereid)* préparer (à); **ik was daarop voorbereid** je m'y attendais; **~d werk** travail préparatoire

voor·be·rei·dend [vorbərɛidənt] *adj* préparatoire

voor·be·rei·ding [vorbərɛidɪŋ] *nf (-en)* préparation (de, à); **ter ~ (dienen) op, voor** (servir) de préparation à, pour; **~en treffen** faire des préparatifs

voor·be·reid·se·len [vorbərɛitsələ(n)] *plur* préparatifs; **~ treffen voor een reis** faire des préparatifs de départ

voor·be·schik·ken [vorbəsχɪkə(n)] *vt (beschikte voor, h. voorbeschikt)* → **voorbestemmen**

voor·be·schou·wing [vorbəsχauwɪŋ] *nf (-en)* pronostic

voor·be·speeld [vorbəspelt] *adj* préenregistré

voor·be·spre·king [vorbəsprekɪŋ] *nf (-en)* **1** discussion préalable **2** critique *(d'un livre)*

voor·be·stem·men [vorbəstɛmə(n)] *vt (bestemde voor, h. voorbestemd)* prédestiner

[1]**voor·bij** [vorbɛi] *adj* passé; **de herfst is ~** c'est la fin de l'automne; **~e tijden** temps révolus

[2]**voor·bij** [vorbɛi] *adv* **1** devant; **laat me ~** laisse-moi passer **2** passé; **je bent er al ~** tu es déjà trop loin; tu l'as déjà dépassé

[3]**voor·bij** [vorbɛi] *prép* **1** plus loin (que) **2** devant; **jullie zijn er ~ gekomen** vous êtes passés devant

voor·bij·gaan [vorbɛiχan] *vi (ging voorbij, i. voorbijgegaan)* **1** passer; **wat er gezegd wordt gaat volkomen aan hem voorbij** tout ce qu'on dit lui échappe complètement; **in het ~** en passant; **met ~ van** en négligeant **2** dépasser ♦ **stilzwijgend ~ aan** passer sur (qqch)

voor·bij·gaand [vorbɛiχant] *adj* passager

voor·bij|gan·ger [vorbɛiχaŋər] *nm (-s),* **-gangster** *nf (-s)* passant, -ante

voor·bij·ko·men [vorbɛikomə(n)] *vi (kwam voorbij, i. voorbijgekomen)* passer

voor·bij·lo·pen [vorbɛilopə(n)] *vi (liep voorbij, i. voorbijgelopen)* passer devant

voor·bij·rij·den [vorbɛirɛidə(n)] *vti (reed voorbij, h./i. voorbijgereden)* dépasser *(en roulant)*

voor·bij·schie·ten [vorbɛisχitə(n)] *vi (schoot voorbij, i. voorbijgeschoten)* dépasser *(passer vite)*

voor·bij·snel·len [vorbɛisnɛlə(n)] *vti (snelde voorbij, h./i. voorbijgesneld)* passer vite

voor·bij·stre·ven [vorbɛistrevə(n)] *vt (streefde voorbij, i. voorbijgestreefd)* dépasser; *(Belg.)* **voorbijgestreefd zijn** être périmé

voor·bij·trek·ken [vorbɛitrɛkə(n)] *vi (trok voorbij, i. voorbijgetrokken)* passer

voor·bij·vlie·gen [vorbɛivliχə(n)] *vi (vloog voorbij, i. voorbijgevlogen)* **1** fuir *(passer vite)* **2** passer en coup de vent

voor·bin·den [vorbɪndə(n)] *vt (bond voor, h. voorgebonden)* → [1]**voordoen 2**

voor·bo·de [vorbodə] *nm (-s)* signe avant-coureur; **de zwaluwen zijn de ~n van de lente** les hirondelles annoncent le printemps

voor·dat [vordɑt] *conj* avant que; **~ je betaalt, moet je alles goed natellen** vérifie avant de payer; **maar niet ~** mais non sans avoir ...

voor|deel [vordel] *het (-delen)* **1** bénéfice; *(fam.)* **~tjes behalen** faire de la gratte; **zijn ~ met iets doen** faire son profit de qqch; **~ hebben bij** avoir avantage à; **de tijd werkt in ons ~** le temps travaille pour nous; *(sports)* **3-0 in het ~ van Nederland** 3-0 pour les Pays-Bas; **ten voordele van** au profit de; **ik zie daar geen ~ in** je n'y vois aucun intérêt **2** avantage; **de voor- en nadelen afwegen** peser le pour et le contre; **op ~ staan** avoir l'avantage

voor·de·lig [vordeləχ] *adj, adv* avantageux, avantageusement; **~ in het gebruik** économique à l'usage; **er ~ uitzien** être à son avantage; **op ~e voorwaarden** à des conditions intéressantes; **~er zijn** coûter moins cher

voor·deur [vordør] *de (-en)* porte d'entrée

voor·deur·de·lers [vordørdelərs] *plur* ⟨*personnes habitant sous le même toit*⟩

voor·dien [vordin] *adv* auparavant

[1]**voor·doen** [vordun] *vt (deed voor, h. voorgedaan)* **1** montrer **2** mettre

[2]**voor·doen, zich** [vordun] *vpr (deed zich voor, h. zich voorgedaan)* **1** arriver; **als die omstandigheden zich ~** si ces circonstances se présentent **2** se faire passer (pour); **je anders ~ dan je bent** jouer un rôle

voor·dracht [vordrɑχt] *de (-en)* **1** conférence; **een ~ houden over** donner une conférence sur **2** sketch **3** diction **4** liste de candidats **5** proposition

voor·drachts·kunst [vo̲rdraχ(t)skʌnst] *nf* déclamation

voor·dra·gen [vo̲rdraχə(n)] *vti (droeg voor, h. voorgedragen)* **1** réciter **2** proposer *(une personne)*

voor·drin·gen [vo̲rdrɪŋə(n)] *vi (drong voor, i. voorgedrongen)* passer avant son tour

voor·eerst [vore̲rst] *adv* pour le moment

voor·film [vo̲rfɪlm] *nm (-s)* court métrage

voor·gaan [vo̲rχan] *vi (ging voor, i. voorgegaan)* **1** précéder; **dames gaan voor** honneur aux dames; **iemand in het goede ~** donner le bon exemple à qqn; **iemand laten ~** laisser passer qqn; **gaat u voor!** après vous ! **2** passer avant **3** avancer *(horloge, montre)*

voor·gaand [vo̲rχant] *adj* précédent; **een ~e bepaling** une stipulation antérieure

voor|gan·ger [vo̲rχaŋər] *nm (-s),* **-gang·ster** *nf (-s)* **1** prédécesseur **2** guide **3** *(relig.)* pasteur

voor·ge·kookt [vo̲rχəkokt] *adj* précuit; *(fig.)* **het was allemaal ~** tout avait été manigancé

voor·ge·lei·den [vo̲rχəlɛidə(n)] *vt (geleidde voor, h. voorgeleid)* amener

voor·ge·no·men [vo̲rχənomə(n)] *adj* projeté; **de ~ maatregelen** les mesures prévues

voor·ge·recht [vo̲rχərɛχt] *het (-en)* entrée *(plat)*

voor·ge·schie·de·nis [vo̲rχəsχidənɪs] *nf* **1** origines; **zijn ~** ses antécédents **2** préhistoire

voor·ge·schre·ven [vo̲rχəsχrevə(n)] *adj* prescrit

voor·ge·slacht [vo̲rχəslaχt] *het (-en)* ancêtres

voor·ge·vel [vo̲rχevəl] *nm (-s)* **1** façade **2** devanture **3** *(fam.)* balcon *(poitrine)* **4** *(fam.)* pif *(nez)*

voor·ge·ven [vo̲rχevə(n)] *vti (gaf voor, h. voorgegeven)* prétendre; *(subst.)* **volgens zijn ~ …** d'après ses dires …

voor·ge·voel [vo̲rχəvul] *het (-ens)* pressentiment

voor·ge·wend [vo̲rχəwɛnt] *adj* prétendu

voor·goed [vorχu̲t] *adv* définitivement; **zij gaat nu ~ weg** elle part pour toujours; **dat is nu ~ uit** c'est fini et bien fini

voor·grond [vo̲rχrɔnt] *nm (-en)* premier plan; *(fig.)* **dat staat bij mij op de ~** c'est pour moi la chose principale; *(fig.)* **op de ~ treden, zich op de ~ plaatsen** se mettre en avant

voor·hand [vo̲rhant] *de (-en)* ♦ **op ~** d'avance

voor·han·den [vorha̲ndə(n)] *adj* disponible; **niet meer ~** épuisé; **er was nog wat geld ~** il y avait encore un peu d'argent

voor·heb·ben [vo̲rhɛbə(n)] *vt (had voor, h. voorgehad)* **1** porter **2** avoir devant soi; **de verkeerde ~** faire erreur sur la personne; **je vergeet wie je voorhebt** tu oublies à qui tu t'adresses **3** avoir un avantage **4** projeter; **het goed met iemand ~** vouloir du bien à qqn; **wat heeft hij met hem voor?** qu'est-ce qu'il veut ?

voor·heen [vorhe̲n] *adv* autrefois

voor·his·to·risch [vorhisto̲ris] *adj* préhistorique

voor·hoe·de [vo̲rhudə] *de (-s)* **1** *(sports)* (ligne d')avants **2** *(milit.)* avant-garde

voor·hoofd [vo̲rhoft] *het (-en)* front

voor·hoofds·hol·te [vo̲rhof(t)shɔltə] *nf (-n, -s) (méd.)* sinus frontal

voor·hou·den [vo̲rhaudə(n)] *vt (hield voor, h. voorgehouden)* **1** tendre **2** montrer; **iemand zijn slechte gedrag ~** rappeler à qqn sa mauvaise conduite

voor·huid [vo̲rhœyt] *de (-en) (méd.)* prépuce

voor·in [vorɪ̲n] *adv* à l'avant; **kom ~** viens devant

voor·in·ge·no|men [vorɪ̲ŋχənomə(n)] *adj (-mener, meest v.)* partial; **~ zijn tegen iemand** avoir un parti pris contre qqn

voor|jaar [vo̲rjar] *het (-jaren)* printemps; **heb je het ~ in het hoofd?** ± c'est le printemps qui te travaille ?

voor·kant [vo̲rkant] *nm (-en)* avant; **aan de ~** sur le devant

voor·kau·wen [vo̲rkauwə(n)] *vt (kauwde voor, h. voorgekauwd)* mâcher

voor·ken·nis [vo̲rkɛnɪs] *nf* connaissance préalable; **dat gebeurde buiten mijn ~** c'est arrivé à mon insu; **dat gebeurde met mijn ~** j'étais au courant de cela

voor·keur [vo̲rkør] *de* préférence; **bij ~** de préférence; **dit heeft de ~ boven dat** ceci est préférable à cela; **als ik het huis verkoop, heeft hij de ~** si je vends la maison, il aura la priorité

voor·keur·spel·ling [vo̲rkørspɛlɪŋ] *nf (-en)* orthographe recommandée

[1]**voor·ko·men** [vo̲rkomə(n)] *het* aspect

[2]**voor·ko·men** [vorko̲mə(n)] *vt (voorkwam, h. voorkomen)* prévenir; **om misverstanden te ~** pour éviter tout malentendu

[3]**voor·ko·men** [vo̲rkomə(n)] *vi (kwam voor, i. voorgekomen)* **1** devancer **2** arriver **3** se trouver **4** *(jur.)* comparaître; **vandaag komt de zaak van V. voor** aujourd'hui l'affaire de V. est plaidée **5** paraître; **dat komt mij bekend voor** cela me dit qqch; **het laten ~ alsof …** faire croire que …; **het komt mij voor, dat …** il me semble que …

[1]**voor·ko·mend** [vorko̲mənt] *adj, adv* prévenant, avec (des) égards; **een ~ man** un homme attentionné

[2]**voor·ko·mend** [vo̲rkomənt] *adj* éventuel; **in ~e gevallen** le cas échéant; **een veel ~ probleem** un problème courant

voor·ko·ming [vorko̲mɪŋ] *nf* prévention; **ter ~ van ongelukken** pour prévenir les accidents

voor·kwam [vorkwa̲m], **voorkwamen** → [2]voorkomen

voor·laatst [vo̲rlatst] *adj* avant-dernier

voor·land [vorlant] *het (-en)* destinée

voor·leg·gen [vorlɛχə(n)] *vt (legde voor, h. voorgelegd)* **1** mettre sous les yeux; **een document ~** produire un document; **een stuk ter tekening ~** donner un papier à signer **2** soumettre

voor·lei·den [vorlɛidə(n)] *vt (leidde voor, h. voorgeleid)* **1** faire avancer **2** *(jur.)* amener

voor·let·ter [vorlɛtər] *de (-s)* initiale

voor·le·zen [vorlezə(n)] *vti (las voor, h. voorgelezen)* lire (à haute voix); **iemand iets ~** lire qqch à qqn

voor·lich·ten [vorlɪχtə(n)] *vt (lichtte voor, h. voorgelicht)* **1** informer **2** faire l'éducation sexuelle de

voor·lich·ting [vorlɪχtɪŋ] *nf (-en)* information; **seksuele ~** éducation sexuelle

voor·lief·de [vorlivdə] *nf* prédilection

voor·lie·gen [vorliχə(n)] *vti (loog voor, h. voorgelogen)* ◆ **iemand (wat) ~** mentir à qqn

voor·lig·ger [vorlɪχər] *nm (-s)* voiture (qui précède)

voor·lo·pen [vorlopə(n)] *vi (liep voor, h. voorgelopen)* **1** marcher devant **2** avancer *(horloge, montre)*

voor·lo·per [vorlopər] *nm (-s)* précurseur; **dit zijn ~s van een latere periode** ce sont des signes avant-coureurs d'une période plus tardive

voor·lo·pig [vorlopəχ] *adj, adv* **1** provisoire(ment) **2** pour le moment

voor·ma·lig [vormaləχ] *adj* ancien; **een ~e officier** un ex-officier

voor·man [vorman] *nm (-nen)* **1** contremaître **2** voisin de devant **3** chef de file

voor·mid·dag [vormɪdaχ] *nm (-en)* **1** matin **2** début de l'après-midi

[1]**voor|naam** [vornam] *nm (-namen)* prénom

[2]**voor|naam** [vornam] *adj (-namer, -naamst)* **1** distingué; **een voorname buurt** un quartier chic; **voorname lieden** notables **2** important; **het ~ste** l'essentiel

voor·naam·woord [vornamwort] *het (-en) (ling.)* pronom; **aanwijzend ~** pronom démonstratif; **onbepaald ~** pronom indéfini

voor·na·me·lijk [vornaməlǝk] *adv* principalement

[1]**voor·ne·men** [vornemə(n)] *het (-s)* **1** intention **2** résolution

[2]**voor·ne·men, zich** [vornemə(n)] *vpr (nam zich voor, h. zich voorgenomen)* se proposer de; **hij had het zich vast, heilig voorgenomen** il s'était juré de le faire

voor·ne·mens [vornemə(n)s] *adv* dans l'intention de; **~ zijn** avoir l'intention de

voor·noemd [vornumt] *adj* précité

voor·on·der [vorɔndər] *het (-s) (mar.)* cale avant

voor·on·der·stel·len [vorɔndərstɛlə(n)] *vt (vooronderstelde, h. verondersteld)* supposer

voor·on·der·zoek [vorɔndərzuk] *het (-en)* enquête préliminaire; *(jur.)* **een gerechtelijk ~** une instruction (judiciaire)

voor·oor|deel [vorordel] *het (-delen)* préjugé

voor·oor·logs [vororlɔχs] *adj* **1** d'avant-guerre **2** *(fig.)* moyenâgeux; **~e toestanden** des conditions moyenâgeuses

voor·op [vorɔp] *adv* **1** sur le devant **2** devant **3** d'abord; **~ staat, dat …** une chose est certaine, c'est que …

voor·op·gaan [vorɔpχan] *vi (ging voorop, i. vooropgegaan)* **1** marcher en tête **2** précéder

voor·op·lei·ding [vorɔplɛidɪŋ] *nf (-en)* formation (préparatoire)

voor·op·lo·pen [vorɔplopə(n)] *vi (liep voorop, h. vooropgelopen)* **1** marcher en tête **2** donner l'exemple

voor·op·stel·len [vorɔpstɛlə(n)] *vt (stelde voorop, h. vooropgesteld),* **vooropzetten** *vt (zette voorop, h. vooropgezet)* poser comme principe; **vooropgesteld, dat …** à supposer que …

voor·ou·ders [vorɑudərs] *plur* ancêtres

voor·over [vorovər] *adv* en avant; **met het gezicht ~ liggen** être étendu, le visage tourné vers le sol

voor·over·leg [vorovərlɛχ] *het* concertation préalable

voor·pa·gi·na [vorpaχina] *de (-'s)* première page; **de ~ halen** faire la une

voor·pa·gi·na·nieuws [vorpaχinaniws] *het* nouvelle sensationnelle

voor|poot [vorpot] *nm (-poten)* patte de devant, *(d'un meuble)* pied de devant

voor·por|taal [vorpɔrtal] *het (-talen)* **1** porche *(d'une église)* **2** vestibule

voor·pret [vorprɛt] *de* joie anticipée

voor·proef·je [vorprufjə] *het (-s)* avant-goût

voor·pro·gram·me·ren [vorproχramerə(n)] *vt (programmeerde voor, h. voorgeprogrammeerd)* **1** *(inform.)* préprogrammer **2** *(fig.)* programmer

voor|raad [vorat] *nm (-raden)* **1** stock; **niet meer in ~ zijn** être épuisé; **zolang de ~ strekt** jusqu'à épuisement des stocks **2** provisions; **we zijn door onze ~ heen** nos réserves sont épuisées; **~ inslaan voor de winter** faire des provisions pour l'hiver **3** réserve

voor·ra·dig [voradəχ] *adj* en stock

voor·rang [voraŋ] *nm* priorité; **iemand ~ geven** céder le passage à qqn

voor·rangs·weg [voraŋswɛχ] *nm (-en)* voie prioritaire

voor·recht [vorɛχt] *het (-en)* privilège

voor·re·ke·nen [vorekənə(n)] *vt (rekende voor, h. voorgerekend)* faire le compte de (qqch) (devant qqn)

voor·rij·den [vorɛidə(n)] *vi (reed voor, h./i. voorgereden)* **1** arriver (en voiture) devant la porte **2** rouler en tête ◆ **de auto ~** avancer la voiture; **(het) ~** les frais de déplacement *(réparations à domicile)*

voor·ron·de [vorondə] *de (-n, -s)* éliminatoire

voor·ruit [vorœyt] *de (-en)* parebrise

voor·schie·ten [vorsχitə(n)] *vt (schoot voor, h. voorgeschoten)* avancer

voor·schot [vorsχɔt] *het (-ten) (fin.)* avance; *(fig.)* **een ~ nemen op iets** aller au-devant de qqch; **een renteloos ~** un prêt sans intérêt

voor·scho·te·len [vorsχotələ(n)] *vt (schotelde voor, h. voorgeschoteld)* servir *(un plat)*

voor·schrift [vorsχrɪft] *het (-en)* prescription; **een dwingend ~** une règle impérative; **volgens ~** réglementairement

voor·schrij·ven [vorsχrɛivə(n)] *vt (schreef voor, h. voorgeschreven)* prescrire; **wij laten ons niets ~** personne ne nous dira ce que nous devons faire; **rust ~** ordonner du repos

voor·se·lec·tie [vorselɛksi] *nf (-s)* présélection

voors·hands [vorshɑn(t)s] *adv (form.)* pour l'instant

voor·sor·te·ren [vorsɔrterə(n)] *vi (sorteerde voor, h. voorgesorteerd) (transp.)* déboîter (pour changer de direction); **links ~** serrer à gauche

voor·spel [vorspɛl] *het (-en)* **1** prologue **2** *(mus.)* prélude ♦ **het ~ van de oorlog** les prémices de la guerre

voor·spel|baar [vorspɛlbar] *adj (-baarder, -baarst)* prévisible

voor·spe·len [vorspelə(n)] *vti (speelde voor, h. voorgespeeld)* **1** *(sports)* jouer à l'avant **2** jouer (en guise d'exemple)

voor·spel·len [vorspɛlə(n)] *vt (voorspelde, h. voorspeld)* **1** prédire **2** prévoir; **ik heb het u wel voorspeld** je vous l'avais dit **3** présager

voor·spel|ler [vorspɛlər] *nm (-s),* **-ster** *nf (-s)* pronostiqueur, -euse

voor·spel·ling [vorspɛlɪŋ] *nf (-en)* **1** prédiction; **een uitgekomen ~** une prédiction qui s'est réalisée **2** prévision

voor·spie·ge·len [vorspiχələ(n)] *vt (spiegelde voor, h. voorgespiegeld)* faire miroiter

voor·spoed [vorsput] *nm* succès; **in voor- en tegenspoed** pour le meilleur et pour le pire; **een tijd van ~** une ère de prospérité

voor·spoe·dig [vorspudəχ] *adj, adv* heureux, sans problème; **een ~e reis** un bon voyage; **alles verliep ~** tout se passa bien

voor|spraak [vorsprak] *de (-spraken)* **1** intervention; **op ~ van** par l'intervention de **2** défenseur

voor·sprong [vorsprɔŋ] *nm (-en)* avance; **een ~ op iemand nemen** devancer qqn

voorst [vorst] *adj* premier

[1]**voor·staan** [vorstan] *vi (stond voor, h. voorgestaan)* **1** être devant **2** être présent à l'esprit; **er staat mij zoiets van voor** j'ai souvenance de qqch de ce genre **3** *(sports)* mener (au score); **3-1 ~** mener 3 à 1 ♦ **er goed ~** se présenter bien; **zich op zijn geld laten ~** tirer vanité de son argent

[2]**voor·staan** [vorstan] *vt (stond voor, h. voorgestaan)* préconiser

voor|stad [vorstɑt] *de (-steden)* banlieue

voor|stan·der [vorstɑndər] *nm (-s),* **-standster** *nf (-s)* partisan, -ane; **er zijn voor- en tegenstanders** les avis sont partagés

voor·ste·ken [vorstekə(n)] *vi (stak voor, i. voorgestoken) (Belg.)* passer avant son tour

voor·stel [vorstɛl] *het (-len)* proposition; **een ~ aanhouden** ne pas se prononcer sur une proposition

voor·stel·baar [vorstɛlbar] *adj* concevable

[1]**voor·stel·len** [vorstɛlə(n)] *vt (stelde voor, h. voorgesteld)* **1** présenter *(qqn)* **2** proposer **3** représenter; **wat moet dat ~?** qu'est-ce que cela représente ?; *(fig.)* qu'est-ce que cela signifie ? !

[2]**voor·stel·len, zich** [vorstɛlə(n)] *vpr (stelde zich voor, h. zich voorgesteld)* **1** se représenter; **ik kan me goed ~ dat ...** je comprends que ...; **ik kan mij zijn gezicht niet meer ~** je ne peux pas me rappeler son visage; **zich iets levendig kunnen ~** pouvoir très bien s'imaginer qqch; **stel je voor!** penses-tu !; **stel je daar maar niet te veel van voor** ne te fais pas trop d'illusions **2** se proposer (de)

voor·stel·ling [vorstɛlɪŋ] *nf (-en)* **1** représentation; **de eerste ~** la première séance; la première représentation **2** image; **iemand een ~ van iets geven** donner une idée de qqch à qqn; **verkeerde ~en van iets hebben** avoir une idée fausse de qqch **3** présentation

voor·stel·lings·ver·mo·gen [vorstɛlɪŋsfərmoχə(n)] *het* imagination

voor·ste·ven [vorstevə(n)] *nm (-s)* proue

voor·stu·die [vorstydi] *nf (-s)* **1** étude préparatoire **2** *(arts)* étude

[1]**voort** [vort] *adv* **1** en avant **2** plus loin

[2]**voort** [vort] *interj* en avant !

voort·aan [vortan] *adv* dorénavant

voor·tand [vortɑnt] *nm (-en)* incisive

voort·be·staan [vordbəstan] *het* **1** survie **2** continuité

[1]**voort·be·we·gen** [vordbəweχə(n)] *vt (bewoog voort, h. voortbewogen)* propulser

[2]**voort·be·we·gen, zich** [vordbəweχə(n)] *vpr (bewoog zich voort, h. zich voortbewogen)* avancer

voort·bren·gen [vordbrɛŋə(n)] *vt (bracht voort, h. voortgebracht)* **1** produire **2** créer **3** *(fig.)* engendrer

voort·breng·sel [vordbrɛŋsəl] *het (-en)* produit

voort·drij·ven [vordrɛivə(n)] *vt (dreef voort, h. voortgedreven)* **1** pousser **2** propulser

voort·du·ren [vordyrə(n)] *vi (duurde*

voort, h. voortgeduurd) continuer; **doen ~** prolonger

voort·du·rend [vordy̲rənt] *adj, adv* continuel(lement); **een ~e dreiging** une menace permanente

voor·te·ken [vo̲rtekə(n)] *het (-s, -en)* présage

voor·tent [vo̲rtɛnt] *de (-en)* auvent

voort·gaan [vo̲rtχan] *vi (ging voort, i. voortgegaan)* **1** avancer; **een ~de beweging** un mouvement en avant **2** *(+ met)* continuer (qqch)

voort·gang [vo̲rtχɑŋ] *nm* **1** progression; **~ boeken** avancer; **~ met iets maken** faire avancer qqch **2** évolution **3** continuation

voort·hel·pen [vo̲rthɛlpə(n)] *vt (hielp voort, h. voortgeholpen)* aider; **iemand in de wereld ~** soutenir qqn

voort·hol·len [vo̲rthɔlə(n)] *vi (holde voort, i. voortgehold)* courir toujours

voor·tij·dig [vortɛ̲idəχ] *adj, adv* prématuré(ment)

voort·ko·men [vo̲rtkomə(n)] *vi (kwam voort, i. voortgekomen)* **1** *(+ uit)* résulter (de); **het een komt uit het ander voort** une chose en entraîne une autre **2** *(+ uit)* être issu (de) **3** *(+ uit)* provenir (de)

voort·le·ven [vo̲rtlevə(n)] *vi (leefde voort, h. voortgeleefd)* **1** survivre (dans) **2** *(fig.)* se perpétuer (dans)

voort·ma·ken [vo̲rtmakə(n)] *vi (maakte voort, h. voortgemaakt)* se dépêcher

voor·touw [vo̲rtɑu] *het* ♦ **het ~ nemen** prendre l'initiative

[1]**voort·plan·ten, zich** [vo̲rtplɑntə(n)] *vpr (plantte zich voort, h. zich voortgeplant)* **1** *(biol.)* se reproduire **2** *(phys.)* se propager

[2]**voort·plan·ten** [vo̲rtplɑntə(n)] *vt (plantte voort, h. voortgeplant)* **1** *(biol.)* transmettre **2** *(fig.)* propager

voort·plan·ting [vo̲rtplɑntɪŋ] *nf* **1** *(biol.)* reproduction **2** *(zool.)* multiplication **3** *(phys.)* transmission

voor·tref·fe·lijk [vortrɛ̲fələk] *adj, adv* excellent, remarquablement

voor·trek·ken [vo̲rtrɛkə(n)] *vt (trok voor, h. voorgetrokken)* préférer

voor·trek·ker [vo̲rtrɛkər] *nm (-s)* **1** pionnier **2** chef de file

voorts [vorts] *adv* ensuite; **en zo ~** et ainsi de suite

voort·schrij·den [vo̲rtsχrɛidə(n)] *vi (schreed voort, i. voortgeschreden) (form.)* avancer

[1]**voort·sle·pen** [vo̲rtslepə(n)] *vt (sleepte voort, h. voortgesleept)* traîner

[2]**voort·sle·pen, zich** [vo̲rtslepə(n)] *vpr (sleepte zich voort, h. zich voortgesleept)* traîner

voort·snel·len [vo̲rtsnɛlə(n)] *vi (snelde voort, i. voortgesneld) (form.)* courir

voort·sprui·ten [vo̲rtsprœytə(n)] *vi (sproot voort, i. voortgesproten) (form.)* être issu (de); **daar kan niets dan ongeluk uit ~** il n'en résultera rien de bon

voort·stu·wen [vo̲rtstywə(n)] *vt (stuwde voort, h. voortgestuwd)* propulser

voort·suk·ke·len [vo̲rtsʌkələ(n)] *vi (sukkelde voort, h./i. voortgesukkeld)* aller cahin-caha

voor·tuin [vo̲rtœyn] *nm (-en)* jardin devant la maison

voort·va·rend [vortfa̲rənt] *adj, adv* énergique(ment)

voort·va·rend·heid [vortfa̲rənthɛit] *nf* dynamisme

voort·vloei·en [vo̲rtflujə(n)] *vi (vloeide voort, i. voortgevloeid) (+ uit)* résulter (de)

voort·vluch·tig [vortflʌ̲χtəχ] *adj* en fuite; **de ~e** le fuyard, le fugitif, la fugitive; **hij is nog ~** il court encore

voort·woe·ke·ren [vo̲rtwukərə(n)] *vi (woekerde voort, h./i. voortgewoekerd)* proliférer

voort·zeg·gen [vo̲rtsɛχə(n)] *vt (zei, zegde voort, h. voortgezegd)* répandre *(une nouvelle)*; **zeg het voort!** qu'on se le dise !

voort·zet·ten [vo̲rtsɛtə(n)] *vt (zette voort, h. voortgezet)* continuer; **een traditie ~** perpétuer une tradition; **de zitting wordt voortgezet** la séance continue

[1]**voor·uit** [vorœ̲yt] *adv* **1** en avant; **hij is ons een heel eind ~** il a une belle avance sur nous; **met honderd euro kun je weer even ~** avec cent euros tu peux tenir un moment; **recht ~** tout droit **2** d'avance; **zijn tijd ~ zijn** être en avance sur son temps

[2]**voor·uit** [vorœ̲yt] *interj* en avant !; **~! aan je werk!** allons ! au travail !; **~, de kamer uit!** ouste, hors d'ici !; **nou, ~ dan maar!** va pour cette fois !

***voor·uit-** [vorœ̲yt-] **1** en avant **2** d'avance

voor·uit·be·ta·ling [vorœ̲ydbətalɪŋ] *nf (-en)* paiement anticipé; **bij ~ te voldoen** à payer d'avance

voor·uit·blik [vorœ̲ydblɪk] *nm (-ken)* pronostic; **een ~ op het volgende seizoen werpen** pronostiquer la nouvelle saison

voor·uit·den·ken [vorœ̲ydɛŋkə(n)] *vi (dacht vooruit, h. vooruitgedacht)* prévoir

voor·uit·gaan [vorœ̲ytχan] *vi (ging vooruit, i. vooruitgegaan)* **1** précéder **2** partir à l'avance **3** avancer **4** progresser; **er financieel op ~** y gagner financièrement

[1]**voor·uit·gang** [vorœ̲ytχɑŋ] *nm* **1** progrès; **~ boeken** faire des progrès **2** progression

[2]**voor·uit·gang** [vo̲rœytχɑŋ] *nm (-en)* sortie principale

voor·uit·hel·pen [vorœ̲ythɛlpə(n)] *vt (hielp vooruit, h. vooruitgeholpen)* aider

voor·uit·kij·ken [vorœ̲ytkɛikə(n)] *vi (keek vooruit, h. vooruitgekeken)* **1** regarder devant soi **2** prévoir

voor·uit·ko·men [vorœ̲ytkomə(n)] *vi (kwam vooruit, i. vooruitgekomen)* **1** avancer; **in de maatschappij ~** réussir (socialement) **2** devancer **3** s'avancer

voor·uit·lo·pen [vorœytlopə(n)] *vi (liep vooruit, i. vooruitgelopen)* **1** précéder **2** *(+ op)* anticiper (sur) **3** prendre les devants **4** partir en avant

voor·uit·rij·den [vorœytrɛidə(n)] *vi (reed vooruit, i. vooruitgereden)* **1** précéder *(les autres)* **2** voyager dans le sens de la marche

voor·uit·ste·ken [vorœytstekə(n)] *vti (stak vooruit, h. vooruitgestoken)* avancer; **~de jukbeenderen** pommettes saillantes

voor·uit·stre·vend [vorœytstrevənt] *adj* progressiste; **~e techniek** technique de pointe

voor·uit·zicht [vorœytsɪχt] *het (-en)* perspective; **in het ~** en perspective; **iemand iets in het ~ stellen** promettre qqch à qqn; **het ~ op iets hebben** avoir qqch en vue

[1]**voor·uit·zien** [vorœytsin] *vi (zag vooruit, h. vooruitgezien)* **1** regarder devant soi **2** voir loin; **een ~de blik hebben** être prévoyant

[2]**voor·uit·zien** [vorœytsin] *vt (zag vooruit, h. vooruitgezien)* prévoir

voor·va·der [vorvadər] *nm (-en)* ancêtre

voor·val [vorvɑl] *het (-len)* incident

voor·val·len [vorvɑlə(n)] *vi (viel voor, i. voorgevallen)* se produire

voor|vech·ter [vorvɛχtər] *nm (-s),* **-vechtster** *nf (-s)* champion, -onne

voor·ver·kie·zing [vorvərkizɪŋ] *nf (-en)* élection primaire

voor·ver·koop [vorvərkop] *nm* location *(de billets)*

voor·ver·ko·pen [vorvərkopə(n)] *vt (verkocht voor, h. voorverkocht)* **1** vendre en location **2** vendre à l'avance

voor·ver·pakt [vorvərpɑkt] *adj* préemballé

voor·ver·war·men [vorvərwɑrmə(n)] *vt (verwarmde voor, h. voorverwarmd)* préchauffer

voor·voeg·sel [vorvuχsəl] *het (-s) (ling.)* préfixe

voor·voe·len [vorvulə(n)] *vt (voorvoelde, h. voorvoeld)* pressentir

voor·waar [vorwar] *adv (form.)* en vérité; **dat is ~ geen gering bedrag** ce n'est certainement pas une petite somme

voor·waar·de [vorwardə] *nf (-n)* condition; **onder ~ (van)** sous réserve (de); **op ~ dat** à condition de, à (la) condition que; **(zijn) ~n stellen** poser ses conditions

voor·waar·de·lijk [vorwardələk] *adj, adv* conditionnel(lement); **~ iets beloven** promettre qqch sous condition; **hij heeft drie jaar ~** il a eu trois ans de prison avec sursis

[1]**voor·waarts** [vorwarts] *adj, adv* en avant; **een ~e beweging** un mouvement en avant; *(fig.)* un progrès; **in ~e richting** en avant

[2]**voor·waarts** [vorwarts] *interj* en avant !

voor·was [vorwɑs] *nm* prélavage

voor·was·mid·del [vorwɑsmɪdəl] *het (-en)* produit de prélavage

voor·wen·den [vorwɛndə(n)] *vt (wendde voor, h. voorgewend)* **1** simuler; **een voorgewende naam** un faux nom; **voorgewende verbazing** étonnement feint **2** prétexter

voor·wend·sel [vorwɛn(t)səl] *het (-s)* prétexte

voor·we·reld·lijk [vorwerəltlək] *adj* antédiluvien

voor·werk [vorwɛrk] *het (-en)* **1** *(édit.)* pages liminaires **2** préparatifs

voor·werp [vorwɛrp] *het (-en)* **1** objet **2** *(ling.)* complément d'objet; *(Belg.)* **het handelend ~** le complément d'agent; **het lijdend ~** le complément d'objet direct; **het meewerkend ~** le complément d'objet indirect

voor·woord [vorwort] *het (-en)* préface

voor·zag [vorzɑχ], **voorzagen** → [2]**voorzien**

voor·zan·ger [vorzɑŋər] *nm (-s)* **1** chantre **2** ministre officiant *(religion juive)*

voor·zeg·gen [vorzɛχə(n)] *vti (zei voor, h. voorgezegd)* **1** souffler **2** faire répéter (qqch à qqn)

voor·ze·ker [vorzekər] *adv (form.)* certes

voor·zet [vorzɛt] *nm (-ten) (sports)* centre; *(fig.)* **een ~ doen** faire une ébauche; *(aussi)* faire une première proposition

voor·zet·sel [vorzɛtsəl] *het (-s) (ling.)* préposition

[1]**voor·zet·ten** [vorzɛtə(n)] *vt (zette voor, h. voorgezet)* **1** mettre (devant); **iemand iets ~** servir qqch à qqn **2** avancer

[2]**voor·zet·ten** [vorzɛtə(n)] *vi (zette voor, h. voorgezet) (sports)* centrer (le ballon)

voor·zich·tig [vorzɪχtəχ] *adj, adv* prudent, prudemment; **iemand ~ aanpakken** prendre des gants avec qqn; **~ naar iets informeren** se renseigner discrètement sur qqch; **~ lopen** avancer avec précaution; **~ zijn** faire attention; **~ te werk gaan** y aller doucement

voor·zich·tig·heid [vorzɪχtəχhɛit] *nf* prudence; **uiterste ~ betrachten** observer la plus grande prudence; *(prov)* **~ is de moeder van de porseleinkast** prudence est mère de sûreté

voor·zich·tig·heids·hal·ve [vorzɪχtəχhɛitshɑlvə] *adv* par prudence

[1]**voor·zien** [vorzin] *adj* pourvu (de); **goed ~ zijn** être bien fourni; *(magasin)* être bien assorti; **van alle gemakken ~ zijn** avoir tout le confort; **wij zijn al ~** nous avons déjà tout ce qu'il nous faut

[2]**voor·zien** [vorzin] *vt (voorzag, h. voorzien)* **1** prévoir **2** *(+ in)* pourvoir (à); **daarin heeft de wet ~** ce cas est prévu par la loi **3** *(+ van)* pourvoir (de); **iemand van geld ~** fournir de l'argent à qqn; **zich ~ van** se munir de ♦ **het op iemand ~ hebben** avoir une dent contre qqn

voor·zie·nig·heid [vorzinəχhɛit] *nf* providence

voor·zie·ning [vorzinɪŋ] *nf (-en)* **1** disposition; een huis met alle ~en une maison avec toutes les commodités; sociale ~en acquis sociaux, Sécurité sociale; een tijdelijke ~ une solution provisoire; ~en treffen prendre des dispositions **2** équipement **3** approvisionnement

voor·zij·de [vorzɛidə] *de (-n)* **1** devant; aan de ~ devant **2** façade **3** endroit *(papier)* **4** face *(monnaie)*

voor·zin·gen [vorzɪŋə(n)] *vti (zong voor, h. voorgezongen)* **1** chanter (qqch à qqn) **2** auditionner

voor·zit·ten [vorzɪtə(n)] *vti (zat voor, h. voorgezeten)* présider

voor·zit|ter [vorzɪtər] *nm (-s),* **-ster** *nf (-s)* président, -ente

voor·zit·ter·schap [vorzɪtərsχap] *het* présidence

voor·zit·ters·ha·mer [vorzɪtərshamər] *nm (-s)* marteau du président; de ~ hanteren occuper le fauteuil de président

voor·zorg [vorzɔrχ] *de (-en)* précaution; *(Belg.)* het ministerie van Sociale Voorzorg le ministère de la prévoyance sociale; uit ~ iets doen faire qqch par mesure de prudence

voor·zorgs·maat·re·gel [vorzɔrχsmatreχəl] *nm (-en)* (mesure de) précaution; ~en nemen, treffen prendre des mesures de précaution

voos [vos] *adj (vozer, voost)* **1** spongieux **2** creux **3** pourri

[1]**vor·de·ren** [vɔrdərə(n)] *vi (vorderde, i. gevorderd)* avancer

[2]**vor·de·ren** [vɔrdərə(n)] *vt (vorderde, h. gevorderd)* **1** exiger **2** réquisitionner

vor·de·ring [vɔrdərɪŋ] *nf (-en)* **1** progrès **2** exigence; een ~ indienen intenter une action **3** créance **4** réquisition **5** bien réquisitionné

vo·ren [vorə(n)] *adv* avant; naar ~ komen s'avancer; *(fig.)* se manifester; iets naar ~ brengen avancer qqch *(aussi au fig.)*; een stap naar ~ doen faire un pas en avant; van ~ de face; van ~ af aan à nouveau; hij weet van ~ niet dat hij van achteren leeft il est bête à manger du foin

vo·rig [vorəχ] *adj* **1** dernier; de ~e dag la veille **2** précédent

vork [vɔrk] *de (-en)* **1** fourche; weten hoe de ~ in de steel zit savoir de quoi il retourne **2** fourchette; met mes en ~ eten manger avec un couvert

vorm [vɔrm] *nm (-en)* **1** forme *(aussi condition (physique)); (fig.)* iets in een andere ~ gieten changer la forme de qqch; *(ling.)* de bedrijvende en de lijdende ~ van een werkwoord les voix active et passive d'un verbe; ~ geven aan een gedachte formuler une idée; in de ~ van een brief sous forme de lettre; in de ~ van een hoefijzer en forme de fer à cheval; *(sports)* weer in ~, uit ~ raken retrouver, perdre sa forme; ~ en inhoud le fond et la forme; naar, in de ~ dans les règles; uit de ~ raken se déformer **2** moule

vor·me·lijk [vɔrmələk] *adj, adv* **1** formel(lement); ~e kleding tenue stricte **2** conventionnel(lement); hij is altijd zo ~ il est toujours si cérémonieux

vor·men [vɔrmə(n)] *vt (vormde, h. gevormd)* **1** former; zich een denkbeeld ~ se faire une idée **2** mouler **3** éduquer **4** *(cathol.)* confirmer

vor·mend [vɔrmənt] *adj* **1** éducateur **2** éducatif

vorm|ge·ver [vɔrmχevər] *nm (-s),* **-geefster** *nf (-s)* designer

vorm·ge·ving [vɔrmχevɪŋ] *nf* **1** façonnement **2** esthétique

vor·ming [vɔrmɪŋ] *nf (-en)* formation; de algemene ~ la culture générale; ~ buiten schoolverband formation extrascolaire

vor·mings·werk [vɔrmɪŋswɛrk] *het* action socioéducative

vorm·leer [vɔrmler] *de (ling.)* morphologie

vorm|loos [vɔrmlos] *adj (-lozer, meest v.)* **1** informe **2** *(phys.)* amorphe **3** déformé

vorm|vast [vɔrmvɑst] *adj (-vaster, meest v.)* indéformable

vor·sen [vɔrsə(n)] *vi (vorste, h. gevorst)* faire des recherches ♦ een ~de blik un regard scrutateur

[1]**vorst** [vɔrst] *nm* gelée; bij ~ en cas de gel; vier graden ~ quatre degrés en dessous de zéro; we krijgen ~ il va geler; lichte ~ faibles gelées, *(en France)* gelées; matige ~ gelées modérées, *(en France)* fortes gelées

[2]**vorst** [vɔrst] *nm (-en),* **vorstin** *nf (-nen)* souverain, -aine; de ~ van de duisternis le prince des ténèbres

vor·ste·lijk [vɔrstələk] *adj, adv* princier, princièrement; een ~e gift un cadeau royal; ~ paleis palais du souverain; je zit daar ~ on y est installé comme des rois

vor·sten·dom [vɔrstəndɔm] *het (-men)* principauté

vor·sten|huis [vɔrstə(n)hœys] *het (-huizen)* dynastie; het Nederlandse ~ la famille royale des Pays-Bas

vor·stin [vɔrstɪn] *nf (-nen)* → [2]vorst

vorst·vrij [vɔrstfrɛi] *adj* ♦ op een ~e plaats à l'abri du gel

vos [vɔs] *nm (-sen)* renard *(animal et fourrure)*; Reinaert de Vos Renard; *(prov)* een ~ verliest wel zijn haren, maar niet zijn streken le loup (renard) change de poil, mais non de naturel

vo·tum [votʌm] *het (vota, -s)* **1** vœu **2** vote

vouw [vɑu] *de (-en)* pli; een ~ in iets slaan plier qqch; de ~en uit iets strijken déplisser qqch

***vouw-** [vɑu-] pliant

vouw·baar [vɑubar] *adj* pliable

vouw·blad [vɑublɑt] *het (-en)* dépliant

vouw·deur [vɑudør] *de (-en)* porte accordéon

[1]**vou·wen** [vɑuwə(n)] *vi (vouwde, h. gevouwen)* se plier
[2]**vou·wen** [vɑuwə(n)] *vt (vouwde, h. gevouwen)* plier
vouw·fiets [vɑufits] *de* vélo pliant
[1]**vr.** [vrɑuwələk] abrév. de *vrouwelijk* f.
[2]**vr.** [vraχənt] *(ling.)* abrév. de *vragend* interrog.
vraag [vraχ] *de (vragen)* **1** question; **vragen op iemand afvuren** bombarder qqn de questions; *(ling.)* **directe ~** interrogation directe; **dat is zeer de ~** c'est ce qui reste à savoir; **dat is ook een ~!** quelle question !; **het is nog de ~, of ...** reste à savoir si ...; **op die ~ moet ik het antwoord schuldig blijven** je n'ai pas de réponse à cette question; **dat blijft een open ~** la question reste entière; **vragen stellen** poser des questions; **voor jou een ~, voor mij een weet** je sais ce que je sais; **ik stond voor de ~ wat er verder moest gebeuren** je devais décider ce qu'il convenait de faire **2** *(écon.)* demande; **er is veel ~ naar ...** il y a une forte demande de ...
vraag|baak [vraχbak] *de (-baken)* **1** encyclopédie vivante **2** encyclopédie **3** *(Internet)* foire aux questions, FAQ
vraag·ge·sprek [vraχəsprɛk] *het (-ken)* interview
vraag|prijs [vraχprɛis] *nm (-prijzen)* prix demandé
vraag·stel·ling [vraχstɛlɪŋ] *nf (-en)* **1** façon de formuler la question **2** problématique
vraag·stuk [vraχstʌk] *het (-ken)* problème
vraag·te·ken [vraχtekə(n)] *het (-s)* point d'interrogation; **een ~ plaatsen, zetten bij iets** mettre qqch en doute
vraag·woord [vraχwort] *het (-en)* interrogatif
vraag·zin [vraχsɪn] *nm (-nen) (ling.)* interrogative
vraat·zucht [vratsʌχt] *de* gloutonnerie
vracht [vrɑχt] *de (-en)* **1** charge; **een ~ zand** un chargement de sable **2** *(form.)* quantité (de); **hij heeft een ~ boeken** il a une quantité impressionnante de livres **3** frais de transport
vracht·au·to [vrɑχtauto] *nm (-'s)* → **vrachtwagen**
vracht|boot [vrɑχtbot] *nm (-boten)* → **vrachtschip**
vracht|brief [vrɑχtbrif] *nm (-brieven)* lettre de voiture
vracht·geld [vrɑ(χt)χɛlt] *het (-en)* → **vracht 3**
vracht·goed [vrɑ(χt)χut] *het (-eren)* marchandises
vracht·rij·der [vrɑχtrɛidər] *nm (-s)* camionneur
vracht·ruim·te [vrɑχtrœymtə] *nf (mar., aviat.)* soute
vracht|schip [vrɑχtsχɪp] *het (-schepen)* cargo
vracht·ver·keer [vrɑχtfərker] *het (uniquement sing.)* poids lourds *(plur.)*
vracht·ver·voer [vrɑχtfərvur] *het* transport de marchandises
vracht·vlieg·tuig [vrɑχtfliχtœyχ] *het (-en)* avion-cargo
vracht·wa·gen [vrɑχtwaχə(n)] *nm (-s)* camion
vra·gen [vraχə(n)] *vti (vraagde, vroeg, h. gevraagd)* **1** demander; **als je het mij vraagt** à mon avis; **dat hoef je niet te ~!** quelle question !; **nu vraag ik je!** je vous demande un peu !; **daar vraag je (me) wat!** là, tu m'en demandes trop !; **naar iemand ~** demander qqn; **daar wordt niet naar gevraagd** ça ne compte pas, là n'est pas la question; **naar iemands gezondheid ~** s'informer de la santé de qqn; **hij vraagt je om te komen** il te demande de venir; **hoge prijzen ~** vendre cher; **het lichaam vraagt rust** le corps a besoin de repos; **dat mag ik niet van u ~** je ne peux exiger cela de vous; **veel gevraagd** très demandé; **~ staat vrij** ça ne coute rien de demander **2** interroger; **wat wordt er gevraagd?** quelle est la question ? **3** inviter **4** *(+ om)* chercher (qqch)
vra·gend [vraχənt] *adj, adv* interrogatif; **iemand ~ aankijken** interroger qqn du regard; **~e blikken** regards interrogateurs
vra·gen·lijst [vraχə(n)lɛist] *de (-en)* questionnaire
vra·gen·uur·tje [vraχə(n)yrcə] *het (-s)* **1** *(pol.)* questions au Gouvernement, d'actualité **2** *(enseign.)* séance réservée aux questions (des étudiants sur la matière des cours)
vrat [vrɑt], **vraten** → **vreten, uitvreten, opvreten** *(etc.)*
vre·de [vredə] *de* **1** paix; **~ met iets hebben** se résigner à qqch, acquiescer à qqch; **de ~ van Munster** le traité de Munster; **~ stichten** faire la paix; **de Nobelprijs voor de Vrede** le prix Nobel de la Paix; **ter wille van de (lieve) ~, om des ~s wille** pour avoir la paix **2** calme; **iemand met ~ laten** laisser qqn tranquille
vre·de·lie·vend [vredəlivənt] *adj, adv* pacifique(ment)
***vre·des-** [vredəs-] de paix; **het vredesverdrag** le traité de paix
vre·des·ac·ti|vist [vredəsɑktivɪst] *nm (-en),* **-viste** *nf (-s, -n)* pacifiste
vre·des·be·we·ging [vredəzbəweχɪŋ] *nf (-en)* mouvement pour la paix
vre·des·con·fe·ren·tie [vredəskɔnferɛn(t)si] *nf (-s)* **1** conférence de paix **2** conférence pour la paix
vre·des·de·mon·stra·tie [vredəzdemɔnstra(t)si] *nf (-s)* manifestation en faveur de la paix
vre·des·macht [vredəsmɑχt] *de* force de maintien de la paix
vre·des·naam [vredəsnam] ♦ **in ~ dan maar** bon, puisqu'on ne peut pas faire autrement; **kom in ~ hier!** pour l'amour de

Dieu, viens ici !; **hoe is het in ~ mogelijk?** mais enfin, comment est-ce possible ?
Vre·des·pa·leis [vredəspalɛis] *het* palais de la Paix
vre·des·pijp [vredəspɛip] *de (-en)* calumet de la paix
vre·des·po·li·tiek [vredəspolitik] *nf* politique de pacification
vre·de|stich·ter [vredəstɪχtər] *nm (-s),* **-stichtster** *nf (-s)* réconciliateur, -trice
vre·dig [vredəχ] *adj, adv* paisible(ment); **~ leven** vivre tranquillement; **een ~ oord** un havre de paix
vree [vre], **vreeën** → **vrijen**
vreed|zaam [vretsam] *adj, adv (-zamer, -zaamst)* **1** pacifique(ment) **2** paisible(ment)
vreemd [vremt] *adj, adv* **1** étranger; **in den ~e** à l'étranger; **zij is hier ~** elle n'est pas d'ici; **~e kinderen opvoeden** élever les enfants des autres; **~e planten** plantes exotiques; **dat ziet er ~ uit** cela a l'air tout à fait bizarre **2** étrange(ment); **~ doen** se comporter d'une façon étrange; **~ genoeg** curieusement; **het ~e is, dat ...** ce qui est curieux c'est que ... **3** inconnu; **daar ben ik ~ aan** je n'y suis pour rien; **hij voelt zich hier ~** il se sent dépaysé ici ♦ **~ tegen iets aankijken** ne pas être habitué à qqch; **~ opkijken (van iets)** ouvrir de grands yeux (à cause de qqch)
vreem·de|ling [vremdəlɪŋ] *nm (-en),* **-linge** *nf (-n)* **1** étranger, -ère; **hij is een ~ in zijn eigen land** il ne connaît pas son propre pays **2** profane
vreem·de·lin·gen·haat [vremdəlɪŋə(n)hat] *nm* xénophobie
vreem·de·lin·gen·ver·keer [vremdəlɪŋə(n)vərker] *het* tourisme
vreemd·gaan [vremtχan] *vi (ging vreemd, i. vreemdgegaan)* être infidèle à qqn
vreemd·soor·tig [vremtsortəχ] *adj* curieux
vreemd·ta·lig [vremtaləχ] *adj* en langue(s) étrangère(s)
vrees [vres] *de (vrezen) (form.)* **1** peur; **iemand ~ aanjagen** faire peur à qqn; **~ koesteren (voor iets)** avoir peur (de qqch); **uit ~ te vallen** de peur de tomber; **zonder ~ of blaam** sans peur et sans reproche **2** phobie
vrees·aan·ja·gend [vresaɲaχənt] *adj, adv* → **vreeswekkend**
vrees·ach·tig [vresɑχtəχ] *adj, adv* craintif, craintivement
vrees·wek·kend [vreswɛkənt] *adj, adv* (d'une façon) terrifiant(e)
vreet·par·tij [vretpɑrtɛi] *nf (-en) (vulg.)* grande bouffe
vreet·zak [vretsɑk] *nm (-ken) (vulg.)* bâfreur, -euse
vrek [vrɛk] *nm (-ken)* avare
vrek·kig [vrɛkəχ] *adj, adv* (comme un) avare
[1]**vre·se·lijk** [vresələk] *adj, adv* terriblement); **~e dingen zeggen** dire des choses horribles; **het is ~ gezellig** ± il y a une ambiance du tonnerre; **een ~ gezicht** un spectacle effroyable; **we hebben ~ gelachen** on a ri comme des fous; **een ~e moord** un meurtre atroce
[2]**vre·se·lijk** [vresələk] *interj* fichtre !
[1]**vre·ten** [vretə(n)] *het* **1** pâture **2** *(vulg.)* bouffe ♦ **een raar stuk ~** un drôle de zigoto
[2]**vre·ten** [vretə(n)] *vti (vrat, h. gevreten) (vulg.)* bâfrer; **dat is niet te ~!** c'est dégueulasse !; **krijgen we nog iets te ~?** la bectance et que ça saute !
[3]**vre·ten** [vretə(n)] *vt (vrat, h. gevreten)* dévorer *(énergie, électricité etc.)*
[4]**vre·ten** [vretə(n)] *vi (vrat, h. gevreten)* dévorer (qqn)
vreug·de [vrøχdə] *nf (-n)* joie; **de ~ over dit weerzien** la joie de cette rencontre; **uitgelaten ~** joie débordante; **buiten zichzelf raken van ~** être fou de joie
***vreug·de-** [vrøχdə-] de joie; **de vreugdekreet** le cri de joie
vreug·de·be·toon [vrøχdəbəton] *het* manifestations de joie
vreug·de|loos [vrøχdəlos] *adj, adv (-lozer, meest v.)* sans joie
vreug·de·vol [vrøχdəvɔl] *adj* plein de joie
vre·zen [vrezə(n)] *vti (vreesde, h. gevreesd)* craindre; **hij vreesde ervoor, dat** il avait peur que; **het gevreesde ogenblik nadert** le moment tant redouté approche; **voor zijn leven wordt gevreesd** on craint pour sa vie; **ik vrees u te moeten teleurstellen** je crains de vous décevoir
vriend [vrint] *nm (-en),* **vriendin** *nf (-nen)* **1** ami, amie; **even goede ~en** sans rancune; **weer goede ~en worden** se réconcilier; **kwade ~en zijn** être brouillés; **een ~ van mij** un de mes amis; **neen, ~, dat gaat zo niet!** non, mon cher, cela ne marchera pas comme ça !; **van je ~en moet je het maar hebben!** fiez-vous donc aux amis ! **2** amoureux, -euse; **ze heeft een ~(je)** elle a un petit ami ♦ **iemand te ~ houden** ménager les susceptibilités de qqn
vrien·de·lijk [vrindələk] *adj, adv* **1** aimable(ment); **dat is erg ~ van u** vous êtes très aimable; **zij was zo ~ mij thuis te brengen** elle a eu la gentillesse de me ramener; **wees zo ~ om ...** faites-moi le plaisir de ... **2** agréable(ment); **een ~ huisje** une charmante petite maison
vrien·de·lijk|heid [vrindələkhɛit] *nf (-heden)* gentillesse; **uit ~** par bonté
vrien·din [vrindɪn] *nf (-nen)* → **vriend**
vriend·jes·po·li·tiek [vrincəspolitik] *nf* népotisme
vriend·schap [vrintsχɑp] *nf (-pen)* amitié; **~ aanknopen, sluiten met** se lier d'amitié avec; **de ene ~ is de andere waard** c'est un prêté pour un rendu
vriend·schap·pe·lijk [vrintsχɑpələk] *adj,*

adv amical(ement); ~ met elkaar omgaan entretenir des rapports amicaux

vriend·schaps·band [vrintsχɑpsbɑnt] *nm (-en)* lien d'amitié; ~en aanknopen établir des liens d'amitié

vries·kast [vriskɑst] *de (-en)* surgélateur

vries·kist [vriskɪst] *de (-en)* congélateur

vries·kou [vriskɑu] *nf* froid glacial

vries·punt [vrispʌnt] *het* point de congélation; temperaturen rond het ~ températures autour de zéro degré

vries·vak [vrisfɑk] *het (-ken)* freezer

vries·weer [vriswer] *het* (temps de) gel

vrie·zen [vrizə(n)] *vi, vb impers (vroor, h. gevroren)* geler; het vriest dat het kraakt il gèle à pierre fendre; *(fig.)* het kan ~ en het kan dooien peut-être bien qu'oui, peut-être bien que non; het vriest 5 graden il fait moins 5 (degrés)

vrie·zer [vrizər] *de (-s)* congélateur

vrij [vrɛi] *adj, adv* **1** libre(ment); we konden weer ~ ademhalen nous pouvions à nouveau respirer; een al te ~ gebruik van iets maken abuser de qqch; vandaag heb ik ~ je suis libre aujourd'hui, je n'ai pas classe aujourd'hui; *(subst.)* de motor in zijn ~ zetten mettre le moteur au point mort; een ~e jongen un garçon à marier, un garçon (qui a des manières) trop libre(s); ~ naar Shakespeare inspiré de Shakespeare; niet te ~, hè! pas trop de libertés, hein !; dat staat u ~ libre à vous (de); ~ van dienst zijn ne pas être de service; mag ik zo ~ zijn? vous permettez ? **2** gratuit(ement) **3** assez **4** *(+ van)* exempt (de); ~ van zorgen à l'abri des soucis

vrij·af [vrɛiɑf] *adj* ♦ ~ geven accorder un congé

vrij·a·ge [vrɛijaʒə] *nf (-s)* amours

vrij·blij·vend [vrɛiblɛivənt] *adj, adv* sans engagement; een ~ gesprek une conversation informelle; *(péj.)* te ~ trop facile

vrij|brief [vrɛibrif] *nm (-brieven)* laissez-passer ♦ iemand een ~ geven donner les pleins pouvoirs à qqn; dat geeft je nog geen ~ voor allerlei willekeur cela ne veut pas dire que tu peux te croire tout permis

vrij·bui·ter [vrɛibœytər] *nm (-s)* **1** flibustier **2** *(fig.; péj.)* aventurier

vrij·dag [vrɛidɑχ] *nm (-en)* vendredi; ~ de dertiende vendredi treize; Goede Vrijdag Vendredi saint

vrij·dags [vrɛidɑχs] *adj, adv* du, le vendredi

vrij|den·ker [vrɛidɛŋkər] *nm (-s)*, **-denk·ster** *nf (-s)* libre penseur, -euse

vrij·e·lijk [vrɛijələk] *adv* librement

vrij·en [vrɛijə(n)] *vi (vrijde, vree, h. gevrijd, gevreeën)* **1** flirter; een ~d paartje un couple d'amoureux **2** faire l'amour ♦ zij vrijt met de buurjongen elle sort avec le fils des voisins

vrij|er [vrɛijər] *nm (-s)*, **-ster** *nf (-s) (fam.)* amoureux ♦ een oude vrijster une vieille fille

vrij·e·rij [vrɛijərɛi] *nf (-en)* ♦ aan de ~ zijn avoir un amoureux, une petite amie

vrije·tijds·be·ste·ding [vrɛijətɛitsbəstedɪŋ] *nf* organisation des loisirs

vrije·tijds·kle·ding [vrɛijətɛitskledɪŋ] *nf* vêtements de sport

vrij·ge·lei·de [vrɛiχəlɛidə] *het (-n, -s)* **1** sauf-conduit **2** escorte

vrij·ge·lei·de|brief [vrɛiχəlɛidəbrif] *nm (-brieven)* → vrijgeleide 1

[1]**vrij·ge·ven** [vrɛiχevə(n)] *vi (gaf vrij, h. vrijgegeven)* accorder un congé (à)

[2]**vrij·ge·ven** [vrɛiχevə(n)] *vt (gaf vrij, h. vrijgegeven)* **1** débloquer *(marchandises, argent)*; de buitgemaakte schepen ~ lever l'embargo sur les navires capturés **2** autoriser; de piste ~ ouvrir la piste; iets voor publicatie ~ autoriser la publication de qqch

vrij·ge·vig [vrɛiχevəχ] *adj, adv* généreux, généreusement

vrij·ge·voch·ten [vrɛiχəvɔχtə(n)] *adj* ♦ het is een ~ kind c'est un enfant indiscipliné; een ~ vrouw une femme libérée

vrij·ge|zel [vrɛiχəzɛl] *nm (-len)*, **-zellin** *nf (-nen)* célibataire

vrij·ge·zel·len·avond [vrɛiχəzɛlə(n)avɔnt] *nm (-en)* **1** soirée où l'on enterre sa vie de garçon **2** soirée pour célibataires

vrij·han·del [vrɛihɑndəl] *nm* libre-échange

vrij·ha·ven [vrɛihavə(n)] *de (-s)* port franc

vrij·heid [vrɛihɛit] *nf* **1** liberté; ~, blijheid! vive la liberté !; dichterlijke ~ licence poétique; veel ~ genieten avoir beaucoup de liberté; ~ van godsdienst(oefening) liberté religieuse; ~ van meningsuiting liberté d'expression; persoonlijke ~ liberté individuelle; *(jur.)* voorwaardelijk in ~ stellen libérer sur parole **2** *(plur.)* familiarités

vrij·heid·lie·vend [vrɛihɛitlivənt] *adj* épris de liberté

vrij·heids·beeld [vrɛihɛitsbelt] *het* statue de la Liberté

vrij·heids·be·ro·ving [vrɛihɛitsbərovɪŋ] *nf* privation de liberté

vrij·heids·oor·log [vrɛihɛitsorlɔχ] *nm (-en)* guerre de libération

vrij·hou·den [vrɛihɑudə(n)] *vt (hield vrij, h. vrijgehouden)* ♦ een plaats ~ réserver une place; ~ van préserver de

vrij·kaart [vrɛikart] *de (-en)* billet de faveur

vrij·ko·men [vrɛikomə(n)] *vi (kwam vrij, i. vrijgekomen)* **1** être libéré, *(poste, emploi)* se libérer **2** se dégager

vrij·ko·pen [vrɛikopə(n)] *vt (kocht vrij, h. vrijgekocht)* racheter; zich ~ payer une rançon; *(d'une hypothèque p.ex.)* se libérer (de qqch)

vrij·kous [vrɛikɑus] *nm (-en) (fam.)* câlin

vrij·la·ten [vrɛilatə(n)] *vt (liet vrij, h. vrijgelaten)* **1** libérer **2** laisser (entièrement) libre; deze ruimte ~ s.v.p. prière de ne pas remplir cet espace

vrij·la·ting [vrɛilatɪŋ] *nf* mise en liberté

vrij·loop [vrɛilop] *nm* point mort
vrij·ma·ken [vrɛimakə(n)] *vt (maakte vrij, h. vrijgemaakt)* **1** libérer *(d'une charge, d'une obligation)* **2** dégager
vrij·met·se·laar [vrɛimɛtsəlar] *nm (-s)* franc-maçon
vrij·moe·dig [vrɛimudəχ] *adj, adv* **1** franc, franchement **2** assuré, avec assurance; **~ spreken** s'exprimer avec aisance
vrij·plaats [vrɛiplats] *de (-en)* refuge *(fig.)*
vrij·plei·ten [vrɛiplɛitə(n)] *vt (pleitte vrij, h. vrijgepleit)* disculper
vrij·pos·tig [vrɛipɔstəχ] *adj, adv* impertinent, avec impertinence; **een ~e jongen** un insolent
vrij·spraak [vrɛisprak] *de (jur.)* acquittement
vrij·spre·ken [vrɛisprekə(n)] *vt (sprak vrij, h. vrijgesproken) (jur.)* acquitter
vrij·staand [vrɛistant] *adj* indépendant
vrij·stel·len [vrɛistɛlə(n)] *vt (stelde vrij, h. vrijgesteld)* dispenser; **iemand van belasting ~** exempter qqn d'impôts
vrij·stel·ling [vrɛistɛlɪŋ] *nf (-en)* dispense; **iemand ~ verlenen** dispenser qqn (de qqch)
vrij·uit [vrɛiœyt] *adv* franchement; **~ spreken** parler librement ♦ **~ gaan** être mis hors de cause, s'en tirer impunément
vrij·ver·kla·ren [vrɛivərklarə(n)] *vt (verklaarde vrij, h. vrijverklaard)* **1** acquitter **2** émanciper
vrij·wa·ren [vrɛiwarə(n)] *vt (vrijwaarde, h. gevrijwaard) (+ tegen, voor)* garantir (de); **gevrijwaard tegen** à l'abri de; **gevrijwaard blijven van rampen** être épargné par les catastrophes; **iemand voor iets ~** préserver qqn de qqch; *(fig.)* immuniser qqn contre qqch
vrij·wel [vrɛiwɛl] *adv* pratiquement
vrij·wil·lig [vrɛiwɪləχ] *adj, adv* volontaire(ment); **een ~e bijdrage** une contribution bénévole; **~ of niet** de gré ou de force
vrij·wil|li·ger [vrɛiwɪləχər] *nm (-s)*, **-ligster** *nf (-s)* volontaire
vrij·wil·li·gers·werk [vrɛiwɪləχərswɛrk] *het* bénévolat; **~ doen** travailler bénévolement
vrij·zin·nig [vrɛizɪnəχ] *adj, adv* **1** libéral(ement); **~ denken** avoir des idées libérales **2** *(Belg.)* incroyant
vrij·zin·nig·heid [vrɛizɪnəχhɛit] *nf* **1** libéralisme **2** *(relig., hist.)* tolérantisme
v.r.n.l. [vanrɛχ(t)snarlɪŋks] abrév. de *van rechts naar links* de dr. à g.
vroed·vrouw [vrutfrau] *nf (-en)* sage-femme
[1]**vroeg** [vruχ], **vroegen** → **vragen, aanvragen, navragen** *(etc.)*
[2]**vroeg** [vruχ] *adj, adv* **1** (à une heure) matinal(e); **~ op de ochtend** au début de la matinée **2** tôt; **hij is te ~** il est en avance; **hij kan op zijn ~st om zeven uur hier zijn** il pourra être ici à sept heures au plus tôt **3** précoce(ment); **~e aardbeien** fraises hâtives; **een te ~ geboren kind** un enfant né avant terme; **~ sterven** mourir jeune ♦ **de ~e, ~ste kinderjaren** la petite enfance; **~ oud** vieilli avant l'âge; *(prov)* **~ rijp, ~ rot** vite mûr, vite pourri; **de ~ste tijden** les temps les plus reculés; **ik heb een ~e trein genomen** j'ai pris le train le matin de bonne heure; **het ~ste werk van de schilder** les œuvres de la première période du peintre
vroe·ger [vruχər] *adj, adv* **1** antérieur, plus tôt; **in ~ dagen** autrefois; **zijn ~e leven** son passé **2** ancien; **zijn ~e verloofde** son ex-fiancée **3** autrefois; *(subst.)* **van ~ vertellen** raconter des souvenirs d'autrefois
vroe·ger·tje [vruχərcə] *het* ♦ **we hebben een ~ vandaag** on a fini de bonne heure aujourd'hui; **het was een ~ vanochtend** on a commencé de bonne heure ce matin
vroeg·mis [vruχmɪs] *de (cathol.)* première messe
vroeg·rijp [vruχrɛip] *adj* précoce, *(agric.)* hâtif
vroeg·te [vruχtə] *nf* ♦ **in de ~** au petit matin; **in alle ~** de grand matin
vroeg·tij·dig [vruχtɛidəχ] *adj, adv* **1** matinal, de bonne heure **2** prématuré(ment)
vro·lijk [vroləkl] *adj, adv* **1** gai(ement); *(fam.)* **even (zo) ~** comme si de rien n'était; **~ gestemd zijn** être d'humeur joyeuse; **zich over iets ~ maken** s'amuser de qqch; *(iron.)* **~ worden** avoir le vin gai **2** animé
vro·lijk·heid [vroləkhɛit] *nf* **1** gaieté **2** hilarité
VROM [vrɔm] *de (pol.)* abrév. de *Volkshuisvesting, Ruimtelijke Ordening en Milieubeheer* ⟨*Logement, Aménagement du Territoire et Gestion de l'Environnement*⟩
vro·me [vromə] *nm (-n)* dévot; **Lodewijk de Vrome** Louis le Pieux
vroom [vrom] *adj, adv (vromer, vroomst)* dévot, pieusement ♦ **vrome wensen** douces illusions
vroor [vror], **vroren** → **vriezen, doodvriezen** *(etc.)*
vrouw [vrau] *nf (-en)* **1** femme *(aussi épouse)*; **de ~ des huizes** la maîtresse de maison; **hij kijkt te veel naar de ~tjes** il s'intéresse trop aux femmes; **Onze-Lieve-Vrouw** la Sainte Vierge **2** *(jeux de cartes)* dame **3** (la) mère *(+ nom propre)* **4** *(s'adressant à un chat, un chien)* mémère ♦ **Vrouwe Justitia** la Justice
vrou·we·lijk [vrauwələk] *adj* féminin; **een ~e arts** une femme médecin; **iets ~s** qqch de féminin; **een ~e kat** une chatte; **het ~ lichaam** le corps de la femme
***vrou·wen-** [vrauwə(n)-] féminin; **het vrouwenblad** le magazine féminin
vrou·wen·arts [vrauwə(n)arts] *nm (-en)* gynécologue

vrou·wen·be·we·ging [vrauwə(n)bəweχɪŋ] *nf* mouvement féministe
vrou·wen·eman·ci·pa·tie [vrauwə(n)emansipa(t)si] *nf* émancipation de la femme
vrou·wen·gek [vrauwə(n)χɛk] *nm (-ken)* coureur de jupons
vrou·wen·groep [vrauwə(n)χrup] *de (-en)* **1** groupement féministe **2** association de femmes
vrou·wen·haat [vrauwə(n)hat] *nm* misogynie *(mépris pour les femmes)*
vrou·wen·han·del [vrauwə(n)handəl] *nm* traite des blanches
vrou·wen·ha·ter [vrauwə(n)hatər] *nm (-s)* misogyne *(homme qui méprise les femmes)*
vrou·wen|huis [vrauwə(n)hœys] *het (-huizen)* foyer des femmes
vrou·wen·ja·ger [vrauwə(n)jaχər] *nm (-s)* → vrouwengek
vrou·wen·kies·recht [vrauwə(n)kisrɛχt] *het (hist.)* (droit de) vote des femmes
vrou·wen|kwaal [vrauwə(n)kwal] *de (-kwalen)* **1** maladie gynécologique **2** *(fig.)* manie de femme
vrou·wen·li·te·ra·tuur [vrauwə(n)litəratyr] *nf* **1** littérature féminine **2** littérature féministe
vrou·wen·strijd [vrauwə(n)strɛit] *nm* lutte féministe
vrou·wen·za·ken [vrauwə(n)zakə(n)] *plur* ♦ de staatssecretaris voor Vrouwenzaken le secrétaire d'État à la Condition féminine
vrou·wen·ziek·te [vrauwə(n)ziktə] *nf (-n, -s)* maladie gynécologique
vrouw·mens [vraumɛns] *het (péj.)* bonne femme
vrouw·on·vrien·de·lijk [vrauɔnvrindələk] *adj, adv* défavorable à l'égalité de la femme, en défaveur de l'égalité de la femme
vrouws·per|soon [vrauspɛrson] *het (-sonen)* femme, *(péj.)* créature
vrouw·tje [vraucə] *het (-s),* **vrouwtjesdier** *het (-en)* femelle
vrouw·vij·an·dig [vrauvɛijandəχ] *adj* hostile à l'égalité des femmes
vrouw·vrien·de·lijk [vrauvrindələk] *adj, adv* favorable à l'égalité de la femme, en faveur de l'égalité de la femme
VRT [veɛrte] *de* abrév. de *Vlaamse Radio- en Televisieomroeporganisatie* VRT *(chaîne publique flamande de radio et de télévision)*
vrucht [vrʌχt] *de (-en)* **1** *(bot.; aussi au fig.)* fruit; het kapitaal begint ~ af te werpen le capital commence à fructifier; *(fig.)* ~ dragen être couronné de succès; goede ~en van iets plukken retirer de substantiels bénéfices de qqch; zonder ~ infructueux **2** fœtus; onvoldragen ~ fœtus expulsé
vrucht·af·drij·ving [vrʌχtavdrɛivɪŋ] *nf (-en)* avortement
vrucht|baar [vrʌχtbar] *adj (-baarder, -baarst)* fertile; ~ maken fertiliser; een ~ schrijver un auteur fécond
vrucht·baar·heid [vrʌχtbarhɛit] *nf* fécondité
vruch·te|loos [vrʌχtəlos] *adj, adv (-lozer, -loost) (fig.)* infructueux, inutilement; vruchteloze moeite peine perdue
vruch·ten·ijs [vrʌχtə(n)ɛis] *het* glace aux fruits
vruch·ten·taart [vrʌχtə(n)tart] *de (-en)* tarte aux fruits
vrucht|ge·bruik [vrʌ(χt)χəbrœyk], **-genot** *het* usufruit; iets in ~ hebben avoir l'usufruit de qqch
vrucht|vlies [vrʌχtflis] *het (-vliezen) (méd.)* amnios
vrucht·wa·ter [vrʌχtwatər] *het (méd.)* liquide amniotique
vrucht·wa·ter·punc·tie [vrʌχtwatərpʌŋksi] *nf (-s) (méd.)* amniocentèse
vs. [vɛrsʌs] **1** abrév. de *vers* v. **2** abrév. de *versus* vs
VS [veɛs] *plur* abrév. de *Verenigde Staten* E.-U.
V-snaar [vesnar] *de (V-snaren)* courroie de ventilateur *(d'une voiture)*
vso [veɛso] *het (Belg.)* abrév. de *vernieuwd secundair onderwijs* ESR
[1]**vuil** [vœyl] *het* **1** ordures; *(fig.)* met ~ gooien naar iemand noircir qqn; ergens voor oud ~ liggen être abandonné de tous; iemand behandelen als een stuk ~ traiter qqn comme un chien **2** impuretés
[2]**vuil** [vœyl] *adj* **1** sale **2** vilain; iemand ~ aankijken jeter un regard noir à qqn; *(fig.)* een ~ gezicht zetten prendre un air hargneux; het ~e werk opknappen faire le sale boulot **3** pollué **4** gâté; *(sports)* ~ spelen faire de l'antijeu **5** salissant ♦ *(fam.)* zijn salaris ~ in handen krijgen toucher le brut
vui·lak [vœylak] *nm (-ken) (fam.)* salopard
vuil·bek·ken [vœylbɛkə(n)] *vi (vuilbekte, h. gevuilbekt)* dire des obscénités
vui·lig|heid [vœyləχhɛit] *nf (-heden)* **1** saleté **2** excréments **3** obscénités
vuil·ma·ken [vœylmakə(n)] *vt (maakte vuil, h. vuilgemaakt)* salir
vuil·nis [vœylnɪs] *het/de* ordures
vuil·nis·au·to [vœylnɪsauto] *nm (-'s)* benne à ordures
vuil·nis·bak [vœylnɪzbak] *nm (-ken)* poubelle
vuil·nis·belt [vœylnɪzbɛlt] *de (-en)* décharge publique
vuil·nis·em·mer [vœylnɪsɛmər] *nm (-s)* → vuilnisbak
vuil·nis·man [vœylnɪsman] *nm (-nen)* éboueur
vuil·nis·wa·gen [vœylnɪswaχə(n)] *nm (-s)* → vuilnisauto
vuil·nis·zak [vœylnɪsak] *nm (-ken)* sac-poubelle
vuil·stort·plaats [vœylstɔrtplats] *de (-en)* → vuilnisbelt

vuil·tje [vœylcə] *het (-s)* ♦ **er is geen ~ aan de lucht** tout va pour le mieux (dans le meilleur des mondes); **doen alsof er geen ~ aan de lucht was** faire comme si de rien n'était

vuist [vœyst] *de (-en)* poing; **met gebalde ~en** les poings serrés; **met ijzeren ~ regeren** diriger d'une main de fer; **een ~ maken tegen** faire front contre; **op de ~ gaan** en venir aux mains ♦ **in zijn ~je lachen** rire sous cape; *(fig.)* **uit het ~je eten** manger sur le pouce; **voor de ~ (weg)** à l'improviste; *(Belg.)* **recht voor de ~** sans ambages

vuist·re·gel [vœystreχəl] *nm (-s)* règle empirique

vul·ga·ri·teit [vʌlχaritɛit] *nf* **1** vulgarité **2** chose vulgaire

vul|kaan [vʌlkan] *nm (-kanen)* volcan; **uitgedoofde vulkanen** volcans éteints; **werkende vulkanen** volcans en activité

vul·len [vʌlə(n)] *vt (vulde, h. gevuld)* **1** remplir; **het eten vult ontzettend** la nourriture bourre terriblement; **een kip met gehakt ~** farcir un poulet de viande hachée; **een goed gevulde portemonnee** un portefeuille bien garni; **de wind vult de zeilen** le vent gonfle les voiles **2** plomber *(dents)*

vul·ling [vʌlɪŋ] *nf (-en)* **1** remplissage, *(nourriture)* farce; **bonbons met een ~ van fondant** chocolats fourrés au fondant **2** plombage *(de dent)* **3** recharge *(d'arme)*; **een losse ~** une cartouche

vul·pen [vʌlpɛn] *de (-nen)* stylo (à plume)

vul·pot|lood [vʌlpɔtlot] *het (-loden)* porte-mine

vul·sel [vʌlsəl] *het (-s)* remplissage

vuns [vʌns], **vunzig** *adj* **1** moisi **2** sale; **een vunze opmerking** une remarque triviale

vu·ren [vyrə(n)] *vi (vuurde, h. gevuurd)* **1** faire feu; **staakt het ~!** cessez le feu !; **op de vijand ~** tirer sur l'ennemi **2** étinceler

vu·ren·hout [vyrə(n)hɑut] *het* épicéa

vu·rig [vyrəχ] *adj, adv* **1** enflammé **2** étincelant; **~e ogen** yeux qui lancent des éclairs **3** ardent, ardemment; **~e paarden** chevaux fougueux

vu·rig·heid [vyrəχhɛit] *nf* **1** feu **2** rougeur *(peau)*

VUT [vʌt] *nf* abrév. de *vervroegde uittreding* préretraite

vut·ten [vʌtə(n)] *vi (vutte, h. gevut)* prendre sa retraite anticipée

vut·ter [vʌtər] *nm (-s)* préretraité, -ée

vuur [vyr] *het (vuren)* **1** feu *(aussi au fig.)*; **als een lopend ~tje rondgaan** se répandre comme une traînée de poudre; *(fig.)* **voor iemand door het ~ gaan** se jeter au feu pour qqn; **eigen ~** tir ami; **ik heb wel voor heter vuren gestaan** j'en ai vu d'autres; **het huis staat in ~ en vlam** la maison est en flammes; **op een laag, zacht ~tje** à feu doux; **iemand het ~ na aan de schenen leggen** harceler qqn de questions, mettre qqn au pied du mur; **het ~ uit zijn sloffen lopen** faire feu des quatre fers; **iets met ~ verdedigen** défendre qqch avec passion; **de vijand onder ~ nemen** ouvrir le feu sur l'ennemi; **haar ogen schoten ~** ses yeux lançaient des éclairs; **een ~tje stoken** allumer un feu (de bois); *(fig.)* mettre le feu aux poudres; *(fig.)* **iets te ~ en te zwaard verdedigen** défendre qqch à feu et à sang; **iets uit het ~ slepen** se démener pour obtenir qqch; **~ vatten** prendre feu; *(fig.)* **in ~ en vlam zetten** échauffer (les esprits) **2** *(méd.)* gangrène; **heet ~** gangrène (foudroyante)

***vuur-** [vyr-] de feu; **de vuurlinie** la ligne de feu

vuur·be·sten·dig [vyrbəstɛndəχ] *adj* → **vuurvast**

vuur·dood [vyrdot] *nm* **1** mort par le feu **2** supplice du feu

vuur·doorn [vyrdorn] *nm (-s) (bot.)* buisson-ardent, cotonéaster

vuur·ge·vecht [vyrχəvɛχt] *het (-en)* **1** fusillade **2** mitraillade

vuur·pe·lo·ton [vyrpelotɔn] *het (-s)* peloton d'exécution

vuur·pijl [vyrpɛil] *nm (-en)* fusée *(pièce de feu d'artifice)*

vuur|proef [vyrpruf] *de (-proeven)* **1** *(milit.)* épreuve du feu **2** *(hist.; fig.)* épreuve par le feu; *(fig.)* **de ~ doorstaan** soutenir une rude épreuve

vuur·re·gen [vyrexə(n)] *nm (-s)* **1** pluie de feu **2** pluie de balles

vuur·spu·wend [vyrspywənt] *adj* ignivome

[1]**vuur|steen** [vyrsten] *nm (-stenen)* pierre à feu

[2]**vuur|steen** [vyrsten] *het/de (-stenen)* silex

vuur·tje [vyrcə] *het (-s)* → **vuur**

vuur·to·ren [vyrtorə(n)] *nm (-s)* **1** phare **2** rouquin

vuur·vast [vyrvɑst] *adj* **1** ininflammable **2** résistant au feu **3** réfractaire *(poterie etc.)*

vuur·vlieg·je [vyrvliχjə] *het (-s) (zool.)* luciole

vuur·vre·ter [vyrvretər] *nm (-s)* **1** mangeur de feu **2** sabreur *(soldat)*

vuur·wa·pen [vyrwapə(n)] *het (-s)* arme à feu

vuur·werk [vyrwɛrk] *het* feu d'artifice

VVD [vevede] *nf (pol.)* abrév. de *Volkspartij voor Vrijheid en Democratie* ⟨*Parti populaire pour la Liberté et la Démocratie*⟩

V-vor·mig [vevɔrməχ] *adj, adv* en V.

VVV® [veveve] *nf* abrév. de *Vereniging voor Vreemdelingen Verkeer* SI, office de tourisme

vwo [veweo] *het* abrév. de *voorbereidend wetenschappelijk onderwijs* ⟨*enseignement (long) du second degré*⟩

vz. [vorzɪtər] abrév. de *voorzitter* Prés., Présid.

v.z.m. [vorzovɛrmoχələk] abrév. de *voor zover mogelijk* si poss.

vzw [vezɛtwe̲] *nf (-'s) (Belg.)* abrév. de *vereniging zonder winstoogmerk* a.s.b.l.

W

W. **1** abrév. de *west(en)* O **2** abrév. de *wetboek* C.
waag|hals [waχhɑls] *nm (-halzen)* casse-cou
waag|schaal [waχsχal] *de (-schalen)* ♦ **alles in de ~ stellen** risquer le tout pour le tout
waag·stuk [waχstʌk] *het (-ken)* gageure
waai·en [wajə(n)] *vi, vb impers (waaide, woei, h. gewaaid)* **1** faire du vent; **het waait hard** le vent souffle fort **2** être emporté par le vent ♦ **laat maar ~!** laisse tomber !
waai·er [wajər] *nm (-s)* éventail
waai·er·vor·mig [wajərvɔrməχ] *adj* en éventail
waak·hond [wakhɔnt] *nm (-en)* chien de garde
waaks [waks] *adj (waakser, meest w.)* vigilant
waak·vlam [wakflɑm] *de (-men)* veilleuse
waak|zaam [waksam] *adj, adv (-zamer, -zaamst)* vigilant, avec vigilance
Waal [wal] *nm (Walen),* **Waalse** *nf (-n)* Wallon, -onne
waan [wan] *nm* **1** erreur; **in de ~ brengen** faire croire (qqch à qqn); **in de ~ verkeren dat ...** s'imaginer que ...; **(iemand) uit de ~ helpen** détromper (qqn) **2** illusion
waan|denk·beeld [wandɛŋgbelt] *het (-den),* **-idee** *het (-ën)* illusion
waan·voor·stel·ling [wanvorstɛlɪŋ] *nf (-en)* hallucination
waan·zin [wanzɪn] *nm* folie
waan·zin·nig [wanzɪnəχ] *adj, adv* fou, follement; **het was er ~ druk** il y avait un monde fou; **~ veel van iemand houden** aimer qqn à la folie
waan·zin·nig·heid [wanzɪnəχhɛit] *nf* → **waanzin**
[1]**waar** [war] *de (waren)* marchandise; *(prov)* **alle ~ is naar zijn geld** qui bon l'achète, bon le boit, chaque chose a son prix; **~ voor zijn geld krijgen, willen** en avoir, vouloir pour son argent
[2]**waar** [war] *adj (waarder, waarst)* vrai; **eerlijk ~!** (ma) parole (d'honneur) !; **dat is ~ ook** au fait, ah oui, c'est vrai; **de ware oorzaak** la cause réelle; **zo ~ (als) ik leef, (als) ik hier sta** aussi vrai que je m'appelle X ♦ **hij is (voor haar) de ware (jakob)** c'est l'homme de sa vie
[3]**waar** [war] *adv (waarder, waarst)* où; **~ (dan) ook** où que ce soit; **een probleem ~ hij niet aan gedacht had** un problème auquel il n'avait pas pensé; **~ kom je vandaan?** d'où viens-tu ?
waar·aan [waran] *adv* **1** *(interrogatif; indéfini)* à quoi; **~ heb ik dit te danken?** qu'est-ce qui me vaut cet honneur ? **2** *(relatif)* auquel
waar·ach·ter [warɑχtər] *adv* **1** *(interrogatif)* derrière quoi **2** *(relatif)* derrière lequel
[1]**waar·ach·tig** [warɑχtəχ] *adj, adv* vrai(ment)
[2]**waar·ach·tig** [warɑχtəχ] *interj (iron.)* (par) ma foi !
waar·bij [warbɛi] *adv* **1** *(interrogatif)* près de quoi **2** *(relatif)* près duquel
waar·borg [warbɔrχ] *nm (-en)* **1** garantie **2** garant, -ante
waar·bor·gen [warbɔrχə(n)] *vt (waarborgde, h. gewaarborgd)* garantir
waar·bo·ven [warbovə(n)] *adv* **1** *(interrogatif)* au-dessus de quoi **2** *(relatif)* au-dessus duquel
[1]**waard** [wart] *nm (-en)* aubergiste; **buiten de ~ rekenen** faire un mauvais calcul; *(prov)* **zoals de ~ is, vertrouwt hij zijn gasten** on mesure les autres à son aune
[2]**waard** [wart] *adj* **1** important **2** *(form.; interpellatif)* cher ♦ **je bent niet ~ dat ...** tu ne mérites pas que ...; **hij is haar niet ~** elle est trop bien pour lui; **dat is zijn geld niet ~** cela ne vaut pas la dépense; *(prov)* **wie geeft wat hij heeft, is ~ dat hij leeft** ± la plus belle fille (du monde) ne peut donner que ce qu'elle a; **het geld wordt minder ~** la monnaie se déprécie; **dit is het vermelden ~** cela mérite d'être signalé; **~ zijn** valoir
waar·de [wardə] *nf (-n)* valeur; **van gelijke ~** équivalent; **veel ~ aan iets hechten** tenir beaucoup à qqch; **iemand in zijn ~ laten** ne pas humilier qqn; **naar ~ schatten** estimer à sa juste valeur; **van onschatbare ~ zijn** n'avoir pas de prix; **ter ~ van** d'une valeur de; **van nul en generlei ~** sans aucune valeur
waar·de·bon [wardəbɔn] *nm (-nen)* bon
waar·de|loos [wardəlos] *adj (-lozer, meest w.)* sans valeur; **een ~ boek** un livre nul; **dat is ~** ça ne vaut rien; **~!** c'est nul !
waar·de·pa·pier [wardəpapir] *het (-en)* papiers de commerce
waar·de·ren [wardərə(n)] *vt (waardeerde, h. gewaardeerd)* apprécier; **iemand ten zeerste ~** tenir qqn en haute estime; **iets ~ op** estimer qqch à

waar·de·rend [wardərənt] *adj, adv* élogieux, élogieusement

waar·de·ring [warderɪŋ] *nf (-en)* **1** appréciation; **~ voor iets hebben** apprécier qqch; **uit ~ voor** par estime pour **2** notation

waar·de·vast [wardəvɑst] *adj* (de valeur) stable; **~ maken** indexer

waar·de·vol [wardəvɔl] *adj* précieux

waar·dig [wardəχ] *adj, adv* digne (de), dignement; **hij keurde haar geen antwoord ~** il ne daigna pas lui répondre ♦ **iemand ~ ontvangen** recevoir qqn avec les honneurs dus à son rang

waar·dig|heid [wardəχhɛit] *nf (-heden)* dignité; **iets beneden zijn ~ achten** ne pas daigner faire qqch

waar·door [wardor] *adv* **1** *(interrogatif)* par quel moyen; **~ werd hij ziek?** qu'est-ce qui l'a rendu malade ? **2** *(relatif)* par lequel; **ik weet ~ het komt** je sais à quoi cela est dû ♦ **~ het ook komt** quelle qu'en soit la cause

waar·heen [warhen] *adv* où; **~ men zich ook wendt** de quelque côté qu'on se tourne

waar|heid [warhɛit] *nf (-heden)* vérité; **een ~ als een koe** une vérité de la Palice; **naar ~** conformément à la vérité; **de volle ~** toute la vérité; **iemand (flink, terdege, ongezouten) de ~ zeggen** dire ses (quatre) vérités à qqn; *(prov)* **de ~ ligt in het midden** toute médaille a son revers

waar·heids·ge|trouw [warhɛitsχətrɑu] *adj, adv (-trouwer, meest w.)* véridique(ment)

waar·in [warɪn] *adv* où; **zeg mij ~ ik gefaald heb** dis-moi en quoi j'ai failli

waar·langs [warlɑŋs] *adv* par où

waar·lijk [warlək] *adv (form.)* vraiment

[1]**waar·ma·ken** [warmakə(n)] *vt (maakte waar, h. waargemaakt)* **1** prouver **2** accomplir (qqch); **zijn beloften ~** réaliser ses promesses

[2]**waar·ma·ken, zich** [warmakə(n)] *vpr (maakte zich waar, h. zich waargemaakt)* faire ses preuves

waar·mee [warme] *adv* **1** *(interrogatif)* avec quoi; **~ kan ik u dienen?** en quoi puis-je vous être utile ? **2** *(relatif)* avec lequel

waar·merk [warmɛrk] *het (-en)* **1** estampille; **het ~ van echtheid** la garantie d'authenticité **2** marque **3** empreinte

waar·na [warna] *adv* **1** *(interrogatif)* après quoi **2** *(relatif)* après lequel

waar·naar [warnar] *adv* **1** *(interrogatif)* vers quoi; **waar kijk je naar?** qu'est-ce que tu regardes ?; **~ smaakt dat?** quel goût cela a-t-il ? **2** *(relatif)* vers lequel; **het doel ~ hij streeft** le but qu'il vise

waar·neem·baar [warnembar] *adj, adv* observable, sensiblement; **het waarneembare** le sensible

waar·ne·men [warnemə(n)] *vti (nam waar, h. waargenomen)* **1** remplacer (qqn); **een artsenpraktijk ~** assurer le remplacement dans un cabinet médical **2** *(form.)* exercer (une fonction) **3** (a)percevoir

waar·ne·mend [warnemənt] *adj* intérimaire

waar|ne·mer [warnemər] *nm (-s),* **-neemster** *nf (-s)* **1** observateur, -trice **2** intérimaire

waar·ne·ming [warnemɪŋ] *nf (-en)* **1** perception **2** observation **3** remplacement

waar·om [warɔm] *adv* pourquoi

waar·om·heen [warɔmhen] *adv* autour de quoi

waar·on·der [warɔndər] *adv* **1** *(interrogatif)* sous quoi **2** *(relatif)* sous lequel **3** parmi lesquels

waar·op [warɔp] *adv* **1** sur quoi **2** *(relatif)* sur lequel; **de datum ~ …** la date à laquelle …; **de manier ~ …** la manière dont … **3** à quoi

waar·over [warovər] *adv* **1** *(interrogatif)* de, sur quoi **2** *(relatif)* dont

waar·schijn·lijk [warsχɛinlək] *adj, adv* probable(ment)

waar·schijn·lijk|heid [warsχɛinləkhɛit] *nf (-heden)* probabilité; **naar alle ~** selon toute probabilité

waar·schu·wen [warsχywə(n)] *vt (waarschuwde, h. gewaarschuwd)* prévenir; **ik waarschuw je voor de laatste maal** c'est la dernière fois que je te le répète; **iemand voor een gevaar ~** avertir qqn d'un danger; **men heeft mij voor hem gewaarschuwd** on m'a mis en garde contre lui

waar·schu·wing [warsχywɪŋ] *nf (-en)* avertissement

waar·te·gen [warteχə(n)] *adv* **1** *(interrogatif)* contre quoi **2** *(relatif)* contre lequel

waar·toe [wartu] *adv* à quoi; **de bekentenis ~ ik je gedwongen heb** l'aveu auquel je t'ai contraint

waar·tus·sen [wartʌsə(n)] *adv* **1** *(interrogatif)* entre quoi **2** *(relatif)* entre, parmi lesquels

waar·uit [warœyt] *adv* d'où

waar·van [warvɑn] *adv* **1** *(interrogatif)* de quoi **2** *(relatif)* dont; **op grond ~** en vertu de quoi; **naar aanleiding ~?** à propos de quoi ?

waar·van·daan [warvɑndan] *adv* d'où

waar·voor [warvor] *adv* **1** *(interrogatif)* à quoi ? **2** *(fam., interrogatif)* pourquoi **3** *(relatif)* pour lequel

waar·zeg·gen [warzɛχə(n)] *vti (waarzegde, h. gewaarzegd, waargezegd)* prédire l'avenir (à qqn)

waar·zeg|ger [warzɛχər] *nm (-s),* **-ster** *nf (-s)* diseur, -euse de bonne aventure

waar·zeg·ge·rij [warzɛχərɛi] *nf (-en)* divination

waar·zo [warzo] *adv (fam.)* où ça ?

waas [was] *het* voile

[1]**wacht** [wɑχt] *de* garde; **(de) ~ houden** être de garde; **op ~ staan** être de quart ♦ **iets**

in de ~ slepen *(réussir à obtenir)* décrocher qqch
[2]**wacht** [waχt] *nm (-en)* gardien
*__wacht-__ [waχt-] 1 de garde; **de wachtdienst** le service de garde 2 d'attente; **de wachtlijst** la liste d'attente
[1]**wach·ten** [waχtə(n)] *vti (wachtte, h. gewacht)* attendre; **als je denkt dat ..., dan kun je lang ~** si tu penses que ..., tu peux toujours courir; **~ met eten** attendre pour manger; **op iemand ~** attendre qqn; **op zich laten ~** se faire attendre; **daar zit ik niet op te ~** non merci, très peu pour moi
[2]**wach·ten, zich** [waχtə(n)] *vpr (wachtte zich, h. zich gewacht) (+ voor)* prendre garde (à); **zich ervoor ~ te** se garder de
wach·ter [waχtər] *nm (-s)* gardien, -ienne
wacht·geld [wa(χt)χɛlt] *het (-en)* (traitement de) disponibilité
wacht·mees·ter [waχtmestər] *nm (-s)* 1 *(milit.)* maréchal des logis 2 brigadier
wacht·post [waχtpɔst] *nm (-en)* 1 poste de garde 2 garde
wacht·woord [waχtwort] *het (-en)* mot de passe; **het ~ doorgeven** passer la consigne
wad [wat] *het (-den)* gué
wa·den [wadə(n)] *vi (waadde, h./i. gewaad)* passer à gué
wa·fel [wafəl] *de (-s)* 1 gaufre 2 *(fam.)* bec; **hou je ~!** la ferme !
wa·fel·ij·zer·po·li·tiek [wafəlɛizərpolitik] *nf (Belg.)* politique du gaufrier
waf·fel [wafəl] *de (-s) (fam.)* → **wafel 2**
[1]**wa·gen** [waχə(n)] *nm (-s)* voiture; *(prov)* **krakende ~s lopen het langst** pot fêlé dure longtemps; *(Belg.)* **met de ~ komen** venir en voiture; *(fam.)* **een mooi ~tje** une belle bagnole
[2]**wa·gen** [waχə(n)] *vt (waagde, h. gewaagd)* risquer; **waag het eens!** ose un peu !; **het erop ~** tenter le coup; *(prov)* **wie niet waagt, die niet wint** qui ne risque rien n'a rien; **de poging ~** tenter l'expérience ♦ **aan elkaar gewaagd zijn** se valoir; **zich op het ijs ~** s'aventurer sur la glace
wa·gen·wijd [waχə(n)wɛit] *adv* ♦ **~ open** grand ouvert
wa·gen·ziek [waχə(n)zik] *adj* qui a le mal de la route
wag·ge·len [waχələ(n)] *vi (waggelde, h./i. gewaggeld)* 1 tituber 2 vaciller
Wa·jong [wajɔŋ] *de (Pays-Bas)* ⟨*loi sur le régime invalidité des jeunes handicapés*⟩
wak [wak] *het (-ken)* trou *(dans la glace)*
wa·ken [wakə(n)] *vi (waakte, h. gewaakt)* veiller
wa·ker [wakər] *nm (-s)* gardien
wak|ker [wakər] *adj, adv (-kerder, -kerst)* réveillé; **ergens niet ~ van liggen** ne pas en perdre le sommeil; **iemand ~ maken** réveiller qqn; **iets bij iemand ~ maken** éveiller qqch chez, en qqn; **~ schrikken** se réveiller en sursaut
wal [wal] *nm (-len)* 1 mur (de terre); **van twee ~letjes eten** manger à tous les râteliers 2 quai; **van ~ steken** *(fig.)* démarrer; **van de ~ in de sloot raken** tomber de Charybde en Scylla; **iemand van de ~ in de sloot helpen** desservir qqn 3 terre (ferme); **aan ~ gaan** débarquer ♦ **de Amsterdamse ~letjes** le quartier rose d'Amsterdam; **~len onder de ogen hebben** avoir des poches sous les yeux
Wales [wels] *het* pays de Galles
wal·ge·lijk [walχələk] *adj, adv* (de manière) dégoûtant(e)
wal·gen [walχə(n)] *vi (walgde, h. gewalgd)* être dégoûté (de); **doen ~** écœurer; **tot ~s (toe)** jusqu'au dégoût; **ik walg van je** tu me dégoûtes
wal·ging [walχɪŋ] *nf* dégoût
wal·hal·la [walhala] *het* paradis
wal·le·bak·ken [waləbakə(n)] *vi (wallebakte, h. gewallebakt) (Belg.; fam.)* faire la noce
wal·le·tjes [waləcəs] *plur* le district rose d'Amsterdam
walm [walm] *nm (-en)* fumée (épaisse), *(odeur)* relent
wal·men [walmə(n)] *vi (walmde, h. gewalmd)* fumer
[1]**wal|noot** [walnot] *nm (-noten)* noyer *(arbre; bois)*
[2]**wal|noot** [walnot] *de (-noten)* noix
wal·rus [walrʌs] *nm (-sen) (zool.)* morse
wals [wals] *de (-en)* 1 *(mus.)* valse 2 *(indus.)* rouleau (compresseur) 3 *(indus.)* laminoir
[1]**wal·sen** [walsə(n)] *vi (walste, h. gewalst)* valser ♦ *(sports)* **over de tegenstander heen ~** écraser l'adversaire
[2]**wal·sen** [walsə(n)] *vt (walste, h. gewalst)* laminer
wal·vis [walvɪs] *nm (-sen)* baleine
wal·vis·vangst [walvɪsfaŋst] *nf* pêche à la baleine
wan·be·grip [wambəχrɪp] *het (-pen)* incompréhension
wan·be·heer [wambəher], **wanbeleid** *het* mauvaise gestion
wan·be·ta·ler [wambətalər] *nm (-s)* mauvais payeur
wand [want] *nm (-en)* paroi
*__wand-__ [want-] mural; **de wandbekleding** le revêtement mural
wan|daad [wandat] *de (-daden)* méfait
wan·del [wandəl] *nm* ♦ **hij is aan de ~** il se promène; **dat is nog een hele ~** il y a encore une fameuse trotte
wan·del|laar [wandəlar] *nm (-s)*, **-laarster** *nf (-s)* promeneur, -euse; **zij zijn geen grote ~s** ce ne sont pas de grands marcheurs
wan·de·len [wandələ(n)] *vi (wandelde, h. gewandeld)* 1 se promener; **een eindje ~** faire une petite promenade 2 *(sports)* faire de la marche (à pied) 3 faire des randonnées (pédestres)
wan·de·lend [wandələnt] *adj* ambulant
wan·del·gang [wandəlχaŋ] *nm (-en)*

◆ **iets in de ~en horen** apprendre qqch dans les couloirs

wan·de·ling [wandəlɪŋ] *nf (-en)* **1** promenade **2** trajet ◆ **in de ~** dans la vie de tous les jours

wan·del·kaart [wandəlkart] *de (-en)* carte des chemins pédestres

wan·del·pad [wandəlpat] *het (-en)* sentier (de promenade)

wan·del·pier [wandəlpir] *nm (-en)* jetée

wan·del·rou·te [wandəlrutə] *de (-s)* circuit pédestre

wan·del·schoen [wandəlsχun] *nm (-en)* chaussure de marche

wan·del·stok [wandəlstɔk] *nm (-ken)* canne *(bâton, roseau)*

wan·del·wa·gen [wandəlwaχə(n)] *nm (-s)* poussette

wand|kleed [wantklet] *het (-kleden)* → **wandtapijt**

wand·rek [wantrɛk] *het (-ken)* **1** espalier **2** étagère

wand·ta·pijt [wantapɛit] *het (-en)* tapisserie

wa·nen [wanə(n)] *vt (waande, h. gewaand) (form.)* croire

wang [waŋ] *de (-en)* joue

wan|ge·drag [waŋχədraχ] *het (-gedragingen)* mauvaise conduite

wan·hoop [wanhop] *de* désespoir; **de ~ nabij zijn** être au bord du désespoir

wan·ho·pen [wanhopə(n)] *vi (wanhoopte, h. gewanhoopt)* désespérer (de)

wan·ho·pig [wanhopəχ] *adj, adv* désespéré(ment); **~ worden** se désespérer

wan·kel [waŋkəl] *adj, adv* **1** chancelant; **~ staan** ne pas être stable; *(fig.)* ne pas avoir ses arrières assurés **2** *(fig.)* (d'une façon) incertain(e); **het ~e geluk** le bonheur fragile; **een ~e gezondheid** une santé précaire

wan·ke·len [waŋkələ(n)] *vi (wankelde, h./i. gewankeld)* **1** chanceler; **aan het ~ brengen** faire vaciller; **mijn principes zijn aan het ~ gebracht** mes principes sont ébranlés **2** tituber

wan·kel·moe·dig [waŋkəlmudəχ] *adj, adv* (d'une façon) hésitant(e), indécis(e)

wan·klank [waŋklaŋk] *nm (-en)* fausse note

[1]**wan·neer** [waner] *adv* quand

[2]**wan·neer** [waner] *conj* **1** quand **2** si

wan·or·de [wanɔrdə] *de* désordre

wan·or·de·lijk [wanɔrdələk] *adj, adv* désordonné, en désordre

wan·pres·ta·tie [wamprɛsta(t)si] *nf* mauvaise performance; **een ~ leveren** faire une mauvaise performance

wan·smaak [wansmak] *nm* mauvais goût

wan·stal tig [wanstaltəχ] *adj* affreux

[1]**want** [want] *de (-en)* moufle *(sorte de gant)*

[2]**want** [want] *het (mar.)* manœuvres (dormantes)

[3]**want** [want] *conj* parce que

wan·ten [wantə(n)] *vi* ◆ **hij weet van ~** il s'y connaît

wan·toe·stand [wantustant] *nm (-en)* situation intolérable

[1]**wan·trou·wen** [wantrauwə(n)] *het* méfiance

[2]**wan·trou·wen** [wantrauwə(n)] *vt (wantrouwde, h. gewantrouwd)* se méfier de

wan·trou·wend [wantrauwənt], **wantrouwig** *adj, adv* méfiant, avec méfiance

wan·trou·wig·heid [wantrauwəχhɛit] *nf* → [1]**wantrouwen**

wan·ver·hou·ding [wanvərhaudɪŋ] *nf (-en)* disproportion

WAO [weao] *de* abrév. de *Wet op de Arbeidsongeschiktheidsverzekering* loi sur l'assurance incapacité de travail

wa·pen [wapə(n)] *het (-s)* arme *(aussi au fig.)*; **onder de ~en roepen** appeler sous les drapeaux; **iemand de ~s uit handen slaan** ôter à qqn tout moyen de défense; **te ~!** aux armes ! ◆ **het Nederlandse ~** les armes des Pays-Bas

***wa·pen-** [wapə(n)-] d'armes

wa·pen·be·per·king [wapə(n)bəpɛrkɪŋ] *nf* limitation des armements

wa·pen·broe·der [wapə(n)brudər] *nm (-s)* compagnon d'armes

wa·pen·em·bar·go [wapə(n)ɛmbarχo] *het (-'s)* embargo sur l'exportation d'armes

wa·pe·nen [wapənə(n)] *vt (wapende, h. gewapend)* armer

wa·pen·feit [wapə(n)fɛit] *het (-en)* **1** fait d'armes **2** exploit

wa·pen·ge·klet·ter [wapə(n)χəklɛtər] *het* menace de guerre

wa·pe·ning [wapənɪŋ] *nf (-en)* **1** armement **2** armature

wa·pen·kun·de [wapə(n)kʌndə] *nf* (science) héraldique

wa·pen·rus·ting [wapə(n)rʌstɪŋ] *nf (-en)* armure

wa·pen·schild [wapə(n)sχɪlt] *het (-en)* écu(sson)

wa·pen·stil·stand [wapə(n)stɪlstant] *nm (-en)* armistice

wa·pen·tuig [wapə(n)tœyχ] *het* armement

wa·pen·ver·gun·ning [wapə(n)vərχʌnɪŋ] *nf (-en)* permis de port d'armes

wa·pen·wed·loop [wapə(n)wɛtlop] *nm* course aux armements

wap·pe·ren [wapərə(n)] *vi (wapperde, h. gewapperd)* flotter (au vent)

war [war] *de* ◆ **in de ~ zijn** tout mélanger; **in de ~ raken** *(aussi au fig.)* s'embrouiller; **iemand in de ~ brengen** dérouter qqn; mettre qqn dans l'embarras; *(euph.)* **hij is een beetje in de ~** il a la tête à l'envers; **iets in de ~ sturen, schoppen** embrouiller qqch

wa·ran·da [waranda] *de (-'s)* véranda

war·boel [warbul] *nm* fouillis

wa·rem·pel [warɛmpəl] *interj (fam.)* pardi !

[1]wa·ren [warə(n)] → zijn, bijeenzijn

[2]wa·ren [warə(n)] *vi (waarde, h. gewaard) (form.)* vaguer

wa·ren|huis [warə(n)hœys] *het (-huizen)* grand magasin

war·hoofd [warhoft] *het (-en)* esprit brouillon

warm [warm] *adj, adv* **1** chaud(ement); het is ~ (weer) il fait chaud; het ~ krijgen commencer à avoir chaud; ~ lopen voor iets se passionner pour qqch; iets ~ maken (faire) chauffer qqch; iemand voor iets ~ maken intéresser qqn à qqch **2** chaleureux, chaleureusement; iemand iets ~ aanbevelen recommander vivement qqch à qqn ♦ je bent ~! tu brûles ! *(dans un jeu);* het ging er ~ (aan) toe cela a chauffé

warm·bloe·dig [warmbludəχ] *adj* **1** *(biol.)* à sang chaud **2** *(fig.)* ardent

warm·draai·en [warmdrajə(n)] *vti (draaide warm, h./i. warmgedraaid)* **1** faire tourner *(moteur)* **2** *(fig.)* se préparer

war·men [warmə(n)] *vt (warmde, h. gewarmd)* chauffer; zich ~ se réchauffer

warm·lo·pen [warmlopə(n)] *vi (liep warm, i. warmgelopen)* **1** chauffer **2** *(fam.)* s'emballer

warm·pjes [warmpjəs] *adv* chaudement; er ~ bij zitten avoir du foin dans ses bottes

warm·te [warmtə] *nf* **1** chaleur **2** sympathie

***warm·te-** [warmtə-] thermique

warm·te·bron [warmtəbrɔn] *de (-nen)* source de chaleur

war·re·len [warələ(n)] *vi (warrelde, h. gewarreld)* tourbillonner

war·rig [warəχ] *adj* embrouillé; een ~ mens un esprit brouillon

wars [wars] *adj (+ van)* ennemi (de); ~ van vleierij zijn avoir horreur de la flatterie

War·schau [warʃau] *het* Varsovie

war·taal [wartal] *de* charabia; (er) ~ uitslaan déraisonner

war·win·kel [warwɪŋkəl] *nm* chaos

[1]was [was] → zijn, bijeenzijn

[2]was [was] *nm* **1** lessive; iets in de ~ doen mettre qqch au lavage **2** linge; de bonte ~ le linge de couleur; je moet je vuile ~ niet buiten hangen il faut laver son linge sale en famille

[3]was [was] *het/de* cire; meubels in de ~ zetten encaustiquer des meubles ♦ goed in de slappe ~ zitten avoir du foin dans ses bottes

was·au·to|maat [wasautomat] *nm (-maten)* → wasmachine

was·baar [wazbar] *adj* lavable

was·bak [wazbak] *nm (-ken)* → wastafel

was|beer [wazber] *nm (-beren) (zool.)* raton laveur

was·ben·zi·ne [wazbɛnzinə] *de* benzine

was·beurt [wazbørt] *de (-en)* → [2]was

was·dom [wazdɔm] *nm (form.)* croissance; tot ~ komen s'épanouir

was·echt [wasɛχt] *adj* grand teint

wa·sem [wasəm] *nm (-s)* buée

wa·se·men [wasəmə(n)] *vi (wasemde, h. gewasemd)* dégager de la buée

was·ge·le·gen|heid [wasχəleχənhɛit] *nf (-heden)* cabinet de toilette

was·goed [wasχut] *het* → [2]was

was·hand·je [washancə] *het (-s)* gant de toilette

was·lijst [waslɛist] *de (-en)* **1** carnet de blanchissage **2** série; ze had een hele ~ (met) verwijten elle avait toute une kyrielle de reproches

was·ma·chi·ne [wasmaʃinə] *nf (-s)* machine à laver

was·mid·del [wasmɪdəl] *het (-en)* lessive

was·poe·der [waspudər] *het/de (-s)* poudre à laver

[1]was·sen [wasə(n)] *adj* de cire

[2]was·sen [wasə(n)] *vt (waste, h. gewassen)* **1** laver; ~ en knippen une coupe et un shampooing; *(fig.)* zich schoon ~ se disculper **2** rincer

[3]was·sen [wasə(n)] *vi (wies, i. gewassen)* croître *(eaux, la lune);* het ~de water les eaux en crue

was·se·ret·te [wasərɛtə] *nf (-s)* laverie automatique

was·speld [waspɛlt] *de (-en) (Belg.)* pince à linge

was·ta·fel [wastafəl] *de (-s)* lavabo

was·voor·schrift [wasforsχrɪft] *het (-en)* instructions de lavage

[1]wat [wat] *adv* **1** un peu **2** très; Luc was zo opgewonden als ~ Luc était excité comme tout **3** *(étonnement)* comme; ~ duur! comme c'est cher ! **4** pourquoi; ~ lacht hij toch? qu'est-ce qu'il a à rire ?

[2]wat [wat] *rel* (ce) que, (ce) qui; ~ mij aangaat quant à moi; ~ dit betreft quant à cela ♦ ~ hij ook doet, ... quoi qu'il fasse ...; ~ ik ook zei, het hielp niet j'ai eu beau dire, ça n'a servi à rien

[3]wat [wat] *interr* **1** (qu'est-ce) que; ~ zou dat? et alors ? **2** quel; ~ voor soorten? quelles sortes ?

[4]wat [wat] *indéf* quelque chose; ik kreeg er ~ van, van dat gezeur! ce qu'il (elle) me cassait les pieds avec ses histoires !; ~ er ook gebeurt, blijf kalm quoi qu'il arrive, restez calme; voor ~ hoort ~ donnant, donnant; hij wil ook ~ il en veut aussi

[5]wat [wat] *pron (exclamatif)* comme; ~ nu weer! qu'est-ce qu'il y a encore ?; ~ een weer! quel temps !

[6]wat [wat] *card* un peu de; ~ meer un peu plus ♦ heel ~ boeken beaucoup de livres; dat verschilt heel ~ cela fait une grande différence

[7]wat [wat] *interj* quoi !

wa·ter [watər] *het (-en)* **1** eau; *(fig.)* ik voel het aan mijn ~ c'est mon petit doigt qui me le dit; zo vlug als ~ vif comme un écureuil, futé; *(fig.)* boven ~ komen refaire surface; **hij is bang zich aan (koud) ~ te branden** il a peur de se mouiller; **de planten ~ geven** arroser les plantes; **hard ~** eau calcaire; **het heilige ~** l'eau bénite; *(iron.)* **hoog ~ hebben** avoir un besoin pressant; **het ~ liep hem langs de rug** il était en nage; **het ~ loopt mij ervan in de mond** j'en ai l'eau à la bouche *(aussi au fig.)*; **er moet nog veel ~ door de Rijn stromen voor ...** il passera de l'eau sous les ponts avant que ...; **onder ~ staan** être inondé; **onder ~ zetten** inonder; **open ~** eau(x) libre(s); **het ~ staat mij aan de lippen** je suis dans les difficultés jusqu'au cou; *(prov)* **stille ~en hebben diepe gronden** il n'est pire eau que l'eau qui dort; **stromend ~** *(robinet)* eau courante; *(rivière)* l'eau qui coule; **een schip te ~ laten** lancer un navire; *(fig.)* **~ en vuur zijn** être comme chien et chat; **hij keek of hij ~ zag branden** il avait l'air de tomber des nues; **dat kan al het ~ van de zee niet afwassen** rien ne pourra (jamais) laver cette faute **2** cours d'eau

***wa·ter-** [watər-] **1** d'eau; **de waterdruppel** la goutte d'eau **2** aquatique; **de waterplant** la plante aquatique

wa·ter·af·sto·tend [watərɑfstotənt] *adj* imperméable

wa·ter·be·sten·dig [watərbəstɛndəχ] *adj* résistant à l'eau

wa·ter·bouw·kun·de [watərbɑukʌndə] *nf* **1** hydraulique **2** architecture hydraulique

wa·ter·damp [watərdɑmp] *nm* buée *(d'eau)*

wa·ter·dicht [watərdɪχt] *adj* **1** étanche **2** sans faille

wa·te·ren [watərə(n)] *vi (waterde, h. gewaterd) (form.)* uriner

wa·ter·fiets [watərfits] *de (-en)* pédalo®

wa·ter|geus [watərχøs] *nm (-geuzen) (hist.)* Gueux de mer

wa·ter|golf [watərχɔlf] *de (-golven)* mise en plis

wa·ter·hoen·tje [watərhuncə] *het (-s)* poule d'eau

wa·ter·hoofd [watərhoft] *het (-en)* **1** *(méd.)* hydrocéphale **2** *(fam.; péj.)* grosse tête

wa·ter·hou·dend [watərhɑudənt] *adj* aqueux

wa·ter·huis·hou·ding [watərhœyshɑudɪŋ] *nf* **1** circulation de l'eau dans les végétaux **2** régime des eaux souterraines

wa·te·rig [watərəχ] *adj* **1** aqueux **2** fade

wa·ter·ijs [watərɛis] *het* sorbet

wa·ter·ijs·je [watərɛiʃə] *het* glace à l'eau

wa·ter·kans [watərkɑns] *de (-en) (Belg.)* petite chance

wa·ter·kant [watərkɑnt] *nm (-en)* berge

wa·ter·ke·ring [watərkerɪŋ] *nf (-en)* barrage (rétenteur)

wa·ter·kers [watərkɛrs] *de (-en)* cresson de fontaine

wa·ter·ko·ker [watərkokər] *nm (-s)* bouilloire (électrique)

wa·ter·kracht [watərkrɑχt] *de* énergie hydraulique

wa·ter·kracht·cen·tra·le [watərkrɑχtsɛntralə] *de (-s)* centrale hydroélectrique

wa·ter·lan·ders [watərlɑndərs] *plur (form.)* larmes

wa·ter·lei·ding [watərlɛidɪŋ] *nf (-en)* **1** conduite d'eau **2** canalisation (d'eau)

wa·ter·le·lie [watərleli] *de (-s)* nénuphar

wa·ter·loop [watərlop] *nm* → **water 2**

Wa·ter·man [watərmɑn] *nm (-nen) (astrol.)* Verseau

wa·ter·me·loen [watərməlun] *nm (-en)* pastèque

wa·ter·merk [watərmɛrk] *het (-en)* filigrane

wa·ter·nimf [watərnɪmf] *nf (-en) (myth.)* naïade

wa·ter·ont·har·der [watərɔnthɑrdər] *nm (-s)* (produit) anticalcaire

wa·ter·op·per·vlak [watərɔpərvlɑk] *het (-ken)* → **wateroppervlakte 1**

wa·ter·op·per·vlak·te [watərɔpərvlɑktə] *nf (-n, -s)* **1** surface de l'eau **2** étendue d'eau

wa·ter·or·gel [watərɔrχəl] *het (-s)* orgue hydraulique

wa·ter·over·last [watərovərlɑst] *nm* problèmes causés par l'eau

¹wa·ter·pas [watərpɑs] *het (-sen)* niveau

²wa·ter·pas [watərpɑs] *adj, adv* horizontal(ement); **~ maken** mettre de niveau

wa·ter·pok·ken [watərpɔkə(n)] *plur* varicelle

wa·ter·po·li·tie [watərpoli(t)si] *nf* police fluviale

wa·ter·pomp·tang [watərpɔmptɑŋ] *de (-en)* pince multiprise

wa·ter·rijk [watərɛik] *adj* **1** riche en eau **2** riche en cours d'eau

wa·ter·scha·de [watərsχadə] *de* dégâts causés par l'eau

wa·ter·schei·ding [watərsχɛidɪŋ] *nf (-en)* ligne de partage des eaux

wa·ter·schild·pad [watərsχɪltpɑt] *de (-den)* tortue marine

wa·ter·ski [watərski] *nm (-'s)* ski nautique

wa·ter·slang [watərslɑŋ] *de (-en)* **1** tuyau d'arrosage **2** *(zool.)* hydrophis

wa·ters·nood [watərsnot] *nm* inondations

wa·ters·nood·ramp [watərsnotrɑmp] *de (-en)* grandes inondations

wa·ter·sport [watərspɔrt] *de (-en)* sport nautique

wa·ter·staat [watərstat] *nm* Waterstaat; **hij werkte bij ~** il travaillait aux Ponts et Chaussées

wa·ter·stand [watərstɑnt] *nm (-en)* niveau des eaux

wa·ter·stof [watərstɔf] *de* hydrogène

wa·ter·stof·per·oxi·de [watərstɔfpɛrɔksidə] *het* eau oxygénée

wa·ter·tan·den [watərtɑndə(n)] *vi (wa-*

tertandde, h. gewatertand) avoir l'eau à la bouche
wa·ter·trap·pen [watərtrapə(n)] *vb* nager debout
wa·ter·val [watərval] *nm (-len)* cascade
wa·ter|verf [watərvɛrf] *de (-verven)* aquarelle
wa·ter·vlieg·tuig [watərvliχtœyχ] *het (-en)* hydravion
wa·ter·vlug [watərvlʌχ] *adj* rapide comme l'éclair
wa·ter·voor·zie·ning [watərvorzinɪŋ] *nf* alimentation en eau
wa·ter·vrees [watərvres] *de* peur de l'eau, *(méd.)* hydrophobie
wa·ter·weg [watərwɛχ] *nm (-en)* voie navigable
wa·ter·zucht [watərzʌχt] *de (méd.)* hydropisie
wa·ter·zui·ve·ring [watərzœyvərɪŋ] *nf* épuration des eaux
wa·ter·zui·ve·rings·in·stal·la·tie [watərzœyvərɪŋsɪnstala(t)si] *nf (-s)* station d'épuration
wat·je [wacə] *het (-s)* tampon d'ouate; **~s in z'n oren hebben** avoir du coton dans les oreilles; *(fig.)* **heb je soms ~s in je oren?** tu es sourd(e) ou quoi ?
[1]**wat·ten** [watə(n)] *plur* ouate; **een kind in de ~ leggen** élever un enfant dans du coton
[2]**wat·ten** [watə(n)] *adj* de coton
wat·ten·schijf·je [watə(n)sχɛifjə] *het (-s)* coton à démaquiller
wat·ten·staaf·je [watə(n)stafjə] *het (-s)* coton-tige®
wat·te·ren [watərə(n)] *vt (watteerde, h. gewatteerd)* ouater
wau·we·len [wauwələ(n)] *vi (wauwelde, h. gewauweld) (fam.)* radoter
wave [wef] *de (-s) (sports)* houle humaine
waxi·ne·licht·je [waksinəlɪχjə, [B]waksinəlɪχcə] *het (-s)* bougie pour chauffe-plats
wa·zig [wazəχ] *adj, adv* vague(ment); **hij keek ~ uit zijn ogen** il avait les yeux dans le vague; **alles ~ zien** avoir un brouillard devant les yeux
wc [wese] *nm (-'s)* **1** w.-c. **2** cuvette
wc-bor·stel [wesebɔrstəl] *nm (-s)* balayette
wc-pa·pier [wesepapir] *het* papier hygiénique
wc-pot [wesepɔt] *nm (-ten)* cuvette *(des toilettes)*
we [wə] *pers* nous
web [wɛp] *het (-ben)* **1** toile (d'araignée) **2** Web
web·log [wɛplɔχ] *de/het* blog
web·mas·ter [wɛpma:stər] *nm* webmestre
web·shop [wɛpʃɔp] *nm* boutique en ligne
web·site [wɛpsajt] *de* site Web
wec·ken [wɛkə(n)] *vti (weckte, h. geweckt)* mettre (qqch) en conserve
wed. [wedywə] abrév. de *weduwe* Vve.
wed·de [wɛdə] *de (-n) (form.)* salaire
wed·den [wɛdə(n)] *vti (wedde, h. gewed)* parier; **ik wed dat je niet beter kunt** je te mets au défi de faire mieux; **op een paard ~** miser sur un cheval; **ik wed van wel!** je parie que si !
wed·den·schap [wɛdənsχap] *nf (-pen)* pari; **een ~ aangaan** faire un pari
we·der·dienst [wedərdinst] *nm (-en)* service en retour; **iemand een ~ bewijzen** revaloir qqch à qqn
we·der·ge·boor·te [wedərχəbortə] *nf (-n)* **1** réincarnation **2** renaissance
we·der·helft [wedərhɛlft] *de (-en)* époux, -ouse
we·der·ke·rend [wedərkerənt] *adj (ling.)* réfléchi
we·der·ke·rig [wedərkerəχ] *adj, adv* réciproque(ment)
we·der·om [wedərɔm] *adv* de nouveau
we·der·op·bloei [wedərɔbluj] *nm* reprise
we·der·op·bouw [wedərɔbau] *nm* reconstruction
we·der·op·stan·ding [wedərɔpstandɪŋ] *nf (form.)* résurrection
we·der·rech·te·lijk [wedərɛχtələk] *adj, adv (form.)* illégal(ement)
we·der·va·ren [wedərvarə(n)] *vi (wedervoer, i. wedervaren) (form.)* survenir; **iemand recht doen ~** faire droit à qqn
we·der|vraag [wedərvraχ] *de (-vragen)* question en retour
we·der·waar·dig·he·den [wedərwardəχhedə(n)] *plur* péripéties
we·der·zijds [wedərzɛits] *adj, adv* **1** réciproque(ment) **2** respectif
wed·ij·ver [wɛtɛivər] *nm* rivalité
wed·ij·ve·ren [wɛtɛivərə(n)] *vi (wedijverde, h. gewedijverd)* **1** rivaliser **2** lutter
wed|loop [wɛtlop] *nm (-lopen) (form.)* course (à pied)
wed·strijd [wɛtstrɛit] *nm (-en)* **1** match **2** course **3** concours
wed·strijd|lei·der [wɛtstrɛitlɛidər] *nm (-s)*, **-leidster** *nf (-s)* arbitre
wed·strijd·sport [wɛtstrɛitspɔrt] *de (-en)* sport de compétition
we·du·we [wedywə] *nf (-n)* veuve
we·du·we·pen·si·oen [wedywəpɛnʃun] *het (-en)* allocation veuvage
we·duw|naar [wedywnar] *nm (-naars, -naren)* veuf
[1]**wee** [we] *de (-ën)* contraction *(accouchement)*
[2]**wee** [we] *het (-ën)* douleur
[3]**wee** [we] *adj* douceâtre; **die pap is ~** cette bouillie est fade ♦ **~ om het hart worden** avoir mal au cœur; **je wordt ~ van dat gezeur** ces rabâchages sont assommants
[4]**wee** [we] *interj* **1** aïe !; **o ~!** oh là là ! **2** malheur !
weed [wit] *de (fam.)* herbe *(drogue)*
weef·ge·touw [wefχətau] *het (-en)* métier (à tisser)
weef·sel [wefsəl] *het (-s)* tissu

weegs [weχs] *nm* ♦ **een eind ~** un bout de chemin; **zijns ~ gaan** aller son chemin

weeg|schaal [weχsχal] *de (-schalen)* balance

Weeg|schaal [weχsχal] *de (-schalen) (astrol.)* Balance

[1]**week** [wek], **weken** → **wijken, afwijken, uitwijken** *(etc.)*

[2]**week** [wek] *de (weken)* **1** semaine; **de goede, de stille ~** la Semaine sainte; **in, door de ~** en semaine; **~ in, ~ uit** de semaine en semaine; **om de (andere) ~** une semaine sur deux; **volgende ~** la semaine prochaine **2** trempage *(du linge)*; **erwten in de ~ zetten** mettre des pois à tremper

[3]**week** [wek] *adj (weker, weekst)* **1** mou; **een ~ gestel** une constitution délicate **2** tendre

*__week-__ [wek-] hebdomadaire; **het weekabonnement** l'abonnement hebdomadaire

week·dag [weγdɑχ] *nm (-en)* jour de (la) semaine

week·dier [weγdir] *het (-en)* mollusque

week·end·dienst [wikɛndinst] *nm (-en)* service de permanence; **~ hebben** être de permanence

week·end·huis·je [wikɛnthœyʃə] *het (-s)* maison de campagne

week·end·re·tour [wikɛntrətur] *het (-s)* billet fin de semaine

week·har·tig [wekhɑrtəχ] *adj (form.)* sensible

week·heid [wekhɛit] *nf* **1** mollesse **2** sensibilité

wee·klacht [weklɑχt] *de (-en)* lamentation

wee·kla·gen [weklaχə(n)] *vi (weeklaagde, h. geweeklaagd) (form.)* se lamenter

week·over·zicht [wekovərzɪχt] *het (-en)* revue (des évènements) de la semaine

weel·de [weldə] *de* **1** luxe **2** profusion **3** luxuriance ♦ **hij kent zijn eigen ~ niet** il ne connaît pas son bonheur

weel·de·rig [weldərəχ] *adj, adv* **1** luxuriant, avec abondance; **~e vormen** formes opulentes **2** luxueux, luxueusement

weel·de·rig·heid [weldərəχhɛit] *nf* → **weelde**

wee·moed [wemut] *nm* mélancolie

wee·moe·dig [wemudəχ] *adj, adv* mélancolique(ment)

Weens [wens] *adj* viennois

[1]**weer** [wer] *het* temps; **het wordt (weer) mooi ~** le temps se (re)met au beau; **~ of geen ~** qu'il pleuve ou qu'il vente; **het is slecht ~** il fait mauvais; **zijn gezicht staat op slecht ~** sa figure est à l'orage; *(fig.)* **tegen ~ en wind** contre vents et marées; **in ~ en wind eropuit trekken** sortir par tous les temps ♦ **mooi ~ spelen** ± ne faire semblant de rien; **mooi ~ spelen tegen iemand** être tout sucre tout miel avec qqn; **mooi ~ spelen met andermans geld** dépenser allègrement l'argent des autres

[2]**weer** [wer] *de* ♦ **druk in de ~ zijn** s'activer; **vroeg in de ~ zijn** être matinal; **hij is altijd in de ~** il a toujours qqch à faire

[3]**weer** [wer] *het/de (Belg.)* nœud

[4]**weer** [wer] *adv* **1** de nouveau; **we gaan ~ eens opstappen** on va y aller **2** de retour; **heen en ~ gaan** faire un aller-retour, faire la navette; **heen en ~ lopen voor een huis** faire les cent pas devant une maison; **die tijd komt nooit ~** cette époque est révolue ♦ **hoe heette hij ook ~?** comment s'appelait-il déjà ?

weer|baar [werbar] *adj (-baarder, -baarst)* capable de se défendre

weer·baar·heid [werbarhɛit] *nf* résistance morale

weer·bar·stig [werbɑrstəχ] *adj, adv* **1** (d'une façon) récalcitrant(e) **2** rigide

weer·be·richt [werbərɪχt] *het (-en)* bulletin météorologique

weer·ga [werχa] *de* pareil ♦ **als de ~!** illico !

weer·gal·men [werχɑlmə(n)] *vi (weergalmde, h. weergalmd) (form.)* résonner

weer·ga|loos [werχalos] *adj, adv (-lozer, meest w.)* inégalable, infiniment

weer·ga·ve [werχavə] *de (-n)* reproduction

weer·ge·ven [werχevə(n)] *vt (gaf weer, h. weergegeven)* **1** rendre; **hij gaf de gevoelens van de vergadering weer toen hij zei ...** il traduisait les sentiments de l'assemblée, en disant ... **2** reproduire

weer·god [werχɔt] *nm (-en)* ♦ **de ~en waren ons niet gunstig gezind** les éléments étaient contre nous

weer|haak [werhak] *nm (-haken)* barbelure

weer|haan [werhan] *nm (-hanen)* girouette

weer·hield [werhilt], **weerhielden** → **weerhouden**

weer·hou·den [werhɑudə(n)] *vt (weerhield, h. weerhouden)* retenir; **iemand van iets ~** empêcher qqn de faire qqch; *(Belg.)* **~ zijn** avoir un empêchement

weer·kaart [werkart] *de (-en)* carte météorologique

[1]**weer·kaat·sen** [werkatsə(n)] *vt (weerkaatste, h. weerkaatst)* renvoyer

[2]**weer·kaat·sen** [werkatsə(n)] *vi (weerkaatste, i. weerkaatst)* être renvoyé

weer·kaat·sing [werkatsɪŋ] *nf (-en)* **1** réflexion **2** reflet **3** écho

weer·ke·ren [werkerə(n)] *vi (keerde weer, i. weergekeerd)* **1** retourner **2** revenir

weer·klank [werklɑŋk] *nm* écho *(aussi au fig.)*; **zijn woorden vonden ~** ses paroles ont reçu un accueil favorable

weer·klin·ken [werklɪŋkə(n)] *vi (weerklonk, h. weerklonken)* retentir; **bij het ~ van het volkslied** au(x) son(s) de l'hymne national

weer·klonk [werklɔŋk], **weerklonken** → **weerklinken**

weer·kun·dig [werkʌndəχ] *adj* météorologique
weer·leg·baar [werlɛχbar] *adj* réfutable
weer·leg·gen [werlɛχə(n)] *vt (weerlegde, h. weerlegd)* réfuter
[1]**weer·licht** [werlɪχt] *het/de* éclair (de chaleur)
[2]**weer·licht** [werlɪχt] *nm* ♦ **als de ~ iets doen** faire qqch en quatrième vitesse
weer|loos [werlos] *adj (-lozer, -loost)* sans défense
weer·man [werman] *nm (-nen)* ♦ **de ~** Monsieur Météo
weer·om [werɔm] *adv* → [2]**weer**
weer·om·stuit [werɔmstœyt] *nm* ♦ **van de ~** par contrecoup
weer·over·zicht [werovərzɪχt] *het (-en)* → **weerbericht**
weer·praat·je [werpracə] *het (-s)* météo
weer·schijn [wersχɛin] *nm* reflets
weer·schij·nen [wersχɛinə(n)] *vi (weerscheen, h. weerschenen)* refléter la lumière
weers·ge·steld|heid [wersχəstɛltheɪt] *nf (-heden)* → **weersomstandigheden**
weers·kan·ten [werskantə(n)] *plur* ♦ **van, aan ~** des deux côtés
weer·slag [werslaχ] *nm (-en)* incidence
weers·om·stan·dig·he·den [wersɔmstandəχhedə(n)] *plur* conditions atmosphériques
weer·span·nig [werspanəχ] *adj, adv* (en) rebelle
weer·spie·ge·len [werspiχələ(n)] *vt (weerspiegelde, h. weerspiegeld)* refléter; **iets getrouw ~** donner une image fidèle de qqch
weer·sprak [wersprak], **weerspraken** → **weerspreken**
weer·spre·ken [wersprekə(n)] *vt (weersprak, h. weersproken) (form.)* contredire
weer·staan [werstan] *vt (weerstond, h. weerstaan)* résister à
weer·stand [werstant] *nm (-en)* **1** résistance; **~ bieden** résister à **2** répugnance **3** endurance
weer·stands·ver·mo·gen [werstan(t)sfərmoχə(n)] *het* endurance
weer·sta·ti·on [wersta(t)ʃɔn] *het (-s)* station météorologique
weer·stond [werstɔnt], **weerstonden** → **weerstaan**
weers|ver·wach·ting [wersfərwaχtɪŋ], **-voorspelling** *nf (-en)* prévisions météorologiques
weers·zij·den [wersɛidə(n)] *plur* → **weerskanten**
weer·vin·den [wervɪndə(n)] *vt (vond weer, h. weergevonden) (form.)* retrouver
weer·wil [werwɪl] *nm (form.)* ♦ **in ~ van** en dépit de
weer|wolf [werwɔlf] *nm (-wolven)* loup-garou
weer·woord [werwort] *het (-en) (form.)* réponse
weer·zien [werzin] *vt (zag weer, h. weergezien)* revoir; **tot ~s!** au revoir !
weer·zin [werzɪn] *nm* répugnance; **de ~ opwekken van** provoquer l'aversion de
weer·zin·wek·kend [werzɪnwɛkənt] *adj, adv* (d'une manière) répugnant(e)
[1]**wees** [wes], **wezen** → **wijzen, aanwijzen, toewijzen** *(etc.)*
[2]**wees** [wes] *nm (wezen)* orphelin, -ine
wees·ge·groet·je [wesχəχrucə] *het (-s)* Ave
wees|huis [weshœys] *het (-huizen)* orphelinat
wees·kind [weskɪnt] *het (-eren)* → [2]**wees**
[1]**weet** [wet], **weten** → **wijten**
[2]**weet** [wet] *de* ♦ **iets aan de ~ komen** apprendre qqch; **het is maar een ~** il suffit de le savoir; **ergens geen ~ van hebben** ne pas se rendre compte de qqch, ne pas souffrir de qqch, ignorer qqch
weet·al [wetal] *nm (-len) (form.)* pédant
weet·gie·rig·heid [wetχirəχhɛit] *nf* curiosité (intellectuelle)
weet·je [wecə] *het (-s)* ♦ **zijn ~ wel weten** ne pas être bête
[1]**weg** [wɛχ] *nm (-en)* **1** route; **aan de ~ naar Delft** au bord de la route de Delft; *(fig.)* **hij timmert flink aan de ~** c'est un carriériste; *(fig.)* **naar de bekende ~ vragen** faire l'ignorant; *(fig.)* **de ~ effenen voor iemand** préparer le terrain pour qqn; **eigen ~** chemin privé; **zijn eigen ~ gaan** suivre sa propre voie; **de koninklijke ~ bewandelen** suivre la voie royale; **de ~ kwijt zijn** être perdu; *(fig.)* avoir perdu le nord; **zo oud als de ~ naar Kralingen, Rome** vieux comme le monde; *(prov)* **de ~ naar de hemel is geplaveid met goede voornemens** l'enfer est pavé de bonnes intentions; **op ~ gaan (naar)** se mettre en route (pour); *(fig.)* **iemand op ~ helpen** mettre qqn sur la (bonne) voie; *(fig.)* **op dezelfde ~ voortgaan** continuer de la même façon; **hij is op ~ beroemd te worden** il est en passe de devenir célèbre; *(fig.)* **de rechte ~** la bonne voie; **op de verkeerde ~ zijn** faire fausse route *(aussi au fig.)* **2** voie; **langs deze onsympathieke ~** par ce moyen peu sympathique; **langs vreedzame ~** par la négociation **3** chemin; **zich een ~ banen** se frayer un chemin; **dat zit me in de ~** ça m'irrite; **iemand in de ~ lopen** être dans les jambes de qqn; **iemand in de ~ staan** gêner qqn; **iemand iets in de ~ leggen** mettre des bâtons dans les roues à qqn; **nog een lange ~ te gaan hebben** avoir encore un bon bout de chemin à faire; **uit de ~!** laisse(z)-moi passer !; **uit de ~ kunnen** savoir comment s'y prendre (avec qqn, qqch); **iemand uit de ~ gaan** éviter qqn; **iemand uit de ~ ruimen** liquider qqn; **problemen uit de ~ ruimen** résoudre des problèmes; **met zijn geld geen ~ weten** ne pas savoir que faire de son argent
[2]**weg** [wɛχ] *adv* **1** parti; **maak dat je ~ komt!** sauve-toi !, fiche-moi le camp !; **~ met ...!**

à bas ... ! **2** disparu **3** *(+ van) (fam.)* fou *(de qqch, qqn)* **4** loin; **een heel eind ~** très loin ♦ **als dat gebeurt ben je ~** dans ce cas-là, tu seras fichu; **iets ~ hebben van** ressembler un peu à; **dat is nooit ~** cela peut toujours servir; *(imprévu agréable)* ce qui ne gâte rien; *(Belg.)* **met iets ~ zijn** avoir pigé qqch; **in het wilde ~ schieten** tirer au hasard

weg·be·rei·der [wɛχbərɛidər] *nm (-s)* précurseur

weg·ber·gen [wɛχbɛrχə(n)] *vt (borg weg, h. weggeborgen)* **1** ranger **2** coffrer **3** enfermer

weg·bla·zen [wɛχblazə(n)] *vt (blies weg, h. weggeblazen)* souffler

weg·blij·ven [wɛχblɛivə(n)] *vi (bleef weg, i. weggebleven)* ne pas venir; **~ van iets** ne pas se montrer à qqch; **dat woord kan beter ~** il vaut mieux supprimer ce mot

weg·bran·den [wɛχbrandə(n)] *vt (brandde weg, h. weggebrand)* brûler *(faire disparaître en brûlant); (fig.; iron.)* **die man is niet weg te bránden** pas moyen de faire décoller cet homme

weg·bren·gen [wɛχbrɛŋə(n)] *vt (bracht weg, h. weggebracht)* **1** porter **2** accompagner; **een bezoeker een eindje ~** faire un bout de chemin avec un visiteur

weg·cij·fe·ren [wɛχsɛifərə(n)] *vt (cijferde weg, h. weggecijferd)* faire abstraction de; **zichzelf ~** s'effacer

weg·dek [wɛχdɛk] *het (-ken)* revêtement *(de route)*; **een glad ~** une chaussée glissante

weg·den·ken [wɛχdɛŋkə(n)] *vt (dacht weg, h. weggedacht)* faire abstraction de; **de computer is niet meer uit onze maatschappij weg te denken** notre société est inconcevable sans ordinateur

weg·doen [wɛχdun] *vt (deed weg, h. weggedaan)* **1** se défaire de **2** ranger; **doe dat mes weg!** pose ce couteau !

weg·dra·gen [wɛχdraχə(n)] *vt (droeg weg, h. weggedragen)* **1** emmener **2** remporter

[1]**weg·drij·ven** [wɛχdrɛivə(n)] *vi (dreef weg, i. weggedreven)* être emporté par le courant; **de wolken drijven weg** les nuages s'éloignent

[2]**weg·drij·ven** [wɛχdrɛivə(n)] *vt (dreef weg, h. weggedreven)* chasser

weg·druk·ken [wɛχdrʌkə(n)] *vt (drukte weg, h. weggedrukt)* refouler

weg·dui·ken [wɛχdœykə(n)] *vi (dook weg, i. weggedoken)* se tapir

weg·du·wen [wɛχdywə(n)] *vt (duwde weg, h. weggeduwd)* repousser

weg·eb·ben [wɛχɛbə(n)] *vi (ebde weg, i. weggeëbd)* décroître; **het geluid ebde weg** le son s'affaiblissait

we·gel [weχəl] *nm (-s) (Belg.)* sentier

we·gen [weχə(n)] *vti (woog, h. gewogen)* peser; *(fig.)* **laten ~** prendre en considération; *(fig.)* **zwaar bij iemand ~** compter beaucoup pour qqn

***we·gen-** [weχə(n)-] routier; **de wegenkaart** la carte routière

we·gen·aan·leg [weχə(n)anlɛχ] *nm* construction de routes

we·gen·be·las·ting [weχə(n)bəlastɪŋ] *nf* vignette (automobile)

we·gen·bouw [weχə(n)bau] *nm* → **wegenaanleg**

we·gens [weχə(n)s] *prép* à cause de

we·gen·wacht® [weχə(n)waχt] *nm (-en)* patrouilleur, -euse de l'assistance routière

We·gen·wacht® [weχə(n)waχt] *de* assistance routière (du Touring Club néerlandais)

weg·gaan [wɛχan] *vi (ging weg, i. weggegaan)* **1** s'en aller; **mijn geld gaat weg aan boeken** je dépense tout mon argent en livres; **~ bij een firma** quitter une maison; *(fig.)* **~ tegen een lage prijs** être vendu à bas prix; **hij is van ons weggegaan** il nous a quittés; **ga weg!** va-t'en !; *(étonnement)* c'est pas vrai ! **2** partir

weg·ge·drag [wɛχədraχ] *het* **1** comportement (de l'automobiliste) au volant **2** tenue de route

weg·ge·ven [wɛχevə(n)] *vt (gaf weg, h. weggegeven)* **1** donner **2** exécuter *(p.ex. un morceau de musique)*

weg·glij·den [wɛχlɛidə(n)] *vi (gleed weg, i. weggegleden)* glisser

weg·glip·pen [wɛχlɪpə(n)] *vi (glipte weg, i. weggeglipt)* s'esquiver

weg·gooi·en [wɛχojə(n)] *vt (gooide weg, h. weggegooid)* jeter; **geld (aan iets) ~** gaspiller son argent (en faisant qqch)

weg·ha·len [wɛχhalə(n)] *vt (haalde weg, h. weggehaald)* **1** enlever **2** dérober

weg·helft [wɛχhɛlft] *de (-en)* côté de la route, de la chaussée

weg·hol·len [wɛχhɔlə(n)] *vi (holde weg, i. weggehold)* → **wegrennen**

weg·hou·den [wɛχhaudə(n)] *vt (hield weg, h. weggehouden)* **1** cacher **2** tenir à l'écart

weg·ja·gen [wɛχjaχə(n)] *vt (jaagde, joeg weg, h. weggejaagd)* **1** chasser **2** effrayer

weg·ka·pen [wɛχkapə(n)] *vt (kaapte weg, h. weggekaapt) (fam.)* chaparder

weg·knip·pen [wɛχknɪpə(n)] *vt (knipte weg, h. weggeknipt)* couper

weg·ko·men [wɛχkomə(n)] *vi (kwam weg, i. weggekomen)* réussir à sortir; *(fig.)* **goed ~** bien s'en sortir; **niet van iemand kunnen ~** ne pas réussir à se débarrasser de qqn; **maak dat je wegkomt!** fiche le camp !

weg·krui·pen [wɛχkrœypə(n)] *vi (kroop weg, i. weggekropen)* **1** s'éloigner (en rampant) **2** se cacher; **achter iets ~** se cacher derrière qqch; *(fig.)* prendre qqch comme prétexte

weg·kwij·nen [wɛχkwɛinə(n)] *vi (kwijnde weg, i. weggekwijnd)* dépérir

weg·la·ten [wɛχlatə(n)] vt *(liet weg, h. weggelaten)* sauter

weg·la·ting [wɛχlatɪŋ] nf omission

weg·leg·gen [wɛχlɛχə(n)] vt *(legde weg, h. weggelegd)* **1** (dé)poser **2** ranger **3** mettre de côté **4** réserver; **dat was niet voor ons weggelegd** le sort en a décidé autrement

weg·lei·den [wɛχlɛidə(n)] vt *(leidde weg, h. weggeleid)* emmener

weg·lig·ging [wɛχlɪχɪŋ] nf tenue de route

weg·loop|huis [wɛχlophœys] het *(-huizen)* maison d'accueil pour fugueurs

weg·lo·pen [wɛχlopə(n)] vi *(liep weg, i. weggelopen)* **1** s'en aller; **hard ~** partir en courant; **dat loopt niet weg** cela ne presse pas **2** s'enfuir **3** couler **4** *(+ met)* être entiché (de)

weg·maai·en [wɛχmajə(n)] vt *(maaide weg, h. weggemaaid)* couper

weg·ma·ken [wɛχmakə(n)] vt *(maakte weg, h. weggemaakt)* **1** égarer **2** enlever **3** *(fam.)* endormir *(anesthésie)*

weg·mof·fe·len [wɛχmɔfələ(n)] vt *(moffelde weg, h. weggemoffeld)* escamoter

weg·ne·men [wɛχnemə(n)] vt *(nam weg, h. weggenomen)* **1** enlever **2** prendre (qqch à qqn) **3** dissiper ♦ **dit neemt niet weg, dat ...** cela n'empêche (pas) que ...

weg·om·leg·ging [wɛχɔmlɛχɪŋ] nf *(-en)* déviation

weg·pak·ken [wɛχpɑkə(n)] vt *(pakte weg, h. weggepakt)* prendre

weg·pes·ten [wɛχpɛstə(n)] vt *(pestte weg, h. weggepest)* faire partir (qqn) par des tracasseries

weg·pik·ken [wɛχpɪkə(n)] vt *(pikte weg, h. weggepikt) (fam.)* chiper

weg·pi|raat [wɛχpirat] nm *(-raten)* chauffard

weg·pro·mo·ve·ren [wɛχpromoverə(n)] vt *(promoveerde weg, h. weggepromoveerd)* se débarrasser de qqn sous le couvert d'un avancement

weg·ra·ken [wɛχrakə(n)] vi *(raakte weg, i. weggeraakt)* **1** s'évanouir **2** s'égarer

weg·ren·nen [wɛχrɛnə(n)] vi *(rende weg, i. weggerend)* partir en courant

weg·res·tau·rant [wɛχrɛstorɑnt] het *(-s)* restoroute®

weg·rij·den [wɛχrɛidə(n)] vi *(reed weg, i. weggereden)* partir *(en roulant)*

weg·roe·pen [wɛχrupə(n)] vt *(riep weg, h. weggeroepen)* appeler ailleurs

weg·rot·ten [wɛχrɔtə(n)] vi *(rotte weg, i. weggerot)* pourrir

weg·sche·ren, zich [wɛχsχerə(n)] vpr *(scheerde zich weg, h. zich weggescheerd)* ♦ **scheer je weg!** ôte-toi de là, de devant moi !

weg·schop·pen [wɛχsχɔpə(n)] vt *(schopte weg, h. weggeschopt)* donner un coup de pied à (qqch)

weg·schui·len [wɛχsχœylə(n)] vi *(school weg, i. weggescholen) (+ achter)* s'abriter (derrière)

weg·schui·ven [wɛχsχœyvə(n)] vti *(schoof weg, h. weggeschoven)* glisser

weg·slaan [wɛχslan] vt *(sloeg weg, h. weggeslagen)* chasser (à coups de poing); *(fig.)* **ergens niet (van) weg te slaan zijn** avoir pris racine qqp

weg·sle·pen [wɛχslepə(n)] vt *(sleepte weg, h. weggesleept)* entraîner; **een auto (laten) ~** (faire) remorquer une voiture

weg·slik·ken [wɛχslɪkə(n)] vt *(slikte weg, h. weggeslikt)* ♦ **ik moest even iets ~** j'avais du mal à maîtriser mes émotions

weg·slui·pen [wɛχslœypə(n)] vi *(sloop weg, i. weggeslopen)* partir sur la pointe des pieds

weg·smel·ten [wɛχsmɛltə(n)] vi *(smolt weg, i. weggesmolten)* (se) fondre

weg·smij·ten [wɛχsmɛitə(n)] vt *(smeet weg, h. weggesmeten) (fam.)* jeter *(se défaire de)*; **zijn geld ~** jeter son argent par les fenêtres

[1]**weg·spoe·len** [wɛχspulə(n)] vt *(spoelde weg, h. weggespoeld)* **1** emporter *(par l'eau)* **2** nettoyer à l'eau; **zijn eten ~** faire descendre son repas en buvant; **zijn zorgen ~** noyer ses soucis dans l'alcool

[2]**weg·spoe·len** [wɛχspulə(n)] vi *(spoelde weg, i. weggespoeld)* être emporté (par l'eau, par le courant)

weg·ster·ven [wɛχstɛrvə(n)] vi *(stierf weg, i. weggestorven)* **1** mourir *(sons)* **2** s'éteindre *(malade)*

weg·stop·pen [wɛχstɔpə(n)] vt *(stopte weg, h. weggestopt)* **1** cacher **2** refouler

weg·stu·ren [wɛχstyrə(n)] vt *(stuurde weg, h. weggestuurd)* **1** renvoyer **2** envoyer

weg·te·ren [wɛχterə(n)] vi *(teerde weg, i. weggeteerd)* se consumer

weg·to·ve·ren [wɛχtovərə(n)] vt *(toverde weg, h. weggetoverd)* faire disparaître d'un coup de baguette magique

weg·trap·pen [wɛχtrɑpə(n)] vt *(trapte weg, h. weggetrapt)* donner un coup de pied (à)

[1]**weg·trek·ken** [wɛχtrɛkə(n)] vi *(trok weg, i. weggetrokken)* **1** partir **2** se retirer ♦ **een wit weggetrokken gezicht** un visage blême

[2]**weg·trek·ken** [wɛχtrɛkə(n)] vt *(trok weg, h. weggetrokken)* **1** tirer **2** attirer

weg·va·gen [wɛχfaχə(n)] vt *(vaagde weg, h. weggevaagd)* balayer *(fig.)*

weg·val·len [wɛχfɑlə(n)] vi *(viel weg, i. weggevallen)* **1** tomber **2** ne plus être disponible ♦ **deze zender valt telkens weg** il y a des coupures d'émetteur

weg·ve·gen [wɛχfeχə(n)] vt *(veegde weg, h. weggeveegd)* **1** balayer **2** essuyer

weg·vlie·gen [wɛχfliχə(n)] vi *(vloog weg, i. weggevlogen)* **1** s'envoler **2** partir (très vite); **mijn geld vliegt weg** l'argent me coule entre les doigts **3** se vendre comme des petits pains

weg·vloei·en [wɛχflujə(n)] *vi (vloeide weg, i. weggevloeid)* s'écouler; *(fig.)* **het geld vloeit weg naar het buitenland** l'argent est drainé vers l'étranger
weg·voe·ren [wɛχfurə(n)] *vt (voerde weg, h. weggevoerd)* **1** emmener **2** déporter
weg·waai·en [wɛχwajə(n)] *vi (waaide, woei weg, i. weggewaaid)* s'envoler
weg·wer·ken [wɛχwɛrkə(n)] *vt (werkte weg, h. weggewerkt)* **1** évincer **2** dissimuler ♦ **snel z'n eten ~** vider son assiette en un clin d'œil; **een schuld ~** éponger une dette; **een tekort ~** combler un déficit
***weg·werp-** [wɛχwɛrp-] jetable; **het wegwerpartikel** l'article jetable
weg·wer·pen [wɛχwɛrpə(n)] *vt (wierp weg, h. weggeworpen)* jeter
weg·werp·fles [wɛχwɛrpflɛs] *de (-sen)* bouteille non consignée
weg·werp·maat·schap·pij [wɛχwɛrpmatsχɑpɛi] *nf* société du prêt-à-jeter
weg·werp·ver·pak·king [wɛχwɛrpfərpɑkɪŋ] *nf (-en)* emballage perdu
weg·we·zen [wɛχwezə(n)] *vi (was weg, i. weggeweest)* filer; **~!** allez, ouste !
weg·wijs [wɛχwɛis] *adj* ♦ **iemand ~ maken in iets** mettre qqn au courant de qqch
weg·wij·zer [wɛχwɛizər] *nm (-s)* **1** (poteau) indicateur **2** guide *(livre)*
weg·wui·ven [wɛχwœyvə(n)] *vt (wuifde weg, h. weggewuifd)* écarter d'un geste de la main *(des objections etc.)*
weg·zak·ken [wɛχsɑkə(n)] *vi (zakte weg, i. weggezakt)* **1** s'enfoncer **2** s'affaisser **3** baisser **4** s'assoupir
weg·zen·den [wɛχsɛndə(n)] *vt (zond weg, h. weggezonden)* → **wegsturen**
weg·zet·ten [wɛχsɛtə(n)] *vt (zette weg, h. weggezet)* **1** mettre de côté **2** ranger ♦ **iemand ~ als leugenaar** traiter qqn de voleur
weg·zin·ken [wɛχsɪŋkə(n)] *vi (zonk weg, i. weggezonken)* → **wegzakken 1**
wei·de [wɛidə] *de (-n)*, **wei** *de (-den)* prairie; **de ~ in gestuurd worden** être mis au vert, être mis à la porte, devoir se débrouiller tout seul
[1]**wei·den** [wɛidə(n)] *vi (weidde, h. geweid)* paître
[2]**wei·den** [wɛidə(n)] *vt (weidde, h. geweid)* faire paître
weids [wɛits] *adj (weidser, meest w.)* somptueux; **een ~ uitzicht** une vue panoramique magnifique
wei·fe·laar [wɛifəlar] *nm (-s)* indécis
wei·fel·ach·tig [wɛifəlɑχtəχ] *adj* indécis
wei·fe·len [wɛifələ(n)] *vi (weifelde, h. geweifeld)* **1** hésiter; **na enig ~ ...** après quelques hésitations ... **2** vaciller
wei·ge·ren [wɛiχərə(n)] *vti (weigerde, h. geweigerd)* refuser ♦ **de motor weigert** le moteur se bloque
wei·land [wɛilɑnt] *het (-en)* → **weide**
[1]**wei·nig** [wɛinəχ] *indéf (minder, minst)* peu (de); **hij weet er ~ van** il n'y connaît pas grand-chose; **ook al is het nog zo ~** si peu que ce soit
[2]**wei·nig** [wɛinəχ] *adv* peu; **~ om iets geven** faire peu de cas de qqch; **hoe ~ ook** si peu que ce soit
we·ke·lijks [wekələks] *adj, adv* hebdomadaire, par semaine; **~ samenkomen** se réunir une fois par semaine
[1]**we·ken** [wekə(n)] *vi (weekte, h./i. geweekt)* tremper
[2]**we·ken** [wekə(n)] *vt (weekte, h. geweekt)* faire tremper
we·ken·lang [wekə(n)lɑŋ] *adj, adv* de plusieurs semaines, pendant des semaines
wek·ken [wɛkə(n)] *vt (wekte, h. gewekt)* **1** réveiller **2** éveiller; **ongenoegen ~** provoquer le mécontentement
wek·ker [wɛkər] *nm (-s)* réveille-matin; **door de ~ heen slapen** ne pas entendre le réveil
[1]**wel** [wɛl] *adj, adv* **1** bien; **~ degelijk** absolument; **hij durft ~** il ne manque pas de toupet; **'hoe is het ermee?' 'het gaat ~'** 'comment ça va ?' 'couci-couça'; **dat zit ~ goed** c'est du solide; *(fig.)* ne vous inquiétez pas; **als ik het ~ heb** si je ne me trompe; **dat kan ~** cela se peut; **u kunt ~ gaan** vous pouvez disposer; **je lijkt ~ gek** tu n'es pas un peu fou, non ?; **ik hoop van ~** j'espère (bien); **ik wil best ~** je ne dis pas non; **zeg dat ~!** à qui le dis-tu !; **dat zal ~ niet** sans doute que non; **niet(es)! wél(les)** non ! si !; **je zult ~ denken ...** tu dois te demander ce que cela signifie; **het kan er ~ mee door** ça peut aller; **wij vermaken ons ~ hoor!** on s'amuse, ne vous en faites pas !; **wat moet dat ~ niet kosten** ça ne doit pas être pour rien **2** *(affirmatif)* si; **het is wél waar** (mais) si **3** il est vrai que; **dát ~** ça oui; **hij is ~ rijk, maar niet gelukkig** s'il est riche, il n'en est pas heureux pour autant ♦ **dat dacht ik ~** je m'en doutais; **dat was me het dagje ~!** quelle journée !; **nee, wat denk je ~!** non, mais des fois !; **die minuut leek ~ een uur** cette minute a duré une heure; **wat een rotweer, we treffen het ~** quel sale temps, on n'a pas de veine !; **zie je nu ~** (tu vois,) je te l'avais bien dit; **dank u ~** merci (bien); **zo is het ~ genoeg!** en voilà assez !
[2]**wel** [wɛl] *interj* eh (bien) !; **welwel!** tiens, tiens !
wel·aan [wɛlan] *interj* allons !
wel·be·gre·pen [wɛlbəχrepə(n)] *adj* bien compris
wel·be·ha·gen [wɛlbəhaχə(n)] *het* bien-être
wel·be·kend [wɛlbəkɛnt] *adj* bien connu
wel·be·schouwd [wɛlbəsχɑut] *adv* somme toute
wel·be|spraakt [wɛlbəsprakt] *adj (-spraakter, meest w.)* éloquent
wel·be·steed [wɛlbəstet] *adj* bien employé, *(existence)* bien rempli
wel·be·wust [wɛlbəwʌst] *adj, adv* (bien)

conscient, sciemment; **een ~e keuze** un choix fait en connaissance de cause

wel|daad [wɛldat] *de (-daden)* bienfait

wel·da·dig [wɛldadəχ] *adj* bienfaisant

wel·den·kend [wɛldɛŋkənt] *adj* bien pensant

wel·doen [wɛldun] *vi (deed wel, h. welgedaan)* faire le bien, la charité

wel·doe·ner [wɛldunər] *nm (-s)* bienfaiteur

wel·door·dacht [wɛldordɑχt] *adj* (longuement) mûri

wel·door·voed [wɛldorvut] *adj* bien en chair

wel·dra [wɛldra] *adv (form.)* bientôt

Wel·ed. [wɛledələ] abrév. de *Weledele* M., Mme

wel·edel [wɛledəl], **weledelgeboren, weledelgestreng** *adj (form.)* ♦ **~e heer** Monsieur

Wel·edel·geb. [wɛledəlχəborə(n)] abrév. de *Weledelgeboren* M., Mme

wel·eens [wɛlens] *adv* parfois; **dat gebeurt ~** ça arrive parfois ♦ **dat wil ~ gebeuren** ce sont des choses qui arrivent; **heb je ~ Japans gegeten?** est-ce que tu as déjà mangé japonais ?

wel·eer [wɛler] *het (form.)* ♦ **de tijden van ~** le temps passé; **de vrienden van ~** les amis d'antan

wel·ge·ko·men [wɛlχəkomə(n)] *adj (Belg.)* bienvenu

wel·ge·ko·zen [wɛlχəkozə(n)] *adj* bien choisi

wel·ge·ma·nierd [wɛlχəmanirt] *adj* bien élevé

wel·ge·meend [wɛlχəment] *adj* **1** sincère **2** bien intentionné

wel·ge·scha·pen [wɛlχəsχapə(n)] *adj* bien conformé

wel·ge|steld [wɛlχəstɛlt] *adj (-stelder, meest w.)* aisé; **zij zijn zeer ~** ils sont très fortunés

wel·ge·teld [wɛlχətɛlt] *adv* en tout (et pour tout)

wel·ge·val·len [wɛlχəvɑlə(n)] *vb* ♦ **ik laat me dat niet ~!** je ne vais pas avaler ça !; **zich iets laten ~** trouver bon que

wel·ge·val·lig [wɛlχəvɑləχ] *adj (form.)* agréable

wel·ge·vormd [wɛlχəvɔrmt] *adj* bien fait; **een ~e mond** une bouche bien dessinée

wel·ge|zind [wɛlχəzɪnt] *adj (-zinder, meest w.)* **1** bien intentionné **2** favorable

wel·haast [wɛlhast] *adv (form.)* presque

we·lig [weləχ] *adj, adv* abondant, abondamment; **een ~e plantengroei** une végétation luxuriante

wel·in·ge·licht [wɛlɪŋχəlɪχt] *adj (form.)* bien informé

wel·is·waar [wɛlɪswar] *adv* il est vrai

[1]**welk** [wɛlk] *interr* **1** *(purement interrogatif)* (le)quel **2** *(exclamatif; form.)* quel

[2]**welk** [wɛlk] *rel (form.)* **1** *(pronom)* qui, que **2** *(adjectif)* lequel

[3]**welk** [wɛlk] *indéf (+ aussi)* quel que; **~ voornemen je ook hebt ...** quels que soient tes projets ...

[1]**wel·kom** [wɛlkɔm] *het* accueil

[2]**wel·kom** [wɛlkɔm] *adj* bienvenu; **een bezoeker ~ heten** souhaiter la bienvenue à un visiteur; **ergens niet ~ zijn** être indésirable qqp

[3]**wel·kom** [wɛlkɔm] *interj* ♦ **~ thuis!** sois, soyez le bienvenu !

[1]**wel·len** [wɛlə(n)] *vt (welde, h. geweld)* faire frémir

[2]**wel·len** [wɛlə(n)] *vi (welde, h./i. geweld)* jaillir

wel·les [wɛləs] *interj (fam.)* ± si

wel·le·tjes [wɛləcəs] *adj (fam.)* ♦ **zo is het ~!** (il) y en a marre !

wel·le·vend·heid [wɛlevəntheit] *nf* politesse

wel·licht [wɛlɪχt] *adv (form.)* peut-être

wel·lui·dend [wɛlœydənt] *adj, adv* harmonieux

wel·lust [wɛlʌst] *nm (-en)* volupté

wel·lus·te·ling [wɛlʌstəlɪŋ] *nm (-en)* voluptueux

wel·lus·tig [wɛlʌstəχ] *adj, adv* voluptueux, voluptueusement

wel·ne·men [wɛlnemə(n)] *het* ♦ **met uw ~** si vous êtes d'accord

wel·nu [wɛlny] *interj* eh bien !

wel·om·lijnd [wɛlɔmlɛint], **welomschreven** *adj* bien déterminé

wel·op·ge·voed [wɛlɔpχəvut] *adj* bien élevé

wel·over·wo·gen [wɛlovərwoχə(n)] *adj, adv* **1** (d'une façon) réfléchi(e) **2** délibéré(ment)

[1]**welp** [wɛlp] *het/de (-en)* petit *(animal)*

[2]**welp** [wɛlp] *nm (-en) (scoutisme)* louveteau

wel·sla·gen [wɛlslaχə(n)] *het (form.)* succès

wel·spre·kend [wɛlsprekənt] *adj* éloquent; **~e argumenten** arguments convaincants

wel·stand [wɛlstɑnt] *nm (form.)* **1** (bonne) santé **2** bien-être; **leven in ~** vivre dans l'aisance

wel·stel·lend [wɛlstɛlənt] *adj (Belg.)* → **welgesteld**

wel·te·rus·ten [wɛltərʌstə(n)] *interj* bonne nuit

wel·te·ver·staan [wɛltəvərstan] *adv (form.)* bien entendu

wel·vaart [wɛlvart] *de* prospérité; **in ~ leven** vivre dans l'abondance

wel·vaarts·maat·schap·pij [wɛlvartsmatsχapɛi] *nf* société d'abondance

wel·vaarts·staat [wɛlvartstat] *nm* État-providence

wel·va·ren [wɛlvarə(n)] *het (form.)* (bonne) santé; **er uitzien als Hollands ~** respirer la santé

wel·va·rend [wɛlvarənt] *adj* **1** prospère **2** en bonne santé

wel·ven, zich [wɛlvə(n)] *vpr (welfde zich, h. zich gewelfd) (form.)* se voûter

wel·ver·diend [wɛlvərdint] *adj* bien mérité
wel·ving [wɛlvɪŋ] *nf (-en) (form.)* courbe
wel·voor·zien [wɛlvorzin] *adj* bien pourvu; **een ~e dis** un repas copieux
wel·wil·lend [wɛlwɪlənt] *adj, adv* bienveillant, avec bienveillance
wel·zijn [wɛlzɛin] *het* **1** bien-être; **het algemeen ~** le bien commun **2** *(form.)* santé
wel·zijns·sec·tor [wɛlzɛinsɛktɔr] *nm (-en)* secteur de l'aide sociale
wel·zijns·werk [wɛlzɛinswɛrk] *het* aide sociale
wel·zijns·zorg [wɛlzɛinsɔrχ] *de* aide sociale
we·me·len [wemələ(n)] *vi (wemelde, h. gewemeld) (+ van)* fourmiller (de); **het wemelt ervan** il y en a partout
wend|baar [wɛndbar] *adj (-baarder, -baarst)* manœuvrable
[1]**wen·den** [wɛndə(n)] *vt (wendde, h. gewend) (form.)* tourner; **hoe je het ook wendt of keert** tu peux retourner l'affaire comme tu voudras; **hoe men zich ook wendt of keert** de quelque côté qu'on se tourne
[2]**wen·den, zich** [wɛndə(n)] *vpr (wendde zich, h. zich gewend) (+ tot)* s'adresser (à)
wen·ding [wɛndɪŋ] *nf (-en)* **1** action de tourner **2** tour **3** *(fig.)* tournure; **een geheel andere ~** un revirement; **een andere ~ geven aan iets** infléchir qqch; **het gesprek een andere ~ geven** détourner la conversation; **een goede ~ geven aan iets** donner une bonne direction à qqch
we·nen [wenə(n)] *vti (weende, h. geweend) (form.)* pleurer
We·nen [wenə(n)] *het* Vienne
wenk [wɛŋk] *nm (-en)* **1** signe *(de la tête, de la main)*; **op zijn ~en bediend worden** être servi au doigt et à l'œil **2** indication; **een stille ~** une invite discrète
wenk·brauw [wɛŋgbrau] *de (-en)* sourcil; **met opgetrokken ~en** avec un haussement des sourcils
wen·ken [wɛŋkə(n)] *vti (wenkte, h. gewenkt)* faire signe à
[1]**wen·nen** [wɛnə(n)] *vt (wende, h. gewend)* habituer (à)
[2]**wen·nen** [wɛnə(n)] *vi (wende, i. gewend)* **1** s'habituer (à); **alles went** on se fait à tout; **dat zal wel ~** tu t'y feras **2** s'adapter
wens [wɛns] *nm (-en)* **1** désir; **alles gaat naar ~** tout marche à souhait; **een onvervulbare ~** un souhait irréalisable; **tegen de ~ van zijn moeder** contre la volonté de sa mère; **heb je nog ~en voor je verjaardag?** qu'est-ce que tu voudrais (avoir) pour ton anniversaire ?; **een vrome ~** une illusion; *(prov)* **de ~ is de vader van de gedachte** chacun croit aisément ce qu'il désire **2** vœu
wens|droom [wɛnzdrom] *nm (-dromen)* chimère
wen·se·lijk [wɛnsələk] *adj, adv* (de façon) souhaitable
wen·sen [wɛnsə(n)] *vt (wenste, h. gewenst)* **1** désirer; **het niet gewenst achten te ...** estimer qu'il n'est pas souhaitable de ...; **dat laat aan duidelijkheid niets te ~ over** cela ne laisse subsister aucune équivoque; **op ieder gewenst ogenblik** à tout moment **2** vouloir (que) **3** souhaiter (qqch à qqn)
wen·te·len [wɛntələ(n)] *vti (wentelde, h./i. gewenteld)* tourner *(faire un mouvement de rotation)*
wen·tel·teef·jes [wɛntəltefjəs] *plur (cuis.)* pain perdu
wen·tel·trap [wɛntəltrɑp] *nm (-pen)* escalier à vis
werd [wɛrt], **werden** → [3]**worden, gewaarworden**
we·reld [werəlt] *de (-en)* monde; **de derde ~** le tiers-monde; **er ging een ~ voor hem open** un monde nouveau s'ouvrit à lui; **hij kan de hele ~ aan** il veut tout avaler; **midden in de ~ staan** vivre dans le monde; **hoe is het in de ~ mogelijk!** comment est-ce Dieu possible !; **degene die dat gerucht de ~ in heeft gestuurd** l'inventeur de ce bruit; **de (wijde) ~ in trekken** parcourir le (vaste) monde; **dat is de ~ op zijn kop** c'est le monde à l'envers; **iemand naar de andere ~ helpen** expédier qqn dans l'autre monde; **de Oude ~** l'Ancien Monde; **over de hele ~** dans le monde entier; **de ~ staat voor ons open** le monde s'offre à nous; **een misverstand uit de ~ helpen** dissiper un malentendu; **van de hele ~** mondial; *(fig.)* **van de ~ zijn** être inconscient; avoir perdu le nord; *(iron.)* **hij is niet van deze ~** il se perd dans les nuages; **hij heeft heel wat van de ~ gezien** il a couru le monde; *(fig.)* il connaît le monde; **daar ligt een ~ van verschil tussen** il y a un monde entre (telle et telle chose); **het was een lawaai of de ~ verging** cela faisait un bruit d'enfer
***we·reld-** [werəlt-] mondial; **de wereldbevolking** la population mondiale
we·reld·beeld [werəldbelt] *het* vision du monde
we·reld·be·roemd [werəldbərumt] *adj* célèbre dans le monde entier
we·reld·be·schou·wing [werəldbəsχauwɪŋ] *nf (-en)* conception du monde
we·reld·bol [werəldbɔl] *nm (-len)* globe (terrestre)
we·reld·bur·ger [werəldbʌrχər] *nm (-s)* **1** être humain; *(iron.)* **de nieuwe ~** le nouveau-né **2** citoyen du monde
we·reld|deel [werəldel] *het (-delen)* continent; **het zwarte ~** le continent africain
we·reld·ge·beu·ren [werəltχəbørə(n)] *het* actualité mondiale
we·reld·ge·schie·de·nis [werəltχəsχidənɪs] *nf* histoire universelle
we·reld·han·del [werəlthɑndəl] *nm*

1 échanges internationaux 2 commerce mondial

we·reld·her·vor·mer [werelthervɔrmər] *nm (-s)* réformateur du monde

we·reld·je [werəlcə] *het* petit monde; **ze leeft in een klein ~** son univers est restreint; **het politieke ~** la classe politique; **zich in z'n eigen ~ terugtrekken** rentrer dans sa coquille ♦ **het is me het ~ wel!** quelle vie, ici-bas !; **mooi ~ waar we in leven** quel monde que le nôtre !

we·reld·kaart [werəltkart] *de (-en)* carte universelle

we·reld·kun·dig [werəltkʌndəχ] *adj* ♦ **iets ~ maken** rendre qqch public

we·reld·lijk [werəltlək] *adj* séculier

we·reld·li·te·ra·tuur [werəltlitəratyr] *nf* littérature universelle

we·reld·macht [werəltmɑχt] *de (-en)* superpuissance

we·reld·naam [werəltnam] *nm* ♦ **een geleerde van ~** un savant de réputation mondiale

we·reld·nieuws [werəltniws] *het* actualité internationale

we·reld·om·vat·tend [werəltɔmvɑtənt] *adj* (d'intérêt) mondial

we·reld·ont·van·ger [werəltɔntfɑŋər] *nm (-s) (com.)* récepteur universel

we·reld·oor·log [werəltorlɔχ] *nm (-en)* guerre mondiale; **de Eerste Wereldoorlog** la Grande Guerre; **het Europa van voor de ~** l'Europe d'avant-guerre

we·reld|reis [werəltrɛis] *de (-reizen)* tour du monde

we·reld·rei·zi·ger [werəltrɛizəχər] *nm (-s)* globe-trotteur, -euse

we·relds [werəlts] *adj* 1 temporel 2 mondain 3 séculier; **~e muziek** musique profane 4 du monde

we·reld·schok·kend [werəltsχɔkənt] *adj* bouleversant; **dat is niet zo ~** ça n'a rien de spécial

we·reld|stad [werəltstɑt] *de (-steden)* métropole

we·reld|taal [werəltal] *de (-talen)* langue universelle

we·reld·ten·toon·stel·ling [werəltɛntonstɛlɪŋ] *nf (-en)* Exposition universelle

we·reld·vre·de [werəltfredə] *de* paix universelle

we·reld|vreemd [werəltfremt] *adj (-vreemder, meest w.)* étranger à ce monde

we·reld·wijd [werəltwɛit] *adj, adv* mondial(ement)

we·reld·win·kel [werəltwɪŋkəl] *nm (-s)* magasin du tiers-monde

we·reld·won·der [werəltwɔndər] *het (-en)* merveille du monde

we·reld·zee [werəltse] *de (-ën)* océan

[1]**we·ren** [werə(n)] *vt (weerde, h. geweerd)* repousser

[2]**we·ren, zich** [werə(n)] *vpr (weerde zich, h. zich geweerd)* 1 *(+ tegen)* se défendre (contre) 2 se démener

werf [wɛrf] *de (werven)* chantier (naval)

werk [wɛrk] *het (-en)* 1 travail; **aan het ~ gaan** se mettre au travail; **aan het ~ zijn** travailler; **er is ~ aan de winkel** il y a du pain sur la planche; **dat was afgesproken ~** c'était un coup monté; **dat is het betere ~** voilà du beau travail; **cultureel ~** animation culturelle; **geen half ~ doen** ne pas faire les choses à demi; **niet lang ~ meer hebben** ne plus en avoir pour longtemps; **hij heeft nog wel even ~** il en a pour un bon moment; **iemand van zijn ~ houden** empêcher qqn de travailler; **~ in uitvoering!** travaux !; **hij kan het ~ niet aan** il est débordé de travail, il n'est pas à la hauteur de sa tâche; **lang ~ hebben** mettre du temps (à); **het maatschappelijk ~** l'assistance sociale; **het is onbegonnen ~** c'est un travail de Sisyphe; **het ~ staken, platleggen** cesser le travail, se mettre en grève; **een goed stuk ~** un beau travail; **te ~ gaan** agir; **te ~ stellen** employer; **voorzichtig te ~ gaan** y aller doucement 2 emploi; **iemand aan ~ helpen** aider qqn à trouver du travail 3 tâche 4 œuvre; **het volledige ~ van X, de verzamelde ~en van X** les œuvres complètes de X 5 *(plur.) (Belg.)* travaux ♦ **dat is geen ~** ça ne se fait pas; **'t is geen aangenomen ~** il n'y a pas le feu; **~ van iets maken** s'occuper sérieusement de qqch, s'occuper de qqch; **~ van iemand maken** faire la cour à qqn

***werk-** [wɛrk-] de travail; **een werkbijeenkomst** une réunion de travail

werk|baar [wɛrgbar] *adj (-baarder, -baarst)* utilisable ♦ **een werkbare atmosfeer, omgeving** de bonnes conditions de travail

werk·balk [wɛrgbɑlk] *nm* barre d'outils

werk·bij [wɛrgbɛi] *de (-en)* (abeille) ouvrière

werk·col·le·ge [wɛrkɔleʒə] *het (-s)* travaux pratiques

werk·dag [wɛrgdɑχ] *nm (-en)* jour ouvré; **een achturige ~** une journée de huit heures

wer·ke·lijk [wɛrkələk] *adj, adv* réel(lement); **de ~e reden** la véritable raison; **ik weet het ~ niet** honnêtement, je ne le sais pas; **~?** *(étonnement)* ah oui ?

wer·ke·lijk·heid [wɛrkələkhɛit] *nf* réalité; **in ~** en fait; **tot de ~ terugkeren** revenir sur terre; **~ worden** se réaliser; **de ~ onder ogen zien** voir les choses en face

wer·ken [wɛrkə(n)] *vti (werkte, h. gewerkt)* 1 travailler; **aan zichzelf ~** chercher à se connaître (mieux); **er wordt aan gewerkt** on s'en occupe; **voor niets ~** travailler pour le roi de Prusse; **zich omhoog ~** se hisser à la force des poignets 2 marcher; **zo werkt dat niet** ce n'est pas comme ça que ça fonctionne 3 agir ♦ **een ongewenst iemand eruit ~** éliminer un indésirable; **iets naar binnen ~** avaler qqch

wer·kend [wɛrkənt] *adj* actif

wer·ker [wɛrkər] *nm (-s)* travailleur; **hij is**

een harde ~ c'est un bourreau de travail; een maatschappelijk ~ un assistant social
werk·ezel [wɛrkezəl] *nm (-s) (fig.)* cheval de labour
werk·ge·bied [wɛrkχəbit] *het (-en)* → werkterrein 2
werk·ge·le·gen·heid [wɛrkχəleχənhɛit] *nf* emploi; het ministerie van Sociale Zaken en Werkgelegenheid le ministère du travail
werk|ge·ver [wɛrkχevər] *nm (-s),* **-geef·ster** *nf (-s)* employeur, -euse
wer·king [wɛrkɪŋ] *nf (-en)* 1 fonctionnement; buiten ~ hors (de) service; buiten ~ treden cesser ses effets, ne plus fonctionner; iets in ~ stellen mettre qqch en service; een toestel in ~ brengen mettre un appareil en marche; de wet treedt 1 januari in ~ la loi entre en vigueur le 1er janvier 2 effet
werk·kli|maat [wɛrklimat] *het (-maten)* ambiance (de travail)
werk·kracht [wɛrkrɑχt] *de (-en)* employé, -ée
werk·kring [wɛrkrɪŋ] *nm (-en)* emploi
werk·last [wɛrklɑst] *nm* ampleur de la tâche
werk·loos [wɛrklos] *adj* 1 inactif; zijn tijd ~ doorbrengen passer son temps à ne rien faire; ~ toezien rester les bras croisés 2 en chômage; werkloze jongeren jeunes sans-travail
werk·loos·heid [wɛrkloshɛit] *nf* 1 inaction 2 chômage; verborgen ~ chômage déguisé
werk·loos·heids·cij·fer [wɛrkloshɛitsɛifər] *het (-s)* taux de chômage
werk·lo·ze [wɛrklozə] *nm (-n)* chômeur, -euse
werk·lust [wɛrklʌst] *nm* ardeur au travail
werk|man [wɛrkmɑn] *nm (-lui)* ouvrier
werk|ne·mer [wɛrknemər] *nm (-s),* **-neemster** *nf (-s)* salarié, -ée; de buitenlandse ~s les travailleurs immigrés
werk·ne·mers·or·ga·ni·sa·tie [wɛrknemərsɔrχaniza(t)si] *nf (-s)* syndicat (ouvrier)
werk·plaats [wɛrkplats] *de (-en)* atelier; sociale ~en ateliers pour handicapés
werk·ruim·te [wɛrkrœymtə] *nf (-n, -s)* lieu de travail; woon- en ~ living et cabinet de travail
werk·si·tu·a·tie [wɛrksitywa(t)si] *nf (-s)* conditions de travail
werk·ster [wɛrkstər] *nf (-s)* 1 travailleuse; een maatschappelijk ~ une assistante sociale 2 femme de ménage
werk·stu|dent [wɛrkstydɛnt] *nm (-en),* **-dente** *nf (-n, -s)* étudiant salarié
werk·stuk [wɛrkstʌk] *het (-ken)* 1 œuvre 2 travail écrit
werk·ter·rein [wɛrktɛrɛin] *het (-en)* 1 chantier 2 domaine
werk·tijd [wɛrktɛit] *nm (-en)* durée du travail; glijdende ~en horaires mobiles; ongeregelde ~en horaires irréguliers; verkorting van de ~en réduction des journées de travail
werk·tuig [wɛrktœyχ] *het (-en)* outil; een ~ in iemands hand zijn devenir l'outil de qqn
werk·tuig|bouw·kun·de [wɛrktœyχbɑukʌndə], **-kunde** *nf* mécanique
werk·tuig·kun·dig [wɛrktœyχkʌndəχ] *adj* mécanicien
werk·tuig·lijk [wɛrktœyχlək] *adj, adv* machinal(ement)
werk·ver·schaf·fing [wɛrkfərsχɑfɪŋ] *nf* assistance par le travail; *(fig.)* dit is puur ~ c'est du travail inutile
werk·vloer [wɛrkflur] *nm* ♦ op de ~ leeft de gedachte dat … les travailleurs sont d'avis que …
werk·vorm [wɛrkfɔrm] *nm (-en)* ♦ textiele ~en ± couture, éducation manuelle et technique
werk·vrouw [wɛrkfrɑu] *nf (-en)* → werkster 2
werk|week [wɛrkwek] *de (-weken)* 1 semaine de travail; veertigurige ~ semaine de quarante heures 2 semaine d'étude
werk·wij·ze [wɛrkwɛizə] *de (-n)* méthode (de travail)
werk·wil·li·ge [wɛrkwɪləχə] *nm (-n)* non-gréviste
werk·woord [wɛrkwort] *het (-en) (ling.)* verbe
werk|zaam [wɛrksam] *adj, adv (-zamer, -zaamst)* 1 actif 2 travailleur, activement ♦ hij is ~ bij het onderwijs il est dans l'enseignement
werk·zaam·he·den [wɛrksamhedə(n)] *plur* activités
werk·zaam·heid [wɛrksamhɛit] *nf* efficacité
werk·zoe·ken·de [wɛrksukəndə] *nm (-n)* demandeur d'emploi
wer·pen [wɛrpə(n)] *vti (wierp, h. geworpen)* 1 jeter; *(fig.)* iets verre van zich ~ rejeter qqch avec la plus grande énergie, se refuser à qqch 2 mettre bas
wer·vel [wɛrvəl] *nm (-s)* vertèbre
***wer·vel-** [wɛrvəl-] vertébral; de wervelkolom la colonne vertébrale
wer·ve·lend [wɛrvələnt] *adj* tourbillonnant; een ~e show un spectacle étourdissant
wer·vel·storm [wɛrvəlstɔrm] *nm (-en)* cyclone
wer·vel·wind [wɛrvəlwɪnt] *nm (-en)* tourbillon; als een ~ en trombe
wer·ven [wɛrvə(n)] *vt (wierf, h. geworven)* recruter; personeel ~ embaucher
wesp [wɛsp] *de (-en)* guêpe
wes·pen·nest [wɛspənɛst] *het (-en)* guêpier; zich in een ~ steken se fourrer dans un guêpier
¹west [wɛst] *het/de* ouest
²west [wɛst] *adj* de l'ouest
³west [wɛst] *adv* vers l'ouest
West-Duits·land [wɛsdœytslɑnt] *het (hist.)* Allemagne de l'Ouest

wes·te·lijk [wɛstələk] *adj, adv* **1** de l'ouest **2** vers l'ouest **3** de l'ouest, à l'est; **de ~e Jordaanoever** la rive ouest du Jourdain **4** occidental

wes·ten [wɛstə(n)] *het* ouest; **kamers op het ~** chambres orientées à l'ouest; **Wageningen ligt ten ~ van Arnhem** Wageningen est à l'ouest d'Arnhem; **het vrije ~** le monde libre; **het wilde Westen** le Far West ♦ **buiten ~** sans connaissance

Wes·ten [wɛstə(n)] *het* Ouest, Occident

wes·ten·wind [wɛstə(n)wɪnt] *nm (-en)* vent d'ouest

wes·ter·leng·te [wɛstərlɛŋtə] *nf* longitude ouest

wes·ter|ling [wɛstərlɪŋ] *nm (-en)*, **-linge** *nf (-n)* occidental

wes·ters [wɛstərs] *adj, adv* (à l') occidental(e); **de ~e Kerk** l'Église d'Occident

West-Eu·ro·pa [wɛstøropa] *het* Europe occidentale

West-In·dië [wɛstɪndijə] *het* Indes occidentales

west·kust [wɛstkʌst] *de (-en)* côte occidentale

West-Vlaan·de·ren [wɛstflandərə(n)] *het* Flandre occidentale

west·waarts [wɛstwarts] *adv* vers l'ouest

wet [wɛt] *de (-ten)* loi; **een ~ aannemen** voter une loi; **de ~ is aangenomen** la loi a passé; *(prov)* **~ is ~** la loi est dure, mais c'est la loi; **dat is geen ~ van Meden en Perzen** ce n'est pas une règle absolue; **een ongeschreven ~** une loi coutumière; **dat spot met alle ~ten** cela défie toutes les lois scientifiques; **voor de ~ trouwen** contracter un mariage civil; **iemand de ~ voorschrijven** faire la loi à qqn

wet·boek [wɛdbuk] *het (-en)* code (législatif); **Burgerlijk Wetboek** Code civil; **Wetboek van Strafrecht** Code pénal

¹**we·ten** [wetə(n)] *het* ♦ **tegen beter ~ (in)** contre toute logique; **bij mijn ~** à ma connaissance; **buiten mijn ~** à mon insu; **iets naar zijn beste ~ doen** faire qqch de son mieux

²**we·ten** [wetə(n)] *vt (wist, h. geweten)* **1** savoir; **alles van iets ~** s'y connaître; **als je dat maar weet!** maintenant, te voilà prévenu !; **als je maar weet dat ...** sache bien que ...; **hij weet wel beter** il est plus malin que ça; **zij ~ niet beter** il ne faut pas leur en vouloir, ils n'y peuvent rien; **hij weet niet beter of het hoort zo** il est persuadé que c'est la coutume; **hij weet ervan** il est au courant; **hij kan het ~** il est payé pour le savoir; **dat weet zelfs een kind!** c'est élémentaire !; **je moest beter ~** cela m'étonne de ta part; **ik weet z'n naam niet** je ne connais pas son nom; **ik zou het niet ~** je ne saurais vous le dire; *(iron.)* **dat zal jij niet ~!** ne fais pas l'innocent !; **hij wist niet hoe gauw hij weg moest komen** il n'avait qu'une hâte, s'enfuir; *(prov)* **wat niet weet, wat niet deert** ce que les yeux ne voient pas, ne fait pas mal au cœur; **hij wist niet beter of ik was vertrokken** pour lui je devais être parti; **ergens iets op ~** avoir une idée; **iets te ~ komen** apprendre qqch; **hij wist te vertellen dat ...** il a pu nous raconter que ...; **ik weet van niks** je n'en sais rien; **weet je wat ...** écoute, ...; **weet je wel** tu sais; **je weet wie het zegt** prends-le pour ce que ça vaut; **hij wil (graag) ~ dat hij rijk is** il ne cache pas qu'il est riche; **jij wil niet ~ hoe duur dat is** ça coûte extrêmement cher; **iets niet willen ~** refuser d'admettre qqch; **niets van iets willen ~** ne rien vouloir entendre de qqch; **er het zijne van willen ~** vouloir en avoir le cœur net; **zeker ~!** pour sûr !; **je moet het zelf (maar) ~** fais comme tu voudras; **voor zover ik weet** pour autant que je sache; **weet je nog?** tu t'en souviens ?; **weet ik veel!** qu'est-ce que je sais, moi !; **er heel wat van af ~** en savoir long; **~ wat men aan iemand heeft** être fixé sur le compte de qqn **2** *(+ te)* réussir (à); **niets ~ te zeggen** ne plus savoir quoi dire ♦ **je weet wel beter** tu n'en penses pas un mot; **zij weet het altijd beter** elle veut toujours avoir le dernier mot; **ze hebben het geweten** ça leur a coûté cher, ils s'en sont mordu les doigts; **voor je het weet, ben je er** tu y seras en moins de rien; **je weet ('t) maar nooit** on ne sait jamais; **zij weet van geen ophouden** elle ne sait pas s'arrêter

we·tens [wetə(n)s] *adv (Belg.)* → **willens**

we·ten·schap [wetənsχap] *nf (-pen)* **1** science **2** connaissance *(le fait de savoir qqch)*; **in de ~ dat hij afwezig was** sachant qu'il était absent; **met die ~ ging zij ...** en connaissance de cause, elle alla ...

we·ten·schap·pe·lijk [wetənsχapələk] *adj, adv* scientifique(ment)

we·ten·schap·per [wetənsχapər] *nm (-s)* homme, femme de science

we·tens·waar·dig [wetə(n)swardəχ] *adj* intéressant

we·tens·waar·dig|heid [wetə(n)swardəχhɛit] *nf (-heden)* curiosité *(fait intéressant)*

we·te·ring [wetərɪŋ] *nf (-en)* cours d'eau

wet·ge·vend [wɛtχevənt] *adj* législatif

wet·ge·ver [wɛtχevər] *nm (-s)* législateur

wet·ge·ving [wɛtχevɪŋ] *nf (-en)* législation

wet·hou·der [wɛthaudər] *nm (-s)* adjoint (au maire), *(Pays-Bas, Belg.)* échevin

wet·ma·tig [wɛtmatəχ] *adj, adv* conforme, conformément aux lois (de la science)

wet·ma·tig|heid [wɛtmatəχhɛit] *nf (-heden)* **1** conformité aux lois (de la science) **2** phénomène récursif

***wets-** [wɛts-] de loi; **het wetsvoorstel** la proposition de loi

wets·be·pa·ling [wɛtsbəpalɪŋ] *nf (-en)* disposition (légale, législative)

wets·dok·ter [wɛtsdɔktər] *nm (-s) (Belg.)* médecin légiste

wets·ont·werp [wɛtsɔntwɛrp] *het (-en)* projet de loi
wets·over·tre·ding [wɛtsovərtredɪŋ] *nf (-en)* infraction à la loi
wets·wij·zi·ging [wɛtswɛizəχɪŋ] *nf (-en)* révision d'une loi, de la loi
wets·win·kel [wɛtswɪŋkəl] *nm (-s)* boutique de droit *(agence d'information et de soutien juridiques)*
wet·te·lijk [wɛtələk] *adj, adv* légal(ement); **dat is ~ voorgeschreven** c'est prescrit par la loi
wet·te·loos [wɛtəlos] *adj, adv (fig.)* anarchique(ment)
wet·tig [wɛtəχ] *adj, adv* légal(ement); **een ~ kind** un enfant légitime; **een ~ vonnis** un jugement régulier
wet·ti·gen [wɛtəχə(n)] *vt (wettigde, h. gewettigd)* **1** légaliser **2** légitimer
WEU [wø] *nf* abrév. de *West-Europese Unie* UEO
we·ven [wevə(n)] *vti (weefde, h. geweven)* tisser *(aussi au fig.)*
we·zel [wezəl] *de (-s)* belette; **zo bang als een ~** peureux comme un lièvre
[1]**we·zen** [wezə(n)] *het (-s)* **1** être; **een bovenaards ~** un(e) supraterrestre; **levende ~s** créatures vivantes **2** essence; **in zijn diepste ~** au plus profond de lui-même; **in ~** au fond
[2]**we·zen** [wezə(n)] *vi, copule (was, i. geweest) (fam.)* **1** être; **laten we wél ~** ne nous racontons pas d'histoires; **hij mag er ~** il se pose là, il n'est pas mal (de sa personne); **waar moet ik ~ om …?** où dois-je m'adresser pour … ? **2** être allé
we·zen·lijk [wezə(n)lək] *adj, adv* **1** essentiel(lement); **een ~ onderdeel uitmaken van** faire partie intégrante de **2** réel(lement)
we·zen|loos [wezənlos] *adj, adv (-lozer, -loost)* **1** (avec un regard) égaré; *(fam.)* **zich ~ schrijven** écrire jusqu'à l'épuisement; *(fam.)* **zich ~ schrikken** être mort de peur **2** (de façon) irréel(le)
whirl·pool [wʌ:rlpul] *de (-s)* bain à remous
wi·che|laar [wɪχəlar] *nm (-s),* **-laarster** *nf (-s)* augure
wi·che·la·rij [wɪχəlarɛi] *nf (-en)* divination
wi·chel·roe·de [wɪχəlrudə] *de (-n)* baguette de sourcier
wicht [wɪχt] *het (-en)* **1** bambin **2** *(péj.)* bêcheuse
[1]**wie** [wi] *interr* qui, qui est-ce qui, qui est-ce que
[2]**wie** [wi] *rel* **1** qui, dont, que, lequel; **de man ~ns dood door ieder betreurd wordt** l'homme dont tout le monde déplore la mort **2** celui qui
[3]**wie** [wi] *indéf* quiconque; **~ er ook komt** qui que ce soit qui vienne
wie·be·len [wibələ(n)] *vi (wiebelde, h. gewiebeld)* **1** vaciller **2** s'agiter (sur sa chaise)
wie·den [widə(n)] *vti (wiedde, h. gewied)* arracher les mauvaises herbes
wie·des [widəs] *adj (fam.)* ♦ **dat is nogal ~!** ça crève les yeux !
wie·de·weer·ga [widəwerχa] *de (fam.)* ♦ **als de ~** illico presto
wieg [wiχ] *de (-en)* berceau; **iets in de ~ smoren** étouffer qqch dans l'œuf; **in de ~ gelegd zijn voor …** être très doué pour …
[1]**wie·gen** [wiχə(n)] *vt (wiegde, h. gewiegd)* bercer
[2]**wie·gen** [wiχə(n)] *vi (wiegde, h. gewiegd)* se balancer
wiek [wik] *de (-en)* aile *(aussi d'un moulin); (fig.)* **op eigen ~en drijven** voler de ses propres ailes; **in zijn ~ geschoten zijn** être blessé dans son amour-propre; **iemands ~en korten** rogner les ailes à qqn
wiel [wil] *het (-en)* roue; **aan een ~ draaien** faire tourner une roue; **iemand in de ~en rijden** mettre des bâtons dans les roues à qqn
wie·ler|baan [wilərban] *de (-banen)* piste
wie·ler·ron·de [wilərɔndə] *de (-n)* tour cycliste
wie·ler·sport [wilərspɔrt] *de* cyclisme
wiel·klem [wilklɛm] *de (-men)* sabot de Denver
wiel·ren·nen [wilrɛnə(n)] *vb* pratiquer le cyclisme
wie·ner·schnit·zel [winərʃnitsəl] *nm (-s)* escalope panée
wiens [wins] *rel* dont, duquel
[1]**wier** [wir] *rel* dont, de laquelle
[2]**wier** [wir] *het* algues
wierf [wirf], **wierven** → **werven, aanwerven**
wie·rook [wirok] *nm* **1** encens **2** fumée de l'encens
wie·rook·vat [wirokfɑt] *het (-en)* encensoir
wierp [wirp], **wierpen** → **werpen, neerwerpen, omverwerpen** *(etc.)*
wiet [wit] *nm* → **weed**
wig [wɪχ] *de (-gen) (technol.)* coin; *(fig.)* **een ~ drijven tussen …** semer la discorde entre …
wij [wɛi] *pers* nous
wijd [wɛit] *adj, adv* large(ment); **~e kleren dragen** porter des vêtements amples; **zijn ogen ~ opendoen** écarquiller les yeux; **een ~e vlakte** une vaste plaine; **~ en zijd** en tous lieux
wijd·beens [wɛidbens] *adv* les jambes écartées
[1]**wij·den** [wɛidə(n)] *vt (wijdde, h. gewijd)* consacrer (à); **een gewijde plaats** un lieu sacré; **iemand tot priester ~** ordonner qqn prêtre; **een vorst ~** sacrer un souverain
[2]**wij·den, zich** [wɛidə(n)] *vpr (wijdde zich, h. zich gewijd) (+ aan)* se consacrer (à)
wijd·te [wɛitə] *nf (-n, -s)* **1** espace **2** ampleur **3** largeur
wijd·ver·breid [wɛitfərbrɛit] *adj* (largement) répandu

wijf [wɛif] *het (fam.)* **1** bonne femme; **een lekker ~** une belle nana; **een oud ~** une vieille bique; *(fig.; péj.)* **hij is een oud ~** quelle scie !, quelle poule mouillée !; **al regent het oude wijven** même s'il pleut des hallebardes; **wat een ~!** *(péj.)* quelle peste !; *(admiratif)* quelle nana ! **2** salope
wijf·je [wɛifjə] *het* femelle
wijk [wɛik] *de (-en)* **1** quartier **2** secteur **3** *(form.)* fuite
***wijk-** [wɛik-] de quartier
wijk·cen|trum [wɛiksɛntrʌm] *het (-tra)* foyer socioculturel
wij·ken [wɛikə(n)] *vi (week, i. geweken)* **1** céder; **van geen ~ weten** ne pas vouloir céder; **voor iemand ~** céder la place à qqn, s'incliner devant qqn **2** *(form.)* fuir; **het gevaar is geweken** le danger est écarté **3** être fuyant; **de muren ~** les murs ne sont plus d'aplomb
wijk·plaats [wɛikplats] *de (-en) (form.)* asile
wijk·ver·ple·ging [wɛikfərplexɪŋ] *nf* soins médicaux à domicile
wij·len [wɛilə(n)] *adj* défunt; *(iron.)* **hij is ~** il a rendu l'âme; **~ mijn vader** feu mon père; **hij is kassie ~** il a cassé sa pipe
wijn [wɛin] *nm (-en)* **1** vin; *(prov)* **goede ~ behoeft geen krans** à bon vin, point d'enseigne; *(fig.)* **klare ~ schenken** jouer franc jeu; *(prov)* **als de ~ is in de man, is de wijsheid in de kan** quand le vin entre, la raison sort **2** vigne
***wijn-** [wɛin-] de vin; **een wijnvlek** une tache de vin *(aussi méd.)*
wijn·boer [wɛimbur] *nm (-en)* → **wijnbouwer**
wijn·bouw [wɛimbau] *nm* viticulture
wijn·bou·wer [wɛimbauwər] *nm (-s)* vigneron
wijn·fles [wɛinflɛs] *de (-sen)* bouteille à, de vin
wijn·gaard [wɛiŋxart] *nm (-en)* vignoble
wijn·ge·bied [wɛiŋxəbit] *het (-en)* → **wijnstreek**
wijn|glas [wɛiŋxlas] *het (-glazen)* verre à vin
wijn·oogst [wɛinoxst] *nm (-en)* vendange
wijn·proe·ve·rij [wɛimpruvərɛi] *nf (-en)* dégustation de vin
wijn·rank [wɛinraŋk] *de (-en)* pampre
wijn·rek [wɛinrɛk] *het (-ken)* porte-bouteille
wijn·rood [wɛinrot] *adj* lie-de-vin
wijn·soort [wɛinsort] *de (-en)* variété de vin
wijn·stok [wɛinstɔk] *nm (-ken)* (cep de) vigne
wijn|streek [wɛinstrek] *de (-streken)* pays de vignobles
wijn·teelt [wɛintelt] *de* → **wijnbouw**
wijn·vat [wɛinvat] *het (-en)* fût
[1]**wijs** [wɛis], **wijze** *de (wijzen)* **1** façon; **bij wijze van afscheid** en signe d'adieu; **bij wijze van spreken** pour ainsi dire; **bij wijze van uitzondering** à titre exceptionnel; **op Franse wijze** à la française; **op onverklaarbare wijze** inexplicablement; **op welke wijze dan ook** de toute façon; **op de een of andere wijze** d'une façon ou d'une autre; **dat gebeurde op deze wijze** cela se passa de cette manière; **je laat je door niets van de ~ brengen** rien ne peut t'entamer **2** *(mus.)* air; **geen ~ kunnen houden** ne pas être capable de garder le ton; **van de ~ raken** *(fig.)* perdre contenance; **iemand van de ~ brengen** *(fig.)* déconcerter qqn **3** *(ling.)* mode; **de aantonende ~** l'indicatif; **de aanvoegende ~** le subjonctif
[2]**wijs** [wɛis] *adj, adv (wijzer, wijst)* sage, avec sagesse; **ben je niet (goed) ~?** tu te sens bien ?; **niet goed ~** timbré; **je kunt je wijze lessen wel voor je houden** je vous dispense de vos leçons de morale; **het kind is ~ voor zijn leeftijd** cet enfant est raisonnable pour son âge; **dat is een ~ woord** c'est une parole sensée; **de ~te zijn** céder *(renoncer)*; **zo ~ zijn om ...** avoir la sagesse de ... ♦ **uit iets ~ kunnen worden** comprendre une chose; **uit iets niet ~ kunnen worden** ne pas s'y reconnaître
wijs·be·geer·te [wɛizbəxertə] *nf (-n)* philosophie
wij·se·lijk [wɛisələk] *adv* sagement; **hij hield ~ zijn mond** il eut la sagesse de se taire
wijs|geer [wɛisxer] *nm (-geren)* philosophe
wijs·ge·rig [wɛisxerəx] *adj, adv* philosophique(ment)
wijs|heid [wɛishɛit] *nf (-heden)* **1** sagesse; **dat is ~ achteraf** avec le recul, c'est facile à dire; *(iron.)* **waar heb je die ~ vandaan?** d'où tiens-tu toute cette science ?; **hij meent de ~ in pacht te hebben** il s'imagine avoir la science infuse **2** pensée profonde
wijs·je [wɛiʃə] *het (-s)* air
wijs·ma·ken [wɛismakə(n)] *vt (maakte wijs, h. wijsgemaakt)* **1** faire croire; **maak dat anderen wijs!** à d'autres !; **hij laat zich niets ~** il ne s'en laisse pas conter; **ze hebben je wat wijsgemaakt!** ils t'ont raconté des histoires !; **hij maakte zichzelf wijs dat hij de beste speler was** il se figurait être le meilleur joueur **2** faire comprendre
wijs|neus [wɛisnøs] *nm (-neuzen)* **1** pédant **2** enfant précoce
wijs·vin·ger [wɛisfɪŋər] *nm (-s)* index
wij·ten [wɛitə(n)] *vt (weet, h. geweten) (+ aan)* attribuer; **dat heb je aan jezelf te ~** c'est à toi qu'il faut t'en prendre; **het ongeluk was aan onvoorzichtigheid te ~** l'accident était dû à une imprudence
wij·ting [wɛitɪŋ] *nm (-en)* merlan
wij·wa·ter [wɛiwatər] *het* eau bénite
[1]**wij·ze** [wɛizə] *de* → [1]**wijs**
[2]**wij·ze** [wɛizə] *nm (-n)* sage; **de steen der ~n** la pierre philosophale; **de ~n uit het Oosten** les Rois mages
[1]**wij·zen** [wɛizə(n)] *vi (wees, h. gewezen)* **1** indiquer (qqch); **alles wijst erop dat ...**

tout porte à croire que ...; **niets wijst erop dat ...** rien ne prouve que ...; **de pijl wijst die kant uit** la flèche est dirigée de ce côté-là; **niet ~!** il ne faut pas montrer du doigt ! **2** *(+ op)* attirer l'attention (sur); **iemand ~ op iets** signaler qqch à qqn; **dat wijst op een nieraandoening** ce sont les symptômes d'une affection rénale

[2]**wij·zen** [wɛizə(n)] *vt (wees, h. gewezen)* **1** indiquer **2** prononcer *(jugement)*

[3]**wij·zen, zich** [wɛizə(n)] *vpr (wees zich, h. zich gewezen)* se montrer; **dat wijst zich vanzelf** impossible de se tromper !

wij·zer [wɛizər] *nm (-s)* aiguille; **met de ~s van de klok mee** dans le sens des aiguilles d'une montre; **tegen de ~s van de klok in** dans le sens inverse des aiguilles d'une montre; **de ~, het ~tje rond slapen** faire le tour du cadran

wij·zer|plaat [wɛizərplat] *de (-platen)* cadran

wij·zi·gen [wɛizəχə(n)] *vt (wijzigde, h. gewijzigd)* modifier; **de grondwet ~** remanier la constitution; **niets in zijn plannen ~** ne rien changer à ses projets

wij·zi·ging [wɛizəχɪŋ] *nf (-en)* modification; **een ~ in het programma** un changement de programme; **voor ~ vatbaar** modifiable; **~en voorbehouden** sous réserve de modifications

wik·kel [wɪkəl] *nm (-s)* emballage; **de ~ om een reep chocola** la bande de papier qui entoure une barre de chocolat

wik·ke·len [wɪkələ(n)] *vt (wikkelde, h. gewikkeld)* enrouler; **een krant om iets ~** envelopper qqch dans un journal ♦ **in een gesprek gewikkeld zijn** être engagé dans une conversation

wik·ken [wɪkə(n)] *vt (wikte, h. gewikt)* peser *(bien réfléchir sur)*; **iets ~ en wegen** peser le pour et le contre (de qqch)

wil [wɪl] *nm* volonté(s); **het gebeurde buiten zijn ~ (om)** cela arriva malgré lui; **tegen ~ en dank** à son corps défendant; **zij heeft een eigen ~** elle sait ce qu'elle veut; **uw ~ geschiede** que ta volonté soit faite; **moeders ~ is wet** ± ce que femme veut, Dieu le veut; **een sterke ~ hebben** avoir de la volonté; **iets tegen zijn ~ doen** faire qqch contre son gré; **iets tegen iemands ~ doen** passer outre à la volonté de qqn; **ter ~le van** pour l'amour de; **iemand ter ~le zijn** contenter qqn, faire une faveur à qqn; **iets uit (eigen) vrije ~ doen** faire qqch de son plein gré; *(prov)* **waar een ~ is, is een weg** vouloir c'est pouvoir; **(voor) elk wat ~s** il y en a pour tous les goûts

[1]**wild** [wɪlt] *het* **1** gibier; **vliegend ~** gibier à plumes **2** état sauvage; **in het ~ voorkomen** exister à l'état sauvage; **in het ~ levende dieren** animaux sauvages

[2]**wild** [wɪlt] *adj, adv* **1** sauvage; **als een ~e tekeergaan** se démener comme un forcené **2** fougueux, avec fougue; **~ enthousiast zijn** être follement enthousiaste (pour); **~e ideeën aandragen** avoir des idées folles; **een ~ kind** un petit diable; **~ op iets zijn** être fou de qqch; **zich ~ schrikken** avoir une peur bleue; **hij vertelt de meest ~e verhalen** il raconte des histoires à dormir debout; **het paard wordt ~** le cheval s'emballe **3** (de façon) incontrôlé(e)

wild·braad [wɪldbrat] *het* gibier

wil·de [wɪldə] *nm (-n)* **1** sauvage **2** enfant turbulent

wil·de·bras [wɪldəbras] *nm (-sen)* → **wilde 2**

wil·der·nis [wɪldərnɪs] *nf (-sen)* jungle; *(fig.)* **iemand de ~ insturen** laisser patauger qqn

wild·groei [wɪltχruj] *nm* prolifération

wild|park [wɪltpark] *het (-en),* **-reservaat** *het (-vaten)* parc zoologique

wild·vreemd [wɪltfrɛmt] *adj* (tout à fait) inconnu; **een ~e** un étranger, une étrangère

wild·west·film [wɪltwɛstfɪlm] *nm (-s)* western

wilg [wɪlχ] *nm (-en)* saule; *(fig.)* **iets aan de ~en hangen** raccrocher (qqch)

wil·le·keur [wɪləkør] *de* arbitraire; **uit ~ handelen** agir par caprice; **naar ~** à votre gré; **aan iemands ~ overgeleverd zijn** être à la merci de qqn

wil·le·keu·rig [wɪləkørəχ] *adj, adv* arbitraire(ment); **een ~ getal** n'importe quel nombre; **neem een ~e steen** prends une pierre au hasard

wil·len [wɪlə(n)] *vti (wou, wilde, h. gewild)* vouloir; **een gewild artikel** un article très demandé; **graag ~ dat ...** avoir envie que ...; **iets dolgraag ~ hebben** mourir d'envie d'avoir qqch; **je hebt niets te ~** il n'y a pas de 'je veux' qui tienne !; **ik wil er niets meer over horen** je ne veux plus en entendre parler; **liever ~** aimer mieux; **ik wil niets liever** je ne demande pas mieux; **dat mocht je ~!** ça ne te déplairait pas, hein !; **ik wil niets liever dan rust** je n'aspire qu'au repos; **ik begrijp wel waar je heen wilt** je vois où tu veux en venir; **ik wilde net weggaan** je m'apprêtais à partir; **niets van iemand ~ weten** ne plus vouloir entendre parler de qqn; **of je wilt of niet** que tu le veuilles ou non ♦ **ik wou dat ik een fiets had!** si seulement j'avais un vélo !; **dat ding wil niet** ce machin ne veut pas fonctionner; **het gerucht wil, dat ...** on dit que ...; **het wil niet lukken** ça ne marche pas; **dat wil zeggen** c'est-à-dire; **hij wil 's avonds nog weleens thuis zijn** il lui arrive de rester chez lui, le soir; **zijn naam wil me niet te binnen schieten** je n'arrive pas à retrouver son nom

wil·lens [wɪlə(n)s] *adv* ♦ **~ en wetens** sciemment

wil·lig [wɪləχ] *adj, adv* **1** docile(ment) **2** de bonne volonté; **een ~ meisje** une fille facile

wil|loos [wɪlos] *adj, adv (-lozer, -loost)* apathique, avec apathie

wils·be·schik·king [wɪlzbəsχɪkɪŋ] *nf* dernière volonté *(après décès)*
wils·kracht [wɪlskrɑχt] *de* volonté *(énergie)*
wils·krach·tig [wɪlskrɑχtəχ] *adj, adv* volontaire, énergiquement
wils·on·be·kwaam [wɪlsɔmbəkwam] *adj* ⟨*incapable d'exprimer ce qu'il (elle) veut*⟩
wim·pel [wɪmpəl] *nm (-s)* banderole
wim·per [wɪmpər] *de (-s)* cil
wind [wɪnt] *nm (-en)* vent; er waait een frisse ~ sinds zij er werkt une bouffée d'air frais est entrée avec elle; een frisse ~ door zijn hoofd laten waaien se changer les idées; de ~ gaat liggen le vent tombe; een advies in de ~ slaan rejeter un bon conseil; *(fig.)* de ~ van voren krijgen en prendre pour son grade; de ~ mee hebben avoir le vent dans le dos *(aussi au fig.)*; met alle ~en (mee)waaien, (mee)draaien tourner à tous les vents; iemand de ~ uit de zeilen nemen couper l'herbe sous le pied de qqn; ~ tegen vent de face; uit de ~ zitten être assis à l'abri du vent; *(fig.)* être à couvert; *(prov)* men kan van de ~ niet leven on ne peut pas vivre de l'air du temps; *(fig.)* het gaat hem voor de ~ il a le vent en poupe; zoals de ~ waait, waait zijn jasje ± tourner à tous les vents ♦ de ~ er onder hebben imposer le respect
***wind-** [wɪnt-] du vent; de windsnelheid la vitesse du vent
wind·ei [wɪntɛi] *het (-eren)* ♦ dat zal hem geen ~eren leggen avec ça il va faire son beurre
win·den [wɪndə(n)] *vt (wond, h. gewonden)* enrouler
wind·ener·gie [wɪntenɛrʒi] *nf* → windkracht 2
win·de·rig [wɪndərəχ] *adj* **1** venteux **2** péteur
wind·hond [wɪnthɔnt] *nm (-en)* lévrier, levrette
wind|hoos [wɪnthos] *de (-hozen)* tourbillon (de vent)
wind·jack [wɪntjɛk, ᴮwɪntjɑk] *het (-s)* anorak
wind·kracht [wɪntkrɑχt] *de* **1** force du vent **2** énergie éolienne
wind·mo·len [wɪntmolə(n)] *nm (-s)* **1** moulin à vent **2** éolienne
wind·pok·ken [wɪntpɔkə(n)] *plur (Belg.)* varicelle
wind·rich·ting [wɪntrɪχtɪŋ] *nf (-en)* direction du vent; in alle ~en aux quatre vents
wind·scherm [wɪntsχɛrm] *het (-en)* **1** parebrise **2** pare-vent
wind·stil [wɪntstɪl] *adj* **1** calme **2** à l'abri du vent
wind|streek [wɪntstrek] *de (-streken)* aire de vent; in alle windstreken en tous lieux; de vier windstreken les quatre points cardinaux
wind·sur·fen [wɪntsʌ:rfə(n)] *vi (windsurfte, h. gewindsurft)* faire de la planche à voile
wind·wij·zer [wɪntwɛizər] *nm (-s)* girouette
win·gerd [wɪŋərt] *nm (-s, -en)* vigne
win·kel [wɪŋkəl] *nm (-s)* magasin; de fysieke ~ le magasin physique; een ~ hebben tenir un commerce; in een ~ staan travailler dans un magasin; *(fig.)* op de ~ passen (se contenter de) faire tourner la boutique
***win·kel-** [wɪŋkəl-] de magasin; het winkelpersoneel les employés de magasin
win·kel·cen|trum [wɪŋkəlsɛntrʌm] *het (-tra)* centre commercial
win·kel|dief [wɪŋkəldif] *nm (-dieven)* voleur *(dans un magasin)*
win·ke·len [wɪŋkələ(n)] *vi (winkelde, h. gewinkeld)* **1** faire des courses **2** faire du lèche-vitrines
win·kel|haak [wɪŋkəlhak] *nm (-haken)* **1** accroc *(dans un vêtement)* **2** équerre *(outil et instrument)*
win·ke|lier [wɪŋkəlir] *nm (-s)*, **-lierster** *nf (-s)* commerçant, -ante
win·kel·juf·frouw [wɪŋkəljʌfrɑu] *nf (-en)* vendeuse
win·kel·mand·je [wɪŋkəlmɑncə] *het* **1** panier de supermarché **2** *(Internet)* panier
win·kel|prijs [wɪŋkəlprɛis] *nm (-prijzen)* prix de vente en magasin
win·kel|straat [wɪŋkəlstrat] *de (-straten)* rue commerçante
win·kel·waar·de [wɪŋkəlwardə] *nf* prix normal dans le commerce
win·kel·wa·gen [wɪŋkəlwaχə(n)] *nm (-s)* caddie® *(chariot)*; *(Internet)* in ~ ajouter au panier
win|naar [wɪnar] *nm (-s)*, **-nares** *nf (-sen)* gagnant, -ante
win·nen [wɪnə(n)] *vti (won, h. gewonnen)* **1** gagner; zich gewonnen geven s'avouer vaincu; van iemand ~ battre qqn; iemand voor zich ~ gagner qqn à sa cause; *(Belg.)* niet gewonnen zijn voor een idee ne pas être emballé par une idée; *(prov)* zo gewonnen, zo geronnen ce qui vient de la flûte s'en retourne au tambour **2** extraire *(une matière première)*; land ~ gagner des terres (par endiguement)
win·ning [wɪnɪŋ] *nf* extraction
winst [wɪnst] *nf (-en)* **1** bénéfice; flinke ~ opleveren rapporter gros; met de ~ gaan strijken se retirer sur son gain; tel uit je ~ cela rapporte gros; zuivere ~ bénéfice net; *(fig.)* c'est tout bénéfice **2** gain; op ~ staan être en train de gagner
winst·be·jag [wɪnstbəjɑχ] *het* appât du gain; zonder ~ sans but lucratif
winst·ge·vend [wɪnstχevənt] *adj* rentable
winst·oog·merk [wɪnstoχmɛrk] *het* but lucratif
winst·punt [wɪnstpʌnt] *het (-en)* **1** point (de) gagné **2** *(fig.)* acquis
win·ter [wɪntər] *nm (-s)* hiver; pik in, 't is ~

c'est toujours ça de pris; **een strenge ~** un hiver dur; **van de ~** cet hiver; **'s ~s** l'hiver

***win·ter-** [wɪntər-] d'hiver; **het winterlandschap** le paysage d'hiver

win·ter·han·den [wɪntərhandə(n)] *plur* ♦ **~ hebben** avoir des engelures aux mains

win·ter·hard [wɪntərhɑrt] *adj (bot.)* vivace

win·ter·ko·nin·kje [wɪntərkonɪŋkjə] *het (-s)* troglodyte mignon

win·ters [wɪntərs] *adj, adv* hivernal; **wat zie jij er ~ uit!** tu es habillé comme en hiver !

win·ter·slaap [wɪntərslap] *nm* **1** *(biol.)* hibernation; **een ~ houden** hiberner **2** *(fig.)* sommeil hibernal

win·ter·spe·len [wɪntərspelə(n)] *plur* jeux olympiques d'hiver

win·ter·sport [wɪntərspɔrt] *de (-en)* **1** sport d'hiver **2** station de sports d'hiver **3** vacances de neige

win·ter·sport·cen|trum [wɪntərspɔrtsɛntrʌm] *het (-tra)* → **wintersport 2**

win·ter·stop [wɪntərstɔp] *nm (-pen) (sports)* trêve hivernale

win·ter·te·nen [wɪntərtenə(n)] *plur* ♦ **~ hebben** avoir des engelures aux orteils

win·ter·tijd [wɪntərtɛit] *nm* **1** saison d'hiver **2** heure d'hiver

win·ter·wor·tel [wɪntərwɔrtəl] *nm (-s)* carotte *(variété grosse)*

[1]**wip** [wɪp] *nm* **1** bond; *(fig.)* **op de ~ zitten** être comme l'oiseau sur la branche **2** instant; **in een ~** en un clin d'œil

[2]**wip** [wɪp] *de (-pen)* balançoire

wip|neus [wɪpnøs] *nm (-neuzen)* nez retroussé

[1]**wip·pen** [wɪpə(n)] *vi (wipte, h. gewipt)* **1** sautiller **2** passer rapidement; **even bij iemand langs ~** faire un saut chez qqn; **er even tussenuit ~** s'éclipser **3** *(fam.)* baiser **4** faire de la balançoire **5** branler

[2]**wip·pen** [wɪpə(n)] *vt (wipte, h. gewipt)* faire sauter; **iemand ~** balancer qqn *(se débarrasser de lui)*

wir·war [wɪrwɑr] *nm* enchevêtrement

wis [wɪs] *adj, adv* certain(ement); **~ en waarachtig** à coup sûr

wis·kun·de [wɪskʌndə] *nf* mathématiques; **hij geeft ~** il est professeur de mathématiques

wis·kun·dig [wɪskʌndəχ] *adj, adv* mathématique(ment)

wis·pel·tu·rig [wɪspəltyrəχ] *adj, adv* **1** capricieux, capricieusement **2** changeant

wis·sel [wɪsəl] *nm (-s)* **1** *(fin.)* lettre de change; *(fig.)* **een ~ op iemand trekken** tirer sur qqn **2** changement

wis·sel·au·to|maat [wɪsəlautomat] *nm (-maten)* changeur d'argent

wis·sel·bad [wɪsəlbɑt] *het (-en)* bains alternants

wis·sel·be·ker [wɪsəlbekər] *nm (-s)* challenge *(coupe)*

wis·sel·dienst [wɪsəldinst] *nm (-en)* travail par relais

wis·se·len [wɪsələ(n)] *vti (wisselde, h. gewisseld)* **1** échanger **2** changer *(de l'argent)*; **kunt u ~?** vous avez de la monnaie ? ♦ **de prijzen ~ nogal** les prix présentent de grandes différences

wis·se·lend [wɪsələnt] *adj* changeant; *(météo.)* **~ bewolkt** temps variable; **met ~ succes** avec un succès inégal

wis·sel·geld [wɪsəlχɛlt] *het* (petite) monnaie ♦ **~ betalen** donner une monnaie d'échange

wis·se·ling [wɪsəlɪŋ] *nf (-en)* changement; **bij de ~ van het jaar** au nouvel an; **de ~ van de wacht** la relève de la garde *(aussi au fig.)*

wis·sel·kan|toor [wɪsəlkɑntor] *het (-toren)* bureau de change

wis·sel·koers [wɪsəlkurs] *nm (-en) (écon.)* change

wis·sel·spe·ler [wɪsəlspelər] *nm (-s) (sports)* remplaçant

wis·sel·stroom [wɪsəlstrom] *nm (technol.)* courant alternatif

wis·sel·stuk [wɪsəlstʌk] *het (-ken) (Belg.)* pièce de rechange

wis·sel·val·lig [wɪsəlvɑləχ] *adj* changeant; **~ weer** temps variable

wis·sel·wer·king [wɪsəlwɛrkɪŋ] *nf (-en)* interaction

wis·sen [wɪsə(n)] *vt (wiste, h. gewist)* effacer *(aussi inform.)*

wis·ser [wɪsər] *nm (-s)* brosse

wis·se·was·je [wɪsəwɑʃə] *het (-s)* rien

wist [wɪst], **wisten** → **weten, afweten**

[1]**wit** [wɪt] *het* blanc; **een half ~** ± un demi-pain de mie blanc

[2]**wit** [wɪt] *adj* blanc; *(fig.)* **zwart geld ~ maken** blanchir de l'argent gagné au noir; **~ worden van woede** blêmir de rage

wit|brood [wɪdbrot] *het (-broden)* pain blanc

wit·heet [wɪthet] *adj* **1** chauffé à blanc **2** furieux

wit·jes [wɪcəs] *adj* pâlot; **~ om de neus zien** être un peu pâle

wit·lof [wɪtlɔf] *het, (Belg.)* **witloof** *het* endive, *(Belg.)* chicon

Wit-Rus [wɪtrʌs] *nm (-sen),* **Wit-Russin** *nf (-nen)* Biélorusse

Wit-Rus·land [wɪtrʌslɑnt] *het* Biélorussie

Wit-Rus·sisch [wɪtrʌsis] *adj* biélorusse

wit·te|brood [wɪtəbrot] *het (-broden)* pain blanc

wit·te·broods·we·ken [wɪtəbrotswekə(n)] *plur* lune de miel

wit·te|kool [wɪtəkol] *de (-kolen)* chou cabus blanc

wit·ten [wɪtə(n)] *vti (witte, h. gewit)* blanchir

wit·was·sen [wɪtwɑsə(n)] *vt (waste wit, h. witgewassen)* blanchir *(de l'argent)*

W.L. [wɛstərlɛŋtə] abrév. de *westerlengte* long. O

w.o. [weo] abrév. de *waaronder* parmi lesquels

wod·ka [wɔtka] *nm* vodka

woe·de [wudə] *de* fureur; **zijn ~ is bekoeld** sa colère est tombée; **in blinde ~ ontsteken** entrer dans une rage folle; **in ~ uitbarsten** éclater; **uit ~ (over)** par colère (contre); **buiten zichzelf van ~ zijn** être dans une colère noire

woe·de·aan·val [wudəanval] *nm (-len)* accès de colère; **een ~ krijgen** piquer une colère

woe·den [wudə(n)] *vi (woedde, h. gewoed)* faire rage; **toen de cholera woedde** lorsque sévissait le choléra

woe·dend [wudənt] *adj, adv* **1** furieux (contre), furieusement; **in een ~e bui** dans une crise de colère **2** déchaîné, avec rage

woei [wuj], **woeien** → **waaien, uitwaaien, omwaaien** *(etc.)*

woe·ke·raar [wukərar] *nm (-s)* usurier

woe·ke·ren [wukərə(n)] *vi (woekerde, h. gewoekerd)* **1** pratiquer l'usure **2** *(+ met)* mettre à profit **3** proliférer *(mauvaises herbes, tumeur)*

woe·ker|prijs [wukərprɛis] *nm (-prijzen)* prix abusif

woe·len [wulə(n)] *vti (woelde, h. gewoeld)* **1** fourmiller; **allerlei gedachten woelden door zijn hoofd** toutes sortes de pensées tournaient dans sa tête; **~de mensenmenigte** foule grouillante **2** fouiller (le sol) ♦ **zij lag maar te ~ en kon de slaap niet vatten** elle se tournait et se retournait dans son lit sans pouvoir s'endormir

woe·lig [wuləχ] *adj, adv* **1** agité, avec agitation; **~e tijden** une époque mouvementée **2** animé, avec animation

woel·wa·ter [wulwatər] *nm (-s)* enfant turbulent

woens·dag [wunzdaχ] *nm (-en)* mercredi; **'s ~s** le mercredi

woens·dags [wunzdaχs] *adj* du mercredi

woest [wust] *adj, adv (woester, meest w.)* **1** sauvage(ment); **een ~e baard** une barbe en broussaille; **de ~e golven** les flots déchaînés; **een ~e hond** un chien féroce **2** rude(ment) **3** furieux, furieusement

woes·te·ling [wustəlɪŋ] *nm (-en)* brute

woes·te·nij [wustənɛi] *nf (-en) (form.)* désert *(au fig.)*

woes·tijn [wustɛin] *de (-en)* désert

woes·tijn·ach·tig [wustɛinaχtəχ] *adj* désertique

wol [wɔl] *de* laine; **door de ~ geverfd zijn** être roué; **onder de ~ gaan** aller se coucher

wol·ach·tig [wɔlaχtəχ] *adj* laineux

wolf [wɔlf] *nm (wolven)* **1** loup; **de boze ~** le grand méchant loup; *(péj.)* **hij is een ~ in schaapskleren** il fait patte de velours; **iemand voor de wolven gooien** offrir qqn en pâture aux fauves, jeter qqn dans l'arène **2** carie (dentaire)

wolk [wɔlk] *de (-en)* nuage; *(fig.)* **er is geen ~je aan de lucht** tout va pour le mieux; **donkere ~en** nuages noirs *(aussi au fig.)*; **in de ~en zijn** être aux anges; **met het hoofd in de ~en lopen** être dans les nuages, être aux anges; *(Belg.)* **uit de ~en vallen** tomber des nues

wolk·breuk [wɔlgbrøk] *de (-en)* pluie torrentielle

wol·ke·loos [wɔlkəlos] *adj (aussi au fig.)* sans nuage(s)

wol·ken·dek [wɔlkə(n)dɛk] *het* couche de nuages

wol·ken·krab·ber [wɔlkə(n)krabər] *nm (-s)* gratte-ciel

wol·ken·veld [wɔlkə(n)vɛlt] *het (-en)* forte nébulosité

wol·len [wɔlə(n)] *adj* de laine

wol·lig [wɔləχ] *adj, adv* **1** laineux, comme de la laine **2** vague(ment)

wol·merk [wɔlmɛrk] *het* (label de garantie) Woolmark

wol·vin [wɔlvɪn] *nf (-nen)* louve

won [wɔn], **wonnen** → **winnen, terugwinnen, inwinnen**

[1]**wond** [wɔnt], **wonden** → **winden, opwinden** *(etc.)*

[2]**wond** [wɔnt] *de (-en)* blessure; **een gapende ~** une plaie béante; *(fig.)* **zijn ~en likken na een nederlaag** panser ses plaies après une défaite; **open die oude ~ niet** ne ravivez pas cette blessure oubliée; *(prov)* **zachte heelmeesters maken stinkende ~en** aux grands maux, les grands remèdes

[1]**won·der** [wɔndər] *het (-en)* miracle; **geen ~** (ce n'est) pas étonnant; **de ~en van de natuur** les prodiges de la nature; *(prov)* **de ~en zijn de wereld nog niet uit** on ne sait jamais, tout peut arriver ♦ **~ boven ~** par miracle

[2]**won·der** [wɔndər] *adj, adv (form.)* étonnant, étonnamment ♦ **ik dacht dat hij mij ~ wat te vertellen had** je croyais qu'il avait beaucoup de choses à me dire

won·der|baar [wɔndərbar] *adj, adv (-baarder, -baarst)* miraculeux, miraculeusement; **het is toch ~** c'est quand même extraordinaire

won·der·baar·lijk [wɔndərbarlək] *adj, adv* singulier, singulièrement; **een ~e redding** un sauvetage inexplicable

won·der·dok·ter [wɔndərdɔktər] *nm (-s)* charlatan

won·der·kind [wɔndərkɪnt] *het (-eren)* (enfant) prodige

won·der·lamp [wɔndərlamp] *de* lampe magique

won·der·land [wɔndərlant] *het* pays des merveilles

won·der·lijk [wɔndərlək] *adj, adv* **1** miraculeux, miraculeusement **2** curieux; **ik vind het nogal ~** je trouve cela assez bizarre

won·der·mid·del [wɔndərmɪdəl] *het (-en)* remède miracle

won·der·olie [wɔndəroli] *de* huile de ricin

won·der·schoon [wɔndərsχo̱n] *adj, adv (form.)* de toute beauté, à merveille
won·der·wel [wo̱ndərwɛl] *adv* parfaitement
wond·koorts [wo̱ntkorts] *de (-en)* fièvre traumatique
wond·poe·der [wo̱ntpudər] *het/de* (poudre) vulnéraire
wo·nen [wo̱nə(n)] *vi (woonde, h. gewoond)* habiter; **op kamers ~** vivre en garni; **ruimer gaan ~** emménager dans une plus grande maison
wo·ning [wo̱nɪŋ] *nf (-en)* logement; **de echtelijke ~** le domicile conjugal; **een vrijstaande ~** une habitation indépendante
wo·ning·bu·reau [wo̱nɪŋbyro] *het (-s)* agence immobilière
wo·ning·in·rich·ting [wo̱nɪŋɪnrɪχtɪŋ] *nf* **1** décoration *(d'une maison)* **2** aménagement intérieur
wo·ning·nood [wo̱nɪŋnot] *nm* crise du logement
woog [woχ], **wogen** → **wegen, afwegen, opwegen** *(etc.)*
***woon-** [won-] d'habitation; **de woonlasten** les charges d'habitation
woon·ach·tig [wona̱χtəχ] *adj* domicilié
woon|boot [wo̱mbot] *de (-boten)* maison flottante
woon·een|heid [wo̱nenhɛit] *nf (-heden)* bloc d'habitations
woon|erf [wo̱nɛrf] *het (-erven)* **1** terrain *(sur lequel la maison est construite)* **2** clos résidentiel
woon·ka·mer [wo̱ŋkamər] *de (-s)* (salle de) séjour
woon·keu·ken [wo̱ŋkøkə(n)] *de (-s)* grande cuisine *(avec espace salle à manger)*
woon·om·ge·ving [wo̱nɔmχevɪŋ] *nf* environnement
woon·plaats [wo̱mplats] *de (-en)* domicile
woon·ruim·te [wo̱nrœymtə] *nf (-n, -s)* logement
woon·sec·tor [wo̱nsɛktɔr] *nm (-en)* zone urbanisée
woonst [wonst] *nf (-en) (Belg.)* → **woning**
woon·ver·gun·ning [wo̱nvərχʌnɪŋ] *nf (-en)* certificat d'inscription *(autorisant l'occupation d'un logement dans une certaine commune)*
woon·wa·gen [wo̱nwaχə(n)] *nm (-s)* roulotte
woon-werk·ver·keer [wonwɛ̱rkfərker] *het* migration pendulaire
woord [wort] *het (-en)* **1** mot; **met andere ~en** autrement dit; **het blijft bij ~en** ce sont des paroles en l'air; **het niet (alleen) bij ~en laten** ne pas se contenter de belles paroles; *(Belg.)* **hij zei geen gebenedijd ~** il n'a pas ouvert la bouche; **geen ~en voor iets hebben** ne pas avoir de mot pour qualifier qqch; *(fig.)* être stupéfait devant qqch; **daar is geen ~ van aan, waar** il n'y a pas un (traître) mot de vrai; **met geen ~ over iets spreken** ne pas souffler mot de qqch; **geen ~ meer met elkaar spreken** ne plus s'adresser la parole; **er geen ~ tussen kunnen krijgen** ne pas pouvoir placer un mot; **er is weleens een ~ gevallen** ils ont eu des mots de temps en temps; **gevleugelde ~en** mots historiques; **het goddelijk Woord** le Verbe (de Dieu); **geen goed ~ voor iets over hebben** condamner ouvertement qqch; **geen goed ~ voor iemand over hebben** être sans pitié pour qqn; **aan een half ~ genoeg hebben** savoir ce que parler veut dire; **het hoge ~ moest eruit** il fallait que le grand mot fût lâché; **hoge ~en met iemand hebben** avoir une violente dispute avec qqn; **een kort ~ spreken** prendre brièvement la parole; **met zoveel ~en** mot pour mot; **iets onder ~en brengen** formuler qqch; **zijn ~en terugnemen** se rétracter; **met twee ~en spreken** répondre poliment; **niet uit zijn ~en kunnen komen** s'embrouiller (dans ses phrases); **je haalt me de ~en uit de mond** j'allais le dire; **een ~ vooraf** un avant-propos; **niet veel ~en over iets vuilmaken, aan iets verspillen** ne pas perdre sa salive à qqch; **een man van weinig ~en** un homme avare de paroles; **het Woord is Vlees geworden** le Verbe s'est fait chair **2** parole; **aan het ~ zijn** avoir la parole; **iemand aan het ~ laten** laisser parler qqn; **zij kan goed haar ~ doen** elle parle bien; **het hoogste ~ voeren** tenir le crachoir; **iemand te ~ staan** recevoir qqn; **het ~ voeren** avoir la parole **3** parole d'honneur; **bij zijn ~ blijven** tenir parole; **zijn ~ breken** manquer à sa parole; **~ houden** tenir parole; **iemand aan zijn ~ houden** prendre qqn au mot; **een man van zijn ~** un homme d'honneur
***woord-** [wort-] de mots; **een woordgroep** un groupe de mots
woord·blind [wo̱rdblɪnt] *adj* dyslexique
woord·breuk [wo̱rdbrøk] *de* rupture de promesse
woor·de·lijk [wo̱rdələk] *adj, adv* **1** mot pour mot **2** mot à mot; **dat moet je niet ~ opnemen** il ne faut pas le prendre à la lettre
woor·den·boek [wo̱rdə(n)buk] *het (-en)* dictionnaire; *(fig.)* **dat staat niet in zijn ~** cela ne fait pas partie de son vocabulaire
woor·den·ken·nis [wo̱rdə(n)kɛnɪs] *nf* (connaissance du) vocabulaire
woor·den·lijst [wo̱rdə(n)lɛist] *de (-en)* vocabulaire *(liste)*
woor·den·schat [wo̱rdə(n)sχɑt] *nm* vocabulaire *(mots qu'on utilise)*
woor·den|strijd [wo̱rdə(n)strɛit], **-twist** *nm* dispute
woor·den·vloed [wo̱rdə(n)vlut] *nm* flux de paroles
woor·den·wis·se·ling [wo̱rdə(n)wɪsəlɪŋ] *nf (-en)* **1** discussion **2** altercation
woord·je [wo̱rcə] *het (-s)* ♦ **een goed ~ doen voor iemand** parler en faveur de

qqn; **een hartig ~ spreken (met iemand)** dire ses quatre vérités (à qqn); **zijn ~ kunnen doen** ne pas avoir sa langue dans sa poche

woord·soort [wortsort] *de (-en)* catégorie grammaticale

woord·spe·ling [wortspelɪŋ] *nf (-en)* jeu de mots; **~en maken** jouer sur les mots

woord·voer|der [wortfurdər] *nm (-s)*, **-ster** *nf (-s)* **1** porte-parole **2** orateur, -trice

[1]**wor·den** [wordə(n)] *copule* devenir; **de zieke wordt al beter** le malade commence à se rétablir; **het wordt koud** le temps se rafraîchit; **het wordt laat** il se fait tard; **minister ~** être nommé ministre; **dat wordt niets** cela ne donnera rien; **hoe oud is je vader geworden?** quel âge est-ce que ton père a eu ?; quel âge avait ton père ?; **het slachtoffer ~ van** être (la) victime de; **wat is er van hem geworden?** qu'est-il devenu ?; **ziek ~** tomber malade; **ik word volgende week twintig** j'aurai vingt ans la semaine prochaine

[2]**wor·den** [wordə(n)] *vb aux (pour les formes du passif au présent et à l'imparfait)* être; **er werd gedanst** on a dansé

[3]**wor·den** [wordə(n)] *vi (werd, i. geworden)* faire *(coûter)*

wor·ding [wordɪŋ] *nf (form.)* naissance; **een stad in ~** une ville à l'état embryonnaire

wor·dings·ge·schie·de·nis [wordɪŋsχəsχidənɪs] *nf (form.)* historique

wor·dings·pro·ces [wordɪŋsprosɛs] *het (form.)* évolution

wor·ka·ho·lic [wʌ:rkəholɪk] *nm (-s)* bourreau de travail

work·shop [wʌ:rkʃop] *nm (-s)* atelier *(groupe de travail)*

worm [worm] *nm (-en)* **1** ver **2** asticot

worm·ste·kig [wormstekəχ] *adj* véreux

worp [worp] *nm (-en)* **1** jet **2** *(zool.)* portée *(ensemble de petits)*

worst [worst] *de (-en)* saucisse; **of je ~ lust!** tu as les portugaises ensablées ? ♦ *(fam.)* **dat zal mij ~ zijn** je m'en fiche comme de l'an quarante

wor·ste·len [worstələ(n)] *vi (worstelde, h. geworsteld)* **1** *(sports)* lutter **2** *(sports)* catcher **3** lutter (contre); **zich erdoor ~** arriver à s'en sortir; **met zichzelf ~** être en conflit avec soi-même

wor·ste·ling [worstəlɪŋ] *nf (-en)* lutte

wor·sten·brood·je [worstə(n)brocə] *het (-s)* ± friand à la viande hachée

wor·tel [wortəl] *nm (-s)* **1** racine; **hebzucht is de ~ van alle kwaad** l'amour de l'argent est à l'origine de tous les maux; **~ schieten** *(sens pr. et fig.)* s'enraciner; *(fig.; iron.)* prendre racine; **de ~ uit een getal trekken** extraire la racine (carrée) d'un nombre **2** carotte

wor·te·len [wortələ(n)] *vi (wortelde, h./i. geworteld)* **1** être enraciné **2** s'enraciner

wor·tel·te·ken [wortəltekə(n)] *het (-s) (math.)* radical

woud [wαut] *het (-en) (form.)* forêt

would-be [wudbi] *adj* soi-disant; **een ~ gentleman** un prétendu gentleman

wraak [vrak] *de* vengeance; **~ nemen (op)** se venger (de); **op ~ zinnen** ruminer sa vengeance

wraak·ac·tie [vrakαksi] *nf (-s)* représailles

wraak·lust [vraklʌst] *nm* → **wraakzucht**

wraak·ne·ming [vraknemɪŋ] *nf (-en)* → **wraak**

wraak·zucht [vraksʌχt] *de* soif de vengeance

wraak·zuch·tig [vraksʌχtəχ] *adj* vindicatif

[1]**wrak** [vrαk] *het (-ken)* épave *(aussi au fig.)*; **zich een ~ voelen** se sentir comme une loque

[2]**wrak** [vrαk] *adj* délabré

wra·ken [vrakə(n)] *vt (wraakte, h. gewraakt)* **1** rejeter **2** *(jur.)* récuser

wrak·stuk [vrαkstʌk] *het (-ken)* épave

wrang [vrαŋ] *adj, adv* âpre(ment) *(aussi au fig.)*; **~e appels** pommes acides

wrat [vrαt] *de (-ten)* verrue

wreed [vret] *adj, adv (wreder, wreedst)* cruel(lement)

wreed·aard [vredart] *nm (-s)* (homme) cruel

wreed·aar·dig [vredardəχ] *adj* → **wreed**

[1]**wreef** [vref], **wreven** → **wrijven, fijnwrijven, uitwrijven** *(etc.)*

[2]**wreef** [vref] *de (wreven)* cou-de-pied

wre·ken [vrekə(n)] *vt (wreekte, h. gewroken)* venger; **dat zal zich ~** cela se paiera

wre·vel [vrevəl] *nm* ressentiment; **zijn ~ spuien** vider son sac

wre·ve·lig [vrevələχ] *adj, adv* **1** (d'un air) maussade; **dat maakt hem ~** cela le contrarie **2** grincheux, avec dépit

wrie·me·len [vrimələ(n)] *vi (wriemelde, h. gewriemeld)* **1** grouiller **2** *(+ op, in)* démanger **3** *(+ aan)* tripoter (qqch)

[1]**wrij·ven** [vrɛivə(n)] *vi (wreef, h. gewreven)* frotter; **met de hand langs, over iets ~** passer la main sur qqch

[2]**wrij·ven** [vrɛivə(n)] *vt (wreef, h. gewreven)* **1** étendre; *(iron.)* **wrijf het er maar in** merci de me le rappeler; **de slaap uit zijn ogen ~** ± se frotter les yeux pour se réveiller **2** frotter

wrij·ving [vrɛivɪŋ] *nf (-en)* frottement; **~ veroorzaken** provoquer des frictions

wrik·ken [vrɪkə(n)] *vti (wrikte, h. gewrikt)* faire bouger (en tirant); **aan die voorschriften valt niet te ~** ces préceptes sont inébranlables

[1]**wrin·gen** [vrɪŋə(n)] *vti (wrong, h. gewrongen)* **1** tordre **2** essorer

[2]**wrin·gen** [vrɪŋə(n)] *vt (wrong, h. gewrongen)* **1** tordre; **zich door een opening ~** passer par une ouverture en se tortillant; **zich door de menigte ~** jouer des coudes dans la foule **2** arracher

[3]**wrin·gen** [vrɪŋə(n)] *vi (wrong, h. gewron-*

gen) serrer; *(fig.)* **het wringt** il y a des frictions

wroe·ging [vruχɪŋ] *nf (-en)* remords

[1]**wroe·ten** [vrutə(n)] *vi (wroette, h. gewroet)* fouiller

[2]**wroe·ten** [vrutə(n)] *vt (wroette, h. gewroet)* creuser

wrok [vrɔk] *nm* rancune

wrok·kig [vrɔkəχ] *adj, adv* rancunier, avec rancune

[1]**wrong** [vrɔŋ], **wrongen** → **wringen, uitwringen**

[2]**wrong** [vrɔŋ] *nm (-en)* **1** chignon **2** turban

wron·gel [vrɔŋəl] *de* caillebotte

wuft [wʌft] *adj, adv (form.)* frivole, avec légèreté; **een ~ type** qqn de superficiel

wui·ven [wœyvə(n)] *vi (wuifde, h. gewuifd)* **1** *(+ met (iets))* agiter (qqch); **het ~de koren** les blés ondulants **2** *(+ naar)* faire signe (à) **3** *(+ naar (iemand))* saluer (qqn) de la main

wulp [wʌlp] *nm (-en) (zool.)* courlis

wulps [wʌlps] *adj, adv* **1** voluptueux, voluptueusement **2** leste(ment)

wulps·heid [wʌlpshɛit] *nf (form.)* sensualité

wur·gen [wʌrχə(n)] *vt (wurgde, h. gewurgd)* étrangler

[1]**wurm** [wʌrm] *het (-en)* môme

[2]**wurm** [wʌrm] *nm (-en) (fam.)* ver

wur·men [wʌrmə(n)] *vt (wurmde, h. gewurmd)* ♦ **zich eruit ~** s'extraire de là; **ik kon mij er nog net in ~** je suis tout juste arrivé avec bien du mal à m'y glisser; **ergens een draad tussen ~** insérer un fil qqp

WvS [wɛdbukvɑnstrɑfrɛχt] *het* abrév. de *Wetboek van Strafrecht* C. pén.

WW [wewe] *de* abrév. de *Werkloosheidswet* loi sur l'assurance chômage; **in de WW lopen** être au chômage

X

xan·tip·pe [ksɑntɪpə] *nf (-s)* mégère
X-be·nen [ɪksbenə(n)] *plur* jambes cagneuses
x-stra·len [ɪkstralə(n)] *plur* rayons X
xtc [ɛkstəsi] *nf* ecstasy
xy·lo·foon [ksilofon] *nm (-s)* xylophone

y

yes [jɛs] ♦ **reken maar van ~!** et comment (donc) !

yo·ghurt [jɔχʌrt] *nm* yaourt

yup [jʌp] *nm (-s),* **yuppie** *nm (-s)* yuppie

Z

Z. abrév. de *zuid(en)* S.
zaad [zat] *het (zaden)* **1** graine; *(fig.)* op zwart ~ zitten être à sec **2** semence; het ~ van de tweedracht le ferment de la discorde **3** sperme; zijn ~ storten éjaculer
zaad·bal [zadbɑl] *nm (-len)* testicule
zaad·cel [zatsɛl] *de (-len)* spermatozoïde
zaad·do·dend [zadodənt] *adj* sperm(at)icide
zaad·lo·zing [zatlozɪŋ] *nf (-en)* éjaculation
zaag [zaχ] *de (zagen)* scie; een zingende ~ une scie musicale
zaag·sel [zaχsəl] *het* sciure (de bois); *(fig.)* ~ in zijn kop hebben être bête à manger du foin
zaai·bed [zajbɛt] *het (-den)* semis
zaai·en [zajə(n)] *vt (zaaide, h. gezaaid)* semer; *(aussi au fig.)* dun gezaaid clairsemé
zaai·goed [zajχut] *het* → zaad 2
zaai·land [zajlɑnt] *het (-en)* champ à semer
zaak [zak] *de (zaken)* **1** affaire; het ministerie van Binnenlandse Zaken le ministère de l'Intérieur; zaken met iemand doen être en relation d'affaires avec qqn; *(prov)* zaken gaan voor het meisje le travail d'abord, le plaisir ensuite; *(prov)* gedane zaken nemen geen keer ce qui est fait est fait; gemene ~ maken met iemand faire des affaires louches avec qqn; z'n ~jes goed geregeld, voor elkaar hebben bien mener sa barque; de goede ~ la bonne cause; *(Belg.)* je hebt er geen zaken mee ça ne te regarde pas; het hele ~je tout le bazar; de ~ is dat ... le fait est que ...; het is ~ dat, om il importe que, de; dat is jouw ~ niet cela ne te regarde pas; de zaken nemen zoals zij zijn prendre les choses comme elles viennent; onverrichter zake terugkeren revenir bredouille; een ~ openen, oprichten ouvrir un commerce; hoe staan de zaken? comment ça va ?; zoals de zaken nu staan au point où en sont les choses; een man van zaken un homme d'affaires, un homme à poigne; het fijne van de ~ weten savoir le fin mot de l'affaire; iemands ~ verdedigen plaider la cause de qqn; iemand voor z'n ~ winnen gagner qqn à sa cause; een voordelige ~ une bonne affaire; iemands zaken waarnemen, behartigen gérer les affaires de qqn; een ~ winnen obtenir gain de cause **2** chose **3** question; ter zake (komen) (en venir) au fait; dat doet niets ter zake cela est hors de propos; dat is een uitgemaakte ~ c'est un point acquis; in zake van en matière de; zeker zijn van zijn ~ être sûr de son fait ♦ de ~ is deze ... voilà de quoi il s'agit ...; hij stond met z'n ~je te kijk il était dans le plus simple appareil; niet veel ~s zijn n'être pas fameux
zaak·ge·las·tig·de [zakχəlɑstəχdə] *nm (-n)* chargé d'affaires
zaak·re·gis·ter [zakrəχɪstər] *het (-s)* index des sujets
zaak·voer·der [zakfurdər] *nm (-s)* **1** gérant (d'affaires) **2** *(Belg.)* administrateur délégué
zaak·waar·ne·mer [zakwarnemər] *nm (-s)* → zaakvoerder 1
zaal [zal] *de (zalen)* salle; *(fig.)* het publiek brak de ~ af le public était déchaîné; een stampvolle ~ une salle comble; een volle ~ trekken faire salle comble
***zaal-** [zal-] *(sports)* en salle
zacht [zɑχt] *adj, adv* **1** doux, doucement; op zijn ~st gezegd, genomen, uitgedrukt le moins qu'on puisse en dire; rust ~ repose(z) en paix; slaap ~ dors bien; *(prov)* wie zich aan een ander spiegelt, spiegelt zich ~ bien se châtie qui par autrui se châtie; ~er (gaan) spreken baisser la voix; met ~e stem à voix basse **2** mou, mollement; ~ hout du bois tendre; ~ potlood crayon gras
zacht·aar·dig [zɑχtardəχ] *adj, adv* doux, avec douceur
zacht·ge·kookt [zɑχtχəkokt] *adj* mollet *(œufs)*
zacht·heid [zɑχthɛit] *nf* douceur
zacht·jes [zɑχjəs, [B]zɑχcəs] *adv* doucement; ~ spreken parler à voix basse
zacht·moe·dig [zɑχtmudəχ] *adj, adv* → zachtzinnig
zacht·zin·nig [zɑχtsɪnəχ] *adj, adv* doux, avec douceur; allesbehalve ~ optreden n'être pas tendre
za·del [zadəl] *het (-s)* selle; *(fig.)* vast in het ~ zitten être bien en selle; *(fig.)* iemand in het ~ helpen mettre qqn en selle
za·del·pijn [zadəlpɛin] *de* ± courbature *(provoquée par une selle de vélo non adaptée)*
za·del·vast [zadəlvɑst] *adj* bien en selle; niet ~ zijn n'être pas bien en selle; *(fig.)* manquer de fermeté
zag [zɑχ], **zagen** → zien, eruitzien *(etc.)*
za·ge·meel [zaχəmel] *het (Belg.)* → zaagsel
[1]**za·gen** [zaχə(n)] *vti (zaagde, h. gezaagd)* scier; figuren ~ découper des figures

²za·gen [zaχə(n)] *vi (zaagde, h. gezaagd) (fam.)* **1** ronfler **2** rabâcher ♦ **op de viool ~** racler du violon

zak [zɑk] *nm (-ken)* **1** sac; *(fam.)* **iemand de ~ geven** virer qqn; **een ~ patat, friet** un cornet de frites **2** poche; **iemand in zijn ~ hebben** ne faire qu'une bouchée de qqn; *(remarque)* **die kun je in je ~ steken!** attrape ça !; **geld op ~ hebben** avoir de l'argent en poche; **diep in de ~ tasten** ouvrir tout grand sa bourse **3** bourse; *(fig.)* **op andermans ~ teren** vivre aux crochets de qqn **4** *(fam.)* con; **een slappe ~** un mollusque **5** *(fam.)* bourses *(scrotum)* ♦ **het kan hem geen ~ schelen** il s'en bat l'œil; **in ~ en as zitten** être au désespoir

***zak-** [zɑk-] de poche

zak·cent·je [zɑksɛncə] *het (-s)* → **zakgeld**

zak·doek [zɑgduk] *nm (-en)* mouchoir; *(Belg.; fig.)* **op een ~** sur un mouchoir de poche

za·ke·lijk [zakələk] *adj, adv* **1** qui concerne les affaires, sur le plan des affaires; **iets ~ benaderen** aborder qqch avec objectivité **2** impersonnel(lement); **~ blijven** s'en tenir aux faits **3** rationnel(lement); **een ~e stijl van schrijven** un style précis

za·ke·lijk·heid [zakələkhɛit] *nf* **1** sens pratique **2** objectivité **3** sens des affaires

***za·ken-** [zakə(n)-] d'affaires; **de zakenlunch** un déjeuner d'affaires

za·ken·le·ven [zakə(n)levə(n)] *het* (monde des) affaires

zak·geld [zɑkχɛlt] *het* argent de poche

zak·ja·pan·ner [zɑkjapɑnər] *nm (-s) (fam.)* calculette (japonaise)

zak·ken [zɑkə(n)] *vi (zakte, i. gezakt)* **1** descendre; *(fig.)* **iemand laten ~** laisser tomber qqn; **het eten laten ~** digérer un peu; **in elkaar ~** s'effondrer **2** baisser; **de hoofdpijn is gezakt** le mal de tête a diminué; *(mus.)* **een noot ~** baisser d'un ton **3** échouer

zak·ken·rol·ler [zɑkə(n)rɔlər] *nm (-s)* pickpocket

zak·ke·rig [zɑkərəχ] *adj, adv (fam.)* → **zakkig 2**

zak·kig [zɑkəχ] *adj, adv* **1** informe, comme un sac **2** *(fam.)* con, comme un(e) con(ne)

zak·lan·taarn [zɑklɑntarn] *de (-s)* lampe de poche

zak·lo·pen [zɑklopə(n)] *vb* faire une course en sac

zak·te·le·foon [zɑktelәfon] *nm (-s)* téléphone portatif

zalf [zɑlf] *de (zalven)* pommade; **een ~je op de wond** du baume sur la plaie

za·lig [zaləχ] *adj, adv* **1** délicieux, délicieusement; *(prov)* **het is ~er te geven dan te ontvangen** il y a plus de bonheur à donner qu'à recevoir **2** heureux, bien **3** *(relig.)* bienheureux, saintement; **iemand ~ verklaren** béatifier qqn

za·li·ger [zaləχər] *adj* feu

za·lig|heid [zaləχhɛit] *nf (-heden)* **1** *(relig.)* béatitude; **de eeuwige ~** le salut éternel **2** félicité **3** délice

za·lig·ma·kend [zaləχmakənt] *adj* qui assure le salut béatifique; *(fig.)* **geld is niet ~** il n'y a pas que l'argent dans la vie; *(fig.)* **die partij is ook niet ~** ce parti n'est pas non plus l'idéal

Za·lig·ma·ker [zaləχmakər] *nm* (le) Sauveur

zalm [zɑlm] *nm (-en)* saumon

zalm·fo·rel [zɑlmforɛl] *de (-len)* truite saumonée

zalm·kleu·rig [zɑlmkløræχ] *adj* saumon

zal·ven [zɑlvə(n)] *vt (zalfde, h. gezalfd)* oindre

zal·vend [zɑlvənt] *adj, adv* **1** onctueux, onctueusement **2** lénifiant

Zam·bia [zɑmbija] *het* Zambie

Zam·bi|aan [zɑmbijan] *nm (-anen)*, **-aanse** *nf (-n)* Zambien, -ienne

Zam·bi·aans [zɑmbijans] *adj* zambien

zand [zɑnt] *het* **1** sable *(matière)*; *(fig.)* **~ erover** passons (l'éponge) là-dessus; *(fig.)* **in 't ~ bijten** mordre la poussière; *(fig.)* **in het ~ liggen** être quatre pieds sous terre; *(fig.)* **op los ~ bouwen** bâtir sur le sable; *(fig.)* **als los ~ aan elkaar hangen** être décousu; *(fig.)* **iemand ~ in de ogen strooien** jeter de la poudre aux yeux de qqn **2** banc de sable **3** sables *(désert)*

***zand-** [zɑnt-] de sable; **de zandkorrel** le grain de sable

zand·ach·tig [zɑntɑχtəχ] *adj* sableux

zand·bak [zɑndbɑk] *nm (-ken)* bac à sable

zan·de·rig [zɑndərəχ] *adj* → **zandachtig**

zand·ge·bak [zɑntχəbɑk] *het* sablé *(pâtisserie)*

zand·grond [zɑntχrɔnt] *nm (-en)* **1** sable **2** région sableuse

zan·dig [zɑndəχ] *adj* → **zandachtig**

zand·kleu·rig [zɑntkløræχ] *adj* (couleur de) sable

zand·koek·je [zɑntkukjə] *het (-s)* sablé *(biscuit)*

zand·lo·per [zɑntlopər] *nm (-s)* sablier

zand·steen [zɑntsten] *het/de* **1** grès **2** grès artificiel

zand·taart·je [zɑntarcə] *het (-s)* **1** (petit) sablé *(pâtisserie)* **2** pâté de sable

zand·ver·stui·ving [zɑntfərstœyvɪŋ] *nf (-en)* **1** soulèvement du sable (par le vent) **2** sables mouvants *(plaine où les sables (secs) sont déplacés par le vent)*

zang [zɑŋ] *nm (-en)* chant

***zang-** [zɑŋ-] de chant

zan·ger [zɑŋər] *nm (-s)*, **zangeres** *nf (-sen)* **1** chanteur, -euse **2** chantre *(poète)*

zan·ge·rig [zɑŋərəχ] *adj* chantant; **een ~e taal** une langue mélodieuse

zang·lijs·ter [zɑŋlɛistər] *de (-s)* grive musicienne

zang·par·tij [zɑŋpartɛi] *nf (-en)* → **zangstem 2**

zang·stem [zɑŋstɛm] *de (-men)* **1** voix musicale **2** partie chantée

zang·vo·gel [zɑŋvoχəl] *nm (-s)* oiseau chanteur
zang·zaad [zɑŋzat] *het* mélange complet de graines pour serins, canaris
za·nik [zanək] *nm (-en)* scie *(personne)*
za·ni·ken [zanəkə(n)] *vi (zanikte, h. gezanikt)* 1 *(+ tegen (iemand))* enquiquiner (qqn); lig toch niet te ~ tu me (nous) fatigues 2 geindre 3 râler
za·nik·pot [zanəkpɔt] *nm (-ten)* → zanik
[1]**zat** [zɑt], **zaten** → zitten, achternazitten, vastzitten *(etc.)*
[2]**zat** [zɑt] *adj (fam.; péj.)* bourré ♦ ik ben dat gepraat ~ j'en ai plein le dos de ces histoires; zich aan iets ~ eten s'en mettre plein la lampe
[3]**zat** [zɑt] *adv* 1 *(fam.)* à revendre; hij was rijk ~ il était plein aux as; je hebt nog tijd ~ tu as un temps fou devant toi; ik heb ~ werk j'ai du travail par-dessus la tête 2 souvent
za·ter·dag [zatərdɑχ] *nm (-en)* samedi; 's ~s le samedi
[1]**za·ter·dags** [zatərdɑχs] *adv* le samedi
[2]**za·ter·dags** [zatərdɑχs] *adj* du samedi
zat|lad·der [zɑtladər] *nm (-s),* **-lap** *nm (-pen) (péj.)* poivrot
Z.B. [zœydərbretə] abrév. de *zuiderbreedte* lat. S.
ze [zə] *pers, indéf* 1 *(3ième pers. f. sing.; sujet, objet direct, objet indirect)* elle, la, l' 2 *(3ième pers. plur.; sujet, objet direct, objet indirect)* ils, elles, les, leur 3 on; ze zeggen on dit ♦ *(fam.)* eet ze bon appétit; *(fam.)* maf ze dors bien
ze·bra [zebra] *nm (-'s)* 1 zèbre 2 passage pour piétons
ze·bra·pad [zebrapɑt] *het (-en)* → zebra 2
ze·de [zedə] *de (-n)* 1 *(form.)* coutume; ~n en gewoonten us et coutumes 2 *(plur.)* mœurs
ze·de·lijk [zedələk] *adj, adv* moral(ement); een ~ leven leiden mener une vie vertueuse; het ~ verval la décadence des mœurs
ze·de·lijk·heid [zedələkhɛit] *nf* moralité; in strijd met de ~ zijn être contraire aux mœurs
ze·de|loos [zedəlos] *adj, adv (-lozer, -loost)* immoral(ement); een ~ leven leiden mener une vie dissolue
ze·den·de·lict [zedə(n)delɪkt] *het (-en)* 1 attentat aux mœurs 2 crime sexuel
ze·den·kun·dig [zedə(n)kʌndəχ] *adj, adv* moral(ement)
ze·den·leer [zedə(n)ler] *de* 1 morale 2 éthique
ze·den·les [zedə(n)lɛs] *de* 1 (leçon de) morale 2 moralité *(d'une fable)*
ze·den·mees·ter [zedəmestər] *nm (-s)* moraliste
ze·den·mis|drijf [zedəmɪzdrɛif] *het (-drijven)* → zedendelict 2
ze·den|preek [zedə(n)prek] *de (-preken)* sermon (moralisateur); een ~ (tegen iemand) houden faire la morale (à qqn)
ze·den·wet [zedə(n)wɛt] *de (-ten)* loi morale
ze·dig [zedəχ] *adj, adv* décent, décemment; ~ de ogen neerslaan baisser les yeux pudiquement
zee [ze] *de (-ën)* mer; aan ~ au bord de la mer; *(fig.)* in ~ gaan se lancer; met iemand in ~ gaan s'engager dans une affaire; ~ kiezen gagner le large; een ~ van licht un flot de lumière; een ~ van mensen une marée humaine; de Middellandse Zee la (mer) Méditerranée; over ~ outre-mer; in volle, open ~ en pleine mer; wassende, opkomende ~ marée montante; de zeven ~ën bevaren hebben avoir roulé sa bosse; *(fig.)* recht door ~ gaan aller droit au but ♦ geen ~ gaat hem te hoog il ne recule devant rien
***zee-** [ze-] de mer
zee|baars [zebars] *nm (-baarzen)* loup *(poisson)*
zee·ban·ket [zebɑŋkɛt] *het* fruits de mer
zee·be·nen [zebenə(n)] *plur* ♦ ~ hebben avoir le pied marin
zee·be·ving [zebevɪŋ] *nf (-en)* séisme sous-marin
zee·dui·vel [zedœyvəl] *nm (-s)* lotte de mer
zee-egel [zeeχəl] *nm (-s)* oursin
zeef [zef] *de (zeven)* 1 crible; zo lek als een ~ qui fuit de partout; zo dicht als een ~ zijn être percé comme une passoire, ne pas savoir tenir sa langue 2 passoire
zeef·druk [zevdrʌk] *nm (-ken)* sérigraphie *((procédé d')impression sur bois, verre etc.)*
zee·gat [zeχɑt] *het (-en) (mar.)* passe
zee·ge·vecht [zeχəvɛχt] *het (-en)* combat naval
zee·ge·zicht [zeχəzɪχt] *het (-en)* 1 vue sur la mer 2 *(arts)* marine
zee·ha·ven [zehavə(n)] *de (-s)* port maritime
zee·hond [zehɔnt] *nm (-en)* phoque
zee·hon·den·crè·che [zehɔndə(n)krɛʃ] *de (-s)* refuge pour phoques
zee·kaart [zekart] *de (-en)* carte marine
zee·kant [zekɑnt] *nm (-en)* 1 côte *(littoral)* 2 côté de la mer 3 bord de la mer
zee·kli·maat [zeklimat] *het* climat maritime
zee·lie·den [zelidə(n)], **zeelui** *plur* gens de mer
zee·lucht [zelʌχt] *de* air marin; de zilte ~ l'air salin de la mer
[1]**zeem** [zem] *het* chamois
[2]**zeem** [zem] *het/de* peau de chamois
zee·macht [zemɑχt] *de* 1 forces navales 2 puissance maritime
zee|man [zemɑn] *nm (-lieden, -lui)* marin
zee·man·schap [zemɑnsχɑp] *het* art de la navigation
zee·meer·min [zemermɪn] *nf (-nen) (myth.)* sirène
zee·meeuw [zemew] *de (-en)* 1 goéland 2 mouette

zee·mijl [zemɛil] *nm (-en)* mille (marin)
zeem|lap [zemlɑp] *nm (-pen),* **-leer** *het (-leren)* → [2]**zeem**
zee·mo·gend|heid [zemoχənthɛit] *nf (-heden)* → **zeemacht 2**
zeem·zoet [zemzut] *adj, adv (Belg.)* doucereux, d'une manière doucereuse
zee·nimf [zenɪmf] *nf (-en)* néréide *(nymphe)*
zee·oor·log [zeorlɔχ] *nm (-en)* guerre navale
zeep [zep] *de (zepen)* savon; **groene ~** savon noir ♦ **iets om ~ helpen** bousiller qqch
zeep·ach·tig [zepɑχtəχ] *adj* savonneux
zeep·bel [zebɛl] *de (-len)* bulle de savon; **al zijn plannetjes bleken ~len te zijn** tous ses projets ont tourné en eau de boudin
zeep|doos [zebdos] *de (-dozen)* boîte à savon
zeep·sop [zepsɔp] *het* eau savonneuse
[1]**zeer** [zer] *het* **1** mal **2** blessure *(surtout au fig.); (fig.)* **oud ~** ancienne blessure encore douloureuse
[2]**zeer** [zer] *adj (zeerder, zeerst)* douloureux; **zere ogen** yeux irrités
[3]**zeer** [zer] *adv (zeerder, zeerst)* très; **al te ~** beaucoup trop; **zij hebben ~ genoten** ils se sont beaucoup amusés; **het is ~ de vraag of ...** il n'est pas du tout certain que ...
zee·recht [zerɛχt] *het* droit maritime
zeer·ge·leerd [zerχəlert] *adj* ♦ **aan de ~e heer X** Monsieur X *(en adressant une lettre au porteur d'un doctorat)*
zee·ro·ver [zerovər] *nm (-s)* pirate
zeerst [zerst] *adv* ♦ **het spijt mij ten ~e** je suis profondément désolé
zee·slag [zeslɑχ] *nm (-en)* → **zeegevecht**
zee·spie·gel [zespiχəl] *nm (-s)* niveau de la mer
Zeeuws [zews] *adj* zélandais
zee·vaar·der [zevardər] *nm (-s)* navigateur
zee·vaart [zevart] *de* **1** navigation (maritime) **2** art de la navigation
zee·vaart·kun·de [zevartkʌndə] *nf* science nautique
zee·va·rend [zevarənt] *adj* navigateur
zee·ver·bin·ding [zevərbɪndɪŋ] *nf (-en)* liaison maritime
zee·waar·dig [zewardəχ] *adj, adv* ♦ **~ zijn** tenir la mer
zee·waarts [zewarts] *adv* **1** du côté de la mer **2** vers le large
zee·weg [zewɛχ] *nm* **1** voie maritime **2** chemin de la mer
zee·we·ring [zewerɪŋ] *nf (-en)* digue de mer
zee·we·zen [zewezə(n)] *het* marine
zee|ziek [zezik] *adj (-zieker, meest z.)* qui souffre du mal de mer; **~ zijn** avoir le mal de mer
zee·zout [zezɑut] *het* sel marin
zeg [zɛχ] *interj (fam.)* dis (donc) !; **nou, ~!** eh bien !
ze·ge [zeχə] *de (-s) (form.)* victoire
[1]**ze·gel** [zeχəl] *nm (-s)* timbre *(à coller)*
[2]**ze·gel** [zeχəl] *het (-s)* **1** sceau **2** scellé **3** timbre *(taxe)*
ze·gel·be·waar·der [zeχəlbəwardər] *nm (-s)* garde des sceaux
ze·ge·len [zeχələ(n)] *vt (zegelde, h. gezegeld)* sceller
ze·gel·ring [zeχəlrɪŋ] *nm (-en)* chevalière *(anneau)*
ze·gen [zeχə(n)] *nm* **1** bénédiction; **hierop rust geen ~** cette affaire semble maudite; **dat is een ~ voor de mensheid** c'est un bienfait pour l'humanité **2** salut
ze·ge·nen [zeχənə(n)] *vt (zegende, h. gezegend)* **1** bénir; **een kerk ~** consacrer une église **2** gratifier; *(iron.)* **je zult ermee gezegend zijn!** ce n'est pas un cadeau !; **iemand ~ met iets** gratifier qqn de qqch; *(iron.)* **gezegend ben je!** te voilà beau, belle !
ze·ge·ning [zeχənɪŋ] *nf (-en)* **1** bénédiction **2** bienfait
ze·gen·rijk [zeχə(n)rɛik] *adj* bénéfique; **een ~ jaar** une année faste
ze·ge|praal [zeχəpral] *de (-pralen)* **1** triomphe **2** victoire
ze·ge·rijk [zeχərɛik] *adj* triomphant
ze·ge·tocht [zeχətɔχt] *nm (-en)* marche triomphale
ze·ge·vie·ren [zeχəvirə(n)] *vi (zegevierde, h. gezegevierd)* l'emporter (sur), *(aussi au fig.)* triompher (de)
ze·ge·vie·rend [zeχəvirənt] *adj, adv* **1** triomphal(ement) **2** triomphant, triomphalement
zeg·ge [zɛχə] *interj* en (toutes) lettres ♦ **hij heeft er ~ en schrijve drie uur over gedaan** ça lui a pris en tout et pour tout trois heures, ça lui a pris pas moins de trois heures
[1]**zeg·gen** [zɛχə(n)] *het* dires; **volgens ~** à ce qu'on dit
[2]**zeg·gen** [zɛχə(n)] *vt (zei, zegde, h. gezegd)* dire; **bij zichzelf ~** se dire; *(prov)* **~ en doen is twee** il y a loin du dire au faire; **eerlijk gezegd** à vrai dire; **het zijne ervan ~** exprimer son avis; **onder ons gezegd en gezwegen** (soit dit) entre nous; **het zal je maar gezegd zijn!** *(iron.)* ça fait toujours plaisir à entendre !; **zich iets niet laten ~** ne pas encaisser qqch; **hij is dom, liever (beter) gezegd stom** il est bête, ou plutôt idiot; *(iron.)* **ik zeg maar zo, ik zeg maar niks** comme dit l'autre : pas de commentaire !; **zeg maar** disons; **dat zegt niets** ça ne prouve rien; **oom tegen iemand ~** être le neveu, la nièce de qqn; **hij heeft op alles wat te ~** il a à redire à tout; **ronduit gezegd: neen!** pour être tout à fait clair: non !; **het voor het ~ hebben** être le patron; **daar valt veel voor te ~** on peut avancer beaucoup d'arguments en faveur de cela; **zeg dat wel!** à qui le dites-vous !; **zal ik maar ~** pour ainsi dire; **al zeg ik het zelf** sans me vanter; **dat is toch zo, zeg nou zelf** c'est vrai, avoue-le; **daar zeg je zoiets** ce que tu dis là n'est pas idiot;

eens gezegd, blijft gezegd ce qui est dit est dit

zeg·gen·schap [zɛχənsχɑp] *het/de* ♦ ~ over iets hebben, krijgen avoir son mot à dire sur qqch

zeg·gings·kracht [zɛχɪŋskrɑχt] *de* éloquence

zeg·je [zɛχjə] *het* ♦ ieder wil zijn ~ zeggen, doen, hebben chacun veut placer son topo

zegs|man [zɛχsmɑn] *nm (-lieden)*, **-vrouw** *nf (-en)* informateur, -trice; wie is uw ~? qui vous l'a appris ?

zegs·wij·ze [zɛχswɛizə] *de (-n)* expression

zei [zɛi], **zeiden** → [2]zeggen, afzeggen, voorzeggen *(etc.)*

zeik [zɛik] *nm (vulg.)* pisse ♦ iemand in de ~ zetten, nemen se foutre de la gueule de qqn

zei·ken [zɛikə(n)] *vi (zeikte, zeek, h. gezeikt, h. gezeken) (vulg.)* **1** emmerder son monde **2** pisser **3** pleuvoir comme vache qui pisse

zei·kerd [zɛikərt] *nm (-s) (vulg.)* **1** emmerdeur **2** dégonflé

zei·ke·rig [zɛikərəχ] *adj, adv (vulg.) (à propos de qqn)* (d'une façon) emmerdant(e)

zeik·nat [zɛiknɑt] *adj (vulg.)* trempé comme une soupe

zeik|straal [zɛikstral] *nm (-stralen) (vulg.)* → zeikerd

zeik·weer [zɛikwer] *nf (vulg.)* temps de merde

zeil [zɛil] *het (-en)* **1** *(mar.)* voile; alle ~en bijzetten mettre toutes voiles dehors *(aussi au fig.)*; onder ~ gaan *(mar.)* mettre les voiles, *(fig.)* s'endormir **2** linoléum **3** bâche; het ~ van een tent la toile d'une tente **4** toile cirée

zeil|boot [zɛilbot] *de (-boten)* voilier

zeil·doek [zɛilduk] *het/de* **1** toile à voile **2** toile cirée **3** toile de tente

zei·len [zɛilə(n)] *vi (zeilde, h./i. gezeild)* **1** naviguer **2** faire de la voile ♦ die dronkaard zeilt over straat l'ivrogne marche en zigzaguant dans la rue

zeil·jacht [zɛiljɑχt] *het (-en)* voilier

zeil·kamp [zɛilkɑmp] *het (-en)* stage de voile

zeil·plank [zɛilplɑŋk] *de (-en)* planche à voile

zeil|schip [zɛilsχɪp] *het (-schepen)* → zeilboot

zeil·sport [zɛilspɔrt] *de* voile

zeil·vlie·gen [zɛilvliχə(n)] *vb* faire du deltaplane

zeis [zɛis] *de (-en)* faux; *(fig.)* de man met de ~ la faucheuse

[1]**ze|ker** [zekər] *adj, adv (-kerder, -kerst)* **1** sûr, en sécurité; het ~e voor het onzekere nemen ne pas lâcher la proie pour l'ombre; (op) ~ spelen jouer sur du velours **2** sûr(ement); ~ weten! pour sûr !; iets ~ weten être certain de qqch **3** assuré, avec assurance **4** probable(ment) **5** tranquille(ment); zijn leven niet ~ zijn courir un très grand risque **6** au moins; ~ dertig gewonden au moins trente blessés

[2]**ze·ker** [zekər] *indéf* certain; op ~e dag un jour

[3]**ze·ker** [zekər] *interj* ♦ wel ~! certainement !

ze·ker|heid [zekərhɛit] *nf (-heden)* **1** sûreté; voor alle ~ à tout hasard **2** certitude; de sociale ~ la Sécurité sociale

ze·ker·heids·hal·ve [zekərhɛitshɑlvə] *adv* pour plus de sûreté

ze·ker·heid·stel·ling [zekərhɛitstɛlɪŋ] *nf* garantie

ze·ke·ring [zekərɪŋ] *nf (-en)* fusible; de ~en zijn doorgeslagen les plombs ont sauté; *(colère)* il, elle a explosé; *(crise de nerfs)* il, elle a craqué

zel·den [zɛldə(n)] *adv* rarement; het gebeurt ~, het komt ~ voor dat ... il est rare que

zeld|zaam [zɛltsam] *adj, adv (-zamer, -zaamst)* **1** rare(ment); ~ mooi d'une rare beauté **2** curieux, curieusement **3** extraordinaire(ment)

zeld·zaam|heid [zɛltsamhɛit] *nf (-heden)* **1** rareté **2** objet rare **3** singularité

zelf [zɛlf] *dém* **1** même; dat moet u ~ beslissen c'est à vous seul d'en décider; zeg nou ~ ce n'est pas ton avis ?; ik wil het ~ zien je veux le voir de mes propres yeux **2** soi-même

zelf·be·die·ning [zɛlvbədinɪŋ] *nf*, **zelfbedieningswinkel** *nm (-s)* libre-service *(système; magasin)*

zelf|be·drog [zɛlvbədrɔχ] *het*, **-begoocheling** *nf (-en)* illusion

zelf·be·heer·sing [zɛlvbəhersɪŋ] *nf* maîtrise de soi; geen ~ hebben ne pas savoir se maîtriser; zijn ~ terugvinden se ressaisir; zijn ~ verliezen perdre son sang-froid

zelf·be·houd [zɛlvbəhɑut] *het* conservation (de soi-même)

zelf·be·klag [zɛlvbəklɑχ] *het* ♦ zich aan ~ overgeven s'apitoyer sur son sort

zelf·be·schik·king [zɛlvbəsχɪkɪŋ] *nf* autodétermination

zelf·be·schul·di·ging [zɛlvbəsχʌldəχɪŋ] *nf (-en)* autoaccusation

zelf·be·stui·ving [zɛlvbəstœyvɪŋ] *nf* autofécondation

zelf·be·stuur [zɛlvbəstyr] *het* autonomie

zelf·be·ves·ti·ging [zɛlvbəvɛstəχɪŋ] *nf* affirmation de soi

zelf·be·vre·di·ging [zɛlvbəvredəχɪŋ] *nf* **1** masturbation **2** autosatisfaction

zelf·be|wust [zɛlvbəwʌst] *adj, adv (-wuster, meest z.)* **1** assuré, avec assurance; ~ zijn être sûr de soi **2** conscient

zelf·be·wust·zijn [zɛlvbəwʌ(st)sɛin] *het* conscience (de soi)

zelf·cen·suur [zɛlfsɛnzyr] *nf* autocensure

zelf·de [zɛlvdə] *adj* même; eenzelfde ervaring une pareille expérience

zelf·dis·ci·pli·ne [zɛlvdisiplinə] *nf* autodiscipline

zelf·do·ding [zɛlvdodɪŋ] *nf (-en)* mort volontaire
zelf·ge·maakt [zɛlfχəmakt] *adj* (fait à la) maison
zelf·ge·noeg|zaam [zɛlfχənuχsam] *adj (-zamer, -zaamst)* **1** content de soi **2** *(péj.)* suffisant
zelf·hulp·groep [zɛlfhʌlpχrup] *de (-en)* groupe d'entraide
zelf·in·ge·no·men [zɛlfɪŋχənomə(n)] *adj (meer z., meest z.)* prétentieux
zelf·kant [zɛlfkɑnt] *nm (-en)* **1** *(en couture)* lisière **2** marge *(fig.)*
zelf·kas·tij·ding [zɛlfkɑstɛidɪŋ] *nf (-en)* mortification
zelf·ken·nis [zɛlfkɛnɪs] *nf* connaissance de soi; **~ bezitten** se connaître
zelf·kle·vend [zɛlfklevənt] *adj* autocollant
zelf·kri·tiek [zɛlfkritik] *nf* autocritique
zelf·me·de·lij·den [zɛlfmedəlɛidə(n)] *het* pitié de soi-même
zelf·moord [zɛlfmort] *de (-en)* suicide; **~ plegen** se suicider
zelf·moord|bri·ga·de [zɛlfmordbriχadə] *nf (-s)*, **-commando** *het (-'s)* commando-suicide
zelf·on·der·zoek [zɛlfɔndərzuk] *het* introspection
zelf·ont·plooi·ing [zɛlfɔntplojɪŋ] *nf* épanouissement *(fig.)*
zelf·ont·span·ner [zɛlfɔntspɑnər] *nm (-s)* déclencheur automatique
zelf·ont·ste·king [zɛlfɔntstekɪŋ] *nf* autoallumage
zelf·op·of·fe·ring [zɛlfɔpɔfərɪŋ] *nf (-en)* sacrifice
zelf·over·schat·ting [zɛlfovərsχɑtɪŋ] *nf* présomption
zelf·over·win·ning [zɛlfovərwɪnɪŋ] *nf (-en)* victoire sur soi-même
zelf·por·tret [zɛlfpɔrtrɛt] *het (-ten)* autoportrait
zelf·recht·vaar·di·ging [zɛlfrɛχtfardəχɪŋ] *nf (-en)* justification de soi
zelf·rei·ni·gend [zɛlfrɛinəχənt] *adj* autonettoyant
zelf·res·pect [zɛlfrɛspɛkt] *het* respect de soi
zelfs [zɛlfs] *adv* même
zelf·spot [zɛlfspɔt] *nm* ironie (envers soi-même)
zelf·stan·dig [zɛlfstɑndəχ] *adj, adv* indépendant, librement; *(subst.)* **als ~e gaan werken** s'établir à son compte; **een ~ begrip** une notion autonome; **~ denken** penser par soi-même; **~ handelen** être son propre maître; *(subst.)* **een kleine ~e** un petit commerçant; *(ling.)* **het ~ naamwoord** le substantif
zelf·stan·dig|heid [zɛlfstɑndəχhɛit] *nf (-heden)* indépendance
zelf·stu·die [zɛlfstydi] *nf (-s)* **1** autoapprentissage **2** analyse de soi-même
zelf·tank·sta·ti·on [zɛlftɛŋksta(t)ʃɔn, [B]zɛlftɑŋksta(t)ʃɔn] *het (-s)* station libre-service
zelf·ver·bran·ding [zɛlfərbrɑndɪŋ] *nf* ♦ **tot ~ overgaan** s'immoler par le feu
zelf·ver·de·di·ging [zɛlfərdedəχɪŋ] *nf* **1** autodéfense **2** légitime défense; **uit ~ handelen** agir en état de légitime défense
zelf·ver·heer·lij·king [zɛlfərherləkɪŋ] *nf* glorification de soi
zelf·ver·loo·che·ning [zɛlfərloχənɪŋ] *nf* abnégation
zelf·ver·nie·ti·ging [zɛlfərnitəχɪŋ] *nf* autodestruction
zelf·ver·trou·wen [zɛlfərtrɑuwə(n)] *het* assurance; **dat is goed voor het ~** cela donne confiance en soi; **~ hebben** avoir confiance en soi
zelf·ver·wijt [zɛlfərwɛit] *het (-en)* remords; **zich ~en maken** se faire des reproches
zelf·ver·ze·kerd [zɛlfərzekərt] *adj, adv* sûr de soi, avec assurance
zelf·vol|daan [zɛlfɔldan] *adj, adv (-daner, -daanst)* satisfait de soi-même, avec satisfaction
zelf·vol·doe·ning [zɛlfɔldunɪŋ] *nf* satisfaction *(de soi-même)*
zelf·werk·zaam·heid [zɛlfwɛrksamhɛit] *nf* activité autonome
zelf·zucht [zɛlfsʌχt] *de (form.)* égoïsme
ze·mel [zeməl] *de (-en)* **1** son **2** radoteur
ze·me|laar [zeməlar] *nm (-s)*, **-laarster** *nf (-s)* → **zemel 2**
ze·me·len [zemələ(n)] *vi (zemelde, h. gezemeld)* ennuyer les gens
ze·me·lig [zeməlәχ] *adj* **1** plein de son *(nourriture)* **2** rabâcheur
[1]**ze·men** [zemə(n)] *adj* en peau de chamois
[2]**ze·men** [zemə(n)] *vt (zeemde, h. gezeemd)* nettoyer avec une peau de chamois
zend·ap·pa·ra·tuur [zɛntɑparatyr] *nf* → **zender 1**
zen·de|ling [zɛndəlɪŋ] *nm (-en)*, **-linge** *nf (-n)* missionnaire
[1]**zen·den** [zɛndə(n)] *vi (zond, h. gezonden) (com.)* émettre
[2]**zen·den** [zɛndə(n)] *vt (zond, h. gezonden)* envoyer
zen·der [zɛndər] *nm (-s)* **1** (poste) émetteur **2** expéditeur
zen·ding [zɛndɪŋ] *nf (-en)* **1** envoi **2** mission
zend·in·stal·la·tie [zɛntɪnstala(t)si] *nf (-s)* → **zender 1**
zend·mast [zɛntmɑst] *nm (-en)* **1** pylône d'antenne **2** aérien
zend·sta·ti·on [zɛntsta(t)ʃɔn] *het (-s)* station d'émission
zend·tijd [zɛntɛit] *nm (-en)* temps d'antenne
[1]**zen·gen** [zɛŋə(n)] *vi (zengde, h. gezengd) (form.)* roussir
[2]**zen·gen** [zɛŋə(n)] *vt (zengde, h. gezengd)* flamber

ze·nuw [zenyw] *de (-en)* nerf; **de ~en gieren door mijn keel** j'ai la gorge qui se noue; **krijg de ~en!** va te faire voir !; **de ~en krijgen, hebben** avoir les nerfs en pelote; **op iemands ~en werken** taper sur les nerfs de qqn; **sterke, stalen ~en hebben** avoir des nerfs d'acier; **ze was óp van de ~en** elle était à bout de nerfs ♦ **in de ~en zitten** être sur des charbons ardents

***ze·nuw-** [zenyw-] nerveux; **het zenuwgestel, zenuwstelsel** le système nerveux; **een zenuwinzinking** une dépression nerveuse

ze·nuw·aan·doe·ning [zenywandunɪŋ] *nf (-en)* **1** névrite **2** maladie de nerfs

ze·nuw·ach·tig [zenywɑχtəχ] *adj, adv* **1** nerveux, nerveusement; **~ spreken** parler avec excitation **2** énervé, nerveusement; **~ zijn voor het examen** avoir le trac avant de passer son examen

ze·nuw·arts [zenywɑrts] *nm (-en)* neurologue

ze·nuw·be·han·de·ling [zenywbəhɑndəlɪŋ] *nf (-en)* dévitalisation

ze·nuw·cel [zenywsɛl] *de (-len)* neurone

ze·nuw·gas [zenywχɑs] *het (-sen)* cyanogène

ze·nuw·in·rich·ting [zenywɪnrɪχtɪŋ] *nf (-en)* hôpital psychiatrique

ze·nuw|lij·der [zenywlɛidər] *nm (-s),* **-lijdster** *nf (-s) (méd.)* névrosé, -ée

ze·nuw·lij·er [zenywlɛijər] *nm (-s)* **1** nerveux, -euse **2** *(fam.)* cinglé, -ée

ze·nuw·ont·ste·king [zenywɔntstekɪŋ] *nf (-en) (méd.)* névrite

ze·nuw·oor·log [zenyworlɔχ] *nm (-en)* guerre des nerfs

ze·nuw·pa·tiënt [zenywpaʃɛnt] *nm (-en)* → **zenuwlijder**

ze·nuw|pees [zenywpes] *nm (-pezen) (fam.)* paquet de nerfs

ze·nuw·pijn [zenywpɛin] *de (-en) (méd.)* névralgie

ze·nuw·slo·pend [zenywslopənt] *adj* exaspérant

ze·nuw·toe·val [zenywtuvɑl] *nm (-len)* crise de nerfs

ze·nuw·trek·king [zenywtrɛkɪŋ] *nf (-en)* tic (nerveux)

ze·nuw·ziek [zenywzik] *adj (méd.)* névrosé

zerk [zɛrk] *de (-en)* pierre tombale

zerp [zɛrp] *adj (Belg.)* aigre

zes [zɛs] *card* six; *(fig.)* **dubbel ~ gooien** jouer de bonheur; **met z'n ~sen** à six; *(fig.)* **hij is van ~sen klaar** il sait tout faire; il a réponse à tout

zes·de [zɛzdə] *adj* sixième; **de ~ april** le six avril; **in de ~ klas zitten** ± être en dernière année de l'enseignement primaire; *(enseign. secondaire)* être en terminale; **Karel de Zesde** Charles six

zes·hoek [zɛshuk] *nm (-en) (math.)* hexagone

zes·tal [zɛstɑl] *het (-len)* **1** demi-douzaine; **een ~ dagen** six, sept jours **2** équipe de six

zes·tien [zɛstin] *card* seize

zes·tien·de [zɛstində] *ord* seizième; **Lodewijk de Zestiende** Louis seize

zes·tig [sɛstəχ] *card* soixante; **diep in de ~ zijn** approcher les soixante-dix ans; **voor in de ~ zijn** avoir soixante ans révolus; **over de ~ zijn** avoir passé la soixantaine; **tegen de ~ lopen** friser la soixantaine

zes·ti·ger [sɛstəχər] *nm (-s)* sexagénaire; **ze zal een goeie ~ zijn** elle doit avoir soixante ans bien sonnés

zet [zɛt] *nm (-ten)* **1** coup; **u bent aan ~** à vous de jouer; *(échecs, dames)* **een ~ doen** poser une pièce, un pion; **een domme ~** une gaffe; **herhaling van ~ten** *(échecs)* répétition de position; *(fig.)* conflit qui tourne en rond; **~ en tegenzet** l'attaque et la riposte **2** bourrade; **iemand een ~ geven** pousser qqn **3** mot (d'esprit); **een geestige ~** un trait d'esprit; **dat was een goede ~!** c'était bien envoyé !

ze·tel [zetəl] *nm (-s)* **1** siège **2** *(fig.)* siège; **een ~ in het bestuur hebben** siéger au conseil d'administration; **de koninklijke ~ bekleden** occuper le trône

ze·te·len [zetələ(n)] *vi (zetelde, h. gezeteld)* **1** avoir son siège **2** *(Belg.)* siéger **3** *(form.)* être assis

zet·fout [zɛtfɑut] *de (-en) (imprim.)* coquille

zet·je [zɛcə] *het (-s)* petit coup de pouce

zet·ma·chi·ne [zɛtmaʃinə] *nf (-s) (imprim.)* machine à composer

zet·meel [zɛtmel] *het* amidon

zet·pil [zɛtpɪl] *de (-len)* suppositoire

zet·ten [zɛtə(n)] *vt (zette, h. gezet)* **1** asseoir **2** mettre; **iemand eruit ~** expulser qqn; **iemand gevangen ~** écrouer qqn; **iets in elkaar ~** monter qqch; **iets op zijn plaats ~** ranger qqch; **geld op zijn rekening ~** verser de l'argent sur son compte; *(fig.)* **zich over iets heen ~** digérer qqch; **geld vast ~** bloquer une somme d'argent; **de muziek zachter ~** baisser le son de la musique **3** prendre *(air, attitude etc.)*; **een verbaasd gezicht ~** prendre un air étonné **4** préparer **5** remettre (en place); **het ~ van een breuk** la réduction d'une fracture **6** *(imprim.)* composer **7** miser ♦ **iemand niet kunnen ~** ne pas pouvoir sentir qqn; **alles op alles ~** faire l'impossible (pour que); **het op een lopen ~** prendre ses jambes à son cou; **het op een huilen ~** se mettre à pleurer

zet·te·rij [zɛtərɛi] *nf (-en) (imprim.)* atelier de composition

zet·ting [zɛtɪŋ] *nf (-en)* **1** *(mus.)* arrangement **2** sertissage *(des pièces précieuses)*

zet·werk [zɛtwɛrk] *het (imprim.)* composition

zeug [zøχ] *nf (-en)* truie

zeu·len [zølə(n)] *vti (zeulde, h. gezeuld)* traîner (qqch); **met die kinderen ~** trimballer ces petits monstres

zeur [zør] *nm (-en)* **1** casse-pied **2** geignard **3** rabâcheur

zeur·de·rig [zørdərəχ] *adj, adv* 1 (d'une manière) assommant(e) 2 (d'un ton) geignard 3 en rabâchant
zeu·ren [zørə(n)] *vi (zeurde, h. gezeurd)* 1 assommer (qqn); **wil je niet zo aan mijn kop ~!** tu as fini de me casser les pieds ! 2 geindre 3 rabâcher 4 *(Belg.)* tricher ♦ **een ~de pijn** ± une douleur lancinante
zeur|kous [zørkɑus] *de (-en),* **-piet** *nm (-en)* → **zeur**
[1]**ze·ven** [zevə(n)] *card* sept; *(fig.)* **zijn das hing op half ~** sa cravate était toute de travers; **zij waren met hun ~en** ils étaient sept
[2]**ze·ven** [zevə(n)] *vt (zeefde, h. gezeefd)* tamiser; **melk ~** passer du lait
ze·ven·de [zevəndə] *ord* septième; **de ~ april** le sept avril
ze·ven·tal [zevə(n)tɑl] *het (-len)* 1 sept ou huit 2 équipe de sept
ze·ven·tien [zevə(n)tin] *card* dix-sept; **zij waren met hun ~en** ils étaient dix-sept
ze·ven·tien·de [zevə(n)tində] *ord* dix-septième; **de ~ januari** le dix-sept janvier
ze·ven·tig [sevə(n)təχ] *card* soixante-dix
ze·ven·ti·ger [sevə(n)təχər] *nm (-s)* septuagénaire; **een goede ~ zijn** avoir soixante-dix ans bien sonnés
ze·ven·voud [zevə(n)vɑut] *het (-en)* septuple
ze·ver [zevər] *nm (-s) (fam.)* 1 *(Belg.)* fadaises 2 radoteur, -euse 3 *(Belg.)* salive
ze·ve·raar [zevərar] *nm (-s)* → **zever 2**
ze·ve·ren [zevərə(n)] *vi (zeverde, h. gezeverd)* 1 radoter 2 *(Belg.)* crachiner
Z.Exc. [zɛinəɛksɛlɛn(t)si] abrév. de *Zijne Excellentie* S.E.
zgn. → **zogenaamd**
Z.H. 1 abrév. de *Zijne Heiligheid* S.S. 2 abrév. de *Zijne Hoogheid* S.A.(R.)
zich [zɪχ] *réfl* 1 soi, se; **geld bij ~ hebben** avoir de l'argent sur soi; **iemand bij ~ hebben** être accompagné de qqn; **op ~ is dat niet af te keuren** en soi, cela n'est pas blâmable 2 vous
zicht [zɪχt] *het* vue; **iets aan het ~ onttrekken** masquer qqch à la vue; **het einde is in ~** la fin est proche; **in het ~ van de haven stranden** *(aussi au fig.)* échouer près du port; **~ hebben op promotie** avoir une promotion en perspective; **zij hebben geen ~ op zulke kwesties** ils n'ont aucune notion de ce type de problèmes; **slecht ~ door mist** mauvaise visibilité à cause du brouillard
zicht|baar [zɪχtbar] *adj, adv (-baarder, -baarst)* visible(ment); **een ~ verschil** une différence manifeste; **~ worden** (ap)paraître
zich·zelf [zɪχsɛlf] *réfl* soi-même, lui-même, eux-mêmes, elle(s)-même(s); **bij ~ overleggen** s'interroger; **hij is buiten ~** il est hors de lui; **in ~ praten** soliloquer; **op ~ wonen** habiter seul; **op ~ staand** indépendant; **op ~ is dat niets nieuws** en soi, cela n'a rien de nouveau; **tot ~ komen** reprendre ses esprits; **uit ~** spontanément; **voor ~ beginnen** s'installer à son compte
zie·daar [zidar] *interj (form.)* voilà
zie·dend [zidənt] *adj, adv* 1 (en) tourbillonnant 2 furibond, avec colère
zie·hier [zihir] *interj* voici
ziek [zik] *adj* 1 malade; *(fig.)* **hij is altijd ~ of onderweg** avec lui il y a toujours qqch qui ne va pas; **zich ~ lachen** se tordre (de rire); *(fig.)* **iemand ~ maken** assommer qqn; **ongeneeslijk ~** atteint d'une maladie incurable; **~ worden** tomber malade; **~ van iemands gezeur worden** en avoir ras le bol des histoires de qqn 2 malsain
ziek·bed [zigbɛt] *het* 1 lit (de malade) 2 maladie
zie·ke·lijk [zikələk] *adj, adv* maladif, maladivement; **een ~e kleur hebben** avoir un teint blafard; **~e neigingen** impulsions morbides; **~ zijn** avoir une santé délicate
zie·ken [zikə(n)] *vi (ziekte, h. geziekt) (fam.)* empoisonner (qqn)
zie·ken·au·to [zikə(n)ɑuto] *nm (-'s)* → **ziekenwagen**
zie·ken·be·zoek [zikə(n)bəzuk] *het (-en)* visite à un malade
zie·ken·boeg [zikə(n)buχ] *nm (-en) (milit., mar.)* infirmerie
zie·ken·boek·je [zikə(n)bukjə] *het (-s) (Belg.)* carnet de la mutuelle
zie·ken·broe·der [zikə(n)brudər] *nm (-s)* infirmier
zie·ken·fonds [zikə(n)fɔn(t)s] *het (-en)* caisse d'assurance maladie
zie·ken·geld [zikə(n)χɛlt] *het (-en)* indemnité de maladie
zie·ken|huis [zikə(n)hœys] *het (-huizen)* hôpital; **het academisch ~** le centre hospitalo-universitaire; **iemand uit het ~ ontslaan** renvoyer qqn de l'hôpital; **iemand in het ~ opnemen** hospitaliser qqn
zie·ken·ver·ple·ging [zikə(n)vərpleχɪŋ] *nf (-en)* soins infirmiers
zie·ken·ver|zor·ger [zikə(n)vərzɔrχər] *nm (-s),* **-zorgster** *nf (-s)* aide soignant(e)
zie·ken·wa·gen [zikə(n)waχə(n)] *nm (-s)* ambulance
zie·ken|zaal [zikə(n)zal] *de (-zalen)* salle commune
zie·ken·zorg [zikə(n)zɔrχ] *de* soins dispensés aux malades
ziek·mel·ding [zikmɛldɪŋ] *nf (-en)* ± fait de se porter malade
ziek·te [ziktə] *nf (-n, -s)* maladie; *(fig.)* **hij zuipt als de ~** il boit comme un trou; **Engelse ~** rachitisme; **een ~ onder de leden hebben** couver une maladie; **Hollandse ~** pacifisme; **de ~ van Pfeiffer** la mononucléose infectieuse; **slepende ~** maladie chronique; **slopende ~** maladie foudroyante; **vallende ~** épilepsie; *(fig.)* **ergens de ~ over in hebben** en avoir marre de qqch
ziek·te·beeld [ziktəbelt] *het (-en) (méd.)* syndrome

ziek·te·geld [ziktəɣɛlt] *het (-en)* indemnité de maladie
ziek·te·kiem [ziktəkim] *de (-en) (méd.)* germe pathogène
ziek·te·kos·ten [ziktəkɔstə(n)] *plur* frais médicaux
ziek·te·ver·wek·ker [ziktəvərwɛkər] *nm (-s) (méd.)* agent pathogène
ziek·te·ver·zuim [ziktəvərzœym] *het* absentéisme pour cause de maladie
ziek·te·wet [ziktəwɛt] *de (-ten)* loi sur l'assurance maladie des salariés; in de ~ lopen toucher une indemnité de maladie
ziel [zil] *nf (-en)* **1** âme; zijn hele ~ leggen in s'investir dans; met zijn ~ onder de arm lopen ne savoir que faire; *(fig.)* iemand op zijn ~ geven donner une raclée à qqn, passer un savon à qqn; *(fig.)* iemand op zijn ~ trappen vexer qqn; ter ~e zijn avoir rendu l'âme; twee ~en, één gedachte c'est de la télépathie; een verwante ~ une âme sœur; ~tjes winnen faire du prosélytisme; hij heeft zijn ~ en zaligheid daarvoor over il vendrait son âme pour cela **2** personne; (arme) ~ le, la pauvre; geen levende ~ pas un chat; *(prov)* hoe meer ~en, hoe meer vreugd plus on est de fous, plus on rit; een simpele ~ un simple d'esprit ♦ dat snijdt door mijn ~ cela me fend le cœur
zie·len·heil [zilə(n)hɛil] *het* salut de l'âme
zie·len·le·ven [zilə(n)levə(n)] *het* vie intérieure
zie·len|piet [zilə(n)fpit] *nm (-en)*, **-poot** *nm (-poten) (fam.)* pauvre malheureux, -euse
zie·len·rust [zilə(n)rʌst] *de* **1** paix de l'âme **2** repos éternel
zie·lig [ziləχ] *adj, adv* **1** malheureux, misérablement; 't is ~ cela fait pitié; een ~ hoopje mens un pauvre malheureux; er ~ uitzien faire pitié; een ~e vertoning un spectacle désolant; hij zit er zo ~ alleen! le pauvre, il est tout seul ! **2** *(fam.)* mesquin(ement)
ziels·be·droefd [zilzbədruft] *adj* profondément affligé
ziels|blij [zilzblɛi], **-gelukkig** *adj* ravi
ziels·veel [zilsfel] *adv* de toute son âme
ziels·ver·want [zilsfərwɑnt] *nm* âme sœur
ziel·to·gen [ziltoχə(n)] *vi (zieltoogde, h. gezieltoogd)* agoniser
ziel·zorg [zilzɔrχ] *de* travail pastoral
[1]**zien** [zin] *vi (zag, h. gezien)* **1** voir; scheel ~ loucher; slecht ~ avoir la vue faible **2** regarder **3** avoir l'air (de); bleek ~ être pâle; zo te ~ gaat het nog niet zo best ça n'a pas l'air d'aller mieux; het ziet zwart van de mensen c'est noir de monde **4** *(+ op)* donner (sur)
[2]**zien** [zin] *vt (zag, h. gezien)* voir; dat zie ik niet je vois les choses autrement, je (ne) vois pas; ik zie hem liever gaan dan komen moins je le vois, mieux je me porte; *(Belg.)* iemand graag ~ aimer qqn; bij het ~ van hem à sa vue; *(fig.)* iemand niet kunnen ~ ne pas pouvoir souffrir qqn; iets laten ~ montrer qqch; dat moet ik nog ~ c'est à voir; tot ~s au revoir; iets voor zich ~ s'imaginer qqch; waar ziet u me voor aan? pour qui me prenez-vous ?; ik zie die baan zitten j'ai envie de ce job; het niet meer ~ zitten ne plus savoir à quoi s'en tenir; ik zie het niet zitten om dat te doen ça ne me dit rien de faire ça; zo zie je maar weer! et voilà !; we zullen ~ on verra; er vanaf ~ s'abstenir de qqch; mij niet gezien à d'autres ♦ *(Belg.)* je bent gezien tu t'es fait avoir; graag ~ dat ... aimer que ...; er tegenop ~ om ... appréhender de *(+ inf.)*; zie het maar klaar te spelen! tâche donc d'y parvenir !
zien·de [zində] *adj* ♦ iemand weer ~ maken rendre la vue à qqn
zien·der·ogen [zindəroχə(n)] *adv* à vue d'œil
zie|ner [zinər] *nm (-s)*, **-neres** *nf (-sen)* **1** voyant, -ante **2** devin, devineresse
ziens·wij·ze [zinswɛizə] *de (-n)* manière de voir, de penser
zier [zir] *de (fam.)* soupçon *(très petite quantité)*; ik voel er geen ~ voor je n'en ai pas la moindre envie; het kan mij geen ~ schelen je m'en bats l'œil
zie·zo [zizo] *interj* (et) voilà !
zi·geu|ner [siχønər] *nm (-s)*, **-nerin** *nf (-nen)* tzigane
[1]**zij** [zɛi] *de* → zijde
[2]**zij** [zɛi] *pers* **1** elle **2** ils, elles; ~ hebben het gedaan ce sont eux, elles qui l'ont fait
***zij-** [zɛi-] latéral; de zijingang l'entrée latérale
zij·aan·zicht [zɛianzɪχt] *het (-en)* vue de côté
zij·de [zɛidə] *de (-n)*, **zij** *de (-den)* **1** côté; aan beide ~n is schuld la faute est des deux côtés; het recht aan zijn ~ hebben avoir la loi pour soi; het is ons van bevoegde ~ medegedeeld nous avons été informés par une personne autorisée; de ~n van een driehoek les côtés d'un triangle; de handen in de zij les poings sur les hanches; iemand in de zij stompen frapper qqn au flanc; iemands ~ kiezen prendre le parti de qqn; van officiële ~ de source officielle; hij week niet van mijn ~ il resta à côté de moi; iets van alle ~n bekijken considérer qqch sous tous ses aspects; *(fig.)* de zaak van alle ~n bekijken bien peser le pour et le contre **2** soie
zij·de·ach·tig [zɛidəɑχtəχ] *adj* soyeux
zij·de·lings [zɛidəlɪŋs] *adj, adv* latéral, de côté; een ~e blik un coup d'œil oblique; een ~e toespeling une allusion indirecte
zij·deur [zɛidør] *de (-en)* porte latérale; *(fig.)* een ~tje openhouden se ménager une (porte de) sortie
zij·ka·mer [zɛikamər] *de (-s)* (pièce) annexe
zij·kant [zɛikɑnt] *nm (-en)* côté; aan de ~ sur le côté
zij·lijn [zɛilɛin] *de (-en)* **1** ligne d'embran-

chement **2** *(sports)* (ligne de) touche; *(fig.)* **aan de ~ staan** être sur la touche

[1]**zijn** [zɛin] *vi, aux, copule (was, is geweest)* **1** être, avoir *(v.auxil., copule);* **hij is 20** il a 20 ans; **bang ~** avoir peur **2** être; **als het ware** pour ainsi dire; **zij het dat ...** bien que ...; **dat is te doen** c'est faisable; **er was eens een koning ...** il était une fois un roi ...; **het is maar dat je het weet** à titre d'information; **hoe was dat ook weer?** comment était-ce encore ?; **dat kan wel (zo) ~** c'est bien possible; **dat boek is overal te krijgen** ce livre se trouve partout; **hij mag er ~** *(comportement)* il en impose; *(corpulence)* il se porte bien; **die man is er geweest** cet homme ne va pas s'en tirer, cet homme n'est plus; *(prov)* **wat niet is, kan nog komen** il ne faut jurer de rien; **hoe ver ben je?** où en es-tu ?; **daar is niets van waar** il n'y a pas un mot de vrai là-dedans; *(p.ex. dans un café)* **wat zal het ~?** et pour Monsieur, Madame ?; **zoals daar ~ ...** tel que ..., comme ...; **ben ik?** c'est à moi ? **3** y avoir; **er ~ mensen die ...** il y a des gens qui ... **4** arriver; **het kan ~ dat ...** il se peut que; **wat is er?** qu'est-ce qu'il y a ?; **het zij zo** soit **5** *(+ van)* être (à, de) **6** être en train de; **hij is lopen** il est en train de se promener **7** s'élever (à); **dat is dan 8 euro** cela fait donc 8 euros **8** faire *(météo);* **het is mooi weer** il fait beau ♦ **wij ~ met de trein** nous sommes venus en train

[2]**zijn** [zɛin] *poss* **1** son, sa, ses; *(fam.)* **vader ~ hoed** le chapeau de papa; **te ~er tijd** en temps utile **2** le sien, la sienne ♦ **het ~e ervan zeggen** donner son avis; **hij heeft het ~e gedaan** il a fait sa part; **hij wilde er het ~e van weten** il voulut en avoir le cœur net

zij·pad [zɛ̲ipɑt] *het (-en)* sentier de traverse

zij·span [zɛ̲ispɑn] *het/de (-nen)* side-car

zij·spie·gel [zɛ̲ispiχəl] *nm (-s)* rétroviseur extérieur

zij|spoor [zɛ̲ispor] *het (-sporen)* ♦ **iemand op een ~ zetten** mettre qqn sur une voie de garage

zij·sprong [zɛ̲isprɔŋ] *nm (-en)* saut de côté

zij|straat [zɛ̲istrat] *de (-straten)* rue transversale

zij·vleu·gel [zɛ̲ivløχəl] *nm (-s)* **1** aile *(d'un bâtiment)* **2** volet

zij·waarts [zɛ̲iwarts] *adj, adv* latéral, de, à côté

zij·weg [zɛ̲iwɛχ] *nm (-en)* chemin de traverse; *(fig.)* **~en bewandelen** prendre des chemins détournés

zil·ver [zɪ̲lvər] *het* **1** argent **2** argenterie **3** monnaie d'argent **4** *(sports)* médaille d'argent

***zil·ver-** [zɪ̲lvər-] d'argent

zil·ver·ach·tig [zɪ̲lvərɑχtəχ] *adj* **1** argenté **2** argentin *(son)*

zil·ve·ren [zɪ̲lvərə(n)] *adj* **1** d'argent **2** argenté **3** *(à propos d'un son)* argentin

♦ **een ~ feest** une fête à l'occasion du vingt-cinquième anniversaire *(de qqch)*

zil·ver·kleu·rig [zɪ̲lvərklørəχ] *adj* → **zilveren 2**

zil·ver·meeuw [zɪ̲lvərmew] *de (-en) (zool.)* goéland argenté

zil·ver·poets [zɪ̲lvərputs] *het/de* poudre à polir (l'argenterie)

zil·ver|smid [zɪ̲lvərsmɪt] *nm (-smeden)* orfèvre

zil·ver·ui·tje [zɪ̲lvərœycə] *het (-s)* petit oignon

zil·ver·vlies·rijst [zɪ̲lvərvlisrɛist] *nm* riz complet

zil·ver·werk [zɪ̲lvərwɛrk] *het* → **zilver 2**

Zim·bab|waan [zɪmbɑpwa̲n] *nm (-wanen),* **-waanse** *nf (-n)* Zimbabwéen, -enne

Zim·bab·waans [zɪmbɑpwa̲ns] *adj* zimbabwéen

Zim·bab·we [zɪmbɑ̲pwə] *het* Zimbabwe

zin [zɪn] *nm (-nen)* **1** sens; **het heeft geen, weinig ~ om** il ne sert à rien, à peu de chose de; **in die ~, dat ...** au sens où ...; **in de ruimste ~ (van het woord)** au sens le plus large (du terme); **in zekere ~ klopt het wel** en un sens c'est juste **2** *(plur.)* (bon) sens; **bij ~nen komen** revenir à soi; **hij is niet goed bij (zijn) ~nen** il a perdu la tête; **buiten ~nen van woede** fou furieux; **van zijn ~nen beroofd zijn** avoir perdu connaissance, avoir perdu la raison; **zijn ~nen bij elkaar houden** rester maître de soi **3** *(form.)* humeur; **kwaaie ~ hebben** être de mauvaise humeur **4** projet; **niet veel goeds in de ~ hebben** nourrir de noirs desseins; **zijn ~nen op iets zetten** se mettre en tête de faire qqch; **van ~s zijn om** avoir l'intention de **5** désir; **iemands ~ doen** satisfaire le désir de qqn; **zijn (eigen) ~ doordrijven** imposer sa volonté; **zijn eigen ~ doen** n'en faire qu'à sa tête; **iemand zijn ~ geven** donner satisfaction à qqn; **heb je nu je ~?** te voilà servi ?; **ontzettende ~ hebben (om) iets te doen** avoir très envie de faire qqch; **er geen ~ in hebben om ...** ne pas avoir envie de; **naar m'n ~** à mon gré; **het iemand naar de ~ maken** faire plaisir à qqn; **tegen zijn ~** à contrecœur **6** *(ling., mus.)* phrase

zin·de·lijk [zɪ̲ndələk] *adj, adv* **1** propre(ment) **2** *(fig.)* sain(ement)

zin·gen [zɪ̲ŋə(n)] *vti (zong, h. gezongen)* chanter; **iemand in slaap ~** chanter pour endormir qqn; *(fig.)* endormir la vigilance de qqn; *(fig.)* **hij zingt altijd hetzelfde liedje** il ne change pas souvent de disque; **zuiver ~** chanter juste

zink [zɪŋk] *het* zinc

zin·ken [zɪ̲ŋkə(n)] *vi (zonk, i. gezonken)* **1** couler dans l'eau; *(fig.)* **het ~de schip verlaten** quitter le navire à la dérive **2** s'enfoncer; *(fig.)* **diep gezonken zijn** être tombé bien bas; *(fig.)* **bij iemand in het niet ~** être totalement éclipsé par qqn; **de moed laten ~** perdre courage

zin|loos [zɪnlos] *adj, adv (-lozer, meest z.)* **1** vide de sens, sans aucun sens **2** inutile(ment)

zin·ne·beeld [zɪnəbelt] *het (-en) (form.)* symbole

zin·ne·lijk [zɪnələk] *adj, adv (form.)* **1** physique(ment) **2** sensuel(lement) **3** sensoriel, par les sens **4** charnel(lement)

zin·ne·lijk·heid [zɪnələkhɛit] *nf (form.)* sensualité

zin·nen [zɪnə(n)] *vi (zon, h. gezonnen)* **1** *(+ op)* songer (à) **2** plaire à

zin·nen·prik·ke·lend [zɪnə(n)prɪkələnt] *adj* érotique

zin·nig [zɪnəχ] *adj* sensé

zins [zɪns] ♦ **iets van ~ zijn** avoir l'intention de faire qqch

zins·be·goo·che·ling [zɪnzbəχoχəlɪŋ] *nf (-en)* illusion

zins|bouw [zɪnzbɑu] *nm*, **-constructie** *nf (-s)* construction de la phrase

zins|deel [zɪnzdel] *het (-delen) (ling.)* syntagme

zin·sne·de [zɪnsnedə] *de (-n) (ling.)* proposition

zins·ont·le·ding [zɪnsɔntledɪŋ] *nf (-en) (ling.)* analyse logique

zin·spe·len [zɪnspelə(n)] *vi (zinspeelde, h. gezinspeeld) (+ op)* faire allusion (à)

zin·spreuk [zɪnsprøk] *de (-en)* **1** maxime **2** devise

zins·ver·band [zɪnsfərbɑnt] *het* ♦ **dit citaat is uit het ~ gerukt** cette citation a été extraite de son contexte

zins·wen·ding [zɪnswɛndɪŋ] *nf (-en) (ling.)* tournure

zin·tuig [zɪntœyχ] *het (-en)* (un des cinq) sens

zin·tuig·lijk [zɪntœyχlək] *adj, adv* sensoriel, par les sens

zin·vol [zɪnvɔl] *adj* sensé

zit [zɪt] *nm (Belg.; enseign.; form.)* session ♦ **deze stoel heeft een gemakkelijke ~** cette chaise est confortable; **dat was een hele ~** c'était une longue séance; *(fam.)* **neem een ~** assieds-toi

zit·hoek [zɪthuk] *nm (-en)* coin salon

zit·je [zɪcə] *het (-s)* **1** siège **2** endroit **3** table et chaises

zit·ka·mer [zɪtkamər] *de (-s)* salon

zit·kuil [zɪtkœyl] *nm (-en)* fosse salon

zit·plaats [zɪtplats] *de (-en)* **1** place assise **2** siège

zit·ten [zɪtə(n)] *vi (zat, h./i. gezeten)* **1** être; **aan de koffie ~** être en train de prendre le café; *(sports)* **de bal zit** but !; **het blijft niet ~** cela ne tient pas; *(fig.)* **ik zit al een uur boven mijn opstel** cela fait déjà une heure que je travaille à ma rédaction; **hoe zit dat in elkaar?** qu'est-ce qu'il en est exactement ?, comment est-ce que cela fonctionne ?; *(fig.)* **er zit iets achter** il y a qqch là-dessous; **het zit er (dik) in** il y a (bien) des chances; **er zit niets anders op dan …** il n'y a rien d'autre à faire que de …; *(fig.)* **er zit niet veel bij die jongen** ce garçon manque d'étoffe; *(fig.)* **eruit halen wat erin zit** exploiter toutes les possibilités; *(fig.)* **ernaast ~** se tromper; **er eens voor gaan ~** s'y mettre, prendre son temps (pour); **dat zit wel goed** pas de problèmes; **dat zit hem hoog** il en a plein le dos, ça ne le lâche pas; **in het bestuur ~** être membre du comité; **het zit los** cela ne tient pas; **onder de verf ~** être couvert de peinture; **op school ~** aller à l'école; **op een kantoor ~** travailler dans un bureau; **er zit een vlek op je jurk** il y a une tache sur ta robe; **zit stil!** ne bouge pas !; *(avec un geste de la main)* **het zit me tot hier** j'en ai jusque-là; **ergens vol mee ~** être rempli de qqch, être couvert de qqch; **zit!** assis !; **die stoel zit lekker** cette chaise est confortable **2** *(+ inf.)* être en train de; **zit niet zo te zaniken** arrête donc de rouspéter; **het zit eraan te komen** ça vient **3** aller *(vêtements)* **4** *(+ op)* faire (de qqch) **5** *(fam.)* faire de la taule ♦ **aan iets ~** toucher à qqch; **achter iemand, iets aan ~** courir après qqn, qqch; **op school blijven ~** redoubler une classe; **ergens mee blijven ~** ne pas arriver à se débarrasser de qqch; **wij zijn (hier) blijven ~** nous sommes restés ici; **daar zit wat in** il y a du vrai là-dedans; **daar zit het hem niet in** ce n'est pas ça; *(fig.)* **en als dat gebeurt, dan zit je** et si cela arrive, te voilà dans le pétrin; **die zit!** c'est bien envoyé !; **het zit erop** voilà une bonne chose de faite !; *(Belg.)* **het zit erop** il y a du grabuge; **de vakantie zit erop** les vacances sont terminées; **dat zal hem niet glad ~** il le payera cher; *(fig.)* **laat maar ~** laisse(z) tomber, garde(z) la monnaie; *(fig.)* **het er niet bij laten ~** s'occuper de qqch, exprimer sa gratitude; **iets niet op zich laten ~** ne pas accepter qqch; **hij heeft zijn vrouw laten ~** il a abandonné sa femme; **dat idee zit mij niet lekker** cette idée ne me plaît pas; **het zit dat meisje niet mee** cette fille n'a pas de chance; *(fig.)* **met iets ~** ne pas savoir que faire de qqch; **hoe zit het dan met …?** qu'en est-il de … ?; **waar zit het hem in?** à quoi cela tient-il ?

zit·ten|blij·ver [zɪtə(n)blɛivər] *nm (-s)*, **-blijfster** *nf (-s)* redoublant, -ante

zit·tend [zɪtənt] *adj* **1** assis **2** sédentaire **3** en exercice; **de ~e bestuursleden** les membres du bureau

zit·tijd [zɪtɛit] *nm (-en) (Belg.)* → **zitting 3**

zit·ting [zɪtɪŋ] *nf (-en)* **1** fond *(d'une chaise)* **2** séance **3** session ♦ **~ hebben in** faire partie de; **~ nemen in de raad** faire son entrée au conseil

zit·vlak [zɪtflɑk] *het (-ken)* **1** derrière **2** fond

zit·vlees [zɪtfles] *het* ♦ **geen ~ hebben** ne pas être capable de rester assis longtemps; *(fig.)* ne pas avoir beaucoup de patience

Z-kaart [zɛtkart] *de (-en) (Belg.)* carte de zone
Z.K.H. abrév. de *Zijne Koninklijke, Keizerlijke Hoogheid* S.A.R., S.A.I.
Z.M. [zɛinəmajəstɛit] abrév. de *Zijne Majesteit* S.M.
[1]**zo** [zo] *adv* **1** ainsi; **o, gaat dat zo** ah ! c'est comme ça qu'on fait !; **het heeft zo moeten zijn** le destin l'a voulu ainsi; **zo iemand** une personne pareille; **dat is zo** c'est effectivement le cas; **een jaar of zo** à peu près un an; **en zo verder** et ainsi de suite **2** aussi; **om zo en zo laat** à telle heure; **dit stuk is net zo groot** ce morceau est tout aussi grand; **zo groot is hij nu ook weer niet!** il n'est pas si grand que ça !; **hij is zo oud als ik** il a le même âge que moi; **hij is zo verstandig geweest om ...** il a eu la sagesse de ..., il a été assez sage pour ... **3** bientôt; **ik ben zo thuis** je serai bientôt rentré; **het is zo gebeurd** ce sera fait en un instant **4** si; *(avec un geste de la main)* **die vrouw is zó!** cette femme est fantastique
[2]**zo** [zo] *conj* si; **zo niet, dan ...** sinon ...
[3]**zo** [zo] *interj* **1** tiens !; **hoe zo?** comment cela ?; **o zo** tu parles ! **2** bien !; **zo, dat is dat!** voilà ! c'est fait ! ♦ **het was maar zozo** c'était comme ci comme ça
Z.O. [zœytoost(ə(n))] abrév. de *zuidoost(en)* S.E.
zoab [zowap] *het* abrév. de *zeer open asfalt beton* enrobé drainant
zo·al [zoal] *adv* entre autres (choses)
[1]**zo·als** [zoals] *adv* comment
[2]**zo·als** [zoals] *conj* comme; **~ gewoonlijk** comme d'habitude
zocht [zɔχt], **zochten** → **zoeken, afzoeken** *(etc.)*
[1]**zo·da·nig** [zodanəχ] *dém* tel; **als ~** en tant que tel
[2]**zo·da·nig** [zodanəχ] *adv* tellement; **~ dat** de manière à ce que
zo·dat [zodat] *conj* **1** de (telle) sorte que **2** de manière (à ce) que
zo·de [zodə] *de (-n)* ♦ **onder de groene ~n liggen** être mort et enterré; **dat zet geen ~n aan de dijk** cela ne fait pas avancer les choses
zo·doen·de [zodundə] *adv* ainsi; **ik was de weg kwijt, ~!** je me suis égaré, voilà !
zo·dra [zodra] *conj* dès que; **~ hij was vertrokken, kwam de andere** aussitôt qu'il fut parti, l'autre arriva
[1]**zoek** [zuk] ♦ **op ~ zijn naar** être à la recherche de
[2]**zoek** [zuk] *adj* **1** introuvable **2** absent
zoek·ac·tie [zukaksi] *nf (-s)* recherches *(de la police)*
zoek·bren·gen [zugbrɛŋə(n)] *vt (bracht zoek, h. zoekgebracht)* ♦ **zijn tijd ~ met** perdre son temps à
zoe·ken [zukə(n)] *vt, avec préposition aussi vti (zocht, h. gezocht)* **1** (re)chercher; *(fig.)* **ze wist niet meer waar ze het ~ moest** elle ne savait plus quoi faire; **naar gas ~** chercher du gaz; **u hebt hier niets te ~** vous n'avez rien à faire ici; **dat is ver gezocht** c'est tiré par les cheveux; **de definitieve oplossing is nog ver te ~** la solution définitive n'est pas pour demain **2** chercher à ♦ **achter alles iets ~** voir malice à tout; **iets niet achter iemand ~** ne pas croire qqn capable de (faire) qqch
zoe·ker [zukər] *nm (-s)* **1** chercheur, -euse **2** *(phot., astron.)* viseur
zoek·licht [zuklɪχt] *het (-en)* projecteur
zoek·ma·chi·ne [zukmaʃinə] *nf* moteur de recherche
zoek·ma·ken [zukmakə(n)] *vt (maakte zoek, h. zoekgemaakt)* **1** égarer **2** perdre
zoek·plaat·je [zukplacə] *het (-s)* devinette
zoek·term [zuktɛrm] *nm (inform.)* mot recherché
zoek·tocht [zuktɔχt] *nm (-en)* quête *(recherche)*
zoel [zul] *adj (météo.)* **1** tiède **2** lourd
zoe·men [zumə(n)] *vi (zoemde, h. gezoemd)* bourdonner; **de koelkast zoemt** le frigo ronronne
zoe·mer [zumər] *nm (-s)* ronfleur *(vibreur)*
zoem|toon [zumton] *nm (-tonen)* signal sonore
zoen [zun] *nm (-en)* baiser; **iemand een dikke ~ geven** faire une grosse bise à qqn
[1]**zoe·nen** [zunə(n)] *vt (zoende, h. gezoend)* embrasser; **dat is om te ~!** c'est mignon, ça !; **zij ziet eruit om te ~** elle est à croquer
[2]**zoe·nen** [zunə(n)] *vi (zoende, h. gezoend)* s'embrasser
zoen·of·fer [zunɔfər] *het (-s)* **1** sacrifice expiatoire **2** victime expiatoire
zoet [zut] *adj, adv* **1** sucré; *(subst.)* **niet van ~ houden** ne pas aimer le sucré **2** doux, avec douceur **3** sage(ment); **~e hond** brave chien; **de kinderen ~ houden** occuper les enfants; **iemand ~ houden met beloften** endormir qqn avec des promesses; **daar ben je nog wel even ~ mee** tu en as encore pour un moment
zoe·te·kauw [zutəkau] *nm (-en)* amateur de sucreries
zoet|heid [zuthɛit] *nf (-heden)* **1** goût sucré **2** douceur **3** *(form.)* joie
zoet·hou·der·tje [zuthaudərcə] *het (-s)* os à ronger *(fig.)*
zoet·hout [zuthaut] *het* ♦ **een stuk, een pijpje ~** un bâton de réglisse
zoe·tig [zutəχ] *adj* douceâtre
zoe·tig|heid [zutəχhɛit] *nf (-heden)* sucreries
zoet·je [zucə] *het (-s)* sucrette
zoet·jes [zucəs], **zoetjesaan** *adv (fam.)* doucement
zoet·sap·pig [zutsapəχ] *adj, adv* **1** doucereux, doucereusement **2** (de manière) insipide
zoet·stof [zutstɔf] *de (-fen)* édulcorant
[1]**zoet·zuur** [zutsyr] *het* pickles
[2]**zoet·zuur** [zutsyr] *adj* **1** aigre-doux **2** macéré (au vinaigre aromatisé)
zoe·ven [zuvə(n)] *vi (zoefde, h. gezoefd)*

filer; de auto's zoefden voorbij les voitures passaient en trombe

zo-even [zoevə(n)] *adv* → zojuist

zog [zɔχ] *het* ♦ *(fig.)* in iemands ~ varen être dans le sillage de qqn

zo·ge·he·ten [zoχəhetə(n)] *adj* → zogenaamd 1

zo·gen [zoχə(n)] *vt (zoogde, h. gezoogd)* allaiter

zo·ge·naamd [zoχənamt] *adj, adv* 1 dit 2 prétendu, soi-disant

zo·ge·zegd [zoχəzεχt] *adv* 1 pour ainsi dire 2 pratiquement

zo·iets [zoits] *pron* une chose pareille; ~ moois qqch de si beau; ik zoek ~ je cherche qqch comme ça

zo·juist [zojœyst] *adv* tout à l'heure; dit boek is ~ verschenen ce livre vient de paraître

¹**zo·lang** [zolɑŋ] *adv* en attendant

²**zo·lang** [zolɑŋ] *conj* tant que; ~ de voorraad strekt jusqu'à épuisement des stocks

zol·der [zɔldər] *nm (-s)* grenier

zol·der·eta·ge [zɔldəretaʒə] *nf (-s)* étage mansardé

zol·de·ring [zɔldərɪŋ] *nf (-en)* plafond

zol·der·ka·mer [zɔldərkamər] *de (-s)* mansarde

zo·maar [zomar] *adv* 1 comme ça; dat heeft hij, zij ~ gezegd il, elle a dit ça sans réfléchir; kan dat hier allemaal ~? alors, on se croit tout permis, ici ?; dat zou ~ kunnen ce n'est pas impossible 2 à tort et à travers

zo·men [zomə(n)] *vt (zoomde, h. gezoomd)* ourler

zo·mer [zomər] *nm (-s)* été; in de ~ en été; 's ~s en été; van de ~ cet été

***zo·mer-** [zomər-] d'été

zo·mer|huis [zomərhœys] *het (-huizen)* maison de vacances

zo|mers [zomərs] *adj (-merser, meest z.)* d'été; op zijn ~ gekleed en tenue d'été

zo·mer·sproe·ten [zomərsprutə(n)] *plur* taches de rousseur

zo·mer·tijd [zomərtεit] *nm* 1 (saison d')été 2 heure d'été

zo·min [zomɪn] *adv (form.)* ♦ net ~ als pas plus que

¹**zon** [zɔn], **zonnen** → zinnen

²**zon** [zɔn] *de (-nen)* soleil; de ~ breekt door le soleil perce, ça commence à s'arranger, la bonne humeur revient; *(prov)* voor niets gaat de ~ op (on n'a) rien pour rien; in de ~ gaan zitten s'asseoir au soleil; een huis met (veel) ~ une maison (bien) ensoleillée; het land van de rijzende ~ l'Empire du soleil levant; *(fig.)* de ~ niet in het water kunnen zien schijnen crever de jalousie; de bloemen uit de ~ zetten mettre les fleurs à l'abri du soleil ♦ zijn ~ is ondergegaan son étoile a pâli

zo'n [zon] *dém* 1 tel; *(iron.)* op ~ manier! alors, c'est ça !; op ~ manier dat de telle façon que; hij had ~ pijn dat hij moest opgeven il avait si mal qu'il dut abandonner 2 pareil; hij heeft net ~ jas il a un manteau tout pareil 3 un de ces ...; het is toch ~ schatje il, elle est tellement mignon(ne) 4 quelque ♦ ~ beetje à peu près; *(avec un geste de la main)* ik vind 't ~ meid! je trouve que c'est une fille super

zond [zɔnt], **zonden** → zenden, toezenden, wegzenden *(etc.)*

zon|daar [zɔndar] *nm (-s)*, **-dares** *nf (-sen) (relig.)* pécheur, -eresse

zon·dag [zɔndɑχ] *nm (-en)* dimanche; op ~ le dimanche; 's ~s le dimanche

¹**zon·dags** [zɔndɑχs] *adj* de, du dimanche; op zijn ~ gekleed endimanché

²**zon·dags** [zɔndɑχs] *adv* le dimanche

***zon·dags-** [zɔndɑχs-] du dimanche; een zondagsblad un journal du dimanche

zon·dags·kind [zɔndɑχskɪnt] *het (-eren)* enfant né coiffé

zon·de [zɔndə] *de (-n)* péché; een dagelijkse ~ un péché véniel; *(iron.)* hij zit zijn ~n te overdenken il pense à la prise de la Bastille; ~! dommage ! ♦ het is eeuwig ~ c'est vraiment très dommage; het is ~ dat ik het zeg, maar ... c'est triste à dire, mais ...

zon·de·bok [zɔndəbɔk] *nm (-ken)* bouc émissaire

zon·der [zɔndər] *prép* sans; ~ aanleiding sans raison; dit gebeurt ~ dat hij het weet ceci se passe à son insu; niet ~ (iets) kunnen ne pouvoir se passer de (qqch)

zon·der·ling [zɔndərlɪŋ] *adj* bizarre; een ~ mens un excentrique

zon·de·val [zɔndəvɑl] *nm (Bible)* chute

zon·dig [zɔndəχ] *adj, adv* ♦ ~e gedachten pensées coupables; ~ leven vivre dans le péché; een ~ mens un pécheur, une pécheresse

zon·di·gen [zɔndəχə(n)] *vi (zondigde, h. gezondigd)* pécher; tegen de verkeersregels ~ contrevenir au Code de la route

zond·vloed [zɔntflut] *nm* déluge

zo·net [zonεt] *adv* → zojuist

zong [zɔŋ], **zongen** → zingen, meezingen, voorzingen

zonk [zɔŋk], **zonken** → zinken, wegzinken

zon·licht [zɔnlɪχt] *het* lumière du soleil; iets in het ~ houden tenir qqch au jour

***zon·ne-** [zɔnə-] solaire; het zonnestelsel le Système solaire

zon·ne·bad [zɔnəbɑt] *het (-en)* 1 bain de soleil 2 solarium

zon·ne·bloem [zɔnəblum] *de (-en)* tournesol

zon·ne·brand [zɔnəbrɑnt] *nm* 1 coup de soleil 2 produit solaire

zon·ne·brand·olie [zɔnəbrɑntoli] *de* huile solaire

zon·ne·bril [zɔnəbrɪl] *nm (-len)* lunettes de soleil

zon·ne·glo·ren [zɔnəχlorə(n)] *het* ♦ bij het eerste ~ à la pointe du jour

zon·ne·god [zɔnəχɔt] *nm* (dieu du) Soleil

zon·ne·he·mel [zɔnəhemәl] *nm (-s)* plafonnier solarium

zon·ne·hoed [zɔnəhut] *nm (-en)* chapeau de soleil
zon·ne·ka·non [zɔnəkanɔn] *het (-nen)* banc solaire (à) haute pression
zon·ne·klaar [zɔnəklar] *adj* clair comme le jour
zon·ne·klep [zɔnəklɛp] *de (-pen)* pare-soleil
zon·ne·klop·per [zɔnəklɔpər] *nm (-s) (Belg.)* **1** fana du soleil **2** fainéant
zon·ne·ko·ning [zɔnəkonɪŋ] *nm (hist.)* (le) Roi-Soleil
zon·nen [zɔnə(n)] *vi (zonde, h. gezond)* faire bronzette
zon·ne·scherm [zɔnəsχɛrm] *het (-en)* **1** marquise **2** parasol
zon·ne·schijn [zɔnəsχɛin] *nm* (lumière du) soleil
zon·ne·slag [zɔnəslɑχ] *nm (-en) (Belg.)* → **zonnesteek**
zon·ne|steek [zɔnəstek] *nm (-steken)* insolation
zon·ne|straal [zɔnəstral] *de (-stralen)* rayon de soleil
zon·ne·tje [zɔnəcə] *het (-s)* ♦ **iemand in het ~ zetten** se payer la tête de qqn, faire fête à qqn; **ze is het ~ in huis** elle est notre rayon de soleil
zon·ne·wij·zer [zɔnəwɛizər] *nm (-s)* cadran solaire
zon·nig [zɔnəχ] *adj* **1** ensoleillé; **het is ~ weer** il fait du soleil **2** *(fig.)* radieux; **een ~ karakter** un caractère heureux; **een ~e toekomst** un avenir souriant
zon·over·go·ten [zɔnovərχotə(n)] *adj* inondé de soleil
zons·on·der·gang [zɔnsɔndərχɑŋ] *nm (-en)* coucher du soleil
zons·op·gang [zɔnsɔpχɑŋ] *nm (-en)* lever du soleil; **bij ~** au lever du soleil
zon·we·ring [zɔnwerɪŋ] *nf* store
zon·zij·de [zɔnzɛidə] *de* **1** côté (exposé) au soleil **2** *(fig.)* beau côté (des choses)
zoog [zoχ], **zogen** → **zuigen, opzuigen** *(etc.)*
zoog·dier [zoχdir] *het (-en)* mammifère
zooi [zoj] *de (-en) (fam.)* **1** tas **2** pagaïe; **en de hele ~** et tout le saint-frusquin; **wat een ~tje!** quelle pagaïe !
zool [zol] *de (zolen)* **1** plante (du pied) **2** semelle; *(fig.)* **de zolen van zijn schoenen lopen** remuer ciel et terre (pour qqch)
zo·ö|loog [zowoloχ] *nm (-logen)*, **-loge** *nf (-n, -s)* zoologiste
zoom [zom] *nm (zomen)* **1** ourlet **2** lisière
zoo·men [zumə(n)] *vi (zoomde, h. gezoomd) (phot.; cin.; télé)* photographier avec un zoom
zoon [zon] *nm (zonen, -s)* fils; *(Bible)* **de verloren ~** le Fils prodigue
zoon·lief [zonlif] *nm (souvent iron.)* fiston
zoop [zop], **zopen** → **zuipen**
zoot·je [zocə] *het (-s) (fam.)* **1** tas **2** bazar; **hij kon met zijn (hele) ~ inpakken** il n'avait qu'à se tirer avec tout son barda **3** bande; **een ~ ongeregeld** une bande de voyous
zo·pas [zopɑs] *adv* venir de; **~ werd er gebeld** on vient de sonner
zorg [zɔrχ] *de (-en)* **1** soin; **een voorwerp van aanhoudende ~ zijn** faire l'objet d'une attention permanente; **~ voor iets dragen** prendre soin de qqch; **de ~ voor iets, iemand op zich nemen** prendre qqch, qqn en charge **2** souci; **zijn toestand baart ~en** son état est alarmant; **dat is een grote ~ voor hem** ça lui donne beaucoup de souci; **in de ~(en) zitten** se faire du souci; **dat is van later ~** on verra plus tard; **zich ~en maken over** se faire du souci à cause de; **wij zijn nog niet uit de ~en** nous ne sommes pas encore tirés d'affaire; *(fam.; iron.)* **'t zal mij een ~ zijn!** je m'en bats l'œil !
zor·ge·lijk [zɔrχələk] *adj, adv* **1** inquiétant; **de toestand is ~** la situation est préoccupante **2** soucieux, d'un air préoccupé; **een ~ gezicht zetten** prendre un air préoccupé
zor·ge|loos [zɔrχəlos] *adj, adv (-lozer, meest z.)* **1** (de manière) insouciant(e) **2** nonchalant, nonchalamment
zor·gen [zɔrχə(n)] *vi (zorgde, h. gezorgd)* s'occuper (de); **er voor ~ dat** faire en sorte que; **zorg dat je niet te laat komt** arrange-toi pour ne pas arriver en retard; **voor het geld ~** pourvoir à l'argent; **voor zichzelf kunnen ~** pourvoir à ses (propres) besoins; **de ouders ~ voor hun kinderen** les parents ont la charge de leurs enfants
zor·gen·kind [zɔrχə(n)kɪnt] *het (-eren)* **1** enfant à problèmes **2** *(fig.)* gros souci
zorg·sec·tor [zɔrχsɛktɔr] *nm* secteur de l'assistance sociale
zorg·ver·ze·ke·raar [zɔrχfərzekərar] *nm (-s)* assureur maladie
zorg·vul·dig [zɔrχfʌldəχ] *adj, adv* **1** soigneux, soigneusement; **~ op iets zijn** être soigneux de qqch **2** soigné, soigneusement
zorg·vul·dig·heid [zɔrχfʌldəχhɛit] *nf* **1** soin; **de nodige ~ in acht nemen** apporter l'attention nécessaire **2** minutie
zorg·wek·kend [zɔrχwɛkənt] *adj* inquiétant
zorg|zaam [zɔrχsam] *adj, adv (-zamer, -zaamst)* attentif (à), attentivement
zot [zɔt] *adj, adv* **1** sot(tement); **dat is toch al te ~!** c'est trop fort ! **2** (de manière) cocasse
zot|huis [zɔthœys] *het (-huizen) (Belg.; fam.)* **1** asile de fous **2** *(fig.)* maison de fous
zou [zɑu], **zouden** → **zullen**
[1]**zout** [zɑut] *het (-en)* sel; **~ in een open wond wrijven** retourner le couteau dans la plaie; **het ~ in de pap niet verdienen** gagner des clopinettes, ne pas valoir tripette; **dat is nu juist het ~ in de pap** c'est justement ce qui fait l'intérêt de la chose; **~ strooien** sabler (les routes)

[2]**zout** [zɑut] *adj* salé; *(fig.)* **zó ~ heb ik het nog nooit gegeten!** j'ai rarement été à pareilles noces !

*__zout-__ [zɑut-] de sel; **de zoutkorrel** un grain de sel

zout·arm [zɑutɑrm] *adj* pauvre en sel

zou·te·loos [zɑutəlos] *adj* insipide

zou·ten [zɑutə(n)] *vt (zoutte, h. gezouten)* saler

zout·je [zɑucə] *het (-s)* biscuit salé

zout·loos [zɑutlos] *adj* sans sel

zout·op·los·sing [zɑutɔplɔsɪŋ] *nf (-en)* solution salée

zout·pi|laar [zɑutpilar] *nm (-laren)* colonne de sel, *(Bible)* statue de sel

zout·vaat·je [zɑutfacə] *het (-s)* salière

zout·zak [zɑutsɑk] *nm (-ken)* ♦ **hij zakte als een ~ in elkaar** il s'affaissa comme une masse

zout·zuur [zɑutsyr] *het* acide chlorhydrique

zo·veel [zovel] *card* autant; **honderd en ~ euro** cent et quelques euros; **~ geef ik er niet om** je n'y tiens pas particulièrement; **~ mogelijk** le plus possible; **~ werk** tant de travail; **het staat er niet met ~ woorden** ce n'est pas explicite ♦ **~ betekenen als** équivaloir à; **hij is ~ als stuurman** il est bel et bien pilote; **dat betekent ~ als niets** c'est insignifiant; **~ te meer** d'autant plus; **~ is zeker** toujours est-il que …

zo·veel·ste [zovelstə] *adj* tantième; **de ~** le tant; **voor de ~ keer** pour la nième fois

[1]**zo·ver** [zovɛr] *adv* ♦ **ben je ~?** tu es prêt ?; **~ ben ik nog niet** je n'en suis pas encore là; *(fig.)* **in ~re zijn we het eens, dat …** ce sur quoi nous sommes d'accord, c'est que …; **voor het ~ is …** d'ici là …; **~ zal het toch eens moeten komen** il faudra bien en arriver là; **~ zal het niet komen** cela n'ira pas jusque là; **voor ~ mogelijk** dans la mesure du possible

[2]**zo·ver** [zovɛr] *conj* aussi loin que; **voor ~ onze middelen het toestaan** dans la limite de nos moyens; **(voor) ~ ik weet** (pour) autant que je sache

zo·waar [zowar] *adv* effectivement

zo·wat [zowɑt] *adv (fam.)* à peu près; **dat kost ~ 10 euro** ça coûte environ 10 euros

zo·wel [zowɛl] *adv* ♦ **~ de mannen als de vrouwen** les hommes comme les femmes; **het één ~ als het ander** l'un et l'autre; **het is ~ onbillijk als onjuist** c'est à la fois injuste et faux

z.o.z. [zɛtozɛt] abrév. de *zie ommezijde* TSVP

zo·zeer [zozer] *adv* tant; **~ dat …** à telle(s) enseigne(s) que …; **dat niet ~** pas spécialement

zo·zo [zozo] *adv* ♦ **het is maar ~** ce n'est pas terrible

z.s.m. abrév. de *zo spoedig mogelijk* dès que possible

[1]**zucht** [zʌxt] *de* **1** appétit; **~ naar vrijheid** (l')amour de la liberté; **de ~ naar avontuur** le goût de l'aventure; **~ tot zelfbehoud** instinct de conservation **2** obsession

[2]**zucht** [zʌxt] *nm (-en)* soupir

zuch·ten [zʌxtə(n)] *vi (zuchtte, h. gezucht)* **1** soupirer; **~ en steunen** gémir **2** aspirer (à)

zucht·je [zʌxjə, [B]zʌxcə] *het (-s)* souffle

[1]**zuid** [zœyt] *het/de* sud

[2]**zuid** [zœyt] *adj* du sud

[3]**zuid** [zœyt] *adv* vers le sud

*__zuid-__ [zœyt-] sud; **de zuidkust** la côte sud

Zuid-Afri·ka [zœytafrika] *het* Afrique du Sud

Zuid-Afri|kaan [zœytafrikan] *nm (-kanen)*, **-kaanse** *nf (-n)* Sud-Africain, -aine

Zuid-Afri·kaans [zœytafrikans] *adj* sud-africain

Zuid-Ame·ri·ka [zœytamerika] *het* Amérique du Sud

zui·de·lijk [zœydələk] *adj, adv* méridional; **een ~e wind** un vent du sud

zui·den [zœydə(n)] *het* sud; **ten ~ (van)** au sud de

zui·den·wind [zœydə(n)wɪnt] *nm (-en)* vent du sud

zui·der·breed·te [zœydərbretə] *nf* latitude sud

zui·der|buur [zœydərbyr] *nm (-buren)* voisin du sud

zui·der|ling [zœydərlɪŋ] *nm (-en)*, **-linge** *nf (-n)* **1** Européen du sud **2** habitant du sud des Pays-Bas

zui·ders [zœydərs] *adj (Belg.)* du sud

Zuid-Eu·ro·pa [zœytøropa] *het* Europe du Sud

Zuid-Hol·land [zœythɔlɑnt] *het* Hollande méridionale

Zuid-Ko·rea [zœytkoreja] *het* Corée du Sud

Zuid-Ko·re|aan [zœytkorejan] *nm (-anen)*, **-aanse** *nf (-n)* Sud-Coréen, -enne

Zuid-Ko·re·aans [zœytkorejans] *adj* sud-coréen

Zuid-Ne·der·lands [zœytnedərlɑn(t)s] *adj* flamand

[1]**zuid·oost** [zœytost] *adv* (vers le) sud-est

[2]**zuid·oost** [zœytost] *adj* du sud-est

[1]**zuid·oos·te·lijk** [zœytostələk] *adv* (vers le) sud-est

[2]**zuid·oos·te·lijk** [zœytostələk] *adj* (du) sud-est

zuid·oos·ten [zœytostə(n)] *het* sud-est

zuid·oos·ten·wind [zœytostə(n)wɪnt] *nm (-en)* vent du sud-est

zuid·pool·cir·kel [zœytpolsɪrkəl] *nm* cercle polaire antarctique

Zuid-Su·dan [zœytsudan] *het* Sud-Soudan

Zuid-Su·da·nees [zœytsudanes] *adj* sud-soudanais; **de ~, Zuid-Sudanese** le, la Sud-Soudanais(e)

Zuid-Viet·nam [zœytfjɛtnɑm] *het* Viêt-nam du Sud

zuid·vrucht [zœytfrʌxt] *de (-en)* fruit subtropical

zuid·waarts [zœytwarts] *adj, adv* vers le sud; **in ~e richting** vers le sud

[1]**zuid·wes·te·lijk** [zœytwɛstələk] *adv* (vers le) sud-ouest

[2]**zuid·wes·te·lijk** [zœytwɛstələk] *adj* (du) sud-ouest

zuid·wes·ten [zœytwɛstə(n)] *het* sud-ouest

zuid·wes·ten·wind [zœytwɛstə(n)wɪnt] *nm (-en)* vent du sud-ouest

Zuid·zee [zœytse] *de* ♦ **de stille ~** l'océan Pacifique

zui·ge·ling [zœyχəlɪŋ] *nm (-en)* nourrisson

zui·ge·lin·gen·sterf·te [zœyχəlɪŋə(n)-stɛrftə] *nf* mortalité néonatale

zui·gen [zœyχə(n)] *vti (zoog, h. gezogen)* **1** aspirer **2** sucer; **de baby laten ~** donner à téter au bébé; **op een snoepje ~** sucer un bonbon **3** passer à l'aspirateur **4** *(fam.)* pousser (qqn) à bout **5** absorber

zui·ger [zœyχər] *nm (-s) (technol.)* piston

zuig·fles [zœyχflɛs] *de (-sen)* biberon

zuig·kracht [zœyχkraχt] *de* **1** force aspiratrice **2** attirance

zuig·lam [zœyχlam] *het (-meren)* agneau de lait

zuig·nap [zœyχnap] *nm (-pen)* ventouse

zuig·ta·blet [zœyχtablɛt] *het/de (-ten)* pastille à sucer

zuig·zoen [zœyχsun] *nm (-en)* suçon

zuil [zœyl] *de (-en)* colonne ♦ *(Pays-Bas)* **de ~en in het omroepbestel** ± les sociétés de radiotélévision

zui·len|ga·le·rij [zœylə(n)χalərɛi] *nf (-en)*, **-gang** *nm (-en)* colonnade

zui·nig [zœynəχ] *adj, adv* **1** économe (de), économiquement; *(fig.)* **hij is niet (bepaald) ~ geweest** il n'y est pas allé de main morte; **~ leven** être économe; **~ met zijn woorden zijn** être chiche de ses paroles; **~ op iets zijn** ménager qqch; **~ zijn** regarder à la dépense **2** économique(ment) **3** pincé ♦ **hij kreeg op zijn falie en niet zo ~ ook!** on lui a passé un savon et un bon !, il a reçu une raclée et une bonne !

zui·nig·heid [zœynəχhɛit] *nf* économie; **~ betrachten** être économe; *(prov)* **~ met vlijt bouwt huizen als kastelen** la main des diligents enrichit

zui·nig·jes [zœynəχjəs] *adv* petitement

zui·pen [zœypə(n)] *vti (zoop, h. gezopen) (fam.)* **1** pomper **2** se soûler; **het op een ~ zetten** se soûler la gueule; **iemand onder de tafel ~** soûler qqn **3** *(fig.)* bouffer

zui·per [zœypər] *nm (-s)*, **zuiplap** *nm (-pen) (fam.)* poivrot

zuip·par·tij [zœypartɛi] *nf (-en) (fam.)* soûlerie

zuip·schuit [zœypsχœyt] *nm (-en) (fam.)* → **zuiper**

zui·vel [zœyvəl] *het/de* produits laitiers

zui·vel·han·del [zœyvəlhandəl] *nm (-s)* **1** commerce des produits laitiers **2** crémerie

zui·vel·pro·duct [zœyvəlprodʌkt] *het (-en)* produit laitier

zui|ver [zœyvər] *adj, adv (-verder, -verst)* **1** pur(ement); **~ en alleen** purement et simplement **2** correct(ement); **~ zingen** chanter juste **3** propre(ment) **4** net

zui·ve·ren [zœyvərə(n)] *vt (zuiverde, h. gezuiverd)* **1** épurer; **het bloed ~** dépurer le sang **2** nettoyer **3** laver (qqn de qqch); **de verdachte van blaam ~** innocenter le suspect

zui·ver·heid [zœyvərhɛit] *nf* pureté

zui·ve·rings·in·stal·la·tie [zœyvərɪŋsɪnstala(t)si] *nf (-s)* station d'épuration

zui·ve·rings·zout [zœyvərɪŋsaut] *het* bicarbonate de soude

[1]**zulk** [zʌlk] *adv* si; **het zijn ~e lieve mensen** ce sont des gens si gentils

[2]**zulk** [zʌlk] *dém* **1** tel; *(subst.)* **~e zijn er ook** il y en a de pareils **2** (grand) comme ça

zul·len [zʌlə(n)] *vi, vb aux (zal, zou, zouden)* **1** *(obligation)* devoir *(verbe au futur de l'indicatif)*; **gij zult niet stelen** tu ne voleras pas **2** *(fait à venir)* devoir *(verbe au futur de l'indicatif)*; **wat ~ we nu beginnen?** que faire ?; **je zult er eens spijt van hebben** tu le regretteras un jour; *(menace)* **wacht maar, ik zal je!** ne t'en fais pas, je t'aurai !; **ik heb beloofd te ~ komen** j'ai promis de venir; **ik zal het je vertellen** je vais te le raconter **3** *(convention; probabilité; possibilité; fatalité)* devoir *(verbe au conditionnel)*; **zou je denken?** vraiment ?; **als ik het kon, zou ik het doen** si je pouvais, je le ferais; **zou je niet eens naar bed gaan?** et si tu allais te coucher ?; **het zal je gebeuren!** je ne te le souhaite pas !; **hij zal je niet gehoord hebben** il n'a pas dû t'entendre; **hij zou malversaties gepleegd hebben** il se serait livré à des malversations; **men zou menen (dat)** on croirait que; **hij zou zijn ouders niet meer terugzien** il ne devait jamais revoir ses parents; **de trein zou juist vertrekken** le train allait partir; *(fam.)* **wat zou dat?** et alors ?; **dat zal wel** probablement; *(iron.)* mon œil !; **het zal je kind maar wezen!** on est verni avec un gosse pareil !; **zou je ze niet?** il y a des gifles qui se perdent !

zult [zʌlt] *nm* fromage de tête; **zure ~** museau au vinaigre

zu·rig [zyrəχ] *adj* aigrelet

zu·rig|heid [zyrəχhɛit] *nf (-heden)* acidité

zu·ring [zyrɪŋ] *de* **1** *(bot.)* rumex **2** oseille

zur·kel [zʌrkəl] *de (Belg.; bot.)* oseille

[1]**zus** [zʌs] *nf (-sen)* → **zuster 1**

[2]**zus** [zʌs] *adv* ainsi; **de een wil het ~, de andere zo (hebben)** l'un le veut comme ceci, l'autre comme cela; **mijnheer ~ of zo** Monsieur Untel

zus·ter [zʌstər] *nf (-s)* **1** sœur; **je zal je ~ bedoelen!** ± et ta sœur !; **je ~ (op een houtvlot)!** tu peux toujours attendre ! **2** infirmière

***zus·ter-** [zʌstər-] sœur

zus·ter|huis [zʌstərhœys] *het (-huizen)*

1 pavillon des religieuses 2 pavillon des infirmières

zus·ter·lief·de [zʌstərlivdə] *nf* affection entre sœurs

zus·ter·lijk [zʌstərlək] *adj, adv* entre sœurs, comme des sœurs

[1]**zuur** [zyr] *het (zuren)* 1 acide; **haring in het ~** hareng mariné; **augurken in het ~** cornichons au vinaigre; **inleggen in het ~** confire (dans du vinaigre) 2 aigreurs; *(fig.)* **het ~ van iets, iemand krijgen** avoir qqch en horreur, ne pas pouvoir sentir qqn

[2]**zuur** [zyr] *adj, adv (zuurder, zuurst)* 1 (de manière) acide; **de melk is ~** le lait a tourné; **dat zal hem ~ opbreken** il lui en cuira 2 dur(ement); **iemand het leven ~ maken** mener la vie dure à qqn 3 (d'un air) renfrogné; **~ kijken** prendre un air pincé

zuur|deeg [zyrdeχ] *het*, **-desem** *nm* levain

zuur|graad [zyrχrat] *nm (-graden)* (taux d')acidité

zuur·kool [zyrkol] *de* choucroute

zuur·pruim [zyrprœym] *nm (-en)* pisse-vinaigre

zuur·stof [zyrstɔf] *de* oxygène

zuur·stof·ap·pa|raat [zyrstɔfɑparat] *het (-raten)* oxygénateur

zuur·stof·mas·ker [zyrstɔfmɑskər] *het (-s)* 1 *(méd.)* masque à oxygène 2 *(aviat.)* inhalateur d'oxygène

zuur·stok [zyrstɔk] *nm (-ken)* sucre d'orge

zuur·tje [zyrcə] *het (-s)* bonbon acidulé

zuur·zoet [zyrzut] *adj* aigre-doux

Z.W. [zœytwɛst(ə(n))] abrév. de *zuidwest(en)* S-O

zwaai [zwaj] *nm (-en)* tour *(mouvement)*

[1]**zwaai·en** [zwajə(n)] *vti (zwaaide, h. gezwaaid)* 1 agiter; **met vlaggen ~** brandir des drapeaux 2 agiter la main; **iemand gedag ~** faire des signes d'adieu à qqn ♦ **er zal wat ~** les punitions vont tomber

[2]**zwaai·en** [zwajə(n)] *vi (zwaaide, h. gezwaaid)* 1 s'agiter 2 tourner 3 tituber

zwaai·licht [zwajlɪχt] *het (-en)* gyrophare

zwaan [zwan] *de (zwanen)* cygne

zwaan·tje [zwancə] *het (Belg.; iron.)* motard

zwaar [zwar] *adj, adv (zwaarder, zwaarst)* 1 lourd(ement); *(prov)* **wat het ~st is, moet het ~st wegen** ± il faut ce qu'il faut; **hoe ~ is deze machine?** combien pèse cette machine ?; **~der maken** alourdir; **~ wegen** peser lourd; *(fig.)* peser (lourd) dans la balance 2 massif, massivement 3 fort; **~ weer** gros temps 4 pénible(ment); **een ~ examen** un examen dur; *(fig.)* **hij heeft het ~** il n'a pas la vie facile; **iemand ~ straffen** punir qqn sévèrement; **een zware strijd** un difficile combat; **de tocht viel hem ~** il a trouvé la randonnée pénible ♦ **iemand iets ~ aanrekenen** tenir rigueur de qqch à qqn; *(fig.)* **zware jongens** des truands, des huiles; **een zware misdaad** un crime grave; **het ~ te verduren hebben** en voir de toutes les couleurs; **een zware verkoudheid** un gros rhume; **het ~ te pakken hebben** être bien malade, avoir un rhume carabiné, être amoureux fou

zwaard [zwart] *het (-en)* 1 épée; **het ~ der gerechtigheid** le glaive de la justice; *(fig.)* **naar het ~ grijpen** tirer l'épée; *(fig.)* **het ~ in de schede steken** remettre l'épée en fourreau 2 *(mar.)* dérive latérale 3 *(Belg.)* couenne

zwaard·vis [zwartfɪs] *nm (-sen) (zool.)* espadon

zwaar·ge·bouwd [zwarχəbɑut] *adj* de forte carrure

zwaar·ge·wond [zwarχəwɔnd] *adj* grièvement blessé

zwaar·ge·won·de [zwarχəwɔndə] *nm (-n)* blessé grave

zwaar·lij·vig [zwarlɛivəχ] *adj* obèse; *(fig.)* **een ~ boekdeel** un gros volume

zwaar·moe·dig [zwarmudəχ] *adj, adv* sombre(ment)

zwaar·moe·dig·heid [zwarmudəχhɛit] *nf* mélancolie

zwaar·te [zwartə] *nf* 1 lourdeur 2 gravité, *(d'une peine)* sévérité 3 pesanteur

zwaar·te·kracht [zwartəkrɑχt] *de* pesanteur

zwaar·te·punt [zwartəpʌnt] *het* 1 *(phys.)* centre de gravité 2 centre *(de l'économie)* 3 point principal

zwaar·til·lend [zwartɪlənt] *adj* sombre

zwaar·we·gend [zwarweχənt] *adj* de poids

zwaar·wich·tig [zwarwɪχtəχ] *adj, adv* *(fig.)* pédant, avec componction

zwab·ber [zwɑbər] *nm (-s)* balai à franges ♦ **aan de ~ zijn** faire la noce

[1]**zwab·be·ren** [zwɑbərə(n)] *vt (zwabberde, h. gezwabberd)* nettoyer avec un balai à franges

[2]**zwab·be·ren** [zwɑbərə(n)] *vi (zwabberde, h. gezwabberd)* faire la noce

zwach·tel [zwɑχtəl] *nm (-s)* bande (Velpeau)

zwa·ger [zwaχər] *nm (-s)* beau-frère

[1]**zwak** [zwɑk] *het (-ken)* 1 point faible; **iemand in zijn ~ tasten** prendre qqn par son point faible 2 faible

[2]**zwak** [zwɑk] *adj, adv* faible(ment); **een ~ geheugen** une mauvaise mémoire; **een ~ke maag hebben** avoir l'estomac délicat; **~ maken** affaiblir; **in een ~ ogenblik** dans un moment de faiblesse; **~ worden** s'affaiblir

zwak·be·gaafd [zwɑgbəχaft] *adj* peu doué

zwak·jes [zwɑkjəs] *adj, adv* plutôt faible, faiblement; **~ protesteren** élever de molles protestations

zwak·ke|ling [zwɑkəlɪŋ] *nm (-en)*, **-linge** *nf (-n)* faible

zwak·te [zwɑktə] *nf* faiblesse

zwak·te·bod [zwɑktəbɔt] *het (-en)* signe de faiblesse

zwak·zin·nig [zwɑksɪnəχ] *adj* handicapé mental

zwak·zin·nig·heid [zwaksɪnəχhɛit] *nf* débilité mentale

zwal·ken [zwalkə(n)] *vi (zwalkte, h. gezwalkt)* **1** battre le pavé **2** faire la girouette, retourner sa veste; **een ~d beleid** une politique incohérente

zwa·luw [zwalyw] *de (-en)* hirondelle; *(prov)* **één ~ maakt nog geen zomer** une hirondelle ne fait pas le printemps

zwam [zwam] *nf (-men) (bot.)* champignon

zwam·men [zwamə(n)] *vi (zwamde, h. gezwamd) (fam.)* radoter

zwam|neus [zwamnøs] *nm (-neuzen) (fam.)* radoteur, -euse

zwa·nen|hals [zwanə(n)hals] *nm (-halzen)* **1** cou de cygne **2** col-de-cygne

zwang [zwaŋ] *nm* ♦ **in ~ zijn** être à la mode

zwan·ger [zwaŋər] *adj* enceinte; **~ raken** tomber enceinte; **van iets ~ zijn** être plein de qqch

zwan·ger·schap [zwaŋərsχap] *nf (-pen)* grossesse

zwan·ger·schaps·gym·nas·tiek [zwaŋərsχapsχɪmnastik] *nf* gymnastique prénatale

zwan·ger·schaps·ver|lof [zwaŋərsχapsfərlɔf] *het (-loven)* congé de maternité

¹zwart [zwart] *het (-en)* noir; **in het ~** en noir

²zwart [zwart] *adj, adv* **1** (en) noir; **iemand, iets ~ maken** noircir qqn, qqch; **~e prijzen** prix au noir; **men schildert hem ~er af dan hij is** on le fait plus méchant qu'il n'est; **het zag er ~ van de mensen** c'était noir de monde; **liegen dat men ~ ziet** mentir comme un arracheur de dents **2** renfrogné, d'un air maussade

zwart|brood [zwardbrot] *het (-broden)* pain de seigle

zwar·te [zwartə] *nm (-n)* **1** Noir, Noire **2** *(Belg.)* collabo

zwar·te·kou·sen·kerk [zwartəkausə(n)kɛrk] *de* ⟨*Église protestante très orthodoxe*⟩

zwar·te·piet [zwartəpit] *nm (-en)* ♦ **iemand de ~ toespelen** ± faire porter le chapeau à qqn

zwart·gal·lig [zwartχaləχ] *adj* noir

zwart·ge·bla·kerd [zwartχəblakərt] *adj* noirci par le feu

zwart·han·de|laar [zwarthandəlar] *nm (-laars, -laren)* trafiquant (du marché noir)

zwart·kij·ken [zwartkɛikə(n)] *vi (keek zwart, h. zwartgekeken) (fig.)* broyer du noir

zwart|kij·ker [zwartkɛikər] *nm (-s),* **-kijkster** *nf (-s)* **1** broyeur, -euse de noir **2** téléspectateur, -trice clandestin(e)

zwart·ma·ken [zwartmakə(n)] *vt (maakte zwart, h. zwartgemaakt) (fig.)* dénigrer

zwart-op-wit [zwartɔpwɪt] *adv* ♦ **iets ~ zetten** écrire qqch noir sur blanc

zwart·rij·den [zwartrɛidə(n)] *vi (reed zwart, h. zwartgereden)* **1** conduire sans vignette **2** resquiller *(transports en commun)*

zwart·sel [zwartsəl] *het* noir *(colorant)*

zwart·wer·ken [zwartwɛrkə(n)] *vi (werkte zwart, h. zwartgewerkt)* travailler au noir

zwart-wit [zwartwɪt] *adv* **1** catégorique; **om het probleem ~ te stellen ...** abstraction faite de toutes nuances ... **2** *(phot.)* en noir et blanc

zwa·vel [zwavəl] *nm* soufre

***zwa·vel-** [zwavəl-] sulfureux

zwa·vel·stok·je [zwavəlstɔkjə] *het (-s)* allumette soufrée; **het meisje met de ~s** La Petite Marchande d'allumettes

zwa·vel·zuur [zwavəlzyr] *het* acide sulfurique

Zwe·den [zwedə(n)] *het* Suède

Zweed [zwet] *nm (Zweden),* **Zweedse** *nf (-n)* Suédois, -oise

Zweeds [zwets] *adj* suédois; **het ~** le suédois

zweef·mo·len [zwefmolə(n)] *nm (-s)* manège d'avions

zweef·vlie·gen [zwefliχə(n)] *vi (zweefvliegde, h. gezweefvliegd)* faire du vol à voile

zweef·vlieg·tuig [zwefliχtœyχ] *het (-en)* planeur

zweeg [zweχ], **zwegen** → **²zwijgen, doodzwijgen**

zweem [zwem] *nm* trace; **met een ~ van ernst** avec un brin de sérieux; **zonder een ~ van twijfel** sans l'ombre d'un doute

zweep [zwep] *de (zwepen)* fouet; **de ~ erover leggen** fouetter *(aussi au fig.)*; **een paard de ~ geven** donner des coups de fouet à un cheval; *(fig.)* **het klappen van de ~ kennen** connaître la musique

zweer [zwer] *de (zweren) (méd.)* ulcère

zweet [zwet] *het* **1** sueur; **in het ~ des aanschijns** à la sueur de son front; **zich in het ~ werken** travailler dur; **het ~ in de handen hebben staan** en avoir des sueurs froides; *(fig.)* **het klamme ~ breekt me uit** cela me donne des sueurs froides; **~ kosten** faire transpirer; *(fig.)* **het luie ~ komt eruit** pour une fois, il prend une suée **2** suintement

zweet·band [zwedbant] *nm (-en)* bandeau *(front, tête)*

zweet·han·den [zwethandə(n)] *plur* mains moites

zweet·voe·ten [zwetfutə(n)] *plur* ♦ **hij heeft ~** il transpire des pieds

¹zwel·gen [zwɛlχə(n)] *vi (zwolg, h. gezwolgen) (+ in)* se vautrer (dans)

²zwel·gen [zwɛlχə(n)] *vti (zwolg, h. gezwolgen)* avaler gloutonnement

zwel·ge·rij [zwɛlχərɛi] *nf,* **zwelgpartij** *nf (-en)* orgie

zwel·len [zwɛlə(n)] *vi (zwol, i. gezwollen)* **1** enfler; **mijn hart zwelt van vreugde** mon cœur se gonfle de joie **2** s'amplifier

zwel·ling [zwɛlɪŋ] *nf (-en)* enflure
***zwem-** [zwɛm-] de natation; **het zwemdiploma** le brevet de natation
zwem·abon·ne·ment [zwɛmabɔnəmɛnt] *het (-en)* abonnement à la piscine
zwem|bad [zwɛmbɑt] *het (-en)*, **-bassin** *het (-s)* piscine
zwem·band [zwɛmbɑnt] *nm (-en)* ceinture de natation
zwem·band·je [zwɛmbɑncə] *het (-s) (plaisant.)* poignée d'amour
zwem·broek [zwɛmbruk] *de (-en)* maillot de bain
zwe·men [zwemə(n)] *vi (zweemde, h. gezweemd) (+ naar)* tirer (sur)
zwem·men [zwɛmə(n)] *vi (zwom, h./i. gezwommen)* **1** nager; *(fig.)* **in het geld ~** être cousu d'or; *(subst.)* **reddend ~** le sauvetage **2** se baigner
zwem·pak [zwɛmpɑk] *het (-ken)* maillot de bain
zwem·pa·ra·dijs [zwɛmparadɛis] *het* parc aquatique
zwem·slag [zwɛmslɑχ] *nm (-en) (sports)* **1** mouvement **2** nage
zwem·sport [zwɛmspɔrt] *de* natation
zwem·vest [zwɛmvɛst] *het (-en)* gilet de sauvetage
zwem|vlies [zwɛmvlis] *het (-vliezen)* **1** *(zool.)* membrane natatoire **2** palme (de natation, de plongée)
zwem·vo·gel [zwɛmvoχəl] *nm (-s)* (oiseau) palmipède
zwen·del [zwɛndəl] *nm* escroquerie
zwen·de|laar [zwɛndəlar] *nm (-s)*, **-laarster** *nf (-s)* escroc
zwen·de·len [zwɛndələ(n)] *vi (zwendelde, h. gezwendeld)* trafiquer
zwen·gel [zwɛŋəl] *nm (-s)* bras
[1]**zwen·ken** [zwɛŋkə(n)] *vi (zwenkte, i. gezwenkt)* **1** virer **2** faire volte-face
[2]**zwen·ken** [zwɛŋkə(n)] *vt (zwenkte, h. gezwenkt)* faire tourner *(faire changer de direction)*
[1]**zwe·ren** [zwerə(n)] *vi (zwoer, h. gezworen)* **1** jurer (par); **~ bij alles wat heilig is** jurer par tous les saints; **ik zou er niet op durven ~** je n'en jurerais pas **2** suppurer
[2]**zwe·ren** [zwerə(n)] *vt (zwoer, h. gezworen)* jurer; **trouw ~** jurer fidélité; **het zijn gezworen kameraden** ils sont amis pour la vie
zwerf·jon·ge·re [zwɛrfjɔŋərə] *nm (-n)* jeune sans-abri
zwerf·kat [zwɛrfkɑt] *de (-ten)* chat errant
zwerf·kei [zwɛrfkɛi] *nm (-en)* bloc erratique
zwerf·kind [zwɛrfkɪnt] *het (-eren)* enfant abandonné
zwerf·tocht [zwɛrftɔχt] *nm (-en)* périple
zwerf·vuil [zwɛrfœyl] *het* détritus non ramassés
zwerm [zwɛrm] *nm (-en)* volée; **een ~ sprinkhanen** une nuée de sauterelles
zwer·men [zwɛrmə(n)] *vi (zwermde, h. gezwermd)* essaimer
zwer·ven [zwɛrvə(n)] *vi (zwierf, h. gezworven)* **1** vagabonder; **op zee ~** courir les mers; **z'n kinderen op straat laten ~** laisser ses enfants courir les rues **2** traîner
zwer·ver [zwɛrvər] *nm (-s)*, **zwerfster** *nf (-s)* **1** rôdeur, -euse **2** vagabond, -onde
zwe·ten [zwetə(n)] *vti (zweette, h. gezweet)* **1** transpirer; **ik zweet ervan** ça me fait transpirer **2** suinter
zwe·te·rig [zwetərəχ] *adj* moite
zwet·sen [zwɛtsə(n)] *vi (zwetste, h. gezwetst)* **1** radoter **2** se vanter
zwe·ven [zwevə(n)] *vi (zweefde, h./i. gezweefd)* **1** flotter **2** planer
zwe·ve·rig [zwevərəχ] *adj* nébuleux ♦ **ik voel me ~** la tête me tourne
zwe·ze·rik [zwezərɪk] *nm (-en) (cuis.)* ris
zwich·ten [zwɪχtə(n)] *vi (zwichtte, i. gezwicht) (+ voor)* céder (à); **zij zwicht voor niemand** rien ni personne ne peut la faire céder
[1]**zwie·pen** [zwipə(n)] *vi (zwiepte, h. gezwiept)* **1** balancer **2** fouetter
[2]**zwie·pen** [zwipə(n)] *vt (zwiepte, h. gezwiept) (fam.)* lancer
zwier [zwir] *nm* **1** changement de direction **2** grâce **3** parure ♦ **aan de ~ gaan** faire une virée
zwie·ren [zwirə(n)] *vi (zwierde, h. gezwierd)* **1** (se) balancer **2** tourner **3** faire la noce
zwierf [zwirf], **zwierven** → **zwerven, rondzwerven**
zwie·rig [zwirəχ] *adj, adv* élégant, avec élégance; **met een ~ gebaar** d'un geste gracieux
[1]**zwij·gen** [zwɛiχə(n)] *het* silence; **er het ~ toe doen** préférer se taire; **iemand het ~ opleggen** couper la parole à qqn; *(fig.)* réduire qqn au silence
[2]**zwij·gen** [zwɛiχə(n)] *vi (zweeg, h. gezwegen)* **1** se taire; **iemand tot ~ brengen** réduire qqn au silence; *(prov)* **wie zwijgt, stemt toe** qui ne dit mot consent **2** taire; **over iets ~** passer qqch sous silence; **om nog te ~ van ...** sans parler de ...
zwij·gend [zwɛiχənt] *adj, adv* silencieux, silencieusement; **~ zijn toestemming verlenen** consentir tacitement
zwij·ger [zwɛiχər] *nm (-s)* homme taciturne; *(hist.)* **Willem de Zwijger** Guillaume le Taciturne
zwijg·geld [zwɛiχɛlt] *het (-en)* prix du silence; **iemand ~ geven** acheter le silence de qqn
zwijg·plicht [zwɛiχplɪχt] *de* loi du silence
zwijg|zaam [zwɛiχsam] *adj (-zamer, -zaamst)* silencieux
zwijm [zwɛim] *nm* ♦ **in ~ liggen** être toqué (de); **in ~ vallen** s'évanouir
zwij·me·len [zwɛimələ(n)] *vi (zwijmelde, h. gezwijmeld)* **1** être (tombé) en pâmoison **2** *(Belg.)* tituber
zwijn [zwɛin] *het (-en)* **1** porc *(aussi d'un*

homme); **een wild ~** un sanglier **2** *(fam.)* coup de pot
zwij·nen·stal [zwɛinə(n)stɑl] *nm (-len)* **1** porcherie **2** *(fam.)* bordel
zwij·ne·rij [zwɛinərɛi] *nf (-en)* cochonnerie
zwik [zwɪk] *nm (-ken) (fam.)* **1** barda **2** boutique *(parties génitales de l'homme)* **3** bande
zwik·ken [zwɪkə(n)] *vi (zwikte, i. gezwikt)* se tordre *(le pied etc.)*
Zwit|ser [zwɪtsər] *nm (-s),* **-serse** *nf (-n)* Suisse
Zwit·ser·land [zwɪtsərlɑnt] *het* Suisse
Zwit·sers [zwɪtsərs] *adj* suisse, helvétique
zwoe·gen [zwuɣə(n)] *vi (zwoegde, h. gezwoegd)* peiner; **~ van de vroege morgen tot de late avond** trimer du matin au soir
zwoel [zwul] *adj* **1** lourd **2** sensuel
zwoer [zwur], **zwoeren** → **zweren, samenzweren**
zwoerd [zwurt] *het (-en)* couenne
zwol [zwɔl], **zwollen** → **zwellen, aanzwellen, opzwellen**
zwom [zwɔm], **zwommen** → **zwemmen, droogzwemmen, overzwemmen**
Z.Z.O. [zœytsœytost(ə(n))] abrév. de *zuidzuidoost(en)* S-S-E
zzp'er [zɛtsɛtpejər] *nm (-s),* **zzp'ster** *nf (-s) (Pays-Bas)* travailleur indépendant
Z.Z.W. [zœytsœytwɛst(ə(n))] abrév. de *zuidzuidwest(en)* S-S-O

Imprimé en Italie par Rotolito en mai 2018
Dépôt légal : mai 2016 - n° éditeur : 10245803